부호명		부 호	쓰	
묶음표	소 괄 호	( )	원어, 연대, 설명 … 때와 빈자리 임 … 때	ㅇ김광수(시인)
	중 괄 호	{ }	여러 단위를 동등하게 묶어서 모일 때	ㅇ주격 조사 {이 / 가} ㅇ국가의 3요소 {국토 / 국민 / 주권}
	대 괄 호	〔 〕	묶음표 안의 말이 바깥 말과 음이 다를 때	ㅇ나이〔年歲〕 ㅇ手足〔손발〕
이음표	줄 표	–	이미 말한 내용을 다른 말로 부연하거나 보충함을 나타냄	ㅇ그 아이는 네 살에 – 보통 아이 같은면 천자문도 모를 나이에 – 벌써 시를 지었다. ㅇ어머님께 말했다가 – 아니, 말씀드렸다가 – 꾸중만 들었다.
	물 결 표	~	'내지' 라는 뜻에 쓰이며, 어떤 말의 앞이나 뒤에 들어갈 말 대신 쓴다.	ㅇ8월 15일 ~ 9월 15일 ㅇ ~ 운동, 음악 ~, ~ 노래
드러냄표	드러냄표	◦ , .	문장 중에서 주의가 미쳐야 할 곳이나 중요한 부분을 특별히 드러내 보일 때 씀	ㅇ한글의 본 이름은 훈민정음이다. ㅇ왜 사느냐가 아니라, 어떻게 사느냐가 문제다.
안드러냄표	숨 김 표	×× ○○	알면서도 고의로 드러내지 않음에 쓴다.	ㅇ사람 입에서 어찌 ×××란 말이 나 올 수 있느냐! ㅇ육군 ○○부대 ○○명이 작전에 임하였다.
	빠 짐 표	□	글자의 자리를 비워 둘 때 씀	ㅇ초성 중에서 아음은 □□□의 석 자다.
	줄 임 표	……	할 말을 줄일 때, 말이 없음을 나타낼 때에 쓴다.	ㅇ"어디 나하고 한 번……." ㅇ"빨리 말해!" "……."

우등생을 위한

최신 우리말 국어사전

연세대학교 교수 교육학 박사
전윤진 감수

초등학교 전학년용

도서출판 윤미디어

머 리 말

우리가 공기가 없으면 살아갈 수 없듯이, 우리가 말과 글을 사용하지 않고는 생활할 수가 없습니다. 그러나 우리는 국어의 고마움을 느끼지 못하고 살아온 것이 사실입니다.

우리는 세계에서도 자랑할 만한 훌륭한 국어를 갖고 있는 문화 민족으로서, 우리의 국어를 바르게 말하고, 바르게 쓰고, 바르게 읽고 사랑해야 합니다.

우리의 국어를 올바로 이해하고 정확하게 표기하는 데에는 역시 국어 사전이 많은 도움을 준다는 것을 더 말할 여지가 없습니다.

그동안 여러 종류의 사전이 출간되었고, 각기 그 나름의 특색을 자랑하고 있으나, 이를 좀더 보완하고 수정하여 만든 것이 바로 이 사전입니다. 특히, 이 국어 사전의 특징은 초등 학교 전학년의 전 과목에 나오는 낱말은 물론이고, 사용 빈도가 높은 시사적인 낱말을 엄선하여 수록하였으며, 초등 학생이 쉽게 이해할 수 있도록 낱말 풀이에 역점을 두어 펴내게 되었습니다. 또한 이 국어 사전이 자랑스럽게 내놓을 수 있는 점은 예문을 어느 사전보다 많이 게재하여 낱말 이해에 많은 도움을 주도록 꾸몄습니다.

이 국어 사전은 '새한글 맞춤법 및 외래어 표기'에 의거하여 편집되어 있음을 아울러 밝혀둡니다.

이 국어 사전이 여러분의 학습에 많은 도움이 되고, 앞으로의 생활을 해 나가는 데 지혜를 터득하기 바랍니다.

끝으로 국어 사전을 엮는데 많은 도움을 주신 여러분께 감사를 드립니다.

도서출판 **윤미디어** 편집부

일러두기

① 낱말의 선택

〈1〉 초등 학교 전학년의 교과서에 나오는 주요 낱말들 중에서 골랐으며, 어린이들의 학습과 일상 생활에 도움되는 고운 말·좋은 말을 골랐고, 요즘 신문·잡지·방송에서 흔히 보고 들을 수 있는 새로운 주요 낱말들을 많이 거두어 실었으며, 상급 학교 진학 후의 학습과 앞으로 사회 생활에서 꼭 알아두어야 할 낱말들을 실음으로써 가장 새롭고 좋은 사전이 되도록 하였다.

〈2〉 교과서에 나오는 인명, 지명, 책명, 나라명, 사건명 등의 중요 학습 사항을 거두어 실었다.

<보기> 한석봉, 거제도, 명심보감, 한산도 대첩, 삼국사기…….

〈3〉 요즈음 새로 생기어 일상 생활에서 자주 쓰이는 낱말을 실었다.

<보기> 컴퓨터, 반도체, 스커드 미사일, 유에프오…….

② 낱 말

〈1〉 낱말은 굵은 서체인 고딕체로 나타내었다.

〈2〉 말끝이 변하여 형태가 바뀌는 말은 으뜸꼴로 바꾸어 실었으나, 그 낱말의 말끝이 바뀌는 모습을 보이어, 실제 문장에서 쓰이는 모습을 이해하도록 하였다.

<보기> **같다**(같아, 같으니) **걷다**(걸어, 걸으니)

〈3〉 말끝에 '-하다', '-스럽다', '-히/-이' 등이 붙어 쓰이는 말은 풀이의 맨끝에 그 모습만 보였다.

<보기> **다정** 풀이……. -하다. -스럽다. -히.

〈4〉 사람 이름은 본이름을 쓰는 것을 원칙으로 삼았으나, 교과서에서 아호나 다른 이름으로 쓰인 경우에는 아호에 가서 풀이를 하였다.

<보기> **충무공**〖사람〗 ⇨이순신

③ 낱말의 배열

〈1〉 모든 낱말을 한글 맞춤법 첫소리(닿소리)와 가운뎃소리(홀소리), 끝소리(받침)의 차례로 벌여 놓았다.

●첫소리의 차례

ㄱ ㄲ ㄴ ㄷ ㄸ ㄹ ㅁ ㅂ ㅃ ㅅ ㅆ ㅇ ㅈ ㅉ ㅊ ㅋ ㅌ ㅍ ㅎ

●가운뎃소리의 차례

ㅏ ㅐ ㅑ ㅒ ㅓ ㅕ ㅖ ㅗ ㅘ ㅙ ㅚ ㅛ ㅜ ㅞ ㅟ ㅠ ㅡ ㅢ ㅣ

●끝소리의 차례

ㄱ ㄲ ㄳ ㄴ ㄵ ㄶ ㄷ ㄹ ㄺ ㄻ ㄼ ㄽ ㄾ ㄿ ㅀ ㅁ ㅂ ㅄ ㅅ ㅆ ㅐ ㅈ ㅋ ㅌ ㅍ ㅎ

〈2〉 소리와 글자가 같고 뜻이 다른 말은 그 낱말의 오른쪽 어깨에 각각 1, 2, 3, …의 번호를 차례로 붙였다.

④ 낱말의 풀이

〈1〉 낱말의 뜻은 알기 쉽게 풀이하였으며, 뜻의 이해를 돕고 실제 국어 공부에 도움이 되도록 여러 가지 예문과 해설하는 란을 곁들였다.

〈2〉 낱말의 뜻이 여럿일 때에는 가장 많이 쓰이는 뜻부터 차례로 ①, ②, ③…의 부호를 붙여 풀이하였다.

〈3〉 낱말의 뜻을 더욱 옳고 바르게 하기 위하여 비슷한 말, 반대말, 준말, 본말, 큰말, 작은말, 여린말, 센말, 거센말, 높임말, 낮춤말 등을 모두 실었다.

〈4〉 새로 생겨난 낱말들의 풀이를 바르게 하였으며, 이미 있던 낱말이면서 세계 정세의 변화에 따라 그 풀이가 달라진 낱말들도 바로 잡았다.

⑤ 읽는 소리

〈1〉 낱말 중에서 길게 소리나는 글자에는 긴소리 부호(ː)를 붙였다.
<보기> **건ː설** 풀이……. **단ː거리** 풀이……. **용ː달차** 풀이…….

〈2〉 낱말의 모습과 실제 발음이 같지 않은 것은 [ ] 안에 그 소리를 표시하였다.
<보기> **뱃놀이**[밴놀이] 풀이……. **승리**[승니] 풀이…….

〈3〉 외국어 중에서 길게 소리나는 말은 긴소리 부호(ː)를 붙이되, 개정된 '외국어 표기법'에 따라 긴소리로는 적지 않았다.

⑥ 한자 · 영어

특별히 원칙을 세운 것은 아니지만, 자주 쓰이는 것들, 어린이들도 알아 두어야 할 한자와 영어를 제시하였다.

이 사전에 쓰인 약속 부호

ː	긴 소리의 부호	〈	큰말 앞에
〖 〗	인명, 지명, 책명, 나라명	〉	작은말 앞에
( )	말끝이 변하는 모습	(여)	여린말
【 】	한자, 영문	(센)	센말
−	표제어 생략	(거)	거센말
⇨	참고 자료	(높)	높임말
(예)	예문	(낮)	낮춤말
[비]	비슷한 말, 같은 말	×	틀린 말 앞에
[반]	반대말, 맞선 말	<보기>	예를 보일 때
(본)	본디말	*	참고말 앞에
(준)	준말	〔 〕	참고적인 풀이나 강조할 때

국어 사전 찾는 법

① 먼저 '일러두기'를 읽어 둔다.

사전의 '일러두기'를 여러 번 읽어서 사전의 사용 방법을 알아두어야 한다. '일러두기'에는 그 사전에 실린 낱말의 풀이 방법 및 약속 부호 따위가 상세히 설명되어 있으므로, 그것을 잘 익혀 두어야만 사전을 능률적으로 활용할 수 있다.

② 낱말의 배열 순서를 익혀 둔다.

사전에 실려 있는 낱말들은 한글 자모(닿소리·홀소리)의 차례대로 실려 있다. 따라서, 어떤 말을 찾으려면 '첫소리⇨가운뎃소리⇨끝소리'로 나누어 찾아야 한다.

독 ┬ 첫소리 ………………… ㄷ(닿소리·자음)
　 ├ 가운뎃소리 ………… ㅗ(홀소리·모음)
　 └ 끝소리 ………………… ㄱ(닿소리·자음)

③ 찾고자 하는 말은 반드시 표준말로 찾는다.

큰 사전 따위에는 표준말이 아닌 사투리를 싣기도 하지만, 대개의 국어 사전에는 사투리가 실리지 않은 경우가 많다. 그러므로 찾고자 하는 낱말이 사투리일때에는 표준말로 고쳐서 그 뜻을 찾아야 한다.

<보기> 나래 ⇨ 날개

④ 찾고자 하는 말은 반드시 으뜸꼴로 찾는다.

1. '교수님께서', '학생들을' 같은 말은 '교수님', '께서', 또는 '학생', '들', '을'을 따로 떼어 가지고 찾아야 한다.
2. '간다', '갔다', '갑니다' 등은 으뜸꼴인 '가다'와, 그 말끝이 규칙적으로 변화되는 '-다', '-았-', '-다', '-ㅂ니다'를 찾아야 한다.
3. '높은', '넓은' 등은 '높다', '넓다'를 찾고, '-ㄴ', '-은'은 따로 찾아야 한다.
4. '먹는', '감으니' 등은 '먹다', '감다'를 찾아야 하고, '그어', '빨라' 등은 '긋다', '빠르다'를 찾아야 한다.
5. 그러나 이 사전에서는 교과서의 쓰임을 중심으로 엮었기 때문에 꼭 으뜸꼴로 실리지만은 않았다.

⑤ 자기가 알고자 하는 뜻을 찾는다.

낱말의 뜻이 여러 가지 일때에는 ①, ②, ③, …의 번호로써 그 뜻의 다름을 보였다. 그러므로, 자기가 찾고자 하는 낱말의 뜻을 선택하면 된다.

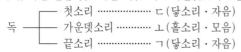

ㄱ(기역) ①한글 닿소리(자음)의 첫째 글자. ②'가장 쉬운 글자'의 비유.

가[1] ①일정한 넓이를 가진 물건의 바깥쪽 부분. ②어떤 것을 중심으로 한 그 주변. (예)냇가. [비]가장자리. [반]복판.

가ː[2] ①옳음. ②좋음. ③찬성함. [반]부. ④성적을 매기는 '수·우·미·양·가' 다섯 등급의 하나. 【可】

가[3] ①어떤 말 앞에 붙어서 임시적인 또는 가짜임을 나타내는 말. (예)가건물. ②'누구'라는 말에 붙어서 어떤 일을 하는 사람이나 동물이라는 것을 나타내는 말. (예)누나가 세수를 한다. (높)께서. 【假】

-가[4] ①그 방면의 일을 전문적으로 하는 사람을 나타내는 말. (예)소설가. 성악가. ②집안을 나타내는 말. (예)케네디가. ③어떤 것을 많이 갖고 있는 사람을 나타내는 말. (예)수집가. 【家】

가가 호ː호 집집마다. (예)가가 호호 방문하다. 【假家戶戶】

가감 ①덧셈과 뺄셈. ②더하거나 덞, 또는 그렇게 해서 알맞게 함. ③어떤 기준에 넘치거나 모자람. -하다. 【加減】

가감승제 더하기·빼기·곱하기·나누기의 계산. 【加減乘除】

가ː건물 임시로 지은 건물.

가ː게 ①규모가 작은 상점. ②길가나 장터 등에서 물건을 벌여 놓고 파는 집. (예)옷가게. [비]점포. 상점.

가격 물건 또는 상품의 값. (예)도매가격으로 팔다. [비]값.

가격 파괴 보통 알려진 값보다 훨씬 낮추어 값을 매기는 것.【價格破壞】

가격표[1] 값을 적어 팔 물건에 달아 놓은 쪽지. (예)청바지에 붙은 가격표를 보니 너무 비싸다.

가격표[2] 여러 가지 팔 물건의 값을 쉽게 볼 수 있게 적은 표. (예)가격표를 보고 음식을 주문했다.

가ː결 서로 의논하여 좋다고 인정하여 결정함. [반]부결. 【可決】

가ː결되다 제출된 의안이 다수의 찬성을 얻어 결정되다. (예)우리가 내놓은 안이 가결되다.

가경 아름다운 경치. [비]절경.

가계[1] 집안 살림을 꾸려 나가는 수입과 지출. 살림살이. 【家計】

가계[2] 대대로 이어 온 집안의 계통. (예)가계를 잇다. 【家系】

가계부 집안 살림의 수입과 지출을 적는 장부. 【家計簿】

가곡 ①노래. ②독창곡·중창곡·합창곡 따위의 성악곡.

가공 재료나 제품에 손을 더하여 새로운 물건을 만듦. -하다.

가공 무역 외국에서 수입한 공업 원

료로 제품을 만들어 다시 수출하는 일.

가공 식품 식품의 원료인 농산물·축산물·해산물 등을 손질하거나 다른 것을 넣어 더욱 맛있고, 먹기 편하고, 저장하기 좋게 만든 식품.

가공업 재료·제품 등에 손질을 더하여 새로운 물건을 만드는 일.

가:공하다 〔주로 '가공할'의 꼴을 써서〕 두려워할 만하다. ㉠가공할 무기를 만들다.

가:공할 두려워 할 만한. ㉠핵폭탄은 가공할 무기이다.

가:관 ①볼 만함. ②하는 것이나 모습이 비웃을 만함. 【可觀】

가:교[1] 임시로 놓은 다리. 【假橋】

가:교[2] 임금이 타고 다니던 가마. 말 두 필이 앞뒤에서 가마의 채를 메고 감. 【駕轎】

가교[3] ①건너질러 놓은 자리. ②다리를 놓음. 【架橋】

가구[1] 집안 살림에 쓰이는 물건. 특히 옷장·책상 따위를 이르는 말. 비세간. 【家具】

가구[2] 살림을 따로 하는 집의 수효. ㉠한 집에서 세 가구가 산다. 비세대. 【家口】

가구점 가구를 파는 가게. 【家具店】

가구주 한 가구의 주장이 되는 사람. 비세대주. 【家口主】

가극 배우가 대사의 전부 또는 일부를 노래로 부르면서 하는 연극. 오페라. 비악극. 【歌劇】

가금 집에서 기르는 닭·오리·거위 따위의 날짐승. 【家禽】

가:급적 될 수 있는 대로. ㉠가급적 빨리 와라.

가까스로 간신히. 애를 써서 겨우. ㉠가까스로 약속 시간을 맞추었다.

가까이 ①가까운 곳. 근처. ㉠우리집은 학교 가까이에 있다. ②남과 친하게. ㉠앞으로는 친구들과 더욱 가까이 지내야겠다. 반멀리. ③어떠한 기준에 거의 다다를 정도. ㉠형 혼자 주스를 절반 가까이 마셔 버렸다.

가까이하다 ①무엇을 늘 좋아하다. 즐기다. ㉠책을 가까이하다. ②누구와 친하게 지내다. ㉠아무도 그 아이를 가까이하려고 하지 않는다. 반멀리하다.

가깝다(가까우니, 가까워서) ①거리나 시간이 멀지 않다. ②친하다. ③성질·모양·내용 따위가 비슷하다. 반멀다.

가꾸다 ①식물이 잘 자라도록 보살펴 주다. ㉠나무를 가꾸다. ②꾸미다. 치장하다.

가끔 어쩌다가 한 번씩. 얼마쯤의 사이를 두고. 드문드문. 때때로. 비이따금. 반늘. 자주.

가끔가끔 여러번 가끔. ㉠전학 간 친구가 가끔가끔 생각난다.

가끔가다가 어쩌다가 가끔. ㉠가끔가다가 헤어진 친구 생각이 난다.

가나〖나라〗 아프리카 서쪽에 있는 나라. 수도는 '아크라'임. 【Ghana】

가나다순 한글의 '가, 나, 다…'의 차례에 따라 매기는 순서.

가난 살림살이가 넉넉하지 못함. 비빈곤. 반부유.

가난뱅이 가난한 사람을 낮추어 이르는 말. 반부자.

가내 ①한 집안. ㉠가내 안녕하십니까? ②가까운 일가. ③집의 안. ㉠가내 수공업. 【家內】

가내 수공업 간단한 기술과 기구를 사용하여 상품을 만들며, 집에서 운영하는 작은 규모의 공업. 비수공업. 반공장공업. 【家內手工業】

가냘프다(가냘퍼, 가냘퍼서) 가늘고 약하다. ㉠가냘픈 목소리. 비연약하다. 반억세다.

가녀리다 〔주로 '가녀린'의 꼴로 써

서] 가늘고 약하다. ㉠가녀린 손으로 밥을 짓다. ㊕가냘프다.

가누다 몸이나 정신을 가다듬어 바르게 하다.

가느다랗다[가느다라타] 길고 가늘다. ㊜굵다랗다.

가느스름하다 조금 가늘다. ㉠연주 눈썹은 가느스름하다.

가는귀먹다 작은 소리를 잘 듣지 못할 정도로 귀가 먹다.

가늘다(가느니, 가늘어서) ①굵지 않다. ㉠팔이 가늘다. ②소리가 작다. ㉠숨소리가 가늘다. ㊜굵다.

가늘디가늘다 몹시 가늘다. ㊜굵디굵다.

가늠하다 무엇에 미루어서 어떤 정도나 형편을 짐작하여 알다. ㉠그 건물은 가늠할 수 없을 만큼 높다.

가:능 될 수 있음. 할 수 있음. ㉠실천이 가능한 계획을 세워라. ㊜불가능. －하다. 【可能】

가:능성[가능썽] ①되거나 할 수 있는 요소, 또는 그 전망. ②할 수 있는 가망. ㉠성공할 가능성이 많다.

가다 ①목적한 곳을 향하여 움직이다. ㊜오다. ②떠나가다. ③세월이 흐르다. ④'죽다'의 낮춤말. ⑤맛이나 성질이 변하다. ㉠음식 맛이 가다. ⑥주름이나 금 따위가 생기다. ㉠유리에 금이 가다.

가다듬다[가다듬따] ①몸가짐이나 옷매무시를 바르게 하다. ②목소리를 잘 내려고 목청을 고르다. ③정신이나 마음을 바로 차리다.

가다랭이 다랑어 종류의 바닷물고기. 몸 길이는 약 1m가량. 주둥이가 뾰족하며 등은 검푸른색, 배는 은백색임.

가닥 한 군데에서 갈려 나간 낱낱의 줄. ㉠실 한 가닥.

가:단조 '가'음을 으뜸음으로 하는 단조.

가담 ①힘을 보태어서 도와 줌. ②한 편이 되어서 일을 같이 함. －하다. 【加擔】

가:당찮다 ①조금도 사리에 맞지 아니하다. ㉠가당찮은 요구. ②쉽게 당할 수 없을 만큼 대단하다. ㊔가당하지 아니하다.

가댁질[가댁찔] 아이들이 서로 잡으려고 쫓고 달아나는 장난. －하다.

가도 ①넓고 곧은 길. 가로. ②도시를 잇는 큰길. 【街道】

가동 사람이나 기계 등을 움직여 일함. ㉠엔진을 가동시키다. －하다.

가두 거리. 시가지의 길거리. ㉠가두 판매. 【街頭】

가두다 사람이나 짐승 따위를 드나들지 못하게 한 곳에 넣어 두다. ㉠죄인을 감옥에 가두다.

가두리 어장 강이나 바닥에 그물을 쳐서 그 안에서 물고기를 기르는 곳.

가드레일 큰 길 양쪽을 따라 차가 들어가지 못하게 길게 잇달아 낮게 세운, 쇠로 만든 울타리.【guardrail】

가득 꽉 차게. ㉠눈에 눈물이 가득 고였다.

가득차다 더 들어갈 수 없이 가득하게 되다. ㉠지하철은 사람들로 가득찼다.

가득하다[가드카다] ①꽉 차있다. ㉠상자에는 과일들이 가득했다. ②마음이나 기운이 잘 드러나 있다. ㉠근심이 가득한 얼굴. 〈그득하다.

가뜩 아주 꽉 차게. ㉠어머니는 밥을 그릇에 가뜩 담아 주셨다. 〉가득.

가뜩이나 그렇지 않아도 매우. ㉠가뜩이나 바쁜데 동생이 놀자고 조른다.

가뜬하다 ①보기보다 가볍다. ②홀가분하다. ㉠목욕을 하고나니 온몸이 가뜬하다. 〈거뜬하다. －히.

ㄱ

ㄱ

가라사대 말씀하시기를. 말씀하시되. (예)공자 가라사대. (낮)가로되.

가라앉다 ①뜬 것이 밑바닥에 내려 앉다. ②마음이 놓이다. ③조용해지다. (예)소란했던 교실 분위기가 차츰 가라앉다. (반)뜨다. (준)갈앉다.

가라앉히다[가라안치다] 가라앉게 하다. 차분하게 하다. (예)나는 마음을 가라앉히고 공부를 했다.

가라오케 악기로 직접 연주하지 않고 녹음했다가 반주를 틀어주는 기계. 【karaoke】

가라쿠니 신사 백제인의 후예인 기미마로 등이 일본 도다이사 경내에 세운 우리 조상의 신을 모신 곳.

가락[1] ①가늘고 길쭉하게 토막진 물건의 낱개. (예)엿가락. ②손이나 발의 갈라진 부분의 하나. (예)손가락.

가락[2] ①소리의 길이와 높낮이의 어울림. ②율동. ③몸에 밴 솜씨·재주·기분. (예)옛날 가락 그대로 남아 있다.

가락국 오늘날 경상 남도 김해 지방에 있었던 고대 국가(42~562). 김수로왕이 세웠는데, 뒤에 신라에게 망함. 일명 가야, 가락, 육가야. 【駕洛國】

가락국수[가락꾹쑤] 가락을 굵게 뽑은 국수의 한 가지.

가락엿[가랑녇] 둘레가 둥글게, 가늘고 길게 만든 엿.

가락지 손가락에 끼는 한 쌍의 고리. 보통 금·은·옥 따위로 만듦. (예)금가락지. (비)반지.

가랑가랑 ①물 같은 것이 그릇에 넘칠 듯이 차 있는 모양. ②눈에 눈물이 가득 괸 모양. <그렁그렁.

가랑비 가늘게 조금씩 내리는 비.

가랑이 ①끝이 갈라져 벌어진 부분. ②'다리'를 낮추어 이르는 말. (본)바짓가랑이. ×가랭이.

가랑잎[가랑닙] 저절로 떨어져 마른 넓은 나뭇잎. (비)낙엽.

가래[1] 흙을 떠서 옮기는 농기구로 보통 한사람이 자루를 잡고 두 사람이 양편에 서서 줄을 당겨 흙을 퍼던짐.

가래[2] 기침과 함께 토하여 내는 끈끈한 액체. 가래침. (예)거리에 가래를 뱉지 말자. (비)담.

가래질 가래로 흙을 퍼서 떠 옮기는 일. -하다.

가래떡 둥글고 길게 뽑아 알맞은 길이로 자른 흰 떡.

가래톳 허벅다리 언저리의 림프샘이 부어서 생긴 몹시 아픈 멍울. (예)가래톳이 서다.

가:량 수량을 대강 어림잡아서 나타내는 말. (예)야구장에 약 일 만명 가량의 관중이 모였다. (비)쯤. 정도. ×가령 【假量】

가려내다 ①잘잘못을 밝히어 내다. ②분간하여 추리다. (예)불량품을 가려내다.

가:련하다 ①가엾고 불쌍하다. ②모습이 동정심이 갈 만큼 애틋하다.

가렴주구 세금 따위를 혹독하게 거두고 백성들의 물건을 강제로 빼앗음. 【苛斂誅求】

가렵다(가려우니, 가려워서) 몸의 한 부분이 긁고 싶다. (예)등이 가렵다.

가:령 이를테면. 예를 들어 말한다면. (예)가령 내가 선생님 이라면….

가례 가정에서 치루는 관혼상제로 한 집안의 예법. 【家禮】

가로[1] ①좌우로 건너지른 상태, 또는 그 길이. (예)가로의 너비. (반)세로. ②옆으로 누운 모양 (예)가로눕다.

가로[2] 도시의 넓은 길. (비)가도.

가로놓이다[가로노이다] ①장애물이나 어려운 일이 앞을 막고 있다. (예)이번 공사를 하는 데에는 여러 가지 어려움이 가로놓여 있다. ②무엇이 옆으로 길게 있다. (예)도로에 가로놓인 구름다리.

가로대 ①가로지른 막대기. ②높이뛰기대에 가로놓인 막대기.

가로되 ①'가라사대'의 낮춤말. ②말하기를. 이르기를.

가로등 큰 도로나 주택가의 골목 길을 밝히기 위해 높게 달아 놓은 전등. ㊟가등. 【街路燈】

가로막 젖먹이 동물의 가슴과 배부분 사이에 있는 힘살로, 호흡하는데 중요한 구실을 하며, 토하거나 대소변을 볼때 배에 힘을 주는 구실도 함. 비횡경막.

가로막다[가로막따] ①앞을 가로질러 막다. ㉩길을 가로막다. ②옆에서 무슨 일을 못하게 하다. ㉩회의 진행을 가로막다.

가로맡다[가로맏따] 남의 할 일을 모두 맡아 하다. ㉩누나가 엄마의 병 간호를 가로맡아 해 왔다.

가로무늬근 눈·혀·귀 등을 움직이게 하는 힘살로, 많은 가로무늬를 갖고 있는 근육.

가로세로 가로와 세로로. 또는 이리저리. ㉩고양이가 화단을 가로세로 파헤쳤다.

가로수 큰길의 양쪽 가에 줄지어 나란히 심은 나무. 【街路樹】

가로쓰기 글자들을 왼쪽에서 오른쪽으로 연달아 쓰는 것. 반세로쓰기.

가로젓다(가로저으니, 가로저어서) 반대하는 뜻으로 고개를 좌우로 흔들다. 반끄덕이다.

가로줄 가로 방향으로 그은 줄. 반세로줄.

가로지르다(가로지르니, 가로질러서) 한쪽에서 다른 쪽으로 건너서 길고 곧게 뻗다. ㉩마을 사람들은 개천을 가로지르는 다리를 만들었다.

가로채다 남이 가진 것을 옆에서 채서 빼앗다. ㉩상대편의 공을 가로채다.

가로축 좌표 평면에서 가로로 놓인 직선. 반세로축.

가로획 글자 쓰기에서 가로로 긋는 획. 반세로획.

가루 부스러져 잘게 된 낟알. ㉩콩가루. 비분말.

가루받이[가루바지] 수꽃술의 꽃가루가 암꽃술의 머리에 붙어서 암수가 합쳐지는 일.

가루비누 빨래를 할 때에 쓰는 가루로 된 비누.

가루 식품 떡·빵·국수 등 가루를 이용하여 만든 식품.

가루약 가루로 되어 있는 약.

가르다(갈라, 갈라서) ①쪼개다. 나누다. ②시비를 판단하다.

가르마 머리털을 양쪽으로 갈라 빗을 때에 생기는 금. ㉩가르마를 타다.

가르치다 ①지식·기술 등을 알게 하다. ㉩영어를 가르치다. ②도리나 올바른 일을 깨닫게 하다. ㉩자식의 도리를 가르치다.

> **가르치다'와 '가리키다'의 차이**
>
> • **가르치다** 무엇을 알도록 일러 주는 것. ㉩수학좀 가르쳐 줘.
>
> • **가리키다** 무엇이 있는 곳을 알려 주는 것. ㉩손가락으로 북쪽을 가리키다.

가르침 ①가르쳐 알게 하는 일. ②가르치는 내용. 비교훈.

가르키다 ①'가르치다'의 잘못. ②'가리키다'의 잘못.

가름하다 좋고 나쁨, 옳고 그름, 이기고 짐을 분명하게 드러나게 하다. ㉩이번 골은 승패를 가름하는 중요한 것이었다.

가리개 두 폭으로 만들어진 병풍.

가리다[1] ①여럿 가운데서 골라내다. ㉩우수 선수를 가리다. ②어린아이가 낯선 사람을 대하기 싫어하다. (예)낯을 가리다.

ㄱ

가리다[2] 바로 보이거나 통하지 않도록 막다. (예)창문을 가리다.

가리마 ⇨가르마.

가리키다 말·표정·동작으로 어떤 곳을 알려주다. (예)손가락으로 칠판을 가리키다. ×가르키다.

가마[1] 숯·질그릇·기와·벽돌 등을 구워 만드는 시설.

가마[2] '가마니'의 준말. (예)쌀 한 가마. (본)가마니.

가마[3] 정수리에 소용돌이 모양으로 난 머리털. (예)쌍가마.

가:마[4] 지난날 탈 것의 하나로 사람을 태우고 앞 뒤에서 멜빵을 걸어 메고 다님. (예)가마타고 시집가다.

[가마[4]]

가마[5] '가마솥'의 준말.

가마니 곡식·소금 등을 담는 짚으로 엮어 만든 자루. (준)가마.

가마솥 크고 우묵한 솥. (준)가마.

가마우지 깃이 검으며 윤이 나고 한 곳에 모여 살며, 물고기를 잘 잡기 때문에 길들여서 물고기 잡는데 쓰는 큰 바다 물새.

가만 ①그냥 그대로. (예)나 좀 가만 내버려둬! ②〔남의 말이나 행동을 잠시 멈출 때 써서〕 잠깐만. (예)가만, 무슨 소리가 들리는 것 같은데.

가만가만 아주 조용하게. 가만히 가만히. (예)엄마는 잠든 아기가 깰까봐 가만가만 걸었다. (비)살금살금.

가만두다 건드리지 않고 그대로 두다. (예)붙잡기만 하면 가만두지 않을 테다.

가만있자[가마닏짜] 떠오르지 않는 생각을 머릿속으로 더듬어 볼 때 뜻없이 쓰는 말. (예)가만있자, 저 친구 이름이 뭐더라.

가만히 ①움직이지 않고 말없이. (예)너는 왜 가만히 앉아만 있니? ②드러나지 않게 조용히. 살그머니. (예)나는 가만히 문을 닫고 집을 나섰다.

가:망 이룰 수 있을 듯한 바람. (예)회복될 가망이 보인다. 【可望】

가:망성 어떤 일이 이루어질 것을 바랄 수 있음. 희망을 가질 수 있는 것. (예)우리 팀이 최선을 다한다면 이길 가망성이 있다.

가맹 동맹이나 연맹에 가입함. (예)가맹 단체. －하다. 【加盟】

가:면 ①나무·종이·흙·따위로 만든 얼굴의 형상. (비)탈. ②진실을 숨기고 거짓으로 꾸미는 일을 빗대어 이르는 말. 【假面】

가:면극 연기자들이 가면을 쓰고 하는 연극. 우리 나라의 〈봉산탈춤〉 따위가 가면극에 속함.

가:명 본이름이 아닌 거짓 이름. (반)실명·본명 【假名】

가무 노래와 춤. 노래를 부르고 춤을 춤. 【歌舞】

가무스름하다 조금 검다. (예)얼굴이 가무스름하다. (준)가뭇하다. (센)까무스름하다. ＜거무스름하다.

가무잡잡하다[가무잡짜파다] 얼굴빛깔이 조금 검다. (예)수빈이의 피부는 가무잡잡하다.

가문 ①집안과 가까운 살붙이. ②대대로 내려오는 그 집안의 사회적인 신분이나 지위. (예)가문이 좋다.

가문비나무 소나무과의 늘푸른 큰키나무. 잎은 바늘 모양으로 높이가 40m이상 자라며 건축·펄프 재료로 쓰임.

가물 ⇨가뭄.

가물가물 ①멀리 있는 불빛이나 물체가 보일 듯 말 듯 희미하게 움직이는 모양. ②정신이나 기억이 오락가락하는 상태.

가물거리다 ①모습이나 불빛 같은 것이 사라지거나 꺼질 듯 말 듯하다. [예]바람 때문에 촛불이 가물거린다. ②정신이 맑지 못하고 희미하게 되다. [예]가물거리는 의식 속에서 비명 소리를 들었다.

가물다 비가 오래도록 오지 않아 땅이 메마르게 되다.

가물치 가물치과의 민물고기. 몸길이는 60cm 가량. 진흙 있는 물에서 살며 몸이 둥글고 비늘은 뱀의 비늘과 비슷하며, 성질이 사나움.

[가물치]

가뭄 오랫동안 비가 오지 않는 날씨.

가미 ①음식에 다른 식료품이나 양념 등을 넣어서 맛이 더 나게 함. ②어떤 것에 다른 것을 더 넣거나 곁들이는 일. -하다. 【加味】

가:발 머리털로 여러가지 머리 모양을 만들어 쓰는 본래의 자기 머리가 아닌 가짜 머리.

가방 가죽·비닐·천 등으로 만들어 물건을 넣어 들고 다니게 만든 용구.

가:변 사물의 형상이나 성질이 고쳐지거나 달라질 수 있음. [반]불변.

가변 차선 자동차가 많이 다니는 길에서 교통의 많고 적음에 따라 중앙선이 임시로 바뀌는 차선.

가볍다 ①무겁지 않다. ②경솔하다. [예]입이 가볍다. ③홀가분하다. [반]무겁다.

가보 대대로 전해 오는 한 집안의 보물. 【家寶】

가:봉[1] 양복 따위를 지을 때 먼저 몸에 잘 맞는가를 보기 위하여 대강 시침질하여 보는 바느질. 시침바느질. 【假縫】

가:봉[2] 〖나라〗 아프리카 서쪽 적도 부근에 있는 나라. 석유·우라늄 등 지하 자원이 풍부함. 수도는 리브르빌. 【Gabon】

가:부 ①옳고 그름. ②표결에서의 찬성과 반대. [예]투표로 가부를 결정한다. 【可否】

가:부간 옳거나 그르거나. 아무러하든지. [예]더 미루지 말고 가부간 결정을 내자. 【可否間】

가부장제 한 집안의 남자 어른이 가족의 지배권을 행사하는 가족 제도. 【家父長制】

가부좌 두 다리를 구부려 두 발을 각각 양쪽 허벅지 위에 올려 놓거나 한쪽 발을 놓고 앉는 자세.

가:분수 산수에서 분자와 분모가 같거나, 분자가 분모보다 큰 분수. [반]진분수. 【假分數】

가:불 앞으로 받을 임금이나 봉급의 일부를 미리 앞당겨 받는 것. 【假拂】

가빠지다 힘에 겨워 숨쉬기가 어려워지다. [예]산에 오를수록 숨이 가빠진다.

가뿐하다 ①들기 좋을 만큼 가볍다. ②몸이 가볍다. [예]목욕을 하고 나니 몸이 가뿐하다.

가쁘다 ①숨이 차다. [예]빨리 달려왔더니 숨이 가쁘다. ②힘에 겨워 어렵고 괴롭다.

가사[1] ①집안의 살림살이에 관한 일. [예]가사 실습. ②살림을 꾸려 나가는 일. 【家事】

가사[2] 노래의 내용이 되는 글. [반]곡조. 【歌詞】

가사[3] 스님이 장삼 위에 왼쪽 어깨에서 오른쪽 겨드랑이 밑으로 걸쳐 입는 옷. 【袈裟】

가사 노동 가정 주부들의 손에 의한 취사·교육·아이돌보기·청소·세탁 등의 노동.

ㄱ

ㄱ

가사 재판 가족이나 친족 간의 소송 사건에 대해 가정 법원이 하는 재판. 가사 심판.

가산[1] 이미 있는 수에 다른 수를 더 하는 것. ㉠이자를 가산하다. ㊕합산. ㊔감산. －하다. 【加算】

가산[2] 한 집안의 재산. ㉠가산을 탕진하다. 【家産】

가:상 실제로는 없는 것을 있는 것처럼 미루어 생각함. －하다.

가:상도 어떤 일이 벌어지는 모습을 상상하여 그린 그림. ㉠귀주 대첩 가상도. 【假想圖】

가상하다 윗사람이 보기에 착하고 기특하다. ㉠성실하게 일하는 부하 직원이 가상하다.

가:석방 교도소에 갇힌 사람이 잘못을 뉘우치고 반성하는 빛이 뚜렷할 때 미리 석방하는 일. 가출옥.

가:설[1] 건너질러 설치하는 일. ㉠선로를 가설하다. －하다. 【架設】

가:설[2] 임시로 지은 것. ㉠가설 무대. －되다. －하다. 【假設】

가:설[3] 어떤 사실을 설명하기 위하여 임시로 이용하지만, 아직 확실하게 증명이 되지 않은 이론. 【假說】

가섭원〖지명〗 동부여의 도읍지. 지금의 북만주 장춘 부근에서 발전한 부여가 도읍을 이곳으로 옮기며 동부여라고 함.

가:성 성악에서 목소리를 한 음정 높여서 가늘게 내는 소리.

가세[1] 그 집 살림살이의 정도. 집안의 형세. ㉠가세가 형편없다. 【家勢】

가세[2] 힘을 보탬. 거듦. ㊕합세. 가담. －하다. 【加勢】

가소롭다(가소로우니, 가소로워) ① 대수롭지 아니하여 우습다. ②우습고 아니꼽다.

가속 속도를 더함, 또는 더해진 그 속도. ㊔감속. －하다.

가속도 시간이 갈수록 점점 더 빨라지는 속도. 【加速度】

가솔 집안 식구. 【家率】

가솔린 석유를 증발시켜서 만든 기름. 자동차·비행기의 연료로 쓰임. 휘발유. 【gasoline】

가수 노래 부르는 것을 직업으로 하는 사람. 【歌手】

가:수요 실지로 당장 쓰려는 것이 아니고 물가가 오를 것을 예상하고 미리 준비해 두려는 수요. ㊔실수요.

가스 ①기체로 된 물질. ②등불·땔감으로 쓰이는 기체. 【gas】

가스레인지 가스를 태워서 음식물을 데우고 익히는 기구. 【gas range】

가스 중독 독이 있는 가스를 마셔서 몸에 탈이 생기는 것. ㉠연탄 가스 중독.

가스총 가스를 세게 내뿜어 상대를 공격하는 총.

가슴 ①배와 목 사이의 부분. ②마음. ㉠가슴이 두근거리다.

가슴둘레 가슴에서 잰, 몸통의 둘레 길이. ㊕흉위.

가슴뼈 가슴의 양쪽 한복판에 있는 뼈. ㊕흉골.

가슴앓이 가슴 속이 답답하고 아픈 병. ㉠엄마는 가슴앓이로 고생하고 있다.

가슴지느러미 물고기의 가슴 양쪽에 붙은 지느러미.

가시 ①식물의 줄기나 잎에 바늘처럼 돋은 것. ㉠장미 가시. ②생선의 잔뼈. ㉠생선 가시. ③미운 사람을 빗대어 이르는 말. ㉠눈엣가시.

가시고기 등은 검은 회색, 배는 연한 흰색인 작은 바닷물고기. 등의 지느러미 앞부분이 톱날 같은 가시로 되어 있음. 수컷이 지은 둥근 집에 알을 낳아 새끼를 기름.

가시나무 가시가 많이 돋아 있는 나무.

가시다 ①어떤 기운이 없어지다. ㉠

아픔이 가시다. ②입 속을 물로 깨끗이 씻어 내다. 예식사 후 입안을 가시다.

가시덤불 가시가 많고 가지가 빽빽한 작은 나무.

가시밭길 ①가시덤불이 뒤얽혀 있는 험한 길. ②어렵고 괴로운 일이 겹쳐서 힘든 상황.

가:식 거짓으로 꾸밈. 예가식이 없는 행동. 반진실. 【假飾】

가신 권세 있는 집안에 딸려 그 주인을 아주 가까이 섬기고 따르는 사람. 【家臣】

가야〖나라〗 신라 유리왕때 김수로왕의 6형제가 세운 여섯 나라. 신라 진흥왕때 망함. 가락국. 【伽倻】

가야금 신라 때 우륵이 만들었다는 12개의 줄이 있는 현악기의 한 가지. 오동나무 공명관 위에 열 두줄을 세로 매어 각줄마다 기러기발을 세우고 손가락으로 뜯음.

[가야금]

가야산 경산 남도와 경상 북도 사이에 있는 산. 국립 공원의 하나로 해인사·황계 폭포 등이 있음.

가업 한 집안에 대대로 이어 내려오는 직업. 또는 한 집안에서 전문적으로 하는 직업. 【家業】

가:없다 그지 없다. 끝없다. 예가없는 사랑. 본가이없다.

가:연성 불에 잘 타기 쉬운 성질.

가열 ①어떤 것에 더운 기운을 줌. ②열이 더 세게 나도록 함. 반냉각. -하다. -되다. 【加熱】

가열되다 ①뜨거운 기운이나 열이 더해지다. 예오븐이 가열된 후에 재료를 넣는다. ②어떤 상황이 더욱 심해지다. 예백화점들의 판매 경쟁이 가열되고 있다.

가열 살균 열을 가하여 미생물을 죽이는 일.

가열장치 물체에 열을 가하도록 만든 장치.

가열하다 불을 붙여서 뜨거운 기운을 더하다.

가:엾다 딱하고 불쌍하다. 가엽다. 예부모없는 고아들이 가엾다.

가오리 바닷물고기의 하나. 몸이 넓적하고 꼬리가 길며, 독이 있는 뿔이 있어 쏘이면 매우 아픔. 주로 바다 밑바닥에서 삶. 홍어·흰가오리 등을 모두 일컫는 말.

[가오리]

가오리연 가오리 모양으로 만든 연.

가옥 사람이 사는 집. 비집.

가외 일정한 기준이나 한도 이외. 예가외로 돈이 더 들었다.

가욋일[가윈닐] 필요한 이외의 일. 예가욋일로 용돈을 벌다.

가요 가락을 붙여서 부르는 노래. 민요·동요·유행가 등을 통틀어 이르는 말. 예대중 가요. 【歌謠】

가요계 대중 가요에 관련된 사람들의 사회. 【歌謠界】

가요제 여러 사람이 가요 잘 부르기를 겨루는 큰 모임. 예대학 가요제. 【歌謠祭】

가용 ①집안의 살림에 드는 돈. ②집안에서 쓰는 것. 【家用】

가:용성 액체에서 녹을 수 있는 성질〔물에서 소금·설탕이 녹는 일 따위〕. 반불용성. 【可溶性】

가운[1] 집안의 운수. 예사업이 실패하여 가운이 기울다. 【家運】

가운[2] 의사·이발사·신부·판사·검사 등이 입는 위생복이나 법복 따위의 긴 겉옷. 【gown】

가운데 ①끝이나 가장자리가 아닌 부분. ②둘의 사이. ③중앙 부분. 중심. ④'한가운데'의 준말.

가웃[가운] 한 되 또는 한 자의 반. ㊀옷감의 길이가 두 자 가웃 된다.

가위[1] 옷감·종이·머리털 따위를 자르거나 오리는 데 쓰이는 기구.

가위[2] 옛날부터 전해 오는 우리 나라 명절의 하나로, 음력 8월 15일. 추석. 한가위.

가위[3] 자다가 무서운 꿈을 꾸면서 제 몸을 맘대로 놀리지 못하여 몹시 답답한 것. ㊀가위에 눌리다.

가위바위보 여럿이 각각 손을 펴서 '보'를 만들고, 두 손가락을 내어 '가위'를 만들고, 주먹을 쥐어 '바위'를 만들어, 차례나 이기고 지는 것을 정하는 일. '가위'는 '보'를 이기고 '보'는 '바위'를 이기고 '바위'는 '가위'를 이김.

가위질하다 헝겊·종이·머리카락 따위를 가위로 자르거나 오리다.

가위표 틀린 것 따위를 나타낼 때 쓰는, 펴 놓은 가위 모양의 표시. ※기호 '×'의 이름.

가을 한 해의 네 철 중 셋째 철. 입추에서 입동까지의 기간. *네 철은 봄·여름·가을·겨울.

가을걷이[가을거지] 가을에 곡식을 거두는 일. ㊇추수. ㊆갈걷이. -하다.

가을밤 서늘한 바람과 환한 달 따위로 가을 기분이 드는 밤.

가을보리 가을에 씨를 뿌려 이듬해 첫 여름에 거두는 보리. ㊆갈보리. ㊉봄보리.

가을뿌림 가을에 씨를 뿌리는 일.

가을철 가을이라는 철.

가이드 ①관광이나 여행에서 안내를 맡은 사람. ②안내 책자. 【guide】

가이없다 끝없다. 한이 없다. ㊀어머님의 은혜는 가이없다. ㊆가없다.

가인[1] 노래를 잘 부르거나 잘 짓는 사람. ㊇가객. 【歌人】

가인[2] 용모가 아름다운 여자. 【佳人】

가일층 한층 더. 더욱 더. ㊀가일층 노력하여라.

가입 단체나 조직 따위에 들어감. ㊀유엔에 가입하다. 보험에 가입하다. ㊉탈퇴. -하다. 【加入】

가입자 어떤 조직이나 단체에 들어간 사람. 【加入者】

가자미 바닷물고기의 하나. 몸이 위아래로 납작하고 두 눈이 오른쪽에 몰리어 붙어 있으며, 주로 바다 밑바닥에 삶.

[가자미]

가작 ①잘된 작품. ②당선에 버금가는 작품 ㊀미술 대회에서 가작으로 입선하다.

가장[1] 집안의 어른. 【家長】

가장[2] 여럿 가운데서 어느 것보다도 으뜸이 되는 것. ㊀가장 귀한 물건. ㊇제일.

가:장[3] 거짓으로 꾸밈. ㊀암행어사가 거지로 가장하다. -하다. 【假裝】

가:장자리 물건의 둘레. 물건의 가를 이룬 선. ㊀책상의 가장자리. ㊉가운데.

가:재[1] 게와 새우 중간 모양으로 개울 상류의 돌 밑에 사는 동물. 뒷걸음질하는 특성이 있음.

[가재[1]]

가재[2] ①집안의 재물이나 재산. ②집안에서 쓰는 세간. 【家財】

가재 도구 집안 살림에 쓰이는 여러 가지 물건. ㊇세간.

가전 제품 가정용 전기 제품으로 냉장고·선풍기·텔레비전·라디오 따위.

가절 좋은 시절. 좋은 명절. ㉠중추 가절. 【佳節】
가정[1] 가족이 함께 어울려서 살아가는 사회의 가장 작은 집단. ㉠가정 생활. 【家庭】
가:정[2] ①임시로 정함. ②사실이 아니거나, 사실인지 아닌지 아직 분명하지 않은 것을, 어떤 논리를 펴 나가기 위하여 사실인 것처럼 받아들이는 것. 비가설. －하다. 【假定】
가정 교사 일정한 돈을 받고 남의 집에 가서 공부를 가르치는 사람.
가정 교육 가정에서 알게 모르게 집안 어른들의 일상 생활을 통해 받는 가름침.
가정 법원 가정에 관계되는 사건과 소년 범죄를 심판·조정하는 하급 법원.
가정부 일정한 돈을 받고 남의 집안 살림을 돌보아 주는 여자.
가정 상비약 집안에서 응급 치료에 쓰기 위하여 항상 준비해 두는 약품.
가정 의례 준칙 〔결혼·제사·장례·등의〕 가정에서 치르는 예식의 절차와 기준을 정한 규칙. 1973년에 생겼음.
가정적 가정 생활에 충실한 것. ㉠아버지는 매우 가정적이신 분이시다.
가정 주부 한 가정의 살림을 맡아서 하는 여자.
가정집 가족이 생활하는 집.
가정 통신 교육의 효과를 위하여 교사와 학부모 간에 서로 소식이나 정보를 주고 받는 일, 또는 그러한 문서.
가:정하다 사실이 아니지만, 만일 그것이 사실이라면 어떻게 될지를 알아보려고 사실인 것처럼 생각하다. ㉠공기가 없다고 가정해 보자.
가:제 무명실로 성기게 짠 흰 헝겊을 소독한 것으로 외과에서 많이 씀. 거즈. 【Gaze】
가져가다[가저가다] 어떤 물건을 다른 데로 옮기다. ㉠우유를 가져가 냉장고에 넣어라.
가져오다[가저오다] ①어떤 결과가 생기게 하다. ㉠전신기의 발명은 통신 방법에 커다란 혁명을 가져왔다. ②무엇을 다른 곳으로 움직이다. ㉠남의 물건을 그냥 가져오면 안된다. 반가져가다.
가족 부모와 자식·부부 등의 관계로 맺어져 한 집안에서 생활을 같이 하는 사람들. ㉠가족 사진. 비식구. 【家族】
가족 계획 자녀의 수를 계획적으로 조정하는 일.
가족 관계 ①가족들 서로의 관계. ㉠단란한 가족 관계를 위해서 부모와 자식 간의 대화가 필요하다. ②가족에 관련된 일. ㉠가족 관계를 조사하다.
가족 신문 식구들에 관한 일을 기사로 실은 한 식구끼리 만든 신문.
가족애 가족간에 서로 사랑함.
가족원[가조권] 가족을 이루는 각 사람. 【家族員】
가족 제도 한 사회에서 가족을 이루게 하는 일정한 제도〔대가족·소가족 제도 등〕.
가족 회의 집안의 중요한 문제에 대해 의논하기 위한 가족 모임.
가죽 ①짐승의 껍질. ②짐승의 껍질을 손질하여 만든 물건. ㉠가죽 지갑.
가중 ①더 무거워짐. 더 무겁게 함. ㉠세금이 가중되다. ②죄가 더 무거워짐. 형벌을 더 무겁게 함. 반경감. －하다. 【加重】
가:증 얄밉고 괘씸함. 밉살스러움. －스럽다. 【可憎】
가지[1] ①식물의 원줄기에서 갈라져 뻗은 줄기. ㉠소나무 가지. ②근원

에서 갈라져 나간 것을 빗대어 이르는 말. (예)대수학은 수학의 가지이다.

가지[2] 사물을 종류별로 구별하여 헤아리는 말. (예)세 가지 방법. (비)종류.

가지[3] 가지과에 속하는 한해살이 식물의 하나로, 줄기는 60~100cm 정도이며, 여름부터 가을에 걸쳐 자줏빛 열매를 맺음. 열매는 반찬으로 먹음.

[가지[3]]

가지가지 여러 가지. 여러 종류. 가지각색. (예)사람의 성격도 가지가지다. (준)갖가지.

가지각색 온갖 색깔. 여러 가지 모양. (예)지방마다 풍습도 가지각색이다. (비)가지가지 · 각양각색.

가지다 ①몸에 지니다. ②손에 쥐다. ③제 것이 되게 하다. (반)버리다. ④소유하다.

가지런하다 여럿의 끝이 고르다. (예)하얀이가 가지런하다. 가지런히.

가지런히 들쭉날쭉하지 않고 고르게. (예)신발장에 신발이 가지런히 놓여 있다.

가지접붙이기 접붙이기의 하나. 대목에 접순이나 접눈을 붙여 나무를 번식시키는 방법.

가지치기 과일 나무나 식물의 모양을 고르고, 생산을 늘리기 위해 나무의 가지를 잘라 주는 일.

가짓수[가지쑤] 여러 종류를 하나씩 다 센 수. (예)가위바위보를 할 때, 한 사람이 낼 수 있는 경우의 가짓수는 가위, 바위, 보의 3가지이다.

가:짜 ①거짓으로 만든 것. (예)가짜 참기름. ②참이 아닌 것을 참인 것처럼 꾸밈. 사이비. (예)가짜 형사. (반)진짜.

가:차없이[가차업씨] 조금도 사정을 보아주거나 주저함이 없이. (예)가차없이 처벌하다.

가:책 자기가 저지른 잘못을 마음속으로 깨달아 뉘우치는 것. (예)양심에 가책이 되다. -하다.

가축 소·말·양·돼지 등과 같이 집에서 기르는 짐승. (비)집짐승.

가축 병원 집에서 기르는 짐승들의 질병을 치료하는 병원.

가출 집에서 뛰쳐 나옴. (예)가출한 어린이를 보호하자. 【家出】

가치 ①값어치. 값. ②귀중하게 여길 만한 성질이나 중요한 것. (예)자원봉사는 가치 있는 일이다.

가치관 사람이 자신을 포함한 세계나 만물에 대하여 가지는 평가의 근본적인 태도나 생각. (예)우리에겐 지금 가치관의 확립이 필요하다.

가:칭 임시로 지은 이름. 【假稱】

가:타부타 옳다느니 그르다느니. 좋다거나 싫다거나. (예)가타부타 말이 없어 답답하다.

가택 사람이 사는 집. 【家宅】

가톨릭 천주교나 천주교도. (예)가톨릭 신자. ×카톨릭. 【Catholic】

가파르다(가파르니, 가팔라서) 몹시 비탈지다. (예)산이 매우 가파르다.

가:표 찬성표. (예)가표를 던지다. (반)부표. 【可票】

가풍 집안에 전하여 내려오는 독특한 풍습이나 범절. 【家風】

가필 ①붓을 대어 글씨를 고침. ②글이나 그림의 일부를 고쳐 써 넣거나 지움. -하다.

가하다 어떤 힘이나 영향을 미치거나 주다. 힘을 더하다. (예)상대방이 공격을 가해 왔다.

가해 ①남에게 손해를 끼침. ②남에게 상처를 나게함. (예)가해자. (반)피해. -하다. 【加害】

가해자 손해를 끼치거나 상처를 입힌 사람. 【加害者】

가호 하늘이나 신이 보살피고 돌보는 것. (예)신의 가호가 있기를. -하다. 【加護】

가:혹 매우 까다롭고 혹독함. (예)가혹한 탐관오리. 가혹한 형벌. -하다.

가화 만사성 집안이 화목하면 다른 모든 일이 다 잘 되어 나간다는 뜻. 【家和萬事成】

가훈 집안 어른들이 자녀들에게 주는 교훈. (예)우리 집의 가훈은 '사랑'이다. 【家訓】

가:히 넉넉히. 충분하게. (예)군인들의 용맹은 가히 칭찬할 만하다.

각[1] ①모난 귀퉁이. ②두 직선의 끝이 서로 만나는 곳. ③'각도'의 준말. 【角】

각[2] ①각각의. 따로따로의. 낱낱의. (예)각 개인. ②여러. 모든. 【各】

각각 따로따로. 제각기. (예)각각 제자리로 돌아가다. 【各各】

각계 사회의 여러 방면. (예)각계의 저명 인사가 다 모였다.

각계 각층 사회 각 방면의 여러층. (예)각계 각층의 여론.

각고 고생을 참으며 몹시 애씀.

각골난망 은혜나 고마움이 뼈에 새겨져 잊혀지지 않음. 【刻骨難忘】

각광 ①무대 앞에서 배우의 몸을 비추는 광선. ②사회의 눈을 끄는 일. (예)선수로서 각광을 받다.

각국 각 나라. (예)세계 각국의 발명품 전시회가 열리다. 【各國】

각기 저마다. 각각. (예)모양이 각기 다르다.

각기둥 밑면은 다각형이고, 옆면의 모양은 직사각형이나 정사각형인 다면체.

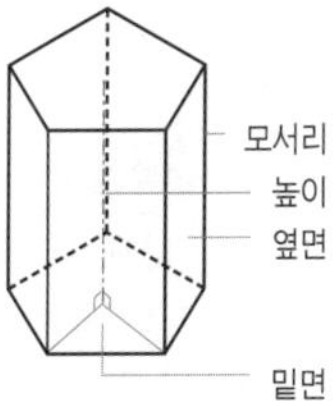

[각기둥]

각기병 다리가 붓고 숨이 가쁘며 몸이 나른하게 되는 병. 비타민 비(B)의 부족으로 생김.

각도 ①수학에서, 각의 크기. (준)각. ②사물을 대하고 생각하는 관점. (예)사람들마다 문제를 보는 각도가 조금씩 다르다. [비]시각. 【角度】

각도기 각의 크기를 재는 기구. 분도기. 【角度器】

각료 내각을 구성하고 있는 각부 장관. [비]국무 위원.

각막 눈알 앞쪽 중앙에 있는 둥근 접시 모양을 한 투명한 막. 안막.

각목 둘레를 네모지게 만든 긴 목재.

각박 ①성질이 모나고 인정이 없음. (예)각박한 세상. ②아주 인색함. -하다. 【刻薄】

각별 유달리 특별함. (예)각별한 사이. -하다. -히. 【各別】

각별히 특별한 관심을 가지고. (예)오늘은 각별히 주의해서 전화를 받아라.

각본 영화나 연극 등의 무대 장치. 배우의 움직임. 대사 등을 적은 글. [비]대본. 극본.

각뿔 밑면은 다각형이고, 옆면은 삼각형인 입체 도형.

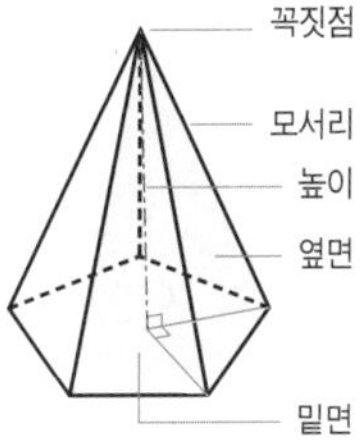

[각뿔]

각색[1] ①각각의 빛깔. ②여러 가지 종류. (예)가지 각색의 나물. [비]각종. 【各色】

각색[2] 소설이나 시 등을 극본이나 시나리오로 고쳐쓰는 일. -하다. 【脚色】

각서 ①상대국에 대하여 자기 나라의 희망이나 의견 등을 적은 간단한 외교 문서. ②상대편에게 약속하는 내용을 적어주는 문서.

각선미 여자 다리의 곡선에서 느끼는 아름다움.

각설이[각써리] 사람이 많이 모이는 장터나 잔치 마당에서 긴 타령을 부르는 떠돌이 노래꾼.

ㄱ

각설탕 설탕을 굳게 뭉쳐서 조그만 육면체로 모가 지게 만든 것.
각성 자기의 잘못을 깨달아 정신을 차림. 예잘못에 대해 각성하는 기색이 역력하다. -하다.
각성제 신경을 자극하여 잠이 오는 것을 억제하는 약.
각시 ①갓 시집온 색시. ②새색시 모양으로 만든 여자 인형.
각시탈 젊은 여자의 얼굴을 닮게 만든 탈.
각양 여러 가지 모양. 【各樣】
각양 각색 여러 가지. 예각양 각색의 물건. 【各樣各色】
각오 미리 마음 속으로 단단히 정함. 예죽을 각오로 싸우다. -하다.
각자 각각의 자신. 예각자 맡은 바 책임을 다하여라. 【各自】
각재 통나무를 길게 네모지게 켜낸 재목. 【角材】
각저총 만주 지안현 퉁거우에 있는 고구려 때의 무덤. 무덤 벽에는 씨름을 하는 남자들의 그림이 있음.
각종 여러 종류. 갖가지. 예각종 경기가 화려하게 열리다. 【各種】
각지 각 지방. 비각처. 【各地】
각질 딱딱하게 굳은 피부. 【角質】
각처 여러 곳. 방방곡곡. 예각처에서 불우 이웃 돕기의 성금을 보내 왔다. 비각지. 【各處】
각축 서로 이기려고 승부를 다툼. 경쟁함. -하다. 【角逐】
각축장 각축을 벌이는 곳. 승부를 겨루는 곳. 【角逐場】
각하 높은 자리에 있는 사람을 존경하여 일컫는 말. 예대통령 각하. 【閣下】
각혈 폐결핵 따위로 피를 토함. 객혈. 【咯血】
각황전 전라남도 구례군 화엄사에 있는 불전. 우리 나라 제일의 목조 건물로 국보 67호임. 【覺皇殿】
간[1] 짠맛의 정도. 예음식의 간을 맞추다.
간[2] 동물의 내장으로 핏속의 해로운 물질을 걸러내며 쓸개즙을 만들고 영양분을 저장하는 등의 역할을 하는 중요한 기관. 【肝】
간[3] ①어떤 관계가 있는 사람이나 단체 따위의 사이를 나타내는 말. 예부부간에도 지켜야 할 예의가 있다. ②어떤 두 장소 사이의 간격이나 거리를 나타내는 말. 예지역간. 다년간. 【間】
간:간이 [간가니] ①드문드문. 이따금. ②때때로. 틈틈이. 예숲속에서 간간이 새의 울음 소리가 들린다. 비가끔. 때때로. 이따금. 준간간.
간간하다 입맛이 당기면서 약간 짠 듯하다. ‹건건하다.
간격 ①서로 떨어져 있는 것들의 거리. 예간격을 좁혀라. ②시간적으로 떨어진 사이. 예버스가 10분 간격으로 온다.
간:결 간단하고 깔끔함. 예문장이 간결하다. 반복잡. -하다. -히.
간계 나쁜 꾀. 간사한 계략. 예간계에 빠졌다. 【奸計】
간:곡 마음과 정신을 다함. 예친구의 간곡한 부탁을 거절할 수가 없었다. 비절실. -하다. -히.
간곳없다 갑자기 자취를 감추어 온데간데가 없다.
간과 큰 관심을 두지않고 대강 보아 넘김. 별로 중요하게 여기지 않음.
간교 간사하고 교활함. 꾀를 부려 남을 속이고 해롭게 하려는 생각이 가득함. 예그는 무식하지만 간교하지는 않다. -하다. 【奸巧】
간뇌 대뇌와 소뇌 사이에서 내장과 혈관의 활동을 조절하는 기관.
간:니 젖니가 빠지고 다시 나는 이. 영구치. 반젖니.
간단 복잡하지 않음. 예간단한 복장.

(비)단순. (반)복잡. －하다. －히.

간단 명료 간단하고 분명함. (예)대답은 간단 명료하게. －하다.

간단히 ①일이 복잡하지 않고 쉽게. (예)복잡한 일이 의외로 간단히 풀렸다. ②말이 길거나 복잡하지 않게. (예)반장은 선생님께 회의 결과를 간단히 보고했다. (비)간략히

간:담 ①간과 쓸개. ②속마음.

간담회 여럿이 모여 서로 정답게 이야기하는 모임.

간데없다 지금까지 있던 것이 어디로 갔는지 사라지고 없다. (예)금세 있던 지갑이 간데없다.

간:도〖지명〗 만주의 동남부 두만강 일대의 지역을 이르는 말로 북간도와 서간도를 통틀어 이름. 【間島】

간드러지다 예쁘고 맵시 있게 가늘고 부드럽다. (예)간드러진 웃음 소리.

간들간들 작은 물체가 가볍게 흔들리는 모양을 나타냄. (예)코스모스가 바람에 간들간들 흔들렸다.

간들거리다 ①부드럽게 움직이다. ②바람이 부드럽게 불다. <건들거리다.

간디〖사람〗[1869~1948] 인도의 민족 운동 지도자. 영국의 식민지 정책에 반대하여 비폭력·불복종 운동을 선언하고, 인도의 독립과 해방을 위해 힘썼음. 【Gandhi】

간디스토마 '간장 디스토마'의 준말. 몸길이 6~20mm의 긴 나뭇잎 모양으로 사람·개·고양이등의 간에 기생하며, 유충은 우렁이·민물고기 따위의 중간 숙주에 기생함.

간:략[갈략] 간단하고 단출함. (예)요점만 간략하게 말해 보라. (비)간단. －하다. －히. 【簡略】

간만 썰물과 밀물. 간조와 만조.

간밤 지난밤. 어젯밤. (예)간밤에 비가 많이 왔다.

간병 환자의 곁에서 보살피며 뒷바라지를 해 주는 일. 병구완. (비)간호. －하다. 【看病】

간부 모임이나 단체의 중심이 되는 지도적인 위치에 있는 사람. (예)간부 회의 【幹部】

간사 다른 사람을 잘 속임. (예)간사한 행동. －하다. 【奸邪】

간사하다 ①마음이 바르지 않다. ②원칙을 따르지 않고 자기의 이익을 구하는 버릇이 있다. 믿음직하지 못하다. (예)사람의 마음은 참 간사하다.

간석기 돌을 갈아 만든 기구. 마제석기.

간석지 바닷물이 드나드는 개펄. ×간사지. 【干潟地】

간선 도로·철도·전선 등의 중심이 되는 선. (예)간선 도로. 간선 철도. (비)본선. (반)지선. 【幹線】

간선 도로 주요 지역을 잇는 중요한 도로.

간:선제 '간접 선거 제도'의 준말. 투표할 권리가 있는 사람들이 뽑은 대표들끼리 모여서 선거하는 제도. (반)직선제. 【間選制】

간섭 남의 일에 참견함. (비)참견. (반)방임. －하다. 【干涉】

간성 '방패와 성벽'이라는 뜻으로 나라를 지키는 군인을 이르는 말. (예)국군은 나라의 간성이다. 【干城】

간:소 수수하고 꾸밈이 없음. (예)옷차림이 간소하다. (비)검소. －하다.

간소화 간단하고 쉽고 사치스럽지 않게 함. －하다.

간수[1] 물건을 잘 보관하는 것. (예)학용품을 잘 간수하다. －하다.

간수[2] 교도소에서 죄수를 감독하는 사람, 또는 그 직책. '교도관'의 이전 이름. 【看守】

간수[3] 두부를 만드는 데에 쓰이는, 소금에서 저절로 녹아 나오는 짜고 쓴 물.

간:식 세 끼의 식사 사이에 과자나 과일 따위를 먹는 것, 또는 그 음식. 군음식. 【間食】

ㄱ **간신** 충신인 척하면서 임금을 속이는 나쁜 신하. 반충신. 【奸臣】

간신히 겨우. 가까스로. 힘들게. 예나는 다리를 다쳐 간신히 산을 내려왔다.

간악 간사스럽고 악독함. 예간악한 무리. －하다. －스럽다.

간:암 간에 생기는 암. 【肝癌】

간여하다[가녀하다] 어떤 일에 끼어들어 관계하든가 간섭하다. 비관여하다.

간:염[가념] 간장에 염증을 일으키는 여러 종류의 병을 통틀어 이르는 말. 본간장염. 【肝炎】

간웅[가눙] 옛날에, 간사한 꾀 많은 영웅. 중국의 '조조'를 이름. 【奸雄】

간:유 명태·대구 등의 간에서 짜낸 기름. 비타민 에이(A)가 많이 들어 있음. 【肝油】

간:유리[간뉴리] 유리의 한쪽 면을 모래로 갈아 사물이 비쳐 보이지 않도록 한 유리. 젖빛 유리.

간:의 조선 세종때 이천·장영실 등이 만든 기계로 하늘의 별자리와 기상 현상을 관측했음. 【簡儀】

간:이 정식으로 만든 시설이 아니라 어떤 시설의 기능이나 목적을 위한 기본적인 요소만을 간단하게 갖춘 것. 간단하고 쉬움. 예간이 휴게실. 반번잡. 【簡易】

간:이식 빵·통조림·라면 등과 같이 간편하게 마련하여 먹을 수 있는 식품, 또는 그런 식품으로 하는 식사.

간:이 식당 간편한 시설을 갖추고, 간단한 음식을 파는 식당.

간:이역 설비를 간단하게 해 놓고 열차가 정거만 하도록 만들어 놓은 역. 비간이정거장.

간장[1] ①간이나 창자. ②애가 타서 녹을 듯한 마음. 예간장을 태우다. 준간. 【肝腸】

간장[2] 잘 띄운 메주에 소금물을 넣어 담근, 음식의 간을 맞추는 액체. 준장.

간:절 일이 이루어지기를 대단히 바람. 지성스럽고 절실함. 예남북 통일을 간절히 바라는 우리 동포. －하다. －히.

간:접 바로 대하지 않고 중간에 다른 것을 통하여 대함. 예간접 경험. 반직접. 【間接】

간접 경험 말이나 글 따위를 통하여 간접적으로 얻는 경험.

간:접세 상품에 대한 세금을 사는 사람에게 간접적으로 부담시키는 세금. 주세·물품세·음식세 등이 이에 속함. 【間接稅】

간:접적 직접이 아니고 간접의 방식인 모양. 반직접적.

간접 조명 빛을 천정이나 벽에 보내어 반사한 빛을 이용하여 밝히는 방법. 반직접 조명.

간접 침략[간접침냑] 무력에 의하지 않고, 내란을 일으키게 하거나, 간첩을 보내어 사회 질서·민심 등을 뒤흔들어 국가를 뒤엎으려는 침략. 반직접 침략.

간조 썰물로 해면의 높이가 가장 낮아진 상태. 반만조. 【干潮】

간주[1] 그렇다고 침. 그런 양으로 보아 둠. 예경기장에 나오지 않은 것으로 보아 기권으로 간주하겠다. －하다. 【看做】

간:주[2] 한 악곡의 중간에 끼워 연주하는 부분. 두 절 사이에서 노래를 그치고 반주 악기로만 연주하는 부분. 【間奏】

간:주곡 극 또는 악극 중간에 연주하는 짧은 음악.

간지럼 몸에 무엇이 닿아서 간지러운 느낌.

간지럽다(간지러우니, 간지러워서) 무엇이 살에 가볍게 닿아 스칠 때 참을 수 없이 자리자리하게 느껴지다. <근지럽다.

간지럽히다[간지러피다] 간지럽게 하다. ㉾자고 있는 형의 콧구멍을 간지럽혔다. ㊐간질이다.

간직 잘 간수하여 둠. 갈무리. ㊐간수. –하다. –되다.

간:질 갑자기 신경 계통의 일시적 고장으로 의식을 잃어 몸이 굳어지고, 경련을 일으키는 병.

간질간질 살갗이나 목구멍 따위에 무엇이 닿는 듯하여 간지러운 느낌이 있는 상태를 나타냄. <근질근질.

간척 바다·늪 등을 막아 농토나 뭍으로 만드는 일. 【干拓】

간척지 간척 공사를 하여 농사를 지을 수 있도록 만들어 놓은 땅. ㉾간척지 개간. 【干拓地】

간:첩 적지에 들어가 군사 정보·국가 기밀을 몰래 수집하는 자. ㉾무장 간첩을 생포하다. ㊐스파이. 오열. 첩자. 【間諜】

간:첩선 간첩들이 바다를 통해 침입하거나 적국의 내정·동정을 탐지하여 본국에 알리기 위해 쓰이는 배.

간:청 간절히 부탁함. ㉾한 번만 용서해 달라고 간청했다. –하다.

간추리다 ①흐트러진 것을 가지런히 정돈하다. ②중요한 점만 골라서 간략하게 추리다. ㉾들은 내용을 간추려 말해 봅시다.

간:택 임금이나 왕자의 신부감. 공주의 신랑감을 고르는 일. 간선. –하다. 【揀擇】

간파 남이 몰래 품고 있는 생각을 알아차리는 것. ㉾상대방의 약점을 간파했다. 【看破】

간판 ①가게 이름·상표 이름 등을 써서 내건 것. ②졸업한 학교·직업 등 남 앞에 내세울 만한 것. ㉾저 친구 간판은 좋은데 성실하지 못해. 【看板】

간:편 간단하고 편리함. ㉾간편한 옷차림. ㊐간단. ㊥복잡. –하다.

간하다[1] 음식에 맛을 내기 위해 간을 넣다. ㉾음식은 제대로 간해야 맛이 있다.

간:하다[2] 임금이나 웃어른에게 옳지 못하거나 잘못한 일을 고치라고 말하다.

간행 책·신문·잡지 따위를 찍어 세상에 펴냄. 출판. ㉾월간지를 간행하다. –하다. 【刊行】

간행물 인쇄되어 나온 책이나 신문 따위. 【刊行物】

간:헐 그쳤다 이어졌다 함. 쉬었다 일어났다 함. ㉾나쁜 소문이 간헐적으로 들렸다.

간:헐 온천 일정한 기간을 두고 주기적으로 더운물이나 수증기가 솟아 나오는 온천. ㊟간헐천.

간호 병자나 약한 노인, 어린아이 등을 보살피어 돌봄. ㊐간병. 구완. –하다. 【看護】

간호병 군대에서 군의관을 도와 병자나 부상자를 보살피는 군인.

간호사 '간호원'의 바뀐 이름. 병원에서 의사를 돕고, 환자를 돌보아 주는 사람.

간호원 '간호사'의 이전말.

간:혹 이따금. 어쩌다가. ㉾길에서 간혹 만나는 사람. ㊐간간이. ㊟혹.

갇히다[가치다] 가둠을 당하다. ㉾새가 새장에 갇히다.

갈:가리 여러 가닥으로 찢어진 모양. ㉾옷이 갈가리 찢어지다. ㊔가리가리. ㊐갈기갈기.

갈가마귀 몸빛은 검고 목·가슴·배는 희며, 중국 동북 지방이나 시베리아에 살며, 늦가을부터 봄까지 우리 나라에 날아와 삶.

ㄱ

갈겨쓰다 글씨를 빠르게 마구 써서 알아보기 힘들다. (예)글씨를 갈겨쓰지 말고 바르게 써라.

갈고리 끝이 구부러져서 물건을 끌어 잡아당기는 데 쓰는 도구.

갈:고닦다[갈고닥따] 정성과 공을 들여서 더욱 훌륭하게 만들다. 세련되게 하다. (예)저마다 갈고닦은 노래 솜씨를 자랑하다.

갈구 마음을 만족시킬 것을 몹시 원하는 것. **-하다.**

갈근 칡뿌리. 【葛根】

갈:기 말이나 사자 등 짐승의 목덜미에 난 긴 털.

갈기갈기 여러 가닥으로 찢어진 모양. (예)공책을 갈기갈기 찢다. (비)갈가리.

갈기다 ①후려치다. 급히 때리다. (예)뺨을 한 대 갈기다. ②글씨를 아무렇게나 마구 쓰다. ③총 따위를 마구 쏘아 대다.

갈:다[1](가니, 가오) 새것으로 바꾸다. (예)연탄을 갈다.

갈:다[2](가니, 가오) ①숫돌 같은데다 문질러서 날이 서게 하다. (예)칼을 갈다. ②농사짓다. (예)뒷밭에 보리를 갈다. (비)일구다. ③윗니와 아랫니를 소리가 나도록 맞대어 세게 문지르다. (예)이를 갈다.

갈대[갈때] 물가나 축축한 곳에 나는 대나무 비슷한 풀.

갈등 ①일이 서로 얽히어 풀리지 않음. ②서로 다툼. (예)서로간의 갈등을 대화로 푼다.

갈라놓다[갈라노타] ①무엇을 베거나 쪼개어서 여럿으로 나누어 놓다. (예)사과를 네 쪽으로 갈라놓다. ②무엇을 어떤 것에서 떼어 내거나 멀어지게 하다. (예)사이좋은 친구들을 이간질로 갈라놓다.

갈라서다 서로의 관계를 끊고 각각 따로 되다. (예)그 부부는 완전히 갈라섰다.

갈라지다 ①쪼개지다. (예)남북으로 갈라지다. ②사이가 멀어지다. (예)친구 사이가 갈라지다.

갈래 한 군데로부터 갈라져서 나간 부분. (예)세 갈래로 나누다. (비)종류.

갈래꽃 꽃잎이 서로 떨어져 있는 꽃. (반)통꽃.

갈리다[1] ①몇 갈래로 가름을 당하다. (예)표가 갈리다. ②가르는 형편이 생기다. (예)의견이 갈리다.

갈리다[2] ①문질러 갈게 하다. (예)칼이 잘 갈리다. ②자리가 바뀌다. (예)사장이 갈리다.

갈릴레이〖사람〗[1564～1642] 이탈리아의 물리학자·천문학자. 물체의 낙하 법칙을 발견하였으며, 망원경을 만들어 목성의 위성 및 태양의 흑점을 발견했음. 또, 지구가 태양의 주위를 돌고 있다는 코페르니쿠스의 지동설을 주장한 것으로 유명함. 【Galilei】

갈릴리〖지명〗 팔레스타인의 북부 지방. 갈릴리 호수를 중심으로 하여 서부에 있는 지역. 【Galilee】

갈림길[갈림낄] ①여러 갈래로 갈라진 길. 기로. ②어느 한쪽을 선택해야 할 처지. (예)갈림길에 서있다.

갈림목 여러 갈래로 갈린 길목.

갈망 간절히 바람. (예)조국 통일을 갈망하다. (비)열망. **-하다.**

갈매기 바다에서 사는 새의 한가지로 몸빛은 희고, 발가락 사이에 물갈퀴가 있어 헤엄을 잘 치며, 물고기·조개 등을 잡아먹고 삶. 백구.

[갈매기]

갈모 기름 종이로 만들어, 비가 올 때 갓 위에 덮어쓰는 것. (본)갓모.

갈무리 ①물건을 잘 정돈하여 간수

함. [예]농기구를 갈무리하다. ②일을 처리하여 끝맺음. [비]마무리. -하다.

갈:묻이[갈무지] 논밭을 갈아 엎어 묵은 그루터기 따위를 묻히게 하는 일. -하다.

갈비 ①갈비뼈. 늑골. ②소의 가슴뼈를 요리의 재료로서 이르는 말. 쇠갈비.

갈비뼈 가슴의 양 옆구리에서 만져지는 뼈. 활처럼 휘어서 앞은 가슴뼈에, 뒤는 등뼈에 붙어서 가슴통을 이루어 내장을 보호함.

갈비찜 소나 돼지 따위의 갈비에 양념과 간을 하여 푹 찐 음식.

갈비탕 쇠갈비를 토막내어 푹 삶아 끓인 국.

갈빗대 갈비의 낱낱의 뼈대.

갈색[갈쌕] 검은 빛을 띤 주황색. 밤색.

갈색 조류 다시마·미역 따위와 같이 엽록소 외에 갈색의 색소를 함유하여 녹갈색 또는 담갈색을 띤 바닷말. 갈조류.

갈수록 점점. 더욱 더. [예]갈수록 태산이다.

갈숲 가을에 풀이나 나무, 덩굴 따위가 한데 엉긴 곳. [본]가을 수풀.

갈아입다 입은 옷을 벗고 다른 옷으로 바꾸어 입다. [예]잠옷으로 갈아입다.

갈아타다[가라타다] 버스·기차 등을 다른 것으로 바꾸어 타다. [예]형은 버스를 두 번 갈아타고 회사에 다닌다.

갈음옷[가르몯] 일을 마치거나 나들이 하려고 갈아입는 옷.

갈이 논밭을 가는 일. [예]밭갈이.

갈:잎[갈립] ①'가랑잎'의 준말. ②'떡갈잎'의 준말. ③떨어지는 잎.

갈증[갈쯩] 목이 몹시 말라서 자꾸 물을 찾는 증세. 【渴症】

갈채 크게 소리지르며 칭찬하는 소리. [예]연주가 끝나자 박수 갈채를 보냈다. -하다.

갈치 갈치과의 바닷물고기. 모양이 길고 얄팍하며 비늘이 없고 은백색의 가루 같은 것이 덮여 있음.

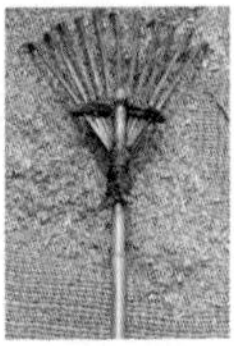
[갈퀴]

갈퀴 나뭇잎·곡식 등을 긁어 모으는 데 쓰는 기구로 대쪽이나 철사의 끝을 구부리어 만듦.

갈탄 갈색의 질이 낮은 석탄. 수분이 많고 화력이 약한 유연탄.

갈파래 잔잔한 바닷물에서 자라며 잎이 푸르고 길고 가늘며 먹을 수 있는 바다풀. 청태.

갈:판 곡식이나 열매 따위를 갈 때 밑에 받치는 판.

갈팡질팡 방향을 잡지 못하고 이리저리 헤매는 모양. [예]길을 잃고 갈팡질팡하다. -하다.

갈피 ①포개어진 물건의 틈. [예]책 갈피에 은행잎을 끼우다. ②복잡한 일의 갈리어 진 곳. [예]마음이 너무 복잡하여 갈피를 못잡겠다.

갉다[각따] 날카로운 이빨로 조금씩 뜯다. [예]쥐가 비누를 갉다.

갉아먹다[갈가먹따] 날카로운 이로 조금씩 갉아서 먹다. [예]쥐가 장롱을 갉아먹어서 큰일이다.

감:[1] 감나무의 열매. 안 익은 것은 푸르고 맛이 떫으나, 익으면 붉어지면서 맛이 닮. 말려서 곶감을 만듦.

감:[2] 무엇을 만드는 재료, 또는 바탕이 되는 것. [예]한복감.

감:[3] 느낌. 생각. [예]너무 늦은 감이 있다. 【感】

감:각 ①눈·귀·코·혀·살갗을 통하여 받아들이는 느낌. ②사물을 느껴서 받아들이는 힘. [예]감각이 둔한 사람. 【感覺】

ㄱ

감각 기관 자극을 받아 의식을 느끼게 하는 신체 기관. 눈·귀·코·혀·살갗 따위. ㊟감각기.

감각적 ①감각에 관계되는 것. ㉮동물들은 인간보다 감각적으로 뛰어난 경우가 있다. ②감각 기관을 자극하는 것. ㉮소비자들의 감각적 욕구를 자극하는 광고가 많다.

감감무소식 전혀 소식이 없음. ㉮누나는 시집간 후로 감감무소식이다.

감감하다 ①아주 멀어서 아득하다. ②소식이 없다. ㉮그 친구 떠난 지 3년이 되도록 소식이 감감하다. ㊓깜깜하다. ㉮캄캄하다.

감:개 마음 깊이 사무치는 느낌.

감:개 무량 마음에 사무치는 느낌이 한이 없음. ㉮고향에 돌아오니 감개 무량하다. －하다. 【感慨無量】

감:격 ①매우 고맙게 느낌. ②느끼어 마음이 몹시 움직임. ㉮조국 광복의 감격. ㊥감동. －하다. －스럽다. 【感激】

감:격스럽다 마음에 느끼는 감격이 크다. ㉮우리 나라 선수들이 우승하는 것을 보면 감격스럽다.

감:격하다[감겨카다] 깊게 감동하다. ㉮친구들의 우정에 감격하다.

감귤 '귤'의 공식적인 이름.

감:광지 사진을 뽑을 때에 쓰는, 빛을 받으면 변하는 종이.

감금 가두어서 자유를 빼앗고 감시함. ㉮우리는 창고에 감금되었다.

감:기 호흡기에 탈이 나서 몸이 오슬오슬 추워지며 코가 막히고, 머리가 아프며, 열이 나는 병. ㊥고뿔. 【感氣】

감기다[1] 눈이 절로 감아지다. ㉮피곤해서 눈이 저절로 감기었다.

감기다[2] 실 같은 것이 무엇의 둘레에 감아지다. ㊦풀리다.

감:기약 감기의 증세를 줄이거나 치료하는 데 쓰이는 약.

감:꽃 감나무에 피는 노르스름한 흰 꽃.

감:나무 감나무과의 갈잎 넓은잎큰키나무. 초여름에 담황색 꽃이 피고, 열매는 익으면 붉고 맛이 닮. 나무는 가구 등을 만드는 데 쓰임.

감다[1][감따] 아래위의 눈시울을 한데 붙이다. ㉮눈을 살며시 감다. ㊦뜨다.

감다[2][감따] 머리·몸 등을 물에 담가 씻다. ㉮머리를 감다.

감다[3][감따] 실·끈·줄 등을 무엇에 말거나 두르다. ㉮실을 감다.

감당 일을 맡아서 능히 해 냄. ㉮네가 그 일을 감당할 수 있겠니? ㊥감내. －하다. 【堪當】

감독 보살피어 잘못이 없도록 시킴. 또는 그런 일을 맡은 사람. ㉮영화 감독. ㊥감시.

감독관 감독의 직무를 맡은 관리.

감:돌다(감도니, 감도오) ①떠나지 않고 머무르다. ㉮귓가에 감도는 어머니의 음성. ②물굽이가 모퉁이를 감아돌다. ㉮산모퉁이를 감돌아 흐르는 맑은 냇물.

감:동 느끼어 마음이 움직임. ㉮위인전을 읽고 큰 감동을 받았다. ㊥감격. －하다. 【感動】

감:동적 감동하거나 감동할 만한 모양. ㉮매우 감동적인 영화.

감:량 분량이나 무게가 줆. ㉮체중 감량 【減量】

감:면 형벌이나 세금 따위를 적게 해 주거나 면제함. ㉮세금을 감면하다. －하다. 【減免】

감:명 깊이 느끼어 마음에 새김. ㉮이 영화는 사람들에게 깊은 감명을 주었다. －하다. 【感銘】

감:명깊다[감명깁따] 잊을 수 없을 만큼 감동이 크다. ㉮나는 '삼국지'를 감명깊게 읽었다.

감미 단맛. 맛이 닮. ㉮감미로운 음식. ㊦고미 【甘味】

감미롭다 달콤한 느낌이 있다. ㉮감미로운 음악.

감미료 단맛을 내는 데 쓰이는 물질.

감:발 버선이나 양말 대신 발에 감는 좁고 긴 무명천.

감:방 죄수를 가두어 두는 방.

감별 물건의 종류나 진짜와 가짜를 살펴 가려 냄. ㉮병아리의 암수 감별. -하다. 【鑑別】

감:복 마음에 깊이 느껴 진심으로 복종함. ㉮그의 정성에 감복하였다. -하다. 【感服】

감:빛 익은 감과 같은 빛.

감사[1] ①고마움. ②고맙게 여김. ③고맙게 여기어 고마운 뜻을 나타냄. 비사례. -하다. 【感謝】

감사[2] 잘 하는지를 살펴보고 감독함. ㉮국정 감사. -하다. 【監査】

감사[3] 옛날에, 도의 행정을 맡아 보던 '관찰사'의 다른 이름. ㉮평양감사도 저 싫으면 그만이다.【監司】

감:사드리다 고마워하는 마음을 나타내다. ㉮부모님의 은혜에 깊이 감사드립니다.

감사원 국가의 세금이 바르게 걷히고 올바르게 쓰였는가를 알아보고, 공무원들의 직무에 대한 감사를 하는 정부의 기관.

감:사장[감사짱] 공로를 인정하여 감사의 뜻을 적은 문서.

감:사패 고맙다는 뜻을 새긴 나무조각이나 금속판.

감:사하다 ①고맙다. ㉮선생님, 감사합니다. ②고마워하다. ㉮부모님 은혜에 감사하는 마음을 편지로 쓰다.

감:상[1] 느낀 생각. ㉮독서 감상문을 쓰자. 【感想】

감:상[2] 마음에 느껴 슬퍼함. ㉮낙엽지는 가을은 우리를 감상에 젖게 한다. 【感傷】

감:상[3] 영화·문학·음악 등 예술 작품을 깊이 맛보고 즐김. ㉮영화 감상. -하다. 【鑑賞】

감:상문 어떠한 사물이나 현상을 보거나 겪으면서 느낀 바를 적은 글.

감상실 음악·영화·그림 따위를 듣고 볼 수 있는 시설이 마련되어 있는 방. ㉮음악 감상실.

감:상적 지나치게 쉽게 슬퍼하거나 감동하는 것. ㉮가을에는 괜히 감상적인 생각에 빠진다. 【感性的】

감색 검은 빛을 띠는 짙은 푸른색. 짙은 남빛.

감:성 감각과 감정으로 세상을 알아보고 판단하는 기능. ㉮시인은 감성이 풍부한 사람이다.

감:성적 감성이 작용하는 것. 감성이 예민한 것. ㉮예은이는 매우 감성적이다. 【感性的】

감:소 줄어서 적어짐. ㉮수출량이 감소하다. 반증가. -하다. 【減少】

감:수[1] 수입이나 수확이 줄어짐. 반증수. -하다. 【減收】

감:수[2][감쑤] 빼는 수. 【減數】

감:수[3] 수명이 줄어듦. ㉮십년 감수했다. 【減壽】

감수[4] 책의 저술이나 편찬을 지도하고 감독함. ㉮감수자. 【監修】

감:수성 외부의 자극을 받아 느낌을 일으키는 성질이나 능력. ㉮감수성이 예민하다. 【感受性】

감수하다 괴롭거나 힘든 일을 어쩔 수 없어서 받아들이다. ㉮독립 운동가들은 조국의 해방을 위하여 고통을 감수하였다.

감시 잘못되는 일이 있을까 주의하여 지켜 봄. 비감독. -하다.

감식 전문적인 기술과 지식을 가지고 어떤 물건의 가치나 정체가 가짜인가 진짜인가를 알아내는 것. -하다. 【鑑識】

감실감실 어떤 물체가 먼 곳에서 어렴풋이 자꾸 움직이는 모양.

ㄱ

감:싸다 ①몸이나 물건 등을 덮어 싸다. ②약점을 덮어 주다. (예)허물을 감싸다.

감:싸안다 두 손이나 팔로 몸의 일부를 감아서 안다. (예)엄마는 아기를 감싸안았다.

깜싸쥐다 휘감아 쥐다. 두 손으로 덮어 쥐다. (예)얼굴을 감싸쥐고 흐느끼다.

감아들이다[가마드리다] 실·끈 따위를 감아서 당겨놓다. (예)낚시줄을 감아들이다.

감안 참작하여 생각함. (예)가정 형편을 감안하다. -하다.

감언 듣기 좋게 하는 말. (반)고언.

감언 이설 남의 비위에 맞도록 듣기 좋은 말과 이로운 조건만을 내세워 꾀는 말. (예)감언 이설에 속아 넘어가다. 【甘言利說】

감:염 ①다른 풍습이나 나쁜 버릇이 옮아 물이 듦. ②병균이 몸 안에 들어와 병이 듦. (예)전염병에 감염되었다. 【感染】

감영 조선 시대에 각 도의 관찰사가 직무를 맡아 보던 관청.

감옥 죄인을 가두어 두는 곳.

감옥살이[가목싸리] ①감옥(교도소)에 갇히어 지내는 생활. ②'자유를 빼앗긴 생활'을 빗대어 이르는 말. (준)옥살이.

감:원 사람 수를 줄임. (예)직원을 감원하다. (반)증원. -하다. 【減員】

감은사 신라의 삼국 통일 직후 신문왕 때 문무왕의 명복을 빌기 위하여 경상 북도 월성군에 세웠던 절. 【感恩寺】

감:응초 '미모사'를 달리 이르는 말.

감자 땅 속의 둥근 덩이 줄기를 먹는 농작물의 하나. 초여름에 흰색 또는 보라색의 꽃이 피며, 덩이 줄기에는 녹말이 많음.

[감자]

감자밥 껍질을 벗긴 감자를 썰어 넣고 지은 밥.

감자튀김 감자를 썰어서 기름에 튀긴 음식.

감:전 전기가 몸에 통하여 충격을 받음. -하다. 【感電】

감:점[감쩜] 점수를 줄임, 또는 그 점수. (예)반칙을 하여 감점을 받았다. -하다. 【減點】

감:정[1] 사물에 대하여 마음에 일어나는 느낌. (예)배우는 감정이 풍부해야 한다. 【感情】

감정[2] 좋고 나쁨을 가려 결정함. (예)보석 감정. -하다. 【鑑定】

감정 이입 다른 사물에 자신의 감정을 옮겨 넣어, 대상인 사물과 자기가 서로 통한다고 느끼는 정신의 작용. 【感情移入】

감주 단술. 엿기름 물에 밥을 넣어 발효시킨 뒤에 그 물을 졸여서 만든 단 물. 【甘酒】

감:지 느낌으로 알아 내는 것. (예)태풍이 불어 올 것을 감지하다. -하다. 【感知】

감:지기 소리·빛·온도 따위를 잘 알아차리고, 그것에 따라 움직이는 기계 장치. 【感知器】

감:지덕지 대단히 고맙게 여기는 마음. (예)우리 형편에 보리밥도 감지덕지다. 【感之德之】

감쪽같다 꾸미거나 고친 표가 나타나지 아니하다. ×깜쪽같다.

감쪽같이 꾸민 일이 전혀 알아차릴 수 없을 만큼 아무 표시나 흔적이 없이. (예)감쪽같이 도망치다.

감찰 ①감시하여 살핌. ②공무원의 잘못에 관한 조사와 정보 수집·고발 등을 내용으로 하는 정부 감사 기관의 일. -하다.

감:천 지극한 정성에 하늘이 느끼어

감동함. 예 지성이면 감천이다. -하다. 【感天】

감초 ①콩과의 여러해살이풀. 한약의 재료로 쓰임. 줄기 높이는 1m가량이며, 뿌리가 땅속 깊이 길게 뻗는데, 빛깔이 누르고 단맛이 있음. ②한방에서 감초의 뿌리를 약재로 이르는 말. ③'어떤 일에나 빠지지 않고 한몫 끼는 사람'을 비유하는 말. 예 약방의 감초. 【甘草】

감:촉 살갗에 닿거나 만질 때의 느낌. 예 부드러운 감촉.

감추다 가리거나 숨기다. 비 가리다. 반 드러내다.

감:축 덜어서 줄임. 예 예산 감축. 비 축감. 【減縮】

감:치다 두 헝겊의 가장자리를 마주 대고 실로 감아 꿰매다.

감:칠맛 ①맛있는 음식을 먹고 난 뒤에 남는, 아주 좋은 느낌. 예 감칠맛이 나는 김치. ②어떤 일이나 물건이 사람의 마음을 끄는 힘. 예 감칠맛 있는 문장.

감:침질 바늘로 감치는 일. 단을 접어 넣고 꿰맬 때 사용하는 방법. -하다.

감:탄 마음에 깊이 느끼어 칭찬함. 예 뛰어난 솜씨에 감탄하다. 비 탄복. -하다. 【感歎】

감:탄문 사물을 보고 그 느낌을 나타내는 글. <보기> 아, 아름다운 강산이여!

감:퇴 능력이나 기능이 줄어들든가 약하게 되는 것. 예 식욕 감퇴. 반 증진. -하다. -되다. 【減退】

감투 ①말총이나 헝겊으로 엮어 만든 지난날 관리들이 쓰던 모자. ②'벼슬'의 낮춤말.

감:하다 줄이다. 덜다. 빼다. 예 봉급을 감하다. 반 가하다.

감:행 ①어려움을 무릅쓰고 일을 용감하게 행함. 예 기습 작전을 감행하다. -하다. 【敢行】

감:화 좋은 영향을 받아 착한 마음으로 바뀜. 예 불량 청소년을 사랑으로 감화시키다. 【感化】

감:회 마음에 느낀 생각. 예 오랜만에 고향에 돌아오니 감회가 새롭다.

감:흥 마음에 깊이 감동되어 일어나는 흥취. 예 색다른 감흥을 일으키는 춤. 【感興】

감:히 ①두려움이나 어려움을 무릅쓰고. 예 감히 용기를 내어 고백하다. ②주제넘게 함부로. 예 씨름 선수를 상대한다는 것은 감히 상상도 못할 일이다.

갑 ①물건을 넣는 작은 상자. 예 빈 갑. ②성냥이나 담배 같은 물건이 든 상자를 세는 말. 예 담배 한 갑. 【匣】

갑각 게나 새우 따위의 단단한 껍데기. 【甲殼】

갑각류[갑깡뉴] 게·가재·새우 따위처럼 몸이 여러 마디로 되어 있고 딱딱한 껍데기로 싸여 있는 물속 동물. 【甲殼類】

갑갑하다[갑까파다] ①시원하게 트이지 않아 마음이 후련하지 아니하다. 예 방 안에만 있으니 갑갑하다. ②소식·결과 따위를 몰라서 궁금하다. ③체하거나 하여 속이 무겁고 답답하다. 비 답답하다.

갑골문자[갑꼴문짜] 거북의 등이나 짐승의 뼈에 새긴 옛 글자. 고대 중국의 상형 문자·은허 문자 따위. (상형문자)

갑곶진 인천 광역시 강화도에서 김포로 들어오는 어귀에 있었던 옛 나루로 군대의 주둔지였음.

갑근세 근로의 대가로 받는 소득에 대하여 징수하는 세금. 본 갑종 근로 소득세. 【甲勤稅】

갑론을박[감노늘박] 여럿이 서로 자기의 주장을 내세우고 상대방을 반박함. 【甲論乙駁】

ㄱ

갑문 운하나 방수로 등에서 선박을 통과시키기 위하여 수면의 높낮이를 조절하는 장치. 【閘門】

ㄱ

갑문항 갑문 시설이 되어 있는 항구. 인천항이 이에 속함.

갑부[갑뿌] 대단히 큰 부자. ㉮그 사람은 장안의 갑부다. 【甲富】

갑사 품질이 좋고 얇으며 성긴 비단. ㉮갑사 댕기. 【甲紗】

갑사 댕기 갑사로 만든 댕기. 한복을 입은 여자의 머리에 드리우는 리본과 같은 것.

갑상선 신체 발육과 신경 활동이 제대로 이루어지도록 조절하는, 목 밑에 있는 호르몬 분비 기관.

갑석 탑의 일부분으로 돌 위에 포개어 얹는 납작한 돌. 【甲石】

갑신정변 조선 고종 21년(1884) 12월, 우정국 낙성식을 기회로 김옥균·박영효 등의 개화파가 보수 세력인 민씨 일파를 몰아내고 새로운 정부를 세우기 위해 일으킨 정변. 【甲申政變】

갑오개혁 1894년 김홍집 등의 개화당이 집권한 후, 그 때까지의 정치 제도를 서양의 진보적인 방식을 본받아 고친 역사상 가장 큰 개혁. 갑오경장. 【甲午改革】

갑옷[가볻] 옛날의 군사들이 싸움을 할때에 몸을 보호하기 위하여 입던 옷. 화살이나 창, 또는 칼을 막기 위하여 쇠나 가죽 따위를 덧붙여 만들었음.

갑인자[가빈자] 조선 세종 16년(1434) 갑인년에 구리로 만든 활자. 이전에 나온 활자보다 정교하고 아름다움. 【甲寅字】

갑자기 생각할 사이도 없이 급히. 뜻하지 않게. ㉮날씨가 갑자기 추워졌다. 비별안간.

갑자사화 조선 연산군 10년(1504)에 일어난 사화. 연산군이 어머니 윤씨가 왕비 자리에서 쫓겨난 것을 알고 성종의 후궁과 여러 신하를 죽인 사건. 【甲子士禍】

갑작스럽다 생각할 사이도 없이 매우 급하다. ‹급작스럽다.

갑절[갑쩔] 어떠한 수량을 두번 합침. ㉮6은 3의 갑절이다. 비곱절. 배.

갑판 큰 배나 군함 등의 윗부분에 철판이나 나무 등으로 깐 넓고 평평한 바닥. 【甲板】

값[갑] ①가치. ②사고파는 데 주고받는 돈. 비가격. ③어떤 말의 뒤에 써서 어떤 것의 가치에 알맞은 일. ㉮배웠으면 배운 값은 해라.

값나가다 값이 많이 나가다. ㉮값나가는 보석. 준값나다.

값비싸다[갑삐싸다] 매우 가치가 있거나 귀중하다. ㉮값비싼 옷을 사다. 반값싸다.

값싸다 값이 싸다. 헐하다.

값어치[가버치] 값에 해당한 분량이나 정도. ㉮돈을 받은 만큼의 값어치는 해야지.

값없다[가법따] 하찮아서 값이 나가지 않다. 값없이.

값있다[가 따] 무슨 일에 보람이 있다. ㉮값있는 일.

값지다[갑찌다] 값이 많이 나갈 만한 가치가 있다. ㉮이것은 매우 값진 물건 같다.

갓[1][갇] ①옛날 어른이 된 남자가 쓰던 모자의 한 가지. ②갓 모양의 물건이나 전등의 갓 따위.

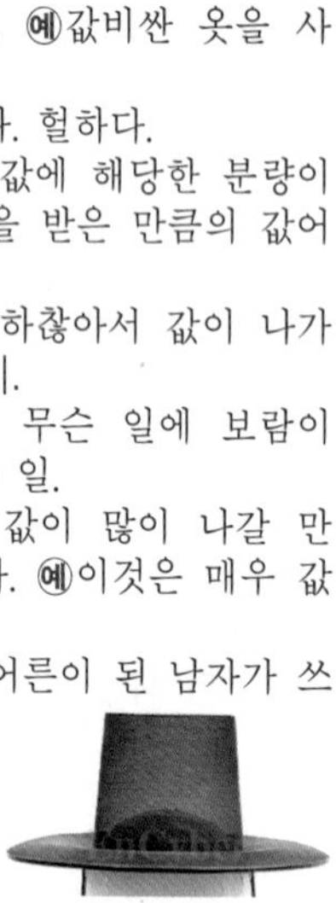
[갓[1]]

갓[2][갇] 채소의 한 가지로 줄기 높이 1m가량. 잎은 자줏빛이고, 약간 매운 맛이 있음.

갓[3][갇] 금방. 바로. 이제 막. ㉮갓 시집온 새색시.

갓:길[가낄/갇낄] ①큰길의 가장자리에 난 길. ②비상시에 이용할 수 있도록 만든, 고속 도로 따위의 양쪽 가장자리 부분.

갓김치[갇낌치] 갓의 줄기와 잎으로 담근 김치.

갓끈[갇끈] 갓의 양 옆에 달려서 갓이 벗어지지 않게 턱 밑에서 매는 끈.

갓나다 막 세상에 태어나다.

갓나무[갇나무] 나무 의자의 두 뒷다리를 가로로 이어 주는 나무.

갓나오다[갇나오다] ①알에서 방금 태어나다. ②학교를 이제 막 졸업하다.

갓난 아이 낳은지 얼마 되지 아니한 아이. ㈜갓난애.

갓모 ⇨갈모.

갓:방[갇빵] 방이 여러 개 있는 중에서 맨 가에 있는 방.

갔다오다[갇따오다] ①일을 보기 위해 일정한 장소에 들렀다가 오다. ㉥두부를 사러 가게에 갔다오다. ②특정한 조직이나 기관에 참가했다가 돌아오다. ㉥군대에 갔다오다.

강[1] 바다나 호수나 다른 강으로 흘러 들어가는 넓고 긴 물줄기. 【江】

강[2] 낱말 앞에 붙어서 '매우 센' '무리함을 무릅쓴'의 뜻을 나타내는 말. ㉥강타자. 【强】

강가[강까] 강의 가장자리. ㉥강변.

강감찬〖사람〗[948~1031] 고려시대의 유명한 장군. 소배압이 10만 대군을 이끌고 쳐들어 왔을 때, 귀주(지금의 구성)에서 큰 승리를 거둔 것으로 유명함. 【姜邯贊】

강강술래 여자들의 민속 춤의 한가지. '강강술래'라는 소리를 하면서 원을 지어 돌며 추는 춤으로, 임진왜란 때부터 시작된 것으로 전해짐.

강건 몸과 마음이 튼튼하고 굳셈. ㉥병약. －하다. －히. 【康健】

강경 버티어 굽히지 아니함. ㉥강경하게 항의하다. ㉥온건. －하다. －히. 【强硬】

강경파 강경하게 나가자고 주장하는 파. ㉥온건파.

강골 꿋꿋하고 단단한 몸. 【强骨】

강공 희생을 무릅쓰고 적극적으로 공격함. －하다. 【强攻】

강:구하다 문제 해결에 알맞은 방법을 찾으려고 노력하다.

강국 힘이 세고 부유한 나라. 강대국. ㉥약소국. 【强國】

강권[강꿘] ①강한 권력. ②억지로 누르는 권력. ㉥일본의 강권에 의해 빼앗겼던 나라. 【强權】

강기슭 강 양편의 가장자리 땅.

강남 ①중국의 양쯔 강 이남의 땅. 따뜻한 남쪽 지방을 말함. ②강의 남쪽. 강남 지역. ㉥강북. 【江南】

강낭콩 콩과에 딸린 한해살이 식물. 여름에 흰색, 또는 보라색의 꽃이 피고 길쭉한 꼬투리 속에 4~5개의 씨앗이 들어 있음. ×강남콩.

강냉이 ⇨옥수수.

강녕전 경복궁 안에 있던, 왕이 자던 집. 【康寧殿】

강:단 강의·연설·설교 때 올라서도록 약간 높게 만든 자리.

강:당 강연이나 어떤 모임을 할때에 많은 사람들이 한꺼번에 들어갈 수 있도록 만든 큰 방.

강대 세력이 강하고 큼. ㉥강대한 국가. ㉥약소. －하다. 【强大】

강대국 세력이 강하고 큰 나라. ㉥약소국. 【强大國】

강도[1] 강한 정도. ㉥강도가 높은 철근. 【强度】

강도[2] 때리거나 윽박지르는 방법으로 남의 물건을 빼앗는 도둑, 또는 그런 행위. ㉥노상 강도. 【强盜】

강둑[강뚝] 강의 가장자리를 흙이나 돌로 쌓은 곳. ㉥제방.

강:등 등급이나 계급이 내림. ㉠사고로 일계급 강등하다. ㉡진급. 승진. -하다. 【降等】

ㄱ

강력[강녁] 강한 힘. 힘이 셈. ㉠강력한 국방력을 기르자. ㉡무력. -하다. -히. 【强力】

강력하다[강녀카다] ①힘이 매우 세다. ㉠그는 강력한 눈빛을 지니고 있다. ②완고하다. 쉽게 양보하지 않는다. ㉠파업을 중지해 달라고 강력하게 설득하다. ③매우 유력하다. ㉠그는 강력한 우승 후보다.

강력범 폭행이나 협박을 수단으로 하는 범죄, 또는 그 범인〔살인범·강도범·폭력범 따위〕.

강렬[강녈] 아주 강하고 세참. ㉠강렬하게 내리쬐는 햇빛. -하다. -히. 【强烈】

강령[강녕] ①일해 가는 데 으뜸되는 줄거리. ②정당이나 노동 조합 등 어떤 단체의 근본 방침. ㉠행동 강령. 【綱領】

강:론[강논] ①학술이나 종교 등에 관한 어떤 문제를 설명하거나 토론함. ②천주교에서 '설교'를 이르는 말. -하다. 【講論】

강릉[강능]【지명】 강원도 동해 안에 있는 도시. 명승 고적으로 오죽헌·경포대·해운정 등이 있으며, 여름철에는 경관이 뛰어난 경포대 해수욕장이 있어 많은 관광객이 몰림. 【江陵】

강:림 신이나 부처가 인간 세상에 내려옴. ㉡승천. -하다.

강:매 억지로 팖. ㉠물건을 강매하다. -하다. 【强賣】

강물 강에 흐르는 물.

강바닥[강빠닥] 강의 밑바닥.

강바람[강빠람] 강에서 부는 바람. ㉡산바람.

강:박 ①마음에 느끼는 심한 압박. ㉠시험에 대한 강박 속에 우리의 청춘은 시들어 간다. ②남의 뜻을 무리하게 꺾거나 자기 뜻에 억지로 따르게 함. 【强迫】

강:박 관념 밖으로부터 압박을 받고 있다는 사라지지 않는 불안한 느낌. ㉠강박 관념에 사로잡히다.

강변[1] 강가. 물가. 【江邊】

강:변[2] 논리에 어긋나는 것을 억지로 주장하거나 굳이 변명함. 【强辯】

강북 ①강의 북쪽. ②중국의 양쯔강 이북 지역. ③서울의 한강 북쪽. ㉡강남. 【江北】

강:사[1] ①학교·학원 등에서 가르치는 선생님. ㉠학원 강사. ②대학이나 전문대학 등에서 촉탁을 받아 가르치는 선생님. ㉠전임강사. 【講師】

강:사[2] 강연회에서 강연을 맡은 사람. 【講士】

강산 ①강과 산. ㉠아름다운 강산. ㉢자연. ②나라의 땅. ㉠금수강산. ㉢강토. 【江山】

강:설량 일정한 기간에 일정한 곳에 내린 눈의 양. 【降雪量】

강성 힘차고 왕성함. ㉠국력이 강성한 나라. -하다. 【强盛】

강세 가치가 올라가거나 기운이 강해지는 것. ㉠전세값이 강세를 보이고 있다. ㉡약세. 【强勢】

강소천【사람】[1915~1963] 아동 문학가. 함경남도 고원에서 태어남. 〈어린이 노래〉, 〈이슬비의 속삭임〉 등 많은 동요와 동화를 씀. 작품에는 〈호박꽃초롱〉, 〈꽃신〉, 〈진달래와 철쭉〉등이 있음. 【姜小泉】

강속구[강속꾸] 야구에서, 투수가 던지는 강하고 빠른 공.

강:수량 땅에 내린 비·우박·눈이 녹은 물 등을 합쳐 계산하여 깊이를 단위로 나타낸 양. 【降水量】

강:습[1] 일정한 기간 동안 여러 사람에게 학문이나 기술을 가르침. ㉠수영 강습. -하다.

강:습² 세차게 습격함. 습격을 강행함. ⓔ적의 진영을 강습하다.
강:습생 강습을 받는 사람.
강:습소 여러 사람에게 일정 기간동안 학문이나 기술 등의 특정 과목을 가르치는 곳. ⓔ무영 강습소.
강:습회 여러 사람을 한자리에 모아 놓고 어떤 것을 가르쳐 주거나 연설하는 모임. ⓔ꽃꽂이 강습회.
강:시 얼어 죽은 송장.
강심장 어지간한 일에는 겁을 먹거나 부끄러워하는 일이 없는 배짱좋은 유들유들한 성격, 또는 그런 사람. 【强心臟】
강심제 심장이 쇠약할 때에 쓰는 약으로, 먹기도 하고 주사도 함.
강아지 개의 새끼.
강아지풀 벼과의 한해살이 풀. 잎은 가늘고 길며. 여름에 강아지 꼬리 모양의 초록색 꽃이 핌.

[강아지풀]

강:압 큰 힘으로 억누름. 강제로 억누름. ⓑ억압. -하다.
강:압적 힘으로 억누르는 방식. ⓔ상대방이 강압적으로 밀고 들어오다.
강약 셈과 여림. 【强弱】
강어귀 강물이 호수나 바다와 만나는 곳. 강을 드나드는 첫부분. ⓑ하구.
강언덕 강둑. 강물이 넘치지 않도록 쌓아 놓은 둑.
강:연 미리 정해진 제목에 따라 여러 사람에게 연설을 함. ⓑ연설. -하다. 【講演】
강:연회 여러 사람에게 이야기 하기 위한 모임. 【講演會】
강:요 억지로 하도록 함. 무리하게 요구함. ⓔ돈을 내놓으라고 강요하다. -하다. 【强要】
강우규〖사람〗[1855～1920] 독립운동가. 1919년 일본 제3대 총독 사이토 마코트에게 서울역에서 폭탄을 던졌으나 실패하고, 체포되어 순국함. 【姜宇奎】
강:우량 일정한 시간 동안 일정한 곳에 내린 비의 분량. 우량. ⓑ강수량. 【降雨量】
강원도〖지명〗 우리 나라 중동부에 위치한 산악 지대로 동해에 접함. 국립 공원인 설악산·오대산 등의 명산이 있음. 도청 소재지는 춘천임. 【江原道】
강:의 글이나 학설의 뜻을 자세히 설명하여 가르침. ⓔ국문학 강의. -하다. 【講義】
강:의실 대학에서, 강의를 하는 교실. ⓑ교실.
강인 강하고 끈기가 있음. ⓔ강인한 민족정신. -하다.
강자 힘이나 세력이 강한 사람. ⓑ약자. 【强者】
강장 몸과 마음이 튼튼하고 기력이 왕성함. 【强壯】
강장 동물 동물 분류 학상의 한 종류로 몸의 내부가 하나의 빈 구멍으로 되어 있음. 산호·해파리·말미잘 따위. 【腔腸動物】
강장제 몸의 영양 부족이나 쇠약을 회복하여 튼튼하게 만드는 약제.
강재 기계·집짓기 등에 쓰이는 쇠막대나 쇠판. 【鋼材】
강재구〖사람〗[1937～1965] 베트남 전쟁의 출전을 앞두고 훈련 중인 병사가 잘못 던진 수류탄을 자신의 몸으로 감싸 안고 순국한 국군 맹호부대의 한 장교. 【姜在求】
강적 아주 강한 적. 강한 적수. 만만찮은 상대. 【强敵】
강:점¹ 남의 땅이나 물건을 강제로 차지함. -하다. 【强占】
강:점²[강쩜] 남보다 뛰어난 점. ⓔ우

리 민족의 강점은 끈기이다. 비장점. 반약점. 【強點】

강:점기 남의 영토나 물건을 강제로 차지한 시기나 기간.

강정 ①찹쌀 가루를 반죽하여 손가락 크기로 만들어 기름에 튀겨서 꿀·콩·깨·튀밥 따위의 고물을 묻힌 한국식 과자. ②볶은 깨나 콩이나 땅콩 따위를 녹인 엿에 섞어 뭉쳐 만든 과자. 깨강정·콩강정 따위가 있음.

강:제 본인의 의사를 무시하고 위력이나 권력을 써서 따르게 함. 예강제로 일을 시키다. 【強制】

강:제 노동 노동자의 뜻을 무시하고 위력이나 권력을 써서 강압적으로 시키는 노동.

강:제 노동 수용소 강제로 노동을 시키기 위하여 사람들을 가두어 두는 곳. 보통 공산주의 국가나 독재 국가에서 볼 수 있음.

강:제성 본인의 의사를 무시하고 억지로 따르게 하는 성질.

강:제 수용 ①환자·미친 사람·마약 중독자·부랑자 등을 일정한 기관에 강제적으로 가두어 두는 일. ②정치적으로 반대파나 적국의 국민을 일정한 지역에 가두어 두는 일.

강:제적 힘으로 남을 억눌러 억지로 하게 하는 모양. 예강제적으로 일을 시키면 일의 성과가 높지 않다. 비강압적. 반자발적.

강:조 힘차게 부르짖음. 특히 힘주어 주장함. 예배움의 필요성을 강조하다. －하다. 【強調】

강:좌 ①대학 교수로서 맡은 학과목. ②오랫동안 두고 높은 정도의 학술을 가르치는 강습회나 강의록.

강줄기[강쭐기] 강물이 흘러내리는 갈래.

강직 마음이 굳세고 곧음. 예강직한 군인. －하다. 【剛直】

강진 ①강한 지진. ②진도 5의 지진. 벽이 갈라지고, 돌담이 무너질 정도의 지진. 【強震】

강철 여러 가지 기계나 칼날 같은데 쓰이는 단단한 쇠. 쇠 중에서 가장 강한 쇠. 철강. 반연철. 【鋼鐵】

강철봉 강철로 만든 막대.

강철판 강철로 만든 반듯한 판. 강판.

강촌 강가에 있는 마을. 【江村】

강추위 바람이 없이 몹시 심한 추위.

강타 ①매우 세게 침. 예강타한 공이 담을 넘어갔다. ②큰 피해를 주는 것. 예적군의 폭격기에 의해 마을이 강타를 당했다. －하다. 【強打】

강타자 야구에서, 공을 잘 치는 선수, 또는 타율이 높은 선수.

강:탈 억지로 빼앗음. －하다.

강태공 지난날, 중국의 태공망의 이야기에 유래하여 '낚시를 유난히 좋아하는 사람'을 비유하여 이르는 말. 【姜太公】

강토 한 나라의 국경 안에 있는 땅. 비국토. 영토.

강판 ①과일이나 채소를 갈거나 즙을 내는 데 쓰는 부엌용 기구. 예강판에 감자를 갈다. ②강철판.

강풍 세차게 부는 바람. 【強風】

강:하 ①위에서 아래로 내려가는 것. 예비행기가 강하하다. 비하강. ②기온 등이 내려감. 예기압의 강하. －하다. 【降下】

강하다[1] ①물체의 성질이 굳고 단단하다. 예쇠도 너무 강하면 부러지기 쉽다. ②사람의 성격이 곧고 굳세다. 예형은 아버지를 닮아서 성격이 강하다. 반유하다.

강하다[2] 억세고 힘이 있다. 비세다. 반약하다.

강:행 ①어려움을 무릅쓰고 실행함. 예궂은 날씨에도 운동회를 강행하다. ②강제로 시행함. 억지로 함. 예무허가 건물 철거를 강행하다.

ㄱ

-하다. 【强行】

강:행군 어려움을 무릅쓰고 하는 힘들고 어려운 행군.

강호[1] ①강과 호수. ②세상을 비유하는 말. ③자연. 【江湖】

강호[2] 맞서 겨루기 힘든 강한 상대나 집단, 또는 그런 사람. ㉵초반에 강호와 맞붙게 되었다.

강화[1] 부족한 점을 보충하여 강하게 함. ㉵수비를 강화하다. ㉥약화. -하다. 【强化】

강:화[2] 전쟁 중이던 나라가 전쟁을 멈추고 조약을 맺어 평화로운 상태로 돌아가는 일. ㉵강화 조약. -하다. 【講和】

강화대교 경기도 김포 반도의 성내리와 강화도의 갑곶 나루를 연결하는 다리.

강화도〖지명〗 인천 광역시 서해안 강화만에 있는 섬. 화문석의 가내 공업이 성하며 감의 명산지임. 마니산 꼭대기에는 단군 성지가 있으며, 이 곳에서 전국 체육 대회 등의 성화를 채화함. 【江華島】

강화도 조약 1876년 우리 나라와 일본간에 맺어진 불평등 조약. 병자 수호 조약이라고도 함. 이로부터 우리 나라는 외국과 통상을 하게 되었음. 【江華島條約】

강화성 조선 시대에, 강화도에 쌓았던 성. 병인양요·신미양요 때에 외적 방어에 큰 구실을 하였음. 【江華城】

강:화 조약 싸우던 나라끼리 평화를 맺는 조약. 【講和條約】

강희안〖사람〗[1417~1464] 조선 초기의 유명한 서화가. 산수화를 잘 그렸음. 【姜希顔】

강희 자전 중국 청나라 제4대 성조가 장옥서·진정경 등에 명하여 만들게 한 중국 최대의 자전. 1716년 간행됨. 42권. 【康熙字典】

갖가지 가지 가지. 여러 종류. ㉵꽃밭에는 갖가지 꽃들이 피어 있다.

갖다[갇따] '가지다'의 준말. ㉵나는 자전거가 갖고 싶다.

갖바치 지난날, 가죽신을 만드는 일을 직업으로 삼던 사람.

갖은 여러 가지의. 종류가 아주 많은. 골고루 갖춘. ㉵나물에 갖은 양념을 넣고 무치다.

갖저고리[갇쩌고리] 짐승의 털가죽을 안에 댄 저고리.

갖추다 ①필요한 것을 미리 준비하다. ㉵우리 집은 소화기를 갖추고 있다. ②모자라지 않게 준비하다. ㉵시험에 응시할 자격을 갖추다.

갖춘꽃 꽃받침·꽃잎·암수의 꽃술을 모두 갖춘 꽃. 무궁화꽃·벚꽃 따위. ㉥안갖춘꽃.

갖춘마디 음악에서, 악보의 처음과 끝이 박자표대로 되어 있는 마디. ㉥못갖춘마디.

같다 ①서로 다르지 아니하다. ㉵정사각형은 네 변의 길이가 같다. ②한결같다. ㉥다르다.

같이[1][가치] ①함께. 더불어. ㉵나하고 같이 가자. ②비슷하게. 서로 다름이 없이. ㉵잠옷의 옷감은 속옷과 같이 부드러운 것이 좋다.

같이[2][가치] '처럼'의 뜻. ㉵물이 얼음같이 차다.

같이하다[가치하다] 똑같은 사정에 놓이다. 함께 하다. ㉵숙식을 같이 하다.

같잖다[갇짠타] '같지 아니하다'가 줄어서 된 말로, 하는 짓이나 꼴이 아니꼽고 못마땅하다. 조금도 가치가 없다. ㉵잘난 체하는 꼴이 같잖다.

갚다[갑따] ①남에게서 빌리거나 받은 것을 도로 돌려 주다. ㉵외상값을 갚다. ㉥꾸다. ②남에게 입은 은혜에 대한 고마움을 행동으로 표시하다. ㉵은혜를 갚다. ㉥보답하다.

개[1] 낱으로 된 물건의 수효를 세는 말. (예)배 한 개.

개:[2] 개과의 동물. 사람을 잘 따르고 용맹스러우며 영리하여 가축으로 기름. 사냥용·경비용·수색용·애완용으로 널리 쓰임.

개:가[1] 시집갔던 여자가 남편이 죽거나, 남편과 이혼하여 다시 시집가는 일. －하다. 【改嫁】

개:가[2] ①'개선가'의 준말. ②경기 등에서 이겼을 때 터져 나오는 환성. (예)개가를 올리다. 【凱歌】

개:각 내각을 구성하는 국무 위원을 바꾸는 일. －하다. 【改閣】

개간 버려 둔 거친 땅을 일구어 논밭으로 만드는 일. [비]개척. －하다.

개강 강의·강좌 따위를 시작함. [반]종강. 【開講】

개:개 하나하나. 낱낱. 하나씩 따로인 것. (예)개개의 낱말. 【個個】

개:개인 하나 하나의 사람. 사람들을 하나씩 따로 떼어 놓은 것.

개경〖지명〗 개성의 고려 때 이름. 고려 태조 왕건이 왕위에 오른 이듬해(919년) 서울로 정하고 새 왕조를 열었음. 【開京】

개:고 원고를 고치어 씀. 또는 그 원고. －하다. 【改稿】

개골산 금강산을 겨울철에 부르는 이름. ＊봄(금강산), 여름(봉래산), 가을(풍악산) 【皆骨山】

개:과 천선 잘못을 고치고 착하게 됨. －하다. 【改過遷善】

개관 ①도서관·영화관 등을 처음으로 엶. (예)개관을 기념하는 행사. ②도서관이나 영화관 등이 하루의 일을 시작함. (예)영화관의 개관 시간은 오전 10시다. [반]폐관. －하다.

개관식 도서관·박물관·회관 따위의 기관이 정식으로 일을 시작할 때 행하는 의식.

개교 학교를 세워 처음으로 수업을 시작함. [반]폐교. 【開校】

개교 기념일 학교에서 개교를 기념하는 날. 학교의 생일.

개구리 물가에 사는 동물. 알에서 깬 것은 올챙이라 하여 아가미로 숨을 쉬지만, 자라서 땅 위로 올라오면 허파로 숨을 쉼. 발가락 사이에 물갈퀴가 있어서 헤엄을 잘 침. 주로 논·못에서 삶.

[개구리]

개구리밥 논이나 연못 등의 물위에 떠서 자라는 작은 물풀. 잎은 수면에 뜨고 수염 모양의 뿌리는 물 속에 늘어짐.

개구리참외 푸른 바탕에 개구리 등처럼 얼룩덜룩한 무늬가 있는 참외.

개구리헤엄 개구리처럼 팔과 다리를 오므렸다 폈다 하면서 치는 헤엄.

개구쟁이 장난이 심한 아이를 이르는 말. ×개구장이.

개국 ①나라를 처음으로 세움. (예)개국 공신. [비]건국. ②외국과의 국교를 시작함. [반]쇄국. －하다. 【開國】

개굴개굴 개구리가 우는 소리를 나타냄. ＞개골개골.

개그 연극·영화·텔레비전 등에서 관객을 웃기기 위하여 하는 즉흥적인 대사나 우스갯짓. 【gag】

개그맨 개그를 직업으로 하는 사람. 익살꾼. 【gagman】

개근 하루도 빠짐없어 출석·출근함. －하다. 【皆勤】

개근상 개근한 사람에게 주는 상.

개기 월식 달이 지구의 그림자 안에 완전히 가리어 태양의 빛을 받지 못하는 현상.

개기 일식 달이 해를 가려서 해가 완전히 보이지 않는 현상.

개:꿈 대중할 수 없는 어수선한 꿈을 하찮게 여기어 이르는 말.

개:나리 물푸레나무과의 갈잎 넓은떨기나무. 정원이나 울타리에 심는 나무로 이른 봄 잎이 나기 전에 노란 꽃이 핌.

[개나리]

개년 해의 수나 기간을 세는 말. ㉠경제 개발 5개년 계획. 【個年】

개:념 대충의 뜻이나 내용. ㉠이야기의 개념만 말해라.

개:다[1] 흐리거나 궂은 날씨가 맑게 되다. 반흐리다.

개:다[2] 흙이나 밀가루 따위의 가루 모양의 것에 물이나 기름을 넣어 으깨거나 이기다.

개다[3] 접어서 겹치다. 포개어 접다. ㉠빨래를 개다.

개:다리소반 다리가 개의 다리처럼 구부정하게 된 사각형 또는 다각형의 소반.

개도 깨우쳐 인도함. 【開導】

개:떡 보리나 밀을 대강 빻아 반죽하여 아무렇게나 반대기를 지어 밥 위에다 얹어 찐 떡.

개:똥벌레 여름 밤에 배 끝에 파르스름한 불을 켜고 날아다니는 곤충. 반디.

개:량 품질이나 성능 등의 나쁜점을 고치어 좋게 함. ㉠주택을 개량하다. 비개선. 반개악. −하다. 【改良】

개:량종 전부터 있어 내려오던 것을 더 좋게 만든 동식물의 품종. 반재래종.

개:로왕〖사람〗[?~475] 백제의 제21대 왕. 중국 위나라의 힘을 빌려 고구려를 치려 했으나 실패하였고, 오히려 고구려의 공격을 받아 죽음을 당하였음.

개:마 고원 장백·낭림·함경·마천령 산맥으로 둘러싸인 우리 나라에서 가장 높고 넓은 고원.

개막 ①연극·음악회 등의 막을 엶. 또는 시작됨. ②행사 등을 시작함. ㉠올림픽 개막행사. −하다.

개막식 대회·공연·행사를 정식으로 시작하는 의식. 반폐막식.

개:명[1] 이름을 고침, 또는 고친 이름. ㉠창씨 개명. −하다. 【改名】

개명[2] 사람의 지혜가 열리고 문화가 발달함. 비개화. −하다. 【開明】

개문 문을 엶. 반폐문. 【開門】

개:미 땅 속이나 썩은 나무 속에서 집을 짓고 질서 있는 생활을 하는 곤충.

개:미귀신 마른 모래밭에 깔때기 모양의 구멍을 파고 숨어 있다가 미끄러져 떨어지는 개미 같은 작은 곤충을 잡아먹는 벌레. 몸 길이는 1cm 정도쯤 되며 색깔은 연한 갈색임.

개바자 갯버들 가지로 발처럼 엮어 만든 물건.

개발 ①기술·능력·지식 등을 힘써 더 좋고 새롭게 만드는 것. ㉠기술 개발에 힘쓰다. 비개척. ②어떤 장소나 물건을 더욱 쓸모 있게 만드는 것. ㉠이 지역을 개발하여 관광지로 만들자. −하다. 【開發】

개발권[개발꿘] 어떠한 곳을 개발할 수 있는 권리. 【開發權】

개발 도상국 개발이 한창 진행되고 있어 점점 발전해 가고 있는 나라. 비발전 도상국. 저개발국. 준개도국. 【開發途上國】

개:밥 개에게 먹이는 밥.

개방 ①숨김 없이 터놓음. ㉠개방 사회. ②제한이나 차별 따위를 두지 않고, 자유로이 드나들거나 이용할 수 있게 함. ㉠수입 개방. 반폐쇄. −하다. 【開放】

개방대학 대학의 교육 과정을 일반 시민, 특히 직장인에게 개방하는 교육 제도.

ㄱ

개방적 ①사회의 풍습이나 제도가 자유롭게 되어 있거나 터 놓은 것. ②생각이나 느낌이 솔직하고 자유로움. ㉕개방적인 친구. 반폐쇄적.

개벽 ①하늘과 땅이 처음으로 생김. ②'새로운 사태가 열림'을 비유해서 이르는 말. ③천지가 어지럽게 뒤집혀짐. ㉕천지 개벽. –하다.

개:별 낱낱으로 나눔. ㉕개별 학습을 하다. 【個別】

개봉 ①싸거나 봉한 것을 떼어 엶. ㉕편지 봉투를 개봉하다. ②영화를 처음으로 상영함. ㉕개봉 영화. –하다. 【開封】

개봉관 개봉 영화만을 상영하는 영화관.

개봉 박두 영화의 개봉 시기가 얼마 남지 않았음. 【開封迫頭】

개부심 장마로 큰물이 난 뒤, 한동안 쉬었다가 다시 퍼붓는 비.

개비 쪼갠 나무 도막의 조각. ㉕성냥 개비. ×깨비. 가치. 개피

개사초 흙이 드러난 무덤의 떼를 갈아입힘. 【改莎草】

개:살구 개살구나무의 열매. 모양은 살구와 비슷하나 맛은 시고 떫음.

개:선[1] 잘못된 것을 고쳐 좋게 함. ㉕품질 개선. 비개량. 반개악. –하다. 【改善】

개:선[2] 싸움에 이기고 돌아옴. ㉕개선 용사. –하다. 【凱旋】

개:선[3] 의원이나 임원을 다시 뽑음. –하다. 【改選】

개:선가 싸움에서 이기고 돌아오면서 부르는 노래.

개:선문 싸워 이긴 것을 기념하고 환영하기 위해서 세운 문.

개:선 장군 적과의 싸움에서 이기고 돌아온 장군.

개설 ①어떤 시설을 새로 설치함. ㉕유선 방송을 개설하다. ②은행 계좌나 거래 관계 따위를 새로 만듦. ㉕통장을 개설하다. –하다.

개:성[1] 사람마다 가지고 있는, 남과 다른 특성. ㉕개성이 강하다.【個性】

개:성[2]【지명】 북한에 있는 한 도시. 고려 시대의 서울이었으며, 선죽교 등의 유적이 있음. 특산물로 인삼·화문석이 유명함. 【開城】

개성 상인 개성을 중심으로 상업 활동을 벌인 고려와 조선 시대의 상인.

개:소주 개를 잡아 온갖 약재를 넣어 오래 고아서 짠 물.

개:수[1] 한 개 두 개 낱으로 세는 물건의 수효. ㉕개수를 헤아리다.

개:수[2] 길·제방·건물 따위의 구축물을 짓거나 고쳐 쌓음. 【改修】

개수대 주방에서 먹을거리를 씻거나 설거지를 하고, 물을 빼어 버리는 장치가 있는 대.

개숫물 설거지하고 버린 물. 그릇을 씻는 물. 설거지물. ㉣개수.

개시 처음으로 시작함. ㉕공격 개시. 비시작. 반완료. 종료. –하다.

개신교 종교 개혁의 결과로 천주교에서 갈라져 나온 크리스트교의 여러 파를 아울러 이르는 말. 장로교·감리교·침례교 따위.

개암 개암나무의 열매.

개암나무 자작나무과의 갈잎큰키나무. 산이나 들에 절로 자라는데, 높이 2~3m. 잎은 둥글납작하고, 꽃은 3월경에 잎보다 먼저 핌. 갈색의 둥근 열매는 '개암'이라 하여 익으면 먹을 수 있음.

개업 가게·병원·사무소 같은 사업을 처음 시작하는 것. 반폐업. –하다. 【開業】

개:요 줄거리의 요점. ㉕이야기의 개요만 말하라. 비대략.

개운찮다[개운찬타] 몸이나 기분이 상쾌하지 아니하다. ㉕숙제를 안 하고 놀러 와서 그런지 기분이 개운찮다.

개운하다 ①몸이나 기분이 상쾌하고 가볍다. ㉠목욕을 하고 났더니 몸이 개운하다. ②맛이 좋아 기분이 상쾌하다. ㉠국물이 개운하다.

개울 골짜기나 들에 흐르는 작은 물줄기. 비시내. 개천.

개원 ①병원·학원 따위를 설립하여 처음으로 문을 엶. ②국회의 회의를 엶. 【開院】

개월 30일(또는 31일)을 한 단위로 세는 단위. 비달. 【個月】

개:의 마음에 두고 생각함. ㉠선생님은 우리들의 장난에 개의치 않고 수업을 시작하셨다. 【介意】

개:인 나라나 사회를 이루고 있는 하나하나의 사람. 【個人】

개:인 교수 개인을 대상으로 하여 가르치는 일, 또는 그런 일을 하는 사람.

개:인기 주로 단체로 하는 운동 경기에서 선수 개인이 가지고 있는 기술.

개:인용 개인이 자기 혼자의 필요에 따라 사용하는 물건. 【個人用】

개:인 자격 어느 단체에 속하지 않은 개인으로서의 신분.

개:인적 ①사용하느개인에 관한것. 개인이 중심이 되는 것. ㉠개인적인 사정으로 결석하다. ②자기 중심적으로 생각하거나 행동하는 것. ㉠단체 생활을 할 때는 개인적인 행동을 삼가야 한다. 비이기적. 【個人的】

개:인전[1] 개인의 미술 작품을 전시하는 전시회.

개:인전[2] 탁구나 배드민턴 등에서 개인끼리 마주 벌이는 운동 경기.

개:인주의 ①다른 사람에 대하여 별로 관심을 가지지 않고 자기나 자기 가족만을 생각하는 태도. 비이기주의. ②국가·사회·단체에 대한 책임보다 개인의 자유와 권리가 더 중요하다는 믿음이나 주장. 반전체주의.

개인 택시 회사 조직에 속하지 않은 개인이 직접 부리는 택시.

개:입 어떤 사건에 관계함. 사이에 끼어들어감. ㉠사건에 개입하지 마라. －하다. 【介入】

개:자추〖사람〗 중국 진나라 문공의 신하. 그가 면산에서 불타 죽은 날을 한식이라 함. 【介子推】

개:작 다시 고쳐 만들거나 지음, 또는 그 작품. －하다. 【改作】

개장 시장 따위를 열어 업무 또는 장사를 시작함. －하다. 【開場】

개점 가게를 차리어 장사를 시작함. 반폐점. －하다. 【開店】

개:정[1] 바르게 고침. ㉠법을 개정하다. －하다. 【改正】

개정[2] 법정을 열고 재판을 시작하는 것. 【開廷】

개:조 고쳐서 다시 만듦. －하다.

개:종 믿던 종교를 그만두고 다른 종교를 믿음.

개:중 여럿이 있는 그 가운데. ㉠수업 시간에 공부를 열심히 하지만, 개중에는 조는 아이들도 있다.

개:차반 개가 먹은 음식, 즉 '똥'이라는 뜻. '말과 행동이 더럽고 막된 사람'을 욕으로 이르는 말. ㉠술만 먹으면 개차반이 된다.

개:찰 차표 등을 들어가는 곳에서 조사함. －하다. 【改札】

개:찰구 기차를 탈 사람들의 차표를 검사하는 입구. ※'개표소'의 이전 말.

개척 ①거친 땅을 일구어 논밭을 만듦. 비개간. ②새로운 분야에 처음으로 손을 대어 발전시킴. ㉠해외 시장을 개척하다. －하다. 【開拓】

개척자 어떤 분야를 처음으로 시작하는 사람. 선구자.

개척 정신 어떤 새로운 일에 손을

대어 인간 생활에 쓸모 있는 것이 되게 하려는 정신.

개천 작은 시내. ㉧개천에서 용났다. ㉥개울.

개천절 국경일의 하나. 단군이 우리 나라를 세운 것을 기념하는 날. 10월 3일.

개최 모임·행사·경기 등을 여는 것. -하다. 【開催】

개최국 어떤 모임·행사·경기 등을 주관하여 벌이는 나라.

개키다 이불·옷 따위를 잘 포개어 접다. ㉨개다.

개:탄 사회적으로 중요한 사태에 대하여 매우 걱정하며 탄식하는 것. ㉧소비 풍조를 개탄하다. -하다.

개통 새로 낸 도로·철도·다리·항로 등의 통행을 처음으로 시작함. ㉧영동 고속 도로 개통.

개펄 바닷가·강가에 개흙이 깔린 땅. ㉧개펄에서 게를 잡다. ㉨펄.

개:편 고쳐서 엮거나 조직을 다시 짜서 이룸. ㉧교과서를 개편하다. 내각을 개편하다. -하다.

개폐 문이나 통로를 열고 닫고 함. -하다. 【開閉】

개:표[1] 차표·입장권 따위를 입구에서 검사하는 일. -하다. 【改票】

개표[2] 투표함을 열고 투표의 결과를 알아 봄. -하다. 【開票】

개표소 투표함을 열고 투표의 결과를 알아보는 장소.

개피떡 팥고물 소를 넣고 반달 모양으로 빚은 쌀떡.

개학 방학·휴교 등으로 한동안 쉬었다가 수업을 다시 시작함. -하다. 【開學】

개항 항구를 열어 외국과 거래를 시작함. -하다. 【開港】

개:헌 헌법의 일부 또는 전부를 고침. -하다. 【改憲】

개:헌안[개허난] 헌법을 부분적으로 바꾸어서 다시 만들어 국회 따위의 최고 의결 기관에 내놓은 안.

개:헤엄 개가 헤엄치듯이 팔을 앞쪽으로 내밀고 손바닥으로 물을 끌어 당기면서 발장구를 치며 하는 헤엄.

개:혁 새롭게 고침. ㉧교육 제도를 개혁하다. -하다. 【改革】

개:혁안[개혀간] 개혁의 내용을 적은 안건. 【改革案】

개화[1] 사람의 머리가 깨어 새로운 문화를 가지게 됨. ㉧개화된 사회에서 그런 미신을 믿다니…. ㉥개명. -하다. 【開化】

개화[2] ①꽃이 피는 것. ②무엇이 한창 번성하고 흥하는 것. -되다. -하다. 【開花】

개화기[1] 조선 말 강화도 조약 체결 이후, 서양의 문물이 들어옴에 따라 종래의 봉건적인 사회질서를 타파하고 근대적인 사회로 바뀌어 가던 시기. 【開化期】

개화기[2] 꽃이 피는 때. 【開花期】

개화 사상 낡은 제도·풍습 따위를 없애고, 새로운 서양의 문화를 받아들이려는 사상.

개화 운동 조선 시대 말기에 김옥균 등이 낡은 제도·풍습 등을 없애고 새로운 문화를 일으키려고 한 활동.

개화파 조선 말기 낡은 제도를 바꾸고 서양 문물을 받아들여 개화한 국가를 만들자고 주장한 당파. 독립당 또는 개화당이라고도 함.

개활지 앞이 시원하게 탁 트인 너른 땅. 【開豁地】

개회 회의나 모임을 시작함. ㉤폐회. -하다. 【開會】

개회사 개회를 할 때에 주로 회장이나 의장이 그 모임의 성격·목적 따위를 곁들여서 하는 인사말.

개회식 회의나 모임 따위를 시작할 때에 하는 의식. ㉤폐회식.

객 손님. ㉥손. ㉤주인. 【客】

객고 ①객지에서 겪는 고생. ②공연히 겪게되는 고생. 예객고를 치르다. 【客苦】
객관 나 하나만의 생각에서 벗어나 다른 사람의 처지에서 사물을 있는 그대로 보거나 생각하는 일. 예노래 실력을 객관적으로 평가하다. 반주관. 【客觀】
객관식 주어진 여러 개의 보기 중에서 답을 고르게 하는 시험 문제의 형식. 반주관식.
객관적 자기 혼자만의 생각이나 감정에서 벗어나 있는 그대로, 또는 다른 사람의 처지에서 사물을 생각하는 것. 반주관적.
객기 쓸데없이 부리는 혈기. 분수를 모르고 부리는 호탕한 기운. 예괜한 객기 부리지 말고 그만 가자.
객담 실없는 말. 쓸데없는 말. 객쩍은 말. －하다. 【客談】
객사[1] 자기 집이 아닌 다른 곳에서 죽는 것. －하다. 【客死】
객사[2] 집을 멀리 떠나 임시로 묵는 숙소. 예객사에 도착하다. 【客舍】
객석 ①손님이 앉는 자리. ②영화관 등의 구경하는 자리. 【客席】
객실 손님을 묵게 하거나 대접하려고 마련한 방. 【客室】
객주 지난날, 상인의 물품을 맡아 팔아 주기도 하고, 매매가 이루어지게 하기도 하며, 또 그러한 상인들을 상대로 여관 영업을 하던 사람.
객지 자기 집을 멀리 떠나 임시로 가 있는 곳. 예객지에서 고생을 하다.
객차 손님을 태우는 철도 차량. 본여객 열차. 반화물차.
객토 토질을 좋게 하기 위하여 딴 곳에서 파다가 논밭에 넣는 흙. 비흙갈이. －하다. 【客土】
객혈 병으로 인해 피를 토함.
갠지스 강 인도에 있는 큰 강. 힌두교도들이 숭배하는 신성한 강.
갤러리 ①긴 복도. ②미술품을 전시하는 전시장. 【gallery】
갬ː 날씨를 나타내는 말의 하나. 비나 눈이 그치고 날이 맑아짐. 반흐림.
갯마을 어촌.
갯버들 버들과에 속하는 떨기나무. 개울가에 많이 나는 땅버들.
갯벌 바닷물이 드나드는 넓은 땅. 비개펄.
갱 광물을 파내기 위하여 땅 속으로 파 들어간 굴. 【坑】
갱ː년기 사람의 몸이 노년기로 접어드는 시기. 보통 마흔 두 살에서 쉰 살 무렵임. 【更年期】
갱도 ①땅 속으로 난 길. ②광산에서 땅 속을 굴처럼 만든 길. 준갱.
갱목 갱이 무너지지 않도록 갱도 안에 버티어 세운 통나무.
갱ː생 ①거의 죽을 지경에서 다시 살아남. ②신앙 등에 의해 죄악에서 벗어나 바른 삶을 되찾음. 예회개하고 갱생의 길을 걷다. 【更生】
갱ː신 다시 새로워짐. 다시 새롭게 함. 예마라톤 기록을 갱신하다. －하다. 【更新】
갱ː지 면이 좀 거칠고 빛깔이 약간 거무스름한 종이. 시험지·신문지 등에 쓰임. 백록지.
갸ː륵하다[갸르카다] 하는 일이 착하고 장하다. 매우 기특하다. 예갸륵한 마음씨.
갸름하다 조금 가늘고 긴 듯하다. 예우리 누나는 얼굴이 희고 갸름하다.
갸우뚱하다 ①무엇을 생각하느라 고개를 이쪽 저쪽으로 자꾸 기울이다. ②몸이나 물체를 기울어지게 하다.
갸웃거리다 무엇을 보거나 알려고 자꾸 고개를 기울이다. 예동생은 무엇이 이상한지 고개를 자꾸 갸웃거렸다. 〈기웃거리다.

걔 '그 아이'의 준말.

거[1] '것'의 준말. (예)먹을 거 있니?

거[2] ①'그것'의 준말. (예)거 뭐야? ② '거기'의 준말. (예)거 누구요?

거[3] 말을 처음 꺼낼 때 별다른 뜻 없이 버릇처럼 하는 말. (예)거, 정말 기분 나쁘네.

거간 사이에 들어 물건을 사고 파는 일을 거듦. 또는 그 사람. (본)거간꾼. 【居間】

거:구 커다란 몸뚱이.

거:국 일치 온 국민이 한마음 한뜻으로 뭉침. 【擧國一致】

거:국적 온 국민이 함께 참여하는 것. (예)3·1운동이 거국적으로 일어났다. 【擧國的】

거:금 큰 액수의 돈. 많은 돈. (예)거금을 성금으로 내다.

거기 ①그 곳. 그 곳에. (예)너, 거기 그대로 있어! ②그것. 그점. (예)거기에 대해서 말해 봐라.

거기다가 앞에서 말한 사실에 덧붙여. 그뿐 아니라. (예)누나는 착하고 거기다가 예쁘기까지 하다. [비]게다가. (준)거기다.

거꾸러뜨리다 넘어지거나 엎어지게 하다. 쓰러뜨리다.

거꾸러지다 ①거꾸로 엎어지다. ② 싸움에 지다. (센)꺼꾸러지다.

거꾸로 차례나 방향이 반대로 바뀌게. (예)옷을 거꾸로 입다. >가꾸로. (센)꺼꾸로.

거나하다 술에 취한 정도가 기분이 좋을 만큼 알맞다. (예)아버지는 거나하게 취하신 채로 집에 들어오셨다.

거느리다 ①손아랫사람들을 데리고 있다. (예)수많은 부하를 거느리다. ②짐승이 새끼들을 데리고 있다.

거:닐다(거니니, 거니오) 천천히 한가롭게 이리저리 걷다. (예)공원을 거닐다.

거:대 엄청나게 큼. [반]왜소.

거덜나다 살림이나 사업 따위가 잘못되어 집안이나 회사가 망하거나 없어지다. (예)빚 때문에 살림이 거덜나다.

거:동 그 사람의 행동하는 짓이나 태도. (예)저 사람의 거동이 수상하다. (본)거둥. 【擧動】

거:두 어떤 조직체나 분야에서 영향력이 큰 우두머리나 권위가 있는 사람. (예)물리학의 거두. 【巨頭】

거두다 ①널려 있는 것을 한데 모아들이다. (예)곡식을 거두다. ②보살펴 주다. (예)거두어 먹이다. ③멈추어 끝을 내다. (예)숨을 거두다.

거두어들이다 ①농작물을 한데 모아 가져오다. (예)가을이 되면 곡식을 거두어들인다. ②다른 사람들에게서 돈이나 물건을 받아서 모아 가져오다. (예)원장은 봉사보다는 돈을 거두어들이는 데만 열을 내었다. (준)거둬들이다.

거:두 절미 머리와 꼬리를 잘라 버린다는 뜻으로, 요점만 남기고 필요 없는 분분은 빼어 버림.

거드럭거리다 버릇이 없고 건방지게 행동하다.

거:드름 잘난 체 하는 태도. (예)거드름 피우다.

거들 배와 허리의 몸매를 예쁘게 보이게 하기 위해 꼭 껴입는 여자의 속옷. 【girdle】

거:들다(거드니, 거드오) ①남의 하는 일을 도와 주다. (예)집안 일을 거들다. ②시중들다. [비]돕다.

거들떠보다 눈을 치뜨며 아는 체하거나 관심을 가지고 보다.

거들먹거리다 잘난 체하며 함부로 행동하다. 건방지게 굴다. (예)좀 잘산다고 거들먹거리고 다니는 꼴이 볼 만하다.

거듭 한 것을 또 함. 되풀이함. [비]중복. 반복. -하다.

거듭나다[거듬나다] 지금까지의 태도나 버릇을 버리고 새롭게 삶을 시작하다.

거듭되다 같은 종류의 일이나 상황이 계속 되풀이되다. ㉠거듭되는 침략에도 나라를 지켜냈다. 비반복되다.

거듭제곱 수를 '밑'과 '지수'로 나타낸 것. 〈보기〉 1^1, 2^2, 3^3.

거듭하다[거드파다] 같은 종류의 일이나 상황을 계속 되풀이하여 반복하다. ㉠몇 차례의 이사를 거듭하면서 집이 조금씩 커져 갔다.

거뜬하다 ①몸이나 마음이 아주 후련하고 가볍다. ㉠운동을 하고 나니 몸이 거뜬하다. ②손쉽다 문제없다. ㉠너 정도는 거뜬하게 이길 수 있다.

거뜬히 ①힘들이지 않고 쉽게. ㉠쌀 한 가마니 정도는 거뜬히 들 수 있다. ②부족함 없이. 넉넉히. ㉠이 돈이면 우리 식구가 두 달은 거뜬히 살 수 있다.

거란족 4세기경 만주에서 일어난 부족. 발해를 멸망시킨 뒤, 나라 이름을 '요'라 고치고 고려를 침입하기도 했음.

거:래 ①돈을 서로 꾸고 갚거나 물건을 사고 파는 일. ㉠상품 거래. ②서로의 이익을 얻기 위한 교섭. ③영리 목적의 경제 행위. 【去來】

거:래처 거래를 하는 상대편.

거:론 어떤 일을 상의할 거리로 삼음. ㉠이미 끝난 일을 다시 거론하지 마라. -하다.

거:룩하다 훌륭하고 성스럽다. ㉠어머니의 사랑이야말로 거룩하다.

거룻배 돛이 없는 작은 배. 준거루.

거류 외국 등지에 임시로 머물러 삶.

거류민 ①임시로 살고 있는 외국인. ②거류지에 살고 있는 사람.

거류민단 남의 나라에 머물러 사는, 같은 민족끼리 조직한 자치 단체. 준민단. 【居留民團】

거류지 조약에 의해 한 나라가 그 영토의 일부를 한정하여 외국인이 살거나 영업을 할 수 있도록 허가한 지역.

거르다(걸러, 걸러서) ①체 같은 데에 받치어 국물을 짜 내다. ㉠술을 거르다. ②차례를 하나 빼고 그 다음 차례로 건너뛰다. ㉠끼니를 거르다.

거름 나무나 풀이 잘 자라게 하기 위하여 주는 양분. 비비료.

거름더미[거름떠미] 거름을 한데 모아 쌓아 놓은 더미.

거름종이 액체 속에 들어 있는 찌꺼기나 먼지 등을 걸러 내는 데 쓰는 성긴 종이. 여과지.

거름흙[거름흑] 양분이 많아 식물을 잘 자라게 하는, 거름으로 쓰는 기름진 흙.

거리[1] ①사람이나 차가 많이 다니는 길. ②'길거리'의 준말.

거리[2] ①무엇을 만드는 데 필요한 재료. ㉠반찬거리. ②어떤 행동이나 감정을 나타내는 내용·소재가 되는 것.

거리[3] ①서로 떨어진 사이의 길이. ㉠거리가 멀다. ②두 점을 잇는 직선의 길이.

거:리감 사이가 뜬 느낌. ㉠친구와 다툰 후에 거리감이 생겼다.

거리끼다 ①어떤 일이 딴 일에 방해가 되다. ②서로 엇갈리다. ③마음에 걸려 꺼림하다.

거리낌 싫거나 두려워하여 피하든가 숨기려하는 것.

거리낌없이[거리끼멉씨] 주저하지 않고. ㉠처음 보는 사람 앞에서 거리낌없이 행동하다.

-거리다 같은 움직임을 잇달아 함을 나타내는 말끝. ㉠덜컹거리다. 흔들거리다.

거마 수레와 말. 【車馬】

거마비 타고다니는데 드는 비용. 또는 그 명목으로 주는 돈. [비]교통비.

거:만 남을 업신여기고 잘난 체함. 오만. [비]교만. [반]겸손. －하다.

거:머리 논·못에 살며, 동물의 살에 붙어 피를 빨아먹는 물벌레.

거머쥐다 ①무엇을 손으로 꽉 움켜쥐다. [예]멱살을 거머쥐다. ②무엇을 완전히 차지하다. [예]그는 이번 대회에서 우승하여 많은 상금을 거머쥐었다.

거:멓다 빛이 매우 검다. 〉가맣다. [센]꺼멓다.

거목 매우 큰 나무. 【巨木】

거무스름하다 조금 검다. 〉가무스름하다. [센]꺼무스름하다.

거무죽죽하다[거무죽쭈카다] 고르거나 깨끗하지 못하고 거무스름하다. 〉가무족족하다. [센]꺼무족족하다.

거무칙칙하다[거무칙치카다] 윤기가 없이 검다. [예]거무칙칙한 얼굴. 〉가무칙칙하다. [센]꺼무칙칙하다.

거무튀튀하다 빛깔이 흐리고 고르지 않게 거무스름하다. [예]얼굴이 볕에 그을려 거무튀튀하다. 〉가무퇴퇴하다. [센]꺼무튀튀하다.

거문고 오동나무의 긴 널로 속이 비게 짜고 그 위에 줄 6개를 건 우리나라 전래 현악기의 한 가지. 신라 때 왕산악이 만듦.

[거문고]

거:문도 전라 남도 여수시 삼산면에 속한 섬. 【巨文島】

거문도 술비 노래 옛날 전라남도 거문도에서 뗏목으로 항해하면서 선원들이 불렀던 노래.

거:물 학문이나 세력이 중요한 위치에 있는 사람. [예]재계의 거물.

거뭇거뭇[거문꺼문] 군데군데가 거무스름하게 보이는 모양. [예]얼굴에 거뭇거뭇 검버섯이 피다. 〉가뭇가뭇. [센]꺼뭇꺼뭇.

거미 그물 같은 집을 지어 놓고, 벌레가 걸리면 그것의 양분을 빨아먹고 사는 벌레. 머리와 가슴은 한 몸이나 긴 둥근 배와 잘록하게 경계를 이루고 있음.

[거미]

거미줄 거미가 제 몸에서 뽑아 내는 가는 줄이나 그 줄로 친 그물.

거:부[1] 상대편의 요구·제안 따위를 승낙하지 않고 물리침. [비]거절. [반]승인. －하다. 【拒否】

거:부[2] 큰 부자. 많은 재산. 【巨富】

거:부감 무엇을 꺼리든가 싫어하는 마음. [예]다른 사람이 거부감을 느낄 정도로 시끄럽게 이야기하다.

거:부권[거부꿘] 남의 의견이나 요구를 거부할 수 있는 권리.

거북 몸은 둥글납작하고, 등과 배가 단단한 딱지로 된 동물. 바닷가에 살며 기어다님.

거북선 임진왜란 때, 이순신 장군이 만든 거북 모양의 배. 세계 최초로 철갑을 씌워 만들었음.

[거북선]

거:북하다[거부카다] ①몸이나 마음이 편안하지 아니하다. [예]많이 먹어서 속이 거북하다. ②말이나 행동을 하기 어렵다. [예]분위기가 어색해서 앉아 있기가 거북하다.

거:사[1] 매우 큰일. 【巨事】

거:사[2] 반란이나 혁명과 같은, 사회적으로 큰 일을 일으키는 것. 【擧事】

거상 밑천을 많이 가지고 하는 장사, 또는 그 사람. 【巨商】

거:석 매우 큰 돌덩이. 【巨石】

거:석 문화 고인돌·선돌 등 거대한 돌덩이를 사용한 건축물을 특징으로 하는 신석기 시대의 문화를 통틀어 이르는 말.

거세다 거칠고 세다. 매우 세다. ㉾바람이 거세다.

거센말 뜻은 같으나 말의 느낌을 강하게 하기 위하여 거센소리를 쓰는 말. '감감하다·깜깜하다'에 대하여 '캄캄하다' 따위.

거센소리 거세게 소리나는 자음. ㅊ·ㅋ·ㅌ·ㅍ·ㅎ 따위의 소리. 격음. 기음. *된소리

거:수 회의에서, 어떤 의견에 대한 찬성의 표시, 또는 경례의 한 방법으로 손을 위로 드는 것.

거:수 경례 오른손을 모아 눈썹 끝 부분이나 모자 챙 옆에 올려서 하는 인사의 한 가지. -하다.

거스르다[1] ①자연스러운 분위기나 흐름에 반대하는 방향을 취하다. ㉾강을 거슬러 올라가다. ②남의 뜻을 거역하다. ㉾부모님의 뜻에 거스리는 일을 하지 말라.

거스르다[2] 값보다 큰 액수의 돈을 받고, 남은 돈을 셈하여 주다. ㉾잔돈을 거슬러 받다.

거스름돈[거스름똔] 큰 돈에서 받을 것을 제하고 되돌려 내주는 남은 돈. 우수리. ㉣거스름.

거슬리다 순순히 받아들여지지 않고 언짢은 느낌이 들다. ㉾귀에 거슬리는 말은 그만해라.

거실 서양식 집에서 침실·부엌·서재 따위를 제외한, 가족이 공동으로 쓰고 손님을 맞는 방. 【居室】

거:액 많은 액수의 돈.

거:역 윗 사람의 뜻이나 명령을 어김. ㉾선생님의 뜻을 거역하지 말라. -하다. 【拒逆】

거울 ①빛의 반사를 이용하여 얼굴이나 몸맵시 등을 비춰보는 물건. ②모범이나 표본이 될 만한 사실. ㉾어린이는 어른의 거울이다.

거울삼다 지난 일이나 남의 일들을 살피어 본받거나 주의하다.

거위 오리과의 물새. 기러기의 변종으로 몸빛은 희고 목이 길며 부리는 황금색임. 헤엄은 잘 치나 날지는 못함. 밤 눈이 밝아서 개 대신 기르기도 함.

[거위]

거위배 회충으로 인한 배앓이. ㉥횟배.

거의 ①전부에서 조금 모자라게. 대부분. ㉾숙제를 거의 다 했다. ②어떤 상태에 아주 가깝게. ㉾민수는 추위 속에서 거의 의식을 잃어가고 있다. ㉥거지반. 대개.

거:인 ①아주 몸이 큰 사람. ㉤소인. ②위대한 사람. ㉾국문학의 거인 주시경 선생. 【巨人】

거:장 예술 분야에서 아주 뛰어난 사람. ㉾가곡의 거장 슈베르트.

거저 ①아무 대가나 조건 없이 공으로. 무료로. ②아무것도 가지지 아니하고 빈손으로.

거적 새끼와 짚으로 엮거나 결어서 자리처럼 만든 물건.

거:절 요구나 제의 따위를 받아 들이지 않고 물리침. ㉥사절. ㉤승낙. -하다. 【拒絶】

거:점[거쩜] 활동의 근거가 되는 곳.

거:제 대교 경상 남도 통영시와 거제시를 잇는 다리. 길이 740m, 폭 10m. 남해의 명물 중의 하나.

거:제도〖지명〗 경상 남도 진해만의 앞쪽에 있는 섬. 우리 나라에서 제주도 다음으로 큰 섬임. 【巨濟島】

거주 일정한 곳에 자리를 잡고 머물러 삶. －하다. 【居住】

거주민 일정한 곳에 자리를 잡고 사는 주민·국민. [준]주민. 【居住民】

거주자 일정한 지역에 살고 있는 사람. [비]주민. 【居住者】

거주지 현재 살고 있는 곳. 【居住地】

거죽 어떤 것의 겉에 드러난 부분. 생물의 가장 겉의 피부. [비]겉. 표면.

거:중기 무거운 물건을 들어올리는 데 쓰던 재래식 기중기.

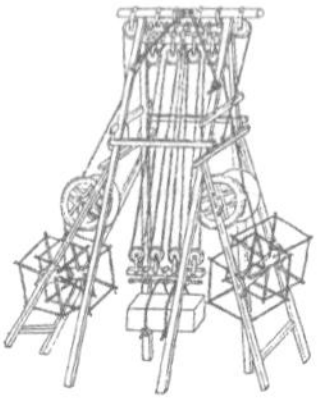

[거중기]

거:즈 무명실로 성기게 짠 천으로, 소독하여 상처를 동이거나 대는데 씀. 가제. 【gauze】

거:지 ①남에게 빌어서 얻어먹고 사는 사람. [비]걸인. ②남을 업신여겨 욕하는 말.

거:지꼴 거지와 같이 지저분한 차림새나 꼴.

거지반 절반 이상. 거의 다. [예]일이 거지반 끝났다. [준]거반.

거:지 왕자〖책명〗 미국의 마크트웨인이 지은 소설. 얼굴이 똑같이 생긴 거지와 왕자가 서로 옷을 바꾸어 입게 되어 거지는 왕자가 되고, 왕자는 거지 노릇을 하면서 여러 가지 재미있는 일이 일어난 끝에 다시 원래대로 돌아간 왕자와 거지는 다정한 친구가 된다는 줄거리임.

거진 전부에서 조금 모자라게. 어떤 한도에 아주 가깝게. [예]부산까지 거진 다섯 시간이 걸렸다. [비]거의.

거:짓[거짇] 사실과 어긋나게 말하거나 꾸미는 일. [비]허위. [반]참.

거:짓되다 사실과 다르다. 진실되지 아니하다. [예]한 사람의 거짓된 증언으로 많은 사람이 피해를 보았다.

거:짓말[거진말] 그렇지 않은 것을 그렇다고 꾸며서 하는 말. [반]정말. 참말. －하다.

거:짓말쟁이 거짓말을 잘 하는 사람. ×거짓말장이.

거:짓말 탐지기 사람의 마음 상태에 따라 일어나는 생리적변화를 측정하여 거짓인지 아닌지를 알아 내는 데 쓰이는 기계 장치.

거:참 탄식을 하거나 어이없을 때 먼저 나오는 말. [예]거참, 딱한 일이로구나. [본]그것 참.

거:창 사물의 모양이나 규모가 엄청나게 큼. [비]거대. －하다.

거:처[1] 간 곳, 또는 갈 곳. [예]거처를 밝히고 떠나라. 【去處】

거:처[2] 한 군데에 자리잡고 삶, 또는 그 곳. [예]이곳이 내가 거처하는 방이오. 【居處】

거:추장스럽다(거추장스러우니, 거추장스러워) 다루기가 거북하고 귀찮다. [예]가방이 크고 무거워 거추장스럽다.

거치다 ①어떤 과정을 통과하다. [예]학급 회의를 거쳐서 학급의 일을 결정하다. ②지나는 길에 잠깐 들르다. [예]학교 가는 길에 문방구를 거쳐서 가자.

거치적거리다 자꾸 걸리든가 닿아서 방해가 되다. 귀찮아지다. [예]가로수가 넘어져 있어 다니기에 거치적거린다.

거친말 난폭하거나 막되고 세련되지 못한 말.

거칠거칠하다 여위거나 메말라 살갗·털·껍질 따위가 여기저기 윤기가 없고 거칠다.

거칠다(거치니, 거치오) ①몹시 사납다. ②잘 다듬어져 있지 않다. [예]말투가 거칠다. ③하는 짓이나 일이 차분하거나 꼼꼼하지 못하다. [반]부드럽다.

거칠하다 살이 빠져 피부나 털이 윤

기가 없다. >가칠하다. 센꺼칠하다.
거침 말이나 행동이 머뭇거리거나 막히는 것. 예푸른 하늘을 거침없이 날아가는 항공기.
거침없이[거치멉씨] 중간에 머뭇거리거나 막힘이 없이. 예푸른 하늘을 거침없이 날아가는 항공기.
거:포 매우 큰 대포. 【巨砲】
거푸 잇달아 거듭. 예목이 말라 물을 거푸 마시다.
거푸집 ①부어서 만드는 물건의 모형. ②도배할 때에 붙지 않고 들뜬 빈 틈. ③몸의 겉 모양.
거품 액체 속에 공기가 들어가서 둥글게 부푼 방울. 예비누 거품.
거:행 어떤 일을 정한대로 함. 의식을 치룸. 예입학식을 거행하다. –하다. 【擧行】
걱정 ①어떤 일에 근심이 되어 속을 태우는 일. 예비가 안 와 농사가 걱정이다. 비근심. 염려. 반안심. ②아랫사람의 잘못을 나무라는 말. 예거짓말을 하면 부모님께 걱정을 듣는다. –하다.
걱정거리[걱정꺼리] 걱정이 되는 일.
걱정되다 걱정스럽게 생각되다. 예잃어버린 동생이 걱정되어서 배고픈 줄도 몰랐다.
걱정스럽다(걱정스러우니, 걱정스러워서) 근심이 되다. 걱정거리가 있어 보이다.
건[껀] 문젯거리가 되는 일이나 사건을 세는 말. 예교통 사고 두 건 발생. 【件】
건:각 걸음을 잘 걷거나 잘 달릴 수 있는 튼튼한 다리, 또는 그런 다리를 가진 사람.
건:강 튼튼하고 병이 없음. 반허약. 쇠약. –하다. –히. 【健康】
건:강 관리 건강을 지키기 위하여 보살펴서 다스림.
건:강미 건강한 육체에서 나타나는 아름다움. 【健康美】
건:강식 건강의 유지나 회복을 위하여 특별히 마련한 음식.
건:강 진단 몸에 병이 있고 없음을 살피는 일. 【健康診斷】
건건이 간단한 반찬.
건괘 팔괘의 하나. 모양은 '☰'으로, 하늘을 상징함.
건구 온도계 한 쌍의 온도계 중에서 공처럼 둥글게 생긴 부분을 젖은 헝겊으로 싸지 않은 온도계.
건:국 새로 나라를 세움. 비개국. –하다. 【建國】
건:국 신화 나라를 처음 세운 것에 관한 신화. 【建國神話】
건기 일년 중에 비가 별로 내리지 않고 메마른 시기. 반우기. 【乾期】
건:너 어떤 곳 너머의 맞은 편. 예강 건너 마을.
건:너가다 일정한 공간을 건너서 맞은쪽으로 가다. 예강을 건너가다. 반건너오다.
건:너다 사이에 있는 것을 넘어서 맞은편으로 가다. 예우리는 배를 타고 강을 건넜다.
건:너다니다 강이나 큰 길을 건너서 왔다 갔다 하다. 예학교 갈 때 강을 건너다닌다.
건:너다보다 떨어져 있는 것을 바라보거나 살피다. 예강 저편 마을을 건너다보다.
건:너뛰다 ①맞은편까지 뛰어서 넘다. 뛰어서 건너다. 예도랑을 건너뛰다. ②한 차례를 빼고 지나가다. 예끼니를 건너뛰다.
건:너오다 건너서 이편으로 오다. 예개울을 건너오다. 반건너가다.
건:너지르다(건너질러, 건너질러서) ①양쪽에 닿도록 긴 물건을 가로 대어 놓다. ②어디를 곧바로 지나가다. 예우리는 운동장을 건너질러 교실로 들어갔다.

ㄱ

건:너편 서로 마주 대하고 있는 저쪽편. 바라보이는 쪽. ⓑ맞은편.

건:넌방 대청을 사이에 두고 있는 안방의 맞은편에 있는 방.

건:널목 기찻길과 도로가 서로 엇갈려 있는 곳.

건:넛마을[건넌마을] 건너편에 있는 마을.

건:네다 ①남에게 말을 걸다. ⓔ친구에게 인사를 건네다. ②가진 돈이나 물건을 남에게 주다. ⓔ상품 대금을 건네다.

건:네받다 누구에게서 무엇을 옮기어 받다. ⓔ형에게서 공을 건네받았다.

건:네주다 상대방에게 무엇을 전달하거나 주다. ⓔ책을 건네주다.

건늠길 '횡단 보도'를 뜻하는 북한말.

건:달 일정한 주소나 직업이 없으면서 남에게 돈이나 물건을 빼앗거나 도움을 받아 잘 차리고 다니는 남자. 【乾達】

건더기 ①국물에 섞여 있는 고기나 채소 따위. ②'내세울만한 일의 내용'을 속되게 이르는 말. ⓔ건더기가 없는 말. ×건덕지.

건:드리다 ①손이나 물건을 대어 움직이게 하다. ②마음을 움직이게 하다. ⓔ성질을 건드리다. ⓙ건들다.

건들거리다 ①천천히 가볍게 자꾸 흔들리다. ⓔ바람이 부는 대로 깃대가 건들거린다. ②일에 착실하지 않고 빈둥거리다. ⓔ공부는 안하고 어디를 그렇게 건들거리고 다니니?

건들건들 ①가벼운 물체나 몸의 일부가 흔들리는 모양. ②태도가 착실하지 못하고 싱겁고 멋없게 구는 모양. ⓔ건들건들 걸어오는 남자. 〉간들간들.

건들장마 초가을에 비가 오다가 금방 개고 또 비가 오다가 다시 개고 하는 장마.

건:립[걸립] 건물·절·탑·동상 등을 만들어 세움. ⓔ청소년 회관을 건립하다. ⓑ건설. -하다.

-건마는 이미 말한 사실과 같지 않은 말을 말하려 할 때 쓰이는 말끝. ⓔ그렇게 주의를 주었건마는 실수를 하다니.

건:망증[건망쯩] 잘 잊어버리는 병. ⓔ건망증이 심해 약속을 잘 어긴다. ⓙ건망.

건:물 사람이 살거나 그 밖의 여러 가지 목적으로 지어 놓은 집을 통틀어 이르는 말.

건:반 피아노·오르간 같은 악기에서 손으로 치게 된 부분.

건:반 악기 피아노·오르간과 같이 건반이 있는 악기를 통틀어 이르는 말.

건방지다 지나치게 잘난 체하다. 말과 행동이 주제넘어 보기에 아니꼽다.

건배 성공이나 건강을 빌며 모두가 술잔을 들어 마시는 일. ⓑ축배. -하다. 【乾杯】

건:빵 보존이나 휴대에 편리하도록 딱딱하게 만든 과자의 한 가지.

건사하다 잘 간수하여 지키다.

건:설 새로 만들어 세움. ⓑ파괴. -하다. 【建設】

건:설 교통부 국토 종합 개발 계획 등 나라 안의 큰 공사·건설·개발 및 교통에 관한 일을 맡아 보는 중앙 행장 기관의 하나.

건:설업[건서럽] 토목·건축에 관한 공사 및 그에 따르는 업무를 맡아 하는 사업.

건:설적 적극적이고 발전적인 자세로 임하는 것. ⓔ건설적인 사고방식. 【建設的】

건:설 현장 토목·건축에 관한 공사를 하고 있는 장소.

건:설 회사 토목·건축에 관한 공사를 맡아 하는 회사.

건성[1] 정성을 들이거나 주의를 하지 않고 대강 하는 것. ㉾충고를 건성으로 듣다.

건성[2] ①살갗이 습기나 기름기가 메마른 성질. ㉾건성 피부. ②건조한 성질. 건조하기 쉬운 성질. ㉾건성 시멘트. ㉥습성. 【乾性】

건수[1] 솟는 물이 아니라, 비가 온 뒤에만 땅 속에 스몄던 물이 한때 솟아올라 괸 물. 【乾水】

건수[2][건쑤] 법으로 다룰 일이나 사건의 수. ㉾교통사고 건수. 【件數】

건습구 습도계 물이 증발하는 정도의 차이를 재어, 공기 중의 습도를 알아 낼 수 있도록 건구와 습구 두 개의 수은 온도계를 나란히 장치한 습도계. ㉵건습계.

건:실 건전하고 착실함. ㉾건실한 학생. -하다. -히.

건:아 씩씩한 사나이. ㉾대한의 건아들이여! 【健兒】

건어물[거너물] 말린 물고기.

건:의 의견이나 희망을 내어 말함. 또는 그 의견이나 희망사항. ㉾건의 -하다. 【建議】

건:의서[거니서] 건의하는 내용을 적은 문서. 【建議書】

건:장 몸이 크고 힘이 굳셈. ㉾건장한 청년. -하다. 【健壯】

건:재 아무 일이 없이 잘 있음. ㉾아직 건재하다. -하다. 【健在】

건:전 튼튼하고 탈이 없음. ㉾건전한 사고 방식. -하다.

건조기[1] 일년 중에 비나 눈이 별로 오지 않아 메마른 시기. 【乾燥期】

건조기[2] 물기를 말리는 장치.【乾燥機】

건:전지 에너지를 내는 약품을 녹말이나 종이에 흡수시켜, 점체와 고체의 상태로 하여 쏟아지지 않도록 한 전지. ㉥습전지.

건:조[1] 건물이나 배 등을 세우거나 만듦. ㉾유람선을 건조하다. -하다. 【建造】

건:조[2] 습기나 물기가 없어짐. ㉾공기가 매우 건조하다. -하다.【乾燥】

건조 기후 열대나 온대 지방의 일부에서 볼 수 있는 극히 비가 적은 기후. ㉥습윤 기후.

건조제 수분을 제거하기 위하여 쓰는 물질. 〔진한 황산·염화칼슘·액체 공기 따위〕.

건조 지대 사막과 같이 비가 별로 오지 않고 기온이 높은 땅.

건지다 ①물 속에 있는 것을 집어 내다. ②곤경에서 구해 내다.

건초 베어서 말린 풀. ㉥생초.

건:축 흙·나무·돌·시멘트·쇠 따위를 써서 집·다리 등을 세움. -하다. 【建築】

건:축가 건축 설계나 건축 공사의 지휘·감독 따위를 전문으로 하는 사람. 【建築家】

건:축물 건축한 구조물을 통틀어 이르는 말. 【建築物】

건:축미 잘 지은 건축물이 지닌 아름다움. 【建築美】

건:축사 정부로부터 자격증을 받아 건축물의 설계나 공사의 감독 따위의 일을 하는 사람.

건:축술 건축에 관한 기술.

건축 양식 일정한 지역이나 시대에 나타나는 건물의 모양이나 짓는 방식.

건:축업 건축을 전문으로 하는 직업이나 사업.

건:투 씩씩하게 잘 싸움. 씩씩하게 일해 나감. ㉾우리 선수들의 건투를 빈다.

건:평 건물이 자리잡은 터의 평수. ㉾건평 50평. ㉶건축 면적.

건포도 포도 열매를 말린 것.

건포 마찰 피부 건강과 혈액 순환을 돕기 위하여 마른 수건으로 온몸을 문지르는 일. ㉥냉수 마찰. -하다.

ㄱ

걷다[1] ①덮은 것이나 가린 것을 벗기다. 예커튼을 걷다. ②물건·돈 따위를 받아들이다. 예세금을 걷다.

걷다[2] 두 다리를 번갈아 떼어 가면서 앞으로 옮기어 가다. 예아기가 아장아장 걷다.

걷어들이다 흩어지거나 널려 있는 것을 거두어 모으거나 안으로 들이다. 예꾸어 준 돈들을 걷어들이다.

걷어붙이다[거더부치다] 소매나 바지 가랑이를 위로 걷어 올리다. 예소매를 걷어부치고 빨래를 하다.

걷어차다 한 발을 들어 무엇을 세게 차다. 예엉덩이를 걷어차다.

걷어치우다 ①하던 일을 중도에서 그만두다. 예더 큰 손해를 보기 전에 가게를 걷어치우자. ②물건 따위를 걷어서 다른 곳으로 치우다.

걷잡다 〔주로 '걷잡을'의 꼴로 써서〕 잘못 치닫거나 이미 기울어져 가는 형세를 바로 잡다. 예불길이 걷잡을 수 없이 번져 나갔다.

걷히다[거치다] ①덮였던 구름 등이 없어지다. 예안개가 걷히자 앞이 잘 보였다. ②돈 등이 거두어지다.

걸[1] 윷놀이에서 윷을 던져 한 개는 엎어지고 세 개는 젖혀진 경우를 이르는 말로, 윷말이 세 자리를 갈 수 있음.

걸[2] '것을'의 준말. 예네가 선물한 걸 잊어버려서 미안해.

걸걸하다 목소리가 좀 갈라진 듯 하면서 우렁차다.

걸:다[1](거니, 거오) ①물건을 달아매다. 예옷을 걸다. ②말·싸움을 붙이다. 예싸움을 걸다. ③계약이나 내기의 조건으로 내놓다. 예현상금을 걸다.

걸:다[2] ①농토가 기름지고 양분이 많다. 예땅이 걸다. ②액체가 묽지 않고 되다. 예찌개 국물이 걸다. ③말을 거리낌없이 함부로 하다. 예내 짝은 입이 좀 걸다.

걸러지다 액체가 빠져 나가서 거기에 섞여 있던 찌꺼기가 남다. 비여과되다.

걸레 더러운 것을 닦거나 훔쳐내는 데 쓰는 헝겊.

걸레질 걸레로 닦거나 훔치는 일.

걸려들다 ①그물이나 덫에 잡히다. 붙잡히다. 예쥐를 잡으려고 놓아 둔 덫에 참새가 걸려들었다. ②꾸며 놓은 꾐에 넘어가다. 빠지다. 예나쁜 친구의 계략에 걸려들다.

걸리다[1] ①물건이 매달리는 모양. 예연이 나무에 걸리다. ②마음에서 떠나지 않고 거리끼다. 예동생과 다툰일이 하루 종일 마음에 걸리다.

걸리다[2] 시간이 필요하게 되다. 시간이 들다. 예학교까지 20분 걸린다.

걸리다[3] 걷게 하다. 예어머니는 나를 걸리고 동생을 업으셨다.

걸리버 여행기【책명】 영국의 소설가 스위프트가 지은 소설. 여행가 걸리버가 항해 중에 난파하여, 소인국과 거인국으로 가게 되면서 겪은 이야기를 쓴 풍자 소설.

걸리적거리다 '거치적거리다'의 잘못.

걸림돌 일을 가로막거나 방해가 되는 것. 예남북 통일의 걸림돌. 비장애물.

걸맞다 무엇에 어울리고 알맞다. 서로 잘 어울리다. 예걸맞는 상대.

걸머지다 ①물건을 끈으로 매어 등에 지다. ②빚이나 책임 따위를 지다. 예청소년은 나라를 걸머지고 나아갈 내일의 기둥이다.

걸물 ①뛰어난 사람. ②훌륭한 물건.

걸:상[걸쌍] 걸터앉을 수 있게된 의자. 비의자.

걸:쇠 대문이나 방의 여닫이문을 잠

그기 위하여 빗장으로 쓰는 'ㄱ'자 모양의 쇠.

걸 스카우트 전 세계적으로 조직되어 있는 소녀들의 수양·교육 단체. 반보이스카우트. 【girl scouts】

걸식[걸씩] 빌어서 먹음. 예먹을 것이 없어 문전 걸식하다. -하다.

걸신[걸씬] 배가 고픈 귀신.

걸신들리다 몹시 배가 고파 음식에 대한 욕심이 나다. 예걸신들린 듯 밥을 먹다.

걸어가다[거러가다] 서서 두 발을 움직이어 앞으로 나아가다. 걸어서 가다. 반걸어오다.

걸어다니다[거러다니다] 두 다리를 번갈아 옮겨 디디며 오고가다. 예공원을 걸어다니며 산책을 하다.

걸어오다 ①말이나 수작을 상대방에서 먼저 붙여 오다. 예시비를 걸어오다. ②탈것을 이용하지 않고, 발로 걸어서 오다. 예버스가 고장나서 두 정거장 걸어왔다. 반걸어가다.

걸어잠그다[거러잠그다] 빗장이나 자물쇠 따위로 문이 열리지 않게 하다. 예혼자 있을 때는 무서워서 문을 걸어잠근다.

걸음 ①두 발을 번갈아 앞으로 옮겨 놓는 동작. 예걸음이 빠르다. ②발걸음을 세는 단위. 예한걸음 앞서 가다.

걸음걸이 걸음을 걷는 모양.

걸음마[거름마] 어린아이가 처음 걸음을 배울 때의 걸음걸이.

걸인 빌어먹는 사람. 비거지. 낮비렁뱅이. 【乞人】

걸작[걸짝] 아주 잘된 훌륭한 작품. 비명작. 반졸작. 【傑作】

걸쭉하다 액체가 묽지 않고 질고 탁하다. 예국물이 걸쭉하다.

걸:치다 ①서로 이어지게 하다. ②옷 따위를 입거나 둘러매다.

걸:터앉다[걸터안따] 궁둥이를 걸치고 앉다. 예의자에 걸터앉다.

걸프 전쟁 1990년 8월 2일 이라크군이 쿠웨이트를 침공함으로써, 1991년 1월 9일 미국을 주축으로 한 다국적 군의 이라크 공습으로 시작하여 1월 28일에 미국의 전투 중지 및 승리로 끝난 전쟁.

걸핏하면[걸피타면] 조금이라도 무슨 일이 있기만 하면. 툭하면. 예걸핏하면 화를 낸다.

검: 크고 긴 칼. 비칼. 【劍】

검:객 칼을 쓰는 사람. 【劍客】

검:거 죄 지은 사람을 잡아감. -하다. 【檢擧】

검:다[검따] ①빛깔이 먹빛과 같다. 반희다. 센껌다. ②마음에 음침한 욕심이 있다. 예뱃속이 검어 거짓말을 잘한다.

검댕 그을음이나 연기가 뭉쳐서 생기는 검은 물질. 비검정.

검:도 검을 다루는 기술을 익히는 운동. [검도]

검둥개 털빛이 검은 개.

검둥이 ①털이 검은 개를 귀엽게 부르는 말. ②살갗이 검은 사람(흑인을 얕잡아 빗대어 쓴 말). 센껌둥이.

검:디검다[검띠검따] 아주 검다. 반희디희다.

검:문 사람이나 차량 따위를 멈추게 하고 신분·짐 등을 조사함. 예경찰에게 검문을 받다. -하다.

검:버섯 늙은이의 살갗에 생기는 거무스름한 점.

검불 마른 풀이나 가랑잎 따위.

검:붉다[검북따] 검은 빛을 조금 띠면서 붉다. 예검붉은 피가 흘러내리다.

ㄱ

ㄱ

검:사[1] 사실을 조사하여 옳고 그름과, 낫고 못함을 판단함. ㉠신체 검사. -하다. 【檢査】

검:사[2] 죄 지은 사람을 조사하고, 재판을 통하여 벌을 받도록 하는 일을 맡은 공무원. 【檢事】

검:사기 여러 가지를 검사하는데 쓰이는 기계. 【檢査器】

검:산 셈이 틀림없는지를 알기위한 계산. -하다. 【檢算】

검:색 조사하여 찾아봄. -하다.

검:색어[검새거] 컴퓨터에서 필요한 내용을 찾을 때 길잡이로 쓰는 말.

검:색하다[검새카다] ①수상한 사람이나 물건을 자세히 조사하고 뒤져보다. ㉠경찰관이 사람들의 몸을 검색했다. ②컴퓨터로 필요한 자료나 정보를 찾아내다. ㉠컴퓨터의 오류를 검색하는 프로그램.

검:소 꾸밈이 없이 수수함. ㉠검소한 생활. ㉥소박. ㉦사치. 화려. -하다. 【儉素】

검:수 수질이나 수량 등을 검사하는 일. -하다. 【劍水】

검:술 검을 잘 쓰는 법. ㉥검도.

검:시 범죄나 사고 때문에 죽은 사람의 죽은 원인을 알아내려고 자세히 검사하는 것. -하다.

검:약 헛되이 쓰지 않고 아낌. ㉥검소. 절약. ㉦사치. 낭비. -하다.

검:역[거멱] 전염병을 막기 위하여 사람·화물 따위를 병균이 있는지를 검사하는 것. ㉠외국에서 들어오는 농산물은 철저히 검역해야 한다. -하다.

검:역소[거멱쏘] 주요한 항구나 공항에서 사람이나 화물 따위를 검역하기 위하여 마련된 공공 기관.

검:열[검녈] 검사하여 바로잡음. ㉠출판물 검열. -하다.

검인 서류나 물건을 검사하고 그 표시로 찍는 도장. -하다.

검:인정[거민정] 교과서를 정부 기관에서 미리 검사하여 써도 좋다고 허락하는 것. ㉠검인정 교과서. 【檢認定】

검정 검은 빛깔. 〉감장. ㉧껌정.

검:정 고시 어떤 자격을 얻는데 필요한 지식이나 기술의 유무를 알아보기 위하여 국가에서 실시하는 시험. 검정 시험. 【檢定考試】

검정색 검은 빛깔. ㉥검은색. 흑색. 검정.

검정콩 껍질 색깔이 검은 콩.

검:증 검사하여 사실이라는 것을 증명하는 것. -되다. -하다.

검:지 집게 손가락.

검:진 병이 있나 없나를 검사하기 위하여 하는 진찰. ㉠정기적으로 검진을 받다. -하다.

검:찰 ①검사하여 살핌. ②죄를 조사하여 증거를 살핌.

검찰청 검찰에 관한 사무를 맡아 하는 법무부에 딸린 행정 기관, 또는 그 기관이 쓰는 건물.

검:출 물질 속에 해로운 성분이나 요소 따위를 검사하여 찾아내는 것. ㉠수돗물에서 중금속을 검출했다. -하다. 【檢出】

검침 전기·수도·가스 따위의 사용량을 검사함. 【檢針】

검:토 내용을 자세히 살펴가면서 따짐. ㉠보고서를 검토하다. -하다. 【檢討】

검:푸르다(검푸르니, 검푸르러) 검은색을 조금 띠며 푸르다. ㉠검푸른 바다.

겁 무서워하거나 두려워 하는 마음. ㉠겁이 없다.

겁나다[검나다] 무서워하거나 두려워하는 마음이 생기다. ㉠아버지의 얼굴을 대하기가 겁나서 밖으로 나가기가 망설여진다.

겁내다[검내다] 무섭고 두려운 생각을 갖다.

겁먹다[검먹따] 무서워하는 마음을 가지거나 무서워하는 빛을 보이다. ㉥겁먹은 표정.

겁쟁이[겁쨍이] 겁이 많은 사람. ×겁장이.

것[걷] ①바로 그러한. 그렇게 생긴 물건. ㉥바다에서 나는 것. 작은 것. ②바로 그렇게 하든가 그렇게 해야 하는, 그러한 사실이나 일. ㉥숙제는 누가 대신해 주는 것이 아니다. ③바로 그런 사람. ㉥그 불쌍한 것이 병이 났구나.

겅중겅중 위로 자꾸 솟구쳐 뛰면서 가는 모습. ㉥찬호는 좋아서 겅중겅중 뛰어갔다. >강종강종. ㉕껑충껑충.

겉[걷] 밖으로 드러난 쪽. ㉥겉만 보기 좋다. ㉥거죽. ㉥속.

겉넓이[건널비] 입체도형의 겉면의 넓이. ㉥표면적.

겉늙다[건늑따] 나이에 비하여 더 늙은 티가 나다. ㉥마음 고생을 많이 해서 겉늙어 보인다.

겉대중 겉으로 보고 대강 어림하는 것. ㉥속대중. -하다.

겉돌다(겉도니, 겉도오) ①잘 어울리지 않고 따로따로 놀다. ㉥겉돌기만 하는 아이. ②말이 주제를 벗어나 있다.

겉뜨기 큰 바늘 두 개를 사용하여 코를 겉으로만 감아 떠 나가는 가장 기본적인 뜨개질 방법.

겉멋[건먿] 실속은 없이 겉으로만 멋을 부리는 태도나 모습.

겉면[건면] 바깥으로 드러나 있는 면.

겉모습[건모습] 겉으로 드러나 보이는 모습. ㉥외관. 외모.

겉모양[건모양] 겉으로 드러나 보이는 모양. ㉥외향. 외양.

겉보기 겉으로 보이는 모양새. ㉥겉보기와는 달리 성격이 좋다.

겉보리 껍질을 벗기지 않은 보리.

겉봉[건뽕] 편지·문서 따위가 들어 있는 봉투의 겉.

겉불꽃 불꽃 거죽의 밝지 않은 부분. 산소의 공급이 충분하여 가장 온도가 높음.

겉옷[거돋] 겉에 입는 옷. ㉥속옷.

겉장 책 따위의 맨 겉에 있는 종이. ㉥표지. ㉥속장.

겉절이[걷쩌리] 배추나 열무 따위를 절여 무쳐서 바로 먹을 수 있게 만든 반찬.

겉치레 겉으로만 보기 좋게 꾸미는 것.

게[1] 몸이 단단한 껍데기에 싸이고, 다리가 다섯 쌍인 물에 사는 동물. 옆으로 김.

[게[1]]

게[2] '것이'를 줄인 말. ㉥생각나는 게 있다.

-게[3] 명령의 뜻을 나타내는 말끝. ㉥일이 끝났으면 이젠 가보게.

게걸스럽다 마구 음식을 먹거나 물건에 욕심을 내어서 꼴이 보기가 나쁘다. ㉥불고기를 게걸스러게 먹다.

게:걸음 게가 걷듯이 옆으로 걷는 걸음.

게다가 ①거기에다가. ②그런데다가 또 더하여서 ㉥공부도 잘 하고 게다가 운동도 잘 한다.

게:딱지 게의 등을 덮고 있는 굳은 껍질.

게릴라 작은 부대로 여러 곳에 갑자기 나타나 적의 후방을 소란하게 하는 특별 부대〔에스파냐 말로 '작은 전쟁'이란 뜻〕. 【guerrilla】

게슈타포 나치스 독일의 비밀 경찰. 유대인 학살, 자유주의자 탄압 등의 활동을 함. 【Gestapo】

게스트 ①방송의 프로그램에 초대되어 나오는 사람. ②모임이나 행사에 초대된 사람이나 단체.

게슴츠레하다 졸리어 눈이 거의 감기고 기운이 없다. ㉠아저씨의 눈은 늘 졸음에 겨운 듯 게슴츠레하다.

게:시 여러 사람에게 알리기 위하여 써 붙이어 보임, 또는 그 글. -하다.

게:아재비 연못에서 어린 물고기나 곤충의 애벌레를 잡아먹고 살며 몸이 가늘고 긴, 엷은 갈색의 곤충.

게:알젓 게의 알을 소금에 절여 삭힌 음식.

게:양 깃발 따위를 높이 겲. ㉠태극기를 게양하다. -하다.

게:양대 국기 같은 것을 달기 위하여 높이 만들어 놓은 대.

게우다 먹었던 것을 삭이지 못하고 토하다. ㉢게다. ㉥토하다.

게으르다(게으르니, 게을러서) 행동이 느리고 부지런하지 않다. ㉦부지런하다.

게으름 행동이 느리고 일하기를 싫어하는 버릇이나 태도.

게으름뱅이 행동이 느리고 움직이기를 몹시 싫어하는 성미와 버릇이 있는 사람.

게을리하다 해야 할 일을 부지런히 정신 차려서 하지 않다.

게이머 컴퓨터에서, 게임을 하고 있는 사람. ※영어의 'game'과 '-er'을 합쳐서 영어처럼 만든 말.

게이트 볼 나무 망치로 공을 쳐서 3개의 문을 차례로 통과시키고, 마지막으로 중앙의 골대에 맞히면 이기는 경기. ※영어의 'gate'와 'ball'을 합쳐서 영어처럼 만든 말.

게임 ①운동 경기. 놀이. ②한판의 승부. 【game】

게임기 작은 컴퓨터로 놀이를 할 수 있게 만든 장치.

게임 세트 시합의 이기고 짐이 끝났음을 이르는 말. 【game set】

게:장 날 게를 소금물이나 간장에 담가 삭혀 여러 가지 양념에 버무려 만든 음식.

게:재 신문·잡지 등에 글을 실음. ㉠학급 신문에 내가 쓴 글이 게재되었다. -하다.

겨 벼·보리 등의 곡식을 찧을 때 난 알에서 떨어져 나온 껍질.

겨:냥 ①목표를 겨눔. ㉠표적을 겨냥하여 돌을 던졌다. ㉥조준. ②겨누어 정한 치수나 모양. -하다.

겨:냥도 한 곳에서 바라보는 건물이나 물건 따위의 모양을 잘 알 수 있게 그린 그림. ㉥투시도.

겨누다 목적하는 물건을 향하여 방향과 거리를 똑바로 잡다. ㉠총을 겨누다.

겨드랑이 양쪽 팔 밑의 오목한 곳. ㉢겨드랑.

겨레 한 조상에서 태어나 이어 내려온 자손들. ㉥민족. 동포.

겨루기 태권도에서, 기술의 활용과 시간에 아무런 제한 없이 공격과 방어법을 동시에 단련하는 일. 자유겨루기와 맞춰겨루기 등이 있음.

겨루다 서로 버티어 승부를 다투다. ㉠힘을 겨루다. ㉥대결하다.

겨를 일을 하다가 쉬게 되는 틈. ㉥여가. ㉠눈코 뜰 겨를도 없이 바쁘다.

겨우 ①어렵게 힘들이어. ㉠겨우 일을 마쳤다. ②넉넉하지 못하게. 고작. ㉠지금까지 한 일이 겨우 그거냐? ㉦넉넉히.

겨우내 겨울 동안 죽. ㉣겨울내.

겨우살이 ①겨울을 지냄. ②겨울철에 입고 먹고 지낼 생활용품.

겨울 일년의 네 철 중 가장 추운 계절. ㉦여름.

겨울나기 겨울을 지내는 것. ㉥월동.
겨울맞이[겨울마지] 추운 겨울철을 잘 보내기 위해서 준비하는 여러 가지 일.
겨울 방학 겨울에 일정한 기간 동안 학교 수업이 쉬는 것.
겨울새 겨울을 우리나라에 서 지내고, 봄이 되면 다시 되돌아가는 철새. 기러기·천둥오리·백조·두루미 등이 있음. ㉤여름새.
겨울잠 곰·개구리·뱀 등과 같이 동물들이 땅 속이나 굴 속에서 활동하지 않고 겨울을 지내는 일. ㉥동면.
겨울철 겨울의 때. ㉥동절. 동계.
겨워하다 힘겹게 여기다.
겨자 냉면 등에 넣어 먹는 누런 빛깔의 매운 양념.
겨자씨 겨자의 씨. 양념이나 약재로 쓰고 기름을 짜기도 함.
격 ①사회 관계나 지위에 어울리는 수준. ㉨격이 맞는 사람끼리 어울리다. ②어울리는 방식. ㉨격을 맞춘 옷차림. 【格】
격감 아주 많이 줆, 또는 줄임. ㉤격증. -하다.
격구 말을 타고 달리며 작대기로 공을 치던 무예, 또는 놀이.
격납고[경납꼬] 비행기 따위를 넣어 두는 창고. 【格納庫】
격노[경노] 몹시 화를 냄. ㉥격분. -하다. 【激怒】
격돌 심하게 부딪힘. -하다.
격동 ①급격하게 바뀜. ㉨격동하는 세계의 정세. ②심하게 움직임. -하다. 【激動】
격려[경녀] 잘 하라고 기운을 북돋아 줌. ㉨선생님께서는 항상 우리들을 격려해 주신다. -하다.
격렬[경녈] 매우 심함. 지독함. -하다. -히. 【激烈】
격론[경논] 심하게 의견을 내세워 다툼. 【激論】
격리[경니] 사이를 막거나 떼어 놓음. ㉨전염병 환자를 격리시키다. -하다. 【隔離】
격몽요결〖책명〗 조선 시대에, 율곡 이이가 한문으로 지은 어린이의 학습서. 【擊蒙要訣】
격문[경문] 옛날에, 어떤 나쁜일에 대하여 세상 사람들의 분한 마음을 불러일으키려고 널리 퍼뜨린 글.
격변 사회 상황이 급격하게 변함. ㉨한국 경제는 격변하는 정세 속에서 어려움을 겪었다.
격분 몹시 분해함. ㉨일제 침략에 격분하여 많은 의병이 일어났다. -하다. ㉥격노.
격식 지키기로 미리 정하여 있는 일정한 형식. ㉨격식에 맞추다.
격심 몹시 심함. ㉨격심한 교통 체증. -하다. 【激甚】
격앙 감정이나 기운이 몹시 움직여 높아짐. -하다. -되다.
격언 속담 등과 같이 이치에 들어맞아 교훈이 될 만한 짧은 말. ㉥금언. 잠언. <보기> 아는 것이 힘이다. 【格言】
격월 한 달씩 거르거나, 한 달을 거름. 【隔月】
격일 하루씩 거름. ㉨격일로 근무하다. 【隔日】
격자 똑같은 네모꼴들이 가지런히 벌려 있는 무늬나 그런 모양의 물건. ㉨격자 무늬.
격전 매우 심하게 싸움. -하다.
격전지 맹렬한 전투가 벌어진 곳.
격정 세찬 감정. ㉨솟아오르는 격정을 누르지 못하다.
격증 수량이 갑자기 늘거나 불어남. ㉤격감. ㉨해외 여행자의 수가 격증하고 있다. -하다.
격차 수준이나 품질·수량 따위의 차이. 【隔差】

ㄱ

ㄱ

격찬 몹시 칭찬함. -하다.
격추 총·대포 따위로 적의 비행기 등을 공격하여 떨어뜨림. ㉠적기를 격추시키다. -하다.
격침 적의 배를 공격하여 가라앉힘. ㉠무장한 간첩선을 격침하다. -하다. 【擊沈】
격퇴 적을 쳐서 물리침. -하다.
격투 맨몸으로 서로 맞붙어 치고 받고 하며 싸움. -하다.
격파 ①태권도에서, 단단한 물체를 손·발·머리 따위로 쳐서 깨뜨리는 것. ㉠격파 시범을 보이다. ②큰 세력을 쳐서 무찌르는 것. -하다.
격하다[겨카다] 성질이 급하고 거세다. 몹시 흥분하다. ㉠격한 감정을 드러내다.
격하되다[겨카되다] 자격·등급·지위 따위가 낮은 수준으로 떨어지다.
겪다 어려운 일이나 경험이 될 만한 일을 당하여 치르다. ㉠고통을 겪다.
견고 ①굳세고 튼튼함. ②확실함. ㉠언약을 견고히 하다. -하다. -히.
견고성 굳세고 단단한 성질.
견디다 ①사태를 잘 유지하다. ②어려움이나 괴로움을 잘 참다.
견:문 ①보고 들음. ②보고 들어서 얻은 지식. -하다. 【見聞】
견:물 생심 물건을 보면 그것을 가지고 싶은 욕심이 생김.【見物生心】
견:본 미리 보이는 본보기가 되는 물건. ㉠견본대로 물건을 만들다.
견사 비단을 짜는 명주실을 통틀어 이르는 말. 비단실.
견섬유 명주실로 짠 섬유.
견:습 남의 하는 일을 보고 그대로 연습하여 익힘. ㉠견습 사원. -하다.
견:식 견문과 학식.
견우 견우직녀 설화에 나오는 남자 주인공. 【牽牛】
견우성 은하수 동쪽 가에 있는 독수리 자리에서 가장 큰 별〔칠월 칠석에 은하수를 건너서 직녀성과 서로 만난다는 전설이 있음〕.
견원 ①개와 원숭이. ②서로 사이가 나쁜 두 사람을 빗대어 이르는 말.
견인[겨닌] 끌어 당김. ㉠주차 위반 차량을 견인하다. -하다.
견인차[겨닌차] 다른 차를 끌고 가기 위한 장치가 있는 차.
견적 어떤 일을 하는데에 드는 비용을 미리 계산하여 보이는 것. ㉠집 수리의 견적을 뽑아 보다.
견제 끌어잡아 마음대로 행동을 못하게 함. ㉠상대방의 행동을 견제하다. -하다. 【牽制】
견주다. 서로 비교하다. 맞대어 보다. ㉠키를 견주어 보다.
견직물 누에고치에서 뽑은 명주실로 짠 천. ㉾견직.
견:학 실지로 가 보아 학식을 넓힘. ㉠국립 박물관을 견학하다. ㉥견습. -하다. 【見學】
견:해 어떤 사물이나 현상에 대한 의견이나 생각. 【見解】
견훤〖사람〗[? ~ 936] 후백제를 세운 사람. 신라 진성왕 6년(892)에 옛 백제 땅을 중심으로 나라를 일으키고 완산주에 도읍하여 즉위함. 성은 이(李), 후에 견(甄)이라 하였음. 【甄萱】
결[1] 나무·돌·살갗 등에 나타난 줄. ㉠살결이 곱다.
결[2] ①사이·때·짬. ㉠어느 결에 그 일을 다 했니? ②'겨를'의 준말.
결과 어떤 원인으로 말미암아 생긴 일의 끝. ㉠좋은 결과를 얻기 위해 노력하다. ㉥결말. ㉯원인.
결과적 그 결과로, 그 때문에 생긴 것. ㉠교통 법규를 위반하면, 결과적으로 자기 자신뿐만 아니라 다른 사람들에게도 피해를 준다.

결국 드디어. 나중에는. 일의 끝장. ㉔격렬한 싸움끝에 결국 우리 팀이 이겼다. ㊚결말. 필경.

결근 일을 해야 하는 날에 일터에 나가지 않음. ㊦출근. -하다.

결단[결딴] 딱 잘라 결정하거나 단안을 내림. 아주 결정함. -하다.

결단력[결딴녁] 결단을 내리는 능력과 굳은 마음.

결단성 결단을 내리는 성질. 맺고 끊는 듯한 성질.

결단코[결딴코] 마음먹은 대로 반드시. 분명히 ㉔결단코 이 일을 이루고야 말겠다. ㊚결코.

결렬 서로 뜻이 맞지 않아 갈라짐. ㉔남북 회담이 결렬되었다. ㊚분열. -하다. 【決裂】

결례 예의를 갖추지 못함. ㊚실례. -하다. 【缺禮】

결론 말이나 글의 끝맺는 부분. ㊚결말. 맺음말. 【結論】

결리다 숨을 쉬거나 움직일 때 딱딱 마치는 것같이 아프다. ㉔어깨가 결리다.

결막 눈꺼풀의 안쪽과 눈알의 겉을 싸고 있는 무색 투명한 얇은 막.

결막염 눈의 결막에 염증이 생기는 병. 눈이 빨갛게 붓고 눈곱이 낌.

결말 일을 맺는 끝. 끝장 ㉔비극으로 결말나다. 【結末】

결명자 노란 꽃이 피는 콩 종류의 식물의 씨로, 볶아서 차를 다려 마심. 눈을 밝게 하며 두통·변비에 좋다고 함. 【決明子】

결박 몸이나 두 손을 꼼짝 못하게 묶음. ㉔온몸이 결박되어 꼼짝 못하다. -하다. 【結縛】

결백 행실이 바르고 더럽힘이 없음. ㉔결백을 주장하다. -하다. 【潔白】

결벽증 더럽다고 생각되는 것을 지나치게 두려워하는 정신병의 증세. 【潔癖症】

결별 ①기약 없는 이별. ②관계나 교제를 영원히 끊음. 【訣別】

결부 ①서로 관련지어 붙임. ㉔이 사건과 그 일을 결부시키지마라. -하다. 【結付】

결빙 물이 얼어서 얼음이 되는 것. ㊦해빙. -되다. 【結氷】

결사[1][결싸] 어떤 일을 위해 죽기를 각오하고 싸울 결심을 함. ㉔쌀 수입 개방을 결사 반대하다. 【決死】

결사[2][결싸] 많은 사람들이 공동의 목적을 이루기 위하여 단체를 만드는 것. 【結社】

결사대[결싸대] 목숨을 걸고 싸울 결심으로 조직된 무리.

결사적[결싸적] 죽음을 각오하고 덤비는 모양. ㉔주민들은 화장터 설립을 결사적으로 반대했다.

결산[결싼] 일정한 기간 동안의 수입과 지출을 알아보기 위한 계산 ㉔월말 결산. 연말 결산. ㊦예산. -하다. 【決算】

결산서[결싼서] 일정한 기간에 들어오거나 나간 돈의 액수를 전부 계산하여 만든 표.

결석[결썩] 학교나 모임에 나가지 아니함. ㊦출석. -하다.

결선 선거에서 여러 후보가 일정한 수에 모자라는 표를 얻었을 때 표를 많이 얻은 두 사람을 놓고 마지막으로 다시 투표를 하는 것. ㉔결선에 진출하다. ㊦예선.

결성[결썽] 모임이나 단체를 이룸. -하다. 【結成】

결속[결쏙] ①한 덩어리가 되게 묶음. ②뜻이 같은 사람들끼리 굳게 단결함. -하다. 【結束】

결손[결쏜] ①모자라거나 부족한 것. ㉔결손이 나다. ②수입보다 지출이 많은 금전상의 손실. ㉔결손 처리하다. 【缺損】

결손 가정 미성년자가 있는 가정에

서 부모의 사망·이혼 등으로 양친 또는 그 중 한쪽이 없는 가정.

결승 최후의 승패를 결정함.

결승 문자 옛날에 완전한 글자가 없었던 시대에 새끼 매듭의 빛깔·굵기·길이·수효 등으로 자기의 뜻을 나타내던 글자. 이집트·페루 등에서 사용.

결승선 경주 같은 것의 결승을 가르는 지점에 그은 선.

결승전 운동 경기 등에서 맨 나중의 승부를 가려 내는 경기.

결승점 경주 따위에서 마지막으로 우승자를 결정하는 도착 지점.

결실[결실] ①열매를 맺음. ㊀가을은 결실의 계절. ②잘 이루어짐. ㊀노력의 결실로 우승하다. -하다.

결심[결씸] 마음을 굳게 정함. 단단히 마음먹음. 비각오. -하다.

결여 있어야 할 것이 모자라거나 빠져 없음. ㊀책임감이 결여된 사람.

결연 인연을 맺음. ㊀이웃 학교와 자매 결연을 맺다. -하다.

결원 정한 인원에서 사람이 빠져 모자람. 【缺員】

결의[1] 의논해서 결정함. 회의에서 결정된 일. -하다. 【決議】

결의[2] 뜻을 정하여 굳게 가짐. 또는 굳게 정한 뜻. ㊀우리의 굳은 결의를 결코 변치 말자. 비결심. -하다. 【決意】

결의문[겨리문] 결의한 내용을 적은 글. 【決議文】

결의안[겨리안] 회의에서 결정할 일.

결의 형제 남남끼리 의리로써 맺은 형제. 【結義兄弟】

결장 운동 선수 등이 출정해야할 자리에 나오지 않음.

결재[결째] 부하가 제출한 안건을 상관이 헤아려 승인함. ㊀사장님의 결재를 받다.

결전[결쩐] 승패를 결판내는 싸움. ㊀드디어 결전의 날이 왔다. -하다. 【決戰】

결점[결쩜] 모자라는 점. ㊀급한 성격이 나의 큰 결점이다. 비단점. 반장점. 【缺點】

결정[1][결쩡] 어떻게 하겠다고 정함. ㊀이 일은 아버지께서 결정하세요. -하다. 【決定】

결정[2][결쩡] ①규칙 바르게 이루어진 고체. ②노력 등의 결과로 이루어진 일. ㊀우리가 우승할 수 있었던 것은 그 동안 피땀 흘린 노력의 결정이다. 【結晶】

결정적 무엇을 확실하게 정할 만큼 중요한 것. ㊀부모의 양육 태도는 자녀의 삶에 결정적인 영향을 미친다. 【決定的】

결정짓다 마지막으로 확실하게 정하다. 결정을 내리다.

결정체 ①물리나 화학에서, 원자·이온·분자 따위가 규칙 있게 나란히 되어 있는 물질의 덩어리. ②애써서 이루어 낸 최고의 보람이나 결과. ㊀컴퓨터는 자연 과학 기술의 최신 결정체이다. 【結晶體】

결정타 ①경기나 싸움에서 상대를 이기는 결정적인 타격. ㊀군대를 총집결하여 적군에 결정타를 가하다. ②야구에서 승패를 가르는 결정적인 타구.

결제 주로 상업 거래에서 줄 돈이나 받을 돈 따위를 주고 받아 일을 끝내는 것. ㊀카드 결제. 현금 결제. -하다. 【決濟】

결집 한데 모여 뭉침, 또는 모아 뭉치게 함. 【結集】

결코 딱 잘라서 말할 수 있게. 절대로. ㊀결코 은혜를 잊지 않겠다. 본결단코.

결탁 ①마음을 합하여 서로 의지함. ②주로 나쁜 일을 꾸미려고 서로 맞아 한편이 됨. 【結託】

결투 원한이나 풀기 어려운 다툼이 있을 때 힘으로 싸워서 승부를 결판내는 일.

결판 옳고 그름이나 승부를 가리어 판가름함. [예]우리 축구 시합으로 결판을 내자. -하다.

결핍 모자람. 있어야 할 것이 없음. [예]비타민 결핍. -하다.

결핍증 있어야 할 영양소가 없거나 부족하여 일어나는 증세.

결함 모자라는 점. 완전하지 못하여 흠이 되는 점. [비]흠. 결점.

결합 둘 이상이 서로 관계를 맺고 하나로 합침. -하다.

결항 정기적으로 다니는 비행기나 배가 거르고 나가지 않음. -하다.

결핵 결핵균이 폐나 장 등에 들어가 일으키는 병.

결행 결심한 대로 실제로 행하는 것. [예]단식을 결행하다.

결혼 시집가고 장가드는 일. [비]혼인. [반]이혼. -하다. 【結婚】

결혼식 남녀가 정식으로 부부가 되는 의식. [비]혼례식. 혼인식.

겸 두 가지 일을 아울러 함을 나타내는 말. [예]아침 겸 점심 겸 밥을 먹다. -하다. 【兼】

겸비 두 가지 이상의 좋은 점을 함께 갖추어 지님. [예]학문과 무술을 겸비한 사람. -하다.

겸사겸사 한꺼번에 여러 가지 일을 겸하여 하는 모양. [예]네 얼굴도 보고 의논할 일도 있어 겸사겸사 찾아왔다.

겸상 두 사람이 한 상에 마주앉게 차린 상. 또는 그렇게 앉아서 식사하는 일. [반]독상. -하다.

겸손 남을 높이고 자기를 낮춤. [비]공손. [반]거만. 오만. -하다.

겸양[겨먕] 겸손한 태도로 남에게 양보하는 것.

겸연쩍다 너무 미안하여 낯이 화끈거리는 느낌이 있다. [비]계면쩍다.

겸용 하나를 가지고 여러 가지로 겸하여 씀. [예]냉방과 난방을 겸용할 수 있는 에어콘. -하다.

겸하다 ①본래 하는 일 외에 다른 일을 더 맡아 하다. [예]코치가 선수를 겸하다. ②두 가지 이상을 아울러 가지다. [예]학문과 무예를 겸하다.

겸허 잘난 체하지 않고 자기를 위한 욕심이 없음. [비]겸손. -하다.

겹 합쳐서 거듭됨. 포개짐. [예]겹이불. [반]홑.

겹겹이[겹껴비] 여러 겹으로 거듭된 모양. [예]가시 철망이 겹겹이 쳐진 휴전선.

겹꽃[겹꼳] 꽃잎이 여러 겹으로 겹쳐서 피는 꽃. [반]홑꽃.

겹눈[겸눈] 곤충의 눈처럼, 아주 작은 눈들이 벌집 모양으로 한 데 많이 모여서 이루는 눈. [반]홑눈.

겹:다(겨우니, 겨워서) ①정도에 지나쳐 힘이 들다. [예]이 일은 나에게 힘에 겹다. ②감정을 누를 수 없다. [예]흥에 겨워서 노래가 저절로 나온다.

겹닿소리[겹따쏘리] 'ㄲ'·'ㄸ' 따위처럼 둘 이상의 자음으로 이루어진 닿소리.

겹도르래[겹또르래] 고정 도르래와 움직 도르래를 두 개 이상 이은 도르래.

겹받침 두 가지의 닿소리(자음)로 이루어진 받침〔ㄳ·ㄵ·ㄺ·ㄼ·ㅀ 따위〕.

겹붙임[겹뿌침] 얇은 물건을 여러 겹으로 붙이는 것.

겹세로줄 보표에 수직이 되게 두줄로 그은 세로줄.

겹잎[겸닙] 아카시아의 잎처럼 한 잎자루에 여러 개의 작은 잎이 붙어 이룬 잎.

ㄱ

겹저고리 솜을 두지 않고 겹으로 지은 저고리.
겹집 여러 채가 겹으로 된 집.
ㄱ
겹치다 여럿이 서로 포개어지다. 거듭 쌓이다. ㉠경사가 겹치다.
-경[1] 어떤 시간의 전후를 어림잡아 일컫는 말. ㉠두 시경에 만나자. 비무렵. 쯤. 【頃】
경[2] ①경서. ②부처의 가르침을 적은 책. ㉠불경. 【經】
경각심 정신을 가다듬어 경계하는 마음. ㉠화재에 대한 경각심을 불러 일으키다. 【警覺心】
경개 경치. ㉠산천 경개.
경거 망동 경솔하게 함부로 행동함.
경:건 공경하는 마음으로 삼가며 조심성이 있음. 【敬虔】
경계[1] ①지역이 서로 갈라지는 자리. ②두나라의 경계. 【境界】
경:계[2] 잘못이 없도록 미리 조심함. ㉠철저히 경계하다. 비주의. 반방심. -하다. 【警戒】
경계망 여기저기 그물처럼 여러 겹으로 펼쳐 놓은 경계선.
경계선 어떤 지역과 다른 지역이 맞닿는 선.
경:고 조심하도록 미리 주의를 줌. 주의하라고 알림. -하다.
경공업 ①부피에 비하여 비교적 무게가 가벼운 제품을 생산해 내는 공업. ②일상 생활에 쓰이는 소비재를 생산해 내는 공업〔섬유화학·식료품·제지·인쇄 공업따위〕. 반중공업 【輕工業】
경과 ①때가 지남. ㉠게임이 시작된 지 십 분 경과되었다. ②일을 겪어 온 과정. ㉠수술 후의 경과가 좋다. -되다. -하다.
경관[1] 산·강·자연의 아름다운 모습. 비경치. 【景觀】
경관[2] '경찰관'의 준말. 【警官】
경국대전【책명】 조선 시대 정치의 기준이 된 법전. 세조때 최항·노사신 등이 왕명으로 육전의 체제를 갖춘 법전 제작을 시작하여, 성종때 완성을 보았음. 6권 4책.
경금속 알루미늄·마그네슘 같은 가벼운 쇠붙이. 반중금속.
경:기[1] ①'운동 경기'의 준말. ②기술의 낫고 못함을 겨루는 일. 특히 스포츠의 시합. -하다. 【競技】
경기[2] 매매나 거래에 나타난 경제 활동의 상황. ㉠부동산 경기가 좋지 않다. 【景氣】
경기[3][경끼] 어린 아이가 갑자기 경련을 일으키고 기절하는 병. 【驚氣】
경기도 우리 나라 9개 도의 하나. 한반도의 가운데 위치함. 도청 소재지는 수원. 【京畿道】
경:기장 운동 경기를 하는 곳. ㉠축구 경기장. 【競技場】
경기 평야【지명】 한강 하류 및 임진강 하류 지방에 걸쳐 발달한 평야.
경기체가 고려 중엽부터 학자들 사이에 불려진 가사의 한 형식. 한림별곡·죽계별곡 따위.
경내 ①일정한 지역의 안. ㉠공원 경내에서 음주를 하지 맙시다. ②절이 있는 땅. ㉠해인사 경내. 반경외. 【境內】
경:단 찹쌀·수숫가루 등을 물 반죽하여 작고 둥글게 만들어 삶아서 고물을 묻힌 떡. ㉠수수 경단.
경당 고구려때 시골의 각지에 세운 사립 학교. 청소년에게 한학과 무술을 가르침. 신라시대의 화랑 제도와 비슷한 교육 단체.
경:대 거울을 달아 세우고 그 아래에 화장품을 놓도록 만든 가구.

[경대]

경도[1] 기울어진 정도. 【傾度】
경도[2] 물체의 단단한 정도. 【硬度】

경도[3] (지구의 가로 둘레를 동으로 180도, 서로 180도로, 합하여 360도로 나누어) 지구 위에서 동쪽 또는 서쪽 방향의 위치를 나타내는 숫자. ㊥위도. 【經度】

경량 가벼운 무게. ㊥중량.

경력[경녁] 여러 가지 지금까지 겪어 온 일들. 겪어 지내 옴.

경련 근육이 갑자기 오그라들거나 떨리는 현상.

경:례[경녜] 공경의 뜻을 나타내는 인사의 하나. ㊎국기에 대하여 경례. -하다. 【敬禮】

경:로[1][경노] 노인을 공경함. ㊎경로석. 경로 사상. -하다. 【敬老】

경로[2][경노] ①지나는 길. ㊎탈출 경로. ②일이 되어 가는 순서. ㊎범행 경로를 조사하다. 【經路】

경:로당[경노당] 노인들이 모여 여가를 선용할 수 있게 마을에서 지어 놓은 집. ㊝노인정.

경:로석[경노석] 버스나 지하철 등에서 노인을 위하여 마련되어 있는 자리. 【敬老席】

경:로원[경노원] 도움이 필요한 노인들을 모아 보호하는 집.

경로 잔치 노인들을 대접하기 위해 베푸는 잔치.

경륜 국가를 다스리는 일, 또는 그 방책. ㊎경륜이 많은 정치가.

경리[경니] 공공 기관이나 사업체의 재산과 수입·지출 등을 관리 하는 일, 또는 그런 사무를 맡은 사람. 【經理】

경:마 일정한 거리를 말을 타고 달려 승부를 겨루는 일. 【競馬】

경:마장 경마를 하는 경기장.

경망 하는 짓이나 말이 경솔하고 방정맞음. ㊎경망스러운 행동. -하다. -스럽다. 【輕妄】

경:매 사겠다는 여러 사람 중에서 값을 제일 많이 부르는 사람에게 파는 일. -하다. 【競賣】

경멸 깔보아 없신여김. ㊎경멸의 눈길. ㊝멸시. -하다.

경:무관 경찰 공무원 계급의 하나. 치안감의 아래, 총경의 위임.

경:무국 ①대한 제국 때에 경찰 업무를 맡아보던 관청. ②일제 강점기에 총독부에 속하여 경찰 사무를 맡아보던 관청.

경박 말이나 행동이 신중하지 못하고 가벼움. ㊎경박한 태도. -하다.

경:배 종교적 신앙의 대상에게 경건하게 절하는 것. ㊎하나님께 경배를 드리자. -하다.

경범 가벼운 범죄. ㊇경범죄.

경:보[1] 위험에 대비하라고 알리는 보도. ㊎공습 경보. -하다. 【警報】

경:보[2] 육상 경기의 한 가지. 일정한 거리를 어느 한 쪽 발이 반드시 땅에 닿은 상태로 하여 걸어서 빠르기를 겨루는 경기. 【競步】

경:보기 어떤 위험이나 재해가 닥쳐올때, 소리나 빛 따위를 이용하여 사람들에게 경계하도록 알리는 장치. ㊎화재 경보기.

경:보음 갑작스러운 사고나 위험을 알리는 신호 소리. 주로 전기 장치로 함. 【警報音】

경:복궁 조선 초기 태조 3년(1394년)에 지은 궁궐. 1592년 임진왜란 때 불탔는데, 1865년 흥선 대원군의 주도로 다시 세웠음. 사적 제117호. 【景福宮】

경부 고속 국도 서울과 부산 사이를 잇는 고속 도로. 길이 428km. 폭 22.4m. 1970년에 개통.

경부선 서울과 부산 사이를 잇는 철도. 길이 444.5km. 1905년에 개통.

경비[1] 일을 하는 데 필요한 돈. ㊝비용. 【經費】

경:비[2] 만일을 염려하여 미리 마음을 가다듬어 주의하고 살피어 지킴. -하다. 【警備】

경:비대 경비하는 책임을 맡은 부대.
경:비 대원 경비 책임을 진 부대에 속한 사람. 【警備隊員】
ㄱ **경:비선** 사고가 생기지 않도록 미리 막는 일을 맡은 배.
경:비원 경비의 책임을 맡은 사람.
경:비정 육지에서 가까운 바다에서 경비의 일을 하는 작은 군함.
경:비 초소 경비 대원이 경비 근무를 하는 시설.
경비행기 스포츠나 연습·훈련 등에 쓰이는 작은 비행기.
경:사[1] 매우 즐겁고 기쁜 일. 치하할 만한 일. ㉮경사스러운 잔치가 겹치다. -스럽다. 【慶事】
경:사[2] 비스듬히 한쪽으로 기울어짐, 또는 그 정도나 상태. ㉮경사가 급한 계단. 【傾斜】
경사로 느린 비탈이 지게 만든 통로. 비탈길. 계단을 없앤 길임.
경사면 경사를 이루고 있는 면. 비탈.
경상 조금 다침. 또는 가벼운 상처. ㉯중상. 【輕傷】
경상 남도 한반도의 남동쪽 끝에 자리잡고 있는 도. 동해와 남해를 끼고 있으며, 남동 임해 공업 단지가 있음. 주요 도시로는 창원·마산·진주·진해 따위가 있음.
경:상도 우리 나라의 옛날 행정 구역의 하나로, 지금의 경상 남북도를 일컫는 말. 【慶尙道】
경상 북도 한반도의 남동쪽에 자리잡고 있는 도. 구미 공업 단지, 포항 공업 단지가 있음. 주요 도시로는 포항·경주·상주·구미·안동 따위가 있음.
경선[1] 지구의 양극을 세로로 연결한 가상적인 선. ㉥자오선. ㉯위선.
경:선[2] 여러 후보 가운데에서 한 사람을 투표를 통하여 뽑는 것. ㉮대통령 후보를 경선을 통하여 선출하다.
경성 '서울'의 일제때 이름.
경세유표〖책명〗 1817년에 정약용이 행정과 국방을 논한 책. 44권 15책으로 되어 있음. 【經世遺表】
경솔 말이나 행동이 조심성이 없고 가벼움. ㉮경솔하게 행동하지 말라. -하다. -히. 【輕率】
경수로 원자력 발전소에서 생기는 높은 열을 식힐 때 보통 물을 쓰는 원자로. 【輕水爐】
경순왕〖사람〗[? ~ 978] 신라 제56대 마지막 왕. 경애왕이 죽은 뒤 견훤이 왕으로 세웠으나, 935년에 고려 왕건에게 항복하였음. 【敬順王】
경시 가볍게 여김. 깔봄. ㉯중시. -하다. 【輕視】
경신 운동 경기 따위에서 종전의 기록을 깨뜨림. ㉮수영 기록을 경신하다. ㉥갱신. -하다. 【更新】
경악 좋지 않은 일에 대하여 깜짝 놀람. -하다. 【驚愕】
경:애 존경하고 사랑함. 【敬愛】
경:애왕〖사람〗[? ~ 927] 신라 제55대 왕. 927년에 포석정에서 연회를 하다 견훤의 습격을 받고 자살하였음. 【景哀王】
경양식 식당에서 파는 간단한 서양식 요리. 【輕洋食】
경:어 높임말. 존대말. 【敬語】
경:연 여러 사람이 모여 연극·노래 따위의 재주를 겨룸. ㉮동요 경연 대회. 【競演】
경영 기업이나 사업 등을 계획을 세워 해 나감. ㉮회사를 경영하다. -하다. 【經營】
경영자 기업체를 경영하는 사람.
경:외 신이나 어떤 대상을 조심하며 높이 받들고 우러러봄. -하다.
경우 부닥친 형편이나 사정. ㉮눈이 오는 경우에는 가지 말아라. ㉥처지 【境遇】
경우의 수 어떤 사건이 일어나는 경

우의 가짓수. <보기> 주사위를 던져서 3이 나올 경우의 수.

경운기 기계의 힘으로 움직여 논이나 밭을 가는 기계. [경운기]

경원 겉으로는 공경하는 체하면서 속으로는 멀리함. -하다. 【敬遠】

경원선 서울에서 강원도 철원·평강을 거쳐 원산 사이를 잇는 철도. 길이 223.7km로, 1914년에 개통됨. 【京元線】

경위[1] 어떤 일이 전개되어 온 과정. ㉠사건의 경위를 알아보다.

경:위[2] ①경계하고 지킴, 또는 그렇게 하는 사람. ②경찰 공무원 계급의 하나. 경감의 아래, 경사의 위임. 【警衛】

경유[1] 여행의 도중에 어떤 곳을 거쳐서 지나가는 것. ㉠대전을 경유하여 부산에 가다. -하다. 【經由】

경유[2] 원유를 가공하여 얻는 기름. 질이 등유보다 낮고, 중유보다 높음. ㉠경유 자동차. 【輕油】

경음 'ㄲ·ㄸ·ㅃ·ㅆ·ㅉ'의 소리처럼 되게 내는 소리. 된소리. 【硬音】

경음악 악단의 연주에 의한, 가벼운 기분으로 즐길 수 있는 대중 음악.

경:의 존경하는 마음. ㉠경의를 표하다. 【敬意】

경의선 서울에서 신의주 사이를 잇는 철도. 길이 499.3km로, 1906년에 개통됨. 【京義線】

경:이 놀라서 이상하게 여김. ㉠자연계의 경이로운 현상.

경인 고속 국도 서울에서 인천 사이를 잇는 고속 도로. 길이 29.5km. 1968년에 개통.

경인 공업 지대 서울·인천·부평·안양·수원 등을 중심으로 중화학 및 경공업이 발달한 우리 나라 최대의 공업지대.

경인선 서울에서 인천 사이를 잇는 철도. 우리 나라 최초의 철도. 길이 33.2km. 1899년 9월 18일에 개통. 【京仁線】

경인자 세종 대왕 때 만든 활자.

경작 논밭을 갈아 농사를 지음. ㉠곡식을 경작하다. -하다.

경작지 농사를 짓는 땅. 논밭. ㉥농경지. ㉢경지. 【耕作地】

경:쟁 서로 앞서거나 이기려고 다툼. ㉠생존 경쟁. -하다. 【競爭】

경:쟁력 경쟁에서 이길 수 있는 능력. 【競爭力】

경:쟁률 경쟁에서 이길 수 있는 비율. 【競爭率】

경:쟁심 남에게 지기 싫어하는 마음. 경쟁에서 이기려는 마음.

경:쟁적 경쟁에서 이기려고 하는 것. ㉠개화기에 일본·청나라·러시아 등은 경쟁적으로 우리 나라에 세력을 펴고자 했다.

경:적 위험을 알리거나 경계를 위하여 울리는 고동, 또는 그 소리. ㉠자동차의 경적을 울리다.

경전 ①성인들의 말과 행실을 적은 책. ②교리를 기록한 책. ㉠불교의 경전. 【經典】

경전철 일반 전기 철도나 지하철보다 무게가 가볍고 작으며 운행거리가 짧은 전철. 【輕電鐵】

경정 바르게 고침. ㉠추가 경정 예산. -하다. 【更正】

경제 사람들이 생활에 필요한 물건을 얻어 내고, 또 그것을 쓰는 데 관계되는 모든 활동. 【經濟】

경제 개발 계획 산업을 발달시켜 나라의 살림살이를 튼튼하게 하고 국민 생활을 넉넉하게 하기 위한 국가의 계획.

ㄱ

ㄱ

경제 개발 오(5)개년 계획 우리 나라에서 5년을 단위로 하여 추진되었던 경제 개발 계획.

경제 공황 경제계가 극심한 혼란으로 기업이 망하고 실업자가 많이 생기는 최악의 상태.

경제 교류 여러 나라가 서로 경제 활동을 주고 받는 것.

경제 기획원 중앙 행정 기관의 하나. 나라 살림을 효과적으로 이끌어 나가기 위하여 관리와 조절에 관한 일을 맡아 보는 기관. 【經濟企劃院】

경제력 개인이나 국가가 지닌 경제적인 힘. 【經濟力】

경제 사정 경제의 형편. ㉧우리 집은 경제 사정이 나빠졌다.

경제 사회 이사회 국제 연합의 주요 기관의 하나. 국제적으로 경제・사회・문화・교육 문제 등에 관한 연구・보고・제안 등을 함.

경제 성장 국민 소득・국민 총 생산 같은 국민의 경제 규모가 점점 확대되어 가는 일.

경제 작물 농가의 수입을 높이기 위해서 특별히 가꾸는 농작물.

경제적 ①경제에 관한 것. 또는, 돈・수입・재산에 관한 것. ②비용이나 노력 따위가 더 적게 드는 것. ㉧에너지 효율이 높은 제품이 경제적이다.

경제 정책 나라가 국민 경제의 발전을 위하여 세우고 실시하는 모든 방책. 【經濟政策】

경제 협력 여러 나라 사이에서 돈을 빌려 주고 기술을 가르쳐 주어 경제 활동을 서로 돕는 일.

경제 활동 사람이 사회에서 이익을 얻기 위하여 벌이는 온갖 활동.

경:조사 결혼・출생 따위의 경사스러운 일과 죽음과 같은 불행한 일.

경:종 사회에서 잘못되는 일에 대한 경고나 충고. 【警鐘】

경:주[1] 〖지명〗 경상 북도의 한 시. 신라의 옛 서울로 불국사・석굴암・첨성대・다보탑 등 많은 문화재들이 있음. 【慶州】

경:주[2] 일정한 거리를 달음질하여 빠름을 겨루는 일, 또는 그러한 운동. ㉧장거리 경주. -하다. 【競走】

경주[3] ①액체가 들어있는 그릇 따위를 기울여 쏟음. ②주의나 힘을 한 곳에 기울임. ㉧온 힘을 경주하다. -하다. 【傾注】

경중 어떤 일의 아주 중요함과 덜 중요함. 중요함과 중요하지 않음. ㉧일의 경중을 따져서 중요한 것부터 해라. 【輕重】

경지[1] 농사를 짓는 땅. ㉧경지면적. ㉥경작지. 【耕地】

경지[2] 쉽게 도달할 수 없는 높은 정신 상태. ㉧저 선수는 활쏘기에 있어서 신의 경지에 이르러 있다. 【境地】

경지 정리 농사를 편리하게 짓기 위하여 농토를 반듯반듯하게 만드는 일. 【耕地整理】

경직되다 분위기・생각・행동 따위가 부드럽지 못하고 딱딱해지다. ㉧경직된 분위기.

경:진회 생산품을 벌여 놓고 서로 성적을 겨루는 모임.

경질 어떤 직위에 있는 사람을 다른 사람으로 바꿈. ㉧장관을 경질하다. ×갱질. -하다. -되다.

경:찰 국민의 목숨・재산을 지키며 사회의 질서를 바로잡는 일을 하는 관리, 또는 그 기구. 【警察】

경:찰관 국민들이 안심하고 살아갈 수 있도록 사회 질서를 바로잡는 일을 맡아 보는 국가 공무원. ㉤경관. 【警察官】

경:찰서 일정한 구역 안의 경찰 업무를 맡아 보는 관청. 【警察署】

경:찰청 정부 기구의 하나로 치안을 맡아 보는 기관. 전에는 내무부 산

하 치안본부가 맡아 보던 업무를, 1991년 8월 1일 독립시킴으로써 경찰이 정치적으로 중립을 이루게 됨. 【警察廳】

경:천 ①하늘을 공경함. ②천리에 순종함. 【敬天】

경천 동지 하늘이 놀라고 땅이 흔들린다는 뜻으로, 세상을 크게 놀라게 함. ㉥경천 동지할 만한 큰 사건. 【驚天動地】

경천사 십(10)층 석탑 고려 시대의 대표적인 돌탑. 흔히 13층탑으로 불리는데, 경복궁에 보존되어 있음. 높이 약 13m〔국보 제86호〕.

경첩 돌쩌귀처럼 문짝을 다는데 쓰는 장식으로, 두 개의 쇳조각을 맞물리어 만듦. 본겹첩.

경청 귀를 기울이고 주의해 들음. ㉥선생님의 말씀을 경청하다. -하다.

경:축 기쁘고 좋은 일을 축하함. 비경하. ㉥개교 기념일을 경축하다. -하다. 【慶祝】

경춘선 서울과 춘천 사이를 잇는 철도. 길이 87.3km로, 1939년 개통.

경치 자연의 아름다운 모습. 산·내·들·꽃 따위의 모양. 경관. ㉥설악산의 아름다운 경치를 구경하다. 비풍경. 【景致】

경치다 ①심하게 꾸지람을 듣다. 단단히 벌을 받다. ②혼이 날 정도로 고통(고생)을 겪다.

경칩 땅 속의 벌레가 겨울잠에서 깨어 꿈틀거리기 시작하는 시기로, 24절의 셋째, 곧 우수의 다음〔양력 3월 5일경〕. ×경첩.

경:칭 ①이름이나 관직명 따위에 붙여 그 사람에 대한 경의를 나타내는 말〔폐하·각하·귀하 따위〕. ②존대하여 일컬음. ㉥경칭을 쓰다. 비존칭. 【敬稱】

경쾌 ①마음이 홀가분하고 유쾌함. ②몸이 가뿐하고 날쌤. ㉥경쾌한 발걸음. -하다. -히.

경탄 몹시 놀라거나 감탄함. ㉥매우 경탄할 일이다. -하다.

경:통 현미경이나 망원경 따위에서 양쪽 끝에 렌즈를 단 대롱.

경:포대 강원도 강릉시 동북쪽 7km 지점에 있는 높은 다락집. 관동 팔경의 하나로 아름다운 경치를 이룸. 【鏡浦臺】

경:품 물건을 사는 손님에게 곁들여 주거나, 제비를 뽑아 무료로 주는 물품. 【景品】

경필 붓에 대하여, 끝이 딱딱한 글을 쓰는 용구를 이르는 말.〔펜·연필 따위〕. 【硬筆】

경:하 경사스러운 일을 축하함. ㉥국회 의원 당선을 경하드립니다. 비경축. -하다. 【慶賀】

경하다 ①가볍다. ②말이나 행동이 경솔하다. ③죄나 병 따위가 대단하지 않다. ㉥병의 증세가 경하다. 반중하다.

경:합 서로 경쟁함. ㉥선거에서 세 명의 후보자가 경합을 벌이다. -하다. 【競合】

경향[1] 마음이나 일이 어떤 방향으로 쏠림. ㉥인구가 차츰 줄어드는 경향이다. 【傾向】

경향[2] 서울과 시골. 【京鄕】

경험 몸소 겪어 봄. 직접 보고 듣고 해 본 일, 또는 그 과정에서 얻는 지식이나 기능. ㉥경험이 풍부하다. 비체험. 【經驗】

경험담 경험한 사실에 대한 이야기. 비체험담. 【經驗談】

경:호 신변에 위험이 없도록 경계하고 보호함. ㉥귀빈의 경호를 맡다. -하다. 【警護】

경:호원 다른 사람의 신변의 안전을 돌보는 일을 임무로 하는 사람.

경화 단단하게 굳어지는 것. ㉥동맥경화. 【硬化】

ㄱ

경화증 몸의 기관이 단단하게 굳어지는 증상. [예]동맥 경화증.

경황 흥미나 재미를 가질 수 있는 마음의 여유. [예]회사가 이렇게 바쁜데 무슨 경황으로 휴가를 가겠느냐? 【景況】

경회루 경복궁 안 서쪽 연못 한 가운데 있는 큰 누각으로, 임금과 신하들이 모여 잔치를 하던 곳.

[경회루]

곁 옆. 한쪽. [예]엄마 곁으로 바싹 다가앉다.

곁가지[곁가지] 가지에서 다시 곁으로 뻗은 작은 가지.

곁길[곁길] 큰 길에서 곁으로 난 좁은 길. [비]샛길.

곁눈[견눈] 얼굴은 돌리지 않고 눈알만 돌려서 보는 눈.

곁눈질[견눈질] 얼굴을 돌려서 똑바로 보지 않고 눈알을 옆으로 돌려서 보는 짓. -하다.

곁다리 ①덧붙어 딸린 것. ②일에 관계가 없는 사람.

곁두리 일하는 사람이 끼니 외에 참참이 먹는 음식. [비]샛밥. 새참.

곁들다(곁드니, 곁드오) ①곁에서 붙잡아 부축하여 들다. ②곁에서 거들어 주다. [예]하루 종일 집안 일을 곁들다.

곁들이다 ①주로 하는 일 외의 다른 일을 겸하여 하다. ②한 그릇에 딴 음식을 옆으로 붙이어 담다. [예]고기에 야채를 곁들이다.

곁말 말을 바로 하지 않고 다른 말을 빌려서 빗대어 하는 말〔총알을 '깜장 콩알'이라 하는 등〕.

곁순 식물의 원줄기 곁에서 돋아나는 순.

계:[1] 어떤 일을 나누어 맡은 사람, 또는 나누어 맡은 그 일. [예]기록계, 출납계. 【係】

계:[2] 옛날부터 우리 나라에 내려오는 상호 협동 조직의 한 가지. 같은 목적을 가진 사람들이 지방이나 집안 단위로 협동을 목적으로 이루어진 조직. [예]대동계. 수리계. 【契】

계:[3] 합계나 총계. 【計】

계:간 잡지 따위를 일 년에 네 번 철에 따라 발간하는 일.

계곡 두 산 사이에 물이 흐르는 골짜기. [비]산골짜기.

계:관시인 영국 왕실이 영국의 가장 뛰어난 시인에게 내리는 명예 칭호. 【桂冠詩人】

계:교 여러 모로 빈틈없이 생각해 낸 꾀. [예]계교에 넘어가다.

계급 ①지위의 높고 낮음. [예]계급이 오르다. ②신분·재산·직업 등이 비슷한 사람들로 이루어지는 사회적 집단, 또는 그것을 기준으로 구분 되는 계층. [예]양반 계급. 시민 계급. 【階級】

계급장 군인이나 경찰이 계급을 나타내기 위하여 옷이나 모자에 다는 표시. 【階級章】

계:기[1] 어떤 일이 일어나거나 결정되는 근거나 기회. [예]사건의 계기. [비]동기. 【契機】

계:기[2] 물건의 무게·길이·속도 등을 재는 기구〔계량기·미터기·저울 따위〕. 【計器】

계단 ①층층대. ②일을 하는 데 밟아야 할 순서. [비]단계.

계:도 깨우쳐서 이끌어 줌. [예]민중을 계도하다.

계란 닭의 알. 달걀.

계:략 남을 해롭게 하기 위하여 생각해 낸 꾀. 【計略】

계:량 분량과 무게를 잼. 【計量】

계:량기 길이·부피·무게·시각·각도·온도 등을 재는 기구. [예]전

기 계량기.

계량 스푼 주로 음식을 만들 때, 재료의 양을 재는 데 쓰는 숟가락.

계:량 컵 음식을 만들때에 재료의 분량을 재는 컵 모양의 그릇.

계룡산〖지명〗 충남 공주시에 있는 산. 명승지로 갑사·신원사·동학사가 있음. 국립 공원. 높이는 845m임. 【鷄龍山】

계면쩍다 '겸연쩍다'의 변한 말.

계:명 음계의 이름. ⇨계이름.

계:명성 새벽에 동쪽에 보이는 금성의 딴 이름. 비샛별.

계:모 아버지가 새로 얻은 아내. 의붓어머니. 【繼母】

계:몽 어린아이나 무식한 사람을 깨우쳐서 바른 지식을 가지게 하는 것. 예농촌 계몽 운동. -하다.

계:몽 운동 계몽을 하여 생활을 향상시키려는 운동.

계:미자 조선조 태종 3년 계미년(1403)에 주자소를 두고 구리로 만든 활자. 【癸未字】

계:발 지능이나 정신을 깨우쳐 발전시키는 것. 예지능 계발. -하다.

계백〖사람〗[?～660] 백제 말기의 유명한 장군. 신라와 당나라의 연합군이 쳐들어 오자 결사대 5천 명을 거느리고 황산벌에 나아가 싸우다가 최후를 마쳤음. 【階伯】

계:보 집안의 혈통이나 학문·사상이 계승되어 온 역사를 적은 책.

계:부 개가한 어머니의 남편. 의붓아버지. 【繼父】

계:산 ①수량을 헤아림. ②약속에 따라 수치를 구하거나 식을 간단히 하거나 함. 예식을 계산하다. -하다. 【計算】

계:산기 계산을 하는 데 쓰는 기계.

계:산서 ①물건값의 청구서. ②계산을 밝힌 서류. 【計算書】

계:속 끊이지 않고 이어 나감. 비지속 반중단. -되다. -하다.

계:속적 끊이지 않고 이어지는 것. 예컴퓨터를 사용하는 분야가 계속적으로 늘고 있다.

계:수 수를 계산함. 계산하여 얻은 값. 예계수에 밝다. 【計數】

계:수나무 ①녹나무과의 낙엽큰키나무. 중국 남방과 동인도에서 남. 특히 껍질인 계피는 약재나 향료로 쓰임. ②옛날 사람들이 달 속에 있다고 상상하던 나무.

계:승 조상이나 앞 사람의 뒤를 이어받음. 예가업을 계승하다. -하다. 【繼承】

계:시 ①일깨워서 가르쳐 보임. ②사람이 알수 없는 일을 신이 가르쳐 알게 함. 예하느님의 계시. -하다.

계:시다 '있다'의 높임말. 예어머니께서 부엌에 계시다.

계:약 두 사람 이상 사이에 맺어지는 약속. 예매매 계약을 하다. -하다. 【契約】

계:약금 계약을 할 때 약속을 지킬 것을 보증하기 위해 미리 치르는 돈. 【契約金】

계:약서 계약의 내용을 적은 문서.

계:엄 ①경계를 심하게 함. 또는 그러한 경계. ②군대가 어떤 지역을 맡아 다스리는 일.

계:엄령 국가 원수가 계엄 실시를 선포하는 명령.

계:열 사물이 어떤 공통점이나 유사점에서 서로 연결되는 계통이나 조직. 예인문 계열. 자연 계열.

계:원필경〖책명〗 신라 말기 최치원이 여러 가지 글을 모아 엮은 시문집. 20권 4책. 【桂苑筆耕】

계:유정난 조선 단종 원년(1453년)에 수양 대군이 김종서·황보인 등을 없애고 정권을 잡은 일.

계:율 불교에서, 승려가 지켜야 할 율법이나 규칙. 예계율이 엄하다.

ㄱ

계이름 서양 음악의 도·레·미·파·솔·라·시, 국악의 궁·상·각·치·우 등의 음계 이름.

계:절 ①한 해를 봄·여름·가을·겨울의 네 철로 구분한 시기. ②어떤 일을 하는 데 가장 알맞은 시절. ㉮독서의 계절. 【季節】

계:절병 계절에 따라 으레 잘 생기는 병. 【季節病】

계:절풍 철에 따라서 대륙과 해양 사이에 생기는 일정한 방향의 바람. 우리 나라에서는 여름에는 동남 계절풍이 불어 옴. 비철바람.

계제 일이 되어가는 순서나 단계. ㉮아직은 함부로 말할 계제가 아니다.

계:좌 금융 기관에서 각 고객의 저축 또는 대출에 대한 계산과 그 기록. ㉮이 계좌로 임금시켜 주세요.

계:주 일정한 거리를 몇사람이 나누어서 이어 달리는 경기.

계:집 ①'여자'의 낮춤말. 반사내. ②'아내'를 속되게 이르는 말. ×지집.

계:집아이[계지바이] ①나이가 어린 여자 아이. 비여아. ②'어리거나 젊은 여자'의 낮춤말. 반사내아이. 준계집애.

계:집애 '계집아이'의 준말. 반사내애.

계:책 용한 꾀와 방법. 비계교.

계:축일기【책명】 조선 광해군 때 어느 궁녀가 일기체로 쓴 문학작품. 광해군이 영창 대군을 죽일 때, 인목대비가 겪은 일을 썼음. 서궁록.

계:측 부피·무게·길이·속도·온도 따위를 기계나 기구를 써서 재는 것. 비계량. -하다.

계층 사회를 이루고 있는 여러층. ㉮서민 계층. 【階層】

계:통 ①같은 핏줄을 이음. ②이치나 성질 등에 따라 갈라 놓은 순서. ③거쳐야 할 순서나 체계. ㉮계통을 밟아 처리하다. 【系統】

계:투 야구에서, 이제까지 공을 던지던 투수가 물러나고 다른 투수가 등판하여 이어서 공을 던지는 일. -하다. 【繼投】

계:표 표결에서 가부의 수를 헤아림. 표세기. -하다. 【計票】

계:피 향료나 한약의 재료로 쓰는, 열대 지방의 계수나무의 붉은 갈색의 속껍질. 【桂皮】

계:획 앞으로 해나갈 일을 미리 생각해 놓음. ㉮생활 계획표. 비기획. -하다. 【計劃】

계:획도 설계나 계획의 기초를 나타내는 그림. 【計劃圖】

계:획서 계획의 내용을 적은 문서.

계:획성 어떤 일을 계획에 따라 처리하려는 성질. ㉮계획성 없이 물건을 사면 안 된다.

계:획적 계획을 세워서 하는 것.

계:획표 앞으로 할 일 따위를 미리 적은 표. 【計劃表】

고[1] 죽은 사람의 성명 앞에 쓰이어, '이미 죽은'의 뜻을 나타냄. ㉮고 육영수 여사. 【故】

고[2] ①두 가지 이상의 사실을 잇달아 설명할 때 쓰는 말. ㉮이것은 장미고 저것은 튤립이다. ②두 가지 이상의 사물을 아울러 설명할 때 쓰는 말. ㉮돼지고 염소고 다 가축이다.

고[3] ①여러 가지 사실을 죽 늘어놓을 때 써서 '그리고' '동시에'의 뜻을 나타냄. ㉮나는 공부하고 동생은 TV를 본다. ②앞에 말한 행동이 뒤에 말한 행동보다 먼저 일어났거나, 뒤에 말할 행동의 원인임을 말할 때 써서 '그다음에' '그리하여'의 뜻을 나타냄. ㉮그 글을 읽고 생각이 달라졌다.

고:가[1] 지은 지 아주 오래 된 집. 구옥. 【古家】

고가[2] 땅 위로 높이 가로질러 걸침. ㉮고가 도로. 【高架】

고가[3][고까] 비싼 가격. [예]고가의 가구. [반]염가. 【高價】

고가 도로 도시의 평지에 기둥들을 세우고 그 위를 건너질러 길게 다리를 놓아 만든 큰길.

고갈 물·돈·물자 등이 마르거나 다하여 없어짐. [예]자원이 고갈되다. -하다. 【枯渴】

고개 ①목의 뒤쪽. [예]고개를 들다. ②산이나 언덕으로 오르내리는 비탈진 곳. [예]고개 너머 마을.

고객 단골 손님. 늘 오는 손님.

고갯길[고개낄] 고개를 오르내리는 길.

고갯마루 고개의 가장 높은 곳.

고갯짓[고개찓/고갣찓] 고개를 흔들거나 끄덕이는 짓. -하다.

고갱이 배추 따위의 채소의 연한 속잎. [예]배추 고갱이.

고견 ①뛰어난 의견. ②'남의 의견'의 높임말. [예]선생님의 고견을 듣고 싶습니다. 【高見】

고결 성품이 고상하고 깨끗함. [반]비열. -하다. 【高潔】

고경명〖사람〗[1533~1592] 조선 시대 임진왜란 때의 의병의 지도자. 전라도에서 의병을 일으켜 금산에서 왜군을 맞아 싸우다 전사하였음. 【高敬命】

고:고학 유물과 유적을 가지고 고대 인류에 관한 일을 연구하는 학문.

고:고학자 고대 인류에 관한 일을 연구하는 사람.

고공 높은 공중. [반]저공.

고공 비행 비행기 따위로 지상 1만 5천~2만m 이상의 높은 공중에서 비행함, 또는 그 비행. [반]저공 비행. -하다.

고공 침투 훈련 높은 공중에서 낙하산을 타고 뛰어내려, 예정한 곳에 침투하는 훈련.

고관 ①높은 벼슬. ②지위가 높은 관리. 【高官】

고관 대작 지위가 높은 관직, 또한 그러한 자리에 있는 사람.

고구려〖나라〗[기원전 37~668] 우리 나라 삼국 시대의 한 나라. 주몽(동명왕)이 세워 제28대 보장왕때 신라·당나라 연합군에 의해 멸망했음. 압록강 중류 지방의 국내성을 중심으로, 한반도의 북부와 만주 일대의 넓은 영토를 통치하였음.

고:구마 메꽃과의 다년생 식물. 줄기는 땅 위에 길게 뻗고, 땅 속 뿌리의 일부가 살이 져서 덩이 뿌리를 이룸. 덩이 뿌리는 달고 전분이 많아 먹거나 공업 재료로 많이 쓰임.

[고구마]

고:국 조상 때부터 살던 나라. [비]조국. 모국. [반]외국. 타국. 【故國】

고군 분투 ①수가 적고 도움이 없는 외로운 군대가 힘에 겨운 적과 맞서 용감하게 싸움. ②적은 인원의 힘으로, 도움도 받지 않고 힘에 겨운 일을 해냄. -하다.

고:궁 옛 궁전. 옛날에 임금이 살던 대궐. 【古宮】

고귀 ①훌륭하고 귀중함. 높고 귀함. [예]고귀한 목숨. ②값이 비쌈. [반]비천. -하다. 【高貴】

고:금 옛날과 지금. [예]동서 고금에 없었던 사건. 【古今】

고금 상정 예문〖책명〗 고려 인종 때 최윤의가 고금의 예절에 관한 글을 모아 편찬한 책. 오늘날에는 전해지지 않으나 우리 나라 최초의 활자로 인쇄한 책으로 추정됨. [준]상정 예문. 【古今詳定禮文】

고급 ①정도가 높음. 품질이 좋음. [예]고급 모자. ②높은 등급. 높은 계급. [예]고급 공무원. [반]하급. 저급.

고급스럽다 품위가 높고 값이 비쌀 듯하다. ㉥고급스러운 가구.
고급품 품질이 좋고 값이 비싼 물건. 반하급품. 【高級品】
고기 ①생선. 물고기. ②온갖 동물의 살. ㉥돼지고기.
고기밥 물고기의 먹이, 또는 물고기에게 먹이로 주는 밥.
고기알붙이[고기알부치] 양어장에서 물고기를 기를 때에 연못에 넣어 물고기가 낳은 알이 붙게 하는 것. 비어소.
고기압 주위의 기압보다 높은 기압. 반저기압. 【高氣壓】
고기잡이 ①고기를 잡는 사람. 어부. ②고기를 잡는 일. -하다.
고깃배 고기잡이배. 어선.
고깃덩어리[고기떵어리] 덩어리로 된 짐승의 고기.
고깔 중들이 머리에 쓰는 세모진 모자. 베 조각을 몇 겹 포개 접어서 만듦.
고깝다(고까우니, 고까워서) 남의 말이나 행동이 건방져서 섭섭하고 야속하다.
고꾸라지다 몸을 앞으로 구부리고 쓰러지다. ㉥빙판길에 고꾸라지다. 센꼬꾸라지다.
고난 괴로움과 어려움. ㉥고난의 세월. 비고초. 고생. 【苦難】
고뇌 괴로워하고 번민함, 또는 그 괴로움과 번뇌. ㉥고뇌에 찬 모습. 비고민. 【苦惱】
고누 말밭을 그려 놓고 두 편으로 나누어 말을 많이 따거나 말길을 막는 것을 다투는 놀이의 한 가지.
고니 물새 중에서 제일 큰 새. 날개의 길이가 60～70cm나 되며, 온몸이 순백색으로 매우 아름다움. 우리 나라에서는 천연 기념물로 지정된 철새임. 시베리아 동부에서 번식하며 겨울에는 한국·중국·일본에 날아옴. 비백조.
고:다 단단한 것을 뭉그러지도록 푹 삶다. ㉥고기를 고다.
고단자 태권도·바둑 등 단수가 있는 것에서 높은 단수를 갖고 있는 사람.
고단하다 일이나 운동 등을 너무 많이 해서 몸이 나른하고 고달프다. 비피곤하다.
고달프다(고달파, 고달파서) 몸이 몹시 지쳐서 나른하다. ㉥고달픈 나그네 길. ×고달푸다.
고:대[1] 옛날. 오래 전의 시대. ㉥고대 소설. 반현대. 【古代】
고대[2] 몹시 기다림. ㉥장에 가신 어머니가 돌아오기를 고대하는 아이들. -하다. 【苦待】
고대[3] 지금 막. 이제 막. ㉥고대 왔다가 떠났다. 비방금.
고대광실 아주 크고 넓은 집.
고대 국가 부족 국가보다 발전되었으나 아직 완전한 형태를 갖추기 이전의 옛 국가.
고대 문명 아주 오래 전 사람들의 기술적·사회적·정신적인 발달.
고:대 소설 ①옛날 사람이 쓴 소설. ②갑오개혁(1894) 이전에 창작된 소설. 비고전 소설. 반현대 소설. 【古代小說】
고대하다 몹시 기다리다. ㉥하루빨리 통일이 되기를 고대하다.
고:도[1] 옛날에 도읍이었던 곳. ㉥고려의 고도 개성. 【古都】
고도[2] ①높이의 정도. ㉥고도가 높다. ②아주 높은 정도. ㉥고도의 훈련을 받다. 【高度】
고도[3] 외딴 섬. 【孤島】
고도 측정기 어떤 사물이 수평선에서 얼마나 높이 있는 지를 재는 기구.
고독 외로움. ㉥고독한 외국 생활. -하다. 【孤獨】

고동[1] 피가 도는 데 따라 심장이 뛰는 일. [예]가슴이 고동을 치다.

고동[2] 배나 기차가 내는 소리. [예]뱃고동 소리.

고:동색 검게 누런 색이나 붉은 빛이 도는 갈색.

고동치다. 심장이 온몸에 피를 보내기 위해서 벌떡벌떡 뛰놀다.

고되다 일이 힘이 들어 피곤하다. [예]고된 노동에 시달리다.

고두밥 몹시 된 밥.

고둥 소라·우렁이 따위의 조개류를 통틀어 이르는 말.

고드랫돌 발이나 자리 따위를 엮을 때 날을 감아서 매는 돌. [준]고드래.

고드름 지붕이나 담장 등에 낙숫물이 흘러내리다가 길게 매달려 얼어붙은 얼음.

고들고들 밥알이나 밤알 따위가 속은 무른 채 겉이 오돌오돌하게 말라 있는 상태. [센]꼬들꼬들. ‹구들구들. -하다.

고들빼기 국화과의 두해살이풀. 씀바귀보다 잎이 넓고, 줄기가 곧게 자라며 산이나 들에 저절로 남. 어린 순과 뿌리로 김치를 담그든가 나물을 만들어 먹는 식물.

고등 정도나 등급이 높음. [예]고등 교육. [반]하등. 【高等】

고등 고시 국가 고시의 한 가지. 일반 행정 고급 공무원·기술 고급 공무원·외교관·사법관의 임용 자격 시험. '사법 시험'의 예전 말.

고등 교육 정도가 높은 교육. 대학 이상의 교육.

고등 동물 진화의 정도가 높은 동물. 일반적으로 무척추 동물에 상대하여 척추 동물을 이르는 말. [반]하등 동물.

고등 법원 지방 법원의 위, 대법원의 아래인 법원. 제2심 판결을 담당하는 법원.

고등 보통 학교 지금의 중학교와 고등 학교의 과정을 함께 가르치던 옛날의 교육 제도. 1940년 중학교로 이름이 바뀜.

고등어 몸이 길쭉하며 등 빛은 파랗고 배가 흰 바닷물고기.

[고등어]

고등 학교 중학교를 나와서 들어가 중등 교육 또는 실업 교육을 하는 학교. 기간은 3년임. [준]고교.【高等學校】

고딕 ①활자의 획을 굵게 만든 글자체. ②중세의 건축양식〔직선적이고 창과 출입구의 위가 뾰족한 아치형이 특색임〕. 【Gothic】

고라니 사슴과의 짐승. 노루와 비슷하나 암수 모두 뿔이 없고 털은 거칠다. 우리 나라와 중국 동북부에 분포함.

고락 괴로움과 즐거움. 【苦樂】

고란사 충청 남도 부여 백마강 왼편 기슭에 있는 작은 절. 450년경 백제 때에 창건된 것임. 절 뒤 바위 틈에서는 보기 드문 식물인 고란초가 자라고 있음. 【皐蘭寺】

고란초 고사리과에 딸린 여러해살이 풀. 잎이 세갈래 또는 주걱 모양으로 되고, 잎 뒤에 홀씨주머니 덩이가 마주 붙음. 산지의 절벽이나 바위 틈에 저절로 남.

고:랑[1] 밭이나 논의 두둑의 사이. 두두룩한 두 땅 사이의 낮은 곳. [준]골.

고:랑[2] 죄인이나 피의자의 손목에 걸쳐서 채우는 쇠로 만든 형구. [본]쇠고랑.

고:랑창 폭이 좁고 깊은 고랑. [예]고랑창에 빠지다. [준]골창.

고랑포〖지명〗 경기도 장단군에 있는 마을. 임진강에 임하여 배로 물건을 나르는 일이 편리하고 농사에 필요한 물을 끌어다 대기가 쉬워 농산물의 산출이 많음. 【高浪浦】

고래[1] 바닷물 속에 사는 몸집이 큰 젖먹이 동물. 새끼에게 젖을 먹여 기르고 허파로 숨을 쉼. 머리는 크고 눈은 작음. [고래]

고래[2] '방고래'의 준말. 방고래는 방구들장 밑에 연기가 통하는 길.

고래고래 목소리를 한껏 높여서 큰 소리를 지르는 모양. ㉠고래고래 고함을 지르다.

고래등 같다 집이 웅장하게 높고 크다. ㉠고래등 같은 기와집.

고래잡이 고래를 잡는 일.

고랭지 우리 나라에서 해발 600m 이상에 있는 높고 기온이 낮은 지역. 배추·무 따위의 농사에 알맞음.

고려[1]〖나라〗[918~1392] 왕건이 후삼국을 통일하고 개성에 도읍하여 세운 나라. 이성계에게 망하여 조선 왕조가 서기 까지 제34대 475년을 누렸음. 【高麗】

고려[2] 생각하여 봄. ㉠그 일은 잘 고려하여 처리해라. -하다. 【考慮】

고려사〖책명〗 조선 시대 세종의 명을 받아 '정인지·김종서'등이 편찬한 총 139권으로 된 고려의 역사책. 고려 시대를 연구하는 데에 가장 큰 자료임. 【高麗史】

고려 자기 고려 시대에 만든 도자기〔우리 나라 공예 미술에서 가장 뛰어난 예술품의 하나로, 빛깔·무늬·모양이 아름다움〕.

고려장 고구려때에 늙은이나 쇠약한 사람을 구덩이나 산에 버려 두었다가 죽은 후 장사를 지내던 일.

고려조 ①고려의 조정. 곧 고려의 왕조. ②고려 시대.

고려 청자 고려 때 만들어진 푸른색의 도자기를 이르는 말로, 상감청자가 유명함.

고려 태조〖사람〗[877~943] 고려의 첫 왕. 궁예의 부하가 되어 그의 신임을 받았으나, 918년에 부하에게 떠받침을 받아 송도에 도읍을 정하고 왕위에 오름. 왕건. 【高麗太祖】

고령 많은 나이. ㉡고령자.

고령토 도자기를 만드는 데 쓰이는 흙. 바위가 부서져서 된 흰색, 또는 재색의 진흙.

고로케 쪄서 으깬 감자를 둥글게 빚어 튀김 가루를 묻혀 기름에 튀긴 서양식 요리. ※프랑스 어인 'croquette'의 일본식 말.

고료 글을 써 주고 받는 돈. ㉡원고료. 【稿料】

고루[1] 더하고 덜함이 없이 고르게. ㉠음식을 고루 나누어 먹다.

고루[2] 생각이 좁고 고집이 셈. ㉠고루한 생각. -하다. 【固陋】

고루고루 모자라거나 지나침이 없이 모두 고르게. ㉠빵을 고루고루 나눠 주다. ㉢골고루.

고르다[1](고르니, 골라) 여럿 중에서 쓸 것이나 좋은 것을 가려 뽑다. ㉠좋은 작품을 고르다. ㉥가리다.

고르다[2](고르니, 골라) ①크고 작거나, 더하거나 덜함이 없이 똑같다. ㉠성적이 고르다. ②평평하게 만들다. ㉠땅을 고르다.

고름[1] 종기나 상처에서 나오는 누런 콧물 같은 액체. 핏속의 백혈구가 병균과 싸워 죽은 것임.

고름[2] '옷고름'의 준말.

고리[1] ①긴 물건을 구부리어 동글게 만든 것. 주로 쇠붙이로 만듦. ②'문고리'의 준말.

고리[2] 비싼 이자. ㉦저리. 【高利】

고리 대금 ①이자가 비싼 돈. ②비싼 이자를 받는 돈놀이.【高利貸金】

고리타분하다 사람의 성질이나 하는 짓이 시원하지 못하고 흐리멍텅하다. ㉢고타분하다.

고린내 발의 때가 썩어서 나는 것과 같은 나쁜 냄새.

고릴라 유인원과의 큰 짐승. 온 몸에 털이 있으며, 키는 2m, 몸무게는 280kg 정도로, 아프리카 적도 부근에 삶.

[고릴라]

고립 혼자 외롭게 삶. 남과 떨어져 외따로 있음. ㉥폭설로 마을이 고립되었다. -하다.

고마 신사 일본에 있는 사당으로 고구려 사람 약광왕을 모신 곳.

고:마움 고마운 마음이나 느낌. ㉥우리는 공기의 고마움을 모르고 살아간다.

고마촌 옛날 고구려의 왕손 약광왕이 고구려가 패망하자 고국으로 돌아가지 않고 고구려 유민을 다스렸던 마을.

고막 귓속에 있으며, 공기의 진동에 따라 흔들리어 소리를 전하는 막. ㉥귀청. 【鼓膜】

고만 고 정도까지만. ㉥이제 고만 놀고 공부해라. <그만.

고만고만하다 여럿이 서로 비슷하다. ㉥운동장에서 고만고만한 아이들이 축구를 하고 있다. <그만그만하다.

고:맙다(고마우니, 고마워서) 남의 은혜나 신세를 입어 마음이 즐겁다.

고매 학식이 높고 뛰어남. ㉥고매한 인품. -하다. 【高邁】

고명[1] 모양과 맛을 더하기 위하여 음식 위에 뿌리거나 덧놓는 양념.

고명[2] 명성이 높음, 또는 그 명성. ㉥고명한 스님. 【高名】

고명딸 아들이 많은 집의 외딸.

고모 아버지의 여자 형제. 【姑母】

고모부 고모의 남편. 고숙. 【姑母夫】

고:목 오래 묵은 나무. 나이 많은 나무. ㉥노목. 【古木】

고무 열대 지방에서 나는 고무 나무에서 나온 액체를 굳혀 만든 탄력성이 강한 물질. 【gomme】

고무관 고무로 만든 대롱. 고무 호스.

고무나무 고무의 원료를 생산하는, 열대 지방의 큰 나무.

고무래 곡식을 긁어 모으거나 펴거나, 밭의 흙을 고르는 데 쓰는 티(T)자형의 농기구.

고무 마개 실험을 할 때 플라스크나 시험관 주둥이를 막는 데 쓰는, 고무로 만든 마개.

고무 밴드 ①고리 모양으로 만든 가는 고무줄. ②바지나 스타킹이 흘러내리지 않도록 고무줄이 들어있는 부분.

고무신 고무로 만든 신.

고무 장갑 고무로 만든 장갑.

고무줄 고무로 만든 줄.

고무줄놀이 여자 아이들이 노래를 부르면서 팽팽하게 당긴 고무줄을 다리에 걸었다 놓았다 하며 노는 놀이.

고무줄 저울 고무줄의 늘어나는 성질을 이용하여 물건의 무게를 달거나, 물체를 끌 때 드는 힘의 크기를 알아보는 데 쓰는 간단한 장난감 저울.

고무 찰흙 찰흙과 같이 주물러서 마음대로 모양을 바꿀수 있도록 된 생고무.

고무총 고무줄의 힘을 이용하여 작은 돌멩이 같은 것을 날릴 수 있도록 만든 장난감.

고무판 고무를 넓고 얇게 펴서 만든 판.

고무 풍선 공기나 수소 가스를 넣어 공중에 날리는 얇은 고무 주머니. ㉠풍선.

ㄱ

고:문[1] ①옛 글. ②갑오 개혁 이전의 글. [반]현대문. 【古文】

고문[2] 의견을 물음. 또는 의견을 말하는 일을 맡은 사람. (예)군사 고문. 고문 변호사. 【顧問】

고문[3] 죄를 진 사람에게 견디기 어려운 고통을 주며 그 죄를 확인하여 강제로 자백하게 하는 일. 【拷問】

고:물[1] ①옛날 물건. ②헐거나 낡은 물건. [반]신품. 【古物】

고물[2] 떡에 묻히는 팥·콩·깨 등의 가루. (예)콩고물.

고물[3] 배의 뒤쪽. [비]선미. 선로. [반]이물.

고물고물 몸을 좀스럽고 느리게 자꾸 움직이는 모양. (센)꼬물꼬물. <구물구물.

고:물상 낡은 물건을 사고 파는 장사나 가게.

고물 장수 낡은 물건을 사서 고쳐서 팔든가 재료로 되파는 사람.

고민 괴로워서 몹시 속을 태움. (예)성적이 떨어져 고민하다. [비]번민. -하다. 【苦悶】

고민거리 큰 걱정을 일으키는 괴롭고 답답한 일.

고:발 피해자가 아닌 사람이 범죄 사실을 경찰이나 검찰에 알림. (예)사기꾼을 고발하다. [비]고소. -하다. 【告發】

고배 ①쓴 술잔. ②쓰라린 경험의 비유. (예)낙방의 고배를 마시다.

고:백 마음 속에 숨기고 있던 것을 털어놓음. -하다. 【告白】

고:백 성사 카톨릭에서 이르는 일곱 가지 성스러운 일의 하나. 세례를 받은 신자가 죄를 뉘우치고 고백하여 용서받는 일.

고:변 ①재앙으로 생기는 일이나 사고를 알림. ②역모나 반란을 고발함. 【古變】

고:별 떠나는 것을 알림. (예)고별인사. -하다. 【告別】

고:본 오래된 책. [반]신본. 【古本】

고부 시어머니와 며느리. 【姑婦】

고:분 옛날의 무덤. [비]고총.

고분고분하다 말이나 행동이 공손하고 부드럽다.

고:분군 역사적으로 중요한, 한곳에 모여 있는 아주 오래된 무덤들.

고분 벽화 옛 무덤 안의 천장과 벽에 그린 그림.

고비 어떤 일의 가장 중요한 때, 또는 막다른 처지. (예)위험한 고비를 넘기다.

고뿔 '감기'를 이르는 말.

고삐 말이나 소의 재갈에 잡아 매어 몰거나 부릴 때에 끄는 줄. (예)고삐를 풀어 주다.

고:사[1] 학교에서 학생의 학력을 시험함. (예)학기말 고사. 【考査】

고:사[2] 행운을 가져다 달라고 신령에게 비는 제사. 【告祀】

고:사[3] 예로부터 전해 오는 일. (예)고사 성어. 【故事】

고사[4] 나무와 풀 등이 말라 죽음. -하다. 【枯死】

고사리 식물의 한 종류. 초봄에 싹이 뿌리와 줄기에서 돋아나 꼬불꼬불하게 말리고 흰솜 같은 털로 덮임. 홀씨로 번식하며, 어린 잎은 먹음.

고:사장 시험을 보는 곳. 【考査場】

고사포 항공기를 공격하는 데 쓰이는 대포. 【高射砲】

고사하고 말할 것도 없고. 그만 두고. (예)음식은 고사하고 냉수도 못 마셨다.

고산 높은 산. 【高山】

고산 기후 높이가 높은 산악 지방의 기후. 보통 해발 2,000m이상의 산악 기후를 말함.

고산대 높이에 따라 식물이 자랄 수 있는 분포를 나타낸 것. 삼림 한계선 이상의 지역으로, 고산 식물 등 몇몇 식물만 자랄 수 있음.

고산병 높은 산에 올라갔을 때 기압이 떨어지고 산소가 부족하여 생기는 병. 【高山病】
고상 품은 뜻이나 모습이 속되지 않고 격이 높음. ㉭고상한 취미. 반 저속. -하다. 【高尙】
고샅길[고산낄] 시골 마을의 집들 사이에 난 좁은 길.
고:색 ①오래 되어 낡은 빛. ②예스러운 경치나 모양. 【古色】
고생 ①어렵고 괴로운 생활. ②괴롭게 애쓰고 수고함. 비고통. 반안락. -하다. 【苦生】
고:생대 지질 시대의 구분의 한 가지. 원생대와 중생대의 사이로 약 5억 7,000만 년 전부터 2억 4,000만 년 전까지의 시대. 【古生代】
고:생물학자 주로 화석을 통하여 아주 옛날에 살았던 생물을 연구하는 사람.
고생스럽다 힘이 들고 어렵고 괴롭다. ㉭배낭 여행은 매우 고생스럽다고 한다.
고:서 옛날의 책. 오래된 책. 【古書】
고:성 높은 목소리나 큰 소리.
고:성능 성능이 아주 좋음. 높은 성능. ㉭고성능 마이크.
고성방가 큰 소리로 마구 노래를 부르는 것. 【高聲放歌】
고:소 죄 지은 사실을 수사 기관에 신고함. -하다. 【告訴】
고소 공포증 높은 곳에 오르면 떨어질까 봐 무서워하는 증세.
고:소장[고소짱] 범죄의 피해자가 그 사실을 수사 기관에 제출하는 서류. 【告訴狀】
고소하다 ①깨소금이나 참기름 같은 맛이나 냄새가 나다. ②미운 사람이 잘못되어, 기분이 좋고 흐뭇하다. <구수하다.
고속 속도가 매우 빠름. 반저속. 본 고속도. 【高速】
고속 도로 자동차가 빠른 속도로 달릴 수 있도록 만들어 놓은 길. ㉭영동 고속 도로.
고속 버스[고속뻐스] 고속 도로를 빠른 속도로 달리는 버스.
고속 철도 매우 빠르게 달리는 기차의 철도.
고속화[고소콰] 속도를 매우 빠르게 하는 것. -되다. -하다.
고수[1] 굳게 지킴. ㉭우등생의 자리를 고수하다. -하다. 【固守】
고수[2] 수가 높음, 또는 그 사람. ㉭바둑의 고수. 【高手】
고수[3] 전통 음악에서 북을 치는 사람. 【鼓手】
고수레 들에서 음식을 먹을 때나 무당이 굿을 할 때, 먼저 바친다고 하여 음식을 조금 던지며 하는 소리, 또는 그렇게 하는 것.
고수머리 곱슬곱슬 꼬부러진 머리, 또는 그러한 머리를 가진 사람. 곱슬머리.
고수부지 ①큰물이 날 때에 잠기는 높은 하천의 땅. ②서울 한강변에 널따란 둑을 쌓아 도로나 공원 등으로 이용하는 곳. ※'둔치'로 순화됨.
고수하다 원칙·규범·전통 등을 굳게 지키다. ㉭전통을 고수하는 일은 어렵다.
고스란하다 축나거나 변하거나 하지 않고 온전하다.
고스란히 줄어들거나 변함이 없이 그대로 온전히. ㉭오랜만에 만난 친구는 오래전에 있었던 일들을 고스란히 기억했다. 비온전히.
고스톱 세 명이 같이 놀면서 이긴 사람이 노름을 계속하든가 멈출 수 있도록 되어 있는, 돈을 걸고 하는 화투 놀이. ※영어 'go'와 'stop'을 붙여 만든 말.
고슬고슬 밥이 질지도 되지도 않고 알맞게 된 모양. <구슬구슬.

ㄱ

ㄱ

고슴도치 고슴도치과의 동물. 굴속에서 사는 짐승의 하나로, 주둥이는 돼지와 비슷하며 등과 몸 양편에 바늘과 같은 가시가 있어 적이 오면 몸을 웅크려 자신을 보호함.

[고슴도치]

고승 ①덕이나 행실이 훌륭한 승려. ②지위가 높은 승려.

고:시[1] 국가 기관 따위에서 일반에게 널리 알리는 것. ㉠내무부 고시. -하다. 【告示】

고:시[2] ①시험. ㉠사법 고시. ②옛날 과거의 성적을 살펴 등수를 정하는 일. -하다. 【考試】

고:시조 갑오개혁 이전에 지어진 시조. 옛시조. 비단가. 반현대 시조. 신시조. 【古時調】

고신 원루 임금님께 사랑 받지 못하는 신하가 흘리는 원통한 눈물.

고심 마음과 힘을 다함. 몹시 애를 씀. -하다. 【苦心】

고싸움 놀이 주로 전라 남도에서 행하여지는 민속 놀이로 두 편으로 패를 갈라 줄다리기의 줄머리에 타원형의 고가 달린 굵은 줄을 여러 사람이 메고, 먼저 상대편의 고를 짓눌러 땅바닥에 닿게 하는 편이 이김. 중요 무형 문화재 제33호.

고아 부모를 여의고 의지할 곳이 없는 외로운 아이. 【孤兒】

고아원 고아들을 모아서 기르고 가르치는 곳. 보육원.

고:안 좋은 방법을 생각해 냄, 또는 그 생각. ㉠새롭게 고안한 책꽂이. -하다. 【考案】

고압 높은 전압. ㉠고압 전류.

고압선 고압의 전류를 보내는 전깃줄. 본고압전선.

고액 많은 금액. 큰돈.

고약 곪은 데에 붙이는 끈적끈적한 한약. 【膏藥】

고:약하다[고야카다] ①맛·냄새·소리·모양 따위가 비위에 거슬리고 좋지 않다. ㉠맛이 고약하다. ②성질이나 인심 따위가 괴팍하거나 좋지 않다. ㉠성격이 고약하다.

고양 정신을 높이 일으키는 것. -되다. -하다. 【高揚】

고양이 송곳니가 발달되어 있고 어두운 곳에서도 잘 보고 쥐를 잘 잡아 먹는 짐승.

[고양이]

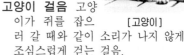

고양이 걸음 고양이가 쥐를 잡으러 갈 때와 같이 소리가 나지 않게 조심스럽게 걷는 걸음.

고:어 ①지금은 쓰이지 않는 옛날 말. ②옛날 사람들이 한 말. 반현대어. 【古語】

고역 몹시 힘들고 괴로운 일. 【苦役】

고열 높은 열. 높은 체온. 【高熱】

고:옥 지은 지 오래 되어 낡은 집. 비고가. 【古屋】

고온 높은 온도. ㉠고온 다습한 기후. 반저온. 【高溫】

고온 처리기 높은 온도로 손질하여 어떤 일을 해내는 기계.

고요 아무 소리도 없이 조용함. 비정적. 반요란. -하다.

고요의 바다 달 표면의 한 분화구의 이름.

고요하다 ①아무 소리가 없고 조용하다. ②움직임이 거의없이 잔잔하다. 비조용하다. 반소란하다.

고용[1] 돈을 주고 일을 시킴. ㉠근로자를 고용하다. -하다. 【雇用】

고용[2] 돈을 받고 남의 일을 해줌. ㉠고용살이. 【雇傭】

고용원 돈을 받고 남의 일을 해 주는 사람. 비고용인.

고용주 돈을 주고 사람을 부리는 주인. ㉠악덕 고용주.

고원 상당한 높이를 가지면서도 비교적 연속된 평평한 표면을 이룬 지역. 높고 넓은 벌판. ㉠개마 고원.【高原】

고위 높은 지위. ㉠고위급 회담. 반 하위. 저위. 【高位】

고위급 높은 지위에 속하는 사람, 또는 그런 사람들에게 관련되는 것. ㉠남북 고위급 회담.

고위도 위도가 높은 곳. 남극과 북극에 가까운 곳.

고위층 높은 지위에 있는 층, 또는 그런 사람.

고유 ①본디부터 있음. ②어느 물건에만 특별히 있음. ㉠우리의 고유 음식. -하다. 【固有】

고유명사 어떤 사람이나 사물의 이름을 나타내는 명사.

고유 문화 각 민족이 제각기 다른 환경 속에서 이룩한 특색 있는 문화. 민족문화.

고유어 외국에서 들어온 말이 아닌, 한 민족이 본래부터 가지고 있는 말. 비 토박이말. 【固有語】

고육지책 다른 방법이 없어서 나쁘지만 어쩔 수 없이 쓰는 방법. 【苦肉之策】

고을 한 도를 몇으로 나눈 옛날의 지방 이름. 오늘날의 '군'과 같은 행정 단위. 준 골.

고음 높은 소리. ㉠고음을 잘 내는 가수. 반 저음. 【高音】

고의 좋지 않은 결과가 있을 것을 잘 알면서도 일부러 하는 태도나 행동. ㉠고의로 반칙을 하다. 【故意】

고:의적 좋지 않은 결과가 있을 줄을 잘 알면서도 일부러 하는 것. ㉠고의적 반칙을 한 선수가 퇴장 당했다. 【故意的】

고:이 ①곱게. ㉠고이 자라다. ②정성을 다하여. ㉠고이 간직하다. ③편안하게. ㉠고이 잠든 아기.

고:이고이 아주 소중하게. ㉠고이고이 기른 딸.

고이다[1] 낮은 바닥이나 우묵한 곳에 물 따위가 모이다. ㉠빗물이 고이다. 준 괴다.

ㄱ

고이다[2] 쓰러지거나 기울지 않도록 아래를 받쳐 놓다. ㉠턱을 고이다. 준 괴다.

고:인 ①오래 사귄 벗. ②세상을 떠난 사람. 【故人】

고인돌 선사 시대의 무덤. 납작한 돌을 세우고 그 위에 평평한 돌을 얹은 것. 모양에 따라 북방식과 남방식으로 구분함. 지석.

[고인돌]

고자 고환이 없어서 생식 기능이 없는 남자. 【鼓子】

고:자질 남의 허물이나 비밀을 몰래 일러바치는 짓. -하다.

고작 기껏하여야. 아무리 하여도. 힘이 미치는 데까지. ㉠일한 것이 고작 이거냐? 비 겨우.

고장[1] ①사람이 많이 사는 일정한 지방. ㉠낯선 고장. ②나서 자란 곳. ㉠우리 고장. ③어떤 물건이 특징적으로 많이 나거나 있는 곳. ㉠사과의 고장.

고:장[2] 사고로 생기는 탈. ㉠자동차가 고장나다. 【故障】

고쟁이 여자 속옷의 한 가지. 가랑이의 통이 넓으며, 속곳 위 단속곳 밑에 입음.

고저 높음과 낮음. 높낮이.

고:적 ①지금 남아 있는 옛적 물건. ②옛 물건이 남아 있던 자리. 고적지. 비 유적. 【古蹟】

고적대 북과 피리로 이루어진 행진용 악대.

고:전[1] 가치가 있는 옛날의 작품이나 책. 【古典】
고전[2] 몹시 고생스럽고 힘드는 싸움. 비고투. 예초반에 강팀을 만나 고전을 했다. -하다. 【苦戰】
고전 문학 예전의 문학 작품.
고:전미 고전적인 아름다움.
고전 음악 서양의 전통적 작곡 기법과 연주법을 따르는 음악. 클래식. 반대중 음악.
고:전적 ①고전으로서 가치가 있는 것. 고전의 성질이 있는 것. 예고전적인 문학 작품. ②오래 묵고 전통적이며 형식적인 것. 예오페라는 고전적인 음악극이다.
고정 ①일정한 곳에서 움직이지 아니함. 예한곳에 고정시키다. ②흥분이나 노여움을 가라앉히다. 예그만 고정하십시오. -하다. 【固定】
고정 관념 머릿속에 이미 굳게 자리 잡고 있어서 쉽게 바뀌지 않는 생각. 【固定觀念】
고정 도르래 축이 고정되어 있어 이동하지 않는 도르래.
고조[1] ①높은 가락. ②마음에 열이 나게 함. 예사기를 고조시키다. ③시나 노래로 크게 흥겨움이 일어나는 일. 예고조된 분위기. 【高調】
고조[2] 할아버지의 할아버지. 【高祖】
고조모 할아버지의 할머니. 아버지의 증조 할머니. 【高祖母】
고조부 할아버지의 할아버지. 아버지의 증조 할아버지. 【高祖父】
고:조선〖나라〗[기원전 2333～기원전 108] 우리 민족이 제일 먼저 세운 부족 국가. 단군이 세웠다고 하며, 대동강을 중심으로 한 기름진 평양에 넓게 펼쳐 있었음.
고종〖사람〗[1852～1919] 조선 26대 임금(재위 1863～1907). 흥선 대원군의 아들. 대원군이 물러난 후부터 정치를 맡아 하면서, 대한 제국의 탄생을 선언하는 등 여러 제도의 개선에 힘썼으나, 일본에게 나라를 빼앗기는 비운을 겪었음.
고종 사촌 고모의 아들이나 딸. 비내종 사촌. 준고종.
고주망태 술을 많이 마셔 정신을 차리지 못하는 상태.
고주몽〖사람〗'동명성왕'의 본래 이름. 【高朱蒙】
고주알미주알 속속들이 캐어 묻는 모양. 미주알고주알.
고주파 파동이 매우 빠른 전파나 소리. 사람이 들을 수 없는 높은 소리를 말함. 【高周波】
고즈넉하다 ①잠잠하고 호젓하다. ②고요하고 평화롭다. 예고즈넉하게 가라앉아 있는 새벽이 좋다.
고증 증거를 대어 설명함. 【考證】
고:증학 옛 문헌에서 확실한 증거를 찾아 실증적으로 연구하려는 학문.
고:지[1] 어떤 사실을 관계자에게 알림. 예등록금 납부 기일을 고지하다. 반불고지. 【告知】
고지[2] ①평지보다 높은 땅. 반저지. ②이루어야 할 목표. 예100억 불 수출 고지를 달성하다. 【高地】
고지대 주로 도시에서, 높은 지대.
고:지서 통지하여 알리는 글. 예납세 고지서. 【告知書】
고지식하다 ①성질이 곧아 융통성이 없다. 예아버지는 고지식한 사람이다. ②어리석고 곧다.
고진감래 '쓴 것이 다하면 단 것이 온다는 뜻으로' 고생 끝에 즐거움이 온다는 말. 【苦盡甘來】
고질 ①고치기 어려운 오래 된 병. ②오래 되어 고치기 어려운 나쁜 버릇. 예고질이 된 술주정.
고질병 오래되어 고치기 어려운 병.
고집 자기의 생각을 굳게 내세움.
고집불통 고집이 세서 남의 말을 전혀 들을 줄 모름. 또는 그런 사

람. 【固執不通】

고집스럽다 고집이 세다. ㉥동생은 엄마를 따라가겠다고 고집스럽게 버텼다.

고집쟁이 자기의 생각과 주장만 내세우는 사람. 고집이 아주 센 사람.

고찰 깊이 생각하여 살펴 봄. -하다.

고:참 오래 전부터 한 직장이나 직위에 머물러 있는 일, 또는 그 사람. ㉥고참 사원. 반신참.

고:철 헌 쇠. 낡은 쇠.

고체 일정한 모양과 부피를 갖추고 있는 단단한 물체.

고체 연료 고체로 된 연료. 장작·석탄·코크스 따위.

고쳐먹다[고처먹따] 가지고 있던 생각을 바꾸다.

고초 어려움과 괴로움. ㉥심한 고초를 당하다. 비고난. 고통. 반안락.

고추 손가락만한 크기로, 초록빛의 열매가 익으면 빨갛게 되며, 매운 맛이 나는 채소. 가루를 만들어서 음식에 넣어 먹음.

고추냉이 잎은 심장 모양이고 뿌리에서 떨기로 나는 여러해살이풀. 여름에 흰 꽃이 줄기 끝에 피고 여러 조각으로 갈라진 모양의 열매를 맺음 시냇가에서 자람. 땅 속으로 뻗는 줄기는 양념 또는 약재로 씀.

고추밭[고추받] 고추를 기르는 밭.

고추잠자리 초가을에 떼지어 날아다니는 잠자리의 하나. 수컷은 몸이 붉고, 암컷은 누르스름함.

[고추잠자리]

고추장 메줏가루에 질게 지은 밥이나 떡가루를 익혀 버무리고, 고춧가루와 소금을 섞어서 담근 매운 장.

고춧가루[고추까루] 빨간 고추를 말려서 빻은 가루.

고충 ①괴로운 마음. ㉥고충을 털어놓다. ②어려운 사정. ㉥고충이 많다. 【苦衷】

고취 ①북을 치고 피리를 붊. ②용기를 북돋아 일으킴. ㉥독립 정신을 고취시키다. -하다.

고취시키다 ①많은 사람에게 어떤 생각을 가지도록 힘써 권하다. ㉥공동체 의식을 고취시키다. ②누구에게 어떤 마음을 북돋워 주다. ㉥농민들의 생산 의욕을 고취시키다.

고층 ①높게 지은 건물. ②높은 건물의 위의 층. ㉥고층 아파트. 【高層】

고층 건물 여러 층으로 높게 지은 집. 빌딩.

고치 누에나 실을 토하여 자기의 몸을 둘러싸서 조금 길쭉하게 얽어 만든 집. 누에고치.

고치다 ①잘못된 것을 바로잡다. ㉥버릇을 고치다. ②병을 낫게하다. ㉥신경통을 고치다. ③바꾸다. 변경하다. ㉥이름을 고치다. ④모양·자세·위치를 바꾸다. ㉥비뚤어진 자세를 고치다.

고통 괴롭고 아픔. 몹시 견디기 어려움. 비고초. 반쾌락.

고통스럽다 몸이나 마음이 괴롭고 아프다. ㉥숙제를 못 해서 선생님을 대하는 것이 고통스럽다.

고투 힘드는 싸움이나 일을 함. ㉥악전 고투하다. -하다.

고패 깃대 같은 높은 곳에 깃발이나 물건을 달아 올리고 내리기 위한 줄을 걸치는 작은 바퀴나 고리.

고:풍 ①지난날의 풍속. ②예스러운 모습. 【古風】

고프다(고프니, 고파서) 뱃속이 비어 음식을 먹고 싶다. ×고푸다.

고하 위아래, 또는 높고 낮음. 【高下】

고:하다 아뢰다. 전하다. 알리다. ㉥동포에게 고하는 글.

고학 제 손으로 학비를 벌어 고생하며 배움. [예]고학으로 대학교를 졸업하다. -하다. 【苦學】

ㄱ

고학년[고항년] 높은 학년. [반]저학년. 【高學年】

고학생 자기 학비를 벌면서 고생하며 학교에 다니는 학생.

고함 큰 소리로 부르짖는 소리.

고함치다 높고 큰 목소리로 소리치다.

고행 도를 닦기 위하여 견디기 어려운 고통스러운 일을 행하는 것. -하다. 【苦行】

고:향 ①태어나서 자란 곳. ②조상 때부터 대대로 살아온 곳. [반]타향. 객지. 【故鄕】

고혈압 혈압이 정상보다 높음. [반]저혈압. 【高血壓】

고형 단단하고 일정한 모양과 부피를 가지고 있는 것. [예]고형 알코올.

고환 정자를 만드는, 작은 알 모양의 신체 기관. [비]불알.

고흐【사람】[1853~1890] 네덜란드의 화가. 작품에 〈해바라기〉〈자화상〉 따위가 있음. 【Gogh】

고흥【사람】 백제의 학자. 근초고왕 때(375년) '서기'라는 역사책을 지었음. 【高興】

고:희 일흔 살. 【古稀】

곡[1] '곡조'의 준말. 노래의 가락. 【曲】

곡[2] 소리를 내어 욺. 사람이 죽었을 때 일정한 형식에 따라 소리 내어 우는 울음. -하다. 【哭】

곡가 쌀·보리·밀 따위의 곡식의 가격.

곡괭이 단단한 땅을 파는 데 쓰는, 황새 부리 모양으로 생긴 기구.

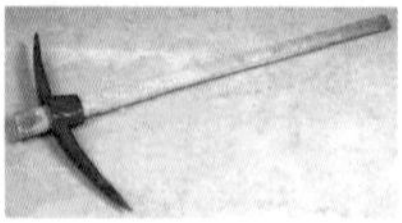

[곡괭이]

곡기 '곡식으로 만든 음식'을 통틀어 이르는 말.

곡류[공뉴] 여러 가지 곡식〔쌀·보리·밀 등〕. 【穀類】

곡마단 구경꾼에게 돈을 받고 여러 가지 재주를 부리어 구경을 시키는 흥행 단체. 서커스. 【曲馬團】

곡면 원기둥이나 공의 겉면과 같이 평평하지 않고 굽은 면. [반]평면.

곡명[공명] 노래의 이름. 곡조의 이름. [비]곡목. 【曲名】

곡목[공목] ①연주할 노래의 이름을 적어 놓은 목록. ②노래의 이름. [비]곡명. 【曲目】

곡물 ⇨곡식.

곡사포 포탄이 곡선으로 나가게 쏘는 포로, 장애물 뒤에 있는 목표물을 맞히는 데 쓴다.

곡선 곧바르지 않고 부드럽게 구부러진 선. [반]직선. 【曲線】

곡선미 ①건축·그림·조각 등에서 곡선을 써서 나타내는 아름다움. [반]직선미. ②몸의 곡선에서 생기는 아름다움.

곡성 사람이 죽어 슬퍼서 크게 우는 소리. 【哭聲】

곡식 사람이 날마다 먹고 있는 쌀·보리·콩·조 등을 통틀어 이르는 말. [비]곡물.

곡예[고계] 아슬아슬하게 손발이나 몸을 놀려서 하는 재주.

곡예사 곡예를 업으로 하는 사람.

곡옥 반달 모양의 구슬.

곡절[곡쩔] 자세한 사정이나 내용이나 까닭. [예]우는 곡절이 무엇이냐?

곡조 ①음악이나 가사의 가락. [예]흥겨운 곡조. ②곡이나 노래의 수를 세는 단위. [예]노래 한 곡조. [준]곡. 【曲調】

곡창 ①곡식을 모아 두는 곳. ②곡식이 많이 나는 곳. [예]호남은 우리의 곡창이다. 【穀倉】

곡하다[고카다] 큰 소리로 외치며 울다. 특히, 사람의 죽음을 슬퍼해 크게 울다.
곡해 사실과 어긋나게 잘못 이해함. -하다. 【曲解】
곤:경 어려운 처지. ㊎곤경에 처하다. 【困境】
곤:궁 가난하여 살림이 어려움. -하다. -히. 【困窮】
곤돌라 고층 건물의 옥상에서 아래로 늘어뜨려 짐을 오르내리게 하는 장치. 【gondola】
곤두박질 갑자기 넘어지거나 거꾸로 자빠지는 짓. 곤두. -하다.
곤두박질치다 ①갑자기 거꾸로 내리 박히다. ㊎아이의 몸이 땅바닥으로 곤두박질쳤다. ②온도·성적·가격 따위가 갑자기 많이 내려가다. ㊎성적이 곤두박질쳐서 바닥까지 내려갔다.
곤두서다. ①거꾸로 꼿꼿이 서다. ②몹시 긴장되다.
곤드레만드레 술이 몹시 취하거나 잠에 취하여 몸을 가누지 못하는 모양. -하다.
곤:란[골란] 아주 힘들고 어려움. ㊎생활이 곤란하다. -하다.
곤:룡포[골룡포] 임금이 입던 정복. ㊅용포.
곤봉 ①짤막한 몽둥이. ②방망이 모양의 체조 기구의 하나.

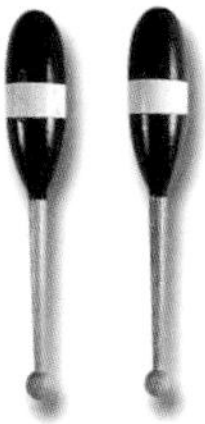
[곤봉]

곤여 만국 전도 1602년에 가톨릭 선교사로 명나라에 와 있던 이탈리아 사람 마테오 리치가 만든 세계 지도. 조선 선조 36년(1603)에 우리 나라로 들어왔음.
곤:욕 심한 창피나 참기 힘든 일. ㊎나쁜 친구 때문에 곤욕을 치르다. 【困辱】
곤장 지난날, 죄인의 볼기를 치던 형구의 하나.
곤전 왕후를 이르는 말. 왕비.
곤죽 ①죽같이 질펵질퍽한 땅. ②피로·병·술 등으로 몸이 힘없이 늘어진 상태. ㊎며칠 밤을 새웠더니 몸이 곤죽이 되었다.
곤지 시집가는 새색시가 단장할 때 이마에 그리는 붉은 점.
곤충 머리·가슴·배와 3쌍의 다리, 2쌍의 날개가 있으며, 알·애벌레(번데기)·어미벌레의 차례로 한살이를 하는 벌레들〔파리·모기·잠자리·방아깨비·매미 등〕. ㊎곤충 채집. 【昆蟲】
곤충기〖책명〗 프랑스의 곤충학자 파브르가 곤충의 생활을 관찰하여 적은 글.
곤충 학자 곤충에 대하여 연구하는 학자.
곤:하다 몸의 기운이 풀려서 나른하다. 피곤하다. 곤히.
곤:혹스럽다 곤란한 일을 당하여 어찌할 바를 몰라 아주 곤란하다. ㊎말을 꺼내기가 곤혹스럽다.
곤:히 아주 깊고 편하게 잠이 든 모양. ㊎아기가 곤히 자고 있다.
곧 ①즉시. 바로. ㊎지금 곧 가지 않으면 차를 놓친다. ②멀지 않아서. ㊎그도 곧 오겠지. ③다시 말하자면. ㊎나라의 근본이 곧 백성입니다.
곧다 ①굽거나 비뚤지 않고 바르다. ㊎허리를 곧게 펴라. ②마음이 정직하다. ㊎성품이 곧다.
곧바로 ①즉시. 곧장. ②틀리지 않고 바르게. ㊎속이지 말고 곧바로 말해라.
곧바르다 기울거나 굽지 아니하고 곧고 바르다. ㊎등을 곧바르게 펴고 앉아라.
곧은결[고든결] 결이 곧은 나무를 나이테와 직각되게 켠 면에 나타난 나무의 무늬.
곧은길[고든길] 앞으로 곧게 뻗어 나간 길. ㉥굽은길.

ㄱ

ㄱ

곧이곧대로[고지곧때로] 꾸밈이나 거짓 없이 사실대로. ㉡곧이곧대로 말하다.

곧이듣다[고지듣따](곧이들으니, 곧이들어서) 남의 말을 참말로 믿고 그대로 듣다. ㉡사기꾼의 말을 곧이듣다.

곧이어[고디어] 어떤 일이 벌어진 다음에 바로 이어서. ㉡곧이어 신부 입장이 있겠습니다.

곧잘[곧짤] ①제법 잘. ㉡노래를 곧잘한다. ②더가끔 잘. ㉡친구와 곧잘 다툰다.

곧장[곧짱] ①똑바로 곧게. ㉡꺾어지지 말고 곧장 걸어가면 학교가 나온다. ②쉬지 않고 줄곧. ㉡곧장 달려왔다.

곧추서다 곧게 서다. ㉡놀라서 머리카락이 곧추서는 것 같다.

곧추세우다 ①몸을 위로 똑바로 세우다. ㉡친구는 아파서 힘겹게 몸을 곧추세우며 말했다. ②무엇을 위로 곧게 세우다. ㉡추워서 코트의 깃을 곧추세웠다.

골[1] 생각하고, 몸을 움직이고, 각 기관이 제대로 작용하게 하는 등의 일을 맡아 하는 우리 몸의 사령부. 머리뼈로 보호되어 있음.

골[2] 무엇이 비위에 거슬려 벌컥 성이 일어나는 기운. ㉡갑자기 골을 내다. ㉥화.

골[3] ①깊은 구덩이. ②두 산 사이가 우묵하게 갈라지어 물이 흐르는 길. ③'골짜기'의 준말.

골격 ①뼈대. ㉡골격이 튼튼하다. ②척추 동물의 뼈의 조직.

골고루 더하고 덜함이 없이 모두 한결같게. 본고루고루.

골:다 잠을 잘 때에 드르렁드르렁 콧소리를 내다. ㉡코를 골다.

골다공증 뼈속의 칼슘이 줄어들어 뼈에 작은 구멍들이 생기고 뼈가 약해지는 증상.

골:대[골때] 축구에서, 골 라인 위에 세운 양쪽의 문 기둥.

골동품[골똥품] ①오래된 귀한 물건이나 미술품. ②오래되었을 뿐 가치가 없고, 쓸모도 없이 된 물건.

골똘하다 하고 있는 일에만 정신을 기울이어 다른 일이나 생각을 할 겨를이 없다.

골똘히 온 정신을 한 가지 일에 쏟아. ㉡뭘 그렇게 골똘히 생각하고 있니?

골:라내다 여럿 가운데서 어떤 것을 골라서 집어내다. ㉡불량품을 골라내다.

골:라인 ①결승선. ②축구나 하키 따위에서 골대를 따라 그은 선.

골:라잡다 여럿 가운데서 마음에 드는 것을 골라서 가지다. ㉡한 가지만 골라잡아라.

골리다 짓궂게 놀리거나 힘들게 하다. ㉡나를 골리는 것을 재미있어 하는 친구들.

골:마루 ①안방이나 건너방 뒤에 딸려 붙은 좁은 마루. ②집의 가장자리에 골처럼 만든 좁고 긴 마루.

골막 뼈의 거죽을 싸고 있는 얇고 튼튼한 흰 막.

골막염 주로 세균의 감염으로 일어나는 골막의 염증.

골:목 집과 집 사이에 있는 좁은 길. ㉡골목이 좁다.

골:목길 골목을 따라 난 길. ㉥골목.

골:목 대장 골목에서 노는 어린애들 가운데서 대장 노릇을 하는 아이.

골몰 한 가지 일에만 온 정신을 쏟음. ㉡시험 공부에 골몰하다. ㉥열중. -하다. -히.

골무 바느질할 때, 바늘을 눌러 밀기 위해 손가락 끝에 끼는 것.

골:바람 산골짜기로부터 산비탈을 따라 산 위로 불어가는 바람.

골반 척추 동물의 허리 부분을 이루며 하복부의 장기를 떠받치고 있는 깔때기 모양의 뼈.

골:방 큰 방의 뒤쪽에 딸린 작은 방. [예]골방에 가두다.

골백번 '여러 번'을 강조하여 이르는 말. [예]같은 말을 골백번이나 되풀이하다.

골병 속으로 깊이 든 병.

골:뿌림 밭에 파 놓은 골을 따라서 씨앗을 뿌림. **-하다.**

골수[골쑤] ①뼈의 빈 곳에 차 있는 누른빛이나 붉은 빛의 조직. ②마음의 속. [예]원한이 골수에 맺히다.

골수염 세균의 감염으로 골수에 생기는 염증.

골육 ①뼈와 살. ②핏줄이 같은 사람 [본]골육지친. [비]혈육. 【骨肉】

골육상쟁 ①부자(父子)나 형제 등 혈연 관계에 있는 사람끼리 서로 다투는 일. ②같은 민족끼리 싸우는 일. [비]골육 상잔.

골육지친 부모와 자식 또는 형제 자매 등의 가까운 혈육.

골인 공이 골대 안에 들어감.

골자[골짜] ①가장 중요한 부분. [예]이야기의 골자가 무엇이냐? ②말이나 글의 요점. 【骨子】

골재[골째] 시멘트와 섞어서 콘크리트를 만드는 모래·자갈 등의 재료. 【骨材】

골절[골쩔] 뼈가 부러짐. 【骨折】

골조 콘크리트나 벽돌로 만든 건물의 뼈대. 【骨組】

골짜기 두 산 사이의 움푹 들어간 곳. [준]골짝.

골치 '머릿골'의 낮춤말. [예]일이 잘못되어 골치가 아프다.

골칫거리[골치꺼리] 귀찮고 어려운 일. [예]요즘 주차 문제가 가장 큰 골칫거리이다.

골키퍼 축구·하키·핸드볼 등에서 골 문을 지키는 선수.

골탕 몹시 당하는 손해나 욕.

골탕먹다 크게 욕을 당하거나 손해를 입다.

골:판지 죽죽 골이 지게 만든 판지. 안쪽에 골이 진 얇은 종이를 덧붙인 판지. 상자를 만드는 데 많이 쓰임.

골품 제도 신라 때 귀족들의 높고 낮음을 정한 등급. 성골·진골 따위. 핏줄을 중히 여겨 골품에 따라 그들의 사회 활동과 정치 활동의 범위가 결정됨.

골프 넓은 잔디밭에 있는 18개의 구멍에 골프채(클럽)로 공을 쳐서 넣는 경기. 【golf】

골프장 골프 경기를 할 수 있는 시설이 있는 장소.

곪:다[곰따] 상처난 살에 고름이 생기다.

곯다[1][골타] 먹는 것이 모자라서 배가 고프다. [예]배를 곯다.

곯다[2][골타] ①속이 물크러져 상하다. [예]참외가 곯다. ②해를 입어 골병들다.

곯리다[골리다] 넉넉하게 먹이지 못하거나 굶기다. [예]배를 곯리다.

곯아떨어지다[고라떠러지다] 피곤하여 매우 깊이 잠들다.

곰 ①곰과의 동물. 몸길이 1~3m. 몸이 뚱뚱하며 네 다리는 짧음. 온몸이 긴 털로 덮여 있고 나무에도 잘 오르며, 개미·나무 뿌리 등을 먹고 사는 잡식성 동물. 겨울잠을 잠. ②미련한 사람을 비웃는 뜻으로 쓰는 말. [예]미련하기가 곰 같다.

[곰]

곰:곰이[곰고미] 여러 모로 깊이 깊이 생각하는 모양. 곰곰.

곰:국[곰꾹] 소의 뼈와 고기를 진하게 고아서 끓인 국.

곰:돌이[곰도리] 곰을 귀여워하여 이르는 말. (예)곰돌이 인형.

곰두리 제8회 서울 장애인 올림픽 마스코트.

곰방대 길이가 짧은 담뱃대.

곰:보 얼굴이 얽은 사람.

곰:삭다 담가 둔 젓갈 등이 오래 되어 푹 삭다.

곰:살궂다 성질이 부드럽고 친절하며 다정하다.

곰지락 약하고 둔한 몸짓으로 천천히 움직이는 모양. <굼지럭. (센)꼼지락.

곰:취 국화과에 딸린 여러해살이풀로 잎은 크고 타원형이며, 어린 잎은 먹을 수 있음.

[곰취]

곰:탕 소의 뼈를 푹 고아서 끓인 국.

곰:팡이 습기가 있는 곳에서 잘 불어나는 꽃이 없는 식물. 푸른곰팡이·붉은곰팡이·털곰팡이 등 많은 종류가 있으며, 먼지와 같은 홀씨가 바람에 날려서 퍼짐.

곱 곱셈에서 나온 답. 곱절이 되는 수. (본)곱절. -하다.

곱:다[1](고우니, 고와서) 보기에 산뜻하고 아름답다. (예)색깔이 곱다. (반)밉다.

곱다[2] ①추위 때문에 손가락이나 발가락이 차서 잘 움직여지지 아니하다. (예)손이 곱다.

곱:다랗다(곱다라니, 곱다라오) ①매우 곱다. (예)장미꽃이 곱다랗게 피어 있다. ②축나거나 변하지 않게 온전하다.

곱돌[곱똘] 윤이 나고 매끈매끈한 돌.

곱빼기 두 잔 또는 두 그릇 몫을 한 그릇에 담은 분량. (예)자장면 곱빼기.

곱사등이[곱싸등이] 등뼈가 고부라져 혹처럼 된 사람. 곱사. 곱추.

곱삿병 키가 자라지 않고 등뼈가 고부라져 큰 혹과 같은 뼈가 불쑥 나온 병. 비타민 디(D)의 부족에서 옴. 구루병.

곱셈[곱셈] 어떤 수를 곱으로 계산하는 셈법. (비)승산. (반)나눗셈. -하다.

곱셈 구구 곱셈에 쓰이는 기초 공식. 1에서 9까지의 각 수를 수끼리 서로 곱하여 곱을나타냄. 구구법.

곱셈식 곱셈을 나타내는 식. **<보기>** 4×3=12. (반)나눗셈.

곱셈표 곱셈 기호. '×'의 이름.

곱슬거리다 머리카락이나 털 따위가 자꾸 꼬불꼬불 말리다.

곱슬곱슬하다 털이나 실 따위가 고불고불하다.

곱슬머리 곱슬곱슬한 머리카락이나 그런 머리카락을 가진 사람. 고수머리.

곱씹다 ①거듭해서 씹다. ②말이나 생각 따위를 거듭 되풀이하다.

곱자 나무나 쇠로 'ㄱ'의 모양으로 만든 자.

곱절[곱쩔] 같은 물건의 수량이나 분량을 두 번이나 여러 번을 되짚어 합치는 일. (예)값을 곱절로 매기다. (비)갑절. (준)곱.

곱집합 한 집합의 원소를 첫째로 하고, 다른 한 집합의 원소를 둘째로 하는 모든 순서쌍의 집합. **<보기>** 집합 ㉮와 집합 ㉯의 곱집합은 ㉮×㉯로 나타냄.

곱창 소의 창자. (예)곱창 전골.

곳[곧] 어떤 장소나 자리.

곳간[고깐/곧깐] 곡식을 넣어 두는 창고. (비)창고.

곳곳[곧꼳] 여러 곳. 이곳 저곳.

공[1] 가죽·고무 등으로 둥글게 만든 운동 기구의 한 가지.

공[2] 일에 애쓴 보람. ㉰공든 탑이 무너지랴. ㉮공로. 【功】

공[3] 국가나 집단과 같이 여러 사람에게 관련된 것. ㉰공과 사의 구별이 분명하다. 【公】

-**공**[4] 성이나 벼슬 같은 것에 붙여서 상대를 높여 부르는 말. ㉰김공. 충무공 이순신. 【公】

공간 ①비어 있어 아무것도 없는 곳. ②무한히 펴져 있는 장소. ㉰우주 공간. 반시간. 【空間】

공간적 ①공간에 속하거나 관련되는 것. ②공간의 성질을 띤 것. 반시간적. 【空間的】

공:갈 ①을러서 무섭게 위협함. ㉰공갈로 돈을 뜯어 내다. ②'거짓말'의 속된말. -하다.

공:감 남의 생각이나 의견에 대하여 자기도 그러하다고 느낌. 【共感】

공:감대 어떤 사실에 대하여 서로 공감을 하는 범위. ㉰일을 할 때는 상대방과 공감대를 형성되어야 좋은 결과가 나온다.

공개 여러 사람에게 널리 보임. ㉰공개 재판. 반비밀. 비공개.

공개 방송 방송하는 모습을 여러 사람에게 보이며 하는 방송.

공개적 여러 사람이 알도록 드러내는 것. ㉰공개적인 시험을 거쳐서 입사했다.

공것 거저 얻은 물건. 비공짜.

공:격 ①나아가 적을 쳐부숨. ㉰기습 공격. 비공략. 반방어. ②남을 몹시 꾸짖거나 반대하고 나섬. ㉰상대방의 허물을 공격하다. 비공박. -하다. 【攻擊】

공:격권 농구·배구 따위의 경기에서 공격을 할 수 있는 권리.

공:격수 농구·배구·축구 따위의 경기에서 공격을 주로 맡은 선수. 반수비수.

공:격적 공격을 하려고 하는 것. ㉰너무 좁은 공간에 있게 되면 동물들은 공격적이 된다.

공경 공손하게 섬김. ㉰노인을 공경하다. -하다.

공고[1] 세상에 널리 알림. ㉰투표일을 공고하다. -하다. 【公告】

공고[2] 굳고 흔들림이 없음. -하다. -히. 【鞏固】

공고문 관청이나 공공 단체에서 어떠한 일을 널리 알리는 글. 【公告文】

공고히 마음이나 태도가 굳고 튼튼하게.

공공 한 사회의 모든 사람의 이익에 관계되는 일. 이익을 함께 나누는 사회의 모든 사람. ㉰공공 장소. 공공 단체. 【公共】

공공 건물 여러 사람이 함께 사용하는 건물.

공공 단체 공공의 행정을 맡아 보는 단체. 반사사 단체.

공공 사업 여러 사람의 편리나 복지를 위하여 하는 사업〔수도·전기·전화시설 따위〕.

공공 시설 여러 사람의 편리나 복지를 위하여 만들어 놓은 시설〔공중전화·공중 변소 따위〕.

공공연하다 ①남의 눈을 꺼리는 기색이 없다. ㉰거짓말을 공공연하게 하다. ②세상이 다 알게 드러나 있다. ㉰공공연한 사실.

공공 요금 수도·전기·전화·철도 요금처럼 공공기관이 정하는 요금.

공공 장소 여러 사람이 함께 이용하는 곳.

공공 집단 사회의 이익을 위해 같은 목적을 가진 사람들이 이룬 사회〔학교·회사·연구소 따위〕.

공과[공꽈] 공로와 잘못. 공과 허물. ㉰공과를 따져 상과 벌을 주다. 비잘잘못. 【功過】

공과금 국가나 공공 단체에 내는 돈〔세금·조합비 등〕.
공과 대학[공꽈대학] 공학에 대한 깊은 공부를 하는 대학. [준]공대.
공관 ①정부의 높은 직위에 있는 사람의 집. ②대사관·공사관·영사관 등을 통틀어 일컫는 말. ③공공으로 쓰는 건물. 【公館】
공교롭다(공교로우니, 공교로워서) 기회가 우연히 좋거나 나쁘거나 하다. [예]공교롭게도 일이 그렇게 되었다.
공교육 학교 교육처럼 국가가 하는 교육. [반]사교육. 【公敎育】
공구 기계 등을 만드는 데 쓰는 기구. 【工具】
공군 항공기로 공중에서 싸우는 군대. ⁕육군. 해군. 【空軍】
공권력[공꿘녁] 국가 또는 공공 단체가 국민을 통제하고 명령할 수 있는 권력. 【公權力】
공그르기 끝을 접을 때나 치맛단을 꿰맬 때에 쓰는 바느질법의 하나. 바늘을 번갈아 넣어 가며 실땀이 밖으로 나오지 않도록 속으로 떠서 꿰맴. ×공구르기.
공금 나라나 공공 단체의 소유로 되어 있는 돈. 【公金】
공금 횡령 공금을 불법으로 가로채어 차지하는 일.
공:급 ①필요에 따라 물품을 대어 줌. [예]식량 공급. ②바꾸거나 팔 목적으로 시장에다 상품을 내놓음. [반]수요. -하다. 【供給】
공:급량[공금냥] 공급하는 양. [예]공급량을 늘리다. 【供給量】
공:급원[공그뷘] 필요한 것을 마련해 주는 원천. [예]콩은 단백질의 공급원이다. 【供給源】
공기[1] 지구를 둘러싸고 있는, 빛깔이나 냄새가 없는 기체〔주로 질소와 산소의 혼합 기체로 그 비율은 4:1임〕. 【空氣】
공기[2] ①빈 그릇. ②흔히 밥을 덜어 먹는 데 쓰는, 위가 벌어지고 밑이 뾰족한 작은 그릇.
공기 놀이 아이들이 다섯 개의 밤톨만한 돌을 집어서 위로 던졌다 받는 놀이.
공기뿌리 식물의 줄기나 뿌리에서 자라 공기 가운데 드러나 있는 뿌리.
공기업 국가 또는 공공 단체 등이 경영하는 기업〔철도·통신·수도 따위〕. [반]사기업. 【公企業】
공기 청정기 공기 속의 먼지를 없애는 기계.
공기총 압축 공기의 힘으로 총알을 날려서 참새 같은 것을 잡는 데 쓰이는 총.
공기 펌프 그릇 속의 공기를 빼내거나 넣는 총.
공:깃돌[공기똘] 공기놀이에 쓰는 작고 동그란 돌.
공납금 ①학생이 학교에 내는 돈〔수업료·육성회비 등〕. ②관청에 내야 하는 돈.
공:놀이[공노리] 공을 가지고 하는 놀이.
공단[1] '공업 단지'를 줄인 말. [예]구로 공단. 【工團】
공단[2] 국가 사업을 위하여 세운 특수 법인 단체. [예]국민 건강 관리 공단.
공:단[3] 한쪽이 윤이 나도록 짠 두껍고 무늬가 없는 비단.
공대 ①공손히 대접함. ②상대방에게 높임말을 씀. [예]서로 공대를 하다. -하다. 【恭待】
공덕 ①공과 덕. ②여러 사람을 위하여 착한 일을 많이 쌓는 일. 【公德】
공덕심 남을 위하여 착한 일을 하려는 마음. 【公德心】
공:동 두 사람 이상이 일을 함께 함. [예]공동 작업. [비]합동. [반]단독. -하다. 【共同】

공:동 경작 둘 이상의 농가 또는 한 부락이 다 함께 농사를 짓는 일. -하다.

공:동 경작지 여러 사람이 힘을 합쳐 공동으로 농사짓는 땅.

공:동 기업 두 사람 이상이 공동으로 경영하는 기업.

공:동 못자리 한 마을 또는 몇 집이 쓸 모를 함께 기르는 못자리.

공:동 묘지 여러 사람이 공동으로 무덤을 쓸 수 있도록 지정된 곳. ㉯개인 묘지.

공:동 생활 사람들이 한데 모여 서로 도우며 사는 생활. ㉯단독 생활. -하다.

공:동 식당 여러 사람이 다 함께 음식을 먹도록 마련된 식당.

공:동 식수 여러 사람이 다 같이 나무를 심음. -하다.

공:동 우물 여러 사람이 같이 쓰기 위하여 땅을 파서 물을 괴게한 우물.

공:동체 ①운명과 생활을 같이 하는 몸. ②같은 이념이나 목적을 가지고 있는 집단. ㉥생활 공동체.

공든 탑 ①공들여 만든 탑. ②마음과 힘을 다하여 이루어 놓은 일.

공들이다 힘과 마음을 다하다. ㉥공들여 만든 작품.

공란 문서 따위에 글자 없이 비워 둔 칸이나 줄. ㉥공란을 채워라.

공:략[공냑] 군대의 힘으로 적의 영토를 공격함. -하다.

공로[공노] 애를 써서 이룬 보람이나 공적. ㉥공로 훈장을 받다. ㉥공적. 공훈. ㉣공. 【功勞】

공론[1][공논] 여러 사람의 의견. 사회적인 여론·의논. ㉥공론을 모으다. ㉥여론. -하다. 【公論】

공론[2][공논] 쓸데없는 의견. ㉥몇 시간 동안 공론만 되풀이하다. -하다. 【空論】

공:룡 중생대에 지구상에 살았던 거대한 파충류의 화석 동물을 통틀어 이르는 말. 【恐龍】

공리[1][공니] 사회 여러 사람의 이익. 공공의 이익. ㉯사리. 【公利】

공리[2][공니] 누구에게나 통할 수 있는 이치. 【公理】

공립[공닙] 학교 따위를 지방 자치 단체가 만들어 운영하는 것. ㉥공립 학교. ㉯사립. 【公立】

공:립 학교 지방 공공 단체가 세워 운영하는 학교. ㉯사립 학교.

공명[1] 바르고 떳떳함. ㉥공명 선거. -하다. -히. 【公明】

공명[2] 공을 세워 널리 이름을 떨침. -하다. 【功名】

공명 선거 부정 없이 공정하게 치러진 선거. 【公明選擧】

공명심 공을 세워 이름을 떨치려는 욕심. 【功名心】

공명 정대 마음이 바르고 떳떳하며, 조금도 사사로움이 없이 바름. ㉥선거는 공명정대하게 실시되어야 한다. 【公明正大】

공명하다 사사로움에 치우치지 않고 공정하다. ㉥공명한 선거.

공:모[1] 두 사람 이상이 어떤 일을 같이 꾀함. ㉥범죄를 공모하다. -하다. 【共謀】

공모[2] 여러 사람에게 널리 알려 뽑음. ㉥창작 동요를 공모하다. -하다. 【公募】

공모전 공개적으로 모집한 예술 작품의 전시회. 【公募展】

공무 ①자기 개인 일이 아닌 여러 사람의 일. ②국가 또는 공공 단체의 일. ㉥공무를 수행하다. ㉯사무. 【公務】

공무국 대한 제국 때에, 농상공부에 속하던 관청. 【工務局】

공무원 국가나 지방 공공 단체의 사무를 맡아 보는 사람〔국가 공무원과 지방 공무원이 있음〕.

ㄱ

공문 '공문서'의 준말. [예]학교에 공문을 보내다. 【公文】

공문서 공무에 관계되는 모든 서류. [준]공문. 【公文書】

공:물 지난 날, 백성이 나라에 세금으로 바치던 물건. [준]공. 【貢物】

공:물 제도 조선 시대에 자기 고장의 특산물을 세금으로 바치던 제도.

공민왕【사람】[1330~1374] 고려 제31대 왕(재위 1352~1374). 원나라 배척 운동을 일으켜 친원파를 내쫓고 영토의 회복과 제도의 개혁 등에 힘썼음. 미술에 뛰어난 재주가 있어 〈천산대렵도〉를 남김.

공민 학교 지난날에 초등 교육을 받지 못한 사람들에게 국민 생활에 필요한 보통 교육을 가르치던 3년제 학교.

공:박 남의 잘못된 점을 드러내어 공격함. [예]거짓말을 잘 하는 친구를 크게 공박하다. -하다.

공:방 상대편과 공격과 방어를 번갈아 하며 싸우는 것. -하다. 【攻防】

공:방전 서로 공격하고 막고 하는 치열한 싸움. 【攻防戰】

공배수 두 수의 배수의 집합에서 양쪽에 공통으로 들어 있는 배수. [반]공약수. 【公倍數】

공백 텅 비어 아무것도 없음. [비]여백. 【空白】

공:범 두 사람 이상이 짜고 죄를 저지름. [본]공범자. [반]단독범.

공법[공뻡] 국가와 국가 사이의 관저 또는 국가와 개인과의 관계등 공공 이익에 관한 사항을 정한 법률. [반]사법. 【公法】

공:변 세포 앞 뒷면에 있는 기공을 둘러싸고 있는 반달형의 두 개의 세포로, 물기가 밖으로 나가는 양을 조절하는 구실을 함.

공병 군대에서 길닦기·다리놓기 등의 공사를 하기도 하고, 부수기도 하는 일을 맡은 군인. 【工兵】

공병우【사람】[1906~1995] 안과 의사이면서 한글 타자기를 처음으로 만든 사람. 한글의 기계화에 많은 업적을 남겼음. 【公炳禹】

공보 관청에서 일반 국민에게 알리는 일. [반]사보. 【公報】

공보실 국가 기관이나 공공 기관에서 국민에게 국가나 공공 기관의 일을 널리 알리는 부서.

공보처 중앙 행정 기관의 하나. 국내외의 소식을 알리거나 여론 조사·언론 보도 및 방송에 관한 일을 맡아 봄.

공복 ①아침이 되어 아직 아무것도 먹지 아니한 배. [예]공복에 먹는 약. ②고픈 배. 배고픔. [예]공복을 채우다. 【空腹】

공부 배우고 익히고 슬기를 닦는 일. [예]영어 공부. -하다. 【工夫】

공부방 공부를 하는 방.

공부시키다 ①어떤 과목·학문·기술을 배우고 익히게 하다. ②학비를 대어 주어 공부하게 해 주다. [예]누나는 공장에 다니면서 나를 대학까지 공부시켰다.

공비[1] 공사에 드는 돈. 공사비. [예]공비를 산정하다. 【工費】

공:비[2] 공산군. 공산당의 유격대. [예]공비를 생포하다. 【共匪】

공사[1] 집을 짓거나 다리를 놓거나 둑을 쌓는 일. [예]공사 현장을 둘러보다. [비]역사. -하다. 【工事】

공사[2] 여럿을 위한 일과 혼자를 위한 일. [예]공사를 분명히 하다. 【公私】

공사[3] '특명 전권 공사'를 흔히 일컫는 말로, 외국에 머무르면서 본국을 대표하여 외교 사무를 맡은 외교관. 대사의 아래. 【公使】

공사[4] 국가적 사업을 위하여 설립한 정부의 기업체. [예]토지 개발 공

사. 【公社】

공사[5] '공군 사관 학교'를 줄인 말.

공사관 외국에 가 있는 공사가 사무를 보는 집.

공사비 공사를 하는 데 드는 돈.

공사장 공사를 하는 곳.

공:산 국가 공산주의를 믿고 그에 따라 다스리는 나라. 반자유국가.

공:산군 공산주의 나라의 군대. 공산당으로 조직된 군대.

공:산권[공산꿘] 제2차 세계 대전 후 소련의 영향 밑에 공산주의 정권을 수립했던 여러지역의 나라. 예공산권 국가.

공:산당 공산주의를 받들고 실천하려는 무리들이 조직한 정당.

공:산 위성 국가 지난날, 소련의 지배를 받고 있던 공산 국가.

공:산주의 모든 재산을 나누고 개인 재산을 없애 다 같이 잘 살자는 주장. 그러나 공산주의를 받들고 있는 나라들 중에는 자유가 없는 나라가 많으며 대다수 국민들의 생활과는 달리 일부 지도층만 잘사는 모순된 나라가 많아 현재는 자본주의로 옮기는 추세에 있음. 반자본주의. 【共産主義】

공산 치하 공산당의 지배 아래.

공산품 공업에서 생산되는 여러 가지 제품. 비공산물. 【工産品】

공상 이루어질 수 없는 헛된 생각. 예공상 과학 영화. -하다.

공생 ①서로 같은 곳에서 도움을 주고받으며 함께 삶. ②딴 종류의 생물이 서로 이익을 주고받으며 한 곳에서 사는 일〔악어와 악어새·말미잘과 소라게 따위〕. 【共生】

공석[1] 빈 자리. 예교감 선생님은 공석중이다. 【空席】

공석[2] 공적인 일로 여러 사람이 모인 자리. 반사석. 【公席】

공설 국가나 공공 단체에서 세움. 반사설. -하다. 【公設】

공설 운동장 국가나 공공 단체에서 만든 운동장.

공:세 공격하는 태세나 그 세력. 예적극적인 공세를 펴다. 반수세.

공소 검사가 법원에 재판을 요구하는 일. -하다. 【公訴】

공소권 검사가 법원에 대하여 공소를 할 수 있는 권리.

공손 예의바르고 고분고분하며 상냥함. 예공손한 인사. 비겸손. 반불손. -하다. -히.

공수[1] 비행기로 사람이나 짐을 보냄. 예보급품을 공수하다. 【空輸】

공:수[2] 운동 경기나 전투에서의 공격과 수비. 예이 농구팀은 공수의 전환이 빠르다. 【攻守】

공수래 공수거 빈 손으로 왔다가 빈 손으로 간다는 뜻으로, 사람이 세상에 태어났다가 허무하게 죽는다는 말. 【空手來空手去】

공수 특전단 낙하산으로 적지에 내려 싸우는 특수한 부대.

공습 비행기로 폭탄을 떨어뜨리거나 사격하여 습격하는 일. -하다.

공습 경보 적의 비행기가 습격해 왔음을 알리는 소리〔사이렌이나 종 따위를 사용함〕.

공시 여러 사람에게 널리 알림. 예며칠 전에 선거일을 공시하다. -하다. 【公示】

공시가 정부나 공공 기관에서 공시한 값.

공식 ①틀에 박힌 방식. 예공식적인 답변. ②산수에서 계산의 법칙 따위를 기호로써 나타내는 것. 예삼각형 넓이 구하는 공식.

공식 행사 국가적·사회적으로 규정되었거나 인정된 행사.

공식적 사회에서 널리 인정하는 방식에 따르는 것. 예공식적으로 결혼을 발표하다.

공신 나라에 공로가 있는 신하. ㉠개국 공신. 【功臣】
공신력[공신녁] 사회적으로 믿을 수 있다고 인정받을 수 있는 자격. ㉠공신력이 높은 회사. 【公信力】
공안 사회 질서가 편안히 지켜지는 상태. 【公安】
공약 여러 사람 앞에서 약속함. ㉠선거 공약. -하다. 【公約】
공약 삼장 ①공약한 세 조목의 글. ②'기미 독립 선언서'의 마지막에 나오는 세 가지의 공약.
공약수 어떤 수들의 약수 중 공통된 약수. 반공배수.
공:양 ①부처 앞에 음식물을 바침. 비불공. ②웃어른께 음식을 드림. ㉠정성껏 부모님을 공양하다. -하다. 【供養】
공:양미 부처에게 공양으로 드리는 쌀. ㉠공양미 삼백 석.
공언 ①공평한 말. 비공담. ②여러 사람 앞에서 공개하여 하는 말. ㉠그는 다음 선거에 출마하겠다고 공언했다. -하다. 【公言】
공업 사람의 힘을 보태거나 공장에서 기계를 쓰거나 해서 필요한 물건을 만들어 내는 일. 【工業】
공업국 공업이 산업의 중심이 되는 나라. 【工業國】
공업 규격 모든 공업 제품에 있어서 종류·성질·모양·크기·성분 등을 일정하게 정하여 놓은 규격.
공업 단지 공업화 계획의 추진을 위하여 공장이나 사무소 등을 한곳에 모아 놓는 지역. ㉠경인 공업 단지. 준공단. 【工業團地】
공업용 공업에 쓰이는 것. ㉠공업용 색소. 【工業用】
공업 용수 공장에서 물품을 생산하는 데 쓰이는 물〔냉각용·보일러용·원료용·온도 조절용 등이 있음〕. 【工業用水】
공업 지역 지리적인 조건 등으로 공업이 특히 왕성한 지역.
공업 폐수 공업 생산의 과정에서 생기는 오염된 물.
공업화 산업의 중심이 1차 산업에서 제조 공업으로 변하는 것. -되다. -하다. 【工業化】
공업 표준화 제도 공장에서 만든 물건의 규격을 나라에서 일정하게 정해 놓은 제도.
공연[1] 여러 사람 앞에서 음악·무용·연극 등을 공개하여 보여 줌. -하다. 【公演】
공연[2] 연극이나 영화에 함께 출연함. ㉠외국 배우와 공연하다. 【共演】
공연스레 특별한 이유나 필요가 없이. ㉠요즘 공연스레 눈물이 자꾸 나온다. 비괜스레.
공연장 연극·무용·음악 따위를 공연하는 장소.
공연하다 쓸데없다. 까닭이나 필요가 없다. ㉠공연한 핑계를 대지 말라. 준괜하다. 공연히.
공염불 ①진실한 마음이 없이 입으로만 외는 염불. ②아무리 타일러도 허사가 되는 말. ③실행이나 내용이 따르지 않는 주장이나 선전. -하다. 【空念佛】
공영 국가나 공공 단체가 운영함. ㉠공영 방송. 반민영. -하다. 【公營】
공예 물건을 예술적으로 만드는 재주나 솜씨. ㉠금속 공예. 【工藝】
공예품 예술적인 가치가 있는 공작품〔도자기·가구·서화·칠기 따위〕. 【工藝品】
공용[1] 국가나 공공 단체가 씀. 공적인 일에 쓰는 것. ㉠이 자동차는 회사에서 공용으로 쓰는 차다. 반사용. -하다. 【公用】
공용[2] 공동으로 사용함. ㉠남녀 공용 화장실. 【共用】
공용어 ①한 나라 안에서 공식적으로

쓰는 언어. ②국제 회의나 기관에서 공식적으로 쓰는 언어. 【公用語】

공원 누구든지 자유롭게 쉬고, 놀고, 거닐 수 있도록 마련해 놓은 큰 동산. 【公園】

공원 묘지 공원의 기능을 갖춘 집단 묘지.

공유¹ 국가나 공공 단체의 것. ㉠공유 재산. ㉡사유. 【公有】

공유² 한 가지를 두 사람 이상이 공동으로 가짐. ㉠재산을 공유하다. -하다. 【共有】

공이 절구나 방아 등에 곡식을 넣고 찧을 때 쓰는 기구. ㉠절굿공이.

공익 여러 사람의 이익. 【公益】

공익 근무 요원 남자 어른 중에서, 군대에 가는 대신에 국가 또는 지방 자치 단체에서 일정한 기간 동안 교통 단속·질서 유지·공공 시설 관리 등을 돕는 일을 하는 사람. 【公益勤務要員】

공익 사업 널리 세상 사람들을 이롭게 하는 사업〔철도·전신·전화·수도·의료 사업 등〕. ㉥공공 사업. 【公益事業】

공익적 사회 전체의 이익과 관계된 것. 【公益的】

공익 정신 사회 공공의 이익을 생각하는 정신.

공인¹ 국가나 사회 단체가 그렇다고 인정함. ㉠공인 중개사 사무실. -하다. 【公認】

공인² ①국가나 사회의 직책을 맡아 일하는 사람. ㉠신문 기자는 공인이다. ②사회 전체에 끼치는 영향이 큰 사람. 정치가·기업가·연예인 등이 이에 속함. 【公人】

공자¹〖사람〗[기원전 552～기원전 479] 중국에서 태어난 4대 성인의 한 사람으로 유교를 처음으로 편 사람. 사람은 어질게 살아야 한다고 가르침. 그의 말과 행동은 제자들에 의해 〈논어〉에 기록됨. 【孔子】

공자² 신분이 높거나 돈이 많은 집안의 아들. 【公子】

공작 ①기계나 공구 따위로 물건을 만드는 것. ㉠공작 시간. ②어떤 비밀의 목적을 위해 계획하여 일을 꾸미는 것. ㉠방해 공작. -하다.

공작도 조형물을 만들 때에 그 계획을 나타낸 그림.

공작물 ①기구와 기계를 써서 만든 물건. ②땅 위에나 땅 속에 사람이 만든 모든 물건. 건물·교량·터널 따위.

공:작새 꿩과 비슷하나 몸이 크고 깃이 아름다운 빛깔의 새. 특히 수컷의 꼬리는 매우 길며, 펴면 매우 아름답고 부채 모양임.

[공작새]

공작실 간단한 기구나 물건을 만들 수 있게 시설해 놓은 방.

공장 사람들을 모아 기계를 써서 물건을 만들어 내거나 손질을 하는 곳. ㉠자동차 공장. 【工場】

공장장 공장의 책임자.

공장 폐수 공장의 제품 생산 과정에서 생기는 더러운 물.

공저 한 책을 두 사람 이상이 함께 지음, 또는 그 책. -하다.

공적¹[공쩍] 사회적으로 관계되는 것. 여러 사람에 관계되는 일. ㉠공적인 일. ㉡사적. 【公的】

공적² 힘써 일한 공로. 애써 이룩한 좋은 실적. ㉥공로. 【功績】

공전¹ 지구가 태양의 둘레를 돌고, 달이 지구의 둘레를 도는 것과 같은 현상. ㉡자전. -하다. 【公轉】

공전² 물품을 만든 품삯. ㉠공전이 비싼 양복. 【工錢】

ㄱ

공전[3] ①발전함이 없이 헛되이 돎. ②바퀴 등이 헛돎. -하다. 【空轉】

공:전식 전화 핸들을 돌리지 않아도 수화기를 들면 교환대로 신호가 가는 전화. 🅑공동 전자식 전화.

공정[1] ①일이 되어가는 정도. ②공장에서 물건을 계획적으로 생산하기 위하여 여러 가지로 나눈 단계의 하나하나. 【工程】

공정[2] 치우침이 없이 공평하고 바름. ㉲공정한 재판. 반불공정. -하다. -히. 【公正】

공정 가격 공평하고 정당한 가격.

공정 거래 독점 거래나 암거래가 아닌 공정한 거래.

공정표 하나의 제품을 만들어 나가는 과정이나 그 일정을 나타낸 도표. 【工程表】

공:제[1] 힘을 합하여 서로 도움. ㉲사원 공제 조합. -하다. 【共濟】

공:제[2] 금액이나 수량을 필요한 만큼 빼어 냄. ㉲월급에서 세금을 공제하다. -하다. 【控除】

공:제 조합 조합원끼리 서로 돕기 위하여 얼마씩 모은 돈으로 만든 조합. 【共濟組合】

공조 조선시대 육조〔이조·호조·예조·병조·형조·공조〕의 하나. 공업에 관한 일을 맡아 봄. 【工曹】

공:존 ①성질이나 목적이 서로 다른 여러 가지가 함께 있는 것. ②서로 도우며 살아감. -하다. 【共存】

공주[1] 왕후가 낳은 임금의 딸. 왕녀. 반왕자. 【公主】

공주[2]〖지명〗 충청 남도에 있는 도시. 옛날 백제의 서울이었음〔당시의 이름은 웅진〕. 【公州】

공주병 여자가 마치 자기가 공주처럼 예쁘거나 귀한 사람인 듯이 구는 짓. 【公主病】

공중[1] 하늘과 땅 사이의 빈 곳. ㉲풍선이 공중으로 날아갔다. 비공간. 【空中】

공중[2] 사회의 여러 사람. 일반 사람들. ㉲공중 전화를 깨끗이 사용하자. 【公衆】

공중 도덕 공동 생활을 해 나가는 가운데 다 같이 스스로 지켜야 할 도리. 【公衆道德】

공중 목욕탕 여러 사람이 함께 이용하는 목욕탕.

공중 위생 많은 사람들의 건강을 지키는 일.

공중 전화 여러 사람이 돈을 내고 쓸 수 있도록 해 놓은 전화.

공중 전화 카드 공중 전화기에 넣어 전화를 이용할 수 있게 하는 플라스틱 딱지. 딱지에 표시된 돈만큼 사용할 수 있음.

공중제비 양손을 땅에 짚고 두 다리를 공중으로 쳐들어서 반대쪽으로 넘어감. 또는 그런 재주.

공지 공공 기관이 사람들에게 어떠한 사실을 알리는 것. ㉲결정 사항은 여러 분께 꼭 공지하도록 하겠습니다. -되다. -하다. 【公知】

공지 사항 사람들에게 널리 알리는 사항. 【公知事項】

공직 관청이나 공공 단체의 일을 맡음. ㉲공직 생활. 【公職】

공직자 공직에 있는 사람. 【公職者】

공집합 원소를 하나도 갖지 않는 집합. <보기> ㉮={3, 5}, ㉯={4, 8, 9}일 때, ㉮∩㉯={ }즉, 집합 ㉮와 집합 ㉯의 교집합은 원소가 하나도 없는 공집합임.

공짜 거저 얻음. 거저 얻은 물건. ㉲공짜로 얻은 물건.

공:차기 공을 차며 하는 운동이나 놀이.

공책 무엇을 쓸 수 있도록 백지로 매어 놓은 책. 비노트.

공:처가 아내에게 꼼짝 못하고 눌려 지내는 남편. 【恐妻家】

공청회 나라에서 중요한 일을 결정하기 전에 여러 사람의 의견을 듣는 모임. 【公聽會】

공출 지난날, 일제가 전쟁을 치를 목적으로 민간의 물자나 식량을 강제로 바치게 하던 일. -하다.

공:치기 공을 치고 받는 운동을 통틀어 이르는 말.

공치사[1] 남을 위하여 애쓴 일을 제 스스로 칭찬함. 【攻致辭】

공치사[2] 빈말로 하는 칭찬이나 감사하는 말. -하다. 【空致辭】

공터 집이나 시설물이 없는 빈터.

공:통 여럿 사이에 두루 통함. ㊥상이. -하다. 【共通】

공:통 분모 여러 개의 서로 다른 분수를 처음 분수의 변하지 않은 크기로 통분한 분모. 분모의 최소 공배수를 공통 분모로 함.

공:통적 여럿 사이에 모두 같거나 관계되는 것.

공:통점[공통쩜] 여럿 사이에 서로 닮거나 통하는 점. ㊥차이점.

공판[1] 죄가 있고 없음을 판정하는 법원의 심판. -하다. 【公判】

공판[2] '공동 판매'의 준말. ㊣농산물 공판장. 【共販】

공판장 주로 기업이나 단체에서 생산물을 공동으로 판매하는 장소. ㊣수협 공판장.

공평 한쪽에 치우치지 않고 공정함. ㊣유산을 공평하게 나누어 갖다. -하다. -히. 【公平】

공포[1] 모든 사람에게 널리 알림. ㊣헌법을 공포하다. -하다. 【公布】

'공포'와 '공표'의 차이

• **공포** : 법적인 효력을 가질 수 있는 공식적인 절차. 주로 정부나 공공단체가 법령이나 조약 등을 국민에게 널리 알릴 때 사용됨. ㊣헌법 개정안이 공포되었다.(○) 여론 조사 결과를 공포했다.(×)

• **공표** : 세상에 널리 알림. 개인이나 단체가 여러 사람에게 알리는 경우에 사용됨. ㊣노조는 오늘 파업에 들어간다고 공표했다.(○) 새로운 선거법이 공표되었다.(×)

공:포[2] 무서움과 두려움. ㊣공포에 떨다. 【恐怖】

공:포감 매우 무서운 느낌. 【恐怖感】

공:포심 매우 무서워하고 두려워하는 마음. 【恐怖心】

공포탄 화약은 들어 있으나 탄알이 없는 탄약. 【恐怖彈】

공표 세상에 널리 알림. ㊝공포. -하다. 【公表】

공학[1] 과학을 공업적인 생산에 이용하여 생산력과 생산품의 품질을 향상시키기 위한 과학 기술의 학문〔물리·화학·수학 따위〕. ㊣공학 박사. 【工學】

공:학[2] 남학생과 여학생이 한 학교에서 함께 배움. ㊣남녀 공학. -하다. 【共學】

공항 비행기가 뜨고 내릴 수 있도록 만들어 놓은 곳. ㊣김포 공항. ㊝비행장. 【空港】

공해[1] 산업이 발달함에 따라 더러워진 공기·물·시끄러운 소리 따위가 사람에게 끼치는 해. 【公害】

공해[2] 어느 나라의 주권도 미치지 아니하는 바다. 어느 나라의 선박이라도 자유롭게 항해 할 수가 있음. ㊥영해. 【公海】

공허 속이 텅 비어 허전함. ㊣공허한 마음. -하다. 【空虛】

공:헌 어떤 일을 위하여 힘들여 이바지함. ㊣세계 평화에 공헌하다. ㊝기여. -하다.

공:화국 국민이 선출하는 대표들과 대통령 또는 총리나 내각이 국법에 따라 정치를 맡아서 하는 나라.

ㄱ

ㄱ

공활하다 하늘이 텅 비어 매우 넓다. ㉠가을 하늘 공활한데 높고 구름 없이.

공:황 한 사회가 한동안 생산이 너무 많고 소비는 너무 적어 실업자가 많이 생겨 몹시 어려운 경제 상황. ㉠경제 공황.

공회당 여러 사람의 모임에 쓰려고 지은 집. 【公會堂】

공훈 어떤 일이나 전쟁 등에서 드러나게 세운 공로. ㉠국가 발전에 큰 공훈을 세우다. ㊥공적. 공로.

공휴일 모두가 쉬는 날. 나라의 경사스러운 날이나 일요일. ㊟공휴. ㊦평일. 【公休日】

공:히 함께. 같이. ㉠공중 도덕은 누구나 공히 지켜야 할 사회 규범이다.

곶[곧] 바다나 큰 호수로 가늘게 뻗어 있는 육지의 끝부분. 【串】

곶감[곧깜] 껍질을 벗겨 말린 감.

과[1] 학교나 병원에서 각 전공 분야에 따라 나눈 갈래. ㉠우리 형은 법과 대학생이다. 【科】

과[2] ①교과서 따위에서 내용에 따라 차례로 벌여 놓은 학습의 단위. ㉠제1과를 공부하다. ②회사나 관공서에서 업무의 종류에 따라 나눈 조직의 한 단위로 대개 '부'의 아래이며 '계'의 위에 해당됨. ㉠인사과 김과장님. 【課】

과[3] ①〔여러 개의 사물을 이어서 말할 때 써서〕 '그리고, 또한, 및'의 뜻을 나타냄. ㉠책상과 의자. ②〔'싸우다·비교하다·같다'와 같은 말과 함께 써서〕 '하고 서로', '를 상대로 삼아'의 뜻을 나타냄. ㉠동생과 싸우면 안돼.

과:감 일을 딱 잘라서 결정하는 성질이 있고 용감함. ㉠과감하게 공격하라. -하다. -히.

과:감성 속히 결정하고 실천하는, 매우 용감한 성질.

과:객 지나가는 나그네. ㊥길손.

과거[1] 고려와 조선 시대에 관리를 뽑기 위하여 실시하던 시험. ㉠과거 시험. 【科擧】

과:거[2] 지나간 때. ㊥지난날. ㊦현재. 미래. 【過去】

과:격 말이나 행동이 지나치게 격렬함. ㉠성격이 과격하다. ㊦온건. -하다. -히.

과:꽃 엉거싯과에 속하는 한해살이풀. 7~8월에 보라·연분홍·흰색 등의 꽃이 핌.

[과꽃]

과:녁 활이나 총을 쏠 때의 목표로 세워 놓은 물건. ㉠화살이 과녁을 꿰뚫다. ㊥표적.

과:녁판 총이나 활을 쏘는 연습이나 시합을 할 때 표적으로 만들어 놓은 판.

과:년 여자의 나이가 시집갈 때를 지남. 【過年】

과:다 너무 많음. 정도가 지나침. ㉠체중 과다. ㊦과소. -하다. 【過多】

과:단 일을 딱 잘라 결정함.

과:단성 결정을 빨리하여 적극적으로 일을 처리하는 성질.

과대 작은 것을 지나치게 크게 보이게 하는 것. ㉠과대 광고. ㊦과소. -하다. 【過大】

과대 망상 자기의 현재 상태를 있는 그대로 보다 턱없이 높게 평가하여 그것을 사실로 믿어 버리는 것.

과대 평가 실제보다 높게 또는 좋게 평가함. ㊦과소 평가.

과:도[1] 정도에 지나침. ㉠과도한 운동은 건강을 해친다. -하다. 【過度】

과:도[2] 묵은 것에서 벗어나 새것을 이루려는 도중. ㉠과도기에 있는 정부. 【過渡】

과:도[3] 과일을 깎는 칼. 【果刀】

과:도기 한 단계에서 다음 단계로 옮아가는 중간 시기. ㉠청소년 시기는 아동이 어른으로 변하는 과도기이다. 【過渡期】

과:로 지나치게 일을 하여 피로함. -하다. 【過勞】

과망간산칼륨 짙은 자줏빛의 반들거리는 물질. 기둥 모양의 결정체이고 물에 잘 녹아 살균제나 표백제로 씀.

과목 ①교과를 가른 구분. ②학문의 구분. ㉠듣기 과목. 【科目】

과:묵 말이 적고 침착함. ㉠과묵한 성격. -하다. -히.

과:민 지나치게 날카로움. ㉠신경이 과민하다. -하다.

과:밀 한 장소에 사람이 너무 많이 몰려 있는 것. ㉠인구 과밀.

과:반수 반이 넘는 수. 절반 이상의 수. ㉠윤미는 과반수의 찬성으로 반장이 되었다. 【過半數】

과:보호 어린아이를 필요 이상으로 지나치게 보호하고 위해 주는 것.

과:부 남편이 죽어서 혼자 사는 여자. 비홀어미. 반홀아비.

과:부족 남음과 모자람.

과:분하다 자기의 처지나 자격에 비하여 지나치게 좋다. ㉠이런 비싼 옷은 나한테는 과분하다.

과:산화수소 수소와 산소가 결합하여 만드는 빛깔이 없는 액체로, 표백제나 소독제 따위로 씀.

과:산화수소수 과산화수소를 물에 용해시킨 것. 상처의 소독약으로 쓰임. 비옥시풀.

과:석 '과인산석회'의 준말. 작물 뿌리의 성장과 가지치기를 돕는 인산질 비료의 한가지.

과:세 세금을 매김. 또는 그 세금. ㉠과세 기준. -하다.

과:소 너무 작음. 반과대. 【過小】

과:소비 지나치게 헤프거나 분수에 맞지 않게 돈을 쓰는 것. -하다.

과:소평가하다 실제보다 낮거나 적게 평가하다. 반과대평가하다.

과:속 제한을 넘는 속도. 【過速】

과:수 과실이 열리는 나무. 비유실수. 【果樹】

과:수원 과실 나무를 기르는 농원. 준과원. 【果樹園】

과시 자랑하여 보임. ㉠실력을 과시하다. 【誇示】

과:식 지나치게 많이 먹음. 반소식. -하다. 【過食】

과:신 지나치게 믿음. ㉠자기 실력을 과신하다 패배하고 말았다.

과:실[1] 먹을 수 있는 나무의 열매. 비과일. 【果實】

과:실[2] 잘못이나 허물. ㉠과실로 화재가 나다. 비과오. 반고의. 【過失】

과:실 상규 향약의 네 가지 기본 정신의 한 가지로, 잘못이나 허물을 서로 일깨워 준다는 뜻.

과실 치사 실수로 사람을 죽임, 또는 그러한 범죄.

과:언 너무 지나친 말. -하다.

과업 마땅히 해야 할 일이나 임무. ㉠남북 통일은 민족의 과업이다. 비업무. 【課業】

과:연 기대 또는 생각한 대로 정말로. ㉠그는 듣던 바와 같이 과연 훌륭한 사람이었다.

과:열 지나치게 뜨거움. -하다.

과:오 저지른 잘못이나 실수한 것. ㉠민호는 자신의 과오를 금방 뉘우쳤다. 반과실. 실수. 잘못.

과외 ①학교에서 배우는 것 이외에 따로 학교 밖에서 배우는 것. ㉠과외 공부. 본과외 수업. ②정해진 근무 시간 밖. 【課外】

과:욕 욕심이 지나침, 또는 지나친 욕심. ㉠과욕은 실패의 지름길이다.

과:용 지나치게 많이 씀. ㉠좋은 약도 과용하면 해가 될 수 있다. -하다. 【過用】

과:음 술 등을 지나치게 많이 마심. -하다. 【過飮】

과:인 〔덕이 적은 사람이라는 뜻으로〕임금이 겸손한 뜻으로 자기를 낮추어 일컫는 말. 비짐.

ㄱ

과:인산 석회 인산을 주성분으로 하는 화학 비료의 한 가지. 준과석.

과:일 사과·배·감 등, 익으면 따 먹을 수 있는 나무의 열매. 비과실. 실과.

과:잉 예정한 수량이나 필요한 수량보다 많음. 예과잉 생산. 반부족. -되다. 【過剩】

과자 밀가루·쌀가루·설탕·우유·버터 따위의 재료를 써서 만든 간식용 식품. 【菓子】

과:장[1] ①실지보다 지나치게 부풀려 나타냄. 예과장 보도. ②자랑하며 떠벌림. -하다. 【誇張】

과장[2] 관청이나 회사 등에서 한 과의 책임자. 【課長】

과:적 차에 싣는 짐의 알맞은 양보다 너무 많이 싣는 것. 예과적 차량을 단속하다.

과:전압[과저납] 정해져 있는 전압보다 높은 전압.

과:정[1] 일이 되어 가는 형편이나 순서. 예옷을 만드는 과정이 복잡하다. 비경로. 【過程】

과정[2] 일정 기간 동안 계속되는 학업이나 일. 예가난 때문에 중학 과정을 마치지 못하다. 【課程】

과제 내어 준 문제. 해결해야 할 문제. 비숙제. 【課題】

과제물 교사가 학생들에게 해 오라고 시키는 공부의 결과를 적은 종이나 공책, 또는 그 결과를 나타내는 물건. 【課題物】

과:중 너무 무거움. 예과중한 세금. -하다. -히. 【過重】

과:즙 과일을 짜낸 물. 예과즙 음료.

과:찬 지나친 칭찬. 예과찬의 말씀이십니다. -하다.

과:채류 ①식물의 뿌리나 줄기가 아니라 열매로 된 채소〔호박·수박·가지·고추 따위〕. ②과일과 채소.

과:태료 법적으로 해야 할 일을 하지 않거나 질서를 위반한 사람 등에게 매기는 벌금.

과:포화 과학에서, 용액이 어떤 온도에서 녹는 정도 이상의 녹는 물질을 포함하고 있는 상태. 예과포화 용액. 【過飽和】

과하다 정도가 지나치다. 예과한 대접을 받다.

과학 ①자연에 속하는 모든 것을 다루는 학문. ②일정한 목적과 방법에 의하여 하나의 체계를 세우는 학문. ③좁은 뜻의 '자연과학'을 일컫는 말. 【科學】

과학계 과학에 관계되는 사람들의 세계. 예과학계에 신 개발 물질을 발표하다. 【科學界】

과학관 과학에 관한 여러 물건을 벌여 놓아, 여러 사람이 구경하고 배우게 하는 큰 건물.

과학 기술부 나라의 발전을 위한 과학 기술의 발달과 개발에 관한 사무를 맡아 보는 중앙 행정 기관.

과학실 학교에서, 과학 과목의 실험과 실습을 하는 교실.

과학자 과학을 연구하는 사람.

과학적 과학을 바탕으로 하는 모양. 곧 이치에 잘 맞는 것. 예과학적인 생각. 반비과학적.

과학화[과하콰] 과학적으로 되게 하는 것. 과학으로서의 체계와 방법을 갖추는 것. -되다. -하다.

과:히 그다지. 지나치게. 예우리 집은 학교에서 과히 멀지 않은 곳에 있다.

곽란[광난] 한방에서, 음식이 체하여 별안간 토하고 설사가 심하게 나는 급성 위장병을 이르는 말.

곽밥 '도시락'의 북한말.
곽재우〖사람〗[1552~1617] 임진왜란 때의 의병 지도자. 경상 남도 의령에서 의병을 일으켜 왜군과 싸웠음. 붉은 옷(홍의)을 입고 싸웠다 하여 '홍의 장군'이라고도 불림.
관[1] 지난날, 관복·예복을 입을 때 머리에 쓰는 모자의 한 가지. 【冠】
관[2] 시체를 넣는 나무 궤. 【棺】
관[3] 조선 시대에 나라일로 여행하는 관리나 외국에서 오는 사람들에게 음식과 잠자리를 나라에서 마련해 주던 곳. ㉮벽제관. 【館】
관[4] 둥글고 길며 속이 빈 물건. 수도관 따위. 비파이프. 【管】
관[5] 우리 나라 고유의 무게 단위. 1관은 3·75킬로그램임. ㉮딸기 한 관. 【貫】
관가 지난날, 관리들이 나라일을 맡아 보던 곳. 비관청.
관:개 농사에 필요한 물을 논밭에 댐. ㉮관개 시설. -하다.
관객 연극·영화 등을 구경하는 사람. 【觀客】
관건 문제를 해결하기 위하여 꼭 있어야 하는 것. ㉮성공을 위한 관건.
관계[1] ①둘 이상이 서로 걸림. ㉮선후배 관계. 비관련. ②어떤 것이 다른 것에 영향을 미치는 일. ㉮날씨 관계로 소풍이 연기 되었다. 【關係】
관계[2] 관리들의 사회. ㉮벼슬을 얻어 관계로 나아가다. 【官界】
관계 기관 어떤 특정한 일을 담당하는 기관이나 조직.
관계식 수학과 과학에서, 공식·등식·부등식·방정식 따위와 같이 여러 대상 사이의 관계를 나타내는 식. 【關係式】
관계없다 ①서로 관계되는 것이 없다. ㉮나는 이 일과 관계없다. ②무슨 일이 생긴다고 하여도 걱정할 것이 없다. ㉮승부에 관계없이 최선을 다해라.
관계자 어떤 일에 관계되는 사람. ㉮관계자 이외 출입 금지.
관계하다 ①어떤 일에 종사하거나 관계를 가지다. ㉮아버지께서는 정부 기관에 관계하신다. ②어디에 영향을 끼치다. ㉮위액은 소화 작용에 관계한다. ③상관하다. 남과 어울리거나 관심을 가지다. ㉮나는 수업 시간에 떠드는 애들을 관계하지 않는다.
관공서 나라의 여러 기관. 비관청.
관광 ①다른 고장의 경치·풍습등을 구경함. ②다른 나라의 문물 제도를 시찰함. 비유람. -하다. 【觀光】
관광객 관광하러 다니는 사람. 비유람객. 【觀光客】
관광 버스 관광객을 태우고 다니는 버스. 【觀光 bus】
관광 사업 관광에 따르는 친선·문화 교류·외화 획득 등을 위해 벌이는 여러 가지 사업.
관광지 경치나 풍속을 구경할 수 있도록 여러 가지 시설을 갖추어 놓은 곳. 【觀光地】
관광 자원 관광객을 끌어 모을 수 있는 자연 경치나 문화재나 문화 시설. 【觀光資源】
관광촌 관광객을 위한 호텔·여관·오락 시설 등의 시설이 잘 갖추어진 곳. 【觀光村】
관광 호텔 관광지에 여행을 오는 사람들이 편하게 머물를 수 있도록 시설을 갖추어 놓은 서양식의 큰 여관. 【觀光 hotel】
관권[관꿘] 정부나 관리가 가진 권한. 반민권. 【官權】
관기 옛날에, 관청에 속하여 춤·노래·연주 따위를 하던 기생. 【官妓】
관내 맡고 있는 구역 안. 【管內】
관념 사물에 대한 생각. 【觀念】

ㄱ

관노 지난날, 관가에서 부리던 사내종. 반관비. 【官奴】
관대 마음이 너그럽고 큼. -하다. -히. 【寬大】
관동 대관령 동쪽 지방. 강원도의 동쪽 지방. 【關東】
관동 별곡 조선 선조 때 정철이 금강산과 동해 일대를 돌아보며 지은 기행 가사. 【關東別曲】
관동 지방 대관령 동쪽의 땅, 곧 강원도 지역. 반관서 지방.
관동 팔경 강원도 동해안에 있는 여덟 군데의 명승지〔간성의 청간정, 강릉의 경포대, 고성의 삼일포, 삼척의 죽서루, 양양의 낙산사, 통천의 총석정, 울진의 망양정, 평해의 월송정을 말함〕.
관:두다 하려고 하거나, 하던 일을 중도에서 그치다.
관등 놀이 음력 4월 8일에, 등에 불을 달고 석가모니의 탄생을 기념하는 놀이. -하다.
관등회 사월 초파일 부처님 오신 날을 기념하는 행사를 위한 모임.
관람[괄람] 연극·영화·경기 등을 구경함. 【觀覽】
관람객[괄람객] 관람하는 손님.
관람료[괄람뇨] 연극, 영화, 운동 경기, 미술품 따위를 구경하는 값으로 내는 돈.
관람석[괄람석] 연극·영화·경기 등을 구경하는 자리.
관련[괄련] 여럿이 서로 어떤 영향을 주고받도록 이어져 있는 것. 예올림픽에 관련된 행사. 비연관.
관련성[괄련썽] 서로 관련이 있는 상태나 상황. 관련이 있음. 예비만은 식사 습관과 관련성이 많다.
관련자[괄련자] 어떤 사건에 관련된 사람. 【關聯者】
관련짓다[괄련짇따] 서로 관계가 있게 하다. 예자원과 기술을 관련지어 생각해 보자.
관:례 습관처럼 된 선례. 예관례에 따라 일을 처리하다.
관:록[괄록] 몸에 갖추어진 위엄. 예관록이 붙다.
관료[괄료] ①같은 등급의 관리. ②관리들. ③특수한 권력을 가진 관리들. 【官僚】
관료 정치 특권을 가지고 있는 관료들이 권위적이고 독선적으로 하는 정치. 【官僚政治】
관리[1][괄리] 관청의 일을 맡아 보는 사람. 비공무원. 【官吏】
관:리[2][괄리] ①사무를 맡아 처리함. ②아랫사람을 지휘 감독함. ③물자나 시설의 이용·보존·개량 따위의 일을 맡아 함. -하다. 【管理】
관:리비[괄리비] 사무를 맡아서 처리하는 데 쓰이는 돈.
관:리소[괄리소] 사무를 맡아서 처리하는 곳. '관리 사무소'를 줄인 말.
관:리실[괄리실] 시설이나 건축의 관리를 위한 사무실.
관:리인[괄리인] 남의 재산을 관리하는 사람. 【管理人】
관:리자[괄리자] 사람이나 일을 관리하는 사람. 【管理者】
관:리직[괄리직] 관청이나 회사 등을 전체적으로 맡아 경영하는 일에 종사하는 직업.
관:리청[괄리청] 시설을 관리하는 일을 맡아보는 관청.
관망 형세 따위를 넌지시 바라봄. -하다. 【觀望】
관모 예전에, 양반들이 쓰던 모자.
관:목 키가 작고 중심 줄기가 분명하지 않으며, 밑둥에서 가지가 많이 나는 나무〔진달래·찔레등〕. 떨기나무. 반교목. 【灌木】
관문 ①어떤 곳을 드나드는 중요한 곳. ②어떤 일을 할 때 반드시 거

쳐야 하는 중요한 대목. ㉝어려운 관문을 통과하다.
관민 관리와 국민. 관청과 민간.
관복 벼슬아치의 정식 제복. 반사복.
관북 지방 마천령 이북의 지방. 곧 함경 남도와 함경 북도 지방을 이르는 말.
관비 옛날에, 관에 속하여 있던 여자 종. 【官婢】
관사 관리가 살도록 관청에서 지은 집. 비사택. 【官舍】
관상[1] 사람의 얼굴을 보고 그 성질이나 운명을 판단하는 일. 예관상이 좋다. 【觀相】
관상[2] 보고 즐김. 예관상 식물. -하다. 【觀賞】
관상대 '기상대'의 이전 이름.
관상수 보면서 즐기기 위하여 심고 가꾸는 나무. 【觀賞樹】
관상용 놓아 두고 보면서 즐기는 데 쓰는 것. 예관상용 물고기.
관서 지방 마천령 산맥 서쪽의 지방. 곧 평안 남도와 평안 북도를 합쳐서 이르는 말.
관성 외부의 힘을 받지 않는 한 정지하고 있는 물체는 언제까지나 정지해 있고, 운동하는 물체는 그 운동을 계속하려는 성질. 예관성의 법칙. 【慣性】
관세 외국에서 들여오는 물건에 대하여 매기는 세금.
관세음보살 부처 다음가는 성인. 중생이 이 이름을 외면 구제를 받는다고 함. 준관음 보살. 관세음.
관세청 세관을 통하여 들어오는 외국 상품에 세금 매기고 걷는 일을 하는 행정 기관.
관속 지난날의 지방 관청의 아전과 하인. 【官屬】
관:솔 송진이 많이 엉긴 소나무의 가지나 옹이.
관:솔불 관솔에 붙인 불.
관습 어떤 사회에서 오래 전부터 내려오거나 익은 버릇. 예오래된 관습. 비습관. 【慣習】

'관습'과 '습관'의 차이

- **관습** - 집단적으로 관례가 된 풍습. 주로 사회적인 개념으로 쓰임. 예어른을 공경하는 일은 우리의 오랜 관습이다.
- **습관** - 사람이나 동물의 버릇. 주로 개인에 관해 쓰임. 예매일 일기를 쓰는 습관을 기르자.

관습법 사회의 관습을 기초로 하여 정한 법.
관습적 사회의 규범이나 생활 방식으로 지켜지는 것.
관심 마음에 끌려서 흥미를 가짐. 예역사에 깊은 관심을 갖다. 반무관심. 【關心】
관심거리 마음이나 주의를 끄는 일. 관심의 대상.
관심사 관심의 대상. 【關心事】
관아[과나] 지난날, 관리들이 모여 나라 일을 처리하던 곳. 【官衙】
관악[과낙] 관악기로 연주하는 음악. 예관악 합주. 【管樂】
관악기[과낙끼] 입으로 불어서 긴 대롱 속의 공기를 진동시켜 소리 내는 금관 악기와 목관 악기를 통틀어 이르는 말〔피리·오보에·나팔 등〕. *현악기. 타악기.
관여[과녀] 어떤 일에 관계를 가지고 끼어 드는 것. 예사회 사업에 관여하다. -하다.
관엽 식물 잎의 아름다운 모양이나 빛깔 등을 주로 보고 즐기기 위해 키우는 식물.
관영 사업 따위를 정부에서 경영하는 일, 또는 그 경영. 예관영 기업. 비국영. 반민영.
관용[1] 관청에서 씀. 예관용차.

ㄱ

관용[2] 너그럽게 받아들이거나 용서함. ㉥관용을 베풀다. -하다.

관용어[과농어] 말버릇처럼 오래 쓰이어서 특별한 의미를 가지게 된 말. '비행기를 태우다(칭찬하다)' 와 같은 것을 말함.

관용차[과농차] 정부 기관에서 정부 일을 할 때 쓰는 자동차.

관운 벼슬을 할 운수. 관리로서의 운수. ㉥관운이 좋다. 【官運】

관원 관리. 벼슬아치. 【官員】

관음상[과늠상] 관세음보살의 그림이나 조각.

관인[1] 관직에 있는 사람. 【官人】

관인[2] 관청이나 관리가 직무상으로 찍는 도장. ㉥공문서에 관인을 찍다. 반사인. 【官印】

관자놀이 귀와 눈 사이에 있는 부분. 곧, 무엇을 씹으면 움직이는 부분.

관장[1] 기관이나 조직의 일을 맡아서 다룸. 맡아 봄. -하다. 【管掌】

관:장[2] 약물을 항문에 넣어서, 굳은 대변이 나오게 하는 것. -하다.【灌腸】

관:재 재산을 관리하는 일.

관저 높은 관리가 살도록 정부에서 관리하는 집. ㉥국무총리 관저. 비공관. 반사저. 【官邸】

관전 경기·시합 등 승부를 다투는 것을 구경함. ㉥축구 경기를 관전하다. -하다. 【觀戰】

관절 뼈와 뼈가 서로 움직일 수 있게 연결되어 있는 부분. 뼈마디.

관절염 관절에 생기는 염증.

관점[관쩜] 사물을 관찰할 때의 보는 입장. ㉥서로 관점이 다르다. 비시점. 【觀點】

관제[1] 필요에 따라서 어떤 것을 강제로 제한함. ㉥등화 관제. 【管制】

관제[2] 국가의 행정 기관에 관한 규칙이나 제도. 【官制】

관제 엽서 정부에서 만들어 파는 우편 엽서.

관:제탑 비행장에서 비행기가 안전하게 이륙·착륙하도록 지시하는 곳.

관중 구경하는 사람들. 비관객.

관중석 관중이 앉는 자리. 비객석. 관람석.

관직 나라일을 맡아 돌보는 자리. 비벼슬. 【官職】

관찰 일이나 물건을 주의하여 자세히 살펴봄. ㉥곤충의 생김새를 관찰하다. -하다.

관찰 기록 관찰한 것을 차례에 따라서 그대로 적은 글.

관찰력 주의깊게 살펴보아 새로운 것을 발견하는 능력.

관찰부 조선 시대에, 관찰사가 직무를 보던 관청. 지금의 도청과 비슷함. 【觀察府】

관찰사[관찰싸] 조선 시대 8도에 파견된, 지금의 도지사에 해당되는 벼슬 이름. 비감사. ㉥경기도 관찰사. 【觀察使】

관찰 일기 어떤 생물이나 자연의 현상 등을 매일 관찰하여 기록해 나가는 일기.

관찰자 관찰하는 사람.

관창〖사람〗[645~660] 신라 무열왕 때의 화랑. 품일장군의 아들. 16세의 어린 나이로 황산 싸움에 나아가 용감하게 싸우다 백제의 계백장군에게 잡혀 죽음. 【官昌】

관:철 자신의 생각이나 주장 따위를 반대나 방해를 무릅쓰고 이루어 내는 것. 【貫徹】

관청 나라의 일을 맡아 보는 기관. 비관공서. 【官廳】

관:촉사 충청 남도 논산시 은진면 반야산에 있는 절. 고려 광종 19년에 혜명이 세웠음. 돌로 만든 큰 '은진 미륵'이 유명함. 【灌燭寺】

관측 ①눈이나 기계로 자연 현상의 변화를 정확하고 세밀하게 관찰하여 재는 일. ②사정이나 형편 등을 미루어 봄. -하다.

관측 기계 자연 현상의 상태나 변화를 정확하게 살피고 재는 데 쓰이는 기계.

관측대 천체나 기상을 관측하는 곳.

관측소 천문·기상·자연 현상 따위를 관찰하여 측정하는 곳.

관측자 관측하는 사람.

관통 한쪽에서 다른 한쪽까지 곧바로 뚫거나 꿰뚫는 것. ㉠동서를 관통한 터널. -하다.

관포지교 옛날 중국의 관중과 포숙아의 사귐이 썩 친밀했다는 이야기에서, 아주 친한 친구 사이의 사귐을 이르는 말. 【管鮑之交】

관하다 ①무엇을 생각·말·글의 소재나 대상으로 하다. ㉠여러분 통일에 관한 글을 써 보세요. ②대하다. 관계하다. ㉠정치에 관한 이야기.

관할 권한을 가지고 지배함, 또는 그 권한이 미치는 범위. ㉠관할 구청.

관:행 사회에서 예전부터 버릇처럼 관례에 따라 행하여지는 일.

관헌 예전에 치안을 맡은 관리나 관청. 【官憲】

관현악 관악기〔피리·나팔·클라리넷 등〕·현악기〔첼로·바이올린 등〕·타악기〔북·징·탬버린 등〕로 연주하는 합주 음악.

관현악곡[관혀낙꼭] 관악기·현악기·타악기 따위의 여러 악기로 연주하도록 만든 곡.

관현악단[관혀낙딴] 관현악을 연주하는 단체. 오케스트라.

관혼상제 일정한 형식으로 행하여지고 있는 관례〔결혼·장례·제사 등의 의식〕. 【冠婚喪祭】

괄괄하다 ①성질이 세고 급하다. ②목소리가 굵고 거세다.

괄목 크게 향상된 데 놀라 눈을 비비고 다시 봄. -하다. 【刮目】

괄시[괄씨] 업신여김. ㉠가난하다고 괄시 말라. -하다.

괄호 구별하기 위하여 단어나 문장의 앞과 뒤에 쓰는 부호. ( ), { }, 〔 〕, [ ] 따위. ㉥묶음표.

괌〖지명〗 태평양 서부에 있는 섬. 미국의 군사 기지가 있고, 휴양지로도 유명함. 【Guam】

광: 집안의 여러 가지 물건을 넣어 두는 곳. ㉥창고.

광개토 대왕〖사람〗[374~413] 고구려의 제19대 임금(재위 391~413). 영토 확장에 힘써 북으로는 랴오허 강 동쪽 땅까지, 남으로는 한강 이북까지의 넓은 땅을 차지했음. '호태왕' 또는 '영락 대왕'이라고 함. 【廣開土大王】

광개토 대왕비 고구려 장수왕이 아버지 광개토 대왕의 공적을 기념하기 위하여 만주 지방의 지린성에 세운 비석.

광견 ①미친개. ㉠광견병. ②광견병에 걸려서 사람이나 짐승을 물려고 하는 개. 【狂犬】

광견병 개에게 유행되는 세균성 전염병. 개가 미쳐서 사나워지고, 사람이나 동물이 물리면 생명을 잃을 수도 있음.

광경 어떤 일이나 현상이 벌어지는 모양. ㉠해돋이 광경. ㉥정경.

광:고 ①세상에 널리 알림. ②상품을 널리 선전하는 일. ㉠새로운 상품을 광고하다. -하다.

광:고란 신문이나 잡지 따위에 여러 광고가 나는, 정해진 부분.

광고 매체 신문이나 방송 같은 광고를 널리 전달하기 위한 수단.

광:고문 광고의 내용이 되는 글.

광:고물 벽보·간판 따위처럼 광고를 하기 위해 만든 물건.

광:고지 광고하는 글이나 그림 등이 인쇄된 종이.

광:고탑 광고를 위하여 탑처럼 높게 만들어 세운 구조물.

광:고판 광고하는 글이나 그림 등을 붙이는 판.

ㄱ

광:공업 광업과 공업. 【鑛工業】

광:구 ①광물을 캐내도록 정부에서 허가 받은 구역. ②광물을 캐내는 일정한 구역. 【鑛區】

광기[광끼] 미친 증세. 미친듯이 함부로 날뛰는 것.

광:나다 반들거리거나 빛이 나다. [예]구두를 광나게 닦다.

광내다 ①빛이 나게 하다. ②윤이 나게 하다.

광년 천문학에서 1초에 30만 킬로미터를 달리는 빛이 일 년 동안에 가는 거리. 1광년은 약 9조 4,670억 km에 해당함. 【光年】

광:대[1] 인형극·가면극 같은 연극이나 노래·춤·줄타기 등의 재주를 잘 부리던 지난날의 배우.

광:대[2] 넓고 큼. [예]광대한 대륙. [반]협소. -하다. -히. 【廣大】

광:대뼈 뺨과 관자놀이 사이에 내민 뼈.

광도 발광 물질이 내는 빛의 강한 정도. 【光度】

광란 미쳐 날뜀. -하다.

광릉 조선 왕조 세조와 정희 왕후의 능. 경기도 남양주시에 있음.

광:막하다[광마카다] 사막이나 바다처럼 끝없이 넓다. [예]광막한 벌판을 기차가 달리고 있다.

광:맥 광물의 줄기.

광명 ①밝고 환함. [반]암흑. ②밝은 빛. ③밝은 희망을 비유하는 말. -하다. 【光明】

광:목 흰 무명실로 좀 거칠게 짠 폭이 넓은 천. 【廣木】

광무 1897년에 고종이 정한 대한 제국의 연호. 【光武】

광:물 땅 속에 있는 철·금·은 같은 것. [비]광석. 【鑛物】

광:물성 광물로 이루어진 것. 광물의 성질을 가진 것. 【鑛物性】

광:물질[광물찔] 광물의 성질을 가진 물질. 【鑛物質】

광:범위 ①범위가 넓음. ②넓은 범위. 【廣範圍】

광복 잃었던 국권을 도로 찾음. [예]조국 광복을 위해 싸운 독립 투사. [비]해방. 【光復】

광복군 일제 때, 중국의 충징(중경)에서 조직된 우리 나라의 항일 독립군. 【光復軍】

광복절 국경일의 하나. 우리 나라가 1945년 8월 15일에 일제로부터 광복된 것을 기념하는 날. 【光復節】

광:부 광산에서 광물을 캐내는 일꾼. [비]광원. 【鑛夫】

광분 ①목적을 이루려고 미친 듯이 날뜀. ②어떤 일에 열중하여 정신없이 뛰어다님. -하다.

광:산 광물을 캐내는 곳. 【鑛山】

광:산촌 지하 자원이 많이 나는 광산 지역에 몰려 있는 마을.

광:석 광산에서 캐낸, 유용한 성분이 들어 있는 돌. 【鑛石】

광선 빛. 빛의 줄기. [예]직사 광선. [비]빛살. 【光線】

광섬유[광서뮤] 전기 신호를 레이저 광선에 실어 보내는 전선으로 이용되는 섬유. 주로 석영 유리를 재료로 함.

광:성보 인천 광역시 강화군 불은면에 있는 진지. 고려가 몽고에 대항하기 위하여 강화로 옮겼을 때 쌓았음. 신미양요 때에는 미군과 전투를 벌였음. 사적 제227호. 【廣城堡】

광속도 진공 상태에서 빛이 나아가는 빠르기. 1초에 약 30만km. [준]광속. 【光速度】

광신 어떤 사상이나 종교를 건전한 판단을 하지 않고 미친 듯이 믿는

것. 【狂信】

광:야 아득하게 너른 벌판.

광양 제철소 전라 남도 광양시 금호도의 남쪽 바다를 메워 세운 제철소.

광:어 한쪽은 희고 다른쪽은 검으며, 횟감으로 좋은 둥글고 납작한 바닷물고기. 【廣魚】

광:업 광산에 관한 사업. 광물을 캐내어 하는 모든 작업을 통틀어 이르는 말. 【鑛業】

광:역 넓은 구역. ㉿광역 회의.

광:역시 예전의 직할시가 행정구역의 개편에 따라 시의 영역을 확장하면서 광역시로 됨. 【廣域市】

광열비 전등료·연료비 등을 함께 일컫는 말. 【光熱費】

광원 ①빛의 근원. ②태양이나 전구 등 제 스스로 빛을 내는 물체. 발광체. 【光源】

광인 미친 사람. 【狂人】

광:장 넓은 터. ㉿여의도 광장.

광주[1]〖지명〗 전라 남도에 있는 광역시. 이곳에 전라 남도의 도청이 있음. 광주시에서 1989년에 직할시로 승격됨. 1995년 광역시로 됨. 【光州】

광:주[2]〖지명〗 경기도의 중앙에 있는 군. 방직·도자기·음료 따위의 제조업과 근교 농업이 발달 해 있음. 【廣州】

광주리 대·싸리·버들 등으로 엮어서 만든 둥근 그릇. × 광우리.

[광주리]

광주 학생 항일 운동 1929년 11월 3일 전라 남도 광주에서 일어난 학생들의 항일 투쟁 사건. 기차 통학을 하는 우리 나라 학생과 일본 학생 사이의 싸움이 동기가 됨.

광채 눈부시게 번쩍이는 빛.

광체 스스로 빛을 내는 물체. 비발광체. 광원. 【光體】

광택 반들반들한 물건이 반사하는 빛. 비광. 윤. 윤기.

광 통신 텔레비전이나 전화 따위의 전기 신호를 레이저 광선에 실어 광섬유 케이블을 통하여 보내는 통신. 【光通信】

광포 행동이나 마음결이 미친듯이 사나움. ㉿성질이 광포하다. -하다. 【狂暴】

광학 빛의 성질이나 현상에 관하여 연구하는 학문. 【光學】

광:한루[광할루] 전라 북도 남원시에 있는 정자. 경내에 춘향의 사당이 있음〔보물 제281호〕.

광합성 녹색 식물이 잎으로 흡수한 이산화탄소와 뿌리로 흡수한 수분을 재료로 하여, 햇빛의 힘을 빌려 녹말을 만드는 일. 【光合成】

광해군〖사람〗[1575～1641] 조선 제15대 임금(재위 1608～1623). 후금의 침략에 대비하여 국방을 튼튼히 하기도 하였으나, 인조 반정으로 왕위에서 쫓겨남. 【光海君】

광:혜원 조선 고종 22년에 미국인 선교사 알렌이 세워 일반 사람의 병을 치료하던 병원. 나중에 세브란스 병원이 됨. 【廣惠院】

광화문 경복궁의 남쪽 정문. 조선 태조 4년 9월에 처음 세워졌으나 임진왜란 때 불탄 것을 고종 2년에 다시 세웠고, 또 6·25때 불타버린 것을 1968년에 다시 세움. *경복궁의 동쪽 문:건춘문. 서쪽 문:영추문. 북쪽 문:신무문. 【光化門】

광:활 훤하고 넓음. ㉿광활한 평야. -하다. 【廣闊】

괘 '점괘'의 준말. 운수에 대한 점을 쳐서 나타난 결과. 【卦】

괘:념 마음에 걸려 잊지 않음. ㉿그 일에 너무 괘념하지 마라. -하다.

괘:도 벽에 걸어 놓고 공부하기 위해 보는 그림이나 도표나 지도.

괘씸하다 남의 행동이나 말을 제멋대로 함부로 하는 것 같아 못마땅하고 밉다. ㉠부모님을 속이다니 괘씸한 일이다.

괘종 시계 벽이나 기둥에 거는, 시를 알리는 종이 달린 큰 시계.

괜찮다[괜찬타] ①꽤 좋다. ㉠된장찌개의 맛이 괜찮다. ②걱정할 것 없다. ③아무렇지도 않다.

괜:한 아무런 이익이나 까닭이 없는. 쓸데없는. ㉠민수는 그만 괜한 소리까지 떠벌렸다.

괜:히 특별한 이유가 없이. 쓸데없이. ㉠준호는 괜히 우리를 괴롭힌다.

괭이1 밭갈이나 땅 고르기에 쓰이는 농기구의 하나.

괭:이2 '고양이'의 준말.

괭:이 갈매기 몸이 하얗고, 날개와 등은 검은 회색이며 부리는 노란, 바닷가에 사는 물새. 울음소리가 고양이와 비슷하여 붙인 이름임.

괭:이밥 논밭이나 길가에 나는 여러해살이풀. 동그란 작은 잎이 세 개씩 모여 잎을 이루며 작은 노란 꽃이 핌.

[괭이밥]

괴:기 괴상하고 기이함. ㉠괴기 영화. -하다.

괴나리 봇짐 걸어서 먼 길을 갈 때 자그마하게 보자기로 싸서 등에 진 봇짐.

괴:다1 우묵한 곳에 물 같은 것이 모이다. ㉠웅덩이에 빗물이 괴다.

괴:다2 밑을 받치다. ㉠턱을 괴다.

괴로움 몸이나 마음이 편안하지 못함. 반즐거움. 준괴롬.

괴로워하다 몸이나 마음에 괴로움을 느끼거나, 그런 느낌을 겉으로 드러내다.

괴롭다(괴로우니, 괴로워서) ①마음이 편안하지 않다. ②힘들고 어렵다. ③성가시다.

괴롭히다 괴롭게 하다.

괴:뢰 ①남의 앞잡이가 되어 시키는 대로 하는 사람. ②꼭두각시.

괴:뢰군 남의 앞잡이로 이용당하는 허수아비의 군대. ㉠북한 괴뢰군.

괴:뢰 정부 다른 나라가 시키는 대로 행동하는 꼭두각시 정부.

괴:멸 깡그리 파괴되어 멸망함. -하다. 【壞滅】

괴:물 ①이상하게 생긴 물건. ②괴상한 사람이나 동물. 【怪物】

괴벽1 말이나 행동이 이상하고 까다로움. ㉠그는 성격이 괴벽하다. -하다. -스럽다.

괴:벽2 괴이한 버릇. ㉠저 사람은 괴벽이 있다.

괴:변 이상한 일.

괴:상 이상하고 야릇함. ㉠괴상한 일이 생겼다. 비괴이. -하다. -히.

괴:상 망측 말할 수 없이 이상하고 묘함. -하다.

괴:성 괴상한 소리.

괴수 못된 무리의 우두머리. 악당의 두목. 비수괴. 반졸개.

괴:이 ①이상하고 야릇함. ②이상 야릇하여 알 수 없음. -하다. 【怪異】

괴:질 ①원인을 알 수 없는 이상야릇한 병. ②'콜레라'를 속되게 이르는 말.

괴:짜 괴상한 사람을 거칠게 이르는 말. 비기인.

괴:팍하다[괴파카다] 성미가 까다롭고 고집이 세다.

괴:한 차림새나 행동이 수상한 사람. ㉠괴한이 침입하다.

괴:혈병[괴혈뼝] 비타민 시(C)의 부족으로 생기는 병. 잇몸 등에서 피가 나고, 빈혈 · 전신 피로 · 무기력

등의 증세가 생기며, 심해지면 심장 쇠약으로 죽음.

굄ː돌[굄똘] 밑을 받쳐 괴는 돌. 고임돌.

굉음 크게 울리는 소리.

굉장하다 크고 훌륭하다. 대단하다.

교ː가 학교의 기풍을 높이기 위해서 특별히 만들어 학생들에게 부르게 하는 노래. 【校歌】

교각 다리를 받치는 기둥. 【橋脚】

교ː감 학교장을 돕고 학교 일을 감독하는 직책, 또는 그 사람.

교ː과 학교 교육의 내용과 분야. ㉾교과 과정. 【教科】

교ː과목 학교에서 가르치는 과목.

교ː과서 학교에서 학생을 가르치는 데 쓰는 책. 【教科書】

교ː관 군대에서 교육이나 훈련의 일을 맡은 장교. 【教官】

교ː권 교사로서의 권위와 권리.

교ː기 학교를 대표하는 깃발.

교ː내 학교의 안. 반교외. 【校內】

교ː단 교실에서 선생님이 가르칠 때 서는 조금 높은 단.

교대 여럿이 어떤 일을 서로 번갈아 대신함. ㉾보초를 교대할 시간이다. 비교체. -하다. 【交代】

교ː도[1] 종교를 믿는 사람. 비신도. 신자. 종도. 【教徒】

교ː도[2] 가르치고 지도하는 것. -하다. 【教導】

교ː도관 교도소에서 일하는 공무원.

교도소 죄를 지어 형을 받은 사람을 일정한 기간 동안 가두어 죄를 뉘우치게 하기 위한 곳.

교두보 ①다리를 지키기 위하여 쌓은 진지. ②적군이 점령하고 있는 해안 등지의 한 지역을 차지하여 아군의 상륙을 돕거나 작전을 할 수 있게 하는 곳.

교란 뒤흔들어서 어지럽게 함. ㉾적군을 교란시키다. -하다.

교량 개울이나 강을 땅처럼 걸어서, 또는 차가 달려서 건널 수 있게 만든 다리. 【橋梁】

교ː련 ①가르쳐서 단련시킴. ②군사 훈련. 【教鍊】

교류 ①문화나 사상 따위가 서로 섞여 오고가고 함. ②일정한 시간마다 번갈아 반대 방향으로 흐르는 전류. 반직류. -하다. 【交流】

교ː리 종교에서 가르치는 이치나 원리. ㉾교리 문답. 【教理】

교만 겸손하지 않고 뽐내며 버릇이 없음. ㉾태도가 교만하다. 반겸손. -하다. -스럽다.

교목 키가 크고, 하나의 굵은 원줄기를 가지고 있는 나무〔소나무·전나무 등〕. 큰키나무. 반관목. 【喬木】

교묘 솜씨가 재치 있고 약삭빠르고 묘함. ㉾교묘한 속임수. -하다. -히. 【巧妙】

교ː무 학교의 운영에 관한 여러 가지 사무. ㉾교무 주임. 【教務】

교ː무실 교사들이 수업 준비를 하거나 사무를 보는 방.

교ː문 학교에 드나드는 큰 문. 학교의 정문. 【校門】

교미 동물의 암컷과 수컷이 새끼나 알을 낳기 위하여 짝을 짓는 것. 비짝짓기. -하다.

교민 다른 나라에 살고 있는 우리나라 사람을 이르는 말. 비교포.

교배 생물의 암수를 인공적으로 수정시키는 일. -되다. -하다.

교ː복 학교에서 특별히 정하여 전교의 학생들이 입는 옷.

교ː본 무엇을 배울 때 기본적 내용을 적은 책. 교재로 쓰는 책. ㉾바둑 교본. 중국어 교본.

교부 관청이나 학교에서 공적인 문서를 내주는 일. 법적인 절차에 따라 물건을 주는 일. ㉾원서를 교부하다. 【交付】

ㄱ

교:사[1] 학교의 건물. 【校舍】
교:사[2] 학생에게 공부를 가르치거나 돌보는 사람. ㉠초등 학교 교사. 비선생. 교원. 【教師】
교:생 대학교에서 교사 교육을 받는 과정에서 초등·중등 학교에 가서 학생을 가르치는 실습을 하는 학생. 【教生】
교:서 대통령이나 국왕이 의회, 또는 국민에게 보내는 정치상의 의견서. ㉠대통령의 연두 교서. 【教書】
교섭 ①어떠한 일을 이루기 위하여 서로 만나 의논함. ②관계를 가짐. -하다. 【交涉】
교:세 한 종교의 상황이나 세력. 【教勢】
교:수 대학에서 전문적인 학문을 가르치는 사람을 통틀어 일컫는 말〔전임 강사·조교수·부교수·교수 등〕. 【教授】
교수형 사형수의 목을 매어 죽이는 형벌. 【絞首刑】
교:습 가르쳐서 익히게 함. ㉠피아노 교습. -하다. 【教習】
교:시 '~번째 수업 시간'이라는 뜻. ㉠오늘 4교시 수업은 체육이다. 【校時】
교신 통신을 주고 받음. 【交信】
교:실 학교에서 주로 학생들의 수업에 쓰이는 방. 【教室】
교:안 학교에서 가르칠 내용을 적은 계획서. 비지도안.
교:양 학문·지식을 바탕으로 닦은 마음이나 행동, 또는 지식. 【教養】
교역 여러 나라들이 서로 물건을 팔고 사고 하는 일. 비무역. 통상. -하다. 【交易】
교:열 글이나 책의 잘못된 곳을 고치고 검사함. -하다.
교예단 줄타기·요술·재주넘기 따위의 재주를 전문적으로 하는 단체. '곡예단'의 북한말.
교외[1] 시내 가까이에 있는 들이나 논밭이 있는 곳. 도시에서 좀 떨어진 곳. 비야외. 근교. 반시내. 【郊外】
교:외[2] 학교의 밖. 반교내. 【校外】
교:우 같은 학교에서 배우는 친구. 동창의 벗. 【校友】
교우 이신 신라 때 화랑들이 지켜야 할 세속 오계의 하나. 벗을 믿음으로 사귀는 것. 【交友以信】
교:원 학교에서 학생을 가르치는 일을 하는 사람. 비교사. 선생.
교:육 지식이나 기술을 가르치며 품성을 길러 줌. ㉠가정 교육. -하다. 【教育】
교:육감 특별시와 광역시 및 각도의 교육 위원회의 사무를 총괄하여 처리하는 공무원.
교육 대학 초등 학교 선생님을 길러 내는 것을 목적으로 세운 대학. 준교대. 【教育大學】
교육 방송 교육을 목적으로 하는 라디오나 텔레비전의 방송.
교육 보험 자녀의 상급학교 진학에 대비하여 드는 보험.
교:육부 중앙 행정 기관의 하나. 학교 교육·사회 교육·학술의 진흥·보급에 관한 일을 맡아 봄. '문교부'의 바뀐 이름.
교:육비 교육을 시키는 데 드는 돈.
교:육시키다 직접 가르치고 지도하거나 가르침을 받게 하다.
교:육열[교융녈] 교육에 대한 열성. ㉠우리 나라 부모들은 교육열이 높다. 【教育熱】
교육 위원회 특별시와 광역시 및 각도에 설치되어 그 지방 자치 단체 안의 교육 및 학예에 관한 사무를 맡아 보는 기관.
교육 인적 자원부 우리 나라 국민의 교육과 학문에 관련된 일을 주관하고, 인적 자원을 기르고 지도하는 일을 맡아보는 중앙 행정 기관.
교:육자 교육에 종사하는 사람. 비교

육가. 【教育者】

교:육장 정규의 학교가 아닌 곳인, 교육을 하는 장소. ㉾민방위 교육장. 【教育長】

교:육청 시나 군의 초등·고등 학교의 교육과 관련된 일을 주관하는 관청.

교:인 종교를 믿는 사람. ㉾기독교 교인. 🅑신자. 신도. 【教人】

교자상[교자쌍] 직사각형으로 된 음식을 차려 내는 큰 상.

교:장 초등 학교·중학교·고등 학교 등의 우두머리. 학교의 사무를 관장하고 직원을 통솔·감독하는 책임자. 본학교장. 【校長】

교:재 교수 및 학습을 하는 데 쓰이는 재료. 【教材】

교:재원 학교 교육에 필요한 동물과 식물을 길러 학생들이 관찰할 수 있게 한 곳.

교전 서로 싸움. ㉾교전 상태에 들어가다. -하다.

교:정[1] 글자가 잘못된 것을 대조하여 바르게 잡음. ㉾원고를 교정하다. -하다. 【校正】

교:정[2] 학교의 운동장. 【校庭】

교정[3] 좋지 않은 버릇이나 결점 등을 바르게 잡음. ㉾성격을 교정하다. -하다. 【矯正】

교제 사람과 사람이 서로 사귐. 사귀어 가까이 지냄. ㉾친구와 교제하다. -하다.

교:주 종교 단체의 우두머리.

교주도 고려 때 전국을 5도 양계로 나눈 것 중의 하나. 지금의 강원도 지방. *고려 때의 5도 양계:서해도·교주도·양광도·경상도·전라도·동계·북계.

교:지[1] 학생들이 학교에서 편집하여 발행하는 잡지. 【校紙】

교:지[2] 조선 때, 임금이 신하에게 내리던 명령서. 【教旨】

교직 학생을 가르치는 일. 교편.

교:직원[교지권] 학교의 선생과 사무원. 【教職員】

교:직자[교직짜] ①학생을 가르치는 일을 하는 사람. ②교회에서 지도하는 일을 하는 목사 등.

교집합 두 집합에서 공통인 원소들로만 이루어진 집합. ∩으로 나타냄. 그림에서, 집합 ㉮와 집합 ㉯의 교집합은 빗금친 부분임.

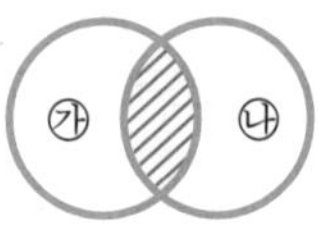

[교집합]

교차 가로 세로로 서로 엇갈림. ㉾교차로. -하다. 【交叉】

교차로 서로 엇갈린 길. 【交叉路】

교차점[교차쩜] 서로 엇갈려 있는 곳. 열십자로 만나는 곳.

교착 진행되던 일이 어떤 사정 때문에 변하지 않고 멈추어 있는 것. ㉾회담이 교착 상태에 빠지다.

교체 서로 바꿈. 교대함. ㉾투수를 교체하다. -하다.

교:칙 학교의 규칙. 학규 【校則】

교:탁 교실에서 선생님이 공부를 가르칠 때 책 따위를 놓는 교단 앞의 책상. 【教卓】

교통 ①서로 오고 가는 일. ㉾교통 정리. ②사람이나 물건을 실어 나르는 일. ③서로 떨어져 있는 사람끼리의 왕래. 【交通】

교통 경찰관 거리에서 차와 사람이 안전하게 지나다닐 수 있게 보살피고, 교통 법규를 어기는 것을 단속하는 경찰관.

교통 규칙 사람이 길을 가거나, 운전을 할 때 지켜야 하는 규칙.

교통 기관 교통에 이용되는 자동차·비행기·기차·기선 따위의 운수 기관.

교통난 사람이나 차가 몹시 붐비어 차 타고 다니기가 매우 힘듦.

ㄱ

교통량[교통냥] 일정한 곳에서 일정한 시간에 왕래하는 교통의 분량.

교통로[교통노] 사람과 차가 왕래하는 큰 길, 또는 수로나 항공로 따위.

교통망 여러 교통로가 그물처럼 이리저리 뻗어 있는 상태.

교통 문제 도로가 모자라거나, 차가 너무 많거나, 교통 사고가 많이 일어나거나, 길이 막히거나 하는 따위의 교통과 관련된 안좋은 현상.

교통 법규 사람이나 차가 왕래할 때 지켜야 할 규칙.

교통비 찻삯·뱃삯 등 교통 기관을 이용하는 데 드는 비용.

교통 사고 차와 차가 부딪치거나 사람을 치거나 하는 사고.

교통 수단 짐승·차·배·비행기처럼 사람이나 물건을 실어 나르는 데에 쓰는 도구.

교통 순경 거리에서 차와 사람이 안전하게 지나다닐 수 있게 보살피고, 교통 법규를 어기는 것을 단속하는 사람.

교통 신호 교차로나 횡단 보도·건널목에 설치해 놓은 빨간 불·파란 불 따위의 신호.

교통 지옥 심한 교통난을 지옥에 비유하여 이르는 말.

교통 질서 교통의 흐름이 잘 되게 하기 위하여 지켜야 할 차례나 규칙.

교통 체증 자동차가 많이 밀려 도로의 통행이 잘 이루어지지 않는 상태.

교통편 어디를 오고갈 때 이용하는 방법이나 수단.

교통 표지판 교통의 안전에 필요한 주의·지시 따위를 알리는 판.

교:편 ①교사가 수업함. ㉵교편을 잡다. ②가르칠 때 교사가 가지는 회초리. 【教鞭】

교포 외국에서 살고 있는 동포. ㉵재일 교포. 【僑胞】

'교포'와 '동포'의 차이

- **교포** : 우리 나라 국적을 가지고 다른 나라에서 살고 있는, 같은 핏줄을 이어받은 사람들. ㉵대통령은 현지 교포들의 열렬한 환영을 받았다.
- **동포** : 같은 나라에 살든 다른 나라에 살든, 같은 핏줄을 이어받아 한 민족 의식을 가지고 있는 모든 사람들. ㉵국내외 동포 여러분 안녕 하십니까.

교향곡 관현악을 위하여 작곡된 악곡. 보통 4악장임. 심포니.

교향악 교향곡·교향시 등 관현악을 위하여 만든 음악을 통틀어 이르는 말. 교향 관현악. 심포니. 【交響樂】

교향악단 교향곡을 연주하는 큰 규모의 연주자 집단. 심포니 오케스트라.

교:화 주로 교양·도덕 따위를 가르치어 행동을 변화시킴. 【教化】

교환 서로 바꿈. 서로 주고 받음. ㉵선물을 교환하다. -하다. 【交換】

교환수 예전에, 전화국에서 전화를 연결해 주는 일을 맡아보던 사람.

교:활 간사한 꾀가 많음. ㉵교활한 간신배. -하다. 【狡猾】

교:황 로마 천주교 교회에서 가장 높은 성직자. 【教皇】

교:회 ①같은 종교인들이 모여서 이룬 단체. ②신도들이 모여 예배 드리는 곳. 비예배당. 【教會】

교:훈[1] 학교의 교육 목표를 간단히 나타낸 표어. 【校訓】

교:훈[2] 가르치고 이끌어 줌, 또는 본받을 만한 가르침. -하다. 【教訓】

구[1] 공같이 둥글게 생긴 물체. 【球】

구[2] ①'구역'의 준말. ②특별시·광역시 등에 딸린 행정 구역. ㉵영등포구. 중구. 【區】

구[3] 숫자 9의 한자 이름으로 '아홉'을 뜻한다. 【九】

구간 일정한 두 곳의 사이. 예서울역에서 시청까지의 구간.
구:강 입 안. 입에서 목구멍에 이르는 부분.
구걸 남에게 돈이나 먹을 것 따위를 거저 달라고 비는 일. 예거지가 구걸을 하다. -하다.
구겨지다 구김살이 잡히다.
구:경 흥미를 가지고 봄. 예단풍을 구경하다. -하다.
구:경거리[구경꺼리] 구경을 할 만한 것. 비볼거리.
구:경꾼 구경하는 사람.
구:경시키다 사람들에게 재미있는 어떤 것을 보여 주다. 예아빠가 인형극을 구경시켜 주셨다.
구공탄 여러 개의 구멍이 뚫린 원기둥 모양의 연탄.
구:관 새로 온 관리에 대하여 앞서 그 자리에 있던 관리. 예구관이 명관이다. 반신관.
구관조 까마귀와 비슷하며 몸빛이 검고 눈 아래에 노란 띠가 있으며 날개에 커다란 흰 무늬가 있음. 사람의 말이나 다른 동물의 울음소리를 흉내냄. 【九官鳥】
구구 비둘기가 우는 소리를 나타냄.
구구단 곱셈 때 쓰는 셈의 기초 공식으로, 하나에서 아홉까지의 각 수를 서로 곱해서 나온 값을 나타낸 것. 【九九段】
구구법[구구뻡] 곱셈 방법에 쓰이는 기초 공식.
구:국 나라를 위태로운 형편에서 건져 냄. 반매국. 【救國】
구:국 인재 나라를 구할 수 있는 훌륭한 사람.
구근 공 모양이거나 덩어리를 가진 줄기나 뿌리로서 달리아·마늘 따위. 비덩이뿌리.
구금 사람을 일정한 장소에 가둠. -되다. -하다. 【拘禁】
구:급 ①위급한 것을 구원함. ②급한 대로 우선 처리함. ③위급한 환자를 우선 목숨을 구하기 위해 처리함. 【救急】
구:급낭 구급약을 넣어 두는 주머니.
구:급법 응급 처치를 하는 방법.
구:급차 화재·교통사고 같은 위급한 환자나 부상자를 실어 나르는 차.

[구급차]

구기 공을 사용하는 운동 경기〔야구·축구·배구 따위〕.
구기다 비비어 구김살이 생기게 하다. 센꾸기다.
구기자 잎이 달걀 모양이고 여름에 작은 자줏빛 꽃이 피며, 잎이 지는 덤불나무인 구기자나무의 길쭉한 빨간 열매. 말려서 차와 약으로 씀. 【枸杞子】
구김살[구김쌀] ①구겨서 생긴 금. ②마음 속이나 표정이 밝지 못한 것. 예애들은 구김살 하나 없이 자라야 한다.
구내 큰 건물의 울 안. 【構內】
구닥다리 아주 오래되어 유행에 뒤떨어진 물건.
구:대륙 아메리카 대륙 발견 이전부터 알려진 대륙〔아시아·유럽·아프리카 대륙〕. 반신대륙.
구더기 파리의 애벌레.
구덕 제주도의 여자들이 물건을 담아 가지고 다니는 대바구니.
구덩이 ①땅이 움푹하게 팬 곳, 또는 땅을 우묵하게 판 곳. ②광물을 캐기 위하여 땅 속을 파들어 간 굴.
구도 전체적으로 조화 있게 배치하는 요령. 【構圖】
구도자 도를 깨달으려고 애쓰는 사람. 【求道者】

ㄱ

구독 책이나 신문 따위를 사서 읽음. ㉬신문 구독. －하다.

구:두[1] 마주 대하여 입으로 하는 말. ㉬구두로 계약을 맺다. 【口頭】

구:두[2] 주로 가죽을 원료로 하여 만든 서양식 신.

구두닦이[구두다끼] 구두를 닦는 일을 직업으로 하는 사람.

구두쇠 돈과 물건을 너무 지나치게 아끼는 사람. 비수전노.

구두점[구두쩜] 말뜻을 분명히 하기 위해 표하는 모든 부호.

구두창 구두의 밑바닥.

구들 방바닥에 골을 내어 불을 때게 하는 장치. 비온돌. 본방구들. ×구둘.

구들목 방의 아랫목.

구들장[구들짱] 방고래를 덮어 방바닥을 만드는 넓고 얇은 돌.

구라파 '유럽'을 한자음으로 나타낸 것. 【歐羅巴】

구락부 같은 목적을 가진 여러 사람이 모인 단체. '클럽'을 한자음으로 나타낸 것. 【俱樂部】

구렁 움푹 패어 들어간 땅. 깊이 빠진 곳. ㉬악의 구렁.

구렁이 ①큰 뱀. ②능글맞은 사람을 비유하는 말.

구렁텅이 ①몹시 험하고 깊은 구렁의 모퉁이. ②벗어나기 아주 어려운 상태. ㉬지나친 욕심은 사람을 파멸의 구렁텅이로 몰고 간다.

구레나룻[구레나룯] 귀 밑에서 턱까지 잇달아 난 수염.

구령 여러 사람의 움직임을 같이 하기 위하여 부르는 호령〔차려·열중쉬어 따위〕. －하다. 【口令】

구례〖지명〗 전라 남도 구례군에 있는 읍. 군청 소재지.

구로 공단 서울 구로구 구로 지역에 이루어진 공장 단지를 말함.

구류 1일에서 30일까지의 기간 동안 죄를 지은 사람을 가두는 형벌. ㉬구류를 살다. 【拘留】

구르기 머리나 두 손을 바닥에 대고 몸을 한 바퀴 굴려서 바로 서는 운동.

구르다[1](굴러, 굴러서) 데굴데굴 돌며 옮아가다. ㉬공이 구르다.

구르다[2](굴러, 굴러서) 발로 밑바닥이 울리도록 마구 내리디디다. ㉬발을 동동 구르다.

구름 ①대기 속의 수분이 작은 물방울이나 얼음 알갱이 상태로 떠 있는 것. ②'높은 것'을 비유하는 말. ㉬구름 같은 집.

구름다리 험한 지대나 길의 교차 등을 피하려고 공중에 만들어 놓은 다리. 비육교.

구름바다 구름이 산꼭대기 밑으로 쫙 깔리어 마치 너른 바다처럼 보이는 모양.

구름판 넓이뛰기 같은 운동을 할 때 발을 굴러 뛰는 판.

구릉 별로 높지 않고 험하지 않은 언덕. 【丘陵】

구리 전기가 잘 통하는 연한 금속 원소. 색깔이 검붉고 윤이 남. 전선의 재료로 많이 쓰임.

구리다 ①똥이나 방귀 냄새가 나다. ②말이나 행동이 수상하거나 떳떳하지 못하다. ㉬무언가 구린 구석이 있나 보다.

구리박 구리를 종이처럼 얇고 넓게 만든 것.

구리선 구리로 만든 선. 열과 전기가 잘 통하여 전열 기구에 잘 쓰임.

구리판 구리로 된 판. 비동판.

구린내 똥이나 방귀 따위에서 나는 고약한 냄새.

구릿빛[구리삗/구릳삗] 구리의 빛. 햇빛에 감붉게 탄 빛. ㉬구릿빛 얼굴.

구매 물건을 사들임. 비구입. 반판매. －하다. 【購買】

구멍 파냈거나 뚫어진 자리.
구멍 가게 조그맣게 차린 가게.
구:면 이전부터 알고 있는 사람. ⓑ반 초면. 【舊面】
구:명 사람의 목숨을 구함. ⓔ구명 보트. 【救命】
구:명대 윗몸에 입든가 감아서 물에 빠졌을 때 물 위에 떠 있게 하는 도구. 【救命帶】
구:명정 큰 배에 싣고 다니다가 사고가 났을 때 사람의 생명을 구하는 데 쓰는 보트. 【救命艇】
구명 조끼 물에 빠졌을 때 몸이 뜰 수 있게 공기를 넣어 조끼처럼 윗몸에 껴입는 장치. ※'조끼'는 일본어 'chokki'에서 온 말.
구:미[1] ①입맛. ⓔ구미에 맞는 음식. ②갖고 싶은 마음. 욕심. ⓔ구미가 당기다. 【口味】
구미[2] 유럽과 미국. ⓑ비서구. 서양.【歐美】
구미호 ①오래 묵어서 꼬리가 아홉 개나 달렸다고 하는 여우. ②'교활한 사람'을 비유하여 이르는 말.
구민 한 구 안에 사는 주민. 【區民】
구박 못 견디게 굶. 몹시 괴롭힘. ⓑ비 학대. -하다.
구별 ①종류에 따라 갈라놓음. ⓔ동물과 식물을 구별하다. ②차별함. ⓑ비구분. -하다.
구보 군대나 집단이 함께 줄을 맞추어 뛰어가는 것. -하다.
구부러지다 곧은 것이 한쪽으로 휘다.
구부리다 한쪽으로 굽히다. >고부리다. ⓢ센꾸부리다.
구부정하다 몸의 자세가 좀 굽어서 꼿꼿하지 못하다. ⓔ등이 구부정한 노인. ⓢ센꾸부정하다.
구분 따로 갈라 나눔. ⓔ색깔을 구분하다. -하다. 【區分】
구분짓다[구분짇따](구분짓는, 구분지어) 다른 것과 구분이 되게 하다.
구불구불 이리저리 여러 번 구부러져 있는 모양. ⓔ구불구불한 도로를 버스가 달리고 있다. ⓢ센꾸불꾸불.
구비 고루 다 갖춤. ⓔ등산 장비를 구비하다. -하다. 【具備】
구사 일생 여러 차례 죽을 고비를 겪고 겨우 살아남. 【九死一生】
구상 ①생각을 함, 또는 그 생각. ⓔ삼촌은 요즘 사업 구상을 하시느라 바쁘다. ②예술 작품의 내용·표현·형식 등의 짜임을 생각함. ⓔ동화를 구상하다. -하다. 【構想】
구상도 무엇을 만들기 위해 계획한 생각을 나타내는, 바탕이 될 그림이나 도표.
구색 물건 따위를 골고루 갖춤. ⓔ책을 구색 맞추다. -하다.
구석 ①모퉁이의 안쪽. 밖에 드러나지 않고 한 쪽으로 치우친 곳. ②잘 드러나지 아니하고 외진 곳. ⓔ시골 구석.
구석구석 샅샅이. 빠진 곳이 없이. ⓔ구석구석 약을 뿌리다.
구:석기 시대 석기 시대 중에서 토기가 만들어지기 이전에 구석기 및 골각기를 사용하여 식량을 구하던 시대. 【舊石器時代】
구석방 집의 한 모퉁이에 있는 방.
구석지다 한 쪽 구석으로 치우치다. ⓔ구석진 자리.
구:설 시비하거나 헐뜯는 말. ⓔ남의 구설에 오르다. 【口舌】
구:설수 여러 사람의 비판이나 이야깃거리가 되는 처지.
구성 얽어 짜서 만듦. ⓔ축구 팀을 구성하다. -하다. 【構成】
구성미 꾸미어서 나타내는 아름다움.
구성원 어떤 조직을 이루고 있는 사람. 성원.
구성지다 천연덕스럽고 구수하다. ⓔ노랫소리가 구성지다.

구:세군 기독교의 한 파. 중생·성결 봉사를 중히 여기고 군대식 조직으로 전도·교육·사회 사업등을 함. 영국의 부드가 창시함.
구:세대 늙은이들의 세대. 반신세대.
구:세주 〔인류를 죄악에서 구원하는 주인이라는 뜻으로〕예수를 이르는 말. 【救世主】
구속 ①제 마음대로 못하게 함. 예자유를 구속하다. ②가두어 둠. 반석방. -하다. 【拘束】
구속력[구송녁] 어떤 행위를 강제로 못 하게 하는 힘.
구수하다 맛이나 냄새가 비위에 맞아 좋다. 예숭늉이 구수하다. >고소하다.
구:술 어떤 내용을 글로 쓰지 않고 입으로 말하는 것. -하다. 【口述】
구:술 시험 말로써 묻는 시험. 비구두 시험. 반필기 시험. 논술 시험. 【口述試驗】
구슬 ①사기나 유리 따위로 눈알만 한 크기로 둥글게 만든 아이들의 장난감. ②보석붙이로 둥글게 만든 물건.
구슬땀 힘들게 일하느라고 많이 흘리는 땀.
구슬리다 남을 듣기 좋은 말로 꾀거나 달래어 마음이 끌리게 하다.
구슬비 풀잎 따위에 구슬처럼 맺히는 이슬비를 아름답게 나타내는 말.
구슬치기 아이들이 장난감 구슬을 가지고 서로 맞히며 노는 놀이. -하다.
구슬프다(구슬프니, 구슬퍼서) 마음이 처량하고 슬프다.
구:습 지난날의 낡은 풍속과 습관. 예구습을 없애다.
구:시대 예전의 시대. 낡은 시대.
구:식 예전의 형식이나 방식이 시대에 뒤떨어진 것. 반신식.
구실[1] 제가 응당 하여여 할 일. 예반장으로서 구실을 다하다. 비소임.
구실[2] 핑계 삼을 일. 【口實】
구심력[구심녁] 원운동을 하는 물체를 달아나지 못하도록 중심쪽으로 당기는 힘. 반원심력.
구십 아흔. 【九十】
구애[1] 어떤 일을 자유롭게 할 수 없게 하는 것. 예지난 일에 구애받지 마라. 【拘礙】
구애[2] 이성에게 사랑을 구하는 것. -하다. 【求愛】
구:약 말로 하는 약속. 【口約】
구약 성서 크리스트교의 경전. 예수 탄생 이전부터 전해지는 유대교의 가르침을 모은 책. *신약 성서.
구:어 일상의 생활에서 사람들이 입으로 하는 말. 비입말. 반문어. 【口語】
구:어체 구어를 흉내내어 글로 쓴 글투. 비입말체. 반문어체.
구역 사이를 갈라놓은 경계의 안. 비지역. 【區域】
구역질 매스꺼워서 먹은 것을 밖으로 뱉어 내는 것. -하다.
구:연 동화·야담 따위를 여러 사람 앞에서 말로 연기하는 일. 예동화 구연. 비구술. 【口演】
구연산 레몬이나 감귤 따위의 과실 속에 들어 있는, 물과 알코올에 잘 녹고 신맛이 있는 물질. 청량 음료·약·물감 따위에 씀.
구완 아픈 사람이나 해산한 사람의 시중을 드는 일. 예아버지의 병구완을 하다. -하다.
구운몽〖책명〗 조선 숙종 때 김만중이 지은 한글 소설. 본래 신선인 주인공 성진이 세상에 태어나 부귀영화를 누리다가 깨어 보니 헛된 꿈이었다는 내용임. 【九雲夢】
구:원 어려움에서 일어날 수 있도록 도와 줌. 예구원의 손길. 비구제. -하다. 【救援】

구월 한 해의 아홉 번째 달. 【九月】

구월산[구월싼] 황해도 신천군 용진면에 있는 산. 단군에 관한 이야기와 많은 유적·유물등이 전해 내려옴. 【九月山】

구유 말과 소의 먹이를 담아 주는 그릇. 통나무 토막 등을 움푹하게 파서 만듦.

구:음 국악에서 거문고·가야금·피리·대금 따위의 악기에서 울려 나오는 특징적인 음들을 입으로 흉내 내어 읽는 소리. 【口音】

구이 고기나 생선을 구워서 만든 음식. ㉠장어 구이.

구인 필요한 사람을 구함. ㉠구인 광고. 【求人】

구입 물건을 사들임. ㉠학용품을 구입하다. 반판매. -하다.

구장 축구·야구등 구기 운동경기를 하는 운동장. 【球場】

구(9)재 학당 고려 때 최충이 개경에 세운 사립 학교. 9개의 학급으로 나누어 교육을 시켰음.

구:전 옛날 이야기나 노래가 글이 아니라 말로 전해 오는 것. ㉠구전 민요. 【口傳】

구절 한 토막의 글이나 말. ×귀절.

구절초 산에 있는 국화 비슷한 풀. 가을에 흰색의 작은 꽃이 피며, 한방에서 약재로 씀.

[구절초]

구:정 ①음력 설. 설날. ②음력 정월. 반신정. 【舊正】

구정물 무엇을 씻거나 빨아 더러워진 물.

구:제[1] 어려운 사람을 도와 줌. ㉠빈민 구제. 비구호. -하다. 【救濟】

구제[2] 해충 따위를 몰아 내어 없애 버림. -하다. 【驅除】

구제 불능 구제하는 것이 불가능한 상태. 【救濟不能】

구:제소 어려운 형편에 놓인 사람을 도와 주거나 구해 주는 곳. 비구호소.

구제역 소나 돼지처럼 발이 두 쪽으로 갈라진 짐승이 잘 걸리는 무서운 전염병. 입 안이나 발톱 사이의 피부에 물집이 생겨 짓무름.

구:조[1] 곤란한 일을 당한 사람을 도움. ㉠인명 구조. -하다. 【救助】

구조[2] 꾸미어 만듦. 짜임새. ㉠복잡한 구조. -하다. 【構造】

구:조대 재난을 당한 사람을 구하기 위해 조직된 단체나 사람들. ㉠119 구조대. 【救助隊】

구:조 대원 구조대에 속한 사람.

구조물 땅 속이나 땅 위에다 고정시켜 만든 물건.

구:조선 바다에서 사고를 당한 사람이나 배를 구조하는 배.

구:좌 '계좌'의 일본식 말. 【口座】

구주[1] 유럽. 본구라파주. 【歐洲】

구:주[2] 〔구원해 주는 주인이란 뜻으로〕예수 그리스도를 일컬음. 구세주. 【救主】

구중 궁궐 문이 겹겹이 달린 깊은 대궐.

구직 일자리를 구함. ㉠구직 광고를 내다. -하다. 【求職】

구질구질하다 깔끔하지 않고 지저분하다.

구:차하다 ①살림이 넉넉하지 못하다. ②떳떳하지 못하다.

구청 구의 행정 사무를 맡아 보는 관청. ㉠종로 구청. 【區廳】

구청장 구청의 우두머리.

구체적 실제적이고 자세한 부분까지 다루고 있는 모양. ㉠구체적으로 설명하다. 【具體的】

구축 만들어 쌓아 올림. ㉠진지를 구축하다. -하다.

ㄱ

ㄱ

구:출 구하여 냄. ㉠인질을 구출하다. -하다. 【救出】

구충 기생충이나 해충 등을 없앰. -하다.

구충제 ①몸 속의 기생충 따위를 없애는 데 쓰는 약. 구충약. ②농작물 따위의 해충을 없애는 데 쓰는 약.

구치소 아직 형이 확정되지 않은 피의자나 범죄자를 가두어 두는 곳.

구타 때리고 침. -하다.

구태여 일부러. 애써. 굳이. ㉠구태여 말할 필요가 없다.

구:태 의연 변하였거나 진보·발전한 데가 없음. 【舊態依然】

구텐베르크〖사람〗[?1398~1468] 독일의 활판 인쇄술 발명자. 금속 활자를 만들고 인쇄기를 발명하여 1460년에 성경을 찍어냈음. 【Gutenberg】

구토 뱃속에 들어있는 것을 밖으로 게움. -하다.

구판장 조합에서 공동으로 물건을 구입하여 싸게 파는 곳.

구하다[1] 위험한 상황에서 벗어나도록 도와 주다. ㉠목숨을 구하다.

구하다[2] ①필요한 것을 얻으려고 하거나 청하다. ㉠직업을 구하다. ②답이나 수치를 알아내다.

구한말 조선 시대 말기. 대한 제국 시대. 【舊韓末】

구현 추상적인 것을 구체적인 모습으로 나타나게 하는 것. 실현하는 것. ㉠자신의 이상을 구현하다. -되다. -하다. 【具現】

구형[1] 형사 재판에서 검사가 죄를 지은 사람에게 줄 벌을 판사에게 요구함. ㉠징역 3년을 구형하다. -하다.

구형[2] 새 것이 아닌 낡은 꼴. 비구식. 반신형. 【舊型】

구:호[1] 뜻을 분명히 전하기 위하여 외치는 짤막한 말이나 글. ㉠구호를 외치다. 【口號】

구:호[2] 어려움에 처해 있는 사람, 특히 불행한 일을 당한 사람이나 병자·부상자 등을 도와 보호함. ㉠수재민을 구호하다. -하다. 【救護】

구:호소 어려운 사람을 도와 주는 일을 맡아 보는 곳.

구:호품 재난을 당한 사람이나 병자 등을 돕기 위한 물품.

구혼 혼인 자리를 구함. -하다.

구황 작물 가뭄이나 장마, 거친 땅에서도 가꿀 수 있는 농작물. 구황 식물〔메밀·감자 따위〕.

구획 경계를 잘라 정함. ㉠구획 정리 사업. -하다.

국 고기·채소·생선 등을 넣고 물을 많이 부어 끓인 음식. ㉠미역국.

국가[1] 나라. 일정한 영토를 가지고 거기에 사는 사람들을 다스리는 주권 있는 사회. 【國家】

국가[2] 나라를 상징하며 대표하는 노래. ㉠애국가. 【國歌】

국가 보훈처 중앙 행정 기관의 하나. 군사 원호 대상자나 애국 지사 및 그 가족 등에 대한 지원과 군인 보험 등에 관한 사무를 맡아 봄.

국가 시험 일정한 자격이나 지위를 주기 위해서 나라에서 실시하는 시험. 비국가 고시.

국가적 ①개인의 처지를 떠나 국가에 관련되는 것. ㉠여성이 사회에서 자기 능력을 발휘하지 못한다면 국가적인 손실이다. ②국가 전체의 규모나 범위에 관한 것. ㉠교육 문제는 국가적인 차원에서 해결되어야 한다.

국가 정보원 우리 나라의 안전에 필요한 여러가지 정보와 범죄 수사에 관한 일을 맡아보는, 대통령 직속의 중앙 행정 기관.

국거리 국을 끓이는 데 들어가는 주요 재료.

국경 나라와 나라 사이의 경계. ㉠국

경을 지키다. 【國境】

국경선 나라와 나라 사이의 경계가 되는 선.

국경 수비대 국경을 지키기 위하여 배치된 군대.

국경 없는 의사회 인종이나 정치와는 관계 없이 어려운 사람들을 도와 주는 의사들의 단체. 1999년에 노벨 평화상을 받았음.

국경일 나라에서 경사스러운 날이라고 정하여, 온 국민이 기념하는 날〔삼일절·제헌절·광복절·개천절 등〕. 반국치일. 【國慶日】

국고 국가의 돈을 관리 하는 곳, 또는 국가의 돈. 【國庫】

국교 나라와 나라와의 교제. 예국교 정상화. 【國交】

국군 ①나라의 군대. ②우리 나라 군대〔육·해·공군을 통틀어서 일컬음〕. 【國軍】

국권 국가의 주권. 【國權】

국기[1] 그 나라를 표시하기 위하여 만들어 놓은 기〔우리 나라의 태극기·미국의 성조기 등〕. 【國旗】

국기[2] 한 나라의 국민이 모두 좋아하는 전통적인 운동〔우리 나라의 씨름이나 태권도 따위〕. 【國技】

국기 게양대 국기를 높이 매다는 장대를 세운 곳.

국난[궁난] 나라의 위태로움과 어려움. 【國難】

국내[궁내] 한 국가의 영토 안. 나라 안. 반국외. 【國內】

국내성【지명】 삼국 시대 초기의 고구려 수도. 지금의 만주 지안 지방에 있었음. 【國內城】

국내 시장 나라 안의 시장. 반해외 시장.

국내외[궁내외] 나라의 안과 밖. 국내와 국외. 【國內外】

국도 나라에서 관리하는 중요한 큰 도로. 반지방도. 【國道】

국력[궁녁] 나라의 힘. 나라의 경제력이나 군사력. 비국세. 예체력은 국력. 【國力】

국론[궁논] 어떤 일이나 문제에 대한 국민의 여론. 국민 대부분의 의견. 【國論】

국립[궁닙] 나라에서 세움. 예국립 대학. 반사립. 【國立】

국립 공원 국가가 지정하여 경영·관리하는 공원. 예설악산 국립 공원. 【國立公園】

국립 묘지 나라를 위하여 훌륭한 일을 하다가 돌아가신 분들의 무덤이 있는 곳〔서울 동작구, 대전 광역시 근교에 있음〕.

국립 박물관 나라에서 세워 문화재를 전시해 놓은 곳.

국면[궁면] 어느 한 때에 일이 진행되어 가는 형편이나 상황. 예남북 관계가 새로운 국면으로 접어들고 있다. 【局面】

국명[1][궁명] 나라의 이름. 예우리 나라의 국명은 한국이다. 비국호. 【國名】

국명[2][궁명] 나라의 명령. 【國命】

국모[궁모] 임금의 아내. 왕후. 【國母】

국무[궁무] 나라의 정사에 관한 사무. 비국사. 【國務】

국무령[궁무령] 대한 민국 임시 정부의 우두머리 직위, 또는 그 직위에 있던 사람. 【國務領】

국무 위원 국무 회의를 구성하는 행정 각부의 장관으로 구성함.

국무 총리 ①행정부에 딸리어 대통령을 돕고, 각부 장관을 지휘·감독하는 사람. ②내각의 우두머리.

국무 회의 정부의 권한에 속하는 중요 정책을 의논하는 회의. 대통령·국무 총리·국무 위원으로 구성하는 회의. 대통령이 의장이 되고, 국무 총리는 부의장이 됨.

국문[궁문] 한문이 아닌 한글, 또는 한글로 쓴 글. 【國文】

국문학[궁문학] 우리 나라의 문학, 또는 그것을 연구하는 학문. ㉥외국 문학. 【國文學】

국물[궁물] 음식에서 건더기를 빼고 남은 물. 국의 물.

국민[궁민] 한 나라 안에서 사는 사람들. ㉥백성. 【國民】

국민 가요 국민 누구나가 부를 수 있게 지은 노래.

국민 교육 ①국민들의 수준을 높이기 위한 교육. ②의무 교육.

국민 교육 헌장 국민 교육의 기본 방향과 그 목표를 밝힌 글〔전문 393자로 1968년 12월 5일에 선포되었음〕. ㉤교육 헌장.

국민복[궁민복] 일제 강점기에 남자에게 입게 했던 군복 비슷한 겉옷.

국민성[궁민썽] 그 나라 국민이 가진 독특한 성질.

국민 소득 국민 전체가 일정한 기간(보통 1년) 동안에 생산하여 얻은 것을 돈으로 따져 놓은 액수.

국민 운동 온 국민 또는 일부가 어떤 일을 이룩하기 위하여 힘을 합쳐서 하는 활동.

국민 의례 나라의 중요한 행사에서 하는 예식〔국기에 대한 경례·애국가 제창·순국 선열에 대한 묵념 따위〕.

국민 정신 ①그 나라 국민의 공통된 고유한 정신. ②나라와 겨레를 위하여 충성하는 정신.

국민 투표 국가와 중대 사항에 대하여 모든 국민이 참가하는 투표. 일반 투표.

국민 학교 '초등 학교'의 이전말.

국밥 더운 국에 밥을 말아 만든 음식.

국방 외적으로부터 나라를 지킴. ㉧국방의 의무. 【國防】

국방부 행정 각부의 하나. 외적으로부터 나라를 지키는 일에 관한 일을 맡아 봄. 군사 사무를 맡아 처리함.

국방비 국방에 필요한 육·해·공군의 유지비.

국방 안보 국가를 외적으로부터 방어하는 일.

국번 전화 번호의 국명을 나타내는 번호. 주로 전화 번호 앞의 세 자리나 네 자리를 말함〔972-1474에서 972 따위〕.

국법[국뻡] 국가에서 정하여 국민이 따르기로 되어 있는 나라의 모든 법. ㉧국법은 누구에게나 평등하게 적용된다. 【國法】

국보 나라에서 보배로 지정한 문화재. ㉧국보 제1호는 남대문(숭례문)이다. 【國寶】

국보급 국보로 정할 만한 가치가 있는 수준. ㉧국보급 문화재를 해외로 빼돌리다.

국부 ①나라를 세우는 데 큰 공이 있어 국민으로부터 어버이같이 존경을 받는 사람. ②임금. 【國父】

국비 나라에서 주는 돈. ㉧국비 유학생. 【國費】

국빈 나라의 귀한 손님으로 대접받는 외국인. 【國賓】

국사[1] ①한 나라의 역사. ②우리 나라의 역사. 【國史】

국사[2] 나라 전체에 상관되는 일. 나라의 중대한 일. 나라의 정치. ㉥나랏일. 【國事】

국사 편찬 위원회 나라의 역사를 수집하고 정리하여 책을 만들어 내는 사람들로 이루어진 모임.

국산 ①자기 나라에서 생산함. ②'국산품'의 준말. ㉧국산 자동차. ㉥외산. 외제. 【國産】

국산품 자기 나라에서 만든 물건. ㉧국산품을 애용하자. ㉥외래품. ㉤국산. 【國産品】

국서 한 나라의 원수가 다른 나라에 보내는 문서. 【國書】

국세[국쎄] 국가의 경비에 쓰려고 거둬들이는 세금〔소득세·법인세 등〕. 반지방세. 【國稅】

국세청 재정경제원에 딸린 행정기관. 세금을 매기고 거둬들이는 일을 맡고 있는 관청. 【國稅廳】

국수[국쑤] 밀가루나 메밀가루로 만든 음식의 한 가지.

국수주의 자기 나라의 문화나 역사 따위가 가장 우수한 것으로 생각하고 다른 나라의 문화 등에 대해서는 싫어하는 주의.

국시 국가의 기본 통치 원칙. 예민주주의를 국시로 한다. 【國是】

국악 ①그 나라의 고유한 음악. ②우리 나라의 고전 음악. 반양악.

국악기 국악을 연주하는 데 쓰이는 악기〔장구·대금·가야금 따위〕.

국어 ①그 나라의 말. ②우리 나라의 말. 반외국어. 【國語】

국어 사전 자기 나라의 말을 모아 일정한 차례로 싣고, 낱낱이 그 발음·뜻·쓰임등에 대하여 풀이해 놓은 책.

국어학 국어를 연구하는 학문.

국영 나라에서 경영함. 예국영 방송국. 반민영. -하다. 【國營】

국왕 그 나라의 임금. 【國王】

국외 나라 밖. 예국외로 도망가다. 비해외. 반국내. 【國外】

국운 나라의 운명. 나라의 운수.

국위 나라의 위신이나 명예.

국유 나라의 소유인 것. 예국유 재산. 반 사유. 민유. 【國有】

국익 국가의 이익. 국리. 【國益】

국자[국짜] 국을 뜨는 긴 자루가 달린 부엌 도구.

국자감 고려 시대 개경에 세운 오늘날의 국립 대학과 같은 교육기관. 성종 때 모든 제도를 정비하여 태조 때의 경학을 국자감으로 고쳤음. 【國子監】

국장[국짱] ①국가에 큰 공을 세운 사람이 죽었을 때 나라에서 지내는 장례. ②왕족의 장례. 【國葬】

국적[국쩍] 그 나라 국민으로서의 신분과 자격. 【國籍】

국정[국쩡] 나라의 정치. 나라를 다스리는 일. 【國政】

국정 감사 국회가 정부에서 실행한 나라의 정치에 대하여 감독하고 조사하는 일.

국제[국쩨] 나라와 나라 사이의 교제, 또는 그 관계. 【國際】

국제 견본시 각국의 상품의 견본만을 진열하여 놓고 그 견본을 보고 거래를 약속하고 뒷날에 물품으로 매매하는 전람회.

국제 경쟁력 국제 시장에서 다른 나라와 경쟁하여 이기거나 앞서 나갈 수 있는 힘과 능력.

국제 공항 외국의 항공기가 뜨고 내릴 수 있도록 나라에서 지정한 공항. 예인천 영종도 국제 공항. 제주 국제 공항.

국제 기구 나라와 나라 또는 세계 여러 나라가 관계하는 국가를 단위로 하는 조직체〔국제 연합·국제 통화 기금 따위를 말함〕.

국제 기능 올림픽 대회 젊은 기능자의 기능 향상과 국제간의 친선을 목적으로 하는 경기 대회.

국제 대회 여러 나라의 사람들이 참가하는 모임이나 행사.

국제 무선 부호 여러 나라에서 모두 통할 수 있도록 정한 무선 부호.

국제 민간 항공 기구 민간 항공에 관한 국제 연합의 전문 기구. 1947년에 설립되었고, 우리 나라는 1952년에 가입했음. 본부는 캐나다의 몬트리올에 있음. 약칭은 아이시에이오(ICAO) .

국제 박람회 여러 나라의 문화 및 산물을 모아 놓고 많은 사람에게 보이는 모임.

ㄱ

ㄱ

국제법 국가간의 합의에 따라 국가 간 관계를 규칙으로 정한 법.

국제 분쟁 나라와 나라 사이에 권리나 이익에 관한 의견의 차이가 생겨 일어나는 다툼.

국제 사법 재판소 나라와 나라 사이의 분쟁을 해결하기 위한 국제 연합의 주요 기관의 하나. 네덜란드의 헤이그에 있음.

국제 사회 여러 나라가 각기 자기 나라의 이익이나 주장하는 바에 따라 어울려 공동 생활을 해나가는 사회.

국제선 여러 나라 사이를 오가는 비행기나 배의 길. 반국내선.

국제 수지 한 나라가 일정 기간 동안에 다른 나라와의 상업적 거래를 통하여 생기는 수입과 지출의 상황.

국제 연맹 제1차 세계 대전 후, 국제 평화를 위해 세웠던 기구. 1946년에 해체됨.

국제 연합 제2차 세계 대전 후, 세계의 평화와 안전을 유지하기 위하여 만들어진 국제 기구. 본부는 미국의 뉴욕에 있음. 약칭은 유엔(UN). 준국련.

국제 연합 교육 과학 문화 기구 교육·과학 및 문화를 통해 세계 평화를 이룩하려고 설립한 국제연합 전문 기구의 하나. 본부는 프랑스의 파리에 있음. 약칭은 유네스코(UNESCO).

국제 연합군 평화를 지키기 위하여, 가맹국의 군대로써 조직된 유엔군 군대. 준국련군.

국제 연합 식량 농업 기구 세계 각 국민의 식생활 개선·식량 생산·분배 개선을 위한 기구. 1945년 10월 발족. 우리 나라는 1949년 11월에 가입함. 본부는 로마에 있음. 약칭은 에프에이오(FAO).

국제 연합 아동 기금 세계 어린이들의 보건과 이익을 위해서 일하는 국제 연합 전문 기구의 하나. 약칭은 유니세프(UNICEF).

국제 연합 안전 보장 이사회 국제 연합의 중요한 기관의 하나로, 국제 평화와 안전의 유지를 임무로 함. 약칭은 유엔에스시(UNSC). 준안전 보장 이사회. 안보리.

국제 연합 총회 국제 연합에 가입한 전체 회원국으로 구성되며, 국제 연합 헌장에 있는 모든 문제를 의논하는 기구. 유엔 총회.

국제 연합 한국 위원회 한국의 통일을 위해 1947년 11월 국제 연합에 설립된 위원회.

국제 연합 헌장 국제 연합의 기본적인 조직 및 활동 원칙을 정한 문서. 유엔 헌장.

국제 올림픽 위원회 국제 올림픽 경기에 대한 모든 일을 맡아 보는 단체. 약칭은 아이오시(IOC).

국제 우편 국가와 국가 사이에 왕래하는 일정한 우편물. 반국내 우편.

국제적 나라와 나라 사이에 관계되는 것. 비세계적.

국제 적십자 위원회 앙리 뒤낭에 의하여 1864년에 창설된 적십자의 국제적 기구. 전쟁에서 부상당한 군인이나 불행한 사람을 도움. 본부는 스위스의 제네바에 있음.

국제 전기 통신 연합 국제 전기 통신 조약의 목적을 달성하기 위해 1865년에 창설된 후, 1947년에 국제 연합의 전문 기구가 됨. 우리 나라는 1952년에 가입했음. 본부는 제네바에 있음. 약칭은 아이티유(ITU).

국제 조약 나라와 나라 사이에 맺는 조약.

국제 통화 기금 국제간의 금융 문제를 다루며, 국제 무역의 증진을 목적으로 하는 국제 연합의 전문 기구. 우리 나라는 1955년에 가입했음. 본부는 워싱턴에 있음. 약칭은 아이엠에프(IMF).

국제항 외국 선박이 많이 드나드는 큰 항구.

국제화 국제적으로 되는 것, 또는 그렇게 되게 하는 것. ㉠국제화 시대에 영어 회화는 필수다. -되다. -하다. 【國際化】

국조 그 나라의 상징으로 정한 새〔우리나라의 까치나 미국의 흰머리 독수리 따위〕. 【國鳥】

국채 국가가 진 빚, 또는 그 빚을 갚는 조건과 약속을 나타내는 증권.

국책 국가의 목적을 수행하기 위한 국가의 정책. 【國策】

국치일 1910년 8월 29일 일본에 나라를 빼앗긴 치욕적인 날.

국태 민안 나라가 태평하고 국민의 생활이 평안함. 【國泰民安】

국토 한 나라의 땅, 또는 나라의 주권과 권력이 미치는 곳. ㉥영토. 강토. 【國土】

국토 방위 적의 침입으로부터 국토를 지키는 일.

국토 종합 개발 계획 한 나라의 국토를 개발 이용 보전함으로써 국민 경제를 발전시키고 국민의 생활 수준을 높이고자 하는 국가 계획.

국학[1][구칵] 자기 나라의 고유 문화에 관한 학문. 【國學】

국학[2][구칵] 통일 신라 시대에 관리를 양성할 목적으로 세웠던 일종의 국립 대학. 태학감으로 이름이 바뀌었다가 다시 국학으로 됨.

국한[구칸] 어떤 범위나 정도로 제한하여 정함. -하다. 【局限】

국한문[구칸문] 주로 글에 섞어서 쓰인 한글과 한자. 【國漢文】

국호[구코] 한 나라의 이름. ㉥국명.

국화[1][구콰] 한 나라를 상징하는 꽃으로 모든 국민이 사랑하고 귀중히 여김〔우리 나라의 국화는 무궁화임〕. 【國花】

국화[2][구콰] 가을에 주로 피는 대표적인 꽃. 향기가 좋고 예쁘며 종류가 많음. 【菊花】

[국화²]

국화빵[구콰빵] 국화 모양의 판에 묽은 밀가루 반죽을 붓고, 으깬 팥과 설탕을 속에 넣어 구운 빵.

국화전[구콰전] 묽은 밀가루 반죽에 국화를 펴 넣고 기름에 지진 음식.

국회[구쾨] 국민이 선출한 국회 의원으로 조직되는 입법 기관.

국회 의사당 국회의 회의가 열리는 건물. 서울 특별시 영등포구 여의도에 있음.

국회 의원 국회에서 나라의 일을 결정하거나 법률을 정하는 국민의 대표자. 【國會議員】

국회 의장 국회의 의장. 국회의 질서를 유지하고 사무를 감독하며, 국회를 대표함〔국회에서 선출함〕.

군[1] 친구나 손아랫사람을 부를 때에 이름 뒤나 성 뒤에 붙여 부르는 말. ㉠김 군. 박찬호 군. 【君】

군[2] 지방 행정 구역의 하나로, 도의 아래이며 읍 또는 면의 위. 【郡】

군[3] '군대'의 준말. 【軍】

군가 군인들의 사기와 집단 행동을 북돋우기 위해 부르는 공식적인 노래. 【軍歌】

군:것질[군걷찔] 끼니 외에 떡·과일·과자 등의 음식물을 먹는 것. ㉥주전부리. 간식. -하다.

군경 군대와 경찰. 【軍警】

군계 일학〔닭의 무리 속에 있는 한 마리의 학이라는 뜻으로〕'평범한 여러 사람 가운데의 뛰어난 한 사람'을 비유하여 이르는 말.

군:고구마 불에 구워 익힌 고구마.

군관 군대의 일을 맡은 장교.
군국 기무처 조선 후기에, 정치와 군사에 관한 사무를 맡아보던 관청. 고종 31년(1894)에 설치한 것으로, 갑오개혁 때 중요한 구실을 하였음.
군국주의 군비를 튼튼히 하고 국제 간의 분쟁을 무력으로 해결하려는 주의. 【軍國主義】
군기[1] 군의 각 단위 부대를 나타내는 깃발. 【軍旗】
군기[2] 군대를 지휘하고 감독하기 위한 규율. ㉮군기를 잡다. 【軍紀】
군ː내[1] 오래되어 신선하지 않은, 역한 냄새. ㉮김장 김치에서 군내가 나다.
군내[2] 행정 구역인 군의 안. 【郡內】
군단 군의 아래이며, 사단의 위인 육군의 부대. 【軍團】
군대 조직을 가진 군인의 집단.
군ː더더기 ①쓸모 없이 덧붙은 것. ②까닭 없이 남을 따라 다니는 사람.
군데 어떤 장소들의 수를 세는 말. ㉮한 군데. 여러 군데. 몇 군데.
군데군데 여러 군데. 이 곳 저 곳.
군란[굴란] 군사들이 일으킨 난리. ㉮임오군란. 【軍亂】
군량[굴량] 군대의 양식. 【軍糧】
군량미[굴량미] 군대의 식량으로 쓰는 쌀. ㉮군량미를 저장하다.
군령 ①군대 안의 명령. ②군의 통수권을 가진 원수가 군대에 내리는 군사상의 명령. 【軍令】
군마 군인이 타는 말. 【軍馬】
군막 군대가 진을 치고 있는 곳에 설치하는 장막. 【軍幕】
군ː말 하지 않아도 좋을, 쓸데없는 말. 비군소리. -하다.
군무 여럿이 함께 추는 춤. 【群舞】
군민[1] 군인과 일반 사람. ㉮군민 합동 구조 작업. 【軍民】
군ː민[2] 행정 구역인 군 안에서 사는 사람. 【郡民】
군ː밤 불에 구운 밤. 본구운 밤.
군법[군뻡] 군대의 규칙을 어기는 군인을 다스리기 위하여 만든 법률. ㉮군법 회의. 【軍法】
군복 군인들이 입는 옷. 【軍服】
군복무[군봉무] 군대에서 일정 기간 동안 군인이 되어 일하는 것.
군부 군사에 관한 일을 맡아 보는 기관을 통틀어 이르는 말.
군ː불 ①방을 덥게 하려고 때는 불. ②필요 없이 때는 불.
군비[1] 군대의 힘을 유지하기 위한 비용. 군사비. 【軍費】
군비[2] 군대의 힘을 늘리기 위한 장비, 또는 그것을 갖추는 일. 【軍備】
군사[1] 군대에서 계급이 낮은 군인. 비병사. 군병. 【軍士】
군사[2] 군대·군비·전쟁 등에 관한 일. ㉮군사 훈련. 【軍事】
군사 독재 군인들이 국가 권력을 잡고 마음대로 정치를 하는 것.
군사력 군대의 병력·장비·경제력 등을 모두 합한 힘. 준군력.
군사부 일체 임금과 스승과 아버지의 은혜는 다 같다는 뜻.
군사 분계선 양쪽 군대의 경계선. 6·25의 휴전 협정에 의하여 정하여진 군사 활동의 한계선.
군사비 군사적인 목적에 쓰는 돈. 군비. 【軍事費】
군사상 군대와 전쟁에 관한 일에 있어서. 【軍事上】
군사 우편 군대의 전투에 종사하고 있는 사람에게 보내거나 거기서 오는 우편. 준군우.
군사적 군사와 관계되는 것. ㉮군사적으로 중요한 지역.
군사 정전 위원회 휴전 협정에 의하여 그 협정의 이행 상태를 토의하기 위한 모임.

군:살 영양을 많이 섭취하거나 운동 부족으로 찐 군더더기 살.
군:색 ①살기가 어려움. ②자유롭거나 자연스럽지 못하여 거북하고 어색함. –하다.
군선도 신선의 무리를 그린 동양화.
군:소리 쓸데없는 말. 불평하는 말. 비군말.
군:수[1] 한 군의 행정 사무를 맡아 보는 우두머리. 【郡守】
군수[2] 군사상에 필요한 물자. 【軍需】
군수품 군대에서 필요한 물품.
군신 임금과 신하. 【君臣】
군신 유의 삼강 오륜의 하나. 임금과 신하 사이에는 의리가 있어야 함을 이름. 【君臣有義】
군악대 군악을 연주하기 위해 군인들로 조직된 부대.
군영 군대가 주둔하는 곳.
군용[구뇽] 군사 또는 군대에 쓰임. 예군용 담요. 【軍用】
군용 열차 군대에 쓰이는 물자나 병력의 수송을 위해 특별히 마련된 열차.
군의관 군대에서 다치거나 병든 군인을 치료하는 장교. 준군의.
군인[구닌] 군대의 장교·하사관·병졸을 통틀어 일컫는 말. 【軍人】
군자 학식이 뛰어나고 행실이 어질며 착한 남자. 【君子】
군정 군대에서 맡아 하는 정치. 반민정. 【軍政】
군졸 옛말로, 군대의 하급 병사. 비병졸. 【軍卒】
군주 임금. 비왕. 【君主】
군주국 나라의 주권이 임금에게 있는 나라. 비왕국. 반공화국.
군주제 '군주 제도'를 줄인 말. 왕을 국가의 최고 통치자로 하는 정치 제도. 반공화제.
군중 한 곳에 모인 많은 사람들의 무리. 비대중. 【郡衆】
군중 심리 한 곳에 모인 많은 사람이 판단력과 자제력을 잃고 다른 사람의 언행에 쉽게 휩쓸리는 충동적인 심리. 【郡衆心理】
군:청 행정 구역의 하나인 군의 일을 맡아 보는 관청. 【郡廳】
군축 군사상의 준비, 전쟁을 위한 준비를 줄이는 것. '군비 축소'의 준말. 【軍縮】
군:침 먹고 싶을 때 입 속에 도는 침. 예맛있는 음식을 보니 입에 군침이 돌았다.
군함 해군에서 군사 작전에 쓰는 배. 비전함. 【軍艦】
군항 해군 함정의 근거지로 특수한 설비를 해 놓은 항구.
군:현제 중앙 정부에서 임명한 관리가 중앙 정부의 지시·감독을 받아 그 지방의 행정을 맡아보게 하는 제도. 반봉건제.
군화 군인들이 신는 구두.
굳건하다 굳세고 튼튼하며 씩씩하다. 예굳건한 의지.
굳건히 굳세고 튼튼하게. 예왕건은 고려 왕조의 기틀을 굳건히 하고자 했다.
굳기름 지방
굳다[굳따] ①단단하다. 예콘크리트가 굳다. ②뜻이 한결같다. 예의지가 굳다.
굳세다 ①마음먹은 뜻이 굽힘이 없고 굳고 한결같다. 예굳센 의지. ②힘 있고 튼튼하다. 예굳센 팔다리.
굳은살[구든살] 손바닥이나 발바닥의 두껍고 단단한 군살.
굳이[구지] ①굳게. 고집을 부려서. ②구태여. 예지난 일은 굳이 캐묻지 않겠다.
굳히다[구치다] ①엉기어 단단하게 하다. ②굳게 만들다.
굴[1] 굴과에 딸린 쌍각류를 통틀어 일컫는 말. 바닷물에 잠긴 바위에 붙어 삶. 본굴조개.

ㄱ

굴:[2] 땅이나 바위가 안으로 깊숙이 패어 들어간 곳.

굴건 재래식 장례에서, 상주가 두건 위에 덧쓰는 건. 【屈巾】

굴곡 이리저리 꺽이고 굽음. ㉨굴곡이 심한 길. 【屈曲】

굴광성[굴광썽] 식물의 빛이 닿는 방향, 또는 반대 방향으로 굽는 성질. 【屈光性】

굴:다 주로 좋지 않게 행동을 하다. ㉨귀찮게 굴다. 까다롭게 굴다.

굴:다리[굴따리] 길이 서로 교차하는 곳에, 아래쪽 길을 밑으로 굴처럼 만든 곳.

굴:대[굴때] 수레바퀴의 한가운데에 뚫린 구멍에 끼는 긴 나무나 쇠. 축.

굴:뚝 불을 땔 때 연기가 빠지도록 집이나 건물에 곧고 높게 만든 장치.

굴:뚝같다 무엇을 하고 싶은 생각이 간절하다.

굴:러가다 구르며 가다. 굴러서 가다. ㉨떨어진 동전들이 굴러가다.

굴:러다니다 ①구르며 이리저리 왔다 갔다 하다. 굴러서 다니다. ㉨운동장에 공이 굴러다니다. ②물건이 이리저리 마구 흩어져 있다. ㉨공원에 휴지가 어지럽게 굴러다니다.

굴:러떨어지다 위쪽에서 아래쪽으로 구르면서 떨어지다.

굴렁쇠 막대로 뒤를 밀어서 굴리는 둥근 테 모양의 쇠로 된 장난감.

굴레 ①소·말의 목에서 고삐에 걸쳐 얽어 맨 줄. ②얽매임. 속박.

굴:리다 ①구르게 하다. 또는 이리저리 돌리다. ㉨손으로 공을 굴리다. ②함부로 다루거나 내버려 두다. ㉨귀중한 책을 함부로 굴리다. ③차를 운전하며 다니다. ㉨트럭 두 대를 굴리며 장사하다.

굴복 힘이 미치지 못하여 복종함. ㉥항복. -하다. 【屈服】

굴비 소금에 약간 절여 통째로 말린 조기.

굴욕[구룍] 남에게 업신여김을 받는 수치스러움. ㉨굴욕을 참고 훗날을 기약하다.

굴욕적[구룍쩍] 남에게 억눌리어 업신 여김과 창피를 당하는 것. ㉨아이들의 놀림을 참아야 한다는 것이 굴욕적으로 느껴졌다.

굴절[굴쩔] 휘어서 꺾임. ㉨빛의 굴절. -하다. 【屈折】

굴지[굴찌] ①손가락을 꼽음. ②여럿 중에서 손가락을 꼽아 헤아릴 만큼 뛰어남. 【屈指】

굴착 땅을 파서 뚫음. -하다.

굴착기 땅이나 바위를 파서 뚫는데 쓰이는 기계. 바퀴는 4개이고 그 위에 레일이 감겨 있음.

굴참나무 잎이 큰 타원형이고, 가지는 검으며, 달걀 꼴의 단단한 열매는 '도토리'라 하여 먹을 수 있음. 재목은 가구 재료, 나무 껍질은 코르크의 원료로 쓰는, 잎지는 큰키나무.

굴하다 ①몸을 굽히다. ②힘이 부치어 넘어지다. ㉨어려운 환경에 굴하지 않고 꿋꿋이 살다.

굵기[굴끼] ①기다란 물건의 둘레의 크기. ㉨젓가락은 굵기가 같아야 한다. ②동글동글한 알 같은 것의 부피. ㉨이 사과는 알의 굵기가 작다.

굵:다[국따] ①물체의 둘레가 크다. ㉭가늘다. ②낟알이 살지고 크다. ③목소리가 저음이며 크다. ㉨굵은 음성.

굵:다랗다(굵다라니, 굵다라오) 매우 굵다. ㉭가느다랗다.

굵직하다[국찌카다] 꽤 크고 굵다. ㉨무가 굵직하다.

굶기다[굼기다] 굶게 하다. ⓔ끼니를 굶기다.

굶:다[굼따] 먹지 못하거나 먹지 아니하다.

굶:주리다[굼주리다] ①먹을 것이 없어 배를 곯다. ②아주 부족함을 느끼다.

굶:주림[굼주림] 먹을 것이 없어서 굶는 것. ⓔ흉년으로 백성들이 굶주림에 허덕이다. 비기근. 기아.

굼:뜨다 동작이 답답할 만큼 느리다.

굼:벵이 ①매미의 애벌레. 누에와 비슷하나 몸길이가 짧고 뚱뚱함. ②동작이 몹시 느리고 미련한 사람을 비유하는 말.

굼실굼실 벌레 따위가 느리게 자꾸 움직이는 모양. ⓔ달팽이가 굼실굼실 기어가고 있다. >곰실곰실. 센꿈실꿈실.

굽 ①말·소 등의 발톱. ②구두의 뒤축. ⓔ굽이 낮은 구두.

굽:다[1](구우니, 구워서) ①불에 익히거나 약간 타게 하다. ②도자기나 벽돌 따위를 만들때에 가마에 넣고 불을 때다.

굽다[2] 한쪽으로 휘거나 구부러지다. ⓔ등이 굽다.

굽실거리다 남의 비위를 맞추느라고 머리와 몸을 자주 구부리다. ⓔ굽실거리며 아첨을 떨다.

굽어보다 몸을 구부려서 아래를 내려다보다.

굽은길[구븐길] 한쪽으로 휘어진 길. 반곧은길.

굽이[구비] 길이나 강이 휘어서 굽은 곳. 구부러진 곳. ⓔ강 굽이.

굽이굽이[구비구비] ①여러 굽이로 굽어진 모양. ⓔ굽이굽이 흐르는 강물. ②굽이마다. >곱이곱이.

굽이치다 물이 힘차게 흘러 굽이를 만들다. ⓔ굽이치는 강물.

굽히다[구피다] ①굽게 하다. 구부리다. ②희망이나 뜻을 꺾다. ⓔ뜻을 굽히다. 반펴다.

굿[굳] 무당이 음식을 차려 놓고 노래하고 춤추며 귀신에게 정성을 들이는 일. -하다.

굿거리장단 ①무당이 굿할 때 치는 9박자의 장단. ②장구로 맞추는 느린 4박자의 장단.

굿판[굳판] 굿이 벌어지고 있는 자리나 장면.

궁궐 임금이 사는 큰 집. 비대궐. 궁궐. 【宮闕】

궁극적 맨 마지막의 목표인 것. ⓔ국민 연금 제도 시행의 궁극적인 목적은 국민의 삶의 질의 향상에 있다. 【窮極的】

궁금증[궁금쯩] 궁금하여 답답한 마음.

궁금하다 사정을 몰라서 마음이 놓이지 않다.

궁녀 대궐에서 임금을 모시는 여자. 비시녀. 나인. 【宮女】

궁도 활 쏘는 법을 닦는 일. 【弓道】

궁둥이 엉덩이의 아랫부분으로, 앉으면 바닥에 닿는 부분.

궁리[궁니] 좋은 도리를 발견하려고 곰곰이 생각함. 이치를 깊이 연구함. ⓔ함정에서 빠져나갈 궁리를 하다. 비연구. -하다.

궁상 보기에 생활이 어렵고 불쌍한 꼴. 꾀죄죄한 꼬락서니. ⓔ궁상 좀 떨지마. 비궁색.

궁-상-각-치-우 동양 음악의 오음을 아울러 이르는 말.

궁상맞다 보기에 꾀죄죄하다. ⓔ생활에 찌들어서 얼굴이 궁상맞다.

궁색 아주 가난함. ⓔ살림살이가 궁색하다. -하다.

궁성 ①궁을 둘러싸고 있는 성벽. ②임금이 거처하는 궁전.

궁수 지난날, 활을 쏘던 군사.

궁술 활 쏘는 기술. 【弓術】

궁여지책 막다른 처지에서 생각다 못해 내는 꾀. 【窮餘之策】
궁예〖사람〗 [? ~ 918] 후고구려 태봉의 임금. 신라의 왕족으로 태어나 한때 도적의 무리로 있다가 901년에 자칭 임금이 되어 신라 북부 지방을 점유하여 태봉을 세우고 철원에 도읍함. 918년에 왕건에 쫓기어 달아나다가 죽음을 당함. 【弓裔】
궁전 임금이 사는 집. ㊟궁궐.
궁조[궁쪼] 아악의 조의 하나. 궁음에서 궁음으로 끝나는 음계〔아리랑·풍년가 따위〕.
궁중 대궐 안. ㊟궐내. 【宮中】
궁중 무용 궁중에서 잔치나 의식 때 추던 춤.
궁중 음악 궁중에서 연주되었던 음악. ㊟궁정악.
궁지 살길이 막연하거나 매우 어려운 경우. ㊎궁지에 몰린 쥐.
궁체 조선 시대 궁녀들이 쓰던 선이 맑고 곧으며, 부드럽고 단정한 한글 글씨체. 【宮體】
궁터 예전에, 궁궐이 있던 자리.
궁핍 곤궁하고 가난함. ㊎생활이 궁핍하다. ㊥풍족. -하다.
궁하다 ①가난하다. ㊎살림이 궁하다. ②둘러 댈 도리가 없다. ㊎대답이 궁하다.
궁합 결혼할 남녀가 서로 잘 맞는 짝이 될는지를 미리 알아보는 점.
궂다[굳따] ①날씨가 나쁘다. ②언짢고 거칠다. ㊎궂은 일.
궂은비[구즌비] 날이 흐리고 오래 내리는 비.
궂은일[구즌닐] ①언짢은 일. ②죽음에 관계되는 일. ㊎집안에 궂은 일이 자주 일어나다.
권 책을 세는 단위. 【卷】
권:고 남에게 무슨 일을 하도록 말함, 또는 그 말. ㊟권유. ㊥만류. -하다. 【勸告】
권:농 농사를 장려함. -하다.
권:농일 권농 정신과 농업 생산량을 높이려는 의욕을 북돋아 주기 위해 정한 날.
권력[궐력] 남을 강제로 복종시키는 공인된 권리와 힘. 【權力】
권력자[궐력짜] 권력을 가진 사람. ㊟권력가. 【權力者】
권리[궐리] ①자기의 이익을 주장하고 누릴 수 있는 힘. ㊎사람은 누구나 행복하게 살 권리가 있다. ㊥의무. ②권세와 이익. 【權利】
권:말 책의 맨 끝. ㊥권두. ㊎권말 부록. 【卷末】
권모 술수 목적을 이루기 위하여 남을 교묘하게 속이는 꾀. 【權謀術數】
권:법[권뻡] 정신 수양과 신체 단련을 위하여 하는 운동. 주먹과 발을 놀리어서 함.
권:선 착한 일을 권함. -하다.
권선 징악 착한 일을 권하고 나쁜 일은 물리치고 벌을 줌.
권세 권력과 세력. ㊎권세 있는 집안. ㊟위세. 【權勢】
권:수[권쑤] 책의 수효.
권위[궈뉘] ①남을 강제로 복종시키는 권세와 위력. ㊎아버지의 권위가 떨어지다. ②어떤 분야에서 능히 남이 믿을 만한 뛰어난 지식이나 기술. ㊎권위 있는 책. 【權威】
권위자[궈뉘자] 어떤 분야에서 권위가 있는 사람. 【權威者】
권위주의 남의 개성·자유·능력 따위를 인정하지 않고 자기의 권위에 복종하게 하려는 태도.
권:유 권하여서 하도록 함. ㊎운동을 권유하다. ㊟권고. -하다.
권율〖사람〗[1537 ~ 1599] 조선 선조 때의 장군. 임진왜란 때 행주 산성 싸움에서 큰 승리를 거두었음. *행주대첩. 【權慄】
권익 권리와 그에 따르는 이익.

권:장 권하여 힘쓰도록 북돋아줌. ㉠학문을 권장하다. -하다.

권:장량[권장냥] 적당하다고 생각되어 권하는 양. ㉠어린이에게 필요한 열량의 권장량은 하루에 1,000칼로리이다.

권좌 권력, 특히 통치권을 가진 자리. ㉠권좌에 앉다. 【權座】

권:총 한 손으로 쏠 수 있게 만든 작은 총. 단총. 피스톨.

권:태 ①싫증을 느끼어 게을러짐. ㉠권태로운 생활. ②몸과 마음이 피로하여 나른함. 【倦怠】

권:태기 부부가 서로 싫증을 느끼는 시기. 【倦怠期】

권토 중래 어떤 일을 실패한 후에 다시 준비하여 그 일을 시작함.

권:투 링 위에서 두 사람이 글러브를 낀 주먹으로 치고 막고하여 승부를 겨루는 운동 경기.

권:하다 어떤 일을 하거나 힘쓰도록 하다. ㉠학문에 힘쓰기를 권하다.

권한 그 사람의 판단으로 처리 할 수 있는 범위. 【權限】

궐 임금이 생활하던 큰 집. ㉥궁. 궁궐. 대궐. 【闕】

궐기 ①벌떡 일어남. ②많은 사람이 힘차게 들고 일어남. ㉠자유를 찾기 위해 온 국민이 궐기하다. -하다.

궐내 대궐의 안. 궁중. 【闕內】

궤: 물건을 넣도록 직사각형으로 만든 나무 상자. 궤짝.

궤:도 ①기차나 전차 따위가 달릴 수 있게 만들어 놓은 길. ②천체가 공전하는 일정한 길.

궤:멸 무너져 멸망함.

궤:변 이치에 맞지 않는 내용을 그럴 듯하게 둘러대는 말. ㉠궤변을 늘어놓다.

궤:짝 물건을 넣어 두는, 나무로 만든 큰 상자.

귀 감각 기관의 하나. 동물의 얼굴 양쪽에 있으며 소리를 듣거나 몸의 균형을 잡는 일을 맡아 봄.

귀:가 집으로 돌아오거나 돌아감. -하다. 【歸家】

귀감 본받을 만한 모범. 본보기. ㉠모든 학생의 귀감이 되는 행동.

귀거슬리다 남이 하는 말이 듣기에 거북하다.

귀걸이[귀거리] 귀에 거는 방한구. ㉥귀고리.

귀:결 끝을 맺음. 어떤 결론에 이름, 또는 그 결론. ㉥종결. 【歸結】

귀:경 지방에서 서울로 돌아가거나 돌아옴. ㉠귀경 차량.

귀고리 여자들이 귓볼에 다는 장식품. ㉥귀걸이.

'귀걸이'와 '귀고리'의 차이
•**귀걸이** 귓바퀴가 얼지 않도록 귀를 싸는 물건.
•**귀고리** 여자들이 귓볼에 다는 장식품.

귀:공자 ①귀족 집안의 젊은 남자. ②잘 생기고 잘 차린 젊은 남자.

귀:국[1] 상대방의 나라를 높이어 일컫는 말. ㉥귀방. 【貴國】

귀:국[2] 외국에 있던 사람이 제 나라로 돌아가거나 돌아옴. ㉠10년 만에 귀국하다. ㉥환국. ㉤출국. -하다. 【歸國】

귀:금속 귀하고 광택이 아름다운 금속〔백금·금·은 따위〕.

귀기울이다 정신을 가다듬고 주의 깊게 듣다. ㉠선생님 말씀에 귀기울이다.

귀:농 농촌을 떠났다가 다시 농사를 지으러 농촌에 돌아가는 것.

귀담아듣다 누구의 말을 주의해서 잘 듣다.

귀:댁 상대방을 높이어 그의 집이나 가정을 이르는 말. ㉠귀댁에 별고 없으신지요?

귀동냥 남들이 하는 말을 곁에서 얻어들음.

귀뚜라미 어둡고 습한 곳에 사는 곤충. 늦여름부터 가을에 나타나 정원이나 부엌 등에 살면서 날개를 비벼 소리를 냄. ㊟귀뚜리.

[귀뚜라미]

귀뚤귀뚤 귀뚜라미가 우는 소리를 나타냄.

귀띔[귀띰] 어떤 일을 상대편이 알아챌 수 있도록 슬그머니 말해 주는 일. ㊕미리 귀띔을 해주다. -하다.

귀:로 돌아가거나 돌아오는 길. ㊐귀정. 회로. 【歸路】

귀:리 잎과 줄기가 보리와 비슷한 식물. 열매는 술·과자의 원료 및 가축 사료로 많이 씀.

귀마개 ①시끄러운 소리가 들리지 않도록 하거나, 물이 들어가지 않게 귀를 막는 물건. ②귀가 시리지 않게 귀를 덮는 물건.

귀머거리 소리를 듣지 못하는 사람. ㊐농자.

귀먹다 ①귀에 탈이 나서 소리를 듣지 못하게 되다. ②남의 말을 이해하지 못하다.

귀:물 귀신이 관계된 물건. 【鬼物】

귀밝다 ①작은 소리도 잘 알아 들을 만큼 듣는 힘이 좋다. ②소식 따위를 얻어 듣는 것이 남보다 빠르다.

귀:부인 신분이 높은 부인.

귀:빈 귀하거나 중요한 손님.

귀설다 듣기에 서먹하다. 귀에 익지 않다.

귀:성 타향에 있다가 부모를 뵈러 고향으로 돌아감. ㊕귀성 차량.

귀:속 재산·권리·영토 따위가 어떤 사람·단체·국가에 속하여 그 소유 또는 책임이 되는 것. -되다. -하다. 【歸屬】

귀:순 적이 되었던 사람이 돌아와 복종함. ㊕귀순 용사. -하다.

귀:신 ①복이나 화를 준다고 하는 죽은 사람의 넋. ②어떤 일에 재주가 많은 사람을 비유하여 이르는 말. ㊕솜씨가 귀신 같다. 【鬼神】

귀얄 풀칠이나 옻칠을 할 때 쓰이는 솔의 한 가지. 주로 돼지털이나 말총으로 만든다.

귀양 옛날에 죄 지은 사람을 먼 곳으로 보내어 일정한 기간 동안 그 곳에서만 살게 하던 벌의 한 가지. ㊐유배.

귀양살이 ①옛날에 귀양 가서 부자유스럽게 살던 일. ②세상과 동떨어져 외롭게 지내는 생활을 비유하여 이르는 말.

귀엣말 남의 귀에 대고 소곤소곤 하는 말. ㊐귓속말. -하다.

귀:여워하다 예쁘고 사랑스럽게 여기다.

귀:염 윗사람이 아랫사람을 아끼고 기특히 여기는 마음. ㊕나는 할머니한테 귀염을 많이 받는다.

귀:염둥이 아주 귀여운 아이, 또는 귀염을 받는 아이.

귀:엽다(귀여우니, 귀여워서) 보기에 사랑스럽다. 예쁘다. ㊕아기가 귀엽다. ㊥얄밉다.

귀울림 귓속에서 '윙' 소리가 울리는 느낌이 있는 것, 또는 그 증세.

귀:의 마음이 멀리 떨어져 있다가 돌이켜서 의지하는 것. ㊕불교에 귀의하다. -하다. 【歸依】

귀이개 귀지를 파내는 도구.

귀익다 많이 들어서 목소리나 말씨를 쉽게 알아들을 수 있다.

귀:인 신분이나 지위가 높은 사람. ㊥천인. 【貴人】

귀:재 세상에 드물게 뛰어난 재주, 또는 그 재주를 가진 사람.

귀:족 문벌이나 지위가 높은 사람.

㉥양반. ㉥평민. 【貴族】

귀주 대첩 고려 현종 때(1019) 침입한 거란 군사를 귀주(지금의 평안북도 구성)에서 강감찬 장군이 크게 물리친 싸움.

귀주머니 전통 한복 차림에서 허리에 차는 것으로, 아래의 양쪽에 귀가 나오게 된 주머니. 네모지게 만들어 아가리쪽으로 절반을 세 골로 접어 만듦.

귀:중 귀하고 중요함. ㉠쌀 한 톨도 귀중히 여기다. ㉥소중. -하다. -히. 【貴重】

귀:중품 몸에 지니는 귀중한 물건.

귀:지 귓구멍 속에 저절로 생기는 하얀 물질.

귀찮다[귀찬타] 번거롭고 성가시다. ×귀치 않다.

귀:천 귀함과 천함. ㉠직업에는 귀천이 없다. 【貴賤】

귀청 겉귀와 속귀의 경계에 있는 소리를 듣는 얇은 막. 고막.

귀퉁이 ①귀의 언저리. ②물건의 쑥 내민 모퉁이. ③사물의 구석. ㉠대청 마루 귀퉁이.

귀틀집 큰 통나무를 '井' 자 모양으로 귀를 맞추어 얹고 틈을 흙으로 메워서 지은 원시적인 집.

귀:하 ①편지 등에서 상대방을 높이어 그 이름 밑에 써서 '~께 드림'의 뜻을 나타내는 말. 귀중. ㉠홍길동 귀하. ②상대방을 높이어 그 이름 대신에 부르는 말. ㉠귀하의 의견을 잘 들었습니다. 【貴下】

귀:하다 ①신분이나 지위가 높다. ㉠귀한 집 자식. ㉥천하다. ②귀염을 받을 만하다. ③흔하지 아니하여 구하기 힘들다. ㉠물자가 귀하다. ㉥흔하다.

귀:항 배가 떠났던 항구로 다시 돌아감. 또는 돌아옴. -하다.

귀:향 고향으로 돌아감. ㉥귀성. ㉠귀향을 앞두고 마음이 설레다. -하다. 【歸鄕】

귀:화 다른 나라의 국적을 얻어 그 나라의 국민이 됨. ㉠한국에 귀화한 미국인. -하다. 【歸化】

귀:환 본래의 자리로 되돌아옴. ㉠무사히 귀환하다. ㉥복귀. -하다.

귓가[귀까] 귀의 가장자리. ㉥귓전.

귓구멍[귀꾸멍] 귀 밖에서 귀청까지 뚫린 구멍.

귓바퀴[귀빠퀴] 겉귀의 드러난 부분. ㉦귀.

귓밥[귀빱] ①귀바퀴의 맨 아랫부분. ㉠귓밥에 매달린 귀고리가 예쁘다. ㉥귓불. ②귓구멍 속에 생기는 하얀 물질. ㉥귀지.

귓병[귀뼝] 귀에 생기는 병.

귓볼 '귓불'의 잘못.

귓불[귀뿔] 귓바퀴의 아래쪽으로 늘어진 살.

귓속말[귀쏭말] 남의 귀 가까이에 입을 대고 소곤소곤하는 말. ㉥귀엣말. -하다.

귓속뼈[귀쏙뼈] 귀청과 속귀 사이를 연락하는 3개의 작은 뼈.

귓전[귀쩐] 귓바퀴의 가. 귀 가까이. ㉠귓전에 스치는 바람.

규격 제품이나 재료의 모양·크기·품질 등에 대하여 정해진 표준. ㉠규격 봉투. 【規格】

규:명 자세히 따져서 사실을 밝힘. ㉠원인을 규명하다. -하다.

규모 무엇을 만들거나 어떤 일을 할 때의 짜임새의 크기. ㉠규모가 큰 행사. 【規模】

규방 부녀자가 생활하는 방.

규범 마땅히 따라야 할 본보기. 모범. 규모. 【規範】

규수 시집갈 나이가 된 남의 집 처녀를 점잖게 이르는 말.

규암 석영으로 이루어진 희고 단단한 돌. 흔히 '차돌'이라고 하며, 유리나 도자기의 원료로 씀.

ㄱ

규약 서로 지키도록 의논되어 있는 규칙. 【規約】

규율 집단 생활이나 사회 생활을 하는 데 지켜야 할 행동의 본보기. 일정한 질서나 차례. ㉠학생은 학교의 규율을 지켜야 한다.

규장각 조선 시대 역대 임금의 글·글씨·문서·초상 등을 보관하던 곳. 조선 정조 때 창덕궁에 설치되었고, 학문의 연구와 서적 편찬의 일도 맡아 보았음. 【奎章閣】

규정 어떤 일을 규칙으로 정함, 또는 그 정해진 규칙. -하다.

규제 규칙을 세워 제한함, 또는 그 규칙. ㉠수입품을 규제하다.

규중 부녀자가 생활하는 방.

규칙 여러 사람이 지키기로 한, 정해 놓은 약속. ㉠규칙을 어기다. 비법칙. 【規則】

규칙성 어떤 현상이나 일에 일정한 질서를 나타내는 성질. ㉠자연 현상은 대체로 규칙성을 가지고 있다. 【規則性】

규칙적 일정한 규칙을 따르고 있는 모양. ㉠규칙적인 생활을 하자.

규:탄 잘못이나 허물을 잡아 내어 공격함. ㉠부정 선거를 규탄하다. -하다. 【糾彈】

규표 옛날에, 태양이 비추는 그림자의 길이로 1년의 길이·절기·시각 따위를 알아보던 기구. 【圭表】

규:합 일을 꾸미려고 사람을 모음. -하다. 【糾合】

균 맨눈으로는 볼 수 없이 아주 작으며 다른 생물의 병을 일으키든가 물질을 썩게 하는 일을 하는 생물. 본병균. 세균. 【菌】

균등 고르고 가지런하여 차별이 없음. ㉠민주 국가에서는 누구에게나 균등한 기회를 준다. -하다. -히.

균사 곰팡이 따위의 몸을 이루는 아주 가는 실 모양의 세포. 【菌絲】

균역법 조선 영조 때(1750) 백성의 부담을 덜어주기 위하여 만든 법 〔균역 대신 베 두 필을 받던 것을 베 한 필로 반감하여 고르게 받았음〕. 【均役法】

균열[균녈] ①거북이 등의 껍데기 모양으로 갈라져 터짐. ②사람 사이에 마음이 맞지 않아 틈이 생김.

균일[균닐] 한결같이 고름. ㉠모든 제품의 규격이 균일하다. -하다.

균형 어느 한쪽으로 치우침이 없이 쭉 고름. ㉠균형 잡힌 몸매. 반불균형. 【均衡】

균형미 균형이 잘 잡혀 있어서 아름다운 것. ㉠고려 청자는 균형미가 빼어나다. 【均衡美】

균형적 균형이 있는 것. ㉠신체의 균형적인 발달을 위해서 운동이 필요하다. 【均衡的】

귤 ①귤나무의 열매. 빛깔은 등황색이며 맛은 시고 달콤함. ②귤·유자·밀감 따위를 통틀어 이르는 말.

[귤]

귤나무 따뜻한 지방에서 잘 자라는 귤이 열리는 늘푸른나무. 우리 나라에서는 제주도에서 많이 재배함.

그[1] '그이' '그것'의 준말. ㉠그는 위대한 발명가다.

그[2] ①자기로부터 조금 떨어져 있는 곳에 있는 사물. ㉠그 학교. ②이미 말한 것, 또는 서로 이미 알고 있는 것을 가리키는 말. ㉠그 이야기.

그간 그 동안. 그 사이. ㉠그간 안녕하셨어요?

그거 '그것'의 준말. ㉠그거 가지고 왔니?

그것[그걷] 말하는 사람이 듣는 사람의 가까이에 있는 사물을 가리키는 말. ㉠그것 이리 줄래?

그것도[그걷또] 더구나. 게다가. ㉥언니와 내가, 그것도 한 교실에서 공부하게 되었다.
그게 '그것이'를 줄인 말. ㉥그게 무슨 책입니까?
그까짓 겨우 그 정도의. ㉥그까짓 일은 누구나 할 수 있다. ㊟까짓. 그깟. >고까짓.
그끄러께 그러께의 전해. 삼 년 전의 해.
그끄저께 그제의 전날. 삼 일 전의 날. ㊟그끄제.
그나마 그것마저도. ㉥하나밖에 없던 열쇠를 그나마 잃어버렸다.
그나저나 '그러나 저러나'의 준말.
그날그날 날이 가는 대로 매일. ㉥그날그날 열심히 살자. ㊖하루하루.
그냥 ①있는 그대로. 생긴대로. ㉥나를 그냥 내버려둬. ②아무 생각 없이. ㉥그는 내 말을 그냥 흘려 버리고 말았다. ③알고도 모르는 체하고. ㉥모른 척 그냥 지나가다.
그:네 높이 맨 두 줄 끝에 나무를 걸쳐 놓고 올라타서, 앞뒤로 움직이며 노는 놀이 기구.
그:네뛰기 그네를 타고 몸을 움직여 앞뒤로 높이 왔다 갔다 하는 놀이.
그녀 말하는 사람끼리 알고 있거나 앞에서 말한 그 여자.
그늘 햇빛이나 불빛이 가리어진 곳. ㉥시원한 나무 그늘. ㊖응달. ㊕양지.
그늘지다 ①빛이 직접 비치지 않아 그늘이 생기다. ㉥햇볕이 뜨거워 그늘진 나무 아래서 쉬었다. ②남의 눈에 잘 뜨이지 않는 불행한 처지에 있다. ㉥그늘진 소외 계층. ③표정이나 태도에 근심과 괴로움이 나타나다. ㉥어머니의 그늘진 표정.
그다지 ①그렇게까지. 그러하도록. ②별로. ㉥그다지 가고 싶지 않다.
그대 ①〔친구나 아랫사람을 점잖게 부르는 말로〕 당신. 너. ㉥그대의 도움에 감사드리오. ②〔사랑하는 이성을 정답게 부르는 말로〕 당신. 너. ㉥그대는 장미꽃처럼 아름답군.
그대로 고치지 않고 전에 있던 대로. ㉥그대로 두다. ㊖그냥. >고대로.
그득 넘칠듯이 차 있는 모양. ㉥항아리에 물이 그득 차다. >가득. ㊓그뜩. -하다. -히.
그득하다 분량이나 수효가 그릇이나 정도에 차다. ㉥상자 안엔 사과가 그득하다.
그때 그때 일 생기는 때마다.
그라운드 운동장. 경기장. 【ground】
그랑프리 대상. 최우수상이란 뜻의 프랑스 말. 【grand prix】
그래 친구나 아랫사람에게 대답하는 말. ㉥그래, 알았다.
그래도 그렇다고 해도. 그럼에도 불구하고.
그래서 그렇게 하여서. 그리하여. ㉥형편이 그래서 너를 도와 줄 수가 없다.
그래프 수나 양의 크기를 한눈에 알아보기 쉽게 막대·꺾은 선·점·원·띠·그림·사각형등으로 나타낸 표. 【graph】
그래픽 그림과 사진. 【graphic】
그래픽 디자인 포스터나 그림, 광고나 표지 따위의 디자인.
그랜드캐니언 미국 남서부 애리조나주의 북부에 있는, 평지가 깊이 파여 생긴 큰 골짜기. 【Grand Canyoun】
그램 무게 단위의 하나. 'g'으로 쓰며, 1g은 4℃의 물 $1cm^3$의 무게와 같음. 【gram】
그러나 그렇지마는. ㉥형은 얌전했다. 그러나 동생은 말썽 꾸러기였다.
그러고 보니 다시 생각해 보거나 살펴보니까. ㉥그러고 보니 내일이 형 생일이네.

ㄱ

그러그러하다 서로 비슷하다. [예]삼촌의 친구들도 다 그러그러한 사람들이다.

그러나저러나 그것은 그렇다 치고. [예]그러나저러나 비가 너무 많이 와서 걱정이다.

그러니 일의 형편이 그와 같으니. 그렇기 때문에 말하는 데. [예]사정이 그러니 낸들 어쩌겠나.

그러니까 ①그런 까닭에. 그러한 이유로 말하는데. [예]그러니까 내 말대로 해. ②다시 말해서. 바꿔 말하자면. [예]그분은 제 어머니의 오빠, 그러니까 저에게는 외삼촌이지요.

그러다 '그렇게 하다'의 준말. [예]공부 좀 해라. 그러다 낙제하면 어떻게 할래.

그러다가 앞에서 말한 일이나 상황이 계속되는 가운데. 그렇게 하다가. [준]그러다.

그러면 그렇게 하면. [예]고양이 목에 방울을 답시다. 그러면 움직일 때마다 소리가 나지 않겠어요.

그러므로 그러한 까닭으로. 그렇기 때문에. [예]노력은 성공의 어머니다. 그러므로 열심히 공부해야 한다.

그러안다 두 팔로 잡아당겨 껴안다. [예]아이가 엄마의 목을 그러안았다.

그러자 그렇게 하니까. 또 그렇게 되자. [예]그러자 그는 두말없이 되돌아갔다.

그러쥐다 그러당기어 손 안에 잡다.

그러하다 어떤 행동이나 사실을 가리켜서, 그와 같다. [준]그렇다.

그럭저럭 되어 가는 대로. 뚜렷하게 이렇다 할 만한 것 없이. [예]그럭저럭 해가 저물었다.

그런 그것과 같은. [예]난 그런 책을 좋아한다.

그런가 하면 다른 한편. [예]국민은 교육을 받을 권리가 있다. 그런가 하면 교육을 받을 의무도 있다.

그런대로 썩 좋지는 않지만 웬만큼. [예]아이들의 차림은 허름했지만 그런대로 표정은 밝아 보였다.

그런데 그러한 형편인데. [예]그런데 그 친구는 지금은 뭘 하고 있을까?

그런데도 그러한 상황인데도 불구하고. [예]갑자기 비가 쏟아졌다. 그런데도 아이들은 놀이터에서 놀고 있다.

그럴듯하다 ①그렇다고 할 만하다. ②제법 훌륭하다. [예]그림이 그럴듯하다.

그럴싸하다 그럴 듯하다. 괜찮은 것 같다. [예]그림이 그럴싸하다.

그럼[1] ①'그러면'의 준말. [예]그럼 어떻게 해야 되지? ②끝맺는 인사말로 써서, 마지막으로. 이상으로. [예]선생님, 그럼 안녕히 계십시오.

그럼[2] 〔대답하는 말로〕 응. 물론. [예] "저도 가도 되죠?" "그럼."

그럼에도 불구하고 그러한 상황인데도 신경쓰지 않고. [예]지각을 하면 벌을 선다. 그럼에도 불구하고 현수는 오늘도 지각했다.

그렁그렁 ①액체가 그릇에 넘칠 듯이 차 있는 모양. ②눈에 눈물이 가득 괸 모양.

그렇게[그러케] ①그와 같이. 그런 정도로. [예]왜 그렇게 슬피 우니? ②매우. 아주. 썩. [예]학교는 그렇게 멀지 않다. ③그 정도로까지. 그토록. [예]문방구 아저씨는 그렇게 친절할 수가 없다. [비]그리.

그렇고 그렇다 특별하거나 대수롭지 않다. [예]그 영화는 선전만 요란했지 그렇고 그렇더라.

그렇고말고[그러코말고] '그러하고 말고'의 준말. 말할 것도 없이.

그렇다[그러타] 그와 같다. 틀리지 않다. [반]아니다. [본]그러하다.

그렇잖다[그러찬타] '그러하지 아니하다'가 줄어서 된 말. '그렇지 않다'의 뜻.

그렇지[그러치] 그와 같이 틀림없다는 뜻으로 하는 말. ㉥그렇지, 내말이 맞지.
그렇지만[그러치만] 그것이 사실이지만. ㉥그렇지만 그땐 그럴 수밖에 없었다. ㉥그러나.
그레코로만형 레슬링 종목의 한가지. 상대방의 윗몸만 공격하여 승부를 겨루는 종목.
그루 나무를 뿌리째 셀 때 쓰는 말. ㉥나무 한 그루.
그루갈이 한 논밭에서 한 해에 두 차례 다른 농작물을 짓는 일〔벼를 거둔 뒤에 보리를 가는 일 등〕. 이모작. **-하다.**
그루터기 풀이나 나무 따위를 베어 내고 남은 뿌리와 그 부분.
그룬트비〖사람〗[1783~1872] 덴마크의 사회 사업가. 농민 교육자. 황폐한 덴마크 농촌의 부흥을 위해 노력하여 덴마크의 국부로 받들어짐.
그룹 여럿이 같은 목적으로 모이는 모임. 집단. 【group】
그르다(글러, 글러서) ①옳지 못하다. ②이룰 수 없게 되다.
그르치다 잘못하여 일을 그릇 되게 하다. ㉥서두른 나머지 그만 일을 그르치고 말았다.
그릇[1] ①물건을 담는 도구를 통틀어 이르는 말. ㉥밥그릇. ②사람의 능력이나 생각. ㉥그릇이 큰 사람.
그릇[2] 그르게. 틀리게. ㉥그릇 말하다.
그릇되다 잘못되다. 바르지 않다. ㉥그릇된 생각.
그리[1] 그 곳으로. 그리로. 그 쪽으로. ㉥그리 앉아라.
그리[2] ①그렇게. 그런 정도로. ㉥그리 어렵지 않다. ②아주. 별로. ㉥밤 공기도 그리 차지 않으니, 그냥 걸어가자.
그리고 또한. 그리하여. ㉥너 그리고 나.
그리그〖사람〗[1843~1907] 노르웨이의 작곡가. 작품에 〈페르귄트 모음곡〉〈피아노 협주곡〉 등이 있음. 【Grieg】
그리니치 천문대 영국 런던 그리니치에 있는 천문대. 이 곳을 지나는 0도의 경선을 본초자오선이라 하며, 태양이 이곳을 지날 때를 정오로 하여 세계의 지방시·표준시로 정하고 있음.
그리다[1] 몹시 생각하며 보고싶은 마음을 품다. ㉥전학간 친구를 그리다.
그:리다[2] 사물의 모양을 그림으로 나타내다. ㉥꽃을 그리다.
그리마 다리가 여러 쌍이며 머리에 긴 더듬이가 있는, 갈색의 벌레. 어둡고 습한 곳에서 살며, 작은 벌레를 잡아먹음.
그리스〖나라〗 남부 유럽의 발칸반도에 위치하고 있는 나라. 고대 그리스 문명의 중심지. 수도는 아테네. 【Greece】
그리스도〖사람〗 [구세주라는 뜻으로]예수 크리스트 교를 처음으로 시작한 사람. 【Christ】
그리스 신화 옛날 그리스 사람들에 의하여 만들어진 여러 신에 대한 이야기. 유럽의 미술·문학 방면에 큰 영향을 주었음.
그리움 보고 싶어하는 마음.
그리워하다 보고 싶어하다.
그리하다 그렇게 하다. 그와 같이 하다. ㉥매사를 그리하니까 탈이 나지.
그리하여 ①그와 같이 된 결과로. 그렇게 하여. ㉥콩쥐는 착하게 살았습니다. 그리하여 복을 받았습니다. ②그렇게 해서. 그런 방법으로 하여. ㉥부모님은 열심히 일하셨습니다. 그리하여 자식들을 대학까지 공부시켰습니다.

그린란드【지명】 대성양과 북극해 사이에 있는 세계에서 가장 큰 섬.

그린벨트 도시 주변의 경치를 아름답게 하고 자연 환경을 보존하기 위하여 개발을 제한하고 있는 지역. 녹지 지역. 【greenbelt】

그린피스 핵무기 반대와 환경 보호 운동을 벌이고 있는 국제 단체. 본부는 암스테르담에 있음.

그:림 금을 긋거나 색깔을 칠하여 평평한 바닥 위에 사물의 모양을 나타낸 것.

그림의 떡 비록 마음에 들고 좋은 것이라 해도 차지하거나 사용할 수 없는 것.

그림 그래프 통계·수량 따위를 알기 쉬운 그림으로 나타낸 그래프.

그림 문자[그림문짜] 지난날, 미개한 사람들이 자기의 뜻을 그림으로 그려 나타내던 글자.

그:림물감 그림을 그리고 색깔을 칠하는 데 쓰는 물감.

그림배 그림을 그려 아름답게 꾸민, 놀이할 때에 타는 배.

그림 연극 어떤 이야기를 그림으로 그려서 한 장씩 보이면서 이야기하는 것.

그림 엽서 뒷면에 명승 고적이나 그 밖의 사진, 또는 그림을 인쇄한 우편 엽서.

그림일기 보고 듣고 생각하고 겪은 일 등을 그림과 글로 나타낸 일기.

그:림자 ①물체에 빛이 비치어 그 반대쪽에 나타나게 되는 검은 모양. ②거울이나 물에 비치는 물체의 형상. ③사람의 자취.

그:림자놀이 불빛으로 사람 또는 짐승의 모양을 흰 막이나 흰 벽 위에 비추어서, 그 그림자가 나타나게 하는 놀이.

그:림지도 고장의 모습을 알아 보기 쉽게 그려 놓은 그림.

그:림책 그림만으로 되었거나 그림이 많은, 어린이를 위한 책.

그립다(그리우니, 그리워서) 보고싶은 마음이 간절하다.

그만 ①더하지 말고 그 정도까지만. (예)그만 자거라. [반]더. ②그대로 곧. (예)늦잠을 자다 그만 지각을 했다. >고만.

그만그만하다 여럿의 크기나 모양이 서로 비슷하다. (예)아이들의 키가 그만그만하다.

그만두다 하던 일을 그 정도에서 그치다. >고만두다.

그만이다 ①더 이상 말할 수 없이 좋다. (예)찌개가 맛이 아주 그만이다. ②그것으로 끝이다. (예)내 방은 한낮에 잠깐 볕이 들고 그만이다. ③그것으로 족하다. (예)나만 잘 살면 그만이라는 생각을 버려야 한다.

그만저만 ①그저 그만한 정도로. ②보통으로. (예)그만저만한 일이 아니다.

그만큼 그만한 정도로. (예)노력하면 그만큼 대가를 받는다.

그만하다[1] 크지도 작지도 더하지도 덜하지도 아니하고 그저 비슷하다. (예)가정 형편이 그만하다. >고만하다.

그만하다[2] 하던 일을 계속하지 않고 멈추다. (예)전화 통화는 그만하고 공부해라.

그물 새나 물고기 따위를 잡기 위하여 노끈이나 실로 얽어 만든 물건.

그물망 ①물고기나 짐승을 잡기 위하여 쳐 놓은 그물. ②그물 모양으로 성기게 짠 천이나 철망

그물채 그물의 양쪽 끝에 매는 긴 막대기.

그믐 음력으로 한 달의 맨 마지막 날. 말일. (본)그믐날.

그믐날 음력으로, 한 달의 맨 마지막

날. 밤에 달이 보이지 않음. 비말일. 반초하루. 준그믐.

그믐달[그믐딸] 음력으로 매월 그믐께 돋는 달. 달의 왼쪽 부분이 칼날같이 보임. 반초승달.

그믐밤[그믐빰] 음력 그믐날의 밤. 달이 없고 컴컴한 밤.

그분 '그 어른'을 가리키는 말. 예그분께서 많이 도와 주셨습니다.

그뿐 아니라 앞에서 말한 것만이 아니라 또한.

그새 어느 틈에. 금방. 예사납던 바람이 그새 멈추었다.

그슬리다 불에 쬐어 거죽만 조금 타게 하다. 예아저씨는 양털을 불에 그슬렸다.

그악하다[그아카다] ①지나치게 사납고 모질다. 예성질이 그악하다. ②억척스럽게 부지런하다. 예그악하게 일하다.

그야 그것은 물론. 더 말할 것도 없이. 예그야 당연히 네 잘못이지.

그야말로 '그것이야말로'가 줄어서 된 말로, '말한 바와 같이 참으로'의 뜻. 예그야말로 역사에 남을 일이다.

그윽이[그으기] ①바라보는 태도가 깊은 정을 품고 고요히. 은근하게. 예푸른 하늘을 그윽이 우러러보다. ②움직임이 조용하고 은은하게. 예방안에 국화 향기가 그윽이 퍼졌다.

그윽하다[그으카다] ①깊숙하고 고요하다. 예깊고 그윽한 산 속. ②뜻이 깊다. 예그윽한 사랑. ③은근하다. 예향기가 그윽하다.

그을다(그으니, 그으오) 햇볕이나 연기 같은 것에 오랫동안 쐬어 빛이 검게 되다. 준글다.

그을리다 ①햇볕이나 연기 따위를 쐬어 검게 되다. 예검게 그을린 얼굴. ②햇볕이나 연기 따위를 쐬어 검게 만들다. 예유리를 촛불에 그을려 보자.

그을음[그으름] 연기에 섞이어 있는 검은 먼지 같은 가루.

그이 ①그 사람. 예여기 있던 그이는 누구예요? ②우리 남편. 예그이는 퇴근이 늦다.

그저 ①그대로 사뭇. 예그저 바라보고 있다. ②아무 생각 없이.

그저께 어제의 전날. 준그제.

그전 ①얼마 되지 않은 지난날. ②퍽 오래 된 지난날. 비이전.

그제야 그때서야 비로소. 예그제야 나의 실수를 깨달았다.

그 중 그 가운데에서 가장. 예그 중 제일 예쁘다.

그지없다[그지업따] ①헤아릴 수 없다. 한이 없다. ②이루다 말할 수 없다. 예슬프기가 그지 없다.

그지없이[그지업씨] 이루 다 말할 수 없이. 한없이. 예그지없이 푸르고 맑은 하늘.

그치다 움직임이 멈추다. 예울음을 그치다. 비멈추다. 반시작하다.

그토록 그렇게까지. 예그토록 염려해 주니 고맙다.

극[1] ①자석에서 자력이 가장 센 두 끝. ②북극과 남극. 【極】

극[2] 연극, 또는 연극의 대본이 되는 문학 작품. 【劇】

극광[극꽝] 남극이나 북극 가까이의 하늘에 가끔 나타나는 아름다운 빛. 오로라. 【極光】

극구 갖은 말을 다함. 예극구 만류했으나 듣지 않았다.

극기 자기의 욕망이나 충동·감정 따위를 눌러 이김. 예극기훈련. 비자제. **-하다.**

극기 훈련 극기력을 키우기 위해 힘들게 하는 고된 운동.

극단[1] ①맨 끝. ②한쪽으로 치우침. 예극단적인 행동을 삼가라. 【極端】

극단[2] 연극을 하기 위한 단체. 【劇團】
극대 그 이상 큰 것이 없을 정도로 큼. 반극소. -하다. 【極大】
ㄱ
극대화[극때화] 최대로 크게 되거나 만드는 것. 예효과를 극대화시키다.
극도 가장 심한 정도. 예슬픔이 극도에 달하다. 【極度】
극도로 더할 수 없는 정도로. 최대한으로. 예극도로 화가 났다.
극동 아시아의 가장 동쪽에 있는 지역(한국·중국·일본 등을 포함하는 지역). 【極東】
극락[긍낙] ①지극히 안락하여 아무 걱정이 없는 경우와 처지, 또는 그런 장소. ②'극락 세계'의 준말. 비천당. 반지옥. 【極樂】
극렬[긍녈] 지극히 열렬함. 예극렬한 투쟁. -하다. -히.
극론[긍논] 힘껏 주장을 내세워 의논함. -하다. 【極論】
극명하다[긍명하다] 아주 분명하다. 예너무나 극명한 증거 앞에서 그들은 결국 죄를 인정했다.
극복[극뽁] 어려움을 이겨 냄. 예수해를 극복하다. -하다.
극본[극뽄] 연극을 할 수 있도록 나오는 사람의 움직임·말 따위를 적은 글. 비각본.
극비[극삐] 남이 알아서는 안되는 중요한 비밀. 【極秘】
극비리[극삐리] 아주 비밀로 하는 가운데. 예일을 극비리에 추진하다.
극빈[극삔] 몹시 가난함. 예그는 극빈한 사람들을 돕는다. -하다. 【極貧】
극빈자[극삔자] 매우 가난한 사람.
극상품 가장 좋은 품질, 또는 그러한 물품. 최고품.
극성[극썽] 지독하고 과격한 성질, 또는 그러한 상태. 예왜 이리 극성을 떠니? 【極盛】
극성스럽다 매우 적극적이며 억척스러운 데가 있다. 억척스럽게 구는 정도가 매우 심하다.
극소 아주 작음. 반극대. 【極小】
극소수 아주 적은 수. 반대다수.
극심[극씸] 매우 심함. 예극심한 가뭄. -하다. -히. 【極甚】
극악[그각] 몹시 악함. 지독히 나쁨. 예소행이 아주 극악하다. -하다.
극악 무도 더없이 악하고 도덕심이 없음. 예극악 무도한 만행.
극약[그갹] 생명에 관계 있는 위험한 약. 비독약. 【劇藥】
극음악[그그막] 극의 형식을 섞어 넣은 음악, 또는 연극을 위한 음악.
극작[극짝] 연극의 희곡이나 각본을 지음. 【劇作】
극작가 연극 극본을 쓰는 일을 직업으로 하는 사람. 【劇作家】
극장 영화·연극 따위를 하는 곳. 비영화관. 【劇場】
극적[극쩍] 연극을 보는 것 같이 감격적이거나 인상적인 것. 예전쟁 때 헤어진 가족을 극적으로 만나다. 【劇的】
극중[극쭝] 극의 내용 가운데. 극에 들어 있는 것.
극지[극찌] ①맨 끝에 있는 땅. 아주 먼 땅. ②남극과 북극 지방. 예극지 탐험. 【極地】
극지방 남극 지방과 북극 지방.
극진[극찐] 마음과 힘을 다함. 예그는 부모님을 극진히 모시는 효자다. -하다. -히. 【極盡】
극진히[극찐히] 있는 정성을 다하여 정성껏. 예어머니는 할머니를 극진히 모신다.
극찬 몹시 칭찬함. 예우리 문화재를 극찬하는 외국인. -하다.
극치 더 이상 나아갈 수 없는 최고의 상태. 예예술의 극치.
극한[그칸] 더 이상 나아갈 수 없는 한계. 예극한 투쟁.

극형[그켱] 〔더할 수 없이 무거운 형벌이라는 뜻으로〕 '사형'을 이르는 말. 【極刑】

극화[그콰] 사건·소설 같은 것을 연극의 형식으로 바꿈.

극히[그키] 매우. 대단히. ㉠극히 드문 일이다.

근:[1] 거의 가까움. ㉠근 백 리는 되는 거리이다. 【近】

근:[2] 무게의 단위. 한 근은 600g 이지만 375g으로 쓰기도 함. ㉠고기 두 근. 【斤】

근:간[1] 요사이. ㉠근간에 한 번 놀러 오너라. 【近間】

근간[2] ①뿌리와 줄기. ②어떤 사물의 가장 중심이 되는 부분. 【根幹】

근거 본바탕이 되는 일. ㉠근거없는 헛소문. 【根據】

근:거리 가까운 거리. 반원거리.

근거지 활동의 중심이 되는 곳. 비본거지. 【根據地】

근거하다 무엇에 기대어 판단이나 행동의 이유를 확정하다. ㉠실험 결과에 근거한 이야기. 비의거하다.

근검 부지런하고 검소함. -하다.

근:교 도시 변두리의 마을이나 들. ㉠근교 농업. 【近郊】

근교 농업 도시 사람들에게 공급할 목적으로 대도시 근처에서 신선한 야채와 과일 따위를 재배하는 농업.

근:근이[근그니] 겨우. 간신히. ㉠적은 생활비로 근근이 살아가다.

근:년 지나간 지 얼마 안 되는 해. 가까운 해. 【近年】

근대[1] 채소의 한 종류로 두해살이 식물. 줄기와 잎은 국을 끓여 먹거나 무쳐서 먹음.

근:대[2] 지나간 지 얼마 안 되는 가까운 시대. 우리나라는 조선 시대의 후기가 이에 속함. 【近代】

근:대식 옛날 방식이 아니고 오늘날에 가깝게 변하고 발전한 방식. ㉠최초의 근대식 병원.

근대 오(5)종 경기 올림픽 경기 종목의 한 가지. 승마·펜싱·사격·수영·크로스컨트리 등의 다섯 종목을 한 사람이 하루에 한 종목씩 하여 그 종합 점수로 승부를 겨룸.

근:대적 근대의 성격을 띤 것. ㉠우리 나라 최초의 근대적인 여성 교육 기관은 이화 학당이다.

근:대화 현대 문명에 뒤떨어지지 않게 낡은 것을 바꿈. ㉠산업의 근대화. -하다. 【近代化】

근:동 유럽에 가까운 동방의 여러 나라〔터키·시리아·레바논·요르단·이스라엘·사우디아라비아 등을 포함하는 지역〕. 【近東】

근:래[글래] 요즈음. 요사이.

근력[글력] ①근육의 힘. ②일을 튼튼히 해내는 힘.

근:로[글로] ①부지런하게 일함. ②일정한 시간 동안 일에 종사함. ㉠근로 시간. -하다.

근로 기본권 근로자에게 그 생존을 확보하기 위해 인정되는 기본권〔근로권·단결권·단체 교섭권 등〕.

근로 소득 근로의 대가로 얻는 소득.

근:로자[글로자] 근로에 의한 소득으로 생활하는 사람. 노동자.

근로자의 날 온 국민이 근로자의 수고를 위로하고, 근로의 고마움을 새롭게 깨닫기 위하여 법으로 정한 날. 매년 5월 1일임.

근:린[글린] 한 동네에서 가까운 거리 안에 있는 지역. ㉠근린 공원.

근:면 부지런히 힘씀. ㉠근면한 성격. 반나태. -하다. 【勤勉】

근:면성 부지런한 성질. ㉠개미는 근면성의 상징이다. 【勤勉性】

근:무 일터에 나가 일함. 일을 봄. ㉠근무 시간. -하다. 【勤務】

근무 태만 맡은 일을 충실하게 하지 않음.

근:방 가까운 곳. [예]학교 근방. [비]근처. 【近方】

근본 ①사물이 발생하는 근원. ②초목의 뿌리. ③자라 온 환경이나 경력. [비]기본. 기초. 【根本】

근본적 근본을 이루는 것. 또는 근본이 되는 것. [예]근본적인 문제. [비]기본적.

근:사 ①아주 비슷함. ②그럴듯하게 괜찮음. [예]근사한 집. -하다.

근:삿값[근사깝/근삳깝] 어떤 수치 대신 사용하는 그 수값에 아주 가까운 수값. 근사치.

근섬유 힘줄을 이루고 있는 실 모양의 조직.

근성 ①바탕이 되는 성질. 마음의 뿌리. ②어떤 일을 끝까지 해내려고 하는 끈질긴 성질. [예]근성이 부족하다. 【根性】

근:세 ①지나간지 얼마 안 되는 세상. ②역사의 시대 구분의 하나. 중세와 근대의 중간 시대. 【近世】

근:세 조선 고려를 이은 조선 왕조 500년간을 일컫는 말.

근:소 아주 적음. [예]근소한 차이로 이기다. -하다.

근:속 한 곳에서 오래 일을 함. [예]장기 근속. -하다.

근:시 가까운 데 것은 잘 보이나 먼 데 것은 잘 보이지 않는 시력. [반]원시. 【近視】

근:신 ①말과 행동을 삼가고 조심함. ②잘못에 대하여 반성하고 행동을 조심함. -하다.

근실 부지런하고 착실함. [예]성격이 근실하다. -하다. -히.

근심 좋지 않은 일이 생길지도 모른다는 두렵고 불안한 마음. [비]걱정. 염려. -하다.

근심거리 근심이 되는 일. 걱정 거리. 근심사.

근심스럽다 근심이 되어 마음이 편하지 아니하다. [예]근심스러운 얼굴로 바라보다.

근심어리다[근시머리다] 걱정하는 마음이 은근히 드러나다. [예]선생님께서 근심어린 표정으로 말씀하셨다.

근:엄[그넘] 매우 점잖고 엄함. [예]근엄한 표정. -하다.

근원 어떤 일이 생겨나는 본바탕. [예]사회악의 근원을 밝히다. [비]근본. 본원. 【根源】

근:위 임금을 가까이에서 지킴.

근:위대[그뉘대] 임금을 직접 호위하는 부대.

근:위병[그뉘병] 임금을 직접 호위하는 군인.

근육 심줄과 살. 몸의 운동을 맡은 기관. 【筋肉】

근육질[그뉵찔] 근육이 발달된 몸. [예]근육질의 사내가 운동을 하고 있다. 【筋肉質】

근절 어떤 일이 다시 일어나지 못하도록 뿌리째 뽑아 버림. -하다.

근:접 가까이 다가감, 또는 가까이 닿음. 접근. [예]바다에 근접한 마을.

근:정전 경복궁 안에 있는 건물로 임금의 즉위식이나 중요한 의식을 행하던 곳. 고종 4년(1867)에 세워짐. 【勤政殿】

[근정전]

근:조 누구의 죽음을 슬퍼하는 사람이나 문상을 하는 사람이 그 표시로 쓰는 말로, '삼가 조의를 표합니다'를 뜻하는 문구. 【謹弔】

근지럽다 살갗을 긁든가 비비고 싶은 불편한 느낌이 있다. 〉간지럽다.

근질거리다 몸의 일부가 계속해서 가렵다. [예]무좀으로 발이 근질거리다.

근질근질 근지러운 느낌이 자꾸 일어나다.
근질대다 몸이 자꾸 근지럽다.
근:처 가까운 곳. ㉥학교 근처에 있는 문방구. ㉥근방.
근초고왕〖사람〗[?~375] 백제의 제13대 임금(재위 346~375). 비류왕의 둘째 아들. 백제의 힘을 가장 크게 떨친 임금으로 고구려의 평양성까지 공격하였으며, 중국·일본과의 해상 무역도 함.
근:친 가까운 친족. 【近親】
근:하 신년 〔삼가 새해를 축하 합니다의 뜻으로〕연하장 따위에 쓰는 말. 【謹賀新年】
근:해 육지에서 가까운 바다. ㉥원해. 원양. 【近海】
근:황 요즈음의 형편. ㉥친구의 근황을 묻다. 【近況】
글 생각이나 느낌을 글자로 표현한 것. ㉥문장. 글월.
글감[글깜] 글짓기의 재료.
글공부[글꽁부] 글을 익히거나 배우는 일. -하다.
글귀[글뀌] 글의 한 토막.
글라디올러스 붓꽃과의 여러해살이 화초. 둥근 뿌리에서 칼 모양의 잎이 곧게 돋고, 여름에 긴 꽃줄기에 깔때기 모양의 꽃이 이삭 모양으로 핌. 【gladiolus】
글라스 유리로 만든 잔. 【glass】
글라이더 엔진이나 프로펠러가 없이 공기의 흐름을 이용하여 나는 간단한 비행기. 【glider】
글러브 권투나 야구를 할 때 손에 끼는 가죽 장갑. 【glove】
글리세롤 동식물의 기름으로 만드는 빛깔과 냄새가 없으며 조금 달콤하고 끈적거리는 기름의 한 가지. 화장품·방부제·화약 등의 원료로 쓰임. 글리세린. 【glycerol】
글리코겐 동물의 간이나 근육에 저장되는 탄수화물. 【glycogen】
글말 글에서 쓰이는 말. ㉥문어. ㉥입말.
글모음 동요·동시·줄글 등을 모으는 일, 또는 모아서 엮은 책. -하다.
글방[글빵] 옛날에 글(한문)을 배우는 곳. ㉥서당.
글썽거리다 눈물이 그득히 괴어 흘러내릴 듯하다.
글썽글썽 눈에 눈물이 괴어 곧 넘칠 듯한 모양. -하다.
글썽이다 기쁘거나 슬퍼서 눈에 눈물을 가득 고이게 하다. ㉥눈물을 글썽이며 좋아하다.
글쎄 ①확실하게 잘라 말할 수 없음을 나타내는 말. ②자기의 뜻을 강조할 때 쓰는 말. ㉥글쎄, 내 말이 맞다니까.
글쓴이[글쓰니] 책이나 논문 따위의 글을 쓴 사람. ㉥작자. 저자. 지은이.
글씨 말을 글로 적은 표. ㉥글자. 문자.
글씨본 글씨 연습을 할 때 보고 쓰도록 만든 책.
글씨체 글씨를 쓰는 일정한 격식. 글자를 써 놓은 모양새.
글월[그뤌] 글. 문장. ②편지.
글자[글짜] 사람의 말을 적는 일정한 부호. ㉥문자.
글자판[글짜판] 컴퓨터·타자기·시계·계량기 따위에서 글자·숫자·기호가 그려진 판. 자판.
글재주[글째주] 글을 이해하는 재주. 글을 짓는 재주.
글짓기[글짇끼] 사실·생각·느낌 등을 글로 적는 일. ㉥작문. -하다.
글피 모레의 다음 날. 3일후.
긁다[극따] 바닥이나 거죽을 문지르다. ㉥등을 긁다.

긁어 모으다 흩어져 있는 것을 긁어서 한데 모이게하다.
긁적거리다[극쩍꺼리다] 자꾸 거죽을 문지르다. 〉갉작거리다.
긁적긁적[극쩍극쩍] ①잇달아 자꾸 긁는 모양. ②글씨나 글 따위를 되는 대로 손을 놀려 쓰는 모양.
긁히다[글키다] 긁은 자국이 생기다.
금[1] 누른 빛깔의 광택을 내는 쇠붙이로 귀금속의 하나. 【金】
금[2] 줄. 선. ㉰금을 긋다.
금[3] '금요일'의 준말. 【金】
금가다 ①터져서 금이 생기다. ②서로의 사이가 벌어지다. ㉰사소한 다툼으로 우정에 금가다.
금:강 충청 남도와 전라 북도의 경계를 이루는 강으로, 전라 북도 장수에서 시작되어 공주·부여·장항을 거쳐 서해로 흘러가는 강. 길이 약 401km. 【錦江】
금강산 강원도의 북부 태백 산맥중에 있는 이름난 산. 묘한 바위가 많으며, 일만이천이나 되는 봉우리의 곳곳에 폭포·못·절이 있어 경치가 세계적으로 유명함. 철에 따라 봄에는 금강산, 여름에는 봉래산, 가을에는 풍악산, 겨울에는 개골산으로 부르기도 함. 위치상으로 보아 내금강·외금강·해금강으로 나뉨. 높이는 1638m. 【金剛山】
금강석 광물 중에서 가장 단단하고 귀한 보석. 다이아몬드. 【金剛石】
금고 돈이나 서류 등을 넣어 두는 쇠로 만든 궤. 【金庫】
금관 금으로 만들거나 아름답게 꾸민 관. 【金冠】
금관 가야〖나라〗 경상 남도 김해 부근에 자리했던 고대 국가. 6가야의 하나로 가장 세력이 컸음. 6세기경에 신라에게 망함. 【金官伽倻】
금관 악기 쇠붙이로 만든 관악기〔트럼펫·트롬본·호른 등〕.
금관 조복 관원이 임금을 뵐때 갖추어 입던 관과 예복.
금광 금이 들어 있는 광석, 또는 그것을 캐내는 광산.
금괴 대개 일정한 모양으로 만들어 놓은 금덩이.
금권 돈의 위력. 재산의 힘.
금궤 금으로 장식하여 만든 상자.
금:기 ①꺼리어 금하거나 피함. ②어떤 약이나 음식을 좋지 않은 것으로 여겨 쓰지 않는 일. 【禁忌】
금나라[1115~1234] 여진족의 족장 아쿠타가 북송과 요나라를 무찌르고, 지금의 만주·몽골·화북 땅에 세운 나라. 후에 몽고 제국에게 망함.
금:낭화 잎이 동글동글하게 갈라져 있으며, 늦은 봄에 작은 주머니 같은 분홍빛 꽃들이 줄기에 매달려 피는 여러해살이풀. 우리나라 중부의 산에 저절로 남.

[금낭화]

금년 현재의 해. 【今年】
금니 금으로 만들거나 금을 씌운 이.
금당 절에서 본존 불상을 모신 불당. 대웅전.
금당 벽화 고구려 영양왕 때의 승려인 담징이 일본 호류사의 금당에 그린 벽화.
금덩어리 금의 덩어리. 금덩이. ㉥금괴.
금덩이 금의 덩이. 금덩어리. ㉥금괴.
금도끼 금으로 만든 도끼.
금도금 금속 재료의 표면에 금의 얇은 막을 입히는 것.
금돈 금으로 만든 돈. ㉥금화.
금동 금으로 도금을 한 구리. ㉰금동 불상. 【金銅】

금동 미륵보살 반가 사유상 구리로 만들어 겉에 금을 얇게 씌운, 삼국 시대의 불상. 오른발을 왼쪽 다리 위에 걸치고, 손으로 뺨을 받친 채 앉아서, 생각에 잠긴 모습을 하고 있음.

금력[금녁] 돈이나 재물의 힘.

금리[금니] 빌려준 돈이나 예금 따위에 붙는 이자. 【金利】

금메달 대회에서 우승한 사람에게 주는, 금으로 만들거나 도금을 한 메달. 【金 medal】

금명간 오늘이나 내일 사이.

금:물 해서는 안 될 것. ㉎욕심은 금물이다. 【禁物】

금물결 햇빛을 받아서 금빛으로 반짝거리는 물결. ㉎금물결이 넘실거리는 바다.

금박 금을 두드려 종이처럼 아주 얇게 만든 물건. 【金箔】

금반지 금으로 만든 반지. 비금가락지.

금발 주로 서양인들의 금빛 머리털.

금방 이제 곧. 지금 막. ㉎금방 떠났다. 【今方】

금방금방 잇달아 속히. 무척 빨리.

금붕어 잉어과의 민물고기. 붕어의 변종으로 원산지는 중국. 종류가 많고 빛깔이 여러가지이며 꼬리지느러미가 아름다움.

[금붕어]

금붙이[금부치] 금으로 만든 모든 물건.

금비 돈을 주고 사서 쓰는 거름. 보통 화학 비료를 뜻함. 【金肥】

금빛[금삗] 금과 같이 누런 빛깔. 비황금빛.

금산사 전라 북도 김제군 금산면 금산리에 있는 큰 절. 후백제의 견훤이 아들 신검에 의하여 이곳에 갇혀 있었음.

금산 위성 통신 지구국 1970년 충청 남도 금산에 세워진 통신 시설. 통신 위성에 의한 우주 통신 중계 시설.

금상 상의 등급을 금·은·동으로 나눌 때의 일등 상. 【金賞】

금상 첨화 비단 위에 꽃무늬를 보탠다는 뜻으로, 좋은 일에 또 좋은 일이 겹치는 것. 【錦上添花】

금색 금과 같이 누런 색. 비금빛.【金色】

금석 문자 지난날, 비석이나 그릇·쇠붙이 등에 새겨진 글자.

금성 지구의 바로 안쪽에서 태양의 주위를 도는 행성. 초저녁 하늘에 보이면 태백성·장경성, 새벽에 동쪽 하늘에 보이면 샛별·계명성이라 함. 【金星】

금세 시간이 얼마 지나지 않아서. 시간이 조금 지난 뒤에. ㉎소문이 금세 퍼졌다. 비금방.

금세기 우리가 사는 지금의 이 세기. ㉎금세기 최고의 성악가. 【今世紀】

금속 철·금·은·구리 등과 같은 쇠붙이. 【金屬】

금속성[1][금속썽] 쇠붙이가 지니는 특성. 【金屬性】

금속성[2][금속썽] 쇠붙이가 무엇에 부딪혀 나는 소리. 【金屬聲】

금속 화폐 금·은·구리 등으로 만든 돈. 반지폐.

금속 활자 구리·납 등 쇠붙이로 글자 모양을 본떠 만든 활자.

금수 ①날짐승과 길짐승을 포함한 모든 짐승. ②무례하고 추잡한 행실을 하는 사람을 비유한 말. ㉎인간의 도리를 저버린 금수 같은 놈.

금:수 강산 ①비단에 수를 놓은 듯이 아름다운 강산. ②우리 국토의 아름다움을 일컬음. ㉎삼천리 금수 강산. 【錦繡江山】

금시 ①지금. 금방. ㉎금시 떠났다. ②곧. 바로. 【今時】

ㄱ

금시 초문 어떤 이야기를 전에 들어 본 적이 없음. 【今始初聞】
금:식 얼마 동안 음식을 먹지 않는 일. ㊥단식. -하다. 【禁食】
금실 서로 잘 맞는 부부 관계. ㊞그 부부는 금실이 좋다. *'금슬'의 변한 말.
금싸라기 ①금의 부스러기. 금가루. ②'아주 귀하고 비싼 것'을 비유하여 이르는 말. ㊞금싸라기 땅.
금액[그맥] 돈의 액수. 【金額】
금언[그먼] 우리에게 본보기가 될 만한 귀중한 짧은 어구. 보통 훌륭한 사람들이 남긴 말〔시간은 돈이다. 침묵은 금이고 웅변은 은이다 등〕. 【金言】
금:연[그면] ①담배를 피우지 않음. ㊞금연 학교. ②담배를 피우는 것을 금함. ㊞금연 지역. -하다.
금오산 경상 북도 선산군에 있는 산. 고려 말엽 길재가 숨어 살았다고 함. 산 아래 그를 기리는 금오 서원이 있음. 높이 977m.
금오신화〖책명〗 조선 세조 때 김시습이 지은 우리 나라 최초의 한문 소설. 【金鰲新話】
금와왕〖사람〗 지난날 동부여의 임금. 고대 난생 설화상의 인물. 해부루의 아들로 뒤를 이어 임금이 되었다가 하백의 딸 유화를 만나 주몽을 낳았다고 전해짐. 【金蛙王】
금요일[그묘일] 한 주의 여섯째 날. ㊟금. 【金曜日】
금:욕[그묙] 하고 싶은 일이나 생각을 억제함. 【禁慾】
금융[금늉/그뮹] ①돈이 세상에 널리 도는 일. ②여유 있는 돈을 모아서 자금을 필요로 하는 사람에게 돌려 주는 일.
금융 기관 돈의 수요 공급을 맡아 하는 기관〔은행·보험회사·협동조합 등〕.
금은방[그믄빵] 금·은을 가공하여 매매하는 가게.
금은보화 금·은·옥·진주·호박 등의 귀중한 보물.
금의환향 비단 옷을 입고 고향에 돌아온다는 뜻으로, 성공하여 고향에 돌아오는 것. 【錦衣還鄕】
금일[그밀] 오늘. 【今日】
금일봉 상금이나 기부금 등에서 금액을 밝히지 않고 종이에 싸서 주는 돈. 【金一封】
금자동 어린 아이를 금과 같이 귀하다는 뜻으로 이르는 말. 【金子童】
금자탑 후세에 빛날 훌륭한 업적의 비유. ㊞금자탑을 쌓다.
금잔디 벼과의 여러해살이풀. 뿌리줄기가 가로 뻗으며 잎은 2~5cm 정도. 잎 가장자리에 털이 나있음.
금잔화 조그맣고 쪼글쪼글한 노란 꽃잎이 촘촘하게 피는, 키가 조금 큰 한해살이 여름 화초.
금전 ①쇠붙이로 만든 돈. ②돈. ㊞금전 거래 【金錢】
금전 출납부[금전출랍뿌] 돈이 들어오고 나감을 적어 두는 장부.
금제 금으로 만든 것. 【金製】
금제 관식 금으로 만든 여러 가지 장신구로 백제 무령왕릉에서 나온 유물로 유명함.
금주[1] 이번 주일. 【今週】
금:주[2] 술을 못 마시게 함. 술을 끊음. -하다. 【禁酒】
금:줄 아기가 갓 태어난 집에 남이 함부로 드나들지 못하도록 문간을 건너질러서 맨 줄.
금:지 하지 못하게 함. ㊞출입 금지. -하다. 【禁止】
금:지령 금지하는 법령이나 명령.
금지 옥엽 〔황금으로 된 나뭇가지와 옥으로 만든 나뭇잎이란 뜻으로〕 ①임금의 자손이나 집안을 이르는 말. ②귀여운 자손을 이르는 말.

금:침 이부자리와 베개. 침구.
금테 금 또는 금빛 나는 것으로 만든 테. ㉠금테 안경.
금품 돈과 물건. 【金品】
금피리 금으로 만들어진 피리. 동화나 동시 속에 흔히 나옴.
금:하다 못하게 하다. ㉠출입을 금하다. 비금지하다.
금혼식 결혼한 지 50주년이 되는 날을 기념하여 축하하는 식.
금화 금으로 만든 돈. 비금돈.
금환식 달이 태양의 가운데만을 가려 달의 주위에 가락지 모양으로 해가 보이는 일식.
급 〔어떤 말 뒤에 써서〕 그것에 해당하는 계급이나 등급. ㉠민호는 바둑이 3급이다. 【級】
급격 급하고 세참. 갑작스러움. ㉠기온이 급격히 떨어지다. 반완만. -하다. -히.
급격히[급껴키] 갑자기 빠른 속도로. ㉠소아 비만이 급격히 증가하고 있다.
급급하다 어떤 한 가지 일에만 정신을 쏟아 골똘하다.
급기야 마침내. 마지막에 가서. ㉠성적이 점점 떨어지더니 급기야 꼴등을 하고 말았다.
급등 물가·성적 따위가 갑자기 오름. 비급상승. 반급락.
급락[금낙] 물가·성적 따위가 갑자기 떨어짐. 반급등.
급료[금뇨] 일한 대가로 주는 돈. 월급. 비급여. 【給料】
급류[금뉴] 급한 물의 흐름. ㉠급류에 휘말리다.
급박하다[급빠카다] 사태가 곧 큰일이 벌어질 듯이 매우 급하다.
급변 ①갑자기 달라짐. 별안간 변함. ㉠급변하는 세계 정세. ②갑자기 일어난 사고. -하다. 【急變】
급보 급히 알림. 또는 급한 소식.
급사[급싸] 별안간 죽음. 갑작스러운 죽음. -하다.
급상승[급쌍승] 갑자기 빠르게 올라감. -하다.
급선무[급썬무] 가장 먼저 빨리 서둘러 해야 할 일. ㉠가뭄 해결이 급선무이다.
급성[급썽] 병이 갑자기 심해지는 성질. 반만성. 【急性】
급:소 몸에서 조금만 다쳐도 생명이 위험하게 되기 쉬운 곳.
급속도 매우 빠른 속도.
급속하다[급쏘카다] 상황이 변하는 것이 몹시 빠르다. ㉠최근 수도권 지역은 인구가 급속하게 증가하였다.
급수 물을 공급함, 또는 그 물.
급수차 물이 부족한 곳에 물을 공급하기 위하여 큰 물통을 단 차.
급습 상대방이나 적의 방심을 틈타서 갑자기 공격함. -하다.
급식 ①음식을 줌. ②학교나 군대에서 음식을 주는 일, 또는 끼니 음식. -하다. 【給食】
급식비 끼니 음식을 마련해 주는 비용. 【給食費】
급식실 학교·병원 등에서 단체가 먹을 음식을 만들고 나누어 주는 방.
급여[그벼] 기관이나 단체에서 일정한 기간 동안 일한 사람에게 일한 값으로 돈을 주는 것. 비급료.
급우 같은 반 친구. 【級友】
급작스럽다[급짝스럽따] 행동이나 상황이 변하는 것이 매우 급하고 뜻밖이다. >갑작스럽다.
급정거 차 따위가 급히 멈추어 서거나 또는 차를 급히 세우는 것.
급제 ①시험에 합격됨. ②과거에 합격됨. ㉠장원 급제. 반낙제. -하다.
급증 갑자기 늘어남. ㉠인구가 급증하다. 반급감.

급파하다 일이 생긴 곳으로 관계되는 사람을 급히 보내다. ㉡사건 현장으로 형사를 급파하다.

ㄱ **급하다**[그파다] ①일을 서두르거나 다그치는 경향이 있다. ②머뭇거릴 틈이 없다. ③성미가 참을성이 없다. ④형세가 위태롭다.

급행[그팽] ①빨리 감. ②'급행 열차·급행 버스'의 준말. 반완행. -하다. 【急行】

급행 열차 빨리 달리며 주요한 역에서만 정거하는 열차. 반완행 열차.

급훈[그푼] 학급의 교육 목표로 정한 짧은 말. 예우리 학급의 급훈은 '정직'이다. 【級訓】

급히[그피] 몹시 서둘러. 급하게. 예급히 밥을 먹다. 비바삐. 부지런히.

긋:다[1](그으니, 그어서) 줄을 치거나 금을 그리다. 예선을 긋다.

긋:다[2](그으니, 그어서) 비가 잠깐 멈추다. 예비가 긋기를 기다리다 집으로 뛰어갔다.

긍:정 그러하다고 인정함. 반부정. -하다. 【肯定】

긍:정적 좋다고 할 만한 것. 이롭다고 볼 만한 것. 예긍정적인 사고 방식. 반부정적.

긍:지 자신이 있어서 스스로 자랑하는 마음.

기[1] 종이나 헝겊 따위에 특별한 뜻을 나타내어 표적으로 쓰는 것〔국기·교기 등〕. 【旗】

기[2] 기운을 뜻하는 말〔원기·정기·생기 등〕. 【氣】

기가 10억을 단위로 하는 수. 【giga】

기:각 법원이 접수된 재판의 내용을 이유가 없는 것, 또는 부적합한 것으로 판단하여 받아들이지 않고 거절하는 것. -되다. -하다.

기간 어느 한 때로부터 다른 때까지의 시간. 예일정한 기간이 지나다. 비시기. 【期間】

기간 산업 모든 산업이 발달하는데 기초가 되는 중요한 산업〔비료 공업·제철 공업·시멘트 공업 등〕.

기갈 배고프고 목마름.

기강 으뜸이 되는 규율과 질서. 예흐트러진 기강을 바로잡자.

기개 씩씩한 마음과 꿋꿋한 의지, 또는 그러한 기상. 예전봉준은 도량이 넓고 기개가 높았다.

기거하다 임시로 생활을 하다. 예친구 집에 기거하다.

기겁 갑자기 놀라거나 겁에 질려서 숨이 막힐 듯한 것. 비질겁. -하다. 【氣怯】

기계 여러 가지 부분이 조직적으로 장치되어 증기·전기 등의 힘에 의하여 일정한 운동을 되풀이하며 일을 하게 만든 장치. 【機械】

기계 공업 ①기계의 힘을 사용하여 생산·가공하는 공업. 반수공업. ②기계를 만드는 공업.

기계모내기 모내기를 손으로 하지 않고 기계로 하는 방법.

기계 문명 기계의 발달에 따라서 생겨난 현대의 문명.

기계 체조 철봉·목마·평행봉·뜀틀·링 등의 운동기구를 사용하여 하는 체조.

기계톱 동력을 이용하여 움직이게 되어 있는 톱.

기계화 인간의 노동력 대신에 기계의 힘을 이용함. 예농업의 기계화.

기고 신문·잡지 등에 싣기 위하여 원고를 써서 보냄. -하다.

기고 만장 ①일이 뜻대로 잘되어 기세가 대단함. 예기고 만장한 태도. ②펄펄 뛸 만큼 성이 나 있음.

기골 힘과 골격. 보기에 좋은 체격. 예기골이 장대하다. 【氣骨】

기공[1] 공사를 시작함. 예곧 기공할 아파트. 비착공. 반완공. 준공. -하다. 【起工】

기공[2] 동물이나 식물의 숨구멍.【氣孔】
기공식 공사를 정식으로 시작할 때 하는 의식.【起工式】
기관[1] 생물체를 구성하고 있는 한 부분으로 특별한 기능을 갖는 조직. ㉲소화 기관.【器官】
기관[2] ①열・전기・증기 따위를 운동에 필요한 힘으로 바꾸는 기계장치. ㉲증기 기관. ②어떤 일을 하기 위한 조직. ㉲교육 기관.【機關】
기관[3] ①숨쉴 때 공기가 통하는 관. 목에서 기관지까지의 부분. 숨통. ②곤충・거미 따위의 호흡기의 일부. 비숨관.【氣管】
기관명 정부조직이나 공공단체의 이름.
기관사 선박・기차・항공기 등의 기관을 맡아 보는 사람.
기관실 ①기관차・배・비행기 등에서 추진 기관이 있는 방. ②공장 등에서 주요 기관이 설치 되어 있는 방.
기관장 ①정부 기관의 책임자. ②배의 기관실의 책임자.
기관지 숨 쉬는 공기가 가슴 위쪽에서 갈라져서 양쪽의 허파로 통하는 부분.
기관차 객차나 화차를 철도 위로 끌고 다니게 된 차.
기관총 방아쇠를 당기고 있으면 총알이 연달아 나가는 긴 총.
기괴하다 무엇인지 알 수 없고 이상스럽다.
기:교 아주 묘한 솜씨. ㉲뛰어난 기교.【技巧】
기구[1] 세간이나 그릇・연장 등을 통틀어서 일컫는 말. ㉲조리 기구.
기구[2] 수소나 헬륨을 넣어 공중에 띄우는 큰 공 모양의 주머니. 경기구. 풍선.【氣球】
기구[3] 하나의 조직을 이루고 있는 체계. ㉲국제 기구.【機構】
기구하다 세상살이가 험하고 순탄하지 못하다. ㉲기구한 운명.
기권[기꿘] 자기의 권리를 버림. ㉲선거에 기권하다. -하다.
기근 ①흉년으로 인하여 곡식이 부족함. ②일정한 지역에서 식량이 매우 모자라 굶주리는 상태. 비굶주림. 기아.
기금 어떤 일을 위하여 모아서 준비해 놓은 돈.【基金】
기기 기구와 기계를 통틀어 일컫는 말. ㉲통신 기기.
기기 묘묘 매우 이상하고 묘함. -하다.【奇奇妙妙】
기꺼이 기쁜 마음으로. 흔쾌히. ㉲조국의 독립을 위해 기꺼이 목숨을 바친 순국 선열들.
기껍다(기꺼우니, 기꺼워) 마음속으로 기쁘게 여기다. ㉲기꺼운 소식. 기꺼이.
기:껏[기껃] 정도나 힘이 미치는 데까지. 힘을 다하여. 비겨우. 고작.
기:껏해야[기꺼태야] 많이 한다고 하더라도.
기:나긴 길고 매우 긴. 긴긴. ㉲기나긴 세월을 기다렸다. 비길디긴.
기네스북 영국의 기네스라는 맥주회사에서 매년 발행하는, 세계 기록만을 모은 책.【Guinness Book】
기념 어떤 일을 오래도록 전하여 잊지 않게 함. -하다.【記念】
기념관 어떤 뜻깊은 일이나 위인 등을 기념하기 위하여 세운 건물. ㉲독립 기념관.【記念館】
기념물 특히 보존할 가치가 있는 물건. ㉲천연 기념물.【記念物】
기념비 어떤 일을 기념하기 위하여 세운 비.【記念碑】
기념식 어떤 일을 기념하기 위하여 행하는 의식.【記念式】
기념 우표 어떤 일을 기념하기 위하여 발행하는 우표.

기념일 어떤 일을 기념하기 위하여 정한 날. 【記念日】

기념탑 어떤 일을 길이 기념하기 위하여 세운 탑. 【記念塔】

기념품 ①어떤 일을 기념하기 위하여 주고받는 물건. ②관광지 따위에서 파는 관광 기념 상품. (비)기념물. 【記念品】

기념하다 중요하거나 특별한 일을 기억하며 축하하다. (예)올림픽 개최를 기념하는 행사.

기:능[1] 기술상의 재능. 기술적 능력. (예)기능 개발. 【技能】

기:능[2] 구실을 다하는 능력. (예)심장의 기능. 【機能】

기:능공 기술적인 능력 또는 재능을 가진 사람. 【技能工】

기다 ①엎드려서 앞으로 나가다. ②몹시 느리게 가다. (예)눈이 많이 와서 차들이 엉금엉금 기고 있다. ③남에게 눌리어 기를 펴지 못하다. (예)문 밖에서부터 벌벌 기다.

기다랗다[기다라타](기다라니, 기다라오) 매우 길다. (반)짤다랗다. (준)기닿다. ×길다랗다.

기다리다 사람이나 때가 오기를 바라다. (예)버스가 오기를 기다리다.

기단 건축물이나 비석 따위의 바닥이 되는 단. 【基壇】

기대 어떤 일이 이루어지기를 바라고 기다림. －하다.

기:대다 ①물체나 몸을 다른 것에 대어 무게를 실리다. (예)기둥에 몸을 기대다. ②남에게 의지하다.

기도[1] 원하는 것이 이루어지기를 신에게 비는 일. (비)기원. 【祈禱】

기도[2] 일을 꾸며 내려고 꾀함. (예)국외 탈출을 기도하다. (비)기원. －하다. 【企圖】

기도[3] 동물이 숨을 쉴 때 공기가 허파로 드나드는 통로. 【氣道】

기독교 세계 3대 종교의 하나. 예수 그리스도가 창시한 종교로 그리스도를 이 세상의 구세주로 믿으며 모든 사람에 대한 사랑을 근본 교리로 삼음. 【基督敎】

기독교 청년회 기독교에 바탕을 둔 국제적인 청년 운동 단체. '와이엠시에이(YMCA)'라고도 함.

기동[1] 몸을 일으켜 움직임. (예)기동이 불편하다. －하다. 【起動】

기동[2] 조직적이고 재빠르게 행동함. (예)기동 훈련. 【機動】

기동대 전략에 따라 조직적이고 빨리 움직이는 군이나 경찰 부대. (예)형사 기동대.

기동력 상황에 따라 재빠르게 행동할 수 있는 힘.

기둥 ①집이나 어떤 물건을 버티는 나무. (예)나무 기둥. ②집안이나 단체에 있어서 가장 중심이 될 만한 중요한 사람을 비유하여 하는 말. (예)나라의 기둥.

기라성 ①밤하늘에 반짝이는 수많은 별. ②위세 있는 사람, 또는 그들이 많이 모여 있는 모양을 비유하여 하는 말. 【綺羅星】

기:량 사람의 도량과 재능. (예)기량을 발휘하다. (비)기능.

기러기 가을에 와서 이듬해 봄에 가는 철새. 강가·바닷가·늪 등지에서 살며 울음 소리가 처량함.

[기러기]

기력 일을 맡아서 해 나갈 수 있는 정신력. (비)근력. 【氣力】

기로 앞으로 어떻게 하느냐에 따라 앞날이 달라지게 되는 중요한 상황. 갈림길. (예)생사의 기로에 서다.

기록 ①사실을 적음, 또는 사실을 적은 글. (예)관찰 기록. (비)기재. ②운동 경기 따위의 성적. (예)세계 기록. －하다. 【記錄】

기록문 보고 듣고 조사한 것을 정확하게 쓴 글. 【記錄文】

기록표 어떤 사실에 대한 수치나 자료 따위를 적어 놓은 표.

기록화[기로콰] 어떠한 사실이나 사건의 모습을 오래도록 남기려고 그림으로 그린 것.

기뢰 적의 함선을 부수기 위하여 물속이나 물 위에 둔 폭탄.

기류 온도나 지형의 차이에 의해 일어나는 공기의 흐름. 【氣流】

기르다(길러, 길러서) ①동물이나 식물을 자라게 하다. ②단련하여 강하게 하다. ㉠힘을 기르다. ③가르쳐 내다. ㉠제자를 기르다.

기름 ①식물의 열매에서 짜낸 액체, 또는 동물에서 얻은 액체나 석유 등을 통틀어서 말함. 물보다 가볍고 미끈미끈하며 불에 잘 탐. ②지방.

기름기[기름끼] ①기름덩이가 많은 고기. ②윤택한 기운.

기름나물 반들 거리는 작은 잎들이 성기게 모여 큰 잎을 이루며, 높이 자라는 여러해살이풀. 어린 잎은 먹을 수 있음.

기름때 옷이나 몸에 묻은 기름에 먼지나 때가 엉긴 것.

기름띠 흘러나온 기름이 강이나 바닷물 위에 띠처럼 길게 이어져 있는 것.

기름종이 기름을 먹여서 물에 젖지 않도록 한 종이.

기름지다 ①기름기가 많다. ㉠기름진 음식. ②땅이 걸다. ㉠기름진 논과 밭. ㉥메마르다.

기리다 잘한 일이나 공적을 칭찬하거나 칭찬하는 마음으로 기억하다. ㉠세종대왕의 업적을 기리다.

기린 아프리카의 초원이나 숲에 사는 짐승. 키가 6m 정도나 되며 목이 긺.

[기린]

기린아 슬기와 재주가 남달리 뛰어난 젊은이.

기립 일어섬. -하다.

기마 말을 탐, 또는 타는 말.

기마대 군대나 경찰에서 말을 타고 맡은 일을 하는 부대.

기마병 말을 타고 싸우는 군사.

기마전 말을 타고 하는 싸움을 본뜬 놀이의 한 가지.

기막히다[기마키다] ①숨이 막히다. ②너무 엄청나서 숨을 못 쉴 정도로 어이가 없다. ③매우 훌륭하거나 정도가 높다.

기만 남을 그럴 듯하게 속여 넘김. -하다.

기묘 기이하고 묘함. ㉠기묘한 생김새. -하다. -히. 【奇妙】

기묘하다 흥미나 관심이 쏠릴 만큼 이상스럽다. ㉠어젯밤 꿈이 야릇하고 기묘하다.

기묘 사화 조선 중종 14년(1519) 남곤·심정 등의 수구파가 조광조·김정 등의 신진 학자들을 죽이거나 귀양 보낸 사건.

기물 여러 가지 그릇. 물건. 【器物】

기미[1] ①낌새. 눈치. ②어떤 일이 일어날 기운. ㉠도망칠 기미가 보인다. 【機微】

기미[2] 사람의 얼굴에 생기는 거무스름한 작은 점. ㉠기미가 끼다.

기미 독립 운동 1919년 3월 1일을 기하여 자주 독립을 목적으로 일제에 항거하여 일어난 민족적인 3·1 운동. 【己未獨立運動】

기미마로〖사람〗 백제인 후예로 일본의 절 도다이사를 건축한 사람.

기민 눈치가 빠르고 행동이 재빠름. ㉠기민하게 움직이다. ㉥민첩. -하다. 【機敏】

기밀 드러내어서는 안 될 중요한 일. ㉠기밀을 누설하다. ㉥비밀.

ㄱ

기박 ①운수가 나쁨. ②팔자가 사나움. 예기박한 운명. -하다.

기반 밑바탕이 되는 자리. 예기반을 튼튼히 하다. 【基盤】

기발 유달리 뛰어남. 예기발한 생각. -하다. 【奇拔】

기백 씩씩한 정신. 비기상. 기개.

기법[기뻡] 예술 작품을 만드는 기술. 예새로운 기법으로 만든 조각품. 비수법. 【技法】

기별 소식을 알림, 또는 그 소식. -하다. 【奇別】

기병 말을 타고 싸우는 군사.

기병대 말을 탄 군사로 조직한 군대.

기복 ①땅의 모양이 고르지 않고 높아졌다 낮아졌다 하는 상태. 예기복이 심한 길. ②어떤 상태가 계속되지 않고 좋아졌다 나빠졌다 하는 상태. 예성적의 기복이 심하다.

기본 일의 밑바탕. 예기본 실력. 비기초. 근본. 【基本】

기본권[기본꿘] 인간으로서 마땅히 누려야 할 기본적인 권리.

기본 예절 사람으로서 지켜야 할, 가장 기초적이고 중요한 예절.

기본적 기본이 되는 것. 예의식주는 사람이 살아가는 데 필요한 기본적인 조건이다.

기본형 ①기본이 되는 모양이나 형식. ②'먹다', '가다' 처럼 어떤 말의 기본이 되는 꼴. '-다'가 붙은 꼴. 예'먹고', '먹어'의 기본형은 '먹다'이다. 비으뜸꼴.

기본획 글씨나 그림에서 기본이 되는, 붓으로 한 번 그은 줄이나 점.

기부 어떤 일을 도와 줄 목적으로 돈이나 물건을 스스로 내어 줌. 예사회사업에 전재산을 기부하다. 비기증. -하다. 【寄附】

기부금 공적인 일이나 남을 도우려고 내어놓는 돈.

기분 ①마음 속에 생기는 기쁨·슬픔·우울함 따위의 감정 상태. 예기분이 상쾌하다. ②분위기. 예명절 기분이 난다.

기분 전환 슬프거나 분하거나 우울하거나 한 나쁜 감정을 좋아지게 만드는 것.

기분파 자주 변하는 기분에 따라 행동하는 사람.

기뻐하다 신나고 기분 좋은 느낌이 들거나, 그런 느낌을 겉으로 드러내다. 반슬퍼하다.

기쁘다(기뻐, 기뻐서) 마음이 즐겁고 흐뭇하다. 반슬프다.

기쁨 마음이 즐거움. 반가움. 반슬픔.

기사[1] 신문이나 잡지에 어떤 사실을 실어 알리는 글. 【記事】

기사[2] ①말을 타고 싸우는 무사. ②중세 유럽의 무인, 또는 그 계급의 이름. 【騎士】

기사[3] 바둑이나 장기를 잘 두는 사람. 【棋士】

기사[4] 직업적으로 차를 운전하는 사람. 비운전사. 【技士】

기사[5] 어떤 분야에서 전문적인 기술을 가진 사람. 예토목 기사. 촬영 기사. 【技師】

기사문 사실을 여러 사람에게 그대로 알리기 위하여 신문이나 방송의 기사로 쓴 글.

기사 회생 중병으로 죽을 뻔하다 다시 살아남. 【起死回生】

기삿거리[기삳꺼리] 신문·방송·잡지에서 보도할 만한, 중요하거나 흥미있는 사실.

기상[1] 대기 중에서 일어나는 여러가지 현상〔날씨·기압·기온 따위〕. 예기상 관측. 비기후. 【氣象】

기상[2] 사람의 타고난 성질과 정신. 예씩씩한 기상. 비기개. 【氣像】

기상[3] 잠에서 깨어 자리에서 일어나는 것. 예기상 나팔. 반취침. -하

다. 【起牀】

기상대 기상청에 속하여 그 지방의 기상을 관측·조사·연구하는 곳. 관상대.

기상 위성 대기권 밖에서 지구상의 구름을 촬영하여 지상으로 송신, 기상 예보의 자료를 주는 위성.

기상 이변 뜻밖에 생긴 날씨의 변화. 전에 없던 이상한 날씨.

기상청 기상이나 날씨를 조사하여 알려 주는 기관. 이전에는 중앙 기상대로 불리었으나 1991년 1월부터 그 규모가 커지면서 중앙 기상청으로 이름이 바뀜. 과학기술처에 딸림. 본국립 중앙 기상청.

기색 얼굴에 나타난 마음의 움직임. 얼굴빛. 눈치. 【氣色】

기생[1] 혼자서는 살 수 없는 생물이 다른 생물에 붙거나 몸속에 들어가서 양분을 빼앗아 살아가는 일. -하다. 【寄生】

기:생[2] 이전에 잔치나 술자리에서 손님에게 술을 따라주고, 노래와 춤으로 흥을 돋우는 것을 직업으로 삼던 여자. 【妓生】

기생충 회충·요충 따위와 같이 사람이나 다른 동물에 붙어 사는 벌레. 【寄生蟲】

기선[1] 증기 기관의 힘으로 달리는 배. 증기선. 【汽船】

기선[2] 싸움이나 경쟁의 상대가 몰리게 되도록 먼저 재빠르게 행동하는 것. 예기선을 제압하다. 【機先】

기성 ①사물이 이미 이루어짐. ②주문을 받지 않고 미리 만들어 놓음. 예기성화. 기성복. 【旣成】

기성복 맞춤에 의한 것이 아니고 표준 규격에 따라 미리 한꺼번에 여러 벌을 만들어 놓고 파는 옷. 반맞춤옷. 【旣成服】

기성 세대 현재 사회에서 활동하고 있는 나이 먹은 층. 반신진 세대.

기성회 어떤 일을 이루고자 만든 모임. 비육성회. 【期成會】

기세 기운차게 뻗치는 형세. 남이 보기에 두려워할 만한 힘. 예기세가 등등하다. 【氣勢】

기소 형사 사건에서, 검사가 법원에 재판을 청구하는 것. 예기소 유예. 반불기소. -하다. 【起訴】

기수[1] 비행기의 앞머리. 예기수를 동쪽으로 돌리다. 【機首】

기수[2] 전문적으로 또는 직업적으로 말을 타는 사람. 경주마를 모는 사람. 【騎手】

기수[3] 기를 가지고 신호를 하는 사람. 【旗手】

기수[4] 2로 나누어 자연수가 되지 않는 수. 비홀수. 반짝수. 【寄數】

기수법[기수뻡] 수를 숫자로 나타내는 법.

기숙 자기 집이 아닌 다른 곳에서 먹고 자고 함. -하다.

기숙사[기숙싸] 학교나 공장 등에서, 학생이나 사원들이 먹고 잘 수 있도록 시설을 해 놓은 집.

기술 어떤 일을 정확하고 능률적으로 해내는 솜씨. 【技術】

기술자[기술짜] 기술을 가진 사람. 기술을 업으로 삼는 사람들. 예건축 기술자.

기술적 ①기술에 관계되는 것. 기술에 관한 것. 예기술적인 어려움은 없다. ②요령 있거나 솜씨 있게 하는 것. 예엄마는 조그만 상자 속에 기술적으로 책을 다 넣었다.

기술직 기술 분야의 직업, 또는 책임지는 일. 반사무직.

기슭[기슥] 비탈진 곳의 아랫부분. 예산기슭. 반봉우리.

기습 몰래 갑자기 습격함. 기습 공격. 비습격. -하다.

기승 힘이나 기운을 세게 내는 것, 또는 누그러들지 않는 세찬 기운이나 힘. 예더위가 기승을 떨치던 여름이 가고 있다.

기쓰다 있는 힘을 다하다.

ㄱ

기아 굶주림. 예기아에 허덕이다.

기악 악기를 가지고 연주하는 음악. 반성악. 【器樂】

기악곡[기악꼭] 기악을 위하여 만들어진 악곡.

기악 합주 여러 가지 악기를 각각 맡아서 여럿이 함께 연주하는 일.

기안 공문 따위의 문안을 처음으로 세워 글을 씀. 예기안 작성. -하다. 【起案】

기암 이상하게 생긴 큰 바위.

기암 괴석 모양이 무척 이상하게 생긴 바위와 돌.

기암 절벽 기묘하게 생긴 바위와 깎아지른 듯한 낭떠러지.

기압 지구를 둘러싸고 있는 공기가 지구 표면을 누르는 힘.

기압계 기압을 재는 기계.

기압 배치 공기의 움직임에 의한 어느 지방의 고기압과 저기압의 배치 상태.

기약 때를 정하여 약속함. 예훗날을 기약하다. -하다. 【期約】

기약 분수[기약분쑤] 분모와 분자의 공약수가 하나뿐인 분수. 즉, 더 약분할 수 없는 분수.

기약하다[기야카다] ①미래에 있을 일을 다짐하다. 예다시 만날 것을 기약하다. ②때를 정하여 약속하다. 예먼 훗날을 기약하며 헤어졌다.

기어 톱니바퀴를 이용하여 동력의 방향이나 힘의 세기를 바꾸는 장치. 자동차의 전동 장치. 【gear】

기어가다 ①어디로 기어서 가다. 예아기가 엄마에게로 기어갔다. ②매우 천천히 가다.

기어다니다 기어서 다니다. 예아기가 마루에서 기어다니다.

기어들다 ①들어 가거나 들어오다. ②다가들거나 파고들다. 예이불 속으로 기어들다. ③위축되어 움츠러들다. 예기어드는 목소리로 말하다.

기어들어가다 겁이 나서 움츠러들다. 예기어들어가는 목소리로 대답하다.

기어오르다 ①가파르거나 높은 곳을 기어서 힘겹게 오르다. ②윗사람에게 버릇없이 굴다. 분수에 넘치는 짓을 하다. 예버릇없이 형에게 기어오르지 마라.

기어이 ①꼭. 반드시. 예기어이 이기고야 말겠다. ②마침내. 예기어이 뜻을 이루다. 비기어코.

기어코 ①어떤 어려운 일이 있어도 반드시. 예기어코 성공하겠다. ②결국에는 마침내. 끝끝내. 예기어코 일을 저질렀구나. 반기어이.

기억 지난 일을 잊지 않고 새겨둠, 또는 그 내용. -하다.

기억력[기엉녁] 모습·사실·지식·경험 따위를 잊지 않고 생각해 내는 능력. 예나는 기억력이 좋다.

기억 상실 과거의 어느 기간 동안에 있었던 일이 생각나지 않게 됨.

기억 장치 컴퓨터나 전자 계산기의, 수치나 명령 따위를 기억하는 부분.

기:업 돈을 벌기 위하여 사업을 경영하는 일. 예기업을 확장하다. -하다. 【企業】

기업가 기업을 경영하는 사람. 비기업인. 【企業家】

기업주 어떤 기업을 소유하고 경영하는 사람.

기업체 영리를 목적으로 한 경제 활동을 하는 단체.

기여 남에게 이바지함. 남에게 이익을 줌. 예국가 발전에 크게 기여하다. 비공헌. 【寄與】

기역 한글의 닿소리 가운데서 첫째 글자(ㄱ).

기염 굉장한 기세. 【氣焰】
기예 ①기술과 예술. ②기술상의 재주와 솜씨. 비기술.
기온 대기의 온도. 【氣溫】
기온계 대기의 온도를 재는 기구.
기와 지붕을 덮는 물건. 흙이나 시멘트를 구워 만듦.
기와집 기와로 지붕을 덮은 집.
기왓장[기와짱] 기와의 낱장.
기왕 이미. 그렇게 된 바에. 예기왕에 왔으니 며칠 놀다 가거라.
기왕이면 어차피 그럴 바에는. 같은 값이면. 예기왕이면 깨끗한 식당으로 가자. 비이왕이면.
기용 어떤 사람을 중요한 자리에 뽑아 올려 씀. 예인재를 기용하다. -하다. 【起用】
기우 〔기나라 사람이 하늘이 무너져 내려앉지 않을까 하고 걱정했다는 이야기에서 유래됨〕 장래의 일에 대한 쓸데없는 걱정. 【杞憂】
기우뚱거리다 넘어질 듯이 기울어졌다가 바로 서기를 되풀이하다. 예배가 기우뚱거리다. 비기우뚱대다.
기우뚱하다 ①한쪽으로 조금 기울어지다. 예고개가 기우뚱하다. ②한쪽으로 조금 기울어져 있다. 예기우뚱한 피사의 사탑.
기우제 가물 때 비 오기를 비는 제사. 반기청제. 【祈雨祭】
기운 ①생물이 살아 움직이는 힘. 예기운이 솟는다. ②하늘과 땅 사이에 가득 차서 온갖 물건이 나고 자라는 힘의 근원. ③느낄 수는 있으나 눈으로 볼 수 없는 현상. 예더운 기운. 비원기. 【氣運】
기운차다 기운이 넘치고 활발하다. 예기운찬 목소리. 비힘차다.
기울 밀이나 귀리 따위의 가루를 쳐내고 남은 속껍질. 예밀기울.
기울기 기울어진 정도.
기울다(기우니, 기우오) ①어떤 방향으로 쏠리다. ②형편이 불리하다. 예가세가 기울다. ③해나 달이 저물다. 〉갸울다. 센끼울다.
기울어지다 ①기울게 되다. ②형세가 불리해지다.
기울이다 ①기울게 하다. ②한 가지 일에 힘을 다하다. 예정성을 기울이다. ③어떤 방향으로 향하게 하다. 예귀를 기울이다.
기웃[기욷] ①무엇을 보려고 고개를 기울이는 모양. ②조금 기운 모양. 〉갸웃. -하다.
기웃거리다[기욷꺼리다] 무엇을 찾거나 보기 위하여 고개나 몸을 자꾸 여러 쪽으로 향하다. 센끼웃거리다.
기웃하다[기우타다] 이상하다는 듯이 고개를 한 쪽으로 조금 기울이다. 예나의 말에 친구는 고개를 기웃했다. 센끼웃하다.
기원[1] 어떤 일이나 물건이 생긴 근원. 원류. 예인류의 기원을 더듬다. 비발상. -하다. 【起源】
기원[2] 바라는 일이 이루어지기를 빎. 예남북 통일을 기원하다. 비기도. -하다. 【祈願】
기원[3] ①역사에서, 연대를 세는 기준이 되는 해. ②새로운 시기나 시대의 시작. 【紀元】
기원전 서력 기원이 시작되기 이전. 반기원후. ※'B.C.(Before Christ)'로 표기함.
기이 기묘하고 이상함. 예기이한 현상. -하다. 【奇異】
기인[1] 일이 일어나는 원인. 예그 사건으로 기인하여 친구 관계가 어색해졌다. -하다. 【起因】
기인[2] 기이한 사람. 성질이나 말과 행동이 유별난 사람. 【奇人】
기일[1] 특히 정한 날짜. 예기일을 어기지 마라. 【期日】
기일[2] 주로 어른의 죽은 날. 비제삿날. 【忌日】

기입 적어 넣음. ㉥장부에 지출을 기입하다. -하다. 【記入】
기입장 자주 하는 일의 내용을 간단하게 적어 놓은 공책.
기자 신문사·잡지사·방송국 등에서 취재하거나 기사를 쓰는 사람. ㉥신문 기자. 【記者】
기자재 어떤 일에 사용되는 도구나 기계나 물자, 또는 재료. ㉥실험용 기자재가 필요하다.
기자 회견 기자들과 만나서 질문을 받고 대답하는 형식의 회의.
기장[1] 곡식의 한 종류. 한해살이풀. 키는 1.2~1.6m이며, 열매는 떡·술·엿 등의 원료로 쓰이고, 가축의 사료로도 쓰임.
기장[2] 항공기 승무원 가운데 최고 책임자. 비행기를 조종하고 비행기 운항을 책임지는 사람. 【機長】
기재 적어서 넣음. 기록하여 실음. ㉥장부에 기재하다. -하다.
기저귀 어린아이의 대소변을 받아 내는 헝겊.
기적[1] 사람의 생각이나 힘으로는 이룰 수 없는 아주 신기한 일. 【奇蹟】
기적[2] 기차나 배 따위의 신호 장치, 또는 그 소리. 【汽笛】
기절 한때 정신을 잃고 숨이 막힘. ㉥너무 놀라 기절할뻔 했다. 비실신. 졸도. -하다. 【氣絶】
기점[기쩜] 무엇이 시작되는 지점이나 시점. 반종점. 【起點】
기정동 마을 휴전선 부근에 있는 북한의 마을. 우리 나라의 대성동 마을과 가까이 있음.
기정 사실 이미 정하여진 사실.
기존 이미 존재함. ㉥기존 시설. 기존 세력. -하다.
기죽다 기세가 꺾이어 약해지다.
기준 기본이 되는 표준.
기준량[기준냥] 둘의 수량을 비율로 비교할 때 기준이 되는 양.
기준점 수를 세거나 양이나 정도를 잴 때 기준으로 삼는 점.
기중기 무거운 물건을 들어올리거나, 또는 수평으로 이동시키는 기계. 크레인. 【起重機】
기증 물건을 보내어 선사함. ㉥도서관에 책을 기증하다. 비증정. 기부. -하다. 【寄贈】
기지[1] 그때 그때에 재빠르게 떠오르는 슬기. 위트. ㉥기지로 위기를 모면하다. 【機智】
기지[2] ①부대 주둔지나 군사 활동의 근거가 되는 장소. ㉥해군 기지. ②터전. 【基地】
기:지개 피곤할 때 몸을 펴고 팔다리를 뻗는 짓.
기진 맥진 힘이 다하고 맥이 다 풀림. -하다. 【氣盡脈盡】
기질 ①힘과 체질. ②성질을 나타내는 밑바탕이 되는 특성. ㉥강인한 기질. 【氣質】
기차 기관차로 객차나 화차를 끌며 일정한 궤도 위를 달리는 차. 비열차. 【汽車】
기차놀이[기차노리] 여러 아이들이 앞 사람의 어깨나 허리를 잡고 긴 줄을 이루어 기차 소리를 흉내내며 다니는 놀이.
기차다 ①하도 같잖고 어이가 없어 말이 안 나오다. ㉥그의 하는 짓을 보니 기차다. ②(속된말로)놀랄 만하다. 대단하다. ㉥금강산은 경치가 기차다.
기차역 기차를 타고 내리는 정거장.
기차표 기차를 타기 위하여 돈을 내고 사는 표. 승차권.
기착지[기착찌] 목적지로 가는 도중에 잠시 들르는 곳.
기찻길[기차낄] 기차가 달리게 만들어 놓은 길. 비철로.
기척 누가 있는 줄을 짐작하게 하는 소리나 표시. ㉥사람이 오는 기척.

기체[1] 공기·산소·수소 등과 같이 일정한 모양과 부피가 없는 물질. 반액체. 고체. 【氣體】

기체[2] 비행기의 몸통. 【機體】

기체 연료 천연 가스·석탄 가스·프로판 가스 등 기체의 상태에서 쓰이는 연료.

기초 ①사물의 밑바탕. ②집이나 다리·둑 등의 무게를 받치기 위하여 설치하는 밑받침. 【基礎】

기초 과학 물리학·화학·생물학과 같이 공학이나 기술의 밑바탕이 되는 과학.

기초 식품군 단백질·탄수화물·지방·비타민·무기질 등 매일 필요로 하는 영양소를 포함하고 있는 다섯 종류의 식품을 아울러 이르는 말.

기초 자치 단체 1989년 12월 19일 통과된 지방 자치법에 따른 군 단위의 지방 자치 단체. 시·군·구 260개로 되어 있음.

기초 작업 어떤 일을 하는 데 맨 먼저 해야할 바탕이 되는 일.

기초적 사물이나 사실의 밑바탕을 이룸. 예서당은 옛날에 어린이들이 기초적인 지식을 공부하던 곳이다.

기침[1] ①감기에 걸렸을 때, 목의 자극으로 생겨 갑자기 터져 나오는 것. ②인기척을 내기 위해 일부러 목청을 터트려 내는 소리. 비헛기침. -하다.

기침[2] 윗사람이 자고 일어남. 기상. -하다. 【起枕】

기타[1] 그 밖. 그 밖의 또 다른 것.

기타[2] '8'자 모양의 나무로 된 빈 통에 삐죽한 대를 달고 여섯 가닥의 줄을 팽팽하게 당겨 놓아서 손가락으로 퉁기면 소리가 나는 악기.

[기타[2]]

기탁 금품을 남에게 맡기어 그 처리를 부탁함. 예상금을 고아원에 기탁하다. -하다. 【寄託】

기탄 어렵게 생각하여 꺼림. 예기탄 없이 생각한 바를 말하라.

기탄없다[기타넙따] 서로 말을 주고받을 때, 거리낌이 없다. 감추거나 피하는 것이 없이 말하다. 예나는 부모님과 기탄없는 대화를 한다.

기탄잘리〖책명〗 인도의 시인 타고르가 지은 시를 모아 놓은 책. '노래로 하느님께 바치는 제물'이라는 뜻. 이 작품으로 타고르는 노벨 문학상을 받았음.

기특하다 말이나 행동이 놀라우면서도 귀염성이 있다. **기특히**.

기틀 어떤 일의 가장 중요한 고비. 일의 기초. 예기틀이 잡히다.

기포 액체 또는 고체에 생긴 기체의 거품. ※'거품'의 일본식 말. 【氣泡】

기폭 장치 화약을 갑자기 치거나 비비거나 뜨겁게 달구어 터지게 하는 기구.

기표 투표하는 사람이 투표 용지에 자기의 생각을 나타내는 일정한 표시를 하는 것.

기표소 투표하는 사람이 들어가 투표 용지에 기표할 수 있도록 임시로 마련한 곳.

기품 학문 따위의 정도가 높고 점잖은 성품. 사람의 모습이나 태도. 예기품 있는 몸가짐.

기풍 여러 사람들의 공통된 마음가짐이나 전통적인 기질.

기피 꺼리어 피함. 예만남을 기피하다. -하다.

기필코 반드시 꼭. 예기필코 성공하고 말겠다.

기하다 ①조심하여 행하다. 예경계 근무에 만전을 기하다. ②어떠한 결과를 반드시 이루도록 하다. 예근검 절약으로 국가 경제의 내실을 기해야 한다. ③어떠한 시기를 행동이나 일의 계기가 되는 시점으로 삼다. 예다음 달 1일을 기하여 버스 요금을 인상한다고 한다.

ㄱ

기하학 수학의 한 부분으로 점·선·면·입체 등이 만드는 공간 도형의 성질을 연구하는 학문.

기한 미리 정하여 놓은 때. 예유통 기한. 비시한. 【期限】

기합 ①정신과 힘을 신체에 나타내어 어떤 일을 하는 기세, 또는 그 때에 지르는 소리. ②군대 따위에서 훈련삼아 주는 벌을 속되게 이르는 말. 예단체 기합. 【氣合】

기행 이상한 행동. 【奇行】

기행문 여행 중에 보고 들은 사실이나 느낀 일을 자기 생각대로 적은 글. 【紀行文】

기형 동·식물이 정상이 아닌 이상한 형태. 예기형 식물.

기형아 몸의 모양이 정상이 아닌 생김새로 태어난 아이.

기호[1] 모든 뜻을 나타내는 표. 예발음 기호. 비부호. 【記號】

기호[2] 어떤 것을 즐기고 좋아함. 예기호하는 식품. -하다. 【嗜好】

기호 식품 영양분을 취하려는 것이 아니라 향기·맛·자극을 즐기기 위해 먹거나 마시는 것〔술·담배·차·커피 따위〕.

기혼 이미 결혼함. 반미혼.

기화 액체가 증발하여 기체로 됨.

기회 어떤 일을 해 나가는 데 가장 알맞고 좋은 때. 【機會】

기회 균등 모든 사람이 차별 없이 어떤 일을 할 수 있거나 혜택을 받을 수 있는 평등한 상태.

기획 일을 계획함. -하다. 【企劃】

기획전 특별한 목적으로 꾸민 전시회. 【企劃展】

기후 한 지역의 평균적인 날씨. 예열대 기후. 온대 기후. 반기상. 【氣候】

기후대 지구상의 육지를 기후의 차이에 따라 크게 열대·온대·한대 등으로 나눈 지대.

기후도 어떤 지역의 매년 평균적으로 되풀이 되는 기상 상태〔기온·강수량·바람 등〕를 나타낸 지도.

긴급 일이 중대하고도 급함. 예긴급 뉴스. -하다. -히.

긴급히 [긴그피] 매우 급하게.

긴:긴 길고 긴. 아주 긴. 예긴긴 겨울도 끝나고 봄이 오는구나.

긴담 긴요한 이야기. 【緊談】

긴밀 매우 밀접함. 예긴밀한 사이. -하다. -히. 【緊密】

긴밀히 매우 가깝고 밀접하게. 서로 비밀을 주고받으면서. 예긴밀히 연락을 취하다.

긴박 아주 급함. 예긴박한 사태. -하다. -히. 【緊迫】

긴박감 어렵거나 위험한 일이 있을 것 같아서 마음을 놓을 수 없이 몹시 걱정스럽고 불안한 느낌.

긴:소리 글자로 쓰면 같아도 말할 때 길게 내는 소리. 장음. 반짧은소리.

긴요 꼭 필요함. 비요긴. -하다. -히. 【緊要】

긴장 마음을 가다듬어 정신을 바짝 차림. -하다.

긴장감 어떤 일에 대해 마음을 놓지 못하고 온 힘과 주의를 집중하고 있는 상태, 또는 그런 느낌.

긴축 바짝 줄임. 예긴축 정책. 반이완. -하다. 【緊縮】

긴:파람 길게 부는 휘파람.

긴하다 꼭 소용이 되다. 예긴히 할 말이 있어서 왔다. 긴히.

긷:다(길으니, 길어서) 우물 등에서 물을 두레박 같은 것으로 떠내다. 예물을 긷다.

길[1] ①사람이 다닐 수 있게 된 땅 위. ②방법이나 수단. 예더이상 버틸 길이 없다. ③도중. 예학교가는 길에 들렀다.

길[2] 사람의 키의 한 길이. 예열 길 물 속은 알아도 한 길 사람속은 모른다.

길[3] ①익숙해진 솜씨. 예차츰 일에 길이 들다. ②짐승을 잘 가르쳐서 부리기 좋게 된 버릇. 예개를 길들이다. ③손질을 잘하여 생기는 윤. 예길이 잘 든 구두.

길가[길까] 길의 가장자리, 또는 근처. 예길가에 늘어선 가로수.

길거리[길꺼리] 사람이 많이 다니는 길. 준거리.

길:길이[길기리] ①흥분하여 여러번 빨리 뛰어오르는 모양으로. 예길길이 뛰며 소리치다. ②여러 길이나 되게 아주 높이. 예나뭇단이 길길이 쌓였다.

길놀이[길로리] 탈춤이나 굿 같은 마당놀이를 하기 전에 놀이 마당에까지 가면서 도중에 벌이는 놀이.

길눈[길룬] 길을 찾아가는 정신. 한 번 본 길을 잘 기억하는 눈. 예길눈이 어둡다.

길:다 ①짧지 않다. 예다리가 길다. ②멀다. 오래다. 예긴 세월. 반짧다.

길들이다[길드리다] ①물건에 손질을 잘하여 윤기가 나게 하다. ②짐승을 잘 가르쳐서 부리기 좋게 만들다. 예말을 길들이다.

길라잡이[길라자비] ①길을 안내하는 사람. ②안내하는 책자. 예인터넷 길라잡이. 비길잡이.

길림【지명】 중국 길림성 쑹화강 상류에 있는 도시. 목재의 집산지로 제재·화학 공업이 성함.

길마 소나 말의 등에 얹어서 짐을 싣는 도구.

길마중 올 사람을 맞이하기 위하여 길에 나가 기다리는 것.

길모퉁이 길이 구부러지거나 꺾이어 돌아간 자리.

길목 ①큰 길에서 좁은 길로 갈라져 들어가는 어귀. ②길의 중요한 통로가 되는 목. 예길목을 지키다.

길몽 좋은 꿈. 반흉몽.

길섶[길썹] 풀이 자라는 길의 가장자리. 비길가. 노변.

길손[길쏜] 길을 가는 나그네.

길쌈 옷감을 짜는 일. -하다.

길쌈놀이 베틀로 천을 짜는 모양을 바탕으로 하는 놀이.

길이[1][기리] ①한 끝에서 다른 한 끝까지의 거리. 예다리의 길이. ②어떤 때로부터 다른 때까지의 시간. 예낮의 길이.

길이[2][기리] 오래오래. 오래도록. 언제까지나. 예길이 보전하세.

길이길이[기리기리] 아주 오래오래. 예길이길이 빛나리.

길일 길한 날. 좋은 날. 【吉日】

길잡이 ①앞에 나서서 길을 인도하는 사람. ②앞으로 나아갈 길의 목표가 되는 사물. 예인생의 길잡이가 되는 책.

길재【사람】[1353~1419] 고려말의 유학자. 호는 야은. 우왕 말년에 성균관의 박사가 되어 선비들을 가르쳤고, 고려가 망하고 조선이 들어섰을 때 이성계가 벼슬자리를 주려고 하였으나 두 임금을 섬길 수 없다고 거절하였음. 고려 말의 삼은(포은·목은·야은)의 한 사람.【吉再】

길조[길쪼] 좋은 일이 있을 조짐. 길할 징조. 반흉조. 【吉兆】

길짐승 땅 위에서 발로 기어다니는 짐승을 통틀어 이르는 말. 반날짐승.

길쭉하다[길쭈카다] 조금 길다. 반짤막하다. ×길죽하다.

길하다 운이 좋거나 일이 잘 풀려 가다.

길흉 (민속에서) 운명적으로 또는 귀신의 힘으로 인생에 생기는 좋은 일과 나쁜 일. 【吉凶】

ㄱ **김:**[1] 물 따위가 열을 받아서 변한 기체. ㉥주전자에서 김이 모락모락 피어오른다. ㉥수증기.

김:[2] 붉은 말의 해초. 물 속이나 바위 등에 이끼 모양으로 붙어 많이 남. 모양은 풀잎 비슷하고 빛은 검은 자줏빛 또는 붉은 자줏빛. 식용으로 많이 양식함. 해태. ㉥김밥.

김:[3] 논밭에 난 잡초. ㉥김을 매다.

김구【사람】[1876~1949] 독립 운동가·정치가. 호는 백범. 황해도 해주 출생. 임시정부 주석, 한국 독립당 위원장 등을 지냄. 독립 운동으로 일생을 바쳤으며, 남북 분단을 막으려고 애썼음. 【金九】

김대건【사람】[1822~1846] 우리 나라 최초의 천주교 신부. 조선 헌종 12년(1846) 순교함. 【金大建】

김대성【사람】[700~774] 신라 경덕왕 때의 재상. 경덕왕 9년(750)에 자기 부모가 오래 살고, 나라가 편안하기를 기원하며, 경주 불국사와 석불사를 지었음. 【金大城】

김덕령【사람】[1567~1596] 임진왜란 때의 의병장. 전라 남도 광주 출생. 전라 남도 남양에서 의병을 일으켜 왜병을 크게 무찌름. '호익장군'이라는 호를 받음. 시호는 충장. 【金德齡】

김마리아【사람】[1891~1945] 독립 운동가. 광무 10년(1906) 서울 정신 여학교를 졸업한 후, 일본에 유학하고 1919년에 귀국하여 전국을 순회하며 국민들의 독립 정신을 일깨우다가 일제에 잡혀 옥에 갇힘. 후에 상하이로 탈출하여 임시정부에서 활약함. 【金瑪利亞】

김만중【사람】[1637~1692] 조선 숙종 때의 문신·문학자. 호는 서포. 한글 소설 문학의 큰 길을 열었음. 어머니에 대한 효성이 깊었으며, 〈구운몽〉〈사씨남정기〉와 문집으로 〈서포만필〉 등을 지음. 【金萬重】

김:매기 논이나 밭에 나는 잡초를 뽑는 일.

김:발[김빨] ①김밥을 만들 때 김과 밥을 한데 마는 데 쓰는 작은 발. ②김을 기를 때 김의 홀씨가 붙어 자랄 수 있도록 바닷물에 담가 놓은 발.

김:밥 밥과 여러 가지 반찬을 김으로 말아 싼 음식.

김병연【사람】[1807~1863] 조선 철종 때의 방랑 시인. 호는 난고. 조부이신 선천 부사 김익순이 홍경래의 난 때 항복하여 집안이 망한 데에 굴욕을 느껴 삿갓을 쓰고 죽장(대나무 지팡이)를 짚고 각지를 방랑하며 많은 풍자시를 지음. 김삿갓으로 더 알려짐. 【金炳淵】

김부식【사람】[1075~1151] 고려 인종 때의 학자이며 정치가. 묘청의 난(1135)을 평정함. 인종 23년(1145)에 우리 나라 최초의 역사책인 〈삼국사기〉를 엮었음. 【金富軾】

김:빠지다 ①탄산 음료의 탄산이 모두 없어져서 본래의 맛이 없어지다. ㉥김빠진 콜라. ②재미·기운·힘·의욕이 없어지다.

김상헌【사람】[1570~1652] 조선 인조 때의 학자이며 정치가. 호는 청음. 벼슬이 좌의정에 이르렀음. 병자호란 때 청나라와 끝까지 싸우기를 주장하다가, 반대파의 주장에 몰려 청나라에 끌려가서 3년 동안 고초를 겪고 돌아왔음. 저서에 〈야인담록〉등이 있음. 【金尙憲】

김생【사람】[711~791] 신라 경덕왕 때의 명필가. '해동의 서성'으로 불림. 유신·탄연·최우와 더불어 신품 4현이라 일컬어 졌음. 【金生】

김소월【사람】[1902～1934] 시인. 평안 북도 정주 출생. 본명은 정식. 민요적인 서정시를 많이 지음. 시집으로 〈진달래꽃〉〈소월 시집〉 등이 있음. 【金素月】

김수로왕【사람】[?～199] 지금의 김해 지방에 가야를 세운 사람. 김해 김씨의 시조이며, 알에서 태어났다는 신화가 있음. 【金首露王】

김시습【사람】[1435～1493] 조선 초기의 생육신의 한 사람. 호는 매월당. 21세 때 단종이 왕위에서 물려남을 듣고 승려가 되어, 시로써 자기의 불우함과 세상의 불우함을 읊었으며, 금오산에 들어가 〈금오신화〉를 지었음. 【金時習】

김아려【사람】 안중근 의사의 부인.

김옥균【사람】[1851～1894] 조선 말기의 정치가. 일본을 돌아보고, 일본의 앞선 문물을 받아들이자는 개화 사상을 부르짖고 갑신정변을 일으켜 신정부를 수립했으나, 실패하여 일본으로 망명, 다시 중국 상하이로 건너갔다가 자객 홍종우에게 암살됨. 시호는 충달. 【金玉均】

김유신【사람】[595～673] 삼국 통일을 이룩한 신라의 명장. 15세 때 화랑이 되었고, 고구려를 멸망시킨 후, 당나라의 군사를 몰아내고 태대각간(신라의 최고 관직)의 지위에 올랐음. 후에 홍무대왕으로 봉해짐. 【金庾信】

김윤후【사람】 고려 때의 장군. 고종 19년(1232) 몽고 침입 때 몽고 장군 살리타를 처인성(지금의 경기도 용인)에서 죽이고, 몽고군을 물리침. 【金允候】

김인문【사람】[629～694] 신라 문무왕 때의 장군. 태종 무열왕의 둘째 아들이며 삼국 통일에 큰 공을 세웠음. 【金仁問】

김일성【사람】[1912～1994] 북한의 국가 주석. 【金日成】

김장 겨울부터 봄까지 먹기 위해 김치·깍두기·동치미 등을 입동(11월 6～7일경) 전후에 한꺼번에 담가 두는 일. －하다.

김장독[김장똑] 김장을 담아 두는 큰 독.

김장밭 무·배추 등의 김장거리를 심어 가꾸는 밭.

김장철 김장을 담그는 철. 대개 늦가을과 초겨울 사이임.

김정호【사람】[?～1864] 조선 말기의 지리학자. 호는 고산자. 30년 동안이나 우리 나라 방방곡곡을 걸어 다니며 직접 땅 모양을 조사하여, 철종 12년(1861)에 〈대동여지도〉 32권 15책을 완성하였음. 【金正浩】

김정희【사람】[1786～1856] 조선 말기의 금석학자·서예가. 호는 추사. 자기가 연구하여 이룩한 글씨체인 '추사체'로 유명함. 【金正喜】

김종서【사람】[1390～1453] 조선 세종 때의 정치가·무신. 호는 절재. 북동 6진을 개척하여 두만강을 국경으로 하는데 공이 컸음. 단종 때 좌의정이 되었으나 수양대군에 의하여 두 아들과 함께 죽음을 당하였음. 【金宗瑞】

김좌진【사람】[1889～1930] 독립 운동가. 호는 백야. 충남 홍성 출생. 1919년 3·1 운동 때 만주로 건너가 북로군정서를 조직하였으며, 1920년 청산리 싸움에서 이범석 장군과 함께 일본군을 크게 무찔렀음.【金佐鎭】

김천익【사람】[1537～1593] 조선 시대 임진왜란 때의 의병의 지도자. 전라도 나주에서 의병을 일으켜 강화도에서 크게 이겼으나, 진주 싸움에서 성이 함락되자 자결함. 시호는 문열. 【金千鎰】

김천택【사람】 조선 영조 때의 가인. 호는 남파. 자는 백함. 평민 출신의

가객으로 시조집 〈청구영언〉을 엮었음. 【金天澤】

김춘추〖사람〗[604～661] 신라의 제29대 왕(재위 654～661). 태종 무열왕. 삼국 통일을 이룩하는데 큰 공을 세움. 【金春秋】

김치 무·배추 등을 소금에 절여 고춧가루·마늘·파 등의 양념으로 버무려 담근 반찬.

김칫국[김치꾹] ①김치의 국물. ②김치를 넣고 끓인 국.

김칫독[김칟똑] 김치를 담아 두는데 쓰이는 독.

김택영〖사람〗[1850～1927] 경기도 개성 출신. 조선 말기의 애국자. 호는 창강. 1908년 중국으로 망명하였으며, 시·문장 짓기와 학문으로 여생을 보냈음. 저서로 〈한국소사〉가 있음. 【金澤榮】

김포〖지명〗 경기도 김포군의 군청 소재지. 김포 평야의 중심지로서 인근에 용화사·봉릉사 등의 사적이 많이 있음. 쌀 생산이 많음.

김포 공항 서울 강서구 공항동에 위치한 비행장 이름.

김포 평야〖지명〗 경기도 김포군에 있는 평야. 한강 하류에 자리잡고 있으며 쌀이 많이 생산됨.

김해 평야〖지명〗 경상 남도 김해를 중심으로 한 낙동강 하류의 평야. 곡창 지대임.

김홍도〖사람〗[1760～?] 조선 시대 3대 화가 중의 한 사람. 호는 단원. 특히 풍속화에 뛰어났고, 대표적으로는 〈서당도〉〈씨름도〉〈소림명월도〉등이 있음. 【金弘道】

김홍집〖사람〗[1842～1896] 조선 후기의 정치가. 호는 도원. 내각 총리 대신이 되어 '홍범 14조'를 발표하였으며 갑오개혁을 단행함. 후에 군중들에 의해 살해됨. 【金弘集】

깁:다(기우니, 기워서) 해진 곳에 헝겊을 대고 꿰매다.

깁스 뼈에 금이 가거나 부러진 곳에다가 붕대를 감고 석고를 발라 굳힌 것. ×기브스. 【Gibs】

깃[1] '옷깃'의 준말. 사람의 목 둘레를 덮는 옷의 부분으로 주로 밖으로 접는다. ㊣추워서 옷깃을 여미다.

깃[2] 새 날개의 털. ㊣깃을 치다.

깃대[기때/긷때] 기를 달아매는 긴 막대기. ㊣깃대를 세우다.

깃대종[기때종] 한 지역의 대표가 되는 동물이나 식물.

깃들다[긷뜰다] 어떤 기운·마음 따위가 자리를 잡아 가득하게 되다. ㊣정성이 깃든 선물.

깃들이다 ①그 안에 머물러 있다. ㊣건전한 육체에 건전한 정신이 깃들인다. ②짐승이 보금자리를 만들어 그 안에서 살다. ③어둠 같은 것이 서려 들다.

깃발 기의 바탕이 되는 넓적한 헝겊이나 종이 부분.

깃봉[기뽕] 깃대 끝에 다는 꽃봉오리 모양의 장식.

깃털[긷털] 새의 깃에 붙어 있는 털. 새의 털.

깊다[깁따] ①위에서 밑까지의 사이가 멀다. ㊣깊은 바닷속. ②아는 것이 많다. ㊣학문이 깊다. ③정이 두텁다. ㊣깊은 사이. ④어떤 상태가 오래 되어 정도가 더하다. ㊣가을이 깊어 간다. ㊥얕다.

깊숙이[깁쑤기] ①깊이가 상당히 깊게. ㊣칼에 손이 깊숙이 베었다. ②겉으로 드러나지 않으나 심한 정도로. ㊣커피는 대중의 생활 속으로 깊숙이 파고들었다. ×깊숙히.

깊숙하다[깁쑤카다] 깊고 으슥하다. ㊣깊숙한 골짜기. **깊숙이**.

깊이[1][기피] ①겉에서 속까지의 길이. ㊣강물의 깊이를 재다. ②사람이나 사물이 가지고 있는 무게. ㊣

깊이가 있는 사람.

깊이[2][기피] ①깊게. 깊도록. (예)깊이 명심해라. ②자세히. (예)그일에 대해서는 깊이 모른다.

ㄲ[쌍기역] 'ㄱ'의 된소리.

까까머리 머리털을 깡그리 깎은 머리, 또는 그런 사람.

까나리젓 황해에서 나는 납작한 작은 물고기인 까나리를 소금에 절여 삭힌 음식.

까놓다[까노타] ①마음 속의 생각이나 비밀을 숨김없이 다 드러내다. (예)까놓고 이야기하다. ②껍질을 까서 놓다. (예)밤 껍질을 까놓다.

까다 ①알을 품어서 새끼가 되게 하다. (예)병아리를 까다. ②껍질을 벗기다. (예)밤송이를 까다.

까:다롭다(까다로우니, 까다로워서) ①복잡하고 어렵다. (예)조건이 까다롭다. ②너그럽지 못하다. (예)성격이 까다롭다. 까다로이.

까닭[까닥] ①이유. 어떤 결과에 이른 사정. (예)우는 까닭을 말하라. ②속셈. 꿍꿍이속. (비)원인. 이유.

까딱 조금만이라도. 잠깐만이라도. (예)까딱 잘못하면 지금까지 애쓴 것이 다 소용없다. (비)자칫.

까딱거리다 무엇을 아래위로 가볍게 움직이다. (예)고개를 까딱거리다. <끄떡거리다.

까딱까딱 작은 물체가 아래위로 조금씩 빨리 거듭 움직이는 모양을 나타냄. <끄떡끄떡.

까딱없다[까따겁따] 조금도 변함이 없다. <끄떡없다. 까딱없이.

까딱하다[까따카다] ①고개를 살짝 숙였다가 들다. (예)고개를 까딱하며 가볍게 인사하다. ②조금 잘못 움직이거나 행동하다. (예)까딱하다간 선생님께 꾸중 들을 것 같다.

까딱하면 조금이라도 실수하면. 자칫하면. (비)하마터면.

까르르 여자나 아이들이 갑자기 크게 웃는 소리.

까마귀 까마귀과의 새. 몸 전체가 검고 광택이 있음. 인가 부근에 살며, '까옥까옥' 하고 욺. 울음이 흉하여 사람들의 사랑을 못 받음.

[까마귀]

까마득하다[까마드카다] 아주 멀어서 아득하다. (예)집까지는 아직도 까마득하다.

까마득히[까마드키] ①잘 보이지 않을 만큼 아주 멀리. 아주 아득하게. (예)건물 옥상에서 보니 도로에 다니는 자동차들이 까마득히 보였다. ②너무나 오래되어 잘 기억할 수 없을 만큼. (예)까마득히 오래된 일. (비)아득히.

까막까치 까마귀와 까치.

까막눈[까망눈] 글을 전혀 모르는 무식한 사람. (비)문맹.

까:맣다[까마타] ①매우 검다. (예)소녀가 까만 머리를 나풀거리며 뛰어왔다. (반)하얗다. <꺼멓다. (여)가맣다. ②기억이나 아는 바가 전혀 없다. (예)까무잡잡한 얼굴. <꺼무접접하다. (여)가무잡잡하다.

까:매지다 까맣게 되다. (예)하얀 얼굴이 까매지다. <꺼매지다. (여)가매지다.

까먹다 ①껍데기를 벗겨 속에 것을 먹다. (예)귤을 까먹다. ②밑천이나 재산을 보람 없이 써서 축내거나 없애다. ③알고 있던 것을 잊어버리다. (예)친구 전화 번호를 까먹다.

까무러치다 한때 숨이 끊어지고 정신을 잃다.

까무잡잡하다[까무잡짜파다] 살색이 까만 편이다. (예)까무잡잡한 얼굴. <꺼무접접하다. (여)가무잡잡하다.

까발리다 (속된말로)비밀을 속속들이 드러내다.

까부르다 곡식 따위를 키에 담아서 위아래로 흔들어 섞여 있는 겨·티 등을 날려 보내다. (준)까불다.

까불다(까부니, 까부오) ①말이나 행동이 차분하지 않고 경솔하게 하다. (예)버릇없이 까불다. [반]얌전하다. ②'까부르다'의 준말.

까슬까슬 물체의 거죽이나 피부가 윤기 없이 거친 모양. (예)까슬까슬한 턱 수염.

까지 ①'어디에 이르도록'의 뜻. (예)집에서 학교까지 걸어서 10분 걸린다. ②'지정된 시간 안으로'의 뜻. (예)내일까지 끝내라.

까지다 껍질·피부 따위가 벗겨지다. (예)넘어져서 무릎이 까졌다.

까:치 까마귀과의 새. 날개 길이 20～22cm가량이고, 머리에서 등까지 광택이 있는 검은 빛이고 가슴과 어깨의 깃은 흰빛임. 우리 나라의 국조임.

[까치]

까:치발 발뒤꿈치를 들고 발의 앞부분만으로 서는 것. (예)복도에서는 까치발로 다닙시다.

까:치 설날 설날의 전날. 곧 섣달 그믐날.

까칠까칠 '가칠가칠'의 센말로 여러 군데가 거칠고 윤기가 없는 모양. <꺼칠꺼칠.

까칠하다 여위거나 메말라 살갗이나 털이 약간 거칠다. (예)얼굴이 까칠하다. <꺼칠하다. (여)가칠하다.

까탈 억지 트집을 잡아 까다롭게 구는 것.

까투리 꿩의 암컷. [반]수꿩. 장끼.

까풀 여러 겹으로 된 껍질이나 껍데기의 층. <꺼풀.

깍두기 김치의 한 가지. 무를 모나게 잘게 썰어서 소금에 절인 후 양념과 고춧가루 등을 섞어 버무리어 담금.

깍듯하다[깍뜨타다] 매우 예절이 바르다.

깍쟁이 남에게는 인색하고 자기 이익에는 밝은 사람이나 '얄밉도록 약사빠른 사람'을 낮추어 이르는 말.

깍지 콩·팥 따위의 알맹이를 까낸 코투리. 콩깍지.

깍지 끼다 두 손의 손가락들을 서로 맞물리게 바짝 끼다. (예)형은 깍지 낀 두 손을 뒷머리에 대고 누웠다.

깎기접 가지 접붙이기의 한 방법. 바탕이 되는 나무에 'V'홈을 판 후, 접목을 깎아서 붙임.

깎다 ①얇게 떼어 내다. (예)연필을 깎다. ②잘라 내다. (예)머리를 깎다. ③값을 덜어내다. (예)옷값을 깎다.

깎아썰기[까까썰기] 연필을 깎듯이 엇비슷하게 써는 것.

깎아지르다[까까지르다] 무서울 정도로 수직으로 가파르고 높게 서 있다. (예)깎아지른 듯한 절벽.

깎이다[까끼다] ①무엇의 길이나 두께가 짧거나 얇아지게 되다. (예)연필이 잘 깎이다. ②체면이나 위신이 낮아지다. (예)자존심이 깎이다.

깐깐하다 성질이 꼼꼼하고 까다롭다. (예)그녀의 성격은 깐깐하다.

깔개 바닥에 펴 놓고 그 위에 앉거나 눕거나 또는 물건을 올려 놓는, 넓고 얇은 물건.

깔깔 주로 아이나 여자가 높은 목소리로 못 참을 듯이 웃는 소리나 모양을 나타냄. <껄껄.

깔깔거리다 주로 아이나 여자가 높은 목소리로 못 참을 듯이 자꾸 웃다. [비]깔깔대다. <껄껄거리다.

깔깔하다 ①입 안이 부드럽지 못하고 거칠다. (예)혓바닥이 깔깔해서 음식 맛을 모르겠다. ②물건이 매끈하거나 부드럽지 못하고 조금 거칠다. [예]할머니는 깔깔한 모시 적삼을 입고 계신다. 〈껄껄하다.

깔끄럽다(깔끄러우니, 깔끄러워) 깔깔하여 미끄럽지 않다. 〈껄끄럽다.

깔끔하다 깨끗하고 매끈하다.

깔다(까니, 까오) 넓은 천이나 자리 따위를 바닥에 펴 놓다. [예]마루에 돗자리를 깔다.

깔때기 주둥이가 좁은 그릇에 액체를 따라 넣는 데 쓰이는 원뿔 모양의 기구.

깔리다 흩어지다. 펴놓은 것처럼 되다. [예]도로에 깔린 낙엽.

깔보다 얕잡아 보다. [예]키가 작다고 깔보다.

깔아뭉개다 ①위에서 눌러서 뭉개다. [예]발 밑의 흙을 깔아뭉개다. ②남의 의사를 함부로 무시하다. [예]의견을 깔아뭉개다.

깜깜하다 ①몹시 어둡다. ②응답이나 소식이 전혀 없다. [거]캄캄하다. 〈껌껌하다.

깜박 ①눈을 잠깐 감았다가 뜨는 모양. ②불빛이나 별빛 등이 잠깐 흐려졌다가 밝아지는 모양. ③정신이나 기억이 잠깐 흐려지는 모양. [예]준비물을 깜박 잊고 왔다. 〈끔벅. 껌벅. [센]깜빡. －하다.

깜박거리다 ①눈을 자꾸 잠깐 감았다가 뜨다. ②불빛 따위가 갑자기 잠깐 비쳤다가 어두워지곤 하다. [예]형광등이 자꾸 깜박거린다. [비]깜박대다. 〈껌벅거리다. [센]깜빡거리다.

깜박깜박 ①등불이나 불빛 같은 것이 자꾸 깜박거리는 모양. ②정신이나 의식이 흐려지는 모양. 〈껌벅껌벅. [센]깜빡깜빡.

깜박이다[깜바기다] ①불빛이나 별빛 따위가 잠깐 동안 어두워졌다 밝아졌다 하다. ②눈을 잠깐 동안 감았다 떴다 하다. [예]동그란 눈을 깜박이며 질문했다.

깜박하다 ①눈을 잠깐 감았다가 뜨다. ②어떤 것을 기억하지 못하거나 주의를 기울이지 못하다. [예]친구와의 약속을 깜박하다. [센]깜빡하다.

깜부기 깜부기병에 걸려서 까맣게 된 밀이나 보리의 이삭.

깜부기병 보리 종류나 조·옥수수 등에 발생하는 병의 한가지. 이삭이 까맣게 됨.

깜부기불 불꽃이 없이 타들어가 거의 꺼져 가는 불.

깜빡 ①눈을 잠깐 감았다가 뜨는 모양을 나타냄. 〈껌뻑. [여]깜박. ②빛이 잠깐 세게 비쳤다가 사라지는 모양을 나타냄. [예]자동차 불빛이 깜빡 비치었다. ③정신이 순간적으로 흐려지는 모양을 나타냄. [예]전화하기로 한 약속을 깜빡 잊었다.

깜빡깜빡 ①작은 빛이 거듭 빨리 세게 비치다가 어두워지다가 하는 모양을 나타냄. [예]밤하늘에 별들이 깜빡깜빡 빛나다. 〈껌뻑껌뻑. [여]깜박깜박. ②정신이 거듭 잠깐 몹시 흐려지거나, 기억이 잠시 동안 없어지곤 하는 모양을 나타냄. [예]요즘 자꾸 깜빡깜빡 잊어먹는 일이 자주있다. 〉깜박깜박.

깜짝[1] 갑자기 놀라는 모양을 나타냄. [예]자다가 깜짝 놀라 깨어났다.

깜짝[2] 눈을 잠깐 감았다 뜨는 모양을 나타냄. [예]철수는 눈을 깜짝 감았다가 뜨는 버릇이 있다.

깜짝거리다 눈을 자꾸 얼핏 감았다 뜨다. 〈끔쩍거리다. [여]깜작거리다.

깜짝깜짝[1] 눈을 얼핏 감았다 떴다 하는 모양을 나타냄. [예]아기가 눈을 깜짝깜짝 움직이다. 〈끔쩍끔쩍.

깜짝깜짝[2] 자꾸 갑자기 놀라는 모양을 나타냄. [예]갓난아기는 작은 소리에도 깜짝깜짝 놀란다.

ㄱ

깜찍하다[깜찌카다] 몸집이나 나이에 비하여 매우 영리하고 귀엽다. ㉥깜직하게 생겼다. 깜찍이.

깝죽거리다 아니꼽게 잘난 체하다. ㉥깝죽거리지 말고 가만히 있어라. ㉡깝죽대다.

깡 악착스럽고 고집스런 기운이나 힘. 깡다구. ㉥깡이 세게 생겼다.

깡그리 하나도 남기지 않고 모조리. ㉥음식을 깡그리 먹어치우다.

깡다구 〔속된말로〕 고집스러운 기운이나 성질. 깡.

깡동깡동 짧은 다리로 계속해서 가볍게 뛰는 모양을 나타냄.

깡마르다 몸이 몹시 여위다. ㉥깡마른 체구.

깡총하다 키가 작고 다리가 길다. <껑충하다.

깡충깡충 짧은 다리로 힘있게 솟구쳐 뛰는 모양. ㉥토끼가 깡충깡충 뛰어 간다. <껑충껑충. ❹강중강중. ×깡총깡총.

깡통 ①얇은 쇠붙이로 만든 그릇. ②아는 것이 없이 머리가 텅빈 사람을 놀리는 말.

깡패 폭력을 쓰면서 나쁜 짓을 일삼는 사람, 혹은 그 무리. ㉡불량배.

깨 볶으면 고소한 맛과 냄새가 나서 양념이나 과자에 넣거나 참기름을 짜는 씨알, 또는 그것을 맺는 농작물.

깨끗이[깨끄시] 더러운 것이 없게. 깨끗하게. ㉥손을 깨끗이 씻다.

깨끗하다[깨끄타다] ①때나 먼지가 없다. 청결하다. ㉥옷이 깨끗하다. ②맑고 산뜻하다. 순수하다. ㉥정신이 깨끗하다. ③올바르고 떳떳하다. ㉥그는 비리와 무관한 깨끗한 사람이다.

깨:다[1] ①잠이나 술기운 따위가 사라져 정신이 맑아지다. ㉥잠이 깨다. ②지혜가 열리다. ㉥사람의 머리가 깨다.

깨다[2] ①부서지게 하다. ㉥접시를 깨다. ②일을 방해하다. ㉥흥을 깨다. ③약속·예정 따위를 취소하다. ㉥계약을 깨다.

깨닫다(깨달으니, 깨달아서) ①생각하던 끝에 알아내다. ㉥이치를 깨닫다. ②잘못을 알다.

깨달음[깨다름] 진리나 이치 등을 깨닫는 것. 확실히 알게 됨.

깨뜨리다[깨트리다] ①무엇을 깨어지게 하다. ㉥그릇을 깨뜨리다. ②약속 등을 지키거나 유지하지 못하다. ㉥약속을 깨뜨리다. ③어떠한 상태를 계속되지 못하게 하다. ㉥침묵을 깨뜨리다.

깨물다(깨무니, 깨무오) 세게 물다. 깨지게 물다. ㉥사탕을 깨물다.

깨소금 참깨를 볶아 소금을 치고 빻아서 만든 양념.

깨알 깨의 낟알.

깨어나다 ①자거나 졸다가 정상의 상태로 돌아오다. ㉥잠에서 깨어나다. ②의식을 잃었다가 다시 찾다. ㉥혼수 상태에서 깨어나다. ③알의 껍질을 깨뜨리고 나오다. ㉥병아리가 알에서 깨어나다. ㉡부화하다.

깨우다 잠을 깨게 하다.

깨우치다 이치나 사리를 깨닫게 하여 주다. ㉥잘못을 깨우치다.

깨:지다 ①부서지다. ㉥꽃병이 깨지다. ②얻어 맞거나 부딪쳐서 상처가 나다. ㉥넘어져서 무릎이 깨졌다. ③약속 등이 이루어지지 못하다. ㉥약혼이 깨지다.

깨치다 알게 되다. 깨닫다. ㉥요즘 아이들은 학교에 가기 전에 한글을 깨친다. ㉡깨우치다.

깨트리다 ①산산히 부서지게 하다. ㉥접시를 깨트리다. ②어떠한 상태를 계속되지 못하게 하다. ㉥분위기를 깨트리다. ③약속이나 질서를 계속하여 지키지 못하다. ㉥약속을 깨트리다. 비깨뜨리다.

깻묵[깬묵] 들깨나 참깨로 기름을 짜고 남은 찌꺼기. 물고기의 먹이나 화초의 거름 등으로 씀.

깻잎[깬닙] 깨의 잎. 채소의 한 가지로, 주로 들깨의 잎을 말함.

꺼:내다 '끌어내다'의 준말. 안에서 밖으로 내다. 예지갑에서 돈을 꺼내다.

꺼뜨리다 불을 꺼지게 하다.

꺼:리다 싫어서 피하려 하다.

꺼림칙하다 매우 꺼림하다. 마음이 썩 편안하지 못하다.

꺼:멓다[꺼머타] 매우 검다. 예꺼먼 연기. >까맣다. 여거멓다.

꺼지다[1] 불・거품 같은 것이 사라져 없어지다. 예연탄불이 꺼지다.

꺼지다[2] ①평평한 것이 내려앉아 빠지다. 예땅이 꺼지다. ②겉이 우묵하게 들어가다. 예배가 꺼지다.

꺼칠꺼칠하다 겉이 매끄럽지 못하다. 예아버지는 꺼칠꺼칠한 턱을 내 볼에 마구 비볐다. >까칠까칠하다. 여거칠거칠하다.

꺼칠하다 살갗이나 털이 윤기가 없고 거칠다.

꺼풀 속살을 덮고 있는 껍질. 예양파의 꺼풀을 벗기다.

꺽지[꺽찌] 몸은 옆으로 납작하며, 빛깔은 검붉고, 흐르는 맑은 물에 사는 민물고기. 입과 주둥이가 큼.

꺾기[꺽끼] 유도에서 굳히기의 한 가지. 상대의 팔이나 팔꿈치를 비틀어 꺾는 기술.

꺾꽂이[꺽꼬지] 식물의 가지를 잘라 땅에 꽂아서 묘목을 만드는 일. -하다.

꺾다[꺽따] ①휘어서 부러뜨리다. 예꽃을 꺾다. ②마음을 굽히다. 예뜻을 마침내 꺾다. ③몸의 어느 부분을 구부리다.

꺾쇠 양쪽 끝을 꼬부려서 주로 'ㄷ'자 모양으로 만든 쇠 토막. 두 개의 물체를 겹쳐 대어 서로 벌어지지 않게 하는 데 씀.

꺾은선 그래프 막대 그래프의 끝을 꺾은선으로 연결한 그래프. 시간의 흐름에 따른 양의 변화를 나타내는 데 주로 씀. 비절선 그래프.

꺾은획[꺼끈획] 서예에서, 글자의 획을 가로 긋다가 아래로 꺾거나 긋다가 옆으로 꺾는 획.

꺾이다[꺼끼다] ①꺾어지다. 예태풍으로 가로수가 꺾이다. ②다른 세력에 지다. 눌리다. 예결국 아버지의 고집이 꺾이셨다. ③기세나 세력이 수그러들다. 예적의 사기가 꺾이다.

껄껄 마음에 거리낄 것 없이 시원스럽게 크게 웃는 소리. 예아버지는 호탕하게 껄껄 웃으셨다. >깔깔.

껄껄거리다 큰 목소리로 시원스럽게 웃다. 비껄껄대다. >깔깔거리다.

껄끄럽다 ①꺼칠한 것이 살갗에 닿는 느낌이 거칠고 부드럽지 못하다. ②마음에 썩 내키지 않고 불편하다. 예대답하기 껄끄럽다.

껄껄하다 거죽이 거세어 부드럽지 못하다. >깔깔하다.

껌 고무에 설탕 박하 따위의 향료를 섞어 만든 것으로, 입에 넣고 씹는 과자. ※영어 'chewing gum'에서 온 말.

껌껌하다 몹시 어둡다. >깜깜하다. 센컴컴하다.

껌벅거리다 ①빛이나 등불 등이 잠깐 밝아졌다가 어두워졌다가 하다. ②눈을 자꾸 감았다가 떴다가 하다. 비껌벅대다. >깜박거리다. 센껌뻑거리다.

껍데기[껍떼기] ①겉을 싼 단단한 물질. 예조개 껍데기. ②속 것을 빼고 겉에 남은 것. 예이불껍데기를 벗기다. >깝대기.

껍죽거리다 ①신이 나서 방정 맞게 꺼불거리다. ②잘난 체하다. 〉깝죽거리다.

ㄱ

껍질[껍질] 물체의 거죽을 싸고 있는 딱딱하지 아니한 물질의 켜. ㉮귤 껍질.

껑충 ①긴 다리로 가볍고 힘차게 뛰어오르는 모양. ㉮기뻐서 껑충 뛰었다. 〉깡충. ❹겅중. ②일정한 순서나 단계를 단번에 많이 건너뛰는 모양. ㉮성적이 껑충 뛰었다.

껑충껑충 긴 다리로 힘차게 솟구쳐 뛰는 모양. ㉮노루가 껑충껑충 뛰어간다. 〉깡충깡충. ❹겅중겅중.

께 '에게'의 높임말. ㉮부모님께 편지를 올리다.

께서 '가'의 높임말. ㉮할아버지께서 용돈을 주셨다.

껴안다[껴안따] 두 팔로 끼어서 안다. ㉮아기를 껴안다.

껴입다 옷을 입은 위에 다른 옷을 더 입다. ㉮추워서 옷을 껴입다.

꼬기작꼬기작 구김살이 많이 지게 자꾸 꼬기는 모양. ㉮종이를 꼬기작꼬기작 구겨서 버리다. 〈꾸기적꾸기적. ❹고기작고기작.

꼬깃꼬깃[꼬긷고긷] 종이 따위가 몹시 구겨져 구김살이 심하게 생긴 모양. 〈꾸깃꾸깃.

꼬:까신 아기들이 신는 꽃무늬가 있는 예쁜 신발. 고까신.

꼬끼오 수탉이 우는 소리.

꼬꼬댁 암탉이 놀랐을 때나 알을 낳은 뒤 우는 소리.

꼬:다 ①여러 가닥을 풀어지지 않도록 비비어 한 줄이 되도록 하다. ㉮새끼를 꼬다. ②몸이나 팔·다리 등을 바로 가지지 못하고 뒤틀다.

꼬드기다 남을 부추기어 무슨 일을 하도록 하다.

꼬락서니 (얕잡아 하는 말로) 보기 싫거나 부끄러운 꼴. ㉮그 꼬락서니가 뭐냐!

꼬르륵 뱃속이 비었을 때 나는 소리. 〈꾸르륵.

꼬리 동물의 꽁무니에 가늘고 길게 내민 부분. 반머리.

꼬리말 책의 끝에 대강의 내용과 그에 관계된 사항을 간단히 적은 글. 반머리말.

꼬리지느러미 물고기의 몸 뒤 끝에 있는 지느러미.

꼬리표 물건에 관한 어떤 표시를 하기 위하여 그 물건의 한쪽 끝에 달아매는 조각.

꼬마 ①조그마한 것. 소형. ㉮꼬마 자전거. 꼬마 자동차. ②'꼬마둥이'의 준말.

꼬마둥이 ①어린아이. ②키나 몸집이 남달리 작은 사람의 별명. ❺꼬마.

꼬마 전구 손전등에 쓰이는 작은 전구.

꼬맹이 〔얕잡아 하는 말로〕 꼬마.

꼬물거리다 몸을 무겁게 자주 움직이다. 〈꾸물거리다. ❹고물거리다.

꼬물꼬물 조그만 것이 활발하지 못하고 답답하게 자꾸 움직이는 모양. 〈꾸물꾸물. ❹고물고물.

꼬박 어떤 일을 하는 데 드는 시간이 고스란히 그대로. 온전히. ㉮밤을 꼬박 새우다. 비꼴딱. ❻꼬빡.

꼬박꼬박 ①졸거나 절할 때에 머리나 몸을 자꾸 앞으로 숙였다가 드는 모양. ㉮꼬박꼬박 졸다. 〈꾸벅꾸벅. ②거르지 않고 빠짐없이 다하는 모양. ㉮일기를 꼬박꼬박 쓰다. ③남의 말을 잘 따르는 모양. ㉮꼬박꼬박 시키는 대로 한다.

꼬부랑 심하게 굽은 모양. ㉮꼬부랑 할머니.

꼬부랑 글자 ①모양 없이 아무렇게나 쓴 글씨. ②'서양 글자'를 속되게 이르는 말.

꼬부랑길 길의 방향이 자주 바뀌는 꼬부라진 길.

꼬부리다 곧고 단단하며 긴 것을 힘을 주어 굽게 하다. (예)철사를 꼬부리다. <꾸부리다.

꼬불꼬불 길이 곧게 나지 않고 서로 다른 방향으로 여러 번 굽은 모양. (예)꼬불꼬불한 산길을 올라가다. >꾸불꾸불. (여)고불고불. -하다.

꼬이다 ①일이 제대로 되지 않다. (예)하던 일이 자꾸 꼬이기 시작한다. ②뒤틀리다. ③'꾀다'의 본디말.

꼬장꼬장하다 ①어떠한 물건 같은 것이 가늘고 곧다. ②사람의 성질이나 마음이 곧고 꿋꿋하다. (예)꼬장꼬장한 성격.

꼬질꼬질 차림새나 맵시가 풀기가 죽고 때가 끼어 매우 궁상스러운 모양. -하다.

꼬집다 ①살을 집어뜯거나 비틀다. ②남의 비밀을 들추어 내다. (예)남의 약점을 꼬집다.

꼬챙이 나무·대·쇠 등의 끝을 뾰족하게 한 물건. (준)꼬치.

꼬치 음식 조각을 꿰어 요리하는 데 쓰는 작은 막대기, 또는 그 요리. (예)닭 꼬치. 떡 꼬치.

꼬치꼬치 ①몸이 몹시 여위어서 꼬챙이 같이 마른 모양. ②끝까지 낱낱이 파고들며 물어 보는 모양.

꼬투리 콩·팥 같은 씨가 들어있는 껍질.

꼭 ①조금도 틀림없이. (예)이것은 꼭 지켜야 한다. ②지긋이 힘을 주어 세게 누르거나 조르는 모양. (예)눈을 꼭 감다.

꼭꼭 힘주어 누르거나 조르는 것을 더 세게 하는 모양. <꾹꾹.

꼭대기[꼭때기] ①맨 위쪽. (예)남산 꼭대기. ②여럿 중의 우두머리.

꼭두각시 ①무대위에 놓고 놀리는 인형. ②시키는 대로 따라 하는 사람을 비유하는 말. ×꼭둑각시.

꼭두각시놀음 배우 대신 인형을 만들어서 하는 민속 연극.

꼭두 새벽 썩 이른 새벽. 첫새벽.

꼭지[꼭찌] ①나무의 잎사귀나 열매를 붙어 있게 하는 줄기. (예)사과 꼭지. ②그릇 뚜껑의 손잡이. (예)주전자 꼭지.

꼭지각 이등변삼각형에서, 길이가 같은 두 변이 이루는 각.

꼭지쇠 전구의 유리구와 연결된 둥글게 싼 나사모양의 쇠붙이로 된 통.

꼭지연 연의 이마에 종이를 둥글게 오려 붙인 것.

꼭짓점[꼭찌쩜] 기하학에서, 하나의 도형에서 맨 위의 두 변이 각을 이루며 만나는 점.

꼴[1] 사물의 생김새나 됨됨이. (예)꼴 좋다. (비)모양.

꼴[2] 말이나 소에 먹이는 풀. 목초. (예)꼴을 베다.

꼴깍 적은 분량의 물이나 침 따위가 목이나 좁은 구멍으로 단번에 넘어가는 소리. (비)꼴딱. <꿀꺽.

꼴딱 전혀 잠을 자지 않고 밤을 새우는 모양. (예)시험 공부를 하느라 밤을 꼴딱 새웠다.

꼴뚜기 낙지와 비슷하게 생긴 바닷물고기. 몸 길이는 다리까지 20cm 정도. 몸통에 도톨도톨한 혹이 있고 여덟 개의 발이 있음. 몸 빛깔은 회색을 띤 적갈색임.

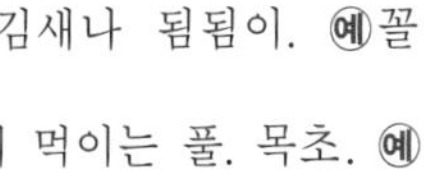
[꼴뚜기]

꼴불견 꼴이 하도 비위에 거슬리어 차마 볼 수 없음.

꼴사납다 하는 짓이나 모양이 보기 싫다. 못마땅하다. (예)하품하는 모습이 꼴사납다.

꼴찌 맨 끝 차례.

꼼꼼하다 빈틈이 없이 자세하고 찬찬하다. (예)꼼꼼한 성격.

꼼꼼히 매우 자세히 조심하여. 예선생님의 말씀을 알림장에 꼼꼼히 적다.

ㄱ

꼼지락 몸을 약하고 느리게 움직이는 모양. <꿈지럭.

꼼짝 아주 작은 움직임. 예더워서 꼼짝하기 싫다. <꿈쩍. -하다.

꼼짝없이[꼼짜겁씨] 빠져 나갈 수 없이. 어찌할 도리가 없이. 예민수는 꼼짝없이 화장실 청소를 해야 했다.

꼼짝하다[꼼짜카다] 아주 조금 움직이다. 예꼼짝하지 않고 서 있다.

꼽다[꼽따] 수를 세려고 손가락을 하나씩 꼬부리다.

꼽사위 산대놀이에서, 춤 동작의 기본이 되는 낱낱의 일정한 움직임의 하나.

꼽추 등뼈가 몹시 굽어서 등이 불룩하게 나와 있는 사람. 비곱사등이.

꼽히다[꼬피다] 지목을 받거나 인정되다. 예신라 불교 문화의 꽃으로 불국사와 석굴암이 꼽힌다.

꼿꼿이[꼳 꼬시] 휘거나 굽은 데가 없이 똑바르게. 위로 곧게. 예꼿꼿이 앉아서 공부를 하다.

꼿꼿하다 ①마음이나 뜻이 곧고 굳세다. 예우리 할아버지 인품은 대쪽같이 꼿꼿하시다. ②위로 서 있는 사물이 굽은 데가 없이 곧다. 예꼿꼿한 대나무.

꽁꽁 ①단단히 언 모양. 예강이 꽁꽁 얼다. ②단단히 죄어 묶은 모양. 예짐을 꽁꽁 묶다.

꽁무니 ①짐승이나 새의 등마루뼈의 아랫부분. ②엉덩이를 중심으로 한 몸의 뒷부분. ③사물의 맨 뒤나 맨 끝.

꽁보리밥 쌀은 전연 섞지 않고 보리로만 지은 밥.

꽁숫줄 연의 아랫부분 한가운데 매어진 줄. 위의 두 줄과 합쳐 연줄에 이어짐.

꽁지 새의 꽁무니에 달린 깃.

꽁지깃[꽁지긷] 새의 꽁지에 달려 있는 깃.

꽁초 '담배 꽁초'의 준말. 피우다 남은 담배의 끝 부분.

꽁치 정어리와 비슷한 바닷물고기. 몸통이 납작하고 길며, 몸 빛깔은 등쪽이 청홍색이고 배쪽이 흰색이며, 가슴지느러미와 배지느러미는 아주 작음.

꽁:하다 ①마음 속으로 못마땅하게 여겨 말이 없다. 예사소한 일로 꽁하게 토라져 있다. ②마음이 좁아 어떤 일을 잊지 않고 속으로 언짢아하다. 예꽁한 성격.

꽂다[꼳따] 박아세우다. 쪽 끼워져 있게 하다. 예산 정상에 기를 꽂다.

꽂히다[꼬치다] ①뾰족한 것이 움직이지 않게 박히다. 예팔에 꽂힌 주사 바늘을 보고 울다.

꽃[꼳] ①식물의 가지나 줄기에 피어 아름다움을 보이는 부분. ②'아름다운 여자'를 비유하여 이르는 말.

꽃가루 수꽃술에 붙어 있다가 암꽃술에 붙어 씨를 맺게 하는 가루.

꽃가루받이 식물에서 수술의 꽃가루가 암술 끝에 옮겨 붙는 것. 바람·곤충·새 또는 사람이 건드려서 일어남.

꽃게 크기가 어른 손바닥만 하며, 가로 퍼진 등은 양쪽 끝이 뾰족하고 빛깔은 어두운 푸른빛이며, 배는 희고 집게발이 아주 큰 바다 게.

[꽃게]

꽃구름 여러 빛깔로 아름다운 모양을 한 구름.

꽃길[꼳 낄] 꽃이 아름답게 피어 있는 길.

꽃꽂이[꼳꼬지] 꽃이나 나무의 가지를 병이나 그릇에 보기 좋게 꽂는 일, 또는 그 기술. -하다.
꽃나무[꼰나무] 꽃이 피는 나무.
꽃눈[꼰눈] 자라서 꽃이 될 싹.
꽃다발[꼳 따발] 여러 꽃을 한데 묶은 다발.
꽃다지[1][꼳따지] 이른 봄에 들과 밭에 길쭉한 파란 잎이 돋아나고, 꽃줄기에 아주 작은 노란 꽃들이 한꺼번에 많이 피는, 나물로 캐어 먹는 두해살이풀.
꽃다지[2] 오이·호박·가지 등의 맨 처음 열린 열매.
꽃답다 꽃과 같이 향기롭고 아름답다. ㉡꽃다운 젊은 시절.
꽃동산 아름다운 꽃이 많이 피어있는 동산.
꽃등[꼳뜽] 꽃무늬나 여러 가지 빛깔로 곱게 꾸민 종이로 만든 등.
꽃말[꼰말] 꽃의 특성에 따라서 각각 어떤 뜻을 붙인 말.
꽃망울[꼰망울] 아직 피지 않은 어린 꽃봉오리.
꽃모종[꼰모종] 옮겨 심기 위하여 기르는 꽃나무의 모종.
꽃무늬[꼰무니] 꽃 모양의 무늬.
꽃물[꼰물] 물감으로 쓸 수 있는 꽃의 즙. ㉡봉선화 꽃물.
꽃바구니[꼳빠구니] 곱게 모양을 내어 꽃을 담은 바구니.
꽃반지 꽃이 달린 가는 가지를 휘어서 손가락에 반지 처럼 감은 것.
꽃받침 꽃을 보호하는 기관의 한 가지. 꽃잎을 받치고 있는 부분.
꽃밥[꼳밥] 꽃의 한 기관. 꽃실 끝에 붙어서 꽃가루를 만드는 주머니 모양의 부분.
꽃뱀[꼳뺌] 알록달록한 고운 무늬가 있는 뱀.
꽃병[꼳뼝] 꽃을 꺾어 꽂는 병. ㉥화병.
꽃봉오리 맺히어 아직 피지 아니한 꽃. ×꽃봉우리.
꽃비[꼳삐] 바람이 불 때 한꺼번에 비처럼 날리며 떨어지는 꽃잎.
꽃사슴 몸에 흰 점이 박힌 예쁘고 귀여운 사슴.
꽃삽[꼳 쌉] 꽃나무를 옮겨 심거나 매만져 가꾸는 데 쓰는 조그만 삽.
꽃샘바람 이른 봄, 꽃필 무렵에 부는 쌀쌀한 바람.
꽃샘추위 이른 봄에 꽃이 필 무렵의 추위.
꽃송이 꽃자루 위로 붙은 꽃 전체. ㉡탐스러운 꽃송이.
꽃술[꼳술] 꽃 안에 있는 실같이 생긴 것. 암술·수술 두가지가 있음.
꽃식물[꼳씽물] 꽃이 피는 식물. 열매를 맺을 수 있음.
꽃신[꼳씬] 꽃무늬나 여러 가지 빛깔로 곱게 꾸민 어린아이나 여자들의 신.
꽃씨 꽃나무의 씨앗.
꽃자루 꽃대나 가지에서 갈라져 나와, 꽃을 받치는 작은 자루.
꽃줄기[꼳 쭐기] 잎이 돋는 가지가 아니라, 직접 꽃이 달리는 줄기.
꽃집[꼳찝] 꽃을 파는 가게. ㉥꽃가게. 화원.
꽃피우다 무슨 일을 한창 성하게 하다. ㉡근대 문명을 꽃피우다.
꽃향기[꼬턍기] 꽃에서 나는 향기.
꽈:리 가지과의 여러해살이풀. 줄기 높이는 40~90cm. 잎은 한군데에 두 잎씩 나오고 여름에 황백색 꽃이 피며 둥근 열매가 붉게 익음.
꽈:배기 밀가루 반죽을 길고 가늘게 만들어 두 가닥으로 꼬아서 기름에 튀긴 과자.
꽉 ①힘을 주어 누르는 모양. ㉡주먹을 꽉 쥐다. ②가득 찬 모양. ㉡극장에 손님이 꽉 차서 자리가 없다.

ㄱ

꽉꽉 ①매우 힘껏 여러 번 힘을 주는 모양. (예)화가 나서 발로 장난감을 꽉꽉 밟았다. ②아주 가득히 들어차거나 막힌 모양. (예)버스에 사람들이 꽉꽉 차 있다.

꽝 ①무겁고 단단한 물건이 바닥이나 벽에 세게 떨어지거나 부딪칠 때 나는 소리. (예)동생이 방문을 꽝 닫았다. ②대포나 총을 쏘거나, 폭발물이 터지거나 천둥이 칠 때 울리는 큰 소리. (예)꽝 하고 포탄이 터지다. (센)쾅.

꽝꽝 ①무겁고 단단한 물건이 연달아서 바닥이나 벽에 세게 떨어지거나 부딪칠 때 나는 큰 소리. (예)책상을 꽝꽝 내리치다. ②대포나 총을 쏘거나, 폭발물이 연이어 터질 때 혹은 천둥이 칠 때 울리는 소리. (예)여기 저기서 포탄이 꽝꽝 터진다.

꽤 상당히. 생각보다 좀 심한 정도로. (예)수빈이는 글씨를 꽤 잘 쓴다.

꽥 성날 때나 남을 겁주고 놀라게 할 때 갑자기 목청을 높여 세게, 짧게 내는 소리. (예)형은 나에게 꽥 소리를 질렀다.

꽥꽥 남을 놀라게 할 때나 화를 낼 때 갑자기 목청을 높여서 여러 번 아주 크게 지르는 소리. (예)과장님은 화가 나서 부하 직원에게 꽥꽥 소리를 질렀다.

꽹과리 놋쇠로 만든 농악기의 한가지. 모양은 징과 같으나 그보다 훨씬 작고 소리가 높게 남.

[꽹과리]

꾀 일을 그럴 듯하게 꾸며 내는 묘한 생각.

꾀꼬리 ①날개가 15cm쯤 되고 노란색이며 꼬리와 날개 끝은 검은 새. '꾀꼴꾀꼴' 하고 매우 아름다운 소리로 욺. ②'목소리가 고운 사람'의 비유. (예)꾀꼬리 같은 목소리.

꾀:다[1] 그럴 듯한 말로 자기 생각에 따르게 하다. (본)꼬이다.

꾀:다[2] 벌레나 사람이 한 곳에 많이 모여들어 뒤끓다. (예)쓰레기 주위에 파리들이 꾀기 시작했다.

꾀돌이 [꾀도리] 꾀가 많고 귀여운 어린아이.

꾀병 거짓으로 앓는 체하는 것. (예)학원에 가기 싫어 꾀병을 부리다.

꾀보 꾀가 많은 사람.

꾀죄죄하다 모습이 몹시 가난하게 보이고 지저분하다. (예)꾀죄죄한 얼굴.

꾀하다 어떤 일을 이루거나 해결하려고 궁리하고 애쓰다.

꾐 남을 속여서 좋지 않은 일에 끌어들이거나 그런 일을 하도록 부추기는 것. (예)나쁜 친구들의 꾐에 빠져 가출을 했다.

꾸기다 종이나 옷감같이 얇은 것을 아무렇게나 접거나 비벼서 잔금이 생기게 하다. (여)구기다.

꾸다[1] 남의 것을 뒤에 갚기로 하고 잠시 빌리다. (예)돈을 꾸다.

꾸다[2] 꿈의 현상을 보다. (예)새처럼 날아다니는 꿈을 꾸다.

-꾸러기 일부 낱말에 붙어서 그 사물이나 그런 버릇이 많은 사람을 나타내는 말〔잠꾸러기 · 말썽꾸러기 · 장난꾸러기 등〕.

꾸러미 꾸리어 뭉치거나 싼 물건. (예)짐 꾸러미.

꾸리다 싸서 묶다. (예)이삿짐을 꾸리다.

꾸물거리다 몸을 느리게 움직이다. >꼬물거리다.

꾸물꾸물 매우 느리고 게으르게 거듭 움직이는 모양. >꼬물꼬물.

꾸물대다 느리고 게으르게 행동하다. (예)빨리 오지 뭘 꾸물대다가 이제 오니? (비)꾸물거리다. >꼬물대다.

꾸미다 ①사실이 아닌 것을 그럴듯하게 거짓으로 만들다. ②매만져서 겉으로 좋게 드러나도록 하다. 예 방을 꾸미다. ③일을 짜고 꾀하다. 예 음모를 꾸미다.

꾸밈 겉으로만 보기 좋게 만드는 것. 예 꾸밈없는 모습. 비 가식.

꾸밈말 임자말(주어)이나 풀이말(서술어)앞에 있어서 그 말의 뜻이나 내용을 자세히 설명하는 구실을 하는 말. <보기> '예쁜 꽃이 많이 피었다'에서 '예쁜"은 '꽃'이라는 임자말을 꾸미고, '많이'는 '피었다'라는 풀이말을 꾸밈. 비 수식어.

꾸밈새 꾸민 모양새.

꾸벅 졸거나 절을 할 때 허리를 가볍게 굽혔다가 드는 모양. <꼬박. 센 꾸뻑. -하다.

꾸벅꾸벅 졸 때 머리나 몸을 자꾸 숙였다 들었다 하는 모양. 예 아이가 꾸벅꾸벅 졸고 있다. >꼬박꼬박. 센 꾸뻑꾸뻑.

꾸부리다 ①몸의 일부를 굽히거나 오그리다. 예 허리를 꾸부리다. ②곧고 단단하며 긴 것을 굽거나 휘게 하다. 예 철사를 꾸부리다. >꼬부리다. 여 구부리다.

꾸부정하다 몸이 앞으로 조금 굽어 있다.

꾸불꾸불하다 길이나 줄 따위가 이리저리 여러 번 구부러져 있다. >꼬불꼬불하다. 여 구불구불하다.

꾸어주다 돈이나 물건을 나중에 돌려 받기로 하고 남에게 주다. 준 꿔주다.

꾸역꾸역 한군데로 많은 것들이 잇달아 몰려들거나 몰려나오는 모양.

꾸준하다 한결같은 상태로 부지런하고 끈기 있다. 예 꾸준하게 일하다.

꾸준히 거의 변함이 없이 끈기가 있게. 한결같이. 예 꾸준히 저축을 하다. 비 계속.

꾸중 '꾸지람'의 높임말. 예 선생님으로부터 심한 꾸중을 듣다. -하다.

꾸지람 아랫사람의 잘못한 것을 꾸짖는 말. 높 꾸중. -하다.

꾸짖다[꾸짇따] 잘못을 바로잡기 위하여 나무라다. 예 잘못을 한 동생을 꾸짖다.

꾹 ①힘을 주어 누르거나 죄는 모양. 예 모자를 꾹 눌러 쓰다. >꼭. ②괴로움을 참고 견디는 모양. 예 꾹 참다.

꾹꾹 ①매우 힘을 주어 여러 번 단단히 누르거나 죄거나 찌르는 모양. 예 밥을 꾹꾹 눌러 담다. ②매우 힘들여 참거나 견디는 모양. 예 화를 꾹꾹 참다.

-꾼 ①어떤 말 뒤에 붙어서 그러한 일을 직업적·전문적 또는 습관적으로 하는 사람을 뜻하는 말. 예 장사꾼. 씨름꾼. ②어떤 일이나 어떤 자리에 모이는 사람을 뜻하는 말. 예 구경꾼.

꿀 꿀벌이 꽃에서 따다가 먹이로 벌집 속에 저장해 두는 달콤한 액체.

꿀꺽 무엇이 목구멍으로 단번에 넘어가는 소리. 예 침을 꿀꺽 삼키다.

꿀꺽꿀꺽 물 같은 것을 연거푸 단번에 삼키는 소리. 예 물을 꿀꺽꿀꺽 마시다. >꼴깍꼴깍.

꿀꿀 돼지가 내는 소리.

꿀꿀거리다 돼지가 자꾸 꿀꿀 소리를 내다.

꿀단지 꿀을 넣어 두는 단지.

꿀돼지 〔어린이 말로〕 욕심이 많은 돼지.

꿀떡 음식물을 단번에 삼키는 소리나 모양을 나타냄. 예 인절미를 꿀떡 삼켰다.

꿀리다 힘이나 능력이 남보다 불리하거나 모자란다는 느낌이 들다. 예 힘이 꿀리다.

꿀맛[꿀맏] 꿀의 단맛. 또는 꿀처럼 단 맛. 예 수박이 꿀맛이다.

꿀물 꿀을 타서 달게 만든 물.

꿀밤 주먹으로 가볍게 머리를 때리는 것. 비알밤.

ㄱ

꿀벌 꽃에 생기는 달콤한 꿀을 빨아 먹기도 하고 나르기도 하는 벌. 준벌.

꿀샘 꽃에서 단물을 만들어 내는 기관.

꿀통 벌통에서 떠낸 꿀을 모아 담는 큰 통. 꿀을 담는 통.

꿇다[꿀타] 무릎을 구부려 바닥에 대다.

꿇어앉다[꾸러안따] 무릎을 꿇고 앉다. 예아버지 앞에 꿇어앉아 잘못을 빌었다.

꿈 ①잠자는 동안에 실지로 보고 느끼듯이 머리에 그려지는 여러가지 모습. 예무서운 꿈을 꾸다. ②즐거운 상태나 분위기. 예꿈 같은 나날을 보내다. ③바라는 것. ④이루어질 수 없는 생각. 반현실. 생시.

꿈같다[꿈갇따] 너무나 좋거나 황홀하여 현실이 아닌 것 같다.

꿈결[꿈껼] ①꿈을 꾸고 있는 동안. ②'덧없이 짧거나 빠른 사이'를 비유하여 이르는 말.

꿈길[꿈낄] 꿈이 계속되는 상태. 예꿈길에 어디선가 나를 부르는 소리가 들린다.

꿈꾸다 ①자는 사이에 꿈이 보이다. ②마음속으로 혼자 바라다. 예과학자를 꿈꾸다.

꿈나라 ①마음 속에 그리는 세계. ②'잠'을 이르는 말. 예꿈나라로 가다.

꿈나무 장차 과학이나 예술이나 체육에 뛰어난 사람이 될 만한 뜻과 재주가 있는 아이.

꿈자리 꿈에 나타난 일이나 내용. 예꿈자리가 좋다.

꿈지럭거리다 일이나 행동을 빨리 하지 못하고 시간을 끌며 천천히 하다. 비꿈지럭대다.

꿈쩍 무엇을 느리고 무겁게 조금 움직이는 모양. >꼼짝.

꿈쩍하다[꿈쩌카다] 아주 조금 움직이다. 예바위는 아무리 밀어도 꿈쩍하지 않았다.

꿈틀거리다 몸을 이리저리 바꿔 움직이다. 예누렁이는 신음 소리를 내며 꿈틀거렸다. 비꿈틀대다. >꼼틀거리다.

꿈틀꿈틀 몸을 거듭 구부리거나 비틀며 움직이는 모양. 예벌레들이 꿈틀꿈틀 기어 다닌다.

끔틀하다 몸을 이리저리 꾸부리거나 비틀며 조금씩 움직이다. 예지렁이도 밟으면 꿈틀한다.

꿈풀이[꿈푸리] 꿈의 뜻을 풀이하는 것. 해몽. **-하다.**

꿋꿋이[꾿꾸시] 마음이나 뜻이 굳세고 곧게. 예꿋꿋이 살아가다.

꿋꿋하다[굳꾸타다] 마음이나 뜻이 굳세고 곧다. 굽히지 않고 바르다. 예온갖 어려움을 이기고 꿋꿋하게 살다. >꼿꼿하다. **꿋꿋이.**

꿍꿍이 겉으로 드러내지 않고 속으로 몰래 일을 꾸미는 것. 예무슨 꿍꿍이인지 알 수가 없다.

꿍꿍이속 남에게 숨기고 어떤 꾸미는 일이 있는 것. 예무슨 꿍꿍이속이 있기에 나한테 친절하지?

꿩 생김새가 닭과 비슷한 꿩과의 새. 몸빛이 아름다우며 수컷은 '장끼'라 하고 꼬리가 32~56cm 정도. 암컷은 '카투리'라 하고 26~31cm 정도로 짧. 우리 나라의 특산종으로 만주 남부와 칠레 북동부 및 일본에도 있음.

[꿩]

꿰:다 ①구멍으로 실이나 끈을 이쪽에서 저 쪽으로 나가게 하다. 예바늘귀에 실을 꿰다. ②옷을 입거

나 신을 신다. ㉠윗도리와 바지를 꿰다.

꿰:뚫다[꿰뚤타] ①구멍을 뚫다. ㉠화살이 과녁을 꿰뚫다. ②어떤 일을 잘 알다. ㉠부모님은 내 생각을 꿰뚫고 계신다.

꿰:매다 해지거나 뚫어진 자리를 깁거나 얽어매다.

뀌다 방귀를 몸 밖으로 내보내다.

끄나풀 ①길지 않은 끈의 도막. ②남의 앞잡이. ×끄나불.

끄다(꺼, 꺼서) ①불이 못 타게 하다. ㉠촛불을 끄다. ②전깃불·라디오 등의 스위치를 더 이상 작동되지 않게 하다. ㉠라디오를 끄다.

끄덕거리다 고개를 위아래로 가볍게 여러 번 움직이다. 〉까닥거리다.

끄덕끄덕 그렇게 하겠다고 고개를 자꾸 앞뒤로 흔드는 모양. 〈끄떡끄떡. -하다.

끄덕이다 고개를 앞뒤로 좀 세게 움직이다. 〈끄떡이다.

끄떡 ①놀랍거나 어려운 일이 있을 때 나타내는 몸이나 물체의 움직임. ㉠소나무는 거센 바람에도 끄떡이 없다. ②고개를 한 번 잠깐 숙였다가 드는 모양. 〉까딱.

끄떡없다[끄떠겁따] 조금도 움직이지 아니하다. ㉠강한 비바람이 불어도 나무는 끄떡없다. 〉까딱없다. 끄덕없이.

끄떡이다[끄떠기다] 고개를 위아래로 여러 번 움직이다. 〉까딱이다.

끄떡하다[끄떠카다] ①조금 움직이거나 흔들리다. ㉠철문은 아무리 밀어도 끄떡하지 않았다. ②고개나 손목을 잠시 아래로 숙였다 들다. ㉠말을 하지 않고 고개만 끄떡하다. 〉까딱하다.

끄르다(끄르니, 끌러서) ①맨 것을 풀다. ㉠짐을 끄르다. ②잠근 것을 열다. ㉠단추를 끄르다.

끄:집어내다 ①밖으로 끌어 내다. 이끌어 내다. ㉠창고에서 잡동사니들을 끄집어내다. ②어떤 문제나 이야깃거리를 다른 사람들 앞에 내어놓다. ㉠언니는 케케묵은 이야기를 끄집어내었다.

끄트러기 쓰고 남은 자질구레한 물건.

끄트머리 ①맨 끝 부분. ②일의 실마리. 단서.

끈 무엇을 묶거나 매는 데 쓰는, 실이나 종이로 만든 가늘고 긴 물건.

끈기 ①참을성이 있어 끝까지 이어가는 성질. ㉠은근함과 끈기 있는 성질. ②질기고 차진 기운. ㉠밥에 끈기가 있다.

끈끈막 생물의 몸에서 기관의 표면을 덮고 있는 끈끈하고 부드러운 막. 점막.

끈끈액[끈끄낵] 생물의 몸의 어떤 부분에서 나오는 끈끈한 액체. 점액.

끈끈이[끈끄니] 벌레나 쥐 등을 잡는 데 쓰는 끈끈한 물질.

끈끈하다 ①끈기가 많아 진득진득하다. ㉠송진이 끈끈하다. 비끈적끈적하다. ②서로 느끼는 정이나 사랑이 아주 강하다.

끈덕지다 끈기가 있어 꾸준하고 줄기차다. 비끈질기다.

끈적끈적하다[끈적끈저카다] 끈끈하여 달라붙는 성질이 있다. ㉠땀을 많이 흘려서 온몸이 끈적끈적하다. 비끈끈하다.

끈적거리다 ①성질이 끈끈해 무슨 일에 한 번 관계하면 얼른 손떼지 않고 자꾸 귺적거리다. ②끈끈하여 자꾸 척척 달라붙다. 〉깐작거리다

끈질기다 ①무엇이 잘 끊어지지 않고 질기다. ②어떤 목적을 이루려고 쉽사리 그만두지 않고 계속하여 매달리다. ㉠끈질기게 조르다. 비끈덕지다.

ㄱ

ㄱ

끊기다[끈키다] ①잘려서 동강이 나다. [예]철로가 끊기다. ②무엇이 끝나다. 더 이상 이어지지 않게 되다. [예]친구의 소식이 끊기다. ③중간에 중단되다. [예]전화가 끊기다. [비]끊어지다.

끊다[끈타] ①잘라 내다. ②그치다. ③그만두다.

끊어지다[끄너지다] ①긴 것이 동강이 나다. [예]실이 끊어지다. ②계속 이어지던 것이 중단되거나 차단되다. [예]전화가 끊어지다. ③숨이 멈추다. 죽다. [예]숨이 끊어지다.

끊음표[끄늠표] 음악 연주에서 한 음표씩 끊어서 연주함을 나타내는 기호. 스타카토.

끊이다[끄니다] 계속 이어지던 것이 중단되거나 그치다. [예]웃음소리가 끊이지 않는 집.

끊임없다 늘 잇대어 끊어지지 않다. 꾸준하다. [예]끊임없이 노력하다.

끊임없이[끄니멉씨] 끊어지지 않고 계속해서. [예]우리 주위에는 끊임없이 사고가 일어난다. [비]계속. 꾸준히.

끌 나무에 구멍이나 홈을 파는데 쓰이는 연장.

끌:그물 물 속의 바닥에 넣고 끌어서 고기를 잡는 그물.

끌끌 못마땅하여 연거푸 혀를 차는 소리. [예]내가 접시를 깬 것을 보시고 엄마는 혀를 끌끌 찼다.

끌:다 ①잡아당기어 자리를 옮기도록 하다. ②주위를 한데 모으게 하다. [예]관심을 끌다. ③미루다. [예]날짜를 끌다.

끌:려가다 힘이나 권력이 있는 사람에게 억지로 붙들려 가다. [예]경찰서에 끌려가다.

끌:려나가다 강제로 잡혀서 나가다. [예]소가 도살장으로 끌려나가다.

끌:려오다 원하지 않는 곳으로 마지못해 따라오다. 또는 잡혀서 오다. [예]포로 수용소로 끌려오다.

끌:리다 ①잡아당겨지다. ②땅에 스치다. [예]바지가 너무 길어 땅에 질질 끌린다. ③관심이 쏠리다. [예]철수는 영희에게 끌린다.

끌:어가다 사람이나 동물을 강제로 데리고 가거나 붙잡아 가다. [예]도적들이 가축을 끌어갔다.

끌:어내다 무엇을 당겨서 밖으로 나오게 하다. [예]죄인을 끌어내다.

끌:어당기다[끄러당기다] 끌어서 앞으로 당기다. [예]팔을 끌어당기다.

끌:어안다[끄러안따] 두 팔로 가슴에 당기어 껴안다. [예]아기를 품에 끌어안다.

끌:어오다[끄러오다] ①끌어서 자기 앞으로 가져오다. [예]의자를 끌어오다. ②사람이나 동물을 강제로 데리고 오거나 붙잡아 오다. [예]그놈을 당장 끌어오너라! ③물·전기·돈 따위를 사용할 수 있게 자기 쪽으로 가져오다. [예]논을 만들려면 물을 끌어와야 한다.

끌:어올리다[끄러올리다] ①사람이나 물건을 잡아 끌어서 위로 올리다. [예]이불을 머리 끝까지 끌어올리다. ②이끌어서 높은 수준이나 지위에 오르게 하다. [예]수준을 끌어올리다. [반]끌어내리다.

끓는점[끌른점] 액체가 끓기 시작할 때의 온도.

끓다[끌타] ①액체가 높은 열을 받아 몹시 뜨거워져 거품이 솟아 오르다. [예]물이 끓다. ②화가 나서 속이 타는 듯하다. [예]끓어오르는 분노를 참다. ③많이 모여 우글거리다. [예]벌레가 끓다.

끓어오르다[끄러오르다] ①그릇의 물이나 국물이 세게 부글부글 끓다. ②감정이 세게 솟아오르다. [예]나는 끓어오르는 화를 참을 수 없었다.

끓이다[끄리다] ①끓게 하다. (예)물을 끓이다. ②걱정을 지나치게 하며 속을 태우다. (예)속을 끓이다.

끔벅거리다[끔뻑꺼리다] 눈을 잠깐씩 자꾸 감았다가 떴다가 하다. (예)소가 큰 눈을 끔벅거리며 풀을 뜯고 있다. [비]끔벅대다.

끔벅이다[끔버기다] 눈을 순간적으로 감았다 떴다 하다. (예)사슴은 기분이 좋은지 눈을 끔벅이며 가만히 있다.

끔적거리다[끔적꺼리다] 큰 눈을 자주 감았다 떴다 하다. (예)황소가 눈을 끔적거렸다.

끔찍이[끔찌기] 매우. 무척. (예)할머니께서 나를 끔찍이 사랑하신다.

끔찍하다[끔찌카다] ①너무 비참하여 놀랄만하다. (예)끔직한 살인 사건. ②정성과 성의가 대단하다. (예)동생을 끔찍하게 사랑하다.

끙 몹시 아프거나 힘에 겨운 일을 할 때 내는 소리.

끙끙 몹시 앓을 때나 몹시 힘든 일을 할 때 연달아 내는 소리. (예)몸살이 나서 밤새 끙끙 앓았다.

끙끙거리다 일이 힘겹거나 아파서 자꾸 끙끙 소리를 내다. [비]끙끙대다.

끝 ①마지막이 되는 곳. (예)하늘 끝. ②가느다란 것이나 내민 것에서 가장 마지막 되는 부분. (예)바늘 끝.

끝끝내[끋끈내] 마지막에 이르기까지. (예)끝끝내 고집을 부리다. (준)끝내.

끝나다[끈나다] 일이 다 이루어 지다. (예)숙제가 끝나다.

끝내[끈내] 맨 나중까지. (본)끝끝내.

끝내다 ①일이 다 이루어 지다. 일을 끝마치다. (예)수업을 끝내다. ②운동 경기 따위에서 승부의 마무리를 짓다. (예)경기를 끝내다.

끝내주다[끈내주다] (속된말로) 아주 마음에 들다. (예)음식 맛이 끝내준다.

끝동[끋똥] 여자의 한복 저고리 소매 끝에 다는 헝겊.

끝마치다[끈마치다] 일을 끝내다. (예)오늘 안으로 이 일을 끝마치자. [비]끝내다.

끝말[1][끈말] 낱말의 마지막 부분. (예)'마무리'의 끝말은 '리'이다.

끝말[2][끈말] 책의 본문 끝에 싣는 글. [반]머리말.

끝맺음[끈매즘] 일을 끝내어 마무리를 지음.

끝맺다[끈맫따] 더 할 것 없이 마무리하다. 마치다. (예)선생님은 말씀을 끝맺고 학생들을 둘러보셨다.

끝물[끈물] 맨 나중에 나오는 과일·야채·곡식·해산물 등을 말함. [반]맏물.

끝부분[끋뿌분] ①물건의 양쪽 끝의 부분. ②말·이야기·노래의 마지막 부분.

끝소리[끋쏘리] 한 낱말에서 맨 나중에 나는 소리. '강'의 ㅇ이나 '산'의 ㄴ따위.

끝없다[끄덥따] 끝나는 데가 없다. 한이 없다. (예)부모님의 사랑은 끝없다.

끝없이[끄덥씨] 끝이 나지 않고 계속해서. (예)끝없이 넓은 바다. [비]계속. 한없이.

끝인사[끄딘사] 마지막 인사. [반]첫인사.

끝자락[끋짜락] 맨 아래의 넓적한 가장 자리나 끝부분. (예)소매 끝자락이 지저분하다.

끝장[끋짱] 일의 맨 마지막.

끝점[끋쩜] 선이나 도형에서 끝을 이루는 점.

끝판 일의 마지막 판.

끼[1] '끼니'를 셀 때 쓰는 단위. (예)한 끼. 두 끼.

ㄱ

끼[2] 타고난 재주를 발휘할 수 있는 기질. ㊎연예인은 끼가 많아야 한다.

끼니 아침·점심·저녁으로 정해진 때에 밥을 먹는 일. ㊎끼니를 거르다.

끼다[1] 끌어안거나 겨드랑이 밑에 넣어 죄다. ㊎팔짱을 끼다.

끼:다[2] ①안개나 연기 같은 것이 가리다. ㊎안개가 끼다. ②때나 먼지 같은 것이 묻다. ㊎눈곱이 끼다. ③곁에 두거나 가까이하다. ㊎산을 끼고 있는 마을.

끼다[3] 옷이 몸에 꽉 달라붙다. ㊎살이 쪄서 바지가 꼭 낀다.

끼룩끼룩 기러기나 갈매기가 우는 소리.

끼리끼리 패를 지어 따로따로. ㊎끼리끼리 모이다.

끼어들다 자기 순서나 자리가 아닌 곳에 억지로 들어가다.

끼얹다[끼언따] 액체나 가루 같은 것을 흩어지게 뿌리다. ㊎찬물을 끼얹다.

끼우다 무엇을 벌어진 틈이나 뾰족한 부분에 밀어 넣거나 꽂거나 꿰어서 빠지지 않게하다. ㊎문 틈에 신문을 끼우다.

끼이다 ①벌어진 틈이나 뾰족한 부분에 박히거나 꽂히다. ㊎문 틈에 손가락이 끼었다. ②섞이다. 포함되다. ㊎친구들 틈에 끼여 교문을 나서다.

끼익 ①무거운 철문 따위가 열리는 소리. ②자동차가 갑자기 설 때 내는 소리.

끼인각 서로 만나는 두 직선이 이루는 각.

끼치다[1] ①남에게 폐나 괴로움을 주다. ㊎걱정을 끼치다. ②후세에 남게 하다. ㊎국가 발전에 큰 영향을 끼치다.

끼치다[2] 살갗에 소름이 돋다. ㊎소름이 끼치다.

끽 자동차가 빨리 움직이다가 갑자기 설 때 나는 소리.

끽소리 조금이라도 반대하거나 반항하는 말. ㊎끽소리 말고 공부해라.

끽연 담배를 피움. -하다.

낄낄거리다 웃음을 참으려는 듯이 입 속으로 웃기를 계속하다. ㊎아이들이 손가락질하며 낄낄거리고 있다. 비낄낄대다.

낄낄대다 웃음을 참으려는 듯이 입 속으로 계속해서 웃다. ㊎언니와 친구는 낄낄대며 방으로 들어갔다. 비낄낄 거리다.

낌새 일이 되어 가는 형편. 기미. ㊎낌새를 알아차리다.

낑낑 못 견디게 아프거나 몹시 힘을 쓸 때 내는 소리.

낑낑거리다 계속해서 낑낑 소리를 내다. 애를 쓰다. ㊎예은이는 제 키보다 큰 우산을 들고 낑낑거렸다. 비낑낑대다.

ㄴ

ㄴ (니은) 한글 닿소리(자음)의 둘째 글자.

-ㄴ데 ①앞의 내용이 뒤의 내용에 대해 앞서 알아야 할 설명이 되는 뜻을 나타냄. (예)옷이 예쁜데 어디서 샀니? ②앞의 내용이 뒤의 내용과 대립되는 뜻을 나타냄. '-나, -지만'의 뜻. (예)현주는 얼굴은 예쁜데 마음씨는 나빠.

-ㄴ들 '-ㄴ다 할지라도 어찌'의 뜻으로 뒷말이 앞 말에 매이지 아니함을 나타냄. (예)내가 간들 아주 가랴.

나[1] 말하는 이가 듣는 이에게 자기 자신을 가리키어 이르는 말. [반]너.

나[2] 서양 음계 '시'의 우리말 음 이름.

나가다 ①안에서 밖으로 나가다. (예)마당으로 나가다. [반]들어오다. ②앞으로 향하여 가다. (예)앞으로 나가다. ③출근 따위를 하다. (예)회사에 나가다.

나가떨어지다 ①세게 뒤로 넘어지다. (예)사람들이 미는 바람에 뒤로 나가떨어졌다. ②몸과 마음이 지쳐 녹초가 되다. (예)오래달리기를 끝마친 아이들은 모두 나가떨어졌다.

나각 옛날에, 소라 껍데기 끝에 구멍을 뚫어 그 구멍에 입술을 대고 불어 소리를 내던 악기.

나귀 '당나귀'의 준말. 모양은 말 같고 작으며 귀가 큰 짐승.

나그네 ①여행 중에 있는 사람. ②고향을 떠나 객지에 있는 사람. [비]길손.

나긋나긋하다 ①음식이나 고기 등이 연하다. ②어린아이의 살결이 보드랍다. ③태도가 친절하고 부드럽다. (예)나긋나긋한 성격. **나긋나긋이**.

나날 계속되는 하루하루의 날들. (예)바쁜 나날을 보내다.

나날이[나나리] 날마다. 매일.

나누기 어떤 수를 다른 수로 나누는 것. (예)20 나누기 5는 4입니다. [반]곱하기.

나누다 ①갈라서 따로따로 되게 하다. (예)사과를 세 쪽으로 나누다. ②음식 따위를 함께 먹다.

나누어떨어지다 나눗셈에서, 값이 정수이고 나머지가 없게 나누어지다.

나눗셈 어떤 수를 몇 개의 몫으로 나누는 계산. [반]곱셈.

나뉘다 여러 부분이나 갈래로 갈라지다. (예)아직도 우리는 남북으로 나뉘어 있다.

나다[1] ①없던 것이 생겨나다. (예)새싹이 나다. ②생산되다.

나다[2] 동안을 지내다. (예)깊은 산속에서 겨울을 나다.

나다니다 특별한 일이 없이 밖으로 나가 이곳 저곳 돌아 다니다.

나돌다(나도니, 나도오) ①'나가 돌아다니다'의 준말. ②말 소문 등이 퍼지다. 예헛소문이 나돌다. ③병 따위가 널리 퍼지다. ④여기저기 눈에 띄다.

나돌아다니다 집을 나가 여기저기 돌아다니다. 준나돌다.

나동그라지다 ①서 있다가 갑자기 벌렁 넘어지다. 예아이가 길바닥에 나동그라져 있다. <나둥그러지다. ②아무렇게나 내던져지다. 예밥그릇이 나동그라지는 소리가 났다.

나뒹굴다(나뒹구니, 나뒹구오) ①이리저리 마구 뒹굴다. ②여기저기 어지럽게 널려 있다.

나들문 '출입문'의 북한말.

나들이[나드리] 가벼운 볼일로 집을 나서 이웃이나 다른 곳에 갔다가 오는 일. 예친척집에 나들이 가다. 비외출. -하다.

나라 ①한 국토에서 하나의 정부 아래에 뭉쳐 있는 사람들의 조직. 국가. ②이 세상과는 다른 특별한 세계. 예달나라. 별나라.

나라 글자[나라글짜] 국민 전체가 쓰는 글자. 국자.

나라꽃[나라꼳] 나라를 상징하는 꽃. 국화. 예우리 나라의 나라꽃은 무궁화이다.

나라님 (옛말로) 나라를 다스리는 왕. 임금님.

나라말 한 나라의 국민이 쓰는 말. 국어.

나라새 나라의 상징으로 특별히 지정한 새〔우리 나라→까치, 미국→독수리, 일본→꿩, 덴마크→종달새, 오스트리아→제비 등〕. 국조.

나락 벼〔경상도, 충청도, 전라도, 강원도의 방언〕.

나란하다 여럿이 줄지어 있는 모양이 가지런하다. 예현관에 신발이 나란하게 놓여 있다.

나란히 여럿이 줄지어 있는 모양이 가지런하게 예가로수가 나란히 늘어서 있다.

나래 '날개'의 시적인 말.

나:례 섣달 그믐날 저녁에 궁중에서 잡귀나 악귀를 쫓던 의식.

나:례 도감 나례 의식을 행하는 일이나, 외국 사신을 영접하여 잔치를 벌이는 일을 맡아 하던 관청. 조선 인조 때에 폐지하고 뒤에 관상감에서 그 일을 맡아 보았음.

나루 강가나 냇가 또는 좁은 바다 목의 배가 닿고 떠나는 일정한 곳.

나루터 나룻배가 닿고 떠나는 일정한 곳.

나룻배[나루빼] 나루터에서 사람 또는 짐 등을 건네 주는 배.

나르다(날라, 날라서) 물건을 다른 곳으로 옮기다. 예이삿짐을 나르다.

나른하다 몸이 피곤하여 힘이 없다. 예봄이라 그런지 온몸이 나른하다.

나름 그 됨됨이나 하기에 달림의 뜻을 나타내는 말. 예합격은 공부하기 나름이다.

나:리 ①옛날에, 아랫사람이 벼슬아치를 높여 부르던 말. ②저보다 지체가 높은 사람을 높여 부르는 말. 예군수 나리. ×나으리.

나리꽃 흰색과 주황색의 큰 꽃이 피며 향기가 좋음. 백합꽃.

나막신 나무를 파서 만든 신. 앞뒤에 높은 굽이 있어 진 땅이나 비 올 때 신기에 알맞음.

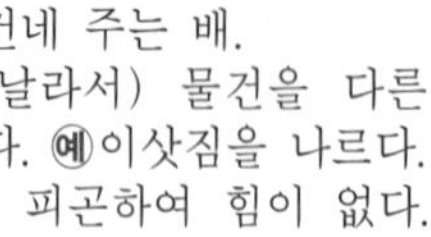
[나막신]

나머지 ①어느 한도에 차고 남은 부분. ②미치지 못한 부분. ③나누어 똑 떨어지지 않고 남은 수. ×남어지.

나무 ①줄기와 가지에 목질 부분이 발달한 여러해살이 식물을 통틀어 이르는 말. ②건축·토목·가구 따위를 재료로 쓰기 위하여 손질한 재목.

나무꾼 산에서 나무를 해서 그것을 팔아 먹고 사는 사람.

나무라다 잘못을 꾸짖어 알아듣게 말하다. ㉥꾸짖다.

나무람 꾸짖는 말. ㉥꾸지람. -하다.

나무새 ①여러가지 땔나무를 이르는 말. ②나무 숲.

나무쇠싸움 경상 남도 영산의 전통 민속 놀이. 편을 갈라 나무로 만든 소를 서로 밀어 상대편 소를 먼저 땅에 주저앉히는 편이 이김. 중요 무형 문화재 제25호. '쇠머리대기'라고도 함.

나무숲 나무가 우거져 이루어진 숲.

나무아미타불 ①〔아미타불에 돌아가 의지한다는 뜻으로〕염불하는 소리. ②'공들여 해 놓은 일이 아무 소용이 없이됨'을 이르는 말. ㉠십 년 공부 나무아미타불이다.

나무젓가락[나무저까락] 나무로 만든 젓가락.

나무 토막 잘라지거나 부러져 있는 나무의 동강이.

나무하다 산이나 들에서 땔나무를 모으다. ㉠나무꾼은 산으로 나무하러 갔다.

나물 사람이 먹을 수 있는 풀잎이나 나뭇잎 등을 통틀어 이르는 말, 또는 그것에 갖은 양념을 하여 만든 음식.

나물국[나물꾹] 나물을 넣고 끓인 국.

나물밭[나물받] 나물을 심고 가꾸는 밭.

나뭇가지[나무까지] 나무의 큰 줄기에서 여러 갈래로 뻗어 나간 가는 줄기.

나뭇결[나무껼] 세로로 켜서 깎은 나무에 나이테로 말미암아 나타나는 무늬, 또는 나무의 조직이 이룬 결. ×나무결.

나뭇더미[나무떠미] 나무를 많이 쌓아 놓은 큰 덩어리.

나뭇등걸[나무뜽걸] 큰 나무를 잘라 내고 남은 밑동, 곧 그루터기 부분.

나뭇잎[나문닢] 나무의 줄기나 가지에 달린 잎.

나뭇잎배[나문닙빼] 배처럼 물 위에 띄워 가지고 노는 나뭇잎.

나뭇짐[나무찜] 땔나무를 묶어 사람이 지거나 차에 실은 것.

나박김치 무를 얇고 네모지게 썰어서 절인 뒤에, 고추·파·마늘·미나리 등을 넣고 국물을 부어 익힌 김치.

나발 입은 좁고 끝은 넓어서 소리가 멀리 가는, 긴 대롱 모양의 쇠붙이로 만든 우리 나라 고유의 악기. 관악기.

나방 나비와 같은 곤충으로 주로 밤에 날아다님. 나비보다 배가 통통하며 대부분 해충임.

나병 ⇨문둥병. ㉠나병환자.

나부끼다 얇고 가벼운 종이 같은 것이 가볍게 흔들리다.

나부라지다 바닥에 쓰러져 늘어지다. >너부러지다.

나부랭이 ①실·종이헝겊 따위의 작은 조각. ②하찮은 여러 가지 물건. 따위. ㉠책상 위에는 소설 나부랭이들이 놓여 있다.

나불거리다 경솔하게 입을 놀리다. <너불거리다. ㉮나풀거리다.

나불나불 ①약하고 가볍게 흔들리는 모양. ②입을 가볍게 함부로 자꾸 놀리는 모양. <너불너불. ㉮나풀나풀.

나붙다[나붇따] 눈에 잘 보이는 곳에 붙다. ㉠거리마다 벽보가 나붙다.

나비[1] 옷감이나 종이 같은 것의 넓이. 너비. 폭.

나비[2] 두 쌍의 날개를 가진 곤충의 하나. 머리에서 끝이 부푼 한 쌍의 더듬이와 두 개의 겹눈이 있음. 몸은 가늘고 둥글며 날개는 넓적함.

[나비²]

'나비'와 '나방'의 차이

- **나비** : 더듬이의 끝이 곤충처럼 부풀어 있으며, 앉을 때 날개를 위쪽으로 겹쳐지게 세움. 주로 낮에 활동하고 불빛에 잘 모여들지 않음.
- **나방** : 더듬이의 끝이 가늘어지거나 깃모양으로 되어 있으며, 앉을 때 날개를 수평이 되게 펼침. 주로 밤에 활동하고 불빛에 잘 모여듦. 대부분이 해충임.

나비넥타이 날개를 펴고 있는 나비 모양으로 매듭을 지은 넥타이.

나빠지다 나쁘게 되다. ㉠눈이 나빠졌다.

나쁘다 좋지 않다. 반좋다.

나사[1] 미국 국립 항공 우주국. 미국의 우주 개발을 위하여 1958년에 설립되었음. 【NASA】

나사[2] ①소라처럼 빙빙 비틀리어 고랑이 진 생김새의 물건. ②'나사못'의 준말.

나사못 비틀어 박게 만든 못.

나서다 ①나가 서다. 나타나다. ②참견하거나 간섭하다. ㉠네가 나설 일이 아니다.

나석주【사람】[1892~1926] 독립 운동가. 열사. 황해도 재령에서 태어남. 1926년 일제의 농민 착취 기관이었던 동양척식 주식회사에 폭탄을 던지고 자결함. 【羅錫疇】

나선균 소라 껍데기처럼 여러 번 둥글게 말린 모양을 하고 있는 균. 매독 등의 병을 일으킴. 【螺旋菌】

나선형 소라 껍데기나 용수철과 같이 빙빙 감아 올린 모양.

나아가다 앞으로 자꾸 가다. ㉠적을 향해 나아가다. 준나가다.

나아지다 점점 잘 되어 가다. 좋아지다. ㉠실력이 차츰 나아지다. 준나지다.

나앉다[나안따] 다가서 앉거나 물러앉다.

나:약 뜻이 굳세지 못함. ㉠나약한 성격. -하다.

나열 비슷한 것들을 차례대로 죽 벌여 늘어 놓는 것.

나오다 ①안에서 밖으로 나오다. ㉠방에서 나오다. ②감정이나 표정이 일어 어떤 행동을 취하다. ㉠웃음이 나오다. 반들어가다.

나왕 목재의 한 가지. 가구·건축 등의 재료로 쓰임.

나운규【사람】[1902~1937] 영화 감독이며 배우. 한국 영화의 선구자로, 작품에 〈아리랑〉〈벙어리 삼룡이〉 등이 있음. 호는 춘사. 【羅雲奎】

나위 더할 수 있는 여유, 또는 해야 할 필요. ㉠더할 나위 없이 고맙다.

나이 사람이나 생물이 세상에 나서 지내 온 햇수. 높연세. 춘추.

나이스 ①좋음. ㉠나이스 플레이. ②훌륭함. ③멋짐. 【nice】

나이지리아【나라】 아프리카 대륙의 중서부에서 대서양에 닿아 있는 나라. 야자유·바나나·코코아·수수·밀·면화 등이 많이 남. 수도는 라고스. 【Nigeria】

나이테 나무의 줄기를 자른 면에 보이는 둥근테. 해마다 하나씩 생겨 그 수로 나무의 나이를 알수 있음. 나이바퀴. 연륜.

나이팅게일〖사람〗[1820～1910] 플로렌스 나이팅게일. 영국에서 태어난 간호사·자선 사업가. 1854년 크림전쟁 때 최초로 간호사 부대를 조직하여 자원하였으며, 이것이 바탕이 되어 적십자 운동이 일어났음. 【Nightingale】

나이프 작은 칼. 주머니칼. 【knife】

나:인 궁궐 안에서 임금이나 왕비를 가까이 모시던 여자들을 통틀어 이르는 말.

나일 강 아프리카 대륙의 북동부를 남쪽에서부터 북쪽으로 흐르고 있는 아프리카 대륙에서 제일 큰 강. 길이 6,690km. 【Nile江】

나일론 석탄·물·공기를 원료로 하여 만든 가볍고 질기고 부드러운 인조 섬유. 【nylon】

나전 광채가 나는 조개 껍데기를 여러 가지 모양으로 잘라서 박아 붙여 꾸민 공예. 【螺鈿】

나전칠기 옻칠을 하고, 광채가 나는 조개 껍데기를 박은 나무 그릇이나 공예품.

나절 ①하루 낮의 대략 절반이 되는 동안. ㊎한나절. ②낮의 어느 무렵이나 동안. ㊎아침나절.

나졸 조선 시대에 관청을 지키고 죄인을 잡아들이는 일을 맡아 하던 지위가 낮은 공무원.

나주〖지명〗 전라 남도 중서부에 있는 도시. 나주 평야의 중심지이며, 특히 질 좋은 배가 많이 남.【羅州】

나주 평야 영산강 유역에 펼쳐진 평야. 나주를 중심으로 하여 그 일대에 펼쳐져 있는 넓은 들. 곡창지대.

나:중 얼마 지난 뒤. 맨 끝. 반먼저. 우선.

나지막이[나지마기] 소리가 좀 낮고 작게. ㊎누나가 나지막이 중얼거리다. 비나직이.

나지막하다[나지마카다] 높이나 소리의 크기 따위가 매우 낮다. ㊎나지막한 산. ×나즈막하다.

나직이[나지기] 좀 작고 낮은 소리로. ㊎나직이 속삭이다. 비나지막이.

나직하다[나지카다] 높이나 소리의 크기 등이 조금 낮다.

나철〖사람〗[1863～1916] 대종교의 창시자. 호는 홍암. 본명은 인영. 을사조약이 체결되자, 매국 대신들을 죽이려다 귀양을 갔으며, 후에 단군 신앙을 중심으로 한 대종교를 세움. 【羅喆】

나:체 벌거벗은 몸. 알몸. 비벌거숭이. 알몸뚱이. 【裸體】

나치스 '국가 사회주의 독일 노동자당'을 일반적으로 이르는 말. 히틀러를 당수로 하였던 독일의 파시즘 정당. 【Nazis】

나침반 방위판 위에서 자기의 힘으로 자침이 돌아 남북의 방향을 가리키도록 한 기구. 어느 곳의 방위를 아는 데 쓰임. 준침반.

나타나다 ①나와서 눈에 뛰다. ㊎구름에 가린 달이 나타나다. ②일이 드러나서 알게 되다. ㊎속마음이 나타나다. ③없던 것이 생겨나다. ㊎어젯밤 하늘에 별똥별이 많이 나타났다. 반사라지다.

나타내다 겉으로 드러내다. ㊎기쁨을 나타내다.

나:태 느리고 게으름. ㊎나태한 태도를 고치다. -하다.

나토 북대서양 조약 기구. 북대서양 조약에 따라 만들어진 집단 방위 체제. 【NATO】

나트륨 흰 빛깔의 금속 원소. 소금이나 그 밖의 여러가지 화합물로서 많이 존재함. 【Natrium】

나팔 쇠붙이로 만든 나팔꽃 모양의 관악기의 하나. 군대가 행진할 때 많이 쓰임.

나팔꽃 덩굴을 길게 뻗는 한해살이풀. 아침 일찍 나팔 모양의 꽃이 피었다가 낮에는 서서히 오므라듦.

[나팔꽃]

나팔수 나팔을 부는 사람.

나:포 ①죄인을 붙잡는 일. ②법을 어긴 외국 배를 바다 위에 잡아 두는 일. －하다. 【拿捕】

나폴레옹〖사람〗[1769～1821] 나폴레옹 1세. 프랑스의 황제. 혁명때 군인으로 활약하다가 황제의 지위까지 올랐음. 거듭되는 패전으로, '세인트 헬레나' 섬으로 귀양가서 죽음. 【Napoléon】

나폴리〖지명〗 이탈리아 반도의 남부 서해안에 있는 항구 도시. 경치가 매우 좋아서 세계에서 아름다운 항구로 손꼽힘. 【Napoli】

나풀거리다 종이나 천 따위가 바람에 가볍게 자꾸 흔들거리다. [비]나풀대다. ＜너풀거리다. (여)나불거리다.

나풀나풀 바람에 가볍게 날리는 모양. ＜너풀너풀. (여)나불나불. －하다.

나프탈렌 좀약으로 많이 쓰이는 약품. 자극성의 냄새가 강하고, 보통 공기 중에서 기체 상태의 분자가 튀어나옴. 【naphthalene】

나:환자 살이 썩어 문드러지며 몸의 털이 빠지는 '나병'이라는 피부 전염병에 걸린 환자.

나흗날 ①'초나흗날'의 준말. ②넷째의 날. (준)나흘.

나흘 ①넷째 날. ②'초나흘'의 준말.

낙 ①즐거움. (예)고생 끝에 낙이 온다. ②위안으로 삼는 일. 【樂】

낙관[1] ①세상을 좋게 봄. ②일이 잘될 것으로 봄. [반]비관. 【樂觀】

낙관[2] 그림이나 글씨에 필자가 이름을 쓰고 도장을 찍는 일. 【落款】

낙낙하다[낭나카다] 크기 수효 등이 조금 남음이 있다. 조금 크다. (예)신발이 좀 낙낙하다. ＜넉넉하다.

낙농[낭농] 소·염소 등의 젖을 원료로 하여 버터·치즈·연유 등을 만드는 농업. (본)낙농업. 【酪農】

낙농품[낭농품] 치즈·버터·요구르트와 같이 우유를 재료로 해서 만든 제품. 【酪農品】

낙담 ①바라던 일이 뜻대로 안되어 마음이 몹시 상함. ②몹시 놀라 간이라도 떨어질 듯한 느낌. [비]낙심. －하다. 【落膽】

낙도 육지에서 떨어진 섬. (예)낙도 어린이들의 서울 나들이. [비]외딴섬.

낙동강 태백산에서 흘러 나와 경상남북도를 지나 남해로 흘러 들어가는 강. 525km. 【洛東江】

낙동강 전선 6·25 전쟁 때, 낙동강을 중심으로 아군과 공산군이 치열한 전투를 벌인 지대.

낙락 장송 가지가 축축 늘어진 큰 소나무. 【落落長松】

낙랑[낭낭] 한사군의 하나. 지금의 청천강 이남 황해도 자비령 이북에 있었던 군현. 고구려에 병합됨. 한사군 중 가장 오래 계속되었고, 문화가 찬란하였음. 【樂浪】

낙뢰[낭뇌] 벼락이 떨어짐. 또는 그 벼락. －하다. 【落雷】

낙뢰 관측소 벼락이 떨어지는 현상을 관측하는 곳.

낙마 말에서 떨어짐. 【落馬】

낙망[낭망] 희망이 없어짐. 애써 바라던 일이 뜻대로 되지 않아 실망함. [비]낙심. －하다.

낙반 광산이나 토목 공사 등에서 갱내의 천장이나 벽의 암석·흙 따위가 무너져 내림. (예)낙반 사고. －하다. 【落磐】

낙방[낙빵] 시험에서 떨어짐. [반]합격. 급제. －하다.

낙법 유도에서, 다치지 않고 안전하게 넘어지는 방법. 【落法】
낙산사 강원도 양양군 강현면 바닷가에 있는 절. 관동 팔경의 하나. 신라 문무왕 11년에 의상 대사가 세웠음. 【洛山寺】
낙상 떨어지거나 넘어져 다침, 또는 그 상처. 【落傷】
낙서 장난으로 아무 데나 함부로 글자를 씀. -하다. 【落書】
낙석 산이나 벼랑에서 돌이 굴러 떨어짐, 또는 그 돌. 【落石】
낙선 ①선거에서 떨어짐. ㉹선거에서 낙선하다. ㉶당선. ②심사에서 떨어짐. ㉹낙선한 작품. ㉶입선. -하다. 【落選】
낙성[낙썽] 집·다리 등의 공사를 끝냄. ㉥준공. -하다. 【落成】
낙성식 건축물의 공사를 끝낸 것을 기념하는 행사.
낙숫물[낙쑨물] 처마 끝에서 떨어지는 빗물이나 눈 등이 녹은 물.
낙승 운동 경기 따위에서 쉽게 이김. 【樂勝】
낙심 바라는 일을 이루지 못하여 마음이 상함. ㉥낙담. 낙망. 실망. ㉶분발. -하다. 【落心】
낙엽[나겹] 나뭇잎이 떨어짐, 또는 그 나뭇잎. 갈잎. 【落葉】
낙엽송[나겹쏭] 소나무과의 갈잎바늘잎큰키나무. 높이 30cm 가량. 잎은 바늘 모양으로 흩어져 나거나 뭉쳐남. 건축·침목·펄프·선박 등에 쓰임.
낙엽수 겨울에 잎이 지는 나무를 통틀어 일컫는 말〔참나무·감나무·오동나무·단풍나무 등〕. 갈잎나무. ㉶상록수.
낙오[나고] 지쳐 떨어짐. ㉹행군에서 낙오한 사람. -하다. 【落伍】
낙오자[나고자] 낙오된 사람.
낙원 ①편안하게 살 수 있는 즐거운 곳. ㉹어린이들의 낙원. ②인간 세상을 떠난 편안하고 즐거운 곳. ㉥천국. 【樂園】
낙인[나긴] ①불에 달구어 찍는, 쇠붙이로 만든 도장. ②씻기 어려운 불명예스러운 이름이나 판정.

ㄴ

낙제 ①시험에 떨어짐. ②성적이 일정한 수준에 미치지 못하여 진학이나 진급이 되지 못하는 일. ㉥낙방. ㉶급제. -하다. 【落第】
낙제품 우유나 양젖을 원료로하여 만든 제품을 통틀어 일컫는 말〔버터·치즈 등〕. 【酪製品】
낙조 저녁 햇빛. ㉥석양. 【落照】
낙지 바다에 사는 문어 비슷한 동물의 하나. 머리에 짧고 긴 여덟 개의 발이 달려 있음.
낙차 물이 높은 곳에서 떨어지거나 흐르는 높낮이. 【落差】
낙착 일이 끝이 남. 결정됨.
낙찰 경쟁에서 입찰한 목적물이나 권리 등이 자기 손에 들어옴. ㉹이 경매품은 백만 원에 낙찰되었다. -되다. -하다.
낙천적 모든 일을 즐겁게 생각하는 모양. ㉹그 사람은 낙천적인 성격을 지녔다.
낙타 낙타과의 젖먹이 동물로 등에 지방을 저장해두는 큰 혹이 하나 또는 두 개 있는 동물. 사막지대의 교통 수송에 매우 중요한 역할을 함. 혹의 숫자에 따라 단봉낙타와 쌍봉낙타가 있음.

[낙타]

낙태 뱃속에 있는 아이를 인공적으로 떼어 내어 없애는 것. -하다.
낙토 살기 좋은 땅. 【樂土】
낙하[나카] 높은 데서 낮은 데로 떨어짐. -하다. 【落下】

ㄴ

낙하산[나카산] 비행기에서 사람이나 물건이 안전하게 땅위에 내려오도록 하는데 사용하는 기구. 여러 가닥의 밧줄이 달린 우산같이 생겼으며, 그 속에 공기를 받아 떨어지는 속도를 느리게 함. 파라슈트.

낙하산병 낙하산을 타고 적진에 뛰어내려 군사 활동을 하는 군인.

낙하점[나카쩜] 물체가 떨어지는 그 곳. 낙하 지점.

낙향[나캿] 서울에서 시골로 사는 곳을 옮김. -하다. 【落鄕】

낙화[나콰] 꽃이 짐, 또는 그 꽃. 비 낙영. 낙홍. -하다. 【落花】

낙화암[나콰암] 충청 남도 부여의 백마강에 잇닿은 절벽을 이루고 있는 부소산 서쪽의 큰 바위〔백제가 망할 때 여기서 삼천명의 궁녀가 백마강에 몸을 던져 죽었다는 전설로 유명함〕. 【落花岩】

낙화 유수 떨어지는 꽃과 흐르는 물이라는 말로, 가는 봄의 풍경을 나타내는 말. 【落花流水】

낙후 뒤떨어짐. 예 낙후된 고장을 발전시키다. -되다. -하다. 【落後】

낚다[낙따] ①낚시로 고기를 잡다. ②바라는 것을 얻다. 예 기회를 낚다.

낚시[낙씨] ①미끼를 꿰어 물고기를 낚는 작은 바늘로 된 갈고랑이. ② '낚시질'의 준말.

낚시꾼 낚시를 하는 사람.

낚시놀이[낙씨노리] 종이로 만든 물고기 입에 작은 쇠 조각을 붙이고, 막대기 끝에 긴 실을 매어 늘이고 그 끝에 자석을 달아 종이 물고기를 붙게 하여 달아 올리는 놀이.

낚시찌 물고기가 낚시를 물면 곧 알 수 있게 물 위에 뜨게 만든 것.

낚시질 낚시로 물고기를 낚는 일. 준 낚시. -하다.

낚시터 낚시질 하는 곳.

낚싯대[낙시때/낙신때] 낚시줄을 매어 쓰는 가늘고 긴 대.

낚싯바늘[낙씨빠늘] 끝이 뾰족하고 꼬부라진 작은 쇠갈고리. 낚시줄 끝에 달아 미끼를 꿰어 물속에 넣어 물고기를 잡는 데 씀.

낚싯배[낙시빼/낙신빼] 낚시질 하는 데 이용하는 작은 배.

낚싯줄[낙씨쭐] 낚시를 매어 단 가늘고 긴 줄.

낚아채다 고기를 낚듯 잡아채다. 예 팔을 낚아채다. ×나꿔채다.

난:[1] '난리'의 준말. 예 난을 피하다.

난[2] 난초. 예 난을 치다. 【蘭】

난[3] ①서류에 필요한 사항을 적어 넣기로 되어 있는 빈칸. 예 '장래의 희망'이라는 난에 선생님이라고 썼다. ②신문이나 잡지에서 대개 정해진 장소에 정해진 이름으로 특별한 주제에 관한 글이 실리는 자리.

난간 층계나 다리 등의 가장자리를 막아 세운 것. 【欄干】

난감 견디어 내기 어려움. 비 난처. -하다. 【難堪】

난공 불락 공격하기가 어려워 좀처럼 함락되지 않는 일.

난관 일을 해내기가 어려운 고비. 예 공사가 난관에 부딪쳤다.

난국[1] 일을 처리하기가 어려운 고비. 예 난국을 수습할 지도자가 기다려진다. 【難局】

난국[2] 질서가 없어 어지러운 나라.

난:대 열대와 온대의 중간으로 기후가 따뜻한 지대〔평균 온도 13~20℃ 가량〕.

난:데없다 별안간 나타나 어디서 나왔는지 알 수 없다. 예 난데없는 침입자를 피해 몸을 숨겼다.

난:데없이[난데업씨] 어디서 나왔는지 알 수 없게 갑자기 나타나. 예 개 한 마리가 난데없이 나타났다.

난동 함부로 날뜀. 예 술취한 사람이

난동을 부리다.
난:로[날로] 방안의 공기를 데우는 데 쓰이는 기구.
난:류[날류] 온도가 높고 소금기가 많은 해류(적도 부근에서 근원을 이루어 차츰 온대·한대로 향해 흐름). 반한류.
난:리[날리] 전쟁 따위로 세상이 시끄럽고 질서가 어지러워 사람들이 뿔뿔이 흩어지는 일. 전란. 준난.
난:립[날립] ①무질서하게 늘어섬. 예거리에 각지각색의 간판이 난립해 있다. ②여럿이 나섬. -하다.
난:무 함부로 날뜀. 예폭력배가 난무하는 거리. -하다.
난민 전쟁 등으로 어려움을 겪는 사람. 예난민 수용소. 본피난민.
난민촌 전쟁이나 재난 때문에 생긴 난민들이 모여 사는 곳.
난:방 따뜻한 방, 또는 방을 덥게 함. 반냉방.
난:방 시설 방 안을 따뜻하게 덥히는 설비. 반냉방 시설.
난봉 말이나 행동에 거짓이 많고 성실하지 못하게 구는 짓, 또는 그런 사람.
난봉꾼 허랑방탕한 짓을 일삼는 사람. 난봉쟁이.
난:사 화살이나 총 등을 함부로 쏨. 예권총을 난사하다. -하다.
난산 ①아기 낳기에 고생함. 반순산. ②일이 잘 안 됨. 예난산 끝에 조직된 축구팀. -하다.
난상 토론 여러 사람이 모여 충분히 논의하는 것. 【爛商討論】
난:색 난처한 기색. 승낙하지 않거나 찬성하지 않으려는 기색.
난생 처음 세상에 태어난 후 처음.
난:소 난자를 만들어 내며 여성 호르몬을 내보내는, 동물의 암컷의 생식 기관의 한 부분.
난:수표 0에서 9까지의 숫자를 아무렇게나 늘어놓은 표. 통계나 암호 따위에 이용됨.
난:시 눈의 굴절 이상으로 수정체의 구면이 고르지 않아서 들어오는 광선이 한 점에 모이지 않아 물체가 똑바로 보이지 않는 상태, 또는 그런 눈. 【亂視】
난:용종[나농종] 알을 얻기 위하여 기르는 닭의 종류.
난이도 학습·운동·기술 따위의 쉽고 어려운 정도. 예난이도가 높은 문제. 【難易度】
난:입 함부로 뛰어들어감. -하다.
난:자 동식물의 암컷의 생식 세포. 비난세포. 반정자.
난:잡하다 ①지저분하다. ②뒤섞여 질서가 없다. 예난잡한 행동.
난:장판 여러 사람이 함부로 떠들어 뒤죽박죽이 된 모양.
난쟁이 키가 몹시 작은 사람. 반키다리. ×난장이.
난:전 장터에 임시로 벌여 놓은 가게. 비노점.
난점[난쩜] 처리하거나 해결하기 어려운 점.
난제 풀기 어려운 문제.
난:중 난리가 일어나고 있는 동안. 예난중에 두 아들을 잃었다.【亂中】
난중일기〖책명〗 조선 선조 때 이순신 장군이 임진왜란에 출전하여 진중에서 적은 일기. 1592년 5월부터 1598년 9월까지의 기록. 충청 남도 아산군 현충사에 보관됨(국보 제76호). 【亂中日記】
난처하다 ①처지가 곤란하다. ②처리하기 어렵다. 예매우 난처한 일이 생기다.
난청 청각 기관의 장애로 소리를 잘 들을 수 없는 상태.
난초 난초과의 여러해살이 화초. 잎이 좁고 길며 꽃은 향기가 좋음.
난치병 고치기 어려운 병.

난:타 함부로 마구 때림. ㉡권투에서 난타전을 벌이다. －하다.

난:투극 서로 덤벼들어 어지러이 싸우는 소동. ㉡난투극을 벌이다.

난파 배가 항해하다가 폭풍 따위를 만나 부서짐. －하다.

난파선 난파된 배.

난:폭 몹시 거칠고 사나움. ㉡난폭한 운전. 비포악. －하다.

난항 ①파도가 거칠어 어려운 항해를 함. ②일을 하는 데의 어려움. ㉡회담이 난항을 거듭하다.

난해하다 까다로워 풀기 어렵다. ㉡문제가 매우 난해하다.

난형 난제 두 사람 중에 누가 더 낫다고 말할 수 없을 만큼 서로 비슷함. 【難兄難弟】

낟:가리 낟알이 붙어 있는 곡식을 많이 쌓은 큰 더미. 곡식 더미.

낟:알[나달] ①껍질을 벗기지 않은 곡식의 알맹이. ②쌀알.

낟:알잎[나달닙] 낟알과 잎을 함께 이르는 말.

날[1] ①하룻동안. ㉡오늘은 어린이를 위한 날이다. ②날씨. ㉡날이 화창하다. ③날짜. ㉡결혼할 날을 정하다.

날[2] 칼이나 가위와 같이 무엇을 베고 찍고 깎고 하는 가장 날카로운 부분. ㉡숫돌에 칼을 갈아 날을 세우다. 비이.

날강도 아주 뻔뻔스럽고 악독하게 남의 재물을 뺏는 사람.

날개 ①새나 곤충 등의 몸에 붙어서 날 때에 펴는 기관. ②비행기의 양쪽에 붙어 있는 넓은 조각.

날개돋이[날개도지] 번데기가 변하여 날개가 있는 어른 벌레가 되는 것.

날개옷[날개옫] (옛이야기에서 선녀가 입는다는) 공중을 날 수 있게 하는 날개가 달린 옷.

날갯죽지[날개쭉지] 날개가 몸에 붙어 있게 하는 부분.

날개짓[날개찓] 새가 날개를 벌려서 세게 아래위로 움직이는 짓. －하다.

날것[날걷] 익히거나 말리거나 가공하지 않은 고기나 채소 따위. 비생것.

날고기 삶거나 익히지 않은 고기. 비생고기.

날다(나니, 나오) ①공중에 떠서 가다. ㉡나비가 날다. ②매우 빨리 움직이다. ③냄새가 없어지다. ㉡옷에 뿌린 향수 냄새가 다 날다.

날뛰다 ①어쩔 줄을 모르고 마구 행동하다. ㉡기뻐 날뛰다. ②함부로 덤비며 거칠게 행동하다.

날라리 입으로 불어서 소리 내는 우리나라 악기의 한 가지. 태평소.

[날라리]

날래다 움직임이나 행동이 나는 것처럼 힘차고 빠르다. 비날쌔다.

날:렵하다[날려파다] 동작이 가볍고 재빠르다. ㉡날렵하게 행동하다.

날로[1] 나날이. 날이 갈수록. ㉡사업이 날로 번창하다.

날로[2] 날것인 채로. ㉡민물고기를 날로 먹으면 디스토마에 걸릴 위험이 있다.

날름 ①혀끝이나 손을 재빠르게 놀리는 모양. ㉡혀를 날름 거리다. ②무엇을 얼른 받아 먹는 모양.

날름거리다 혀나 손을 날쌔게 내었다 들였다 하다. ㉡뱀이 혀를 날름거리다. <널름거리다.

날리다 바람에 불려 공중에 떠다니다. ㉡연을 날리다.

날림 공을 들이지 아니하고 아무렇게나 하는 일, 또는 그 물건. ㉡날림 공사.

날마다 ①매일. ②하루도 빠짐없이.

날밤 ①익히거나 말리지 않은 밤. 비 생밤. ②자지 않고 꼬박 새우는 밤. 예친구와 이야기하다 날밤을 지샜다.

날벼락 맑은 날씨에 치는 벼락처럼 뜻밖에 당하는 나쁜 일. 생벼락.

날수[날쑤] 무슨 일을 하는 날의 수. 예급식 날수를 늘리다. 비일수.

날숨[날쑴] 내쉬는 숨. 반들숨.

날실[날씰] 피륙의 세로로 놓인 실. 반씨실.

날쌔다 움직임이 재빠르다. 예제비가 날쌔게 날아가다.

날씨 맑음·흐림 등 그 날의 일기. 비천기. 일기.

날씬하다 몸매가 가늘고 호리호리하여 맵시 있어 보이다. <늘씬하다. 날씬히.

날아가다[나라가다] ①공중으로 날아서 가다. 예새가 날아가다. 반날아오다. ②있던 것이 아주 없어지다. 예태풍에 지붕이 날아가다.

날아다니다[나라다니다] 날아서 이리저리 다니다.

날아들다[나라들다] ①새가 날아서 들어오다. 예까치가 마당으로 날아들었다. ②빠르게 움직여 닥쳐오다. 예날아드는 주먹에 정신이 없다.

날아오다[나라오다] ①날아서 움직여 오다. 예나방 한 마리가 날아왔다. 반날아가다. ②뜻하지 않은 소식이 전하여 오다. 예기쁜 소식이 날아오다.

날아오르다[나라오르다] 날아서 위로 높이 오르다. 예새들이 하늘로 날아오른다.

날염 무늬 새긴 본을 대고 풀을 섞은 물감을 발라서 물을 들임.

날음식[나름식] 익히거나 말리거나 간을 하지 않은 음식.

날인 도장을 찍음. 예계약서에 날인하다. -하다. 【捺印】

날조 없는 사실을 거짓으로 꾸밈. -하다. 【捏造】

날짐승[날찜승] 날아다니는 짐승. 새를 통틀어 일컫는 말. 반길짐승.

날짜 ①어떤 일에 소용되는 날의 수효. 예날짜가 많이 걸리다. ②작정한 날. 예결혼 날짜.

날치 긴 가슴지느러미를 이용하여 물 위로 날아오를 수 있는 바닷물고기. 몸 길이 30cm 가량.

날치기 남의 물건을 재빨리 채가는 짓. 예지갑을 날치기당하다. 비소매치기. -하다.

날카롭다(날카로우니, 날카로워서) ①끝이 뾰족하다. 예송곳이 날카롭다. ②성질이 느긋하지 못하다. 예신경이 날카롭다. 반무디다.

날품 그날 그날 돈을 받고 하는 일. 예날품을 팔다.

날품팔이 일정한 직장이 없이 일거리가 있는 날마다 하루의 일당을 받고 하는 일, 또는 그런 일을 하는 사람.

낡다[낙따] ①오래 되어 헐거나 상하다. 예집이 낡다. ②시대에 뒤떨어져 새롭지 않다. 예생각이 낡다. 반새롭다.

남[1] 자기가 아닌 다른 사람. 비타인. 반자기.

남[2] 남자. 반여. 【男】

남[3] 남쪽. 반북. 【南】

남강 경상 남도 함양군 서상면에서 시작하여 산청·의령·진주를 거쳐 낙동강으로 흘러 들어가는 강. 길이는 186km. 【南江】

남구만〖사람〗[1629～1711] 조선 인조～숙종 때 소론의 우두머리. 바른말을 잘하여 모함을 받고 남해로 귀양을 간적도 있으나, 뒤에 풀려나와 영의정까지 지냈음. 【南九萬】

남국 남쪽 나라. 예남국의 아름다운 경치. 【南國】

남극 지구의 남쪽 끝. 반북극.
남극 기지 여러 나라가 공동으로 남극에서 특별한 자연 현상을 관측하기 위해 설치한 기지. 남극 관측 기지.
ㄴ
남극 대륙 남극 지방의 두꺼운 얼음으로 덮인 땅. 반북극 대륙.
남극 세종 기지 남극의 자원을 개발하기 위해 1984년에 우리 나라가 킹조지 섬에 세운 기지.
남극해[남그캐] '남빙양'을 달리 이르는 말. 【南極海】
남기다 ①장사에서 이익이 있게 하다. 예많은 이익을 남기다. ②남아 있게 하다. 예친구들은 나를 남겨 둔 채 가버렸다.
남김없이[남기멉씨] 남기는 것이 없이 모조리. 죄다. 예실력을 남김없이 발휘하다.
남남 서로 관계가 없는 사람들 사이. 예철수와 남남처럼 지낸다.
남녀 남자와 여자. 【男女】
남녀 공학 한 학교 안에서 남자 학생과 여자 학생이 함께 공부하는 제도, 또는 그러한 학교.【男女共學】
남녀 노소 남자와 여자와 늙은이와 젊은이, 곧 모든 사람. 【男女老少】
넘녀별 남자와 여자를 따로 다루는 것. 예남녀별로 키를 조사하다.
남녀 평등 남성과 여성이 권리와 의무에서 차별이 없는 것.【男女平等】
남녘 남쪽 방면. 반북녘.
남:다[남따] ①나머지가 있게 되다. ②따로 처져 있다. 예집에 남다. ③이익을 보다. 예이 물건을 팔면 3만원 정도 남는다.
남다르다(남다르니, 남달라서) 다른 사람과 다르다. 예그 일에 남다른 정성을 쏟았다.
남단 남쪽 끝. 예한반도 남단에 있는 섬. 반북단. 【南端】
남달리 남과 많이 다르게. 유난히. 예예슬이는 남달리 눈이 크다.
남대문 서울에 있는 옛날 성문의 하나. 원래의 이름은 숭례문〔국보 제1호〕. 【南大門】
남대문 시장 남대문의 동쪽에 있는, 우리 나라 최대의 종합 재래 시장.
남도 전라도와 경상도 일부를 포함하는 한반도의 남쪽 지역. 반북도.
남동 남쪽과 동쪽 사이의 방향 또는 방위. 동남. 【南東】
남동부 남쪽과 동쪽 사이에 있는 지역. 동남부. 【南東部】
남동생 남자 동생. 반여동생.
남동쪽 남쪽과 동쪽의 중간 방향. 동남쪽.
남동풍 남동쪽에서 북서쪽으로 부는 바람. 【南東風】
남:루[남누] 옷이 해지고 너절함. 예남루한 옷차림. －하다.
남매 오빠와 누이, 또는 누이와 남동생. 비오누이. 【男妹】
남모르다 남이 알지 못하다. 혼자만 알다. 예남모르게 만나다.
남몰래 남이 모르게. 예남몰래 일을 꾸미다.
남문 남쪽에 있는 문. 【南門】
남바위 추울 때 머리에 쓰던 옛날 모자의 하나.
남반구 적도를 경계로 지구를 둘로 나누었을 경우의 남쪽 부분. 반북반구. 【南半球】
남:발 함부로 마구 펴냄. 예수표를 남발하다. －하다.
남방 ①남쪽 지방. 반북방. ②'남방셔츠'의 준말. 【南方】
남:벌 나무를 함부로 마구 베어냄. －하다. 【濫伐】
남복 남자의 옷. 반여복. 【男服】
남부 어떤 지역의 남쪽 부분. 반북부. 【南部】
남부끄럽다 창피스러워서 남을 쳐다볼 수 없다.

남부럽지 않다 형편이 좋아서 남을 부러워하지 않을 만하다. ㉠남부럽지 않게 살다. ㉡남부럽잖다.
남부 지방 ①남쪽 지방. ②우리 나라의 전라 남북도·경상 남북도·부산광역시·제주도를 포함한 지방. ㉥북부 지방.
남북 남쪽과 북쪽. ㉥동서.
남북 대화 ①남부와 북부가 서로 마주 대하여 이야기함. ②우리 나라인 남한과 북한과의 사이에 주고받는 말.
남북 적십자 회담 남한과 북한의 적십자사 대표들이 모여서 이산 가족 문제를 비롯한 남북 교류에 관한 문제를 의논하기 위하여 여는 회담. 1972년에 처음 열린 이후 지금까지 계속되고 있음.
남북 전쟁[1861~1865] 미국 링컨 대통령 때 노예 제도를 폐지하자는 북부와 또 이를 반대하는 남부 사이에 일어난 전쟁. 북쪽의 승리로 노예가 해방되었음.
남북 통일 현재 휴전선으로 갈라져 있는 우리 나라의 남한과 북한을 합쳐 한 나라로 만드는 일.
남빙양 오대양 가운데 하나로, 남극 대륙을 둘러싼 바다. 거의 얼음으로 덮여 있음. ㉥남극해. 【南氷洋】
남빛[남삗] 푸른빛과 보라빛과의 중간빛〔하늘빛보다 짙음〕. ㉠남빛 하늘. ㉥남색. 쪽빛.
남사당옛날에, 무리를 지어 이곳 저곳으로 떠돌아다니면서 노래와 춤을 파는 사내.
남사당놀이 옛날에, 남사당이란 사람들이 보여 주던 춤·재주·짧은 연극 따위의 놀이.
남사당패 남사당의 무리.
남산 ①남쪽에 있는 산. ②서울 한복판에 있는 산. 본디 이름은 목멱산. 높이 260m. 【南山】
남산골 현재의 서울 특별시 중구 이태원 부근의 옛이름. 가난한 선비들이 이 곳에 모여 살았다고 함.
남산 공원 서울 남산에 쉬고 놀 수 있도록 마련해 놓은 놀이터.
남산 제일(1)호 터널 서울의 중심부인 퇴계로 쪽에서 남산 밑을 뚫어 한남동으로 통하는 자동차 전용의 굴. 길이 1,530m.
남색 아주 짙은 푸른빛. ㉥남빛.
남생이 연못이나 냇가에 사는 민물 동물. 거북과 비슷하고, 네 발에 다섯개의 발가락이 있고, 발가락 사이에 물갈퀴가 있음.
남서 남쪽과 서쪽의 중간 방위. ㉥북동. 【南西】
남서부 남쪽과 서쪽 사이에 있는 지역. 【南西部】
남서쪽 남쪽과 서쪽 사이의 방향. 서남쪽.
남서풍 남서쪽에서 북동쪽으로 부는 바람. 서남풍.
남성 남자. 사내. ㉥여성. 【男性】
남성미 남자다운 아름다움. ㉥여성미. 【男性美】
남성복 남자 어른들이 입도록 만든 옷. ㉥여성복. 【男性服】
남실거리다 무엇을 삼키려는듯 너울거리다. ㉠남실거리는 푸른파도. ‹넘실거리다.
남아 ①사내 아이. ②사내다운 남자. ㉠남아 일언 중천금. ㉥여아.
남아돌다[나마돌다] 아주 넉넉하여 나머지가 많이 있게 되다.
남아메리카 파나마 지협에 의하여 북아메리카와 구분되는 아메리카 대륙의 남쪽 부분. ㉥남미주. ㉡남미. 【南America】
남아프리카 공화국〖나라〗 아프리카 대륙의 남부에 위치하고 있는 나라. 1961년 영국으로 부터 독립함. 금·다이아몬드가 많이 남. 백인과

ㄴ

흑인의 인종 차별 문제로 늘 다투고 있음. ㊟남아공.

남양 태평양 가운데의 적도를 중심으로 하여 남북에 걸쳐있는 섬이 많은 해역. 【南洋】

ㄴ

남:용[나:뭉] 함부로 마구 씀. 비낭비. -하다. 【濫用】

남원〖지명〗 전라 북도 남동부에 있는 시. 광한루·춘향각·오작교 따위의 명승지가 있음. 【南原】

남위[나뮈] 지구 위의 위치를 알리기 위해 적도부터 남극까지 동서로 정하여 놓은 선. 적도가 0도이고, 남극이 90도임. 반북위. 【南緯】

남유럽 알프스 산맥 이남부터 피레네 산맥 서쪽까지 이르는, 유럽의 남부 지역. 에스파냐·포르투갈·이탈리아·그리스 등이 이 지역에 속해 있음. 【南 Europe】

남자 사내 아이·소년·형·오빠·아저씨·할아버지·아버지 같이, 여자가 아닌 사람. 반여자. 【男子】

남자답다 남자로서 씩씩하고 듬직한 성질이나 모습을 가지고 있다. 예그는 인간성이 좋고 남자답다. 비사나이답다.

남작 지난날, 서양에서 나라에 공이 있는 사람에게 주던 다섯 등급〔공작·후작·백작·자작·남작〕의 벼슬 중 맨 아래 등급.

남장 여자가 남자처럼 차림. 반여장. -하다. 【男裝】

남존 여비 남자를 존중하고, 여자를 낮게 보는 것. 【男尊女卑】

남중 고도 태양이 남중했을 때의 태양의 높이〔하루 중에서 가장 높음〕. 【南中高道】

남중하다 자오선을 지나가다. 예그림자가 남중할 때의 길이를 측정하여 춘분·하지·추분·동지를 구분하였다.

남짓[남짇] 분량·수효·무게 따위가 일정한 기준보다 조금 더 되거나, 어떤 한도에 차고 조금 남음이 있음을 뜻하는 말. 예열 살 남짓. 한 시간 남짓.

남짓하다[남지타다] 수량이나 분량 따위가 엇비슷하거나 조금 많다. 예학생 수가 500명 남짓하다.

남쪽 남의 지역, 또는 그 방향. 비남녘. 반북쪽.

남촌 ①남쪽에 있는 마을. 예산너머 남촌. ②조선 때 서울 안의 남쪽에 있는 동네를 이르는 말. 반북촌.

남침 ①남쪽을 침략함. ②북한이 우리 남한을 쳐들어 온 일. 반북침. -하다. 【南侵】

남탕 공중 목욕탕에서, 남자들이 따로 목욕을 하는 곳. 반여탕. 【男湯】

남파 남쪽으로 보냄. 예간첩을 남파시키다. -하다. 【南派】

남편 결혼하여 여자의 짝이 되어 사는 남자를 일컫는 말. 반아내. 처. 높부군.

남포등 석유를 넣어 불을 켜는 등〔불이 꺼지지 않게 등피를 씌움〕.

남풍 남쪽에서 불어 오는 바람. 마파람. 반북풍. 【南風】

남하 ①남쪽을 향하여 내려감. ②북쪽 나라가 남쪽 나라로 진출함. 반북상. -하다. 【南下】

남학생 남자 학생. 반여학생. 【男學生】

남한 휴전선 이남의 한국. 반북한.

남한강 한강의 한 줄기. 강원도의 오대산에서 시작하여, 충청 북도를 거쳐 경기도 양평군에서 북한강과 합하여 한강으로 흘러듦.

남한 산성 경기도 광주군 남한산에 있는 산성. 조선 제14대 선조때 만들었음. 높이 7.2m 둘레 7.2km.

남해 남쪽에 있는 바다. 【南海】

남해 고속 국도 순천에서 부산 사이를 잇는 고속 국도. 1973년에 개통됨. 길이 176.5km.

남해 대교 경상 남도 하동군과 남해군 사이의 섬과 육지를 잇는 현수교. 탑 높이 60m, 너비 12m의 큰 다리로 한려수도의 명물. 길이 660m.

남해안 ①남쪽 바닷가. ②우리 나라의 남해에 면한 경상 남도와 전라 남도를 잇는 바닷가〔여기에는 많은 크고 작은 섬들이 널려 있음〕.

남향 남쪽으로 향함. 반북향.

남회귀선 적도의 23°27′ 을 통과하는 위선. 반북회귀선.

납 무르고 열에 잘 녹으며 청백색의 금속. 독성이 있음. 연.

납골당 죽은 사람의 뼈를 모시는 집.

납기[납끼] 세금 공과금 따위를 내는 기간. 예전기세를 납기 안에 내다. 【納期】

납득[납뜩] 남의 말을 잘 알아들음. 이치를 이해함. 예오해하지 않도록 잘 납득시키다. –하다.

납땜질 납으로 쇠붙이의 이음매를 붙이는 일. –하다.

납량[남냥] 여름에 더위를 이기거나 잊게 하는 것. 예납량 특집 방송. 【納凉】

납본 발행한 출판물을 본보기로 해당 관청에 바침. –하다.

납부 관공서나 공공 단체 등에 물건이나 돈을 바침. 예등록금을 납부하다. –하다. 【納付】

납세[납쎄] 세금을 냄. 【納稅】

납세 고지 공과금이나 수업료 따위의 납부해야 할 금액·날짜·곳 등을 알리는 일.

납세 의무 세금을 내야 하는 국민의 의무. 【納稅義務】

납세자 세금을 내는 사람. 납세의 의무가 있는 모든 국민.

납입 세금이나 등록금 따위의 돈을 관계 기관에 내는 것. –하다.

납작[납짝] 몸을 바닥에 대며 낮게 엎드리는 모양. <넙적.

납작칼 조각에서, 거친 면을 팔때나 필요없는 부분을 파 낼 때 쓰는 칼.

납작코 납작한 코.

납작하다[납짜카다] 얇고 넓다. 예떡이 납작하다. <넙적하다.

납중독 납의 독성에 의한 중독. 구역질·위장병·신경 마비 등의 증세가 나타남.

납치 억지로 끌고 감. 예항공기 납치 사건. –하다.

납품 주문받은 물건을 주문한 곳이나 사람에게 가져다 줌, 또는 그 물건. 예항공기 납치 사건. –하다.

낫[낟] 곡식이나 풀 따위를 벨 때 쓰이는 'ㄱ'자 모양의 연장.

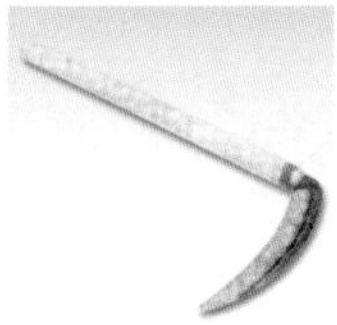

[낫]

낫:다[1](나으니, 나아서) 병이 없어져 그전대로 되다. 예머리가 아프던 것이 말끔히 낫다.

낫:다[2](나으니, 나아서) 좋은 점이 더하다. 예지금 것보다 옛날 것이 더 낫다.

낭군 아내가 자기 남편을 사랑스럽게 일컫는 말. 【郎君】

낭:독 글·시 등을 크게 소리내어 읽음. 예시를 낭독하다. 비낭송. –하다. 【朗讀】

낭떠러지 깎아지른 듯한 언덕. 비절벽. 벼랑. ×낭떨어지.

낭:랑[낭낭] 매우 맑게 울리는 소리. 예낭랑한 목소리.

낭:만 사물을 이성적이기보다 감정적이며 달콤하게 느끼는 일. 또는 그렇게 느낀 세계.

낭:보 반가운 소식.

낭:비 시간·재물 등을 헛되이 함부로 씀. 비허비. 【浪費】

낭설 터무니없는 헛소문.
낭:송 소리내어 글을 욈. (예)시를 천천히 낭송하다. (비)낭독. -하다.
낭자 시집 안 간 젊은 처녀.
낭:패 일이 뜻대로 되지 않아 매우 딱하게 됨. (예)시험에 큰 낭패를 보다. -하다.
낮 해가 떠 있는 동안. (반)밤.
낮다[낟따] ①높지 않다. (예)산이 낮다. ②습도·온도 등이 높지 못하다. (반)높다.
낮말[난말] 낮에 하는 말. (예)낮말은 새가 듣고 밤말은 쥐가 듣는다.
낮은음자리표 저음부 기호. 낮은 음정을 나타내는 기호.

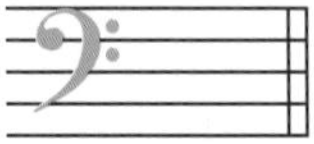

[낮은음자리표]

낮잠 낮에 자는 잠. (비)오수. (반)밤잠.
낮추다 ①낮게 하다. (예)키를 낮추다. ②말을 하대하여 쓰다. (예)말을 낮추다. (반)높이다.
낮춤말 상대방을 높이는 뜻에서 자신을 낮추어서 쓰는 말〔저·소생·졸고 등〕. (반)높임말.
낯[낟] ①얼굴. (예)낯을 씻다. ②남을 대할 만한 체면. 면목. (예)볼 낯이 없다.
낯가림 어린아이가 낯선 사람을 보고 울거나 싫어 하는 것.
낯뜨겁다 남 보기에 몹시 부끄럽다. (예)친구들 대하기가 낯뜨겁다.
낯모르다(낯모르는, 낯모르게) 어떤 사람을 잘 모르다. 처음보다. (예)낯모르는 사람에게도 친절하게 대해야 한다.
낯빛[낟삗] 얼굴의 빛깔. 안색. 얼굴빛. 얼굴색.
낯설다(낯서니, 낯서오) 처음으로 대하기 때문에 얼굴이 눈에 익지 않다. (예)낯선 사람이 길을 묻다. (비)생소하다. (반)낯익다.
낯익다[난닉따] 전에 보든가 만난 적이 있어 알아볼 수 있다. 친숙하다.
낯짝[낟짝] '낯, 얼굴'의 속된말.
낱:[낟] 여러 개로 되어 있는 물건을 하나씩 따로 떼어 놓은 것.
낱:개[낟깨] 따로따로의 한 개 한 개. (예)소매상은 낱개로 물건을 판다.
낱:권[낟꿘] 따로따로 한 권씩의 책.
낱낱이[난나치] 하나하나 빠짐없이.
낱:눈[난눈] 곤충의 겹눈을 이루는 여러 개의 작은 눈.
낱:말[난말] 어떤 뜻을 나타내거나 구실을 하고 있는 하나하나의 말〔산·하늘 등〕. (비)단어.
낱:말맞추기놀이[난말맏추기노리] 주어진 가로 열쇠와 세로 열쇠에 따라 바둑판 모양의 빈 곳에 낱말을 채워 넣는 놀이.
낱:말밭[난말받] 뜻이 서로 관계가 깊은 낱말들의 집합.
낱말 카드 주로 학습 활동에 사용하는 낱말을 적은 종이 딱지.
낱:셈 개수를 하나하나 세는 셈.
낱:소리글자 더 작게 나눌 수 없는 낱개의 소리로 이루어진 글자〔한글·로마자 등〕.
낱:알[나달] 하나하나 따로따로인 알.
낱:자[낟짜] 하나하나의 글자〔ㄱ·ㄴ·ㄷ·ㅏ·ㅗ 등〕. (비)자모.
낳:다[나타] ①아이나 새끼·알 등을 뱃속에서 내어 놓다. (예)개가 새끼를 낳다. ②어떤 결과가 나타나게 하다. (예)노력이 좋은 결과를 낳다.
내[1] 시내보다 크고 강보다는 작은 물줄기. (예)내가 맑다.
내[2] '냄새'의 준말. (예)음식에서 고소한 내가 난다.
내[3] ①안. 속. (예)인체 내의 기관. (반)외. ②어떤 기간이 지나기 전. (예)빠른 시일 내에 검사 받으시오. 【內】
내:가다 안에서 밖으로 옮기다. 가지

고 나가다. ㉥밥상을 내가다.

내:각[1] 국가의 행정권을 맡아 보는 행정의 중심 기관〔국무 총리 및 여러 장관으로 조직됨〕. 【內閣】

내:각[2] 수학에서, 서로 만나는 두 직선의 안쪽의 각. 【內角】

내:각제 '의원 내각제'의 준말. 국회의 신임을 받는 내각이 정부를 구성하는 제도.

내:각 책임제 민주 국가의 주요 정부 형태의 하나. 정부의 성립과 존립이 국회의 신임을 조건으로 하는 제도. 의원 내각제.

내:간체 부녀자들 사이에 오가던 옛날 편지의 글체.

내:객 찾아온 손님.

내:걸다(내거니, 내거오) ①앞으로 내어 걸다. ㉥가게의 간판을 내걸다. ②희생을 무릅쓰다.

내:걸리다 간판·현수막·깃발 같은 것이 밖에 나와 걸리다.

내:과 내장의 각 기관의 기능에 탈이 난 병을 고치는 의술의 한 부분. 반외과. 【內科】

내:구성 물질이 변하지 않고 오래 견디는 성질.

내:국세 국내에 있는 사람 또는 물건에 부과하는 국세. 국세 가운데서 관세와 톤세가 제외됨.

내:국인[내구긴] 자기 나라 국적을 가진 사람. 반외국인.

내:규 내부에서 지켜야 하는 규정. ㉥회사의 내규. 【內規】

내:근 회사나 관청의 안에서만 일을 봄. 반외근. -하다.

내:기 ①서로 겨루는 일. ②돈이나 물건 등을 놓고 이기는 사람이 가지기로 하고 다투는 일. ㉥내기 바둑을 두다. -하다.

내:내 처음부터 끝까지 줄곧. ㉥북극은 일 년 내내 춥다.

내년 올해의 다음 해. 비명년. 반작년. 【來年】

내:놓다[내노타] 밖으로 옮겨 놓거나 꺼내어 놓다. ㉥짐을 내놓다.

내:다 ①밖으로 나오게 하다. ㉥땀을 내다. ②틈을 만들다. ㉥시간을 내다. ③생기거나 일어나게 하다. ㉥불을 내다.

내:다버리다 무엇을 밖으로 가져다가 버리다.

내:다보다 ①안에서 밖을 보다. ㉥창문을 열고 밖을 내다보다. 반들여다보다. ②앞일을 미리 헤아리다. ㉥사람의 운명은 한 치 앞을 내다볼 수 없다.

내:다보이다 ①안에 있는 것이 밖에서 보이다. ㉥내복이 내다보이다. ②밖에 있는 것이 안에서 보이다. ㉥바다가 내다보이다. 준내다뵈다.

내:닫다(내달으니, 내달아) 갑자기 밖으로나 앞으로 힘차게 뛰어나가다. ㉥나는 집까지 한달음에 내달았다.

내:달 다음 달.

내:달리다 바깥이나 앞을 향해 힘차게 달리다. ㉥운동장을 힘차게 내달리다.

내:던지다 ①힘껏 던지다. ㉥공을 내던지다. ②관계를 끊고 돌아보지 아니하다. ㉥과장 자리를 내던지다.

내:동댕이치다 함부로 뿌리치거나 던져 버리다. ㉥장난감을 내동댕이치다.

내:두르다(내둘러, 내둘러서) 이리저리 마구 휘두르다. ㉥팔을 내두르다.

내:디디다 ①발을 앞으로 디디다. ㉥한 걸음 앞으로 내디디다. ②무슨 일를 시작하다. ㉥교육자로서의 첫발을 내디디다. 준내딛다.

내:딛다 '내디디다'의 준말.

내:란 나라 안에서 일어난 난리. 비내전. 반외란. 【內亂】

내려가다 ①높은 곳에서 낮은 곳으로 향하여 가다. ㉵언덕을 내려가다. ②음식이 소화되다. ③값이 떨어지다. ㉵집값이 내려가다.
내려놓다 위에 있는 것을 아래로 내려서 놓다. ㉵들고 있던 책을 내려놓다.

ㄴ

내려다보다 ①위에서 아래를 향하여 보다. ㉵산에서 마을을 내려다보다. ②남을 낮추어 보다. ㉵못 배웠다고 내려다보다. 반올려다보다.
내려다보이다 아래쪽이 보이다. ㉵강이 내려다보이는 집에서 살고있다.
내려본각 건물 같은 높은 곳에서 수평으로 바라본 곳과 목표물을 내려다본 곳이 이루는 각. 반올려본각.
내려서다 높은 곳에서 낮은 곳으로 몸을 옮겨서 서다. ㉵버스에서 내려서다. 반올라서다.
내려쓰다 ①글이나 글씨를 위에서 아래쪽으로 쓰다. ㉵이름을 내려쓰다. ②모자 따위를 이마보다 아래로 내려서 쓰다.
내려앉다[내려안따] ①제자리에서 아래로 무너져 내리다. ㉵폭우로 지붕이 내려앉았다. ②날아다니던 것이 아래에 내려와서 앉든가 자리를 잡다. ㉵공원에 비둘기들이 내려앉아 있다.
내려오다 위에서 아래로 오다. ㉵산을 내려오다. 반올라가다.
내려찍다 위에서 아래로 찍다. ㉵도끼로 나무를 내려찍었다.
내려치다 아래를 향하여 힘껏 휘둘러 치다. ㉵야구 방망이로 엉덩이를 내려쳤다.
내력 겪어 온 자취. ㉵우리 고장의 내력을 조사하다.
내로라 하다 잘난 체하다. 이름이 나 있다. ㉵내로라 하는 박사들이 다 모였다.
내:륙 해안 지대에 대하여 바다에서 멀리 떨어진 육지. 내륙지방. 반해안. 【內陸】
내:륙성 기후 ⇨대륙성 기후.
내리 ①위에서 아래로 향하여. ㉵햇살이 내리 쬐다. ②잇달아. 계속하여. ㉵사흘 내리 비가 쏟아지다.
내리깔다 눈을 가늘게 뜨고 아래쪽을 보다. ㉵유빈이는 눈을 내리깔았다.
내리꽂다[내리꼳따] 위에서 아래로 힘차게 꽂다. ㉵강스파이크로 공을 내리꽂다.
내리누르다 위에서 아래로 누르다. ㉵큰 바위가 내 가슴을 내리누르는 것 같다.
내리다 ①높은 데서 낮은 데로 향하여 옮아 앉다. ㉵비행기가 활주로에 내리다. ②탈것에서 밖으로 나오다. ㉵차에서 내리다. ③어둠 따위가 차차 덮어 오다. ㉵땅거미가 내리다. ④결정을 짓다. ㉵결론을 내리다.
내리뜨다 눈을 아래로 향하여 가늘게 뜨다. ㉵눈을 내리뜨고 작은 소리로 말하다. 반치뜨다.
내리막 ①내려가는 길이나 바닥. ②한창 때가 지나 쇠퇴해가는 판. ㉵사업이 내리막길이다.
내리막길 비탈진 길의 아래로 향하는 길. 반오르막길.
내리 사랑 손윗사람이 손아랫사람에게 주는 사랑. 반치사랑.
내리쬐다 볕이 세차게 내리비치다. ㉵여름날 오후에는 햇볕이 강하게 내리쬔다.
내리치다 ①위에서 아래로 향해 치다. ②계속하여 마구 때리다.
내림새 상품의 값이 내리고 있는 상황.
내림표 반음 내리는 기호. 플랫. 악보에 '♭'로 표시함.
내:막 겉으로 드러나지 않는 일의

속내. 내부의 사정. 예살인 사건의 내막을 캐다.

내:맡기다[내맏끼다] ①자기의 일이나 사물을 다른 사람에게 아주 맡겨 버리다. 예나는 친구에게 숙제를 내맡겼다. ②되어 가는 대로 내버려두다. 예흔들리는 버스에 몸을 내맡기다.

내:면 ①사물의 안쪽에 있어서 드러나지 않는 면. 반겉면. ②사람의 마음 속. 예인간의 내면 세계를 잘 표현한 작품. 【內面】

내:몰다 ①무엇을 밖으로 몰아서 나가게 하다. 예돼지를 밖으로 내몰다. ②누구를 좋지 않은 사람으로 여기고 무리에 끼워 주지 않다. 예사람들이 그를 위선자로 내몰았다.

내:무반 군대에서 사병들이 일상 생활을 하는 조직, 또는 그들이 생활하는 방. 【內務班】

내:무부 중앙 행정 기관의 하나〔지방 행정·선거·지방 자치 단체의 감독·치안·소방 등의 사무를 총괄함〕. 【內務部】

내물왕〖사람〗 신라 제17대 임금(재위 356~402). 성은 김씨. 내물왕 이후 김씨만 왕의 자리를 이어받았으며, 점차 힘을 길러 세력을 주위로 뻗쳤음. 【奈勿王】

내:밀다(내미니, 내미오) ①한쪽 끝이 앞이나 밖으로 나오다, 또는 나오게 하다. ②돋아 나오다. 예새싹이 뾰족이 싹을 내밀다. 반들이밀다.

내:뱉다 ①입 밖으로 힘껏 뱉다. 예가래를 내뱉다. ②마음에 내키지 않는 태도로 말을 툭 해 버리다. 예욕을 함부로 내뱉다.

내:버려두다 ①누구를 건드리거나 상관하지 않고 그대로 두다. ②누구를 보살펴 주지 않다.

내:버리다 무엇을 아주 버리다. 예쓰레기를 마구 내버리다.

내:보내다 ①밖으로 나가게 하다. 예아이들을 밖으로 내보내다. ②직장 따위에서 아주 떠나게 하다.

내:보이다 속에 있는 것을 꺼내어 보이다.

내:복[1] 속에 입는 옷. 속옷. 예겨울 내복. 비내의. 【內服】

내:복[2] 약을 먹음. 반외용. 【內服】

내:복약[내봉냑] 병의 치료나 건강을 위해 먹는 약.

내:부 안쪽의 부분. 예건물의 내부를 수리하다. 반외부.

내:분 내부에서 일어난 다툼.

내:비치다 ①밖으로 빛이 비치거나 어떤 모양이나 모습이 보이다. 예창문으로 불빛이 내비치다. ②생각·감정·노력 따위가 겉으로 드러나 보이다. 예서글픈 심정을 내비치다.

내빈 초대를 받고 찾아온 사람. 예내빈의 인사말. 【內賓】

내:빼다 '도망가다, 달아나다'를 속되게 이르는 말. 예범인이 내빼다.

내:뻗다 ①곧게 뻗다. ②팔이나 다리를 한쪽으로 힘차게 뻗다.

내:뿜다 숨이나 기운을 몰아 밖으로 세게 내보내다. 예자동차가 매연을 내뿜다.

내:사 몰래 조사함. 【內査】

내:색 마음에 느낀 것을 얼굴에 드러냄. 예아무런 내색을 하지 않았다. -하다.

내:생 불교에서, 사람이 죽은 후에 다시 살게 되는 일생. 비후생. 반전생. 【來生】

내:성[1] 큰 성 안에 지은 성. 【內城】

내:성[2] ①어려움 따위에 견딜 수 있는 성질. ②병원균 따위가 어떤 약품에 대하여 나타내는 저항성. 예내성이 강해진 병원균. 【耐性】

내:성적 자기를 내세우든가 감정이나 생각을 밖으로 드러내지 않는 조용한 성격. 비내향적. 반외향적.

내:설악 강원도 설악산의 주봉인 대청봉을 중심으로 한 서부 일대를 이르는 말. 반외설악.

내:세 불교에서, 죽은 뒤에 다시 태어나 다시 사는 세상. 【來世】

내:세우다 ①나서게 하다. 예대표자로 내세우다. ②자기에게 유리한 일을 자료로 삼아 내놓다. 예증거자료를 내세우다.

내:숭 속마음과는 전혀 다르게 말과 행동을 꾸며서 보이는 것. 예내숭 떨다. -스럽다.

내:쉬다 호흡할 때 숨을 밖으로 내보내다.

내:시 고려·조선 시대 때 임금의 시중과 왕명의 전달 등을 하는 내시부 벼슬아치를 이르던 말.

내:시경 목구멍이나 항문 따위로 밀어 넣어 몸의 내부를 관찰할 수 있도록 만든 의료 기구.

내:신 진학이나 취업의 자료로서 학생의 출신 학교에서 학업성적이나 품행에 대한 의견을 점수로 나타낸 것, 또는 그것을 적은 문서.

내:실 기관이나 사업의 내용이 알찬 것. 예외형보다 내실을 기하다.【內實】

내:심 속마음. 예겉으로는 용감한 척하지만 내심으로는 겁을 잔뜩 먹고 있다. 【內心】

내:쏘다 화살이나 총알 따위를 앞이나 밖을 향하여 힘차게 내보내다.

내:야 야구장의 일루·이루·삼루·본루의 각 베이스 사이를 이은 선의 안쪽 부분. 예내야 안타를 치다. 반외야. 【內野】

내:야수 야구에서 내야를 지키는 일루수·이루수·삼루수·유격수. 반외야수.

내:역 자세한 내용. 예용돈을 쓴 내역을 기록하다.

내:열 높은 열에 견디는 것. 예내열 유리. 【耐熱】

내:열성 높은 열에도 변형이나 변질을 일으키지 않는 성질.

내:오다 안에서 밖으로 가져오다.

내:왕 오고 감. 비왕래. -하다.

내:외 ①안과 밖. ②남편과 아내. 부부. 예주인 내외분. ③국내와 국외. 예내외의 소식을 전하다. 【內外】

내:외분 '부부'의 높임말. 예대통령 내외분.

내:외하다 남자와 여자가 서로 얼굴을 마주 대하는 일을 피하다.

내:용 자세한 속. 속의 자세한 사실. 예소설의 내용을 간추리다. 반형식. 【內容】

내:용물 속에 든 것. 예상자를 열고 내용물을 꺼내다.

내:우외환 국내가 어지러운 시기에 외국과의 사이까지 어려운 상태. 나라 안팎의 걱정거리. 【內憂外患】

내음 '냄새'의 시적인 표현.

내:의 속옷. 반외의. 【內衣】

내일 오늘의 바로 다음 날. 예내일은 비가 올 것 같다. 비명일. 반어제. 준낼. 【來日】

내일 모레 멀지 않은 날. 예내일 모레부터 휴가다. 준낼모레.

내:장 배와 가슴에 들어 있는 창자 등을 통틀어 일컬음.

내:장산 전라 북도 정읍시에 있는 산. 단풍이 특히 유명하며, 국립 공원으로 지정되어 있음. 높이는 763m. 【內藏山】

내:장하다 기계 따위가 어떤 기능이나 설비를 속에 가지고 있다. 예플래시를 내장한 카메라.

내:전 한 나라 안에서 같은 국민끼리 벌이는 전쟁.

내:젓다(내저으니, 내저어) ①앞으로나 밖으로 내어서 휘두르다. 예손을 내젓다. ②앞으로나 밖으로 향하여 노를 젓다.

내:정[1] 국내의 정치. 예내정의 문란

으로 사회가 혼란하다. 【內政】

내:정[2] 정식으로 결정되기 전에 관계되는 사람들끼리 미리 정하는 것. [예]김 과장을 부장으로 내정하다. -되다. -하다. 【內定】

내:조 아내가 집안에서 남편의 일을 도와줌, 또는 그 도움. [예]내조의 공. -하다. 【內助】

내:주 다음 주일. [예]내주의 계획을 세우다. 【來週】

내:주다 ①가졌던 물건을 남에게 건네어 주다. ②차지한 자리를 남에게 넘겨 주다. [본]내어 주다.

내:지 〔수량을 나타내는 두 말 사이에 써서〕 '얼마에서 얼마까지'의 뜻. [예]3일 내지 5일 걸린다.

내:지르다 소리를 갑자기 크게 내다. [예]비명을 내지르다.

내:쫓기다 내쫓음을 당하다. 쫓겨나다. [예]빈손으로 내쫓기다.

내:쫓다 밖으로 나가게 몰아 내다.

내:처 한결같이 계속해서. 내내. [예]누나는 이틀 밤낮을 내처 잠만 잤다.

내:치다 누구를 물리치거나 내쫓다.

내친 김에 어떤 일을 시작한 기회를 이용하여. [예]내친 김에 정상까지 정복하자.

내:키다 하고 싶은 마음이 솟아나다.

내:통 ①남모르게 알림. ②은밀히 적과 통함. -하다. 【內通】

내:팽개치다 ①힘껏 던져 버리다. ②하던 일에서 손을 떼어 버리다.

내:포 어떠한 뜻을 그 속에 포함함. -하다. 【內包】

내:핍 생활 물건이나 돈이 모자라는 것을 참고 견디는 생활. 가난을 참고 견딤. -하다.

내:한 외국 사람이 한국에 옴. [반]이한. -하다. 【來韓】

내:항 비례식에서 안쪽에 있는 두 항. <보기> 2:3=4:6에서 3과 4 등을 말함. [반]외항.

내:향적 성격이 자기를 내세우지 않고 조용하고 사교적이지 못한 것. [비]내성적. [반]외향적.

내후년 후년의 다음 해. 후후년.

냄비 솥보다 작으며, 음식을 끓이는 데 쓰는 기구. ×남비.

냄:새 코로 맡을 수 있는 온갖 기운. [예]향긋한 냄새. [준]내.

냅다 몹시 세차고 빠르게. [예]냅다 소리를 지르다.

냅킨 식탁 위에 접어서 얹어 놓은 수건이나 종이. 【napkin】

냇:가[내까/낻까] 냇물의 옆 언저리.

냇:둑[내뚝/낻뚝] 냇가에 쌓아 놓은 둑.

냇:물[낸물] 내에 흐르는 물.

냇바닥[내빠닥/낻빠닥] 내의 밑바닥.

냉:가슴 겉으로 드러내지 못하고 혼자 몰래 하는 걱정.

냉:각 아주 차게 식힘. [예]물을 냉각시키다. -하다. 【冷却】

냉:국 찬물에 오이나 미역 따위를 썰어 넣고 간장과 식초로 간을 맞춘 국. [예]미역 냉국.

냉:기 찬 바람. 찬 기운. [예]방에서 냉기가 감돈다. [반]온기.

냉:담하다 태도나 마음이 쌀쌀하다.

냉:대[1] 쌀쌀하게 대접함. [비]푸대접. -하다. 【冷待】

냉:대[2] 온대와 한대의 중간에 있는 지역. 【冷帶】

냉:대림 온대와 한대 사이의 내륙의 냉대 지방에 많은 수풀.

냉:동 식품 따위를 썩지 않게 해 두기 위하여 얼림. [예]고기를 냉동시키다. -하다. 【冷凍】

냉:동고 고기나 생선 같이 상하기 쉬운 것을 얼려서 보관하는 상자 모양의 장치.

냉동 식품 신선한 상태로 오래 보존할 수 있도록 얼린 식품.

냉:동실 냉장고에서 상하기 쉬운 음식물을 차게 해서 보관하는 부분.

냉:랭하다 ①쌀쌀하게 차다. ②태도가 몹시 쌀쌀하다.

냉:매 암모니아처럼 아주 낮은 온도에서 기체가 되면서 주변 물질의 온도를 빼앗아 가는 성질이 있어서 냉장고나 온도 조절기 따위에 쓰이는 물질. 【冷媒】

냉:면 냉국이나 김칫 국물 등에 말아서 먹는 국수. ㉠평양 냉면.

냉:방 ①찬 방. ㉠보일러가 망가져서 냉방에서 잣다. ②방 안을 차게 하는 일. ㉠냉방 시설. ㉥난방.

냉:방기 실내의 온도를 차게 하는 장치.

냉:방병 냉방 장치를 한 방의 기온이 밖의 기온과 차이가 많을때 생기는 병.

냉방 장치 방 안이 시원하도록 온도를 내리게 하는 장치. ㉥난방 장치. -하다.

냉:소 쌀쌀한 태도로 비웃음. -하다. 【冷笑】

냉:수 찬물. ㉥온수.

냉:엄 냉정하고 엄숙함. -하다.

냉이 겨자과의 한해살이풀. 봄에 들이나 밭에 흔히 남〔이른 봄에 흰꽃이 피며, 어린 풀잎은 먹음〕.

[냉이]

냉잇국 냉이를 넣고 끓인 국.

냉:장 음식물 따위가 썩는 것을 막기 위하여 차게 저장하는 일. -하다. 【冷藏】

냉:장고 식료품 등이 상하지 않도록 장치를 해 놓은 상자. 얼음 또는 전기 등을 이용하여 내부에 낮은 온도를 유지하는 장치가 마련되어 있음. 【冷藏庫】

냉:장실 냉장고에서 상하기 쉬운 음식물을 차게 해서 보관하는 부분.

냉:전 무기를 쓰지 않으나 전쟁을 하는 듯한 나라와 나라 사이의 심한 대립. ㉥열전.

냉:정[1] 마음이 매정하고 쌀쌀함. ㉥다정. 온정. -하다. 【冷情】

냉:정[2] 마음이 가라앉아 차분해짐. ㉠흥분했던 환자가 냉정을 되찾음. ㉥흥분. -하다. 【冷靜】

냉:정하다 인정이 없고 쌀쌀하다. ㉠부탁을 냉정하게 거절하다.

냉:차 얼음을 넣거나 하여 차게 만든 차.

냉:채 주로 전복·해삼·닭고기 따위에 오이·무·배추 등의 채소를 잘게 썰어 섞고 겨자를 넣어 버무린 찬 음식.

냉:철하다 감정에 따르지 않고 이성적 판단에 따라 생각이 분명하고 날카롭다. ㉠냉철한 판단을 내리다.

냉큼 앞뒤를 헤아려 머뭇거리지 않고 곧. 빨리. 꾸물대지 않고.

냉:탕 찬물의 목욕탕. ㉥온탕.

냉:해 여름철에 날씨가 보통때보다 서늘하거나 햇빛 부족으로 생기는 농작물의 피해.

냉:혈 동물의 체온이 주위의 기온에 따라 변하는 것. ㉠뱀은 냉혈 동물이다. 【冷血】

냉혈 동물 ①바깥 온도의 변화에 따라 체온이 변하는 동물〔뱀·개구리·물고기 등〕. ②인정이 전혀 없고 차가운 사람을 빗대어 쓴 말.

냉:혹 인정이 없고 혹독함. -하다.

냠냠 음식을 맛있게 먹는 소리나 모양.

냥 ①옛날에 돈을 세는 말. ㉠엽전 한 냥. ②금·은 등의 무게를 재는 말. 열 돈. ㉠금 한 냥.

너 아랫사람이나 친구 사이에서 상대를 부르는 말. ㉥나.

너구리 ①여우보다 작고 살이 쪘으며 주둥이가 뾰족한 산짐승. ②능청스러운 사람을 비유하는 말.

너그러이 남의 사정을 잘 이해해 주는 마음으로. 아량을 가지고. ㉥잘못을 너그러이 용서하다.

너그럽다(너그러우니, 너그러워서) 마음이 넓다. ㉥할아버지는 내게 너그럽다.

너끈히 무엇을 해낼 힘이 넉넉하고 여유 있게. ㉥나 혼자서도 너끈히 할 수 있는 일이다.

너나없이 너와 나를 가릴 것 없이. 모두. ㉥너나없이 다 똑같은 인간이다.

너덜거리다 해지거나 찢어져서 여러 가닥으로 늘어져 흔들거리다.

너덜너덜하다 해지거나 찢어져서 여러 가닥으로 늘어져 흔들거리다.

너도나도 여럿이 모두 다. ㉥너도나도 농촌 일손 돕기에 나서다.

너도밤나무 잎은 넓고 길쭉하며 끝이 뾰족하고 가장자리에 작은 톱니가 있는 참나무의 한 종류.

너럭바위 넓고 평평한 바위.

너르다 이리저리 다 넓고 크다. 광활하다. ㉥호남 평야는 매우 너르다. [반]좁다.

너머 집·담·산·고개 같은 높은 것의 저 쪽. ㉥고개 너머의 마을. ×넘어.

> **'너머'와 '넘어'의 차이**
>
> • **너머**: '산·고개·담·강과 같은 넓거나 높은 곳의 저쪽'이라는 뜻이다. ㉥산 너머 저쪽에는 누가 살까?
>
> • **넘어**: '넘고, 넘는, 넘으니'와 같이 '넘다'의 바뀜꼴 중의 하나로, '높은 데를 지나 이쪽에서 저쪽으로'의 뜻이다. ㉥저 산을 넘어 가면 바다가 있다.

너무 ①지나치게. ㉥형 옷은 나에겐 너무 크다. ②아주. 매우. ㉥저녁놀이 너무 아름답다.

너무나 (너무를 강조하는 말로)아주 심하게. 대단히. ㉥너의 합격이 너무나 기쁘다. [비]너무도.

너무너무 '너무'를 강조하는 말로, 아주 대단히. ㉥선물을 받고 너무너무 좋았다.

너무하다 지나치고 심하다. ㉥친구에게 이러는 것은 너무하다.

너비 물건의 가로의 길이. 폭. ㉥강의 너비.

너스레 남의 마음을 끌기 위해 늘어놓는 잡담. ㉥너스레를 떨다.

너와 소나무 토막을 기와 모양으로 쪼개어 지붕에 얹는 쪽.

너와집 소나무 토막을 기와 모양으로 쪼개어 지붕을 덮은 집.

너울너울 크고 부드럽게 움직이는 모양. ㉥나비가 너울너울 춤추고 있다.

너울거리다 부드럽게 굽어져 흔들리거나 움직이다. ㉥바람에 나뭇잎들이 너울거렸다. [비]너울대다.

너저분하다 너절하고 지저분하다. ㉥방은 좁고 너저분했다.

너절하다 허름하고 더럽다.

너털웃음[너터루슴] 주로 어른 남자가 크게 소리를 내어 자신 있게 웃는 웃음.

너트 보통 육각형 또는 사각형으로 되어 있고 가운데 둥근 나사 구멍이 있어 볼트를 끼워서 기계 부품 따위를 고정시키는 데에 쓰는 쇳조각. [비]암나사. 【nut】

너풀거리다 ①한쪽이 고정되어 있는 넓고 긴 물건이 바람에 날리거나 세게 흔들리다. ㉥연꼬리가 바람에 너풀거린다. ②바람에 날리듯이 흔들다. ㉥치마를 너풀거리며 뛰어오다. [비]너풀대다. >나풀거리다.

너희[너히] 말을 듣고 있는 여러 사람을 가르키는 말. ㉻엄마는 너희를 사랑한다.

넉: '넷'의 뜻. ㉻넉 달. 쌀 넉 되.

넉넉하다[넝너카다] ①모자라지 아니하고 남음이 있다. ㉻시간이 넉넉하다. ②살림살이가 풍족하다. 넉넉히.

ㄴ

넋[넉] 사람의 몸 속에 있으면서 마음의 작용을 맡고 있다고 생각되는 것. 비얼·영혼·정신. 반육체.

넋두리[넉뚜리] ①무당이 죽은 사람의 넋을 대신해서 하는 말. ②불만이 있을 때 투덜거리는 말소리.

넌더리 소름이 끼치도록 싫은 생각.

넌지시 드러나지 않게 가만히. ㉻계획을 넌지시 알려주다.

널: ①반듯하고 넓게 켠 나무. 본널빤지. ②널뛰기에 쓰이는 길고 두꺼운 나무판. ㉻설날 우리는 널을 뛰었다.

널:다 볕이나 바람을 쐬거나 또는 드러내어 보이고자 하여 펼쳐 놓다. ㉻빨래를 널다.

널따랗다[널따라타](널따라니, 널따란) 생각보다 훨씬 넓다. 꽤나 넓다. 반좁다랗다.

널:뛰기 긴 널빤지의 중간을 괴고, 양쪽 끝에서 두 사람이 번갈아 뛰어오르는 놀이. 주로 여자들이 함〔고려 때 부터 있었으며 정월에 많이 뜀〕. -하다.

널:뛰다 널뛰기를 하다.

널리 ①넓은 범위에 걸쳐서. 멀리. ㉻종소리가 널리 퍼지다. ②너그럽게. ㉻널리 양해해 주십시오.

널리다 ①볕을 쬐거나 바람을 쐬어 말리기 위해 빨래나 곡식 같은 것을 넓게 펼쳐 놓이다. ㉻마당에 고추가 널려 있다. ②물건들이 여기저기 흩어져 있다. ㉻방안 가득 널린 책들.

널:빤지 통나무를 얇고 넓게 켜낸 조각. 비널판자. 준널.

널:조각 널빤지의 조각.

널찍하다[널찌카다] 꽤 넓다. ㉻우리집은 널찍하다.

널:판자 얇고 넓게 켠 나무 판. 비널빤지.

넓다[널따] ①넓이가 크다. ㉻중국은 국토가 넓다. ②마음이 너그럽다. ㉻아버지는 마음이 넓다. 반좁다.

넓이[널비] 어떤 장소나 물건의 넓은 정도. ㉻삼각형의 넓이를 구하라. 비면적.

넓이뛰기[널비뛰기] 폭이 넓게 멀리 뛰기를 겨루는 경기.

넓적다리[넙쩍따리] 무릎 관절 위쪽에 있는 다리. ×넙적다리.

넓적하다[넙쩌카다] 평평하게 넓다. ㉻바위가 넓적하다. >납작하다.

넓히다[널피다] 넓게 하다. ㉻좁은 골목길을 넓히다. 반좁히다.

넘겨다보다 ①고개를 들어서 슬쩍 바라보다. ㉻울타리 안을 넘겨다보다. ②남의 것을 가지고 싶어 탐내거나 노리다. ㉻사장 자리를 넘겨다보다. 비넘보다.

넘겨주다 물건·권리·책임·일 같은 것을 다른 사람에게 건네주거나 맡기다. ㉻자리를 넘겨주다.

넘기다 ①높은 데를 넘어가게 하다. ②쓰러뜨리다. ③종잇장 따위를 젖히다. ㉻책장을 넘기다.

넘:나들다 이리저리 들락날락하다. ㉻국경을 넘나들다.

넘:다 ①높은 데를 지나가다. ㉻산등성이를 넘다. ②수량이나 한계를 지나다. ㉻저금한 돈이 백만원이 넘다. ③어려운 고비를 지나다. ㉻위험한 고비를 넘다. ④경계를 지나다. ㉻국경선을 넘다.

넘버 번호나 차례를 나타내는 숫자. ㉻자동차 넘버. 【number】

넘ː보다 업신여겨 낮추어 보거나 깔보다. ㉠일본은 항상 우리를 넘보고 있다. 비깔보다. 얕잡다.
넘실거리다 바다의 물결이 무엇을 삼킬 듯이 출렁거리다. ㉠파도가 넘실거리다. >남실거리다.
넘실넘실 계속하여 부드럽고 가볍게 움직이는 모양. ㉠넘실넘실 파도가 치다.
넘어가다 ①높은 곳을 지나서 가다. ㉠고개를 넘어가다. ②쓰러지다. ㉠기둥이 넘어가다. ③해나 달이 지다. ㉠해가 서산으로 넘어가다. ×너머가다.
넘어다보다 고개를 들어 가리운 물건 위를 스쳐서 보다.
넘어뜨리다[너머뜨리다] 넘어지게 하다. ㉠도끼로 큰 나무를 넘어뜨리다.
넘어서다[너머서다] 높은 데를 넘어서 서다. ㉠고개를 넘어서다.
넘어오다[너머오다] ①높은 데나 어떤 경계를 지나거나 건너서 오다. ㉠아버지는 고개를 넘어오셨다. ②시기나 차례 따위가 가까이 오다. ㉠20세기에서 21세기로 넘어오다. ③책임이나 권리 따위가 자기에게로 옮아오다. ㉠소유권이 넘어오다.
넘어지다 ①서 있다가 쓰러지다. ㉠동생이 넘어질까 봐 손을 꼭 잡고 걸었다. ②승부 놀이에서 지거나, 싸움에서 패하다. ㉠회사가 넘어지다.
넘쳐나다[넘처나다] ①느낌·힘 따위가 매우 세차게 일다. ㉠집안에 활기가 넘쳐나다. ②액체나 기체 따위가 가득 차서 밖으로 흘러나오다. ㉠물이 넘쳐나다. ③너무 많은 사람이 몰리다. ㉠식당에 손님이 넘쳐나다.
넘ː치다 ①가득 차서 밖으로 흘러나오다. ㉠도랑물이 넘치다. ②느낌이 세게 일어나다. ㉠기쁨이 넘치다.
넙죽[넙쭉] ①입을 넓게 냉큼 벌렸다가 다무는 모양. ②몸을 바닥에 대며 냉큼 엎드리는 모양. ③주는 것을 망설이지 않고 선뜻 받아 먹거나 가지는 모양.
넙죽거리다 말대답을 하거나 무엇을 받아 먹을 때 입을 넓게 벌렸다 닫았다 하다.
넙치 가자미와 비슷한 바닷물고기. 근해의 모래밭에 살며, 몸길이는 약 60cm 정도임. 광어.
넝마 입지 못하게 된 헌 옷 따위.
넝마주이 넝마와 헌 종이 등을 줍는 사람.
넝쿨 뻗어 나가 다른 물건을 감기도 하고 땅바닥에 퍼지기도 하는 식물의 줄기. 비덩굴.
넣다[너타] ①속으로 들여 보내다. ㉠손을 주머니에 넣다. ②어떤 범위 안에 포함하다. ㉠선수 명단에 넣다. ③힘을 들이거나 어떤 작용을 하다. ㉠정부에 압력을 넣다.
네[1] ①예. ②'너의'의 준말. ㉠이건 네 옷이다.
네ː[2] '넷'이 꾸미는 말로 쓰인 꼴. '수가 넷인'의 뜻. ㉠네 명. 네 시간.
-네[3] 처지가 같은 사람의 무리. 어떠한 집안이나 가족 전체를 들어서 나타내는 말. ㉠철수네 집.
네ː거리 네 방향으로 갈라져 나간 거리. 비십자로. 사거리.
네ː댓[네댇] 넷이나 다섯 가량. ㉠아이 네댓이 놀고 있었다. ×너댓.
네덜란드〖나라〗 유럽의 북서부에 위치하여 영국과 해협을 사이에 두고 있는 입헌 군주제 국가. 국토의 사분의 일이 바다보다 낮음. 낙농업과 원예 농업이 발달하였고, 튤립으로 유명함. 수도는 암스테르담. 【Netherlands】

네:루〖사람〗[1889~1964] 인도의 정치가. 영국에 대항하여 독립운동을 벌임. 1947년 수상이 됨. 【Nehru】
네:모 네 개의 모. 사각.
네:모꼴 네 개의 모서리가 직선으로 이어진 평면도형.
네:모나다 네모로 되어 있다. ㉠얼굴이 네모난 사람. 비네모지다.
네:모지다 네 개의 모서리가 있다. ㉠네모진 책상. 비네모나다.
네:발짐승 발이 넷인 짐승〔개·돼지·소·토끼 따위의 포유동물을 이르는 말〕.
네안데르탈인 1856년 라인 강 하류의 네안데르탈의 동굴에서 발견된 화석 인류. 원인류와 현생 인류의 중간층에 해당함.
네온 공기 중에 있는 무색·무취·무미한 기체의 하나. 【neon】
네온 사인 공기를 뺀 유리관에 네온 따위를 넣고 전류를 통하여 여러 가지 빛을 내도록 한 것〔광고 간판에 많이 쓰임〕. 【neonsign】
네:제곱 한 수를 그 수로 네 번 곱하는 것, 또는 그렇게 해서 얻은 수. ㉠2의 네제곱은 16이다.
네트 ①그물. ②정구·배구·탁구 등에 쓰이는 그물. 【net】
네트워크 ①방송망. ②컴퓨터의 데이터 통신 시스템에서 컴퓨터와 단말기를 접속하기 위하여 쓰이는 기기·선로 따위로 구성되는 일체의 전송 매체. 【network】
네팔〖나라〗 히말라야 산맥 남쪽에 있는 작은 왕국. 산지가 많고 농업과 목축이 주된 산업임. 수도는 카트만두. 【Nepal】
넥타이 남자가 신사복 차림을 할 때 와이셔츠 칼라 위에 매는 장식용 천으로 된 끈. 【necktie】
넷:[넫] 셋에 하나를 더한 수. 사. ㉠우리집은 딸만 넷이다. 비사.
넷:째[넫째] 순서에서 셋째의 다음. ×네째.
녀석 ①남자를 낮추어 이르는 말로 놈 또는 자식. ㉠어떤 녀석이 유리창을 깼느냐. ②사내 아이를 귀엽게 일컫는 말. ㉠그 녀석 참 잘 생겼다.
년[1] ①'해'를 세는 단위〔일 년, 이 년 따위〕. ②해의 차례를 나타내는 말. ㉠1992년 올림픽. 【年】
년[2] 여자를 낮추어 이르는 말. ㉠딸년. 반놈.
년간 '그 수만큼의 해가 지나는 동안'을 나타냄. ㉠30년간 근무하다. 【年間】
년대 '그 단위에 드는 모든 해나 기간'을 나타냄. ㉠2000년대. 【年代】
년도 '그 숫자가 가르키는 특정한 해'를 나타냄. ㉠2000년도에 태어났다. 【年度】
녘[녁] 어떠한 때의 무렵. ㉠해질 녘.
노 배를 젓는 긴 나무 막대.
노간주나무 향나무과의 늘푸른나무. 각 지방 산야에 남. 높이 10m 안팎. 잎은 가늘고 5월에 꽃이 핌. 열매는 '두송실'이라 하여 한약재·식용·향료로 두루 쓰임. 노가주나무. 두송.
노고 수고롭게 애씀. ㉠일선 장병의 노고에 감사하자.
노고지리 '종달새(종다리)'의 옛말. 봄에 공중으로 높이 날면서 고운 소리로 우는 새. 몸은 참새보다 조금 크고, 긴 날개와 꼬리를 가졌음.
노곤 힘이 빠져 고단함. 피곤함. -하다. 【勞困】
노:골적[노골쩍] 있는 그대로 숨김없이 드러내는 모양.
노:구 나이를 먹어 마음대로 움직일 수 없게 된 늙은 몸. 비노신. 노체.
노:기 노여운 기색. 성난 얼굴빛. ㉠노기를 띤 얼굴. 【怒氣】

노끈 종이로 꼬아서 만든 가늘고 긴 끈. 노.

노:년 늙은 나이. 비만년. 【老年】

노:년기 나이가 많이 들어 늙은 시기. 【老年期】

노:닐다 한가로이 이리저리 다니며 놀다.

노다지 ①금·은 등 광물이 마구 쏟아져 나오는 줄기. 예노다지를 캐다. ②한 군데서 이익이 많이 쏟아져 나옴, 또는 그러한 곳.

노닥거리다 일을 하지 않고 쓸데없이 한가롭게 시간을 보내다. 예지금 노닥거릴 시간이 없다.

노:독 먼 길을 걷거나 여행 하여 생긴 피로나 병.

노동 생활에 필요한 물품을 얻기 위해 마음과 힘을 써서 일함, 또는 그러한 행위. -하다.

노동력[노동녁] 노동을 할 수 있는 사람들의 힘. 【勞動力】

노동법 근로자들의 이익과 보호를 위한 법. 【勞動法】

노동부 근로자들에 대한 문제를 맡아 처리하고 그들을 보호하며, 안정된 생활을 할 수 있도록 하기 위한 사무를 맡아 보는 중앙 행정 기관. 【勞動部】

노동자 일을 해서 그 품삯으로 살아가는 사람. 비근로자.

노동 조합 경제적 지위가 약한 근로자를 보호하여, 노동 조건이나 생활 등을 안정시키려는 목적으로 조직된 단체. 준노조.

노드클리프〖사람〗[1865～1922] 영국의 신문 경영자. 기자 생활을 하다 1896년 동생인 로자미와 함께 〈데일리 메일〉을 창간. 제1차 세계 대전 중에는 바른 보도를 함으로써 영국이 승리하는 데 큰 공헌을 하였음. 【Northcliffe】

노란불 도로의 신호등에서 신호가 바뀌는 사이에 주의하라는 뜻으로 잠깐 보이는 노란 불빛.

노란색 개나리꽃이나 병아리의 색깔과 같은 색. 비노랑.

노랑 노란 빛깔이나 물건으로, 삼원색의 하나.

노랑나비 날개의 빛이 노랗고 날개에 검정 점이 있는 나비.

노:랗다[노라타] 병아리나 개나리꽃과 같은 빛깔이다. 〈누렇다.

노래 ①곡조를 붙이어 부르는 소리나 말, 또는 글. ②시·시조와 같은 가락이 있는 글. -하다.

노래방 누구나 따라서 노래를 부를 수 있게 가사를 보여주고 음악 반주를 해 주는 기계를 설치해 놓은 업소.

노래하다 ①말에 곡조를 붙여 소리 내어 부르다. 예선생님을 따라 노래하다. ②새나 곤충들이 듣기 좋은 소리를 내다. 예새들이 즐겁게 노래하는 소리가 들린다.

노랫가락 ①노래 부를 때의 높고 낮은 곡조. ②경기 민요의 하나. 본래는 무당이 부르던 노래였으나 지금은 일반인들이 많이 부르고 있음.

노랫말[노랜말] 노래의 가락에 붙어 있는 말. 비가사.

노랫소리[노래쏘리] 노래를 부르는 소리.

노략질 떼를 지어 다니며 재물을 빼앗아 가는 짓. -하다.

노량〖지명〗 경상 남도 남해도와 하동 사이의 나루터. 【露梁】

노량 해전 조선 선조 31년(1598) 정유재란 때 노량 앞바다에서 왜군을 격파한 이순신 장군의 마지막 해전. 장군은 이 해전에서 쫓겨 가는 왜군을 공격하다 전사하였고, 왜군들은 참패하고 돌아감. 【露梁海戰】

노려보다 매서운 눈으로 쏘아 보다. 겨누어 보다.

노력 힘을 들이고 애를 씀. 힘을 다함. ㉠노력은 성공의 어머니. -하다. 【努力】

노:련 오랫동안 경험을 쌓아 익숙하고 능란함. -하다. 【老鍊】

ㄴ

노:령 늙은 나이. ㉠노령인데도 불구하고 여전히 힘든 일을 하신다. ㊀고령. 【老齡】

노령 산맥 소백 산맥의 추풍령 부근에서 전라 남북도의 경계를 서남으로 뻗어 무안 반도에 이르는 산맥.

노:령화 사람들의 나이가 많아지는 것. -되다. -하다. 【老齡化】

노:론 사색 당파의 하나. 조선 숙종 때 송시열·김만중 등을 중심으로 한 서인에서 갈리어 나온 파. ㊁소론. 【老論】

노루 사슴과 비슷한 짐승. 뿔은 작고 가지가 셋인데 겨울에 빠졌다가 봄에 다시 남. 몸매가 아름답고 잘 놀람.

[노루]

노르스름하다 산뜻하고 엷게 노르다. <누르스름하다.

노르웨이〖나라〗 유럽의 스칸디나비아 반도 서부에 있는 입헌군주국. 수도는 오슬로. 【Norway】

노른자위 ①알의 흰자위에 둘러 싸인 둥글고 노란 액체. ②가장 중요한 부분. ㊂노른자. ㊁흰자위.

노름 돈이나 재물을 걸고 주사위·카드 등으로 승부를 겨루는 내기. ㊀도박. -하다.

노름꾼 노름을 일삼아 하는 사람. ㊀도박꾼.

노름판 여럿이 모여 노름을 하는 자리.

노릇[노름] ①역할·직책·직업의 속된 말. ㉠선생 노릇을 하다. ②어떤 자격이나 권리를 가진 이로서의 행동. 행세. ㉠그는 음식점 주인 노릇을 잘한다.

노릇노릇하다[노른노르타다] 군데군데 노르스름하다. <누릇누릇하다.

노리개 ①가지고 노는 물건. ㊀장난감. 완구. ②여자들의 몸치장에 쓰이는 물건. 금·은 따위로 만들어 저고리에 닮.

노리다 ①기회를 잡으려고 잔뜩 눈여겨 보다. ㉠공격할 기회를 노리다. ②무서운 눈으로 보다.

노린내 타는 털이나 여우·노래기 따위에서 나는 고약한 냄새.

노:망 늙어서 정신이 흐려지고 말이나 행동이 이상하게 되는 것.

노:면 도로의 겉면. 길바닥.

노모 늙은 어머니. 【老母】

노발대발 크게 성을 냄.

노벨〖사람〗[1833~1896] 스웨덴의 화학자. 다이너마이트와 무연 화약 등을 발명하여 큰 부자가 되었는데, 유산을 노벨상 기금으로 내놓았음. 【Nobel】

노벨상 노벨의 유언에 따라, 인류의 행복을 위하여 노력한 사람에게 주는, 세계에서 가장 권위 있는 상. 1896년 12월 10일 그가 세상을 떠날 때 남긴 170만 파운드로 기금을 만들어 그 이자로 1901년부터 5개 부분〔물리학·화학·생리및 의학·문학·평화〕에 대한 상을 해마다 12월 10일〔노벨이 죽은 날〕에 스톡홀름에서 수여함(현재는 경제학이 추가되어 6개 부문 수여).

노:변 길가. 【路邊】

노:병 ①늙은 병사. ②군사에 오래 종사하여 경험이 많은 병사. 【老兵】

노:복 늙은 사내종. 【老僕】

노:부모 늙은 부모. 【老父母】

노:부부 늙은 부부. 【老夫婦】

노비[1] 먼 길을 오가는 데 드는 돈. ㊀노자. 【路費】

노비[2] 사내종과 계집종을 통틀어 이

르는 말. 비비복. 【奴婢】
노사 일하는 사람과 일을 시키는 사람. 노동자와 사용자. 예노사 관계.
노사신〖사람〗[1427~1498] 조선 초기의 문신·학자. 세조 때 호조 판서를 지내면서 명을 받아 경국 대전 중에서 호전을 맡아 지었음.
노:상[1] ①길 위. ②길 가는 도중. 예노상에서 강도를 만나다. 【路上】
노상[2] 늘 같은 모양으로 언제나. 예노상 하는 일. 비늘. 언제나. 항상.
노새 수나귀와 암말 사이에서 난 나귀와 비슷한 동물. 크기는 말만하나 생김새는 나귀를 닮고 힘이 셈.
노:선 버스·기차·항공기 따위가 정해 놓고 다니도록 되어 있는 길. 예비행기 노선. 【路線】
노:선도 버스·지하철 등이 일정하게 다니는 길을 그린 그림. 【路線圖】
노:소 늙은 사람과 젊은 사람.
노:송 늙은 소나무. 【老松】
노:쇠 늙고 쇠약함. -하다.
노숙 집 밖의 한데서 잠을 자는 것. -하다. 【露宿】
노숙자 노숙하는 사람. 【露宿者】
노:숙하다[노수카다] 어떤 일에 오래 경험이 있어 익숙하다. 비노련하다. 반미숙하다.
노:승 나이가 많은 스님.
노심 초사 애를 쓰고 속을 태움. 몹시 애를 태움. -하다.
노아의 홍수 구약 성경 창세기에 나오는 큰 홍수. 하나님이 인간의 죄악이 세상에 가득함을 보시고 인류를 멸망시키기 위해 40일 동안 세계를 물로 가득차게 하였으나, 노아와 그의 가족과 각각의 동물 한 쌍씩 만이 이를 피하였다고 함.
노:약자 늙은 사람과 약한 사람. 예노약자를 보호하다.
노:여움 화가 난 마음. 또는 무엇에 대해 화가 나는 것. 준노염.
노역 의무로서 하게 되는 힘드는 육체 노동. 【勞役】
노:엽다(노여우니, 노여워서) 마음에 분하고 섭섭함을 느끼다.
노예 자유를 빼앗기고 남에게 부림을 당하는 사람. 비종.
노예 해방 노예 제도를 없애고, 노예를 사고 파는 것을 금지하며 노예들로 하여금 자유민이 되게 하는 일.
노을 해가 뜨거나 질 때 하늘이 벌겋게 물드는 현상. 준놀. 비석양.
노이로제 습관적으로 불안·공포·우울 따위의 증상이 생기는 정신의 이상 상태. 【Neurose】
노:인 늙은이. 나이가 많은 사람. 비영감. 반청년. 젊은이. 【老人】
노:인장 '노인 어른'을 높여 이르는 말. 【老人丈】
노:인정 동네 노인들이 모여 서로 사귀며 시간을 보낼 수 있도록 지어 놓은 정자. 【老人亭】
노임 일해 준 품삯. 비임금.
노:자[1] 여행하는 데 드는 돈. 비노비. 여비. 【路資】
노:자[2]〖사람〗 춘추 전국 시대의 철학자. 도가 사상의 시조. 저서에 '노자 도덕경'이 있음. 【老子】
노:장[1] 고대 중국의 사상가인 노자와 장자. 【老莊】
노:장[2] ①늙은 장군. ②경험이 많은 노련한 장군. ③어떤 분야에서 많은 경험을 쌓아 '노련한 사람'을 비유하여 이르는 말. 【老將】
노:적가리 들이나 밭에 쌓아 둔 곡식 더미.
노:적봉 ①서울 북쪽의 삼각산에 있는 봉우리 중의 하나. ②전라 남도 목포의 유달산에 있는 산봉 우리의 이름. 【露積峯】
노:점 길이나 공터에 임시로 벌여 놓은 가게. 예노점 상인을 보호하다. 반난전. 【露店】

ㄴ

노점상 길이나 공터에 임시로 벌여 놓은 작은 가게, 또는 그런 가게의 주인. 【露店商】
노조 '노동 조합'의 준말. 【勞組】
노조원 노동 조합에 가입한 노동자. 【勞組員】

ㄴ

노:처녀 결혼할 나이가 훨씬 지난 처녀. 반노총각.
노천 한데. 지붕이 없는 곳. 예노천 극장. 반실내. 【露天】
노천 극장 한데에 무대를 설치한 극장. 야외 극장.
노:총각 결혼할 나이가 훨씬 지난 총각. 반노처녀.
노출 밖으로 드러냄. 예약점을 노출시키다. -되다. -하다.
노:친 늙은 부모. 【老親】
노크 방에 들어갈 때 문을 가볍게 두드림. 예노크도 없이 문을 열다. -하다. 【knock】
노터치 ①손을 대지 않음. 손을 대지 못함. ②어떤 일에 관계하지 않음. 【no touch】
노트[1] ①공책. 필기장. ②잊지 않도록 요점을 간략히 적는 것, 또는 그 글. 예수업 내용을 자세히 노트하다. 【note】
노트[2] 바다에서 배나 물결의 속도를 나타내는 말. 1노트는 1.825킬로미터임. 【knot】
노트북 컴퓨터 가지고 다니면서 사용할 수 있도록 작고 가볍게 만든 개인용 컴퓨터. 줄여서 '노트북'이라고도 함.
노:파 늙은 여자. 【老婆】
노:파심 어떤 일에 대하여 지나치게 걱정하는 마음.
노:폐물 ①낡아서 쓸모 없이 된 물건. ②몸 안에 생긴 불필요한 찌꺼기. 【老廢物】
노:하다 '성내다'의 높임말.
노하우 산업상으로 이용할 수 있는 중요한 기술 정보. 【know-how】
노:화 나이가 많아짐에 따라 신체적·정신적 기능이 쇠퇴해짐.
노:환 늙어서 생기는 병. 예노환으로 돌아가시다. 【老患】
노획 싸워서 적의 군용품 따위를 빼앗아 얻음. -하다.
노:후[1] 낡아서 쓸모가 없음. 예노후된 기계. -하다. 【老朽】
노:후[2] 늙은 뒤. 예노후 대책. 【老後】
녹[1] 벼슬아치에게 봉급으로 주던 쌀·보리·명주·돈 등을 통틀어 이르는 말. 【祿】
녹[2] 쇠붙이가 산소의 작용으로 변한 물질. 예문고리가 녹이 슬다. 【綠】
녹는점[농는점] 고체가 녹아서 액체가 되기 시작하는 온도.
녹다 고체가 높은 온도에서 액체가 되거나 물러지다. 예얼음이 녹다.
녹다운 권투에서, 선수가 시합 중에 링 밖으로 나가거나, 시합할 의사가 없이 로프에 기대거나, 매트 위에 앉거나 넘어지는 일.
녹두 콩과에 딸린 한해살이 식물. 씨는 팥보다 작고 녹색임.
녹두꽃[녹뚜꼳] 녹두나무에 피는 노란 꽃. 8월에 피었다가 지면 녹두가 열림.
녹두새[녹뚜새] 빛깔이 파랗고 작은 새.
녹말[농말] 쌀·밀·감자 등의 주성분. 흰색의 가루이며, 우리 몸에 흡수되어 열과 힘의 바탕이 되는 영양소.
녹말풀[농말풀] 녹말을 물에 풀어 끓여서 만든 풀.
녹물[농물] 쇠붙이의 녹이 우러난 물. 예수도관이 낡아서 녹물이 나온다.
녹색 파랑과 노랑의 중간색. 나뭇잎이나 풀잎의 빛과 같은 빛. 풀빛.

연초록색. 【綠色】

녹색등[녹쌕뜽] 도로에서 사람 또는 차가 지나가도 좋다는 표시를 하는 녹색의 신호등. 파란불.

녹색말 녹색을 띠고 있는 바닷풀을 통틀어서 일컫는 말〔파래·붕어말 등〕.

녹색 식물 잎과 줄기 따위가 녹색을 띠고 있는 식물. 엽록소가 있어서 광합성을 하여 스스로 녹말을 만듦.

녹색 어머니회 학교 근처에서 안전 지도를 해 주는, 유치원이나 초등학교 어린이의 어머니들로 이루어진 모임.

녹색 혁명 품종 개량 따위로 농작물의 수확을 크게 늘리는 일.

녹슬다 쇠붙이가 공기·물 속의 산소의 작용으로 겉이 변하다. ㉧못이 녹슬다.

녹십자 재해로부터의 안전을 상징하는 녹색의 십자 표시.

녹아내리다[노가내리다] 열을 받거나 어떤 액체에 녹아서 굳은 물질이 물러지거나 액체가 되어 흘러내리다.

녹용 사슴의 새로 돋은 연한 뿔. 보약으로 쓰임. ㉸용.

녹음[1][노금] 소리를 다시 들을 수 있도록 테이프나 레코드 등에 기계로 기록하여 넣는 일. ㉧노래를 녹음하다. -하다. 【錄音】

녹음[2][노금] 푸른 잎이 우거진 나무의 그늘. ㉧녹음이 짙어 가는 계절. 【綠陰】

녹음기[노금기] 소리를 다시 들을 수 있도록 테이프 등에 음성을 녹음하는 기계.

녹음 방송 녹음한 것을 다시 재생시켜 내보내는 방송. ㉥생방송.

녹이다[노기다] ①굳은 물질을 열·물·약품 따위로 무르게 하거나 액체로 만들다. 녹게 하다. ㉧얼음을 녹이다. ②추위로 굳어진 몸을 풀리게 하다. ㉧난로불에 시린 손을 녹이다.

녹조류 파래처럼 물 속에서 살며 엽록소를 가지고 있어 녹색을 띤 식물 종류. 녹조식물.

녹즙 칼슘과 비타민 등의 영양소가 많은 녹색 채소의 잎·열매·뿌리 따위를 갈아 만든 즙.

녹지 초목이 무성한 땅. ㉧녹지 공간. 【綠地】

녹지대 풀이나 나무가 많이 있는 지대. 녹지 지역.

녹차 푸른빛이 그대로 나도록 말린 찻잎, 또는 그것을 끓인 차.

녹초 아주 힘이 풀어져 맥을 못쓰는 상태. ㉧일이 너무 힘들어 녹초가 되다.

녹화[노콰] 텔레비전의 장면을 비디오 테이프 등에 기록하여 두는 일. ㉧비디오에 녹화하다. 【錄畵】

녹화기 텔레비전 방송 프로그램을 미리 찍어 두었다가 나중에 방송할 수 있도록 꾸며진 기계.

녹화 방송 실제의 장면이나 모양을 기계 장치에 옮겨 두었다가 나중에 정해진 시간에 맞추어 내보내는 텔레비전 방송. ㉥생방송.

녹황색[노쾅색] 녹색을 띤 누런색. ㉧녹황색 채소.

논 물을 대고 벼농사를 짓기 위해 만든 땅. ㉥밭.

논갈이[논가리] 논을 가는 일〔물갈이와 마른갈이가 있음〕.

논개〖사람〗[?~1593] 조선 선조 때의 기생. 임진 왜란 때 진주성을 점령한 왜군 장수들이 잔치를 벌이자, 술에 취한 장수를 껴안고 남강에 떨어져 함께 죽음. 【論介】

논거 이론이나 주장이 논리적으로 되도록 뒷받침해 주는 근거.

ㄴ

논고 법정에서 검사가 공소를 하는 이유를 법률적으로 설명하고 형벌을 요구하는 것. 【論告】

논길 논 사이에 난 좁은 길.

논농사 논에 짓는 농사. 주로 벼농사를 말함.

논두렁[논뚜렁] 물이 괴도록 논가에 흙으로 둘러막은 두둑. ㊥논둑. 반밭두렁.

논둑[논뚝] 논의 가장자리에 쌓아올린 조그만 둑. 반밭둑.

논란[놀란] 서로 의견을 내어 따짐. 예회의 진행에 대하여 논란이 많다. -하다. 【論難】

논리[놀리] 이치에 맞게 올바르게 생각하는 것. 예너의 글은 논리가 부족하다. 【論理】

논리적[놀리적] 논리의 법칙에 들어맞는 것. 예사물을 논리적으로 생각하다. 【論理的】

논문 연구의 결과 등을 발표하는 글. 예졸업 논문. 【論文】

논바닥[논빠닥] 논의 바닥.

논박 남의 잘못된 점을 공격하여 말함. -하다. 【論駁】

논밭 논과 밭. 비전답. 농토.

논배미 논두렁으로 둘러싸인 논의 하나하나의 구획.

논산 평야〖지명〗 충청 남도 남부 지방을 남서로 흐르는 금강 유역에 발달한 평야.

논설 의견이나 주장을 조리 있게 말함, 또는 그 글. -하다.

논설문 어떤 일에 대하여 자기의 의견이나 주장을 조리 있게 체계를 세워서 쓴 글.

논설 위원 신문이나 방송사에서 사회의 중요 문제를 해설하고 평하는 일을 맡은 사람. 신문의 사설을 맡아서 쓰는 사람.

논술 자기의 생각을 조리 있게 말하거나 적는 것, 또는 그 말이나 글. 예논술 고사.

논어〖책명〗 공자가 죽은 후에, 그의 제자들이 공자가 살았을 때에 말하고 행동한 사실들을 모아서 엮은 책〔유교의 경전으로, 올바른 삶의 방향을 일러 주는 훌륭한 책임〕. '사서(四書)'의 하나임. 【論語】

논의[노늬/노니] 어떤 문제에 대하여 서로 의견을 내놓고 상의함. 예소풍 장소에 대하여 논의하다. 비의논. -하다. 【論議】

논쟁 서로 다른 의견을 가진 사람이 자기의 주장을 내세워서 다툼. -하다. 【論爭】

논점[논쩜] 논의의 중심이 되는 점.

논제 토론이나 논의의 주제. 예오늘 회의의 논제는 '자연을 보호하자'이다. 【論題】

논증 어떤 주장이나 이론에 맞고 틀림을 분명하게 논리적으로 증명하는 것. -되다. -하다. 【論證】

논지 어떤 문제에 대하여 논하고자 하는 말이나 글의 기본적인 뜻. 【論旨】

논평 어떤 사실이나 글이나 작품의 뜻과 가치에 대한 자기의 생각을 말하는 것, 또는 그런 글. 【論評】

논픽션 꾸미지 않고 사실을 바탕으로 하여 쓴 작품. 【nonfiction】

논하다 ①자기의 의견이나 사물의 이치 따위를 조리를 따져 말하다. 예한 번 결정된 문제는 논하지 말자. ②서로 옳고 그름을 따져 말하다. 예잘잘못을 논하다.

놀: '노을'의 준말.

놀:고먹다 직업이나 하는 일 없이 놀면서 지내다.

놀:다 ①놀이를 하거나 즐겁게 지내다. 예놀이터에서 아이들이 놀고 있다. ②하는 일이 없이 세월을 보내다. 예놀고 먹다. 반일하다. ③물자나 시설 따위가 쓰이지 않고 있다. 예놀고 있는 땅.

놀:라다 ①뜻밖의 일을 당하여 가슴이 설레다. ②갑자기 무서운 것을 보고 겁내다.

놀:랍다[놀랍따] 정신이 번쩍 들게 하고 감탄할 만하다. ㊀천 억 달러 수출이 놀랍다.

놀:래다 놀라게 하다. ㊀뒤로 살금살금 다가가 놀래 주었다.

놀러가다 놀려고, 또는 친구와 같이 시간을 보내려고 가다. ㊀바다에 친구들과 놀러갔다.

놀리다 ①남을 깔보고 우스갯 감으로 삼다. ㊀친구를 놀리다. ②손이나 발 등을 재빠르게 움직이다. ㊀손을 빨리 놀리다. ③놀게 하다. ㊀일꾼들을 놀리다.

놀림 웃음거리로 만드는 짓. ㊀그녀는 뚱보라고 놀림을 받는다.

놀림감 놀림의 대상이 될 만한 것이나 사람. ㊀이름 때문에 남의 놀림감이 되다.

놀부 ①'흥부전'에 나오는 남자 주인공의 한 사람. ②'심술이 사납고 마음이 고약한 사람'을 비유로 이르는 말.

놀이[노리] ①여럿이 함께 모여 재미있게 노는 일. ㊀공기 놀이. ②노는 일, 또는 유희. ㊀공을 가지고 놀이를 하자.

놀이감[노리감] '장난감'의 북한어.

놀이 기구 미끄럼틀처럼 주로 아이들이 놀이에 쓰는 물건이나 시설.

놀이 동산 돌아다니며 놀 수 있도록 여러 가지 놀이 시설을 모아 놓은 곳.

놀이마당[노리마당] 주로 건물 바깥에서 판소리·굿·탈춤 등을 공연하는 자리, 또는 그런 일.

놀이방[노리방] 돈을 받고 아이들을 맡아 돌보아 주는 집.

놀이 시설 주로 집 밖에 만들어 둔, 여러 아이들의 놀이에 쓰는 장치.

놀이터[노리터] 여러 가지 놀이를 할 수 있도록 꾸며 놓은 곳.

놀이판[노리판] 놀이가 벌어지는 것, 또는 그 장소.

놀이패[노리패] 놀이를 하는 패거리.

놀이하다[노리하다] 일정한 방식에 따라 재미있게 놀다. ㊀놀이하는 방법을 가르쳐 주다.

놈 사내를 낮추어 일컫는 말. ㊀고약한 놈. 반 년.

놋그릇[녿끄륻] 쇠로 만든 그릇. 유기.

놋다리밟기[녿따리밥끼] 안동 지방에 전해 오는 여자들의 놀이. 서로 앞 사람의 허리를 붙잡고 늘어서면 그 위로 한 소녀가 올라가 노래에 맞추어 등을 밟고 지나감.

[놋다리밟기]

놋쇠[녿쐬] 구리와 아연을 섞어서 만든 쇠붙이.

농:[1] ①실없는 장난. ㊀농이 지나쳐 싸움이 일어나다. ②농담의 준말. -하다. 【弄】

농[2] 여러 개의 서랍과 문이 달린, 옷이나 이불 따위를 넣어 두는 큰 가구. 비 장. 장롱. 【籠】

농[3] 곪은 상처에 생기는 끈끈한 액체. 비 고름. 【膿】

농가 농사짓는 사람의 집, 또는 그 가족. 농삿집. ㊀농가 소득을 증대시키다. 비 전가. 【農家】

농가 월령가 농가에서 해야 할 일을 월별로 읊고, 철마다 다가오는 풍속과 지켜야 할 예의 범절을 가사 형식으로 만들어서 읊은 노래.

농:간 남을 속이는 간사한 짓. -하다. 【弄奸】

농경 논밭을 갈아 농사를 짓는 일. ㉥경작. 【農耕】
농경지 농사를 짓는 땅. ㉥경작지. 농지. 농토. 【農耕地】
농과[농꽈] 대학에서 농업에 관한 학문을 가르치고 연구하는 분야나 그 학과.
농구 구기의 한 가지. 상대편 바스켓에 공을 넣어 득점을 겨루는 경기.
농구대 농구를 할 때, 공을 던져 넣는 바스켓이 달린 시설.
농구장 농구 경기를 하기 위해 만든 운동장.
농군 농사짓는 일꾼. ㉥농부. 농민.
농기 농촌에서 농사철에 풍년을 빌기 위해 부락 단위로 만든 기. 대개 기다란 천에 '農者天下之大本也(농자천하지대본야)'라고 씀. 여럿이 모여 농삿일을 할 때는 이 기를 옮겨가며 농악을 울리고 모내기·김매기·추수 따위를 함. 【農旗】
농기계 경운기·트랙터처럼, 농사 짓는 데에 쓰는 기계.
농기구 농사짓는 데 쓰이는 여러가지 기계나 기구〔삽·쟁기·경운기 등〕. 【農器具】
농기 세배 한 해 농사가 잘 되기를 기원하며, 정초에 농기에 대하여 새해 인사를 올리는 일.
농:담[1] 실없이 하는 장난의 말. ㉨농담이 좀 지나치다. ㉾농. ㉤진담. -하다. 【弄談】
농담[2] 빛깔이나 맛 따위의 짙고 엷은 정도. ㉨농담을 알맞게 처리한 수채화. 【濃淡】
농도 용액의 진하기. 곧 용액속에 녹아 있는 물질의 양〔대개 녹아 있는 물질의 양을 용액 전체에 대한 퍼센트로 나타냄〕. 【濃度】
농락[농낙] 약은 꾀로 남을 속여 자기 마음대로 놀림. ㉨사기꾼에게 농락당하다. -하다.
농림부 중앙 행정 각부의 하나로, 농업·임업·수산업·축산업·농지·수리·어업 등에 관한 일을 맡아 봄. 【農林部】
농민 농사를 짓고 사는 사람. ㉥농군. 농부. 【農民】
농민 계몽 농사짓고 사는 사람을 가르쳐 의식을 깨우치는 일. -하다.
농민군 농민들이 무장을 하여 조직한 군대. 【農民軍】
농민 독본 농민에게 읽혀서 농사짓는데 도움을 주기 위한 책.
농번기 모내기나 벼베기 따위로 농삿일이 가장 바쁜 시기. ㉤농한기.
농부 농사를 지어서 생활을 하는 사람. 농사꾼. ㉥농민. 【農夫】
농사 논밭에 곡식을 심고 거두는 일. ㉥농업. 【農事】
농사군 농사 짓는 일을 하는 사람.
농사일 농사를 짓는 일.
농사 일지[농사일찌] 농삿일과 계획을 적은 일기.
농사직설〖책명〗 조선 세종의 명을 받아 1429년에 정초가 지은 농사에 관한 책. 【農事直說】
농사철 한 해 중에 농사일이 바빠지는 때. 농번기.
농산물 곡식이나 채소 등 농업에 의하여 생산된 것.
농삿집[농사찝/농삳찝] 농사를 짓고 살아가는 집. ㉥농가.
농성 ①어떤 목적을 이루기 위하여 한 자리에 줄곧 머물러 있음. ㉨집단 농성을 하다. ②적에게 에워싸여 성문을 굳게 닫고 성을 지킴. -하다. 【籠城】
농수산물 농산물과 수산물을 아울러 이르는 말.
농아 듣지 못하고 말하지 못하는 사람, 또는 그런 장애.
농아 학교 농아들에게 특수 교육을 하는 학교.

농악 농부들 사이에 행해지는 우리 나라 특유의 음악〔꽹과리 · 징 · 북 · 장구 · 피리 등의 악기가 쓰임〕. 【農樂】

농악놀이[농앙노리] 농악을 연주하며 춤 · 노래를 곁들이는 놀이.

[농악놀이]

농악대 농악을 연주하는 사람들의 무리.

농약 농작물이나 가축의 병충해를 없애는 데 쓰이는 약품.

농어 몸이 조금 납작하며 주둥이가 크고, 지느러미가 크고 단단하며, 등은 검푸르고 배는 옅은 잿빛인 바닷물고기.

농어민 농민과 어민. 농사짓는 사람과 고기잡이로 생활을 하는 사람.

농어업 농업과 어업. 【農魚業】

농어촌 농촌과 어촌. 농사를 짓거나 고기잡이를 해서 살아가는 사람들의 마을. 【農漁村】

농업 논밭을 갈아 곡식 채소 따위를 가꾸는 직업이나 산업. (예)농업에 종사하는 사람들이 점차 줄어들고 있다. (비)농사. 【農業】

농업 고등 학교 농업에 관한 지식과 기술을 가르치는 고등학교.

농업 기술 농사를 짓는 데 필요한 기술.

농업 시험장 농업 발전에 필요한 여러 가지 일들을 시험적으로 연구하는 기관. 농사 시험장.

농업 용수 농업에 쓰이는 물.

농업인[농어빈] 농업에 종사하는 사람. 【農業人】

농업 축산국 농업과 축산을 위주로 하는 나라.

농업 협동 조합 농산물 생산에 힘쓰며 농촌의 생활을 더 낫게 하려고, 같은 지역의 농민들이 조직한 조합. (준)농협.

농요 농부들 사이에 전해져 주로 농부들이 일할 때 부르는 노래.

농원 채소 · 화초 · 정원수 따위를 심고 가꾸는 밭이나 시설.

농익다[농닉따] 열매가 무르익다. 완전히 익다. (반)설익다.

농자재 농업에 쓰이는 물자와 재료.

농자 천하지대본 농사는 온 세상 사람들이 생활해 나가는 근본임.

농작물[농장물] 논이나 밭에 심어 가꾸는 식물. (준)작물.

농장 농사를 짓기 위하여 마련한 땅이나 그 시설이 있는 곳. (예)바나나 농장. 【農場】

농지 농사를 지을 수 있는 땅. 논과 밭. (예)농지 정리. (비)농경지. 경작지. 농토. 【農地】

농지 개혁 농지를 농민에게 적절하게 나누어 줌으로써 농가의 경제적 자립을 꾀하려는 농지 소유 제도의 개혁.

농촌 농사를 짓고 사는 사람들이 모여 사는 마을. (예)풍요로운 농촌. (반)도시. 【農村】

농촌 부흥 운동 잘사는 농촌이 되도록 농촌을 다시 일으키기 위한 활동.

농촌 지도소 농촌 진흥원에 딸려 농사 짓는 방법을 연구하고 지도하는 관청.

농촌 진흥청 농촌의 발전을 위한 일을 맡아 보는 정부 기관. 지방에는 농촌 진흥원이 있음.

농축 즙(액체) 따위가 진하게 엉기어 바짝 졸아 듦. -하다.

농축산물 농산물과 축산물.

농축액[농추객] 액체를 졸여서 진하게 만든 것. (비)진액.

농토 농사 짓는 데 쓰이는 땅. (예)비옥한 농토. (비)농지.

농한기 농사일이 바쁘지 않은 시기. (반)농번기.

농협 '농업 협동 조합'의 준말.

농후하다 어떤 일이 일어날 가능성이 높다. (예)전쟁이 일어날 징조가 농후하다. [반]희박하다.

높낮이[놈나지] 높고 낮음. 고저.

높다[놉따] ①아래서 위로 향한 길이가 길다. (예)산이 높다. ②지위나 수준 따위가 보통보다 뛰어나다. ③소리나 강도 따위가 강하다. (예)소리가 높다.

높다랗다[놉따라타](높다라니, 높다라서) 보기에 꽤 높다. (예)높다랗게 매달린 상점의 간판.

높새바람 우리 나라에서 봄부터 초여름에 걸쳐 북동쪽에서 불어오는 덥고 건조한 바람.

높아지다[노파지다] 더 높은 정도나 수준에 이르다. (예)소득이 높아지면 좀더 많은 여가 시간을 가지게 된다.

높은음자리표[노프늠자리표] 자리표의 하나. 고음부 기호. 오선의 둘째 줄이 '사(G)' 음계가 됨을 나타냄. [반]낮은음자리표.

[높은음자리표]

높이[1][노피] ①높은 정도. ②바닥에서부터 꼭대기까지의 거리. (예)지리산의 높이는 얼마나 될까?

높이[2][노피] ①위쪽으로 높게. (예)새가 하늘 높이 날아가고 있다. ②가치를 소중하고 귀하게. (예)세계 각국의 사람들은 평화를 높이 받든다.

높이다[노피다] ①바닥에서 꼭대기까지의 거리를 길게 하다. (예)발 뒤꿈치를 높이다. ②가치·수준·정도 따위를 보통보다 크게 하다. (예)보일러의 온도를 높이다. [비]올리다. [반]낮추다.

높이뛰기[노피뛰기] 공중으로 높이 뛰는 것을 겨루는 육상 경기의 하나.

높임말[노핌말] 상대편을 높이어 하는 말〔진지·말씀·병환 등〕. [비]존대말. 경어. [반]낮춤말.

높임법[노핌뻡] 높임말을 사용하는 방법이나 규칙.

높직하다[놉찌카다] 높은 듯하다. (예)지붕이 높직하다.

높푸르다[놉푸르다] 높고 푸르다. (예)높푸른 하늘.

놓다[노타] ①잡은 것을 잡지 않은 상태로 두다. (예)잡은 손을 놓다. ②일정한 자리에 두다. (예)책을 책상 위에 놓다. ③긴장이나 걱정 따위를 풀어 없애다. (예)마음을 놓다.

놓아 기르다 가축을 우리에 가두지 않고 내놓아서 자라게 하다. (예)젖소를 놓아 기르다.

놓아두다[노아두다] 건드리지 않고 그대로 두다.

놓아주다[노아주다] 가둔 것을 풀어 주다. (준)놔주다.

놓이다[노이다] ①시름·염려 따위가 풀려서 마음이 편하게 되다. (예)마음이 놓이다. ②어디에 놓아져 있다. (예)빵이 진열대 위에 놓이다. ③시설이 만들어지다. (예)강에 다리가 놓이다.

놓치다[놑치다] ①가지고 있거나 잡고 있던 것을 잘못하여 놓아 버리다. (예)그네를 타다가 줄을 놓치다. ②타려고 하던 것을 타지 못하게 되다. (예)기차를 놓치다. ③어떠한 기회를 그냥 보내다. (예)기회를 놓치다.

뇌 머리뼈로 싸여 있으며, 신경세포가 모여 신경계의 중심을 이루고 있는 부분. [비]두뇌. 【腦】

뇌관 폭탄이나 화약 등이 터지게 장치한 부분.

뇌까리다 ①남의 허물이나 잘못을 자꾸 되풀이해서 말하다. ②아무렇게나 되는 대로 지껄이다.

뇌리 생각하는 머리 속.
뇌막염[뇌망념] 두개골 안에 뇌를 싸고 있는 얇은 껍질에 생기는 염증. 【腦膜炎】
뇌물 자기의 목적을 이루려고 남에게 몰래 주는 정당하지 못한 돈이나 물건. 【賂物】
뇌빈혈 뇌의 피가 적어져서 생기는 병. 얼굴이 노래지고 어지러우며 갑자기 쓰러져 정신을 잃기도 함.
뇌사 몸은 살아 있으나 뇌의 기능이 완전히 멈추어 건강한 상태로 되돌아갈 수 없는 상태.
뇌성 천둥 소리. 【雷聲】
뇌성 마비 뇌에 이상이 생겨 몸을 정상적으로 움직이지 못하는 장애.
뇌성 소아마비 태어날 때부터 뇌에 이상이 있어 팔다리가 마비되거나 지능이 떨어지는 일 등이 생기는 병.
뇌신경 뇌의 신경.
뇌염 뇌에 염증이 생겨 일어나는 병으로, 모기가 옮김.
뇌우 번개와 천둥이 요란한 가운데 쏟아지는 비. 【雷雨】
뇌졸중 뇌의 핏줄이 막혀 갑자기 의식을 잃고 몸의 기능이 장애를 일으키는 증상.
뇌종양 뇌에 생기는 종양으로, 두통·구토·경련·마비·시력 장애 등의 증세가 나타남.
뇌진탕 머리를 세게 부딪치거나 얻어맞았을 때, 일시적으로 의식 장애를 일으키는 병.
뇌출혈 뇌의 혈관이 터져서 뇌 속에 피가 새어 나오는 병.
누:[1] 남에게 부담이나 걱정이 되는 일. ㉓누를 끼치다.
누[2] 누구. ㉓누가 이런 장난을 쳤니?
누[3] 야구에서 내야의 귀퉁이가 되는 네 자리, 또는 거기에 놓인 흰 방석 모양의 물건. ⓑ베이스.
누각 사방이 보이게 문과 벽이 없이 높이 지은 다락집. 【樓閣】
누:계 많은 수나 양을 처음부터 차례로 합쳐 감, 또는 합친 셈.
누구 이름을 몰라서 묻는 말에서 어느 사람. ㉓이 물건의 주인은 누구입니까?
누구누구 ①(이름을 알려고 묻는 말에서) 누구들. 어떤 사람들. ㉓이 영화에 나오는 사람은 누구누구니?②(이름을 알 필요가 없는) 어떠어떠한 사람들. 아무개. ㉓집에 누구누구 왔다 갔니?
누구러뜨리다 누그러지게 하다. ㉓초조한 마음을 누그러뜨리기 위해서 심호흡을 했다.
누그러지다 ①성이 나 있거나 흥분해 있던 감정이 좀 부드러워지다. ㉓굳어 있던 표정이 누그러지다. ②무엇의 정도가 덜해지다. ㉓더위가 좀 누그러졌다. ⓑ누그러들다.
누:나 사내아이가 손위의 누이를 부르는 말. ⓑ형.
누:누이 같은 말을 여러 번 거듭하여. ㉓누누이 부탁하다. ⓑ누차.
누다 생리적으로 똥이나 오줌을 몸 밖으로 내보내다. ㉓오줌을 누다. ⓑ배설하다. 싸다.
누더기 더럽고 해진 옷.
누덕누덕 여기저기 해진 자리를 깁고 덧붙이고 한 모양.
누드 사람의 벌거벗은 몸. 【nude】
누:락 적혀 있어야 할 것에서 빠짐. ㉓선수 명단에서 누락되다. -되다.
누런색 마른 나뭇잎처럼 거무스름하게 노란색. ⓑ누런빛.
누렁소 누런 빛깔의 소.
누:렇다[누러타] 매우 누르다. ㉓벼가 누렇게 익었다. >노랗다.
누:레지다 색깔이 누렇게 되다. >노래지다.
누룩 술을 빚는 재료. 주로 밀을 굵게 갈아 반죽하여 띄워 만듦.

누룩곰팡이 누룩에서 주로 생기는 곰팡이. 이 곰팡이가 만드는 효소가 녹말을 포도당으로 바꾸기 때문에 술을 만드는 데 널리 쓰임.
누룽지 솥 바닥에 눌러붙은 밥.
누르다 ①힘을 들여 위에서 아래로 밀다. ②힘이나 느낌을 참다. (예)욕망을 누르다. ③무거운 것을 얹어 놓다.
누르스름하다 조금 누렇다. [비]누르스레하다. 〉노르스름하다.
누름 단추 손가락으로 눌러서 신호를 울리거나 기계를 움직이게 하는 단추 같이 생긴 장치. [비]버튼.
누릇누릇 군데군데 누른빛이 나는 모양. 〉노릇노릇. -하다.
누리 '세상, 세계'의 옛말. (예)눈이 내려 온 누리가 하얗다.
누리다 기쁨이나 즐거움 따위를 마음껏 겪으면서 맛보다. (예)행복을 누리다.
누린내 짐승의 고기에서 나는 냄새.
누:명 사실이 아닌 일로 말미암아 더럽혀진 이름. (예)억울하게 누명을 쓰다. [비]오명. 【陋名】
누비 두 겹의 천 사이에 솜을 펴서 넣고 일정한 간격으로 바느질을 하여 그 두겹을 한 데 붙인 두터운 천.
누비다 ①두 겹의 피륙 사이에 솜을 두어 죽죽 줄이 지도록 꿰매다. (예)이불을 누비다. ②이리저리로 다니다. (예)들을 누비다.
누비 이불 솜을 얇게 두어 누빈 이불.
누:설 비밀이 새어 나가게 함, 또는 비밀이 새어 밖으로 알려짐. (예)회사 기밀을 누설시키다. 【漏泄】
누:수 물이 샘, 또는 새는 그 물.
누에 누에나방의 애벌레. 다 자라면 실을 토하여 고치를 지음.

[누에]

누에고치 누에가 번데기로 될 때 자기 몸에서 실을 뽑아 제 몸을 둘러싸서 만든 둥그스름한 집.
누에섶 누에가 올라 고치를 짓게 하기 위하여 짚이나 나뭇가지 같은 것으로 꾸민 물건.
누에치기 명주실을 얻기 위해 누에를 기르는 일. 양잠.
누이 남자의 여자 형제.
누이다[1] 사람의 몸이나 물체를 가로되게 놓다. (예)환자를 침대에 누이다. [비]눕히다. (준)뉘다.
누이다[2] 오줌이나 똥을 누게 하다. (준)뉘다.
누이동생 자기보다 나이가 어린 누이. 여동생. (준)누이.
누:적[1] 포개어 쌓임. (예)피로가 누적되다. -하다. 【累積】
누:적[2] 호적·병적·학적 등에서 빠짐. -하다. 【漏籍】
누:전 전류가 새어 흐름. -하다.
누:진 ①등급이나 지위 등이 차차 올라감. ②가격이나 수량이 더하여 감에 따라 그에 대한 비율이 높아짐. -하다. 【累進】
누:진세 소득세·상속세처럼 세금이 높아질수록 점점 더 높은 비율로 매기는 세금.
누:차 여러 차례. (예)누차에 걸쳐 빚 독촉을 받다. [비]누누이.
누:추 ①지저분하고 더럽다. ②자기가 사는 곳을 겸손하게 이를 때 쓰는 말. (예)누추한 곳에 모시게 되어 죄송합니다. -하다.
누:출 밖으로 새어 나옴. (예)가스 누출 사고. -하다. 【漏出】
눅눅하다 물기가 배어 있어 조금 축축하다. (예)과자가 눅눅하다.
눅진눅진 끈끈하고 물렁물렁하게. (예)쨍쨍한 햇빛에 아스팔트가 눅진눅진 녹아났다. 〉녹진녹진.

눈[1] ①빛의 자극에 의하여 물건을 보게 되는 감각 기관. ㉵눈을 크게 떠라. ②시력. ㉵눈이 좋다.

눈[2] 새로 막 터져 돋아 나오는 나무의 싹.

눈:[3] 기온이 0℃이하일 때 공기중의 수증기가 얼어서 땅에 내리는 흰 결정체.

눈가[눈까] 눈의 가장자리. ㊅눈언저리.

눈가리개 눈병이 나거나, 잠을 자거나 할 때 눈을 가리는 물건.

눈가림 겉만 꾸미어 속 내용을 속이는 짓. ㉵눈가림으로 일을 한다. –하다.

눈곱[눈꼽] ①눈에서 나오는 진득진득한 것이나 그것이 말라 붙은 것. ②아주 작은 물건을 비유하는 말. ㉵밥을 눈곱만큼 주다.

눈금[눈끔] 저울·자 등에 길이나 무게를 나타내기 위해 표시한 금.

눈길[눈낄] 눈으로 보는 방향. 눈가는 곳. ㊅시선.

눈꺼풀 눈을 보호하기 위해 눈알을 덮은 살갗.

눈 깜짝할 사이 눈 한 번 깜박할, 아주 빠른 순간.

눈꼴 눈에 보이는 꼴', '눈의 표정'의 속된말.

눈꼴사납다 태도나 행동이 아니꼬워 보기 싫다.

눈:꽃 꽃이 핀 것처럼 나뭇가지 위에 얹혀 있는 눈.

눈높이[눈노피] 바닥에서 사람의 눈까지의 높이.

눈대중[눈때중] 눈으로 대강 헤아림. ㊅눈짐작. 눈어림.

눈:덩이[눈떵이] 눈을 뭉쳐서 둥글게 만든 덩어리.

눈독[눈똑] 욕심을 내어 눈여겨 보는 일.

눈동자[눈똥자] 눈알의 까만 부분. 동공.

눈두덩[눈뚜덩] 눈썹의 아래 부분과 눈꺼풀. ㉵눈두덩이 부었다.

눈뜨다 ①감은 눈을 열다. ②잠을 깨다. ③모르는 것을 알게 되다. ㉵신학문에 눈뜨다. ④싹이 트다.

눈망울 눈알의 앞쪽의 두두룩한 곳. 눈동자가 있는 곳. 눈알. ㊅눈방울.

눈매 눈의 생김새. ㉵눈매가 날카롭다.

눈멀다(눈먼, 눈멀어) ①눈이 탈이 생겨 아무것도 보이지 않게 되다. ②어떤 일에 마음을 빼겨 이성을 잃다. ㉵사랑에 눈먼 청년.

눈물 여러 가지 자극이나 마음이 감동을 받을 때 눈에서 흘러 나오는 물.

눈물겹다(눈물겨우니, 눈물겨워서) 눈물이 날 만큼 마음에 크게 느껴지다.

눈물샘 눈물이 나오는 샘. 눈망울이 박혀 움푹 들어간 곳의 바깥 윗구석에 아래위로 둘이 있음. 누선.

눈물짓다(눈물지으니, 눈물지어서) 눈물을 흘리다.

눈병[눈뼝] 눈에 생긴 병. ㊅안질.

눈:보라 바람에 휘날리며 내리는 눈.

눈부시다 ①빛이 강하여 바로 보기가 어렵다. ㉵눈부신 햇살. ②황홀하거나 힘있고 억세다. ㉵눈부신 업적을 남겼다.

눈빛[눈삗] 눈에서 비치는 빛이나 기운. 눈에 나타나는 기색. ㉵좋아하는 눈빛.

눈:사람[눈싸람] 눈을 뭉쳐 만든 사람의 형상.

눈:사태 산비탈에 쌓인 눈이 한꺼번에 무너져 내리는 일.

눈살[눈쌀] 두 눈썹 사이에 있는 주름. ㉵눈살을 찌푸리다.

ㄴ

눈속임[눈소김] 남의 눈을 속이는 짓.
눈:송이[눈쏭이] 꽃송이처럼 내리는 눈. ㉠눈송이가 탐스럽다.
눈시울[눈씨울] 눈 언저리의 속눈썹이 난 곳.
눈:싸움[1] 눈을 손으로 뭉쳐 서로 때리는 장난. ㉡눈쌈. -하다.
눈싸움[2] 서로 마주 보며 오랫동안 눈을 깜짝이지 않기를 겨루는 장난. 눈겨룸.
눈:썰매 눈 위에서 타거나 끄는 썰매.
눈:썰매장 눈 위에서 썰매를 타며 놀 수 있도록 만들어 놓은 곳.
눈썰미 한 번 본 것이라도 곧 그대로 해낼 수 있는 재주.
눈썹 눈두덩 위에 가로로 길게 모여 난 짧은 털.
눈알[누날] 눈구멍 안에 있는 알 모양의 동그란 기관. ㉥안구.
눈앞[누납] 바로 가까이. ㉠시험이 눈앞에 닥쳐왔다.
눈약[눈냑] 눈병을 낫게 하려고 쓰는 약. ㉥안약.
눈어림 눈으로 보아 대강 어림잡아 헤아림. ㉥눈대중. -하다.
눈엣가시 몹시 미워 늘 눈에 거슬리는 사람.
눈여겨보다[눈녀겨보다] 잊지 않게 주의하여 잘 보다. 자세히 보다.
눈요기 눈으로 보는 것만으로 어느 정도 만족을 느끼는 일.
눈웃음[누누슴] 소리 없이 눈의 표정으로 웃는 웃음. ㉠내 짝은 눈웃음을 잘 친다.
눈웃음치다[누누슴치다] 남의 마음을 사려고 소리를 내지 않고 눈으로 가만히 웃다.
눈인사[누닌사] 눈짓으로 가볍게 하는 인사. -하다.
눈자루[눈자루] 게 따위에서 끝에 눈이 달린 긴 기관.
눈자위 눈알의 흰 부분.
눈접 나무를 접붙이는 방법으로 접순에서 눈을 따서 대목의 껍질 밑에 넣어주는 방법. 아접.
눈조리개 눈동자를 크고 작게하여, 눈 속으로 들어오는 빛의 양을 조절하는 얼개의 하나.
눈짐작[눈찜작] 물건의 수량·모양·상태 따위를 눈으로 보고 어림잡는 것. ㉥눈대중. 눈어림. -하다.
눈짓[눈찓] 눈을 움직여 어떤 뜻을 나타내는 짓. ㉠따라오라고 눈짓을 하다. -하다.
눈초리 눈의 끝. 눈이 가는 길, 또는 그 모양. ㉠눈초리가 사납다. ×눈꼬리.
눈총 눈에 독기를 올리어 쏘아 보는 기운. ㉠남의 눈총을 받다.
눈치 ①남의 마음을 알아채는 힘. ㉠눈치가 빠르다. ②겉으로 드러나는 태도. ㉠눈치가 심상치 않다. ㉥낌새.
눈치보다 자기에 대한 남의 태도나 반응을 살피다.
눈치채다 남의 속마음을 알아채다. ㉠거짓말을 눈치채다.
눈치코치 '눈치'의 속된말. 상황을 판단할 줄 아는 능력. ㉠눈치코치도 없는 사람.
눈칫밥[눈치빱/눈칟빱] 눈치를 보아가며 얻어먹는 밥.
눌:러앉다 어디에 자리를 잡고 계속 머무르다. ㉠친구 집에 눌러앉다.
눌:리다 ①눌러지다. ㉠주머니에 넣은 초콜릿이 눌려 납작하게 되었다. ②남에게 억압당하여 꼼짝을 못하다. ㉠동생은 나한테 눌려 기를 펴지 못한다.
눌변 더듬거리며 하는 서투른 말솜씨. ㉤능변. 달변.
눌은밥[누른밥] 솥 바닥의 눌어붙은

밥, 또는 누룽지에 물을 부어서 끓인 밥.

눕:다(누우니, 누워서) ①등이나 옆구리를 바닥에 대고 몸을 가로 놓다. ②나무나 풀이 병이나 바람 때문에 쓰러지다.

눕히다[누피다] ①바닥에 눕게하다. ㉖쓰러진 친구를 마루 위에 눕혔다. ㉥누이다. ②가로로 놓다. ㉖기둥을 마당에 눕히다.

뉘[1] 쌀 속에 섞여 있는, 겉의 껍질이 벗겨지지 않은 벼의 낟알.

뉘[2] '누구'의 준말. ㉖거기 뉘시오?

뉘:다 ①눕게 하다. ㉥일으키다. ②대소변을 누게 하다. ㉥누이다.

뉘앙스 빛깔·소리·뜻·감정 등의 섬세한 차이. ㉖'늙은이'와 '노인'이라는 말은 서로 뉘앙스가 다르다. 【nuance】

뉘엿뉘엿[뉘연뉘엳] 해가 곧 지려고 하는 모양을 나타내는 말. -하다.

뉘우치다 제 잘못을 깨달아 후회하다. ㉖잘못을 뉘우치다.

뉴딜 정책 미국의 루스벨트 대통령이 1933년 이래 실시한 경제 정책〔불경기에 대처하여 정부가 적극적으로 경기를 조절하여 실업자를 줄였음〕.

뉴런 신경을 구성하는 기본적인 조직. 자극을 받아들이고 전달하는 일을 함. 【neuron】

뉴스 일이나 아직 일반에 알려지지 않은 새로운 소식. 【news】

뉴스 데스크 신문사·방송국 등의 뉴스 편집실. 【news desk】

뉴스 캐스터 라디오나 텔레비전 뉴스 프로그램에서 뉴스를 전달하면서 아울러 해설도 곁들여 가며 방송을 진행하는 사람. 【news caster】

뉴올리언스〖지명〗 미국 남부의 미시시피 강 어귀에 있는 큰 무역항구 도시.

뉴욕〖지명〗 미국에 있는 세계적인 큰 도시로 세계 상공업의 중심지〔유엔 본부가 있음〕. 【New York】

뉴질랜드〖나라〗 남태평양 오스트레일리아 대륙의 남동쪽에 있는 영연방에 속해 있는 섬나라. 수도는 웰링턴. 【New Zealand】

뉴턴〖사람〗[1642～1727] 영국의 과학자. 미분과 적분 계산법을 알아내고 만유 인력의 법칙을 발견함.

뉴펀들랜드 뱅크〖지명〗 캐나다의 동부 해안에 있는 수심 200m 이하의 대륙붕. 세계 4대 어장의 하나.

뉴햄프셔종 닭 품종의 한 가지. 고기와 알을 얻기 위해 기름.

느글느글하다 ①속이 메스꺼워 토할 것 같다. ②태도나 행동이 마음에 들지 않고 징그럽다. ㉖느글느글한 웃음을 짓다.

느긋하다[느그타다] 마음이 흡족하다. 흐뭇하다. 넉넉하다.

느끼다 ①깨달음이 일어나다. ②마음이 움직이다. ㉖고마움을 느끼다.

느끼하다 음식에 기름기가 너무 많아 개운하지 않고 비위에 거슬리다. ㉖고기를 많이 먹어서 속이 느끼하다.

느낌 느끼는 일, 또는 느낀 것. ㉥감상.

느낌표 강한 감탄의 느낌을 나타내기 위해 문장 끝에 쓰는 부호. '!'로 표시함.

느닷없이[느다덥씨] 어떤 것이 아무런 조짐이 없이 나타나 전연 뜻밖이고 갑작스럽게. ㉖느닷없이 우는 까닭이 무엇이냐?

느리게 음악에서, 보통 빠르기보다 느리게 연주하라는 뜻.

느리다 ①행동이 빠르지 못하다. ㉥빠르다. ②성질이 급하지 않다. ㉥급하다.

느림보 움직임이 느린 사람이나 동물.

느릿느릿[느린느릳] 움직임이 느리고 굼뜬 모양. (예)거북이가 느릿느릿 기어간다. -하다.

느슨하다 늘어나서 헐겁다.

느타리버섯 모양이 조개 껍데기와 비슷하며 갈색 또는 엷은 회색의 먹는 버섯.

느티나무 느릅나무와 비슷한 나무. 잎이 많아 넓은 그늘을 만듦. 흔히 길목이나 놀이터에 있음.

늑골[늑꼴] 가슴 부분에 있는 좌우 12쌍의 활 모양의 뼈. (비)갈비뼈. 【肋骨】

늑대 개와 비슷하나, 성질이 사나우며 산에 사는 짐승.

[늑대]

늑막[능막] 사람의 갈빗대 안에 허파를 싼 막. (예)늑막염. 【肋膜】

늑목 체조에 쓰이는 기구의 한 가지. 몇 개의 기둥에 많은 막대를 가로로 끼워 놓은 것. 【肋木】

늑막염[능망념] 가슴이 매우 아프고 숨쉬기가 어려워지는, 늑막에 생기는 염증. 【肋膜炎】

늑장[늑짱] 곧 볼일이 있는데도 딴 일을 하고 있는 느린 짓. (예)늑장을 부리다 기차를 놓쳤다. ×늦장.

는[1] ①어떠한 것에 대하여 말할 때 그것에 붙어 쓰이는 말. (예)개는 사람과 가장 가까운 동물이다. ②다른 것과 비교해서 차이가 나는 점을 드러낼 때 쓰는 말. (예)나는 야구는 좋아하지만 축구는 싫어해.

-는[2] 뒤에 오는 말을 꾸미면서 어떤 동작이나 상태가 지금 계속 되고 있는 것을 나타냄. (예)잠자는 공주. 춤추는 소녀.

는개 안개가 작은 물방울을 이루어 떨어져서 내리는 가는 비.

늘 끊임없이. 언제나. 항상. (반)가끔.

늘그막 늙어 가고 있을 때. 늙은 나이. (예)늘그막에야 호강을 하다. (비)말년. ×늙으막.

늘다(느니, 느오) ①많아지거나 커지다. (예)몸무게가 늘다. ②재주·실력 같은 것이 더하여 지다. (예)음식 솜씨가 부쩍 늘다. (반)줄다.

늘리다 본디보다 더 크게 하거나 많게 하다. (예)재산을 늘리다.

늘비하다 ①순서 없이 여기저기 많이 널려 있다. (예)상품이 늘비하다. ②고르지 않은 물건들이 죽 늘어서 있다.

늘씬하다 몸이 가늘고 키가 커서 맵시가 있다. >날씬하다. (예)허리가 늘씬하다.

늘어나다[느러나다] ①많아지다. (예)재산이 늘어나다. ②길어지다. (예)고무줄이 늘어나다. (반)줄어들다.

늘어놓다[느러노타] ①이곳 저곳에 많이 놓다. (예)가게에 물건을 늘어놓다. ②말을 수다스럽게 많이 하다. (예)잔소리를 늘어놓다.

늘어뜨리다[느러뜨리다] 한쪽 끝이 아래로 처지게 하다. (비)늘어트리다.

늘어서다[느러서다] 여럿이 길게 줄을 지어 서다. (예)선수들이 일렬로 늘어서다.

늘어지다[느러지다] ①기운이 풀리어 몸을 가누지 못하다. (예)너무 피곤하여 몸이 축 늘어지다. ②물건이 길어지다. ③어느 계획이 시간을 끌다. ×느러지다.

늘이다[느리다] ①길게 하다. (예)엿가락을 늘이다. ②아래로 길게 처지게 하다. (예)발을 늘이다.

늘임봉[느림봉] 그네틀과 같은 높은 곳에 장대를 여러 개 늘어뜨려 놓고, 나무를 오르듯이 올라가게 한 운동 기구.

늘임표[느림표] 한 마디 안에 있는 음표나 쉼표의 위쪽 또는 아래쪽에 붙어 길이를 늘이는 표.

늘푸른나무 소나무·전나무·사철나무 처럼 사시사철 잎이 푸른 나무. 상록수.

늙다[늑따] ①나이가 많아지다. 반 젊다. ②식물이 한창때를 지나다.

늙수그레하다 꽤 늙어 보이다.

늙은이[늘그니] 나이가 많은 사람. 비노인. 반젊은이.

늠:름하다[늠늠하다] 의젓하고 씩씩하다. 늠름히.

능 임금이나 왕후의 무덤.

능가 훨씬 뛰어나고 남을 앞지름. 예 선배를 능가하는 뛰어난 후배. -하다. 【凌駕】

능구렁이 ①개구리나 쥐 따위를 잡아먹는 독이 없는 굵고 큰 뱀. ② 성질이 매우 음흉한 사람의 비유. 예민수는 능구렁이라 속을 모르겠다.

능글능글하다 행동이나 태도가 비웃는 듯하고 뻔뻔스럽다.

능글맞다 행동이나 태도가 비웃는 듯하고, 뻔뻔스럽고 역겹다.

능금 맛과 모양이 사과와 비슷하나 보통 사과보다 훨씬 작은 과일.

능동적 제 마음에 내켜서 스스로 하는 태도나 성질인 것. 예모든 일을 능동적으로 하다. 반수동적. 피동적. 【能動的】

능란하다[능난하다] 어떤 일에 익숙하고 뛰어나다. 예솜씨가 능란하다. 능란히.

능력[능녁] 일을 해내는 힘. 예능력을 최대한 발휘하다.

능률[능뉼] 일정한 시간에 해낼 수 있는 일의 비율. 예방 안이 너무 더우면 공부의 능률이 오르지 않는다.

능률적 능률을 많이 내는 것. 예공부는 능률적으로 해야 한다.

능멸 업신여겨 깔봄. 예부하가 상관을 능멸하다니! -하다.

능변 ①말을 능란하게 잘하는 사람, 또는 그러한 솜씨. ②능변가. 비달변. 반눌변.

능사 가장 좋은 것이라고 생각하고 하는 일이나 행동. 예무조건 참는 것이 능사는 아니다.

능선 산등성이를 따라 죽 길게 이어진 봉우리의 선. 【稜線】

능수능란하다 일 따위에 익숙하고 솜씨가 뛰어나다. 예능수능란하게 아이들을 다루시는 선생님.

능수버들 버드나무과의 갈잎큰키나무. 흔히 가로수나 관광수로 심음. 높이 20m 가량. 잎은 좁고 가지를 길게 드리우며 4월경에 꽃이 핌. 수양버들.

[능수버들]

능숙하다[능수카다] 일을 솜씨있고 익숙하게 하다. 예능숙한 솜씨로 자동차를 몰다. 반미숙하다.

능지 처참 지난날, 나라에 큰 죄를 저지른 죄인에게 내리던 극형. 온몸을 여섯으로 갈라 각지에 보내어 구경시켰음. -하다.

능청 마음 속으로는 아주 다른 생각을 하면서도 겉으로는 천연스럽게 꾸미는 것. 예능청 떨지마라.

능청맞다[능청맏따] 마음속으로 다른 생각을 하면서 겉으로는 안 그러는 척하다. 뻔뻔스럽다. 예사람이 어쩌면 저렇게 능청맞을까!

능청스럽다(능청스러우니, 능청스러워) 거짓말을 그럴 듯하게 하거나 남을 감쪽같이 속여 놓고도 태연하다. 예현수는 어린아이 치고 능청스럽다.

능통 무슨 일에 환히 통함. (예)영어에 능통하다. -하다.

능하다 서투르지 않고 잘하다. (예)철규는 컴퓨터에 능하다.

늦가을[늗까을] 가을이 끝나 갈 무렵. (반)초가을.

늦겨울[늗껴울] 겨울이 끝나 갈 무렵. (반)초겨울.

늦깎이[늗 까끼] 어떤 일을 보통 사람보다 늦게 시작한 사람. (예)민수는 늦깎이 대학생이다.

늦다[늗따] 정한 때에 미치지 못하다. (반)빠르다. 이르다.

늦더위[늗떠위] 여름이 끝나 가는 시기의 더위.

늦되다 ①나이보다 더디 철이 나다. ②열매나 곡식 등이 제철보다 늦게 익다. (예)콩이 늦되다.

늦둥이 ①나이가 들어 늘그막에 낳은 자식. ②박력이 없고 또랑또랑하지 못한 사람.

늦봄[늗뽐] 봄이 끝나 갈 무렵. (반)초봄.

늦여름[늗녀름] 여름이 끝나 갈 무렵. (반)초여름.

늦잠[늗짬] 아침 늦게까지 자는 잠.

늦잠꾸러기[늗짬꾸러기] 아침에 늘 늦게까지 자는 사람.

늦추다 ①느슨하게 풀다. (예)고삐를 늦추다. (반)죄다. ②기한이 지나도록 하다. (예)출발 시간을 한 시간 늦추다. (반)당기다.

늦추위 겨울이 끝나 갈 무렵의 추위.

늪 호수보다 작고 못보다 크며 바닥이 수렁으로 되어 있고, 늘 물이 괸 곳.

늪지대[늡찌대] 늪이 많이 있는 지역. (준)늪지.

늴리리 통소·피리·나발 따위의 관악기의 소리를 흉내낸 말.

늴리리야 경기 민요의 한 가지.

니그로 흑인. 아프리카의 니그로 종족을 가리킴. 【Negro】

니스 가구나 방바닥 등의 표면에 발라 윤이 나게 하는 투명하고 빨리 마르는 칠감의 한 가지. 【nisu】

니은 한글의 닿소리 글자인 'ㄴ'의 이름.

니카라과〖나라〗 중앙 아메리카 중부에 있는 나라. 화산이 많은 열대 농업국. 수도는 '마나과' 임. 【Nicaragua】

니켈 공기나 습기에서 잘 녹슬지 않는 은빛 금속. 【nickel】

니코틴 담배에 많이 들어 있는, 독이 있는 갈색의 액체. 【nicotine】

니크롬선 전기 풍로·전기 다리미 등의 발열체로 쓰이는 금속선. 철·니켈·크롬의 합금. 높은 온도에도 타지 않고 열을 많이 냄.

니트 뜨개질하여 만든 옷, 또는 그러한 옷감. 【knit】

니퍼 철사를 끊는 데 쓰는 가위.

[니퍼]

님[1] (이름 뒤에 써서) 그러한 이름을 가지신 분. (예)최현수님.

-님[2] 사람의 이름이나 어떤 이름 밑에 붙여 높임을 나타내는 말. (예)선생님. 부모님.

닢[닙] 쇠붙이나 잎으로 만든 납작한 물건을 세는 말. (예)동전 한 닢.

ㄷ

ㄷ (디귿) 한글 닿소리(자음)의 셋째 글자.

다: ①하나도 빼지 않고, 남김없이 있는 대로. ㉥책을 다 읽었다. ②어떤 것이든지. ㉥둘 다 마음에 든다. ③거의. 대부분. ㉥ 일이 다 끝나간다.

다가가다 더 가까이 옮아 가다. ㉥텔레비전 앞으로 다가가다.

다가서다 더 가까이 앞으로 옮겨와 서다. ㉥택시를 잡으려고 차도로 다가서다.

다가앉다[다가안따] 더 가까이 옮겨 앉다. ㉥엄마 옆으로 다가앉다.

다가오다 ①앞으로 더 가깝게 옮겨 오다. ㉥친구가 내게로 다가왔다. ②어떤 때가 가깝게 닥쳐오다. ㉥가을이 다가오다.

다각도로 여러 각도로, 여러모로. ㉥이 기계는 다각도로 쓸 수 있다.

다각형 셋 이상의 직선으로 둘러 싸인 평면도형. 다변형.

다감 느낌이 많고 감동하기 쉬움. ㉥다정다감한 성격. -하다.

다과 차와 과자. 【茶菓】

다과상 손님을 접대하려고 차·과일 따위를 차리는 상. 【茶菓床】

다과회 차와 과자를 마련한 간단한 모임. 【茶菓會】

다국적 여러 나라와 관계된. ㉥다국적 기업. 【多國籍】

다국적 기업 세계 여러 나라에 기업체를 가지고 있는 국제적인 기업.

다그치다 상대방에게 여유를 주지 않고 계속 몰아쳐서 작용을 가하다. ㉥사실을 확인하기 위해 다그쳐 묻다.

다급하다[다그파다] 미처 어떻게 할 여유가 없을 만큼 몹시 급하다.

다급히[다그피] 몹시 급하게. ㉥다급히 소리치다.

다기 ①차를 끓이거나 담는 기구. ②절에서, 부처 앞에 맑은 물을 떠 놓는 그릇. 【茶器】

다녀가다 어디에 들렀다가 가다. ㉥집에 한 번 다녀가라.

다녀오다 갔다가 오다. 어떤 곳에 들렀다가 오다.

다년간 여러 해 동안. ㉥다년간 노력해서 얻은 결과. 【多年間】

다년생 식물의 전부 또는 일부가 3년 이상 자라는 것. 여러해살이.

다니다 ①어떤 곳에 근무하거나, 교육 기관에 학생이 되어 있다. ㉥직장에 다니다. ②어떤 곳에 거듭하여 드나들다. ㉥아침마다 산에 다니다. ③지나가고 지나오고 하다. ㉥꼭 횡단 보도로 다닌다. ④어떤 곳에 들러서 오다. ㉥올 때 시장에도 다녀서 와라.

ㄷ

다다르다(다다르니, 다다라서) ①목적한 곳에 이르러 닿다. [예]정상에 다다르다. [비]도착하다. ②어떤 기준에 이르러 미치다. [예]높은 수준에 다다르려면 좀더 노력해라. [비]도달하다.

다닥다닥[다닥따닥] 조그만 물건이 아주 많이 붙은 모양. <더덕더덕. [센]따닥따닥.

다달이[다다리] 달마다. 매월. [예]다달이 회비를 내다.

다도 차를 달여 마실 때의 방식 및 예의 범절. 【茶道】

다도해 많은 섬들이 흩어져 있는 바다. 특히 우리 나라의 남해를 일컬음. 【多島海】

다도해 해상 국립 공원 전라 남도 여천군 돌산도에서 홍도에 걸쳐 있는 국립 공원. 거문도·흑산도 따위의 수많은 섬과 바다로 이루어져 있음.

다독 책을 많이 읽음. 【多讀】

다독거리다 자꾸 다독다독하다. [예]아기를 재우려고 다독거리다.

다듬다[다듬따] ①매만져서 맵시를 내다. [예]머리를 다듬다. ②땅바닥을 고르게 만들다. ③못 쓸 부분을 뜯어 내다. [예]파를 다듬다.

다듬이질[다드미질] 풀 먹인 옷감을 반반하게 하려고 방망이로 다듬는 일. [준]다듬질. -하다.

다듬잇방망이[다드미빵망이] 다듬이질을 할 때에 쓰는 두 개의 나무 방망이.

다듬질 다 만든 물건을 마지막으로 매만져 다듬는 일. [본]다듬이질. -하다.

다라니경 불경의 하나. 1966년 불국사 석가탑에서 나온 다라니경은 세계에서 가장 오래된 목판 인쇄물의 하나임.

다락 집의 지붕과 천장 사이에 이층처럼 만들어서 물건을 넣어 두게 된 곳.

다락방 집의 천장과 지붕 사이에 있는 공간을 이용하여 꾸민 방.

다락집 마룻바닥을 사람의 키만큼 땅바닥보다 높이 지은 집.

다람쥐 다람쥐과의 동물. 쥐와 비슷하나, 등에 다섯 개의 검은 줄이 있음. 도토리나 밤 등을 먹고 살며, 나무에 잘 기어오름. 추운 겨울에는 나무 구멍에서 겨울잠을 잠.

[다람쥐]

다랑어 고등어 모양으로 생긴 바닷물고기. 몸의 길이 약 3m 정도 등은 청홍색, 배는 회색임. [비]참치.

다래 산에서 자라고 굵은 넝쿨에 열리며 가을에 푸르스름한 노란 빛깔로 익는 작고 동그랗고 달콤한 열매.

다래끼 눈시울에 난 작은 부스럼.

다량 많은 분량. [예]쌀이 다량 수입되었다. [비]대량. [반]소량. 【多量】

다루다 ①일을 처리하다. [예]공평하게 다루다. ②거친 물건을 매만져서 쓰기 좋게 하다. ③사람을 부리다. [예]아랫사람을 잘 다루다. ④물건을 부려서 이용하다. [예]악기를 잘 다루다.

다르다 같지 않다. 차이가 있다. [반]같다.

다른 ①그 밖의 그것이 아닌 어느. [예]어머니는 김치를 다른 그릇에 옮겨 놓았다. ②같지 아니한. [예]다른 생각을 가졌다. [비]딴. [반]같은.

다름없다[다르멉따] 비교해 보아 다른 것이 없다.

다름없이[다르멉씨] 다르지 않게. [예]여느 때와 다름없이 목소리가 맑다.

다리[1] 개천이나 강의 양쪽 언덕 사이에 사람이나 차가 다닐 수 있도록 나무·돌·콘크리트 등으로 건너지른 것. [예]개울에 다리를 놓다.

다리[2] ①동물의 몸통 아래에 붙어서 몸을 받치며 서거나 뛰거나 걷는 일을 하는 부분. [예]하마는 다리가 짧다. ②책상이나 의자 따위의 물건 아래에 붙여서, 그 물건을 버티고 있는 것. [예]책상 다리.

다리걸기 씨름·유도 등에서, 상대의 다리를 발로 걸어 넘어뜨리는 기술.

다리다 다리미로 옷 같은 것의 구겨진 주름살을 문질러 펴다.

> **'다리다'와 '달이다'의 차이**
>
> •**다리다:** 다리미로 문지르다.
> [예]바지를 다리다.
> •**달이다:** 끓여서 진하게 하다.
> [예]한약을 달이다.

다리미 뜨겁게 달구어서 옷이나 천 따위의 구김을 펴든가 주름을 잡는 기구.

다리미질 다리미로 옷이나 천 따위의 구김살을 펴든가 주름을 잡는 일.

다리밟기[다리밥끼] 정월 대보름날 밤에 사람들이 그 해의 재앙을 막기 위해 열두 다리를 밟던 민속 놀이. [비]답교. -하다.

다리품 주로 많이 걷든가 서 있어야 하는 힘든 일. [예]신문 배달은 다리품을 많이 팔아야 하는 일이다.

다림질 '다리미질'의 준말. 다리미로 옷 등을 다리는 일. -하다.

다릿돌[다리똘/다릳똘] 시냇물이나 개울을 건너 다니기 위해 놓은 돌. 징검다리로 놓은 돌.

다릿목[다린목] 길에서 다리가 놓여 있는 곳. [예]할머니께서 다릿목에서 나를 기다리고 계셨다.

다:만 ①'오직 그뿐'의 뜻을 나타내는 말. [예]다만 네가 잘되길 바랄 뿐이다. [비]단지. ②앞의 말을 받아서 이와 반대되는 말을 할 때 쓰는 말. [예]어떤 짓을 해도 좋다. 다만 그 일에 대한 책임은 네가 져야 한다.

다망 바쁨. 일이 매우 많음. [예]공사다망하신데도 이렇게 찾아 주시다니…. [반]한가. -하다. 【多忙】

다면체 넷 이상의 평면으로 둘러 싸인 입체. 【多面體】

다모작 한 농토에서 한 해 동안에 여러 번 농작물을 가꾸어 수확하는 일. [반]일모작.

다목적 여러 가지 목적이 있는 것. 여러 가지 목적을 겸한 것.【多目的】

다목적 댐 전력 개발 외에 농업 용수·공업 용수·홍수 조절 등 여러 가지 용도를 겸한 댐. [예]소양강 다목적 댐.

다물다(다무니, 다무오) 위아래 입술을 마주 대다. 입을 조금도 벌리지 않다.

다반사 '차를 마시고 밥을 먹는 일'이라는 뜻으로, 흔히 있는 일.

다발 꽃이나 푸성귀 등의 묶음을 세는 말. [예]배추 한 다발.

다방 커피를 비롯한 여러가지 차나 음료수를 팔며, 손님이 쉬거나 서로 만나기 편한 자리를 마련한 장소. [비]다실. 찻집.

다방면 여러 방면. [예]다방면에 재능이 있다. 【多方面】

다보탑 경주 불국사에 있는 탑. 화강암으로 만들어진 높이 10.4m의 탑으로 신라 때 세워졌음. <구조> ①돌층층대(4개). ②중심기둥. ③네 귀의 돌기둥. ④소

[다보탑]

로. ⑤두 층의 석반. ⑥돌 난간. ⑦이층 지붕. ⑧팔각형 돌 난간. ⑨돌쟁반. ⑩팔각형 지붕. ⑪상륜부 등 11부분으로 되어 있음. 국보 제20호.

다복 복이 많음. [예]다복한 가정. -하다. 【多福】

다복솔 가지가 다보록하게 많이 퍼진 어린 소나무.

ㄷ

다부지다 벅찬 것을 능히 이겨낼 힘이 있다. [예]몸이 다부지게 생겼다.

다북쑥 맛이 쓰고 짙은 푸른색을 띠는 쑥.

다분히 꽤 많이. 상당히. [예]네 행동에는 다분히 나쁜 의도가 있었다.

다사다난 여러 가지로 일도 많고 어려움도 많음. [예]다사다난했던 한 해. 【多事多難】

다사롭다(다사로워, 다사로운) 따뜻한 느낌이 있다. 포근하다. [센]따사롭다.

다산 아이를 많이 낳는 것. -하다. 【多産】

다섯[다섣] 넷에 하나를 더한 수. [비]오.

다세대 주택 한 건물 안에 여러 세대가 모여 살게 지은 집.

다세포 한 생물체 내에 세포가 여럿임. [반]단세포.

다소 ①많음과 적음. [예]다소를 가리지 않는다. ②조금. 약간. 어느 정도. [예]다소나마 성의를 보였으면 좋겠다. 【多少】

다소간 얼마쯤. [예]다소간의 어려움이 있겠지만 꾹 참고 견뎌야 한다. [준]다소. 【多少間】

다소곳이[다소고시] 얌전하고 온순하게. [예]다소곳이 앉아 있다.

다소곳하다[다소고타다] 고개를 좀 숙이고 말이 없다. [예]다소곳한 자세. 다소곳이.

다수 수효가 많음, 또는 많은 수효. [예]다수의 반대를 물리치다. [반]소수. 【多數】

다수결 회의에서 많은 사람의 의견에 따라 결정함. [예]다수결의 원칙.

다:스 물품 12개를 한 묶음으로 세는 말. [예]연필 한 다스. ※dozen의 일본말.

다스리다 ①나라·사회·집안의 일 따위를 보살피고 처리하다. [예]집안을 화목하게 다스리다. ②죄에 대하여 벌을 주다. [예]죄인을 다스리다. ③잘못을 단속하고 가르치다. [예]아이들은 매로 다스리면 안 된다.

다스하다 좀 다습다. >다사하다. [센]따스하다.

다슬기 다슬기과의 민물 고둥의 하나. 우렁이보다 가늘고 길며 훨씬 작음. 껍데기는 나사 모양이며, 검정색 또는 갈색임. 하천이나 연못에 살고, 삶아서 먹을 수 있음.

다시 ①하던 것을 되풀이하여. [예]노래를 다시 부르다. ②새로이 고쳐서 또. [예]집을 다시 짓다. ③그 밖에는 또. [예]다시 없는 좋은 기회다.

다시금 다시 한 번. '다시'를 힘주어서 하는 말. [예]집을 향해 다시금 발을 옮겼다.

다시다 음식을 먹는 생각을 하면서 먹고 싶어서 입을 다물었다 떼다. [예]입맛을 다시다.

다시마 미역과 비슷한 바닷말. 잎은 황갈색 또는 흑갈색으로 넓은 띠모양이며, 잎바탕은 두껍고 쭈글쭈글한 주름이 있음. 식용이나 공업용으로 이용됨.

다시보다 어떤 사람을 전과 다르게 생각하다.

다식 소나무 꽃가루·검은깨·콩 등의 가루를 꿀로 반죽하여 다식판에 찍어 모양을 낸 과자.

다식판 다식을 찍어 내는 나무로 만든 틀.
다양 모양이나 종류가 여러 가지임. -하다. 【多樣】
다양성 다양한 성질이나 형태. ㉠사회가 발전해 갈수록 직업의 다양성이 강조된다.
다양화되다 다양하게 되다. ㉠여성의 직업이 다양화되다.
다용도 여러 가지 쓰임이 많음. ㉠다용도 그릇. 【多用途】
다운 권투에서 상대 선수의 주먹을 맞고 쓰러지는 것. 【down】
다운되다 ①권투에서, 상대 선수의 주먹을 맞고 쓰러지다. ②컴퓨터 시스템이 문제가 생겨서 일시적으로 작동이 중단되다.
다육 식물의 줄기·잎·열매 따위에 살이 많은 것. 【多肉】
다육 식물 잎이나 줄기가 살이 많아 속에 수분이 많이 들어 있는 식물. 건조하거나 소금기가 많은 지방에서 자람. ㉠선인장은 다육 식물의 하나이다.
다음 ①어떠한 차례의 바로 뒤. ㉠다음 시간. ②둘째. ㉠반장 다음의 직책이 부반장이다. ③일정한 시간이 지난 뒤. ㉠다음에 또 만납시다.
다이내믹 힘찬 모양. 활동적. ㉠다이내믹한 몸짓. -하다. 【dynamic】
다이너마이트 큰 바위나 암석을 깨뜨리는 데에 쓰는 폭발약의 한 가지〔스웨덴의 과학자 노벨이 발명했음〕. 【dynamite】
다이빙 높은 곳에서 몸을 날려 물속으로 뛰어드는 헤엄의 한 가지.
다이아몬드 금강석. 보석 중에서 제일 단단한 것으로 아름다운 빛을 냄. ㉫다이아. 【diamond】
다이어트 건강이나 미용을 위하여 음식의 양이나 종류를 제한하는 일. -하다. 【diet】
다이얼 ①자동 전화기의 숫자판. ②시계·나침반 등의 글자판. ③라디오의 사이클 눈금이 그려져 있는 숫자판. 【dial】
다이오드 전류를 한 쪽 방향으로만 흘러가게 하는 반도체 부품. 주로 교류 전류를 직류 전류로 바꾸는 일을 함.
다이옥신 플라스틱이나 쓰레기를 태울 때 생기는 화합물. 독성이 강하여 암을 일으키거나 기형아 출산의 원인이 됨. 【dioxine】
다잡다 ①무엇을 단단히 잡다. ㉠보따리를 다잡다. ②들뜬 마음을 가라앉혀 바로잡다. ㉠마음을 다잡다.
다재 재주가 많음. ㉠다재다능한 인물. -하다. 【多才】
다재다능하다 여러 방면에 걸쳐 재주나 능력이 많다.
다정 ①인정이 많음. ②사이가 아주 좋음. -하다. -히.
다정다감하다 정이 많고 느낌이 많아 감동하기 쉽다. ㉠성격이 다정다감하다.
다정스럽다 느낌이나 보기에 다정하다. ㉠그는 다정스러운 사람이다.
다종 종류가 많음. 【多種】
다중 서로 다른 소리나 요소가 여럿이 겹친 것. ㉠음성 다중 방송.
다지다 ①무른 것을 눌러서 단단하게 만들다. ㉠집터를 다지다. ②고기나 푸성귀 따위를 칼질하여 잘게 만들다. ㉠마늘을 다지다.
다짐 ①단단히 다져 확실한 대답을 받음. ②이미 한 일이나 앞으로 할 일이 틀림없음을 조건을 붙여 말함. ③마음 속으로 굳게 작정함. ㉠승리를 다짐하다. -하다.
다짜고짜 '다짜고짜로'의 준말. 옳고 그름을 가리지않고 덮어놓고. ㉠다짜고짜 욕설을 퍼붓다.

다짜고짜로 일의 앞뒤 사정이나 내용을 알아보지 않고 덮어놓고. ㉹다짜고짜로 멱살을 잡다. ㉾다짜고짜.

다채롭다(다채로우니, 다채로워서) ①갖가지 빛깔이 한데 어울려 호화롭다. ②여러 가지로 많고 화려하다. ㉹다채로운 축하 행사를 벌이다.

ㄷ

다치다 ①부딪쳐서 상하다. ㉹다리를 다치다. ②마음이 상하다.

다큐멘터리 기록 문학. 꾸미지 않고 실제 있었던 일을 글이나 방송 따위로 엮은 것. 【documentary】

다크 호스 ①경마에서 실력은 알려지지 않았지만 뜻밖의 결과를 낼지도 모를 말. ②인물이나 실력은 알 수 없으나 유력하다고 생각되는 경쟁 상대. 【dark horse】

다투다 ①서로 옳고 그름을 주장하다. ㉹친구와 생각이 달라 서로 다투다. ②이기고 짐을 서로 겨루다. ㉹승부를 다투다.

다:하다 ①있던 것이 없어져서 더 남아 있지 않다. ㉹차에 기름이 다하다. ②해야 할 일을 모두 끝내다. ㉹청소를 다하다. ③어떤 일을 위하여 마음·힘·필요한 물자 등을 다 들이다. ㉹우승을 위하여 힘을 다하다.

다행 일이 좋게 됨. 운수가 좋음. 뜻밖에 잘 되어 좋음. ㉹불행 중 다행이다. ㉥불행. ㉾행. -히. -하다.

다행스럽다 일이 뜻밖에 잘 되어 좋은 느낌이 있다.

다행히 뜻밖에 일이 잘 되어. 운 좋게. ㉹다행히 사람은 다치지 않았다.

다혈질 자극에 쉽게 반응하고 흥분을 잘 하는 기질.

다홍빛 산뜻한 붉은 빛깔.

다홍치마 다홍색의 치마. ㉹같은 값이면 다홍치마.

닥나무[당나무] 뽕나무과의 넓은잎 큰키나무. 산기슭의 양지에 나며, 높이는 5m가량이고, 잎은 뽕나무 잎과 비슷함. 껍질은 창호지의 원료로 과실은 약재로 쓰임. ㉾닥.

닥지닥지 작은 것들이 빽빽히 붙어 있는 모양. 〈덕지덕지.

닥쳐오다 가까이 다다라 오다. ㉹어려움이 닥쳐오다.

닥치다 어떠한 일이나 물건이 가까이 다다르다. ㉹시험이 눈앞에 닥치다.

닦다[닥따] ①더러운 것을 깨끗하게 하다. ㉹마루를 닦다. ②평평하게 고르고 다지다. ㉹길을 닦다. ③힘써 배우다. ㉹기술을 닦다.

닦달하다[닥딸하다] 자꾸 따지고 묻고 위협하여 괴롭히다. ㉹엄마는 매일 공부하라고 닦달하신다. ×닥달하다.

닦이다[다끼다] ①닦아지다. ㉹마루는 반질거리도록 닦여서 거울 같았다. ②닦게 하다. ㉹아이들에게 마룻바닥을 닦이는 일은 피하도록 합시다.

단:[1] '겨우·오직·단지·다만'의 뜻. ㉹단 하나밖에 없는 물건. 【但】

단:[2] 땔나무 푸성귀 같은 것의 묶음. 다발. ㉹배추 한 단.

단[3] 바둑·태권도·유도 따위에서 실력의 수준을 매긴 등급 이름. ㉹태권도 3단. 【段】

단[4] 좀 높게 만들어 놓은 곳. ㉹교단.

단가[단까] 낱개의 값. ㉹단가를 매기다. 【單價】

단감 단감나무의 열매. 단단하고 아삭아삭하며 맛이 닮.

단:거리 짧은 거리. ㉥장거리.

단:거리달리기 400m 이하의 짧은 거리를 달려 승부를 겨루는 육상 경기. ㉥장거리달리기.

단:검 무기로 쓰는 양쪽에 날이 있

는 짤막한 칼.

단것[단겯] 사탕이나 과자와 같이 맛이 단 음식.

단결 여러 사람이 마음을 한데 뭉침. ㉥단합. ㉤분열. -하다. 【團結】

단결력 여러 사람의 뜻이 한데 뭉친 힘. ㉦줄다리기는 단결력을 길러 준다. 【團結力】

단결심[단결씸] 많은 사람이 한덩이로 뭉치려는 마음. 【團結心】

단계 일의 차례를 따라 나아가는 과정. ㉦일이 마무리 단계에 접어들다. ㉥순서. 차례.

단계적 일정한 단계를 거치거나 일정한 단계로 나뉘는 것. ㉦수학은 단계적으로 꾸준히 배워야 한다.

단골 늘 정해 놓고 거래하는 곳이나 손님. ㉦단골 손님.

단:교 ①교제를 끊음. ㉥절교. ②나라와 나라 사이의 외교 관계를 끊음. -하다. 【斷交】

단군 처음으로 우리 나라를 세우고 다스렸다고 전해지는 임금. 단군왕검. 【檀君】

단군 신앙 단군을 신격화하여 상을 모셔 놓은 곳.

단군 이야기 환인의 자손인 단군이 고조선을 세웠다는 내용의 우리 민족 건국 이야기. 단군 신화.

단:기[1] '단기간'의 준말. 짧은 기간. ㉦단기 교습. ㉤장기. 【短期】

단기[2] 단군이 즉위한 해를 원년으로 삼는 대한 민국의 기원. 서력 기원보다 2333년 전임. 【檀紀】

단:기간 짧은 기간. ㉦단기간에 끝낼 수 있는 공사. ㉤장기간.

단꿈 ①기분 좋은 꿈. ㉦단꿈을 꾸다. ②즐겁고 달콤한 희망. ㉦신혼의 단꿈.

단:내 ①물질이 높은 열이나 불에 눌어서 나는 냄새. ②몸에 열이 오르거나 피로할 때 입이나 코에서 나는 냄새.

단:념 품었던 희망이나 계획을 버리는 것. ㉦승리를 단념하다. ㉥체념. ㉤전념. -하다.

단단하다 무르지 아니하고 굳다. <든든하다. ㉳딴딴하다. ㉮탄탄하다. 단단히.

단답형[단다평] 문제에 대해 간단하게 답하는 문제 형식.

단:도 짤막한 칼. 【短刀】

단독 단 한 사람. 혼자. ㉦일을 단독으로 처리하다. ㉥단일.

단독 주택 한 채씩 따로 지은 주택. ㉤공동 주택.

단돈 많지 않은 돈. 아주 적은 금액. ㉦단돈 몇 푼에 양심을 팔다.

단:두대 죄인의 목을 자르는 형틀.

단둘 같이 있는 단 두 사람.

단락[달락] ①일이 다 된 끝. ②긴 문장 중에 내용상으로 일단 끊는 곳. 【段落】

단란[달란] 집안 식구가 화목하게 지냄. ㉦단란한 가정. -하다.

단련[달련] ①쇠붙이를 불에 달구어 두드림. ②몸과 마음을 닦아 기름. ㉥연마. 수련. -하다.

단리법[달리뻡] 원금에만 이자를 계산하는 방법. ㉤복리법.

단말기 컴퓨터에서 중앙 처리 장치에 연결되어 자료를 입력하거나 출력하는 기기.

단말장치 컴퓨터에서 중앙 처리 장치에 연결되어 자료를 입력하거나 출력하는, 모니터와 키보드 따위의 장치.

단맛[단맏] 당분이 있는 식품의 맛. 달콤한 맛.

단:면 ①자른 면. ②사물을 어떤 입장에서 본 모양.

단:면도 물체를 한 방향으로 곧바로 자른 것처럼 가정하여 그 나타난 모양을 그린 그림.

단:명 ①목숨이 짧음. ②어떤 조직 따위가 '오래 가지 못하고 곧 무너짐'을 비유하여 이르는 말. 【短命】

단무지 무를 소금과 쌀겨 속에 넣어 발효시킨 일본식 반찬.

단:문 ①짧막한 글. 짧은 문장. ②글을 아는 것이 그리 넉넉하지 않음. 반장문.

ㄷ

단물 ①짠맛이 없는 맹물. 반짠물. 센물. ②'실속 있는 부분'을 비유하여 이르는 말. 예단물만 빨아먹고 버리다. 반쓴물.

단박에 그 자리에서 한번에. 예음식을 단박에 먹어치우다. ×담박에.

단:발 머리털을 짧게 깎거나 자름, 또는 그 머리털. 【斷髮】

단:발령 조선 제26대 고종 32년(1895) 상투를 없애고 머리를 짧게 깎도록 한 명령.

단:발머리 단발한 머리, 또는 그런 머리 모양.

단:백질 우리 몸을 이루는 데 쓰이는 중요한 영양소. 힘살·머리털·손톱·발톱의 주성분. 3대 영양소의 하나로, 고기·우유·콩 등에 많이 들어 있음〔탄소·산소·질소 등이 주성분임〕.

단번에[단버네] 한 번에 즉시. 예상대를 단번에 이기다.

단벌 단지 그것 하나뿐인 물건. 예단벌 신사.

단보 밭이나 논의 면적 단위.

단복 '-단'이라는 이름이 붙은 단체의 사람들이 입는 제복. 【單複】

단비 꼭 필요할 때 알맞게 오는 비.

단상 연설 같은 것을 할 때 올라서는 연단이나 교단 따위의 위. 【壇上】

단색 한 가지 빛깔. 【單色】

단서[1] 일의 처음. 일의 실마리. 예살인 사건의 단서를 잡다. 【端緖】

단:서[2] 이미 말하거나 쓴 것에 대한 어떤 조건. 예엄마는 컴퓨터를 사주겠다면서 공부를 잘 하라는 단서를 달았다. 【但書】

단선 선이 하나인 것. 반복선. 【單線】

단성 남성이나 여성 어느 한쪽의 목소리. 반혼성.

단세포 그것만으로 한 생물체를 이루는 단 하나의 세포. 반다세포.

단:소 목관 악기의 하나. 대로 만들며 퉁소보다 좀 짧고 구멍은 앞에 넷, 뒤에 하나가 있음.

[단소]

단속 경계를 단단히 하여 다잡음. 예문단속. 반방임.

단:수[1] 수돗물이 끊어짐. 【斷水】

단수[2] 문법에서, 사람이나 사물이 하나임을 나타내는 말. 예'나'는 단수이고 '너희'는 복수이다. 반복수. 【單數】

단순 ①복잡하지 않고 간단함. 예구조가 단순하다. ②섞인 것이 없음. 비간편. 간단. 반복잡. -하다. -히. 【單純】

단순 노동 전문적인 기능이 없어도 할 수 있는 단순한 육체 노동.

단술 쌀밥에 엿기름 가루를 우린 물을 부어 삭힌 것에, 설탕을 넣고 끓인 음료.

단숨에 쉬지 아니하고 곧장. 한숨에. 대번에. 예언덕을 단숨에 오르다.

단:시간 짧은 시간. 예단시간에 많은 일을 해내다. 반장시간. 【短時間】

단:시일 짧은 시일. 예단시일 안에 마치다. 반장시일.

단:식[1] 음식을 전혀 먹지 않음, 또는 그 일. 예단식 기도. 비금식. -하다. 【斷食】

단식[2] 테니스나 탁구 등에서 선수 한 사람끼리 겨루는 경기. 반복식. 본단식 경기. 【單式】

단식투쟁 음식을 전혀 먹지 않고 버티며 맞서는 일.

단신 혼자의 몸. ㉠단신으로 피난하다. 【單身】

단심가 고려 말, 정몽주가 지은 시조. 조선 태종 이방원의 〈하여가〉에 답한 것으로 임금에 대한 충성심을 읊은 것임. 【丹心歌】

단아하다[다나하다] 몸가짐과 옷차림이 단정하고 보기 좋다. 흐트러짐이 없고 아담하다.

단:안 어떤 안을 딱 잘라 정함. ㉠단안을 내리다.

단양〖지명〗충청 북도에 있는 한 군〔명승 고적으로 단양 팔경 등이 있음〕. 【丹陽】

단양 팔(8)경 충청 북도 단양군에 있는 8군데의 명승지로 하선암·중선암·상선암·구담봉·옥순봉·운선 구곡·도담 삼봉·석문 등이 있음. 【丹陽八景】

단어 한 개 또는 몇 개의 소리로 되어 완전한 뜻을 가진 언어의 최소 단위. 낱말. 【單語】

단:언[다넌] 주저하지 않고 딱 잘라서 말함. ㉠확실하다고 단언하다. -하다. 【斷言】

단역[다녁] 영화나 연극에서 대수롭지 않은 역을 맡은 사람, 또는 그 역. ㉡주역.

단:연[다년] ①반대를 무릅쓰고 과감히 행하는 모양. ②확실히 단정할 만하게 차이가 나는 모양. ㉠우리 팀이 단연 일등이다.

단:연코[다년코] 무슨 일이 있어도 반드시. 결단코. ㉠단연코 사양하다.

단:열[다녈] 열이 전달되거나 빠져나가는 것을 막는 것.

단:열재[다녈째] 열이 전도되지 않게 막는 재료〔석면·유리섬유 등〕.

단엽[다녑] 한 장의 잎사귀로 된 잎.

단오 명절의 하나. 음력 5월 5일. 여자는 창포물에 머리를 감고 그네를 뛰며, 남자는 씨름을 하며 노는 민속절. 【端午】

단원[1] 하나로 묶은 학습의 단위. ㉠오늘 공부할 단원. 【單元】

단원[2] 어떤 단체를 구성하고 있는 개인. ㉠합창 단원. 【團員】

단원제 국회를 상·하 양원으로 구분하지 않고 하나만 두는 제도. 우리 나라는 단원제임. ㉡양원제.

단위 ①비교 계산하는 데 기본이 되는 것. ②무엇을 이루는 가장 기본적인 것. 【單位】

단위각 무엇을 이루는 가장 기본적인 각.

단위 분수 분자가 1인 분수. <보기> ½·⅓·¼ 등.

단:음[다늠] 짧게 나는 소리. 음성의 최소단위. ㉡장음. 【短音】

단:음계[다늠계] 둘째와 셋째, 다섯째와 여섯째 음 사이의 음정이 반음인 음계. ㉡장음계.

단일[다닐] ①단 하나인 것. 혼자. ㉠남북한 단일 팀. ②다른 것이 섞이지 않고 순수함. ㉠단일 민족.【單一】

단일 민족 단일한 인종으로 이루어져 있는 민족. ㉠우리 겨레는 단일 민족이다.

단일어[다니러] '집, 꽃, 하늘, 바다'처럼 더 쪼개어지지 않는 하나의 말로 이루어진 낱말.

단자 전기 기계·기구 따위에서 전력을 내보내거나 받아들이는 회로의 끝 부분.

단잠 곤하게 자는 잠.

단장[1] 산뜻하게 모양을 꾸밈. -하다.

단장[2] 단체의 우두머리. ㉠올림픽 대표 선수 단장. 【團長】

단:장[3] 짧은 지팡이. 【短杖】

단적[단쩍] 간단하고 분명한 것. 직접적인 것. ㉠단적인 표현으로 효과를 거두다.

단:전[1] 전기 보내는 것을 끊음. -되다. -하다. 【斷電】

ㄷ

단전[2] 사람의 배꼽에서 아래쪽으로 약 5cm 되는 데. 사람의 기운이 모이는 곳이라고 함. 【丹田】

단전 호흡 단전에 정신을 집중한 채로 하는 호흡.

단:절 어떤 관계나 교류를 끊음. 절단. ㊖국교를 단절하다.

단:점[단쩜] 낮고 모자라는 점. 나쁜 점. 비결점. 반장점.

단정[1] 얌전하고 바름. 얌전하고 조촐함. ㊖옷차림이 단정하다. 【端正】

단:정[2] 딱 잘라서 결정함. ㊖그가 범인이라고 단정하다. －하다. 【斷定】

단정짓다[단정짇따] 어떤 일에 대한 자기의 판단이 틀림이 없다고 믿다.

단:조[1][단쪼] 단음계의 곡조. 으뜸음의 높이에 따라 가 단조·마 단조 등으로 부름. 【短調】

단조[2] ①사물이 단순하고 변화가 없이 싱거움. ②가락이 변화가 없고 단일함. ㊖단조로운 선율. 【單調】

단조롭다 같은 것이 계속 되풀이되어 지루하다. ㊖단조로운 생활.

단지[1] 배가 부르고 목이 짧은 자그마한 항아리의 한 가지. ㊖김치 단지.

단:지[2] 다만. 겨우. 오직. 한갓. ㊖단지 그 한 마디를 하려고 그렇게 먼 길을 왔느냐? 【但只】

단지[3] 아파트·공장 등이 무리를 이루고 있는 일정한 구역. 【團地】

단짝 서로 뜻이 맞아 항상 함께 행동하는 사이, 또는 친구.

단청 궁궐·절 따위의 벽·기둥·천장 등에 여러가지 고운 빛깔로 그림과 무늬를 그림, 또는 그 그림이나 무늬. ㊖단청이 아름답다.

단체 ①같은 목적을 이루려고 두사람 이상이 모인 조직. ㊖자선 단체. ②여러 사람이 모여서 이룬 무리. ㊖단체로 입장하다. 반개인.

단체 경기 축구·농구·배구 등과 같이 여러 사람이 한 편을 이루어 다른 편과 승부를 겨루는 경기. 반개인 경기.

단체장 단체의 책임자.

단체전 단체간에 벌이는 경기. 반개인전.

단추 옷의 두 쪽을 붙였다 떼었다 하기 위해 달아 놓은 것.

단:축 짧게 줄어듦. 짧게 줄임. ㊖단축 마라톤. －하다.

단출하다 ①식구나 구성원이 많지 아니하여 살림의 규모가 작다. ㊖식구가 단출하다. ②옷차림이나 가진 물건 따위가 간편하다. ㊖단출한 차림. **단출히**.

단:층[1] 지구 내부에서 움직이는 힘의 영향을 받아 한쪽은 가라앉고 한쪽은 솟아서 생기는 지층. 【斷層】

단층[2] 단 하나의 층. ㊖단층집. 반고층. 【單層】

단칸 단 한 칸. ㊖단칸 셋방.

단칸방[단칸빵] 단 한 칸의 방.

단칼 베거나 찌르기 위해서 칼을 한 번 휘두르는 것. ㊖나무를 단칼에 베어 넘기다.

단판 단 한 번에 이기고 지는 것을 정하는 판.

단팥죽 팥을 삶아 으깨어 거른 물에 설탕과 동그란 찹쌀 가루 덩어리를 넣고 달게 만든 죽.

단:편 ①짤막하게 엮은 글, 또는 짤막한 영화. ②'단편 소설'의 준말. 반장편. 【短篇】

단풍 ①늦가을에 빛깔이 붉게 또는 누르게 변한 나뭇잎. ㊖곱게 물든 단풍잎. ②'단풍나무'의 준말.

단풍나무 활짝 편 손바닥 모양의 잎이 가을에 빨갛게 단풍이 드는 나무. 준단풍.

단풍잎[단풍닙] 단풍이 든 단풍나무의 잎.

단풍취 산에 저절로 자라는데, 잎은

일곱 갈래로 갈라졌고, 7~9월에 꽃이 피며, 어린 잎은 먹을 수 있는 엉거시과의 여러해살이풀.

단합 한데 뭉침. ㉠국민의 단합된 힘. ㉥단결. -하다. 【團合】

단:행 어떤 일을 반대나 위험 등을 무릅쓰고 그대로 실행하는 것. ㉠반대를 무릅쓰고 공사를 단행하다. -하다. 【斷行】

단행본 총서·전집·잡지 따위와는 달리, 독립된 한 권으로 나온 책.

단:호하다 결심한 것을 딱 끊은 듯이 엄격하다. ㉠요구를 단호히 거절하다. 단호히.

닫다 ①열린 것을 막다. ㉠뚜껑을 닫다. ②하던 일을 하지 아니하다. ㉠가게문을 닫다. ㉥열다.

닫히다[다치다] ①문이나 뚜껑이 닫아지다. ㉠창문은 모두 닫혀 있었다. ②마음이 좁아지든가 막히다. ㉠여행은 아이들의 닫힌 시야를 넓혀준다.

닫힌 소리 혀를 가장 높게 하여 내는 소리〔이·으·우 등〕.

달[1] 밤하늘에 떠서 세상을 밝게 비추는 지구의 위성. 지구에서 가장 가까운 거리에 있는 천체.

달[2] 한 해를 열둘로 나눈 하나를 단위로 하는 시간의 길이. ㉠일년 열두 달.

달가닥 단단하고 작은 물건이 맞닿아서 나는 소리. ㉢달각. <덜거덕. ㉣딸가닥. -하다.

달가스〖사람〗 1870년경에 덴마크의 부흥에 힘쓴 지도자. 덴마크가 독일과의 전쟁에서 기름진 땅을 빼앗겼을 때 황무지 협회를 조직하여 식목과 개척에 힘쓰고, 협동 조합 운동을 전개하여 부흥의 터전을 닦았음.

달갑다(달가우니, 달가워서) 무엇이 마음에 들어 좋다. 흡족하다. ㉠충고를 달갑게 받아 들이다.

달개비 습한 땅에서 자라는 높이 15~50cm의 한해살이풀. 줄기는 긴 마디로 되어 있으며, 아침 일찍 남색 꽃이 피는데, 꽃은 강낭콩꽃과 비슷함.

[달개비]

달걀 닭이 나은 알. 계란.

달걀찜 달걀을 물에 풀어 찐 음식. 새우젓·파·깨 등을 넣기도 함.

달걀판 일정하게 움푹한 자리들이 있어 여러 개의 달걀을 가지런히 담아 두는 판.

달구다 불에 대어 뜨겁게 하다. ㉠쇠를 달구다.

달구지 말·소가 끄는 짐수레.

달그락거리다 작고 단단한 물건들이 서로 계속하여 가볍게 부딪치는 소리. ㉥달그락대다.

달그락달그락 단단하고 작은 물건이 자꾸 부딪히며 내는 소리. <덜그럭덜그럭. ㉣딸그락딸그락. -하다.

달나라 지구처럼 하나의 세계로 생각한 달의 세계.

달님 달을 사람처럼 꾸며 아름답게 이르는 말.

달:다[1](다니, 다오) ①몹시 뜨거워지다. ㉠시뻘겋게 단 난로. ②마음이 타다. ㉠애가 달다.

달다[2](다니, 다오) ①물건을 높이 매어 아래로 늘어뜨리다. ㉠태극기를 달다. ㉥매달다. ②물건을 일정한 곳에 붙이다. ㉠가슴에 이름표를 달다. ③말이나 글에 설명·제목 등을 붙이다. ㉠글의 제목을 달다. ④저울로 무게를 헤아리다. ㉠체중을 달다.

달다[3](다니, 다오) ①맛이 꿀맛과 같다. ②입맛이 당기어 맛이 좋다. ㉠밥이 달다. ㉥쓰다.

ㄷ

달달 춥거나 두려워서 작은 몸을 자꾸 떠는 모양. 〈덜덜.

달동네 산등성이나 산비탈에 있는, 주로 가난한 사람들이 사는 동네.

달:라다 '달라고 하다'의 준말. 남에게 무엇을 주기를 청하다.

달라붙다 ①끈기 있게 바짝 붙다. ㉠엿이 바닥에 달라붙다. ②끈질기게 덤벼들다. ③어떤 일에 열심히 힘을 쓰다. 〈들러붙다.

달라지다 변하여 이전 것과 틀리게 되다. 다르게 되다.

달랑 ①무엇이 적거나 간단한 모양. ㉠도시락 하나만 달랑 들고 학교에 갔다. ②가볍게 행동하는 모양. ㉠무릎에 달랑 올라앉다. ③작은 것이 가볍게 매달려 있는 모양. ㉠달랑 매달아 놓다. 〈덜렁. ㉦딸랑.

달랑거리다 작은 물건 따위가 매달린 채 이리저리 움직이다. ㉥달랑대다. 〈덜렁거리다. ㉦딸랑거리다.

달랑게 등딱지는 네모꼴이고, 짙은 회색이며 양쪽 집게발의 크기가 서로 같지 않은 작은 게. 얕은 모래땅에 구멍을 파고 삶.

달랑달랑 작은 것이 잇달아 매달려 가볍게 흔들리는 모양을 나타냄. ㉠귀고리가 달랑달랑 흔들리다. 〈덜렁덜렁. -하다.

달래 백합과의 여러해살이풀. 들에 절로 나는데, 줄기는 5~12cm. 파와 같은 냄새가 나고 매운 맛이 있어 양념이나 나물로 먹음.

달래다 ①마음을 위로하여 가라앉게 하다. ㉠슬픔을 달래다. ②좋은 말로 구슬리거나 타이르다.

달러 미국 돈의 단위. 1달러는 100센트. ㉥불(弗). ×달라. 【dollar】

달려가다 달음질하여 빠르게 가다. ㉤달려오다.

달려나가다 뛰어서 나가다.

달려들다(달려드니, 달려드오) 갑자기 덤벼들다. 와락 대들다.

달려오다 달려서 빠르게 오다. ㉤달려가다.

달력 한 해 동안의 날짜·요일·절기 등을 나타낸 것. ㉥책력. 월력.

달리 다르게. 틀리게. ㉠달리 좋은 방법이 없다.

달리기 일정한 거리를 빨리 달리는 것을 겨루는 육상 경기. -하다.

달리다[1] ①뛰어가다. ②빨리 가게 하다. ㉠말을 빨리 달리다.

달리다[2] ①힘에 부치다. ㉠힘이 달려 준우승에 머물다. ②물건의 한 끝이 높이 걸리거나 붙은채 아래로 처지다. ㉠처마에 고드름이 달리다. ③매이거나 딸리다. ㉠나에게는 모두 여섯 식구가 달려 있다.

달리아 국화과의 여러해살이 화초. 줄기는 2m 가량 자라며 굵은 덩이뿌리로 번식함. 여름에서 가을에 걸쳐 백색·홍색·자색 등의 큼직하고 아름다운 꽃이 줄기 끝에 핌.

[달리아]

달맞이[달마지] 달이 뜨기를 기다림. 음력 정월 보름날 밤, 횃불을 들고 산이나 들에 나가 달이 뜨기를 기다리는 일. -하다.

달맞이꽃[달마지꼳] 잎은 가늘고 길며 끝이 뾰족하고, 여름 저녁에 노란 꽃이 피는 식물.

달무리 달 언저리에 구름이 고리같이 둥그렇게 보이는 허연 테.

달밤[달빰] 달이 뜬 밤. 달이 떠서 밝은 밤.

달변 막힘이 없이 아주 말을 잘하는 솜씨. 【達辯】

달빛[달삗] 달에서 비치는 빛. ㉥월광.

달성[달썽] 뜻하는 바나 목적하는

바를 이룸. 예목적을 달성하다. 비성취. -하다. 【達成】

달싹이다[달싸기다] 조금씩 들었다가 놓았다가 하다. 예엉덩이를 달싹이다.

달아나다 도망치다. 잡히지 않도록 빨리 다른 곳으로 가다.

달아오르다(달아오르니, 달아올라서) ①얼굴이 화끈해지다. ②쇠붙이 따위가 몹시 뜨거워지다.

달음박질 급히 뛰어 달려가는 걸음. 준달음질. -하다.

달음질하다[다름질하다] 빠르고 힘차게 달리다. 예밖으로 달음질쳐 나오다.

달음질치다[다름질치다] 빠르고 힘차게 달리다. 예밖으로 달음질쳐 나오다.

달이다 끓여서 진하게 만들다. 예약을 달이다.

달집[달찝] 음력 정월 보름날에 달맞이할 때 불을 질러 밝게 하기 위하여 집 모양으로 쌓은 나무 무더기.

달짝지근하다. 달콤한 맛이 있다.

달콤하다 ①맛이 알맞게 달다. 예달콤한 사탕. ②감미롭다. 예달콤한 말로 속삭이다. <달큼하다. **달콤히.**

달팽이 달팽이과의 연체 동물. 나선형의 껍질을 지고 있으며, 머리에 두 개의 더듬이가 있는데 그 끝에 밝음과 어둠만을 구별하는 눈이 있음. 여름에 습한 곳의 잎이나 풀잎위를 기어다님.

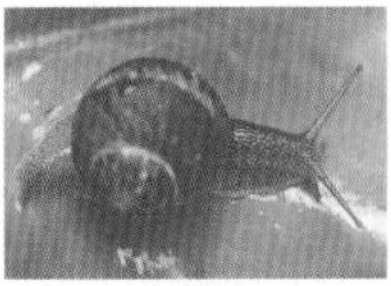
[달팽이]

달포 한 달 이상이 되는 동안.

달필 빠르고도 잘 쓰는 글씨. 능필. 반악필. 【達筆】

달하다 ①목적을 이루다. ②어떠한 곳이나 표준 및 수량에 이르다. 예컴퓨터 기술이 선진국 수준에 달하다.

닭 꿩과의 새. 집에서 가장 널리 기르는 가축의 하나. 날개는 짧아 날지 못하나 다리는 매우 튼튼함. 알과 고기를 얻기 위하여 많이 기름.

[닭]

닭싸움 ①수탉 두 마리를 싸우게 하여 승부를 겨루는 놀이. ②한쪽 다리를 손으로 잡고 외다리로 뛰면서 상대를 밀어 넘어뜨리는 놀이.

닭장[닥짱] 닭을 가두어 기르는 곳. 닭의 장.

닮다[담따] ①서로 비슷하게 생기다. ②어떤 것을 본떠서 그와 같아지다. 예좋은 친구를 닮다.

닮은꼴 크기가 같지 않은 둘 이상의 도형에서 대응변의 비가 같고 대응각이 서로 같은 도형.

닮음[달믐] 수학에서, 두 도형의 대응하는 변과 각의 비가 서로 같은 것.

닮음비 닮은꼴인 두 도형에서 대응변의 길이의 비.

닮음의 중심 두 닮은 도형의 대응점을 이은 직선이 모두 한 점에서 만날 때, 두 도형은 '닮음의 위치에 있다'고 하고, 그 점을 '닮음의 중심'이라고 함.

닳다[달타] ①오래 쓴 물건이 낡아지거나 줄어들다. 예구두 뒤축이 닳다. ②액체 등이 졸아들다. 예국물이 닳다.

닳아빠지다[다라빠지다] 성질이나 생각 따위가 지나치게 약다. 예애가 순진한 맛이 없고 닳아빠졌다.

담[1] 벽돌·흙·돌 등으로 높이 쌓아올려서 집의 가를 둘러 막은 것. 비담장.

담:² '다음'의 준말. ㉡나는 담에 선생님이 될꺼야.
담:³ ①가래. ㉡담을 뱉다. ②어떤 물질이 몸의 한 부분에 뭉쳐 있어서 아픈 병. ㉡어깨에 담이 들다.
담:⁴ ①쓸개. ②용감한 기운. ㉡담이 크다. 【膽】
담그다 ①액체 속에 넣다. ㉡물에 손을 담그다. ②술·김치·간장 등을 만들어 익게하다. ㉡장을 담그다.
담금질 쇠를 불에 달구었다가 찬물에 담그는 일. -하다.
담기다 그릇에 담아지다. ㉡귤이 상자에 가득 담기다.
담:다[담따] 그릇 속에 넣다.
담:담하다 마음이 편하고 맑다. ㉡담담한 표정으로 이야기를 듣고 있다. 담담히.
담당 어떤 일을 맡음. ㉡담당 구역. 담당 부서. -하다. 【擔當】
담당관 공공 기관의 어떤 책임을 맡은 공무원. 【擔當官】
담당자 책임을 맡은 사람.
담:대 ①담력이 큼. ②겁이 없고 용기가 많음. ㉡담대한 사람. ㉥대담. ㉤소심. -하다. -히.
담:력[담녁] 겁이 없고 용감한 기운. ㉢담. 【膽力】
담:배 ①가지과의 한해살이풀. 남미 원산의 재배 식물로 줄기높이는 1.5~2m. 길둥근 잎은 길이 50cm, 폭 25cm 가량으로 매우 크며 끝이 뾰족하고 어긋나게 남. 잎은 담배의 원료임. ②담뱃잎을 말려서 가공한 기호품.
담:배꽁초 담배를 피우다가 남은 작은 도막.
담:백하다 ①맛·냄새·빛깔 따위가 진하지 않고 산뜻하고 엷다. ㉡국이 담백하다. ②욕심이 없고 솔직하다. ㉡그녀는 솔직하고 담백하다.
담벼락 담의 겉면.
담보 돈을 빌린 사람이, 빌린 돈을 못 갚을 때 돈을 빌려 준 사람이 마음대로 처분해도 좋다는 약속으로 맡기는 물건이나 증권. ㉡집을 담보로 돈을 빌리다. ㉥저당. -하다.
담비 족제비과의 동물. 몸길이 40~50cm, 꼬리는 20cm 가량. 털은 여름에는 흑갈색이나 겨울에는 황색으로 곱게 변함. 모피는 귀중하여 아주 비쌈.

[담비]

담뿍 어떤 곳에 가득 담기거나 들어있는 모양을 나타냄. ㉡바구니에 과일이 담뿍 담겨있다. ㉤조금. <듬뿍.
담:색 엷은 빛깔. ㉤농색. 【淡色】
담소 웃으면서 이야기함. ㉡친구들과 담소를 나누다. 【談笑】
담:수호 민물 호수. 【淡水湖】
담양읍【지명】 전라 남도 광주광역시 북쪽 영산강 상류에 위치해 있는 담양군의 군청 소재지가 있는 곳〔대를 재료로 하여 만든 죽세공품으로 유명함〕.
담:요[담뇨] 털 같은 것으로 만들어, 깔거나 덮게 된 침구의 하나. 모포.
담임[다밈] 학교에서 한 학급의 일을 책임지고 맡아 봄, 또는 맡아 보는 사람. ㉡담임 선생님. 【擔任】
담장 ⇨담¹.
담쟁이덩굴 벽·담·바위 같은데 붙어서 뻗어 나가는 덩굴나무.
담:징【사람】[579~631] 고구려의 승려이며 화가. 일본에 건너가 호류사의 금당벽화를 그린 것으로 유명함. 【曇徵】
담:채화 동양화에서 채색을 엷게 한 그림. 【淡彩畵】

담판 서로 의논하여 옳고 그른 것을 분명히 판단함. ㊀임금 문제를 놓고 담판을 벌이다. -하다. 【談判】
담합 남이 모르게 미리 의논하여 정하는 것. -하다. 【談合】
담화 ①이야기. ②단체나 개인이 그 의견이나 태도를 분명히 하기 위하여 하는 말. ㊀담화문을 발표하다. -하다. 【談話】
담:황색 엷은 누런색. ㊀담황색 야채.
답 ①'대답'의 준말. ㊀묻는 말에 답하다. ②'해답'의 준말. ㊀문제의 답을 고르다. 반문제. 【答】
답답하다[답따파다] 마음이 시원하지 않고 갑갑하다. ㊀소식을 몰라 답답하다. 반후련하다. 답답히.
답례[담녜] 남에게서 받은 인사에 답하여 인사를 함. ㊀축하 인사에 답례하다. -하다.
답변 물음에 대하여 대답하는 말. ㊀선생님의 질문에 답변을 하다. 반질문. 질의. -하다.
답사[1] 식장에서 축사·환영사·환송사 따위에 대한 대답의 말. ㊀졸업생 대표의 답사. -하다. 【答辭】
답사[2] 실제 현장에 가서 보고 조사함. ㊀경주 고적을 답사하다. -하다. 【踏査】
답습 옛것을 그대로 따르거나 이어나감. -하다.
답신 받은 편지나 통신에 답하는 편지나 통신. 비답장. -하다.
답안 시험 문제의 해답. ㊀모범 답안을 쓰다. 【答案】
답안지[다반지] 시험 문제에 대한 답안을 쓴 종이, 또는 답안을 쓰는 종이. 비답지.
답장 회답하여 보내는 편지. 비답신. 회신. -하다. 【答狀】
답중악 논에서 일할 때 연주하는 농악의 악곡.
답하다[다파다] 물음에 대답을 하다. 비대답하다.
닷[닫] '다섯'의 뜻. ㊀금 닷 돈.
닷되 곡식이나 액체 따위의 분량을 재는데 쓰는 그릇으로 다섯 그릇.
닷새[닫쌔] ①다섯 날. ②'초닷샛날'의 준말.
당[1]〖나라〗[618~907] '당나라'의 준말. 중국 수나라 다음에 일어난 왕조. 남북을 통일하여 정치 문화의 발전을 이루었고, 장안에 도읍하였음. 우리 나라와 깊은 관계를 가졌었음. 【唐】
당[2] 물에 잘 녹으며 단맛이 있는 탄수화물. 【糖】
당[3] 사상과 목적이 같은 사람들이 모인 정치적 조직체. 비정당. 【黨】
당구 네모난 대위에 공을 놓고, 막대로 쳐서 맞히기를 하여 승부를 겨루는 실내 오락.
당국 ①어떤 일을 처리하는 임무를 맡아 보는 곳. ②어떤 나라 일을 맡아 보는 관청.
당귀 넓은 잎에 큰 톱니가 있는 여러해살이풀의 뿌리. 조금 단 맛이 있으며, 한약의 재료로 씀.
당근 뿌리를 먹는 식물의 하나로, 빛깔이 붉고 맛이 달콤하며 독특한 향기가 있음. 비홍당무.
당기다 ①끌어서 가까이 오게 하다. ㊀의자를 앞으로 당기다. ②정한 시간이나 날짜보다 앞으로 옮기다. ㊀약속 시간을 당기다.
당김음 셈여림이 불규칙하여 여린박 자리에 센박이 오는 것.
당나귀 말과 비슷하나 몸이 작고 앞머리에 긴 털이 없음. 귀는 토끼처럼 길고, 힘이 세며 잘 참고 견디어 부리기에 알맞음. 준나귀.

[당나귀]

당나라 ⇨ 당[1]

ㄷ

당뇨 당이 정상보다 많이 섞여 나오는 오줌. 【糖尿】

당뇨병[당뇨뼝] 혈액 속에 당이 많아져서 당뇨가 오랫동안 계속되는 병. 【糖尿病】

당당하다 ①매우 의젓하다. (예)체격이 당당하다. ②떳떳하다. (예)당당하게 말하다. 당당히.

ㄷ

당대 ①사람의 일대. (예)당대에 모은 재산. ②그 시대. (예)당대에 제일가는 명필. 【當代】

당도[1] 미리 정해진 어떤 장소나 일에 닿아서 이름. (예)목표한 지점에 당도하다. 【當到】

당도[2] 단맛의 정도. (예)당도가 높은 수박. 【糖度】

당돌하다 올차고 다부져서 조금도 어려워하는 마음이 없다. (예)당돌한 행동. 당돌히.

당류[당뉴] 탄수화물·과당·포도당·맥아당 따위의 물에 녹으면 단맛이 있는 물질들.

당면[1] 어떤 일이 바로 눈앞에 닥침. (예)당면 과제. -하다. 【當面】

당면[2] 잡채의 재료가 되는, 녹말가루로 만든 국수. 【唐麵】

당백전 조선 고종 3년(1866)에 찍어낸 엽전으로 보통 엽전의 100배의 값이 되게 했음. 경복궁을 재건하는 비용으로 씀. 【當百錢】

당번 돌아오는 차례에 당함, 또는 그 사람. (예)청소 당번. [반]비번.

당부 말로써 단단히 부탁함, 또는 그 부탁. (예)몸조심을 하라고 당부하다. -하다. 【當付】

당분 단맛이 있는 성분.

당분간 얼마 동안. 잠시 동안.

당사자 어떤 일에 직접 관계가 되어 있는 사람. [비]본인.

당산 (민속에서) 마을의 신령을 모시는 마을 근처의 산이나 언덕.

당선 ①선거에서 뽑힘. (예)반장으로 당선되다. ②심사에서 뽑힘. (예)백일장에서 장원으로 당선되다. [반]낙선. -되다. -하다. 【當選】

당선자 선거나 심사에서 당선된 사람. 【當選者】

당수 한 당의 우두머리. *총재.

당숙 아버지의 사촌 형제. 종숙.

당숙모[당숭모] 당숙의 아내.

당시 어떤 일이 일어난 바로 그 시대. (예)6·25 당시. 【當時】

당신 ①웃어른을 높이어 일컫는 말. ②부부가 서로 상대방을 높이어 하는 말. ③자기보다 낮거나 비슷한 사람을 이름 대신으로 부르는 말.

당연 이치로 보아 마땅히 그러할 것임. (예)자식이 부모에게 효도하는 것은 당연한 일이다. [반]부당. -하다. -히. 【當然】

당연지사 당연하고 마땅한 일.

당원 정당에 가입한 사람. 당을 이루고 있는 사람. 【黨員】

당의 소매가 넓고 앞뒤 자락이 무릎까지 오고 옆이 트인, 조선시대에 저고리 위에 덧입던 여자 예복.

당인리[당인니]〖지명〗 서울 마포구 당인동의 구칭. 화력발전소가 있음.

당일 일이 생긴 바로 그 날. (예)사건 당일. 【當日】

당일치기 그 날 하루에 끝을 내는 일. -하다.

당자 바로 그 사람. (예)당자를 만나 보다. (본)당사자. [비]본인.

당장 곧. 바로. 무슨 일이 일어난 바로 그 자리. (예)당장 이방에서 나가라.

당쟁 당파를 이루어 서로 싸움.

당좌 은행이 예금자의 청구에 따라 언제든지 그 예금액을 지급하는 것. (예)당좌 수표.

당좌 수표 은행에 당좌 예금을 가진 사람이 그 예금을 기초로 하여 그 은행 앞으로 발행하는 수표.

당좌 예금 은행이 예금한 사람의 요구대로 언제든지 지불한다는 약속 아래 저축하는 예금. 준당좌.

당직 근무하는 곳에서 숙직이나 일직 등의 차례가 됨.

당질 탄수화물을 많이 지닌 물질.

당집[당찝] 신을 모셔 놓고 위하는 집. 준당.

당차다 나이·모습·처지 등에 비하여 마음이나 행동이 야무지다.

당첨 제비뽑기에 뽑힘. 예복권에서 일등으로 당첨되다.

당초 일이 생긴 처음. 애초. 예당초부터 잘못된 일. 【當初】

당최 도무지. 영. 예운동을 해도 당최 살이 빠지지가 않는다.

당치않다 이치에 맞지 아니하다. 어림도 없다. 예그런 당치않은 소리는 하지도 마라. 준당찮다. 본당치 아니하다.

당파 정치적 이해 관계를 같이 하는 사람들끼리 갈라져 나와 이룬 집단. 【黨派】

당포 해전 임진왜란 때 남해안 당포 앞바다에서 이순신 장군이 왜적을 무찌른 전투.

당하다[1] ①어떤 처지에 이르다. 예낭패를 당하다. ②맞서서 이겨 내다. 예일개 소대 병력으로 일개 중대를 당해 내다.

당하다[2] 이롭지 않거나 원하지 않은 일을 겪게 되다. 예수해를 당하다.

당혹스럽다(당혹스러워, 당혹스러운) 갑자기 어떤 일을 당하여 어찌할 바를 몰라 곤란하다. 예그녀가 갑자기 울어서 당혹스러웠다.

당황스럽다(당황스러워, 당황스러운) 뜻밖의 일이어서 어떻게 해야 좋을지 몰라 답답하다. 예지갑을 잃어버려서 매우 당황스러웠다.

당황하다 놀라서 정신이 어리둥절하다.

닻[닫] 배를 일정한 곳에 머물러 있게 하기 위하여 물 밑바닥에 가라앉혀 두는 갈고리 모양의 쇠붙이.

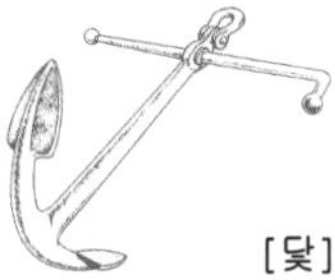
[닻]

닿:다[다타] ①물건이 서로 접하다. 예손과 손이 마주 닿다. ②어떤 목적지에 이르다. 예배가 부두에 닿다. ③서로 인연이나 관련이 맺어지다. 예연락이 닿다.

닿소리[다쏘리] 소리를 낼 때, 혀·이·입안·입술 등의 발음 기관에 닿아서 나는 소리〔ㄱ, ㄲ, ㄴ, ㄷ, ㄸ, ㄹ, ㅁ, ㅂ, ㅃ, ㅅ, ㅆ, ㅇ, ㅈ, ㅉ, ㅊ, ㅋ, ㅌ, ㅍ, ㅎ의 19자임〕. 자음. 반홀소리.

대[1] ①식물의 줄기. 예수숫대. ②막대가 가늘고 길며 속이 빈 것을 통틀어 이르는 말.

대:[2] 조상으로부터 자손으로 집안이 이어지는 것. 예대를 잇다. 【代】

대[3] '대나무'의 준말. 예대로 만든 바구니.

대[4] 차·기계 따위를 셀 때 쓰는 말. 예자전거 한 대. 【臺】

대[5] 자기의 주장이나 마음가짐. 예할머니는 대가 세신 분이셨다.

대:가[1] 학문·기술 등에 조예가 깊은 사람. 예발명의 대가. 【大家】

대:가[2][대까] 값. 어떤 일을 함으로써 얻은 값어치. 예노력한 대가를 받다. 【代價】

대가리 ①'사람의 머리'의 속된말. ②길쭉하게 생긴 물건의 앞부분이나 꼭대기. 예콩나물 대가리.

대:가족 식구가 많은 가족. 반핵가족. 【大家族】

대:가족 제도 몇 대에 걸친 많은 가족이 집안 어른을 중심으로 한 집에 모여 사는 가족 제도. 반핵가족 제도.

대:각 다각형에서 서로 마주 보는 두 쌍의 각. 맞각. 맞선각.

대각 국사〖사람〗 ⇨의천.

대:각선 다각형에서 이웃하지 않은 두 꼭지점을 잇는 직선.

대:감 조선 시대, 정이품 이상의 벼슬아치를 높여 부르던 말.

대:갓집[대가찝] 대대로 세력이 있고 재물이 많아 집도 크고 번창한 집, 또는 그러한 집안. ×대가집.

대:강 일을 가장 중요한 부분만 간단하게. 대체의 줄거리. (예)글의 대강을 간추리다. (비)대충. 대개. 대략. (반)확실. 【代講】

대:개 ①대체의 줄거리. ②대부분. (예)휴가는 대개 여름철에 많이 간다. (비)대강. 대략.

대걸레 긴 막대 자루가 달린 걸레.

대:검 큰 칼. 【大劍】

대:검찰청 국가의 모든 검찰 사무를 다스리고, 지방 검찰청과 고등 검찰청을 지휘·감독하는 검찰의 최고 기관. (준)대검.

대견스럽다 아랫사람이 마음에 꼭 들고 자랑스럽다. (예)군복을 입은 아들이 대견스럽다.

대견하다 마음에 모자람이 없이 흡족하다. (예)어려운 환경속에서도 꿋꿋하게 자라서 대견하다.

대:결 맞서서 겨룸. -하다.

대경실색 몹시 놀라서 얼굴이 하얗게 질리는 것. -하다. 【大驚失色】

대:고모 아버지의 고모. 곧 할아버지의 누이. 왕고모.

대:공[1] ①유럽에서, 임금 집안의 남자. ②작은 나라의 군주를 일컫는 말. 【大公】

대:공[2] 공산주의 또는 공산당을 상대로 하는 것. (예)대공 수사 본부. 【對共】

대:공[3] 항공기를 상대로 하는 것. (예)대공 사격. 【對空】

대:공원 규모가 큰 공원. (예)어린이대공원. 【大公園】

대:관령[대괄령] 강원도 강릉과 평창군 사이에 있는 높은 고개. 매우 험하여 아흔 아홉 굽이나 된다고 함. 해발 865m. 【大關嶺】

대:관절 여러 말할 것 없이 요점만 말하건대. (예)대관절 우는 까닭이 무엇이냐? (비)도대체.

대:괄호 문장 부호에서 묶음표의 하나. '[ ]'를 말함.

대:교 큰 다리. (예)남해 대교.

대구[1] 입과 머리가 크고, 살은 국이나 찌개 감으로 쓰이고 말려서 포를 만들며, 연한 갈색과 잿빛이 섞인 빛깔의 큰 바닷물고기. 【大口】

대구[2]〖지명〗 경상 북도 도청 소재지에서 1995년에 광역시로 승격했음. 팔공산 등 높은 산으로 둘러싸여 분지를 이루고 있으며, 경부선의 주요 역임〔사과가 많이 나는 곳으로 유명함〕. 【大邱】

대:국[1] 국토가 크고 넓고 세력이 강한 나라. (반)소국. 【大國】

대:국[2] 바둑이나 장기의 경기. 【對局】

대:군[1] 많은 군사. 【大軍】

대:군[2] 왕비가 낳은 아들. (예)양녕대군. 안평대군. 수양대군. 【大君】

대굴대굴 작고 단단한 물건이 계속해서 굴러가는 모양. <데굴데굴. (센)때굴때굴.

대:권[대꿘] 나라를 다스리는 권한. (예)대권을 잇다. 【大權】

대:궐 임금이나 임금의 가족들이 사는 집. (비)궁궐. 왕궁.

대:규모 일의 범위나 짜임새가 넓고 큰 것. (예)대규모 행사를 개최하다. (반)소규모.

대:금[1] 목관 악기에 속하는 우리 나라 고유의 악기의 하나. 대나무

[대금[1]]

로 만들었으며, 13개의 구멍으로 소리를 조절함.

대:금[2] ①물건을 사고 치르는 값. ②물건의 값. (예)신문 대금을 지불하다. 【代金】

대:금[3] ①꾸어 준 돈. ②돈놀이를 함. (예)고리 대금업. -하다. 【貸金】

대:기[1] 지구를 둘러싸고 있는 기체. 공기. (예)대기 오염. 【大氣】

대:기[2] 때나 기회가 오기를 기다림. (예)출동 대기. -하다. 【待機】

대:기권 지구를 싸고 있는 공기층이 차지하는 범위 안.

대기 만성 남달리 뛰어난 인물은 보통 사람보다 늦게 크게 성공한다는 뜻. 【大器晩成】

대:기실 기다리는 사람의 편의를 위한 방이나 장소.

대:기업 자본이나 종업원의 수가 많은, 큰 규모의 기업. 【大企業】

대기 오염 산업 활동이나 인간 생활에서 생기는 매연·먼지·가스 따위에 의해서 대기가 더러워지는 현상.

대:길 아주 좋음. 크게 길함. (예)입춘대길. 【大吉】

대:꾸 남의 말을 받아 자기 생각을 나타내는 말. (본)말대꾸. -하다.

대나무 줄기가 곧고 마디가 있으며, 속이 빈 나무. 주로 열대와 온대 지방에서 자람. (준)대.

대:납 ①남을 대신하여 내어줌. (예)적금을 대납해 주다. ②다른 물건으로 대신하여 바침. -하다.

대:낮 환히 밝은 낮. [비]한낮.

대:내적 어떤 내부나 국내에 상관됨. [반]대외적. 【對內的】

대:뇌 척추 동물의 뇌의 대부분을 차지하고 있는 것으로, 주로 생각·기억·판단 등을 맡아 함. [비]큰골. 【大腦】

대님 한복의 바지가랑이 끝을 접어 졸라매는 끈.

대:다 ①서로 닿게 하다. (예)머리를 맞대다. ②도착시키다. (예)약속 시간 안에 차를 대다.

대:다수 대단히 많은 수. 거의 다.(예)대다수가 찬성하다.

대:단원 영화·연극·소설 따위에서 복잡한 일들이 해결되어 결말을 짓는 부분. [비]대미.

대:단위 한 곳에 모여 있는 시설 따위의 아주 큰 규모. (예)대단위 아파트. [반]소단위.

대:단하다 ①아주 중하다. (예)병이 대단하다. ②매우 심하다. (예)걱정이 대단하다. ③크고도 많다. (예)인기가 대단하다. ④매우 중요하다. (예)대단한 사건이다. 대단히.

대:단히 정도가 심하게. (예)혼자 산다는 것은 대단히 외로운 일이다. [비]굉장히. 매우. 몹시. 무척. 아주.

대:담[1] 어떤 일에 대하여 서로 이야기를 주고받음. (예)단독 대담. [비]대화. [반]독백. -하다. 【對談】

대:담[2] 겁이 없고 담력이 큼. [반]소심. -하다. -히. 【大膽】

대:답 물음에 대하여 자기의 뜻을 나타냄. [비]응답. [반]질문. (준)답. -하다. 【對答】

대:대 군대 단위의 하나. 중대의 위, 연대의 아래임. 【大隊】

대:대로 여러 대를 잇달아서. (예)우리 집안은 대대로 학자 집안이다.

대:대적 범위나 규모가 매우 큰 것. (예)대대적으로 청소하다.

대덕 연구단지 충남 대전을 중심으로 과학을 연구하는 기관이 많이 모여 있는 곳.

대:도시 지역이 넓고 인구가 많으며, 정치·문화·경제 등의 중심이 되는 도시. 【大都市】

대:도호부 고려·조선 때의 비교적 큰 행정 구역.

대:독 남의 글을 대신해서 읽음. -하다. 【代讀】

ㄷ

ㄷ

대:동강 우리 나라에서 다섯째로 긴 강으로 평안 남도에 위치함. 길이 439km. 【大同江】

대동 단결 많은 사람 또는 여러 조직이 큰 덩어리로 한데 뭉침. -하다. 【大同團結】

대:동맥 ①핏줄의 본 줄기를 이루는 굵은 동맥. 심장에서 부터 시작됨. ②'한 나라 교통의 가장 중요한 도로나 철도'를 비유하여 이르는 말.

대:동법[대동뻡] 조선 광해군 때부터 실시하였던 세금 제도, 이원익의 건의로 각 지방에서 특산물을 바치던 것을 쌀로만 바치게 하였던 제도. 【大同法】

대동 소이 거의 같고 조금 다름. 비슷비슷함. -하다. 【大同小異】

대:동여지도 조선 시대 김정호가 만든 우리 나라 전 국토를 나타낸 최초의 지도. 1861년 판목으로 인쇄함. 압록강 두만강 이남의 반도와 섬을 약 16만 2,000분의 1로 그렸음. 보물 제850호. 【大東輿地圖】

대:두 콩. 【大豆】

대:들다(대드니, 대드오) 맞서서 달려들다. ㉒형한테 대들다.

대들보 ①두 기둥을 가로 질러 연결시키는 기둥. ②한 집안이나 나라에서 중심이 되는 중요한 사람. ㉒너는 우리 집의 대들보이다.

대:등 서로 비슷함. ㉒대등한 실력. -하다. 【對等】

대뜸 이것저것 생각할 겨를 없이 그 자리에서 얼른. ㉒대뜸 소리지르다.

대:란 사회가 몹시 어지러운 상황. 큰 난리. ㉒교통 대란.

대:략 대강. 대체로. ㉒사건의 대략만 이야기하라.

대:략적 전체를 요약한 것. ㉒전시회 내용을 대략적으로 소개하다.

대:량 많은 분량. ㉒대량 생산. 반소량. 【大量】

대:련 태권도·유도 등에서 두 명이 서로 겨루어 공격과 방어 방법을 동시에 연습하는 일. 비겨루기. -하다. 【對鍊】

대:령[1] 명령을 기다림. ㉒죄인을 대령시켜라. -하다. 【待令】

대:령[2] 중령의 위, 준장의 아래 계급, 또한 그러한 계급에 있는 사람.

대:령하다 ①지시나 명령을 기다리다. ②윗사람을 위하여 무엇을 준비하여 놓다. ㉒아버지께 꿀물을 타서 대령하다.

대:례복 나라의 중요한 큰 의식에 벼슬아치가 입던 예복.

대:로[1] 폭이 넓은 길. 큰길. 반소로.

대로[2] ①그 모양과 같이. 그 상태나 내용과 같이. ㉒어린이들은 보고 느낀 대로 말한다. ②그 즉시. ㉒학교가 끝나는 대로 와라. ③'상태가 매우 심하게'의 뜻을 나타냄. ㉒우리는 지칠대로 지쳤다.

대롱 속이 비고 둥글며 길고 가느다란 대의 도막.

대롱거리다 작은 물건이 매달려 자꾸 가볍게 흔들리다. 비대롱대다.

대롱대롱 작은 물건이 매달려 늘어진 채로 가볍게 흔들리는 모양.

대:류 액체나 기체가 열에 의해 아래위로 뒤바뀌며 일어나는 현상. ㉒대류 현상. 【對流】

대:륙 지구상의 큰 육지. 비대지. 반대양. 【大陸】

대:륙붕 대륙의 가장자리에 이어지는 깊이 200m 정도까지의 바다 밑의 완만한 경사면. 수산물과 석유가 많이 남.

대:륙성 기후 대륙의 내부에 나타나는, 여름과 겨울의 기온 차가 심하며 강수량이 적고 건조한 기후. 반해양성 기후.

대:륙 횡단 철도 대륙을 가로질러 깔아놓은 철도. 미국에 많이 있음.

대:리 남을 대신하여 일을 처리함, 또는 그런 사람. -하다.
대:리석 석회암이 변하여 된 무늬가 아름다운 돌. 건축 조각 장식용으로 쓰임.
대:리인 남을 대신하여 스스로 의사 표시를 하거나 다른 사람으로부터 의사 표시를 받을 권한을 가진 사람.
대:리점 독립된 상인으로서, 일정한 회사나 공장·상점의 영업을 대신하거나 관계를 맺어 주는 영업소.
대:립 마주 대하여 섬. ㊞감정의 대립이 날카롭다. -하다.
대:마도 대한 해협에 있는 일본의 '쓰시마' 섬을 우리 한자 발음으로 읽은 이름. 【對馬島】
대:마초 환각제로 쓰이는 삼의 이삭이나 잎. 마리화나.
대만 중국의 남동쪽 해안에 있는 섬인 '타이완'을 우리 한자 발음으로 읽은 이름. 【臺灣】
대:만원[대마눤] 공연장에 들어가도록 정해진 사람 수를 훨씬 넘게 꽉 차는 것.
대:만족 어떤 일이나 상황에 매우 만족스러워하는 것.
대:망[1] 큰 희망. ㊞대망의 남북 통일을 소원하는 우리 민족. 【大望】
대:망[2] 바라고 기다림. ㊞올림픽에서 대망의 금메달을 따냈다. 【待望】
대:머리 머리털이 빠져 맨살이 드러난 머리, 또는 그런 사람.
대:면 서로 마주보고 대함. ㊞그와는 첫대면이다. -하다. 【對面】
대:명 임금의 명령. 【大命】
대:명사 ①다른 명사를 대신하여 사람·장소·사물 따위를 가르키는 낱말. ②어떤 사물의 대표적인 특색을 나타내는 말. ㊞불고기는 한국 음식의 대명사처럼 되었다.
대명 천지 아주 밝은 세상.
대목 ①가장 중요한 고비·시기·경우. ㊞여기가 재미있는 대목이다. ②설이나 추석 등을 앞둔 가장 중요한 시기. ㊞설 대목이라 물가가 비싸다.
대:문 집의 정문. 큰 문. ㊞대문을 활짝 열다. 【大門】
대:문자 서양 문자에서 큰 꼴로 된 글자. 반소문자.
대:물 렌즈 현미경이나 망원경 따위의 광학 기계에서 물체를 향한 쪽의 렌즈. 반접안 렌즈.
대:미 맨 끝. 대단원. ㊞대미를 장식하다. 【大尾】
대바구니 가늘게 쪼갠 대를 엮어 속이 깊숙하게 만든 그릇.
대바늘뜨기 대바늘로 털실 옷 따위를 뜨는 일.
대발 대로 엮은 발.
대번에[대버네] 금방. 곧. 한 번에. ㊞어려운 수학 문제를 대번에 풀다. 준대번.
대:범하다 사물에 대하여 잘게 굴거나 까다롭게 굴지 않다. ㊞성격이 대범하다. **대범히.**
대:법관 대법원을 구성하는 법관. 대법원 판사.
대:법원 우리 나라 최고의 법원. 재판을 최종적으로 담당하는 최고 법원. 준대법.
대:법원장 대법원의 우두머리가 되는 직위, 또는 그 사람. 대통령이 국회의 동의를 얻어 임명함.
대:변[1] 사람의 똥.
대:변[2] 남을 대신하여 그의 의견이나 태도를 책임지고 말함. -하다.
대:변인[대벼닌] 어떤 단체를 대변하는 일을 맡은 사람.
대:별 크게 나눔. -하다. 【大別】
대:보다 이것과 다른 것을 서로 견주어 보다. ㊞키를 대보다.
대:보름 음력 정월 보름을 특별히 일컫는 말. 본대보름날.

ㄷ

대:본[1] 돈을 받고 책을 빌려 줌, 또는 그 책. 【貸本】

대본[2] 연극·영화·방송극의 각본. ㉮영화의 대본은 시나리오이다.

대:부[1] ①이자와 기한을 정하고 돈을 꾸어 줌. ㉮은행에서 대부를 받다. ②되돌려 받을 것을 약속하고 빌려 줌. -하다. 【貸付】

대:부[2] 가톨릭에서 새로 믿는 신자의 신앙 생활을 돕기로 정한 남자 교인. 【代父】

대:부분 반이 훨씬 넘는 수효나 분량. 거의 다.

대:북 북한을 상대로 하는 것. 북한에 대한 것. ㉮대북 정책. 【對北】

대:비[1] 앞으로 있을 어떤 일에 대한 준비를 함. ㉮사고에 대비하여 보험을 들다. 비준비. -하다. 【對備】

대:비[2] 차이를 알아보려고 둘을 서로 비교하여 그 차이를 드러내는 것. -되다. -하다. 【對比】

대:비[3] 죽은 임금의 부인. 【大妃】

대:비원 고려 문종 때, 가난한 사람과 병든 노인을 무료로 치료하여 주기 위해 개경에 설치하였던 의료 구제 기관. 【大悲院】

대:사[1] 외국에 가서 외교를 하는 사람의 첫째 계급. 나라를 대표하여 외교·조약·기타의 일을 맡아서 보살핌. ㉮주한 미국 대사. 본특명 전권 대사. 【大使】

대사[2] 각본에 따라 배우가 무대 위에서 연극 중에 하는 말. 【臺詞】

대:사[3] 아주 중요하고 큰 일. 【大事】

대:사[4] 덕이 높은 중. ㉮사명 대사. 원효 대사. 【大師】

대:사간 조선 시대 국왕을 돕는 중요한 벼슬의 하나. 사간원의 으뜸 벼슬. 품계는 정삼품. 【大司諫】

대:사관 대사가 있는 나라에서 사무를 처리하는 공관. ㉮미국 대사관.

대:사헌 조선 시대 국왕을 돕는 중요한 벼슬의 하나로, 사헌부의 으뜸 벼슬. 주로 관리들을 살피는 일을 맡았음. 【大司憲】

대상[1] 사막과 같은 교통이 발달되지 않은 곳에서 코끼리나 낙타 등에 짐을 싣고 떼를 지어다니는 장사꾼의 무리. 【隊商】

대:상[2] 목표가 되는 것. ㉮어린이를 대상으로 한 신문. 【對象】

대:상[3] 경연 대회 등에서, 가장 우수한 사람이나 단체에게 주는 상. 그랑 프리. 【大賞】

대:상자 대상이 되는 사람.

대:서 서류 등을 본인 대신 써 주는 일. -하다. 【代書】

대:서양 유럽 대륙과 아프리카 대륙과 남·북아메리카 대륙 사이에 있는 세계 제2의 큰 바다. 오대양의 하나. 【大西洋】

대:서 특필 신문·잡지 따위에서 어떤 사실이나 사건을 뚜렷이 알리기 위해서 큰 글자로 보도하는 것.

대:선 '대통령 선거'를 줄인 말.

대:설 ①많이 내린 눈. 큰 눈. ②24절기의 하나. 소설과 동지의 사이로 12월 7일경. 【大雪】

대성 학문이나 일 등을 크고 훌륭하게 이룩함. ㉮문학으로 대성한 사람. -하다. 【大成】

대성 통곡 큰 소리로 목놓아 슬피 욺. -하다. 【大聲痛哭】

대:세 ①세상 일이나 하는 일의 돌아가는 형편. ㉮대세가 불리하다. ②큰 세력. 【大勢】

대:소 크고 작음. 【大小】

대:소사 크고 작은 모든 일. ㉮집안에 대소사가 많다.

대:수[1] 중요한 것. 대단한 것. ㉮그게 무슨 대수라고 소란을 피우니?

대수[2][대쑤] '대'를 세는 말로 하는 물건의 수. ㉮우리 나라 자동차 대수가 천만 대를 넘었다.

대:수롭다 대단하거나 중요하게 여길 만하다. ㉑대수롭지 않은 일.
대숲 대나무로 이루어진 숲.
대:승[1] 크게 이김. ㉑한국 팀은 일본과의 경기에서 대승을 거두었다. 【大勝】
대:승[2] 모든 사람의 구제에 힘쓰는 불교 사상. 반소승. 【大乘】
대:승리[대승니] 아주 큰 승리. 준대승. 반대패. −하다.
대:식구 많은 식구. 【大食口】
대:신[1] ①영의정·우의정·좌의정을 통틀어 이르는 말. 정승. ②조선 고종 때의 궁내부 각부의 으뜸 벼슬.
대:신[2] ①다른 것으로 먼저 것을 바꿔 채움. ㉑밥 대신 빵을 먹다. ②남을 대리함. −하다. 【代身】
대:안 어떤 의견을 대신하는 다른 의견. 【代案】
대야 손발이나 낯을 씻을 때 쓰는 둥글고 넓적한 그릇. 세숫대야.
대:양 넓고 큰 바다〔특히 태평양·대서양·인도양·북빙양·남빙양을 가리킴〕. ㉑5대양 6대주.
대:양저 태평양·인도양·대서양 등의 바닷속의 깊은 바닥.
대:어 큰 물고기. 【大魚】
대:업 민족적인 큰 사업. ㉑남북 통일의 대업을 이루어야 한다.
대:여 빌려 줌. ㉑책을 대여해주다. −하다. 【貸與】
대:여금 금융 기관 따위에서 빌려주는 돈.
대:여료 물건이나 건물 따위를 빌려 쓰는 값으로 내는 돈.
대:여섯[대여섣] 다섯이나 여섯. 비오륙. 준대엿.
대:여점 일정 기간 동안 돈을 받고 어떤 물건을 빌려주는 가게. ㉑비디오 대여점.
대역 연극·영화 따위에서 어떤 역을 맡은 배우를 대신하여 연기를 하는 일, 또는 그런 사람. −하다.
대열 무리를 지어 늘어선 행렬.
대:왕 훌륭하고 뛰어난 왕의 높임말. ㉑세종 대왕. 【大王】
대:외적 외부나 외국에 상관되는 일. 반대내적. 【對外的】
대:용 대신으로 쓰는 것. ㉑대용품. −하다. 【貸用】
대:우 예의를 갖추어 대함. 그 사람에 맞게 대접함. −하다.
대:운하 큰 운하. 중국 하북성 천진에서 황하·양쯔강을 가로질러 절강성 항주에 이르는 운하.
대:웅전 석가모니의 불상을 모셔놓은 법당. 【大雄殿】
대원 어떤 무리에 딸린 사람. ㉑탐사대원. 【隊員】
대:위 군대에서, 중위 보다는 높고 소령 보다는 낮은 지위, 또는 그 지위에 있는 사람. 【大尉】
대:응 ①맞서서 서로 대함. ㉑대응규칙. ②어떤 정해진 관계에 의해서 집합. ㉮의 원소에 집합 ㉯의 원소를 관련짓는 것. 【對應】
대:응각 닮은꼴인 두 도형에서 서로 대응하는 각. 【對應角】
대:응변 닮은꼴인 두 도형에서 서로 대응하는 변.
대:응점[대응쩜] 합동인 도형이나 닮은 도형에서 대응하는 점.
대:의[1] 대강의 뜻. 【大意】
대:의[2] 사람으로서 마땅히 해야할 바른 일. 【大義】
대:의 명분 사람으로서 응당 지켜야 할 도리나 바른 일. 【大義名分】
대:의원 뽑혀서 일정한 사람을 대표하여 일하는 사람.
대:인 ①어른. 비성인. 반소인. ②마음이 너그럽고 점잖은 사람.【大人】
대:인 관계 남과의 관계. ㉑민우는 대인 관계가 좋다.

ㄷ

ㄷ

대입 어떤 수식의 변수를 특정한 숫자나 문자로 바꿔 놓는 일. 【代入】

대:자 대비 그지없이 크고 넓은 자비〔부처가 모든 생물을 사랑하고 불쌍히 여기는 마음을 이르는 말〕.

대:자보 큰 글자로 큰 종이에 써서 벽에 붙인 벽보. 【大字報】

대:자연 넓고 큰 자연. ㉧대자연의 아름다움. 【大自然】

대:작 내용이 훌륭하고 규모가 큰 작품. 【大作】

대:장[1] 육·해·공군에서, 가장 높은 계급. 사성 장군. 【大將】

대장[2] 한 무리의 우두머리. ㉧등반 대장. 【隊長】

대:장[3] 소장과 항문 사이에 있는 내장. 큰 창자. 【大腸】

대:장간[대장깐] 농기구나 칼 등의 쇠붙이 도구를 만드는 곳.

대:장경 고려 때, 세 번에 걸쳐 펴낸 불경. 석가여래의 설교를 적은 책. ㉭장경. 【大藏經】

대:장균 사람이나 동물의 큰창자 안에 늘 있는 세균.

대:장부 늠름하고 씩씩한 남자. ㉥졸장부. 【大丈夫】

대:장암 대장에 생기는 암.

대:장장이 쇠붙이를 달구어 온갖 기구와 연장을 만드는 일을 업으로 삼는 사람.

대:적 ①적과 마주 대함. 적과 맞섬. ②서로 맞서 겨룸. －하다.

대:전[1] 크게 싸움. 대규모의 전쟁. ㉧제2차 세계 대전. 【大戰】

대전[2]〖지명〗 충청 남도의 도청 소재지가 있으며, 교통의 중심지임. 1995년에 광역시로 됨. 【大田】

대:절 어떤 물건을 세를 내고 통째로 빌려 쓰는 것. ㉧버스를 대절하다. －하다. 【貸切】

대:접[1] ①음식을 차려 놓고 손님을 맞이함. ㉧저녁을 대접하다. ㉥접대. ②예를 차리어 맞이함. ㉥대우. －하다. 【待接】

대:접[2] 위가 넓고 둥글게 벌어지고 뚜껑이 없으며 주로 국이나 물을 담는 데 쓰는 그릇.

대:정맥 몸의 각 기관에 흩어져 있는 피를 모아서 심장으로 보내는 큰 정맥.

대:제학 조선 시대, 임금을 돕던 중요한 벼슬의 하나, 홍문관·예문관의 으뜸 벼슬.

대:조 둘을 마주 대어 비교함. ㉥대비. －하다. 【對照】

대:조영〖사람〗 발해의 시조(재위 699～719). 고구려의 장군으로, 고구려 유민과 말갈족을 합하여 만주의 '진(震)'을 세움. 713년 발해로 고침. 【大祚榮】

대:종교 우리 민족의 시조인 단군을 받드는 종교〔1909년 음력 정월 보름에 나철이 처음으로 열었음〕.

대:주다 돈이나 물건 따위를 계속 줌. ㉧생활비를 대주다.

대:중[1] 수가 많은 여러 사람. 일반 사람. ㉧연설장에 수많은 대중이 모이다. ㉥군중. 【大衆】

대중[2] 일정한 표준이나 기준. ㉧옷값은 대중이 없다.

대중 교통 버스나 지하철 따위와 같이 여러 사람이 함께 이용하는 교통 수단.

대중말: ⇨표준어.

대중 매체 신문·잡지·텔레비전 따위와 같이 많은 사람에게 동시에 많은 정보를 전달하는 도구.

대중 없다 일정하게 정해진 것이 없다. ㉧값이 가게마다 대중 없다.

대:중화 어떤 사물이 대중 사이에 널리 퍼져 친근하게 됨.

대:지[1] 대자연의 가장 중요한 부분으로서의 넓고 큰 땅. ㉧봄비가 대지를 적시다. 【大地】

대지[2] 법으로 정한 건물을 짓는 땅. [예]우리 집은 대지가 150평이다.【垈地】

대:질 서로 엇갈린 말을 하는 두 사람을 마주 대하여 말하게 함.

대쪽 대를 갈라 쪼갠 조각. 댓조각. [예]성격이 대쪽 같다.

대차다 성격이나 태도가 곧고 힘차다.

대:책 어떤 일에 대한 계획. [예]수해 대책을 세우다.【對策】

대:처 어려운 일을 이겨 내기에 알맞은 행위를 하는 것. [예]대처 방안. -하다.【對處】

대:첩 전쟁에서 크게 이김. [예]살수 대첩. [비]대승. -하다.

대:청 집 안의 방과 방 사이에 가운데 있는 넓은 마루.

대:청댐 충청 남도 대덕군 신탄진읍과 충청 북도 청원군 사이의 금강 물줄기를 막아서 만든 다목적 댐.

대:청봉 설악산에서 제일 높은 봉우리. 해발 1,708m.【大青峰】

대:청소 보통 때 손이 미치지 못하는 구석구석까지 깨끗이 하는 청소. [예]대청소를 하다. -하다.

대:체 무엇을 그 비슷한 기능이나 능력을 가진 다른 것으로 바꾸는 것. [예]대체 식품. -하다.

대:체로 대강의 요점만 말해서. [예]대체로 좋은 성적이다.

대:체 식품 어떤 식품을 대신하여 먹는 식품.

대:추 대추나무의 열매.

대:추나무 갈매나무과의 갈잎 넓은잎큰키나무. 잎은 달걀 모양인데 윤기가 있고 가지에는 무딘 가시가 있음. 열매는 먹기도 하고 약으로도 씀. 남유럽이 원산임.

대:출 ①금융 기관에서 돈을 빌려주는 것. [예]은행에서 돈을 대출하다. [반]차입. ②도서관에서 책이나 자료를 빌려주는 것. [예]도서 대출. -하다.【貸出】

대충 ①어림잡아. [예]대충 열 명 정도. ②건성으로 대강. [예]일을 대충 끝냈다. [비]대강.

대충대충 되는 대로 정성을 들이지 않고. [예]시간이 없어서 대충대충 정리하고 여행을 떠났다.

대:취타 임금님이 행차할 때나 군대가 행진할 때 연주하던 우리 나라의 전통 음악.

[대취타]

대:치[1] 서로 마주 대하여 버팀. [비]대립. -하다.【對峙】

대:치[2] 다른 것으로 바꾸어 놓음. [비]개치. -하다.【代置】

대:칭 점·선·면 또는 이것들로 된 도형이 어떤 기준을 중심으로 서로 맞서는 자리에 놓이는 것. [예]대칭 도형. 대칭 축.

대:칭의 중심 ⇨점대칭 도형.

대:칭축 두 도형이 한 직선을 사이에 두고 대칭을 이루는 직선.

대:타 야구에서 정식 타자를 대신해서 공을 치는 것, 또는 그 사람.

대:통령[대통녕] 공화국인 나라의 원수. 국민이 직접 또는 간접으로 선출하며, 정해진 임기 동안 나라 전체의 일을 맡아 보며, 나라를 대표함〔우리 나라의 대통령은 임기가 5년으로 단임임〕.【大統領】

대통령 중심제 행정부의 우두머리인 대통령이 내각을 구성하고 임기 동안 나라의 정치를 맡는 제도.

대:파[1] 크게 이김. -하다.【大破】

대:파[2] 줄기가 길고 굵은 파.

대:판 싸움이 크게 벌어진 상황. [예]대판 싸우다.

대:패[1] 나무를 밀어 곱게 깎는 연장.

[대패[1]]

ㄷ

대:패² ①일에 크게 실패함. ②싸움에 크게 짐. 반대승. -하다.【大敗】
대:평소 ⇨태평소.
대:포 화약의 힘으로 큰 탄환을 쏘는 무기의 하나. 준포.
대:폭 ①큰 폭. ②썩 많이. 예용돈을 대폭 올리다.
대:표 여러 사람을 대신하여 어떠한 일에 책임을 지는 사람. 본대표자. -하다.【代表】
대:표자 대표하는 사람. 예국민이 직접 대표자를 뽑는 직접 선거 제도.
대:표작 지은이의 특색을 잘 나타내고 있는 작품.
대:표적 여럿을 대신할 수 있을 만함. 예씨름은 우리 나라의 대표적인 민속 놀이이다.
대:표점[대표쩜] 넓이가 있는 지형이나 시설·물체의 중심점.
대:표팀 어떤 단체나 국가 따위를 대표하기 위해 여럿 중에서 뽑아 만든 한 무리. 예축구 대표팀.
대:풍 곡식이 크게 잘 된 모양, 또는 그런 해.【大豊】
대:피 위험한 일을 당하지 않기 위하여 잠시 피함. -하다.
대:피소 비상시에 피할 수 있도록 만든 장소.
대:필 대신하여 글씨를 써 줌. -하다.
대:하 ①큰 강. ②극이나 소설이 한 역사적 시대를 배경으로 삼아 많은 사건과 인물을 다루는 것. 예대하 소설. 대하 드라마.【大河】
대:하다 ①대접하다. 예친근하게 대하다. ②마주 보다. 예얼굴을 대하다.
대학 '대학교'의 준말. 고등 학교를 마치고 들어가는 마지막 단계인 최고 교육 기관.【大學】
대:학가 대학 주변의 거리.【大學街】
대학 병원 의과 대학에 딸려 있는 병원.
대:학생 대학에 다니는 학생.【大學生】
대:학원[대하권] 대학교의 일부로, 대학 졸업자가 전문적인 교육을 받고 연구를 하는 기관.【大學院】
대:한¹〖나라〗①'대한 제국'의 준말. ②우리 나라의 지금 이름. 본대한민국.【大韓】
대:한² ①아주 심한 추위. ②이십사 절기의 마지막 절후.【大寒】
대한 독립 만세[대한동닙만세] 일제 침략기에 우리 나라의 독립을 바라거나 독립된 것을 축하하여 외치는 소리.
대한 매일 신보 대한 제국 광무 9년(1905)에 양기탁이 영국인 베델과 함께 한글과 영문으로 발간한 항일 신문 1910년에 일본에게 빼앗겼음.
대한 무역 진흥 공사 우리 나라의 수출 무역을 활발하게 하기 위한 기관.
대한문 지금의 덕수궁 정문.
대한 민국 우리 나라의 공식적인 이름. 준대한. 한국.【大韓民國】
대한 민국 임시 정부 3·1운동 이후 우리 나라의 애국 지사들이 중국 상하이에서 임시로 조직한 정부. 1945년 8월 15일 광복과 더불어 귀국한 뒤 해체되었음.
대한 신문 1907년 7월에 이인직이 시작한 신문. 이완용 내각의 친일 정책을 편들다가 1910년에 없어짐.
대한 적십자사 1947년에 조직된, 재해 구조나 국민 보건 향상에 이바지하는 기구.
대한 제국 우리 나라 역대 국호의 하나. 고종 34년(1897)에 연호를 '광무'라 하고 왕을 '황제'라 하였으며, 국호는 '조선'을 '대한 제국'이라 하였음.【大韓帝國】
대:한 해협 우리 나라의 남해와 일본의 쓰시마 섬 사이의 바다.

대:합 백합과의 바닷물조개. 몸길이 8.5cm, 높이 6.5cm, 폭 4cm 가량. 몸 빛깔은 보통 회백색에 적갈색의 세로 무늬가 있으며 안쪽은 흼. 대합 조개. 우리 나라·중국·일본의 해안에 분포.

대:합실 역이나 병원 따위에서 손님이 쉬며 기다리도록 마련해 놓은 곳. 【待合室】

대:항 ①서로 상대하여 승부를 겨룸. ㉎반 대항 달리기. ②순종하지 않고 상대하여 덤빔. ㉎적의 공격에 대항하다. 비대적. 항거. 반복종. 굴복. -하다. 【對抗】

대:해 넓고 큰 바다. ㉎망망 대해. 비대양. 【大海】

대:행 남을 대신하여 행함. ㉎회장 업무를 대행하다. -하다.

대:형 대단히 큰 모양. ㉎대형 선박. 반소형. 【大型】

대:화 마주 대하여 이야기함, 또는 서로 주고 받는 이야기. ㉎남북 대화. -하다. 【對話】

대:회 ①여러 사람의 모임. ②많은 사람이 모여서 하는 큰 행사. ㉎글짓기 대회. 【大會】

대:흑산도〖지명〗 전라 남도 신안군에 딸린 섬. 대흑산리의 항구는 고래잡이의 근거지임. 【大黑山島】

댁 남의 집이나 가정을 높이어 부르는 말. ㉎선생님 댁. 【宅】

댄스 서양식 춤. 무도. 【dance】

댐 전기를 일으키거나 물을 이용하려고, 강이나 바닷물을 막기 위해 쌓아 놓은 대규모의 둑.

댑싸리 마당이나 길가에 절로 나서 자라며, 질긴 줄기가 많고 키가 큰 한해살이 풀. 줄기를 말려 비를 만들고, 씨는 약으로 씀.

댓:[댇] 다섯 가량. ㉎사과 댓 개.

댓돌 뜰에서 집 안으로 오르내리기 위해 놓은 돌. 비섬돌.

댓바람에 단번에 지체하지 않고 곧. ㉎댓바람에 해치우다.

댕강 한 번에 부러지거나 잘려 나가는 모양. ㉎무를 댕강 자르다.

댕기 여자의 길게 땋은 머리 끝에 드리는 헝겊이나 끈.

댕기다 불을 옮아 붙게 하다. ㉎초에 불을 댕기다.

ㄷ

더 ①비교의 대상보다 정도가 크게. 수가 많게. ㉎예은이는 효빈이보다 더 크다. ②바로 앞의 상태보다 많게. 그 이상으로. ㉎사람은 더 늘었는데, 음식은 그대로였다.

더구나 그 위에 한층 더. ㉎일이 늦어지는데 더구나 몸까지 아프다. 비게다가. 본더군다나.

더군다나 그뿐만 아니라. 더구나. ㉎혼자서 자취하는 데 더군다나 병까지 들었다.

더더구나 '더구나'를 한층 힘주어 하는 말. ㉎학생이라면 더더구나 그럴 수 없지.

더더욱 한층 더. '더욱'을 강조한 말.

더덕 깊은 산에서 나는 덩굴풀. 여름철에 넓죽한 종모양의 꽃이 붉게 피며, 뿌리는 먹거나 약에 씀.

[더덕]

더덕더덕 지저분한 것들이 보기 흉할 만큼 한 곳에 많이 붙어 있는 모양. ㉎흙덩이가 벽에 더덕더덕 붙어 있다. 본더더귀더더귀. ›다닥다닥.

더듬거리다 ①말하거나 소리내어 글을 읽을 때 자꾸 더듬다. ㉎더듬거리며 얘기하다. ②어두운 곳에서 손으로 이리저리 만져 보다. ㉎심봉사는 심청의 얼굴을 더듬거리며 만져 보았다. 비더듬대다. 센떠듬거리다.

더듬다[더듬따] ①잘 보이지 않는 것을 손으로 만져 보며 찾다. ②말이 자꾸 막히다. ③희미한 일이나 생각을 애써 밝히려고 한다. 예기억을 더듬다.

ㄷ

더듬더듬 ①글을 읽을 때 군데군데 막히는 모양. 예어려운 책을 더듬더듬 읽는다. ②보이지 않아서 손으로 자꾸 어루만지는 모양. 센떠듬떠듬. -하다.

더듬이[더드미] 곤충의 머리에 두 개가 달려 있어, 무엇을 더듬어 알아보는 길고 뾰족한 기관.

더디 늦게. 느리게. 예시간이 더디 가다.

더디다 움직이는 시간이 오래 걸리다. 예걸음이 더디다. 반빠르다.

더러[1] ①얼마만큼. 얼마간. ②이따금. 가끔. 예더러 다투기도 했다.

더러[2] '아무에게 대하여'의 뜻을 나타내는 말. 예누구더러 그 일을 하라고 했니?

더:러움 더러운 것, 또는 더러워지는 것.

더럭 갑자기, 한꺼번에 많이. 예더럭 겁이 났다.

더:럽다(더러우니, 더러워서) ①때 묻다. ②마음이 천하다. ③인색하다. 반깨끗하다.

더:럽히다[더러피다] 깨끗하던 것을 지저분하게 만들다.

더미 많은 물건이 한데 모여 쌓인 큰 덩어리. 예흙더미.

더벅머리[더벙머리] 길게 자라고 빗지 않아서 흩어진 머리털, 또는 머리가 그런 사람.

더부룩하다[더부루카다] 소화가 잘 되지 않아서 뱃속이 편하지 않다.

더부살이[더부사리] 남의 집에 살면서 품삯을 받고 막일을 함, 또는 그 사람. -하다.

더불어[더부러] 함께. 같이. 예친구와 더불어 여행을 간다.

더블 두 갑절. 예더블 스코어로 이기다. 【double】

더블 베이스 현악기 가운데 가장 낮은 소리를 내는 악기. 콘트라베이스. 【double bass】

더없이 더할 나위 없이. 예더없이 좋은 선물.

더욱 오히려 더. 점점 더. 예밤이 깊어지자 별이 더욱 반짝였다.

더욱더 아주 더 많이. 아주 더 크게. 예눈보라가 더욱더 세게 몰아친다.

더욱이[더우기] 그 위에 더욱. 그뿐만 아니라. 게다가. 예날씨가 더운데다 더욱이 가뭄이 계속되어 물이 부족하다. ×더우기.

더운물 따뜻하게 데운 물. 비온수. 반찬물.

더위 여름날의 더운 기운. 반추위.

더위팔기 음력 대보름날 이른 아침에 상대의 이름을 부르면서, 먼저 '내 더위 사 가게'라고 하면 그 해에는 더위를 먹지 않는다고 하는 일.

더하기 덧셈을 하는 방법. 덧셈의 표시 '+'를 읽는 말. 반빼기.

더하다 ①더 많게 하다. 합하다. 예하나에 둘을 더하면 셋이다. ②늘어나다. 예해가 지남에 따라 부모님을 보고 싶은 생각이 더하다. ③더 심하다. 예병세가 더하다.

덕 ①밝고 올바르며 아름다운 품행. 예덕이 많은 사람. ②덕택이나 은혜 예자식 덕에 산다. 【德】

덕담 흔히 새해를 맞아 상대방이 잘 되기를 바라는 말이나 인사. 반악담. 【德談】

덕망[덕망] 여러 사람이 우러러 보는 높은 덕과 인격.

덕목 도덕의 내용을 나눈 항목〔삼강 오륜의 각 항목 따위〕.

덕보다 이득·혜택을 얻다.

덕분 남에게 어질고 고마운 짓을 베푸는 일. ㉥딸 덕분에 편안히 지낸다. ㉥덕택. 【德分】

덕성 어질고 너그러운 성질.

덕수궁 옛 대궐중의 하나. 본래는 조선 때의 행궁이었으나 선조 임금이 의주에서 환도한 후에 수축하여 궁궐로 삼음. 서궁. 【德壽宮】

덕유산 전라 북도 장수군과 경상 남도 거창군과 함양군 사이에 있는 산. 높이 1,508m.

덕적도〖지명〗 경기도 옹진군 덕적면 서해안에 위치한 섬〔조기·새우·갈치 등이 많이 잡힘〕.

덕지덕지 먼지나 때가 여러 겹으로 묻어 더러운 모양을 나타냄. ㉥때가 덕지덕지 끼었다. ＞닥지닥지.

덕택 덕이 다른 사람에게까지 미치는 은혜. ㉥선생님 덕택에 잘 있습니다. ㉥덕분. 【德澤】

덕행 어질고 착한 행실. 【德行】

던지기 포환·원반 따위를 멀리 가도록 던지는 것을 겨루는 경기.

던지다 ①물건을 손으로 멀리 날려 보내다. ㉥공을 멀리 던지다. ②어떠한 행동을 하다. ㉥질문을 던지다.

덜: 한도에 다 차지 못함을 나타내는 말. ㉥덜 깬 잠. ㉥더.

덜거덕거리다 크고 단단한 물건이 맞닿아서 잇달아 소리가나다. ㉥덜걱거리다. ＞달가닥거리다. ㉥떨거덕거리다.

덜:다 적게 하다. 줄게 하다.

덜덜 ①춥거나 무서워서 몸을 몹시 떠는 모양. ㉥추위에 덜덜 떨다. ②큰 바퀴나 둥근 것이 단단한 바닥 위에 구르며 내는 둔한 소리. ㉥빈 수레가 덜덜 소리를 내며 가다.

덜렁 ①어떤 것이 하나만 매달려 있거나 외따로 있는 모양. ㉥벽에 그림이 하나 덜렁 걸려 있다. ②몹시 놀라서 가슴에 충격이 오는 느낌. ㉥가슴이 덜렁 내려앉다. ③어떤 행동을 힘들이지 않고 한꺼번에 쉽게 하는 모양. ㉥바닥에 덜렁 눕다.

덜렁거리다 ①조심스럽게 행동하지 못하다. ㉥덜렁거리는 성격. ②공중에 매어 달린 물건이 자꾸 흔들리다. ㉥덜렁대다.

덜렁이 (놀리는 말로) 조심스럽지 못하여 실수를 잘 하는 사람.

덜미 목덜미 아래 양어깻죽지 사이. ㉥덜미를 잡히다〔발각되다〕. ㉥뒷덜미.

덜커덩 단단하고 큰 물건이 세게 부딪칠 때 거칠게 울리며 나는 소리. ㉥기차가 덜커덩하고 멈췄다.

덜컥 ①어떤 일이 갑자기 일어나는 모양. ②놀라거나 겁에 질려 가슴이 내려앉는 모양. ③문 따위가 갑자기 열리는 소리나 모양. ㉥덜커덕.

덜컹 ①놀라거나 무서울 때 가슴에 느끼는 충격. ㉥얼마나 놀랐는지 가슴이 덜컹 내려앉았다. ㉥덜컥. ②단단한 물건이 부딪칠 때 갑자기 울리어 나는 소리. ㉥달리던 버스가 덜컹하고 멈추어 섰다.

덜컹덜컹 큰 물건이 맞닿아 부딪쳐 나는 소리. ㉥덜커덩덜커덩. -하다.

덜컹거리다 단단한 물건이 부딪쳐 덜컹 소리를 자주 내다. ㉥유리창이 바람에 덜컹거리다. ㉥덜컹대다.

덜:하다 ①전보다 심하지 않게 되다. ㉥병세가 덜하다. ②줄이다. 더 적게 하다. ㉥일을 덜하다. ㉥더하다.

덤: 물건을 살 때 제 값 외에 조금 더 얹어 주거나 받는 물건. ㉥덤으로 몇 개 더 받다.

ㄷ

덤덤하다 특별한 감정을 나타내지 않고 무관심한 듯하다. (예)덤덤하게 앉아있다.

덤벙거리다 깊이 생각하지 아니하고 함부로 덤비며 까불다. (비)덤벙대다.

덤벼들다 함부로 달려들다.

덤불 어수선하게 엉클어진 수풀. (예)가시 덤불. ×덤풀.

덤비다 ①대들다. 싸움을 걸다. ②서두르다.

덤프 트럭 짐 싣는 칸을 뒤쪽으로 기울여 한꺼번에 짐을 내릴 수 있도록 만든 트럭.

[덤프트럭]

덤핑 낮은 값으로 상품을 마구 파는 일. -하다. 【dumping】

덥:다 ①기온이 높다. (예)날씨가 덥다. (반)춥다. ②온도가 높다. 따뜻하다. (예)목욕탕 안에 더운 김이 가득하다. (반)차다.

덥석[덥썩] 왈칵 덤벼서 급히 움켜쥐는 모양. (예)손을 덥석 잡다.

덥수룩하다[덥쑤루카다] 수염이나 머리털이 단정하지 않고 길다.

덥히다[더피다] 덥게 하다. 따뜻하게 만들다. (예)목욕물을 덥히다. (비)데우다.

덧거름[덛꺼름] 씨앗을 뿌린 뒤, 또는 모종을 옮겨 심은 뒤에 주는 거름.

덧나다[던나다] 상처가 낫지 않고 더 심해지다.

덧니 이 위에 겹쳐서 나서 삐죽이 내민 이.

덧대다[덛때다] 어떤 표면 위에 겹쳐서 더하여 대거나 붙이다. (예)해진 바지 위에 헝겊을 덧대어 깁다.

덧문[던문] 추위를 막거나 집을 보호하기 위하여 본래의 문 바깥쪽에 덧붙인 문.

덧버선[덛뻐선] 버선이나 양말 위에 겹쳐 신는 버선.

덧붙이다 있는 위에 겹쳐 붙게하다. (예)창호지를 덧붙이다.

덧셈 두개 이상의 수나 식을 더해서 그 값을 구하는 셈. (반)뺄셈.

덧신[덛씬] 땅이 진 날 구두가 젖거나 더러워지지 않게 하려고 구두 위에 신는 얇은 고무로 만든 씌우개.

덧없다 ①세월이 허무하게 빠르다. (예)덧없는 세월. ②허전하고 아쉽다. 덧없이.

덧없이[더덥씨] 허무하게. 아무런 뜻이 없이. (예)덧없이 흘러가는 세월.

덧입다[던닙따] 입은 옷에 다른 옷을 겹쳐 입다.

덧저고리[덛쩌고리] 저고리 위에 겹쳐서 입는 저고리.

덧칠[덛칠] 칠한 데에 겹쳐 칠하는 칠. -하다.

덩굴 뻗어나가며 땅바닥에 퍼지거나 다른 물건을 감고 오르는 식물의 줄기. ×덩쿨.

덩굴치기 열매를 크게 키우기 위하여 쓸모없는 덩굴을 잘라내는 일.

덩그러니 혼자서 쓸쓸하게.

덩그렇다(덩그러니, 덩그러오) ①높이 솟아서 당당하고 의젓해 보이다. ②큰 건물 안이 텅 비어 쓸쓸하다.

덩달아[덩다라] 영문도 모르고 남이 하는 대로 따라서.

덩더꿍 북이나 장구를 흥겹게 두드리는 소리.

덩실덩실 신이 나서 춤을 추는 모양.

덩어리 뭉쳐져서 한 개로 크게 이루어진 덩이. (예)설탕 덩어리.

덩이 작은 덩어리. (예)흙덩이.

덩치 몸집의 크기. (예)덩치가 작은 사람. (비)몸집. 체구.

ㄷ

덩크 슛 농구에서, 키가 큰 선수가 높이 뛰어올라 바스켓 위에서 공을 내리꽂듯이 넣는 슛. 【dunk shoot】
덫[덛] 짐승을 꾀어 잡는 기구.
덮개[덥깨] 덮는 물건. ㊫뚜껑.
덮다[덥따] ①뚜껑 따위를 씌우거나 위에 얹어 놓아 가리다. ②어떤 일을 감추다. ㊨실수를 덮어 주다.
덮밥[덥빱] 더운 밥에 오징어·쇠고기 따위로 만든 반찬을 얹은 음식.
덮어놓고[더퍼노코] 무턱대고. 이유를 밝히지 않고 다짜고짜로.
덮어두다[더퍼두다] 남이 알게 드러내지 않고 숨기거나 문제 삼지 않다. ㊨이 문제는 덮어두자.
덮어쓰다 ①위에서부터 완전히 덮다. ㊨남산은 눈을 덮어써 흰색을 띠고 있다. ②머리에서부터 덮다. ㊨이불을 덮어쓰고 눕다. ③억울한 누명을 쓰다. ㊨죄를 덮어쓰다.
덮이다[더피다] 드러난 것에 다른 것이 얹히어 보이지 않게 되다. ㊨장독 위에 흰 눈이 덮이다.
덮치다 갑자기 달려들어 잡아 누르다. ㊨경찰들이 범인을 덮치다.
데 ①곳. 장소. ㊨너랑 잠깐 들를 데가 있다. ②경우. ㊨아픈 데에 먹는 약.
데구루루 단단한 것이 데굴데굴 구르는 모양, 또는 그 소리. 〉대구루루. ㊉떼구루루.
데굴데굴 단단하고 큰 물건이 잇달아 굴러가는 모양. 〉대굴대굴. ㊉떼굴떼굴.
데:다 뜨거운 것에 닿아 살이 벗겨지거나 부풀어오르다. ㊨끓는 물에 손을 데다.
데드 볼 야구에서, 투수가 던진 공이 타자의 몸에 닿는 일. 【dead ball】
데려가다 자기와 함께 가게 가다. ㊨동생을 수영장에 데려가다.
데려오다 자기와 함께 오게 하다. ㊨친구를 집에 데려오다.
데면데면하다 대하는 태도가 별로 친하지 않고 무관심한 듯하다. ㊨서로 데면데면한 사이.
데릴사위 여자의 집에서 데리고 사는 사위.
데모 어떤 주장이나 목적을 이루기 위하여 비교적 많은 사람이 모여 하는 시위 운동. ㊫시위. **－하다.** ※영어 'demonstration'에서 온 말.
데뷔 문단이나 연예계에 처음으로 등장하는 것. ×데뷰. 【début】
데생 물건의 형태를 나타내기 위하여 연필·목탄 따위로 그리는 그림. ㊫소묘. 【dessin】
데시리터 용량의 단위로 1l의 10분의 1. 기호는 dl. 【deciliter】
데시벨 소리의 크기를 나타내는 단위. 기호는 dB. 【decibel】
데우다 찬 것에 열을 가하여 덥게 하다. ㊨국을 데우다.
데이터 ①결론을 내리든가 이론을 세우는 데 자료가 되는 사실들과 정보. ②컴퓨터로 처리할 수 있도록 전산화되어 저장된 정보. 【data】
데이터 베이스 컴퓨터에 많은 자료를 저장해 두고 여러 가지 형태로 이용할 수 있도록 한 프로그램, 또는 그 자료. 【database】
데이트 ①연월일. 날짜. 기일. 시대. 연대. ②날짜와 장소를 미리 정하고 만나는 약속. ③남녀간의 모임, 또는 그 약속. **－하다.** 【date】
데일리 메일 영국의 런던에서 발행되는 일간 신문. 1896년 노드클리프가 동생과 함께 창간한 이래 지금까지 계속 발행되고 있음. 보수당계에 속하는 신문이지만 중립을 지킴. 【Daily Mail】
데:치다 끓는 물에 잠깐 넣어 살짝 익히다. ㊨시금치를 데치다.

덴마크〖나라〗 독일 북쪽에 있는 유틀란트 반도와 그 부근의 섬으로 이루어진 입헌 군주국. 모범적인 낙농업국이며, 사회 보장 제도가 잘 마련되어 있음. 수도는 코펜하겐. 【Denmark】

도:[1] ①각의 단위. ②온도의 단위.【度】

도:[2] ①마땅히 지켜야 할 도리. ②어떠한 믿음으로 깊이 깨달은 지경. ㉬도를 닦다. 【道】

도[3] 우리 나라 지방 행정 구역의 하나. ㉬경기도. 강원도. 【道】

도:[4] 알맞은 정도. ㉬어떤 일이든 도를 넘으면 안 된다. 【度】

도:가 중국의 노자와 장자의 가르침을 따르는 교, 또는 그 사상가나 무리. 【道家】

도가니 ①단단한 흙이나 흑연 같은 것으로 우묵하게 만들어 쇠붙이를 녹이는 데 쓰는 그릇. ②여러 사람이 흥분·감격하여 들끓는 상태를 비유함. ㉬열광의 도가니.

도감 그림이나 사진을 중심으로 하여 풀이를 붙여 놓은 책. ㉬동물도감. 식물 도감.

도강하다 강을 건너다. ㉬탈북자들이 압록강을 도강하다.

도공 도자기나 옹기를 만드는 사람. 비옹기장이. 【陶工】

도:교 중국에서 노자와 장자의 가르침을 따르는 종교. 【道敎】

도:구 일에 쓰이는 여러 가지 연장. 제구. 【道具】

도:구함 여러 가지 연장을 넣어 두는 상자.

도굴 고분 같은 것을 허가 없이 몰래 파 내는 일. -하다.

도굴꾼 도굴을 일삼는 사람.

도금 쇠붙이의 겉에 금·은·아연 등의 얇은 막을 입히는 일.

도기 진흙을 원료로 하여 빚어서 구운 도자기. 【陶器】

도깨비 동물이나 사람 모양을 한 귀신. 엄청난 힘과 괴상한 재주로 사람을 호리기도 하고 짓궂은 장난이나 험상궂은 짓을 많이 한다고 함.

도깨비불 어두운 밤에 썩은 뼈·나무 등걸·축축한 땅에서 저절로 번쩍이는 푸른색의 불꽃.

도:끼 나무를 찍거나 패는 연장의 하나.

[도끼]

도:끼눈 분하거나 미워서 사납게 쏘아보는 눈.

도난 도둑을 맞은 일. ㉬수표를 도난당하다. 【盜難】

도넛 밀가루를 반죽하여 고리 모양으로 만들어 기름에 튀긴 과자. ×도너츠. 【doughnut】

도닥거리다 ①손으로 가볍게 두드리다. ㉬모래 속에 손을 넣고 도닥거리다. ②아기를 달래거나 잠이 들게 하기 위해 가볍게 두드리다. ㉬아기를 재우기 위해 도닥거리다.

도:달 자기가 목적한 것에 이름. ㉬정상에 도달하다. 비달성. 반미달. -하다. 【到達】

도대체 '대체'의 뜻을 더 넓게 강조하여 쓰는 말. ㉬도대체 영문을 모르겠다. 비대관절.

도:덕 사람으로서 마땅히 지켜야할 바른 도리와 행동. ㉬공중 도덕을 지키자. 【道德】

도덕 군자 도덕 규범을 잘 지키는 점잖은 사람. 【道德君子】

도:도하다 잘난 체하며 매우 건방지다. ㉬태도가 도도하다.

도돌이표 악곡을 연주할 때 되돌아가라는 표. ‖: :‖로 표시. 반복 기호.

도둑 남의 물건을 훔치거나 빼앗거나 하는 나쁜 짓, 또는 그러한 사람. 비도적.

도둑맞다[도둥맏따] 도둑에게 잃거나 빼앗기다. 도둑질을 당하다.

도둑질 남의 물건을 주인 몰래 가져가거나 빼앗는 짓. 비도적질.

도드라지다 ①다른 것에 비해 조금 불룩하게 나와 있다. 예광대뼈가 도드라지다. ②또렷하게 드러나다.

도떼기시장 (속된말로) 온갖 상품을 사고 파는 시끄럽고 복잡한 시장.

도라지 초롱꽃과의 여러해살이풀. 산과 들에서 자라는데, 잎은 달걀 모양이며 한여름에 밝은 자색의 꽃이 종 모양으로 핌. 뿌리는 인삼과 비슷한 데, 먹기도 하고 약으로도 씀.

[도라지]

도란거리다 나직한 목소리로 정답게 오래 말을 주고받다. 예도란거리는 소리. <두런거리다.

도란도란 많지 않은 사람이 나직한 목소리로 정답게 지껄이는 모양. 예도란도란 이야기하다. <두런두런. －하다.

도랑 폭이 좁은 작은 개울.

도ː래 어떠한 시기나 기회가 오거나 생기는 것. 예이 땅에 평화가 도래하다. －하다. 【到來】

도ː량 ①너그러운 마음과 깊은 생각. 예나이는 어리지만 도량이 넓다. ②길이와 부피.

도ː량형 길이·면적·부피·무게 등을 측정하는 기구인 자·되·말·저울을 통틀어 일컫는 말. 미터법·척관법 등에 널리 쓰임.

도려내다 사물의 한 부분을 빙 둘러 베거나 잘라내거나 파내다. 예감자의 싹을 도려내다.

도련님 ①'도령'의 높임말. ②형수가 장가 들지 않은 시동생을 높여서 부르는 말.

도ː령 옛날에 양반 집안의 결혼하기 전의 남자.

도ː로 사람이나 차가 다닐 수 있도록 만든 길. 【道路】

도ː로망 그물처럼 여러 갈래로 얽혀진 도로의 짜임새.

도ː로변 도로의 양쪽 가장자리.

ㄷ

도롱뇽 몸은 검은 갈색 바탕에 둥근 무늬가 있고, 머리는 납작하며 긴 꼬리가 있고 네 다리는 짧은, 찬피 동물. 물이 차고 깨끗한 개울·못·습지 따위에 삶.

도롱이 비옷의 한 가지. 지난날, 짚이나 띠 따위로 엮어서 허리나 어깨에 걸쳐 입음. 흔히 농부들이 삿갓을 쓰고 입음. 녹사의.

도료 물체의 겉에 칠하는 것. 니스·페인트 따위. 【塗料】

도루 야구에서, 주자가 수비의 허점을 틈타 다음 누(베이스)로 가는 일. －하다.

도르래 줄을 걸어서 물건을 끌어 올리거나, 힘의 방향을 바꾸거나 하는 데 쓰이는 바퀴. ×도르레.

도리[1] 기둥과 기둥 위를 건너질러 놓은 나무. 그 위에 서까래를 얹음.

도리[2] ①사람이 마땅히 행하여야 할 바른 길. 예자식된 도리를 다하다. ②나아갈 방도. 예병을 낫게 할 도리가 없다. 【道理】

도리깨 재래식 타작 농기구의 하나. 긴 작대기 끝에 회초리를 잡아매고 휘둘러 곡식을 두들겨 낟알을 떪.

도리깨질 도리깨로 곡식 따위를 두들겨 타작하는 일.

도리도리 어린아이가 귀엽게 머리를 가로 흔드는 재롱, 또는 그 모양.

도리어 처음의 생각과는 반대로, 또는 아주 다르게. 예약도 많이 먹으면 도리어 병을 일으킬 수 있다. 준되레. 비오히려.

도리질하다 ①어린아이가 재롱으로 머리를 가로로 흔들다. ②남의 의견에 반대의 뜻으로 고개를 가로로 흔들다.

도:립 어떤 시설이나 기관을 도에서 세우고 관리하는 것. (예)도립 병원. 【道立】

도:립 공원 자연 풍경을 이용하고 보호하기 위해 도에서 지정한 공원. *국립공원.

도:립 병원 도에서 세워 운영하는 병원.

도마 식칼질할 때의 밑받침으로 쓰는 두꺼운 나무 토막.

도마뱀 머리는 뱀과 비슷하며, 굵고 짧은 네 다리와 긴 꼬리를 가진 찬피 동물. 풀밭이나 돌 사이에 살며, 길이는 20cm.

[도마뱀]

도막 작고 짤막한 동강.

도막말[도망말] 도막으로 된 짧은 말. 내용을 짧게 한 마디로 표현한 말. (반)긴말.

도망 몰래 피하여 달아남. 쫓겨서 달아남. (비)도주. -하다.

도망가다 잡히지 않으려고 달아나거나 숨다. (비)도망치다. 도망하다. 도주하다.

도망치다 몰래 달아나다. (비)도망가다. 도망하다. 도주하다. (본)도망질치다.

도맡다 책임을 혼자서 떼어 맡다. (예)집안 살림을 도맡아 하다.

도매 물건을 낱개로 팔지 않고 온통 한데 몰아서 파는 일. (반)소매. -하다. 【都賣】

도매값[도매깝] 도매로 파는 값. (반)소매값.

도매상 생산자와 소매로 파는 상인과의 중간에서 생산자로부터 생산된 물건을 한꺼번에 많이 사다가 이익을 적게 남기고 소매상에게 파는 장사. (반)소매상.

도메인 인터넷에서 사용자가 요구하는 것을 처리해 주는 컴퓨터나 그 장치를 구분하기 위해 사용하는 이름, 또는 그 이름들의 체계. 【domain】

도면 건물이나 기계 등의 짜임새를 그림으로 나타낸 것. (예)설계도면. (비)도본. 【圖面】

도모 할 일을 이루기 위하여 수단과 방법을 꾀함. (예)통일을 위해서는 단결을 도모해야 된다. -하다.

도무지 ①아무리 해 보아야. (예)우는 까닭을 도무지 모르겠다. ②이러니 저러니 할 것 없이 모두. (비)도대체. 좀처럼.

도:미[1] 감성돔과의 바닷물고기. 몸은 타원형이고 납작함. 머리는 크고 입은 작으며, 온몸이 큰 비늘로 덮임. (준)돔.

도미[2] 미국으로 건너 감. 【渡美】

도민[1] 섬에 사는 사람. (예)울릉도 도민. 【島民】

도:민[2] 어떤 도 안에 사는 사람. (예)경기도 도민. 【道民】

도박 ①돈이나 재물을 걸고 따먹기를 다투는 노름. ②거의 불가능한 일이나 위험한 일에 요행을 바람. (비)노름. -하다.

도발 건드려 일이 일어나게 함. (예)무력 도발. -하다. 【挑發】

도방 정치 고려 시대의 최충헌과 경대승이 자신의 신변 보호를 위하여 도방(사병 기관)을 설치한 후, 그곳에서 무력으로 행하던 정치.

도배 벽이나 천장·문을 종이로 바름. -하다. 【塗褙】

도배지 도배를 하는 종이.

도벌 남의 산에 있는 나무를 몰래 벰.

도벽 물건을 훔치는 버릇.

도보 타지 않고 걸어감.
도:복 유도·태권도 등을 할 때 입는 옷.
도:부꾼 옛날에, 팔 물건을 여러 장터로 가지고 다니며 장사를 하던 사람.
도:사 도를 닦은 사람. 【道士】
도사공 사공의 우두머리.
도사리다 ①두 다리를 오그려 한 쪽 발을 다른 쪽 무릎 아래 받치고 있다. ②들떴던 마음을 가라앉히다. ③몸을 웅크리고 한 곳에 틀어 박히다.
도:산 돈이 안 풀려 상점 회사 등이 넘어짐. ㉥파산.
도산 서원 경상 북도 안동에 있는 서원. 조선 선조 7년에 세움. 퇴계 이황 선생을 모신 곳임.
도살 ①마구 죽임. ②가축을 잡아 죽임. ㉔도살장. -하다.
도살장 소나 돼지 같은 짐승을 죽이는 곳.
도서[1] 글씨·그림·책 등을 통틀어 이르는 말. ㉔아동 도서. 【圖書】
도서[2] 바다 위의 크고 작은 여러 섬들. ㉔도서 지방. 【島嶼】
도서관 책을 모아 두고 여러 사람이 읽을 수 있게 차린 시설. 【圖書館】
도서실 많은 책을 모아 두고, 여러 사람이 읽을 수 있게 꾸며 놓은 방. 【圖書室】
도:수[도쑤] ①온도·각도·농도 등을 나타내는 수. ㉔안경의 도수가 높다. ②거듭되는 횟수. ㉔다투는 도수가 잦아졌다. 【度數】
도:술 도를 닦아 놀라운 재주를 부리는 기술. 【道術】
도스 컴퓨터에서 사용자의 명령을 전달하고 그 결과를 사용자에게 보여 주는 운영 체계 프로그램의 한 종류로, 미국의 마이크로 소프트사에서 만들었음. 【DOS】
도승지 조선 시대, 승정원의 여러 승지 가운데 으뜸인 정삼품 벼슬.
도시 규모가 크고 정치·경제·문화에 관한 활동의 중심이 되며, 사람이 많이 모여 사는 지역. ㉥도회. ㉦농촌. 시골. 【都市】
도시 가스 도시의 가정이나 공장 등에 관을 통하여 직접 배달되는 가스.
도시 계획 도시의 여러 가지 시설과 편리한 생활 환경을 효과 있게 만들려는 계획.
도시 국가 하나의 독립된 국가를 이루고 있는 도시. 아테네·로마가 특히 유명함.
도시화 도시로 변하거나 변하게 하는 것. 【都市化】
도시락 음식을 담아 가지고 다니는 그릇이나 그 음식.
도심 도시의 중심. 【都心】
도심지 도시의 중심이 되는 지대. ㉭도심 지대.
도안 미술·공예품 등을 만들기 위하여, 형상·무늬·색채·배치에 관하여 생각하고 연구하여 구상한 것을 그림으로 나타낸 것. ㉔광고지를 도안하다.
도야 마음과 몸을 닦아 기름. ㉔인격을 도야하다. -하다.
도약 뛰어 오름. ㉔발전하여 선진국으로 도약하다. -하다.
도열병 벼에 생기는 병의 하나, 잎에 검은 점이 생기며, 잎이 붉게 시들고 줄기와 마디가 썩음.
도예 도자기를 만드는 예술.
도:외시하다 무엇을 중요한 것으로 생각하지 않다.
도요새 도요과의 새를 통틀어 이르는 말. 다리·부리·날개가 길고 꽁지는 짧음. 몸 빛깔은

[도요새]

ㄷ

대체로 담갈색 바탕에 흑갈색 무늬가 있고, 물가나 습지 해안에 삶.
도요지 지난날 토기나 도자기 따위를 굽던 가마터.
도요토미 히데요시〖사람〗[1536~1598] 16세기말 일본을 통일한 사람. 1592년 우리 나라에 침입하여 임진왜란을 일으켰음.

ㄷ

도용하다 남의 이름이나 기술 따위를 허락을 받지 않고 몰래 쓰다.
도우미 행사장에서 안내를 하거나 남을 돕는 사람.
도움 남에게 힘이 되거나 보탬이 되어 줌.
도움말 ①어떤 일을 더 잘 되도록 도와 주는 말. 비조언. ②책이나 컴퓨터 등에서 어려운 부분을 자세히 설명하는 글.
도읍지 수도로 정한 곳. 한 나라의 수도. 【都邑地】
도:의 사람이 지키고 따라야 할 올바른 윤리적 원칙. 예학생으로서 지켜야 할 도의가 있다. 비도덕.
도:인 도를 닦아 깨달은 사람.
도:입 ①이끌어들임. ②학습 활동에서 전체의 줄거리나 학습방향 따위를 미리 알림, 또는 그 부분. -하다.
도:입부 주로 글이나 음악 작품에서 전체를 이끌어가기 위한 첫 부분. 전체를 준비하는 부분.
도자기 흙으로 빚어 높은 열에 구워서 만든 그릇. 질그릇·오지그릇·사기그릇을 통틀어 이르는 말.
도장[1] 이름을 나무나 뼈 등에 새겨서, 인주를 묻힌 후 서류에 찍어 증거로 삼는 데 쓰이는 물건.
도:장[2] 무예를 익히는 곳. 예태권도 도장. 【道場】
도:저히 아무리 하여도. 예목이 말라 도저히 못 견디겠다.
도적 남의 물건을 훔치는 짓을 하는 사람. 비도둑.
도전 ①싸움을 걺. ②보다 나은 수준에 승부를 걺. 예세계 기록에 도전하다. -하다. 【挑戰】
도전자 경기에서 최고의 선수에게 시합하자고 요청하는 사람.
도정 기계로 곡식을 찧거나 껍질을 벗기어 먹기 좋게 하는 일. -하다.
도주 달아남. 비도망. -하다.
도중 ①길의 중간. 길을 가고 있는 동안. ②어떤 일을 하는 때나 그 중간. 예훈련 도중.
도:중 하차 ①도중에 차에서 내림. ②'어떤 일을 끝까지 다하지 않고 중도에 그만둠'을 비유하여 이르는 말. -하다.
도:증〖사람〗 통일 신라 시대의 승려. 효소왕 1년(692) 당나라에 다녀와 천문도를 임금에게 바침.
도:지다 나아가거나 나았던 병이나 상처가 다시 덧나다. 예신경통이 도지다.
도:지사 한 도의 행정 사무를 총괄하는 지방 장관. 준지사.
도:착 목적한 곳에 다다름. 예기차가 도착할 시간. 비도달. 반출발.
도:처 가는 곳. 이르는 곳. 여러 곳. 가는 곳마다의 여러 곳.
도청[1] 몰래 엿들음. 예전화를 도청하다. 【盜聽】
도청[2] 도의 행정을 맡아 처리하는 지방 관청. 【道廳】
도청 소재지 도의 행정 사무를 맡아 보는 관청이 있는 도시.
도:체 열이나 전기가 잘 통하는 물질〔금속·물·탄소 따위〕. 반부도체.
도취 무엇에 마음이 쏠려 취하다시피 됨. -하다.
도:쿄〖지명〗 일본의 수도. 일본의 정치·문화·경제의 중심지. '동경'이라고도 함. 【Tokyo】
도킹 인공 위성·우주선 등이 우주 궤도 위에서 서로 결합함. -하다.

도탄 말할 수 없이 어려움. ㉠국민 생활이 도탄에 빠지다.
도탑다 인정이나 사랑이 깊고 많다. ㉠친척간에 우애가 도탑다.
도태 쓸데없는 것을 줄여 없앰, 또는 줄어 없어짐. -하다.
도토리 떡갈나무의 열매. 열매를 갈아서 묵을 쑤어 먹음.
도톨도톨 물건의 거죽이 들어가고 나오고 하여 매끈하지 않은 모양. <두툴두툴. -하다.
도톰하다 조금 두껍다. ㉠입술이 도톰하다. <두툼하다.
도:통[1] 사물의 깊은 이치를 깨달아 앎. -하다. 【道通】
도통[2] 이러니 저러니 할 것 없이 아주. 전혀. 도대체. ㉠어찌된 일인지 도통 모르겠다. 비도무지. 【都統】
도:포 지난날, 보통 관리들이 예복으로 입던 겉옷〔소매가 넓고 길며 아래에 테가 둘렀음. 뒤에는 딴 폭을 대어 만들었음〕.
도:표[1] ①그림과 표. ②수량 관계를 그려 나타낸 표. 【圖表】
도표[2] ①방향이나 거리 등을 적어 길가에 세운 푯말. 비이정표. ②앞날에 대한 길잡이. 【道標】
도피 도망하여 몸을 피함. ㉠안전한 곳으로 도피하다. 【逃避】
도:하 강물을 건넘. ㉠도하 작전. 비도강. -하다.
도:학 도덕에 관한 학문.
도합 모두 한데 합한 셈. ㉠물건값이 도합 3만원이다. -하다.
도해 ①그림으로 풀이함. ㉠한자를 도해한 책. ②그림에 대한 설명. -하다. 【圖解】
도형 ①그림의 형상. ②입체·면·선·점 등이 모여서 이루어진 것. ㉠입체 도형. 【圖形】
도화서 조선 시대 때 그림에 관한 일을 맡아 보던 관청.
도:화선 ①화약이 터지도록 불을 붙이는 심지. ②사건을 일으키는 직접 원인.
도화지 그림을 그리는 데 쓰는 두꺼운 종이.
도회지 사람이 많이 모여 사는 번잡한 곳. 비도시. 반농촌. 준도회.
독[1] 간장·김치·술 등을 담가 두는 데에 쓰이는 큰 오지그릇이나 질그릇의 한 가지. ㉠장독. 김칫독.
독[2] 건강이나 생명을 해치는 나쁜 성분. ㉠복어에는 독이 있다. 【毒】
독감 매우 지독한 감기.
독기 ①독의 성분이나 기운. ㉠독기가 온몸으로 퍼지다. ②얼굴에 나타나는 매우 사납고 악한 마음. ㉠두 눈에 독기를 품다.
독농가[동농가] 농사에 남다른 솜씨가 있고 열성이 있는 사람이나 농가.
독단 남과 의논하지 아니하고 자기 혼자의 의견대로 결정하거나 판단을 함. ㉠독단적인 행동.
독도〖지명〗 우리 나라의 동해 바다 끝에 있는 화산섬. 여러 개의 섬으로 되어 있으며, 풍파가 세고 대부분이 암석으로 이루어져 있어 사람 살기에는 적당하지 못함. 경상 북도 울릉군에 속함. 【獨島】
독도법 지도를 보는 법.
독려[동녀] 일을 열심히 하도록 힘을 북돋아 주거나 다잡아 독촉함. ㉠수험생을 독려하다. -하다.
독립[동닙] ①남의 다스림을 받지 않고 자기 힘으로 자기 일을 해 나감. ②다른 나라의 지배를 받지 않고 스스로 정치를 함. ㉠독립 국가. 비자립. 반예속. -하다. 【獨立】
독립국[동닙꾹] '독립 국가'의 준말.
독립 국가 남의 나라의 지배를 받지 않고 주권을 행사할 수 있는 나라. 준독립국.

ㄷ

독립군[동닙꾼] 이전에, 우리 나라의 독립을 이루기 위해 싸우던 군대.

독립 기념관 우리 민족의 독립 운동을 한눈에 볼 수 있도록 국민의 성금으로 충남 천안시 목천면에 세운 기념관〔겨레의 집·겨레의 탑·추모의 자리·백오인의 층계·민족 전통관 등으로 꾸며져 있음〕.

독립당[동닙땅] 개화 세력 단체를 이르던 말. 1884년 보수 세력을 몰아 내고자 우정국 낙성식을 기회로 갑신정변을 일으킴〔중심 인물은 김옥균·박영효·서재필 등〕.

독립 만세 운동 우리 나라가 1919년(기미년) 3월 1일 일본 치하에서 벗어나기 위하여 벌인 운동.

독립문 서울 특별시 서대문구 북쪽에 있는 돌로 만든 문. 1897년 독립 정신을 높이기 위해 독립협회에서 중국 사신을 맞아 들이던 영은문의 자리에 세움〔사적 제32호〕.

[독립문]

독립 선언서 기미년 3·1 운동때 우리 나라의 독립을 세계 만방에 발표한 문서. 최남선이 쓰고, 민족 대표 33인이 서명하여 1919년 3월 1일 서울 태화관에서 발표하였음.

독립 신문 1896년에 독립 협회의 서재필이 중심이 되어 펴낸 우리나라 최초의 민간 신문. 순 한글로 썼으며, 제4면은 영문으로 썼음. 민족 정신을 드높이고자 펴냈으나, 1898년 독립 협회의 해산과 함께 폐간됨.

독립심[동닙씸] 남의 간섭이나 도움을 받지 않고 자기 힘으로 어떤 일을 해내려고 하는 마음.

독립운동 나라의 독립을 이루기 위한 활동.

독립 투사 나라의 독립을 되찾기 위해 용감하게 싸운 사람.

독립 협회 1896년 우리 나라의 독립과 민족의 자립을 위하여 조직한 정치 사회 단체. 서재필·이상재·윤치호·남궁억 등이 중심이 되어 만듦.

독무대 ①여러 사람 중에서 한 사람의 실력이 매우 뛰어나 경쟁자가 없을 정도가 되는 상황. ②무대에서 배우가 혼자서 연기를 하는 일.

독물①독이 있는 물질. ②'성질이 악독한 사람'을 이르는 말. 【毒物】

독방 혼자서 쓰는 방. 독실.

독백 ①혼자서 중얼거림. ②무대에서 배우가 혼자서 말하는 대사. -하다. 【獨白】

독보적 어떤 분야에서 남이 따를 수 없을 정도로 뛰어난 것. ㉠그는 문단의 독보적인 존재이다.

독본 배우고 가르쳐서 그 내용을 익히려는 목적으로 만든 책. ㉠국어 독본. 【讀本】

독불장군 ①여러 사람과 사이가 틀어져 외롭게 된 사람. ②모든 일을 자기 멋대로 하는 사람.

독사 독을 가진 뱀. 보통 머리가 세모꼴이고 몸이 굵으며 꼬리가 짧음〔살모사. 코브라 등〕. 【毒蛇】

독사진 혼자서 찍은 사진.

독살 독약을 먹이거나 독을 써서 죽임. -하다. 【毒殺】

독상 혼자 먹게 차린 음식상. 비외상. 각상. 반겸상.

독생자 크리스트교에서, 하나님의 외아들인 예수를 이르는 말.

독서 책을 읽음. -하다.

독서 삼매 책읽기에만 골몰함.

독서실 혼자 공부하거나 책을 읽을 수 있도록 꾸민 업소.

독서 출신과 신라 시대 원성왕 때 (788) 관리를 뽑기 위하여 두었던 일종의 과거 제도 '독서 삼품과'라 고도 함.
독선 자기 혼자만이 옳다고 생각하고 행동하는 일. 【獨善】
독설 남을 사납고 날카롭게 욕하는 말.
독성 독이 있는 성분. 【毒性】
독소 독이 있는 요소나 물질.
독수 공방 여자가 남편없이 혼자 밤을 지냄. -하다. 【獨守空房】
독수리 부리와 발톱이 날카롭고, 몸빛은 전부 검되 밤색 빛깔이 나는 새. 숲에서 살며, 공중을 날아다니면서 죽은 동물, 작은 새, 쥐 등을 잡아먹고 삶.

[독수리]
독식 어떤 이익이나 분배를 혼자서 차지함. 【獨食】
독신 ①홀몸. ②결혼하지 않고 혼자 사는 사람. 【獨身】
독신자 배우자 없이 혼자 사는 어른.
독실하다 종교적 신앙이 깊고 절실하다.
독야 청청 〔홀로 푸르다는 뜻으로〕 홀로 절개를 지켜 늘 변함이 없음. -하다. 【獨也靑靑】
독약 사람이나 동물의 건강 및 생명을 해치는 독이 있는 약.
독일〖나라〗 중부 유럽에 있는 나라. 동서로 국토가 갈리었다가 1990년 10월에 통일이 됨. 【獨逸】
독자[1] 외아들. ㉠삼대 독자. 【獨子】
독자[2] 책·신문·잡지 등을 읽는 사람. ㉠신문 독자. 【讀者】
독자적 ①남에게 의지하지 않고 혼자의 힘으로 하는 것. ㉠독자적인 기술 개발. ②남의 것을 흉내내지 않은 독특한 것. 독창적인 것. ㉠우리 민족은 독자적인 전통과 문화를 가지고 있다.
독재 ①독단으로 해 나감. ②국민의 의견을 무시하고 한 사람이나 몇 사람이 제 마음대로 모든 일을 처리함. ㉠공산 독재 정치. 본독재 정치. -하다. 【獨裁】
독재자 독재 정치를 하는 사람.
독재 정치 국민의 의견을 무시하고 한 사람이나 몇 사람이 제멋대로 하는 정치. 반민주 정치. 준독재.
독점[독쩜] 독차지. ㉠시장을 독점하다. -하다. 【獨占】
독종[독쫑] ①성질이 매우 모진 사람. ②성질이 매우 독한 짐승의 종자. 【毒種】
독주[1] 한 사람이 한 악기로 연주하는 것, 또는 그 연주. ㉠피아노 독주. 반합주. -하다. 【獨奏】
독주[2] ①알코올 농도가 높은 술. ②독약을 탄 술. 【毒酒】
독주[3] ①경주 등에서 남을 앞질러 홀로 달림. ②남을 아랑곳하지 않고 멋대로 함. 【獨走】
독주곡 한 악기로 연주하도록 된 곡.
독지가[독찌가] 따뜻하고 친절한 마음으로 어려운 이웃을 잘 돕는 사람. 【篤志家】
독차지 혼자 차지함. -하다.
독창[1] 혼자 노래를 부름. 반합창. -하다. 【獨唱】
독창[2] 본뜨지 않고 자기 혼자의 힘으로 생각해 내거나 처음으로 만들어 냄. ㉠독창적인 발명품. 반모방. -하다. 【獨創】
독창곡 혼자서 부르도록 된 노래.
독창성 남의 것을 흉내내거나 따르지 않고 혼자서 새로운 것을 생각해 내거나 만들어 내는 능력.
독창력[독창녁] 스스로 만들어 내는 힘이나 재주. 비창조력.
독창적 남의 것을 흉내내지 않고 혼자 새롭고 독특한 것을 창조 하는 것. ㉠독창적인 발표회를 열다.

ㄷ

독창회 한 사람이 노래를 부르는 음악회. 【獨唱會】
독초 독이 있는 풀. 【毒草】
독촉 몹시 재촉함. ㉮할부금을 독촉하다. ㉥재촉. -하다.
독충 독이 있는 벌레. ㉥독벌레.
독침 독이 묻은 뾰족한 침. 독바늘.
독탕 혼자서 따로 쓰도록 만든 목욕탕. ㉦공동탕. 대중탕.

ㄷ

독특 특별히 다르거나 뛰어남. ㉮지방마다 독특한 풍습이 있다. -하다. -히.
독파 책을 처음부터 끝까지 다 읽어 내는 것. ㉮삼국지를 독파하다. -하다. 【讀破】
독하다[도카다] ①마음이 모질고 잔인하다. ②맛이나 냄새 따위가 지나치게 자극적이고 심하다. ㉮약이 너무 독하다. ③생명 · 건강에 해를 주거나 심한 자극을 주는 기분이 있다. ㉮최루 가스는 정말 독하다.
독학 스승이 없이 혼자 공부함.
독학자 학교에 가지 않고 혼자의 힘으로 공부하는 사람.
독해[도캐] 글을 읽고 내용을 이해함. -하다. 【獨解】
독해력 글을 읽고 이해할 수 있는 능력. 【讀解力】
독후감 책이나 글을 읽고 난 후의 느낌이나 감상을 적은 글. ㉥독서감상문.
돈:[1] ①상품을 바꿀 수 있는 가치를 나타내는 것으로 금속이나 종이로 만들어져 사회에 유통되는 것. ②금액으로 헤아릴 수 있는 재산. ㉥화폐.
돈:[2] 금 · 은 · 보석 따위의 무게. ㉮한 돈 짜리 금반지.
돈가스 돼지의 살코기를 얇고 넓게 썰어서 계란과 빵가루 등을 묻혀 뜨거운 기름에 튀겨낸 음식. ※일본식 말. 【豚 kasu】
돈독하다[돈도카다] 둘 사이의 관계가 매우 가깝고 다정하다. ㉮우리는 우정이 돈독하다.
돈:벌이[돈뻐리] 돈을 버는 일.
돈의문[도니문] 조선 시대에 서울 서쪽의 정문. 사대문의 하나로, 지금의 신문로 언덕에 있었으나 1915년에 헐려서 없어졌음. '서대문'이라고도 함. 【敦義門】
돈키호테〖책명〗 에스파냐의 소설가인 세르반테스가 지은 소설의 제목, 또는 그 주인공의 이름〔주인공 돈키호테가 기사 이야기에 도취되어 하인 산초판자와 기사 수업을 떠나, 여러 가지 우습고 이상한 행동을 하고 모험을 겪는다는 이야기. 1605년에 간행되었음〕.
돈화문 서울특별시 종로구에 있는 창덕궁의 정문. 【敦化門】
돋구다 더 높게 하다.
돋다[돋따] ①새싹이 나오다. ②입맛이 당기다. ③해 · 달 · 별 따위가 솟아오르다. ㉥뜨다. 솟다.
돋보기 알의 배가 볼록한 렌즈를 테에 끼워 물체를 크게 볼 수 있도록 한 기구. ㉮돋보기 안경. ㉦졸보기.
돋보이다 실제보다 더 좋게 보이다. ㉯도두보이다. ㉰돋뵈다.
돋아나다[도다나다] 싹이나 움 따위가 밖으로 솟아나오다. ㉮새싹이 파릇파릇 돋아나다.
돋우다[도두다] ①위로 높아지게 하다. ㉮땅을 돋우다. ②감정을 건드려 성나게 하다. ㉮화를 돋우다. ③소리를 높이다. ㉮목청을 돋우다. ㉰돋다.
돋치다 ①돋아서 내밀다. ㉮가시 돋치다. ②소름 같은 것이 살갗에 조그맣게 솟다. ×돋히다.
돌[1] ①태어난 날에 해마다 돌아오는 그 날. ②'첫돌'의 준말. ③정한 동안이 여러 번 거듭되는 그 날의 횟수를 세는 단위. ㉠국군 창설 마흔 두 돌. ×돐.

돌:[2] 흙에 섞여 있거나 땅에 저절로 있는 단단한 물질.

돌:개바람 나무가 쓰러지고 기와나 돌이 날아갈 만큼 세찬 회오리바람.

돌격 ①갑자기 덤벼 침. ②적진으로 쳐들어감. 비돌진. -하다.

돌고래 돌고래과에 속하는 몸길이 5~6m 이하인 작은 고래. 머리가 좋아 서로 의사를 교환할 수 있음. 고기는 먹을 수 있고, 껍질은 가죽으로 씀.

[돌고래]

돌기 밋밋한 데에 뾰족하게 도드라져 나온 부분. 【突起】

돌다(도니, 도오) ①한 중심에서 둥글게 움직이다. ㉠선풍기가 돌다. ②소문 등이 널리 퍼지다. ㉠이상한 소문이 돌다. ③정신이 이상해지다. ㉠머리가 돌다.

돌:다리 돌로 놓은 다리. 석교.

돌:담[돌땀] 돌로 쌓은 담.

돌:덩이 돌멩이보다는 크고 바위보다는 작은 돌.

돌:도끼 돌을 다듬거나 갈아서 만든 도끼.

돌돌 작은 물건을 가볍게 여러 겹으로 말거나 감는 모양. ㉠신문지를 돌돌 감다.

돌려놓다[돌려노타] ①마음·결심을 바꾸게 하다. ㉠형의 마음을 돌려놓을 수 있는 방법이 없을까. ②방향을 다른 쪽으로 바꿔 놓다.

돌려받다 주었던 것을 다시 받다. 반돌려주다.

돌려보내다 본래 있던 곳으로 도로 보내다. ㉠잘못 배달된 편지를 돌려보내다.

돌려보다 여럿이 서로 돌려 가며 두루 보다.

돌려쓰다 ①쓰임을 여러 가지로 바꾸어 가며 쓰다. ②돈이나 물건을 변통하여 쓰다.

돌려주다 도로 보내 주다. ㉠빌려온 책을 돌려주다. 반돌려받다.

돌려짓기 같은 땅에 심는 농작물을 일정한 연한마다 바꾸어 재배하는 방법. 비윤작. 반이어짓기. -하다.

돌려차기 태권도에서, 앞발을 중심으로 삼아 몸을 돌리면서 뒷다리의 무릎을 접어 올려 발등으로 목표를 향해 차는 동작.

돌리다 ①원을 그리며 움직이게 하다. ㉠지각한 학생들에게 운동장 두 바퀴를 돌리다. ②기계를 제대로 움직이게 하다. ㉠세탁기를 돌리다. ③말을 둘러대다. 또는 화제를 바꾸다. ㉠말을 돌리다.

돌림 사람의 이름에 가족 관계를 나타내는 글자를 쓰는 일. ㉠우리 형제의 이름은 '남' 자 돌림이다.

돌림노래 같은 노래를 각 성부가 같은 간격을 두고 차례로 따라 부르는 노래, 또는 그 노래. 비윤창.

돌맞이 ①아기가 첫돌을 맞는 일. ②어떤 일이 시작된 뒤에 해마다 돌아오는 그 날을 맞이하는 일. -하다.

돌:멩이 돌덩이보다는 작고 자갈보다는 큰 돌. ×돌맹이.

돌:무덤 돌을 쌓아 올려 만든 무덤. 또는 큰 바위에 구멍을 내어 만든 무덤. 석총.

돌:무지 돌이 매우 많이 쌓인 무더기.

돌발 일이 뜻밖에 일어남. ㉠돌발적인 사고가 나다. -하다.

돌변 태도나 형편이 갑자기 변함. -하다. 【突變】

ㄷ

돌:보다 ①도와주다. ②뒤를 정성껏 보살펴 주다. 보호하다. 예환자를 돌보다.

돌:부리[돌뿌리] 돌멩이의 뾰족뾰족하게 내민 부분. ×돌뿌리.

돌:부처 돌로 새겨 만든 부처. 비석불.

돌:산 바위나 돌이 많은 산.

돌:소금 땅 속에 있는 소금의 결정체. 잘게 깨뜨려 소금으로 쓰는데, 빛깔이 없거나 희며 바닷물에서 얻은 소금보다 순도가 훨씬 높음.

돌아가다[도라가다] ①축을 중심으로 계속 돌며 움직이다. ②있던 곳으로 다시 가다. 예고향으로 돌아가다.

돌아가시다[도라가시다] ①'죽다'의 높임말. 예할머니께서 돌아가시다. ②'돌아가다'의 높임말. 예오늘은 그냥 돌아가시는 것이 좋겠습니다.

돌아눕다[도라눕따] 한쪽을 향해 누웠다가 그 반대쪽으로 눕다.

돌아다니다[도라다니다] ①여기저기 쏘다니다. ②널리 퍼지다.

돌아보다[도라보다] ①고개를 뒤로 돌리어 보다. ②지난 일을 다시 생각해 보다. 예어린 시절을 돌아보다. ③돌보다.

돌아서다[도라서다] ①몸을 다른 쪽으로 돌려 서다. ②관계를 끊고 서로 멀리하다.

돌아앉다[도라안따] 앉은 자리에서 다른 쪽으로 방향을 바꾸어 앉다. 예화가 나서 돌아앉다.

돌아오다[도라오다] ①떠났던 자리로 다시 오다. 예집으로 돌아오다. ②무엇이 몫으로 주어지다. 예나에게 책임이 돌아오게 하지 마라. ③잃었던 것이 본래의 상태로 회복되다. 예열심히 운동을 하여 건강이 돌아오다. ④차례가 되다. 예내가 청소를 할 차례가 돌아오다.

돌연[도련] 갑작스러움. 뜻밖. 예돌연한 사고. -하다. -히. 【突然】

돌연 변이[도련벼니] 부모의 계통에 없던 새로운 형태나 성질이 갑자기 생물체에 나타나는 일.

돌이켜보다[도리켜보다] 지난 일을 다시 생각해 보다. 예지난 1년을 돌이켜보다.

돌이키다[도리키다] ①방향을 반대로 돌리다. 예잊고 온 준비물이 생각나 집으로 발길을 돌이키다. ②지난일을 다시 곰곰히 생각하다. 예그 동안 내 생활을 돌이켜 생각하다. ③무엇을 본디의 상태로 되돌리다. 예돌이킬 수 없는 실수.

돌입하다[도리파다] 어떤 일이나 장소에 갑자기 세차게 뛰어들다. 예전투 태세로 돌입하다.

돌:절구 큰 돌의 가운데를 오목하게 파서 훨씬 높음.

돌진[돌찐] 거침없이 곧장 나아감. 비돌격. -하다. 【突進】

돌:쩌귀 여닫는 문짝을 문설주에 붙어 있게 하는 쇠붙이로 만든 한 벌의 장치.

돌출 밖으로 쑥 나옴. 예뾰족하게 돌출한 부분을 깎아 내다. -하다.

돌:탑 돌로 쌓은 탑. 비석탑.

돌파 ①무찌르거나 뚫어 깨뜨림. ②어떤 목표나 수준을 넘어섬. 예관객 2천만 돌파 기념 행사. ③큰 어려움이나 장애를 헤치고 나아감. -하다. 【突破】

돌파구 ①적진이나 상대의 수비를 뚫고 지나갈 수 있는 틈. 예공격의 돌파구를 열다. ②장애나 어려운 문제를 해결하는 실마리. 예사건 해결의 돌파구를 마련하다.

돌:팔매질 무엇을 맞히기 위해서 돌을 멀리, 또는 높이 던지는 짓.

돌:팔이[돌파리] 일정한 거처 없이

여기저기 돌아다니며 점을 치거나 기술이나 물건을 파는 사람. ㉖돌팔이 의사.

돌풍 갑자기 일어나는 바람.

돌:하르방 '제주도 사람들이 마을이나 섬 등을 지켜 준다'는 뜻으로 그 어귀에 세웠던 돌로 만든 조각〔지방 민속 자료 제2호〕.

[돌하르방]

돕:다(도우니, 도와서) ①남을 위해 힘을 보태다. ㉖친구간에 서로 돕다. ②이끌어 잘못됨이 없도록 하다. 반해치다.

돗바늘[돋빠늘] 돗자리 등을 꿰매는 데 쓰이는 썩 크고 굵은 바늘.

돗자리[돋짜리] 왕골이나 골풀의 줄기로 짠 자리.

동[1] 동쪽. 반서. 【東】

동:[2] 시·읍·구 따위의 밑에 딸린 행정 구역. ㉖명동. 혜화동. 【洞】

동[3] 색이 불그스름하고 열과 전기를 전달하는 쇠붙이. 구리. ㉖올림픽에서 동메달을 따다. 【銅】

동감 남과 같게 생각하거나 느낌, 또는 그 생각이나 느낌. 【同感】

동갑 같은 나이, 또는 나이가 같은 사람. 【同甲】

동강 긴 것을 짤막하게 자른 도막. ㉖나무 동강.

동강나다 잘리어 동강이 되다.

동강이 작게 잘라져서 생긴 조각. ㉖초 동강이를 모아 두었다 쓰시는 어머니. 비동강.

동거 한 집에서 함께 사는 것. 반별거. 【同居】

동격 같은 자격이나 지위. 【同格】

동:결 ①얼어 붙음. ②물가나 임금 따위를 올리거나 자금을 이동하는 것을 법으로 금지함. ㉖임금을 동결시키다. -하다. 【凍結】

동경[1]〖지명〗 고려 시대 4경의 하나, 지금의 경주이며, 우리 민족의 역사적 도시로 중요시됨. 【東京】

동:경[2] 마음에 두고 몹시 그리워함. -하다. 【憧憬】

동경[3] 지구 위에서 동쪽에 있는 어떤 장소의 위치를 나타내는 경도. 반서경. 【東經】

동경[4]〖지명〗 일본의 '도쿄'를 우리 나라 한자음으로 읽은 이름. 【東京】

동:계 겨울철. ㉖동계 올림픽. 반하계. 【冬季】

동고 동락 같이 고생하고 같이 즐김. -하다. 【同苦同樂】

동:공 눈동자. 동자. 【瞳孔】

동:구[1] 마을로 들어가는 길목의 어귀. ㉖동구 밖 과수원 길. 【洞口】

동구[2] 동부 유럽. 【東歐】

동국 ①지난날, 우리 나라의 호칭. ②동쪽의 나라. 비동방. 【東國】

동국사략〖책명〗 단군의 건국부터 고려 말엽까지의 역사적 사실을 시대순으로 엮은 역사책. 조선초, 태종의 명으로 권근·이첨·하륜 등이 지음. 【東國史略】

동국여지승람〖책명〗 조선 제9대 성종이 노사신 등에게 명하여 만들게 한 지리책. 각도의 풍속·역사·특산물·효자·위인 등의 이야기가 기록되어 있음. 55권 25책.

동국이상국집〖책명〗 고려 제23대 고종 때의 학자 이규보가 지은 문집. 53권 14책.

동국지도 조선 제7대 세조 때 실지로 측량하여 만든 우리 나라 최초의 지도. 【東國地圖】

동국통감〖책명〗 고려 성종 때 서거정·정효항 등이 왕명에 의하여, 신라 초부터 고려 말까지 1400년간의 역사를 56권 26책으로 기록한 책. 【東國通鑑】

동국통보 고려 숙종 때에 발행한 엽전의 한 가지. 모양은 둥글고 가운데에 정사각형의 구멍이 뚫려 있음.

동:굴 깊고 넓은 굴. (예)고수 동굴.

동궁 임금의 자리를 잇기로 된 왕자, 또는 그 사람이 사는 궁전. (비)세자.

동그라미 둥굴게 그린 모양. (비)원.

동그랗다 아주 둥글다. (예)눈이 동그랗다. <둥그렇다. (센)똥그랗다.

동그레지다 동그랗게 되다. (예)눈이 동그레지다. <둥그레지다. (센)똥그레지다.

동그마니 따로 떨어져 오뚝하게 있는 모양.

동그스름하다 보기에 조금 동그랗다. (예)그녀의 얼굴은 동그스름하다. <둥그스름하다. (센)똥그스름하다.

동:극 어린들이 하는 연극. (예)아동극. 【童劇】

동글동글 ①여럿이 모두 동근 모양. ②동그라미를 그리며 잇달아 돌아가는 모양. <둥글둥글. (센)똥글똥글.

동급생 같은 학급이나 학년의 학생.

동기[1] 같은 시기. 같은 연도. (예)동기 동창. 【同期】

동기[2] 형제 자매를 통틀어 이르는 말. (예)동기간에 사이좋게 지내다. (비)형제. 【同氣】

동기[3] 일의 실마리. 의사 결정이나 행동을 일으키는 직접적인 이유나 원인. (예)싸움의 동기가 된 사건. (비)계기. 【動機】

동기간 형제 자매 사이. (예)동기간이 사이좋게 지내다. 【同氣間】

동나다 ①늘 쓰던 물건이 다 써서 없어지다. ②상품이 다 팔리다. (예)라면이 동나다.

동남 ①동쪽과 남쪽. ②동쪽과 남쪽 사이의 방위. (예)동남풍. 【東南】

동남 아시아 인도차이나 반도와 그 부근의 크고 작은 섬들이 있는 지역. (준)동남아.

동:냥 ①거지가 집집마다 구걸하러 다니는 일. ②중이 시주를 얻으려고 이집 저집 돌아다니는 일. -하다.

동:네 자기가 사는 집의 근처.

동:네방네 온 동네. 동네 안 전부. (예)동네방네 자랑을 하다.

동년배 나이가 같은 또래.

동녘[동녁] 동쪽 방향. (반)서녘.

동대문 '흥인지문'을 보통 이르는 말로, '서울 동쪽의 큰 성문'이란 뜻임. 【東大門】

[동대문]

동대문 시장 동대문 근처의 옷·가방·신발 따위를 파는 가게들이 몰려 있는 큰 시장.

동대문 운동장 서울 특별시 중구 을지로에 있는 종합 경기장. 1926년에 우리 나라에서 처음 세워진 종합 경기장임.

동댕이치다 ①힘차게 던지다. ②하던 일을 그만두다.

동독〖나라〗 제2차 세계 대전 후 서부 독일과 갈라져서 1949년에 동부 독일에 생긴 공산 주의 국가. 1989년 서독과 합침. 【東獨】

동동 ①매우 춥거나 안타까울 때 발을 자꾸 구르는 모양. (예)발이 시려워 동동 구르다. ②작은 물건이 물에 떠서 가볍게 움직이는 모양. (예)밥알이 동동 뜬 식혜. <둥둥.

동등 자격·수준·입장 등이 같음.

동떨어지다 ①둘 사이가 멀리 떨어지다. ②서로 관계가 없다.

동:란[동난] 전쟁이나 폭동이 일어나 사회가 몹시 혼란스러워지는 일, 또는 그러한 전쟁이나 폭동. (예)6·25동란. 【動亂】

동:력[동녁] ①기계를 움직이게 하는 힘. ②어떤 활동의 근원이 되는 힘. 【動力】

동:력선[동녁썬] 동력을 일으키는 기계의 힘으로 움직이는 배.

동:력 자원 기계를 움직이게 하는 힘의 밑천이 되는 자원〔석유·석탄·수력·원자력 등〕.

동료[동뇨] 같은 일자리에 있는 사람. ㉠회사 동료. 【同僚】

동류[동뉴] 같은 무리. 같은 종류. 비동종. 【同類】

동률[동뉼] 같은 비율. 같은 비례.

동:리[동니] ①동네. 마을. ②지방 행정 구역인 동과 리. 【洞里】

동:맥 피를 심장에서 몸의 각부분으로 보내는 핏줄로, 몸의 깊은 곳에 뻗어 있음. 반정맥.

동맹[1] 개인·단체·국가가 같은 목적이나 이익을 위해 서로 같은 행동을 할 것을 맹세하여 맺은 약속. ㉠군사 동맹. -하다. 【同盟】

동맹[2] 고구려 때 매년 10월에 하늘에 감사를 드리던 제사 행사. 일종의 추수 감사제. 【東盟】

동맹국 동맹을 맺은 나라. 맹방. 비맹약국. 【同盟國】

동메달 구리로 만든 상패. 흔히 3등의 입상자에게 주어짐.

동:면 뱀·개구리·곰 따위의 동물이 겨울 동안 땅 속에서 잠자는 것처럼 활동을 멈춘 상태. 비겨울잠. -하다. 【冬眠】

동명 이름이 같음. 같은 이름. 【同名】

동명 성왕〖사람〗[기원전 58~기원전 19] 고구려의 시조로 본명은 고주몽. 해모수의 아들. 자신을 해치려고 한 동부여를 탈출하여 졸본천에 이르러 고구려를 세움. 준동명왕. 【東明聖王】

동명이인 (누구와) 이름은 같지만 다른 사람. 【同名異人】

동몽선습〖책명〗 지난날, 서당에서 어린이들이 천자문을 뗀 다음 배우던 한문책. 조선 중종 때 박세무가 지었음. 【童蒙先習】

동무 늘 친하게 어울리는 사람. ㉠학교 동무. 비친구. 벗.

동문[1] 동쪽에 있는 문. 【東門】

동문[2] 같은 학교를 나온 사람. ㉠동문회. 비동창. 본동문생. 【同門】

동문 서답 〔동쪽을 묻는데 서쪽을 대답한다는 뜻으로〕묻는 말에 아주 딴판인 엉뚱한 대답을 함. -하다.

동문선〖책명〗 조선 성종 때, 서거정이 지은 한문으로 된 시집. 신라부터 조선 초기까지의 시문을 모아 엮음. 154권 45책. 【東文選】

동:물 스스로 움직이고 감각 기능을 갖춘 생물로, 식물과 구분하여 이르는 말〔짐승·곤충·물고기 등〕. ㉠젖먹이 동물. 반식물.

동:물성[동물썽] 동물의 본바탕이 되는 성질. ㉠동물성 지방. 반식물성. 광물성.

동:물원 사자·호랑이·곰·코끼리·공작 등 온갖 동물을 모아 가두어 기르면서 여러 사람에게 구경시키는 곳. 반식물원.

동:민 그 동네나 동에 살고 있는 사람. 【洞民】

동반 함께 데리고 감. 동행함. -하다. 【同伴】

동반자 어디에 함께 가거나 어떤 일을 함께 하는 사람.

동방[1] 동쪽 방향. 동쪽에 있는 지역. 반서방. 【東方】

동방[2] ①동쪽에 있는 나라. ②우리나라. 반서방. 【東邦】

동방견문록〖책명〗 이탈리아의 여행가 마르코 폴로가 1271년부터 1295년까지 중국과 동방의 여러 나라를 여행하고 쓴 여행기.

동방 박사 예수가 탄생했을 때 동쪽으로부터 별을 보고 찾아와서 아기 예수 탄생을 축하하고 황금·몰약·유향을 바쳤다는 성서에 나오는 세 사람.

ㄷ

동방 예의지국 지난날 중국에서 우리 나라를 일컫던 말로 '예의를 잘 지키는 동쪽의 나라'라는 뜻.

동백꽃 이른 봄에 붉게 피는 동백나무의 꽃.

동백나무 따뜻한 곳에서 자라는 늘 푸른나무. 열매에서 짜낸 기름은 머릿기름 · 등유 등으로 씀.

[동백나무]

ㄷ

동병 상련 같은 병을 가진 환자끼리 서로 가엽게 여김. 【同病相憐】

동:복 겨울 옷. [반]하복. 【冬服】

동봉 같이 넣어 봉함. (예)편지에 사진을 동봉하다. –하다.

동부 동쪽 부분. (예)동부 지방. 동부 전선. [반]서부. 【東部】

동부여〚나라〛 두만강 유역에 있던 고대 왕조의 하나. 부여 왕 해모수의 아들 해부루가 도읍을 가섭원으로 옮긴 뒤부터 쓴 국호임.

동분서주 이리저리 바쁘게 돌아다님. –하다. 【東奔西走】

동사강목〚책명〛 조선 제21대 영조 때 안정복이 지은 역사책〔기자 조선부터 고려 말까지의 역사를 엮었음〕. 【東史綱目】

동:사무소 행정 구역의 하나인 동의 행정 사무를 맡아 보는 곳.

동산[1] 마을 부근에 있는 낮은 산. (예)동산에 둥근 달이 떴다.

동:산[2] 모양이나 성질을 바꾸지 않고 옮길 수 있는 재물〔돈 · 증권 · 보석 등〕. [반]부동산. 【動産】

동상[1] 구리로 만들어 세운 사람의 형상. 【銅像】

동:상[2] 심한 추위로 살갗이 얼어서 상함. 심한 정도에 따라 1도 동상 · 2도 동상 · 3도 동상으로 구분함. 【凍傷】

동상 이몽 '같은 잠자리에서 다른 꿈을 꾼다'는 뜻으로, 겉으로는 같은 행동을 하면서 속으로는 다른 생각을 함을 이르는 말. 【同床異夢】

동생 ①아우와 손아랫누이를 통틀어 일컫는 말. ②같은 항렬에서 자기보다 나이가 적은 사람. [반]형, 언니.

동서[1] 동쪽과 서쪽. 【東西】

동서[2] 형제의 아내끼리나 자매의 남편끼리 서로 일컫는 말.

동서고금 동양과 서양 및 옛날과 지금을 모두 합쳐 인간 사회의 모든 곳의 모든 시대. '어디서나, 언제나'의 뜻. 【東西古今】

동서남북 동쪽과 서쪽과 남쪽과 북쪽. 모든 방향. 모든 곳. 【東西南北】

동석 자리를 같이함. –하다. 【同席】

동:선 어떤 일을 할 때 몸이 주로 움직이는 거리와 방향. 【動線】

동성 동본 성과 본관이 같음.

동성애 남자와 남자, 또는 여자와 여자가 하는 연애. 【同性愛】

동승 탈것에 누구와 함께 타는 것.

동시[1] 같은 때나 같은 시기. (예)동시에 출발하다. 【同時】

동:시[2] 어린이의 생활이나 마음의 움직임 또는 그들의 꿈의 세계를 자유롭게 나타낸 시. 어린이가 쓴 시. 【童詩】

동:시집 어린이의 온갖 느낌을 자유롭게 읊은 시를 모아 엮은 책.

동:식물 동물과 식물. 【動植物】

동:심 ①어린의 마음. ②어린이와 같은 순수한 마음. ③어릴적 마음. (예)동심의 세계로 돌아가다. 【童心】

동심원[동시뭔] 중심은 같으면서, 크기가 다른 원. 【同心圓】

동아리 목적이 같은 사람끼리 이룬 무리. [비]서클.

동아줄 굵고 튼튼하게 꼰 줄. [비]밧줄.

동안[1] 어느 때부터 어느 때까지의 사이. (예)잠자는 동안.

동:안[2] 어른의 얼굴이지만 어린아이

와 같이 어려 보이는 얼굴.

동양 유럽 대륙인 서양에 대해 동쪽에 있는 아시아 전체를 일컫는 말. ㉺서양. 【東洋】

동양계 동양 계통의 사람. 【東洋系】

동양란 예로부터 한국·중국·일본 등 동양에서 길러온 난초. ㉺양란.

동양인 동양에서 태어났거나 사는 사람, 또는 조상이 그러한 사람. ㉺서양인.

동양적 동양의 특징이 있는 모양. ㉺서양적. 【東洋的】

동양 척식 주식 회사 1908년에 일본이 우리 나라의 경제를 독차지하기 위하여 세웠던 회사.

동양 평화론 안중근 의사가 뤼순 감옥에서 동양의 평화에 대한 자기의 의견을 쓴 글의 제목.

동양화 동양의 여러 나라에서 오랫동안 발달해 내려온 그림. 비단이나 화선지에 먹과 붓으로 그린 그림. ㉺서양화.

동업 같은 종류의 직업·장사·일 등을 함께함. -하다.

동여매다 실이나 끈으로 어떤 물건을 여러 번 돌려서 매다.

동예〖나라〗 한반도 중부에 있던 상고 시대의 부족 국가. 지금의 강원도 북부와 함경도 남쪽의 일부에 있었다고 함.

동:요[1] ①어린이들이 즐겨 부르는 노래. ②어린이들의 마음·느낌·생활 등을 일정한 운율에 맞춰 나타낸 시. ㊥동시. 【童謠】

동:요[2] 흔들리거나 불안한 것. ㉧마음의 동요가 일어나다. 【動搖】

동:원 어떤 중요한 일을 위하여 사람이나 물건을 한 곳으로 모음. -하다. 【動員】

동위각 둘 이상의 평행선이 한 직선과 만나 이룬 각 가운데 평행선의 같은 위치에 있는 각.

동유럽 동부 유럽. 유럽의 동부에 있는 여러 사회주의 국가 지역. 동구.

동의[1] 같은 뜻. ㉧의견에 동의하다. ㉺반대. -하다. 【同義】

동:의[2] 의원이 회의 중에 이미 정하여진 의제 외에 다른 의제를 내는 일, 또는 그 의제. -하다. 【動議】

동의보감〖책명〗 조선 선조 때 의관 허준이 왕명에 따라 엮은 의학책. 중국과 우리 나라의 의학책을 모아 지은 책으로, 선조 29년(1596) 착수하여 광해군 5년(1610)에 완성함. 【東醫寶鑑】

ㄷ

동이 주둥이가 넓고 옆구리에 양쪽으로 손잡이가 달린 물 긷는 항아리.

동이다 끈이나 줄 따위로 감거나 두르거나 하여 묶다.

동인 목적과 뜻을 같이하는 사람. ㉧동인 시집. 【同人】

동일 서로 똑같음. -하다. 【同一】

동:자 나이 어린 사내아이. ㉧삼척동자. 【童子】

동:자상 어린아이 모양으로 만들어서 무덤 앞에 세우는 돌.

동:자승 나이가 어린 중.

동:작 몸과 손발을 움직이는 일. ㉧동작이 재빠르다. ㊥행동. 거동. -하다. 【動作】

동:장 동단위 지역에서 동사무소의 우두머리. 【洞長】

동전 ①구리로 만든 돈. ②주화.

동:절기 보통 12월에서 2월까지의 추운 때. ㊥겨울철. ㉺하절기.

동점[동쩜] 같은 점수. 【同點】

동정[1] 남의 불행을 가엾게 여기어 따뜻한 마음을 씀. ㉧불우한 이웃을 동정하다. -하다. 【同情】

동:정[2] 움직임·사태 등이 벌어져 나가는 낌새. 형편. ㉧적의 동정을 살피다. ㊥동태. 【動靜】

동정심 남을 동정하여 돕는 뜻으로 따뜻이 대하는 마음.

동조 남의 의견이나 주장 따위에 찬성하여 그에 따름. 【同調】
동조자 어떤 일에 뜻을 같이하는 사람. 【同調者】
동족 같은 겨레. 【同族】
동족 상잔 같은 민족끼리 서로 싸우고 죽임. 【同族相殘】
동지[1] 24절기의 하나. 낮이 가장 짧고, 밤이 가장 긺. 12월 22일경. ㉥하지. 【冬至】
동지[2] 뜻이 서로 같음. 또는 그 사람. ㉥동무. 【同志】
동질 같은 본질. 같은 성질. ㉥동질의 물건. 【同質】
동짓달[동지딸/동짇딸] 음력으로 일 년 중 열한 번째 달.
동참 함께 참가함. ㉥자연 보호 운동에 동참하다. 【同參】
동창[1] 동쪽으로 난 창문. ㉥서창.
동창[2] 같은 학교에서 공부하거나 졸업한 사람. ㉥동기. 동문. 【同窓】
동창생 같은 학교를 졸업한 사람.
동창회 동창생들의 모임, 또는 그 회합. ㉥교우회. 【同窓會】
동채 차전놀이에 쓰이는 틀. 이 틀 위에 대장이 타고 앞뒤와 좌우로 움직이도록 지휘함.
동체[1] 몸통. ㉥비행기의 동체. 【胴體】
동체[2] 여럿이 합쳐 하나가 되는 일. ㉥일심 동체. 【同體】
동충하초 거미·매미·나비·벌 따위의 곤충의 시체에서 자라는 버섯. 한방의 약재로 쓰임.
동:치미 무를 통으로 넣고 국물을 부어 담그는 김치의 한 가지.
동:태[1] 얼린 명태. ㉥동명태. 【凍太】
동:태[2] 사물이 움직이는 상태, 또는 변해 가는 상태. 【動態】
동트다(동터, 동터서) 날이 새어 동쪽 하늘이 밝아 오다.
동티모르〖나라〗 인도네시아 남쪽에 있는 티모르 섬의 동쪽 부분에 있는 공화국. 서쪽 부분은 인도네시아 영토임. 【東Timor】
동:파 수도관이 얼어서 터지는 것. -하다. 【凍破】
동판화 구리판에 새긴 그림. 또는 그림을 새긴 구리판에 물감을 묻혀 종이나 천에 찍어 낸 그림.
동포 한 겨레. 같은 겨레. ㉥해외 동포. 오천만 동포. 【同胞】
동포애 같은 겨레에 속한 사람들끼리 나누는 사랑. 【同胞愛】
동풍 ①동쪽에서 불어오는 바람. ②봄바람. 【東風】
동:하다 욕구나 감정이 일어나거나 마음이 흔들리다.
동학 조선 철종 11년(1860) 최제우가 민족적 전통을 살리려고 일으킨 종교. 서학인 천주교에 대항하여, 우리 민족에게 전해 내려오는 하늘을 섬기는 사상에다 유교·불교·선교의 사상을 덧붙였음. 후에 이름을 '천도교'로 바꾸었음. 【東學】
동학 농민 운동 조선 고종 31년(1894) 동학 교도들이 중심이 되어, 전봉준의 지휘 아래 일어난 운동. 외국 세력의 배척·계급 타파·여성 해방 등 근대 사상을 내걸었던 개혁 운동이었음. 청나라와 일본의 개입으로 실패함.
동학당 조선 말기 최제우를 교주로 하는 동학교 신자들의 집단.
동해 ①동쪽의 바다. ②우리 나라 동쪽에 있는 바다. ㉥서해. 【東海】
동해남부선 부산진에서 포항 사이의 철도. 길이 148km.
동해안 우리 나라 동쪽에 있는 해안. ㉥서해안.
동행 길을 같이 감, 또는 그 사람. -하다. 【同行】
동:향[1] 정세·사태·마음 따위가 움직이는 방향. ㉥경향. 동태. 【動向】
동향[2] 같은 고향. 한 고향. ㉥동향 사

람. 【同鄕】

동향[3] 동쪽을 향함. 반서향. 【東向】

동헌 옛날에 고을의 공사를 처리하던 대청이나 집. 【東軒】

동호인 어떤 사물을 같이 좋아 하는 사람. 취미 오락이 같은 사람. ㉮낚시 동호인.

동호회 같은 취미를 가지고 함께 즐기는 사람들의 모임.

동:화[1] 어린이들에게 읽히기 위하여 지은 이야기. 【童話】

동:화[2] 같은 성질로 바뀜. ㉮탄소 동화 작용. 반이화. –하다. 【同化】

동:화 구연 어린이를 상대로 입으로 이야기를 들려주는 동화.

동:화극 어린이를 위한 연극의 한 가지. 동화를 소재로 하여 꾸민 연극. 【童話劇】

동:화책 동화를 모아 엮은 책. 비동화집.

돛[돋] 바람을 받아서 배가 밀려 가게 하려고 배의 돛대에 다는 포장.

돛단배[돋딴배] 돛을 단 배. 돛을 달아 바람을 이용하여 나아가게 되는 배. 돛배. 범선.

[돛단배]

돛대[돋때] 돛을 달기 위하여 배 위에 세운 기둥.

돼:지 ①멧돼지과의 동물. 고기맛이 좋아 여러 가지로 가공됨. ②'욕심이 많거나 많이 먹는 사람'을 비유하여 이르는 말.

돼:지우리 돼지를 가두어 키우는 곳. 돈사.

돼:지코 돼지의 코처럼 앞에서 볼 때 콧구멍이 보이는 코.

되 ①곡식이나 액체 등을 헤아리는 단위. 한 말의 10분의 1. ㉮콩 한 되. ②곡식·가루·액체의 분량을 재는, 네모난 나무 그릇.

되감다 도로 감거나 다시 감다. ㉮테이프를 되감다.

되:게 아주. 몹시. ㉮되게 덥다.

되뇌다 같은 말을 여러 번 되풀이하여 말하다.

되다[1] ①물건이 만들어지다. ②어떤 신분이나 상태에 놓이다. ㉮어른이 되다. ③일이 이루어지다. ④어떤 수량에 미치다. ㉮저축액이 만 원이 되다. ⑤어떠한 때가 돌아오다. ㉮여름이 되다. ⑥나이 따위를 먹다. ㉮열 살이 되다.

되:다[2] ①반죽이 물기가 적어 빽빽하다. ㉮밀가루 반죽이 되다. ②밥이 오돌오돌하다. 질지 않다. ③일이 힘에 겹고 벅차다.

되도록 될 수 있는 대로.

되돌리다 ①향하던 방향과 반대되는 쪽으로 가게 하다. ㉮시계 바늘을 되돌리다. ②이미 한 일이나 지나간 일을 없던 일로 하고 전의 상태로 되게 하다. 무르다. ㉮이제는 되돌릴 수 없는 일이다.

되돌아가다[되도라가다] 출발했던 곳으로 다시 돌아가다. ㉮고향집으로 되돌아가다.

되돌아보다[되도라보다] 이제까지 지나온 곳을 돌아보다. 본 것을 다시 돌아보다.

되돌아서다[되도라서다] 먼저 섰던 방향으로 도로 돌아서다. ㉮가다가 되돌아서서 바라보다.

되돌아오다[되도라오다] 먼저 있던 곳으로 도로 돌아오다. ㉮더 이상 가지 못하고 되돌아오다.

되묻다 묻는 말에는 대답하지 않고 도리어 묻다. 다시 묻다.

되받다 ①다시 돌려 받다. ②다른 사람의 말을 직접 정면으로 받아 대답하다. ㉮되받아 소리치다.

되살리다 다시 살아나게 하다.

ㄷ

ㄷ

되살아나다 ①거의 죽어 가던 것이 도로 살아나다. ②거의 잊어버렸던 일이 도로 생각나다. ㉹기억이 되살아나다.

되새기다 ①소 같은 동물이 먹은 음식을 다시 내어 씹다. ②지나간 일을 골똘하게 다시 생각해 보다.

되씹다 ①같은 말을 자꾸 되풀이하다. ②어떤 일에 대하여 같은 생각을 자꾸 되풀이하다.

되지못하다 사람답지 못하다. 못나다. ㉹되지못한 녀석.

되짚다 ①다시 짚다. ㉹만날 장소를 되짚다. ②지난 일이나 말을 다시 떠올려 생각하다. ㉹친구가 한 말을 되짚어보다. ③갔던 길을 그대로 따라 돌아오다. ㉹내려온 길을 되짚어 다시 올라가다.

되찾다 잃었거나 잊었던 것을 그 전의 상태 그대로 다시 찾다. 회복하다. ㉹빼앗긴 조국을 되찾다.

되풀이 같은 말이나 몸짓을 자꾸함. ㉹춤을 되풀이하여 연습하다. 비반복. -하다.

된:밥 물을 적게 넣고 지어 물기가 적고 굳은 밥. 비고두밥.

된:서리 ①늦가을에 되게 내린 서리. 반무서리. ②모진 재앙. ㉹부정이 드러나 회사가 된서리를 맞다.

된:소리 되게 나는 소리〔ㄲ·ㅃ·ㅆ·ㅉ 등〕.

된:장 메주에 소금물을 섞어 다시 발효시킨 양념.

된:장국[된장꾹] 된장을 거른 물에 채소·고기 등을 넣고 끓인 국. 토장국.

된:장찌개 물에 된장을 풀어 넣고 감자·호박·고추 따위를 넣어 끓여 만든 찌개.

된:통 아주 심하게. ㉹된통 얼어맞았다.

됨됨이 사람의 품성. ㉹그의 됨됨이가 믿음직스럽다.

됫박[되빡] ①'되' 대신 쓰이는 바가지. ㉹쌀 두 됫박. ②'되'의 속된 말.

두: (주로 세는 말과 함께 써서) 둘의. 수가 둘인. ㉹두 사람. 두개.

두각 여럿 가운데 특히 뛰어난 것. ㉹달리기에서 두각을 나타내다.

두개골 사람이나 짐승의 골을 감싸고 있는 뼈. 머리뼈.

두건 상중에 머리에 두르는 헝겊. 머릿수건. 【頭巾】

두견이 두견이과의 새. 뻐꾸기와 비슷하나 좀 작음. 몸 빛깔은 등이 어두운 청갈색 또는 회색이며, 배는 흰 바탕에 검은 가로 무늬가 있음. 두견새.

두고두고 오래 두고. 오래도록.

두근거리다 놀라거나 겁이 나서 가슴이 뛰다.

두근두근 매우 놀라거나 겁이 나서 가슴이 자꾸 뛰는 모양. -하다.

두꺼비 온몸의 살가죽에 우툴두툴한 것이 돋아 있으며, 흑갈색의 등에 검은 무늬가 있음. 개구리와 비슷한 동물.

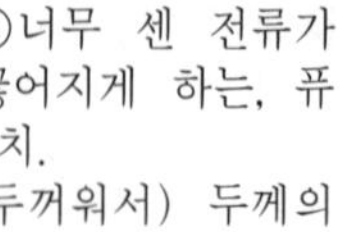

[두꺼비]

두꺼비집 ①모래 장난을 하면서 손으로 지은 집. ②너무 센 전류가 흐르면 저절로 끊어지게 하는, 퓨즈가 들어있는 장치.

두껍다(두꺼우니, 두꺼워서) 두께의 간격이 크다. ㉹동화책이 두껍다. 반얇다.

두께 물건의 두꺼운 정도.

두뇌 ①머릿골. 준뇌. ②사물의 이치를 슬기롭게 판단하는 힘. ㉹뛰어난 두뇌. 【頭腦】

두다 ①무엇을 어디에 있게 하다. ㉹책상 위에 책을 두다. ②사람을 거느리거나 관계하다. ㉹두 명의 자녀를 두다. ③거리나 간격 따위를 남겨 놓다. 예냉장고와 벽의 간격을 두다. ④바둑·장기 따위를 놀다. 예장기를 두다.

두고 보다 벼르거나 위협하는 말로 나중에 어떻게 되는지 기다려보다. 예내 말이 맞는지 틀리는지 두고 보면 알거야.

두더지 쥐와 비슷한 동물. 앞발은 삽처럼 생기고 입은 뾰족하여 땅을 파기에 알맞아, 주로 땅 속에 굴을 파고 삶.

[두더지]

두둑 논과 밭 사이에 경계를 이루어 놓은 두두룩하게 된 언덕. 예밭두둑.

두둑이[두두기] 넉넉하게. 푸우하게. 예옷을 두둑이 입다. ×두둑히.

두둑하다[두두카다] ①꽤 두껍다. 예흙이 두둑하게 쌓였다. ②넉넉하고 여유가 있다. 예주머니가 두둑하다.

두둔 편들어 감싸 줌. 예친구를 두둔하다. -하다.

두둥실 물 위나 공중에서 가볍게 둥실둥실 떠 있는 모양. 예구름이 두둥실 떠 있다.

두드러기 약이나 음식의 탈로 피부가 붉거나 희게 부풀어 오르며 몹시 가려운 병.

두드러지다 드러나서 뚜렷하다. 특히 눈에 띄다. 예병세가 두드러지게 좋아지다. >도드라지다.

두드리다 툭툭 치다. 예문을 두드리다. 센뚜드리다.

두들기다 마구 쳐서 때리다. 예상대를 실컷 두들기다. 센뚜들기다.

두런거리다 잘 알아들을 수 없게 여럿이 낮은 목소리로 계속해서 이야기하다. 예옆방에서 두런거리는 소리가 들린다. 비두런대다.

두런두런 여럿이 낮은 목소리로 말을 주고 받는 소리. 예방에서 두런두런 얘깃소리가 들리다.

두렁 논·밭 사이의 작은 둑. 예논두렁. 밭두렁.

두레 바쁜 농사철에 공동으로 협력하기도 하고, 모자라는 일손을 덜어 주기도 하는 마을 단위의 모임.

두레박 바가지나 양철 따위로 만든 작은 통에 줄을 매어 우물물을 길어 올리는 데 쓰는 기구.

두레상 여러 사람들이 둘러앉아 먹을 수 있는 큰 상.

두려움 마음에 꺼려 일어나는 무서운 느낌. 비공포. 무서움.

두려워하다 겁이 날 만큼 무섭고 걱정스럽게 느끼다. 예죽음을 두려워하다.

두렵다(두려우니, 두려워서) 마음에 꺼려 무서운 생각이 들다. 예밤길을 걷기가 두렵다.

두령 (이전말로)주로 불법적 집단이나 도둑의 우두머리. 비두목.

두루 ①빠짐없이. 골고루. 예곳곳을 두루 살펴보다. ②널리. 일반적으로. 예두루 쓰이는 말.

두루마기 외투처럼 길게 생긴 우리나라 고유의 웃옷의 한 가지. 주로 외출할 때 입음.

두루마리 종이를 가로로 길게 이어서 둥글게 돌돌 만 것.

두루뭉술하다 ①모나지도 않고 아주 둥글지도 않다. 예두루뭉술한 얼굴. ②행동이나 태도가 분명하지 못하다. 예매사를 두루뭉술하게 처리 한다. ×두리뭉실하다.

두루미 두루미과의 새. 목·다리·부리가 길고 몸은 흰빛이며 날개 끝은 검은색임. 연못이나 냇가에서 주로 곤충·미꾸라지·조개 등을 잡아먹고 삶. 학.

[두루미]

두르다 ①둘레를 빙 돌려서 감거나 휘감아 싸다. ㉥앞치마를 두르다. ②프라이팬에 기름을 고르게 바르다. ㉥기름을 두르고 야채를 볶다.
두름 절여서 말린 조기 스무 마리를 한 줄에 열 마리씩 길게 엮은 것. ㉥굴비 한 두름.
두릅 두릅나무의 어린 순. 나물을 만들어 먹음.

ㄷ

두리둥실 물건이 떠서 둥실둥실 움직이는 모양. ㉥두둥실 두리둥실 떠나가는 배.
두리반 크고 둥근 소반. 비두레상. 반모반.
두리번거리다 눈을 크게 뜨고 무엇을 찾는 듯이 이리저리 휘둘러 보다. ㉥주위를 두리번거리다. 비두리번대다.
두만강 우리 나라의 백두산의 남동쪽에서 시작하여 동해로 흘러드는 강. 중국 및 러시아와의 국경을 이루며 길이는 521km임. 【豆滿江】
두:말 이러니 저러니 하는 말. 따지고 묻는 말. ㉥두말할 필요 없다. -하다.
두메 도회지에서 멀리 떨어진 곳으로, 사람이 많이 살지 않는 산간 마을. 비산골.
두메 산골 도시에서 멀리 떨어진 깊은 산골.
두목 좋지 못한 일을 하는 여러 사람 가운데서 그 우두머리가 되는 사람. 【頭目】
두문 불출 집안에만 틀어박혀 세상 밖으로 나다니지 아니함.
두발 머리카락. 머리 모양. ㉥두발 자유화. 비머리털.
두보【사람】[712~770] 중국 당나라 때의 시인. 이백과 더불어 중국의 대표적인 시인.
두부 콩으로 만든 음식의 한 가지. 물에 불린 콩을 짠물에 간수를 치고 끓여 다시 자루에 놓고 눌러 물기를 빼서 만듦. ※세는 말은 '모'.
두상 머리의 생김새. ㉥두상이 잘 생겼다.
두서 ①일의 실마리. ②조리. ㉥두서없이 쓴 글.
두서너 둘이나 셋 또는 넷. ㉥사탕을 두서너 개 먹었다.
두세 둘이나 셋의. ㉥이 일은 두세 사람으로도 해낼 수 있다.
두셋[두섿] 둘이나 셋. ㉥놀이터에 아이들 두셋이 놀고 있다.
두어 '둘 가량'의 수효를 나타내는 말. ㉥두어 가지.
두엄 외양간에서 나온 짚이나 산에서 벤 풀, 쓰레기 등을 썩혀서 만든 거름. 비퇴비. 거름.
두엇[두얻] 둘 가량. 둘쯤. ㉥일할 사람이 두엇 필요하다.
두유 불린 콩을 갈아서 물을 붓고 끓여 우유 같이 만든 음식.
두절 교통이나 통신이 막히거나 끊어짐. -하다.
두텁다 인정이나 사랑이 깊다. ㉥친분을 두텁게 하다. >도탑다.
두통 머리가 아픈 증세.
두툼하다 ①조금 두꺼운 듯하다. ②넉넉하다. 여유가 있다. ㉥지갑이 두툼하다. **두툼히**.
두:해살이 나팔꽃·맨드라미·코스모스 따위의, 첫 해에 싹이 나서 자라고 그 이듬해에 열매를 맺고 죽는 식물.
둑 강이나 시내 등의 둘레에 흙이나 돌 같은 것을 쌓아올려 물이 넘쳐 흐르지 못하게 만든 언덕. 제방.
둑길 둑위로 난 길.
둑쌓기 물이 넘치는 것을 막거나 물을 가두어 두기 위하여 흙이나 돌을 쌓아서 물길을 막는 일.
둔:각 90도 보다는 크고 180도 보다는 작은 각. 반예각.

둔감하다 감각이나 감정이 무겁다. ㉡유행에 둔감하다.

둔:갑 술법을 써서 마음대로 자기 몸을 감추거나 다른 것으로 변하게 함. 【遁甲】

둔:재 재주가 둔함, 또는 그런 사람. 반천재. 【鈍才】

둔치 강이나 호수 가장자리의 언덕. 예한강 둔치.

둔:하다 ①재주가 없다. 예머리가 둔한 편이다. ②말 행동이 미련하고 느리다. 예움직임이 둔하다.

둔:화시키다 ①무디게 만들다. 예텔레비전은 가족들끼리의 인간 관계를 둔화시킨다. ②느리게 하다. 예신도시는 서울의 인구 증가를 둔화시키는데 한몫을 했다.

둘: 하나에 하나를 더한 수. 비이.

둘둘 물건을 여러 번 둘러서 말거나 감는 모양. 예군고구마를 신문지에 둘둘 말다. >돌돌. 센뚤뚤.

둘러대다 그럴듯한 말로 꾸며 속이다. 예기자라고 둘러대고 정보를 얻어내다.

둘러메다 약간 가벼운 물건을 번쩍 들어서 어깨에 메다. 예보따리를 둘러메다.

둘러보다 주위를 두루두루 살펴보다. 예시장을 둘러보다.

둘러서다 여럿이 둥글게 늘어서다.

둘러싸다 빙 둘러서 에워싸다.

둘러싸이다 무엇이 둘러싸는 가운데에 들어 있다. 예우리 나라는 삼면이 바다에 둘러싸여 있다.

둘러쓰다 무엇을 머리에 두르거나 온몸을 덮어 가리다. 예이불을 둘러쓰고 눕다. 비뒤집어쓰다.

둘러앉다 여러 사람이 가운데를 향하여 둥글게 줄을 지어 앉다. 예난로 주위에 둘러앉다.

둘러치다 무엇을 휘둘러서 세게 내리치다. 예떡메를 둘러치다.

둘레 어떤 물건의 양 옆과 앞과 뒤. 예운동장 둘레에 나무를 심다. 비주위. 반중앙. 복판.

둘:째 ①첫째의 다음. 셋째의 바로 앞. ②여러 자식 가운데 두 번째로 낳은 자식. ×두째. ※열 이상의 수와 결합할 때는 '-두째'의 꼴로 쓰임. 즉 '열두째' 따위와 같음.

둥 무슨 일을 하는 것도 같고 하지 않는 것 같기도 함을 나타내는 말. 예밥을 먹는둥 마는 둥.

ㄷ

둥그렇다[둥그러타] 크고 뚜렷하게 둥글다. 예보름달은 둥그렇다. >동그랗다. 센뚱그렇다.

둥그레지다 둥그렇게 되다. 예얼굴이 둥그레졌다고 놀리다. >동그레지다. 센뚱그레지다.

둥그스름하다 모가 나지 않고 대체로 둥글다. >동그스름하다.

둥근달 음력 보름 즈음에 둥그렇게 된 달. 비만월. 보름달.

둥글넓적하다[둥글럽쩌카다] 모양이 둥글고 넓적하다. >동글납작하다.

둥글다(둥그니, 둥그오) ①공 모양과 같다. ②모가 없어 원만하다. 예성격이 둥글다. >동글다.

둥글둥글 여럿이 다 둥근 모양. 예천장에 둥글둥글 오색 풍선들이 매달려 있다. >동글동글. 센뚱글뚱글.

둥둥[1] 큰 북을 잇달아 칠 때 나는 소리. >동동.

둥둥[2] 가볍게 떠 있는 모양. 예구름이 둥둥 떠간다. >동동.

둥실 가벼운 것이 공중이나 물위에 떠서 움직이는 모양. 예흰 구름이 둥실 떠 간다. 본둥실둥실. >동실.

둥실둥실 무엇이 공중이나 물 위에 가볍게 떠서 움직여 가는 모양. 예바다를 둥실둥실 떠가는 돛단배.

둥우리 ①짚이나 댑싸리로 바구니 비슷하게 엮어 만든 그릇. ②병아리나 새같은 것을 기르는 보금자리. ⓔ둥우리를 틀다. 비둥지.

둥지 새의 보금자리. ⓔ까치가 둥지를 틀다. 비둥우리.

둥치 큰 나무의 밑동. ⓔ둥치가 굵은 소나무.

뒤ː ①등이 있는 쪽. 정면의 반대쪽. ②다음. 나중. ⓔ기차가 떠난 뒤에 도착하다. ③어떤 일의 결과.

ㄷ

뒤ː곁 뒤뜰. 뒷마당.

뒤ː꽁무니 ①몸의 뒷 부분. 특히 엉덩이 부분. ②누구의 뒤. 비꽁무니.

뒤ː꿈치 발·양말·신발의 뒤 쪽 끝. 반앞꿈치.

뒤낭〖사람〗[1828～1910] 앙리 뒤낭. 스위스 사람으로 자선 사업가이며 적십자사를 창설한 사람. 1863년에 국제적인 적십자 운동의 필요성을 발표, 1864년에 제네바 협약을 맺는 데 성공하여 적십자사 창설에 이바지했음. 1901년 노벨 평화상을 받았음. 【Dunant】

뒤ː늦다 때가 다 지나서 퍽 늦다.

뒤덮다 가리어 덮다. 모두 덮다. ⓔ시꺼먼 구름이 하늘을 뒤덮었다.

뒤덮이다[뒤더피다] 빈 곳이 없게 모두 가려 덮이다. ⓔ흰눈으로 뒤덮인 세상.

뒤ː돌아보다[뒤도라보다] ①고개를 돌려 뒤에 있는 것을 보다. ②지난 일을 돌이켜 생각하다. ⓔ어린 시절을 뒤돌아보며 생각에 잠기다.

뒤ː돌아서다[뒤도라서다] 뒤를 향하여 돌아서다.

뒤ː따라가다 누구의 뒤를 따라가다. 비뒤쫓아가다. 반뒤따라오다.

뒤ː따라오다 누구의 뒤를 따라오다. 비뒤쫓아오다. 반뒤따라가다.

뒤ː따르다 ①뒤를 따르다. ②뜻이나 사업을 잇다.

뒤ː떨어지다 누구보다 뒤에 떨어져 있다. ②능력이 모자라다. ⓔ수학이 좀 뒤떨어지다. ③시대에 맞지 않다. ⓔ뒤떨어진 사고 방식.

뒤뚱거리다 이쪽 저쪽으로 쓰러질 듯이 느리게 기울어지고 흔들리다. ⓔ오리가 뒤뚱거리며 걷는다. 비뒤뚱대다.

뒤뚱뒤뚱 중심을 잃고 쓰러질 듯이 몸을 흔들며 움직이는 모양. **-하다.**

뒤ː뜰 집채의 뒤에 있는 마당. 비뒤곁. 반앞뜰.

뒤룩뒤룩 뚱뚱한 몸에 군살이 흉하게 붙어있는 모양.

뒤바꾸다 ①서로 바꾸어 놓다. ⓔ친구의 연필을 뒤바꾸어 필통에 넣었다. ②정반대로 되게 하다. ⓔ실수로 사람의 운명을 뒤바꾸어 놓을 수도 있다.

뒤바뀌다 ①정반대가 되다. ⓔ밤낮이 뒤바뀐 생활. ②상황이 아주 다르게 변하다. ⓔ전쟁으로 세상이 완전히 뒤바뀌었다.

뒤범벅 마구 뒤섞여서 이것저것 구별할 수 없는 모양.

뒤ː서다 남의 뒤에 서서 가다. 반앞서다.

뒤섞다[뒤석따] 서로 다른 것들을 한데 섞다. ⓔ밀가루에 물과 달걀을 넣고 뒤섞어 반죽하다.

뒤섞이다 물건이 한데 마구 섞이다 ⓔ어지럽게 뒤섞인 신발들.

뒤숭숭하다 조금 불안하고 걱정스럽다. ⓔ세상이 뒤숭숭하다.

뒤얽히다[뒤얼키다] 풀 수 없을 만큼 마구 엉키다. ⓔ뒤얽힌 실타래.

뒤엉키다 여러 가닥들이 서로 꼬여 한 덩어리가 되다. ⓔ숲은 잡목들로 뒤엉켜 있어 걸어가기가 힘들다.

뒤엎다 ①무너뜨리다. 뒤집어엎다. ⓔ책상을 뒤엎다. ②생각·학설 따위를 갑자기 바꾸어 놓다. ⓔ예상을 뒤엎고 영희가 일등을 했다. ③결혼·결정 따위를 완전히 바꾸다. ⓔ한 번 결정된 일을 뒤엎을 수 없다.

뒤:울 울타리로 둘려 있는 뒤뜰. (예) 뒤울 안에 복사꽃이 피었다.

뒤웅박 쪼개지 않고 꼭지를 중심으로 하여 큰 구멍을 뚫어 속을 파낸 둥그런 바가지.

뒤:잇다(뒤이으니, 뒤이어서) 끊어지지 않도록 뒤를 잇다.

뒤적거리다 무엇을 찾느라고 이리저리 들추어 가며 살피다. (예)서랍을 뒤적거리다. [비]뒤적대다.

뒤적이다[뒤저기다] 물건을 이리저리 들추며 뒤지다. (예)신문을 뒤적이다.

뒤적뒤적 무엇을 찾느라고 이리저리 들추어 뒤지는 모양. -하다.

뒤주 주로 쌀을 담아 두는 나무로 만든 궤짝.

[뒤주]

뒤죽박죽 이것저것이 뒤섞이어 엉망이 된 모양.

뒤지다[1] 물건을 찾으려고 이리저리 들추다. (예)책상을 뒤지다.

뒤:지다[2] 남보다 떨어지다. 뒤서다. (예)옷이 유행에 뒤지다. [반]앞서다

뒤집기 씨름에서, 윗몸을 상대의 배 밑에 두고 샅바를 쥔 손과 허리의 힘으로 상대를 어깨 뒤로 뒤집어 넘기는 기술.

뒤집다 안과 겉을 뒤바꾸다. (예)옷을 뒤집어 입다.

뒤집어쓰다[뒤지버쓰다] ①온몸을 내리덮다. ②남의 허물이나 책임을 억울하게 넘겨 맡다. (예)누명을 뒤집어 쓰다.

뒤집어씌우다[뒤지버씨우다] 뒤집어쓰게 하다. 온통 덮어 씌우다. (예) 언니는 잘못을 나한테 뒤집어씌웠다.

뒤집히다[뒤지피다] 일이나 물건의 안과 겉, 위아래가 뒤바뀌어지다. (예)바람에 우산이 뒤집히다.

뒤:쪽 사물이나 장소의 뒤의 부분이나 뒤에 가까운 곳. [비]뒤편. [반]앞쪽.

뒤:쫓다 누구의 뒤를 따라 빨리 가다. (예)범인을 뒤쫓다.

뒤:쫓아가다[뒤쪼차가다] 누구의 뒤를 따라 쫓아가다. [비]뒤따라가다.

뒤:쫓아오다[뒤쪼차오다] 누구의 뒤를 따라 쫓아오다. [비]뒤따라오다.

뒤:처리 어떤 일이 벌어지거나 끝난 다음에 남은 일을 마무리 하는 것. -하다.

ㄷ

뒤:처지다 뒤떨어지다.

뒤척뒤척 누운 몸을 자꾸 이리저리 굴리는 모양.

뒤척이다[뒤처기다] ①(몸을) 누워서 이쪽저쪽으로 자꾸 돌리다. (예) 잠을 이루지 못하고 몸을 뒤척이다.

뒤:축 신이나 양말의 뒷부분.

뒤:치다꺼리 뒤에서 일을 보살피고 돌보아 주는 일. -하다.

뒤:탈 어떤 일 뒤에 생기는 병이나 좋지 않은 일. (예)욕심을 부리면 뒤탈이 난다.

뒤:통수 머리의 뒤쪽. ×뒷통수.

뒤틀다(뒤트니, 뒤트오) 꼬아서 비틀다. (예)온몸을 뒤틀다.

뒤틀리다 ①물건이나 일이 꼬여서 비틀어지다. (예)계획이 뒤틀리다. ②감정이나 생각이 사납게 바뀌다. (예)비위가 뒤틀리다.

뒤:편 어떤 것의 뒤쪽. [비]뒤쪽. ×뒷편.

뒤:풀이[뒤푸리] 모임이 끝난 후에 모인 사람들이 마무리 삼아서 따로 모이는 일.

뒤프르【사람】[1780~1865] 프랑스의 의사·박물학자. 곤충의 생활 습성에 대하여 깊이 연구하였는데, 특히 비단벌레를 잡아먹는 사냥꾼 벌에 대하여 연구한 결과를 엮은 〈벌이야기〉가 있음.

뒤흔들다(뒤흔드니, 뒤흔드오) 마구 흔들다. ㉠어깨를 뒤흔들다.

뒷:간[뒤깐] 사람이 대소변을 보는 곳. 변소. 화장실.

뒷:걸음[뒤꺼름] 발을 뒤로 떼어 놓으며 걷는 걸음.

뒷:걸음질[뒤꺼름질] 뒷걸음을 치는 짓.

ㄷ

뒷:걸음치다[뒤꺼름치다] 몸은 앞을 향한 채 뒤로 걷다. ㉠무서운 개를 보고 놀라서 뒷걸음쳐서 도망갔다.

뒷:골[뒤꼴] 피로나 아픔이 느껴지는 머릿속의 뒤쪽.

뒷:골목[뒤꼴목] 큰 길의 뒤에 있는 좁은 골목. ㉠밤늦게 뒷골목으로 다니지 마라.

뒷:굽[뒤꿉] 신발 바닥 뒤쪽에 붙어 있는 두꺼운 부분.

뒷:길[뒤낄] 집이나 마을의 뒤로 난 길.

뒷:날[뒨날] ①다음 날. 이튿 날. ②앞으로 닥쳐올 날. 장래. 비훗날.

뒷:다리[뒤따리] 짐승의 몸 뒤에 있는 다리.

뒷:덜미[뒤떨미] 목덜미 아래의 두 어깨죽지 사이. ㉠뒷덜미를 잡아 끌다.

뒷:돈[뒤똔] ①장사에서 남이 대주는 돈. ㉠뒷돈을 대주다. ②남모르게 쓰는 떳떳하지 못한 돈. ㉠뒷돈을 받고 놓아주다.

뒷:동산[뒤똥산] 집이나 마을 뒤에 있는 작은 동산.

뒷:마당[뒨마당] 집의 뒤편에 있는 마당. 비뒤뜰. 뒤꼍. 반앞마당.

뒷:마무리[뒨마무리] 일의 뒤끝을 마무름, 또는 그 마무른 일. 비뒷정리. -하다.

뒷:말[뒨말] 일이 다 끝난 뒤 그 일에 대하여 트집을 잡는 말. 뒷소리. ㉠뒷말이 없도록 일을 잘 처리해라. -하다.

뒷:맛[뒨맏] ①음식을 먹은 뒤에 입에서 느끼는 맛. ②어떤 일을 끝마친 뒤의 느낌.

뒷:면[뒨면] 뒤쪽의 면. ㉠뒷면에 이름을 써라. 반앞면.

뒷:모습[뒨모습] 뒤에서 본 생김새. ㉠뒷모습이 친구와 닮았다. 반앞모습.

뒷:문[뒨문] 건물의 뒤쪽에 있어 눈에 잘 띄지 않는 문. 비후문. 반앞문.

뒷:바라지[뒤빠라지] 뒤에서 잘 하도록 도와 주는 일. ㉠자식의 뒷바라지를 하다. -하다.

뒷:받침[뒤빠침/뒫빠침] 뒤에서 받쳐 주는 물건, 또는 그 사람. ㉠친구를 뒷받침해 주다. -하다.

뒷:북[뒤뿍] 어떤 일이 이미 끝난 뒤에 쓸데없이 수선을 피우는 일.

뒷:산[뒤싼/뒫싼] 마을 뒤에 있는 산. 비앞산.

뒷:소문[뒤쏘문] 어떤 일이 끝난 뒤에 그 일에 관하여 생기는 소문. 비후문.

뒷:이야기[뒨니야기] 어떤 잘 알려진 일이나 사람에 관한 감추어지거나 알려지지 않은 이야기. 준뒷얘기.

뒷:자리[뒤짜리] 뒤쪽에 있는 자리. 비뒷자석. 반앞자리.

뒷:자락[뒤짜락] 옷의 뒤에 늘어진 자락. 반앞자락.

뒷:전[뒤쩐] ①뒤쪽에 있는 자리. 뒤의 자리. ②덜 중요하다고 여겨져서 남이나 다른 일보다 뒤에 대접하거나 다룰 처지. ㉠공부는 뒷전이고 친구들과 놀러만 다닌다.

뒷:정리[뒤쩡니] 일의 끝을 바로 잡아 마무리 하는 일. -하다.

뒷:조사[뒤쪼사] 은밀히 하는 조사. -하다.

뒷:지느러미[뒤찌느러미] 물고기의 항문과 꼬리 사이에 붙어 있는 지느러미.

뒷:짐[뒤찜] 두 손을 뒤로 돌려 마주 잡는 것. ㉠뒷짐을 지고 걷다.
뒹굴다(뒹구니, 뒹구오) 누워서 이리저리 구르다. ㉠잔디밭에서 뒹굴다.×딩굴다.
뒹굴뒹굴 ①누워서 자꾸 이리저리 구르는 모양. ②하는 일없이 빈둥빈둥 노는 모양.
듀엣 두 사람이 함께 악기를 연주하거나 노래를 부르는 것, 또는 그 연주나 노래. 비이중주. 이중창.【duet】
드나들다 자주 들어오고 나가다.
드날리다 ①바람에 무엇을 높이 펄럭이게 하다. ㉠태극기를 드날리며 입장하다. ②이름이나 명성을 널리 알려 칭찬 받게 하다. ㉠한석봉은 서예가로 이름을 드날렸다. 비떨치다.
드넓다[드널따] 활짝 틔어서 아주 넓다. ㉠드넓은 벌판.
드높다 매우 높다. ㉠가을 하늘은 파랗고 드높다.
드디어 마침내. 결국. ㉠드디어 승리를 거두었다.
드라마 ①희곡. 각본. 연극. 극. ㉠텔레비전 드라마. ②어떤 극적인 사건.【drama】
드라이 ①젖은 머리를 말리거나 손질하는 일. ②'드라이클리닝'의 준말. -하다.【dry】
드라이버 ①나사못을 돌려서 박거나 빼는 데 쓰이는 연모. ②운전사. ㉠택시 드라이버.【driver】
드라이브 구경과 재미를 위하여 자동차를 타고 달리는 것.【drive】
드라이 아이스 탄산가스를 얼려서 만든 눈 모양의 차가운 고체.
드라이 클리닝 물 대신 벤젠 같은 세척액을 사용하는 건조 세탁. 준드라이.【dry cleaning】
드라이 포인트 판화의 한 가지. 비닐판·유리판 등에 먼저 물감을 발라 놓고 그 위에 날카로운 것으로 그림을 그린 후 종이를 그 그림 위에 덮어 찍어 내는 방법으로 만드는 판화. 찍어 내는 횟수는 1회에 한함.【drypoint】
드라큘라 서양 전설에서 밤에만 돌아다니며 사람의 피를 빨아 먹는다는 귀신.【Dracula】
드러나다 ①겉으로 나타나다. ②감추었던 것이 나타나다.
드러내다 드러나게 하다. ㉠본심을 드러내다.
드러눕다(드러누우니, 드러누워서) 제 마음대로 편히 눕다.
드럼 ①서양 음악을 연주하는 데 쓰는 북. ②'드럼통'의 준말. ③액체의 수량을 재는 단위. ㉠석유 열 드럼. ※1드럼은 200리터이다.【drum】
드럼통 주로 연료로 쓰는 기름을 담는 둥근 기둥 모양의 큰 쇠통. 준드럼.
드렁칡 산기슭에 나는 칡.
드레드레 물건들이 많이 매달려 있거나 늘어져 있는 모양. 비주렁주렁.
드레스 보통 어깨에서 발까지 오는 서양식 여자 정장.【dress】
드르렁드르렁 매우 시끄럽게 코를 자꾸 고는 소리.
드르륵 ①미닫이 문을 거침없이 열 때에 나는 소리. ②총을 연달아 쏠 때 나는 소리.
드롭 커브 야구에서, 투수가 던진 공이 타자 앞에 와서 급히 아래로 떨어지는 커브.【drop curve】
드롭 킥 럭비에서 손에 들고 있는 공을 땅에 떨어뜨려 튀어오르는 순간에 차는 법.【dropkick】
드리다 ①윗사람에게 물건을 주다. ㉠부모님께 선물을 드리다. ②여러 가닥의 끝을 꼬아 한 가닥으로 만들다.

드리우다 아래로 늘어지게 하다. 예 창에 발을 드리우다.

드릴 ①송곳. ②맨 끝에 송곳날을 단, 공작용의 구멍 뚫는 기구.

드문드문 ①이따금. ②띄엄띄엄. 예 벌판에 집이 드문드문 있다.

드물다(드므니, 드무오) 잦지 아니하다. 예자동차가 드물게 다닌다.

ㄷ

드보르자크〖사람〗[1841~1904] 체코슬로바키아의 음악가. 작품으로 교향곡 제9번 〈신세계〉〈유머레스크〉〈슬라브 춤곡〉 등이 유명함.

드세다 ①세력이 아주 강하다. 예바람이 드세다. ②사람의 성질 등이 세거나 사납다. 예고집이 드세다 .

득 이로운 것. 얻는 것. 반실. 【得】

득남 아들을 낳음. -하다. 【得男】

득녀 딸을 낳음. 【得女】

득실거리다 사람이나 동물이 한데 빽빽이 모여서 자꾸 움직이다. 예 파리 떼가 득실거리다. 비득실대다. 본득시글거리다.

득실득실 많은 사람들이나 동물이 떼지어 들끓는 모양. 예흉악범이 득실득실하다. 본득시글득시글. -하다.

득음[드금] 국악의 연주나 노래의 실력이 매우 아름다운 지경에 이르는 것. -하다.

득점 시험이나 경기에서 점수를 얻음, 또는 그 점수. 예대량 득점을 하다. -하다.

득표 투표에서 찬성의 표를 얻는 것, 또는 얻은 표의 수. -하다.

든든하다 ①약하지 않고 굳세다. ② 마음에 미덥다. ③배가 부르다. 예 저녁을 많이 먹었더니 든든하다. 든든히.

듣기 ①듣는 것. 듣는 일. ②초등 학교에서 말을 듣고 뜻을 깨닫는 공부를 하는 과목.

듣기놀이 여럿이 한데 모여서 어떤 말을 맨 처음 사람이 듣고 다음 사람에게 차례차례 귓속말로 전하여 맨 끝 사람에게 바르게 전해졌나 알아보는 놀이.

듣는이[든느니] 남의 말을 듣고 있는 사람. 반말하는이.

듣다[1] ①소리를 귀로 알아차리다. 예 연주를 듣다. 반말하다. ②남이 시키거나 일러주는 말을 그대로 따르다. 예선생님 말씀을 잘 들어라. ③ 칭찬이나 꾸지람을 받다. 예꾸중을 듣다.

듣다[2] 약이나 치료가 효과를 나타내다. 예감기에 잘 듣는 약 주세요.

들:[1] 논밭으로 만들 수 있는 평평하고 넓은 땅. 비벌판. 평야.

들[2] (같은 무리에 속하는 여럿을 늘어놓는 말 다음에 써서) 그와 같은 여러 가지. 예개, 돼지, 소 들은 가축이다. 비등. 따위.

-들[3] (어떤 말에 붙여 써서) '여럿이 모두'의 뜻. 예사람들. 학생들.

들것[들껃] 사람이나 물건을 나르는 기구로, 두 사람이 양쪽에서 들게 되어 있음.

들고일어나다[들고이러나다] 여럿이 함께 어떤 일에 반대하다. 예회사의 비리에 직원들이 들고일어나다.

들:국화 가을철에 야트막한 산이나 들에 피는 국화의 한 종류.

들기름 들깨로 짠 기름.

들:길[들낄] 넓은 벌판에 사람이 다니도록 만들어 놓은 길.

들깨 꿀풀과의 일년초. 여름에 흰 꽃이 피며, 잎은 크고 잔털이 있음. 씨로 들기름을 짬. 높이 약 80cm.

들:꽃 들에 피는 꽃. 비야생화.

들끓다[들끌타] 여럿이 한 곳에 모여서 우글거리다.

들:녘[들력] 산과 조금 떨어져 평야가 많이 있는 곳. 예황금 물결을 이룬 들녘.

들:놀이[들로리] 여럿이 같이 들에 나가서 노는 것.

들다[1](드니, 드오) ①집이나 있을 곳을 마련하여 거기에 들어감. ㊎새 집에 들다. ㊊나다. ②마음에 꼭 맞다. ㊎가방이 마음에 들다.

들다[2](드니, 드오) 나이가 썩많다. ㊎나이가 들어 보인다.

들다[3](드니, 드오) 칼날 같은 것이 날카로워 잘 베어지다. ㊎칼이 잘 들다.

들다[4] 음식을 먹거나 마시다. ㊎아침을 들다.

들뜨다(들떠, 들떠서) ①마음이 가라앉지 아니하다. ㊎마음이 들떠서 일 저지를까 겁난다. ②떨어져 틈이 생기다. ㊎장판지가 들뜨다. ㊒뜨다.

들락거리다 자꾸 들어왔다 나갔다 하다. ㊒들랑거리다.

들락날락 잇달아 들어왔다 나갔다 하는 모양.

들러리 결혼식에서 신랑이나 신부를 식장으로 인도하며 부축해 주는 사람.

들러붙다 ①어디에 바짝 붙거나 닿아서 떨어지지 않다. ㊎얼굴에 거미줄이 들러붙다. ②어떤 일에 끈기 있게 매달리다. ㊎기계에 들러붙어 일을 하다. ③어떤 물건이 끈기 있게 바짝 붙다. ㊎옷에 껌이 들러붙다. 〉달라붙다.

들려주다 이야기나 노랫 소리 따위를 듣게 해 주다. ㊎옛날 이야기를 들려주다.

들르다(들러, 들러서) 지나는 길에 잠깐 거치다. ㊎집에 가는 길에 친구 집에 들르다. ×들리다.

들리다[1] 소리가 들어지다. ㊎매미 소리가 들린다.

들리다[2] ①물건이 손에 집히다. 잡히다. ㊎아빠 손에 핸드폰이 들려 있다. ②들게 하다. ㊎당번에게 주전자를 들리다.

들리다[3] 병에 걸리다. ㊎사래 들려 기침하다.

들릴락말락하다[들릴랑말라카다] 소리가 아주 작아서 들릴 듯 말 듯하다.

들마루 방문 바로 앞에 잇대어 놓은 쪽마루.

들먹거리다 ①무엇이 자꾸 들렸다 내려앉았다 하다. ㊎이불이 들먹거리다. ②무엇을 자꾸 들었다 놓았다 하다. ㊎어깨를 들먹거리며 울고 있다. ③어떤 일이나 사람에 대하여 쓸데없이 자꾸 이야깃거리를 삼다. ㊎다 끝난 일을 자꾸 들먹거리다. ㊒들먹이다.

들먹이다[들머기다] ①무엇이 들렸다 내려앉았다 하다. ㊎기침을 할 때마다 가슴이 들먹이다. ②무엇을 들었다 놓았다 하다. ㊎어깨를 들먹이며 울다. ③쓸데없이 이야깃거리로 삼다. 화제에 올리다. ㊎친구의 잘못을 들먹이다. ㊒들먹거리다.

들모임 '소풍'의 북한 말.

들배지기 씨름에서, 상대의 샅바를 잡고 상대를 배 높이까지 들어올린 뒤 자기의 몸을 살짝 돌리면서 상대를 넘어뜨리는 기술.

들볶다[들복따] 해롭게 하거나 잔소리를 하여 못살게 굴다. ㊎동생을 들볶다.

들볶이다 못살게 괴로움을 받아 애를 먹게 되다.

들:새 사람이 기르지 않고 들에서 사는 새.

들:소 북미나 아프리카 같은 데 사는 야생의 소.

들숨 안으로 들이쉬는 숨. ㊊날숨.

들썩거리다 물건이 자꾸 들렸다 내렸다 하다. ㊎모포가 들썩거리다. ②흥분하여 들떠 있다. ㊎온 나라가 월드컵 축구로 들썩거렸다. ③어깨나 엉덩이를 가볍게 아래위로 움직이다. ㊎음악에 맞추어 어깨를 들썩거리다. ㊒들썩대다.

ㄷ

들썩들썩 ①물건이 들렸다 가라앉았다 하는 모양. ②마음이 들떠서 움직이는 모양. -하다.

들썩하다[들써카다] ①고정되어 있던 것이 조금 들렸다 놓이다. ㉠엉덩이를 들썩하다. ②뒤흔들릴 만큼 시끄럽고 부산하다. ㉠명절날은 온 집안이 들썩한다. ③무엇을 들었다 놓다. ㉠어깨를 들썩하다.

들쑤시다 무엇을 세게 쑤시다.

들쑥날쑥 제멋대로 들어가기도 하고 나오기도 하여 고르지 못한 모양. ㉠동생은 이가 들쑥날쑥 제멋대로 났다. 비들쭉날쭉.

들어가다[드러가다] 밖으로부터 안으로 움직여 가거나 자리를 옮기다. 반나오다.

들어내다[드러내다] 사람이나 물건을 들어서 밖으로 옮기다. ㉠책상을 들어내다.

들어맞다[드러맏따] ①틀리지 않고 꼭 맞다. ②빈틈이 없이 꽉 차게 끼이다.

들어붓다[드러붇따] 액체나 가루가 담긴 그릇을 들어서 통째로 쏟아 붓다. ㉠물을 들어붓다.

들어서다[드러서다] ①밖에서 안으로 다가서다. ㉠방으로 들어서다. ②어떤 테두리 안에 자리잡다.

들어앉다[드러안따] 들어가서 앉다. 안쪽으로 다가 앉다.

들어오다[드러오다] ①밖에서 안으로 향하여 오다. 반나가다. ②어떤 조직의 구성원이 되다. ㉠산악회에 들어오다.

들어올리다[드러올리다] 밑에서 위로 들어서 올리다. ㉠역기를 들어올리다.

들어주다[드러주다] 다른 사람의 부탁이나 요구를 거절하지 않고 받아들이다.

들어차다[드러차다] 안이나 속에 가득 차다. ㉠예식장에 사람들이 꽉 들어찼다.

들여놓다[드려노타] 밖에 있던 것을 안으로 가져다 놓다. ㉠책상을 들여놓다.

들여다보다[드려다보다] 밖에서 안쪽을 보다. ㉠방 안을 들여다보다.

들여다보이다[드려다보이다] ①속이나 안의 것이 눈에 뜨이다. ㉠어항 속이 들여다보이다. ②속마음이 다 드러나다. ㉠속이 들여다보이는 거짓말.

들여보내다[드려보내다] 안이나 속으로 들어가게 하다. ㉠집으로 들여보내다.

들여오다[드려오다] 밖에서 안으로 가져오다.

-**들이**[드리] 그릇에 담기는 양을 나타내는 말. ㉠ 5*l* 들이 주전자.

들이다[드리다] ①들어오게 하거나 들어가게 하다. ㉠손님을 맞아들이다. ②부릴 사람을 집에 있게 하다. ㉠가정부를 들이다. ③잘 가르쳐 버릇이 되게하다. ㉠말을 길들이다. ④물감을 배게 하다. ㉠머리에 물을 들이다.

들이닥치다[드리닥치다] 갑자기 한꺼번에 마구 밀려들다. ㉠손님들이 갑자기 들이닥치다.

들이대다[드리대다] ①물건을 가져다가 마주 대다. ②뻣뻣한 말로 자꾸 대들다. ㉠사장에게 들이대다.

들이마시다[드리마시다] 쉽지 않고 빨리 마시다. ㉠물을 단숨에 들이마시다.

들이밀다[드리밀다] 밖에서 안으로 향하여 밀다. 준디밀다.

들이받다[드리받따] 세게 받거나 부딪치다. ㉠전봇대에 머리를 들이받다.

들이쉬다[드리쉬다] 숨을 속으로 들이켜서 쉬다. ㉠맑은 공기를 깊이 들이쉬었다. 반내쉬다.

들이치다[드리치다] 비·눈 등이 바람에 불려 안으로 세차게 뿌리다.
들이켜다[드리켜다] 세게 들이마시다. ㊎물을 들이켰다. ×들이키다.
들:일[들릴] 논이나 밭에서 하는 일.
들입다[드립따] 자기의 필요에 따라 힘껏 마구. ㊎사람들이 차를 먼저 타려고 들입다 민다.
들:쥐[들쮜] 들에 사는 쥐를 통틀어 이르는 말.
들쭉날쭉 들어가고 내밀어 일정하지 않은 모양. ㊎책이 들쭉날쭉 꽂혀 있다.
들창문 벽의 위쪽에 낸 작은 창. 들창.
들창코 코끝이 위로 들려서 콧구멍이 보이는 코.
들추다 ①끄집어 드러내다. ㊎잘못을 들추다. ②자꾸 뒤지다. ㊎서랍을 들추다.
들치다 한쪽 끝을 잡고 쳐들다. ㊎이불을 들치고 들어가 누웠다.
들키다 숨기려던 일이나 물건이 남의 눈에 뜨이다.
들통 ①감추어 두었던 일이 모두 드러나는 것. ㊎거짓말이 들통나다. ②손잡이가 달려서 들고 다닐 수 있게 만든 커다란 통.
들:판 들을 이룬 벌판. 비평야. 벌판.
들:풀 들에 저절로 자라는 풀. 비야생초.
듬뿍 그득하고 수북하여 넉넉한 모양. 〉담뿍.
듬성듬성 촘촘하지 않고 여기저기에 있는 모양. ㊎풀이 듬성듬성 돋아나다.
듬직하다[듬지카다] 모습이나 성격이 무게가 있고 믿음직하다.
듯[듣] 그런 것 같기도 하고 아닌 것 같기도 하다는 뜻을 나타내는 말. ㊎자는듯 마는듯.
듯하다[드타다] 어떤 말 아래에 쓰이어 짐작을 나타내는 말. ㊎일이 다 끝난 듯하다.
등[1] ①가슴과 배의 반대쪽. ②물건의 밑바닥의 반대쪽.
등:[2] ①등급. ㊎일등. 이등. 삼등. ②들. 기타. ㊎소·돼지·닭 등을 가축이라고 한다. 【等】
등[3] 불을 켜서 어두운 곳을 밝히는 기구. 【燈】
등걸 줄기를 잘라 낸 나무의 밑둥.
등:고선 지도에서 표준 해면으로부터 같은 높이에 있는 지점들을 연결하여 놓은 꼬불꼬불하게 연속된 곡선. 【等高線】
등골[등꼴] 척추 속에 들어 있는 기관. 뇌의 명령을 신경에 전하고 신경의 흥분을 뇌에 전달하는 기관.
등교 학교에 감. 반하교. −하다.
등굣길 학교 가는 길. ×등교길.
등교 시간 학교에 갈 시간.
등극 임금의 자리에 오름.
등긁이[등글기] 등을 긁는 데 쓰이는 물건. 주로 대나무로 만듦.
등:급 신분·값·품질 등의 높고 낮음, 또는 위아래를 여러 층으로 나누어 놓은 차례.
등기 우편 우편물 배달의 정확함을 기하기 위하여 만든, 우편물 특수 취급의 한 방법.
등나무 줄기를 길게 뻗어 감아가는 나무. 정원에 심어 그늘지게 함. 준등.
등단 ①연단이나 강단에 오름. ②어떤 방면에서 전문가로서 활동할 수 있게 됨. 【登壇】
등대 밤에 뱃길을 안전하게 안내하는 표지가 되도록 해안에 세우고 등불을 켜 놓은 곳.

[등대]

ㄷ

등대지기 등대를 지키는 사람.
등대탑 밤에 뱃길의 위험한 곳을 비추거나 목표로 삼게 하기 위해 등불을 켜 세운 높은 곳.
등댓불[등대뿔] 밤에 뱃길을 안내하는 등대에서 비치는 불빛. ×등대불.
등덜미[등떨미] 등의 윗부분. ㉠등덜미를 밀어 쫓아내다.

ㄷ

등:등 '그리고 그와 비슷한 것들'의 뜻. ㉠과자, 빵, 떡 등등 먹을것이 많다.
등등하다 기세가 상대를 누를 만큼 높고 당차다. 서슬이 푸르다. ㉠세도가 등등하다.
등록[등녹] 장부에 적어 올림. ㉠주민 등록. -하다. 【登錄】
등록금 대학생이 입학할 때나 학기 초에 학교에 내는 수업료. 비납입금. 학비. 【登錄金】
등록증[등녹쯩] 무엇을 등록한 증명서. ㉠자동차 등록증.
등반 높은 산에 오름. ㉠설악산을 등반하다. -하다.
등반대 높고 험한 산을 오를 목적으로 조직된 무리.
등받이[등바지] 의자에 앉은 사람이 등을 기댈 수 있는 의자의 부분.
등배 운동 다리를 벌리고 서서 허리를 젖혔다 구부렸다 하여 등과 배를 튼튼하게 하는 운동.
등본 처음 것을 보고 그대로 베껴 적은 서류. ㉠주민 등록 등본.
등:분 어떤 수나 양을 서로 같은 부분으로 나눔. -하다.
등불[등뿔] 등에 켠 불. 등잔불.
등뼈 사람과 동물의 목에서 엉덩이나 꼬리까지 마디들이 이어져 등을 이루는 뼈.
등사 간단한 인쇄기인 등사기로 글씨나 그림을 박음. ㉠시험지를 등사하다. -하다.
등산 산에 오름. ㉠한라산을 등산하다. 비산행. 【登山】
등산객 취미나 운동을 위해 산을 오르는 사람. 【登山客】
등산로 등산하기에 편하게 닦아 놓은 길. 【登山路】
등산복 산에 오를 때 입는 옷.
등성이 '산등성이'의 준말. 산의 등줄기.
등:수 여럿이 서로 어떤 능력을 겨루는 일에서 능력의 차이를 차례대로 나타내는 숫자.
등:식 수학에서, 둘 이상의 수나 식에서 등호(=)로 서로 같음을 표시하는 식. <보기> 90+30=120. 반부등식. 【等式】
등심 소의 등뼈에 붙은 연한 살코기.
등:심선 지도에서 해면을 기준으로 하여 같은 깊이의 지점들을 이은 곡선. 【等深線】
등쌀 몹시 귀찮게 구는 것.
등:온선 지도 위에, 기온이 같은 지점들을 이은 곡선.
등용 사람을 뽑아 씀. ㉠인재를 등용하다. 비기용. -하다.
등용문 용문에 오른다는 뜻으로, 출세하기 위하여 으레 지나가는 어려운 관문을 비유하여 이르는 말.
등유 등불을 켜거나 난로를 피우는 데 쓰는 석유. 【燈油】
등잔 기름 그릇에 담긴 심지에 불을 붙여 방 안을 밝히는 기구. 비램프.
등잔불 등잔에 켠 불.
등장 ①무대 같은 데에 나옴. 반퇴장. ②무슨 일에 어떠한 사람이 나타남. ㉠혜성같이 등장한 선수. -하다. 【登場】
등장 인물 소설·영화 등에 나오는 사람. 【登場人物】
등정 높은 산의 꼭대기에 오르는 것. ㉠에베레스트의 등정에 성공하다. -하다. 【登頂】
등줄기[등쭐기] 등골뼈가 있어 두두룩하게 줄이진 부분.
등:지 땅 이름 밑에 붙어 '그러한 곳

들'이란 뜻을 나타내는 말. ㉵한국·중국·일본 등지에 많이 자라는 식물.

등지다 ①남과 서로 사이가 틀어져서 돌아서다. ㉵한 형제끼리 등지고 살아간다. ②뒤에 두다. ㉵산을 등지고 있는 고을. ③떠나다. ㉵고향을 등지고 서울로 가다.

등짐[등찜] 등에 진 짐.

등짐 장수[등찜장수] 물건을 등에 지고 다니며 파는 사람.

등판 야구에서, 투수가 공을 던지는 자리에 서는 것. ㉯강판.

등하교 학교에 가는 것과 수업을 마치고 학교에서 돌아오는 것. -하다. 【燈下校】

등:한시하다 중요한 일을 게을리 하고 대수롭지 않게 여기다. ㉵공부를 등한시하다.

등:한하다 마음을 두지 않고 예사로 여기다. ㉵국어 공부를 등한히 하다. 등한히.

등허리 등의 아래에 있는 허리. 허리의 등 쪽 부분.

등:호 수량이 같음을 나타내는 부호(=). <보기> 2+3=5. ㉯부등호.

디귿 한글의 닿소리 글자인 'ㄷ'의 이름.

디디다 발을 어떤 물건 위에 올려놓고 서다. ㉾딛다.

디디티:(DDT) 농작물의 해충이나 파리·모기 등의 벌레를 죽이는 농약.

디딜방아[디딜빵아] 발로 디뎌서 곡식을 찧는 방아. 굵은 나무 한 끝에 공이를 박고, 다른 한 끝은 두 갈래가 나게 하여 그 끝을 디디게 되어 있으며, 공이 아래로 방아확을 파 놓음.

디딤돌[디딤똘] 마루 아래 놓아 발로 디디고 오르 내리게된 반듯하고 넓적한 돌.

디:밀다 '들이밀다'의 준말.

디스켓 컴퓨터에서, 자료를 기록하거나 저장하는 데 사용되는 물건. 자성을 띤 동그란 판이 얇은 사각형 플라스틱 틀 속에 들어 있음.

디스코 빠른 음악에 맞추어 일정한 형식이 없이 자유롭게 추는 춤.【disco】

디스크[1] 둥글고 납작한 판, 또는 그 겉면. 축음기의 레코드. 【disk】

디스크[2] 등뼈나 목뼈 마디 사이에 있는 무른 뼈가 밀려 나와 신경을 눌러서 생기는, 허리나 목이 아픈 병.

디스토마 길이 10~20mm의 엽상·원통상·원반상 등. 포유류의 간과 폐에 기생하여 병을 일으키는 기생충. 【distoma】

디자이너 ①옷이나 옷감, 물건의 모양·무늬 등을 도안하는 사람. ②설계자. 【designer】

디자인 ①계획. 설계. 도안. ㉵실내 디자인. ②작품을 만들기 위한 초벌 그림. -하다. 【design】

디저트 식사 후에 먹는 과자나 과일 따위. 후식. 【dessert】

디젤 기관 1897년 독일의 디젤이 발명한 엔진. 중유나 경유를 써서 차량이나 배 등을 움직이는 데 쓰이는 내연 기관.

디젤 기관차 1897년 독일 기술자 디젤이 발명한, 경유 발전기가 내는 힘으로 움직이는 기관차.

디즈니랜드 미국의 만화 영화 제작자 디즈니가 1955년에 로스엔젤레스 교외에 만든 어린이 놀이동산. 【Disneyland】

디지털 시간·소리·모양·세기와 같은 세상의 모든 현상을 0과 1의 두 가지 숫자로 바꾸어 처리하여 나타내는 것. ㉯아날로그. ×디지탈 【digital】

디킨스【사람】[1812~1870] 영국의 소설가. 재치와 익살에 찬 글로써 독자들로 하여금 눈물과 웃음을 자

ㄷ

아내게 하면서, 인도주의와 사회 개선을 부르짖어 세계문학에 큰 영향을 끼쳤음. 작품으로는 〈올리버 트위스트〉〈두 도시 이야기〉〈크리스마스 송가〉 등이 있음.

디프테리아 열이 나고 목이 붓고 아파 음식을 잘 삼킬 수 없고 숨을 잘 쉴 수 없는 급성 법정 전염병. 두 살에서 일곱 살쯤까지의 어린 아이들이 잘 걸림. 【diphtheria】

딛다[딛따] '디디다'의 준말. ㉮고향 땅을 딛다.

딜러 ①무역 업자. ②특약점. 소매점. ③트럼프 게임에서 카드를 나누어 주는 사람. 【dealer】

딜레마 이러지도 저러지도 못하는 어려운 지경. ㉮딜레마에 빠지다.

ㄸ (쌍디귿) 'ㄷ'의 된소리.

따갑다(따가우니, 따가워서) ①몹시 더운 느낌이 있다. ㉮햇볕이 따갑다. ②찌르듯이 아픈 느낌이 있다. ㉮가시에 찔린 자리가 따갑다. ③날카롭고 절실하여 마음을 찌르다.

따개비 물이 드나드는 바닷가 바위에 붙어 살며, 삿갓 같이 생긴 회색 껍질에 덮여 있는 작은 동물.

따:귀 '뺨'의 속된 말. ㉮따귀를 때리다. 본뺨따귀.

따끈따끈하다 기분좋게 따뜻하다. ㉮군고구마가 따끈따끈하다. <뜨끈뜨끈하다.

따끔거리다 자꾸 따끔따끔 쏘는 느낌이 들다. ㉮눈이 따끔거리고 아프다. <뜨끔거리다.

따끔따끔 뾰족한 물건이 살갗을 자꾸 찌르는 듯이 아픈 느낌을 나타냄. ㉮벌에 쏘인 자리가 따끔따끔하게 아프다. <뜨끔뜨끔. -하다.

따끔하다 찔리거나 꼬집힐 때 느끼는 것 같은 아픈 느낌이 있다. <뜨끔하다.

따내다 재주나 힘으로 마침내 따다. ㉮최우수 선수상을 따내다.

따님 남의 '딸'의 높임말. 반아드님.

따다 ①달렸거나 붙었거나 돋은 것을 잡아 떼다. ㉮고추를 따다. ②골라 뽑아 쓰다. ㉮요점을 따다. ③노름이나 내기 따위에서 이겨 돈이나 물건을 손에 넣다. ④자격이나 점수 따위를 얻다.

따돌리다 ①싫은 사람을 멀리 하거나 일에 관계 못하게 하다. ㉮그 아이를 따돌리지 마라. ②뒤따르는 사람을 슬쩍 떼어 버리다. ㉮수비 선수를 따돌리다.

따듯하다[따드타다] ①기분이 좋을 만큼 온기가 느껴지며 포근하다. ㉮우리 집은 여름에는 시원하고 겨울에는 따듯하다. ②마음이 정겹다. ㉮선생님은 우리를 따듯하게 대하신다.

따뜻하다[따뜨타다] ①날씨나 온도가 기분이 좋을 만큼 덥다. ㉮이불 속이 따뜻하다. ②마음이 다정하고 친절하다. ㉮그녀는 마음이 따뜻하다.

따라가다 ①뒤에서 좇아가다. ②남이 하는 대로 좇아가다. ③남의 의견 대로 좇다. ㉮부모님 의견에 따라가다.

따라나서다 남이 가는 대로 같이 나서다.

따라다니다 ①남을 좇아가다. ㉮아이들이 선생님을 졸졸 따라다니다. ②어떤 느낌·생각이 누구에게 늘 같이 있다. ㉮누군가 따라오는 듯한 불안이 따라다니다.

따라붙다[따라붇따] 앞선 것을 바싹 뒤따르다.

따라서 ①그렇기 때문에. ②그대로 좇아서. ㉮영희는 아빠를 따라서 부산에 갔다.

따라오다 ①남의 뒤를 좇아오다. ㉮내 뒤를 따라오너라. ②남이 하는 대로 좇아 하다. ㉮동생은 내 생각을 고분고분 따라오는 편이다.
따라잡다 뒤따라가던 것이 앞서가는 것에 이르거나 그것을 앞서다. ㉥앞에 달리는 선수를 따라잡다.
따로 한데 합하지 않고 하나씩 떨어져서. 저마다 따로. ㉥싸우지 말고 따로 앉아라.
따로따로 한데 뒤섞이지 않고 각각 떨어져서. ㉥콩과 팥을 따로따로 심다.
따르다[1](따라, 따라서) ①남의 뒤를 좇다. ②복종하다. ㉥아버지의 뜻에 따르다.
따르다[2](따라, 따라서) 기울여서 쏟거나 붓다. ㉥컵에 물을 가득 따르다.
따름 'ㄹ'이나 '을' 아래에 쓰여 '그 뿐'이라는 뜻을 나타내는 말. ㉥승패를 떠나 최선을 다할 따름이다.
따먹다[따먹따] ①내기로 건 돈을 자기 것으로 만들다. ②바둑·장기 같은 것에서 상대편의 말을 잡다.
따발총 탄창이 똬리 모양으로 둥글납작하며, 탄알이 잇달아 나오는 소련제의 기관단총.
따분하다 ①싫증이 나고 지겹다. 지루하고 답답하다. ㉥이야기가 따분하다. ②하는 일이 없거나 단조로워 심심하다. **따분히**.
따사롭다 ①따스한 기운이 있다. ㉥햇살이 따사롭다. ②마음이 다정하다. 정답다. ㉥따사로운 인정.
따스하다 따사롭다. 조금 따뜻하다. ㉥봄볕이 따스하다. >따사하다. ㊂다스하다.
따오기 따오기과의 새. 백로와 비슷한데 몸빛은 희고 부리는 검으며, '따옥따옥' 하고 잘 욺. 천연기념물로 지정되어 보호하는 새임.

[따오기]

따옴표 문장 부호. 큰 따옴표(" ") 작은 따옴표(' ')를 통틀어 이르는 말.
따위 ①여럿을 한꺼번에 가리키는 말. ②사람이나 물건을 얕잡아 이르는 말. ㉥그 따위 것은 버려라.
따지다 ①수를 셈하다. ㉥손익을 따지다. ②옳고 그름을 가리다. ㉥잘못을 따지다.
딱 ①단단한 물건이 부러지거나 부딪칠 때 나는 소리. ②어떤 소리 또는 행동이나 생각이 갑자기 그치거나 멎는 모양. ㉥아이의 울음이 딱 멎었다. <뚝. ③움직이지 않고 굳세게 버티는 모양. ㉥딱 버티고 서 있다. ④활짝 바라진 모양. ㉥입이 딱 벌어지다. ⑤어깨나 가슴이 다부지게 벌어진 모양. ㉥딱 벌어진 어깨. <떡.
딱따구리 숲 속에서 살며, 나무껍질 속에 있는 벌레를 잡아먹고 사는 새.
딱딱거리다 까다롭게 따지거나 나무라는 듯이 말하다. ㊇딱딱대다.

[딱따구리]

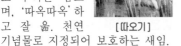

딱딱하다[딱따카다] ①굳어서 몹시 단단하다. ㉥떡이 굳어서 딱딱하다. ②느낌이 사납고 거세다.
딱새 머리는 검은색, 등은 푸른색, 배는 붉은 갈색인 작은 새. 곤충을 잡아먹어 사람에게 이로운 새임.
딱정벌레 반들거리는 딱딱한 껍질로 덮여 있는 작은 곤충.
딱지[1] ①상처난 자리에 피나 진물이 말라붙어 생기는 껍질. ㉥부스럼 딱지가 앉았다. ②게·거북 따위의 등을 이루는 넓적하고 단단한 껍데기.
딱지[2] ①우표처럼 어떤 특별한 그림이나 글씨를 박은 작은 종이 조각. ㉥가격 표시 딱지가 붙어 있다. ②

교통 순경이 교통 법규를 어긴 차의 운전자에게 벌금 액수나 경고 사실을 적어 주는 종이 쪽지. ㉠주차 위반 딱지.

딱지치기 땅바닥에 놓인 종이 딱지를 서로 번갈아 가며 쳐서 상대방의 딱지가 뒤집어지면 따먹는 어린이 놀이.

ㄷ

딱총 ①대나무나 쇠 대롱의 양쪽 끝을 막고 한쪽 끝을 세게 밀어 대롱 속의 압축된 공기를 소리내며 터지게 하는 장난감 총. ②화약을 터뜨려 큰 소리가 나도록 총 모양으로 만든 장난감.

딱친구 서로 숨기는 것이 없이 지내는 친한 친구라는 뜻의 북한말.

딱하다 ①애처롭고 가엾다. ㉠사정이 딱하다. ②난처하다.

딱히[1][따키] 똑똑하게 뚜렷이. 분명히. ㉠딱히 잘라 말할 수는 없으나 대개 그럴것 같다.

딱히[2][따키] 불쌍하게 가엽게. ㉠부모가 없는 남매를 딱히 여기다.

딴 ①아주 다른. ㉠딴 길로 가다. ②나름. 스스로의 판단. ㉠제 딴에 심각하다.

딴딴하다 무르지 않고 매우 굳다.

딴마음 ①다른 것을 생각하는 마음. ②배반하려는 마음.

딴말 ①다른 말. ②아무런 관계도 없는 쓸데없는 말.

딴머리 여자의 머리에 덧대어 얹은 머리털.

딴소리 본뜻에 어그러지는 말. 딴말. ㉠자꾸 딴소리만 계속하다. -하다.

딴전 남의 말이나 행동에 관심이 없는 척하면서 꾸미는 말이나 행동. ㉠딴전 피우지 말고 빨리 얘기해라. 비딴청.

딴청 그 일과는 아주 딴 짓으로 하는 일. 비딴전.

딴판 자기가 생각했던 것과는 아주 다름. ㉠소문과는 딴판으로 물건값이 비싸다.

딸 여자로 태어난 자식. 반아들.

딸:기 장미과에 속하는 나무딸기와 양딸기 등의 총칭.

딸:기코 코 끝이 딸기처럼 빨갛게 된 코.

딸꾹질 횡경막과 성대가 동시에 경련을 일으켜 들이마시는 숨이 방해를 받아 이상한 소리를 내는 증세. -하다.

딸랑딸랑 작은 종이나 방울이 자꾸 흔들리는 소리나 모양.

딸랑이 딸랑거리는 소리를 내는 아기 장난감.

딸리다 ①붙어 있다. ㉠그에게 딸린 식구가 많다. ②밑에 들다. ㉠운전수가 딸리다.

땀 사람이나 동물의 몸에서 쓸데없는 물질이 걸러져 살갗으로 나오는 것. 체온을 조절하는 일을 함.

땀내 몸에서 땀이 난 뒤에 나는 고약한 냄새.

땀띠 여름철에 땀 때문에 생기는 작은 종기.

땀방울 물방울처럼 뭉쳐 있는 땀. ㉠이마에 맺힌 땀방울.

땀샘 살갗 속에 있으며, 땀을 내보내고 체온을 조절하는 곳.

땅 ①바다를 제외한 지구의 겉면. 육지. ②영토. ③곳. 지방.

땅거미[땅꺼미] 해가 진 뒤부터 컴컴하기 전까지의 어두운 동안.

땅굴 땅 속으로 뚫린 굴. 비토굴.

땅꾼 뱀을 잡아 파는 사람.

땅덩이[땅떵이] 경계가 있는 한 덩이의 땅. 대륙·국토·지구 등을 가리키는 말.

땅딸보 '키가 작은 사람'을 우스꽝스레 이르는 말.

땅문서 땅의 소유권을 증명하는 문서.

땅바닥[땅빠닥] 아무것도 깔지 않은 땅의 맨 바닥. 비흙바닥.

땅벌[땅뻘] 땅에 집을 짓고 사는 벌을 통틀어 일컬음.

땅볼 야구나 축구에서, 땅 위로 굴러가도록 차거나 찬 공.

땅임자[땅님자] 논밭 등 토지의 소유자.

땅콩 콩과의 한해살이 재배 식물. 줄기가 30~55cm. 각 마디에 갓 모양의 겹잎이 나옴. 6~9월에 나비 모양의 황색꽃이 핌. 열매는 땅 속에서 고치 모양으로 열림. 낙화생.

땋:다[따타] 머리털이나 실 같은 것의 여러 가닥을 서로 걸어 짜서 한 가닥으로 만들다. 예머리를 두 갈래로 땋다.

때[1] ①시간의 어떤 점이나 부분. 예점심때. ②좋은 기회나 운수. ③하루 세 번 끼니를 먹는 시간. 예놀다가 때가 되니까 들어온다.

때[2] ①시골 티나 어린 티. ②옷이나 피부에 묻은 더러운 것. 예때를 벗기다.

때까치 까치보다 작고 시끄럽게 울며, 머리가 불그레하고 날개는 검으며 배는 흰 여름새.

[때까치]

때늦다[때늗따] ①정한 시간보다 늦다. 예때늦은 점심을 먹다. ②알맞은 시기가 지나다. 예때늦은 후회. ③제철보다 늦다. 예때늦은 과일.

때:다 아궁이에 불을 피우다.

때때로 가끔. 예아버지를 따라 때때로 등산을 가다.

때때옷 알록달록한 색을 넣어 지은 어린아이의 고운 옷.

때려치우다 하던 일을 아주 그만 두다.

때로 ①이따금 한 번씩. 예나는 때로 밤을 새우기도 한다. ②경우에 따라서. 예원숭이도 때로 나무에서 떨어진다.

때리다 사람·짐승·물건 따위를 손이나 손에 쥔 것으로 후려 치다.

때마침 그 때에 마침. 예때마침 형이 들어왔다.

때맞추다 알맞은 때가 되다. 예때맞추어 안타를 치다.

때문 까닭. 탓. 어떤 원인. 예감기 때문에 결석을 하였다.

때밀이[때미리] 공중 목욕탕에서 목욕하는 사람의 때를 밀어 주는 일을 직업으로 하는 사람.

때아닌 때에 어울리지 않는. 적당한 시기가 아닌. 예겨울에 때아닌 개나리가 피었다.

때우다 뚫어지거나 깨진 곳을 다른 조각으로 대어 막다.

땔:감[땔깜] 불을 때는 데 쓰이는 온갖 물건. 땔거리. 비연료.

땔:나무 땔감이 되는 나무.

땜: 금이 가거나 뚫어진 곳을 때우는 일. 본때움질. -하다.

땜:장이 그릇이나 기구의 깨지거나 구멍이 난 곳을 고치거나, 때우는 일을 직업으로 하는 사람.

땜:질 물건에 금이 가거나 뚫어진 곳을 때워 고치는 일. 본때움질. 준땜. -하다.

땟국물[때꿍물] 때가 많이 낀 더러운 물이나 물기.

땡감 덜 익어 맛이 떫은 감.

땡볕[땡볃] 몹시 뜨거운 햇볕. 비뙤약볕.

떠가다 공중이나 물 위를 떠서 가다. 예흰구름이 떠가다.

떠꺼머리 장가나 시집갈 나이가 넘은 총각 처녀의 길게 땋아 늘인 머리. 예떠꺼머리 총각.

떠나가다 ①있던 곳을 떠나 다른 곳으로 가다. 예항구를 떠나가는 배.

ㄷ

ㄷ

②큰 소리가 나서 몹시 소란스럽거나 흔들리다. ㉥학생들은 교실이 떠나가게 박수를 쳤다.

떠나다 ①다른 곳을 향하여 옮겨 가다. ㉥서울을 떠나다. 반닿다. 도착하다. ②죽다. ㉥세상을 떠나다.

떠내다 ①물이나 국 등을 퍼내다. ②꽃이나 나무 등을 흙과 함께 파내다. ㉥꽃모종을 떠내다.

떠내려가다 물 위에 둥둥 떠서 물을 따라 내려가다.

떠넘기다 자기의 할 일이나 책임을 다른 사람에게 억지로 넘기다.

떠다니다 공중이나 물 위에 떠서 이리저리 움직이다. ㉥강 위에 배가 떠다니다.

떠다밀다 등을 세게 밀다.

떠돌이[떠도리] 일정하게 사는 곳이 없이 이곳 저곳으로 떠돌아다니는 사람.

떠돌아다니다 정처없이 이리저리 돌아다니다.

떠들다[1](떠드니, 떠드오) 덮이거나 가린 것을 조금 쳐들다. ㉥이불을 떠들다.

떠:들다[2](떠드니, 떠드오) ①시끄럽게 지껄이다. ②소문이 크게 나다.

떠들썩하다 여럿이 큰 목소리로 지껄여서 시끄럽다. 비소란하다. 시끄럽다.

떠듬거리다 ①말이 자꾸 막혀서 술술 나오지 아니하다. ②글을 읽는데 자꾸 막히다. ㉥떠듬거리며 책을 읽다. 비떠듬대다. 여더듬거리다.

떠듬떠듬 ①말이 자꾸 막히어 더듬는 모양. ②글을 읽을 때 자꾸 막히어 술술 읽어지지 않는 모양. ㉥책을 떠듬떠듬 읽다. 여더듬더듬.

떠맡기다[떠만끼다] 무엇을 억지로 남에게 맡게 하다.

떠맡다[떠만따] 남이 할 일을 모두 자기가 맡다.

떠밀다 몸을 기대고 밀어 내다. ㉥어깨로 떠밀다. 비떼밀다.

떠밀리다 힘껏 밀림을 당하다. ㉥시장 안은 떠밀려 다녀야 할 정도로 붐볐다.

떠받들다[떠받뜰다] ①존경하여 높이 섬기다. ㉥영웅으로 떠받들다. ②밑에서 받쳐 높이 올려 들다.

떠받치다 밑에서 위로 받쳐서 무너지거나 떨어지지 않도록 버티다. ㉥튼튼한 교각이 다리를 떠받치고 있다.

떠버리 늘 시끄럽게 떠드는 사람.

떠벌리다 ①지나치게 허풍을 떨며 떠들어대다. ②일을 거창하게 벌이거나 차리다.

떠보다 남의 속 마음을 슬쩍 알아보다. ㉥친구의 마음을 떠보다.

떠오르다(떠올라, 떠올라서) ①가라앉았던 것이 솟아서 위로 오르다. ㉥해가 떠오르다. ②생각이 나다.

떠올리다 ①생각이나 기억을 되살리다. ㉥부모님의 말씀을 떠올리다. ②얼굴에 어떤 표정을 드러내거나 나타내다. ㉥미소를 떠올리다.

떡[1] 곡식 가루를 반죽하여 쪄서 만든 음식을 통틀어 이르는 말〔시루떡·흰떡·송편 따위〕.

떡[2] ①무엇이 크게 벌어진 모양. ㉥가슴이 떡 벌어지다. ②쉽게 비키거나 물러서지 않을 듯이 힘있게 앞에 막아서 있는 모양. ㉥떡 버티고 서 있다.

떡갈나무 가을에 잎이 지는 나무로, 열매인 '도토리'로는 묵을 만들어 먹음. 도토리나무

떡갈잎[떡깔립] 떡갈나무의 잎. 가랑잎. 준갈잎.

떡고물 떡 거죽에 묻히는 고물.

떡국[떡꾹] 가래떡을 얄팍하게 썰어 넣고 끓인 음식. 주로 설날에 먹음.

떡메[떵메] 찐 쌀이나

[떡메]

찹쌀 따위를 쳐서 이겨 떡을 만드는 데 쓰는 무거운 방망이.
떡방아 떡가루를 만들기 위해 쌀을 찧는 방아.
떡볶이[떡뽀끼] 가래떡을 도막내서 양념을 섞어 볶은 음식. ×떡볶기.
떡살[떡쌀] 떡의 모양과 무늬를 찍어내는 판.
떡시루 떡을 찌는 데 쓰는 둥근 질그릇으로, 바닥에 구멍이 여러 개 뚫려 있음.
떡잎[떵닙] 씨앗에서 처음으로 싹터 나오는 잎.
떡하니[떠카니] 자랑하듯이. 자신만만하게. ㉠게임기를 떡하니 내놓다.
떨구다 고개나 어깨 따위를 힘없이 아래를 향하여 숙이다.
떨기 ①풀·꽃·나무 등의 무더기. ②무더기진 식물을 셀 때 쓰이는 말. ㉠한 떨기 들국화.
떨기나무 중심이 되는 큰 줄기가 없이 여러 줄기가 한꺼번에 자라는 키가 작은 나무. 철쭉. 장미나무 따위. 관목. 반큰키나무.
떨:다[1](떠니, 떠오) 붙은 것을 손으로 떨어서 떨어지게 하다. 비털다.
떨:다[2](떠니, 떠오) 몹시 춥거나 무섭거나 또는 분할 때에 손이나 몸을 흔들다. ㉠추위에 떨다.
떨떠름하다 마음에 선뜻 내키지 않다. ㉠친구의 부탁을 거절해서 기분이 떨떠름하다.
떨리다 ①몸이나 몸의 일부가 무섭거나 춥거나 하여 세게 흔들리다. ㉠추워서 손이 떨려 글씨를 쓸 수가 없다. ②목소리의 높낮이가 빨리 심하게 변하며 울리다. ㉠흥분하여 목소리가 떨리다.
떨림판 어떤 소리나 움직임에 따라 떨리는 얇은 판. 비진동판.
떨어뜨리다. ①위에서 아래로 내려지게 하다. 떨어지게 하다. ㉠귤을 떨어뜨리다. ②붙었던 것을 따로 갈라지게 하다.
떨어지다 ①위에서 아래로 내려지다. ㉠꽃잎이 떨어지다. ②뒤에 남거나 처지다. ㉠산에 오르던 일행과 떨어지다. ③붙어 있던 것이 떼어지다. ㉠신발 밑창이 떨어지다. ④시험이나 선거에서 뽑히지 못하다. ㉠반장 선거에서 떨어지다. ⑤병·입맛 따위가 사라지다. ㉠감기가 떨어졌다.
떨이[떠리] 팔다가 남은 물건을 모두 한꺼번에 조금 싸게 파는 것, 또는 그 물건.
떨:잠 부인들의 예장에 머리에 꽂는 장식품.
떨치다[1] 위세나 명성 같은 것을 일으키어서 널리 알게 하다. ㉠세계에 이름을 떨치다. 비드날리다.
떨치다[2] ①매달리거나 붙잡는 사람을 힘껏 떼어 버리다. ②어떤 생각이나 느낌을 버리거나 지우다.
떫:다[떨따] 맛이 날감 맛과 같이 거세어서 입 속이 텁텁하다.
떳떳하다[떧떠타다] 말과 행동이 바르고 어그러짐이 없다. ㉠떳떳한 행동.
떵떵거리다 권세나 재산이 많은 것을 드러내 놓고 뽐내다.
떼[1] 사람·동물 등이 한데 많이 몰린 것. 비무리.
떼[2] 억지로 요구하거나 고집하는 짓. ㉠동생이 함께 놀러가겠다고 떼를 쓰다.
떼거리 (속된말로) 어떤 일 때문에 한 장소에 여러 사람이 무리를 지은 것. ㉠학생들이 떼거리로 모여 있다.
떼구루루 둥글고 단단한 물건이 단단한 바닥에서 구르는 소리나 모양. ㉠구슬이 떼구루루 굴러 떨어졌다. 여데구루루.
떼굴떼굴 큰 물건이 잇따라 구르는

ㄷ

모양. ㉠바위가 떼굴떼굴 굴러간다. ㉮데굴데굴.

떼ː다 ①붙었던 것을 떨어지게 하다. ②사이를 멀게 하다. ③봉한 것을 뜯다. ㉠편지를 떼어 보다.

떼돈 갑자기 한꺼번에 많이 생긴 돈.

떼ː밀다(떼미니, 떼미오) 힘을 들여 밀어 내다. ㉥떠밀다.

ㄷ

떼쓰다 부당한 말로 제 의견이나 요구만을 억지로 주장하다.

떼어먹다 ①남에게 갚을 것을 갚지 않다. ②나쁜 방법으로 중간에서 가로채다.

떼이다 남에게 빌려 준 것을 못 받게 되다. ㉠돈을 떼이다.

떼쟁이 떼를 잘 쓰는 사람.

떼죽음[떼주금] 여럿이 한꺼번에 죽는 것. ㉠물고기들이 떼죽음 당하다.

뗏목[뗀목] 나무나 대를 엮어서 물에 띄워 사람이나 물건을 운반할 수 있게 만든 물건.

또 ①같은 것을 거듭하여서. ㉠너 또 지각이구나. ②그뿐 아니라. 다시 더. ㉥다시.

또는 그렇지 않으면. 혹은. ㉠비 또는 눈이 올 것 같다.

또다시 한 번 더 되풀이하여. ㉠밤이 되자, 또다시 눈보라가 휘몰아쳤다.

또닥또닥 작고 딱딱한 물건으로 단단한 물건을 가볍게 두드릴 때 나는 소리.

또랑또랑 조금도 흐린 점이 없이 아주 밝고 똑똑한 모양. ㉠또랑또랑한 목소리. -하다.

또래 나이 또는 무슨 정도가 같거나 비슷한 무리. ㉠우리는 같은 또래다.

또래 집단 나이·취미·생각·경험 등이 비슷한 사람들의 집단.

또렷이[또려시] 매우 분명하고 똑똑하게. ㉠또렷이 말하다. <뚜렷이.

또렷하다 흐리지 않고 매우 분명하다. <뚜렷하다. 또렷이.

또르르 ①작고 동그란 것이 가볍고 빠르게 구르는 모양. ㉠구슬이 또르르 굴러 간다. ②얇고 긴 물건이 단단히 말리는 모양. ㉠말려 있던 포장지가 펴자마자 또르르 되감긴다. ㉥돌돌. >도르르.

또박또박[1] ①또렷한 모양. ㉠글씨를 또박또박 쓰다. ②차례를 거르지 않고 일일이. ㉠일기를 매일 또박또박 쓰다.

또박또박[2] 일정한 속도로 발자국 소리를 내며 걷는 모양이나 소리. <뚜벅뚜벅.

또한 거기에다가 또. ㉠얼굴뿐 아니라 마음 또한 예쁘다.

똑 ①작은 물건이 부러지거나 떨어질 때 나는 소리. ㉠연필이 똑 부러지다. ②다 써서 완전히 없어진 모양. ㉠돈이 똑 떨어지다.

똑같다[똑 다] 조금도 서로 다른 데가 없다. ㉠크기가 똑같다.

똑딱똑딱 시계추나 시계 바늘이 계속 움직이는 소리. <뚝딱뚝딱. ㉮톡탁톡탁.

똑딱선 발동기로 움직여 가는 작은 배. 통통배.

똑똑 ①작은 물건이 잇따라 떨어지거나 부러지며 나는 소리. ㉠나무 젓가락을 똑똑 부러뜨리다. ②단단한 물체를 가볍게 잇따라 두드릴 때 나는 소리. ㉠문을 똑똑 두드리다. <뚝뚝.

똑똑하다[똑또카다] 행위와 말이 분명하고 영리하다. ㉠똑똑하게 말하다. 똑똑히.

똑바로 ①기울지 않고 아주 바르게. ②틀리지 않고 바르게.

똑바르다 어느 쪽으로도 기울어지지 않고 곧고 바르다.

똘똘 ①작은 물건이 여러 겹으로 단

단히 말리거나 뭉치는 모양. [예]붕대를 똘똘 말다. [여]돌돌. ②여럿이 뜻을 모아 뭉치는 모양. [예]우리가 똘똘 뭉쳐야 이길 수 있다.

똘똘하다 똑똑하고 영리하다.

똥 사람이나 동물의 먹은 것이 소화가 되어서 몸 밖으로 나오는 찌꺼기.

똥똥하다 '뚱뚱하다'의 작은 말. 작은 키에 몸집이 옆으로 퍼지고 굵다. [예]똥똥한 사람.

똥배 똥똥하게 볼록 나온 배.

똥파리 빛깔이 누르스름한 푸른 빛이고, 여름에 똥이나 썩은 물질에 잘 모여 드는, 몸집이 큰 파리.

똬:리 짐을 일 때 머리에 받치는 고리 모양의 물건. 짚이나 천을 둥글게 틀어서 만듦.

[똬리]

뙤약볕 내리쬐는 뜨거운 볕. [비]땡볕.

뚜껑 그릇의 위를 덮을 수 있게 만든 물건.

뚜렷이[뚜려시] 누구나 알아볼 만큼 확실하게. >또렷이.

뚜렷하다[뚜려타다] 엉클어지거나 흐릿하지 않고 분명하다. >또렷하다. 뚜렷이.

뚜벅뚜벅 일정한 속도로 점잖고 힘있게 똑바로 걷는 모양이나 소리. >또박또박.

뚝 ①크고 단단하고 기다란 물건이 부러지거나 끊어질 때 크게 나는 소리. [예]나뭇가지를 뚝 꺾다. ②굵은 물방울 같은 것이 떨어지는 소리나 모양. [예]눈에서 눈물 방울이 뚝 떨어지다. ③성적 같은 것이 심하게 떨어지는 모양. [예]성적이 뚝 떨어졌다.

뚝딱 어떤 일을 거침없이 시원스럽게 해치우는 모양. [예]숙제를 뚝딱 해치우다.

뚝뚝 ①크고 단단한 물건들이 자꾸 끊어지거나 부러지거나 할 때에 크게 나는 소리. [예]마른 나뭇가지들이 뚝뚝 부러지다. ②물방울 따위가 연거푸 떨어지는 소리. [예]눈물을 뚝뚝 흘리다. >똑똑.

뚝배기 찌개 등을 끓이거나 담을 때 쓰는 오지 그릇.

뚝섬〖지명〗 서울특별시 성동구 성수동 한강가에 있는 유원지.

뚝심 ①굳세게 버티는 힘. [예]뚝심이 센 사람. ②좀 미련하게 불뚝 내는 힘. [비]완력.

뚫다[뚤타] ①구멍을 내다. [예]문에 구멍을 뚫다. ②길을 내다. [예]산에 굴을 뚫다. ③틈을 비집다.

뚫리다[뚤리다] ①구멍이 나다. ②길이 생기다. [예]큰 길이 뚫리다.

뚫어지다[뚜러지다] ①구멍이나 틈이 생기다. ②길이 통하게 되다.

뚱딴지 아무런 관계가 없이 엉뚱하고 멍청한 것. [예]묻는 말에 대답은 안하고 뚱딴지 같은 말만 한다.

뚱뚱보 뚱뚱한 사람. [준]뚱보.

뚱뚱하다 살이 쪄서 몸집이 옆으로 퍼지고 굵다. >똥똥하다.

뚱:하다 못마땅하여 시무룩하다. [예]뚱하게 있지 말고 나가 놀아라.

뛰놀다(뛰노니, 뛰노오) ①이리저리 뛰어다니면서 놀다. ②맥박 등이 세게 뛰다.

뛰다 ①빨리 내닫다. 힘껏 달리다. ②멀리 가기 위하여 위로 솟구쳐 오르다. ③심장이나 맥박 따위가 팔딱거리거나 두근거리다.

뛰어가다 어디로 뛰어서 가다. [반]뛰어오다.

뛰어나가다 빨리 달려서 나가다. [예]선생님 앞으로 뛰어나가다.

뛰어나다 여럿 가운데서 훨씬 낫다. 우수하다. [예]국어 성적이 뛰어나다. [비]빼어나다. [반]못나다.

뛰어나오다 몸을 위로 높게 올리면서 빨리 달려서 나오다. (예)복도로 뛰어나오다.

뛰어내리다 ①높은 곳에서 낮은 곳으로 몸을 던져 내리다. (예)차에서 뛰어내리다. ②비탈진 길이나 통로를 뛰어서 빨리 내려가다. (예)계단을 뛰어내리다. [반]뛰어오르다.

뛰어넘다 ①몸을 솟구쳐 앞에 놓인 것을 넘다. (예)장애물을 뛰어넘다. ②어떤 수준을 훨씬 넘어서다. (예)예상을 뛰어넘는 호응을 얻었다.

뛰어놀다 아이들이 마음대로 뛰면서 놀다. [비]뛰놀다.

뛰어다니다 여기저기 뛰면서 돌아다니다. (예)늦게까지 운동장에서 뛰어다니며 놀다.

뛰어들다 ①안으로 빨리 달려서 들어오다. (예)방으로 뛰어들다. ②어떤 일에 적극적으로 관계를 맺다. (예)사업에 뛰어들다.

뛰어오다 뛰어서 오다. [반]뛰어가다.

뛰어오르다 ①몸을 솟구쳐 낮은 곳에서 높은 곳으로 오르다. (예)차에 뛰어오르다. ②값이 갑자기 크게 오르다. (예)쌀값이 크게 뛰어오르다.

뛰쳐나가다 세차게 빨리 뛰어서 밖으로 나가다.

뛰쳐나오다 세차게 빨리 뛰어 나오다. (예)냄새가 심해서 화장실에서 뛰쳐나왔다.

뜀뛰기 서 있는 자리에서 몸을 위로 솟구쳐 뛰는 것.

뜀박질 뛰어 달리는 짓. (예)운동장에서 뜀박질하다.

뜀틀 마루 운동에서, 달려가다가 두 손으로 짚고 뛰어넘는 운동 틀.

[뜀틀]

뜀틀 운동 뜀틀을 이용하여 뛰어넘기·구르기 등의 여러 동작을 하는 운동.

뜨개질 털실 따위로 옷·양말·장갑 등을 뜨는 일.

뜨겁다(뜨거우니, 뜨거워서) ①온도가 몹시 높다. ②센 열기가 살갗을 찌르는 듯하다.

-뜨기 사물을 가리키는 말 아래 붙어서 그 사람을 조롱하여 이르는 말. (예)시골뜨기.

뜨끈뜨끈하다 뜨거울 만큼 덥다. >따끈따끈하다.

뜨끈하다 매우 뜨뜻한 느낌이나다. >따끈하다. 뜨끈히.

뜨끔거리다 잘못한 일이 있어서 자꾸 마음이 켕기다.

뜨끔하다 ①찔리거나 맞아서 아픈 느낌이 있다. ②잘못한 것 같은 느낌이 들어 순간적으로 마음에 걸리다. (예)가슴이 뜨끔하다. >따끔하다.

뜨내기 사는 곳이 일정하지 않고 떠돌아다니는 사람.

뜨다[1](뜨니, 떠서) ①물 위에 솟아서 가라앉지 아니하다. ②공중에서 땅으로 떨어지지 아니하다. ③해나 달이 솟아오르다.

뜨다[2] (뜨니, 떠서) ①퍼내거나 덜어내다. (예)물을 뜨다. ②고기를 얇게 저미다. (예)생선의 포를 뜨다.

뜨다[3](뜨니, 떠서) 실로 짜서 만들다. (예)털실로 모자를 뜨다.

뜨다[4](뜨니, 떠서) ①있던 곳에서 자리를 옮기거나 떠나다. (예)고향을 뜨다. ②죽어서 세상을 떠나다. (예)할머니께서 세상을 뜨시다.

뜨다[5](뜨니, 떠서) 감은 눈을 열다. (예)눈을 번쩍 뜨다. [반]감다.

뜨다[6](뜨니, 떠서) ①메주 따위가 발효하다. (예)메주 뜨는 냄새가 난다. ②얼굴에 병색이 누렇게 나타나다.

뜨뜻하다[뜨뜨타다] 온도가 뜨겁지 않을 만큼 알맞게 덥다. (예)목욕물이 뜨뜻하다. (여)뜨듯하다. >따뜻하다.

뜨락 '뜰'의 방언.
뜨이다 ①감았던 눈이 열리다. ㉔잠이 깨어 눈이 뜨이다. ②눈에 보이다. ㉔남의 눈에 뜨이다. ㉙띄다.
뜬구름 ①하늘에 떠다니는 구름. ②삶의 덧없음을 빗댄 말. ㉔뜬구름 같은 인생.
뜬금없다[뜬그멉따] 이치에 맞지 않고 엉뚱하다. ㉔뜬금없는 소리.
뜬눈 밤에 잠을 자지 못한 눈. ㉔뜬눈으로 지새다.
뜬소문 확실한 근거 없이 떠돌아다니는 헛된 소문. ㉥유언비어. 헛소문.
뜯기다 뜯어먹게 하다. ㉔소에게 풀을 뜯기다.
뜯다 ①붙어 있는 것을 잡아 떼다. ②현악기의 줄을 퉁겨 소리를 내다. ㉔가야금을 뜯다.
뜯어고치다[뜨더고치다] 잘못되거나 나쁜 점을 근본적으로 새롭게 고치다.
뜯어말리다[뜨더말리다] 서로 붙들고 싸우는 사람들을 떼어 놓으며 말리다.
뜰 집 안에 있는 마당.
뜸[1] 찌거나 삶은 것을 그대로 두어 속속들이 푹 익게 하는 일. ㉔밥을 뜸들이다.
뜸[2] 마른 쑥을 아주 작게 뭉쳐서 살갗에 놓고 불을 태워 따끔하게 하는 치료 방법.
뜸부기 뜸부기과의 새. 몸길이는 수컷이 38cm, 암컷이 33cm 가량. 논이나 풀밭·연못 등에서 삶.
뜸:하다 자주 있거나 많던 것이 한동안 드물거나 잠시 그치고 있다. ㉔몸이 아픈지 요즘 소식이 뜸하다. ㉯뜨음하다.
뜻 ①글이나 말이 나타내고 있는 것. ㉔낱말의 뜻. ②마음에 품은 생각. ㉔뜻을 굽히지 않는다.
뜻깊다 어떤 사실이 뜻이나 가치가 크다. ㉔뜻깊은 날.
뜻글자[뜯글짜] 글자 하나하나가 뜻을 지니고 있는 글자.
뜻대로[뜯대로] 마음먹은 대로. ㉔네 뜻대로 해라.
뜻밖에 의외로. 생각 밖에. ㉔선생님으로부터 뜻밖에 칭찬을 듣고 기뻤다.
뜻있다[뜨딛따] 어떤 일이나 행동이 할 만한 보람이 있다. ㉔성탄절에 뜻있는 일을 하였다.
뜻풀이[뜯푸리] 낱말이나 글의 뜻을 알기 쉽게 풀어 설명하는 것. -하다.
뜻하다[뜨타다] ①무엇의 뜻을 타나내다. ㉔무엇을 뜻하는지 모르겠다. ②무엇을 하고자 하는 마음을 가지다. ㉔뜻하는 바가 있다. ③앞으로 일어날 일을 미리 알다. ㉔뜻하지 않은 사고에 대비하기 위하여 보험을 들었다.
띄:다 ①없던 것이 드러나 보이다. ㉔찾던 것이 눈에 띄다. ②감았던 눈이 열리다. ㉯뜨이다.
띄어쓰기 글을 쓸 때에 토씨 이외의 낱말 사이를 띄어 쓰는 일.
띄엄띄엄 ①드물게 있는 모양. ②차례 없이 여기저기.
띄우다 물 위나 하늘에 뜨게하다. ㉔강에 배를 띄우다.
띠그래프 전체를 100으로 보고 각 부분의 비율을 띠의 길이로 나타낸 그래프. 띠그림표.
띠다 빛깔·느낌·표정 등을 약간 보이거나 나타내다. ㉔얼굴에 기쁜 빛을 띠다.
띠벽지 벽의 가장 자리나 장식에 쓰는 폭이 좁은 벽지.
띠씨름 허리에 띠를 매어 그것을 잡고 하는 씨름.
띵하다 머리가 울리는 듯 아프고 정신이 멍하다.

ㄹ

ㄹ(리을) 한글 닿소리(자음)의 넷째 글자.

-ㄹ 거야[-ㄹ꺼야] 상대방의 의사를 묻는 말. ㊕우리하고 축구할 거야 안할 거야. ②자신의 의사를 표시하는 데 쓰는 말. ㊕곧 올 거야. ③사실에 대한 가능성 또는 추측을 나타내는 말. ㊕민수는 반장이 될 거야.

-ㄹ게[-ㄹ께] 어떤 행동을 하는 데 대하여 의사를 표시하면서 상대방에게 약속하는 뜻을 나타내는 말. ㊕다음에 또 올게.

-ㄹ까 말까 하는 행동을 망설이는 뜻을 나타내는 말. ㊕친구와 등산을 갈까 말까.

-ㄹ밖에[-ㄹ빠께] '-ㄹ 수 밖에 다른 수가 없다'는 뜻을 나타내는 말. ㊕달라니 줄밖에.

-ㄹ망정 '비록 그러하지만 그러나'의 뜻을 나타내는 말. ㊕가난할망정 마음은 꿋꿋하다.

-ㄹ뿐더러 '그것만으로 그치지 않고'의 뜻을 나타내는 말. ㊕공부도 잘 할뿐더러 운동도 잘 한다.

-ㄹ수록[-ㄹ쑤록] '어떤 일이 더하여 감'을 나타내는 말. ㊕급할수록 침착하게 하라.

-ㄹ쏘냐 '-ㄹ 것인가'의 뜻. ㊕돈으로 구슬린다고 넘어갈쏘냐.

-ㄹ지어다[-ㄹ찌어다] '마땅히 그러하여라'의 뜻을 나타내는 말. ㊕나라에 충성을 다할지어다.

-ㄹ지언정[-ㄹ찌언정] '그렇다고 하더라도'의 뜻을 나타내는 말. ㊕죽을지언정 항복은 하지 않겠다.

라고 사물이 어떠하다는 것을 나타내는 말. ㊕저 동물을 토끼라고 한다.

라는 '라고 하는'의 뜻을 나타내는 말. ㊕호랑이라는 동물에 대하여 말해보아라.

라듐 방사성 원소의 하나. 퀴리 부인이 발견한 것으로 우라늄과 함께 피치블렌드 속에 있음. 방사능의 표준으로 사용됨. 【radium】

라디오 ①방송국의 전파를 수신장치로 받아 음악·연극·보도·강연 등의 음성을 들을 수 있는 기계. ②무선 통신. 【radio】

라르고 악보에서 빠르기를 지시하는 말로 '아주 느리고 폭 넓게'의 뜻.

라마교 티베트를 중심으로 발전한 불교의 한 파. 북인도·몽골·네팔에도 많이 퍼져 있으며, 그 우두머리를 '달라이라마'라고 함.

라면 기름에 튀겨서 말린 국수에 양념 봉지를 따로 넣어 간단히 요리할 수 있도록 만든 인스턴트 식품.

라스트 마지막. 최종. 맨 끝. ㉠라스트 장면. 【last】
라야 사물을 지정하는 데 쓰는 말. ㉠너라야 능히 그 일을 해낼 수 있다.
라오스〖나라〗 아시아의 동남부 인도차이나 반도에 있는 나라. 수도는 비엔티안. 【Laos】
라운드 ①한 승부. 한 시합. ②권투 경기의 한 회. 【round】
라운지 호텔이나 여객선 따위에 있는 음료를 사서 마실 수 있는 휴게실. 【lounge】
라이거 사자의 수컷과 호랑이의 암컷 사이에서 태어난 동물. 【liger】
라이벌 서로 앞서려고 다투거나 맞서는 사람. 경쟁자. 【rival】
라이브 녹음되거나 녹화된 것이 아닌, 그 자리에서 직접 행해지는 연주나 행사. 【live】
라이터 담뱃불을 붙이는 도구. 휘발유나 가스를 사용함. 【lighter】
라이트 조명, 또는 자동차 등에 달려 있는 조명 장치. 【light】
라이트 형제〖사람〗 미국의 발명가 형제〔형:윌버, 아우:오빌〕. 1903년에 처음으로 하늘을 나는 실험에 성공함.
라인 ①선. 줄. ㉠라인을 긋다. ②항공기나 선박의 항로. 【line】
라일락 물푸레나무과에 속하는 갈잎 떨기나무. 높이는 5~7m이고, 연보라나 흰색의 꽃이 4월경에 많은 가지 끝에 모여 핌. 꽃향기가 좋음.
라켓 테니스·베드민턴 등을 할 때 공을 치는 기구. 【racket】
라틴 아메리카〖지명〗 북아메리카 남부로부터 남아메리카에 걸쳐, 라틴계의 문화를 배경으로 하는 에스파냐·포르투갈 계통의 주민이나 그 문화를 가진 여러 나라를 통틀어 이르는 말. 【Latin America】
라틴어 인도 게르만 어족에 속하는 말. 옛 로마제국 전성기에는 유럽 전체에 퍼져 오늘날의 이탈리아어·프랑스어의 근원이 됨.
라파엘로〖사람〗[1483~1520] 르네상스 때 이탈리아의 대표적 화가이며 건축가. 성모자상과 초상화를 많이 그렸고, 고전 양식을 완성했음. 【Raffaello】
랑 '는·은·와'의 뜻을 힘있게 쓰는 말. ㉠사과랑 배랑 포도랑….
랑데부 ①만날 약속. 몰래 만남. ②두 개의 우주선이 우주 공간에서 만나 같은 궤도를 돎. **-하다.** × 랑데뷰. 【rendez-vous】
랜 일정하게 한정된 지역에서 통신망에 의해 서로 연결되어 있는 컴퓨터나 장치들의 집합. 여러 컴퓨터 단말기들을 서로 이어 주는 조직, 또는 그 프로그램. 【LAN】
램 주로 컴퓨터에서 프로그램과 자료를 저장하고 다룰 때 쓰는 것으로, 어떤 자료나 프로그램이라도 쉽게 다루고 언제든지 이용할 수 있도록 되어 있는 기억 장치. 【RAM】
램프 남포등. 전등. 【lamp】
랩[1] 음식을 포장하는 데에 쓰는 얇은 합성 수지. 【wrap】
랩[2] 가락이 없이 박자만 맞추어 가사를 외치거나 읊는 서양 대중 음악.【rap】
랩족 핀란드·스웨던·노르웨이의 북부와 콜라 반도와 라폴란드를 중심으로 퍼져 사는 종족. 순록을 기르며 어업을 주로 하며 삶.
랭킹 성적의 차례. 등급 매기기. ㉠세계 랭킹 1위. 【ranking】
량 차량의 수를 세는 말. ㉠10량 짜리 전동차. 【輛】
러닝 경주. 달리는 일. 【running】
러닝 셔츠 주로 면직물로 만든 경주·경기할 때 입는 소매가 없는 메리야스 셔츠, 또는 흰 속옷. × 런닝셔츠. 【running shirts】

ㄹ

러시아【나라】 ①공산 국가로 되기 전의 소련 이름. ②소련이 망하고 여러 나라로 나뉘어 독립됨에 따라 예전의 러시아 공화국을 중심으로 새롭게 세워진 나라. 【Russia】
러시 아워 출근·퇴근 등으로 교통이 혼잡한 시간. 【rush hour】
러·일 전쟁 [1904~1905] 조선말 우리 나라에서의 이권을 차지하기 위해 만주에서 러시아와 일본이 충돌하여 일어난 전쟁. 일본의 승리로 끝남.

ㄹ

럭비 축구의 한 가지. 각기 열다섯 명의 두 팀이 긴 타원형 공을 손에 쥐거나 발로 차서 상대편의 골 안 땅을 손에 든 공으로 찍어서 점수를 얻는 경기. 【Rugby】

[럭비]

럭스 일정한 면에 일정한 시간 동안 비치는 빛의 양, 또는 그 양을 측정하는 단위. 조도. 【lux】
런[1] 컴퓨터에서 프로그램의 실행을 지시하는 명령어. 【run】
런[2] ①야구에서, 베이스를 한 바퀴 돌아서 얻는 득점. ㉥만루 홈런. ②흥행이 계속되는 일. ㉥영화가 롱런하다. 【run】
런던【지명】 영국의 수도. 정치·경제·문화의 중심지임. 【London】
레그혼 닭의 한 품종. 이탈리아의 레그혼이 원산지. 빨리 자라고 알을 많이 낳. 【leghorn】
레디 운동 경기나 어떤 작업 등을 시작할 준비를 하라는 구호.
레몬 운향과의 늘푸른떨기 나무. 높이는 3m가량. 5~10월에 꽃이 핌. 열매는 길둥글고 노랗게 익으며, 냄새가 좋고 신 맛이 남.【lemon】

[레몬]

레미콘 수송하는 차 속에서 물·모래·시멘트를 뒤섞은 굳지 않은 콘크리트 반죽, 또는 그 시설을 한 차. 【remicon】
레바논【나라】 서남 아시아 지중해에 인접한 공화국. 수도는 베이루트.
레버 ①지레. 지렛대. ②지레 장치의 손잡이. 【lever】
레스토랑 서양식 요리를 만들어 파는 음식점. 【restaurant】
레슨 일정한 시간을 정해 놓고 받는 개인 지도. ㉥피아노 레슨. 【lesson】
레슬링 유도와 비슷한 서양식 씨름. 양 어깨와 등이 동시에 바닥에 닿으면 지는 경기. 【wrestling】
레이더 전파로 항공기나 배 등의 상태나 위치를 알아 내는 장치. 전파탐지기. 【radar】
레이더망 레이더를 많이 갖추어 어떤 지역 모두가 그 관측 범위에 들도록 하는 방비 태세.
레이디 퍼스트 여성을 존중하는 정신으로 모든 일에서 여성에게 우선권을 주는 일. 【lady first】
레이스[1] 실을 코바늘로 떠서 여러가지 구멍 뚫린 무늬를 나타내어 상보 따위를 만들거나 옷의 꾸밈으로 쓰는 것. 【lace】
레이스[2] 사람·동물·자동차 따위의 달리기 경주. 【race】
레이저 전자파를 이용한 빛의 증폭 장치. 레이더·광통신 등에 응용됨. ㉥레이저 광선. 【laser】
레인 수영·육상 경기에서, 각 선수가 따라서 달리도록 정해진 길.
레인지 가스나 전기 따위를 연료로 해서 쓰는 부엌 기구. 【range】
레인코트 비옷. 우비. 【raincoat】

레일 기차나 전차 등을 달리게 하기 위해 땅 위에 까는 가늘고 긴 철재. 비궤도. 【rail】

레저 일을 하지 않고 즐길 수 있는 한가한 때, 또는 그 때를 이용하여 편안하게 즐기는 놀이나 오락.

레지던트 전문의가 되기 위한 두 번째 과정에 있는 의사. 【resident】

레코드 ①기록. ②녹음된 평평한 원판. 음반. ③녹음. 【record】

레크리에이션 피로를 풀고 새로운 마음과 힘을 얻기 위해 심신을 쉬며 가벼운 운동과 놀이를 하는 일. 오락. 휴양. 【recreation】

레테르 상표를 표시하기 위해 상품에 붙이는 종이나 헝겊 조각. 상표. 라벨. 【letter】

레퍼토리 연주가나 극단 등이 언제라도 연주 또는 상연할 수 있도록 준비한 곡목이나 작품. 【repertory】

렌즈 가운데와 둘레의 두께가 다른 투명체로, 보통 유리·수정 등으로 만듦. 예오목 렌즈. 볼록 렌즈.

-려 생각하는 의향을 나타내는 말. 예지금 떠나려 한다.

-려무나 손아랫사람에게 어떤일을 권하거나 허락하는 뜻을 나타내는 말. 예네 마음대로 하려무나. 전화 좀 하려무나. 준-렴.

-련다 '-려고 한다'의 준말. 예혼자 떠나련다.

-련마는 '-겠건마는'의 뜻으로 미래나 가정의 일을 말할 때 쓰이는 말. 예좀더 열심히 일했으면 좋으련마는….

-렴 '-려무나'의 준말. 예네 뜻대로 하렴.

로 ①수단과 방법. 예귀로 소리를 듣는다. ②방향을 나타내는 말. 예나는 학교로 간다.

로고 그림·약자·짜 맞춘 글자 등을 이용하여 회사나 단체 또는 전하려는 뜻을 알아보기 쉽고 재미있게 나타내는 표시. 【logo】

-로구나 손아랫사람에 대해, 또는 스스로 새삼스러운 느낌을 나타내는 말. 예참 착한 어린이로구나. 준-로군.

로댕〖사람〗[1840~1917] 프랑스의 조각가. 〈생각하는 사람〉〈청동 시대〉 등 뛰어난 작품을 많이 남겼음. 【Rodin】

로렐라이 라인 강 중류의 강기슭에 있는 바위 이름. 【Lorelei】

로마〖지명〗 이탈리아의 수도. 고대 로마 시대로부터의 유적이 많아 세계적인 관광도시로 유명함. 바티칸 시국이 있음. 【Roma】

로마 교황 바티칸 시국의 대표이며, 천주교에서 가장 지위가 높은 사람.

로마 숫자 로마 시대에 생긴 숫자. 현재 세계 각국에서 번호나 시계의 문자판에 쓰이고 있음〔Ⅰ·Ⅱ·Ⅲ·Ⅳ·Ⅴ·Ⅵ·Ⅶ·Ⅷ·Ⅸ·Ⅹ 등〕.

로마자[로마짜] 고대 로마 시대에 만들어진 글자로 오늘날 영국·미국을 비롯한 서양 여러 나라에서 쓰고 있는 소리 글자〔A B C…Z 까지의 스물 여섯 자〕.

로마 제국〖나라〗 지난날, 유럽에서 가장 강했던 나라. 기원전 1세기말부터 4세기말 까지에 이탈리아 반도를 중심으로 지중해 연안 일대를 통일했음.

로봇 사람의 행동이나 작업 따위를 자동적으로 할 수 있게 전기·자기를 이용하여 만들어진 기계 장치. ×로보트. 【robot】

로비 ①호텔이나 극장 등 사람들이 많이 드나드는 건물에서 정문으로 이어지는 통로를 겸한 넓은 공간. ②의회에서 국회 의원이 외부 사람과 만나는 응접실. 【lobby】

ㄹ

로빈슨 크루소【책명】 1719년에 처음 간행된 디포의 소설. 주인공 로빈슨 크루소라는 사람이 집을 나가 뱃사람이 되어, 항해 중 폭풍우를 만나 무인도에 표류하였다가 온갖 모험을 하고 돌아온다는 이야기.

로서 '어떠한 지위나 신분 또는 자격을 가지고서'의 뜻을 나타내는 말. ㉡학생으로서 해야할 일은 공부이다.

로션 살갗을 부드럽게 하기 위하여 바르는 액체 상태로 된 화장품.

ㄹ

로스앤젤레스【지명】 미국의 서남쪽에 있는 도시 이름. 제23회 국제 올림픽이 열렸던 곳. 우리 나라 교포가 많이 살고 있음. 보통 영문자의 머리 글자를 따서 '엘에이(LA)'라고 일컬음.【Los Angeles】

로시니【사람】[1792~1868] 이탈리아 낭만파 가극의 대가. 40여곡의 가극을 작곡하였음. 〈세빌리아의 이발사〉〈윌리엄 텔〉등의 작품이 특히 유명함. 【Rossini】

로써 '~을 가지고', 또는 '~의 조건·이유'를 나타냄. ㉡죽음으로써 나라를 지키다.

로열 박스 극장·경기장 등에 마련된 특별석. 귀빈석. 【royal box】

로열티 특허권·상표권 등 남의 공업 소유권에 대한 사용의 대가로 내는 돈. 【royalty】

로잔【지명】 스위스 서쪽 레만호 북쪽 호숫가에 있는 도시 이름. 풍경이 아름다워 관광객이 많으며 국제 올림픽 위원회가 있음.【Lausanne】

로케이션 촬영소 밖에서 실제의 경치나 건조물 따위를 배경으로 영화 등을 촬영하는 일. 야외 촬영. ㉤로케. 【location】

로켓 화약 또는 액체 연료를 폭발시켜 가스를 내보내는 힘으로 앞으로 나갈 수 있게 만든 비행체, 또는 그 장치. ×로케트. 【rocket】

로키 산맥 북아메리카 대륙의 태평양 쪽에 남북으로 길게 뻗은 산맥.

로터리 교통이 빈번한 시가의 네거리 중앙에 교통 정리를 위하여 만든 둥근 모양의 장소. 【rotary】

로프 섬유나 철사를 꼬아 만든 굵고 긴 줄. ㉥밧줄. 【rope】

롤랜드 힐【사람】 영국 사람. 정해진 요금의 우표를 붙이면 나라 안에서는 어디든 전해주는 우편 제도를 고안했음.

롤러 회전하는 원통형의 물건. 굴림대. 【roller】

롤러 스케이트 신발 바닥에 작은 바퀴가 네 개 달린 콘크리트용 스케이트. 【roller skate】

-롭다 어떤 말에 붙어서 '그러하' 또는 '그럴만함'의 뜻을 나타내는 말. ㉡꽃이 향기롭다.

루마니아【나라】 동부 유럽에 있는 국가. 임업·농업·목축업이 성함. 수도는 부쿠레슈티. 【Rumania】

루머 터무니 없는 소문. 풍언. 뜬소문. 근거 없는 말. 【rumour】

루브르 박물관 프랑스 파리의 센강 변에 있는 세계에서 가장 큰 미술 박물관. 【Louvre 博物館】

루비 보석의 한 가지. 붉은빛을 띠며 투명함. 【ruby】

루소[1]【사람】[1712~1778] 프랑스의 문학가이며 사상가. 자유 평등 사상을 널리 퍼뜨리어 프랑스 혁명에 큰 영향을 주었음. 〈인간 불평등 기원론〉〈사회 계약론〉〈에밀〉등 걸작을 남김. 【Rousseau】

루소[2]【사람】[1812~1867] 프랑스의 화가. 바르비종파의 한 사람으로 연못·숲, 특히 비 온 후의 경치를 잘 그렸음. 【Rousseau】

루스벨트【사람】[1882~1945] 제2차 세계 대전을 승리로 이끌었으며, 유엔의 기초를 세운 미국 제32대

대통령. 【Roosevelt】

룩셈부르크【나라】 서부 유럽에 있는 작은 나라. 베네룩스 3국중 하나. 수도는 룩셈부르크. 【Luxemburg】

룸펜 부랑자. 실업자. 【Lumpen】

뤼순【지명】 만주의 랴오둥 반도의 남쪽에 있는 항구. 여순. 【旅順】

-류 (어떤 말에 붙여 써서)그것과 같은 종류나 부류에 속하는 무리임을 나타냄. ㉠야채류. 생선류. 【類】

류머티즘 뼈마디와 그 부근 살이 단단하게 굳고 아파 움직이기가 힘들게 되는 병. 【rheumatism】

륙색 산에 오르거나 할 때 식량이나 옷 등 필요한 물건을 넣어 등에 지는 배낭의 한 가지. 【rucksack】

르네상스 14세기말부터 16세기말에 걸쳐 이탈리아에서 일어나 전세계에 퍼진 예술·학문상의 부흥 운동. 문예 부흥. 【Renaissance】

르누아르【사람】[1841~1919] 프랑스의 화가. 주로 풍경·나체·인물 등을 그렸음. 필치와 색조가 화려하며 밝고 우아함. 【Renoir】

르완다【나라】 아프리카의 중앙부에 있는 나라. 주산업은 농업으로 커피와 차를 주로 수출함. 다양한 종족의 분포로 내전이 잦아 난민과 기아 문제가 심각함. 수도는 키갈리. 【Rwanda】

를 목표로 삼는 뜻을 나타내는 말. ㉠때를 기다리다.

리[1] 까닭. 이치. ㉠약속을 했는데 안 나올 리 없다. 【理】

리[2] 지상 거리 단위의 하나. 10리는 약 4km. ㉠삼천 리 금수강산. 【里】

리그전 전체 참가 팀이 적어도 한 번씩 다른 모든 팀과 시합을 하게 되는 경기 방식. 비연맹전. 반토너먼트. 【league 戰】

-리까 손윗사람에게 미래의 일을 물을 때 쓰는 말. ㉠어찌해야 좋으리까.

리놀륨 리녹신에 수지·고무질 물질·코르크 가루 같은 것을 섞어 삼베 같은 데에 발라서 종이 모양으로 눌러 편 것. 서양식 건물의 바닥이나 벽에 붙임. 【linoleum】

-리다 '그러하겠다'는 뜻을 나타내는 말. ㉠내가 다녀오리다.

리더 조직이나 단체에서 이끌어가는 위치에 있는 사람. 지도자.

리더십 지도자로서의 능력이나 자질. 지도력. 통솔력. 【leadership】

리드 ①경기에서 몇 점을 앞서 얻음. ㉠우리 팀이 3점 리드하고 있다. ②앞장서서 이끌고 지휘하는 것. -하다. 【lead】

리드데이터 ①컴퓨터에서 자료를 입력시키는 명령어의 하나. ②자료를 읽어 컴퓨터에 기억시키라는 명령어.

리듬 음의 장단과 강약. 멜로디·하모니와 더불어 음악의 세 가지 요소 중의 하나. 【rhythm】

리듬 악기 탬버린·캐스터네츠·북 등과 같이 가락이 없고 리듬만을 연주할 수 있는 악기. 반가락 악기.

-리라 짐작이나 앞으로 할 일을 나타내는 말. ㉠앞으로는 열심히 공부하리라.

-리만큼 '그러하거나 그러한 정도만큼'의 뜻을 나타내는 말. ㉠나를 미워하리만큼 잘못한 일이 없다.

리모컨 주로 텔레비전·비디오·오디오 따위의 가전 제품을 멀리서 조종할 수 있게 하는 전자 장치. 원격 조정 장치. ※영어'remote control'을 줄여서 만든 말.

리바운드 배구나 농구 경기에서 공격한 공이 상대편의 손이나 링·백보드 등에 맞고 되돌아 나오는 일, 또는 그 공. 【rebound】

리바이벌 ①옛 유행가가 다시 유행되는 일. ②옛 영화나 연극이 다시

ㄹ

상영되거나 상연되는 일. ③부활. 소생. -하다. 【revival】

리본 무엇을 묶거나 꾸미는 데 쓰이는 좁다란 헝겊. 【ribbon】

리비아〖나라〗아프리카 북부에 있는 나라. 사막이 많고 양과 염소를 기르며 석유가 많이 남. 수도는 트리폴리. 【Libya】

리빙스턴〖사람〗[1813~1873] 영국의 선교사·탐험가. 아프리카에서 의료 봉사 활동을 함.

리사이틀 독창회. 독주회. 【recital】

리셉션 귀한 손님을 환영하기 위하여 베푸는 연회. 【reception】

리스본〖지명〗포르투갈의 수도. 대서양에 인접한 항구 도시. 【Lisbon】

리스트¹〖사람〗[1811~1886] 헝가리의 낭만파 음악가. '피아노의 왕'이라고 불림. 작품에는 〈헝가리 광시곡〉〈파우스트〉〈피아노 협주곡 제1번〉등이 있음. 【Liszt】

리스트² 목록. 명부. 일람표. 예상품 리스트. 【list】

리시버 라디오나 전화 등에서 귀에 대고 소리를 듣는 장치. 이어폰.

리시브 테니스·탁구·배구에서, 상대편이 서브한 공을 받아 넘기는 일. 반서브. -하다. 【receive】

리아스식 해안 해안선의 드나듦이 복잡한 해안. 우리 나라의 서해안과 남해안이 대표적인 리아스식 해안임.

리어카 한 사람이 직접 끌 수 있게 만든, 바퀴가 두 개 달린 작은 수레. 비손수레. 【rear-car】

리코더 관악기의 하나로 피리와 비슷하게 생겼음. 【recorder】

리터 액체·가루 등의 양을 재는 단위〔기호는 *l* 임〕. 【liter】

리턴 컴퓨터에서 한 문장의 지시 내용이 끝날 때마다 이를 컴퓨터 내부에 알려주기 위해 누르는 장치.

리트머스 종이 산성과 알칼리성을 구별하는 데 쓰이는 종이. 붉은 리트머스 종이는 알칼리성 용액에 넣으면 파란색으로 변하고, 푸른 리트머스 종이는 산성 용액에서 붉은색으로 변함.

리포터 ①취재 기자. ②보고자. ③통신원. 【reporter】

리포트 보고서. 주로 대학생이 제출하는 논문. 【report】

리프트 스키장 등에서 낮은 곳에서 높은 곳으로 또는 높은 곳에서 낮은 곳으로 사람을 실어 나르는 의자처럼 생긴 탈것. 【lift】

리허설 음악·연극·방송 등에서 공개를 앞두고 하는 연습.

린스 머리를 감고 나서나 빨래를 하고 나서 헹굴 때, 머릿결이나 빨래의 윤기를 내기 위해 쓰는 액체 물질. 【rinse】

릴 ①실이나 녹음 테이프·영화 필름 등을 감는 틀. ②낚싯 줄을 풀고 감을 수 있도록 손잡이 부분에 달아 놓은 장치. 【reel】

릴레이 경주 육상 경기로, 달음질의 하나. 편을 짜서 배턴을 주고받으며 달리는 경주. 계주. 이어달리기. 준릴레이. 【relay 競走】

립스틱 여자들이 화장할 때 입술에 바르는, 손가락만한 막대기 모양의 화장품. 【lipstick】

링 ①반지. 고리. ②권투·레슬링의 시합장. 【ring】

링컨〖사람〗[1809~1865] 미국의 정치가. 제16대 대통령. 남북 전쟁을 북군의 승리로 이끌어 흑인 노예들을 해방시켰음. 【Lincoln】

링크 스케이트 경기를 하기 위하여 마련한 얼음판. 【rink】

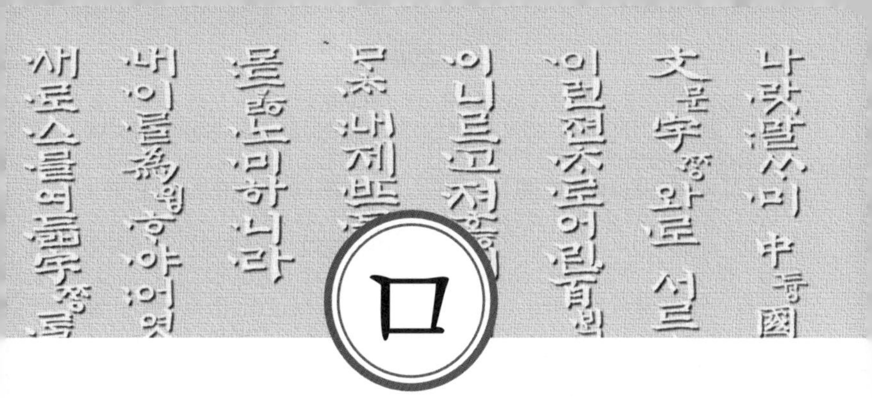

ㅁ[미음] 한글 닿소리(자음)의 다섯째 글자.

마:[1] 마과의 여러해살이 덩굴 식물. 여름에 자색 꽃이 피며, 산과 들에서 자라는데, 밭에 재배도 함. 덩이뿌리는 먹을 수 있고 한약으로도 씀.

마[2] 옷감이나 종이의 길이를 세는 말. 1마는 약 91cm이다. 【碼】

마[3] 사람이 하는 일을 방해하거나 재앙을 가져오는 것으로 여기는 상상의 존재. 마귀. ㉔마가 끼었는지 일이 잘 안 풀린다. 【魔】

마가린 식물이나 동물의 기름에 색소·향료·소금 등을 넣어서 만든 인조 버터. 【margarine】

마감 일의 끝을 맺음. 정한 기간의 끝. -하다.

마개 그릇이나 병의 아가리 따위를 막는 물건. 비뚜껑.

마고자 한복 저고리의 위에 덧입는 옷. 모양은 저고리와 비슷하나 섶이 뾰족하고 깃이 좁아서 앞을 여미지 아니하고 두 자락을 맞댐. 본마괘자.

[마고자]

마구 앞뒤를 가리지 않고 닥치는 대로. 되는 대로. ㉔마구 먹다. 비함부로. 준막.

마:구간[마구깐] 말을 기르는 곳. 비외양간. 준마구.

마구리 물건의 양쪽 머리의 면.

마구리판 나무 토막의 양쪽 머리 옆을 직각이 되게 깎는 틀.

마구잡이 앞뒤 생각없이 닥치는 대로 함부로 하는 짓.

마굴 악한 일을 하는 사람들이 모여 있는 곳.

마:권 경마에서 이길 수 있는 말을 미리 예상하여 투표하는 용지. 승마 투표권. 【馬券】

마귀 요사스럽고 못된 귀신.

마그네슘 은백색의 가벼운 금속. 원자 번호 12. 【Magnesium】

마그마 땅 속 깊은 곳에서 땅의 열로 인해 녹아 액체 상태로 있는, 바위를 만드는 물질. 온도가 매우 높고 이것이 식어서 굳으면 화성암이 됨. 비암장. 【magma】

마냥 ①언제까지나 계속하여. 줄곧. ㉔가게를 마냥 비워둘 수 없다. ②한없이 몹시. ㉔공부는 하지 않고 마냥 놀기만 한다.

마네킹 백화점 같은 데서 진열장에 세워 놓고 옷 입은 모양을 보여 주는 사람만한 인형. 【mannequin】

마녀 괴상한 힘을 가지고 있다고 전해지는 여자. 【魔女】

마노 흰빛이나 붉은빛이 나는데, 윤기가 흐르고 아름다워 장식품으로 쓰이는 돌.
마:누라 (주로 나이가 든 부부 사이에서 남편이 허물없이 쓰는 말로) 아내. 처.
마늘 음식물의 맛을 내는 데 쓰이는 농작물. 비늘줄기는 여러 조각으로 되어 있음.
마늘종[마늘쫑] 마늘의 꽃줄기.
마니산 강화도에 있는 산. 참성단이 있음. 높이는 468m.
마:님 옛날에, '높은 집안의 부인'을 가르키는 말.

ㅁ

마다 빠짐없이 모두. ㉠사람마다 밝은 표정이다.
마:다하다 싫다고 하다. ㉠할머니는 우리와 함께 살자고 하면 마다하신다.
마당 ①집 앞이나 뒤에 있는 넓고 평평한 땅. ②어떤 일이 일어나거나 일을 하는 경우. ㉠급한 마당에 그런 실수를 했다.
마당놀이[마당노리] 명절 때 마당에서 하는 민속 놀이를 통틀어서 부르는 말.
마당비 집 앞이나 뒤에 있는 마당을 쓰는 비.
마당질 곡식의 이삭을 떨어 내어 알곡을 거두는 일. 타작하는 일. 비타작. 탈곡. -하다.
마도 갈방아 노래 경상 남도 사천시 마포동에서 어부들이 전어를 잡으면서 불렀던 노래.
마도로스 배를 타고 배 안의 일을 맡아 하는 사람. 뱃사람. 선원.
마도요 도욧과의 새. 도요새 중에서 몸집이 가장 큰 새. 몸의 빛깔은 연한 갈색이고, 검은 무늬가 있음.
마디 ①나무 줄기에 가지가 붙은 곳. ②뼈와 뼈가 맞닿는 곳. 비관절. ③말이나 노래 곡조 등의 한 구절.
마디다 쓰기에 오래 가다. ㉠군것질을 안 하니까 용돈이 마디다. 반헤프다.
마디충 식물의 줄기 속을 파먹는 벌레를 통틀어서 부르는 말.
마땅찮다[마땅찬타] ①마음에 들지 않는다. ㉠내가 그린 그림인데도 영 마땅찮다. ②적당하지 않다. ㉠시내에는 주차할 장소가 마땅찮다.
마땅하다 ①제자리에 알맞아 잘 어울리다. ㉠마땅하게 읽을 책이 없다. ②그렇게 하는 것이 옳다. ㉠죄를 지은 사람은 벌을 받아야 마땅하다. 비당연하다.
마라 말리는 말. ㉠아예 거짓말은 하지도 마라.
마:라도【지명】 제주도 남제군에 속해 있는 섬. 제주도로 부터 남쪽으로 약 11km 떨어져 있는, 우리 나라의 가장 남쪽에 있는 섬.
마라톤 먼 거리를 달리는 육상 경기의 한 종목〔정식 마라톤의 달리는 거리는 42.195km임〕.
마력 ①괴상한 힘. 상상할 수 없는 이상한 힘. ②남의 마음을 사로잡거나 자기에게 유리하게 끌어들이는 힘. 【魔力】
마련[1] 일이나 물건을 이리저리 마름질하여 계획을 세움. ㉠심부름으로 용돈을 마련했다. 비준비. -하다.
마련[2] 그렇게 되도록 되어 있음. ㉠열심히 공부하면 일등하기 마련이다.
마렵다(마려우니, 마려워) 대변이나 소변이 나오려고 하는 느낌이 있다. ㉠소변이 마렵다.
마루 ①집 안의 바닥을 나무판으로 깔아 놓은 곳. ②지붕이나 산에 길게 등성이가 진 곳. ㉠산마루. ③일의 한창인 고비.
마루턱 산이나 지붕 등의 등성이가 가장 눈에 띄는 턱.

마룻바닥 마루의 바닥.
마르다(마르니, 말라서) ①물기가 날아가 없어지다. 예이불이 마르다. 반젖다. ②살이 빠지다. 예몸이 마르다. ③입에 물기가 없어지다. 예목이 마르다.
마르카토 음악에서, '음 하나하나를 또렷하게 강조하여'의 뜻을 나타내는 말. 【marcato】
마르코니【사람】[1874~1937] 이탈리아의 전기 기술자이며 발명가. 귀족의 집안에 태어나 가정교사 밑에서 교육을 받았음. 1895년에 무선 전신 장치를 발명하였고, 1909년 노벨 물리학상을 받았음.
마르코 폴로【사람】[1254~1324] 이탈리아의 상인이며 여행가. 17년간 아시아의 여러 나라를 돌아다니면서 보고들은 내용을 〈동방 견문록〉이라는 책으로 엮어서 유럽 사람들에게 아시아에 대한 관심을 불러일으켰음. 【Marco Polo】
마르크스【사람】[1818~1883] 독일의 경제학자이며 철학자. 사회주의 이론을 창시하고 국제 공산주의 운동을 처음 시작했음. 【Marx】
마른갈이 논에 물을 넣지 않고 가는 일. 반물갈이. -하다.
마른걸레 물에 적시지 않은 걸레. 반물걸레.
마른번개 비가 오지 않는 하늘에서 치는 번개.
마른일[마른닐] 손에 물을 적시지 않고 하는 집안 일. 반진일.
마른침 몹시 긴장하여 힘들여 삼키는 물기가 적은 침.
마른하늘 비가 오지 않고 말갛게 갠 하늘.
마름 지주를 대신하여 논밭과 소작인을 관리하던 사람.
마름모 네 변의 길이가 모두 같은 사각형. 모든 각이 직각이 아닌 사각형. 마름모꼴.
마름질 옷이나 목재 따위를 치수에 맞추어 자르고 베는 일. 비재단. -하다.
마리 짐승이나 물고기의 숫자를 셀 때에 쓰는 말. 예집에서 개를 두 마리나 기른다.
마립간[마립깐] 신라 초기의 임금을 일컫던 말. 【麻立干】
마:마[1] 천연두. 예마마에 걸리다.
마:마[2] 임금이나 그 가족들의 칭호 밑에 붙여, 존대의 뜻을 나타내는 말. 예상감 마마.
마멸 닳아서 없어짐. -하다.
마모 서로 맞닿은 부분이 닳아서 작아지거나 없어짐.
마무리 어떤 일을 정리하여 끝을 맺음. -하다.
마법 요술로 이상야릇한 일을 일으키게 하는 술법. 비마술. 【魔法】
마:부 말을 부리는 사람. 【馬夫】
마:분지 짚을 원료로 하여 만든 빛이 누르고 품질이 낮은 종이.
마:블링 물이 담긴 그릇에 유성 페인트나 먹물 등을 흘려 막대기로 살짝 저어 무늬를 만든 다음, 한지 등으로 덮어서 찍어 내는 방법. 【marbling】
마비 신체의 일부분 또는 전체의 감각이 없어지는 상태. 예손이 마비되었다.
마사지 손바닥이나 손끝으로 피부를 문지르거나 주물러 피로를 풀거나 병을 낫게 하는 방법. -하다.
마:산【지명】 경상 남도에 있는 항구 도시. 공업 도시임. 【馬山】
마:소 말과 소.
마수 ①악마의 손. ②해를 끼치려고 꾸미는 꾀. 【魔手】
마:술[1] 말을 타는 기술. 【馬術】
마:술[2] 사람의 눈을 어리게 하는 야릇한 재주. 예마술을 부리다. 비요술. 마법. 【魔術】

ㅁ

마술사[마술싸] 마술을 잘 부리는 사람. 비마법사.
마스코트 행운을 가져온다고 믿어 간직하는 것. 【mascot】
마스크 ①병균이나 먼지가 우리 몸 속으로 들어가지 못하도록 입과 코를 가리는 것. ②탈. 가면. 【mask】
마스터 ①우두머리. 장교. 음식점 주인. ②정복하거나 숙달함.【master】
마스터하다 완전히 다 배우다. 예컴퓨터를 마스터하다.
마시다 ①물·음료 같은 액체를 목구멍으로 넘기다. 예음료수를 마시다. ②공기 따위를 빨아들이다. 예맑은 공기를 마시다.
마실 '마을'의 방언.
마애불 동굴의 벽이나 암벽에 새긴 불상.
마약 ①환각 작용을 일으키는 약물. ②아편. 예마약 중독.
마요네즈 채소 요리에 쓰이는 샐러드용 소스의 한 가지.【mayonnaise】
마우스 손으로 움직여서 컴퓨터 화면에 나타나는 커서(깜박이)를 일하는 곳으로 가게 하는 장치. 【mouse】

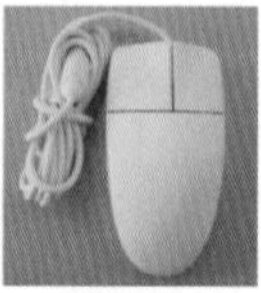
[마우스]

마운드 야구에서,투수가 공을 던질 때 서는 곳. 【mound】
마운령비 함경 남도 이원군 마운령에 있는 비석. 신라의 진흥왕이 국토를 넓히고 세운 순수비의 하나임.
마을 ①시골에서 여러 집이 모여 사는 곳. 비동리. 촌락. ②이웃에 놀러 가는 일. 예이웃집으로 마을가다. ×마실.
마을꾼 이웃에 놀러 다니기를 좋아하는 사람.
마을 문고 책을 모아 두고 마을 사람들이 읽을 수 있도록 마련해 놓은 곳, 또는 그 책.
마을 회관 마을 사람들의 모임을 위하여 지어 놓은 집.
마음 ①품고 있는 생각. ②옳고 그름과 좋고 나쁨을 판단하는 힘. 예마음이 흐리다.
마음가짐 ①마음을 쓰는 태도. ②결심. 각오. 예마음가짐을 바르게 하자.
마음결[마음껼] 마음의 바탕이 되는 것. 예수빈이는 마음결이 비단 같다.
마음껏 모자람이 없이 마음대로 실컷. 예네 마음껏 가져가라. 준맘껏.
마음놓다 의심하거나 걱정하지 아니하다. 비안심하다. 준맘놓다.
마음대로 하고 싶은 대로. 생각나는 대로. 준맘대로.
마음먹다 하고 싶은 생각을 가지다. 예운동을 하기로 굳게 마음먹다. 준맘먹다.
마음보[마음뽀] 마음의 됨됨이. 마음을 쓰는 버릇. 예놀부는 마음보가 고약하다 비심보. 준맘보.
마음씀씀이[마음씀쓰미] 남을 생각해 주고 도움을 주는 마음씨.
마음씨 마음을 쓰는 태도. 마음결. 예그 사람은 마음씨가 좋다. 준맘씨.
마음 졸이다 걱정되고 불안하다. 예합격자 발표를 마음 졸이며 기다리다. 준맘졸이다.
마이너스 ①뺄셈의 기호인 '−'의 이름. ②뺌. 반플러스(+). 【minus】
마:이동풍 남의 의견이나 충고를 귀담아 듣지 않고 곧 흘려버림을 이르는 말. 【馬耳東風】
마이신 몸 속에 있는 균을 죽이거나 균이 번식하지 못하게 하는 약. 비항생제. 【mycin】
마이카 자기 소유의 자동차.
마이크 ①전화나 라디오 등의 송화등과 같이 음파를 음성 전류로 바꾸는 장치를 통틀어 이르는 말. 특

히, 라디오나 확성기에 연결시키는 것을 말함. ②확성기. 본마이크로폰. 【mike】

마일 주로 영국이나 미국 같은 나라에서 거리를 재는 단위. 1마일은 약 1,609m임. 【mile】

마:장 말을 매어 두거나 놓아 기르는 곳. 【馬場】

마 장조 '마' 음을 으뜸음으로 하는 장조.

마저 '까지도' '까지 모두'의 뜻을 나타내는 말끝에 붙은 말. 예그 친구마저 나를 배신했다.

마저도 조차도. 예조금 남은 물 마저도 떨어졌다.

마:적 지난날, 말을 타고 무리를 지어 다니며 노략질하던 도둑.

마제 석기 돌을 갈아 만든 신석기 시대의 도구나 그릇. 비간석기.

마젤란【사람】[?1480～1521] 포르투갈 태생의 탐험가. 세계 최초로 세계 일주 항해를 했음. 【Magellan】

마주 서로 똑바로 향하여. 예손바닥을 마주 대다.

마주보다 서로 얼굴을 마주 대하여 보다.

마주서다 둘이 서로 바라보고 서다.

마주앉다[마주안따] 서로 똑바로 보고 앉다.

마주잡다 ①서로 손을 잡다. 예손을 마주잡고 춤추다. ②서로 마주 보고 물건을 잡다. 예밥상을 마주잡고 들어오다. ③어떤 일에 서로 협력하다. 예손을 마주잡고 일하다. 준맞잡다.

마주치다 ①서로 부딪치다. 예뛰어가다 서로 마주치다. ②우연히 서로 만나다. 예골목에서 친구와 마주치다.

마주하다 ①서로 마주보며 자리를 같이하다. 예아버지와 밥상을 마주하고 앉다. ②정면으로 대하다. 예의사는 환자와 마주하고 앉아 진찰했다.

마중 자기한테 오는 사람을 맞이하러 감. 예손님을 마중하러 나갔다. 반배웅. -하다.

마지기 논이나 밭의 넓이의 단위. 한 말의 씨를 뿌릴 만한 넓이〔대개 논은 150～200평 안팎을 한 마지기로 침〕.

마지막 일의 끝과 맨 나중. 예마지막 경기. 비최후. 반시작. 처음.

마지막 수업【책명】 프랑스의 소설가 알퐁스 도데가 지은 소설 제목〔전쟁에 져서 프로이센의 영토가 되고만 알자스 지방의 어느 초등 학교에서, 이제 프랑스 말로써는 마지막 수업이 되는 그 날의 광경을 그린 작품임〕.

마:지못하다[마지모타다] 마음에 내키지 않으나 아니할 수 없다. 예마지못해 허락하다.

마진 물건을 팔고 남는 돈. 이익금.

마:차 말이 끄는 수레. 【馬車】

마:차부자리 겨울철에 하늘의 한복판에 보이는 오각형의 별자리. 마부좌.

마찬가지 서로 똑같음. 비매한가지.

마찰 ①서로 닿게 하여 문지름. ②의견이나 뜻이 맞지 않아서 서로 충돌하는 일. 비알력. 갈등. -하다.

마찰 전기 두 가지 물체를 서로 문지를 때 일어나는 전기〔양전기와 음전기가 있음〕.

마천루[마철루] 하늘에 닿을 듯이 아주 높이 솟은 건물.

마추픽추 페루 남부에 있는 잉카 문명의 유적. 【Machu Picchu】

마취 수술이나 상처를 치료할 때 약물을 사용해서 감각을 일시적으로 마비시키는 일.

마치[1] ①거의 비슷하게. 흡사. 예얼굴 모습이 마치 나와 비슷하다. ②틀림없이.

마치[2] 못 같은 것을 박는 데 쓰는 연장의 한 가지. [예]못을 박게 마치를 가져오너라.

마치다 하던 일이나 과정을 끝내다. [예]공부를 마치다. [비]끝내다. [반]시작하다.

'마치다' '맞추다' '맞히다'의 차이

- **마치다**: 일을 끝내다.
- **맞추다**: ①물건을 만들도록 미리 부탁하다. ②꼭 맞게 하다.
- **맞히다**: 물음에 옳은 답을 하다.

ㅁ

마침 ①어떤 경우나 기회에 꼭 알맞게. [예]배고픈데 마침 잘됐다. ②우연히. 공교롭게. [예]오늘이 마침 내 생일이다.

마침내 드디어. 기어이. [예]마침내 기다리던 방학이 왔다.

마침법[마침뻡] 악곡을 일단 끝맺기 위하여 쓰이는 화음.

마침표 문장이 끝났을 때, 또는 악곡의 끝을 나타내는 표. [비]종지부.

마카오〖지명〗 중국 광둥만 입구에 있는 항구 도시. 포르투갈이 차지했을 때에는 무역항으로 번창하였으나, 홍콩으로 주도권이 넘어간 뒤부터는 쇠퇴하여 미약해짐.

마케팅 상품을 생산자로부터 소비자에게 잘 전달되게 하는 판매 활동.

마크 ①무엇을 상징하여 나타낸 기호·상표·표지. ②운동 경기에서, 상대편의 공격을 견제하고 방해함. -하다. 【mark】

마파람 남쪽에서 불어 오는 바람의 다른 이름.

마:패 조선 시대, 관리들이 지방 출장 때에 역마 징발의 증명으로 쓰던 구리로 만든 둥근 패. 암행어사의 인장으로 사용되었음. 【馬牌】

[마패]

마하 미사일이나 비행기등의 속도를 나타내는 단위. 【Mach】

마:한 삼한의 하나. 기원전 3~4세기경, 지금의 충청 남도와 전라도에 걸쳐 오십여 개의 부족 국가로 이루어짐. 농업을 주로 하는 부락 공동체로 후에 백제에 병합됨.

마호메트〖사람〗[?570~632] 이슬람교의 창시자. 메카 교외의 히라 언덕에서 알라 신의 계시를 받아 새로운 종교를 창시함. 그가 지은 코란은 이슬람교의 신앙과 생활 규범을 기록한 것임. 【Mahomet】

마흔 열의 네 곱절. [비]사십.

막[1] ①연극을 할 때, 장면이 바뀔 때마다 올렸다 내렸다 하는 포장. [예]연극 시작의 막을 올리다. ②연극에 나누어진 한 단락. [예]2막 1장.

막[2] 이제 곧. 지금 바로. [예]이제 막 서울에 도착했다.

막[3] 걷잡을 수 없이. 몹시. [예]교실에서 막 뛰어다닌다. [본]마구.

막[4] 생물체 속의 기관을 둘러싸고 있거나 기관과 기관 사이를 막고 있는 얇은 조직. 【膜】

막간 ①연극에서 한 막이 끝나고 다음 막이 시작되기까지의 동안. ②어떤 일의 진행이 잠시 멈추거나 쉬는 동안. [예]막간을 이용하여 얘기 좀 하자.

막강[막깡] 매우 강함. [예]실력이 막강하다. -하다. 【莫强】

막걸리 맑은 술을 뜨지 않고 그대로 마구 걸러 짜낸 술. [비]탁주.

막국수 메밀가루로 만든 국수에 양념장을 넣고 육수에 만 강원도 향토 음식의 하나.

막내둥이[망내둥이] 맨 마지막으로 난 아이. 막내를 귀엽게 이르는 말. 막둥이. ×막내동이.

막내딸[망내딸] 맨 마지막으로 난 딸. 반맏딸.
막내아들 맨 마지막으로 난 아들. 반맏아들.
막노동[망노동] 닥치는 대로 마구잡이로 하는 힘든 일.
막다[막따] ①둘 사이를 가리다. 예앞을 가로막다. ②남이 하려는 일이나 행동을 하지 못하게 하다. 예친구의 말을 막다.
막다르다 가다가 앞이 막혀서 더 나갈 길이 없다.
막다른 집 막힌 골목 안의 맨 끝의 집.
막대[1] '막대기'의 준말.
막대[2] ①정도가 더할 수 없이 큼. 예산사태로 막대한 피해를 보았다. ②수량이 말할 수 없이 많음. 예막대한 재산을 소유하다. -하다.
막대그래프 막대의 길이로 수나 양의 크기를 나타낸 그래프.
막대기[막때기] 가늘고 긴 나무나 대의 토막. 준막대.
막대 자석 둥근 막대나 넓적한 막대 모양의 자석. 한 끝은 북극, 다른 끝은 남극.
막되다 말이나 행동이 버릇없고 거칠다. 예철수는 말을 막되게 한다.
막둥이 ①막내아들. ②지난 날, 잔심부름을 하는 사내 아이를 일컬음.
막론[망논] 말할 것도 없음. 예누구를 막론하고 교실에서 떠들어선 안된다. -하다. 【莫論】
막막[망막] ①너르고 멀어서 아득함. 예막막한 대양. ②의지할데가 없어서 답답하고 외로움. -하다.
막말 함부로 아무렇게나 지껄이는 말. 예아무리 화가 났더라도 막말을 해서는 안된다. -하다.
막무가내[망무가내] 아무리 말을 해도 들으려고 하지를 않고 떼를 씀. 어찌할 수 없음.
막바지[막빠지] ①더 갈 수 없는 막다른 곳. ②일 따위의 마지막 단계. 예경기가 막바지에 이르다.
막벌이[막뻐리] 닥치는 대로 아무 일이나 하여 돈을 버는 일. -하다.
막사 임시로 당분간 살 수 있게 대충 지은 집. 【幕舍】
막상[막쌍] 실제로 어떤 일을 당하여. 예막상 시작하고 보니 무척 어렵다. 비정작.
막상 막하[막쌍마카] 서로의 실력이 비슷하여 잘 하고 못하고를 가리기 어려운 상태. 【莫上莫下】
막심 대단히 심함. 아주 대단함. 예큰 비로 막심한 피해를 보다. 비막대. -하다. -히.
막아 서다 가지 못하게 앞을 가로막고 서다.
막연[마견] ①아득하여 분명하지 않음. ②똑똑하지 못하고 어렴함. -하다. -히.
막일[망닐] 특별한 기술 없이 마구하는 일. 비막노동.
막자[막짜] 덩어리 약을 부수어 가루로 만들 때 쓰는 사기로 된 작은 방망이.
막자 사발 알약 등의 덩어리를 부수어 가루로 만들 때 쓰는 유리나 사기 그릇.
막잡이 아무렇게나 함부로 쓰는 물건.
막중하다 매우 중요하다. 예막중한 임무.
막차 그 날의 마지막 차. 예대전행 막차를 타고 가다. 반첫차.
막판 어떤 일이 끝나가는 마지막. 예막판에 역전 당하다.
막히다[마키다] 막힘을 당하다. 반트이다.
만[1] '오로지, 단지, 오직'의 뜻을 나타냄. 예좋아하는 반찬만 먹는다.
만[2] 바다가 육지 속으로 쑥 들어간 곳. 예아산만. 반곶. 【灣】

만[3] ①천의 열 곱절. ㉠만 개. ②수가 많은 것. 【萬】

만:개하다 꽃이 한꺼번에 활짝 피다.

만:경 창파 끝없이 넓은 바다의 푸른 파도. 【萬頃蒼波】

만:고 끝이 없이 아주 긴 세월. ㉠만고에 빛날 공적. 【萬古】

만:국 세계의 여러 나라. ㉠만국 박람회. 【萬國】

만:국 공법 국제 공법의 옛 이름. 나라들 사이의 합의에 의해서 서로 지키기로 정한 법. 국제법.

만:국기 여러 나라의 국기.

ㅁ

만국 우편 연합 국제 우편 업무의 발전과 국제간의 우편물 교환을 하기 위한 국제 연합 전문기구의 하나. 본부는 스위스의 베른에 있음.

만국 평화 회의 러시아 황제 니콜라이 2세가 제창하여 1899년과 1907년에 네덜란드의 헤이그에서 열린 두 차례의 국제 회의. 특히 제2차 회의 때에는 우리 나라 고종 황제의 특사 사건이 있었음.

만기 정한 기한이 다 참, 또는 그 기한. ㉠만기 제대. 【滿期】

만끽하다[만끼카다] 완전히 만족할 만큼 즐기다. ㉠단풍 여행의 즐거움을 만끽하다.

만나다 ①어떤 곳에서 서로 얼굴을 대면하다. ㉠친구를 만나다. ②누구를 사귀어 관계를 맺다. ㉠좋은 사람을 만나서 결혼하다.

만날 늘. 항상. ㉠그는 만날 지각한다. ×맨날.

만남 만나는 일. ㉠친구들과의 만남이 즐겁다. ㉡이별.

만:년 늘 그 모양대로 변화가 없는 것. ㉠만년 학생. 【萬年】

만:년설 1년 내내 녹지 않는 눈으로, 저온 지대나 고위도 지방에서 해마다 내려 쌓인 눈이 압축되어 거대한 얼음덩어리를 이룬 것.

만:년필 펜대 속에 잉크를 넣어 두고 쓸때마다 적당하게 흘러나오도록 만든 펜.

만:능 무슨 일이든지 다 할 수 있는 것. ㉠만능 로봇.

만:담 재미있고 익살스러운 말로 세상의 인심을 비꼬는 이야기.

만:대 오랜 세월 동안 계속되는 여러 세대. 영원한 세월. ㉠자손 만대 물려 주어야 하는 소중한 문화 유산.

만돌린 현악기의 한 가지. 줄이 네 쌍 있으며 자라 껍데기나 셀룰로이드 조각으로 퉁겨서 소리를 냄.

[만돌린]

만두 밀가루를 반죽하여 얇게 펴서 그 속에 고기나 야채를 넣어서 삶거나 찌거나 기름에 튀겨서 만든 음식. 【饅頭】

만들다(만드니, 만드오) 기술이나 힘을 들여서 일이나 물건을 이루다. ㉠옷을 만들다.

만:료[말료] 정해진 기한이 다 차서 끝내는 것. ㉠임기가 만료되다.

만:루[말루] 야구에서, 세 베이스에 모두 주자가 있는 경우.

만:루 홈런 야구에서, 세 베이스에 모두 주자가 있을 때에 타자가 홈런을 치는 경우를 말함.

만류[말류] 못하게 말림. ㉠싸움을 만류하다. ㉡권고. -하다.

만:리[말리] ①천 리의 열 갑절. ②매우 먼 거리임을 나타낼 때 쓰는 말. ㉠만리 타향. 【萬里】

만:리 장성 중국의 북동쪽에서 서쪽으로 뻗어 있는 성벽. 길이는 약 2,400km. 【萬里長城】

만:리 타국 매우 멀리 떨어져 있는 다른 나라. 【萬里他國】

만:리 타향 멀리 떨어져 있는 타향. 객지. 【萬里他鄕】

만만찮다[만만찬타] 만만하지 아니하다. 꽤 상당하다. ⓔ상대가 만만찮다.

만만하다 우습게 보이다. 대수롭지 않다. ⓔ만만하게 보면 큰 코 다친다.

만만히 다루기에 힘들지 않게. ⓔ이번에는 결코 만만히 물러서지 않겠다.

만:면 얼굴 전체. ⓔ엄마는 만면에 웃음을 띠고 친구들을 맞아주셨다. 【滿面】

만:무하다 어떤 일이 생길 수가 전혀 없다. ⓔ불평만 가진 사람이 행복을 느낄 리 만무하다.

만:물 ①세상에 있는 물건. 갖가지 수 많은 물건. ⓔ세상 만물. ②우주에 존재하는 모든 것.

만:물상[1][만물쌍] 금강산에 있는 바위가 많은 산. 바위가 이상하게 온갖 모양을 하고 있어 기묘한 경치를 보여 줌. ㉥만물초. 【萬物相】

만:물상[2] 생활에 필요한 갖가지 물건을 파는 가게. 【萬物商】

만:물 전시장 세상의 온갖 것을 모아서 벌여 놓고 여러 사람에게 보여 주는 곳.

만:민 온 국민. 모든 사람들. ⓔ만민의 평등. ㉥만인. 【萬民】

만:민 공동회 1898년 독립 협회가 중심이 되어 우리 겨레의 독립 정신을 불러일으키기 위하여 열린 민중 대회. 【萬民共同會】

만:반 미리 갖출 수 있는 모든 것. 빠짐없이 전부. ⓔ만반의 준비를 갖추다. 【萬般】

만:발 많은 꽃이 한꺼번에 활짝 핌. ⓔ꽃밭에 만발한 채송화. ㉥만개. -하다. 【滿發】

만:방 세계의 모든 나라. 여러 나라. ⓔ세계 만방에 국위를 떨치다. ㉥만국. 【萬邦】

만:백성 모든 사람. 모든 국민.

만:병통치 약효가 뛰어나 여러 가지 병을 고칠 수 있음.

만:복 모든 복. 【萬福】

만:사 여러 가지 일. 모든 일. ⓔ만사에 노력하라. 【萬事】

만:사형통 모든 일이 바라는 대로 잘 이루어지는 것. -하다.

만:삭 아이를 낳을 때가 다 됨.

만:선 배에 가득 실음, 또는 그런 배. ⓔ고깃배들이 만선하여 돌아오다. -하다. 【滿船】

만성 ①병의 증세가 잘 낫지도 않고 오래 계속되는 것. ⓔ만성 위장병. ㉯급성. ②어떤 좋지 못한 현상이 오래 계속되거나 습관이 된 상태. ⓔ소음에는 이제 만성이 되었다.

만:세 ①오래 살아서 셀 수 없을 만큼 많은 나이, 또는 오랜 세월. ⓔ만세를 누리소서! ②축복하는 뜻이나 승리를 기뻐하는 뜻으로 외치는 소리. ⓔ대한 독립 만세! 【萬歲】

만:수무강 건강하게 오래 삶. 윗사람의 건강을 빌 때 쓰는 말. ⓔ할머니께 만수 무강하시라며 큰절을 올렸다. -하다. 【萬壽無疆】

만:수산 개성 서쪽에 있는 '송악산'의 딴 이름. 【萬壽山】

만:신창이 온 몸이 성한 데가 없이 상처투성이인 상태.

만:약[마냑] 혹 그러한 경우에는. ⓔ만약 내일 비가 오면 소풍을 연기한다. ㉥만일.

만용[마농] 조심하지 않고 함부로 위험한 일에 덤벼드는 것. ⓔ쓸데없는 만용을 부리다.

만:우절[마누절] 서양 풍속에서 농담으로 남을 속여도 좋다고 되어 있는 날. 4월 1일. 【萬愚節】

만:원 정한 인원이 다 참. 【滿員】

만:월 ①가장 둥근 달. 보름달. ②만삭. 【滿月】
만:월대 개성의 송악산 기슭에 있는 고려 시대의 궁궐터. 지금은 층층대와 주춧돌만이 남아 있음.
만:유 인력[마뉴일력] 천체와 물체 등, 모든 물체 사이에서 일어나는 서로 당기는 힘. 영국의 뉴턴이 최초로 발견했음. 【萬有引力】
만:인[마닌] 모든 사람. ㉡만인이 존경하는 지도자.
만:인의총 전라 북도 남원에 있는 큰 무덤. 임진왜란 때 전사한 의병들의 무덤. 【萬人義塚】

ㅁ

만:일 혹시. 어쩌다가. 혹 그러한 경우에는. 비만약.
만장 죽은 이를 슬퍼하여 지은 글, 또는 그 글을 천이나 종이에 써서 깃발처럼 만든 것. 【輓章】
만:장 일치 여러 사람의 의견이 완전히 같게 됨. 【滿場一致】
만:장 폭포 아주 높은 곳에서 떨어지는 폭포.
만:전 준비가 조금도 허술한 데가 없이 아주 완전한 것. ㉡수해 대책에 만전을 기하다.
만점[만쩜] ①정해진 점수에 꽉참. ㉡시험에서 만점을 받았다. ②결점이 없이 완전함. ㉡우리 아빠 만점. 반영점. 【滿點】
만:조 밀물로 인해 바닷물의 높이가 가장 높아진 상태. 반간조.
만:조 백관 조정의 모든 벼슬아치.
만족 마음이 흐뭇하여 모자람이 없음. 비흡족. 반불만. -하다. -히.
만족감[만족깜] 마음에 흐뭇하고 좋은 느낌.
만족스럽다 바라는 대로 되어서 마음이 흐뭇하고 기분이 좋다. ㉡시험에서 점수가 만족스럽게 나왔다.
만주〖지명〗 압록강과 두만강 북쪽에 있는 중국의 넓은 땅. 옛날부터 우리 민족이 많이 살아온 곳으로, 일제 강점기에는 독립 운동의 근거지였음. 【滿洲】
만주족 만주 일대에 살았던 민족. 남방 퉁구스계의 한 종족으로 숙신·읍루·말갈·여진 등의 민족. 후에 중국에서 청나라를 세웠음. 만주인.
만지다 여기저기를 손으로 만져 보다. ㉡얼굴을 만지다.
만지작거리다 자꾸 만져 보다. ㉡지갑을 만지작거리다.
만질만질하다 손에 닿는 느낌이 매끄럽고 부드럽다.
만:찬 특별하게 잘 차린 저녁 식사.
만:찬회 여러 사람을 청하여 저녁 식사를 베푸는 모임.
만:천하 온 천하. 온 세계. 【滿天下】
만추 ⇨늦가을. 【晩秋】
만큼 거의 같은 수량이나 정도. ㉡싫증이 날 만큼 먹었다.
만:파식적 신라 때의 전설상의 피리. 문무왕이 죽어서 된 천신이 합심해서 용을 시켜 보낸 대나무로 만들었다는 피리. 이것을 불면 소원이 이루어 진다고 하여 나라의 보물로 삼았다고 함. 【萬波息笛】
만:평 세상을 비꼬든가 비판하는 내용을 담은 만화. 【漫評】
만행 야만스러운 행동. 【蠻行】
만:화 이야기를 그림으로 그려서 나타낸 것. 【漫畵】
만:화가 만화를 그리는 것을 직업으로 하는 사람. 【漫畵家】
만회 잘못되어 가는 일을 바로 잡아 회복함. -하다. 【挽回】
많:다[만타] 사물의 수·양·정도 따위가 일정한 기준을 넘어서 아주 여럿이든가 아주 크다. 적지 않다. 반적다. ㉡우리집은 식구가 많다.
맏- 태어나는 차례의 첫번. ㉡맏아들. 맏딸.

맏딸 맨 먼저 낳은 딸. (비)장녀. (반)막내딸.

맏물 그 해 들어 제일 먼저 생산된 과실·야채·곡식·해산물 등. (예)맏물 포도. (비)햇것. 첫물. (반)끝물.

맏아들 맨 먼저 낳은 아들. (비)장남. (반)막내아들.

맏이[마지] 여러 형제나 자매 중에서 제일 손위인 사람. (반)막내.

[말¹]

말¹ 말과의 가축. 성질이 온순하고 몸이 크며 빨리 달림.

말² '끝'의 뜻을 나타내는 말. (예)20세기 말. (반)초. 【末】

말³ 곡식이나 액체 따위를 재는 부피의 단위, 또는 그 그릇. 되의 열 갑절. (예)쌀 한 말.

말갈족 오늘날의 만주족. 예로부터 숙신·읍루 등으로 불리었고, 고려 이후로는 여진·야인으로 불리었음. 조선 시대에는 청나라를 세워 중국 대륙을 지배하기도 하였음.

말:갛다[말가타] 깨끗하고 아주 맑다. (예)강물이 말갛다.

말고삐 말 굴레에 매어 끄는 줄.

말괄량이 얌전하지 않고 지나치게 덜렁거리는 여자.

말구유 말의 먹이를 담는 그릇.

말굽 말의 발 끝에 있는 두껍고 단단한 발톱. (비)말발굽.

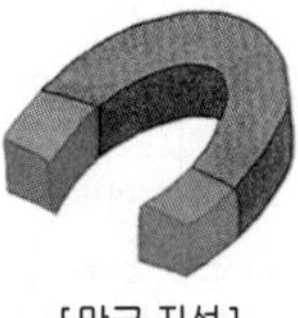
[말굽 자석]

말굽 자석 말굽처럼 굽은 지남철. 양극이 서로 가까이 있기 때문에 자력이 오래 지속됨.

말:귀[말뀌] ①남이 말하는 뜻을 알아듣는 능력. (예)말귀가 어둡다. ②말이 뜻하는 내용. (예)말귀를 못 알아듣고 엉뚱한 대답을 한다. (비)말뜻.

말기 어떤 시기의 끝날 무렵. (반)초기. 【末期】

말:꼬리 말의 끝. (예)남의 말에 말꼬리를 달다. (비)말끝. (반)말머리.

말:꼬투리 말로 인하여 일이 발생하게 되는 동기. (예)검사는 변호사에게 말꼬투리를 잡힐까 봐 조심했다.

말끄러미 오도카니 한 곳만 바라보는 모양. (예)하늘을 말끄러미 쳐다보다. <물끄러미.

말끔하다 환하고 깨끗하다. (예)새옷을 입으니 말끔하게 보인다. <멀끔하다. **말끔히**.

말끔히 ①깨끗하고 말쑥하게. (예)새옷으로 말끔히 갈아입고 외출하다. ②남김없이 모두. (예)바닷바람을 맞으니 피로가 말끔히 가시는 것 같다.

말:끝 말의 끝. (예)현주는 말끝마다 제 자랑만 늘어놓는다. (반)말머리.

말년[말련] 인생의 끝 무렵. 만년. (반)초년. 【末年】

말:놀이[말로리] 말을 잇거나 지어서 재미있게 노는 놀이.

말:다 ①하던 일이나 상태를 계속하지 않고 그만두다. (예)철수는 청소하다 말고 집으로 가버렸다. ②어떤 행동을 말리거나 금지하거나 부정하는 뜻. (예)어디 가지 말고 집에 있어라. ③국물에 밥이나 국수를 넣다. (예)국에 말아 먹어라. ④둥글게 감다. (예)김밥을 말다.

말:다툼 말로써 옳고 그름을 가리는 다툼. 입다툼. (비)말싸움. -하다.

말단[말딴] 어떤 조직에서 맨 끝이나 마지막을 나타내는 말. (예)말단 직원.

말:대꾸 상대가 하는 말에 맞서서, 상대방과 다른 자기의 의사를 나타내는 말. (예)말끝마다 말대꾸를 하다. (준)대꾸. -하다.

말:대답 공손하지 않게 상대가 하는 말에 대답하는 것. [예]말대답에 기분이 상하다. -하다.

말:더듬이[말더드미] 말을 더듬는 사람.

말:동무[말똥무] 서로 이야기를 나눌 동무. [예]우리는 다정한 말동무. [비]말벗. -하다.

말똥구리 풍뎅이과의 곤충. 여름철에 말똥·쇠똥 등을 굴려 흙 속에 저장하고 그것을 먹고 삶. [비]쇠똥구리.

말똥말똥 ①정신이 또렷한 모양을 나타냄. [예]밤을 꼬박 새우고도 머릿속은 말똥말똥 맑았다. ②눈동자가 맑고 생기가 있는 모양을 나타냄. [예]학생들이 말똥말똥한 눈으로 선생님 말씀에 귀기울이고 있다.

말뚝 땅에 두드려 박아 세우는 기둥. [예]말뚝에 황소를 묶어 놓다.

말뚝이[말뚜기] 우리 나라 탈춤이나 가면극에서, 양반들의 무능과 부패를 비꼬는 하인 역을 하는 인물.

말:뜻[말뜯] 말 속에 담겨 있는 뜻.

말라리아 학질 모기가 옮기는 전염병. 일정한 시간의 간격으로 높은 열이 나는 것이 특징임. 주로 여름에 걸림. [비]학질. 【malaria】

말라붙다 물기가 없이 바싹 마르거나 달라붙다.

말랑말랑 야들야들하고 부드러운 모양. <물렁물렁. -하다.

말레이시아〖나라〗 말레이 반도 남부와 보르네오 섬 북부에 걸쳐 있는 나라. 고무가 많이 남. 수도는 콸라룸푸르. 【Malaysia】

말려들다 ①무엇에 감기어 들어가다. [예]돌아가는 기계에 옷자락이 말려들다. ②자기의 의사와는 상관없이 어떤 일에 관계되다. [예]사건에 깊숙히 말려들다.

말리다 ①남이 하려는 짓을 못하게 하다. [예]싸움을 말리다. ②젖은 것을 말리다. [예]옷을 햇볕에 말리다.

말:맞추기 앞뒤의 말이 자연스럽게 뜻이 이어지도록 말을 맞추는 놀이. -하다.

말:머리 ①말의 첫 부분. [반]말꼬리. 말끝. ②말을 이끌어 가는 방향. [예]현수는 말머리를 다른 곳으로 돌렸다.

말:문 말을 하려고 여는 입. [예]당황해서 말문이 막히다.

말미 일에 매인 사람이 다른 일을 위해 일부러 낸 며칠 안팎의 시간. [예]고향에 다녀오기 위해 사흘간의 말미를 얻다.

말미암다[말미암따] 그것으로 인하다. 관계되다. [예]너로 말미암아 학교에 늦었다.

말미잘 분홍말미잘과의 강장동물. 얕은 바닷물 속 바위에 붙어서 살며, 작은 기둥 같이 생긴 몸의 끝이 꽃처럼 생겼고, 이 부분에 무엇이 와서 닿으면 곧 오무라드는 작은 동물.

[말미잘]

말:발[말빨] 말이 먹히어 들어가는 정도. 말의 권위. [예]말발이 세다.

말:버릇[말뻐른] 늘 써서 버릇이 된 말의 투. [비]말투.

말벌 말벌과의 곤충. 독침이 있고 작은 곤충을 잡아 먹음.

말:벗[말뻗] 서로 같이 이야기 할 만한 친구. [비]말동무.

말복 여름철의 가장 더운 때인 삼복 중의 마지막 복날. ※삼복: 초복, 중복, 말복. 【末伏】

말:본 ①말글의 짜임에 대한 법칙. [비]문법. 어법. ②말투.

말살[말쌀] 무엇을 강제로 아주 없애 버리는 것. [예]조선어 말살 정책. -하다. 【抹殺】

말:상대 같이 이야기할 만한 사람(상대). 말벗.
말세[말쎄] 정치나 사회가 혼란스럽고 풍속이 어지러워 망해 가는 세상. 【末世】
말소[말쏘] 기록되어 있는 사실을 지워서 없애 버리는 것. ㉠등기를 말소하다. -하다. 【抹消】
말:소리 말하는 소리. 비목소리. 음성.
말:솜씨 말하는 재주. ㉠말솜씨가 훌륭하다. 비언변. 말재주.
말:수[말쑤] 남과 같이 있을 때 말하는 횟수. ㉠말수가 적다.
말:썽 걸핏하면 일을 저지르거나 트집·시비를 하는 짓.
말:썽꾸러기 '말썽꾼'의 속된 말.
말:썽꾼 걸핏하면 말썽을 일으키는 사람.
말쑥하다 모양이 말끔하고 깨끗하다. ‹멀쑥하다. **말쑥히**.
말:씀 웃어른의 말. 웃어른에게 하는 말. ㉠선생님께서 말씀 하셨습니다. -하다.
말:씨 말하는 태도. 말하는 버릇. ㉠고운 말씨.
말:없이[마럽씨] 아무 말도 하지 않고. ㉠어머니는 말없이 문만 열어 주고 안으로 들어가셨다.
말엽[마렵] 어떤 시대의 끝 무렵. ㉠신라 말엽. 비말기. 반초엽. 【末葉】
말:익히기 말을 바르게 잘 쓸 수 있도록 익히는 일. -하다.
말일[마릴] 그 달의 마지막 날. 비그믐. 반초하루. 【末日】
말:잇기[마릳끼] 여럿이 차례로 낱말의 글자 중 하나를 따서 말을 이어 가는 놀이.
말:장난 실속 없는 말이나, 별로 큰 뜻이 없는 말재주를 부리는 짓.
말:재주 말을 잘하는 재주. 비말솜씨. 화술.
말:조심 말을 함부로 하지 않고 조심해서 함. -하다.
말:주변[말쭈변] 말을 이리저리 잘 둘러대는 재주.
말짱하다 ①흠이 없다. ㉠말짱한 책가방. ②깨끗하다. ③정신이 또렷하다. ‹멀쩡하다. **말짱히**.
말:참견 남들이 이야기할 때 옆에서 끼어들어 말하는 것. 비말참례. -하다.
말초 신경 중추 신경계와 피부 근육·감각 기관 등을 연락하는 신경을 통틀어 일컫는 말.
말총 말의 목덜미나 꼬리에 길게 난 털.
말:투 말버릇. 말씨. ㉠자신 만만한 말투.
말판 윷·고누·쌍륙 등의 말이 가는 길을 그린 판.
말판쓰기 윷놀이 등에서 말판에 말을 놓는 일.
말:하기 ①말로 생각이나 느낌을 나타내는 행위. ㉠나는 쓰는 것보다 말하기가 더 어렵다. ②초등 학교에서, 말로 표현하는 법을 배우는 교과.
말:하는이[말하느니] 말을 하는 사람. 반듣는이.
말:하다 ①생각이나 느낌을 남에게 말로써 나타내다. ㉠책을 읽고 느낀 점을 말하다. ②어떤 일을 모든 사람에게 전달하다. ㉠약속 장소가 바뀐 것을 친구들에게 말하다.
말:하자면 이를테면. 말로 나타내기로 하면.
말:할 수 없이 이루 말로 표현 할 수 없을 정도로 분량·정도가 큼을 나타내는 말. ㉠어머니께서 갑자기 돌아가셔서 말할 수 없이 슬프다.
맑다[막따] ①깨끗하다. ㉠눈동자가 매우 맑다. ②날씨가 흐리지 않다. ㉠하늘에 구름 한점 없이 맑다. 반흐리다.

ㅁ

맑음[말금] 구름이나 안개가 끼지 않고 맑은 것. 반흐림.

맘: '마음'의 준말.

맘마 어린아이의 말로 먹을 것. 밥.

맘:먹다 '마음먹다'의 준말. 예맘먹고 열심히 공부하다.

맘:씨 '마음씨'의 준말.

맙:소사 기막힌 일을 당하거나 보거나 할 때 탄식하는 소리.

맛[맏] 물건을 혀에 대었을 때 느끼는 감각.

맛깔스럽다[맏깔스럽따] 음식이 맛이 있어 보인다. 예맛깔스러운 음식 솜씨.

ㅁ

맛나다[만나다] 맛이 좋다. 맛있다. 예이렇게 맛난 김치는 처음 먹어 본다.

맛들다 익어서 맛이 좋게 되다. 예사과가 아직 맛들지 않아서 시다.

맛들이다 ①재미를 붙이다. 예컴퓨터 게임에 맛들이다. ②맛이 있게 하다. 예고기에 맛들이다.

맛보다 ①음식의 맛을 알기 위하여 먼저 조금 먹어 보다. 예김치를 맛보다. ②몸소 겪다. 예우승의 감격을 맛보다. ③글을 읽고, 그 뜻이나 표현을 알아보다.

맛없다[마덥따] 맛이 좋지 않다. 예음식이 맛없다고 남기면 안된다. 반맛있다.

맛있다[마딛따/마싣따] 맛이 좋다. 예맛있는 과일. 비맛나다. 맛좋다. 반맛없다.

맛조개 긴맛과의 바닷조개. 얕은 바다에 사는데, 몸 길이는 13cm가량이며 껍데기 모양은 둘로 쪼갠 대통 같음.

맛좋다[맏쪼타] 맛이 좋다. 예경기도 이천은 맛좋은 쌀로 유명하다. 비맛나다. 맛있다.

망[1] 그물같이 만들어서 가려 두거나 치거나 하는 물건을 통틀어 이르는 말. 예망에서 공을 꺼내다. 【網】

망:[2] 멀리 바라보아 남의 동정을 살핌. 예들키지 않게 망을 보다.【望】

망가지다 깨지거나 부서져 본래 기능을 하지 못하게 되다. 고장나다.

망가뜨리다 물건을 아주 못쓰게 하다. 예힘들게 만든 모형 비행기를 망가뜨렸다.

망각 잊어버림. 예학생 신분을 망각한 행동. 비망실. -하다. 【忘却】

망간 은백색으로 윤이 나고 합금의 재료가 되는 금속 원소의 하나. 철 다음으로 널리 분포함. 기호는 Mn. 원자번호는 25. 【Mangan】

망건 상투가 있는 사람이 머리에 두른 그물처럼 생긴 물건. 머리카락이 흩어지지 않도록 함. 말총·곱소리·머리카락으로 만듦.

망고 열대 지방에서 나는, 길쭉한 복숭아 비슷한 열매. 【mango】

망국 나라가 망한 것, 또는 망한 나라. 【亡國】

망그러지다 찌그러져 못쓰게 되다. 예의자가 망그러지다.

망극 임금이나 어버이의 은혜가 너무 커서 다 갚을 길이 없음. 예성은이 망극하옵니다. -하다.

망나니 ①성질이 아주 못된 사람. ②지난날, 죄인의 목을 베는 일을 맡아 하던 사람.

망년회 한 해의 끝 무렵에 그 해의 힘들거나 괴로웠던 일들을 잊고, 밝은 새해를 맞이하자는 뜻에서 가지는 모임. 비송년회. 【忘年會】

망:대 적의 형편을 살피기 위하여 높게 만들어 세운 대. 비망루.

망:두석 무덤 앞에 세우는 돌기둥. 망주석.

망:둥이 망둥잇과에 속하는 바닷물고기를 통틀어 이르는 말. 몸은 작고, 흔히 바닷가의 모래땅이나 개

펄에 살며, 좌우의 배지느러미가 합쳐져서 빨판처럼 생긴 것이 특징. 서해안에서 많이 남.

망라하다[망나하다] 널리 퍼져 있는 것들을 빠짐없이 모아서 포함시키다. ㉎국내외의 명작들을 망라한 문학 전집.

망:령[1][망녕] 늙거나 정신이 흐려져 이상한 말과 행동을 하는 상태. 비 노망. 【妄靈】

망령[2] 죽은 사람의 영혼. 【亡靈】

망:루[망누] 망대.

망막 눈알의 가장 안쪽에 있는, 물체의 모양이 비치는 부분. 빛을 느끼는 막. 【茫漠】

망막하다[망마카다] 뚜렷한 계획이나 희망이 없어 마음이 답답하다. ㉎시험에 떨어지고 나니 앞일이 망막하다.

망망 넓고 멀어 아득하다. ㉎망망한 바다에 떠 있는 배. -하다. -히.

망망 대해 아득히 넓은 큰 바다.

망명 정치적인 이유 등으로 자기 나라에 살지 못하고 남의 나라로 몸을 피함. ㉎자유를 찾아 망명했다. -하다. 【亡命】

망:발 ①그릇되게 하는 말이나 행동. ②자기 또는 조상에게 욕이 되게 말을 함. 비 망언. -하다.

망:보다 상대편의 행동을 살피다. 엿보다.

망:부석 아내가 멀리 떠난 남편을 기다리다가 그대로 죽어서 되었다는 돌. 【望夫石】

망사 그물처럼 성기게 짠 천.

망:상 있지도 않은 사실을 상상하여 마치 사실인 것처럼 굳게 믿는 일, 또는 그러한 생각. 【妄想】

망설이다 머뭇거리면서 뜻을 결정짓지 못하다. 비 주저하다.

망신 말이나 행동을 잘못하여 자기의 명예와 체면 등을 떨어뜨림. -하다. 【亡身】

망신스럽다(망신스러우니, 망신스러워서) 망신이 될만하다. 망신이 됨직하다.

망아지 말의 새끼.

망:언 남을 함부로 헐뜯는 간사하고 건방진 말. 비 망발.

망연자실 엉뚱한 일을 당하여 어이가 없어서 정신이 나간 듯이 멍함. -하다. 【茫然自失】

망울 ①작고 둥글게 엉켜 굳어진 덩이. ㉎밀가루로 풀을 쑬 때, 망울이 지지 않도록 잘 저어야 한다. <멍울. ②'꽃망울'의 준말.

망:원경 두 개 이상의 볼록 렌즈를 맞추어서 멀리 있는 물체를 크게 보이도록 만든 장치. 비 만리경.

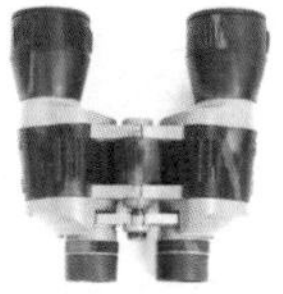

[망원경]

망:원 렌즈 먼 거리의 것을 촬영하기 위해 초점 거리를 길게 만든 사진용 렌즈.

망:월 보름달. 【望月】

망정 '-니·-기에'등의 뒤에 붙어, 앞에서 한 일이 '다행'이라는 뜻. ㉎미리 알았기에 망정이지 큰일날 뻔했다.

망종 ①좋지 못한 사람. ②몹쓸 종자. 【亡種】

망:주석 무덤 앞에 세우는, 여덟 모로 다듬은 한 쌍의 돌기둥. 망두석. 【望柱石】

망측 보통 상태에서 많이 벗어나 어처구니가 없음. ㉎망측한 말. -하다. -히. 【罔測】

망치 마치보다 훨씬 크고 무거운 연장. 단단한 물건이나 불에 달군 쇠붙이 등을 두드리는 데 쓰임.

망치다 일을 아주 잘못되게 하다. ㉎그림을 망치다.

망태 가는 새끼나 노로 엮어 만든 물

ㅁ

건. 풀이나 물건 등을 담아 들고 다니는 데에 씀. 본망태기.

[망태]

망토 소매가 없이 어깨로부터 내리 걸쳐 입는 외투. 【manteau】

망하다 나라나 단체 등이 제구실을 못 하고 끝장이 나다. 예나라가 망하다. 반흥하다.

망:향 고향을 바라봄. 고향을 그리워함. 예망향가. 【望鄕】

망:향제 타향에서 고향을 그리워하며 지내는 제사.

ㅁ

맞고소 고소를 당한 사람이 고소한 사람을 상대로 마주 고소하는 일. -하다.

맞그네 둘이 서로 마주 보고 뛰는 그네.

맞다[1][맏따] ①자연히 돌아오는 철이나 날을 당하다. 예여름 방학을 맞다. ②때림을 당하다. 예매를 맞다. ③침 따위의 찌름을 당하다. 예주사를 맞다.

맞다[2][맏따] 틀리지 않고 옳게 되다. 예네 말이 맞다. 반틀리다.

맞다[3][맏따] ①사람을 예를 갖추어 받아들이다. 예손님을 반갑게 맞다. ②오는 때를 맞이하다. 예기쁜 마음으로 새 천년을 맞다. ③식구를 새로 들이다. 예착하고 예쁜 아내를 맞다.

맞닿다[맏따타] 무엇과 서로 마주 닿아 있다. 예지붕과 지붕이 맞닿다.

맞대결[맏때결] 두 편이 서로 맞서 겨루는 것.

맞대다 '마주 대다'의 준말. 예얼굴을 맞대고 자다.

맞대항[맏때항] 양편이 서로 지지 않으려고 맞서서 겨루는 것. 예해마다 다른 학교와 축구 맞대항을 벌인다.

맞돈 물건을 살 때에 그 자리에서 치르는 돈. 예운동화를 맞돈 주고 사다.

맞들다(맞드니, 맞드오) ①두 사람이 마주 물건을 들다. ②힘을 합하다. 예백지장도 맞들면 낫다.

맞먹다 서로 비슷하여 비길 만하다.

맞물다[만물다] 양쪽에서 마주 물다. 예개들이 고깃덩이를 맞물고 놓지 않는다.

맞물리다 마주 물리다. 예톱니바퀴가 서로 맞물리다.

맞바꾸다 무엇을 다른 것과 서로 바꾸다.

맞바람 ①양쪽에서 마주 불어오는 바람. ②맞은편에서 불어오는 바람.

맞받다[맏빧 따] ①마주 들이받다. 예차량끼리 맞받은 사고. ②남의 말이나 행동을 대하고 곧바로 반응하다. 예질문을 재치있게 맞받아 처리하다.

맞벌이[맏뻐리] 부부가 모두 직업을 가지고 돈을 버는 일. 예맞벌이 부부. -하다.

맞부딪치다[맏뿌딛치다] 마주 부딪치다. 예승용차와 트럭이 맞부딪쳐 사고가 일어났다.

맞붙다[맏뿓 따] ①무엇과 마주 붙다. 연이어 있다. 예우리 집은 학교와 맞붙어 있다. ②무엇을 다른 것과 마주 부딪치게 하다. 예친구와 맞붙어 싸우다. 비겨루다.

맞붙잡다 서로 마주 붙잡다.

맞서다[맏써다] ①서로 마주 대하여 서다. 예맞서서 이야기하다. 반돌아서다. ②서로 굽히지 아니하고 버티다. 예지지 않고 꿋꿋하게 맞서다.

맞선[맏썬] 남녀가 결혼을 하기 위하여 남의 소개로 서로 직접 만나 보는 일.

맞수[맏쑤] 재주나 힘이 서로 비슷하여 쉽사리 승부가 나지 않는 상대. ㉠너는 나의 맞수가 못된다.

맞아들이다[마자들이다] ①오는 사람을 맞아서 집 안으로 들이다. ㉠손님을 반갑게 맞아들이다. ②누구를 가족이나 동료로 삼다. ㉠며느리를 맞아들이다.

맞아떨어지다[마자떠러지다] 조금도 틀림없이 꼭 맞다.

맞은편[마즌편] 마주 바라보이는 쪽. 비건너편.

맞이[마지] 오는 사람이나 다가오는 일을 맞는 것. ㉠손님 맞이로 집이 어수선하다. -하다.

맞이하다 ①오는 사람을 맞아들이다. ㉠친구를 맞이하다. ②어떠한 날이나 때를 맞이하다. ㉠졸업식을 맞이하다.

맞잡다[맏짭따] 마주 잡다.

맞장구치다 남의 말에 대하여 그렇다고 덩달아 같이 말하다. ㉠내가 한 말에 동생은 덩달아 맞장구쳤다.

맞절[맏쩔] 두 사람이 서로 마주 하는 절. -하다.

맞추다 ①서로 꼭 맞도록 하다. ㉠박자를 맞추다. ②서로 견주어 보다. ㉠문제의 정답을 맞추어 보다. ③물건을 만드는 일을 약속해 부탁하다. ㉠옷을 맞추다. ×마추다.

맞춤 부탁하여 만든 물건. 주문품. ×마춤.

맞춤법[맏춤뻡] ①글자를 일정한 규칙에 맞추어 쓰는 법. 비철자법. ②한글 맞춤법.

맞히다[1][마치다] ①화살·총알 따위를 목표에 맞게 하다. ㉠화살을 목표물에 맞히다. ②주사·침 따위를 맞게 하다. ㉠독감 예방 주사를 맞히다.

맞히다[2][마치다] 물음에 옳은 답을 대다. ㉠답을 맞히다.

맡기다[맏끼다] ①물건을 보관하게 하다. ㉠열쇠를 관리실에 맡기다. ②어떤 일을 누구에게 관리하게 하다. ㉠세탁소에 빨래를 맡기다.

맡다[맏따] ①코로 냄새를 느끼다. ㉠장미꽃 향기를 맡다. ②어떤 일을 하는 책임을 지다. ㉠교무실 청소를 맡다. ③남의 물건을 보관하다. ㉠짐을 맡다. ④공식적인 허가나 도장을 받다. ㉠주번 일지에 선생님의 도장을 맡다.

맡아보다[마타보다] 어떤 일을 맡아서 하다. ㉠반장을 맡아보다.

매[1] 사람이나 짐승을 때리는 곤장·막대기·회초리 등을 통틀어 일컫는 말, 또는 그것을 때리는 일. ㉠잘못해서 매를 맞다.

매:[2] 맷과 매속의 새를 통틀어 이르는 말. 부리와 발톱은 갈고리 모양이며 날쌔게 낢. 새나 병아리 따위를 잡아감. 송골매. 해동청.

[매]

-매[3] 눈매·몸매·옷매 따위의 맵시나 모양을 뜻하는 말. ㉠몸매가 예쁘다.

매:각 재산과 같은 큰 물건을 팔아 버리는 것. ㉠집을 매각하다. 반매입. -되다. -하다. 【賣却】

매개체 둘 사이에서 어떤 일을 맺어 주는 구실을 하는 것. ㉠매개체 역할을 하다.

매:국 자기의 이익을 위해 제 나라의 명예나 이익을 남의 나라에 팔아 먹음, 또는 나라를 팖. 반애국. -하다. 【賣國】

매:국노[매궁노] 자기 이익을 위해 제 나라를 팔아먹는 사람. 반애국자. 【賣國奴】

매기다 값이나 등급을 따져서 정하다. ㉠등수를 매기다.

매끄럽다(매끄러우니, 매끄러워서) 거칠지 아니하고 반들반들하다. ㊀ 손이 아주 매끄럽다. <미끄럽다.

매끈매끈 흠이나 거친 데가 없이 부드럽고 반들한 모양을 나타낸 말. ㊀피부가 매끈매끈하다. <미끈미끈. –하다.

매끈하다 흠이나 거친 데가 없이 부드럽고 반들하다. ㊀다리가 매끈하다. <미끈하다.

매너 사회 생활에서, 행동이나 일에 대한 태도나 몸가짐. 【manner】

매:년 해마다. 비매해. 【每年】

ㅁ

매니저 ①지배인. 관리인. ②연예인·운동 팀에 딸려 섭외·교섭 따위를 맡아 하는 사람. 【manager】

매니큐어 손톱이나 발톱에 색칠을 하여 꾸미는 화장품. 【manicure】

매:다[1] ①떨어지지 않게 동여 묶다. ②베 등을 짜려고 날실에 풀을 먹여서 말리어 감다. ㊀베를 매다. ③여러 장의 종이를 겹쳐 책을 만들다. 반풀다.

매:다[2] 논이나 밭의 잡풀을 뽑다. ㊀ 콩밭을 매다.

'매다'와 '메다'의 차이

- **매다:** ①떨어지지 않게 동여 묶다. ②가축 따위를 달아나지 못하게 고삐를 말뚝 같은 데에 묶어 두다. ③논이나 밭에 난 잡풀을 뽑다.
- **메다:** ①물건을 어깨에 지다. ②구멍이 막히다.

매:달 달마다. 다달이. ㊀매달 여행을 가다. 비매월.

매:달다(매다니, 매다오) 묶어서 드리우거나 걸다. ㊀마늘을 엮어 매달다.

매:달리다 ①묶어서 드리우거나 걸려 있다. ㊀나뭇가지에 매달린 연. ②붙들고 늘어지다. ③무엇에 몸과 마음이 딸려 있거나 얽매이다.

매:도 몹시 욕하여 한쪽으로 몰아세움. ㊀일방적으로 매도하지 마라. –하다.

매듭 ①물건을 잡아 맨 마디. ㊀매듭이 풀리다. ②일의 끝. ㊀일마다 매듭을 분명히 짓고 넘어가라.

매력 사람의 마음을 끄는 힘. ㊀수빈이는 웃는 모습이 매력이 있다.

매료 남의 마음을 홀리어 사로잡음, 또는 홀림. –하다.

매립 낮은 땅이나 얕은 물을 돌·흙·쓰레기로 채워 메우는 것. –하다. 【埋立】

매립장 버린 흙·돌 따위를 묻는 땅. ㊀쓰레기 매립장. 【埋立場】

매립지 쓰레기나 폐기물 따위를 모아서 묻는 곳. 【埋立地】

매만지다 잘 다듬어 손질하다.

매매 물건을 팔고 삼. ㊀땅을 매매하다. 비흥정. –하다. 【賣買】

매몰 사고가 나서 흙 속에 파묻히는 것. –되다. 【埋沒】

매몰차다 인정이나 붙임성이 없이 독하고 쌀쌀하다. ㊀그녀는 성질이 매몰차다.

매무새 옷이나 머리 따위를 가꾼 모양. ㊀옷 매무새가 곱다.

매무시 옷을 입을 때 매만져 단속하는 일. ㊀옷 매무시를 다시 하다. –하다.

매:미 매미과의 곤충. 길이 3~5cm 가량. 빛은 어두운 녹색이고 날개는 비침. 수컷은 배에 발성기가 있으며, 보통 6~7년 걸려 성충이 됨.

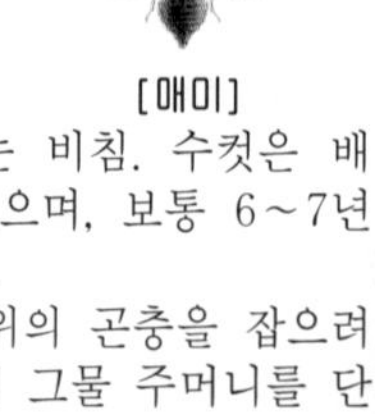
[매미]

매:미채 매미 따위의 곤충을 잡으려고 긴 막대 끝에 그물 주머니를 단 도구.

매:번 번번이. ㉠전쟁에서 매번 승리하다. 【每番】
매복 적군이나 상대를 습격하려고 한 장소에서 몰래 기다리는 것. –하다. 【埋伏】
매부 누이의 남편. 【妹夫】
매:부리코 매의 부리와 같이 끝이 뾰족하게 내리숙어진 코, 또는 그런 코를 가진 사람.
매:사 일마다. 모든 일. ㉠매사에 열심히 하다. 【每事】
매산들〖지명〗 고구려에 딸린 땅이름. 이 곳에서 온달이 주나라 무제를 무찔렀다고 함.
매:상 일정한 기간 동안 물건을 판 수량이나 대금의 총계. ㉠오늘의 매상은 어제보다 많다. 【賣上】
매섭다(매서우니, 매서워서) 남이 겁을 낼 만큼 성질이나 됨됨이가 모질다. ㉠매섭게 노려보다. ㊥독하다. <무섭다.
매:수 ①금품이나 어떠한 수단으로 남을 꾀어 제 편을 만듦. ②물건 따위를 사들임. –하다. 【買收】
매스 게임 ①많은 사람이 일제히 똑같은 체조나 율동 등을 하는 일. ②단체 경기. 【mass game】
매스껍다(매스꺼우니, 매스꺼워서) 비위가 상하여 토할 것 같다. <메스껍다.
매스 미디어 대량의 정보 지식 등을 넓은 지역의 많은 사람에게 전달하는 텔레비전·라디오·신문 등을 말함. 【mass media】
매스컴 신문·잡지·텔레비전 따위를 통해 정보나 지식 등을 넓은 지역의 많은 사람들에게 전달하는 일, 또는 그런 일을 하는 대중 매체. ㊍매스 커뮤니케이션.
매슥거리다 자꾸 매스꺼운 느낌이 들다. <메슥거리다.
매:시간 시간마다. ㉠매시간 기온의 변화를 측정하다. ㊟매시.
매실 매화나무의 열매. 둥근 모양으로 노랗게 익으며, 신맛이 있음.
매씨 남의 누이를 높이어 이르는 말. 【妹氏】
매암돌다 서서 몸을 왼쪽으로부터 또는 오른쪽으로부터 돌아가게 하다. ㊟맴돌다.
매:양 번번이. 늘. ㉠매양 웃는 얼굴이다.
매연 그을음이 섞인 연기. ㉠거리가 매연으로 뿌옇다.
매우 생각했던 정도보다 퍽 지나치게. ㉠매우 건강하다. ㊥대단히. 무척. 굉장히.
매운바람 몹시 차고 센 바람.
매운탕 생선과 채소를 넣고 고추장이나 고춧가루를 풀어 맵게 끓인 찌개.
매:월 다달이. 달마다. ㊥매달.【每月】
매월당 김시습의 호. 【梅月堂】
매이다 남에게 딸려 부림을 받게 되다. 자유롭지 못함을 이르는 말. ㉠직장에 매이다.
매:일 날마다. 하루하루. 【每日】
매:일같이[매일가치] 날마다. 매일매일. ㉠철수는 매일같이 지각한다.
매일반 결국 마찬가지. 매한가지. ㉠병원에 가도 아픈 것은 매일반이다.
매:일 신문 우리 나라 최초의 순 한글로 된 일간 신문〔1898년 1월 26일 창간됨〕.
매:입 물건을 사는 것. ㉠야채를 대량으로 매입하다. ㊥구입. ㊤매출. –하다. 【買入】
매장[1] 땅 속에 묻히어 있음. ㉠시체를 매장하다. –하다. 【埋葬】
매:장[2] 백화점 등에서 각 생산자의 상품을 파는 곳. ㉠아동복 매장. 신사복 매장. 【賣場】
매장량[매장냥] 광물 같은 것이 땅 속에 묻힌 분량.

매:점 어떤 단체나 기관 안에서 물건을 파는 작은 가게. 【賣店】

매점 매석 어떤 상품이 값이 오르거나 모자랄 때에 팔아 큰 이익을 남기려고 상품을 미리 한꺼번에 많이 사두는 것. 비사재기. 【買占賣惜】

매정하다 얄미울 만큼 정이 없고 쌀쌀하다. 예부탁을 매정하게 거절하다.

매제 손아래 누이의 남편. 반매형.

매:주 주마다. 칠 일마다. 【每週】

매직 빨리 마르는 잉크가 터럭으로 만든 심으로 스며 나오게 한 필기도구. ※영어 'Magic'이라는 상표에서 온 말.

ㅁ

매진 모조리 팔림. 예승차권이 매진되었다. 【賣盡】

매:진하다 어떤 목표를 향해서 힘차게 나아가다. 예공부에 매진하다.

매질 사람이나 짐승을 매로 때리는 짓. -하다.

매체 ①어떤 사실을 널리 전달하는 수단이 되는 것. 예텔레비전의 광고 효과는 다른 매체보다 강력하다. ②어떤 작용을 다른 곳으로 전달하는 구실을 하는 물체. 예음파의 매체가 되는 공기.

매:출 물건을 파는 일. 반매입. -하다. 【賣出】

매캐하다 연기나 곰팡이 냄새가 나서 목이 조금 컬컬하다.

매콤하다 매운 느낌이 코나 입에 돌다. 예매콤한 맛이 나다. <매큼하다.

매트 ①운동을 할 때 위험을 막기 위하여 바닥에 까는 두텁고 푹신한 깔개. 예매트 위에서 뒹굴다. ②현관 등에 두어 신발의 흙을 터는 깔개. 【mat】

매트리스 침대 바닥 위에 까는 두꺼운 자리. 【mattress】

매트 운동 구르기와 돌기를 기본 동작으로 하여 이루어지는 매트 위에서 하는 운동.

매:표구 표를 파는 창구. 【賣票口】

매:표소 표를 파는 곳. 【賣票所】

매한가지 모두 마찬가지. 매일반. 예잘못하기는 너나 나나 매한가지다.

매형 누나의 남편. 비매부. 자형. 반매제. 【妹兄】

매혹되다 마음이 어떤 것에 완전히 쏠리다. 예나는 설악산의 아름다움에 매혹되었다.

매화 이른 봄, 잎이 나오기 전에 향기 있는 꽃이 희게 또는 연분홍으로 피는 꽃. 열매는 '매실'이라고 하며 먹거나 약으로 쓰임.

[매화]

맥 ①기운이나 힘. 예맥이 빠지다. ②'맥박'의 준말. 예맥을 짚어보다. ③어떤 정통의 흐름. 예국악의 맥을 잇다. 【脈】

맥락[맹낙] 말·글·토론 따위가 일정하게 이어지면서 이루는 내용의 줄기나 흐름. 예글의 맥락이 통하지 않는다. 【脈絡】

맥 못 추다 어떤 사람이나 사물에 대하여 힘을 못 쓰거나 이성을 찾지 못하다.

맥류[맹뉴] 보리·밀·쌀보리 등을 통틀어 이르는 말. 【麥類】

맥박 심장의 운동에 의하여 일어나는 동맥의 율동적인 움직임. 예맥박이 멈추다. 준맥. 【脈搏】

맥 빠지다 기운이 빠지다. 긴장이 풀리다. 예얘기가 중간에 끊어지자 맥 빠진 기분이다.

맥아더〖사람〗[1880~1964] 미국의 육군 원수. 6·25 전쟁 때에는 유엔군 총사령관으로 인천 상륙 작전을 지휘하였음. 【MacArthur】

맥없다 기운이 없다. 맥없이.

맥주[맥쭈] 발효시킨 보리에 물과 쌉쌀한 맛과 탄산을 더하여 만든 술.

맥풀리다 기운이 없어지다. 의욕이 사라지다.

맨:[1] 가장. 제일. ㉔맨 처음. 맨 끝.

맨[2] 온통. 모두 다. ㉔맨 먹을 것뿐이다.

맨-[3] 다른 말 앞에 붙어서 '다른 것이 섞이지 아니하고 오직 그것뿐'의 뜻을 나타내는 말. ㉔맨주먹. 맨몸.

맨눈 안경·망원경·현미경 따위를 사용하지 않고, 직접 보는 눈. ㉔시골에 가면 맨눈으로도 별을 볼 수 있다. 비육안.

맨드라미 가을철에 닭볏처럼 생긴 붉은 꽃이 피는 화초.

[맨드라미]

맨땅 아무것도 깔려 있지 않은 땅바닥.

맨몸 ①옷을 입지 않은 발가벗은 몸. 비알몸. ②아무것도 지니지 않은 몸. ㉔차비도 없이 맨몸으로 집을 나서다.

맨몸뚱이 '맨몸'의 속된 말. 알몸뚱이.

맨바닥 아무것도 깔려있지 않은 바닥.

맨발 아무것도 신지 않은 발.

맨밥 반찬이 없는 밥.

맨살 가리지 않아서 겉으로 드러나 있는 살.

맨션 ①대형 고급 아파트. ②아파트. ※영어 'mansion'에서 온 말.

맨손 ①장갑 따위를 끼지 않거나, 어떤 도구를 지니지 않은 손. ㉔맨손으로 전선을 만지면 위험하다. ②돈이나 재물 따위를 지니거나 가지지 않은 상태. ㉔맨손으로 시작하다. 비빈손.

맨손 체조 기구를 쓰지 않고 몸을 고루 움직여서 바른 몸을 가질 수 있게 하는 체조. 반기계 체조. -하다.

맨송맨송하다 ①술을 마셨는데도 취하지 않아 정신이 또렷하다. ㉔술을 많이 마셨는데 정신은 맨송맨송하기만 하다. ②해야 할 일이 없어서 멋쩍고 심심하다. 〈맨숭맨숭하다.

맨숭맨숭 ①술을 마셨는데도 취하지 않아 정신이 또렷한 모양을 나타냄. ②일할 거리가 없어 멋쩍은 모양을 나타냄. ㉔예은이는 맨숭맨숭 앉아있기가 싱거워서 노래를 불렀다. 〉맨송맨송.

ㅁ

맨입[맨닙] ①아무것도 먹지 아니한 입. ㉔손님을 맨입으로 보낼 수는 없지. ②아무 대가도 받지 않은 것. ㉔맨입으로 부탁을 들어줄 수 없다.

맨주먹 ①무기나 도구를 가지지 않은 주먹. ②돈이 없는 형편. 비빈주먹.

맨텔【사람】[1790~1852] 영국의 의사·지질학자·고생물학자. 공룡의 화석 4종을 발견했음. 【Mantell】

맴: 제자리에서 도는 것, 또는 무엇의 둘레를 도는 것. ㉔공중에서 독수리가 맴을 돈다.

맴:돌다(맴도니, 맴도오) 한 군데를 잇달아 돌다. ㉔집 앞에서 맴돌다. 본매암돌다.

맴매 〔어린아이의 말로〕 때리는 일, 또는 때리는 도구. -하다.

맵다(매우니, 매워서) ①혀가 알알한 맛을 느끼다. ㉔작은 고추가 맵다. ②인정이 없고 독하다. ㉔매운 눈매. ③몹시 춥다. ㉔매운 바람이 불다.

맵시 곱게 매만진 모양. 생김새.

맷돌 곡식을 갈아서 가루를 만드는데 쓰는 돌로 된 기구.

[맷돌]

맷집[매찝/맫찝] 매를 맞고 견뎌 내는 성질. ㉠맷집이 좋다.

맹꽁이 개구리와 비슷한데 몸집이 뚱뚱하며 물갈퀴가 없음. 날이 흐리거나 비가 올 때 특히 요란스럽게 욺.

맹:랑하다[맹낭하다] 생각보다 똘똘하거나 까다로워 얕잡아 볼 수 없다. ㉠그 녀석 참 맹랑하다.

맹:렬하다[맹녈하다] 기세가 사납고 세차다. ㉠맹렬하게 공격하다. 맹렬히.

맹목적[맹목쩍] ①아무 분간 없이 무턱대고 행동하는 것. ②한 대상에게만 온 마음이 쏠리어 사실을 객관적으로 옳게 판단할 수 없는 것. ㉠어머니의 맹목적인 사랑.

ㅁ

맹문이 일의 옳고 그름이나 일에 대한 분간을 못하는 사람.

맹물 아무것도 섞지 아니한 맑은 물.

맹사성〖사람〗[1359～1431] 조선 세종 때의 유명한 학자·정치가. 호는 고불. 글도 잘 짓고 음악에도 매우 뛰어났음. 【孟思誠】

맹세 ①신 또는 부처님이나 하나님 앞에서 약속함. ②굳게 다짐함. ㉠국기에 대한 맹세 -하다.

맹세코 진정으로. ㉠난 맹세코 아무런 원망도 하지 않겠다.

맹:수 아주 무섭고 사나운 사자나 호랑이 따위의 짐승. ㉥야수.

맹숭맹숭하다 '맨송맨송하다'의 잘못.

맹신 사실을 옳게 객관적으로 따지지 않고 덮어놓고 믿는것. 【盲信】

맹아[1] 앞을 못 보는 아이. 【盲兒】

맹아[2] 소경과 벙어리. 【盲啞】

맹:위 사납고 맹렬한 기세. ㉠추위가 맹위를 떨치고 있다. 【猛威】

맹인 앞을 보지 못하는 사람. 시각장애인. ㉥소경. 봉사. 장님. 【盲人】

맹:자[1]〖사람〗[기원전 372～기원전 289] 중국 춘추 전국 시대의 유명한 학자이며 사상가. 사람은 태어날 때부터 착하다는 '성선설'과 왕도 정치를 주장하였음. 【孟子】

맹:자[2]〖책명〗 맹자의 제자들이 맹자의 말과 행동을 기록한 책〔사서인 〈논어〉〈맹자〉〈대학〉〈중용〉의 하나〕. 【孟子】

맹:장[1] 굳세고 사나운 장수. 날래고 용감한 장수. 【猛將】

맹장[2] 창자의 하나. 소장과 대장 사이에 있는 끝이 막힌 창자. 【盲腸】

맹장염 맹장에 염증이 생겨 오른쪽 아랫배가 몹시 아픈 병.

맹종 자세히 따지지 않고 남이 시키는 대로 덮어놓고 따르는 것.

맹추 총기가 없고 흐리멍텅한 사람을 속되게 부름. <멍추.

맹탕 맹물처럼 아주 싱거운 국물.

맹:호 몹시 사나운 범. 【猛虎】

맹활약[맹화략] 맹렬한 활약. 눈부신 활약. ㉠이순신 장군은 임진왜란 때 맹활약을 했다. -하다.

맺다 ①매듭짓거나 끝내다. ㉠일을 끝맺다. ②서로 인연을 가지다. ㉠형제 관계를 맺다. ③열매가 생기다. ㉠꽃봉오리를 맺다. ④약속을 하다. ㉠휴전 협정을 맺다.

맺음말[매즘말] 말이나 글의 끝을 맺는 부분.

맺히다[매치다] ①꽃망울이나 열매가 생기다. ㉠나무에 열매가 맺히다. ②눈물·이슬 따위가 방울이 지다. ㉠풀잎에 이슬 방울이 맺히다. ③마음 속에 잊혀지지 아니하고 뭉쳐 있다. ㉠원한이 맺히다.

머금다[머끔따] ①입 속에 넣다. ②생각을 품다. ③눈에 눈물이 괴다. ④웃음을 띠다. ㉠따뜻한 미소를 머금다.

머:나멀다(머나머니, 머나머오) 멀고도 멀다. 아주 멀다. ㉠갈길이 머나멀다.

머루 포도의 한가지로 산에서 절로 자람. 열매의 빛이 검고 포도보다 맛이 심. 산포도.
머리 ①동물의 목 위의 부분. 눈·코·입·귀가 있는 부분. ②앞뒤가 있는 일부 물건의 앞부분. ㉔책상 머리에 세차게 부딪히다. ③어떤 물체의 꼭대기.
머리를 식히다 복잡한 생각으로부터 잠시 벗어나다. ㉔머리를 식히기 위해 공원으로 산책을 나갔다.
머리를 쓰다 어떤 문제에 대해 이리저리 생각하고 궁리하다. ㉔어려운 문제일수록 머리를 써야 한다.
머리기사 신문이나 잡지 따위의 첫머리에 싣는 중요한 기사.
머리꼭지 머리의 맨 위의 가운데. 정수리.
머리끝 머리의 끝. ㉔화가 머리끝까지 치밀다.
머리띠 머리에 두르는 띠. ㉔예은이는 오늘 리본 모양의 머리띠를 하고 있다.
머리말 책의 첫머리에 그 책에 대하여 간단히 쓴 글. ㉥권두언. 서문. 서언.
머리맡[머리맏] 누워 있는 사람의 머리 부근. ㉔책을 머리맡에 두고 자다.
머리뼈 사람이나 동물의 머리를 이루고 있는 뼈. 두개골.
머리숱 머리털의 수량. ㉔수빈이는 머리숱이 참 많다.
머리채 여자의 늘어뜨린 머리털.
머리카락 머리털의 낱개. ㉨머리칼.
머리털 머리에 난 털. ㉥두발.
머리통 ①머리의 둘레. ㉔경석이는 머리통이 커서 맞는 모자가 없다. ②'머리'의 속된 말.
머리핀 여자의 머리카락을 고정시키든가 치장하는 데 쓰는 장신구.
머릿결[머리껼/머릳껼] 머리카락의 결. ㉔누나는 머릿결이 참 좋다.
머릿돌[머리똘/머릳 똘] 큰 건물을 지은 사람의 이름과 날짜 따위를 새겨서 건물의 기초 부분에 박아 놓은 돌.
머릿속[머리쏙/머릳쏙] 머리의 속이나 생각 속.
머릿수건[머리쑤건/머릳 쑤건] 음식을 만들 때 머리카락이 떨어지지 않게 머리에 쓰는 수건.
머무르다(머무르니, 머물러서) ①나아가다 멈추다. ㉔잠시 머무르다. ②그대로 남다. ㉔영원히 한 곳에 머무르다. ㉨머물다.
머무적거리다 말이나 행동을 선뜻 하지 못하고 자꾸 망설이다. ㉨머뭇거리다.
머뭇거리다 무슨 행동이나 말을 시원스럽게 하지 못하고 자꾸 머뭇머뭇하다. ㉯머무적거리다.
머뭇머뭇[머문머묻] 말이나 행동을 분명히 하지 못하고 망설이는 모양을 나타냄. ㉔아이들은 머뭇머뭇 자전거를 돌리려 하고 있다.
머뭇머뭇하다[머문머무타다] 말이나 행동을 분명히 하지 못하고 자꾸 망설이다.
머슴 남의 집에서 농사일을 해주고 품삯을 받는 일꾼.
머슴애 ①머슴살이를 하는 아이. ②'사내아이'의 낮춤말.
머쓱하다[머쓰카다] ①기가 꺾여 기운이 줄어지다. ②어울리지 않게 키만 크다. 머쓱히.
머지않아[머지아나] 오래 걸리지 아니하여. ㉔머지않아 따뜻한 봄이 올 것이다. ㉥조만간.
머플러 추위를 막거나 멋을 부리려고 목이나 머리에 두르는 천. ㉥목도리. 【muffler】
먹 ①글씨를 쓰거나 그림을 그리기 위해 벼루에 물을 붓고 갈아서 검

ㅁ

은 물감을 만드는 재료. ㉠먹을 갈다. ②'먹물'의 준말.

먹고살다 생활을 해 나가다. ㉠우리 집도 이제는 먹고살 만하다고 어머니께서 말씀하셨다.

먹구름[먹꾸름] 먹빛과 같이 몹시 검은 구름.

먹다[1][먹따] ①음식을 입 안에 넣어 씹어서 삼키다. ㉠밥을 먹다. ㉡잡수시다. ②결심을 하다. ㉠굳게 마음 먹다.

먹다[2][먹따] 귀가 들리지 않게 되다. ㉠할머니는 귀가 먹어서 말을 잘 알아듣지 못하신다.

ㅁ

먹먹하다[멍머카다] 듣고 느끼는 감각이 없어진 듯하다. ㉠기차 소리에 귀가 먹먹하다.

먹물[멍물] 벼루에 먹을 갈아 만든 검은 물.

먹보[먹뽀] 밥을 많이 먹는 사람을 놀려서 하는 말.

먹성[먹썽] 음식을 먹는 버릇. ㉠먹성이 좋다.

먹어치우다 먹어 없애다. 모두 먹어 버리다. ㉠음식을 모두 먹어치우다.

먹음새 음식을 먹는 태도. ㉠먹음새가 복스럽다. ㉣먹새.

먹을거리[머글꺼리] 먹을 것. 식료품.

먹음직스럽다[머금직쓰럽따] 보기에 매우 먹음직하다. ㉠먹음직스럽게 잘 익은 고구마.

먹음직하다 음식이 보기에 맛이 있을 듯하다. ㉠쟁반에 놓인 닭고기가 먹음직하다.

먹이[머기] ①먹을거리. ㉥식량. 양식. ②사료. ㉠말 먹이.

먹이 그물 둘 이상의 먹이 사슬이 복잡하게 얽혀 있는 상태.

먹이다[머기다] ①먹게 하다. 마시게 하다. ㉠아기에게 우유를 먹이다. ②가축 등을 기르다. ㉠돼지를 먹이다.

먹이 다툼 생물들이 서로 제가 먹겠다고 다투는 것.

먹이 사슬 먹고, 먹히고 하는 생물들 사이의 관계. 먹이 연쇄.

먹이 피라미드 생산자·1차소비자·2차 소비자·3차 소비자의 양적 관계를 나타낸 그림.

먹잇감[머기깜/머긷깜] 짐승이나 물고기 따위의 먹이가 되는 것. ㉠도토리는 다람쥐의 중요한 먹잇감이다.

먹장구름 대개 비나 눈을 내리는 빛깔이 매우 검은 구름.

먹중 ①산대놀이에 쓰이는 탈의 하나. ②검은 장삼을 입은 중.

먹지[먹찌] 아래위로 종이를 대고 눌러 써서 꼭 같이 써지도록 만든 검은 칠을 묻힌 종이.

먹칠 ①먹처럼 검은 칠. ②명예나 체면 따위를 더럽히는 행위. ㉠너는 부모 얼굴에 먹칠을 했어!

먹히다[머키다] ①누구에게 먹음을 당하다. ㉠뱀에게 개구리가 먹혔다. ②누구에게 잘 이해되거나 받아들여지다. ㉠말이 잘 먹히다. ③먹고 싶게 되다. ㉠밥이 잘 먹힌다.

먼:길 멀리 가거나 멀리서 오는 길. ㉠아버지는 먼길을 다녀오셔서 피곤해 보이신다.

먼:동 날이 새어 밝아 올 무렵의 동쪽 하늘. ㉠먼동이 터 오고 있다.

먼:바다 육지에서 멀리 떨어진 넓은 바다. 우리 나라에서는 육지로부터 동해는 20킬로미터, 서해와 남해는 40킬로미터 떨어진 바다를 뜻함.

먼:발치 조금 멀찍이 떨어져 있는 곳. ㉠먼발치에서 지켜보다.

먼:산 먼 곳에 있는 산. 멀리 보이는 산.

먼저 시간이나 자리로 보아서 앞서서. ㉠먼저 가다. ㉦나중.

먼지 작고 가벼운 티끌. ㉠책상 위의 먼지를 털다.

먼지떨이[먼지떠리] 먼지를 떨어 내는 데 쓰이는 기구. 비총채.
먼지잼 겨우 먼지가 날리지 않을 정도로 조금 오는 비.
먼지투성이 이곳 저곳에 먼지가 잔뜩 묻어서 더럽게 된 상태.
멀거니 정신을 똑바로 차리지 않고 멍청하게. 예멀거니 앉아 있다. 비멍하니. 우두커니.
멀:겋다[멀거타] ①매우 묽다. 예국이 멀겋다. ②눈에 생기가 없다. 예눈을 멀겋게 뜨고 누워 있다.
멀:다[1](머니, 머오) ①서로 거리가 많이 떨어져 있다. ②시간이 지나는 동안이 오래 걸리다. 예먼 옛날에 있었던 일. ③사이가 가깝지 않다. 예먼 친구. 먼 친척. 반가깝다.
멀:다[2](머니, 머오) 눈이 보이지 않게 되거나 귀가 들리지 않게 되다.
멀뚱멀뚱 눈을 멀거니 뜨고 멍청하게 바라보는 모양. 예그는 멀뚱멀뚱 하늘만 쳐다보고 있다.
멀:리 많이 떨어져서 사이가 가깝지 않게. 비멀게. 반가까이.
멀:리던지기 공을 멀리 던지는 운동.
멀:리뛰기 일정한 거리를 두고 달려와서 발구름판에서 한발로 뛰어, 멀리 뛰는 사람이 이기는 경기.
멀:리멀리 아주 멀리. 예나는 멀리멀리 달아나고 싶다.
멀:리하다 ①멀리 떨어지게 하다. ②접촉을 피하다. 반가까이하다.
멀미 배·비행기·차 등을 탔을 때 일어나는 메스껍고 어지러운 증세. -하다.
멀쑥하다[멀쑤카다] ①얼굴이 보기 좋게 허옇고 깨끗하다. 예멀쑥하게 생긴 총각. ②키가 훌쭉하게 크다. 예키가 멀쑥하게 커 가지고 왜 당하기만 하니?
멀어질수록 멀어짐에 따라. 예집이 차차 멀어질수록 자꾸 뒤를 돌아다보았다.
멀쩡하다 흠이 없이 깨끗하고 온전하다. 예넘어졌는데도 다친 곳이 없이 멀쩡하다. >말짱하다. 멀쩡히.
멀찍이[멀찌기] 꽤 멀리. 예멀찍이 물러서라.
멀티미디어 소리·그림·동작 따위의 여러 가지를 전달할 수 있는 매체. 【multimedia】
멈추다 하던 일이나 동작을 잠깐 그치다. 예동작을 멈추다. 비그치다. 반나아가다.
멈칫[멈칟] 하던 동작을 갑자기 멈추며. 예누가 부르는 소리에 멈칫 발걸음을 멈췄다.
멈칫거리다[멈칟꺼리다] 어떻게 할지를 채 정하지 못한 채 망설이다. 예나는 문 앞에서 멈칫거리며 들어가지 못하고 있다.
멋 ①옷차림·행동 등이 세련되고 아름다움. 예형은 요즘 멋을 부린다. ②사물이 풍기는 좋은 분위기. 예한복은 아름답고 멋이 있다.
멋대로 자기가 하고 싶은 대로. 아무렇게나. 예멋대로 말하지 마라. 비마음대로.
멋들어지다[먿뜨러지다] 아주 멋이 있다. 예노래를 멋들어지게 불렀다.
멋모르다[먼모르다] 일이나 상황의 뜻·까닭·속마음을 알지 못하다. 예아무 일에나 멋모르고 덤빈다.
멋스럽다[먿쓰럽따] 멋진 데가 있다. 예모자를 쓴 모습이 멋스럽다.
멋없다[머덥따] 격에 맞지 않아 싱겁다. 예멋없이 키만 크다. 멋없이.
멋있다[머딛따/머싣따] 아주 말쑥하고 아름답다. 보기에 좋다. 예옷차림이 멋있다. 반멋없다.
멋쟁이[먿쨍이] 멋이 있는 사람. 멋을 부리는 사람. ×멋장이.
멋지다 매우 멋이 있다.

ㅁ

멋쩍다 쑥스럽고 어색하다. (예)멋쩍게 웃다.

멍 부딪혀서 피부 속에 피가 퍼렇게 맺힌 자리.

멍게 껍질이 울퉁불퉁하고 누렇고 붉으며, 크기가 주먹만 하고 노란 속살은 주로 날것으로 먹는 바다 동물. 우렁쉥이.

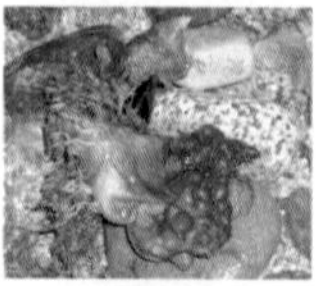
[멍게]

멍군 장기에서 장군을 받아 막아 내는 일. -하다.

ㅁ

멍들다(멍드니, 멍들어서) ①피부 속에 퍼렇게 피가 맺히다. (예)공에 맞아서 시퍼렇게 멍든 얼굴. ②마음 속에 고통의 흔적이 남다. 마음에 상처를 받다. (예)누나의 가출로 어머니의 마음을 멍들게 했다.

멍멍하다 ①귀가 소리가 잘 들리지 않고 막힌 듯하다. ②얼이 빠진 듯이 어리둥절하다. (예)자다 깨서 정신이 멍멍하다.

멍석 짚 같은 것을 엮어서 만든 큰 자리. (예)멍석을 깔다.

멍석말이 옛날 세도가에서 사람을 멍석에 말아서 볼기를 치던 벌의 한가지.

멍에 수레나 쟁기를 끌게 하기 위하여 소나 말의 목에 가로로 얹는 구부러진 막대.

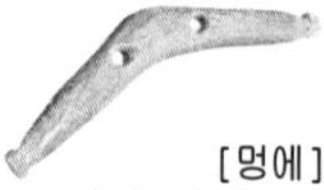
[멍에]

멍울 우유나 풀 등에 생기는 작고 둥글게 엉겨 굳은 덩이. >망울.

멍청이 어리석고 정신이 흐릿한 사람. '멍청한 사람'을 얕잡아 부르는 말. 멍텅구리. [비]바보.

멍청하다 ①똑똑하지 못하다. 바보스럽다. ②정신이 나간 듯 멍한 상태로 있다.

멍청히 아무 생각이 없고 넋이 나간 듯이. (예)아이들은 멍청히 입만 벌리고 앉아 있었다.

멍텅구리 (속된말로)똑똑하지 못한 사람. [비]멍청이. 바보.

멍:하니 정신이 나간 듯이 한참 동안. (예)나는 잠시 멍하니 서 있었다. [비]멀거니. 우두커니.

멍:하다 분명하게 생각할 수 없어 정신이 나간 듯하다.

멎다[먿따] 멈추다. 그치다. [비]비가 멎다. 심장이 멎다.

메 ①'산'의 옛말. ②제사상에 올리는 밥.

메가- '100만 배'의 뜻. (예)메가헤르츠. 【mega】

메가폰 입에 대고 말을 하여 소리가 한 방향으로만 크게 들리도록 하는 데 쓰는 기구. 【megaphone】

메:기 시내나 늪에서 사는 민물고기. 입이 매우 크고 몸에 비늘이 없어 미끈미끈하며 네 개의 긴 수염이 있음.

[메기]

메기다[1] ①노래를 주고받을 때, 한편이 먼저 부르다. ②마주 잡고 톱질을 할 때, 한 사람이 톱을 밀어 주다.

메기다[2] 화살을 시위에 물리다.

메꾸다 '메우다'의 잘못.

메뉴 음식점 등에서 파는 음식의 이름과 값을 적은 표. [비]식단. 차림표.

메:다[1] 물건을 어깨 위에 얹다. (예)가방을 메다.

메:다[2] ①구멍 등이 막히다. (예)굴뚝이 메다. ②감정이 북받쳐 목소리가 잘 나지 않다. (예)목이 메어서, 말이 나오지 않았다. ×메이다.

메달 칭찬하거나 무슨 일을 기념하기 위해 납작한 쇠붙이에 여러가지 모양을 새겨서 개인이나 단체에게 주는 패. 【medal】

메들리 둘 이상의 곡을 이어서 연주하는 일이나 그런 곡. 【medley】

메뚜기 여름에 논이나 풀밭에 살며, 뒷다리가 발달하여 잘 뛰고 날기도 하는 곤충.

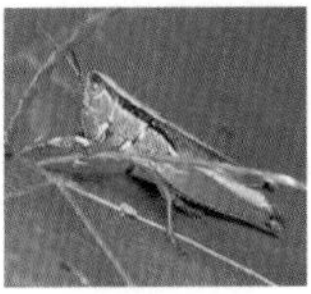
[메뚜기]

메리야스 면이나 털실 등으로 짠 옷감〔내의·장갑·양말 등에 이용됨〕.

메리 크리스마스 '즐거운 성탄절', '성탄절을 축하합니다' 라는 뜻으로, 크리스마스날에 서로 주고받는 인사말. 【Merry Christmas】

메마르다(메말라, 메말라서) 땅이 물기가 없고 기름지지 않다. ㊦걸다.

메모 잊지 않도록 줄거리를 적음, 또는 적어 놓은 쪽지. 【memo】

메모리 컴퓨터에서 수치·명령·자료 따위를 기억하는 장치. 【memory】

메밀 마디풀과의 한해살이풀. 가을철에 흰 꽃이 피어 뾰족하고 세모진 열매가 여는데, 가루를 내어 국수·묵 등을 만들어 먹음. 교맥. 목맥. ×모밀.

[메밀]

메밀국수 메밀 가루로 만든 국수.

메스 수술이나 해부를 하는 데 쓰는 칼. ※네덜란드어 'mes' 에서 온 말.

메스껍다(메스꺼우니, 메스꺼워서) 속이 언짢아 헛구역질이 나고 자꾸 토할 듯하다. >매스껍다.

메스 실린더 액체의 부피를 잴 수 있게 눈금이 그려 있는 원기둥 꼴의 시험관. 메저링 실린더. ※영어 'measuring cylinder' 를 줄여서 만든 말.

메슥거리다 메스꺼워서 자꾸 구역질이 나려고 하다. ㊥메슥대다.

메시아[1] 세상을 죄악에서 구원할 구세주. 기독교에서 '예수 그리스도' 를 이르는 말. 【Messiah】

메시아[2] 헨델이 1747년에 작곡한 혼성 합창과 관현악으로 된 곡. 예수의 탄생·수난·부활을 다룸.

메시지 알림. 여러 사람에게 알리는 말이나 글. 【message】

메아리 산이나 골짜기에서 소리를 지를 때, 반대쪽에 부딪쳐서 되울려 나는 소리. ㊥산울림.

메우다 구멍이나 빈 곳을 채워서 메게 하다. ×메꾸다.

메이지 유신 19세기 후반, 일본의 정치 제도를 새롭게 바꾼 개혁.

메일 통신망을 통해 컴퓨터로 주고받는 편지. '전자 메일' 을 줄여 이르는 말. 【mail】

메조 음악에서, '거의·약간' 의 뜻. ㊀메조 피아노. 【mezzo】

메조 포르테 악보에서 셈여림을 나타내는 말로 '조금 세게' 의 뜻. 기호는 *mf*. 【mezzo forte】

메조 피아노 악보에서, 셈여림을 나타내는 말. '조금 여리게' 의 뜻. 기호는 *mp*. 【mezzo piano】

메주 무르게 삶은 콩을 찧어 뭉쳐서 발효시켜 말린 것.

메추라기 꿩과의 새. 살과 알을 먹을 수 있고, 집에서 기르기도 함. ㊜메추리.

메카〖지명〗 사우디아라비아에 있는 도시 이름. 이슬람교의 창시자 마호메트가 태어난 곳. 【Mecca】

메케하다 연기 냄새가 나다. ㊀불이 꺼진 건물에서 매케한 냄새가 났다.

메트로놈 음악에서, 들리는 추의 원리를 응용하여 1분 동안의 박자수를 헤아리는 기계. 【metronome】

메틸 알코올 목재를 분류할 때 생기는, 색이 없고 투명한 액체. 독성이 있음. 【Methyl alcohol】

멕시코〖나라〗 미국 남쪽 중앙 아메리카에 있는 나라. 은이 많이 남. 수도는 멕시코시티. 【Mexico】

ㅁ

멕시코 패 멕시코에서 많이 나는 속 껍질이 아름답게 빛나는 조개. 장농의 겉면에 장식 재료로 많이 쓰임.

멘델 『사람』[1822~1884] 오스트리아 출신의 생물학자. 1865년에 유명한 유전 법칙인 '멘델의 법칙'을 발표함. 【Mendel】

멘스 성숙한 정상적인 여성에게 한 달에 한 번씩 일어나는, 자궁에서 피가 나오는 현상. 비생리. 월경. ※영어 'menstruation'에서 온 말.

멘탈 테스트 타고난 지능 수준이나 그 발달 정도를 판단하는 검사. 지능 검사. 【mental test】

멜로디 음악의 가락. 예아름다운 멜로디. 비선율. 【melody】

멜로디언 피아노와 오르간과 같은 건반 악기로, 입으로 바람을 불어 넣으면서 건반을 눌러 소리를 냄. 주로 아이들이 씀. 【melodion】

멜론 참외의 한 종류로 열매는 둥글거나 길둥글며 향기가 좋고 단맛이 남. 【melon】

멜:빵 ①짐을 걸어 어깨에 둘러메는 끈. ②바지나 치마가 흘러내리지 않도록 어깨에 걸치는 끈.

멤버 단체를 이루는 한 사람. 구성원. 비회원. 【member】

멥쌀 메벼에서 나온 차지지 않은 쌀. 반찹쌀.

멧돼지 멧돼지과의 산짐승. 돼지의 원종으로 털은 흑색 또는 흑갈색이며, 주둥이는 매우 길고 목은 짧으며 강대한 송곳니가 내밀었음. 비산돼지.

[멧돼지]

멧비둘기 산비둘기. 몸은 연한 잿빛이 섞인 갈색이며, 산이나 대나무 밭에서 삶.

멧새 [메쌔/맫쌔] 참새와 비슷한 새. 몸빛은 밤색이며 흑색의 세로 무늬가 있고 우는 소리가 고움.

[멧새]

며느리 아들의 아내. 반사위.

며칠 ①'며친날'의 준말. 예오늘이 며칠이지. ②몇 날. 예며칠 후에 가져오너라. ×몇 일.

멱 목의 앞쪽. 예닭의 멱을 따다.

멱:감다 [멱깜따] 냇물이나 강물 같은 데서 몸을 담그고 씻다. 본미역 감다.

멱살 ①목 아래의 살. ②목 아래에 여민 옷깃. 예형이 멱살을 잡고 때렸다.

면:[1] ①얼굴. 낯. 예면상을 때리다. ②칼·창·화살 따위를 막기 위하여 얼굴에 쓰는 덮개. 【面】

면:[2] 군에 속한 지방 행정 구역 단위의 하나. 【面】

면[3] 솜을 원료로 한 실이나 천. 예속옷은 면으로 만든 것이 좋다. 【綿】

면:담 서로 만나서 이야기함. 예선생님과 면담하다. -하다.

면:도 ①얼굴에 난 잔털이나 수염을 깎는 일. ②'면도칼'의 준말. -하다. 【面刀】

면:류관 [멸류관] 옛날에, 임금이 국가의 큰 의식이나 즉위할 때에 정복에 갖추어 쓰던 모자.

면면히 끊이지 않고 죽 계속하여. 예면면히 이어진 우리의 오랜 역사.

면:모 ①얼굴의 모양. ②사물의 겉모습. 【面貌】

면:목 ①얼굴의 생김새. ②남을 대하는 체면. 예자식이 잘못하면 부모의 면목이 서지 않는다. ③일의 모양이나 상태. 비낯. 체면. 【面目】

면:목없다 부끄러워 남을 대할 낯이 없다.

면밀 자세하고 꼼꼼하여 빈틈이 없음. 비치밀. -하다 -히.

면:박 직접 꾸짖거나 창피를 주는 것. 예면박을 주다. -하다.

면방직 솜에서 뽑은 실로 천을 짜는 일. 【綿紡織】

면:사무소 한 면의 행정을 맡아 보는 곳. 【面事務所】

면:사포 결혼식 때에 신부가 머리에 쓰는 흰 빛의 천. 베일.

면:상 얼굴. 얼굴의 바닥. 예면상을 치다. 【面相】

면:섬유 목화에서 얻은 실로 짠 섬유. 【綿纖維】

면:세 세금을 면제하는 것. 【免稅】

면:세점 면세품을 파는 가게.

면:세품 세금이 면제되는 상품.

면:식 얼굴을 서로 앎. 【面識】

면:역[며녁] ①몸 안에 병균이나 독이 들어와도 병이 나지 않을 만한 힘을 갖는 일. ②자주 되풀이되어 그 일에 익숙해짐. 【免疫】

면:역력[며녕녁] 몸 밖에서 들어온 병균을 이겨 내는 몸의 힘.

면:장 지방 행정 단위인 면의 우두머리. 【面長】

면장갑 무명실로 짠 장갑. 목장갑.

면:재 구성 판지·베니어판·함석·플라스틱 등 면을 재료로 사용하여 꾸민 구성.

면:적 일정한 평면이나 곡면의 넓이. 예면적이 넓다.

면:전 눈앞. 보고 있는 앞.

면:접 서로 대면하여 만나 봄. 예면접 시험. -하다. 【面接】

면:접 시험 직접 만나 사람 됨됨이·말·행동 따위를 시험하는 일.

면:제 할 일이나 책임 등을 지우지 아니함. 예병역 의무를 면제받다. -하다. 【免除】

면직물 솜을 원료로 하여 만든 천이나 옷. 【綿織物】

면:책 책임을 벗어남, 또는 면해줌. -하다. 【免責】

면:하다 ①책임이나 의무에서 벗어나다. ②벌이나 욕을 당하지 아니하다. 비피하다.

면:허 일반에게는 허가되지 않는 것을 특정한 사람에게만 허가해 주는 처분, 또는 그 자격. 예운전 면허증. -하다. 【免許】

면:허증 국가에서 면허의 내용이나 사실을 적어서 내어 주는 증서.

면화 솜의 원료가 되는 열매를 맺는 농작물. 목화.

면:회 용무로 직접 얼굴을 대하여 만남. 예군대에 면회 가다. 비대면. -하다. 【面會】

면:회실 면회를 하는 방. 【面會室】

멸공 공산주의 또는 공산주의자를 모조리 없애 버림. -하다.

멸구 벼의 액즙을 빨아먹어 해를 끼치는 작은 곤충.

멸균 세균을 죽여 없앰. 비살균. -되다. -하다.

멸망 망하여 없어짐. 예나라가 멸망하다. -하다. 【滅亡】

멸시[멸씨] 업신여김. 몹시 낮추어 봄. 예친구로부터 멸시당하다. 비무시. 반존경. -하다. 【蔑視】

멸종[멸쫑] 생물의 한 종류가 지구에서 완전히 없어지는 것. 예멸종 위기에 있는 모든 동물들을 보호하자. -하다. 【滅種】

멸치 멸치과의 바닷물고기. 우리 나라의 중요한 수산 자원의 하나로 말리거나 젓갈 따위를 만들어 먹음.

[멸치]

멸치젓 멸치로 담가 만든 젓.

명[1] 사람의 수효를 나타내는 말. 예한 명 두 명. 【名】

명:[2] ①목숨. 날 때부터 정해진 나이.

ⓔ명이 길다. ②'명령'의 준말. ⓔ부하에게 명을 내리다. 【命】
명견 이름난 개. 훌륭한 개. 【名犬】
명경 맑은 거울. 【明鏡】
명경 지수 맑은 거울처럼 맑고 고요한 물. 【明鏡止水】
명곡 유명한 악곡. 뛰어난 악곡.
명궁 ①활을 매우 잘 쏘는 사람. ②이름난 활. 【名弓】
명나라 중국 왕조의 하나. 주원장이 원나라를 멸망시키고 세웠음. 수도는 금릉에 두었다가 후에 북경으로 옮김. 1398년에 건국, 1644년에 멸망하였음.

ㅁ

명년 내년. 이듬해. 【明年】
명단 어떤 일에 관계된 사람들의 이름을 적은 표. 【名單】
명답 아주 알맞고 뛰어난 대답.
명당 ①아주 좋은 묏자리. ②썩 좋은 장소나 지위의 비유.
명도 빛의 밝고 어두운 정도.
명도 대비 명도의 차이가 있는 두 색을 함께 나란히 놓았을 때에 일어나는 효과.
명란[명난] 명태의 알. 【明卵】
명란젓[명난] 명태의 알을 소금에 절여 만든 음식.
명랑[명낭] 마음에 걱정이 없고 맑고 밝음. ⓑ쾌활. ⓑ우울. -하다.
명량 대첩 조선 선조 30년(1597)에 이순신이 이끄는 수군이 전라 남도 명량 해협에서 왜군을 크게 이긴 싸움. 【鳴梁大捷】
명량 해협[명냥해협] 전라 남도 진도와 해남의 화원 반도 사이에 있는 바다의 좁은 부분.
명:령[명녕] 윗사람이 아랫사람에게 시킴, 또는 그 말이나 내용. ⓙ명. -하다. 【命令】
명:령문[명녕문] 남에게 시킴이나 금지의 뜻을 나타내는 글.
명료[명뇨] 분명하고 확실함. ⓑ명백. -하다. -히. 【明瞭】
명륜당 조선 시대 성균관에서 유학을 가르치던 곳. 【明倫堂】
명마 이름난 말. 훌륭한 말. ⓑ준마.
명망 널리 알려진 이름과 덕. ⓔ명망이 높은 선생님. 【名望】
명:맥 사라지거나 끊어지지 않고 이어지는 전통. ⓔ겨우 명맥을 유지하고 있다. 【命脈】
명:명 이름을 붙임. ⓔ그 배의 이름을 무궁화호로 명명했다. 【命名】
명목 ①사물의 이름. ②겉으로 보이기 위하여 붙인 이름. ③구실. 이유. ⓔ명목이 서지 않는다. 【名目】
명문[1] ①출세한 사람이 많은 이름난 집안. ②'명문교'의 준말. ⓔ명문 대학교를 졸업했다. 【名門】
명문[2] 매우 잘 지은 글. 【名文】
명물 ①유명하거나 특별히 있는 물건. ②그 지방에서 자랑할 만한 이름난 물건. 【名物】
명배우 연기를 잘하여 이름난 배우. ⓙ명우. 【名俳優】
명백 아주 분명하고 뚜렷함. ⓔ명백한 사실. -하다. -히. 【明白】
명복 죽은 뒤의 행복. ⓔ죽은 사람의 명복을 빌어 주다. 【冥福】
명분 ①사람이 도덕적으로 지켜야 할 도리. ②표면적인 구실. 【名分】
명사[1] ①사회에서 이름이 널리 알려진 사람. ②이름난 선비. 【名士】
명사[2] 사실이나 사물의 이름을 나타내는 말. 이름씨. 【名詞】
명사십리[명사심니] 함경 남도 원산에 있는 모래 사장. 【明沙十里】
명산 이름난 산. ⓔ백두산은 세계의 명산이다. 【名山】
명산 대천 이름난 산과 큰 내. 경치 좋은 곳. 【名山大川】
명산지 이름난 산물이 나는 땅. 또는, 그 지방. ⓔ사과는 대구가 명산지이다. 【名産地】

명상 고요한 가운데 눈을 감고 깊이 생각함, 또는 그 생각. ㉥명상에 잠기다. -하다. 【瞑想】

명상곡 깊은 생각에 잠기는 기분을 주는 서양 기악곡. 【瞑想曲】

명색 실제로는 다를지라도 겉으로 내세운 이름. 실속이 없는 이름만의 지위. ㉥명색이 손님인데 그래도 제대로 대접해야지. 【名色】

명석 생각하고 판단함이 분명하고 똑똑함. -하다. 【明晳】

명성 세상에 널리 퍼져 평판이 높은 이름. 【名聲】

명성 황후〖사람〗[1851~1895] 조선 시대 고종 황제의 정비. 성은 민씨. 대원군 일파와 치열한 정치 대립을 하였으며, 1895년 일본인에 의해 시해됨(을미사변). 【明成皇后】

명세서 어떤 일에 대한 분명하고 자세한 내용을 적은 문서. ㉥지출 명세서. 【明細書】

명소 아름다운 경치나 사적 따위로 널리 이름난 곳. 【名所】

명수 그 방면에 투철하게 통달하여 이름난 사람. ㉥양궁의 명수. 비명인. 【名手】

명승 학식과 믿음이 이름난 중.

명승 고적 아름답기로 이름난 경치와 지난날의 유적.

명승지 경치 좋기로 이름난 곳.

명시 유명한 시. 【名詩】

명시도 멀리 두고 구별할 수 있는 배색으로 떨어진 거리의 정도를 가지고 말함.

명시되다 글로 분명하고 똑똑하게 보여지다. ㉥언론의 자유는 헌법에 명시되어 있다.

명실공히 겉으로 드러난 것과 실제의 내용이 똑같게. ㉥명실공히 경제계의 일인자가 되다.

명실상부하다 겉으로 알려진 것과 실제의 내용이 서로 들어맞다.

명심 잊지 않도록 마음 속에 새기어 둠. -하다. 【銘心】

명심보감〖책명〗 어린이들의 인격 수양을 위해, 중국의 여러 고전에서 보배로운 말이나 글을 모아 엮은 책.

명아주 명아줏과의 한해살이풀. 짙게 푸른 잎은 세모꼴이고 어린 잎은 먹을 수 있는, 들에 저절로 자라는 풀.

명암 ①밝고 어두움. ㉥이 그림은 명암이 분명하다. ②주로 서양화에서 색의 농담이나 밝기의 정도. 【明暗】

명언 ①이치에 맞는 훌륭한 말. ②유명한 말. 【名言】

명예 ①사람의 사회적인 평가 또는 가치. ②세상에서 훌륭하다고 일컬어지는 이름. 영예. 명성. 반불명예. -스럽다. 【名譽】

명예롭다(명예로우니, 명예로워서, 명예로이) 명예로 여길 만하다. 자랑할 만하다. ㉥이순신 장군은 명예롭게 죽었다.

명예스럽다(명예스러운, 명예스러워) 큰 명예로 여길 만하다. ㉥옳은 일을 위하여 고생하는 건 명예스러운 일이다.

명예심 명예를 중요시하는 마음.

명예 퇴직 오래 근무한 어떤 자리에서 정해진 퇴직 기한을 채우지 않고 스스로 물러나는 일.

명예 훼손 남의 명예를 더럽히거나 손상시키는 일. -하다.

명왕성 태양계의 가장 바깥쪽을 도는 별. 1930년 발견. 지구보다 작고 반경은 6,000km. 공전 주기는 248.5년. 【冥王星】

명월 ①밝은 달. ②보름달. 특히, 음력의 8월 보름달. 【明月】

명의 병을 잘 고치는 유명한 의사. 대의. 【名醫】

명인 예능 분야에서 이름난 사람. ㉥가야금의 명인. 【名人】

명일 내일. 【明日】

명작 훌륭한 작품. 유명한 작품. 비 걸작. 반 졸작. 【名作】

명장 뛰어난 장군. 이름난 장수.

명절 전통적으로 내려 오는 온 겨레가 다 즐거워하는 날〔설·단오·추석 따위〕. 【名節】

명주 누에고치에서 뽑아 낸 실로 무늬 없이 짠 천. 비 비단. 【明紬】

명주실 누에고치에서 뽑은 실.

명주실꾸리 명주실을 둥글게 감아 놓은 뭉치.

명주잠자리 몸은 긴 막대 모양으로 검은 갈색이며 머리는 검고, 날개는 투명하고 그물 모양의 맥이 있는 곤충. 애벌래는 '개미귀신'이라고 함.

ㅁ

명:중 겨냥한 곳에 바로 맞음. 또는 바로 맞힘. 예 과녁에 명중하다. 비 적중. -하다. 【命中】

명찰[1] 이름표. 비 명패. 【名札】

명찰[2] 유명한 절. 이름난 사찰. 【名刹】

명창 ①뛰어나게 잘 부르는 노래. ②한국의 전통 노래를 뛰어나게 잘 부르는 사람. 【名唱】

명:치 급소의 하나로, 가슴과 배 사이에 오목하게 들어간 곳.

명칭 사물을 부르는 이름. 사물을 일컫는 이름. 비 호칭.

명콤비 서로 호흡을 잘 맞추어 일을 잘하는 한 팀.

명쾌 명랑하고 쾌활함. 예 명쾌한 답변. -하다. -히. 【明快】

명탐정 사건을 해결하는 능력이 뛰어나서 이름이 난 탐정.

명태 대구와 비슷하나, 홀쭉하고 몸길이는 60cm, 동해에서 많이 잡히는 중요한 수산물의 하나. 【明太】

'명태'를 달리 일컫는 말

- **건명태**: 북어.
- **노가리**: 명태의 새끼.
- **더덕북어**: 얼었다 말랐다가를 되풀이하여 더덕처럼 부풀어 마른 북어.
- **동 태**: 겨울에 잡아 얼린 명태
- **생 태**: 말리거나 얼리지 않은 잡은 대로의 명태.
- **황 태**: 더덕북어.

명패 이름과 직위 따위를 써서 책상 따위의 위에 올려놓는 패.

명필 ①글씨를 아주 잘 쓰는 사람. ②유명하게 잘 쓴 글씨.

명:하다 ①명령을 내리다. 예 비상근무를 명하다. ②어떤 직위에 임명하다.

명함 성명·주소·직업·신분 따위를 적은 종이쪽.

명화 ①아주 잘 그린 그림. 예 명화 전시회. ②유명한 영화.

명확 분명하고 틀림이 없음. 예 명확히 말하라. -하다. -히.

몇[멷] 얼마인지 모르는 수효를 나타내는 말. 예 나이가 몇이냐?

몇몇[면멷] 얼마 안되는 수효를 막연하게 이르는 말. 예 몇몇 아이들이 공을 차고 있다.

모[1] 옮겨 심기 위하여 가꾸어 기른 벼의 싹.

모[2] 윷놀이에서 윷을 던져 네 개가 다 엎어진 경우를 이르는 말.

모[3] 일정한 꼴로 만들어 놓은 두부나 묵 따위를 세는 말. 예 두부 한 모.

모[4] 양의 털로 만든 옷감의 재료. 【毛】

모:[5] 〔사람의 성 다음에 써서〕 아무개. 이름을 밝히지 않는 것을 나타냄. 예 김 모 씨. 【某】

모가치 제 차지로 돌아오는 한 몫의 물건. 예 이건 내 모가치다.

모:계 어머니 쪽의 혈연 계통. 반 부계. 【母系】

모:과 향기가 좋아서 설탕에 절여 먹거나

[모과]

차를 달여 먹거나 한약의 재료로 쓰는 타원형의 노란 열매.

모:교 자기가 졸업한 학교. 자기의 출신 학교. 【母校】

모:국 외국에 나가 있는 사람이 자기 나라를 이르는 말. 【母國】

모:국애[모구개] 외국에 있으면서 느끼는 조국에 대한 사랑.

모:국어[모구거] 자기 나라의 말. 반 외국어. 【母國語】

모금[1] 어떤 일을 도와 줄 목적으로 여러 사람으로부터 돈을 거두어들임. -하다. 【募金】

모금[2] 액체나 기체를 한 번 입에 머금는 분량. 예물 한 모금.

모금원 돈(기부금) 따위를 모아들이는 사람.

모금함 남을 위해 쓸 돈을 모을 때, 도와 줄 사람들이 직접 돈을 넣는 상자.

모:기 여름철에 사람이나 가축의 피를 빨아먹고 사는 작은 곤충의 하나.

모:기장 모기가 들어오지 못하게 치는, 그물처럼 생긴 막.

모:기향 독한 연기를 내어 모기를 죽이거나 쫓기 위하여 피우는 향.

모:깃불[모기뿔/모긷뿔] 모기를 쫓기 위해 연기를 피우는 불.

모나다 ①모가 져 보이다. 예모난 돌. ②말이나 행동이 아주 까다롭다. 예성격이 모나다.

모나무 옮겨 심기 위하여 가꾸어 기른 어린 나무. 비묘목.

모내기 모를 못자리에서 논으로 옮기어 심는 일. 비모심기. 이앙. -하다.

모녀 어머니와 딸. 【母女】

모노드라마 혼자서 하는 연극. 18세기 독일의 배우 브렌데스가 유행시킴. 【monodrama】

모노레일 하나의 레일로 된 철도. 비단궤 철도. 【monorail】

모눈종이 방안지. 일정한 간격을 두고 서로 직각으로 교차시켜 여러 개의 가로줄과 세로줄을 그린 종이.

모니터 ①텔레비전이나 컴퓨터 따위의 화면이 나타나는 장치. ②신문사나 방송국의 의뢰로 독자나 시청자 중에서 신문 기사나 방송에 관한 의견·비판을 제출하는 사람.

모닥불[모닥뿔] 나뭇가지·덤불·마른 잎 따위를 모아서 집 밖에서 피우는 불.

모데라토 음악에서, '보통의 속도로'의 뜻을 나타냄. 【moderato】

모델 ①모형. 본보기. ②미술가가 본보기로 쓰는 물건이나 사람. ③'패션 모델'의 준말. 【model】

모뎀 전화선을 사용하여 컴퓨터 통신을 할 수 있도록 해 주는 장치.

모:독 사람·사물·사실 따위를 나쁜 말이나 행동으로 더럽히는 것.

모두 있는 대로 빠짐없이 다. 예모두 얼마예요? 비전부.

모둠 학습이나 놀이 등의 활동을 단체로 하기 위하여 사람들을 몇 명씩 묶어 만든 모임. 비조.

모둠발 두 발을 가지런히 같은 자리에 모은 발.

모:든 여럿을 다 합한. 예모든 사람.

모듬살이[모듬사리] 사람들이 어울려서 살아가는 공동 생활.

모딜리아니〖사람〗[1884~1920] 이탈리아의 화가. 특히 긴 목을 가진 단순화된 형태의 여인상이 유명함.

모락모락 연기나 냄새 같은 것이 조금씩 피어 오르는 모양. <무럭무럭.

모란 꽃송이가 크고 아름다워 정원에 널리 재배되고 있는 꽃나무. 종류에 따라 분홍·연분홍·흰색 등의 꽃이 핌.

[모란]

ㅁ

모래 잘게 부스러진 돌의 부스러기.

모래 가마니 모래를 넣어 만든 가마니.

모래 모판 껍꽂이 순의 뿌리가 잘 내리게 하기 위하여 모래로 만든 모판.

모래무지 잉어과에 속하는 민물고기. 몸길이 15~25cm. 모래 위나 모래 속에서 사는데, 머리가 크며 입가에 한 쌍의 수염이 있음.

모래바람 모래가 섞여서 부는 바람.

모래밭 모래가 넓게 깔려 있는 벌판. 비백사장. 모래사장

ㅁ

모래사장 강가나 바닷가에 있는 모래 벌판. 비모래밭. 백사장.

모래성 놀이 삼아 모래를 성처럼 길게 쌓은 것.

모래시계 가운데가 잘록한 호리병 모양의 유리 그릇 위쪽에 모래를 넣고, 작은 구멍으로 모래를 떨어뜨려 시간을 재는 장치.

[모래시계]

모래알 모래 알갱이.

모래장난 모래를 가지고 하는 놀이. -하다.

모래주머니 ①모래를 넣은 주머니. 특히 화재나 겨울철 빙판에 대비하여 준비함. ②날짐승의 소화기의 일부분으로 먹이를 잘게 부수는 일을 함. 비사낭.

모래톱 강가나 바닷가에 있는 넓은 모래 벌판. 모래사장. 비모래밭.

모래판 ①모래를 많이 깔아 놓은 곳. ②모래땅. ③씨름판.

모략 남을 해치려고 일을 꾸미는 것. -하다. 【謀略】

모:레 내일의 다음 날. 이틀 뒤.

모:로 옆으로. 예모로 눕다.

모:르다(모르니, 몰라서) ①알지 못하다. 예나는 중국어를 전혀 모른다. ②깨닫지 못하다. 예나는 실패를 모르고 살아 왔다. 반알다.

모르타르 소석회와 모래를 섞어서 물에 갠 것. 시간이 지나면 물기가 없어지고 단단하게 됨.

모르핀 양귀비꽃의 씨방의 진으로 만든 진통제나 마취제. 【morphine】

모른 체 어떤 일에 대하여 아무 상관이 없는 듯한 태도. 반아는 체. -하다.

모름지기 마땅히. 예학생은 모름지기 정직해야 한다.

모면 꾀를 써서 벗어남. 어려운 고비에서 벗어남. -하다.

모:멸 업신여기고 깔봄. 예모멸을 당하다.

모:멸감 업신여김을 당한다는 느낌.

모반 국가를 뒤엎으려고 일을 꾸미는 것. -하다. 【謀反】

모발 사람의 머리털. 【毛髮】

모발 습도계 머리털이 습도에 따라서 신축하는 성질을 이용하여 만든 습도계.

모방 다른 것을 본뜸. 흉내 냄. 반창조. -하다. 【模倣】

모범 본받아 배울 만한 본보기.

모범생 학술과 품행이 우량하여 본보기가 되는 학생.

모범적 본뜨고 따라 배울만한 본보기가 되는 것. 예모범적인 학생.

모빌 알루미늄이나 셀룰로이드판의 조각을 여러 개 매달아 움직이는 아름다움을 나타낸 것. 【mobile】

모사[1] ①어떤 것을 있는 그대로 흉내내어 표현하는 것. 예성대 모사. ②남의 그림을 똑같이 옮겨 그리는 것. -하다. 【模寫】

모사[2] 일을 꾸밈. 일의 해결을 위하여 꾀를 냄. -하다. 【謀事】

모색 바람직한 방향이나 해결 방법을 깊고 넓게 생각하여 찾아보는 것. -하다. 【摸索】

모서리 ①물건의 날카롭게 생긴 가장

자리. ②면과 면이 서로 맞닿은 선.
모:선[1] 어떤 작업의 중심체가 되는 큰 배. 【母船】
모:선[2] 수학에서, 원뿔의 꼭짓점과 밑면 원둘레의 한 점을 이은 직선. 【母線】
모섬유 동물의 털에서 얻은 섬유.
모:성애 자식에 대한 어머니의 알뜰한 사랑. 반부성애. 【母性愛】
모:세 이스라엘의 예언자이며 지도자. 【Mose】
모세관 ①'모세 혈관'의 준말. ③그물 모양으로 온몸에 퍼져 있는 가늘고 작은 혈관.
모세 혈관 동맥관과 정맥관을 이어 주는 가는 혈관. 이 혈관을 통하여 조직에 산소와 양분을 공급하고, 노폐물을 심장으로 되돌려 보내는 작용을 함. 【毛細血管】
모셔가다 손윗사람을 안내하여 목적지까지 가다.
모:션 ①동작. 행동. ②자세. 몸짓. 예놀란 모션을 취하다. 【motion】
모순 말이나 행동의 앞뒤가 서로 맞지 아니함. 【矛盾】
모:스〖사람〗[1791~1872] 미국의 발명가. 전신기와 모스 부호를 발명함. 1843년에 워싱턴과 볼티모어간의 전보통신에 성공했음. 【Morse】
모:스 부호 모스가 만든 전신 부호. 점(짧은 소리)과 선(긴소리)을 여러 가지로 섞어 글자를 대신함.
모스크바〖지명〗 러시아의 수도. 유럽 러시아의 중앙부, 모스크바 강의 양쪽 기슭에 걸쳐 있음. 크렘린 궁전과 붉은 광장이 유명함. 【Moskva】
모스크바 삼(3)상 회의 1945년 12월 모스크바에서 개최된 미국·영국·소련의 외상 회의. 이 회의에서 한국의 신탁 통치 문제가 논의되었음.
모습 사람의 생긴 모양. 예얼굴 모습. 비모양. 형상.
모시 모시풀 껍질로 짠 피륙. 충청남도 한산에서 나는 모시가 곱기로 유명함.
모:시다 ①웃어른을 가까이에서 받들다. 예늙으신 부모님을 정성껏 모시다. ②웃어른의 제사 등을 지내다. 예차례를 모신 후 조상의 묘를 찾아가다.
모시랫들〖지명〗 충청 북도 충주시 북서쪽에 있는 들판의 이름.
모시조개 참조개과에 속하는 조개. 패각은 둥근데 높이와 길이가 각 5cm, 폭 3.2cm내외. 해안의 얕은 진흙 속에 삶.
모식도 사물의 구조·진행·조직 따위를 도식적으로 정리하고 배열한 그림. 【模式圖】
모심기[모심끼] 벼의 모를 못자리에서 옮겨 심는 일. 비모내기.
모양 ①사람이나 물건의 생김새나 형태. 예얼굴 모양이 아름답다. ②어떠한 일의 형편이나 상태. 예일하는 모양이 한심스럽다. 비모습. 【模樣】
모양새 ①겉으로 보이는 모양. 예겉으로 드러난 모양새만 보고 사람을 판단해서는 안 된다. ②체면.
모양자 별·삼각형·원 따위의 모양을 새긴 자. 새긴 자리를 따라서 선을 그으면, 손쉽게 모양을 그릴 수 있음.
모여들다 여럿이 한 곳으로 모이다.
모:욕 업신여김. 깔보고 욕되게 함. -하다. 【侮辱】
모:유 어머니의 젖. 【母乳】
모으다(모으니, 모아서) ①여럿을 한 곳으로 오게 하다. ②돈이나 물건들을 저축하다. 준모다.
모:음 홑소리. 목소리가 입술·코·목구멍에 장애를 받지 않고 나오는 소리. 홑홑소리와 겹홑소리가 있음. 반자음. 【母音】

모음곡 몇 개의 짧은 곡을 모아서 하나의 작품으로 만든 악곡.
모음집 여러 글·그림 따위를 한데 모아서 묶어 낸 책.
모의[1][모이] 실제와 비슷한 형식과 내용으로 흉내내는 것. ⓔ모의 훈련. -하다. 【模擬】
모의[2][모이] 좋지 않은 일을 꾸미려고 몰래 의논하는 것. ⓔ역적 모의. -하다. 【謀議】
모의 시험 시험에 대비하여 실제의 시험과 똑같은 방법으로 치러 보는 시험.

ㅁ

모이 닭이나 새들의 먹이.
모이다 여럿이 한곳으로 오다. 집합하다. ⓔ학생들이 운동장에 모이다.
모이주머니 새 종류의 밥줄에 주머니 모양으로 되어, 먹은 모이를 저장하는 곳.
모임 여러 사람이 어떤 목적을 위하여 한 곳에 모이는 일.
모:자[1] 어머니와 아들. 【母子】
모자[2] 천이나 가죽 따위로 만든 머리에 쓰는 것. 【帽子】
모:자라다 기준에 미치지 못하다. 부족하다. 반남다. ×모자르다.
모:자원 엄마와 아이들을 함께 모아 돌보아 주는 곳. 【母子院】
모자이크 나무·돌·타일·유리·색종이 등을 붙여서 나타낸 그림이나 무늬. -하다. 【mosaic】
모잠비크〖나라〗 아프리카 대륙 남동부에 위치한 공화국. 북부는 고원지대이고 남부는 평야 지대이며, 아열대에 속해 있음. 포루투갈 지배하에서 1975년에 독립함. 면화·사탕수수·땅콩 등을 재배함. 수도는 마푸토. 【Mozambique】
모:정 자식에 대한 어머니의 정.
모조 ①모방하여 만듦, 또는 그러한 물건. ⓔ모조품. ②'모조지'의 준말.
모조리 하나도 빼지 않고 모두. ⓔ상자 속의 과일이 모조리 썩었다. 비전부.
모조지 인쇄할 때 많이 쓰이는 질기고 강한 윤이 나는 종이. 준모조.
모조품 실제의 것을 흉내내어 실제와 꼭같이 보이게 만든 물건. 반진품.
모종 옮겨 심기 위하여 가꾼 씨앗의 싹, 또는 옮겨 심는 일. -하다.
모종삽 모종을 옮겨 심을 때 쓰는 길쭉한 작은 삽.
모지다 ①모양이 둥글지 않고 모가 나 있다. ②태도가 원만하지 않고 딱딱하다. ⓔ성격이 모진 데가 있다.
모직 털실로 짠 옷감. 【毛織】
모:질다(모지니, 모지오) ①정도가 매우 세다. ⓔ밤 사이 모진 비바람이 몰아치다. ②차마 못할 짓을 함부로 하다. ⓔ모질게 발로 차다. ③힘든 일을 능히 참고 견디다. ⓔ모진 것이 사람 목숨이라 이렇게 살아 있습니다.
모집 널리 뽑아 모음. ⓔ신입생을 모집하다. -하다. 【募集】
모쪼록 간절히 바라기는. ⓔ모쪼록 건강에 유의하시기 바랍니다.
모찌기 모판에서 모를 뽑아 한 다발씩 묶어 놓는 일.
모차르트〖사람〗[1756~1791] 오스트리아의 고전파 음악가. 음악의 천재라고 불림. 5세때 미뉴에트를 작곡했고 13세때는 가극을 작곡했다고 함. 작품에 〈피가로의 결혼〉〈교향곡 41번〉〈돈조반니〉〈마적〉 등이 있음. 【Mozart】
모처럼 ①벼르고 별러서 처음으로 ②일껏. 오래간만에.
모:체 ①어미되는 몸. ②갈려나온 물건의 근본이 되는 물체. 【母體】
모:친 어머니. 반부친. 【母親】
모:태 ①어머니의 태 안. ②사물이 발생하거나 발전하는 데 바탕이 된

토대. 예이화 학당은 여성 교육의 모태가 되었다. 【母胎】

모터 석유 연료나 전기의 힘으로 동력을 일으키는 기계. 비발동기.【motor】

모터보트 모터에 의해서 움직이는 보트. 【motorboat】

모텔 주차 시설을 갖추고 있어 자동차로 여행하는 사람이 이용할 수 있는 숙박 시설. 【motel】

모토 행동이나 생활의 목표를 잘 나타내는 짤막한 말. 예나의 모토는 '성실'이다. 【motto】

모퉁이 ①구부러지거나 꺾이어 돌아간 자리. ②좁은 장소의 어떤 한 부분. 비귀퉁이. 반가운데.

모판 들어가 손질하기에 편리하게 못자리의 사이사이를 떼어 직사각형으로 다듬어 놓은 조각조각의 구역.

[모판]

모포 담요. 【毛布】

모피 짐승의 털가죽, 또는 그것으로 만든 옷. 【毛皮】

모함 여러 가지 꾀를 써서 남을 어려움에 빠지게 함. -하다. 【謀陷】

모:험 위험한 고비를 무릅쓰고 하는 일. -하다. 【冒險】

모:험담 모험을 하면서 겪은 사실이나 그 이야기. 【冒險談】

모:험심 모험을 즐기는 마음. 모험에 도전하기를 좋아하는 마음.

모형 ①실물의 모양을 흉내내어서 만든것. 예모형 잠수함을 만들다. ②물건의 모양을 똑같이 만들기 위한 틀. 준형. 【模型】

모형관 실물과 똑같이 만든 모형을 전시해 놓은 집.

모형도 건물·기계 따위의 모양과 구조를 알기 쉽게 그린 그림.

모호하다 흐릿하고 똑똑하지 못하다. 예말이 모호하다. 비애매하다. 반분명하다.

목[1] ①동물의 머리와 몸통을 이어 주는 잘룩한 부분. ②다른 곳으로는 도망갈 수 없는 중요한 통로의 좁은 곳.

목[2] '목요일'의 준말. 【木】

목각[목깍] 나무에 어떤 형상을 새기는 일, 또는 나무를 깍아 만든 형상. 예목각 인형. 【木刻】

목거리[목꺼리] 목이 붓고 몹시 아픈 병.

목걸이 목에 장식품으로 거는 물건을 통틀어 이르는 말.

목검 검술을 배울 때 쓰는 나무로 만든 칼. 【木劍】

목격[목껵] 일이 벌어진 광경을 눈으로 봄. 예사고 현장을 목격하다. -하다. 【目擊】

목격자[목껵자] 어떤 사건이 벌어지는 것을 직접 본 사람. 【目擊者】

목공 나무를 재료로 여러 가지 물건을 만드는 일, 또는 만드는 사람. 비목수. 【木工】

목공구 목공일을 하는 데 쓰는 톱·대패·끌·송곳 따위의 공구.【木工具】

목공소 나무를 가공하여 물건을 만드는 곳. 【木工所】

목관 악기 몸통이 나무로 되어 있는 관악기. 반금관 악기.

목구멍 입 안에서 목으로 통하는 구멍.

목기[목끼] 나무로 만든 그릇.

목놓아[몽노아] 참지 않고 크게 마구 소리 내어. 예목놓아 울다.

목덜미 목의 뒷부분. 예목덜미를 붙잡히다. 준덜미.

목도 직접 봄. 예내가 목도한 일이다. 비목격. -하다. 【目睹】

목도리[목또리] 추위를 막거나 모양을 내기 위하여 목에 두르는 것. 비머플러.

ㅁ

목돈[목똔] 액수가 많은 돈. [비]모갯돈. [반]푼돈.

목동 말·소·염소 등의 집짐승에게 풀을 뜯기는 아이.

목련[몽년] 이른 봄에 크고 향기있는 흰빛 또는 자줏빛 꽃이 잎보다 먼저 피는 나무, 또는 그 꽃.

[목련]

목례[몽녜] 눈짓으로 가볍게 하는 인사. 눈인사. -하다. 【目禮】

목록[몽녹] 물건의 이름을 일정한 차례로 적은 것. [비]목차.

목마[몽마] 어린아이들이 타고 놀 수 있도록 나무로 만든 말.

목마르다(목마르니, 목말라서) ①물이 먹고 싶다. ②무엇을 몹시 바라다.

목마름[몽마름] 목이 말라 물이 몹시 마시고 싶은 상태.

목말[몽말] 남의 어깨 위에 두 다리를 벌리고 올라 타는 일.

목메다[몽메다] ①목구멍이 음식물 따위로 막히다. [예]밥을 급하게 먹다가 목메다. ②설움이 북받치어 목구멍이 막히는 듯하다. [예]목메어 울다.

목멱산 서울에 있는 '남산'의 본래 이름. 【木覓山】

목물[몽물] 바닥에 엎드려서 목에서 허리까지를 찬물로 씻는 것. [비]등목.

목민심서【책명】 조선 시대에 정약용이 쓴 책. 지방 관리들이 백성을 다스리는 데에 관한 도리를 적은 책. 48권 16책. 【牧民心書】

목발[목빨] 다리가 온전하지 못한 사람이 걸음을 걷거나 설 때에 겨드랑이에 끼고 짚는 지팡이.

목불인견 너무 딱하고 참혹하여 눈뜨고는 도저히 볼 수 없음. 【目不忍見】

목사 신자들의 예배와 교회의 관리를 맡아 보는 교직, 또는 그 사람. [비]목자. 【牧師】

목석 ①나무와 돌. ②감정이나 인정이 둔한 사람. 【木石】

목성 태양에서부터 세어 다섯째의 행성. 태양계에 있는 아홉 개의 행성 중 가장 큼. 【木星】

목소리[목쏘리] 사람의 목구멍으로 내는 소리. 말소리. [비]음성.

목수 나무를 다루어 집을 짓거나 물건을 만드는 일을 하는 사람. [비]목공. 대목. 【木手】

목숨 ①숨쉬며 살아 있는 힘. 살아가는 데 밑바탕이 되는 힘. ②생명, 수명.

목요일[모교일] 한 주의 다섯째 날. [준]목. 【木曜日】

목욕 온 몸을 깨끗이 씻음.

목욕탕[모굑탕] ①목욕을 할 수 있게 차려 놓은 방. [비]목욕실. ②여러 사람이 함께 목욕을 할 수 있도록 시설을 갖추어 놓고 영업을 하는 곳.

목운동[모군동] 머리와 목의 근육을 운동시키는 맨손 체조. -하다.

목자[목짜] ①양을 치는 사람. ②크리스트교에서, 목사나 신부 등의 성직자를 이르는 말. 【牧者】

목잠기다 목이 쉬어서 목소리가 제대로 나오지 아니하다.

목장 소나 말, 또는 양 따위의 가축을 많이 놓아 기르는 산이나 들판 같은 곳. 【牧場】

목재[목째] 무엇을 만드는 데 쓰이는 나무로 된 재료. [예]목재 책상. [비]재목. 【木材】

목적[목쩍] 이루거나 이루려고 마음먹은 일. [비]목표. 【目的】

목적어[목쩌거] 문법에서, '나는 책을 샀다'나 '나는 현주를 좋아한다'와 같은 문장에서 '을'이나 '를'

이 붙는 말인 '책', '현주' 같은 말을 '샀다', '좋아한다'의 '목적어'라고 한다. 【目的語】

목적지[목쩍찌] 목표로 삼는 곳. 지목한 곳. 【目的地】

목전[목쩐] 바로 앞. 지금 당장. ㉠승리를 목전에 두고 있다.

목젖[목쩟] 입 천장의 안쪽 뒤 끝에 아래로 늘어진 젖꼭지 비슷한 살.

목제[목쩨] 나무로 만든 것. 나무로 만든 물건. ㉠목제 가구. 【木製】

목제품 나무로 만든 물건. 【木製品】

목조 나무를 재료로 하여 만듦, 또는 그 만든 물건. ㉠목조 건물. 【木造】

목조 건축 쓰인 재료가 주로 목재로 되어 있는 건축.

목줄기 힘줄이 드러나 보이는 긴 목.

목차 차례. 순서. 【目次】

목청 ①소리를 내는 기관. ②목에서 울려 나오는 소리.

목청껏[목청껃] 있는 힘을 다하여 소리를 크게. ㉠목청껏 외치다.

목초 소·말·양 등을 먹이는 풀. 비꼴. 【牧草】

목초지 가축에게 먹이는 풀이 많이 있는 땅. 【牧草地】

목축 소·말·양 등을 많이 기름. -하다. 【牧畜】

목축업[목추겁] 가축을 기르는 사업.

목침 나무로 만든 베개. 【木枕】

목타다 ①목이 몹시 마르다. ②애가 타다. ㉠전화를 목타게 기다리다.

목탁 절에서 염불할 때 치는 기구. 둥그스름하게 다듬은 나무로 속이 비어 있음. 【木鐸】

[목탁]

목탄 ①숯. ②그림그리기의 도구로 쓰려고 버드나무·오동나무 등으로 만든 숯. 【木炭】

목판 나무에 글자나 그림을 새긴 판. ㉠목판 인쇄. 【木版】

목판화 나무판을 판재로 하여 찍은 그림. 【木版畫】

목포【지명】 전라 남도 남서쪽에 있는 항구 도시. 유달산·삼학도 따위의 명승지가 있음. 【木浦】

목표 목표로 정한 것. 일을 할 때의 대상. 비목적. -하다. 【目標】

목표물 이루거나 도달하려는 대상이 되는 물건. ㉠공을 던져서 목표물을 맞혀 봅시다. 【目標物】

목하[모카] ①눈앞에서 지금 벌어지는 것. ②바로 지금. ㉠언니는 목하 열애 중이다. 【目下】

목화[모콰] 아욱과의 일년생 식물. 잎은 손바닥 모양이고, 가을에 누런꽃이 피는 식물. 씨에 붙은 솜은 실이나 옷감의 원료가 됨. 1363년 고려 공민왕 때 문익점이 처음 들여 왔음. 면화. 목면. 【木花】

[목화]

목회[모쾨] 기독교에서, 목사가 교회를 맡아서 설교를 하며 신자를 양성하고, 신자들의 신앙 생활을 지도하는 일. -하다. 【牧會】

몫[목] ①여럿으로 나누어 가지는 각 부분. ㉠몫을 정하여 나누어 가지다. ②나누어 떨어지는 나눗셈의 답. ③저마다 맡은 임무. 책임.

몬드리안【사람】[1872~1944] 네덜란드의 화가. 기하학적 추상화의 선구자. 작품으로는 〈햇빛 속의 풍차〉 〈빨간 나무〉 등이 있음. 【Mondrian】

몰골 볼품이 없는 모양새. ㉠네 몰골이 말이 아니구나.

몰:다(모니, 모오) ①짐승 같은 것을 뒤나 옆에서 좇아 자기가 바라는 쪽으로 가게 하다. ②자전거나 자동차를 운전하다. ③남을 못된 자리에 밀어 넣다. ㉠범인으로 몰다.

몰두[몰뚜] 한 가지 일에 오로지 정신을 기울임. ㉵게임에 몰두하다. -하다. 【沒頭】

몰:라보다 ①알 만한 사람이나 사물을 보고도 알아보지 못하다. ㉵10년 동안에 몰라보게 변했다. ②예의를 갖추어 대해야 할 사람을 마땅한 예로 대하지 않다. ㉵요즘 아이들은 어른을 몰라보고 버릇없이 군다. ㉯알아보다.

몰:라주다 알아주지 않다. 이해하여 주지 않다. ㉵남의 속을 통 몰라주다. ㉯알아주다.

ㅁ

몰락 ①모조리 없어짐. ②멸망하여 없어짐. ㉵고려가 몰락하다. -하다. 【沒落】

몰:래 남이 모르도록 가만히. 살그머니. ㉵몰래 숨다. ㉯떳떳이.

몰려가다 ①떼를 지어 한쪽으로 밀려가다. ㉵구경꾼들이 몰려가다. ②쫓기어 가다. ③개미떼가 몰려가다.

몰려나오다 여럿이 떼를 지어 나오다. ㉵영화가 끝나자 관객들이 우르르 몰려나왔다.

몰려다니다 여럿이 떼를 지어 돌아다니다. ㉵같은 반끼리만 몰려다닌다.

몰려들다 ①한꺼번에 떼를 지어 들어오다. ②참기 어려운 일이 한꺼번에 세게 일어나다. ㉵피로가 몰려들다.

몰려오다 ①한꺼번에 떼를 지어 오다. ②참기 어려운 느낌이 한꺼번에 생기다. ㉵잠이 몰려오다.

몰리다 ①곤란한 상태에 놓이다. ㉵궁지에 몰리다. ②일이 한꺼번에 밀리다. ㉵일에 몰리어 눈코 뜰 새가 없다. ③한꺼번에 밀려들거나 닥쳐오다. ㉵점심 시간엔 손님이 한꺼번에 몰린다.

몰매 여럿이 달려들어 마구 때리는 매. ㉥뭇매.

몰살[몰쌀] 하나도 남김없이 모조리 죽이는 것. ㉵적을 몰살시키다. -하다. 【沒殺】

몰상식[몰쌍식] 상식에 벗어나고 사리 판단에 어두움. -하다.

몰수[몰쑤] 빼앗아 들임. ㉵재산을 몰수당하다. -하다.

몰아내다[모라내다] 밖으로 쫓아 버리다.

몰아넣다[모라너타] ①몰아서 안으로 들어가게 하다. ㉵양 떼를 우리에 몰아넣다. ②어떤 나쁜 상태에 빠지게 하다. ㉵전쟁은 인류를 파멸로 몰아넣을지 모른다.

몰아붙이다[모라부치다] ①세차게 밀어서 가게 만들다. ㉵상대 선수를 구석으로 몰아붙이다. ②함부로 다루거나 공격하다. ㉵멀쩡한 사람을 도적으로 몰아붙이다.

몰아세우다[모라세우다] 심하게 나무라거나 꾸짖다. ㉵아이가 잘못했다고 너무 몰아세우면 반항 할 수 있다.

몰아쉬다[모라쉬다] 숨을 급하게 세게 쉬다. ㉵어머니는 한숨만 몰아 쉬고 계셨다.

몰아치다[모라치다] ①한 곳에 몰리게 하다. ㉵비바람이 몰아치다. ②몹시 서두르다. ㉵시험 공부를 하루 동안에 몰아치다.

몰이꾼[모리꾼] 사냥을 할 때 짐승을 한 곳으로 모는 사람.

몰인정[모린정] 인정이 없음. ㉵친구의 부탁을 몰인정하게 거절하다. -하다. 【沒人情】

몰입[모립] 어떤 일에 깊이 빠져 드는 것. ㉵누나는 요가에 몰입하고 있다. 【沒入】

몰지각 알아서 깨달음. 지각이 없음. ㉵그런 몰지각한 말은 하지 마라. -하다. 【沒知覺】

몸 ①머리에서 발까지, 또는 거기에

딸린 모든 것을 통틀어 이르는 말. ②'사람'이나 '신분'등을 이르는 말. 예귀하신 몸. 비신체.
몸가짐 몸을 움직이거나 차리고 있는 태도. 예몸가짐을 단정히 하자.
몸값[몸깝] ①인질로 잡은 사람을 풀어 주는 값으로 요구하는 돈. 팔려 온 몸의 값. ②직업적인 운동 선수가 어떤 팀에 들어가는 값으로 받는 돈.
몸놀림 몸의 움직임. 몸을 움직이는 것. 예몸놀림이 가볍다.
몸담다 어떤 조직·직업·분야에 속하여 일하다. 예회사에 몸담고 있다.
몸뚱이 사람이나 짐승 따위의 몸의 덩치. 비몸통.
몸매 몸의 맵시. 예날렵한 몸매.
몸무게 몸의 무거운 정도. 비체중.
몸바치다 ①남을 위하여 생명을 희생하다. 예나라를 위해 몸바치다. ②어떤 일에 일생 동안 헌신하다. 예한평생을 교육에 몸바치다.
몸부림 ①울거나 떼를 쓰거나 할때에 온 몸을 마구 흔들고 부딪는 짓. ②잠잘 때에 이리저리 뒹굴며 자는 짓. -하다.
몸빛[몸삗] 몸의 색깔. 예흑인은 몸빛이 검다.
몸살 몸이 매우 피로하여 일어나는 병. 팔다리가 쑤시고 열이 나면서 추운 느낌이 드는 증세. 예몸살이 나다.
몸서리 ①무서워서 몸을 떠는 것. ②지긋지긋하게 싫증이 나서 다시 하고 싶지 않은 마음.
몸서리치다 싫증이 나거나 무서워 몸을 떨다. 예일제의 만행은 생각만 해도 몸서리쳐진다는 할머니.
몸소 제 스스로. 친히. 예어머니께서는 근검 절약을 몸소 실천하신다.
몸수색 무엇을 찾아 내려고 남의 몸을 뒤지는 일. -하다.
몸싸움 여럿이 서로 몸을 밀치고 당기는 싸움.
몸져눕다[몸저눕따] 몸이 아파 드러눕다. 예몸살로 몸져눕다.
몸조리 허약해진 몸을 회복하기 위하여 잘 보살핌. -하다.
몸조심 몸에 닥쳐올 위험을 미리 마음을 써서 잘못이 없도록 함. -하다.
몸집[몸찝] 몸의 부피. 예몸집이 크다. 비덩치. 체구.
몸짓[몸찓] 몸을 놀리는 태도. 예재빠른 몸짓.
몸체 물체나 구조물의 중심을 이루는 큰 부분.
몸치장 장신구 따위를 써서 얼굴과 옷 입은 꼴을 보기 좋게 꾸미는 것. 비몸단장.
몸통 사람이나 동물의 몸에서 가슴·등·배로 이루어진 몸의 중심 부분.
몸통막기 태권도에서, 주먹을 쥐고 팔목의 바깥쪽으로 상대의 공격을 막는 기술.
몸통 운동 허리를 앞뒤로 굽히거나 좌우로 돌리는 운동.
몸통지르기 태권도에서, 주먹으로 상대의 몸통과 명치를 공격하는 기술.
몹:시[몹씨] 더할 수 없이 심하게. 예작년 겨울은 몹시 추웠었다. 비매우. 굉장히.
몹:쓸 몹시 못된. 예몹쓸 병에 걸렸다.
못[1] 넓고 깊게 팬 땅에 늘 물이 괴어 있는 곳. 비연못.
못[2] 쇠붙이로 끝을 뾰족하게 만들어 물건과 물건 사이를 잇대고 걸쳐 박는 데 쓰이는 물건. 예못을 박다.
못[3] 손가락이나 발바닥에 자주 닿아서 생긴 굳은살. 예걸음을 많이 걸었더니 발바닥에 못이 박였다.

ㅁ

못[4] ①〔어떤 행동을 나타내는 말 앞에 써서〕'할 수 없다', '해서는 안 된다는 뜻을 나타냄. ㉥통제 구역에는 못 들어간다. ②〔주로 '되다' 앞에 써서〕'모자라게', '알맞지 않게'라는 뜻을 나타냄. ㉥키가 150cm 조금 못 된다.
못가 못의 가장자리.
못:갖춘마디 악보의 첫머리에 있는 박자표대로 되어 있지 않은 마디. ㉯갖춘마디.
못:나다[몬나다] ①사람이 똑똑하지 않다. ②예쁘지 않다. ㉯잘나다.
못:난이 못나고 어리석은 사람. ㉥바보.
못:내[몬내] 잊거나 그치지 못하고 계속. ㉥10년이 지나도록 못내 그리워하다.
못:되다 ①성질이나 하는 짓이 도덕적으로 나쁘다. ㉥심술이 못된 놀부. ②성공적이 아니다. ㉥태풍으로 과수원의 과일이 못되었다.
못:마땅하다 마음에 맞지 아니하다. 못마땅히.
못박다[1][몯빡따] ①못을 박다. ②남의 마음에 상처를 입히다.
못박다[2][몯빡따] 변할 수 없게 다짐하여 말하다.
못박이다 ①손이나 발에 굳은 살이 생기다. ②똑같은 말을 되풀이하여 들어서 잊혀지지 아니하다. ㉥집에 오면 손발을 깨끗이 씻으라는 말을 귀에 못박일 정도로 들었다.
못:살다[몯쌀다] ①가난하게 살다. ㉥못사는 사람들. ②견디지 못하다. ㉥약자를 못살게 굴다.
못:생기다 잘나지 못하다. ㉥못나다. ㉯잘생기다.
못:쓰다 어떤 행동을 하면 좋지 않다. ㉥수업 중에 장난하면 못쓴다. ②헐든가 고장이 나서 쓸 수 없게 되다. ㉥기계가 녹이 슬어 못쓰게 되었다.
못자리 볍씨를 뿌려 모를 기르는 논. ㉥모판. -하다.
못줄[모쭐] 모 심을 때, 간격을 맞추기 위하여 대는 긴 줄.
못:지않다[몯지안타] 무엇에 뒤지지 않다. ㉥가수 못지않은 노래 솜씨.
못:하다[모타다] ①할 줄을 모르다. ㉥나는 수영을 못한다. ㉯잘하다. ②다른 것보다 작거나 낮다. ㉥아우만 못하다. ㉯낫다.
몽고〖나라〗 중국 본토의 북쪽에 있는 지역. 칭기즈 칸이 나타나 몽고족을 통일하여 세운 나라. 나중에 '원나라'가 됨. 【蒙古】
몽고반 갓난아이의 엉덩이·등·손등·발등 따위에 있는 푸르스름한 반점. 한국인을 비롯한 몽고 계통 사람들에게만 있으므로 이런 이름이 붙었음. 다섯 살쯤 되면 저절로 없어짐. 몽고반점.
몽골〖나라〗 러시아와, 중국 사이에 있는 나라. 목축업이 발달하였고, 수도는 울란바토르. 이전에는 '몽고'라고 했음. 【Mongol】
몽글몽글 망울진 것이 몰랑몰랑하여 요리조리 볼가지며 매끄러운 모양. 〈뭉글뭉글. ㉮몽클몽클. -하다.
몽:금포 황해도 장연군 장산곶 동북쪽에 있는 항구. 어업이 성하고 일대의 모래 언덕과 더불어 해수욕장으로 유명함. 【夢金浦】
몽당 쓰거나 닳아서 손에 잡기가 힘들 만큼 아주 짧아진 것. ㉥몽당비. 몽당연필.
몽당비 끝이 닳아서 거의 쓸 수 없게 된 비.
몽당연필 다 써서 거의 못쓰게 된 짧은 연필 도막.
몽둥이 조금 굵고 긴 막대기.
몽땅[1] 있는 대로 모조리. 한꺼번에

모두 다. [예]연필을 몽땅 친구에게 주었다.

몽땅[2] 큰 것이 한꺼번에 작은 토막으로 잘리거나 끊어지는 모양. [예]머리카락을 몽땅 자르다.

몽똑 끝이 아주 짧고 무딘 모양. ＜뭉뚝. －하다.

몽롱[몽농] ①사물이 분명하지 않음. ②생각이 흐리멍덩하여 분명하지 않음. [예]머리가 몽롱해지다. －하다. 【朦朧】

몽:상 ①꿈을 꾸는 듯한 현실성이 없는 헛된 생각. ②꿈 속의 생각. －하다. 【夢想】

몽실몽실 살지고 기름져 보드라운 느낌을 주는 모양. ＜뭉실뭉실. －하다.

몽:유병 잠을 자는 상태로 일어나서 어떤 행동을 하다가 다시 잠을 자는 병적인 증세. 깬 뒤에는 이 사실을 전혀 깨닫지 못함.

몽:정 남자가 자다가 성적인 쾌감을 주는 꿈을 꾸면서 정액이 나오는 것. －하다. 【夢精】

몽촌 토성 서울 특별시 송파구 올림픽 공원 안에 있는 백제 초기의 도읍지로 밝혀진 토성. 타원형의 내성과 그 바깥에 달린 외성으로 나누어져 있음. 【夢村土城】

몽타주 ①영화 따위에서 따로 찍은 여러 사진을 알맞게 짜맞추어 새로운 사진을 만드는 방법, 또는 그 사진. ②흔히 범죄 수사에서 쓰이는, 얼굴의 눈·코·입 등의 각각의 그림을 맞추어 하나로 만든 그림. 【montage】

몽탕 어느 한 부분을 대번에 세게 자르는 모양. [예]긴 머리가 몽탕 잘려 나갔다. ＜뭉텅. [여]몽땅.

뫼[1] 사람의 무덤. [비]묘. 산소.

뫼[2] '산'의 옛말. [예]태산이 높다 하되 하늘 아래 뫼이로다.

뫼시다 '모시다'의 옛말.

묏:자리[뫼짜리] 무덤을 쓸 자리, 또는 쓴 자리.

묘: 사람의 무덤. [비]뫼. 【墓】

묘:기 훌륭한 기술. 절묘한 재주.

묘:목 옮겨 심기 위하여 가꾼 어린 나무, 또는 옮겨 심은 어린 나무. [비]모나무. 【苗木】

묘:미 썩 좋은 재미, 또는 맛.

묘:비 죽은 사람의 이름, 한 일 등을 새기어 무덤 앞에 세워 놓은 비석. [비]묘석. 묘표.

묘:사 글이나 그림에서, 어떤 일이나 마음의 상태 등을 있는 그대로 나타내거나 그려냄. －하다.

묘:소 '산소'의 높임말.

묘:수 문제를 해결할 수 있는 아주 좋은 방법이나 솜씨. [예]묘수가 나오다. 묘수 풀이.

묘:안 좋은 생각. [예]궁리 끝에 묘안이 떠오르다. 【妙案】

묘:약 신통하게 잘 듣는 약. 【妙藥】

묘:연하다 전혀 알 수 없다. [예]행방이 묘연하다.

묘:지 무덤이 있는 땅, 또는 그 구역. [예]공동 묘지. [비]분묘. 【墓地】

묘:지기 남의 무덤을 보살피고 지키는 사람.

묘:책 매우 좋은 꾀. 절묘한 계책. [예]묘책을 생각해 내다.

묘:청〖사람〗[?～1135] 고려 인종 때의 승려. 서경으로 도읍을 옮길 것을 주장하다가 실패하자, 서경에서 반란을 일으켰음. 【妙淸】

묘:청의 난 묘청 등이 서경에서 일으킨 난(1135). 김부식을 중심으로 한 반대 세력(개경파)에 눌려 실패했음.

묘:판 ①논에 볍씨를 뿌려서 모를 기르는 곳. 못자리. ②꽃·나무·채소 따위의 씨를 뿌려서 모종을 기르는 밭. 【苗板】

ㅁ

묘:포 묘목을 심어 기르는 밭. 비모판. 【苗圃】

묘:표 무덤에 묻혀 있는 사람의 이름 따위를 새겨 무덤 앞에 세우는 푯돌이나 푯말. 비묘비.

묘:하다 ①내용이나 생김새가 색다르고 신기하다. 예묘하게 생긴 돌부처. ②매우 공교롭거나 신기하다.

묘:향산〖지명〗 평안 북도 영변군에 있는 경치가 아름다운 산. 단군이 하늘에서 내려왔다는 전설로 유명하며, 서산 대사·사명 대사가 도를 닦던 곳인 보현사가 있음.

ㅁ

무:[1] 잎과 뿌리를 먹는 채소의 한 가지. 뿌리는 희고 살이 많으며, 봄에 자줏빛이나 하얀 꽃이 핌. ×무우.

[무]

무[2] 없음. 존재하지 않음. 【無】

무가당 단것을 넣지 않음. 예무가당 음료수. 【無加糖】

무가치 가치가 없음. -하다.

무감각 감각이 없음. -하다.

무겁다 ①무게가 크다. 예책가방이 무겁다. ②힘이 들어 움직이기 어렵다. 예지쳐서 다리가 천근같이 무겁다. ③벌이 심하다. 예무거운 벌을 받다. 반가볍다.

무게 ①물건의 무거운 정도. 중량. ②가치나 중요한 정도.

무게 중심 물체를 바늘이나 송곳같은 것으로 받쳐 기울지 않게 되는 점. 그 물체가 모여서 작용한다고 생각하는 점.

무고 ①별다른 일이 없음. ②아무 탈없이 편안함. 예집안 식구 모두 무고하다. 비무사. 반유고. -하다. -히. 【無故】

무:공 나라를 위해 싸운 군사상의 공적. 예무공 훈장. 비무훈. 【無功】

무공해 먹을 거리에 사람에게 해로운 농약이나 화학 물질 따위가 들어 있지 않은 것.

무:공 훈장 높은 무공을 세운 군인에게 주는 훈장.

무:과 옛날에, 군사와 관련된 일을 하는 관리를 뽑던 과거. 반문과.

무:관[1] ①옛날 과거 시험의 하나인 무과 출신의 벼슬아치. ②장교, 또는 군대의 일을 맡아 보는 관리. 반문관. 【無官】

무관[2] 둘이 서로 관계 없음. 예그 일은 나와 무관하다. -하다. 【無關】

무관심 ①마음에 두지 않음. 예불우한 이웃에 무관심하다. ②흥미가 없음. 예운동에 무관심하다. -하다. 【無關心】

무구정광대다라니경 1966년에 경주 불국사 석가탑 속에서 발견된 불경으로, 세계에서 가장 오래된 목판 인쇄물이다. 국보 제126호.

무국적자 어느 나라의 국적도 가지지 않은 사람.

무궁 무진 다함이 없고 끝이 없음. 끝없이 많거나 큼. 예무궁 무진한 자원. 준무진. -하다. 【無窮無盡】

무궁하다 한이 없다. 끝이 없다. 예조국의 무궁한 영광을 위하여.

무궁화 우리 나라의 나라꽃. 키가 2~4m 가량이고 여름부터 가을까지 보라빛 또는 분홍빛·흰빛의 꽃이 핌.

[무궁화]

무궁화 위성 1995년 발사된 우리 나라 최초의 통신. 방송 위성.

무:기[1] 전쟁에 쓰이는 기구. 예무기를 잘 손질하다. 비병기. 【武器】

무기[2] '무기한'의 준말. 시간이 정해지지 않음. 반유기. 【無期】

무:기고 무기를 보관하는 창고.

무기력하다[무기려카다] 활발하게 움직일 수 있는 육체적·정신적인 힘이 없다.

무기명 이름을 쓰지 않음. 예무기명 투표. 반기명. 【無記名】

무기물 물·공기·광물 따위와 같이 생명 활동을 하지 않는 물질 및 그것을 원료로 하여 인공적으로 만들어 낸 물질. 반유기물. 【無機物】

무기 염류 칼슘·철·나트륨 따위와 같이 에너지를 내지 않지만, 몸의 조직을 만드는 데 필요한 물질.

무기질 먹을거리에 포함되어 있는 칼슘·인·물·철과 같은, 생명 활동에 필수적인 역할을 하는 물질. 비무기물. 반유기질.

무기 징역 아주 심한 죄를 저지른 사람에게 기간을 정하지 않고 오랫동안 교도소 안에 가두는 형벌.

무기한 정해진 기한이 없는 것. 예무기한으로 연기하다.

무기화 전쟁에 쓰이는 기구로 만듦. -하다.

무기 화합물 탄소를 함유하지 않은 화합물 및 이산화탄소 등과 같은 간단한 탄소 화합물을 통틀어 이르는 말. 반유기 화합물.

무난 어렵지 아니함. 예시험에 무난히 합격하다. -하다.

무남 독녀 아들이 없는 집안의 하나밖에 없는 딸. 【無男獨女】

무너뜨리다 ①높이 쌓여 있던 것을 허물어지게 하거나 흩어지게 하다. ②계획이나 생각 따위를 이루지 못하게 하거나 깨뜨리다. 예내 결심을 일순간에 무너뜨리다.

무너지다 ①포개어 쌓인 물질이 떨어져 흩어지다. 예벽이 무너지다. ②세웠던 계획 등이 수포로 돌아가다. 예마지막 희망이 무너지다.

무논 물이 늘 있거나 쉽게 물을 댈 수 있는 논.

무능 ①재주나 힘이 없음. ②'무능력'의 준말. 능력이 없음. 반유능. -하다. 【無能】

무능력[무능녁] 일을 처리할 만한 힘이 없음. 예무능력한 관리자. -하다.

무늬 ①물건의 겉에 색깔과 선으로 돋보이게 나타나 있는 일정한 모양. 예무늬가 아름답다. ②여러 가지 모양과 색을 아름답게 늘어놓은 구성. 예체크 무늬. 비문양.

무단[1] 미리 허락을 받지 않고 자기 마음대로 하는 행동. 예무단 가출. 무단 복제. 【無斷】

무:단[2] 무력을 써서 억압하여 다스리는 것. 예무단 정치. 【武斷】

무:단 정치 무력만 가지고 해 나가는 정치. 【武斷政治】

무단히 아무 까닭 없이 덮어놓고. 예무단히 싫어하다.

무:당 귀신을 섬기면서, 굿을 하고 점을 치는 여자. 비무녀.

무:당벌레 붉은 바탕에 점들이 박혀 있는 날아다니는 곤충. 몸길이가 7mm쯤 되고, 쪼갠 콩알 같이 생겼으며, 진딧물을 잡아 먹음.

[무당벌레]

무:대 ①노래·춤·연극 등을 하기 위하여 높게 만들어 놓은 단. 예무대에 오르다. ②재능이나 역량 따위를 시험해 보거나 발휘할 수 있는 활동 범위. 【舞臺】

무더기 한 곳에 수북이 쌓인 물건의 더미.

무더위 찌는 듯한 더위. 비폭염.

무던하다 ①정도가 어지간하다. ②마음씨가 너그럽다.

무덤 시체를 땅에 묻은 곳. 분묘. 높산소.

무덤덤하다 감정의 변화가 거의 없다. 무표정하다.

ㅁ

무덥다(무더우니, 무더워서) 찌는 듯하여 못 견디게 덥다. 반서늘하다.
무:도[1] 춤을 춤. 비무용. 댄스. 【舞蹈】
무:도[2] ①무술하는 사람이 지켜야 할 도리. ②'무예 · 무술'을 통틀어 이르는 말. 【武道】
무:도회 여러 사람이 모여서 춤을 추는 모임. 【舞蹈會】
무동 ①지난날, 나라 잔치 때 춤을 추고 노래를 부르던 아이. ②남사당놀이에서 춤을 추는 아이.
무:동타다 남의 어깨 위에 올라가 목 뒤로 걸터앉다.

ㅁ

무등산 전라 남도 광산군과 화순군 사이에 위치한 산으로, 특히 수박이 유명함. 【無等山】
무디다 ①끝이나 날이 날카롭지 않다. 예칼날이 무디어 잘 베어지지 않는다. ②느끼어 깨닫는 힘이 모자라다. 예너무 추워서 몸의 감각이 무디어졌다. 반날카롭다.
무뚝뚝하다 인정스러운 데가 없다. 아기자기한 맛이 없다.
무량사 충청 남도 부여군에 있는 절. 신라 때 창건한 것으로 그 후 여러 차례 고쳐 지었음. 극락전 · 석등 · 5층 석탑 등이 있음. 【無量寺】
무량수전 절에서 아미타 여래를 모신 법당. 법주사와 부석사의 무량수전이 유명함.
무럭무럭[무렁무럭] ①힘차게 자라는 모양. 예아기가 무럭무럭 자라다. ②연기나 김 따위가 솟아오르는 모양. >모락모락.
무려 생각한 것보다 훨씬 많게. 예관객이 무려 10만 명이나 되었다.
무력[1] 힘이 없음. 능력이나 활동할 힘이 없음. 예모든 일에 무력한 사람. 반유력. -하다.
무:력[2] 군사상의 힘. 예무력 충돌.
무:력적 군대의 힘을 사용하는 것. 예강화도 조약은 일본의 무력적 강요로 이루어졌다.
무렵 일이 벌어질 그 즈음. 예해가 뜰 무렵.
무령왕릉 충청 남도 공주시 금성동에 있는 백제 제25대 무령왕과 그 왕비의 무덤. 백제의 서울이었던 공주에서 1971년 발견되었으며, 백제 금관을 비롯하여 우리나라 최고의 지석과 유물이 발굴되었음. 【武寧王陵】
무례 예의가 없음. 예의에 맞지 않음. 버릇이 없음. 예무례한 행동. -하다. -히. 【無禮】
무뢰한 일정한 직업이 없이 돌아다니면서 못된 짓을 일삼는 사람.
무료 요금이 필료 없음. 요금을 받지 않음. 예무료 입장. 비거저. 공짜. 반유료. 【無料】
무료하다 의욕이나 흥미가 없어 지루하고 심심하다. 예할 일이 없어 무료하다.
무르다[1](무르니, 물러서) 바탕이 단단하지 않다. 예할머니는 무른 과자를 좋아하신다.
무르다[2](무르니, 물러서) 굳은 것이 푹 익다. 예고구마가 잘 무르다.
무르다[3](무르니, 물러서) 샀던 것을 돌려 주고 돈을 찾다. 예새로 산 신발을 무르다.
무르익다 익을 대로 충분히 익다.
무릅쓰다 어려운 일을 그대로 참고 하다.
무릇[무륻] 대체로 보아. 헤아려 생각하건데. 예무릇 사람이란 성실해야 한다.
무릎 넓적다리와 정강이 사이의 이어진 부분의 앞쪽.
무릎걸음 꿇은 무릎으로 몸을 옮기는 걸음.
무릎장단 곡조에 맞추어 손으로 무릎을 치는 일.
무릎치기 주로 씨름에서, 자기의 양

손으로 상대의 무릎 뒤쪽을 치면서 끌어당겨 넘어뜨리는 기술.

무리[1] ①한 패로 모인 여러 사람. ②짐승이나 새의 떼. 예새들이 무리 지어 날다. 비떼. 패.

무리[2] ①이치에 맞지 않음. 예무리한 부탁. ②억지로 우겨댐. 예아픈 몸으로 무리하면 안 된다. ③하기 곤란함. 반순리. -하다. 【無理】

무리수 분수의 형식으로 나타낼 수 없는 실수. 반유리수. 【無理數】

무리하다 힘에 부치는 일을 억지로 하다. 예병약한 몸으로 무리하지 마라.

무:마 남을 달래어 위로함. 예사건을 무마하다. -하다. 【撫摩】

무:말랭이 반찬거리로 쓰기 위하여 잘게 썰어서 말린 무.

무명[1] 목화의 솜에서 뽑아 낸 실로 짠 베. 준명.

무명[2] 이름이 없음. 유명하지 않음. 이름을 알지 못함. 예무명 가수. 반유명. -하다. 【無名】

무명실 목화의 솜을 자아서 만든 실. 비면사.

무명씨 남에게 제 이름을 내걸지 않으려고 할 때 쓰는 말. 【無名氏】

무명 용사탑 이름이 세상에 알려지지 아니한 용사들을 기리기 위해 세운 탑.

무명지 약손가락. 【無名指】

무모 ①꾀나 수단이 없음. 예그것은 무모한 행동이다. ②깊은 생각이 없음. -하다. 【無謀】

무미 맛이 없음. 재미가 없음. 예무미 건조한 생활. -하다. 【無味】

무미건조하다 글이나 분위기 따위가 단조롭거나 딱딱하여 운치나 재미가 없다.

무방 괜찮음. 해로울 것이 없음. -하다. 예참석하여도 무방한자.【無妨】

무방비 적의 침입에 대한 방어할 시설이 없음. 【無防備】

무법 ①법이 없음. ②도리에 어긋나고 난폭함. 【無法】

무법자 법이나 관습을 무시하고 함부로 못되고 난폭한 짓을 하는 사람. 【無法者】

무병 장수 병 없이 오래 삶.

무분별 사물의 옳고 그름을 분간할 수 없음. -하다.

무불통지 무슨 일이든 다 통해 모르는 것이 없음. 【無不通知】

무사[1] 아무 탈이 없음. 안전함. 비무고. -하다. -히. 【無事】

무:사[2] 무예에 익숙한 사람. 비무부. 반문사. 【武士】

무사 시험 무예에 익숙한 사람을 뽑는 시험.

무사 태평 아무 탈 없이 편안함. 비천하 태평. -하다. 【無事泰平】

무사하다 걱정할 일이 없이 편안하다.

무:산되다 일이 기대하던 대로 이루어지지 않고 헛되게 끝나다. 예태풍으로 공연이 무산되다.

무상 대가나 보상을 받지 않는 것. 예교과서를 무상으로 나누어 주다.

무상하다 허무하거나 덧없다. 예인생은 덧없이 무상하다.

무색 ①아무 빛깔이 없음. 예무색 유리. ②부끄러워서 볼 낯이 없음. 비무안. 반유색. -하다.

무생물 생명이 없는 물건〔돌·물 따위의 물질〕. 반생물.

무서리 가을에 처음 내리는 서리. 반된서리.

무서움 두려움을 당하여 무서워 하는 느낌. 비공포. 두려움. 준무섬.

무서워하다 무엇을 무서운 것으로 여기다. 예나는 고양이를 무서워한다.

무선 ①전선이 없음. ②무선 전신. ③무선 전화. 반유선.

무선 부호 전파로 통신하기 위하여 특별히 정해 놓은 기호.

무선 전신 전선을 쓰지 않고 전파로 통신할 수 있는 장치.
무선 전화 전선 없이 전파를 이용하는 전화〔국제 전화 등에 쓰임〕. 준 무선. 무전.
무섬증[무섬쯩] 무서워하는 버릇, 또는 그런 현상.
무섭다(무서우니, 무서워서) 겁나다. 두렵다. 〉매섭다.
무:성[1] ①나무나 풀이 우거짐. 예소나무로 무성해진 숲. ②무엇이 많이 있거나 퍼져 있다. 예무성한 소문. -하다. -히. 【茂盛】
무:성[2] 소리나 음성이 없음. 【無聲】
ㅁ
무성의하다 어떤 일에 대해서 정성을 다하는 마음이 없다. 예청소 하는 것이 무성의해 보인다.
무소르크스키〖사람〗[1839~1881] 러시아의 작곡가. 작품에 〈보리스 고두노프〉〈전람회의 그림〉 등이 있음. 【Musorgskii】
무소속 어느 정당이나 단체에도 속하지 않은 것, 또는 그러한 사람.
무소식 소식이 없음. 【無消息】
무쇠 ①솥 같은 것을 만드는 재료가 되는 쇠. ②'강하고 굳센 것'을 비유하여 이르는 말. 비선철.
무수리 옛날 궁궐에서 심부름을 하던 여자 종.
무수하다 셀 수 없을 만큼 많다. 예밤하늘에 반짝이는 무수한 별들.
무수히 헤아릴 수 없을 만큼 많이. 예감나무에 무수히 많은 감들이 달려 있다.
무:술 무기 및 무력으로 상대와 싸우는 기술. 무도에 관한 기술. 비무예. 【武術】
무슨 ①모르는 일에 대하여 알고자 하여 묻는 말과 함께 써서, 어떠한·어떤 종류의. 예무슨 일로 왔니? 비어떤. ②직접 가리킬 필요가 없는 것을 뜻하여, 일종의·그 어떤. 예밖에서 무슨 소리가 난다.
무승부 경기 등에서 이기고 지는 것이 없이 비김. 【無勝負】
무시 깔봄. 업신여기고 상대하지 않음. -하다. 【無視】
무시로 시도 때도 없이 아무 때나. 수시로. 예재수는 무시로 우리집에 놀러온다.
무시무시하다 두려움에 떨게하는 무서운 기운이 있다.
무시하다 ①사물의 존재나 가치를 중요하게 여기지 않다. 예남의 의견을 무시하다. ②누구를 업신여기다. 예함부로 다른 사람을 무시하지 마라.
무시험 시험이 없음. 예무시험으로 합격하다. 반유시험.
무식 지식이나 지혜가 없음. 아는 것이 없음. 비무지. 반유식. -하다.
무:신 옛날에, 군인으로서 나라의 군대를 지휘하던 신하. 반문신.
무신경 ①느낌이 없음. 감각이 둔함. ②아무 부끄러움도 느끼지 못함. -하다. 【無神經】
무심 아무 생각이 없음. 관심이 없음. -하다. -히. 【無心】
무심결에[무심껴레] 별다른 생각이나 의도가 없거나 스스로를 의식하지 못한 가운데. 자기도 모르는 사이에.
무심코 뜻하지 아니하고. 아무 생각 없이. 예무심코 한 말이 상처를 주다.
무악재 서울 서대문구 현저동에서 홍제동으로 넘어가는 고개. 본래는 길마재라고 함. 한양 도읍 건설의 공로자인 무악대사에서 무악재란 이름이 생김.
무안 부끄러워 볼 낯이 없음. 비무색. -하다. -히.
무어 ①확실하지 않은 어떤 것. 어떤 일. 예영주가 세호에게 무어라 이야기하다. ②남의 말에 대하여 무슨 소리냐고 되묻거나 놀람을 나타내는 말. ㉾무어, 그게 사실이야? 본무엇. 준뭐.
무언 말이 없음. 말을 하지 않음.
무언극 말이 없이 표정과 몸짓만으로 내용을 전달하는 연극. 비팬터마임. 【無言劇】
무엄하다 어른에게 조심성이 없거나 어려워하지 않다. ㉾무엄하게 굴다.
무엇[무얻] ①알고 싶어서 묻는 말에 써서, 어떤 것. 어떤 일. ㉾이름이 무엇이냐? ②특별히 정하지 않은 확실하지 않은 어떤 것. 어떤 일. ㉾무엇에 홀리다.
무:역 나라와 나라 사이의 상업. 비교역. 통상. -하다. 【貿易】
무:역량[무영냥] 나라 사이의 물건을 팔고 사는 일의 많고 적은 정도.
무:역로[무영노] 무역을 하기 위해 오가는 길.
무역 수지 여러 나라와의 무역에서 생기는 수입과 수출을 서로 비교한 결과. 【貿易收支】
무:역업[무여겁] 무역을 전문적으로 하는 영업. 【貿易業】
무역 자유화 여러 나라가 서로 무역에서 복잡한 절차를 없애거나 간단하게 바꾸어, 수출과 수입을 자유롭게 하는 것.
무:역항[무여캉] 외국 상선이 드나들고 여객이 오르내리며 화물을 싣고 풀 수 있는 항구.
무연탄 태워도 연기가 나지 않는 석탄〔탄소분이 90% 이상이며, 검고 금속 광택이 남〕. 반유연탄.
무열왕〖사람〗[602~661] 신라 제29대왕. 삼국통일의 기초를 닦음. 태종무열왕. 본명은 김춘추. 【武烈王】
무영탑 '연못에 그림자가 생기지 않는 탑'이라는 뜻으로, 불국사에 있는 삼층 석탑인 '석가탑'을 달리 이르는 말. 【無影塔】

[무영탑]

무:예 활·말·창·칼 등의 무술에 관한 재주. 비무술.
무:왕[1]〖사람〗[?~641] 백제의 제30대 왕(재위 600~641). 수나라·당나라와 화친하고 일본에 문화를 전하는 등 국력을 길렀으나, 만년에는 사치와 유흥에 빠져 국력을 약화시켰음. 향가 작품인 〈서동요〉를 지음. 【武王】
무:왕[2]〖사람〗[?~737] 발해의 제2대 왕(재위 719~737). 일본과 국교를 열고 무력을 양성하여 크게 세력을 떨쳤음. 【武王】
무:용[1] 음악에 맞추어 몸을 움직여서 감정을 나타내는 짓. 춤. -하다.
무용[2] 소용이 없음. ㉾무용지물. 반유용. 【無用】
무:용가 춤을 잘 추는 사람이나 무용을 연구하는 사람.
무:용곡 무용을 할 때 맞추어 추도록 연주하는 악곡.
무:용단 무용을 전문적으로 하는 사람들로 이루어진 단체.
무:용담 싸움에서 용감하게 활약하여 공을 세운 이야기.
무:용수 무용단과 같은 공연 단체에서 전문적으로 춤을 추는 사람.
무용지물 아무짝에도 쓸데없는 물건, 또는 사람. 【無用之物】
무:용총 중국 만주의 길림성에 있는 고구려 때의 무덤. 1940년에 발견되었는데, 춤을 추는 모습과 사냥하는 모습 따위를 그린 벽화가 있음. 【舞踊塚】
무위 도식 아무 하는 일 없이 먹고 놀기만 함. -하다. 【無爲徒食】

ㅁ

무의미 아무 뜻이 없음. 예무의미한 말. -하다. 【無意味】

무의식 의식이 없음. 예무의식중에 한 행동. 【無意識】

무의촌 의사나 의료 시설이 전혀 없는 마을. 【無醫村】

무익 이익이 없음. 이롭거나 도움이 될 만한 것이 없음. 반유익. -하다. 【無益】

무:인[1] 사람이 살고 있지 않음. 사람이 전혀 없음. 예무인 비행선. 반유인. 【無人】

무:인[2] 무예를 닦은 사람. 비무사. 반문인. 【武人】

ㅁ

무인도 사람이 살지 않는 섬.【無人島】

무일푼 가진 돈이 전혀 없음.

무임 ①임금이 없음. ②삯을 치르지 않음. 예무임 승차. 【無賃】

무자격 어떤 일을 할 수 있는 자격이 없음. 예무자격 선수.

무자비 인정이나 사정이 없음. 반자비. -하다. 【無慈悲】

무작정 앞으로 할 일에 대해서 계획한 것이 없는 것. 예무작정 기다리다. 비덮어놓고. 무턱대고.

무:장 전쟁 때에 하는 몸차림, 또는 전쟁 때와 같이 하는 차림새. 예무장을 철저히 하다. -하다.

무장 간첩 무기를 가지고 간첩 활동을 하는 사람.

무장 해제 무기와 물자를 몰수하여 싸움을 못하게 하는 것.

무저항 저항하지 않음. 예무저항 운동. -하다. 【無抵抗】

무적 겨룰 만한 적이 없음. 【無敵】

무전 말소리나 전신 부호를 전선을 사용하지 않고, 전파를 통해서 보내고 받는 것. 【無電】

무전기 무선 전신 또는 무선 전화를 하도록 장치가 되어 있는 기계.

무절제 알맞게 조절함이 없음. 예방학이라고 무절제한 생활을 하지 마라. -하다.

무정 인정이나 동정심이 없음. >매정. -하다. -스럽다. -히.

무제 ①제목이 없음. ②제목을 붙이지 아니한 예술 작품 등에 제목 대신 쓰는 말. 【無題】

무제한 일정한 한도가 없는 것.

무조건 아무 조건이 없음.

무좀 주로 발가락 사이나 발바닥에 작은 물집이 생기거나 살갗이 갈라지거나 살 껍질이 벗겨지고 몹시 가려운 피부병.

무죄 ①죄가 없음. ②잘못이나 허물이 없음. 반유죄. 【無罪】

무:주〖지명〗 전라 북도 무주군의 군청 소재지. 부근에는 구천동·덕유산 등의 명승지가 있음. 【茂朱】

무중력 중력이 없음. 【無重力】

무지[1] ①아는 것이 없음. ②미련하고 어리석음. ③하는 짓이 우악스러움. -하다. -스럽다. 【無知】

무지[2] 굉장히 많음. 예63빌딩은 무지 높다. 비엄청. 【無智】

무지개 공중에 떠 있는 물방울이 햇빛에 반사되어 반원형으로 길게 뻗쳐 나타나는 일곱 빛깔의 줄기〔위에서부터 빨강·주황·노랑·초록·파랑·남색·보라임〕.

무지막지 매우 무지하고 우악스러움. 예무지막지한 행동. -하다.

무지무지하게 몹시 심하게. 예민수는 무지무지하게 크다.

무지하게 몹시 심하게. 대단하게. 예오늘 수업은 무지하게 길게 느껴진다.

무직 일정한 직업이 없음.

무진장 한없이 많이 있음. 비무한량. -하다. -히.

무질서[무질써] 질서가 없음.

무찌르다(무찔러, 무찔러서) 닥치는 대로 막 쳐부수다. 예적군을 남김없이 무찌르다.

무차별 가리지 않고 모조리 대상으로 삼는 것. ㉠무차별 폭격.
무참 끔찍하고 참혹함. ㉠무참히 사형당하다. -하다. -히.
무채색 명도의 차이는 있으나 색상과 순도가 없는 색의 총칭〔흰색·검정색·회색 등〕.
무책임 ①책임이 없음. ②책임감이 없음. 책임을 중히 여기지 않음. -하다. 【無責任】
무척 매우. 대단히. 다른 것보다 훨씬. ㉠무척 중요한 일.
무:청 무의 잎과 줄기.
무치다 나물 따위를 양념을 넣고 버무리다. ㉠콩나물을 무치다.
무턱대고 어떤 까닭이나 계획이 없이 그냥. 내키는 대로. ㉠방 안으로 무턱대고 뛰어들다.
무통장 은행에서, 통장이 없이 돈을 넣거나 빼는 것. ㉠무통장 입금.
무표정하다 아무 표정이 없다.
무학 대사〖사람〗[1327~1405] 고려 말기에서 조선 초기의 승려로 태조 이성계의 스승. 조선이 수도를 한양으로 정하는 데 큰 영향을 끼쳤음. 【無學大師】
무한 수량이나 정도나 크기에 한이 없음. 끝이 없음. ㉠우주는 무한하다. ㉡유한. -하다. -히. 【無限】
무한 궤도 앞뒤 차바퀴의 둘레를 긴 고리 모양의 벨트로 이어 걸어 놓은 장치.
무한대 한없이 크거나 넓은 것. ㉠무한대의 가능성. 【無限大】
무한 소수 소수점 이하가 한없이 계속되는 소수. ㉡유한 소수.
무한정 한정이 없음. ㉠자식 자랑을 무한정 늘어놓다. 【無限定】
무허가 허가가 없음. ㉠무허가 건물. ㉡허가. 【無許可】
무형 문화재 무형의 문화적 소산으로 역사적으로나 예술적으로 가치가 큰것〔연극·음악·공예기술 따위〕. ㉡유형 문화재.
무화과나무 뽕나무과의 갈잎넓은잎떨기나무. 키 3m 가량. 봄·여름에 담홍색 꽃이 핌. 가을에 열매가 검붉은 색으로 익음. 정원에 심어서 가꾸며, 과실은 먹고 잎은 한약재로 쓰임. 옛날 사람들은 꽃이 피지 않는 줄 알았기 때문에 무화과라는 이름을 붙였다고 함. ㊀무화과.

[무화과나무]

무효 효과·효력이 없음. ㉡유효. -하다. 【無效】
무:희[무히] 춤을 추는 일을 직업으로 하는 여자. 【舞姬】
묵 메밀·녹두·도토리 따위를 물과 함께 곱게 갈아서 그 앙금을 모아 끓여서 차게 굳힌 음식.
묵과 [묵꽈] ①말없이 그냥 지나침. ②보고도 못 본 체하고 넘겨 버림. ㉠친구의 잘못을 묵과하다. 【默過】
묵념[뭉념] 눈을 감고 고개를 숙여 마음 속으로 조용히 생각에 잠김. ㉠순국 선열에 대하여 묵념. 【默念】
묵다[묵따] ①오래 되다. ㉠묵은 김치. ②한 곳에 잠시 머무르다. ㉠친척집에서 묵다.
묵독 소리를 내지 않고 글을 읽음. ㉢목독. ㉡음독. -하다.
묵묵 부답[뭉묵뿌답] 입을 꼭 다문 채 아무 대답도 하지 않음.
묵묵히[뭉무키] 잠자코 말없이.
묵비권[묵삐꿘] 피고나 피의자가 심문에 대하여 자기에게 불리한 말을 하지 않아도 되는 권리. 진술을 거부할 수 있는 권리.
묵사발[묵싸발] 일이나 물건이 몹시 잘못되거나 망그러진 형편.

ㅁ

묵살[묵쌀] 남의 요청이나 의견을 듣고도 모른 척하거나 무시하는 것. -하다. 【默殺】

묵상[묵쌍] 말없이 마음 속으로 생각함. -하다. 【默想】

묵은해[무근해] 새해를 맞이하여 지난해를 이르는 말. 반새해.

묵인하다[무긴하다] 잘못된 일을 보고도 모르는 체하고 내버려두다.

묵주 가톨릭에서, 기도를 드릴 때에 쓰는, 여러 구슬을 둥글게 줄에 꿰고 가운데에 십자가를 매단 물건.

묵직하다[묵찌카다] ①무게가 보기보다 무겁다. 예작아도 꽤 묵직하다. ②꽤 든든하고 무게가 있다. 예목소리가 묵직하다. **묵직히**.

묵히다[무키다] 오래 쓰지 않고 남아 있게 하다. 예일손이 없어 밭을 여러 해 묵히다.

묶다①새끼나 끈으로 잡아매다. ②움직이지 못하게 몸을 얽어매다. 비매다.

묶음[무끔] ①여럿을 한데 모아서 묶어 놓은 뭉치. ②한데 묶어 놓은 뭉치를 세는 말. 예종이 한 묶음.

묶음표 다른 것과 구별하기 위하여 단어나 숫자, 또는 문장의 앞뒤를 막는 부호.

묶이다[무끼다] 묶임을 당하다.

문 드나들거나 여닫도록 된 시설〔방문·창문 등〕. 【門】

문간[문깐] 출입문이나 대문이 있는 곳. 【門間】

문간방[문깐빵] 우리 나라 전통 주택에서 대문 옆에 있는 작은 방. 비행랑. 【門間房】

문갑 문서나 문구 등을 넣어 두는 서랍이 여러 개인 궤짝.

문건[문껀] 공적인 문서나 서류. 비문서. 서류. 【文件】

문경 새재〖지명〗 경상 북도 문경군과 충청 북도 괴산군 사이에 있는 고개. '조령' 이라고도 함.

문고 ①여러 사람이 읽을 수 있도록 책을 모아서 놓아 둔 곳. 예학급 문고를 모으다. 비서고. ②출판물의 한 형식으로 여러 종류의 책을 널리 읽히기 위해서 값이 싸고 가지고 다니기 알맞게 만든 책에 붙이는 이름. 예아동 문고. 【文庫】

문고리[문꼬리] 문을 열고 닫거나 잠그는 데 쓰는 쇠로 만든 고리.

문고본 문고 형식으로 간행한 책.

문고판 책의 크기의 일종. 가로 10.5cm, 세로 14.8cm.

문과[문꽈] ①학교에서, 인문과 사회 분야를 중심으로 연구하거나 배우는 학과, 또는 그런 학문의 분야. 반이과. ②옛날에, 문관을 뽑기 위해 행하던 과거. 비대과. 반무과. 【文科】

문관 ①옛날 과거 시험의 하나인 문과 출신의 벼슬아치. ②군인이 아니면서 군대의 행정 사무에 관계하는 사람. 반무관. 【文官】

문교부 '교육부' 의 옛 명칭. ⇨교육부.

문구[1][문꾸] 특별한 뜻을 나타내는, 몇 낱말로 된 말. 예책에서 좋은 문구를 보면 수첩에 적어 둔다. 비글귀. 【文句】

문구[2] ①'문방구' 의 준말. ②공부하는 데 필요한, 연필·공책·지우개 따위. 【文具】

문구멍[문꾸멍] 문에 바른 종이가 찢어져서 생긴 구멍.

문구점 학용품과 사무용품을 파는 가게. 비문방구. 【文具店】

문기둥[문끼둥] 문의 양쪽에 서 있는 기둥. 비문설주.

문단[1] 시·소설·수필 등 문학에 종사하는 사람들의 사회.

문단[2] 긴 문장 중에 크게 끊은 글의 단위. 예문단의 내용을 파악하다.

문단속 사고가 일어나지 않도록 문

을 닫아 단단히 잠그는 일.
문:답 ①물음과 대답. ②서로 묻고 대답함. -하다. 【問答】
문둥병 나균의 침입으로 생기는 만성 전염병. 나병.
문둥이 문둥병에 걸린 사람. 나환자.
문드러지다 썩거나 헐어서 본래의 모양이 없어지다. ㉵과일이 썩어서 문드러지다.
문득 생각이나 느낌 등이 갑자기 떠오르는 모양. ㉶문뜩.
문:란[물란] 도덕이나 질서·규칙 따위가 어지러움. ㉵사회가 문란하다. -하다. -히.
문루[물루] 성문 따위에 높이 세운 다락집.
문맥 서로 이어져 있는 문장들이 이루는 일정한 뜻의 줄기. ㉵문맥이 통하다. 【文脈】
문맹 글을 쓸 줄도 볼 줄도 모름. 비까막눈. 【文盲】
문맹 퇴치 글 모르는 사람을 가르쳐서 글을 읽을 수 있도록 눈을 뜨게 하는 일. -하다.
문명 사람의 사회적·기술적·정신적 생활이 발전한 상태. 비문화. 반미개. 야만. 【文明】

> **'문명'과 '문화'의 차이**
>
> • **문명 :** 사람의 지혜가 깨어 야만과 미개에서 벗어나는 것. 주로, 의식주를 위한 기술이 개선된 상태를 말함.
>
> • **문화 :** 사람의 지혜가 깨어 세상이 열이어 밝게 되는 것. 주로, 학문·예술·도덕·종교 등 인류가 이루어 놓은 정신적·물질적인 성과를 말함.

문명 국가 문명이 발달하여 국민의 생활 수준이 높고 국민의 머리가 발달된 나라. 반미개국. ㉾문명국.
문명권 문명이 발달한 나라들이나 지역들. 또는 세계에서 역사적으로 비슷한 문명을 가진 지역.
문명인 문명이 발달한 사회에 사는, 문화 수준이 높고 교양이 있는 사람. 반야만인. 미개인.
문무 학문과 무예. 곧, 글을 읽는 일과 말 타고 활 쏘는 일을 통틀어 가리키는 말. ㉵문무에 뛰어난 사람. 【文武】
문무 백관 옛날에, 문관과 무관을 통틀어 말하는 것으로 높은 관리들. 모든 관원들. 【文武百官】
문무왕〖사람〗[?~681] 신라 제30대 왕. 김유신과 함께 삼국을 통일함. 당나라 문화 수입. 죽은 후 유언에 따라 물속의 무덤인 동해의 대왕암에 묻혔음. 【文武王】
문물 문화의 발달로 이루어진 것. 곧, 학문·예술·법률·종교 등 문화에 관한 것을 통틀어 이르는 말.
문민 직업 군인이 아닌 일반인. ㉵문민 정부. 【文民】
문밖[문박] 집의 바깥. ㉵아파서 문밖 출입을 못하고 있다. 반문안.
문바람[문빠람] 문이나 문틈으로 들어오는 바람. ㉵문바람이 매섭다.
문방구 ①붓·종이·벼루·먹·펜·연필 등 문방(책을 읽거나 글을 쓰는 방)에 필요한 기구. 문방 제구. 비문구. ②공부를 하거나 사무를 보는 데에 필요한 도구들을 파는 가게. 비문구점.
문방 사우 문방에 꼭 있어야 할 네 벗〔종이·붓·벼루·먹〕.
문벌 대대로 내려오는 그 집안의 신분과 지위. ㉵문벌이 좋지 않다. 비가문. 가세. 【門閥】
문법[문뻡] ①말과 말을 이어서 글을 만들 때의 규칙. ㉵우리 나라 국어의 문법. 비말본. 어법. ②문장 구성의 법칙. 【文法】

ㅁ

문:병 아픈 사람을 찾아보고 위로함. [비]병문안. -하다.

문살[문쌀] 문에 종이를 바르거나 유리를 끼우는 데 받침이 되는 가느다란 나무 대.

문:상 초상당한 사람을 찾아가서 위로하는 것. [비]조문. 조상. -하다.

문:상객 초상당한 사람을 찾아가 위로하는 사람.

문서 어떤 일에 필요한 사항을 글로써 생각을 적어 나타낸 것. ㉠비밀 문서를 찾다.

문설주 문의 양쪽에 세워 문짝을 끼워서 닫을 수 있게 한 기둥. [준]설주.

문신[1] 미신이나 맹세의 표시로 살갗을 바늘로 떠서 먹물이나 물감으로 글씨나 그림·무늬 등을 새겨 넣음. 【文身】

문신[2] 옛날에 문과 출신이거나 군인이 아닌 신하. [반]무신. 【文臣】

문:안[1][무난] 웃어른께 안부를 여쭘. [비]안부. -하다. 【問安】

문안[2][무난] 문의 안쪽. [반]문밖.

문양[무냥] 주로 건물이나 공예품 따위의 무늬.

문어[무너] 몸통은 공처럼 둥글고 여덟 개의 긴 발이 있는 바다에 사는 연체 동물.

[문어]

문예 ①학문과 예술. ②시·소설·희곡·수필과 같이 말과 글로써 아름다움을 나타내는 예술. 【文藝】

문예 부흥 14~16세기 사이에 유럽에서 중세 기독교의 속박에서 벗어나 개인의 해방과 동시에 근대 문화의 기원을 이룩한 일. 르네상스. 【文藝復興】

문외한 그 방면에 전문이 아닌 사람.

문:의 물어 봄. 물어서 의논함. ㉠모르는 것을 선생님께 문의하다. -하다. 【問議】

문익점〖사람〗[1329~1398] 고려 공민왕 때의 성품이 곧고 학식이 뛰어난 선비. 원나라에 사신으로 갔다가 목화씨를 얻어 붓뚜껑 속에 넣어 가지고와 퍼뜨렸음. 【文益漸】

문인[무닌] 문학에 종사하는 사람.

문자[문짜] 말이나 소리를 눈으로 볼 수 있도록 적어 나타낸 일종의 부호. [비]글자. 【文字】

문자 그대로 조금도 과장 없이 사실 그대로. 쓰인 문자의 기본적인 뜻 그대로. ㉠우리는 문자 그대로 같은 조상을 가진 단일 민족이다.

문자열 컴퓨터에서 자료를 다루는 여러 종류의 문자, 또는 그러한 문자들로 이루어진 정보.

문자판 컴퓨터·시계·계량기 따위에서 글자·숫자·기호 따위를 그린 판. [비]글자판.

문자표 컴퓨터에서 자판에 없는 여러 기호나 문자·숫자를 모아 놓은 표.

문장 ①생각이나 느낌을 글로 나타낸 것. [비]글월. ②글을 잘 짓는 사람. 【文章】

문장 부호 문장의 뜻을 돕거나 알아보기 쉽게 하기 위하여 쓰이는 여러 가지 부호〔물음표(?)·느낌표(!)·반점(,) 따위〕.

문전 출입하는 문의 바로 앞쪽. 【門前】

문전 성시 문 앞이 저자를 이룬다는 뜻으로, 찾아오는 사람이 많음을 이르는 말. 【門前成市】

문:제 ①풀어야 할 어려운 일. ㉠환경 문제. ②대답을 요구하는 물음. ㉠산수 시험 문제가 매우 어렵다. [반]해답. [준]문. 【問題】

문:제되다 성가신 일이나 논쟁의 대상이 되다.

문:제삼다 어떤 일을 문제의 대상으로 삼다.

문:제아 성격·행동 등이 다른 아동들과 달리 특별한 교육과 지도를 필요로 하는 아동.

문:제 없다 문제삼을 정도가 아니다. 걱정할 거리가 못 되다. ㉵우승은 문제없다.

문:제 의식 어떤 사회적인 일을 문제로 삼고 그것을 해결하고자 하는 정신이나 태도.

문:제점 문제가 되는 부분이나 요소.

문:제지 시험 문제들을 인쇄한 종이.

문:제집 학습 내용에 관한 문제들을 엮어 놓은 책.

문조 참샛과의 새. 참새와 비슷하나 부리가 크고, 몸빛이 푸른 빛을 띤 회색이며 애완용으로 기르는 새. 농작물을 크게 해침. 【文鳥】

문종〖사람〗[1019~1083] 고려 제11대 임금. 대각 국사 의천의 생부. 학문을 좋아하고 서예에 능했음.

문중 한 조상의 후손들로 이루어진 집안. 【門中】

문지기 문을 지키는 사람.

문지르다(문질러, 문질러서) 물건을 서로 대고 이리저리 밀거나 비비다. ㉵손을 문지르다.

문지방[문찌방] 드나드는 문에서 방 바닥과 방의 바깥 바닥을 갈라 놓는, 문틀의 아래 부분. ㉵문지방에 걸려 넘어지다.

문진[1] 책장 또는 종이 쪽지 따위가 바람에 날리지 않도록 누르는 물건.【文鎭】

문진[2] 진단의 기초로 삼기 위하여 의사가 환자의 병력·증세·투약 경력·현재의 상태 등을 묻는 일. -하다. 【問診】

문집 어느 개인의 시나 글을 한데 모아 엮은 책. 【文集】

문짝 문틀이나 창틀에 끼워서 여닫게 된, 문의 한 짝.

문:책 일의 책임을 물어 꾸짖음. ㉵문책을 당하다. -하다. 【問責】

문:책하다 일의 책임을 다하지 못한 잘못을 꾸짖다. ㉵실수를 한 담당자를 문책하다.

문체 글의 체재. 글의 특징. 문장의 표현 형식. 【文體】

문:초 옛날에, 죄인이나 용의자에게 범죄의 사실을 알아내기 위하여 따지고 묻는 것. -하다. 【問招】

문턱 ①문짝의 밑이 닿는 문지방의 윗부분. ㉵문턱을 밟지 마라. ②어떤 일이 생기거나 일어나기 직전의 단계. ㉵봄이 문턱에 왔다.

문턱이 닳도록 찾아가거나 드나드는 것이 아주 자주. ㉵민수는 오락실에 문턱이 닳도록 드나든다.

문틀 창문이나 문짝을 달거나 끼울 수 있도록 문의 양옆과 위아래에 이어 댄 테두리.

문틈 닫힌 문의 틈바구니.

문패 성명·주소 등을 적어 대문에 다는 패. 【門牌】

문풍지 문틈으로 새어 들어오는 바람을 막기 위하여 문에 바르는 종이. ㊟풍지. 【門風紙】

문필 글을 짓는 일. ㉵신사임당은 그림·서예·문필에 능했다. 【文筆】

문필가 글을 짓는 일을 전문적으로 하는 사람. 【文筆家】

문하 학문적으로 따르는 스승의 지도. ㉵김 선생님 문하에는 훌륭한 인재가 많다. 【門下】

문하생 스승 밑에서 가르침을 받는 제자. 【門下生】

문학 ①자연·과학·정치·경제·법률 등을 뺀 모든 학문을 통틀어 이르는 말. ②인간의 감정·사상 등을 말과 글로써 나타낸 예술 작품. ㉵문학 작품을 많이 읽자. ③글에 대한 학문. 【文學】

문학가 문학 작품을 창작하는 이름난 사람. 【文學家】

ㅁ

문학상 문학 부문에 대한 공적을 기리는 상. 【文學賞】

문학 작품 시·소설·수필 등의 작품. 【文學作品】

문:항 시험이나 설문에서 답을 묻는 각각의 문제나 질문.

문헌 학문 연구에 참고가 될 만한 기록이나 책. ㉠참고 문헌.

문호[1] 문학적 가치가 매우 높은 작품을 써서 널리 알려진 문인. ㉠러시아의 문호인 톨스토이. 【文豪】

문호[2] 외부와의 교류를 하기 위한 통로나 수단. ㉠문호를 개방하다. 【門戶】

ㅁ

문호 개방 ①문을 열어 아무나 드나들게 함. ②자기 나라의 영토를 다른 나라의 경제 활동을 위하여 터놓음. 【門戶開放】

문화 사람의 지혜가 깨이고 세상이 열리어 살기 좋아짐. ㉠문화의 발달. 비문명. 반미개. 【文化】

문화계 문화 활동에 관계되는 방면이나 분야. 【文化界】

문화 관광부 문화·예술·체육·청소년·출판·관광 등에 관한 일을 맡아보는 중앙 행정 기관.

문화권 하나의 문화가 근본적인 영향을 마치는 넓은 지역. ㉠불교 문화권. 【文化圈】

문화면 문화와 예술에 관련된 기사를 싣는 신문의 지면.

문화 국민 문화 생활하는 국민.

문화 민족 문화가 발달하는 겨레.

문화부 ①신문사나 방송국 등에서 문화와 예술에 관한 일을 다루는 부서. ②어떤 조직에서 문화를 담당한 부서. 【文化部】

문화 생활 과학적이고 합리적인 생활. 【文化生活】

문화 수준 어떤 나라나 사회에서 사람들이 문화 생활을 누리는 수준. ㉠문화 수준이 높다.

문화 시설 문화를 발전 시키는 데 필요한 시설. 도서관·박물관·극장 따위를 말함.

문화어 평양말을 중심으로 하여 정한 북한의 표준어. 【文化語】

문화 유산 다음 세대에 물려줄 모든 문화를 이르는 말. 【文化遺産】

문화인 ①학문이나 예술 등 문화에 관한 일에 종사하는 사람. ②높은 지식과 교양을 지닌 사람. 반야만인. 미개인. 【文化人】

문화재 문화적 가치를 지니고 있는 역사적인 유물〔유형 문화재와 무형 문화재, 기념물 및 민속 자료를 통틀어 이르는 말〕. 【文化財】

문화재 보호법 문화적 가치가 있는 사물의 보호에 관한 법.

문화적 문화의 모든 것을 갖춘 모양.

묻다[1][묻따] 물건을 흙이나 다른 물건 속에 넣어 안 보이게 하다. ㉠쓰레기를 땅에 묻다.

묻다[2] 가루·풀 등이 다른 물건에 들러붙다. ㉠옷에 먼지가 묻다.

묻:다[3](물으니, 물어서) 모르는 일에 대하여 남에게 대답을 구하다. ㉠나이를 묻다.

묻어나다[무더나다] 액체나 가루 따위의 물질이 다른 것에 들러붙어서 안 떨어지다. ㉠긴장해서 손바닥에 식은땀이 묻어난다.

묻히다[1][무치다] ①흙으로 덮여 가려지다. 매장되다. ㉠땅에 묻힌 김장독. ②어떤 상태나 환경에 휩싸이다. ㉠운동장이 어둠에 묻히다. ③어떤 장소에 틀어박히다. ㉠산림에 묻혀 여생을 보내다.

묻히다[2][무치다] 액체나 가루 따위를 무엇에 묻게 하다. ㉠인절미에 콩고물을 묻히다.

물[1] ①마시거나 먹는 액체, 곧 식수. 음료수. ②수소와 산소의 화합물로서, 색깔과 맛이 없는 액체(H_2O).

③밀물이나 썰물. ㉢갯벌에 물이 차기 시작했다.

물² 물고기의 싱싱한 정도. ㉢오늘 생선은 물이 좋다.

물³ 물감이 무엇에 묻어서 나타나는 빛깔. ㉢손톱에 봉숭아 물을 들였다.

물가¹[물까] 물건의 값. 상품의 가격. ㉢물가가 내리다. 【物價】

물가²[물까] 바다·강·내·못 등의 가장자리.

물갈이[물가리] 더러워진 물을 내보내고 새로운 물로 갈아 넣는 일.

물갈퀴 개구리·기러기·오리 따위의 발가락 사이에 있어서 헤엄치기에 알맞은 얇은 막.

물감 ①천에 물을 들이는 데 쓰이는 재료. 비염료. ②그림물감.

물개[물깨] 물개과의 바다 짐승. 길이가 수컷은 2m, 암컷은 1m 정도. 몸에는 지느러미가 있어 헤엄도 치고 걷기도 함. 북태평양에 많이 삶.

[물개]

물거름 액체로 된 거름. 액비.

물거품 ①물에 생기는 거품. ②노력이 헛되게 된 상태. ㉢모든 계획이 물거품이 되다.

물건 일정한 모양이 있는 모든 것. 비물체. 물질. 【物件】

물걸레 물에 적신 걸레. 반마른 걸레.

물것[물껃] 사람이나 동물의 살을 물어 피를 빨아먹는 벌레의 총칭〔벼룩·모기·이·빈대 따위〕.

물결[물껼] 물의 표면에 생기는 물의 높낮이. 비파도.

물결치다 파도처럼 연달아 흔들리며 움직이다.

물고기[물꼬기] 물에 사는 아가미와 지느러미가 있는 척추 동물을 통틀어 이르는 말.

물고늘어지다 ①자기의 목적을 위하여 힘껏 붙잡고 놓아 주지 않다. ②트집을 잡아 자꾸 캐묻거나 덤비다.

물관 식물의 뿌리로 빨아들인 물기와 양분을 줄기와 잎으로 보내는 관 모양의 조직.

물구나무서기 두 손을 땅에 대고 몸을 거꾸로 세우는 것.

물굽이[물꾸비] 하천·강 등에서 물이 구부러져 흐르는 곳.

물귀신[물뀌신] 물 속에 있다는 잡귀.

물기[물끼] 축축한 물의 기운. 비수분. 습기.

물기둥[물끼둥] 기둥처럼 솟구쳐 오르는 굵은 물줄기.

물긷다(물길으니, 물길어서) 물을 푸거나 뜨거나 받다. ㉢우물에서 물 긷는 처녀.

물길[물낄] ①배를 타고 오갈 수 있는 길. 비뱃길. ②물이 따라서 흐르는 길. 물을 흘려 보내는 통로. 비수로.

물꼬 논에 물이 넘어 들어가거나 흘러나가게 만들어 놓은 어귀. ㉢물꼬를 높이다.

물끄러미 아무 생각 없이. 우두커니 한 곳만 바라보는 모양. >말끄러미.

물끓듯하다 몹시 와글거리다.

물난리[물랄리] ①큰물이 져서 일어나는 야단법석이나 끔찍한 사고. ㉢강둑이 무너져 물난리가 나다. 비수해. ②먹을 물이 딸리어 우물이나 수돗물을 다투어 받으려고 하는 소동.

물놀이[물로리] 물에서 노는 짓. -하다.

ㅁ

물다(무니, 무오) ①당연히 내거나 주어야 할 것을 치르다. 내다. ㉠깨진 유리창 값을 물다. ②이나 부리·집게 등으로 어떤 물건을 마주 누르다. ㉠손가락을 물다.

물닭[물딱] 온몸이 검으며 부리는 엷은 분홍색이고 다리는 노랗고, 흔히 중부 이남에서 겨울을 나는 철새.

물독[물똑] 물을 담아 두는 독.

물동이[물똥이] 물을 긷는 데 쓰이는 동이.

물들다 ①빛깔이 옮아서 묻거나 배다. ㉠노랗게 물든 단풍. ②무엇을 따라 닮아가다. ㉠나쁜 친구에게 물들다.

물들이다[물드리다] 물들게 하다. 염색하다. ㉠머리를 노랗게 물들이다.

물때[1] ①아침과 저녁에 밀물과 썰물이 드나드는 때. ②밀물이 들어오는 때.

물때[2] 물에 섞인 더러운 물질이 물속에 있는 물건에 붙어서 생긴 때. ㉠그릇에 물때가 끼어 있다.

물량 물건의 적고 많은 정도의 양.

물러가다 ①뒷걸음쳐 가다. ②윗사람 앞에 왔다가 도로 나가다. ③지위나 하던 일을 내어 놓고 떠나다. ㉠직장에서 물러가다.

물러나다 하던 일이나 자리를 내어 놓고 나오다.

물러서다 뒤로 나서다. 뒷걸음질하다. ㉠뒤로 한걸음 물러서다.

물렁물렁하다 매우 무르고 물렁하다. ㉠물렁물렁한 빵. >말랑말랑하다.

물렁뼈 물렁한 여린 뼈. 뼈와 뼈가 이어지는 곳이나, 귀·코 등에 있음. 연골.

물렁하다 ①물기가 많고 야들야들하며 매우 부드러워 보이다. ②사람의 몸이나 성질이 맺힌 데가 없이 무르고 약하다. >말랑하다.

물레 솜이나 털을 자아서 실을 뽑는 기계.

물레방아 물의 힘으로 큰 바퀴를 돌려 곡식을 찧는 방아. ㉥물방아. 수차.

[물레방아]

옛날에 곡식을 찧는 데 쓰였던 기구

- **디딜방아**: 발로 디디어 곡식을 찧거나 빻게 된 방아.
- **맷돌**: 둥글넙적한 돌 두 짝을 포개어 곡식을 가는 데 쓰는 기구.
- **물레방아**: 떨어지는 물의 힘으로 바퀴를 돌려 곡식을 찧거나 빻는 기구.
- **연자매**: 둥글고 넓적한 돌판 위에 그 보다 작고 둥근 돌을 세로로 세워서, 이를 말이나 소 따위로 하여금 끌어 돌리게 하여 곡식을 찧는 기구.
- **절구**: 사람이 절굿공이로 곡식을 빻거나 찧으며 떡을 치는 기구.

물려받다 재물이나 지위 기술 등을 이어받다. ㉠도자기 만드는 기술을 물려받다. ㉡물려주다.

물려주다 재물이나 지위·기술 등을 자손이나 남에게 전하여 주다. ㉡물려받다.

물론 말할 것도 없이. ㉠축구는 물론 농구도 잘한다.

물류[물뉴] 물품을 빨리 필요한 데로 날라다 주고 임시로 보관하기도 하는 경제 활동을 말함. ㉠물류 센터. 【物流】

물리 ①모든 사물의 이치. ②'물리학'의 준말. 【物理】

물리다[1] 아주 싫증이 나다. ㉠이제 라면에 물렸다.

물리다[2] ①어떠한 약속을 뒤로 더 멀게 하다. ㉕운동회를 뒤로 물리다. ②지위나 권리·재산 따위를 다른 사람에게 내려주다.

물리다[3] 물건이나 자리를 뒤로 옮기다. ㉕밥상을 물리다.

물리다[4] ①벌금을 물게 하다. ㉕경찰이 신호 위반을 한 형에게 벌금을 물리다. ②세금을 내게 하다. 부과하다. ㉕정부는 외제차에 세금을 많이 물린다.

물리적 변화 물이 얼음으로 변하는 따위와 같이 바탕은 변하지 않고 모양이나 형태만 변화하는 현상. 반화학적 변화.

물리치다 ①쳐서 물러가게 하다. ㉕적군을 물리치다. ②거절하여 받지 아니하다.

물리치료사 물리적 작용〔열·전기·광선·엑스선·공기·온천 등〕을 이용해서 병을 치료하는 사람.

물리학 모든 물질에 대한 모양·성질·변함 등을 연구하여 그 관계나 법칙을 밝히는 학문. 이학. ㉥물리.

물리학과 물리학을 전문적으로 공부하는 대학의 한 과.

물막이[물마기] 물이 흘러들거나 넘쳐 나가지 않도록 막는 것. ㉕물막이 둑을 만들다.

물망초 습한 땅에서 잘 자라며, 흰색·자주색·남색의 작은 꽃들이 한데 모여 피는 꽃.

[물망초]

물매 한꺼번에 많이 때리는 매. ㉕괴한들에게 물매를 맞다. 비뭇매.

물물 교환 물건과 물건을 직접 바꾸는 경제 행위.

물물 교환 시대 개인이 만든 물건을 서로 바꾸어 쓰던 시대.

물미끄럼틀 주로 수영장에 있는, 물이 흐르는 미끄럼틀.

물밀듯이[물밀드시] 연달아 많이 몰려오는 모양. ㉕적군이 물밀듯이 쳐들어 왔다.

물바다 홍수로 말미암아 넓은 지역이 물에 잠긴 상태. 비물난리.

물받이[물바지] 함석과 같은 것으로 만들어 처마 끝에 달아서 빗물을 받아 한 곳으로 흘러내리게 하는 시설.

물방개 등은 흑색이고 밑부분과 다리는 황갈색이며 딱딱한 껍질을 가진 곤충. 죽은 개구리나 뱀 등의 살을 뜯어먹음.

물방아 ⇨물레방아.

물방울[물빵울] 물에서 떨어져 나온 작고 동글동글한 물의 덩어리.

물벼락 벼락이 떨어지듯이 갑자기 세게 쏟아지는 물.

물벼룩 민물 속에 헤엄쳐 다니는 아주 작은 동물. 물고기의 먹이가 됨.

물병[물뼝] 물을 담는 병, 마실 물을 담아 가지고 다니는 병.

물보라 안개 모양으로 잘게 흩어지는 물방울.

물불 '물불(을) 가리지 않다'와 같은 관용 표현에만 쓰임.

물불(을) 가리지 않다 ①어떠한 어려움이나 위험도 무릅쓰고 덤벼들다. ㉕소방관 아저씨들은 물불을 가리지 않고 사람들을 구해 낸다. ②어떤 일들의 옳고 그름을 헤아리지 않고 마구 행동하다. ㉕화가 난다고 물불을 가리지 않고 행동해서는 안 된다.

물뿌리개 꽃이나 채소 등에 물을 뿌릴 때 사용하는 기구.

물사정 상수도 물을 쓸 수 있는 형편. ㉕물사정이 좋지 않다.

물산[물싼] 그 지방에서 생산되는 물품. 여러가지 산업. 【物産】

ㅁ

물산 장려 운동 1922년 조만식 등 여러 민족 지도자들이 우리 자본과 기술로써 물건을 만들어 쓰게 하자는 뜻을 편 전국적인 민족 운동으로서, 국산품 장려·소비 절약·금주·금연·자급 자족 등을 통한 민족 경제 자립을 목표로 함.

물살[물쌀] 물의 흐르는 힘, 또는 그 속도. [예]배가 물살을 헤치고 떠났다.

물새[물쌔] 물 위나 물가에서 사는 모든 새를 통틀어 이르는 말.

물색 ①일을 해낼 만한 사람을 찾음. ②쓸 만한 물건을 고름. [예]좋은 책을 물색하다. -하다. 【物色】

물색없다[물쌕업따] 말과 행동이 어울리지 아니하다. [예]물색없는 소리 하지 마라.

물샐틈없다 ①꼭 막혀 조금도 빈틈이 없다. ②주위가 아주 엄밀하게 단속되어 있다. [예]물샐틈없이 보초를 서다.

물소[물쏘] 열대 지방에서 강이나 호수의 주변에 무리를 지어 사는 소와 비슷한 짐승.

[물소]

물소리[물쏘리] 물이 흐르거나 어디에 부딪칠 때 나는 소리.

물속[물쏙] 물의 속. [비]수중.

물수건[물쑤건] 물에 적셔서 얼굴과 손의 땀이나 먼지 따위를 닦는 데 쓰는 수건.

물수리[물쑤리] 등은 검은 갈색이며 머리는 희고, 물가에 살며 물고기를 잡아먹고 사는 나그네새.

물수레 ①길에서 먼지가 나지않게 물을 뿌리는 차. ②물을 싣고 다니는 수레.

물수세미 못이나 늪에서 무리 지어 자라며 줄기가 물 속 진흙으로도 벋고 물 위로도 뜨는 여러해살이 풀.

물시계[물씨계] 지난날에 물을 이용하여 시간을 재던 시계.

[물시계]

물심 양면 돕는 일의 물질적·정신적인 것의 두 면. 【物心兩面】

물씬 냄새나 기운이 갑자기 심하게 풍기거나 느껴지는 모양. [예]땀냄새가 물씬 나다.

물안개[무란개] 물기를 많이 머금어, 비가 오듯이 짙게 끼는 안개.

물안경[무란경] 헤엄칠 때 물 속을 잘 보기 위해 쓰는 안경 모양의 물건.

물약[물략] 액체로 된 약.

물어내다 어떤 일에 손해를 주거나, 물건을 망가뜨렸을 때, 돈이나 똑같은 물건으로 배상해 주는 것.

물어주다[무러주다] 남에게 끼친 손해의 대가를 갚아주다. 변상을 해주다. [예]손해를 물어주다.

물오리 오리과에 속하는 야생 오리의 총칭. 청둥오리.

물옥잠 늪·못·물가에 자라는 풀잎. 잎은 심장 모양인데 반들반들하고, 끝이 뾰족함. 타원형의 열매를 맺음.

물욕[무룍] 돈이나 물건을 탐내는 욕심. [예]물욕에 사로잡히다.

물위[무뤼] ①물의 표면. [예]물위를 달리는 모터보트. [비]수면. ②물이 흘러 내려오는 위편. [비]상류.

물음[무름] 묻는 것. 묻는 말. [예]다음 물음에 답하라. [비]질문. [반]대답.

물음표 묻는 말이나 의심을 나타낼 때에 그 말의 끝에 쓰는 부호. '?'의 이름. [비]의문표.

물의 어떤 일에 대한, 많은 사람들의

서로 다른 비판이나 불평. ㉠하찮은 일로 물의를 일으키다.
물이끼[무리끼] 물속·습지·축축한 바위 따위에 자라는 이끼.
물자[물짜] ①물건을 만드는 데 필요한 자료. ②물품. 【物資】
물장구 손이나 발등으로 물 위를 잇달아 치는 짓.
물장군 물에 사는 곤충 중 가장 큰 곤충. 몸은 납작하고 짙은 회색으로 개구리·물고기 등의 피를 빨아 먹음.
물장난 물에서 놀거나 물을 가지고 노는 장난. -하다.
물장수 길거리에서 먹는 물을 팔거나 집으로 물을 길어다 파는 사람.
물정[물쩡] 세상의 인심이나 사정. ㉠세상 물정에 어둡다.
물조심 물에 빠지는 사고를 당하지 않게 조심하는 것.
물줄기[물쭐기] ①물이 한데 모여 내나 강으로 흘러 나가는 줄기. ②힘있게 내뻗치는 물의 줄기.
물증 확실한 증거가 되는 물건. 반심증. 【物證】
물지게 물을 길어 나르는 데 쓰는 지게. 양끝에 물통을 달게 되어 있음.
물질[물찔] 물건의 형태와 성질. 물건을 이루는 본 바탕. 반정신. 【物質】
물질 만능주의 사람의 마음씨를 무시하고 돈만 많으면 무엇이든지 다 할 수 있다는 그릇된 생각.
물질 문명[물찔문명] 자연을 개척하고 물질을 기초로 하여 이루어진 문명. ㉠물질 문명의 사회. 반정신 문명. 【物質文明】
물질적[물찔쩍] 물질에 관한 것. ㉠물질적으로 풍요로운 집. 반정신적.
물집 손이나 발의 살가죽이 부르터 그 속에 물이 생긴 것.
물체 물질이 모여서 일정한 모양을 이루고 있는 것. 【物體】
물총 물을 넣어 내쏘도록 되어 있는, 권총 모양으로 만든 장난감.
물총새 강가의 벼랑이나 나뭇가지에 앉았다가 총알처럼 날쌔게 날아서 물속에 사는 물고기나 개구리 따위를 잡아먹음. 부리가 길고 색깔이 빛나는 하늘색인 작은 새.

[물총새]

물컹하다 너무 익거나 곯아서 뭉그러질 듯이 물렁하다.
물탱크 오랫동안 쓸 많은 물을 담아 두는 통.
물통 물을 담아 두는 통.
물푸레 나무가 단단하여 도끼·괭이 따위의 자루로 쓰며, 나무 껍질은 한약재로 쓰이는 잎지는 큰키나무.
물풀 '물 속이나 물가에 나는 풀'을 통틀어 이르는 말.
물품 쓸 만한 값어치가 있는 물건. ㉠물품 절약. 【物品】
묽다[묵따] 죽이나 풀 같은 것이 물이 많고 건더기가 적다. 반되다.
뭇매 여러 사람이 한 사람에게 한꺼번에 덤벼들어 때리는 매. 비몰매.
뭇 사람 여러 사람. 많은 사람.
뭉개다 물건을 문질러 으깨거나 짓이기다.
뭉게구름 아래는 평평하고 산봉우리처럼 치솟는 구름.
뭉게뭉게 구름이나 연기 같은 것이 계속 피어 오르는 모양.
뭉떵 한 번에 꽤 큰 덩어리로 뚝 자르거나 잘리어 끊어지는 모양. ㉠떡을 뭉떵 잘라 주다. >몽땅.
뭉뚝하다[뭉뚜카다] 굵직한 것이 끝이 짧고 무디다. ㉠손가락이 뭉뚝하다. 센뭉툭하다.
뭉뚱그리다 되는 대로 대강 뭉치어 싸다. ㉠봇짐을 뭉뚱그리다.

ㅁ

뭉실뭉실 통통하게 살져서 부드러운 느낌을 주는 모양. >몽실몽실. -하다.

뭉치 한 곳으로 똘똘 뭉치거나 뭉뚱그린 덩이. ㉠신문 뭉치.

뭉치다 ①여럿이 합쳐서 한 덩어리가 되다. ②여럿이 굳게 단결하다. 하나로 단결하다.

뭉클 큰 덩어리가 물렁거리는 모양. ㉠뭉클 손에 쥐어지는 것이 있어서 꺼내 보니 낙지였다. >몽클.

뭉클하다 깊은 느낌으로 가슴이 갑자기 꽉 차 넘치는 듯하다. ㉠소년 소녀 가장의 이야기를 들으니 가슴이 뭉클하다.

ㅁ

뭉텅 물체의 한 부분이 한 번에 꽤 큰 덩어리로 잘리거나 끊어지는 모양. ㉠쇠고기를 뭉텅 잘라주다.

뭉텅이 종이나 천 따위의 한데 뭉친 큰 덩이. ㉠신문 뭉텅이.

뭉툭하다[뭉투카다] ①끝이 짧고 무디다. ②생김새가 통통하면서 짤막한 모양. ㉠연필심이 뭉툭하다. >몽톡하다.

뭍[뭍] ①지구 표면에서 바다 위에 땅이 드러난 부분. ㉠배가 천천히 뭍으로 다가갔다. 비땅. 육지. 반바다. ②섬이 아닌 본토. ㉠섬과 뭍을 연결하는 다리.

뭍바람 육지에서 바다로 부는 바람. 육풍. 반바닷바람.

뭐: ①'무어'의 준말. ㉠너 지금 뭐 하고 있니? ②(사람을 낮추어 부르는 말로)어떤 사람. ㉠야, 넌 뭐야? ③뜻밖이어서 놀라움을 나타내는 말. ㉠뭐! 범인이 도망갔다고?

뭐:니뭐니해도 여러 가지 다른 것이 있을 터이지만. ㉠꽃 중에서 뭐니 뭐니해도 장미가 제일이다.

뭣:[뭗] ①'무엇'의 준말. ㉠뭣 하러 왔니? ②뜻밖이어서 놀라움을 나타내는 말. ㉠뭣! 내일 시험을 본다고?

뭣:하다[뭐타다] 조금 곤란하다. 난처하다. ㉠나 혼자 가기엔 좀 뭣하다.

뮤:지컬 춤·노래·무용·연극 등으로 이루어진 예술의 한 형식.

미:[1] ①아름다움. ㉠자연의 미. ②학교에서 학생들의 성적을 '수·우·미·양·가'의 다섯 등급으로 나눌 때 중간 등급. 【美】

미[2] '미국'의 준말. 【美】

미[3] 서양 음악의 7음 체계에서 세 번째 계이름. 【mi】

미각 맛을 느끼는 감각. ㉠미각을 돋우는 햇과일. 【味覺】

미간 얼굴에서 두 눈썹 사이의 부분. 비양미간. 【眉間】

미:감 아름다움에 대한 감각, 또는 아름답다는 느낌. 【美感】

미:개 ①문화가 발달하지 못한 모양. 비야만. 반개명. ②꽃이 피지 않음. 반개화. -하다. 【未開】

미:개인 문화가 발달되지 못한 인종. ㉠원시인은 미개인이다. 비야만인. 반문명인. 【未開人】

미:개척지 아직 개척하지 않은 땅. 준미개지. 【未開拓地】

미:결 ①아직 결정되거나 해결되지 아니함. ②죄가 있고 없음이 확정되지 않음. 반기결. -하다. 【未決】

미:관 아름다운 구경거리. 훌륭한 경치. ㉠도시의 미관을 해치다. 【美觀】

미관 말직 지위가 낮은 벼슬.

미국〖나라〗 북아메리카에 있는 연방 공화국. 아메리카 합중국. 수도는 워싱턴. 준미. 【美國】

미군 미국의 군대, 또는 군인.

미:궁 ①한 번 들어가면 복잡하여 쉽게 나올 수 없는 곳. ②문제나 사건이 복잡하게 얽혀서 쉽게 해결할 수 없는 상태. ㉠수사가 미궁에

빠지다. 【迷宮】

미꾸라지 논이나 늪의 진흙 속에 사는 민물고기. 몸길이는 5~15cm로 가늘고 길며 매우 미끄러움. 국을 끓여 먹음. 추어.

[미꾸라지]

미꾸리 등이 어두운 녹색이고 배는 누르스름하며 비늘이 없고, 미끄러우며 꾸물거리는 민물고기.

미끄러지다 반들반들하거나 미끄러운 곳에 밀려 나가거나 넘어지다. >매끄러지다.

미끄럼 얼음판이나 미끄럼틀 따위의 미끄러운 곳에서 미끄러지는 놀이. ㉠예은이가 놀이터에서 미끄럼을 타고 있다.

미끄럼틀 아이들이 앉아서 미끄러져 내려올 수 있도록 널빤지 따위로 경사지게 만든 놀이 시설. 미끄럼대.

미끄럽다 물기를 주거나 힘을 들이지 않아도 거침없이 밀려 나갈 만큼 번드럽다. ㉠언 길이 미끄럽다. >매끄럽다.

미끈거리다 자꾸 미끈미끈하다. ㉠미끈거리는 진창길. >매끈거리다.

미끈액 뼈마디의 뼈와 뼈 사이에 들어 있는 미끈미끈한 액체. 마디의 운동을 부드럽게 함.

미끈하다 ①겉모양이 흠이 없이 곧고 깨끗하다. ㉠미끈한 다리. ②미끄러울 정도로 흠이나 거침새가 없다. >매끈하다. **미끈히.**

미끌미끌 몹시 미끄러운 모양. >매끌매끌.

미끌미끌하다 표면이 미끄러질 만큼 상당히 미끄럽다. >매끌매끌하다.

미끼 습한 땅이나 무논에 자라는 여러해살이풀. 잎과 줄기는 먹음.

미나리 얕은 물속이나 축축한 땅에서 자라며 독특한 향기가 있고, 연하여 나물이나 양념으로 먹는 풀.

[미나리]

미나리아재비 산과 들에 나는 미나리아재빗과의 여러해살이풀. 미나리와 비슷한데, 높이는 30~60cm. 다섯 개의 꽃잎이 핌.

미:남 얼굴이 썩 잘 생긴 남자. ㉥호남. ㉦미녀. 추남. 【美男】

미:납 아직 내지 못함. ㉠전화 요금을 미납하다. -하다.

미네랄 칼슘·나트륨·인·철 따위의, 몸의 생리 기능에 필요한 광물성 물질. 【mineral】

미녀 얼굴이 아름다운 여자. 【美女】

미농지 닥나무 껍질로 만든 종이의 한 가지. 얇고 질기며 깨끗하고 흼. 【美濃紙】

미뉴에트 프랑스에서 생겨난 보통 빠르기의 아름다운 4분의 3박자의 춤곡. 【minuet】

미니 '작다'의 뜻으로 쓰이는 말. ㉠미니 버스. 미니 카세트. 【mini】

미니스커트 치마 끝이 무릎 위까지 올라오는 아주 짧은 치마. 【miniskirt】

미니카 ①아주 작은 자동차. ②어떤 자동차의 겉모습을 똑같이 본떠서 아주 작게 만든 것. 【minicar】

미:닫이[미다지] 옆으로 밀어 열고 닫는 문. ㉠미닫이문.

미:달 아직 어떤 한도에 이르지 못함. 못 미침. 모자람.

미:담 뒤에 전할 만한 아름다운 이야기. 【美談】

미:대 '미술 대학'을 줄인 말.

미:덕 아름다운 마음. 도덕적인 훌륭한 행동. ㉠길이 빛날 조상들의 미덕. ㉦악덕. 【美德】

미덥다(미더우니, 미더워서) 믿음성이 있다.

미동 약간의 움직임. 아주 작은 움직임. ㉠미동도 하지 않고 태연히 앉아 있다. 【微動】

미들급 권투 따위에서, 몸무게 별로 정한 체급의 한 가지. 아마추어는 71～75kg, 프로는 69.85～72.57kg까지임. 【middle級】

미디어 사회의 정보 전달 수단이 되는 신문·방송·광고 따위. ㉥매체. 【media】

미라 사람이나 동물의 시체가 바짝 말라 원래의 비슷한 상태로 남아 있는 것. 【mirra】

ㅁ

미:래 앞으로 닥쳐올 때. ㉠미래의 세계. ㉥장래. ㉦과거. 【未來】

미:래상 미래의 예상되는 모습. ㉠우리의 미래상을 그려 보자.

미량 아주 적은 분량. ㉦다량. 【微量】

미:려 아름답고 고움. －하다.

미련[1] 어리석고 둔한 태도나 행동. ㉠미련스러운 행동. －하다.

미:련[2] 잊어버리거나 그만두어야 할 것에 대해 여전히 남아 있는 끌리는 마음. ㉠쓸데없는 미련은 버려라. 【未練】

미련스럽다 어리석고 둔하다. ㉠미련스럽게 많이 먹다.

미:련없이[미려넙씨] 딱 잘라 단념하여. 미련을 가지지 않고. ㉠상한 음식은 미련없이 버려야 한다.

미련퉁이 꾀가 없이 매우 어리석고 둔한 사람. ㉥미련쟁이.

미:로 한번 들어가면 드나드는 곳이나 방향을 찾기에 매우 어렵게 된 길. 【迷路】

미루나무 버드나무에 속하는 갈잎넓은잎큰키나무. 줄기가 곧고 키가 커서 냇가나 가로수에 많이 심음. 포플러. ×미류나무.

미루다 ①이미 아는 것으로 다른 것을 비추어서 생각하다. ㉠지난 일로 미루어 짐작할 수 있다. ②일을 나중으로 넘기다. ㉠숙제를 뒤로 미루다. ③일이나 책임을 남에게 떠넘기다. ㉠심부름을 동생에게 미루다.

미루어보다 이미 알려진 것을 바탕으로 하여 다른 것을 알아보다. 짐작하다. ㉠그 동안 들은 얘기들로 미루어보아 잘못은 너에게 있는 것 같다.

미륵 돌로 만든 부처.

미륵 보살 56억 7천만년 후에 미륵불로 나타나 중생을 구한다는 보살. ㉨미륵.

미륵불 미륵 보살의 후신으로 다시 태어날 장래의 부처.

미륵사지 석탑 백제 시대의 대표적인 탑. 전라 북도 익산군 금마면 기양리의 미륵사터에 있음. 원래는 7～9층인 듯한데, 지금은 6층만이 남아있음.

[미륵사지 석탑]

미리 어떠한 일이 생기기 전에 먼저.

미리내 '은하수'의 순 우리말.

미리미리 미리 빨리. 일찍이 먼저. ㉠숙제를 미리미리 해 두어라.

미리보기 컴퓨터에서 화면을 통하여, 편집하거나 작성한 문서가 인쇄 될 전체적인 모양을 보여 주는 기능.

미:만 정한 수나 정도에 차지 못함. ㉠학생이 백 명 미만이다.

미:망인 남편이 죽고 홀로 사는 부인. ㉥과부. 【未亡人】

미:명 날이 밝기 전. 【未明】

미:모 아름다운 얼굴. 예쁜 얼굴. ㉠미모의 여인. 【美貌】

미모사 잎대에 길쭉한 작은 잎들이 마주 붙어 있고 건드리면 이내 시

드는 것처럼 늘어지는 한해살이 풀. 【mimosa】

미묘 이상하여 알 수 없음. ㉠미묘한 관계. -하다.

미묘하다 대강 또는 쉽게 다룰 수 없을 만큼 복잡하고 자질구레한 여러 사정들이 얽혀 있다. ㉠미주에 대한 내 감정은 복잡하고 미묘하다.

미물 작고 보잘것없는 벌레나 짐승.

미미하다 ①아주 보잘것 없이 썩 작다. ㉠미미한 가문에서 태어나다. ②매우 희미하다.

미:비 완전하지 못하거나, 제대로 갖추어져 있지 아니함. ㉠여행준비가 미비하다. -하다.

미쁘다 ①믿음성이 있다. ②미덥다. 믿음직하다. ㉠아들을 미쁘게 여기다.

미사 천주교에서 행하여지는 최대의 예배 의식. 【missa】

미사일 로켓이나 제트 기관으로 움직이며, 유도 장치에 의해 목표에 이르러 폭발하는 공격 무기. 【missile】

미:상 확실하게 알려지지 않음. ㉠작가 미상의 작품. 【未詳】

미색 쌀처럼 아주 연하게 노란 흰 빛깔. 【米色】

미생물 세균·짚신벌레·원충 등과 같이 현미경으로만 볼수 있는 작은 생물을 통틀어 이르는 말.

미:성년자 법률에서 아직 만 스무 살이 되지 않은 사람.

미:세 몹시 가늘고 작음. ㉠미세한 가루. -하다. 【微細】

미소 소리를 내지 않고 방긋이 웃는 웃음. ㉠입가에 미소를 머금다. ㉥폭소. -하다. 【微少】

미·소 공동 위원회 1946년과 1947년에 걸쳐 미국과 소련의 대표가 서울에 모여, 한국의 통일 문제를 논의한 회의.

미:수[1] 아직 다 거두지 못함. ㉠미수금. 【未收】

미:수[2] 자살·범죄 따위를 저지르려다가 하지 못하는 것. ㉠자살 미수. 살인 미수. 【未遂】

미수[3] 여든여덟 살. 【米壽】

미숙 ①일에 익숙하지 못하고 서투름. ㉥숙달. ②제대로 성숙하지 못함. ㉥성숙. -하다. 【未熟】

미:숙하다[미수카다] ①어떤 일이 익숙하지 않아 서투르다. ㉠아직은 운전이 미숙하다. ㉥능숙하다. ②아직 덜 성숙하다. ㉠40대의 눈으로 볼 때 20대는 아직도 미숙하다. ㉥성숙하다.

미:술 아름다움을 나타내는 예술의 한 부분. 곧, 그림·건축·조각 등을 통틀어 이르는 말. 【美術】

미:술가 그림·조각·공예 따위의 미술 작품을 전문적으로 창작하는 사람. 【美術家】

미:술계 미술가들의 사회. 미술의 사회. 【美術界】

미:술관 미술 작품을 보관하고 전시하는 건물. 【美術館】

미:술실 미술 과목을 실습하는 교실.

미:술전 미술 작품을 전시하여 구경시키는 행사. 전람회.

미:술품 그림·조각·공예 따위의 미술 작품이나 유물.

미숫가루 찹쌀·멥쌀·보리쌀 등 볶거나 쪄서 말리어 갈아 가루로 만들어 물에 타서 먹을 수 있게 만든 것.

미스[1] 결혼하지 않은 여자의 성이나 이름 앞에 붙이는 말. 양. ㉠미스 최. 【Miss】

미스[2] 실수. 실패. 착오. 【miss】

미스터 남자의 이름이나 주로 성앞에 붙이는 말. ㉠미스터 박. 【Mr.】

미시즈 〔결혼한 여자의 남편의 성 앞에 써서〕 '부인'의 뜻을 나타냄. 【Mrs】

ㅁ

미시시피 강 미국 중앙부의 남쪽으로 흐르는 세계에서 세번째로 긴 강. 길이 6,210km.
미:식가 맛있는 음식을 찾아 다니며 먹는 것을 취미로 하는 사람.【美食家】
미식 축구 미국에서 크게 인기가 있는 스포츠로, 11명이 한편이 되어 길쭉한 공을 손과 발로 다루어 상대편 집에 들어가면 점수를 따는 경기.

[미식 축구]

ㅁ

미신 과학적 근거가 없는 것을 망령하게 믿음. 【迷信】
미:심쩍다 일이 분명하지 못하여 마음에 거리끼거나 의심스럽다.
미아 길을 잃고 헤매는 아이.【迷兒】
미:안 ①마음이 편하지 못하고 거북함. ②남에게 대하여 겸연쩍은 마음이 있음. ③겸손의 뜻을 나타내는 말. ㉠약속 시간에 늦어서 미안하다. ㉡죄송. -하다. -히.【未安】
미약 보잘 것 없이 약함. 작고 약함. ㉠미약한 힘. -하다. 【微弱】
미얀마〖나라〗전 버마 연방 공화국. 인도차이나 반도 서부에 있는 연방 공화국. 1989년 6월 18일자로 국명을 미얀마 연합으로 변경. 수도는 양곤. 【Myanmar】
미얄할미 산대놀이에서 신할아비의 아내, 또는 그가 쓰는 말.
미어지다 ①팽팽하게 된 가죽이나 종이 등에 구멍이 생기다. ㉠옷이 못에 걸려 미어지다. ②심한 고통이나 슬픔을 느끼다. ㉠너무 슬퍼 가슴이 미어진다. ㉢미이다.
미역 국을 끓여 먹는 바다에서 나는 풀. 칼슘이 많이 들어 있어 아기를 낳은 어머니나 아이들에게 좋음.
미역감다 냇물이나 강물에 들어가서 놀거나 몸을 씻다. ㉢멱감다.
미역국 미역을 넣고 끓인 국.
미열 건강한 몸의 온도보다 조금 높은 체온. 【微熱】
미:완성 끝을 다 맺지 못함. 아직 완성하지 못함. ㉠미완성 작품. ㉣완성. ㉢미완. -하다. 【未完成】
미:용 용모를 아름답게 매만지는 일. -하다. 【美容】
미:용사 남의 머리를 다듬고 화장하는 일을 직업으로 하는 사람.
미:용실 머리를 아름답게 다듬고 매만져 주거나 염색·파마 따위를 해 주는 업소. ㉡미장원.
미:용 체조 몸매를 아름답게 하기 위하여 하는 여러 가지 체조.
미움 밉게 여기는 마음.
미워지다 미운 생각을 가지게 되다. 싫어지다.
미워하다 밉다고 여기고 싫어하다.
미음[1] 쌀이나 잣을 넣어 푹 끓인 죽을 이르는 말. 【米飮】
미음[2] 한글의 닿소리 글자인 'ㅁ'의 이름.
미:인 얼굴이 아름다운 여자. ㉠미인 선발 대회. ㉡미녀. 미희. ㉣미남. 추녀. 【美人】
미장원 머리나 얼굴 모습을 아름답게 매만져 주는 일을 영업으로 하는 집. ㉡미용실. 【美粧院】
미장이 집을 짓거나 고칠 때 흙이나 회·시멘트 등을 벽이나 바닥에 바르는 일을 직업으로 하는 사람.
미적미적[미정미적] 해야 할 일을 곧 하지 않고 미루면서 망설이는 모양.
미:정 아직 결정하지 못함. ㉣기정.
미제 미국에서 만든 것. ㉠미제 과자. 【美製】
미주〖지명〗아메리카 주. 【美洲】
미주알 항문을 이루는 창자의 끝 부분.

미주알고주알 아주 하찮은 일까지 속속들이 알아내려고 하는 모양.

미:지 아직 모름. 알지 못함. ㉥미지의 세계. 【未知】

미지근하다 따스한 기운이 조금 있는 듯하다. ㉥세숫물이 미지근하다. 미지근히.

미:지수 ①짐작할 수 없는 앞일의 속셈. ②방정식에서 아직 알려지지 않은 수. 반기지수. 【未知數】

미:지항 산수 식에서 그 값을 알수 없는 항.

미진[1] 아주 약한 지진. 반강진.【微震】

미진[2] ①아주 작고 쓸모 없는 물건. ②아주 작은 티끌이나 먼지.【微塵】

미:진하다 아직 모두 끝나지 않은 데가 있다. ㉥미진한 이야기.

미처 미리. ㉥미처 몰랐다.

미천하다 신분이나 지위가 낮고 천하다.

미추홀 '인천'의 옛이름.

미치광이 ①미친 사람. ②말이나 행동이 가볍고 미친 것 같은 사람.

미치다[1] ①정신에 이상이 생겨 말과 하는 짓이 이상하다. ②어떤 일에 지나치게 열중하다.

미치다[2] ①어떤 한 곳에 이르다. ②영향을 끼치게 되다.

미친 듯이 미친 사람처럼. ㉥미친 듯이 소리 지르며 뛰어가다.

미:터 길이의 기본 단위. 기호는 'm' 〔1m는 100cm〕. 【meter】

미:터법 도량형을 미터·센티미터·킬로그램 등의 단위로 나타내는 방법으로 오늘날 널리 사용하고 있음.

미투리 삼이나 모시·노끈 등으로 만든 신.

[미투리]

미트 야구에서, 포수나 1루수가 공을 받을 때 쓰는, 엄지 손락만 떨어져 있고 나머지는 전부 붙은 글러브. 【mitt】

미팅 사교적인 목적으로 여러 남녀가 함께하는 모임. 【meeting】

미:풍[1] 아름다운 풍속. 좋은 풍속. 미속. 반악풍. 【美風】

미풍[2] 살살 부는 바람. 세풍. 반강풍.

미:풍 양속 예로부터 전해지는 아름답고 좋은 풍속. 【美風良俗】

미:필 어떤 일을 아직 다 끝내지 못함. ㉥병역 미필자. -하다.

미행 남의 행동을 감시하기 위해 그 사람 몰래 뒤를 따라다님. ㉥범인을 미행하다. -하다.

미:혼 아직 결혼을 하지 않음. ㉥미혼 여성. 반기혼. 【未婚】

미:화 아름답게 꾸미는 일. ㉥환경 미화 작업. -하다.

미:화부 교실의 안팎, 또는 학교 안팎을 깨끗하고 아름답게 꾸미는 일을 맡은 어린이회의 한 부.

미:화원 거리·공공 건물 따위를 청소하는 일을 직업으로 하는 사람.

미:확인 비행 물체 정체를 알수 없는 비행 물체〔비행 접시 따위〕. 유에프오(UFO).

미:흡 아직 충분하지 못함. -하다.

믹서 과일이나 채소 따위를 잘게 가는 데 쓰이는 전기 기구. 【mixer】

민가 일반 서민들이 사는 살림집. 민호. 【民家】

민간 관이나 군대에 속하지 않은 일반 백성들의 사회. 【民間】

민간 구조대 일반 국민들이 사고나 재해에 대비해서 만든 단체.

민간 단체 일반 국민들에 의하여 이루어진 모임. 반국영 단체.

민간 무역 정부가 끼지 아니하고 민간 자본으로 민간 업자에 의하여 외국과 직접 행하는 무역. 반정부 무역.

민간 방송 민간 자본으로 설립하여 광고료 따위로 경영하는 방송. 반공공 방송. 준민방.

ㅁ

민간 설화 예로부터 입에서 입으로 민간에 전해 내려오는 이야기. 비 민담.

민간 신앙 예로부터 민간에 전하여 내려오는 신앙.

민간 외교 스포츠나 예술을 통하여 민간인끼리 친선 관계를 유지하는 외교.

민간 요법[민간뇨뻡] 민간에서 예로부터 전해 내려오는 병의 치료법〔침술·뜸질 따위〕.

민간인 관리나 군인이 아닌 보통사람. 반 관인. 【民間人】

ㅁ

민감 감각이 예민함. 날카롭고 빠른 감각. 예 민감한 행동. 반 둔감. –하다. –히.

민권[민꿘] 국민이 신체·재산 따위를 보호 받고 정치에 참여하는 권리. 【民權】

민권주의[민꿘주의] ①국민의 권리를 높이는 것을 목적으로 하는 주의. ②정치에 참여하는 권리를 모든 국민에게 평등하게 주자는 주의. 삼민주의의 하나. 【民權主義】

민꽃식물[민꼳씽물] 꽃이 피지 않고 홀씨로 번식하는 식물〔세균·곰팡이·양치식물 따위〕.

민단 '거류 민단'의 준말. 외국의 일정한 곳에 살고 있는 같은 겨레로서 조직된 자치 단체. 【民團】

민담 예로부터 민간에 전해 내려오는 신화·전설·동화 따위를 통틀어 이르는 말. 비 민간 설화.

민둥산 나무가 없어 흙이 드러난 산. 비 벌거숭이산.

민들레 길가나 들판에 자라는 풀. 봄에 긴줄기 끝에 노란 꽃이 피고, 씨앗은 바람에 날려 번식함.

[민들레]

민란[밀란] 옛날에, 못된 정치에 대항하여 백성들이 일으키는 폭동.【民亂】

민망 답답하고 딱하여 걱정스러움. –하다. –스럽다. –히.

민며느리 며느리로 삼기 위해 미리 데려다 키우는 여자 아이.

민물 물에 있는 짜지 않은 물. 비 담수. 반 바닷물.

민물고기[민물꼬기] 민물에서 사는 고기〔붕어·메기·뱀장어·잉어 등〕. 비 담수어. 반 바닷물고기.

민박 관광지나 유원지에서 돈을 받고 손님을 묵어가게 하는 일반집. 민가에서 숙박 하는 것. 【民泊】

민방위 국민들이 스스로 적의 공격이나 재난을 막아 내는 일.

민방위대 민방위를 위하여 일반 국민들로 조직한 단체.

민방위 훈련 적의 공격이나 재난에 의한 여러 가지 사태에 대비하기 위하여 실시되는 훈련.

민법[민뻡] 개인이나 사회 생활에 관한 일반 법률. 【民法】

민병 평상시에는 생업에 종사하고, 전쟁 등이 일어났을 때에만 군복무에 종사하는 군대, 또는 그 대원. 예 민병대. 【民兵】

민비 ⇨명성 황후.

민사 ①민법에 따라 처리될 일. 예 민사 소송. ②관리나 군인이 아닌 보통 사람에 관한 일. 【民事】

민사 재판 국민들 사이에서 범죄가 아닌 사사로운 재산 문제 등으로 권리 다툼이 생겼을 때 하는 재판. 반 형사 재판.

민생 일반 국민의 생활. 예 민생 치안에 힘쓰다. 【民生】

민생고 일반 국민 생활의 어려움.

민생주의 사회의 모든 계급적 압박을 없애고 백성들의 생활을 풍족하게 하려는 주의. 삼민주의의 하나.

민선 일반 국민이 어떤 대표를 직접 선출함. –하다. 【民選】

민속 일반 백성들의 풍속과 습관. 민간의 풍속. 민풍. 【民俗】
민속 놀이 각 지방의 생활과 풍습이 나타나 있는 놀이〔그네 뛰기·윷놀이·씨름 등〕.
민속 무용[민송무용] 각 지방의 생활과 풍속을 내용으로 민간에 전해 오는 무용.
민속 박물관 조상들의 풍속·습관·생활 모습 등에 관한 자료나 도구 등을 모아 놓은 곳.
민속 신앙 오랫동안 전해 내려오는 사이에 백성들의 습관이 되어 믿고 받드는 일.
민속 음악 옛날부터 민간에 전해 내려오는 그 민족만의 음악.
민속 의상 한국의 한복과 같이 어떤 민족이 옛날부터 입어온, 그 민족을 나타내는 옷.
민속 자료 백성들이 생활해 온 모습을 알 수 있는 자료.
민속촌 민간에 전해 오는 풍습·산업·예술 등을 옛 모습대로 보존하여 일반에게 구경시키는 마을. 용인군 기흥읍 보라리에 있음.
민속춤 오래 전부터 한 고장에서 주민들 사이에서 전해 내려오는 춤.
민속품 보통 사람들의 생활과 풍속이 잘 나타나 있는 상품.
민심 국민들의 마음. 백성들의 마음. ㉥민심이 천심이다. 【民心】
민어[미너] 몸은 길쭉하고 통통하며 빛깔은 검은 잿빛으로, 회나 국거리로 좋은, 꽤 큰 바닷물고기. 【民魚】
민영 민간인이 경영함. 【民營】
민영환〖사람〗[1861~1905] 조선 말기의 충신. 시호는 충정공. 을사조약이 체결되자 조약의 효력을 없앨 것을 상소하였다가 뜻을 이루지 못하자 유서를 남기고 스스로 목숨을 끊음. 【閔泳煥】
민요[미뇨] 옛날부터 전하여 오는 노래. 그 나라 국민의 마음과 고유한 풍습이 소박하게 담겼으며, 그 민족 특유의 가락으로 표현됨〔아리랑·도라지 타령·경복궁 타령 등〕.
민요집[미뇨집] 민요를 모아 엮은 책. 【民謠集】
민원 주민이 행정 기관에 처리해 주기를 요구하는 일. 【民願】
민원실 민원 사무를 접수·처리하는 관청의 한 부서.
민의 국민의 뜻. ㉥민의를 반영하다.
민의원 5·16 군사 정변 이전의 국회의 양원 중의 하나.
민정[1] 군인이 아닌 민간인에 의한 정치. ㉤군정. 【民政】
민정[2] 국민들이 살아가는 사정과 형편. ㉥민정을 살피다. 【民情】
민족 같은 지역에서 오랫동안 공동생활을 함으로써 말과 습관 따위가 같은 사람의 무리. ㉥겨레. 【民族】
민족 국가 같은 민족이 하나의 국가를 이루고 있거나, 한 민족이 국민의 대다수를 이루고 있는 상태의 국가. 【民族國家】
민족 기록화 우리 민족의 역사적인 사실을 상상하여 그린 그림〔한산대첩도·살수대첩도 등〕.
민족 기업 외국의 자본에 의지하지 않고 그 민족의 자본으로 스스로 경영하는 기업.
민족 문화 한 민족의 말·풍습 등을 토대로 이루어진 독특한 문화.
민족성 그 민족만이 가지고 있는 독특한 성질. ㉥국민성. 【民族性】
민족애 같은 민족끼리의 믿음과 사랑. 【民族愛】
민족 운동 민족의 통일이나 독립을 이룩하고, 민족이 당연히 누려야 할 권리를 되찾기 위하여 하는 운동.
민족 자결주의 미국의 제28대 대통령인 윌슨이 제창한 주의. 곧, '어느

ㅁ

한 민족이 스스로 한 나라를 세우느냐, 또는 다른 나라에 속하는냐 하는 문제는 그 민족 자체가 결정짓는 주의'를 말함〔이 주의는 3·1 운동을 일으킨 배경 사상이 되기도 했음〕. 【民族自決主義】

민족적 온 민족에게 관계되거나 포함되는 모양. ㉮6·25 전쟁은 민족적 비극이다. 【民族的】

민족 정기 민족의 얼이 깃든 바르고 큰 기운. 【民族精氣】

민족 정신 ①그 민족의 가지고 있는 정신. ②한 민족은 하나로 뭉쳐서 독립해 나가야 한다는 생각.

ㅁ

민족 종교 주로 어떤 한 민족에게만 신앙되는 종교. 창시자의 이름이 알려지지 않고, 민족의 성립과 더불어 형성되고 성장한 종교.

민족주의 다른 민족의 지배에서 벗어나 같은 민족으로서 나라를 이루려는 주의. 비국민주의. 반공산주의. 독재주의.

민족 중흥 쇠퇴하였던 민족의 힘을 불러일으켜 다시 성하고 기운차게 함.

민족혼 어느 한 민족만이 지니고 있는 고유한 정신.

민주 ①국민이 주권을 가지고 있는 체제. 민주주의. ②민주적이고 자립적인 주권을 행사하든가 주장하는 것. ㉮민주 시민. 【民主】

민주 공화국 주권이 국민 전체에게 있는 공화국.

민주 국가 주권이 국민에게 있는 나라. 민주주의 정치를 하는 나라. ㉮우리 나라는 민주 국가이다. 반독재 국가. 군주 국가.

민주적 민주주의의 정신이나 방법에 알맞은 것. ㉮문제를 민주적으로 해결하자. 【民主的】

민주 정치 주권이 국민에게 있고, 국민의 의사에 따라 행하여지는 정치. 반전제 정치.

민주주의 국민이 주권을 가지고 국민의 힘으로 국민 전체의 이익을 위하여 정치를 하는 주의. 비민본주의. 반전제주의. 독재주의. 공산주의. 【民主主義】

민주화 정치 체제나 사고 방식을 민주주의적으로 되게 함. -하다.

민중 국가나 사회를 이루고 있는 일반 국민. 비국민. 【民衆】

민첩 재빠르고 날램. ㉮민첩하게 행동하다. -하다. -히.

민첩성 재빠른 성질.

민폐 민간에게 폐가 되는 일.

민화[1] 일반 서민들의 생활 모습 등을 소재로 하여 그린, 민간에 전하는 그림. 【民畫】

민화[2] 일반 서민들의 사이에서 전해 내려오는 이야기. 【民話】

민활 날쌔고도 활발함. ㉮민활하게 움직이다. -하다. -히. 【敏活】

민휼 불쌍한 사람을 도와줌. 【憫恤】

믿다[믿따] ①꼭 그렇게 여겨 의심하지 않다. ②마음으로 의지하다. ③신이나 종교를 받들고 따르며 의지하다. ㉮하나님을 믿다. 반의심하다.

믿음[미듬] 믿는 마음. ㉮친구 사이에는 믿음이 있어야 한다. 비신의. 반의심.

믿음직하다 믿을 만한 성질이 있다. ㉮믿음직한 국군 용사.

믿음직스럽다[미듬직쓰럽따] 느끼기에 믿음직하다.

밀 벼과의 한두해살이 재배 식물. 높이는 1m 가량이고, 5월에 꽃이 핌. 열매는 빻아 밀가루를 만듦. 본참밀.

[밀]

밀가루 밀을 가늘게 빻아 만든 가루.

밀감 귤나무의 열매. 비귤. 【蜜柑】

밀고 비밀히 알림. 남몰래 넌지시 일

러바침. 고자질. -하다. 【密告】

밀기울[밀끼울] 밀을 빻아서 체로 쳐서 가루를 내고 남은 찌끼. 곧, 밀의 껍질이 많이 섞인 것.

밀:다(미니, 미오) ①힘을 주어 앞으로 나아가게 하다. ㉥자전거를 뒤에서 밀다. 반당기다. ②바닥을 반반해지도록 깎다. ㉥대패로 나무를 밀다. ③추대하거나 추천하다. ㉥수빈이를 반장으로 밀다. ④가루 반죽을 얇고 넓게 펴다. ㉥칼국수를 만들려고 밀가루 반죽을 얇게 밀다.

밀담 비밀스럽게 하는 말. 은밀히 의논함. -하다. 【密談】

밀도 일정한 장소나 공간 안에 들어 있는 어떤 사물의 빽빽한 정도. ㉥인구 밀도. 【密度】

밀레〖사람〗[1814～1875] 프랑스의 유명한 화가. 농민 출신으로 스스로 농사를 지으면서 그림 그리기에 힘써 주로 농민과 농촌을 소재로 하여 종교적인 그림을 많이 그렸음. 〈이삭 줍기〉〈만종〉〈씨뿌리는 사람들〉 등의 그림이 유명함. 【Millet】

밀려가다 ①여럿이 한꺼번에 몰려서 가다. ㉥학생들이 교실 쪽으로 밀려가다. ②떼밀려서 가다. ㉥경기가 끝나고 많은 사람들에게 밀려가다. 반밀려오다.

밀려나다 ①어떤 자리에서 몰리거나 쫓겨나다. ②어떤 힘에 의해서 떼밂을 당하거나 서 있던 자리에서 다른 방향으로 비켜가다.

밀려나오다 여럿이 한꺼번에 몰려나오다. ㉥경기장에서 관중들이 물밀 듯이 밀려나오다.

밀려들다 ①한꺼번에 많이 몰려서 오다. ㉥먼저 차에 타려고 사람들이 밀려들다. ②물결이나 바람이 갑자기 세차게 움직여 오다. ㉥파도가 해변으로 밀려들다.

밀려오다 ①무엇의 힘에 떼밀려서 오다. ㉥바람에 파도가 밀려오다. ②한꺼번에 떼지어서 몰려오다. ㉥환영 인파가 밀려오다.

밀렵 허가를 받지 않고 몰래 사냥함, 또는 그런 사냥.

밀렵꾼 허가를 받지 않고 몰래 사냥을 하는 사람. 비밀렵자.

밀리그램 질량의 단위로 1g의 1,000분의 1. 기호는 'mg'. 【miligram】

밀리다1 미처 다 처리하지 못하여 일이나 물건이 쌓이다. ㉥일기가 밀리다.

밀리다2 떼밂을 당하다. ㉥강한 힘에 멀리 밀리다.

밀리리터 용량의 단위로 1리터의 1,000분의 1. 기호는 'ml'.【mililter】

밀리미터 길이의 단위로 센티미터를 열로 나눈 하나. 기호는 mm. 준밀리. 【millimeter】

밀림 큰 나무들이 빽빽이 들어찬 수풀. 비정글. 【密林】

밀매 어떤 물건을 몰래 사고 팖. ㉥마약 밀매. 【密賣】

밀:물 일정한 시각에 밀려 들어오는 바닷물. 하루에 두 번씩 밀려 들어옴. 반썰물.

밀봉 단단히 봉함. -하다. 【密封】

밀봉 교육 일정한 기간 동안 일정한 곳에 수용하여 비밀로 행하는 간첩 교육.

밀사[밀싸] 특별한 사명을 띠고 비밀히 보내는 심부름꾼. 【密使】

밀서[밀써] 비밀히 보내는 글.

밀수[밀쑤] 세관을 거치지 않고 비밀히 하는 수입과 수출.

밀실[밀씰] 아무나 함부로 드나들지 못하게 하고 몰래 쓰는 방. 【密室】

밀어 남이 알아듣지 못하게 비밀히 하는 말. ㉥수빈이와 예은이는 밀어를 나누고 있다. 【蜜語】

ㅁ

밀어내다[미러내다] ①밀어서 밖으로 나가게 하다. ②압력을 가하여 어떤 지위나 자리에서 물러나게 하다.

밀어넣다[미러너타] 밀어서 안으로 넣다.

밀어닥치다[미러닥치다] 여러 사람이나 일이 한꺼번에 몰려 다다르다. ㉹손님이 갑자기 밀어닥치다.

밀어붙이다[미러부치다] ①한쪽으로 세게 밀다. ㉹망가진 책상들을 구석으로 밀어붙이다. ②남의 사정을 생각하지 않고 자기 생각대로 고집스레 행하다. ㉹바쁜 일이 있어도 모임을 밀어붙이다.

ㅁ

밀잠자리 잠자리의 한 종류로 가을 하늘에 떼지어 날아다님. 농촌에서 많이 볼 수 있음.

밀접[밀쩝] 사이가 아주 가까움. 서로 떨어질 수 없는 관계에 있음. ㉹날씨는 우리의 생활과 밀접한 관계를 맺고 있다. -하다. -히. 【密接】

밀정[밀쩡] 몰래 남의 사정을 살핌, 또는 그 사람. ㊕첩자. -하다.

밀집 빽빽하게 모임. ㉹음식점이 밀집해 있는 거리. -하다.

밀짚[밀찝] 밀알을 떨고 난 밀의 줄기.

밀짚모자 밀짚이나 보릿짚으로 위가 둥글고 챙을 넓게 만든 여름 모자.

[밀짚모자]

밀착 ①빈틈 없이 서로 달라붙음. ②서로의 관계가 매우 가까운 것. -하다. 【密着】

밀채 무엇을 미는 데 쓰는 채.

밀:치다 세게 밀다. ㉹사람들을 밀치고 안으로 들어가다.

밀크 우유. 【milk】

밀크 셰이크 우유에 아이스크림·설탕·향료·얼음 따위를 넣어 만든 청량 음료. 【milk shake】

밀폐 틈이 없이 꼭 막거나 닫음. ㉹밀폐된 방. -하다. 【密閉】

밀항 허락없이 몰래 배를 타고 외국으로 감. -하다. 【密航】

밀회 몰래 모이거나 만남. 특히 남녀가 몰래 만나는 것. -하다.

밉다(미우니, 미워서) ①마음에 들지 않고 비위에 거슬려 싫다. ②얼굴이나 생김새가 볼품없다. ㊉곱다.

밉살스럽다 미움을 받을 만한 데가 있다. ㉹고자질을 잘 하는 동생이 밉살스럽다.

밉상 ①밉게 생긴 얼굴. ②보기 싫은 태도. ㉹그는 하는 짓마다 밉상이다.

밋밋하다[민미타다] ①생김새가 미끈하게 곧고 길다. ㉹밋밋하게 자란 나무. ②별로 특색이나 변화가 없이 평범하다.

밍밍하다 음식 맛이 몹시 싱겁다. ㉹찌개가 밍밍하다.

밍크 ①털가죽을 외투나 목도리 등을 만드는 데에 쓰는 족제비 비슷한 한대 지방의 동물. ②밍크의 털가죽으로 만든 옷. 【mink】

및[믿] 그리고. 그 밖에. 또. ㉹이름 및 주소를 쓰세요.

밑[1][믿] ①물체의 아랫부분이나 아래쪽. ㉹책상 밑이 어둡다. ㊉위. ②일의 근본. ③밑바닥. ㉹밑 빠진 독에 물 붓기.

밑[2][믿] 4^3, 5^3 따위에서 '4, 5'와 같이 거듭 곱해질 수.

밑각[믿깍] 이등변삼각형에서 크기가 같은 두 각.

밑거름[믿꺼름] 농작물의 씨를 뿌리거나 모를 내기 전에 내는 거름. ㊕기비. 원비.

밑그림[믿끄림] ①모양의 대충만을 초잡아 그린 그림. ②수를 놓도록 종이나 헝겊에 그린 그림.

밑금[믿끔] 가로로 쓴 글에서 중요한 단어나 문장 밑에 잇따라 긋는 금. 비밑줄.
밑깍기 나무의 밑부분에 돋아있는 잔가지를 자르는 일.
밑넓이[민널비] 원기둥·원뿔·각뿔 따위의 입체도형에서 밑면의 넓이. 비밑면적. 반윗넓이.
밑돌다[믿똘다] 어떤 정도나 수준에 미치지 못하다. 예목표를 밑도는 실적.
밑동 ①나무의 아래쪽. ②채소나 나물 따위의 뿌리. 예배추의 밑동을 자르다. ×밑둥.
밑둥치[믿뚱치] 나무의 뿌리에 가까운 맨 밑부분. 예소나무의 밑둥치를 톱으로 자르다.
밑면 밑바닥을 이루는 평면. 반윗면.
밑면적[민면적] 원기둥·각기둥·원뿔·각뿔 따위의 밑면의 넓이. 비밑넓이.
밑바닥 ①그릇이나 물체의 바닥이 되는 밑부분. ②사회 생활에서 매우 낮은 지위나 자리를 이르는 말.
밑바탕 ①사물의 근본 바탕. ②사람의 타고난 근본 바탕. 비본바탕.
밑반찬 만들어서 오래 두고 언제나 손쉽게 내먹을 수 있는 반찬〔장아찌·자반 등〕.
밑받침 밑에 받치는 물건. 예접시를 화분 밑받침으로 쓰다.
밑변 삼각형이나 사다리꼴의 밑바닥을 이루는 변. 비저변.
밑부분[믿뿌분] 물체의 아래쪽 부분.
밑씨[믿시] 꽃의 암술에 있어, 정받이한 뒤에 자라서 씨가 되는 기관.
밑줄 드러냄표의 한 가지. 주의를 끌기 위하여, 가로쓰기의 글귀 아래에 긋는 줄. 비밑금.
밑지다 들인 밑천을 다 건지지 못하다. 손해를 보다. 예밑지는 장사. 반남다.
밑창 ①신의 바닥 밑에 붙이는 창. 반속창. ②배나 그릇 따위의 맨 밑바닥을 속되게 이르는 말.
밑천 ①장사나 무슨 일을 하는데 필요한 돈이나 물건. 예밑천이 많이 드는 사업. ②본전.
밑층 아래층. 하층.
밑판 밑에 대는 판. 밑이 되는 판.

ㅂ

ㅂ(비읍) 한글 닿소리(자음)의 여섯째 글자.

-ㅂ니다 어떠한 동작이 현재 계속되고 있음을 나타내는 말. ㉥학교에 갑니다.

-ㅂ디까 지난 일을 돌이켜 묻는 뜻을 나타내는 말. ㉥철수는 무엇을 합디까?

-ㅂ시다 같이 행동하기를 원할 때 쓰이는 말. ㉥조용히 합시다.

바[1] 알맞은 행동이나 방법. ㉥어찌할 바를 모르다.

바[2] '밧줄'의 준말.

바가지[1] 물을 푸거나 물건을 담는 그릇〔박을 타서 속을 파내고 삶아서 말린 것과 플라스틱 등으로 만든 것이 있음〕.

바가지[2] 터무니없이 비싼 요금이나 물건 값. ㉥바가지 요금.

바가지긁다 ①남의 잘못을 몹시 나무라다. ②잔소리를 듣기 싫도록 하다. ㉥바가지긁는 엄마.

바가지쓰다 남의 속임수에 걸리어 부당하게 많은 돈을 치르거나 도맡아 책임을 지게 되다. ㉥피서지에서 바가지쓰다.

바겐 세일 보통 때에 받던 가격에서 훨씬 싸게 하여 특별히 파는 일. 특매. 【bargain sale】

바구니 대오리나 싸리로 둥글고 속이 깊게 엮어 만든 그릇.

바:구미 쌀·보리 따위를 파먹는 벌레.

바그너〖사람〗[1813~1883] 독일의 낭만파 가극 작곡가. '가극의 왕'이라고 불림. 작품에는 〈탄호이저〉 〈로엔그린〉 등이 있음. 【Wagner】

바글거리다 사람·짐승·벌레 따위가 한 곳에 많이 모여 시끄럽고 무질서하게 들끓다. 우글거리다. ㉥해수욕장에 사람들이 바글거리다. ‹버글거리다. ㉳빠글거리다.

바글바글 ①적은 양의 액체가 자꾸 끓어오르는 소리나 모양. ②사람·짐승·벌레 따위가 많이 모여 움직이는 모양. ㉥바퀴벌레가 바글바글하다. ‹버글버글. ㉳빠글빠글. -하다.

바깥 문 밖이 되는 곳. 밖으로 향한 쪽. ㉥바깥으로 나가다. ㉯안.

바깥일[바깐닐] ①집이 아닌 직장에서 하는 일. ㉥늦도록 바깥일을 하다. ②집 밖에서 일어나는 세상의 일. ㉥바깥일이 궁금하다.

바깥쪽 바깥으로 들어난 쪽. ㉯안쪽.

바깥출입[바깓추립] 집 밖으로 나다니는 일. ㉥바깥출입을 삼가다.

바꾸다 ①어떠한 물건을 주고 그대신 딴 물건을 받다. ②변화시키다. ㉥색깔을 바꾸다. ③변경하다. ㉥설계를 바꾸다.

바꿔치다 남들이 모르는 사이에 무엇을 다른 것으로 슬쩍 바꾸다. ㉠가방을 바꿔치다.

바뀌다 ①'바꾸이다'의 준말. ㉠장면이 바뀌다. ②서로 바꾸어지다. ㉠야간 근무로 밤낮이 바뀌다.

바뀜꼴 '가다', '높다' 따위의 말이 '가는', '가', '갑니다', '높은', '높아', '높습니다' 등으로 바뀐 여러 꼴들을 통틀어 이르는 말.

바나나 파초과의 여러해살이풀. 초여름에 담홍색 꽃이 피며, 열매는 긴 타원형으로 송이를 이루며 냄새와 맛이 좋음. 【banana】

바느질 바늘로 옷을 짓거나 꿰매는 일. -하다.

바느질감 바느질을 해야 하는 옷이나 천 따위.

바느질고리 바느질에 쓰이는 물건들을 담아두는 그릇.

바늘 ①바느질을 할 때 실을 꿰어 쓰는 가늘고 긴 쇠붙이. ②시계·나침반·저울 따위의 눈금을 가리키는 가늘고 긴 부분. ㉠시계 바늘이 12시를 가리키고 있다.

바늘귀[바늘뀌] 실을 꿸 수 있도록 바늘의 머리에 뚫어 놓은 구멍. ㉡침공.

바늘꽂이[바늘꼬지] 바늘을 쓰지 않을 때 꽂아 두는 푹신한 물건.

바늘땀 바느질에서 바늘로 한 번 뜬 자국, 또는 그 길이.

바늘방석 '앉아 있기에 몹시 불안한 자리'를 비유하여 이르는 말.

바늘 허리 바늘 한가운데.

바닐라 열대 식물의 열매에서 짜낸 것으로 과자나 아이스크림에 넣는 향료. 【vanilla】

바다 ①지구 표면에 짠물이 괴어 있는 넓은 곳. ㉡해양. ㉢뭍. 육지. ②액체의 많음을 비유하여 이르는 말. ㉠눈물 바다를 이루다.

바닥 ①물건의 밑 부분. ②물체의 거죽을 이룬 부분. ㉠마룻바닥. ③넓고 번잡한 곳. ㉠서울바닥. ④일이나 물건의 다된 끝. ㉠물이 바닥났다.

바닥나다[바당나다] 돈이나 물건 따위가 다 써서 없어진다.

바닷가[바다까/바닫까] 육지와 바다가 서로 맞닿은 곳. ㉡해변. 해안.

바닷길[바다낄/바닫낄] 배가 지나다닐 수 있는 바다의 물 위. ㉡해로. 뱃길.

바닷말 바다에서 나는 식물을 통틀어서 이르는 말. ㉡해조.

바닷물[바단물] 소금기를 포함하고 있어 맛이 짜고 비릿한 바다의 물. ㉡해수. ㉢민물.

바닷물고기[바단물꼬기] 바다에서 사는 물고기. 짠물고기.

바닷바람 바다에서 불어 오는 바람. ㉡해풍. ㉢뭍바람.

바닷새[바다쌔/바닫쌔] 바다에서 주로 사는 새. ㉡해조.

바닷소리[바다쏘리/바닫쏘리] 바다가 물결을 치는 소리.

바동거리다 자빠지거나 매달리거나 또는 신체의 어느 부분을 구속당하여 팔다리를 내저으며 몸을 자꾸 움직이다. ㉠다리를 바동거리다. ‹바둥거리다. 버둥거리다.

바둑 두 사람이 흰 돌과 검은 돌을 바둑판에 번갈아 두어서 집을 많이 차지하는 것으로 승부를 겨루는 오락.

바둑돌[바둑똘] 바둑을 둘 때 쓰는 둥글고 납작한 작은 돌. 흰 돌과 검은 돌의 두 가지이며, 잘 두는 사람이 흰 돌로 둠.

바둑이[바두기] 털에 검거나 갈색의 큰 둥근 점과 흰 점이 뒤섞여 있는 개, 또는 그러한 개를 부르는 이름.

바둑판 바둑을 두는 데 쓰는, 가로 세로 각각 19개의 직선이 그어진 네모난 판.

ㅂ

바득바득 ①제 고집만 자꾸 부리는 모양. ㊀바득바득 우기다. ②자꾸 졸라대는 모양. ㊀옷을 사달라고 바득바득 조르다. <부득부득. ㊉빠득빠득.

바들바들 춥거나 무서워서 자꾸 몸을 떠는 모양. ㊀두려워서 몸을 바들바들 떨다. <부들부들.

바듯하다[바드타다] ①꼭 맞아서 빈틈이 없다. ㊀신발이 발에 바듯하다. ②어떠한 정도나 시간에 간신히 미치다. ㊀약속 시간이 바듯하다. <부듯하다. ㊉빠듯하다. **바듯이**.

바디 베의 날실을 고르며 북의 통로를 만들어 주고 씨실을 쳐서 짜는, 베틀에 딸린 기구.

ㅂ

바라다 ①생각한 대로 되기를 원하다. ㊀남북 통일을 바라다. ②무엇을 가지기를 원하다. ㊀나는 바라던 책을 선물 받아서 기뻤다.

바라보다 떨어져 있는 곳을 건너다보다. ㊀강 건너를 바라보다.

바라지 온갖 일을 돌봐 주는 일.

바락바락[바락빠락] 화가 나서 계속 소리를 크게 지르거나 기를 쓰는 모양. ㊀바락바락 악을 쓰며 대들다. <버럭버럭.

바람[1] ①기압의 높고 낮음에 의하여 일어나는 공기의 움직임. ②들뜬 행동. ㊀바람이 나다.

바람[2] 바라는 것. 희망. ㊀남북 통일은 우리 민족의 한결같은 바람이다. ㊇소망. 소원. ×바램.

바람개비 ①바람의 힘으로 돌게 만든 놀잇감. ㊇팔랑개비. ②바람의 방향을 알기 위하여 만든 장치. ㊇풍향계.

[바람개비]

바람결[바람꼘] ①바람이 지나가는 겨를. ㊀바람결에 흔들리는 갈대. ②꼭 집어서 말할 수는 없으나 들은 적이 있는 경우를 이르는 말. ㊀바람결에 들은 소문.

바람둥이 이성과의 관계가 복잡한 남자.

바람막이 ①바람을 막는 일. ②바람을 막는 물건. -하다.

바람벽[바람뼉] 방을 둘러막은 둘레. ㊜벽.

바람직하다 좋다고 여길 만하다. ㊀다른 사람을 도와주는 것은 바람직한 일이다.

바:랑 ①배낭. ②승려가 등에 지고 다니는 자루 같은 큰 주머니.

바:래다 빛깔이 변하다. ㊀색이 바랜 옷.

바래다주다 떠나는 사람을 보내기 위해 함께 가 주다. 데려다 주다.

바레인〖나라〗 중동 페르시아만 서쪽에 있는, 여러 섬으로 이루어진 나라. 석유 산지로 유명함. 수도는 마나마. 【Bahrain】

바렌 판화를 찍을 때 쓰는 도구.

바로 ①곧고 바르게. ㊀선을 바로 긋다. ②올바르게. 정직하게. ㊀마음가짐을 바로 가지다. ③다른 데 들르지 않고 곧장. ㊀학교에서 바로 집으로 돌아오다. ㊇곧바로. ④다른 것이 아니라 곧. ㊀정신력이 바로 승리의 원동력이다. ⑤아주 가깝게. ㊀우리 집 바로 앞에 학교가 있다.

바로잡다 ①굽은 것을 곧게 하다. ㊀굽은 철사를 바로잡다. ②잘못된 것을 고치다.

바로크 16세기 말부터 18세기 중엽에서 유행한, 곡선의 장식을 강조한 예술 양식. 【baroque】

바르다(발라, 발라서) ①틀리지 않다. 도리에 맞다. ㊀태도가 바르다. ㊐그르다. ②곧다. ㊀자세가 바르다. ③그늘이 지지 않고 햇볕을 잘 받게 생기다. 예양지가 바르다.
바르르 ①추워서 갑자기 몸을 떠는 모양. 예바르르 떨다. ②신경질적으로 가볍게 성을 내는 모양. 예화가나서 온 몸을 바르르 떨다. <부르르. 센파르르.
바르샤바〖지명〗 폴란드의 수도.
바르셀로나〖지명〗 에스파냐 제2의 대도시. 지중해에 임한 에스파냐 최대의 상업 항구로 상공업이 매우 성함. 【Barcelona】
바른길 참된 도리. 옳은 생활 태도. 예죄인을 바른길로 인도하다.
바른대로 사실과 틀리지 않게.
바른말 이치에 합당한 말. 반거짓말.
바른 생활 초등 학교 1, 2학년에서 이웃·사회·나라에 대한 지식과 예절을 배우는 과목.
바른쪽 오른쪽. 우측. 비오른편. 반왼쪽.
바리 말이나 소에 잔뜩 실은 짐을 세는 말. 예나무 한 바리.
바리케이드 철망이나 손쉽게 구할 수 있는 재료로, 들어오지 못하도록 임시로 둘러막거나 쌓아 놓은 것. 예길에 바리케이드를 치다. 비방책. 【barricade】
바리톤 테너와 베이스 사이의 남자 목소리, 또는 그 음역의 가수.
바림 색칠할 때에 한 쪽을 진하게 하고 다른 쪽으로 갈수록 점점 엷게 하여 흐리게 하는 일.
바바리 주로 봄·가을에 많이 입으며 옷깃이 넓고 허리에 띠를 두르는 얇고 긴 외투. ※상표 'Burberry'에서 온 말로, '바바리 코트'를 줄인 말.
바:보 어리석고 못난 사람. 천치. 반천재.
바빌로니아〖나라〗 지금의 이라크가 있는 곳에 있던 나라. 기원전 30세기경에 설립된 세계에서 가장 오래된 문화의 발상지. 페르시아 만의 북쪽 메소포타미아 평야에 있던 나라임. 【Babylonia】
바쁘다(바빠, 바빠서) ①일이 많아 겨를이 없다. 예일이 매우 바쁘다. ②몹시 급하다. 예바쁜 걸음걸이.
바삐 일이 많거나 서둘러야 할 일 때문에 겨를이 없이. 바쁘게. 예바삐 집을 나서다. 비급히. 부지런히.
바삭거리다 마른 나뭇잎을 밟을 때처럼 작고 가벼운 소리가 계속 나다. 예가랑잎이 바람에 바삭거린다. <버석거리다. 센바싹거리다.
바삭바삭[바삭빠삭] 물기가 거의 없이 마른 물건이 서로 닿거나 잘게 부서지는 소리. <버석버석. -하다.
바셀린 석유에서 빼낸 맑은 또는 연한 노란 빛의 말랑말랑한 물질. 화장품·연고 따위의 원료로 씀. 【vaseline】
바순 관현악 연주에서 쓰는 가장 낮은 소리를 내는 큰 목관 악기. 【basson】
바스락 마른 나뭇잎이나 종이 같은 것을 건드리거나 뒤적일때 나는 소리. 예숲에서 바스락 소리가 나다. <버스럭. 센빠스락. -하다. -거리다.
바스락거리다 마른 나뭇잎이나 종이 따위를 건드리는 것 같은 가벼운 소리가 나다.
바싹 ①매우 가까이 다가가는 모양. 예엄마 곁에 바싹 붙어 앉다. ②물기가 거의 없이 마르거나 줄어든 모양. 예바싹 마른 입술.
바싹바싹 ①물기가 아주 없어지도록 자꾸 마르는 모양. 예입 안이 바싹바싹 마르다. ②아주 가까이 자꾸 다가오거나 죄는 모양. 예바싹바싹 당겨 앉다.
바야흐로 지금 막. 이제 한창. 예바야흐로 독서의 계절이다.
바위 부피가 매우 큰 돌.
바위산 바위로 뒤덮여 풀과 나무가 거의 자라지 못하는 산.

ㅂ

바위섬 바위로 된 섬.

바위 식물 바위 틈이나 바위 위에 나는 식물을 통틀어 일컬음. 반암생 식물.

바위틈 ①바위의 갈라진 사이. ②바위와 바위의 사이.

바윗길 ①흩어져 있는 수많은 바위 사이로 나 있는 길. ②바닥에 돌이 많이 깔려 있는 길.

바이러스 ①보통의 현미경으로는 볼 수 없을 정도의 미생물〔감기·천연두 따위의 병원체 임〕. ② 컴퓨터에서 다른 프로그램을 망가뜨리거나 입력된 정보를 지우는 해로운 프로그램. 【virus】

바이메탈 열을 받아 늘어나는 성질이 서로 다른 두 개의 얇은 쇠붙이를 한데 붙여 합친 것. 온도가 높아지면 늘어나는 길이의 차이 때문에 덜 늘어나는 쇠붙이 쪽으로 구부러지고, 온도가 낮아지면 그 반대쪽으로 구부러짐. 온도계, 화재 경보기 등에 씀. 【bimetal】

바이브레이션 ①진동. ②성악·기악에서 소리를 떨리게 내는 일, 또는 그런 소리. 【vibration】

바이스 기계 공작에서 작은 공작물을 아가리에 물려 꽉 죄어서 고정시키는 기계. 【vise】

바이어 물건을 사기 위하여 외국에서 온 상인. 【buyer】

바이어스 ①비스듬히 자르거나 꿰맨 옷감의 금. ②'바이어스 테이프'의 준말. 【bias】

바이오리듬 사람의 신체·감정 등에 주기적으로 나타나는 일정한 현상.

바이올린 가운데가 잘록하게 들어간 타원형이며, 줄이 네 개 있는 현악기의 한 가지. 왼손으로 줄을 누르고 오른손으로 활을 가지고 연주함. 【violin】

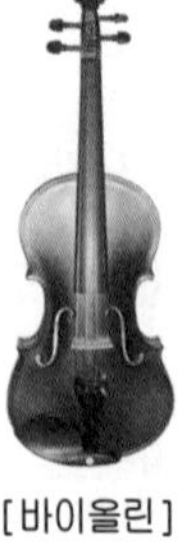
[바이올린]

바이킹 ①8~12세기에 걸쳐 유럽에서 활약한 북방 노르만족을 통틀어 이르는 말. 싸우기를 매우 좋아하고 모험심이 강한 족속으로 해상을 무대로 약탈과 침략을 일삼았고, 상업 활동도 하였음. ②양쪽으로 왔다갔다 하면서 타는 사람에게 짜릿한 즐거움을 주는, 바이킹의 배 모양을 한 놀이 기구. 【Viking】

바이트 컴퓨터가 처리하는 정보량의 기본 단위. 예1바이트는 8비트이다. 【byte】

바인더 ①서류 등을 철하여 꽂는 표지. ②벼를 베어 단으로 묶어 나오게 하는 기계. 【binder】

바자 사회 사업을 위한 자금 등을 모으기 위하여 일시적으로 벌이는 장. 자선시. 【bazar】

바자회 사회의 유익한 사업의 자금을 모으기 위하여 회원들이 여러 가지 물건을 내놓고 파는 임시 시장. 【bazar 會】

바장조 '바'음을 으뜸음으로 한 장조.

바주카포 포신을 어깨에 메고 직접 조준하여 쏘는 로켓식 대전차포. 준바주카. 【bazooka 砲】

바지 양복이나 한복의 두 가랑이가 진 아랫도리에 입는 옷. 반저고리.

바지락 백합과의 조개. 껍데기는 길이 4cm, 높이 3cm 가량으로 부채 모양임. 자갈이 섞인 모래펄에 많음. 바지락 조개.

바지랑대[바지랑때] 빨랫줄을 받치는 장대.

바지춤 바지를 입고 여민 허리 부분.

바짓가랑이[바지까랑이/바짇까랑이] 바지에서 다리를 넣는 부분.

바짝 ①물기가 아주 졸아붙는 모양. 예빨래가 바짝 마르다. ②아주 가까이 달라붙거나 또는 몹시 죄거나 우기는 모양. ㉥허리띠를 바짝 졸라매다. <버쩍.

바치다 ①신이나 웃어른께 드리다. ㉥헌금을 바치다. ②세금 따위를 갖다 내다. ㉥세금을 바치다. ③마음과 몸을 내놓다. ㉥조국을 위하여 목숨을 바치다.

바캉스 주로 피서지나 휴양지 등에서 지내는 휴가. 【vacance】

바 코드 상품의 관리를 컴퓨터로 처리할 수 있도록 상품에 표시해 놓은 막대 모양의 기호〔나라 이름·회사 이름·상품 이름 등이 표시됨〕. 【bar code】

바퀴[1] 굴리거나 돌리기 위하여 둥글게 만든 물건을 통틀어 이르는 말. ㉥마차 바퀴.

바퀴[2] 빙 돌아서 본디 위치까지 돌아오는 횟수를 세는 말. ㉥운동장을 두 바퀴 돌다.

바퀴벌레 사람의 집에 살며 음식물과 집안 위생에 해를 끼치는 갈색의 작은 곤충. ㉾바퀴.

바탕 ①타고난 성질이나 체질, 또는 재질. ㉥바탕이 곱다. ②근본을 이루는 부분. ㉥바탕을 튼튼히 하다. ③어떤 물건의 재료.

바탕글 극본에서 등장 인물의 동작·표정·속마음 등을 설명하기도 하고, 말할 때의 소리의 높낮이·강약 등을 지정하기도 하는 글. ㉥지시문.

바탕천 그림·무늬·수 따위를 그려 넣거나 놓을 옷감.

바탕 화면 컴퓨터의 모니터에 여러 가지 그림 표시들이 처음 나타나는 화면.

바탱이 흙으로 작게 만들어 불에 구운 오지그릇의 한 가지.

바톤 반도〖지명〗 남극 킹조지 섬에 있는 반도. 우리 나라의 세종기지가 이 곳에 있음.

바통 ①릴레이 경주에서, 주자가 다음 주자에게 넘겨 주는 막대기. ②지휘봉.

바투 ①두 사물이 사이가 아주 가깝게. ㉥바투 다가서다. ②길이가 매우 짧게. ㉥머리를 바투 깍다. ③시간이 썩 짧게. ㉥결혼 날짜를 바투 잡다.

바티칸〖나라〗 이탈리아 로마시내 서북부에 있는, 천주교의 교황을 원수로 하는 세계에서 가장 작은 독립 국가. 【Vatican】

바흐〖사람〗[1685~1750] 독일의 고전파 음악가. '음악의 아버지'라고 불리는데, 대표작에 〈마태 수난곡〉 등이 있음. 【Bach】

박[1] 박과의 한해살이 풀. 여름에 흰꽃이 저녁부터 피었다가 아침에 시듦. 덩굴진 줄기에 달리는 둥근 열매는 쪼개어서 삶아 말려 바가지로 씀.

[박[1]]

박[2] 여행을 가서 묵는 밤의 수를 세는 말. ㉥2박 3일. 【泊】

박격포 가까운 거리의 공격에 이용되는, 구조가 간단한 대포의 한 가지. 포탄이 포물선을 그리며 나가는 포. 【迫擊砲】

박다 ①물건의 한 끝을 다른 것 속에 들어가게 하다. ㉥나무에 못을 박다. ②인쇄하다. ㉥신문을 박다. ③사진을 찍다. ㉥졸업사진을 박다. ④머리를 부딪치다. ㉥식탁에 머리를 박다.

박달나무 자작나무과의 갈잎큰키나무. 단단하고 반드러워 윷·다듬잇방망이 등을 만드는 데 쓰임. ㉾박달.

박대 성의 없이 아무렇게나 대접함. 푸대접. ㉸후대. -하다. 【薄待】

박동 맥박이 뜀. -하다. 【搏動】
박두[박뚜] 가까이 닥쳐 옴. ㉠시험 날이 박두하다. -하다. 【迫頭】
박두진【사람】[1916~2000] 시인. 호는 혜산. 청록파의 한 사람. 〈문장〉이라는 잡지의 추천으로 문단에 오름. 작품으로는 〈봄바람〉〈바다와 아기〉〈바닷가에서〉 등이 있음.
박람[방남] ①사물을 널리보고 들어서 많이 앎. ②책을 많이 읽음.
박람회[방남회] 온갖 생산품들을 모아 벌여 놓고 구경시키는 모임. 판매·선전·심사를하여 생산품의 개량과 발전을 꾀하는 행사. ㉠산업 박람회. 【博覽會】
박력[방녁] ①강하게 일을 밀고 나가는 힘. ㉠박력 있게 일하다. ②보거나 듣는 데서 느껴지는 힘.
박리[방니] 적은 이익.
박리 다매 상품의 이익을 적게 보고 많이 팔아 이문을 남기는 일. -하다. 【薄利多賣】
박멸 해충 따위를 모조리 잡아 없앰. ㉠쥐를 박멸하다. -하다.
박목월【사람】[1917~1978] 시인. 본명은 영종. 〈문장〉이라는 잡지의 추천으로 문단에 오름. 〈길처럼〉〈한가위의 보름달〉〈털 양말〉 등을 지음. 시집으로는 〈초록별〉〈산새알 물새알〉 등이 있음. 【朴木月】
박문수【사람】[1691~1756] 조선 제21대 영조 때의 문신. 여러번 암행어사로 나가 활약한 이야기가 전함. 이인좌의 난 때 큰 공을 세움. 【朴文秀】
박물관[방물관] 옛날의 유물이나 예술품·자연물·학술 자료 등을 널리 모아 놓고 진열하여 여러 사람에게 보이는 곳. ㉠국립중앙 박물관. 민속 박물관.
박박[박빡] ①세게 긁거나 문지르는 소리나 모양. ㉠수세미로 냄비를 박박 문지르다. ②머리를 아주 짧게 깎아 버린 모양. ㉠머리를 박박 밀다. ㉥빡빡.
박봉[박뽕] 많지 않은 봉급.
박사 일정한 학술을 연구하여 낸 논문을 심사하여 주는 가장 높은 학위, 또는 그 학위를 딴 사람. ㉠의학 박사. 【博士】
박살[박쌀] 깨어져 산산히 부서짐. ㉠유리창이 박살나다.
박새[박쌔] 머리와 날개는 검고 뺨은 희며, 등은 짙은 회색이고 배는 엷은 회색인 작은 텃새.
박색[박쌕] 여자의 아주 못생긴 얼굴, 또는 그러한 여자.
박석 고개 서울에서 북한산으로 가는 길목에 있던 고개.
박세당【사람】[1629~1703] 조선 숙종 때의 이조 판서. 특히 농업에 대한 연구를 하여 〈산림제〉라는 농사에 관한 책을 지었음. 소론으로서 그의 〈사서집주〉가 주자의 학설을 비방하였다 하여 추방당하였음.
박수 손뼉을 치는 일. 【拍手】
박수 갈채 손뼉을 치며 환영하거나 기뻐함. -하다.
박스 물건을 넣는 데에 쓰는 네모난 상자. ㉥상자. 【box】
박식 보고 들은 것이 많아서 아는 것이 많음. 넓은 지식. ㉠예법에 박식한 사람. -하다. 【博識】
박애 모든 사람을 다 같이 사랑함. ㉠박애주의. -하다. 【博愛】
박약하다[바갸카다] 굳세지 못하다. ㉠의지가 박약하다.
박연[1]【사람】[1378~1458] 조선 세종 때의 음악가. 우리 나라 3대 악성 중의 한 사람. 아악을 정리하여 국악 발전에 많은 공헌을 하였음.
박연[2]【사람】[1595~?] 네덜란드 사람으로 조선 인조 때 귀화한 사람. 본명은 벨테브레. 화포 제작과 그 조정법을 가르쳤음. 제주도에 표류한 하멜 일행을 서울로 호송하였음.

박연 폭포 경기도 개풍군 천마산 기슭에 있는 폭포. 약수가 있고 가을 단풍이 아름다워 서경덕·황진이와 더불어 '송도 삼절'의 하나로 일컬어짐. 높이 약 20m.

박영효〖사람〗[1861～1939] 조선 말기의 정치가. 김옥균과 더불어 개화당을 조직하여 개화사상을 폈음.

박은식〖사람〗[1859～1926] 독립 운동가. 3·1 운동 후에 중국 상하이에서 〈독립 신문〉등의 주필을 지냈고, 1925년 대한민국 임시 정부의 국무 총리 및 대통령을 지냈음. 저서로는 〈한국 독립 운동 혈사〉 등이 있음. 【朴殷植】

박음질 바느질의 한 가지. 실을 곱걸어서 꿰매는 일로 온박음질과 반박음질의 두가지가 있음. -하다.

박이다 ①어디에 꼭 끼이다. ㊞바위 틈에 잡초들이 박여 있다. ②손바닥이나 발바닥에 굳은 살이 생기다. ㊞손에 못이 박이다. ③오랜 버릇 따위가 몸에 배다. ㊞커피의 인이 박이다.

박이연 연의 한 가지. 점이나 눈·귀 같은 여러 가지 모양을 박아 넣은 연.

박인로〖사람〗[1561～1642] 조선 선조 때의 신하이며 시인. 호는 노계. 임진왜란 때 공을 많이 세우고 〈태평사〉〈노계가〉〈누항사〉 따위의 가사와 많은 시조를 지었음.【朴仁老】

박자 리듬의 바탕으로 센박과 여린박이 규칙적으로 되풀이 되는 음악적 시간을 헤아리는 기본 단위. ㊟박. 【拍子】

박자표 악곡의 박자를 보표 위에 나타내는 표. ㊥박자 기호.

박장 대소 손뼉을 치며 한바탕 크게 웃음. 【拍掌大笑】

박절 인정이 없고 야박함. ㊞간청하는 것을 박절하게 거절하다. -하다. -히. 【迫切】

박정 인정이 없고 쌀쌀함. 동정심이 없음. ㊥다정. 【薄情】

박정희〖사람〗[1917～1979] 1961년 5월 16일에 군대의 힘으로 정권을 잡은 후에 제5·6·7·8대 대통령을 지냈으며, 제9대 대통령 재임 중 1979년 10월 26일에 김재규에게 살해됨. 우리 나라의 근대화에 큰 공헌을 하였으나 독재 정치를 하였다는 비판을 받음. 【朴正熙】

박제 새·짐승 등의 가죽을 곱게 벗겨 속을 솜 따위로 메우고 방부제를 발라서 살아 있는 모양으로 만드는 일, 또는 그 표본. ㊞박제된 독수리. 【剝製】

박제가〖사람〗[1750～1805] 조선 후기의 북학파에 드는 실학자이며 문장가. 호는 위항도인. 〈북학의〉를 지어 상공업을 일으켜야 한다고 주장했음. 【朴齊家】

박중빈〖사람〗[1891～1943] 원불교를 세운 종교인. 감사하는 생활, 근면·저축을 권하고 힘쓰게 하여 민족에게 희망과 용기를 줌. 〈원불교 교전〉을 지음.

박:쥐 박쥐과의 짐승. 몸은 쥐와 비슷한데 앞다리가 날개와 같이 변형되어 날아다님. 낮에는 어두운 동굴 같은 곳에 있다가 밤에 나와서 활동함. 벌레·나비 등을 잡아 먹고 삶.

[박쥐]

박지원〖사람〗[1737～1805] 조선 후기의 북학파에 드는 대표적인 실학자·문장가. 정조 4년(1780)에 청나라에 다녀와 〈열하일기〉 26권을 저술함. 호는 연암. 【朴趾源】

박진감 사실에 대한 묘사나 보도가 마치 사실처럼 느껴질 정도로 사실과 아주 닮은 느낌. ㉥신속하고 박진감 넘치는 보도.

박차 ①일의 나아감을 더 빨리하기 위하여 더하는 힘. ㉥일을 빨리 끝마치도록 박차를 가하다. ②말을 탈 때 신는 신발의 뒤축에 댄 쇠로 만든 톱니모양의 장치. 【拍車】

박차다 무엇을 힘껏 차거나 밀쳐 버리다. ㉥현관문을 박차고 나가다.

박치기 머리로 사람이나 물건을 들이받는 일.

박탈 남의 재물이나 권리·자격 등을 빼앗음. 강제로 빼앗음. ㉥자유를 박탈당하다. -하다.

ㅂ

박테리아 살아 있는 것 중에서 가장 작은 생물. 현미경을 통해서만 볼 수 있으며, 병이 나는 원인이 되는 세균을 이름. 【bacteria】

박팽년〖사람〗[1417~1456] 조선 세종 때의 충신이며 학자. 사육신의 한 사람. 집현전 학자로 여러 가지 편찬 사업에 종사함. 【朴彭年】

박하[바카] 특별한 향기가 있어 약재·향료·음료 등을 만드는 데 쓰이는 식물. 【薄荷】

박하다[바카다] ①남을 위하는 마음이 적다. 몹시 인색하다. ㉥인심이 매우 박하다. ②장사의 이익이 매우 적다. ㉥이익이 박하다. 반후하다.

박해 못 견디게 굴어서 해롭게 함. ㉥조선 말에는 천주교를 몹시 박해하였다. -하다. 【迫害】

박혁거세〖사람〗 신라의 시조. 왕호는 거서간. 기원전 57년 13세로 왕위에 올랐음. 농사와 양잠을 장려하였으며, 국호를 서라벌, 서울을 금성(지금의 경주)이라 하고 국가의 기틀을 닦았음. 【朴赫居世】

박히다 ①인쇄물이나 사진이 박아지다. ㉥사진이 선명하게 박히다. ②물건이 다른 물건 속으로 들어가 꽂히다. ㉥화살이 과녁에 박히다.

밖 ①안의 반대되는 곳. ㉥대문 밖. 비바깥. 반안. ②겉으로 드러나 보이는 쪽이나 부분. ㉥밖으로 보기에는 매우 순하게 생겼다. 반속. ③어떤 범위나 한계를 넘어선 부분을 이르는 말. ㉥생각 밖의 일이 벌어졌다.

반:[1] 둘로 똑같이 나눈 것의 하나. ㉥사과를 반으로 나누다. 【半】

반[2] 여러 사람으로 짜여진 모임, 또는 공부하는 교실. 【班】

반:가상 오른발을 왼편 무릎에 얹고 앉은 형태의 부처의 상.

반가움 보고 싶던 사람을 만나서 기쁘고 흐뭇한 느낌.

반가워하다 보고 싶던 사람을 만나거나 일이 이루어져서 기쁘고 흐뭇하게 여기다. ×반가와하다.

반:감[1] ①노여워하는 감정. ②반대의 뜻을 가진 감정. 엇감정. 【反感】

반:감[2] ①절반을 덞. ㉥세금을 반감하다. ②절반으로 줆. ㉥수출량이 반감되다. -하다. 【半減】

반갑다(반가우니, 반가워서) 좋은 일을 당하거나, 친한 사람을 만나거나, 좋은 소식을 들어서 기쁘다.

반:값[반깝] 원래 물건값의 절반이 되는 값.

반:격 쳐들어오는 적군을 맞서서 공격하는 것. ㉥밀려오는 적군에게 반격을 가하다. 비되치기. 받아치기. -하다. 【反擊】

반:공 공산주의를 반대함. 공산주의와 투쟁함. 반용공. 【反共】

반:공 정신 공산주의나 공산당을 반대하는 정신.

반:구 둥글게 생긴 물체의 절반, 또는 그런 물체. 【半球】

반:군 반란을 일으킨 군대나 무장한

집단. 비반란군. 【叛軍】

반:기[1] 죽은 이를 슬퍼하는 뜻에서 보통보다 조금 내려서 다는 국기. 예현충일에는 반기를 단다. 비조기. 【半旗】

반:기[2] 반대의 뜻을 나타내는 행동이나 그 표시. 예반기를 들다. 【反旗】

반기다 반갑게 맞이하다. 예친구를 반기다.

반:나절 한나절의 반. 하루의 낮을 넷으로 나눈 그 하나가 되는 동안. 예밭에서 반나절이나 일을 하였다.

반:납 빌린 것을 돌려 줌. -하다.

반:년 한 해의 반. 육개월. 【半年】

반:닫이[반다지] 앞면의 위쪽 절반이 앞쪽으로 열리는 문짝으로 되어 있는 가구로, 주로 옷가지를 넣어 둠.

반:달 ①절반쯤만 보이는 반원 모양의 달. 반보름달. ②한 달의 반. 비반월.

[반달곰]

반:달곰 앞가슴에 반달 모양의 크고 흰 무늬가 있는 곰.

반:달연 꼭지에 반달 모양의 색종이를 붙인 연.

반:대 ①남의 말이나 의견을 거스름. 틀린다고 주장함. 비거역. 반찬성. ②두 사물의 방향이 맞서서 서로 다름. -하다. 【反對】

반대기 얄팍하고 둥글넓적하게 만든 반죽. 예찰흙 반대기.

반:대말 뜻이 서로 정반대되는 말. 반의어. 예'좋다'의 반대말은 '나쁘다'이다.

반:대색 빨강과 파랑처럼 서로 반대, 또는 아주 대조가 되는 빛깔. 보색.

반:대자 반대하는 사람.

반:대쪽 반대되는 방향. 반대하는 편. 비반대편.

반:대편 반대되는 방향. 반대되는 쪽에 있는 곳. 비반대쪽.

반:대표 투표에서 반대하는 뜻을 나타낸 표.

반:도 세 면이 바다에 싸여 있고 한 면은 육지에 이어진 땅. 예태안 반도. 【半島】

반:도체 낮은 온도에서는 전류가 거의 흐르지 않으나 높은 온도일수록 전류가 잘 흐르는 물질〔전자 공업에 많이 이용됨〕. 【半導體】

반:동 어떤 방향의 움직임에 대하여 그 반대 방향으로 일어나는 동작. 반대되는 힘. -하다. 【反動】

반두 그물의 한 가지. 두 끝에 막대기를 대어, 두 사람이 맞잡고 고기를 몰아 잡도록 되어 있음. 비조망.

ㅂ

반드시 꼭 틀림없이. 예일이 끝난 뒤에 반드시 확인하라.

반들거리다 매우 매끄러워 빛이 나다. 예마루가 반들거리다.

반들반들 매끄럽게 윤기가 흐르는 모양. <번들번들. 센빤들빤들.

반듯이[반드시] 비뚤어지지 않고 똑바로. 예반듯이 앉아서 공부해라.

반듯하다[반드타다] 비뚤어지거나 굽지 않고 곧다. 예떡을 네모 반듯하게 썰다. <번듯하다. 센반뜻하다. 반듯이.

반딧불[반디뿔/반딛뿔] 밤에 개똥벌레의 꽁무니에서 반짝이는 불빛.

반딧불이[반디뿌리/반딛뿌리] 배의 끝에 빛을 내는 기관이 있어, 밤에 빛을 내며 날아다니는 곤충. 개똥벌레. 준반디.

반:란[발란] 나라를 뒤집으려고 일으키는 난리. 예노예들이 반란을 일으키다. 【叛亂】

반:려자[발려자] 세상을 같이 살아가는 사람. 비배우자. 【伴侶者】

반:론 남의 의견에 대하여 반대 의견을 말함. 【反論】

반:만년 만 년의 반. 즉 오천년을 나타내는 말. ㉠반만 년의 유구한 역사. 【半萬年】

반:말 손아랫사람에게 하듯 낮추어 하는 말. –하다.

반:면 다른 방면. 다른 한편. ㉠이 약은 약효가 빨라서 좋은 반면 부작용이 생길 수도 있다.

반:목 서로 뜻이 맞지 않아 사이가 좋지 않은 것. 【反目】

반:문 물음에 대답하지 않고 되받아서 물음. –하다. 【反問】

반:미 미국을 싫어하고 반대하는 것. ㉠반미 감정. 【反美】

반:바지 짧은 바지.

ㅂ

반:박 남의 의견에 반대하여 논란함. ㉠친구의 의견에 반박하다. –하다.

반:박음질[반바금질] 솔기를 튼튼히 하기 위하여 땀마다 뒷눈의 반을 되돌아와 뜨는 바느질 법. 반온박음질. –하다.

반:반 ①전체를 둘로 똑같이 나눈 것의 각각. ㉠찬성과 반대가 반반이다. ②둘로 똑같이 나누어 절반씩. ㉠보리와 쌀을 반반 섞어서 밥을 하다. 【半半】

반반하다 ①구김살이나 울퉁불퉁한 데가 없다. ㉠바닥을 반반하게 고르다. ②얼굴이 조금 예쁘다. ㉠얼굴이 반반하다. ③물건이 제법 쓸 만하고 보기에 좋다. 반반히.

반:발 무엇에 맞서서 세차게 반대하는 것. ㉠부당한 대우에 반발하다.

반:백 흰 머리카락이 절반쯤 섞인 머리, 또는 그런 사람. ㉠반백의 노신사. 【班白】

반:복 같은 일을 되풀이함. ㉠동시를 반복하여 낭독하다. –하다.

반:비례 어떤 양이 다른 양의 역수에 비례되는 관계. 한쪽의 양이 2배, 3배, …가 되면, 다른 쪽의 양은 1/2배, 1/3배, …가 되는 관계. 역비례. 반정비례. –하다.

반:사 빛이나 소리가 다른 물체의 표면에 부딪쳐서 그 방향을 바꿔 나아가는 현상. ㉠빛이 반사하다. –하다. 【反射】

반:사경 빛을 반사하는 거울.

반사 작용 어떤 자극에 대해서 반사가 일어나는 것.

반:사적 어떤 자극에 대해서 거의 순간적이고 무의식적인 반응을 보이는 것. ㉠반사적으로 몸을 피하다.

반상회 정부나 시·도 등에서 널리 알리는 내용을 듣거나 의견을 모아 건의하는 등, 이웃끼리 서로 돕고 얼굴도 익히기 위하여 반 단위로 매월 한 번씩 열리는 모임.

반색 몹시 반가워함. ㉠옛 친구를 만나 반색하다. –하다.

반:생 일생의 반이 되는 기간. 비반평생. 【半生】

반석 ①넓고 편편한 바위. ②아주 믿음직스럽고 든든함을 비유하여 이르는 말. ㉠우리의 국방은 반석 같다. 【盤石】

반:성 자기가 한 일을 스스로 돌이켜 잘못이 없는지 생각함. ㉠하루 일을 반성하다. –하다. 【反省】

반:성문 주로 학교에서 학생이 자기의 잘못을 깨닫고 뉘우쳐 다시는 그러한 잘못을 저지르지 않을 것을 다짐하는 글.

반:세기 한 세기의 절반. 즉 50년.

반:소매 길이가 팔꿈치 정도까지만 내려오는 짧은 소매. 비반팔.

반:송 우편으로 잘못 전달된 물건을 되돌려 보내는 것. ㉠잘못 전해진 편지를 반송하다. –하다. 【返送】

반:수 전체의 절반이 되는 수.

반:숙 과일이나 곡식, 또는 음식물이 반쯤 익음, 또는 반쯤 익힘. ㉠계란 반숙. 반완숙. –하다. 【半熟】

반:신 반의 반은 믿고 반은 의심함. 한편으로는 믿고 한편으로는 의심을 함. ㉠놀라운 소식에 반신 반의하다. -하다. 【半信半疑】

반:신불수 뇌에 고장이 있어 몸의 절반을 쓸 수 없게 되는 일, 또는 그런 사람. 【半身不隨】

반:액 ①원가의 절반. ㉠남은 물건을 반액으로 팔다. ②전액의 반.【半額】

반:역 제 나라 또는 제 주인을 치려고 돌아섬. ㉠반역을 모의하다. 비모반. 반순종. 【反逆】

반:역죄[바녁쬐] 반역을 저지른 죄.

반:영 ①빛이 반사하여 비침. ②다른 일에 영향을 미치어 어떤 현상이 나타남. -하다. 【反映】

반:영구적[반녕구적] 거의 영구적인 것. 【半永久的】

반:올림[바놀림] 우수리를 생략하여 계산할 때, 끝수가 4이하인 경우에는 1으로 하여 떼어 버리고, 5이상인 경우에는 10으로 하여 윗자리로 끌어올려서 계산하는 법. 곧 10.4는 10으로, 10.5는 11로 함. 사사 오입. -하다.

반원[바눤] 한 반을 이루고 있는 사람. 【班員】

반:음[바늠] 온음의 절반이 되는 음정. 한 옥타브의 12분의 1. 반온음.

반:응[바능] ①어떤 작용에 따라서 일어나는 움직임. ②물질 사이에 일어나는 화학적 변화. ㉠반응이 활발하다. 【反應】

반:의 ①뜻에 반대함. 뜻을 어김. ②반대의 뜻. -하다. 【反意】

반:의어 반대되는 뜻을 지닌 낱말. 반동의어. 【反義語】

반입[바닙] 운반하여 들여 옴. ㉠물건을 반입하다. 반반출. 【搬入】

반:작용 작용을 받은 물체가 작용을 가한 물체에 똑같은 힘으로 작용하는 것. 반작용. 【反作用】

반장 ①담임 선생님을 도와 그 반의 일을 맡아 보는 통솔자. ㉠학급 반장. 비급장. ②한 반의 지휘를 맡아 보는 책임자. ㉠수사 반장. 【班長】

반:전[1] 일이나 사건의 진행 방향이 완전히 바뀌는 것. -되다. -하다.【反轉】

반:전[2] 전쟁에 반대함. ㉠반전 운동. 반전 시위. 【反戰】

반:절[1] 절반이 되는 분량. 비절반.

반:절[1] 윗몸을 반쯤 굽혀서 하는 절. -하다.

반:점[1] 문장 부호에서 쉼표의 하나인 ','의 이름. 문장 안에서 짧게 쉼을 나타냄. 【半點】

반점[2] 살갗에 생긴 얼룩얼룩한 점.

반:제품 손질을 다 하지 못하여 아직 완전하지 못한 물건. ㉠반제품을 가공하다. 반완제품.

반:주[1] 기악이나 노래를 돕기 위하여 다른 악기를 보조적으로 연주하는 일. -하다. 【伴奏】

반주[2] 식사에 곁들여 마시는 술.

반죽 가루에 물을 조금 섞어서 되게 이겨 개어놓은 것. ㉠밀가루를 반죽하다. -하다.

반지 손가락에 끼는 동그란 장신구. 비가락지.

반:지름 원이나 공의 한가운데서 가에 이르는 거리. 비반경.

반짇고리 바늘·실·골무 따위의 바느질 도구를 담는 그릇.

반질반질 윤기가 흐르고 반들거리는 모양. ㉠그릇이 반질반질하다. <번질번질. 센빤질빤질. -하다.

반짝 빛이 잠깐 나타나는 모양. <번쩍. 센빤짝. -하다.

반짝거리다 빛 따위가 번갈아 빛나다가 사라지다가 하다. <번쩍거리다. 센빤짝거리다.

반짝반짝 빛 따위가 번갈아 잠깐 빛나다가 사라지다가 하는 모양. <번쩍번쩍. 센빤짝빤짝.

반짝이다[반짜기다] 빛이 세게 빛나다가 사라지다가 하며 빛나다. ㉮별들이 반짝이다. <번쩍이다. ㊓빤짝이다.

반짝하다[반짜카다] ①빛이 아주 잠깐 빛나다. ②어떤 모습이나 현상이 잠깐 나타나 주목을 받다.

반:쪽 온전한 것의 절반. ㉮사과 반쪽.

반찬 밥에 곁들여서 먹는 여러 가지의 음식. ㉮반찬이 푸짐하다. ㊟찬.

반찬거리[반찬꺼리] 반찬을 만드는 데 쓰이는 여러 가지 재료.

반창고 상처를 보호하거나 붕대를 고정시키는 데 쓰는, 달라붙는 쪽이 있는 헝겊이나 테이프.

ㅂ

반:추 ①한 번 삼킨 먹이를 다시 게워 내어 씹음. ㉮대표적인 반추동물은 소와 염소이다. 비되새김질. ②되풀이하여 음미하고 생각함. ㉮그가 남긴 말을 곰곰히 반추해 보다. -하다. 【反芻】

반출 운반하여 냄. ㉮문화재를 반출하다. 반반입. 【搬出】

반:칙 법칙이나 규정에 어그러짐, 또는 어김. 비파울. -하다. 【反則】

반:탁 운동 외국의 신탁 통치를 반대하는 운동. 미국·영국·소련의 모스크바 3상 회의에서 결정된 한국 신탁 통치 5개년 안을 반대하여 일어난 국민 운동. 반찬탁 운동.

반:투명 저편에 있는 물체의 윤곽은 또렷하지 않지만 명암이나 빛깔 등은 분간할 수 있는 정도의 상태.

반포 두루 알리기 위하여 세상에 널리 폄. ㉮훈민정음은 1446년에 반포되었다. -하다. 【頒布】

반:포지효 자식이 자라서 어버이의 은혜에 보답하는 효성. 【反哺之孝】

반:품 사들이거나 구입한 물건을 도로 돌려보냄, 또는 그러한 물품.

반:하다 무엇에 취한 듯이 마음을 빼앗기다. ㉮아름다운 모습에 반하다.

반:항 순종하지 아니하고 반대하여 대듦. 반순종. -하다. 【反抗】

반:항심 반항하는 마음. 【反抗心】

반:환 빌린 것을 도로 돌려 줌. ㉮도서관에 책을 반환하다.

반:환점 장거리 경주에서 방향을 바꾸어 되돌아가는 지점.

반회 같은 반의 모임. 【班會】

받다 ①주는 것을 가지다. ㉮상을 받다. ②겪다. 치르다. ㉮교육을 받다. ③일을 떠 맡다. ㉮주문을 받다.

받들다(받드니, 받드오) ①공경하는 뜻으로 높이어 모시다. ㉮어버이를 잘 받들다. ②물건을 받쳐 들다.

받아넘기다[바다넘기다] ①물건 따위를 받아서 다른 사람에게 넘겨주다. ②다른 사람의 질문이나 비난 따위를 거침없이 적절하게 대답하다. ㉮기자들의 질문을 잘 받아넘기다.

받아들이다[바다드리다] ①다른 사람이 주는 것을 받아서 자기 것으로 하다. ㉮보내 온 물건을 받아들이다. ②남의 좋은 점을 자기 것으로 삼다. ㉮외국의 문물을 받아들이다. ③요구나 부탁 등을 들어주다.

받아쓰기[바다쓰기] 초등 학교 등에서 맞춤법 따위를 올바로 익히게 하려고 부르는 낱말이나 문장 등을 받아 쓰게 하는 일.

받치다[1] ①'받다'의 힘줌말. ㉮우산을 받치다. ②다른 물건으로 괴다. ㉮주춧돌을 받치다.

받치다[2] 감정이 갑자기 세게 일어나다. ㉮설움에 받쳐 울다.

받침[1] 한글의 낱말에서 끝소리가 되는 닿소리글자. ㉮'산'에서 받침은 'ㄴ'이다.

받침[2] 밑을 괴는 물건. ㉮화분 받침.

받침대 무거운 물건을 등을 받쳐 놓는 데 쓰는 물건.

받침돌 물건의 밑에 받쳐 놓는 돌.

받침소리 한글에서 한 소리마디의 맨 나중에 나는 소리. '영'의 'ㅇ'이나 '가'의 'ㅏ' 따위를 말함. (비)끝소리.

받히다[바치다] 몸의 한 부분이 무엇에 부딪치다. (예)소에게 다리를 받히다.

발:[1] 가늘게 쪼갠 대오리나 갈대 같은 것으로 엮어 만든 물건. 무엇을 가리는데 사용함.

[발[1]]

발[2] ①사람이나 짐승의 다리에서 발목뼈 아래의 부분. ②가구 따위의 밑을 받치고 있는 짧은 부분.

발[3] 총알의 수를 세는 말. (예)총 한 발. 【發】

발가락 땅을 디디거나 무엇을 잡기 좋도록 발의 앞부분에 여러 갈래로 갈라져 나온 부분.

발가벗기다 알몸이 되도록 옷을 다 벗기다.

발가벗다[발가벋따] 알몸이 되도록 옷을 다 벗다. <벌거벗다. (센)빨가벗다.

발가숭이 옷을 죄다 벗은 알몸뚱이. <벌거숭이. (센)빨가숭이.

발각 숨긴 일이 드러나게 됨. (예)부정이 발각되다. -되다. 【發覺】

발간 신문·잡지 등을 냄. (예)학급 신문을 발간하다. 【發刊】

발:갛다(발가니, 발가오) 조금 연하게 붉다. (예)발갛게 물든 저녁놀. <벌겋다. (센)빨갛다.

발:개지다 발갛게 되다. <벌개지다. (센)빨개지다.

발걸음[발꺼름] 발 하나 길이 만큼 옮겨 놓는 걸음. (예)발걸음이 빠르다.

발걸이[발거리] ①책상이나 의자 따위의 아래쪽에 가로질러 놓아 의자에 앉은 채 발을 올려놓을 수 있게 한 부분. ②자전거를 탈 때에 발을 걸치어 놓고 밟아서 가게 하는 부분. (비)페달. ③말을 탈 때에 발을 올려놓게 되어 있는 안장의 부분.

발견 아무에게도 알려져 있지 않은 일이나 물건을 맨 먼저 찾아 냄. (예)퀴리 부인은 라듐을 발견하였다. -하다. 【發見】

발견지 무엇을 발견한 곳. 【發見地】

발광[1] 빛을 냄. (예)발광 물질. 【發光】

발광[2] ①미친 증세가 나타남. ②미친 듯이 날뛰는 것. -하다. 【發狂】

발광체 스스로 빛을 내는 물체.

발구르기 ①멀리뛰기·뜀틀 등의 운동에서 도움닫기를 한 후 뛰어오르기 위하여 발판에 발을 구르는 동작. ②음악에서, 박자에 맞추어 발을 구르는 것.

발구름판 멀리뛰기·뜀틀 등의 운동에서 발을 구르는 데에 쓰는 판.

발굴 땅 속에 묻혀 있는 물건을 파냄. (예)옛 무덤을 발굴하다.

발굽[발꿉] 말·소·양·낙타 따위의 동물의 발의 앞쪽의 두껍고 단단한 발톱 부분. (준)굽.

발그레하다 조금 곱게 발그스름하다. (예)볼이 발그레하다.

발그스름하다 조금 발갛다. (예)얼굴이 발그스름하다. <불그스름하다.

발급 공공 기관에서 증명서 따위를 만들어 내주는 것. (예)주민등록증을 발급받다. -하다.

발기발기 연이어 여러 조각으로 발기어 찢는 모양. (예)종이를 발기발기 찢다.

발길[발낄] ①발걸음. (예)발길을 돌리다. ②오고가는 일. (예)사람들의 발길이 뜸하다.

발길질 발로 차는 짓. (준)발질. -하다.

발꿈치 발의 뒤쪽 끝. (비)발뒤꿈치.

발끈 사소한 일에 왈칵 성을 내는 모양. ㉥하찮은 일로 발끈 성을 내다. 〈불끈. ㉳빨끈. -하다.

발끝[발끋] 발의 앞쪽 끝. ㉥복도에서는 조심스럽게 발끝으로 걸어라.

발단[발딴] 어떤 일이 벌어지게 된 이유. 일의 시작. ㉥사건의 발단. -하다. 【發端】

발달[발딸] 사물이 이전보다 더 좋게, 또는 크고 복잡하게 변하는 것. ㉥교통의 발달. -되다. -하다.

발돋음[발도듬] 키를 돋우느라고 발끝만 디디고 서는 짓. -하다.

발동[발똥] ①동원 태세를 갖추어 행동을 시작함. ②동력을 일으킴. ㉥발동기. ③국가 기관 등이 어떤 권한을 행사함. ㉥수사권을 발동하다. -하다. 【發動】

발동선[발똥선] 기름이나 가스로 동력을 일으켜 가는 배. 【發動船】

발뒤꿈치 발의 뒤쪽 끝. 비발꿈치. ㉯뒤꿈치.

발등[발뜽] 발의 윗부분. 반발바닥.

발딱 ①누워 있거나 앉아 있다가 갑자기 일어나는 모양. ②갑자기 뒤로 반듯하게 드러눕거나 자빠지는 모양. ㉥땅바닥에 발딱 드러눕다. 〈벌떡. ㉳빨딱.

발라내다 살·가시·껍질 따위를 따로 떼어 내다. ㉥생선 가시를 발라내다.

발랄하다 표정이나 행동이 생기가 있고 활기차다.

발레 음악과 미술을 곁들인 예술적인 서양식 무용, 또는 무용극. 【ballet】

[발레]

발레리나 발레의 여자 무용수, 특히 주역을 맡은 사람. 【ballerina】

발렌타인데이 '밸런타인데이'의 잘못.

발령 ①공공 기관에서 공식적으로 직위에 임명하거나 해임하는 결정이나 명령. ㉥지방으로 발령나다. ②경보를 발하는 것. ㉥공습 경보 발령. -하다. 【發令】

발로 숨겨 두었다가 간직하고 있었던 것이 겉으로 드러남. ㉥충성심의 발로. 【發露】

발름발름 코나 입이 조금 넓게 자꾸 벌어졌다 오므라졌다 하는 모양. 〈벌름벌름.

발림 판소리에서 소리꾼이 신나게 하기 위해 하는 몸짓이나 손짓.

발맞추다 여러 사람이 걸음걸이를 서로 맞추다.

발명 ①아직까지 없던 물건이나 방법을 새로 만들어 냄. ㉥망원경을 발명하다. ②알려지지 않은 일을 생각해 냄. -하다. 【發明】

발명가 전문적으로 발명을 하는 사람. 【發明家】

발명왕 발명을 많이 한 사람. ㉥발명왕 에디슨. 【發明王】

발명품 지금까지 없던 것을 새로 생각해 만든 물건. 【發明品】

발모 몸, 특히 머리에 털이 나는 것. 반탈모. 【發毛】

발목 다리와 발이 이어진 부분.

발바닥[발빠닥] 서 있을 때 바닥에 닿는 발의 부분. 반발등.

발바리 ①개의 한 종류. 몸은 작고 다리가 짧으며 성질이 온순하고 모양이 귀여워, 보고 즐기기 위해 실내에서 기름. ②침착하지 못하게 여기저기 돌아다니는 사람.

발발[1] 일이 갑자기 크게 일어남. ㉥6·25 전쟁이 발발하다. -하다.

발발[2] ①긴장하거나 춥거나 무서워서 몹시 몸을 떠는 모양. ㉥날이 추워서 발발 떨고 있다. ②하찮은 것을 가지고 몹시 아까워하는 모양. ㉥돈 몇 푼 가지고 발발 떤다.

발버둥 ①불만이 있어서 앉거나 누워서 다리를 번갈아 버둥거리며 몸부림하는 짓. ②어떤 일을 이루려고 몹시 애를 쓰는 짓. ㉔기우는 사업을 되살리려고 발버둥치다.

발벗고 나서다 무슨 일에 적극적으로 덤벼들다. ㉔불우이웃을 돕기 위해 발벗고 나서다.

발벗다 ①신을 벗다. ②있는 재주나 힘을 다하다.

발병 병이 생기는 것. 병의 증세가 뚜렷이 나타나는 것. -하다.

발부리[발뿌리] 발가락 앞쪽 끝 부분. ㉔돌멩이에 발부리가 걸려 넘어지다.

발붙이다[발부치다] ①발을 대고 서다. ㉔만원 버스는 발붙일 틈이 없다. ②의지하거나 근거로 삼다. ㉔남의 나라에서 발붙이고 살다.

발뺌하다 책임을 지지 않으려고 핑계를 대며 피하다.

발사[발싸] 총·대포·활 등을 쏨. ㉔대포를 발사하다. -하다.

발산[발싼] 밖으로 흩어지거나 흩어지게 함. ㉔열을 발산하다. 【發散】

발상[발쌍] 어떤 생각을 해 내는 것. ㉔기발한 발상. 【發想】

발상지 역사적으로 중요한 일이 처음으로 생겨난 곳. ㉔인류 문명의 발상지. 【發祥地】

발생[발쌩] ①태어남. 생겨남. ②일이 일어남. ㉔살인 사건이 발생하다. -하다. 【發生】

발생기 어떤 기체를 생겨나게 하는 장치. ㉔산소 발생기. 【發生機】

발생량[발쌩냥] 어떤 것이 생겨나거나 나타나는 분량. ㉔쓰레기 발생량. 【發生量】

발생률[발쌩뉼] 어떤 일이 일어나는 비율. ㉔교통 사고 발생률.

발설하다 감추고 있어야 할 사실을 남이 알도록 말하다. ㉔비밀 회의 내용을 발설하다.

발성[발썽] 소리를 냄. ㉔발성 기관. -하다. 【發聲】

발소리 걸을 때 발이 땅에 부딪쳐 나는 소리.

발송 물건·편지·서류 따위를 우편 등으로 보내는 것. -하다.

발신[발씬] 전보·우편·전신·전파 따위를 보냄. ㉶수신. -하다.

발신인 편지나 전보 따위를 부친 사람. ㉶수신인. 【發信人】

발아하다[바라하다] 풀·나무·씨에서 싹이 나오다.

발악 앞뒤를 가리지 않고 모진 소리나 짓을 마구함. 악을 씀. ㉔최후의 발악. -하다. 【發惡】

발암[바람] 암을 생기게 하는 것. ㉔발암 물질. 【發癌】

발언 말을 꺼냄, 또는 그 말. 의견을 말함. -하다. 【發言】

발언권 회의 석상에서 발언할 수 있는 권리. 말할 권리.

발열[바렬] ①열을 냄. ㉔발열 기능이 뛰어난 난로. ②체온이 정상보다 높아지는 것. -하다.

발원[바뤈] 강이 처음으로 시작하는 것. ㉔섬진강은 지리산에서 발원한다. -하다. 【發源】

발육 발달하여 크게 자람. ㉔소의 발육이 늦다. ㉥성장. -하다. 【發育】

발음 말소리를 냄. 소리내기. ㉔발음이 정확하다. -하다. 【發音】

발음 기관 ①동물체의 소리를 내는 기관. ②사람이 발음하는 데 필요한 성대·구강·기도·혀·비강 등의 기관. 음성 기관. ㉾발음기.

발음체 소리를 내거나 낼 수 있는 물체. 악기의 소리나는 부분.

발자국[발짜국] 발로 밟은 흔적이나 모양. ×발자욱.

발자취 ①발로 밟은 흔적. ②사람이 지나간 흔적. ③지난날의 업적이나

ㅂ

경력. ㉮국어 발전에 커다란 발자취를 남기다.
발작 몸이 떨리는 증세가 갑자기 심하게 일어나는 것. -하다.
발장구 헤엄을 칠 때 물위에 엎드려 두 발을 물 위로 들었다 내렸다 하면서 물을 차는 것. ㉮냇가에서 발장구를 치며 놀다.
발전[1]전기를 일으킴. ㉮화력 발전. 수력 발전. -하다. 【發電】
발전[2][발쩐] 보다 나은 단계로 뻗어 나감. ㉮나날이 발전하는 우리 나라. 비발달. 반쇠퇴. -하다.【發展】
발전기[발쩐기] 전기를 일으키는 기계. 【發電機】
발전량[발쩐냥] 일으킨 전기의 총량.
발전소[발쩐소] 전기를 일으키는 곳. 수력·화력·원자력 발전소 등이 있음. 【發電所】
발전용 전기를 일으키는 데에 쓰이는 것. ㉮발전용 기름.
발족 어떤 단체나 모임 따위가 새로 생기어 활동을 시작함. -하다.
발진[1] 체온이 올라 살갗에 좁쌀만 한 종기가 많이 돋는 것. 【發疹】
발진[2] 군함이나 항공기 따위가 기지를 출발함. -하다. 【發進】
발진티푸스[발찐티푸스] 법정 전염병의 하나. 병원체는 리케차의 일종인데, 겨울철부터 봄에 걸쳐 이의 매개로 감염됨.
발짝 한 발씩 떼어 놓는 걸음의 수효를 나타내는 말〔주로 걸음을 배우는 어린아이의 경우에 많이 쓰임〕. ㉮한 발짝.
발차 기차·자동차 따위가 떠남. 반정차. -하다. 【發車】
발치 ①누워 있을 때 발을 뻗는 곳. 반머리맡. ②어떤 사물의 아랫부분이나 끝부분.
발칙하다 매우 버릇이 없고 괘씸하다.
발칵 ①기운이 갑자기 세게 솟는 모양. ②무엇이 갑자기 세차게 뒤집히는 모양. <벌컥.
발칸 반도 유럽의 동남부에 있는 큰 반도. 그리스·알바니아·유고슬라비아 등의 나라가 있음.
발코니 서양식 집의 옥외로 달아 낸, 지붕이 없고 난간이 있는 대.
발탁 여러 사람 가운데서 특별히 한 사람을 중요한 일을 맡기려고 뽑는 것. -하다.
발톱 발가락 끝을 보호하는 뿔같이 단단한 물질.
발트 해 유럽 대륙과 스칸디나비아 반도 사이에 있는 바다. 북해로 이어짐. 【Balt海】
발판 ①높은 곳에 올라가기 위하여 설치해 놓은 널. ②근본으로 삼는 곳. ㉮조국 근대화의 발판이 되다.
발포 총이나 대포를 쏨. 【發砲】
발표 세상에 널리 드러내어 알림. 여러 사람에게 드러내 보임. ㉮대학 입시 합격자 발표. -하다. 【發表】
발표회 발표하는 모임. 【發表會】
발하다 빛·기운·감정 따위를 내보내다. ㉮빛을 발하다.
발해〖나라〗[698~926] 고구려의 장군인 대조영이 698년에 만주지방에 세운 나라. 신라에게 망한 고구려의 유민들이 합류하여 쑹화강 이남과 고구려의 옛 영토을 거의 확보하여 나라의 위세를 떨쳤으나 요나라에게 망함. 【渤海】
발행 책이나 신문·돈 등을 박아 세상에 펴냄. ㉮잡지를 발행하다. 비발간. 간행. -하다. 【發行】
발행인 출판물·수표 따위를 발행하는 사람. 【發行人】
발현 숨겨져 있던 능력·성질·감정 따위가 드러나는 것. ㉮민족 정신의 발현. -되다. -하다. 【發現】
발화 불이 남. 【發火】

발화점[발화쩜] 어떤 물건이 공기 속에서 불이 붙어 타기 시작하는 가장 낮은 온도. 비착화점.

발효[1] 조약·법령·규칙 등이 효력을 나타내는 것. −되다. −하다.【發效】

발효[2] 미생물이나 효소의 작용으로 유기물이 화학적으로 변화하는 현상. 김치·장·술·치즈 따위를 만드는 데 쓰임. 예발효 식품. −되다. −하다.【醱酵】

발휘 떨치어서 나타냄. 실력 따위를 외부에 드러냄. 예실력 발휘. −되다. −하다.【發揮】

밝기[발끼] 밝은 정도. 예별의 밝기.

밝다[박따] 어둡지 않고 환하다. 불빛 같은 것이 흐리지 않고 분명하다. 예가로등이 밝다. 반어둡다.

밝히다[발키다] ①어둡던 것을 환하게 하다. 예불을 밝히다. ②옳고 그른 것을 가려 분명하게 하다. 예진실을 밝히다. ③자지 아니하고 밤을 새우다. ④어떤 것을 지나치게 좋아하다.

밟:다[밥따] ①발을 땅 위에 대고 디디다. 예고향 땅을 밟다. ②일을 차례로 하다. 예절차를 밟다.

밟히다[발피다] 남이 밟아서 눌리다. 예구둣발에 발등을 밟히다.

밤:[1] 밤나무의 열매. 가시가 난 껍질 속에 두 세 개씩 들어 있는, 단단한 갈색의 열매. 하얀 속살이 맛이 좋음.

밤[2] 해가 진 뒤부터 날이 새기전까지의 동안. 반낮.

밤거리 밤이 된 뒤의 길거리. 예밤거리를 쏘다니다.

밤길[밤낄] 밤에 걷는 길. 예밤길을 조심해서 걷다.

밤:나무 초여름에 가늘고 긴 흰 꽃이 피고, 밤이 열리며 단단하여 목재로도 쓰이는 갈잎 큰키나무.

밤낮[밤낟] ①밤과 낮. 주야. ②밤에나 낮에나. 늘. 언제나.

밤낮없이[밤나덥씨] ①밤이나 낮이나. ②밤도 없이 낮도 없이 계속하여. 예밤낮없이 열심히 일하다. 비불철주야.

밤눈 깜깜한 밤에 사물을 볼 수 있는 시력. 예밤눈이 어둡다.

밤늦다[밤늗따] 밤이 깊다. 예밤늦은 시각에 어딜 가니?

밤바람[밤빠람] 밤에 부는 차가운 바람.

밤새 밤 동안 내내. 날이 샐 때까지. 예밤새 안녕하십니까? 본밤사이.

밤새껏[밤새껃] 밤이 샐 때까지. 예밤새껏 뒤척이며 잠을 설치다.

밤:색 익은 밤 껍질과 같은 붉은 갈색.

밤샘 잠을 자지 않고 밤을 새우는 것.

밤:송이 밤이 들어 있는, 빳빳하고 뾰족한 가시들이 돋친 겉껍데기.

[밤송이]

밤중[밤쭝] 깊은 밤. 한밤. 예밤중에 불이 나다. 반대낮.

밤차 정해진 밤 시간에 다니는 버스나 기차. 예예은이는 밤차를 타고 서울로 떠났다.

밤참 밤에 먹는 음식. 비야참.

밤:톨 밤의 낱개만한 크기를 나타내는 말, 또는 밤의 알. 예밤톨만한 돌멩이.

밥 ①곡식 따위를 익혀서 먹는 음식. ②끼니로 먹는 음식. ③동물의 먹이. 예금붕어 밥을 주다.

밥맛[밤맏] ①밥의 맛. ②식욕. 예밥맛이 난다.

밥물[밤물] ①밥을 지을 때 쌀에 붓는 물. 예밥을 잘 지으려면 밥물을 잘 잡아야 한다. ②밥이 끓을 때 넘쳐 나오는 걸쭉한 물. 예밥물이 넘치다.

밥벌이[밥뻐리] 겨우 생활을 해 나갈 수 있을 정도의 벌이. -하다.
밥상[밥쌍] 밥과 반찬을 올려 놓고 먹는 상. [예]밥상을 차리다.
밥상머리 밥상을 앞에 두고 앉은 자리.
밥상보[밥쌍뽀] 음식을 차려 놓은 상을 덮어 두는, 헝겊으로 만든 보자기. 상보.
밥솥[밥솓] 밥을 짓는 솥.
밥알[바발] 밥의 한 알 한 알. [비]밥풀.
밥통 ①밥을 담아 두는 통. ②먹는 음식이 들어가 모여 소화가 시작되는 몸 속의 기관. 위.
밥투정 밥을 먹을 때 밥에 대한 불평을 심하게 하는 것. -하다.
밥풀 ①밥의 한 알 한 알. [비]밥알. ②풀 대신에 무엇을 붙이는 데 쓰는 밥알.
밧줄[받쭐] 볏짚이나 삼 등으로 굵고 길게 꼬아 드린 줄. [예]밧줄로 묶다.
방[1] 사람이 거처하기 위하여 집안에 만들어 놓은 칸. 【房】
방:[2] 옛날에, 사람이 많이 모이는 곳에 써서 붙이던 관청의 광고. 【榜】
방갈로 산이나 강가 같은 유원지에 지은 야영 건물이나 별장. 【bungalow】
방고래 방구들장 밑으로 낸 고랑. 불길과 연기가 통하여 나가게 되어 있음.
방공[1] 공산주의의 세력을 막아냄. -하다. 【防共】
방공[2] 적군의 비행기가 공격하는 것을 막는 것. 【防空】
방공호 적의 비행기의 폭격을 피하기 위하여 만든 굴. [예]방공호로 대피하다. 【防空壕】
방과 후 학교에서 그 날의 공부가 끝난 뒤. [예]방과 후에 친구 집으로 놀러가다. 【放課後】
방관 직접 관계하지 않고 곁에서 보고만 있음. [예]사태를 방관하다. -하다. 【傍觀】
방관자 어떤 일에 직접 끼지 않고 구경만 하는 사람.
방광 콩팥에서 흘러 나오는 오줌을 한동안 저장하는, 엷은 막으로 된 주머니 모양의 기관.
방:귀 뱃속의 음식물이 부패·발효하여 생긴 가스가 밖으로 나오는 구린내 나는 기체. ×방구.
방글라데시〖나라〗 1971년에 파키스탄으로 부터 분리되어 독립한 공화국. 황마·쌀·사탕수수 따위가 많이 남. 수도는 다카. 【Bangladesh】
방글방글 입을 예쁘게 벌리며 소리 없이 부드럽게 웃는 모양. <벙글벙글. [센]빵글빵글. -하다.
방금 바로 조금 전. [예]기차가 방금 떠났다. [비]금방. 금세. 【方今】
방긋 소리 없이 입만 벌리고 웃는 모양. <벙긋. [센]빵긋. -하다.
방긋방긋[방귿빵귿] 소리 없이 입만 벌리고 연해 웃는 모양. <벙긋벙긋. [센]빵긋빵긋. -하다.
방년 여자의 스무 살 안팎의 꽃다운 나이. [예]방년 19세. 【芳年】
방:대하다 규모가 매우 크다. [예]중국 땅은 매우 방대하다.
방도 일을 치러 갈 길. 방법과 도리. [예]좋은 방도가 없다. 【方道】
방독면 독가스나 연기 따위로 부터 호흡기나 눈 등을 보호하기 위하여 얼굴에 쓰는 마스크.

[방독면]

방:랑[방낭] 일정한 거처가 없이 떠돌아다님. -하다. 【放浪】
방:랑자 이곳 저곳을 떠돌아다니는 사람. 【放浪者】

방:류 가두어 놓은 물을 터서 흘려 보냄. 【放流】

방망이 무엇을 두드리거나 다듬는 데에 쓰는 기구. ㉠빨랫방망이. 다듬잇방망이.

방면 ①방향이나 지방. ㉠부산 방면. ②뜻을 둔 분야. ㉠컴퓨터 방면에 관심을 갖다. 【方面】

방명록 어떤 모임이나 예식에 참석한 사람들이 자기 이름을 적어 놓는 책. 【芳名錄】

방:목 소·말·양 따위의 가축을 놓아 기름. -하다. 【放牧】

방문[1] 방으로 드나드는 문. 【房門】

방:문[2] 남을 찾아봄. ㉠친구 집을 방문하다. -하다. 【訪問】

방:문객 방문한 사람. 찾아온 손님.

방:문단 어디를 방문하기 위하여 조직한 단체. 【訪問團】

방:문자 누구 또는 어디를 찾아가는 사람. 【訪問者】

방물장수 옛날에 주로 여자에게 필요한 화장품·바느질 도구·패물 따위를 팔러다니던 여자.

방바닥[방빠닥] 방의 바닥.

방방곡곡 한 군데도 빠짐이 없는 모든 곳. ㉠소문이 방방곡곡으로 퍼지다. 【坊坊曲曲】

방백 연극에서, 연기자가 청중에게는 들리나 무대 위의 상대방에게는 들리지 않는 것으로 하고 말하는 대사. 【傍白】

방범 범죄가 일어나지 않도록 미리 살피고 막는 것. -하다. 【防犯】

방범대 범죄가 일어나는 것을 미리 살피고 막는 단체.

방범 대원 경찰을 도와 나쁜 짓을 하는 사람이나 위험한 곳이 없는지 살펴서 시민의 안전을 지켜주는 사람.

방법 어떤 목적을 이루기 위하여 하는 일. ㉠좋은 방법을 연구하다. ㉥방도. 방책. 【方法】

방부제 물건을 썩지 못하게 하는 약제〔소금·알코올·나프탈렌 등〕.

방비 미리 막아서 힘써 지킴, 또는 그 시설이나 수단. ㉥수비. -하다.

방:사능 물질을 구성하는 원자가 저절로 무너져 방사선을 내뿜는 성질, 또는 그 현상.

방:사선 우라늄이나 라듐이 내는 특수한 광선. 다른 물질에 부딪히면 열과 빛을 내고, 물질을 뚫고 나가는 힘이 센 것이 있음. ㉠방사선으로 암을 치료하다.

방:생 불교에서, 사람에게 잡혀 죽게 된 생물을 놓아서 살려주는 일. -하다. 【放生】

방석 깔고 앉기 위하여 조그맣게 만든 작은 자리〔짚·왕골·띠 등으로 만듦〕. 【方席】

방세[방쎄] 남의 집 방을 빌려서 살면서 그 값으로 내는 돈.

방:송 라디오나 텔리비전을 통하여 뉴스·음악·강연·연예 등을 보내어 널리 듣고 보게 하는 일. -되다. -하다. 【放送】

방:송국 라디오나 텔레비전 등을 통하여 보도·음악·극·강연 등을 보내는 시설을 갖춘 곳.

방:송극 라디오나 텔레비전을 통하여 방송되는 극. 방송 드라마.

방:송반 학교에서 교내 방송을 맡아서 하는 학생들의 모임.

방:송사 방송을 영업으로 하는 회사.

방:송실 방송국이나 학교의 방송을 하는 방.

방수 물이 넘쳐 흐르거나 스며드는 것을 막음. ㉠방수 처리를 한 옷감. -되다. -하다. 【防水】

방:수로 물을 뽑아 내거나, 내어 보내는 물길을 사람의 힘으로 만든 수로. 【放水路】

방수복 물이 새어들지 않도록 방수 처리가 된 옷. 【防水服】

방습 습기를 막음. 【防濕】
방식 일정한 방법으로서의 형식. ㊐방법. 법식. 【方式】
방실거리다 소리 없이 부드럽게 자꾸 웃다. ㊞아기가 방실거리다. <벙실거리다.
방실방실 입을 조금 벌리고 소리없이 예쁘게 웃는 모양.
방:심 마음을 놓음. 정신을 차리지 않음. ㊞적이 방심하는 틈을 노려 공격하다. -하다. 【放心】
방아 곡식을 찧는 틀. 땅에 절구확을 묻고 긴 나무체의 한 끝에 공이를 끼고, 다른 한 끝을 눌렀다 놓았다 하여 찧음. 디딜방아와 물레방아의 구별이 있음.
ㅂ
방아깨비 여름철 풀밭에 살며, 머리 끝이 뾰족하고, 뒷다리 끝을 잡아 쥐면 방아를 찧듯이 몸을 끄덕거리는 곤충.

[방아깨비]

방아쇠 총에 붙어 있는 굽은 쇠. 이것을 손가락으로 잡아 당기면 총알이 나가게 됨.
방안 일을 해낼 방법이나 계획. ㊞더 좋은 방안을 궁리하다. 【方案】
방안지 모눈종이. 【方案紙】
방앗간 ①방아를 놓고 곡식을 찧는 곳. ㊐정미소. ②제분소.
방어 남의 침입을 막아 냄. ㊞진지를 방어하다. ㊎공격. -하다.
방언 한 나라의 언어 중에서 어떤 지방에서만 통용되는 말. ㊞경상도 방언. 전라도 방언. ㊐사투리. ㊎표준어. 공통어. 【方言】
방역 전염병이 발생하거나 유행하는 것을 미리 막는 것. -하다.
방:열기 증기나 따뜻한 물에서 생기는 열을 이용하여 공기를 따뜻하게 하는 장치. ㊐라디에이터.
방:영 텔레비전으로 방송함. ㊞방영 시간. -되다. -하다. 【放映】
방울 ①구슬같이 둥글둥글하게 맺힌 액체의 덩어리. ㊞눈물 방울. ②얇은 쇠붙이 따위로 둥글게 만들어 흔들면 소리가 나는 물건.
방울꽃 잎은 달걀 모양으로 끝이 뾰족한 여러해살이풀. 초가을에 긴 꽃대에 방울같이 생긴 연한 자주색 꽃이 아침에 피었다가 저녁에 시듦.
방울방울 액체가 구슬같이 동글동글 맺혀 있거나 떨어지는 모양.
방울새 수컷의 몸은 누런색이고 머리·가슴·허리는 녹색이며 날개에 누런 띠가 있는 새. 울음소리가 매우 곱고 다른 새의 울음소리를 잘 흉내냄.
방위[1] 어떠한 쪽의 위치. 동서남북을 기준으로 삼아서 정한 방향. 【方位】
방위[2] 외국의 공격을 막고 자기 나라를 지키는 것. ㊞국토 방위. -하다. 【防衛】
방위병 일반 사병보다 짧은 기간 동안 군대에 갔다오는 '단기 사병'을 달리 이르는 말. ㊗방위.
방위 성금 나라를 지키는 데 쓰려고 국민들이 정성으로 내는 돈. ㊞방위 성금을 내다.
방위 조약 집단 안전 보장의 필요에 따라 방위의 목적으로 하는 조약.
방위표 방위를 나타내는 표.
방음 바깥의 소리가 안으로 들어오거나 소리가 울리는 것을 막음. ㊞방음 장치. -하다. 【防音】
방:임 되는 대로 내버려 둠. -하다.
방:자 꺼리거나 삼가는 태도가 없고 제멋대로 놂. ㊞어른 앞에서 방자하게 굴다. -하다. 【放恣】
방재 지진·화재·홍수·가뭄 따위의 재해를 막는 일. ㊞국립 방재 연구소. -하다. 【防災】

방적 동식물의 섬유를 가공하여 실을 뽑는 일. ㉠방적 공장. -하다.

방전 전지·축전지 등과 같이 전기를 지니고 있는 물체가 전기를 잃는 현상. ㊥충전. -하다.

방정맞다 말이나 하는 짓이 가벼워서 요망스럽다.

방정식 수학에서, 식 중의 미지수에 특정한 값을 주었을 때만 성립되는 등식. ㊥항등식.

방정환〖사람〗[1899~1931] 아동 문학가. 호는 소파. '색동회'를 만들어 어린이 운동을 벌였음. '어린이 날'을 만듦. 또한 동화를 짓거나 외국 동화를 우리 나라에 번역 소개함.

방제 ①막아서 없앰. 예방하여 없앰. ②농작물의 병충해를 예방하여 없앰. 【防除】

방조 좋지 못한 일을 거들고 도와주는 것. -하다.

방조제 바닷물이 육지로 밀려드는 것을 막기 위하여 쌓은 둑.

방:종 아무 거리낌이 없이 함부로 행동하는 것. ㉠방종한 생활. -하다. 【放縱】

방주 네모난 큰 배. ㉠노아의 방주.

방죽 물을 막기 위하여 쌓은 둑. ㉠홍수로 방죽이 무너지다. ㉥방축.

방지 막아서 그치게 함. ㉠도난 방지. -하다. 【防止】

방직 기계를 이용하여 피륙을 짜는 일. ㉠방직 공장. 【紡織】

방진 먼지가 들어오는 것을 막음.

방책 방법과 꾀. ㉠적을 무찌를 방책을 세우다. 【方策】

방첩 간첩을 막음. ㉠방첩 활동. -하다. 【防諜】

방청 회의나 방송·재판 등을 옆에서 직접 보고 들음. ㉠재판을 방청하다. -하다.

방청객 회의·토론·공개 방송·법정 따위에 출석하여 일의 진행을 보고 듣는 사람.

방청권[방청꿘] 회의나 방송 같은 것을 방청할 수 있도록 허락을 받은 표.

방청석 방청하는 사람들이 앉는 자리.

방:출 ①한꺼번에 내놓음. ②모아 두었던 물자나 자금을 풀어서 일반 사람들에게 제공함. -하다.

방충망 파리나 모기 같은 벌레들이 날아 들어오지 못하도록 창이나 문에 치는 그물.

방충제 해충이 가까이 오지 못하게 하는 약제〔나프탈렌·디디티 등〕.

방:치 관심을 가지고 관리하거나 보호하지 않고 내버려두는 것. ㉠고장난 차를 길가에 방치에 두다. -하다. 【放置】

방침 어떤 일을 하려고 하는 방향과 계획. ㉠지도 방침. 【方針】

방콕〖지명〗 타이의 수도. 불교 사원이 많으며, 메남강 하류에 위치함. 쌀과 '티크'라는 재목 따위를 수출함. 【Bangkok】

방탄 탄알을 막음. 【防彈】

방:탕하다 술·노름·이성 등에 빠져 돈을 낭비하고 행실이 좋지 못하다. ㉠방탕한 생활.

방파제 바다로부터 밀려오는 세찬 물결을 막기 위하여 바닷가 둘레에 쌓아 놓은 둑.

방패 적의 칼·창·화살 따위를 막는 무기.

[방패연]

방패연 복판에 구멍이 있고 네모반듯한 방패 모양의 연.

방편 일을 쉽게 처리하기 위한 수단. ㉠임시 방편. 【方便】

방풍림[방풍님] 바람으로 인한 재난이나 재해를 막기 위하여 가꾸어 놓은 숲. 【防風林】

방:학 학교에서 학기가 끝난 뒤, 또는 더위와 추위를 피하여 얼마동안 수업을 쉬는 일. [예]겨울 방학. [반]개학. -하다. 【放學】

방한모 추위를 막기 위해 쓰는 모자.

방한복 추위를 막기 위한 두꺼운 겉옷. 【防寒服】

방한용 추위를 막는 데 쓰이는 것. [예]방한용 모자.

방해 남의 일에 일부러 끼어들어 못하게 함. [예]일을 방해하다. [비]훼방. [반]협조. -하다. 【妨害】

방향 ①무엇이 나아가거나 향하는 쪽. [예]반대 방향. [비]방면. ②뜻이 향하는 곳. [예]우리가 나아갈 방향. 【方向】

방향 감각 자기가 가는 방향을 깨달아 아는 느낌. [예]술은 방향 감각을 마비시킨다.

ㅂ

방:화[1] 일부러 불을 지름. 【放火】

방화[2] 화재를 미리 막음. [예]방화 훈련. 【防火】

방화[3] 자기 나라에서 제작된 영화. 국산 영화. [반]외화. 【邦畵】

방화사 불을 끄기 위하여 마련해 둔 모래. 【防火砂】

방황 일정한 방향이나 목적이 없이 떠돌아다님. [예]거리를 방황하다. -하다. 【彷徨】

밭 물을 대지 않고 채소나 잡곡 따위를 심어서 가꾸는 땅.

밭고랑[받꼬랑] 밭의 이랑과 이랑 사이의 홈이 진 곳.

밭고르기 씨뿌리기 전에 흙을 부수고 땅을 고르는 일.

밭농사 밭에서 가꾸는 농사.

밭다리 걸기 씨름에서, 상대편의 오른쪽 다리가 앞으로 나와 있거나 몸무게 중심이 오른쪽에 있을 때 상대의 왼쪽 다리를 걸고 오른쪽 가슴으로 밀어서 넘어뜨리는 공격 기술.

밭두둑 밭과 밭 사이의 경계를 이루는 두두룩하게 된 언덕. [비]밭두렁.

밭둑[받뚝] 밭의 가장자리에 둘려 있는 둑.

밭머리[반머리] 밭이랑의 양쪽 끝이 되는 부분.

밭이랑[반니랑] 밭에 흙을 높게 올리어 길게 만든 곳.

밭일[반닐] 밭에서 하는 모든 농삿일. [반]논일. -하다.

배[1] 사람이나 물건을 싣고 물위로 떠다니는 물건. [예]나룻배. 거룻배. [비]선박.

[배[1]]

배[2] 동물의 내장 따위가 들어있는 가슴과 골반 사이의 부분.

배[3] 배나무의 열매. 껍질이 누렇고 속은 희며 크고 둥글고 즙이 많고 시원한 단맛이 나는, 가을에 나는 과일.

배격 ①밀어 내침. [예]과소비를 배격하다. ②남의 의견을 물리침. -하다. 【排擊】

배:경 ①뒤쪽의 경치. [예]사진의 배경이 아름답다. ②무대의 뒷벽에 꾸민 장치. ③뒤에서 도와주는 힘. 세력. [예]든든한 배경을 가졌다.【背景】

배경 음악 영화·연극·방송 등에서 어떤 분위기를 만들거나 주제를 나타내는 데에 어울리는 음악.

배고프다 뱃속이 비어서 음식이 먹고 싶다. [반]배부르다.

배:관 가스나 물 등 액체나 기체를 보내기 위하여 관을 설치함, 또는 그 설치물.

배구 코트 중앙에 네트를 치고 두팀으로 갈라져서 공을 땅에 떨어 뜨리지 않고 상대방 코트에 쳐서 넘기는 경기. 【排球】

배:급 나누어 줌. 분배. [예]식량을 배급하다. -하다. 【配給】

배기 가스 자동차 따위에서 밖으로

내보내는 가스.

배기구 공기 따위를 밖으로 내 보낼 수 있도록 만든 구멍.

배기다[1] 어려운 일을 잘 참고 버티다. [예]끝까지 배겨 내다.

배기다[2] 몸의 일부분이 볼록하게 튀어나온 단단한 것에 닿아 아프게 느껴지다. [예]등이 배기다.

배기통 자동차·공장 따위에서 쓰지 않는 기체를 내보내기 위한 관.

배꼽 배 한가운데에 있는 탯줄을 끊은 자리.

배나무 과일 나무의 한 가지. 잎은 둥글고 꽃은 희며, 열매는 달고 물이 많음.

배:낭 물건을 담아 등에 지도록 만든 주머니.

배낭 여행 돈을 아끼면서 마음대로 구경을 하기 위해서 필요한 물품을 넣은 배낭을 짊어지고 다니는 여행.

배:다[1] ①버릇이 되어 익숙해지다. [예]힘든 일이 몸에 배다. ②흠뻑 젖다. [예]셔츠에 땀이 배다.

배:다[2] 아이나 새끼를 가지다. [예]개가 새끼를 배다.

배:달 우편물이나 물품 등을 가져다가 전해 주는 일, 또는 그 사람. [예]신문 배달. -하다.

배달 민족 우리 겨레를 역사상으로 또는 예스럽게 일컫는 말. 배달 겨레. [비]한민족.

배:달원 신문이나 편지 또는 물건을 날라다 주는 일을 직업으로 삼는 사람. [비]배달부.

배:당 ①나누어 줌. [예]이익을 배당받다. ②나누어 주는 몫. [예]배당이 적다. -하다.

배드민턴 그물을 사이에 두고 양쪽에서 두 사람이, 또는 한쪽에 두 사람이 채로 깃털 달린 작은 공을 쳐 넘기는 경기. 【badminton】

배란 성숙한 여자나 젖먹이 동물 암컷의 난소에서 난자가 자궁으로 나오는 것. 【排卵】

배란기 여자의 난소에서 난자가 자궁으로 나오는 시기.

배럴 야드 파운드 법에서의 부피의 단위. 원유의 양을 헤아리는 말. 1배럴은 159리터이다. 【barrel】

배:려 여러 모로 자상하게 마음을 씀. 염려해 줌. [예]불편함이 없도록 배려하다. -하다.

배:면 향한 곳의 뒤쪽. [반]복면.

배:반 자기를 믿어 주는 사람에게 믿음과 의리를 저버리고 돌아섬. [예]친구를 배반한 녀석. [비]배신. -하다. 【背反】

배뱅이굿 황해도를 중심으로 서북 지방에서 유행한 민속극의 한가지.

배:본 ①책을 가져다 줌. [예]신간 도서를 서점에 배본하다. ②예약된 출판물을 예약한 사람에게 나누어 줌. -하다.

배:부 나누어 줌. [예]시험지를 배부하다. -하다.

배부르다(배부르니, 배불러서) ①음식을 많이 먹어 더 먹고 싶은 생각이 없다. [예]배부르게 먹다. [반]배고프다. ②형편이 넉넉하여 아쉬울 것이 없다. [예]배부른 소리. ③배가 뚱뚱하고 크다.

배:분 여러 사람 하나 하나에게 알맞게 나누어 주는 것. [비]분배. -되다. -하다. 【配分】

배불뚝이[배불뚜기] 배가 불룩하게 나온 사람.

배불리 음식을 많이 먹어 더 먹고 싶은 생각이 없을 만큼 배가 부르게. [예]점심을 배불리 먹다.

배상 남에게 입힌 손해를 갚아 줌. [예]피해 배상 청구. -하다.

배:색 두 가지 이상의 색을 어울려 놓음, 또는 그 색. -하다.

배:선 전기의 이용에 편리하게 전선을 배치하는 일. ㊀전기 배선도. －하다. 【配線】

배설 ①안에서 밖으로 새어 나가게 함. ②몸 속에 필요 없는 물질을 똥·오줌·땀 등으로 내보내는 일. －되다. －하다. 【排泄】

배설 기관 몸 속에서 필요 없는 물질을 밖으로 내보내는 기관.

배설물 배설된 물질〔똥·오줌·땀 따위〕. 【排泄物】

배수[1] 물을 보내 줌. ㊀수도 배수관. －하다. 【配水】

배:수[2] 어떤 수의 갑절이 되는 수. 반약수. 【倍數】

배수관 상수도의 물을 보내는 관.

ㅂ

배수로 물을 흘려 보내기 위해서 만든 물길. 【排水路】

배:수진 강·호수·바다 같은 것을 등지고 치는 진. 뒤로 물러 가면 물에 빠지게 되므로 나아가 적과 싸우도록 하려는 것이 그 목적임. ㊀배수진을 치고 결사적으로 싸우다. 【背水陣】

배시시 입이 조금 벌어진 상태로 소리 없이 가볍게 웃는 모양. ㊀배시시 웃다. <비시시.

배:식 단체의 여럿에게 음식을 나누어 주는 것. －하다.

배:신 남에게 대한 신의를 지키지 않고 저버리고 돌아섬. 비배반. －하다. 【背信】

배:신감 배신을 당했을 때 느끼는 속상한 감정. 비배반감.

배:아 씨 속에 있어, 자라서 어린 식물이 되는 부분. 씰눈.

배아프다 남이 잘되는 것이 몹시 부럽고 아니꼽다.

배:알 지체 높은 분을 만나 뵘. ㊀임금을 배알하다. －하다.

배:양 ①식물을 북돋아 기름. ②사람을 가르쳐 기름. ㊀인재를 배양하다. ③미생물을 인공적으로 기름. ㊀배양된 박테리아 세균. －하다.

배:양토 화초나 나무를 가꾸기 위하여 나뭇잎과 두엄을 썩여서 만든 흙. 【培養土】

배어들다 물기·냄새·색깔 따위가 속으로 스며들다. ㊀빗물이 속옷까지 배어들다.

배:역 연극이나 영화 같은 데서 배우에게 어떤 구실을 맡기는 일, 또는 그 구실. ㊀흥부전의 배역을 정하다. 【配役】

배:열 죽 벌여서 열을 지음. 【配列】

배:영 수영의 한 가지. 위를 향해 반듯이 누워서 치는 헤엄. 【背泳】

배:우 연극·영화·텔레비전 등에서 연기를 하는 사람. ㊀연극 배우. 영화 배우. 【俳優】

배우다 ①가르침을 받다. ②남이 하는 일을 보고 그와 같이 하다. ㊀형의 행동을 배우다. ③학문을 하다. ㊀영어를 배우다.

배:우자 부부 관계에서 서로의 상대. 남편이나 아내. ㊀배우자를 만나다. 비반려자. 【配偶者】

배웅 떠나가는 손님을 따라 나가 작별하여 보내는 일. ㊀친구를 정거장까지 배웅하다. 반마중. －하다.

배:율 도형을 확대하거나 축소 할 때의 2배, 3배, 2분의 1배, 3분의 1배 따위의 비율.

배은 망덕 남한테 입은 은덕을 잊고 저버림. －하다.

배:자[1] 추울 때 여자가 저고리 위에 덧입는, 짐승의 털을 넣어 만든 소매 없는 옷. 【褙子】

배자[2] 글자를 알맞게 벌여 놓는 것. －하다. 【排字】

배:재 학당 우리 나라의 최초의 근대식 중등 교육 기관〔배재중·고등 학교의 전신〕.

배:점[배쩜] 시험이나 평가에서 각 문제나 항목에 대한 점수를 정하는 것, 또는 그 점수. -하다.

배젓기[배저끼] 배가 나아가게 노를 젓는 일.

배:정 나누어 몫을 정함. ㉠자리를 배정받다. -하다.

배제 무엇을 어디에서 밀어내든가 빼 놓는 것. ㉠감정을 배제하다. -하다. 【排除】

배중손〖사람〗[? ~1273] 고려 원종 때의 장군. 삼별초의 지도자로서, 몽고군에 맞서 강화도에서 끝까지 항전하였음. 【裵仲孫】

배지 자기가 속해 있는 단체나 조직을 나타내거나 어떤 뜻을 나타내기 위해 모자나 웃옷에 다는 작은 표시. × 뺏지 · 뱃지. 【badge】

배지기 씨름에서, 샅바를 앞으로 당겨서 상대를 자기 배 위로 들어 올린 후 옆으로 돌려 넘어뜨리는 기술.

배지느러미 물고기의 배에 달린 지느러미. 대개 좌우에 한 쌍이 있으며 몸을 바르게 하는 일을 함.

배짱 ①마음 속으로 다져먹은 생각을 얕잡아 이르는 말. ②조금도 굽히지 않고 버티어 나가는 힘. ㉠배짱이 두둑하다.

배:차 자동차 · 전차 등을 여러 곳으로 벌려서 보냄. 차를 배치함. -하다. 【配車】

배척 반대하여 물리쳐 몰아 냄. ㉠서양 세력을 배척하다. ㊥배격. ㊦환영. -하다. 【排斥】

배:추 잎을 식용으로 하는 채소. 주로 김치를 담금.

[배추]

배:추벌레 배추흰나비의 애벌레. 몸에 잔털이 있고 녹색이며, 배추잎을 먹고 자람.

배:추흰나비 무꽃 · 배추꽃에 알을 낳는 나비. 알에서 깨어난 것을 배추벌레라고 함.

[배추흰나비]

배출[1] 필요없는 물질을 밀어서 밖으로 내보냄. 배설. -하다. 【排出】

배:출[2] 인재가 계속 나옴. ㉠우리 학교에서는 뛰어난 인재들이 많이 배출되었다. -하다. 【輩出】

배출량 밖으로 내보내는 물질의 양.

배출시키다 불필요한 물질을 안에서 밖으로 내보내다.

배:치 갈라 나누어 저마다의 자리에 둠. ㉠좌석을 배치하다.

배치도 인원 · 물자 · 기계 · 건물 따위의 위치 관계를 나타낸 도면. ㉠기계 배치도.

배타적 남을 싫어하여 끼워 주지 않으려는 성질이 있는 것. ㉠배타적인 태도.

배탈 배가 아프거나 설사를 하는 뱃속병.

배터리 라디오 · 자동차 · 손전등 따위에 필요한 전기를 일으키는 장치. ㊥전지. × 밧데리. 【battery】

배터리식 닭장 닭을 한두 마리씩 통에 넣어 여러층(아파트식)으로 쌓아 올려 기르게 되어 있는 닭장.

배턴 릴레이 경주에서, 선수가 다음 선수에게 넘기는 짤막한 막대기. 바통. 【baton】

배트 야구나 소프트볼과 같은 경기에서, 공을 칠 때 쓰는 방망이. 【bat】

배틀배틀 힘이 없거나 어지러워서 몸을 잘 가누지 못하고 쓰러질 듯이 계속 걷는 모양. ＜비틀비틀.

배:포[1] 남에게 널리 나누어 줌. ㉠광고지를 배포하다. -하다. 【配布】

배포[2] 품고 있는 크고 센 의지나 계획. ㊀그는 배짱이 좋고 배포가 크다. 【排布】

배:필 부부로서의 짝. 배우자.

배:합· 알맞게 섞어 합침. ㊀사료를 배합하다. -하다. 【配合】

배:합 사료 여러 가지 재료를 섞어서 만든 영양분이 많은 집짐승의 먹이.

배:합토 식물이 잘 자라도록 비료 따위를 알맞게 섞어서 만든 흙.

배회하다 갈 곳을 정하지 않은 채 이곳 저곳을 걸어 돌아다니다. ㊀밤거리를 배회하다.

배:후 ①등 뒤나 뒤쪽. 뒷면. ②정면으로 나서지 아니한 일의 뒷면. ㊀배후에서 조종하다. 【背後】

ㅂ

백[1] 물건을 넣어 가지고 다니는 조그만 가방. ㊀핸드백. 【bag】

백[2] 열의 열 곱절이 되는 수. 【百】

백결 선생 신라 자비왕 때 거문고를 매우 잘 다룬 사람. 평생 가난했으나 거문고를 놓지 않았음. 아내를 위로하려고 방아타령을 지었음.

백골 죽은 사람의 살이 다 썩은 뒤에 남은 흰 뼈. 【白骨】

백과 사전 학문·예술·기술·사회 등 인간 생활과 관계 깊은 온갖 사항을 모아 알기 쉽게 풀이한 사전.

백관 옛날에, 벼슬이 있는 모든 사람. 모든 벼슬아치. ㊀문무 백관. 【百官】

백군 경기에서, 청과 백으로 두 편을 나눌 때의 백색 표의 편. 【白軍】

백금 열에 강하고 빛깔은 은백색이며 대단히 귀한 쇠붙이. 【白金】

백기 ①하얀 깃발. ②항복을 표시하는 흰색 기. 【白旗】

백김치 고춧가루를 쓰지 않고 허옇게 담근 김치.

백날[뱅날] 아무리 오래도록. 아무리 애써도. ㊀백날 애써 봐야 헛일이다.

백담사 신라 진덕 여왕 1년(647)에 자장이 세운, 강원도 인제군 내설악에 있는 절. 【百潭寺】

백두산〖지명〗[백뚜산] 함경 북도·함경 남도와 중국 만주와의 국경 사이에 있는 우리나라에서 제일 높은 산. 산꼭대기에는 천지라는 못이 있음. 높이 2,744m. 【白頭山】

백령도〖지명〗 경기도의 서해상에 있는 섬. 북한과 가까워 군사상으로 중요한 곳임. 【白翎島】

백로[1][뱅노] 몸빛이 희고 긴 부리와 다리를 가진 물새. 해오라기.

백로[2][뱅노] 이십사 절기의 하나. 처서와 추분 사이로, 9월 8일경. 이 무렵에, 밤에 기온이 내려가고 풀잎에 이슬이 맺혀 가을 기운이 스며들기 시작한다고 함. 【白露】

백록담 제주도 한라산 꼭대기에 있는 못. 【白鹿潭】

백마 온몸의 털빛이 흰 말. 【白馬】

백마강 금강의 하류이며 부여를 돌아 부소산을 싸고 흐르는 강. 백강〔낙화암·고란사 등이 이 강가에 있음〕. 【白馬江】

백마 고지 강원도 철원군 서북방에 있는 6·25 전쟁 때의 격전지. 높이 395m. 【白馬高地】

백만대군 백만 명이나 되는 많은 군대. 【百萬大軍】

백만장자 재산이 썩 많은 사람. 아주 큰 부자. 【百萬長者】

백모[뱅모] 백부의 아내. 큰어머니. ㉥백부. 【伯母】

백묵[뱅묵] 칠판에 글씨를 쓸때에 쓰는 물건. ㉥분필.

백미[1][뱅미] 희게 쓿은 멥쌀. ㉥흰쌀. 【白米】

백미[1][뱅미] ①흰색 눈썹. ②여럿 가운데서 가장 뛰어난 것, 또는 그런 사람. ㊀진도 아리랑은 아리랑의 백미라 할 만하다. 【白眉】

백반[1] 명반을 구워 만든 덩이. 염색을 들이거나 지혈제로 쓰임.【白礬】

백반[2] 흰밥. 쌀밥. ㉬찌개 백반으로 점심을 먹다. 【白飯】

백발 하얗게 센 머리털. ㉬백발이 성성하다. 【白髮】

백발 백중 총이나 활 따위를 쏠 때마다 겨눈 곳에 꼭꼭 맞음.

백방 온갖 방법. 여러 방면. 【百方】

백병전 칼이나 총검을 가지고 서로 직접 맞붙어서 하는 전투. ㉥육박전. -하다. 【白兵戰】

백부 큰아버지. ㉫백모. 【伯父】

백분율[백뿐뉼] 비율을 퍼센트로 나타낸 것. 곧, 기준량을 100으로 보았을 때 비교하는 양을 나타내는 비율. 그 단위를 '퍼센트' 또는 '프로'라 함. 부호는 %.

백사장 강이나 바닷가의 흰 모래가 깔린 곳. 【白沙場】

백색 흰 빛깔. ㉳백. 【白色】

백설 흰 눈. 【白雪】

백설 공주〖책명〗 독일의 〈그림 동화집〉에 나오는 옛 이야기. 아름다운 공주가 심술궂은 의붓어미 때문에 갖은 고생을 겪다가, 일곱 난쟁이와 이웃 나라 왕자의 도움으로 행복하게 살게 되고, 의붓어미는 벌을 받게 된다는 줄거리의 동화. 【白雪公主】

백설기 시루떡의 한 가지. 멥쌀가루를 고물 없이 시루에 찐 떡.

백성 일반 국민. 그 나라에 사는 사람들. ㉥국민. 【百姓】

백수 온갖 짐승. ㉬백수의 왕 사자.

백숙 고기나 생선 따위를 양념하지 않고 맹물에 푹 삶아 익히는 것, 또는 그렇게 익힌 음식. ㉬영계 백숙. 【白熟】

백신 전염병에 대한 몸의 면역 능력을 기르기 위해 전염병의 균이나 독소를 이용하여 만든 약품.【vaccine】

백악관[배각꽌] 미국 대통령이 가족과 함께 살며 사무를 보는 집. 워싱턴에 있으며, 바깥 벽의 색깔이 하얘서 붙인 이름임.

[백악관]

백안시 업신여기거나 냉대하여 흘겨봄. ㉫청안시. -하다. 【白眼視】

백야[배갸] 북극이나 남극 가까운 지역에서 밤인데도 어두워지지 않는 현상. 【白夜】

백열[배결] 물체에서 흰빛이 날 정도로 온도가 몹시 높은 상태, 또는 그 열. ㉬백열 전등.

백열등[배결뜽] 전기나 가스로 밝은 빛과 열을 내는 등.

백열 전구 진공 또는 특별한 기체를 넣고 유리공 안에 필라멘트를 넣어 흰 빛을 내게 만든 전구.

백엽상[배겹쌍] 기온·습도·기압 등을 측정하기 위하여 만들어진 상자. 지상 1m의 높이에 설치하며 안을 흰 페인트로 칠하고 온도계·습도계 등을 넣어 네 다리로 고정시켜둠. 【百葉箱】

[백엽상]

백옥 흰 빛깔의 옥. 【白玉】

백운교 불국사의 대웅전으로 들어가는 돌층대로, 청운교의 윗부분이 되는 돌계단. 【白雲橋】

백운동 서원 조선 중종 때 주세붕이 경상 북도 영풍군 순흥면에 안향을 모시고자 세운 우리 나라의 최초의 서원. 【白雲洞書院】

백의 흰 옷. ㉬백의의 천사. 【白衣】

백의 민족[배기민족] 옛날부터 흰옷을 즐겨 입어 온 우리 민족을 가리키는 말. 【白衣民族】

ㅂ

백의 종군 벼슬이 없는 사람으로 군대를 따라 전쟁터로 나감, 또는 그 일. －하다. 【白衣從軍】

백의 천사 '간호사'를 아름답게 이르는 말. 【白衣天使】

백인 날때부터 피부 색깔이 흰 사람. 반흑인. 【白人】

백인종 피부 색깔이 흰 인종. 유럽 인종은 거의 여기에 속함. 본백색 인종. 【白人種】

백일[배길] 아이가 태어난 지 백 번째가 되는 날. 【百日】

백일장[배길짱] ①조선때 학업을 장려하기 위해 각 지방에서 베풀던, 시나 글을 짓도록 하는 시험. ②많은 사람들이 한 곳에 모여 주어진 제목이나 글감으로 글을 짓는 솜씨를 겨루는 일. 【白日場】

ㅂ

백일해 아이들에게 흔히 있는, 심한 기침을 하는 돌림병.

백일홍 국화과의 한해살이 화초. 여름에 붉은 꽃이 오랫동안 핀다고 하여 붙여진 이름임. 【百日紅】

[백일홍]

백자 흰 빛깔로 된 도자기. 조선 시대에 유행한 자기로 소박한 점이 특징임. 【白瓷】

백전 백승 싸울 때마다 이김. 예적을 알고 나를 알면 백전백승한다고 했다. －하다. 【百戰百勝】

백정 지난 날, 소나 돼지 따위를 잡는 일을 하던 사람, 또는 그 직업. 포정. 도한. 【白丁】

백제〖나라〗 온조왕이 한강 부근에 세운 우리 나라 삼국 시대의 한 나라. 기원전 18년에 건국, 678년 동안 계속되다가 서기 660년 의자왕 때 나당 연합군에 의해 멸망되었음. 【百濟】

백조 기러기 오리과의 새. 날개 길이 50～55cm. 몸빛깔은 전체가 흰색이고, 부리는 노란색, 다리는 검은색임. 고니. 【白鳥】

백조자리 여름철의 초저녁 동북쪽 하늘에 보이는 별자리. 6개의 밝은 별이 '+'자 모양으로 늘어서 있음.

백중 우리 나라 명절의 하나인 음력 7월 보름날. 【百中】

백지 ①흰 빛깔의 종이. ②아무것도 쓰지 않은 종이. ③무엇에 대해 아무런 지식이 없거나 전혀 모르는 상태. 【白紙】

백지도 대륙·섬·나라 등의 윤곽만 그려서 필요한 부분을 그리거나 써 넣을 수 있게 만든 지도.

백지 상태 어떤 사물에 대하여 아무것도 아는 것이 없는 상태.

백지장[백찌짱] ①흰 종이의 낱장. 예백지장도 맞들면 낫다. ②새하얀 것을 비유하는 말. 예얼굴이 백지장 같다. ×백짓장.

백치 지능이 낮은 사람. 천치.

백토 빛깔이 희고 고운 모래가 많이 섞인 흙. 【白土】

백파이프 스코틀랜드의 민속 악기. 가죽 주머니에 달린 여러 파이프를 통해 주머니 속의 공기를 밀어내어 소리를 냄. 【bag pipe】

백합 백합과의 여러해살이 화초. 7～8월에 나팔 모양의 흰 꽃이 핌. 매우 아름답고 향기가 좋음. 나리꽃.

[백합]

백혈구[배켤구] 몸 속으로 침투하는 세균을 잡아 죽이는 피의 세포. 흰피톨. 【白血球】

백혈병[배켤뼝] 혈액 속의 백혈구가 정상보다 많아지는 병.

백호[배코] 털 색이 흰 호랑이.【白虎】
백화[배콰] 온갖 꽃. ㉮백화가 만발하는 계절. 【百花】
백화점[배콰점] 한 건물 안에서 일상 생활에 필요한 온갖 상품을 각 부문별로 나누어 벌여 놓고 판매하는 규모가 큰 상점. 【百貨店】
밴드[1] 주로 나팔·북 따위로 흥겨운 음악을 연주하는 악단. ㊉음악대. 합주단. 【band】
밴드[2] 가죽·천·고무 따위로 좁고 길게 만든 띠나 끈. 【band】
밸ː '창자' 또는 '속마음'의 속된말. ㉮밸도 없는 녀석. ㊇배알.
밸런타인데이 카톨릭의 성자인 발렌티누스가 순교한 날인 2월 14일. 사랑하는 사람끼리 선물을 주고받는 풍습이 있음. ×발렌타인데이. 【Valentine Day】
밸브 관을 통하여 지나가는 기름·가스·물 따위의 양이나 압력을 조절하는 장치. ㉮가스 밸브. 【valve】
뱀ː 파충류의 뱀목의 동물을 통틀어 이르는 말. 몸은 가늘고 길며 온통 비늘로 덮였음.
뱀ː골 뱀이 많이 사는 곳.
뱀ː딸기 산이나 들에서 나는 여러해살이 풀. 줄기는 땅 위로 뻗으며 잎은 세 개씩 나고 꽃은 희며, 열매는 딸기와 비슷하지만 먹지는 못함.
뱀ː띠 뱀의 해에 태어난 사람의 띠.
뱀ː장어 뱀장어과의 바닷물고기. 몸길이가 60cm 가량으로 길며, 비늘과 배지느러미가 없음. 뱀과 비슷함. ㊜장어.
뱁ː새 박새과의 새. 날개 길이 5cm, 꽁지 6cm. 굴뚝새와 비슷하나 더 곱고 예쁨.
뱁ː새눈 작고 가늘게 찢어진 눈.
뱃고동[배꼬동] 배가 떠날 때 '붕' 하며 내는 소리. ㉮뱃고동 소리.
뱃길[배낄] 배가 늘 다니는 길. ㉮험한 뱃길. ㊉항로. 선로.
뱃노래[밴노래] 뱃사공이 노를 저으면서 부르는 노래.
뱃놀이[밴노리] 배를 타고 즐겁게 노는 일. -하다.
뱃머리[밴머리] 떠 있는 배의 앞끝. ㊉이물. ㊥고물.
뱃멀미[밴멀미] 배를 탔을 때 일어나는 어지럽고 메스꺼운 증세.
뱃사공[배싸공] 배를 저어 부리는 사람. ㊜사공.
뱃사람 배를 부리거나 배에서 일을 하는 사람. ㊉선원.
뱃심 자신을 굽히지 않고 소신대로 밀고 나가는 배짱.
뱃전 배의 좌우쪽 가장자리.
뱅글뱅글 작은 것이 잇따라 도는 모양. ㉮바람개비가 뱅글뱅글 돌다. <빙글빙글. ㊍뺑글뺑글.
뱅뱅 ①좁은 곳에서 거듭하여 도는 모양. ㉮팽이가 뱅뱅 돈다. ②어지러워 아찔해지는 모양. ㉮머리가 뱅뱅 돌다. <빙빙. ㊍뺑뺑.
뱅ː어 몸이 거의 투명하며, 가늘고 긴 작은 바닷물고기. 여러 마리를 한데 펴서 말려서 '뱅어포'를 만들어 먹음.
뱉ː다 입 속에 든 물건을 입 밖으로 내보내다. ㉮침을 뱉다.
버겁다 힘에 겨워 다루거나 해내기가 힘들다.
버그 컴퓨터에서, 프로그램에 끼어 있는 미리 알아차리지 못한 잘못.
버금가다 수준이 으뜸과 거의 비슷하다. ㉮부산은 서울에 버금가는 도시이다.
버너 흔히 야외에서 음식을 끓이기 위해 가지고 다니는, 기체 연료나 액체 연료를 연소시키는 기구. 【burner】
버둥거리다 덩치 큰 것이 드러눕거나 매달려서 팔다리를 내저으며 움직이다. ㊉버둥대다. >바둥거리다.

버드나무 물기가 많은 곳에 자라는 넓은잎큰키나무. 봄에 잎이 나기 전에 꽃이 핌. 버들.

버들강아지 ＝버들개지.

버들개지 버드나무의 꽃. 솜 비슷하며 바람에 날려 흩어짐. (비)버들강아지.

버들잎[버들립] 버드나무의 잎.

버들치 등은 어두운 갈색이며 배는 흰색이고, 옆구리에는 푸른 줄이 나 있는 민물고기. 피라미와 비슷하지만 입에 수염이 없고 비늘이 비교적 큼.

버럭 화를 갑자기 몹시 내거나, 화가 나서 짧게 소리를 지르는 모양. ＞바락.

버럭버럭 화를 자꾸만 내거나, 화가 나서 소리를 자꾸 지르는 모양. ＞바락바락.

버려두다 ①무엇을 버려서 한쪽에 놓아두다. ②누구를 혼자 있게 남겨놓다.

버들피리 봄에 버드나무의 어린 가지로 만든 피리.

버러지 '벌레'를 좀더 낮추어 이르는 말.

버르장머리 '버릇'을 얕잡아 이르는 말.

버르적거리다 고통 따위에서 헤어나려고 팔다리를 내저으며 몸을 자꾸 움직이다. (준)버릇거리다. ＞바르작거리다. (센)뻐르적거리다.

버릇[버릇] ①마음이나 몸에 배어 굳어진 성질이나 짓. (예)잠버릇. ②어른에게 취해야 할 예의.

버릇없다[버르덥따] 어른에 대해서 예의가 모자라고 태도가 바르지 못하다.

버릇하다[버르타다] 어떤 말이나 행동 따위를 버릇이 되어 자꾸 되풀이하다. (예)거친 말을 자주 해 버릇하면, 자기도 모르는 사이에 마음씨가 거칠어지기 쉽다.

버리다 ①쓰지 못할 것을 내던지다. (예)쓰레기를 버리다. ②돌보지 않다. ③망가뜨리다. 쓰지 못하게 만들다. (예)몸을 버리다.

버림 근사값을 구하는 경우에, 구하는 자리의 숫자까지는 그대로 두고 그 아랫자리의 숫자는 모두 0으로 하는 방법. (반)올림.

버림받다 버림을 당하다. 버려진 바가 되다.

버:마 ⇨미얀마.

버무리다 여러 가지를 골고루 한데 뒤섞다. (예)김치를 버무리다.

버석거리다 마른 나뭇잎·종이·천 따위가 부딪치는 소리가 계속하여 나다. (비)버석대다.

버선 발에 꿰어 신는 물건. 무명·광목 등으로 만듦.

버선코 버선 양쪽 끝에 뾰족하게 올라온 부분.

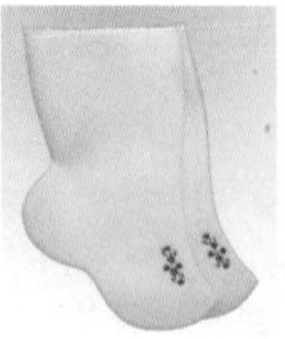
[버선]

버섯 산이나 들의 그늘진 땅이나 썩은 나무 등에 돋아나는 식물의 한 가지. 대부분이 우산 모양이며 먹을 수 있는 것과 독을 지닌 것 등 종류가 많음.

[버섯]

버스 여러 사람이 타는 커다란 자동차. 【bus】

버저 전자석을 이용하여 진동판을 진동시켜 소리를 내는 장치. 초인종 따위로 쓰임. 【buzzer】

버젓이[버저시] 흠 잡힐 데 없이 떳떳하고 의젓하게. 남에게 보이려는 듯이. (예)이제 어디든 버젓이 나설 수 있다.

버젓하다[버저타다] 흠 잡힐 데 없이 떳떳하고 의젓하다. (예)하는 짓이 버젓하다.

버짐 백선균에 의하여 일어나는 피

부병을 통틀어 이르는 말. 특히 얼굴에 생기는 것을 이름.

버찌 맛이 새콤하고 단 벚나무의 열매.

버크셔 영국의 버크셔 지방에서 개량된 돼지의 한 품종. 털빛이 검고 네 다리의 끝과 주둥이·꼬리 끝이 희며, 추위에 강하고 번식력이 왕성함. 【Berkshire】

버터 우유의 기름을 뽑아 굳힌 영양식품. 【butter】

버튼 ①단추. ②손가락으로 눌러 전기 장치에 전류를 끊거나 이어 주는 단추같이 생긴 장치. 비누름 단추. 【button】

버티다 ①맞서서 겨루다. ②참고 배기다. ③쓰러지지 않게 가누다.

버팀목 물건이 쓰러지지 않게 버티어 세운 긴 나무.

벅차다 ①해내기 어려울 정도로 힘겹다. 예나에게는 벅찬 일이다. ②넘칠 듯이 가득차다. 예기쁨에 가슴이 벅차다.

번 ①'차례'나 '횟수'의 뜻. 예지각한 것이 한두 번이 아니다. ②밤을 지키는 일. 숙직. 예번들다. 【番】

번갈아[번가라] 하나씩 하나씩 차례로 돌아가며. 예번갈아 밤에 근무하다. 비교대로.

번개 전기를 띤 두 구름이 가까이 만났을 때 일어나는 전기 불꽃.

번개같이[번개가치] 아주 빨리. 예번개같이 달려가다.

번갯불[번개뿔] 번개가 일어날 때에 번쩍이는 빛.

번거롭다(번거로워, 번거로운) ①일의 갈피가 어수선하고 복잡하다. ②조용하지 못하고 어수선하다.

번뇌 마음이 시달려서 괴로움. 예번뇌에 휩싸이다. -하다.

번데기 애벌레로부터 성충으로 되는 동안의 곤충.

번득이다 ①빛이 빠르게 보이다가 안 보이다가 하면서 비치다. 예고양이가 눈을 번득이며 노려보다. ②좋은 생각이나 의견이 언뜻언뜻 나타나다. 예번득이는 아이디어. 센번뜩이다.

번들거리다 번들번들 빛을 내다. 예얼굴이 땀으로 번들거리다. 비번들대다.

번들번들 잘 닦고 기름을 칠한 듯 표면이 매끄럽고 빛이 나는 모양. >반들반들. 센뻔들뻔들.

번듯하다[번드타다] ①비뚤어지거나 기울거나 굽지 않고 바르다. ②생김새가 아담하고 말끔하다. 예번듯하게 잘 생긴 남자. >반듯하다. 센번뜻하다. 번듯이.

번뜩이다[번뜨기다] ①센 빛이 빠르게 보이다가 안 보이다가 하면서 비치다. 예어둠 속에서 소년의 눈이 번뜩이고 있다. ②아주 좋은 생각이나 의견이 언뜻언뜻 나타나다. 예속담에는 번뜩이는 지혜가 담겨 있다. 여번득이다.

번민 마음이 번거롭고 답답하여 괴로워 함. 예번민에 싸이다. 비고민. -하다. 【煩悶】

번번이[번버니] 여러 번 다. 예사업에 번번이 실패하다. 비매번.

번복 이미 한 약속이나 말의 내용을 고치거나 뒤바꾸는 것. -하다.

번성 일이 성하여 크게 일어남. 비번창. -하다. 【蕃盛】

번식 동물이나 식물이 자꾸 퍼져서 불어남. -하다. 【繁殖】

번식기 동물이 새끼를 치는 시기.

번식시키다 생물이 불어나거나 늘어나서 퍼지게 하다.

번식지 동물들이 새끼를 치며 수가 늘어나는 장소.

번역[버녁] 한 나라의 말로 쓴 글을 다른 나라 말로 옮김. -하다.

번연히[버년히] 환하게. 빤히 잘. 분명히. ㉠번연히 안되는 줄 알면서도 해 보다.

번영 일이 성하게 잘 됨. ㉠나날이 번영하는 우리 고장. 비번창. 반쇠퇴. -하다.

번잡 여럿이 한데 뒤섞여서 어수선함. -하다. -스럽다.

번지 번호를 매겨서 갈라 놓은 땅, 또는 그 번호. 【番地】

번지다 ①차차 넓게 퍼지다. ㉠잉크가 종이에 번지다. ②다른 곳으로 옮아가다. ㉠불이 이웃 집으로 번지다. ③작은 일이 크게 벌어져 나가다.

번지르르 ①얼굴이나 머리에 기름이 미끄럽고 반들거리게 많이 발라져 있는 모양. ㉠얼굴에 기름이 번지르르 흐른다. ②말이나 행동 따위가 실속은 없이 겉으로만 그럴듯한 모양. ㉠말만 번지르르 하다. >반지르르. 센뻔지르르.

번질번질 물체의 거죽이 몹시 번질거리는 모양. ㉠구두가 번질번질하다. >반질반질. 센뻔질뻔질.

번쩍 ①환한 빛이 갑자기 잠깐 비치는 모양. ㉠갑자기 번쩍 하더니 천둥 소리가 들렸다. ②갑자기 정신이 들거나 생각이 떠오르는 모양. ㉠정신이 번쩍 나다. ③감았던 눈을 갑자기 크게 뜨는 모양. ㉠번쩍 눈을 뜨다. ④무엇을 가볍게 들어 올리는 모양. ㉠역기를 번쩍들다. >반짝. 센뻔쩍.

번쩍거리다 자꾸 번쩍이는 모양. ㉠번갯불이 번쩍거리다. >반짝거리다.

번쩍번쩍[번쩍뻔쩍] ①크고 센 빛이 잠깐씩 여러 번 빛나는 모양. ②무엇을 아주 힘차게 빨리 여러 번 들어올리는 모양. ㉠쌀가마를 번쩍번쩍 들다. >반짝반짝. 센뻔쩍뻔쩍.

번쩍이다[번쩌기다] 큰 빛이 잠깐씩 세게 비치다. >반짝이다. 센뻔쩍이다.

번쩍하다[번쩌카다] 갑자기 잠깐 동안 센 빛이 비치다. >반짝하다. 센뻔쩍하다.

번창 한창 잘 되어 성함. ㉠나날이 번창하는 회사. 비번성. -하다.

번트 야구에서, 타자가 방망이로 공을 가볍게 치는 것. 【bunt】

번호 차례를 나타내는 수.

번화 눈이 부시고 아름다움. 매우 성하고 화려함. ㉠번화한 서울거리. -하다. 【繁華】

번화가 도시의 상업 활동이 활발하고 화려하게 차린 거리.

벋다[벋따] 나뭇가지·덩굴·뿌리 따위가 길게 자라다. ㉠덩굴이 벋다.

벌[1] 넓고 평평하게 생긴 땅. 너른 들. 비벌판. 평야.

벌[2] 짝을 이루는 물건을 세는 말. ㉠옷 한 벌. 수저 한 벌.

벌[3] 죄를 지은 사람에게 그런 짓에 대한 값으로 괴로움을 주어서 억누르는 일. ㉠숙제를 하지 않아서 벌을 받다. 비형벌. 반상. 【罰】

벌:[4] 곤충의 한 가지. 대개 배부분이 가늘며, 암컷은 꼬리 끝의 산란관을 독침으로 씀. 단독 또는 집단 생활을 함.

[벌[4]]

벌거벗다 ①옷을 모두 벗다. ②맨땅이나 가지가 드러나 보이다. ㉠벌거벗은 산.

벌거숭이 ①옷을 죄다 벗은 알몸뚱이. 비나체. 알몸. ②흙이 드러나 보일 정도로 나무나 풀이 없는 산이나 들을 비유하여 이르는 말. >발가숭이. 센뻘거숭이.

벌거숭이산 나무나 풀이 없는 산. 비민둥산.

벌:겋다(벌거니, 벌거오) 연하게 붉다. ㉠눈이 벌겋다. >발갛다. 센뻘겋다.

벌:게지다 벌겋게 되다. ㉮화가 나서 얼굴이 벌게지다.

벌금 잘못하여 벌로 내는 돈. 비벌과금. 【罰金】

벌:꿀 벌이 모아 놓은 꿀.

벌:다(버니, 버오) ①일을 하여 돈이나 물건을 얻다. ㉮장사를 하여 돈을 벌다. ②못된 짓을 하여 벌을 스스로 청하다. ㉮매를 벌다.

벌떡 갑자기 일어나는 모양. ㉮어른이 들어오시면 자리에서 벌떡 일어나야 한다. >발딱.

벌떡벌떡 ①앉든가 누워있다가 갑자기 계속해서 일어나는 모양. ㉮총소리에 놀라서 몸을 벌떡벌떡 일으켰다. ②심장이나 맥박이 거칠게 마구 뛰는 모양. ㉮놀라서 가슴이 벌떡벌떡 뛴다. >발딱발딱.

벌:떼 한꺼번에 무리를 지어 날아다니는 많은 벌.

벌러덩 맥없이 아무렇게나 뒤로 자빠지거나 눕는 모양. ㉮침대에 벌러덩 눕다. >발라당.

벌렁 갑자기 뒤로 자빠지거나 눕는 모양. ㉮풀밭 위에 벌렁 드러누웠다. >발랑.

벌렁거리다 놀라서 가슴이 계속하여 몹시 뛰다. 비벌렁대다. >발랑거리다.

벌렁벌렁 가슴이 몹시 뛰는 모양. ㉮너무도 놀라서 가슴이 벌렁벌렁 뛰다. >발랑발랑.

벌레 짐승·새·물고기·조개 따위를 제외한 작은 동물을 두루 일컫는 말. 비곤충.

벌름거리다 부드럽고 넓게 벌어졌다 닫혔다 하다. ㉮코를 벌름거리다. 비벌름대다. >발름거리다.

벌:리다 ①두 사이를 넓히다. ㉮간격을 벌리다. ②오므라진 것을 펴다. ㉮입을 벌리다.

벌목 산의 나무를 벰. 비벌채. -하다. 【伐木】

벌벌 춥거나 두려워서 몸을 크게 떠는 모양. ㉮무서워서 벌벌 떨다. >발발.

벌써 이미 오래 전에. 생각보다 빠르게. ㉮벌써 방학이 다 지났다. 비이미. 반아직.

벌:어들이다[버러드리다] 돈이나 물건 따위를 일한 값으로 벌어서 가져오다. ㉮형은 열심히 일해서 많은 돈을 벌어들였다.

벌:어지다[1] ①어떤 일이 일어나거나 진행되다. ㉮경기가 벌어지다. ②틈이 나서 사이가 뜨다. ㉮담에 틈이 벌어지다. ③가로 퍼져서 뚱뚱하게 되다. ㉮가슴이 떡 벌어지다. >바라지다.

벌:어지다[2] [버러지다] ①잔치나 행사 따위가 열리다. ㉮마당에서 결혼식 잔치가 벌어지고 있다. ②시끄러운 일이 일어나다. ㉮싸움이 벌어지다.

벌:이[버리] 먹고 살려고 일을 하여 돈을 버는 일. ㉮벌이가 좋다.

벌:이다[버리다] ①물건을 늘어놓다. ②장사를 차리다. ㉮시장에서 과일 가게를 벌이다.

벌점 벌을 주거나 책임을 묻기 위하여 잘못한 횟수나 정도를 점수로 계산한 것.

벌:집[벌찝] 벌이 알을 낳고 먹이와 꿀을 저장하며 사는 집.

벌채 산의 나무를 베어 내는 일. 비벌목. -하다. 【伐採】

벌초 조상의 무덤과 그 주변의 풀을 잘라 깨끗이 정리하는 것. 【伐草】

벌칙 벌을 어겼을 때의 처벌을 정해 놓은 규칙. 【罰則】

벌컥 ①뜻밖의 일이 매우 갑자기 벌어져서 온통 혼란스럽게 된 모양. ㉮온 마을이 벌컥 뒤집히다. ②갑자기 문이 열리는 모양. ㉮문을 벌컥 열다. ③갑자기 성을 내거나 고함을 치는 모양. ㉳화를 벌컥 내다. >발칵.

벌컥벌컥 물이나 음료를 아주 많은 양을 세게 들이켜는 모양이나 소리. >발칵발칵.

벌:통 꿀벌을 치는 통.

벌판 넓은 들. ㉳벌판을 신나게 달리는 말. 비들판. 평야.

벌하다 잘못을 저지른 사람을 그에 대한 대가로 벌을 받게 하다.

범: 고양이과의 가장 큰 맹수. 성질이 사나워 가축이나 사람을 해치기도 함. 깊은 산 속에서 생활함. 호랑이.

범:람[범남] ①물이 가득 차 넘쳐 흐름. ㉳홍수로 강물이 범람하다. ②물건이 굉장히 많이 나돎. ㉳저질 만화가 범람하고 있다. -하다.

범:례[범녜] 모범으로 삼는 예. 비일러두기. 【凡例】

범벅 ①곡식 가루에 호박 같은 것을 섞어서 된풀처럼 쑨 음식. ㉳호박범벅. ②뒤섞이어 갈피를 잡을 수 없게 된 물건이나 일. ㉳눈물·콧물로 얼굴이 범벅이 되다.

범:법 법에 어긋나는 일을 함. ㉳범법 행위. 【犯法】

범:법자 법을 어긴 사람. 【犯法者】

범상 대수롭지 않고 예사로움. ㉳범상치 않은 인물. -하다. -히.

범:선 돛을 단 배. 돛단배.

범:위 일정한 테두리. ㉳시험 범위. 활동 범위. 【範圍】

범:인 죄를 지은 사람. ㉳살인 사건의 범인을 잡다. 비범죄자. 【犯人】

범:죄 죄를 지음, 또는 지은 죄. ㉳범죄를 숨기다. 【犯罪】

범:죄자 죄를 저지른 사람. 비범인.

범:칙금 도로 교통에 관한 규칙 따위를 어긴 사람에게 물리는 벌금.

범:하다 ①죄를 짓다. ㉳그는 절도죄를 범하여 구속되었다. ②실수를 저지르다. ㉳우리는 실수를 범할수 있는 인간들이다. ③남의 소중한 것을 무시하거나 빼앗거나 짓밟다. ㉳유부녀를 범하다.

범:행 죄를 짓는 행위 ㉳범행의 동기는 원한 관계이다. -하다.【犯行】

법 ①온 국민이 의무적으로 지키도록 되어 있는 나라의 정해진 규칙. ㉳법을 어기다. ②예의와 도리. ㉳그렇게 무례한 법은 없다. ③방법. ㉳밥하는 법을 배우다. 【法】

법고 불교 의식에서 쓰는 북.

법관 법원에서 법률에 의하여 재판을 담당하는 사람. 【法官】

법규 국민의 권리와 의무를 정하여 활동을 제한하는 규정. ㉳교통 법규. 비법률. 규범. 【法規】

법당 불상을 모셔 놓고 염불도 하고 승려들에게 불교의 도리를 설교하는 절 본체의 큰 방.

법도 ①법률과 제도. ②예절이나 제도. ㉳법도에 맞는 행동.

법랑 금속 그릇·도자기 따위의 표면에 구워 올려 윤이 나게 하는 유약. 에나멜.

법령 법률과 명령. ㉳새로 제정된 법령을 공포하다. 【法令】

법률 사회 생활을 유지하기 위하여 국민이 지켜야 할 국가적인 규범. 준법. 【法律】

법률안[범뉴란] 법률로 정하고자 하는 사항을 형식에 맞게 정리하여 국회에 제출한 안, 또는 그것을 적은 문서. 준법안.

법명[범명] 정식으로 불교의 교인이 된 사람에게 지어주는 이름.【法名】

법무[범무] 법률에 관한 일. ㉳법무 사무소. 【法務】

법무부 나라의 법률에 관한 일을 주로 맡아 보는 중앙 행정 기관.

법복 판사들이 재판을 할 때 입는 옷. 【法服】

법사[법싸] 불교 교리에 대해 많이 아는 중. ㉵원광 법사. 【法師】

법석 여러 사람이 어수선하게 떠드는 모양. ㉵학예회 준비를 하느라고 법석을 떨다.

법석대다[법썩대다] 여러 사람이 한데 모여 무질서하게 왔다 갔다 하며 떠들다. 비법석거리다.

법안[버반] '법률안'의 준말.

법원 나라의 법률에 따라 법관이 옳고 그른 것을 가려서 재판하는 기관〔대법원·고등법원·지방법원 등이 있음〕. 비재판소. 【法院】

법전 모든 법을 한데 모아 정리한 책. 【法典】

법정[1] 법률에 따라 재판을 하는 곳. 비재판정. 【法廷】

법정[2] 법률로 규정함. ㉵법정 기일. -하다. 【法定】

법주사 충청 북도 보은군 속리산에 있는 절. 신라 진흥왕 때의 의신 대사가 세웠다고 함. 우리 나라 유일의 나무로 만든 탑이 있는 것으로 유명함. 【法住寺】

법치 민주주의적 절차에 따라 정해진 법률을 바탕으로 나라를 다스리는 것. 【法治】

법치 국가 민주적으로 정해진 법률에 의하여 다스려지는 국가. 준법치국. 【法治國家】

법칙 ①반드시 지켜야 하는 규칙. ②일정한 조건 아래서 반드시 성립되는 사물 상호간의 관계. ㉵만유 인력의 법칙. 【法則】

법하다[버파다] 짐작하기에 그렇게 될 것 같다. ㉵구름이 잔뜩 낀 것이 비가 올 법하다.

법흥왕〖사람〗[?~540] 신라 제23대 왕. 불교를 나라의 종교로 정하고 처음으로 국가의 법률을 반포하는 등 국가 체제를 확립했음. 【法興王】

벗:[벋] 서로 친하게 지내는 사람. 비친구. 붕우. -하다.

벗겨지다 옷·껍질 따위가 몸에서 떨어져 나가다. ㉵머리가 벗겨지다. 본벗기어지다.

벗기다 ①껍질이나 거죽을 뜯어 내다. ㉵사과 껍질을 벗기다. ②옷 따위를 벗게 하다. ㉵우유를 쏟아서 옷을 벗기다. ③거죽을 문질러 긁어 내다. ㉵바닥의 때를 벗겨 내다.

벗다 ①쓰거나 입거나 신은 것 따위를 몸에서 떼어 내다. ㉵옷을 벗다. ②억울한 죄나 형벌 따위에서 헤어나거나 용서를 받다. ㉵억울한 누명을 벗다.

벗:삼다 벗으로 생각하고 가까이 대하다.

벗어나다[버서나다] ①어려운 일에서 헤어나다. ㉵가난에서 벗어나다. ②이치나 규격에 어그러지다. ㉵사람의 도리에 벗어난 행동. ③남의 눈에 들지 못하다. ㉵선생님의 눈에 벗어나다.

벗:하다[버타다] 친구로 삼아 가까이 지내다.

벙거지 털로 검고 두텁게 만든 갓처럼 쓰는 물건. 옛날 주로 병졸이나 하인들이 쓰던 모자.

벙거지꾼 조선 시대 후기에 편지를 전해 주던 집배원.

벙글거리다 입을 벌려 소리 없이 연해 부드럽게 웃다. >방글거리다. 센뻥글거리다.

벙글벙글 입을 벌려 소리 없이 연해 부드럽게 웃는 모양. >방글방글. 센뻥글뻥글. -하다.

벙벙하다 놀라서 아무 말도 할 수 없을 만큼 어리둥절하다. 멍하다. ㉵영문을 몰라 벙벙하게 서 있다.

벙어리 날 때부터 말을 하지 못하는 사람. 언어 장애인.

벙어리장갑 엄지손가락 외의 네 손가락이 한데 들어가도록 만든 장갑.

벙어리저금통 집에서 적은 돈을 모아 두는 데 쓰는, 돈 넣는 구멍이 있는 저금통.

벙커시유 주로 배나 보일러의 연료로 쓰는 석유의 한 가지.

벚꽃[벋꼳] 벚나무의 꽃. 봄에 연분홍빛으로 피며, 다섯 개의 꽃잎으로 되어 있음. 앵화.

[벚꽃]

벚나무[번나무] 봄에 연분홍빛의 꽃이 피고, 버찌라는 앵두만한 열매가 열리는 나무.

베 ①삼실이나 무명실·명주실 따위로 짠 피륙. ②'삼베'의 준말.

ㅂ

베가 음력 7월 7일 밤에 은하수 건너에 있는 '견우성'과 만난다는 전설이 있는 '직녀성'의 천문학 이름.

베개 누울 때에 머리를 괴는 물건. ㉠베개가 높다.

베갯머리[베갠머리] 베개를 베고 누워 있는 머리맡.

베갯잇[베갠닏] 베개에 씌우는 헝겊.

베고니아 잎맥이 붉은 여러해살이 풀. 톱니가 있는 잎은 햇빛을 받으면 붉어지고, 빨간 꽃이 이른 여름부터 늦가을까지 피는, 주로 뜰에 여러 나무를 한데 모아 심는 화초. 【begonia】

베끼다 글 같은 것을 그대로 옮겨 쓰다.

베네룩스 삼(3)국 벨기에·네덜란드·룩셈부르크의 세 나라를 합쳐서 이르는 말. 1947년에 이 세 나라가 관세 동맹을 맺은 데서 시작한 말임. 【Benelux 三國】

베네수엘라〖나라〗 남아메리카 북서부에 위치한 공화국. 열대 지방이며, 석유·금·커피·사탕수수 등이 많이 생산됨. 수도는 카라카스. 【Venezuela】

베니어 합판 여러 장의 얇은 널빤지를 결이 엇갈리게 겹쳐 붙여서 만든 판자. 합판.

베:다[1] 베개나 다른 물건으로 고개를 받치다. ㉠베개를 베고 자다.

베:다[2] 연장으로 자르거나 끊다. ㉠낫으로 벼를 베다.

베란다 서양식 집에서 집채의 앞쪽으로 넓은 툇마루같이 튀어 나오게 잇대어 만든 부분. 【veranda】

베레모 챙이 없고 둥글넓적하게 생긴 모자. ※'베레'는 프랑스 어의 'béret'에서 온 말.

베르디〖사람〗[1813~1901] 이탈리아의 가극 작곡가. 웅장한 가극을 많이 작곡하였음. 작품으로는 〈아이다〉〈리골레토〉〈춘희〉 등이 있음. 【Verdi】

베르사유 프랑스 파리의 남서쪽에 있는 관광 도시. 베르사유 궁전이 있음. 【Versailles】

베르사유 조약 제1차 세계 대전이 끝난 뒤, 1919년 6월, 프랑스의 베르사유에서 연합국과 독일 사이에 이루어진 평화 조약.

베를리오즈〖사람〗[1803~1869] 프랑스 낭만파의 선구적인 작곡가. 작품에 〈로마의 사육제〉〈로미오와 줄리엣〉〈환상 교향곡〉 등이 있음.

베를린〖지명〗 1990년부터 통일 독일의 수도. 포츠담 협정에 따라 동·서로 나뉘어서 동쪽은 동독의 수도로, 서쪽은 서독에 편입되었다가 1990년 통일이 되었음. 특히 화학 공업이 세계적임. 【Berlin】

베스트 셀러 어떤 기간에 가장 많이 팔리는 책. 【best seller】

베이다 베어지다. ㉠칼에 손을 베이다.

베이스[1] 야구에서, 내야의 네 귀퉁이에 놓는 방석같이 생긴 물건, 또는 그 위치. ㈡누. 【base】

베이스[2] ①성악에서 남자의 가장 낮은 음. ②서양 기악에서 낮은 소리를 내는 악기. 【bass】

베이스 볼 ①야구. ②야구공.

베이식 컴퓨터의 프로그래밍용 언어의 한 가지. 문법이 간단하고 프로그램의 편집 수정이 간단하고 쉬움. 【BASIC】

베이지색 밝고 연한 갈색. ※'베이지'는 프랑스 어 'beíge'에서 온 말.

베이식 언어 컴퓨터에서 가장 간단한 프로그램 언어.

베이식 프로그램 베이식의 목록·순서·예정·계획 등의 진행 순서표.

베이징〖지명〗'북경'의 중국음. 지금의 중국의 수도임. 【Beijing】

베이컨 돼지의 배의 고기를 소금에 절여 불에 그을려서 얇게 썬 서양 먹을거리. 【bacon】

베일 ①면사포. ②씌워서 보이지 아니하게 가리는 것. ㉥베일에 싸인 사건. 비장막. 【veil】

베적삼 베로 지은, 여름에 입는 얇은 저고리.

베짱이 여치과의 곤충으로 인가 부근에 삶. 크기는 벼메뚜기만하며 엷은 녹색이나 드물게는 갈색도 있음. 발성기는 수컷의 앞날개꼭지에 있음.

베토벤〖사람〗[1770~1827] 독일의 세계적인 작곡가. 만년에 귀머거리가 되었으나, 불행을 이겨내고 명곡을 많이 작곡함. 작품으로는 〈영웅〉〈운명〉〈전원〉〈합창〉 따위의 교향곡과 〈비창〉〈월광〉 따위의 피아노 연주곡이 특히 유명함. 【Beethoven】

베트남〖나라〗동남 아시아에 있는 나라. 1954년 북위 17도선을 경계로 남쪽은 베트남 공화국(수도는 사이공), 북쪽은 베트남 민주 공화국(수도는 하노이)으로 나뉘어 오랜동안 전쟁을 벌였음. 1975년 남부 베트남이 패전함으로써 남북이 통일을 이룸. 수도는 하노이. 【Vietnam】

베트콩 월남 무장 공산 게릴라. 1975년 4월 사이공 정부를 무너뜨리는 데 성공함.

베틀 무명·명주·삼베 같은 베를 짜는 기구.

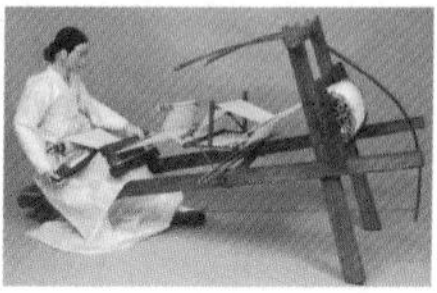
[베틀]

베풀다(베푸니, 베푸오) ①무슨 일을 차리어 벌이다. ㉥환갑 잔치를 베풀다. ②돈·물건 또는 이익을 주어서 은혜를 끼치다. ㉥친절을 베풀다.

벤젠 기름 등을 녹이는 데 쓰는 물질. 비벤졸. 【benzene】

벤처 기업 전문적인 지식과 새로운 기술을 바탕으로 하여 소규모로 시작하는 창조적이고 모험적으로 경영하는 중소 기업. 【venture企業】

벤치 ①몇 사람이 같이 앉을 수 있게 만든 긴 의자. ②야구 경기장 안의 선수석과 감독석. 【bench】

벨[1]〖사람〗[1847~1922] 미국의 발명가. 영국 런던에서 태어났으나, 미국에 건너가 음성에 관한 연구를 하다가 자석식 전화기를 발명하였음. 【Bell】

벨[2] 종. 초인종. 【bell】

벨기에〖지명〗유럽 서북부에 있는 입헌 군주국. 석탄이 풍부함. 수도는 브뤼셀. 【België】

벨테브레 ⇨박연[2]

벨트 ①가죽으로 만든 띠. 혁대. 허리띠. ②두 개의 기계 바퀴에 걸어 동력을 전하는 띠 모양의 물건. ③'좁고 긴 지역'을 비유하여 이르는 말. ㉥그린 벨트. 비피대. 【belt】

벵골 만〖지명〗 인도양 북동부의 큰 만. 인도 반도와 미얀마에 둘러싸여 있음. 【Bengal 灣】

벵골어 인도 벵골 지방과 방글라데시에서 쓰이는 언어.

벼 봄에 논이나 밭에 심어 가을에 거두는, 쌀을 열매로 맺는 농작물, 또는 껍질을 벗기지 않은 그 열매.

[벼]

벼논 벼를 심은 논.

벼농사 벼를 가꾸어 거두는 일. ㊉쌀농사.

벼락 ①구름 속에서 생긴 전기와 땅 위의 전기가 서로 부딪쳐서 일어나는 현상. 강한 충격과 소리를 냄. ②몹시 갑작스러움. ㊎벼락 감투.

벼락 공부 시험 때가 다 되어서 갑자기 서둘러서 하는 공부.

벼락 부자 아주 짧은 시간에 많은 돈을 번 사람. ㊉졸부.

벼랑 바위나 땅이 매우 가파르게 아래로 깊이 내려가 있는 곳. ㊉낭떠러지. 절벽.

벼랑길[벼랑낄] 낭떠러지의 길. 절벽 위의 험한 길.

벼루 먹을 가는 데 쓰는 돌. ※먹·벼루·붓·종이를 '문방사우'라고 함.

벼룩 사람과 짐승의 피를 빨아먹고 살며, 뒷다리가 발달하여 아주 잘 뛰고, 병을 옮기기도 하는 검붉은 빛의 아주 작은 벌레.

벼룩 시장 온갖 중고품을 팔고 사는 시장.

벼르다(별러, 별러서) 어떤 일을 하려고 미리부터 마음을 먹다.

벼멸구 볏잎의 진을 빨아 해치는 작은 벌레. 몸에 비하여 날개가 크고 벼룩처럼 잘 뛰고 옆으로도 걸음.

벼베기 익은 벼를 낫을 이용해서 자르는 일.

벼슬 옛날에, 국가의 녹을 받는 높은 관리의 직분. ㊎벼슬을 얻다. ㊉관직. -하다.

벼슬길 벼슬아치가 되는 일.

벼슬살이[벼슬사리] 어떤 벼슬에 올라 주어진 일을 하며 지내는 것.

벼슬아치 벼슬자리에 있으면서 나라일을 맡아 보는 사람.

벼슬자리 관청에 나가 나라일을 맡아 하는 자리. ㊎높은 벼슬자리에 오르다. ㊉관직.

벼이삭 벼의 낟알이 달린 이삭.

벼훑이[벼훌치] 벼를 훑어서 떠는 간단한 농기구의 한 가지.

벽 ①집·방 등을 둘러막은 부분. 바람벽. ②아무래도 이겨낼 수 없는 장애. 장애물. 【壁】

벽걸이[벽꺼리] 옷 따위를 걸 수 있도록 벽에 붙이거나 박아 만든 고리나 대, 또는 벽에 매다는 장식.

벽계수 푸른빛이 도는 맑고 깨끗한 시냇물. 【碧溪水】

벽골제 삼한 시대에 있었던 유명한 저수지. 전라 북도 김제군에 그 흔적이 있음. 사적 제111호.

벽난로[병날로] 아궁이를 벽에다 내고 굴뚝은 벽 속으로 통하게 만든 난로.

벽돌 진흙이나 시멘트에 모래를 섞어 네모나게 틀에 박아내거나 불에 구운 건축 재료.

벽란도[병난도]〖지명〗 예성강 하류에 있었던 고려 시대의 무역항. 멀리 아라비아 상인들까지도 물건을 가지고 찾아올 정도로 국제적인 무역항이 있었음. 【碧瀾渡】

벽력[병녁] 벼락. ㊎적을 향해 벽력같이 소리를 지르다.

벽보 여러 사람에게 알리려고 종이에 써서 벽이나 게시판 등에 붙인 글. ㊎벽보를 붙이다. 【壁報】

벽시계 벽이나 기둥에 걸어 두는 큰 시계.
벽오동 오동나무의 한 종류로 늙어도 껍질의 푸른빛이 그대로 남아 있는 나무. 재목은 단단하고 결이 곧아 가구나 악기 등의 재료로 쓰임. 【碧梧桐】
벽장 벽을 뚫어 장을 만들어 물건을 넣게 만든 곳.
벽지[1] 방의 벽과 천장에 바르는, 보기 좋은 무늬를 박은 종이. 【壁紙】
벽지[2] 도시에서 멀리 떨어져 있으면서 문명이나 문화의 혜택을 많이 받지 못하는 지역. 비벽촌. 【僻地】
벽창호 고집이 세고 성질이 미련하면서 무뚝뚝한 사람.
벽촌 도시와 멀리 떨어져 있는 외진 마을. 비벽지. 【僻村】
벽화 장식하기 위하여 건물의 벽에 그린 그림. 예고구려 고분 벽화.
변[1] ①물건의 가장자리. ②다각형을 이루는 하나하나의 직선. 【邊】
변:[2] 별안간 생긴 이상한 일이나 난리, 또는 사고. 예무슨 변을 당했나 왜 이리 늦지? 【變】
변경[1] 한 나라의 국토가 다른 나라의 국토와 맞닿은 곳. 비변방.
변:경[2] 바꾸어 다르게 고침. 예계획이 변경되다. -되다. -하다.
변:괴 뜻밖에 일어난 이상한 일.
변기 변소에 있는 똥과 오줌을 받아서 내보내는 장치.
변:덕 이랬다저랬다 하여 잘 변하는 성질. 예변덕이 심한 사람.
변:덕스럽다(변덕스러우니, 변덕스러워) 이랬다저랬다 하여 변하기를 잘하다. 예변덕스러운 여름 날씨.
변:덕쟁이 생각이나 감정이 자주 변하는 사람, 또는 변덕을 잘 부리는 사람.
변:동 변하여 움직임. 예물가변동. -하다. 【變動】

변두리 ①번화하지 아니한 한적하고 구석진 곳. 예도시의 변두리. ②물건의 가장자리.
변:론[별론] 피고를 위하여 변호인이 법정에서 변호하는 말. -하다.
변:명 자기 잘못에 대하여 구실을 내놓고 이유를 밝힘. 죄가 없음을 밝힘. -하다. 【辯明】
변:모 모습이 바뀜. 예직장 생활의 변모. 비탈바꿈. -하다.
변방 서울에서 멀리 떨어지거나 국경에 가까운 지역. 비변경.
변변찮다[변변찬타] 제대로 갖추지 못하여 부족한 데가 있다. 예대접이 변변찮다.
변변하다 ①별다른 흠이 없이 그런대로 괜찮다. 예얼굴이 변변한 편이다. ②잘 갖추어져 훌륭하거나 쓸 만하다. 예여기는 변두리라서 변변한 가게가 없다.
변:별 서로 비슷한 것들 사이의 차이를 가려내는 일. -되다.
변비 뱃속의 똥이 굳어져 잘 나오지 않는 증세.
변:사[1] 그림에 맞추어 그 줄거리를 설명하고 대화를 흉내내어 말하는 사람. 【辯士】
변:사[2] 사람이 뜻밖의 재난이나 사고로 죽는 것. -하다. 【變死】
변:사자 자살이나 타살 또는 뜻밖의 재난이나 사고로 죽은 사람.
변:상 ①빚을 갚음. ②남에게 입힌 손해를 돈이나 물건 따위로 물어 줌. 비배상. 보상. -하다.
변:색 빛깔이 변함. 예옷이 누렇게 변색되다. -하다. 【變色】
변성 나라의 경계가 되는 변두리의 땅에 있는 성. 【邊城】
변:성기 사춘기 때 성대에 변화가 생겨 목소리가 굵고 낮게 변하는 시기. 【變聲期】
변:성되다 성질이 변하다.

변:성암 암석이 지구의 뜨거운 열에 녹아 변하여 생긴 새로운 암석.

변소 대소변을 볼 수 있게 만들어 놓은 곳. 뒷간. 측간.

변:수 ①어떤 일의 변화를 일으킬 수 있는 요인. ㉠변수로 작용하다. ②수식 따위에서, 일정한 범위 안에서 여러 다른 값으로 바뀔 수 있는 수의 자리. 반상수.

변:신 몸이나 모습을 다르게 바꿈, 또는 바뀐 그 모습.

변:심 마음이 변하는 것. -하다.

변:압기 교류 전압을 올리거나 내리거나 하는 장치. 비트랜스.

변:역 다르게 바뀜, 또는 다르게 바꿈. 【變易】

ㅂ

변:장 의복이나 복장을 고쳐 모습을 다르게 꾸밈, 또는 다르게 꾸민 모습. -하다. 【變裝】

변:전소 변압기를 써서 높은 전압을 필요한 전압으로 낮추어 공장이나 가정으로 보내는 곳.

변:절 한 사람이 굳게 지켜야 할 도리를 사사로운 이익 때문에 버리는 것. -하다.

변:조 형태나 내용을 다르게 고침. ㉠서류를 변조하다.

변:종 생물학에서, 같은 종류에 속하면서도 꼴이나 성질이 다른 생물.

변:주 음악 연주나 예술 창작에서, 하나의 주제를 다루면서 그 가락·율동·내용·성질 따위를 조금씩 계속 바꿔 특수한 효과를 내는 것.

변:주곡 어떤 주제를 바탕으로 해서 리듬·가락 등을 여러 번 다르게 바꾸어 만든 곡.

변:질 물질이나 사물의 성질이 변함. ㉠변질된 우유. 【變質】

변:천 바뀌어 변함. 변하여 달라짐. -되다. -하다.

변:칙 규칙을 어기는 짓. 규칙에 어긋나는 짓.

변태 ①생물이 자라는 동안에 그 꼴과 기관의 기능이 많이 달라지는 것. ㉠동물의 변태는 무척추동물에서 흔히 볼 수 있다. ②식물의 뿌리·줄기·잎 등의 형태가 본래의 것과 뚜렷하게 바뀐 것〔선인장의 잎이 가시로 변한 것 따위〕. ③성에 관련된 행동이나 심리가 정상적이지 않은 상태, 또는 그런 사람.

변:하다 ①어떤 일이나 물건이 전과 달라지다. ㉠십 년이면 강산도 변한다. ②마음·성질 등이 달라지다.

변:한 삼한의 하나. 현재의 경상 남북도 및 경기도·강원도 일부를 차지하는 10여 부족 국가로 이루어졌으며, 뒤에 합하여 '가야'가 되었음. 【弁韓】

변:함없다[변하멉따] 달라진 것이 없다. 한결같다.

변:혁 한 사회가 전부 갑자기 바뀌어 아주 달라지는 것. -하다.

변:형 모습을 바꿈. 모양이 바뀜, 또는 그 바뀐 모양. 꼴바꿈. ㉠땅 모양이 변형되다. -하다.

변:호 남에게 유리하도록 사리를 따져 도와 줌. ㉠친구를 변호하다. -하다. 【辯護】

변:호사 일정한 자격을 가지고 소송 당사자가 의뢰하든가 법원이 지정하여 소송하는 사람을 변호하고 소송에 관한 사무를 전문적으로 하는 사람. 【辯護士】

변:호인 형사 피고인의 변호를 맡은 변호사. 【辯護人】

변:화 사물의 모양이나 성질 같은 것이 달라짐. ㉠계절의 변화. -되다. -하다. 【變化】

변:화무쌍하다 예상할 수 없을 만큼 변화가 매우 심하다.

변:화시키다 무엇의 성질이나 모양을 달라지게 하다.

변:환 어떤 사물이 변하여 다른 사물이 되는 것. -하다.
별:[1] ①밤 하늘에 반짝이는 모든 천체. ②아주 뛰어난 존재. ㉥우리 민족의 큰 별. ③매우 구하기 힘든 일. ㉥하늘에 별따기.
-별[2] 이름을 나타내는 말 밑에 붙어 그 말과 같은 종류로 구별할 때 쓰는 말〔종류별·능력별·학년별 따위〕.
별개 서로 다른 것. 【別個】
별거 부부나 한 가족이 서로 따로 떨어져서 사는 것. -하다. 【別居】
별걱정 쓸데없는 걱정.
별것 드물고 이상스러운 일이나 물건. ㉥별것도 아닌 일을 가지고 웬 수선이냐.
별고 특별한 사고. 별다른 탈. ㉥그 사이 별고 없는지?
별관 본관과 떨어져서 따로 서 있는 건물. 반본관.
별기군 조선 말기(1881)에 생긴 신식 군대. 특별한 기술 교육을 받은 우리 나라 최초의 신식 군대.【別技軍】
별꼴 남의 눈에 거슬려 보이는 꼬락서니. ㉥별꼴 다 보겠다.
별나다 보통 것과 매우 다르다.
별나라[별라라] 아이들 이야기에서, 지구에서 멀리 떨어진 별 위의 나라. 공상의 나라.
별:님 달을 제외한 밤 하늘에 반짝이는 모든 천체를 사람에 비유하여 정답게 이르는 말.
별다르다(별달라, 별달라서) 특별히 다르다. 유난히 다르다. ㉥모양이 별다르다.
별달리 특별히 다르게. ㉥너한테 별달리 줄 게 없구나.
별도[별또] ①다른 방법이나 방도. ②다른 쓰임새. ㉥이것은 별도로 쓸 데가 있다. 【別途】
별도리 달리 적절하게 처리할 방법. ㉥이 방법밖에는 별도리가 없다.
별:똥별 '유성'을 달리 이르는 말.
별로 그다지 드물게. 이렇다 하게 따로. ㉥이 고장에는 별로 볼게 없다. 비별반.
별말 ①별다른 말. ㉥우리는 별말도 없이 헤어졌다. ②뜻밖의 이상한 말. ②언니도 참 별말을 다 하네. 비별소리. 높별말씀.
별명 본이름 외에 생김새·행동·성질 등에서 특징을 찾아 내어 남들이 지어 부르는 이름. 닉네임. 비별칭. 반본명. 【別名】
별무반 고려 때 여진족을 정벌하기 위해 편성한 특별 부대. 기병·보병으로 조직되었고, 승려들로 조직된 항마군이 있었음. 【別武班】
별문제 다른 문제. ㉥이것과 그것은 별문제다.
별미 특별히 좋은 맛. ㉥이 고장의 별미는 비빔밥이다. 【別味】
별별 가지가지. 온갖. ㉥별별 짓을 다한다. 【別別】
별:빛[별삗] 별의 반짝이는 빛.
별산대 조선 인조 이후 산대놀음이 금지되자, 서울에서 하던 산대놀이를 본받아 지방에서 생긴 놀이. 지금은 양주 별산대놀이만 전승함.
별세 세상을 떠남. '죽음'을 높이어 이르는 말. -하다. 【別世】
별세계 ①인간이 사는 지구 이외의 세계. ②보통 세상과는 다른 매우 좋은 세상. ㉥이곳은 별세계로구나. 비별천지. 【別世界】
별소리 ①별다른 말. ②뜻밖의 이상한 말이나 소리. 비별말.
별수 별다른 방법. 다른 좋은 방법. ㉥친구와 의논했으나 별수가 없었다.
별스럽다 흔하지 않고 이상하다. 별난데가 있다. ㉥오늘따라 형이 별스럽게 내게 친절하다.
별식[별씩] 늘 먹지 않는 특별한 음식. 【別食】

별신굿[별씬굳] 주로 한국의 남부 해안 지방에서 하는 전통적인 굿.

별실 식당·여관·병원 따위에서 특별히 따로 마련된 방. 【別室】

별안간[벼란간] 〔눈을 깜박하는 동안이란 뜻으로〕 썩 짧은 순간. 난데없이. ㊐갑자기.

별의별[벼레별] 온갖. 미리 생각해 낼 수 없는 모든. ㊎서점에 가면 별의별 책들이 다 있다. ㊐별별.

별일[별릴] 드물고 이상한 일. ㊎별일 없이 잘 지낸다.

별:자리[별짜리] 별이 늘어서 있는 모양을 동물이나 물체에 비유해서 이름을 붙인 것〔큰곰자리·오리온자리 따위〕.

ㅂ

별장[별짱] 살림을 하는 집 이외에 경치 좋은 곳에 따로 지어 놓고 이따금 묵으며 쉬는 집.

별주부[별쭈부] 판소리 수궁가에 나오는 주인공 자라를 말함.

별주부전 조선 후기 소설의 하나. 토끼의 간을 먹어야 병이 낫는 용왕을 위하여 육지로 나간 별주부라는 자라가 토끼를 용궁에 데려오는 데는 성공하지만, 토끼가 간을 빼놓고 왔다는 말로 잔꾀를 부려 도망친다는 내용으로, '토끼전'이라고도 함.

별지 편지나 서류 따위에 덧붙인 종이나 문서. ㊎약도를 별지에 그려 넣다. 【別紙】

별채 따로 지어 놓은 집. ㊎별채를 서재로 꾸미다. ㊥본채.

별책 따로 나누어 엮어 만든 책. ㊎별책 부록. 【別冊】

별천지 늘 보는 보통 세상과는 매우 다른 좋은 세계. ㊐별세계.【別天地】

별칭 원래 이름 외에 달리 쓰는 이름. ㊐별명.

볍씨 못자리에 치는 벼의 씨.

볏 닭이나 꿩 같은 새의 이마에 달린 살 조각. ㊐계관.

볏가리[벼까리] 볏단을 차곡차곡 쌓아놓은 더미.

볏단[벼딴] 베어 낸 벼를 묶은 다발. ㊎볏단을 나르다.

볏섬[벼썸] 벼를 넣은 가마니. 벼를 담기 위해 짚으로 만든 가마니.

볏짚[벼찝] 벼의 이삭을 떨어낸 줄기. ㊎볏짚으로 소 여물을 만들다. ㊟짚.

병:¹ 몸에 탈이 나거나 아픔을 느끼게 되는 현상. 앓는 것. ㊐질병. 질환. ㊤병환. 【病】

병² 유리나 사기로 만들어 주로 액체나 가루를 담는 데 쓰는, 목이 길고 좁은 그릇. 【甁】

병:구완 병을 앓는 사람을 돌봐 주는 일. ㊎어머니의 병구완을 하다. -하다.

병:균 병을 일으키는 균. ㊐병원균. ㊟균. 【病菌】

병기 전쟁에 쓰이는 모든 기구. ㊎현대식 병기. ㊐무기.

병:동 큰 종합 병원에서 특정한 환자들을 위한 별실들로 구성된 부서, 또는 그런 부서가 들어 있는 건물. ㊎소아과 병동.

병:들다 몸에 병이 생기다.

병따개 병의 뚜껑이나 마개를 여는 데 쓰이는 도구.

병력 군사들의 수효. 군대와 병기의 수 및 그 힘. ㊎병력을 증강하다.

병:렬 연결 전지 따위를 같은 극끼리 잇는 방법. 양(+)극을 다른 전지의 양(+)극에 잇는 것. ㊥직렬. -하다.

병:마 병을 악마에 비유하여 이르는 말. ㊎병마에 시달리다. 【病魔】

병마개 병의 입에 끼우거나 입을 막는 마개.

병:명 병의 이름. 【病名】

병무청 군에서 복무할 사람에 대한 징집·소집·신체 검사 등에 관한 일을 맡아보는 국방부의 한 기관.

병:문안[병무난] 병으로 앓고 있는 사람을 찾아가 위로 하는 일. 비문병. -하다.

병사 군사. 계급이 낮은 군인. 예훈련이 잘 된 병사. 비병졸. 군사. 군졸. 반장교. 【兵士】

병:상 병에 걸린 사람이 앓아 누워 있는 자리. 비병석. 【病床】

병:석 병자가 누워 있는 자리. 비병상. 【病席】

병:색 병든 사람의 얼굴 빛이나 모습. 【病色】

병:설 어떤 기관이 다른 기관과 함께 세워지든가 설치되는 것. 예서울 초등 학교 병설 유치원. 【竝設】

병:세 병의 형편. 예병세가 좋아지고 있다. 비증세. 【病勢】

병:신 ①몸이나 정신이 온전하지 않은 사람을 얕잡아 이르는 말. ②병을 앓아서 성하지 못하게 된 몸. 비불구자. 장애인.

병:실 ①병을 치료하기 위하여 환자를 두는 방. ②병자가 있는 방. 비병소. 【病室】

병아리 닭의 새끼. 어린 닭.

병:약하다[병야카다] ①병을 앓아 몸이 약하다. ②병에 잘 걸릴 만큼 몸이 약하다. 반강건하다.

병역 군대에 들어가 군복무를 하는 일. 예병역 의무. 【兵役】

병역 의무 국민의 4대 의무의 하나. 국토방위를 위해 일정한 나이에 이른 남자가 군대에서 복무할 의무〔4대 의무: 교육 의무·납세 의무·근로 의무·병역 의무〕.

병영 군인들이 집단으로 들어가 생활하는 집. 【兵營】

병:원 질병을 진찰하고 치료하는 곳. 예종합 병원. 【病院】

병:원균 병을 일으키는 균. 비병균.

병:원놀이 병원에서 의사나 간호사가 하는 일을 흉내내어 하는 놀이.

병:원체 생물체에 기생하여 어떤 병을 일으키는 바이러스나 세균.

병:인 양요 대원군이 천주교도를 탄압하고 학살할 때에 프랑스 사람도 함께 처형한 것을 트집잡아, 1866년(병인년) 프랑스 함대가 강화도에 불법 상륙하여 소란을 피운 사건. 【丙寅洋擾】

병:자 병에 걸려서 앓는 사람. 비환자. 병인. 【病者】

병:자 호란 조선 인조 14년(1636: 병자년) 12월에 청나라가 20만 대군으로 침입하여 일어난, 우리 나라와 청나라와의 싸움. 조정은 한때 남한 산성으로 피난했다가 다음해 송파의 삼전도에서 치욕적인 항복을 하였음. 【丙子胡亂】

ㅂ

병장 국군의 사병 중 제일 높은 계급. 상병의 위이고 하사의 아래인 계급. 【兵長】

병:적[병쩍] 말이나 행동이 정상적이 아닌 건전하지 못한 상태. 예병적으로 돈을 좋아하다.

병정 병역을 치르고 있는 젊은이. 비군인. 병사. 【兵丁】

병정놀이 병정들이 하는 것과 같이 훈련이나 전투 등을 흉내내며 노는 어린이들의 놀이.

병조 조선 시대에, 나라의 군사 일을 맡아 하던 관청. 【兵曹】

병조 판서 조선 시대에, 군사와 국방에 관한 일을 맡은 높은 벼슬, 또는 그 벼슬의 사람.

병졸 계급이 낮은 군인. 비군사. 병사. 【兵卒】

병:창 가야금이나 거문고 따위의 악기를 타면서 자신이 거기에 맞추어 노래를 부르는 것. 예가야금 병창. 【竝唱】

병:충해 식물이 병균과 벌레 때문에 입는 해. 예병충해를 예방하다.

병:폐 사회의 내부에 오랜 시간에 걸쳐 생긴 나쁜 관습. ㊒지역 감정의 병폐를 뿌리뽑아야 한다.
병풍 방·마루 등에 쳐서 바람을 막거나, 또는 무엇을 가리거나 장식하는 데 쓰는 물건.
병:합 서로 다른 조직이나 기관들을 하나로 합치는 것. -되다. -하다. 【倂合】
병:행 ①나란히 같이 감. ②두가지 일을 한꺼번에 함. -하다. 【竝行】
병화 전쟁으로 인한 화재.
병:환 윗사람의 병을 높여 이르는 말.
볕[볃] 햇빛으로 말미암아 나는 따뜻하고 밝은 기운. ㉥햇볕.

ㅂ

보[1] ①물건을 싸는 데 쓰는, 네모난 천. ㉥보자기. ②'가위바위보'에서 '바위'에는 이기고 '가위'에는 지는, 손바닥을 펴서 내미는 것. 【褓】
보[2] '걸음의 수'를 세는 말. ㊒일 보 앞으로 나와라. 【步】
보:강 모자라는 부분이나 약한 부분을 튼튼하게 하기 위해 보태거나 채우는 것. -하다.
보:건 건강을 보호하거나 거기에 관한 일. ㊒보건 체조. -하다.
보건 복지부 중앙 행정부의 하나. 국민이 깨끗한 환경 속에서 살 수 있도록 하기 위해 보건 위생에 관한 일을 맡아봄.
보:건소 지방 자치 단체에서 주민의 건강을 보살피고, 질병을 예방하는 일을 맡아 보는 행정 기관.
보건실 학교나 회사 같은 곳에서 학생이나 사원의 건강과 위생 등에 관한 일을 맡아보는 것.
보:건 위생 건강을 돌보고, 병의 예방과 치료에 힘쓰는 일.
보:결 빈 자리를 채움. 또는 그 자리를 채우기 위한 사람. ㉥보궐. -하다. 【補缺】
보:고[1] ①주어진 임무에 대한 결과나 내용을 글 또는 말로 알림. ㊒조사 내용을 보고하다. ②'보고서'의 준말. -하다. 【報告】
보:고[2] 온갖 귀중한 것이 간직되어 있는 곳. 【寶庫】
보:고문 견학·조사·실험·연구·관찰 기록 등을 간추려서 발표하기 위해 쓴 글. 【報告文】
보:고서 보고하는 내용을 적은 문서. ㉢보고. 【報告書】
보:관 잘 간수하여 그 현상을 유지함. ㊒책을 보관하다. -하다.
보:관소 남의 물건 따위를 맡아 보관하는 곳. 【保管所】
보:관함 물건을 간직하고 관리하기 위해 넣어 두는 상자.
보:교 가마의 하나. 앞뒤에서 걸어 메고 다니는 지난날의 탈것.
보:균자 발병은 하지 않았지만 병원균을 체내에 지니고 있는 자.
보글보글 적은 양의 액체가 잇따라 끓거나, 작은 거품이 자꾸 일어나는 소리나 모양. ㊒된장찌개가 보글보글 끓는다. <부글부글.
보금자리 ①새가 깃들이는 둥우리. ㊒철새들의 보금자리. ②지내기가 매우 포근하고 평화로우며 아늑한 자리. ㊒우리들의 보금자리.
보:급[1] 널리 퍼지게 함. ㊒컴퓨터가 보급되다. -하다. 【普及】
보:급[2] 모자라는 물품을 보태어 대어 줌. ㊒의약품을 보급하다. ㉥공급. -하다. 【補給】
보:급로[보금노] 필요한 물자를 계속 나르는 데 이용되는 길.
보:급률[보금뉼] 무엇이 여러 사람에게 골고루 미치도록 퍼진 비율. 보급된 비율. ㊒주택 보급률.
보:급품 나누어 줄 필요한 물자.
보기 증명·설명하기 위해 무엇을 실지로 들어 내보이는 사물, 또는 일의 처리 방법을 실지로 들어 보

이는 일. 본본보기. 비예.

보길도〖지명〗 전라 남도 완도군에 있는 섬. 윤선도가 이곳에서 시조 〈어부사시사〉를 지은 것으로 유명함. 【甫吉島】

보나마나 구태여 보지 않아도 틀림없이. 예보나마나 진짜겠지.

보내다 ①사람·물건을 어디에 가게 하다. 예군인 아저씨들께 위문품을 보내다. ②어떤 생각이나 말을 전달하다. 예제주도에 대해서 네가 궁금하게 여기는 것을 적어 보낸다. ③때를 지내다. 예명절을 가족과 함께 보내다.

보너스 관청이나 회사 같은 직장에서 직원들에게 정규 급료에 더하여 주는 돈. 비상여금. 【bonus】

보다 ①모양을 눈으로 알다. 예꽃을 보다. ②알려고 살피다. 예아무리 보아도 모르겠다. ③구경하다. ④돌보아 지키다. 예집을 보다. ⑤시험을 치르다. ⑥일을 맡아서 하다. ⑦똥·오줌을 누다. ⑧물건을 팔거나 사려고 시장에 가다. 예장을 보다. ⑨자손을 낳거나 사위나 며느리를 얻어들이다. 예손자를 보다.

보다못해 어떤 바람직하지 않은 일이 일어나는 것을 더 참을 수가 없어서. 예보다못해 한마디 해 주었다.

보:답 남의 두터운 호의나 은혜를 갚음. 예부모님의 은혜에 보답하다. -하다. 【報答】

보:도1 나라 안팎에서 생긴 일을 신문·방송을 통해 전하여 알려 줌, 또는 알리는 일. -하다. 【報道】

보:도2 사람이 걸어다니는 길. 예횡단 보도. 비인도. 반차도. 【步道】

보:도 기관 사회에서 일어난 일을 널리 사람들에게 알려 주는 구실을 하는 곳〔신문사·방송국·통신사 따위〕.

보도 블록 보도 바닥에 까는 벽돌 모양의 시멘트 덩어리.

보:도실 방송국에서, 나라 안이나 밖에서 여러 가지 새로운 소식을 얻고, 이것을 간추려서 방송에 내보내는 일을 맡은 곳.

보드 판판하고 넓은 네모꼴 판. 예석고 보드. 【board】

보드랍다 ①무르고 매끈매끈하다. ②곱고 잘다. 예보드라운 모래. ‹부드럽다.

보들보들하다 살갗에 닿는 느낌이 매우 보드랍다.

보듬다 가슴에 대어 품어 안다. 예아기를 보듬는 어머니의 모습은 아름답다.

보따리 물건을 보자기로 싸서 꾸린 뭉치. 예보따리를 싸다.

보따리장수 일정한 가게가 없이 물건을 보따리에 싸 가지고 다니면서 파는 사람.

보라매 그 해에 난 새끼를 길들여서 사냥에 쓰는 매.

보라색 빨강과 파랑을 섞은 색. 비보랏빛.

보람 한 일에 대하여 나타나는 좋은 결과. 효력. 예열심히 공부한 보람으로 대학 입시에 합격하다. 비성과.

보람차다 매우 보람있다. 예하루를 보람차게 보내다.

보랏빛[보라삗/보랃삗] 남빛과 자주빛이 섞인 빛. 준보라. 비보라색.

보:료 솜이나 털을 속에 넣어 만든, 방바닥의 앉는 자리에 늘 깔아 두는 두툼한 요.

보:류 뒷날로 미루어 둠. 예계획을 보류하다. -하다.

보르네오〖지명〗 동남아시아 말레이 군도에 있는 큰 섬. 산림 자원이 풍부함. 【Borneo】

보름 ①열다섯 날 동안. 예책을 다 읽는 데 보름이나 걸렸다. ②그 달의 15일. 본보름날.

보름달[보름딸] 음력 15일에 뜨는 둥근 달. 만월. 망월. ㉠보름달이 밝다. 반초승달.

보리 식량 작물의 하나. 가을에 씨를 뿌려 초여름에 거둠.

[보리]

보리수나무 불교에서 석가가 그 아래에 앉아서 도를 깨쳤다는 나무.

보리쌀 보리를 찧어서 껍질을 벗긴 곡식.

보릿고개[보릳꼬개] 지난날 농촌에서, 묵은 곡식은 떨어지고 보리는 아직 여물지 않아 식량이 없어 지내기 가장 어려웠던 음력 4·5월.

보릿단[보리딴/보릳딴] 보리를 베어 묶어 놓은 단.

보:모 ①유치원의 여선생. ②군보육원 등에서 아이들을 보살피는 여자. 【保姆】

보:물 ①금·은·옥과 같은 썩 드물고 귀한 물건. ②지난날부터 대대로 물려 내려오는 값진 물건. ㉠우리 나라 보물 1호는 동대문이다. 비보배. 【寶物】

보:물섬[1] 보물이 있는 섬. 보물을 감추어 둔 섬.

보:물섬[2]【책명】 영국의 작가 스티븐슨이 지은 모험 소설 이름.

보:물찾기 상품의 이름을 적은 쪽지를 미리 여러 곳에 감추어 두고 이것을 찾아 가지고 오는 사람에게 그 적힌 물건을 주는 놀이의 한 가지.

보:발 조선 시대에 나라의 급한 공문을 전달하기 위해 설치되었던 파발 제도로 걸어서 공문을 전하는 일, 또는 그 사람. 【步撥】

보:배 ①매우 귀하고 중요한 사물. ②'매우 귀중한 사람'을 비유하여 이르는 말. ㉠집안의 보배. 비보물.

보:배롭다 보배로 삼을 만큼 귀하고 큰 가치가 있다.

보:병 소총을 가지고 보도로 전투하는 군대. 【步兵】

보:복 품고 있던 원한을 갚는 일. 앙갚음. 비복수. –하다. 【報復】

보:부상 옛날에, 등짐을 지고 전국의 여러 지방을 다니며 물건을 팔던 사람. 【褓負商】

보살 ①불교에서 부처에 버금가는 분. ②학문과 덕이 아주 높은 스님. ③불교의 여자 신자.

보살피다 돌보아 주다. ㉠아기를 보살피다.

보상[1] 남의 손해를 갚아 줌. ㉠사고로 인한 피해를 보상해주다. –하다. 【補償】

보:상[2] 남으로부터 받은 것이나 빚진 것을 갚음. –하다. 【報償】

보:상금[1] 어떤 일에 특별한 공을 세운 사람에게 주는 돈. 【報償金】

보:상금[2] 입은 손실이나 손해에 대한 값으로 주는 돈. ㉠화재 보상금. 교통사고 보상금. 【補償金】

보:색 색상이 다른 두 색을 혼합하면 무채색이 되는 색, 또는 그 두 색의 관계를 이르는 말. ㉠빨강과 초록, 주황과 파랑은 보색 관계이다. 반대색. 【補色】

보:색 대비 보색 관계에 있는 색끼리 이웃해 놓았을 때에 일어나는 현상.

보:석[1] 단단하고 빛깔·광택이 아름다운 귀하고 값진 돌〔다이아몬드·루비·사파이어·비취 등〕. 【寶石】

보:석[2] 법을 어긴 의심이 있어 가두었던 사람을, 법원이 정한 액수의 돈을 내고 달아나지 않을 것을 약속하게 하고서 임시로 풀어 주는 일. –하다. 【保釋】

보:세 ①외국의 주문을 받아 모두 수출하기로 하고 생산된 상품에 대하여 관세를 매기는 것을 보류하는

것. ㉠보세 공장. ②세금이 붙지 않은 수출 용품. 【保稅】

보송보송 ①잘 말라서 물기가 없이 보드러운 모양. ②얼굴이나 살결이 때가 빠지고 보드라운 모양. <부숭부숭. ㉥뽀송뽀송. -하다.

보:수[1] 재래의 풍습·습관과 전통을 중요시하여 그대로 지키며 새로 고치는 것을 반대함. ㉠보수 세력 ㉦혁신. 개혁. 【保守】

보:수[2] ①고마움에 대한 갚음. ②어떤 일의 대가로 주는 물품이나 돈. ㉠보수가 많다. 【報酬】

보:수[3] 낡은 것을 보충하여 수리함. ㉠장마를 대비하여 지붕을 보수하다. -하다. 【保守】

보:수적 사회의 오래된 관습·제도·방법 등을 그대로 지키고 따르려 하는 것. ㉦진보적. 혁신적.

보:수주의 지금 상태가 유지됨을 바라면서, 전통·역사·관습·사회 조직을 지키려는 주의. ㉦진보주의. 【保守主義】

보스 실제의 권한을 쥐고 있는 우두머리. 【boss】

보스니아〖지명〗 유럽의 동남부 발칸 반도에 있는 지역. 【Bosnia】

보스턴〖지명〗 미국 매사추세츠주의 중심 도시이며 항구 도시. 공업이 성하며 교육 도시로서 역사가 깊음. 【Boston】

보슬보슬 눈·비가 아주 가늘고 성기게 내리는 모양. ㉠봄비가 보슬보슬 내리다. <부슬부슬.

보슬비 보슬보슬 내리는 가는 비.

보:습 사설 학원에서 하는 보충 수업. ㉠보습 학원.

보:시 절이나 승려 또는 가난한 사람에게 돈이나 물건을 주는 것. -하다.

보시기 김치나 깍두기를 담는 작은 그릇.

보:신 약이나 특별한 음식을 먹어 몸의 기운을 돕거나 높이는 것. -하다. 【補身】

보:신각 서울 종로에 있는 종각. 조선 태조 때 처음 세운 것으로 보신각의 종을 울려 서울로 통하는 4대문을 열고 닫았음. 보물 제2호로 지정됨. 【普信閣】

[보신각]

보쌈[1] ①양푼만한 그릇 바닥에 먹이를 붙이고, 고기가 들어갈 만한 구멍을 내고 보자기로 싸서 물 속에 가라앉혀 놓고 물고기를 잡는 일, 또는 그 기구. ②뜻밖에 어떤 사람에게 붙잡혀 가는 일.

보쌈[2] 돼지 머리 고기 등을 삶아서 보에 싸서 눌러, 기름을 빠지게 하여 썰어서 먹는 음식.

보쌈김치 무나 배추를 알맞은 크기로 썰어서 갖은 양념과 함께 넓은 배춧잎으로 싸서 담근 김치.

보아주다 ①보살펴 주다. ②잘못한 사람이나 잘못한 짓을 문제 삼지 않고 지나가다.

보:안 ①안전을 유지함. ②사회의 안녕과 질서를 지킴. 【保安】

보:안경 눈을 보호하기 위하여 쓰는 안경. 【保眼鏡】

보:안등 골목길에 행인의 안전과 범죄를 막기 위해 달아 놓은 전등.

보:약 몸을 튼튼하게 하는 약.

보:얗다[보야타](보야니, 보야오) 밝지 않고 연기나 안개가 낀 것 같이 희끄무레하다. <부옇다. ㉥뽀얗다.

보:온 일정한 온도를 보전함. ㉠보온 밥통. -하다. 【保溫】

보:온병 물·음료 등을 담아 그것의 온도를 오래 유지하는 병.

보:완 모자라는 것이나 잘못된 것을 더하여 완전하게 함. ㉠결점을 보완하다. -하다.

ㅂ

보:우하다 나라를 보호하고 도와 주다. ㉡하느님이 보우하사 우리 나라 만세.

보:위 보호하여 안전하게 지킴. ㉡국가를 보위하다. －하다.

보:유 지니고 있음. ㉡현금을 많이 보유하다. －하다. 【保有】

보:유자 어떤 기능이나 자격·기록 따위를 가지고 있는 사람.

보:육 ①어린이를 보살피며 기름. ②어린이들이 올바르게 자랄 수 있도록 유치원·탁아소 등에서 베푸는 교육. －하다. 【保育】

보:육원[보유권] 맡아 기를 사람이나 부모가 없는 아이를 일정한 나이까지 돌보아 기르는 시설.

ㅂ

보:은 은혜를 갚음. 반배은. 【報恩】

보이다 ①무엇이 눈에 뜨이다. ㉡산이 보이다. ②상태·사정·증상이 밖으로 드러나다. ㉡눈이 내릴 기미가 보이다. ③누구에게 눈으로 보게 하다. ㉡웃어 보이다. 준뵈다.

보이 스카우트 소년 수양 단체의 하나. 소년단 또는 소년군이라고 함. 1908년 영국의 베이든 포엘 장군이 처음 조직한 것으로, 현재 세계적으로 널리 퍼져 있음. 반걸 스카우트. ×보이 스카웃. 【Boy Scouts】

보일러 실내를 덥게 하거나 욕탕 등에 더운 물을 보내기 위해 물을 끓이는 시설. 【boiler】

보자기 물건을 싸는 데 쓰이는 작은 천. 비보.

보잘것없다[보잘꺼덥따] 볼 만한 데가 없다. 형편없다. ㉡그림이 보잘것 없다. 비하찮다. **보잘것없이.**

보:장 잘못되는 일이 없도록 보증함. ㉡신분 보장. －하다.

보:전 보호하여 안전하게 함. ㉡조상들의 문화 유산을 보전하다. 비보존. 반파기. －하다.

보:조[1] ①사람의 걸음걸이의 속도. ②여러 사람의 행동이 맞고 안 맞는 정도. ㉡보조를 맞추다. 【步調】

보:조[2] ①모자람을 도와 줌. ②일손을 돕는 일, 또는 그 사람. ㉡보조 미용사. 【補助】

보:조 가방 책가방 외에 도시락이나 체육복 따위를 가지고 다닐 수 있는 가방.

보조개 웃을 때 볼에 오목하게 들어가는 자국. 볼우물.

보조 국사〖사람〗[1158~1210] 고려 시대의 유명한 승려. 성은 정, 이름은 지눌. 불교의 통일을 주장하여 당시의 여러 종파를 조계종으로 통합하였음. 보문사 등에서 수도하였음. 【普照國師】

보:조금 모자라는 것을 도우려고 보태어 주는 돈.

보조 선사〖사람〗[804~880] 신라 시대의 이름난 승려. 성은 김씨, 이름은 체징. 당나라에 유학하고 돌아와 불교를 위하여 크게 활약하였음. 【普照禪師】

보:존 잘 지니어 상하거나 잃지 않도록 함. ㉡조상들의 유물을 보존하다. 비보전. －하다.

보:존제 음식물의 상태를 그대로 유지하기 위해 사용하는 약품. 방부제 따위를 말함.

보:좌 윗사람의 곁에서 그가 하는 일을 도움. ㉡대통령을 보좌하다. －하다. 【補佐】

보증 ①어떤 사물에 대하여 틀림이 없다는 것을 증명하거나 책임짐. ㉡신원을 보증하다. ②빚을 진 사람을 대신하여 빚을 갚아 주겠다고 하는 법적인 약속. －하다. 【保證】

보증금 계약을 맺을 때 담보로 내는 돈. ㉡공사 계약 보증금.

보증인 어떤 일이나 사람을 보증하는 사람. 【保證人】

보채다 심하게 졸라 남을 성가시게

굴다. 예동생이 장난감을 사달라고 보채다.

보:청기 귀가 잘 들리지 않는 사람이 청력을 보강하기 위하여 귀에 꽂는 기구.

보:초 군대에서 경비를 하거나 감시의 임무를 맡은 병사. 예보초를 서다. 【步哨】

보:충 모자라는 것을 채움. 예빠진 인원을 보충하다. -하다.

보:충 수업 정해진 학습의 부족을 메꾸기 위해 실시하는 수업.

보크사이트 알루미늄의 원료가 되는 광석. 【bauxite】

보태다 ①모자란 것을 채우다. ②더하다. 예돈을 보태다.

보:통 널리 일반에게 통함. 특별하지 아니하고 예사로움. 비보편. 평범. 반특별. 【普通】

보통 선거 남녀·직업·재산 등의 구별 없이 모든 성인이 똑같이 선거에 참여하는 선거 제도. 반제한 선거. 준보선.

보통 예금 시중 은행에 언제든지 쉽게 예금을 할 수 있고 찾을 수도 있는 예금. 【普通預金】

보통 학교 지금의 초등 학교의 옛날 이름. 【普通學校】

보퉁이 물건을 싼 보자기.

보:트 서양식의 작은 배. 예강에서 보트를 타다. 【boat】

보:편 모든 것에 두루 미침. 사물에 공통되는 성질. 반특수.

보:편적 두루 널리 퍼져 있고 모든 것에 공통되는 것. 예보편적인 생각. 비일반적.

보:편화되다 생각·방식 따위가 두루 널리 퍼지다. 예탁아소와 유아원 등의 보육 시설이 보편화되어 가고 있다.

보:폭 한 걸음의 너비. 예보폭이 넓다. 【步幅】

보:표 음표·쉼표 등을 적기 위해 가로로 그은 다섯 줄의 평행선.

보:필 임금을 도움. -하다.

보:하다 영양 있는 음식이나 약을 먹어 몸의 건강을 돕다. 예여름에 삼계탕을 먹어 더위에 지친 몸을 보하다.

보:행 탈것을 타지 않고 걸어서 감. 예다리를 다쳐 보행이 불편하다. -하다. 【步行】

보:행기 젖먹이 아이에게 걸음을 익히게 하는 데 쓰이는, 바퀴 달린 기구.

보:행자 거리를 걸어 다니는 사람.

보:험 평소에 조금씩 일정한 돈을 냈다가, 병·사망 등의 사고가 났을 때에 미리 약속해 둔 금액을 찾아 쓰게 되는 저축 방식. 【保險】

보:험금 사고가 생겼을 때, 보험 회사가 보험에 가입한 사람에게 주는 돈. 【保險金】

보:험료 보험 계약에서, 보험에 든 사람이 보험 회사에 내는 돈.

보:험 회사 보험에 관한 일을 맡아보는 회사.

보:호 잘 돌보아 주고 지켜 줌. 예산림 보호. -하다. 【保護】

보:호새 법률로 잡지 못하게 하여 보호하는 새. 보호조.

보:호 감호 죄지은 사람을 사회로부터 격리 수용하여 감독하고 보호하며 사회에 필요한 직업 훈련 등을 베풀어 재범을 막는 일.

보:호국 나라의 힘이 모자라서 일정한 조건으로 다른 강한 나라의 보호를 받는 나라. 또는 그것을 가하는 나라.

보:호 무역 국내의 산업을 보호하고 발전시키기 위하여, 정부가 국제 무역에 간섭하는 일. 반자유 무역.

보:호색 주변의 빛깔과 비슷한 빛깔로 되어 있는 동물의 몸빛깔. 먹이가 되는 동물의 눈을 속이거나, 적으로부터 자기 몸을 지키는 구실을 함.

보:호자 ①환자나 노약자처럼 보호 받아야 할 사람을 보호하는 사람. ②성년이 안 된 사람을 법적으로 보호하는 권리가 있는 사람.
보:화 금붙이 따위의 값비싼 물건. ㉣금은 보화. 비보배. 보물.
복 아주 좋은 운수. ㉣복받은 사람. -스럽다. 【福】
복개 개울에 덮개를 씌워 겉으로 보이지 않게 하는 것. ㉣하천을 복개하다.
복고적 현재를 싫어하여 옛날의 제도·사상·교양 따위를 되살려서 따르고자 하는 것.
복구 그 전의 상태로 돌아가게 함. ㉣수해 복구 작업. -하다.
ㅂ
복권 번호나 표시를 해놓은 표를 판 다음 뽑게 하여, 일정한 번호가 맞은 표에 대해서는 표의 값보다 훨씬 많은 상금을 주는 표. ㉣주택 복권. 【福券】
복귀 떠났다가 원래의 자리나 상태로 되돌아오는 것. ㉣휴가를 마치고 부대로 복귀하다. -하다.
복근력[복끈녁] 배에 있는 근육의 힘. 【服筋力】
복날[봉날] 초복이나 중복이나 복이 되는 더운 날.
복닥거리다 좁은 곳에 여러 사람이 모여 붐비다. 들끓다.
복덕방 집이나 땅을 사고 팔든가 빌리는 일을 돈을 받고 소개해 주는 곳. 지금은 '부동산 중개인 사무소'라고 함. 【福德房】
복덩이 매우 귀중한 사람이나 물건을 귀엽게 이르는 말. 복덩어리.
복도 건물 안에 다니게 된 긴 통로. ㉣복도 청소. 【複道】
복리[1][봉니] 행복과 이익. ㉣국민의 복리를 증진시키다. 【福利】
복리[2][봉니] 금융 기관에서, 일정한 기간마다 원금에 이자를 더하고, 그 더한 금액에 다시 이자를 더해 나가는 방법. 【複利】
복면[봉면] 남이 알아보지 못하게 얼굴의 전부 또는 일부를 가림, 또는 가리는 데에 쓰이는 물건. ㉣복면 강도. -하다.
복무[봉무] 정부에서 정한 일정한 직무를 맡아 일하는 것. ㉣하사로 군복무를 마치다. -하다. 【服務】
복받치다 ①세게 솟아오르거나 치밀다. ②감정이 치밀어오르다. ㉣설움에 복받치어 흐느껴 울다. ‹북받치다.
복병 숨어 있다가 갑자기 적을 치는 군사. 【伏兵】
복부 배 부분. 【腹部】
복사[1] ①다시 베낌. ㉣서류를 복사하다. ②여러 장을 포개어서 한번에 씀. -하다. 【複寫】
복사[2] 열이나 빛이 한 점에서 모든 방향으로 파동을 이루어 나가면서 힘이 생기는 현상. -되다. -하다. 【輻射】
복사기 문서나 자료 등을 복사하는 데 쓰이는 기계.
복사꽃[복싸꼳] 복숭아 꽃.
복사뼈 발목에 양쪽으로 동그랗게 도드라진 뼈.
복선[1] 기찻길 두 벌을 나란히 함께 놓아서 차가 각각 한쪽 방향으로만 다니게 되어 있는 철도. 【複線】
복선[2] ①남과의 관계에서 겉으로 드러낸 것과는 다르게 몰래 마련해 둔 계획. ②소설이나 희곡에서 나중에 생길 사건을 미리 암시하는 것. 【伏線】
복수[1] 원수를 갚음. 비보복. 앙갚음. -하다. 【復讐】
복수[2] 둘 이상의 수. 반단수. 【複數】
복수심 자신에게 해를 입힌 사람에게 복수하려는 마음.
복숭아 빛깔이 희거나 노랗거나 불

그레하고, 향기가 좋고 맛이 달고 즙이 많으며, 굵은 씨가 들어 있는 둥근 여름 과일.

[복숭아]

복숭아꽃 복숭아 나무에 핀 꽃. 꽃의 빛깔과 피는 시기가 살구꽃과 비슷함. 준복사꽃.

복스럽다 생김새가 복이 있어 보인다. 예얼굴이 아주 복스럽게 생겼다.

복습 배운 것을 되풀이하여 익힘. 반예습. －하다.

복식 둘 또는 그 이상으로 되는 방식. 반단식. 【複式】

복싱 ⇨권투. 【boxing】

복쌈 정월 대보름날 먹는 김쌈.

복어 참복과의 바닷물고기의 총칭. 몸이 똥똥하고 비늘이 없음. 알이나 내장등에 독이 있음. 준복.

복역 징역을 삶. －하다. 【服役】

복용 약을 먹음. 예감기약을 복용하다. －하다. 【服用】

복원 원래의 상태나 위치로 돌아감, 또는 돌아가게 함. －하다.

복위 잠시 물러났던 임금이 다시 그 자리에 오름. 예단종의 복위를 꾀한 사육신. －하다.

복음 ①반가운 소식. ②구세주 그리스도를 통하여 하느님이 인간에게 준 계시. ③그리스도의 생애·교훈을 적은 마태·마가·누가·요한의 네 책. 【福音】

복잡 일이나 물건의 갈피가 뒤섞여 어수선함. 비번잡. 반단순. －하다. －스럽다.

복장 옷차림. 예간편한 복장.

복제하다 본래의 것과 똑같이 만들다.

복조리 한 해의 복을 받을 수 있다는 뜻에서, 정월 초하룻날 새벽에 사는 조리.

복종 명령대로 좇음. 예상관의 명령에 복종하다. 비순종. 굴복. 반불복. 반항. －하다.

복주머니 정초에 어린이에게 달아 주던 예쁜 주머니. 주머니 속에 쌀·깨·조·팥 따위 곡식을 넣어 주면 한 해 내내 복이 생긴다고 했음.

[복주머니]

복지 ①행복. ②만족할 만한 생활 환경. 예복지 사회. 비복리. 【福祉】

복지 국가 국민의 행복과 이익의 추구를 목적으로 하는 국가. 비복리 국가. 【福祉國家】

복지 사회 사회 보장 제도가 잘되어 사람들이 질병·노후의 생계 등에 대한 걱정이 없이 평안하게 살아갈 수 있는 사회.

복지 시설 여러 사람들의 행복과 이익을 위하여 마련된 시설. 예사원 복지 시설. 비복리 시설.

복직 그만두었던 직장에 다시 돌아가 일하는 것. －하다.

복창 명령이나 지시하는 말을 그대로 소리내어 외는 일. －하다.

복통 ①복부 내장의 병으로 일어나는 통증. 비배앓이. ②몹시 절통할 때 쓰는 말. 예일이 잘 안돼 복통이 터질 지경이다.

복판 ①편편한 물건의 한가운데. ②어떤 지역이나 장소의 한가운데. 예도시 한복판. 비가운데.

복학[보칵] 학교를 떠나 있던 학생이 다시 그 학교를 다니게 되는 것. －하다.

복합[보캅] 여러 가지가 합하여 하나가 되는 것. －하다. 【複合】

복합어[보카버] '돌다리, 맏아들'과 같이 낱말들이 붙어서 한 낱말을 이룬 것.

볶다 ①마른 식품을 냄비 등에 담아 불에 익히다. ㉥콩을 볶다. ②채소나 고기 따위를 불에 올려놓은 냄비에 넣고 물이나 기름을 조금 부어 저으면서 익히다. ㉥돼지고기를 볶다. ③못 견디게 굴다. ㉥공부하라고 들들 볶다.

볶음밥[보끔밥] 쌀밥에 당근·쇠고기·양파 따위를 잘게 썰어 넣고 기름에 볶아 만든 음식.

본[1] ①모범이 될 만한 일. ㉥아우도 형의 본을 받아 효성이 지극하다. ②본보기. ㉥남에게 본이 되는 사람이 되자. 【本】

본[2] 한 집안의 성을 처음 쓰기 시작한 시조의 고향. ㊉본관. 【本】

ㅂ

본거지 활동의 중심이 되는 곳. ㊉근거지. 【本據地】

본격적[본껵적] 제대로의 격식을 갖춘 것. ㉥이제 본격적인 훈련이 시작된다. 【本格的】

본고장 ①자기가 나서 자란 본디의 고향. 본고향. ②본바닥.

본관[1] 중심이 되는 건물. ㊇별관. 분관. 【本館】

본관[2] 한 집안의 성을 처음 쓰기 시작한 시조의 고향. 성이 시작된 곳. ㉥제 본관은 수원입니다. ㊉본.

본교 ①둘 이상으로 갈라진 학교에서 분교가 아닌, 중심이 되는 학교. ㊇분교. ②자기가 다니고 있는 이 학교. 【本校】

본국 타국에 대한 자기의 나라. 곧, 자기의 국적이 있는 나라. ㉥외국에서 살다가 본국으로 돌아오다. ㊉고국. 모국. 조국. ㊇타국. 외국. 【本國】

본능 동물이 본디부터 가지고 있는 동작이나 성질·능력. 【本能】

본능적 본능에 따른 것. ㉥자식에 대한 모성은 인간의 본능적 감정이다. 【本能的】

본당 ①절에서 석가모니의 불상을 모셔 두는 주된 건물. ②카톨릭교에서 주임 신부가 머무르고 있는 성당을 일컬음.

본드 나무·가죽·고무 따위의 조각을 붙이는 데 쓰는 끈끈한 화학 물질. ㊉접착제. ※'Bond' 라는 상표에서 온 말.

본디 처음부터. 애초에. ㊉원래. 본래.

본딧말[본딘말] 줄어들기 전의 말. ㊇준말.

본때 남에게 자랑하여 보일 만한 점. 교훈이 될 만한 본보기.

본뜨다(본떠, 본떠서) ①이미 만들어진 물건을 보기로 해서 그대로 따라 하다. ㉥그림을 본뜨다. ②배워서 좇아 하다. ㉥그 위인의 성실한 행동을 본뜨다.

본뜻 ①본디의 뜻. 원래의 뜻. ②근본이 되는 뜻. ㊉본의.

본래[볼래] 처음부터. 애초에. ㉥본래부터 이 고장에서 살던 사람이다. ㊉본디. 【本來】

본론[볼론] 문장이나 말에서 주장이 되는 부분. 【本論】

본명 본래의 이름. ㊉실명. ㊇가명. 예명. 【本名】

본문 서론·부록 등을 제외한 본 줄거리가 되는 글. 【本文】

본바탕 본래부터 가지고 있는, 근본이 되는 성질. ㉥본바탕을 드러내다.

본받다 본보기로 하여 그대로 따라 하다. ㉥위인들의 행동을 본받다.

본보기 ①모양을 알리기 위하여 보여 주는 사물의 한 부분. ㊉표본. 견본. 견양. ②본받을 만한 것. ㉥모든 사람의 본보기가 되는 효성. ③일이 어떻게 처리되는가를 알리기 위하여 실제로 보여 주는 것. ㊜보기. 본.

본부 어떤 기관이나 단체의 중심이

되는 조직이나 그 조직이 있는 곳. ㉠육군 본부. 반지부. 【本部】
본부장 어떤 조직의 중심이 되는 부서의 우두머리.
본분 그 사람이 마땅히 지켜야 할 본디의 의무. 예학생의 본분은 공부를 열심히 하는 것이다.
본사 여러 지사를 가지고 있는 큰 회사의 본부가 되는 곳. 반지사.【本社】
본색 숨기고 있는 본래의 나쁜 성질. 예본색을 드러내다. 【本色】
본서 여러 지서나 파출소 따위를 거느리는, 중심이 되는 본부 관청.
본선 경쟁이나 시합의 여러 단계를 거쳐 우승자를 선정할 때 맨 마지막 단계의 경쟁이나 시합. 반예선.
본성 본디의 성질. 타고난 성질. 비천성. 【本性】
본시 본디. 본래. 본디부터. 예그는 본시 약하다. 【本是】
본심 ①본디의 마음. ②거짓이 없는 참마음. 진심. 【本心】
본업[보넙] 주된 사업이나 직업.
본연[보년] 본래 그대로의 상태나 모습. 【本然】
본영[보녕] 총지휘관이 있는 군영.
본위[보뉘] 바탕이 되는 위치. 기본이 되는 표준. 【本位】
본의[보니] 본래의 마음. 진정한 마음. 본래부터 품어 온 생각. 예본의 아니게 폐를 끼쳤다. 【本意】
본이름[본니름] 가명이나 별명이 아닌 본디 이름. 비본명. 실명. 반가명.
본인[보닌] 그 사람 자신. 예본인의 생각을 말하라. 【本人】
본잎[본닙] 떡잎 뒤에 나오는 보통의 잎.
본적 ①그 사람의 호적이 있는 곳. ②'본적지'의 준말. 비원적.
본전 이자나 이익을 붙이지 않은 본래의 돈. 예본전도 못받고 물건을 팔다. 【本錢】
본점 지점이나 분점에 대하여 영업의 중심이 되는 점포. 반지점. 분점. 【本店】
본존 불상 절에 모신 부처 가운데 가장 으뜸이 되는 불상.
본질 어떤 것이 지니고 있는 가장 중요한 근본적인 성질이나 요소. 예문제의 본질을 파헤치다.
본채 한 울 안에 있는 여러 채의 집 가운데 중심이 되는 집. 반별채.
본체 ①그 사물의 실제의 모습. ②기계 따위에서 부속물 이외의 중심되는 부분. 【本體】
본체만체 보고도 못 본 것처럼. 예인사도 없이 본체만체하다. 비본척만척. -하다.
본초 자오선 지구의 경도를 측정할 때에 기준이 되는 자오선. 런던 그리니치 천문대를 지나는 자오선을 0도로 함.
본토 자기가 사는 고장. 본래의 고향. 예본토를 떠나다. 【本土】
본토박이 대대로 그 고장에서 살아오는 사람. 예서울 본토박이. 준토박이. 비본토인.
본회의 ①구성원 전원이 참여하는 정식 회의. ②국회에서 전체 의원으로 구성되는 회의.
볼[1] ①뺨의 가운데 부분. 예볼이 붉어지다. ②좁고 기름한 물건의 넓이. 예발의 볼이 넓다.
볼[2] ①축구·배구 따위에 쓰는 공. ②야구에서, 스트라이크가 아닌 투구. 예볼 넷으로 출루하다. 【ball】
볼거리[1] 어린아이의 볼 아래가 붉게 부어오르는 전염병.
볼거리[2][볼꺼리] 구경할 만한 것. 비구경거리.
볼:기 엉덩이 좌우의 살이 두둑한 부분. 예볼기를 때리다.
볼:기짝 '볼기'의 속된 말.

볼:기짝 얼레 기둥 두 개만을 써서 네모지지 않고 납작하게 만든 얼레〔어린아이들이 연날릴 때에 흔히 씀〕.

볼레로 4분의 3박자로 된 에스파냐의 민속 무용, 또는 그 춤곡.

볼록 겉으로 조금 도드라지거나 쏙 내민 모양.

볼록 다각형 어느 내각이나 모두 180도보다 작은 각으로 된 다각형.

볼록 렌즈 가운데가 둘레보다 두껍게 만들어진 렌즈. 빛을 두꺼운 쪽으로 꺾어 한 점에 모이게 하는 성질이 있음. 반오목 렌즈.

볼록판 판의 도드라진 부분에 물감을 묻혀서 찍어 내는 판. 반오목판.

ㅂ

볼록 폐곡선 폐곡선 내부에 있는 어떤 두 점을 이어도 폐곡선과 만나지 않게 되는 폐곡선.

볼록하다[볼로카다] 겉으로 조금 도드라지거나 튀어나와 있다. 반오목하다.

볼리비아〖나라〗 남아메리카의 중앙부에 있는 공화국. 지하 자원이 풍부함. 수도는 라파스. 【Bolivia】

볼링 크고 무거운 공을 굴려 20미터쯤 앞쪽에 세워 놓은 10개의 나무 핀을 쓰러뜨리는 실내 운동. 【bowling】

볼메다 화가 나 있거나 불만이 있다. 예볼멘 얼굴로 쳐다보다.

볼멘소리 성이 나서 퉁명스럽게 하는 말투. 예볼멘소리로 중얼거리다.

볼모 어떤 약속을 보증하자는 뜻으로 이 편 사람을 상대방에게 넘겨 그 곳에 머물게 하는 일, 또는 넘겨진 사람. 비인질.

볼썽사납다 보기에 좋지 못하다. 예거리에 버려진 쓰레기들이 볼썽사납다.

볼:일 해야 할 일. 비용건. 용무.

볼트[1] 너트와 함께 두 부분을 붙여 죄는 데 쓰이는 것으로, 한쪽 끝에 대가리가 있고 다른 끝은 나사로 되어 있는 공구의 하나. 【bolt】

볼트[2] 전압의 단위를 세는 말. 기호는 V. 예100볼트. 220볼트. 【volt】

볼:펜 펜 끝에 끼운 조그만 강철알이 종이 따위와 닿는 대로 굴러서 펜대 안의 잉크가 새어 나오도록 만든 펜. ※'ball-point pen'에서 온 말.

볼품 겉으로 보이는 모양새. 비맵시.

봄 일 년 네 철의 하나. 겨울과 여름 사이의 따뜻한 계절. 보통 3·4·5월을 이름.

봄갈이 봄철에 논밭을 가는 일. 비춘경. 반가을갈이. -하다.

봄나들이[봄나드리] 봄의 날씨를 즐기기 위해 가까운 산이나 들로 놀러 가는 일.

봄나물 봄에 산이나 들에 저절로 나는 먹는 풀〔냉이·씀바귀·쑥 따위가 있음〕.

봄날 봄철의 날씨. 또는 봄철의 날. 예화창한 봄날.

봄맞이[봄마지] 봄을 맞는 일, 또는 봄을 맞아서 하는 놀이. 예우리 다 함께 봄맞이 가자. -하다.

봄바람[봄빠람] 봄철에 부는 따뜻한 바람. 비춘풍.

봄볕[봄뼏] 봄에 내리쬐는 햇살의 따뜻한 기운〔'볕'은 '햇빛으로 말미암아 느껴지는 따뜻한 기운'을 뜻함〕.

봄비[봄삐] 봄에 내리는 비. 비춘우.

봄빛[봄삗] 봄의 햇빛이나 기운.

봄소식 겨울이 가고 봄이 옴을 알리는 것.

봇물[본물] 농사에 쓰려고 흘러가지 못하게 막아 놓은 물.

봇짐[보찜] 물건을 보자기에 싸서 꾸린 짐. 예괴나리봇짐.

봇짐 장수 물건을 보자기에 싸서 메고 다니며 파는 사람. 비보부상.

봉[1] 봉지·봉투·편지 따위를 세는 말. 예약 봉투에 가루약 세 봉이

들어 있었다. 【封】

봉[2] 산봉우리. 【峯】

봉:[3] ①이야기에 나오는 가장 아름다운 신기한 새. 봉황. ②어수룩하여 속여 먹기 좋은 사람. 【鳳】

봉고차 10명 안팎이 탈 수 있는 작은 승합차. ※'Bongo'라는 상품에서 온 말.

봉군 지난날, 봉화를 올리는 일을 맡아 보던 군사.

봉:급 공무원이나 회사원들이 일한 대가로 받는 일정한 보수. ㊥급료. 월급. 【俸給】

봉:급날[봉금날] 봉급을 받는 날.

봉기 많은 사람이 정권의 옳지 못한 일에 대항하여 한꺼번에 일어나는 것. -하다. 【蜂起】

봉돌[봉똘] 낚싯줄에 매다는 작은 납덩이나 돌덩이. ㊤봉.

봉래산 '금강산'을 여름철에 일컫는 이름.

봉변 뜻밖에 당하는 곤란. ㊐깡패들한테 봉변을 당하다.

봉분 흙을 둥글게 높이 쌓아 무덤을 만드는 것, 또는 그 무덤.

봉:사[1] 눈이 먼 사람. ㊥장님. 소경.

봉:사[2] 남을 위하여 자기를 돌보지 않고 일함. ㊐사회 봉사 활동. ㊥헌신. -하다. 【奉仕】

봉:사단 봉사를 하기 위해 조직된 단체. 【奉仕團】

봉:사자 봉사하는 사람. 【奉仕者】

봉산 탈춤 황해도 봉산 지방에 전해 내려오는 가면극. 사자춤이 있는 것이 특색이고, 양반에 대한 모욕, 파계승에 대한 풍자 등의 내용으로 되어 있음.

봉서 임금이 친척이나 가까운 신하들에게 개인적으로 보내던 편지.

봉:선화 ⇨봉숭아.

봉:송 ①웃어른을 전송함. ②귀중한 것을 받들어 보냄. ㊐올림픽 성화를 봉송하다. -하다.

봉쇄하다 사람이나 물건을 드나들지 못하도록 막다.

봉수 고려 시대와 조선 시대에 밤에는 불, 낮에는 연기를 올려 지방에서 발생하는 난리나 외적의 침입을 중앙으로 알리던 통신 제도, 또는 거기에 쓰이던 연기나 불. 봉화.

봉수대 지난날, 봉화를 올리던 곳. ㊥봉화대.

봉:숭아 봉선화과의 한해살이풀. 붉은색 또는 흰색꽃이 피며, 줄기는 높이 60cm 가량. 꽃잎으로 손톱에 물을 들이기도 함. 봉선화.

[봉숭아]

봉:숭아물 빨간 봉선화 꽃을 찧어 생긴 즙. 그 즙을 백반 가루와 함께 손톱에 발라 두면 손톱에 빨간 물이 듦.

봉:양 조부모나 어버이를 받들어 모심. ㊐어버지를 극진히 봉양했다. -하다. 【奉養】

봉오동 전투 1920년 만주 봉오동에서 홍범도가 이끄는 독립군이 일본군을 크게 이긴 싸움.

봉오리 아직 피지 아니한 꽃. 꽃봉오리. ×봉우리.

봉우리 산꼭대기의 뾰족한 부분. ㊐봉우리에 오르다. ㊧산봉우리. ×봉오리.

봉인 봉한 자리에 도장을 찍음. -하다. 【封印】

봉정사 극락전 경상 북도 안동군 봉정사에 있는, 고려 중기에 지은 목조 건물.

봉정암 설악산에서 가장 오랜 역사를 가진 암자. 이 곳에서 자장·원효·보조 등의 여러 고승들이 수도했다고 전해짐.

ㅂ

봉제 재봉틀로 옷·인형 따위를 만드는 일. ㉠봉제 인형. 【縫製】
봉제품 인형·장난감·옷 등 재봉틀이나 손으로 바느질하여 만든 물건. 【縫製品】
봉지 종이로 만든 주머니. 【封紙】
봉투 편지나 서류 같은 것을 넣는 종이로 만든 주머니. ㉠서류봉투. 편지봉투. 【封套】
봉하다 ①문·봉투·그릇의 아가리 따위를 붙이다. ②입을 다물다.
봉함 엽서 접어서 붙이게 되어 있는 우편 엽서.
봉화 난리를 알리던 신호로 피워 올리던 불. 교통이 불편했던 옛날의 통신 방법의 한 가지로 불을 피워 낮에는 연기로, 밤에는 불빛으로 신호하였으며, 조선 때에는 봉홧둑을 전국에 육백 군데나 두었음. 비봉수. 【烽火】
봉화대 봉화를 올리던, 돌로 쌓은 장치. 봉수대. 봉수소.
봉:황 상상의 새. 수컷을 봉, 암컷을 황이라 함. 몸은 닭의 머리, 뱀의 목, 제비의 턱, 거북의 등, 물고기의 꼬리의 모양을 하였고, 깃에는 오색 무늬가 있다고 함. 비봉황새. 봉새. 준봉. 【鳳凰】
뵈:다[1] 웃어른을 대하여 보다. ㉠할머니를 뵈러 가다.
뵈다[2] '보이다'의 준말.
부[1] ①전체를 어떤 기준으로 나눈 지역의 한 부분. ㉠동부. 남부. ②관청·회사 등의 조직의 한부분. ㉠총무부. 【部】
부[2] 책이나 신문 등을 세는 단위. ㉠신문 한 부를 사다. 【部】
부[3] 많은 재산. 【富】
부[4] 서류·신문·잡지·책 등의 수를 세는 말. 【部】
부:가 이미 있는 것에 붙이어서 더함. ㉠부가 가치. 비첨가. -하다.

부가 가치 생산 과정을 거치면서 새로이 덧붙은 상품 가치.
부각 ①어떤 특징을 두드러지게 나타내는 것. ②형상이 도드라지게 새긴 조각. -하다. 【浮刻】
부각되다 어떤 사물이나 사물의 특징이 두드러지게 나타나서 큰 관심의 대상이 되다.
부:강 나라의 살림이 넉넉하고 군대의 힘이 강함. ㉠부강한 나라. 비부유. 반약소. -하다.
부:결 회의에 낸 의견을 승인하지 않기로 결정을 내리는 일. ㉠의안이 국회에서 부결되다. 반가결. -하다. 【否決】
부:강하다 나라의 재정이 넉넉하고 군사력이 강하다.
부걱부걱 큰 거품이 생기면서 잇따라 나는 소리. >보각보각.
부계 아버지 쪽으로 이어지는 가족관계. 반모계. 【父系】
부:고 사람이 죽은 것을 알리는 통지. 비부음. -하다. 【訃告】
부:과 세금이나 그 밖의 돈을 매기어 부담하게 함. ㉠벌금을 부과하다. -하다. 【賦課】
부관 페리호 우리 나라의 부산항에서 일본의 시모노세키를 왕래하는 정기 여객선.
부국 강병 나라를 부유하게 하고 군사력을 강하게 하는 일.
부군 당신의 남편을 높이는 말.【夫君】
부:귀 재산이 많고 지위가 높음. 반비천. -하다. 【富貴】
부귀 영화 재산이 많고 지위가 높아 호화롭게 사는 것.
부:근 가까운 곳. ㉠집 부근. 비근방. 근처. 【附近】
부글부글 ①많은 물이 좁은 바닥에서 마구 끓어오르는 모양, 또는 그 소리. ㉠주전자의 물이 부글부글 끓다. ②마음이 쓰여 속이 몹시 타

다. ㉵약이 올라 속이 부글부글 끓다. 〉보글보글. ㉶뿌글뿌글. -하다.
부기 부은 상태. 몸이 붓는 기운. ㉵얼굴에 부기가 있다. 【浮氣】
부끄러움 ①떳떳하지 못하거나 창피하여 불편한 느낌. ②남 앞에 나서기를 꺼리고 수줍은 느낌.
부끄러워하다 ①남 앞에 나서기를 꺼리고 수줍어하다. ②무엇을 잘못한 일이어서 떳떳하게 여기지 못하다.
부끄럼쟁이 부끄럼을 많이 타는 사람. ×부끄럼장이.
부끄럽다(부끄러워, 부끄러워서) ①양심에 거리낌이 있어 남을 대할 낯이 없다. ②수줍다. ㉵새색시처럼 부끄러워하다. ㉷떳떳하다. 자랑스럽다.
부네탈 하회 별신굿에 나오는 여자인 '부네'가 쓰는 탈. 초승달 같은 실눈과 눈썹, 길쭉한 코, 미소띤 긴 입술을 하고 있음.
부녀 아버지와 딸. 【父女】
부녀자 부인 또는 부인과 여자.
부녀회 부인들의 모임.
부:농 농사 지을 땅을 많이 가지고 있어 생활이 아주 넉넉한 농가, 또는 그러한 농민. 【富農】
부닥치다 ①어떤 사건이나 상황에 맞부딪치다. 직면하다. ②사람이나 사물과 서로 부딪치다.
부:담 어떤 일을 맡음. 어떠한 의무나 책임. ㉵세금 부담이 너무 크다. -하다. 【負擔】
부:담감 어떤 의무·책임 등을 떠맡은 것에 대한 무거운 느낌.
부:담스럽다 남에게 너무 큰 도움을 받거나 큰 책임을 져서 느끼기에 힘들고 곤란하다. 부담이 되는 듯하다.
부당 도리에 벗어나서 이치에 맞지 않음. ㉷정당. 합당. -하다. 【不當】
부대[1] ①한 무리의 인원으로 조직된 사람들의 모임. ②군대의 조직 단위. ㉵공수 부대. 【部隊】
부대[2] 종이·가죽 등으로 만든 큰자루. ㉵밀가루 부대. ㉸포대. 【負袋】
부대끼다 무엇에 시달려 괴로움을 겪다.
부덕 많은 사람의 존경을 받을 만한 인격이 없거나 부족한 것. -하다.
부도 수표나 어음에 적힌 약속된 날짜에 돈을 치러 주지 못하는 일.
부도체 전기나 열이 거의 전달되지 않는 물체. 돌·고무·플라스틱 등의 전기 부도체, 석면·석회 등의 열 부도체. ㉷도체. ㉸절연체.
부동 움직이지 않는 것. ㉵부동 자세. 【不動】
부동산 땅이나 집 수목처럼 쉽게 움직일 수 없는 재산. ㉷동산.
부동표 선거 때, 투표할 특정 후보자나 정당을 아직 결정하지 않은 유권자의 표. 【浮動票】
부두 배를 대고 짐이나 사람을 싣고 내리게 한 곳. ㉸선장. 【埠頭】
부둣가 부두가 있는 근처.
부둥켜안다 두 팔로 꽉 끌어안다.
부드럽다(부드러우니, 부드러워) ①거세지 않고 매끈하다. ㉵살결이 부드럽다. ②곱고도 순하다. ㉵마음씨가 부드럽다. 〈보드랍다.
부득부득 억지를 부리며 자꾸 우기거나 조르는 모양. 〉바득바득. ㉶뿌득뿌득.
부득이[부드기] 하는 수 없이. 마지못하여. 어쩔 수 없이. ㉵부득이한 사정으로 모임에 참석하지 못한다. -하다.
부들부들 춥거나 분하거나 무서워서 몸을 크게 떠는 모양. 〉바들바들. ㉶푸들푸들.
부듯하다[부드타다] 꽉 차서 벅차다. ㉵가슴이 부듯하다. 〉바듯하다. ㉶뿌듯하다.

ㅂ

부등식 수학에서, 왼쪽과 오른쪽의 수치가 서로 같지 않음을 나타내는 수식. 반등식. 【不等式】

부등호 두 수의 크고 작음을 나타내는 기호. '〈', '〉'로 표시함. 반등호. 【不等號】

부:디 꼭. 아무쪼록. 틀림없이. 기어이. 예부디 힘을 내십시오.

부딪다[부딛따] 물건과 물건이 서로 힘있게 마주 닿다.

부딪치다[부딛치다] ①무엇을 어디에 세게 마주 닿게 하거나 마주 대다. ②누구와 마주 대하게 되다. 만나다.

부딪히다[부디치다] ①어디에 세게 닿아지다. 예자동차에 부딪히다. ②갑자기 어떠한 사실이나 상황에 처하다. 직면하다. 예어려운 상황에 부딪히다.

ㅂ

부뚜막 재래식 부엌에서 아궁이 위의 솥이 걸린 편편한 언저리.

부라리다 크게 눈을 뜨고 눈동자를 위협하듯 굴리다.

부락 도시 이외의 지역에서 여러 살림집들이 모여 이룬 곳이나 집단. 촌락. 【部落】

부랑자 일정한 집과 직업이 없이 떠돌아 다니는 사람.

부랴부랴 매우 급히 서두르는 모양. 예부랴부랴 짐을 싸다.

부러뜨리다 ①꺾어서 부러지게 하다. 예연필을 부러뜨리다. ②치거나 부딪쳐 부러지게 하다. 예축구를 하다 다리를 부러뜨렸다.

부러움 남이 가진 어떤 좋은 것을 자기도 가지고 싶어하는 마음.

부러워하다 무엇을 보고 샘이 나고 가지고 싶은 마음이 생기다. 예친구의 재능을 부러워하다.

부러지다 꺾이어서 잘라지다. 예나뭇가지가 부러지다.

부:럼 음력 정월 보름날에 까먹는 땅콩·밤·호두·잣 따위.

부럽다(부러우니, 부러워) 그렇게 되고 싶거나 무엇을 가지고 싶은 생각을 갖다. 예공부 잘 하는 형이 부럽다.

부레 물고기의 뱃속에 있어 물고기를 뜨고 잠기게 하는 공기 주머니. 비어표. 부낭.

부려먹다 마구 일을 시키다.

부력 액체나 기체 속에 있는 물체를 위로 떠오르게 하는 힘. 【浮力】

부:록 ①본문에 덧붙인 기록. ②잡지 따위에 덧붙여 발행하는 책자. 본책의 끄트머리에 붙이는 것과 본책과 별도로 따로 붙이는 것이 있음. 예별책 부록. 반본책. 【附錄】

부류 서로 공통되는 성질을 가진 사람들이나 사물들의 무리. 종류.

부르다[1](부르니, 불러서) ①사람을 오라고 소리치다. 예음식을 주문하려고 종업원을 부르다. ②노래를 하다. 예생일 축하 노래를 부르다. ③어떤 결과를 가져오다. 예거짓말은 또 다른 거짓말을 부른다.

부르다[2](부르니, 불러서) ①뱃속이 가득찬 느낌이 있다. 예배가 부르다. ②임신으로 배가 불룩하게 나와 있다.

부르르 춥거나 분하거나 무서워서 몸을 움츠리며 떠는 모양. 예추워서 몸을 부르르 떨다. 〉바르르. 센푸르르.

부르짖다 소리를 높여 자기의 뜻이나 사정을 말하다. 비외치다.

부르트다(부르트니, 부르터서) 살가죽이 들떠 물집이 생기다. 예손발이 부르트다.

부름 일을 맡기려고 부르는 것. 오라고 부르는 것. 예선생님의 부름을 받고 교무실로 갔다.

부름켜 식물의 줄기나 뿌리에서 겉껍질과 목질부 사이에 있는 조직. 세포 분열로 줄기와 뿌리가 굵어짐.

부릅뜨다(부릅떠, 부릅떠서) 보기 사납게 눈을 크게 뜨다.

부리 새나 짐승의 주둥이.

부리나케 몹시 서둘러. 아주 급히. ㉠옷을 입자마자 부리나케 달려갔다.

부리다[1] ①시켜서 일을 하게 하다. ㉠일꾼을 부리다. ②재주나 꾀를 피우다. ㉠곰이 재주를 부리다.

부리다[2] 실었던 짐을 풀어 내려놓다. ㉠이삿짐을 부리다.

부리부리하다 눈망울이 크고 당찬 기운이 있다. ㉠철수는 눈이 부리부리하게 생겼다.

부메랑 목표물을 향하여 던지면 빙글빙글 돌아가면서 날아가 목표물에 맞지 아니하면 되돌아오는 활처럼 굽은 물건. 【boomerang】

부모 아버지와 어머니. 어버이. 비양친. 【父母】

부문 전체를 몇으로 갈라 놓은 부분. ㉠동양화 부문에 입상하다. 비분야. 【部門】

부:반장 한 반에서 반장의 다음 가는 지위와 책임이 있는 학생.

부부 남편과 아내. ㉠신혼 부부. 비내외. 부처. 【夫婦】

부부유별 유교 도덕인 '오륜'의 하나로, '부부 사이에는 엄격히 구별해야 할 도리가 있다'는 말. 【夫婦有別】

부분 전체를 몇 개로 나눈 것의 한 쪽. 반전체. 【部分】

부분 월식 달의 일부분만 보이지 않는 월식.

부분적 전체의 한 부분이 되거나 한 부분에만 관련이 되는것. 반전체적.

부분 집합 어떤 집합에 포함된 원소들만으로 이루어진 집합.

부분품 전체 중의 일부분을 이루는 물건. 부품. 부속품.

부:사령관 군대의 지휘를 맡아 보는 사령부의 두 번째 가는 우두머리.

부산[1]〖지명〗 한반도의 동남쪽에 있는 우리 나라 제일의 항구 도시. 광역시. 【釜山】

부산[2] 여러 가지 일로 어수선하고 바쁜 것. -하다.

부:산물 무엇을 만들 때 주가 되는 생산물에 딸려 함께 생기는 생산물. 반주산물.

부산포 조선 시대때 삼포의 하나. 현재의 부산광역시.

부산하다. ①어수선하고 바쁘다. ㉠부산하게 움직이다. ②시끄럽고 떠들썩하다.

부산항 우리 나라 제일의 항구.

부삽 아궁이나 화로의 재를 치우거나, 불을 담아 옮기는 데 쓰는 도구.

부:상[1] 몸에 상처를 입음. 비상이. -하다. 【負傷】

부상[2] ①밑에서 위로, 또는 물 속에서 물 위로 떠오르는 것. ②어떤 현상이 눈에 띄게 나타나는 것. -하다. 【浮上】

부:상[3] 상장과 함께 주는 상품이나 상금. 【副賞】

부:상당하다 몸을 다쳐서 상처를 입다.

부:상병 부상을 입은 군인. ㉠부상병을 돌보다.

부:상자 다쳐서 상처를 입은 사람.

부상하다 ①밑에서 위로, 또는 물 속에서 물 위로 떠오르다. ㉠잠수함이 물 위로 부상하다. ②어떤 능력이나 특징이 갑자기 두드러져 보이다. ㉠한국은 세계 최대의 반도체 생산국으로 부상하였다.

부서 일을 나누어 맡은 부분. ㉠담당 부서. 【部署】

부서지다 잘게 깨져 흩어지다. ㉠바위가 부서지다. 〉바서지다.

부석부석 살이 약간 부어오른 모양. ㉠잠을 못 자서 얼굴이 부석부석하다. 센뿌석뿌석. -하다.

ㅂ

부석사 신라 문무왕때 의상 대사가 세운 절. 경상 북도 영주시 부석면에 있음. 【浮石寺】

부석사 무량수전 고려 중기에 지은 우리 나라에서 현재 남아 있는 가장 오래된 목조 건물의 하나. 경상 북도 부석사에 있음. 국보 제18호.

부석사 조사당 부석사 무량수전 뒷산에 있는 목조 건축물. 국보 제19호.

부:설[1] 일이나 물건을 어느 것에 딸려서 설치함. ㊀초등 학교 부설 유치원. -하다. 【附設】

부:설[2] 깔아서 설치함. ㊀철도를 부설하다. -하다. 【敷設】

ㅂ

부소산【지명】 충청 남도 부여군의 북쪽에 있는 작은 산. 이 곳에 낙화암·고란사 등의 고적이 남아 있음. 【扶蘇山】

부소산성【지명】 부소산 위에 있던 백제 시대의 성. 사비성.

부:속 일이나 물건 따위가 주되는 것에 딸려 붙음. ㊀의과 대학 부속 병원. 【附屬】

부속 건물 주된 건물에 딸린 건축물.

부:속품 어떤 기계·기구에 딸려 붙은 물건. ㊣부속.

부수[1] 한자 자전에서 글자를 찾는 데 길잡이가 되도록 분류하여 놓은 글자의 요소. ㊀'地'의 부수는 '흙 토(土)'이다. 【部首】

부수[2][부쑤] 책·신문·잡지 따위의 수효. ㊀신문 발행 부수. 【部數】

부수다 여러 조각이 나게 두드려 깨뜨리다. ㊀바위를 부수다. 〉바수다.

부:수입 주가 되는 수입 외에 따로 생기는 수입. 【副收入】

부스러기 잘게 부스러진 찌꺼기. 〉바스라기.

부스러지다 단단한 것이 깨어져 조그만 조각들이 되다.

부스럭 나뭇잎 또는 마른 검불 따위를 밟거나 뒤적일 때 나는 소리. -하다.

부스럭거리다 마른 잎·종이·천 따위가 밟히거나 뒤적여지며 자꾸 부스럭 소리가 나다. ㊇부스럭대다.

부스럼 몸에 생기는 종기.

부스스 천천히 느리게 움직이는 모양. ㊀잠이 깨어 부스스 일어나다. 〉바스스. ×부시시.

부슬부슬 눈이나 비가 가늘고 성기게 내리는 모양. 〉보슬보슬.

부슬비 부슬부슬 내리는 비. 〉보슬비.

부시 부싯돌을 쳐서 불이 일어나게 하는 쇳조각. ㊀부싯돌.

부시다[1] 광선이나 색채가 마주 쏘아 눈이 어리어리하다. ㊀불빛에 눈이 부시다.

부시다[2] 그릇 따위를 물로 깨끗이 씻다. ㊀밥솥을 부시다.

부:식[1] 썩어서 벌레가 먹음. 썩어서 문드러짐. -하다. 【腐蝕】

부:식[2] 주로 먹는 음식에 곁들여 먹는 음식〔반찬 따위〕. ㊇반찬. ㊥주식. 【副食】

부:식질 흙 속에서 식물이 썩으면서 만드는 물질.

부실하다 ①내용이 충실하지 못하거나 실속이 없다. ㊀신축 공사가 부실하다. ②몸이 튼튼하지 못하다. ㊀운동 부족으로 체력이 부실하다.

부싯돌 석영의 한 가지로 부시로 쳐서 불을 일으키는 데 쓰는 돌.

부아 분하거나 성이 나는 마음.

부양 혼자 살아갈 능력이 없는 사람을 먹이고 입힘. ㊀가족들을 부양하다. -하다.

부어오르다 벌레에 물리거나 염증이 생겨 피부가 퉁퉁 부풀다.

부:업 주로 하는 일 외에 겨를을 이용하여 하는 벌이. ㊥본업. 【副業】

부엉이 올빼미과의 새. 깊은 숲속에 살며, 머리 위에 귀 모양의 털이 있고, 짧은 부리는 끝이 꼬부라졌음. 성질이 사나워서 가축을 해치며, 해질녘에 '부엉부엉' 하고 욺. 부엉새.

[부엉이]

부엌 솥을 걸고 불을 때어 음식을 만드는 곳. 취사장. 주방.

부여[1]〖지명〗 충청 남도 부여군의 군청 소재지로 읍. 지난날 백제의 서울이었음. 【扶餘】

부:여[2] 권리나 성질을 가지게 하는 것. ㉠권리 부여. -하다. 【附與】

부여잡다. 휘잡아 쥐다. ㉠두손을 부여잡고 울다.

부:역 예전에 국가가 보수 없이 국민에게 의무적으로 하게 하던 노동. 【賦役】

부엽토 풀·낙엽 등이 썩어서 된 흙. 원예의 비료로 많이 씀.

부:옇다[부여타] 투명하지 않고 연기나 안개가 낀 것처럼 희미하거나 허옇다. >보얗다. ㉡뿌옇다.

부왕 아버지인 임금.

부원 어떤 조직에서 한 부에 속하는 사람. 【部員】

부:원군 고려 조선 시대 왕비의 친아버지나 정일품 공신에게 주던 벼슬 이름. 【府院君】

부:원수 지난날, 군대에서 원수 다음 가는 자리, 또는 그 사람.

부위 몸의 특정한 부분. 【部位】

부:유 재물이 많아서 살림살이가 넉넉함. ㉠집안이 부유하다. 반가난. -하다. 【富裕】

부:음 어떤 사람이 죽었음을 알리는 소식. 비부고. 【訃音】

부응 무엇에 좇아서 응함. -하다.

부:의금 상을 당한 집에 도우려고 주는 돈. 반축의금.

부인[1] 결혼하여 남의 아내가 된 여자. ㉠부인회. 【婦人】

부인[2] '남의 아내'의 높임말. ㉠부인을 동반하다. 【夫人】

부:인[3] 그렇다고 인정하지 아니함. 승인하지 않음. ㉠도둑질한 사실을 부인하다. 비부정. 반시인. 【否認】

부인용 부인들에게 쓰이는 물건. ㉠부인용 우산. 【婦人用】

부:임하다 직책을 맡아서 일할 곳에 가다. ㉠새로 부임하신 교장 선생님.

부자[1] 아버지와 아들. 반모녀. 【父子】

부:자[2] 살림이 넉넉하고 재산이 많은 사람. 비부호. 반가난뱅이. 【富者】

부자연 자연스럽지 못함. 【不自然】

부자유친 유교의 도덕인 '오륜'의 하나로, '아버지와 아들은 서로 친밀하게 사랑해야 한다'는 말. 【父子有親】

부자재 기계유·연료 등과 같이 무엇을 만드는데 보조적으로 소비되는 자재. 【副資材】

부:작용 ①약이 지닌 본래의 약효 이외에 생기는 딴 작용. ②곁들여서 나타나는 나쁜 작용. 【副作用】

부:잣집[부자찝/부잗찝] 재산이 많아 살림이 넉넉한 사람의 집.

부장 부(部)의 우두머리. 부의 책임자. 【部長】

부재자 투표 투표일에 정당한 이유로 투표소에 갈 수 없는 유권자가 우편으로 미리 하는 투표〔군인이나 해외 여행자 등이 많이 함〕.

부재 어떤 곳에 있지 아니한 것. -하다. 【不在】

부:적 민속에서, 못된 귀신을 쫓기 위하여 벽에 붙이거나 몸에 지니고 다니는, 붉은 색으로 이상한 글자나 모양을 그린 종이 조각.

부적당 꼭 들어맞지 아니함. 반적당. -하다. 【不適當】

ㅂ

부적절하다 어떤 일에 잘 들어맞지 않다. ⓔ방송에 부적절한 표현.
부전승 추첨이나 상대편의 기권에 의하여 경기를 하지 않고 이김.
부전자전 아버지의 성격이나 버릇을 아들이 닮는 것. 【父傳子傳】
부정[1] 옳지 않은 행위. ⓔ부정한 방법으로 재산을 모으다. 반정당. -하다. 【不正】
부:정[2] 그렇지 않다고 단정함. ⓔ사실을 부정하다. 반긍정. -하다.【否定】
부정 부패 사회가 윤리적으로 바르지 못하고 타락하는 것.
부:정적 부정할 만한 것. ⓔ미래를 너무 부정적으로 생각하지 말자. 반긍정적. 【否定的】

ㅂ

부정 투표 올바르지 않은 수단과 방법으로 하는 투표.
부정확하다[부정화카다] 정확하지 않다. ⓔ발음이 부정확하다.
부조[1] 둘레를 파내고 필요한 부분만을 도드라지게 새긴 조각. 돋을 새김. 【浮彫】
부조[2] ①잔칫집이나 상가에 물건이나 돈을 보내는 것, 또는 그러한 물건이나 돈. ②남을 경제적으로 도와주는 것. -하다. ×부주. 【扶助】
부조리 이치에 맞지 않는 일, 또는 조리에 안 맞음. ⓔ부조리를 추방하자. 반조리. 【不條理】
부:조정실 방송실에서 나오는 방송을 1차로 받아서 고르게 조정하는 방.
부족[1] ①어떤 표준이나 한도에 모자람. 넉넉하지 못함. ⓔ인원이 부족되다. ②마음에 차지 못함. 반풍족. 만족. -하다. 【不足】
부족[2] 원시 사회에서, 한 지역에서 생활하면서 같은 언어와 문화를 가진 공동체. ⓔ부족 국가. 【部族】
부족 국가 원시 사회에 있던 부족이 점점 커져 나라의 모습을 갖춘 원시적 국가. 씨족과 민족의 중간 형태〔원시 사회로부터 고대 통일 국가로 되기까지의 국가 형태임〕.
부족 사회 같은 언어와 종교를 갖는 원시적 집단이 이루던 사회. 씨족과 민족의 중간 형태의 집단으로, 같은 지역에 사는 씨족들로써 이루어졌음.
부주의 주의하지 아니함. ⓔ운전 부주의. -하다.
부지 큰 건물을 짓거나 길을 내거나 특별한 시설을 만드는 데 쓰이는 땅. ⓔ공원 부지.
부지기수 셀 수 없을 만큼 많음. ⓔ폭설로 지각한 사람이 부지기수였다.
부지깽이 아궁이에 불을 땔 때, 불을 다루는 데 쓰는 나무 막대기.
부지런하다 놀지 아니하고 하는 일을 꾸준히 하다. ⓔ부지런히 일하다. 반게으르다. 〉바지런하다.
부지런히 게으르지 않고 열심히 꾸준하게. ⓔ부지런히 일하다. 비급히. 바삐.
부직포 섬유를 실로 짜지 않고 열과 압력을 가하여 천 모양으로 만든 것.
부진 어떤 일이 활발하게 되어 나가지 못하는 것. ⓔ학업 성적이 부진하다. -하다.
부질없다[부지럽따] 쓸데없고 공연하다. ⓔ부질없는 장난으로 시간만 낭비하다. **부질없이**.
부쩍 어떤 사물이나 현상이 갑자기 늘거나 주는 모양. ⓔ강물이 부쩍 불었다.
부:착하다[부차카다] 들러붙어서 떨어지지 않게 하다.
부창부수 '남편이 주장하고 아내가 따른다'는 뜻으로, 부부가 서로 화합함을 이르는 말. 【夫唱婦隨】
부:채[1] 남에게 진 빚. 【負債】

부채[2] 손으로 움직여 바람을 일으키는 물건.

[부채[2]]

부채꼴 한 원에서 두 반지름과 그에 대한 원의 한 부분으로 된 부채 모양의 도형.

부채질 ①부채를 부치는 일. ②어떤 안 좋은 상황을 더 심각하게 만드는 것. ㉠불난 집에 부채질하다. -하다.

부채춤 무늬가 아름다운 부채를 들고 추는 한국 전통의 춤.

부챗살[부채쌀] 부채의 뼈대를 이루는 여러 개의 작은 대쪽.

부처[1] ①불교를 일으킨 석가모니. ②불교에서, 큰 도를 깨달은 성인. ③불상. 비불타.

부처[2] 남편과 아내. 예대통령 부처. 비내외. 부부. 【夫妻】

부처님 불교를 처음 일으킨 석가모니를 높여서 부르는 말.

부처님 오신날 부처가 탄생한 날. 불교의 교조인 석가모니가 탄생한 날로 음력 4월 8일.

부:추 잎이 가늘고 길며 독특한 냄새와 맛이 있는 채소.

부:추기다 어떤 일을 하도록 자꾸 조르고 권하다. 예싸움을 하도록 자꾸 부추기다.

부:축 옆에서 겨드랑이나 팔을 잡아 도와 주는 일. -하다.

부츠 목이 긴 구두. 【boots】

부치다[1] 편지나 물건 등을 보내다. 예편지를 부치다.

부치다[2] 힘이 모자라다. 예힘에 부치는 일.

부치다[3] 프라이 팬 따위에 기름을 두르고 밀가루 반죽 따위를 넓적하게 펴가며 지져 만들다. 예파전을 부치다.

부치다[4] 부채를 흔들어 바람을 일으키다. 예부채를 부치다.

부친 아버지. 반모친. 【父親】

부침개 빈대떡·전병 따위로 기름에 부치는 음식을 통틀어 이르는 말. 비지짐이.

부:탁 무슨 일을 해 달라고 당부함. 비당부. 청탁. -하다.

부탄 가스 주로 쇠통에 압축하여 넣어서 연료나 화학 공업의 원료로 쓰는 빛깔이 없는 기체. 【butane gas】

부터 시작의 뜻을 나타내는 말. 예처음부터 끝까지. 반까지.

부판 수영 연습을 할 때, 몸을 잘 뜨게 하기 위해 이용하는 가벼운 판. 【浮板】

부:패 ①썩어서 쓸모가 없게 됨. ②바르지 못함. 예부패한 사회를 바로잡다. -되다. -하다.

부페 '뷔페'의 잘못.

부:표 반대의 뜻을 나타내는 표. 반가표. 찬표. 【否票】

부풀다(부푸니, 부푸오) ①종이나 피륙의 거죽에 부푸러기가 일어나다. 〉보풀다. ②살가죽이 붓거나 부르터 오르다. ③마음이 흐뭇하여지다. 예희망에 부풀어 있다. ④물건의 부피가 커지다. 예빵이 부풀다.

부풀리다 부풀게 하다. 예풍선을 불어 크게 부풀렸다.

부풀어오르다[부푸러오르다] 무엇의 부피가 점점 커지다. 예빵이 부풀어오르다.

부품 ⇨부분품. 【部品】

부피 물건이 공간 속에서 차지하는 크기. 예부피가 큰 물건. 비체적.

부하 남의 밑에 딸리어 그의 명령에 따라 움직이는 사람. 비휘하. 반상관. 【部下】

부:합 둘 이상의 것이 서로 꼭 들어맞음. 일치. 예서로의 뜻이 부합되다. -하다. 【符合】

부형 ①아버지와 형. ②학교에서 '학생의 보호자'를 두루 이르는 말.

부호[1] 어떤 뜻을 나타내는 기호. 글자 외에 일정한 뜻을 나타내기 위하여 정한 표. [예]발음 부호. [비]기호. 【符號】

부:호[2] 재산이 많고 세력이 있는 사람. [비]부자. 【富豪】

부화 집짐승의 알이나 물고기의 알을 인공적으로 까게 함. 알까기. [예]병아리를 부화시키다. [비]부란. -하다.

부화기 달걀을 인공적으로 부화시키는데 쓰는 기구. 【孵化器】

부화장 알을 인공적으로 깨게 하는 곳. 【孵化場】

부:활 ①죽었다가 다시 되살아남. 소생. ②쇠하였다가 다시 일어남. [비]부흥. -하다. 【復活】

ㅂ

부:활절 기독교에서, 예수의 부활을 기념하는 날, 또는 그 전후의 기간.

부:흥 사회적으로 약하게 되었던 것이 전처럼 다시 힘이 생기는 것. -되다. -하다. 【復興】

북[1] 타악기의 하나. 나무로 둥글게 통을 만들고 그 양쪽을 가죽으로 팽팽하게 막아, 두들기면 소리가 나게 된 악기.

북[2] 베틀에 딸린 기구의 하나. 씨실의 꾸리를 넣는 나무통.

북[3] 북쪽. [반]남. 【北】

북[4] 헝겊이나 종이 따위를 갑자기 길게 찢는 모양이나 소리. [예]달력 한 장을 북 찢어 내었다.

북간도【지명】 두만강 건너편에 있는 지역으로 지금의 중국 질린성 동부. 우리 나라 사람들이 일본의 압박을 피하여 많이 가서 살았던 곳으로, 독립 운동의 본거지가 되었음. 【北間道】

북경【지명】 중국의 '베이징'을 우리 나라 한자음으로 읽은 이름. 천안문·공자묘 등의 명승 고적이 많으며, 현재 중국의 수도임. 【北京】

북괴 이전말로 '북한'을 욕하여 이르는 말. 【北傀】

북극 ①지구의 가장 북쪽에 위치한 아주 추운 곳. ②나침반이 가리키는 북쪽의 끝. [반]남극.

북극성[북끅성] 북쪽 하늘에 위치한 별. 작은곰자리의 별로 위치가 거의 변하지 않기 때문에 방향을 아는 데 쓰임. 【北極星】

북극 지방 지구의 북쪽 끝 지방. 대체로 북위 66° 33′ 이북의 지방. [반]남극 지방.

북극해[북끄캐] '북빙양'을 달리 이르는 말. 【北極海】

북녘[붕녁] 북쪽 방면. [예]북녘 지방. [비]북쪽. [반]남녘.

북단 북쪽 끝. [반]남단. 【北端】

북대서양 조약 기구 북대서양에 닿아 있는 서유럽 국가들과 미국 및 캐나다가 1949년 당시 소련과 동유럽의 군사적 위협에 대항하기 위하여 만든 집단 군사 조직체. 본부는 벨기에의 브뤼셀에 있음. 약칭은 나토(NATO).

북더기 짚이나 풀 따위의 엉클어진 뭉텅이.

북돋우다[북또두다] ①식물의 뿌리 부근에 흙을 모아 덮어 주다. ②용기를 일으켜 주다. [예]용기를 북돋우다. [준]북돋다.

북동 구(9)성 고려 시대(1107년)에 윤관이 별무관을 이끌고 함흥 평야의 여진족을 내몰고 아홉 곳에 쌓은 성.

북동 육(6)진 조선 세종 때 김종서가 함경도 지방의 여진족을 몰라내고 설치한 국방상으로 중요한 여섯 곳.

북동부 어떤 지역의 북쪽과 동쪽의 중간 부분. 【北東部】

북동쪽 북쪽과 동쪽의 중간 방향. 동북쪽.

북두칠성[북두칠썽] 북쪽 하늘에 국자 모양으로 늘어선 7개의 별. 둘레의 여러 별들과 함께 큰곰 자리를 이름. ㊜북두. 북두성.

북만주〖지명〗 만주의 북부 지방.

북망산〖지명〗 ①중국 하남성 낙양의 북쪽에 있는 작은 산. ②무덤이 많은 곳, 또는 죽어 묻히는 곳을 이르는 말. 【北邙山】

북미[붕미] 북아메리카 대륙을 달리 이르는 말. 【北美】

북반구 적도를 중심으로 지구를 2등분했을 때 적도 이북 부분. ㊥남반구. 【北半球】

북받치다 ①밑에서 솟아오르다. ②생각이 치밀어 오르다. ㊗설움에 북받쳐 흐느껴 울다. 〉복받치다.

북방 ①북쪽. 북녘. ②북한・러시아 등 북쪽에 위치한 나라. 예전에는 공산주의・사회주의 국가를 가리켰음. ㊗북방 외교. ㊥남방. 【北方】

북벌 북쪽의 나라를 토벌하는 일. ㊝북정. －하다. 【北伐】

북벌 계획 조선 때 병자호란의 치욕을 씻고자 효종이 청나라를 치려고 했던 계획.

북부 어떤 지역의 북쪽 부분. ㊥남부. 【北部】

북부형 북부에서 쓰이는 형태.

북빙양[북삥냥] 세계 5대양의 하나. 북극을 중심으로 북아메리카・유럽 및 아시아 대륙에 둘러싸여 있음. 여름에만 잠시 녹고 거의 항상 얼어 있음. '북극해' 라고도 함. 【北氷洋】

북상 북쪽으로 올라감. ㊗태풍이 북상하다. －하다. 【北上】

북새통 여러 사람이 한 곳에 모여서 부산하게 움직이며 떠듦.

북서부 어떤 지역의 북쪽과 서쪽의 중간 부분. 【北西部】

북서쪽 북쪽과 서쪽의 중간 방향. 서북쪽.

북서 사(4)군 조선 세종 때 북서 방면의 여진족을 막기 위하여 압록강 상류 지방에 설치한 국방상의 요지 네 곳.

북서풍 북서쪽에서 불어오는 바람. 서북풍. 【北西風】

북송 북쪽으로 보냄. ㊗북송 교포. －하다. 【北送】

북실 피륙을 가로 건너 짜는 실. ㊝씨실. ㊥날실.

북아메리카 세계 6대륙의 하나. 파나마 지협의 북쪽에 있으며, 멕시코・미국・캐나다・그린란드 따위가 속한 대륙. 줄여서 '북미' 라고도 함. 【北America】

북악산〖지명〗 서울 북쪽에 있는 산. 인왕산・북한산・낙산・남산 등과 함께 서울을 둘러싸고 있음. 백악산. 【北岳山】

북어[부거] 말린 명태. ㊗북어 조림.

북위[부귀] 적도에서 북쪽으로 잰 위도. ㊗북위 38°. ㊥남위.

북유럽 스칸디나비아 반도를 중심으로 한 유럽의 북부 지역. 덴마크・노르웨이・스웨덴・핀란드・아이슬란드 따위가 여기 속해 있음. 【北Europe】

북적거리다 많은 사람이 좁은 곳에서 수선스럽게 뒤끓다. ㊝북적대다. 〉복작거리다.

북진 북쪽으로 나아감. ㊥남진. －하다. 【北進】

북쪽 북의 지역, 또는 그 방향. 해가 돋는 동쪽을 향하여 왼쪽. ㊝북녘. 북방. ㊥남쪽.

북채 북을 쳐서 울리는 자그마한 방망이.

북청 사자놀이 함경 남도 북청군 일대에서 정월 대보름경에 행하는 민속 놀이. 잡귀를 물리친다 하여 사자 모양을 꾸미어 집집마다 다니며 춤을 춤. 무형 문화재 제15호.

[북청 사자놀이]

북태평양 태평양의 적도 북쪽의 바다.
북풍 북쪽에서 불어 오는 바람. 비삭풍. 반남풍. 【北風】
북한[부칸] 6·25 전쟁 이후 휴전선 이북의 지방. 반남한. 【北韓】
북한강 강원도 금강산 부근에서 시작하여 춘천시의 의암호에서 소양강과 만나는 강. 【北漢江】
북한산〖지명〗 경기도 고양군 신도읍에 있는 산. 백운봉·인수봉·만경봉의 세 봉우리가 있어 '삼각산'이라고도 하며 산성이 있음. 높이 836m. 【北漢山】
북한산성 북한산에 쌓아 만든 산성. 백제의 도읍지였던 위례성을 지키는 북쪽의 성으로 지어졌음. 사적 제162호. 【北漢山城】
북한산 신라 진흥왕 순수비 신라 진흥왕이 북한산을 순행한 것을 기념하기 위하여 비봉에 세운 비석. 국보. 제3호.
북해[부캐] ①영국의 동해안과 유럽 대륙과의 사이에 있는 바다. 청어·대구가 많이 남. ②북쪽에 있는 바다. 【北海】
북향[부컁] 북쪽을 향함. 반남향.
분[1] ①사람을 높이는 뜻으로 쓰는 말. ②사람의 수를 셀 때에 쓰는 말. 예한 분, 두 분.
분[2] ①가루. ②얼굴에 바르는 백분. 예분을 바른 얼굴. 【粉】
분:[3] 억울한 일을 당하였을 때 마음속에 치미는 노여움. 예분을 참지 못함. 【憤】
분[4] 1시간의 60분의 1인 시간. 예오전 9시 30분. 【分】
분가 가족의 일부가 딴 살림을 차림. 예결혼한 아들을 분가시키다. -하다. 【分家】
분간 사물의 좋고 나쁨, 크고 작음, 옳고 그름 등을 가려내는 것. 예진짜와 가짜를 분간하다. 비분별. -하다. 【分揀】
분갈이[분가리] 화분에 심은 식물을 다른 화분에 옮겨 심는 일. -하다.
분:개 매우 분하게 여김. 몹시 화를 냄. -하다. 【憤慨】
분계 나뉘어진 두 땅의 경계. 예군사분계선. 【分界】
분교 본교에 다니기가 불편하고 멀어서 따로 세운 학교. 반본교.
분권[분꿘] 권리나 권력을 나눔. 반집권. -하다. 【分權】
분규 의견과 주장이 달라서 일이 뒤얽혀 말썽이 많고 시끄러움. 예노사 분규. 【紛糾】
분기점 몇 갈래로 갈라지기 시작한 지점. 예경부선과 호남선의 분기점은 대전이다. 【分岐點】
분꽃 여름부터 가을까지 나팔 모양의 꽃이 피는 한해살이 화초.
분납 몇 차례로 나누어서 냄. 예세금을 분납하다. 【分納】
분:노 분하게 여기어 몹시 성을 냄. 반희열. -하다.
분뇨 사람과 집짐승의 똥과 오줌.
분단[1] 한 반의 학생을 몇으로 나눈 그 하나. 예분단별로 실험 관찰을 하다. -하다. 【分團】
분단[2] 여러 개로 나누어 끊음. 동강이 나게 자름. 예남북으로 분단된 우리 국토. -하다. 【分斷】
분담 일을 나누어서 맡음. 예업무를 분담하다. -하다.
분대 군대 조직 단위의 한 가지. 소대 아래의 단위로 가장 작은 부대.
분도기 '각도기'의 예전의 이름.
분동 접시 저울에서 재는 기구. 물건의 무게를 달때에 접시 위에 올려놓는 추. 【分銅】
분란[불란] 어수선하고 떠들썩함. 예집안에 분란을 일으키다.

분:량[불량] 부피·수효·무게 따위가 많고 적음과 크고 작은 정도. ㊜양. 【分量】

분류[불류] 여럿 중에서 같은 성질을 가진 것끼리 갈라 놓는 것. ㉢동물과 식물을 분류하다. -하다.【分類】

분리[불리] 갈라서 떼어 놓음. 서로 나누어 떨어짐. ㉢전염병 환자를 분리시키다. -하다.

분리대 교통 안전을 위해 차도를 가는 길과 오는 길로 나누는 경계선에 이어서 세운 물건.

분리 수거 쓰레기를 종류에 따라 모아서 거두어 가는 것. ㉢쓰레기 분리 수거.

분립[불립] 서로 갈라져서 따로 섬, 또는 갈라서 세움. ㉢삼권 분립. -되다. -하다. 【分立】

분만 아이를 낳음. ㉢자연 분만. ㉥출산. 해산. -하다. 【分娩】

분말 가루. ㉢감자 분말. 【粉末】

분명 ①흐리지 않고 또렷함. ㉢말을 분명하게 하다. ②그렇게 될 것이 뻔함. ㉢이번에는 우리팀이 승리할 것이 분명하다. ㉤불분명. -하다. -히. 【分明】

분모 분수에서 가로 선분의 아래 쪽에 있는 수. <보기> 1/2, 1/3에서 2, 3과 같은 수. ㉤분자.

분:무기 물이나 약품을 안개처럼 내뿜는 기구. ㉥스프레이.

분:발 가라앉았던 마음과 힘을 단단히 일으킴. 마음을 단단히 먹고 기운을 냄. ㉢우승을 목표로 분발하여 연습하다. -하다.

분방 보통의 규칙에 따르지 않고 제멋대로 임. ㉢자유분방하다. -하다. 【奔放】

분배 몫몫이 고르게 나눔. ㉢이익을 고르게 분배하다. -하다. 【分配】

분별 가려서 알아냄. ㉢옳고 그름을 분별하다. ㉥식별. -하다. 【分別】

분:부 아랫사람에게 명령을 내림, 또는 그 명령. -하다.

분분하다 여러 사람의 의견이 일치하지 않고 서로 다르다.

분비 세포가 생명을 유지하는데 필요한 물질을 만들어 세포 밖으로 내보내는 현상. -되다. 【分泌】

분비물 분비선으로 부터 분비되어 나온 물질〔침·위액·땀 등〕.

분산 갈라져서 이리저리 흩어짐. ㉤집중. -되다. -하다.

분석 어떤 일이나 현상을 이루고 있는 하나하나의 요소를 따져서 가려냄. ㉢병의 원인을 분석하다. -되다. -하다. 【分析】

분쇄 ①가루처럼 잘게 부스러뜨림. ㉢바위를 분쇄하다. ②적을 쳐부숨. -하다.

분수[1][분쑤] 어떤 정수를 여러 개로 등분하여 분자와 분모로 나타낸 수. <보기> 1을 2등분한 하나를 1/2, 3등분한 하나를 1/3과 같이 나타냄. ㉤정수. 【分數】

분:수[2] ①제 몸에 알맞은 한도. ㉢분수에 알맞은 생활. ②사물을 분별하는 지혜. 【分數】

분:수[3] 물을 뿜어 내는 설비, 또는 그 물. 【噴水】

분:수대 구경거리로 물줄기를 내뿜어 올리는 장치가 놓인 시설.

분수령 양쪽으로 갈라져 흐르는 물의 경계가 되는 산, 또는 산맥.

분식 가루 음식, 또는 가루 음식을 먹음. ㉢쌀을 절약하기 위해 분식을 하다. -하다.

분신 어떤 본체에서 갈라져 나간 부분. 【分身】

분실 잃어버림. ㉢책을 분실하다. ㉤습득. -하다. 【紛失】

분실물 잃어버린 물건. 【紛失物】

분야[부냐] 어떤 일의 한 부분이나 범위. ㉢국문학 분야. ㉥영역.

ㅂ

분양[부냥] 큰 덩이를 갈라서 여럿에게 넘겨 줌. [예]아파트를 분양하다. -하다.

분업[부넙] 한 가지 제품을 만드는데 여러 사람이 나누어서 하는 대량생산. [반]협업. -하다.

분업화 분업 형태로 되어 감.

분:연 크게 힘을 내는 모양. [예]조국의 독립을 위해 분연히 일어선 겨레. -히. 【奮然】

분열 ①찢어져 갈라짐. ②단체나 집단이 여러 갈래로 나뉨. [예]나라가 사색 당파로 분열되다. ③생물이 나뉘어 번식함. [예]세포 분열. [반]통일. -하다. 【分裂】

분위기[부뉘기] ①지구를 싸고 있는 공간. ②주위의 환경이나 느낌. [예]분위기가 냉랭하다.

분유[부뉴] 우유에서 물기를 증발시키고 가루 모양으로 만든 것. [비]가루우유. 【粉乳】

분자 ①분수에서 가로 선분의 위쪽에 있는 수. <보기> 2/3, 3/4에서 2, 3과 같은 수. [반]분모. ②물질을 이루고 있는 가장 작은 알갱이. [예]물의 분자. ③모임을 이루고 있는 각각의 구성원. [예]반동 분자. 열성 분자. 【分子】

분자 운동 물질을 이루는 분자가 운동 에너지를 가지고 움직이는 것. 【分子運動】

분장 몸을 매만져 꾸밈. -하다.

분장사 배우를 등장 인물에 알맞게 꾸며 주는 일을 맡아 하는 사람.

분재 화분에 심어서 줄기와 가지를 멋있게 다듬거나 꼴을 바꾸어 가꾼 나무. 【盆栽】

분쟁 말썽을 일으키어 시끄럽게 다툼. [예]종교 분쟁으로 두 나라가 싸우다. -하다. 【紛爭】

분:전 있는 힘을 다하여 싸움. [비]분투. -하다. 【奮戰】

분점 중심이 되는 가게에서 갈라져 나와 다른 곳에 차린, 같은 이름의 가게. [반]본점. 【分店】

분주 아주 바쁨. [예]분주한 나날을 보내다. [비]분망. [반]한가. -하다. -스럽다. -히. 【奔走】

분지 산이나 고원으로 둘러싸인 평평한 지역. 【盆地】

분지르다 무엇을 부러뜨리다. [비]부러뜨리다.

분진 공기 중에 섞인, 돌이 부서져 생긴 가루와 먼지.

분청 사기 조선 초기의 자기. 고려청자를 발전시켜 계승한 것으로 회청색 또는 회황색의 평민적인 형태미를 지니고 있음.

분:출 내뿜음. 뿜어 냄 [예]가스가 분출하다. -하다. 【噴出】

분침 시계의 분을 가르키는 긴 바늘. 장침. 【分針】

분:통 분하여 마음이 쓰리고 아픔. -하다. 【憤痛】

분:투 ①있는 힘을 다하여 싸움. ②힘껏 노력함. [예]승리를 위하여 끝까지 분투하다. -하다.

분:패 이길 수 있는 것을 분하게 짐. -하다. 【憤敗】

분포 ①여러 곳으로 퍼져 있음. ②널리 퍼뜨림. ③퍼져 있는 상태. -하다. 【分布】

분포도 분포된 상태를 나타내는 도표. 【分布圖】

분:풀이[분푸리] 분하고 원통한 마음을 풀어 버리는 일. -하다.

분필 탄산 석회나 구운 석고로 만든, 칠판에 글씨를 쓰는 물건. [비]백묵.

분:하다 ①억울한 일을 당하여 마음이 언짢다. ②될 듯한 일이 되지 않아 섭섭하고 아깝다. [예]다 이긴 경기를 패하여 분하다.

분할 나누어서 쪼갬. [예]재산 분할. ×분활. -되다. -하다.

ㅂ

분해 한 덩이를 이루고 있는 것을 그 구성 요소로 나눔. ㉠기계를 분해하다. ㉥합성. -되다. -하다.
분해자 죽은 생물체를 물이나 거름·기체 등으로 분해하여 물이나 흙·대기 중으로 되돌리는 역할을 하는 생물〔곰팡이·세균 등〕.
분향 부처 또는 죽은 이를 위하여 향을 불에 피움. 소향.
분:홍 엷고 붉은 고운 빛깔. ㉠분홍 치마. ㉡분홍색.
분화 본래 하나이던 것이 여러 갈래로 나누어지는 것. -되다. -하다. 【分化】
분:화구 ①화산이 불을 내뿜는 구멍. ②달 표면에 화산의 화구와 같은 모양을 이루고 있는 것.
분황사 경상 북도 경주에 있는 절. 신라 선덕 여왕 3년에 세웠으며, 원효가 도를 닦은 유명한 절임.
분황사 석탑 신라 선덕 여왕 때 경상 북도 경주시 분황사에 세운 탑. 현재 일부만 남아 있음.
붇:다(불으니, 불어서) ①물에 젖어서 부피가 커지고 겉이 무르게 되다. ㉠라면이 불어서 맛이 없다. ②수효가 많아지다. ㉠폭우로 강물이 순식간에 불었다.
불 ①물질이 열이나 빛을 내면서 타는 현상, 또는 그때 생기는 열. 빛. 불꽃. ②어둠을 밝히는 빛. 광명. ㉠불을 밝히다. ③화재. ㉠산에 큰 불이 나다.
불가 옳지 않거나 할 수 없음. ㉠미성년자 입장 불가. -하다. 【不可】
불가결 없어서는 아니 됨. 없어서는 안될 것. 【不可缺】
불가능 할 수 없음. ㉠현대 과학으로도 불가능한 일. ㉢불능. ㉥가능. -하다. 【不可能】
불가마 자기나 질그릇을 구워 만드는 가마.
불가리아〖나라〗 유럽 발칸 반도 동부에 있는 공화국. 수도는 소피아. 【Bulgaria】
불가분 나누려고 해도 도저히 나눌 수가 없음. ㉠언어와 사고는 서로 불가분의 관계에 있다.
불가불 해서는 안되겠으나 할 수 없이. ㉠불가불 그 일을 하게 되었다. ㉢부득불.
불가사리 몸이 다섯 가닥으로 되어 있어 별 모양으로 생긴, 바다에 사는 동물.

[불가사리]

불가사의 인간의 생각으로는 미루어 헤아릴 수 없을 만큼 이상하고 야릇함, 또는 그 일. ㉠세계 7대 불가사의. -하다. 【不可思議】
불가침 침범할 수 없음. ㉠상호 불가침 조약. 【不可侵】
불가피 피할 수 없음. 반드시 있기 마련임. ㉠불가피한 사정으로 회의에 불참하다. -하다. 【不可避】
불가항력 인간의 힘으로는 어찌할 수 없는 힘. 【不可抗力】
불간섭 일에 간섭하지 아니함. ㉥간섭. -하다.
불거지다 ①속에 든 물건이 거죽으로 툭 튀어나오다. ②어떤 일이 갑자기 드러나거나 커지다.
불건전 건전하지 못함. ㉥건전. -하다. 【不健全】
불결 깨끗하지 못함. 아주 더러움. ㉥청결. -하다. -히.
불경 부처의 설법을 적어 놓은 책. 불교의 경전. 【佛經】
불경기 여러 가지 이유로 경제 형편이 좋지 않은 상태. 불황. ㉠불경기라 회사 사정이 어렵다. ㉢불황. ㉥호경기. 【不景氣】
불경스럽다 보기에 존경하는 마음이나 예의가 없다.

ㅂ

불고기 쇠고기의 살코기를 얇게 저며서 양념을 하여 불에 구운 음식.

불공 부처 앞에 공양하는 일. ㉥불공을 드리러 절에 가다. 비불향. -하다. 【佛供】

불공정 공정하지 않음. ㉥오늘 시합은 불공정한 심판 때문에 졌다.

불공평 공평하지 않음. ㉥대우가 매우 불공평하다. -하다. 【不公平】

불과 어떠한 수량을 나타내는 말 위에 붙어서, 그 수량에 지나지 못함을 가리키는 말. ㉥불과 10여명 정도. -하다. 【不過】

불교 세계 3대 종교의 하나. 약 2,500년 전 인도에서 석가모니가 일으킨 종교. 우리 나라에는 4세기를 전후한 삼국 시대에 중국에서 들어와 문화 발달에 많은 영향을 끼쳤음. 【佛教】

불구자 몸의 어느 부분이 온전하지 못한 사람. 모양을 제대로 갖추지 못한 사람. 【不具者】

불구하고 '-에도 -는데도'의 다음에 붙어 앞의 말뜻을 뒤집어 뒷말에 이어 주는 말. ㉥험한 날씨에도 불구하고 계획대로 여행을 떠났다.

불국사 경상 북도 경주시 남쪽 토함산 기슭에 자리잡은 절. 신라 법흥왕 때(528) 처음 지었고, 경덕왕 때(751) 김대성이 다시 고쳐 지음. 임진왜란 때 불탔으나, 조선 영조 때 다시 지어 대웅전과 극락전이 남아 있고, 최근에 옛 모습대로 복원되었음. 【佛國寺】

[불국사]

불굴 어떤 위험이나 고난이 있어도 굽히지 아니함. ㉥불굴의 정신으로 북극을 탐험하다. 【不屈】

불귀 한 번 가면 다시 돌아오지 않는다는 뜻으로, 죽음을 말함.

불규칙 ①규칙이 서지 않음. ㉥불규칙한 생활. ②일정하지 않음. ㉥맥박이 불규칙적이다. 반규칙. -하다. 【不規則】

불균등 차별이 있고 고르지 아니함. ㉥불균등한 대우. 반균등. -하다.

불균형 균형이 잡히지 않음. ㉥한 반의 남녀의 수가 불균형을 이루다. 반균형. -하다.

불그레하다 조금 곱게 불그스름하다. ㉥볼이 불그레하다. 〉볼그레하다.

불그스름하다 조금 붉다. ㉥저녁놀이 불그스름하다. 준불그름하다. 〉볼그스름하다. 센뿔그스름하다. 불그스름히.

불그죽죽하다[불그죽쭈카다] 빛깔이 고르지 못하여 칙칙하고 불그스름하다.

불기[불끼] 불을 때서 생기는 따뜻한 기운. ㉥방에 불기가 없어 춥다. 비화기.

불기둥[불끼둥] 기둥 모양으로 높이 솟는 불길.

불길[1] 재수나 운수가 좋지 않음. 좋지 아니한 일이 있음. ㉥불길한 예감이 들다. -하다.

불길[2][불낄] ①활활 타오르는 불꽃. ㉥불길이 사방으로 번지다. ②'세차게 타오르는 감정이나 정열'을 비유하는 말. ㉥3·1운동의 불길이 방방곡곡으로 번졌다.

불꽃[불꼳] ①쇠붙이나 돌 같은 것이 서로 부딪칠 때 일어나는 불빛. ②기체가 타고 있는 것.

불꽃놀이[불꼰노리] 밤 하늘에 화포를 쏘아올려 불꽃이 일어나게 하는 놀이. 주로 경축이나 기념 행사 때에 함.

불꽃심[불꼳심] 불꽃 중심의 어두운

부분. 기체로 변한 물질이 몰려 있는 상태임.

불끈 ①흥분하여 갑자기 화를 내는 모양. >발끈. ②주먹을 꽉 쥐는 모양. ③위로 갑자기 치밀거나 솟아오르는 모양. ㉵해가 산 위로 불끈 솟아올랐다.

불끈불끈 물체가 두드러지게 자꾸 치밀거나 솟아오르거나 떠오르는 모양.

불능 ①능력이 없음. ②할 수 없음. ㉵조작 불능. ㉥불가능. 【不能】

불:다[1](부니, 부오) ①바람이 일어나다. ②관악기를 연주하다. ㉵나팔을 불다.

불:다[2](부니, 부오) 자기의 죄를 자백하다. ㉵범행 사실을 불다.

불당[불땅] 부처를 모셔 놓은 대청. ㉥불전. 【佛堂】

불덩이 숯이나 석탄 따위의 불이 타고 있는 덩이. ㉥불덩어리.

불도[불또] 불교를 가르침. ㉵절에서 불도를 닦다. 【佛道】

불도그 머리가 크고 넓적하며 양쪽 볼이 쳐지고 어금니가 나와 사나워 보이나 온순한 영국산 개. ×불독.

불도저 흙을 밀어 내어 땅을 고르고 평평하게 하는 토목공사용 기계. 트랙터 앞머리에 큰 철판이 달려 있음. 【bulldozer】

불똥 ①심지의 끝이 다 타서 된 숯불, 또는 그 숯. ②불이 타는 데서 튀어 나온 썩 작은 불덩이.

불똥이 튀다 사건이나 말썽이 전혀 관계가 없는 사람에게 번져 곤란하게 되다.

불량 ①착하지 못하고 행실이 나쁨. ㉵불량 청소년. ㉶선량. ②품질이나 상태가 좋지 않은 것. ㉵불량 만화. -하다. 【不良】

불량배 나쁜 행동을 일삼는 사람, 또는 그런 무리. ㉥깡패. 【不良輩】

불량품 품질이 좋지 않은 물건.

불러내다 불러서 나오게 하다. ㉵전화로 친구를 불러내다.

불러들이다 불러서 들어오게 하다. ㉵엄마는 공부하라고 나를 불러들였다.

불러모으다 불러서 모이게 하다. ㉵회의를 하기 위해 가족들을 불러모으다.

불러오다 불러서 오게 하다. ㉵의사를 불러오다.

불러일으키다 어떤 상태·행동·감정을 일어나게 하다. ㉵아군의 사기를 불러일으키다.

불로 늙지 아니함. ㉵불로 장생하는 약. 【不老】

불로 소득 힘들여 일하지 않고 거저 얻은 소득. 【不勞所得】

불로초 먹으면 늙지 않는다는 신령스런 약초. 【不老草】

불룩하다[불루카다] 부푼 듯이 겉으로 쑥 내밀려 있거나 두드러져 나와 있다. ㉵배가 불룩하다. >볼록하다. ㉦뿔룩하다.

불륜 올바르지 못한 남녀의 관계.【不倫】

불리 이롭지 못함. 해로움. ㉵불리한 조건. ㉶유리. -하다.

불리다[1] ①물건을 물 속에 담가서 불게 하다. ㉵떡을 하기 위해 쌀을 물에 불리다. ②재물을 많아지게 하다. ㉵주식을 사서 돈을 불리다.

불리다[2] ①노래가 불려지다. ㉵어린이들 사이에서도 동요보다 가요가 많이 불린다. ②남에게 부름을 받다. ㉵선생님께 불려 나왔다. ③이름이 붙여지다. ㉵동양의 진주로 불리는 홍콩. ×불리우다.

불만 마음에 차지 않거나 마땅하지 않음. ㉥불평. ㉶만족. ㉧불만족. -스럽다. -하다. -히.

불망 잊지 아니함. ㉵오매 불망. -하다. 【不忘】

ㅂ

불매 어떤 상품을 사지 않는 것. ㉠미국 제품 불매 운동. 【不買】

불면 잠을 자지 아니함. 잠을 못잠. ㉠불면에 시달리다. 【不眠】

불면증 밤에 잠을 자지 못하는 상태가 오래도록 계속되는 증세.

불멸 사라지지 않음. ㉠영원 불멸의 업적. -하다. 【不滅】

불명 분명하지 않음. ㉠행방 불명. ㉡불분명. -하다. 【不明】

불명예 명예스럽지 못함. 반명예. -스럽다. -하다.

불모 땅이 메말라 식물이나 농작물이 자라지 않음. 또는 그런 땅. ㉠불모의 사막. 【不毛】

ㅂ

불모지 ①식물이 자라지 않는 메마른 땅. ②개발이나 발전이 전혀 되지 않은 상태. 【不毛地】

불문 ①캐묻지 않음. ㉠지난 일을 모두 불문에 붙이다. ②가리지 않음. ㉠지위가 높고 낮음을 불문하고 처벌하다. -하다. 【不問】

불미스럽다 보기에 옳지 못하거나 떳떳하지 못하다.

불바다 넓은 지역에 걸쳐서 타오르는 불.

불발 ①탄알이 발사되지 않거나, 포탄이 터지지 아니한 것. ②계획했던 일을 못하게 되는 것. ㉠여행 계획이 불발로 끝나다.

불발탄 쏜 뒤에도 터지지 않은 총탄이나 포탄. 【不發彈】

불법 법에 어그러짐. 비위법. 반합법. 적법. 【不法】

불벼락 심한 꾸중. 비불호령.

불변 변하지 아니함. ㉠불변의 진리. 반가변. -하다.

불볕[불볃] 몹시 뜨겁게 내리쬐는 볕. ㉠불볕 더위.

불복 명령이나 요구에 복종하거나 항복하거나 동의하지 아니함. ㉠명령에 불복하다. -하다.

불복종 복종하지 아니함. 불복.

불분명하다 분명하지 않다. ㉠내용이 불분명하다. 반분명하다.

불붙다 ①불이 붙은 것처럼 어떤 일이 일어나다. ㉠양팀의 응원전이 불붙다. ②불이 붙어 타오르다.

불빛 타는 불이나 켜 놓은 등에서 나오는 빛.

불사르다(불사르니, 불살라) 불에 태워 없애다. ㉠서류를 불사르다.

불사신[불싸신] ①어떤 고통이라도 견디어 내는 강한 신체. ②어떤 어려움이나 실패에도 꺾이지 않고 이겨 내는 사람.

불사조 500년마다 스스로 쌓은 제단의 불에 타 죽고는 그 재 속에서 다시 태어난다는 전설의 새. 이집트 신화에 나오는 '피닉스'를 이르는 말. 【不死鳥】

불사하다 결코 주저하거나 피하지 않다. ※'마다 하지 않다'로 순화됨.

불상[불쌍] 부처의 모습을 새긴 형상. 비부처. 【佛像】

불상사 죽음이나 큰 사고 같은 좋지 않은 일. 【不祥事】

불성실하다 성실하지 못하다. 반성실하다.

불소 충치 예방을 위하여 수돗물이나 치약에 넣어 쓰는 노란 기체 원소의 하나. ㉠불소 치약.

불손 겸손하지 아니함. 거만함. ㉠오만 불손하다. 비거만. 반겸손. -하다. -히. 【不遜】

불순[불쑨] 참되지 못함. 순수하지 아니함. ㉠생각이 불순하다. -하다. -히. 【不純】

불순물[불쑨물] 순수하지 못한 물질. ㉠불순물을 걸러 내다.

불시에[불씨에] 뜻하지 아니한 때에. 별안간에. ㉠불시에 습격을 받다.

불시착 비행기가 고장이 나든가 날

씨의 악화로 목적지가 아닌 장소에 착륙하는 일. -하다.

불식하다[불씨카다] 의심이나 불만 따위를 말끔히 씻어 없애다. ㉠오해를 불식하다.

불신 믿지 아니함. ㉠친구를 불신하다. 반신뢰. 【不信】

불신감 믿지 못하는 마음. 미덥지 아니한 느낌. 【不信感】

불심 검문 수상하거나 의심스러운 사람을 경찰관이나 헌병이 거리에서 갑자기 조사하고 신분을 확인하는 일. 【不審檢問】

불쌍하다 가엾고 애처롭다. ㉠추위에 떨고 있는 거지가 불쌍하다. 불쌍히.

불쏘시개 장작이나 숯불을 피울 때 불을 옮겨 붙이기 위하여 먼저 쓰는 마른 잎이나 관솔 따위.

불쑥 갑자기 쑥 내밀거나 나타나는 모양. ㉠불쑥 손을 내밀다.

불씨 ①불의 씨. 불이 꺼지지 않도록 묻어 두는 불덩이. ㉠불씨가 꺼지다. ②무슨 일을 일으키는 실마리. ㉠사소한 일이 불씨가 되어 큰 싸움이 벌어졌다.

불안 마음이 편안하지 아니함. ㉠혼자 가는 것이 불안하다. 반편안. -하다. -스럽다. -히. 【不安】

불안감 불안한 느낌. 【不安感】

불안전 편안하고 온전하지 못함. ㉠자세가 불안전하다. 반안전. -하다. 【不安全】

불안정[부란정] 안정되지 않음. ㉠정서 불안정. 반안정. -하다.

불야성[부랴성] 등이 많이 켜져 있어 밤에도 대낮같이 밝고 번화한 곳. 【不夜城】

불어[부러] 프랑스의 국어. 프랑스어. 프랑스와 캐나다·스위스·아프리카 일부 지역에서 쓰임.

불어나다 본디보다 커지거나 많아지다. ㉠폭우로 강물이 불어나다.

불어넣다[부러너타] 안으로 들어가게 하여서 지니게 하다. ㉠독립 정신을 불어넣다.

불어오다 바람이 이쪽으로 불다. ㉠봄바람이 불어오다.

불어터지다 국수 따위가 너무 불어서 먹지 못할 지경이 되다.

불여우 남을 홀리고 속이는 간사스러운 여자를 빗대어 이르는 말.

불온하다[부론하다] 말·행동·사상 등이 사회의 안전을 어지럽게 할 염려가 있다.

불완전 완전하지 못함. -하다.

불완전 연소 산소 공급이 완전하지 않은 상태에서의 연소. 반완전 연소.

ㅂ

불우하다 불쌍하고 딱하다. ㉠불우한 이웃을 돕다.

불운[부룬] 운수가 사나움. ㉠불운하게도 대학 입시에 낙방하였다. 비비운. 불행. 반행운. -하다.

불응하다 응하지 아니하다. 따르지 아니하다. ㉠음주 측정에 불응하다.

불의[1][부리] 뜻밖에 생각지 아니하던 일. ㉠불의의 사고를 당하다. 비의외. 뜻밖. 【不意】

불의[2] 의롭지 못함. 도리에 어긋남. ㉠불의에 항거하다. 반정의. 【不義】

불이익 이익이 되지 아니함. 손해. 반이익. 【不利益】

불임[부림] 임신하지 못함. 【不妊】

불자동차 불 끄는 여러 장비를 갖춘 빨간 자동차. 비소방차.

불장난 불을 가지고 노는 것. ㉠아이들의 불장난으로 화재가 많이 일어난다. -하다.

불조심 불이 나지 않도록 조심하는 것. -하다.

불찰 똑똑히 살피지 않은 탓으로 생긴 잘못. ㉠이 모든 것이 내 불찰이다. 【不察】

불참 어떤 자리에 참석하지 않음. 반 참석. 참가. -하다.
불철 주야 밤낮을 가리지 않고 힘씀. 예 불철 주야 연구에 몰두하다.
불청객 청하지 않았는데도 찾아온 달갑지 않은 손님.
불충분 충분하지 못함. 예 조건이 불충분하다. 반 충분. -하다.
불치병 고치지 못하는 병. 고칠 수 없게 된 병. 【不治病】
불친절 친절하지 아니함. 예 손님에게 불친절하다. 반 친절. -하다.
불침번 밤에 자지 않고 경비와 안전을 맡는 일, 또는 그 일을 맡은 사람. 【不寢番】
불쾌 기분이 좋지 않음. 예 하수구 냄새가 불쾌한 느낌을 준다. 반 상쾌. 유쾌. -하다. -히. 【不快】
불쾌감 언짢은 느낌. 싫어하는 마음.
불쾌지수 높은 기온과 습도 때문에 사람이 불쾌하게 느끼는 정도를 나타내는 수치.
불타다 ①불에 타다. ②어떤 생각이나 욕심이 간절하다. 예 개척의 의욕이 불타다.
불통 통하지 아니함. 예 소식 불통. -되다. 【不通】
불투명하다 투명하지 않다. 예 불투명한 유리.
불특정 미리 정하여 있지 않은 것. 예 불특정 다수. 【不特定】
불티 타는 불에서 튀어나오는 작은 불똥.
불티나다 어떤 상품이 인기가 있어 내놓기가 무섭게 다 팔리거나 없어지다. 예 목걸이가 불티나게 팔리다.
불편 ①편리하지 못하고 거북스러움. 예 교통이 불편하다. 반 편리. 본 불편리. ②병으로 몸이 편하지 못함. 예 몸이 불편하다. -하다. -스럽다. 【不便】
불평 마음에 들지 않아서 언짢게 생각함. 예 불평을 늘어 놓다. 비 불만. -하다. 【不平】
불평등 이익이 한쪽으로 치우쳐 있거나 차별이 있는것. 평등하지 아니함. 반 평등. -하다.
불필요하다 필요하지 않다. 예 불필요한 행동은 삼가해라. 반 필요하다.
불한당 남의 재물을 빼앗고 행패를 부리며 떼를 지어 다니는 강도.
불합격 합격하지 못함. 예 시험에 불합격하다. 비 낙방. 반 합격. -하다.
불합리 [불함니] 이치나 도리에 어긋남. 예 불합리한 제도를 고치다. 반 합리. -하다. 【不合理】
불행 행복하지 못함. 운수가 나쁨. 예 불행하게도 몸을 크게 다치다. 반 행복. 다행. -하다. -스럽다. -히. 【不幸】
불허 ①허가하지 아니함. 예 공장 설립을 불허하다. ②허용하지 아니함. 예 책을 허락없이 복사하는 것을 불허하다. -하다. 【不許】
불현듯 갑자기 생각이 치밀어서 걷잡을 수 없게. 예 불현듯 친구 생각이 떠오르다.
불협화음 음정이 서로 다른 소리들을 내서 듣기 좋은 화음을 이루지 못한 것.
불호령 크게 화를 내며 큰 소리로 꾸짖는 일. 예 적을 향해 불호령을 치다.
불혹 공자가 한 말로, 한번 먹은 마음이 흔들리지 않는다는 뜻으로, 마흔 살. 예 불혹의 나이.
불화 서로 사이가 좋지 못함. 화합하지 못함. 예 가정 불화.
불화살 화살 끝에 불을 붙여 쏘는 화살.
불확실하다 확실하지 않다. 예 증거가 불확실하다. 반 확실하다.
불황 경기가 좋지 못함. 예 근검 절약

으로 불황을 이겨내다. 비불경기. 반호황. 【不況】

불효 어버이를 잘 섬기지지 않음. 효도하지 않음. 예불효 자식. 반효도. -하다. 【不孝】

불효자 부모를 잘 받들지 않는 자식. 반효자. 【不孝子】

불후 썩지 않음. 영원히 없어지지 않고 전하여짐. 예불후의 명작. -하다. 【不朽】

붉다[북따] 빛깔이 핏빛이나 저녁놀빛과 같다. 예붉은 장미꽃.

붉어지다[불거지다] 점점 붉게 되다. 예긴장해서 얼굴이 붉어지다.

붉으락푸르락하다[불그락푸르라카다] 몹시 화가 나거나 흥분하거나 해서 얼굴빛이 붉게 또는 푸르게 변하다.

붉은색[불근색] 잘 익은 고추나 피와 같은 아주 진하게 빨간 빛깔. 비붉은빛.

붉히다[불키다] 성이 나거나 부끄러워 얼굴을 붉게하다.

붐 어떤 사업이 갑자기 크게 유행함. 갑자기 사업이 잘 되는 것.【boom】

붐비다 사람들이 들끓다. 예시장이 몹시 붐비다.

붓 ①가는 대 끝에 다발로 짐승털을 꽂아, 글씨를 쓰거나 그림을 그리는 데 쓰는 문구. ②글씨나 그림에 쓰이는 도구를 두루 이르는 말.

붓글씨 붓에다 먹을 묻혀서 한지 따위에 쓴 글씨.

붓꽃[붇꼳] 산과 들의 물가나 축축한 곳에 자라며, 잎이 넓고 길며 칼 모양인 여러해살이풀. 초여름에 크고 푸른빛이 도는 짙은 자주색 꽃이 핌.

붓:다[1](부으니, 부어서) ①살 가죽이 부풀어오르다. 예벌에 쏘인 자리가 벌겋게 붓다. ②성이나다.

붓:다[2](부으니, 부어서) 물 같은 것을 그릇에 쏟아 담다. 예장독에 물을 붓다.

붓두껍[붇뚜껍] 붓의 촉에 끼우는 뚜껑. 붓대보다 조금 굵은 대나무 따위로 만듦.

붕 가볍게 공중에 떠오르는 모양.

붕괴 허물어져 무너짐. 붕궤. 예둑이 붕괴하다. -되다. -하다. 【崩壞】

붕대 상처를 싸매는 데에 쓰는, 소독하여 좁고 길게 만든 헝겊이나 가제 따위.

붕붕거리다 비행기나 벌과 같은 곤충 따위가 날아가는 소리가 잇따라 나다. 비붕붕대다.

붕산 소독이나 세척 의약품으로 쓰이는 물질 중의 하나. 색이 없고 투명하여 뜨거운 물이나 알코올에 녹음. 예붕산수.

붕:어 냇물이나 못에 사는 잉어과의 민물고기. 몸이 넓적하고 입에 수염이 없음. 몸길이 20~40cm.

붕:어말 얕은 물 속에 나는, 줄기가 가늘고 긴 물풀.

붕우 벗. 친구. 【朋友】

붕우유신 유교의 도덕인 '오륜'의 하나로 '친구 사이에는 서로 믿음이 있어야 한다'는 말. 【朋友有信】

붙다[붇따] ①무엇에 닿아서 떨어지지 않다. 예옷이 몸에 꽉 붙어서 불편하다. 반떨어지다. ②어디에 가깝게 있다. 예나는 수현이와 늘 붙어 다닌다. ③보태어지다. 예신문 기사에는 제목이 붙는다. ④시험 따위에 합격하다. 비뽑히다. 반떨어지다. ⑤불이 옮아서 연기와 불꽃을 일으키며 타다. 예장작에 불이 붙다.

붙들다(붙드니, 붙드오) ①두손으로 꽉 쥐다. 예팔을 붙들다. ②남을 못 가게 말리다. 예집에 가는 친구를 붙들다.

붙들리다 붙잡히다. 예도둑이 경찰관에게 붙들리다.

붙박이장[붇빠기장] 한쪽 벽에 붙어 있어 옮길 수 없는 장. 벽의 한쪽을 장으로 꾸민 것.

붙이다[부치다] ①닿게 하다. ㉠의자를 등에 붙이다. ②서로 맞대어서 떨어지지 않게 하다. ㉠색종이를 도화지에 붙이다. ③소개하다. ㉠흥정을 붙이다. ④마음에 당기게 하다. ㉠재미를 붙이다.

붙임성[부침썽] 남과 잘 사귀는 성질. ㉠형은 붙임성이 좋다.

붙임줄[부침쭐] 악보에서 같은 높이의 두 음을 한 음과 같이 소리내라는 표시로 음표와 음표를 건너지른 좁은 줄. 기호는 '⁀'임. 비결합선.

붙잡다[붇짭다] ①손으로 붙들어 쥐다. ②달아나지 못하게 단단히 붙들어 잡다. ㉠강도를 붙잡다. ③일자리나 기회를 얻다.

붙잡히다 붙잡음을 당하다. ㉠도둑질을 하다 붙잡히다.

뷔페 여러 가지 음식을 차려 놓고 먹을 사람이 손수 덜어 먹을 수 있게 한 식당. 또는 그렇게 차린 음식. ×부페. 【buffet】

브라우저 인터넷을 두루 살필 때 문서·영상·음성 따위의 정보를 얻기 위하여 사용하는 프로그램.【browser】

브라운관 진공관의 일종. 전류의 강약을 빛의 강약으로 바꾸는 작용을 하며, 레이더·텔레비전 등에 이용됨. 【Braun管】

브라질【나라】 남아메리카의 동부에 있는 연방 공화국. 커피·면화 등 농산물의 생산이 많으며 목축도 성함. 포르투갈의 영토였으나, 1822년에 독립하여 1889년에 공화국이 됨. 수도는 브라질리아. 【Brazil】

브람스【사람】[1833~1897] 독일의 작곡가. 작품에 〈헝가리 춤곡〉〈자장가〉 등이 있음. 【Brahms】

브랜드 생산 회사나 제품의 이름. 비상표. 【brand】

브러시 ①솔 모양의 빗. ②차의 앞창 유리의 물을 닦는 장치. 【brush】

브레이크 ①기차·자동차·자전거 따위의 바퀴의 회전을 멈추게 하는 장치. ②어떤 일의 진행이나 활동을 하지 못하게 하거나 방해하는 일. 【brake】

브로드웨이 미국 뉴욕시의 맨해튼을 남북으로 가르는 큰 길. 극장들이 모여 있는 거리로 유명함.【Broadway】

브로치 여자의 외투나 저고리의 깃이나 가슴에 핀으로 꽂는 장신구의 한가지. 【brooch】

브리핑 어떤 일의 배경·상황·경과 따위에 대하여 여러 사람 앞에서 하는 간단한 설명. −하다.【briefing】

브이티아르 움직이는 영상과 소리를 테이프에 기록하거나 그러한 테이프의 내용을 보고 듣게 하는 기계장치. 비디오 테이프 리코더. ×브이티알. 【VTR】

블라디보스토크【지명】 러시아 동부의 연해주 남쪽에 있는 항구 도시.

블라우스 여자나 아이들의 겉에 입는 웃옷의 한 가지. 【blouse】

블로킹 ①배구에서, 상대편이 세게 쳐 보내는 공을 그물 위로 손을 뻗어 막는 일. ②농구에서, 상대편 선수가 골을 넣기 위해 던진 공을 쳐내는 일. 【blocking】

블록 ①덩어리. ②길에 깔거나 벽 등을 쌓는 데 쓰는 벽돌 모양의 콘크리트 덩어리. ×불럭. 【block】

블루스 ①미국 흑인 음악에서 비롯된 4박자 또는 2박자의 슬픈 기분을 띤 곡. ②블루스 곡에 맞추어 두 남녀가 부둥켜안고 추는 춤. ×브루스. 【blues】

블루진 푸른 빛깔의 질기고 두터운 무명으로 만든 옷. 비청바지.

비[1] 공기 중의 수증기가 찬 기운을

만나 엉기어 맺혀서 땅에 떨어지는 물방울. 예비가 내린다.

비:[2] 두 개 이상의 수 또는 양에 ':'를 넣어서 두 수의 비율을 나타내는 것. <보기> 3:4〔3의 4에 대한 비〕. 【比】

비[3] 먼지나 쓰레기를 쓸어 내는 기구. 예비로 방을 쓸다.

비:겁하다[비거파다] 하는 짓이 떳떳하지 못하고 용감하지 못하다. 비비열하다. 반용감하다.

비격진천뢰 조선 선조 때 화포공 이장손이 발명한 특수한 폭탄. 임진왜란 때 사용함. 진천뢰.

비:결 숨겨 두고 혼자만이 쓰는 썩 좋은 방법. 예건강의 비결. 비비법. 노하우. 【秘訣】

비:경 ①신비스러운 곳. ②사람들에게 거의 알려지지 않은 곳.

비계 짐승, 특히 돼지의 가죽 안쪽에 붙은 허연 기름 덩어리.

비:고 ①문서 따위에서 참고하기 위하여 준비해 놓음, 또는 그것. ②본문의 부족함으 덧붙여서 보충함, 또는 그 기사. 【備考】

비공개 공개하지 않음. 반공개.

비관 ①기대에 어긋나 실망함. ②세상을 괴롭고 악한 것으로 봄. 반낙관. -하다.

비:교 둘 이상의 것을 서로 견주어 봄. 예국산품과 수입품의 품질을 비교하다. -하다.

비:교적 다른 것보다 꽤. 상당히. 예비교적 자세히 나타나 있다.

비:구 남자 중. 반비구니.

비:구니 여자 중. 반비구.

비구름 비를 머금은 검은 구름.

비:굴 비겁하고 용기가 없음. -하다. -스럽다. 【卑屈】

비극 ①슬프고 끔찍한 일. 비참극. ②슬픔으로 끝맺은 연극. 예셰익스피어의 4대 비극. 반희극. 【悲劇】

비:극적 비극처럼 슬프고 비참한 것. 예비극적 결말. 반희극적.

비:근하다 늘 보고 들을 수 있을 만큼 흔하여 알기 쉽다. 예비근한 예.

비:금속 금속의 성질을 갖지 않은 물질. 【非金屬】

비기다[1] 서로 견주어 보다. 예그 어떤 것에 비길 수 없는 업적.

비기다[2] 서로 비금비금하여 승부를 내지 못하다. 예무승부로 비기다.

비:꼬다 ①비틀어서 단단히 꼬다. ②말로는 칭찬하나 속으로는 욕하다. 예약점을 비꼬아 말하다.

비:끼다 ①빛이 비스듬히 비치다. 예거실에 석양이 비껴 들다. ②비스듬하게 놓이거나 늘어지다. 예칼을 비껴차다.

비난 남의 잘못이나 잘못된 점을 나무람. -하다. 【非難】

비:너스 ①로마 신화의 아름다움과 사랑의 여신. 그리스 신화의 아프로디테. ②금성을 달리 이르는 말.

비녀 여자의 쪽찐 머리에 꽂는 물건. 예금비녀.

비:뇨기과 오줌을 만들고 내보내는 몸의 기관의 질병을 연구하고 치료하는 의학의 한 분야.

비누 때를 씻어 내는 데 쓰는 세척제.

비누 방울 가는 대롱의 한쪽 끝에 비눗물을 찍어, 반대쪽을 불어서 거품을 나오게 함.

비늘 ①물고기나 뱀 따위의 몸을 덮고 있는 단단한 작은 조각. ②고기비늘 모양의 물건을 통틀어 이르는 말.

비늘구름 높은 하늘에 그늘이 없는 희고 작은 구름 덩이가 촘촘히 흩어져 나타나는 구름.

비능률적[비능뉼쩍] 능률적이 아닌 모양. 반능률적.

비닐 주로 아세탈렌을 원료로 하여 만든 화합물로 유리·가죽·천 등의 대용품으로 쓰임. 【vinyl】

비닐론 비닐 종류의 수지로 만든 합성 섬유의 하나.

비닐 터널 화초나 채소를 일찍 가꾸기 위하여 고랑을 따라 뼈대를 세우고 비닐을 씌운 온상의 한 가지.

비닐 하우스 꽃이나 채소를 추위로부터 보호하며 일찍 기르기 위해 비닐로 온실처럼 만든 집.

비:다 ①속에 들어 있는 것이 없다. ㉠서랍이 비다. 반차다. ②그 자리를 차지하고 있는 것이 없다. ㉠옆 자리가 비다. ③머리가 비다. ④액수가 모자라다. ㉠만 원이 비다.

비단[1] 오직·단지. ㉠그 일은 비단 네 잘못만은 아니다. 【非但】

비:단[2] 명주실로 광택이 나게 짠 보드랍고 고운 옷감. 비견직물. 명주.

ㅂ

비:단결 따뜻하고 부드러운 비단의 올의 짜임새.

비:단길 옛날에, 아시아 대륙을 건너질러 중국에서 중동 지역과 지중해 지방까지 뻗어 있던 무역 상인들이 오가던 길. 당시에 대표적인 상품이 비단이어서 이 이름이 붙었음. 비실크로드.

비:단실 누에고치에서 뽑은 실. 비명주실.

비:대하다 살이 쪄서 몸집이 크고 뚱뚱하다.

비:도덕성 도덕 규범에 맞지 않는 성질. 반도덕성.

비둘기 성질이 순하여 집에서도 많이 기르는, 평화나 좋은 일을 상징하는 새. 되돌아오는 성질을 이용하여 통신용으로도 쓰임.

[비둘기]

비듬 머리의 살갗에서 떨어지는 흰 가루.

비:등 서로 비슷비슷함. ㉠실력이 서로 비등하다. 비대등. -하다.

비:등점 액체가 끓기 시작할 때의 온도. 끓는 점.

비디오 ①텔레비전에서 음성에 대하여 '화면이 나오는 부분'을 이르는 말. ②'비디오 테이프 리코더'의 준말. 【video】

비디오 테이프 그림과 소리를 함께 기록한 자기 테이프. 준비디오.

비디오 테이프 리코더 텔레비전 화면의 신호를 기록하고 또 재생하는 장치. '비디오'의 본딧말. 약칭은 브이티아르(VTR). ×브이티알.

비딱하다 물체가 한쪽으로 조금 비뚤어져 있다. 센삐딱하다.

비뚤다 ①반듯하든가 똑바르지 못하고 한쪽으로 기울거나 쏠려 있다. ㉠줄이 비뚤다. ②마음이 바르지 못하고 비꼬여 있다. ㉠성격이 비뚤다. 센삐뚤다.

비뚤비뚤하다 곧지 못하고 이리저리 구부러져 있다. ㉠글씨가 비뚤비뚤하게 쓰여 있다. 센삐뚤삐뚤하다.

비뚤어지다 ①똑바르지 않고 한쪽으로 기울어지다. ㉠글씨가 비뚤어지다. ②마음이 바르지 못하다. ㉠비뚤어진 마음. 센삐뚤어지다.

비렁뱅이 '거지'를 얕잡아 이르는 말.

비:례 ①어떤 수나 양의 변화에 따른 수나 양도 일정하게 변하는 것. 반반비례. ②전체를 이루는 부분들 사이의 서로서로의 관계. -하다. 【比例】

비례 배분 어떤 양을 주어진 비의 값에 따라 나누는 셈법.

비례 상수 두 변수의 비가 일정할 때, 그 일정한 값. ㉠관계식 y=2x에서 2가 비례 상수이다.

비:례식 두 개의 비가 같음을 나타내는 식. <보기> 가:나=다:라와 같은 식. 【比例式】

비로봉 금강산에서 가장 높고 아름다운 봉우리. 높이 1,638m.

비로소 마침내. 처음으로. ×비로서.

비로자나불 큰 덕의 빛으로 온 세상을 두루 비춘다는 부처. 법신불. 비로자나. ㊟노자나불.

비록 아무리 그렇다 할지라도. ㉠비록 나이는 어리지만 생각은 깊다. ㊐설령. 설사.

비롯되다[비롣뙤다] 어떤 사실이 언제부터 처음 시작되다. ㉠널뛰기는 디딜방아에서 비롯되었다고 한다.

비롯하다[비로타다] ①여럿 가운데서 첫자리로 하다. ㉠임금을 비롯한 모든 신하가 한자리에 모였다. ②어떤 일이 처음으로 시작되다, 또는 시작하다.

비:료 식물이 잘 자라도록 주는 거름. 화학 비료와 퇴비 따위가 있음. ㊐거름. 【肥料】

비루먹다 개·말·나귀 등의 짐승이 살갗이 헐고 털이 빠지는 병에 걸리다.

비:류〖사람〗 고구려의 동명성왕의 둘째 아들. 【沸流】

비리 이치에 어그러짐. ㉠공직자의 비리를 조사하다. ㊐부정. 【非理】

비리다 ①물고기·날콩·동물의 피에서 나는 냄새나 맛과 같다. ②너무 적어서 마음에 차지 않다. ③하는 짓이 좀스럽고 더럽고 아니꼽다.

비릿하다[비리타다] 냄새나 맛이 조금 비리다. ㉠생선 냄새가 비릿하다.

비:만 몸이 살이 쪄서 뚱뚱함. ㉠비만한 몸. -하다.

비:망록 잊었을 때를 대비하기 위하여 기록해 두는 책자. 메모.

비매품 상품처럼 만들었으나 팔지 아니하는 물건. ㊓매품. 【非賣品】

비명 몹시 위태롭거나 무서움을 느꼈을 때 지르는 외마디 소리. ㉠놀라 비명을 지르다.

비:몽사몽 꿈 속 같기도 하고 실제 있는 일 같기도 한 정신이 어렴풋한 상태. 【非夢似夢】

비무장 지대 ①무장을 하지 아니한 지대. ②싸우고 있는 나라끼리 협정에 의하여 무장이 금지된 지역. 약칭은 디엠지(DMZ). 완충 지대.

비문 비석에 새긴 글. 【碑文】

비:밀 숨기어 남에게 공개하지 아니하는 일. ㉠비밀 서류. ㊐기밀. ㊓공개. 【秘密】

비밀 선거 자기가 누구에게 투표하였는지 남이 알지 못하도록 하는 선거. ㊓공개 선거.

비:밀스레 남이 모르게. ㉠비밀스레 귓속말을 주고받다.

비바람 비와 바람, 또는 비와 함께 강하게 부는 바람.

비발디〖사람〗[1678～1741] 이탈리아의 작곡가. '사계(四季)'로 유명함. 【Vivaldi】

비방[1] 남을 헐뜯어 욕함. ㉠친구를 비방하다. -하다. 【誹謗】

비:방[2] ①비밀한 방법. ②세상에 알려지지 않은 효과가 좋은 특별한 약. ㊐비법. 【秘方】

비범 보통이 아니고 매우 뛰어남. 평범하지 아니함. ㉠비범한 인물. ㊓평범. -하다. 【非凡】

비:법 남들에게 알려지지 않은 특별한 방법. ㉠성적이 오른 비법이 뭐니? 【秘法】

비:변사 조선 시대 군사에 대한 일을 맡아 보던 관청. 처음에는 변방의 방비를 목적으로 설립되었고, 임진왜란 후에는 문·무의 최고 결정 기관으로 그 권한이 강화되었다가 고종 때 의정부에 합치었음.

비보 슬픈 소식. ㉠형님이 돌아가셨다는 비보가 전해졌다.

비분 슬프고 분함. -하다.

비비 여러 번 꼬이거나 뒤틀린 모양. ㉠몸을 비비 꼬다. >배배.

ㅂ

비비다 ①손을 맞대거나, 어디에 무엇을 대고 서로 문지르다. [예]졸려서 눈을 비비다. ②한데 뒤섞어서 버무리다. [예]밥을 비비다.

비비새 본디 이름은 '뱁새'. 우리 나라에만 있는 새로, 굴뚝새와 같이 생겼으나 곱고 예쁘며 꽁지가 긺. 동작이 아주 재빠르며 해충을 잡아먹고 삶.

[비비새]

비빔 밥이나 국수에 고기·나물 등을 넣어서 비비는 일. [예]비빔국수.

비빔밥 여러 종류의 나물에 양념을 넣어 비벼서 먹는 밥.

비:상¹ ①위급한 상황이나 긴급한 사태를 위한 것. ②긴급하고 특별한 명령. [예]비상이 걸리다. ③평범하지 않음. [예]비상한 머리. 【非常】

비:상² 나트륨·칼슘·알루미늄 따위가 섞인 물질로 만든 독약. 【砒霜】

비상 계엄 전쟁이나 위험한 사태로 사회 질서가 아주 혼란스러운 지역의 질서를 회복하기 위하여 그 지역을 군인들이 통치하록 하는 정치. 【非常戒嚴】

비:상구 평상시에는 닫아 두었다가 위급한 일이 생겼을 때에 급히 피할 수 있도록 만든 문. 【非常口】

비:상금 뜻밖의 일이 생겼을 때 쓰기 위해 따로 둔 돈. 【非常金】

비상 사태 보통 방법으로는 다루기 어려운 위급한 사태.

비:상시 급한 일이나 위기에 처해 있는 때. [예]비상시에 대비하다.

비상임 이사국 국제 연합의 안전 보장 이사회를 이루는 15개 이사국 가운데 5개의 상임 이사국을 뺀 나머지 나라.

비:상하다 예사롭지 않고 특별하다. 능력이 뛰어나고 놀랍다. [예]재주가 비상하다.

비:서 중요한 직책에 있는 사람에게 딸려 있으면서 그 사람의 사무나 일정 따위를 챙겨 주는 일을 하는 사람, 또는 그 직위. 【秘書】

비:서실 비서관이나 비서가 사무를 보는 방. 【秘書室】

비석 넓적한 큰 돌에 죽은 사람의 공적이나 내력을 적어 무덤 앞에 세운 돌. [비]비. 【碑石】

비석치기 아이들의 놀이의 한 가지. 손바닥만한 납작하고 네모진 돌을 비석처럼 세우고 좀 떨어진 곳에서 돌을 던지거나 발로 차 쓰러뜨리는 놀이.

비선대 설악산의 외설악에 있는 명소. 【飛仙臺】

비:수 날이 매우 날카롭고 길이가 짧은 칼. 【匕首】

비:수기 어떤 상품이 잘 안 팔리는 기간. [반]성수기.

비스듬하다 한쪽으로 조금 기울어져 있다. >배스듬하다. 비스듬히.

비스킷 밀가루에 버터·우유·설탕을 반죽하여 구운 양과자의 한 가지. ×비스켓. 【biscuit】

비슷비슷하다[비슫삐스타다] 여럿이 서로 별로 차이가 없다. [예]강아지들이 모두 비슷비슷하게 생겼다.

비슷하다¹[비스타다] 거의 같다. [예]형제들의 얼굴이 비슷하다. [비]비등하다. 유사하다.

비슷하다² 한쪽으로 조금 비스듬하다. >배슷하다. 비슷이.

비시(B.C) 서력 기원전. [반]에이디(A.D)

비신사적 신사답지 아니함. 교양이 없고 점잖지 못함.

비실비실 힘이 없어 흐느적흐느적 비틀거리는 모양. [예]비실비실한 걸음걸이. -하다.

비싸다 물건값이 정도에 지나치게 높다. 값이 싸지 않다. [반]싸다.

비아냥거리다 비웃으며 빈정거리다. 놀리다. 비비아냥대다.
비애 슬픔과 설움. 【悲哀】
비약 ①갑자기 세차게 발전하거나 향상하는 것. 예선진국으로 비약하다. ②말이나 생각 따위가 논리의 순서나 단계를 제대로 거치지 않고 건너 뛰는 것. 예언니의 말은 점차 비약이 심해졌다. -하다.
비:열 하는 짓이나 마음씀씀이가 천하고 용렬함. -하다.
비:염 콧 속에 염증이 생겨, 코가 막히고 콧물이 흐르며 머리가 아프기도 하는 병.
비:옥 땅이 걸고 기름짐. 예비옥한 평야. -하다. 【肥沃】
비올라 현악기의 한 가지. 연주법이 바이올린과 거의 같으나 음률은 바이올린보다 5도씩 낮음. ※이탈리아 어 'viola'에서 온 말.
비옷[비옫] 비에 젖지 않으려고 옷 위에 덧입는, 물이 스미지 않는 옷. 비우비. 우의.
비:용 물건을 사거나, 어떤 일을 하는 데 드는 돈. 씀씀이. 예비용이 많이 들다. 비경비. 【費用】
비우다 ①옷안에 들어 있는 것을 비게 하다. ②있던 사람이 나가고 그 자리만 남게 하다. 예자리를 비우다.
비:운 불행한 운명. 【悲運】
비:웃다[비욷따] 업신여기어 웃다. 빈정거리며 웃다. 예허황된 꿈을 비웃다. 비조소하다.
비:웃음[비우슴] 비웃는 일, 또는 그 웃음. 비조소.
비:원 ①서울 창덕궁 안의 공원. ②대궐 안에 있는 동산. 【秘苑】
비위[1] 법에 어긋나는 일. 예공무원의 비위를 조사하다. 【非違】
비:위[2] ①음식의 맛이나 그 밖의 좋고 나쁨을 분간하는 기분. 예음식이 비위에 안 맞는다. ②아니꼽거나 언짢은 일을 잘 견디어 내는 힘. 예비위가 좋다. 【脾胃】
비:유 다른 비슷한 것에 빗대어서 말함. 예푸른 하늘을 바다에 비유하다. -하다. 【比喩】
비:유법 어떤 것을 알기 쉬운 다른 것에 빗대어서 나타내는 표현 방법〔은유법·직유법·풍유법 따위〕.
비:율 두 개의 수나 양을 비교할 때 한쪽이 다른 쪽의 몇배인가, 또는 몇분의 몇인가의 관계를 나타내는 수의 비의 값. 예전체 인구의 남녀 비율. 준비. 율.
비:음 ①입 안의 통로를 막고 코로 공기를 내보내면서 내는 소리〔ㄴ·ㅁ·ㅇ등〕. ②코가 막힌 듯이 내는 소리. 【鼻音】
비읍 한글의 닻소리 글자인 'ㅂ'의 이름.
비인간 사람답지 못함, 또는 그 사람. 예비인간적인 대우.
비인도적 사람이 지켜야 할 도리에 어긋나는 모양.
비:일비재하다 어떤 현상이나 사실이 한 두번에 그치지 않고 자주 생기다. 예약속을 어기는 일이 비일비재하다.
비자 외국인의 입국 허가 증명. 【visa】
비:자금 비밀스럽게 숨겨 놓은 큰 돈. 【秘資金】
비:장 슬픔 속에 오히려 씩씩한 기운이 있음. 예비장한 각오.
비:정 인간다운 감정을 갖지 않음. 예아이를 학대하는 비정한 어머니. -하다. 【非情】
비정상 정상이 아닌 것. 예비정상인 몸. 반정상. 【非正常】
비제〖사람〗[1838~1875] 프랑스의 음악가. 작품으로는 오페라 〈카르멘〉이 유명함. 【Bizet】
비:좁다 자리가 몹시 좁다. 예방이 비좁다.

비죽비죽 ①실없이 웃는 모양. ②막 울려고 입술을 찡그리는 모양. 센 비쭉비쭉.

비죽이[비주기] ①물체의 한 끝이 툭 튀어나오게. 예양말이 뚫어져 발가락이 비죽이 나와 있다. ②남을 비웃듯이 입술을 찡그리고 내밀어. 예걸핏하면 입을 비죽이 내민다. 센비쭉이. 삐죽이.

비:준 외국과 조약을 맺을 때 국가 원수가 좋다고 마지막으로 확인하는 일. -되다. -하다. 【批准】

비:중 ①어떤 물건의 무게가 그와 같은 부피를 가진 섭씨 4도의 물의 무게와의 비. ②다른 사물과 비교했을 때의 중요성의 정도. 예비중이 큰 사건. 【比重】

ㅂ

비:중계 액체·고체 따위의 비중을 재는 데 쓰는 기구.

비지 두부를 짠 찌꺼기.

비지땀 힘드는 일을 할 때에 많이 쏟아지는 땀.

비:집다 좁은 틈을 헤쳐서 넓히다. 예사람들 사이를 비집고 고개를 디밀었다.

비쩍 몸이 매우 심하게 마른 모양. 센삐쩍.

비쭉 ①무엇이 잠깐 나타나거나 무엇을 불쑥 내미는 모양. 예입을 비쭉 내밀며 말하다. ②문제의 한 부분이 쑥 나와 있는 모양. 예의자에 못이 비쭉 솟아 있다.

비쭉거리다 불만이 있거나 울려고 할 때 입술을 쑥 내밀어 움직거리다. 예질투가 나서 입을 비쭉거리다. 비비쭉대다.

비쭉비쭉 ①입술을 내밀고 비웃는 듯이 웃는 모양. ②막 울려고 울먹거리며 입을 움직거리는 모양. 여 비죽비죽.

비참 차마 눈으로 볼 수 없이 슬프고 끔찍함. 예비참한 교통 사고 현장. -하다. -히. 【悲慘】

비척비척 힘이 부쳐서 옆으로 비틀거리는 모양. 본비치적비치적. -하다.

비:천 지위나 신분 등이 낮고 천함. 예비천한 신분. 반존귀. 고귀.

비철 금속 철 이외의 금·은·구리·납 따위의 금속.

비추다 ①빛을 보내어 밝게 하다. 예달빛이 밝게 비추다. ②거울이나 물 따위에 모습을 나타내다. 예거울에 온몸을 비추다. ③넌지시 깨우쳐 주다. 예반대의 뜻을 비추다.

비:축 만일을 위하여 미리 저축해 둠. -하다. 【備蓄】

비:취 비싼 장신구 따위를 만드는 데 쓰이는 풀빛의 굳은 돌.

비:취색 비취의 빛깔. 곧 아름다운 푸른 빛깔의 옥.

비:치 갖추어 둠. 예응급 약품을 비치하다. 【備置】

비치다 ①빛을 받아 환하게 되다. 예햇빛이 비치다. ②속의 물건의 빛이 드러나다. 예살이 비치는 얇은 옷을 입다. ③말을 약간 꺼내다. 예선거에 출마할 뜻을 비치다.

비치볼 해수욕장의 모래밭에서 가지고 노는 공, 또는 그 놀이. 【beach ball】

비커 물을 따르기에 편리하도록 만들어 놓은 입이 달린 원통 모양의 실험용 유리 그릇. 【beaker】

비:켜나다 몸을 다른 곳으로 옮겨 물러나다.

비키니 가슴과 엉덩이의 앞뒤만 가리도록 만든 두 조각으로 된 여자용 수영복. 【bikini】

비:키다 있던 곳에서 약간 물러나다.

비타민 동물의 필수 영양소의 하나. 생물체가 올바르게 성장할 수 있게 하고, 또 병이나지 않게 하는 등 중요한 구실을 하는 영양소〔비타민 A·B·C·D 등 종류가 많음〕.

비탄 슬퍼 탄식함. ㉠자식을 잃고 비탄에 빠져 있는 어머니. 【悲嘆】

비탈 ①산이나 언덕의 비스듬하게 기울어진 곳. ㉠산비탈. ②기울기. ㉠비탈이 심하다. ㉥경사.

비탈길 산이나 언덕에 난 길. 언덕길.

비탈밭 비탈진 곳이나 산 중턱에 일구어 놓은 밭.

비탈지다 땅이 매우 가파르게 기울어져 있다. ㉠비탈진 언덕. ㉥가파르다. 경사지다.

비통 몹시 슬퍼서 마음이 아픔. ㉠자식을 잃고 비통하게 울부짖다. -하다. -히. 【悲痛】

비트[1] 컴퓨터의 정보 처리 장치가 저장할 수 있는 이진수의 자릿수〔8비트·16비트 따위〕. 【bit】

비트[2] 음악의 박자. 【beat】

비틀거리다 이리저리 쓰러질듯이 걷다. ㉥비틀대다. >배틀거리다.

비:틀다 힘있게 꼬면서 틀다. ㉠팔을 비틀다.

비:틀리다 억지로 꼬이다. ㉠다리가 비틀려서 넘어졌다.

비티비 용액 약품의 성질을 알아보는 데 쓰는 시험약. 【BTB溶液】

비파 동양 현악기의 하나. 몸은 둥글고 긴 타원형이며 자루는 곧음. 현이 5줄인 향비파와 4줄인 당비파가 있음.

[비파]

비:판 잘하고 잘못함을 따져 가리어 밝힘. ㉠어지러워진 사회를 비판하다. -하다. 【批判】

비:평 사물의 좋고 나쁨, 옳고 그름, 아름다움과 추함을 가려서 말함. ㉠소설을 비평하다. ㉥비판. -하다. 【批評】

비:포장 길바닥이 포장이 되어 있지 않은 상태. ㉠비포장 도로. ㉤포장.

비:품 학교·관공서·회사 등에서 업무용으로 갖추어 두는 물품. ㉠비품을 정리하다.

비:하다 ①여럿 중의 하나를 기준으로 하여 다른 것의 가치·크기 따위를 헤아리다. ㉠나는 다른 아이들에 비해 키가 크다. ②무엇과 다르다. 반대가 되다. ㉠여름에 비하면 겨울의 낮은 너무 짧다.

비행[1] 도리나 도덕 또는 법에 어긋나는 행위. ㉠비행 청소년. 【非行】

비행[2] 하늘을 날아다님. ㉠우주 비행. -하다. 【飛行】

비행기 프로펠러를 돌리거나 가스를 내뿜어 하늘을 나는 탈것.

비행사 일정한 자격을 가지고 비행기를 조종하는 사람.

비행선 공기보다 가벼운 기체를 채워서 대기 중에 띄우고, 프로펠러로 나는 비행기.

비행장 비행기가 뜨고 내릴 수 있는 시설을 갖춘 곳. ㉥공항.

비행 접시 공중에서 빛을 내며 매우 빠른 속도로 날아다닌다는, 접시처럼 둥글고 납작한 물체. ㉥유에프오(UFO).

비행 청소년 도덕이나 규범에 어긋나는 짓을 일삼는 십대의 젊은 사람.

비호[1] ①나는 듯이 날쌘 호랑이. ②'움직임이 용맹스럽고 날쌘 것'을 비유한 말. ㉠마치 비호같이 달려간다. 【飛虎】

비:호[2] 잘못이 있는 사람을 편들어서 두둔하며 감싸 보호하는 것. -하다. 【庇護】

비:화 세상에 알려지지 않은 이야기. ㉠궁중 비화. 【秘話】

빅토리아 여왕〖사람〗[1819~1901] 영국의 여왕(재위 1837~1901). 영국이 강대해지도록 기초를 이룩했음. 【Victoria 女王】

ㅂ

빈〖지명〗 오스트리아의 수도. 중부 유럽의 경제·교통·문화의 중심지임. 【Wien】

빈곤 가난하고 살기 어려움. ㉠가정이 빈곤하다. 비가난. 반부유. -하다. -히. 【貧困】

빈궁 가난하고 살기가 구차함. ㉠빈궁한 가계. 비빈한. 빈곤. 반부유. -하다. -히. 【貧窮】

빈농 가난한 농민이나 농가. 반부농.

빈대 빈대과의 곤충. 몸길이 5mm 정도. 몸은 둥글면서 납작하고 몸빛깔은 적갈색임. 사람의 피를 빨아 먹는 해충.

빈대떡 녹두를 갈아 나물이나 고기 같은 것을 섞어서 부쳐 만든 음식.

ㅂ

빈도 어떤 일이 되풀이하여 자주 일어나는 정도. ㉠사고 발생의 빈도가 높다.

빈둥거리다 일정하게 하는 일 없이 지내거나 게으르게 시간을 보내다. 비빈둥대다.

빈둥빈둥 하는 일 없이 놀며 게으름을 부리는 모양. ㉠빈둥빈둥 놀기만 한다. >밴둥밴둥. 센삔둥삔둥. 거핀둥핀둥. -하다.

빈:말 실속이 없는 말. 그저 공으로 하는 말. -하다.

빈민 가난하게 사는 사람. ㉠빈민 구제 사업. 반부자. 【貧民】

빈민 구제소 가난한 사람을 돕거나 구해 주는 곳.

빈민굴 아주 가난한 사람들이 모여 사는 곳. 비빈민촌.

빈번하다 일이 매우 잦다. ㉠자동차의 왕래가 빈번하다.

빈번히 매우 자주. ㉠자동차 사고가 빈번히 일어나다. 비자주.

빈부 넉넉함과 가난함을 함께 이르는 말. ㉠빈부의 격차.

빈소 상가에서, 발인 때까지 관을 놓아 두는 곳. 【殯所】

빈:손 아무것도 가진 것이 없는 손. ㉠아무 소득도 없이 빈손으로 돌아왔다. 비맨손.

빈약 보잘것 없음. ㉠내용이 빈약한 작품. -하다. 【貧弱】

빈정거리다 남을 비웃는 태도로 놀리다. 비빈정대다.

빈천 가난하고 사회적 지위가 낮음. 반부귀. -하다.

빈축 남의 비난과 미움. ㉠지나친 욕심 때문에 친구들에게 빈축을 사다. 【嚬蹙】

빈:터 비어 있는 땅. 비공터.

빈:털터리 재물을 다 없애고 아무것도 없게 된 사람. ×빈털털이.

빈:틈없다[빈트멉따] ①허술한 데가 없다. ②비어 있는 부분이 없다. ㉠빈틈없이 채우다. **빈틈없이**.

빈한 가난하여 집안이 쓸쓸함. ㉠빈한한 가정. -하다.

빈혈 혈액 속에 적혈구나 헤모글빈이 줄어든 상태.

빌:다(비니, 비오) ①남의 잘못을 용서해 달라고 원하다. ㉠잘못을 빌다. ②소원대로 되도록 기도드리다. ㉠행운을 빌다.

빌딩 여러 층으로 되어 있는 서양식의 높은 건물. 【building】

빌라 여러 세대가 모여 살도록 멋을 내어 지은 공동 주택. 【villa】

빌려주다 ①도로 받기로 하고 남에게 물건을 내어 주다. ㉠연필을 빌려주다. ②일정한 기간 동안 삯을 받고 내어 주다. ㉠자동차를 빌려주다.

빌리다 남의 물건을 돌려 주기로 하고 얻어다가 쓰다. ㉠돈을 빌리다.

빌미 좋지 않은 일이 생기게 되는 원인이나 이유. ㉠놀란것이 빌미가 되어 앓아 눕게 되다.

빌:붙다 어떤 이득을 바라고 세력 있는 사람에게 알랑거리다.

빌빌거리다 기운이 없이 느리게 움직이다. ㉠아파서 빌빌거리다. 비 빌빌대다.

빌어먹다[비러먹따] 남에게 구걸하여 얻어서 먹다. 비얻어먹다.

빔: 명절이나 잔치 때에 새로 차려입는 옷. ㉠설빔.

빗[빋] 머리카락이나 털의 결을 가지런히 하는 데 쓰는 도구.

빗금[빋끔] 어떤 평면에 비스듬하게 그은 금. 비사선.

빗기다[빋끼다] 빗으로 머리카락을 가지런히 다듬거나 고르게 하다.

빗나가다[빈나가다] 비뚜로 나가다. ㉠총알이 빗나가다. 준빗가다.

빗다[빋 따] 빗으로 머리털을 결에 따라 가지런히 다듬다.

빗대다[빋때다] 바로 대지 아니하고 엇비슷하게 말하다.

빗맞다[빈맏따] 목표에 어긋나 딴 곳에 맞다. ㉠화살이 빗맞다.

빗면[빈면] 비스듬하게 경사가 진 면.

빗물[빈물] 비가 내려서 괸 물.

빗발[비빨/빋빨] 줄이 죽죽 지는 것처럼 떨어지는 빗줄기.

빗발치다[비빨치다/빋빨치다] 빗줄기가 세차게 쏟아지다. ㉠총알이 빗발치다.

빗방울[빋빵울] 떨어지는 비의 물방울.

빗변[빋뼌] 비스듬히 기울어진 변, 또는 직각삼각형의 직각을 마주하고 있는 변.

빗살[빋쌀] 빗의 촘촘한 살.

빗소리[빋쏘리] 빗방울이 떨어지는 소리.

빗살무늬 토기 신석기 시대에 만든, 겉에 빗살 모양의 줄을 새긴 토기.

빗속[비쏙/빋쏙] 비가 내리는 가운데. 비우중.

빗자루[비짜루/빋짜루] 짚이나 싸리 따위를 묶고 그 위에 자루를 달아 먼지나 쓰레기를 쓸어 내는 도구.

빗장[빋장] 두 짝의 여닫이 문을 잠글 때에 안으로 가로지르는 나무나 쇠장대. ㉠대문에 빗장을 지르다.

빗줄기[비쭐기/빋쭐기] 굵고 세차게 내리치는 빗발.

빗질[빋찔] 빗으로 머리를 빗는 일. -하다.

빙 둥글게 원을 그리며 돌든가 놓여 있는 모양. ㉠사람들이 빙 둘러서 있다. >뱅. 센삥. 거핑.

빙그레 입을 조금 벌리고 소리 없이 웃는 모양. ㉠빙그레 웃는 얼굴. >뱅그레.

빙그르르 미끄럽게 한 바퀴 도는 모양. ㉠얼음판 위를 빙그르르 돌다. >뱅그르르. 센삥그르르. 거핑그르르.

빙글빙글 잇달아 둥그렇게 자꾸 도는 모양. >뱅글뱅글. 센삥글삥글. 거핑글핑글.

빙긋이[빙그시] 소리 없이 입만 슬쩍 벌리고 웃는 모양. ㉠대답은 하지 않고 빙긋이 웃기만 한다. >뱅긋이. 센삥긋이.

빙빙 ①자꾸 돌거나 돌리는 모양. ②하는 일 없이 이리저리 돌아다니는 모양. >뱅뱅. 센삥삥. 거핑핑.

빙산 북극이나 남극의 바다에 떠 있는 매우 큰 얼음 덩어리. 【氷山】

빙상 ①얼음판의 위. ②얼음판에서 하는 경기. 【氷上】

빙상 경기 스케이팅·아이스 하키 등 얼음판 위에서 하는 여러 가지 운동 경기.

빙설 얼음과 눈. 【氷雪】

빙수 얼음을 눈처럼 갈아 그 위에 삶은 팥·설탕·과일 따위를 넣어 만든 음식. 【氷水】

빙자 ①남의 힘을 빌려 의지함. ②핑계를 댐. ㉠병을 빙자하여 회의에 불참하다. -하다.

ㅂ

빙점[빙쩜] 물이 얼기 시작할 때, 또는 얼음이 녹기 시작할 때의 온도. 곧 섭씨 0도. 반비점. 【氷點】

빙판 얼어붙은 길바닥. 예빙판에서 넘어지다. 【氷板】

빙하 높은 산이나 북쪽 지방에 오래 쌓인 눈이 얼음 덩이가 되어 덮고 있는 것. 【氷河】

빙하 시대 육지의 대부분이 빙하로 덮여 있던 시대. 지금으로부터 70~80만 년 전으로 짐작됨.

빚[빋] 받아야 할 돈. 비부채.

빚다[빋따] ①가루를 반죽하여 경단·만두 등을 만들다. 예송편을 빚다. ②술을 담그다. 예쌀로 막걸리를 빚다. ③만들어 내다. 예전쟁이 빚은 비극.

ㅂ

빚더미[빋 떠미] 갚아야 할 아주 많은 돈이나 재물.

빚쟁이[빋쨍이] ①돈이나 재물을 빌려준 사람. ②빚을 많이 진 사람. ×빚장이.

빚지다[빋찌다] ①남에게 돈을 꾸어 쓰다. 예친구에게 빚진 돈을 갚다. ②신세를 지거나, 해 주어야 할 일을 하지 못하다.

빛[빋] ①사물을 비추어 밝게 보이게 하는 것. 예햇빛. ②색. 예빨강빛. ③'희망 또는 영광'을 비유하여 이르는 말. 예육상계의 빛.

빛깔[빋깔] 물건의 거죽에 나타나는 빛의 성질. 예빨강 빛깔. 비색채. 색깔.

빛나다[빈나다] ①빛이 환하게 비치다. ②훌륭하게 드러나다. 예빛나는 전통.

빛내다[빈내다] 아주 훌륭하여 모든 사람의 칭찬을 받게 하다. 이름 높게 하다. 예이름을 빛내다.

빛살[빋쌀] 빛의 줄기.

빛 에너지 빛이 물질에 흡수되면 열 에너지로 변하고, 물건의 색깔을 변하게 하는 등의 일을 할 수 있는 힘.

ㅃ(쌍비읍) 'ㅂ'의 된소리.

빠개다 단단한 물체를 두 쪽으로 갈라서 조각을 내다. 예호두를 돌로 빠개다. <뻐개다.

빠개지다 단단한 물건이 두 쪽으로 갈라지다. 예장작이 빠개지다. <뻐개지다.

빠끔히 ①문을 열 때 소리 없이 눈에 띄게 조금. 예빠끔히 문을 열고 바깥을 살피다. ②작은 틈으로 살짝 보이게. 예이불을 덮고 눈만 빠끔히 내 놓다. <뻐끔히.

빠끔 작은 구멍이나 틈 따위가 깊고 또렷하게 나 있는 모양. 예문을 빠끔 열고 보다. <뻐끔.

빠끔빠끔 ①담배를 잇달아 빨고 연기를 내뿜는 모양. ②물고기가 입을 크게 벌렸다 되물었다 하는 모양. <뻐끔뻐끔.

빠끔히 문을 열 때 소리 없이, 그러나 눈에 띄게 조금. 예방문을 빠끔히 열고 안을 들여다보다.

빠듯하다[빠드타다] 어떤 일을 하기에 돈이나 시간 따위가 겨우 넉넉하다. 여유가 거의 없다. 예날짜가 너무 빠듯하다.

빠:뜨리다 ①빼어 놓다. ②빠지게 하다 예준비물을 빠뜨리다. ③가진 것을 부주의로 잃다. 예지갑을 빠뜨리다.

빠르게 음악에서, 빠른 박자로 연주하라는 말. 비알레그로.

빠르기표 악곡의 처음 부분에 적어서 그 악곡의 빠르기를 나타내는 표.

빠르다(빨라, 빨라서) ①더디지 않다. 예비행기는 빠르다. ②어떤 일을 하는 동안이 짧다. 예병의 회복이 빠르다. ③어떤 기준보다 이르다. 예시계가 10분이 빠르다. 반늦다. 느리다.

빠져나가다 통하는 틈이 거의 없는

데를 피해서 나가다.

빠:지다 ①깊은 곳에 떨어지다. ②묻히다. ③물 속에 잠기다. ④어려운 처지에 놓이다. ⑤들어 있어야 할 것이 들어있지 아니하다. ⑥다른 것에 비하여 좀 못 미치거나 뒤떨어지다.

빠:짐없이[빠지멉씨] 하나도 빼놓지 않고 모조리 다. ㉥준비물을 빠짐없이 챙겨라.

빡빡 ①아주 세게 계속해서 문대거나 긁는 소리. ㉥얼굴을 빡빡 닦다. ②바닥이 보일 정도로 자꾸 깎거나 닦거나 밀어 내는 모양. ㉥머리를 빡빡 깎다. <빽빽. ㉰박박.

빡빡하다[빡빠카다] ①물기가 적어 보드라운 맛이 없다. ㉥팥죽이 빡빡하여 맛이 없다. ②여유가 없이 빠듯하다. ㉥날짜가 빡빡하다. ③꼭 끼어서 헐렁하지 않다. ㉥책상 서랍이 빡빡하다. ④융통성이 없고 고지식하다. <빽빽하다.

빤질거리다 매우 매끄럽고 반짝거리다. ㉥청소를 해서 바닥이 빤질거린다. 비빤질대다. <뻔질거리다.

빤짝거리다 ①강한 빛이나 윤이 나다. ㉥구두를 빤짝거리게 닦다. ②무엇을 빛이 나게 하다. ㉥눈빛을 빤짝거리며 옛날 이야기를 듣다. 비빤짝이다.

빤짝이다[빤짜기다] ①강한 빛이나 윤이 나다. ②무엇을 빛이 나게 하다. 비빤짝거리다.

빤:하다 무슨 일의 내용이 속이 환하게 보이듯이 분명하다. ㉥거짓말이라는 것을 빤히 알면서도 속아주다. <뻔하다. 빤히.

빨가벗다[빨가벋따] 알몸이 되도록 옷을 다 벗다. <빨거벗다. ㉰발가벗다.

빨강 삼원색(빨강, 파랑, 노랑)의 하나. 빨간 빛깔이나 물감.

빨:갛다[빨가타](가니, 빨가오) 진하고도 곱게 붉다. <뻘겋다. ㉰발갛다.

빨:개지다 빨갛게 되다. ㉥거짓말을 해서 얼굴이 빨개졌다. ㉰발개지다.

빨다(빠니, 빠오) 더러운 물건을 물 속에 넣어 때를 빼다. ㉥손수건을 빨다. 비빨래하다. 세탁하다.

빨대[빨때] 물이나 음료수를 빨아먹는 데 쓰는 가는 대롱.

빨랑빨랑 어서 빨리. 서둘러서. 비빨리빨리.

빨래 ①때묻은 옷 따위를 물에 빠는 일. ②빨기 위하여 벗어 놓은 옷 따위. -하다.

빨래터 냇가 같은 곳에 빨래를 할 수 있게 만들어 놓은 자리.

빨래판 빨래를 할 때 빨래를 올려놓고 비벼 빠는 데 쓰는 것으로, 가로로 홈이 패인 판.

빨랫감[빨래깜/빨랟감] 빨래할 옷이나 천. ×빨래감.

빨랫방망이[빨래빵망이/빨랟빵망이] 때를 빼기 위해 물에 젖은 빨랫감을 두드리는 데 쓰는 방망이.

빨랫비누[빨래비누/빨랟삐누] 빨래할 때 쓰는 비누. 비세탁비누.

빨랫줄[빨래쭐/빨랟쭐] 빨래를 널어 말리는 줄.

빨리 어떤 일을 하는 데 걸리는 시간이 짧거나 빠르게. 곧. ㉥빨리 일어나라. 비급히. 반천천히.

빨리다 ①액체나 기체가 입 속으로 들어가다. ②아기에게 젖을 빨게 하다.

빨리빨리 매우 빠르게. ㉥빨리빨리 행동해라. 비빨랑빨랑.

빨빨거리다 바쁘게 여기저기를 돌아다니다.

빨아내다[빨아내다] 속에 있는 액체를 빨아서 겉으로 나오게 하다. ㉥독을 빨아내다.

빨아들이다[빠라드리다] 빨아서 속으로 들어오게 하다. ㉥물을 빨아들이다.

ㅂ

빨아먹다[빠라먹따] ①액체 따위를 입으로 빨아들여서 먹다. ㊗아기가 젖을 빨아먹다. ②씹지 아니하고 입술과 혀로 녹여 먹다. ㊗사탕을 빨아먹다.

빨아올리다 밑에 있는 액체를, 빨아서 올라오게 하다. ㊗식물은 땅 속에서 영양분을 빨아올린다.

빨치산 주로 한국 전쟁 중에 후방에서 활동했던, 공산당의 비정규 부대의 군인. ※러시아 어 'partizan'에서 온 말.

빨판 낙지·오징어 따위의 발이나 거머리 따위의 입과 같이, 다른 물체에 달라붙는 데 쓰는 기관.

ㅂ

빳빳하다[빧빠타다] ①물건이 단단하고 꿋꿋하다. ②태도나 성질이 고분고분하지 않고 고집이 세다.

빵 곡식 가루를 반죽하여 불에 익힌 음식. ※포루투갈어 'pão'에서 온 말.

빵빵거리다 자동차 따위가 경적을 자꾸 울리다.

빵빵하다 고무 주머니 따위에 가스 같은 것이 꽉 차서 곧 터질 듯하다. ㊗가방이 빵빵하다.

빵집[빵찝] 빵을 만들거나 만들어 파는 집.

빻:다[빠타] 찧어서 가루로 만들다.

빼곡하다[빼고카다] 조그만 틈도 없이 가득 차 있다. ㊗창고에 과일들이 빼곡하다.

빼:기 수학에서, 한 수에서 어떤 수를 빼는 일. ㊫더하기.

빼꼼이 어떤 물체가 살짝 밖으로 내민 모양.

빼:내다 ①박힌 것을 뽑다. ②여럿 중에서 필요한 것만을 골라 내다. ㊗좋은 것만 빼내다.

빼:놓다[빼노타] ①한데 끼일 것을 못 끼게 하다. ㊗나만 빼놓고 가기냐? ②꽂히거나 박힌 것을 뽑아 놓다. ③여럿 가운데서 어떤 것을 골라 놓다. ㊗쓸만한 것은 따로 빼 놓다. ④사람의 정신이나 기운 따위를 없어지게 하다.

빼:다 ①뽑아 내다. 속에 끼여 있는 것을 겉으로 나오게 하다. ㊗가시를 빼다. ②많은 것 가운데에서 일부를 덜어 내다. ③목소리를 길게 하다. ④행동이나 태도를 짐짓 꾸며서 하다. ㊗점잔을 빼다.

빼:닮다[빼담따] 가족 중의 다른 사람과 아주 닮다.

빼:돌리다 몰래 빼내어 남이 모르는 곳에 숨기거나 다른 곳으로 보내다.

빼:먹다 ①빠뜨리다. ②남의 물건을 돌려 내어 가지다.

빼앗기다[빼앋끼다] 빼앗음을 당하다. ㊟뺏기다.

빼앗다[빼앋따] ①남이 가진 것을 강제로 자기 것으로 하다. ②사람의 마음을 쏠리게 하다. ㊟뺏다.

빼어나다 여럿 중에서 특히 뛰어나다. ㊗빼어난 경치.

빽 갑자기 높고 날카롭게 지르는 소리. ㊗화가나서 소리를 빽 지르다.

빽빽거리다 시끄럽게 얘기를 크게 하거나 소리를 크게 내다. ㊗아이들이 빽빽거리다. ㊥빽빽대다.

빽빽하다 거의 붙을 정도로 사이가 촘촘하다. ㊗숲 속의 나무가 빽빽하다. <삑삑하다.

뺄셈 한 수에서 다른 수를 빼는 셈. ㊥감산. ㊫덧셈.

뱅 둥글게 원을 그리며 도는 모양. <뺑. ㊖뱅.

뺑뺑이 ①숫자가 적힌 둥근 판이 빙글빙글 돌 때에 화살을 쏘아 맞혀 그 등급을 정하는 기구, 또는 그것으로 하는 노름. ②제자리에서 빙글빙글 도는 것.

뺑소니 위급한 상황을 벗어나려고 급히 달아나는 것.

뺨 얼굴 양옆에 살이 도톰한 부분.

비볼.

빰치다 다른 것보다 훨씬 뛰어나다. 예조조 빰칠 정도의 꾀.

뻐근하다 근육이 당기어 조금 아프거나 움직이기가 거북하다. 예다리가 뻐근하다.

뻐기다 잘난 척하며 자랑하다. 비뽐내다. 으스대다.

뻐꾸기 두견이과의 새. 낮은 산에서 사는데, 두견이와 비슷하되 훨씬 큼. 봄에 남쪽에서 우리 나라에 왔다가 가을에 다시 남쪽으로 날아감. '뻐꾹뻐꾹' 하고 욺.

[뻐꾸기]

뻐꾹 뻐꾸기가 우는 소리.

뻐끔뻐끔 ①담배를 피우면서 연기를 세게 들이마셨다가 내뱉기를 연달아 하는 모양. ②물고기 따위가 입을 벌렸다 다물었다 하면서 물을 자꾸 마시는 모양. >빠끔빠끔.

뻐드렁니 바깥 쪽으로 비쭉 나온 앞니.

뻑뻑 ①아주 세게 계속해서 문대거나 긁는 소리. 예마룻바닥을 걸레로 뻑뻑 문지르다. ②얇은 종이 따위를 아주 힘껏 계속해서 찢는 소리. 예시험지를 뻑뻑 찢다. >빡빡. 여벅벅.

뻑뻑하다[뻑뻐카다] ①물기가 적어 부드럽지 못하다. 미끈하거나 말랑말랑하지 않다. 예죽이 뻑뻑하다. ②무엇이 꼭 끼거나 잘 돌지 않아 움직이기 힘들다. 예지퍼가 뻑뻑해서 올라가지 않는다. >빡빡하다.

뻑적지근하다. 근육이 매우 피곤하고 거북한 느낌이 있다.

뻔뻔스럽다 보기에 뻔뻔하다.

뻔뻔하다 부끄러운 일에도 부끄러워하지 않고 오히려 당당하다. 낯이 두껍다.

뻔질나다[뻔질라다](뻔질난, 뻔질나게) 무슨 일을 자주하여 눈에 자꾸 뜨이다. 예뻔질나게 오락실에 드나들다.

뻔:하다 조금 훤하다. 확실하다. 분명하다. 예우리가 이길 것이 뻔하다. >빤하다. 여번하다.

뻗다 ①펴서 길게 내밀다. 예팔을 쭉 뻗다. ②길게 자라 나가다. 예고구마잎이 뻗다.

뻗대다 남의 말이나 의사를 무시하고 계속하여 고집을 부리다.

뻗치다 ①'뻗다'의 힘줌말. ②세게 뻗다. 예다리를 힘껏 뻗치다. ③이 끝에서 저 끝까지 닿다.

뻘 진흙이 더러운 물 속에서 검게 변하여 미끈미끈하게 된것.

뻘:겋다[뻘거타] 몹시 벌겋다. 예흙탕물에 바지가 뻘겋게 물이 들었다. >빨갛다.

뻘뻘 땀을 몹시 흘리는 모양. 예땀을 뻘뻘 흘리며 공을 차다.

뻣뻣하다[뻗뻐타다] ①물건이 부드럽지 못하고 꿋꿋하다. ②태도나 성질이 고분고분하지 않다. 예뻣뻣하게 맞서다. >빳빳하다.

뻥[1] (속된말로) 몹시 과장된 말이나 거짓말.

뻥[2] ①갑자기 터지는 큰 소리. 예풍선이 뻥 터지다. ②공을 세게 차는 모양이나 소리. >빵. 센펑.

뻥긋하다[뻥그타다] 말을 하려고 입을 조금 벌리다.

뻥튀기 쌀·옥수수 따위를 밀폐된 용기 속에서 가열하여 튀긴 것. 비튀밥.

뼈 등뼈 동물의 힘살 속에 싸여 몸을 지탱하는 물질.

뼈다귀 '뼈'의 속된말.

뼈대 ①몸을 이루고 있는 뼈의 크고 작은 생김새. 골격. ②사물을 이루는 중심이 되는 줄기.

ㅂ

뼈마디 ①뼈와 뼈가 이어지는 부분. ②뼈의 낱낱의 도막. 비관절.
뼈아프다 뼈가 아플 정도로 마음 깊이 사무치다. 예뼈아픈 과거.
뼈저리다 깨달음이나 결심이 마음이 아플 만큼 깊고 철저하다. 예부모님께 효도 못 한 것이 이제야 뼈저리게 뉘우쳐진다.
뼘: 엄지손가락과 다른 손가락의 잔뜩 벌린 거리.
뼛골[뼈꼴/뼫 꼴] 뼈의 속. 골수. 예뼛골이 빠지게 일하다.
뼛속[뼈쏙/뼫 쏙] 뼈의 속. 골수. 예추위가 뼛속까지 스며든다.
뽀드득 이를 갈 때, 또는 눈 따위를 밟을 때 나는 소리. 〈뿌드득.

ㅂ

뽀르르 빠른 걸음으로 달려가는 모양. 〈뿌르르.
뽀뽀 몸의 한 부분에 입을 맞추는 일. 비입맞춤. 키스. -하다.
뽀ː얗다[뽀야타] ①연기나 안개 따위가 짙게 낀 것같이 선명하지 않고 희끄무레하다. ②부드러운 느낌을 주며 하얗다. 예아기 피부가 뽀얗다. 〈뿌옇다. 여보얗다.
뽐내다 우쭐대다. 잘난 체하다. 비으스대다. 뻐기다.
뽑다. ①박힌 것을 뽑아 나오게 하다. 반박다. ②가려내다. 예대표 선수를 뽑다. ③말소리를 길게 내다. ④길게 생긴 물건을 만들다. 예국수를 뽑다.
뽑히다[뽀피다] ①여럿 가운데서 가려지다. 예반 대표로 뽑히다. ②속에 있는 것이 잡아당겨져 밖으로 나오다. 예태풍에 나무가 뿌리가 뽑혀 쓰러졌다.
뽕나무 뽕나무과의 갈잎넓은잎큰키나무, 또는 떨기 나무. 밭에서 재배하는 것은 높이 2~3m임. 늦봄에 작은 꽃이 이삭 모양으로 피는 데 화판이 없음. 핵과 오디는 먹으며 잎은 누에의 먹이, 나무는 가구재, 껍질은 종이의 원료로 쓰임.
뽕잎 뽕나무의 잎.
뾰로통하다 토라져서 얼굴에 성난빛이 있다. 〈뿌루퉁하다.
뾰루지 뾰족하게 부어오른 작은 부스럼.
뾰족뾰족 비슷한 여럿이 다같이 뾰족한 모양. 예봄이 되자 새싹들이 뾰족뾰족 고개를 내밀다.
뾰족하다 끝이 가늘고 날카롭다. 예송곳이 뾰족하다. 〈뾰죽하다. 센뾰쪽하다.
뿌듯하다[뿌드타다] 만족스러운 느낌이 가득하다. 〉빠듯하다. 여부듯하다.
뿌리 ①식물의 줄기 밑에 달려 있는 부분. ②사물의 밑둥과 근본. 예병의 뿌리.
뿌리깊다[뿌리깁따] 오래도록 정신 속에 깊숙이 자리잡아 굳어져 있다. 예두 집안 사이의 뿌리깊은 원한.
뿌리내리다 ①어디에 자리를 잡고 오래 살다. 정착하다. 예고향에 뿌리내리다. ②무엇을 깊고 튼튼히 자리잡게 하다. 예이 땅에 민주주의를 확고히 뿌리내리다.
뿌리다 ①골고루 흩어지도록 끼얹거나 던지다. 예마당에 물을 뿌리다. ②눈이나 빗방울이 날려 떨어지다. 예가랑비가 뿌리다.
뿌리뽑다 잘못된 일의 원인을 없애다. 예범죄를 뿌리뽑다.
뿌리치다 ①붙잡은 것을 놓치게 하다. 예잡은 손을 뿌리치다. ②말리는 것을 물리치다.
뿌리털 식물의 뿌리 끝에 가늘고 빽빽하게 나는 털. 이것으로 양분과 물을 흡수함.
뿌리혹 고등 식물의 뿌리에 생기는 혹 모양의 것.

뿌리혹 박테리아 콩과 식물의 뿌리에 기생하여 뿌리혹이 생기게 하는 세균〔뿌리에 영양을 공급하는 세균임〕.

뿌:옇다[뿌여타] 뚜렷하지 않고 희끄무레하다. 연기나 안개가 낀 것 같다. 〉뽀얗다.

뿐[1] 다만 어떠하거나 어찌할 따름이라는 뜻을 나타내는 말. ㉠가라기에 갔을 뿐이다.

-뿐[2] 그것만은 있고 다른 것은 없다는 뜻을 나타내는 말. ㉠나에게는 너뿐이다.

뿐만 아니라 '그러할 뿐만 아니라'의 준말. ㉠그녀는 얼굴이 예쁠뿐만 아니라 마음도 곱다.

뿔 소·염소 등의 머리에 불쑥불쑥 내민 뾰족하고 단단하게 생긴 부분.

뿔뿔이 서로 따로따로 흩어지는 모양. ×뿔뿔히.

뿜다[뿜따] 속에서 불어 내어 보내다. ㉠굴뚝에서 연기를 뿜다.

뿜어내다[뿌머내다] 연기나 물 따위를 밖으로 세차게 나오게 하다.

삐거덕 딱딱한 물건들이 서로 닿아 비빌 때 느리고 되게 나는 소리. ㉠문이 삐거덕 하고 열리다.

삐걱거리다 ①문이나 마루 바닥 따위가 서로 닿아서 비비는 소리가 연달아 나다. ㉠복도가 오래되어 삐걱거리는 소리가 나다. ②일이 잘 되지 않아 문제가 생기다. ㉠운동회 준비가 삐걱거리다.

삐끗하다[삐끄타다] ①일이 잘못해서 어긋나다. ②물건이 어긋나서 맞지 않다. 〉빼끗하다. ㊐비끗하다.

삐:다 뼈의 마디가 제자리를 벗어나다. ㉠넘어져 발목을 삐다.

삐딱하다[삐따카다] 물체가 한쪽으로 보기 싫게 기울어져 있다.

삐뚤다 ①행동이나 성격이 올바르지 못하다. ㉠사춘기가 되자 형은 삐뚤게 행동하기 시작했다. ②물체가 바르지 못하고 한쪽으로 기울어져 있다. ㊐비뚤다.

삐뚤삐뚤 곧지 못하고 이리저리 구부러진 모양. ㉠줄이 삐뚤삐뚤하다. ㊐비뚤비뚤.

삐뚤어지다 ①중심을 잃고 안쪽으로 기울어지다. ②마음이 바르지 못하다. 〉빼뚤어지다.

삐라 사람들에게 돌리거나 눈에 잘 띄는 곳에 붙이거나 하는 구호나 선전 문구를 적은 종이. ※'전단'의 일본식 말.

삐악거리다 병아리가 계속 울다.

삐죽 ①비웃거나 마음에 들지 않을 때 쑥 내미는 모양. ②물건의 끝이 날카롭게 내밀어져 있는 모양. ③잠깐 나타났다 없어지는 모양. ㉠얼굴만 삐죽 내밀다. 〉빼죽. ㊊삐쭉. ㊐비죽. -하다.

삐죽거리다 불만의 표시로 소리 없이 입술을 내밀곤 하다. 〉빼죽거리다. ㊊삐쭉거리다. ㊐비죽거리다.

삐죽삐죽 ①무엇이 겉의 이곳 저곳에서 튀어나온 모양. ②무엇이 못마땅하여 입술을 자꾸 내미는 모양. ㊊삐쭉삐쭉. ㊐비죽비죽.

삐죽이[삐주기] 가지런한 것들 사이로 튀어나오게. ㉠맹구는 앞니가 삐죽이 나와 있다.

삐:치다 성이 난 표정을 보이다. ㉠삐쳐서 말도 안 한다. ㊔토라지다.

삥 한 곳을 중심으로 하여 동그라미를 그리듯 돌거나 둘러 싼 모양. ㉠삥 둘러앉다. 〉뺑. ㊐빙.

ㅅ (시옷[시옫]) 한글 닿소리(자음)의 일곱째 글자.

사:[1] 숫자 4의 한자 이름으로 '넷'을 뜻함. 【四】

사:[2] 죽음. [반]생. 【死】

사[3] 여러 사람이 아니고 개인 혼자에 관한 것. [반]공. 【私】

사:각 네 개의 모서리. 【四角】

사각거리다 연한 사과나 과자 같은 것을 씹을 때 나는 소리가 자꾸 나다. ‹서걱거리다. [센]싸각거리다.

사:각뿔 밑면이 사각형인 각뿔. 네모뿔.

사각사각 싱싱한 배나 사과 따위를 가볍게 연거푸 씹을 때 나는 소리. ‹서걱서걱. [센]싸각싸각.

사:각형 네 변으로 이루어진 다각형. [비]네모꼴. [준]사각.

사:각형그래프 사각형의 가로·세로를 10등분해서 전체 모눈의 수를 100으로 하여 모눈의 수로 전체에 대한 부분의 비율을 나타낸 그래프.

사간원 조선 시대 삼사의 하나. 임금에게 옳지 못한 일을 고치도록 아뢰는 일을 맡아 보던 곳.

사감 기숙사에서 생활하는 사람들의 생활을 감독하는 사람.

사:거리 서로 방향이 다른 두 길이 만나서 네 갈래로 되는 곳. [비]네거리. 십자로.

사:건 [사껀] ①벌어진 일이나 일거리. ②뜻밖에 일어난 일. [예]도난 사건. [비]사고. 【事件】

사격 대포나 총을 쏨. -하다.

사:경 죽을 지경. [예]환자가 사경을 헤매다. 【死境】

사:계 봄·여름·가을·겨울의 네 계절. [비]사철. 춘하추동. 【四季】

사:고[1] 뜻밖의 사건. [예]추락 사고. [비]변고. 【事故】

사:고[2] 조선 시대에, 역사에 관한 중요한 기록이나 책들을 보관하여 두던 곳. 강화 마니산·무주 적상산·봉화 태백산·강릉 오대산에 있었음. 【史庫】

사고[3] 무엇에 대하여 깊이 생각함. [예]사고방식. -하다. 【思考】

사고력 무엇에 대하여 깊이 생각할 수 있는 힘. 【思考力】

사고 방식 생각하고 판단하는 태도나 방식.

사공 배를 부리는 사람. [본]뱃사공.

사:과[1] 잘못에 대하여 용서를 빎. [비]사죄. -하다. 【謝過】

사과[2] 가을에 익는, 모양이 둥글고 붉으며 새콤하고 단맛이 나며 향기가 좋은 과일. 【沙果】

사과나무 봄에 하얀 색이나 연분홍색 꽃이 피는, 사과가 열리는 잎지는큰키나무.

사:관[1] 지난날, 역사를 기록하던 벼슬, 또는 그 관원. 【史官】

사:관[2] 장교. 보통 소위·중위·대위를 가리킴. ㉥사관 학교. 【士官】

사관 학교 한 국가의 군대의 장교를 교육하는 대학 과정의 학교.

사:교 사회 생활에 있어서 사귀며 교제함. -하다. 【社交】

사교적 여러 사람과 잘 어울리고 잘 사귀는 성격을 가지는 것. ㉥나는 사교적인 성격이다.

사구 사막이나 물가에 바람이나 물결의 힘으로 생긴 모래 언덕. 【砂丘】

사:군 이충 신라 시대 화랑도의 세속 오계의 하나. 임금을 충성으로써 섬김. 【事君以忠】

사:군자 〔동양화에서, 군자와 같다는 뜻으로〕 매화·난초·국화·대나무를 일컫는 말. 【四君子】

사귀다 서로 가까이 하여 얼굴을 익히고 사이좋게 지내다.

사그라지다 삭아서 없어지다. ㉥울분이 사그라지다. ×삭으러지다.

사:극 역사 속의 사실을 소재로 하여 꾸민 연극. ㉯역사극.

사근사근하다 ①성질이 부드럽고 싹싹하다. ㉥사근사근한 성격. ②배나 사과를 씹는 것과 같이 연하다. <서근서근하다. **사근사근히**.

사글세 방을 빌려 쓰고 다달이 내는 돈. 월세. ㉥사글세로 방을 얻다. ×삭월세.

사금 강이나 바다의 모래에 섞여 있는 금가루. 【砂金】

사금파리 사기 그릇의 깨어진 작은 조각.

사기[1] 백토를 구워 만든 그릇. ㉥사기 그릇. 【沙器】

사기[2] 못된 꾀로 남을 속임. ㉥사기꾼. 【詐欺】

사:기[3] ①군사가 용기를 내는 기운. ②사람이 단결하여 무슨 일을 할 때의 씩씩한 기운. ㉥사기가 드높다. 【士氣】

사기꾼 자기의 이익을 위해 나쁜 꾀로 남의 재물을 빼앗는 짓을 일삼는 사람.

사나이 남자. ㉥행동이 사나이답다. ㉥남자. ㉥계집. ㉰사내.

사나흘 사흘이나 나흘. ㉰사날.

사:납다(사나우니, 사나워서) ①성질이나 생김새가 독하고 험악하다. ㉥사나운 성질. ㉥착하다. 순하다. ②운수·재수 등이 몹시 나쁘다.

사내 ①남자. ㉥계집. ②한창 때의 젊은 남자. ㉯사나이.

사내답다 남자로서의 씩씩한 기질과 성품을 가지고 있다. ㉯사나이답다.

사내아이 어린 남자 아이. ㉥남아. ㉥계집아이. ㉰사내애.

사냥 산이나 들의 짐승이나 새를 활이나 총 등으로 잡는 일. ㉥수렵. -하다.

사냥감 사냥하여 잡으려고 하는 짐승.

사냥꾼 사냥하는 사람, 또는 사냥을 하여 생활하는 사람.

사농공상 지난날, 선비·농부·장인·상인의 네 가지 신분을 아울러 이르는 말. 【士農工商】

사다 ①어떤 물건을 값을 주고 제것으로 만들다. ㉥구매하다. 구입하다. ㉥팔다. ②값을 주고 누구의 힘을 빌리다. ㉥물건을 나르기 위해 짐꾼을 사다. ③남에게 어떤 감정을 가지게 하다. ㉥대학에 수석 합격하여 사람들의 부러움을 사다.

사다리 '사닥다리'의 준말.

사다리꼴 사각형 중에서 한쌍의 대변이 평행한 것.

사닥다리[사닥따리] 높은 곳에 올라갈 수 있도록 나무나 쇠로 만든 도구. ㉰사다리.

ㅅ

사단 군대 조직 단위의 하나. 육군에서는 군단의 아래, 연대의 위에 있고, 해병대에서는 여단의 위에 있는 부대. 【師團】
사단장 사단을 이끄는 지휘관.
사:담[1] 역사상에 실제로 있었던 이야기. 【史談】
사담[2] 사사로이 하는 이야기. 개인적인 이야기. 【私談】
사당 죽은 사람의 신주를 모셔 놓은 집. 사당집. 【祠堂】
사당지기 사당을 지키는 사람.
사:대당 조선 말기에 개화당에 대하여 청나라 세력에 의존하려고 한 보수 세력. 명성 황후 일파가 중심이었음. 【事大黨】
사:대문 지난날, 서울 둘레를 막은 성벽의 네 대문. 동쪽은 흥인지문(동대문), 서쪽은 돈의문(서대문), 남쪽은 숭례문(남대문), 북쪽은 숙정문(북대문)〔지금은 흥인지문과 숭례문만이 남아 있음〕. [준]사문. 【四大門】
사:대부 지난날, 벼슬이나 신분이 높은 양반. 【士大夫】
사:대 성인 세계의 모든 사람들의 스승이 될 만한 네 사람. 보통, 공자·석가·그리스도·소크라테스를 가리키나, 소크라테스 대신 마호메트를 넣기도 함. 【四大聖人】
사:대주의 일정한 자주성이 없이 세력이 강한 나라나 사람에게 복종하는 태도. 【事大主義】
사:도 ①보람 있고 훌륭한 일을 위해 자기를 돌보지 않고 힘쓰는 사람. [예]평화의 사도. ②예수가 복음을 널리 전하기 위하여 특별히 뽑은 열두 제자. 십이사도. [예]사도 바울. 【使徒】
사도 세자〖사람〗[1735~1762] 조선 영조의 둘째 아들. 어머니는 영빈 이씨. 부인은 혜경궁 홍씨. 1세때 세자로 책봉되었으나 부왕의 미움을 사서 뒤주 속에 갇혀 8일만에 굶어 죽음. 【思悼世子】
사돈 결혼한 사람의 양쪽 부모들끼리 또는 그 두 집의 같은 항렬되는 친족끼리 서로 부르는 말. ×사둔.
사들이다[사드리다] 사서 들여오다. [예]헐값에 땅을 사들이다.
사:또 지난날, 백성이 고을 원님을 높여 이르던 말. [비]원님.
사라지다 모양이나 자취가 없어지다. 보이지 않게 되다. [예]별들이 사라지다. [비]없어지다. <스러지다.
사:람 지구상에서 가장 발달한 동물. 언어를 가지며 도구를 만들어 사용함. [비]인류. 인간. －되다.
사:람답다(사람다우니, 사람다워) 사람으로서 마땅히 해야할 행동에 어그러짐이 없다.
사:람되다 ①마음과 정신이 온전하고 바르게 되다. [예]선생님께서 저를 사람되게 이끌어 주십시오. ②사람으로서 마땅히 지녀야 하는 것을 지니다. [예]이웃을 돕는 것이 사람된 도리이다.
사:람됨 한 사람의 마음·태도·행동 따위에 나타나는 인격. [예]사람됨이 진실하다.
사랑[1] ①따뜻한 인정으로 아끼고 위하는 일, 또는 그러한 마음. ②남녀가 서로 정을 들이어 애틋하게 그리는 일, 또는 그 애인. ③사물을 몹시 좋아함. [반]미움. 증오. －하다.
사랑[2] 한옥에서 남자 주인이 쓰면서 손님도 맞아들이는 곳. 【舍廊】
사랑니 보통의 어금니가 다 난뒤, 새로 나는 작은 어금니. 아예 안 나는 사람도 있음.
사랑방 안채와 따로 떨어진 방. 남자 손님을 맞아들이는 방.
사랑스럽다 사랑하고 싶을 만큼 귀엽다.

ㅅ

사랑채 사랑으로 쓰이는 집의 부분.

사래 '이랑'의 옛말. 한 고랑과 한 두둑을 아울러 일컫는 말. [예]사래 긴 밭을 언제 갈려 하느냐.

사:레 음식을 잘못 삼키어 재채기하려는 상태. [예]사레 들리다.

사려 여러 가지 일에 대한 깊은 생각이나 근심. [예]그 사람은 사려가 깊다. [비]사념. 【思慮】

사:력[1] 목숨을 아끼지 않고 쓰는 힘. 죽을 힘. [예]사력을 다하다. 【死力】

사력[2] 모래와 자갈. 【砂礫】

사력댐[사력땜] 중심부에 점토를 넣고 양쪽을 자갈과 모래로 다지고 돌을 쌓아서 만든 댐.

사:령 옛날에, 관청에서 심부름을 하던 사람. 【使令】

사령관 군대의 지휘를 맡아 보는 사령부의 우두머리. 【司令官】

사령부 군대에서, 사단 이상의 부대를 지휘하는 본부. 【司令部】

사령선 함대의 군함 가운데 지휘관이 타고 있는 배. 【司令船】

사:례[1] 입은 은혜에 대하여 고마운 뜻을 나타내는 일. [예]사례의 뜻을 전하다. -하다. 【謝禮】

사:례[2] 어떤 현상에 대한 예가 되는 실제의 사실. [예]성공 사례. 【事例】

사:례금 감사하는 뜻으로 주는 돈.

사로잡다 ①산 채로 붙잡다. [예]토끼를 사로잡다. ②매혹하여 홀리게 만들다. [예]마음을 사로잡다.

사로잡히다 ①산채로 붙잡히다. [예]사로잡힌 포로. ②얽매이어 옴쭉달싹 못하게 되다. [예]공포에 사로잡히다.

사료[1] 가공하여 만든 가축 따위의 먹이. 【飼料】

사:료[2] 역사의 연구에 필요한 문헌이나 유물 따위. 【史料】

사르르 ①얽히거나 묶인 것이 부드럽게 살살 풀리는 모양. [예]밧줄이 사르르 풀리다. ②저절로 부드럽게 녹는 모양. [예]눈이 사르르 녹다. ③눈을 살며시 감거나 뜨는 모양. 또는, 졸음이 살며시 오는 모양. [예]사르르 졸음이 오다. ④몸 또는 몸의 일부가 살살 아픈 모양. [예]배가 사르르 아프다. <스르르.

사리[1] 국수·새끼·실 등을 사리어 감은 뭉치, 또는 그것을 세는 단위. [예]국수 한 사리.

사:리[2] 사회 생활을 올바르게 할 수 있게 하는 기본 이치. [예]사리에 닿는 말. [비]이치. 도리. 【事理】

사리[3] 개인의 이익. [예]사리 사욕. [반]공리. 【私利】

사리[4] 덕이 높은 스님을 화장하고 남은 뼈에 섞여 있는 구슬 모양의 물질. 【舍利】

사리다 ①조심하고 주의하다. 만일을 경계하다. [예]함정에 빠지지 않으려고 몸을 사리다. ②국수나 새끼따위를 헝클어지지 않게 빙빙 둘러서 포개어 감다. [예]사리어 놓은 국수.

사리 사욕 개인의 사사로운 이익과 욕심. 【私利私慾】

사:림 벼슬을 하지 않은 유학을 공부하는 선비들. 【士林】

사립 사사로이 설립함. [예]사립 학교. [반]공립. 【私立】

사립문 잡목·싸리·대 등의 나뭇가지로 엮어 단 작은 문. [준]사립. ×싸리문.

[사립문]

사:마귀[1] 살갗에 도도록 하고 납작하게 돋은 군살.

사:마귀[2] 사마귀과의 곤충. 풀밭에 살며 앞다리가 길고 큰 것이 특징임. 버마재비.

[사마귀]

사막 대부분 모래로 이루어진 넓은 벌판. ㉠사하라 사막.

사:망 사람이 죽음. 반출생. 비죽음. -하다. 【死亡】

사:망률[사망뉼] 일 년 동안의 사망자 수의 총인구에 대한 비율.

사:면[1] ①사방. 동·서·남·북의 네 방향. ②네 면. 【四面】

사:면[2] 죄를 용서하여 형벌을 면제·감면·변경하는 일〔대통령의 권한임〕. -하다. 【赦免】

사:면 초가 중국의 고사에서 나온 말. 사방이 모두 적에게 둘러 싸인 경우와 고립된 경우를 뜻함. 비진퇴유곡. 【四面楚歌】

사:명 마땅히 해야 할 일, 또는 지워진 임무. ㉠맡은 바 사명을 다하다. 비임무. 책임. 【使命】

ㅅ

사:명당〖사람〗[1544~1610] 조선 선조 때의 유명한 승려. 성은 임씨. 승명은 유정. 임진왜란 때 승병장으로 승병을 이끌고 큰 공을 세웠음. 【四溟堂】

사:모 옛날 관복을 입을 때 쓰던 명주실로 짠 모자. 【紗帽】

사:모관대 ①관복을 입을 때 쓰던 사모와 벼슬아치들이 입던 공복. ②정식으로 차린 옷차림.

사모님 ①'스승의 부인'을 높이어 부르는 말. ②'윗사람의 부인'을 높이어 부르는 말.

사모아〖지명〗 남태평양 중앙에 있는 '사모아 제도'를 이루는 섬. 동사모아(미국령)와 서사모아(독립국)로 나누어짐. 바나나·카카오·코프라 등을 수출함. 【Samoa】

사모하다 ①애틋하게 생각하며 그리워하다. ㉠사모하는 여인. ②우러러 받들고 마음으로 따르다. ㉠스승을 사모하다.

사:무 맡아 보는 일. 취급하는 일. 비직무. 【事務】

사:무국 어떤 기관에 딸려서 주로 일반 행정 사무를 맡아 보는 곳. ㉠유엔 사무국.

사:무기기 타자기·복사기·계산기 따위와 같이 사무에 쓰는 기계.

사:무소 어떤 단체나 회사 등에서 사무를 보는 곳. ㉠동사무소.

사:무실 사무를 보는 방.

사:무용 물건이 사무에 쓰이는 것. ㉠사무용 컴퓨터.

사:무원 사무를 맡아 보는 사람. 본사무 직원. 【事務員】

사:무 자동화 기계를 써서 사무를 자동적으로 처리하여 인력·시간을 줄이는 일〔문서 자동 편집기·팩시밀리·전자 우편·원격회의 시스템 등이 있음〕.

사:무직 관청이나 회사에서 사무를 맡아 처리하는 직책.

사무치다 그리움·슬픔 따위가 마음속 깊이 느껴지다.

사물[1] 개인이 가지고 있는 물건. 반공물. 관물. 【私物】

사:물[2] 세상의 온갖 물건. ㉠사물에 대한 관찰력. 【事物】

사:물놀이[사물로리] 민속 타악기인 사물, 곧 꽹가리·징·북·장구로 하는 농악놀이. 준사물.

사물함 공공 시설에서 개인의 물건을 넣어 두는 함.

사뭇[사묻] ①보통을 넘어서는 정도로. 꽤. ㉠사람마다 성격이 사뭇 다르다. ②처음부터 끝까지 그대로. ㉠사뭇 떠들어 댄다. 비줄곧.

사발 밥이나 국을 담는 데 쓰이는 아래는 좁고 위는 넓은 사기 그릇.

사:방[1] ①동·서·남·북의 네 방향. ②모든 방향. 【四方】

사방[2] 산·강가 따위에 흙이나 모래가 빗물에 씻겨 내려가는 것을 막기 위해 시설하는 일. 【砂防】

사:방치기 땅바닥에 여러 개의 네모

꼴을 그려 놓고 납작한 돌을 한 발로 차서 옮기는 어린이들의 놀이.
사:방 팔방 여기저기. 모든 방면. 여러 방면. 【四方八方】
사범 ①스승으로서의 모범이 될 만한 사람. ②학술 및 권투·바둑·유도 등의 기예를 가르치는 사람. ㉠태권도 사범. 【師範】
사범 대학 중·고등 학교의 교사를 길러 내는 대학.
사법 삼권의 한 가지. 법률에 따라 재판을 하는 일. 【司法】
사법권 사법을 행하는 국가의 권한.
사법부 삼권분립에 따라, 법권을 행사하는 대법원 및 대법원이 다스리는 모든 기관. 【司法府】
사:변 나라의 큰 사건. 전쟁에 비길 만한 큰 일. ㉠만주 사변. 비난리.
사:별 죽음으로 서로 이별함. 반생별. -하다. 【死別】
사:병 장교가 아닌 모든 병사. 반장교. 【士兵】
사복 제복이 아닌 보통 옷. 반유니폼. 제복. 【私服】
사본 원본을 복사하거나 베껴 놓은 문서나 책. 반원본. 【寫本】
사부 ①스승과 아버지. ②스승을 높여서 일컫는 말. 【師父】
사비 개인이 부담하고 지출하는 비용. 반관비. 공비. 【私費】
사:비성 백제의 마지막 서울. 충청남도 부여의 옛 이름. 백제 제26대 성왕부터 제31대 의자왕까지의 도읍지였음. 부소 산성. 【泗沘城】
사뿐사뿐 가볍게 걷는 모양. ㉠복도에서는 사뿐사뿐 걸어야 한다.
사뿐히 소리가 안 날 정도로 조심스럽게. ㉠잠자리가 풀잎 끝에 사뿐히 내려앉았다.
사사 스승으로 섬기거나 스승의 가르침을 받는 것. -하다. 【師事】
사:사건건[사사껀껀] 모든 일. 온갖 사건. 【事事件件】
사사롭다(사사로우니, 사사로워) 공적이 아닌 개인적인 성질을 띠고 있는 것.
사:사 오입 끝수의 4이하는 0으로 하여 떼어 버리고, 5이상은 10으로 하여 윗자리에 끌어 올려서 계산하는 셈법. 반올림.
사살 총이나 활 등으로 쏘아 죽임. -하다. 【射殺】
사:상[1] 사회나 정치에 대한 일정한 견해. ㉠사상이 의심스럽다. 【思想】
사:상[2] 죽음과 다침. ㉠사상자. 【死傷】
사:상[3] 어떤 일이 있어 온 이래. ㉠올림픽에서 체조 사상 처음으로 금메달을 땄다. 【史上】
사상가 인생이나 사회 문제에 대하여 깊은 사상을 가진 사람.
사:상자 어떤 사고에서 죽거나 다친 사람. 【死傷者】
사:색[1] 심한 걱정이나 겁 때문에 핏기가 없어진 얼굴빛. ㉠얼굴이 사색으로 변하다. 【死色】
사색[2] 사물의 이치나 줄거리를 따지어 깊이 생각함. ㉠사색에 잠겨 있다. -하다. 【思索】
사:색 당파 조선 시대에 있었던 네 당파. 즉, 남인·북인·노론·소론을 말함. 【四色黨派】
사생 미술에서, 실제의 물건이나 자연을 그대로 그려 내는 일. ㉠사생대회. 【寫生】
사:생 결단[사생결딴] 죽고 삶을 생각하지 않고 끝장을 냄. ㉠사생 결단을 내다. -하다. 【死生決斷】
사생아 법적으로 부부가 아닌 남녀 사이에서 태어난 아이. 【私生兒】
사생화 사생하여 그린 그림. 실제의 사물·자연 그대로의 경치를 그림. 【寫生畫】
사생활 개인의 사사로운 일상 생활. 【私生活】

사:서[1]〖책명〗 유교의 경전인 논어·맹자·중용·대학을 일컬음.【四書】

사서[2] 도서관의 책의 정리·보존·열람을 맡아 보는 일, 또는 그 일을 맡은 사람.【司書】

사:서삼경 유교의 경전인 사서(논어·맹자·중용·대학)와 삼경(시경·서경·주역)을 이르는 말.

사:서 오경 유교의 경전인 사서(논어·맹자·중용·대학)와 오경(시경·서경·주역·예기·춘추)을 이르는 말.

사서함 우체국에 있는 가입자 전용 우편함. 본우편 사서함.

사선[1] ①비스듬하게 그은 줄. ②하나의 직선이나 평면에 수직이 아닌 선. 비빗금.【斜線】

사:선[2] 죽을 고비. 잘못하면 죽을 위험한 경우. 예사선을 뚫고 자유의 품에 안기다.【死線】

ㅅ

사설[1] 신문사·잡지사 등에서 특히 자기 회사의 주장을 내세워 싣는 글.【社說】

사설[2] 개인이 설립함. 예사설 단체. 반공설. -하다.【私設】

사설 시조 시조 형식의 하나. 종장 첫구를 제외한 초장·중장 등의 글자 수가 제한 없이 길어진 시조. 장형 시조.

사:성 공자·석가·예수·소크라테스의 네 성인. 사대 성인.【四聖】

사소 매우 적음. 하찮음. 예사소한 일. -하다.【些少】

사:수 죽음으로써 지킴. 목숨을 걸고 지킴. -하다.【死守】

사숙[1] 직접 가르침은 안 받았으나 스스로 그 사람의 덕을 사모하고 본받아서 도나 학문을 닦음. -하다.

사숙[2] 개인이 세운 서당. 글방.

사슬 쇠로 만든 고리를 여러개 이어서 만든 줄. 본쇠사슬.

사슴 사슴과의 짐승. 몸집이 크고 다리는 가늘고 날씬하며 털빛은 밤색에 아름다운 백색점이 있음. 깊은 산 속에 살며, 성질이 온순함. 수컷에 나는 뿔은 '녹용'이라 하여 귀한 약재로 씀.

[사슴]

사:시[1] 봄·여름·가을·겨울의 네 절기. 비사철. 사계.【四時】

사시[2] 양쪽 눈의 시선이 평행하지 않은 상태. 비사팔뜨기.【斜視】

사시나무 버드나무과의 갈잎큰키나무. 산에 자라는데, 높이 10cm, 잎은 달걀 모양이고 가장자리에 물결 모양의 톱니가 있음.

사:시사철 봄·여름·가을·겨울 네 철 내내. 예사시사철 변함없는 소나무. 비늘. 항상.

사:신 임금이나 나라의 명령으로 외국에 심부름을 가는 신하.【使臣】

사:실 실제로 있었던 일, 또는 있는 일. 예사실대로 말해라. 비진실. 반허위.【事實】

사실적 예술에서, 실제의 상태를 그대로 보여 주는 것. 예사실적으로 묘사하다.【寫實的】

사심 ①제 욕심을 채우려는 마음. ②개인적인 생각.【私心】

사:십 삼십구에 일을 더한 수. 비마흔.

사:씨남정기〖책명〗 조선 숙종때 김만중이 지은 한글 소설. 숙종이 인현 왕후를 내쫓고 장희빈을 좋아한 사실을 풍자하여 쓴 것임.

사악 마음이나 생각이 간사하고 악독함. 예사악한 꾀. -하다.

사암 모래가 물 속에 가라앉아 굳어서 된 바위.【沙巖】

사:약 옛날에, 죄를 지은 왕족이나

신하를 죽이기 위해 임금이 주어 마시게 하는 독약.
사양 겸손하게 거절하거나 남에게 양보함. -하다.
사:업 일정한 목적과 계획을 세워 하는 일. ㉠사업을 확장하다. 비실업. 기업. -하다. 【事業】
사:업가[사업까] 사업을 경영하는 사람. 또는 사업에 능숙한 사람. 사업자. 【事業家】
사:에이치(4H) 클럽 1914년 미국에서 처음 조직된 후 세계 각국에 전파된 건강·두뇌·양심·근로를 신조로 하는 농촌 청소년 조직. 우리 나라에는 새마을 청소년회가 그 구실을 하고 있음. 【4H club】
사:연[1] 어떤 일의 까닭. ㉠어찌된 일인지 사연을 말해 보아라. 【事緣】
사연[2] 편지나 말의 내용. ㉠사연이 많다. 비내용. 【辭緣】
사열 ①조사하기 위하여 죽 살펴 봄. ②군인들을 세워 놓고 장비와 사기 등을 검사함. ㉠부대 사열. -하다. 【査閱】
사옥 회사의 건물. ㉠사옥을 신축하다. 【社屋】
사욕 자기의 이익만을 채우려는 욕심. ㉠사욕을 채우다. 【私慾】
사:용 ①물건을 씀. ㉠컴퓨터 사용법. ②사람을 부림. 비이용. -하다.
사:용료[사용뇨] 무엇을 사용한 값으로 치르는 돈. 【使用料】
사:용법 사용하는 방법. 【使用法】
사:용자 ①물건이나 시설 등을 쓰는 사람. ㉠도서관 사용자. ②일을 시키고 그 대가로 보수를 주는 사람. 반근로자. 【使用者】
사우나 열과 증기를 이용한 목욕, 또는 그런 목욕탕. ※핀란드어 'sauna'에서 온말.
사우디아라비아【나라】 아라비아반도의 대부분을 차지하고 있는 네지드·헤자즈의 두 왕국과 그 영토로 이루어진 나라. 사막과 오아시스가 많음. 세계 최대의 석유 생산 국가임. 수도는 리야드, 종교상의 수도는 메카. 【Saudi Arabia】
사원[1] 회사에서 일을 보는 사람. ㉠신입 사원. 비회사원. 【社員】
사원[2] 규모가 큰 절. 【寺院】
사:월 열두 달 중에서 넷째 달. 【四月】
사(4):월 초파일 부처님이 탄생한 날. 음력 4월 8일.
사위 딸의 남편. 반며느리.
사윗감 사위가 될 사람. 사위로 삼을 만한 사람.
사위다 불이 다 타서 재가 됨. ㉠숯불이 잘 사위다.
사유[1] 개인이 소유한 것. 반공유. 국유. -하다. 【私有】
사:유[2] 일의 까닭. ㉠결석한 사유를 말하다. 비이유. 연유. 【事由】
사유 재산 국가가 아닌 개인이 소유하는 재산. 【私有財産】
사유지 개인이 소유한 토지. 반공유지. 국유지. 【私有地】
사육 일을 시키거나 고기를 얻기 위해 짐승을 먹이어 기름. -되다. -하다. 【飼育】
사:육신 조선 세조 때 단종의 복위를 꾀하다 죽은 여섯 충신〔이개·하위지·박팽년·유성원·유응부·성삼문을 이름〕. 【死六臣】
사육장 가축 등을 기르는 장소.
사:육제 천주교에서, 사순절에 앞서서 3일 동안 베풀어지는 축제. 여러 사람이 모여서 가면을 쓰고 행렬하여 신나게 떠들고 노는 축제. 카니발. 【謝肉祭】
사:은회 졸업생이 스승의 은혜에 감사하는 뜻으로 베푸는 연회나 다과회를 이름. 【謝恩會】
사:의 ①감사하는 뜻. ②사과하는 뜻. 【謝意】

사이 ①떨어진 틈이나 공간. ②시간적인 짬이나 동안. ㉮잠깐 사이. ③사람과 사람과의 관계.
사이갈이 농작물이 자라는 도중에 겉흙을 얕게 가는 일. 비중경.
사이공〖지명〗 1949년 월남 공화국 성립 이래 월남의 수도. 월남 패망 후 '호치민'으로 바뀜. 군항·무역항이며, 운하·철도·도로 교통의 중심지임.
사이다 탄산수에 당분과 향료를 섞어 만든 찬 음료. 【cider】
사이드라인 정구·축구·농구·배구 등에서 경기장의 경계를 나타내기 위해 그은 금. 【sideline】
사이렌 시간이나 급한 일을 널리 소리내어 알리는 신호 기계. 【siren】
사이버 어떤 일이 컴퓨터 통신이나 인터넷으로 이루어지는 것. 【cyber】
사이보그 특수한 환경에 적응할 수 있도록 몸의 일부를 기계 장치 따위로 만든, 상상의 인간. 【cyborg】
사:이비 비슷한 것 같으면서 속은 다름. 가짜. ㉮사이비 종교. 사이비 기자. 【似而非】
사이사이 ①여러 사이. 사이가 있는 여러 곳. ㉮솔밭 사이사이에 진달래가 피어 있다. ②가끔 생기는 시간. ㉮일하는 사이사이 책을 읽다.
사이좋다[사이조타] 서로 다정하다. 비의좋다.
사이즈 크기. 치수. 【size】
사이짓기 주된 농작물을 심은 이랑 사이에 다른 농작물을 심어 가꾸는 일. 비간작.
사이클 ①순환. 주기. 한 바퀴. ②자전거. 【cycle】
사이트 '웹사이트'를 줄인 말로, 컴퓨터에서 인터넷을 통하여 정보를 찾아볼 수 있는 데. 【site】
사이펀 공기의 압력의 차이를 이용하여 액체를 중간 높이에서 높은 곳으로 올려 보냈다가 다른 쪽의 낮은 곳으로 옮길 때 사용하는 굽은 관. 【siphon】
사인[1] ①기호. ②글 따위에 이름을 써 넣음. ③투수와 포수 사이에 주고받는 투구의 신호. **-하다**. 【sign】
사:인[2] 죽게 된 원인. 【死因】
사인펜 볼펜과 비슷한 필기구. 잉크에 따라 유성과 수성이 있음. ※영어 'sign pen'에서 온 말.
사:일구(4·19) 혁명 1960년 4월 19일, 12년간에 걸친 이승만 정권의 독재 정치와 3·15 정·부통령 부정 선거를 규탄하는 학생 중심의 시위로 말미암아 일어난 일. 사월 혁명. 【四一九革命】
사임 그 동안 맡고 있던 일자리를 스스로 그만둠. **-하다**.
사잇길 큰 길에서 옆으로 갈라져 나간 좁은 길. 샛길.
사:자[1] 명령을 받고 심부름하는 사람. 비사신. 【死者】
사자[2] 고양이과의 포유동물. 몸길이 약 2m이며, 수컷은 머리에서 목까지 갈기가 나고 위엄 있는 모습임. 사나운 짐승으로 울음 소리가 크고 행동이 당당하여 동물의 왕이라 일컬어짐. 밤에 활동하며, 얼룩말·기린 등의 큰 짐승을 잡아먹고 삶.

[사자]

사자놀이[사자노리] 음력 정월 대보름날 사자의 탈을 쓰고 하는 민속놀이. 사자놀음.
사자자리 봄철의 대표적인 별자리. 앞발을 쳐들고 선 사자에 빗대어서 붙인 이름.
사장[1] 회사의 우두머리. 【社長】
사장[2] 모래톱. 모래밭. 【砂場】

ㅅ

사재 개인의 재산. ㉥사재를 털어 장학 재단을 만들었다. 【私財】

사재기 값이 많이 오를 것으로 예상하고 물건을 필요 이상으로 많이 사 두는 것. 비매점매석.

사:적[1] 역사상의 남은 자취. ㉥사적지 보존. 비유적. 【史蹟】

사적[2][사쩍] 개인이 관계되는 것. ㉥공적인 일과 사적인 일을 구분해라. 반공적. 【私的】

사:적비 그곳에서 일어난 옛날 일의 역사를 새겨 넣은 비석.

사:전[1] 여러 가지 사항을 모아 하나하나에 해설을 붙인 책. ㉥백과 사전. 【事典】

사:전[2] 일이 일어나기 전. 일을 시작하기 전. 미리. ㉥사전에 양해를 구하다. 반사후. 【事前】

사전[3] 말을 모아서 찾기 쉽게 일정한 차례로 벌여 놓고 하나하나 그 발음·뜻·용법 등을 풀이한 책. ㉥국어 사전. 비사서. 【辭典】

사:절[1] 국가를 대표해서 어떤 일을 맡아 가지고 다른 나라에 파견되는 사람. 【使節】

사:절[2] ①사양하고 받지 아니함. ②요구하는 것을 거절함. ㉥면회 사절. -하다. 【謝絶】

사:절단 한 나라를 대표하여, 사명을 띠고 외국에 파견되는 사람들로 조직된 단체. 【使節團】

사:정 ①일이 놓여 있는 형편. ㉥경제 사정이 좋지 않다. 비형편. ②딱한 처지를 하소연하여 용서나 도움을 비는 일. ㉥도와 달라고 사정하다. -하다. 【事情】

사:정없이 [사정업씨] 남의 형편을 생각해 주지 않고 인정이 없이. 마구. ㉥사정없이 내몰다.

사제[1] 스승과 제자. 【師弟】

사제[2] 개인이 손수 만든 것. ㉥사제 폭탄. 【私製】

사조 어떤 시대에 일반적으로 널리 유행하는 흐름이나 경향. ㉥문학 사조. 예술 사조. 【思潮】

사:족[1] 사람의 두 팔과 두 다리. 비사지. 【四足】

사족[2] 긴 말이나 글의 끝에 쓸데없이 붙이는 말. 【蛇足】

사:죄 지은 죄에 대해 용서를 빎. ㉥백배 사죄. 비사과. -하다.

사:주[1] 사람이 태어난 연·월·일·시의 네 간지. 【四柱】

사:주[2] 좋지 않은 어떤 일을 하도록 남을 부추기는 것. -하다. 【使嗾】

사:주팔자 ①사주의 간지를 이루는 여덟 글자. ②타고난 운수.

사(4):중주 실내악의 한 가지. 네 개의 악기로 하는 연주.

사:지[1] 사람의 두 팔과 두 다리. ㉥사지가 쑤시고 아프다. 【四肢】

사:지[2] 죽게 될 만큼 위험한 곳. ㉥사지로 몰아넣다. 【死地】

사직[1] 맡은 직무를 놓고 물러남. ㉥사직서. -하다. 【辭職】

사직[2] 옛말로, 나라의 기틀. ㉥천년 사직이 무너지다. 【社稷】

사진 사진기로 사람이나 물건 또는 어떤 광경 등을 찍은 것.

사진기 사진을 찍는 기계.

[사진기]

사진첩 사진을 붙이거나 끼워 두는 책. 앨범.

사(4):차원 세계 상대성 이론에서 쓰이는 개념으로, 공간과 시간을 합쳐서 생각한 세계. 시공간의 세계. 【四次元世界】

사찰 절. 사원. 【寺刹】

사:창 조선 시대에 환곡을 저장해 두던 각 고을의 곳집. 【社倉】

사채[1] 개인적으로 사사로이 진 빚. 공인된 금융 기관이 아닌 개인에게서

ㅅ

빌린 돈. 【私債】
사채[2] 주식 회사가 그 사업상 필요한 자금을 일반인에게 빌리기 위해 발행하는 증권. 이자가 붙고, 일정 기간이 지나면 상환됨. 【社債】
사:천〖지명〗 경상 남도 사천군의 군청 소재지. 【泗川】
사:철 ①봄·여름·가을·겨울의 네 철. ㊞사계. 사시. ②늘. 항상.
사:체 사람이나 생물의 죽은 몸뚱이. ㊞시체. 시신. 송장. 【死體】
사:초 옛날에, 사관이 기록하여 두던 역사 기록의 초고. 【史草】
사:촌 아버지와 어머니의 친형제의 아들 딸. 【四寸】
사춘기 청년 초기로 이성을 그리워하는 열다섯에서 스무 살의 나이를 일컫는 말. 【思春期】
사치 분에 넘도록 지나치게 치장을 하거나 호화롭게 지냄. ㊒사치스러운 옷차림. ㊞호화. ㊥검소. -하다. -스럽다.
사칙연산 산수의 덧셈·뺄셈·곱셈·나눗셈의 네 가지 법칙의 계산법.
사:친 이효 세속 오계의 하나. 어버이를 섬김에는 효도로써 함.
사타구니 몸에서, 두 다리가 배 아래에서 만나는 부분. ㊞샅.
사탄 기독교에서, 하나님에게 대적하고 사람이 죄를 짓게 꼬이는 마귀의 우두머리. 【Satan】
사탕 엿이나 설탕을 졸여서 여러 가지 크기로 만든 단 과자.
사탕무 잎이 길쭉하고 크며 짙은 자줏빛인 두해살이풀. 뿌리는 원뿔 모양의 큰 덩이뿌리로 맛이 달아 사탕의 원료로 쓰임.
사탕발림 달콤한 말로 비위를 맞추어 살살 달램, 또는 그말이나 짓. -하다.
사탕수수 포아풀과의 여러해살이풀. 열대·아열대에서 많이 재배함. 높이 2~6m. 대개 수수와 같은데, 마디 사이가 짧음. 설탕의 원료임.
사:태[1] 일의 상태나 되어 가는 형편. ㊒긴급 사태. ㊞형세. 【事態】
사태[2] 소의 무릎 뒤쪽에 붙은, 국거리로 쓰이는 고깃덩어리.
사택 회사에서 사원들을 위해 마련한 집. ㊞관사. 【舍宅】
사퇴 어떤 지위에서 물러남. ㊒의원직을 사퇴하다. 【辭退】
사:투 죽을 힘을 다하여 싸움. 목숨을 내걸고 싸움. -하다.
사:투리 어느 한 지역이나 지방에서만 쓰이는 표준말이 아닌 말. ㊞방언. ㊥표준말.
사파이어 푸르고 맑으며, 다이아몬드 다음으로 단단한 돌. 보석으로 사용되어 값이 비쌈. 【sapphire】
사:팔뜨기 두 눈의 눈동자가 보는 물체에 바로 향하지 않고 한 쪽은 다른 곳을 향하는 정상적이 아닌 눈을 가진 사람. ㊞사시.
사포 쇠붙이나 나무의 표면을 매끄럽게 다듬는 데에 쓰는, 금강석 가루나 모래·유리 가루 등을 발라 붙인 헝겊이나 종이. 샌드페이퍼. 【沙布】
사표[1] 어떤 직책에서 그만두겠다는 뜻을 적어서 내는 문서. ㊞사직서. 사퇴서. 【辭表】
사표[2] 매우 훌륭해서 세상의 모범이 될 만한 일이나 사람. 【師表】
사:필귀정 세상의 일이 당장에는 분명하게 가려지지 않아도 결국에는 정의의 편이 이기게 된다는 말.
사:하다 주로 기독교에서, 잘못이나 죄를 용서하다. ㊒우리의 죄를 사하여 주소서.
사하라 사막〖지명〗 북아프리카의 대부분을 차지한 세계 최대의 사막. 넓이 약 800만km^2. 【Sahara 沙漠】

사:학[1] 역사를 연구의 대상으로 하는 학문. 본역사학. 【史學】

사(4):학[2] 조선 때 성균관 밑에 설치된 서울의 중앙과 동·서·남·북 네 곳에 세운 학교. 곧 중학·동학·남학·서학. 【四學】

사학[3] 개인이 세운 교육 기관. 반관학. 【私學】

사할린〖지명〗 일본의 북쪽에 있는 독립 국가 연합의 섬. 섬의 남쪽 부분은 원래 일본의 땅이었으나 제 2차 세계 대전 이후에 독립 국가 연합의 땅이 됨. 이 곳에 일제 때 끌려갔던 우리 동포들이 많이 살고 있음. 【Sakhalin】

사:항 어떤 사실에 관한 여러 내용 중의 한 가지를 간단하게 나타낸 것. 예주의 사항. 【事項】

사:해[1] ①사방의 바다. ②세계. 온 천하. 예사해 동포. 【四海】

사:해[2] 이스라엘과 요르단에 걸쳐 있는, 지구에서 가장 수면이 낮은 호수. 소금기가 바닷물의 약 다섯 배에 달하여 생물이 살 수 없음. '염해' 라고도 불림. 【死海】

사행심 우연한 이익을 얻고자 운수나 요행을 노리는 마음.

사헌부 조선 시대 삼사의 하나. 나랏일을 비판하고 벼슬 아치의 잘못을 가려내던 관청. 【司憲府】

사:형 죄 지은 사람의 목숨을 끊는 형벌. 예사형 선고. 비극형.

사:화 조선 시대 양반들의 세력 다툼으로 선비들이 화를 입은 사건. 예기묘 사화. 【士禍】

사:화산 화산 활동이 멎은 화산.

사:환 관청이나 회사에서 잔 심부름을 시키기 위해 고용한 사람.

사:활 죽음과 삶. 죽느냐 사느냐의 갈림. 예사활이 걸린 문제. 【死活】

사회[1] ①회의 등의 진행을 맡아 보는 일. ②'사회자' 의 준말. 【司會】

사회[2] 같은 무리끼리 모여 함께 살아가는 집단. 세상. 예모든 사람이 평등하게 대접받는 사회가 오길 바란다. 【社會】

사회과 부도 초등학교와 중·고등학교 사회 교과서에 딸린 지도·도표·그림 등을 모아 엮은 책.

사회 교육 학교 교육 이외의, 주로 청소년 및 성인에 대하여 행하는 교육 활동.

사회 교육 방송 학교 교육이외의 주로 청소년 및 어른들에 대하여 사회의 여러 가지 내용을 교육하기 위한 방송.

사회 규범 사회 생활과 질서를 유지하기 위하여 요구하는 도덕이나 법. 【社會規範】

사회면 신문에서 사회의 일상 생활에 일어나는 기사를 싣는 지면.

사회 문제 노동·주택·실업·범죄 문제와 같이 사회 제도의 결함에서 생기는 여러 가지 문제.

사회 보장 제도 국민의 건강과 최저의 문화 생활을 보장하기 위하여 국가가 일정한 국민에게 국가 부담으로 물질·의료상의 도움을 주어 그들의 생활 안정을 보장하기 위한 제도.

사회 복지 국민의 생활 안정과 이익 향상을 추구하여 이루어지는 여러 사회적 정책.

사회 사업 고아·장애인처럼 보살펴 줄 필요가 있는 사람들을 돕는, 전문적이고 조직적인 사업.

사회 생활 여러 형태의 사람들이 서로 어울려서 살아가는 일.

사회성 집단을 만들어 서로 어울려 생활하려는 사람들의 근본 성질.

사회인 사회의 일원으로 생활을 해 나가는 개인.

사회자 모임이나 예식 등의 진행을 맡아보는 사람. 준사회.

사회적 사회에 영향을 미치는 것. ㉥ 인간은 사회적 동물이다.
사회적 동물 인간은 사회의 일원으로서 사회를 벗어나서는 살아갈 수 없다는 뜻에서 사람을 달리 이르는 말. 【社會的動物】
사회적 지위 한 사회 속에서 소득이나 능력 등에 따라 차지하는 위치.
사회 정의 한 사회에 속한 모든 사람이 똑같이 사람다운 대접을 받아야 하는 이치.
사회주의 자본주의에 반대하여 생산 수단과 이익을 공동으로 하는 사회 제도나 그런 사상. 【社會主義】
사회 질서 사회가 올바른 상태를 유지하기 위하여 지켜야 할 일정한 규칙이나 순서.
사:후[1] 죽은 뒤. ㉥예술가들은 사후에 더 유명해지는 경우가 많다. 반 생전. 【死後】
사:후[2] 일이 끝난 뒤. 일을 끝낸 뒤. 반사전. 【事後】
사흗날[사흔날] 그 달의 셋째날. 본 초사흗날. ×사흔날.
사흘 ①세 날. 삼 일. ②'초사흘'의 준말.
삭감 예산 등을 깎아서 줄이는 것. ㉥예산 삭감. -하다.
삭다 ①굳거나 질긴 것이 오래 되어 무르거나 약하게 되다. ㉥절벽의 돌들이 삭아서 부서져 떨어지다. ②음식물이 잘 발효되어 맛이 들다. ㉥새우젓이 잘 삭았다.
삭막[상막] 황폐하여 쓸쓸함. ㉥삭막한 풍경. -하다.
삭발 머리털을 깎음. ㉥선수들 전원이 머리를 삭발했다. -하다.
삭신 몸의 근육과 뼈마디. ㉥몸살로 온 삭신이 다 쑤신다.
삭이다 ①먹은 것을 소화시키다. ②흥분된 마음을 가라앉히다. ㉥흥분을 남몰래 삭이다. -하다.
삭정이 살아 있는 나무에 붙은 채 말라 죽은 가지.
삭제 지워 버림. ㉥명단에서 이름을 삭제하다. 반첨가. -되다. -하다.
삭풍 겨울철에 북쪽에서 불어오는 차가운 바람. 비북풍.
삭히다[사키다] 음식 따위를 삭게 하다. ㉥장의 고유한 맛을 내기 위해 오랫동안 삭힌다.
삯[삭] ①일을 한 대가로 받는 돈이나 물건. ②어떤 물건이나 시설을 이용하는 대가로 내는 돈. ㉥찻삯.
삯바느질[삭빠느질] 삯을 받고 해주는 바느질. -하다.
산:[1] 푸른 리트머스 종이를 붉은 색으로 변하게 하는 성질을 띤 신맛이 있는 황산·초산·질산 등의 물질.【酸】
산[2] 평지보다 높이 솟아있는 땅덩이. 비뫼. 【山】
산간 산과 산 사이, 또는 산골짜기가 많은 땅. ㉥산간 지방. 【山間】
산간 벽지 산 속에 있는 외진 곳. 비 산간 오지. 【山間僻地】
산:고 아이를 낳는 고통. 비산통. 진통. 【産苦】
산골[산꼴] 산 속의 외지고 으슥한 곳. ㉥두메 산골.
산골짝[산꼴짝] 산과 산 사이가 깊이 패인 곳. 본산골짜기.
산귀신 산에 살면서 지나가는 사람들을 괴롭힌다는 귀신.
산기슭[산끼슥] 산의 아랫부분. 비 산자락.
산길[산낄] 산에 있는 좁고 험한 길.
산꼭대기 산의 맨 위.
산나물 산에서 나는 나물〔고사리·취 등〕. 비산채.
산너머 산의 저쪽. ㉥산너머에는 작은 마을이 있다. ×산넘어.
산대극 고려 시대부터 조선 시대에 성행하던 우리 나라의 대표적인 가면극. 비산대놀음. 산대도감극.

산대도감 지난날, 산대극을 보호하고 장려하기 위하여 둔 관청. 산디도감. 【山臺都監】

산더미[산떠미] 물건이나 일이 썩 많음을 비유한 말. ㉵할일이 산더미 같다.

산도둑[산또둑] 산 속에 근거지를 두고 남의 물건을 빼앗는 사람.

산동네 산등성이나 산비탈 같은 높은 곳에 있는 동네.

산돼지[산뙈지] 멧돼지. 산에 살며 밤에 나와 상수리·고구마 등을 먹는데, 성질이 사나움.

산들바람 시원하고 가볍게 부는 바람. <선들바람.

산들산들 시원한 바람이 연달아 가볍게 부는 모양. <선들선들. -하다.

산등성이[산뜽 성이] 산의 등줄기. 비능선. 준산등성.

산딸기 산과 들에 자라는 가시가 돋은 덤불나무에 무더기를 지어 열리는, 붉은 빛깔의 작고 동그란 먹는 열매.

[산딸기]

산뜻하다[산뜨타다] ①깨끗하고 시원하다. ㉵새벽 공기가 산뜻하다. ②차림새가 깨끗하고 단정하다. ㉵옷을 산뜻하게 차려 입다.

산:란¹[살란] 알을 낳음. 【産卵】

산:란² 어지럽고 어수선함. ㉵정신이 산란하다. 【散亂】

산림[살림] ①산과 숲. ②산에 있는 숲. 【山林】

산림 녹화[살림노콰] 헐벗은 들과 산에 식목·산림 보호·사방 공사 등을 하여 나무를 무성하게 하는 일.

산림 자원[살림자원] 산에서 얻을 수 있는 목재·나물·약초 따위의 경제적 가치가 있는 자원.

산림 조합[살림조합] 산림을 보호하고, 산림 자원을 증가시키기 위해 조직된 조합.

산림처사[살림처사] 벼슬이나 속세를 떠나 산골이나 시골에 묻혀 지내는 선비.

산림청[살림청] 농림 수산부에 딸린 행정 기관. 산림의 보호·육성 등 산림에 관한 여러 사무를 맡아 봄. 【山林廳】

산마루 산등성이의 가장 높은 곳.

산:만 정돈되지 않고 흩어져 있음. ㉵주의가 산만하다. -하다-히.

산맥 여러 산이 일정한 방향으로 한 줄 또는 여러 줄로 연이어 길게 뻗은 지대. 산줄기. ㉵태백 산맥.

산명 수려 자연의 경치가 아름다움. 비산명 수자. -하다.

산:모 아이를 낳은 지 며칠 안되는 여자. 비 산부. 【産母】

산모퉁이 산기슭의 삐죽 나와 있는 곳.

산:문 형식에 얽매이지 않고 자유롭게 쓰는 글. 줄글〔소설·수필·기행문·희곡 등〕. 【散文】

산:물 ①자연에서 저절로 나오거나 만들어 내는 물건. 산출물. 비산품. ②일의 결과로 얻는 것.

산바람[산빠람] 산에서 부는 바람. 반바닷바람.

산:발 머리를 풀어 헤침, 또는 그 머리. -하다. 【散髮】

산:발적 일이나 현상이 한꺼번에 한 장소에서 일어나지 않고, 여기저기 흩어져 사이를 두고 일어나는 것. ㉵시내에서 산발적인 시위가 있었다. 【散發的】

산밭 산에 일구어 놓은 밭.

산:보[산뽀] 바람을 쐬기 위하여 이리저리 걸어서 다님. 비산책. -하다. 【散步】

산봉우리[산뽕우리] 산의 가장 높이 솟은 부분. 비산봉. 준봉우리.

산:부인과 임신과 분만과 부인병을 다루는 의술의 한 분과, 또는 그런 병원. 【産婦人科】

산불[산뿔] 산에 난 불.

산비탈[산삐탈] 산기슭의 몹시 기울어진 곳.

산사 산 속에 있는 절. 【山寺】

산사태 비나 지진 등으로 산에서 돌과 흙이 한꺼번에 무너져 내리는 것.

산:산이[산사니] 잘게 깨어져 여러 조각으로 흩어진 모양. ㉔거울이 산산이 부서졌다.

산:산조각 아주 잘게 깨어진 여러 조각. ㉔컵이 바닥에 떨어져 산산조각이 났다.

산삼 깊은 산 속에 저절로 나서 자란 삼. 약효가 썩 좋다고 함.

산새[산쌔] 산에서 사는 새. ㉥멧새.

ㅅ

산성[1] 적을 막기 위해 산 위에 높이 쌓은 큰 담. ㉔남한 산성. 【山城】

산:성[2] ①신맛이 있는 물질의 성질. ②푸른 리트머스 종이를 붉은색으로 변하게 하는 성질. ㉦알칼리성. 염기성. 【酸性】

산성비 산성을 띤 비. 동식물에 피해를 줌.

산세 솟고 파이고 굽고 꺾인 산의 모습. ㉔치악산은 산세가 험하다.

산소[1] '무덤'을 높여서 이르는 말. ㉥묘소. 【山所】

산소[2] 물질을 태우는 성질이 있는 기체로 색·냄새·맛이 없고 공기의 약 5분의 1을 차지함. 동식물이 살아가는 데 꼭 필요함. 【酸素】

산소통 산소를 압축하여 저장해 놓은 통.

산수[1] ①〔산과 물이라는 뜻으로〕 자연의 경치. 풍경. ㉔아름다운 산수. ②'산수화'의 준말. 【山水】

산:수[2] 더하기·빼기·곱하기·나누기 따위를 다루는 초보적인 수학.

산수병 산수화로 꾸민 병풍.

산수유 이른 봄에 향기로운 노란 꽃이 피고 가을에 한약에 쓰이는 빨간 작은 열매를 맺는 잎지는 나무, 또는 그 열매.

산수화 동양화에서, 자연의 경치를 제재로 하여 그린 그림. ㉥산수도. ㉠산수. 【山水畵】

산:술 지난날, 일상 생활에서 응용할 수 있는 수의 초보적인 계산법.

산신령 산을 맡아 지키어 보호한다는 신령. 【山神靈】

산:실 ①병원에서 아이를 낳는 방. ②어떤 중요한 일을 처음 꾸미거나 시작하거나 만들어 내는 곳. ㉔대학은 인재들의 산실이다.

산:아 아이를 낳음, 또는 그 아이. ㉔산아 조절. -하다.

산:아 제한 아이 낳는 것을 조절하는 일. ㉥산아 조절. 수태 조절.

산악[사낙] 산. 크고 작은 모든 산. ㉔산악 지방. 【山岳】

산악국[사낙꾹] 국토의 대부분이 산으로 이루어진 나라.

산악 기후 산악 지대의 독특한 기후. 산이 높아짐에 따라 기온이 낮아지고 일기 변화가 심하며 바람도 거셈.

산악인[사나긴] 등산을 즐기거나 전문적으로 하는 사람.

산악회 산을 좋아하여, 함께 산에 오르는 사람들로 이루진 모임.

산야 ①산과 들. ②시골. 【山野】

산양[사냥] 험한 산에서 사는 염소 비슷한 짐승.

산어귀[사너귀] 산으로 들어 가거나 올라가는 첫머리가 되는 곳.

산언덕[사넌덕] 동네 근처에 있는, 나무가 없는 작은 산.

산:업[사넙] 농업·수산업·임업·광업·공업 따위와 같이 자연에서 자원을 얻거나 이를 이용하여 생활에 필요한 물자를 생산하는 일.

산업 공해 공장에서 나오는 매연·

폐수·소음 등으로 말미암은 공해.
산업 박람회[사넙방남회] 생산한 온갖 물건을 모아 벌여놓고, 여러 사람들에게 구경시키고 팔기도 하는 행사.
산업 사회 전문적인 지식인과 기술자가 우대받고 기술이 분업화·전문화·조직화된 사회.
산업 역군 각종 산업을 발전시키기 위해 힘쓰는 사람들. 주로 근로자를 가리킴.
산업용[사넘뇽] 산업 활동을 하는 데에 쓰이는 것. ㊎산업용 로봇.
산업 인구 한 사회에서 농업·공업·상업 따위의 생산에 종사하는 사람의 수.
산업 자금 산업을 유지·발전시키는 데 드는 돈.
산업 재해 근로자가 일하는 도중에 뜻하지 않게 일어나는 부상이나 사고. ㊟산재.
산업 철도 산업에 필요한 물자를 주로 실어 나르는 철도.
산업체[사넙체] 생산 활동을 하는 업체. 【産業體】
산업 폐수 산업 활동으로 인하여 못 쓰게 된 물. 산업 활동을 하고 난 뒤 버리는 물.
산업 혁명[사넙형명] 영국에서 일어난 것으로, 수공업이 기계 설비에 의하여 공장 공업으로 변하게 된 일. 【産業革命】
산업화 온갖 산업과 기술의 발달로 생산이 기계화되고, 근로자의 도시 집중과 같은 특징을 가진 사회로 되는 것. -하다.
산열매 산에서 나는 열매.
산울림[사눌림] 골짜기나 산에서 소리를 지르면 소리가 되돌아오는 현상, 또는 그 소리. 비메아리.
산:유국[사뉴국] 원유를 생산하는 나라. 【産油國】
산자락 평지와 만나는 산의 비탈. 비산기슭.
산장 산 속에 있는 별장.
산:재 여기저기 흩어져 있음. ㊎크고 작은 섬들이 산재한 다도해. -하다. 【散在】
산적 산 속에 근거를 두고 사는 도둑. 【山賊】
산전 수전 〔산과 물에서의 싸움이란 뜻으로〕 세상의 온갖 고생을 다 겪음을 이르는 말. 【山戰水戰】
산정[1] 산꼭대기. 【山頂】
산:정[2] 계산하여 수치를 알아내는 것. -하다. 【算定】
산:조 우리 전통 음악에서, 가야금·거문고·대금 따위를 장구의 반주로 연주하는 기악 독주악곡. ㊎가야금 산조. 반병창.
산줄기[산쭐기] 뻗어 나간 산의 줄기. 비산맥.
산중 산속. ㊎깊은 산중에 절이 있다. 【山中】
산중턱 산허리쯤 되는 곳. 비산허리.
산중 호걸 〔산 속의 호걸이라는 뜻으로〕 호랑이를 이르는 말.
산지[1] 산이 있는 곳. 【山地】
산:지[2] 물건이 생산되는 곳. ㊔산출지. 비원산지. 【産地】
산지기 남의 산이나 산소를 맡아 지키는 사람.
산지니 산속에서 오랫동안 자란 매. 반수지니.
산:지식 실지의 생활에 직접 활용할 수 있는 지식.
산짐승[산찜승] 산에서 사는 짐승. 비멧짐승.
산채 고사리나 도라지처럼 산이나 들에서 저절로 나는 먹는 풀. ㊎산채 비빔밥. 비산나물.
산:책 바람을 쐬려고 구경도 하며 이리저리 거니는 일. 비산보. -하다. 【散策】

산천 산과 내. 곧 자연. ㉠그리운 고향 산천. 비강산. 산하.

산천어[산처너] 산 속의 깨끗한 물에 살며, 등은 청색이고 옆구리는 엷은 갈색 타원형 얼룩무늬가 있는 물고기. 【山川魚】

산천제 산을 맡아 다스린다는 신에게 지내는 제사. 비산신제. 산제.

산천 초목 ①자연. ②산과 내와 풀과 나무. 【山川草木】

산청군〖지명〗 경상 남도의 서쪽에 있는 한 군. 이 지방의 '단성'에서 문익점이 출생했음.

산초 향기가 강하고 맛이 매워 양념과 한약의 재료로도 쓰이는, 녹두알만 한 작고 까만 산초나무의 열매. 【山椒】

산촌 산 속에 있는 마을. 【山村】

ㅅ

산:출[1] ①천연적 또는 인공적으로 물건이 생산되어 나옴. ②물건을 생산해 냄. ㉠석탄 산출. 비생산. -되다. -하다. 【産出】

산:출[2] 계산을 해냄. ㉠산출된 자료. -되다. -하다. 【算出】

산타 클로스 흰 수염에 빨간 외투를 입고 크리스마스 전날 밤, 굴뚝으로 들어와 어린이들에게 선물을 나누어 주러 다닌다고 하는 할아버지. 준산타. 【Santa Claus】

산토기 산에 사는 토끼. 반집토끼.

산:통[1] 아기를 낳기에 앞서서 주기적으로 되풀이되는 아픔. 비산고. 진통. 【産痛】

산:통[2] 소경이 점칠 때 쓰는 작은 막대들을 담은 조그만 통. 【算筒】

산:파 아이를 낳을 때 아이를 받고, 아이 어머니를 보호하는 것을 업으로 삼는 여자. 비조산사.

산:파역 어떤 일을 잘 주선하여 이루어지게 하는 구실.

산:표현 어떤 사물의 모습이나 움직임을 가장 알맞은 말로 실감나게 잘 나타냄.

산하 산과 강. 자연의 경치. ㉠조국의 산하. 비산천. 【山河】

산해진미 산과 바다의 온갖 산물로 잘 차린 음식. 【山海珍味】

산행 산에 오르는 것. 비등산. -하다. 【山行】

산허리 산등성이의 잘룩하게 들어간 곳. 산 둘레의 중턱. 비산중턱.

산호 따뜻하고 얕은 바다 속 바위에 붙어 사는, 나뭇가지 꼴의 동물. 또는 그 동물이 죽어서 남긴, 보석으로 사용되는 빨간 빛깔의 단단한 뼈.

산호초 따뜻하고 얕은 바다에서 수백만 년 동안 산호가 자라고 죽은 것이 쌓여 굳어 바위처럼 된 것.

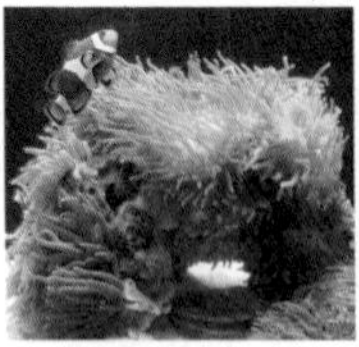
[산호초]

산화 어떤 물질이 공기 중의 산소와 화합하는 현상. ㉠쇠붙이가 산화되어 녹이 슬다. -하다. 【酸化】

산:후 아이를 낳은 직후. ㉠산후 조리. 【産後】

살[1] 창문·부채·연 등의 뼈대가 되는 가늘고 긴 나무. ㉠창살.

살[2] 동물의 뼈를 싸고 있는 물렁물렁한 것. ㉠살을 에는 듯한 추위.

살[3] 나이를 세는 말. ㉠열 살.

살갑다 마음씨나 태도가 부드럽고 상냥하고 다정스럽다.

살갗[살깓] 살가죽의 겉면. ㉠살갗이 검게 그을리다. 비피부.

살결[살껼] 살갗의 곱고 거친 결. ㉠곱고 부드러운 살결.

살곶이 다리 서울 성동구 성동교 동편 사근동 낮은 지대에 놓인 옛날의 돌다리. 조선 성종 때 건립된 것임.

살구 살구나무의 열매.

살구꽃[살구꼳] 살구나무에 핀꽃. 4월에 잎보다 먼저 분홍빛깔의 꽃이 핌.

[살구꽃]

살구나무 봄에 일찍 엷은 분홍빛 꽃이 피고 이른 여름에 살구를 맺는, 잎지는큰키나무.

살균 약품이나 열 따위로 세균을 죽여 없애는 것. 비멸균. －하다.

살균제 세균을 죽이는 약.

살그머니 남이 모르게 넌지시. 소리를 내지 않고 조용히. 준살그미. 〈슬그머니.

살금살금 몰래 가만히 움직이는 모양. 준살살. 〈슬금슬금.

살기 살인이라도 할 것 같은 무서운 분위기. 살벌한 기운.

살기 다툼 생물들이 서로 살려고 다투는 일. 비생존 경쟁.

살기등등하다 살기가 매우 뚜렷하다. 예불량배들의 살기등등한 모습에 주눅이 들다.

살:길 살아가기 위한 방법. 예제각기 살길을 찾아가다.

살:다(사니, 사오) ①목숨을 이어 나가다. 반죽다. ②살림을 해 나가다.

살대[살때] ①화살대. ②넘어 지는 것을 막기 위하여 기둥이나 벽 등을 버티는 나무.

살뜰하다 ①배우 알뜰하다. ②사랑하는 마음이 깊고 세밀하다.

살랑거리다 ①바람이 가볍게 불다. ②무엇이 가볍게 흔들리다. 예나뭇잎이 바람에 살랑거리다. 비살랑대다.

살랑살랑 바람이 가볍게 나부끼듯 부는 모양. 예봄바람이 살랑살랑 불어오다. ②무엇이 가볍게 흔들리는 모양. 예강아지가 꼬리를 살랑살랑 흔들다.

살래살래 몸의 한 부분을 가볍게 가로 흔드는 모양. 〈설레설레. 센쌀래쌀래.

살리다 ①목숨을 이어 나가게 하다. ②활용하다. 예배운 지식을 살리다.

살림 한 집을 이루어 살아 나가는 일이나 그 형편. 살림살이. 예살림을 시작하다. －하다.

살림꾼 살림을 알뜰하게 잘하는 사람.

살림살이 ①살림을 차려서 사는 일. ②살림에 쓰이는 물건. 예살림살이가 늘어나다. －하다.

살림집 한 가정이 살림을 하는 집. 건물 중에서 살림을 하는 부분.

살:맛[살맏] 세상을 살아가는 재미나 보람.

살며시 가만히. 조용히. 드러나지 않게 넌지시. 예살며시 눈을 뜨다. 〈슬며시.

살무사 산골짜기나 돌 무더기 속에 살며, 갈색 바탕에 크고 둥근 검은 점이 있고 독이 있는 뱀. 살모사.

살벌 거동이 거칠고 무시무시함. 예살벌한 분위기. －하다.

살붙이[살부치] 가까운 혈족. 자식. 비피붙이.

살살[1] 가볍게 소리나지 않게 가만가만히 하는 모양. 예살살 피하다. 본살금살금. 〈슬슬.

살살[2] 배가 조금씩 아픈 느낌 예배가 살살 아프다.

살상[살쌍] 죽이거나 다치게 하는 일. 예인명 살상. －하다.

살색 살갗의 빛깔. 비살빛.

살생[살쌩] 사람이나 짐승 등의 생물을 죽임. －하다.

살생 유택 화랑도의 세속 오계의 하나. 살아 있는 것을 함부로 죽이지 아니함. 【殺生有擇】

살수[살쑤] '청천강'의 옛 이름.

살수 대첩 612년에 을지 문덕이 이끄는 고구려의 군대가 중국 수나라의 황제 양제가 이끌고 온 대군을 살수(지금의 청천강)에서 크게 무찌른 싸움.

살신 성인[살씬성인] 옳은 일을 위해 자기 몸을 희생함. -하다.

살아가다[사라가다] ①목숨을 이어 나가다. ②살림을 해 나가다.

살아나다[사라나다] ①죽게 되었다가 다시 살게 되다. ㉠죽어 가던 병아리가 다시 살아나다. 비소생하다. ②불이 꺼지려다 다시 피어오르다. ③잊었던 기억이나 느낌 따위가 다시 생각나다.

살아남다[사라남따] ①죽을 뻔했다가 죽지 않고 계속 살아 있다. ②어떤 분야에서 밀려나지 않고 여전히 남아 있다.

ㅅ

살아생전[사라생전] 이 세상에 살아 있는 동안. ㉠살아 생전에 효도하다.

살아오다[사라오다] 생활하며 지내오다. ㉠10년 살아온 집을 팔다.

살얼음[사러름] 얇게 언 얼음.

살얼음판[사러름판] 얼음이 얇게 얼어 깨지기 쉬운 위험한 곳.

살육[사륙] 많은 사람을 마구 죽이는 것. -하다.

살인[사린] 사람을 죽임. ㉠살인 사건. -하다. 【殺人】

살인범[사린범] 사람을 죽인 범죄를 저지른 사람. 【殺人犯】

살인자[사린자] 사람을 죽인 사람.

살인적[사린적] 사람의 생명을 위협할 만큼 아주 심한 것. ㉠살인적인 더위가 계속되고 있다.

살점[살쩜] 큰 고깃덩어리에서 베어낸 살 조각. 몸에서 떨어져 나간 살 조각.

살지다 몸에 살이 많다.

살집[살찝] 살이 쪄서 불룩한 살. 살이 찐 몸집.

살짝 ①남이 모르는 새 재빠르게. ㉠살짝 집어먹다. ②힘들이지 않고 능숙하게. ㉠살짝 들어 올리다. ③심하지 않게 약간. ㉠불에 얼굴을 살짝 데다. ‹슬쩍.

살찌다 몸에 살이 오르다. ㉠마음이 편해야 몸도 살찌게 된다. 반야위다.

살충 벌레를 죽임. ㉠살충제. 비제충. -하다. 【殺蟲】

살충제 농작물 등에 해가 되는 벌레를 죽이거나 없애는 약품.

살코기 기름·힘줄기·뼈 등을 가려낸 살로만 된 쇠고기·돼지고기 등. ×살고기

살쾡이 고양이과의 짐승. 고양이와 비슷하고 몸 빛깔은 갈색이며 등에 흑갈색 얼룩 무늬와 줄무늬가 있음. 산과 들에 살며 성질이 몹시 사나움. ×삵괭이.

[살쾡이]

살:판나다 이로운 일이 생겨 신이 나다. 잘살게 되는 기회가 생기다.

살펴보다 마음을 쏟아 자세히 보다.

살포 뿌림. ㉠과수원에 농약을 살포하다. -하다. 【撒布】

살포시 매우 가볍게 살며시. ㉠살포시 눈을 감다.

살풀이[살푸리] 좋지 않은 일을 피하려고 하는 굿.

살풍경 ①아주 보잘것 없는 풍경. ②살기를 띤 광경. ㉠거리가 살풍경이다. -하다.

살피다 ①자세히 알아보다. ㉠눈치를 살피다. ②잘 미루어 생각하다.

살해 남의 생명을 해침. 사람을 죽임. -되다. -하다.

삶:[삼] 사는 일. 반죽음.

삶:다[삼따] ①물을 붓고 불에 끓이다. ㉮삶은 달걀. ②남을 달래거나 으르거나 하여 고분고분하게 만들다.

삼[1] 줄기의 질긴 껍질을 벗겨 실을 만들어 베를 짜든가 노끈이나 밧줄을 꼬는 데에 쓰는 키 큰 한해살이풀. ⊞대마. 마.

삼[2] 한약의 중요한 재료가 되는 인삼과 산삼을 통틀어 이르는 말. 【蔘】

삼[3] 숫자 3의 한자 이름으로 '셋'을 뜻함. 【三】

삼가 조심하는 마음으로. 정중히. ㉮삼가 고인의 명복을 빕니다.

삼가다 조심하다. 경계하다. ×삼가하다.

삼각 세모 모양. 모서리가 셋 있는 것. 【三角】

삼각모 명주로 된 검은 모자. 유럽 지방에서 의식 때 씀.

삼각뿔 밑면과 옆면이 모두 삼각형으로 이루어진 입체도형.

삼각산 서울 북쪽과 경기도 고양군에 걸쳐 있는 경치가 아름다운 산. 높이 937m. 백운대·만경대·인수봉의 세 봉이 있어 산의 이름이 지어짐. 북한산. 【三角山】

삼각자 세모 모양으로 된 자.

삼각주 강이 바다로 들어가는 어귀에 강물이 운반해 온 모래가 쌓여서 된 사주. 대개 삼각형을 이루며, 토지가 비옥함. 【三角洲】

삼각 플라스크 밑면이 평평하고 목이 좁은 원뿔 모양의 실험용 플라스크. 【三角flask】

삼각형 세 개의 변으로 이루어진 다각형. 【三角形】

삼간 초가 〔세 칸밖에 안 되는 초가라는 뜻으로〕 썩 작은 집. ⊞초가삼간. 【三間草家】

삼강 유교의 도덕에 있어서 기본이 되는 세 가지 도리. 임금과 신하, 아버지와 자식, 남편과 아내사이에 지켜야 할 떳떳한 도리. 【三綱】

삼강 오륜 삼강과 오륜을 뜻함. 삼강; 군위신강(君爲臣綱), 부위자강(父爲子綱), 부위부강(夫爲婦綱) 오륜: 부자유친(父子有親), 군신유의(君臣有義), 부부유별(夫婦有別), 장유유서(長幼有序), 붕우유신(朋友有信). 【三綱五倫】

삼강행실도〖책명〗 조선 세종 13년(1431)에 설순 등이 왕명을 받아 편찬한 책. 군신·부자·부부의 도리에 모범이 될만한 충신·효자·열녀를 서른다섯 명씩 뽑아 그림을 곁들여 그 덕행을 편찬한 책.

삼거리 길이 세 갈래로 난 곳. ㉮천안 삼거리.

삼겹살 비계와 살이 여러 겹으로 붙은 돼지의 가슴 살.

삼경 하룻밤을 다섯으로 나눈 셋째 부분. 곧, 밤 열한 시부터 새벽 한 시까지의 사이. 【三更】

삼계탕 어린 닭의 내장을 빼내고 인삼·찹쌀·대추 따위를 넣고 푹 삶은 음식. 【蔘鷄湯】

삼고 초려 중국의 유비가 제갈공명의 집을 세 번 찾아가 맞아들인 일에서 나온 말로, 훌륭한 인재를 맞아들이기 위해 여러 번 찾아가서 예의를 다하는 일.

삼구의 태양을 중심으로 한 지구·달의 공전 관계를 실험할 수 있게 만든 기구.

삼국 ①세나라. ②우리 나라의 신라·백제·고구려. ③중국의 위·오·촉. 【三國】

삼국 사기〖책명〗 고려 제17대 인종 23년(1145)에 김부식 등이 왕명을 받아 지은 역사책. 신라·백제·고구려 세 나라의 역사를 기록하였음. 지금까지 남아 있는 가장 오래된 우리 나라 역사책. 【三國史記】

ㅅ

삼국 시대 옛날 우리 나라가 고구려·백제·신라의 세 나라로 갈라져 있던 시대. 후에 신라가 통일하였음. 【三國時代】

삼국 유사〖책명〗 고려 제25대 충렬왕 11년(1285)에 승려 일연이 지은 역사책. 고구려·백제·신라 세 나라의 사적을 기록하였음. 단군 신화에 대한 내용과 〈삼국사기〉에 빠진 이야기가 실려 있음. 전설·야담 등을 중심으로 엮은 책. 5권 2책. 【三國遺事】

삼국지〖책명〗 ①중국 삼국 시대의 역사를 기록한 책. 진나라의 진수가 수집 기록함. ②나관중이 지은 역사 소설. 촉나라 유비 ·관우·장비가 활약한 사적을 소설로 쓴 것. 본삼국지연의. 【三國志】

ㅅ

삼군 ①전체의 군대. ②옛날 군대의 중군·좌익·우익을 일컫는 말. ③오늘날의 육군·해군·공군을 이르는 말. 【三軍】

삼권 통치권의 세 가지 권리. 곧 입법권·사법권·행정권. 【三權】

삼권 분립 국가 권력을 입법·사법·행정의 셋으로 나누어 통치하는 것. 【三權分立】

삼나무 잎이 짧은 바늘 같고 줄기는 갈색이며, 결이 좋아 건축과 가구의 재료로 쓰이는 늘푸른큰키나무.

삼남 지방 전라 남북도·경상 남북도·충청 남북도를 합쳐서 부르는 말.

삼년상 돌아가신 부모의 상을 당하여 삼년 동안 기리는 일. 【三年喪】

삼:다¹[삼따] ①자기와 어떤 관계를 맺다. 예제자로 삼다. ②무엇으로 무엇이 되게 하다. 예경쟁 대상으로 삼다.

삼:다²[삼따] 짚신·미투리 등을 엮어 만들다. 예짚신을 삼다.

삼다도 〔여자·돌·바람이 많은 섬이라는 뜻으로〕 제주도를 가리키는 말. 【三多島】

삼대¹[삼때] 삼의 줄기.

삼대² 아버지·아들·손자의 세대. 예삼대에 걸친 기업. 【三代】

삼대목〖책명〗 신라 진성 여왕 2년(888)에 위홍과 대구화상이 향가를 모아서 엮은 책. 현재 전하지 아니함.

삼(3)대양 태평양·대서양·인도양의 세 바다. 【三大洋】

삼도 수군 통제사 충청·전라·경상의 삼도에 딸린 바다를 지키기 위하여 특별히 마련한 군직.

삼등분 셋으로 똑같이 나눔.

삼라 만상 우주 안에 있는 모든 사물과 현상. 【森羅萬象】

삼랑진[삼낭진]〖지명〗 경상 남도 밀양군의 한 읍. 경부선에서 경전선이 갈라지는 곳.

삼루 야구에서, 이루(세컨드)와 본루(홈) 사이의 누.

삼루타 야구에서, 타자가 삼루까지 갈 수 있는 안타.

삼류[삼뉴] 어떤 부류에 있어서 가장 낮은 층. 예삼류 대학. 【三流】

삼림[삼님] 나무가 많이 우거져 있는 숲. 예삼림 지대. 【森林】

삼림욕[삼님뇩] 건강이나 병의 치료를 위해서 숲에서 온몸을 드러내고 숲의 공기를 쐬는 일. 【森林浴】

삼매경 한 가지에만 마음을 집중시켜 마음이 흔들리지 않는 경지. 예독서 삼매경에 빠지다.

삼면 세 방면. 【三面】

삼무도 〔도둑·거지·대문이 없는 섬이라는 뜻으로〕 제주도를 일컫는 말. 【三無島】

삼발이 철로 만든 둥근 테에 발을 세개 붙여서 설 수 있도록 되어 있는 기구. 과학 실험에서 알코올 램프를 가열할 때 플라스크나 증발 접시 따위를 받쳐 놓는 데 쓰임.

삼밭 삼을 심어 기르는 밭.

삼베 삼 껍질의 실로 짠 누런 옷감. 마포. ㊟베.

삼별초 고려 고종 때 생긴 특수 조직의 군대. 최우가 설치한 야별초의 좌·우 부대와 신의군을 통틀어 일컫는 말. 몽고와 끝까지 싸울 것을 주장하고 근거지를 제주도까지 옮기며 저항하였음. 【三別抄】

삼복 초복·중복·말복을 함께 일컫는 말로 여름 중 가장 무더운 기간. ㊕삼복 더위. 【三伏】

삼부요인 국회·법원·정부의 중요한 지위에 있는 사람.

삼삼오오[삼사모오] 여럿이 무리지어 다니거나 무슨 일을 하는 모양.

삼삼하다 ①잊혀지지 않아 눈앞에 보는 듯하다. ㊕고향의 모습이 눈앞에 삼삼하다. ②음식이 조금 싱거우면서 맛이 있다. ㊕고등어가 삼삼하다. <심심하다. 삼삼히.

삼(3)성 육(6)부 고려 때 나라일을 맡아 보았던 최고 기관으로, 내사성·문하성·상서성의 3성은 후에 내사 문하성·상서성의 2성으로 바뀌었으며, 상서성 밑에 이·호·예·병·형·공의 6부를 두었음.

삼수 갑산 예전에, 함경도에 있는 삼수와 갑산 지방이 길이 아주 험하고 멀어서 가기 힘든 곳이라는 뜻에서 온 말로, '몹시 어렵고 힘든 상황'을 비유하여 이르는 말. ×산수 갑산. 【三水甲山】

삼시 하루의 세 끼니. 【三時】

삼신산 신선이 살고 있었다는 세개의 산〔금강산·지리산·한라산을 가리키는 말〕. ㊟삼산.

삼신 할머니 민속 신앙에서 아기를 점지한다는 세 신령. 삼신.

삼심 제도 국민의 권리 보호를 위하여 한 사건에 대해, 소송 당사자나 소송 관계인이 재판을 세번 청구할 수 있는 제도.

삼십 ①서른. ②서른 살. 【三十】

삼십육계 ①서른여섯 가지 계략. ②일이 불리하거나 곤란할 때에 도망가는 것. ㊕삼십육계 줄행랑을 치다. 【三十六計】

삼십팔(38)도선 우리 나라 중부를 가로지르고 있는 북위 38°선. 1945년 8·15광복 후부터 1953년 7월 휴전 성립 전까지 남과 북의 정치적 경계선을 이루었음. ㊟삼팔선.

삼엄 질서가 바로 서고 무서우리만큼 엄숙함. ㊕삼엄한 경계. -하다. 【森嚴】

삼엽충[사몁충] 고생대에 몸이 납작하며 둥그스름하고 발이 여럿 달렸으며 얕은 바다에서 살았음직한 동물. 지금은 화석으로만 남아 있음.

삼원색 다른 색을 섞어서 만들 수 없고, 그 이상 나눌 수도 없는, 바탕이 되는 세 가지 색. 색의 삼원색은 빨강·노랑·파랑, 빛의 삼원색은 빨강·녹색·파랑임.

삼월[사뭘] 일 년 열 두 달의 셋째 달. 【三月】

삼위 크리스트교에서 성부·성자·성신을 일컫는 말. 【三位】

삼위 일체 ①세 가지 것이 하나로 통일되는 일. ㊕학생·학부모·교사가 삼위 일체가 되다. ②성부·성자·성신이 본래 한 몸이라는 생각. 【三位一體】

삼은 고려 말기의 포은 정몽주·목은 이색·야은 길재의 세 사람을 아울러 이르는 말. 【三隱】

삼일(3·1)운동 1919년 3월 1일, 손병희 등 민족 대표 33인이 미국의 윌슨 대통령이 제창한 민족 자결주의 원칙에 힘입어 서울 파고다 공원에서 '독립 선언서'를 발표한 것을 시작으로 온 나라의 곳곳에서 독립 만세를 부르며 일제에 반항한 민족적인 의거. 기미 독립 운동. 【三一運動】

삼일장[사밀장] 죽은 지 사흘 만에 지내는 장사. 【三日葬】

삼일(3·1)절 1919년에 일어난 3·1 운동을 기념하는 국경일. 3월 1일.

삼일(3·1)정신 3·1 운동을 일으킨 우리 겨레의 민족 정신. 곧 조국의 독립과 자유와 평화를 찾으려는 정신. 【三一精神】

삼자 ①이야기하는 사람 이외의 사람이나 사물. 제삼자. ②세사람. ㉥삼자 회담. 【三者】

삼정 조선 시대 국가 재정의 3대 요소인 전정·군정·환곡을 이르는 말. 【三政】

ㅅ

삼정승 조선 때, 영의정·좌의정·우의정을 아울러 이르는 말.

삼족 ①부모·형제·처자. ②부계·모계·처계. ㉥삼족을 멸할 큰 죄. ③아버지·아들·손자 【三族】

삼종 기도 천주교에서, 아침·정오·저녁에 종을 칠 때마다 외는 기도.

삼종지의 봉건 시대에, 여자는 어렸을 때는 어버이를, 시집가서는 남편을, 남편이 죽은 후에는 아들을 좇아야 한다는 것. 비삼종지덕. 준삼종. 【三從之義】

삼중 세 번 거듭 하는 것. ㉥삼중 충돌. 【三重】

삼중주 서로 다른 세 개의 악기로 같이 하는 연주.

삼진 야구에서, 타자가 스트라이크를 세 번 당하여 아웃이 됨. 스트라이크 아웃. 【三振】

삼짇날[삼진날] 음력 삼월 초사흗날. 쑥으로 개피떡을 만들어 먹고 즐기던 우리 민족의 민속 행사의 하나. 비중삼. 준삼질.

삼차원 차원이 셋 있는 것. 일반적으로 가로·세로·높이의 셋의 차원을 사용하여 표현되는 공간을 이르는 말. 【三次元】

삼척 동자 키가 작은 아이. 철부지 어린아이를 이르는 말.

삼천리 우리 나라를 가리킴. ㉥삼천리 방방곡곡. 【三千里】

삼천리 강산 우리 나라. '삼천리'는 우리 나라 북쪽 끝에서 남쪽 끝까지가 삼천리 가량 된다하여 이르는 말. 【三千里江山】

삼천지교 맹자의 어머니가 아들의 교육을 위하여 집을 세번이나 옮긴 일. 맹모 삼천. 【三遷之敎】

삼촌 아버지의 형제. 【三寸】

삼층밥 밥을 서툴게 지어, 타고 설고 질고 해서 삼층을 이루는 밥.

삼치 고등어와 비슷하나 좀 더 길고, 등은 푸르고 배는 흰 바닷물고기.

삼키다 ①물건을 입에 넣어 씹지 않고 목구멍으로 넘기다. ㉥음식을 꿀꺽 삼키다. ②남의 것을 함부로 차지하다. ㉥남의 땅을 삼키다. ③눈물 등을 억지로 참다. ㉥눈물을 삼키고 돌아서다.

삼태기 대오리·짚·싸리 등으로 엮어 흙·쓰레기·거름따위를 담아 나르는 그릇.

[삼태기]

삼파장 형광등 매우 밝으면서 전력이 적게 드는 형광등의 하나.

삼판 양승 승부를 결정할 때 세 판에서 두 판을 먼저 이기는 편이 승리하는 일.

삼팔선 2차 대전 직후 한국의 국토를 남쪽과 북쪽으로 가르는 경계선이 되는 북위 38도선.

삼(3)포[1] 조선 세종 때 왜인들의 청을 받아들여 무역을 할수 있도록 허가한 부산포·제포·염포 세 항구를 일컫는 말. 【三浦】

삼포[2] 인삼을 재배하는 밭. (비)삼밭.
삼한 사온 겨울철에 한국·만주·중국 등지에서, 3일 가량 추웠다가 다음 4일 가량 따뜻한 날씨가 되풀이되는 현상. 【三寒四溫】
삼한 시대 상고 때, 우리 나라 남부에 자리잡았던 마한·진한·변한의 세 부족 사회 시대.
삼합사 세 올로 꼰 실. 삼겹실.
삼행시 세 글자로 된 단어의 각 글자를 머리 글자로 하여 만든 짧은 글. 【三行詩】
삽 흙을 파거나 떠서 옮기는 농기구.

[삽]

삽사리[삽싸리] 몸과 얼굴에 길고 복실복실한 털이 많이 나 있는, 몸이 작은 우리 나라의 토종 개. 천연 기념물 제368호. 삽살개.
삽시간[삽씨간] 아주 짧은 시간. (예)삽시간에 먹어 치우다. (비)일순간. (준)삽시.
삽입 무엇의 틈에 꽂아 넣거나 끼워 넣는 것. -하다. 【插入】
삽질[삽찔] 삽으로 땅을 파거나 흙을 떠내는 일. -하다.
삽화 책 등의 인쇄물 속에 간간이 그려 넣어 내용·기사의 이해를 돕는 그림. 【插畵】
삿갓[삳깓] 볕이나 비 등을 가리려고 대나 갈대로 엮어 만든 갓. (예)삿갓을 쓰다.

[삿갓]

삿갓 구름 외따로 떨어진 산봉우리 꼭대기 부근에 걸리는 갓 모양의 구름.
삿:대[삳때] ①물가에서 배를 띄울 때, 물이 얕은 곳에서 배를 밀면서 갈 때에 쓰는 장대. ②'상앗대'의 준말.
삿:대질[삳때질] ①말다툼을 할 때 손가락으로 상대편의 얼굴을 향해 내지르는 짓. ②'상앗대질'의 준말. -하다.
상[1] 잘한 일을 칭찬하기 위하여 주는 물건이나 돈. 【賞】
상[2] 빛의 반사 또는 굴절로 인해 생기는 물체의 형상. 【像】
상[3] ①친족의 죽음, 또는 죽음을 추도하는 예. ②'초상'의 준말. (예)상을 당하다. 【喪】
상[4] 책상·밥상 따위를 통틀어 이르는 말. 【床】
상[5] 얼굴의 생김새. (예)귀공자 상을 가졌다. 【相】
상가[1] 상점이 죽 늘어서 있는 거리. (예)지하 상가. 【商街】
상가[2] 초상난 집. 초상집. 【喪家】
상감[1] 흙으로 만든 그릇에 원하는 무늬를 새기고, 그 새긴 자리에 다시 검거나 흰 색깔의 흙을 채워 놓고 유약을 발라 구워 만든 도자기. (예)상감청자. 【象嵌】
상:감[2] 옛날에, 임금을 높이어 일컫는 말. (예)상감 마마. 【上監】
상감청자 도자기의 겉면에 꽃·과일·새·벌레 등의 무늬를 새기어 그 속에 자개 등의 장식을 박아 넣고, 청자유를 발라 구워낸 자기.
상거래 상품을 사고 팔고 하는 일.
상:경 지방에서 서울로 올라옴. -하다. 【上京】
상:고[1] 아주 오랜 옛날. 【上古】
상:고[2] 재판의 판결에 불만이 있을 때, 상급 재판소에 그 변경을 요구하는 일. (예)고등법원에 상고하다. -하다. 【上告】
상고머리 뒷머리를 치올려 깎은 남자의 머리.
상고 시대 기록이 남아있는 시대 중에서 가장 오랜 옛날에 속하는 시대. 【上古時代】

ㅅ

상:공 ①높은 하늘. ②어떤 지역 위의 하늘. 예서울 상공. 【上空】
상공업 상업과 공업. 【商工業】
상관[1] 서로 관련을 가짐. 예공부와는 상관없는 일이다. -하다. 【相關】
상:관[2] 어떤 사람보다 높은 자리에 있는 사람. 예직속 상관. 비상급자. 반부하. 【上官】
상관 없다 ①서로 관련이 없다. 예너하고는 아무 상관없는 일이다. ②괜찮다. 걱정할 것이 없다. 예좀 늦어도 상관없다. 비관계없다.
상관하다 어떤 일에 관심을 가지거나 간섭하다. 예네가 상관할 일이 아니다.
상궁 조선 시대에, 왕궁에서 일하던 지위가 높은 궁녀. 【尙宮】
상:권[1] 두 권 또는 세 권으로 나누어 낸 책의 첫째 권. 【上卷】
상권[2][상꿘] 어떤 지역을 중심으로 하여 상업 활동이 이루어 지고 그 영향이 미치는 범위. 【商圈】
상권[3][상꿘] 한 지역의 상업을 지배하는 세력. 【商權】
상극 서로 잘 맞지 않아 마주치며 충돌하는 상태. 예쥐와 고양이는 서로 상극이다. 【相剋】
상금 상으로 주는 돈. 【賞金】
상:급 위의 등급이나 계급. 예상급 학교. 【上級】
상:급생[상급쌩] 학년이 높은 학생. 반하급생. 【上級生】
상:기[1] 부끄러움이나 흥분으로 얼굴이 달아올라 붉어짐. 예얼굴이 상기되었다. -되다. -하다. 【上氣】
상:기[2] 전에 있었던 일을 다시 생각해 냄. 예지난 일을 상기하다. -하다. 【想起】
상냥하다 마음씨가 싹싹하고 부드럽다. 예상냥하게 말하다. 반퉁명스럽다. **상냥히**.
상:념 마음 속에 떠오르는 여러 생각. 【想念】
상놈 옛날에, 신분이 낮은 사람. 양반 계층에 속하지 않은 보통 사람. 반양반. 센쌍놈.
상:단 ①네모로 된 종이나 그림 따위의 윗부분. ②여러 개의 단 중 위에 있는 것. 반하단. 【上段】
상:달[상딸] (이전말로) 큰 잔치를 벌이던, 음력 10월.
상담 어떤 일을 전문가나 경험이 많은 사람과 의논함. 예공부에 대하여 상담을 하다. 비상의. 【相談】
상담실 학교나 기관에서 상담을 하는 방.
상담자 ①상담을 해 주는 사람. ②어떤 고민·문제·일 등에 관하여 상담을 하는 사람.
상당 ①알맞음. ②서로 어슷비슷함. 예노력에 상당하는 보수. ③대단한 정도에 가까움. 예상당한 실력가. -하다. -히. 【相當】
상당량[상당냥] 꽤 많은 양.
상당수 어지간히 많은 수.
상당하다 ①정도가 꽤 높다. 수준이 높다. 예피아노 연주 실력이 상당한 수준이다. ②어떤 수준에 이르다. 값이 나가다. 예이 그림은 시가 천만 원에 상당한다.
상대 ①서로 마주 봄. ②서로 맞섬. 예상대 선수. ③'상대자'의 준말. -하다. 【相對】
상대방 상대가 되는 쪽, 또는 그 사람. 비상대편. 【相對方】
상대 오차 오차의 한계의 측정값에 대한 비율. 반절대 오차.
상대자 마주 대하고 있는 사람. 마주 말을 주고받는 사람. 맞선이. 준상대. 【相對者】
상대적 서로 관계가 있는 다른 것과 비교되는 것. 예여자가 남자보다 상대적으로 오래 산다.
상대편 말이나 어떤 일을 할때에 서

로 마주 보게 되는 편. 맞은 편.
상대하다 ①마주 대하다. 남과 관계를 가지다. ㉮우리 사업은 외국 손님을 상대하여야 한다. ②남과 겨루다. 대항하다.
상도의 상업을 하는데 있어서 지켜야 할 도리. ㊀상도덕.
상동 서로 같음. 【相同】
상:등병 군인 계급의 한 가지 일등병의 위, 병장의 아래. ㊉상병.
상례[상녜] 상중에 행하는 모든 예절. ㊀통례. 【常例】
상록수[상녹쑤] 나뭇잎이 사철 푸른나무. 나뭇잎이 가을이나 겨울에도 떨어지지 않는 나무. 늘푸른나무〔소나무·향나무 따위〕. ㊁낙엽수.
상:류[상뉴] ①강이 흐르는 위쪽. ②신분·지위·생활 정도가 높은 것. ㉮상류 사회. ㊁하류. 【上流】
상:류층 사회적 지위, 생활 수준, 교양 따위가 높은 사람들.
상:륙[상뉵] 배에서 내려 육지에 오름. ㉮상륙 작전에 성공하다. -하다. 【上陸】
상륙 작전 바다로부터 적진에 상륙하는 작전. ㉮인천 상륙 작전.
상면 서로 만나 보는 것. ㉮그를 처음으로 상면하다. -하다. 【相面】
상모 농악에 맞추어 춤을 출 때 쓰는 모자 꼭대기에 달려서, 머리를 흔들면 빙글빙글 돌아가는 흰 새털이나 긴 종이 조각.
상민 지난날의 평민을 말함. 상업·공업·농업·수공업 등에 종사하던 계급. ㊀평민. ㊁양반.
상:반기 한 해나 어떤 기간을 둘로 나눈 때의 앞의 절반 기간. ㊁하반기. 【上半身】
상반되다 서로 반대되거나 어긋나다. ㉮상반된 의견. ㊁일치되다.
상:반신 사람 몸에서 허리 위의 부분. ㊀상체. ㊁하반신.
상벌 잘하는 것은 칭찬하고, 잘못하는 것은 벌을 주는 일. 【賞罰】
상법 상업에 관한 권리 관계를 규정한 법률. 【商法】
상:병 '상등병'의 준말. 【上兵】
상보[상뽀] 음식을 차려 놓은 상을 덮는 보자기. 【床褓】
상복[1] 보통 때에 입는 옷. 【常服】
상복[2] 상중에 입는 예복. 【喪服】
상봉[1] 서로 만남. -하다. 【相逢】
상봉[2] 가장 높은 산봉우리. 【上峯】
상:부 ①위의 부분. ②상급 기관, 또는 그 곳에 있는 사람. ㊁하부. 【上部】
상부 상조 서로서로 도움. -하다.
상비약 병원이나 가정 등에서 언제든지 쓸 수 있도록 항상 마련해 두는 약. 【常備藥】
상:사[1] 자기보다 더 높은 사람. 윗사람. ㉮상사의 명령. 【上司】
상:사[2] 군대의 하사관 계급 중에서 준사 바로 위의 계급에 있는 사람, 또는 그 계급. 【上士】
상사병[상사뼝] 남녀가 서로 너무 그리워한 나머지 생기는 병.
상:상 ①마음속으로 그리며 미루어 생각함. ②공상. ㊀추측. ㊁확신.
상:상봉 여러 봉우리 가운데 가장 높은 봉우리.
상:상화 사물을 실지로 직접 보지 않고 머릿속으로 생각하여 그린 그림. 【想像畫】
상서롭다 복스럽고 길한 징조가 있는 듯하다. 상서로이.
상:석[1] 높은 사람이 앉은 위의 자리. ㊀윗자리. ㊁말석. 【上席】
상석[2] 무덤 앞에 제물을 차려 놓기 위하여 마련해 놓은, 돌상. 【床石】
상선 장사를 하러 다니는 배. 무역선. 화물선. 【商船】
상설 언제나 이용할 수 있도록 만들어 놓은 것. ㉮상설 시장. 【常設】

ㅅ

상설 시장 쉬는 날이 없이 매일 열리는 시장. 【常設市場】
상세 자세함. ㉨상세한 설명. ㉥소상. -하다 -히. 【詳細】
상:소[1] 임금에게 글을 올림, 또는 그 글. ㉥진소. 【上疏】
상:소[2] 법원의 판결·명령·결정 등에 복종하지 않고, 상급 법원에 재심사를 청구하는 일. 【上訴】
상속 재산·권리 등을 물려주거나 물려받음. ㉨재산 상속. -하다.
상속자 상속을 받는 사람.
상:쇠 농악대에서 꽹과리를 가장 잘 치는 사람으로, 농악대를 지휘하는 사람.
상:수[1] 마실 물로 쓰기 위하여 수도관을 통해 보내는 맑은 물. ㉦하수. 【上水】
ㅅ
상수[2] 늘 일정하여 변하지 않는 값을 가진 수나 양. ㉦변수. 【常數】
상:수도 먹는 물이나 공업에 쓰이는 물을 보내는 수도 시설. ㉦하수도. ㉭수도. 상수. 【上水道】
상:수리 도토리와 아주 비슷하게 생긴 상수리나무의 열매.
상:수리나무 너도밤나무과의 여러해살이 큰키나무. 5월에 꽃이 피는데, 열매는 '상수리'라 하여 묵을 만들어 먹음.
상:수원 상수로 쓸 물을 얻을 수 있는 강·호수 따위. 【上水源】
상:순 초하루부터 초열흘까지의 사이. ㉥초순. 【上旬】
상술 장사하는 솜씨. ㉨상술이 좋아 많은 돈을 벌다. 【商術】
상스럽다(상스러우니, 상스러워) 말이나 행동이 교양이 없이 낮고 천하다. ㉨상스러운 말과 행동.
상습 항상 하는 버릇. ㉨거짓말을 상습적으로 하다. 【常習】
상:승 위로 올라감. ㉨인기 상승. ㉦하강. 하락. -하다. 【上昇】
상시 어느 때든지 있는 것. 언제나 늘 하는 일. ㉥평상시. ㉦임시. 【常時】
상식 누구나 가질 수 있는 보통의 지식이나 판단력. 【常識】
상실 잃어버림. ㉨기억 상실. 자격 상실. -하다. 【喪失】
상실감 잃어버려서 아깝고 아쉬운 마음. 【喪失感】
상심 마음을 상함. ㉨시험에 떨어져 상심하다. -하다. 【傷心】
상아 코끼리의 앞니. 여러 가지 기구나 장식품으로 쓰임. 【象牙】
상아탑 속된 세상을 떠나 고요한 학문 연구에 몰두하는 경지. 학자의 연구실. 【象牙塔】
상앗대 배를 물가나 얕은 곳에서 밀어갈 때 쓰는 장대. ㉭삿대.
상어 눈은 작고 머리끝과 배지느러미 사이에 있는 입에는 날카로운 이가 나 있으며, 성질이 사나운 것으로 알려진 바다에 사는 큰 물고기.

[상어]

상업 상품을 팔아 이익을 얻는 것을 목적으로 하는 영업. 장사. ㉨상업지대. 【商業】
상여 송장을 묘까지 나르는 제구.
상여금 회사 등에서 사원들에게 급료에 더하여 주는 돈. ㉥보너스.
상:연 연극을 무대에서 펼쳐 보임. 공연. -하다. 【上演】
상:영 영화관에서 영화를 보여 줌. ㉨동시 상영. -하다. 【上映】
상:오 밤 열두 시부터 낮 열두 시까지의 사이. ㉥오전. ㉦하오. 【上午】
상용 늘 씀. 일상적으로 사용함. ㉨상용 한자. -하다. 【常用】
상:원 양원제가 있는 나라의 국회에서 의원의 수가 하원보다 적은 상

급의 입법 기관. 【上院】

상원사 동종 강원도 평창군의 상원사에 있는, 725년에 만들어진 우리나라에서 가장 오래된 종. 국보 제36호로 지정되어 있음.

상원 의원 상원에 속하는 국회 의원.

상:위 높은 지위·위치·순위. ㉥하위. 【上位】

상:위권 높은 등급이나 수준의 범위. ㉥하위권. 【上位圈】

상응하다 두 가지가 서로 어울리고 알맞게 되다. ㉠법을 어긴 사람은 그에 상응하는 벌을 받는다.

상의[1] 남과 의논하여 도움말을 듣는 것. ㉥상담. -하다. 【相議】

상:의[2] 윗옷. 저고리. ㉥하의. 【上衣】

상이 서로 다름. 【相異】

상이 용사 전투 또는 군사적 공무를 집행하다 몸을 다친 사람.

상인 장사를 하는 사람. ㉥장수.

상임 일정한 직무를 계속하여 맡음, 또는 맡은 사람. 【常任】

상임 위원회 일정한 업무를 계속 담당하는 위원회.

상임 이사국 국제 연합의 안전 보장 이사회를 이루는 15개의 이사국 가운데 임기의 제한이 없는 다섯 나라. 러시아·미국·영국·중국·프랑스로 구성되어 있으며, 거부권을 행사할 수 있음.

상자 나무·대·종이 따위로 만든 그릇. ㉠과자 상자.

상잔 한 민족이 갈려서 서로 싸우고 해치는 것. ㉠동족 상잔.

상장[상짱] 상 주는 뜻을 나타내는 증서. 【賞狀】

상:전 옛날에 종에 대하여 그 주인을 이르던 말. ㉥종. 【上典】

상점 여러 가지 물건을 파는 집. ㉥가게. 점포. 【商店】

상:정 회의에서 토의할 일로 내어놓는 것. -되다. -하다. 【上程】

상제 ①부모의 거상 중에 있는 사람. ②상중의 복제. 【喪制】

상조 서로 도움. ㉠상부 상조. -하다. 【相助】

상종 서로 사귀며 친하게 지내는 것. -하다. 【相從】

상주[1] 늘 머물러 있는 것을 이름. ㉠군대가 상주하다. -하다. 【常駐】

상주[2] 장례를 맡아서 이끄는 사람. 대개 장자가 됨. ㉥맏상제. 【喪主】

상주 인구 한 지역에 계속해서 살고 있는 인구. 일시적으로 머무는 사람은 제외하고, 잠깐 다른 곳에 다니러 간 사람은 포함함.

상징 어떤 사실이나 생각이나 느낌을 떠오르게 하는 사물, 또는 그 사물을 가리키는 말이나 표시. ㉠십자가는 기독교의 상징이다. -하다. 【象徵】

상:책 제일 좋은 꾀. 【上策】

상처[1] 몸의 다친 자리. 【傷處】

상:처[2] 아내의 죽음을 당함. ㉠상처한 남자. ㉥상부. -하다. 【喪妻】

상:체 사람의 몸의 윗부분. 상반신. ㉥하체. 【上體】

상추 국화과의 두해살이 채소. 잎은 쌈을 싸서 먹음. ×상치.

상:층 위의 층. ㉥위층. ㉥하층.

상:쾌 마음이 시원스럽고 기분이 좋음. ㉥유쾌. ㉥불쾌. -하다. -히.

상큼하다 냄새나 맛 따위가 향기롭고 시원하다.

상태 모양이 되어 있는 형편. ㉠고체 상태. ㉥처지. 【狀態】

상통하다 ①서로 마음이 통하다. ②서로 공통되다. ㉠오빠의 성격은 나와 상통하는 점이 많다.

상투 지난날, 우리나라 결혼한 남자의 전형적 머리 모양. ㉯상두.

[상투]

상투적 늘 하는 버릇처럼 된 것.
상패 상으로 주는 패. 【賞牌】
상편 상·하 또는 상·중·하로 된 책의 첫째 편. 【上篇】
상평창 고려 성종 때 마련한 일종의 물가 조절 기관. 가을에 곡식을 많이 사들였다가, 봄에 싼값으로 백성들에게 팔았음. 【常平倉】
상평 통보 조선 후기 인조 때에 썼던 엽전의 이름. 【常平通寶】
상표 다른 상품과 구별하기 위해 자기 상품에 붙이는 고유의 표지. 브랜드. 트레이드 마크.
상표권 상표로 사용할 표지를 만들어 낸 데 따르는 권리.
상품 팔고 사는 물건. 비제품. 【商品】
상품권 어떤 상점에서, 표시된 돈만큼의 상품을 받을 수 있게 해 주는 증서. 예도서 상품권. 백화점 상품권. 【商品券】
상품성 상품으로서의 가치가 있는 것. 예생선이 신선하지 않으면 상품성이 떨어진다.
상품화 팔 수 있는 물건으로 만듦, 또는 물건으로 됨. 예특허품을 상품화하다. -하다.
상:하 ①위와 아래. ②윗사람과 아랫사람. 【上下】
상하다 ①물건이 깨어져 헐거나 썩다. ②슬픔·노여움 등으로 마음이 언짢게 되다. 예꾸중을 듣고 마음이 상하다. ③여위다. 예얼굴이 상하다.
상하이〖지명〗 중국의 장쑤성 동부에 있는 중국 최대의 무역항인 상공업 도시. 상해〔일본에 나라를 빼앗겼을 때 우리 나라의 임시 정부가 있던 곳임〕. 【Shanghai】
상해 남의 몸에 상처를 내어서 해를 입힘. -하다. 【傷害】
상:향 ①위쪽으로 향하는 것. 예상향 곡선. ②정도를 높이는 것. 예목표를 상향 조정하다. 【上向】
상:현달[상현딸] 지구에서 볼때 달의 오른쪽 반이 빛나 보이는 상태의 반달. 매달 음력 7, 8일의 달. 반하현달.
상형 문자 물체의 모양을 본떠서 만든 글자. 그림글자에서 조금 발전한 것으로 한자 따위.
상호[1] 서로서로. 피차가 서로. 예상호 계약. 상호 비교. 【相互】
상호[2] 상점이나 회사의 이름. 【商號】
상:호군 조선 시대 정삼품 벼슬의 하나. 【上護軍】
상호 작용 서로 영향을 끼치고 받는 관계. 【相互作用】
상황 일이 되어 가는 형편이나 모양. 예상황 판단. 【狀況】
상황판 선거·교통·주식 따위의 일이 벌어지는 모양을 그림·글자 따위를 알려 주는 판. 【狀況板】
상회 작은 규모의 기업체나 상점. 예과일 상회. 【商會】
상흔 ①다치거나 앓은 뒤에 남은 흔적. 비흉터. ②마음 속에 남아 있는 괴로움의 기억. 예전쟁의 상흔은 쉽게 지워지지 않는다.
샅[삳] 몸에서 아랫배와 두다리가 만나는 부분. 비사타구니.
샅바[삳빠] 씨름할 때에 다리에 감아서 손잡이로 쓰는, 천으로 만든 줄.
샅샅이[삳싸치] 빈틈없이 모조리. 예책을 샅샅이 읽다.
새[1] 새로운. 새로 만든. 예새 옷. 새 운동화. 반헌.
새:[2] 두 개의 날개를 움직여 공중을 날아다니는 날짐승을 통틀어 이르는 말.
새:[3] '사이'의 준말.
새[4] 다른 낱말의 앞에 붙어, 빛깔이 매우 짙고 산뜻함을 나타내는 말. 예새파랗다. 새하얗다.
새겨듣다(새겨들으니, 새겨들어서)

ㅅ

말하는 뜻을 뚜렷이 밝히며 듣다. 본새기어듣다.
새경 지난날, 농촌에서 주인이 머슴에게 주던 곡물이나 돈.
새근거리다 ①화가 치밀거나 배가 부를 때에 계속해서 가쁜 숨을 쉬다. ②뼈마디가 자꾸 시다. <시근거리다. 센쌔근거리다.
새근새근 곤히 잠든 아기가 조용히 숨을 쉬는 모양. 센쌔근쌔근.
새기다[1] ①말이나 글의 뜻을 알기 쉽게 풀이하다. ②번역하다.
새기다[2] ①글씨나 그림 또는 어떤 형상을 나무나 돌같은 데에 파다. 예돌에 글씨를 새기다. ②마음 속에 깊이 간직하다. 예선생님 말씀을 새기어 듣다.
새김질 소나 양 등이 먹은 것을 내어 다시 씹어 넘기는 짓. 비되새김. 반추. -하다.
새까맣다[새까마타] ①아주 까맣다. ②아주 어둡다. 예달이 없는 밤하늘은 너무 새까맣다. ③지식이나 기억이 전혀 없다. 예엄마 생신을 새까맣게 잊고 있었다. ④지위나 나이가 아주 뒤떨어져 있다. 예새까만 후배. <시꺼멓다. 센새카맣다.
새끼[1] 짚으로 꼰 줄.
새끼[2] ①짐승의 어린 것. ②'자식'을 속되게 부르는 말.
새끼손가락 다섯 손가락 중 가장 작은 손가락.
새끼치다 새끼를 낳거나 알을 까서 번식하다.
새내기 학교나 회사 따위에 새로 들어온 사람.
새:다 ①날이 밝아 오다. 예날이 새어 동이 트고 있다. ②조금씩 흘러나오다. 예가스가 새다. ③'새우다'의 준말.
새달 다음 달. 오는 달.
새댁 갓 결혼한 여자. 비새색시.
새:둥지 새의 집. 새의 보금자리.
새로 '새로이'의 준말.
새로이 ①새롭게 다시. ②전에 없던 것이 처음으로. 준새로.
새록새록 뜻밖의 일이 잇달아 새로 생기는 모양.
새롭다(새로우니, 새로워서) ①이제까지 있었던 것과 다르다. 예새로운 기술. ②항상 새것의 상태로 있다.
새마을 운동 마을 사람들이 힘을 합하여 부지런히 일함으로써 보다 살기 좋은 마을을 이룩하자는 운동. 근면·자조·협동의 3대정신을 바탕으로 함.
새마을 청소년회 농촌의 청소년들이 농촌의 발전을 위하여 조직한 단체. 그 기본 정신은 '머리를 써서 잘 생각하고(지), 착한 마음씨를 기르며(덕), 기술을 익히고(노), 몸을 튼튼히 한다(체)'의 네 가지임.
새만금 지구 2000년대의 산업화와 인구 증가에 대비하여 만경강과 동진강 하구, 변산 반도를 연결하는 33km의 둑을 쌓아 만들 국내 최대의 간척지.
새벽 밤이 거의 새고 날이 밝을 무렵. 먼동이 트기 전.
새벽같이[새벽까치] 아주 이른 새벽에. 예새벽같이 일을 나가시는 아버지.
새벽녘[새병녁] 새벽이 될 무렵. 예새벽녘에 일어나 공부하다.
새빨갛다[새빨가타](새빨가니, 새빨가오) 아주 짙게 빨갛고 산뜻하다. <시뻘겋다.
새살 상처가 아물고 새로 돋아나는 살. 생살.
새살림 처음으로 시작하는 살림. -하다.
새삼 이미 느끼든가 알고 있었으나 다시금 새롭게. 예그녀를 보니 가슴이 새삼 두근거렸다.

새삼스럽다(새삼스러우니, 새삼스러워) 지난 일이 다시 생각되어 마치 새로운 일 같다.
새색시 새로 시집 온 여자. 비신부. 반새신랑.
새소식 여러 사람이 모르는 새로 알려진 일. 뉴스.
새순 새로 나온 순. 예대나무의 새순이 돋아나다.
새시 알루미늄 따위의 금속으로 된 창틀이나 문틀. ×샷시. 【sash】
새신랑[새실랑] 갓 결혼한 신랑. 반새색시.
새싹 ①씨앗에서 처음으로 나온 어린 잎. 예새싹이 돋아나다. ②'어린이'를 비유해 이르는 말.
새:알 새의 알.
새앙 생강과의 여러해살이풀. 매운 맛에 향기가 좋아서 차·양념으로 사용. 생강.
새야 새야 파랑새야 전래 동요. 동학 혁명이 실패로 돌아간 뒤부터 불리기 시작했는데, 별명이 '녹두장군'인 동학당의 우두머리인 전봉준의 죽음을 애석하게 여겨 부른 노래라고 함.
새옹지마 한때의 이로움이 장래에 해가 되기도 하고, 한때의 화가 장래에 복을 가져오기도 함.
새우 절지 동물 중 다섯 쌍의 다리를 가진 갑각류의 총칭. 머리와 가슴은 한개의 등딱지로 덮여 있고, 배 부분은 일곱 개의 마디로 이루어져 있어서 자유로이 구부릴 수 있음. 민물 또는 바다에 삶.

[새우]

새우다 자지 않고 밤을 밝히다.
새우잠 새우같이 모로 몸을 구부리고 자는 잠.
새우젓[새우젇] 작은 새우로 담근 젓. 예김치를 담글 때 새우젓을 넣다.
새:장 볼거리로 새를 가두어 기르는 장.
새재 경상 북도 문경군과 충청 북도 괴산군 사이에 있는 고개. 조령. 높이 1,017m.
새:집 새가 직접 짓거나 사람이 만들어 준 새의 집.
새:참 일하다가 잠시 쉬는 동안, 또는 때에 먹는 간단한 음식. 본사이참.
새:치 젊은 사람의 머리에 난 하얗게 센 머리카락.
새:치기 순서를 어기고 남의 자리에 끼어듦. -하다.
새침데기[새침떼기] 겉으로만 말과 행동이 조심스럽고 얌전한 체하는 여자.
새침하다 (주로 여자가) 남과 잘 어울리지 않고 똑똑하고 얌전하게 보이려고 하다.
새카맣다[새카마타] 빛깔이 아주 까맣다. <시커멓다. 여새까맣다.
새콤하다 맛이 기분 좋게 조금 시다.
새큼하다 매우 신맛이 있다. <시큼하다. 여새금하다.
새:타령 전라도 민요의 하나. 여러 가지 새의 모습과 울음소리를 묘사한 내용임.
새:털구름 높이 떠 있는 새털 모양의 흰 구름. 그늘진 데가 없음. 권운. 털구름.
새파랗다[새파라타](새파라니, 새파라오) ①매우 파랗다. 예새파란 하늘. ②썩 젊다. 예새파랗게 젊은 사람. ③몹시 놀라거나 춥거나 하여 얼굴에 핏기가 없다. 예새파랗게 질리다. <시퍼렇다.
새파래지다 새파랗게 되다. <시퍼래지다.
새하얗다[새하야타](새하야니, 새하

야오) ①몹시 하얗다. (예)새하얀 눈이 내리다. ②얼굴이 핏기가 하나도 없다. <시허옇다.

새해 새로 시작되는 해. (비)신년.

색 노랑·빨강·파랑처럼 물체가 나타내는 빛깔. (예)밝은 색 옷. (비)빛깔. 색깔. 【色】

색깔 물체의 거죽에 나타나는 빛의 성질. (비)빛깔. 색채.

색다르다[색따르다](색달라, 색달라서) 종류가 다르다. 흔히 보는 바와 같지 않다. (예)색다른 맛.

색도화지[색또화지] 그림을 그리거나 만들기를 하는 데 쓰는, 색깔이 있는 종이.

색동[색똥] 천이나 종이에 서로 다른 여러 빛깔의 길고 곧은 무늬가 박힌 것.

색동옷[색똥옫] 알록달록한 무늬가 있는, 우리 나라 어린이 옷.

색동저고리[색똥저고리] 옷소매를 무지개처럼 여러 빛깔의 헝겊으로 줄지어대서 만든 어린아이의 저고리.

색동회 1922년 일본 도쿄에서 방정환을 중심으로 이루어진, 어린이를 위한 문학과 아동 운동을 위한 문화 단체.

색맹[생맹] 색깔을 구별하지 못하는 상태, 또는 그런 사람. (비)색소경.

색상[색쌍] 빨강·파랑 등 사람의 눈으로 느낄 수 있는 색의 종류. 유채색에만 있음. 【色相】

색상 대비 색상이 다른 두 색을 서로 이웃에 놓았을 때에 일어나는 효과.

색상지 하나의 색깔이 있는 큰 종이.

색상환 여러 가지 색깔을 밝기의 차례대로 둥그렇게 벌여 놓아 만든 표. 【色相環】

색색[1] 여러 가지 빛깔. (예)색색으로 장식하다. 【色色】

색색[2][색쌕] 잠을 잘 때, 조용히 가늘게 숨을 쉬는 소리. <식식.

색소 빛깔을 나타내게 하는 본 바탕이 되는 물질. 【色素】

색소폰 입에 물고 불어 손가락으로 소리의 높낮이를 조절하며, 주로 경음악 연주에 쓰는 금관 악기.【saxophone】

[색소폰]

색:시 ①시집 안 간 여자. (비)규수. ②'새색시'의 준말. 곧 새로 시집 온 여자.

색실 흰색 이외의 색깔이 있는 실.

색신검사 색채를 식별하는 시각의 정상여부를 검사하는 일.

색안경[새간경] 강한 햇빛으로부터 눈을 보호하려고 렌즈에 색깔을 넣은 안경. (비)선글라스.

색약[새갹] 색맹만큼 심하지 않으나 빛의 판별력이 약한 현상. 유전적임.

색연필[생년필] 연필의 심에 광물질 물감을 섞어서 색이나게 만든 연필.

색유리[생뉴리] 색깔이 들어 있는 유리.

색인[새긴] 책 속의 내용이나 낱말을 쉽게 찾아볼 수 있도록 벌여놓은 차례. 찾아보기.

색조 빛깔의 조화. 색채의 강약·짙음과 옅음 등의 정도.

색종이 물을 들인 종이. 색지.

색채 눈에 띄는 분명한 빛깔. (예)밝은 색채로 벽을 칠하다. 【色彩】

색출 뒤져서 찾아 냄. (예)범인을 색출하다. -하다. 【索出】

색칠 색을 칠함, 또는 그 칠. (비)채색. -하다. 【色漆】

색환 색을 색상이 비슷한 차례로 시계 바늘 방향으로 둥글게 늘어 놓은 것. 색상환.

샌:님 '생원님'의 준말. 행동이나 성격이 얌전하거나 고루하고 융통성이 없는 사람을 놀리는 뜻으로 하는 말.

샌드위치 ①얇게 썬 두 조각의 빵 안쪽에 버터를 바르고 사이에 고기·야채 등을 넣은 음식. ②사이에 끼여 있는 상태. 【sandwich】

샌들 ①지난날 이집트·그리스·로마 사람이 신던 신발. ②끈이나 밴드로 여미게 되어 있는, 발등 부분이 거의 드러나도록 고안된 구두. ×샌달. 【sandal】

샌프란시스코【지명】 미국 캘리포니아 주의 중앙에 있는 큰 항구 도시. 【San Francisco】

샐러드 채소·과일 등으로 만든 서양 음식. ×사라다. 【salad】

ㅅ

샐러리 봉급·급료·월급. 【salary】

샐러리맨 월급을 받고 일하는 사람. 봉급 생활자. 【salaryman】

샘:[1] 자기보다 나은 사람을 미워함, 또는 그 마음. [예]자주 샘을 내다. [비]시기. 질투. ×새암.

샘:[2] 물이 땅에서 솟아나오는 자리. [비]우물. [본]샘터.

샘:물 샘에서 솟아나오는 물.

샘:솟다[샘솓따] ①샘물이 솟아나다. ②힘이나 용기가 힘차게 일어나다. [예]힘이 샘솟다.

샘:터 샘물이 솟아나오는 곳. 샘이 있는 곳. [준]샘.

샘플 견본. 표본. 본보기. 【sample】

샛:강[새깡/샏깡] 큰 강 가운데 있는 섬과 육지 사이에 흐르는 작은 강.

샛:길[새낄/샏낄] 큰길로 통하는 작은 길. [예]샛길로 가다.

샛노랗다[샌노라타](샛노라니, 샛노라오) 빛깔이 더할 수 없이 노랗다. [예]샛노란 개나리. <싯누렇다.

샛눈[샌눈] 감은 듯하면서 살짝 뜨고 보는 눈.

샛:문[샌문] ①정문 옆에 따로 있는 조그만 문. ②방과 방 사이를 드나드는 데 쓰는 조그만 문.

샛바람[샏빠람] 동쪽에서 불어오는 바람. [비]동풍.

샛:별[새뼐/샏뼐] 새벽에 동쪽 하늘에서 반짝이는 별. '금성'을 보통말로 부르는 것인데 시 따위에 쓰임.

생 사람이 살아 있는 것. 살아 있는 동안. [비]삶. [반]사. 죽음. 【生】

생가 그 사람이 태어난 집. 【生家】

생가슴 이유 없는 근심이나 걱정으로 아픈 마음.

생각 ①마음에 느끼는 의견. [예]네 생각이 옳다. ②바라는 마음. ③관념. 사상. [예]인간은 생각하는 갈대다. -되다. -하다.

생각나다[생강나다] ①지난 일이 기억되다. ②머리에 생각이 떠오르다. ③무엇이 그리워지거나 하고 싶어지다.

생각되다[생각뙤다/생각뛔다] 판단되거나 여겨지다. [예]이번 일은 내가 잘못했다고 생각된다.

생각하다[생가카다] ①어떤 사실이나 이치를 헤아리고 따지다. [비]사고하다. ②떠올리다. [예]어버이날이 되어서야 비로소 부모님의 은혜를 생각하게 되었다. ③어떤 대상을 일정한 방식으로 판단하거나 여기다. [예]나는 친구를 경쟁 상대로 생각하였다. [비]보다. 여기다.

생강 맛이 맵고 향기가 좋아서 차의 재료나 양념으로 쓰고, 한약 재료로도 쓰는 우툴두툴한 뿌리.

생것[생걷] 익히지 않은 것, 또는 살아 있는 것. [비]날것.

생겨나다 없던 것이 있게 되다.

생계 살아가는 방도. [예]생계가 곤란하다. 【生計】

생계비 기본적인 살림을 꾸려 나가는 데 드는 비용. 【生計費】

생고생 하지 않아도 되는데도 일부러 하는 고생. 【生苦生】

생글거리다 소리를 내지 않고 눈과 입을 움직이며 정답고 귀엽게 웃다. ㉮예은이는 항상 생글거리는 얼굴이다.

생글생글 소리 없이 정답게 눈 웃음 치는 모양. <싱글싱글. ㉷쌩글쌩글. -하다.

생긋[생귿] 소리 없이 얼핏 눈만 조금 움직여 정답게 웃는 모양. ㉮생긋 눈인사하다. <싱긋. ㉷쌩끗.

생긋이[생그시] 소리없이 다정하고 귀엽게 웃는 모양. <싱긋이.

생기 싱싱한 기운. 활발한 기운. ㉮기쁨에 넘쳐 생기 가득한 얼굴. ㉯활기. 【生氣】

생기다 ①없던 것이 생기다. ②제 손에 들어오다. ③사고·일·문제 등이 발생하다.

생기발랄하다 생기가 있고 성격이 발랄하다. ㉮생기발랄한 학생들.

생김새 생긴 모양새. ㉮식물의 종류에 따라 잎의 생김새가 다르다.

생년월일 출생한 해와 달과 날.

생도 사관 학교에서 교육을 받는 학생. ㉮육군 사관 생도. 【生徒】

생동 살아 움직임. 【生動】

생동감 살아서 움직이는 듯한 느낌. 생기가 넘치는 듯한 느낌.

생동하다 살아서 생기 있게 움직이다.

생떼 해서는 안 될 일을 하겠다고 억지를 부리는 떼.

생략[생냑] 간단하게 덜어서 줄이거나 뺌. ㉮이하 생략. -되다. -하다.

생로병사[생노병사] 인간이 겪어야 하는 네 가지 고통. 즉 나고, 늙고, 병들고, 죽는 일. 【生老病死】

생리[1][생니] ①생물체의 생명 활동과 관련되는 현상. ②생활의 방식 또는 습성. 【生理】

생리[2][생니] 성숙한 여자의 자궁에서 주기적으로 피가 나오는 현상. 월경. -하다. 【生理】

생리적[생니적] 생리에 관련되는 것. ㉮불안하면 생리적으로 심장이 많이 뛰고 입과 목이 마른다.

생리 작용 생물의 생활하는 작용. 곧, 혈액 순환·호흡·소화·배설·생식 등에 관한 모든 작용을 통틀어 일컫는 말.

생매장 ①산 채로 사람을 묻음. ②잘못 없는 사람에게 누명을 씌워 명예를 떨어뜨림. -하다.

생맥주 살균을 하기 위한 열을 가하지 않은 맥주.

생머리 파마를 하지 않은 여자의 머리카락.

생면부지 전에 만나 본적이 없어 전혀 모르는 상태. 【生面不知】

생명 ①생물이 살아 있게 하는 근본적인 기능과 힘. ㉯목숨. ②사물의 중요한 점. ㉮책의 생명은 충실한 내용이다. 【生命】

생명력[생명녁] 생명의 힘. 목숨을 이어 가려는 힘.

생명 보험 뜻밖의 죽음을 당했을 때를 대비하여 드는 보험.

생명체 목숨이 있는 물체.

생모 자기를 낳은 어머니. ㉯친어머니. ㉰양모. 【生母】

생목숨 ①살아 있는 목숨. ②죄없는 사람의 목숨.

생무지 어떤 일에 도무지 익숙하지 못한 사람.

생물 생명을 가지고 생활하는 물체. 동물과 식물로 크게 분류함. ㉰무생물. 【生物】

생물체 동물이나 식물처럼 살아 있는 물체. 【生物體】

생물학 생물을 연구하는 학문.

생물학자 생물의 구조·기능·발달 등에 관한 학문을 연구하는 사람.

ㅅ

생방송 미리 녹화·녹음한 것의 재생이 아닌, 스튜디오나 현장에서 직접하는 방송. -하다.

생부 자기를 낳은 아버지. 비친아버지. 【生父】

생사[1] 사는 일과 죽는 일. 태어남과 죽음. 【生死】

생사[2] 삶지 않은 명주실. 【生絲】

생사람 ①살아 있는 사람. ②어떠한 일에 잘못이나 관계가 없는 사람. 예생사람을 붙잡고 하소연하다.

생산 물건을 만들어 냄. 반소비. -하다. 【生産】

생산량[생산냥] 일정한 기간에 만들어 낸 물건의 수량. 반소비량.

생산비 생산에 드는 비용. 비원가.

생산성 생산하는 데에 들인 비용의 경제적인 효율. 예생산성 향상을 위한 기술 개발. 【生産性】

ㅅ

생산액 일정한 기간에 만들어 내는 물건의 양이나 값어치. 비생산고. 반소비액. 준산액.

생산 요소 물건을 만드는 데 꼭 필요한 요소〔노동·자본·토지 등〕.

생산자 생활에 필요한 물건을 만드는 사람. 반소비자.

생산적 ①생산과 관계가 있거나 생산성이 높은 것. ②가치 있는 새로운 것이 생겨 나게 하는 것. 예생산적인 의견. 반비생산적.

생산지 물건이 생산하거나 생산된 곳. 반소비지. 【生産地】

생산품 생산되는 물품. 【生産品】

생살 ①상처가 나아서 새로 돋아나는 살. 비새살. ②상처가 난 곳이 아닌 성한 살.

생상스〖사람〗[1835~1921] 프랑스의 작곡가. 작품으로 〈동물의 사육제〉가 있음. 【Saint-Saëns】

생색 자기 낯을 내세우는 일.

생생하다 ①눈앞에 또렷하다. 예아직도 생생한 지난 추억. ②생기가 왕성하다. 〈싱싱하다. 센쌩쌩하다. 생생히.

생선 말리거나 소금에 절이지 않은 물고기. 비선어. 【生鮮】

생선회 싱싱한 생선을 칼로 얇게 썰어 간장이나 초고추장에 찍어 먹는 음식.

생성 무엇이 일어나거나 생겨남. 예과학은 새로운 물질들을 생성한다. -하다. 【生成】

생소 ①낯이 섦. 예생소한 사이. ②서투름. 예생소한 업무.

생수 끓이거나 소독하지 않은 맑은 물. 【生水】

생시 ①살아 있는 동안. ②자지 않고 깨어 있을 때. 예꿈인지 생시인지. 비평소. 반꿈. 【生時】

생식[1] 음식을 익히지 아니하고 날로 먹음. 반화식. -하다. 【生食】

생식[2] 생물이 자기와 같은 종류의 생물을 새로이 태어나게 하는 일. -하다. 【生殖】

생식기 성의 구별이 있는 생물체가 생식을 하는 데 쓰는 몸의 기관. 비성기. 【生殖器】

생식 기관 생물이 자기와 동일한 종류의 생물을 낳는 기관. 고등 동물에서는 정소·난소 및 거기에 딸린 수정관이나 교접기 같은 것. 준생식기. 【生殖器官】

생신 '생일'을 높여서 하는 말.

생애 살아 있는 동안. 한평생.

생약 한약에서, 천연 그대로 사용하는 식물성의 약.

생업 살아가기 위하여 하는 일. 직업.

생원 옛날에, 과거에서 소과의 마지막 시험에 급제한 사람. 【生員】

생육신 조선 시대 조카인 단종을 내쫓고 임금의 자리에 오른 세조에게 불만을 품고 절개를 지키어 끝내 벼슬을 하지 않은 여섯 충신〔이맹전·조여·원호·김시습·성담수·남효온〕. 【生六臣】

생으로 ①익히지 않은 채로. 날것으로. ㉠고기를 생으로 먹다. ②자연스럽지 않고 무리하게. 억지로. ㉠이야기를 생으로 지어 내다.

생이별[생니별] 혈육이나 부부 사이에 살아서 하는 이별. ㉡사별. ㉢생별. -하다. 【生離別】

생일 세상에 태어난 날, 또는 해마다의 그 달의 그 날. ㉣생신. 【生日】

생장 생물이 나서 자라는 것. 점점 크게 자라는 것. -하다. 【生長】

생전 한 사람의 살아 있는 동안. 죽기 전. ㉡사후. 【生前】

생존 생명을 유지하고 있음. ㉠생존 원리. -하다. 【生存】

생존 경쟁 서로 악착같이 살려고 다투는 일. 【生存競爭】

생존권 사람들이 인간답게 살아갈 수 있는 권리. 【生存權】

생존자 살아남은 사람. 【生存者】

생존하다 ①죽지 않고 살아남다. ㉠동물들은 생존하기 위하여 발톱·이빨·독을 지니고 있다. ②죽지 않고 살아있다. ㉠부모님께서 생존해 계십니다.

생중계 녹음이나 녹화나 편집한 것이 아니라 일이 벌어지고 있는 현장에서 일이 직접 전달되게 하는 방송 -하다. 【生中繼】

생:쥐 쥐 종류 가운데서 가장 작은 쥐인데, 꼬리는 몸의 길이보다 조금 짧음. ×새앙쥐.

생즙 식물을 익히지 아니하고 날 것을 짓찧어서 짜낸 액체.

생지옥 이 세상에서 지옥과 같이 몹시 괴롭거나 고생스러운 일, 또는 그런 상태.

생채기 여기저기 온통 할퀴어 생긴 작은 상처가 나 있는 모양.

생체 살아 있는 몸. 산몸. ㉠생체 실험. 【生體】

생크림 신선한 우유에서 뽑아 낸 희고 부드러운 기름. 서양요리, 과자, 커피 따위에 씀. 【生cream】

생태[1] 생물이 자연적으로 살아가는 생활의 모습. ㉠개미의 생태를 관찰하다. 【生態】

생태[2] 말리거나 얼리지 않은 잡은 그대로의 명태. 【生太】

생태계 어느 지역 안에 살고 있는 생물의 무리와, 이들의 생활에 깊은 관계를 가진 환경 요소가 조화를 이룬 자연 체계. 【生態系】

생트집 아무 까닭도 없이 공연히 잡는 트집.

생판 처음 보는 듯이 아주 낯설게. ㉠생판 처음 보는 사람.

생포 산 채로 잡음. ㉠적을 생포하다. -하다. 【生捕】

생필품 '생활 필수품'을 줄인 말.

생화 산 화초에서 꺾은 살아있는 생생한 꽃. ㉡조화. 【生花】

생활 ①살아서 활동함. ②생계를 유지하여 살아나감. -하다. 【生活】

생활 계획표 하루 또는 일정한 기간 동안 규칙적으로 활동의 계획을 적어 놓은 표. 【生活計劃表】

생활고 가난 때문에 생기는 생활의 어려움 ㉠생활고에 시달리다.

생활권 일상 생활에서 왔다갔다 하게 되는 범위에 드는 지역. ㉠일일 생활권. 【生活圈】

생활력[생활녁] 살아가는 힘. ㉠할머니는 생활력이 강하신 분이시다.

생활문 우리가 살아가는 중에서 글감을 찾아 형식에 얽매이지 않고 자유롭게 쓴 글. 【生活文】

생활 방식 생활을 해 나가는 방법과 양식. 【生活方式】

생활비 생활하는 데 필요한 모든 비용. 【生活費】

생활사 생물이 생겨 나고 자라서 다음 세대를 만들고 죽을 때까지의 과정. 【生活史】

생활상 한 사회의 생활하는 모습.
생활 설계사 보험에 들 사람을 권하고 모집하는 일을 직업으로 하는 사람. 비보험 모집인.
생활 수준 한 사회의 사람들이 누리고 있는 살림살이의 정도나 형편. 생활 표준.
생활 양식 살아가는 방법. 생활하는 데 있어서의 일정한 형식.
생활 용품 일상 생활에 사용되는 물품. 【生活用品】
생활 일기 하루의 생활을 통하여 겪고·보고·듣고·느끼고 생각한 점을 사실 그대로 쓴 일기.
생활 정보 일상 생활에 관련된 정보. 예인터넷에서 유용한 생활 정보를 많이 얻는다.
생활 지도 학생들이 좋은 습관이나 태도를 기르도록 일상 생활과 활동을 지도하는 일.
생활 통지표 학교에서 각 학생의 생활 태도, 건강 상태, 학업 성적, 출석 사항 등을 적어서 가정에 보내거나 참고로 하는 표.
생활 풍속 옛날부터 전해 오며 지켜지고 있는 생활의 습관.
생활 필수품 일상 생활에 꼭 있어야 하는 물품. 준생필품.
생활화 일상 생활의 한 부분이나 습관이 되게 하는 것. **-하다**.
생후 태어난 뒤. 출생한 후. 예생후 3개월 된 아기. 【生後】
샤:머니즘 원시 종교의 하나. 무당이 죽은 이의 혼을 불러 내어 예언 등을 하는 것 따위. 【shamanism】
샤워 물을 비처럼 쏟아지게 하는 장치를 써서 하는 목욕, 또는 그런 장치. **-하다**. 【shower】
샤프 ①연필의 가는 심을 넣고 한쪽 끝을 돌리거나 눌러 심을 조금씩 밀어 내어 쓰게 만든 필기 도구. ②음악에서, 반음 올리라는 기호인 '#'의 이름. 비올림표. 반플랫. ③날카로움. 신랄함. 예그 남자는 샤프하게 생겼다. 【sharp】
샬레 과학 실험을 하는 데 쓰는 유리 그릇의 하나. 【Schale】
샴페인 탄산가스가 들어 있는, 색깔이 없는 포도주. 【champagne】
샴푸 머리를 감는 데에 쓰는 액체 비누. 【shampoo】
샹들리에 화려하게 장식을 한, 천장에 매다는 전등이나 촛대. 【chandelier】
샹송 프랑스의 대중 가요. 【chanson】
서 동·남·북과 함께 네 개의 기본적인 방위의 하나로 해가 지는 쪽. 반동. 【西】
서가 책을 나란히 세워 꽂아 두는, 여러 층으로 된 선반. 비책장.
서간 편지. 예서간문. 【書簡】
서:거 사회적으로 지위가 높거나 유명한 사람의 '죽음'을 높이어 이르는 말. **-하다**. 【逝去】
서걱거리다 ①과일이나 과자를 씹을 때 부스러지는 소리를 내다. ②뻣뻣한 옷감이나 나뭇잎 따위가 서로 스치는 소리를 내다. >사각거리다.
서경[1] 【지명】 고려 시대 4경의 하나. 지금의 평양. 【西京】
서경[2] 【책명】 고대 중국의 3경 및 5경의 하나. 공자가 중국의 요순 시대부터 주나라 때 까지의 정사에 관한 문서를 모아 엮은 책. 【書經】
서경[3] 영국의 그리니치 천문대를 0도로 하여 지구의 서쪽으로 180도까지의 사이의 경도. 반동경. 【西經】
서경덕 【사람】[1489~1546] 조선 초기의 학자. 호는 화담. 한평생 유학을 깊이 연구하였음〔황진이·박연 폭포와 함께 '송도 삼절'이라고 일컬어짐〕. 【徐敬德】
서:경시 자연의 경치를 노래한 시. 반서정시. 【敍景詩】

서고 도서관에서, 많은 책을 정리하여 보관하는 방. 비문고. 【書庫】

서:곡 ①가극이나 성극 등의 주요한 부분을 시작하기 전에 연주하는 기악곡. ②일의 시작. 【序曲】

서:광 ①날이 밝으려고 먼동이 트는 빛. ②일의 앞길에 보이는 기대나 희망. 예우리 나라 통일의 서광이 비치고 있다. 【曙光】

서구 미국과 서유럽을 이름. 비구미. 반동구. 【西歐】

서귀포〖지명〗 제주도 남제주군에 있는 항구 도시. 【西歸浦】

서글서글하다 마음이 너그럽고 성질이 부드러우며 친절하다. 예서글서글한 성격. >사글사글하다.

서글프다(서글프니, 서글퍼) 마음이 슬프고 허전하다.

서기[1] ①회의 같은 데서 기록을 맡아 보는 사람. ②상점이나 관공서 등에서 문서와 기록을 맡은 사람. 예면서기. 【書記】

서기[2] 그리스도가 난 후 4년째 되는 해를 기원 1년으로 하는 서양의 기원. 예서기 1996년. 본서력 기원.

서까래 지붕을 떠받치기 위하여 지붕의 용마루에서 벽가지 나란히 걸쳐 놓은 재목.

서남 ①서쪽과 남쪽. ②'서남간'의 준말. 【西南】

서남부 어떤 지역의 서쪽과 남쪽의 중간 부분. 【西南部】

서남아시아 아시아 대륙의 남서부에 해당하는 지역〔이란·이라크·사우디아라비아 등의 나라가 있음〕.

서낭 ①서낭신이 붙어 있다는 나무. ②'서낭신'의 준말. 본성황.

서낭당 민속에서, 마을을 지켜 준다는 신령을 모신 집. '성황당'에서 온 말임.

서낭신 민간에서 이르는 토지와 마을의 수호신. 본성황신.

서너 셋이나 넷 정도. 예사과 서너 개.

서넛[서넏] 셋이나 넷 가량. 예아이들 서넛이 놀고 있다.

서녘[서녁] 서쪽 방면. 비서쪽. 반동녘.

서늘하다 약간 쌀쌀하면서 시원하다. >사늘하다. 센써늘하다.

서다 ①다리에 힘을 주어 곧은 자세로 있다. 예차렷 자세로 서다. ②높은 것이 놓여 있다. 예높게 서 있는 나무. ③줄이서서 길게 나타나다. 예무지개가 서다. ④판이 벌어지다. 예닷새마다 장이 서다.

서당 고려 시대부터 발달하여 조선 시대에 가장 성하였던, 어린이에게 학문을 가르치던 마을의 글방.

서대문 조선 시대에 서울을 에워쌓던 사대문의 하나로 서울 서쪽의 정문이었던 돈의문. 1915년에 헐리어 없어졌음. ⇨사대문.

서덕출〖사람〗[1906~1940] 경상 남도 출생의 동요 작가. 〈봄편지〉를 발표한 데 이어 70여 편의 동요를 남겼음. 【徐德出】

서도[1] 황해도와 평안 남북도 지방을 함께 이르는 말. 【西道】

서도[2] 글씨를 쓰는 방법을 배우는 일. 붓으로 글씨를 맵시 있게 쓰는 기술. 비서예. 【書道】

서독〖나라〗 제2차 세계 대전후 동부 독일과 갈라져서 자유 민주주의를 따르던 독일의 서남부 지역에 있던 나라. 1989년에 동독과 합쳤음.

서동〖사람〗[?~641] 백제의 제30대 왕인 무왕의 어릴 때 이름. 〈서동요〉를 지었음. 【薯童】

서동요 신라 때 백제 무왕이 지었다는 노래. 신라의 선화공주를 아내로 맞기 위해 아이들로 하여금 부르게 하였다는 노래. 【薯童謠】

서:두 글의 첫머리. 【書頭】

서두르다(서둘러, 서둘러서) 일을 빨리 하려고 바쁘게 움직이다. ㊟서둘다.
서라벌 ①'신라'의 옛 이름. ②'경주'의 옛 이름.
서랍 책상·경대 등에다 끼웠다 뺐다 하게 만들어서, 여러 가지 물건을 담게 된 상자 비슷한 것. ㊎책상 서랍. ×설합.
서:러움 서럽게 느껴지는 마음.
서:럽다(서러우니, 서러워서) 언짢은 생각이 들어 마음이 아프고 슬프다. ㊎친구들과 헤어지는 것이 서럽다. ×설다.
서력 서양의 기독교에서 쓰기 시작한, 해와 달과 날을 정하고 계산하는 방법. 【西曆】
서로 함께. 다 같이. ㊎우리 서로 친하게 지내자.
서:론 본론의 머리말이 되는 글. ㊑서설. ㊖결론. 【序論】
서류 글자로 쓴 문서. 사무에 관한 문서. 【書類】
서류철 여러 서류를 정리하여 놓은 묶음. ㊑파일.
서른 열의 세 곱절. 삼십. ×설흔.
서리[1] 맑고 바람 없는 밤에 기온이 내려가 공기 중의 수증기가 땅 표면에 닿아서 얼음의 결정이 된 것.
서리[2] 떼를 지어서 주인 몰래 훔쳐다 먹는 장난. ㊎수박 서리. -하다.
서리다 ①김이 엉기어 축축하다. ㊎유리창에 김이 서리다. ②향기가 풍기다. ㊎국화 향기 서린 정원. ③어리어 나타나다. ㊎그리움이 가득 서린 눈망울.
서리태 알이 굵고 색깔이 검은 콩.
서릿발[서리빨] ①땅속의 수분이 얼어 땅 위로 솟아 오른 것. ②'대단히 엄함'을 비유한 말.
서:막 연극의 첫 막. 무슨 일의 시작.
서먹하다 낯익지 아니하여 어색하다.
서면 ①글씨를 쓴 지면. ②문서.
서:명 자기의 이름을 씀. ㊎서명 운동. -하다. 【署名】
서:무 어떤 기관에서 특별히 정해진 사무 이외의 여러 가지 일, 또는 그런 일을 맡아 하는 사람.
서:무과 어떤 기관에서 여러 가지 일반적인 사무를 맡아보는 과.
서:무실 여러 가지 일을 맡아 보는 사무실. 【庶務室】
서:문 머리말. 【序文】
서:민 ①벼슬이 없는 일반 사람. 평민. ②중류 이하의 넉넉하지 못한 국민. 【庶民】
서:민적 특권이 있는 척하지 않고 보통 사람의 태도나 경향을 가지는 것.
서방[1] ①'남편'의 낮춤말. ②벼슬이 없는 사람의 성 밑에 붙여 대신 부르는 말. ㊎박 서방. 【書房】
서방[2] ①서쪽 방향. ②아시아에서 볼 때 서쪽에 있는 지역. ③'서방 세계'의 줄인 말. ㊖동방. 【西方】
서방님 ①옛말로, '남편'을 높이는 말. ②'결혼한 시동생'을 예절에 따라 부르는 말. ③옛날에, '신분이 낮은 사람이 양반 집안의 젊은 남자'를 높여서 부르는 말.
서방 세계 자본 주의와 자유 민주주의를 따르는 북아메리카와 서유럽의 여러 나라들.
서부 어떤 지역의 서쪽 부분. 특히 미국의 서쪽 지역. ㊎서부 영화. ㊖동부. 【西部】
서북부 어떤 지역의 서쪽과 북쪽의 중간 부분. 【西北部】
서북쪽 서쪽과 북쪽의 사이가 되는 쪽.
서브 정구·탁구·배구 등에서 공격측이 먼저 공을 상대편 코트에 쳐 보내는 일. 【serve】
서비스 ①봉사·사무·심부름·접대.

②시중드는 일. ㉠서비스 정신. -하다. 【service】

서비스업 남을 위해 봉사하는 사업〔자동차 수리업·미용업·광고업·여관 호텔업 등〕.

서빙고 조선 초기에 설치한 얼음을 보관하던 창고의 하나. 지금의 서울 동부 이촌동 부근에 위치하고 있었음. 【西氷庫】

서:사시 신화나 전설, 역사적 사건, 영웅의 일생 같은 것을 읊은 시. ㉡서정시. 【敍事詩】

서산 해지는 쪽에 있는 산. 서쪽에 있는 산. 【西山】

서산 대사〖사람〗[1520~1604] 조선 선조 때의 이름난 승려. 본명은 최현웅, 승명은 휴정. 임진왜란이 일어나자, 여러 제자들과 함께 팔도 승병을 일으켜 나라에 큰 공을 세웠음. 〈청허당집〉〈선가귀감〉 등의 저서를 남김. 휴정대사.

서:서히 급하지 않게 천천히. 느리게.

서성거리다 한 곳에 있지 않고 왔다 갔다 하다.

서:수 순서를 나타내는 첫째·둘째 등의 수. 【序數】

서:술 어떤 사실이나 사건을 논리에 따라, 또는 순서에 따라 남에게 알리기 위하여 말하거나 적는 것, 또는 그 말이나 글. -하다.

서:술문 사실이나 자기의 생각을 그대로 나타내는 글. 보통 '이다'로 끝맺음. 【敍述文】

서:술어[서수러] 문장 안에서 주어의 성질·상태·움직임을 나타내는 말. 【敍述語】

서슬 ①말이나 행동의 날카로운 기세. ②칼날이나 물건의 날카로운 곳. ㉠서슬이 시퍼런 칼.

서슴다[서슴따] ('서슴지'의 꼴로만 써서) 말이나 행동을 머뭇거리며 망설이다. ㉠서슴지 않고 자신만만하게 말하다. ×서슴치.

서슴없다 말이나 행동에 거침이 없다. 망설임이 없다. ㉠서슴없이 말하다.

서:식[1] 생물이 어떤 곳에 삶. ㉠고래가 서식하는 곳. -하다. 【棲息】

서식[2] 물음에 대한 대답과 필요한 사항들을 적어 넣을 빈 칸이 미리 마련되어 있는 문서 형식. 【書式】

서:식지 야생 동물이 자연 상태로 사는 곳. 【棲息地】

서신 편지. 편지로 전하는 소식. ㉠서신 왕래. ㉥서한. 【書信】

서:약 맹세하고 약속함. ㉠약속대로 하겠다고 서약하다. -하다.

서양 유럽과 아메리카의 여러 나라. ㉥서구. ㉡동양. 【西洋】

서양란 서양에서 우리 나라에 들어온 난. ㉣양란. 【西洋蘭】

서양 문물 서양에서 들어온 문화와 물건. 【西洋文物】

서양식 서양에서 들어온 방식이나 모양. ㉠서양식 건물.

서양 음악 서양에서 생겨 발달한 음악〔오페라·오케스트라·실내악 따위〕. 【西洋音樂】

서양인 주로 백인으로, 서양에서 태어나거나 살고 있는 사람. ㉡동양인. 【西洋人】

서양화 서양에서 발달한 그림으로 그림물감·크레파스·크레용·파스텔 등으로 그린 그림. ㉡동양화.

서역 지난날, 중국의 서쪽에 있던 나라들을 이르던 말.

서:열 일정한 순서에 따른 높낮이. ㉠서열을 정하다. 【序列】

서예 붓글씨를 맵시 있게 쓰는 예술. ㉥서도. 【書藝】

서예가 서예를 전문으로 하는 사람.

서운하다 마음에 부족하여 섭섭한 느낌이 있다. 서운히.

ㅅ

서울 ①한 나라의 정부가 있는 곳. 비수도. ②우리 나라의 수도 이름.
서울내기 서울에서 태어난 사람을 이르는 말. 반시골내기.
서울역 우리 나라 철도의 대표적인 역으로, 서울특별시 중구 봉래동에 위치함.
서울 올림픽 1988년 서울에서 열린 제24회 올림픽경기.
서울 특별 시민 헌장 서울 시민이 지켜야 할 사항을 정해 놓은 것.
서원 조선 시대 선비들이 학문을 연구하고, 또 훌륭한 사람들을 제사 지내던 곳. 조선 중기부터 각 지방에 세워졌음. 【書院】
서유견문〖책명〗 조선 고종 32년(1895)에 유길준이 미국을 다녀와서 보고 들은 것을 쓴 책. 한글과 한문을 섞어서 쓴 문체로 된 최초의 기행문임. 【西遊見聞】
서유구〖사람〗[1764~1845] 조선 말기의 학자. 일본으로부터 고구마 종자를 구입해와서 그 재배를 장려하고, 고구마 재배에 관한 〈종저보〉 등 농업에 관한 책을 지음.
서유기〖책명〗 중국 명나라 때 오승은이 지은 소설. 당나라의 삼장법사가 손오공·저팔계·사오정의 세 부하를 거느리고 온갖 재난을 극복하고 무사히 불경을 구해 온다는 줄거리. 【西遊記】
서유럽 유럽 서부에 있는 프랑스·영국 등의 국가가 있는 지역. 서구. 반동유럽. 【西Europe】
서인도 ⇨서인도 제도.
서인도 제도〖지명〗 중앙 아메리카의 동쪽에 있는 여러 섬. 쿠바·아이티·도미니카·자메이카·바하마 등의 나라가 있음〔콜럼버스가 최초로 발견하였음〕.
서:자 첩이 난 아들. 반적자. 【庶子】
서:장 경찰서·세무서·소방서 따위 기관의 우두머리. 【署長】
서재 책을 갖추어 두고 책을 읽거나 글을 쓰는 방.
서재필〖사람〗[1863~1951] 독립 운동가·의학박사. 일찍부터 개화 사상에 눈을 떠 독립협회 고문으로 있으면서, 독립문을 세우고, '독립신문'을 발간하는 등의 일을 했음. 호는 송재. 【徐載弼】
서적 책. 서책. 【書籍】
서점 책을 팔거나 사는 가게. 책방. 서림. 【書店】
서:정 사물을 보고 느낀 자기의 감정을 나타내는 일. 【抒情】
서:정시 개인의 주관적 정서를 운율에 맞게 읊은 시. 서사시·극시와 함께 시의 3대 부문을 이룸. 반서사시. 【抒情詩】
서진 책장이나 종이가 바람에 날리거나 흩어지지 않도록 누르는 물건. 문진. 【書鎭】
서쪽 해가 지는 쪽. 비서녘. 반동쪽.
서찰 편지. 【書札】
서체 ①문자의 모양. 비필체. ②글씨를 쓰는 여러 가지 방법. 【書體】
서커스 사람과 짐승이 여러 가지 재주를 부리는 것을 구경시키는 단체. 비곡마단. 곡예단. 【circus】
서클 같은 관심사나 취미를 가진 대학생들로 이루어진 단체. 비동아리. 예서클 활동. 【circle】
서:투르다(서툴러서, 서툴러) 익숙하지 못하다. 예아직 일이 서투르다. 반익숙하다.
서편 서쪽으로 향한 방향. 비서쪽. 반동편. 【西便】
서편제 주로 보성·광주·나주와 같은 섬진강 서쪽 지방에서 부르던 판소리 가락의 방식. 【西便制】
서:푼 아주 보잘것 없는 것. 예서푼어치도 안 되는 물건.
서풍 서쪽에서 불어 오는 바람. 비갈

바람. 하늬바람. [반]동풍. 【西風】

서학 ①옛날 서양의 학문을 이르던 말. ②조선 시대에 천주교를 이르던 말. 【西學】

서한 편지. [비]서신. 【書翰】

서해 우리 나라 서쪽에 있는 바다. [반]동해. 【西海】

서해안 서쪽에 있는 바다와 맞닿은 해안. 【西海岸】

서:행 자동차가 천천히 나아감. [예]서행 운전. -하다. 【徐行】

서향 서쪽을 향함. [반]동향. 【西向】

서화 글씨와 그림. 【書畫】

서희〖사람〗[942~998] 고려 초기의 훌륭한 외교가이며 장군. 고려 성종 12년(993) 거란이 침입하였을 때, 뛰어난 외교적 솜씨로 적장 소손녕과 담판을 벌여 그들을 물러가게 하였으며, 강동 6주의 땅을 다시 차지하는 데 공을 세웠음.

석[1] 예전에 곡식 등의 양을 셈하는 단위로 한 말의 열 갑절. [예]공양미 300석. 【石】

석:[2] 셋(3). [예]석 달. 석 돈.

석가모니〖사람〗 불교를 처음 일으킨 사람. 인도에서 태어나 스물아홉 살에 집을 나와 서른다섯 살에 크게 깨달아 부처가 되었음. 기원전 486년에 여든 살로 입적(죽음)하였다 함. 세계 사대 성인의 한 사람. [비]부처. [준]석가. 【釋迦牟尼】

석가여래상 석가모니를 조각하거나 그린 것.

석가탑 불국사 대웅전 앞뜰에 다보탑과 서로 마주보고 있는 탑. 통일 신라 시대에 세워졌는데, '무영탑' 이라고도 함. 국보 제21호.

[석가탑]

석간 신문 저녁때에 나오는 신문. [반]조간 신문. [준]석간.

석고[석꼬] 석회 가루에 물과 그 밖의 재료를 섞은 반죽으로, 벽에 바르거나 형상을 빚어 만들어 놓으면 금방 그대로 굳는 흰 물질.

석고 붕대 상처에 붕대를 감고 그 위에 석고를 발라 굳힌 것. 깁스.

석고상[석꼬상] 주로 사람의 모양을 석고로 만든 조각.

석공[석꽁] 돌을 다듬어 물건을 만드는 사람. 【石工】

석굴[석꿀] 자연적으로 바위에 뚫린 굴, 또는 바위에 뚫은 굴. [비]암굴.

석굴암[석꾸람] 경주 토함산 동쪽에 있는 돌로 만든 건축물. 신라 제35대 경덕왕 때 김대성이 세웠음. 정면 중앙에 석가여래상을 앉히고 벽에는 관세음 보살상 등 여러 불상을 조각 하였음. 국보 제24호.

석권 자리를 돌돌 말듯이 쉽게 쳐서 빼앗음, 또는 빠르고 널리 세력을 폄. [예]국제 시장을 석권하다. -하다. 【席卷】

석기 원시인이 쓰던 돌로 만든 기구나 그릇. 【石器】

석기 시대 인류 문화 발달의 첫 단계로 금속 사용의 방법을 알지 못해 돌로 연모를 만들어 쓰던 시대. 구석기 시대와 신석기 시대로 나뉨. 【石器時代】

석등 돌로 네모지게 만든 등. [비]석등롱. 장명등. 【石燈】

석류[성뉴] 석류나무의 열매. 익으면 두꺼운 껍질이 갈라지고 연분홍 빛깔의 투명한 씨가 나옴. 씨는 먹는데 시고 단맛이 있음.

석면[성면] 번쩍번쩍하며 질기고 불에 타지 않으므로 소방수의 옷을 만들며 전기의 절연용으로 쓰이는 섬유. [비]돌솜. 석융.

석방 법에 의해 구속된 사람을 풀어 자유롭게 함. [예]죄인을 석방하다. [비]방면. -되다. -하다.

석별 서로 떨어지기를 섭섭히 여김. 이별을 서운하게 여김. [예]석별의 정. －하다. 【惜別】
석보상절〖책명〗1447년에 수양 대군이 세종의 명에 따라, 죽은 소헌 왕후의 명복을 빌기 위하여 한글로 쓴, 석가모니의 전기. 보물 제 523호. 【釋譜詳節】
석불 돌로 만든 부처의 모양. [비]돌부처. 【石佛】
석빙고 신라 시대 때 만든 여름철에 쓰려고 얼음을 저장하던, 돌로 만든 창고. 지금 경주에 남아 있음. 보물 제 66호. 【石氷庫】

[석빙고]

석사 학사 학위와 박사 학위의 사이에 있는 학위. 【碩士】

석상[1] 돌을 조각하여 만든 사람이나 동물의 모양. 【石像】
석상[2] 여러 사람이 모인 자리. [예]공식 석상. 【席上】
석쇠 고기나 떡 같은 것을 굽는 기구. 네모지거나 둥근 쇠테에 철사를 그물 뜨듯 하여 구멍이 잘게 만듦.
석수[1] 돌을 다듬어 물건을 만드는 사람. 돌장이. [비]석공. 석장. 【石手】
석수[2] 무덤 앞에 세우는 돌로 만든 짐승. 【石獸】
석순 물에 녹은 석회암 성분이 천장에서 떨어지면서 오랫동안 모여서 굳어서 된 길고 뾰족한 암석.
석실 고분 상고 시대 무덤 양식의 하나. 관을 들여 놓은 방이 돌로 되어 있는 고분.
석양 저녁때의 해, 또는 그 햇볕. [비]노을. 낙조. 【夕陽】
석연하다[서견하다] ('석연치'의 꼴로 써서) 미심쩍거나 꺼림칙한 일들이 완전히 풀려 마음이 개운하다. [예]형의 말에 석연치 않은 구석이 있다.
석영 화강암을 이루고 있는 광물 중 유리와 같이 투명해 보이는 것. [비]차돌. 【石英】
석유 천연으로 땅 속에서 나오며 특수한 냄새가 남. 물보다 가볍고 불에 잘 타는 기름. 【石油】
석유등[서규등] 석유를 연료로 하는 등. [비]석유램프.
석유 파동 석유가 모자라서 일어나는, 사회에 큰 일이 난 상태. [비]유류 파동.
석유 화학 공업 섬유·천연 가스 등을 원료로 하여 화학 제품을 만들어 내는 공업.
석재 건축이나 조각을 하는 데에 재료로 쓰이는 돌. 【石材】
석조 돌을 재료로 하여 무엇을 만드는 것, 또는 그렇게 만든 물건. [예]석조 건물. 【石造】
석주 돌로 만든 기둥. 돌기둥. 【石柱】
석차 ①자리의 차례. 석순. ②성적의 차례. [비]등수. 【席次】
석청 산 속 나무나 돌 사이에 벌이 모아둔 꿀. 【石淸】
석탄 옛날의 식물이 땅 속 깊이 묻혀 탄소로 변한 것. 땔감으로 널리 쓰임. 【石炭】
석탑 돌로 쌓은 탑. [비]돌탑. 【石塔】
석판화 돌 판에 새긴 그것에 물감을 칠하여 종이나 천을 대고 찍어 내어 만든 그림. 【石版畫】
석학[서칵] 학식이 많거나 학문이 높은 사람. 【碩學】
석회 석회석을 불에 구어 만든 흰가루. [준]회. 【石灰】
석회석 석회분이 바다 밑에 쌓여서 굳은 퇴적암. 회색을 띠며 시멘트의 원료로 많이 쓰임. 석회암. [비]횟돌. 【石灰石】
석회수 소석회를 물에 녹여서 가만히 두었을 때 위에 있는 무색 투명한 액체. 【石灰水】

석회암 동물의 껍질이나 뼈 같은 것이 물 밑에 쌓여서 생긴 암석. 석회석. 【石灰巖】

섞다[석따] 여러 가지 물건을 한데 합치다.

섞이다[서끼다] ①어떤 것에 합하여 지거나 넣어지다. ㉠밥에 콩이 섞여 있다. ②여러 가지가 한데 합쳐지다.

선:[1] 결혼할 상대를 고르려고 남의 소개로 남자와 여자가 서로 만나는 것.

선[2] 그어 놓은 금. 가늘며 길게 뻗쳐 있는 전선이나 선로 등. ㉠경부선. 호남선. 【線】

선:[3] 착하고 올바름. 어질고 좋음. ㉡악. －하다. 【善】

선각자 남달리 앞서 깨달은 사람. ㉢선각. 【先覺者】

선:거 여러 사람 가운데서 뽑아 정함. ㉥선출. －하다.

선거 관리 위원회 선거에 관한 모든 일을 맡아 보기 위하여 둔 기관. ㉢선위. 선관위.

선:거구 국회 의원을 투표로 뽑는 주민들의 거주 지역을 일정한 단위로 나눈 구역.

선:거권 선거에 참가하여 투표를 행할 수 있는 권리.

선:거인 선거권이 있든가 선거를 한 사람.

선:거일 선거를 하는 날. ㉥선거날.

선:거 홍보 많은 사람 가운데서 적당한 사람을 대표로 뽑기 전에 일반에게 널리 알리는 일.

선견지명 닥쳐올 일을 미리 아는 슬기로움. 【先見之明】

선결 다른 일보다 먼저 해결해야 하는 것. ㉠선결 과제. －하다.【先決】

선고 ①재판관이 법정에서 재판의 결과를 말함. ㉠무죄를 선고하다. ②중대한 사실을 알림. ㉠암 선고를 받다. －하다. 【宣告】

선교 종교를 선전하여 널리 폄. ㉠선교 활동. －하다. 【宣教】

선교사 외국에 종교를 전도하는 사람.

선구자 어떤 사상이나 일에 깨어 남보다 일찍 그 필요를 깨닫고, 실행한 사람. 【先驅者】

선글라스 여름에 강렬한 햇빛으로부터 눈을 보호하기 위하여 쓰는 색안경. 【sunglasses】

선금 치러야 할 돈을 미리 치르는 것, 또는 그 돈. 【先金】

선:남 선:녀 착하고 어진 보통 사람들. 【善男善女】

선녀 하늘나라에서 산다고 하는 아름다운 여자. 무지개를 타고 다니기도 하고, 날개옷으로 날아 다니기도 한다고 함. 【仙女】

선단 여러 척의 배로 이루어진 집단.

선달 옛날에 지휘가 낮은 군대 지휘관, 또는 나이가 든 평민 남자. ㉠봉이 김 선달.

선대칭 도형 도형을 어떤 기준으로 포개어 볼 때, 완전히 겹쳐지는 도형.

선덕왕〖사람〗[? ~ 785] 신라 제 37대 왕. '선덕 여왕'이라고도 함.

선:도[1] 여럿을 앞장서서 이끄는 것. ㉠경찰의 선도를 받으며 가다. －하다. 【先導】

선도[2] 청소년을 올바른 길로 인도하는 것. －하다. 【善導】

선돌 원시 시대에 무엇을 기념하거나 원시적 신앙을 나타내기 위하여 세워 놓은 높고 커다란 돌.

선동 일반 사람들의 감정을 부추기어 움직이게 함.

선두 첫머리. 맨 앞. ㉠선두로 나선 우리 선수. ㉡후미.

선뜻 가볍고 빠르고 시원스럽게 ㉠달라는 것을 선뜻 내주셨다. ㉥얼른. >산뜻.

선:량[설량] 착하고 어짊. ㉠선량한 시민들. ㉡불량. －하다.

ㅅ

선례 앞의 예. 전례. ⓔ선례를 따라 행동하다.
선로[1][설로] 뱃길. 【船路】
선로[2][설로] 전차·기차 등이 지나가는 길. 비레일. 【線路】
선:망 남을 부러워하고 자기도 그렇게 되기를 바라는 것. ⓔ선망의 대상. -하다. 【羨望】
선:머슴 차분하지 못하고 덜렁거리는 사내아이.
선명 산뜻하고 밝음. 조촐하고 깨끗함. -하다. -히. 【鮮明】
선명회 미국의 기독교 선교사들이 한국 전쟁의 고아들을 보살피려고 세운 기관. 【宣明會】
선:무당 서투른 무당.
선:물 남에게 고맙거나 축하하는 뜻을 표시하기 위해 주는 물건.
선박 크고 작은 배들.
선반 물건을 얹어 두기 위하여 까치발을 받치어 벽에 달아놓은 긴 널빤지. 비시렁.
선:발[1] 여럿 가운데서 골라 뽑아 냄. ⓔ선발 시험. -하다. 【選拔】
선발[2] ①남보다 먼저 시작하는 것. 맨 앞장을 서는 것. 반후발. ②야구 경기에서, 맨 먼저 투수 노릇을 하는 것. ⓔ선발 투수. 【先發】
선발대[선발때] 다른 부대보다 앞서 출발한 부대. 반후발대.
선배 ①나이나 학문·지위·경험 등이 자기보다 많거나 나은 사람. ②자기 출신 학교를 먼저 졸업한 사람. 반후배. 【先輩】
선:별 가려서 골라 내거나 추려냄. ⓔ선수를 선별하다.
선:보이다 사람이나 물건의 좋은 점을 처음으로 여러 사람에게 보여 주다.
선봉 맨 앞장. 【先鋒】
선봉장 ①앞장선 군대나 단체를 지휘하는 장수나 대표자. ②어떤 어려운 일을 하는 데 앞장서는 사람. ※'선봉대장'을 줄인 말.
선분 기하학에서, 두점 사이를 가장 가까이 잇는 직선. 【線分】
선불 일이 끝나기 전에 먼저 돈을 냄. 반후불. -하다. 【先拂】
선비 ①옛날에 학식이 있으되 벼슬하지 아니한 사람. ②학문을 닦은 사람을 예스럽게 일컫는 말. 비학자.
선:사[1] 남에게 선물로 물건을 주거나 받음. ⓔ입학 기념으로 만년필을 선사하다. -하다. 【膳賜】
선사[2] 기록이 없어 유적이나 유물로만 짐작되는 옛 시대의 것. 역사 시대 이전의 것. 【先史】
선사 시대 역사 이전의 시대. 문자가 없던 시대. 【先史時代】
선사실 박물관에서 역사 시대 이전의 유물들을 모아 놓은 곳.
선상 배의 갑판 위. 【船上】
선산 조상의 무덤이 있는 곳. 선영.
선생 ①공부를 가르치는 사람. 비스승. 반제자. ②남을 공경하여 부르는 말. 높선생님. 【先生】
선서 여럿 앞에서 맹세를 함. ⓔ대통령 취임 선서. -하다.
선선하다 날씨가 알맞게 서늘하다. ⓔ새벽 공기가 선선하다. >산산하다.
선:수[1] 경기에 출전하기 위하여 대표로 뽑힌 사람. 【選手】
선수[2] 남이 하기 전에 앞지러 하는 행동. ⓔ말을 꺼내기 전에 선수를 치다. 【先手】
선:수권 운동 경기에서, 모든 상대에게 이겨 가장 우수한 개인이나 단체가 가지는 지위. ⓔ전국 태권도 선수권. 【選手權】
선:수단 하나의 조직을 이룬 운동 선수들의 집단. 【選手團】
선:수촌 대표 선수들을 위해 마련된

집단 숙박시설. 【選手村】

선식 한방에서 몸의 건강에 좋다고 하는 재료로 만든 음식. 주로 곡식과 약초의 가루로 되어 있음.

선실 배 안에 선원이나 승객들이 쓰도록 만들어 놓은 방.

선심[1] 야구·축구 등에서 선에 관한 규칙의 위반을 맡아 보는 보조 심판원. 본선심판. 【線審】

선:심[2] ①착한 마음. ②남을 도와 주는 마음. 예선심을 쓰다. 【善心】

선:악[서낙] 착함과 악함. 【善惡】

선약[서냑] 먼저 누구와 만나기로 약속하는 것, 또는 그런 약속. 예오늘 저녁은 선약이 있다. -하다.

선양 드러내어 널리 떨치게 함. 예국위를 선양한 선수들. -하다.

선어[서너] 말리거나 절이지 아니한 물고기. 비생선. 【鮮魚】

선언[서넌] 생각이나 주장을 널리 알리어 말함. 비선포. -하다.

선언문 선언하는 내용을 적은 글. 예독립 선언문. 비선언서.

선언서 선언하는 뜻을 쓴 글. 비선언문. 【宣言書】

선열[서널] 정의를 위하여 싸우다 죽은 열사. 예순국 선열. 【先烈】

선:용 알맞게 잘 이용하여 씀. 예여가 선용. 반악용. -하다.

선:웃음 우습지도 않은데 웃는 웃음.

선원 배에서 일하는 사람. 비뱃사람.

선율 규칙적으로 이어지는 소리의 높낮이. 멜로디. 비가락.

선:의[서니] ①착한 마음. ②남을 위해서 생각하는 마음. 예선의의 경쟁. 비호의. 【善意】

선인[서닌] 예전 시대의 사람. 옛날 사람. 【先人】

선인장 마디가 분명하고 줄기는 둥글넓적하며 전면에 가시가 돋아 있는 식물. 중앙·남아메리카 열대·아열대의 사막에서 많이 자람. 백년초. 패왕수. 사보텐. 【仙人掌】

[선인장]

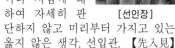

선입견 어떤 사실이나 사람에 대하여 자세히 판단하지 않고 미리부터 가지고 있는 옳지 않은 생각. 선입관. 【先入見】

선입감 일에 앞서 미리 가지고 있는 느낌. 비선입견. 선입관.

선:잠 깊이 들지 못한 잠.

선장 선원의 우두머리로서, 항해를 지휘하는 사람. 【船長】

선재 구성 실·철사·노끈 등과 같은 선을 이루는 재료를 사용하여 직선·곡선 등으로 꾸민 구성.

선적 배에 짐을 실음. 【船積】

선전[1] 어떤 일이나 생각·주장등을 많은 사람에게 퍼뜨려 알림. 예선전 광고. -하다. 【宣傳】

선:전[2] 경기에서, 최선을 다하여 잘 싸우는 것, 또는 경기를 썩 잘하는 것. -하다. 【善戰】

선전탑 선전·계몽을 목적으로 일정 기간 동안 세우는 높은 건조물.

선전 포고 전쟁을 시작한다는 뜻을 나라 아팎에 널리 선언·공포함. -하다. 【宣戰布告】

선:정[1] 바르고 착한 정치. 예선정을 베풀다. 반악정. -하다. 【善政】

선:정[2] 가려 뽑아서 정함. 예교재 선정. 비선발. -하다. 【選定】

선제 공격 상대편을 누르기 위하여, 상대편이 준비하기 전에 먼저 공격하는 것. 【先制攻擊】

선조[1] 한 집안의 조상. 【先祖】

선조[2]〖사람〗[1552~1608] 조선의 제14대 임금. 1567년에 왕위에 올랐으며, 외적의 침입으로 두 번의 전쟁을 치렀음. 【宣祖】

선:죽교 경기도 개성에 있는 돌다리.

고려 말기의 충신 정몽주가 이방원이 보낸 암살단에게 죽임을 당한 곳. 【善竹橋】

선지 국·찌개 등의 재료로 쓰는, 소나 돼지의 피가 식어서 엉긴 덩어리. ㉓선지 해장국.

선진 발전 단계나 진보의 정도가 다른 것보다 앞서는 일. ㉓선진 기술. 반후진. 【先進】

선진국 문화와 산업 기술이나 국토 개발이 앞서고, 자립적인 경제력이 있는 나라. 반후진국. 【先進國】

선:집 한 사람 또는 여러 사람의 작품에서 일정한 기준에 따라 골라 뽑은 작품을 한데 모은 책. ㉓세계 문학 선집. 【選集】

선착순 어떤 곳에 여럿이 경쟁하여 도착하는 차례. 준선착.

선착장 배가 와서 닿는 곳.

선창 함께 부를 노래나 구호 따위를 맨 먼저 부르거나 외치는 것.

선:처 어떤 문제를 형편에 알맞게 잘 처리하는 것. -하다.

선천성 태어날 때부터 가지고 있는 성질. 반후천성. 【先天性】

선체 선박의 몸체. 【船體】

선:출 여럿 가운데서 고르거나 뽑음. ㉓반장을 선출하다. 비선발. -하다. 【選出】

선충류 몸은 실이나 끈처럼 가늘고 길며, 사람이나 짐승에 기생하는 동물. 회충·요충·십이지장충 따위가 있음. 【線蟲類】

선친 남에게, 돌아가신 자기의 아버지를 일컫는 말. 비선고.

선:택 골라서 뽑음. -하다.

선:택권 선택할 수 있는 권리.

선포 세상에 널리 펴서 알림. ㉓계엄령 선포. 비공포. -하다.

선풍 ①회오리바람. ②사회에 큰 영향을 일으키는 사건. ㉓선풍적인 인기. 【旋風】

선풍기 작은 전동기에 날개를 달아 회전시킴으로써 바람을 일으키는 기계.

[선풍기]

선:하다[1] 잊혀지지 않아 눈앞에 보이는 듯하다.

선:하다[2] 착하다. 어질다. 반악하다.

선:행[1] 착한 행실. 반악행. 【善行】

선행[2] 다른 일보다 앞서 행하는 것, 또는 앞서 이루어지는 것. -되다. -하다. 【先行】

선행되다 다른 일보다 앞서 행해지거나 이루어지다.

선:행상 착한 일을 많이 한 사람에게 주는 상.

선혈 갓 흘러나온 붉은 피.

선:호 여러 가지 중에서 특별히 좋아하는 것. -하다.

선홍색 산뜻한 빨간 빛.

선회 ①원을 그리며 돎. ②항공기가 곡선을 그리듯 진로를 바꿈.

선후 먼저와 나중. 【先後】

섣:달 음력으로 한 해의 마지막 달. 음력 12월.

섣:달 그믐 음력으로 한 해의 마지막 날. 음력 12월 30일.

섣:부르다 어떤 일이 마음에 들지 않고 서툴다. ㉓아이들은 섣부른 도움이나 간섭을 싫어 한다.

섣:불리 어설프게. 서투르게.

설: '설날'의 준말. 새해가 시작되는 날. ㉓설을 쇠기 위해 고향에 간다.

설거지 먹고 난 음식 그릇 등을 씻어 치우는 일. -하다. ×설겆이.

설경 눈 내리는 경치. 눈이 쌓인 경치. 【雪景】

설계 건축 공사나 기계 제작 등의 계획. -하다. 【設計】

설계도 건물이나 기계 등을 만들 때,

그 내용을 자세히 나타낸 그림.
설계사 설계를 전문으로 하는 사람.
설교 ①종교의 가르침을 설명함. ②단단히 타일러서 가르침. 비설득. -하다. 【設敎】
설:날 새해가 시작되는 날. 정월 초하룻날. 예로부터 조상께 차례를 지내고 웃어른께 세배를 드리는 날. 준설.
설:다(서니, 서오) ①익지 않다. 덜 익다. 예밥이 설다. ②익숙하지 못하다. 예낯이 설다.
설득[설뜩] 설명하여 알아듣게 함. -하다. 【說得】
설득력 남을 설득하는 힘.
설렁설렁 ①팔을 가볍게 저어 바람을 일으키며 걷는 모양. ②바람이 나뭇잎 따위를 흔들며 가볍게 부는 모양. >살랑살랑.
설렁탕 소의 머리·내장·무릎도가니 등을 푹 삶아서 만든 국.
설렁하다 ①텅 빈 듯하다. ②서늘한 바람이 불어 좀 추운듯하다. >살랑하다. 센썰렁하다.
설레다 마음이 가라앉지 아니하고 들떠서 두근거리다. ×설레이다.
설레설레 머리 등을 가볍게 좌우로 흔드는 모양. 준설설. >살레살레. 센썰레썰레.
설렘 들뜨고 두근거리는 마음. ×설레임.
설령 가정해서 말하여. 예설령 내가 거기 있었더라도 별 수없었을 것이다. 【設令】
설리번〖사람〗 헬렌 켈러를 가르친 여선생.
설립[설닙] 만들어 세움. 예도서관을 설립하다. -하다. 【設立】
설마 아무리 그러하기로. 예설마가 사람 잡는다.
설명 알기 쉽게 풀어서 밝힘. 비해설. -하다. 【說明】
설명문 사물의 내용·뜻·까닭 등을 알도록 자세히 일러주는 글.
설명서 어떤 것의 내용·사용법 등을 설명한 글.
설문 어떤 사실을 조사할 목적으로 여러 사람에게 질문하는 것, 또는 그러한 질문. -하다. 【設問】
설문 조사 몇 가지 질문을 통하여 관심 있는 연구 사항을 조사하는 일. -하다.
설문지 조사를 할 목적으로 어떤 사항에 대한 문제나 질문을 인쇄해 놓은 종이.
설법[설뻡] 불교의 도리를 설명하여 가르침. -하다. 【說法】
설비 시설을 갖추는 것. 예부족한 기계 설비를 갖추다. -하다.
설:빔 설을 맞이하여 새로 차려입거나 신는 옷이나 신발.
설사[1][설싸] 배탈이 났을 때 누는 묽은 똥. -하다. 【泄瀉】
설사[2] 가정하여 말해서. 비설령. 설혹. 【設使】
설상 가상 〔눈 위에 또 서리가 덮인다는 뜻으로〕 불행이 연거푸 일어남을 이르는 말. 【雪上加霜】
설상차[설쌍차] 폭이 넓은 궤도를 장비하여 눈 위를 달릴 수 있도록 만든 차. 【雪上車】
설설[1] 천천히 가는 모양. 예벌레들이 설설 기어다닌다. >살살.
설설[2] 그릇의 물이나 국이 천천히 고루 끓는 모양. 예주전자의 물이 설설 끓기 시작했다.
설악산[서락싼] 강원도 양양군과 인제군 사이에 있는 산. 주봉은 대청봉이며 경치가 아름답고 1970년 3월에 국립 공원으로 지정됨. 높이 1,708m. 【雪嶽山】
설왕설래 시비를 가리거나 주장을 하느라고 여럿의 말이 오고 가는 것. -하다. 【說往說來】

설욕 전에 패배했던 부끄러움을 씻어 내고 영광을 되찾음.
설:움 섧게 느껴지는 마음. ㊥슬픔.
설익다[서릭따] 덜 익다. ㊥농익다.
설장구 ①서서 치는 장구. ②장구를 치는 사람들 중의 우두머리.
설전 말다툼. ㊥급식 문제로 아이들은 설전을 벌였다. 【舌戰】
설정 계획이나 원칙을 분명하게 정하는 것. ㊥목표 설정. -하다.
설주[설쭈] ①문의 양쪽에 세우는 기둥. ㊥문설주. ②얼레의 기둥이 되는 나무 부분.
설총〖사람〗 신라 시대의 문신·학자. 강수·최치원과 함께 신라의 3대 문장가. 원효 대사의 아들로 이두를 만들었다고 전함. 【薛聰】
설치 갖추어 놓음. 베풀어 놓음. -하다. 【設置】
ㅅ
설치다[1] 행동을 거칠게 하면서 날뛰다. ㊥불량배들이 설치고 다니다.
설치다[2] 불편하든가 바빠서 잠을 충분하게 자지 못하다. ㊥시험 때문에 잠을 설쳤다.
설탕 사탕수수·사탕무 등을 원료로 하여 만들어 내는 단맛이 매우 강한 식품. ※'설당(雪糖)'에서 온 말.

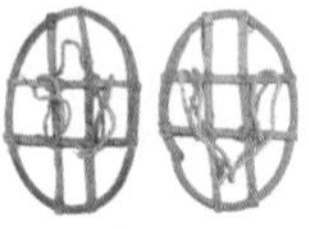
[설피]

설피 눈이 많이 내리는 지방에서, 눈에 빠지지 않도록 신 바닥에 대는 넓적한 덧신. 칡 넝쿨을 새끼로 얽어 만듦.
설혹 가정하여 말하여. ㊥설혹 내일 비가 온다고 해도 여행을 갈 것이다. ㊥설령. 설사. 【設或】
설형 문자 지난날, 바빌로니아와 아시리에서 쓰던 쐐기 모양의 글자.
설화 ①이야기. ②신화·전설·민담 등을 줄거리로 한 사실과는 먼 옛이야기. 【說話】

섧:다[설따] 서럽다. 원통하고 슬프다. ㊥연희가 섧게 울고 있었다.
섬[1] 곡식 들의 양을 셈하는 단위. 한 말의 열 갑절. ㊥쌀 열 섬. ㊥석.
섬:[2] 사방이 바다로 둘러싸인 작은 땅. ㊥육지. 뭍.
섬광 아주 잠깐 동안 세게 빛나는 빛. 【閃光】
섬기다 윗사람을 잘 모시어 받들다. ㊥부모님을 섬기다.
섬:기슭[섬끼슥] 섬의 끝머리.
섬:나라 섬으로 이루어진 일본·필리핀과 같은 나라.
섬돌 집에 드나들 때 올라서기 위해 놓은 넓적한 돌이나 돌층계. ㊥댓돌.
섬뜩하다[섬뜨카다] 갑자기 소름이 끼치도록 끔찍하고 무섭다.
섬:마을 섬에 있는 마을.
섬멸 모조리 무찔러 멸망시킴. ㊥왜군을 섬멸하다. -되다. -하다.
섬세 ①곱고 가늚. ㊥섬세한 짜임새. ②감정 또는 행동이 찬찬하고 세밀함. ㊥성격이 섬세한 사람. -하다. -히. 【纖細】
섬유[서뮤] ①생물체의 몸을 이루는 가늘고 긴 실같은 물질. ㊥섬유 조직. ②직물이나 종이의 원료가 되는 물질. ㊥섬유 산업.
섬유 공업 면화·누에고치·양털 등에서 실을 뽑아내거나 옷감을 짜는 공업.
섬유질[서뮤질] ①섬유가 가진 성질. ②식물에서 섬유를 이루는 물질. ㊥섬유소.
섬진강 전라 북도 진안군에서 시작하여 남해로 흘러들어가는 강. 길이 212km. 【蟾津江】
섭렵[섬녑] 여러 가지를 두루 보고 알게 되는 것. ㊥방대한 유적을 섭렵하다. -하다.

섭리[섬니] 자연과 세상을 바르게 다스리는 힘이나 원리.
섭섭하다 서로 헤어지기가 마음에 서운하고 안타깝다. (비)서운하다.
섭씨 물의 어느 점을 0도, 끓는 점을 100도로 한 온도계의 눈금의 이름. 기호는 'C'로 표시함.
섭외[서뵈] 어떤 일을 이루기 위하여 외부와 연락하거나 교섭하는 일. (예)기자가 취재 섭외를 요청해 왔다. -하다. 【涉外】
섭정 임금이 어떤 사정으로 직접 다스릴 수 없을 때, 임금을 대신하여 나라를 다스리는 것, 또는 그러는 사람. -하다. 【攝政】
섭취 양분을 빨아들임. (예)충분한 영양분을 섭취하다. -하다.
섭취량 흡수되는 영양분의 양.
성[1] 적을 막기 위하여 쌓아 올린 높은 담. 【城】
성:[2] 노여워하거나 언짢게 여기어 왈칵 치미는 감정. (예)성이 머리 끝까지 나다. (비)화. 골. (높)역정.
성:[3] 생물의 암수나 사람의 남녀 구별. (예)남성과 여성. 【性】
성:[4] 한 줄기의 혈통끼리 가지는 칭호. (비)씨. 【姓】
성:가 ①신성한 노래. ②천주·천신·성인을 찬송하는 노래. (예)성가대. (비)찬송가. 【聖歌】
성가대 교회에서 예배를 돕는 노래를 부르기 위하여 조직된 합창단.
성가시다 자꾸 귀찮게 굴어서 마음에 싫다.
성:게 얕은 바다에서 살고 몸이 밤송이와 비슷한 동물.

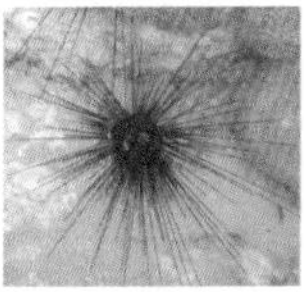
[성게]

성:격 사람마다 가진 특별한 성질. (예)성격이 명랑하다. (비)성품. 【性格】
성:경 종교상 신앙의 최고 법전이 되는 책. 크리스트교의 신약·구약 성서, 불교의 팔만 대장경, 유교의 사서 오경, 회교의 코란 등이 있음. (비)성서. 【聖經】
성공 목적이나 뜻을 이룸. (비)성취. (반)실패. -하다. 【成功】
성공담 어떤 일에 성공하기까지 겪은 일의 이야기.
성공률 어떤 일에 성공하는 비율.
성공적 성공했다고 할 만한것. 뜻했던 대로 이룬 것.
성과[성꽈] 일의 이루어진 결과.
성곽 한 지역이나 건물 따위를 보호하기 위하여 그 둘레에 쌓은 성.
성:교 남자와 여자가 성기를 통하여 육체적으로 관계를 맺는 것. -하다. 【性交】
성:교육 주로 청소년을 대상으로 성에 대한 과학적인 지식을 올바르게 지도하기 위한 교육.
성:군 매우 존경하고 받들 만큼 훌륭한 임금. 【聖君】
성균관 조선 태조 때 서울에 설치한 최고 교육 기관. 【成均館】
성금 정성으로 내는 돈. (예)불우 이웃 돕기 성금. (비)헌금. 【誠金】
성:급하다 성질이 팔팔하고 몹시 급하다. 오래 참지 못하다. **성급히**.
성기다 사이가 촘촘하지 못하고 넓다. (반)배다.
성:깔 너그럽지 않고 잘 따지고 성을 잘 내는 성질.
성:나다 ①화가 나다. (예)성난 얼굴. ②거친 기운이 일어나다. (예)성난 파도가 배를 삼켜 버렸다.
성남〖지명〗 경기도의 한 시로, 서울의 남쪽에 있는 신흥 도시. 【城南】
성:내다 노여움을 드러내다.
성냥 얇은 나뭇개비 끝에 유황을 발라서 마찰에 의해 불을 켜는 물건의 한 가지.
성냥개비 성냥의 낱개.

ㅅ

성냥팔이 소녀〖책명〗 덴마크 출신의 소설가 안데르센이 지은 동화. 눈 내리는 겨울밤에 추위에 얼어서 목숨을 잃게되는 성냥팔이 소녀의 가엾은 이야기.

성년 신체나 지능이 충분히 발달되어 행위 능력이 있다고 보는 나이. 성인. 반미성년. 【成年】

성년식 일정한 나이를 먹은 젊은이가 어른이 되었음을 알리는 의식.

성:능 기계의 성질과 능력. 일을 해내는 힘. 예갈수록 컴퓨터 성능은 좋아지고 있다. 비기능.

성:당 ①천주교의 교회당. 주당. ②공자를 모신 사당. 문묘.

성대[1] 소리를 내는 기관. 목청.

성:대[2] 일이 아주 크고 훌륭함. 예성대한 결혼식. 반간소. -하다. -히.

ㅅ

성덕 대왕 신종 신라의 경덕왕이 성덕왕을 기리기 위해 만든 종. 어린아이를 도가니의 쇳물에 넣고 나서 제작에 성공하였다는 전설이 있음. '봉덕사종'·'에밀레종'이라고도 함. 국보 제29호.

성량 사람이 낼 수 있는 소리의 크기, 또는 강한 정도. 예성량이 풍부한 성악가. 【聲量】

성령 기독교에서, 신자의 마음에 들어와 있는 하나님의 영.

성:리학 중국에서 일어난 유학의 한 종류. 인간의 참다운 모습을 물질적인 것보다 이성적인 측면인 이를 통해 연구하는 학문.

성립[성닙] 일이 이루어짐. 비성취. -하다. 【成立】

성:명[1] 여러 사람에게 밝혀서 말함. -하다. 【聲明】

성:명[2] 성과 이름. 높성함. 【姓名】

성명서 사회적으로 중요한 일에 대한 입장이나 생각을 사회에 널리 발표하는 글.

성:모 기독교에서 '거룩한 어머니'란 뜻으로, 예수의 어머니 마리아.

성묘 조상의 산소를 찾아가서 살피어 돌봄. 주로 설날·한식날·추석에 행함. -하다. 【省墓】

성문 성을 드나드는 문. 서울의 남대문·동대문 등. 【城門】

성:미 본디 가지고 있는 마음의 바탕. 예형은 성미가 괴팍하다.

성:별 남녀의 구별. 【性別】

성부 발성이 가능한 높낮이에 따라 구분한 각 목소리의 부분. 소프라노·알토·베이스 따위.

성분 무엇을 이룬 바탕이 되는 것. 예물의 성분. 【成分】

성불사 황해도 황주군 주남면 정방리에 있는 절. 노래로 유명함.

성사 일을 뜻한 대로 이루는 것. 예혼인이 성사되다. -되다. -하다.

성삼문〖사람〗[1418~1456] 조선 세종 때의 충신이며 학자, 사육신 중의 한 사람. 집현전 학사로 정인지 등과 세종 대왕을 도와 한글을 만드는 데 공을 세웠음. 세조 때 피살됨. 호는 매죽헌. 【成三問】

성:서 ⇨성경. 【聖書】

성:선설 인간의 본성은 본디 착하다는 주장. 반성악설. 【性善說】

성성하다 머리털이 희끗희끗 많이 세다. 예백발이 성성하다.

성:쇠 성함과 쇠퇴함. 잘 되고 못됨. 예흥망 성쇠.

성:수기 어떤 물건이 한창 쓰이는 시기. 【盛需期】

성숙 ①열매가 익음. ②몸과 마음이 다 자람. 반미숙. -하다. 【成熟】

성:스럽다(성스러우니, 성스러워서) 거룩하고 고상하며 훌륭하다.

성실 거짓이 없고 정성스러움. 예성실한 사람은 끝내 성공한다. 비진실. -하다. 【誠實】

성심껏 참되고 정성스러운 마음을

다하여. (예)환자를 성심껏 간호하다. (비)정성껏.

성악 사람의 목소리로 하는 음악.

성악가 가곡이나 오페라 같은 서양식 고전 음악을 노래 부르는 것을 전공하는 음악가. (반)기악가.

성:악설 인간의 본성은 악이라고 주장하는 학설. 중국의 순자가 제창한 것으로 인간은 타고날 때부터 자기 이익만을 취하려는 마음이 강하다고 주창함. (반)성선설.

성에 추운 겨울에 유리·굴뚝 등에 수증기가 허옇게 얼어붙은 것. ×성애.

성:역 종교상 신성하여 잘못을 저지르면 안 되는 지역.

성:왕〖사람〗[?~554] 백제 제26대 왕(재위 523~554). 서울을 웅진(지금의 공주)에서 사비성(지금의 부여)으로 옮긴 후 나라의 기틀을 잡고, 잃었던 한강 유역을 되찾았음. 신라와의 싸움에서 전사함. 【聖王】

성욕 이성과 성관계를 하고 싶어 하는 욕망. 【性慾】

성우 주로 라디오 방송극을 전문으로 하는 목소리 배우.

성운 허연 구름처럼 보이는 많은 별들의 무리. 【星雲】

성:웅 뛰어난 영웅. (예)성웅 이순신 장군. (비)영웅. 【聖雄】

성원[1] 옆에서 힘을 북돋아 주는 응원이나 원조. -하다. 【聲援】

성원[2] ①어떤 단체나 조직에 속한 사람. (비)구성원. ②회의에 출석한 회원의 수가 정식으로 회의를 열 수 있는 수가 되는 것. 【成員】

성:은 넘치는 은혜. 【聖恩】

성의 참되고 정성스러운 마음. (비)성심. (반)무성의. 【誠意】

성의껏 모든 정성을 다하여. (예)성의껏 도와 드리겠습니다.

성인[1] 만 스무 살 이상이 된 남녀. (비)어른. (반)미성인. 【成人】

성:인[2] 슬기와 덕이 뛰어나게 높아 길이길이 우러러 본받을 만한 사람. 세계의 4대 성인은 석가·예수·공자·소크라테스임. (비)성자.

성인병 주로 중년기 이후에 일어나는 여러 가지 생리적인 병. (예)현대인의 생명을 위협하는 심장병·암·뇌졸증을 3대 성인병으로 꼽는다. 【成人病】

성:자 지혜와 덕이 뛰어나 길이 남들이 본받을 만한 사람. (예)슈바이처는 아프리카의 성자로 불린다. (비)성인. 【聖者】

성장 자라서 점점 커짐, 또는 성숙해짐. (예)경제 성장. (비)성숙. 발육. (반)쇠퇴. -하다. 【成長】

성장기 체구나 규모가 자라나는 시기. 【成長期】

성장률 경제의 성장 정도를 그 전해의 성장에 비하여 나타낸 비율.

성장통 몸이 너무 빨리 자람에 따라 느끼는 아픔.

성적 ①어떤 일을 치른 뒤에 나타나는 결과. ②시험의 점수. (예)학업 성적. 【成績】

성적표 학습이나 훈련의 결과를 적은 표. (비)통지표.

성:전[1] ①성인이 쓴 고귀한 책. ②어떤 종교에서 근본이 되는 책〔불교의 경전·기독교의 성서·이슬람교의 코란 등〕. 【聖典】

성전[2] 거룩하고 성스러운 곳. 【聖殿】

성조기 가로줄과 별들이 그려져 있는 미국의 국기.

성종[1]〖사람〗[960~997] 고려 제6대 왕(재위 981~997). 교육·정치 제도를 정비하였음. 【成宗】

성종[2]〖사람〗[1457~1494] 조선 제9대 임금 (재위 1469~1494). 학문을 즐겼고 〈경국대전〉을 완성하였으며, 국가의 제도를 정비하였음.

성좌 밤하늘에 눈으로 볼 수 있는, 별들의 자리. 비별자리.
성주 성의 우두머리. 【城主】
성:지 종교상으로 관련이 있는 거룩하게 여겨지는 땅. 예예루살렘 성지. 【聖地】
성:직자 종교적 직분을 맡은 사람. 목사·신부·승려 등.
성:질 사람이 본디부터 가지고 있는 본바탕이나 타고난 기질. 비성격. 성미. 【性質】
성:징 남녀, 또는 암수에 따라 몸에 나타나는 성적인 특징.
성:찬 풍성하게 잘 차린 음식. 예진수 성찬.
성찰 어떤 사실에 대하여 깊고 자세하게 따지는 것. -하다. 【省察】
성채 성과 요새. 【城砦】
성충 애벌레가 다 자라서 생식 능력을 지니게 된 곤충. 【成蟲】
성취 일을 생각했던 대로 다 이룸. 예소원을 성취하다. -하다.
성취감 하고자 했던 일을 이루었을 때 느끼는 흐뭇한 감정.
성큼성큼 다리가 긴 사람이 걸어가는 모양, 또는 발을 가볍게 높이 들어 걷는 모양. >상큼상큼.
성:탄 ①성인이나 임금이 태어남. ②'성탄절'의 준말. 【聖誕】
성:탄 예배 예수의 탄생을 축하하기 위하여 크리스마스에 드리는 예배.
성:탄절 예수 그리스도가 탄생한 날. 크리스마스. 12월 25일.
성터 성이 있었던 자리. 비성지.
성패 성공과 실패. 일의 됨과 아니됨.
성:폭력 상대가 원하지 않는데도 함부로, 또는 강제로 그에게 성적인 행동을 하거나 불쾌한 말을 하는 짓.
성:폭행 성적으로 욕보이는 것. -하다.
성:품 사람의 됨됨이. 성질과 품격. 예차분한 성품. 비성격. 【性品】
성하다[1] ①본디대로 온전하다. ②흠이 없다. ③몸에 병이 없다.
성:하다[2] ①기운이나 세력이 왕성하다. 예나라가 한창 성하다. ②초목이 무성하다. 예산에 나무가 성하다.
성:행 매우 성하게 유행함. 예독감이 성행하고 있다. -하다. 【盛行】
성:향 성질의 경향. 예남다른 성향의 사람. 비기질.
성:현 덕망이 높고 어진 사람.
성형 ①진흙, 녹은 플라스틱이나 유리 같은 물렁거리는 재료를 빚어 물건의 꼴을 만드는 것. ②의학 기술로 몸의 꼴을 바꾸어 만드는 것. 예성형 수술. -하다.
성호사설〖책명〗 조선 숙종 때의 실학자 이익이 지은 책. 천지·만물·인사·시문 등으로 나누어 모은 책. 30권 30책.
성:화[1] ①신에게 바치는 성스러운 불. ②올림픽 대회장에 켜 놓는 불. 예성화를 점화하다. 【聖火】

[성화[1]]

성:화[2] ①마음대로 되지 않아 몹시 애가 타는 것. 예성화가 나다. ②자꾸 재촉하여 몹시 성가시게 구는 일. 예성화를 부리다. 【成火】
성화같다 몹시 다급하다. 예재촉이 성화같다.
성:황 어떤 일이 성대하게 이루어지고 있는 모양. 예성황리에 끝난 음악회. 【盛況】
성황당 마을을 지키는 토속신인 서낭신을 모신 곳. 서낭당.
섶[1] 누에가 고치를 짓도록 마련해 놓은 짚이나 잎나무.
섶[2] 두루마기나 저고리의 깃 아래에

달린 긴 헝겊. 본옷섶.
세:[1] 남의 집이나 물건을 빌려 쓰고 그 대가로 내는 돈. 【貰】
세:[2] 셋. 삼(3). 예세 사람.
세:[3] 나이를 세는 말. 예만 오 세. 【歲】
세:[4] '조세'의 준말. 예소득세. 재산세. 【稅】
세:간 집안 살림에 쓰는 물건.
세게 악보에서, 그 곡을 강하게 부르거나 연주하라는 뜻. 기호는 '*f*'. 반여리게.
세:계 ①지구 위의 모든 나라. 비세상. ②무한한 공간. ③같은 종류끼리의 모임. 【世界】
세계관 세계와 거기에 살고 있는 사람들에 대하여 생각하는 의견.
세계 기능 올림픽 대회 국가간의 직업 훈련·기능 수준 향상·국제 친선을 도모하기 위하여 31개부문의 사업기능을 겨루는 대회.
세계 기상 기구 국제 연합 전문 기구의 하나. 기상 관측의 국제적 협력과 각국의 기상 정보 교환 및 연구를 하는 기구.
세계 대전 세계적인 규모의 전쟁〔제1차 세계 대전과 제2차 세계 대전을 이름〕.
세계 명작 동화집 세계의 어린이들이 쉽게 읽을 수 있도록 재미있고 유익한 내용으로 만든 이야기 책.
세계 무역 기구 여러 나라 사이의 무역이 공평하고 자유롭게 이루어질 수 있도록 1995년에 설립된 국제 기구. 약칭은 더블유티오(WTO).
세계 보건 기구 국제 연합 전문 기구의 하나. 1948년 4월 7일에 설립되었으며, 보건 위생 향상을 위한 국제 협력이 목적임. 본부는 제네바에 있음. 약칭은 더블유에이치오(WHO).
세:계사 세계 전체를 체계적으로 통일시킨 인류의 역사. 【世界史】
세계 인권 선언 1948년 국제 연합 총회에서 채택된 선언. 세계의 모든 국민이나 국가가 이룩해야할 인권 존중의 기준을 밝힌 것임. 법적 구속력은 없음.
세:계적 온 세계에 알려지거나 관계된. 예세계적인 우리 문화. 비국제적. 【世界的】
세계 지도 세계를 그린 지도. 비만국 지도.
세:계화 국가나 민족에 매이지 않고 세계적으로 되게 하는 것. 예김치의 세계화를 이루다. -하다. 【世界化】
세:공 ①작은 물건을 만드는 수공. ②잔손이 많이 가는 수공.
세:관 나라 안팎으로 들어오든가 나가는 물건을 검사, 단속하고 세금을 물리는 국가 기관.
세:관원 비행장·항구·국경 지대 등에 있는 세관에서 여객이나 수출입 화물에 대한 검사·겸역 등의 일을 맡아 보는 사람.
세:균 한 개의 세포로 된 가장 간단한 미생물. 병을 일으키는 것도 있음. 박테리아. 준균.
세그루갈이 같은 농토에서 1년에 세 번 농작물을 심어 거두어 들이는 일.
세:금 나라에서 쓰는 비용을 마련하기 위하여 국민으로부터 거두어들이는 돈. 비조세. 【稅金】
세:기 ①시대 또는 연대. ②서력에서 100년을 한 묶음으로 한, 연대를 세는 말. 【世紀】
세:뇌 어떤 관념으로 머리가 굳어진 사람에게 선전이나 계몽을 통하여 새로운 사상을 주입함. 예세뇌 교육. -하다. 【洗腦】
세:다[1] 머리털이 희게 되다.
세:다[2] 수를 헤아리다.

ㅅ

세:다[3] ①힘이 보통보다 강하다. ②성질·고집·기세 따위가 여느 사람보다 강하거나 더하다. ③무엇의 정도나 수준이 보통보다 높다. ㉄해병대는 군기가 세다. 반약하다.

세:대[1] ①어떤 연대를 갈라서 나눈 층. 여러 대. ②한 시대 사람들. ㉄청소년 세대. 【世代】

세:대[2] 한 집에서 살림을 같이하는 사람들의 조직. ㉄이 건물에 여러 세대가 산다. 비가구. 【世帶】

세:대 교체 새 세대가 낡은 세대와 바꿈. 【世代交替】

세:대주 한 세대의 대표가 되는 사람. 【世帶主】

세:대차 서로 다른 세대들의 생각의 차이. 【世代差】

세:도 정치 왕의 신임을 받는 사람이 마음대로 하던 정치. 조선 순조 이후 3대에 걸쳐 왕의 외척들이 50년 가까이 세도 정치를 계속하였음.

세레나데 밤에 연인의 창가에서 부르는 노래. 소야곡. 【serenade】

세:력 ①권세의 힘. ㉄세력이 날로 커지다. 비권력. 준세. ②일을 하는 데 필요한 힘. 【勢力】

세:련 갈고 다듬어 우아하고 고상하게 함. ㉄세련된 옷차림. -되다.

세:례 ①크리스트교에서 죄악을 씻고 새 사람이 된다는 뜻으로 하는 의식. ②한꺼번에 몰아치는 비난이나 공격. ㉄폭탄 세례.

세:로 위에서 아래로 똑바로 그은 것. 반가로.

세로 글씨 위에서 아래로 내려쓰는 글씨. 반가로 글씨.

세로좌표 좌표평면 위의 점에서 세로축에 내린 수선이 마주 대하는 세로축 위의 수.

세로축 좌표평면에서 세로로 놓인 수직선. 반가로축.

세르반테스〖사람〗[1547~1616] 에스파냐의 소설가. 전쟁과 노예 생활·감옥 생활 등, 기구한 생활을 하다가 〈돈키호테〉를 발표하여 이름이 났는데, 폭넓은 공상을 바탕으로 한 뛰어난 작품으로 평가됨.

세:마치 대장간에서 쇠를 불릴 때에 세 사람이 돌려 가며 치는 큰 마치.

세마치 장단 우리 나라 전통 음악에서, 주로 4분의 6박자나 8분의 9박자로 되어 있어 신이 나는 장단.

세:면 물로 얼굴을 씻는 것. 비세수. -하다. 【洗面】

세:면기 얼굴을 씻기 위한 물을 담는 그릇. 【洗面器】

세:면대 서서 손과 얼굴을 씻을 수 있도록 수돗물을 받는 데가 있는 시설. 【洗面臺】

세:면 도구 세수하는 데 쓰이는 용품. 비누·수건 따위.

세:모 삼각형의 각 모. 삼각.

세:무 세금을 매기고 거두는 일.

세:무서 국세청에 딸려 있으면서 각 지방의 세금에 관한 일을 맡아 보는 관청. 【稅務署】

세미나 어떤 문제에 대해 여러 사람이 토론·연구하는 것. 【seminar】

세:밀 빈틈이 없이 자세하고 꼼꼼함. ㉄세밀한 지도. 비정밀. 치밀. -하다. -히. 【細密】

세밑[세믿] 한 해의 마지막 때.

세발낙지 발이 가늘고 작은 낙지.

세:발 자전거 어린 아이들이 타고 노는 바퀴가 셋 달린 자전거.

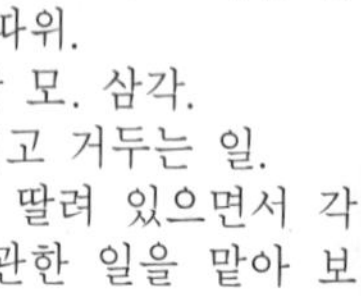
[세발 자전거]

세:배 새해에 웃어른에게 드리는 인사. -하다.

세:뱃돈[세배똔/세벧똔] 설날에 세배를 받은 어른이 세배하는 아이에게 주는 용돈.

세:병관 경상 남도 통영시에 있는,

이순신 장군의 전공을 기념하기 위하여 지은 조선 시대의 건축물. 보물 제 293호. 【洗兵館】

세:부 자세한 부분. 예세부 사항.

세:분 잘게 나누거나 자세하게 분류함. 예토론할 내용을 세분하다. -하다. 【細分】

세:상 ①사람들이 모여 사는 사회. ②모든 사람이 살고 있는 지구. 비세계. ③마음대로 할 수 있는 곳. 예제 세상이구나. 【世上】

세:상 만사 세상의 온갖 일.

세:상살이 세상을 살아가는 일.

세:세하다 자세하다. 상세하다. 예세세한 지도. 세세히.

세:속 이 세상. 속세. 【世俗】

세속 오계 신라 시대, 화랑들이 꼭 지키도록 정했던 다섯 가지 가르침. 즉 나라에 충성하고(사군이충), 부모에 효도하고(사친이효), 믿음으로 친구를 사귀고(교우이신), 싸움에 나가서는 물러서지 않으며(임전무퇴), 산 것을 함부로 죽이지 않는 것(살생유택).

세:수 물로 손과 얼굴을 씻는 것. -하다. 【洗手】

세:숫대야 물을 담아 세수할 때 쓰는 큰 그릇.

세:습[1] 세상의 풍습. 【世習】

세:습[2] 재산·지위·업무 등을 물려받는 일. -하다. 【世襲】

세:시 ①새해. 설. ②일 년 중의 그때그때. 예세시 풍속.

세:심 꼼꼼하게 조심하는 마음. 예세심한 배려. -하다. -히.

세액 세금의 액수. 【稅額】

세우다 ①서게 하다. 예아이를 일으켜 세우다. ②움직임이나 가던 것을 멈추게 하다. 예택시를 세우다. ③계획 등을 짜다. ④날카롭게 하다. 예칼날을 갈아서 세우다. ⑤잃지 않고 보전하다. 예체면을 세우다.

세:월 흘러가는 시간. 예세월이 참 빠르다. 비광음. 【歲月】

세:율 세금을 매기는 비율.

세이프 ①야구에서 주자가 아웃을 면하는 일. ②정구에서 공이 경기장의 규정선 안에 들어가는 일. 반아웃. 【safe】

세:인 세상 사람. 【世人】

세일 판매. 매출. 본바겐 세일. 【sale】

세일즈맨 주로 고객을 방문하여 상품을 판매하는 사람. 비외판원.

세:자 임금의 자리를 이어받을 아들. 예세자 책봉. 비동궁. 태자. 【世子】

세:자빈 세자의 아내. 【世子嬪】

세:제 몸이나 의류 따위에 묻은 물질을 씻어 내는 데 쓰이는 약품. 예중성 세제. 【洗劑】

세:제곱미터 ①한 모서리의 길이가 1m인 정육면체의 부피의 단위〔'1세제곱미터'라고 읽고 '1㎥'로 씀〕.

세:조〖사람〗[1417~1468] 조선 제7대 왕(재위 1455~1468). 왕이 되기 전은 수양 대군. 단종을 몰아내고 왕위에 오름. 【世祖】

세:종〖사람〗[1397~1450] 조선 제4대 왕(재위 1418~1450). 훈민정음을 창제했으며, 밖으로는 국토를 정비하고, 안으로는 민족 문화를 크게 일으키는 등 여러 방면에 큰 업적을 남겼음. 【世宗】

세종 문화 회관 우리 나라 문화 예술의 대전당. 서울 종로구 세종로에 있음.

세:차 자동차에 묻은 흙이나 먼지 따위를 씻어 내는 일. 【洗車】

세:차다 힘차고 억세다. 거세다. 예불길이 세차다.

세:차장 돈을 받고 차를 씻어 주는 가게. 【洗車場】

세:척 깨끗이 씻음. -하다.

세:척력[세청녁] 깨끗이 씻어 내는 힘.

세:척제 묻어 있는 때나 더러운 것을 씻어 내는 데에 쓰는 약품〔합성 세제 따위〕.

세:탁 옷의 때를 빨아 없애는 것. [예]세탁소. [비]빨래. -하다.

세:탁기 전기를 이용하여 빨래하는 데 쓰는 기계.

세:탁소 세탁하는 기계를 갖추어 놓고 돈을 받고 빨래와 다림질을 해 주는 가게.

세:태 세상의 형편이나 상태.

세트 ①식기나 기구 등의 한 벌. [예]커피 세트. ②한 시합중의 한 구분. [예]마지막 세트를 이겨서 우승하다.【set】

세:파 모질고 거센 세상의 어려움.

세:포 생물체를 이루고 있는 기본적인 구성 단위. [예]세포 조직.

세포 분열 한 세포가 둘 또는 그 이상으로 계속하여 나누어 지면서 늘어나는 일.

섹시하다 성적인 매력이 있다.

센:말 어떤 말에 대해, 뜻은 거의 같지만 ㄲ, ㄸ, ㅃ, ㅆ, ㅉ 따위의 된소리를 사용하여 센 느낌을 주는 말. 예를 들어, '번쩍번쩍'의 센말은 '뻔쩍뻔쩍'이다.

센:물 칼슘·마그네슘·철분 등의 광물질이 많이 들어있는 물. [반]단물.

센서 외부 환경의 변화와 그 정도를 알아내어 그것을 수치나 신호로 나타내는 기계 장치. 【sensor】

센세이션 많은 사람들을 순식간에 크게 감동시키거나 물의를 일으키는 것. 【sensation】

센스 미묘한 의미를 잘 찾아 내는 능력. 감수성. 분별. 【sense】

센터 중심. 복판. 【center】

센티미터 길이의 단위로, 1센티미터는 100분의 1미터임. 기호는 'cm'. [준]센티. 【centimeter】

셀로판 비스코스라는 물질로 만든 종이 같은 물건. 유리처럼 환히 비치며 반짝거림. 【cellophane】

셀로판 종이 셀로판을 종이처럼 얇게 한 것. 담뱃갑·캐러멜갑 등을 싸는 데 많이 쓰이고 있음.

셀프서비스 음식점이나 상점에서 손님이 직접 필요한 것을 챙기도록 하는 것. 【self-service】

셈: 주고받을 액수를 서로 따지어 밝히는 일. [예]값을 셈하다. [비]계산. -하다.

셈:여림표 악곡의 셈여림의 정도를 나타내는 표. 강약 부호.

셈:하다 ①수효를 세다. [예]호주머니에 있는 돈을 속으로 셈하다. ②값을 치르다. [예]책값을 셈하려고 지갑을 열다. ③더하기·빼기·곱하기·나누기 따위의 식을 풀어 값을 알아내다.

셋:[셀] 둘에 하나를 더한 수. [비]삼.

셋방살이 남의 집 방을 빌려서 사는 살림살이.

셋:집[세찝] 세를 내고 빌려 사는 집. [비]세가.

셋:째 둘째의 다음. 넷째의 바로 앞. ×세째.

셔츠 대개 양복 저고리 속에 입는 소매가 긴 서양식 옷. 【shirt】

셔터 ①사진기에서 빛이 들어가는 구멍을 순간적으로 여닫는 장치. [예]카메라 셔터를 누르다. ②위로 감아 올리고 내리게 된, 쇠로 만든 덧문. [예]가게의 셔터를 내리다. 【shutter】

셔틀콕 배드민턴 경기에 쓰이는 깃털이 달린 공. 【shuttlecock】

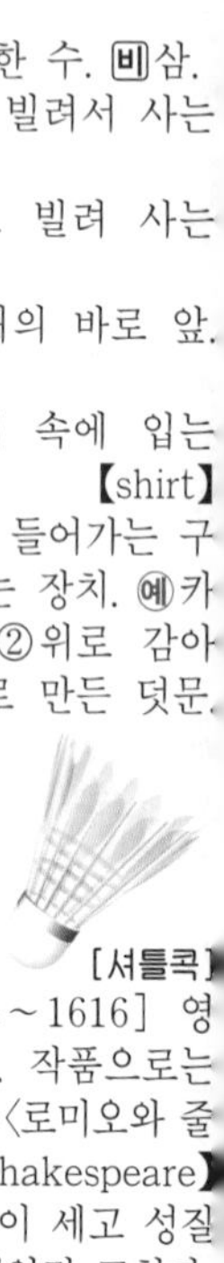
[셔틀콕]

셰익스피어〖사람〗[1564~1616] 영국의 극작가이며 시인. 작품으로는 〈햄릿〉〈리어왕〉〈맥베드〉〈로미오와 줄리엣〉 따위가 있음. 【Shakespeare】

소¹ 소과에 딸린 동물. 힘이 세고 성질이 온순함. [예]소 잃고 외양간 고친다.

소[2] 떡이나 만두 또는 통김치·오이 속에 맛을 내기 위하여 넣는 여러 가지 재료. ㉠만두 소.

소:가족 부부 중심으로 이루어진, 식구가 적은 집안. 비핵가족. 반대가족. 【小家族】

소각 태워 없애 버림. -하다.

소각로[소강노] 쓰레기 따위를 태워 없애는 큰 장치.

소각장 쓰레기 따위를 불에 태워 없애는 곳.

소:갈머리 '마음속'의 낮춤말. ㉠소갈머리 없다.

소:감 느낀 바 생각. ㉠책을 읽은 소감을 말하다. 【所感】

소개 ①모르는 사이를 잘 알도록 관계를 맺어 줌. ②두 사람 사이에 들어서 관계를 맺어 줌. ㉠집을 소개하다. ③잘 알려지지 않은 것을 알게 해줌. ㉠새로 나온 책을 소개하다. -하다. 【紹介】

소개업 소개비를 받고 직업·집·토지 등의 매매나 임대·전세 등 소개를 하는 직업.

소:견 사람이나 사물의 현상을 보고 가지는 바의 의견이나 생각. ㉠좁은 소견. 비의견. 【所見】

소:경 ①눈이 보이지 않는 사람. 비봉사. 높장님. ②'사물에 어둡거나 글을 모르는 사람'을 비유한 말.

소:계 한 부분만의 합계. 반총계.

소:고 농악기의 하나. 얇은 가죽으로 메운, 운도가 낮고 작은 북.

[소고]

소고기 소의 고기. 쇠고기.

소:고춤 옛날부터 우리 민족이 즐기던 농악춤의 하나. 소고를 치며 춤.

소곤거리다 남이 못 알아듣게 작은 소리로 이야기하다. 비소곤대다. <수군거리다. ×소근거리다.

소곤소곤 자기들끼리만 들리도록 나직하고 빠르게 이야기 하는 모양. <수군수군. 센쏘곤쏘곤. ×소근소근.

소:공녀【책명】 미국의 여류 소설가 버네트가 지은 소설. 언제나 용기를 잃지 않고 슬픔을 이겨 나가는 한 소녀의 이야기.

소:공자【책명】 미국의 여류 소설가 버네트가 지은 소설. 착한 마음을 지닌 어린 소년의 이야기.

소:관[1] 맡아 다스리는 바. ㉠교육부 소관. 【所管】

소:관[2] 관계되는 바. ㉠팔자 소관이다. 【所關】

소:국 작은 나라. 반대국. 【小國】

소굴 도둑이나 나쁜 짓을 하는 무리들이 숨어 사는 곳.

소:규모 작은 규모. 반대규모.

소극적 무슨 일에 대하여 앞장서서 하지 않는 태도나, 남이 시키는 대로 따라서 하는 것. ㉠소극적 태도. 반적극적. 【消極的】

소금 음식물의 짠맛을 내는 데 쓰이는 나트륨과 염소의 화합물. 염화나트륨이라고도 하며, 바닷물을 증발시켜서 얻음.

소금기 소금 성분. 짭잘한 맛이나 냄새.

소금물 가림 좋은 볍씨를 가려내기 위하여 소금물에 볍씨를 넣어 알아보는 것.

소금쟁이 소금쟁이과에 딸린 곤충. 몸은 흑갈색이나 앞가슴 부분에는 갈색의 세로 무늬가 있으며 발이 길고 끝에 털이 있어 물위를 뛰어다님.

소급 과거로 거슬러 올라가서 미침. ㉠세금을 소급해서 부과하다. -하다.

소:기 처음에 바라고 기다리던 일. 기대하던 바. ㉠소기의 목적을 달성하다. 【所期】

ㅅ

소꿉장난 아이들이 그릇 등을 가지고 살림살이하는 흉내를 내며 노는 장난. 비소꿉놀이.

소나기 갑자기 세차게 쏟아지다 그치는 비.

소나무 늘푸른 큰키나무. 껍질은 검붉고 비늘 모양이며, 바늘 모양의 잎이 두 개씩 모여 남. 건축 재료·땔감 등으로 많이 쓰임.

[소나무]

소나타 기악곡의 한 형식으로, 보통 네 개의 악장으로 되어있는 큰 악곡. 【sonata】

소:녀 나이 어린 여자 아이. 예소녀 시절. 반소년. 【少女】

소:년 나이가 어린 사내 아이. 반소녀. 【少年】

ㅅ

소:년단 ⇨보이 스카우트. 반소녀단.

소다 가루 반죽에 넣어서 부풀게 하거나, 빨래를 할 때 표백제로 쓰거나, 살갗을 소독할 때 쓰는 흰 가루로 된 화학 물질. 【soda】

소달구지 소가 끄는 수레.

소담스럽다(소담스러우니, 소담스러워) 탐스럽다. 보기에도 아름답고 먹음직스럽다.

소:대 몇 개의 분대로써 이루어지는 군대의 한 단위. 【小隊】

소:대장 소대를 거느려 나가는 장교. 보통 소위나 중위가 됨.

소독 병균을 죽이는 일. -하다.

소독약[소동냑] 소독을 하는 데 쓰는 약.

소독저 소독한 나무젓가락.

소동 시끄럽게 떠듦. 예소동을 일으키다. 비소란.

소:득 일의 결과로 얻어지는 이익. 예이번 일은 소득이 많다. 비수입. 반지출. 손실. 준득. 【所得】

소:득세 개인의 소득에 대해, 나라가 매기는 세금. 【所得稅】

소등 불을 끔. 예소등 시간.

소:라 고둥과의 나사 조개. 겉껍질은 짙은 흑갈색. 속은 진줏빛을 내는 조개. 살은 먹고, 껍데기는 세공하여 자개·단추의 재료로 씀.

[소라]

소:라게 바닷게를 통틀어 이르는 말. 새우와 게의 중간형인데, 다른 조개나 고둥 따위의 빈 껍데기 속에 꽁무니를 박고 삶.

소란 시끄럽고 어수선함. 반정숙. -하다. -스럽다.

소량 적은 분량. 반다량.

소련〖나라〗 유럽 동부로부터 아시아 북부에 걸쳐 있던 연방 공화국. 공산 국가의 우두머리가 되는 나라였으나, 1991년에 러시아를 비롯한 각 공화국들이 각자 독립됨에 따라 붕괴됨. 수도는 모스크바 였음.

소:령 중령 아래이며 대위의 위인 국군의 계급, 또는 그 계급을 가진 군인. 【少領】

소록소록 아기가 귀엽게 자는 모양.

소:론 조선 시대 당파의 하나. 서인에서 윤증 등 소장파가 갈리어 나와 세운 당파. 반노론. 【少論】

소르본 대학 프랑스 파리에 있는 유럽에서 가장 오래된 대학의 하나. 1253년에 성직자 소르본이 세웠음. 【Sorbonne 大學】

소:름 춥거나 무섭거나 징그러울 때 살갗에 도톨도톨하게 돋는 것.

소리 ①음성. ②물체의 떨림에 의하여 일어나는 음파. ③노래.

소리굽쇠 소리의 성질을 연구하는 데 쓰이느 유(U)자 모양의 기구. 망치로 가볍게 치면 맑은 소리를 냄. 비음차.

소리 글자[소리글짜] 글자 하나하나에 뜻이 없이 소리만 나타내는 글자. 즉 한글·로마 글자·일본어의 가나 등. 비표음 문자. 반뜻글자. 준소리글.

소리꾼 판소리나 잡가·민요 따위를 잘 부르는 사람. 소리쟁이.

소리나다 소리가 들리다. 예문을 소리나게 두들겼다.

소리내다 소리가 들리게 하다. 예책을 소리내어 읽었다.

소리마디 닿소리와 홀소리가 어울려 소리를 내는 단위. 비음절. <보기> 방: 한 개의 소리 마디. 가방: 두 개의 소리 마디.

소리지르다 큰 목소리를 내다. 고함을 지르다.

소리치다 소리를 크게 지르다. 예시끄러우니 소리치지 마라.

소말리아〖나라〗 아프리카 대륙의 북동부에 인도양과 닿아 있는 나라. 수도는 모가디슈. 【Somalia】

소:망 바라는 일. 예소망을 이루다. 비소원. 희망. －하다.

소매[1] 웃옷의 좌우에 있는 두 팔을 꿰는 부분.

소:매[2] 소비자에게 직접 팔거나 조금씩 나누어 팖. 반도매. －하다.

소:매값 물건이 만들어져 도매상과 소매상을 거쳐, 사는 사람들에게 이르는 가장 나중의 값.

소:매상 생산 공장이나 도매상에서 물건을 사다가 소비자에게 파는 장사, 또는 그 장수. 산매상. 반도매상. 【小賣商】

소매치기 남의 몸에 지닌 것을 몰래 훔쳐 내는 일.

소맷자락 소매의 아래쪽에 늘어지는 부분. 예소맷자락에 매달리다.

소멸 사라져 없어짐. 자취도 남지 않도록 없애 버림. －하다.

소모 써서 없앰. 써서 닳아 없어짐. 예체력 소모. 비소비.

소모품 쓰는 대로 닳아서 없어지거나 못 쓰게 되는 물품. 잉크·종이·연탄 따위.

소몰이 소를 몰고 다니는 일, 또는 소를 모는 사람.

소:묘 어떤 한 가지 색으로 대상물의 윤곽을 그린 그림. 데생.

소:문 여러 사람들 입에 오르 내려 전하여 들리는 말. 비풍문. 【所聞】

소박 꾸밈이나 거짓이 없이 있는 그대로. 예소박한 차림을 좋아한다. －하다. 【素朴】

소반 음식을 놓고 먹는 상. 다리가 짧은 작은 상. 【小盤】

소방 불이 나지 않도록 예방하거나 불이 난 것을 끄는 것. 【消防】

소방관 불이 나지 않게 미리 막거나 불을 끄는 일을 맡은 사람. 소방 공무원. 【消防官】

소방서 불이 나지 않도록 단속하고, 불이 난 것을 끄는 기관.

소방차 불을 끄는 자동차. 비불자동차. 본소방 자동차.

[소방차]

소백 산맥 태백 산맥에서 갈리어 서쪽으로 달리다가 서남쪽으로 뻗어 내려 영남 지방과 호남 지방과의 경계를 이루는 산맥.

소:변 사람의 오줌. 【小便】

소:복 상복을 입음. 흰옷을 입음.

소복소복 물건이 많이 담겨 있거나 쌓여 있는 모양. <수북수북.

소복이[소보기] 작고 부드러운 물건들이 보기 좋게 꽤 높게 담겨 있거나 쌓여 있는 모양. 예장독대에 눈이 소복이 쌓였다.

소복하다 ①제법 높게 쌓여 있다. 예소복이 쌓인 눈. ②식물이나 털

등이 빽빽하고 길이가 길다. ㉠풀들이 소복하게 돋아나 있다.

소비 돈이나 물품·시간·노력 등을 들이거나 써서 없앰. 반생산.【消費】

소비량 소비된 양. 반생산량.

소비자 돈이나 물건을 쓰는 사람, 또는 생산에 직접 관계하지 않은 사람. ㉠소비자 보호 운동. 반생산자.【消費者】

소비재 사람들의 욕망 충족을 위하여, 일상 생활에서 직접 소비하는 물품들.【消費財】

소비 조합 소비자가 물건을 싸게 사 쓰기 위하여 만든 단체.

소상 똑똑하고 자세함. ㉠결석한 이유를 소상히 말하다. －하다. －히.

소생[1] 죽어 가던 것이 다시 살아남. 비회생. 재생. －하다.【蘇生】

소생[2] '자기'의 낮춤말.【小生】

ㅅ

소:설[1] 지은이의 생각에 따라 인생이나 인간 세계에 이제까지 있었던 일, 또는 있을 수 있는 일을 새롭게 꾸며 낸 줄글 형식의 문학 작품〔길이에 따라 콩트·단편 소설·중편 소설·장편 소설 등의 구별이 있음〕.【小說】

소:설[2] 24절기의 하나. 입동과 대설 사이로 11월 23일경.【小雪】

소:설가 소설을 짓는 사람.【小說家】

소:속 어떠한 기관이나 단체에 딸림. －되다. －하다.【所屬】

소:속감 어디에 속하여 있다는 느낌. 소속한 사람이 느끼는 책임감이나 보람.【所屬感】

소손녕〚사람〛 거란의 장수. 993년 50만 대군을 이끌고 고려의 서북 국경을 침범함.

소송 법률상의 재판을 법원에 요구함. ㉠소송을 걸다. －하다.

소:수[1] 수효가 적음. 적은 수. ㉠소수의 의견. 반다수.【少數】

소:수[2] 1보다 작은 수〔0.1, 0.9 따위〕.【小數】

소수[3][소쑤] 1보다 크면서, 1과 그 자신 이외의 수로는 나누어 지지 않는 정수〔2, 3, 5, 4, 7, 11, 13, 17, 19 따위〕.【少數】

소수림왕〚사람〛[? ~384] 고구려의 제17대 왕으로 317년에 왕위에 올랐음. 372년에 중국으로부터 우리 나라 최초로 불교를 수입하였음.

소수 민족 한 나라를 이루는 여러 민족들 가운데, 그 수가 적은 민족.【少數民族】

소수 서원 조선 중종 38년(1543) 풍기 군수 주세붕이 백운동에 세운 우리 나라 최초의 서원〔백운동 서원의 고친 이름〕.

소:수점 소수를 나타내는 점. 1.5, 3.4 따위에서 '.'을 말함.

소:수파 딸린 인원수가 적은 파.

소스 서양 음식에 넣는, 맛과 냄새와 모양을 더하는 걸쭉한 액체.【sauce】

소스라치다 깜짝 놀라 몸을 떠는 듯이 움직이다.

소슬바람 으스스 하고 쓸쓸하게 부는 바람.

소:승 승려가 남 앞에서 자기를 낮추어 이르는 말.

소:시지 소나 돼지의 창자에 곱게 다져 양념을 한 고기를 채우고 삶은 서양식 순대. ×소세지.

소식 안부나 형편을 알 수 있는 편지나 말. 비안부. 기별.

소:신 자기가 믿고 생각하는 바. ㉠소신껏 일하다.【所信】

소실 사물이 사라져 없어지는 것, 또는 잃어버리는 것. －하다.【消失】

소:심하다 대담하지 못하며 지나치게 조심스럽다.

소:아 어린아이.【小兒】

소:아과 어린 아이의 병을 전문적으로 다루는 의학 분야, 또는 그런 의원이나 병원.【小兒科】

소아 마비 어린아이의 손발에 마비가 일어나는 병. 처음에는 열이 높다가 열이 내리면서 마비 증세를 보임. 생후 2, 3개월부터 예방 주사를 맞아 예방함.

소:액 적은 금액. 적은 액수. 반거액. 【少額】

소:야곡 밤에 사랑하는 사람의 집 창 밑에서 남자가 부르거나 연주하던 사랑의 노래. 세레나데.【小夜曲】

소양 평소에 닦아 쌓은 교양. 예문학에 소양이 깊다. 【素養】

소양강 북한강의 지류, 강원도 인제군 서화면에서 시작하여 양구를 거쳐 춘천시 북쪽에서 북한강과 합류되는 강. 길이 166.2km.

소양강 댐 강원도 춘천시 북한강의 상류를 막아 만든 동양 최대의 다목적 댐. 1973년 10월에 완공.

소외감 주위로부터 따돌림을 받는 것같은 느낌. 【疏外感】

소외되다 어떤 집단에 끼이지 못하고 따돌림을 받다.

소:요량 어떤 일을 하기 위해 필요한 무엇의 양.

소:용 이익이나 쓸모가 있는 것.예공사에 소용되는 물건. 【所用】

소용돌이 물이 빙빙 돌며 흘러가는 현상, 또는 그런 곳.

소:용없다 쓸데 없다. 필요없다.

소:우주 우주의 한 부분이면서도 마치 그것이 독립된 하나의 우주처럼 여겨지는 것.

소:원 마음 속으로 꼭 바라는 일 예우리의 소원은 통일. 비소망. -하다. 【所願】

소:위[1] 장교의 제일 낮은 계급. 중위의 아래 계급. 【少尉】

소:위[2] 남들이 흔히 말하는 대로. 예소위 반장이란 아이가 수업시간에 떠들면 되겠니? 비이른바. 【所謂】

소:유 가지고 있음, 또는 그 물건. 예주식을 소유하다. -하다.

소:유권 소유한 물건에 대한 권리.

소:유자 어떠한 것을 가지고 있는 사람. 【所有者】

소음 떠들썩한 소리. 시끄러운 소리. 예소음 공해.

소음 공해 불쾌하고 시끄러운 소리로 인한 피해.

소인[1] 우체국에서 우표 등에 찍는, 날짜가 나오는 도장. 【消印】

소:인[2] ①나이가 어린 사람 반대인. 성인. ②도량이 좁고, 간사한 사람. 수양이 적은 사람. ③윗사람에게 자기를 낮추어 하는 말. 【小人】

소인수[소인쑤] 어떤 수의 인수 중에서 소수인 인수.

소인수 분해 어떤 수를 소수인 인수만의 곱으로 나타내는 것.

소일 ①하는 일 없이 세월을 보냄. ②어떠한 일에 마음을 붙여 세월을 보냄. 예바둑으로 소일하다. -하다. 【消日】

소:임 맡은 바 직책. 예소임을 다하다. 【所任】

소:자 부모에 대하여 아들이 자기를 낮추어 이르는 말. 예소자 문안 올립니다. 【小子】

소:작 일정한 돈을 내고 남의 논밭을 빌려 농사를 지음. 【小作】

소:작농 소작으로 짓는 농사, 또는 그러한 농가나 농민. 【小作農】

소:장[1] 군인 계급의 하나. 준장의 위. 예육군 소장. 【少將】

소:장[2] 장의 한 부분. 먹은 것을 소화하고 영양을 흡수하는, 위와 대장 사이에 있는 창자. 작은 창자.【小腸】

소:장[3] 가치가 큰 골동품, 옛 문헌, 예술품 따위를 집이나 기관에 귀중하게 보관하거나 간직하는 것. -되다. -하다. 【所藏】

소:재[1] 있는 곳. 예소재가 분명하지 않다. 【所在】

ㅅ

소재[2] ①어떤 것을 만드는 데 바탕이 되는 재료. ②예술 작품의 재료가 되는 모든 대상. ㉠학교 생활을 소재로 한 소설. 【素材】

소:재지 있는 곳. 있는 지점. ㉠도청 소재지. ㊟소재.

소:제 깨끗이 쓸고 닦아 먼지 등을 없게 함. 비청소. -하다.

소주 곡식을 쪄서 누룩을 넣어 발효시켜 증류하여 만든 맑은 한국 술. 【燒酒】

소:중하다 매우 귀중하다. ㉠선물을 소중하게 보관하다. 비귀중하다.

소:지 가지고 있음. ㉠면허증을 소지하다. 【所持】

소지품 가지고 있는 물건. 【所持品】

소:질 본디부터 갖추고 있는 바탕. 천성. 비재질. 【素質】

소집 불러서 모음. ㉠임원 소집. 비상 소집. -하다.

소쩍새 올빼미과의 새. '소쩍소쩍' 또는 '소쩍다소쩍다' 하고 우는 데, 소리가 매우 처절함.

[소쩍새]

소:청 남에게 무슨 일을 청함.

소:청봉 강원도 설악산에 있는 봉우리. 대청봉을 오르는 길목에 있음.

소:총 들고 다닐 수 있는 총으로 권총보다 큰 것. 【小銃】

소:출 일정한 논밭에서 나는 곡식의 양, 또는 곡식이 생산되는 형편.

소켓 전구를 꽂아 쓰는 접속 기구〔키소켓·쌍소켓 등이 있음〕.

소쿠리 대나 싸리로 엮어 테가 있게 만든 그릇.

소크라테스〖사람〗[기원전469～399] 고대 그리스의 철학자. 아테네에서 활동하였는데, 시민의 도덕의식을 개혁하는 일, 즉 무지를 자각시키고 서로가 참된 인식(지행 일치)에 도달하게 하려고 노력하였음. 그러나 시민들에게 받아들여지지 않고 고발되어 사형을 당함. '너 자신을 알라' '악법도 법이다' 라는 말을 남겼음. 【Socrates】

소탈 예절과 형식에 얽매이지 않고 수수하고 털털함. ㉠소탈한 성격. -하다. 【疎脫】

소탕 휩쓸어 모두 없애 버림. ㉠범죄 소탕. -되다. -하다.

소통 ①막히지 않고 잘 통함. ㉠차가 별로 없어서 소통이 원활하다. ②의사가 상대편에게 잘 통함. ㉠의사 소통이 잘 되다. 【疏通】

소파 등을 기댈 수 있고 팔걸이가 있는 긴 안락 의자. ×쇼파. 【sofa】

소:포 물품을 싸서 보낼 수 있는 우편물. 본소포 우편. 【小包】

소:품 ①규모가 작은 간결한 작품. ②연극의 무대 장치에 쓰이는 자잘한 물건. 【小品】

소풍 ①운동이나 자연의 관찰을 겸하여 야외로 나가는 일. 비원족. ②산책. 【逍風】

소프라노 여성의 목소리로서 가장 높은 소리, 또는 그 음역의 가수. 반알토. 【soprano】

소프트볼 야구장보다 좁은 장소에서 크고 부드러운 공으로 하는 야구 비슷한 경기. 【softball】

소프트웨어 컴퓨터에서 기계 부분인 하드웨어를 움직이는 기술. 곧, 프로그램을 통틀어 이르는 말. 반하드웨어. 【software】

소피스트 ①기원전 5세기경 그리스에서 젊은이들에게 웅변술이나 지식·기능을 가르치던 사람. ②궤변학파. 궤변가. 【sophist】

소:학〖책명〗 지난날, 양반의 자제들이 여덟 살이 되면 배우던 유학의 기초가 되는 책. 【小學】

소:학교 일제, 강점기에 '초등 학교'

를 이르던 말. 【小學校】

소:한 이십사 절기의 하나. 동지와 대한의 사이로 1월 6일 경. 【小寒】

소:행 해 놓은 짓. ㉮누구의 소행이냐? 【所行】

소:행성 화성과 목성 사이에서 태양의 둘레를 도는 작은 행성. 【小行星】

소:형 물건의 작은 형체. ㉮소형 컴퓨터. ㉯대형. 【小型】

소홀 아무렇게나 생각함. ㉮경비가 소홀하다. -하다. -히. 【疏忽】

소화[1] ①먹은 음식물을 흡수될 수 있는 상태로 변화시키는 작용. ②읽거나 들은 것을 이해하여 자기 지식으로 만듦. ㉮소화하기 아직 어려운 책. -되다. -하다. 【消化】

소화[2] 불을 끔. ㉮불이 나자마자 소화하다. ㉯방화. -하다. 【消火】

소화기 불을 끄는 데 쓰는 기구.

소화 기관 섭취한 음식물의 소화와 흡수에 관계되는 입·식도·위·창자·간 등을 통틀어 이르는 말. ㉰소화기. 【消化器官】

소화 불량 먹은 음식을 위나 장에서 잘 받아들이지 못하여 영양분을 흡수하지 못하는 증상.

소화시키다 먹은 음식을 뱃속에서 잘 삭게 하여 영양분으로 흡수되게 하다.

소화액 먹은 음식물을 소화시키는 액체. 【消化液】

소화전 불을 끄는 데 쓰는 수도의 급수전. 【消火栓】

소화제 소화가 잘 되게 하기 위해 먹는 약. 【消化劑】

속: ①깊숙한 안. ㉮땅 속. ②'뱃속'의 준말. ㉮속이 더부룩하다. ③마음자리. 심보.

속개 잠시 멈추었던 회의 따위를 다시 계속하는 것. -하다.

속결 빨리 끝을 맺음. ㉮속전 속결로 일을 마무리짓다.

속공 주로 운동 경기에서 상대에게 대비할 시간을 주지 않고 재빨리 공격하는 것. -하다.

속국 다른 나라에 매여있는 나라. ㉱식민지. ㉯독립국.

속기 ①빨리 적음. ②남의 말을 속기 부호로 빠르게 받아 적는 일, 또는 그 기술. -하다. 【速記】

속:끓이다 화나 걱정으로 속을 태우다.

속다 남의 꾀에 넘어가다.

속닥거리다 자꾸 소근소근 말하다. ㉮이마를 맞대고 한참이나 속닥거리다. ㉱속닥대다. <숙덕거리다. ㉲쏙닥거리다.

속닥속닥 남이 알아듣지 못하게 자꾸 소곤거리는 모양. <숙덕숙덕. ㉲쏙닥쏙닥.

속단 빨리 판단함. 속히 판단함. 신속하게 결단함. ㉮속단하기는 아직 이르다. -하다. 【速斷】

속달 속히 배달함. 빨리 도착함.

속달 우편 요금을 더 받고 보통 우편보다 빨리 배달하는 우편. '빠른 우편'의 이전말.

속담 옛날부터 일반 사람들 사이에 널리 전해 내려온, 어떤 가르침을 주는 짤막한 말.

> **'속담'과 '격언'의 차이**
>
> • **속담** : 누가 그 말을 최초로 했는지 알 수 없는 말로서, 옛사람의 생각과 슬기, 생활 풍습이 담겨 있다. ㉮백지장도 맞들면 낫다./쥐구멍에도 볕 들 날이 있다.
>
> • **격언** : 대체로 서양의 민간에서 생겨나 오랫동안 전해져 온 말을 가르키거나, 유명한 사람이 한 말로서 사람들의 입에 많이 오르내리게 된 말을 가르킨다. ㉮아는 것이 힘이다./웅변은 은이고 침묵은 금이다.

속도 빠른 정도. ㉱속력. 【速度】

속독 빨리 읽음. 【速讀】
속되다 품위가 없고 세속적이다. ㉠속된 표현.
속된말 고상하지 못하고 천한 말.
속:뜻[속뜯] 글이나 말의 겉에 직접 드러나지 않고 그 속에 담겨 있는 뜻.
속력[송녁] 빠르기. 일정한 시간동안에 나아가는 거리로 나타냄. ㉠최고 속력. ㉥속도. 【速力】
속리산[송니산] 충청 북도에 있는 산. 법주사라는 큰 절이 있으며, 경치가 아름다워 국립 공원으로 지정되어 있음. 입구에는 유명한 정이품 소나무가 있음. 【俗離山】
속:마음[송마음] 겉으로 드러나지 않은 참마음.
속:말[송말] ①소리를 내지 않고 마음 속으로 하는 말. ②진정으로 마음에서 우러나오는 말.

ㅅ

속물[송물] 교육을 받았으면서도 돈이나 권력 같은 것만 좇는 천박한 사람. 【俗物】
속박[속빡] 얽어 매어 자유를 구속함. ㉠속박된 삶. ㉥구속. ㉤해방. -하다. 【束縛】
속보[1] 사람들에게 빨리 알림, 또는 그 보도. 【速報】
속보[2] 빨리 걷는 걸음. ㉥구보.【速步】
속:불꽃 불꽃의 안쪽에 있는 밝은 부분. 불꽃 중에서 가장 밝은 빛을 냄. ㉤겉불꽃.
속:사정 어떤 일에서 겉으로 드러나지 않거나 감추어진 형편이나 까닭. ㉠무슨 속 사정이 있는지 말을 안한다.
속삭이다[속싸기다] 나지막한 목소리로 정답게 이야기하다.
속삭임[속싸김] 낮은 목소리로 가만히 하는 말.
속:살 대개 옷을 입으면 가려져서 겉으로 드러나지 않는 부분의 살. ㉠속살이 비쳐 보이다.

속:상하다 ①마음이 불편하고 괴롭다. ②화나다.
속설 민간에 전하여 내려 오는 설명이나 의견. 【俗說】
속성[1] 빨리 이룸. ㉠속성 재배. ㉤만성. -하다. 【速成】
속성[2] 사물이나 일이 본래부터 가지고 있는 고유한 성질. 【屬性】
속세 ①일상적인 현실의 세상. ㉥세상. 세속. ②불교에서 쓰는 말로 갖은 고민과 괴로움으로 가득한 현실의 세상. 【俗世】
속:셈 ①마음 속으로 몰래 하는 궁리. ㉠형의 속셈을 모르겠다. ②마음 속으로 하는 계산. ㉥암산.
속:속들이 깊은 속까지 샅샅이. ㉠회사 사정을 속속들이 알다.
속수무책 큰 일이 생겼는데도 어찌할 도리가 없어 꼼짝할 수 없음.
속:시원히 걱정을 털어 놓아 마음이 가볍고 후련하게. ㉠속시원히 이야기를 해 보아라.
속:씨식물 밑씨가 씨방 안에 들어있고 씨방이 자라서 익어 열매가 되는 나무. 감나무·민들레처럼 종자 식물의 대부분이 여기에 속함.
속어[소거] 통속적인 저속한 말.
속:옷[소곧] 겉옷 속에, 몸의 살갗에 닿게 입는 옷. ㉥내의. ㉤겉옷.
속이다[소기다] 정말이 아닌 것을 정말인 것처럼 믿게 하다.
속임수[소김쑤] 남을 속이려는 꾀.
속장경 고려 시대에 대장경을 모을 때에 빠진 것을 대각 국사 의천이 모아 엮은 불경. 몽골 침입 때에 없어졌으며, 지금은 그 목록만 남아 있음. '속대장경'이라고도 함.【續藏經】
속절없다 어찌할 바 없다. ㉠속절없이 흐르는 세월. 속절없이.
속죄 뉘우침이나 좋은 일로 자기의 잘못을 덜거나 없애는 것. -하다. 【贖罪】

속초〖지명〗 강원도 동해안에 있는 항구 도시. 설악산을 비롯한 관광지가 많음. 【束草】

속출 잇달아 나옴. ㉠신기록이 속출하다. -하다. 【續出】

속:치마 치마 안에 입는 치마 모양의 속옷.

속칭 세상에서 보통 쓰는 이름. ㉠숭례문은 속칭 남대문으로 알려져 있다. 【俗稱】

속편 한 책이나 영화에서 다룬 내용을 다시 이어서 다룬 책이나 영화.

속하다 무엇과 관계되어 딸리는 그 범위에 들어가다.

속히 빨리. 빠르게. ㉠속히 전하고 오너라.

솎다[속따] 촘촘히 나 있는 채소를 드문드문하게 되도록 골라서 뽑다. ㉠상추를 솎다.

솎음질 촘촘히 난 채소 등을 솎아 내는 일. -하다.

손[1] 주인을 찾아온 사람. ㉠집에 찾아온 손을 잘 대접하다. 비나그네. 객. 반주인. 높손님.

손[2] 사람의 팔목 아래. 손바닥·손등·손가락으로 이루어진 부분. ㉠물건을 손에 쥐다.

손:[3] 집안의 대를 이을 자식. ㉠손이 귀한 집안. 비자손. 【孫】

손가락[손까락] 손끝에 달려 있는 다섯 개의 짧은 가락.

손가락질[손까락찔] ①손가락으로 가리키는 것. ②남을 흉보는 것. -하다.

손금 손바닥 거죽에 난 줄무늬의 잔금. ㉠손금을 보다.

손기정〖사람〗[1912~2002] 제11회 베를린 올림픽에서 우리 나라 사람으로는 처음으로 마라톤에서 금메달을 획득한 사람. 【孫基禎】

손길[손낄] ①내민 손. ㉠부드러운 손길. ②돌보거나 돕는 것. ㉠가족들의 건강은 주부들의 손길에 달려 있다.

손꼽다 손가락을 꼽아 수를 세다.

손꼽히다[손꼬피다] 가장 뛰어나거나 유명한 축에 속하다.

손끝 손가락의 끝.

손녀 아들의 딸. 반손자. 【孫女】

손놀림 손을 움직이는 것. 또는 손의 동작. ㉠손놀림이 빠르다.

손님 ①주인을 찾아온 사람. ㉠손님들이 모두 가고 주인만 남았다. 낮손. ②물건을 사러 온 사람. ㉠가게에 손님이 없다. 비고객. 반주인.

손대다 ①어떤 사물에 손이 닿게 하다. ㉠전시 작품에 손대지 마시오. ②어떤 일을 시작하다. ㉠방이 너무 어질러져 있어 어디서부터 손대야 할지 모르겠다.

손도장 도장 대신 찍는 엄지 손가락의 자국. 지장.

손들다 ①항복하다. ②도중에 그만두다.

손등[손뜽] 손의 바깥쪽. 손바닥의 뒤.

손때 오랫동안 길들이고 만져서 묻은 때. ㉠할머니의 손때가 묻은 그릇.

손떼다 중도에 그만두다.

손맛[손맏] 손으로 직접 음식을 만들어 내는 맛. ㉠우리 할머니는 손맛이 뛰어나다.

손목 손과 팔이 서로 잇닿은 부분. ㉠손목 시계. 비팔목.

손바닥 손의 안쪽.

손발 손과 발. 비수족.

손버릇[손뻐른] 손에 익은 좋지 않은 버릇. ㉠손버릇이 나쁘다.

손병희〖사람〗[1861~1922] 독립 운동가이며 종교가. 삼일 운동 때, 민족 대표 33인 중의 대표임. 동학의 이름을 천도교로 바꾸었음.

손보다 ①고장난 것을 손질하여 고치다. ②누구를 혼내다.

손뼉 손가락과 손바닥을 합친 전체의 바닥. ㉠손뼉을 치다.

손:상 떨어지고 상함, 또는 상하게 함. ㉠명예를 손상하다. 【損傷】

손:상되다 해를 입거나 손해를 당하다. ㉠교통사고로 자동차가 손상되다.

손:색 서로 견주어 보아서 못한 점. ㉠국산도 외제에 비해 전혀 손색이 없다. 【遜色】

손수 남의 힘을 빌리지 아니하고 제 손으로. ㉠손수 운전하다. 비몸소. 친히.

손수건 몸에 지니고 다니는 자그마한 수건.

손수레 손으로 밀거나 끌고 다니는 작은 수레. 비리어카.

손쉽다 (손쉬우니, 손쉬워서) 일을 하기에 어렵지 않다.

ㅅ

손:실 ①축나서 없어짐. ㉠태풍으로 큰 손실을 입다. ②밑짐. 비손해. 반이익. -되다. 【損失】

손쓰다 어떤 일에 대해 필요한 조치를 취하다.

손아귀[소나귀] ①무엇을 세게 잡을 때의 엄지 손가락과 다른 네 손가락과의 사이. ㉠손아귀의 힘이 세다. ②어떤 세력이 미치는 범위. ㉠대장이 모든 권력을 손아귀에 넣으려고 한다. 비수중.

손아래[소나래] 자기보다 항렬이 아래이거나 나이가 적음. 반손위.

손오공[소노공] 중국 명나라 때의 소설인 '서유기'의 주인공으로 나오는 원숭이의 이름.

손위[소뉘] 자기보다 항렬이 위이거나 나이가 많음. 반손아래.

손:익[소닉] 손해와 이익. ㉠손익을 따져 보다. 【損益】

손인사[소닌사] 손을 흔들어 표시하는 인사.

손자 아들의 아들. 반손녀. 【孫子】

손자국 손이 닿았던 자국.

손잡다 누구와 힘을 합쳐 같이 일하다.

손잡이[손자비] 어떤 물건을 손으로 잡기 쉽게 만들어 붙인 부분.

손장난 손을 놀려서 하는 장난. ㉠손장난이 심하다.

손재주[손째주] 손으로 물건을 다루는 재주. ㉠손재주가 좋다. 비손재간. 솜씨.

손전등 가지고 다니는 작은 전등. 비회중 전등.

손지갑 손에 가지고 다니는 작은 지갑.

손질 손을 대어 잘 매만지는 일. ㉠그물을 손질하다. -하다.

손짓[손찓] 손을 움직여서 무엇을 가르키거나 어떤 뜻을 나타내는 일. -하다.

손찌검 손으로 남을 때리는 짓. ㉠걸핏하면 손찌검이다.

손톱 손가락 끝의 위쪽을 덮은, 단단한 얇은 막.

손톱깎이[손톱까끼] 손톱이나 발톱을 깎는 도구.

손풍금 멜빵으로 어깨와 목에 걸고 늘였다 줄였다 하여 공기를 불어넣으며 두 손으로 건반을 눌러 소리를 내는 작은 풍금. 아코디언.

손:해 해를 입음. 비손실. 반이익. 준손. 【損害】

손해 배상 법에 따라 남에게 끼친 손해를 물어 주는 것.

솔:[1] 가는 털을 한데 모아 먼지를 털거나 풀이나 물감 따위를 칠하는 데에 쓰는 도구.

솔[2] 서양 음악의 7음 체계에서 다섯 번째 계이름.

솔가지 소나무의 가지.

솔개 매과의 새. 몸빛깔은 갈색이며 가슴에 흑색의 세로무늬가 있음. 공중을 맴돌며

[솔개]

지상의 먹이를 노림. ×소리개.

솔거〖사람〗 신라의 화가. 대표작은 황룡사 벽에 그린 〈노송도〉로 새들이 날아들 정도였다고 하지만 전하지 않음. 【率居】

솔기 옷 등을 지을 때 두 폭을 맞대고 꿰맨 줄. ㊟솔.

솔깃하다[솔기타다] 그럴 듯하게 여기어 마음이 끌린다. **솔깃이**.

솔로 혼자 노래 부르거나 연주 하는 것. ㊞독주. 【solo】

솔로몬〖사람〗 고대 이스라엘 왕국의 제3대 왕. 기원전 971년에 왕위에 올랐으며, '솔로몬의 지혜'로 유명함. 【Solomon】

솔바람 소나무 사이를 스치며 불어오는 바람.

솔방울[솔빵울] 소나무의 열매. 비늘 같은 조각이 겹겹이 달려 있고, 그 사이에 씨가 들어 있음.

솔선[솔썬] 남보다 앞장서서 함. ㊀솔선 수범. **-하다**.

솔:솔 바람이 부드럽고 가볍게 부는 모양. ㊀솔솔 부는 가을 바람.

솔숲 소나무가 우거진 숲. ㊀울창한 솔숲. ㊞송림.

솔이끼 가장 흔히 볼 수 있는 이끼의 한 가지로, 그늘진 습지에서 무리를 지어 자람.

솔잎[솔립] 소나무의 잎.

솔직[솔찍] 거짓이나 꾸밈없이 바르고 곧음. ㊀솔직한 심정. **-하다**. **-히**. 【率直】

솔:질 솔로 먼지나 흙 따위를 털어 내는 짓. **-하다**.

솜: 목화씨에 달라붙어 있는 부드럽고 가벼운 섬유질의 물질. 이불에 넣거나 실을 만들어 옷감을 짜기도 함.

솜:사탕 설탕을 솜처럼 부풀려서 만든 과자.

솜씨 ①손을 놀려서 물건을 다루는 재주. ㊀음식 솜씨. ②일을 해 나가는 수단.

솜:이불[솜니불] 안에 솜을 두어 만든 이불.

솜:털 보드랍고 고운 털.

솜:틀 쓰던 솜을 부풀려 펴서 타는 기계.

솟구치다[솓꾸치다] 갑자기 세차게 위로 솟다. ㊀불길이 솟구치다.

솟다[솓따] ①아래에서 위로, 또는 속에서 겉으로 세차게 나오다. ㊀해가 솟다. ②느낌이나 기운이 생기다. ㊀용기가 솟다.

솟:대[솓때] 민속 신앙을 목적으로, 또는 과거에 급제한 사람을 축하하거나, 이듬 해의 풍년을 기원하는 뜻으로 세우던 긴 대.

솟아나다[소사나다] ①속에서 겉으로 나오다. ㊀눈물이 솟아나다. ②어떤 느낌이나 기운이 세차게 일어나다. ㊀힘이 솟아나다. ㊥가라앉다.

솟아오르다[소사오르다] 아래서 위로 곧바로 세게 오르다. ㊀분수가 높이 솟아오르다.

솟을대문[소슬때문] 옛날 한국식 주택에서, 지붕이 있고 행랑채가 딸린 높고 큰 대문.

송:가 찬송하는 노래. 기리는 노래. ㊀찬송가. 【頌歌】

송골매 작은 새와 동물을 잡아 먹는 누런 빛의 매. 길들여서 사냥할 때 쓰기도 함.

송골송골 땀이나 소름 따위가 자디잘게 잇달아 많이 돋아나는 모양. ×송글송글.

송:곳 목재·종이 등에 구멍을 뚫는 뾰족한 쇠붙이 연장.

송:곳니[송곤니] 앞니와 어금니 사이의 뾰족한 이.

송:구[1] 두렵고 미안함. **-하다**. **-스럽다**. 【悚懼】

송:구[2] 묵은 해를 보냄. ㊀송구 영신. ㊥영신. **-하다**. 【送舊】

송:구스럽다 남으로부터 너무 좋은 대접이나 대우를 받아 매우 고맙고도 미안하고 거북하다.
송:구 영신 묵은 해를 보내고 새해를 맞이함. 【送舊迎新】
송:금 돈을 부침, 또는 그 돈. -하다. 【送金】
송금절목〖책명〗 조선 정조 때 나무를 함부로 베지 못하도록 하는 법을 만들어 기록한 책.
송:나라[960~1277] 중국 왕조의 하나. 우리 나라와는 학문과 예술에 있어서 활발한 교섭을 하며 가깝게 지냈음.
송:년 한 해의 마지막 무렵을 보내는 것. 【送年】
송:달 편지나 서류 또는 물건 등을 보내어 줌. -하다.
송:덕비 공덕을 기리기 위하여 세운 비석. 【頌德碑】
송도〖지명〗 개성의 옛 이름. 송악산 밑에 있는 서울이라는 뜻으로 일컫는 말. 고려 시대에는 도읍지였으나, 지금은 북한 땅에 있음. 특산물은 인삼. 【松都】
송두리째 있는 것은 죄다. 모조리. ㉠송두리째 잃어 버리다.
송림 소나무 숲. 솔숲. 【松林】
송:별 사람을 떠나 보내는 일. ㉠송별회. ㉡유별. -하다. 【送別】
송:별회 한 집단에서 나가는 사람에게 섭섭한 마음을 위로하고 잘 되기를 기원하는 모임.
송:사 한 집단에서 나가는 사람에게 잘 되기를 기원하는 공식적인 말. ㉡답사. 【送辭】
송:사리 민물에사는 작은 물고기. 몸 길이는 3~4cm정도. 시냇물이나 연못 같은 곳에 떼지어서 헤엄쳐 다님.
송송 ①물건을 아주 잘게 써는 모양. ㉠파를 송송 썰다. ②아주 작은 구멍이 빈틈없이 뚫린 모양. <숭숭.
송:수 물을 보냄. -하다.
송:수관 상수도의 물을 보내는 땅속에 묻힌 철관.
송:신 다른 곳에 통신을 보냄. ㉡수신. -하다. 【送信】
송:신기 신호를 전류로 바꿔 신호를 받을 곳까지 보내는 장치. ㉡수신기. 【送信機】
송:신소 통신을 내보내는 일을 맡은 곳. ㉡수신소.
송신탑 통신을 보내는 탑.
송아지 소의 새끼. 어린 소.
송알송알 물이 방울방울 엉긴 모양.
송어 연어과의 바닷물고기. 몸 길이는 약 60cm. 등은 짙은 남색, 배는 흰색이고 알을 낳을 때는 강이나 개울로 거슬러 올라옴. 【松魚】
송:영 떠나는 사람을 보내고 오는 사람을 맞음. 【送迎】
송:영대 떠나가는 사람을 보내고 오는 사람을 맞는 곳.
송:월대[송월때] 충청 남도 부여의 부소산 꼭대기에 있는 정자〔백제 때 기우는 달을 보며, 술잔을 돌렸다고 하여 송월대라 일컬었다고 전함〕. 【送月臺】
송:유관 석유나 원유 등을 딴 곳으로 보내기 위하여 시설한 관.
송이[1] 꽃이나 눈 같은 것의 따로된 한 덩이. ㉠꽃 한 송이.
송이[2] 소나무 잎이 썩은 데서 나는, 맛이 좋은 버섯. 작은 삿갓 같은 윗부분과 굵고 긴 자루로 되어 있음. 【松栮】
송이송이 '송이마다'의 뜻을 힘있고 재미있게 나타낸 말. ㉠송이송이 눈꽃송이.
송:장 죽은 사람의 몸. ㉢시체. 시신.
송:전 발전기에서 일으킨 전기를 송전선을 통하여 가정이나 공장으로

보냄. -하다. 【送電】

송:전선 발전소에서 변전소나 배전소로 전기를 보내기 위하여 시설한 전깃줄.

송진 소나무에서 나오는 끈끈한 액체. 【松津】

송충이 소나무 잎을 먹는 해충. 모양은 누에와 비슷하고 몸색깔은 흑갈색임.

송판 소나무를 넓고 얇게 자른 재목. 소나무 널빤지. 【松板】

송편 멥쌀 가루를 반죽하여 소를 넣고 반달 모양으로 빚어 솔잎을 깔고 찐 떡.

송화 먹을 거리로 쓰는 소나무의 꽃가루. 【松花】

송:화기 전화 등에서 말소리를 보내는 장치. 반수화기.

송:환 도로 돌려보냄 -하다.

솥 쇠나 양은 등으로 만든, 음식을 끓이는 그릇.

[솥]

쇄:국 다른 나라와 무역이나 외교를 하지 않는 것. 반개국.

쇄국 정책 다른 나라와 통상을 하지 않고 내왕도 하지 않으려는 정책〔대원권의 쇄국정책이 유명함〕. 반개방 정책. 준쇄국책.

쇄:도 세차게 몰려서 들어옴. 예신청엽서가 쇄도하다. -하다.

쇄:신 나쁜 폐단을 없애고 사태를 좋고 새롭게 함. 예운영 체계를 쇄신하다. -하다.

쇠 ①철. ②쇠붙이를 통틀어 일컫는 말. ③'열쇠·자물쇠'를 줄이어 이르는 말.

쇠:가죽 소의 가죽. 비우피.

쇠:고기 먹을 거리인 소의 고기. 소고기.

쇠고랑 죄인의 손에 채우는 '수갑'의 속된 말. 준고랑.

쇠:기름 소에서 얻는, 하얀 덩어리로 된 기름. 식용유·비누 따위의 원료가 됨. 소기름.

쇠다[1] ①채소 같은 것이 너무 자라서 억세다. 예쑥이 쇠어서 먹을 수 없다. ②병이 오래 되어 고치기 어렵게 되다.

쇠:다[2] 명절이나 생일 같은 날을 지내다. 예명절을 쇠다.

쇠:똥구리 껍데기가 검고 단단하며 반들거리는 곤충. 소나 말의 똥을 동그랗게 뭉쳐 먹이로 삼으며 그 속에 알을 낳음.

[쇠똥구리]

쇠붙이[쇠부치] 금·은·구리·철 등의 금속 원소나 그런 것들이 섞여서 된 물질. 금속.

쇠:비름 밭이나 길가에 나는 한해살이풀, 굵고 연한 줄기가 땅위로 뻗고 붉은 색을 띠며, 메마른 땅에서도 잘 자라는 풀.

쇠사슬 ①쇠로 만든 고리를 여러개 이어서 만든 줄. 준사슬. ②'자유의 구속'을 비유하여 일컫는 말.

쇠스랑 땅을 파 일구거나 두엄을 쳐 내는 농기구.

쇠약 튼튼하지 못하고 약함. 약해져서 전보다 못하여 감. -하다.

쇠자 쇠로 만든 자〔길이·높이를 재는 기구〕.

쇠:죽 소의 먹이로 짚과 콩 등을 섞어서 끓인 죽.

쇠진 약하여 없어짐. 예쇠진된 기력. -하다. 【衰盡】

쇠톱 쇠를 자르는 데 쓰는 톱.

쇠퇴 약해져 전보다 못하여짐. 반발전. -하다. 【衰退】

쇠하다 힘이나 세력 따위가 줄어서 약해지다. 예기력이 쇠하다.

ㅅ

쇤:네 옛날에, 하인 등이 스스로를 낮추어 일컫던 말.

쇳물 ①높은 열에 녹아 액체가 된 쇠. ㉠용광로의 쇳물. ②쇠에 슨 녹이 우러난 빨건 물.

쇳소리[쇠쏘리] ①쇠붙이를 두드리거나 쇠붙이가 서로 부딪치거나 스칠 때 나는 소리. ②울리는 날카로운 말소리. ㉠목이 쉬어서 쇳소리가 나다.

쇼: ①보임. 전시. ㉠패션 쇼. ②구경거리. 【show】

쇼크 갑자기 당하는 큰 일 때문에 생기는 마음의 놀라움과 당황함. ㉥충격. 【shock】

쇼팽〖사람〗[1810~1849] 폴란드의 작곡가. 아름다운 피아노 연주곡을 많이 지었음. 작품에는 〈강아지 왈츠〉〈군대 폴로네즈〉〈이별의 노래〉〈즉흥 환상곡〉 등이 있음.【Chopin】

쇼핑 구경하고 돌아다니면서 물건을 사는 것. －하다. 【shopping】

쇼핑백 장을 볼 때 물건을 사서 담는 손잡이가 달린 자루나 가방.

쇼핑센터 여러 가지 상품을 파는 소매점이 집중되어 있는 상점가.

숄 여자가 치장이나 몸을 따뜻하게 하기 위해 어깨에 걸치는 넓고 긴 천. 【shawl】

수[1] 일을 해 내는 좋은 도리나 방법. ㉠무슨 좋은 수가 없을까?

수:[2] 헝겊이나 여러 가지 빛깔의 실로 그림이나 글자를 바늘로 떠놓은 일. ㉠수를 놓다.

수[3] 시나 노래를 세는 말. ㉠시조 한 수. 【首】

수:[4] ①사람이나 물건을 하나하나 모두 세어서 얻는 값. ㉠사과의 수를 세다. ②정수·분수·홀수·짝수 따위의 숫자로 나타내는 것. ㉠빈칸에 알맞은 수를 써 넣어라. 【數】

수[5] '수요일'의 준 말. 【水】

수감 감옥에 가두어 감금함. ㉯석방. －하다. 【收監】

수갑 죄인의 두 손을 채우는 쇠로 만든 도구. 【手匣】

수강 강습이나 강의를 받음. ㉠수강 신청. －하다. 【受講】

수거 거두어 가는 것. ㉠쓰레기를 수거 해 가다. －하다. 【收去】

수거함 무엇을 한데 모아 가져가기 위해 담아 두는 상자나 통.

수:건 손·얼굴·몸 등을 닦기 위해 너비보다 길이를 길게 만든 헝겊 조각. 타월. 【手巾】

수:건돌리기 술래가 빙 둘러앉은 사람들의 뒤를 돌다가, 어떤 사람 뒤에 수건을 놓고 한 바퀴 도는데, 그 동안 자기 뒤에 수건이 놓인 줄 모르고 앉아있는 사람이 술래가 되는 놀이.

수경 사람이 물속에서 눈을 뜨고 보기 위한 안경. 물안경. 【水鏡】

수:고 어떤 일을 하느라고 애를 쓰고 힘을 들임. ㉥노고. －하다.

수공 손으로 하는 공예. ㉠한복은 많은 수공을 필요로 하는 옷이다. 【手工】

수공업 손이나 간단한 기구를 써서 물건을 만들어 내는 공업. ㉯기계공업. 【手工業】

수공품 손이나 간단한 도구로 만든 물품. 【手工品】

수교 나라와 나라 사이에 교제를 맺음. －하다. 【修交】

수구 일곱 사람이 한 편이 되어, 물속에서 공을 서로 상대편 문에 넣어 점수 따기를 겨루는 경기.【水球】

수구파 진보적인 것을 외면하고 낡은 제도나 관습만을 따르려는 파.

수군 옛날 바다를 지키던 군대. 지금의 해군. 【水軍】

수군거리다 남이 알아듣지 못하게 낮은 목소리로 이야기하다. ㉠학생들이 수군거리다. >소곤거리다. ㉦쑤군거리다.

수궁 옛날 이야기에서, 물 속에 있다는 상상의 궁궐. 비용궁. 【水宮】
수궁가 판소리 열두 마당의 하나. 〈토끼전〉을 판소리로 엮은 것.
수그러들다 ①안쪽으로 숙여지다. 예선생님의 꾸중에 고개가 수그러들다. ②힘이나 기세가 약해지다. 예더위가 수그러들다.
수그러지다 ①깊이 숙어지다. 예머리가 수그러지다. ②기세가 차차 줄어들다. 예불길이 수그러지다.
수그루 암수로 구별되는 나무중 수컷에 해당되는 나무로, 열매를 맺지 못함.
수그리다 깊이 숙이다. 예고개를 수그리다.
수금 받아야 할 돈을 거두어 들임. 집금. -하다. 【收金】
수긍 그러하다고 고개를 끄덕임. -하다. 【首肯】
수기[1] 신호할 때 쓰는 작은 기.【手旗】
수기[2] 체험을 손수 적음, 또는 그 기록. 예생활 수기. 【手記】
수기 신호 눈으로 볼 수 있는 거리에서 하는 통신 방법의 하나(선박에서는 오른손에 빨간 깃발, 왼손에는 하얀 깃발을 들고 신호를 함).
수꽃[수꼳] 암술은 없고 수술만 있는 꽃. 반암꽃.
수꿩 꿩의 수컷. 장끼. 반암꿩.
수나라〖나라〗[581~618] 한나라가 망한 후 중국 대륙을 지배한 왕조. 고구려를 여러 번 침략하였으나 번번히 실패했음.
수나사 암나사에 끼워 조일 수 있도록 빙빙 돌아가며 홈이 패인 나사. 반암나사.
수난 ①어려운 처지를 당함. 예민족의 수난. ②예수가 십자가에 못박힌 고난. 【受難】
수납 금품 등을 거두어 들임. 예세금을 수납하다. -하다. 【受納】
수납장 일상 생활에 쓰이는 물건들을 넣어 두는 장.
수녀 수도하는 여자. 예수녀원. 반수사. 【修女】
수녀원 수녀들이 공동 생활을 하면서 수도하는 집.
수놈 동물 중에서 새끼를 배거나 낳지 못하는 성을 가진 것. 반암놈. ×숫놈.
수:놓다[수노타] 헝겊 따위에 색실로 그림이나 글씨를 떠서 놓다.
수뇌 어떤 집단 등에서 가장 중요한 자리에 있는 인물. 【首腦】
수:다 쓸데없이 말을 많이 하는 짓. 예수다를 떨다.
수:다스럽다 (수다스러우니, 수다스러워) 쓸데없는 말이 많고 수선하다.
수:다쟁이 몹시 수다스러운 사람을 얕잡아 이르는 말.
수단 ①일을 처리해 나가는 솜씨와 꾀. 예수단이 뛰어나다. 비방법. ②목적을 달성하기 위한 방법.【手段】
수달 몸은 갈색이고 꼬리는 길며, 짧은 네 발에 물갈퀴가 있어 헤엄을 잘 치는 젖먹이 동물.

[수달]

수당 정한 월급 이외에 주는 돈.
수더분하다 성질이 까다롭지 않고 무던하다. 예언니는 수더분한 성격이다.
수덕사 대웅전 고려 말의 건물. 부석사의 무량수전과 함께 고려시대의 대표적인 목조 건물. 충청 남도 예산군 덕산면에 있음. 국보 제49호.
수도[1] 한 나라의 중앙 정부가 있는 도시. 서울. 예수도 서울. 수도 워싱턴. 【首都】

수도[2] 물을 소독하여 가정이나 그 밖의 필요한 데에 보내 주는 시설. 본상수도. 【水道】
수도[3] 도를 닦으며 수양을 쌓는 일. -하다. 【修道】
수도관 상수도의 물이 통하는 관.
수도권[수도꿘] 서울을 중심으로 한 주변 지역을 말함. 【首都圈】
수도꼭지 손으로 돌려서 수돗물을 나오고 멎게 할 수 있도록 만든 장치. 예수도꼭지를 틀다.
수도사 카톨릭에서, 공부하고 기도하고 수련 생활을 하는 남자.
수도세 수도를 사용한 요금. '수도 요금'의 이전 말. 【水道稅】
수도원 카톨릭에서, 신자들이 일정한 규칙을 지키기로 약속하고 공동 생활을 하며 공부하고 기도하고 수련하는 집. 【修道院】
수도하다 종교의 규율에 따라 세상에서 떨어져서 몸과 마음을 엄격히 다스리다. 도를 닦다.
수동 기계 따위를 동력을 쓰지 않고 직접 손으로 움직이는 것. 반자동.
수동적 자기 힘이 아니라 남의 힘을 받아 움직이는 것. 반능동적【受動的】
수두 어린이의 살갗에 진물이 나고 가려우며, 빨간 점들이 돋고 열이 조금 나는 전염병. 【水痘】
수두룩하다[수두루카다] 매우 흔하고 많다. >소도록하다. **수두룩히**.
수라 임금이 끼니 때마다 먹던 음식.
수라상[수라쌍] 임금의 끼니 음식을 차린 상.
수라장 뒤범벅이 되어 야단이 난 곳. 싸움으로 비참하게 된 곳. 예수라장으로 변하다. 비난장판.
수락 요구를 받아들여 승낙함. 예제안을 수락하다. 반거부. 【受諾】
수란 달걀을 끓는 물 속에 넣어서 반쯤 익힌 음식.
수:량 수효나 분량. 【數量】
수런거리다 여러 사람이 한데 모여 자기들끼리 무슨 말인지 분명하지 않게 몹시 떠들다. 비수런대다.
수렁 흙물이 괸, 오목하게 빠져 들어간 땅. 비진창. 진탕.
수레 바퀴를 달아서 굴러가게 만든 물건.
수려 뛰어나게 아름다움. 예경치가 수려하다. 용모가 수려하다. 비미려. -하다. 【秀麗】
수력 세게 흐르는 물의 힘, 또는 그것을 이용하여 얻은 동력. 【水力】
수력 발전소[수력발쩐소] 높은 곳에서 흘러 떨어지는 물의 힘으로 발전기를 돌려서 전기를 일으키는 시설. 반화력 발전소.
수련[1] 수양하고 단련함. 인격·기술·학문 등을 닦아서 단련함. 비단련. -하다. 【修練】
수련[2] 연못이나 늪에 떠서 살며 잎은 넓은 말굽 모양이고, 가을에 하얀 꽃이 피고 열매는 달걀 모양인 풀. 【睡蓮】
수련자 수련을 받는 사람. 【修鍊者】
수렴[1] ①발을 드리움, 또는 그 발. ②'수렴 청정'의 준말. 【垂簾】
수렴[2] 거두어들임. 예여론 수렴. 의견 수렴. -하다. 【收斂】
수렴 청정 옛날에, 임금이 어릴 경우 왕대비나 대왕 대비가 임금을 대신하여 나라의 일을 돌보던 일. 준수렴. 【垂簾聽政】
수렵 총이나 그물 따위로 야생의 짐승을 잡는 일. 비사냥. -하다.
수렵도 사냥하는 모습의 그림.
수령[1] 어떤 단체나 조직의 우두머리. 두령. 【首領】
수령[2] 조선 시대 각 고을을 맡아 다스리던 지방관〔부사·목사·군수·현감 등〕. 비원. 【守令】
수령[3] 공적인 기관에서 주는 돈이나 물건을 받는 것. 예우편물을 수령하다. -하다. 【受領】

수로 농업이나 공업에 필요한 물이 흐르도록 파든가 설치한 물의 길. 비물길. 반육로. 【水路】
수로왕〖사람〗 가야의 시조. 알에서 태어났다는 전설이 있음.
수록 모아 적은 기록. 예많은 어휘가 수록된 사전. -하다.
수료 일정한 학업이나 과정을 다 배워 마침. 예박사 과정을 수료하다. -하다. 【修了】
수루 적의 동정을 살피려고 높이 쌓아 올려 만든 다락집.
수류탄 적의 가까이에서 손으로 던지는 폭탄의 하나.
수륙 물과 육지. 예수륙 양용 보트.
수리[1] 헐고 무너진 것, 고장난 것 등을 고침. 비수선. -하다. 【修理】
수리[2] 받아서 처리함. 예사표 수리. -하다. 【受理】
수리[3] 농업이나 공업에 쓰이는 물을 기술적으로 경제적으로 잘 다루는 것. 예수리 시설. 【水利】
수리공 헐거나 고장난 물건을 고치는 일을 직업으로 하는 사람.
수리떡 쑥으로 수레바퀴처럼 둥글게 만들어 수릿날(단오날)에 먹는 떡.
수리비 수리하는 데에 드는 비용.
수리 시설 논밭에 물을 대어 주기 위하여 마련해 놓은 것〔저수지나 물길 따위〕.
수립 국가·정부·제도·기구 등을 정식으로 만들든가 조직하는 것. -하다. 【樹立】
수마 '몹시 심한 수해'를 악마에 비유하여 이르는 말. 【水魔】
수:많다 수효가 아주 많다. 예수많은 사람들.
수면[1] 물의 겉쪽. 물 위의 면. 【水面】
수면[2] 잠자는 일. 예충분한 수면을 취하다. -하다. 【睡眠】
수면제 잠이 들게 하는 약. 【睡眠劑】
수명 ①살아 있는 시간의 길이. 목숨. ②사용할 수 있는 시간의 길이. 예건전지 수명이 다하다.
수모 남에게 모욕을 당함. 【受侮】
수목 살아 있는 여러 큰 나무. 예수목이 울창한 숲. 【樹木】
수목원[수모권] 연구를 하거나 여러 사람에게 보이기 위하여 갖가지 나무와 풀을 모아 기르는 곳.
수몰 홍수나 물막이 공사 때문에 집과 논밭이 물 속에 잠기는 것.
수묵화 채색을 하지 않고 먹의 짙고 엷음으로 나타내는 그림.
수문[1] 문을 지킴. -하다. 【守門】
수문[2] 저수지 둑이나 수로에서 물의 흐름을 막거나 물의 양을 조절하기 위한 장치. 【水門】
수문장 옛날에, 대궐의 문이나 성문을 지키던 장수. 【守門將】
수미 빼어나게 아름다운 눈썹.
수:박 밭에서 나는 한해살이 덩굴식물. 크고 둥근 열매는 맛이 달고 살과 물이 많음.
수반[1] 어떤 조직이나 기관에서 지위가 첫 번째인 사람. 우두머리. 예대통령은 행정부의 수반이다. 【首班】
수반[2] 어떤 일이 다른 일과 함께 일어나거나 나타나는 것. 예번개는 천둥을 수반한다. -하다. 【隨伴】
수반[3] 물을 담고 꽃을 꽂거나 수석 따위를 올려놓는 데 쓰는, 바닥이 평평한 넓은 그릇. 【水盤】
수발 시중들며 보살피는 일. -하다.
수배 범인 등을 잡기 위해 수사망을 폄. 예현상 수배. -하다.
수:백 100의 두서너 배. 예수백년 된 나무. 【數百】
수법[수뻡] ①만드는 솜씨. ②수단과 방법. 예교묘한 수법. 【手法】
수병 바다를 지키는 군인. 해군의 병사. 【水兵】
수복 잃었던 땅을 도로 찾음. 예서울을 수복하다. 비탈환. -하다.

수북이[수부기] 물건 따위가 쌓이거나 담긴 모양이 꽤 높고 두둑하게. ㉕낙엽이 수북이 쌓여 있다.

수북하다 물건이 두둑하게 놓여 있거나 쌓여 있다. 〉소복하다.

수분 무엇에 섞이거나 스며 있는 물. 비물기. 【水分】

수비 싸움이나 운동 경기에서, 상대편의 공격을 막고 자기 편을 지키는 것. 반공격. –하다. 【守備】

수비군 어떤 곳을 지키는 군대. 반공격군. 【守備軍】

수비대 적의 공격을 막고 자기편을 지키기 위하여 배치된 군대.

수비수 운동 경기에서, 수비를 맡은 선수. 반공격수.

수사[1] 조선 시대 수군을 통솔·지휘하기 위하여 둔 정삼품 벼슬. 본수군 절도사. 【水使】

수사[2] 찾아다니며 조사함. ㉕범인의 행방을 수사하다. –하다. 【搜査】

수사관 범인을 찾거나 범죄 사건을 조사하는 일을 하는 관리.

수산물 바다·강·호수 등의 물 속에서 나는 산물. 준수산.

수산업 바다나 강에서 물고기나 조개·바닷말 등의 수산물을 얻는 산업. 【水産業】

수산업 협동 조합 어민 및 수산업자들의 협동과 서로간의 도움을 목적으로 조직된 조합.

수산 자원 바다에서 얻어지는 어류·조개류·소금 등의 자원을 통틀어 이르는 말.

수산제 삼한 시대의 유명한 저수지의 하나로, 경상 남도 밀양에 있었음.

수산화나트륨 소금물을 전기 분해하여 얻은 흰색의 고체. 수용액은 강한 알칼리성을 나타내며, 공업용으로 많이 쓰임. 가성소다.

수삼 마르지 아니한 인삼. 비생삼. 반건삼. 【水蔘】

수상[1] 물의 위. ㉕수상 스키. 【水上】

수상[2] 상을 받음. –하다. 【受賞】

수상[3] 행정부를 이루고 있는 내각의 우두머리. 비국무 총리. 【首相】

수상[4] 보통과 달리 매우 이상함. ㉕수상한 사람. –하다. –스럽다. –히. 【殊常】

수상 교통 강이나 바다를 교통로로 하는 물 위의 교통. 반육상 교통.

수상기 방송된 전파를 받아서 영상으로 바꾸어서 보여 주는 장치. ㉕텔레비전 수상기.

수상자 상을 받는 사람. ㉕노벨상 수상자. 【受賞者】

수상쩍다 수상하여 의심스러운 데가 있다. ㉕수상쩍은 사람이 따라오다.

수상하다 하는 짓이나 차림새 따위가 보통과 달라 의심이 생기고 이상하다.

수색 더듬어서 찾음. ㉕범죄 수색. –하다. 【搜索】

수색대 적의 위치·병력 등을 살피기 위하여 파견되는 군대.

수석[1] ①물과 돌. ②흐르는 물가에서 주운 보기 좋은 자연석. 【水石】

수석[2] ①맨 윗자리. ㉕수석 대표. 반말석. ②시험에서 가장 좋은 성적을 얻은 사람. ㉕수석 합격. 【首席】

수선[1] 남의 정신을 어지럽게 하는 말이나 행동. ㉕수선을 피우다.

수선[2] 낡거나 허름한 것을 고침. ㉕구두 수선. –하다. 【修繕】

수선화 수선화과의 여러해살이풀로 따뜻한 지방에서 자라는 알뿌리 식물. 12~3월에 흰꽃이 핌.

[수선화]

수성 태양계의 여러 행성 가운데서 가장 작고 태양에 가장 가까이 있는 별. 【水星】

수세 힘이 부쳐 적에게 몰리는 상황. ㉕수세에 몰리다. 반공세.

수세미 설거지할 때 그릇을 씻는 물건.
수세식 화장실에 급수 장치를 하여 오물이 물에 씻겨 내려가도록 처리한 방식. 【水洗式】
수소[1] 빛·냄새·맛이 없으며 불이 아주 잘 붙는 가장 가벼운 기체 원소. 【水素】
수소[2] 소의 수컷. 반암소. ×숫소.
수소문 떠돌아다니는 소문을 더듬어 살핌. -하다. 【搜所聞】
수속 일을 치러 가는 데 필요한 순서. 비절차. -하다. 【手續】
수송 기차·배·자동차 등으로 사람이나 물건을 실어 나름. 예물자 수송. -하다. 【輸送】
수송관 기체나 액체를 보내는 관.
수송선 짐을 실어 나르는 큰 배.
수수 벼과의 한해살이 풀. 높이가 1.5~3m로 크며 잎은 옥수수 잎과 비슷함. 열매는 먹고, 줄기는 건축의 재료나 빗자루를 만드는 데 쓰임.
수수깡 수수의 마른 줄기. 예수수깡 안경. 비수숫대.
수수께끼 어떤 것에 대하여 바로 말하지 않고 빗대어 말하여, 그 사물의 뜻이나 이름을 알아맞히는 놀이.
수수께끼 상자 상자 속에 무엇이 들어 있으며, 또 어떻게 되어 있는가를 알아맞히는 내기에 쓰이는 상자.
수수료 어떠한 일을 맡아 처리해 주는 대가로 받는 요금.
수수목 수수 이삭의 목.
수수하다 옷 차림새나 성질·태도 같은 것이 화려하지 않고 검소하다. 예수수한 옷차림.
수술[1] 살갗·살 등을 째거나 꿰매거나 해서 병을 치료하는 일. 예편도선 수술. -하다. 【手術】
수술[2] 끝에 꽃밥을 달고, 암술 둘레에 둘러서 있는 꽃의 한 기관. 비수꽃술. 반암술.
수숫대 ①수수의 줄기. ②'수수깡'의 다른 이름.
수습[1] ①어수선하게 흩어진 것을 다시 주워 거두어 정돈함. 예재해를 잘 수습하다. ②어지러운 마음을 거두어 바로잡음. 예민심을 수습하다. -되다. -하다. 【收拾】
수습[2] 정식으로 일을 맡기 전에 배워 익힘. 예수습 사원. 【修習】
수시로 때때로. 언제든지.
수식[1] ①겉모양을 꾸밈. ②그 뜻을 더 자세히 설명함. -하다. 【修飾】
수:식[2] 수나 양을 나타내는 숫자나 문자를 기호로 연결하여 수학적으로 뜻을 가지게 한 것. 비식.【數式】
수신 우편이나 전보 등의 통신을 받음. 반발신. -하다. 【受信】
수신기 다른 곳에서 보내 오는 통신을 받는 기계 장치. 반발신기.
수신사 조선 고종 때 나라의 명령으로 일본에 심부름 가던 사신. 통신사. 【修信使】
수신자 전화·편지·전보 따위를 받는 사람. 【受信者】
수신제가 유교에서, 자신의 몸과 마음을 잘 가다듬고 가정을 잘 이끌어 가는 것. 【修身齊家】
수심[1] 무엇을 몹시 걱정하는 마음. 예수심이 가득한 얼굴. 【愁心】
수심[2] 물의 깊이. 【水深】
수심가 인생은 허무하다고 한탄하는 내용의 평안도의 대표적인 민요.
수:십 열의 두서너 갑절되는 수효. 몇십. 예수십 명. 【數十】
수안보 온천 충청 북도 중원군에 있는 온천. 유황·라듐 성분이 많이 포함되어 있어 피부병에 효과가 있다고 함.
수압 물의 누르는 힘. 【水壓】
수액 나무의 양분이 되는 액체로, 뿌리에서 줄기를 통해 잎으로 전달됨. 【樹液】

수양 몸과 마음을 단련하고, 품성이 나 지식·도덕을 기름. ㉔수양을 높이 쌓다. -하다. 【修養】

수양대군〖사람〗[1417~1468] 조선 제7대 임금인 세조의 왕자 시절의 호칭.

수양딸 남의 딸을 자기 자식으로 삼아 기르는 딸. ㉥양녀. 수양녀.

수양버들 버드나무과의 갈잎큰키나무. 중국이 원산으로 가로수로 많이 심는데, 가지는 길게 드리워짐. 실버들.

수업[1] 학문이나 기술의 가르침을 받음. -하다. 【受業】

수업[2] 학교 같은 데서 학업이나 기술을 가르쳐 줌. -하다. 【授業】

수업료 학생이 학교에서 수업을 받는 대가로 내는 돈.

수없이 아주 많아 헤아릴 수 없이. ㉥무수히.

ㅅ

수에즈 운하 아프리카 북동부. 지중해와 홍해 사이를 연결하는 운하. 길이 168km. 1869년에 개통됨. 【Suez 運河】

수여 상장이나 상품 또는 훈장 등을 줌. ㉔훈장을 수여하다. ㉭수취. -하다. 【授與】

수염 남자 어른의 턱이나 뺨에 나는 털.

수염뿌리 벼나 보리 따위의 뿌리처럼, 뿌리 줄기에서 수염처럼 많이 뻗어 나온 가는 뿌리.

수영 물 위에 몸이 떠다니게 손발을 놀리는 짓. ㉔수영 선수. ㉥헤엄. -하다. 【水泳】

수영복 수영을 할 때에 입는 옷.

수영장 헤엄치고 놀거나 경기를 목적으로 설비한 곳.

수예 손으로 실이나 헝겊으로 아름답고 쓸모 있는 물건을 만드는 일. ㉔수예품 전시회.

수온 물의 온도. ㉔수온이 적당하다.

수완 일을 꾸미거나 치러 나가는 솜씨. ㉥수단. 【手腕】

수요 필요하여 얻고자 함. ㉭공급.

수요일 한 주의 넷째 날. ㉩수.

수요자 필요해서 물건을 얻고자 하는 사람. ㉭공급자.

수용 ①거두어들여 씀. ②거두어서 넣어 둠. ㉔포로 수용소. -하다.

수용성 어떤 물질이 물에 용해되는 성질. ㉔수용성 물질.

수용소 많은 사람을 한 곳에 모아 맡거나 가두어 두는 곳.

수용액 어떤 물질을 물에 녹인 용액〔설탕물·소금물 등〕.

수원[1]〖지명〗 경기도의 도청 소재지. 농업 연구의 중심지임. 【水原】

수원[2] 물의 근원. ㉥수근. 【水源】

수원성 경기도 수원시에 있는 성벽. 약 200년 전에 만든 성으로 당시의 과학과 기술을 나타내는 유적임. 사적 제3호. ㉥화성. 【水原城】

수원지 상수도에 보낼 물을 모아 두는 곳. 【水源池】

수월찮다[수월찬타] ①쉽지 아니하다. ②상당하다. 적지 않다.

수월하다 힘이 안들고 하기가 쉽다. 수월히.

수위[1] 강·바다·저수지 등의 수면의 높이. ㉔위험 수위. 【水位】

수위[2] ①지킴. ②주로 지키는 일을 맡아 보는 사람. ㉔학교 수위 아저씨. -하다. 【守衛】

수위실 주로 정문 옆이나 현관에 수위가 있는 방. 【守衛室】

수유 젖먹이에게 젖을 먹이는 것. -하다. 【授乳】

수은 보통 온도에서 액체 상태로 있는 무거운 은백색 금속 원소. 어느 금속과도 합금을 만들기 쉬움. 【水銀】

수은등 수은 증기에 전기를 통하여 밝은 빛을 내는 등.

수은 기압계 유리 대롱에 수은을 넣어서 만든 기압을 잴 수 있는 기구.

수은주 수은 온도계 따위의 온도를

나타내는 가느다란 수은의 기둥.
수의[1] 죄수들이 입는 옷. 【囚衣】
수의[2] 죽은 사람에게 입히는 옷.【壽衣】
수의사 동물을 치료하는 의사.
수의어사 '암행어사'를 달리 이르는 말.
수익 이익을 거두어들임, 또는 그 이익. 【受益】
수익권 국민이 국가에 대하여 어떠한 일이나 보호를 요구할 수 있는 권리. 국민의 5대 기본권 중의 하나. 【受益權】
수익금 이익으로 얻은 돈. ㉥바자회 수익금으로 불우이웃을 돕다.
수인 옥에 갇힌 사람. 죄수.
수임 임명이나 임무를 받음. -하다.
수입[1] 돈이나 물품 따위를 거두어 들임. 들어오는 돈. 반지출. 【收入】
수입[2] 외국으로부터 물건을 사들임. ㉥수입을 억제하다. 반수출. -하다. 【輸入】
수입품 외국에서 수입해 오는 물품. 반국산품. 수출품. 【輸入品】
수자원 농업·공업·발전용 등의 자원으로서의 물. 【水資源】
수작[1] ①말을 서로 주고받음. ②남의 말이나 행동을 업신여기는 말. ㉥엉뚱한 수작 부리지 마라. -하다.
수작[2] 뛰어난 작품. 우수 작품.
수장[1] 어떤 기관이나 단체의 우두머리. 【首將】
수장[2] 시체를 물속에 넣어 장사를 지내는 것. -하다. 【水葬】
수재[1] 재주가 뛰어난 사람, 또는 뛰어난 재주. 비영재. 반둔재. 【秀才】
수재[2] 큰 물로 인한 해. ㉥수재 의연금. 비수해. 물난리. 【水災】
수재민 수재로 집이나 재산을 잃은 사람. 【水災民】
수저 숟가락과 젓가락.
수:적[수쩍] 수를 계산한 것. ㉥우리 팀이 수적으로 불리하다.
수전노 돈을 모을 줄만 알고 쓸줄 모르는 지나치게 인색한 사람을 얕잡아 이르는 말. 비구두쇠.
수절 절의나 정절을 지킴. 반실절. -하다. 【守節】
수정[1] 잘못된 것을 바로 잡아 고침. 비정정. -하다. 【修正】
수정[2] 육각기둥 모양의 유리와 같은 빛을 내는 광물. 도장·장식품 등을 만드는 데에 쓰임. 【水晶】
수정[3] 암과 수의 생식 세포가 서로 합쳐서 새 개체를 이루는 작용. -하다. 【受精】
수정과 생강과 계피를 넣고 끓인 물에 설탕이나 꿀을 타고 곶감, 잣을 띄운 음료. 【水正果】
수정란[수정난] 정자를 받아들여 수정한 난자. 【受精卵】
수정체 빛을 꺾어서 물체의 상이 선명하게 망막 위에 생기도록 하는 눈의 한 부분.
수제비 밀가루를 반죽하여 맑은 장국이나, 미역국에 적당한 크기로 떼어 넣어 익힌 음식.
수제자 여러 제자 가운데 가장 뛰어난 제자. 【首弟子】
수제천 관악기들이 중심이 되는, 신라 시대의 합주곡. 궁중의 중요한 행사와 무용에 썼음.
수조 물을 담아 두는 큰 통. 【水槽】
수족 ①손과 발. ㉥수족을 놀리다. ②손발과 같이 마음대로 부리는 사람. ㉥수족이 되어 일하다.
수족관 물 속에 사는 동물을 모아 기르고 구경시키는 시설.
수준 사물의 일정한 표준. ㉥생활 수준. 【水準】
수준급 꽤 높은 정도에 속하는 것. ㉥수영 실력이 수준급이다.
수줍다 부끄럽다. 부끄러운 태도가 있다.
수줍어하다 부끄러워하는 기색을 하다.

수줍음[수주븜] 남과 마주 대하는 것이 부끄러워서 피하고 싶어하는 성질.
수중[1] 물 속. 물 한가운데. ㉝수중 탐사. 【水中】
수중[2] ①손 안. ㉝수중에 있는 돈. ②자신의 힘이 미칠 수 있는 범위. ㉝적의 수중에 들어가다. 【手中】
수증기 물이 증발하여 기체 상태로 된 것. 비김. 준증기.
수지 수입과 지출. 입출. ㉝무역 수지가 흑자로 돌아섰다. 【收支】
수지맞다[수지맏따] ①사업에서 이익이 남다. ㉝수지맞는 장사. ②뜻하지 않게 좋은 일이 생기다.
수직 ①반듯하게 드리움, 또는 그 상태. ②어느 직선 또는 평면에 직각으로 마주치는 직선. 두 직선이 직각을 이룰 때, 그 두 직선을 서로 수직이라고 함. 반수평.

ㅅ

수직면[수징면] 직선이나 평면이 서로 직각을 이루며 만나는 평면.
수직선 지면이나 평면에 직각을 이루는 선. 비수선.
수직 이등분 어떤 도형에서, 한 선분이 변의 정가운데를 지나면서 수직으로 이등분하는 것.
수질 물의 상태가 좋고 나쁨의 성질. ㉝수질 검사. 【水質】
수집[1] 거두어 모음. ㉝폐품을 수집하다. -하다. 【收集】
수집[2] 자료나 물건 등을 찾아 모음. ㉝우표 수집. -하다. 【蒐集】
수차 낮은 데의 물을 길어 올리는 기계의 하나. 우리 나라에서는 조선 세종 때부터 이용되었음. 비물레방아. 【水車】
수채 집 안에서 쓰는 허드렛물을 흘러 나가게 하는 시설. ㉝수채 구멍이 막히다. 비하수구.
수채화 서양화의 한 가지. 그림물감을 물에 풀어서 그린 그림.
수척 몸이 약해져서 얼굴이 몹시 안되어 보임. ㉝앓고 나더니 몹시 수척해졌다. -하다.
수첩 몸에 지니고 다니며 여러 가지 일을 적는 조그만 공책. ㉝기자 수첩. 비필첩. 【手帖】
수초 ①물과 풀. ②물 속이나 물가에서 자라는 풀. 물풀.
수축 물체의 부피가 줄어듦. ㉝근육 수축. 반팽창. -하다.
수출 외국으로 물건을 팔아 내보냄. ㉝수출을 장려하다. 반수입. -하다. 【輸出】
수출고 수출한 분량. 수출해서 얻은 돈의 액수. 비수출액.
수출량 수출하는 양. 반수입량.
수출 무역 국내에서 생산된 상품을 외국에 파는 일.
수출 산업 공업 단지 정부에서 수출 산업을 장려하기 위해 공장·사무소 따위를 한 곳에 모아 놓은 구역. 우리 나라에서는 서울·인천·부평·마산·구미 등이 있음.
수출액[수추랙] 물건을 외국에 팔고 받은 돈의 액수. 반수입액.
수출 자유 지역 정부가 단지 및 설비를 마련해서 외국인 기업체에게 주어, 그들로 하여금 공업 제품을 생산해서, 수출할 수 있는 편의를 주는 공업 단지.
수출품 외국으로 팔려 나가는 상품. 반수입품. 【輸出品】
수취 자기에게 온 것을 받음. ㉝우편물의 수취. -하다. 【受取】
수취인 우편을 통하여 편지·물건·돈 따위를 받을 사람.
수치[1] 부끄러움. -스럽다. 【羞恥】
수:치[2] ①계산하여 얻은 수. ②어떤 양의 크기를 나타낸 수. 【數值】
수치스럽다 부끄럽고 창피하다.
수치심 부끄러워하는 마음.
수칙 지키도록 정해진 규칙. ㉝안전

수칙. 【守則】
수컷[수컫] 동물에서의 수놈. 반암컷.
수탈 옳지 않은 제도를 이용해서 힘이 약한 사람들의 가진 것을 빼앗는 짓. 비약탈. 착취. –하다.
수탉[수탁] 닭의 수컷. 반암탉.
수통 가지고 다닐 수 있는 작은 물통. 【水桶】
수:판 셈을 하는 데 쓰이는 간편한 기구. 주판. 【數板】
수평 잔잔한 수면처럼 평평한 상태. 반수직. 【水平】
수평면 ①중력의 방향과 직각을 이루는 면. ②정지해 있는 물의 표면.
수평선 바다와 하늘이 맞닿아 보이는 선. 반지평선.
수포[1] ①물거품. ②헛된 것. 예모든 계획이 수포로 돌아가다. 【水泡】
수포[2] 살갗이 부풀어올라 그 속에 진물이 고인 것. 비물집. 【水疱】
수표 은행에 예금을 가진 사람이 은행에 지불해 줄 것을 위탁하여 발행하는 금액의 쪽지. 예수표를 발행하다. 【手票】
수표교 조선 세종 때 건립된 다리. 서울 청계천에 있다가 1958년 청계천 도로 공사로 자리를 옮김. 현재는 서울 중구 장충단 공원에 있음. 【水標橋】
수풀 나무가 꽉 들어찬 곳. 준숲.
수풍 발전소 압록강 하류 평안 북도 삭주군 수풍리에 있는 수력 발전소.
수프 서양 요리에서, 고기·채소 따위를 삶아서 맛을 낸 국물. 【soup】
수필 보고·듣고·경험한 일이나 생각한 일들을 형식에 얽매이지 않고 마음이 움직이는 대로 자유스럽게 쓴 글. 비에세이. 【隨筆】
수하물 여행하는 사람이 손수 나를 수 있는 작은 짐. ※'손짐'으로 순화됨. 【手荷物】
수:학 수량이나 도형의 성질에 대하여 연구하는 학문. 산수.
수학 여행 실지로 보고 들어서 지식을 넓히기 위하여 교사가 학생들을 데리고 가는 여행.
수:학자 수학을 전문적으로 연구하는 사람. 【數學者】
수해 큰 물로 말미암아 입는 해. 비수재. 【水害】
수행[1] 계획한 대로 해 냄. 예직무를 수행하다. –하다. 【遂行】
수행[2] 따라서 감. 예대통령을 수행하다. –하다. 【隨行】
수행원 높은 지위에 있는 사람을 따라다니며, 그 사람을 돕거나 보호하는 사람. 【隨行員】
수험 시험을 치르는 것. 예수험 준비. 【受驗】
수험생 시험을 치르는 사람.
수혈 피가 모자라는 환자의 혈관에 건강한 사람의 피를 넣는 일. –하다. 【輸血】
수형도 어떤 두 꼭지점 사이를 하나의 선만으로 연결하여 그린 그림. 수학에서 경우의 수를 구할 때나 지도에서 강의 줄기를 표시할 때 씀. 【樹型圖】
수호 지키어 보호함. 예나라를 수호하다. –하다. 【守護】
수호신 개인·가정·국가 등을 지켜 보호하는 신.
수화 주로 청각 장애인 사이에서 손을 써서 하는 말. 반구화. 【手話】
수화기 전화기의 일부로서 전화를 받는 장치. 반송화기. 【受話器】
수확 농작물을 거두어들임, 또는 그 거둔 물건. 예곡식을 수확하다. 비추수. –하다. 【收穫】
수확량[수황냥] 농작물 따위를 거두어들인 분량. 예쌀 수확량이 늘었다.
수:효 사물의 수. 비수량.

수훈 뛰어난 공적 ㉮수훈을 세운 선수. 【殊勳】
숙고 깊이 잘 생각함. -하다.
숙녀 교양이 있고 예의와 품격을 갖춘 점잖은 여자. 반신사.
숙달 어떤 일에 아주 익숙하고 통함. 예숙달된 피아노 솜씨. 반미숙. -하다. 【熟達】
숙련 어떠한 일에 아주 익숙함. 예숙련된 기술자. -되다.
숙맥 ①콩과 보리. ②'콩과 보리조차 구별하지 못할 정도로 어리석고 못난 사람'을 비유하여 이르는 말. 본숙맥 불변. 【菽麥】
숙면 잠이 깊이 듦. 예숙면을 취하다. -하다. 【熟眠】
숙명 날 때부터 정해진 운명.
숙모 숙부의 아내. 작은 어머니.
숙박 여관에 머물러 묵음. 예숙박 시설. -하다. 【宿泊】
숙부 아버지의 동생. 작은 아버지. 삼촌. 【叔父】
숙성[1] 나이에 비해 키가 크거나 일찍이 깨우침. 예보기보다 숙성하다. 비조숙. -하다. 【夙成】
숙성[2] 충분히 발효가 되는 것. 익는 것. 예청국장이 숙성하는 동안에는 심한 냄새가 난다. -하다. 【熟成】
숙소 머물러 묵는 곳. 예숙소를 정하다. 【宿所】
숙식 잠을 자고 끼니를 먹음, 또는 그 일. 비침식. -하다.
숙연 ①삼가고 두려워하는 모양. ②고요하고 엄숙함. 예분위기가 숙연하다. -하다. -히.
숙원 오래 전부터 갖고 있던 소원. 예숙원을 이루다. 【宿願】
숙이다[수기다] 고개나 몸을 앞으로 구부리다.
숙제 ①학교에서 미리 내주어서 해오게 하는 과제. ②두고 생각할 문제. 예방학 숙제.

ㅅ

숙종[1] 〖사람〗[1054~1105] 고려 제15대 왕. 1095년에 왕위에 올랐으며, 해동통보라는 엽전을 만들어서 처음으로 화폐 제도를 실시하였으며, 고려의 전성기를 이루었음. 【肅宗】
숙종[2] 〖사람〗[1661~1720] 조선 제19대 왕. 1674년에 왕위에 올랐으며, 대동법을 전국적으로 실시하고, 백두산에 정계비를 세워 국경을 확정하였음. 상평통보라는 엽전을 발행하였음. 【肅宗】
숙주나물 녹두를 물에 불리어 싹이 나게 한 것을 양념하여 볶은 나물.
숙직 직장에서 밤에 그 건물이나 시설을 지키는 일, 또는 그 사람.
숙직실 직장에서 밤에 건물이나 시설 등을 지키는 사람이 교대로 자는 방. 【宿直室】
숙질간 아저씨와 조카 사이.
숙청 권력을 가진 집단이 그 권력에 반대하거나 방해가 되는 사람이나 집단을 힘을 못 쓰게 하거나 없애는 것. -되다. -하다.
순[1] 식물의 싹 예버드나무의 새 순.
순[2] 순전한. 다른 것이 섞이지 않은. 예순 식물성 식용유. 【純】
순간 아주 짧은 시간. 눈 깜짝할 사이. 잠깐 동안. 삽시간. 비찰나. 반영원. 【瞬間】
순결 몸과 마음이 아주 깨끗함. 예순결한 사랑. -하다.
순경 경찰관의 맨 아래 계급.
순교 자기가 믿는 종교를 위하여 목숨을 바침. 예순교자. -하다.
순국 나라를 위하여 목숨을 바침. -하다. 【殉國】
순국 선열 나라를 위하여 목숨을 바친 훌륭한 분. 【殉國先烈】
순금 다른 것을 섞지 않은 순수한 금. 예순금 반지. 【純金】
순대 돼지의 창자 속에 찹쌀·두부·파·숙주나물·표고버섯 따위를 양념하여 넣고 삶아 익힌 음식.
순도 물질의 순수한 정도. ㉠순도를 측정하다. 【純度】
순두부 물을 짜 내어 굳히지 않은 연한 두부.
순례[술례] 여러 뜻깊은 장소를 차례로 찾아다니는 것. ㉠성지 순례. –하다. 【巡禮】
순:리[술리] 도리에 순종함. 순조로운 이치. 【順理】
순모 다른 것이 섞이지 않은 순수한 모직물이나 털실. 【純毛】
순박 마음이 순하고 진실하며 아무런 꾸밈이 없음. 비소박. –하다.
순발력 어떠한 바깥의 자극에 대하여 순간적으로 몸을 움직이어 힘을 낼 수 있는 능력.
순방 여러 국가나 지역을 차례로 방문하는 것. ㉠유럽 순방. –하다.
순백 아주 흼. 티없이 깨끗함.
순:번 돌아오는 차례나 순서.
순사 일제 강점기의 순경. 【巡査】
순색 같은 색상 중에서 빛깔의 선명도가 가장 높은 색.
순:서 정해져 있는 차례. 【順序】
순:서도 컴퓨터에서 프로그램을 작성하기 전에 일의 처리 순서를 도표로 나타낸 것.
순:서쌍 수학에서, 두 원소를 짝으로 하여 하나의 새로운 원소를 만든 것. (가, 나)와 같이 나타냄.
순수 다른 것이 조금도 섞이지 않음. 반불순. –하다. 【純粹】
순수비 임금이 나라 안을 돌아다니며 살핀 곳을 기념하여 그 곳에 세운 비석. ㉠진흥왕 순수비.
순:순히 거스리지 않고 고분고분하고 순하게. ㉠그의 제안을 순순히 받아들였다.
순시 높은 관리가 어떤 지방이나 지역을 공적으로 돌아다니며 살피는 것. –하다. 【巡視】
순시선 바다 위를 돌아다니며 살펴보는 정부 기관의 배.
순식간 눈 깜짝할 사이. ㉠순식간에 터진 폭발사고. 비순간.
순:위 어떤 기준에 의한 순번에 따라 정해진 위치나 지위. ㉠득표 순위. 【順位】
순:응[수능] 순순히 따름. ㉠자연에 순응하며 살다. –하다. 【順應】
순이익[수니익] 이익금 전체에서 경비를 뺀 순전한 이익.
순전히 다른 것은 말고 온전히. ㉠우리가 시골에서 살게 된 것은 순전히 아빠 때문이다.
순정 꾸밈이나 거짓이 없는 순수한 마음. 【純情】
순:조롭다(순조로우니, 순조로워) 아무 탈없이 일이 잘 되다. ㉠시작이 순조롭다. 순조로이.
순:종[1] 순순히 복종함. –하다. 【順從】
순종[2] 딴 종류와 섞이지 않은 순수한 품종. 반잡종. 【純種】
순지르기 풀이나 나무·농작물 등의 길게 돋은 싹을 잘라내는 일.
순직 직장에서 일을 하다가 목숨을 잃음. ㉠순직 공무원.
순진 마음이 꾸밈이 없고 참됨. ㉠순진한 소년. –하다.
순찰 여러 곳으로 돌아다니며 사정을 살핌. –하다.
순찰사 고려·조선 때, 전쟁이 있을 때 지방의 군무를 순찰하던 임시 벼슬.
순찰차 경찰에서 순찰을 할 때 사용하는 차. 【巡察車】
순:천〖지명〗 전라 남도에 있는 한 도시. 교통의 요지로 농산물·수산물의 집산지임.
순치기 발육을 좋게 하기 위해 식물의 순을 자르는 일.
순:탄 ①길이 험하지 않고 평탄함. ②탈이 없이 순조로움.

순:풍 ①순하게 부는 바람. ②배가 가는 쪽으로 부는 바람. ㉠순풍에 돛을 달다. 반역풍. 【順風】

순:하다 ①성질이 부드럽다. 반까다롭다. ②맛이 독하지 않다.

순화 순수하게 함. ㉠정신 순화. 국어 순화. -하다. 【純化】

순환 쉬지 않고 잇달아 돎. ㉠혈액 순환. -하다. 【循環】

순환계 온 몸에 물과 피를 돌게 하여 영양을 골고루 나누어 주고 쓸데없는 물질을 실어 내가는 조직. 심장·혈관·림프관으로 이루어짐.

순환기 피와 림프 따위를 몸 속에 돌게 하여 영양분·산소 등을 몸의 조직에 공급하고 노폐물을 거두어 가는 관. 척추 동물에서는 심장·혈관·림프관 따위.

ㅅ

순환 운동 여러 가지 운동을 잇달아 하여 기초 체력을 기르기 위한 운동.

순회 여러 곳을 차례로 돌아다님.

숟가락 밥이나 국 따위를 떠먹는 기구. 준숟갈. 높수저.

술[1] 알코올 성분이 있어 마시면 취하게 되는 음료를 통틀어 이르는 말.

술[2] 숟가락으로 헤아릴 만한 적은 분량. ㉠밥 한 술.

술래 술래잡기 놀이에서 숨은 사람을 찾아 내는 사람.

술래잡기 아이들 놀이의 한 가지. 여러 아이가 숨고, 술래가 된 아이가 그들을 찾아 내는 놀이. 비숨바꼭질.

술렁거리다 무슨 변이 생겨 세상이 시끄럽게 떠들썩하다.

술상 술과 안주를 차려 놓은 상. 비주안상.

술수 어떤 나쁜 일을 꾸미는 꾀. ㉠친구의 술수에 넘어가다. 비술책.

술술 무엇이 거침없이 잘 되거나 나오는 모양. ㉠말이 술술 잘 나오다. >솔솔.

술주정 술에 취하여 정신없이 마구 하는 말이나 짓. 주정.

술책 남을 속이기 위하여 일을 벌여 나가는 꾀. ㉠남의 술책에 빠지다. 비술계. 술수.

술타령 다른 일은 하지 않고 술만 찾거나 마시는 짓.

술회 마음 속에 품고 있는 생각을 말함. -하다. 【述懷】

숨: ①동물이 코 또는 입으로 공기를 들이마시고 내쉬는 기운. 비호흡. ②채소 같은 것의 빳빳하고 생생한 기운. ㉠배추의 숨을 죽이려고 소금을 뿌리다.

숨:결 숨쉬는 속도나 높낮이 따위의 상태. ㉠숨결이 고르다.

숨:골[숨꼴] 작은 골 아래에 있으며, 호흡 운동을 비롯하여 몸 속 각 기관이 정상적으로 운동을 하게 하는 곳. 비연수.

숨:관 공기가 허파로 드나드는 관. 식도의 앞에 있으며 좌우 두갈래로 갈라져서 허파 속으로 연결됨. 비기관. 숨통.

숨기다 남이 모르게 보이지 않는 곳에 감추다. 드러나지 않게 하다.

숨김없이[숨기멉씨] 숨기는 것이 없이. ㉠무슨 일이 있었는지 숨김없이 말하다.

숨:다[숨따] 남이 못 보는 곳에 몸을 감추다.

숨:막히다[숨마키다] 어떤 상황이 심한 긴장이나 압박의 느낌을 주다. ㉠두 팀은 숨막히는 접전을 벌였다.

숨바꼭질 술래가 숨어 있는 사람을 찾아 내는 놀이. 비술래잡기.

숨:소리[숨쏘리] 숨을 쉬는 소리. ㉠숨소리가 크다.

숨:쉬다 활발하게 움직이거나 진행되다. ㉠자연이 살아 숨쉬는 곳.

숨:죽이다[숨주기다] 초조하거나 아

주 재미있어 숨쉬는 소리마저 들리지 않게 하다.
숨:지다 숨이 끊어져 죽다.
숨:차다 숨쉬기가 가쁘다.
숨:통 숨 쉴 때 공기가 통하는 기관.
숨:표 노래 도중에 숨을 쉬라는 표. 기호는 ‘,’ 또는 ‘V’.
숫기[숟끼] 수줍어하지 않는 활발한 기운. ㉔숫기가 없어서 남 앞에서 말을 잘 못한다.
숫돌[숟똘] 칼 따위를 갈아서 날을 세우는 데 쓰이는 돌.
숫:자[수짜] ①‘1, 2, 3 …’ 따위와 같이 수를 나타내는 글자. ②통계 따위에서 숫자가 나타내는 양. ㉔똑같은 숫자로 게임을 해야 공평하다.
숫제[숟쩨] 오히려. 차라리. ㉔그럴 바에야 숫제 그만 두어라. ㉥아예.
숭고 훌륭하고 높음. ㉔숭고한 정신을 높이 기리다. ㉥고상. -하다.
숭늉 밥을 푸고 난 솥에 물을 부어 데운 물. ㉥숙랭. 취탕.
숭례문 남대문의 본래 이름. 서울 남쪽에 있는 성문. 사대문의 하나. 국보 제1호.

[숭례문]

숭배 무엇을 높이 받들고 우러러 공경하고 소중히 여김. ㉔기독교는 우상 숭배를 금지한다. -하다. 【崇拜】
숭상 높이 받들고 소중히 여김. ㉔유교를 숭상하다. -하다. 【崇尙】
숭숭 ①구멍이 많이 뚫린 모양. ㉔문구멍이 숭숭 뚫려 있다. ②땀방울·털 따위가 나거나 맺힌 모양. ㉔다리에 털이 숭숭 나 있다. >송송.
숭:어 몸은 길고 통통하며 머리는 작고, 등은 푸른색, 배는 하얀색이며 온몸에 둥근 비늘이 있고, 바다 연안과 강 어귀의 짠물과 민물이 섞인 곳에서 사는 물고기.
숯[숟] 나무를 숯가마에 넣어서 구워 만든 검은 덩어리. ㉥목탄.
숯불[숟뿔] 숯이 타는 불. ㉔숯불에 고기를 굽다.
숱[숟] 머리털 같은 것의 분량. ㉔숱이 많은 머리.
숱하다 [수타다] ①물건의 부피나 분량이 많다. ㉔숱한 사람들. ②흔하다. ㉔숱하게 볼 수 있는 광경
숲[숩] ‘수풀’의 준말. 나무가 무성하게 들어찬 곳.
쉬:다[1] 숨을 마시었다 내보냈다 하다. ㉔한숨을 쉬다.
쉬:다[2] ①피로를 풀려고 하는 일을 잠깐 멈추다. ②일을 하지 않고 놀다.
쉬:다[3] 목청이 탈이 나서 소리가 맑지 않고 흐리게 나다. ㉔자주 목이 쉬다.
쉬:다[4] 음식이 상하여 맛이 시큼하게 변하다. ㉔밥이 쉬다.
쉬:쉬하다 소문나지 않도록 비밀 등을 숨기다.
쉬엄쉬엄 쉬어가면서 일하는 모양.
쉬이 ①쉽게. 쉽사리. ②오래지 않은 장래에. ㉧쉬.
쉰: 열의 다섯 갑절. 50을 말함.
쉴:새없이 끊이지 않고 계속하여. ㉔쉴새없이 드나들다.
쉼:터 편하게 쉴 수 있게 꾸며 놓은 곳.
쉼:표 악보에서 음이 멈추는 동안의 길이를 나타내는 기호.
쉽:다(쉬우니, 쉬워서) 어렵지 아니하다. ㉦어렵다.
쉽:사리 ①아주 쉽게. 빨리. ㉔뜻밖에 일이 쉽사리 풀렸다. ②순조롭게. ㉦어렵사리.
슈바이처〖사람〗[1875~1965] 독일계 프랑스 철학자·의사·음악가. 아프리카에서 의료와 전도에 헌신함. 1952년 노벨 평화상을 수상하였음. 【Schweitzer】

ㅅ

슈베르트【사람】[1797~1828] 오스트리아의 낭만파 음악가. '가곡의 왕'이라고 불림. 작품에는 〈마왕〉〈겨울 나그네〉〈아름다운 물방앗간의 처녀〉〈들장미〉〈미완성 교향곡〉 등이 있음. 【Schubert】

슈트라우스【사람】[1825~1899] 오스트리아의 작곡가. 작품에 〈도나우 강〉〈라데츠키 행진곡〉 등이 있음. 【Strauss】

슈퍼마켓 점원은 거의 두지 않고 손님이 물품을 마음대로 골라 계산대에서 물건값을 지불하는 가게. [준]슈퍼. 【supermarket】

슈퍼맨 보통 사람과는 달리 엄청난 힘을 가진 사람. 【superman】

스낵 가벼운 식사나 간식. 【snack】

스낵 코너 가벼운 식사를 할 수 있는 간이 식당. 【snack corner】

ㅅ

스냅 눌러서 붙여 채우게 된 단추의 한 가지. 똑딱단추. 【snap】

스노모빌 앞바퀴 대신 썰매를 단 눈 자동차.

스님 '중'을 높여 부르는 말.

스러지다 모양이나 자취가 없어지다. [예]별이 하나 둘 스러지다. >사라지다.

스로인 축구에서, 선 밖으로 나간 공을 두 손으로 잡아 머리 위에서 던져 안으로 넣는 것. 【throw-in】

스르르 ①졸음이 슬며시 오거나 눈이 슬며시 감기는 모양. ②가만히 움직이는 모양. [예]문이 스르르 열리다. ③얼음이나 눈이 점점 녹는 모양. >사르르.

-스름하다 빛깔을 나타내는 말이나 어떤 형상을 나타내는 말. [예]불그스름하다. 둥그스름하다.

스리랑카【나라】 인디아 반도 남동쪽의 인도양에 있는 섬나라. 옛 실론섬. 차의 생산국으로 유명함. 주민의 대부분이 불교를 믿음. 수도는 스리자야와르데네푸라.【Sri Lanka】

스릴 영화나 소설 등에서, 아슬아슬하여 호기심을 자극하거나 몹시 마음을 조마조마하게 하는 느낌.【thrill】

스마트 몸가짐이나 모양이 단정하고 맵시 있음. [예]스마트한 용모. -하다. 【smart】

스멀거리다 자꾸 스멀스멀하다. [비]스멀대다.

스멀스멀 작은 벌레 따위가 살갗 위를 기는 것같이 근질근질한 느낌이 드는 상태.

스며나오다 액체·기체·빛 따위가 틈 사이로 배어들거나 젖어들어서 조금씩 나오다.

스며들다 기어 들어가다. 스미다. [본]스미어들다.

스모그 대도시나 공장 지대에서, 여러 오염 물질이 공기 중에 안개처럼 끼여 있는 것. 【smog】

스무 (세는 말 앞에 써서)스물의. 수물이 되는. [예]스무 살.

스무 고개 스무 번의 질문으로, 문제로 낸 사물을 알아 맞히게 하는 놀이.

스물 열 아홉에 하나를 더한 수. 열의 두 배의 수. [비]이십.

스미다 ①물·기름 따위가 베어 들어가다. [예]창 틈으로 빗물이 스미다. ②몸 속 깊이 느껴지다. [예]뼛속까지 스미는 분노.

스산하다 ①거칠고 쓸쓸하다. [예]스산한 바람. ②기분이나 마음이 어수선하다.

스스럼없다[스스러멉따] 사이가 매우 가까워 스스러운 마음이 없다. [예]우리는 스스럼없는 사이이다.

스스로 자진하여. 자기 힘으로. [예]스스로 봉사 활동에 참여하다.

스승 자기를 가르쳐 주는 사람. 선생. [비]사부. [반]제자.

스승의 날 학교 선생님에 대한 존경심을 되새기고 그 은혜를 기리는 날. 매년 5월 15일.

스웨덴〖나라〗 유럽 대륙의 스칸디나비아 반도의 동부에 있는 입헌 군주국. 종이·펄프·금속 따위의 공업이 발달하였고, 사회 보장 제도가 잘 돼 있음. 수도는 스톡홀름. 【Sweden】

스웨터 털실로 두툼하게 짠 윗옷.

스위스〖나라〗 유럽 중남부에 있는 연방 공화국. 영세 중립국이며, 관광국으로 유명하고, 시계 공업이 성함. 수도는 베른. 【Swiss】

스위치 전기의 흐름을 이었다 끊었다 하는 장치. 【switch】

스치다 ①서로 살짝 닿으면서 지나가다. ㊙옷깃을 스치다. ②생각이 문득 떠올랐다 사라지다.

스카우트 ①'보이 스카우트', '걸 스카우트'를 줄여서 이르는 말. ②우수하거나 유망한 운동 선수·연예인·일꾼 등을 널리 찾아 뽑는 일. -하다. 【scout】

스카프 추위를 막거나 장식용으로 목에 두르거나 머리에 쓰는 보자기만한 얇은 천. 【scarf】

스칸디나비아 반도〖지명〗 노르웨이·스웨덴·핀란드가 있는 유럽 대륙의 북서부에 있는 반도.

스캐너 컴퓨터에서, 그림·사진·글자를 보이는 그대로 받아들여 파일로 저장하는 장치. 【scanner】

스캔들 이야깃거리가 되어 세상에 떠도는 매우 충격적이고 좋지 못한 사건이나 소문. 【scandal】

스커드 미사일 걸프 전쟁에서 이라크가 사우디 아라비아 혹은 이스라엘에 발사한 새로운 미사일.

스컹크 땅 속 구멍에서 사는 동물. 밤에 활동하며 긴 털로 덮임. 항문에서 독한 냄새를 내어 적을 막음.

[스케이트]

스케이트 운동 기구의 하나. 구두에 쇠붙이를 붙여서 얼음 위를 지치는 운동 기구. 【skate】

스케이트보드 위에 올라서서 언덕 등을 미끄러져 내리며 노는, 바퀴 달린 널조각. 【skateboard】

스케이팅 스케이트를 신고 얼음 위를 지치는 일. 【skating】

스케일 규모. 꾸밈새. ㊙스케일이 크다. 【scale】

스케줄 ①계획. 일정. ②시간표. 일정표. 【schedule】

스케치 그릴 대상을 직접 보고 그 특징을 잡아 간단히 그림을 그리는 일. 사생화. -하다. 【sketch】

스케치북 스케치를 할 수 있도록 여러 장의 도화지를 한데 매어 놓은 공책. 【sketchbook】

스코어 경기 할 때 얻는 점수. ㊙현재 스코어 2:1이다. 【score】

스코틀랜드〖지명〗 영국의 잉글랜드 북부에 있는 지방. 독립된 사법 제도와 의회가 있는 자치 지역이며, 위스키·모직물이 유명함. 중심 도시는 애든버러. 【Scotland】

스쿠버 다이빙 호흡 장치를 지니고 물 속에 들어가 헤엄치는 운동.

스쿨 버스 학생들이 주로 학교를 오갈 때 타는 학교 버스. 【school bus】

스크랩 신문·잡지 등에서 필요한 글이나 사진을 오려 내는 일 또는 그 오려 낸 글이나 사진. 【scrap】

스크랩북 신문·잡지 등에 난 기사 중에서 필요한 부분을 오려내어 붙이는 책. 【scrapbook】

스크린 영사막. 은막. ②영화의 화면, 또는 영화계. 【screen】

스키 눈 위를 지칠 때 쓰이는 가늘고 긴 나무로 만든 기구, 또는 그 기구를 써서 하는 운동. 【ski】

스키더 밀림에서 통나무 같은 것을 밧줄로 매고 큰길까지 끌어 내는데 쓰이는 자동차.

스키장 스키를 타도록 시설을 갖춘 곳. 【ski場】
스타 인기 있는 배우나 운동 선수. ㉠인기 스타. 【star】
스타디움 운동 경기장. 【stadium】
스타일 모양. 자태. 형. ㉠최신 스타일의 옷. 【style】
스타킹 주로 여자가 신는, 목이 길고 얇은 양말. 【stocking】
스타트 출발. 출발점. ㉠스타트 라인. -하다. 【start】
스탠드[1] ①운동장 등의 계단으로 된 관람석. ㉠스탠드를 꽉메운 관중. ②물건을 올려놓는 대. ㉠잉크 스탠드. 【stand】
스탠드[2] 바닥 위나 상 위에 놓아 밝게 해 주는 조명 장치. 【stand】
스탬프 고무에 새긴 도장. 【stamp】
스턴트 맨 영화에서, 위험한 장면을 대신 연기하는 전문 배우.
스테레오 입체 음향. 【stereo】
스테이크 쇠고기를 두툼하고 넓적하게 썰어서 구운 서양 음식. 【steak】
스테인리스 스틸 녹슬지 않는 철·니켈·크롬의 합금을 통틀어 이르는 말. ㉷스테인리스.
스텝 댄스에서, 한 발 한 발의 움직임. 【step】
스토리 소설이나 희곡·영화 등의 줄거리. 【story】
스토 부인〖사람〗[1811～1896] 미국의 여류 소설가. 노예 해방을 부르짖은 사람. 흑인 노예들의 비참한 생활을 보고, 소설 〈톰 아저씨의 오두막〉을 썼음. 【Stowe 夫人】
스톡홀름〖지명〗 스웨덴의 수도. 발트 해안에 있는 항구 도시로 상업·교통의 중심지 임. 【Stockholm】
스톱 하던 일이나 동작을 멈춤.
스튜디오 ①라디오나 텔레비전의 방송을 하는 방. ②영화 촬영을 하는 곳. ③사진사의 작업장. 【studio】
스튜어디스 비행기 안에서 승객에게 봉사하는 여자 승무원.
스트라이크 ①야구에서, 투수가 던진 공이 홈 베이스에 서 있는 타자의 겨드랑이와 무릎 사이를 통과하거나 타자가 공을 헛치는 일. ㉥볼. ②볼링에서, 공을 한 번 굴려서 열 개의 기둥을 모두 넘어뜨리는 것.【strike】
스트레스 몸이나 마음에 해가되는 여러 자극이 주어졌을 때 일어나는 갖가지 반응. 【stress】
스트레칭 운동으로 몸과 팔다리를 힘껏 쭉 펴는 것. 【stretching】
스트렙토마이신 1944년 미국 왁스만에 의해 땅 속 박테리아에서 얻은 결핵 치료용의 항생 물질.
스티로폼 열·습기 등을 막거나 포장 재료로 쓰는 합성 수지의 한 가지. ×스치로폴. 【styrofoam】
스티커 상표나 광고, 또는 어떤 표지로서 붙이는, 풀칠되어 있는 작은 종이. 【sticker】
스틸 영화의 한 장면을 크게 인화한 선전용 사진. 【still】
스팀 ①증기. ②증기 난방 장치.
스파게티 밀가루로 만든 가늘고 질긴 이탈리아 식 국수, 또는 그 음식. 【spaghetti】
스파링 권투에서, 실제의 시합처럼 하는 연습 시합. 【sparring】
스파이 적의 비밀을 알아 내는 사람. ㉥간첩. 밀정. 【spy】
스파이크 배구에서, 네트 가까이 띄어 준 공을 뛰어오르면서 상대편 쪽으로 세게 내리치는 일. 【spike】
스파크 불꽃, 특히 전기가 방출될 때 일어나는 불꽃. 【spark】
스패너 손잡이의 끝에 볼트나 너트의 머리를 끼워 죄거나 풀 때 사용하는 공구. 【spanner】
스펀지 합성 수지를 성글게 만들어 공기를 많이 품을 수 있도록 푹신

하게 만든 것. ×스폰지. 【sponge】

스페이스 ①비어 있는 곳, 공간. ②지면에서 글씨나 그림이 없는 부분. 【space】

스페인〖나라〗 ⇨에스파냐.

스펙트럼 빛을 프리즘 따위로 분해했을 때 생기는 무지개와 같은 빛깔의 띠. 빛의 파장의 차례로 나타남. 【spectrum】

스펠링 주로 유럽 어 표기의 맞춤법.

스포이트 고무 주머니가 끝에 달린 유리관으로, 잉크·물약 등을 빨아 내어 한 방울씩 떨어뜨리거나, 다른 곳에 옮기는 데 쓰이는 실험 기구. 【spuit】

스포츠 육상 경기·야구·테니스·등산·사냥 등으로 여가를 즐기면서 몸을 튼튼히 하기 위한 모든 운동. 【sports】

스포츠맨십 운동 선수로서 정정당당하게 행동하는 경기 정신.

스포츠 소년 대회 각 도의 초등학교·중학교 학생 선수들이 모여 체육 실기를 겨루는 경기 대회. 매년 열림.

스푼 주로 서양 음식을 먹을 때 사용하는 숟가락. 또는 커피나 차를 마실 때 사용하는 작은 숟가락. 【spoon】

스프레이 물이나 물약과 같은 액체를 안개처럼 내뿜는 기구, 또는 이 기구로 물이나 물약을 내뿜는 일. 비분무기. 【spray】

스프링 ①봄. ②용수철. 【spring】

스피드 속력. 속도. 【speed】

스피커 ①소리를 크게 하여 멀리 들리게 하는 장치. 비확성기. ②라디오·녹음기·텔레비전 따위에서, 소리가 나오는 장치. 【speaker】

스핑크스 지난날, 이집트에서 왕의 권력을 나타내던 신전·피라미드 등의 어귀에 세웠던 석상. 상반신은 사람, 하반신은 날개 돋친 사자의 모습을 함. 【Sphinx】

[스핑크스]

슬그머니 남이 모르게 넌지시. 준슬그미. >살그머니.

슬근슬근 물건과 물건이 서로 맞닿아 가볍게 비비는 모양. 예슬근슬근 톱질 하세.

슬금슬금 남의 눈치를 살펴 가면서 가만가만 움직이는 모양. 예슬금슬금 도망치다. 준슬슬. >살금살금.

슬기 사리를 밝게 다스리는 재주. 비지혜.

슬기로운 생활 초등 학교 1, 2학년에서 자연·이웃 따위에 대해 바르게 생각하는 힘을 기르게 하는 과목.

슬기롭다(슬기로우니, 슬기로워서) 슬기가 있다. 예슬기로운 우리 조상. 슬기로이.

슬다(스니, 스오) ①물고기나 벌레 따위가 알을 깔기어 놓다. 예벌레가 잎에 알을 슬다. ②쇠붙이에 녹이 생기다. 예철문에 녹이 슬다.

슬라이드 필름 원판을 옆에서 밀어 넣게 된 환등기. 【slide】

슬라이딩 ①미끄러짐. 활주. ②야구에서, 미끄러지면서 베이스를 밟는 일. 【sliding】

슬래부 철근 따위로 만든 판판한 구조물. 【slab】

슬랙스 여성용의 느슨한 바지.

슬럼프 일시적으로 몸이 좋지 않거나 사업이 잘 되지 않는 상태. 예슬럼프에 빠지다. 【slump】

슬레이트 지붕을 덮는 데 쓰이는 얇은 판. 시멘트에 석면을 섞고 물을 부은 후, 압력을 가하여 편평한 모양으로 만듦. 【slate】

슬로건 주의 주장 따위를 간단하고 짧게 나타낸 말. 표어. 【slogan】

슬로볼 야구에서, 투수가 던지는 빠르지 않은 공. 【slow ball】

슬리퍼 뒷부분은 트여 있고, 발의 앞부분만 걸치게 되어 있는 신발. 【slipper】

[슬리퍼]

슬며시 ①아무도 모르게 슬그머니. ㉠슬며시 다가와서 놀리다. >살며시. ②속으로 은근히. ㉠슬며시 화가 나다.

슬슬 ①드러나지 않게 조금씩 천천히. ㉠눈치를 슬슬 살피다. >살살. ②힘들이지 않고 가볍게. ㉠등을 슬슬 긁어 주다. ③서두르지 않고 천천히. ㉠태평스럽게 슬슬 걸어서 가다. ④그럴듯한 말이나 행동으로 남을 구슬리는 모양. ㉠달콤한 말로 슬슬 꾀다.

슬쩍 ①남에게 들키지 않게 얼른. ㉠슬쩍 몸을 피하다. ②힘들이지 않고 익숙하게. >살짝.

ㅅ

슬쩍슬쩍 남의 눈을 피해가면서 연이어 재빠르게 하는 모양. ㉠슬쩍슬쩍 집어가다.

슬퍼하다 슬픈 마음을 나타내다. 반기뻐하다.

슬프다 마음이 아프고 괴롭다. ㉠슬픈 사랑 이야기. 반기쁘다.

슬픔 슬픈 마음이나 느낌. ㉠분단된 우리 민족의 슬픔. 반기쁨.

슬피 슬프게. ㉠슬피 우는 두견새.

슬하 ①무릎 아래. ②어버이의 따뜻한 사랑 아래. ㉠부모 슬하.

습격 갑자기 적을 덮치어 공격함. 비급습. 기습. -하다.

습관 어떤 행동을 오랫 동안 되풀이하는 동안에 저절로 굳어진 버릇. ㉠좋은 습관을 기르다. 비관습. 습성. 【習慣】

습구 온도계 한 쌍의 온도계 중에서 젖은 헝겊으로 수은이 들어 있는 공을 싸 놓은 온도계.

습기 축축한 기운. ㉠습기가 많은 방. 【濕氣】

-습니까 말하는이가 듣는이에게 현재의 동작·상태·사실을 정중하게 묻는 뜻을 나타냄. ㉠어떤 음식을 주문 하시겠습니까?

-습니다 말하는이가 듣는이에게 현재의 동작·상태·사실을 정중하게 설명하여 알림을 나타냄. ㉠버스로 두 시간 걸릴 것 같습니다.

습도 공기의 습한 정도. 공기 중에 포함된 수증기의 양.

습도계 공기 중에 있는 습기가 어느 정도인가를 재는 기구.

습독 글을 스스로 배워 읽음.

습득[1] 남이 잃은 물건을 주워 얻음. 반분실. -하다. 【拾得】

습득[2] 익혀서 얻음. 배워서 앎. ㉠기술 습득. -하다. 【習得】

습성 ①버릇이 되어 버린 성질. ②어떤 동물이 지니고 있는 특이한 성질. 【習性】

습자[습짜] 글씨 쓰기를 익힘. 【習字】

습작[습짝] 음악·미술·문예 등에서 연습으로 작품을 만드는 것, 또는 그런 작품. -하다. 【習作】

습지대 습기가 많은 곳.

습진 피부의 표면에 생기는 염증.

습하다[스파다] 축축하다. 물기가 있어 젖을 듯하다.

승강구 기차·자동차·비행기 등을 타고 내리는 출입구.

승강기 전력·증기·수력에 의하여 사람이나 짐을 위아래로 오르내리는 기계. 엘리베이터.

승강이 서로 제 주장을 고집하여 옥신각신함. 비실랑이. -하다.

승강장 버스·기차·지하철 따위의 차를 타고 내리는 곳.

승객 배·차·비행기 등에 타거나 탄 손님. 【乘客】

승격 어떤 표준으로 자격이 오름. -하다. 【昇格】

승공 공산주의와 싸워 이김. ㉠승공 통일. -하다. 【勝共】

승낙 청하는 말을 들어 줌. 비허락. 반거절. -하다. 【承諾】
승냥이 개과의 짐승. 이리와 비슷하나 몸집이 작고 꼬리가 길며, 온몸이 황갈색임. 한국·중국·시베리아 및 중앙 아시아에 분포함.
승려[승녀] 불도를 닦는 사람. 비중.
승률[승뉼] 치른 모든 경기에 대한 이긴 경기의 비율. 예승률을 높이려고 최선을 다하다.
승리[승니] 싸움이나 경기 등에서 이김. 예승리를 거두다. 반패배. -하다. 【勝利】
승리자 시합이나 싸움에서 이긴 사람. 이긴 편. 비승자. 반패배자. 패자.
승마 말을 탐. -하다. 【乘馬】
승무 민속 무용의 한 가지. 흰 고깔을 쓰고, 흰 장삼을 입고 추는, 불교적 색채가 짙은 무용.

[승무]

승무원 기차·선박·비행기 등에서, 승객 관리에 관한 일을 맡아보는 사람. 【乘務員】
승문원 조선 시대 때 외교 문서를 맡아 보던 관아. 【承文院】
승병 옛날에, 중들로 이루어진 군사. 비승군. 【僧兵】
승복 ①납득하여 따름. 예판정에 승복하다. ②죄를 스스로 고백함. -하다. 【承服】
승:부 이김과 짐. 예승부를 겨루다. 비승패. 【勝負】
승산 이길 가능성. 예오늘 시합에서 실책을 줄이면 승산이 있다.
승상 지난날, 중국의 벼슬 이름. 우리나라의 '정승'에 해당됨.
승선 배를 탐. 반하선. -하다.
승선교 전라 남도 승주군에 있는 돌다리. 보물 제400호.
승소 재판에 이김. 예원고 승소. 반패소. -하다. 【勝訴】
승승 장구 싸움에서 이긴 여세를 타고 계속 몰아침. -하다.
승용차 네댓 사람이 앉아서 타고 다니게 만든 작은 자동차.
승인 옳다고 인정하여 승낙함. 비승낙. 반거부. -하다.
승자 운동 경기·게임·싸움 따위에서 이긴 사람, 또는 이긴 편. 비승리자. 반패자. 패배자.
승자 총통 임진왜란 때 사용하였던 작은 화포. 병사 김지가 발명함. 승자총. 【勝字銃筒】
승전 싸움에 이김. 비승리. 반패전. -하다. 【勝戰】
승전고 싸움에 이겼을 때에 치던 북. 【勝戰鼓】
승점[승쩜] 운동 경기나 내기 따위에서 이겨서 얻은 점수.
승지 승전원의 도승지·좌승지·우승지·좌부승지·우부승지·동부승지를 통틀어 이르는 말.
승진 벼슬이나 지위가 오름. 예승진 시험. 반좌천. -하다.
승차 차를 탐. 반하차. -하다.
승천 죽은 사람의 영혼 따위가 하늘로 올라가는 것. 【昇天】
승:패 이김과 짐. 비승부. 【勝敗】
승하 임금이 세상을 떠남. -하다.
승합차 일곱명 이상이 앉아서 탈 수 있게 만든 자동차.
승화 고체가 액체의 상태를 거치지 않고 바로 기체로 변하는 현상. -되다. -하다. 【昇華】
시[1] 문학의 한 갈래로, 자연과 인생에 대한 생각이나 느낌을 리듬이 있는 짧은 글로 나타낸 글. 형식에 따라 정형시·자유시·산문시로 구분됨. 【詩】
시[2] ①때. 예시를 다투다. ②사람이 태어난 시각. 【時】

시[3] 서양 음악의 7음 체계에서 일곱번째 계이름. 【si】
시:[4] 도시를 중심으로 한 지방 행정 구역. 특별시, 광역시, 시로 나뉨.【市】
시:가 도시의 큰 길거리. ㉠시가 행진. 【市街】
시:가전 도시의 큰 길거리에서 벌어지는 싸움.
시:가지 도시의 번화한 곳.
시:가 행진 도시의 큰 거리를 따라 여러 사람이 줄을 지어 나감.
시각[1] ①시간 중의 한 점. ②정하여진 때. 비때. 【時刻】
시:각[2] 무엇을 보는 각도. 보거나 생각하는 방향. 【視角】
시:각[3] 물체의 모양이나 빛깔 등을 분간하는 눈의 감각. 【視覺】
시각 장애 시각의 정상적인 기능에 이상이 생긴 상태.
시각표 주로 정해진 노선을 일정하게 다니는 비행기·기차·배·자동차 따위의 출발하고 도착하는 시각을 적어 놓은 표.
시간 ①어떤 시각과 시각 사이의 때. ㉠휴식 시간. ②과거·현재·미래와 연결하여 끊임없이 흐르는 것. ③정한 때. ㉠약속 시간. 【時間】
시간표 계획대로 하기 위해 시간을 나누어 일감을 정해 놓은 표. ㉠수업 시간표.
시건방지다 아주 건방지다.
시경[1] 오경의 하나로 중국에서 가장 오래 된 시집. 【詩經】
시:경[2] 시 경찰국. 【市警】
시계[1] 시각을 나타내거나 시간을 재는 기계. 【時計】
시:계[2] 눈으로 볼 수 있는 범위. 비시야. 【視界】
시계추 시계 등에 매달린 추. 좌우로 흔들리는 데 따라 일정한 속도로 태엽이 풀림.
시계탑 멀리서도 시간을 볼 수 있도록 큰 시계를 장치해 놓은 탑.
시계포 시계를 사고 팔거나 고쳐 주는 가게.
시골 서울에서 떨어져 있는 작은 고장. 비촌. 반서울. 도회지.
시골길 시골에 나 있는 포장이 안 된 울퉁불퉁한 길.
시골뜨기 '시골 사람'을 낮추어 이르는 말. 비촌뜨기.
시:공[1] 공사를 시행함. 【施工】
시공[2] 시간과 공간. ㉠시공을 초월하다. 【時空】
시구[1] 구기 경기에서 맨 처음 공을 던짐. 【始球】
시구[2][시꾸] 시의 구절. 시위 한 부분. ×시귀. 【詩句】
시국 세상 형편. 사회의 안팎 사정. ㉠시국이 어수선하다.
시궁창 더러운 물이 잘 빠지지 않고 썩어서 질척질척한 도랑창.
시그널 ①신호. ②건널목에 세운 신호기. 【signal】
시:금석 ①사물이나 사람의 성질·가치·능력을 평가하는 데 기준이 될 만한 것. ②귀금속의 품질을 알아보는 데 쓰이는 돌. 【試金石】
시금치 채소의 하나. 뿌리가 붉으며, 잎에는 비타민과 철분이 많이 들어 있음.
시급 때가 몹시 급함. ㉠시급한 문제. -하다. 【時急】
시급히[시그피] 속히 해결해야 할 만큼 매우 급히.
시기[1] 어느 한 때로부터 다른 때까지의 동안. ㉠중대한 시기. 【時期】
시기[2] 자기보다 남이 잘 하거나 잘 되는 것을 미워함. 시새움. ㉠그의 재능을 시기하다. 비샘. 【猜忌】
시기[3] 어떤 일을 하는 데 가장 알맞은 시간. 알맞은 기회. ㉠시기를 놓치다. 【時機】
시기 상조 때가 덜 되었음.
시기심 샘이 나서 미워하는 마음.

시꺼멓다[시꺼머타] 빛깔이 아주 검다. ㉠밥이 시꺼멓게 타다. >새까맣다. ㊍시커멓다.

시끄럽다(시끄러우니, 시끄러워서) 듣기 싫을 만큼 몹시 떠들썩하다.

시끌벅적하다 몹시 어수선하고 시끄럽다.

시끌시끌하다 정신이 어지럽도록 시끄럽다. ㉠많은 사람들이 모여 장내가 시끌시끌하다.

시나리오 영화 각본. 영화나 텔레비전 장면의 순서 및 배우의 대사·동작 등 영화를 만들기 위해 쓴 글. 🅑각본. 대본. 【scenario】

시나브로 모르는 사이에 조금씩 잇따라. ㉠쌓였던 눈이 시나브로 녹아서 없어졌다.

시나위 속악의 하나. 향피리·대금·해금·장구로 편성된 합주. 남도의 무악임.

시:내[1] 골짜기에서 흐르는 작은 내. 🅑개울.

시:내[2] 도시의 중심을 이루는 곳. 🅑시외. 【市內】

시내 버스 시의 구역 안에서, 정해진 노선을 따라 다니는 영업용 버스. 🅑시외 버스.

시내 전화 한 도시 안에서만 통용되는 전화. 🅑시외 전화.

시:냇가[시내까] 작은 개울의 옆. 시내의 가장자리.

시:냇물 시내에 흐르는 물.

시너 페인트 따위에 섞어 묽어지게 하는 액체. ×신나. 【thinner】

시:녀 옛날에, 궁중에서 시중을 들던 여자. 【侍女】

시:누이 남편의 누이.

시늉 어떠한 모양이나 움직임을 흉내내는 것. -하다.

시다 ①초맛과 같다. ㉠김치가 시다. ②뼈 마디를 삐어서 시큰거리다. ㉠무릎이 시고 아프다. ③하는 짓이 비위에 거슬리다. ㉠눈꼴이 시어 못 보겠다.

시달리다 괴로움을 당하다.

시대 ①일정한 기준에 의하여 구분된 기간. ㉠조선 시대. ②그 당시. 당대. 【時代】

시대상 그 시대의 모습. 그 시대의 사회상. ㉠시대상을 반영한 작품. 【時代相】

시대적 그 시대의 특징적인 것. ㉠시대적 특징. 시대적인 경향.

시대 정신 그 시대의 사회나 인심을 지배하며, 그 시대를 특징짓고 있는 정신이나 사상. ㉠전환기의 시대 정신. 【時代精神】

시댁 시집간 집, 곧 남편의 집을 높여서 하는 말. 🅑시가.

시:도 무엇을 실현해 보려고 계획하거나 행동함. ㉠새로운 시도. -하다. 【試圖】

시:동 기계 따위가 처음으로 움직이기 시작하는 것. ㉠자동차에 시동을 걸다. 【始動】

시동생 남편의 남동생. 【媤同生】

시드니〖지명〗 오스트레일리아 남동부에 있는 항구. 이 나라 최대의 도시이며, 아름다운 항구와 오페라 하우스로 유명함. 【Sydney】

시들다 ①꽃·잎 등이 물기가 말라 힘없게 되다. ㉠꽃잎이 시들다. ②기운이 빠져 생기가 없고 풀이 죽다. ㉠열의가 시들다.

시들시들 약간 시들어 힘이 없는 모양. ㉠시들시들해진 푸성귀. >새들새들. -하다.

시들하다 ①대수롭지 않다. ②마음에 차지 않다.

시디 필요한 정보나 내용을 디지털 방식으로 저장한 디스크. 콤팩트 디스크. 【CD】

시디롬 많은 양의 디지털 정보를 저장할 수 있는 디스크. 저장한 내용을 알아보는 데에만 씀. 【CD-ROM】

시래기 말린 무 잎사귀나 배추 잎사귀. ×씨래기.

시럽 ①설탕이나 단 물질을 물에 섞어 졸여 만든 걸쭉한 단물. ②달게 만든 물약. 예아이들의 약은 시럽이 많다. 【syrup】

시렁 물건을 얹어 놓기 위해 벽에 가로지른 두 개의 긴 나무. 비선반.

시:력 물체를 보는 눈의 능력.

시:련 무슨 일을 하는 데 겪게 되는 힘든 상황. 【試鍊】

시루 떡을 찌는 데 쓰는 질그릇.

시루떡 멥쌀 가루를 시루에 넣고 쪄서 만든 떡.

시름 늘 마음에 걸리는 근심과 걱정.

시름시름 병이 더하지도 낫지도 않고 계속 오래 끄는 모양.

ㅅ

시름없다 근심 걱정으로 맥이 없다. 시름없이.

시리다 몸에 찬 기운을 느끼다. 예발이 시리다.

시리아〖나라〗 지중해 동해안에 있는 공화국. 농업·목축 등이 성함. 수도는 다마스쿠스. 【Syria】

시리얼 우유를 타서 먹게 되어 있는, 볶거나 튀긴 곡식이나 그 가루에 여러 영양분을 섞어 만든 음식. 【cereal】

시리우스 큰개자리에서 가장 밝은 별. 【Sirius】

시리즈 계속 이어지는 책이나 경기 따위. 예명작 시리즈. 코리언 시리즈. 【series】

시:립 시의 경비로 설립·유지하는 일, 또는 그러한 시설. 예시립 공원. 【市立】

시멘트 석회암에 찰흙을 섞은 것을 가마에 넣고 구워서 빻은 가루. 비양회. 【cement】

시무룩하다 마음 속에 불만이 있어 아무 말이 없다. 예시무룩한 표정을 짓다. ＞새무룩하다. 센씨무룩하다.

시무 이십팔(28)조 고려 초기의 학자 최승로가 지은 28개의 정치 개혁안. 【時務二十八條】

시:민 ①도시에서 사는 사람. 예서울 시민. ②국민. 【市民】

시:민권 시민으로서의 행동·재산·신앙 등의 자유가 보장되며, 국가 정치에도 참여할 수 있는 권리.

시발 맨 처음의 출발. 예시발역. 시발점. 【始發】

시방 방금. 지금. 금시. 【時方】

시:범 모범을 보임. 예시범 경기.

시베리아〖지명〗 우랄 산맥에서 베링해에 이르는 북아시아 지역. 극지형의 대륙성 기후로 몹시 추운 지방임. 【Siberia】

시보 라디오나 텔레비전에서 표준 시각을 알리는 일. 【時報】

시부모 남편의 부모. 【媤父母】

시:비 ①옳은 것과 그른 것. 예시비를 가리다. ②다투는 일. 예시비가 붙다. -하다. 【是非】

시뻘겋다 더할 수 없이 매우 붉다. 몹시 뻘겋다. ＞새빨갛다.

시사 그 당시나 요즈음에 생긴 사실. 예시사 문제. 【時事】

시:사회 새 영화를 처음으로 보여 주는 행사나 모임. 【試寫會】

시:상¹ 상품이나 상금을 줌. 【施賞】

시상² 시인의 마음에 떠오르는, 시를 짓기 위한 생각이나 느낌. 【詩想】

시:상대 상을 주고받는 높은 단.

시:상식 상을 주는 의식 또는 행사.

시상 화석 예전에 생물이 살았던 당시의 그 지역의 기후나 지형·환경 등을 알 수 있는 화석〔고사리 화석이 많은 지층은 고온 다습한 늪 지대에 퇴적하였을 것이라고 생각하는 따위〕.

시새우다 ①저보다 나은 사람을 시기하다. 예친구의 성공을 시새우다.

②서로 남보다 낫게 하려고 다투다. (준)시새다.
시샘 자기보다 나은 사람을 시기하는 마음. –하다.
시:선[1] 눈이 가는 길. 눈의 방향. 쳐다보는 곳. 【視線】
시:선[2] 시를 뽑아 모은 책. (예)한용운 시선. 【詩選】
시:설 만들어 놓음, 또는 해놓은 설비. –하다. 【施設】
시:설물 시설을 한 물건.
시:설비 시설을 하는 데 드는 비용.
시성 역사상 위대한 시인.
시세 ①그 때의 형세. 세상의 형편. 시대의 추세. ②그 때의 물건값.
시소 긴 널판의 중심을 받쳐서 양쪽 끝이 교대로 올라 갔다 내려갔다 할 수 있게 한 놀이 기구. 【시소】

시속 1시간을 단위로 하는 속력. (예)시속 50km. 【時速】
시숙 남편의 형제. [비]아주버니.
시스템 여러 부분이 각각 자기 일을 하며 동시에 다른 것들과 서로 관련을 맺어서 이루는 하나의 큰 전체. 【system】
시시 각각 시각마다.
시시껄렁하다 이야기나 구경거리가 시시하고 재미가 없다. 볼 만한 데가 전혀 없다. (예)시시껄렁한 얘기로 시간만 끌다.
시시덕거리다 실없이 잘 웃고 몹시 지껄이다. (준)시시거리다.
시시때때로 그럴만한 때가 생기기만 하면. 이따금씩.
시:시비비 옳은 것은 옳고 그른 것은 그르다고 하는 일. [비]시비. 잘잘못. 【是是非非】
시시콜콜 자질구레한 것까지 빼놓지 않고 낱낱이 다. (예)시시콜콜 간섭하다.
시시하다 재미없고 보잘것 없다. 변변하지 못하다. (예)기대했던 바와는 달리 내용이 시시하다.
시:식 맛을 보기 위해 시험삼아 먹어 봄. –하다. 【試食】
시:신 죽은 사람의 몸을 높여 이르는 말. [비]송장. 시체.
시:신경 시각을 주관하는 신경.
시아버지 남편의 아버지.
시아주버니 남편의 형.
시:야 ①눈으로 볼 수 있는 범위. ②지식이나 생각이 미치는 범위.
시:약 화학 분석에서 물질을 검출하거나 정량하는 데 쓰이는 약품.
시어머니 남편의 어머니.
시옷[시옫] 한글의 닿소리 글자인 'ㅅ'의 이름.
시:외 도시에서 벗어난 곳. [비]교외. [반]시내. 【市外】
시외 버스 도시의 밖으로 다니는 버스. [반]시내 버스.
시원스럽다(시원스러우니, 시원스러워서) 시원한 태도나 느낌이 있다.
시원시원하다 성격이나 언행이 막히는 것이 없이 아주 시원하다. (예)일을 시원시원하게 처리하다.
시원찮다 시원하지 않다. 만족스럽지 않다. (예)솜씨가 시원찮다.
시원하다 ①알맞게 선선하다. (예)시원한 바람. ②마음이 상쾌하다. ③음식의 국물 맛이 탑탑하지 않다. (예)시원한 김칫국. ④말이나 행동이 거침없고 서글서글하다. (예)시원한 성격. 시원히.
시월 한 해의 열 번째 달. ※'십월(十月)'에서 온 말.
시(10)월 상달[시월상딸] 음력 시월을 예스럽게 일컫는 말. (준)상달.
시:위[1] '활시위'의 준말. 활의 팽팽한 줄. (예)시위를 당기다.

시위[2] 일정한 요구 조건을 내걸고 많은 사람이 행진이나 집회 따위로 자기들의 의사를 나타내는 것. 비 데모. 【示威】
시인[1] 시를 전문으로 짓는 사람.【詩人】
시:인[2] 옳다고 인정함. 예잘못을 시인하다. 반부인. -하다. 【是認】
시일 때와 날. 날짜. 예시일이 좀 걸리다. 비세월. 【時日】
시:일야방성대곡 1905년에 일본의 강요로 을사조약이 체결된 것을 슬퍼하여 장지연이 황성 신문에 실은 논설의 제목으로, '오늘 목을 놓아 크게 울다'란 뜻임.
시:작 처음으로 함. 비시초. 개시. -하다. 【始作】
시장[1] 배가 고픔. -하다.
시:장[2] 시의 행정을 맡은 우두머리. 예서울 시장. 【市長】
시:장[3] 매일 또는 정기적으로 사람이 모여 상품 매매를 하는 장소. 예수산 시장. 준장. 【市場】
시장 경제 상품의 자유로운 거래와 경쟁을 원칙으로 하는 경제.
시장기[시장끼] 배가 고픈 느낌.
시장 조사 기업이 어떤 상품이 어떻게, 얼마나 잘 팔리는지를 알아보는 일.
시:장통 조선 시대에, 민가의 다섯 집을 한 단위로 하던 조직. 고종 32년(1895)에는 열 집을 한 단위로 하였음. 【市場統】
시:전 일정한 장소에 허가를 받고 자리잡은 가게. 시중의 상점.
시절 ①철. ②때. 예꽃피는 시절. ③사람의 일생을 몇 단계로 구분한 동안. 예청년 시절. 【時節】
시점[시쩜] 지나가는 시간의 한 지점. 어떤 특별한 계기가 되는 때. 예아직은 이야기할 시점이 아니다. 비때. 【時點】
시:접 헝겊의 가장자리나 덧대어 붙인 쪽의 실오라기가 풀리지 않도록 안으로 접어 넣고 박은 부분.
시:정 잘못된 것을 바로잡음. -하다. 【是正】
시조[1] 고려 말엽부터 발달하여 온 우리 나라 고유의 정형시. 초장·중장·종장으로 나뉘고 45자 내외로 이루어짐. 평시조·엇시조·사설시조 등이 있음. 【時調】
시:조[2] 한 겨레의 맨 처음 조상. 예건국의 시조. 【始祖】
시:종 처음과 끝. 예시종 자기 자랑만 한다. 비시말. 【始終】
시:종관 조선 말 황태자궁 시강원의 한 벼슬.
시:종일관 처음부터 끝까지 변하지 않는 태도로. 【始終一貫】
시:종장 임금을 가까이에서 받들며 여러 가지 일을 맡아 하는 벼슬아치의 우두머리.
시:주 중이나 절에 돈이나 물건을 베풀어 주는 사람, 또는 그 일. 비화주. -하다. 【施主】
시중[1] 여러 가지로 보살펴 섬기는 일. 예환자 시중. -하다.
시:중[2] 상품들이 거래되는 시장. 상품과 생각들이 교환되는 사회.【市中】
시즌 ①계절. ②행사·경기·선거 따위가 벌어지는 시기. 【season】
시집[1] 남편의 본집. 시부모가 있는 집. 비시가. 반친정.
시집[2] 시를 모아 엮은 책. 예시집을 내다. 【詩集】
시집가다 여자가 결혼하여 남편을 맞이하다. 남의 아내가 되다. 반장가가다.
시집살이[시집싸리] 여자가 결혼하여 시집에서 살면서 살림을 하는 것.
시차 시간의 차이. 【時差】
시:찰 실지 사정을 돌아다니며 살펴봄. 예산업 시찰. -하다.
시:찰단 실지 사정을 돌아다니며 살

펴보기 위하여 조직한 단체.

시:책 어떤 일에 대한 계획과 그 일을 실지로 하는 방법, 또는 그것을 베풂. ㉮정부 시책.

시:청[1] 시의 행정 사무를 맡아 보는 관청. 【市廳】

시:청[2] 눈으로 보고 귀로 들음. ㉮텔레비전 시청. 【視聽】

시:청각 교육에서 이용하는 보고 듣는 방식. ㉮시청각 교육.

시:청료 텔레비전을 시청하는 값으로 내는 요금.

시:청률 텔레비전을 시청하는 모든 사람에 대하여 한 프로그램을 시청하는 사람들의 비율.

시:청자 텔레비전을 시청하는 사람.

시:체 사람이나 짐승의 죽은 몸. 비주검. 송장. 시신. 【屍體】

시쳇말[시쳰말] 유행하는 말. 흔히 하는 말. 비요샛말.

시:초 맨 처음. 비시작. 반종말.

시:추 석유를 비롯한 지하 자원이 있는지를 알아보거나 지질을 조사하려고 기계로 땅에 깊은 구멍을 뚫어 보는 것. -하다.

시추선 바다의 지질, 지반의 조사 등을 위해 땅 속 깊이 구멍을 팔 수 있는 장비를 갖춘 배.

시치다 여러 겹의 헝겊이 서로 붙어 있게 하려고 대강 바느질을 하다.

시치미 알면서도 모르는 척하거나 하고도 하지 않은 척하는 짓.

시치미 떼다 알고도 모르는 척하다.

시침 시계에서 시를 나타내는 굵고 짧은 바늘. 【時針】

시침질 바느질을 할 때, 두 겹 이상의 감을 고정시켜서 임시로 듬성듬성 뜨는 일. 준시침. -하다.

시카고〖지명〗 미국 제2의 도시. 세계에서 가장 큰 곡물 시장·가축 시장으로 유명함. 【Chicago】

시커멓다[시커머타] ①빛깔이 매우 꺼멓다. ㉮연기가 시커멓다. ②마음이 몹시 엉큼하고 음흉하다. ㉮마음이 시커멓다.

시큰거리다 ①뼈의 마디가 자꾸 저린 느낌을 주다. ㉮몸살로 온몸의 뼈마디가 시큰거리다. ②눈물이 나오려고 눈이나 코가 아린 느낌이 들다. 비시큰대다.

시큰둥하다 마음에 내키지 않아서 말이나 행동에 성의가 없어 보이다.

시큰시큰 뼈마디가 자꾸 저리고 신 느낌을 나타냄. ㉮손목이 시큰시큰 아프다.

시큰하다 뼈의 마디가 매우 저리고 시다.

시큼하다 맛이 조금 시다.

시키다 ①남에게 무슨 일을 하게 하다. ㉮물을 가져오라고 시키다. ②식당에서 음식을 주문하다. ㉮자장면을 시키다. ③누구를 어떠한 직위나 직업을 가지게 하다. ㉮민수는 의사를 시켜야겠어.

시트 침대에 쓰는 홑청. 【sheet】

시트르산 화학에서, 레몬이나 감귤 따위에 들어 있는 산. 물과 알코올에 잘 녹고 신맛이 있으며, 청량 음료·의약·염색 따위에 씀. 비구연산. 【citric 酸】

시트콤 한 회에 하나의 희극적 장면을 다루는 방송 연속극. ※영어 'situation comedy'를 줄여 만든 말. 【sitcom】

시:판 시장에서 팖. 시중에서 물건을 판매함. -되다. -하다. 【市販】

시퍼렇다 ①아주 퍼렇다. ②위품이나 권세가 당당하다. ㉮서슬이 시퍼렇다. >새파랗다.

시피유 컴퓨터에 쓰이는 용어로, 중앙처리장치를 말함. 【CPU】

시한 어떤 일을 끝마치기로 정한 날짜나 시각. 비기한. 【時限】

시한부 일정한 기간이 정해진 조건이나 상황. ㉑시한부 인생.

시한 폭탄 일정한 시간이 지나면 저절로 폭발하게 된 폭탄.

시합 서로 재주를 다툼. ㉑농구 시합. -하다. 【試合】

시:해 대통령·임금님 등 국가에서 가장 높은 지위에 있는 사람을 죽이는 짓. -하다. 【弑害】

시:행[1] 실지로 베풀어 행함. ㉥실행. ㉦폐지. -하다. 【施行】

시:행[2] 시험적으로 행함. ㉑시행 착오. -하다. 【試行】

시행 착오 지식이나 기술을 얻기 위하여 어떤 일의 계획을 실행하다가 실패하는 것. 【施行錯誤】

시험 어떠한 일의 성질이나 능력·정도 등을 실지로 따져 알아봄. ㉑학기말 시험. 【試驗】

ㅅ

시험관 과학 실험에 쓰이는 유리관.

시험대 능력이나 기량을 시험하는 자리. ㉑시험대에 오르다.

시험장 ①시험을 치르는 장소. ②어떤 새 계획이나 방법을 시행하거나 실행하기에 앞서 실제로 시험해 볼 수 있는 장소. 【試驗場】

시험적 결과가 어떻게 될는지 미리 알아보려고 하는 것. 시험 삼아 하는 것. 【試驗的】

시험지 ①시험 문제가 적혀 있는 종이. ②실험에 쓰이는 특수한 종이.

시:호 옛날에, 높은 관리가 죽은 후에 공적을 기리기 위해 임금이 주는 이름. ㉑이순신 장군의 시호는 충무공이다. 【諡號】

시화 시와 그림. ㉑시화전. 【詩畫】

시효 어떤 효력이 지속되는 일정한 기간. ㉑시효 기간. 【時效】

식[1] 일정한 예절이나 형식. ㉑결혼식. 졸업식. 【式】

식[2] 숫자 계산을 위한 수식. 【式】

식견 어떤 일을 판단하고 분별하는 능력. 【識見】

식곤증 음식을 먹은 뒤에 몸이 나른하고 졸음이 오는 증세.

식구 한 집안에서 끼니를 함께 하며 사는 사람. 【食口】

식기 음식을 담는 그릇. 【食器】

식다 ①더운 기운이 없어지다. ㉑국이 식다. ②분위기·정열 등이 누그러지거나 가라앉다. ㉑사랑이 식다.

식단표 일정한 때에 먹을 음식의 종류에 대한 계획표. 메뉴. ㉥차림표.

식당 ①음식을 먹도록 마련한 방. ②음식을 파는 집. 【食堂】

식당차 열차의 여러 칸 중에 식당이 있는 칸. 【食堂車】

식대[식때] 음식값. ㉥밥값. 【食代】

식도 목구멍에서 위에 이르는 가느다란 관. 음식물이 위로 들어가는 길. ㉥밥줄. 【食道】

식도락 여러 가지 맛있는 음식을 먹는 것을 즐거움으로 삼는 일. ㉑식도락가. 【食道樂】

식량[싱냥] 사람이 살아가기 위해 필요한 곡식 따위의 먹을 거리. ㉥양식. 【食糧】

식량난[싱냥난] 식량이 모자라서 겪는 어려움. 【食糧難】

식료품[싱뇨품] 음식의 재료가 되는 물품. ㉥식품. 【食料品】

식료품비[싱뇨품비] 먹을거리를 사는 데 드는 비용. 【食料品費】

식모 남의 집에 살면서 밥을 해 주고 집안일을 하는 여자. ㉥가정부.

식목 나무를 심음. ㉥식수. ㉦벌목. -하다. 【植木】

식목일 산을 푸르게 하기 위하여 나라에서 나무 심기를 권장할 목적으로 제정한 날. 매년 4월 5일.

식물 나무나 풀 등과 같이 줄기·뿌리·잎 등으로 되어 있는 생물. ㉦동물. 【植物】

식물성 식물의 성분으로 이루어진

성질. 식물이 가지는 성질. ㉮콩은 식물성 식품이다.

식물원 여러 사람에게 보이거나 연구를 하기 위하여 여러 가지 풀과 나무를 모아 기르는 곳. ㉯동물원.

식물 인간 호흡·소화·배설 등의 기능은 유지되나, 생각·운동·지각 등 대뇌 기능이 상실되어 의식 불명인 채 살아 있는 사람.

식물학 식물의 모양·자라남 등 모든 현상과 이용에 대하여 연구하는 학문. 【植物學】

식민[싱민] 강대국이 무력으로 빼앗은 땅에 자기 국민을 이주시켜 살게 하는 것. ㉮식민 통치.

식민지[싱민지] ①다른 나라에서 옮겨 온 사람에 의하여 개척된 땅. ②나라 밖의 땅으로서 본국이 다스리는 땅. 【植民地】

식민지 정책 자기 나라 세력에 속한, 본국 외의 나라들을 다스리기 위해 마련한 정책.

식민 통치 식민지를 정치적·경제적·사회적으로 지배하는 일.

식반[식빤] 단체 급식에서 쓰는, 음식을 담아서 들고 다니는 판. 식판.

식별 잘 알아서 구별함. ㉮식별 능력. ㉥판별. -하다. 【識別】

식비[식삐] 먹을 것을 사는 데에 드는 비용. 【食費】

식빵 밀가루에 효모를 넣어 반죽하여 구운, 큰 빵.

식사[1] 음식을 먹는 일, 또는 그 음식. -하다. 【食事】

식사[1][식싸] 시상식·입학식·졸업식 같은 식에서 중요한 사람이 앞에 나와서 정식으로 하는 말. 【式辭】

식생활 먹고 사는 생활. ㉮식생활 개선을 하다. 【食生活】

식성 음식에 대하여 좋아하거나 싫어하는 성미. 【食性】

식수[1] 먹는 물. ㉥음료수. 【食水】

식수[2] 나무를 심음. ㉮기념 식수. ㉥식목. -하다. 【植樹】

식수난 식수가 부족하여 겪는 어려움. ㉮가뭄이 계속되어 식수난을 겪다.

식수원 먹는 물의 근원. ㉮식수원이 오염되다. 【食水源】

식순 공식적인 행사의 진행. 순서. ㉮식순을 따르다. 【式順】

식습관 음식 먹을 때의 버릇.

식식거리다[식씩꺼리다] 숨이 차거나 화가 나서 매우 가쁘게 숨을 쉬다. ㉥식식대다.

식염[시겸] 소금. ㉮식염수.

식욕[시굑] 음식을 먹고 싶은 마음.

식용[시공] 사람이 먹을 수 있는 것. 먹는 데에 쓰는 것. -하다. 【食用】

식용 색소 음식물의 빛깔을 보기 좋게 물들이는 데 쓰는 물감. 몸에 해롭지 않고, 맛이 쓰지 않음.

식용유 먹을 수 있는 기름〔참기름·콩기름·옥수수기름·들기름 따위〕. 【食用油】

식용 작물 음식의 재료가 되는 채소·곡식 등의 농작물.

식은땀[시근땀] ①몸이 쇠약하여 저절로 나는 땀. ②정신이 몹시 긴장되어 나는 땀.

식은죽 식어서 먹기 쉽게 된 죽.

식음 먹고 마심, 즉 음식을 먹는 일. ㉮식음을 전폐하고 드러눕다.

식이 요법 먹는 음식물의 종류·성분·분량 따위를 조절하여 병을 치료하거나 예방하는 방법.

식인종[시긴종] 사람을 잡아먹는 풍습이 있는 미개인. 【食人種】

식장 식을 올리는 장소. ㉮결혼식장.

식전[식쩐] ①밥을 먹기 전. ㉯식후. ②아침밥을 먹기 전. 이른 아침. ㉮식전부터 짜증을 부리다. 【食前】

식중독 음식물에 섞인 세균으로 인해 일어나는 병. 복통·설사 등을 일으킴. 【食中毒】

ㅅ

식초 음식물에 신맛을 내는 데 쓰는 투명한 액체.

식충이 '밥을 많이 먹는 사람'을 놀리는 뜻으로 하는 말.

식칼 음식을 만들 때에 쓰이는 큰 칼. 비식도. 부엌칼.

식탁 여러 사람이 식사할 수 있게 음식물을 벌여 놓는 데 쓰이는 큰 탁자.

식판 주로 공동 생활에서 쓰는, 밥과 국과 두세 가지 반찬을 담도록 오목한 칸이 있는 넓은 그릇.

식품 사람이 날마다 섭취하는 음식물. 예가공 식품. 【食品】

식품군 식품들을 여러 가지 영양소별로 나눈 갈래.

식품점 여러 가지 먹을거리를 파는 상점. 【食品店】

식혜 찹쌀이나 멥쌀로 밥을 되직하게 지어 엿기름 가루를 우린 물을 부어 삭힌 한국의 전통 음료.

ㅅ

식후[시쿠] 밥을 먹은 뒤. 식사 뒤. 반식전. 【食後】

식히다[시키다] 더운 기를 없애다. 차게 하다. 예머리도 식힐 겸 여행을 다녀와야겠다.

신[1] 사람의 운명을 마음대로 움직이고 우주를 다스린다고 믿는 사람이 아닌 존재. 【神】

신[2] 매우 흥겨운 기분. 예신이 나서 마구 떠들어 대다. 비신명.

신-[3] 이름을 나타내는 말 위에 붙어 '새롭다'는 뜻을 나타내는 말. 예신제품. 반구. 【新】

신[4] 걸을 때 발에 신는 물건〔고무신·운동화·구두 등〕.

신간 새로 펴낸 책. 예신간 서적. 반구간. 비신서. 【新刊】

신간회 1927년에 독립 운동을 하기 위하여 우리 나라의 여러 집단들을 합하여 조직한 단체. 이상재를 회장으로 하여 많은 활약을 하고 1937년에 해산함. 【新幹會】

신경 ①골의 명령을 몸의 각 부분에 전하고, 몸의 각 부분에서 느낀 자극을 골에 전하는 일을 하는 실 모양의 기관. ②사물을 느끼거나 생각하는 힘. 예예민한 신경.

신경계 몸의 각 부분을 연결하여 지각, 반응, 정신 작용을 할 수 있도록 하는 신경의 조직.

신경 과민 신경이 예민하여, 조그만 자극에도 쉽게 반응하는 불안정한 상태.

신경쓰다 작은 일까지 꼼꼼하게 생각하고 살피다.

신경전 말투·표정·몸짓 따위로 상대를 간접적으로 괴롭히든가 물리치려는 싸움. 예선생님의 관심을 끌려고 신경전을 벌이다.

신경질 작은 일에도 성을 잘 내는 성질. 【神經質】

신경질적 성질이 날카롭고 화를 잘 내는 모양. 【神經質的】

신경통 몸의 한 부분에 생긴 고장에 신경이 반응하여 일어나는 심한 아픔. 【神經痛】

신고 국민이 법률상의 의무로서 관청에 일정한 사실을 보고함. 예출생 신고. -하다. 【申告】

신곡 새로 지은 노래. 【新曲】

신교육 (옛날의 전통적 교육에 대하여 이르는 말로) 현대의 서구식 학교 교육. 【新教育】

신규 새로운 규모나 규정. 예신규 채용. 【新規】

신기 이상하고 묘함. 예신기한 이야기. 비기이. -하다.

신기다 신이나 양말을 신게 하다.

신기록 지금까지의 기록보다 뛰어난 새로운 기록. 【新記錄】

신:기루 사막이나 바다 같은 데에서 실제로는 있지 않는 곳에 어떤 사물의 모습이 나타나 보이는 현상.

신기술 이전의 기술보다 발전한 새

로운 기술. ㉧신기술을 개발하다.
신기원 획기적인 사실로 말미암아 전개되는 새로운 시대.
신기하다 처음 보는 것이어서 아주 놀랍고 이상하다.
신나다 흥이 나서 기분이 매우 좋아지다. ㉧신나게 놀다.
신년 새해. ㉧신년 인사. 【新年】
신:념 굳게 믿는 마음. ㉧신념이 강한 사람. 【信念】
신다[신따] 신이나 양말 따위 속에 발의 전부나 일부를 넣다. ㉧구두를 신다.
신단수 단군신화에서, 환웅이 처음 하늘에서 그 밑에 내려왔다는 신령한 나무. 【神壇樹】
신대륙 ①새로 발견된 대륙. ②아메리카 주와 오세아니아 주를 달리 이르는 말. ③남북 아메리카를 이르는 말. 비신세계. 반구대륙.
신데렐라 ①유럽 동화 속의 여주인공 이름. ②하루아침에 유명하게 된 사람을 이르는 말. 【Cinderella】
신:도 어떤 종교를 믿고 따르는 사람. 비교인. 신자. 【信徒】
신도시 계획에 의해서 대도시 주변에 새로 건설된 주거 지역.
신돈【사람】[?~1371] 고려 말기의 중. 공민왕의 신임을 얻어 정치를 하다가 후에는 반대파에 몰려 처형됨.
신돌석【사람】[1878~1908] 조선 말기 의병장. 1905년에 의병을 일으켜 일본에 대항한 사람. 【申乭石】
신동 여러 가지 재주와 지혜가 남달리 뛰어난 아이. 【神童】
신라【나라】[기원전 57~기원후 935] 지금의 경주 지방을 중심으로 건국한 삼국 시대의 한 나라. 시조는 박혁거세. 무열왕 때 삼국을 통일하였으나, 제56대 경순왕 때 고려 태조 왕건에게 멸망함. 【新羅】
신라관[실라관] 당나라로 건너간 신라 유학생들과 사신들에게 숙식을 제공하던 곳. 【新羅館】
신라방[실라방] 중국 연안 지대에 있었던 신라 사람들이 모여 살던 마을. 【新羅坊】
신라소[실라소] 신라방에 있던 신라 사람을 다스리기 위한 관청.
신라원[실라원] 신라방에 있던 신라인들이 세운 절. 장보고가 세운 적산법화원이 가장 유명함.
신랄[실랄] ①맛이 대단히 쓰리고 매움. ②수단이 매우 가혹함. ㉧신랄한 비판. -하다. -히.
신랑[실랑] 갓 결혼 남자. 반신부.
신령[실령] 신통하고 영묘한 힘을 가지고 있다는 귀신. 준영.
신록 초여름에 새로 나온 잎의 푸른 빛. ㉧신록의 계절. 【新綠】
신:뢰[실뢰] 믿고 의지함. ㉧그를 신뢰하다. -하다. 【信賴】
신:뢰성 남이 신뢰할 만함.
신립【사람】[1546~1592] 조선 선조 때의 장군. 임진 왜란 때 왜적을 맞아 싸우다가 충청 북도 충주 탄금대에서 최후를 마쳤음. 【申砬】
신맛 먹는 식초와 같은 맛.
신:망 믿음과 덕망. 믿고 바람. ㉧신망이 두텁다. -하다. 【信望】
신명[1] 하늘과 땅의 신령. ㉧천지신명께 비옵니다. 준신. 【神明】
신명[2] 흥겨운 신과 멋. ㉧신명나는 우리의 가락. 비신.
신명[3] 중요한 일에 바칠 몸과 목숨. ㉧나라와 민족을 위해 신명을 바쳐 일하다. 【身命】
신무기 위력이 있는 새로운 무기.
신문[1] 새로운 사실을 알려 주려고 정기적으로 박아내는 인쇄물. 조간·석간·주간 따위. 【新聞】
신:문[2] 검찰이나 경찰이 피의자나 용의자에게 알고자 하는 것을 캐묻는 것. -하다. 【訊問】

신문고 조선 태종 때부터 백성들이 억울한 일을 왕에게 직접 하소연할 때 치게 한 북. 대궐 문루에 달았음. 【申聞鼓】
신문 기자 신문에 실을 기사를 취재·수집·편집하는 사람.
신문명 새 시대의 새로운 문명. 비신문화. 【新文明】
신문물 외국에서 들어오는 새로운 지식과 물건. 【新文物】
신문사 신문을 박아서 펴내는 일을 하는 회사. 【新聞社】
신문왕〚사람〛[?~692] 신라 제31대 왕. 681년에 왕위에 올랐음. '국학'이라는 학교를 세우고, 제도를 잘 정비하여 신라의 황금 시대를 이루었음.
신문지 신문 기사를 인쇄한 종이.
신문화 한국 개화기에 서양에서 들어온 새로운 문화. 【新文化】

ㅅ

신문학 우리 나라 19세기 말, 특히 갑오 개혁 이후 개화 사상에 따라 일어난 새로운 경향과 형식의 현대 문학. 【新文學】
신물 ①음식에 체했거나 트림을 할 때 위에서 목구멍으로 넘어오는 시큼한 액체. ②지긋지긋하고 진절머리가 나는 일. 예노는 것도 이제 신물이 난다.
신미양요 1871년, 미국 상선인 제너럴 셔먼 호가 대동강을 거슬러 올라가다가 포격당한 것을 문제로, 미국이 함대를 보내어 강화도를 공격해 온 사건. 【辛未洋擾】
신민회 1907년에 안창호가 양기탁·이동녕·이갑 등과 함께 비밀로 조직한 항일 단체. 항일 운동을 벌이다가, 1910년에 일본 총독 암살 모의 사건으로 많은 회원이 일본 경찰에 잡혀 해체 되었음. 【新民會】
신바람[신빠람] 흥겹고 신이나서 우쭐해지는 기분. 예신바람이 절로 나다. 비어깻바람.
신발 걸어다닐 때 발에 신는 물건 〔가죽·천·고무 등으로 만듦〕.
신발장 신발을 넣어 두는 장. 신장.
신발 주머니 신발을 넣어 가지고 다니는 주머니. 비신주머니.
신방 신랑과 신부가 첫날밤을 보내는 방. 【新房】
신변 몸의 주변. 예신변의 위험을 느끼다. 【身邊】
신:봉 옳다고 믿고 받듦. -하다.
신부1 천주교·성공회의 교직자로 주교 다음의 성직자. 성사를 집행하고 미사를 드리며 강론함. 【神父】
신부2 갓 결혼한 여자. 비새색시. 반신랑. 【新婦】
신:부전증 신장에 고장이 생겨서 소변이 잘 나오지 않고 몸이 붓는 증상. 【腎不全症】
신분 개인이 속해 있는 사회의 지위나 계급. 【身分】
신분 제도 봉건 사회에서, 사람을 몇 개의 계급으로 나누어 그 계급에서 벗어나지 못하게 하는 제도.
신분증 한 사람의 신분을 확인해 주는 문서. 【身分證】
신붓감[신부깜] 신부가 될 사람. 신부가 될 만한 사람. 반신랑감.
신비 사람의 생각으로는 도저히 미루어 헤아릴 수 없이 이상하고 야릇한 비밀. 예우주의 신비스러움. -하다. -스럽다. 【神秘】
신비감 이성적·상식적으로 설명하든가 이해할 수 없이 아주 놀랍고 이상하다는 생각. 신비하게 여기는 감정. 【神秘感】
신비롭다 신비한 데가 있다. 예선녀바위는 신비로운 자연의 예술품이다.
신비스럽다 보기에 신비하다. 예무대 위에 신비스러운 연기가 자욱이 깔려 있다.
신:사1 ①배움·예절·인품이 갖추어진 점잖은 남자. ②남자를 좋게

일컫는 말. ⓔ행동이 신사답다. ⓑ숙녀. 【紳士】

신사[2] 일본에서 조상이나 국가 유공자를 신으로 모셔 놓고 제사를 지내는 사당. 【神社】

신:사복 성인 남자의 양복.

신:사용 남자 어른에게 쓰임, 또는 쓰이는 것. ⓑ숙녀용.

신사 유람단 1880년대의 개화기를 맞아, 박정양 등 신사 10여 명을 일본에 파견하여 그들의 하는 일을 살펴보게한 시찰단.

신사임당〖사람〗[1504～1551] 조선 시대의 유학자인 율곡의 어머니. 문장・서화・경학・자수 등 학문과 예술이 뛰어났으며, 효성이 지극하고 어진 어머니로 이름이 높았음.

신사 참배 일본에서 신사에서 절하고 비는 것.

신상 한 사람의 개인적인 사정이나 형편. ⓔ신상 기록 카드. 【身上】

신생 새로 생기거나 태어남. 【新生】

신생대 지질 시대 가운데 가장 최근의 시대로, 약 6500만 년 전부터 지금까지의 시기. 【新生代】

신생아 난 지 2주 이내의 어린아이. ⓑ갓난아이. 【新生兒】

신석기[신석끼] 신석기 시대에 사용한, 갈아서 만든 연장이나 무기.

신석기 시대 갈아서 만든 석기를 사용하고 정착 생활을 시작하여 농사와 목축을 하던, 구석기 시대와 청동기 시대 사이의 시대.

신선[1] 선도를 닦아서 도를 통한 사람. ⓑ선인. 【神仙】

신선[2] 새롭고 깨끗함. ⓔ신선한 공기를 마시다. -하다. 【新鮮】

신선도 먹을거리의 싱싱한 정도. ⓔ생선은 신선도가 좋은 것을 골라야 한다. 【新鮮度】

신설 새로 세움. 새로 마련함. ⓔ신설 학교. -하다. 【新設】

신성 ①거룩하고 높고 엄숙하여 더럽힐 수 없음. ②신과 같이 성스러운 일. -하다. 【神聖】

신성시하다 무엇을 매우 거룩하게 여기다.

신세 ①남에게 도움을 받거나 괴로움을 끼치는 일. ⓔ친구에게 신세를 지다. ②자기가 처해 있는 형편. ⓔ노예 신세가 되다.

신세계 ①새로운 세상. ②주로 아메리카나 오스트레일리아를 가리키는 말로, 새로 발견된 세계. ⓑ신대륙. 【新世界】

신세대 세로운 세대. 젊은 사람들. ⓑ구세대. 【新世代】

신세 타령 넋두리하듯이 자기의 어려운 처지를 한탄하며 늘어 놓는 말.

신소설 우리 나라에서 갑오 개혁 이후부터 현대 소설이 지어지기 전까지 나온 소설. 【新小說】

신소재 전에는 없었던, 새로이 만들어 낸 물질. 【新素材】

신:속 몹시 빠름. ⓔ신속한 배달. -하다. -히.

신:속성 매우 빠른 성질.

신수 사람의 얼굴에 나타나는 건강 상태의 밝은 기운. 【身手】

신숙주〖사람〗[1417～1475] 조선 세종 때의 집현전 학사. 한글을 만드는 데 공을 세운 학자이며 정치가. 호는 보한재. 【申叔舟】

신시[1] 하느님(환인)의 아들인 환웅이 태백산에 세웠다는 도시. 【神市】

신시[2] 한시가 아닌 새로운 형식의 시. 【新詩】

신시가지 이전의 도시에서 새로 뻗어나가 발전한 시가지. ⓑ구시가지.

신식 옛날과 다른 새로운 형식. ⓔ신식 결혼. ⓑ구식. 【新式】

신신당부 거듭하여 간곡히 하는 부탁. -하다. 【申申當付】

ㅅ

신:앙[시낭] 신을 믿고 받드는 일. ㉠신앙의 자유. 비믿음. -하다.
신:앙심[시낭심] 한 종교의 신을 믿고 높이 받드는 마음.
신약 성경 예수의 생애와 언행을 기록한 복음서와 제자들의 선교 활동을 기록한 사도행전, 사도들의 편지, 예언을 담은 계시록 등 기독교의 기본이 되는 책.
신여성[신녀성] 개화기 때 신식 교육을 받은 여성. 【新女性】
신열[시녈] 병 때문에 오르는 몸의 열. 【身熱】
신:용[시뇽] 주로 상업적 관계에서 약속을 지킬 것으로 믿는 것. ㉠신용을 잃다. 비믿음. 신뢰. -하다. 【信用】
신용 카드 상품이나 서비스를 먼저 받은 고객의 신분과 예금 계좌를 확인해 주는 작은 자성 플라스틱 딱지. 【信用 card】

ㅅ

신원 어떤 사람의 출생·출신·경력·직업 따위에 관한 일. ㉠신원 조사. 【身元】
신유박해 1801년 신유년에 있었던 조선 정부의 카톨릭 박해 사건. 이승훈을 비롯한 여러 카톨릭 신자들이 처형당하였음. 【辛酉迫害】
신윤복〖사람〗[1758～?] 조선 후기의 화가. 호는 혜원. 인물이나 풍속 그림을 잘 그렸음. 작품에는 〈미인도〉〈주유도〉〈주막도〉 등이 있음.
신음[시늠] 괴로워서 끙끙거리며 앓는 소리를 냄. -하다.
신:의[시니] 믿음과 의리. 【信義】
신의주 학생 사건 1945년 11월 23일 신의주에서 일어난 학생들의 반공 투쟁 사건.
신인[시닌] 새 사람. 새로 나타난 사람. ㉠신인 배우. 【新人】
신임[시님] 믿고 일을 맡김. ㉠신임을 받다. 비믿음. -하다. 【新任】
신임장 외교 사절을 파견하는 나라가 사절을 받아들일 나라의 원수 앞으로 그 사절이 정당한 자격을 가졌음을 증명한 공문서. 【信任狀】
신입 단체나 기관 따위에 새로 들어옴. ㉠신입 회원. 【新入】
신입 사원 회사에 새로 들어온 사람.
신입생 새로 입학한 학생. 비새내기.
신:자 종교를 믿는 사람. 어떤 종교 집단에 속하여 있는 사람. 비교인. 신도. 【信者】
신작로[신장노] 큰 길. 한길. 새로 만든 길. 【新作路】
신장[1] 사람의 키. 비키. 【身長】
신장[2] 크기·세력·권리 따위를 늘이고 넓게 펴는 것. -하다. 【伸張】
신장[3] 건물 따위를 새로 꾸미는 것. 새 단장. ㉠신장 개업. 【新粧】
신:장[4] 척추 동물의 몸 안의 불필요한 물질을 오줌으로 걸러내는 구실을 하는 기관. 콩팥. 【腎臟】
신전 신을 모셔 놓은 커다란 집.
신정 양력 설. 양력 1월 1일. 반구정.
신제품 모양·기능 따위가 이미 만들어 판매하고 있는 것과 다른 새로 만든 제품.
신:조 굳게 믿어 지키고 있는 생각. ㉠생활 신조. 【信條】
신종 지금까지 없었던 새로운 종류. ㉠신종 산업. 【新種】
신주 죽은 사람의 이름을 적은 나무패. 【神主】
신:중 삼가고 조심스러움. ㉠신중을 기하다. -하다. -히.
신지식인 오늘날의 국가와 사회 발전에 알맞은 지식과 기술을 갖춘 사람. 【新知識人】
신진 어떤 분야에 새로 나아가는 것, 또는 그런 사람. ㉠신진 세력.
신진 대사 ①묵은 것이 없어지고 새 것이 대신 생김. ②물질 대사. 몸의 새 성분을 만들고, 노폐물을 배설하는 생리 작용.

신참 어떤 부서·단체·기관 등에 새로 들어오는 것, 또는 그런 사람. ㉮신참 기자. 반고참.

신채호〖사람〗[1880~1936] 대한 제국 말기의 언론인. 충청 북도 청주 출생. 호는 단재. 상하이 등지에서 독립 운동을 하였고, 국사 연구에 힘썼음. 【申采浩】

신천지 새로운 곳. 새로운 땅.

신청 어떤 일을 청함. ㉮노래를 신청하다. -하다. 【申請】

신청서 일을 맡은 기관에 어떤 일을 해 줄 것을 정식으로 요구하는 문서. 【申請書】

신체 사람의 몸. ㉮신체 검사. 비육체. 반영혼. 【身體】

신체 검사 몸의 건강 상태를 보건의 방식에 따라 검사하는 일.

신체 장애 태어날 때부터, 또는 병이나 사고로 몸에 이상이 있어 생활이나 일을 하는 데 불편한 사람.

신촌〖지명〗 서울 특별시 서대문구 신촌동 일대를 이름. 연세 대학교와 이화 여자 대학교 등이 있음.

신축[1] 새로 집·다리 등을 세움. ㉮학교를 신축하다. -하다. 【新築】

신축[2] 늘어남과 줄어듦. ㉮신축성이 좋은 바지. 【伸縮】

신축성 늘어나고 줄어드는 성질.

신출귀몰하다 귀신처럼 마음대로 나타났다 사라졌다 하다.

신출내기[신출래기] 어떤 일에 처음으로 나서서 아직 익숙하지 못한 사람.

신:탁 돈이나 그 밖의 재산을 신용있는 사람에게 관리시킴으로써 이익을 얻는 제도. ㉮투자 신탁. -하다. 【信託】

신탁 통치 국제 연합의 감독 아래, 스스로 나라를 다스릴 능력이 없는 후진국을 다른 나라가 통치하는 일. 【信託統治】

신탁 통치 이사회 신탁 통치에 관한 문제를 처리하기 위해 설치된, 국제 연합의 주요 기관의 하나임.

신통 ①모든 일이 헤아릴 수 없이 신기하게 통달함. ②이상하고 묘함. ㉮신통한 묘기. ③대견함. 비신기. -하다. -스럽다.

신통력[신통녁] 보통 사람이 할 수 없는 일을 마음대로 해낼 수 있는 신이나 귀신의 신기한 힘.

신판 책의 내용이나 체재를 새롭게 꾸민 것, 또는 그렇게 하여 만든 책. 【新版】

신품 새로운 물품. 【新品】

신품종 유전자를 잘 다루어서 만든, 지금까지 없던 새로운 생물의 품종. 【新品種】

신하 임금을 섬기는 벼슬아치. 【臣下】

신학 크리스트교의 교리나 신앙에 대해서 연구하는 학문. 【神學】

신학기[신학끼] 새로 시작되는 학기.

신학문[신항문] 재래의 한학에 대하여 근래에 서양에서 들어온 새로운 학문. 【新學問】

신형 옛날 것과 다른 새로운 형. ㉮신형 냉장고. 반구형. 【新型】

신:호 떨어져 있는 두 곳 사이에 일정한 부호를 써서 서로 의사를 통하는 방법. ㉮교통 신호. -하다.

신:호등 건널목, 횡단 보도에서 자동차나 사람의 통행을 통제하는 전기 불빛 장치.

신:호음 일정한 신호를 알리는 소리.

신:호탄 야간 전투에서 자기편끼리 서로 연락하기 위하여 쏘는 신호용 탄알. 【信號彈】

신:호하다 미리 정해 놓은 일정한 소리·색깔·빛·몸짓 따위의 표시를 사용하여 의사를 전달하다.

신혼 갓 결혼함. ㉮신혼 생활.

신화 역사가 있기 전의 전설로서 신을 중심으로 한 이야기. ㉮그리스 신화. 【神話】

신흥 새로 일어남. ㉵신흥 종교.
싣:다[싣따] ①짐을 차·배·수레 따위의 운반 기구에 올려놓다. 반내리다. ②글이나 그림 따위를 책이나 신문 등의 출판물에 인쇄하여 내다.
실: 고치·털·솜·삼 등을 가늘고 길게 자아내어 겹으로 꼰 것. 직물·자수·편물 등에 쓰임.
실감 실제로 느낌. 실제의 감정. 진실한 감정. ㉵실감나는 이야기. -하다. 【實感】
실:개울 산골짜기에서 흐르는 폭이 좁은 작은 개울.
실:개천 폭이 매우 좁은 개천.
실격[실껵] 기준에 미치지 못하여 자격을 잃음. -하다. 【失格】
실:고추 실같이 가늘게 썬 고추.
실권[실꿘] 실제로 행사할 수 있는 권리. 【實權】
실기 실지로 행하는 기술. ㉵실기 시험. 【實技】
실기 대회 재주나 기술을 실지로 나타내어 겨루는 큰 모임.
실:낱[실랃] 실의 올. 가는 실오라기.
실:낱같다 ①아주 약하고 가늘다. ②목숨·희망·기대 따위가 자칫하면 끊어질 것 같다. ㉵실낱같은 목숨.
실내 방이나 건물의 안. 반실외.【室內】
실내악[실래악] 집이나 좁은 장소에서 연주하기에 알맞은 음악. 본실내 음악. 【室內樂】
실내 장식 건축물의 안을 아름답게 꾸미는 일.
실내화 건물의 안에서만 신는 신발.
실:눈[실룬] 가늘고 작은 눈, 또는 가늘게 뜬 눈. ㉵실눈을 뜨고 바라보다.
실:뜨기 실의 두 끝을 마주 매어서 양쪽 손가락에 얻어 두 사람이 주고받고 하면서 여러 가지 모양을 만드는 놀이.
실랑이 남을 못견디게 굴어 시달리게 하는 짓. ㉵서로 잘했다고 실랑이를 하다. 비승강이. 본실랑이질. ×실갱이. -하다.
실력 실제로 가지고 있는 힘.
실력 행사 어떤 일을 이루려고 완력이나 무력 따위를 쓰는 일.
실례[1] 예의에 벗어나는 말이나 행동. 비결례. -하다. 【失禮】
실례[2] 구체적인 실제의 예. ㉵실례를 들어 설명하다. 비사례. 【實例】
실로 참으로. 정말로. ㉵실로 어이없는 사건이 일어나다.
실로폰 타악기의 한 가지. 음계의 순서대로 늘어 놓은 나무 토막을 한 개 또는 두 개의 채로 쳐서 소리를 냄. 【xylophone】

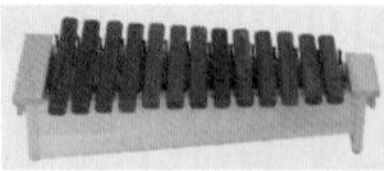
[실로폰]

실록 ①사실을 그대로 적은 기록. ㉵제2차 대전 실록. ②한 임금의 재위 기간 동안의 사적을 기록한 것. ㉵세종 실록. 【實錄】
실룩거리다 근육의 한 부분을 자꾸 움직이는 모양. 비실룩대다.
실리 실제로 보는 이익. 【實利】
실리카 겔 습기를 방지하기 위하여 사용하는 규산. 흰색의 단단한 알갱이로 되어 있음. 【silica gel】
실리콘 화학에서, 수정·차돌 따위의 주성분이 되는 아주 흔한 원소. 컴퓨터 칩·다이오드·트랜지스터 따위의 반도체를 만드는 데에 널리 씀. 원자 기호는 Si. 규소. 【silicon】
실린더 ①가스를 폭발시키는 기관이나 증기 기관 따위에서, 피스톤이 왔다 갔다 하는 둥글고 긴 통 모양의 장치. ②유리로 된 원통에 눈금이 새겨져 있는, 액체의 양을 재는 그릇. 【cylinder】
실:마리 ①감았거나 헝클어진 실의 첫머리. ②일의 첫머리. ③해결의 열쇠.

실망 바라는 대로 되지 않아 섭섭함. 비낙망. 반희망. -하다. 【失望】
실망감 바라는 대로 되지 않아 섭섭한 느낌. 【失望感】
실명[1] 눈이 멂. -하다. 【失明】
실명[2] 가명이나 필명 따위가 아닌 실제의 이름. 비본명. 반가명. 【實名】
실무 실제의 업무. 【實務】
실무자 ①어떤 사무를 맡아 하는 사람. ②실무에 익숙한 사람.
실물[1] 실제로 있는 물건, 또는 사람. 비현물. 【實物】
실물[2] 물건을 잃어버림, 또는 그 물건. -하다. 【失物】
실:바람 약하고 가는 바람.
실:밥[실빱] ①옷이나 수술한 데를 꿰맨 실이 드러난 부분. 예붕대를 풀고 실밥을 뽑다. ②바느질한 데에서 뜯어낸 실의 짧은 가닥. 예실밥을 잡아 당기자 단추가 떨어졌다.
실백 껍데기를 벗겨낸 알맹이 잣.
실:버들 가늘고 길게 늘어진 버들.
실비[1] 실지로 드는 비용. 예실비로 사들이다. 【實費】
실:비[2] 실처럼 가늘게 내리는 비.
실상[실쌍] ①실제의 상태. ②실제의 모양. 비실지. 【實狀】
실생활 공상이 아닌 실제의 생활. 현실 생활. 【實生活】
실선 끊어진 곳 없이 이어져 있는 선. 【失線】
실성[실썽] 정신에 이상이 생김. 미침. 예실성한 사람. -하다.
실세 실제의 세력, 또는 그런 세력을 가진 사람. 【實勢】
실소 더 참지 못하고 자기도 모르게 웃는 웃음. 예실소를 금할 수 없는 사건. -하다. 【失笑】
실속[실쏙] ①실제의 내용. 예실속 있는 생활. ②겉에 나타나지 않은 이익. 예실속을 차리다.
실수[실쑤] ①잘못하여 그르침. 예실수 때문에 일어난 사고. 비과실. 과오. 잘못. ②실례. -하다. 【失手】
실습[실씁] 실지로 익힘. 예과학 실습. -하다. 【實習】
실습생 배운 것을 현장에 가서 실지로 해 보고 익히는 학생.
실시 국가나 공공의 기관에서 실지로 행하는 것. 비시행. -하다. 【實施】
실신[실씬] 정신을 잃음. 의식을 잃은 상태. 비기절. 졸도. 【失神】
실실 괜히 슬며시 자꾸 웃는 모양. 예대답은 하지 않고 실실 웃기만 한다. >샐샐.
실:안개[시란개] 엷게 길게 낀 안개.
실언[시런] 하지 말아야 할 말을 실수로 말하는 것. 비말실수. -하다.
실업[1] 일자리를 잃어버림. 반취업. -하다. 【失業】
실업[2] 농업·상업·공업과 같은 생산·제작·판매 등을 하는 사업.
실업가 상공업·금융업 등에 관한 사업을 하는 사람.
실업 교육 상업·공업·수산업·농업 등 실업에 관한 교육을 가르치는 교육.
실업률[시럼뉼] 일을 할 수 있는 인구 가운데서 실업자가 차지하는 비율. 【實業率】
실업자[시럽짜] 직업이 없는 사람.
실없다[시럽따] 말이나 행동이 참되지 않아 미덥지 못하다. 예실없는 소리만 자꾸 한다. 실없이.
실:오라기 한 가닥의 실. 예실오라기가 가늘다. 비실오리.
실외[시뢰] 건물의 밖. 바깥. 반실내.
실용 실제로 이용하여 씀. 실제로 필요함. -되다. -하다. 【實用】
실용성 실제로 쓸 수 있는 것.
실용 신안 특허 이미 나와 있는 물건의 모양이나 구조 등을 전보다 더 좋게 고친 것에 대한 권리의 특허. 【實用新案特許】

ㅅ

실용적 실제로 이용되는 모양. 실제로 쓰는 데 편한 것. ㉥실용적인 가구. 【實用的】
실용화 실제로 유용하게 쓰이게 됨.
실은[시른] 사실을 말하자면. 실제로는. ㉥실은 나도 아직 가 보지 못했다.
실의[시리] 열심이나 의욕을 잃어버리는 것. ㉥시험에 떨어져 실의에 빠지다. 【失意】
실재 실제로 있음. ㉥실제의 사건. 반가상. 【實在】
실적[실쩍] 실제의 업적이나 성적. ㉥업무 실적이 좋다. 【實績】
실전 실제의 전투나 경기. ㉥실전 경험이 풍부하다. 【實戰】
실점 운동 경기 따위에서 점수를 잃는 것. 반득점. -하다. 【失點】
실정[실쩡] 실제의 사정. ㉥실정을 살피다. 비실태. 【實情】
실제[실쩨] 있는 그대로의 상태나 사실. ㉥실제 나이.
실제로 거짓이나 상상이 아니고 현실적으로. 진짜로.
실조 조화가 깨어지는 것. ㉥영양 실조. 【失調】
실족 발을 잘못 디딤. -하다. 【失足】
실존 실제로 존재하는 것. ㉥실존 인물. -하다. 【實存】
실종[실쫑] 종적을 잃음. 행방을 모름. ㉥전쟁 때 실종되다.
실증적 경험·관찰·실험 등에 의하여 증명이 되는 것.
실지[실찌] ①실제의 처지, 또는 경우. ②실제의 장소. 비실제.
실:지렁이 집 근처의 수채나 늪속에 사는 붉은 실오라기 모양의 지렁이〔물고기의 먹이 등으로 쓰임〕.
실직[실찍] 일자리를 잃어버림. 반취직. -하다. 【失職】
실직자 직업을 잃은 사람. 【失職者】
실질[실찔] ①사물의 실제의 내용이나 성질. ②꾸밈이나 거짓이 없는 본바탕. 【實質】
실질적 실질을 이루는 것. ㉥형식적인 것보다 실질적인 것이 낫다.
실책 잘못된 계책이나 처리. 비실수. 잘못. 【失策】
실천 실지로 이행함. ㉥이론대로 실천하기는 어렵다. 비실행. 반이론. -되다. -하다. 【實踐】
실천력 실천하는 능력. 【實踐力】
실:첩 여자가 늘 쓰는 실이나 헝겊 조각 따위를 넣어 두는 작은 종이 상자.
실체 ①실제로 있는 물체. ㉥실체를 확인하다. ②성질이나 작용의 본체. ㉥실험을 통해 실체를 파악한다. 【實體】
실추되다 명예나 권위가 떨어지다. ㉥아버지의 권위가 실추되다.
실컷[실컨] ①하고 싶은 만큼 한껏. 마음껏. ㉥그네를 실컷 타다. ②매우 심하게. 아주 많이. ㉥실컷 먹다.
실크 명주. 명주실. 【silk】
실:타래 아주 긴 실을 다시 쉽게 풀어 쓸 수 있도록 찬찬히 뭉쳐 놓은 것.
실탄 쏘아서 실제의 효력을 나타내는 탄알. 【實彈】
실태 사실 그대로의 상태. 실제의 형편이나 사정. 비실정.
실토 거짓말을 섞지 아니하고 사실대로 말함. -하다.
실:톱 실같이 가는 톱〔널빤지를 둥글게 도려 내는 데 쓰임〕.
실패[1] 일을 잘못하여 그르치는 것. ㉥실패는 성공의 어머니. 반성공. -하다. 【失敗】
실:패[2] 풀어서 쓸 수 있도록 실을 감아 두는 물건.
실:핏줄[실피쭐] 동맥의 끝부분과 정맥의 첫부분을 이루는 가느다란 핏줄. 살갗과 힘줄, 각 기관 등에 실뿌리처럼 갈라져 퍼져 있음. 비모세 혈관.

실하다 ①속이 꽉 차 있다. ㉬배추 속이 실하다. ②모자람이 없이 아주 넉넉하다. ㉬고추가 실하게 되었다. ③기운이 세다. ㉬몸이 실하다.

실학 ①실제로 소용되는 학문. ②조선 시대 영조·정조 때에 일어난 학풍. 학문은 실생활에 이용할 수 있는 것이어야 한다고 주장함. 우리가 개척한 학문임. 【實學】

실학자 실학을 연구하던 사람.

실행 실지로 행함. 비실천. 실시. -하다. 【實行】

실향민 전쟁이나 정치 때문에 고향을 잃고 타향살이 하는 사람. 【失鄕民】

실험 ①실제로 시험함. ㉬실험 실습. 비실습. ②실지의 경험. ㉬실험 결과. -하다. 【實驗】

실험 기구 실험을 하는 데 쓰이는 그릇·연장 등을 통틀어서 일컫는 말. 【實驗器具】

실험실 특별히 실험을 목적으로 만든 방. 【實驗室】

실험용 실험을 하는 데 쓰이는 것. ㉬실험용 생쥐. 【實驗用】

실현 실제로 나타남, 또는 나타냄. ㉬꿈이 드디어 실현되다.

실형 실제로 받는 형벌. 【實刑】

실화 실지로 있었던 사실의 이야기.

실황 실제의 상황. ㉬실황 방송.

실효 실제의 효력. 【實效】

실효성 실제의 효력이나 효과를 나타내는 것. 【實效性】

싫다[실타] ①마음이 언짢다. ②하고 싶지 않다. 반좋다.

싫어하다[시러하다] 마음에 안 들어 하거나, 하고 싶지 않다는 듯이 굴다. 반좋아하다.

싫증[실쯩] 몹시 싫은 생각. ㉬반복되는 일에 싫증을 느끼다. 비염증.

싫증나다 오랫동안 하거나 보거나 듣거나 하여 내키지 않거나 싫어하는 마음이 생기다. 비물리다. 질리다.

심 연필의 나무 속에 박혀 있어 글씨를 쓸 수 있게 된 부분. ㉬연필의 심이 잘 부러진다. 【心】

심각 정도가 아주 깊고 중대함. ㉬심각한 표정을 짓다. -하다.

심경 마음의 상태. ㉬심경을 솔직히 밝히다. 【心境】

심금 외부의 자극에 따라 감동하여 움직이는 마음. 【心琴】

심기 마음으로 느끼는 기분. ㉬심기가 불편하다. 【心氣】

심기 일전 지금까지의 생활 태도를 버리고 마음의 자세를 완전히 바꿈. 【心機一轉】

심:다[심따] ①초목의 뿌리를 땅 속에 묻고 흙을 덮다. ㉬나무를 심다. ②씨앗을 뿌리다. ㉬콩을 심다. 반캐다.

심드렁하다 마음에 들지 않아 관심이 없다.

심란[심난] 마음이 산란하여 걷잡을 수 없음. ㉬마음이 심란하다. -하다. 【心亂】

심려[심녀] 웃어른이 마음 속으로 매우 걱정함. ㉬심려치 마십시오. -하다. 【心慮】

심리[심니] 마음의 움직임. 마음의 상태. 【心理】

심리적[심니적] 마음의 움직임이나 상태와 관련된 것. ㉬약을 먹어서 심리적으로 위안이 된다.

심리학[심니학] 심리를 연구하는 학문.

심마니 산삼 캐는 일을 업으로 하는 사람.

심문 자세히 따져서 물음. ㉬피의자를 심문하다. -하다.

심벌즈 둥글고 얇은 두 개의 놋쇠판을 마주 쳐서 소리를 내는 악기. 【cymbals】

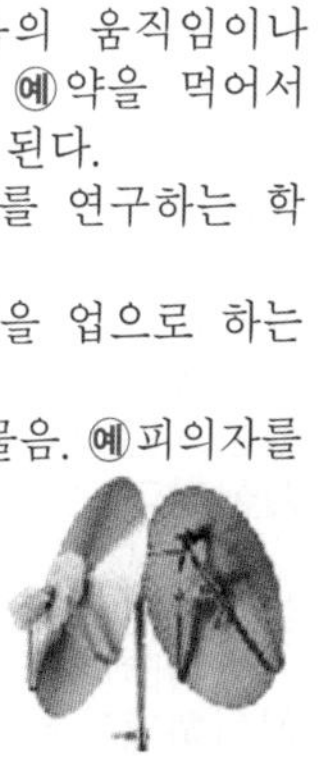
[심벌즈]

ㅅ

심보[심뽀] 주로 좋지 못한 마음씨. 비마음보.
심복 마음놓고 믿을 수 있는 부하. 마음으로 무조건 복종하는 사람. 본심복지인. 【心腹】
심:부름 남의 부탁을 받아 하는 일. -하다.
심:부름꾼 남의 심부름을 하는 사람.
심사[1] 자세히 살펴 조사함. 예서류 심사. -하다. 【審査】
심사[2] ①마음 속의 생각. 예심사가 뒤틀리다. ②남의 일을 방해하거나 그르치려는 마음. 예심사가 사납다. 【心思】
심:사 숙고 깊이 잘 생각함.
심사원 심사를 맡은 사람.
심상 대수롭지 않고 예사스러움. 예분위기가 심상치 않다. 비범상. 반비상. 【尋常】
ㅅ
심상찮다[심상찬타] 뜻하지 않은 나쁜 일이 생길 듯하다. 예사롭지 않다. 예분위기가 심상찮다.
심성 본디 타고난 마음씨. 예심성이 착하다. 【心性】
심술 너그럽지 못하고 고집스러운 마음씨. 【心術】
심술궂다[심술굳따] 심술이 몹시 많다. 예내 짝은 언제나 심술궂게 군다.
심술꾸러기 심술이 많은 사람. 남이 잘 되는 것을 방해하기 좋아하는 사람. 비심술쟁이.
심술보 심술이 많은 못된 사람을 낮추어 이르는 말.
심술쟁이 심술이 많은 사람. 비심술꾸러기.
심신 마음과 몸. 예심신 단련.
심심찮다[심심찬타] 잦다. 빈번하다. 예심심찮게 도난 사고가 발생한다.
심심풀이 할 일이 없이 시간을 보내기 위하여 무엇을 함.
심심하다[1] 재미도 없고 시간 보내기가 지루하다. 예할 일이 없어 심심하다.
심심하다[2] 맛이 조금 싱겁다. 예김치가 심심하다.

> **'심심하다'와 '싱겁다'의 차이**
>
> • **심심하다** : 음식이 아주 맵거나 짜거나 시지 않고, 먹기에 좋을 만한 것을 뜻함. 사람의 말이나 행동에 대해서는 쓰이지 않음. 예국이 심심하다./나물이 심심해서(×싱거워서) 맛있다.
>
> • **싱겁다** : 음식에 간을 덜 넣어 알맞게 짜지 못한 것을 뜻함. 사람의 말이나 행동에 대해서도 쓰임. 예사람이 싱겁다. (×심심하다)

심야 깊은 밤. 반백주. 【深夜】
심양【지명】 중국 라오닝성의 중심 도시. 교통의 요지이며 경제의 중심지. 중국 최대의 공업지대. 옛이름은 봉천.
심오[시모] 사물의 뜻이 매우 깊고 오묘함. -하다. 【深奧】
심:의[시미] 제출된 안건을 상세히 검토하고 그 가부를 논의함. 예예산안 심의. 【審議】
심장 온몸의 핏줄이 모여 있는 복숭아 모양의 기관. 비염통.
심장 마비 심장이 갑자기 고장을 일으켜서 멈추는 것.
심장병 심장에 생기는 병.
심장부 ①심장이 있는 곳. ②가장 중요한 부분. 예적의 심장부.
심적[심쩍] 마음에 관련된 것. 예심적인 변화. 【心的】
심정 마음의 상태. 마음씨. 예울고 싶은 심정. 【心情】
심중 마음 속. 예심중을 헤아리다.
심증 범죄의 구체적인 증거는 없으나 마음으로 범인이라고 느끼는 것. 반물증. 【心證】
심지[1] 등잔·남포·초·알코올 램프 등의 액체를 빨아올려 불을 붙이게 된 물건.

심지[2] 무엇을 하려고 마음에 품은 의지. ㉥심지가 굳다. 【心志】

심:지어 그보다 더 심하게는, 더 나아가서. ㉥심지어 남을 중상모략까지 하다.

심:청가 고대 소설 '심청전'을 바탕으로 만든 판소리.

심:청전〖책명〗 조선 시대의 소설. 심청의 희생적인 효성이 아버지의 눈을 뜨게 한다는 내용. 지은이와 연대는 알 수 없음. 【沈清傳】

심취 어떤 것에 깊이 빠져 도취함. ㉥문학에 심취하다.

심:층 생각이나 사물의 속의 깊은 부분. ㉥심층 분석.

심통 괜히 못마땅해하거나 투정을 부리는 궂은 마음씨. 비심술.

심:판 ①법원에서 사건을 심리하여 판결함. ②운동 경기 등의 이기고 짐을 가리는 일, 또는 그 사람. -하다. 【審判】

심폐 지구력 몸을 세게 움직일 때 필요한 심장·허파·혈관 등의 견디는 능력.

심포니 ①교향곡. 교향악. ②'심포니 오케스트라'의 준말. 【symphony】

심:하다 정도에 지나치다.

심:해 깊이가 200미터 이상 되는 깊은 바다. 【深海】

심혈 있는 대로의 힘. 온 정신. ㉥심혈을 기울이다. 【心血】

심호흡 깊숙이 공기를 들이마셨다가 내뱉었다 하며 크게 숨을 쉬는 일.

심:화 어떤 것의 정도가 더욱 깊어지거나 커지거나 심하게 되는 것. ㉥갈등이 심화되다. 【深化】

심:훈〖사람〗[1901~1936] 소설가·영화인. 본명은 대섭. 농촌 계몽 소설인 〈상록수〉를 발표하고 유명해졌음. 주로 대중적이며, 계몽적인 소설을 많이 썼음. 작품으로는 〈먼동이 틀 때〉〈영원의 미소〉 등이 있음. 【沈熏】

심:히 정도가 매우 심하게. 몹시. 매우. ㉥이번 사고에 대해 심히 안타깝게 생각합니다.

십 숫자 10의 한자 이름으로 '열'을 뜻함. ㉥십 년. 【十】

십계명 기독교에서, 하나님이 모세를 통하여 이스라엘 민족에게 내린 10가지의 가르침. 【十誡命】

십년감수 아주 위험한 상황으로 혼이 났다가 겨우 벗어났다는 말. -하다. 【十年減壽】

십대[십때] 10세에서 19세까지의 나이, 또는 그런 나이의 사람들.

십만 양병설 율곡 이이 선생이 일본의 침략에 대비하여 국방을 튼튼히 하자고 한 주장.

십분 충분히. 넉넉하게. ㉥실력을 십분 발휘하다. 【十分】

십상[십쌍] 그러할 가능성이 아주 높은 것. ㉥그렇게 놀기만 하다간 꼴등하기 십상이다.

십이월[시비월] 한 해의 열두 번째 달. 【十二月】

십이지장 위 가까이에 있는 작은 창자의 일부분으로 소화에 필요한 담즙 및 소화액을 장에 보냄. 샘창자.

십일월[시비뤌] 한 해의 열한 번째 달. 【十一月】

십자가 ①지난날, 서양에서 죄인을 사형할 때 쓰던 십(十)자 모양의 형틀. ②크리스트교를 나타내는 십자형의 표지. 【十字架】

십자군 중세 시대 유럽에서 기독교인들이 이슬람 교인들이 점령한 팔레스타인을 찾기 위해 일으킨 군대. 【十字軍】

십자말풀이 가로와 세로로 여러 줄을 그어 모눈 빈칸을 만들고, 주어진 실마리를 풀어 그 빈칸에 가로와 세로로 낱말을 써 넣게 하는 놀이.

십자매 참새와 비슷하며 몸길이 12cm가량. 털빛은 갈색과 흰색이 섞인 것이 많으며 잘 자람.

[십자매]

십장생 죽지 않고 오래 산다는 '해·산·물·돌·구름·솔·불로초·거북·학·사슴'의 열 가지.

십중팔구 〔열 가운데 여덟이나 아홉이 된다는 뜻으로〕 거의 그러할 것이라는 추측을 이르는 말.

십진법 일상 생활에서 쓰는, 열을 기본 단위로 하여 수를 세는 방법.

십(10)진수 수를 10배할 때마다 한 자리씩 위로 올라가는 수.

싯누렇다[신누러타] 매우 누렇다. (예) 벼가 싯누렇게 익은 들녘. >샛노랗다.

싯다르타 석가모니가 출가하기 전, 태자 때의 이름. 【Siddhārtha】

싱가포르【나라】 말레이 반도의 남쪽 끝에 있는 작은 섬나라. 생고무·주석·직물 등의 무역항이며, 남양 어업의 근거지임. 수도는 싱가포르.

싱겁다(싱거우니, 싱거워서) ①짜지 않다. (예)국이 싱겁다. ②말이나 하는 짓이 체격에 어울리지 않고 멋적다. (예)일반적으로 키 큰 사람은 성격이 싱겁다.

싱그럽다(싱그러우니, 싱그러워서) 생기를 띠고 싱싱하다.

싱글거리다 눈과 입을 슬며시 움직이며 소리 없이 자꾸 웃다. >생글거리다. (센)씽글거리다.

싱글벙글 소리 없이 입으로 웃는 모양. -하다.

싱글싱글 은근한 태도로 연해 부드럽게 눈웃음치는 모습. (예)싱글싱글 웃기만 하다. >생글생글. (센)씽글씽글. -하다.

싱긋[싱귿] 좀 다정한 표정으로 한 번 웃어 보이는 모양. <씽끗. >생긋.

싱숭생숭 마음이 들떠 어수선하고 갈팡질팡하는 모양.

싱싱하다 ①시들거나 상하지 않고 생기가 있다. (예)싱싱한 야채. ②산뜻하고 상쾌하다. (예)바닷바람이 싱싱하게 느껴지다. >생생하다. (센)씽씽하다.

싱크대 서서 물을 흘려 보내며, 그릇이나 먹을거리를 씻을 수 있도록 만든 부엌 시설. 【sink臺】

싶다[십따] 말끝 '-고'의 아래에 쓰이어, 하고자 하는 마음이 있음을 나타내는 말. (예)먹고 싶다.

싶어하다[시퍼하다] 어떤 행동을 하고자 하는 마음이 있거나, 그런 마음을 겉으로 드러내다. (예)놀고 싶어하다.

ㅆ(쌍시옷[쌍시옫]) 'ㅅ'의 된소리.

싸구려 ①품질이 좋지 않은 값싼 물건. ②시가보다 싸게 파는 물건. ③장수가 싸다는 뜻으로 외치는 소리.

싸늘하다 날씨 같은 것이 매우 산산하고 좀 추운 기운이 있다. (예)싸늘한 바람. <써늘하다. (여)사늘하다. 싸늘히.

싸다[1] 값이 보통보다 낮다. (비)저렴하다. (반)비싸다.

싸다[2] 물건을 보자기나 종이 안에 넣어 보이지 않게 하다.

싸다[3] 비밀을 잘 지키지 못하고 남의 얘기를 잘 퍼뜨리는 버릇이 있다. (예)그 친구는 입이 싸다.

싸다[4] 똥이나 오줌을 함부로 누다. (비)누다. 배설하다.

싸다니다 여기 저기를 마구 돌아다니다. (비)쏘다니다.

싸라기 벼를 찧을 때 잘게 부스러진 쌀.

싸라기눈 빗방울이 내리다가 갑자기 찬 공기에 얼어서 떨어지는 싸라기 같은 눈. (준)싸락눈.

싸리나무 콩과의 갈잎넓은잎떨기나무. 산지에 남. 잎은 세 잎이 나오고 한 여름에 붉은 자주색 꽃이 핌. 나무 껍질은 섬유용으로, 잎은 사료로 쓰임.

싸매다 둘러 말아서 꼭 매다.

싸안다[싸안따] 휘감아 싸서 안다.

싸우다 이기려고 다투다.

싸움 싸우는 일. ㉨쌈. -하다.

싸움질 싸우는 짓. -하다.

싸움터 싸움이 벌어진 곳. ㉥전장. 전쟁터.

싸이다 ①무엇에 넣어져서 두루 말리거나 덮이다. ㉦포대기에 싸인 아이. ②무엇에 둘려서 가려지거나 막히다. ㉦밤나무 숲에 싸인 내 고향.

싸전 쌀과 그 밖의 곡식 등을 파는 가게. ㉥미전. 쌀가게.

싹 ①식물의 씨에서 처음으로 돋아난 어린 잎이나 줄기. ㉦새싹. ②남김없이 죄다. ㉦피로가 싹 가시다.

싹둑 길고 연한 물건을 단번에 베거나 자르는 소리나 모양. ㉦기르던 머리를 싹둑 자르다.

싹싹 무엇을 맞대서 가볍게 비비는 모양이나 소리를 나타냄. ㉦어머니께 용서해 달라고 싹싹 빌다.

싹싹하다 상냥하고 예절이 바르다. ㉦싹싹한 성격. ‹썩썩하다.

싹트다 ①식물의 싹이 생겨나다. ②일이 생겨나기 시작하다. ㉦새로운 기운이 싹트다. ㉥움트다.

쌀 ①벼의 열매의 껍질을 벗긴 알맹이. ②벼과 곡식의 알맹이를 통틀어 이르는 말〔보리쌀·좁쌀 등〕.

쌀가게 쌀을 파는 가게. ㉥싸전.

쌀겨 쌀을 찧을 때 낟알에서 떨어져 나오는 얇은 속껍질의 가루.

쌀뜨물 쌀을 씻고 난 뿌연 물.

쌀밥 멥쌀로 지은 밥.

쌀쌀맞다 성질이나 태도 따위가 다정하지 않고 차갑다.

쌀쌀하다 ①날씨가 으스스하도록 차다. ㉦쌀쌀한 겨울 바람. ②정다운 맛이 없고 냉정하다. ㉦쌀쌀한 태도. 쌀쌀히.

쌀알[싸랄] 쌀의 낟알. ㉥낱알.

쌀집 쌀을 파는 가게. 쌀가게.

쌀통 쌀을 넣어 두는 통.

쌈: 싸우는 일. ㉯싸움. -하다.

쌈밥 상추·깻잎 따위에 여러 가지 반찬과 쌈장을 넣고 밥과 함께 먹는 음식.

쌈장 쌈을 먹을 때 넣어 먹는, 양념을 한 고추장이나 된장.

쌈지 담배·부시 등을 담는 주머니. 헝겊 또는 종이로 만듦.

쌉쌀하다 조금 쓴 맛이 있다. ㉦인삼은 맛이 쌉쌀하다. ‹씁쓸하다.

쌍 ①둘씩 짝을 맞춘 것. ㉦병아리 세 쌍. ②암컷과 수컷. ㉦한 쌍의 잉꼬. 【雙】

쌍기역 한글의 겹닿소리 글자인 'ㄲ'의 이름.

쌍꺼풀 겹으로 된 눈꺼풀.

쌍둥이 한 어머니한테서 한꺼번에 태어난 두 아이. ㉥쌍생아. ×쌍동이.

쌍디귿 한글의 겹닿소리 글자인 'ㄸ'의 이름.

쌍떡잎식물 싹이 틀 때 두 개의 떡잎이 마주 붙어 나는 식물〔나팔꽃·콩·벚나무 따위〕. ㉤외떡잎식물.

쌍방 대립하고 서로 관계되는 양쪽. ㉥양방. 양쪽. ㉦쌍방이 처벌을 받았다. 【雙方】

쌍벽 ①두 개의 구슬. ②여럿 가운데에서 특별히 뛰어난, 우열이 없는 둘. 【雙璧】

쌍비읍 한글의 겹닿소리 글자인 'ㅃ'의 이름.

쌍수 환영하는 표시로 높이 쳐든 두 손. 양손. ㉦쌍수를 들고 반기다.

쌍시옷[쌍시옫] 한글의 겹닿소리 글자인 'ㅆ'의 이름.

쌍쌍이 둘씩 짝을 지은 모양. (준)쌍쌍.

쌍안경 두 개의 망원경을 나란히 붙여, 두 눈으로 동시에 먼 데 있는 물체를 가까이 보이게 한 기계.

쌍지읒[쌍지은] 한글의 겹닿소리 글자인 'ㅉ'의 이름.

쌓다[싸타] ①겹겹이 포개어 놓다. (예)쌀가마니를 쌓다. ②돌 따위를 차곡차곡 포개어 어떤 높은 물건을 만들다. (예)담을 쌓다. 둑을 쌓다. ③기술·경험·지식 따위를 많이 얻어 가지다. (예)수양을 쌓다. 공적을 쌓다.

쌓이다[싸이다] 물건이나 일 따위가 한데 많이 겹치다. (예)눈이 쌓이다. ×싸이다.

쌔근거리다 숨을 가쁘게 쉬다. [비]쌔근대다. <씨근거리다. (여)새근거리다.

쌔근쌔근 어린아이가 깊이 자는 모양. (예)쌔근쌔근 잠자는 아이. <씨근씨근. (여)새근새근. -하다.

쌔:다 아주 흔하다. (예)요즈음은 먹을 것이 쌨다.

쌕쌕 숨을 조금 가쁘고 세게 쉬는 소리나 모양. <씩씩. (여)색색.

쌩 무엇이 매우 빠르고 세차게 지나가는 소리나 모양. <씽.

쌩쌩 ①바람이 빠르고 세차게 스쳐 지나며 잇달아 내는 소리. (예)바람이 쌩쌩 불다. ②사람이나 물건이 매우 빠르게 잇달아 스쳐 지날 때 나는 소리. (예)차들이 쌩쌩 달리다. <씽씽.

써늘하다 몹시 찬 느낌이 있다. >싸늘하다. (여)서늘하다.

써:레 갈아 놓은 논 바닥을 고르거나 흙덩이를 잘게 하는 데 쓰는 농기구의 하나.

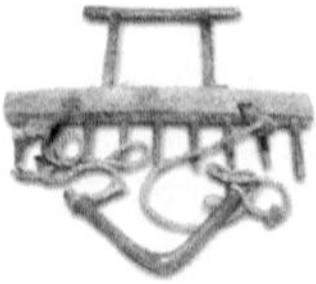

[써레]

써:레질 써레로 흙덩이를 부수고 고르게 펴는 일. 모심기 직전에 함. -하다.

썩 ①아주. 상당히. (예)음식 맛이 썩 괜찮은 편이다. ②지체없이 빨리. (예)내 앞에서 썩 나가!

썩다 ①좋은 재주나 능력을 제대로 못 쓰게 되다. (예)여기서 썩기에는 아까운 재능. ②물건의 성질이 변하다. (예)생선이 썩다.

썩썩 무엇을 비비거나 쓸거나 자르는 모양이나 소리. >싹싹.

썩이다[써기다] 근심과 걱정을 많이 하게 하여 마음을 상하게 하다. (예)부모님 속 좀 그만 썩이고 착하게 살아라.

썩히다[써키다] ①물질을 썩게 하다. (예)아까운 음식을 썩히다. ②재능·물건 따위를 제대로 이용하지 못하다. (예)좋은 재주를 썩히지 말고 잘 활용해라.

썰:다(써니, 써오) 물건을 잘게 동강내어 자르다. (예)떡을 썰다.

썰렁하다 ①서늘하거나 차거나 춥다. (예)방 안이 썰렁하다. ②분위기가 갑자기 어색하다. (예)아버지가 화를 내시자 분위기가 썰렁해졌다.

썰매 ①눈 위나 얼음판에서 사람이나 짐을 싣고 다니는 기구. ②아이들이 얼음 위에서 미끄럼타는 놀이 기구.

썰물 바닷물이 빠져서 해면이 낮아지는 현상. [비]간조. [반]밀물.

쏘가리 농어과의 민물고기로 길이 40~50cm. 옆으로 납작하며 온몸이 황갈색이고, 머리가 길고 입이 크며 맛이 좋음.

쏘:다 ①듣는 사람의 마음이 뜨끔하게 느낄 만한 말로 말하다. (예)따끔하게 쏘아 주다. ②총알을 날아가게 하다. (예)총을 쏘다.

쏘다니다 갈 데나 안 갈데나, 일이

있으나 없으나 가리지 않고 바쁘게 돌아다니다. 비싸다니다.

쏘아보다 날카롭게 노려보다. 예너무 그렇게 쏘아보지 마라.

쏘아붙이다 듣는 사람의 마음이 뜨끔하게 느낄 만한 말로 말해 버리다.

쏘이다 벌에게 쏨을 당하다. 예벌에 쏘여서 볼이 부었다.

쏙 ①몹시 내밀거나 푹 들어간 모양. 예문을 열고 얼굴을 쏙 내밀다. ②깊이 밀어 넣거나 쉽게 빠지는 모양. 예손가락에 낀 반지가 쏙 빠졌다. ＜쑥. ③매우 만족스러운 모양. 예나는 네가 마음에 쏙 들어.

쏙쏙 머릿속에 잘 기억되는 모양. 예선생님의 설명이 머리에 쏙쏙 들어온다.

쏜살같이[쏜살가치] 날아가는 화살같이 매우 빠르게. 예쏜살같이 달려가다.

쏟다[쏟따] ①그릇에 담긴 물건을 거꾸로 붓다. ②마음을 기울이다. 예정성을 쏟다.

쏟아지다[쏘다지다] 한 꺼번에 많이 떨어지거나 몰려나오거나 생겨나다. 예박수 갈채가 쏟아지다.

쏠다 쥐나 좀 등이 물건을 물어 뜯거나 씹어 구멍을 내다.

쏠리다 ①한 쪽으로 치우쳐 몰리다. 예시선이 쏠리다. ②솔깃하여 마음이 그 곳으로 내키다. 예마음이 쏠리다.

쐐:기 움직이지 못하도록 물건과 물건 틈에 박는 물건. 예쐐기를 박다.

쐬:다 바람·연기·햇볕 따위를 직접 받다. 예찬바람을 쐬며 돌아다니다.

쑤군거리다 자꾸 세게 수군거리다. 예사람들이 나를 바라보며 쑤군거리고 웃는다. 비쑤군대다. ＞쏘곤거리다. 여수군거리다.

쑤군대다 목소리를 낮추어 비밀히 말하다. 비쑤군거리다.

쑤다 곡식의 알맹이나 가루를 물에 끓여 익게 하다. 예죽을 쑤다.

쑤시다 바늘로 찌르는 것처럼 아프다. 예어깨가 쑤시다.

쑥 국화과의 여러해살이풀. 줄기 높이는 60～90cm로 잎은 국화잎 같고 향기가 있으며, 연한 것은 떡에 넣어 먹고 쇤 것은 약재로 쓰임.

쑥갓[쑥깓] 잎이 들쭉날쭉하며, 향기가 좋고 부드러워 주로 상추와 함께 날것으로 먹는 채소.

쑥대머리 머리카락이 마구 흐트러져 어지럽게 된 머리.

쑥대밭[쑥때받] ①쑥이 무성하게 우거진 거친 땅. ②불타거나 허물어진 채 오래 버려 둔 집이나 장소. 폐허. 비쑥밭.

쑥덕거리다[쑥떡꺼리다] 남이 알아듣지 못하게 어떤 사람과 서로 수군대며 이야기하다. ＞쏙닥거리다. 여숙덕거리다.

쑥떡 말린 쑥을 쌀가루와 섞어 쪄서 만든 떡.

쑥쑥 ①아무런 거리낌없이 자유스럽게 자라는 모양. 예콩나물이 쑥쑥 자라다. ②머릿속에 잘 기억되는 모양. 예책이 재미있어서 내용이 쑥쑥 들어온다. ＞쏙쏙.

쑥스럽다(쑥스러우니, 쑥스러워서) 하는 짓이나 모양이 어울리지 않아 어색하고 멋적다. 비겸연쩍다.

쑨원〖사람〗[1866～1925] '손문'을 중국 음으로 읽은 것. 중국의 정치가. 삼민주의를 주장하고 신해 혁명 후 중화민국의 대총통이 되었으나, 위안 스카이(원세개) 일파에게 실권을 빼앗긴 뒤에 국민당을 조직, 1924년 제1차 국공 합작에 성공하고 북벌을 단행 하였으나 목적을 이루지 못하고 이듬해 병사하였음. 중국의 국부로 추앙됨. 【孫文】

쓰개치마 지난날 여자들이 외출할 때 머리부터 몸의 윗 부분을 가리어 쓰던 치마.

쓰다[1](써, 써서) 사용하다. ㉥최고의 재료를 써서 요리를 만들다.

쓰다[2](써, 써서) 글씨를 적다. ㉥칠판에 이름을 쓰다.

쓰다[3](써, 써서) 모자 등을 머리에 얹다. ㉥모자를 쓰다.

쓰다[4] ①맛이 약이나 씀바귀 따위의 맛과 같다. ㉥한약은 쓰다. 반달다. ②마음이 언짢고 싫다.

쓰다듬다[쓰다듬따] 귀여워서 손으로 어루만지다.

쓰라리다 상한 자리가 쓰리고 아프다. ㉥무릎이 까져서 쓰라리다.

쓰러뜨리다 무엇을 쓰러지게 하다. 넘어뜨리다. ㉥나무를 베어 쓰러뜨리다.

ㅅ

쓰러지다 쌓여 있거나 서 있던 것이 한쪽으로 쏠리어 넘어지다. ㉥과로로 쓰러지다.

쓰레기 ①비로 쓸어 낸 먼지. ②못 쓰게 되어 내버릴 물건. ㉥음식물 쓰레기.

쓰레기장 여러 곳의 쓰레기를 모으거나 버릴 수 있도록 시설을 갖추어 놓은 곳.

쓰레기 종량제 쓰레기를 내보내는 양에 따라 치우는 값을 매기는 제도.

쓰레기통 쓰레기를 모아 두는 통.

쓰레받기 빗자루로 쓴 쓰레기를 담아 내는 기구.

쓰레질 비로 쓸고 청소하는 일. -하다.

쓰르라미 매미보다 조금 작고, 여름에서 가을에 아침과 해질녘에 '쓰르람 쓰르람' 하고 우는, 날개가 투명한 곤충.

쓰리다 ①다친 상처에 매운 것이나 짠 것이 닿은 것처럼 아프다. ㉥불에 덴 데가 쓰리다. ②마음이 매우 아프다. ㉥강아지가 사라져서 가슴이 쓰리다.

쓰시마 섬〖지명〗 우리 나라와 일본 규슈 사이에 있는 섬. '대마도' 라고도 함. 【Tsushima섬】

쓰이다[1] ①사용되거나 이용되다. ㉥창고로 쓰이는 집. ②관심이 쏠리다. ㉥나는 철수에게 자꾸 마음이 쓰인다.

쓰이다[2] 글자가 써지다. ㉥'주차 금지' 라고 쓰인 표지판이 있다.

쓰임새 무엇에 쓰이는 성질, 또는 쓰이는 일. ㉥쓰임새가 많은 물건. 비쓸모. 용도.

쓱 ①한번 문지르거나 비비는 모양. ㉥입을 쓱 문지르다. ②행동이 거침이 없는 모양. ㉥문이 열리면서 누가 쓱 들어섰다.

쓱싹쓱싹 톱질·줄질 등을 할때 나는 소리. -하다.

쓱쓱 ①일을 거침없이 해내는 모양. ㉥아무리 어려운 일을 맡겨도 금세 쓱쓱 해치운다. ②자꾸 문지르거나 비비는 모양. ㉥얼굴을 손으로 쓱쓱 문지르다.

쓴맛[쓴맏] 어떤 일에 실패하여 생긴 마음의 아픔.

쓴웃음[쓰누슴] 기가 막히거나 마지못해 웃는 웃음.

쓸개 간에 붙어 있는 작은 고무 풍선 모양의 푸른 주머니. 간에서 만들어진 쓸개즙을 저장해 두었다가 십이지장으로 내보내는 내장. 비담낭.

쓸개즙 간에서 만들어져 쓸개에 저장되었다가 음식물이 지날 때에 십이지장에서 나와서 지방의 소화를 돕는 소화액.

쓸다 ①비로 쓰레기 따위를 밀어내거나 한데 모아 치우다. ㉥골목을 쓸다. ②몸의 일부를 손으로 어루만져 문지르다. ㉥아이의 아픈 배를 쓸어 주다. ③돈이나 물건 따위를 혼자 독차지 하다. 예상을 모두 혼자 쓸어가다.

쓸데없다[쓸떼업따] ①소용이 없다. 예쓸데없는 물건. ②아무 값어치가 없다. 예쓸데없는 말.

쓸데없이[쓸데업씨] 소용없이. 아무 가치가 없이. 예쓸데없이 돌아다니지 마라.

쓸리다 자꾸 닿아 살갗이 아프게 벗겨지다. 예새로 입은 바지에 쓸리어 살이 아프다.

쓸모 쓰일 만한 가치. 쓰일 자리. 예집이 쓸모가 있게 꾸며져 있다. 비쓰임새. 용도.

쓸쓸하다 마음이 허전하고 적적하다. 비외롭다.

씀바귀 국화과에 딸린 여러해살이풀. 봄에 뿌리·줄기 및 어린 잎을 먹음.

씀씀이[씀쓰미] 돈이나 물건 따위를 쓰는 일이나 비용. 예씀씀이가 크면 돈을 모을 수 없다.

씁쓸하다 ①맛이 조금 쓰다. ②마음이 안 내키고 언짢다. 예기분이 씁쓸하여 바람을 쐬러 밖으로 나왔다.

씌우다 머리에 쓰게 하다.

씨 식물의 싹이 트는 근본이되는 알맹이. 비씨앗. 종자.

씨감자 씨앗으로 쓸 감자.

씨근덕거리다 숨을 거칠고 가쁘게 몰아쉬다. 비헐떡거리다.

씨눈 식물의 씨 속에서 자라 싹이 되는 부분.

씨름 예로부터 우리 민족이 즐기던 고유의 운동 경기. -하다.

[씨름]

씨름판 씨름이 벌어지고 있는 곳.

씨방 암술대 밑에 붙어 있고 밑씨가 들어 있는 통통한 주머니 모양의 부분.

씨실 피륙을 가로 건너 짜는 실. 비북실. 반날실.

씨아 목화씨를 빼는 기구.

씨알 ①곡식의 낱알. ②물고기의 크기. 예씨알이 굵은 붕어.

씨암탉[씨암탁] 병아리를 까게 하기 위해 기르는 암탉.

씨앗[씨앋] 곡식이나 채소 등의 씨. 비종자. 씨.

씨족 사회 핏줄을 같이 하는 사람을 중심으로, 한데 모여사는 원시 사회. 【氏族社會】

씨줄 피륙의 가로 실. 반날줄.

씩 소리 없이 싱겁게 한 번 얼핏 웃는 모양. 예선생님은 나를 보고 씩 웃으셨다.

씩씩 숨을 매우 가쁘고 거칠게 쉬는 소리나 모양. >쌕쌕. 여식식.

씩씩거리다 화가 나거나 숨이 차서 숨을 자꾸 크게 내쉬다. 비씩씩대다. >쌕쌕거리다. 여식식거리다.

씩씩하다 굳세고 위엄이 있다.

씰룩거리다 근육의 한 부분을 갑자기 여러 번 움직이다. 예입을 씰룩거리다.

씹다 ①입에 넣고 이로 잇달아 자꾸 깨물다. 예껌을 씹다. ②남을 나쁘게 말하다.

씹히다[씨피다] 무엇이 씹어지다. 예밥을 먹는데 돌이 씹히다.

씻기다[씯끼다] ①씻어지다. 예빗물에 씻긴 들판. ②다른 사람의 몸이나 얼굴 따위를 물로 깨끗하게 해주다. 씻어 주다. 예얼굴을 씻기다.

씻다 ①물로 더러운 것을 없애다. 예손을 씻다. ②누명을 벗다.

씽긋 가볍게 얼른 웃는 모양. >쌩긋. 여싱긋.

씽씽하다 기운과 힘이 매우 왕성하다. >쌩쌩하다. 여싱싱하다.

ㅅ

ㅇ

ㅇ (이응) 한글 닿소리(자음)의 여덟째 글자.

-아[1] 받침 있는 말 아래 붙어서 어른이 아이를 부르 때나 친구나 동물을 부를 때 쓰는 말. ㉵영철아. 길동아.

아[2] 기쁨·슬픔·칭찬·뉘우침·귀찮음, 또는 강한 느낌을 받았을 때 내는 소리. ㉵아, 슬프다.

아[3] 한글의 홀소리 글자인 'ㅏ'의 이름.

아가 '아기'를 귀엽게 부르는 말.

아가리 ①그릇·병·주머니 따위의 물건이 드나드는 곳, 또는 부분. ㉵유리병은 아가리가 좁아서 수세미가 안 들어간다. ②'입'의 속된 말.

아가미 물고기나 조개 등의 숨 쉬는 기관.

아가씨 아직 결혼하지 않은 여자나 젊은 여자를 일컫는 말.

아가페 안간에 대한 신의 사랑, 또는 신·이웃에 대한 인간의 사랑.

아관 파천 조선 말기인 1896년 2월에 고종과 태자가 러시아 공사관으로 옮겨 가 약 1년간 거처한 사건.

아교 짐승의 가죽·뼈 등을 고아 굳힌 풀. 비갖풀.

아:군 우리 편의 군대. 비우군. 반적군. 【我軍】

아궁이 가마·방·솥 등에 불을 때기 위하여 만든 구멍. ㉾아궁.

아귀[1] 아귀과의 바닷물고기. 암초가 있는 곳이나 바닷말이 무성한 곳에서 삶. 몸길이는 1m 가량이고, 대가리는 넓적하고 크며 몸통과 꼬리는 짧음.

아귀[2] ①딱 들어맞는 수효. ㉵수입과 지출의 아귀가 잘 맞지 않는다. ②말의 조리. ㉵네 말은 아귀가 잘 맞지 않는다. ③물건이 드나들 수 있도록 갈라진 곳. ㉵서랍장의 아귀가 잘 맞지 않아 열고 닫기가 힘들다.

아귀다툼 '말다툼'을 낮추어 이르는 말. 서로 악을 쓰며 헐뜯고 다투는 것. -하다.

아기 어린 아이를 귀엽게 이르는 말. ×애기.

아기자기 여러 모로 예쁜 모양. 오순도순 재미있는 모양. -하다.

아까 조금 전에. 앞서.

아깝다 (아까우니, 아까워서) ①마음에 들어 버리거나 잃기가 싫다. ㉵그냥 버리기에는 아깝다. ②귀하여 함부로 할 수가 없다. ㉵시간이 아깝다.

아끼다 ①귀하게 여기어 함부로 쓰지 아니하다. ㉵돈을 아끼다. 비절약하다. 반낭비하다. ㉵자연을 아끼다. ②해가 되지 않게 하려고 애쓰다.

아낌없이[아끼멉씨] 아까워하는 마음 없이. ㉠어려운 학생들을 위하여 재산을 아낌없이 내놓다.
아낌없이 주는 나무〖책명〗 미국의 셸 실버스타인이 지은 동화로, 자신을 다 주면서도 행복해 하는 나무와 그저 받기만 하는 한 소년의 이야기.
아나운서 방송국에서 보도의 일을 맡아 보는 사람. 【announcer】
아낙네 남의 집 부인을 흔히 일컫는 말. ㉣아낙.
아날로그 어떤 수치를 길이·시간·각도 따위의 연속된 양으로 나타내는 일. 바늘로 시간을 나타내는 시계, 수은주의 길이로 온도를 나타내는 온도계 따위가 그 방식을 씀. ㉠아날로그 시계. 반디지털. 【analogue】
아내 남자의 짝이 되어 사는 여자. 비처. 반남편.
아네모네 미나리 아재비과의 여러해살이풀. 알뿌리에서 나온 줄기 끝에 3~6cm 되는 꽃이 핌.
아녀자 ①'여자'를 낮추어 이르는 말. ②어린아이와 여자. ㉠아녀자들이나 하는 일.
아늑하다[아느카다] 둘러싸여 있는 장소가 조용하고 편안한 느낌이 있다. ㉠산기슭에 있는 아늑한 마을.
아니[1] 말 앞에 놓여 부정 또는 반대의 뜻을 나타내는 말. ㉠아니 땐 굴뚝에 연기 나랴. ㉣안.
아니[2] ①'그렇지 않다'는 뜻으로 대답하는 말. ㉠네가 그랬니? 아니. 반응. ②놀라거나 의아스러움·감동 등을 나타내는 말. ㉠아니, 선생님 왜 그러세요?
아니꼽다(아니꼬우니, 아니꼬워서) ①비위에 거슬리어 구역질이 날 듯하다. ②하는 짓이나 말이 같잖아 불쾌하다.
아니다 사실을 부정할 때 쓰는 말. ㉠이 사람의 말은 사실이 아니다. 반그렇다.
아니리 판소리에서, 창을 하는 중간중간에 가락을 붙이지 않고 이야기하듯 엮어 나가는 사설.
아니야 친구나 아랫 사람에게 부정의 뜻을 힘주어 나타내는 말. ㉠아니야, 인간은 누구나 평등해. ㉣아냐.
아니요 묻는 말에 '그렇지 않습니다'는 뜻으로 대답하는 말. ㉠아니요, 저는 떠들지 않았습니다. 반예.
아니하다 '-지' 아래 붙어 부정의 뜻을 나타내는 말. ㉠아름답지 아니하다. ㉣않다.
아닌밤중[아닌밤쭝] 뜻하지 아니한 때. 갑자기 불쑥. 느닷없이. ㉠아닌 밤중에 홍두깨.
아:담 보기 좋게 말쑥함. 고상하고 깨끗함. ㉠아담하게 지은 한옥. -하다. -스럽다. -히.
아동 ①어린아이. ㉠아동들을 위한 동화집. ②초등학교의 어린이. 비소아. 어린이. 【兒童】
아동극 ①어린이가 펼쳐 보이는 연극. ②어린이를 대상으로 상연하는 연극. 【兒童劇】
아동기 어린이인 시기. 보통 유년기와 청년기의 중간에 해당되는 6, 7세~12, 13세까지임. 【兒童期】
아동복 어린이가 입도록 만든 옷.
아동 복지법 아동의 인권과 행복한 생활을 보장하기 위해 필요한 여러 가지 제도를 정한 법률.
아둔하다 영리하지 못하고 어리석다.
아드님 남을 높이어 그의 '아들'을 이르는 말. 반따님.
아득하다[아드카다] ①끝없이 멀다. ㉠갈길이 아득하다. ②까마득하게 오래다. ㉠아득한 옛날. 아득히.
아들 자식 중의 남자. 반딸.

ㅇ

아등바등 어떤 일을 이루려고 매우 힘들게 계속 애쓰는 모양. ㉞잘 살아 보겠다고 아등바등 애를 쓰다. ×아둥바둥.

아따 무슨 일이 못마땅하게 느껴질 때 하는 말. ㉞아따, 웬 공치사가 그리 많으십니까. <어따.

아뜩하다[아뜨카다] 갑자기 머리가 핑 돌아 정신을 잃고 쓰러질 듯하다. 비아찔하다.

아라비아 서남 아시아에 있는 세계 최대의 반도. 대부분이 사막이며 석유가 많이 묻혀 있음. 【Arabia】

아라비아 숫자 0, 1, 2, 3, 4, 5, 6, 7, 8, 9의 10개 숫자. 이 10개의 숫자를 십진법으로 맞추면 어떤 수라도 나타낼 수 있음. 아라비아인이 인도 사람에게 배워 유럽에 전함.

아라비안 나이트『책명』 아라비아 지방을 중심으로 페르시아·인도 지방을 무대로 한 약 250가지의 이야기를 모은 것. 아라비아의 왕이 왕비에게 배반당한 뒤 3년간 매일 새로운 왕비를 선택하여 죽였는데, 셰헤라자데라는 여자가 왕의 마음을 풀어 주기 위해 천 하룻동안 한 이야기라 해서 '천일야화'라고도 함. 이중에서 특히 〈알라딘의 요술램프〉〈신밧드의 모험〉〈알리바바와 40인의 도둑〉 등은 잘 알려진 이야기임. 【Arabian nights】

아람 밤·상수리 등이 나무에 달린 채 잘 익은 상태, 또는 그 열매. ㉞아람이 벌어진 밤송이.

아랍 국가 이슬람교를 믿는 지역에서 아라비아어를 사용하는 나라를 통틀어 일컫는 말. 서아시아와 북아프리카에 있음.

아랑곳없다[아랑고덥따] 남의 일을 알려고 들거나 간섭할 필요가 없다.

아래 ①물건의 땅으로 향한 쪽. ②지위나 신분이 낮은 쪽. ㉞아랫사람을 돌봐주다. ③다른 것보다 못한 쪽. 비밑. 반위.

아래뜸 아래 쪽에 있는 작은 동네. 반위뜸.

아랫도리[아래또리] ①사람 몸의 허리 아래의 부분. 비하반신. ②치마나 바지 따위와 같은, 허리 아랫부분에 입는 옷. 비하의. 반윗도리.

아랫목[아랜목] 구들을 놓은 방에서 아궁이에 가까운 쪽의 방바닥. 반윗목.

아랫사람[아래싸람] ①손아랫사람. 반웃어른. ②지위가 낮은 사람. 부하. 반윗사람.

아:량 너그럽고 깊은 마음씨.

아련하다 생각이나 기억 등이 희미하다. 가물가물하다. ㉞아련한 옛 추억. 비어렴풋하다. 아련히.

아:령 쇠의 양쪽 끝이 작은 공 모양이며 중간은 손으로 잡을 수 있게 만든 운동 기구.

[아령]

아로새기다 ①또렷하고 솜씨 좋게 새기다. ②마음 속에 또렷이 기억해 두다. ㉞선생님 말씀을 가슴에 깊게 아로새기다.

아롱거리다 무엇이 희미하고 자주 흔들리는 듯하여 또렷하게 보이지 않다. ㉞햇빛을 한참 보고 나니, 눈앞에 이상한 무늬들이 아롱거린다. 비아롱대다.

아롱다롱 여러 가지 빛깔의 작은 점이나 줄 따위가 뒤섞여 촘촘하게 무늬를 이룬 모양. <어룽더룽. 센알롱달롱. -하다.

아롱아롱 점이나 줄이 여기저기 고르게 무늬를 이룬 모양. <어룽어룽.

아롱지다 아롱아롱한 무늬가 있다.
아뢰다 말씀드리다. '알리다'의 높임말. ㉠임금님께 아뢰다.
아르 한 변의 길이가 10m인 정사각형의 넓이의 단위. 1아르는 100제곱미터이며, 기호는 'a'. 【are】
아르곤 백열 전구, 형광등, 진공관 따위에 넣고 막아서 쓰는 빛깔이나 냄새가 없는 기체 원소. 【argon】
아르바이트 ①일. 노동. ②본래의 직업 외에 임시로 하는 일. ㉥부업. -하다. 【arbeit】
아르키메데스〖사람〗[?기원전 287~기원전 212] 고대 그리스의 과학자. 지레의 원리와 아르키메데스의 원리(비중의 법칙) 따위를 발견 하였음. 【Archimedes】
아르헨티나〖나라〗 남아메리카의 남동부에 있는 공화국. 주요 산업은 농업·목축업이며, 밀·쇠고기의 생산이 세계적으로 유명함. 수도는 부에노스아이레스. 【Argentina】
아른거리다 무엇이 조금 보이다 안 보이다 하다. ㉠희미한 물체가 아른거리다. ㉥아른대다. 〈어른거리다. ㉦알른거리다.
아른아른 자꾸 아른거리는 모양을 나타냄. ㉠가족들의 얼굴이 눈 앞에 아른아른 떠오른다. 〈어른어른
아름 두 팔로 껴안은 둘레의 길이. ㉠나무의 둘레가 두 아름이나 된다.
아름다움 ①소리·빛깔·모양 따위가 마음에 즐겁고 기쁜 느낌을 자아낼 만큼 고운 것. ㉠한복의 아름다움. ②하는 일이나 마음씨 따위가 훌륭하고 착한 것.
아름답다(아름다우니, 아름다워) 예쁘고 곱다. ㉠장미꽃이 아름답다.
아름드리 한 아름이 넘는 큰 나무나 물건. ㉠아름드리 나무.
아리다 ①음식이 혀끝을 톡 쏘는 느낌이 있다. ②상처가 찌르는 것같이 아프다.
아리땁다(아리따우니, 아리따워) 마음이나 태도가 썩 아름답다.
아리랑 우리 나라에서 널리 부르는 민요의 하나. ㉯아리랑 타령.
아리송하다 비슷비슷한 것이 뒤섞여서 또렷하게 알아 내기 어렵다. ㉠아리송한 대답.
아리아 가곡에 나오는 아름다운 선율의 독창곡. 【aria】
아리안 인도 유럽 어족에 딸린 인종을 통틀어 이르는 말. 【Aryan】
아리타〖지명〗 일본의 지방이름. 임진왜란 때 우리 나라 도공들이 잡혀가 살던 곳.
아릿하다[아리타다] 조금 아리다. 마음이 조금 아프다. ㉠명치가 아릿하게 아파 왔다.
아마 확실하게 말할 수 없는 말 앞에 '대개·거의'의 뜻으로 쓰는 말. ㉠아마 지금쯤 도착 했을 것이다.
아마도 '아마'를 강조 하는 말.
아마존 강 브라질에 있는 세계 제2의 강. 남아메리카의 안데스 산맥에서 브라질 고원을 거쳐 대서양으로 흘러들어감. 【Amazon 江】
아마추어 ①직업적이 아닌 운동가·기술자·예술가. ㉠아마추어 바둑. ②어느 일에 익숙하지 못한 사람. ㉡프로. ㉤아마. 【amateur】
아메리고 베스푸치〖사람〗 약 450년 전 아메리카 대륙을 탐험한 이탈리아의 탐험가. 【Amerigo Vespucci】
아메리카 대륙 태평양·대서양·북극해로 둘러싸인 대륙. 파나마 지협에 의하여 남북으로 갈라짐〔발견자인 아메리고 베스푸치의 이름에 의하여 붙여진 이름임〕.
아메바 단세포의 원생 동물. 가장 원시적인 생물로 큰 것이 0.2mm이며 형태가 일정하지 않음.

아몬드 서양에서 나는, 고소한 맛이 나는 씨. 【almond】
아:무 ①꼭 이름을 지정하지 않은 어떤 사람. 예아무나 이리 오너라. ②확실하지 않음을 나타내는 말. '아무런'·'조금도'의 뜻. 예아무 걱정 하지 마라.
아:무개 주로 성 다음에 써서, 이름 대신에 누구를 가르키는 말. 예김 아무개라는 사람에게 전화 왔었다.
아:무것 무엇이라고 꼭 지정하지 아니하고 이를 때 쓰이는 말. 어떤 것. 예아무것이든 좋다.
아:무래도 ①노력을 하여도 결국에는. 예아무래도 시험에 떨어질 것 같다. ②아무리 생각해 보아도. 예아무래도 꿈만 같다.
아:무렇게 되는 대로. 마구. 예글씨를 아무렇게나 쓰지 말아라. 본아무러하게.
아:무려면 사정이나 처지가 아주 나빠져도. 설마한들. 예아무려면 내가 널 못 본 체하겠니.
아:무렴 '말할 것도 없이 그렇다', '물론'을 뜻하는 말. 예아무렴, 그렇고말고. 준암.
아:무리 ①어떻게 하여도. 암만하여도. 예아무리 잠을 자려고 해도 잠이 오지 않는다. ②'설마 그럴 리는 없다'는 뜻으로 쓰이는 말.
아:무짝 어느 곳. 어느 방면. 예아무짝에도 못 쓰겠다.
아:무쪼록 될 수 있는 대로. 비부디. 모쪼록.
아:무튼 아무렇게나 하든지. 어떻게나 되었든지. 비여하튼. 본아무러하든. ×아뭏든.
아문센〖사람〗[1872∼1928] 노르웨이의 탐험가. 1911년 처음으로 남극에 도달함. 1926년 최초로 비행선을 타고 북극을 횡단함. 【Amundsen】
아물거리다 눈이나 정신이 희미하여 똑똑하게 보이지 않다. 비아물대다.
아물다(아무니, 아무오) 부스럼이나 상처가 나아서 맞붙다. 예상처가 아물다. 반덧나다.
아물아물 ①눈이 희미하여 똑똑하게 보이지 않는 모양. ②말이나 행동을 분명하지 않게 하는 모양. 반또렷또렷. -하다.
아미노산 생물체의 단백질을 이루는 가장 중요한 유기 물질.
아미치스〖사람〗[1846∼1908] 이탈리아의 소설가. 여행을 몹시 즐겨 세계 각지를 돌아다니며 풍속을 조사하기도 하였고 여행기도 썼으며, 1886년 소설 〈쿠오레〉를 써서 유명해짐. 【Amicis】
아바마마 옛날에, 임금이나 임금의 자식이 자기 아버지를 일컫는 말.
아방궁 ①중국 진시황의 궁. ②아주 크고 화려한 집을 일컫는 말.
아버지 남자 어버이. 반어머니. 높아버님. 낮아비.
아범 ①자식을 둔 아들을 그 부모가 부르거나 가르키는 말. ②아내가 부모에게 자기 남편을 가리켜서 이르는 말. 비아비. 반어멈.
아베 마리아 천주교에서 성모 마리아를 찬양하는 노래.
아부 남의 비위를 맞추고 알랑거림. 비아첨. -하다. 【阿附】
아비 ①'아버지'를 낮추어 부르는 말. ②아내가 남편을 부모에게 말할 때 쓰는 말. 비아범. 반어미.
아비규환 심한 고통과 혼란에서 벗어나기 위해 마구 다투는 상태.
아빠 '아버지'의 어린이 말. 반엄마.
아뿔싸 잘못되거나 언짢은 일을 뉘우쳐 깨달았을 때 내는 소리.
아:사 굶어 죽음. 예아사 직전에 놓인 난민들. 비기사. -하다.
아사달 단군이 고조선을 세울 때의 도읍지로, 지금의 평양 부근이라고

함. 【阿斯達】

아산군〖지명〗 충청 남도 천안 서쪽에 있는 고장〔이순신 장군의 묘와 현충사가 있음〕. 【牙山君】

아삭아삭[아사가삭] 싱싱하고 연한 과일이나 채소를 자꾸 씹는 소리를 나타냄. ㉮사과를 아삭아삭 맛있게 먹고 있다.

아서라 그렇게 하지 마라. ㉮아서라, 그러지 마라.

아성 ①우두머리가 있는 성. 본거지. ②아주 중요한 곳. ㉮적의 아성을 무너뜨리다. 【牙城】

아세테이트 합성 섬유. 물에 강하고 부드러우나 변질하는 결점이 있음. 본아세테이트인견. 【acetate】

아세톤 냄새가 독하고 빛깔이 없고 밝은 액체. 페인트나 합성 고무로 만든 풀 따위를 엷게 하든가 지우는 데 쓰며, 공기 중에서 쉽게 증발함. 【acetone】

아수라 불교에서, 싸움을 일삼는 나쁜 귀신. 【阿修羅】

아수라장 많은 사람이 법석을 떨어 야단이 난 곳. 비수라장.

아쉬움 바라는 만큼 되지 않아 아깝고 서운한 마음.

아쉽다(아쉬우니, 아쉬워서) ①필요할 때에 없거나 모자라서 마음에 만족하지 못하다. ②아깝고 서운하다. ㉮친구들과 헤어져 아쉽다.

아스라이 잘 보이지 않든가 잘 안들릴 만큼 멀리. ㉮아스라이 바라다 보이는 수평선의 배.

아스완 댐 이집트의 나일강 중류에 건설된 댐으로, 나일강의 물을 조절하여 사막을 농토로 바꿀 목적으로 건설함. 남쪽에 새로 건설한 아스완 댐은 세계 최대의 댐임.

아스파라거스 백합과의 여러해살이 풀. 어린 줄기는 먹기도 함.

아스팔트 도로 포장·방수에 이용되는 색이 검은 물질. 【asphalt】

아스피린 몸의 열이나 아픔을 없애든가 낮추는 데에 쓰이는 흰 약.

아슬아슬 ①잘못될까봐 두려워서 조마조마한 모양. ㉮아슬아슬하게 지각을 면하다. ②근심스러운 고비를 맞아 조마조마한 상태. ㉮승패가 결정지어지는 아슬아슬한 순간. -하다.

아슴푸레하다 기억이 몹시 희미하다. <어슴푸레하다.

아시아 세계 6대주의 하나. 한국·일본·중국·인도·시베리아 등이 포함된 세계에서 가장 큰 대륙. 아시아주. 【Asia】

아시아 경기 대회 아시아 여러 나라의 친선과 평화를 목적으로 열리는 운동 경기 대회. 4년에 한 번씩 열리는 데, 1951년 뉴델리에서 제1회가 열린 후 각국에서 순차로 개최함. 제10회 경기가 1986년에 우리 나라 서울에서 개최되었음. 비아시안 게임.

아시아 태평양 경제 협력체 1989년에 한국을 비롯한 태평양 주변의 여러 나라가 경제 협력과 무역 증진을 목적으로 만든 기구. 약칭은 에이펙(APEC).

아:씨 지난날, '양반의 젊은 부인'을 높이어 부르는 말.

아:악 고려 때부터 내려오던 궁중 음악. 조선 때 세종 대왕이 박연을 시켜 대성하였음. 【雅樂】

아양 귀여움을 받으려고 일부러 하는 애교있는 말이나 몸짓. ㉮아양을 떨다.

아역 연극이나 영화에서 어린이의 역, 또는 그 역을 맡은 배우.【兒役】

아연 비교적 무른 청백색의 금속. 쓰이는 곳이 많음. 기호는 'Zn'.

아연실색하다 몹시 놀라서 얼굴에 핏기가 없어지다.

아:열대[아열때] 열대와 온대의 중간이 되는 지대. ㉬아열대 기후.

아예 ①처음부터. ㉬아예 그 일은 시작도 하지 마라. ②절대로.

아오지〖지명〗 함경 북도 경흥군 북부에 있는 두만강 연변의 한 읍. 우리 나라, 중국, 소련의 국경에 위치한 무연탄광 지대.

아옹다옹 서로 트집을 잡아 자꾸 다투는 모양.

아우 형제 사이에서 자기보다 나이가 적은 사람. 비동생. 반언니. 형.

아우르다 여럿을 한데 모아 한 덩어리가 되게 하다. ㉬여러 사람의 돈을 아울러서 장학 기금으로 삼다. ‹어우르다.

아우성 여러 사람이 기세를 올려 악을 쓰며 지르는 소리. 여러 사람이 뒤섞여 지르는 소리.

아우트라인 ①대강의 줄거리. ②윤곽. 【outline】

아욱 아욱과에 딸린 한해살이풀. 채소의 한 가지로 연한 줄기와 잎으로 국을 끓여 먹음.

아울러 여럿을 한데 합하여. 여럿을 함께. ㉬나무심기와 아울러 산불 예방에 힘쓰다.

아웃 ①테니스·축구·탁구·배구 등의 경기에서 공이 일정한 선 밖으로 나가는 것. ②야구에서 타자나 주자가 공격할 자격을 잃는 일. 반세이프. 【out】

아이 어린 사람. 준애.

아이디어 생각. 구상. 【idea】

이이러니 ①풍자. 비꼼. 반어. ②전하려는 생각의 반대되는 말을 써서 효과를 높이는 표현 법. 【irony】

아이맥스 영화 사람의 눈으로 볼 수 있는 최대 크기의 화면의 영화. 가로 25m, 세로 18m의 큰 화면에 웅장한 음향이 특징임. 항공 촬영에 의하여 만들어짐. 서울 여의도 63층 건물 내에 설치되어 있음.

아이보리 코끼리의 큰 어금니 또는 그 색깔. ㉬아이보리 색. 【ivory】

아이스박스 얼음을 넣어서 쓰는 작은 냉장고 【icebox】

아이스 쇼 얼음판에서 스케이트를 타면서 여러 가지 재주를 보이는 일. 【ice show】

아이스 캔디 과즙이나 향료·우유·설탕 등을 넣은 물을 얼려서 만든 과자. 【ice candy】

아이스 케키 꼬챙이를 끼워서 만든 얼음 과자. 【ice cake】

아이스 크림 우유·달걀·설탕 등을 녹인 물을 크림 모양으로 얼린 부드러운 과자. 【ice cream】

아이스 하키 빙구. 얼음판에서 스케이트를 지치면서, 끝이 구부러진 막대기로 고무공을 몰아 상대방의 골에 넣는 운동 경기. 한 팀은 6명으로 선수의 교체가 자유이며, 시간은 20분씩 3회임. 【ice hockey】

아이아르시 국제 적십자. 적십자 국제 위원회. 【IRC】

아이에이이에이 국제 원자력 기구. 1957년에 창설되었으며, 원자력의 평화적 이용을 목적으로 하는 국제 기구. 【IAEA】

아이엘오 국제 노동 기구. 세계 노동자의 노동 조건 개선 등을 목적으로 활동하고 있는 국제 연합의 전문 기구. 【ILO】

아이엠에프 국제 통화 기금. 국제 금융기관의 한 가지. 【IMF】

아이젠하워〖사람〗 2차 대전 때 연합군 사령관이며, 미국의 제34대 대통령. 【Eisenhower】

아이콘 컴퓨터에서 실행할 수 있는 명령을 나타낸 그림. 마우스로 그림을 선택하여 명령을 실행함. 【icon】

아이큐 지능 검사에 나타난 지능의 발달 정도를 수치로 나타내는 것.

지능 지수. 【IQ】

아인슈타인〖사람〗[1879~1955] 독일에서 태어난 미국의 물리학자. 1905년에 특수 상대성 이론, 1916년에 일반 상대성 이론을 발표하였으며, 1921년에 노벨 물리학상을 받았음. 【Einstein】

아작아작[아자가작] 좀 단단한 과일이나 채소를 씹을 때 나는 소리. ㉮오이를 아작아작 씹어 먹다.

아장아장 어린아이나 키가 작은 사람이 얌전하고 귀엽게 걷는 모양.

아쟁 거문고와 비슷하며, 대쟁보다 조금 작고 7개의 줄로 된 우리 나라 고유의 현악기.

[아쟁]

아저씨 ①부모와 같은 항렬의 남자. ②부모와 같은 또래의 사람을 정답게 부르는 말. 반아주머니. 낮아재. 아재비.

아전 지난날, 고을의 관청에 딸린 낮은 벼슬아치. 【衙前】

아좌 태자〖사람〗 백제 위덕왕의 아들. 597년 일본으로 가 쇼토쿠 태자의 초상화를 그림.

아주 ①매우. 썩. 대단히. ㉮아주 잘했다. ②완전히. 영원히. ㉮일을 아주 망쳤다.

아주까리 대극과의 한해살이풀. 줄기는 2m가량. 잎은 넓적하며 손바닥 모양으로 깊이 갈라져 있음. 8~9월에 꽃이 피며 씨로 기름을 짬. 피마자.

아주머니 ①부모와 같은 항렬의 여자. ②부녀자를 정답게 부르는 말. 반아저씨.

아지랑이 봄이나 여름철, 강한 햇살을 쬔 땅으로부터 아른거리며 피어오르는 공기의 움직임. ×아지랭이.

아직 ①때가 이르지 못함의 뜻. 채. ㉮아직 봄이 멀었다. ②전에 있던 일이 달라지지 아니함의 뜻. ㉮아직까지 자고 있다. 반벌써.

아직기〖사람〗 백제의 학자. 근초고왕 때 일본에 건너가 일본 태자의 스승이 됨. 【阿直岐】

아직껏[아직껃] 아직까지. 지금에 이르기까지. ㉮그런 괴상한 동물은 아직껏 본 적이 없다.

아직도[아직또] 계속하여 지금도. ㉮형은 아직도 자고 있다.

아:집 자기 생각만 내세우는 것. ㉮아집을 버리지 못하다.

아쭈 남의 행동이나 말을 가볍게 보거나 조금 비웃으면서 내는 소리. <어쭈.

아찔하다 갑자기 어지럽고 눈앞이 캄캄하다. 비아뜩하다. <어찔하다.

아차 잘못된 것을 갑자기 깨달았을 때 내는 소리. ㉮아차, 깜박 잊고 도시락을 안 가져왔네.

아참 무엇을 깜박 잊었다가 떠올릴 때 내는 소리. ㉮아참, 내 정신 좀 봐.

아첨 남에게 잘 보이기 위하여 비위를 맞추어 알랑거림. 비아부. -하다.

아치 ①건축 기술의 하나로 창이나 문의 위쪽을 둥글게 쌓아 올린 것. ②축하·환영의 뜻으로 소나무·측백 등의 푸른 나무로 둥글게 만든 것. 【arch】

아침 ①날이 새어 아침밥을 먹을 때까지의 동안. ②'아침밥'의 준말. 비조반. 조식. 반저녁.

아침거리 아침 식사를 만들 재료.

아침놀 아침에 해가 뜰 때 하늘이 붉게 보이는 것. 본아침 노을.

아카데미 ①학문·예술에 관한 지도적이고 믿을 만한 단체. 학술원·한림원·예술원 등을 이름. ②대학이나 연구소 따위를 두루 이르는 말. 【academy】

ㅇ

아카시아 콩과에 딸린 갈잎큰키나무. 미국이 원산지로 높이 12~15m이고 가지에 가시가 있음. 초여름에 흰 꽃이 술 모양으로 늘어져 피며 향기가 좋음.

아코디언 양손으로 들고 주름상자를 폈다 접었다 하면서 건반을 눌러 소리를 내는 악기. 손풍금. 【accordion】

[아코디언]

아크릴 투명한 판·병·그릇이나 가늘게 뽑아 올실을 만드는 재료로 쓰이는 합성 수지. 【acryl】

아킬레스 그리스 신화에 나오는 영웅. 호머의 시 일리아드의 주인공. 불사신이었으나 약점인 발뒤축에 화살을 맞고 죽었다 함. 【Achilles】

아테네〖지명〗 그리스의 수도. 아티카 반도 서부에 있음. 고대 그리스 문명의 중심지였으며, 유명한 관광도시로, 파르테논 신전을 비롯하여 수많은 유적과 고대 건축물이 있음. 【Athenai】

아토피성 피부염 어린 아이의 피부가 까칠까칠해지고 몹시 가려운 증세를 보이는 피부병.

아틀라스[1] 그리스 신화에서 하늘 나라를 혼란하게 한 죄로, 아프리카 서북안에서 어깨로 하늘을 떠받치고 서 있게 된 거인. 【Atlas】

아틀라스[2]〖지명〗 아프리카 서북부 튀니지·알제리·모로코에 걸친 지방. 【Atlas】

아틀리에 화가나 조각가가 일을 하는 방. 화실. 【atelier】

아파치족 미국의 뉴멕시코 주와 애리조나 주에 살고 있던 아메리칸 인디언의 한 부족. 【Apache 族】

아파트 한 채의 건물 안에 여러 가구가 따로따로 살게 된 주택. 본아파트먼트 하우스. 【apartment】

아파하다 아픔을 느끼거나 괴로워하다. 예슬픈 소식을 듣고 몹시 가슴 아파하다.

아펜젤러〖사람〗[1858~1902] 미국 선교사로 배재 학당을 세우고 성경 번역에 힘을 쓴 사람.

아편 양귀비 열매에서 나오는 진액을 모아 말린 갈색의 물질. 진통제·설사·이질약으로 널리 쓰임. 중독성이 있음. 【阿片】

아편 전쟁 아편 문제를 중심으로 영국과 청나라 간에 일어난 전쟁(1840~1842). 청나라가 영국의 아편 수입을 금지한 것을 구실로 일어났는데 청나라가 패하여 난징 조약을 맺고 홍콩을 영국에 넘겨 줌.

아폴로 십일(11)호 사람을 싣고 처음으로 달에 착륙한 미국의 우주선.

아폴론 고대 그리스 신화 중 태양·예언·궁술·의료·음악 및 시의 신. 비아폴로. 【Apollon】

아프가니스탄〖나라〗 아시아 남서부의 이란 고원의 북동부를 차지하는 나라. 밀·목화·사탕수수 따위를 산출하며, 주요 수출품은 양가죽임. 수도는 카불. 【Afghanistan】

아프다(아프니, 아파) 몸이나 마음이 몹시 괴롭다. 예다친 다리가 아프다.

아프로디테 그리스 신화에 나오는 아름다움과 사랑의 여신. 로마 신화의 비너스에 해당함.

아프리카〖지명〗 유럽의 남쪽에 있는 세계 제2의 대륙. 이집트·나이지리아·남아프리카 공화국 따위의 나라가 속해 있음. 【Africa】

아픔 몸이나 마음의 고통.

아하 미처 생각지 못했던 일을 깨달았을 때 내는 소리. 예아하, 바로 그 사람이었구나.

ㅇ

아ː호 문인·학자·화가 등이 본이름 외에 따로 지어 부르는 이름.
아홉 여덟에 하나를 더한 수. 비구.
아ː황산 공해의 원인이 된, 이산화황이 물에 녹아 생기는 산성 액체.
아ː황산가스 황이나 황의 화합물을 태울 때 생기는, 빛깔이 없는 해로운 기체.
아흐렛날 ①아홉째 날. ②'초아흐렛날'의 준말. 준아흐레.
아흔 팔십 구에 하나를 더한 수. 비구십.
악[1] 있는 힘을 다하여 마구 쓰는 기운. 예악을 쓰고 덤비다.
악[2] 착하지 않음. 올바르지 아니함. 예선과 악의 대결. 반선. 【惡】
악곡[악꼭] ①음악의 곡조. ②곡조를 나타낸 부호. 【樂曲】
악공[악꽁] 옛날에, 궁중에서 음악을 연주하던 사람. 【樂工】
악기 음악을 연주할 때에 쓰이는 기구〔현악기·관악기·타악기 등이 있음〕. 【樂器】
악녀 성질이 모질고 나쁜 여자. 반선녀. 【惡女】
악단 음악을 연주하는 단체. 예관현악단. 경음악단. 【樂團】
악담 남을 못되도록 저주하는 말. 반덕담. -하다. 【惡談】
악당 악한 무리. 비악한. 【惡黨】
악대 음악을 연주하기 위하여 조직된 단체. 음악대. 비악단.
악독 마음이 모질고 독함. 예악독한 행동. -하다. -히. -스럽다.
악동 ①행실이 나쁜 아이. ②장난꾸러기. 【惡童】
악랄[앙날] 매섭고 표독함. 예악랄한 수단. -하다. -히. 【惡辣】
악마[앙마] ①착한 행동을 방해하는 나쁜 귀신. ②흉악한 사람을 비유하는 말. 반천사. 【惡魔】
악명 악하기로 소문난 이름이나 나쁜 평판. 【惡名】
악몽[앙몽] 좋지 못한 꿈. 무서운 꿈. 흉악한 꿈. 비흉몽. 반길몽.
악물다(악무니, 악무오) 매우 성이 나거나 아플 때, 또는 무엇을 단단히 결심할 때 아래위의 이를 힘주어 물다.
악바리 성미가 깐깐하고 고집이 세며 모진 데가 있는 사람.
악법 사회에 해가 되는 나쁜 법률. 예악법도 법이다. 【惡法】
악보 음악의 곡조를 일정한 기호로 써 나타낸 것. 비음보. 곡보.
악사 극장이나 댄스 홀 따위에 고용되어 악기로 음악을 연주하는 사람. 【樂士】
악상 악곡을 짓기 위한 작곡가의 생각, 또는 그 주제. 【樂想】
악성[1] 뛰어난 음악가. 대음악가. 음악계의 성인. 예악성 베토벤. 【樂聖】
악성[2] ①모질고 독한 성질. ②고치기 어려운 병의 성질. 예악성 종양. 반양성. 【惡性】
악센트 ①말 가운데서의 어떤 음절, 글 가운데서의 어떤 말을 특히 높이거나 힘주어 발음하는 것. ②어느 한 점을 특히 강조하는 일.
악수 반가운 인사로 서로 손을 마주 잡음. -하다. 【握手】
악습 나쁜 습관. 못된 버릇.
악쓰다(악쓰니, 악써) 악을 내어 소리 지르거나, 악에 받쳐 행동하다.
악어 악어과의 파충류를 통틀어 이르는 말. 모양이 도마뱀과 비슷하나 훨씬 크며 열대 지방의 호수나 강에 사는 큰 동물.

[악어]

악역[아격] 연극이나 영화 따위에서 나쁜 사람으로 나오는 배우, 또는 그 배역. 【惡役】

ㅇ

악연 불행한 인연. 나쁜 인연.
악영향 나쁜 영향. ㉑청소년에게 악영향을 주는 폭력적인 영화를 보지 말자.
악용 나쁘게 이용함. 잘못 씀. ㉡선용. -하다. 【惡用】
악의 남을 해치려는 나쁜 마음. ㉡선의. 호의. 【惡意】
악의적[아기적] 남을 해롭게 하려는 마음을 가지고 하는 것.
악인 나쁜 사람. 악한 사람.
악장 소나타·교향곡 등과 같이 여러 개의 소곡이 모여서 큰 악곡이 되는 경우의 각 소곡. 두 개 이상의 악절로 구성됨.
악전 박자·속도·음정 등 악보에 사용하는 모든 규칙을 설명한 책, 또는 그 규칙.
악전 고투 어려운 상황에서 죽을 힘을 다하여 고생하며 싸움.
악절 두 개의 악구로 이루어져 하나의 완전한 악상을 표현하는 구절. 두 개 이상의 작은 악절이 모여 악장을 이룸. 【樂節】
악정 국민을 괴롭히고 나라를 그르치는 나쁜 정치. ㉡선정. 【惡政】
악조건 어떤 일을 하기에 나쁜 조건. ㉡호조건. 【惡條件】
악질[악찔] ①모질고 독한 성질, 또는 그러한 사람이나 동물. ②좋지 못한 성질이나 바탕. ㉡양질.
악착같다 성질이 모질고 끈질기다. <억척같다.
악착스럽다(악착스러우니, 악착스러워) 작은 일에 대하여도 끈기 있고 모질다. <억척스럽다.
악처 마음이 부정하고 사나워 남편에게 못되게 구는 나쁜 아내. ㉡양처. 【惡妻】
악취 나쁜 냄새. 불쾌한 냄새.
악취미 남을 괴롭히거나 도덕에 어긋나는 짓을 예사로 하는 일.
악평 ①좋지 않은 평판이나 평가. ②남을 나쁘게 비평함. ㉡호평.
악하다[아카다] 모질고 독하다. ㉡착하다. 선하다.
악학궤범〖책명〗 조선 성종 때, 성현·신말평·유자광 등이 왕명에 의하여 장악원에 있던 의궤·악보를 정리하여 편찬한 음악책.
악한 몹시 나쁜 짓을 하는 사람. ㉥흉한. 악당. 【惡漢】
악화 나쁘게 변함. ㉑병세가 악화되다. ㉡호전. -되다. -하다.
안[1] ①어떤 곳이나 물건의 둘레에서 가운데로 향한 쪽, 또는 그 부분. ㉑방 안. ②어떤 범위를 벗어나지 않는 일. ㉑한 시간 안에 돌아오다.
안[2] ①어떤 일이나 상태를 부정하는 말. ㉑선생님은 안 오시려나 보다. ②'아니'의 준말.
안:[3] 여럿이 의논할 의견이나 계획. ㉑좋은 안이 있다. 【案】
안간힘[안깐힘] 불평이나 고통이 있을 때 꾹 참으려고 하나, 저절로 터져 나오는 애쓰는 힘. ㉑일등을 하려고 안간힘을 쓰다.
안감[안깜] 옷 안에 받치는 감. 물건의 안에 대는 감. ㉑저고리 안감. ㉡겉감.
안갖춘꽃 꽃받침·꽃잎·수술·암술 따위를 완전히 갖추지 모한 꽃〔튤립·벼·소나무 따위〕.
안:갚음 부모의 은혜를 갚음. -하다.
안:개 수증기가 찬 공기를 만나 땅 가까운 공중에 연기처럼 뿌옇게 떠 있는 것.
안:개꽃 석죽과의 한해살이풀. 높이는 30~45cm. 가늘고 긴 잎이 마주 나고 가지를 많이 침. 여름부터 가을에 걸쳐 잔 가지 끝에 자자란 흰 꽃이 많이 핌.
안:개비 부슬부슬 뿌리며 마치 안개가 낀 것처럼 내리는 비.

안:건[안껀] 토의하거나 연구할 사항. 【案件】
안견〖사람〗 조선 세종 때의 화가의 한 사람. 산수화를 잘 그렸음. 대표작에 〈몽유도원도〉 〈청산백운도〉 〈적벽도〉 등이 있음. 【安堅】
안:경 더 잘 보기 위해서, 또는 눈을 보호하기 위해서 도수나 색깔이 있는 유리나 플라스틱 알을 끼운, 눈에 쓰는 기구. 【眼鏡】
안골포 해전 임진 왜란 때, 이순신 장군이 왜적을 크게 무찌른 싸움. 안골포는 경상 남도 진해만에 있는 포구임.
안:과[안꽈] 눈에 관한 의학의 한 분과, 또는 그 병원. 【眼科】
안기다 남의 품 속에 들다. ㉥엄마 품에 안기다.
안:내 인도하여 일러 줌. 데리고 가서 알려 줌. -하다. 【案內】
안:내도 어떤 곳을 쉽게 찾아가도록 안내하는 그림.
안:내문 안내하는 글. ㉥도서관 이용 안내문을 나눠 주다.
안내 방송 한데 모여 있는 여러 사람에게 어떤 지시나 사정을 알려 주는 방송.
안:내소 어떤 장소나 행사에 대해 안내를 맡아서 하는 곳.
안:내양 이전말로, 버스 안에서 버스 요금을 받고 정류장 안내를 하는 여자. 【案內孃】
안:내원 안내를 직업으로 하는 사람.
안:내자 데리고 가서 알려 주는 사람. 이끌어서 알려주는 사람.
안:내장 어떤 행사가 있음을 알리고 거기 참가해 줄 것을 권하는 편지. ㉥동창회 안내장. 【案內狀】
안:내판 안내의 내용을 적어 놓은 게시판. 비알림판.
안녕 ①아무 일 없이 편안함. ②만나거나 헤어질 때에 쓰는 인사말. 비평안. -하다. -히.
안녕히 아무 탈 없이 편안하게. ㉥안녕히 가십시오.
안:다[안따] ①두 팔로 끼어서 가슴에 붙이다. ㉥아기를 안다. ②바람·비 따위를 몸으로 마주 받다. ㉥바람을 안고 달리다. ③생각이나 감정 따위를 품다. ㉥성공에 대한 희망을 안고 고향을 떠나다.
안다리 걸기 씨름에서, 자기의 오른쪽 다리로 상대의 왼쪽 다리를 걸어 샅바를 당기며 상대의 윗몸을 자기의 가슴과 어깨로 밀어 넘어뜨리는 기술. 비안걸이.
안단테 악보에서, 천천히·느리게 연주하라는 뜻. 【andante】
안단티노 서양 음악에서, 연주나 노래의 속도를 지시하는 말로, 조금 느리게. 【andantino】
안달 조급하게 걱정하면서 속을 태우는 짓. -하다.
안달뱅이 소견이 좁아 걸핏하면 안달하는 사람을 얕잡아 이르는 말.
안:대 눈병에 걸렸을 때, 눈을 가리는 가제 등의 천 조각.
안데르센〖사람〗[1805~1875] 덴마크 출신의 유명한 동화 작가·시인. 아름다운 마음씨를 지닌 약하고 가난한 사람을 그린 동화를 많이 썼음. 작품에는 〈인어 공주〉 〈미운 오리 새끼〉 〈빨간 구두〉 〈성냥팔이 소녀〉 등이 있음. 【Andersen】
안데스 산맥 남아메리카의 태평양 쪽에 남북으로 뻗어 있는 큰 산맥. 히말라야 다음가는 높은 산맥으로 세계에서 가장 긴 산맥임. 은·구리·주석 등의 광산물이 풍부함. 【Andes 山脈】
안도 마음을 놓음. ㉥안도의 한숨을 쉬다. 비안심. -하다.
안도감 불안함이 없어지고 마음이 푹 놓이는 편안한 느낌.

안동〖지명〗 경상 북도 북동부에 있는 한 시. 중앙선의 주요 역임. 삼베와 소주가 유명함. 【安東】
안동포 경상 북도 안동에서 나는 삼베. 올이 가늘고 고움.
안되다 ①섭섭하거나 가엽거나 아깝다. ㉥시험을 못 봤다니, 정말 안됐구나. ②걱정 따위로 얼굴이 많이 상하다. ㉥독감을 앓고 나서 얼굴이 안되다.
안드로메다 북쪽 하늘에 보이는 큰 별자리의 하나. 【Andromeda】
안락[알락] 마음이 평안하고 걱정이 없어 즐거움. ㉥안락한 생활. -하다. 【安樂】
안락사 살아날 가망이 없는 병자의 고통을 덜어 주기 위하여 죽음에 이르게 하는 일. 【安樂死】
안락의자 기대 앉을 수 있고 팔을 올려 놓을 수 있는 푹신하고 편안한 의자. 【安樂椅子】
안:마 손으로 몸을 두드리거나 주물러서 피의 순환을 도와주거나 피로를 풀리게 하는 일.
안:마기 기계나 도구의 힘으로 안마처럼 몸을 두드려 주는 기구.
안마당 집의 안채에 있는 마당.
안면 ①얼굴. ②서로 낯이나 익힐 만한 친분. ㉥서로 안면이 있다.
안면도〖지명〗 충청 남도 서산군의 서해상에 있는 섬. 김·갈치·새우 등이 많이 남.
안:목 사물을 보고 분별하는 능력. ㉥그림에 안목이 있다. 【眼目】
안방[안빵] ①집 안채의 부엌에 붙은 방. ②안주인이 거처하는 방. ㉤바깥방.
안보 위험이 없도록 지킴. 본안전 보장. 【安保】
안부 편안히 잘 있는냐 못 있느냐를 묻는 인사. -하다. 【安否】
안사람[안싸람] '자기의 아내'를 낮추어 이르는 말.
안:색 얼굴에 나타나는 기색. ㉥얼굴빛. 【顏色】
안성맞춤 생각한 대로 잘된 물건이나 때맞추어 잘 된 일〔경기도 안성에다 주문하여 만든 유기 그릇이 제일 좋다는 뜻에서 나온 말〕. ×안성마춤.
안시성 삼국 시대 때, 고구려가 지금의 중국 랴오허(요하)강 지역에 지은 성. 【安市城】
안시성 싸움 고구려 제28대 보장왕 4년(645), 당나라 태종의 공격에 안시성의 수비 사령관이었던 양만춘이 만주 영성자 부근에 있는 안시성에서 적군을 막아 크게 이긴 싸움.
안식 편안하게 쉼. ㉥안식을 취하다. -하다. 【安息】
안식일 ①기독교에서 주일로 삼는 일요일. ②안식교·유대교의 성일인 토요일. 【安息日】
안식처 편안하게 쉴 수 있는 곳. ㉥집은 우리들의 안식처이다.
안심[1] 근심 걱정이 없어 마음을 놓음. 마음이 편함. ㉥안도. ㉤걱정. 근심. 불안. -하다. 【安心】
안심[2] 소나 돼지의 등심 안쪽에 붙어 있는, 아주 연하고 맛이 좋은 고기.
안심시키다 근심 걱정이 없이 마음을 편안하게 해 주다.
안쓰럽다 약하거나 갸날픈 사람에게 도움을 받거나 폐를 끼쳤을 때, 또는 그런 사람이 힘에 겨운 일을 할 때 미안하고 가엾다. ×안스럽다.
안압지 신라 30대 문무왕 때 당시의 지도 모양을 본떠 만든, 경북 경주시 북동쪽에 있는 연못.
안:약 눈병을 고치는 데 쓰는 약. 눈약. 【眼藥】
안울림소리 날숨이 목청을 진동시키지 않고 내는 소리. ㄱ·ㄷ·ㅂ·

ㅅ·ㅈ·ㅊ·ㅋ·ㅌ·ㅍ·ㅎ 따위 맑은 소리. 무성음. 반울림소리.

안이[아니] ①근심이 없이 편안함. ②충분히 생각함이 없이 적당히 처리하려는 태도가 있음. -하다.

안익태〖사람〗[1905~1965] 우리 나라의 작곡가·지휘자. 〈애국가〉〈한국 환상곡〉을 지었음. 【安益泰】

안일하다[아닐하다] 책임감이 없어 게으르다. 예안일한 근무 자세.

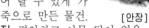

[안장]

안:장 말의 등에 얹어 탈 수 있게 가죽으로 만든 물건.

안전 편안하고 아무 탈이 없음. 위험이 없음. 예안전한 방법. 비편안. 반불안전. 위험. -하다. 【安全】

안전규칙 공장·광산·공사장 등에서 작업자의 신체의 안전과 사고의 방지를 위하여 정해 놓은 규칙.

안전띠 자동차나 비행기 따위에서 어떤 충격으로부터 사람의 몸을 보호하기 위하여 몸을 좌석에 고정시키는 띠.

안전모 공장이나 공사장에서 머리를 보호하기 위하여 쇠나 플라스틱으로 만든 모자.

안전 벨트 ⇨안전띠.

안전 보장 이사회 국제 평화와 안전의 유지를 맡고 있는 국제 연합의 중요 기구. 중국·미국·영국·프랑스·러시아의 다섯 상임 이사국과 총회에서 뽑은 10개의 비 상임 이사국으로 되어 있음.

안전 사고 공장이나 공사장에서 안전 교육을 제대로 하지 않거나, 주의를 잘 하지 못해 일어나는 사고. 【安全事故】

안전선 기차나 지하철을 타고 내리는 곳에 승객의 안전을 위해 그어 놓은 금. 【安全線】

안전성 안전한 상태. 안전함. 예제품의 안전성을 설명하다.

안전 속도 교통 사고를 막기 위하여 정해 놓은 일정한 속도.

안전 지대 거리의 일정한 지역을 도로 표지 등으로 안전한 곳으로 지정하여, 사람이 안전하게 피해 있도록 만든 곳.

안절부절못하다 마음이 안정되지 못하여 애를 태우며 몸까지도 앉았다 일어섰다 하다.

안정[1] 안전하게 자리잡힘. 큰 변화가 없이 일정한 상태로 자리잡힘. 예물가 안정. 반불안정. 【安定】

안정[2] 마음과 정신이 편안하고 고요함. -되다. -하다. 【安靜】

안정감 안전하고 편안한 느낌.

안정복〖사람〗[1712~1791] 조선 영조 때의 학자. 우리 나라의 역사·지리에 대한 연구를 시작한 대표적인 실학자로 〈동사강목〉을 지음.

안주 술을 마실 때에 곁들여 먹는 음식. 【按酒】

안주인 한 가정의 주인인 부부 중에서 아내. 반바깥주인.

안주하다 ①한 곳에 자리를 잡고 편안하게 살다. ②현재의 상태에 만족하며 지내다.

안:중 생각이나 관심의 범위. 예그런 일은 안중에도 두지 않는다. 【眼中】

안중근〖사람〗[1879~1910] 조선 고종 때의 독립 투사. 황해도 해주 출생. 1909년 만주 하얼빈에서 침략자의 우두머리였던 이토 히로부미를 사살하고, 1910년 3월 뤼순 감옥에서 순국했음. 【安重根】

안지름 관 따위의 둘레가 있는 둥근 물건의 안의 지름. 반바깥지름.

안:질 눈병. 【眼疾】

안집 한 집에 둘 이상의 가구가 살 때 안채에 있는 주인의 집.

안짱다리 안쪽으로 휘어 두 발의 끝이 안쪽으로 향한 다리.

안쪽 안에 있는 부분이나 안으로 향한 방향. 반바깥쪽.

안착 ①무사히 도착함. 예예정대로 목적지에 안착하다. ②한 곳에 착실히 자리잡음. -하다.

안창남〖사람〗[1900~1930] 우리 나라 최초의 비행사. 1926년에 비행사 시험에 합격하여, 이상재 선생 등의 주선으로 중국에 건너가 독립 운동을 하면서 많은 후배를 길러내는 데 힘썼음. 중국의 혁명전선에 참가했다가 비행기 사고로 죽음. 【安昌男】

안창호〖사람〗[1878~1938] 독립 운동가. 호는 도산. 1906년 신민회를 조직하여 독립 운동을 폈으며, 1913년 다시 미국에서 한국 이민들을 모아 흥사단을 조직함. 중국·미국 등에 망명하여 민족의 자주 독립을 위해 몸바침. 【安昌浩】

안채 안팎 각 채로 된 집에서 안에 있는 집. 반바깥채.

ㅇ

안치 위패나 시신 따위를 잘 모셔 두는 것. -되다. -하다.

안치다 찌거나 끓일 물건을 솥이나 시루에 넣다. 예밥을 안치다.

안타 야구에서, 타자가 베이스에 나아갈 수 있도록 안전하게 친 공. 히트. 【安打】

안타까움 뜻대로 되지 않거나 보기에 딱하여 답답하고 아픈 마음.

안타깝다(안타까우니, 안타까워서) ①남이 애를 쓰고 괴로워하는 것을 보고 매우 딱한 생각이 나다. ②뜻대로 안 되어 마음이 답답하고 죄다. 예내 진심을 몰라 주니 정말 안타깝다.

안테나 무선 전신·라디오·텔레비전 등의 전파를 보내거나 받아들이기 위하여 공중에 세우는 기구.

안티몬 청백색의 광택이 나는 무른 금속. 납을 섞어서 활자를 만드는 데 쓰임. 【Antimon】

안팎 ①안과 밖. 예집 안팎을 청소하다. 비내외. ②약간 웃돌거나 덜함. 예그 아이는 열 살 안팎 같았다. ③아내와 남편. 예안팎이 다 착실하다.

안:표 나중에 보아서 알 수 있게 표를 함. -하다. 【眼標】

안:하무인 세상에서 자기가 가장 잘난 듯이 남을 깔보고 업신여기는 태도. 【眼下無人】

안향〖사람〗[1243~1306] 고려 충렬왕 때의 유학자. 생활에서 여러 가지 나쁜 점을 고쳐 살기 좋은 고장을 만들기에 힘씀. 【安珦】

앉다[안따] ①엉덩이를 바닥에 붙이고 몸을 세우다. 예의자에 앉다. 반서다. ②날아 다니는 동물이 어디에 내려 머무르다. 예꽃에 나비가 앉다. ③어떤 지위를 차지하다. 예사장 자리에 앉게 되다.

앉은뱅이[안즌뱅이] 일어나 앉기는 해도 서서 걷지 못하는 불구자.

앉은키[안즌키] 허리를 똑바로 펴고 앉을 때 앉은 자리에서 머리끝까지의 길이.

앉히다[안치다] ①누구를 어디에 앉게 하다. 예아버지는 동생을 무릎에 앉히셨다. ②어떤 곳에 자리를 차지하게 하다. 위치하게 하다. 예욕조는 목욕탕 안쪽에 앉히기로 했다. ③어떤 지위를 차지하게 하다. 예과장에 앉히다.

않다[안타] ①어떤 행동을 아니하다. 스스로 삼가다. 예먹지 않다. 떠들지 않다. ②어떤 상태가 안 생긴다. 아니다. 예아프지 않다. 춥지 않다. 본아니하다.

알 ①새·물고기·벌레 등의 새끼가 될 물질이 막이나 껍데기에 싸여 있는 것. 예알을 낳다. ②열매 등의 낟알. 예콩알. 깨알.

알갱이 아주 작은 조각. 예모래 알갱이.

알거지 몸에 지닌 것이 아무것도 없는 거지.
알곡 쭉정이나 잡것이 섞이지 아니한 곡식. 알곡식.
알:다(아니, 아오) ①모르는 것을 깨닫다. ②서로 낯이 익다. 반모르다.
알뜰살뜰 생활비를 아끼며 규모 있고 정성스레 살림을 하는 모양. -하다.
알뜰 시장 쓰던 물건을 싼 값에 사고 파는 시장.
알뜰하다 ①아끼고 위하는 마음이 정성스럽고 참되다. 예알뜰하게 보살피다. ②살림이 오붓하다. 예알뜰한 살림. 알뜰히.
알라 이슬람교에서 받드는 유일·절대 전능의 신. 정의·인애·관용 등을 그 이상으로 하고 있음. 교도들은 마호메트를 알라의 사도라고 함. 【Allah】
알랑거리다 교묘한 말을 꾸며대고 간사하게 아첨하는 짓을 잇달아 하다. 비알랑대다
알래스카〖지명〗 북아메리카의 북서부에 있는 큰 반도. 1958년 마흔아홉 번째로 미국의 주로 편입되었음. 【Alaska】
알량하다 시시하고 보잘것없다. 예알량한 솜씨.
알레그로 악보에서 '빠르게 연주하라'는 뜻. 【allegro】
알레르기 주사나 먹은 음식에 의해 체질이 변화하여 그 물질에 대해 이상적으로 과민한 반응을 나타내는 일, 또는 알레르기 현상으로 나타나는 질병〔두드러기·페니실린 쇼크 따위〕. 【Allergie】
알렉산더 대왕〖사람〗[기원전 356~기원전 323] 고대 그리스 문화를 널리 퍼뜨린 마케도니아의 왕. 20세 때(기원전 336년) 왕위에 올라 그리스를 손아귀에 넣고 페르시아·시리아·이집트를 점령하고 인도까지 쳐들어갔었음. 33세의 젊은 나이로 죽음. 【Alexander 大王】
알렌〖사람〗[1858~1932] 우리 나라에 온 최초의 미국 장로교 선교사이자 의사. 광혜원을 세워 우리 나라 최초로 서양 의술을 가르쳤음. 【Allen】
알려지다 ①다른 사람이 아는 바가 되다. 정보나 지식이 퍼지다. 예형준이가 이사간다는 소식이 알려지다. ②유명하게 되다. 예서울은 세계적으로 알려진 도시이다.
알력 서로 의견이 맞지 않아 자주 충돌함. 비불화.
알록달록 여러 가지 빛깔이 섞여 있는 모양. <얼룩덜룩. -하다.
알루미늄 도시락·냄비·주전자 등을 만드는 데 많이 쓰이는 흰색의 가벼운 금속. 전기를 잘 통하게 함.
알류 물이 뱅뱅 돌아서 흐르는 물. -하다.
알리다 알게 하다. 통지하다.
알리바바 〈알리바바와 40인의 도적〉에 나오는 주인공. 이 이야기는 〈아라비안 나이트〉 중에 나오는 이야기의 하나로, 동굴 속의 보물을 알리바바에게 빼앗긴 도둑들이 알리바바의 집을 찾아 복수를 하려고 하나, 슬기로운 하녀의 꾀에 넘어가 전멸한다는 이야기임.
알리바이 사건이 일어난 시각에 그 장소에 없었다는 사실을 주장하여 무죄를 증명하는 방법. 【alibi】
알림글 다른 사람에게 알리는 내용을 적은 글.
알림장 학교에서 숙제나 준비물 또는 학부모에게 알리는 내용 따위를 아이들이 적도록 한 공책.
알림판 여러 사람에게 알리기 위한 내용을 걸거나 붙여 놓은 판. 비게시판.

알:맞다 정도에 지나치거나 모자라지 아니하다. 비적절하다.
알맹이 ①물건의 껍질을 벗기고 남은 속. 반껍데기. ②사물의 중심이 되는 중요한 부분. 비핵심.
알몸 ①아무것도 입지 않은 벌거벗은 몸. 비나체. 벌거숭이. ②재산이 전혀 없는 사람. 예알몸으로 시작하여 사업을 일으키다. 비맨몸.
알밤 ①익은 밤송이에서 발라내거나 떨어진 밤톨. ②주먹으로 머리를 가볍게 쥐어박는 짓. 비꿀밤.
알부자 실속이 있는 부자.
알뿌리 양파·마늘·감자 등과 같은 덩어리 모양으로 된 뿌리를 통틀어 이르는 말. 구근.
알사탕 알처럼 동글동글하게 만든 사탕.
알선[알썬] 남의 일을 주선하여 줌. 예일자리를 알선하여 주다. 비주선. -하다. 【斡旋】
알쏭달쏭 생각이 자꾸 헛갈리어 얼른 분간할 수 없는 모양. 예알쏭달쏭한 수수께끼. -하다.
알씬거리다 눈앞에서 떠나지 않고 뱅뱅 돌다. <얼씬거리다.
알아내다[아라내다] 방법이나 수단을 써서 모르던 것을 알 수 있게 되다. 예범인의 은신처를 알아내다.
알아듣다[아라드따] 남의 말을 듣고 그 뜻을 알다.
알아맞히다[아라마치다] 계산·추측 등이 사실과 똑같다. 예수수께끼의 답을 알아맞히다.
알아보다[아라보다] ①알려고 조사하거나 살펴보다. 예개미의 종류를 알아보다. ②누구인지를 잊지 않고 기억하다. 무엇을 보고 분간하다. 예10년 만인데도 친구는 나를 알아보았다.
알아주다[아라주다] ①남의 좋은 점을 인정하다. ②남의 처지를 이해하다. 반몰라주다.
알아차리다[아라차리다] 상황을 잘 판단하고 미리 주의 하거나 마음을 정함. 예어떻게 처신해야 할 것인가를 알아차리다.
알아채다[아라채다] 일의 낌새를 미리 알다. 알아차리다.
알알이[아라리] 한 알 한 알마다. 예포도가 알알이 잘 여물다.
알알하다 ①맛이 맵거나 독하여 혀끝이 매우 아리다. 예고추를 먹었더니 입 안이 알알하다. ②상처 같은 데가 따끔따끔하게 아리다. <얼얼하다.
알약 작고 둥글게 만든 약. 비환약. 반가루약.
알음알음[아름아름] 여러 사람을 통하여 서로 알게 된 사이. 예알음알음으로 회원을 모으다.
알자스〖지명〗 프랑스 북동쪽에 있는 작은 도시. 【Alsace】
알제리〖나라〗 아프리카의 북부에 있는 나라. 지중해성 기후를 이용해 밀·포도주·올리브유 등이 산출되며, 철광·석유 등의 매장량이 많음. 수도는 알제. 【Algérie】
알짜 가장 중요한 것. 예알짜만을 골라 가지다.
알짱거리다 일도 없이 공연히 앞에서 어정거리다. 비알짱대다. <얼쩡거리다.
알차다 ①속이 단단하고 여물다. 예알차게 여문 열매. ②좋은 내용이 담기다. 예내용이 알찬 책.
알칼리 붉은 리트머스 종이를 파랗게 변화시키는 성질을 가진 물질. 염기. 반산. 【Alkali】
알칼리성 산소와 수소의 결합체를 기본으로 한, 물에 녹는 물질의 성질을 띤 것. 염기성. 산을 중화시킴.
알코올 쌀이나 감자의 녹말을 원료로 하여 만든 의약품. 투명한 액체이며 향기가 있고, 술에 들어 있음. 니스를 녹이거나 알코올 램프의 원료로도 사용됨. ×알콜. 【alcohol】

알코올 램프 알코올을 태워 불꽃을 내는 기구. 그을음이 없고 화력이 세어 화학 실험할 때 쓰임.

알토 여성의 음역 가운데 가장 낮은 음, 또는 그 음의 범위를 가진 가수.【alto】

알통 힘을 쓸 때 불룩 솟는 근육.

알파 ①그리스 글자의 첫자. ②어떤 일의 시작의 뜻. 반오메가. ※그리스 문자 첫 글자의 이름인 'alpha'에서 온 말로 'α'로 적음.

알파벳 유럽이나 미국에서 사용되고 있는 로마자. A·B·C·…등 스물여섯 자로 되어 있음. 【alphabet】

알퐁스 도데〖사람〗[1840～1897] 〈마지막 수업〉을 지은 소설가. 근대 프랑스 작가 중 많은 사람들로부터 존경을 받았으며, 많은 작품을 썼음. 【Alponse Doudet】

알프스 산맥 유럽 평원과 지중해 지역 사이에 있는 큰 산맥. 아름다운 빙하와 호수가 많아 관광객이 많이 모임. 【Alps 山脈】

알프스의 소녀〖책명〗 스위스의 요한나 슈피리가 지은 소설. '하이디'라는 마음씨 고운 소녀의 이야기.

알현 지위나 신분이 높은 사람을 찾아뵘. 예임금님을 알현하다.

앎:[암] 아는 것. 지식.

앓다[알타] 병으로 괴로워하거나 아파하다. 예감기로 앓아 눕다.

암:[1] '물론 그렇다'의 뜻을 나타내는 말. 예암, 네말이 옳다. 본아무려면. 아무렴.

암:[2] ①몸 속이나 피부에 생기는 병. 둘레의 건강한 세포를 침범하여 상처가 커지는 병으로 사망률이 매우 높음. ②'어떤 조직에서 큰 장애가 되고 있는 것'을 비유하여 이르는 말. 예암적인 존재. 【癌】

암:거래 법으로 사고 팔지 못하게 된 물건을 몰래 사고 파는 일.

암그루 암수로 구별되는 나무에서 암컷에 해당되는 나무. 열매를 맺음. 반수그루.

암글〔여자들이나 쓸 글이라는 뜻으로〕 지난날, 한글을 업신여겨 이르던 말. 반수글. ×암클.

암:기 머리 속에 외어 잊지 아니함. －하다. 【暗記】

암꽃 암술만이 있는 꽃. 밤나무·호박·따위의 꽃. 반수꽃.

암나사 수나사를 끼울 수 있도록 머리에서 끝까지 빙빙 돌아가며 이어서 고랑을 판 나사. 너트. 반수나사.

암:내 겨드랑이의 살 속에서 스며나오는 고약한 냄새.

암놈 동물 중에서 새끼를 배거나 낳는 동물. 반수놈.

암:담 ①어두컴컴하고 쓸쓸함. ②희망이 없고 막연함. 예앞날이 암담하다. －하다. 【暗澹】

암만 아무리. 예암만 공부해도 성적이 오르지 않는다.

암만해도 아무리 생각해 봐도. 도저히. 예암만해도 저 바위는 혼자서 들 수가 없다.

암말 말의 암컷. 반수말.

암:매장 남몰래 시체를 묻는 것. －하다. 【暗埋葬】

암모니아 ①수소와 질소가 합쳐져 생긴 물질. 코를 찌르는 심한 냄새를 가진 물질. 이것을 물에 녹인 암모니아수는 의약품으로 쓰임. ②비료의 제조 원료. 【ammonia】

암모니아수 암모니아를 물에 녹인 것. 맑으며 강한 염기를 띤 액체이고, 약품으로 많이 쓰임.

암반 땅 속에 있는 큰 암석층.

암벽 벽 모양으로 깎은 듯이 높이 솟은 바위. 예암벽 등반.

암:산 필기 도구나 주판 등을 쓰지 않고 마음 속으로 계산함. 비속셈. 반필산. -하다. 【暗算】

암:살 몰래 사람을 죽임. 비도살. -하다. 【暗殺】

암:살되다 정치적으로 중요한 사람이 몰래 죽임을 당하다. 예대통령이 암살되다.

암석 바위와 돌·광물이 모여서 이루어진 것〔화강암·현무암·역암 따위〕. 【岩石】

암소 소의 암컷. 반수소. 황소.

암:송 책을 보지 않고 글을 입으로 욈. 예동시를 암송하다. -하다.

암수 암컷과 수컷을 통틀어 이르는 말. 비자웅.

암술 '암꽃술'의 준말. 머리에 붙은 꽃가루를 씨방으로 보내는 역할을 함. 반수술.

암:시 넌지시 깨우쳐 줌. 힌트. 반명시. -하다. 【暗示】

ㅇ

암:시장 불법적인 거래가 이루어지는 시장. 【暗市場】

암:실 햇빛이 들어오지 못하도록 어둡게 꾸민 방. 【暗室】

암:약 남의 눈을 피하여 몰래 활동함. -하다. 【暗躍】

암:울하다[아물하다] 어둡고 답답하고 침울하다.

암자 큰 절에 딸린 작은 절. 중이 임시로 거처하는 집.

암:죽 어린아이에게 젖 대신 먹이는 묽은 죽.

암:초 물 속에 잠겨서 보이지 않는 바위. 예배가 암초에 걸리다.

암캐 개의 암컷. 반수캐.

암컷[암컫] 동물의 암놈. 반수컷.

암탉[암탁] 닭의 암컷. 반수탉.

암톨쩌귀 문짝에서 수톨쩌귀의 뾰족한 부분을 끼는 구멍. 구멍 뚫린 돌쩌귀. 반수톨쩌귀.

암퇘지 돼지의 암컷. 반수퇘지.

암:투 겉으로 드러나지 않게 은근히 다툼. 【暗鬪】

암팡지다 몸이 작아도 힘차고 담이 크다.

암페어 전류의 세기를 나타내는 말. 프랑스의 물리학자 앙페르의 이름을 딴 것임. 기호는 'A'. 【ampere】

암:표 차표·입장권 따위 중에서 불법으로 사고 파는 표.

암:행 자신의 신분을 숨기고 남 모르게 다님. -하다. 【暗行】

암:행 어사 조선 시대에 지방 정치의 잘못을 조사하기 위하여 임금이 비밀히 파견하던 벼슬 이름. 준어사. 【暗行御史】

암:호 비밀을 지키기 위하여 어떤 집단의 구성원들끼리만 정해 놓고 사용하는 신호나 부호.

암:흑 ①어둡고 캄캄함. ②'정신적으로나 사회적으로, 아주 어지럽거나 억압되어 희망을 가질 수 없게 된 상태'를 비유하여 이르는 말. 예암흑의 일제 시대. 반광명.

암:흑 시대 도덕·문화가 쇠태해져서 세상이 어지러운 시대. 서양의 역사를 고대·중세·근대로 나눌 때, 봉건 제도와 교회의 압박으로 문화가 쇠퇴하였던 중세를 암흑 시대라 말함.

압도 ①눌러서 넘어뜨림. ②뛰어나서 남을 앞섬. 예상대방을 압도하다. -하다. 【壓倒】

압도적 비교가 되지 않을 만큼 월등하게 남을 앞서는 것. 예압도적인 지지로 당선되다.

압력[암녁] ①누르거나 미는 힘. 예공기의 압력. ②권세로 누르는 힘. 예사회 활동을 못하게 압력을 가하다. 【壓力】

압력솥[암녁쏟] 뚜껑을 꼭 닫아 속의 증기가 새지 않게 하여 속의 압력을 높임으로써 높은 온도가 유지되도록 만든 솥.

압록강[암녹깡] 우리 나라와 중국 만주의 국경을 이루며 황해로 흐르는 강. 우리 나라에서 제일 긴 강으로 상류의 원시림을 베어 만든 뗏목이 유명함. 길이 790km.

압박 ①내리 누름. [예]가슴을 압박하다. ②기운을 펴지 못하게 억누름. [비]속박. [반]해방. **-하다.**

압사 무거운 것에 눌려 죽음. **-하다.**

압송 죄인을 어떤 곳에서 다른 곳으로 옮김. **-하다.** 【押送】

압수 법원이나 수사 기관에서 증거물이나 몰수해야 할 물건을 강제로 빼앗아 감. **-하다.** 【押收】

압정 손가락 끝으로 눌러 박는 대가리가 둥글 납작하며 길이가 짧은 쇠못. 【押釘】

압제 압박하고 억제함. [예]공산 독재의 압제가 심하다. **-하다.**

압축 눌러서 오그라뜨리거나 부피를 줄임. **-하다.** 【壓縮】

앞핀 ⇨압정. 【押pin】

앗[앋] 깜짝 놀랐을 때 내는 소리.

앗:다[앋 따] 무엇을 빼앗거나 없어지게 하다. [예]재물을 앗아 가다.

앙 어린아이가 우는 소리.

앙가슴 두 젖 사이의 가운데 부분.

앙감질 한 발을 들고 한 발로 만 뛰어가는 짓. **-하다.**

앙갚음 자기에게 해를 끼친 사람에게 자기도 그 사람에게 해를 끼치는 행동. [비]복수. 보복. **-하다.**

앙고라 토끼 집토끼의 한 품종. 귀는 짧고 털빛은 대개 희나 갈색·회색·흑색도 있음. 털의 길이는 12~15cm로 한 해에 3~4회 깎음. 털을 이용하기 위해 기름.

앙금 물에 가라앉은 가루 모양의 물질. [비]침전물.

앙:부일구 1434년 세종 대왕의 명으로 장영실이 만든, 햇빛의 그림자로 시간을 재는 해시계. '앙부일영'이라고도 함.

[앙부일구]

앙상하다 뼈만 남도록 바짝 마르다. [예]앙상한 나뭇가지. <엉성하다. **앙상히.**

앙숙 앙심을 품고 있어 사이가 나쁨.

앙심 원한을 품고 앙갚음하기를 벼르는 마음. 【怏心】

앙양 높이 쳐들어서 드러냄. 높이고 북돋음. [예]사기를 앙양하다. **-하다.** 【昻揚】

앙증맞다[앙증맏따] 규모나 크기가 작으면서도 귀엽고 깜찍하다.

앙칼지다 악이 나서 사나운 데가 있다. [예]앙칼진 목소리로 따지다.

앙케트 ①신문·잡지 등에서 여러 사람에게 같은 질문을 하여 답을 구하는 조사 방법. ②조사. 질문.

앙코르 〔다시 한 번의 뜻으로〕 연주자 또는 가수에게 다시 해줄 것을 청하는 말, 또는 그 연주. [비]재청.

앙큼하다 엉뚱한 욕심을 품고 제 분수에 넘치는 짓을 하고자 하는 태도가 있다. [예]앙큼한 생각을 품다. <엉큼하다. **-스럽다.**

앙탈 순순히 응하지 않고 사납게 거절하거나 생떼를 쓰는 것.

앙페르〖사람〗[1775~1836] 프랑스의 물리학자. '앙페르의 법칙'을 발견함. 전기 흐름의 단위인 '암페어'는 그의 이름을 딴 것임. 【Ampère】

앞[압] 향하고 있는 쪽이나 곳. [예]앞으로 달려가다. [반]뒤.

앞구르기 체조에서, 몸을 둥글게 굽혀 앞으로 구르는 동작. [반]뒤구르기.

앞길 앞으로 나아갈 길, 또는 살아갈 길. [예]앞길이 창창한 젊은이. [비]장래.

앞꿈치[압꿈치] 신이나 발의 앞부분. [반]뒤꿈치.

앞날 앞으로 올 날. ㉬앞날을 대비하다. 비장래. 미래.
앞다투다[압따투다] 남보다 먼저 나아가려고 애쓰다.
앞당기다[압땅기다] 정해진 시간·날짜·순서 따위를 앞으로 당기다. 반미루다.
앞두다[압뚜다] 닥쳐올 사건·시간·장소 따위를 가까이 두다. ㉬개학을 앞두고 다리를 다치다.
앞뒤 앞과 뒤. 전후.
앞뜰 집 앞으로 난 뜰. 반뒤뜰.
앞마당[암마당] 집 앞에 있는 마당. 반뒷마당.
앞마디[암마디] 이야기·문장·악보 따위의 앞부분. 반뒷마디.
앞마을[암마을] 앞쪽에 있는 마을. 반뒷마을.
앞머리[암머리] ①머리의 앞부분. ㉬앞머리가 아프다. ②머리의 앞쪽에 난 머리카락. ㉬앞머리를 짧게 하다. 반뒷머리.
앞면[암면] 앞과 뒤가 있는 것에서, 앞쪽을 향해 있는 면. 비전면. 반뒷면.
앞무릎치기[암무릅치기] 씨름에서 상대의 중심이 자기 앞으로 쏠렸을 때, 오른손으로 상대방의 오른쪽 무릎을 짚고, 오른쪽 다리를 뒤로 빼면서 상대의 옆구리를 눌러 넘어뜨리는 기술.
앞문[암문] 집이나 방의 앞쪽에 있는 문. 반뒷문.
앞바다[압빠다] 육지에서 보아 그 앞쪽에 있는 바다.
앞발[압빨] 네발짐승의 앞에 달린 두 발. 반뒷발.
앞부분[압뿌분] ①물건의 앞쪽에 있는 부분. ②이미 앞에서 나온 부분. 반뒷부분.
앞산[압싼] 집이나 마을에서 보아 바로 맞은편에 있는 산. 반뒷산.
앞서다 ①남보다 먼저 나아가다. 앞장을 서다. ㉬우리가 앞서서 질서를 지키자. 반뒤서다. ②남보다 훌륭하다. ㉬기술이 앞서다. 반뒤지다.
앞세우다[압쎄우다] 누구를 앞에 서게 하다. ㉬동생을 앞세우다.
앞소리[압쏘리] 민요에서 노래를 주고받을 때, 한 사람이 앞서 부르는 소리. 메김소리. 반뒷소리.
앞일[암닐] 앞으로 닥쳐올 일. ㉬사람의 앞일은 아무도 모른다.
앞잡이[압짜비] ①앞에서 이끌어 주는 사람. ②남의 시킴을 받고 움직이는 사람을 이르는 말. ㉬일제의 앞잡이. ×앞잽이.
앞장 여럿이 나아갈 때 맨 앞에 서는 사람, 또는 그 위치.
앞집[압찝] 앞에 있는 집. 반뒷집.
앞쪽[압쪽] 앞을 향한 방향. 앞 방면. 앞 부분. 반뒤쪽.
앞지르다(앞질러, 앞질러서) 빨리 나아가서 남들보다 먼저 앞을 차지하다. ㉬선진국을 앞지르다.
앞차기[압차기] 태권도에서 무릎을 구부려 앞가슴에 닿을 만큼 높이 올리고, 발의 위치와 목표가 직선이 되도록 하여 다리를 펴면서 발끝으로 상대를 차는 기술.
앞치마 부엌일 따위를 할 때 몸의 앞에 입는 겉치마. 비행주치마.
애:[1] ①마음과 힘의 수고로움. ㉬돈을 벌려고 애를 쓰다. ②걱정에 싸인 초조한 마음 속. ㉬애를 태우다.
애:[2] '아이'의 준말.
애[3] 한글의 홀소리 글자인 'ㅐ'의 이름.
애:[4] '창자'를 뜻하는 옛말로, '애가 타다'나 '애를 먹다'와 같은 관용 표현에 쓰임.
애:간장 초조한 마음 속. ㉬애간장을 다 녹인다.

애:걸 애처롭게 하소연함. ㉵살려 달라고 애걸하다. -하다.
애걸복걸하다 애처롭게 사정하여 굽실거리며 빌고 또 빌다.
애:교 남에게 귀엽게 보이는 태도. ㉵선생님께 애교 떨다.
애:국 자기 나라를 사랑함. ㉵애국 정신. 반매국. -하다. 【愛國】
애:국가 나라를 사랑하는 내용으로 된, 온 국민이 부르는 그 나라의 노래. 우리 나라의 국가.
애국 계몽 운동 일제로부터 독립을 되찾기 위하여 근대적인 교육과 산업으로 힘을 길러야 한다고 주장한 운동. 【愛國啓蒙運動】
애:국단 항일 독립 운동 단체. 1926년 김구 등이 중심이 되어서 발족했으며, 이봉창·윤봉길 등 많은 애국자들을 배출하였음.
애:국심 나라를 사랑하고 아끼는 마음. 【愛國心】
애:국자 나라를 사랑하는 마음이 강한 사람. 반매국노. 【愛國者】
애:국 지사 나라를 위한 일에 자기 한 몸을 희생하여 이바지하려는 높은 뜻을 가진 사람.
애꾸 한 쪽 눈이 먼 사람. 본애꾸눈. 애꾸눈이. 외눈박이.
애꿎다 ①아무런 잘못없이 억울하다. ㉵친구 때문에 애꿎은 봉변을 당하다. ②그 일과는 아무런 상관이 없다. ×애꿋다.
애니메이션 만화나 인형을 이용하여 그것이 마치 살아 움직이는 것처럼 촬영한 영화, 또는 그 영화를 만드는 기술. 【animation】
애:달다(애다니, 애다오) 마음이 쓰여 속이 달아오르는 듯하다.
애달프다 ①마음이 아플 정도로 슬프다. ㉵아이를 잃은 어머니의 애달픈 마음. ②몹시 안타깝다.
애당초 일의 맨 처음. ㉵애당초 불장난을 하지 말았어야지.
애덤스 부인〖사람〗[1860~1935] 미국의 사업가이며 평화주의자. 1885년에 스탈 부인과 함께 시카고의 빈민굴에 사랑의 집을 세워 가난한 이웃을 도왔음. 1931년에 노벨 평화상을 받았음. 【Adams 夫人】
애도 사람의 죽음을 슬퍼함. ㉵애도의 뜻을 표하다. -하다.
애:독 즐겨서 읽음. ㉵위인 전기를 애독하다. -하다. 【愛讀】
애:독자 신문·잡지·기타의 글을 즐겨 읽는 사람. 【愛讀者】
애드벌룬 광고·선전용으로 공중에 띄운 큰 풍선. 【adballoon】
애로 어떤 일을 하는 데에 나타나는 장애. ㉵적은 비용으로 행사를 치르려니 애로가 많다.
애:림 숲을 사랑함. 나무를 잘 가꿈. ㉵애림 녹화. -하다.
애:마 사랑하고 아끼는 말.
애:매모호하다 이도 저도 아니어서 아리송하고 분명하지 않다.
애:매하다[1] 아무 잘못이 없이 억울하게 뒤집어쓰거나 꾸지람을 받다. ㉵애매한 사람들을 풀어 주다.
애:매하다[2] 희미하여 분명하지 못하다. ㉵태도가 애매하다.
애:물 몹시 속을 태우는 물건이나 사람. ㉵애물단지.
애벌 같은 일을 거듭해야 할때의 첫번째 차례. ㉵애벌 빨래. 비초벌.
애:벌레 알에서 깨어나 번데기로 되기까지의 벌레. 비유충. 반성충. ×어린벌레.
애비 ①'아버지'의 낮춤말. ②부모가, 결혼하여 애를 낳고 어른이 된 아들을 가리켜서 하는 말. 반에미.
애석 슬프고 아깝게 여김. -하다.
애송이 애티가 있어 어려보이는 사람, 또는 생물.

애:쓰다(애써, 애써서) 마음과 힘을 다하여 어떤 일을 이루도록 힘쓰다.

애완 동물 개·고양이·새와 같이, 집에서 귀여워하며 키우는 동물.

애:완용 사랑하여 가까이 두고 구경하며 즐기기 위한 것.

애:용 즐겨 씀. 사랑하여 씀. ㊞국산품을 애용하다. -하다.

애원 슬픈 소리로 간절히 바람. ㊞도와달라고 애원하다. 비탄원. -하다. 【哀願】

애:인 ①남을 사랑함. ②사랑하는 사람. 비연인. 【愛人】

애절 몹시 슬픔. ㊞애절한 사연. -하다. -히. 【哀切】

애:정 사랑하는 마음. 다정한 마음. 반증오. 【愛情】

애조 슬픈 가락. 애절한 곡조. 【哀調】

애:족 겨레를 사랑함. 【愛族】

애:지중지 매우 사랑하고 아끼고 귀여워하는 것. -하다. 【愛之重之】

애:착 사랑하고 아끼는 마음에 사로잡혀 그 생각을 버릴 수 없음. -하다. 【愛着】

애:창 노래·시조 등을 즐겨 부름. -하다. 【愛唱】

애:창곡 즐겨 부르는 노래. 【愛唱曲】

애:처 아내를 사랑함. 사랑하는 아내. 【愛妻】

애처롭다(애처로우니, 애처로워서) 가련하다. 보기에 딱하고 가엾다. 애처로이.

애초 맨 처음. 비당초. 반끝.

애:칭 본이름 외에 다정하게 부르는 이름. 【愛稱】

애:타다 너무 거정이 되어 속이 타는 듯하다. 비애끓다.

애:태우다 ①매우 걱정하다. ②사람이나 사람의 마음을 몹시 걱정하게 하다.

애통 몹시 슬퍼함. -하다.

애틋이[애트시] 매우 사랑하며 정이 깊게. ㊞할머니는 손자들을 애틋이 사랑하신다.

애틋하다[애트타다] ①정을 끄는 알뜰한 맛이 있다. ②좀 아깝고 서운한 느낌이 있다. 애틋이.

애팔래치아 산맥〖지명〗 북아메리카 동부에 있는 산맥. 북동에서 남서로 뻗어 있음. 석탄·석유·철광 등 매장량이 풍부함.

애프터서비스 상품을 판 뒤에 무료나 실비로 수리 및 기타 여러 가지 봉사를 하는 일. 【after service】

애:향단 자기 고장을 사랑하고 발전시키기 위하여 모인 모임.

애:향심 고향을 사랑하는 마음.

애:호 사랑하고 보호함. ㊞동물을 애호하다. -하다. 【愛護】

애:호가 어떤 사물을 몹시 좋아하는 사람. ㊞동물 애호가. 【愛好家】

애호박 씨가 생기지 않은 어린 호박.

애환 슬픔과 기쁨. 희비. ㊞민요에는 한국인의 애환이 깃들어 있다.

액 물이나 기름과 같이 흘러 움직이는 물질. 【液】

액막이[앵마기] 앞으로 닥칠 불행이나 나쁜 일들을 미리 막기 위해 하는 짓, 또는 그런 물건.

액면[앵면] 유가 증권이나 화폐의 표면에 적힌 금액. 본액면 가격.

액세서리 복장의 조화를 돕기 위한 부속품〔넥타이·핸드백·브로치 등〕. ×악세사리. 【accessory】

액션 ①활동·행동·동작. ②배우의 연기 동작, 특히 움직임이 많은 연기. 【action】

액수 수량으로 나타낸 돈. 금액.

액운[애군] 모질고 사나운 운수. 나쁜 운수. 【厄運】

액자[액짜] 글·그림·사진 등을 넣어 벽에 거는 틀.

액정 전자 계산기, 텔레비전 따위의

화면 등에 이용되는 액체와 고체의 중간적인 상태에 있는 새로운 물질. ㉠액정 화면.

액체 물·알코올·기름 등과 같이 부피는 일정하나, 모양은 넣은 그릇에 따라 변하는 물질. 반고체. 기체. 【液體】

액화[애콰] 기체 또는 고체가 액체로 되는 일. -하다. 【液化】

앨범 사진첩. ㉠졸업 앨범. 【album】

앰블런스 ①구급차. ②환자 수송차. ×앰블란스. 【ambulance】

앳되다 아주 어려 보이다. ㉠앳된 모습. ×애띠다.

앵돌아지다[앵도라지다] 노여워서 토라지다.

앵두 작고 빨갛고 동그랗고, 맛이 달콤하면서 시고 물이 많은, 앵두나무 열매.

앵두나무 장미과의 갈잎 넓은잎떨기나무. 4월에 흰색 또는 연분홍색 꽃이 가지에 가득히 잎보다 먼저 피고, 초여름에 동그랗고 빨간 앵두가 열림.

앵무새 사람의 말을 잘 흉내내는 새. 열대산으로 부리가 굵고 꼬부라졌음. 털빛이 아름답고, 과실이나 곡물을 먹고 삶.

[앵무새]

앵앵거리다 곤충들이 날아다니면서 자꾸 소리를 내다. 비앵앵대다.

앵커 ①라디오나 텔레비전의 종합 뉴스 사회자. ②토론회의 사회자. ③'앵커맨, 앵커우먼'의 준말. 【anchor】

야 한글의 홀소리 글자인 'ㅑ'의 이름.

야:간 밤 사이. 밤 동안. ㉠야간 훈련. 반주간. 【夜間】

야:경 밤에 보이는 경치. ㉠서울의 야경. 비밤경치. 【夜景】

야:광 어두운 곳에서 빛을 내는 것, 혹은 그 불빛. 【夜光】

야:광침 밤이나 어둠 속에서 빛을 내는 시계 바늘.

야:광패 밤이면 방사선에 의하여 빛을 내는 조개. 고급 자개의 재료로 쓰임.

야:구 상대방의 투수가 포수에게 던지는 공을 타자가 쳐서 3개의 베이스를 돌아 홈베이스에 오면 득점되는 경기. 【野球】

야:구장 야구 경기를 하고, 볼 수 있도록 시설이 되어 있는 운동장.

야:근 밤에 일함. 본야간 근무. -하다. 【夜勤】

야금야금 ①무엇을 입 안에 넣고 조금씩 씹는 모양. ②조금씩 탐내어 가지거나 소비하는 모양.

야누스 로마 신화에 나오는 두 얼굴을 가진 신. 【Janus】

야:단 ①떠들썩하게 벌어진 일. ②큰 소리로 꾸짖는 일. ㉠선생님께 야단을 맞다. -하다. -스럽다.

야:단나다 큰 일이 생기다. 큰 걱정거리가 생기다. ㉠차비가 모자라서 야단났다.

야:단맞다[야단맏따] 크게 꾸지람을 듣다. ㉠동생과 싸워서 어머니께 야단맞다.

야:단 법석 서로 다투고 떠들고 시끄러운 판.

야:당 현재 정권을 잡지 못한 정당. ㉠야당 국회 의원. 반여당. 준야.

야들야들 윤이 나고 보드라운 모양. ㉠야들야들한 새싹들. -하다.

야릇하다[야르타다] 무엇이라 표현할 수 없을 정도로 좀 이상하다.

야만 ①문화가 깨지 못하고 뒤떨어진 상태, 또는 그 종족. ㉠아프리카 야만인. ②덕이나 의가 없고 교양이 없음. ㉠행동이 야만적이다. 비미개. 반문명. -스럽다.

ㅇ

야:만인 문화 정도가 낮고 지능이 덜 깬 사람. 비미개인. 반문화인.
야:만적 문명의 정도가 낮고 미개하여 무식하거나 사나운 것.
야:만족 야만스러운 종족.
-야말로 받침 없는 말 끝에 붙어서 당연함을 나타내는 말. 예이순신 장군이야말로 우리 민족의 영웅이시다.
야:망 바라서는 안 될 일을 바라는 일. 분에 넘치는 큰 희망. 예헛된 야망을 품다. 비포부. 【野望】
야:맹증[야맹쯩] 밤에는 물건을 보지 못하는 병. 비타민 A(에이)의 부족으로 일어남. 비밤소경.
야무지다 모질고 야물다. 조금도 빈틈이 없다. ＜여무지다.
야:박 매정하고 인정이 없음. 예인심이 야박하다. -하다. -스럽다. -히. 【野薄】
야:밤 깊은 밤.
야:별초 고려 고종 때 최우가 도적을 막기 위해 조직한 특수 군대. 후에 삼별초로 발전하게 됨.
야:비 성질이나 행동이 교양이 없고 천함. -하다. 【野卑】
야:사 민간에서 개인적으로 기록한 역사상의 사실. 야승. 비외사. 반정사. 【野史】
야:산 들 근처의 나지막한 산.
야:생 동식물이 산이나 들에서 저절로 자람, 또는 그런 동식물. 예야생동물. -하다. 【野生】
야:생마 길들여진 적이 없이 야생 상태로 사는 말. 【野生馬】
야:생화 산과 들에 저절로 자라는 식물의 꽃. 비들꽃. 【野生花】
야:속 인정머리 없고 쌀쌀함. 섭섭하여 언짢음. 예야속한 세상 인심. -하다. -스럽다. -히.
야:수 사람이 기르지 않고 산이나 들에서 자연 그대로 자란 사나운 짐승. 【野獸】
야:습 밤에 갑자기 쳐들어감. 비야공. -하다. 【夜襲】
야:시 밤에 벌이는 시장. 밤장. 본야시장. 【夜市】
야:심 ①무리한 욕심. 남몰래 품는 소망. 예큰 정치가가 되려는 야심. ②야비한 마음. 【野心】
야:영 ①군대 등이 들에 진을 침. ②들에 천막을 치고 잠. -하다.
야:영장 천막을 치고 숙박할 수 있게 만들어 놓은 산이나 들의 장소. 【野營場】
야:외 ①시가지에서 멀리 떨어진 들. 비교외. ②집 밖. 【野外】
야:욕 분에 넘치는 욕심. 예북괴의 남침 야욕. 【野慾】
야위다 살이 빠져서 마르다. 반살찌다. ＜여위다.
야:유 남을 빈정거리며 놀림, 또는 그런 말이나 행동. -하다.
야:유회 들놀이를 하는 모임.
야:자 야자나무의 열매. 껍질이 단단하고 갈색의 털 같은 것으로 덮였으며, 껍질을 깨고 그 안의 물을 마실 수 있음. 【椰子】
야:자나무 종려나무과의 늘푸른큰키나무. 열대 지방에서 자라는 외떡잎 식물로 가지를 내지 않고 높이 24m정도까지 자람. 야자수.
야:적장 물건을 임시로 쌓아 두는 곳. 비노적.
야:전 ①산이나 들판에서 하는 전투. 예야전군. ②밤에 하는 전투.
야:전 병원 싸움터에서 군인들을 치료하기 위하여 임시로 마련해 둔 병원.
야:채 밭에 가꾸어 먹는 푸성귀. 비채소. 【野菜】
야트막하다[야트마카다] 약간 얕은 듯하다. 예야트막한 산.
야:하다 상스럽고 천하다. 예옷이 너무 야하다.

야:학 ①밤에 공부함. ②밤에 학업을 배우는 과정, 또는 그런 교육 기관. 【夜學】

야:합 좋지 못한 목적 아래 서로 어울림. -하다.

약[1] 병이나 상처를 고치기 위해 먹거나 바르거나 주사하는 물품을 통틀어 일컫는 말. 【藥】

약[2] 화가 나서 분한 감정. ㉠친구가 놀려서 약이 오르다.

약[3] (숫자 앞에 써서)'그 수에 거의 가까운 만큼'을 나타냄. ㉠약 오천 명의 관중이 입장했다. 【約】

약간 얼마 안 됨. 얼마쯤. ㉠돈이 약간 부족하다. 비다소. 조금.

약골 몸이 약한 사람. 약한 몸. 비약질. 【弱骨】

약과 ①우리 나라 고유 과자의 한 가지. 밀가루에 기름과 꿀을 반죽하여 기름에 지져서 만듦. ②감당하기 어렵지 않은 일. ㉠그 정도의 일은 약과다. 【藥果】

약국 약을 지어 파는 곳. 약사가 약을 조제하기도 하고 팔기도 하는 곳. 비약방. 【藥局】

약다 꾀가 많다. ㉠약게 행동하다.

약도 중요한 지점만을 간단히 그린 지도. 【略圖】

약동 생기 있고 활발하게 움직임. ㉠약동하는 젊음. -하다.

약력[양녁] 학력·경력 등을 간략하게 적은 것. 비이력.

약령시 지난날, 매년 정기적으로 열려 약재를 팔고 사던 시장.

약물[양물] 약이 되는 물질. ㉠약물 남용. 【藥物】

약물 중독 어떤 약을 지나치게 많이 쓰거나 오래 써서 버릇이 된 상태. 【藥物中毒】

약밥 찹쌀에 꿀·설탕·대추·진간장·참기름·밤·잣·곶감 따위를 섞어서 시루에 찐 음식. 약식.

약방 상품으로 된 약을 파는 가게. 비약국. 【藥房】

약분 분수의 분모와 분자를 그들의 공약수로 나누어 간단하게 하는 일. 비통약. 맞줄임. -하다.

약사 약사 자격증을 가지고 약을 만들거나 의약품을 파는 사람.

약사전 절에서 약사 여래불을 모신 곳. 【藥師殿】

약삭빠르다 꾀가 있고 눈치가 빠르고 행동이 재빠르다.

약세 세력이 약함. 반강세.

약소[1] 힘이 약하고 작음. ㉠약소 국가. 반강대. -하다. 【弱小】

약소[2] 간략하고 적음. ㉠약소한 선물. -하다. 【略少】

약소국 땅이 작고 힘이 약한 나라. 반강대국. 【弱小國】

약소 민족 강한 나라에 의하여 정치적·경제적 지배를 받는 민족.

약손가락 가운뎃손가락과 새끼 손가락 사이에 있는 손가락. 넷째 손가락. 무명지. 약지.

약속 앞으로 할 일에 대하여 상대방과 서로 다짐하여 정함. 비언약.

약수[1] 곱셈에서의 인수. 〈보기〉 12의 약수는 1, 2, 3, 4, 6, 12의 6개임.

약수[2] 약효가 있는 샘물. 【藥水】

약수터 약수가 나는 곳이나 그 언저리.

약시 약한 시력, 또는 그런 사람.

약식 정식 절차를 빼고 줄인 간단한 방식. ㉠약식 보고. 반정식.

약오르다(약올라, 약올라서) 성이 나다. 골나다. ㉠상대방을 약오르게 하다.

약올리다[야골리다] 남을 언짢거나 분한 감정이 일어나게 하다.

약용 약으로 씀. ㉠약용 식물.

약육 강식 약한 자는 강한 자에게 먹힘. -하다. 【弱肉强食】

약자 세력이 약한 사람이나 약한 생물. 반강자. 【弱者】

약장수 장터나 거리에서 사람들을 모아 놓고 약을 파는 사람.
약재 약을 만드는 재료. 【藥材】
약점 모자라서 남에게 뒤떨어지는 점. 비결점. 반강점.
약정서 약속하여 정한 내용을 적은 문서. 【約定書】
약제 여러 가지 약의 재료를 섞어 예방이나 치료에 쓰려고 만든 약.
약제실 병원이나 약국에서, 약사가 약을 만드는 방.
약조 어떤 조건이나 내용을 정하여 약속 하는 것, 또는 그 약속.
약주 ①약술. ②'술'의 높임말.
약지 ⇨약손가락. 【藥指】
약진 ①뛰어 나감. ②매우 빠르게 진보함. 예날로 약진하는 우리 산업. -하다. 【躍進】
약체 ①약한 몸. ②약한 조직이나 체제, 또는 그러한 단체.
약초 약이 되는 풀. 비약풀.

약탈 폭력을 써서 무리하게 남의 것을 빼앗음. 비수탈. 착취. -하다.
약포지 약을 싸는 종이.
약품 ①만들어 놓은 약. 의약품. ②화학 변화를 일으키는데 쓰는 고체나 액체의 물질. 【藥品】
약하다 ①튼튼하지 않다. 강하지 못하다. 예몸이 약하다. ②잘하지 못하다. 예국어가 약하다. ③여리다. 반강하다.
약혼 결혼하기로 약속함. 비혼약. 반파혼. -하다. 【約婚】
약화[야콰] 힘이나 실력 따위가 약해지는 것. 반강화. -하다.
약효 약의 효력. 【藥效】
얄궂다[얄굳따] ①성질이 괴상하다. ②이상야릇하고 짓궂다.
얄:밉다(얄미우니, 얄미워서) 말이나 하는 짓이 매우 밉다.
얄타 회담 1945년 2월, 미국·영국·소련의 대표들이 얄타에서 맺은 협정. 이 회담으로 한국이 38도선으로 갈라졌음.
얄팍하다[얄파카다] 매우 얇다.
얇다[얄따] 두께가 두껍지 아니하다. 반두껍다.
얌전하다 성질이 차분하고 말과 행동이 단정하다. 예얌전한 새색시. 얌전히.
얌체 남을 생각해 주는 마음이나 부끄러움이 없이 자기만 아는 사람.
양[1] 염소 비슷하며 털·고기·젖을 얻기 위해 기르는 성품이 온순한 동물. 【羊】

[양[1]]

양[2] '수량·분량' 등을 통틀어 이르는 말. 예양보다 질이 좋아야 한다.
양각 글자나 그림을 바탕보다 도드라지게 새기는 것. 반음각. -하다. 【陽刻】
양감 그림을 볼 때 실물과 같은 부피나 무게를 느끼는 것. 반질감.
양:계 닭을 기름, 또는 그 닭.
양계장 닭을 기르기 위해 설비한 곳. 닭을 기르는 곳.
양곡 양식으로 쓰는 곡식〔쌀·보리·밀 등〕.
양곤〖지명〗 미얀마의 수도. 세계적인 쌀 수출항임. 옛 랑군.
양궁 ①서양식의 활. ②서양식 활을 쏘아 일정한 거리에 있는 표적을 맞추어 얻는 점수를 겨루는 경기.
양귀비 ①중국 당나라 현종의 비. ②주로 약으로 쓰이는 두해살이 풀. 꽃이 아름답고 열매에서는 마취제·진통제의 원료인 아편을 얻음. 【楊貴妃】
양:극[1] ①남극과 북극. ②양극(+)과 음극(-). 【兩極】
양극[2] 두 전극 사이에 전류가 흐르고 있을 때 흐름이 시작되는 극. 플러

스(+)의 극. 반음극. 【陽極】

양금 국악에 쓰이는 현악기의 한 가지. 네모 모양의 나무판에 열네 개의 쇠줄을 매고, 채로 쳐서 소리를 냄. 【洋琴】

양기 동양 철학에서, 만물을 만들어 내는 근본이 되는 기운의 하나. 반음기. 【陽氣】

양:녀 낳지 않고 데려다가 기른 딸. 비수양딸. 【養女】

양념 음식의 맛을 돕기 위하여 쓰는 재료〔간장·된장·마늘·파 등〕.

양단 명주실로 짜고 색실로 수를 놓은 고급 비단의 한 가지.

양:단간 어찌 되든지. 두 가지중. 좌우간. 예되고 안 되고 양단간에 결정을 내려라.

양달 볕이 잘 드는 곳. 비양지. 반응달.

양:도 권리·재산·법률상의 지위 등을 남에게 넘겨줌. 예토지를 양도하다. 【讓渡】

양도체 전기나 열을 잘 전하는 물질〔은·구리·알루미늄 등〕.

양:돈 돼지를 먹여 기름. -하다.

양동이 함석 따위로 만들어 물을 담아 들고 다니게 만든 원통형의 동이와 같은 그릇.

양력[양녁] 지구가 태양의 둘레를 한 바퀴 도는 데 걸리는 시간(365일)을 기준으로 하여 만든 달력. 반음력. 본태양력.

양:로[양노] 노인을 편안히 받들어 모시는 일. 【養老】

양:로 보험[양노보험] 늙어서 생활비를 벌 수 없을 때를 대비하여 드는 보험.

양:로원[양노원] 의지할 것 없는 노인을 모아 돌보아 주는 사회 복지 시설. 【養老院】

양만춘〖사람〗 고구려의 명장. 644년 당의 태종이 30만 대군을 이끌고 고구려에 쳐들어왔을 때, 안시성을 결사적으로 지켰음. 【楊萬春】

양말 서양식 버선. 곧 맨발에 직접 신는 실로 뜬 물건.

양:면 두 면. 양쪽의 면. 예양면 인쇄. 반단면. 【兩面】

양모 양의 털. 모직물의 원료가 됨. 비양털. 【羊毛】

양:미 양쪽 눈썹. 【兩眉】

양:미간 두 눈썹 사이. 비미간.

양민 선량한 백성. 나라의 법을 잘 지키는 착한 국민. 비양인.

양:반 조선 시대 벼슬아치나 신분이 높은 사람을 가리켜 부르던 말. 반상민. 【兩班】

양:반전 조선 정조 때 박지원이 지은 한문 소설. 양반의 무능과 허식, 특권 의식을 풍자한 내용.

양배추 십자화과에 속해 있는 두해살이 채소. 유럽이 원산지로 잎은 두껍고 크며 가을에 공 모양으로 고갱이를 겹겹이 에워쌈. 중요한 채소의 하나로 널리 이용되고 있음.

[양배추]

양:변 좌변과 우변을 통틀어서 일컫는 말.

양:병 군사를 양성함. 【養兵】

양:보 남에게 사양하거나 남의 뜻에 따라 줌. 예노인께 자리를 양보하다. -하다. 【讓步】

양복 서양식의 옷. 반한복. 【洋服】

양:봉 꿀을 얻기 위하여 꿀벌을 기름, 또는 그 벌. -하다.

양:부모 입양된 집의 아버지와 어머니. 양아버지와 양어머니. 반친부모. 【養父母】

양:분[1] 영양이 되는 성분. 예양분이 많은 식품. 비영양분. 【養分】

양:분[2] 둘로 나눔. -하다. 【兩分】

양비둘기 비둘기의 한 종류 몸은 연한 회색. 머리·목·가슴은 녹색. 부리는 검은색.

양사언〖사람〗[1517~1584] 조선 시대 때의 선비. 호는 봉래. 회양 군수를 지냈음. 금강산 만폭동에 들어가 세상을 잊고 글과 글씨를 쓰며 지냈는데, 특히 글씨로 유명하였음. 조선 시대 4대 명필의 한 사람임. 【楊士彦】

양산[1] 햇빛을 가리기 위하여 쓰는 우산 같이 만든 물건. [반]우산.

양산[2] 여러 물건을 한꺼번에 많이 만들어 내는 것. -하다. 【量産】

양상 생김새. 모습. 모양. 상태. (예)분쟁이 새로운 양상을 띠게 되다.

양상추 잎이 둥글고 넓고 서로 뭉쳐 있는, 서양 요리에 쓰는 상추.

양서 좋은 책. 【良書】

양:서류 어류와 파충류의 중간에 위치하는 척추 동물의 한 무리〔개구리·도룡뇽 등〕.

양:성[1] 길러 냄. (예)인재 양성. [비]육성. -하다. 【養成】

양성[2] 어떠한 병이 있거나 감염되었음을 알리는 성질. [반]음성. 【陽性】

양:성소 어떤 일에 필요한 사람들을 교육하는 곳으로 전문 지식을 짧은 시간에 교육 훈련함.

양속 아름다운 풍속.

양송이 농촌에서 부업으로 지하실이나 창고·움 같은 곳에서 기르는, 서양에서 들어온 종류의 송이버섯.

[양송이]

양수 양의 정수, 또는 양의 유리수. 영보다 큰 수〔+1, +2, +3, …〕. [반]음수. 【陽數】

양수기 모터나 발동기를 이용하여 물을 퍼 올리는 기계. 펌프. [비]무자위. 【揚水機】

양순 어질고 온순함. -하다. 【良順】

양식[1] 서양 음식. 【洋食】

양식[2] ①먹고 사는 곡식. 먹을 거리. ②지식·사상 등의 원천이 되는 것. (예)마음의 양식. [비]식량. 【糧食】

양식[3] ①어떤 일을 하는 데에 필요한 일정한 방식. (예)세월이 흐름에 따라 친절을 표현하는 양식이 달라졌다. ②예술 작품이나 건축물 따위에 나타나는 독특한 표현 형식. (예)건축 양식. 【樣式】

양식[4] 굴·김·물고기 따위의 수산물을 기르고 번식 시키는 일. -하다. 【養殖】

양:식업[양시겁] 김·굴·조개 등을 인공적으로 길러 수확하는 수산업의 하나. 【養殖業】

양심 사람으로서 마땅히 가져야할 바르고 착한 마음. 【良心】

양심적 양심에 비추어 보아 부끄럽지 않은 것. (예)나는 양심적으로 살려고 노력한다.

양:아들 남의 자식을 자기 자식으로 삼아 키운 아들. 양자.

양:아버지 양자가 되어 생긴 아버지. 생부.

양양 앞길이 한없이 넓어 발전성이 큰 모양. (예)앞길이 양양하다. -하다. -히. 【洋洋】

양:어장 물고기를 인공적으로 알을 까게 하여 새끼를 길러서 큰 물고기로 기르는 곳.

양옥 서양식으로 지은 집. 양옥집. [반]한옥. 【洋屋】

양요 서양 사람들로 인해서 일어난 난리. 조선 고종 3년(1866)에 프랑스 군함이 강화도에 침입한 난리와 고종 8년(1871) 미국 군함이 강화도에서 침입한 난리를 가리킴.

양:원 이원제 국회의 두 의원. 예를 들면 미국의 상원과 하원, 영국의 귀족원과 중의원이 있으며 한국도

한때 민의원과 참의원의 양원제를 채택했음. 반단원.
양:위 임금의 자리를 물려줌.
양:육 길러 자라게 함. 예아이를 양육하다. -하다. 【養育】
양은 구리·아연·니켈 등을 합금하여 만든 쇠. 은백색으로 단단하고 녹이 안 남. 예양은 냄비.
양:자 아들 없는 집에서 대를 잇기 위하여 같은 성의 친족 중에서 데려다 기르는 아들. 【養子】
양자강 중국의 '양쯔강'을 우리 나라 한자음으로 읽은 이름. 【揚子江】
양:자 택일 두 사람 또는 두 사물 중에서 하나를 선택함. -하다.
양:잠 누에를 침. -하다.
양:잠업 누에를 치는 직업. 준잠업.
양장 머리나 옷을 서양식으로 가꾸어 꾸밈. -하다. 【洋裝】
양장점 양장을 만들거나 파는 가게.
양재 양복이나 양장을 마르거나 만들어 내는 것. 예양재 학원.
양재 구성 흙·모래·돌·나무·블럭 등 덩어리를 이루는 재료를 사용하여 꾸미는 구성.
양재기 얇은 알루미늄 따위로 만든, 음식을 담아 먹는 움푹한 작은 그릇.
양잿물 무명 빨래를 삶을 때에 쓰는 수산화나트륨. 준잿물.
양적[양쩍] 분량과 관련된 것. 예양적으로 크게 모자란다. 반질적.
양전기 유리 막대를 헝겊에 문지를 때 그 유리에 생기는 전기. '+'부호로 나타냄. 반음전기. 【陽電氣】
양:조 발효 작용을 이용하여 술·간장·초 등을 만드는 일. -하다.
양:조장 술이나 간장·식초 따위를 담그는 공장.
양주 서양에서 들여온 술, 또는 서양의 양조법에 따라 빚은 술〔위스키·꼬냑·포도주 따위〕. 【洋酒】
양주 별산대놀이 경기도 양주 지방에 전해 내려오는 가면극.
양지 햇볕이 바로 드는 곳. 비양달. 반음지. 【陽地】
양지바르다 땅이 볕이 잘 들게 되어 있다. 예양지바른 땅.
양질 좋은 바탕. 좋은 품질. 예양질의 섬유. 【良質】
양:쪽 왼쪽과 오른쪽. 두 방향. 비양측. 양편.
양쯔 강 중국의 중앙부를 동쪽으로 흐르는 아시아에서 제일 큰 강. 세계 3대 하천 중의 하나. 총 길이 5,800km. 【Yangzi 江】
양처 어질고 착한 아내. 예현모 양처. 비현처. 반악처. 【良妻】
양철 안팎에 주석을 입힌 얇은 철판. 통조림통·기름통 같은 것을 만드는 데 쓰임. 생철. 비함석. 본서양철. 【洋鐵】
양초 서양식의 초. 무명실로 심을 넣고 파라핀·밀랍 등을 원기둥 모양으로 만들어 불을 켤 수 있게 한 것
양:측 ①두 편. 양편. 예양측 대표. ②양쪽의 가장 자리. 예도로 양측으로 행진하다. 비양쪽. 양편.
양:치 '양치질'의 준말. 소금·치약 등으로 이를 닦고 물로 입 안을 가셔 내는 일. 본양치질. -하다.
양치기 ①놓아 기르는 양떼를 돌보는 사람. 비목자. ②양을 돌보고 기르는 일.
양치식물 꽃이 피지 않고 홀씨로 번식하는 식물. '고사리' 따위가 이에 속함. 【羊齒植物】
양:친 아버지와 어머니. 예양친을 효성으로 모시다. 비부모. 어버이.
양탄자 짐승의 털을 굵은 베실에 박아 짠 피륙. 흔히 방바닥이나 마룻바닥에 깖. 비카펫.

양파 백합과의 두해살이풀. 잎은 가늘고 길며, 줄기 끝에 꽃이 핌. 주로 여름에 가꾸며 둥근 뿌리는 매운 맛과 특이한 향기가 있어 채소로 널리 식용함. 비둥근 파.
양팔 저울 가로막대의 중심을 받치고 양쪽에 똑같은 접시가 달린 저울. 비천칭.
양푼 음식을 담거나 데우는 데 쓰는 넓고 둥근 큰 놋그릇.
양품 서양에서 수입했거나 서양식으로 만든 장신구·일용품 등의 잡화. 특히 옷이나 그에 딸린 물건, 또는 장신구를 이름. 【洋品】
양품점 양품을 파는 상점. 【洋品店】
양피 양의 가죽. 【羊皮】
양해 사정을 알아서 잘 이해함. 참뜻을 살펴 너그러이 용납함. 예아침 일찍 전화 드린 것을 너그럽게 양해해 주십시오. -하다.
양호 매우 좋음. 예건강 상태가 양호하다. -하다. 【養護】
양:호실 학교에서 학생의 건강 위생에 관한 일을 맡아보는 방.
양화 나루 지금의 서울 특별시 마포구 서남쪽 한강가에 있던 나루. '양화진'이라고도 함.
양화점 구둣방. 구두를 만들어 파는 가게. 【洋靴店】
얕다[얃따] ①깊지 않다. ②학문이나 지식이 적다. 예나의 얕은 지식으로 이 시를 이해할 수 없다. 반깊다.
얕보다 업신여겨 깔보다. 실제보다 얕잡아 보다. 넘보다. 예상대를 얕보고 덤비다 큰코다쳤다. 비깔보다.
얕잡다 남의 재주나 능력을 실제보다 낮추어 보아 하찮게 여기다.
얘 한글의 홀소리 글자인 'ㅒ'의 이름.
얘:기 '이야기'의 준말. -하다.
어 한글의 홀소리 글자인 'ㅓ'의 이름.
어:가 임금이 타는 수레. 대가.
어:감 말소리나 말투의 차이에 따라 말이 주는 느낌. 【語感】
어:구 말의 구절. 【語句】
어귀 드나드는 목의 첫머리. 예동네 어귀. 비입구.
어:근 ('웃음' '넉넉하다' 등에서 '웃-', '넉넉'과 같이) 한 낱말의 실질적인 뜻을 나타내는 부분. 【語根】
어금니 송곳니의 안으로 있는 모든 큰 이. 성인은 양쪽 위 아래 각 다섯 개씩 있음.
어긋나다[어근나다] ①서로 꼭맞지 아니하다. 서로 엇갈리다. 예길이 어긋나다. ②맞지 않고 틀리다. 예원칙에 어긋나다.
어기다 약속·시간·명령 등 지킬 것을 지키지 아니하다.
어기여차 여럿이 힘을 합해 배의 노를 저을 때 함께 지르는 소리.
어김없다 어기는 일이 없다. 틀림이 없다. 예약속을 어김없이 지키다.
어깃장[어기짱] 고분고분하게 따르지 않고 뻗대는 행동. 고집. 예어깃장을 놓다.
어깨 ①팔이 붙은 관절의 윗부분. ②소매와 깃의 차이.
어깨걸이[어깨거리] 어깨에 걸쳐서 앞가슴 쪽에 장식으로 드리우는 긴 천.
어깨동무 같은 또래의 어린이 친구. 또는 서로 팔을 어깨에 얹어 끼고 노는 일. -하다.
어깨뼈 척추 동물의 어깨와 몸통을 연결하는, 등 위쪽에 있는 한 쌍의 넓적한 세모꼴의 뼈.
어깨춤 ①신이 나서 어깨를 으쓱거리는 짓. ②어깨를 으쓱거리며 추는 춤.
어깻죽지[어깨쭉찌] 팔이 붙어 있는 어깨의 부분.
어깻짓[어깨찓] 어깨를 흔들거나 으쓱거리는 것. -하다.

어:눌하다 말을 더듬어 좀 당당하게 들리지 못하다. ㊀말투가 어눌하다.
어느 ①〔묻는 말에 써서〕 여럿 중에서 어떤. ㊀절은 어느 곳에 있습니까? ②확실하지 않은 사물·사람·때·곳 따위를 가르키는 말. ㊀옛날 어느 마을에 바보가 살고 있었다.
어느덧 어느 사이에. ㊀어느덧 겨울이 다 지났다.
어느새 어느 틈에. 벌써. ㊀어느새 날이 밝았네.
어두움 밝지 않고 어두운 상태.
어두컴컴하다 어둡고 컴컴하다. ㊀어두컴컴한 골목.
어둑어둑하다[어두거두카다] 날이 저물어 물건이 보일락말락 어둡다.
어둠 어두운 상태. 어둡고 캄캄함. 어두움. ㊀어둠이 물러가고 날이 밝다.
어둠 상자 ①빛의 성질을 알아 보는 데 쓰기 위하여 안을 검게 칠한 상자. ②사진기에서, 밖에서 빛이 새어들지 않도록 만든 상자.
어둠침침하다 어둡고 흐리다.
어둡다(어두우니, 어두워서) ①빛이 없어 환하지 않다. ㊀방안이 어둡다. ②시력이나 청력이 약하다. ㊀귀가 어둡다. ③어떤 일에 밝지 못하다. ㊀회사 업무에 어둡다. 반밝다.
어디[1] ①〔묻는 말에 써서〕 알고 싶은 어느 곳. ㊀집이 어디니? ②알 수 없는 어느 곳. ㊀어디서 싸우는 소리가 들린다.
어디[2] ①〔벼르거나 주의를 끄는 뜻으로〕 과연 어떠할지. ㊀어디 두고 보자. ②'도대체, 정말로'의 뜻. ㊀사람이 어디 밥만 먹고서 사는가.
어떠어떠하다 무엇의 성질이나 상태가 어떠하고 어떠하다. ㊀오늘 어떠어떠한 일이 있었니?
어떠하다사물의 성질·상태 따위가 어찌되어 있다. 준어떻다.
어떡하다[어떠카다] 어떻게 하다. ㊀저녁 식사는 어떡하셨어요? 비어찌하다.
어떤 ①(묻는 말에 써서) 무슨. 어떠한 ㊀두 사람은 어떤 사이입니까? ②(특별히 정해지지 않은) 무슨. 여럿 가운데 하나인. ㊀어떤 책을 읽을까?
어떻게[어떠케] ①(묻는 말에 써서) 어떤 방법으로. 어떤 방식으로. ㊀학교 도서관을 어떻게 이용해야 좋은가요? ②어떤 모양으로. 어떤 형편으로. ㊀어떻게 지내셨어요?
어떻다[어떠타] '어떠하다'의 준말.
어라 가벼운 놀라움이나 당황한 느낌 따위를 나타낼 때 쓰는 말.
어레미 바닥의 구멍이 굵은 체.
어려움 힘들거나 괴로운 것. ㊀온갖 어려움을 참고 이겨 내다.
어려워하다 ①사람을 두려워하거나 조심스럽게 여기다. ㊀선생님을 어려워하다. ②몹시 힘겹게 여기다. ㊀어려워했던 수학 문제를 선생님께서 쉽게 설명해 주셨다.
어련하다 잘 알아서 하여 틀림없다는 뜻으로 쓰이는 말. ㊀네가 어련했겠니? 어련히.
어렴풋하다 기억이 똑똑하지 않거나 잘 보이지 않아 희미하다. ㊀바다 멀리 어렴풋하게 보이는 섬. >아렴풋하다. 어렴풋이.
어렵다(어려우니, 어려워서) ①하기에 힘들거나 괴롭다. ㊀일이 어렵다. 반쉽다. ②살림이 가난하다. ㊀살림이 어렵다. ③성미가 까다롭다. ㊀혜주는 사귀기 어려운 성격이다.
어로 물고기·조개·바닷말 등을 잡거나 채취함. ㊀어로 작업.
어뢰 물 속에서 공격할 목적으로 만든 폭발물. 본어형 수뢰.
어루만지다 가볍게 쓰다듬으며 만지다. ㊀머리를 어루만지다.

어류 물고기의 무리. 지느러미로 움직이며, 부레가 있어 물속에서 헤엄쳐 다니며, 아가미로 호흡하는 척추 동물의 한 무리. 비늘로 덮여 있음. 【魚類】

어:르다 어린 아이를 기쁘게 하려고 몸을 흔들어 주거나 달래다.

어르신네 '남의 아버지나 나이 많은 사람'을 높이어 일컫는 말. ㊗어르신.

어:른 ①다 성장한 사람. 비성인. 반어린이. ②나이 많은 사람을 높여서 부르는 말. ㉍동네 어른.

어른거리다 보였다 안 보였다 하다. 똑똑하게 보이지 않다. ㉍창문에 그림자가 어른거리다. 〉아른거리다.

어른벌레 곤충의 형태를 완전히 갖추고 알을 낳을 수 있게 된 곤충. 반애벌레. 비성충.

어:른스럽다(어른스러우니, 어른스러워서) 어른이 하는 행동처럼 점잖다.

ㅇ

어름 ①두 물건의 끝이 닿은 자리. ㉍ 두 강이 만나는 어름에 산다. ②어떠한 시간의 부근. ㉍오후 세 시 어름에 끝날 것 같다.

어리광 어른에게 귀여움을 받으려고 또는 남의 환심을 사려고 어리고 예쁜 태도를 보이는 짓.

어리굴젓 굴을 고춧가루로 양념하여 담근 젓.

어리다[1] ①눈물이 괴다. ㉍눈에 눈물이 어리다. ②눈앞에 자꾸 떠오르다. ㉍돌아가신 어머니의 얼굴이 눈앞에 어린다.

어리다[2] ①나이가 적다. ㉍나보다 나이가 어리다. ②경험이 적거나 수준이 낮다. ㉍기술 수준이 아직 어리다.

어리대다 남의 눈앞에서 귀찮게 어정거리다. ㉍일하는 데 와서 어리대지 마라.

어리둥절하다 정신이 얼떨떨하다. 정신을 가다듬지 못하다. ㉍뜻밖의 소식에 모두 어리둥절해하다.

어리벙벙하다 어리둥절하여 정신을 차릴 수 없다.

어리석다 일에 어둡고 생각이 모자라다. 똑똑하지 못하다. ㉍어리석은 생각. 반똑똑하다.

어린뿌리 씨에서 새로 나온 작은 뿌리.

어린아이[어리나이] 나이가 아주 적은 아이. 비소아. 아동. ㊗어린애.

어린 왕자【책명】 프랑스인 생텍쥐페리의 소설 제목. 동심을 통해 허위와 가식과 권위주의를 꼬집는 내용.

어린이 '어린아이'를 높여서 부르는 말〔방정환 선생님이 처음으로 쓴 말이라고 전함〕. 비소아. 아동. 반어른.

어린이날 어린이를 보호하고 행복하게 한다는 뜻에서 정한 어린이들을 위한 날. 1923년 방정환 선생님을 중심으로 '색동회'가 주동이 되어 5월 1일을 어린이날로 결정. 후에 5월 5일로 바뀜.

어린이 은행 어린이들의 저축을 맡아 보기 위하여 어린이들 스스로가 학교에다가 만든 은행.

어린이 임원회 초등 학교 어린이회. 각 학년의 반 어린이회의 회장과 부회장을 임원으로 하여 그들이 모여 하는 회의.

어린이집[어리니집] 6세 미만의 어린이를 돌보고 기르는 시설.

어린이 헌장 인간으로서의 어린이들의 권리와 행복을 보장해 줄 것을 어른들 전체가 서약한 헌장. 1957년 5월 5일에 선포함.

어린이회 어린이들이 스스로 학교생활을 해 나아가기 위하여 만든 모임.

어린이 회관 어린이에게 유익한 각종 전시물과 문화·오락 따위의 여러 가지 시설을 해 어린이들이 보고 듣고 뛰놀면서 배울 수 있는 환경을 만들어 놓은 집. 서울 어린이 대공원 안에 있음.

어림 대강 짐작으로 헤아리는 것.

어림셈 어림수로 나타내어 계산하는 것. -하다.

어림수 대략 나타낸 수. 수학에서는 반올림이나 버림 따위로 정한 수를 말함.

어림없다[어리멉따] ①도저히 될 가망이 없다. ㉠어림없는 일을 하려고 덤비다. ②너무 많거나 커서 대강 짐작도 할 수 없다.

어림잡다 대강 짐작으로 헤아려 보다. ㉠비용을 어림잡아 보다.

어림재기 길이·무게·들이·부피 따위를 대강 짐작으로 재는 것.

어림짐작 대강 헤아리는 것. 자세히 따져 생각하지 않고 대강 알아차리는 것.

어릿광대 광대가 나오기 전에 먼저 나와서 우습고 재미있는 말과 행동으로 관객을 웃기는 사람. 피에로.

어마마마 임금이나 왕자가 그 어머니를 부르는 말.

어마어마하다 엄청나게 크고 웅장하다. ㉡어마하다.

어망 물고기를 잡는 그물.

어머니 자녀를 둔 여성. 자기를 낳은 여자. ㉥모친. ㉦아버지. ㉧어머님. ㉨어미.

어멈 ①자식을 둔 딸이나 며느리를 그 부모나 손윗사람이 부르거나 가리키는 말. ㉠어멈아 물좀 떠와라. ②남편이 부모나 손윗사람에게 자기 아내를 가리켜서 이르는 말. ㉠어머니, 어멈은 어디 갔습니까? ㉥어미. ㉦아범.

어:명 임금의 명령. 【御命】

어묵 생선의 살을 으깨어 갈분이나 조미료 등을 섞고, 나무판에 올리거나 여러 가지 모양으로 만들어 익힌 음식. 생선묵.

어물 물고기, 또는 손질하여 말린 해산물. 【魚物】

어물거리다 말이나 행동을 똑똑하게 하지 못하고 우물쭈물하다.

어물어물 ①말이나 행동을 똑똑하게 하지 않고 흐리는 모양. ㉠말을 어물어물하지 말고 똑똑하게 해라. ②눈앞에서 보일 듯 말 듯하게 조금씩 움직이는 모양. -하다.

어물전 물고기 따위를 파는 가게.

어미 ①'어머니'의 낮춤말. ㉦아비. ②새끼를 낳은 암짐승. ×에미.

어민 고기잡이를 생업으로 삼는 사람. 【漁民】

어버이 아버지와 어머니를 아울러 부르는 말. ㉥부모. 양친.

어버이날 어머니와 아버지의 고마움을 생각하기 위하여 정해진 날. 5월 8일.

어:법 말의 구성이나 쓰는 법칙. ㉥문법. 【語法】

어부 물고기를 잡아 팔아서 생활하는 사람. ㉥어민. 【漁夫】

어부바 어린아이에게 등에 업히라고 할 때 하는 말.

어부사시사〖책명〗 조선 효종 때 윤선도가 연이어 지은 여러 편의 시조. 강가 마을에서 계절에 따라 자연과 더불어 살아가는 어부의 생활을 노래함. 【漁父四時詞】

어부지리 도요새와 조개가 싸우고 있는 사이에 어부가 둘을 쉽게 다 잡았다는 이야기에서 유래한 말로, 둘이 다투고 있는 사이에 엉뚱한 사람이 이익을 가로챔을 이르는 말. 【漁父之利】

어분 물고기나 조개를 찌거나 말려서 가루로 만든 것. 비료로 씀.

어:불성설 말이 조금도 사리에 맞지 않음. 말이 되지 않음. 【語不成說】
어:사 '암행어사'의 준말. 【御史】
어:사화 지난날, 임금이 과거에 급제한 사람에게 내리던 종이로 만든 꽃. 【御賜花】
어:색하다 열적거나 겸연쩍고 서먹서먹하다. ㉥어색한 분위기.
어서 지체없이 빨리. 조금도 꺼리낌 없이. ㉥어서 와라.
어선 고기잡이하는 배. 고깃배.
어:설프다 꼭 짜이지 못하여 갖추어 있지 못한 데가 많다. 탐탁하지 않다. 야무지지 못하고 서투르다.
어:소 임금이 계시는 곳.
어수룩하다 되바라지지 않고 조금 어리석은 듯하다. ㉥어수룩한 시골 사람. >아수룩하다.
어수선하다 가지런하지 않고 마구 헝클어지다. ㉥산만하다.
어스름 저녁이나 새벽의 어둡고 컴컴한 빛, 또는 그 때.
어슬렁거리다 몸이 크고 다리가 긴 사람이나 짐승이 천천히 걸어가다. ㉥어슬렁대다. 슨
어슬렁어슬렁 몸을 이리저리 흔들며 걸어 다니는 모양.
어슴푸레하다 뚜렷하게 드러나지 않고 희미하다. ㉥어슴푸레한 기억. >아슴푸레하다.
어슷비슷하다[어 삐스타다] 큰 차이 없이 서로 비슷하다.
어시스트 농구나 축구 경기 등에서, 알맞은 패스로써 직접 득점을 돕는 일. 【assist】
어시장 생선이나 조개·젓갈류를 파는 시장. ㉦어시.
어:안이벙벙하다 기가 막히거나 어이가 없어 말이 나오지 아니하다.
어언간 알지 못하는 동안에 어느덧. ㉦어언.
어업 물고기를 잡거나 기르는 일.
어여머리 지난날, 부인이 예의를 갖추어 치장할 때 머리에 얹는 큰머리. ㉦어염.
어여쁘다(어여쁘니, 어여뻐서) '예쁘다'의 예스러운 말.
어여삐 사랑스럽고 귀엽게. 예쁘게.
어엿하다[어여타다] 하는 일이 당당하고 떳떳하다. 어엿이.
어:영대장 조선 시대에 대궐을 지키던 부대의 우두머리.
어영부영 특별히 하는 일 없이. 이럭저럭.
어우러지다 여럿이 모여 한데 합치거나, 한 덩어리나 한 판을 이루다.
어우르다(어울러, 어울러서) 여럿이 합쳐지다. 한 덩어리가 되다. >아우르다.
어울리다 한데 섞이어 조화되다. ㉦얼리다. >아우르다.
어:원 낱말이 이루어진 본바탕.
어육 ①생선의 고기와 짐승의 고기. ②생선의 살. 【魚肉】
어음 일정한 금액을 지정한 날짜와 장소에서 조건 없이 지불할 것을 약속하는 신용 증권.
어:의 임금의 건강을 보살피던 의원.
어이없다 어처구니 없다. 기가막히다.
어인 '어찌 된'의 옛말.
어장 고기잡이를 하는 데 적당한 곳〔북극해, 베링 해, 뉴펀들랜드 해는 세계 3대 어장임〕. 【漁場】
어저께 =어제.
어:전 임금의 앞. 【御前】
어:절 우리말 문장의 띄어쓰기의 단위가 되는 말의 도막.
어정쩡하다 행동이 머뭇거리고 분명하지 않다. ㉥어정쩡한 태도.
어제 오늘의 하루 전날. 어저께. ㉥작일. ㉤내일.
어젯밤 [어제빰] 어제의 밤.

어:조 말의 가락. 비말투. 【語調】
어족[1] 물고기를 통틀어 이르는 말. 아가미로 숨을 쉬고 물속에서 삶. 비어류. 【魚族】
어:족[2] 말의 구조·문법·계통 따위의 같고 다름을 비교하여 같은 기원에서 나왔다고 보는 말들의 한 묶음. 예알타이 어족. 【語族】
어중간 거의 중간쯤 되는 데.
어:중이떠중이 여러 방면에서 모인 여러 종류의 탐탁하지 못한 사람들을 얕잡아 이르는 말.
어즈버 '아아'라는 느낌의 옛말.
어지간하다 ①정도가 어떤 표준에 가깝다. 예실력이 어지간하게 나아졌다. ②무던하다. 예성질이 어지간하다.
어지러이 물건들이 제자리에 있지 않고 너저분하게. 어지럽게. 예장난감을 어지러이 벌여 놓다.
어지럼증 머리가 어지러운 증세. 비현기증.
어지럽다(어지러우니, 어지러워서) ①눈이 아뜩아뜩하고 머리가 내둘리다. 예차가 너무 빨리 달려 어지럽다. ②모든것이 어수선하여 정신을 차릴 수 없다.
어지럽히다[어지러피다] ①여러 다른 물건을 늘어놓아 지저분하게 하다. 예방 안을 어지럽혀 놓다. ②무엇이 마구 뒤섞이거나 얽혀서 혼란스럽게 하다. 예사회 질서를 어지럽힌 사람.
어지르다 너절하게 늘어놓아 어수선하게 만들다. ×어질다.
어질다(어지니, 어지오) 성질이 너그럽고 마음이 인자하다.
어째서 어떤 까닭으로. 예어째서 이곳까지 왔느냐? 본어찌하여서.
어쨌든[어짿 뜬] 앞에서 한 말이 어떠한 것이든지 상관 없이. 예어쨌든 가 보기나 하자.
어쩌나 어떻게 하나. 예이 일을 어쩌나.
어쩌다 ①가끔. ②뜻밖에. 우연히. 예어쩌다 한 번씩 생기는 일. 본어쩌다가.
어쩌면 '어찌하면'의 준말. 혹, 어떤 경우에는. 예어쩌면 그가 돌아올지도 모른다. 준어쩜.
어쩐지 어찌된 까닭인지. 비왠지.
어찌 ①어떠한 이유로. 어떻게. 예어찌된 일이냐? ②어떠한 방법으로. 예그를 어찌 잡아 올까? ③어떻게 몹시. 예어찌 반가운지 눈물이 난다.
어찌나 '말로 다 할 수 없을 만큼 심하게'의 뜻을 나타냄. 예날씨가 어찌나 더운지 땀이 줄줄 흐른다.
어찌하다 ①어떻게 하다. 예이 집을 팔고 어찌하시려구요? 비어떡하다. ②왜 무슨 이유로. 예어찌하여 너는 매일 싸우기만 하니?
어찔하다 갑자기 정신이 내둘리어 쓰러질 것 같다. >아찔하다.
어차피 이렇게 하든지 저렇게 하든지. 예어차피 끝난 일이다.
어처구니없다 일이 너무 뜻밖이어서 기가 막히다. 비어이없다.
어청도〖지명〗 전라 북도 서해 상에 있는 섬.
어촌 바닷가에서 어업을 주로하는 사람들이 모여 사는 마을. 비갯마을. 【漁村】
-어치 (금액을 나타내는 말에 붙어서)'그 값을 주고받는 분량'의 뜻을 나타냄. 예콩나물 500원어치 사와라.
어:투 말버릇. 말투. 비어조.
어패류 식품으로 쓰이는 생선과 조개 종류를 통틀어 이르는 말.
어포 생선을 얇게 저며서 양념을 하여 말린 포. 【漁脯】
어:학 언어를 연구하는 학문. 본언어학. 【語學】

어항[1] 물고기를 넣어 기르는 유리로 만든 그릇. 【魚缸】
어항[2] 어선이 정박하며, 고기잡이에 필요한 설비를 갖추고 있는 항구.
어:혈 타박상 등으로 피부 밑에 멍이 들어 피가 맺혀 있는 것, 또는 그런 병. 【瘀血】
어획량 수산물을 잡은 양.
어:휘 어떤 범위에서 쓰인 낱말 종류의 전체. ㉠어휘가 풍부하다.
억 만의 만 곱절. 조의 만 분의 일. ㉠일억 원. 【億】
억누르다(억눌러, 억눌러서) 억지로 마구 내리누르다.
억눌리다[엉눌리다] 억누름을 당하다. ㉠침략자에게 억눌려 지낸 세월.
억류[엉뉴] 억지로 머루르게 함. ㉠억류 생활. -하다.
억만 장자 헤아릴 수 없을 정도의 많은 재산을 가진 사람. 아주 큰 부자를 가리킴. 【億萬長者】
억:새 벼과의 여러해살이풀. 산이나 들에 절로 나는데 높이는 1~2m. 잎은 가늘고 길.
억세다 ①몸이나 뜻이 굳고 세차다. ②식물의 잎이나 줄기가 뻣뻣하고 세다.
억수 물을 퍼붓듯이 세차게 내리는 비. ㉠비가 억수로 쏟아진다.
억압[어갑] 힘으로 억누름. ㉠국민의 자유를 억압하다. -하다.
억양 말이나 글의 뜻에 따라 달라지는 소리의 높낮이와 강약.
억울하다[어굴하다] 억제를 받거나 공평하지 못한 일을 당해 원통하고 답답하다.
억제 억눌러서 일어나지 못하게 함. -하다. 【抑制】
억지 자기의 생각이나 행동을 무리하게 내세우려는 고집. -스럽다.
억지로 이치나 조건에 맞지 않는데도 무리를 해서. 있는 힘을 다해서 겨우. ㉠억지로 데려가다. ㉡저절로.
억지 웃음 웃기 싫지만, 억지로 웃는 웃음.
억척스럽다(억척스러우니, 억척스러워서) 끈기 있고 굳은 태도가 있다. >악착스럽다.
억측 사실에 의하지 않고 제멋대로 짐작함, 또는 제멋대로 하는 짐작.
언급 어떤 일에 대해서 말함. ㉠언급을 회피하다. -하다. 【言及】
언니 여자 사이에서 '형'을 정답게 부르는 말.
언덕 비탈진 땅. 나지막한 산.
언덕길 언덕으로 오르내리는 비탈진 길.
언덕배기 언덕의 꼭대기, 또는 언덕의 비탈이 심한 곳. ×언덕빼기.
언도 재판의 결과를 선언하는 일. ※지금은 '선고'라고 한다.
언동 말과 하는 짓. ㉠거친 언동을 삼가라. ㉢언어 행동.
언뜻 얼른. 잠깐. 별안간. ㉠옛 친구가 언뜻 생각나다. ×펀뜻.
언론[얼론] 말이나 글로써 자기의 생각을 발표하는 일. ㉠언론의 자유. 【言論】
언론 기관 신문사·잡지사·방송국 등 언론을 담당하는 기관.
언론인[얼로닌] 언론 활동에 종사하는 사람. 【言論人】
언명 말로써 자기의 뜻을 분명히 나타냄. -하다. 【言明】
언:문 지난날, 한문을 본문이라고 한데 대해 한글을 상놈의 글이란 뜻으로 천대하여 부른 이름.
언변 말솜씨. 말재주. 【言辯】
언사 말이나 말씨. ㉠언사가 불손하다. 【言辭】
언성 말소리. 말할 때 소리의 크기. ㉠화가 나서 언성을 높이다. 【言聲】

언약 말로 약속함, 또는 그 약속. 비 약속. -하다. 【言約】

언어[어너] 말. 생각이나 느낌을 음성 또는 부호로 전달하는 수단. 【言語】

언어 공동체 같은 말과 같은 글을 사용하는 집단.

언어 생활 말하거나 듣거나 쓰거나 읽거나 하는 말과 관련된 생활.

언어 장애 말을 바르게 발음하지 못하거나 정확하게 이해하지 못하는 상태.

언쟁 말다툼. 예 친구와 언쟁을 벌이다. -하다. 【言爭】

언저리 둘레의 근방. 주위의 부근.

언:제 ①(묻는 말에 써서) 어느 때. 예 네 생일은 언제니? ②(확실히 알 수 없는) 어떤 때. 예 언제라도 문제가 생기면 와라.

언:제나 ①어느 때에나, 아무때고. ②끊임없이. 계속해서.

언:제든지 어느 때든지. 아무 때나. 언제나. 예 언제든지 놀러 와라.

언질 어떤 일을 약속하는 말의 꼬투리. 예 언질을 받다. 【言質】

언짢다 마음이 좋지 않다.

언청이 태어날 때부터 윗입술이 찢어진 사람. ×언챙이.

언:해본 한문으로 된 내용을 한글로 풀어서 쓴 책. 예 훈민정음 언해본.

언행 말과 행동. 비 언동. 본 언어 행동. 【言行】

얹다[언따] 물건을 다른 물건위에 올려 놓다. 예 물건을 선반에 얹다.

얹혀살다 남에게 의지하여 붙어 살다. 예 이모 집에 얹혀살다.

얹히다[1][언치다] 먹은 음식이 소화되지 않아 체하다.

얹히다[2][언치다] ①무엇이 무엇에 올려지거나 갖다 대어지다. 예 이마에 수건을 얹히다. ②남에게 붙어서 살다. 예 형님 댁에 얹혀 살다.

얻:다 ①주는 것을 받아 가지다. 예 돈을 얻다. ②보고 들어 자기의 것으로 만들다. 예 책에서 많은 지식을 얻는다. ③병에 걸리다. ④남편·아내·사위·며느리 등을 맞다. 예 막내 며느리를 얻다.

얻:어맞다[어더맏따] 남에게 매를 맞다.

얻:어먹다[어더먹따] 남이 주는 것을 거저 받아 먹다. 예 언니에게 점심을 얻어먹다. ②빌어서 먹다. 먹을 것을 구걸하다. 예 밥 좀 얻어먹으러 왔습니다. ③욕을 듣게 되다. 예 어머니께 욕을 얻어먹다.

얼: 정신. 넋. 예 조상의 빛난 얼.

얼간이[얼가니] 됨됨이가 똑똑지 못하고 모자라는 사람을 낮추어 일컫는 말.

얼:갈이 논이나 밭을 겨울에 대강 갈아엎는 일. -하다.

얼개 짜임새. 구조. 예 모형 비행기의 얼개.

얼결에[얼껴레] 의식하지 못하는 사이에. 어떨결에.

얼굴 ①눈·입·코가 있는 머리의 앞쪽. 비 낯. ②면목. 체면.

얼굴빛 얼굴에 나타나는 기색. 예 얼굴빛이 변하다. 비 안색.

얼굴지르기 권투나 태권도에서, 주먹을 뻗어 상대의 얼굴을 치는 공격 기술.

얼기설기 이리저리 뒤얽혀 있는 모양.

얼:다(어니, 어오) 물 등이 찬 기운으로 굳어지다. 반 녹다.

얼떨결 여러 가지가 복잡하고 혼란되어 정신이 얼떨떨한 판. 예 얼떨결에 저지른 실수. 준 얼결.

얼떨떨하다 갑작스러운 일이나 복잡한 일로 어리둥절하고 멍하다.

얼렁뚱땅 엉터리로 남을 교묘히 속이는 모양. >알랑뚱땅. -하다.

ㅇ

얼레 연줄 또는 실을 감는 기구.

[얼레]

얼레빗 빗살이 굵고 성긴 큰 빗. 반참빗.

얼루기 ①얼룩얼룩한 점. ②얼룩진 동물. ×얼룩이.

얼룩 본바탕에 다른 빛의 점이나 줄이 뚜렷하게 섞인 자국. 예얼룩 무늬.

얼룩덜룩 얼룩이나 무늬가 고르지 않게 여기저기에 나 있는 모양. 〉알록달록. -하다.

얼룩말[얼룽말] 주로 아프리카의 초원 지대에 살고 있는, 흰 바탕에 까만 줄무늬가 있는 말.

[얼룩말]

얼룩빼기 ①털이 얼룩진 동물이나 겉이 얼룩진 물건. ②옷의 한 부분의 얼룩을 지우는 일.

얼룩소 털빛이 얼룩얼룩한 소.

얼룩얼룩[얼루걸룩] 어두운 빛깔의 점이나 줄들이 무늬를 이룬 모양. 〉알록알록.

얼룩지다 ①액체가 스며들어 얼룩이 생기다. ②얼룩얼룩하게 되다.

얼른 시간을 오래 끌지 않고 속히. 예눈이 마주치자 얼른 시선을 돌렸다.

얼:리다 얼게 하다. 예물을 냉장고에 넣어 얼리다.

얼마 ①어떤 수효나 분량이나 정도. ②정하지 않은 수효나 분량이나 정도. 예얼마 있으면 방학이다.

얼마간 ①그리 많지 않은 양이나 정도. 예얼마간의 거리를 두고 걸어가다. ②그리 길지 아니한 시간. 예부산에서 얼마간 살았다.

얼마나 ①얼마 가량이나. 예시간이 얼마나 지났을가? ②느낌이나 감탄의 정도가 매우 큼을 타나냄. 예동생이 있으면 얼마나 좋을까?

얼마만큼 어느 정도로 조금. 얼마쯤 되게. 준얼만큼.

얼버무리다 ①음식을 잘 씹지 아니하고 삼키다. ②분명하게 말하지 아니하다.

얼:빠지다 정신이 나가다. 정신이 없어지다. 혼이 나가다.

얼싸안다[얼싸안따] 두 팔을 벌려 껴안다.

얼씨구 흥에 겨워서 떠들 때에 내는 소리. 예얼씨구 좋다.

얼씬거리다 보기 싫은 사람이나 짐승이 자꾸 눈앞에 나타나다.

얼어붙다[어러붇따] 얼어서 꽉 들러붙다. 예호수가 꽁꽁 얼어붙었다.

얼얼하다[어럴하다] ①맛이 아주 맵거나 독하여 혀끝이 아리고 쓰라리다. ②살을 다치어 몹시 아리다. 〉알알하다.

얼음[어름] 물의 온도가 섭씨 0도 이하로 내려가서 굳어진 상태. ×어름.

얼음보숭이 '아이스크림'의 북한말.

얼음 사탕 사탕물에 과실즙이나 향료를 넣어 얼음 조각같이 얼려 만든 사탕.

얼음장[어름짱] 얼음의 넓은 조각.

얼음 주머니 얼음을 넣어 얼음 찜질을 하는 데 쓰는 주머니.

얼음지치기[어름지치기] 얼음 위를 미끄러져 달리는 것, 또는 그런 운동이나 놀이.

얼음찜질 열이 나는 곳에 얼음 주머니를 대어서 식히는 일.

얼음판 얼음이 마당처럼 언곳. 빙판.

얼쩡거리다 한 곳에서, 하는 일 없이 이리저리 자꾸 왔다 갔다 하다. 비얼쩡대다.

얼추 ①상당한 정도로 대충. 대체로. ㉥누구의 장난인지 얼추 짐작이 간다. ②거의. ㉥얼추 끝나 간다.
얼큰하다 매워서 입안이 얼얼하다.
얼토당토아니하다 관계가 전혀 없다. 조금도 옳은 데가 없다. 아주 가당찮다. ㉦얼토당토않다.
얼핏[얼핃] 미리 계획하지 않고 우연히. 잠깐. ㉯언뜻.
얽다[1][억따] ①마마를 앓아서, 얼굴에 오목오목한 흠집이 많이 생기다. ②표면에 울퉁불퉁한 자국이 많이 나다.
얽다[2][억따] 끈이나 줄 따위로 무엇을 이리저리 걸어서 묶거나 고정시키다. ㉥지붕을 새끼줄로 단단히 얽어 바람에 날아가지 않게 하였다.
얽매다[엉매다] ①끈이나 줄로 얽어서 매다. ②자유를 구속하다. ㉥사교육이 아이들을 얽매고 있다.
얽매이다 ①얽어서 매다. ②자유를 주지 않다. ③속박당하다.
얽히다[얼키다] ①얽힘을 당하다. ②관련되다.
엄격[엄껵] 말이나 행동이 매우 엄하고 딱딱함. ㉥매우 엄격한 규율. -하다. -히. 【嚴格】
엄금 엄하게 금지함. ㉸권장. 장려. -하다. 【嚴禁】
엄동 설한 겨울의 심한 추위.
엄두 어려운 일을 하려고 용감하게 나서려는 마음. ㉥감히 엄두도 못 내다.
엄마 '어머니'의 어린이 말. ㉸아빠.
엄밀 ①매우 비밀함. ②엄중하고 세밀함. ㉥엄밀한 조사. -하다. -히.
엄벌 엄하게 벌을 줌. ㉥엄벌에 처하다. -하다. 【嚴罰】
엄살 아프거나 어려움을 거짓으로 꾸미거나 보태어서 나타내는 태도. ㉥엄살이 심하다.
엄선 엄격하고 공정하게 고름.
엄수 어기지 않고 꼭 지킴. ㉥시간을 엄수하다. -하다. 【嚴守】
엄숙 정중하고 위엄이 있는 분위기. ㉥애국가가 엄숙하게 울려 퍼졌다. -하다. -히. 【嚴肅】
엄:습 갑자기 습격하는 것. ㉥추위가 엄습하다. -하다.
엄:연 ①겉모양이 씩씩하고 점잖은 모양. ②아무리 해도 부인할 수 없는 모양. ㉥엄연한 사실. -하다. 【儼然】
엄정 엄격하고 바름. ㉥엄정한 판결을 내리다. -하다. -히.
엄중 몹시 엄함. ㉥엄중하게 감시하다. -하다. -히. 【嚴重】
엄지발가락 발가락 중에서 가장 굵은 발가락.
엄지손가락 손가락 중에서 제일 굵은 손가락. 첫째 손가락. ㉯대지. 무지. ㉦엄지.
엄청나다 짐작이나 생각했던 바와는 달리 정도가 대단하다.
엄친 남에게 대하여 자기의 '아버지'를 이르는 말. 【嚴親】
엄:포 괜한 큰소리로 남을 호령하거나 위협하는 것. 실속 없는 큰소리. ㉥엄포를 놓다.
엄하다 ①잘못되지 않도록 단속이 심하다. ㉥규율이 엄하다. ②다스리는 태도 따위가 매우 혹독하다. ㉥엄한 처벌. 엄히.
업계 같은 산업이나 상업에 종사하는 사람들의 사회. 【業界】
업다 ①사람이나 물건을 등에 지다. ㉥아기를 업다. ②어떤 세력을 배경으로 하다. ㉥아버지의 지위를 등에 업고 멋대로 굴다.
업무[엄무] 직업으로서 하는 일. 맡아서 하는 일. 【業務】
업보 불교에서, 전생에 지은 못된 짓으로 말미암아 지금 세상에서 받게 되는 불행. 죄값. 【業報】

업소 규모가 작은 사업이나 장사를 하는 곳. 【業所】
업:신여기다[업씬녀기다] 뽐내는 마음에서 남을 얕잡아 보다. ㉨몸이 약한 친구를 업신여기다.
업적 일을 해 놓은 자취. ㉨세종대왕의 업적. 【業績】
업체 영업을 하는 조직. ㉨전자 제품 업체. 【業體】
업히다[어피다] 업음을 당하다. ㉨아기가 어머니 등에 업히다.
없:다[업따] ①존재하지 아니하다. ㉨다 쓰고 없다. ②가지지 아니하다. ㉨돈이 없다. ③가난하다. ㉨없는 사람이 있는 체 하다. ④죽고 살아 있지 아니하다. ㉨부모가 없다. 반있다.
없:애다[업쌔다] 무엇을 없어지게 하다. ㉨해충을 없애다.
없:어지다[업써지다] 있던 것이 사라져 없게 되다. 비사라지다.
ㅇ
없:이[업씨] 없게. 없는 상태로. ㉨아무 말도 없이 가 버리다.
엇갈리다[얻깔리다] 서로 빗나가서 만나지 못하다. ㉨길이 엇갈리다.
엇바꾸다[얻빠꾸다] 서로 마주 바꾸다. ㉨오른손에서 왼손으로 짐을 엇바꾸어 들다.
엇비슷하다[얻삐스타다] 어지간하게 거의 같다. ㉨실력이 엇비슷하여 쉽게 승부가 나지 않는다. **엇비슷이**.
엇시조 초장이나 중장이 평시조보다 글자 수가 더 많은 시조. 종장은 변화가 없음.
엉거주춤하다 앉지도 서지도 않고 몸을 굽히고 있다.
엉겁결에[엉겁껴레] 자기도 미처 모르는 사이에 갑자기.
엉겅퀴 줄기는 꽤 높이 자라고 털이 있으며, 잎은 뻣뻣하고 가시가 있으며 진한 자줏빛 꽃이 피는, 산이나 들에 나는 풀.
엉금엉금 몸이 큰 사람이나 동물이 느리게 걷거나 기어가는 모양. >앙금앙금.
엉기다 한데 뭉쳐 굳어지다. ㉨기름이 엉기어 붙다.
엉:덩방아 넘어져 털썩 주저앉는 짓.
엉:덩이 앉으면 바닥에 닿는, 살이 두둑한 허리와 허벅지 사이의 부분. 둔부.
엉:덩이뼈 척추의 아래 끝부분.
엉뚱하다 ①분수에 지나치는 행동이나 말을 하다. ㉨엉뚱한 욕심을 품다. ②아무 관계도 없는 말이나 행동을 하다. ㉨대답이 엉뚱하다.
엉망 일이나 물건이 헝클어지고 뒤섞여서 갈피를 잡을 수 없는 모양. ㉨방 안이 엉망이다.
엉망진창 몹시 어지럽고 헝클어져 있는 상태.
엉성하다 ①꼭 짜이지 않다. 갖추어져 있지 못한 데가 많다. ㉨엉성하게 만들어진 책장. ②빽빽하지 못하고 성기다. >앙상하다. **엉성히**.
엉엉 목놓아 크게 우는 소리나 모양. ㉨누나가 엉엉 울다. >앙앙.
엉클어지다 일이나 물건이 서로 얽혀 풀어지지 않게 되다. 준엉키다. 거헝클어지다.
엉클 톰스 캐빈〖책명〗 1852년에 나온 미국의 스토 부인이 쓴 소설. 흑인 노예 톰의 비참한 생활을 그려 내어 자유와 사랑의 정신을 일깨움.
엉큼하다 엉뚱한 속셈을 품고 도에 맞지 않는 일을 할 경향이 있다. ㉨생각이 엉큼하다. >앙큼하다.
엉키다 가늘고 긴 것들이 서로 얽히어 풀어지지 않게 되다. ㉨나무에 밧줄이 엉키어 있다.
엉터리 ①터무니없는 말이나 행동을

하는 사람. (예)그 사람은 엉터리야. ②허울만 있고 내용이 없는 사람이나 물건.

엊그제 ①'엊그저께'의 준말. ②이삼일 전.

엊저녁[얻쩌녁] 어제 저녁.

엎다[업따] ①위와 밑바닥을 반대가 되게 거꾸로 놓다. (예)물컵을 씻어서 엎어 놓다. ②담겨 있는 것이 몽땅 쏟아지게 떨어뜨리거나 뒤집다. (예)국을 방바닥에 엎다. (비)엎지르다.

엎드리다 몸의 앞 부분을 바닥에 가까이 붙이다. (예)바닥에 엎드리다. (준)엎디다.

엎어지다[어퍼지다] 앞으로 넘어지다. (예)땅바닥에 엎어지다.

엎지르다(엎질러, 엎질러서) 그릇에 담긴 액체가 쏟아져 나오게 되다. (예)국을 엎지르다.

엎질러지다[업찔러지다] 그릇이 기울거나 넘어져서 액체가 쏟아져 나오다. (예)물이 엎질러지다.

엎치락뒤치락 몸을 자꾸 엎쳤다 뒤쳤다 하는 모양.

엎친 데 덮친 격 곤란한 일이나 불길한 일이 겹쳐 일어난다는 말. (비)설상가상.

에[1] 한글 홀소리 글자인 'ㅔ'의 이름.

에[2] ①마음에 마땅하지 않을 때 내는 소리. (예)에, 기분 잡쳤어. ②남을 나무랄 때 하는 소리.

에게 상대편을 나타내는 말. (예)책을 동생에게 주었다.

에:끼 마음에 마땅하지 않을 때 내는 소리. (예)에끼, 못된 녀석같으니라고.

에나멜 금속이나 도기 따위의 표면에 발라 유리처럼 반들거리게 하는 물질. 【enamel】

에나멜선 구리선에 에나멜로 된 껍질을 입힌 전선. 【enamel線】

에너지 ①물체가 가지고 있는 일을 할 수 있는 능력〔형태에 따라 위치·운동·열·전기 등으로 구분함〕. ②인간이 활동하는 데 근원이 되는 힘. 【energy】

에너지원 에너지의 근원이 되는 것〔석탄·석유·태양열·수력·풍력 따위〕. 【energy源】

에너지 자원 석유·석탄·천연 가스·태양열 처럼 동력의 원료가 되는 물질. 【energy 資源】

에너지 전환 한 형태의 에너지가 다른 형태의 에너지로 바뀌는 것.

에누리 물건값을 더 부르거나 깎는 일. －하다.

에:다 ①날카로운 칼 같은 것으로 도려 내다. (예)살을 에는 듯한 추위. ②사람의 마음을 깎아 내듯이 슬픈 감정이 들다. (예)가슴을 에다. ③'에이다'의 준말.

에델바이스 하얀 털이 박혀 있고 하얀 꽃이 피며 주로 높은 산의 바위에서 자라는 작은 여러해살이풀. 우리말은 '솜다리꽃'임.

[에델바이스]

에디슨〖사람〗[1847～1931] 미국의 발명가. 축음기·전등·영화 촬영기 등 1,000여종을 발명하여 '발명왕'이라고 불림. 【Edison】

에러 ①과실·실책·잘못. ②야구에서, 공을 잡거나 던지거나 할때 일어나는 잘못. 【error】

에밀레종 경주 박물관에 보관되어 있는 신라 '성덕 대왕 신종'을 흔히 말함. '봉덕사종'이라고도 하며 지름이 2.27m, 높이가 3.33m나 되는 우리 나라에서 제일 큰 종. 종을 치면 '에밀레'라는 소리가 난다고 하여 붙여진 이름임.

에베레스트 산 히말라야 산맥에 있는 세계에서 가장 높은 산. 높이는 8,848m. 【Everest 山】

에비 어린아이가 위험한 것이나 더러운 것을 만지거나 할 때 그것을 말리는 소리. ㉠에비, 그거 만지면 못써.

에비앙【지명】 프랑스의 레만호 남쪽에 있는 피서지와 수영장으로 이름난 관광 도시. 이 곳에서 나는 샘물은 유명함. 【Evian】

에서 시작한다는 뜻을 나타내는 말. ㉠학교에서 오는 길이다.

에세이 어떤 주제에 대한 자기의 생각이나 느낌 따위를 자유로운 형식으로 적은 길지 않은 산문 글. ※'수필'로 순화됨. 【essay】

에스극 자석의 남극. S극. 반엔극.

에스에프 과학적 공상으로 상식을 초월한 세계를 그린 소설. 공상 과학 소설. 【SF】

ㅇ

에스오에스 선박이나 항공기 따위가 위험에 부딪쳤을 때, 구조해 달라고 무선 전신으로 보내는 신호. 【SOS】

에스컬레이터 전기의 힘으로 사람을 위층이나 아래층으로 나르는 자동식 계단. 【escalator】

에스키모 북아메리카의 북극해 연안과 그린란드 등지에 살고 있는 몽고 및 인디언 계통의 황색인종. 이글루라는 얼음집에서 살며 고기잡이와 사냥으로 생활함. 【Eskimo】

에스파냐【나라】 남유럽 이베리아 반도의 대부분을 차지한 공화국. 스페인의 다른 이름. 수도는 마드리드. 【España】

에스페란토 1887년에 폴란드의 자멘호프라는 의사가 만든 국제어. 28개의 자음과 모음, 1,900개의 기본 단어로 이루어지며, 문법이 매우 간단함. 【Esperanto】

에어 ①공기. ②'비행·항공'을 나타내는 말. 【air】

에어내다 칼로 도리어 내다. 깎아 내다. ㉠가슴을 에어내는 듯한 슬픔.

에어라인 정기 항공로. 정기 항공로를 가진 항공 회사. 【airline】

에어로빅 군살을 빼거나 건강을 위해 음악에 맞춰 온몸을 빨리 움직여 하는 운동. 【aerobic】

에어백 차가 충동할 때 사람의 충격을 줄여 주도록 공기를 넣어 주는 주머니. 【airbag】

에어 컨디셔너 실내의 온도와 습도를 자동적으로 조절하는 기계. 준에어컨. 【air conditioner】

에어 클리너 공기 속의 먼지를 없애는 장치. 공기 청정기. 【air cleaner】

에워싸다 사방을 빙 둘러싸다. ㉠마을을 에워싸고 있는 산줄기. 비둘러싸다.

에이다 생살을 아프게 칼로 베어 내다. 준에다.

에이스 ①운동 경기에서 가장 큰 활약을 하는 선수. ㉠야구 대표팀의 에이스. ②야구에서, 어떤 팀의 가장 실력이 좋은 투수. 【ace】

에이즈 후천성 면역 결핍 증후군. 주로 비정상적인 성 접촉이나 감염된 피를 통해 옮는 위험한 병. 【AIDS】

에이치 비 연필심의 단단한 정도를 나타내는 기호의 한 가지. 별로 단단하지도 무르지도 않은 중간치의 것. 【HB】

에이치 엘 케이 에이 한국 방송 공사 중앙 방송국 제1방송의 국제 무선 부호의 이름. 【HLKA】

에이프런 서양식 앞치마나 턱받이.

에콰도르【나라】 남아메리카 대륙의 북서부에 있는 공화국. 수도는 키토. 【Ecuador】

에탄올 에틸 알코올. 음료·연료·의약품 따위로 이용되는 빛깔이 없고

냄새가 독한 액체. 【ethanol】

에테르 탄소·수소·산소로 되어 있는 유기 화합물로, 주로 마취제로 쓰이는 물질. 【ether】

에티오피아〖나라〗 아프리카 동부에 있는 공화국. 거피·가죽 따위를 주로 생산하며, 수도는 아디스아바바. 【Ethiopia】

에티켓 사람들과 함께 살면서 지켜야 할 행동이나 태도. 비예의. 예절. 【étiquette】

에펠탑 프랑스 파리에 있는 철탑. 1889년 만국 박람회 때 에펠이 설계한 것으로 파리의 유명한 관광 명소이기도 함. 높이는 312m.

[에펠탑]

에프비아이 미국 연방 수사국의 약칭. 【FBI】

에피소드 이야기·사건 등에서, 본 줄거리와는 직접 관계없는 이야기. 비일화. 【episode】

에헴 점잔을 빼거나 기척을 나타낼 때의 헛기침 소리.

엑스 수학에서 모르는 수(미지수)를 나타내는 데 쓰는 문자. 예 3+x=5.【x】

엑스레이 ⇨엑스선. 【x-ray】

엑스선 눈에는 보이지 않으나 물질을 꿰뚫어 보는 힘이 강한 광선. 이것으로 몸 속의 뼈나 폐의 모양을 찍을 수 있음. 1895년 독일의 뢴트겐이 발명하여 뢴트겐선이라고도 함. 엑스 광선. 【X線】

엑스(x)축 좌표축에서 가로로 그은 수평선. 반와이(y)축.

엑스트라 영화나 연극에서, 군중 따위로 나오는 단역의 임시 고용 배우. 【extra】

엑스포 산업의 발달을 촉진시키기 위해 4년마다 각국의 생산품을 합동 전시하는 국제 박람회. 만국 박람회. 【EXPO】

엔극 자석의 북극. N극. 반에스극.

엔도르핀 사람의 뇌에서 나오는 물질. 몸의 기분을 좋게 하는 효과가 있음. 【endorphine】

엔드 끝. 마지막. 결말. 【end】

엔드 라인 배구·농구 등 코트의 짧은 쪽 구획선. 【end line】

엔실리지 짐승에게 겨울에 줄 먹이를 신선하게 보전하기 위해 풀 따위를 사일로에 저장한 것.

엔지니어 기계·전기·토목·건축 분야의 전문 기술자. 【engineer】

엔진 열·전기·증기 등을 써서 일하는 힘을 내는 장치. 【engine】

엔터 컴퓨터 자판의 글쇠의 하나로 줄바꾸기 명령어. 【enter】

엘리베이터 높은 건물에서 물건이나 사람을 계단을 사용하지 않고 오르내리는 데 쓰이는 기계. 비승강기. 【elevator】

엘리트 우수한 사람으로 인정 받은 소수의 빼어난 사람. 【élite】

엘엔지 액화 천연 가스. 【LNG】

엘피지 액화 석유 가스. 【LPG】

엠시 라디오나 텔레비전의 연예 프로그램의 사회자. 【MC】

엥겔 법칙 소득이 낮은 가족일수록 가계 지출에서 차지하는 식비의 비율이 커진다는 법칙.

여[1] 한글의 홀소리 글자인 'ㅕ'의 이름.

여[2] '여자', '여성'의 준말. 【女】

여가 일을 하는 가운데 잠시 생기는 자유로운 시간. 【餘暇】

여간 보통으로. 어지간하게. −하다.

여객 여행하는 손님. 비승객.

여객기 여행하는 손님을 태우는 비행기. 【旅客機】

여객선 여행하는 손님을 태우는 배.

여:건[여껀] 주어진 조건. 예농사짓기에 좋은 여건이다.

여:과 액체나 기체에 섞여 있는 불순물을 걸러 내는 것.
여:과지 액체를 거르는 종이. 거름종이. 【濾過紙】
여관 여행하는 사람을 묵게 하는 것을 업으로 하는 집.
여군 여자 군인. 여자로 조직된 군대. 【女軍】
여권[1] 해외 여행자의 신분·국적을 증명하고, 그 나라에 보호를 의뢰하는 문서. 【旅券】
여권[2] 여자의 사회·정치·법률상의 권리. ㉮여권 신장 운동. 【女權】
여기 ①이 곳. 이 장소. ㉮여기서 좀 쉬었다 가십시오. ②이것. 이 점. ㉮여기에 대하여 의견을 말하라. 반저기. >요기.
여기다 마음 속으로 그렇게 인정하거나 생각하다.
여기저기 이곳 저곳. 근처의 여러 곳. ㉮꽃이 여기저기에 피었다.
여남은[여나믄] 열 가량으로부터 열이 좀 더 되는 어림수. ×여나믄.
여념 다른 생각. ㉮국토 방위에 여념이 없는 우리 국군.
여느 ①보통의. 예사로운. ㉮여느 때보다 일찍 일어났다. ②그 밖의 다른. ㉮수빈이는 여느 아이들보다 영리하다.
여:닫다 열고 닫고 하다.
여:닫이 ①열고 닫는 일. ②밀거나 당겨서 여는 문.
여담 딴 이야기. 이야기의 본줄기에서 벗어난 잡담.
여:당 정권을 잡고 있는 정당. ㉮여당 국회 의원. 비집권당. 반야당.
여덟[여덜] 일곱에다 하나를 더한 수. ㉮여덟 마리. 비팔.
여독 여행으로 말미암아 쌓인 피로.
여동생 여자 동생. 누이 동생. 반남동생.
여드레 여덟 날. 본여드렛날.
여드름 청소년의 얼굴 등에 나는 작은 종기의 한 가지.
여든 열의 여덟 갑절. 80.
여러 수효가 많음. ㉮여러 종류의 꽃들. 여러 사람.
여러 가지 온갖 종류. 이런 것 저런 것. 가지각색.
여러해살이 뿌리나 땅속줄기가 있어 해마다 줄기·잎이 돋아나는 식물. 다년생. 반한해살이.
여럿[여럳] ①많은 사람. ㉮산길은 여럿이 함께 다녀라. ②많은 수. ㉮종류가 여럿이다.
여력 어떤 일을 하고 또 다른 일을 할 수 있는 힘. 【餘力】
여:론 여러 사람의 공통된 의견. 비공론. 중론. 【輿論】
여론 조사 국가나 사회 문제에 대하여 대중의 의견이나 경향에 대한 통계 조사. 【輿論調査】
여류 전문적인 일에 능숙한 여성을 이름. ㉮여류 시인. 【女流】
여름 봄의 다음, 가을의 앞 철로 달로는 6~8월. 계절의 특징은 몹시 덥고 낮이 길고 밤이 짧음.
여름내 여름 동안 내내. 여름 동안 계속하여 ㉮여름내 장마가 계속되다.
여름 방학 여름에 더위를 피하기 위해 일정한 기간 동안 학교 공부를 쉬는 것. 반겨울 방학.
여름새 봄이나 초여름에 와서 살다가 겨울에 남쪽으로 날아가는 철새〔우리 나라의 여름새에는 제비·뻐꾸기·두견새 등이 있음〕. 반겨울새.
여름철 사철 중에서 여름. 비하계. 하절기.
여리다 ①질기지 않고 연하다. ②의지나 감정 따위가 야물지 못하거나 모질지 못하고 무르다.
여린말 말의 느낌이 세지 아니하고 여리게 들리는 말.
여명 날이 샐 무렵. 어둑새벽.

ㅇ

여물 마소를 먹이기 위해 말려서 썬 짚이나 풀.

여물다(여무니, 여무오) ①일이 잘 되어 뒤탈이 없다. ②열매가 잘 익다. [예]과일이 잘 여물다. >야물다.

여물박[여물빡] 소나 말의 먹이를 줄 때 쓰는 자루 바가지. [본]여물바가지.

여미다 옷 등을 단정히 바로 잡다. [예]옷깃을 여미다.

여반장 손바닥을 뒤집는 일처럼 '아주 쉬운 일'을 비유하여 이르는 말. 【如反掌】

여백 글씨나 그림이 있는 지면에서 아무것도 없이 하얗게 남아있는 빈 자리. [비]공백. 【餘白】

여벌 당장 사용할 것 이외에 미리 더 준비된 물건. [예]작업복 한 벌을 여벌로 가지고 가다.

여보 ①자기 아내와 남편을 부르는 소리. ②'여보시오'의 낮춤.

여봐라 '여기 보아라'의 준말. 손아랫사람을 부를 때 하는 소리. [예]여봐라, 누구 없느냐?

여:부 그러함과 그렇지 않음. [예]성공 여부가 불확실하다. 【與否】

여분 쓰고 남아 있는 분량. [비]나머지. 【餘分】

여비 여행하는 데 드는 돈. [비]노자. 노비. 【旅費】

여사 ①'시집간 여자'의 높임말. ②사회적으로 덕망이 있고 이름이 있는 여자의 이름 아래 쓰는 말. [예]이 여사. 【女史】

여생 앞으로 남은 목숨. [예]여생을 교육에 힘쓰다. [비]여명. 【餘生】

여섯[여섣] 다섯에 하나를 더한 수. [예]여섯 사람. [비]육.

여성 여자. [반]남성. 【女性】

여세 어떤 일을 해낸 뒤에 또 다른 일도 할 수 있는 힘. [예]여세를 몰아 동쪽 성을 치다. 【餘勢】

여수〖지명〗 전라 남도의 한 시. 여수 반도 끝에 있는, 여러 가지 공업이 성한 항구 도시. 【麗水】

여수로 저수지 등에 필요 이상으로 괸 물을 빼내는 수로 시설.

여승 여자 중. [비]비구니. [반]남승. [높]여스님. 【女僧】

여식 딸. 【女息】

여신 여인의 신. 여자 신. [예]행운의 여신. 【女神】

여실히 사실과 똑같이. 확실히. [예]여실히 보여 주다.

여아 여자 아이. [비]계집 아이. [반]남아. 【女兒】

여염집[여염찝] 보통 백성의 살림집. [예]여염집 규수. [준]염집.

여왕 여자 임금. 【女王】

여왕개미 알을 낳을 수 있는 암개미. 보통 일개미보다 몸집이 크며 날개가 있고 개미 떼의 우두머리임.

여왕벌 벌 사회의 우두머리로 알을 낳을 수 있는 능력이 있는 암벌. [비]장수벌. 여왕봉.

여우[1] ①개과의 짐승. 꼬리가 길고 다리가 짧으며 털빛은 대개 엷은 적갈색임. 마을 가까이 살면서, 쥐·닭 등을 잡아먹음. 성질은 교활함. 털가죽은 깔개나 목도리로 많이 씀. ②매우 교활하고 변덕스러운 여자. [예]여우 같은 여자.

[여우]

여우[2] '여배우'의 준말. [예]여우 주연상. [반]남우. 【女優】

여우비 맑은 날에 잠깐 내리는 비.

여운 ①일이 끝난 뒤에도 가시지 않고 남은 느낌이나 정취. [예]기쁨과 환희의 여운이 가시지 않는다. ②떠난 사람이 남겨 놓은 좋은 영향. 【餘韻】

여울 강이나 바다에서 물살이 세게 흐르는 곳.
여울목 물살이 세게 흐르는, 바다나 강·시내의 바닥이 턱이 진 곳.
여위다 몸의 살이 빠져서 파리하게 되다. >야위다. ×여의다.
여유 ①쓰고도 남음이 있음. ㊎저축할 여유. ②성급하지 않고 너그러움. ㊎여유 있는 태도.
여유롭다 태도나 행동이 서두르지 않고 느긋하다. ㊎여유로운 태도.
여유분 필요한 데에 다 쓰고도 넉넉하게 남는 부분. 비여분.
여의다 ①죽어서 이별하다. ㊎부모를 여의다. ②멀리 떠나 보내다. 시집 보내다. ㊎딸을 여의다. ×여위다.
여의도【지명】 국회 의사당이 있는 서울의 작은 섬. 【汝矣島】
여의봉[여이봉] 소설 '손오공'에 나오는, 자기 뜻대로 크게 되기도 하고 작게 되기도 하여 마음대로 쓸 수 있다는 몽둥이. 【如意棒】
여의주[여이주] 불교나 민속 신앙에서 모든 소원을 뜻대로 이루어 준다는 신기한 구슬. 【如意珠】
여인 어른인 여자. 【女人】
여인네 남의 집 여자를 가르키는 말.
여인숙 여행하는 사람을 숙박시키는 여관보다 작은 규모의 집.
여장 남자가 여자의 옷차림을 하는 것, 또는 그렇게 한 차림. 반남장. -하다. 【女裝】
여장부 남자 이상으로 씩씩하고 용기가 있고 강한 의지가 있는 여자. 여걸. 【女丈夫】
여전 전과 다름이 없음. 그냥 그대로. ㊎여전히 공부를 잘한다. -하다. -히. 【如前】
여정 여행하는 길·시간·차례 등을 통틀어 이르는 말. 【旅程】
여주【지명】 경기도 동남쪽에 있는 군. 좋은 쌀과 도자기 제조로 유명함. 【驪州】
여지 ①들어설 수 있거나 이용할 수 있는 땅, 또는 공간. ②무슨 일을 하거나 생각하거나 하는 여유. 나위. ㊎딴 생각할 여지도 없이 일을 시키다. 【餘地】
여지없다 더할 나위가 없다. ㊎여지없이 쳐부수다.
여진 큰 지진이나 진동이 있은 다음에 그 여파로 일어나는 작은 진동.
여진족 만주와 한반도 북부 지방에서 살던 퉁구스계의 종족. 수·당 때에는 '말갈'로 불림. 가끔 우리나라 북쪽 국경 지방에서 소란을 피웠음. 후에 청나라를 세워 중국을 통일했음. 【女眞族】
여집합 수학에서 전체 집합의 원소 중 주어진 부분 집합에 속하지 않는 원소로 이루어진 집합. 〈보기〉 전체 집합 ㅈ={0, 1, 2, 3, 4, 5, 6, 7, 8, 9}이고, 집합 ㄱ={0, 2, 4, 6, 8}, 집합 ㄴ={1, 3, 5, 7, 9}일 때, 집합 ㄱ의 여집합=집합 ㄴ, 집합 ㄴ의 여집합=집합 ㄱ.
여:쭈다 웃어른께 말씀을 아뢰다. ㊎안부를 여쭈다.
여차하면 무슨 일이 일어나기만 하면. ㊎여차하면 달아날 준비를 하다.
여:치 여치과의 곤충. 몸길이 3cm. 메뚜기와 비슷하고 촉각이 길며, 접은 날개의 등면은 갈색, 옆면은 갈색 반점이 많은 녹색임. 한여름에 들에 많이 남. 수컷은 크게 욺.

[여치]

여타 그 밖의 다른 일. 그 밖의 다른 것. 그 나머지. ㊎혜주는 여타 아이들과 다르다.
여태 지금까지. 이제까지. ㊎여태까지 소식이 없다. 비입때.

여파 ①바람이 잔 뒤에도 일고 있는 물결. ②무슨 일이 끝난 뒤에 주위에 미치는 영향. 【餘波】
여하간 앞에서 말한 것이 어떠하든지 상관없이 ㉠여하간 시킨 일이나 잘 하여라. ⓑ하여간. 【如何間】
여편네 ①'결혼한 여자'를 속되게 이르는 말. ②자기의 '아내'를 낮추어 이르는 말.
여하튼 어떻든. ㉠여하튼 일을 끝내라. ⓑ아무튼.
여한 못다 푼 원한. ㉠이제 죽어도 여한이 없다.
여행 볼일이나 구경할 목적으로 다른 고장이나 다른 나라에 가는 일. ㉠수학 여행. -하다. 【旅行】
여행기 여행 중에 보고 들은 일이나 느낌 따위를 적은 글. 【旅行記】
여행사 일반 손님이나 관광객을 돌봐 주는 일을 업으로 하는 영업 기관. 【旅行社】
여행자 여행하는 사람. 【旅行者】
여행증 여행을 허락하는 증명서.
역[1] ①기차가 멎고 떠나는 곳. ㉠서울역. ⓑ정거장. ②지난날, 나랏일로 다니던 사람에게 말을 제공하던 곳. 【驛】
역[2] 연극이나 영화 따위에서 배우가 맡아서 하는 구실. 【役】
역[3] 반대 또는 거꾸로 임. ㉠역으로 생각해 봐라. 【逆】
역겹다(역겨우니, 역겨워서) 거북하다. ㉠냄새가 역겹다.
역경 일이 뜻대로 안 되는 불행한 처지. 순조롭지 않은 환경. ㉠역경을 이기다. ⓑ순경. 【逆境】
역군 어떤 분야에서 땀 흘려 일하는 사람. 일꾼. 【役軍】
역귀 돌림병을 일으킨다는 귀신.
역기 역도를 할 때 들어 올리는 기구. 철봉의 양 쪽에 추를 끼운 것. 바벨. 【力器】
역대 지난 여러 대. ㉠역대 교장 선생님. 【歷代】
역도 역기 운동을 통하여 몸과 마음을 닦는 운동. 【力道】
역량[영냥] 능히 해낼 수 있는 힘. ㉠역량을 갖춘 장교.
역력하다[영녀카다] 자취가 또렷하다. 분명하다. ㉠동생과 싸운것을 후회하고 있음이 역력하다. 역력히.
역류[영뉴] 물 따위가 거슬러 흐름, 또는 그러한 물. 【逆流】
역마 지난날 나라일로 여행하는 관원에게 역에서 내주던 말.
역모[영모] 반역을 모의함.
역무원[영무원] 역에 근무하는 사람.
역병 치료하기가 힘든 전염병.
역부족 힘이 모자람. 능력이나 기량이 미치지 못하는 것. 【力不足】
역사 ①인간이 살아 온 사회의 발자취, 또는 그것을 기록한 학문. ②오늘날에 이르기까지의 변화된 자취.
역사가 역사를 연구하는 학자.
역사관 역사를 보는 관점.
역사극 역사의 내용을 이야기로 꾸민 극. ⓒ사극.
역사상 역사에 나타나 있는 것, 또는 역사에 나타나 있는 대로 볼 때. ㉠신라는 역사상 처음으로 통일을 이룩했다.
역사적 역사에 관계 있는. 역사에 남을 만한. ㉠역사적 사건.
역설 힘주어 말함. 강하게 주장하는 것. ㉠국산품 애용을 역설하다. -하다. 【力說】
역성[역썽] 옳고 그름을 따지지 않고 한 쪽만 편들어 줌. ㉠친구를 역성들다. -하다.
역수 두 수의 곱이 1일 때, 두 수를 서로 역수라고 함. 즉, 어떤 수에 대한 1의 비의 값을 말하고, 분수에서는 분자와 분모를 바꾼 수를 말함. 【逆數】

역습 적의 공격을 받고 있던 수비측이 거꾸로 공격하는 일. -하다.
역시 전에 예상했던 대로.
역신 임금을 반역한 신하.
역암[여감] 암석이 깨어져서 생긴 자갈이 진흙과 섞여서 이루어진 암석. 퇴적암의 하나.
역연하다[여견하다] 누가 보아도 분명하다. ㉠놀라는 빛이 역연하다.
역원제 지난날, 여행하는 사람이나 관청의 명령을 지방에 전하는 사람들의 편의를 위해 역과 원을 두던, 일종의 교통 제도.
역임 차례로 여러 관직을 거침. ㉠정부의 요직을 역임하다.
역작 애써서 지음, 또는 힘들여 지은 작품. ㉠평생의 역작. 【力作】
역장 역의 책임자. 【驛長】
역적 임금에게 반역을 꾀한 사람.
역전 ①반대로 돎. ②형세가 뒤바뀜. ㉠다 이긴 경기가 역전되다. ③일이 잘못되어 좋지 않게 벌어져 감. -하다. 【逆轉】
역전 경기 일정한 거리를 각편의 선수가 이어 달려서, 전체의 시간으로 승부를 겨루는 경기.
역전승 경기 등에서 처음에는 지다가 나중에 가서 도리어 이김. 반역전패. -하다. 【逆轉勝】
역점 힘을 가장 많이 들이는 부분. ㉠글의 마지막 부분에 역점을 두다. 【力點】
역정 '화'의 높임말. ㉠할어버지께서 역정을 내시다. 【逆情】
역졸 지난날 역에 딸려 심부름하던 사람. 비역부. 【驛卒】
역주 힘을 다해서 달리는 것. 【力走】
역풍 나아가는 방향에 거슬러 부는 바람. 반순풍. 【逆風】
역하다[여카다] ①메스껍다. ㉠생선 굽는 냄새가 역하다. ②마음에 거슬려 못마땅하거나 언짢다. ㉠역한 감정을 가라앉히다.
역학[여칵] 물체 사이에 작용하는 힘과 물체의 운동과의 관계를 연구하는 물리학의 한 분야. 【力學】
역할[여칼] 각자 맡은 일. 비구실. ×역활. 【役割】
역행[여캥] 거슬러 올라감. 순서를 바꾸어 행동함. 반순행. -하다.
역효과 얻고자 하던 것과는 정반대로 나타나는 결과.
엮다[역따] ①노끈이나 새끼로 이리저리 여러 가닥으로 어긋매어 묶다. ㉠발을 엮다. ②책을 만들어 내다. 차례 있게 꾸며내다.
연[1] 잎은 둥글고 크며 물 위에 뜨고 커다란 꽃이 피며 뿌리는 먹을거리로도 쓰는, 연못에서 자라는 식물. 【蓮】
연[2] 일 년 동안의. 한 해 동안에 생기는. ㉠연 5퍼센트 이자. 【年】
연[3] 댓가지로 뼈대를 만들어 종이를 바르고, 실에 달아 바람을 이용하여 하늘 높이 날리는 장난감. 【鳶】

[연]

연간 한 해 동안. ㉠연간 수입.【年間】
연감 어떤 분야의 한 해 동안의 통계·사건·전망 따위의 정보를 수록한 정기 간행물.
연감개 '얼레'의 사투리.
연개소문〖사람〗[?~666] 고구려 말기의 장군이며 정치가. 대막리지. 당나라의 침략에 대비하여 천리 장성을 쌓고 국방을 튼튼히 하였으며, 당의 침략을 물리치는데 큰 공을 세웠음. 【淵蓋蘇文】
연거푸 잇달아 여러 번. ㉠연거푸 물을 마시다.
연결 서로 이어서 맺음. ㉠전선을 연결하다. 반분리. 단절. -하다.【連結】
연계 서로 밀접한 관계를 가짐, 또는

그런 관계. [예]사건에 연계된 사람들을 조사하다. -되다. -하다.

연고[1] ①사유·까닭. ②혈통 등으로 인연이 맺어진 사이. 【緣故】

연:고[2] 기름을 섞어 만든, 피부에 바르는 부드러운 약. 【軟膏】

연고지 태어나거나 자라거나 가족 관계가 있거나 하여 특별한 관련이 있는 곳. 【緣故地】

연:골 척추 동물의 비교적 연한 뼈. 물렁뼈. 【軟骨】

연관 서로 관계를 맺음. [비]관련.

연:구 어떠한 사물에 대하여 깊이 캐고 생각함. [예]과학을 연구하다. [비]궁리. -하다. 【研究】

연:구가 어떤 사물에 대하여 깊이 캐고 생각하는 사람.

연:구소 어떠한 분야나 사실을 전문적으로 연구하기 위하여 연구 조직과 설비를 갖추어 놓은 곳.

연:구실 연구하기 위하여 특별히 꾸민 방. 【研究室】

연:구심 자세하고 깊이 연구하는 마음. [예]연구심이 강한 소년.

연:구원 특정한 연구를 하기 위해 설립된 연구 기관.

연:구회 특정한 연구를 위해 모인 모임. [예]탈춤 연구회.

연:극 극본에 따라 배우가 무대에서 말과 몸짓으로, 나오는 사람의 성격·마음의 움직임 등을 나타내어, 구경하는 사람들에게 하나의 이야기를 보여 주는 것. 【演劇】

연금 국가 또는 공공 단체가 매년 정기적으로 주는 돈. [예]국민 연금.

연금 제도 나라나 사회를 빛낸 특별한 공로가 있거나, 나라의 기관에서 일한 사람이 물러나면 일정한 기간 동안 생활비를 주는 제도.

연기[1] 정한 날짜를 뒤로 물리는 것. -하다. 【延期】

연기[2] 물건이 탈 때에 생겨나는 흐릿한 기체. [예]담배 연기. 【煙氣】

연:기[3] 배우가 무대에서 그럴싸하게 해 보이는 말이나 동작. [예]능숙한 연기. -하다. 【演技】

연:기자 연기를 직업으로 하는 사람. [비]배우. 【演技者】

연길〖지명〗 중국 만주 길림성 간도 지방의 중심 도시. 청나라 초에는 주로 사냥을 하던 수렵지였으나 중국인과 한국인이 옮겨와 삶으로써 생활의 터전을 이루게 되었음.

연꽃 못·늪·논 등에서 자라는 식물인 연의 꽃. 잎은 물위에 뜨고 둥글넓적하며, 여름에 연분홍, 또는 흰빛의 꽃이 핌. [비]연화.

연날리기 연을 날리는 놀이.

연년생 한 부모의 아이가 한 살 터울로 태어남, 또는 그렇게 태어난 사람. 【年年生】

연:단 연설이나 강연을 하는 사람이 올라서게 만들어 놓은 자리. [비]연대. 【演壇】

연달다(연다니, 연다오) 잇달다. 뒤를 이어 달다. [예]이 섬은 육지와 연달아 있다.

연대[1] 지나온 햇수나 시대. [예]화석의 연대를 측정하다. 【年代】

연대[2] 군대 구성의 하나〔사단의 아래, 대대의 위로서 보통 3개 대대로 편성됨〕. 【聯隊】

연대 의식 어떤 집단의 구성원들이 자기들의 이해 관계나 목표가 서로 같으며, 모두가 밀접하게 연결되어 있다고 생각하는 마음.

연도 사무·결산 따위를 편리하게 하기 위하여 구분한 일년 동안의 기간. 【年度】

연:두[1] 연한 초록빛. [본]연둣빛.

연두[2] 그 해의 첫머리. [예]연두 기자 회견. 【年頭】

연:두색 노랑과 녹색의 중간색. 연두. [비]연두빛.

ㅇ

연두 교서 대통령이 새해를 맞이하여 국회에 보내는 그 해의 중요 정책에 관한 의견.

연등 주로 부처님 오신 날에 축하하는 뜻으로 밝히는 등불.

[연등]

연등회 고려 시대부터 내려온 불교 의식의 하나. 집집마다 등불을 달고 부처님에게 정성을 바치고 나라와 개인의 행복을 빌었음. 처음에는 정월 대보름에 하다가 나중에 사월 초파일(부처님 오신 날)로 바뀌었음. 【燃燈會】

연락[열락] ①서로 사정을 알리는 것. ㉠자주 연락하다. ②서로 이어지는 것. –하다. 【連絡】

연락망[열랑망] 정보나 소식을 빨리 전하려고 본부와 이어지게 짜 놓은 조직. 【連絡網】

연락처[열락처] 소식을 보내고 받을 수 있는 곳. 【連絡處】

연령[열령] 나이. 【年齡】

연로하다[열로하다] 어른의 나이가 많다. ㉠할머니는 연로하셔서 거동이 불편하시다.

연료[열료] 열을 이용하기 위하여 때는 재료〔숯·석탄·석유·나무 등〕. ㉥땔감. 【燃料】

연료비[열료비] 연료를 사용하는 데에 드는 비용. 【燃料費】

연루 남이 일으킨 일에 관계되어 죄를 덮어 쓰거나 피해를 입게 됨. ㉠살인 사건에 연루되다.

연륙교 육지와 섬을 잇는 큰 다리〔남해 대교. 거제 대교. 완도 대교 따위〕. 【連陸橋】

연륜 ①나이테. ②노력이나 경험에 의한 숙련의 정도. 【年輪】

연립[열립] ①여럿이 어울려 하나를 이루는 것. ㉠연립 정부. ②'연립 주택'을 줄인 말. 【聯立】

연립 주택 아파트보다 규모가 작아 주로 5층 이하로 되어 있으며, 한 채의 건물 안에 여러 가구가 각각 독립된 주거 생활을 할 수 있도록 지은 공동 주택.

연:마 학문이나 기술 등을 열심히 익히고 닦음. ㉠심신을 연마하다. –하다. 【硏磨】

연막 적으로부터 자기 편이 있는 곳이나 자기 편의 행동을 숨기기 위하여 공중이나 지상에 피우는 인공의 연기. 【煙幕】

연말 한 해의 끝 무렵. ㉥세밑. ㉸연시. 연초. 【年末】

연말연시 한 해의 끝 무렵과 새해의 시작 무렵. 【年末年始】

연맹 같은 목적을 위해 동일한 행동을 취할 것을 맹세하고 약속하여 이루어 놓은 단체. ㉠국제 연맹. –하다. 【聯盟】

연명 목숨을 겨우 이어 살아감. –하다. 【延命】

연모 물건을 감거나 만드는 데 쓰는 도구. ㉥연장.

연못 늘 물이 고여 있는 큰 웅덩이.

연민 불쌍하고 가련함. ㉠연민의 정.

연발 ①계속하여 일어남. ㉠실수를 연발하다. ②총포를 잇달아 쏨.

연방[1] 잇달아 곧. 계속하여. ㉠연방 하품을 하다. ×연신. 【連方】

연방[2] 외교권은 중앙 정부에 있으나 자치권이 인정되는 두 개 이상의 주나 자치국이 결합한 국가. ㉠연방 정부. 【聯邦】

연배 서로 비슷한 나이. 나이가 서로 비슷한 사람. 【年輩】

연백 평야〖지명〗 황해도 예성강 하류에 발달한 평야. 황해도에서 손꼽히는 쌀 생산지임.

연변[1] 큰 길가나 강가 또는 국경을

따라 길게 이어져 있는 것의 양쪽 가장자리나 근처. 【沿邊】

연변[2] 중국의 '옌볜'을 우리 나라 한자음으로 발음한 이름. 【延邊】

연:병장 병영의 소재지에 시설하여 군대의 교련 연습 등을 하는 장소.

연보 그 사람의 한 평생에 대하여 연대순으로 적은 기록. ㉥윤봉길 의사 연보. 【年譜】

연봉 1년을 단위로 정한 봉급.

연분 구(9)등법 조선 세종 때(1444년)의 세금 제도의 하나. 그 해 농사의 잘되고 못됨에 따라 세금의 기준을 달리하였음.

연:분홍 연한 분홍색. ㉥연분홍빛.

연:붉다[연북따] 연하게 붉다.

연비 수학에서, 세 개 이상의 수의 비. <보기> 30:60:80.

연:사 연설하는 사람. 【演士】

연:산 일정한 방식으로 계산하여 답을 구하는 일. -하다.

연산군〖사람〗[1476~1506] 조선 10대 왕. 성종의 맏아들. 무오 사화·갑자 사화를 일으켜 많은 학자와 대신을 죽였음. 【燕山君】

연상[1] 한 가지 생각에 대해 이와 관련되는 다른 생각이 머리에 떠오르는 일. -하다. 【聯想】

연상[2] 자기보다 나이가 많음. ㉥누나는 두 살 연상의 남자와 결혼하였다. ㉥연하. 【年上】

연:설 여러 사람 앞에서 자기의 생각이나 주장을 말함. ㉥선거 연설. -하다. 【演說】

연세 '나이'의 높임말. ㉥춘추.

연소[1] 물질이 빛과 열을 내며 산소와 화합하는 현상. -하다. 【燃燒】

연소[2] 나이가 젊음, 또는 어림. ㉥연로. -하다. 【年少】

연소자 나이가 젊은 사람, 또는 나이가 어린 사람. ㉥연장자.

연속 끊이지 아니하고 줄곧 이어짐. ㉥불연속. -하다.

연속극 긴 작품을 여러 부분으로 나누어 정기적으로 방송하는 극.

연쇄 ①서로 이어 맺음. ㉥연쇄 충돌 사고. ②이어져 있는 사슬. ㉥먹이 연쇄. -하다. 【連鎖】

연쇄점 상품을 구입하거나 광고 따위를 공동으로 하는 소매점의 집단. ㉥체인점. 【連鎖店】

연:수 어떤 분야에 필요한 지식이나 기능을 익히기 위하여 특별한 공부를 하는 것. ㉥어학 연수. -하다.

연:수원 여럿이 함께 연수를 하는 큰 집. 【研修院】

연:수회 무엇을 배울 목적으로 일정 기간 동안 가지는 모임. ㉥교사 연수회.

연:습 몇 번이나 되풀이하여 익힘. -하다. 【練習】

연승 연달아 이김. ㉥연전 연승. ㉥연패. -하다. 【連勝】

연:시 익어서 말랑말랑하게 된 감.

연시조 두 수 이상의 평시조가 한 편을 이룬 시조의 형식. 최초의 연시조는 맹사성의 〈강호 사시가〉임. 【連時調】

연싸움 연날리기에서 연줄을 걸고 서로 상대방의 연줄을 끊는 놀이.

연안[여난] 강·바다·호수가 육지와 맞닿는 물가. 【沿岸】

연안 어업 해안에서 가까운 곳, 또는 그 나라의 영해 안에서 하는 어업. 연해 어업.

연:애[여내] 남녀 사이에 서로 애틋하게 그리워하고 사모하는 애정. -하다. 【戀愛】

연:약[여냑] 약하고 약함. ㉥몸이 연약하다. ㉥강건. 강인. -하다.

연어[여너] 몸은 긴 달걀 꼴로 등은 짙은 회색이고 배는 은색이며, 깨끗한 민물 하천을 거슬러 올라와 알을 낳는 큰 바닷물고기.

연:연[여년] ①잊혀지지 않고 안타깝게 그리움. ②미련이 남아서 잊지 못함. -하다. 【戀戀】

연:예[여녜] 여러 사람 앞에서 연극·음악·무용 등을 보임, 또는 그 재주. (예)연예 활동. -하다.

연유[여뉴] ①유래함. ②까닭. 이유. (예)무슨 연유로 우느냐? [비]사유. 【緣由】

연이율[연니율] 일 년을 단위로 하여 정한 이율. 【年利率】

연:인[여닌] 사랑하는 사람. 【戀人】

연일[여닐] 계속되는 여러 날. (예)무더위가 연일 기승을 부린다. [비]날마다. 매일. 【連日】

연잇다(연이어, 연이으니) 연달아 이어 있다.

연:자매 말이나 소가 끌어서 돌리어 곡식을 찧거나 빻는 농기구의 하나. 연자방아.

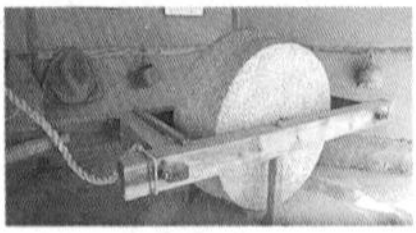

[연자매]

연장[1] 일을 하거나 물건을 만드는데 쓰는 도구. [비]연모.

연장[2] 길게 늘임. 늘어남. (예)시간이 연장되다. [반]단축. -하다. 【延長】

연장자 자기보다 나이가 많은 사람. 가장 나이가 많은 사람. 【年長者】

연장전 경기에서, 예정 시간안에 승부가 나지 않을 경우에 다시 시간을 늘이어 계속하는 경기.

연재 신문이나 잡지 따위에, 소설이나 논문·기사·만화 따위를 연속해서 싣는 일. (예)연재 만화. -하다. 【連載】

연:적 벼루에 먹을 갈 때 쓰는, 물을 조금씩 나오게 만든 작은 그릇. 보통 도자기로 만듦.

[연적]

연:주 여러 사람 앞에서 악기로 음악을 들려 줌. -하다.

연:주가 여러 사람 앞에서 악기로 음악을 들려 주는 사람.

연:주법 악기를 연주하는 방법. [비]주법. 【演奏法】

연:주회 음악을 연주하여 여러 사람에게 들려주는 모임. 콘서트. (예)피아노 연주회. 【演奏會】

연중 해마다 하는 것. (예)연중 행사.

연중 무휴 한 해 동안 하루도 쉬지 아니함. 【年中無休】

연중 행사 해마다 정기적으로 행하는 행사. 【年中行事】

연지 여자들이 화장할 때 입술·볼에 칠하는 붉은빛의 화장품.

연착 기차·배·비행기 따위가 예정보다 늦게 도착함. -하다.

연체 돈의 지급이나 납입 따위를 기한이 지나도록 내지 않는 것. (예)전기 요금 납부를 연체하다. -하다.

연체 동물 뼈가 없고 부드러우며 근육이 풍부한 동물. 물속에서 생활하는 것이 많음〔달팽이·조개·문어 등〕.

연체료 세금·공과금 등을 내야 할 날짜에 내지 못하였을 때, 기간을 어긴 날짜만큼 가산하여 내는 돈.

연초 새해의 처음 무렵. (예)연초에 세운 계획을 꼭 지킬 것이다. [비]연두. [반]연말. 【年初】

연:초록 연한 초록색.

연:출 각본을 바탕으로 배우의 연기·음악·무대 장치 등을 종합하여 무대 위에 상연하는 것을 지도하는 일. -하다. 【演出】

연:출가 연극·영화·방송극 따위를 연출하는 사람〔영화에서는 '감독'이라고 함〕. 【演出家】

연:탄 주원료인 무연탄에다 목탄·코크스 가루 등을 반죽하여 만든

연료〔구공탄 등〕.
연탄 가스 연탄이 탈 때 생기는 일산화 탄소 따위의 가스.
연:탄재 연탄이 다 타고 남은 재.
연통 양철 따위로 둥글게 만들어서 아궁이나 난로의 연기를 뽑아 내는 장치. 【煙筒】
연패[1] 싸울 때마다 짐. ㉠연전 연패. ㉥연승. -하다. 【連敗】
연패[2] 연달아 패권을 잡음. ㉠영광의 3연패. -하다. 【連覇】
연평도〖지명〗 인천 광역시 옹진군에 있는 섬. 대연평도와 소연평도의 두 섬으로 나누어짐. 【延坪島】
연표 연대 순서로 그 해에 일어났던 사실을 적은 표. ㉠국사 연표. ㉯연대표. 【年表】
연필 필기 도구의 하나. 흑연 가루와 점토를 섞어 개어, 가늘고 길게 만든 심을 가는 나뭇대에 박은 것.
연하 나이가 적음, 또는 그 사람. ㉥연상. 【年下】
연하다[1] ①잇달아 이어 대다. ②계속하다. ㉠집이 연하여 있다.
연:하다[2] ①무르고 부드럽다. ㉠연한 나물. ②빛이 옅고 산뜻하다. ㉠빛깔이 연하다.
연하장[연하짱] 새해를 축하하는 뜻으로 보내는 편지. 【年賀狀】
연합 두 가지 이상의 사물이 서로 합함. ㉠연합 국가. -하다.
연합국 주의·사상 등을 같이하여 같은 행동을 하기로 약속한 나라들. 【聯合國】
연합군 ①두 나라 이상의 군대가 합하여 편성된 군대. ②제2차 세계 대전 때, 연합국의 군대.
연해 길게 이어진 육지와 서로 닿아 있는 바다의 부분. ㉠우리 나라 연해에는 고기가 많이 잡힌다.【沿海】
연해주〖지명〗 시베리아 남동쪽 끝 동해에 면해 있는 지방.
연행 강제로 데리고 감. 특히 범인이나 수상한 사람 등을 경찰서로 데리고 가는 일. 【連行】
연:혁 변천하여 온 내력. ㉠학교의 연혁. 【沿革】
연호 옛날에, 한 임금의 통치 기간을 나타내는 이름. ㉠대한 제국 정부는 연호를 광무라 정했다.
연:화 ①단단한 것이 부드럽고 무르게 됨. ②강경하게 주장하던 태도를 버리고 좋도록 서로 의논함. ㉥경화. -하다.
연:회 여러 사람이 모여 술을 마시거나 음식을 먹으면서 즐기는 모임. 【宴會】
연:회색 엷은 회색.
연후 그런 뒤에. ㉠숙제를 한 연후에 놀아라. ㉯연후에.
연휴 쉬는 날이 이틀 이상 겹쳐 연달아 노는 일. 【連休】
열[1] 사람·물건이 죽 벌여 선 줄. ㉠열을 지어 행진하다. 【列】
열[2] ①물질의 온도를 높이는 원인이 되는 에너지. ㉠태양열. ②흥분된 마음. ㉠열을 올리며 다투고 있다. ③무슨 일에 정신을 집중시키다. ㉠운동에 열을 올리다. 【熱】
열[3] 아홉에 하나를 더한 수. ㉥십.
열간 압연 강철 따위의 금속을 가열하여 눌러 폄.
열강 세력이 강한 여러 나라.【列强】
열거 하나씩 들어 말함. -하다.
열광적 너무 좋아 미친 듯이 열중하는 모양. ㉠열광적인 응원.
열기 뜨거운 기운. ㉥냉기. 한기.
열기구[1] 전기·가스·석유 등을 원료로 하는 난로·가스 레인지 등의 기구. 【熱器具】
열기구[2] 큰 풍선 속의 공기를 가열하여 팽창시켜 가볍게 만들어 공중에 떠오르게 만든 것. 【熱氣球】

열나다[열라다] ①화가 나다. (예)그 말을 듣고 보니 열난다. ②아주 열성적으로. 열을 내어. (예)열나게 토론을 벌이다.

열네댓 열넷 내지 열다섯.

열녀[열려] 남편에 대한 절개가 굳은 여자. (예)열녀를 표창하다. [비]열부. 【烈女】

열녀문[열려문] 옛날에, 열녀를 칭찬하기 위해 세운, 문 모양의 기념물.

열ː다[1] ①닫았던 문이나 창을 밀거나 당기거나 하여 터놓다. (예)대문을 열다. ②입을 벌려서 말하다. (예)범인이 입을 열다. ③마음을 서로 통하게 하다. (예)이웃간에 마음을 열고 살자. ④시작하다. (예)가게를 열다. [반]닫다.

열ː다[2] 열매가 맺히다. (예)열매를 열게하고 익게 하는 데는 태양이 필요하다.

열대[열때] ①적도를 중심으로 하여 남북 회귀선까지의 더운 지대. ②일 년간 평균 기온이 20℃ 이상인 지대. [반]한대. 【熱帶】

열대 기후[열때기후] 일 년 내내 매우 덥고, 사철의 구별이 없으며, 비가 많이 내리는 기후.

열대림[열때림] 열대 지방에 있는 무성한 수풀. 【熱帶林】

열대성[열때썽] 열대 지방의 특유한 성질. (예)열대성 식물.

열대 식물 열대 지방에 잘 자라고 있는 식물. 대체로 잎이 큰 것이 많음〔바나나·고무나무·야자수 등〕.

열대야[열때야] 여름철에 온도가 섭씨 25도 아래로 내려가지 않는 밤.

열대어 ①열대에 사는 물고기를 통틀어 이르는 말. ②열대·아열대 지방이 원산인 물고기. 생김새가 여러 가지로 빛깔이 아름다우며 동작이 재빠름.

[열대어]

열도[열또] 바다 위에 줄을 지은 모양으로 죽 늘어선 여러 개의 섬. (예)일본 열도. 【列島】

열두대 신립 장군이 열두 번이나 오르내리며 싸웠다는 뜻으로 붙여진 '탄금대'의 딴 이름.

열등[열뜽] 보통보다도 등급이 낮음. [반]우등. -하다. 【劣等】

열등감 자기가 다른 사람보다 뒤떨어져 있다는 느낌, 또는 그럴 때의 불쾌한 감정. [반]우월감.

열등생 성적이 보통보다 뒤떨어지는 학생. 【劣等生】

열등 의식 능력이나 실력 따위에서 자기가 다른 사람보다 못하다는 의식. 【劣等意識】

열띠다 열렬한 기운이 있다. 열성을 띠다. (예)열띤 응원전.

열람 도서관이나 공공 기관에서, 책이나 신문 따위를 죽 훑어보거나 조사하여 봄. (예)도서를 열람하다. -하다. 【閱覽】

열량 열을 에너지의 양으로 나타내는 것〔칼로리로 나타냄〕. (예)열량이 높은 식품. 【熱量】

열렬 주의·주장·실행·애정 등이 매우 대단함. (예)열렬한 애국심. -하다. -히. 【熱烈】

열리다 ①열매가 맺히다. (예)사과가 열리다. ②문화가 개발되다. (예)새로운 시대가 열리다. ③모임이 시작되다. (예)회의가 열리다. ④닫히거나 덮힌 것이 틔다. (예)뚜껑이 열리다.

열망 열렬하게 바람. (예)남북 통일을 열망하다. -하다.

열매 ①나무의 꽃이 수정한 뒤 그 씨방이 자라서 맺힌 것. 사과·배·밤 따위와 같이 먹을 수 있는 것도 있고, 그렇지 않은 것도 있음. ②노력에 의한 성과. ㉠그 동안의 노력이 열매를 맺었다.

열목어[열모거] 배는 희고 등은 짙은 푸른색이며 눈이 붉고, 차고 깨끗한 흐르는 물에 사는 큰 민물고기. 【熱目魚】

[열목어]

열무 어린 무. ㉠열무 김치.

열반 ①불교에서, 모든 번뇌에서 벗어난, 영원한 진리를 깨달은 경지. ②덕망 있는 승려의 죽음을 이르는 말. -하다. 【涅槃】

열변 열렬한 연설. ㉠열변을 토하다. 【熱辯】

열병 열이 심하게 나는 병.

열복사 열이 중간에 있는 물체에 의하지 않고, 직접 다른 곳으로 옮겨가는 현상.

열사[열싸] 옳은 일을 지키려는 뜻이 굳은 사람. ㉠순국 열사. 【烈士】

열성[열썽] 무엇에 모든 힘과 마음을 다 바치는 정성. ㉠열성을 다하는 사람은 성공한다. 【熱誠】

열성적[열썽적] 무슨 일에 온갖 정성을 다하는 것. ㉠우리 팀을 열성적으로 응원하다.

열세 힘이나 세력 따위가 상대편보다 떨어져 있음, 또는 그런 형세나 상태. 반우세. -하다.

열:쇠[열쐬] ①자물쇠를 여는 쇠. ②문제를 푸는 데 가장 요긴한 것.

열심[열씸] 한 가지 일에 골똘함. ㉠열심히 노력하다. 비열중. 반태만.

열심히[열씸히] 온 정성을 다하여. 정신을 집중하여. ㉠공부를 열심히 하여 꼭 성공하겠다.

열악하다[여라카다] 몹시 질이 떨어지고 조건이 나쁘다. ㉠열악한 환경에서 공부하고 있다.

열어제치다 문이나 창 등을 넓게 열어 놓다.

열에너지 열이 다른 물질에 온도 변화를 일으킬 수 있는 능력.

열연 연극 따위에서, 연기를 열심히 정열적으로 함. -하다.

열올리다 ①열중하다. ②무슨 일에 열중하여 흥분하다.

열의[여리] 뜨거운 마음. 열렬한 성의. ㉠학문에 대한 열의가 높다.

열전[열쩐] ①무력으로써 하는 맹렬한 싸움. 반냉전. ②운동경기에서의 맹렬한 싸움. ㉠양팀이 열전을 벌이다. 【熱戰】

열전도 온도가 높은 데에서 온도가 낮은 데로 열이 옮아가는 현상.

열정[열쩡] 뜨거운 감정. 열중하는 마음. ㉠동물 연구에 열정을 쏟다.

열정적[열쩡적] 뜨거운 감정을 나타내는 것. 또는 어떤 일을 열심히 하는 것. ㉠현우는 무슨 일이든지 열정적으로 한다.

열중[열쭝] 온 마음을 한 곳으로 쏟음. 반태만. -하다.

열중쉬어[열쭝쉬어] 약간 편한 자세를 가지라는 구령. 발을 벌리고 두 손을 등의 허리 부분에 댄 자세.

열차 기관차에 객차·화차 등을 연결하여 화물이나 여객을 실어 나르는 차량. 비기차. 【列車】

열풍 ①태양이나 전기 등으로 인한 고온의 바람. ㉠사막의 열풍. ②매우 거세게 사회를 휩쓸고 지나가는 현상이나 기운. ㉠선거 열풍.

열하일기【책명】 조선 정조 4년에 박지원(호:연암)이 청나라에 가는 사신을 따라 열하에 다녀와서 그 곳의 풍속·경제·병사·천문·문학 등에 대한 내용을 적은 기행문. 전26권으로 된 이 책속에 〈호질〉〈허생전〉 등의 소설이 들어 있음. 【熱河日記】

열화 세차게 타는 뜨거운 불. [예]열화 같이 노하다. 【烈火】

열흘 열 날. 10일.

엷:다[열따] ①두께가 두껍지 않다. [반]두껍다. >얇다. ②빛깔이 진하지 않다. [예]엷은 분홍색. [반]진하다.

염가[염까] 가격이 쌈. 싼값. [예]염가 판매. [비]저가. [반]고가.

염기 알칼리라고도 하며, 붉은 리트머스 종이를 푸른색으로 변화시키는 성질을 가진 물질. [반]산.

염기성 용액 붉은 리트머스 종이를 푸른색으로 변화게 하는 용액. [비]알칼리성 용액. [반]산성 용액.

염낭 아가리에 잔주름을 잡고 끈 두 개를 양쪽에 꿰어서 여닫게 된 주머니.

염:두 머릿속에 정리하여 지닌 생각. [예]내 말을 염두에 두고 행동하여라. 【念頭】

염라 대왕[염나대왕] 죽어서 지옥에 떨어지는 사람이, 살았을 때에 행한 죄악을 다스린다는 염라국의 대왕. 【閻羅大王】

염:려[염녀] 마음을 놓지 못함. 걱정하는 마음. [예]병이 든 자식을 염려하다. [비]근심. 걱정. [반]안심. -하다. -스럽다. 【念慮】

염:료[염뇨] 염색에 쓰이는 재료. ※물감의 일본식 말.

염류[염뉴] 소금 성분이 들어 있는 여러 가지 물질.

염:병 (이전말로) 장티푸스나 콜레라 같은 아주 못된 전염병.

염분 물질 속에 포함되어 있는 소금의 양. 【鹽分】

염:불 부처의 모습이나 공덕을 마음 속으로 생각하면서 부처의 이름을 외는 일. -하다.

염산 약간 황색을 띤 액체로, 강한 산성이며, 의약품·공업 약품 등으로 쓰임.

염:색 물감을 써서 물을 들임. [반]탈색. -하다. 【染色】

염:색체 일정한 유전자를 포함하여 유전이나 성을 결정하는 데 중요한 역할을 하며, 세포가 분열할 때 나타나는, 실이나 알갱이 모양의 물질. 【染色體】

염소[1] 소과의 동물. 양과 비슷한데 되새김질을 하며, 뿔이 뒤로 굽고 속이 비었으며, 꼬리가 짧음. 수컷은 턱 밑에 긴 수염이 있음. 성질이 민첩·활발함.

[염소[1]]

염소[2] 황록색으로 악취가 있는 기체 원소의 하나. 표백제·소독제 등으로 쓰임. 【鹽素】

염수 소금물.

염:원[여뭔] 늘 간절히 생각하고 바람. [예]우리 민족의 염원인 남북 통일. -하다. 【念願】

염장 소금에 절여 저장하는 것. [예]염장 미역.

염장 식품 소금에 절여서 물기를 줄여 오래 보관할 수 있게 만든 먹을거리[된장·고추장·자반·젓갈 등].

염전 바닷물을 증발시켜서 소금을 만드는 곳. [비]염밭.

염:주 부처에게 절하거나 염불할 때 손가락 끝으로 한 알씩 넘기면서 그 횟수를 세거나 손목이나 목에 거는 물건. 모감주나무의 열매 따위를 여러 개 실에 꿰어서 둥글게 이은 것. 【念珠】

염증[1][염쯩] 몸의 한 부분이 빨갛게 붓고 진물이 나며 열이 나는 증세. [준]염. 【炎症】

염:증[2][염쯩] 싫증. [예]피아노 연습에 염증이 난다. 【厭症】

염초 ①화약의 원료가 되는 초석, 곧

'질산칼륨'을 흔히 이르는 말. ②화약을 흔히 이르는 말.

염치 부끄러움을 아는 마음. 예염치가 있다. 【廉恥】

염치없다[염치업따] 예절이나 도리를 생각하여 부끄러워하는 마음이 없다. 예염치없는 사람이 많다.

염탐 남 모르게 사정을 살펴 조사함. 예적의 사정을 염탐하다. 비염알이. -하다. 【廉探】

염통 온몸에 피를 돌리는 구실을 하는 기관. 왼쪽 젖가슴 속에 있음. 비심장.

염화나트륨 '소금'의 화학명.

염화수소 염소와 수소의 화합물. 소금에 황산을 부어서 만듦. 물에 잘 풀림.

염화칼륨 쓰고 짠맛이 있는 백색의 결정으로 물에 녹음. 비료로 사용함.

염화칼슘 백색의 결정 또는 가루. 습기를 흡수하는 성질이크므로 건조제로 사용함.

엽록소[염녹쏘] 엽록체 속에서 광합성을 하는 데 촉매의 역할을 하는 녹색의 색소. 비잎파랑이. 클로로필. 【葉綠素】

엽록체[염녹체] 녹색 식물의 잎이나 줄기의 껍질 속에 있는 녹색의 알갱이. 여기서 광합성 작용을 함.

엽서[엽써] 편지를 적어 보내는 카드. 본우편 엽서.

엽전 놋쇠로 만든 옛날의 돈. 둥글납작하며 가운데에 네모진 구멍이 있음. 【葉錢】

[엽전]

엽차 차나무의 어린잎을 달여서 만든 차. 【葉茶】

엿[엳] 쌀이나 고구마·옥수수 따위의 녹말을 엿기름의 작용으로 당분으로 변하게 해서 만드는 달고 끈끈한 식품.

엿가락[엳까락] 엿을 길게 늘인 것, 또는 엿을 일정한 길이로 잘라 만든 가락.

엿기름[엳 끼름] 찧지 않은 보리의 어린 싹을 말려서 갈아 놓은 것으로, 당분을 만드는 효모가 있음.

엿:듣다(엿들으니, 엿들어서) 남이 하는 말을 몰래 가만히 듣다.

엿:보다 ①몰래 살피다. ②때를 노려 기다리다. 예기회를 엿보다.

엿:보이다[엳뽀이다] ①표정, 하는 일 따위가 짐작할 수 있게 나타나다. 예어머니의 얼굴에서 뭔가 심상치 않은 구석이 엿보였다. ②살짝 보이다. 예구름 사이로 해가 엿보였다.

엿새[여쌔] 여섯 날. 여섯째 날.

엿장수[엳짱수] 엿을 파는 사람.

엿치기 엿가락을 부러뜨려서 그 속의 구멍의 크고 작음을 비교하여 승부를 겨루는 내기.

영[1] ①전혀. 도무지. 예공부에 영 취미가 없다. ②아주. 완전히. 예엄마가 안 계신 집안은 영 뒤죽박죽이다.

영[2] 수의 기호 '0'의 이름. 수가 없는 것. 비공. 【零】

영[3] 죽은 사람의 혼. 비영혼. 혼령. 반육체. 【靈】

영:감[1] ①나이 많은 남편 또는 나이 많은 남자를 일컫는 말. ②지난날, 대감 다음의 벼슬아치를 높여 부르던 말. 【令監】

영감[2] 신의 계시를 받은 것 같은 느낌. 예좋은 영감이 떠올랐다.【靈感】

영계 병아리보다 조금 큰 닭. 약병아리.

영고 지난날, 부여국에서 추수가 끝난 섣달(12월)에 하늘에 제사 지내던 의식. 이 때에는 날마다 마시고 먹으며 노래와 춤을 즐겼으며, 죄수를 풀어주기도 했음.

영공 한 나라의 영해와 영토의 상공으로, 그 나라의 주권이 미치는 공간. 【領空】

영광 빛나는 명예. 비영예. 반수치.
영구[1] 시체를 넣은 관. 【靈柩】
영:구[2] 길고 오램. 예영구 보존. -하다. 【永久】
영:구적 오래 지나도 변하지 않고 계속되는 것. 반일시적.
영구차 시체를 담은 관을 실어 나르는 차. 【靈柩車】
영국〖나라〗 유럽의 서부 대서양을 끼고 유럽과 아메리카를 잇는 통로에 자리잡고 있는 섬나라. 입헌군주제 국가임. 산업 혁명이 시작된 곳이며, 의회 제도가 잘 발달해 있음. 수도는 런던. 【英國】
영글다 '여물다'의 사투리. 씨가 익어서 단단해지다.
영기 지난날, 군대에서 군령을 전하던 사람이 들고 가던 기. 푸른 비단 바탕에 붉게 '令(영)'자를 새겨 붙였음. 【令旗】
영남 경상 남도와 경상 북도를 합한 지역. 【嶺南】
영농 농사를 짓고 경영하는 일. 예과학적 영농. -하다. 【營農】
영농 자금 농사를 짓는 데 쓰이는 돈.
영농 후계자 농촌 출신 젊은이로 고향에 머물러 농삿일을 이어받기를 결심한 희망자 중에서 뽑힌 사람.
영단 ①지혜롭고 용기 있게 내리는 결단. ②과감한 결단. -하다.
영도 거느려 이끎. 앞장서서 지도함. -하다. 【領導】
영동 강원도 대관령의 동쪽 지역. 반영서. 【嶺東】
영동 고속 도로 서울과 강릉 경포대 사이를 잇는 고속 도로. 길이 201km.
영동선 경상 북도 영주에서 강릉 경포대 사이를 잇는 철도. 길이 199.1km. 【嶺東線】
영동 지구 서울 특별시에 새로운 도시 지역으로 건설된 한강 남쪽의 넓은 땅.
영동 지방 태백 산맥을 경계로하는 강원도의 동쪽 지방.
영락없다[영나겁따] 조금도 틀리지 아니하고 번번이 들어 맞다.
영롱[영농] ①눈부시게 빛남. 예영롱한 아침 이슬. ②금구슬이 울리는 것처럼 아름다운 소리. 예영롱한 목소리. -하다. -히.
영릉 조선 시대 세종과 그 비인 소헌왕후의 능. 경기도 여주군 능서면 왕대리에 있음〔사적 제196호〕.
영리[1][영니] 재산상의 이익을 얻으려고 꾀함. 예영리를 취하다. 반비영리. 【營利】
영:리[2][영니] 약고 재빠름. 똑똑함. 반아둔. -하다. 【怜悧】
영림서[영님서] 주로 나라의 산과 들의 나무와 수풀 등을 보살피는 일을 맡은 관공서.
영문[1] 까닭. 형편. 예우는 영문을 모르겠다.
영문[2] 영어로 쓴 글. 【英文】
영민하다 똑똑하고 재빠르다. 예수빈이는 영민해서 말뜻을 빨리 이해한다.
영부인 '대통령의 부인'을 높이어 이르는 말. 비귀부인. 【令夫人】
영사 외국에 있으면서 자기 나라 무역 이익과 국민 보호에 관한 일을 맡아 보는 공무원. 【領事】
영사관 영사가 사무를 보는 곳.
영사기 영화 필름의 화상을 크게 하여 스크린에 비추는 기계.
영산강 전라 남도의 나주 평야를 지나 서해로 흐르는 강. 【榮山江】
영상[1] 빛으로 비추어져 나타나는 물체의 모양. 【映像】
영상[2] 섭씨 0도 이상의 온도. 반영하. 【零上】
영:생 ①영원히 삶, 또는 영원한 생

명. ②기독교에서, 천국의 복과 즐거움을 길이 누리는 생활을 이르는 말. 【永生】

영서 태백 산맥을 중심으로 하여 대관령의 서쪽 지역을 이르는 말. 반 영동. 【嶺西】

영선사 1881년 청나라에 파견된 사신. 당시 청나라의 과학 기술을 익히고자 69명의 청년 학도들을 뽑아 김윤식을 영선사로 하여 파견하였음. 【領選使】

영세 천주교에서, 신자가 될때에 받는 의식. 비세례. 【領洗】

영세민 벌이가 적어 겨우 살아가는 주민. 【零細民】

영세 중립국 국제법상 영구히 다른 여러 국가간의 전쟁에 간섭하지 않는 대신, 그 독립과 영토의 보전이 다른 국가들로부터 보장되어 있는 국가〔스위스·오스트리아 따위〕.

영수증 돈이나 물건을 확실히 받았다는 표로 내주는 증서.

영아 태어난 지 얼마 되지 않은 아기. 비갓난아이. 신생아.

영악 이익과 손해에 대하여 재빠르고 기회를 잘 이용함. -하다. -스럽다. 【靈惡】

영안실 병원에서, 시체를 잘 놓아두고 조문 온 손님을 맞고 장례를 치르기 위해 마련한 방.

영양 생물이 자연에서 물질을 얻어 몸을 만들고, 몸 안에서 에너지를 발생시켜 목숨을 이어 나가는 작용. 예영양 부족. 【營養】

영양가 식품에 들어 있는 영양의 정도. 【營養價】

영양분 영양이 되는 물질의 성분.

영양사 자격증을 가지고 회사·학교·병원 등에서 단체가 먹는 음식의 영양을 따지고 지도하는 사람.

영양소 생물의 영양이 되는 물질〔보통 탄수화물·단백질·지방·무기질·물·비타민 등의 여섯 가지로 구별됨〕. 【營養素】

영양식 영양가가 높은 음식이나 식사. 【營養食】

영양 실조[영양실쪼] 영양의 부족으로 일어나는 이상 상태. 빈혈이나 몸이 붓고 설사 따위의 증세가 있음. 【營養失調】

영양제 영양을 보충해 주는 약.

영어 영국의 언어. 영국·미국 등에서 쓰는 말〔세계에서 가장 널리 쓰이고 있음〕. 【英語】

영어 회화 영어로 말을 주고받는 것.

영업 이익을 얻기 위하여 하는 일. -하다. 【營業】

영업부 회사에서 영업을 맡은 부서.

영업용[영업뇽] 영업을 목적으로 하는 일에 쓰이는 기계나 도구. 예영업용 택시. 【營業用】

영역 ①국가의 주권이 미치는 범위. ②차지하여 세력이 미치는 곳. 예영역을 침범하다.

영연방 영국의 국왕을 형식상의 원수로 하여, 각각 독립되어 영국 본국과 연방 관계를 맺고 있는 나라들의 조직. 본영국 연방.

영:영 영원히. 예영영 볼 수 없게 되었다. 【永永】

영예 영광스러운 명예. 예최우수상이란 영예를 얻었다. 비영광.

영예롭다 어떤 일이나 지위가 남이 칭찬하고 부러워할 만하다. 예영예로운 자리에 초대해 주셔서 감사합니다.

영웅 재주나 용맹이 뛰어나 위대한 일을 해낸 사람. 【英雄】

영웅심 영웅이 되고자 하거나 영웅인 듯이 행동하려고 하는 마음.

영:원 세월이 끝이 없이 길고 오램. 비영구. 반순간. -하다. -히.

영:원히 끝없이 오래. 언제까지나. 예우리의 우정, 영원히 변치 말자.

영월〖지명〗 강원도 영월군의 군청 소재지. 한국 최대의 화력 발전소가 있음. 【寧越】

영월대[영월때] 충청 남도 부여의 부소산에 있는 고적. 백제 때 임금이 달맞이하던 곳이라 전함.

영위 사업이나 생활을 실제로 꾸려 나가는 것. [예]생활을 영위해 나가다. -하다.

영유권 자기 나라 영토라고 주장하는 권리. 【領有權】

영은문 조선 시대에, 중국에서 오는 사신을 맞아들이던 문. 대한 제국 때, 서재필 등이 그 문을 헐어 내고 그 자리에 독립문을 세웠음.

영의정 조선 시대의 최고의 관직. 지금의 국무 총리와 비슷한 벼슬. 영상. 【領議政】

영입 환영하여 받아들임. [예]감독을 영입하다. -하다. 【迎入】

영자[영짜] 영어를 기록할 때 쓰는 글자. 영문. [예]영자 신문. 【英字】

영장¹[영짱] 명령의 뜻을 적은 문서. [예]구속 영장. 【令狀】

영장² 모든 만물 중에서 가장 뛰어난 존재인 사람. [예]인간은 만물의 영장이다. 【靈長】

영재 뛰어난 재주나 지능, 또는 그런 재주나 지능을 가진 사람. [예]영재 교육. [비]수재. 【英才】

영적[영쩍] 신령스러움. 정신이나 영혼에 관한 것. [예]기독교인들은 예배를 통해서 영적인 체험을 하게된다. 【靈的】

영전 먼저 있던 자리보다 더 좋은 자리나 나은 지위로 옮김. [예]영전을 축하하다. [비]승전. [반]좌천. -하다.

영접 손님을 맞아 대접함. [예]손님을 영접하다. -하다. 【迎接】

영:정 장례에서 쓰는 죽은 사람의 큰 사진. [비]영상. 【影幀】

영조〖사람〗[1694～1776] 조선 시대 제21대 임금(재위 1724～1776). 학문을 즐겨 문화의 부흥에 노력했으며, 탕평책을 써서 여러 당파의 인재를 고루 등용하려 했음. 【英祖】

영:종도 인천 광역시 중구에 속한 섬. 인천 국제 공항이 있음.

영:주¹ 한 곳에 영원히 삶. [예]미국에서 영주하다. 【永住】

영주² 봉건 제도에서, 영지나 장원의 소유주. 【領主】

영주권 일정한 자격을 갖춘 외국인에게 주는, 그 나라에서 영주할 수 있는 권리. 【永住權】

영지버섯 둥글거나 심장 모양이고 붉은 갈색이며, 단단하고 번들거리는 큰 버섯. 말려서 약으로 씀.

영:창¹ 방을 밝게 하기 위하여 벽 위쪽에 낸 문. 【映窓】

영창² 법을 어긴 군인을 가두어 두는 군대 안의 건물. 【營倉】

영토 그 나라의 통치권이 미치는 지역. [비]영지. 국토. 【領土】

영특 재주가 뛰어남. [예]영특한 아이. -하다. 【英特】

영하 온도가 섭씨 0℃ 아래로 내려감. [반]영상. 【零下】

영해 한 나라의 권리가 미치는 영역에 포함되는 바다. 【領海】

영:향 어떤 일로 말미암아 다른 일에 미치는 결과. [예]환경은 사람의 건강에 영향을 준다.

영:향권 영향이 미치는 범위의 안.

영:향력 영향을 끼치는 힘. [예]영향력을 발휘하다.

영험 사람의 능력을 뛰어넘는 신기한 능력. -하다.

영혼 죽은 사람의 넋. 혼령. [비]넋. [반]육체. [준]영.

영화¹ 귀하게 되어 이름이 세상에 드러나고 빛남. [예]부귀영화. 【榮華】

영화² 여러 토막으로 된 필름을 잇달아 스크린에 비추어 나타나게 하는 그림. 【映畵】

영화관 영화를 상영하는 시설을 갖춰 놓은 곳. 비극장. 【映畵館】

영화 배우 영화에 출연하는 것이 직업인 사람. 【映畵俳優】

영화제 여러 영화 작품을 모아 상영하여 우열을 가리거나 영화인의 친선을 도모하기 위한 행사.

엷다[엳따] ①빛깔이나 농도가 연하거나 묽다. 예엷은 하늘색 옷을 입었다. 반짙다. ②생각이나 감정 따위가 깊지 못하고 가볍다. 예엷은 생각으로 하는 장난에 상대방은 마음을 상한다.

옆[엽] 어떤 것을 기준으로 하여 그 양쪽 곁. 예옆 사람.

옆구리[엽꾸리] 몸의 양쪽 갈비가 있는 부분.

옆길[엽낄] ①큰길 옆으로 따로 난 작은 길. 예옆길에서 트럭이 불쑥 튀어나왔다. ②본래 하려던 것이 아닌, 엉뚱한 일이나 이야기. 예얘기가 옆길로 새다.

옆단[엽딴] 옷의 옆에 대는 단.

옆면[엽면] 앞뒤에 대한 양 옆의 면. 비측면.

옆모습[염모습] 옆에서 본 모습.

옆줄[엽쭐] 옆으로 난 줄. 예유빈이가 내 옆줄에 있다.

옆집[엽찝] 잇달아 있는 여러 집 중에서 바로 옆에 있는 집.

옆쪽[엽쪽] 옆이 되는 곳이나 방향.

옆차기[엽차기] 태권도에서, 몸을 정면으로 하고 윗몸을 옆으로 틀면서 상대의 옆쪽을 발모서리로 차는 기술.

옆트임[엽트임] 옷의 옆 자락이 트인 것.

예:[1] 본보기. 보기. 예예를 들어 말하다. 【例】

예:[2] 옛적. 오래 전. 예예로부터 이름난 고장.

예[3] 사람이 마땅히 지켜야 할 도리. 예예를 다하다. 본예법. 【禮】

예:[4] 어른이 묻는 말에 대해, 공손하게 그렇다고 하는 뜻으로 하는 말. 반아니요.

예[5] 한글의 홀소리 글자인 'ㅖ'의 이름.

예:각 직각보다 작은 각. 뾰족한 각. 반둔각. 【銳角】

예:각삼각형 세 개의 내각이 모두 90도보다 작은 각으로 된 삼각형.

예:감 무슨 일이 있기 전에 암시적으로 미리 느끼는 일, 또는 그런 느낌. 예불길한 예감이 든다.

예:견 일이 있기 전에 미리 앎. 비선견. -하다. 【豫見】

예:고 미리 알림. 예시험 날짜를 예고하다. -하다. 【豫告】

예:금 은행이나 우체국에 돈을 맡기는 일. 비저금. -하다. 【預金】

예:금액[예그맥] 예금된 돈의 액수.

예:금주 금융 기관에 돈을 맡긴 사람. 예금자. 【預金主】

예금 통장 은행·우체국 등에서 돈을 예금하거나 내 준 내용과 금액을 적은 통장. 저금 통장.

예:기 앞으로 닥쳐올 일에 대해 미리 기대함. 예예기치 못했던 일이다. 【豫期】

예:년 비슷한 일들이 생기곤 했던 지난 여러 해. 예올겨울은 예년보다 춥다. 비평년. 【例年】

예:능 음악·무용·연극·영화 등을 모두 가리키는 말.

예닐곱 여섯이나 일곱.

예단 결혼할 때 상대의 집에 보내는 온갖 선물. 【禮緞】

예당 평야〖지명〗 충청 남도의 삽교천·무한천·곡교천 등 3개 하천 유역에 형성된 충적 평야.

예:리 ①칼날 등이 날카로워 잘 듦. 예예리한 칼날. ②두뇌나 판단력이 날카롭고 정확함. 예예리한 판단. -하다. 【銳利】

예:매[1] 일정한 시기가 되기 전에 미리 팖. ㉮고속 버스 승차권을 예매하다. -하다. 【豫賣】
예:매[2] 기차표·비행기표·극장표 따위를 미리 사 두는 것. -하다. 【豫買】
예맥족 지난날, 중국의 동부 변경 밖에 살던 민족으로 우리 민족의 중심이 되고 있음.
예:명 연예인이 연예 활동을 하면서 본이름 이외에 따로 지어 부르는 이름. 비가명. 반본명.
예:문 설명을 위하여 보기로 들어 보이는 문장. 【例文】
예:물 ①고마운 뜻에서 주는 물건. ②결혼식에서 신랑·신부가 주고받는 기념품. 【禮物】
예:민 느낌이 날카롭고 빠름. ㉮신경이 예민하다. -하다. 【銳敏】
예방[1] 인사차 방문함. ㉮국가 원수를 예방하다. -하다. 【禮訪】
예:방[2] 무슨 일이나 탈이 있기 전에 미리 막는 것. ㉮화재를 예방하다. -하다. 【豫防】
예방 접종 전염병의 발생을 미리 막기 위하여, 약을 미리 몸 속에 넣어 주는 일.
예방 주사 몸 안에 면역이 생겨 전염병에 걸리지 않도록 예방액을 놓아 주는 주사.
예배 ①신이나 부처 앞에 존경하는 마음으로 공손히 절함. ②기독교에서 성경을 읽고, 기도와 찬송으로 하느님에 대한 숭배와 존경을 나타내는 일. -하다. 【禮拜】
예배당 기독교에서 예배를 드리는 집. 비교회. 【禮拜堂】
예법[예뻡] 예의나 몸가짐의 방식. 준예. 【禮法】
예:보 앞으로 다가올 일을 미리 알림. ㉮일기 예보. -하다. 【豫報】
예복 예식 때 입는 옷. 【禮服】
예부 고려 때, 나라를 다스리던 관청의 하나로, 의례·제사·조회·학교·과거·외교에 대한 일을 맡았음. 【禮部】
예:비 어떤 일이 있기 전에 미리 준비함, 또는 그 준비. 【豫備】
예:비군 예비역으로 짜여진 군대.
예:비역 현역에서 제대한 군인이 일정 기간 복무하는 병역. ㉮예비역 장군. 반현역. 【豫備役】
예:쁘다(예쁘니, 예뻐서) 생긴 모양이나 하는 짓이 아름다워서 보기에 귀엽다. 반밉다. ×이쁘다.
예:쁘장하다 제법 예쁘다. ㉮예쁘장한 소녀.
예:사 보통으로 있는 일. 흔히 있는 일. 비보통. 반특별. 【例事】
예:사롭다(예사로우니, 예사로워) 예사로 있을 만하다. 흔한 일이다.
예:사말 보통으로 하는 말. ×예삿말.
예:사 소리 자음(닿소리)의 한 갈래. 예사로 숨쉴 때의 날숨으로 내는 소리〔ㄱ·ㅂ·ㅇ·ㅈ이 이에 딸림〕.
예:산 ①미리 필요한 돈을 계산함. ②국가 또는 공공 단체가 다음 해의 수입과 지출을 미리 계산하는 일, 또는 그 액수. -하다.
예:산서 돈이 들어오고 나가는 내용을 미리 대충 계산하여 적은 문서.
예:산액[예사낵] 예산에 정하여 놓은 금액. 【豫算額】
예:삿일[예산닐] 보통으로 있는 일. 흔히 있는 일. ㉮농사는 아무나 하는 예삿일이 아니다.
예:상 어떤 일을 당하기 전에 미리 생각하는 것, 또는 그 생각. 비예측. -하다. 【豫想】
예:상외 생각 밖. 뜻밖. ㉮예상외로 성적이 좋다. 【豫想外】
예:선 본선이나 결선 전에 미리 뽑음. ㉮좋은 성적으로 예선을 통과하다. 반결선. 본선.

ㅇ

예성강 황해도 언진산에서 시작하여 신계·남천을 지나 경기도와의 경계에서 서해로 흘러드는 강. 길이 174km. 【禮成江】
예:속 딸려서 매임. 지배나 지휘를 받음. ㉠강대국에 예속된 나라. -하다.
예속 상교 풍속과 예절로써 서로 사귄다는 뜻으로, 향약의 4대 기본 정신의 하나. 【禮俗相交】
예:수 ⇨그리스도.
예:수교 ⇨크리스트교.
예순 열의 여섯 배. 육십.
예:술 아름다움을 찾고 나타내려는 인간의 활동, 또는 그 작품.
예:술가 예술 작품을 만들어 내는 사람〔음악가·소설가·시인·건축가 등〕. 【藝術家】
예:술단 노래·춤 따위를 공연하는 사람들로 조직한 단체.
예:술성 예술적인 성질.
예:술원 예술의 향상 발전을 꾀하고 예술에 관한 일을 심의하는 기관.
예:술적[예술쩍] 예술다운 상태. 예술에 관한 그것. ㉠예술적인 유물들이 발견되다.
예:술품 예술미가 표현된 작품.
예:술 활동 아름다움을 찾고 나타내는 인간의 활동〔그림·조각·문학·음악·무용 등〕.
예:습 미리 학습함. 미리 익힘. ㉡복습. -하다. 【豫習】
예:시 예를 들어 보임. -하다.
예식 예법에 따른 의식. 예의의 법식. ㉠결혼 예식. 【禮式】
예식장 예식을 하도록 여러 가지 시설을 갖춘 곳. 주로 결혼식장을 말함. ㉢식장. 【禮式場】
예:심 본 심사에 앞서 예비로 하는 심사. ㉡본심. 【豫審】
예:약 미리 약속함, 또는 그 약속. ㉥선약. -하다. 【豫約】
예:약금 예약할 때 주는 돈.【豫約金】
예:언 앞에 올 일을 미리 말함, 또는 그 말. ㉠지구의 종말을 예언하다. -하다. 【豫言】
예:언자 ①앞으로의 일을 미리 짐작하여 말하는 사람. ②신으로부터 사명을 받아서 인류를 지도하는 사람. ㉥선지자. 【豫言者】
예:외 규칙에서 벗어남, 또는 벗어나는 일. 【例外】
예우 예로써 대접함. 예의를 다하여 대우함. -하다. 【禮遇】
예의 사람이 지켜야 할 올바른 도리. ㉠예의 바른 행동. ㉥예절.
예의 범절 일상 생활에서 갖추어야 할 모든 예의와 예의에 맞는 행동.
예:전 퍽 오래 된 지난날. ㉠예전에 있었던 일. ㉥옛적. 옛날. ㉡요즈음.
예절 사회 생활에서 지켜야 하는 바르고 공손한 말씨와 몸가짐. ㉠예의. 【禮節】
예절바르다 말이나 태도가 점잖고 올바르다.
예:정 앞으로 할 일을 미리 정함. ㉥계획. -하다. 【豫定】
예조 조선 때, 육조의 하나. 예법·외교·제사·학교·과거 따위의 일을 맡아 보던 곳. 【禮曹】
예조 판서 조선 때 육조의 하나인 예조의 으뜸 벼슬.
예찬 칭찬하여 높임. 찬양하고 감탄함. ㉠세종 대왕의 업적을 예찬하다. -하다. 【禮讚】
예찬론[예찬논] 훌륭한 것, 좋은 것을 칭찬하는 말이나 글.
예:측 미리 헤아려 짐작함. ㉠결과를 예측할 수 없다. ㉥예상. -하다.
예:치 맡겨 둠. -하다. 【預置】
예:컨대 예를 들건대. 이를 테면.
예포 경의·환영·조의의 뜻을 나타내기 위하여 쏘는 공포〔총이나 대포를 탄알 없이 쏨〕.

예:행 미리 행함. -하다.
예:행 연습 무슨 행사를 개최하기 전에 미리 해 봄.
예:화 어떤 생각이나 지식을 설명하기 위해서 알기 쉬운 예를 보여 주는 이야기. 【例話】
옌볜〖지명〗 중국 동부의 지린성(길림성)에 있는, 조선족 자치주. '연변'이라고도 함. 【Yanbian】
옌지〖지명〗 중국 지린성(길림성) 간도 지방의 중심 도시. '연길'이라고도 함. 【Yanji】
옌하이저우〖지명〗 러시아의 남동쪽 끝에 있는 지방을 중국인들이 일컫는 말. 중심 도시는 '블라디보스토크'임. '연해주'라고도 함.
옛:[옏] 지나간 때의. ㊎옛 친구.
옛:날[옌날] 옛 시대. 옛적의 날. 비옛적. 반지금.
옛:날이야기[옌날리야기] 옛날에 있었던 일이라고 전해지거나, 꾸며서 하는 재미있는 이야기. 옛이야기. 준옛날얘기.
옛:말[옌말] 아주 오래 전부터 전해오는 말이나 이야기.
옛:시조 옛날의 시조. 비고시조. 반현대 시조.
옛:일[옌닐] 아주 오래된 옛날의 일. 지난 일.
옛:적 오랜 옛 시대. 비예전. 옛날.
오:[1] 놀라움이나 반가움 따위의 느낌을 나타내는 말. ㊎오, 슬프다! 비아.
오:[2] 숫자 5의 한자 이름으로 '다섯'을 뜻함. 【五】
오가다 서로 반대 방향으로 오기도 하고 가기도 하다. 다니다.
오각형 다섯 모가 진 평면 도형.
오:갈피 긴 잎대에 길쭉한 큰 잎이 나며 줄기에 가시가 있는 잎지는 덤불나무. 뿌리와 껍질은 약재로 씀.
오:감 보고·듣고·냄새 맡고·맛보고·만져 보는 다섯 가지 감각. 오각. 【五感】
오(5):거 조선 시대의 통신 연락망으로 횃불을 올리던 중요한 곳〔서수라·만포진·의주·동래·수천의 다섯 군데〕. 【五炬】
오:경 유학의 가르침을 적은 다섯 가지 책〔시경·서경·주역·예기·춘추〕. 【五經】
오:곡 ①쌀·보리·조·콩·기장의 다섯 가지 곡식. ②곡식을 통틀어 일컫는 말. 【五穀】
오:곡밥 다섯 가지 곡식을 섞어 지은 밥〔음력 정월 대보름에 지어 먹음〕.
오:곡 백과 온갖 종류의 곡식과 과실. 【五穀百果】
오골계 동남 아시아가 원산인 닭의 한 품종. 깃털·가죽·살·뼈가 검은 빛깔이나 변종도 있음.
오:광대놀이[오광대노리] 음력 정월 보름에 경상 남도 일대에서 하는 탈놀이의 하나. 고성·통영·가산의 것이 유명함.
오(5):군영 임진왜란을 계기로, 국방을 강화할 목적으로 조직된 훈련도감·총융청·수어청·어영청·금위영의 다섯 군영.
오그라들다 점점 안으로 오그라져 들어가다. <우그러들다.
오그리다 몸을 안쪽으로 구부리거나 오그라지게 하다. <우그리다.
오글오글[오글로글] 여러 군데가 안쪽으로 오목하게 들어가고 주름이 많이 잡힌 모양. -하다.
오금 무릎·팔의 구부러지는 안쪽.
오:기 힘이 달리면서도 남에게 지기 싫어하는 마음. 【傲氣】
오너 ①소유자, 특히 기업의 소유자. ②선주. 【owner】
오너 드라이버 자기 차를 운전하는 사람. 【owner driver】

오누이 오라비와 누이. 비남매. 준오뉘.
오:뉴월 오월과 유월. 또는 오월이나 유월.
오늘 ①지금 지나가고 있는 이 날. 비금일. ②지금 살고 있는 이 시대. 비오늘날.
오늘날[오늘랄] 지금의 시대.
오다 ①가까이 다가 서다. 반가다. ②비·눈 등이 내리다. ③잠·졸음·아픔 등이 몸에 닥치다. 예졸음이 오다. ④지금까지 진행되고 있다. 예날이 밝아 오다.
오:대산 강원도에 있는 산으로, 한강이 시작되는 곳. 월정사·상원사 따위의 명승지가 있으며, 높이는 1536m. 【五臺山】
오:대양 지구 표면에 둘러 있는 다섯 바다〔태평양·대서양·인도양·남빙양·북빙양〕. 【五大洋】
오:대주 지구상에 있는 다섯 대륙〔아시아주·유럽주·아프리카주·아메리카주·오세아니아주〕.
오(5)도 양계 고려 시대 지방 행정 구역의 하나로, 현종 때 정하였음. 5도는 서해도·교주도·양광도·경상도·전라도. 양계는 북계와 동계. 【五道兩界】
오돌또기 제주도의 대표적 민요의 한가지.
오동나무 높이는 10~15m. 넓은 잎이 마주 나며, 봄에 보라빛 꽃이 핌. 가볍고 아름다워 가구·악기를 만드는 데 많이 쓰임.
오동도〖지명〗 여수 앞바다에 있는 섬. 동백꽃과 대나무로 둘러싸여 경치가 아름답고, 섬 꼭대기에 등대가 있음.
오동통하다 작으며 통통하다. 예손이 오동통하다.
오두막집 겨우 들어가 살 만하게 토담 등으로 작게 지은 집. 비오막살이. 준오두막.
오들오들[오드로들] 춥거나 무서워서 몸을 작게 떠는 모양. <와들와들.
오디 뽕나무의 열매.
오디오 기기 음악을 듣고 즐기기 위한, 음질이 좋은 고급 음향 재생 장치. 준오디오. 【audio 機器】
오뚝 위로 도드라지게 솟아 있는 모양. 예콧날이 오뚝하다. 반옴푹. <우뚝. ×오똑.
오뚝이[오뚜기] 아무렇게나 굴려도 오뚝오뚝 서는 아이들의 장난감. ×오뚜기.
오:라 지난날, 도둑이나 죄인을 묶던 붉고 굵은 줄. 오랏줄. 포승.
오라버니 '오빠'를 예스럽게 부르거나 가리키는 말. 낮오라비.
오:락 쉬는 시간에 재미있게 놀아서 기분을 즐겁게 하는 일. 레크리에이션. -하다. 【娛樂】
오락가락 ①잇달아 왔다 갔다 하는 모양. ②비나 눈이 내리다 말다 하는 모양. 예비가 오락가락한다. -하다.
오:락기 오락을 즐기기 위한 기구. 예전자 오락기.
오:락실 오락에 쓰이는 시설을 해 놓은 방. 예전자 오락실.
오랑우탄 열대 숲 속에 살며, 곧게 서서 걸어다니고 팔이 매우 긴 원숭이. 【orangutan】

[오랑우탄]

오랑캐 ①옛날 두만강 일대에 살던 여진족. ②미개한 종족. 침략자.
오랑캐꽃 ⇨제비꽃.
오래 시간이 길게. 긴 시간 동안.
오래가다 어떤 상태나 현상이 긴 시간 동안 계속되다.
오래간만 오래 지난 뒤. 예오래간만에 집에 돌아오다. 준오랜만.

ㅇ

오래다 어떤 때로부터 시간이 지나간 동안이 길다. [예]친구를 본 지 오래다.

오래달리기 대개 400m가 넘는 먼거리를 달리는 육상 경기.

오래도록 시간이 많이 지나도록. [예]친구의 편지를 오래도록 간직하다.

오래되다 ①어떤 일이 시작되거나 일어나 많은 시간이 흘러간 상태이다. [예]우리 민족의 역사는 오래되었다. ②어떤 사물이 오랜 시간 전에 만들어져 낡아 있다. [예]우리 집에는 오래된 물건이 많다.

오래오래 아주 오래도록. [예]할머니, 오래오래 사세요.

오랜 시간이 많이 지나서 낡거나 묵은. [예]오랜 관습에 젖어 있던 사람들은 개혁을 반대한다.

오랫동안[오래똥안] 오랜 시간 동안. [반]잠시.

오렌지 ①감귤 종류의 한 가지. ②오렌지색. 【orange】

오:로라 극광. 지구의 북극과 남극 지방의 높은 하늘에 이따금 나타나는 아름다운 빛의 현상. 【aurora】

오:로지 오직. 다만. [예]오로지 공부에만 힘쓰다.

오:류 ①그릇된 인식이나 지식. ②잘못이나 실수. [예]오류를 범하다.

오:륙 다섯이나 여섯. [비]대여섯.

오:륜[1] 사람으로서 지켜야 할 다섯 가지의 도리(군신의 의리, 부자의 친애, 부부의 분별, 장유의 차서, 붕우의 신의를 말함). 【五倫】

오:륜[2] 올림픽 마크. 청색・황색・흑색・녹색・적색의 순서로 5대륙을 상징하여 'W'자 형으로 연결한 다섯 개의 고리. 【五輪】

오르간 발판을 밟아 바람을 넣든가 전기로 진동시켜서 소리를 내는 건반 악기. 풍금. 【organ】

오르내리다 ①올라갔다 내려갔다 하다. ②남의 입에 자주 말거리가 되다. [예]사람들 입에 오르내리다.

오르다 ①낮은 데에서 높은 곳으로 움직여 가다. [예]산에 오르다. ②탈 것에 타다. [예]비행기에 오르다. [반]내리다. ③이전보다 높은 상태에 이르다. [예]물가가 오르다.

오르락내리락하다[오르랑내리라카다] 오르고 내리는 행동을 반복하다. [예]다람쥐가 나무를 오르락내리락하다.

오르막길 비탈이 져서 위로 올라가도록 된 길. [반]내리막길.

오른발 오른쪽 발. [반]왼발.

오른손 오른쪽 손. [반]왼손.

오른쪽 사람이 동쪽을 바라보고 설 때 남쪽으로 향하게 되는 몸의 부분과 방향이 같은 쪽. 바른쪽. 오른편. 우측. [반]왼쪽.

오른편 오른쪽. 바른쪽. 우측. [반]왼편.

오름세 가격・기세・인기 따위가 오르는 상황. [반]내림세.

오:리 물오리와 집오리를 통틀어 이르는 말. 부리는 길고 넓적하며, 헤엄을 잘 치고, 집에서 기르기도 하는 큰 새.

[오리]

오:리걸음 오리처럼 뒤뚱거리며 걷는 걸음걸이.

오리나무 산과 들에 저절로 나는 나무로, 솔방울 모양의 열매는 가을에 익음.

오리다 종이나 천 따위를 칼이나 가위를 써서 일정한 모양으로 잘라내다. [예]색종이를 오리다.

오:리 무중 짙은 안개 속에 있어 방향을 알 수 없음과 같이 무슨 일에 대해 알 길이 없음을 이르는 말. 【五里霧中】

오:리발 ①오리의 발. ②잠수하거나 헤엄칠 때 발에 끼는 오리발 모양의 장치.

오리엔테이션 어떤 단체에 새로 들어온 사람이 새로운 환경에 잘 적응할 수 있도록 소개하고 지도하는 일. 【orientation】

오리엔티어링 산이나 들에서 지도와 나침반을 이용하여 정해진 지점들을 통과하여 목적지에 빨리 도달하는 것을 겨루는 경기.【orienteering】

오리온 그리스 신화에 나오는 거인 사냥꾼의 이름. 【Orion】

오리온자리 겨울철에 가장 똑똑히 보이는 남쪽 하늘의 별자리. 유난히 빛을 내는 3개의 별이 가운데에 나란히 있고, 그 둘레에 4개의 별이 사각형을 이루고 있음. 준오리온.

오막살이 아주 보잘것 없는 집. 비오두막집.

오:만 거만하고 남을 업신여기는 태도가 있음. 예오만한 태도. 반겸손. -하다. 【傲慢】

오:매불망 자나깨나 잊지 못함.

오:명 ①더러워진 이름이나 명예. ②누명. 예오명을 벗다. 【汚名】

오목 거울 면이 오목한 동그란 거울. 탐조등이나 반사 망원경 따위에 씀. 반볼록 거울.

오목다각형 오목폐곡선으로 된 다각형.

오목 렌즈 가운데가 가장자리 보다 얇게 된 렌즈. 빛이 중심으로부터 바깥쪽으로 꺾여서 나아가게 하는 성질이 있음. 근시의 교정에 쓰임. 반볼록 렌즈.

오목샘 '보조개'의 북한말.

오목판 판의 오목한 부분에 물감을 넣어서 찍어 내는 판화. 반볼록판.

오목폐곡선 폐곡선 내부의 두점을 이을 때 폐곡선과 만나게 되는 폐곡선.

오목하다[오모카다] 가운데가 동그스름하게 조금 움푹 들어가다. 반볼록하다.

오:묘 깊고도 묘함. 예오묘한 진리. -하다. -스럽다.

오:물 지저분하고 더러운 쓰레기나 배설물. 예오물 처리장.

오:물세 쓰레기·분뇨 등의 오물을 쳐 가는데 내는 돈.

오물오물[오무로물] 음식물을 입 안에 넣고 조금씩 자꾸 씹는 모양. <우물우물.

오므라들다 점점 오므라지다. 예활짝 폈던 꽃송이가 오므라들기 시작했다.

오므라이스 채소와 고기를 잘게 썰어 넣고 볶은 밥을, 얇게 부친 달걀로 싼 서양식 음식. ※영어 'omelet and rice'에서 온 말.

오므리다 가장자리의 끝이 한군데로 모이게 하다. 예다리를 오므리고 앉다. <우므리다.

오미자 오미자나무의 열매로 기침·갈증 등의 약재로 씀.

오밀조밀하다 여러 물건이나 사물 따위가 교묘하고 세밀하게 늘어서 있다. 예우리 나라의 산은 웅장하기보다는 오밀조밀하다.

오:발 ①총을 잘못 쏨. 예총기 오발 사고. ②실수로 말을 잘못함. -하다. 【誤發】

오:밤중[오밤쭝] 한밤중. 예오밤중까지 열심히 일하다.

오버센스 ①지나치게 예민한 생각. ②신경 과민. 【oversense】

오버타임 운동 경기에서 규정된 횟수나 시간을 넘긴 반칙.【overtime】

오버코트 주로 겨울에 겉에 입는 두꺼운 외투. 【overcoat】

오:보 그릇되게 보도함, 또는 그릇된 보도. 【誤報】

오보에 관현악에서 높은 음을 내는 목관 악기. 소리가 부드러우며 어딘지 슬픈 음조를 냄. 합주때 기준음이 됨. 【oboe】

오:복 다섯 가지 복〔오래 살고, 재산이 넉넉하고, 건강하고, 덕을 닦고, 편안히 죽는 일〕. 【五福】

오붓하다[오부타다] 적은 수의 사람들끼리 서로 가깝고 정답다. ㉺가족끼리 오붓하게 살다.

오븐 속에 재료를 넣고 꽉 닫아, 공기를 뜨겁게 덮혀 재료를 굽는 조리 기구. 【oven】

오비이락 '까마귀 날자 배 떨어진다'는 뜻으로, 무슨 일을 할 때 공교롭게도 다른 나쁜 일이 같은 때에 일어나 남의 의심을 받게 됨을 이르는 말. 【烏飛梨落】

오빠 여동생이 손위의 오라비를 부르는 말.

오사카〖지명〗 일본 중남부 태평양 가에 있는 항구 도시. 우리 나라 교포가 많이 살고 있음. 【Oosaka】

오:산 ①잘못 셈함, 또는 잘못된 셈. ②잘못된 추측. −하다. 【誤算】

오산 학교 1907년에 이승훈이 민족정신을 북돋우고 인재를 키우기 위하여 세운 학교. 광복 후에는 서울의 오산 중·고등 학교로 이어졌음. 【五山學校】

오:색 ①파랑·노랑·빨강·하양·검정의 다섯 가지 빛깔. ②여러 가지 빛깔. 【五色】

오:색실 ①파랑·노랑·빨강·검정·하양의 다섯 가지 빛깔의 실. ②여러 가지 빛깔이 어울려서 알록달록한 실.

오:선지 악보를 그리기 위해 다섯 줄씩 가로로 그린 종이.

오세아니아 세계 6대륙의 하나. 오스트레일리아 대륙을 비롯하여 뉴질랜드·피지·서사모아 따위의 섬들이 속해 있음. 【Oceania】

오소리 등의 가운데는 갈색이며 얼굴은 뾰족하고, 다리는 짧고 굵으며 앞발에는 큰 발톱이 있는 젖먹이 짐승. 땅에 굴을 파고 삶.

오솔길[오솔낄] 좁고 호젓한 길.

오:수 낮잠. 【午睡】

오수덕 고원 평안 북도 중강진에 있는 고원. 옛날부터 토질병이 심하여 사람은 도저히 살 수 없다고 알려져 있음.

오수의 개이야기 전북 오수 지방의 전설. 불이 나서 주인이 위태롭게 되자, 개가 제몸에 물을 묻혀다가 불을 꺼서 주인을 구하고는 지쳐서 죽었다는 이야기.

오순도순 여럿이 의좋게 지내는 모양. ×오손도손.

오스트레일리아〖나라〗 태평양의 남쪽에 있는 나라. 호주. 수도는 캔버라. 【Australia】

오스트리아〖나라〗 중부 유럽에 있는 나라. 암염·흑연 등이 많이 나며, 임업이 특히 발달함. 영세 중립국임. 수도는 빈. 【Austria】

오슬오슬 몸에 소름이 끼칠 듯이 몸이 자꾸 움츠러지면서 추위가 느껴지는 모양. ‹으슬으슬. −하다.

오:심 잘못 심판함, 또는 그 심판. 비오판. 【誤審】

오:십 십의 다섯 배가 되는 수. 50. 비쉰. 【五十】

오:십보백보 차이가 심하지 않고 대체로 비슷함. 【五十步百步】

오싹오싹 매우 무섭거나 추워서 몸이 자꾸 움츠러드는 모양. −하다.

오싹하다[오싸카다] 갑자기 추워지거나 소름이 끼쳐서 몸이 움츠러들다.

오아시스 ①사막 가운데서 샘이 솟고 나무가 우거진 곳. ②'삶의 위안이 되는 곳'을 비유하여 이르는 말. 【oasis】

오아시스 농업 사막 지방의 샘이 있는 곳이나 강물이 흐르는 곳에서 밀·대추야자 등 열대 작물을 가꾸는 농업.

오:열[1] 적군에 내통하는 자. 간첩. 스파이. (본)제오열. 【五列】

오열[2] 목이 메도록 우는 일. (예)유가족들의 오열 속에서 장례식이 거행되었다. -하다. 【嗚咽】

오:염 더럽게 물듦. 공기·물·땅같은 곳에 생물이 생활하는 데 해로운 물질이 섞이는 것. (예)환경 오염. -되다. 【汚染】

오:염시키다 사람에게 피해를 줄 정도로 물·공기·흙 따위를 더럽게 하다. (예)공장의 폐수가 수질을 오염시킨다.

오:용 잘못 사용하는 것, 또는 잘못된 사용. -하다. -되다. 【誤用】

오:월 열두 달 중에서 다섯째 달.【五月】

오이 열매를 따먹는 한해살이 채소의 한 가지. 물외. (준)외.

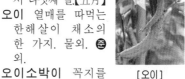

[오이]

오이소박이 꼭지를 딴 오이를 두세 토막으로 나누고, 그 끝을 조금 남기고 +자 모양으로 쪼갠 다음, 그 속에 갖은 양념을 한 소를 넣고 담근 김치.

오:인 누구를 잘못 보거나 잘못 생각함. (예)범인으로 오인하다. -하다. 【誤認】

오일 기계를 잘 돌아가게 하거나 연료로 쓰이는 기름. 【oil】

오일륙(5·16) 군사 정변 1961년 5월 16일, 박정희 육군 소장을 중심으로 청년 장교들이 일으킨 군사 정변. 【五一六軍事政變】

오:일장 닷새에 한번씩 열리는 시골의 장. 【五日葬】

오일팔(5·18) 광주 민주화 운동 1980년 5월 18일에 전라 남도 광주에서 일어난, 시민들이 군사 독재를 반대하고 민주주의를 주장한 운동. 군사 정부가 무력으로 눌러 수많은 시민이 죽거나 다쳤음.

오:자[오짜] 인쇄물에 있는 잘못 쓴 글자. 틀린 글자. 【誤字】

오작교 칠월 칠석날 견우와 직녀의 두 별이 만날 수 있도록 까막 까치가 모여 만든다는 전설의 다리.

오:장 다섯 내장. 즉, 폐장·심장·비장·간장·신장. 【五臟】

오:장 육부 몸 속의 모든 '내장'을 통틀어 이르는 말. 【五臟六腑】

오:전 밤 12시부터 낮 12시까지의 사이. 자정부터 오정까지. (비)상오. (반)오후. 하오. 【午前】

오:점[오쩜] ①부끄러운 흠. (예)히틀러는 인류 역사에 커다란 오점을 남겼다. ②더러운 점. 얼룩.

오:젓 오월에 잡은 새우로 담근 젓.

오:정 낮 12시. (비)정오. (반)자정. (예)오정에 만나자. 【午正】

오존 특유한 냄새가 나는 엷은 청색 기체. 음료수와 목욕탕물의 소독에 쓰임. 【ozone】

오존층 오존을 많이 포함하고 있는 공기층. 지상에서 약 20~25km 위에 있으며, 인체나 생물에 해로운 태양의 자외선을 잘 흡수하는 성질이 있음. 【ozone層】

오죽 여간. 얼마나. (예)오죽 하면 아파서 울까. (비)여북. 작히나.

오죽헌 강원도 강릉시 죽헌동에 있는 이율곡이 탄생한 집. 조선 시대 초기에 지은 목조 건물로서 유적·유물·필적 등이 보존되어 있음. 보물 제165호. 【烏竹軒】

오줌 몸 안의 작용으로 생기는 찌꺼기. 방광에서 요도를 통하여 몸 밖으로 나오는 액체. 소변.

오줌보 콩팥에서 걸러진 오줌이 괴는 힘살 주머니. 비방광.
오줌싸개 오줌을 잘 가리지 못하는 아이.
오:지 해안이나 도시에서 멀리 떨어져 외부와 연락이 닿기 힘든 곳.
오지 그릇 붉은 진흙으로 만들어 볕에 말리거나 약간 구운 질그릇.
오지랖[오지랍] 한복 웃옷의 앞자락. ×오지랍. ※오지랖이 넓다 : 남의 일에 참견을 잘하다.
오직 ①전적으로. 온전히. 예이 일의 성공은 오직 네 손에 달렸다. ②단 한가지로. 다만. 예누나는 오직 물만 마시고 삼일을 버텼다.
오:진 잘못 진단함, 또는 그릇된 진단. -하다. 【誤診】
오징어 오징어과의 연체 동물. 몸은 원통형으로 10개의 다리가 입둘레에 있음.

[오징어]

오징어포 오징어 말린 것을 기계에 넣어서 얇게 편 것.
오:차 참값과 근사값의 차. 예오차가 심하다. 【誤差】
오:차의 백분율 상대 오차를 백분율로 나타낸 값.
오:찬 여느 때보다 잘 차려 먹는 점심. 비주찬.
오:촌 사촌 형제의 자식이나 아버지의 사촌 형제. 【五寸】
오케스트라 ①관현악을 연주하는 악단. ②관현악단. 【orchestra】
오케이 ①'좋아', '틀림없어' '알아들었어'의 뜻. ②인쇄에서 '교정 끝냄'의 뜻으로 쓰이는 말. 【OK】
오토바이 엔진의 힘으로 바퀴를 회전시켜 달리는 두 바퀴의 탈것.
오:판 잘못 판단함, 또는 그릇된 판정. -하다. 【誤判】
오페라 ⇨가극. 【opera】
오퍼레이터 기계를 다루는 사람. 무선 통신사·계산기 조작자·전화 교환수 등. 【operator】
오프 스위치나 기계 등이 꺼졌거나 멈추어 있는 상태. 【off】
오픈 게임 정식 경기에 앞서서 벌이는 비공식 경기. 【open game】
오픈 카 지붕이 없는 승용차.
오피스텔 먹고 자고 생활할 수 있게 꾸민 사무실. ※'office'와 'hotel'을 합쳐서 영어처럼 만든 말.
오하이오주〖지명〗 미국의 동쪽에 있는 주 이름. 석탄·석유 등 자원이 풍부하여 공업이 성하고, 중부는 옥수수 지대를 이루며 농업 생산도 많음.
오한 몸이 오슬오슬하여 추워지는 증세. 【惡寒】
오합지졸[오합찌졸] 규율과 질서가 없는 집단. 【烏合之卒】
오:해 잘못 이해하거나 해석함. 비곡해. -하다. 【誤解】
오:후 낮 12시부터 밤 12시까지의 사이. 오정부터 자정까지. 비하오. 반오전. 【午後】
오히려 기대하는 것과는 반대로. 예네가 잘못해 놓고 오히려 큰소리니? 비도리어.
옥[1] 죄 지은 사람을 가두는 곳. 비교도소. 감옥. 【獄】
옥[2] 보석의 한 가지. 경옥과 연옥을 통틀어 이르는 말. 【玉】
옥고[옥꼬] 옥에 갇혀 있는 고통.
옥내[옹내] 건물의 안. 반옥외.
옥니 끝부분이 안으로 조금 고부라져 난 이.
옥동자 옥같이 예쁜 어린 아들. 소중한 아들. 【玉童子】
옥루[옹누] 옥으로 만든 자동 물시계. 【玉漏】
옥바라지[옥빠라지] 옥에 갇혀 있는 사람에게 옷과 음식 따위의 물품을 대어 주며 보살피는 일. -하다.

옥사 감옥에서 죽음. -하다. 【獄死】

옥상 ①지붕 위. ②현대식 건물에서, 지붕 부분을 평평하게 만들어 놓은 곳. 【屋上】

옥새 임금의 도장. 대보. (비)국새.

옥수수 벼과의 한해살이 식물. 열매는 둥굴고 길쭉한데 낟알이 여러 줄로 박혀 있음. 열매는 잡곡의 한 가지로 식량이나 사료로 많이 이용됨. 강냉이.

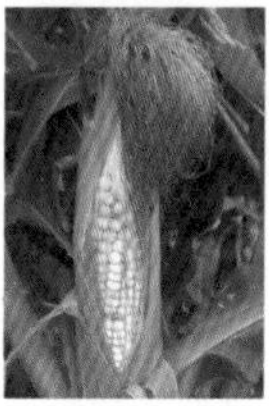
[옥수수]

옥신각신 옳으니 그르니 하고 서로 다투는 모양.

옥양목 목화 섬유로 짠 천의 한 가지. 발이 고움. 【玉洋木】

옥외[오괴/오궤] 집의 바깥. 건물의 바깥. (반)옥내. 【屋外】

옥잠화 잎이 넓은 심장 모양이고 가을에 흰색의 향기로운 꽃이 피는 여러해살이 화초.

옥저 지난날, 함경도 일대에 자리잡았던 고조선의 한 부족 국가.

옥좌 임금이 앉는 자리. 용상이 있는 자리. (비)왕좌. 【玉座】

옥중 죄 지은 사람을 가두어 두는 감옥의 안. 【獄中】

옥체 ①남을 높이어 그의 몸을 이르는 말. ②임금의 몸.

옥천교 창경궁 안에 있는 돌다리의 이름.

옥타브 어떤 음(도)에서 시작하여 위나 아래로 다음 여덟째음(도)까지의 음, 또는 그 간격. 【octave】

옥토 기름진 땅. (예)황무지를 옥토로 만들다. (반)박토. 황무지.

옥토끼 ①달 속에 산다는 전설 상의 토끼. ②털이 흰 토끼.

옥편 한자의 음과 새김을 풀어 엮은 책. (비)자전. 【玉篇】

옥황상제 중국 도가(노자·장자의 가르침을 따르는 학파)에서 말하는 하느님. 【玉皇上帝】

온ː 전부를 다 합친. (예)온 힘을 다하여 싸우다. (비)모든.

온ː갖 여러 종류. 갖가지. (비)갖은.

온ː건 생각이나 말·행동이 온당하고 건전함. (반)과격.

온기 따뜻한 기운. (반)냉기.

온난 전선 따뜻한 공기가 찬 공기를 밀치며 나아갈 때 생기는 전선. 넓은 지역에 비가 내리고, 비가 그친 뒤에는 기온이 갑자기 높아짐. (반)한랭 전선.

온난하다 기후가 따뜻하다. (예)남쪽 지방은 기후가 온난하다.

온난화 주로 공기의 오염 때문에 지구의 기온이 높아지는 것.

온ː누리 사람들이 살고 있는 세상 전부.

온달〖사람〗[?~590] 고구려 평원왕 때의 장수. 집이 가난하여 남루한 옷차림을 하고 구걸하고 다녀 '바보 온달'이라고 불렸는 데, 평강 공주와 결혼한 뒤에는 무술을 익혀 장수가 되었음. 【溫達】

온대 한대와 열대 사이의 지대. 기후가 온화하고 사철의 변화가 뚜렷함. 【溫帶】

온대 기후 사철의 구별이 확실하며, 추위와 더위의 차가 심한 기후. 연평균 기온은 10℃ 안팎.

온데간데없다 이제까지 있던것이 갑자기 없어져 알 수가 없다.

온도 덥고 찬 정도. 온도계가 나타내는 도수. 【溫度】

온도계 온도를 재는 기구. 【溫度計】

온돌방[온돌빵] 구들을 놓아 아궁이에 불을 지펴 방을 덮히는 구조로 꾸며진 방.

온라인 컴퓨터의 입출력 장치가 중앙 연산 장치와 직접 연결되어 자동 처리되는 방법. 【on-line】

온면 따뜻한 장국에 만 국수.
온:몸 몸의 전체. 비전신.
온상 사람의 힘으로 따뜻한 온도를 유지하여 꽃이나 채소를 빨리 자라게 하는 장치를 한 모판.
온수 따뜻한 물. 비더운물. 반냉수.
온순 마음이 부드럽고 순함. 예성격이 온순하다. 비유순. 반난폭. -하다. -히. 【溫順】
온스 무게의 단위. 1파운드의 16분의 1. 약 28.35g. 【ounce】
온실 ①난방 장치를 한 방. ②추울 때 또는 추운 지방에서 더운 지방의 식물을 기르기 위하여, 또는 꽃을 빨리 피우거나 열매를 빨리 얻을 목적으로 내부 온도를 덥게 장치한 건물. 【溫室】
온실 효과 대기 중의 수증기나 탄산가스가 온실의 유리와 같은 작용을 함으로써 지표 부근의 기온이 높아지는 현상.
온양【지명】 충남 아산군에 있는 시. 알칼리천의 좋은 온천장이 있어 관광객이 많이 옴.
온유 온유하고 유순함. -하다.
온:음[오늠] 음과 음 사이가 반음의 갑절로 되어 있는 음정. 장음계에서 '미'와 '파', '시'와 '도' 사이의 음정을 빼고 모두 온음임. 비전음. 반반음.
온장고 음식이나 약 등을 넣어 두고 따뜻하게 보관하는 상자 모양의 장치. 【溫藏庫】
온:전 결점이 없고 본디 그대로 완전함. -하다. -히. 【穩全】
온정 따뜻한 인정. 【溫情】
온조【사람】 백제의 시조. 고주몽의 아들로 백제를 세운 사람. 【溫祚】
온:종일 아침부터 저녁 무렵까지. 하루 종일. 비종일. 진종일.
온천 땅 속으로 스며든 지하수가 땅 속 깊은 곳에서 데워져 다시 땅 위로 솟아나오는 물. 여러 가지 병을 치료하는 데 효과가 있음. 반냉천. 【溫泉】
온:통 모두. 모조리. 비전부.
온풍 따뜻한 바람. 【溫風】
온풍기 따뜻하게 만든 공기를 내뿜어서 방 안을 따뜻하게 하는 데 쓰는 난방 기기. 【溫風器】
온혈 동물 체온이 바깥 온도에 관계없이 항상 같은 동물. 비정온 동물. 반냉혈 동물.
온화 ①날씨가 따뜻하고 화창함. 예날씨가 온화하여 꽃들이 피기 시작하다. ②성질이 온순하고 인자함. 예온화한 성품. -하다. 【溫和】
올[1] '올해'의 준말.
올:[2] 실이나 줄의 가닥. 예한 올의 실.
올:가꾸기 농작물을 제철에 앞서 일찍 가꾸는 일.
올가미 ①새끼·철사 등으로 옭아서 고를 내어 짐승을 잡는 장치. ②사람이 걸려들게 만든 꾀. 예남에게 올가미를 씌우다.
올곧다[올곧따] ①마음이나 행동이 바르고 곧다. ②모양이나 방향이 비뚤지 않고 똑바르다.
올동말동[올똥말똥] 올지 안올지. 예비가 올동말동하다. -하다.
올드 미스 결혼할 나이가 훨씬 지난 처녀. 노처녀. 【old miss】
올라가다 ①낮은 데서 높은 데로, 아래에서 위로 움직이어 가다. 예산에 올라가다. ②탈것에 타다. ③지위·계급·정도 등이 보다 높아지다. 예계급이 올라가다. ④물가가 비싸지다. 반내려가다.
올라서다 ①높은 데에 올라 그 위에 서다. 예선생님께서 교단에 올라서다. ②높은 지위·순위·수준에 오르다. 예이번 경기에서 승리하여 우리 팀은 2위에 올라섰다. ③탈것에 올라서 타다. 예버스에 올라서다.

올라오다 ①위쪽에 이르다. 예많은 사람들이 산을 올라오고 있었다. ②높은 수준이나 정도로 옮아오다. 다다르게 되다. 예중학교에 올라오다. 반내려오다.

올라타다 탈것 위에 몸을 올려놓다. 예버스에 올라타다.

올려놓다[올려노타] ①무엇을 들어서 무엇의 위에 놓다. 예냄비를 불 위에 올려놓다. 반내려놓다. ②이름이나 글을 명단이나 책 따위에 적어서 넣다. 예인터넷 게시판에 내 글을 올려놓았다. ③수준을 더 높이 끌어 올리다. 예이번 공연으로 한국 문화 수준을 한 단계 올려놓은 셈이다.

올려다보다 ①위쪽을 바라보다. 예하늘을 올려다보다. ②존경하는 마음으로 높이 받들고 우러러보다. 반내려다보다.

올려본각 나무의 높이나 건물의 높이를 잴 때, 올려다보는 방향과 수평면이 이루는 각.

올록볼록 물체의 거죽이나 바닥이 고르지 않게 여기저기 조그맣게 불거져 나와 있는 모양. <울룩불룩.

올리다 ①웃어른에게 바치다. 예진짓상을 올리다. ②올라있게 하다. 예스위치를 올리다. 반내리다.

올리브 물푸레나무과의 늘푸른큰키나무. 높이 5~10m. 열매로는 기름(올리브유)을 짬. 【olive】

[올리브]

올림[1] 윗사람에게 편지를 쓸 때 자기 이름 밑에 쓰는 말.

올림[2] 근사값을 구하는 경우에, 구하는 자리의 숫자를 1만큼 크게 하고 그것보다 아랫자리의 숫자는 모두 0으로 하는 방법. 반버림. -하다.

올림말 사전에서 뜻을 풀이한 낱말. 사전에서 다룬 단어. 비표제어.

올림표 음악의 악보에서 음표 앞에 적어서 그 음을 반음 올리라는 기호. '#'로 표시함. 샤프. 반내림표.

올림푸스 산 그리스에서 제일 높은 산. 그리스 신화에 나오는 신들이 사는 곳이라는 전설이 있음. 높이 2,918m. 【Olympus 山】

올림피아 그리스에 있는 들판으로, 제우스 신전이 있던 곳. 이곳에서 고대 올림픽 경기가 처음으로 개최되었음. 【Olympia】

올림픽 ①세계 여러 나라들의 친선과 평화를 목적으로 4년마다 한 번씩 열리는 운동 경기 대회. 예올림픽 신기록. ②운동 경기 이외의 국제적 시합. 예기능 올림픽 【Olympic】

올림픽 경기 ①고대 그리스에서 제우스 신의 제사를 지낼 때 5일간 올림피아 언덕에서 시행한 경기. ②1896년부터 4년마다 세계 각국이 참가한 가운데 열리는 운동 경기. 【Olympic 競技】

올림픽 공원 서울 올림픽을 기념하기 위하여 서울 송파구에 세운 공원. 【Olympic 公園】

올망졸망 귀엽게 생긴 작고 또렷한 여러 개의 덩어리들이 고르지 않게 벌여 있는 모양. -하다.

올무 새나 짐승을 잡기 위해 철사로 고리를 만들어 산이나 들에 놓아 두는 덫.

올바로 곧고 바르게. 예올바로 행동해라. 비바로.

올바르다(올바르니, 올발라서) 옳고 바르다. 예자세를 올바르게 하다. ×옳바르다.

올:벼 벼의 한 종류. 철 이르게 익은 벼. 반늦벼.

올봄[올뽐] 올해의 봄.

올빼미 올빼미과의 새. 나무굴이나 숲 속에 삶. 몸길이 38cm정도. 부엉이와 비슷하나 머리와 눈이 큼. 깃털에는 황갈색의 세로무늬가 있음. 낮에는 쉬고 밤에는 활동하여 작은 새나 쥐 등을 잡아먹음.

올:차다 ①허술한 데가 없이 야무지다. (예)속이 올차고 당돌하다. ②곡식의 알이 일찍 들어차 있다. (예)벼이삭이 올차다.

올챙이 개구리의 어린 새끼. 물 속에서 아가미로 숨을 쉼.

[올챙이]

올케 누이가 '오빠나 남동생의 아내'를 이르는 말.

올해 금년. 이 해. (준)올.

옭매다[옹매다] ①잘 풀리지 않도록 고를 내지 않고 매다. ②행동이 자유롭지 못하게 하다.

옭아매다 자유롭지 못하게 옥죄다.

옮겨심기[옴겨심끼] 모종을 모판에서 밭이나 논에 옮겨 심는 일.

옮기다[옴기다] ①자리를 바꾸어 정하다. (예)책상을 창가로 옮기다. ②들은 말을 다른 데에 전하다. (예)말을 옮기다. ③병을 전염시키다. (예)모기는 병원균을 옮긴다.

옮:다[옴따] ① 불이 번지다. (예)불이 창고로 옮아가다. ②병균이나 바이러스가 다른 사람에게 퍼지다. 전염되다. (예)친구에게서 감기가 옮았다.

옳다[올타] ①무엇을 옳게 여길 때 내는 소리. (예)옳다. 그렇게 하도록 하자. ②이치에 맞다. (예)네 말이 옳다. ③사실이나 진리에 맞다.

옴: 손가락·발가락·오금·겨드랑이 등에 생겨 온몸으로 번지는 피부병. 몹시 가려움.

옴짝달싹 극히 조금 움직이는 모양. (예)방이 너무 좁아서 옴짝달싹 할 수가 없다. [비]꼼짝달싹. -하다.

옴츠러지다 ①춥거나 무서워서 몸이 작아지다. (예)날씨가 너무 추워서 몸이 옴츠러지다. ②겁을 먹고 용기를 잃어버리다. ‹움츠러지다.

옴츠리다 몸이나 몸의 일부를 오그려 작게 하다. (예)춥다고 몸을 움츠리고 있으면 점점 더 추워진다. ‹움츠리다.

옴폭 속으로 폭 들어가 오목한 모양. ‹움푹. -하다.

옵서버 ①관찰자. ②국제 회의에서 의견을 말할 수 있으나 표결권이 없는 사람. 【observer】

옷[옫] 몸을 가리거나 꾸미기 위하여 몸에 걸치거나 입는 물건. [비]의복. 의류.

옷가지[옫까지] 몇 가지의 옷.

옷감[옫깜] 옷을 만드는 데 쓰는 감. [비]직물.

옷고름 저고리·두루마기 등의 앞에 달아 양편 옷자락을 여미어 매는 끈. (준)고름.

옷깃 저고리나 웃옷의 목에 둘러 대어 앞으로 여미는 부분. (예)옷깃을 여미다. (준)깃.

옷매무새 옷을 입을 때 매고 여미고 하는 뒷단 속.

옷맵시[온맵씨] 입은 옷이 잘 어울리고 보기 좋은 모양.

옷자락[옫짜락] 옷의 깃이나 앞뒤의 늘어진 부분.

옷장[옫짱] 옷을 넣어 두는 장. [비]의장. (예)옷장을 정리하다.

옷차림 옷을 입은 모양. (예)가벼운 옷차림.

옷핀 옷자락을 한데 겹쳐 이을 때 쓰는, 가는 철사로 만든 장치.

옹 남자 노인의 성명이나 성씨 뒤에 써서, 높임의 뜻을 나타내는 말. (예)함석헌 옹. 【翁】

옹:고집 성질이 빡빡하고 억지가 매우 심한 고집.

옹:고집전【책명】 조선 후기의 소설. 중이 조화를 부려 성질이 못된 옹고집이 가짜 옹고집에게 집에서 쫓겨나 갖은 고생을 하면서, 잘못을 뉘우치고 착한 사람이 된다는 이야기.

옹골차다 ①매우 다부지고 자신이 있다. ㉠어린 아이가 옹골차게 말을 하다. ②실속이 있고 알차다. ㉠벼가 옹골차게 여물었다.

옹:기 질그릇과 오지 그릇을 통틀어 일컫는 말. 옹기 그릇.

옹기종기 한 곳에 같은 또래가 많이 모인 모양.

옹달샘 맑은 물이 솟는 작고 오목한 샘.

옹:립하다[옹니파다] 누구를 임금으로 모시어 세우다. ㉠임금이 죽자 세자를 새 임금으로 옹립하다.

옹:색 ①생활이 매우 어려움. ㉠생활이 옹색하다. ②매우 비좁음. ㉠방이 옹색하다. –하다.

옹알거리다 ①입속말로 똑똑하지 않게 중얼거리다. ②아직 말을 못하는 어린 아이가 입속말처럼 소리를 내다. 비옹알대다.

옹알이[옹아리] 아기가 무엇이라고 종알거리는 것. –하다.

옹이 나무의 몸에 박힌 가지의 그루터기.

옹:졸하다 성질이 너그럽지 못하고 생각이 좁다. ㉠옹졸한 행동. 반너그럽다.

옹:호 지지하여 유리하도록 보호함. ㉠약한 사람을 옹호하다. –하다.

옻[옫] 옻나무에서 나는 독한 진. 살갗에 닿으면 몹시 가렵고 부어 오름.

옻나무[온나무] 키가 높이 자라고 줄기의 껍질은 회색이며, 나무에서 나오는 진은 칠의 원료로 쓰이는데, 독이 있어 살갗에 닿으면 피부병을 일으키는 나무.

와[1] 한글의 홑소리 글자인 'ㅘ'의 이름.

와[2] 받침 없는 두 말 사이에서 비교·연결의 뜻을 나타낼 때 쓰는 말. ㉠너와 나. 흥부와 놀부.

와글거리다 ①많은 사람이나 짐승이 시끄럽게 떠들다. ㉠와글거리던 교실이 선생님께서 오시니까 조용해졌다. ②많은 사람이 시끄럽게 떠들며 한 곳에 모여 자꾸 움직이다. ㉠백화점은 세일 기간이라 물건을 사려는 사람들로 와글거렸다. 비와글대다.

와글와글 많은 사람들이 모여 북적거리는 모양이나 소리. –하다.

와드득 단단한 물건을 깨물어 깨뜨리거나 부러뜨릴 때 나는 소리.

와들와들 춥거나 무섭거나 화가 났을 때 몸을 심하게 떠는 모양.

와락 급하게 대들거나 잡아당기거나 끌어안는 모양. ㉠엄마 품에 와락 안기다.

와르르 ①쌓여 있던 단단한 것들이 갑자기 무너지는 소리. ㉠무대가 와르르 무너지다. ②어떤 것이 한꺼번에 몰려드는 모양. ㉠아이들이 선생님을 향하여 와르르 뛰어왔다.

와이더블유시에이 '기독교 여자 청년회'의 영어 이름. 【YWCA】

와이셔츠 양복 저고리 속에 입는 넥타이를 매게 되어 있는 소매가 달린 서양식 셔츠. ※영어 'white'와 'shirts'를 붙여 만든 일본식 말.

와이엠시에이 '기독교 청년회'의 영어 이름. 【YMCA】

와이(y) 좌표 ⇨세로 좌표.

와이(y)축 좌표축에서 세로로 그은 수직선. 반엑스(x)축.

와인 ⇨포도주. 【wine】

와:전 그릇되게 전함. 【訛傳】
와중 복잡한 일이 벌어진 가운데. ㉥ 전쟁의 와중에 헤어졌다.
와트[1]〖사람〗[1736~1819] 증기 기관을 발명하여 산업 혁명에 공헌한 영국의 기계 기술자. 【Watt】
와트[2] 전력의 세기를 재는 단위. 기호는 W. 【watt】
와해 어떤 조직이나 계획이 무너져 흩어지는 것. ㉥조직이 와해되다.
왁스 열에 녹기 쉽고 타기 쉬우며, 양초·구두약·방수제 따위의 원료로 쓰이는 물질. 【wax】
왁자지껄하다 여러 사람이 한데 모여 정신이 없도록 소리 높여 지껄이다.
왁자하다 몹시 떠들썩하다.
완강 태도나 성질이 굳고 의지가 굳셈. -하다. -히.
완결 완전하게 끝마침. -하다.
완고 생각이 새롭지 못하고 고집이 셈 -하다. -히.

완:곡하다[완고카다] 듣는 사람의 감정이 상하지 않도록 넌지시 말하는 투가 부드럽다. ㉥엄마는 완곡하게 나를 타이르셨다.
완공 공사를 완성함. ㉥댐을 완공하다. ㉥준공. ㉦기공. 착공. -하다.
완:구 장난감. 【玩具】
완납 남김이 없이 완전히 납부함. ㉥ 밀린 세금을 완납하다. ㉦미납. -하다. 【完納】
완도〖지명〗 전라 남도에 위치한 큰 섬. 김·미역 등의 해산물이 많이 남. 【莞島】
완도 대교 전라 남도의 해남반도와 완도를 연결하는 다리.
완두콩 5월경에 나비 모양의 흰빛이나 자줏빛 꽃이 피었다 지면 꼬투리로 된 열매를 맺는 콩.

[완두콩]

완:력[왈력] ①주먹심. ㉥완력이 세다. ②육체적으로 억누르는 힘. ㉥ 완력으로 아이들을 복종시키다.
완료[왈료] 완전히 끝을 냄. ㉥여행 준비를 완료하다. -하다.
완:만 ①가파르지 않음. ㉥완만한 경사. ②행동이 느릿느릿함. -하다. -히. 【緩慢】
완벽 결점이 없이 훌륭함. ㉥일처리가 완벽하다. -하다.
완봉승 야구에서, 투수가 상대편에게 점수를 주지 않고 얻어내는 승리.
완불 남김없이 완전히 지불함.
완비 시설이나 제도 따위를 완전하게 갖추는 것. ㉥주차 시설 완비. ㉦미비. -하다.
완성 본디의 계획대로 다 이룸. ㉥완료. ㉦미완성. -하다.
완수 목적을 완전히 달성함. 완전히 수행함. -하다. 【完遂】
완숙 완전히 익음. -하다.
완승 완전한 승리. ㉦완패. -하다.
완:연[와년] 아주 뚜렷함. ㉥완연한 여름 날씨. -하다. -히.
완:자 잘게 다진 고기에 달걀·두부·잘게 썬 야채 따위를 섞어 동그랗게 빚어 기름에 지진 음식.
완:장 팔에 두르는 헝겊 따위로 만든 표시. ㉥주번 완장.
완전 빠지거나 모자람이 없음. ㉦불완전. -하다. -히. 【完全】
완전 무결 부족함이 없고 결점이 없음. ㉥완전 무흠. -하다.
완전 식품 사람에게 필요한 영양소를 모두 갖춘 식품(우유 등).
완전히 조금의 예외도 없이 철저하게. ㉥주위가 완전히 어두워지다.
완제품 일정한 조건에 맞추어 완전하게 만든 물품.
완주 장거리 달리기에서 목표 지점까지 끝까지 달리는 것. -하다. 【完走】

완:충 급하고 거센 충격을 약하게 하는 것. ㉠완충 작용.
완:충 지대 두 나라 또는 몇 나라 사이의 충돌을 막을 목적으로 그 접경 지대에 설치한 중립 지대.
완치 병을 완전히 고치는 것. ㉠상처가 완치되었다. ㉡불치. -하다. 【完治】
완쾌 병이 나음. ㉠병이 완쾌되다. ㉥쾌유. -하다.
완패 여지없이 패함. ㉡완승. -하다.
완:행 느리게 다님. ㉠완행 버스. ㉡급행. -하다. 【緩行】
완행 버스 각 지방의 정거장마다 서서 사람을 내리고 태우고 가는 버스. ㉡직행 버스. 【緩行 bus】
완:행 열차 열차 역마다 서서 사람을 내리고 태우고 가는 열차. ㉡급행 열차. 【緩行列車】
완:화 긴장되거나 급박한 것을 느슨하게 함. ㉠처벌 규정을 완화하다. ㉡강화. -하다.
왈가닥 '덜렁거리며 수선을 떠는 여자'를 속되게 이르는 말.
왈가왈부하다 이게 옳다 저게 옳다 하며 서로 말싸움을 하다.
왈츠 4분의 3박자로 약간 빠르고 경쾌한 춤곡. 【waltz】
왈칵 격한 감정이 갑자기 치밀어 오르는 모양. ㉠눈물이 왈칵 쏟아지다. <월컥.
왔다갔다하다 정신이 오락가락 하다. ㉠수연이는 정신이 왔다갔다하는지 자꾸 헛소리를 했다.
왕 군주 국가에서 가장 높은 지위와 가장 큰 권력을 가진 사람. ㉥군왕. 군주. 임금. 【王】
왕건〖사람〗[877~943] 고려의 태조(재위 918~943). 후삼국을 통일하여 고려를 세운 사람. 원래 태봉의 왕인 궁예의 신하였으나, 궁예의 부하들이 왕건을 왕으로 세웠음. 【王建】
왕겨 벼를 찧을 때 생기는 굵은 겨.
왕골 사초과의 한해살이풀. 높이는 90~150m.질긴 줄기를 쪼개어 방석·돗자리·모자 등의 공예품을 만듦. ㉥완초.
왕관 왕이 머리에 쓰는 관. 【王冠】
왕국 왕이 국민을 다스리는 나라. ㉥군주국. 【王國】
왕궁 왕이 사는 궁전. 【王宮】
왕권 왕의 권리, 또는 권위. ㉠왕권 강화. 【王權】
왕:년 지나간 해. 옛날. ㉠왕년에 있었던 일. 【往年】
왕눈이[왕누니] 눈이 무척 큰 사람.
왕:래[왕내] 오고 감. ㉠왕래가 잦다. ㉥왕복. 내왕. -하다. 【往來】
왕릉[왕능] 임금의 무덤. 【王陵】
왕:림[왕님] 남이 자기를 찾아옴을 높이어 이르는 말. 【枉臨】
왕립[왕닙] 왕의 명령으로 세운 것. ㉠왕립 학교. 【王立】
왕명 ①임금의 명령. 왕령. 어명. ②임금의 목숨. 【王命】
왕모래 알이 굵은 모래.
왕방울 큰 방울.
왕:복 갔다가 돌아옴. ㉠왕복 승차권. ㉡편도. -하다. 【往復】
왕:복선 목적지까지 갔다가 다시 돌아오는 배나 우주선. ㉠우주 왕복선. 【往復船】
왕비 임금의 아내. ㉥왕후. 【王妃】
왕사 임금의 스승. 【王師】
왕산악〖사람〗 고구려 때의 음악가. 우리 나라의 3대 악성중의 한 사람으로 진의 7현금을 개량하여 거문고를 만들었음. 【王山岳】
왕:성하다 매우 활발하고 기운차게 자라다. ㉠식욕이 왕성하다.
왕세자 왕위를 이을 왕자. 동궁. ㉦세자. 【王世子】
왕실 임금의 집안. ㉥황실. 【王室】

ㅇ

왕:오천축국전【책명】 신라의 승려 혜초가 인도와 그 부근의 여러 나라를 순례하고 적은 기행문.

왕:왕 이따금. 때때로. (예)사람은 왕왕 실수를 한다. 【往往】

왕위 임금의 자리. 【王位】

왕인【사람】 백제 근초고왕 때의 학자. 285년에 일본으로 건너가 〈천자문〉〈논어〉 등을 전달·교육함. 일본 고대 문화 발전에 공헌이 컸음. 【王仁】

왕자 임금의 아들. (반)공주. 【王子】

왕자와 거지【책명】 미국의 소설가 마크 트웨인이 1881년에 발표한 장편 소설. 얼굴이 똑같이 생긴 왕자와 거지가 서로 옷을 바꾸어 입고 여러 가지 일들을 겪는 이야기.

왕정 임금이나 황제가 정치의 중심이 되어 나라를 다스리는 정치. (비)군주 정치. 【王政】

왕조 같은 왕가에서 차례로 왕위에 오르는 통치자의 계열, 또는 그 왕가가 다스리는 동안. (예)조선 왕조. 【王朝】

왕족 임금의 일가. 【王族】

왕좌 ①임금이 앉는 자리, 또는 왕의 지위. ②어떤 분야에서 으뜸가는 자리. (비)왕위. 옥좌. 【王座】

왕:진 의사가 환자의 집에 가서 진찰함. -하다. 【往診】

왕창 양이나 정도가 엄청나게 많거나 크게. 아주 마음껏. (예)돈을 왕창 벌다.

왕초 거지·넝마주이 따위의 우두머리. (예)거지 왕초.

왕후 임금의 아내. (비)왕비. 【王后】

왕희지【사람】[307~365] 중국 진나라 때의 유명한 명필. 힘차고 아름다운 글씨체로 서예의 성인으로 존경받음. 【王羲之】

왜[1] 한글 홀소리 글자인 'ㅙ'의 이름.

왜:[2] 어째서. 무슨 이유로. (예)왜 울고 있니?

왜:가리 백로과의 철새. 몸길이 90~100cm. 등은 잿빛이고 아랫면은 흰색이며, 가슴 옆구리에는 잿빛 세로줄 무늬가 있음. 물가에 살며 개구리·물고기 따위를 잡아먹음. 우리 나라의 여름새임.

[왜가리]

왜간장 일본 간장. 집에서 만든 간장이 아닌 양조장 등에서 만든 간장.

왜곡 비틀어서 구부러지게 함. 사실과 다르게 해석함. (예)우리의 역사를 왜곡하다. -하다.

왜구 고려 시대부터 조선 초기에 이르는 동안 우리 나라와 중국 해안을 돌아다니며 노략질하던 일본의 해적 떼.

왜군 지난날 일본의 군대, 또는 일본의 군사를 이르는 말.

왜놈 지난날, '일본 사람'을 얕잡아 이르던 말.

왜병 지난날, 일본의 군인.

왜선 지난날, 일본 군대의 배.

왜소 짧고 키가 작음. (예)왜소한 체격. -하다. 【矮小】

왜인 지난날, '일본 사람'을 얕잡아 이르던 말. 【倭人】

왜장 일본 군대의 장수.

왜적 지난날, '적으로서의 일본'을 이르는 말. (비)왜구.

왠지 '왜 그런지 알 수 없으나'의 뜻. (예)오늘은 왠지 친구가 보고 싶다.

외[1] 한글의 홀소리 글자인 'ㅚ'의 이름.

외:[2] 밖. 이외. (예)관계자 외 출입 금지. 【外】

외:가 어머니의 친정. 곧 어머니가 태어나서 자란 집. (비)외갓집.

외겹 겹으로 되어 있지 않은 단 한 켜. (예)외겹실.

ㅇ

외:계 지구 밖의 세계. 【外界】

외:계인 지구 밖의 다른 별에서 온 사람. 비우주인. 【外界人】

외고집 도무지 융통성이 없고 쓸데없이 부리는 고집, 또는 그런 사람.

외곬[외골] 한 가지 일에만 파고 드는 것. 예농사에 외곬으로 매달리다.

외:과[외꽈] 몸의 외부의 상처나 내장 기관의 병을 수술에 의하여 고치고 치료하는 의학의 한 분과. 반내과. 【外科】

외:곽 ①바깥의 둘레. 예기차는 시외곽을 벗어나고 있다. ②성 밖으로 다시 둘러 쌓은 성. 예화강암으로 외곽을 쌓았다.

외:관 겉으로 본 모양. 예외관을 아름답게 꾸미다. 비외견. 겉모습.

외:교 나라들끼리 정식으로 서로 정치적·경제적·문화적 관계를 가지는 것, 또는 그런 관계. 예외교관계. 【外交】

외:교관 외무부 장관의 감독 아래 사무를 맡아 보는 공무원을 통틀어 이르는 말. 【外交官】

외:교권 다른 나라의 간섭을 받지 않고 외국과 국교를 맺을 수 있는 국가 주권의 하나. 【外交權】

외:교 정책 한 나라가 그의 정치 목적이나 국가 이익을 달성하기 위하여 다른 나라에 대하여 취하는 정책.

외교 통상부 우리 나라의 중앙 행정 기관의 하나. 외교·무역·경제 협력·국제 조약 따위에 관한 일을 맡아서 함. 【外交通商部】

외:국 다른 나라. 예외국 문화. 비타국. 반내국. 【外國】

외:국산 외국에서 생산된 물건. 반국산. 【外國産】

외:국어[외구거] 다른 나라의 말. 반모국어. 비외래어. 【外國語】

외:국 영화 다른 나라에서 제작한 영화. 반국산 영화. 준외화.

외:국인 다른 나라의 사람. 비타국인. 반내국인. 준외인.

외:금강 금강산의 일부분. 이곳에 만물사·구룡연 등이 있음.

외기러기 짝이 없는 한 마리의 기러기.

외길 한 줄기로 난 길.

외나무다리 한 개의 통나무를 걸쳐 놓아 만든 다리.

외:다 보지 않고 알 수 있도록 머릿속에 익히다. 본외우다.

외돌토리 남과 아무 관계가 없는 외로운 사람. 외톨이.

외동딸 하나뿐인 딸을 귀엽게 이르는 말. 비무남독녀. 반외동아들.

외따로 외로이. 오직 홀로. 예산 속에 외따로 있는 집.

외딴 혼자 따로 있는. 멀리 떨어져 있는. 예외딴집. 외딴섬.

외딴길 마을이나 큰 길에서 따로 떨어져 있는 작은 길.

외딴섬 육지에서 멀리 떨어진 작은 섬. 비낙도.

외떡잎 식물 밑씨가 한 장의 떡잎을 가진 식물〔벼·보리 따위〕. 반쌍떡잎 식물.

외:람 하는 짓이 분수에 넘쳐 죄송함. 예외람된 말씀. -되다. -스럽다. 【猥濫】

외람되다 매우 미안하다. 예외람되지만 몇 가지 말씀 드리겠습니다.

외:래 ①밖에서 옴. ②외국에서 들어오거나 전하여 옴. 【外來】

외:래 문화 외국에서 들어온 문화.

외:래어 외국에서 들어와 우리 말처럼 쓰이는 말. 곧 국어화한 외국어[버스·텔레비전 따위]. 【外來語】

외:래종 황소 개구리 따위와 같이 다른 나라에서 들어온 동물.

외:래품 외국에서 드러온 물품. 반국산품. 【外來品】

외로움 혼자가 되거나 의지할 데가 없어 쓸쓸하거나 고독한 느낌. 예 현주는 외로움을 잘 탄다. 비 고독.
외로이 외롭게. 쓸쓸하게.
외롭다(외로우니, 외로워서) 혼자 있거나 의지할 곳이 없어서 쓸쓸하다. 비 고독하다.
외마디 '악, 앗'과 같은 한 음절의 짧은 소리.
외:면 마주보기를 꺼려 얼굴을 돌려 버림. 예 친구를 외면하고 지나가다. -하다. 【外面】
외:모 겉모양. 겉모습.
외:무 국가의 외교에 관한 사무.
외:무부 외국과의 교제에 관한 일을 맡아 보는 정부 기관.
외:박 집을 나가서 다른 곳에서 잠. -하다. 【外泊】
외:부 테두리 밖. 예 건물의 외부. 반 내부. 【外部】
외:부인 같은 조직이나 단체에 속해 있지 않은 사람. 예 외부인 출입 금지. 【外部人】
외:사촌 외삼촌의 아들이나 딸.
외:삼촌 어머니의 남자 형제. 비 외숙. 외숙부. 【外三寸】
외:상[1] 값은 나중에 주기로 하고 물건을 먼저 가져가는 일. 반 맞돈.
외:상[2] 몸의 살갗에 생긴 상처. 【外傷】
외:세 외국의 세력. 밖의 형세. 【外勢】
외:손자 딸이 낳은 아들. 【外孫子】
외:숙모 외삼촌의 아내. 【外叔母】
외:숙부 어머니의 남자 형제. 비 외삼촌. 준 외숙. 【外叔父】
외:식 자기 집이 아닌 밖에서 먹는 일, 또는 그 음식. -하다. 【外食】
외:신 외국에서 들어온 통신. 예 외신 보도. 반 내신. 【外信】
외아들 형제가 없이 단 하나만 있는 아들. 비 독자. 반 외동딸.
외:야 야구에서, 내야의 뒤쪽 파울라인 안의 지역. 반 내야. 【外野】
외:야수 야구에서, 외야를 지키는 선수들을 통틀어 이르는 말. 반 내야수. 【外野手】
외:양 겉으로 보이는 모습이나 모양. 비 겉모양. 【外樣】
외양간[외양깐] 말이나 소를 먹여 기르는 곳. 비 마굿간.
외우다 ①글이나 말을 기억하여 그대로 말하다. ②마음에 새겨 잊지 아니하다. 준 외다.
외:유 내강 겉으로는 부드럽고 순하게 보이나 마음 속은 단단하고 굳셈. 【外柔內剛】
외:인 ①다른 사람. 남. ②어느 일에 관계 없는 사람. 예 외인 출입 금지. 【外人】
외:자 외국으로부터 들여오는 자금이나 물자. 본 외국 자본.
외:적 외부로부터 쳐들어오는 적.
외:제 외국에서 만든 물건. 반 국산.
외:조모 어머니의 어머니. 외할머니.
외:조부 어머니의 아버지. 외할아버지. 【外祖父】
외:족 ①외국 민족. 반 동족. ②어머니편의 일가. 반 친족.
외:종 외삼촌의 아들이나 딸, 또는 그런 친족 관계. 【外從】
외줄 한 가닥의 줄. 예 외줄 위에서 광대가 재주를 부리다.
외지다 사람의 왕래가 적어서 으슥하고 후미지다.
외짝 짝을 이루지 못하고 혼자 떨어져 있는 것.
외:채 ①한 나라가 다른 나라에 진 빚. ②'외국 공채'의 준말. 【外債】
외:척 외가 쪽의 친척. 【外戚】
외:출 집이나 직장 등에서 잠시 볼일을 보러 나감. 비 나들이. -하다.
외:출복 바깥에 나갈 때 입는 옷. 비 나들이옷. 【外出服】
외치다 매우 큰 소리로 부르짖다. 예 만세를 외치다.

외톨이[외토리] 의지할 데 없이 혼자 외따로 행동하는 사람. 본외돌토리. 외톨. ×외토리.

외:투 겨울에 추위를 막기 위해 양복 위에 입는 겉옷. 비코트.

외:판원 직접 고객들을 찾아다니며 물건을 파는 사람. 비세일즈맨.

외:풍 ①외국에서 들어오는 풍속. ②밖에서 방 안으로 새어 들어오는 찬바람. 예이 방은 외풍이 세다.

외:할머니 어머니의 친정 어머니. 외조모.

외:할아버지 어머니의 친정 아버지. 외조부.

외:항 선박이 입항하기 전에 잠깐 머무르는 항구. 반내항. 【外港】

외:항선 많은 물자를 싣고 외국으로 드나드는 배. 【外航船】

외:해 육지에서 멀리 떨어진 넓은 바다. 반내해. 【外海】

외:형 겉으로 드러난 모양. 겉에서 본 모양. 비외모. 반내면.

외:화[1] 다른 나라의 돈. 【外貨】

외:화[2] 외국 영화. 반방화. 【外畵】

외:환 한 나라가 가지고 있는 외국의 자금. 외국의 돈.

왼:쪽 왼편. 좌측. 반오른쪽.

요[1] 한글의 홀소리 글자인 'ㅛ'의 이름.

요[2] 사람이 누울 때 방바닥에 까는 이부자리.

요가 인도 고유의 심신 단련법의 한 가지. 자세를 바르게 하여 호흡을 고르고, 감정을 억제하여 마음과 몸을 닦는 법. 【yoga】

요강 방에 두고 오줌을 누는 그릇.

요건 꼭 소용되는 일이나 조건.

요괴 옛날 이야기에서, 사람에게 해를 끼치는 나쁜 귀신.

요구 필요하여 달라고 청함. 예피해 보상을 요구하다. 비요청. -하다.

요구르트 우유에 젖산균을 넣고 발효시킨 영양 식품. 【yogurt】

요구하다 ①무엇을 달라고 하다. 예손님이 영수증을 요구하다. ②무엇을 하라고 하거나 해 달라고 하다. 예매점 설치를 요구하다.

요금 대가로 지불하는 돈. 예버스 요금이 인상되다. 【料金】

요기 조금 먹어서 배고픔을 면함. 예빵으로 요기하다. -하다.

요긴 중요하고도 꼭 필요함. 예요긴한 물건. 비긴요. -하다. -히.

요나라[916~1125] 거란족이 세운 나라인데 여진족이 세운 금나라에 멸망했음. 3차에 걸쳐 고려에 침입하였으나, 서희의 외교와 강감찬의 공격으로 물리쳤음.

요다음 뒤에 잇달아 오는 때나 자리. 준요담. ‹이다음.

요도 오줌을 방광으로부터 내보내기 위한 관. 오줌길. 【尿道】

요동 흔들림. 흔들리어 움직임. 예파도에 배가 요동치다. -하다.

요동 반도 중국의 랴오닝성(요녕성)의 남해안에서 황해도 남서쪽으로 튀어나온 반도.

요란 시끄럽고 떠들썩함. 예웃음 소리가 요란하다. 비소란. -하다. -스럽다. 【搖亂】

요란하다 ①몹시 시끄럽다. 예기차 떠나는 소리가 요란하다. ②겉모습이 지나치게 화려하다. 예누나는 요란하게 차리고 외출하였다.

요람 젖먹이 어린애를 눕히거나 앉혀서 흔들어 유쾌하게 하거나 잠재우는 물건. 【搖籃】

요량 앞일에 대하여 잘 생각하여 헤아림. 예수빈이에게 사과할 요량으로 편지를 썼다. 비짐작. -하다. 【料量】

요령 ①사물의 요긴하고 으뜸되는 줄거리. ②적당히 꾀를 부려 하는 짓. 예요령 피우지 말아라.

요르단〖나라〗 서남 아시아의 이스라엘과 사우디아라비아의 사이에 있는 나라. 농업과 광업이 주요 산업임. 수도는 암만. 【Jordan】

요리 ①음식을 만드는 일, 또는 그 음식. ②일을 적당히 처리함. -하다. 【料理】

요리사 요리 만드는 일을 업으로 하는 사람. 【料理師】

요리조리 방향이 일정하지 않고 요곳으로 조곳으로. <이리저리.

요망[1] 어떤 일이 꼭 그리하여 주기를 바람. -하다. 【要望】

요망[2] 간사하고 영악함. -하다.【妖妄】

요모조모 요런 면 조런 면. 여러 방면. <이모저모.

요법 병을 치료하는 방법. ㉠민간 요법. 【療法】

요사 행동이 바르지 못하고 남을 속임. 간사함. -하다. -스럽다.

요사이 요전부터 이제까지의 동안. 비근래. 요즈음. 준요새.

요새[1] 이제까지의 아주 가까운 동안. 비요즘. 본요사이.

요새[2] 적의 침입을 막기 위하여 국방상 중요한 지점에 구축하여 놓은 군사적 방어 시설. 【要塞】

요소[1] 어떤 일에 꼭 필요한 근본적인 조건. 예민주주의의 중요한 요소는 자유와 평등이다. 비요건. 【要素】

요소[2] 중요한 곳. 예경찰은 요소마다 병력을 배치하였다. 【要所】

요소[3] 동물의 몸 안에서 단백질이 분해될 때 생겨 오줌으로 나오는 질소 화합물. 질소 비료의 원료가 됨. 【尿素】

요소 비료 질소 성분이 가장 많이 들어 있는 비료.

요소요소 어떤 위치상의 중요한 지점들. 【要所要所】

요술 사람의 눈을 속이는 괴상한 술법. 비마술. -하다.

요술쟁이 요술을 부리는 재주가 있는 사람. 비마술사. 마법사. ×요술장이.

요약 요점을 추려 냄. 예줄거리를 요약하다. -하다. 【要約】

요양 병을 치료하고 조리함. 예요양소. -하다. 【療養】

요양소 요양에 필요한 시설이 갖추어진 곳.

요양원 요양을 할 수 있도록 시설이 되어 있는 큰 집.

요업 기와·벽돌·사기·질그릇 등을 만드는 일.

요염 사람을 홀릴 만큼 아리따움. 예요염한 태도. -하다.

요오드 해초나 해산 동물에 있는 물질의 하나로 알코올에 녹여 요오드 용액을 만드는 데 쓰임. 【Jod】

요오드팅크 붉은 갈색으로 소독할 때나 상처를 치료할 때에 쓰이는 용액. 【Jodtinktur】

요요 둥근 실패 같은 것에 실을 감았다 풀었다 하여 오르내리게 하는 장난감. 【yoyo】

요원 어떤 일에 필요하여 정한 사람들. 예특수 요원. 【要員】

요원하다 시간이 아득히 멀다. 또는 어떤 일이 이루어지기 어렵다. 예나의 소원이 이루어질 날은 요원해 보인다.

요인[1] 중요한 자리에 있는 사람. 예정부 요인. 【要人】

요인[2] 중요한 원인. 예이 일이 실패하게 된데에는 여러 가지 요인이 있다. 【要因】

요일 한 주일의 7일인 일·월·화·수·목·금·토의 끝에 붙는 말.

요전 요새의 며칠 전. 예요전에 부탁한 일. <이전.

요:절 젊은 나이에 죽음. -하다.

요점[요쩜] 가장 중요한 점. 예요점만 간단히 말해라. 비중점. 골자.

요정 서양의 전설이나 옛날 이야기에 많이 나오는 정령으로, 사람의 생각으로 미루어 헤아릴 수 없는 여러 가지 이상 야릇한 일을 함.

요주의 주의를 필요로 함.

요즈음 요사이. 오늘을 중심으로 며칠 사이. (비)근래. (준)요즘. <이즈음.

요지[1] 정치·문화·교통·군사 등의 핵심이 되는 중요한 곳. 【要地】

요지[2] 말이나 글에서 중심이 되는 뜻이나 대강의 내용. (예)내 말의 요지는 이것이다. 【要旨】

요지경 확대경을 대고 그 속의 여러 가지 재미있는 그림을 돌리면서 들여다보는 장난감.

요지부동 흔들어도 조금도 움직이지 않음. 【搖之不動】

요직 중요한 직위. 중요한 직업.

요청 필요한 일이나 물건을 부탁하는 것. (비)요구. -하다. 【要請】

요충지 군사적으로 아주 중요한 지역. 【要衝地】

요컨대 중요한 점을 말하자면.

요크셔 영국 요크셔 지방에서 개량된 돼지 품종의 하나.

요통 허리가 아픈 병. 허리앓이.

요트 놀이나 경기에 쓰이는 서양식의 돛단배. 【yacht】

[요트]

요하다 무엇을 필요로 하다. 반드시 있어야 하다. (예)집에서 빵을 만드는 것이 대단한 기술을 요하는 것은 아니다.

요한 스트라우스〖사람〗[1825~1899] 오스트리아의 낭만파 음악가. '왈츠의 왕'이라고도 불림. 작품에는 〈예술가의 생애〉〈아름답고 푸른 다뉴브 강〉〈봄의 소리 왈츠〉 등이 있음. 【Johann Strauss】

요행 뜻밖의 행운, 또는 거의 이루어질 수 없는 일이 뜻밖에 이루어지는 일. 【僥倖】

욕 ①남을 미워하는 말. (본)욕설. ②명예스럽지 못한 일. (예)욕을 당하다. -하다. 【辱】

욕구 무엇을 얻거나 무슨 일을 하고자 바라고 원함, 또는 그 마음.

욕되다 부끄럽고 떳떳하지 못하다. (예)가문을 욕되게 하는 행동을 하지마라.

욕망 갖고자 하는 마음이나 하고자 하는 마음이 간절함, 또는 그 바라는 마음. (비)욕심. 【欲望】

욕설 남을 미워하는 말. 남의 명예를 더럽히는 말. (준)욕. -하다.

욕심 자기만을 이롭게 하려는 마음. 탐내는 마음. (비)욕망. 【慾心】

욕심꾸러기 욕심이 많은 사람의 별명. 욕심쟁이.

욕조 들어가 몸을 담그고 목욕하는 통. 【浴槽】

욕지기[욕찌기] 토할 것 같은 메스꺼운 느낌. -하다.

욕하다[요카다] 남을 비난하는 말을 하다.

용[1] 큰 구렁이 같고 발톱과 뿔이 있다는 전설상의 동물. 동양에서는 상서로운 것으로 믿으며 천자나 왕에 비유함. 【龍】

-용[2] 어떤 말 아래에 붙어 '쓰임 또는 쓰이는 물건'의 뜻을 나타내는 말. (예)학생용 책상. 【用】

용:감 씩씩하고 겁이 없으며 기운참. (비)용맹. (반)비겁. -하다. -히. -스럽다. 【勇敢】

용:건[용껀] 볼일. 해야 할 일. (비)용무. 【用件】

용광로[용광노] 높은 온도로 광석을 불로 녹여 금속을 뽑아 내는 가마.

용:구 무엇을 하거나 만드는 데 쓰이는 도구. 【用具】

용궁 바닷속의 용왕이 살고 있다는 전설 속의 궁전. 【龍宮】

용:기[1] 씩씩하고 굳센 기운. 사물을 무서워하지 않는 기세. (예)용기를 내다. [반]비겁. 【勇氣】

용기[2] 물건을 담는 그릇. [비]그릇.

용납 남의 말을 너그러운 마음으로 들어 줌. 너그럽게 받아들임. [비]용인. -하다. 【容納】

용:단 용기 있게 결단함. (예)그 일을 시작하기로 용단을 내리다. [비]과단. -하다. 【勇斷】

용:달차 손님의 요구에 따라 물건을 배달하는 일을 전문직으로 하는 화물 자동차.

용담 용담과의 여러해살이풀. 줄기는 20~60cm. 들과 산에 남. 가을에 청자색의 꽃이 줄기 끝이나 그 잎 사이에 남. 뿌리의 말린 것은 한약재로 씀.

용:도 돈이나 물건이 쓰이는 곳. [비]쓰임새. 쓸모. 【用途】

용:돈[용똔] 개인의 자질구레한 일에 쓰이는 잡비.

용두레 낮은 곳의 물을 높은 곳으로 퍼 올리는 농기구. 세 개의 기둥을 묶어 세우고, 배 모양으로 길쭉하게 판 통나무의 가운데를 쥐고 밀어서 물을 퍼 올림.

[용두레]

용량 물건이 담기는 분량. (예)용량이 큰 냉장고. 【容量】

용렬[용녈] 평범하고 재주가 남보다 못함. -하다. -히.

용:례[용녜] 쓰고 있는 예. 쓰이는 본보기. 【用例】

용마루 빗물이 서로 반대쪽으로 갈라져 흐르게 하는 지붕 위의 가장 높은 부분.

용매 물질을 녹여 용액으로 만드는 물질. 【溶媒】

용:맹 씩씩하고 사나움. (예)용맹스러운 우리 국군. [비]용감. [반]비겁. -하다. -스럽다. 【勇猛】

용모 사람의 얼굴 모양. 【容貌】

용:무 하고자 하는 일. (예)긴급한 용무. [비]용건. 볼일. 【用務】

용문사 경기도 양평군에 있는 절. 우리 나라에서 가장 오래된 은행 나무가 있음. 【龍門寺】

용:법 무엇을 쓰는 방법. 【用法】

용:변 똥이나 오줌을 눔. 【用便】

용병 ①돈을 주고 외국에서 데려온 군인. ②스포츠에서, 외국에서 돈을 주고 데려온 선수. 【傭兵】

용비어천가【책명】 한글로 된 최초의 대표적 문헌으로, 조선의 건국을 찬양한 노래〔세종 27년에 완성됨. 모두 125장의 노래가 실려 있음〕. 【龍飛御天歌】

용:사 용기 있는 사나이. 용맹스러운 병사. (예)국군 용사. 【勇士】

용상 임금이 앉는 자리. 【龍床】

용서 잘못을 꾸짖거나 벌을 주지 아니하고 너그럽게 대함. -하다.

용솟음치다[용소슴치다] 물이 끓어 오르는 것처럼 힘차게 솟아오르다.

용:수 공장·농사 따위에 쓰이는 물. (예)농업 용수. 【用水】

용수철 강한 철사를 나사 모양으로 감은 것. 기계의 어느 부품을 당기거나 미는 데 쓰임. 스프링.

용안 '임금의 얼굴'을 높이어 이르는 말. 【龍顔】

용암 화산이 폭발할 때 화구에서 흘러나온 마그마, 또는 그것이 식어 굳어진 바위. 【鎔巖】

용액 물질이 녹아 있는 액체〔설탕물·소금물 등〕. 【溶液】

용:어 ①사용하는 말. (예)용어 사전. ②일정한 분야에서만 쓰는 말. (예)컴퓨터 용어. 【用語】

용:역 물자 생산 이외에 우리 사회 생활에 필요한 일을 위해 노동력

을 제공하는 일. 서비스. ㉠용역 회사. 【用役】
용왕 바닷속에 있다고 상상하는 용궁의 임금. 🅑용신. 【龍王】
용용[용뇽] 어린아이들이 양쪽 엄지 손가락을 자기 볼에 대고, 나머지 손가락을 흔들며 남을 약올리는 짓, 또는 그때 하는 소리.
용:의 어떤 일을 하고자 하는 마음이나 뜻. ㉠좋은 일이라면 도울 용의가 있다. 【用意】
용의자 범행의 의심을 받고 있는 사람. 🅑피의자. 🅟피해자.
용이 어렵지 않음. 쉬움. 🅑경이. 🅟난해. -하다. 【容易】
용인 어떤 일을 너그럽게 받아들여 허락하는 것. -하다. 【容認】
용:장 용맹스러운 장수. 【勇將】
용적 물건을 담을 수 있는 부피. 🅑들이. 용량. 【容積】
용접 두 금속을 높은 전열이나 가스열을 주어 녹여 붙임.
용:지 어떤 일에 쓰이는 종이. ㉠서류 용지. 【用紙】
용질 용액 속에 녹아 있는 물질.
용트림 거드름으로 일부러 힘을 들여 하는 트림. -하다.
용:품 어떤 일에 쓰이는 온갖 물품. ㉠주방 용품. 【用品】
용:하다 ①재주가 뛰어나다. ㉠용한 의사. ②기특하고 장하다. 착하고 훌륭하다. ㉠어려운 일을 용하게도 끝마쳤구나. ③너무 온순하다. 용히.
용해 액체 속에서 어떤 물질이 녹는 것. ㉠소금이 물에서 용해되었다.
용호 상박 〔용과 호랑이가 서로 싸운다는 뜻으로〕 두 강한자끼리 서로 싸우는 것을 말함.
우 한글의 홀소리 글자인 'ㅜ'의 이름.
우:거 남의 집에 임시로 삶.
우거지 푸성귀에서 뜯어 낸 떡잎이나 겉대.
우거지다 나무나 풀이 빽빽하게 들어차다. 🅑무성하다.
우겨대다 계속해서 우기고 주장하다.
우격다짐 억지로 우기든가 힘으로 남을 억누르는 짓. -하다.
우국 지사 나라일이나 나라의 장래에 대하여 걱정하는 사람.
우군 자기 편의 군대. 🅑아군. 🅟적군. 【友軍】
우그러지다 물건의 거죽이 쭈그러지다. 〉오그라지다.
우그리다 ①평평한 물체를 안쪽으로 우묵하게 들어가게 하거나 쭈그리다. ㉠깡통을 우그려서 쓰레기통에 넣었다. ②얼굴 표정을 잔뜩 찌푸리다. ㉠얼굴을 우그리며 말하다. 〉오그리다.
우글거리다 한 곳에 많이 모여 움직이며 들끓다. ㉠벌레가 우글거리다. 〉오글거리다.
우글쭈글 주름이 우글우글하고 쭈글쭈글한 모양. 〉오글쪼글. -하다.
우:기 일 년 중 비가 가장 많이 오는 시기. 🅟건기. 【雨期】
우기다 억지를 쓰다. 고집을 부리다.
우대 특별히 잘 대우함. -하다.
우대증 남보다 나은 특별한 대우를 받을 자격이 있다는 것을 증명해 주는 문서. ㉠경로 우대증.
우덕순〖사람〗[1876~?] 애국지사. 충청 북도 제천 출신. 안중근 의사와 함께 이토 히로부미를 죽이러 하얼빈으로 갔다가, 안 의사가 이토 히로부미를 죽인 후 안 의사와 함께 붙잡혀서 3년 동안 옥살이를 하였음. 【禹德淳】
우동 일본식 가락국수. 【udon】
우두 천연두를 예방하기 위하여 접종하는 약. 【牛痘】
우두머리 여러 사람을 거느리는 단체의 수령. 🅑두목. 🅟졸개.

우두커니 정신 없이 멀거니 있는 모양. 비멍하니. >오도카니.
우둔 어리석고 둔함. 예우둔한 생각. -하다. 【愚鈍】
우등 ①어떤 일에 있어서 훌륭하게 빼어난 등급. ②성적이 뛰어남. 예우등상. 비우수. 반열등.
우등상 공부와 행실이 남보다 뛰어나서 주는 상. 【優等賞】
우등생 학업 성적이 남보다 특별히 뛰어나고, 행실이 남의 모범이 되는 학생. 【優等生】
우뚝 높이 솟은 모양. 똑바로 서 있는 모양. >오똑. -하다.
우뚝우뚝 군데군데 높이 솟은 모양. >오똑오똑. -하다.
우라늄 방사성 원소의 하나로, 원자 폭탄을 만드는 데 쓰임.
우락부락 몸집이 크고 험상궂게 생긴 모양, 또는 행동이 다소곳하고 공손하지 않은 모양. -하다.
우랄 산맥 아시아와 유럽의 경계를 이루는 러시아에 있는 나지막한 산맥. 길이 2,600km. 석탄·철·금·구리·망간 등의 지하 자원이 풍부함. 【Ural 山脈】
우람하다 매우 덩치가 커 웅장하고 위엄이 있다.
우량[1] 뛰어나게 좋음. 예우량 도서. 우량 기업. -하다. 반불량. 【優良】
우:량[2] 비가 온 분량. 비강우량. 【雨量】
우:량계 비가 내린 후에 온 비의 양을 재는 기계. 【雨量計】
우러나다 액체에 담겨 있는 물질에서, 빛깔이나 맛 따위가 나와서 액체에 섞이다. 예소금기가 우러나다.
우러나오다 어떤 생각이 마음 속에서 스스로 생겨나다. 예마음속에서 우러나오는 기쁨.
우러러보다 ①높은 곳을 쳐다보다. 예하늘을 우러러보다. ②공경하는 마음을 가지다. 예선생님을 우러러보다.
우렁쉥이 누렇고 붉은, 주먹만 한 껍데기에 검붉은 돌기가 많고 노란 속살은 주로 날것으로 먹는, 바다 생물. 멍게.
우렁이 우렁이과의 고둥. 논이나 연못 등의 바닥에 사는 조개의 일종. 알맹이는 먹을 수 있음.
우렁차다 소리가 크고 힘차다.
우레 천둥. ×우뢰.
우려 근심하거나 걱정함. 예교통 사고를 우려하다. -하다.
우려내다 물에 담가 성분·빛깔·맛 따위를 우러나게 하다. 예차는 적당히 우려내야 제맛이 난다.
우롱하다 업신여겨서 놀리든가 속이다.
우루과이〖나라〗 남아메리카 남동쪽 대서양 연안에 위치한 공화국. 주요 산업은 농업·목축업임. 수도는 몬테비데오. 【Uruguay】
우루과이 라운드 1986년 9월 남아메리카 우루과이에서 시작된 무역 협상. 미국 등이 농업·서비스 산업 분야에서 유리한 위치를 차지하려는 의도였으나 농산물 분야에서 여러 나라가 반대하고 있음.
우르르 ①사람이나 동물이 한꺼번에 급하게 움직이는 모양. 예아이들이 우르르 몰려들다. ②쌓여 있던 많은 물건들이 갑자기 무너져 내리는 모양이나 소리. 예쌓아 놓았던 책들이 우르르 무너져 내리다.
우륵〖사람〗 우리 나라 3대 악성 중의 한 사람. 원래는 가야 사람이었으나, 신라로 가서 가야금을 만들었음. 【于勒】
우리[1] 짐승을 가두어 기르는 곳. 예돼지 우리.
우리[2] 말하는 사람이 자기와 자기 편의 사람들을 함께 가리키는 말. 예우리 저 쪽으로 가자.

우리글 우리 나라의 글자. 곧 한글을 말함.
우리 나라 우리가 사는 나라. 곧 한국.
우리다 물건을 물에 담가서 맛이나 빛깔을 빼다. ㉠떫은 감을 우리다.
우리말 우리 나라 사람이 쓰는 말. 곧 한국어.
우:림 비가 많이 내리는 지역의 숲. ㉠열대 우림 지대. 【雨林】
우마 소나 말. 마소. 【牛馬】
우마차 소나 말이 끄는 마차.
우매 어리석고 사리에 어두움. 반현명. -하다. 【愚昧】
우묵하다[우무카다] 가운데가 깊숙하게 들어가다. ㉠땅이 우묵하게 패어 있다. >오목하다.
우문현답 어리석은 물음에 슬기롭게 대답하는 것. 【愚問賢答】
우물 땅을 파서 맑은 지하수를 괴게 한 것.
우물가 우물의 가장자리.
우물거리다 ①입술이나 입을 조그맣게 오므렸다 폈다 하다. ②입 속의 음식을 입을 다문 채 여러 번 씹다. 비우물대다. >오물거리다.
우물우물[우무루물] ①말이나 행동을 분명하게 하지 않고 느리게 하면서 어려운 처지를 벗어나려고 하는 모양. ②입을 다문 채 입 안에 든 음식을 천천히 자꾸 씹는 모양. ㉠껌을 입에 넣고 우물우물 씹었다.
우물쭈물 말이나 행동을 우물거리며 흐리멍텅하게 하는 모양. -하다.
우뭇가사리 우뭇가사리과의 바닷말. 높이 7~9cm. 검붉은 깃 모양의 가지가 많음. 바닷속의 모래나 암석에 붙어 삶. 준우뭇가시.
우:박 큰 물방울이 공중에서 갑자기 찬 기운을 만나 얼어 떨어지는 것. ㉠우박이 쏟아져 곡식 피해가 많다. 【雨雹】
우:발 우연히 일어남, 또는 그 일. ㉠우발적인 사고. 【偶發】
우:방 서로 친밀한 관계를 맺고 있는 나라. 우방국. 【友邦】
우범 성격이나 환경 등으로 죄를 저지를 우려가 있음. ㉠우범 청소년. 우범 지역. 【虞犯】
우:비 비를 맞지 않게 옷 위에 덧입는 옷. 비우의. 비옷. 【雨備】
우사 소가 들어가 살 수 있게 만든 집. 【牛舍】
우:산 펴고 접을 수 있게 만들어 비가 올 때 머리에 받쳐 쓰는 것.
우산국〖지명〗'울릉도'의 옛이름.
우:산이끼[우사니끼] 우산 살처럼 퍼진 이끼. 그늘지고 습기가 많은 땅이나 돌에 남.
우:상 나무나 돌·쇠붙이 따위로 만든 사람이나 신의 형상. ㉠우상 숭배. 【偶像】
우선 무엇보다도 앞서. 비먼저. 반나중. -하다. 【于先】
우선권 남보다 먼저 가지거나 누릴 수 있는 권리. 【優先權】
우세 세력이 남보다 뛰어남. 반열세. -하다. 【優勢】
우수[1] 여럿 가운데 뛰어나고 빼어남. ㉠성적이 우수하다. 비우월. 반열등. -하다. 【優秀】
우:수[2] 2로 나누어 남지 않는 수. 비짝수. 반기수. 【偶數】
우:수[3] 이십사 절기의 하나. 입춘과 경칩 사이로, 2월 19일 경. 【雨水】
우수[4] 시름과 근심. 쓸쓸한 표정. ㉠아버지의 얼굴에 우수가 서려 있다. 【憂愁】
우수리 ①물건값을 셈하고 거슬러 받는 잔돈. ②일정한 수효를 채우고 남은 수.
우:수사 조선 때 우수영의 우두머리, 또는 그 직책. 【右水使】

우수상 공부·기능·행실 따위가 뛰어나서 주는 상.
우수성[우수썽] 여럿 가운데 가장 빼어난 성질. 【優秀性】
우수수 물건이 떨어져 쏟아지는 모양이나 소리. 〉오소소.
우스개 남을 웃기려고 하는 농이나 장난.
우스갯소리[우스개쏘리] 남을 웃기려고 하는 말.
우스꽝스럽다(우스꽝스러우니, 우스꽝스러워) 꼴이 어울리지 않고 우습다.
우:습다 ①웃음이 나올 만하다. ②하찮다. 가소롭다.
우승 경기나 경쟁에서 첫째가는 성적으로 이김. 비승리. 반참패. -하다. 【優勝】
우승자 경기에서 우승을 한 사람. 비챔피언. 【優勝者】
우아하다 고상하고 기품이 있으며 아름답다. 예한복은 우아하다.
우악스럽다. 사람의 모습이나 태도가 힘이 세고 거칠다. 예우악스럽게 가방을 빼앗다.
우:애 ①친구 사이의 깊은 정. ②형제간의 따뜻한 사랑. 예우애가 두텁다. 비우의. -하다. 【友愛】
우엉 국화과의 두해살이풀. 뿌리는 길쭉하고 살이 많으며, 높이는 1.5m가량. 잎은 뿌리에서 무더기로 나며, 먹음.
우여곡절 뒤얽힌 복잡한 사정.
우연 뜻밖에 생긴 일. 또는 어떤 일이 뜻밖에 벌어지는 것. 반필연.
우연히 뜻하지 않게. 예우연히 마주친 친구.
우열 나음과 못함. 예우열을 가리기 어렵다. 【優劣】
우:왕 좌왕 이리저리 오락가락하면서 결정을 짓지 못하고 망설임. 예불이 나자 사람들은 우왕좌왕 했다. 【右往左往】
우울 마음이 개운하지 않고 답답함. -하다.
우월 남보다 뛰어나게 나음. 반열등. 예우월감. -하다.
우월감 자기가 남보다 잘났다고 느끼는 감정.
우월성 우월한 성질이나 특성.
우위 경쟁 상대보다 실력이 나은 상태. 【優位】
우유 암소의 젖. 밀크. 【牛乳】
우유 부단 얼른 결정하거나 행동하지 못하고 우물쭈물함. 예내 친구는 매사에 우유 부단하여 같이 일하기가 힘들다. -하다.
우:의[1] 친구나 형제나 두 집단이 서로 친밀한 것. 예오늘 경기는 두 학교간의 우의를 다지는 자리다. 비우애. 우정. 【友誼】
우:의[2] 비에 젖지 않도록 옷 위에 덧입는 옷. 비비옷. 우비. 【雨衣】
우:의정 조선 시대의 의정부 정일품 벼슬, 또는 그 직위를 가진 사람.
우장춘【사람】[1898~1959] 우리 나라의 농학자. 육종학을 연구. 특히 씨 없는 수박과, 벼를 한 번 심어 두 번 거두기를 연구하는 등 많은 공로를 세웠음. 【禹長春】
우적우적[우저구적] 단단한 것을 계속하여 씹을 때 나는 소리나 모양. 예무를 우적우적 씹어 먹다. 〈와작와작.
우:정 친구 사이에 오가는 정. 비우의. 우애. 【友情】
우정국 조선 말기의 우편 사무를 맡아 보았던 관청. 【郵政局】
우:정어리다 친구 사이의 정이 많다. 예우정어린 말로 위로하다.
우:주 지구·태양·별 등이 있는 끝없이 넓은 세계. 【宇宙】
우:주 개발 로켓·인공위성·우주선 등을 수단으로 하여, 우주 공간을

우리 생활에 도움이 되게 하는 일.

우:주복 우주를 여행할 때에 몸을 보호하기 위해 특수한 재료로 만든 옷.

[우주복]

우주 비행사 우주선을 타고 우주를 비행하기 위해 특별히 훈련된 비행사. 비우주인.

우:주선 사람을 태우고 우주를 날 수 있게 만든 비행기.

우주 여행 사람이 우주선을 타고 달이나 별과 같은 다른 천체로 가는 여행.

우:주인 ①우주선을 타고 우주를 비행하는 사람. 비우주 비행사. ②외계인. 【宇宙人】

우:주 정류장 우주 여행의 중간 기지로서, 지구 둘레의 궤도에 만들어지는 큰 인공위성.

우중충하다 ①공기가 조금 축축하고 어둡다. 예우중충한 날씨. ②분위기나 빛깔이 밝지 못하고 어둠침침하다. 예우중충한 집.

우즈베키스탄〖나라〗 중앙 아시아의 아랄 해에서 파미르 고원에 이르는 지역을 차지하고 있는 나라. 세계적인 면화 생산지임. 수도는 타슈켄트. 【Uzbekistan】

우지 소의 살이나 뼈에서 녹여 낸 지방. 쇠기름. 【牛脂】

우지끈 단단하고 큰 물건이 갑자기 부러지거나 부서지는 소리. 예소나무의 굵다란 가지가 우지끈 부러졌다.

우지지다 '우짖다'의 옛말. 새 따위가 지저귀다. 예동창이 밝았느냐 노고지리 우지진다.

우직하다[우지카다] 꾀가 없이 고지식하다. 예우직하고 순박한 청년.

우짖다[우짇따] 새가 울며 지저귀다. 예노고지리가 우짖는 소리.

우쭐거리다 자랑하며 뽐내다. 비우쭐대다.

우쭐하다 자기가 잘난 듯이 생각되어 자꾸 뽐내고 싶은 느낌이 들다.

우체국 우편·우편 저금·전신 등의 사무를 맡아보는 공공 기관.

우체부 '우편 집배원'을 이전에 이르던 말로, 편지·소포 등을 배달하는 사람.

우체통 부칠 편지 등의 우편물을 넣도록 거리에 설치된 통.

우:측 오른쪽. 반좌측.

우크라이나〖나라〗 유럽의 흑해 북쪽에 위치한 공화국. 옛 소련에 속했으나, 소련 붕괴 후 독립함. 유럽의 곡창 지대로 유명함. 수도는 키예프. 【Ukraina】

우툴두툴하다 물체의 거죽이나 바닥이 고르지 못하고 두드러진 데가 많고 거칠다. >오톨도톨하다.

우편 일반 사람의 부탁을 받아, 편지나 그 밖의 물건을 받을 사람이나 장소에 전달하는 제도.

우편국 '우체국'의 북한말.

우편물 우편으로 부치는 편지나 소포 따위. 우편.

우편 번호 우편물의 보내고 받을 곳을 지역에 따라 정한 숫자.

우편 저금 우체국에서 맡아하는 저축 제도.

우편 집배원 우체통에서 우편물을 모으고, 편지·소포·전보 따위를 받을 사람에게 전해 주는 일을 맡아 하는 우체국 직원.

우편환 먼 곳에 돈을 보낼 때 한 우체국에 가서 돈을 내면 그 액수의 돈을 그 먼 곳의 우체국에서 받을 수 있게 하는 증서, 또 그렇게 돈을 보내는 방식.

우표 우편 요금을 낸 표시로 우편물에 붙이는 조그만 표.

ㅇ

우:호 개인이나 나라 사이가 친함. ㉲우호 관계를 맺다. 반적대.
우:화 어떤 동식물에 비겨서 교훈의 뜻을 나타낸 짧은 이야기. ㉲이솝 우화. 【寓話】
우환 집안에 생기는 걱정거리.
우회 멀리 돌아서 감. ㉲위험 지역을 우회하다. 【迂廻】
우:후죽순 비온 뒤에 돋아나는 죽순 같이, 어떤 일이 한때에 많이 일어나는 것. 【雨後竹筍】
욱신거리다 자꾸 쑤시듯이 아프다. ㉲뼈마디가 욱신거리다.
욱신욱신 몸의 탈이 난 데나 상처가 자꾸 쑤시듯이 아픈 모양. ㉲어깨가 욱신욱신 쑤셨다. >옥신옥신.
욱하다[우카다] 앞뒤의 헤아림도 없이 발끈하는 성질이 있다.
운: 인간에게 일어나는 모든 행복과 불행이 인간적인 힘을 벗어나 어떤 커다란 힘에 의해 좌우되어 가는 형편. ㉲운이 나쁘다. 본운수. 【運】
운고계 구름의 높이를 측정하는 기계.
운:동 ①몸을 움직이는 일. ②여러 가지의 경기. ③어떤 목적을 이루기 위하여 힘씀. ㉲자연 보호 운동. -하다. 【運動】
운:동가 사회적 또는 정치적인 개혁이나 개선을 위하여 활동하는 사람. ㉲독립 운동가. 【運動家】
운:동 경기 일정한 규칙에 따라 운동의 재주를 서로 겨루는 일.
운:동량 운동하는 데에 들인 힘의 양. 【運動量】
운:동복 운동을 할 때 입는 옷. 비체육복. 【運動服】
운:동 에너지 운동을 하고 있는 물체가 가지고 있는 에너지.
운:동원 선거에서 자기가 지지하는 후보가 당선되도록 열심히 활동하는 사람. 【運動員】
운:동장 운동을 하거나 뛰놀 수 있게 닦아 놓은 넓은 땅. ㉲종합 운동장. 【運動場】
운:동 정신 운동을 할 때, 정정당당히 싸우는 아름다운 정신.
운:동화 운동을 할 때 신는 신발.
운:동회 여러 가지의 운동 경기를 하는 모임. 【運動會】
운두 그릇·신 등의 둘레의 높이. ㉲운두가 낮은 그릇.
운:명[1] 사람이 목숨이 끊어짐. 죽음. -하다. 【殞命】
운:명[2] 사람에게 닥쳐오는 좋은 일과 나쁜 일. 타고난 운수. ㉲헤어져야 할 운명이다. 비숙명. 운수. 【運命】
운모 돌비늘. 비늘처럼 얇게 쪼개지고 탄력이 있는 광물. 화강암이나 화성암에 많이 들어 있음.
운무 구름과 안개. 【雲霧】
운:문 시와 같이 일정한 리듬이 생기도록 지은 글. 반산문.
운:반 물건을 옮겨 나름. 비수송. 운송. -되다. -하다. 【運搬】
운:반비 운반하는 데 드는 비용.
운:반 작용 물이나 바람이 흙이나 돌 같은 것을 운반하는 작용.
운봉 목장 지리산에 있는, 우리 나라에서 제일 큰 면양 목장이며, 양털을 생산함.
운:석 우주 공간의 물질이 지구에 떨어질 때 대기권에서 다 타지 않고 땅 위에 떨어진 것. 【隕石】
운:송 물건 등을 운반하여 보냄. 비수송. -되다. -하다. 【運送】
운:송업 일정한 삯을 받고 여객이나 짐을 실어 나르는 사업.
운:수[1] 사람에게 돌아오는 좋은 일과 나쁜 일. 비재수. 준운. 【運數】
운:수[2] 운반이나 운송보다는 규모가 크게 화물이나 여객을 나르는 일. ㉲운수 회사. -하다. 【運輸】
운:수업 비교적 규모가 크게, 여객·

화물을 나르는 사업. 【運輸業】

운:영[우녕] 일을 맡아서 해 나아감. ㉵회사를 운영하다. ㊖경영. －하다. 【運營】

운영 위원회 조직을 잘 운영하기 위해 모인 위원들의 조직.

운요호 사건 1875년, 일본 군함 운요호와 우리 나라 강화도 포대 간에 일어난 포격 사건. 일본은 운요호의 보상을 요구, 결국 일본의 조선 침략에 이용된 강화도 조약을 맺게 되었음. 【Unyo號 事件】

운:용[우뇽] 돈이나 법률 등을 유용하게 잘 씀. －하다. 【運用】

운율[우뉼] 시에서 느껴지는 말의 가락. 리듬〔우리 나라 시가에는 3·4조, 4·4조, 7·5조의 운율이 대표적임〕. 【韻律】

운:임[우님] 물건을 나른 삯으로 받는 돈. 【運賃】

운:전 기계나 수레 등을 움직이어 굴림. ㉵자동차를 운전하다. －하다. 【運轉】

운전 기사 직업적으로 자동차나 기차·선박·기계 따위를 운전하는 사람.

운:전대 운전할 때 사용하는 둥그런 손잡이. ㊖핸들.

운:전사 직업적으로 차나 기계를 운전하는 사람. 운전 기사. ㊖운전자.

운:전석 운전할 때 앉는 자리.

운:전실 기계 따위를 운전하는 방.

운:전자 자동차를 운전하는 사람.

운주봉 설악산 대청봉에 오르는 길에 있는 봉우리.

운집 구름처럼 많이 모임. ㉵사람들이 운집한 거리. －하다.

운:치 어떤 사물이 가지고 있는 그윽한 멋. 멋이 있는 분위기. ㉵운치가 있는 정원. ㊖풍치.

운:하 육지를 파서 배가 다닐 수 있게 만든 물길. ㉵수에즈 운하.

운:항 배나 항공기가 정해진 항로를 따라 오고감. －하다.

운:행 운전하여 다님. ㉵여객선을 운행하다. －하다. 【運行】

울[1] '울타리'의 준말.

울[2] 양털로 짠 직물. 【woll】

울긋불긋[울귿뿔귿] 여러 가지 빛깔이 한데 어울려 고운 모양. ㊖알록달록. －하다.

울:다[1](우니, 우오) ①기쁘거나 슬프거나 아파서 눈물을 흘리면서 소리를 내다. ②새나 짐승·벌레 따위가 소리를 내거나 부르짖다.

울:다[2] 도배하거나 바느질한 면이 우글쭈글하게 되다. ㉵벽지가 울어서 보기 싫다.

울돌목〖지명〗 전라 남도 해남군 문내면 앞바다의 수로. '명량'의 우리말 이름으로 물살이 빠름. 이 곳에서 이순신 장군이 왜의 수군을 격멸함(명량 대첩).

울렁거리다 놀란 일이나 두려운 일이 있어서 가슴이 자꾸 두근거리다. ㊖울렁대다.

울릉도〖지명〗 우리 나라 동해상에 있는 화산으로 이루어진 섬으로 경상 북도에 속함. 오징어·고등어 등이 많이 잡힘.

울리다 ①소리가 널리 퍼져 나가다. ㉵나팔 소리가 울리다. ②울게 하다. ㉵아이를 울리다.

울림 소리가 무엇에 부딪쳐 되울려 나오는 일, 또는 그 소리. ㉵산울림.

울림 마이크 소리가 되울려 오도록 장치가 된 마이크. 방송극이나 연극에서, 유령이나 산울림 소리를 낼 때 사용함.

울림통 기타의 통과 같이 소리를 더욱 크게 울리게 하는 구실을 하는 통.

울먹거리다 감정이 복받쳐 금방 울음이 나올 듯이 굴다. (반)방글거리다.

울먹이다[울머기다] 금방이라도 울음이 터질 듯하다.

울:며불며 소리내어 울면서 야단스럽게. (예)울며불며 애타게 용서를 빌다.

울:보 작은 일에도 잘 우는 아이.

울부짖다 크게 소리를 내어 울며 부르짖다.

울분 가슴에 쌓인 분한 마음. (예)울분을 터뜨리다. -하다.

울산【지명】 우리 나라 광역시 가운데 하나. 현재는 우리 나라의 가장 대표적인 공업 도시의 하나로, 큰 공업 단지가 이루어진 이후 눈부시게 발전되었음. 【蔚山】

울:상[울쌍] 울려고 하는 얼굴 모양.

울음[우름] ①우는 소리나 동작. (예)울음을 그쳐라. ②우는 일.

울음보[울음뽀] 꾹 참고 있는 울음.

울적[울쩍] 마음이 답답하고 쓸쓸함. (예)기분이 울적하다. -하다.

울진【지명】 경상 북도 북동쪽에 있는 군. 망양정·성류굴·백암 온천 등의 명승지가 있음. 【蔚珍】

울창 나무가 빽빽하게 들어선 모양. (본)울울창창. -하다.

울컥 ①갑작스럽게 세게 토하려는 모양. (예)아기가 젖을 울컥 토했다. ②감정이나 눈물이 갑자기 한꺼번에 치미는 모양. (예)분노가 울컥 치밀다.

울타리 담 대신에 풀·나무 따위를 얽어서 집을 둘러막은 것. (예)울타리를 치다. (준)울.

울퉁불퉁 물체의 거죽이나 표면이 고르지 않게 나오고 들어간 모양. (예)울퉁불퉁한 시골길을 걷다. >올통볼통. -하다.

울화 마음이 답답할 만큼 몹시 화가 나는 것. (예)울화가 치밀다.

움:[1] 땅을 파고 거적 따위로 위를 덮어 비바람과 추위를 막게 한 곳. 보통 겨울에 채소나 화초를 넣어 둠.

움:[2] ①풀이나 나무의 싹. (예)봄이 되어 움이 트다. ②나무를 베어 낸 뿌리에서 나오는 싹.

움:막집 짚·풀 따위로 지은 허술한 집. 움집. [움막집]

움직 도르래 바퀴가 돌아감에 따라 축의 위치가 자유롭게 바뀌는 도르래. 무거운 것을 작은 힘으로 끌어올릴 수 있어 편리함.

움직이다 ①자리를 옮기다. ②공장 등을 경영하다. (예)회사를 움직이다. ③마음이 끌리게 하다. (예)마음이 움직이다.

움직임[움지김] 상황의 변화가 있는 것, 또는 어떤 일이 벌어지려는 낌새.

움:집[움찝] 원시 시대의 집. 땅 속에 큰 구덩이를 파고 그 위를 나뭇잎 같은 것으로 덮었음.

움찔 갑자기 몸을 한 번 움츠리는 모양. (예)쥐를 보고 움찔하다.

움찔거리다 ①조금씩 느리게 몸 또는 몸의 일부를 자주 움직이다. (예)입술을 움찔거리다. ②겁이 나거나 놀라서 몸을 자꾸 움츠리다. (예)죄지은 사람처럼 민수는 몸을 움찔거리며 말했다. (비)움찔대다.

움츠러들다 ①몸을 꼬부리고 오므라지게 하다. (예)고양이의 몸이 움츠러들었다. ②상대에게 기세가 눌리어 태도가 수그러지다. (예)아버지 목소리만 들으면 몸이 움츠러든다.

움츠리다 ①몸을 오그려 작게하다. (예)추위에 몸을 움츠리다. ②겁을 먹고 몸을 뒤로 조금 물리다. (예)겁에 질려 몸을 움츠리다. >옴츠리다.

움켜잡다 손가락을 오므리어 힘있게 쥐다. 예주먹을 움켜잡다. 비움켜쥐다.

움켜쥐다 ①손가락을 구부려서 꽉 쥐다. 예한 손으로 코를 움켜쥐고 화장실 청소를 했다. ②주먹을 꽉 쥐다. 예주먹을 움켜쥐다. 비움켜잡다. 〉옴켜쥐다.

움큼 손으로 한 줌 움켜쥘 만큼의 양을 세는 말. 예콩나물 한 움큼.

움트다 풀이나 나무의 움이 돋기 시작하다. 비싹트다.

움푹움푹 군데군데 겉이 넓고 깊게 들어간 모양. 예땅이 움푹움푹 패이다. 〉옴폭옴폭. **-하다.**

웃거름[욷꺼름] 씨앗을 뿌린 뒤나, 옮겨 심은 뒤에 주는 거름. 반밑거름. **-하다.**

웃국 간장·술 등을 담가서 익은 뒤에 맨 처음 떠내는 진한 국물.

웃기 떡·과일·포 등을 괸 위에 보기 좋게 올려 놓는 재료.

웃기다[욷끼다] 웃게 하다. 예친구들을 웃기다. 반울리다.

웃:다[욷따] ①기쁜 빛을 얼굴에 나타내다. 예활짝 웃다. ②입을 벌리고 소리 내어 기뻐하다. 반울다.

웃돈[욷똔] 원래 줘야 하는 돈 이외에 더 주는 돈.

웃돌다[욷똘다] 어떤 정도나 기준을 넘어서다. 반밑돌다.

웃어른[우더른] 나이나 지위 등이 자기보다 위인 사람. ×윗어른.

웃옷[우돋] ①겉에 입는 옷〔겉옷·두루마기 등〕. ②위통에 입는 옷.

웃음[우슴] 웃는 모양이나 소리.

웃음거리[우슴꺼리] 남으로부터 비웃음을 당할 만한 일이나 사람, 또는 그러한 행동이나 일.

웃음꽃[우슴꼳] 아주 활짝 웃는 웃음을 꽃에 비유하여 재미있게 나타낸 말.

웃음바다[우슴빠다] 한데 모인 많은 사람이 한껏 즐겁게 웃는 상황. 예교실 안은 웃음바다가 되었다.

웃음보[우슴뽀] 잔뜩 참고 있는 웃음. 예웃음보를 터뜨리다.

웃음판[우슴판] 여러 사람이 한꺼번에 웃는 경우나 자리. 예아가의 재롱에 웃음판이 벌어졌다.

웃자라다[욷짜라다] 식물이 정상을 지나쳐 너무 자라다.

웅녀 전설상의 단군의 어머니. 곰이 변해서 되었다고 함. 【熊女】

웅담 바람에 말린 곰의 쓸개를 약재로 이르는 말. 【熊膽】

웅대 으리으리하게 큼. 비웅장. 반빈약. 【雄大】

웅덩이 움푹 패어 물이 괸 곳.

웅변 힘차고 거침없이 조리 있게 잘 하는 말. 반눌변.

웅성거리다 많은 사람이 모여서 수군거리다. 예구경꾼들이 모여 웅성거리다. 비웅성대다.

웅얼대다 남이 잘 알아들을 수 없게 낮고 분명하지 않은 말을 자꾸 하다. 비웅얼거리다.

웅장 크고 굉장함. 예웅장한 박물관. 비웅대. 반빈약. **-하다.**

웅진〖지명〗 충청 남도 '공주'의 옛 이름. 곰나루. 【熊津】

웅크리다 춥거나 겁이 날 때 몸을 잔뜩 움츠리다. 예너무 추워서 몸을 웅크리다. 〉옹크리다.

워낙 ①본디부터. 예이 곳은 워낙 따뜻한 고장이다. 비원래. ②근본적으로 아주. 예워낙 바빠서 늦게 나오다. 비원체.

워드 프로세서 ①문서의 입력·기억·편집·출력 등의 기능을 갖춘 사무 기계 장치. ②컴퓨터를 이용해서 문서의 입력·기억·편집·출력을 할 수 있게 해 주는 프로그램. 【word processor】

워싱턴〖지명〗 미국의 수도. 백악관과 의사당, 각국의 대사관이 있는 정치·교육·문화의 중심지임.
원[1] 조선 시대에 고을을 다스리던 수령. 높원님. 【員】
원:[2] 마음에 바라는 일. 예남북 통일을 간절히 원하다. 비소망. 소원. -하다. 【願】
원[3] 지금 쓰고 있는 한국의 돈의 단위. 기호는 '₩'. 예백 원. 천 원.
원가[원까] 본래의 값. 처음 사들일 때의 값. 【原價】
원각사[1] 우리 나라 최초의 국립 극장.
원각사[2] 1465년에 세조의 명령으로 세운, 지금의 서울 종로구 탑골 공원 자리에 있던 절. 【圓覺寺】
원각사지 십층 석탑 1467년에 세운 대리석 탑으로, 옛날의 원각사에 있던 탑. 현재 서울 탑골 공원 안에 있으며, 국보 제2호임.
원:거리 멀고 긴 거리. 장거리. 반근거리.
원:격 시간적으로 또는 공간적으로 멀리 떨어져 있는 것. 예원격 조정.
원:격 조정 기계로부터 떨어진 곳에서 전파 등을 이용한 기구로 기계를 움직이게 하는 것.
원고[1] 인쇄물을 만들기 위해 쓴 글이나 그림. 【原稿】
원고[2] 법원에 재판을 걸어 온 사람. 반피고. 【原告】
원고지 글을 쓰기 알맞게 가로·세로 줄을 쳐서 칸을 만들어 놓은 종이. 본원고 용지.
원광 법사〖사람〗[?~630] 신라 진평왕 때의 승려. 세속오계를 지어 화랑도의 기본 정신으로 삼게 하였음. 【圓光法師】
원광석 광산에서 파 낸 상태 그대로의 광석. 【原鑛石】
원구단 고려 때부터 하늘과 땅에 제사를 지내기 위하여 쌓은 단. 현재는 조선 호텔 안에 그 부속 건물인 황궁우만 남아 있음.
원:귀 원통하게 죽은 사람의 귀신.
원군 전쟁을 벌이고 있는 군대를 돕기 위해 온 군대.
원균〖사람〗[?~1597] 조선 선조 때의 장수. 임진 왜란 때 이순신 장군의 후임으로 삼도 수군 통제사가 되었다가 정유재란 때 전사하였음. 【元均】
원그래프 원 전체를 1로 보고 전체에 대한 각 부분의 비율로 중심각을 나누어 부채꼴 모양으로 그린 그래프. 전체에 대한 각 부분의 비율을 알아보기 쉽도록 나타내는 데 알맞음.
원:근 멀고 가까움, 또는 먼 곳과 가까운 곳. 【遠近】
원:근감 그림에서, 먼 데 있는 사물은 멀리 있는 듯이 보이고 가까운 데 있는 것은 가깝게 있는 듯이 보이는 느낌.
원:근법[원근뻡] 미술에서 멀고 가까운 느낌을 그림에 나타내는 방법.
원금 ①밑천. 본전. 예이익은 커녕 원금까지 잃었다. ②꾸어 준 돈에서 이자를 붙이지 아니한 본디의 돈. 반이자. 【元金】
원기 ①본디 타고난 기운. ②마음과 몸의 정력. 예원기가 왕성하다.
원기둥 원으로 된 두 평면과 곡면으로 이루어진 도형. 비원주. 원통.
원나라[1271~1368] 중국 왕조의 하나. 몽고 제국의 제5대 황제인 칭기즈 칸이 중국을 정복하고 세운 나라.
원년 ①어떤 중요한 일이 시작된 해. 예프로 야구 원년. ②옛날에, 임금이 즉위한 해. 예태종 원년. 【元年】
원님 옛날 한 고을을 맡아 다스리던 벼슬아치를 높여 부른 말. 비사또.
원단 아직 가공하지 않은, 짠 그대로의 옷감. 【原緞】

원:대 생각이나 계획이 깊고 큼. ㉠ 원대한 꿈. -하다.

원동력[원동녁] 사물을 활동시키는 근원이 되는 힘. ㉠노력은 성공의 원동력이다.

원두막 밭을 지키기 위하여 다락처럼 높이 간단하게 지은 집.

[원두막]

원둘레 (수학에서) 원의 둘레, 또는 그 길이.

원래[월래] 처음 시작할 때의 것. 전부터. ㉠그는 원래 착한 사람이다. 비본래. 본디. 【元來】

원로 어떤 분야에 오래 종사하여 공로가 많고 덕망이 높은 사람. ㉠예술계의 원로. 【元老】

원료[월료] 어떤 물건을 만드는 바탕이 되는 재료. 비밀감. 본원재료. 반제품. 【原料】

원리[1][월리] ①모든 일이 이루어지는 근본 이치. ②존재의 근본 원인. 비원칙. 【原理】

원리[2][월리] 원금과 이자. 【元利】

원리 합계[월리합계] 원금과 이자를 합한 것. 원리 합계＝원금＋이자＝원금×(1＋이율×기간).

원만 ①성격이 모나지 않고 두루 좋음. ㉠원만한 성격. ②서로 의가 좋음. ㉠친구 관계가 원만하다. ③마음에 흡족함. ㉠어려웠던 일이 원만하게 해결되다. -하다. -스럽다. -히. 【圓滿】

원:망 남을 못마땅하게 여기어 탓함. ㉠약속을 지키지 않은 친구를 원망하다. 반감사. -하다. -스럽다.

원면 면사(무명실)나 광목의 원료가 되는 면화. 【原綿】

원목 가공하지 않은 통나무.

원반던지기 원반을 멀리 던지는 것을 겨루는 경기.

원:병 도와 주는 군사. ㉠원병을 파견하다. 비원군.

원본 개정·번역·복사 따위가 아닌 원래의 서류나 책. 반사본.

원불교 1916년 박중빈이 세운 불교의 한 파. 불교의 현대화·생활화를 주장함. 시주·동냥·불공 등을 폐지하고 각자 적당한 직업을 갖고 교화 사업을 시행하는 것이 특징임. 【圓佛敎】

원뿔 수학에서, 직삼각형이 직각을 이루는 한 변을 축으로 하여 한 바퀴 돌면 생기는 입체. 비원추.

원사체 이끼 종류의 식물의 홀씨가 싹이 터서 생기는, 실 모양의 조직.

원산지 ①물건의 처음 생산 또는 제조된 곳. ㉠화문석의 원산지는 강화도이다. ②동식물의 본디 난 땅.

원산 학사 1883년에 원산에 세워진 우리 나라 최초의 근대적 사립 학교. 【元山學舍】

원삼 예전에, 신부나 궁 안에서 지위가 높은 여자들이 겉에 입던 예복.

원상 본래의 형편이나 상태. ㉠건물을 원상 복구하다.

원색 ①모든 색의 기본이 되는 색〔빨강·노랑·파랑〕. 삼원색. ②본래의 색. 【原色】

원생 고아원·학원 따위의 '원'자가 붙은 기관에 속한 사람이나 학생.【院生】

원:서 회사나 학교 따위에 지원하는 내용을 쓴 서류. ㉠입학 원서를 제출하다. 【願書】

원석 가공하지 않은, 파 낸 그대로의 광석. 【原石】

원:성 원망의 소리. ㉠국민의 원성이 자자하다. 【怨聲】

원성왕【사람】 신라 제38대 임금(재위 785～798). 선덕왕의 별세 후 즉위. 독서 출신과를 두어 관리를 선발했으며, 전라 북도 김제에 저수지인 벽돌제를 증축했음.

원세개〖사람〗 ⇨ 위안 스카이.

원소 ①화학적 방법으로는 더 이상 나눌수 없는 물질〔산소·수소 등 103종류가 있음〕. ②집합을 이루는 낱낱의 것. 【元素】

원수[1] 한 나라를 대표하는 임금이나 대통령. 【元首】

원수[2] 군인의 가장 높은 계급. 대장의 위. 별이 다섯 개란 뜻에서 오성 장군이라 함. 【元帥】

원수[3] 자기 또는 자기 나라에 해를 끼친 사람. [반]은인. 【怨讐】

원숙하다[원수카다] 인격·지식·기술 따위의 수준이 거의 완전한 상태에 이르러 있다.

원:숭이 더운 지방의 산 속에 살며, 열매·벌레 등을 먹고 나무에서 자유로이 활동하는 짐승. 사람과 비슷하게 생겼음.

[원숭이]

원:시[1] 가까운 데 있는 것이 잘 보이지 않는 시력, 또는 그러한 사람. [반]근시. 【遠視】

원시[2] 처음 생긴 그대로, 아직 발달하지 않은 것. [예]원시 문명. 【原始】

원시림 사람의 손이 가지 아니한 자연 그대로 있는 무성한 숲. [비]처녀림. 【原始林】

원시 산업 원시 시대의 산업. 수렵이나 어로, 또는 기초적인 농목축업 따위.

원시 시대 사람이 아직 농사를 짓지 못하고, 자연에서 먹을 것을 얻어 살아가던 미개한 시대.

원시 신앙 원시 사회 또는 미개 사회에서 종교를 믿고 받드는 일.

원시인 원시 시대나 미개 사회의 사람. 미개인. 【原始人】

원시적 자연 그대로인, 미개한 그대로인 것. 【原始的】

원:심력[원심녁] 물체가 돌아갈 때 중심으로부터 떨어져 나가려고 하는 힘. [반]구심력.

원:아 유치원에 다니는 아이.

원앙[워낭] 오리만 한 몸집에 부리는 짧고, 수컷은 몸 빛깔이 여러 가지로 아름답고, 암컷은 갈색임. 암수 한 쌍이 아주 사이가 좋은 것으로 알려진 물새. 원앙새.

[원앙]

원:양[워냥] 육지에서 멀리 떨어진 바다. [예]원양 어업. 【遠洋】

원:양 어선 육지에서 멀리 떨어진 넓은 바다에서 고기잡이를 하는 배.

원:양 어업 잡은 물고기를 오래 간수할 수 있는 냉장·냉동 시설과 가공 시설을 갖춘 큰 배로, 먼 바다에 나가 고기잡이를 하는 어업. [반]근해 어업. 연안 어업.

원예[워녜] 채소·화초·과수 등을 심어 가꾸는 일. 【園藝】

원예사[워녜사] 원예를 직업으로 하거나 원예 기술이 뛰어난 사람.

원예 작물[워녜장물] 화초·채소·과수 등의 농작물.

원유[워뉴] 땅 속에서 뽑아낸 상태 그대로의 석유. 【原油】

원이름[워니름] 본디의 이름. 원명. [비]본명.

원인[워닌] 무슨 일이 일어난 까닭. [예]원인 분석. [비]이유. [반]결과.【原因】

원자 어떤 물질에서 더 이상 갈라지지 않는 가장 작은 알갱이. [예]원자 폭탄. 【原子】

원자 기호 원자의 종류를 나타내는 기호. 원소 기호.

원자력 원자핵이 붕괴되거나 핵반응

때에 나오는 에너지. 【原子力】
원자력 발전소 원자로 내에서, 핵반응 결과로 나오는 에너지로 수증기를 만들고, 이것으로 터빈 발전기를 돌려 전기를 일으키는 곳.
원자로 원자력을 이용하여, 일상 생활에 필요한 에너지를 생산하는 장치.
원자재 공업의 원료가 되는 재료. ㉔원자재를 수출하다. 【原資材】
원자탄 원자의 중심 부분이 터질 때 나오는 힘을 이용하여 만든 아주 무서운 힘을 가진 폭탄. 본원자 폭탄.
원작 번역하거나 고쳐 쓰기 전의 본디의 작품. 【原作】
원장[1] 병원·고아원·학원 등 '원'자가 붙은 기관이나 시설의 대표자. ㉔병원 원장. 【院長】
원장[2] 유치원이나 유아원 따위의 기관이나 시설의 대표자. 【園長】
원재료 어떤 물건을 만들거나 가공하는 데 바탕이 되는 재료. 【原材料】
원점[원쩜] ①점의 위치를 좌표로 나타낼 때 기준이 되는 점. ②시작되는 점. 【原點】
원:정 먼 데로 경기나 조사·답사·탐험 따위를 하러 감. 【遠征】
원:정군 먼 곳으로 싸우러 가는 군대. 【遠征軍】
원제 나중에 다르게 변했을 때 그 원래의 제목. 비원제목. 【原題】
원:조[1] 도와줌. ㉔다른 나라로부터 경제 원조를 받다. 【援助】
원조[2] ①한 겨레의 맨 처음 조상. 시조로 순화됨. ②어떤 일을 맨 처음 시작한 사람이나 사물. ㉔이 집이 막국수의 원조이다. 【元祖】
원주 원의 둘레. 【圓周】
원주민 그 땅에 본디부터 살고 있는 사람. 반이주민. 【原住民】
원주율 원의 지름과 둘레의 비율. 보통 3.14로 계산하며, 'π(파이)'로 나타냄. 【圓周率】
원천 ①물이 솟아나오는 원줄기. ②사물이 나거나 생기는 근원. ㉔국가 발전의 원천은 기술의 개발이다. 비근원. 【源泉】
원체 본디부터. 워낙. ㉔유빈이는 원체 붙임성이 좋다. 【元體】
원칙 여러 가지 경우에 공통되는 근본적인 법칙. ㉔다수결의 원칙. 비원리. 【原則】
원:컨대 바라건대. 바라는 것을 말하라고 하면.
원탁 둥근 탁자. 【圓卓】
원통[1] 위아래 어느 쪽도 막히지 않은 둥근 통. 【圓筒】
원통[2] 몹시 분하고 억울함. ㉔원통하게도 경기에 지다. -하다. -히.
원통형 둥근 통 모양.
원피스 윗도리와 치마가 한데 붙어 있는 여자 겉옷. 【one-piece】
원:하다 바라다. 하고자 하다.
원:한 몹시 원망스럽고 한이되는 생각. ㉔원한이 가슴에 사무치다. 준원.
【怨恨】
원형[1] 본디의 모양. ㉔원형 그대로 보존하다. 【原形】
원형[2] 둥근 모양. 원 모양. 【圓形】
원:호 도와 주며 보살핌. -하다.
원혼 원통하게 죽은 사람의 넋.
원활 일이 거침없이 잘 되어 나감. ㉔일이 원활하게 처리되다. -하다.
원효 대사〖사람〗[617~686] 신라 시대의 고승. 성은 설, 이름은 서당. '원효'는 호. 당나라로 유학가다가 도중에서 깨달은 바가 있어서 되돌아와 불교를 위해 크게 활동하였음. 저서에 〈금강삼매경론〉〈대승기신론소〉 등이 있음. 【元曉大師】
원흉 악한 무리의 우두머리.
월[1] '월요일'의 준말. 【月】

ㅇ

월[2] ①〔수를 나타내는 말 앞에 써서〕 한 달. ㉮우리 학교는 월 1회 현장 학습을 나간다. ②달을 세는 말. ㉮ 1월. 삼월. 【月】

월간 한 달에 한 번씩 펴냄, 또는 그 펴낸 것. ㉮월간 잡지. 【月刊】

월경 성숙한 여자의 자궁에서 정기적으로 출혈하는 생리적 현상.

월계관 ①월계수의 가지와 잎으로 엮어 만든 관. 지난날 그리스에서, 경기에 우승한 사람에게 씌워 주었음. ②우승의 영예. ㉮승리의 월계관. 【月桂冠】

월계수 지중해 연안이 원산지인 높이 10~20m의 늘푸른큰키나무. 준월계. 【月桂樹】

[월계수]

월광 달빛. 【月光】

월광곡 베토벤이 작곡한 유명한 피아노 소나타 제14번. 달빛을 주제로 하여 어느 가난하고 눈 먼 소녀를 위하여 즉흥적으로 작곡하였다고 함. 【月光曲】

월급 일한 삯으로 다달이 받는 돈. 비봉급. 【月給】

월남 남쪽으로 넘어옴. 삼팔선 또는 휴전선 이남으로 넘어옴. 반월북. -하다. 【越南】

월동[월똥] 겨울을 나는 것. 비겨울나기. 【越冬】

월드 컵 축구 대회 1930년 이래로 4년마다 열리는 국제 축구 대회. 우리 나라는 2002년에 일본과 공동 개최함.

월등[월뜽] 비교가 되지 않을 만큼 훨씬 뛰어남. ㉮실력이 월등하다. -하다. -히. 【越等】

월말 그 달의 마지막. ㉮월말 시험. 반월초. 【月末】

월미도〖지명〗 인천 광역시의 앞바다에 있던 섬. 지금은 육지와 연결되어 있음.

월반 학생의 학습 능력이 높아서 학년의 차례를 걸러서 상급반으로 오르는 일. -하다. 【越班】

월부 물건 값이나 빚을 다달이 얼마씩 갚아 가는 일. 【月賦】

월북 어떤 경계선을 지나 북쪽으로 넘어감. 반월남. 【越北】

월세 집이나 방 따위를 빌린 값으로 다달이 내는 돈. 비사글세.

월식[월씩] 지구가 태양과 달 사이에 들어가서 달의 한 쪽 또는 전체가 지구의 그림자에 가려지는 현상. ㉮개기 월식. 【月蝕】

월요일[워료일] 한 주의 둘째 날. 준월. 【月曜日】

월이율 기간의 단위가 1개월일 때의 이율. 【月利率】

월인석보[워린석뽀]〖책명〗 세종 때에 만들어진 '월인천강지곡'과 '석보상절'의 내용을 합쳐 1459년에 만든 책. 한글로 되어 있음.

월인천강지곡〖책명〗 조선 세종 대왕이 석가모니를 기리어 지은 노래, 또는 그것을 실은 책.

월정사 강원도의 오대산에 있는 절로, 신라 시대에 자장이 세웠음. 국보 제48호인 팔각 구층 석탑이 남아 있음. 【月精寺】

월정사 구(9)층 석탑 고려 시대의 대표적인 석탑. 강원도 오대산에 있음. 높이 15.2m. 국보 제48호.

월진회 윤봉길 의사가 농촌의 부흥을 위하여 만든 단체.

월척 낚시에서, 잡은 물고기의 길이가 한 자 남짓함, 또는 그 물고기. ㉮월척을 낚다. 【越尺】

월초 그달의 처음. 반월말. 【月初】

월출 달이 떠오름. 【月出】

월평균 한 달 동안을 하나의 단위로 삼아 내는 평균.

웨 한글의 홀소리 글자인 'ㅞ'의 이름.

웨딩 결혼식. 【wedding】
웨딩드레스 신부가 입는 서양식 혼례복. 【weddingdress】
웨딩마치 결혼 행진곡.
웨이터 서양식 식당이나 호텔 따위에서 음식을 나르거나 손님의 시중을 드는 남자 종업원. 【waiter】
웬걸 전혀 뜻밖의 일이 생겨 놀람을 나타냄. ㉑웬걸, 거북이가 토끼를 이긴 것이다.
웬:만큼 ①상당한 정도로. 꽤. ㉑영어에 웬만큼 자신이 생겼다. ②보통 이상으로. ㉑나는 웬만큼 아프지 않고는 울지 않는다.
웬:만하다 어지간하다. 그리 대단치 않다. ㉑상처가 웬만하다.
웬:일[웬닐] 어찌 된 일. ㉑네가 여기까지 웬일이냐?
웹 사이트 컴퓨터에서, 인터넷을 통하여 정보를 찾아볼 수 있는 데. 주소는 'http://~'로 시작함. 【web site】
위[1] ①높은 곳. 높은 쪽. ㉑벼랑 위에 매달리다. ②수가 어떤 것에 비하여 많은 편. ㉑나는 동생보다 한 살 위이다.
위[2] 식도와 십이지장 사이에 있는, 주머니 모양의 소화 기관. 【胃】
위[3] 차례나 등급을 나타내는 말. ㉑1위. 2위. 비등. 【位】
위[4] 한글의 홀소리 글자인 'ㅟ'의 이름.
위급 위태롭고 급함. 위험이 곧 닥쳐올 것 같음. ㉑위급한 일이 발생하다. －하다. 【危急】
위기 위험한 순간. 위급한 시기.
위기감 곧 위험이 닥칠 수 있다는 느낌이나 생각.
위대 힘이나 업적 등이 뛰어나고 훌륭함. ㉑위대한 업적을 남기다. －하다. 【偉大】
위도 적도를 0℃로 하여 남북으로 각각 평행하게 90°로 나누어 지구의 위치를 나타내는 선(좌표). 반경도. 준위. 【緯度】
위독 병세가 매우 중하여 생명이 위태로움. ㉑생명이 위독하다. 비위태. 위급. －하다.
위뜸 길게 퍼져 있는 마을에서 위쪽에 있는 부분. 반아래뜸.
위력 남을 복종시키는 강한 힘. 떨치는 힘. ㉑무서운 위력을 가진 핵폭탄. 【威力】
위령탑 죽은 사람의 혼령을 위로하고 추모하기 위해 세운 탑.
위례성 백제 초기의 도읍지. 온조왕이 부여로부터 내려와 처음으로 도읍을 정한 곳. 지금의 남한 산성으로 예상됨. 【慰禮城】
위로 수고나 괴로움을 잊게 하여 마음을 편하게 함. ㉑일꾼들을 위로하다. 비위안. －하다.
위만〖사람〗 단군과 기자의 뒤를 이은 고조선의 새 지도자. 【衛滿】
위만 조선[기원전 194~108] 위만이 준왕을 몰아내고 지금의 대동강 유역에 세운 고조선의 마지막 나라. 후에 중국 한나라에게 망함.
위문 재난·병 등으로 고통을 당하는 사람이나 수고하는 사람을 찾아가서 위로함. ㉑고아원에 위문가다. －하다. 【慰問】
위문 편지 위로하는 뜻으로 보내는 편지.
위문품 군대나 사회 사업 기관 따위를 위문하기 위하여 보내는 여러 가지 물건.
위반 정한 것을 어김. ㉑교칙을 위반하다. 비위배. －하다.
위배 지켜야 할 규칙을 지키지 않고 어기는 것. 도리에 어긋나는 것. ㉑경기 규칙에 위배되는 행동. 비행동.
위법 국가의 법을 위반함. 불법. 반적법. 합법. 【違法】

ㅇ

위상 어떤 개인이나 단체에 대하여 사회의 많은 사람이 인정해 주는 수준이나 지위. ㉠월드컵으로 한국의 위상이 높아졌다. 【位相】

위생 건강을 지키고 병의 예방과 치료에 힘쓰는 일. ㉠위생 검사를 실시하다. 【衛生】

위생병 병이나 상처를 치료하는 일을 맡은 병사.

위생복 위생을 지키기 위하여 입는 하얀 겉옷.

위생비 위생을 위한 설비나 예방·치료에 쓰이는 비용.

위생적 위생에 알맞은 것. ㉠물은 끓여 먹는 것이 위생적이다. 반비위생적.

위선[1] 지도 위에 가로로 그어져 있는 선. 위도. 반경선. 【緯線】

위선[2] 겉으로만 착한 체함, 또는 겉치레로 보이는 선행. ㉠위선자. 반위악. -하다. 【僞善】

ㅇ

위선자 겉으로 착한 체하는 사람.

위성 행성의 둘레를 도는 작은 천체.

위성 관측소 태양계의 행성이나 천체를 살펴 헤아리는 곳.

위성국 '위성 국가'의 준말.

위성 국가 강대국의 주위에 있어 그 나라의 보호·지배를 받고 있는 국력이 작은 나라. 준위성국.

위성 도시 대도시 주변에 있으면서 대도시와 깊은 관계를 맺고 있는 작은 도시. 수도의 경우에는 그 위성 도시를 포함해서 수도권이라 함〔의정부시·과천시·안양시·성남시·안산시 등은 서울의 위성 도시임〕. 【衛星都市】

위성 사진 인공 위성에서 지구나 그 밖의 별을 찍은 사진.

위성 중계 방송 어떤 나라의 방송국에서 방송되는 내용을 통신위성이 중간에서 다른 나라의 방송국에 이어 주는 방법에 의해 방송되는 것.

위성 통신 인공 위성이 중계소 구실을 하는 장거리 통신 방법.

위세 ①사람을 두렵게 여기게 하고 복종시키는 힘. ㉠그 사람의 위세에 꺽이다. ②맹렬한 세력. ㉠위세 당당하다. 【威勢】

위스키 보리·밀 따위를 효모로 발효시켜 만든 매우 도수가 높은 서양 술. 【whiskey】

위시하다 여럿을 차례로 들어 말할 때, 어떤 대상을 시작이나 첫째로 삼다. ㉠너를 위시하여 모두들 엄마의 일을 도와야 한다.

위신 신분·지위·역할 때문에 남의 존중을 받는 것. ㉠위신을 세우다.

위안 마음을 즐겁고 편하게 함. ㉠친구의 따뜻한 위안을 받다. 비위로. -하다. 【慰安】

위안 스카이〖사람〗[1859~1916] 청나라의 총리대신을 지내고, 청나라가 망한 후 중국의 초대 대총통을 지낸 정치가. 1882년 조선에 머물러 있으면서 우리 나라 정치에 간섭했음. 원세개.

위암 위에 생기는 암.

위압 힘으로써 강제로 억누름. -하다. 【威壓】

위압감 기분이나 마음으로 부당하게 압력을 받는다는 느낌. ㉠경찰서는 사람들에게 위압감을 준다.

위액 소화를 시키기 위해 위에서 내보내는 액체.

위엄 존경하고 어려워할 만큼 듬직한 겉모습. ㉠위엄있게 타이르다.

위업 위대한 사업이나 업적.

위염 위의 벽에 염증이 생기는 병.

위원 단체에서 선거 또는 지명에 의하여 어떤 사무를 맡은 사람. ㉠심사 위원. 【委員】

위원단 특정한 목적을 이루기 위한 위원들의 단체. ㉠심사 위원단.

위원장 위원회의 책임자.
위원회 어떤 일에 대하여 그 처리를 맡은 사람들의 모임. ㉥사건 조사 위원회. 【委員會】
위인 뛰어난 사람. 역사적으로 훌륭한 일을 한 사람. 【偉人】
위인전 훌륭한 일을 한 사람의 일생에 대하여 써 놓은 책. ㉥위인전을 읽다. 【偉人傳】
위임 일이나 처리를 남에게 맡김.
위임장 어떤 사람에게 일정한 일을 위임한다는 뜻을 적은 서류.
위자료 재산·생명·신분·명예 등에 해를 입었을 때 받는, 정신적 고통과 손해를 배상하는 돈.
위장[1] 소화 기관의 하나인 위. 【胃臟】
위장[2] 본래의 속셈이나 모습이 드러나지 않도록 거짓으로 꾸밈. -되다. -하다. 【僞裝】
위조 거짓을 진짜처럼 만듦. ㉥서류를 위조하다. -하다.
위조 지폐 진짜와 비슷하게 만든 가짜 지폐.
위주 무엇을 가장 중요한 것으로 삼음. ㉥시험 위주로 공부하다.
위중 병의 증세가 위험할 정도로 대단함. ㉥병이 매우 위중한 상태다. -하다. 【危重】
위증 거짓으로 증명하거나 허위로 증언하는 일. -하다. 【僞證】
위축 시들어서 우그러지고 쪼그라듦. ㉥추위에 식물이 위축되다. ②졸아들고 펴지지 못함. ㉥잘못을 저질러 마음이 위축되다. -하다.
위치 ①자리. 지위. ㉥직장에서 높은 위치에 있다. ②곳. 장소. ㉥도서관의 위치. -하다. 【位置】
위치 에너지 높은 곳에 있는 물체가 떨어질 때까지 일을 할 수 있는 힘.
위탁 남에게 맡김. ㉥물건을 위탁하다. -하다. 【委託】
위태 마음을 놓을 수 없는 어려운 형편. -하다. 【危殆】
위태롭다 보기에 위태하다.
위태위태하다 매우 위태하다. ㉥목발에 의지한 채 걷는 철민의 걸음이 위태위태하게 보였다.
위트 남을 즐겁게 하는 재미 있는 말이나 행동. 【wit】
위패 모시는 신주의 이름을 적은 나무 패. 【位牌】
위풍당당하다 남을 압도할 만큼 풍채가 위엄이 있다. 크거나 화려하여 남에게 주는 인상이 대단하다. ㉥위풍당당한 아버지의 모습.
위:하다 ①잘 되도록 도우려 생각하다. ②이롭게 하다. ㉥성공하기 위하여 열심히 노력하다. ③소중하게 여기어 보호하거나 사랑하다.
위험 위태로움. 안전하지 못함. 비위태. 반안전. -하다. -스럽다.
위험도 위험스러운 정도.
위험성 위험한 성질. 위험해질 가능성. ㉥다리가 무너질 위험성이 있다. 【危險性】
위험 수위 강이나 바다가 물이 넘쳐 홍수가 일어날 우려가 있을 정도의 물 높이.
위험천만하다 몹시 위험하다. ㉥불장난은 위험천만한 것이다.
위협 힘으로 누르고 두려움을 갖게 함. ㉥강도에게 위협받다. 비협박. -하다. 【威脅】
위화감 서로 잘 어울리지 않아서 생기는 어설픈 느낌.
위화도 회군 고려 말기(1388)에 이성계가 왕명으로 요동을 치러 가던 도중, 압록강의 위화도에서 군대를 돌이키어 개경으로 쳐들어와 왕을 내쫓고 최영을 유배시킨 사건. 이로써 이성계는 조선 건국의 기반을 닦음. 【威化島回軍】
윈도 컴퓨터에서, 주로 모니터에 나타나는 그림으로 된 기호를 써서 다른

여러 프로그램을 사용할 수 있게 해주는 기본 프로그램. 【window】

윌슨【사람】[1856~1924] 미국의 제28대 대통령. 제1차 세계 대전 당시 민족자결주의를 부르짖었으며, 국제 연맹 창설과 세계 평화에 기여한 공으로 노벨 평화상을 받았음. 【Wilson】

윗니[윈니] 윗잇몸에 난 이. 반아랫니.

윗도리[위또리] 윗몸에 입는 옷. 비윗옷. 반아랫도리.

윗동네 위쪽에 있는 동네. 윗마을. 반아랫동네.

윗면[윈면] 물건의 위쪽이 되는 겉. 또는 입체 도형의 위쪽면 반밑면. 아랫면.

윗목[윈목] 온돌방의 위쪽. 방에서 굴뚝이 있는 쪽에 가까운 방바닥. 반아랫목.

윗몸일으키기[윈모미르키기] 바로 누어서 다리를 움직이지 않고 몸의 허리 윗부분을 앞뒤로 굽혔다 폈다 하는 운동.

윗물[윈물] 강이나 내의 상류 쪽의 물. 반아랫물.

윗방 잇달아 있는 두 방의 위쪽에 있는 방. 반아랫방.

윗변[위뼌] 사다리꼴에서 위의 변. 반아랫변.

윗사람 ①친척으로 자기보다 나이나 항렬이 위인 사람. ②사회 생활에서 자기보다 신분이나 지위가 위인 사람. 반아랫사람.

윗옷[위돋] 윗몸에 입는 옷. 웃통. 비윗도리. 반아래옷.

윗자리[위짜리] ①윗사람이 앉는 자리. 비상석. ②높은 지위, 또는 그런 지위에 있는 사람. 반아랫자리.

윙윙거리다 ①바람이 매섭게 불어대는 소리가 나다. ②날벌레 따위가 빠른 속도록 주변을 맴돌거나 빨리 지나가는 소리가 나다. 비윙윙대다. 〉왕왕거리다.

윙크 상대에게 무엇을 표시하려고 한 쪽 눈을 깜박여서 하는 눈짓. -하다. 【wink】

유[1] 한글의 홀소리 글자인 'ㅠ'의 이름.

유[2] 있음. 반무. 【有】

유가족 죽은 사람의 뒤에 살아남은 가족. 비유족. 【遺家族】

유감 ①마음에 섭섭함. 예함께 여행을 못 가서 유감이다. ②언짢게 여기는 마음. 【遺憾】

유감스럽다 섭섭하거나 불만족스러운 데가 있다.

유격수 야구 경기에서, 2루와 3루 사이를 지키는 내야수.

유고슬라비아【나라】 유럽 대륙의 남동부 발칸 반도 중부에 있는 공화국. 산과 고원 지대가 많으며 국민의 80%가 농민임. 밀·보리·담배 등이 생산됨. 수도는 베오그라드. 【Yugoslavia】

유골 화장한 뒤나 무덤 속에서 나온 죽은 사람의 뼈. 비유해.

유공자 공로가 있는 사람. 예국가 유공자. 【有功者】

유과 쌀가루나 밀가루의 반죽을 여러 가지 모양으로 낸 조각을 기름에 튀겨서 꿀이나 조청을 바른 과자. 비유밀과. 【油菓】

유관순【사람】[1904~1920] 여성 독립 운동가. 충청 남도 천안에서 출생. 3·1 운동때 독립 만세를 부르다 옥에 갇혀 숨진 소녀. 이화학당 1학년 때 고향에 내려가 독립 운동에 참가했음. 【柳寬順】

유괴 대개 어린이를 속여서 꾀어 내는 일. 예어린이 유괴범. -하다.

유교 공자를 시조로 정치·도덕의 실천을 주장한 유학의 가르침. 사서 삼경을 경전으로 함. 비유학.

ㅇ

유구 연대가 아득히 오래 됨. ㉠유구한 민족 문화 연구. ㉥유원. -하다. 【悠久】

유:구무언 입은 있으나 할 말이 없다는 뜻으로, 변명할 말이 없는 것을 말함. 【有口無言】

유구하다 아득하게 오래다. 매우 길고 오래다. ㉠유구한 역사.

유:권 권리가 있음. ㉠유권자.

유:권자 선거할 권리를 가진 사람.

유급 학년이 오르지 못하고 그 학년에 다시 남는 것. -되다. -하다.

유기¹ 놋쇠로 만든 그릇. ㉥놋그릇.

유:기² 기간이 정해져 있는 것. ㉠유기 정학. ㉦무기. 【有期】

유:기³ ①생명체에서 생긴 것이나, 생명력이 있고 생활력을 가지고 있는 것. ㉠유기 농법. ②탄소를 주성분으로 하여 구성되어 있는 것. ㉠유기 비료. ㉦무기. 【有機】

유:기농 농약을 쓰지 않고 하는 농업. ㉠유기농 채소.

유:기물 ①생활체를 구성하고 그 기관을 조직하는 물질. ②유기 화합물. ㉦무기물.

유길준〖사람〗[1856~1914] 조선 시대 말기의 개화 운동가. 지은 책으로는 〈서유견문〉〈대한문전〉 따위가 있음. 호는 구당. 【兪吉濬】

유:난 보통과 다름. ㉠달이 유난히도 밝다. -하다. -히.

유:난히 다른 것에 비하여 매우 두드러지게. 여럿 중에서 특별히 다르게. ㉠유난히 키가 큰 아이.

유네스코 '국제 연합 교육 과학 문화 기구'의 영어 이름을 줄인 말. 교육·과학·문화를 통하여 각 나라 사이의 이해를 깊게 하며 세계 평화에 이바지함을 그 목적으로 함. 【UNESCO】

유년 나이 어린 때, 또는 어린 사람.

유년기 어린이의 성장·발달의 한 단계로 유아기와 소년기의 중간 시기. 【幼年期】

유념 마음에 새기고 생각함. ㉥유의. -하다. 【留念】

유:능 재주나 능력이 뛰어남. ㉦무능. -하다. 【有能】

유니세프 '국제 연합 아동 기금'의 영어 이름을 줄인 말. 개발 도상국의 아동 복지 향상 및 건강 개선을 목적으로 1946년 설립된 유엔 전문 기구의 하나. 【UNICEF】

유니폼 ①교복. 제복. ②선수들의 운동복. ㉦사복. 【uniform】

유:단자 검도·유도·태권도·바둑·장기 등에서 초단 이상인 사람을 일컫는 말.

유:달리 보통 이상으로 특별하게 ㉠소쩍새 소리가 오늘따라 유달리 구슬프게 들린다.

유달산[유달싼] 전라 남도 목포 시가를 둘러싸고 있는 산. 전라 남도의 소금강으로 알려졌음. 높이 228m.

유대¹ 여러 개인이나 단체들을 연결시키는 관계. ㉠이웃과의 유대를 강화하다. 【紐帶】

유대²〖나라〗 기원전 10~6세기경 지금의 팔레스타인 지방에 있었던 유대인 왕국. 유태. 【Judea】

유대감 여러 개인이나 단체들 사이를 이어 주는 공통된 느낌.

유대교 모세의 가르침을 기초로 기원전 4세기경부터 발달한 유대인의 민족 종교.

유대인 팔레스타인을 원주지로 하는 셈 족의 일파인 아랍족의 일부. 이스라엘 인. '유태인'이라고도 함.

유도¹ 공격·방어하는 기술을 쓰면서 맨손으로 상대자를 넘어뜨리는 무술의 하나. ㉠유도 선수. 【柔道】

유도² 어떤 방향으로 나아가도록 이끄는 것. -하다. 【誘導】

유독 나머지 것들과는 다르게. 홀로. 별나게. ㉕많은 사람들 중에 유독 진수만 눈에 띄었다.

유독 가스 독이 있어 생물에게 큰 해가 되는 기체.

유동성[유동썽] 액체처럼 흘러 움직이는 성질.

유두 음력 유월 보름날로, 우리 나라 명절의 하나. 【流頭】

유들유들하다 당황하거나 부끄러워하지 않고 뻔뻔스럽다. ㉕유들유들한 성격.

유라시아 유럽과 아시아 대륙을 함께 일컫는 말. 【Eurasia】

유람 여러 곳을 두루 돌아다니며 구경하는 것. ㉕팔도 강산을 유람하다. －하다. 【遊覽】

유람선 관광이나 유람용으로 사용되는 여객선. 【遊覽船】

유랑 일정한 목적 없이 떠돌아 다님. －하다. 【流浪】

유래 어떤 일의 내력. ㉕학교의 유래에 대한 설명. －하다.

유:럽 아시아의 북서쪽에 있는 6대주의 하나. 【Europe】

유럽 연합 1994년에 유럽 공동체에 속한 12개국이 유럽의 정치적·경제적 통합을 위해 조약을 맺어 생긴 조직체. 본부는 벨기에의 브뤼셀에 있음. 약칭은 이유(EU).

유:력 ①세력이 있음. ②희망이나 전망이 있음. ㉕당선이 유력하다. －하다. 【有力】

유령 ①죽은 사람의 혼령. ②이름뿐이고 실제는 없는 것. ㉕유령 회사.

유:례 같거나 비슷한 예. ㉕유례없이 성적이 좋다. 【類例】

유:료 요금을 내게 되어 있는 것. ㉕유료 주차장. 㖿무료.

유리[1] 석영(차돌)을 원료로 해서 만든 투명하고 단단하며 잘 깨지는 물건. ㉕유리 그릇. 【琉璃】

유:리[2] 이익이 있음. ㉕유리한 싸움. 㖿불리. －하다. 【有利】

유리관 주로 화학 실험에 쓰는 유리로 만든 대롱.

유리 등피 램프에 덧씌워 불을 반사시키는 유리 덮개.

유리 막대 길고 가는 유리로 만든 막대기. 주로 과학 실험에서 용액을 젓는 일에 씀.

유리병 유리로 만들어진 목이 좁은 그릇.

유:리수 정수와 분수, 또는 모든 양의 유리수와, 0과 모든 음의 유리수를 통틀은 수. 㖿무리수.【有理數】

유리창 유리를 끼운 창.

유리판 유리로 만든 편평한 판.

유:리하다 누구에게 이롭다. 㖿불리하다.

유린 함부로 남의 권리를 짓밟음.

유:망 희망이 있음. 앞으로 잘 될 듯함. ㉕앞길이 유망한 학생. －하다.【有望】

유:망주 어떤 분야에서 장래가 기대되는 사람. 【有望株】

유머 남을 웃기는 부드럽고 재치있는 말이나 짓. 㖵해학. 【humor】

유머레스크 익살스럽고 경쾌한 곡〔특히 드보르자크의 작품이 유명함〕. 【humoresque】

유:명 이름이 널리 알려져 있음. ㉕유명한 선수. 㖵저명. 㖿무명. －하다. 【有明】

유모 남의 아이를 그 어머니 대신 젖을 먹여 길러 주는 여자. 젖어머니.

유모차 어린아이를 태워서 밀거나 끌고 다니게 만든 자그마한 차. 유아차.

[유모차]

유목 풀과 물이 있는 곳으로 옮겨 다니면서 소·양·말 따위의 가축을 치는 일. －하다. 【遊牧】

유목민 소·말·양 등의 가축을 기르는 것을 업으로 삼고, 풀과 물이 있는 곳을 찾아다니며 집을 옮겨 사는 사람들. 【遊牧民】

유:무 있음과 없음. 【有無】

유물 옛 사람이 남긴 물건. ㉠신라의 유물을 발견하다. 【遺物】

유민 없어진 나라의 남아 있는 백성. ㉠고구려의 유민.

유민사 떠돌아다니는 백성들의 역사.

유발 어떤 사건이나 현상을 일어나게 하는 것. -하다.

유방 사람이나 동물의 가슴이나 배에 달려 있으면서 젖을 만드는 불룩한 부분. 비젖. 젖가슴.

유배 옛날에, 왕이나 나라에 대해 죄를 지은 사람을 먼 곳으로 보내어 머물게 하던 형벌. 비귀양.

유:별 구별이 있음. 다름이 있음. ㉠남녀 유별. -하다. -스럽다. -히.

유복 살림이 넉넉함. ㉠유복한 가정에서 태어나다. -하다.

유복자 어머니의 뱃속에 있을 때 아버지를 여의고 태어난 자식.

유부 기름에 튀긴 두부. ㉠유부 초밥. 【油腐】

유:부남 아내가 있는 남자. 반유부녀. 【有婦男】

유:부녀 남편이 있는 여자. 반유부남. 【有夫女】

유:사 서로 비슷함. 【類似】

유:사시 비상한 일이 생겼을 때. ㉠유사시 피난 장소. 【有事時】

유:사품 어떠한 물건과 비슷하게 만든 가짜 물품. 모조품.

유산[1] 죽은 사람이 남겨 놓은 재산. ㉠유산을 물려받다. 【遺産】

유산[2] 태아가 달이 차기 전에 죽어서 나옴. -하다. 【流産】

유산균 당류를 분해하여 젖산으로 만드는 세균. 비젖산균.

유생 옛날에, 유교를 받들고 유학을 연구하는 선비.

유:생물 생명이 있는 것.

유서 죽은 사람이 남긴 유언을 적은 글. 【遺書】

유:선 미리 설치된 전선을 통한 방송이나 통신 방법. ㉠유선 전화. 반무선. 【有線】

유선 방송 일정한 지역에서 전선을 사용하여 하는 방송.

유선 전화 전화선이 연결되어 통하는 전화. 반무선 전화.

유선형 물이나 공기 같은 것의 저항을 가장 적게 받기 위하여 곡선으로 앞 부부을 뾰족하게 만든 꼴 〔자동차·비행기·배 등의 모양에 응용함〕.

유성[1] 우주 공간을 떠돌던 별 부스러기가 지구로 떨어질 때, 공기와의 마찰로 타서 밝은 빛을 내는 것. 비별똥별. 【流星】

유성[2] 기름의 성질을 띤 것. ㉠유성 페인트. 【油性】

유성룡〖사람〗[1542~1607] 조선 선조 때의 높은 신하. 호는 서애. 남긴 책으로 〈서애집〉〈징비록〉 등이 있음. 【柳成龍】

유성 물감 물에는 녹지 않고, 기름에 잘 녹는 물감. 유화를 그리는 데 씀.

유:세[1] 자랑삼아 세도를 부림. ㉠유세부리지 말아라. -하다. 【有勢】

유세[2] 선거를 앞두고 후보들이나 후보를 돕는 사람들이 여러 곳을 다니면서 정견·공약·주장 등을 설명하고 선전하는 일. 【遊說】

유수[1] 조선 시대에 서울 이외의 개성·강화·광주·수원·춘천 등의 요긴한 곳을 맡아 다스리던 정이품 벼슬. 【留守】

유:수[2] 어떤 분야에서 세력이나 능력·명성 따위가 손꼽힐 만큼 매우 두드러진 것. ㉠세계 유수의 기업. 유수한 인재. 【有數】

유수[3] 흐르는 물. ㉠세월이 유수와 같이 빠르다. 【流水】
유숙 남의 집에 묵음. ㉠하룻밤 유숙하고 떠나다. -하다.
유순 성질이 부드럽고 온순함. ㉠유순한 동물. -하다. -히.
유시 타일러 훈계함. 관청에서 말이나 문서로써 타일러 가르침. -하다. 【諭示】
유:식 아는 것이 많거나 학식이 있는 것. ㉠유식한 사람. 반무식. -하다. 【有識】
유신 헌법 1972년 11월 12일 국민 투표에 붙여 그 해 12월 27일에 공포된 제4공화국의 헌법. 1980년 10월 22일에 폐지됨.
유실[1] 물에 떠내려가서 없어짐. -하다. 【流失】
유실[2] 갖고 있던 물건을 잃어 버림. ㉠유실물 보관 장소. 비분실. -하다. 【遺失】
유실물 센터 사람들이 잃어버린 물건을 모아두고 찾아 가게 하는 곳.
유:실수[유실쑤] 열매가 열리는 나무〔밤나무·대추나무·사과나무 등〕. 【有實樹】
유:심하다 주의를 기울이다. ㉠주의를 유심히 관찰하다. 반무심하다.
유:심히 주의 깊게. 관심을 가지고. ㉠학생들의 행동을 유심히 지켜보다.
유아 젖먹이〔태어나서 1년이 안된 아이〕. 【幼兒】
유아기 모유나 우유로 양육되는 생후 약 1년간의 시기.
유아등 곤충이 빛에 모여드는 성질을 이용하여 밤에 산이나 들에 불을 켜서 해충을 잡는 등불.
유아원 유치원에 들어갈 나이가 안 된 어린아이들을 돌보고 가르치는 시설. 【幼兒園】
유약 도자기를 구울 때, 도자기의 몸에 광택이 나도록 덧씌우는 약. 잿물. 【釉藥】
유약하다[유아카다] 어리고 군세지 못하다. ㉠유약한 아이.
유언 사람이 죽을 때, 마지막으로 남기는 말. -하다. 【遺言】
유언 비어 아무 근거 없이 널리 퍼진 소문. 터무니없이 떠도는 말. 비뜬소문. 【流言蜚語】
유언장 유언을 적어 놓은 글. 유언서. 【遺言狀】
유에프오 확실히 알려지지 않은 비행 물체. 미확인 비행 물체. 비행접시. 【UFO】
유엔 ⇨국제 연합. 【UN】
유엔군 국제 연합에 가입한 나라의 군인들로 이루어진 군대. 국제 연합군. 【UN軍】
유엔 사무 총장 국제 연합 사무국의 우두머리.
유엔 총회 국제 연합 총회. 1945년에 미국·영국·중국·러시아 등이 중심이 되어 제2차 세계 대전 후의 세계 평화를 유지하기 위하여 조직된 국제 기구의 가맹국으로 구성되는 총회.
유엔 한국 위원단 1947년 11월에 유엔에 설립되었던 한국의 통일을 위한 임시 기구. 1948년 5월 10일 총선거 실시와 정부 수립에 이바지하였음.
유역 강이나 내가 흘러가는 언저리의 지역. ㉠금강 유역.
유연 부드럽고 연함. ㉠체조 선수들은 몸이 유연하다. -하다. -히.
유연성 몸의 움직임이 부드러우면서도 힘이 있고 자유로운 성질. ㉠몸의 유연성을 기르다. 반경직성. 【柔軟性】
유:연탄 태울 때 연기가 나는 석탄.
유:용 이용할 데가 있음. 소용이 됨. ㉠유용한 지하 자원. 비소용. 반무

용. -하다. 【有用】

유원지 놀기 좋게 시설된 곳.

유월 한 해의 여섯째 달. ×육월.

유월 유두 ⇨유두.

유유히 ①한가하고 여유 있게. ㉠유유히 흐르는 강물. ②멀고 아득하게. ㉠유유히 사라지다.

유:의 마음에 두어 조심함. ㉠어머님 말씀을 유의해서 듣다. 비유념. 유심. -하다. 【留意】

유의점[유이쩜] 잊지 않고 조심해야 할 것. 【留意點】

유:익 도움이 되고 이로움. ㉠유익한 소식. 반무익. -하다. 【有益】

유인 꾀어 냄. ㉠어린이를 유인하다. -하다. 【誘引】

유:인원 고릴라·침팬지처럼 사람과 비슷한 동물로, 지능이 높고 앞다리의 발가락이 발달했고 거의 바로 서는 짐승. 【類人猿】

유일 오직 하나임. 오직 그것 하나. ㉠유일한 고향 친구. -하다.

유일무이하다 오직 하나뿐이다.

유일신 오직 한 분뿐인 신.

유입 흘러 들어오는 것. -되다.【流入】

유:자 어른 주먹만큼 크고 둥글며 샛노랗고 맛이 아주 시어서 주로 설탕이나 꿀에 섞어서 차를 달여 마시는, 귤 비슷한 과일. 【柚子】

유적 남은 자취. ㉠신라의 유적지. 비사적. 【遺跡】

유적지 ①옛날의 건물 따위가 있었던 장소. 사적지. ②패총·고분 등 고고학적 유물이 있는 곳. ③고인이 남긴 영지. 【遺跡地】

유전[1] 석유가 땅 속에 있거나 생산되는 곳. 【油田】

유전[2] 조상으로부터 자손에게 몸의 모양이나 성질이 전하여지는 현상. -되다. -하다. 【遺傳】

유전 공학 생물의 유전자를 인공으로 합성·변형하여 생물을 대량 생산하거나, 유전이 되는 병을 치료하는 방법을 연구하는 학문.

유전자 생물체의 세포 속에 들어 있어서 자손에게 물려줄 유전의 내용을 담고 있는 물질.

유점사 금강산에 있는 절 이름.

유정〖사람〗⇨사명당.

유제품 우유를 가공하여 만든 식품〔버터·치즈·연유·분유 등〕.

[유조선]

유조선 석유를 전문적으로 실어 나르는 배.

유족 죽은 사람의 뒤에 남은 가족. ㉠유족을 만나다. 비유가족.

유:종 끝을 잘 맺음. ㉠유종의 미를 거두다. -하다. 【有終】

유종의 미 일의 마무리가 만족스럽게 잘 되는 것. ㉠최선을 다하여 유종의 미를 거두자.

유:죄 죄가 있음. ㉠유죄로 판결나다. 반무죄. 【有罪】

유:지[1] 지니어 감. 지탱하여 감. ㉠건강을 유지하다. -하다. 【維持】

유:지[2] 어떤 지역에서 이름 있고 영향을 가진 사람. 【有志】

유지류 주로 동물이나 식물에 들어 있는 지방이나 기름 따위.

유창 글을 읽거나 하는 말이 거침이 없음. ㉠일본어를 유창하게 한다. -하다. -히. 【流暢】

유채 잎과 줄기는 나물로 먹고 씨는 기름을 짜는, 봄에 노란 꽃이 피는 식물. 【油菜】

유:채색 색을 가진 빛깔〔빨강·노랑·파랑 등〕. 반무채색.

유채화[1] 기름에 녹인 그림물감으로 그린 그림.

유채화[2] 겨자과에 속하는 식물의 꽃. 유채는 봄에 노란꽃이 피며, 씨는 기름을 짜서 먹음. 평지꽃.

유:추 어떤 알려진 사실과 비교하여 다른 모르는 사실을 짐작하는 것. -하다. 【類推】

유:축 농업 가축을 길러 노동력을 경작에 이용하고 또 거기서 생기는 거름도 이용하며, 수확의 일부를 먹이로 하는 농업 경영 방법.

유출 밖으로 흘러 나감, 또는 흘러나옴. (예)시험지가 유출되다. -하다. 【流出】

유충 곤충이 다 자라기 전에 알에서 깨어 자라는 시기에 있는 벌레. (반)성충. 【幼蟲】

유치[1] ①나이가 어림. (예)유치원생. (비)유소. ②정도가 낮거나 미숙함. (예)유치한 행동. -하다. 【幼稚】

유치[2] 사람이나 물건을 일정한 곳에 잡아 가둠. -하다. 【留置】

유치[3] 남의 마음에 들게 하여 행사나 사업이나 거래를 특정한 곳에서 벌이게 하는 것. -하다. 【誘致】

유치원 초등 학교에 들어가기 전의 어린이들을 보육하여 그 성장발달을 도모하는 교육 시설.

유치장 경찰서에서 법을 어긴 사람들을 임시로 가두어 두는 방.

유쾌 즐겁고 기분이 좋음. (예)기분이 유쾌하다. (비)상쾌. (반)불쾌. -하다.

유토피아 사람들이 가장 좋다고 생각하는 이상적인 사회. 【Utopia】

유통 ①거침없이 흐름. ②세상에 두루 쓰임. -하다. 【流通】

유통 경로 상품이 생산지로부터 소비자에게까지 이동되는 과정.

유통 기한 먹을 거리나 약같은 상품이 유통될 수 있는 기한.

유통업 상품을 생산자·상인·소비자 사이에 잘 통하도록 하는 일, 또는 그러한 직업.

유틀란트 반도【지명】 독일 북쪽에 있는 반도. 반도의 대부분을 덴마크가 차지하고 있음.

유품 죽은 사람이 생전에 쓰다가 남긴 물건. (비)유물. 【遺品】

유프라테스 강【지명】 터키와 시리아를 지나 이라크의 메소포타미아 평야를 흐르는 강. 이 유역은 옛 서남 아시아의 문명의 발상지임.

유하다[1] 머무르다. 자다. (예)여관에서 유하다.

유하다[2] 부드럽다. (예)마음이 유한 소녀. (반)강하다.

유학[1] 본국을 떠나 외국에 일시 머물러 있으면서 공부함. (예)유학을 가다. -하다. 【留學】

유학[2] 공자의 사상을 중심으로 지난날 중국의 정치와 도덕을 실천하던 학문. (비)유교. 【儒學】

유학생 외국에 머물면서 학문이나 예술 따위를 공부하는 학생.

유학자 옛날에, 유학을 공부하는 사람. 【儒學者】

유한[1] 원한을 남김, 또는 잊을 수 없는 원한. 【遺恨】

유:한[2] 일정한 한도가 있음. (예)유한 숫자. (반)무한. -하다. 【有限】

유해[1] ①죽은 사람의 몸. ②유골. 죽은 사람의 뼈. 【遺骸】

유:해[2] 건강에 해로운 것. (반)무해. -하다. 【有害】

유행 ①어떤 시기에 사회의 일부나 전체에 두루 퍼지는 몸짓·옷차림·문화 따위에 대한 취미. ②전염병이 널리 퍼지는 것. -하다. 【流行】

유:형 비슷한 모양이나 본. (예)비슷한 유형으로 구분하다.

유형 문화재 역사적으로나 예술적으로 가치가 큰 문화적 유산으로, 형체가 있어 눈으로 볼 수 있는 문화재〔건축·조각·책·예술품 등〕. (반)무형 문화재.

유형원【사람】[1622~1673] 조선 효종 때의 실학자. 〈반계수록〉을 지

어 토지 제도의 개혁 등을 주장하였음. 【柳馨遠】

유혹 ①남을 꾀어서 정신을 어지럽게 함. ㉮물질의 유혹에 빠지지 말라. ②그릇된 길로 꾐.

유화 물감을 기름에 섞어서 그리는 서양식 그림. 【油畵】

유황 불에 타면 고약한 냄새가 나고 화약이나 성냥의 원료로 쓰이는 물질. 【硫黃】

유:효 효과가 있음. ㉮식품의 유효 기간이 지났다. 반무효. 【有效】

유희 재미있게 놂. 비놀이.

육 숫자 6의 한자 이름으로 '여섯'을 뜻함. 【六】

육각기둥 밑면이 육각형이고 옆면이 여섯 개인 각기둥.

육각형 여섯 개의 직선으로 싸인 평면도형. 육모꼴.

육교 큰길을 건너기 위하여 차도 위에 놓은 다리.

육군 땅에서 전투 및 방어를 맡은 군대. 【陸軍】

육(6)대주 아시아·아프리카·유럽·오세아니아·남아메리카·북아메리카의 여섯 주를 이르는 말.

육로[융노] 육지의 길. 반수로.

육류[융뉴] 먹을 수 있는 짐승의 고기[소·돼지·닭 따위].

육박전 직접 맞붙어서 손이나 주먹 등으로 마주 덤비어 싸우는 전투. ㉮육박전이 벌어지다.

육박하다[육빠카다] ①어떤 수준에 매우 가까이 다가가다. ㉮위암 치료율이 90%에 육박한다고 한다. ②가까이 바싹 덤벼들다. ㉮점점 적군이 육박해 들어온다.

육(6)방 조선 시대 지방 관청에 두었던 이방·호방·예방·병방·형방·공방의 여섯 기관. 중앙의 육조와 비슷한 일을 맡아 보았음.

육사 '육군 사관 학교'를 줄인 말.

육상 ①땅의 거죽. 육지. ㉮육상 교통. ②'육상 경기'를 줄인 말. ㉮육상 선수. 【陸上】

육상교통 도로와 철도를 교통로로 하는 육지의 교통〔자동차·기차 등이 이용됨〕.

육상 경기 땅 위에서 하는 여러 가지 운동 경기〔달리기·멀리뛰기·높이뛰기·던지기 등〕.

육성[1] 기계를 통하지 않고 직접 말하거나 들리는 사람의 목소리.【肉聲】

육성[2] ①시설과 계획을 마련하여 어린이나 청소년이 잘 자라게 하는 것. ㉮어린이 육성 운동. ②기업·문화·단체 등을 보호하고 도와 주어 성장하게 하는 것. ㉮건전한 노동 조합의 육성이 절실히 요구된다. 【育成】

육송[육쏭] 소나무. 【陸松】

육순 예순 살. ㉮육순 잔치. 【六旬】

육식[육씩] 짐승의 고기를 먹음. ㉮육식보다 채식이 좋다. 반채식.

육식 동물 사자·범 등과 같이 다른 동물을 잡아 먹고 사는 동물. 반초식 동물. 【肉食動物】

육신[육씬] 사람의 몸. 비육체. 반영혼. 【肉身】

육십(6·10)만세 운동 조선 시대 마지막 황제인 순종의 장례식 날 (1926년 6월 10일)에 청년 학생들이 일제에 항거해 일으킨 독립 만세 운동.

육아 어린아이를 기름. 【育兒】

육아 일기 부모가 아이를 기르면서 생긴 일과 느낀 점을 쓴 일기.

육안[유간] 확대경이나 망원경을 쓰지 않고 직접 보는 눈. 비맨눈.

육영 공원 1886년 나라에서 세웠던 최초의 현대식 학교. 1894년에 문을 닫았음.

육용종 소·양·닭처럼 고기를 얻기 위하여 기르는 품종. 【肉用種】

육의전 조선 시대 서울 종로에 자리 잡고 있던 여섯 가지 종류의 가게. 【六矣廛】

육이오(6·25) 전쟁 1950년 6월 25일 일요일 새벽, 북한 공산군이 불법 남침함으로써 시작되어 1953년 7월 27일까지에 걸쳐 한반도에 있었던 큰 전쟁.

육자배기 한국 남쪽 지방의, 곡조가 활발한 민요.

육젓[육쩟] 6월에 잡은 새우로 담근 젓.

육(6)조 조선 시대 의정부 밑에서 나라의 행정을 맡아 보던 이조·호조·예조·병조·형조·공조의 여섯 관청. 지금의 행정부와 비슷한 기관임. 【六曹】

육종[육쫑] 현재의 품종을 개량하거나, 또는 우수한 개량종을 만드는 일. 【育種】

육중[육쭝] 덩치가 크고 매우 무거움. ㊞육중한 몸. -하다.

ㅇ

육지[육찌] 물에 덮이지 않은 땅 덩어리. ㊞육지에서 사는 동물. 비뭍. 반바다. 【陸地】

육진 조선 세종 때에 지금의 함경북도 북쪽, 경원·경흥·부령·온성·종성·회령의 여섯 곳에, 만주 지역으로부터 여진족의 침입을 막기 위해 세운 성. 【六鎭】

육체 사람의 몸. ㊞육체가 건강하다. 비신체. 반정신. 영혼. 【肉體】

육체 노동 육체를 움직여 그 물리적 힘으로써 하는 노동. 반정신 노동.

육체미 몸이 발달하여 잘 생긴 몸의 멋. 【肉體美】

육체적 육체에 관련됨. 육체를 중심함. 반정신적. 【肉體的】

육촌 아버지나 어머니의 사촌의 아들이나 딸. 비재종. 【六寸】

육추 알에서 깐 새끼를 키움, 또는 그 새끼. 【育雛】

육추기 알에서 깐 새끼를 키울 수 있게 만든 기계나 장치.

육친 부모·처자·형제처럼 직접 가족 관계에 있는 사람. 【肉親】

육포 쇠고기를 날로 얇고 넓게 썰어서 양념하여 말린 음식. 【肉包】

육풍 밤에 육지에서 바다로 부는 바람. 비뭍바람. 반해풍. 【陸風】

육하 원칙 '누가·언제·어디서·무엇을·왜·어떻게'의 기사 작성의 여섯 가지 조건. 【六何原則】

육회[유쾌] 소의 살코기를 얇고 가늘게 썰어서 갖은 양념을 한, 날로 먹는 음식. 【肉膾】

윤: '윤기'의 준말. 윤택한 기운. 비광. 광택. 【潤】

윤곽 ①어떤 배경과 구별되게 나타나는 사물의 테두리나 대강의 모습. ㊞달빛에 성의 윤곽이 드러나다. ②일이나 사건의 대체적인 줄거리. ㊞합격자의 윤곽이 드러나다.

윤관〖사람〗[?~1111] 고려 예종 때의 학자·장군. 1107년 함흥 평야의 여진족을 몰아 내고 북동 9성을 쌓았음. 【尹瓘】

윤극영〖사람〗[1903~1988] 작곡가. 서울 출생 1923년에 방정환선생과 '색동회'를 조직하였으며, 〈반달〉〈설날〉〈할미꽃〉 등 많은 동요를 작사·작곡 하였음. 【尹克榮】

윤:기[윤끼] 매끈하고 빛이 나는 기운. ㊞윤기 있는 얼굴. 준윤.

윤:년 윤달이 든 해. 양력에서는 4년마다 한 번씩 2월이 29일까지 있고, 음력에서는 4년에 두 번씩 한 해가 13개월로 됨. 반평년. 【閏年】

윤:달 윤년에 드는 달. 양력에서는 29일까지 있는 2월. 음력에서는 한 달이 더 되풀이 되는 달.

윤동주〖사람〗[1917~1945] 시인. 만주 북간도 출생. 일제 시대의 억압받는 민족적 슬픔을 지성적이면서도 민족주의적인 시로 씀. 시에

〈자화상〉〈별 헤는 밤〉 등이 있으며, 시집으로 〈하늘과 바람과 별과 시〉가 있음. 【尹東柱】

윤리[율리] ①사람이 살아가는데 지켜야 할 도덕상의 의리. 인륜. ②'윤리학'의 준말. 【倫理】

윤보선〖사람〗[1897~1990] 정치가. 1948년에 서울 시장을 지내고, 1960년에 제4대 대통령에 취임했으나 1961년 5·16 군사 정변으로 대통령직에서 물러남. 호는 해위. 【尹潽善】

윤봉길〖사람〗[1908~1932] 독립 운동가. 1932년 상하이 홍커우 공원에서 폭탄을 던져 시라카와 대장 등 많은 일본 고관들을 죽이고 붙잡혀 24세의 나이로 순국했음.

윤석중〖사람〗 우리 나라의 동요 작가·아동 문학가. 호는 석동. 일본 조치 대학 신문학과 졸업. 13세 때에 이미 동요 〈오뚝이〉를 발표했음. 〈낮에 나온 반달〉〈새 나라의 어린이〉 따위를 지었음. 【尹石重】

윤선도〖사람〗[1587~1671] 조선 중기의 학자이며 시인. 당파 싸움 때문에 남해의 섬 보길도에서 귀양살이를 했음. 시조 문학의 대가로서 작품으로는 〈어부사시사〉〈산중신곡〉 따위가 있음. 【尹善道】

윤작 같은 땅에 해마다 다른 작물을 번갈아 심는 것. -하다.

윤전기 인쇄판이 돌아서 짧은 시간에 많은 양을 인쇄할 수 있는 기계.

윤:택 ①넉넉하고 여유가 있음. ㊎삶이 윤택하다. ②윤기있는 광택. -하다. 【潤澤】

윤:활유 기계가 맞닿는 부분의 마찰을 줄이기 위하여 쓰이는 미끈미끈한 기름. 【潤滑油】

윤회 불교에서, 사람과 짐승이 세상에서 죽었다가 다시 태어나기를 되풀이하는 일. -하다. 【輪廻】

율곡〖사람〗[1536~1584] 조선 선조 때의 학자이며 정치가. 신사임당의 아들로, 본명은 이이. 율곡은 그의 호임. 높은 벼슬에 올라 가난한 백성을 구하기 위해 '사창·대동법' 실시를 주장했으며, 왜적의 침입에 대비하여 '십만 양병설'을 제의했고, 향약을 만들어 지방 풍속을 바로잡고 백성을 깨우치는 데 힘썼음. 【栗谷】

율동[율똥] ①규칙적으로 되풀이되는 운동, 또는 리듬. ②가락에 맞추어 추는 춤.

율무 단단한 열매는 껍질을 까서 먹거나 차로 만들기도 하고, 한약으로 쓰이는 한해살이 식물.

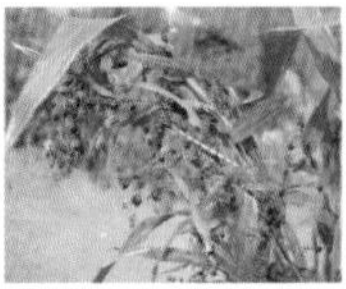
[율무]

율법[율뻡] 종교적·사회적·도덕적 생활에 대하여 신의 이름으로 만든 법. ㊥계율. 【律法】

융 잔 털이 일어나게 짠, 촉감이 부드러운 면직물. 【絨】

융기 ①어느 한 부분이 높아 솟아오른 것. ②지리에서, 땅이 어떤 기준보다 높아진 것. ㊤침강.

융단 염색한 털실로 그림이나 무늬를 넣어 짠, 방바닥에 깔거나 볼거리로 벽에 거는 두꺼운 천. ㊥양탄자. 카펫. 【絨緞】

융성 매우 기운차고 성하게 일어남. ㊎불교는 고려 시대에 매우 융성하였다. -하다. 【隆盛】

융숭하다 대접이 아주 정성스럽다. ㊎장모님은 사위에게 융숭하게 대접을 해 주셨다.

융자 은행 따위의 금융 기관에서 돈을 빌리는 것. -되다. -하다.

융점 쇠붙이가 녹는 온도. 녹는 점.

융털 ①작은 창자의 안벽에 촘촘하게 나 있는 부드러운 털. 소화된 영양소를 흡수하는 일을 함. ㊎융털돌기. ②융단 거죽의 보드라운 털.

융통 필요한 물건이나 돈을 빌려 쓰는 것. ㉠자금을 융통하다. -하다.

융통성[융통썽] 일을 그때 그때의 사정에 알맞게 그 자리에서 해결하는 재주. 【融通性】

융합 여럿이 녹든가 섞여서 하나로 합치는 일. -하다.

융화 정책 의사가 서로 통하여 화목하게 하는 정치상의 방책.

윷 작고 둥근 통나무 두 개를 반으로 쪼개어 네 쪽으로 만든, 윷놀이에 쓰는 놀이감, 또는 그것으로 노는 놀이. [윷]

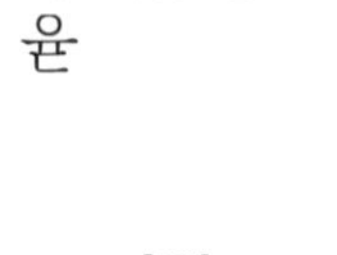

윷:가락[윤 까락] 윷의 나무 막대기의 낱개. 비윷짝.

윷:놀이[윤노리] 편을 갈라 윷으로 승부를 겨루는 일. -하다.

윷:판[윤판] ①여럿이 윷을 놀고 있는 자리. ②윷의 말을 놓는 자리를 그려 놓은 널빤지나 종이.

으 한글의 홀소리 글자인 'ㅡ'의 이름.

으깨다 눌러 잘게 부스러지게 하다.

으뜸 ①첫째. 우두머리. ②기본·근본의 뜻. ㉠효도는 윤리의 으뜸이다.

으뜸가다 여럿 가운데서 첫째가 되다. ㉠수빈이의 피아노 솜씨는 우리 반에서 으뜸간다.

으뜸꼴 어떤 낱말의 으뜸이 되는 꼴 〔울다·울고·울지·우는·운…에서 '울다'가 으뜸꼴임〕. 비원형. 기본형.

으뜸음[으뜨믐] 음계의 첫째 음. 자음계에서는 '도', 단음계에서는 '라'를 말함.

으뜸 화음 음계의 첫째 음으로 음계의 기초가 되는 음 위에 구성된 삼화음.

으레 두말할 것 없이. 당연히. ㉠으레 하는 행사. 비마땅히. ×으례.

으르다(을러, 을러서) 놀라게 하다. 겁을 주다. ㉠동생을 을러 심부름을 시키다. 비위협하다.

으르렁거리다 ①사나운 짐승이 몹시 성이 나서 대들 듯이 부르짖다. ②몹시 성이 나서 사나운 말로 다투다. ㉠민수와 선주는 만나기만 하면 으르렁거린다.

으름장 말이나 행동으로 남을 위협하는 것. ㉠으름장 놓다.

으리으리하다 규모가 굉장하거나 엄숙한 느낌이 있다. ㉠수빈이는 으리으리한 집에 산다.

으스대다 어울리지 않게 으쓱거리며 뽐내다. ㉠으스대고 다닌다. ×으시대다.

으스러지다 단단한 물체가 잘게 부스러지다. ㉠뼈가 으스러지다.

으스스 찬 기운이나 싫은 물건이 몸에 닿았을 때처럼 소름이 끼치는 듯한 느낌. ㉠으스스한 겨울 날씨. >아스스. ×으시시.

으슥하다[으스카다] 무서운 느낌이 들 만큼 외지고 조용하다. ㉠으슥한 산길.

으슬으슬[으스르슬] 감기나 몸살 따위로 몸에 소름이 끼칠 듯이 추위가 느껴지는 모양. >오슬오슬.

으쓱 ①어깨를 갑자기 한 번 쳐들었다 내리는 모양. ㉠어깨를 으쓱하며 웃다. ②매우 자랑스러워 하는 모양. ㉠시험에 합격했다고 으쓱해졌다.

으쓱거리다 잘난 듯이 굴다. ㉠철수는 자신이 대장이라도 된 양 으쓱거렸다.

으쓱으쓱[으쓰그쓱] 어깨를 자꾸 위로 쳐들었다가 내리는 모양.

윽박지르다[윽빡찌르다](윽박질러, 윽박질러서) 몹시 억눌러 기를 꺾다. ×욱박지르다.

은 흰빛의 아름다운 광택을 가진 금속의 하나. ㉠은반지. 【銀】

은거 숨어서 사는 일. [비]은둔.

은공 윗사람이 베풀어준 아주 고마운 일. [비]은덕. 【恩功】

은근슬쩍 드러나지 않게 슬그머니. (예)은근슬쩍 손을 잡다.

은근하다 ①태도가 겸손하고 점잖다. ②서로 오가는 마음이 남모르게 정답고 알뜰하다. ③은밀하여 의문스러움. 은근히.

은덕[1] ①은혜와 덕. 은혜를 베푸는 덕. ②은혜로 입은 신세. 【恩德】

은덕[2] 남이 알지 못하게 베푸는 덕행. 【隱德】

은돈 은으로 만든 돈. [비]은화.

은둔 세상을 등지고 숨음. (예)은둔 생활. -하다. 【隱遁】

은메달 경기에서 2위를 차지한 선수에게 주는 은 또는 은빛 쇠붙이로 만든 메달. 【銀medal】

은밀 숨어 있어서 겉으로 드러나지 아니함. (예)은밀히 뒤따라가다. -하다. -히. 【隱密】

은박 비단이나 책 등에 은박지로 글자나 무늬를 박아 넣음.

은박지[은박찌] 은을 망치로 두드려서 얇은 종이처럼 만들어 놓은 것.

은반 ①은으로 만든 큰 접시. ②빙상 경기나 아이스 쇼의 무대가 되는 얼음판. (예)은반 위의 요정. 【銀盤】

은방울 은으로 만든 방울.

은빛 은과 같은 빛깔. [비]은색.

은사 은혜를 많이 입은 스승. 【恩師】

은신 몸을 숨김. [비]피신.

은신처 몸을 숨기는 곳.

은어[1][으너] 몸이 가늘고 길며 등은 어두운 녹색이고 배는 엷은 회색인 물고기. 맑은 강물에서만 삶. 【銀漁】

[은어[1]]

은어[2][으너] 특수한 집단에서 자기네끼리만 쓰는 말. 【隱語】

은연중 남이 모르는 가운데.

은유법[으뉴뻡] 문학에서, 직접 말하지 않고 다른 말로 바꾸어 나타내는 비유법. [반]직유법. (준)은유. <보기> 내 마음은 호수요. 나는 한 마리의 어린 짐승.

은은하다 ①겉으로 드러나지 아니하고 어슴프레 흐릿하다. (예)은은한 불빛. ②먼 곳에서 울리는 소리가 들릴 듯 말 듯 아주 가늘다. (예)은은한 새벽 종소리. 은은히.

은인[으닌] 자기에게 은혜를 베풀어 준 사람. [반]원수. 【恩人】

은장도 옛날에, 칼자루와 칼집을 은으로 장식하여 노리개로 차는 작은 칼. 【銀粧刀】

[은장도]

은종이 주석과 납의 합금을 종이처럼 얇게 한 것. 주로 습기를 빨아들여서는 안되는 물건을 싸는 데 쓰임.

은진 미륵 충청 남도 논산군 은진면 관촉사에 있는 석조 미륵 보살의 입상. 동양에서 제일 큰 석불로서, 화강석의 자연석을 조각하였음.

은총 ①높은 사람으로부터 받는 특별한 은혜와 사랑. ②인간에 대한 하느님의 사랑. 【恩寵】

은퇴 맡은 직책에서 물러남.

은폐 나쁜 사실을 덮어 감추고 숨기는 것. (예)사건을 은폐하다. -하다.

은피리 '아름다운 소리가 나는 피리'라는 뜻으로 쓰인, 동화에 흔히 나오는 피리.

은하 맑게 갠 날 밤에 흰 강물 모양으로 길게 남북으로 보이는 수많은 별의 무리. [비]미리내. 은하수.【銀河】

은하계 태양계가 딸려 있는 수많은 항성과 성운의 집단. 【銀河系】

은하수 맑게 갠 날 밤 흰구름 모양으로 남북으로 길게 보이는 별무리를 강물에 비유하여 이르는 말. [비]미리내. 은하. 【銀河水】

은행[1] 여러 사람의 돈을 맡기도 하고, 그것을 필요로 하는 사람에게 빌려 주기도 하는 곳. 【銀行】

은행[2] 은행나무의 열매. 【銀杏】

은행권 한 나라의 특정 은행이 발행하는 지폐. 한국에서는 한국 은행이 발행함. 【銀行券】

은행나무 잎은 부채꼴이며, 열매가 10월경에 노랗게 익는 나무. 관상용 또는 가로수로 심음.

은행원 은행에서 일을 맡아 보는 사람. [준]행원. 【銀行員】

은행잎 은행나무의 잎. 잎은 한 군데서 여러개가 나고 잎의 가운데가 깊게 또는 얕게 갈라지고 평행맥이 있음.

은혜 베풀어 주는 혜택. [비]자혜. [준]은.

은화 은으로 만든 화폐. 은돈.

을러대다 상대를 세차게 위협하다. [예]돈을 주지 않으면 비리를 폭로하겠다고 을러대다.

을미사변 1895(을미)년 일본 공사 미우라 등이 명성 황후를 살해하는 등 명성 황후 일파의 친러시아 세력을 없애고 자기네 세력을 키우기 위하여 일으킨 변란. 【乙未事變】

을사조약[을싸조약] 대한 제국말, 광무 9년(1905)에 일본 제국이 우리나라의 외교권을 빼앗기 위하여 조선 정부와 강제로 맺은 다섯 가지 조약. 을사 보호 조약.

을씨년스럽다(을씨년스러우니, 을씨년스러워서) 남이 보기에 퍽 쓸쓸해 보이거나 날씨 등이 스산하고 썰렁하다.

을지 문덕【사람】 고구려 영양왕 때의 장군. 612년 고구려에 쳐들어온 수나라 양제의 대군을 살수(청천강)에서 거의 전멸시켰음.

읊다[읍따] ①소리내어 시를 운에 맞추어 읽거나 외다. ②흥얼거리며 시를 짓다.

읊조리다[읍쪼리다] 뜻을 새기면서 낮은 목소리로 길게 읊다. [예]시를 읊조리다.

음 ①말소리. ②한자의 소리. [예]한자의 음을 달아라. ③음악을 이루는 소리. [예]높은 음. 【音】

음각 바닥에 그림·글씨를 움푹 들어가게 새기는 조각. [반]양각.

음경 남성의 외부 생식기.

음계 음을 높이의 차례대로 늘어 놓은 것〔동양 음악의 궁·상·각·치·우와 서양 음악의 도·레·미·파·솔·라·시〕.

음극 전기가 흘러 들어오는 전극. 마이너스극. 음전극. 전지의 바닥. [반]양극. 【陰極】

음기 만물을 만들어 내는 근본이 되는 기운의 하나로 '양기'에 대립되는 기운. [반]양기.

음독 소리내어 읽음. [예]동화책을 음독하다. [반]묵독. -하다.

음력[음녁] 지구 주위를 도는 달의 주기를 기준으로 하여 만든 달력. [반]양력. 【陰曆】

음력의 날과 달의 일컬음

<날>

1일 : 초하루	2일 : 초이틀
3일 : 초사흘	4일 : 초나흘
5일 : 초닷새	6일 : 초엿새
7일 : 초이레	8일 : 초여드레
9일 : 초아흐레	10일 : 열흘
11일 : 열하루	12일 : 열이틀
13일 : 열사흘	14일 : 열나흘
15일 : 보름	16일 : 열엿새
17일 : 열이레	18일 : 열여드레
19일 : 열아흐레	20일 : 스무날
21일 : 스무하루	22일 : 스무이틀
23일 : 스무사흘	24일 : 스무나흘
25일 : 스무닷새	26일 : 스무엿새
27일 : 스무이레	28일 : 스무여드레
29일 : 스무아흐레	30일 : 그믐

※그믐은 그 달의 마지막 날을 말함. 따라서 28일이나 29일이 '그믐'이 될 수도 있음.

<달>

1월 : 정월 11월 : 동짓달
12월 : 섣달

※그 외의 달은 양력과 같음.

음:료[음뇨] 마시는 것을 통틀어 이르는 말〔물·술·차 등〕. ㉮음료를 마시다. 【飮料】

음료수[음뇨수] 사람이 그대로 마시거나 음식을 만드는 데 쓸 수 있는 물. ㉥식수. 【飮料水】

음률[음뉼] ①음악의 곡조. ㉮아름다운 음률의 노래. ②음악.

음모 남이 모르게 일을 꾸미는 나쁜 꾀. -하다. 【陰謀】

음미 ①시·노래 등을 읊어 참뜻을 맛봄. ㉮시를 음미하다. ②음식의 맛과 향을 즐기면서 맛보는 것. -하다. 【吟味】

음반 음악이나 소리를 녹음하여 다시 그대로 들을 수 있게 만든 둥글고 납작한 플라스티 판. ㉥디스크. 레코드. 판. 【音盤】

음복 제사를 지내고 난 뒤에 제관들이 제상에 놓인 술이나 기타 음식을 나누어 먹음. -하다.

음산 ①날씨가 흐리고 으스스 추움. ②을씨년스럽고 썰렁함.

음색 어떤 음이 다른 음과 구별되는 특성. 소리의 맵시. 음의 빛깔.

음성[1] 목청을 거쳐서 나는 목소리. ㉮전화로 음성을 듣다. 【音聲】

음성[2] 밖으로 드러나지 않는 성질. ㉮음성 종양. ㉯양성. 【陰性】

음속 소리의 속도. 15℃의 대기 중에서 1초에 340m를 감.

음수 0보다 작은 수〔-1, -2, -3. -4 등〕. ㉯양수. 【陰數】

음:식 사람이 먹고 마시는 것.

음:식물 사람이 먹고 마시는 것을 통틀어 이르는 말.

음:식물비 사람이 먹고 마시는 데 드는 비용.

음:식점 음식을 만들어 손님에게 대접하고 파는 상점. ㉥식당.

음악[으막] 소리의 가락으로 나타내는 예술. 성악과 기악이 있음.

음악가[으막까] ①음악을 전문으로 하는 사람. ②음악 연주에 뛰어난 사람. ㉮뛰어난 음악가.

음악극[으막끅] 음악 반주가 있고 대사가 주로 노래로 되어 있는 극.

음악당[으막땅] 음악을 연주하고 듣기 위하여 지은 큰 건물.

음악대[으막때] 주로 관악기와 타악기 음악을 합주하는 단체. ㉥밴드.

음악실[으막씰] 음악을 공부하거나 연주하거나 감상할 수 있게 만든 방. 【音樂室】

음악제[으막쩨] 여러 사람이 어떤 일을 축하 하든가 기념하기 위하여 보이는 음악회.

음악회[으마퀘] 음악을 연주하여 여러 사람에게 감상하게 하는 모임. ㉥콘서트. 【音樂會】

음역[으멱] 사람의 목소리나 악기가 낼 수 있는 가장 낮은 음에서 가장 높은 음까지의 폭.

음영[으명] 빛이 비쳐서 생기는 그림자. 【陰影】

음이름[음니름] 음악에서, 각 음의 일정한 높이를 가리키기 위하여 음에 붙이는 이름. 서양에서는 'C·D·E·F·G·A·B', 우리 나라에서는 '다·라·마·바·사·가·나'.

음절 ①낱말을 이루는 발음의 단위. 소리마디. ②음률의 곡조.

음정 높이가 다른 두 음 사이의 간격. ㉮음정이 틀리다.

음조 소리의 높낮이·강약·빠르기 등의 기분이나 분위기. ㉯구슬픈 음조를 띤 피리 소리. 【音調】
음:주 술을 마시는 것. ㉯음주 운전.
음지 볕이 들지 않아 그늘진 곳. 비응달. 반양지. 【陰地】
음치 음악의 가락·높낮이에 대한 감각이 둔하여 노랫소리를 제대로 내지 못하는 것, 또는 그런 사람.
음침하다 ①성질이 명랑하지 못하고 엉큼하다. ㉯음침한 목소리. ②날씨가 흐리고 컴컴하다. ㉯음침한 날씨.
음탕하다 성에 관한 말과 행동이 매우 지저분하다.
음파 소리의 울림이 퍼져 가면서 생기는 공기 따위의 흔들림. ㉯음파 탐지기. 【音波】
음표 음의 높낮이와 길고 짧음을 나타내는 기호〔4분 음표, 8분 음표 등〕. 【音標】
음향 소리의 울림. ㉯음향 시설.
음향 효과 연극·영화·방송 등에서 장면에 맞추어 실제와 비슷한 소리를 내어 실감을 돋우는 일.
음흉하다 남을 해치려는 나쁜 마음을 숨겨 가지고 있다. ㉯음흉한 사람.
읍 군에 딸린 지방의 조그만 도시. 인구 2만 이상 5만 이하인 곳〔우리 나라 최초의 읍은 경기도 장호원읍임〕. 【邑】
읍내[음내] 읍의 안. ㉯물건을 사러 읍내에 가다. 준읍. 【邑內】
읍사무소 읍의 행정 사무를 맡아 보는 곳. 【邑事務所】
읍장 읍사무소의 우두머리.
응고 뭉치어 굳어짐. ㉯혈액이 응고되다. -되다. -하다.
응:급 급한 대로 우선 처리함. ㉯응급 조치. -하다.
응:급실 병원에서 응급 치료가 필요한 환자를 다루는 방.
응:급 치료 다치거나 병이 났을 때, 급한 고비를 우선 넘기기 위하여 하는 간단한 치료.
응:낙 부탁한 것을 들어 줌. ㉯친구의 부탁을 쾌히 응낙하다. 비승낙. 허락. 반거절. -하다.
응달 햇빛이 들지 않아 그늘진 곳. 비음지. 반양달.
응:답 물음에 대답함. ㉯응답 자동 전화기. 반질의. -하다.
응:답자 설문 조사 따위의 물음에 대답한 사람.
응당 마땅히. 반드시. 당연히. ㉯응당 가야 할 곳이다. -하다. -히.
응:대 남의 부름·물음·요구 따위에 알맞게 행동하거나 대답하는 것. -하다. 【應對】
응:모 모집에 응함. ㉯사원 모집에 응모하다. -하다. 【應募】
응:분 사람의 지위나, 어떤 사람의 한 일에 알맞은 것. ㉯응분의 대가를 받다. 【應分】
응:석 윗사람에게 어려워하는 기색이 없이, 일부러 어리광을 부리듯 버릇없이 구는 짓.
응:석받이 어른에게 응석을 잘 부리는 아이.
응:수 서로 다투는 관계에서 상대가 한 말을 받아서 그에 어울리게 대답하는 것. ㉯한 마디도 지지 않고 응수하다. -하다.
응:시[1] 시험을 봄. 시험을 치름. ㉯시험에 응시하다. -하다. 【應試】
응:시[2] 눈길을 한 곳에 쏠리게 하여 보는 것. 비주시. -하다. 【凝視】
응:시자 시험에 지원하여 치르는 사람. 【應試者】
응어리 ①마음에 남아 있는 슬픔이나 한. ㉯의견 충돌로 서로 응어리져 있다. ②살의 조직의 일부가 뭉쳐서 생긴 덩어리. ㉯종아리에 응어리가 생겼다.

응:용 어떤 원리를 실지에 이용함. ㉥실험에 응용하다.

응용 미술 예술 작품이 아니고 주로 실제의 생활에 쓰이는 물건을 보기 좋게 만들거나 꾸미는 예술.

응:원 뒤에서 힘을 내도록 도와줌. ㉥신나는 응원전이 시작되었다. 비후원. -하다. 【應援】

응:원가 운동 경기 등에서, 자기편 선수를 응원할 때 합창하는 노래.

응:원단 운동 경기에서 자기 편 선수가 이기도록 응원하는 사람들.

응:원석 경기장에서 응원하는 사람들이 앉는 자리.

응:접 손님을 맞이하여 접대하는 것. -하다. 【應接】

응접세트 손님을 접대하는 데 쓰는 탁자와 의자의 한 벌.

응:접실 손님을 맞이하여 접대하는 방. 비접빈실.

응집 엉기어 모임. ㉥시멘트는 응집력이 강하다. -하다.

응:징 저지른 큰 잘못에 대하여 벌을 주는 것. ㉥친일파는 응징받아 마땅하다. -하다.

응:하다 ①따르다. ②하라는 대로 하다. ㉥선생님의 지시에 응하다. ③대답하다.

의:[1] 사람으로서 지켜야 할 바른 도리. 반불의. 【義】

의:[2] 오래 사귄 사람들 사이의 관계. ㉥의가 좋은 형제. 【誼】

의[3] 사물의 소유를 나타내는 말. ㉥친구의 책. 나의 집.

의[4] 한글의 홀소리 글자인 'ㅢ'의 이름.

의:거 옳은 일을 위하여 큰 일을 일으킴, 또는 그 일. ㉥4·19의거. -하다. 【義擧】

의거하다 어떠한 사실이나 원리를 판단이나 행동의 근거로 삼다. ㉥판사들은 법률에 의거해서 재판을 한다. 비근거하다.

의:견 마음 속에 지니고 있는 생각. ㉥좋은 의견을 내놓다. 비의향. 의사. 【意見】

의:견서 어떠한 사항에 대한 의견을 적은 글이나 문서.

의결 어떤 일을 서로 의논하여 결정함. ㉥학급 회의에서 의결된 사항. -하다. 【議決】

의:경 군대 대신 경찰에서 국방의 의무를 치르는 경찰. ※'의무 경찰'을 줄인 말. 【義警】

의:과 의학을 연구하고 가르치는 대학의 한 분과. ㉥의과 대학.

의관 ①옷과 갓. ②예의바른 옷차림. ㉥의관을 갖춰 입다.

의구 옛 모양과 변함 없음. ㉥산천은 의구하되 인걸은 간데 없다. -하다. 【依舊】

의구심 의심하고 두려워하는 마음. ㉥의구심을 없애라.

의:군 나라를 구하기 위해 국민들 스스로 조직한 군대. 비의병.

의:금부 조선 시대, 임금의 명령을 받아 죄인을 심문하던 관청.

의:기 씩씩한 마음. 장한 마음.

의:기소침하다 기운을 잃고 풀이 죽어 있다.

의:기 양양 바라는 대로 일이 잘 되어 우쭐하는 빛이 얼굴에 나타나는 모양. -하다. 【意氣揚揚】

의논 어떤 일에 대하여 서로 이야기함. 비상의. 논의. -하다. 【議論】

의당 마땅히. 으레. ㉥우리는 의당 서로 도와야 한다.

의:도 ①생각. ②앞으로 하려고 하는 계획. ㉥의도하는 대로 되다.

의령【지명】 경상 남도 의령군의 군청 소재지로 읍. 군의 남쪽에 위치하여 동으로 남강에 임함. 【宜寧】

의례 의식을 차리는 예법. ㉥국민 의례. 【儀禮】

의:롭다(의로우니, 의로워서) 도덕적으로 바르고 옳다.

의뢰 남에게 의지함, 또는 부탁함. [예] 선생님께 의뢰하다.

의뢰인 어떤 일을 해 줄 것을 부탁하든가 맡기는 사람.

의료 의술로 병을 고치는 일. [예]의료 시설을 갖추다.

의료 기관 의술로 병을 치료하기 위해 설치된 기구.

의료단 의료에 관한 일을 하는 사람들의 단체.

의료 보험 병의 예방과 치료에 드는 비용의 전부, 또는 일부를 갚아 주는 보험.

의료 보험 제도 사회 보험 제도의 하나. 질병·부상·분만 등을 대상으로 한 보험. 수입에 따라 일정한 보험료를 치르고, 질병이나 부상이 생기면 그 질병·부상이 나을 때까지 치료를 받을 수 있는 제도.

ㅇ

의료 보험 카드 한 가족이 의료 보험에 들어 있다는 것을 증명하고 진료를 받은 사실이 기록되어 있는 카드. [비]의료 보험증.

의료 봉사단 의료 시설이 없는 곳을 찾아가서 아픈 환자들을 돌보아 주는 단체.

의료비 병을 치료하는 데에 드는 비용. 【醫療費】

의료원 여러 가지 의료에 관련된 많은 사람과 시설을 갖춘 큰 병원. [예]국립 의료원.

의류 입는 옷. [비]의복.

의류비 입는 옷에 드는 비용.

의:리 친구끼리 서로 바르고 굳게 믿는 정신. 【義理】

의:림지 충청 북도 제천에 있는, 삼한 시대의 저수지.

의:무 마땅히 하여야 할 일〔4대 의무:국방·교육·납세·근로〕. [반] 권리. 【義務】

의:무감 어떤 일을 반드시 해야 한다고 여기는 마음. 【義務感】

의무 교육 일정 기간 동안 일정한 방법으로 국가는 국민을 교육하고, 국민은 교육을 받아야 하는 국가의 제도에 따른 교육.

의:무적 마땅히 해야 하는 것. 의무에 따르는 것. [예]모든 학생은 의무적으로 참석해야 한다.

의문 ①의심스러운 점이나 문제. ②의심하여 물음. [예]일처리를 할 수 있을까 의문이다. [비]의혹. -하다. -스럽다. 【疑問】

의문문 무엇에 관하여 묻는 형식의 문장. 끝에 물음표(?)를 붙임. [예] 너 누구니?

의문 부호 문장이 의문문이라는 것을 나타내는 부호. 물음표. '?'을 가리킴.

의문스럽다 보기에 의심을 일으키는 데가 있다.

의문점 의문이 생겨서 알고 싶은 점. [예]맡은 일에 의문점이 생기다.

의:미 ①어떤 일의 숨겨진 뜻. ②말이나 글이 가지고 있는 뜻. [비]의의. 뜻. -하다. 【意味】

의:미심장하다 뜻이 매우 깊다. [예] 의미심장한 말.

의:병 나라의 어려움을 구하기 위해 일어난 국민들이 조직한 군대. [비] 의군. 【義兵】

의:병장 의병을 거느리는 장수.

의복 옷. [예]의복이 날개다. [비]의류.

의복비 전체 생활비 중에서 옷을 사는 데 드는 비용.

의:분 정의를 위하여 일어나는 노여움. 【義憤】

의:붓아버지[의부다버지] 어머니가 다시 결혼하여 얻은 남편. 계부.

의:붓어머니[의부더머니] 아버지가 다시 결혼하여 얻은 아내. 계모.

의:붓자식[의붇짜식] 여자나 남자가

다시 결혼하기 전부터 데리고 있던 자식.

의사[1] 병든 사람의 진찰과 치료를 직업으로 하는 사람. 【醫師】

의ː사[2] 나라와 민족을 위하여 일하다가 목숨을 바친 사람. ㉵안중근 의사. ㉥열사. 【義士】

의ː사[3] 어떤 일을 하려고 하는 생각. ㉵의사 표시. 【意思】

의사당 국회 의원들이 모여 회의하는 장소. 【議事堂】

의사 소통 서로 자기의 생각을 알려 주는 것. ㉵해외에 나가면 의사 소통이 어렵다.

의사 표시 어떤 일에 대한 자기의 생각을 나타내는 것. ㉵분명하게 의사 표시를 하다.

의상[1]〖사람〗[625～702] 통일 신라 시대의 승려. 당나라에 가서 불교를 연구하였으며, 돌아와서는 신라의 불교에 크게 이바지하였음. 해동 화엄종의 시조. 【義湘】

의상[2] 정식으로 차려 입는 옷. ㉵무대 의상. 【衣裳】

의상실 ①옷을 두거나 갈아입는 방. ②여자의 옷을 만들어 파는 곳.

의생활 입는 일이나 입는 것에 관한 생활. 【衣生活】

의성어 사물의 소리를 흉내내어 만든 말〔뻐꾹뻐꾹·졸졸 등〕.

의ː수 손이 없는 사람이 쓰는 나무·고무·금속 따위로 손처럼 만들어 다는 물건. 【義手】

의술 병을 고치는 기술. 의학의 기술.

의ː승 나라를 위해 싸움터에 나가 싸운 승려〔서산 대사·사명 대사 등〕. 【義僧】

의ː식[1] 사람이 깨어 있을 때의 마음의 작용이나 상태. ㉵의식을 회복하다. ㉥정신. ㉦무의식. 【意識】

의식[2] 일정한 격식을 갖추어 치르는 행사나 예식. ㉵성대한 의식을 거행하다. 【儀式】

의식 구조 개인이나 국민이 가진 의식의 기본적인 틀.

의식 불명 의식을 잃은 상태.

의ː식적 잘 알고서 일부러 하는 것. ㉵의식적으로 나를 피하다.

의식주 사람이 살아가는 데 필요한 세 가지 요소, 곧 옷·음식·집.

의ː식하다[의시카다] ①마음에 두다. ㉵영주는 민지를 의식하며 돌아다보면서 말했다. ②깨닫거나 알아차리다. ㉵그는 심각한 위기가 자기에게 닥쳤음을 의식했다.

의심 확실히 알지 못하거나 믿지 못하여 이상하게 생각하는 마음. ㉵사람을 의심하지 말아라. ㉥의혹. 의문. ㉦확신. -하다.

의심스럽다 어떤 사람이나 일이 믿을 만하지 않다.

의심쩍다 의심스러운 데가 있다. ㉵하는 행동이 영 의심쩍다.

의아 의심스럽고 놀라워 함. ㉵의아한 표정을 짓다. -하다. -스럽다.

의안 회의에 내놓은 문제.

의암호 강원도 춘성군 신동면 의암리에 북한강을 가로질러 만든 댐으로 인해 만들어진 호수.

의약 ①병을 예방하거나 고치는 데 쓰는 약. ②의료에 관한 일과 약에 관한 일. ㉵의약 분업.

의약품 병을 예방하거나 고치는 데 쓰이는 약품. 【醫藥品】

의ː역 개개의 단어나 구절에 너무 구애되지 않고 전체의 뜻을 살리는 번역. ㉵의역이 잘된 소설. ㉦직역. -하다. 【意譯】

의ː연금 자선 사업이나 공익 사업을 위하여 개인이 자발적으로 내는 돈. ㉵수재 의연금을 모금하다.

의연하다 굳세고 끄떡없다. ㉵의연한 자세. -히.

의:열단 1919년에 김구의 주도로 조직된 항일 독립 운동 단체.

의:외 뜻밖. 생각 밖. ㉠의외로 일찍 도착했다. ㉥뜻밖. 【意外】

의:욕 어떤 일을 하고자 하는 마음.

의:용군 전쟁 때, 국민이 자발적으로 참가하여 조직한 군대나 군인.

의원[1] 병을 치료하기 위하여 의사가 개인적으로 개업하여 운영하는 의료 기관. 【醫院】

의원[2] 양의사나 한의사. 【醫員】

의원[3] 국회나 지방 의회 같은 조직의 회원인 사람. 【議員】

의:의 ①뜻. ②가치. 중요한 정도. ㉠한글 창제는 역사적 의의가 큰 일이다. ㉥의미. 【意義】

의:인 의로운 사람. 【義人】

의인법 사람이 아닌 것을 사람에 비유하여 말하는 표현법('성난 물결 · 꽃이 웃음짓다' 따위).

의자 걸터앉을 수 있도록 만든 물건. ㉥걸상. 【椅子】

ㅇ

의:자왕【사람】[? ~660] 백제의 제31대 마지막 왕. 641년에 왕위에 올랐음. 후에 정치를 잘못하여 신라와 당나라 연합군에게 나라를 빼앗기고 당나라에 잡혀가 죽었음. 【義慈王】

의장 회의를 진행시켜 나가는 사람. ㉠국회 의장. 【議長】

의:장권 공업 소유권의 하나. 의장을 등록함으로써 얻은 소유권. 등록된 의장을 독점적 · 배타적으로 제작 · 사용 · 판매할 권리. 존속 기간은 등록한 날로부터 8년간임. 의장 전용권. 【意匠權】

의장대 국가적 행사나 외국 사절을 맞이하는 행사에서 특별한 의식을 행하는 군 부대.

의:절 ①서로 믿기로 굳게 약속하였던 관계를 끊는 것. ②친척 · 가족 사이의 정을 끊는 것. -하다.

의젓하다[의저타다] 말과 행동이 점잖고 무게가 있다.

의정부 조선 시대 중앙의 최고 관청. 영의정 · 좌의정 · 우의정이 임금과 의논하여 나라의 중요한 일을 결정하던 기관. 【議政府】

의제 의논할 문제, 또는 회의에 붙일 문제. 【議題】

의:족 다리가 없는 사람이 쓰도록 고무 · 금속 · 나무 따위로 진짜 같이 만든 다리. 【義足】

의존 의지하고 있음. ㉮자립. 【依存】

의:좋다[의조타] 사이가 좋다. ㉠의좋은 형제. ㉥정답다.

의:주【지명】 평안 북도의 압록강 하류에 있는 도시. 예로부터 국방 · 무역에 중요한 역할을 했음. 통군정 · 의주성 · 위화도 따위의 명승지가 있음. 【義州】

의:중 마음 속의 생각. ㉠의중을 떠보다. 【意中】

의지[1] 남에게 기댐. ㉠자식에게 의지하고 살다. ㉥의탁. -하다.

의:지[2] ①마음. 뜻. ②결심하여 실행하려는 마음. ㉠의지가 굳은 사람. 【意志】

의:창 평시에 곡식을 저장하여 두었다가, 흉년에 생활이 어려운 사람을 도와 주었던 지난날의 빈민 구제 기관. 【義倉】

의:천【사람】[1055~1101] 고려 때의 승려. 시호는 대각 국사. 문종의 넷째 아들. 11세에 중이 되어, 송나라에 유학하고 돌아와서 천태종이라는 새로운 종파를 열었으며, 〈속장경〉을 간행하기도 하였음. 【義天】

의총[1] 나라에 훌륭한 일을 하다 죽은 사람의 무덤. ㉠칠백 의총.

의총[2] 남이 파헤칠 우려가 있는 무덤을 보호하기 위하여 남의 눈을 가리고자 똑같이 만들어 놓은 여러 개의 무덤.

의:치 이가 빠진 자리에 만들어 박

은 인조 이. 【義齒】

의타심 남에게 의지하려는 마음. (예)의타심을 버려라. [반]자립심.

의탁 남에게 맡김. 남에게 부탁함. [비]의지. -하다.

의태어 어떤 사물의 모양·동작·태도 등을 흉내내어 만든 말〔뒤뚱뒤뚱·방실방실·싱글벙글·오싹오싹 등〕. 【擬態語】

의:표 전혀 예상하지 못한 것. 생각 밖. (예)의표를 찌르다.

의하다 근거하다. (예)증거물에 의하여 수사를 하다.

의학 병을 예방하거나 고치는 데 필요한 지식과 기술을 연구하는 학문. (예)의학 기술의 발달.

의학계 의학에 종사하는 사람들의 사회. 【醫學界】

의학자 의학을 전문적으로 연구하는 학자. 【醫學者】

의:향 무엇을 하려는 생각. (예)부모님의 의향에 따르다. [비]의사.

의:협심 남을 도우려는 의로운 마음. (예)의협심이 강하다.

의:형제 '결의 형제'의 준말. 남남끼리 의리로써 형제 관계를 맺음, 또는 그런 형제. 【義兄弟】

의혹 의심하여 수상히 여김. (예)의혹이 많은 사건. 【疑惑】

의회 의원들이 모여서 회의를 하는 기관〔국회·시의회·도의회 등〕.【議會】

이[1] ①입 속에서 음식을 씹는 구실을 하는 것〔사람은 20개의 젖니가 빠진 뒤 32개의 간니가 남〕. ②칼이나 톱 따위의 날카롭거나 뾰족뾰족한 부분.

이[2] 사람이나 동물의 몸에 붙어 살면서 피를 빨아먹고 전염병을 옮기는 흰색 또는 갈색의 작은 해충.

이:[3] 숫자 2의 한자 이름으로 '둘'을 뜻함. 【二】

이[4] 한글의 홀소리 글자인 'ㅣ'의 이름.

이:간질 두 사람 사이를 서로 멀어지게 함. -하다.

이것[이걷] ①말하는 사람이 자기 가까이에 있는 물건을 가리키는 말. (예)이것은 책이고 저것은 연필이다. ②방금 앞에서 말한 것이나 서로 알고 있는 사실이나 물건을 가리키는 말. (예)오늘 수업은 이것으로 마친다. 〉요것.

이것저것[이걷쩌걷] 여러 가지. (예)이것저것 가리지 말고 먹어라.

이겨 내다 견뎌 내다. 참아 내다.

이:견 어떤 의견과는 다른 의견.【異見】

이:경 하룻밤을 다섯 경으로 나눈 둘째의 때. 밤 10시를 전후한 두 시간. 【二更】

이:골나다 어떤 방면에 길이 들어서 그 버릇에 익숙하여지다.

이곳저곳 여러 곳. 여기와 저기.

이:과[이꽈] 생물·물리·화학과 같은 자연 과학. [반]문과. 【理科】

이:관명〖사람〗[1661~1733] 조선 영조 때의 문신. 자는 자빈. 호는 병산. 본관은 전주. 숙종 24년에 등과하여 경종 때에 사화에 관련되어 덕천으로 귀양갔다가, 영조때 돌아와 원년(1725)에 좌의정이 되었음. 시호는 충청. 문집에는 〈병산집〉이 있음. 【李觀命】

이:광수〖사람〗[1892~1950] 소설가. 호는 춘원. 작품으로 〈흙〉〈무정〉〈유정〉 따위가 있음. 【李光洙】

이구아나 몸의 길이가 2m에 이르고 꼬리가 길며 잿빛을 띤, 주로 나무에서 생활하는 찬피 동물. 멕시코나 미국 중남부에 삶. 【iguana】

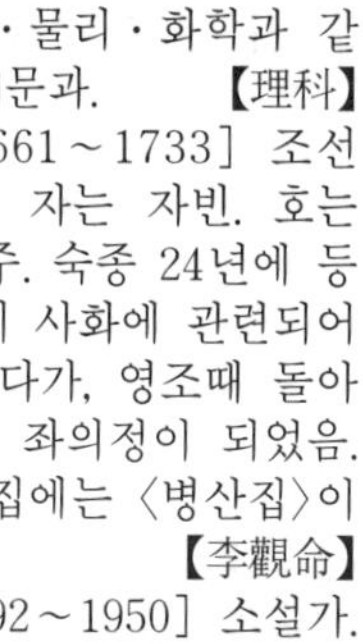

[이구아나]

이:국 다른 나라. (예)이국 생활. [비]외국. 타국. [반]모국. 【異國】

이:국적 다른 나라의 특성이나 분위기가 있는 것. ㉠이국적인 분위기의 음식점. 【異國的】

이:권[이꿘] 이익과 권리. 【利權】

이규보【사람】[1168~1241] 고려 제23대 고종 때의 유명한 문장가. 자는 춘경. 호는 백운거사. 작품에 〈동국이상국집〉〈백운 소설〉 등이 있음. 【李奎報】

이글루 얼음과 눈덩이를 쌓아서 만든 에스키모인들의 집. 【igloo】

이글거리다 불이나 빛이 벌겋고 뜨겁게 타오르는 모양.

이글이글 불꽃이 어른어른하며 타오르는 모양. -하다.

이기[1]【사람】[1476~1552] 조선 명종 때의 정치가. 을사 사화를 일으켜 윤임 일파를 몰아내고, 그 공으로 영의정까지 올랐음. 【李芑】

이:기[2] 실제 생활에 쓰기 편리한 기계나 도구. ㉠컴퓨터는 현대 산업의 이기다. 【利器】

ㅇ

이기다[1] 상대편을 누르다. 억누르다. ㉠경기에서 이기다.

이기다[2] 흙이나 가루 따위를 물을 넣어 골고루 섞다. ㉠밀가루를 이기다.

이:기심 자기의 이익만을 생각하는 마음. ㉥이타심. 【利己心】

이:기적 자기의 이익만 생각하는 것. ㉠이기적 사고 방식.

이:기주의 다른 사람을 생각하지 않고 자신의 이익만을 추구하는 생활 방식이나 태도.

이까짓 고작 이 정도밖에 안되는. ㉠이까짓 추위쯤은 참을 수 있다. 〉요까짓.

이끌다(이끄니, 이끄오) 앞장서서 남이 따라오도록 인도하다. ㉠바른 길로 이끌다.

이끌리다 무엇에 이끌림을 당하다. ㉠엄마의 손에 이끌려 병원에 가다.

이끼 습기가 많고 거의 그늘진 곳에서 잘 자라는 민꽃 식물. 매태.

이:남 어떤 한계로부터의 남쪽. ㉠38선 이남. ㉥이북. 【以南】

이내[1] ①그때에 곧. 뒤지거나 멈추는 일 없이 바로. ㉠수업이 끝나는 대로 이내 집으로 와라. ②그때의 형편대로 내쳐. ㉠무슨 말이든지 이내 곧이듣다.

이:내[2] 어떤 일정한 범위 안. ㉠일주일 이내. ㉥이외. 【以內】

이:념 옳다고 생각하는 이상적인 생각. ㉠이념이 다르다. 【理念】

이:농 농민이 농사일을 그만 두고 농촌을 떠남. ㉥귀농. -하다.

이다[1] 머리 위에 얹다. ㉠보따리를 머리에 이다.

이:다[2] 기와나 볏짚 등으로 지붕을 덮다. ㉠지붕에 기와를 이다.

이다음 뒤에 잇달아 오는 때나 자리. ㉠이다음에 다시 만나자. 〉요다음. ㉦이담.

이다지 이러한 정도로 이렇게 까지. ㉠이다지 힘들 줄은 몰랐다. 〉요다지.

이:단자 학설이나 종교에서 정통이 아닌 것을 주장하거나 믿는 사람.

이대로 이 모양으로. 이 상태를 계속하여. ㉠손대지 말고 꼭 이대로 두어라.

이:덕형【사람】[1561~1613] 조선 중기의 신하. 임진 왜란 때 명나라에 사신으로 가서 원군을 요청하여 성공 하였음. 이항복의 단짝이며 '오성과 한음'의 한 사람으로 유명함. 호는 한음. 【李德馨】

이동 움직이어 자리를 바꿈. 옮기어 다님. ㉠자리를 이동하다. ㉥이전. -하다. 【移動】

이:동녕【사람】[1869~1940] 독립 운동가. 간도에서 독립군을 양성하다가, 1919년 상하이 임시 의정원의 초대 의장과 임시 정부의 국무 총리를 지냄. 【李東寧】

이동시키다 무엇을 어디로 옮겨서, 있는 자리를 바꾸게 하다. (예)군부대를 이동시키다.

이:두 신라 이후 학문의 음과 뜻을 빌려 우리말을 적는 데 쓰이던 글자〔설총이 만들었다고 함〕.

이:득 이익을 얻음, 또는 그 이익. (예)많은 이득이 되는 일. (비)이익. (반)손실. 【利得】

이듬해 다음 해.

이:등변삼각형 두변의 길이가 같은 삼각형.

이:등병 군대에서 제일 낮은 계급의 군인. 【二等兵】

이디피에스 컴퓨터를 사용하여 회사 경영·관리를 위한 여러 가지 자료를 기억·분석·분류·확인·판단하여 처리하는 조직. 【EDPS】

이따가 조금 뒤에. (예)이따가 말해 줄께. (준)이따.

이따금 가끔. 때때로.

이따위 물건이나 일이 마음에 들지 않는 모양이나 상태. (예)이따위는 필요 없다.

이때껏 이제까지. 아직까지도. (예)나는 이때껏 숙제를 못 했다.

이라크〖나라〗 고대 메소포타미아의 땅으로서 서남 아시아의 티그리스 강·유프라테스 강 유역의 공화국. 석유는 이 나라 최대의 산업임. 수도는 바그다드. 【Iraq】

이란〖나라〗 서남 아시아에 있는 왕국. 대부분이 불모의 사막 지대임. 세계적인 석유 산출국으로 유명하며, 특산품으로 페르시아 융단이 있음. 수도는 테헤란. 【Iran】

이랑 밭의 한 두둑과 고랑을 아울러 이르는 말.

이:래 그때부터 지금까지.

이래저래 ①여러 이유로. (예)이래저래 꾸중만 들었다. ②여러 사정은 있으나 그래도. (예)넉넉하지는 않지만 이래저래 꾸려 나가다. 〉요래조래.

이랴 말이나 소를 몰 때 내는 소리.

이러다 자기나 상대의 어떤 행동을 가리켜서 이렇게 하다. (예)이러다 지각하겠네. 〉요러다.

이러다가 이렇게 하다가. (예)이러다가 아침도 굶겠다. (준)이러다. 〉요러다가.

이러쿵저러쿵 어떤 일에 대하여 이러하다, 저러하다는 여러 가지 말로. (예)이러쿵저러쿵 뒷말이 많다. 〉요러쿵조러쿵.

이러하다 이와 같다. (예)억울한 일을 당하게 된 사정은 이러하다. (준)이렇다. 〉요러하다.

이럭저럭 ①이같이 하는 일 없이 어름어름하는 가운데. 어느덧. ②되어 가는 대로.

이런[1] 이와 같은. (예)이런 일이 되풀이 되어서는 안 된다.

이런[2] 생각한 것과 다른 일이 뜻밖에 일어났을 때 내는 소리. (예)이런! 차에다 우산을 두고 내렸네.

이런저런 여러 가지의. (예)이런저런 얘기를 나누다.

이렇게[이러케] 이와 같이. 이처럼. (예)일이 이렇게 힘든줄 몰랐다.

이렇다 '이러하다'의 준말. (예)그 얼굴을 그림으로 그린다면 바로 이렇다. 〉요렇다.

이렇듯[이러튼] ①'이렇듯이'의 준말. ②이렇게도 몹시. 이런 정도로까지. 〉요렇듯.

이렇듯이[이러트시] 이와 같이. 이처럼. 이 정도로. (예)우리 형편이 이렇듯이 저쪽도 어렵기는 매 한가지다. (준)이렇듯. 〉요렇듯이.

이레 '이렛날'의 준말. 7일.

이:력 지금까지의 학업·직업 등의 경력. (예)이력서를 쓰다.

이:력서 자기의 이력을 적은 서류.

이:례적 일반적인 예에서 벗어나는 것. 흔하지 않은 일.

이:론[1] 줄거리를 세워서 생각을 마무린 것. 반실천. 【理論】

이:론[2] 다른 의견. 예이론을 제기하다. 반이의. 【異論】

이:롭다(이로우니, 이로워서) 이익이 있다. 예서로에게 이롭다. 반해롭다.

이루 있는 것을 모두. 도저히. 예이루 다 말할 수 없다.

이루다 뜻대로 되게 하다.

이루어지다 ①어떠한 상태나 상황이 되다. 예환경 오염이 계속되는 것은 사회 구성원의 적극적 참여가 이루어지지 않고 있기 때문이다. ②어떠한 일이 달성되다. 예오랜 소망이 비로서 이루어지다. ③무엇이 만들어지다. 예이 대학은 10개의 단과 대학으로 이루어져 있다.

이룩되다 바라거나 뜻하던 큰일이 이루어지다. 예통일이 이룩되어 이산 가족이 서로 만났으면 좋겠다. 비성취되다.

ㅇ

이룩하다 ①이루어 내다. 비성취하다. ②나라·도읍·집 등을 새로 세우다. 예신라는 통일 국가를 이룩하였다.

이륙 비행기가 땅에서 떠오름. 반착륙. -하다. 【離陸】

이르다[1](일러, 일러서) 알아듣게 말하다. 예잘못을 일러 주다.

이르다[2](이르니, 이르러서) 장소나 시간에 닿다. 예목적지에 이르다.

이르다[3](일러, 일러서) 더디지 않고 빠르다. 예등교 시간이 너무 이르다. 반늦다.

이른바 세상에서 말하는 바와 같이. 예이른바 한국인의 성실한 면을 보여 준 것이다. 비소위.

이를테면 예를 들어 말하자면. 본이를터이면.

이름 다른 것과 구별하기 위하여 사람·생물·물건·장소 등에 붙여서 부르는 말.

이름나다 이름이 세상에 널리 알려지다. 유명해지다. 예음악가로 이름나다.

이름짓다[이름짇따] 이름을 만들어 붙이다.

이름표 성명·소속 등을 적어 가슴에 다는 표. 비명패. 명찰.

이리[1] 개와 비슷한 짐승으로 늑대나 승냥이보다 크며, 성질이 사나워서 사람이나 다른 동물을 해침.

이리[2] 이 쪽으로. 이 곳으로. 예이리 오너라!

이리저리 이쪽으로 저쪽으로.

이마 얼굴의 눈썹 위로부터 머리털이 난 아래까지의 부분.

이만 이 정도까지만 하고. 이것으로 끝맺고. 예오늘 수업은 이만 마치도록 하겠다.

이만저만 보통 수준으로, 웬만한 정도로. 예값이 비싸도 이만저만 비싼 게 아니다. 〉요만조만.

이만저만하다 이만하고 저만하다. 예이만저만하게 힘든 일. 〉요만조만하다.

이만하다 이것만하다. 정도가 이것과 같다. 예크기가 이만하다. 〉요만하다.

이맘때 이 비슷한 때. 예작년 이맘때에도 운동회를 하였다. 〉요맘때.

이맛살 이마에 잡힌 주름살.

이:면 ①안쪽. 속. ②사물의 겉에 나타나지 아니하는 사실. 예또 다른 이면을 발견하다. 반표면.

이모 어머니의 여자 형제. 【姨母】

이모부 이모의 남편. 【姨母夫】

이:모작 한 해에 같은 땅에서 두차례 곡식을 거두어들이는 것. 비그루갈이. 반일모작.

이모저모 사물의 이런 면 저런 면. 이쪽 저쪽의 여러 방면. 〉요모조모.

이:목 ①귀와 눈. ②남들의 주의. 남들의 눈. 【耳目】

이:목구비 ①눈·코·입·귀를 중심

으로 본 얼굴의 생김새. ②눈·코·입·귀를 아울러 이르는 말.

이:문 이가 남은 돈. ㉠장사는 이문이 남아야 한다. 【利文】

이물 배의 앞 부분. 비선수. 반고물.

이:물질 어떤 물질과 다른 물질.

이:미 벌써. 앞서. 이왕에. ㉠이미 때는 지났다.

이미지 ①마음 속에 떠오르는 사물에 대한 감각적 영상. ②어떤 사람이나 사물에게서 받아 남아 있는 인상이나 기억. 【image】

이민 자기 나라를 떠나 다른 나라로 옮겨가서 사는 것. 【移民】

이바지하다 이익이 되는 좋은 일을 하다. ㉠조국 통일에 이바지하다. 비공헌하다. 기여하다.

이:발 가위나 기계로 남자의 머리털을 깎고 다듬는 일. -하다.

이:발사[이발싸] 남의 머리털을 깎아 주는 일을 직업으로 하는 사람. 비이용사.

이:발소 일정한 시설이나 설비를 갖추고 이발을 해 주는 곳.

이:방 조선 시대에 지방 관청에서 원님을 도와 사무를 맡아 보던 부서나 그런 관리. 【吏房】

이:방원〖사람〗[1367~1422] 조선 제3대 왕인 '태종'의 이름.

이:방인 다른 나라 사람. 이국인.

이:백〖사람〗[701~762] 중국 당나라 때의 시인. 두보와 함께 중국 역사에서 가장 뛰어난 시인으로 꼽힘. 이별의 슬픔과 자연을 감상하는 내용의 시를 많이 남겼으며, '이태백'으로도 불림. 【李白】

이번 이제 돌아온 바로 이 차례. ㉠이번 기차를 타야 한다. 비금번. >요번.

이:범석〖사람〗[1900~1972] 독립운동가. 1919년 청산리 전투에서 김좌진 장군을 도와 일본군을 무찌르는 데 큰 공을 세웠음. 호는 철기. 【李範奭】

이:변 예상하지 못한 사태. ㉠이변의 사건이 벌어졌다.

이별 서로 갈리어 떨어짐. ㉠아쉬운 이별. 비작별. 반상봉. -하다.

이:병기〖사람〗[1891~1968] 국문학자·시조 작가. 호는 가람. 전라 북도 익산 출생. 현대 시조를 개척하고 옛 문학 작품을 많이 풀이했음. 저서에 〈가람 시조집〉〈가람문선〉〈국문학 개론〉 등이 있음. 【李秉岐】

이:봉창〖사람〗[1901~1932] 독립운동가. 서울 출신. 일본 천황에게 폭탄을 던졌으나 실패한 후 붙잡혀 1932년 10월 10일 순국함. 【李奉昌】

이부자리 이불과 요. 비침구.

이부제 수업 교실 부족 관계로 학생들을 오전·오후의 2부로 나누어서 하는 수업 방식.

이:북 어떤 한계로부터의 북쪽. 반이남. 【以北】

이:북오도 1945년 8월 15일 현재 행정 구역상의 도. 황해도·함경 남도·함경 북도·평안 남도·평안 북도를 말함.

이:분 ①둘로 나눔. ②춘분과 추분. -하다. 【二分】

이불 잘 때에 몸을 덮는 물건.

이비인후과 귀·코·목구멍·기관 및 식도의 질병 치료를 전문으로 하는 의학의 한 분야나 그 병원.

이:사[1] 어떤 단체나 조직의 사무를 결정하고 처리하는 임원의 한 사람. 【理事】

이사[2] 살던 곳에서 다른 곳으로 살림을 옮김. ㉠시골로 이사가다. 비이주. -하다. 【移徙】

이사벨라〖사람〗[1451~1504] 카스티야의 여왕. 아라곤의 왕자 페르난도와 결혼. 이 결과로 1479년에 두 나라가 합병하여 에스파냐 왕국이 성립. 콜럼버스를 원조하여 신대륙 발견을 달성시킨 일로도 유명함.

이삭 ①벼나 풀 등의 끝에 열매가 열리는 부분. ㉠벼이삭 줍기. ②농작물을 거둔 뒤 땅에 떨어진 곡식.

이삭줍기 곡식을 거두고 난 뒤에 땅에 떨어진 이삭을 줍는 일.

이산 가족 헤어져 흩어진 식구. 특히 국토가 분단되어 남한과 북한으로 헤어져 살고있는 가족을 가리킴.

이산화망간 검은 회색의 가루. 물에는 녹지 않고 열을 가하면 분해하여 산소를 냄. 산화제·염료 제조 등에 쓰임.

이산화탄소 물질이 탈 때에 생기는 기체. 탄소와 산소의 화합물이며 공기보다 무거움. 탄산가스.

이산화황 황이 공기 중에서 탈 때 발생되는 유독성 기체. 독한 냄새가 남. 아황산가스.

이삿짐[이삳찜] 이사할 때 살집으로 옮기는 가재 도구들의 짐.

이:상[1] 그보다 더 위. ㉠5이상의 자연수. 반이하. 【以上】

이:상[2] 각자가 생각할 수 있는 범위 안에서 가장 좋다고 생각되는 상태. 반현실. 【理想】

이:상[3] 평소와 다른 상태. 보통이 아님. ㉠이상 기온 현상이 발생하다. 반정상. -하다. -스럽다. 【異狀】

이:상설【사람】[1871~1917] 조선 고종 때 의정부 참찬. 독립 운동가. 헤이그 특사의 한 사람이며, 1910년 일본에게 주권을 빼앗기는 것을 반대하는 성명서를 세계 여러 나라에 보내는 등 독립 운동에 크게 이바지했음. 【李相卨】

이:상스럽다 정상적인 것과 다른 듯하다.

이:상야릇하다 이상하고 묘하다. ㉠분위기가 이상야릇하다.

이:상재【사람】[1850~1927] 조선 말의 정치가이며, 종교가. 호는 월남. 일찍이 신앙 생활을 통하여 국민의 민족 정신을 일깨워 주었고, 서재필과 함께 독립협회를 조직하여 민중 계몽에 힘썼음. 【李商在】

이:상적 사물의 상태가 이상에 맞는 것. ㉠이상적인 공원.

이:상하다 ①정상이 아니다. ㉠정신이 이상하다. ②유별나다. ㉠처음 보는 이상한 꽃. ③의심스럽다.

이:상향 이상적이며 완전하고 평화로운 상상의 세계. 비유토피아.

이:색[1] 다른 빛깔. 색다름. ㉠이색적인 분위기. 【異色】

이:색[2]【사람】[1328~1396] 고려 말기의 문신이자 학자. 중국 원나라에서 과거에 급제하고 돌아와 많은 인재를 배출하여 학문에 큰 발자취를 남겼음. 조선 개국 후 태조 이성계가 여러 번 불렀으나 절개를 지키고 나가지 않았음. 호는 목은.

이생규장전【책명】 김시습이 엮은 〈금오신화〉 가운데 실린 한문 소설.

이:성[1] ①성질이 다름. ②남자와 여자로 구별짓는 말. ㉠이성 친구. 반동성. 【異性】

이:성[2] 논리적으로 생각하고 판단하는 능력. ㉠이성을 잃은 행동. 【理性】

이:성계【사람】[1335~1408] 조선의 제1대 임금(재위 1392~1398). 고려 말의 장군이었으나, 위화도에서 회군한 후 1392년 군신에게 추대되어 왕위에 오르고 이어 새로운 정책을 세워 조선의 기반을 닦았음. 태조. 【李成桂】

이:세 ①다음 세대. ②자식. 자녀.

이:세대 가정 부모와 그 자녀가 한 집에 모여사는 가정.

이:솝【사람】 고대 그리스의 우화 작가. 〈이솝 우화집〉을 남겼음.【Aesop】

이솝 우화【책명】 이솝이 지은 우화들을 모아 엮은 책, 또는 그 속에 들어 있는 이야기.

이ː수광〖사람〗[1563~1628] 조선 중기의 학자. 실학의 학풍을 처음 일으킨 학자. 〈지봉유설〉이란 책을 남김. 【李睟光】

이ː순신〖사람〗[1545~1598] 조선 선조 때의 장군. 시호는 충무공. 임진왜란 때 거북선을 만들어 옥포·부산·한산도 등의 싸움에서 큰 승리를 거두고 노량 해전에서 공격하다가 유탄에 맞아 전사함. 【李舜臣】

이스라엘〖나라〗 서남 아시아에 있는 유대 민족의 나라. 1948년에 독립한 공화국임. 영토 문제로 아랍 민족과 분쟁이 끊이지 아니함. 수도는 예루살렘. 【Israel】

이스탄불〖지명〗 터키 서쪽 끝, 유럽이 시작되는 곳에 있는 도시. 【Istanbul】

이스터 섬 남태평양 폴리네스아 동쪽 끝에 있는 화산섬. 칠레의 영토로 특히 돌로 만든, 얼굴이 큰 거인의 상들이 있어 유명함. 【Easter 섬】

이스트 효모(세균)의 한 가지로 빵을 만들 때에 넣어 빵을 부풀게 하는 것. 【yeast】

이슥하다[이스카다] 밤이 매우 깊다. [예]밤이 이슥하도록 불이 켜져 있다. 이슥히.

이슬 ①공기 중의 수증기가 기온이 내려가거나 풀잎같은 곳에 닿아 식어서 엉기어 작은 물방울로 된 것. [예]아침 이슬. ②'덧없는 목숨'에 비유한 말. [예]형장의 이슬로 사라지다.

이슬람교 마호메트가 일으킨 세계 3대 종교의 하나. 회교.

이슬비 아주 가늘게 오는 비. 안개보다 굵고 가랑비보다 가늚.

이승 불교에서 말하는 살아 있는 동안. 이 세상. [비]이생. [반]저승.

이ː승만〖사람〗[1875~1965] 독립운동가이며 정치가. 일찍부터 국내와 해외에서 독립운동에 힘썼으며, 대한 민국 초대 및 2대·3대 대통령을 지내다가 3·15 부정선거 후 1960년 4·19의거로 대통령 자리에서 물러나 하와이로 망명. 호는 우남. 【李承晩】

이ː승훈¹〖사람〗[1756~1801] 우리나라에서 처음으로 천주교 영세를 받은 사람. 기독교를 전도하다 신유 박해 때 처형됨. 【李承薰】

이ː승훈²〖사람〗[1864~1930] 3·1 운동 때 민족 대표의 한 사람. 교육자. 신민회를 만들고 오산 중학교를 설립하여 인재 양성에 힘썼음. 호는 남강. 【李昇薰】

이승휴〖사람〗[1224~1300] 고려 말기의 학자·문인. 한시로 중국과 우리 나라의 역대 사적을 적은 〈제왕운기〉를 지었음. 호는 동안거사. 【李承休】

이ː시영〖사람〗[1869~1953] 독립운동가. 만주에 신흥 무관 학교를 세워 독립군을 양성하고, 임시 정부에서 활동하였으며, 광복 후에는 초대 부통령에 당선되었으나 곧 물러났음. 호는 성재. 【李始榮】

이식 ①농작물이나 나무를 다른 데로 옮겨 심음. ②몸 안의 일부 조직이나 기관을 다른 몸에 옮겨 붙이는 것. [예]심장 이식 수술. -하다. 【移植】

이ː심전심 말이나 글에 의하지 않고 마음에서 마음으로 전함. [예]이심전심으로 통하다. 【以心傳心】

이ː십 십의 두 배가 되는 수. [비]스물. 【二十】

이쑤시개 이 사이에 끼인 것을 파내는 데 쓰는 작은 꼬챙이.

이암 퇴적암의 하나로 진흙이 굳어서 된 바위. 【泥巖】

이앙기 모를 심는 기계. 【移秧機】

이앙법 벼를 못자리에서 길러 논에 옮겨 심는 농사 방법. [비]모내기.

이야기 ①실제로 있던 일, 또는 꾸민 일을 재미있게 하는 말. ㉠소설같은 이야기. ②서로가 주고받는 말. ㉠친구와 이야기하다. ㉥대화. ㉣얘기. -하다.

이야기꽃 여럿이 한자리에 모여 서로 주고받는 즐거운 이야기. ㉠친구들이 모여 앉아 이야기꽃을 피우고 있다.

이야기책 이야기를 모아 엮은 책.

이야기하다 ①소리내어 말을 하다. ②누구와 말을 주고받다.

이야깃거리 이야기할 만한 거리. 이야기가 될 만한 자료. ㉣얘깃거리.

이양 남에게 넘기어 줌. ㉠정권을 이양하다. 【移讓】

이:양선 개화기 때 우리 나라에 온 서양의 배를 이르던 말.

이어달리기 두 사람 이상이 일정한 거리를 똑같이 나누어 맡아 차례로 배턴을 이어 받고 달리는 경기. 릴레이 경주. ㉥계주.

이어받다 물려받다. 계승하다. ㉠삼대째 가업을 이어받다.

이어지다 끊어졌던 것이 서로 잇대어지다.

이어짓기 한 땅에 같은 작물을 해마다 이어서 심음. ㉥연작. 이어갈이. ㉡돌려짓기. 윤작.

이어폰 귀에 끼우고 전기 신호를 소리로 바꿔 음악이나 라디오 따위를 혼자서 들을 수 있는 장치.【earphone】

이엉 초가의 지붕을 덮기 위하여 짚 따위로 엮은 물건.

이에 이리해서 곧. 그래서. ㉠이에 우리의 나아갈 바를 밝혀….

이:역 제 고장이 아닌 딴 곳. 외국 땅. ㉠이역 하늘. 【異域】

이:역만리 [이영말리] 자기의 나라에서 멀리 떨어진 곳. 【異域萬里】

이온 음 전기나 양 전기를 띤 원자, 또는 원자들. 【ion】

이완[1] 느즈러짐. 맥이 풀리고 힘이 늦추어짐. ㉠이완 작용. ㉡긴장. -되다. -하다. 【弛緩】

이:완[2]〖사람〗[1602~1674] 조선 중기의 장군. 병자호란 때에 공을 세웠음. 만주를 정벌할 계획을 세웠으나 효종의 죽음으로 실현하지 못하였음. 호는 매죽헌. 【李浣】

이:완용〖사람〗[1858~1926] 조선 고종 때의 친일파. 1910년에 정부를 대표하여 한일 합병 조약을 맺는 등 나라를 일본에 넘겨주는 짓을 했음. 호는 일당. 【李完用】

이:왕 이미 그렇게 된 바에. ㉠이왕 늦었으니, 천천히 가지. ㉥기왕. ㉦이왕에. 【已往】

이:왕이면 이왕 할 바에는 ㉠이왕이면 맛있는 것으로 먹자. ㉥기왕이면.

이:왕지사 이미 지나간 일. 기왕지사. 【已往之事】

이:외 그 밖의 것. 어떤 범위의 밖. ㉠우리 이외에는 아무도 없다. ㉡이내. 【以外】

이:용 이롭게 씀. 가치 있게 씀. ㉠이용 가치가 있다. ㉥사용. -하다.

이:용권 어떤 시설을 이용할 수 있는 권리. ㉠자유 이용권.

이:용도 이용하고 있는 정도.

이:용자 어떤 사물·시설·제도 따위를 이용하는 사람.

이웃 ①가까이 사는 집. ㉠이웃끼리 친하다. ②가까이 있는 곳. ㉠일본은 우리와 이웃한 나라다. -하다.

이웃 사촌 이웃에 사는 사람이 먼 친척보다는 살아가는데 더 가까움을 이르는 말.

이웃집 [이 쩝] 이웃에 있는 집.

이:원수〖사람〗[1911~1981] 아동 문학가. 경상 남도 양산 출생. 마산 상업 학교 졸업. 1926년 열 다섯 살 때 〈어린이〉라는 잡지에 동시 〈고향의 봄〉이 당선된 후 평생을

아동 문학에 바쳐 동화집 〈숲속의 나라〉, 동시집 〈빨간 열매〉〈종달새〉 등 많은 작품을 남김. 【李元壽】

이:월 한 해의 둘째 달. 【二月】

이:유 까닭. ㉨지각한 이유를 말하다. ㉥사유. 【理由】

이:유기 젖먹이의 젖을 떼는 시기. 보통 난 지 6, 7개월부터 시작함.

이:유식 젖먹이의 이유기에 먹이는 젖 이외의 음식.

이:육사〖사람〗[1904~1944] 시인이자 독립 운동가. 〈청포도〉〈광야〉 따위의 시를 지었으며, 독립 운동을 하다가 일본 경찰에 잡혀 베이징 감옥에서 죽었음. 본명은 이원록. 【李陸史】

이:윤 장사하여 남은 돈. 이익. ㉨이윤을 남기다. 【利潤】

이:율 1년 또는 1개월 등의 기간에 붙는 원금에 대한 이자의 비율〔이율=단위 기간의 이자÷원금〕. ㉥변리. 【利率】

이:율곡 '이이'의 성과 호를 함께 부르는 이름. ⇨율곡. 【李栗谷】

이윽고 한참 만에. 얼마 있다가. ㉨이윽고 기차가 도착했다.

이:은상〖사람〗[1903~1982] 시인. 호는 노산. 경상 남도 마산 출생. 〈가고파〉〈성불사의 밤〉〈고향 생각〉〈봄처녀〉 등의 시로 알려짐. 저서로는 〈노산시조집〉〈이충무공의 일대기〉 등이 있음. 【李殷相】

이음매 두 물체를 이어 놓은 자리.

이음새 여럿이 이어진 자리나 상태.

이음줄[이음쭐] 높이가 다른 둘 또는 그 이상의 음을 끊지 말고 부드럽게 이어서 연주하라는 뜻으로, 음표의 위나 아래에 그리는 활 모양의 줄. 기호는 '⌒'로 표시함.

이응 한글의 닿소리 글자인 'ㅇ'의 이름.

이:의 남과 의견이나 주장을 달리함. ㉨이의를 제기하다.

이:이〖사람〗⇨율곡. 【李珥】

이:익[1] 보탬이나 도움이 되는 것. ㉨이익을 절반으로 나누다. ㉥이득. ㉯손해. 손실. 불이익. 【利益】

이:익[2]〖사람〗[1681~1763] 조선 때의 실학자. 유형원의 학풍을 이어받아 실학의 대가가 되었으며, 특히 천문·지리·의약·역사 등에 많은 업적을 남겼음. 【李瀷】

이:익금 벌어들인 돈에서 원래 들인 돈을 빼고 남은 돈.

이:인호〖사람〗[1933~1966] 베트남 전선에서 자기 목숨을 희생하고 부하 사병을 건지 청룡 부대의 한 장교.

이:자 저금으로 맡긴 돈이나 꾸어 쓴 돈에 대해 붙여 주는 일정한 비율의 돈. ㉥변리. ㉯원금.

이자겸의 난 고려 인종때 이자겸이 일으킨 난. 이자겸은 왕의 외척으로 권세를 누리다가 왕이 되려고 난을 일으켰으나 실패하였음.

ㅇ

이:장[1] 행정 구역의 하나인 '이'의 사무를 맡아 보는 사람. 【里長】

이장[2] 무덤을 다른 데로 옮김. 개장. -하다. 【移葬】

이재민 화재·홍수 등의 재난을 당한 사람. ㉨이재민을 도와 주다.

이:적 신의 힘으로 되는 이상 야릇한 일. ㉥기적.

이:전[1] 이제보다 전. 그전. ㉨9시 이전에 오너라. 【以前】

이전[2] 장소나 주소나 권리 등을 다른 데로 옮김. ㉨주소를 이전하다.

이:점[이쩜] 이로운 점.

이:정표 도로·선로 따위의 길가에 어떤 곳까지의 거리를 적어서 세운 표시. ㉨이정표를 따라 가다.

이제 바로 이때. 지금. ㉨이제 시작하다. ㊔이제는.

이제껏 지금에 이르기까지. 여태껏. 입때껏.

이제야 이제 겨우. 이제 비로소. ㉠ 이제야 그 뜻을 알겠다.

이:종무〖사람〗[1360～1425] 고려 말에서 조선 초의 장군. 세종 때 왜구들의 소굴인 쓰시마 섬을 정벌하였음. 【李從茂】

이종 사촌 이모의 아들과 딸. ㊜이종.

이주 집을 옮겨서 삶. ㉠부산으로 이주하다. ㉡정착. -하다. 【移住】

이주민 다른 곳으로 옮겨 가서 사는 사람. ㉡원주민. 【移住民】

이죽거리다 빈정거리며 말하다. ㊝이기죽거리다.

이:준〖사람〗[1859～1907] 조선말 고종 때의 열사. 1907년 고종 황제의 특명으로 이상설·이위종 등과 함께 만국평화 회의에 참석하였으나, 일본의 방해로 뜻을 이루지 못하게 되자, 그 곳에서 분함을 참지 못하여 스스로 목숨을 끊어 죽었음. 【李儁】

ㅇ

이:중 두 겹. 중복. 【二重】

이:중문 두 겹으로 된 문. 【二重門】

이:중섭〖사람〗[1916～1956] 서양 화가. 호는 대향. 평양 출신. 일본 문화 학원을 졸업. 1937년 일본 자유 미술 협회 전람회에 출품한 이래, 야수파의 영향을 받은 작품으로 소·게 등 향토적인 그림을 남겼음. 【李仲燮】

이:중주 두 사람이 서로 다른 두 개의 악기로 합주하는 일. 듀엣. 이부 합주. 【二重奏】

이:중창[1] 두 사람이 두 개의 성부로 동시에 또는 교대로 노래를 부름. 이부 합창. 듀엣. 【二重唱】

이:중창[2] 미닫이의 한 가지. 추위나 지나치게 밝은 빛을 막으려고 안팎으로 두껍고 어둡게 발라서 미닫이 안쪽에 덧끼워 달음. 【二重窓】

이:중환〖사람〗[1690～1752] 조선 영조 때의 실학자. 우리 나라 인문 지리서인 〈택리지〉를 지어서 전국의 지형과 풍습 등을 소개하였음. 호는 청담. 【李重煥】

이즈음 얼마 전부터 이제까지의 길지 않은 동안. ㊜이즘. ＞요즈음.

이지러지다 한 귀퉁이가 떨어져 없어지다. 기울어지다. ㉠달이 이지러지다. ×이즈러지다.

이:직〖사람〗[1362～1431] 시조 '까마귀 검다 하고…'를 지은 사람. 조선의 개국 공신으로 영의정을 지냈음. 【李稷】

이:진법 0과 1의 두 숫자로 모든 수를 나타내는 표시법.

이:진수 2씩 묶어서 나타내는 수. 0, 1 두 가지 숫자를 써서 나타내는 수. 〈보기〉 $11_{(2)}=1\times2+1\times1$.

이:질[1] 성질이 다름. ㉠이질적인 문화. ㉡동질. 【異質】

이:질[2] 똥이 자주 마렵고, 똥에 피와 고름이 섞여 나오는 전염병.

이집트〖나라〗 아프리카의 북동부 나일강 유역 중심지에 있는 나라. 피라미드·스핑크스 따위의 고대 문명 유적이 많아 관광 산업이 발달했음. 수도는 카이로. 【Egypt】

이집트자 고대 이집트에서 사용했던 상형 문자. 로마자의 바탕이 됨.

이쯤 이만한 정도. ㉠이쯤에서 끝내자. ＞요쯤.

이:차돈〖사람〗[506～527] 신라 법흥왕 때 불교를 일으키기 위하여 순교한 사람. 성은 박씨. 자는 염촉. 그의 순교로 신라에서는 불교를 인정하게 되었음〔이것을 '이차돈의 순교'라 함〕. 【異次頓】

이(2)차 소비자 풀을 뜯어먹고 사는 토끼·노루 등의 약한 동물을 잡아먹고 사는 동물〔사자·표범 등〕.

이:착륙 비행기가 뜨고 내리는 것. ㉠태풍으로 인해 비행기의 이착륙이 금지되었다.

이:채롭다 눈에 띄게 아주 다르다. ㉮이채로운 전시회.

이처럼 이와 같이. ㉮이처럼 아름다울 수가! 〉요처럼.

이:천[1]〖사람〗[1376~1451] 조선 초기의 무관. 장영실과 함께 해시계·물시계 등의 과학 기구를 제작함. 호는 불곡. 【李蕆】

이:천[2]〖지명〗 경기도에 있는 도시. 질 좋은 쌀로 유명함. 【利川】

이체 주든가 받을 돈을 관련된 금융 기관에서 주고받게 하여 처리하는 것. ㉮자동 이체. -하다.

이:치 도리나 뜻. 마땅한 까닭. ㉮이치에 맞게 행동하라.

이:탈 떨어져 나감. 관계를 끊음. ㉮이탈 행위를 하다. -하다.

이탈리아〖나라〗 유럽 남부에 있는 반도로 된 나라. 로마 시대 이래로 그리스와 더불어 서양 문명의 원천이었음. 아름다운 풍경과 유적이 많아 관광국으로 유명하며, 유럽 제1의 농업국임. '이태리'라고도 함. 수도는 로마. 【Italia】

이:태백 '이백'의 성과 자를 함께 이르는 이름. 【李太白】

이토록 이런 정도록까지. ㉮나는 지금까지 이토록 심한 감기를 앓은 적이 없다. ㉥이렇듯.

이토 히로부미〖사람〗[1841~1909] 1905년 고종 때에 맺은 을사 조약을 비롯하여, 우리 나라 침략에 주동적인 역할을 했던 일본의 정치가. 안중근 의사에게 하얼빈에서 사살됨. 【Itô Hirobumi】

이튿날[이튼날] ①다음 날. ㉮이튿날 다시 만나자. ②'초이튿날'의 준말.

이틀 ①두 날. 양일. ㉮나는 이틀에 한 번 목욕을 한다. ②'초이틀'의 준말.

이파리 나무나 풀의 잎사귀.

이판사판 막다른 데에 이르러 어찌할 수 없게 된 지경.

이판암 진흙이 물 속에서 쌓여 굳어진 바위.

이팔 청춘 열여섯 살 전후의 젊은이.

이:하 일정한 한도의 아래. ㉮10이하의 숫자. ㉯이상. 【以下】

이:하응〖사람〗 흥선 대원군의 이름.

이(2)학기 9월부터 다음 해 2월까지의 학기. 【二學期】

이항 방정식에서 항을 다른 변으로 옮기는 것.

이:항복〖사람〗[1556~1618] 조선 시대의 이름난 정치가. 호는 백사. 임진왜란 때 선조 임금을 모시고 피난을 갔으며, 국난을 수습하는 데 공훈을 세워 오성군에 봉해짐. '오성과 한음'의 '오성'으로도 유명함. 【李恒福】

이:해[1] 이익과 손해. ㉮이해 관계가 좁다. ㉥손익. 【利害】

이:해[2] ①사리를 깨달아서 앎. ㉮문제를 잘 이해하고 풀어라. ㉯오해. ②남의 마음이나 사정을 알아 줌. ㉮상대편을 이해할 줄 아는 마음. -하다. 【理解】

이:해시키다 ①말이나 글의 뜻이나 내용을 알아차리게 하다. ㉮선생님은 수업 내용을 학생들에게 이해시키는 일이 가장 중요하다. ②남에게 어떤 처지나 마음을 알게 하다. ㉮친구에게 내 입장을 이해시키고 도움을 받다.

이:해심 남의 사정을 잘 알아차리는 마음. ㉮어머니는 이해심이 많으신 분이다. 【理解心】

이:해 타산 이익과 손해를 이모저모 따져 셈함. -하다.

이:행 실제로 행함. ㉮의무를 이행하다. -하다. 【履行】

이·호·예·병·형·공 고려 시대와 조선 시대의 행정부의 기구. 고려 시대에는 '부'라 불렀으며, 조선 시대에는 '조'라 불렀음〔6부·6조〕.

이:혼 부부가 법적으로 부부 관계를 그만두고 헤어지는 것. 반결혼. -하다. 【離婚】

이화명충 한 해에 두번 우화하는 명충. 벼의 큰 해충임. 비마디충.

이화 학당 1886년 미국인 선교사 스크랜튼 여사가 세운 우리 나라 최초의 여성 교육 기관. 현재의 이화 여자 대학교. 【梨花學堂】

이:황〖사람〗[1501～1570] 조선 중기의 유학자. 호는 퇴계. 관직을 버리고 고향에 내려가 주자학 연구에 힘썼으며, 도산 서원을 세워 많은 제자를 양성했음. 저서는 〈이학록〉〈주자서절요〉〈퇴계 전서〉 등이 있음. 【李滉】

이:효석〖사람〗[1907～1942] 소설가. 아름다운 문장으로 자연을 묘사한 작품을 많이 썼으며, 작품으로는 〈메밀꽃 필 무렵〉〈화분〉 따위가 있음. 호는 가산. 【李孝石】

ㅇ

이:후 어느 때부터의 뒤. 그 후, 이 다음. 예70년 이후 전격적으로 발전했다. 반이전. 【以後】

이:홍렬〖사람〗[1909～1980] 작곡가. 함경 남도 원산 출생. 일본 도쿄 음악 학교 피아노과를 졸업하고 서라벌 예술대학교 음악 과장·숙명 여자대학교 음악 대학장·예술원 회원을 지냄. 가곡 〈바위 고개〉〈어머니 마음〉〈자장가〉 등 많은 작곡을 했음. 【李興烈】

익다[1] 열매나 씨가 충분히 여물다. 예감이 익다.

익다[2] ①잘 아는 사이가 되다. ②여러 번 하여 서투르지 않게 하다. 예손에 익다.

익룡[잉뇽] 중생대에 살던, 하늘을 나는 큰 찬피 동물.

익명[잉명] 본이름을 숨김. 반실명.

익반죽[익빤죽] 가루에 끓는 물을 부어 가며 하는 반죽. -하다.

익사[익싸] 물에 빠져 죽음. -하다.

익산〖지명〗 전라 북도 북서쪽에 있는 도시. 호남선·군산선·전라선이 지나는 교통의 중심지임. 【益山】

익살[익쌀] 남을 웃기려고 일부러 우습게 하는 말이나 짓. 해학. 예익살이 심하다. -스럽다. -부리다.

익살스럽다[익쌀스럽따] 재미있고 우스운 데가 있다.

익숙하다[익쑤카다] 여러 번 거듭해서 손에 익다. 예바느질에 익숙하다. 비능숙하다. 반서투르다.

익조[익쪼] 농사에 해가 되는 벌레를 잡아먹는 이로운 새〔제비·딱다구리 등〕. 반해조.

익충 사람에게 이로운 벌레〔꿀벌·잠자리·누에나방〕. 반해충.

익히다[이키다] ①배우고 연습하다. 예기술을 익히다. ②익게하다. 예감자를 익히다.

인[1] 어둠 속에서 희미한 빛을 내며, 공기 속에서 불이 잘 붙어 성냥 따위를 만드는 데에 쓰는, 동물의 뼈에 많이 들어있는 물질. 【燐】

인[2] 남에게 어질게 대하는 일. 예군자란 인을 실천하는 사람이다.【仁】

인[3] 사람의 수를 세는 말. 예30인. 비명. 【人】

인가[1] 사람이 사는 집. 【人家】

인가[2] 인정하여 허락함. 예영업인가. 비허가. -하다. 【認可】

인간 사람. 인류. 【人間】

인간 관계 사회 생활에서 사람들 사이의 관계.

인간답다 인간으로서의 올바른 태도를 가지고 있다.

인간띠 생각을 같이 하는 여러 사람들이 서로의 손을 잡고 길게 늘어서서 띠의 모양을 만드는 것.

인간 문화재 중요한 무형 문화재를 지니고 있는 사람을 통틀어 이르는 말. 【人間文化財】

인간미 인간다운 따뜻하고 정다운 느낌. ㉠선생님은 인간미가 넘친다.

인간 사회 서로가 힘을 모아서 함께 도우며 살아가는 사람들의 모임. 비인류 사회.

인간 상록수 고장의 발전을 위해서 남에게 본보기가 될만한 일을 하여 사람들의 존경을 받는 사람을 빗대어 나타낸 말.

인간성[인간썽] ①사람으로서 본디부터 가지고 있는 바탕. ②사람다운 마음의 본바탕. 예인간성이 좋다. 【人間性】

인간적 사람다운 성질이 있는 것. 반비인간적. 【人間的】

인건비[인껀비] 공공기관이나 기업·단체에서 사람을 쓰는 데 드는 경비. 【人件費】

인걸 뛰어나게 잘난 사람. 훌륭한 사람. 비호걸. 【人傑】

인격 사람의 품격. 사람의 됨됨이. 예어린이에게도 인격이 있다. 비인품. 반신격. 【人格】

인격 수양 사람의 품격을 닦고 기르는 일, 즉 인품을 단련하여 지덕을 계발함.

인격자[인 짜] 훌륭한 인격을 갖춘 사람. 【人格者】

인계 하는 일을 넘겨 줌, 또는 이어받음. -하다. 【引繼】

인고 괴로움을 참음. -하다.

인공 ①사람이 하는 일. ②사람이 자연물에 손을 대어 만드는 일. 예인공 폭포. 반자연. 천연.

인공 가루받이[인공 가루바지] 사람의 힘으로 수꽃의 꽃가루를 암술머리에 묻혀 주어 씨의 열매를 맺게 하는 일.

인공 강우 인공적으로 비가 내리게 하는 것. 【人工降雨】

인공 부화기 닭이나 오리 따위의 알을 일정한 기간 동안 알맞게 따뜻하게 하여 새끼가 깨어나게 하는 기계.

인공 위성 지구에서 쏘아 올려 지구의 둘레를 마치 위성과 같이 돌게 한 인공적으로 만든 물체. 1957년 10월 4일 소련의 스푸트니크 1호가 사상 최초의 인공 위성이며, 사람이 탑승한 유인 위성은 1961년 4월 12일 소련의 가가린이 탔던 보스토크 1호가 최초임. 목적과 용도에 따라 과학 위성·통신 위성·기상 위성 등으로 나뉨. 준위성.

인공적 사람의 힘으로 자연물과 똑같거나 전혀 새로운 것을 만들어 내는 것. 【人工的】

인공 지능 인간의 생각하고 이해하는 활동의 일부를 컴퓨터로 대신할 수 있게 하는 기능. 【人工知能】

인공 호흡 인사 불성 상태인 몸의 흉곽을 확장 수축시켜 호흡 작용을 다시 일으켜 소생시키는 구급법. 【人工呼吸】

인과 ①원인과 결과. ②불교에서, 선악의 업에 따르는 과보. 예인과 응보. 【因果】

인과 관계 두 가지 일에서 하나는 원인이 되고, 다른 하나는 결과가 되는 관계.

인과응보 불교에서 전생에 행한 착한 일, 못된 일에 대한 값으로 지금의 행복이나 불행을 얻게 되는 것. 【因果應報】

인구 일정한 지역 안에 사는 사람의 수효. 【人口】

인구 밀도[인구밀또] 일정한 지역 안에 분포되어 있는 인구수의 많고 적음의 정도.

인구 집중 일정한 지역 안에 사람들이 많이 모임.

인권 사람이 사람답게 살기 위하여 당연히 가지는 기본적인 권리. 예인권을 보장하다. 【人權】

ㅇ

인근 이웃. 근처. ㉥인근 마을에 살다. ㉥근방. 부근.
인기[인끼] 세상 사람들의 좋은 평판. ㉥인기 있는 소설. 【人氣】
인기척[인끼척] 사람이 나타남을 느끼게 하는 자취나 소리.
인내 참고 견딤. ㉥인내는 성공의 어머니. －하다. 【忍耐】
인내력 참고 견디는 힘. 【忍耐力】
인내심 호기심이나 신경질 따위를 참고 견디는 마음. ㉥끈기. 참을성. 【忍耐心】
인내천 천도교의 기본 사상으로, 모든 사람이 하늘과 같다는 뜻. 【人乃天】
인당수 고대 소설인 심청전에 나오는 깊은 물 이름.
인대 관절을 강하고 튼튼하게 하거나, 또는 그 운동을 억제하는 작용을 하는 조직 섬유.
인더스 강 파키스탄의 중앙부를 남서로 흐르는 강. 인도의 3대 강의 하나. 하류 지방에 기원전 3,000년경 고대 도시 문화가 번성함. 고대 문명의 발상지임. 【Indus 江】
인도[1] ①사람으로서 마땅히 지켜야 할 도리. ㉥인도적으로 처리하다. ②사람이 다니는 길. ㉥인도로 다니다. ㉥보도. ㉥차도. 【人道】
인:도[2] 가는 길을 이끌어 줌. ㉥바른 길로 인도하다. ㉥안내. 【引導】
인:도[3]〖나라〗 인디아 반도의 대부분을 차지하고 있는 공화국. 인구의 70%가 농업에 종사하며 쌀의 생산은 세계에서 둘째임. 농업과 축산을 주로하며 지하 자원이 풍부함. 고대 문명과 불교의 발상지로 현재는 힌두교를 많이 믿음. 수도는 뉴델리. 【印度】
인도[4] 넘겨 줌. ㉥포로를 인도하다. ㉥인수. －하다. 【引渡】
인도네시아〖나라〗 동남 아시아의 적도 부근에 있는 많은 섬으로 된 공화국. 천연 고무·쌀·사탕수수 등이 많이 나며, 석유·주석·니켈·목재 등의 지하 자원이 풍부함. 수도는 자카르타. 【Indonesia】
인도양 3대양 또는 5대양의 하나로 아시아·아프리카·오스트레일이아의 세 대륙에 둘러싸여 있는, 세계에서 세 번째로 큰 바다. 【印度洋】
인:도자 길을 이끌어 주는 사람. ㉥안내자. 지도자. 【引導者】
인도주의 모든 사람들이 인종이나 계급의 차별 없이 행복하고 평화로이 살자는 주의.
인도차이나 반도 아시아 대륙 남동부에 있는 반도〔라오스·버마·타이·베트남·캄보디아 등의 나라가 있음〕.
인도하다 남에게 사람·물건·권리 따위를 넘겨주다. ㉥경찰은 아이를 부모에게 인도했다.
인두 재래식 바느질 도구의 한 가지. 바느질할 때 불에 달구어 구김살을 펴는 데 쓰는 기구.
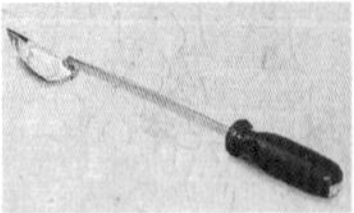
[인두]
인디아〖나라〗 ⇨인도.
인디언 남북 아메리카에 본디부터 살고 있던 원주민. ㉥아메리칸 인디언. 【Indian】
인라인 스케이트 3～5개의 바퀴가 한 줄로 달려 있는 스케이트.
인력[1][일력] ①사람의 힘. ㉥인력으로 안 되는 일. ②인원. 인적 자원. 사람의 노동력. ㉥중국에는 인력이 풍부하다. 【人力】
인력[2][일력] 떨어져 있는 물체와 물체가 서로 끌어당기는 힘. ㉥만유인력. 【引力】
인력 개발 사회 구성원 개개인에게 교육·훈련 등을 통하여 기술과 지식을 습득시킴으로써, 국민 경제의 근대화 과정의 원동력이 될 수 있도록 추진하는 일.

인력거[일력꺼] 사람을 태우고 사람이 끌도록 만든 수레.

인력난 인력이 없어 겪는 어려움.

인력 수출[일력수출] 의사·간호사·기술자·노동자 등을 외국에 보내어 일자리를 갖게 하는 일.

인류[일류] 사람. 지구 위에 사는 모든 사람. 비인간. 사람.

인류 공영[일류공영] 모든 사람이 함께 번영함.

인류 보건 지구상에 사는 모든 사람들의 건강을 지키는 일.

인류애 세상 모든 사람에 대한 사랑. 인류를 사랑하는 일.

인류 평화 온 세계의 모든 사람들이 전쟁이나 무력 충돌이 없이 국내적·국제적으로 평온하고 화목하게 지내는 상태. 【人類平和】

인륜[일륜] 사람이 지켜야 할 떳떳한 도리. 【人倫】

인명 사람의 목숨. 【人命】

인문 학문이나 교육에서 사람의 말과 글·예술·사상·도덕·역사 따위에 관한 것. 【人文】

인물 ①쓸모 있는 사람. 뛰어난 사람. 비인걸. 인재. ②사람의 됨됨이. 예그만한 인물도 흔치 않다. 비인품. 【人物】

인물상 사람의 모양을 나타낸 조각이나 그림. 【人物像】

인물화 사람을 대상으로 해서 그린 그림. 【人物畫】

인민 한 국가나 사회를 구성하는 사람. 비국민. 【人民】

인민군 북한의 군대. 【人民軍】

인민 재판 공산주의 국가에서, 민중을 배심으로 하여 직접 행하여지는 재판 형식.

인보관 이웃끼리 서로 돕고 협력하며 빈민구제를 위해서 세운 단체, 또는 그 집.

인부 품삯을 받고 일하는 사람. 막벌이꾼. 비일꾼. 【人夫】

인분 거름으로 쓰는 사람의 똥.

인사[1] ①사람들이 처음 만나서 서로 이름을 알려 주며 자기를 소개하는 일. 예처음 본 친구들과 인사를 나누었다. ②안부를 묻거나 절을 하고 예의를 나타내는 것. 비경례. 절. -하다. 【人事】

인사[2] 공공 기관에서 사람을 어떤 자리에서 일하게 할지를 정하는 일. 예인사 발령. 【人事】

인사[3] 어떤 분야에서, 사회적 지위를 가지고 활동하는 사람. 【人士】

인사말 안부를 묻거나 상대편을 높이는 뜻으로 하는 말.

인사 불성 정신을 잃어 의식이 없음.

인산 비료 열매를 잘 맺게 하는 비료.

인산인해 사람이 헤아릴 수 없이 많이 모인 상태. 【人山人海】

[인삼]

인삼 두릅나무과의 여러해살이 풀. 예로부터 약용으로 많이 재배해 오는 식물. 줄기 높이는 60cm 가량. 뿌리는 희고 살이 많으며 가지를 많이 침. 줄기 끝에 손바닥 모양의 잎이 서너 잎 돌려 나며 여름에 연한 녹색 꽃이 피고 길쭉한 열매가 붉게 익음. 4～6년만에 수확함. 준삼. 【人蔘】

인상[1] ①끌어 올림. ②물건값이나 요금·월급 따위를 올림. 반인하. -하다. 【引上】

인상[2] 보거나 듣거나 해서 마음에 강하게 받는 느낌. 예인상 깊게 읽었던 소설. 【印象】

인상[3] 사람의 얼굴 생김새. 예인상이 참 좋다. 【人相】

인상적 마음 속에 깊이 남아서 잊혀지지 않는 것.

인색 도리와 체면을 돌아보지 아니하고 재물만 아낌. ㉥너무 인색하다. -하다.

인생 사람이 세상에 나서 살아가는 동안. ㉥삶. 【人生】

인생관 인생의 존재 가치·의미·목적 등에 관하여 가지고 있는 전체적인 사고 방식. 【人生觀】

인솔 사람을 이끌어 거느리고 감. ㉥인도. -하다. 【引率】

인쇄 판면에 잉크를 묻히고 글자나 그림을 종이나 헝겊 등에 박아 내는 일. -하다. 【印刷】

인쇄공 인쇄하는 일을 맡아보는 직공. 【印刷工】

인쇄기 인쇄하는 데 쓰는 기계.

인쇄본 어떤 글이나 내용을 인쇄하여 놓은 종이나 책.

인쇄소 인쇄 설비를 갖추고 전문적으로 인쇄 일을 하는 곳.

인쇄술 활자로써 글자를 박아내는 기술. 【印刷術】

ㅇ

인수[1] 어떤 수를 두 수 이상의 수의 곱으로 나타내었을 때 본디의 수에 대하여 각 수를 일컫는 말. <보기> 12＝1×12, 12＝2×6, 12＝3×4에서 1, 2, 3, 4, 6, 12는 모두 12의 인수임. 【因數】

인수[2] 물건이나 권리를 넘기어 받음. ㉥가게를 인수하다. ㉥인도. -하다. 【引受】

인수봉 서울시 도봉구 북한산에 있는 화강암으로 된 봉우리. 백운대·만경대와 함께 삼각산을 이루며, 높이는 803m. 【仁壽峯】

인슐린 췌장에서 나와서 피 속의 당분을 흡수하는 호르몬. 또는 피 속의 당분을 흡수하여 당뇨병의 치료에 쓰이는 물질. 【insulin】

인스턴트 식품 시간에 쫓기는 현대 생활에 편리하도록 즉석에서 조리할 수 있고 저장·운반이 간편한 식품. 【instant 食品】

인습 이전부터 전하여 몸에 젖은 풍습. 【因習】

인식 어떤 일에 대하여 확실히 알고 그 뜻을 깨닫는 일. -하다.

인신 ①사람의 몸. ②개개인의 신분. ㉥인신 공격은 피해라.

인신 공격 남의 일신상에 관한 일을 들어 비난함.

인신 매매 사람을 팔고 삼.

인심 사람의 마음. ㉥인심이 좋은 사람. ㉥인정. 【人心】

인양[이냥] 물 속에 있는 것을 끌어 올리는 것. -하다. 【引揚】

인어[이너] 윗몸은 사람, 아랫몸은 물고기 모양을 하고 호수나 바다에 산다고 하는 상상의 동물. 【人魚】

인연[이년] 사람과 사람과의 어떤 관계. ㉥연분. 【因緣】

인왕산〖지명〗 서울의 서쪽에 있는 산. 옛 절터·기암 괴석·맑은 석간수 등이 있어 풍치가 뛰어남. 높이 338m. 【仁王山】

인왕제색도 고려 시대의 화가 정선이 인왕산을 배경으로 하여 그린 그림. 국보 제216호.

인용 다른 글 가운데서 한 부분을 끌어다 씀. ㉥남의 말을 인용하다. -하다. 【引用】

인용어 남의 말이나 다른 글에서 끌어다 쓴 말. 【引用語】

인원 사람의 수효. ㉥인원이 한정되다. 【人員】

인위적[이뉘적] 어떤 목적을 위하여 사람이 일부러 만든 것.

인의 어질고 의로움. 【仁義】

인의예지신 사람으로서 갖추어야 할 다섯 가지 덕, 곧 어짐과 의로움과 예의와 지혜와 믿음.

인자 어질고 인정이 많음. -하다. -스럽다. 【仁慈】

인자하다 마음이 너그럽고 사랑이

많다.

인장 도장. 【印章】

인재 학식과 능력이 뛰어나 큰 일을 할 수 있는 사람. 【人材】

인적 사람의 발자취. ㊅인적이 없는 산 속. 【人跡】

인절미 불린 찹쌀을 시루에 쪄서 곱게 으깨어 갸름하게 썰어 고물을 묻힌 떡. ㊑찰떡.

인접 이웃하여 있음. ㊅인접 마을에 살다.

인정[1] ①사람이 본래부터 가지고 있는 마음씨. ②남을 도와 주는 갸륵한 마음씨. ㊅인정이 많은 사람. ㊑인심. **-스럽다.** 【人情】

인정[2] 옳다고 믿고 정함. 알아줌. ㊅자기의 단점을 인정하다. ㊑승인. **-하다.** 【認定】

인정머리 (주로 '없다'와 함께 써서) '남을 동정하는 따뜻한 마음'을 낮추어 이르는 말. ㊅너는 왜 그렇게 인정머리가 없니?

인제[1] 〖지명〗 강원도 인제군의 군청 소재지. 우리 나라 제1의 꿀의 산출지이고 임산물·목재물의 산출도 많음. 명승 고적으로는 대승 폭포·백담사·오세암 등이 있음.

인제[2] 이제. 지금부터. ㊅인제부터 열심히 공부해야지.

인조[1] 사람이 만듦, 또는 그 물건. ㊅인조 가죽. ㊑인공. 【人造】

인조[2] 〖사람〗 [1595~1649] 조선의 제16대 왕으로, 1623년에 광해군을 몰아내고 왕이 되었음. 왕으로 있는 동안 병자호란과 정묘호란을 겪었음. 【仁祖】

인조견 펄프를 원료로 하여 만든 비단. ㊟인견. 【人造絹】

인조 반정 광해군 15년(1623)에 이서·이귀·이괄 등이 김후와 합세하여 광해군을 몰아내고, 능양군인 인조를 왕으로 세운 사건.

인종 몸매·피부의 빛깔·말·습관 등으로 나눈 인간의 종류〔황인종·백인종·흑인종 등〕. 【人種】

인종 차별 사람을 인종에 따라 높게 또는 낮게 대우하는 것.

인주 도장을 찍을 때 묻혀 쓰는 붉은 빛깔의 재료.

인중 코와 윗입술 사이에 오목하게 골이 진 부분. 【人中】

인지[1] [인찌] 세금·수수료 따위를 징수하기 위하여 정부에서 발행하는 증표. ㊅수입 인지. ㊑증지. 【印紙】

인지[2] 어떠한 사실을 이성이나 감각을 통하여 분명히 아는 것. ㊅실태를 인지하다. **-하다.** 【認知】

인지상정 사람이라면 누구나 가지는 보통의 감정이나 생각. ㊅자식이 잘 되기를 바라는 것은 인지상정이다. 【人之常情】

인지의 조선 세조 때 토지를 측량하기 위하여 만든 기계.

인질 자기의 요구를 들어 주지 않으면 해치겠다고 위협하며 강제로 붙잡아 둔 사람. ㊑볼모.

인척 혼인 관계로 맺어진 친족.

인천 〖지명〗 경기도 중서부에 위치한 우리나라 광역시 가운데 하나. 우리 나라 제2의 항구 도시로서 경인 공업 지대의 중심지이며, 중화학 공업이 발달하였음. 옛 이름은 제물포임. 【仁川】

인천 상륙 작전 [인천상뉵작전] 6·25 전쟁이 일어난 1950년 9월 15일, 유엔군 총사령관인 맥아더 장군의 지휘 아래 인천에서 감행된 작전. 6·25 전쟁에서 가장 큰 반격 작전으로 성공을 거두었음.

인체 사람의 몸. 【人體】

인출 예금을 찾아 냄. 【引出】

인치 주로 영국과 미국에서 쓰는 길이의 단위. 피트의 12분의 1〔1인치는 약 2.54cm〕. 【inch】

ㅇ

인터넷 컴퓨터를 통하여 서로 정보 교환을 할 수 있도록 전세계적으로 연결된 통신의 조직. 【internet】

인터뷰 면회. 담화. 특별한 목적을 가지고 개인이나 집단을 만나서 이야기하는 일. 특히 신문이나 잡지사 등의 기자가 취재 기사를 얻기 위하여 사람을 만나 회견하는 일. -하다. 【interview】

인터체인지 고속 도로의 출입구. 고속 도로와 일반 도로의 속도의 차이에서 오는 위험을 줄이기 위하여 원형으로 만들어 입체적으로 이어서 자동차가 드나들게 만든 길.

인터폰 옥내의 통화에 쓰이는 간단한 유선 장치. 건물이나 열차·선박 등의 안에서 내부 연락용으로 사용함. 구내 전화. 【interphone】

인턴 학교를 졸업한 후 일 년 동안 병원에서 실습 겸 조수로 근무하는 수련의. 실습 의학생. 【intern】

ㅇ

인테리어 실내 장식. 【interior】

인파 많은 사람이 움직여 그 모양이 물결처럼 보이는 상태. 【人波】

인편 사람이 오고 가는 편. 【人便】

인품 사람의 됨됨이. 사람의 성격. 비 인격. 【人品】

인 풋 정보를 코드화하여 컴퓨터에 넣는 것, 또는 그 정보 입력.

인플레 돈의 가치가 떨어지고 물건 값이 오르는 현상. 예인플레를 억제하다. 반디플레. 본인플레이션.

인플루엔자 유행성 감기. 독감.

인필더 야구에서 내야수. 반아웃필더. 【infilder】

인:하 가격·요금·세금 따위를 내리는 것. 예가격 인하. 반인상. 【引下】

인하다 무엇이 원인이 되다. 예병충해로 인하여 수확이 크게 줄었다.

인해 전술 전쟁에서 공격할 때 무기에만 의하지 않고 엄청난 인원으로써 적을 누르는 원시적인 전술. 【人海戰術】

인형 흙·나무·헝겊 등으로 사람 모양을 흉내내어 만든 장난감.

인형극 인형들을 배우로 하는 연극. 꼭두각시놀이. 사람이 인형을 무대 뒤에서나 옆에서 조종하여 움직이는 것과 인형속에 손가락을 넣어서 움직이는 것의 두 가지가 있음.

인화[1] 불이 옮아 붙음. 예인화가 잘 되는 물질. -하다. 【引火】

인화[2] 여러 사람의 마음이 화합하는 것. -하다. 【人和】

인화[3] 사진기로 찍은 필림의 영상을 사진 종이에 나타나게 하는 것. -하다. 【印畵】

일:[1] ①업으로 삼고 하는 모든 노동. 예일하면서 공부하다. ②용무. 예무슨 일로 찾니?

일[2] 숫자 1의 한자 이름으로 '하나'를 뜻함. 【一】

일[3] 날이나 날짜를 세는 말. 예일 년은 삼백육십오 일이다. 【日】

일[4] '일요일'의 준말. 【日】

일가 한 집안. 예일가 친척이 모두 모였다. 【一家】

일가견 어떤 분야에 대하여 상당한 지식이 있어 자기 나름대로 가진 독특한 생각이나 재주. 【一家見】

일가족 한 집안의 가족. 【一家族】

일가친척 모든 친척. 한 가문의 모든 사람. 【一家親戚】

일간 ①날마다 펴냄. ②'일간 신문'의 준말. 【日刊】

일간지 매일 찍어 내는 신문이나 잡지. 【日刊紙】

일:감[일깜] 누구에게 맡겨지거나 주어진 일. 예경기가 나빠서 일감이 줄었다. 비일거리.

일:개미 집을 짓거나 먹이를 날라 모으는 일을 하는 개미. 암컷이지만 알을 낳지 못함.

일:거리[일꺼리] 해야 할 일. 비일

감.

일거수 일투족 사소한 하나하나의 동작이나 행동을 이름.

일거양득 한 가지 일로 두 가지의 이익을 얻음. 비일석 이조.【一擧兩得】

일거 일동[일거일똥] 하나하나의 동작. 예일거 일동을 관찰하다.

일격 한 번 세게 치는 것. 예적을 일격에 쳐부수다.

일고여덟[일고여덜] 일곱이나 여덟쯤 되는 수.

일곱 여섯에 하나를 더한 수. 예일곱 개.

일과 날마다 정해 놓고 하는 일. 예일과가 끝난 후.

일과표 날마다 하는 일을 정하여 놓은 시간표.【日課表】

일관 태도나 방법 등을 처음부터 끝까지 한결같이 함.【一貫】

일관성 생각이나 행동에서 처음부터 끝까지 한결같은 성질.

일괄 한데 묶음. 예일괄하여 처리하다. -하다.【一括】

일광 햇빛.【日光】

일광욕[일광녹] 치료나 건강을 위해서 몸을 드러내고 햇빛을 쬐는 일. 예일광욕으로 살을 태우다. -하다.

일교차 하루 중 가장 높은 기온과 가장 낮은 기온의 차이.

일구다 논이나 밭을 만들려고 황무지를 파 일으키다. 예채소밭을 일구다. ×일다.

일구 이언 한 입으로 두 가지 말을 함. 말을 이랬다 저랬다 함. -하다.【一口二言】

일그러뜨리다 얼굴의 모양을 몹시 찡그리거나 한쪽으로 많이 비뚤어지게 하다.

일그러지다 모양이 찌그러져서 비뚤어지다. 예일그러진 얼굴.

일급 ①일정한 분야의 최고 수준. 예요리사인 엄마는 칼질하는 솜씨가 일급이다. ②여러 등급 중에서 첫번째. 예나는 조리사 일급 자격증을 가지고 있다.【一級】

일기[1] 그날 그날 겪고·보고·듣고·느끼고 생각한 것을 그대로 적은 글.【日記】

일기[2] 개든가, 흐리든가, 비가 오든가 따위의 기상 상태. 예일기가 고르지 못하다. 비날씨.【日氣】

일기도 여러 곳의 기압·날씨·바람 등을 기호로써 나타낸 지도. 비기상도.【日氣圖】

일기 예보 날씨의 변화를 미리 알림. 비기상 통보. -하다.

일기장[일기짱] 일기를 적는 공책.

일깨우다 가르쳐서 깨닫게 하다. 예학생들을 일깨우다.

일:껏[일껃] 모처럼 애써서. 힘들여서. 예일껏 요리해 주었더니 맛이 없다고 투정이다.

일:꾼 ①품팔이하는 사람. ②일을 맡아서 잘 처리하는 사람. 예향토의 일꾼. ×일군.

일:내다 말썽을 일으키다. 사고를 저지르다.

일년생 식물[일련생싱물] 봄에 싹이 나서 그 해 가을에 열매를 맺고 죽는 식물. 한해살이풀. 준일년생.

일념[일렴] 한결같은 마음.【一念】

일:다[1] ①어떤 현상이나 사건이 생겨나다. 예바다에 풍랑이 일다. ②솟아오르거나 부풀어오르다. 예옷에 보푸라기가 일다.

일:다[2] 곡식을 물 속에 넣고 흔들어서 먹을 것과 버릴 것을 가려내다. 예조리로 쌀을 일다.

일단[일딴] 한번. 잠깐. 우선. 예일단 차를 멈추어라.【一旦】

일단락[일딸락] 무슨 일을 어떤 단계에서 마무리하는 것. 예일단락을 짓다.【一段落】

일당[1][일땅] 하루 몫의 수당이나 보수.【日當】

일당[2][일땅] 같은 범죄의 목적을 가지고 모인 한 무리의 사람들. ㉥소매치기 일당. 【一黨】

일대[1][일때] 그 지역 전체. ㉥마을 일대가 물에 잠겼다. 【一帶】

일대[2][일때] 어떤 말 위에 붙어 '굉장한·중대한'의 뜻을 나타냄. ㉥일대 사건. 【一大】

일대기[일때기] 한 사람의 일생 동안의 일을 적어 놓은 기록. 비전기. 【一代記】

일대일 대응 집합 ㄱ의 각각 원소에 대응되는 집합 ㄴ의 원소가 1개뿐이고, 집합 ㄴ의 원소에 대응하는 집합 ㄱ의 원소가 1개뿐일 때의 집합 ㄱ과 집합 ㄴ의 대응 관계.

일동[일똥] 전체의 사람. 모두. ㉥일동 경례. 【一同】

일등[일뜽] 첫째 등급, 또는 으뜸. 제일. 【一等】

일등병[일뜽병] 이등병 위이고 상등병 아래인 군인, 또는 그 계급. 준일병. 【一等兵】

ㅇ

일란성[일란썽] 한 개의 수정란에서 태어나는 것. ㉥일란성 쌍둥이.

일람표 어떤 일의 여러 내용을 한눈에 알아볼 수 있도록 꾸며 놓은 표. 【一覽表】

일러두기 책의 첫머리에 그 책의 내용이나 쓰이는 방법 같은 것을 설명한 글.

일러두다 남에게 할 일을 부탁하거나 지시하다.

일러바치다 남의 잘못이나 감추고자 하는 일을 윗사람에게 알리다.

일러주다 누구에게 모르고 있는 일이나 사실을 알려주다. ㉥시청의 위치를 일러주었다.

일렁이다 물 위에 뜬 물건이 물결에 따라 이리저리 흔들리어 움직이다. 비일렁거리다.

일련 비슷한 것들이 계속하여 이어지는 것. ㉥일련의 사건. 【一連】

일렬 ①한 줄. ㉥일렬로 서다. ②첫째 줄. 【一列】

일렬 종대 세로로 한 줄로 늘어 선 대형. 【一列縱隊】

일례 구체적인 한 가지 보기. ㉥일례를 보면 이러하다. 【一例】

일류 첫째가는 자리나 갈래. ㉥일류 디자이너. 【一流】

일리 옳은 데가 있어 받아들일 만한 이치. ㉥그 말도 일리가 있는 말이다. 【一理】

일말 약간. 아주 조금. ㉥일말의 불안감이 없지도 않다. 【一抹】

일망 타진 한꺼번에 모조리 다 잡음. ㉥폭력배를 일망 타진하다. -하다. 【一網打盡】

일맥상통하다 처지·생각·성질 등이 어떤 면에서 한가지로 서로 통하다. ㉥그와 나의 생각은 일맥상통하는 데가 있다.

일면 한쪽. ㉥일면만 보지 말고 전체를 보라. 【一面】

일명 본래의 이름이 아닌 다른 이름으로. ㉥숭례문은 일명 남대문이라고도 한다. 【一名】

일목요연하다[일모교연하다] 한눈에 알아볼 수 있게 분명하다. ㉥일목요연하게 정리된 책.

일몰 해가 지는 것. 반일출. 【日沒】

일미 가장 좋은 맛. ㉥물고기는 머리가 일미라고 한다. 【一味】

일박 하룻밤을 묵음. ㉥일박 이일의 여행. -하다. 【一泊】

일반 ①보통 사람들. ㉥일반 대중. ②전체에 두루 해당하는 것. ㉥일반 상식. 【一般】

일반미 정부가 사들였다가 파는 것이 아닌, 생산자가 시세에 따라 파는 쌀. 반정부미. 【一般米】

일반석 극장이나 경기장 등에서, 보통 사람들이 앉도록 마련한 자리.

일반 은행 은행법에 의하여 주식회사로 설립된 보통 은행〔조흥 은행·우리 은행·제일 은행·하나 은행 등〕. 반특수 은행.
일반인[일바닌] 어떤 분야나 단체 따위에 속해 있지 않은 보통 사람.
일반적 전체적으로 해당하는 것. 반국부적. 【一般的】
일방 어느 한편에만 치우치는 것.
일방 통행 사람이나 차량이 도로의 한쪽 방향으로만 다님.
일:벌 꿀벌 중 애벌레 기르기와 꿀 모으는 일을 맡아 하는 벌.
일보 ①한 걸음. 예일보 앞으로! ②어떤 일의 첫걸음이나 시작. 예마침내 사회인으로 일보를 내딛다. 【一步】
일:보다 ①일을 맡아서 처리하다. ②볼일을 보다.
일본〖나라〗 우리 나라의 동해를 사이에 두고 있는 나라. 4개의 큰 섬과 수백 개의 작은 섬들로 이루어졌으며, 화산 활동과 지진이 잦음. 1910년에 한국을 침략하고 중국까지 손을 뻗치다가 1945년 연합군에게 패전하였으나 다시 부흥하였음. 수도는 도쿄. 【日本】
일본 뇌염 바이러스의 감염으로 일어나는 유행성 뇌염. 늦 여름에 퍼지고, 전국적으로 대개 10년의 주기를 가지고 대유행하며 10세 이하의 어린이가 많이 걸림.
일본말 일본 사람들이 쓰는 말. 비일본어.
일본식 성명 강요 일제 강점기에 일본이 우리 나라 사람의 성과 이름을 일본식으로 바꾸게 한 일. 1940년에 우리 문화와 전통을 없애려고 실시하였으나, 많은 반발을 불러 일으켰음. '창씨 개명'이라고도 함.
일본인[일보닌] 일본 사람.
일부 한 부분. 예일부 학생만이 집에 가다. 반전부. 【一部】
일:부러 ①특히 일삼아. 예일부러 찾아 주셔서 감사합니다. ②알면서 굳이. 예일부러 늦게 집에 갔다.
일부분 전체의 한 부분. 예용돈의 일부분을 저금하다. 비일부. 【一部分】
일부일처 한 남편에게 한 아내가 있는 것. 【一夫一妻】
일사병[일싸뼝] 한 여름에 뙤약볕 아래에서 오랫동안 햇볕을 직접 받을 때 눈이 아찔하고 머리가 어지러운 증세. 예일사병으로 쓰러졌다.
일사불란하다 질서나 체계가 바로잡혀 조금도 흐트러진 데나 어지러운 데가 없다. 예일사분란하게 움직이다.
일사(1·4) 후퇴 6·25 전쟁 때 북진했던 유엔군과 국군이 1951년 1월 4일 중공군의 침입으로 다시 서울을 버리고 후퇴한 일.
일산화탄소 물체가 산소가 부족한 상태에서 탈 때 생기는 독한 기체. 맛·냄새·빛깔이 없으며, 연탄 가스 중독의 원인이 됨.
일:삼다[일삼따] ①주로 옳지 못한 짓을 계속하여, 또는 자주 행하다. 예거짓말을 일삼다. ②자기가 맡은 일로 알다. 예일삼아 채소를 가꾸다.
일상[일쌍] 매일 매일. 그날 그날. 예일상 생활. 【日常】
일상 생활[일쌍생활] 평소의 생활.
일상어 일상 생활에서 쓰는 말.
일상적 늘 있는 예사로운 것. 예일상적인 일에 싫증을 느끼다. 【日常的】
일색 모든 것이 같은 종류나 모양으로 되어 있는 것. 예모든 가구가 통나무 일색이었다. 【一色】
일생[일쌩] 태어나서 죽을 때까지의 동안. 비평생. 【一生】

일석 이조[일써기조] 돌 하나를 던져서 새 두마리를 잡는다는 뜻으로, 한 가지의 일을 통해 두 가지의 이득을 얻는 것. [예]일석 이조의 효과. [비]일거양득. 【一石二鳥】

일선[일썬] 전쟁 중 가장 적과 가까운 곳. [예]일선에 계신 국군 아저씨. [비]전선. 전방. [반]후방. 【一線】

일성 한 마디의 소리. 【一聲】

일성 호가[일썽호가] 한 가락의 피리 소리. '호가'는 날라리, 또는 풀잎 피리. 【一聲胡茄】

일세대 가정 남자와 여자가 결혼을 하여 새 살림을 차린 것.

일소[일쏘] 남김없이 쓸어 버림. [예]부정 부패를 일소하다. 【一掃】

일:손[일쏜] ①일하는 솜씨. ②일하는 사람. [예]농사일에 일손이 부족하다.

일수[일쑤] 날의 수. [예]수업 일수. [비]날수. 【日數】

일순간 눈 깜짝할 사이. 아주 짧은 시간 동안. [비]삽시간. 순식간.

일시[일씨] ①같은 때. [예]일시에 일어나다. ②한동안. 잠시. 【一時】

일시불 치러야 할 돈을 한꺼번에 다 치르는 일. [예]일시불로 컴퓨터를 구입하다. 【一時拂】

일시적 짧은 기간 동안의 일. [예]일시적인 현상. [반]영구적. 【一時的】

일식[일씩] 태양과 지구와의 사이에 달이 들어와 지구에서 볼 때 태양의 일부 또는 전부가 가려지는 현상. [예]개기 일식. 【日蝕】

일심[일씸] 여러 사람이 한 가지 마음을 가짐. [예]모두가 일심 단결하면서 살자. 【一心】

일쑤이다 흔하거나 으레 그렇다. [예]민규는 지각하기 일쑤이다.

일어나다 ①누웠다가 앉거나, 앉았다가 서다. ②잠에서 깨어 몸을 일으키다. ③없던 현상이 생겨나다. 발생하다. [예]지진이 일어나다.

일어서다[이러서다] ①앉았다가 몸을 일으켜 서다. [예]의자에서 벌떡 일어서다. ②무엇에 대항하여 용감하게 나서서 행동하다. [예]우리 민족은 일제의 탄압에 항거하여 일어섰다. ③어려움을 이기고 다시 좋아지다. [예]아버지는 가난을 딛고 일어서셨다.

일억 1만의 만 배인 수. 【一億】

일언 한 마디 말. 【一言】

일언반구[이런반구] 어떤 일에 대한 아주 짧은 말. [예]일언반구의 사과도 없다. 【一言半句】

일:없다[이럽따] 필요가 없다.

일연〖사람〗[1206~1289] 고려 충렬왕 때의 승려. 보각 국사. 한문에 조예가 깊고 학식이 높아 많은 저서를 남김. 저서에 〈삼국유사〉 등이 있음. 【一然】

일엽편주[이렵편주] 바다에 떠 있는 한 작은 배. 【一葉片舟】

일요일 한 주의 첫째 날. [준]일.

일용품 날마다 쓰는 물품.

일원 단체를 이루는 한 사람.

일월[1] ①해와 달. ②〔날과 달의 뜻으로〕'세월'을 이르는 말. 【日月】

일월[2] 한 해의 첫째 달. 정월. 【一月】

일으키다[이르키다] ①일어나게 하다. [예]몸을 일으키다. ②번성하게 하다. [예]집안을 다시 일으키다. [반]넘어뜨리다.

일익[이릭] 어떤 일의 중요한 구실. 책임의 한 부분. [예]일익을 담당하다. 【一翼】

일인당 국민 소득 그 나라의 국민 한 사람마다 일정한 기간에 생산·획득하는 재화를 화폐로 환산·평가한 총액.

일인자[이린자] 어떤 분야에서 가장 뛰어난 사람. 【一人者】

일일[1][이릴] 매일매일. 나날이. 날마

다. 예일일 가정 교사. 【日日】
일일[2][이릴] 하루에. 매일. 예일일 2 교대로 근무하다. 【一日】
일일 생활권 하루 동안에 오가며 살 수 있는 지리적 범위.
일일이[일리리] 하나하나. 낱낱이. 예일일이 살펴보다.
일임하다[이림하다] 어떤 책임이나 권한을 누구에게 모조리 맡기다.
일ː자리[일짜리] 일터. 예일자리를 구하다. 비직장.
일장[일짱] 여러 사람 앞에서 한바탕. 예일장 연설. 【一場】
일장기[일짱기] 일본의 국기.
일전[일쩐] 며칠 전. 예일전에 들은 이야기. 【日前】
일절[일쩔] '아주·도무지'의 뜻. 주로 사물을 부인하거나 금지할 때 씀. 예일절 말하지 않다. 【一切】
일정[1][일쩡] 어떤 모양이나 범위가 한 가지로 정해짐. 예일정 기간 동안. -하다. 【一定】
일정[2] 정해진 기간 동안 매일 해야 할 일이나 그 일을 위해 짜 놓은 계획. 예여행 일정을 잡다. 【日程】
일정량[일쩡냥] 일정한 분량. 예일정량 이상 먹지 말자. 【一定量】
일정액 정해진 액수. 【一定額】
일정표 일정을 적어 놓은 표.
일정하다 정해져 있어서 한결같이 똑같다. 예수입이 일정하다.
일제[1][일쩨] 여럿이 한꺼번에 함. 예일제 점검. 【一齊】
일제[2][일쩨] 천황이 다스리는 일본 제국. 본일본 제국주의. 【日帝】
일제[3][일쩨] 일본에서 만든 상품. 예일제 카메라. 【日製】
일제 사격 여러 사람이 한꺼번에 총이나 대포 등을 씀.
일제 시대 우리 나라가 일본 제국주의의 지배를 받던 그 당시. 일제 강점기.
일제 침략기 일본이 우리 나라에 쳐들어와 지배하던 1910년부터 1945년까지의 기간.
일제히[일쩨히] 모두 다 함께. 같은 때에. 예일제히 손을 들다.
일조량[일쪼량] 햇빛이 내리쬐는 양. 예일조량이 많아야 식물들이 잘 자란다. 【日照量】
일조하다 어떤 일에 얼마쯤 도움을 주다. 예신상품 개발에 일조하다.
일종 ①무엇의 한 종류. 예고래는 포유 동물의 일종이다. ②하나의 어떤 것. 예그것도 일종의 모험이다. 【一種】
일주 먼 거리를 한 번 도는 것. 예세계 일주. -하다. 【一周】
일주문 흔히 절 입구에 세운 지붕이 있고 두 개의 큰 기둥이 있는 대문. 【一柱門】
일주 운동[일쭈운동] 별·태양·달 등이 하루에 한 바퀴씩 지구의 둘레를 도는 것처럼 보이는 운동. 지구가 자전하기 때문임.
일주일[일쭈일] 일요일부터 토요일까지의 이레 동안.
일지 그날 그날의 직무상의 기록을 적은 책. 【日誌】
일직[일찍] 직장이나 군대 등에서 매일 당번을 정하여 자리를 지키는 일, 또는 그 사람. 【日直】
일직선[일찍썬] 한 방향으로 뻗은 곧은 금. 【一直線】
일진[일찐] 어떤 날의 운수. 예오늘은 일진이 좋다. 【日辰】
일찌감치 꽤 일찍이. 좀 일찍이. 예오늘은 일찌감치 학교에 왔다.
일찍 늦지 않고 이르게. 예일찍 자고 일찍 일어나라. 비일찍이.
일찍이[일찌기] ①이르게. 늦지 아니하게. ②이전까지. 이전에. 예일찍이 없었던 일이다. 준일찍. ×일찌기.

일차 ①몇 단계로 나누어서 행할 때의 첫 번째. ②한 차례. 한 번.

일(1)차 소비자 주로 풀을 뜯어 먹고 사는 동물〔소·양·노루·얼룩말 등〕.

일차적 첫 번째가 되는 것. 우선적인 것. ㊐경찰의 일차적인 임무는 시민들을 보호하는 것이다.

일착 ①맨 먼저 닿음. ②맨 처음 시작함. 【一着】

일체 온갖 것. 모든 것. 【一切】

일체감 여럿이 하나가 된 느낌. 하나인 듯한 느낌. 【一體感】

일출 해가 돋음. 해돋이. ㊐일출봉. 반일몰. -하다. 【日出】

일치 서로 들어맞음. ㊐서로의 생각이 일치되다. 비합치. 부합. 반상반. -하다. 【一致】

일치 단결 여럿이 한 덩어리로 굳게 뭉침. -하다. 【一致團結】

일치시키다 서로 어긋남이 없이 꼭 맞게 하다. 꼭 맞추다.

일컫다(일컬으니, 일컬어서) 이름지어 부르다. ㊐남대문을 옛날에는 숭례문이라 일컬었다.

일탈하다 어떤 조직·사상·규범 등에서 벗어나다. ㊐사회에서 일탈하는 청소년들의 문제가 심각하다.

일:터 일을 하는 곳. 비작업장. 직장.

일편 단심 진정에서 우러나오는 변하지 않는 참된 마음. 【一片丹心】

일평생 살아 있는 동안. 일생. 비한평생. 【一平生】

일품 썩 뛰어난 품질, 또는 물건. ㊐일품 가는 음식 솜씨.

일:하다 ①무엇을 이루려고 몸이나 정신의 힘을 쓰다. 작업하다. ㊐열심히 일하다. ②어떤 직업·지위·책임을 가지고 활동하다. ㊐공무원으로 일하다.

일(1)학기 한 학년을 둘로 나눈 앞의 기간〔3월부터 8월까지의 학기〕.

일(1)할 전체의 십분의 일.

일행 ①길을 함께 가는 사람. ②목적이 같은 사람들의 한패를 이룬 무리. 【一行】

일화 세상에 널리 알려지지 아니한 이야기. 비에피소드. 【逸話】

일확 천금 힘들이지 않고 단번에 많은 재물을 얻음. 【一攫千金】

일회용 한 번 쓰고 버리는 것. ㊐일회용 도시락. 【一回用】

일흔 열의 일곱 곱절. 칠십.

읽기[일끼] 국어 학습에서 글을 바르게 읽고 이해하는 일.

읽는이[잉느니] 글을 읽는 사람. 비독자.

읽다[익따] ①소리를 내거나 눈으로 살피어 글을 보다. ㊐책을 읽다. ②표정이나 태도를 보고 뜻을 헤아려 알다. ㊐선생님의 표정에서 사태의 심각성을 읽을 수 있었다. ③불경등을 소리내어 외다. ㊐불경을 읽다.

읽을거리[일글꺼리] 책·신문·잡지 따위의 읽을 것. 읽을 만한 것. ㊐이 잡지는 읽을거리가 풍부하다.

읽히다[일키다] 다른 사람에게 소리를 내거나 눈으로 글을 보게 하다.

잃다[일타] 물건이 자기도 모르게 없어지다. ㊐지갑을 잃다. 반얻다.

잃어버리다[이러버리다] 가지고 있던 물건을 자기도 모르게 흘리거나 놓쳐서 더 이상 가지지 못하다. ㊐돈을 잃어버리다.

임 마음 속에 그리며 생각하는 사람. ㊐임 생각에 잠못 이루다.

임경업【사람】[1594~1646] 조선 인조 때의 명장. 병자호란 때에 명과 합세하여 청을 치고자 했으나 뜻을 이루지 못하고 도리어 김자점의 모함으로 죽음. 호는 고송. 【林慶業】

임:관 ①관직에 임명됨. ②장교로 임명됨. -하다. 【任官】

임:금[1] 왕국에서 나라를 다스리는 으뜸가는 사람. 비왕. 군주. 반신하.
임:금[2] 일한 대가로 받은 돈. 예한 달 임금을 받다. 비노임. 【賃金】
임:기 일정한 임무를 맡아 보는 기간. 예대통령 임기. 【任期】
임기 응변 그때 그때의 형편에 따라 알맞게 일을 처리함.
임꺽정〖사람〗[?~1562] 조선 명종 때, 천민인 '백정'으로 태어나 심한 차별에 반발하는 많은 사람들을 모아 황해도와 경기도 일대에서 못된 관리들을 죽이든가 쫓아내고 그 재물을 빼앗아 가난한 사람들에게 나누어 주기도 하다가 관군에게 붙잡혀 죽었음. '임거정'이라고도 함.
임:대 돈을 받고 자기의 물건이나 권리를 빌려 줌. 반임차. -하다.【賃貸】
임:대료 무엇을 빌려주고 받는 돈. 반임차료. 【賃貸料】
임:명 벼슬이나 일을 맡게 함. 예장관으로 임명되다. -하다. 【任命】
임:명장 어떤 사람에게 어떤 직위·직무·직책을 맡긴다는 사실을 밝힌 정식 문서. 【任命狀】
임:무 맡은 일. 맡은 구실. 예임무에 충실하다. 비책무. 【任務】
임박하다[임바카다] 어떤 시기나 사건이 가까이 닥쳐오다. 예발표 시기가 임박하다.
임산물 산림에서 나는 목재·나물·약초·버섯 따위의 물건.
임:산부 임신중의 부인 및 출산 전후의 부인을 이르는 말. 임부와 산부. 【姙産婦】
임산 자원 산이나 산림에서 얻어지는 자원〔나무·약초 등〕.
임시 필요에 따라 정한 일시적인 기간. 예임시 열차. 반상시. 【臨時】
임시 의정원 1919년에 중국 상하이의 대한 민국 임시 정부 안에 두었던 입법 기관. 【臨時議政院】
임시 정부 아직 적합한 정부로는 인정할 수 없는 사실상의 정부. 그 권력이 확립된 후, 여러 외국의 승인을 얻음으로써 국제법상의 적합한 정부로 됨. 예대한 민국 임시 정부. 【臨時政府】
임:신 사람이 아이를 배는 것. -하다. 【妊娠】
임야[이먀] 나무가 들어서 있는 넓은 땅. 숲과 벌판. 【林野】
임업[이멉] 인간 생활에 이용할 수 있는 나무를 가꾸고 베어 내는 산업. 산림업. 【林業】
임:오군란[이모굴란] 조선 고종 19년(1882)에 신식 군대인 별기군이 특별한 대우를 받는데 대한 반발로 구식 군인들이 일으킨 난리. 개화에 반대하는 보수 세력이 주동이 되었음. 【壬午軍亂】
임:용[이뭉] 공공 기관에서 어떤 직무를 맡겨 일하게 하는 것. 예교사 임용 시험에 합격하다. -하다.
임:원 어떤 모임의 일을 맡아 처리하는 사람. 예임원 선출.
임:의 제한 없이 마음 내키는 대로 하는 일. 예자기 임의대로 결정하다. 【任意】
임:의로 미리 정해진 것이 없어 자기 마음대로. 예일을 임의로 처리하다.
임:자 물건을 차지하고 있는 사람. 비주인.
임:자말 문장 속에서 '무엇이·무엇은'에 해당하는 말〔'노력은 성공의 어머니다'에서 임자말은 '노력은'임〕. 비주어.
임종 죽게 된 때를 당함. 죽음에 이름. -하다. 【臨終】
임:직원[임지권] 임원과 일반 직원을 다 합한 직원.
임진각 1972년 정부에서 경기도 문산, 임진강 가에 실향민을 위로하기 위하여 세운 큰 집.

임진강 함경 남도 덕원군 마식령에서 시작하여 경기도 북부를 거쳐 한강과 합하여 황해로 흘러드는 강. 길이는 254km.

임:진 왜란 1592년부터 1598년까지 2차에 걸쳐 우리 나라에 쳐들어온 일본과의 싸움. 임진년에 일어났으므로 '임진 왜란'이라함.

임하다 ①어떤 일을 대하거나 시작하기에 이르다. [예]경기에 임하여 마음을 가라앉히다. ②어떤 장소에 다다르다. [예]현장에 임하다.

임해 바다에 면해 있음. -하다.

임해 공업 도시 바닷가에 있는 공업이 성한 도시〔울산·여수·포항·진해 등〕.

입 ①입술에서 후두까지의 부분. 체내에 먹이를 섭취하고 소리를 내는 기관임. ②'사람'이나 '식구'를 비유하는 말. [예]입이 여럿이다. ③'말솜씨'를 비유하는 말. [예]입만 살아가지고….

ㅇ

입가[입까] 입의 가장자리. [예]입가에 미소를 띠다. [비]입언저리.

입가심[임까심] 입 안이 쓰거나 텁텁하거나 할 때 무엇을 조금 먹어서 입 안을 개운하게 하는 일, 또는 그러한 음식.

입건하다 범죄 사실을 인정하여 사건으로 삼다. [예]폭력 혐의로 입건하다.

입교[1] 어떤 종교를 믿기 시작함. -하다. 【入敎】

입교[2] 어떤 학교의 학생이 되는 것. [예]사관 학교에 입교하다. [비]입학. [반]퇴교. -하다. 【入校】

입구 들어가는 문. [반]출구. 【入口】

입국 어떤 나라에 들어감. [반]출국. -하다. 【入國】

입금 ①돈이 들어오거나, 들어온 그 돈. ②은행 같은 금융 기관에 예금, 또는 빚을 갚기 위하여 돈을 들여놓음, 또는 그러한 돈. [반]출금. -하다. 【入金】

입금액[입끄맥] 은행 따위에 넣은 돈의 액수.

입금표 은행·회사 등에서 들어오는 돈을 받아 넣은 사실을 적은 표. [반]출금표. 【入金票】

입김 입에서 나오는 더운 김.

입다 ①옷 따위를 몸에 꿰거나 두르거나 하다. [예]바지를 입다. ②욕이나 손해·도움 따위를 당하거나 받거나 하다. [예]얼굴에 상처를 입다.

입단 어떤 단체에 가입하는 것. -하다. 【入團】

입당하다 어떤 정당에 가입하다. [반]탈당하다.

입대 군대에 들어가 군인이 됨. [예]해군에 입대하다. [반]제대. -하다.

입동 이십사 절기의 열아홉째, 양력으로 11월 7일·8일경. 상강과 소설 사이에 있음. 【立冬】

입력[임녁] 컴퓨터에서, 문자나 숫자를 기억하게 하는 일. [반]출력. -하다. -되다. 【入力】

입마개[임마개] 먼지나 가스를 마시든가 찬 공기를 직접 쏘이지 않으려고 입을 가리는 물건. [비]마스크.

입말[임말] 일상 대화에서 쓰이는 말. [비]구어. [반]글말.

입맛[임맏] 입이 받는 음식의 자극이나 맛. 구미.

입맞추다[입맏추다] ①입을 상대의 입에 대다. ②상대와 서로 말의 내용이 같아지도록 맞추다.

입맞춤[임맏춤] 사랑·존경·우정을 나타내려고 남의 입술·손·뺨 따위에 입술을 대는 일. [비]키스.

입문하다[임문하다] 학문이나 특정 분야를 배우고자 첫 과정에 들어서다.

입바르다[입빠르다] 옳은 말이기는 하지만 듣는이가 불쾌할 만큼 거슬린다. ㉮입바른 말만 한다.
입방아 남의 일에 대해 쓸데없이 많이 말하는 짓.
입버릇[입뻐른] 자주 말해서 버릇이 되어 버린 말이나 말투.
입법 법률을 제정함〔삼권 중의 하나〕. -하다. 【立法】
입법부 정부를 이루는 세 부의 하나로, 법률을 제정하는 '국회'.【立法府】
입사[입싸] 회사에 일자리를 얻어 들어감. ㉯퇴사. -하다. 【入社】
입산 산 속에 들어가는 것. ㉮입산 금지. -하다. 【入山】
입상 상을 타게 됨. ㉮미술 대회에 입상하다. -하다. 【入賞】
입상자 상을 타는 등수 안에 든 사람. 【入賞者】
입선 잘 되어 뽑힘. ㉮사생 대회에 입선하다. -하다. 【入選】
입선작 어떤 경쟁 행사에 응모하거나 출품하여 상을 받은 여럿 중의 하나인 작품. ㉯낙선작.
입성 어려움을 이기고 어떤 지역 안으로 들어가는 것. -하다. 【入城】
입센〖사람〗[1828~1906] 노르웨이의 극작가. 사회 문제를 많이 다루었으며, 작품에 〈인형의 집〉〈유령〉〈민중의 적〉 등이 있음. 【Ibsen】
입속말[입쏭말] 남이 잘 알아듣지 못하게 낮게 중얼거리는 말.
입수 필요한 물건이나 정보 따위를 얻는 것. -하다. 【入手】
입술 입의 아래 위의 둘레를 이루는 불그스름한 살.
입시[입씨] '입학 시험'의 준말. ㉮입시 준비. 【入試】
입시철 해마다 대학 따위의 입학 시험이 치러지는 때.
입신양명 사회적으로 출세하고 널리 이름을 떨치는 것. 【立身揚名】
입심 쉬지 않고 거침없이 말하는 힘. ㉮형은 입심이 좋다.
입씨름 말로 다툼. ㉮결말 없는 입씨름. -하다.
입양 남의 양자나 양녀가 되어 법적으로 자식의 지위를 얻음. -되다. -하다. 【入養】
입양아 남의 양자나 양녀가 된 아이.
입양하다 누구를 양자나 양녀로 삼다.
입언저리[이번저리] 입 주위. ㉥입가.
입원 환자가 병을 고치기 위하여 한동안 병원에 들어감. ㉯퇴원. -하다. 【入院】
입원비 환자가 병원에 묵으면서 치료나 요양을 받은 값으로 내는 돈.
입원시키다 치료나 요양을 필요로 하는 사람을 일정 기간 동안 병원에 들어가 묵게 하다.
입원실 환자가 일정 기간 동안 묵으며 치료 또는 요양을 할 수 있도록 만들어 놓은 방.
입자 물질을 이루는 매우 작은 알갱이. 【粒子】
입장[1][입짱] 식장·경기장 등에 들어감. ㉯퇴장. -하다. 【入場】
입장[2] 지금 당장 들어 있는 처지. 개인의 사정. ㉮다른 사람과 입장을 바꿔 놓고 생각을 해 보자. 【立場】
입장객 회의장·식장·경기장·극장 등에 들어가는 사람.
입장권 입장을 할 때에 필요로 하는 표. 입장을 허가하는 표. 입장표.
입장단 춤을 추거나 악기를 연주할 때 입의 소리로 맞추는 장단.
입장료 경기장·극장·연주회장과 같은 일정한 장소에 들어가기 위하여 내는 돈. 【入場料】
입적하다[입쩌카다] 높은 스님이 죽다.
입주 새로 마련한 집이나 아파트에 들어가 사는 것. -하다. 【入住】

입주자 어떤 집·아파트 등에 들어가 사는 사람. 【入住者】
입증 증거를 댐. 증명을 함. [예]무죄가 입증되다. -하다. 【立證】
입천장 입 안에서 목구멍으로부터 윗잇몸까지의 부분.
입체 상자 등과 같이 길이·폭·두께가 있는 물체. [예]입체 교차로. [반]평면. 【立體】
입체 구성 어떤 재료를 가지고 입체적인 모양을 아름답게 꾸민 구성.
입체 도형 한 평면 위에 있지 않고 공간적인 넓이를 가지는 도형. 공간 도형.
입체적 부피가 있다는 느낌을 주는 것. [예]도안이 입체적인 포스터.
입추 이십사 절기의 열셋째. 양력 8월 4일경. 대서와 처서 사이에 있음. 【立秋】
입춘 이십사 절기의 첫째. 양력 2월 4일경. 대한과 우수 사이에 있음. 이 무렵에 봄이 시작된다고 함. 【立春】
입춘대길 입춘을 맞이하여 벽이나 문짝 따위에 써 붙이는, 집안에 복이 많이 생기기를 비는 내용의 글. 【立春大吉】
입출금 저금하는 일과 찾는 일. 입금과 출금. 【入出金】
입하[이파] 이십사 절기의 일곱째. 여름이 시작된다는 날로, 양력 5월 5·6일경. 곡우와 소만 사이에 들어 있음. 【立夏】
입학[이팍] 학교에 들어가 학생이 됨. [비]입교. [반]졸업. -하다. 【入學】
입학금 학교에 입학한 값으로 학교에 내는 돈. 【入學金】
입학 시험 학교에 들어가 학생이 되기 위해 치르는 시험.
입학식 한 학교에 정식으로 입학한 것을 기념하는 의식. [반]졸업식.
입항[이팡] 배가 항구에 들어옴. [예]부산 앞바다에 입항하다. [반]출항. -하다. 【入港】
입헌 헌법을 제정함. 【立憲】
입헌 군주제 왕이 있으나 실제의 정치는 의회가 헌법에 따라 행하는 정치 제도. 【立憲君主制】
입헌 정치[이펀정치] 헌법에 의하여 하는 정치. 【立憲政治】
입회[1] 어떠한 모임의 회원이 되는 것. 【入會】
입회[2] 어떠한 사실이 일어나는 현장에 가서 보는 것. [예]경찰관 입회 아래 추첨하다. 【立會】
입후보[이푸보] 선거에 후보자로 나섬. -하다. 【入候補】
입후보자 선거에 후보자로 나선 사람. 【入候補者】
입히다[이피다] ①옷을 몸에 꿰거나 두르게 하다. [예]옷을 손수 만들어 입히다. ②화·손해 따위를 당하게 하다. [예]손해를 입히다.
잇:다[읻따](이으니, 이어서) 마주 붙이다. 연결하다. [예]줄을 잇다.
잇:달다(잇다니, 잇다오) 끊이지 않게 뒤를 이어 달다. [예]손님들이 잇달아 들어오다.
잇:닿다[읻따타] 무엇에 서로 이어져서 닿다. 접하다.
잇:대다[읻때다] 서로 떨어지지 않고 잇닿게 하다.
잇:따르다[읻따르다] 뒤를 이어 따르다. 계속되다. [예]군중 속에서 잇따라 만세 소리가 들려왔다.
잇몸[인몸] 이의 뿌리가 박혀 있는 근육.
잇:속[이쏙] 이익이 있는 실속. [예]장사의 기본은 잇속이다.
있다 ①어떤 것이 시간적으로나 공간적으로 또는 실제로 존재하다. ②스스로 가지거나 지니거나 갖추거나 하다. [예]음악에 재주가 있다. [반]없다. ③머무른 상태를 지속하다. [예]밥을 먹고 있다.

잉글리시 호른 음높이가 오보에보다 5도 낮은 목관 악기. 서양 관현악곡 합주에 주로 씀.【English horn】

잉꼬 앵무새과에 속하는 새. 몸길이 21~26cm, 머리 위는 노란 빛, 뺨에는 푸른 빛의 굵고 짧은 점이 한 쌍이 있으며 그 사이에 둥근 점이 두 쌍이 있음. 사랑새.

[잉꼬]

잉꼬 부부 사이가 매우 좋은 부부.

잉:어 강이나 연못에 살며, 살이 많은 민물고기. 큰 것은 1미터에 이르고 힘이 세며, 등의 빛깔은 검푸르고 배는 누르스름하고 비늘이 둥글고 크며, 입가에 두 쌍의 수염이 있음.

잉여 다쓰고 난 나머지. (예)잉여 시간을 잘 활용하자.

잉카 문명 16세기 초까지 남아메리카의 안데스 산맥을 중심으로 잉카족이 이룩한 고대 문명.

잉카 제국〖나라〗 15~16세기에 남아메리카의 페루를 중심으로 잉카족이 세운 왕국. 에스파냐의 침략으로 망함.

잉크 글쓰기나 인쇄에 쓰는 빛깔이 있는 액체.【ink】

잉:태 아기를 가짐. [비]임신. -하다.

잊다 생각해 내지 못하게 되다. (예)심부름을 깜박 잊다.

잊어버리다[이저버리다] 아주 잊다. 모두 잊다. (예)오늘 일은 잊어버려.

잊혀지다[이처지다] 기억에서 사라지다. 잊어지다.

잊히다[이치다] 생각이 나지 않게 되다.

잎[입] 고등 식물의 영양 기관의 하나. 풀과 나무의 가지나 줄기의 마디에서 나서 엽록소를 지니며, 광합성·증산·호흡 등의 작용을 함.

잎눈[임눈] 자라서 잎이나 줄기가 될 식물의 눈.

잎담배[입땀배] 썰지 아니하고 잎사귀 그대로 말린 담배.

잎맥[임맥] 수분과 양분의 통로가 되는 잎 속의 관.

잎사귀[입싸귀] 낱낱의 넓은 잎. [비]이파리.

잎새 '입사귀'의 방언, 또는 시적인 표현. (예)마지막 잎새.

'잎 · 이파리 · 잎사귀 · 잎새'의 차이

- **잎**: 줄기의 끝이나 옆에 붙어 있는 조직을 두루 가리킴. (예)잎이 무성한 나무.
- **잎사귀**: 낱낱의 잎. 주로 활엽수나 야채의 넓적한 잎 따위를 이름. (예)배추 잎사귀.
- **이파리**: 나무나 풀의 살아 있는 낱잎으로, 주로 따서 먹을 수 있는 잎을 가리킴. (예)이 채소는 이파리가 맛있다.
- **잎새**: '잎사귀'의 방언. (예)마지막 잎새.

잎자루[입짜루] 잎의 일부분. 잎줄기가 나무의 줄기에 붙는 부분. 물과 양분의 통로가 됨.

잎줄기[입쭐기] 뿌리·가지, 또는 큰 줄기에 붙어 넓은 잎을 떠 받치고 잎에 수분과 영양분을 날라 주는 일을 하는 잎의 부분.

잎지는 나무 가을에 잎이 떨어졌다가 봄에 새 잎이 나는 나무〔오리나무·참나무 따위〕. [비]낙엽수.

잎집무늬마름병[입찜무니마름뼝] 벼가 차츰 허옇게 되어 시들어 죽는 병.

ㅈ(지읒) 한글 닿소리(자음)의 아홉째 글자.

자[1] ①납작하고 긴 나무·쇠·플라스틱 막대에 눈금을 그린, 물건의 길이를 재는 기구〔삼각자·대자 등〕. ②길의 단위의 하나〔한 자는 약 30.3cm〕.

-자[2] 앞말에 붙어서 '어떠한 사람·어떤 방면에 능통한 사람'이라는 뜻. ㉥과학자. 【者】

자[3] 어떤 말 뒤에 써서 '글자'라는 뜻을 나타냄. 【字】

자가 자기 집. 【自家】

자가 수분 같은 그루에 핀 꽃끼리 수분이 되는 일. 제꽃가루받이. 반 타가 수분.

자가용 ①오로지 자기 집에서만 쓰는 물건. 준가용. ②자가용차. ㉥자가용을 타고 등교를 하다. 반영업용. 【自家用】

자가 운전 자기 차를 자기가 직접 운전함.

자각 스스로 깨달음. ㉥잘못을 자각하다. -하다. 【自覺】

자갈 강이나 바다에서 오래 갈리어 반들반들하게 된 자질구레한 잔돌.

자갈밭[자갈받] 자갈이 많이 깔려 있는 땅.

자강도 북한의 8개 도 가운데 하나. 한반도 북쪽 중앙에 자리잡아, 평안도·함경 남도·양강도 및 중국 국경에 둘러싸여 있음. 주요 도시로는 강계·만포·희천 따위가 있음. 【慈江道】

자개 금조개의 껍데기를 잘게 썰어 낸 조각. 빛깔이 아름다워 가구 등을 장식하는 데 쓰임.

자:객 옛날에, 주로 정치적 목적으로 남이 시켜서 사람을 몰래 죽이는 사람. 【刺客】

자격 ①어떠한 신분이나 지위를 가지는 데에 필요한 조건이나 능력. ㉥자격 시험을 보다. ②신분이나 지위. ㉥교사 자격. 【資格】

자격루 조선 세종 때에 장영실·김빈 등이 만든 것으로, 물이 흐르는 것을 이용, 스스로 시간을 쳐서 알리도록 만든 시계.

[자격루]

자격증[자격쯩] 일정한 자격을 인정하여 주는 증서. ㉥교사 자격증.

자격지심 자기가 한 일에 대하여 자기 스스로 부끄럽든가 못마땅하게 여기는 마음. 【自激之心】

자결 ①자기의 일을 스스로의 힘으로 해결함. ㉥민족 자결 주의. ②스스로 자기의 목숨을 끊음. 비자살. -하다. 【自決】

자고로 예로부터 내려오면서. 본자고 이래로.

자국[1] 닿거나 지나간 자리. 예발자국이 생기다. 비흔적. ×자욱.

자국[2] 자기의 나라. 예자국의 시장 보호. 반타국. 【自國】

자궁 태아가 태어날 때까지 자라는 여자의 몸 속의 기관. 【子宮】

자그마치 ①자그마하게. 적게. 예속 좀 자그마치 썩혀라. ②생각했던 것보다 훨씬 많을 때 쓰는 말. 예자그마치 10년이 지났다. ×자그만치.

자그마하다 조금 작은 듯하다. 예연주는 키가 자그마하다. 준자그맣다.

자그맣다[자그마타] '자그마하다'의 준말. 예승주는 피부가 가무잡잡하고 몸집이 자그맣다.

자:극[1] ①흥분시키는 일. ②눈·귀·코·살갗의 신경에 강한 느낌을 주는 일. -하다. 【刺戟】

자극[2] 자석의 힘이 가장 센 남(S)극과 북(N)극, 곧 자석의 양 끝 부분을 이름. 【磁極】

자:극적 자극하는 것, 또는 그러한 성질이 있는 것. 예자극적인 말.

자금 무슨 일에 꼭 있어야 하는 돈. 예사업 자금을 빌리다. 본자본금.

자금난 자금이 부족한 데서 생기는 어려움. 예자금난을 겪다.

자급 필요한 물건을 자기의 힘으로 마련해서 씀. -하다. 【自給】

자급 자족 자기의 생활에 필요한 물건을 자기 손으로 만들어 씀. -하다. 【自給自足】

자긍심 스스로를 자랑스럽고 떳떳하게 여기는 마음. 【自矜心】

자기[1] 어떤 사람을 말할 때, 그를 도로 가리키는 말. 제 몸. 비자신. 반타인. 남. 【自己】

자:기[2] 고운 흙을 빚어서 아주 높은 온도로 구워 만든 그릇. 【磁器】

자:기[3] 자석이 철을 끌어당기는 기운. 【磁氣】

자:기력 자석의 서로 당기고 미는 힘, 또는 이와 같은 종류의 힘. 준자력. 【磁氣力】

자기력선 자기력이 작용하는 방향을 나타내는 선. 자석의 북극에서 나와 남극으로 들어가는 방향으로 나타남. 준자력선.

자기 실현 자기의 가능성을 실현하는 일. 자아 실현.

자기자신 '남이 아니고 자기'라는 뜻. 예누구나 자기자신에게는 관대하다. 비자기. 자신.

자:기장 자기의 작용이 미치는 범위.

자기 중심적 세상에 대한 이해나 판단을 남을 생각하지 않고 자기를 중심으로 해서 하는 것.

자꾸 ①잇달아 여러 번. 계속해서 예우리는 긴장해서 자꾸 침을 삼켰다. ②점점 더. 예자꾸 마음이 불안해져 갔다.

자꾸자꾸 ①끊이지 않고 잇달아서 자꾸. 예하늘 나라 선녀님들이 하얀 가루 떡가루를, 자꾸자꾸 뿌려 줍니다. ②점점 더. 예세계는 하나로 자꾸자꾸 좁아져 간다.

자나깨나 잠을 잘 때나 깨어 있을 때나 늘. 언제나. 예자나깨나 불조심.

자네 친구나 손아랫사람을 가리키어 부르는 말.

자녀 아들과 딸. 비자식. 【子女】

자다 ①잠이 들다. 예쌔근쌔근 잠을 자다. ②움직이던 것이 멈추다. 예시계가 자다.

자당 남의 어머니를 높이어 이르는 말. 【慈堂】

자동 ①기계 따위가 사람의 지시나 지휘에 따라 제 힘으로 움직임. 예자동 응답 전화기. ②스스로 활동함. 예자동으로 움직이는 엘리베이터. 반수동. 【自動】

ㅈ

자동 개폐기 스스로 움직여서 전기 회로를 열고 닫는 기계.

자동 관측 시설 어떤 일이나 모양의 변화를 기계로 살피고 재는 장치.

자동문 사람이 출입할 때에 자동으로 열리고 닫히는 문.

자동 수위 측정기 자동적으로 강물의 높이를 재는 기계.

자동식 자동적으로 움직이게 된 방식. (반)수동식. 【自動式】

자동식 전화 교환을 통하지 않고 직접 통화하는 전화. (준)자동 전화.

자동적 다른 힘을 빌리지 않고 저절로 움직이거나 작용하는 것. 저절로 이루어지는 것. (반)수동적.

자동 접시 저울 접시같이 생긴 저울대에 물건을 올려놓으면 지침이 회전하여 그 무게를 가리키게 만든 저울.

자동차 가스·휘발유·중유 등을 연료로 하여 엔진의 힘으로 바퀴를 돌려서 달리게 만든 차〔승용차·버스·트럭 따위〕. 【自動車】

자동차 보험 자동차 사고로 재산상의 손해를 보았을 때에 보상해 주는 보험.

자동 판매기 돈을 넣고 스위치만 누르면 물건이 나오는 기계. (준)자판기. 【自動販賣機】

자동화 자동적으로 됨. 자동적으로 되게 함. 【自動化】

자동화 장치 자동으로 되게 하는 시설이나 기계의 장치.

자두 복숭아보다 작고, 겉이 매끈하고 자줏빛이며, 달고 신맛이 있는 과일.

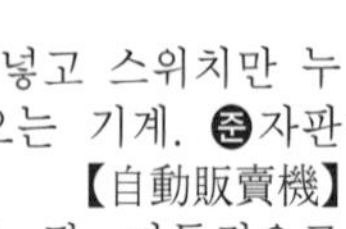

[자두]

자라 거북과 비슷하나 덜 단단하고, 둥글고 납작한 퍼런 갈색의 껍데기로 덮여 있으며, 깨끗한 찬물에 사는 찬피 동물.

자라나다 ①생물의 키나 부피가 점점 커지다. (예)풀이 자라나다. ②정도가 점점 커지거나 높아지다. (예)돌아가신 어머니를 향한 그리움이 마음 속에서 자라나다.

자라다 ①차차 커지거나 많아지다. (예)꽃나무가 점점 자라다. ②능력이 많아지거나 발전하다. (비)자라나다.

자락 옷·피륙 등의 아래로 드리운 넓은 조각. (예)치마 자락.

자랑 자기와 관계되는 물건이나 일을 드러내어 뽐내는 일. (예)새 옷을 자랑하다. -하다.

자랑거리[자랑꺼리] 남에게 뽐낼 만한 물건이나 일.

자랑삼다 어떤 일을 남에게 뽐낼 만한 일로 삼다. (예)미술 대회에서 상받은 것을 자랑삼아 이야기하다.

자랑스럽다(자랑스러우니, 자랑스러워서) 자랑할 만하여 마음이 흐뭇하다.

자랑하다 자기의 일 따위를 남에게 드러내어 뽐내다.

자력[1] 스스로의 힘. (예)자력으로 성공하다. (반)타력. 【自力】

자:력[2] 자석의 서로 끌고 미는 힘. 쇠끌림. 【磁力】

자료 연구·조사 등의 바탕이 되는 재료. 【資料】

자료집 어떤 주제에 관한 자료를 모아 놓은 책. 【資料集】

자루[1] 곡식 등을 담을 수 있게 헝겊 등으로 길고 크게 만든 주머니, 또는 자루에 담긴 물건의 수를 세는 단위. (예)콩 한 자루.

자루[2] 연장 등에 딸린 손잡이. (예)호미 자루.

자루[3] 연필·칼 같은 것을 세는 단위. (예)볼펜 두 자루.

자르다 ①동강이를 내다. 끊어내다. (예)생선을 자르다. ②단체나 직장에서 내쫓다. 직위를 빼앗다.

자르르 물기·윤기·기름기가 매끄럽게 빛나는 모양. ㉠마루는 윤기가 자르르 흘렀다. <지르르. ㉡짜르르.

자리[1] ①앉거나 서거나 누울 장소. ㉠서 있을 자리. ②물건을 두거나 놓을 위치. ③직위나 지위. ㉠사장 자리가 바뀌었다. ④십진법에 의한 숫자의 위치. ㉠소수 둘째 자리까지 계산하다.

자리[2] ①바닥에 깔고 앉거나 눕는 데 쓰는 깔개. ㉠자리를 깔고 도시락을 먹다. ②깔고 덮을 요와 이불. ㉠자리를 펴고 눕다.

자릿값[자리갑] 숫자의 자리. 일·십·백·천·만 따위가 있음.

자리잡다 ①일할 곳이나 의지 할 곳을 얻다. ②자리를 정하여 머무르게 되다. ㉠시골에서 자리잡고 살다.

자리하다 일정한 곳에 자리를 차지하다. ㉠대도시 근교에 자리한 원예 단지.

자린고비 아주 인색한 사람.

자립 남의 힘에 의지하지 않고 스스로 행동할 수 있는 지위에 섬. 반의존. -하다. 【自立】

자립 경제 남에게 예속되지 않은 자주적인 경제. 반의존 경제.

자립 정신 자기 힘으로 해 나가려는 정신. 【自立精神】

자릿그물 그물을 바다에 고정시켜 놓고 물고기가 그 안에 들어오게 하여 잡는 그물.

자릿수[자리쑤] 십진법에 의한 자리의 숫자.

자릿점 수판에 수의 자리를 나타내기 위하여 표시한 점.

자막 영화나 텔레비전 등에서 화면에 비쳐 보이는 제목·배역·해설·대사 등의 글자.

자만 스스로 잘난 체함. 비오만. 반겸손. -하다. 【自慢】

자만심 자기를 잘났다고 높이고 남을 깔보는 마음씨. 【自慢心】

자매 ①손윗누이와 손아랫 누이. ②여자끼리 언니와 아우. ㉠자매끼리 살다. 【姉妹】

자매 결연 ①자매의 관계를 맺는 일. ②어떤 단체나 집단이 다른 단체나 집단과 친선이나 협조를 목적으로 서로 밀접한 관계를 맺는 일. ㉠학교끼리 자매 결연을 맺다.

자맥질 물 속에 들어가서 떴다 잠겼다 하며 팔다리를 놀리는 짓. 본무자맥질. -하다.

자멘호프〖사람〗[1859~1917] 유대인으로 폴란드의 안과 의사. 1887년 국제어 에스페란토를 창안 발표하고, 1905년 제1회 에스페란토 만국 대회를 열었으며, 그 후 이의 보급에 힘썼음. 【Zamenhof】

자멸 ①제 탓으로 망함. ②자연히 멸망함. -하다. 【自滅】

자명고 지난날에, 낙랑이라는 나라에 있었다고 하는 북으로 적이 침입하면 저절로 울렸다함. 【自鳴鼓】

자명종 때가 되면 저절로 울려서 시간을 알려 주는 시계.

자명하다 설명이나 증명이 필요 없이 아주 분명하다. ㉠부모님께 효도하는 것은 자명한 이치이다.

자모 완전한 글자를 이루는 하나하나의 낱자〔ㄱ·ㄴ·ㅏ·ㅑ 등〕. 【字母】

자못[자몯] 마음에 느끼는 감정이 상당히. 크게. ㉠경기 결과가 자못 궁금하다.

자문[1] 어떤 문제를 곰곰이 따지기 위해 자기 자신에게 묻는 것. -하다. 【自問】

자:문[2] 어떤 일에 대하여 더 잘 알고 있는 사람이나 기관에게 의견을 묻는 것. -하다. 【諮問】

자문자답 자기가 묻고 자기가 대답함. -하다. 【自問自答】

자물쇠[자물쐬] 여닫는 물건에 열지 못하게 채워서 잠그는 쇠. [준]쇠. [비]자물통.

자바라 놋쇠로 만든 우리 나라의 타악기. 냄비 뚜껑처럼 생긴 두 짝을 마주쳐 소리를 냄.

[자바라]

자바 해 인도네시아 공화국의 자바·수마트라·보르네오·셀레베스 등의 섬으로 둘러싸인 바다.

자박자박 가볍게 발소리를 내면서 가만가만 걷는 소리를 나타냄. ‹저벅저벅.

자:반 생선을 소금에 절인 굴비·고등어·준치 등의 반찬, 또는 콩·미역·쇠고기 등을 간장에 조리거나 튀겨서 만든 반찬.

자발적[자발쩍] 제 스스로 행동하는 모양. [반]강제적. 【自發的】

자백 자기의 허물이나 죄를 스스로 말함. –하다. 【自白】

자벌레 자벌레나방과의 애벌레로 가슴과 배에 각각 세 쌍과 한 쌍의 발이 있고, 그 사이가 매우 떨어져 있음.

자본 사업을 하는 데 기본이 되는 돈. 밑천. 【資本】

자본금 영리를 목적으로 사업에 투자한 밑천이 되는 돈. 【資本金】

자본주의 생산 수단을 가진 자본가 계급이 노동자 계급으로부터 노동력을 사서 생산 활동을 함으로써 이익을 추구해 나가는 경제 구조, 또는 그 바탕 위에 이루어진 사회 제도. 【資本主義】

자부[1] 며느리. 【子婦】

자부[2] 자기의 가치나 능력에 대해 자신을 가지고 스스로 당당히 여기는 것. [예]일류 선수임을 자부하다. 【自負】

자부심 자기의 능력을 믿는 마음.

자비[1] 스스로 부담하는 비용. 【自費】

자비[2] 고통받는 이를 크게 사랑하고 가엾게 여김. [예]부처님의 자비를 빌다. 【慈悲】

자비령〖지명〗 황해도 황주군 구락면·봉산군 목감면 등 3군 4면의 접경의 고개.

자비롭다(자비로우니, 자비로워) 사랑하고 불쌍히 여기는 마음이 깊다. 자비로이.

자비심 사랑하고 가엾게 여기는 마음. 【慈悲心】

자빠지다 ①뒤로 넘어지다. ②서 있던 것이 쓰러지거나 넘어지다.

자살 스스로 자기의 생명을 끊음. [비]자결. [반]타살. –하다. 【自殺】

자살골 축구 등의 경기에서 자기 편의 골문에 공을 넣어 상대편이 득점을 하게 하는 골.

자상 성질이 자세하고 찬찬함. [비]상세. 세밀. –하다. –히.

자상하다 작은 일에까지 관심을 보이며 친절하고 따뜻하다.

자새 새끼나 바 같은 것을 꼬는 데 쓰거나 실을 감는 얼레. 모양은 여러 가지임.

자생 식물이 사람이 심지 않았는 데 저절로 나서 자라는 것. –하다. 【自生】

자생란 사람이 기르는 것이 아니라 산이나 들에서 저절로 자라는 난.

자서전 자기가 쓴 자신의 전기. [예]자서전을 쓰다. 【自敍傳】

자:석 철을 끌어당기는 성질의 물체. 양쪽에 북(N)극과 남(S)극이 있어 자침을 만들어 자유로이 돌게하면 남북을 가리키고 섬. [비]지남철.

자:석식 전화 전화기의 핸들을 돌리면 교환대로 신호가 가는 수동식 전화.

자선 남에게 은혜를 베풀어 착한 일을 함. [예]자선 음악회. 【慈善】

자선 기관 남에게 은혜를 베풀어 착한 일을 하는 기관.

자선 냄비 연말에 크리스트교의 한 파인 구세군에서 어려운 사람을 도울 목적으로 길가에 놓고 성금을 걷는 그릇.

자선 사업 가난하고 불쌍한 사람들을 도와 주고 구제하는 사업.

자:성 자석이나 자력이 있는 물체가 쇠를 끌어당기는 성질. 【磁性】

자세 ①몸가짐. ②몸을 가진 모양. ㉠부동 자세. 비태도.

자세하다 빠짐없이 분명하다. 비상세하다. 세밀하다.

자세히 작은 부분까지 주의하여. ㉠자세히 관찰하다. 비상세히. 세밀히.

자손 ①아들과 손자. ②후손. ㉠자손이 많다. 준손. 【子孫】

자손 만대 아들·손자·증손·현손 등 후손 대대.

자:수[1] 여러 가지 색실로 옷이나 천에 수를 놓음, 또는 그 수.

자수[2] 죄진 사람이 스스로 수사 기관에 찾아가는 것. 【自首】

자수[3][자쑤] 글자의 수. 【字數】

자수 성가 물려받은 재산 없이 혼자만의 힘으로 한 살림을 이루는 일. -하다. 【自手成家】

자습 자기 스스로 배워 익힘. ㉠자습 시간. -하다. 【自習】

자습서 교사가 없이 학생이 혼자서 배워 익힐 수 있도록 교과목의 내용을 알기 쉽게 풀이한 책.

자승 '제곱'의 이전에 쓰던 말. 같은 수를 두 번 곱함.

자시 옛날에, 하루를 12시로 나눈 때의 첫째 시로, 밤 11시부터 새벽 1시까지의 시간. 【子時】

자:시고 앞에 있는 말이 나타내는 행위를 안 하고. ㉠갈 길이 멀어서 기다리고 자시고 할 틈이 없다.

자:시다 '먹다'의 높임말. ㉠할머니는 몸이 편찮으셔서 음식을 잘 자시지 못한다. 비잡수시다.

자식 ①자기의 아들이나 딸. 비자녀. 반부모. ②남자를 욕할 때 이르는 말. ③어린아이를 귀여워해서 하는 말. 【子息】

자식 농사 자식들을 낳아 잘 기르는 일. 【子息農事】

자신[1] 자기. 제 몸. 【自身】

자신[2] 자기의 능력이나 가치 또는 어떤 일의 보람에 대하여 자기 스스로 믿음. ㉠자신있게 나서다. 비자부. -하다. 【自信】

자신감 자신의 능력이나 가치를 스스로 믿는 느낌. 【自信感】

자신 만만 자신감이 넘쳐 있음. 매우 자신이 있음. 【自信滿滿】

자아 인식이나 행동의 주체로서 남과 구별되는 자기. ㉠자아 실현. 반타아. 【自我】

자아내다 ①실을 뽑아 내다. ②생각을 일으키다. ㉠웃음을 자아내다.

자애 아랫사람에게 베푸는 도타운 사랑. 【慈愛】

자애롭다 따뜻하고 인자한 정이 많다.

자양분 몸에 영양이 되어 건강을 좋게 하는 음식의 성분. 비영양분.

자업자득 자기가 저지른 일의 과보를 자기 자신이 받는 일. 비자업자박. -하다. 【自業自得】

자연 ①사람의 힘을 들이지 않은 천연 그대로의 모든 존재, 또는 사람의 힘으로 어찌할 수 없는 상태. 비천연. 반인공. ②지리적 또는 지질적 환경조건. ③저절로. 【自然】

자연계[1] 천지 만물이 존재하고 있는 범위. 【自然界】

자연계[2] 자연 과학 현상을 연구하는 과목이나 자연 과학 학과들의 계통. 【自然系】

자연 과학 자연에 속하는 모든 대상을 다루어 그 법칙을 밝히는 학문.

자연 관찰 자연의 법칙이나 움직임 등의 상태를 잘 살펴보는 일.

자연림 자연적으로 이루어진 수풀. 비원시림. 반인공림.

자연물 인공으로 된 것이 아닌 자연계에 있는 사물. 반인공물.

자연미 꾸밈이 없는 자연 그대로의 아름다움. 비천연미.

자연 법칙 자연의 모든 현상이나 성질 사이에 두루 성립되는 변함없는 법칙. 【自然法則】

자연 보호 운동 1978년 10월 5일에 선포된 자연 보호 헌장을 계기로 시작된 우리 나라의 국민 운동으로, 자연을 아끼고 공해를 없애며, 자연의 질서와 조화를 지키며 보존하는 운동.

자연사 늙고 쇠약해져서 자연히 죽는 일. 【自然死】

자연석 사람의 힘을 가하지 않은 천연 그대로의 돌. 비천연석. 반인조석. 【自然石】

자연수 정수를 통틀어 이르는 말〔1·2·3… 따위〕. 【自然數】

자연스럽다(자연스러우니, 자연스러워) 보기에 꾸밈이 없어 어색하지 않다.

ㅈ

자연스레 꾸밈이나 억지가 없이. 자연스럽게. 예사람이 나이가 들면 자연스레 몸이 약해진다.

자연식 사람이 만든 색소나 방부제 등을 첨가하는 따위의 가공을 하지 않는 자연 그대로의 식품.

자연의 평형 일정한 지역 안에서 생물들간에 생산자와 1차 소비자 및 2차 소비자가 양적으로 자연히 서로 균형을 이루게 되는 현상.

자연 재해 홍수·가뭄과 같이 자연 현상에서 오는 재난으로 입는 손해. 【自然災害】

자연적 자연 그대로의 모양이나 성질. 예자연적인 변화. 반인위적. 인공적. 비천연적. 【自然的】

자연 학습장 식물·동물·자연 환경 따위를 관찰하고 조사할 수 있도록 들이나 산에 만들어 놓은 장소.

자연 환경 우리가 살고 있는 둘레의 지리·자원·기후 등의 형편.

자연히 자연적으로. 일부러 애쓰지 않고 저절로. 준자연.

자오선 날줄. 지구의 남북으로 그은 상상의 줄. 【子午線】

자외선 파장이 가시 광선보다 짧고 엑스선보다 긴, 눈에 보이지 않는 복사선. 【紫外線】

자욱이[자우기] 안개·연기·먼지 따위가 끼어 있는 정도가 몹시 짙고 심하게. 예안개가 자욱이 낀 산골짜기. ×자욱히.

자욱하다 연기나 안개가 잔뜩끼어 흐릿함. 예아침에 안개가 자욱하게 끼었다. >자옥하다.

자웅 ①암컷과 수컷. ②'승부·우열·강약' 등을 비유하는 말. 예실력의 자웅을 겨루다.

자원[1] 어떤 일을 스스로 하고 싶어 바람. 스스로 지원함. 예자원 봉사. −하다. 【自願】

자:원[2] 자연에서 얻어지는 여러 가지 물자. 자료의 근원. 예자원이 부족한 우리 나라. 【資源】

자원 봉사 돈을 받지 않고 남을 돕는 일. −하다.

자원 봉사자 돈을 받지 않고 스스로 원하여 남을 돕는 사람.

자위[1] 스스로 자신을 위로하거나 달래는 것. 예실패를 교훈으로 여기며 자위하다. −하다. 【自慰】

자위[2] 눈알이나 새 따위의 알에 있어 빛깔에 따라 구분된 부분. 예달걀의 노른자위.

자유 남의 억눌림이나 간섭을 받지 않고 마음대로 함. 반구속. 【自由】

자유 경제 국가의 간섭이나 통제없이, 기업이나 개인의 경제 활동의 자유가 인정되는 경제.

자유 공원 6·25 전쟁 때의 인천 상륙을 기념하기 위하여 인천 광역시 응봉산에 만든 공원.

자유 국가 ①다른 나라의 지배나 영향을 받지 않는 독립 국가. ②모든 사람이 자유롭게 살 수 있는 국민의 자유가 보장된 나라. [반]공산 국가. 【自由國家】

자유권 억눌림을 받지 않고 자유롭게 살 수 있는 권리.

자유로이 아무런 규제나 구속 따위가 없이 자기 마음대로. 자유롭게. [예]자유로이 여행을 하고 싶다.

자유롭다(자유로우니, 자유로워서) 자유가 있다. 아무런 규제나 구속 따위가 없이 자기 마음대로 활동할 수 있다. 자유로이.

자유 무역 국가가 간섭하지 않고 수출입을 자유로이 하는 무역. [반]보호 무역. 【自由貿易】

자유민 정당한 행위에 대하여 자유권을 가진 국민. [반]노예.

자유 민주 국가 자유와 민주주의 정신에 입각하여 세운 국가.

자유 민주 사회 자유롭고 민주적인 사회. 【自由民主社會】

자유 민주주의 개인의 자유를 최대한 보장하며, 스스로 주권을 행사할 수 있게 하는 정치 제도나 사상. 【自由民主主義】

자유 분방 누구에게도 구속되지 않고 마음대로임.

자유 세계 ①자유로운 세계. ②공산 국가에 대하여 미국·한국과 같은 민주주의 국가를 일컫는 말. [반]공산 세계. 【自由世界】

자유시 글자의 놓임이 어떤 형식에 구애받지 않고 자유롭게 표현된 시. [반]정형시. 【自由詩】

자유의 마을 휴전선 안 중립지대에 있는 마을. 판문점에서 서남 쪽 2km 지점.

자유의 여신상 미국 뉴욕시 항구에 있는, 자유를 상징하는 여자 모양의 동상. 오른손에는 횃불을 들고 있고, 왼손에는 성경을 들고 있는 모습을 하고 있음. 높이는 46m.

[자유의 여신상]

자유의 집 자유를 지키려고 싸운 국군과 유엔군을 기념하기 위해 1965년 9월 판문점에 지은 집.

자유인 자유로이 자기의 권리를 스스로 행사하는 사람. 【自由人】

자유 자재 어떤 범위 안에서 구속이나 제한을 받음이 없이 마음대로 할 수 있음. 【自由自在】

자유 정신 누구의 간섭 없이 자기 의사대로 살고자 하는 생각.

자유주의 개인의 정치적·사회적 자유를 존중하는 사상이나 태도.

자유 진영 개인의 자유를 존중하는 민주주의 국가들.

자유형 ①수영에서, 형의 제한이 없는 자유로운 수영법. ②몸 전체를 자유롭게 이용하여 공격하거나 방어하는 레슬링 경기 종목.

자유화[1] 자유롭게 하는 것. [예]교복 자유화. -하다. 【自由化】

자유화[2] 본 대로 그리지 아니하고, 자기의 마음대로 표현한 그림.【自由畵】

자율 스스로의 의지로 자기를 억제함. [반]타율. 【自律】

자율성 스스로 자기를 통제할 수 있는 성질. 【自律性】

자율적 자기가 자신을 통제하며 하는 것. [예]자율적인 행동.

자율 학습 스스로 하는 공부. [예]야간 자율 학습. -하다.

자음 우리가 내는 소리 중에서 목 안 또는 입 안을 통과할 때 어떤 장애를 받고 나는 소리. 닿소리〔ㄱ,ㄴ,

ㄷ… 따위). 반모음. 【子音】
자의 반 타의 반 남의 뜻을 따르는 것도 되고 자기 생각도 있어서 하는 일. 예자의 반 타의 반으로 여행을 가다.
자의식 자기 자신에 관한 의식. 예자의식이 강하다.
자이르【나라】 중부 아프리카에 있는 나라. 금강석·우라늄·구리 등이 많이 남. 세계 제1의 공업용 다이아몬드 생산국. 수도는 킨샤사.
자인 스스로 그렇다고 인정함. 자신이 시인함. 예실수를 자인했다. 비시인. -하다. 【自認】
자일 등산용 밧줄. 【seil】
자자손손 자손의 여러 대. 자손 만대. 【子子孫孫】
자자하다 소문이나 칭찬 따위가 여러 사람의 입에 오르내려 떠들썩하다. 예수빈이는 모든 일에 모범적이라고 칭찬이 자자하다.
자작 스스로 무엇을 만듦, 또는 그 물건. -하다. 【自作】
자작나무 키가 20~30cm의 잎이 넓은 나무. 재목은 기둥·가구의 재료·땔감 등으로 쓰임. 백단.
자작농[자장농] 자기 땅을 자기가 직접 경작함, 또는 그 농가. 반소작농. 임대농. 【自作農】
자잘하다 여러 개가 다 잘다. 예사과들이 자잘하다.
자장[1]【사람】 신라 선덕 여왕 때의 승려. 통도사를 세웠고, 태백산에 정암사를 세우는 등 불교에 많은 업적을 남겼음. 【慈藏】
자장[2] ①고기·양파·당근 따위를 중국식 된장에 섞어 기름에 볶아서 만든 중국식 국수에 넣는 양념장. ②'자장면'의 준말. ×짜장.
자장가 어린아이를 재울 때 부르는 노래, 또는 그런 성격의 기악곡.
자장면 국수를 자장 양념장에 비빈 중국 음식. ×짜장면.
자장자장 아기를 재울 때 조용히 노래처럼 부르는 소리. 예자장자장 우리 아기.
자재 물자와 재료. 비자료. 【資材】
자전[1] ①저절로 돌아감. ②지구·달·태양 등이 축을 중심으로 일정한 속도로 회전하는 것. 반공전. -하다. 【自轉】
자전[2] 한자를 모아 낱낱이 그 뜻을 풀이한 책. 비옥편. 【字典】
자전거 타고 있는 사람이 양발로 페달을 밟아 바퀴를 돌려서 앞으로 나아가게 만든 탈것. [자전거]

자전축 천체가 자전할 때의 중심이 되는 가상의 축.
자정 밤 열두 시. 곧 영(0)시. 반오정. 【子正】
자제[1] '남의 아들'의 높임말. 남의 집의 젊은 사람. 예댁의 자제는 몇입니까? 【子弟】
자제[2] 자기의 욕구나 감정을 억누르고 참는 것. -하다. 【自制】
자제력 자기의 욕구나 감정을 억누르고 참는 것. 【自制力】
자조 남의 도움을 빌리지 않고 자기 힘으로 자기를 도움. 예자조 정신. -하다. 【自助】
자족 ①스스로 넉넉함을 느낌. ②자기가 가진 것으로써 충분함. 예자급 자족. -하다. 【自足】
자존심 남에게 굽히지 않고 스스로를 높이는 마음. 예자존심이 강하다. 【自尊心】
자주[1] 여러 번 되풀이하여. 예우리 가족은 자주 등산을 간다. 비종종. 반이따금. 가끔.
자주[2] 남에게 의지하거나 간섭을 받지 않고 스스로의 힘으로 행동함.

ㅈ

㉠자주 정신. 【自主】

자주 국방 스스로의 힘으로 나라를 지킴. 【自主國防】

자주권 한 국가가 외국의 간섭을 받지 않고 자국의 문제를 스스로 결정하고 처리할 수 있는 권리.

자주 독립 [자주동닙] 남의 간섭을 받거나 남에게 의지하지 않고 스스로의 힘으로 일을 할 수 있는 완전한 독립. -하다. 【自主獨立】

자주력 남의 보호나 간섭을 받지 않고 독립적으로 할 수 있는 힘.

자주색 푸른빛에 붉은빛이 조금 섞인 빛깔. ㉥자줏빛.

자주성 남에게 의지함이 없이 자기 힘으로 처리하려는 정신.

자주적 남의 간섭 없이 스스로의 힘으로 해나가는 것.

자주 정신 자주적으로 일을 처리하려는 정신.

자중 ①자기 스스로를 소중하게 여김. ②품위를 떨어뜨리지 않도록 자기 행실을 삼가함. -하다.【自重】

자지러지다 ①놀라서 몸이 움츠러지다. ②웃음·울음·장단·소리 등이 빨라서 잦아지다.

자진 무슨 일에 남이 시키지 않아도 스스로 나섬. ㉠자진해서 일어서다. -하다. 【自進】

자진모리 장단 국악에서 쓰는 장단법의 하나, 또는 자진모리 장단에 의한 악장의 이름. 매우 빠른 12박으로 1박을 8분음표로 나타내면 8분의 12박자가 되나 일반적으로 3박을 묶어 1박으로 치기 때문에 4박이 1장단이 됨.

자질 타고난 성품과 바탕 ㉠무용에 자질이 있다. 【資質】

자질구레하다 여러 물건이나 사실이 모두 다 잘고 시시하다. ㉠자질구레한 일거리.

자찬 스스로 자신을 칭찬함. ㉠자화자찬. -하다. 【自讚】

자책 양심에 걸리어 스스로 자기를 꾸짖음. -하다. 【自責】

자처하다 자기 자신을 어떠한 사람으로, 또는 어떠하다고 여기고 스스로 그렇게 행동하다. ㉠성실한 사람이라고 자처하다.

자청 자기 스스로 청함. ㉠힘든 일도 자청해서 하다. -하다. 【自請】

자체 ①그 자신. ㉠자체적으로 준비하다. ②사물의 본체. ㉠물건 자체가 좋다. 【自體】

자체적 스스로 가지고 있는 것. 스스로 하는 것. ㉠식사를 자체적으로 해결하다. 【自體的】

자초지종 처음부터 마지막까지 이르는 기간이나 모든 과정.

자초하다 어떤 나쁜 결과를 자기 스스로 생기게 하다. ㉠자나친 욕심이 화를 자초한다.

자취[1] 무엇이 남기고 간 흔적. ㉥자국. 흔적.

자취[2] 가족과 떨어져 손수 밥을 지어 먹으며 사는 것. -하다. 【自炊】

자취방 혼자이거나 가족을 떠나서 지내는 사람이 손수 밥을 지어 먹으며 생활하는 방. 【自炊房】

자치 한 집단이 자체의 일을 스스로 결정하고 처리하는 것. ㉠학생 자치 활동. -하다. 【自治】

자치기 짤막한 나무 도막을 긴 막대기로 쳐서, 멀리 날아가게 하는 사람이 이기는 놀이.

자치 단체 도·시·군 따위의 법적으로 규정된 지방의 자치적 행정 기관. 【自治團體】

자치적 제 일은 제 스스로가 다스리는 것. ㉠자치적으로 공부를 하다. 【自治的】

자치제 공공 단체나 집단이 자기 스스로 자기 일을 결정하여 행정을 펴는 제도. ㉠주민 자치제. 【自治制】

자치통감〖책명〗 중국 송나라의 사마광이라는 사람이 지은 중국 역사책. 【資治通鑑】

자치회 ①학교에서, 학생들의 자치 활동을 위하여 만든 교육적인 조직. ②지역의 주민들이 지역 생활의 향상을 위하여 만든 자치적인 조직. ㉵아파트 자치회.

자칫하면 조금이라도 잘못하면. ㉵자칫하면 사고날뻔 했다.

자칭 ①남에게 대하여 스스로 자기를 일컬음. ②남에게 자기를 무엇으로 여기게 하여 일컫거나 뽐냄. ㉵자칭 우등생이라고 하다.

자카르타〖지명〗 인도네시아의 수도이며, 자바섬 서북 해안에 있는 항구 도시. 【Jakarta】

자타 자기와 남. ㉵자타가 인정하는 피아노 실력. 【自他】

자태 모양. 맵시. ㉵아름다운 여인의 자태. 㘈자세. 【姿態】

자택 자기의 집. 㘈자가. 【自宅】

자퇴 스스로 물러남. ㉵학교를 자퇴하다. -하다. 【自退】

ㅈ

자투리 팔거나 쓰다가 남은 천조각. ×짜투리.

자판 타자기나 컴퓨터 등에서 글자를 박거나 정보를 입력하기 위한 글자가 새겨진 단추들이 달린 판.

자판기 '자동 판매기'를 줄인 말. 일정한 금액의 돈을 넣으면 전시된 상품 중에서 원하는 상품이 자동으로 나오는 장치. 【自販機】

자폐증 정신병의 한 가지로, 주위에 관심을 두지 않으며 남과 관계를 맺지 않고 자기의 의식 속에 빠져드는 증세. 【自閉症】

자포 자기 희망을 잃고 스스로 자신을 버려서 돌보지 않음. -하다.

자폭 자기가 지닌 폭발물을 목표물에 가지고 가서 폭발시키면서 자기도 죽는 것. -하다. 【自爆】

자필 글씨를 자기 손으로 직접 씀, 또는 그 글씨. 【自筆】

자학 스스로 자기를 학대함. 【自虐】

자해하다 스스로 자기 몸에 상처를 내다.

자형 누나의 남편. 㘈매형.

자혜 의원 빈민의 병을 치료할 목적으로 1909년에 설립된 병원.

자화상 자기가 자신의 모습을 그린 그림. 【自畫像】

자화자찬 자기가 한 일을 자기 스스로 자랑하고 칭찬하는 것. -하다.

자활 제 스스로의 힘으로 독립하여 살아감. -하다. 【自活】

작가 예술품을 만드는 사람. 특히 소설가를 말함. ㉵방송 작가.

작고 '사망'의 높임말. -하다.

작곡[작꼭] 악곡을 지음, 또는 그 악곡. -되다. -하다. 【作曲】

작곡가 음악을 지어 내는 일을 전문으로 하는 사람. 㘈작곡자.

작곡자 음악의 곡조를 지은 사람. 㘈작곡가.

작년[장년] 지난 해. 전년. 㘊내년. 명년. 【昨年】

작:다[작따] ①부피가 얼마 안되다. ②인물이나 도량이 부족하거나 좁다. ㉵그 일을 하기에 그는 인물이 작다. 㘊크다.

'작다'와 '적다'의 차이
• **작다**: 물건의 길이·부피·높이 따위의 크기가 보통보다 못한 것을 이름. ㉵키가 작다(×적다)/목소리가 작다(×적다)
• **적다**: 물건의 수효나 분량이 보통보다 못한 것을 이름. ㉵물이 적다(×작다)

작달비 작대기처럼 굵고 거세게 좍좍 내리는 비.

작대기[작때기] 긴 막대기.

작동[작똥] 기계가 움직이거나 기계를 움직이게 함. -하다.
작두[작뚜] 소나 말에게 먹일 풀·짚 따위를 써는 연장.
작렬[장녈] 폭발물이 터져서 산산이 퍼짐. -하다. 【炸裂】
작문[장문] 글을 지음, 또는 그 글. ㉠작문 실력이 늘다. 비글짓기. -하다. 【作文】
작물[장물] 사람이 생활하여 가는 데 필요한 것을 얻기 위해서 논밭에서 가꾸는 식물. 본농작물.【作物】
작별 같이 있던 사람이 서로 헤어짐. 예작별 인사를 나누다. 비이별. 반상봉. -하다. 【作別】
작사 노랫말을 지음. 예작사 작곡. -하다. 【作詞】
작살[1][작쌀] 작대기 끝에 뾰족한 쇠를 두세 개 박아, 짐승이나 물고기를 찔러 잡는 기구.
작살[2][작쌀] 여지없이 깨어지거나 부서지는 것.
작성 원고·서류·계획서 따위를 만드는 것. 예서류를 작성하다. -하다. 【作成】
작시 시를 지음. -하다. 【作詩】
작심 삼일[작씸사밀] 〔어떤 일을 결심해봤자 겨우 사흘이라는 뜻으로〕 '결심이 굳지 못함'을 빗대어 이르는 말. 【作心三日】
작심하다 마음을 단단히 먹다. 결심하다. 예술을 끊기로 작심하다.
작약 꽃밭에 가꾸는 여러해살이풀. 초여름에 줄기와 잎 사이에 흰색이나 붉은색의 큰 꽃이 피는데, 함박꽃이라고도함. 꽃이 크고 아름다워 정원에 관상용으로 심음.

[작약]

작약도〖지명〗 인천 앞바다에 있는 섬 이름.
작업[자겁] 일터에서 연장이나 기계 등을 가지고 일을 함, 또는 그 일. -하다. 【作業】
작업대[자겁때] 작업을 하기에 편리하도록 만든 대.
작업모[자겁모] 일을 할 때 쓰는 모자.
작업복[자겁뽁] 일을 할때 입는 옷.
작업자[자겁짜] ①작업을 하는 사람. ②작업에 필요한 사람.
작업장[자겁짱] 일을 하는 곳〔공장이나 공사장 등〕. 【作業場】
작열하다[장녈하다] 매우 뜨겁게 불타다. 예태양이 작열하는 여름.
작용[자공] 힘이 미쳐서 어떠한 영향을 줌. -하다. 【作用】
작용점[자공 쩜] 어떤 물체에 힘이 작용하는 위치. 【作用點】
작은개자리[자근개자리] 겨울철에 북쪽 하늘에서 볼 수 있는 별자리의 하나.
작은골[자근골] 큰 골의 뒤쪽에 있음. 운동을 바르게 하는 일과 몸의 균형을 잡는 일 등을 맡아함. 소뇌.
작은곰자리[자근곰자리] 북쪽 하늘 별자리의 하나. 북두칠성 옆에 있으며, 북극성이 그 주성임.
작은댁[자근댁] 작은아버지와 그 식구들이 사는 집. 반큰댁. 낮작은집.
작은따옴표[자근따옴표] 큰따옴표로 따온 말 안에 있는 또 다른 따온 말이나, 마음 속으로 한 말을 나타낼 때 쓰는 문장 부호. ' '로 표시함.
작은딸[자근딸] 딸들 중 맏이가 아닌 딸. 반큰딸.
작은말[자근말] 어떤 말과 뜻은 같으면서도 작고 가볍고 밝은 느낌을 주는 말〔'설렁설렁'의 작은말은 '살랑살랑'임〕. 반큰말.
작은방[자근방] 집안의 큰방과 나란히 딸려 있는 방. 반큰방.

작은북[자근북] 쇠붙이 판으로 만든 둥근 통의 양면에 얇은 막을 붙인 악기. 줄을 달아 목에 매거나 대 위에 올려놓고 두개의 가는 나무 막대기로 두드려 소리를 냄.

[작은북]

작은아들[자근아들] 아들 줄 맏이가 아닌 아들. (반)큰 아들.

작은아버지[자근아버지] 아버지의 동생되는 사람. 삼촌. 숙부. (반)큰아버지.

작은악절[자그낙쩔] 음악에서, 네 마디로 이루어진 악절. (반)큰악절.

작은어머니[자그너머니] 작은아버지의 아내. 숙모. (반)큰어머니.

작은집[자근집] 작은아버지의 가족, 또는 작은아버지의 가족이 사는 집. (반)큰집. (높)작은댁.

작은창자[자근창자] 위와 큰 창자의 사이에 있으며, 먹을 것을 소화하고 영양을 흡수함. 길이 6~7m. (비)소장. (반)큰창자.

ㅈ

작은키나무[자근키나무] 비교적 높이 자라지 않는 나무〔매화나무·복숭아나무·앵두나무 따위〕.

작은할아버지[자근하라버지] 할아버지의 남동생. (반)큰할아버지.

작자 ①문예 작품을 지은 사람. (본)저작자. ②남을 업신여겨 낮추어 이르는 말. (예)여기에 쓰레기를 버린 작자가 누구야? 【作者】

작작[작짝] 너무 지나치지 않게. 조금만. (예)웃기는 소리 작작 해라.

작전 싸움하는 데 필요한 방법을 세움. (예)인천 상륙 작전. 【作戰】

작전 타임 배구·농구 따위의 구기 경기에서, 경기 도중에 감독이 작전을 세우기 위해 심판에게 경기 중단을 요구하는 시간.

작정 일을 어떻게 하기로 결정함. (예)여행을 갈 작정이다. (비)예정. (반)미정. -하다. 【作定】

작중 인물 문학 작품 가운데에 등장하는 인물.

작품 ①만든 물건. ②문학·미술 등의 창작물. (예)예술 작품. 【作品】

작품란[작품난] 신문이나 잡지에서 문예 작품을 싣는 난.

작품전 작품을 벌여 놓고 일반에게 보이는 전시회.

작품집 문학·미술 등의 작품을 모아서 엮은 책. 【作品集】

작황[자광] 농사의 상태. (예)올해는 벼농사의 작황이 좋지 않다.

잔 물·차 따위를 따라먹는 작은 그릇. (비)컵.

잔가시고기 몸빛은 엷은 녹색이고 짙은 풀빛의 세로줄과 가로 무늬가 있는 작은 바닷물고기.

잔가지 작은 나뭇가지.

잔고 돈이나 물품 등의 나머지 수량.

잔금 ①쓰고 남은 돈. ②갚다가 덜 갚은 돈. 【殘金】

잔기침 작은 소리로 자주하는 기침. (반)큰기침.

잔꾀 당장의 어려움을 벗어나려고 별로 깊이 생각하지 않고 내는 꾀. 얕은 꾀. (예)놀기위해 잔꾀를 부리다.

잔돈 ①몇 푼 안되는 적은 돈. ②거스름 돈. (예)잔돈을 받다. (비)푼돈. (반)큰돈.

잔등이 '등'의 낮춤말.

잔디 정원·광장·둑 같은 데에 심는 작은 풀. 줄기에서 뿌리가 내려 사방으로 뻗음.

잔디밭 잔디가 많이 난 곳.

잔뜩 더할 수가 없는 데까지. 꽉차게. (예)눈을 잔뜩 맞았다.

잔말 쓸데없이 자질구레하게 되풀이 하는 말. (비)잔소리.

잔물결[잔물껼] 잔잔한 물결. 조그만 물결.
잔별 여럿이 모여 반짝이는 작은 별.
잔병 자주 앓는 여러 가지 가벼운 병. ㉠잔병이 잦다.
잔병치레 자질구레한 병들을 자주 앓는 것.
잔뼈 아직 다 자라지 않은, 가늘고 작은 뼈.
잔뿌리 굵은 뿌리에서 돋아난, 가늘고 작은 뿌리.
잔설 겨울에 내린 눈이 봄이 되어도 미처 녹지 않고 남아있는 눈.
잔소리 ①쓸데없이 늘어놓는 잔말. ②꾸중으로 하는 여러 말.
잔손 여러 번 손으로 해야 하는 자질구레한 일.
잔손질 큰 수고는 들지 않으나, 자질구레하게 손을 많이 놀리어 매만지는 짓. －하다.
잔솔밭 어린 소나무가 많은 곳.
잔심부름 자질구레한 심부름.
잔씨앗 작은 씨앗.
잔악 몹시 잔인하고 악독함. ㉠잔악한 살인범. 비포악. －하다. －스럽다. －히. 【殘惡】
잔액 나머지 돈의 액수. 【殘額】
잔여[자녀] 아직 남아 있는 것. ㉠휴가의 잔여 기간을 시골집에서 보내다. 【殘餘】
잔인 인정이 없고 모짊. ㉠짐승을 잔인하게 때리다. －하다.
잔일[잔닐] 잔손이 많이 가는 자질구레한 일. 반큰일.
잔잔하다 ①바람이나 물결, 병이나 형세 등이 가라앉아 조용하다. ㉠잔잔한 바다. ②표정・태도・소리 따위가 침착하고 조용하다.
잔재 남아 있는 찌꺼기. 남아 있는 것. ㉠일제 시대의 잔재. 【殘滓】
잔재미 일상적인 자질구레한 일에서 생기는 재미.
잔재주 ①남을 속이려고 하나 금세 드러나는 못된 꾀. ㉠누구 앞에서 잔재주를 파우려 하느냐? ②별로 중요하지 않은 자질구레한 재주. ㉠잔재주나 부려서 그 일을 하겠니?
잔주름 잘게 잡힌 주름. ㉠눈가에 잔주름이 많다.
잔치 기쁜 일이 있을 때 음식을 차려 놓고 손님을 초청하여 즐기는 일, 또는 그 모임. ㉠회갑 축하 잔치. －하다.
잔칫날[잔친날] 잔치를 하는 날.
잔칫상[잔치쌍] 잔치 때 차리는 음식상.
잔칫집[잔치찝] 잔치를 하는 집.
잔털 매우 가늘고 짧은 털.
잔풀 작거나 어린 풀.
잔학 잔인하고 혹독함. ㉠잔학한 행동. 비잔혹. －하다. 【殘虐】
잔해 부서지고 남아 있는 물건. ㉠비행기의 잔해. 【殘骸】
잔혹 잔인하고 혹독함. ㉠잔혹한 영화. －하다. 【殘酷】
잘 ①좋고 알맞게. 올바르게. ㉠사진이 잘 나왔다. ②흔히. 즐겨서. 쉽게. ㉠종이가 잘 찢어진다. ③주로 인사말에 써서, 무사히. 건강하게. ㉠잘 가. 잘 있어.
잘강잘강 조금 굳은 물건을 입에 넣어 자꾸 씹는 모양. ㉠껌을 잘강잘강 씹다. <질겅질겅.
잘근잘근 질긴 것을 가볍게 자꾸 씹는 모양. <질근질근.
잘나다[잘라다] 똑똑하고 뛰어나다. 반못나다.
잘다 ①크기가 아주 작다. ㉠오늘 사온 사과는 알이 잘다. ②짧고 가늘다. ㉠오징어를 잘고 가늘게 썰다.
잘되다 ①어떤 일이 바라던 대로 옳게 되다. ②어떤 사람이 성공하여 훌륭하게 되다. 반잘못되다.

ㅈ

잘랑잘랑 작은 방울이나 얇은 쇠붙이 따위가 자꾸 흔들리거나 부딪쳐 울리는 소리. 〈절렁절렁. [센]짤랑짤랑.

잘록 기다랗고 둥근 물건의 한 군데가 패어 들어가 오목한 모양을 나타냄. [예]장구는 허리가 잘록 들어가 있다.

잘록하다[잘로카다] 긴 물건의 가운데의 한 부분이 홀쭉하게 가늘다. [예]허리를 잘록하게 묶다.

잘리다 ①끊어지게 되다. ②자기의 몫을 남에게 가로채이다. [예]빌려준 돈을 잘리다.

잘못 제대로 잘 하지 못한 짓. 잘 되지 않은 일. [예]내 잘못으로 큰 손해를 입다. [비]실수. -하다.

잘못되다 ①어떤 일이 그릇되거나 실패로 돌아가다. ②뜻밖의 일이나 병 따위로 사고를 당하거나 죽다.

잘못하다[잘모타다] ①옳지 않은 일을 하다. ②일이 틀어지거나 뜻하지 않게 불행하게 되다.

잘살다 ①넉넉하게 살아가다. ②탈이 없이 무사히 지내다.

잘생기다 모양이 훌륭하게 생기다. 얼굴이 예쁘게 생기다. [반]못생기다.

잘잘 ①기름기나 윤기 따위가 흐르듯이 반들거리며 퍼져 있는 모양. [예]기름기가 잘잘 흐르는 밥. ②방바닥이 덥게 달아 있는 모양. [예]방이 잘잘 끓는다. 〈절절.

잘잘못 옳음과 그름. [예]잘잘못을 가리다. [비]시비. 시시비비.

잘하다 ①옳게 행동하다. [예]부모님께 잘하다. ②익숙하게 하다. [예]언니는 웃길 잘한다. ③훌륭하게 하다. [예]공부를 잘하다. [반]못하다.

잘하면 일이 바라는 대로 되면. [예]잘하면 하루만에 일을 끝낼 것 같다.

잠 눈을 감고 아무 것도 느끼는 것이 없이 쉬는 일.

잠결[잠껼] 자다가 의식이 흐릿한 겨를. 또는 잠이 막 깨려고 할 즈음. [예]잠결에 무슨 소리가 들리다.

잠귀[잠뀌] 자면서 소리를 들을 수 있는 능력. [예]잠귀가 어둡다.

잠그다(잠가, 잠가서) 여닫는 물건을 열지 못하게 무엇을 걸거나 꽂거나 채우다. [예]대문을 잠그다. [비]채우다. ×장그다.

잠금 장치 문을 열지 못하게 무엇을 걸거나 꽂거나 하는 장치.

잠기다[1] ①여닫는 물건이 잠가지다. [예]방문이 잠기다. [반]열리다. ②목이 쉬어 소리가 제대로 나오지 않다. [예]감기로 목이 잠기다.

잠기다[2] ①물 속에 들어가 가라앉다. ②한 가지 일에만 정신이 쏠리다. [예]생각에 잠기다.

잠깐 매우 짧은 동안. [예]휴식 시간에 잠깐 눈을 붙이다. [비]잠시. [반]영원.

잠꼬대 ①잠을 자면서 자기도 모르게 중얼거리는 헛소리. ②엉뚱한 말. -하다.

잠꾸러기 잠이 썩 많은 사람. 잠을 많이 자는 사람. [비]잠보.

잠들다(잠드니, 잠드오) ①자게 되다. [예]거실에서 잠들다. ②죽다. 묻히다.

잠망경 숨어 있는 곳이나 물속에 잠긴 잠수함에서 바깥을 내다 보는 데 쓰는 기구. 거울·프리즘·렌즈 등을 이용하여 만듦.

잠바 웃옷 위에 덧입는, 활동하기 편한 겉옷. ※영어 'jumper'에서 온 말.

잠방이 주로 일할 때 입는, 가랑이가 무릎을 덮을 만큼 짧은 남자용 한복 바지.

잠버릇[잠뻐륻] 잠을 자면서 자기도 모르게 으레 하는 버릇이나 동작.

잠보[잠뽀] 잠이 많은 사람을 놀리는 말.

ㅈ

잠복 겉으로 드러나지 않게 숨어 있음. ㉠경찰이 잠복 근무를 한다. -하다. 【潛伏】
잠복기 병균이나 바이러스가 몸으로 들어와 병이 실제로 나타나기까지의 기간. 【潛伏期】
잠수 물 속에 들어감. -하다.
잠수 도구 물 속에 잠겨 들어 갈 때에 쓰이는 물건.
잠수부 물 속에서 해산물을 거두든가 특수한 작업을 직업적으로 하는 사람. 【潛水夫】
잠수정 작은 잠수함. 【潛水艇】
잠수함 주로 물 속으로 다니며 적의 배를 공격하고 때로는 적지의 포격·정찰 등을 하는 배. 【潛水艦】
잠:시 짧은 시간. 오래지 않은 동안. 비잠깐. 반오래. 【暫時】
잠실 누에를 치는 방.
잠실벌 서울 특별시 한강 이남을 일컫는 말. 지금의 송파구 일대의 넓은 벌판.
잠옷[자몯] 잠을 잘 때에 입는 옷.
잠입[자밉] 몰래 숨어 들어옴. ㉠집에 도둑이 잠입했다. -하다.
잠자다 ①심신의 활동이 정지되어 무의식의 상태로 들어가다. ②사물이 기능을 읽고 침체 상태에 빠져 있다. ㉠잠자고 있는 천연 자원.
잠자리[1] 몸이 가늘고 길며, 옆으로 펼친 네 개의 날개로 하늘을 가볍게 날아다니는 곤충.

[잠자리[1]]

잠자리[2][잠짜리] 잠을 자는 곳. ㉠잠자리가 편하다.
잠자리채 잠자리 따위의 날아다니는 곤충을 잡는 데 쓰는, 긴 막대기 끝에 그물 주머니를 매단 기구.
잠자코 아무 말 없이. ㉠잠자코 앉아 있다.
잠잠하다 아무 소리도 없이 조용하다. 잠잠히.
잠재 드러나지 않고 속에 잠겨있거나 숨어 있음. ㉠잠재 능력. -하다.
잠재력 겉으로 드러나지 않고 속에 숨어 있는 힘. 【潛在力】
잠재 의식 겉으로 드러나지 않으면서 행동에 영향을 미치는 생각이나 의식. 【潛在意識】
잠적 종적을 아주 감춤. ㉠범인이 잠적했다. -하다. 【潛跡】
잠:정 임시로 정함. ㉠잠정 합의.
잠정적 임시로 정한 것. ㉠가을 운동회를 하기로 잠정적으로 결정하다.
잠투정 어린아이가 잠들기 전이나 잠이 깬 후에 칭얼거리는 버릇.
잡곡 쌀 이외의 보리·콩·팥·밀·조·옥수수·기장 등의 여러 가지 곡식. 【雜穀】
잡곡밥 잡곡을 섞어 지은 밥.
잡귀 못된 짓을 하는 온갖 귀신.
잡기 주로 어른들이, 재미로 하는 여러 가지 노름이나 놀이. 【雜技】
잡기장 여러 가지를 적는 공책.
잡념 여러 가지 쓸데없는 생각.【雜念】
잡다 ①손으로 쥐다. ㉠정답게 손을 잡다. ②사람이나 동물을 달아나지 못하게 붙들다. ㉠물고기를 잡다. ③약점·증거·트집 따위를 알아내어 이용하다. ㉠그가 범인이라는 증거를 잡다. ④집에서 기르는 짐승을 먹기 위해 죽이다. ㉠닭을 잡다.
잡다하다[잡따하다] 여러 가지가 마구 뒤섞여 있다.
잡담 쓸데없이 지껄이는 말.
잡동사니[잡똥사니] 마구 뒤섞여 있는, 별로 소용이 없는 물건들. ㉠책상 서랍 안은 잡동사니로 가득하다.
잡목[잠목] 요긴하게 쓰이지 않는 온갖 나무. 【雜木】

ㅈ

잡비 자질구레하게 쓰이는 돈.
잡상인[잡쌍인] 자질구레한 온갖 물건을 가지고 다니면서 파는 상인.
잡수시다 '먹다'를 높이어 이르는 말. ㉮잡숫다.
잡스럽다 천하고, 고상하지 못하다. ㉥잡스러운 책을 가까이 하지 말자.
잡식[잡씩] 동물성 먹이와 식물성 먹이를 두루 먹는 것. ㉥잡식 동물. -하다. 【雜食】
잡아가다[자바가다] 범인이나 용의자를 달아나지 못하게 붙들어 데려가다. ㉥경찰이 범인을 잡아가다.
잡아끌다[자바끌다] 몸의 한 부분을 붙들어 자기 쪽으로 끌다.
잡아내다[자바내다] 숨어 있거나 감춰져 있는 것을 찾아내다. ㉥내가 범인을 꼭 잡아내고야 말겠다.
잡아넣다[자바너타] 붙잡아 가두다. ㉥새장 속에 새를 잡아넣다.
잡아당기다 잡아서 자기 쪽으로 끌다. ㉥팔을 잡아당기다.
잡아떼다 ①한 일이나 아는 일을 아니라거나 모른다고 말하다. ②붙은 것을 잡아당겨 떨어지게 하다.
잡아뜯다[자바뜯따] 붙어 있는 것을 손으로 잡고 억지로 뜯다. ㉥벽에 붙은 벽보를 잡아뜯다.
잡아매다[자바매다] ①따로 있는 것을 흩어지거나 떨어지지 않게 한데 매다. ㉥두 사람의 한쪽 다리를 잡아매어 이인삼각 경주를 하다. ②다른 곳으로 가지 못하도록 고정된 곳에 묶어 두다. ㉥개를 기둥에 잡아매다.
잡아먹다[자바먹따] ①남을 몹시 괴롭히거나 해롭게 하다. ㉥서로 헐뜯고 잡아먹으려 으르렁거린다. ②시간·자원·공간 따위를 많이 들게 하다. ㉥시간을 잡아먹다.
잡아타다[자바타다] 차나 말 따위의 탈것을 세워서 타다. ㉥택시를 잡아타고 따라가다.

ㅈ

잡음 ①시끄러운 소리. ②전신·라디오 등의 청취를 방해하는 소리. ㉥소음. 【雜音】
잡일[잡닐] 직장에서 하는 여러가지 자질구레한 일.
잡종 순수하지 않고 온갖 것이 뒤섞인 종류. 【雜種】
잡지 여러 내용의 글을 모은 후 때를 일정하게 지켜 계속하여 펴내는 출판물〔주간·월간·계간 잡지 등이 있음〕. 【雜誌】
잡지 구독료 정기적으로 출판되는 잡지를 보는 값으로 치르는 비용.
잡지사 잡지를 만드는 출판사.
잡지책 여러 가지 내용의 기사나 글을 모아 정기적으로 출판하는 책.
잡채 당면에 고기와 채소를 넣고 양념하여 볶은 음식.
잡초 저절로 나서 자라는 여러 가지 풀. 잡풀. 【雜草】
잡치다 ①일을 그르치다. ㉥계획을 잡치다. ②기분을 상하다. ㉥기분을 잡치다.
잡티 여러 가지 자질구레한 티나 흠.
잡학 조선 시대 중인 계급의 자제가 배우던 기술 교육 기관〔전의감·관상감·소격서 등〕. 【雜學】
잡혀가다[자펴가다] 남에게 붙들려 가다. ㉥괴물에게 잡혀간 처녀를 구하다.
잡화점 여러 가지 일용품을 파는 상점. 【雜貨店】
잡히다[1][자피다] ①움키어 잡음을 당하다. 붙들리다. ㉥도둑이 잡히다. ②의복 등에 주름이 서다.
잡히다[2][자피다] 담보로 맡게 하다. ㉥외상값으로 시계를 잡히다.
잣[잗] 잣나무의 열매. 솔방울같이 생긴 단단한 송이에 들어 있음.
잣:나무[잔나무] 잣이 열리는 나무. 높이가 10m 이상 자라고 잎은 바늘 모양이며, 씨앗은 고소하여 식

용으로 함.

잣:다[잔따] 물레 같은 기구를 통해 솜에서 실을 뽑다. (예)할머니께서 물레로 실을 잣다.

잣대[자때] 무엇을 재거나 판단할 때의 기준.

장[1] 연극 구성의 한 단위. 한 막 중에서 무대 배경의 변화없이 한 장면으로 구분한 부분. (예)2막 3장.【場】

장[2] 많은 사람이 모여서 물건을 사고 파는 곳. (예)5일장이 서다. (본)시장. 장터. 【場】

장:[3] 단체나 각 부서의 우두머리. (예)부장. 교장. 【長】

장[4] 문장을 몇 부분으로 크게 나눈 단락. (예)제1장. 【章】

장[5] 종이를 세는 단위. 매. (예)편지지 한 장. 【張】

장:[6] 음식의 간을 맞추는 맛이 짠 액체. (예)간장. 【醬】

장:[7] 물건을 넣는 기구. (예)옷장.【欌】

장:[8] 먹은 음식을 소화하고 찌꺼기를 내보내는, 긴 관 모양의 뱃속의 기관. 창자. 【腸】

장:가 사내가 아내를 맞아들이는 일. (예)장가를 가다.

장:갑 추위를 막거나 또는 장식용으로 손에 끼는 물건.

장갑차 총탄을 막을 수 있게 두꺼운 철판을 씌우고 총과 대포로 무장한 전투용 자동차.

장거리 멀고 긴 거리. (예)장거리 전화를 걸다. (반)단거리.

장거리 달리기 육상 경기 종목의 한 가지〔주로 5,000m와 10,000m를 가리킴〕.

장검 옛날에, 무기로 쓰던 긴 칼. (비)장도. (반)단검. 【長劍】

장:계 지방에 나간 관원이 임금이나 조정에 글로 써서 올리는 보고문.

장고 ⇨장구.

장:관[1] 굉장하여 볼 만한 광경. (예)설경이 장관이다. 【壯觀】

장:관[2] 나라일을 맡은 행정 각부의 우두머리. (예)내무부 장관. 【長官】

장:교 육·해·공군의 소위 이상의 군인. (반)사병. 【將校】

장구 북의 한 가지. 가운데가 잘록하고 양쪽 옆에 가죽을 붙여 치도록 만든 것.

[장구]

장구벌레 모기의 애벌레. 여름철 물속에서 깨어 번데기가 되었다가 모기가 됨.

장구애비 몸 빛깔이 흑갈색이며 배 부분에 한 쌍의 긴 숨구멍이 있고 논이나 늪에 사는 곤충.

장구하다 매우 길고 오래다. (예)장구한 역사.

장:국[장꾹] 된장국이 아닌, 간장이나 소금으로 간을 한 맑은 국.

장군 군대의 우두머리. (비)장수. (반)졸병. 【將軍】

장군총 만주에 있는 고구려 시대의 무덤. 크고 모양이 단정하며 광개토대왕비가 있음. 【將軍塚】

장기[1][장끼] 가장 잘 하는 재주. (예)장기 자랑. (비)특기. 【長技】

장:기[2] 두 사람이 각각 16개씩 말을 움직여 싸우는 놀이의 하나.【將棋】

장기[3] 오랜 기간. (예)장기 신탁. (반)단기. 【長期】

장기[4] 내장의 각 기관. (예)장기 이식 수술. 【臟器】

장기간 오랫동안. 오랜 기간. (예)장기간 입원하다. (반)단기간. 【長期間】

장:기판 줄이 그어져 있어 장기를 둘 수 있게 만든 나무판.

장기화되다 어떤 일이 빨리 끝나지 않고 시간이 오래 걸리게 되다. (예)협상이 장기화되다.

장꾼 ①장에 모인 장사치들. ②장보러 모여든 사람들.

장끼 수꿩의 딴이름. 꿩의 수컷. [반]까투리.

장끼전 조선 시대의 우화 소설로 작가와 연대는 알 수 없음. 장끼(수꿩) 남편을 잃은 까투리(암꿩)가 재혼하는 문제를 가지고 토론을 벌이는 내용으로 당시의 사회 제도를 비꼼.

장난 ①실없이 하는 일. [예]장난 삼아 말하다. ②아이들의 여러 가지 놀이. -하다.

장난감[장난깜] 아이들이 가지고 놀 수 있도록 만든 여러 가지 물건. [비]완구.

장난감 교향곡 1788년에 하이든이 작곡한 교향곡. 장난감 악기가 많이 사용되어 무척 재미가 있음.

장난기[장난끼] 장난하려는 마음이나 장난이 섞인 기운.

장난꾸러기 장난이 심한 사람.

장난꾼 장난을 잘 하는 사람.

ㅈ

장난말 장난으로 하는 말. [비]농담.

장난삼아[장난사마] 어떤 실제의 목적 없이 실없는 행동을 하여. [예]장난삼아 친구들을 괴롭히다.

장난스럽다 장난하는 듯하다. [예]장난스럽게 웃다.

장난질 아이들의 놀음. 못된 희롱을 하는 짓.

장난치다 심하게 장난을 하다. [예]수업시간에 장난치지 말아라.

장난하다 ①장난을 치면서 놀다. [예]물에서 장난하는 건 좋아하면서 목욕은 싫어한다. ②어떤 실제의 목적이나 의도없이 실없는 행동을 하다.

장날 장이 서는 날〔보통 닷새 만에 섬〕. [준]장.

장:남 아들 중의 맏이. 맏아들. [비]큰아들. [반]장녀. 【長男】

장내 어떠한 장소의 안. 회의장의 안. [반]장외. 【場內】

장:녀 딸 중의 맏이. 맏딸. [비]큰딸. [반]장남. 【長女】

장:년 나이가 서른 살에서 마흔 살 안팎의 기운이 넘치는 시기, 또는 그러한 사람. 【長年】

장:님 눈먼 사람. 시각 장애인. [비]맹인. 봉사. 소경.

장다리꽃 배추나 무 등의 꽃줄기가 커 올라서 피는 꽃.

장단 ①긴 것과 짧은 것. ②좋은 점과 나쁜 점. 장점과 단점. ③노래·춤·풍악 등의 길고 짧은 박자.

장닭[장딱] 다 자란 힘센 수탉.

장:담 아주 자신 있게 말함, 또는 그런 말. -하다. 【壯談】

장대[장때] 대나무로 다듬은 긴 막대기.

장대비[장때비] 장대처럼 굵고 세차게 쏟아지는 비.

장:대하다 체격이 크고 튼튼하다.

장:도리 못을 박거나 빼는 데 쓰는 연장.

[장도리]

장:독[장똑] 간장이나 된장 따위를 담아 두거나 담그는 독.

장:독간[장똑깐] 장독을 두는 곳. [비]장독대.

장:독대[장똑때] 장독을 놓을 수 있도록 좀 높게 만든 곳. [비]장독간.

장:딴지 종아리 뒤쪽의 볼록한 부분.

장래[장내] 앞으로 닥쳐올 날. 앞날. [비]미래. [반]과거. 【將來】

장:려[장녀] 좋은 일에 힘쓰도록 권하여 북돋아 줌. [예]저축을 장려하다. [비]권장. -하다. 【奬勵】

장:려금 어떤 일을 해 나가도록 권하거나 북돋우기 위해 주는 돈.

장:려상 ①어떤 일을 장려할 목적으로 주는 상. [예]저축 장려상. ②큰 상은 못 받지만 가능성 있는 참가

자들에게 격려하는 뜻에서 주는 상. 【奬勵賞】

장력[장녁] 물리에서, 물체의 한 면을 경계로 하여 한 쪽 부분이 다른 쪽 부분을 면에 수직으로 되도록 서로 끌어당기는 힘. 【張力】

장:렬[장녈] 의기가 씩씩하고 열렬함. ㉨전투에서 장렬하게 싸우다. -하다. -히. 【壯烈】

장:례[장녜] 죽은 사람의 시체를 묻거나 화장하는 일을 하는 예식. 비장의. 장사. 【葬禮】

장:례식[장녜식] 장사를 지내는 의식. 【葬禮式】

장:로[장노] ①나이가 많고 덕이 높은 사람. ②기독교에서 교회 운영에 대한 봉사와 지도를 맡아보는 신도의 최고 직분에 있는 사람. 【長老】

장:로교[장노교] 교회의 운영을 장로들의 합의제로 하는 개신교의 한 파. 【長老敎】

장:롱[장농] 자그마하게 만든 옷을 넣는 장. ㉨장롱을 새로 사다. 준농. ×장농.

장마 여러 날 계속해서 많이 오는 비. 반가물. 가뭄.

'장마'의 종류

- **가을장마**: 가을에 여러 날 줄곧 내리는 장마.
- **건들장마**: 초가을에 비가 오다 말다 하는 장마.
- **늦장마**: 제 철이 지나서 지는 장마.
- **마른장마**: 비가 거의 오지 않아서 강우량이 아주 적거나 또는 맑은 날이 계속되는 장마.
- **봄장마**: 봄에 여러 날 줄곧 내리는 장마.
- **석달장마**: 여러 날 계속하여 내리는 장마.
- **억수장마**: 여러 날을 두고 억수로 내리는 장마.

장마철 비가 계속하여 많이 내리는 시기.

장막 ①한데에서 볕 또는 비를 피하여 사람이 들어가 있도록 둘러치는 막. ②속을 보지 못하게 둘러치는 막, 또는 그러한 조처. 【帳幕】

장만 ①만들거나 사들여 준비함. ㉨음식을 장만하다. ②갖추어 만듦. 비준비. 마련. -하다.

장만영〖사람〗[1914～1975] 시인. 황해도 연백에서 태어남. 호는 초애. 〈봄 노래〉〈잠자리〉〈감자〉를 지음. 〈양〉〈밤의 서정〉 등의 시집이 있음. 【張萬榮】

장면 ①어떤 일이 벌어지는 광경. ②연극이나 영화 등의 한 광경.

장:모 아내의 친정 어머니. ㉨사위 사랑은 장모. 비빙모. 반장인.

장물 도둑이 훔치거나 빼앗아 가지고 있는 물건. 【贓物】

장미 장미과의 갈잎떨기나무. 5～6월에 여러 빛깔의 꽃이 피는 데 가시가 많음.

[장미]

장밋빛[장미삗] 장미꽃 빛깔. 흔히 붉은 빛을 가리킬 때 쓰는 말.

장바구니[장빠구니] 시장에 다닐 때 쓰는 바구니. 비시장 바구니.

장발 길게 기른 머리털, 또는 그런 사람. 반단발. 【長髮】

장 발장 빅토르 위고의 소설인 〈레미 제라블〉의 주인공. 빵 한 조각을 훔친 죄로 19년 동안 옥살이를 하고 나온 후, 가톨릭 신부의 도움을 받고서 사랑을 깨닫게 되고 후에 훌륭한 사람이 됨. 【Jean Valjean】

장방형 가로와 세로의 길이가 같지 않은 사각형. 직사각형.

장백산〖지명〗 백두산.

장백 산맥 중국과 경계를 이루고 있는 산맥. 【長白山脈】

ㅈ

장벽 통행할 수 없도록 막은 벽. ㉠ 베를린 장벽. 【障壁】
장:병 장교와 사병을 아울러 이르는 말. ㉠국군 장병 아저씨. 【將兵】
장보고〖사람〗[?~846] 신라 말의 장수. 홍덕왕 때 당나라 수군에서 활약하다가 귀국. 황해와 남해의 해적을 없애기위해 완도에 청해진을 베풀고 청해진 대사가 되어 해상권을 잡아 신라와 당나라와의 무역을 활발하게 하였음. 【張保皐】
장보기 장에 가서 물건을 팔거나 사오는 일.
장본인[장보닌] 어떠한 일을 꾸미거나 일으킨 바로 그 사람.
장부[1] 돈이나 물건이 들어오고 나감을 기록하는 책. 【帳簿】
장:부[2] 사내답고 씩씩한 남자. 장성한 남자. 본대장부. 【丈夫】
장비 어떤 일을 하기 위하여 지니거나 갖추어야 하는 물건. ㉠등산 장비. 【裝備】
장사[1] 이익을 얻기 위하여 물건을 파고 사는 일. ㉠김밥 장사. -하다. ×장수.
장:사[2] 죽은 사람을 땅에 묻거나 화장 하는 일. 비장례. -하다.【葬事】
장:사[3] 힘이 세고 체격이 군센 사람. ㉠천하 장사 씨름 대회. 【壯士】
장사꾼 장사에 수단이 있는 사람. 비장사치. ×장삿군.
장사진 많은 사람이 줄을 지어 늘어선 모양. 【長蛇陣】
장사치 '장사를 하는 사람'을 낮추어 이르는 말. 비장사꾼.
장삼 검은 베로 만든, 길이가 길고 품과 소매가 넓게 만든 승려들의 웃옷. 【長衫】
장삼 이사 신분도 없고 이름도 나지 않은 평범한 사람. 【張三李四】
장삿길 장사를 하려고 나선길.
장생하다 오래 살다.
장서 도서관이나 서재에 간직하여 둔 책. 【藏書】
장서각 지난날, 궁 안에 많은 책을 간직해 두었던 서고.
장석 화강암을 이루고 있는 광물 중 흰빛·잿빛 등으로 반짝이는 것. 주로 도자기의 원료로 씀. 【長石】
장:성[1] 아이가 자라서 어른이 됨. -하다. 【長成】
장:성[2] 계급을 별 모양으로 나타내는, 준장에서 대장까지의 계급, 또는 그러한 계급의 군인. 【將星】
장성댐 영산강 농업 개발 사업으로 이루어진 네 개의 댐 중의 하나. 전라 남도 장성군 호남 고속 도로변 영산강 상류 지류인 황룡강에 위치한 댐.
장소 어떠한 일이 일어나는 곳. 어떠한 일을 하는 곳. 자리. ㉠넓은 장소. 비처소. 【場所】
장:손 맏아들이 나은 손자 중에 첫 번째 태어난 사람. 비맏손자.
장송 높이 자란 큰 나무. 【長松】
장:송곡 장례 때 연주하는 곡.
장수[1] 물건을 사고 파는 것을 직업으로 삼는 사람. 비상인. ×장사.
장수[2] 목숨이 길. 오래 삶. 반단명. -하다. 【長壽】
장:수[3] 군사를 거느리고 지휘하는 우두머리. 비장군. 반졸병. 【將帥】
장수왕〖사람〗[394~491] 고구려의 제20대 왕. 광개토대왕의 맏아들로, 남하 정책에 뜻을 두어 서울을 국내성에서 평양으로 옮기고 북서쪽으로는 만주 지방의 대부분을 차지하여 우리 나라 역사상 가장 많이 영토를 넓혔으며 고구려의 전성기를 이룩하였음. 【長壽王】
장:수풍뎅이 온몸이 반들거리는 단단한 검붉은 껍질로 싸여 있고, 소리를 내며 날고 나무의 진을 빨아 먹고 사는 둥그스름한 곤충. 수컷

은 뿔이 길고 암컷은 뿔이 짧음.

장:수하늘소 몸 길이가 6~9cm로 아주 크고 길쭉하며, 단단한 껍질은 붉은 갈색을 띠며 누런 가는 털로 덮여 있고 더듬이가 몸길이만큼 긴 곤충. 큰 나무를 파 먹고 삶. 천연 기념물 제218호.

장승 마을이나 절 입구 같은 데에 세워 놓은, 사람의 얼굴 모양을 새긴 기둥.

[장승]

장시간 오랜 시간. 긴 시간. 오랫동안. 반단시간.

장식 보기 좋게 꾸미는 일, 또는 그 꾸밈새. 비치장. -하다.

장식물[장싱물] 장식하는 데 쓰이는 물건. 【裝飾物】

장식용 치장을 하기 위한 용구.

장식품 장식에 쓰이는 물품.

장신 큰 키, 또는 키가 큰 사람. 예육 척 장신의 장사. 【長身】

장신구 비녀·목걸이·반지·귀걸이 등 몸치장에 쓰이는 미술 공예품. 비액세서리. 【裝身具】

장아찌 무·오이 등을 썰어 말려서 간장에 절이고 갖은 양념을 넣어 묵혀 두고 먹는 반찬. 예무 장아찌.

장:악 손 안에 잡아서 쥠. 권세 등을 모두 손에 넣음. -하다. 【掌握】

장애 ①무슨 일을 하는 데 나아가지 못하게 막거나 방해가 되는 일이나 물건. 예길에 내놓은 간판은 보행에 장애가 된다. 비장해. ②신체 기능에 어려움이 있거나 정상적인 기능을 하지 못하는 것. 예시각 장애.

장애물 가로막아서 거치적거리는 것. 비걸림돌. 예장애물을 없애다.

장애물달리기 달리는 길에 여러 개의 장애물을 놓고 달리면서 뛰어넘는 육상 운동.

장애인 몸을 상해 영구적으로 불편한 사람. 장애자.

장애인 올림픽 대회 세계 장애인들이 4년마다 한 곳에 모여 여러 가지 경기를 여는 모임. 1960년 제17회 올림픽 대회가 열린 로마 대회에서 제1회 장애인 올림픽 대회가 열렸음.

장어 '뱀장어'의 준말. 【長魚】

장엄 규모가 크고 엄숙함. 예장엄하게 울려 퍼진 애국가. 비웅장. -하다. 【莊嚴】

장:염[장념] 창자에 염증이 생겨 복통·설사·구토 따위의 증상이 있는 병. 【腸炎】

장영실〖사람〗 조선 세종 때의 과학자. 세종의 명령을 받아 측우기·해시계·물시계 따위를 만들었음. 【蔣英實】

장옷 지난날, 부녀자들이 나들이할 때에 얼굴을 가리기 위하여 머리에서부터 길게 내리쓰던 두루마기 모양의 옷.

장외 일정한 구역의 바깥. 예장외 홈런. 반장내. 【場外】

장:원 ①과거 시험의 문과·갑과에 일등으로 뽑힘, 또는 그 사람. 예장원 급제하다. ②시험 성적이 첫째로 뛰어난 사람. -하다.

장:원 급제 과거에 장원으로 급제함.

장:유유서 유교의 도덕인 '오륜'의 하나로, 윗사람과 아랫사람 사이에는 엄격한 차례와 질서가 있다는 말. 【長幼有序】

장음 길게 나는 소리. 긴소리. 반단음. 【長音】

장음계 서양 음악에서, 셋째와 넷째 음 사이의 음정과, 일곱째와 여덟째 음 사이의 음정이 반음인 음계. 반단음계. 【長音階】

장:의 장사를 지내는 것. ㉥장례. 장사. 【葬儀】

장:의사 장례에 필요한 물건을 팔거나, 남의 장사 지내는 일을 맡아서 해 주는 업소. 【葬儀社】

-장이 어떠한 기술을 가진 사람을 가리켜 낮게 이르는 말. ㉨대장장이. 옹기장이.

> **'-장이'와 '-쟁이'의 차이**
>
> • **-장이**: 손으로 물건을 만들거나 고치는 일을 직업으로 하는 사람을 조금 낮추어 이르는 말. ㉨미장이/대장장이.
>
> • **-쟁이**: 생긴 모양이나 성질・습관・행동 따위가 유별난 사람을 조금 낮추어 이르는 말. ㉨멋쟁이/수다쟁이.

장인[1] 지난날, 손으로 공업 제품을 생산하던 기술자. 【匠人】

장:인[2] 아내의 친정 아버지. 빙부. 악부. ㉤빙장. ㉥장모. 【丈人】

장:자 맏아들. 【長子】

장작 통나무를 쪼개어 만든 길쭉길쭉한 땔나무.

ㅈ

장작더미 장작을 쌓아올린 더미.

장장 아주 긴. 기나긴. ㉨장장 열 시간에 걸쳐 수술을 하다. 【長長】

장점[장쩜] 특히 뛰어난 점. ㉨장점을 말하다. ㉥단점. 결점.

장:정[1] ①기운이 좋은 젊은 남자. ②군에 입대할 나이가 된 젊은 남자.

장정[2] 매우 먼 길. 멀고 긴 여행. ㉨히말라야를 정복하기 위해 장정에 오르다. 【長程】

장제스〖사람〗[1887~1975] 타이완 섬에 있는 자유 중국의 총통을 지낸 사람. 1927년부터 중국 공산당(중공)과 중일 전쟁에서는 일본의 침략에 대항해서 싸웠으나, 1949년에 공산군에 쫓겨 타이완 섬으로 건너감. 우리 말로는 '장개석' 이라고도 함. 【Jiang Jieshi】

장조[장쪼] 음악에서, 장음계로 된 곡조. ㉥단조. 【長調】

장:조림 간장에 쇠고기를 넣고 졸인 반찬.

장중하다 분위기가 무겁고 엄숙하다. ㉨장중한 음악.

장지 가운뎃 손가락. 중지. 【長指】

장지문 지게문에 장지 짝을 덧들인 문. 전통 한국식 주택에서 마루나 부엌 같은 데서 방으로 드나드는 작은 미닫이 문.

장지연〖사람〗[1864~1921] 조선 고종 때의 언론인. 을사 조약 때 〈시일야 방성 대곡〉이라는 논설을 쓰고 비분강개하였음. 【張志淵】

장진강 함경 남도의 장진군・삼수군을 꿰뚫어 압록강으로 흘러 들어가는 강. 【長津江】

장질부사 '장티푸스'의 이전말.

장차 차차. 앞으로. ㉥장래. 미래.

장착되다 장비나 장치가 어디에 붙여지든가 달리다. ㉨미사일을 장착한 전투기.

장춘〖지명〗 중국 지린성 남서부의 도시. 한때 만주국의 수도로서 신경이라고 불렸음. 중국 최대의 자동차 및 철도용 객차 공장이 있으며, 만주 지방의 교육 문화의 중심 도시임.

장충 체육관 서울특별시 중구 장충동에 있는, 실내에서 운동을 할 수 있도록 지은 체육관.

장치 ①차리어 둠. 만들어 둠. ㉨연극의 무대 장치. ②기계 따위를 설비함. -되다. -하다.

장타 야구에서, 공을 멀리 쳐보내는 것. ㉥단타. 【長打】

장터 장이 서는 곳. 장을 보는 곳. ㉨물건을 사러 장터에 나가다. ㉥시장. 장.

장티푸스 장티푸스균이 장에 들어감으로써 일어나는 급성 법정 전염

병. 장질부사. 【腸typhus】
장판지 방바닥을 바르는 기름먹인 두꺼운 종이. ㊜장판.
장편 ①소설·영화·시 등이 긴 것. ②'장편 소설'의 준말. ㊥단편.
장편 소설 나오는 사람도 많고, 그 양에 있어서도 긴 소설. ㊥단편 소설. ㊜장편.
장:하다 하는 일이 매우 훌륭하다. 하는 일이 착하고 기특하다. ㊓훌륭하다.
장:학 학교 공부를 잘 하게 북돋는 것, 또는 그런 제도. ㊕장학 제도.
장:학관 교육부에 딸린 교육 공무원의 하나〔교육의 지도·조사·감독 등의 일을 맡아 봄〕.
장:학금 가정 형편이 어려운 학생이나 공부를 잘하는 학생에게 주는 학비 보조금. 【奬學金】
장:학 사업 학문을 장려하고 원조하기 위하여 장학금을 지급하는 일.
장:학생 장학금을 받는 학생.
장항선 천안에서 장항 사이의 철도. 길이 약 144km.
장해 무슨 일을 하는데 방해가 되는 것. ㊓장애. 【障害】
장호원〖지명〗 경기도 이천군의 남동쪽의 한 읍. 충청 북도와 경계를 이루고 있음〔우리 나라 최초의 읍〕.
장화 비나 눈이 올 때나 말을 탈 때 신는 목이 긴 신.
장화홍련전〖책명〗 조선 시대의 고대 한글 소설의 하나. 계모의 학대로 인한 가정 비극을 그렸음. 지은이는 모름.
장황 번거롭고 너절하게 깂. -하다. -히. 【張皇】
잦다[잗따] 여러 차례로 자주 거듭하다. ㊥드물다.
잦아들다[자자들다] ①소리가 작아져서 차차 잠잠해지다. ㊕잦아드는 목소리로 중얼거리다. ②기운이나 상태가 차차 약하게 되다. ㊕물결이 잦아들고 비바람도 잠잠해지다.
잦아지다[1][자자지다] ①소리가 차차 잠잠해지다. ㊕밤이 깊자 아이들의 얘기 소리도 점점 잦아졌다. ②기운이나 상태가 약해지다. ㊕바람이 잦아지다.
잦아지다[2][자자지다] 어떤 일이 생기는 것이 자주 있게 되다. ㊕만나는 횟수가 잦아졌다.
잦혀지다[자처지다] ①고개나 얼굴이 바싹 위를 향하여 들리다. ㊕고개가 뒤로 잦혀진 채 의자에 앉아 졸다. ②뒤의 것이 위로 보이도록 드러나다. ㊕윷을 던져 하나가 잦혀지면 '도'가 된다. <젖혀지다.
재[1] 물건이 완전히 타고 난 뒤에 남는 가루.
재[2] 다닐 만한 길이 나 있는, 높은 고개. ㊕장에 가려면 재를 넘어야 한다.
재:가 시집갔던 여자가, 남편이 죽거나 이혼하여 다시 결혼하는 것. ㊓개가. -하다. 【再嫁】
재간 일을 잘 처리하는 재주와 능력. ㊓재능. 【才幹】
재갈 ①말의 입에 물리는 쇠로 만든 물건. ②소리를 내거나 혀를 깨물지 못하도록 사람의 입에 물리는 물건.
재:개 중단되거나 쉬었던 활동이나 회의 따위를 다시 여는 것. ㊕중단되었던 회담을 재개하다. -되다. -하다. 【再開】
재:개발 낡거나 무허가인 건물들이 있는 지역을 개선하기 위해 헐어 내고 새로 계획하여 집을 짓는 것. -되다. -하다. 【再開發】
재:건 ①무너진 것을 다시 일으켜 세움. ②단체 같은 것을 다시 조직함. -하다. 【再建】
재:고 다시 생각함. 고쳐서 생각함. -하다. 【再考】

재:고품 ①창고에 있는 물품. ②아직 상점에 내놓지 않았거나, 팔고 남아서 창고에 쌓아둔 상품. 준재고. 【在庫品】

재:구성하다 무엇을 새롭게 다시 짜다. 예옛날 이야기를 현대에 맞게 재구성하다.

재기 실패한 뒤에 능력이나 힘을 모아서 다시 일어남. 예재기의 기회를 기다리다. -하다. 【再起】

재깍 빠르고 시원스럽게. 재빨리. 예맡겨진 일을 재깍 처리하다.

재난 뜻밖에 일어난 불행한 일. 비재앙. 【災難】

재능 재주와 능력. 예재능이 많다. 비재간. 【才能】

재:다[1] ①물건의 길이를 자로 헤아리다. 예길이를 재다. ②집어 넣다. 예총에 탄약을 재다. ③일의 앞뒤를 헤아리다.

재:다[2] 남에게 으스대며 뽐내다. 예우등생이라고 너무 재지마라.

재:다[3] '재우다'의 준말. 예불고기를 재다.

ㅈ

재단[1] 옷감을 정해진 모양이나 치수대로 자르는 것. 예양복을 재단하다. 비마름질. 【裁斷】

재단[2] 어떤 사회적 목적을 위하여 법적으로 등록된 재산을 관리하는 단체. 예장학 재단. 【財團】

재담 재치 있게 하는 재미있는 말.

재떨이[재떠리] 담뱃재를 떨어 담는 그릇.

재:래 한 사회에서 이전부터 전하여 내려온 것. 예전부터 죽 있어 온 것. 예재래 시장. 【在來】

재:래 공업 집안이나 좁은 일터에서 간단한 연모나 손으로 물건을 만들어 온 공업.

재:래식 전부터 내려 오는 방식. 예재래식 변소. 반개량식.

재:래종 어떤 지방에서 오랜 세월 동안 재배되어 다른 지방의 가축·작물 등과 교배한 일이 없이 그 지방의 풍토에 적응한 종자. 예재래종 수박. 반개량종.

재량 결정을 하는 권한이 있는 사람이 스스로 판단하여 처리하는 것. 예교장 선생님 재량으로 방학을 조정할 수 있다. 【裁量】

재력 힘이 될 만큼 큰 재산과 돈. 예재력도 권세도 없는 평범한 소시민. 【財力】

재령 평야〖지명〗 황해도 재령강 하류에 발달한 평야.

재:론 다시 문제를 삼아 논의하는 것. -되다. -하다. 【再論】

재롱 어린아이의 슬기로운 말과 귀여운 짓. 【才弄】

재료 ①물건을 만드는 데 구성 요소가 되는 물질. 비자재. ②예술적 표현의 제재. 【材料】

재료비 재료를 구하는 데 드는 돈.

재:림 기독교에서, 세상의 마지막 날에 이세상을 심판하러 예수가 다시 오는 것. -하다. 【再臨】

재목 ①건축·가구 등을 만드는 데 재료로 쓰는 나무. 비목재. ②어떤 직위에 합당한 인물. 예훌륭한 선수가 될 재목이다. 【材木】

재무 재정에 관한 사무. 【財務】

재물 돈이나 그 밖의 값나가는 물건. 비재화. 【財物】

재물대 현미경에 딸린 것으로 관찰 재료를 얹어 놓는 수평한 대.

재미 아기자기하게 즐거운 기분이나 맛. 예살아가는 재미를 알다.

재미 교포 미국에 살고 있는 동포.

재미나다 아주 즐거운 기분이 들다. 예재미나는 일.

재미없다[재미업따] ①마음이 쏠리는 즐거운 느낌이 없다. 예영화가 재미없다. 반재미있다. ②장차 누구에게 좋지 않거나 해로운 일이 있게 되다. 예그 따위 짓을 하면 재미없다.

재미있다[재미읻따] 어떤 일이 마음이 쏠리고 즐겁다. 예선생님께서 재미있게 말씀하신다. 반재미없다.

재:발 한 번 일어났던 일이나 병 따위가 다시 일어남. -되다. -하다.

재:배 풀이나 나무·곡식·채소 등을 심어 가꿈. 예버섯을 재배하다. -하다. 【栽培】

재벌 재계에서 세력 있는 자본가나 기업가의 무리, 또는 대 자본가의 일가나 일족으로 된 투자 기구. 예신흥 재벌. 【財閥】

재:벌구이 도자기 등을 두 번째 굽는 일.

재봉 바느질. 옷감으로 옷을 만드는 일. -하다.【裁縫】

재봉틀 바느질 또는 물건을 꿰매는 데 쓰는 기계. 비미싱.

[재봉틀]

재빠르다(재빨라, 재빨라서) 움직임이 재치 있고 빠르다.

재빨리 행동이나 생각이 아주 빠르게. 예재빨리 눈치채다.

재산 개인이나 단체가 소유하는 재물. 【財產】

재산권 경제적 가치가 있는 재산에 관한 법적 권리. 【財產權】

재산세[재산쎄] 재산의 소유, 또는 재산의 이전 사실에 대하여 부과하는 조세. 【財產稅】

재삼재사 몇 번씩 되풀이하여. 거듭거듭. 【再三再四】

재:상 옛날에, 임금을 도와서 정치를 하던 높은 벼슬아치. 【宰相】

재색 여자의 재주와 용모. 예재색을 겸비한 여인. 【才色】

재:생 ①다시 살아남. 희망이 없거나 타락한 사람이 다시 올바른 길로 살아남. ②폐품을 다시 쓸 수 있는 물건으로 만들어 냄. 예폐지를 재생하다. -하다. 【再生】

재:생 섬유 목재·펄프 등의 섬유소를 약품에 녹인 것을 섬유 상태로 뽑아내어 약액으로 처리하여 만든 섬유.

재:선 선거에서 한 번 당선된 사람이 두 번째로 당선되는 것. -되다. -하다. 【再選】

재수 재물이나 좋은 일이 생길 운수.

재앙 폭풍우·지진·홍수 등에 의한 몹시 불행한 사고. 비재난.

재:야 정치 권력을 갖지 못하고 정치 활동을 하는 것, 또는 그런 사람들. 예재야 세력.

재:연 ①영화 등을 다시 보여줌. ②한번 행했던 일을 다시 되풀이함. -하다. 【再演】

재:외 자기 나라를 떠나 외국에 가 있는 것. 【在外】

재외 동포 외국에 살고 있는 동포.

재우다[1] 잠을 자게 하다. 잠이 들게 하다. 반깨우다. 준재다.

재우다[2] 김이나 고기 등을 양념하여 한동안 놓아두다. 예김을 재우다. 준재다.

재원 재주 있는 젊은 여자.

재:위 임금의 자리에 있음. 【在位】

재:일 일본에 살고 있는 것. 예재일 동포. 【在日】

재일 교포 일본에 살고 있는 한국 사람. 【在日僑胞】

재일 동포 일본에서 살고 있는 한국 민족. 【在日同胞】

재:임 직무에 있음, 또는 그 자리에 있는 동안. 예재임 동안 최선을 다하다. -하다. 【在任】

재:작년[재장년] 그러께. 2년전의 해. 지지난 해. 【再昨年】

재잘거리다 빠른 말로 잇달아서 지껄이다. 예아이들이 재잘거리다. 비재잘대다. <지절거리다.

ㅈ

재잘재잘 여러 사람이 작은 소리로 지껄이는 소리, 또는 그 모양. <지절지절.

재:적 ①학적·호적·병적 등에 적혀 있음. ②어떤 단체에 적이 있음.

재정 ①국가 또는 공공 단체가 일을 달성하는 데 필요한 경비. ②개인이나 가정·기업의 경제 상태. 【財政】

재정 경제부 국가 재정의 운영과 경제 사회 발전을 위한 정책의 수립 및 조정 등의 일을 하는 중앙 행정 기관. 【財政經濟部】

재정난 돈이 모자라서 생기는 어려움. 【財政難】

재주 타고난 솜씨. 묘한 솜씨.

재주넘다 몸을 날려 머리와 다리를 거꾸로 하여 뛰어넘다.

재즈 미국의 흑인들의 민속 음악을 바탕으로 하여 생긴, 박자가 강렬한 음악. 【jazz】

재:직 직장에서 일하고 있음. 【在職】

재질 재주와 기질. ㉠무용에 재질이 있다. 【才質】

재질감 물건 자체가 지니고 있는 독특한 재료의 느낌.

ㅈ

재:차 두 번째. 두 차례째. 또다시. ㉠재차 다짐을 했다. 【再次】

재:창 다시 노래 부름. -하다.

재채기 코 안이 자극을 받아 간지럽다가 갑자기 코로 숨을 터뜨려 내뿜으면서 큰 소리를 내는 것. -하다.

재:청 ①다시 청함. ②회의에서, 동의에 찬성한다는 뜻으로 거듭 청함. -하다. 【再請】

재촉 빨리 하라고 조름. ㉥독촉. 독려. -하다.

재치 눈치 빠른 재주. 익숙한 솜씨. 날쌘 재주. 【才致】

재킷 겉에 입는 양복 저고리. ×자켓. 【jacket】

재택 수업 학교에 가지 않고 집에서 수업을 받는 것.

재:탕 한 번 달여서 먹은 약재를 다시 달임. ㉠한약을 재탕하다.

재판[1] ①옳고 그름을 살피어서 판단함. ②재판관이 내리는 판단. 민사·형사·행정 재판의 세 가지가 있음. -하다. 【裁判】

재:판[2] ①이미 낸 책 등을 다시 찍어 냄, 또는 그 책. ②지난 일이 다시 되살아남. -하다. 【再版】

재판관 재판에 관한 사무를 맡아 보는 사람. 【裁判官】

재판소 민사·형사 등의 재판 할 수 있는 권한을 가진 기관. ㉥법원.

재판장 여러 명의 판사가 같이 하는 재판에서 우두머리가 되는 판사. 법관. 【裁判長】

재판정 법관이 재판을 행하는 장소. 법정. 【裁判廷】

재:평가 이미 평가한 것을 고쳐서 다시 새로 평가하여 새로운 가치를 찾아내는 것. -하다.

재:학 학교에 다니고 있는 것. ㉠초등 학교 6학년에 재학 중이다. -하다. 【在學】

재:학생 현재 학교에서 공부하고 있는 학생. 【在學生】

재해 재앙으로 인하여 입은 피해. ㉠재해 대책을 세우다.

재:향 군인 현역에서 물러나와 사회에 돌아와 있는 군인〔예비역 등〕. ㉡향군.

재:현 전에 있었던 일이 다시 나타나는 것. 다시 나타내는 것. -되다. -하다. 【再現】

재:혼 결혼했던 사람이 배우자가 죽었거나 이혼했을 경우 다시 결혼하는 것, 또는 그 결혼. -하다.

재화 돈과 값이 나가는 물건. ㉥재물. 【財貨】

재:활 몸이나 정신의 장애를 이기고 정상적으로 생활 하는 것. ㉠직업 재활원. -하다. 【再活】

재:활용 쓰레기 따위를 재생하여 사용함. -하다. 【再活用】
재:활용품 고치든가 가공하면 다시 쓸 수 있는 버린 물건. 또는 그런 물건을 써서 만든 새 물건.
재:활원 장애자가 몸이나 정신의 장애를 이기고 일상 생활을 할 수 있도록 치료하고 교육하는 병원. 【再活院】
재:회 ①두 번째 만남. ②헤어졌다 다시 만남. -하다. 【再會】
잭 전선 끝에 달려 전기 기기에 쉽게 연결하고 뗄수 있게 한 장치.【jack】
잼 과일에 설탕을 넣고 졸여 만든, 빵이나 과자에 발라 먹는 먹을거리. 【jam】
잼버리 보이 스카우트의 대원들이 야외에 모여서 벌이는 대회〔캠핑·작업·경기 등을 함〕. 【jamboree】
잽싸다 매우 재빠르고 날래다.
잿더미[재떠미] ①재를 모아 쌓은 무더기. ②불에 타서 못쓰게 된 자리. ㉕화재로 인해 집이 잿더미가 되었다.
잿물[잰물] 재에 물을 부어 우려낸 물. 이 액체의 염기성을 빨래하는 데 이용함. 본양잿물.
잿빛 재와 같은 빛깔. 회색. ㉕잿빛 하늘.
쟁기 논밭을 가는 데 쓰는 연장의 한 가지.

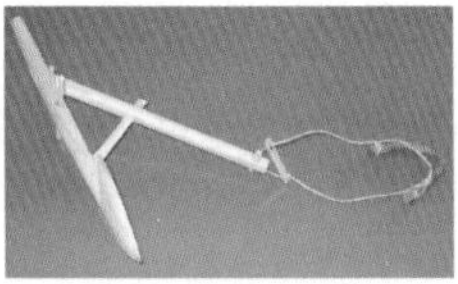
[쟁기]

쟁기질 쟁기를 부리어 논밭을 가는 일. -하다.
쟁반 사기·나무·플라스틱 등으로 얄고 둥글납작하게 만든 그릇.
쟁이다 여러 개를 포개어 쌓다. ㉕신문지를 차곡차곡 쟁이다.
쟁쟁거리다 ①쇠붙이 따위가 맞부딪쳐 맑게 울리는 소리가 잇따라 나다. ㉕꽹과리 소리가 쟁쟁거리다. ②전에 들었던 말이나 소리가 다시 들리는 느낌이 나다. ㉕노래 소리가 귓가에 쟁쟁거리다. 비쟁쟁하다.
쟁쟁하다[1] 전에 들었던 소리가 지금도 귀에 울리는 것같이 잊혀지지 않고 생생하다. ㉕어머니의 목소리가 귓가에 쟁쟁하다.
쟁쟁하다[2] 실력이 매우 뛰어나고 이름이 있다. ㉕실력이 쟁쟁한 아이들.
쟁취 투쟁을 하여 요구한 것을 얻어내는 것. ㉕승리를 쟁취하다. -하다. 【爭取】
쟁탈 다투어서 빼앗음. 【爭奪】
쟁탈전 서로 다투어 어떤 사물이나 권리 등을 빼앗는 싸움.
쟁투 서로 다투며 싸움. 비투쟁.
쟁패 ①지배자가 되려고 다툼. 패권을 다툼. ②운동 경기에서 우승을 다툼. -하다.
저[1] 말하는 사람이 듣는 사람에게 자신을 낮추어 가리키는 말. ㉕저는 학생입니다.
저[2] 멀리 떨어져 있는 사람이나 사물을 가리키는 말. ㉕엄마, 저 아이가 내 짝이에요.
저:[3] 선뜻 말이 나오지 않아 망설이면서 내는 말. ㉕저, 가방 좀 들어 줄래.
저것[저걷] ①조금 떨어져 있는 물건이나 사실을 가리키는 말. ㉕저것은 자동차이다. ②'저 사람'을 낮추어 부르는 말. ㉕저것도 인간인가? 준저거.
저:격 어떤 대상을 노려서 쏨. 날쌔게 습격함. ㉕김구 선생님을 저격한 사람. -하다.
저고리 ①윗부분에 입는 옷. ②윗도리에 입는 한복의 겉옷. 반바지.
저고릿감 저고리를 만들 감.
저고리섶 저고리를 여미는 부분.
저:공해 공해가 적은 것.

ㅈ

저:금 돈을 쓰지 않고 모아둠. 은행·우체국 등에 돈을 맡겨 둠. 비 저축. 예금. -하다.

저:금통 돈을 집어 넣어 모아 둘 수 있도록 만든 통.

저:금 통장 은행 등에 돈을 맡긴 내용을 적은 작은 책.

저:급 언어 컴퓨터에서 프로그램 언어의 한 가지로 기계 중심으로 작성된 언어〔기계어·어셈블리어 등이 있음〕.

저기 ①(멀리 떨어져 있는 곳을 가리켜) 저 곳. 저 장소. 예 저기 가서 놀자. ②남에게 말을 걸거나 말하기 어려워 망설일 때 쓰는 말. 예 저기, 교무실이 어디니?

저:기압 ①주위의 기압에 비하여 낮은 기압. 반 고기압. ②사람의 기분이 좋지 못한 상태를 비유하여 이르는 말. 【低氣壓】

저녁 ①해가 지고 밤이 되어 오는 때. ②'저녁밥'의 준말. 반 아침.

저녁놀 '저녁노을'의 준말. 저녁에 해가 진 다음 서쪽 하늘이 붉어 보이는 기운.

ㅈ

저녁때 ①해가 질 무렵. ②저녁밥을 먹을 때.

저녁밥 저녁때에 끼니로 먹는 밥. 준 저녁.

저녁상 저녁밥을 차려 놓은 상.

저:능아 뇌의 발육이 나빠 보통 아이보다 지능이 낮은 아이. 정신 박약아. 【低能兒】

저:당 일정한 동산이나 부동산 따위를 재산상의 처리 문제로 담보로 삼음. 【抵當】

저러다 (남의 어떤 행동이나 상황을 가리켜) 저렇게 하다. 예 저러다 실수라도 하면 어쩌지.

저러하다 저 모양과 다름없다. 예 하는 짓이 다 저러하다. 준 저렇다. >조러하다.

저런[1] 저것과 같은. 예 저런 사람은 정말 첨 봤네.

저런[2] 뜻밖의 일을 겪거나 보거나 들을 때 몰라서 하는 말. 예 저런, 큰일날 뻔했구나.

저렇다[저러타] 저와 같다. 예 하는 짓이 다 저렇다. 본 저러하다.

저:력 겉으로 드러나지 않고, 속에 간직하고 있는 끈기 있는 힘.

저:렴 물건값이 쌈. 품삯이 적음. 예 저렴한 가격으로 옷을 사다. 비 싸다. -하다. 【低廉】

저리[1] 저렇게. 저와 같이 심하게. 예 사람이 어찌 저리 인정이 없을까?

저리[2] 저 쪽으로, 저 곳으로. 예 아까 저리 가는 것을 보았다.

저리다 살이나 뼈마디가 오래 눌려 있어 피가 잘 돌지 못하여 힘이나 감각이 없다.

저마다 사람마다. 각자.

저만치 저만한 거리를 두고 떨어져서. 예 저만치에서 엄마가 서 계신다.

저만하다 ①형편이나 정도가 저 정도만 하다. 예 저만한 일은 할 수 있다. ②별로 대단하지 않다. 예 상처가 저만하길 다행이다.

저:명 세상에 이름이 널리 알려짐. 예 저명한 작가 선생님. 비 유명. -하다. 【著名】

저물다(저무니, 저무오) 해가 져서 어두워지다. 예 날이 절물다. 반 날새다.

저미다 얇게 배다. 여러 개의 작은 조각으로 깎아 내다. 예 생선을 얇게 저미다.

저버리다 ①약속을 어기다. ②은혜를 마음에 두지 아니하다.

저:번 요전의 그 때. 비 지난번.

저:변 ①어떤 생각이나 현상 따위의 겉으로 드러나지 않은 부분. 예 그 말의 저변에 깔린 생각이 궁금하

다. ②사회의 기본을 이루는 요소나 계층. (예)우리 경제의 저변을 넓혀야 한다. 【低邊】

저:변 확대 어떤 특정 분야의 인력 확보를 위해 새로운 인력 수를 늘리어 가는 일. (예)기술 인력의 저변 확대.

저서 책을 지음, 또는 지은 책. (예)아버지가 남긴 저서. 【著書】

저:소득 소득이 적은 것. (예)저소득 계층. (반)고소득.

저:속 느린 속도. (예)차가 저속으로 달리고 있다. (반)고속.

저:속하다[저소카다] 인격이나 품위 등이 낮고 속되다. (예)저속한 말을 쓰지 말자. (반)고상하다.

저:수지 농사나 생활에 이용하기 위해 둑을 쌓아 흐르는 물을 모아 두는 큰 못. 【貯水池】

저:술 논문이나 책 등을 씀, 또는 그 책. (비)저작. -하다. 【著述】

저:술가 어떠한 학술 분야에 대해 글을 쓰는 것을 전문으로 하는 사람. 【著述家】

저승 사람이 죽은 뒤에 혼령이 산다고 하는 곳. 황천. (반)이승

저승 사자 저승에서 염라 대왕의 명령으로 죽은 사람의 영혼을 데리러 온다는 귀신.

저어하다 두려워하다.

저:온 낮은 온도. (반)고온.

저울 물건의 무게를 다는 기구〔대저울·접시 저울·자동 접시 저울 등이 있음〕.

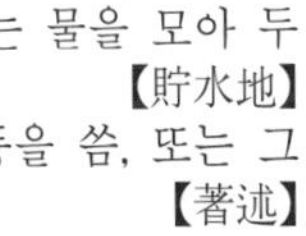
[저울]

저울대[저울때] 저울판과 저울 추를 거는 가느스름한 막대기. 눈금이 새겨져 있음.

저울질 ①저울로 물건을 달아보는 일. ②사람의 마음이나 인품 등을 이리저리 헤아림. -하다.

저:음 낮게 내는 소리, 낮은 소리. (반)고음. 【低音】

저:의 드러내지 않고 속에 품고 있는 뜻. (예)나한테 친절한 저의가 뭘까? 【底意】

저자 책을 지은 사람. (비)글쓴이. 작가. 지은이. 【著者】

저:자세 상대편의 비위를 맞추려고 굽실거리는 낮은 자세.

저:작 책을 지음. -하다.

저:작권 저작물의 저작자가 그 저작물의 복제·번역·방송·상연 등을 독점하는 권리.

저:작자 책을 지은 사람

저:장 물건을 쌓아서 간직하여 둠. -하다. 【貯臟】

저:장고 물건을 많이 간수해 두는 창고. 【貯藏庫】

저:장뿌리 고구마·당근·우엉·달리아 따위와 같이, 양분을 저장하기 위하여 아주 커진 식물의 뿌리.

저절로 제 스스로. 자연히. (예)저절로 문이 열리다. (준)절로.

저:조 능률이 오르지 아니함.

저:주 남이 잘못 되기를 빌고 바람. (반)축복. -하다. 【詛呪】

저:지 막아서 그치게 함. -하다.

저지르다(저질러, 저질러서) 잘못하여 일을 그르치다.

저:질 질이 낮고 좋지 않음. (예)저질 비디오.

저:체중 정상보다 적은 몸무게.

저:촉 ①서로 부딪침. 서로 모순됨. 서로 충돌함. ②거슬리거나 위반되거나 함. (예)법에 저촉되는 일은 삼가하라. -하다. 【抵觸】

저:축 절약하여 모아 둠, 또는 모아 둔 돈. (비)저금. -하다. 【貯蓄】

저:축 예금 개인이 저축 및 이자를 늘리는 것을 목적으로 하는 은행 예금의 한 가지.

저:택 규모가 큰 집. 【邸宅】

저토록 저만큼이나. 저렇게까지. ㉧ 아버지께서 저토록 화를 내신 것은 처음이다.
저편 ①저 쪽. ②저 쪽의 사람들. ㉥ 이편.
저:하 ①높게 있던 것이 낮아짐. ② 수준·물가·능률 따위가 떨어져 낮아짐. ㉧기능이 저하되다. ㉥향상. -되다. -하다.
저:학년 [저항년] 학교에서 낮은 학년. ㉥고학년. 【低學年】
저:항 ①힘의 작용에 대하여 그 방향과 반대의 방향으로 작용하는 힘. ㉧전류의 저항. ②맞서 싸움. 대항. ㉨항거. -하다. 【抵抗】
저:항력[저항녁] 외부의 힘에 반항하는 힘. 【抵抗力】
저해하다 제대로 발전하지 못하게 막아서 해를 끼치다. ㉧부모의 지나친 간섭은 학생들의 자유로운 사고 활동을 저해한다.
저희[저히] ①'우리'를 낮추어 부르는 말. ㉧선생님, 저희들이 잘못했어요. ②자기들, 자기네. ㉧돌아서 서 저희끼리 쑥덕거리다.
저:혈압 혈압이 정상보다 낮은 현상. ㉥고혈압. 【低血壓】
적[1] 싸움의 상대. ㉨원수. 【敵】
적[2] 한 동작이 진행되거나 그 상태가 나타나 있는 때를 나타내는 말. '때'의 뜻. ㉧우리는 한 때 일본에게 나라를 잃은 적도 있다.
적[3] 고기와 채소 등을 양념하여 대꼬챙이에 꿰어 굽거나 후라이팬에 지진 음식. 【炙】
적개심 적에 대한 마음 속의 분노. ㉧적개심을 품다.
적국 적으로 되어 있는 나라.
적군 마주 싸우는 적의 군사. ㉨적병. ㉥아군. 【赤軍】
적극 어떤 일을 하는 데에 능동적이거나 활발한 것. ㉧너의 의견에 적극 찬성한다. 【積極】
적극적 어떤 일을 바싹 다잡아 힘을 기울이는 모양. ㉥소극적.
적금 은행 예금의 한 가지로서, 일정한 기간 동안 푼돈을 넣었다가 목돈을 타는 일. ㉧3년짜리 적금. -하다. 【積金】
적기[1] 적당한 시기. 【適期】
적기[2] 적군의 비행기. 【敵機】
적나라하다[정나라하다] 숨김없이 있는 그대로 모두가 드러나 있다. ㉧적나라하게 보여 주다.
적다 ①글로 쓰다. ㉧선생님의 말씀을 적다. ②많지 않다. ㉧양이 적다. ㉥많다.
적당 ①꼭 알맞음. ㉧밥을 적당히 먹다. ②요령이 있음. ㉧일처리를 적당히 하다. ㉨합당. ㉥부적당. -하다. -히. 【適當】
적당량 정도에 알맞은 양.
적당하다 어떤 일에 잘 어울리고 알맞다. ㉧건강을 위해서 적당하게 운동을 하자.
적당히 어떤 일에 알맞게. 적합하게. ㉧비가 적당히 와야 농사가 잘 된다.
적대 서로 적으로 대하는 것. ㉧적대관계. ㉥우호. -하다. 【敵對】
적도 위도의 기준이 되는 위선. 남북 양극으로부터 90도. 지구의 위도가 0도인 선. ㉧적도 지방. 【赤道】
적막[정막] 고요하고 쓸쓸함. ㉧적막한 겨울 밤. ㉨정적. -하다.
적반하장 잘못한 사람이 도리어 잘한 사람을 나무라는 경우를 이르는 말. 【賊反荷杖】
적발[적빨] 숨어 드러나지 않은 것을 들추어 냄 -하다.
적법 법의 규정에 맞음. ㉥불법. 위법. -하다. 【適法】
적벽가 판소리의 하나. 조선 때 신재효가 지은 것임.

적병 서로 대적하여 싸우는 상대편 병사. ㊥적군. 【敵兵】
적삼 윗도리에 입는 홑저고리.
적색 붉은빛의 색. 【赤色】
적선[1] 적국의 배. ㊥적함. 【敵船】
적선[2] 남을 위해 착한 일을 많이 하는 것. -하다. 【積善】
적성 어떠한 일에 알맞은 사람의 성질이나 능력. ㊒적성에 맞는 직업.
적성 검사 어떠한 분야나 활동에 대한 개인의 적성을 알아보기 위한 검사. 【適性檢查】
적수 재주나 힘이 서로 엇비슷하여 맞서서 겨룰 만한 상대.
적시 알맞은 때. ㊒적시에 안타를 치다. 【適時】
적시다 액체를 묻혀서 젖게 하다.
적시타 야구 경기에서, 가장 필요할 때 치는 안타. 【適時打】
적십자 흰 바탕에 붉게 십자형을 그린 휘장. 【赤十字】
적십자 국제 위원회 1863년 앙리 뒤낭에 의해 창설. 불행과 재난을 당한 사람들에 대한 차별없는 인도적 구호 활동을 목적으로 하는 단체.
적십자사 전시에는 아군·적군의 구별없이 부상병을 구호하고, 평시에는 병들고 가난한 사람들을 돕기 위하여 세계 각국이 모여 이룬 국제적 기구. 【赤十字社】
적십자 정신 적십자사의 뜻에 따라 모든 사람을 사랑하고 서로 도와주자는 정신.
적십자 회담 남과 북의 적십자 대표들이 모여서 통일 문제나 경제·체육 교류 등의 문제를 의논하는 모임.
적어도 ①어떤 기준을 최소로 잡아도. 아무리 못해도. ㊒적어도 꼴찌는 하지 말아라. ②다른 것은 제쳐두고라도. 최소한도. ㊒적어도 지각은 하지 않겠다.
적외선 눈이 보이는 광선의 한계인 붉은 빛깔 너머에서 나타나며, 눈에는 보이지 않지만 열 작용이 강하고 뚫는 힘도 강해서 요리·의료·특수 사진 등에 이용되는 광선.
적요 요점을 뽑아 적는 것.
적용 무엇을 어디에 맞추어 씀. -되다. -하다. 【適用】
적응[저긍] 생물의 생김새나 기능이 주위의 사정에 알맞게 되는 것. ㊥부적응. -되다. -하다. 【適應】
적응력[저긍녁] 어떠한 상황이나 환경에 익숙해지거나 알맞게 변하는 능력. 【適應力】
적:의[저기] 적에 대하여 미워하여 공격하려는 마음.
적:이[저기] 약간. 다소. 얼마간. ㊒적이 실망한 눈으로 보다. ×저으기.
적임 어떤 일을 맡기에 알맞음. 적격. ㊬적임자. 【適任】
적자 수입보다 지출이 많은 상태. ㊥흑자. 【赤字】
적:잖다[적짠타] 수나 양이 적지 않다. 꽤 많다. ㊒적잖은 돈.
적장 적군 군대의 우두머리. 적국의 장수. 【敵將】
적재 물건을 실음. ㊒배에 물건을 적재하다. -하다. 【積載】
적재 적소 알맞은 인재를 알맞은 장소에 씀. 【適材適所】
적적하다 외롭고 쓸쓸하다. ㊥한적하다. 적적히.
적절 ①꼭 알맞음. ㊒적절한 방법. ②적당하고 절실함. ㊥적당. ㊥부적절. -하다. -히. 【適切】
적절히[적쩔히] 아주 알맞게. ㊒방안의 온도와 습도는 적절히 조절해야 한다.
적정 꼭 알맞은 것. ㊒적정 가격.
적조 플랑크톤이 갑자기 많이 늘어나서 바닷물이 붉은 빛깔을 띠는 현상. 바닷물이 썩기 때문에 물고기 따위가 해를 입음.

적중 무엇에 꼭 들어맞음. ㊀예상 문제가 적중했다. -하다.
적중률[적쭝뉼] 목표에 어김없이 들어맞는 비율.
적지 적이 차지하고 있는 곳. 적의 땅. 【敵地】
적진 적군이 머물러 있는 곳.
적탄 적군이 쏜 탄알.
적합[저캅] 꼭 알맞음. 알맞게 들어맞음. 꼭 합당함. 비적절.
적혈구 혈구의 한 가지. 골수에서 생산되며, 산소를 운반하는 헤모글로빈이 있음. 【赤血球】
적화[저콰] 나라나 사회가 공산주의의 세상이 되는 것. -되다. 【赤化】
적히다[저키다] 글로 쓰여지다. 예이름이 수첩에 적히다.
전[1] 앞. 앞의 때. 비이전. 반후. 【前】
전[2] 모든. 예전 국토. 전 국민. 【全】
전:[3] 생선이나 채소를 얇게 썰어서 밀가루 따위를 묻혀서 기름에 지진 음식. 비부침개. 지짐이. 【煎】
-**전**[4] '전기'의 뜻을 나타냄. 예이순신전. 위인전. 【傳】
전:가 죄나 책임을 남에게 떠 넘기는 것. 예책임 전가. -하다.
전:각 나무나 돌 또는 금·옥 등에 글자를 새기는 것, 또는 그 새긴 글자.
전갈[1] 사람을 시켜서 남의 안부를 묻거나 말을 전하는 일.
전갈[2] 독이 있는 동물의 하나로, 몸은 가재와 비슷하며 사막에서 많이 삶.

[전갈]

전갈자리 7월 하순의 저녁 때 남쪽 하늘에 보이는 별자리. '전갈'이라는 동물의 모양과 같다고 해서 붙여진 이름임.
전:개 ①벌이어 일으킴. 예금연 운동을 전개하다. ②소설·극 등에서 사건이 차차 재미있게 얽히고 펼쳐져 나가는 부분. -하다. 【展開】
전개 과정 내용이 펼쳐지는 순서.
전:개도 입체도형을 펼쳐서 그린 그림. 【展開圖】
전:개식 수학에서, 십진법·오진법·이진법 따위의 수를 수식으로 나타낸 식. 【展開式】
전:격 갑자기 빠르게 행하는 것. 예전격적인 공격 작전.
전경 전체의 경치. 예밤의 전경이 아름답다. 【全景】
전:골 고기·채소·물고기 등에 양념을 섞어서 국물을 조금만 부어 끓인 음식. 예버섯 전골.
전:공[1] 싸움에 이긴 공로. 예전공을 세워 표창을 받다. 【戰功】
전공[2] 전문적으로 연구함. 예의학을 전공하다. -하다. 【專攻】
전과[1][전꽈] ①학교에서 규정한 모든 교과, 또는 모든 학과. ②초등학교의 학년별 전과목에 걸친 학습 참고서의 이름. 【全科】
전:과[2][전꽈] 전쟁이나 시합에서 얻은 성과. 예눈부신 전과를 올려 포상을 받았다. 【戰果】
전과[3][전꽈] 과거에 형벌을 받은 사실. 예전과를 뉘우치고 열심히 살아가다. 【前科】
전과자 전에 죄를 저질러서 형벌을 받은 일이 있는 사람. 【前科者】
전:광판 많은 전구를 늘어 놓아 그것을 켰다 껐다 하여 글자나 그림이 나타나도록 만든 판.
전교 한 학교의 전체. 【全校】
전교생 한 학교의 모든 학생.
전:구 전기가 흐르면 밝은 빛을 내도록 마련된 것. 유리구 속의 공기를 빼고, 필라멘트를 넣어 여기에 전기가 흐르면 높은 온도로 달구어져서 빛을 냄. 예꼬마 전구. 【電球】
전국 한 나라 전체. 온 나라. 예전국

체전. 【全國】
전국 각지 온 나라 구석구석.
전국구 전국을 한 단위로 한 선거구. ⓑ반지역구. 【全國區】
전국적 규모나 범위가 온 나라에 관계되는 것. ⓔ예전국적으로 다이어트 열풍이 퍼졌다.
전국 체전 우리 나라 각 시·도의 대표 선수들이 해마다 가을에 모여 자기 고장의 명예를 걸고 힘을 겨루는 종합 경기 대회.
전:극 전지나 발전기에서 전기를 내보내고 받아들이는 두 꼭지. 양극(+)과 음극(−)으로 되어 있고 여기에 전선을 연결하여 여러 기구의 전기를 공급함. 【電極】
전:근 일하고 있는 곳을 옮김. ⓑ비전출. −되다. −하다. 【轉勤】
전기[1] 어떤 사람의 나서 죽기까지의 한 일을 이야기식으로 적은 글. ⓑ비일대기. 【傳記】
전:기[2] 빛과 열을 내고 여러 가지 기계를 움직이게 하는 에너지. 【電氣】
전기 기구 전력을 사용하는 데 쓰이는 기구.
전기 기호 전기 기구나 부속품 등을 나타내는 간단한 기호.
전기문 살아 있었던 실제 인물이나, 오늘날 살고 있는 훌륭한 인물에 대하여, 그에게서 본받을 만한 일이나 가르침 등을 이야기식으로 적어 놓은 글. ⓔ예전기문을 기록하다.
전기 문명 전기를 이용하여 여러 가지 물건을 만들어 생활을 편리하게 만든 모든 일을 통틀어 일컬음.
전기 밥솥 밥이 다되면 자동적으로 스위치가 꺼지는 전열 이용의 밥솥.
전기 안전기 전기 기계의 회로에 일정량 이상의 전류가 흐를 때 전기 기계의 파손 및 화재를 막기 위하여 전기 회로 가운데에 끼우는 기구〔안전 개폐기. 두꺼비집 등〕.
전기 에너지 전기의 상태로 되어 있는 에너지.
전기 요금 전기를 쓰고 내는 돈.
전기장 대전체의 주위에 전기적인 힘이 미치는 공간. ⓙ준전장.
전기 회로 전기가 일정한 방향으로 흐를 수 있도록 마련된 길. ⓙ준회로.
전:깃불[전기뿔] 전기가 통하여 전등에 켜지는 불.
전:깃줄[전기쭐] 전기를 공급하는 쇠줄.
전:나무 소나무와 비슷한 바늘잎의 상록수. 줄기의 높이는 20～40m 나 되며, 재목·펄프에 이용됨.
전날 ①바로 앞의 날. ⓔ예생일 전날. ⓑ반다음 날. ②과거의 어느 날. 이전의 시기. 지난날. ⓔ예전날의 약속을 어기다.
전남 평야 전라 남도 북서부의 영산강 유역에 전개된 평야. 쌀·면화·보리 등이 생산됨.
전념 한 가지 일에만 마음을 씀.
전단 선전 광고의 취지를 적은 종이. ×삐라. 【傳單】
전달 전하여 이르게 함. ⓔ예선물을 전달하다. −하다. 【傳達】
전달 사항 전하여 이르게 하는 내용.
전담 어떤 일을 혼자서 다 담당함. −하다. 【全擔】
전답 밭과 논. ⓑ비논밭. 【田畓】
전:당 학문·예술·문화 등의 분야에서 중심이 되는 권위 있는 기관이나 시설. ⓔ예예술의 전당.
전:당포 물건을 담보로 하고 일정 기간 동안 돈을 꾸어주고 나서, 기한이 된 다음에 원금과 이자를 받는 업소. 【典當鋪】
전도[1] ①앞으로 갈 길. ②장래. 앞길. ⓔ예전도가 유망한 학생. 【前途】
전도[2] 열이나 전기가 물체의 한 부분으로부터 점차 다른 곳으로 옮겨가는 현상. −하다. 【傳導】

전도[3] 전체를 그린 그림이나 지도. ㉠대한 민국 전도. 【全圖】

전도[4] 종교에서, 교리를 세상에 널리 알려서 교인이 아닌 사람들이 신앙을 가지게 하는 일. 비선교. 포교. -하다. 【傳道】

전도사 기독교의 교리를 전하여 기독교를 믿지 않는 사람에게 신앙을 갖게 하는 사람. 【傳道師】

전도회 신앙이 없는 사람에게 신앙을 갖게 권유하는 모임.

전:동 화살을 넣어 메고 다닐 수 있게 만든 둥근 통. 비전통.

전:동기 전류가 흐르면 빠른 속도로 회전 운동을 하여 다른 기계들을 움직여 일을 할 수 있도록 만든 기계. 모터. 【電動機】

전:동차 전동기의 힘으로 움직이는 차. 【電動車】

전:등 전기를 이용하여 빛을 내는 기구. 【電燈】

전:등갓 전등 위에 씌우는 갓.

전등사 인천 광역시 강화군 남쪽의 삼랑성 안에 있는 절. 고구려 소수림왕 11년에 아도 화상이 세웠다고 함. 【傳燈寺】

ㅈ

전라 남도 우리 나라 남서부 끝에 전라 북도, 경상 남도와 맞닿아 있는 도. 어업이 발달하고 쌀이 많이 남. 주요 도시로는 목포·순천·나주 등이 있음. 【全羅南道】

전라도[절라도] 우리 나라 행정 구역의 하나. 전라 남도와 전라 북도를 함께 이르는 말. 호남. 준전라. 【全羅道】

전라 북도 우리 나라 남서쪽에 충청남도, 전라 남도, 경상 남도와 맞닿아 있는 도. 쌀이 많이 나며, 어업도 발달했음. 주요 도시로는 전주·군산·익산 등이 있음.

전라선[절라선] 이리에서 여수에 이르는 철도.

전:락[절락] ①굴러 떨어짐. ②보잘것없는 지경에 빠짐. -하다.

전:란[절란] 전쟁으로 질서가 어지러워진 형편. 【戰亂】

전:람회[절람회] 여러 가지 물품 또는 작품을 진열해 놓고 보이는 모임. ㉠골동품 전람회. 비전시회.

전래[절래] 옛날부터 전하여 내려옴. ㉠전래 동화. -하다. 【傳來】

전래 동요 옛날부터 전해 내려오는 동요.

전래 동화 옛날부터 전해 내려오는 어린이를 위한 이야기.

전략[절략] 싸움하는 꾀. ㉠전략을 잘 세워 승리하였다.

전력[1][절력] 모든 힘. 있는 힘. ㉠전력을 다하여 뛰다. 【全力】

전:력[2][절력] 전류에 의하여 생겨나는 동력. '전기력'의 준말. 단위는 와트(W). 【電力】

전:력[3][절력] 전쟁이나 경기를 할 수 있는 능력. ㉠전력이 약하다.【戰力】

전:류[절류] 전기의 흐름.

전:리층 대기의 상층부에 현저히 전리되어 있어 전파를 반사하는 공기의 층.

전:립 옛날 군인이 쓰던 모자. 붉은 털을 달고, 둘레에 끝을 꼬아 두름. 【戰笠】

전립선[절립썬] 남자 생식기의 요도가 시작되는 부분을 둘러싸는 기관. 【前立腺】

전말 일의 처음부터 마지막까지의 과정. 【顚末】

전:망 ①경치 같은 것을 멀리 바라봄. ②앞날에 있어서의 일의 형세. ㉠사업의 전망이 밝아지다. -되다. -하다. 【展望】

전:망대 경치 같은 것을 먼 곳까지 볼 수 있게 쌓은 높은 대.

전매 ①어떤 물건을 혼자서만 맡아 놓고 팖. ②국가가 행정상의 목적

으로 어떤 물품의 생산·판매를 독차지하는 일〔담배·인삼 등의 작물을 생산·판매함〕. -하다. 【專賣】

전면[1] ①모든 면. ㉠건물 전면을 밝게 칠하다. ②신문·잡지 따위의 하나의 면 전체. ㉠전면 광고. 【全面】

전면[2] 앞의 면. 앞쪽. ㉠건물의 전면 사진. 비앞면. 반후면. 【前面】

전멸 죄다 없어짐. 모조리 망해버림. ㉠적을 전멸시키다. 비몰살. -하다. 【全滅】

전모 드러나지 않았던 어떤 사건이나 사물의 자세한 내용이나 전체 모습. ㉠사건의 전모가 드러나다.

전문[1] ①문장의 전체. ㉠조약의 전문. ②앞에 쓴 글. ㉠헌법 전문. 【全文】

전문[2] 어떤 한 가지 일을 오로지 연구하거나 한 가지 일에 마음을 쏟아서 함. 【專門】

전문가 어떤 특정한 부문을 오로지 연구하여 특히 그 부분을 잘 아는 사람. 【專門家】

전문 대학 고등 학교를 마친 사람들에게 직업 교육을 주로 하던 2년제의 교육 기관.

전문 연구원 한 가지 일만을 오로지 연구하는 사람.

전문의[전무니] 의술의 특정한 분야를 전문적으로 다루는 의사. ㉠성형외과 전문의.

전문적 어떤 한 가지에 대해서 깊이 공부하여 아는 바가 많음.

전문점 옷·모자·금·은 등의 일정한 물건만을 파는 상점. ㉠모자 전문점. 【專門店】

전문직 한 가지 일에 오로지 연구하거나 기술을 갖고 있는 직업〔학자·과학 기술자·건축 기사·의사·변호사 등〕.

전문화 전문적으로 되는 것. ㉠요즈음의 직업들은 점점 전문화되고 있다. -되다. -하다. 【專門化】

전반[1] 어떤 일이나 분야의 전부. ㉠사회 전반에 영향을 주는 교육. 【全般】

전반[2] ①어떤 시기의 앞쪽. ㉠40대 전반의 주부. ②운동 경기 등에서, 시간을 절반씩 둘로 나누었을 때의 앞쪽 절반의 시간. ㉠우리 팀은 전반을 승리로 끝냈다. 【前半】

전반적 어떤 일이나 분야의 전부. ㉠선거는 전반적으로 잘 진행되었다.

전반전 운동 경기에 있어서 전체 경기 과정의 앞 절반의 경기. 반후반전. 【前半戰】

전방 전쟁터에서 적에 가까운 곳. ㉠전방으로 배치되다. 비일선. 전선. 반후방. 【前方】

전번 지난번. 반금번. 【前番】

전:별 잔치를 베풀어 이별하여 보냄. 비전송. 반영접. -하다.

전:보 전신으로 보내거나 받거나 하는 통신이나 통보. -하다.

전복[1] 바다에서 나는 커다란 조개. 몸은 갈색 또는 푸른빛을 띤 자갈색임. 살은 식용하며 껍데기는 세공의 재료 또는 약재로 씀.

전:복[2] 뒤집혀 엎어짐. ㉠열차가 전복되다. -되다. -하다. 【顚覆】

전:봇대 [전보때] 전선을 이어 매달아 놓은 높은 말뚝. 전신주.

전:봇줄 전기가 통할 수 있도록 늘여 놓은 줄. 비전선.

전봉준〖사람〗[1853~1895] 조선 고종 때 동학 운동의 지도자. 녹두장군이라고도 불렸는데, 백성을 구하고자 전라도 지방에서 기세를 올렸으나, 청·일군의 출동으로 뜻을 못이루고 체포되어 서울에서 처형됨. 호는 해몽. 【全琫準】

전부 모두. 하나도 빠짐없이 온통. 비전체. 반일부.

전:분 쌀·보리·감자 등에 많이 포함되어 있는 흰색 가루. 탄수화물의 한 가지. 녹말.

ㅈ

전분 육(6)등 조선 시대 세금 제도의 하나. 세종 26년(1444) 토지를 6등급으로 나누어 세금의 기준을 정하였음.

전:사[1] 전쟁터에서 싸우다가 죽음. 비전몰. -하다. 【戰死】

전:사[2] 나라·민족·조직 등을 위하여 싸우는 사람. 【戰士】

전:산 컴퓨터나 전자 계산기 등으로 계산을 하거나 정보를 처리하는 것. 예전산 처리. 【電算】

전:산망 업무가 전산으로 처리되도록 컴퓨터들이 서로 그물처럼 연결되어 있는 조직. 【電算網】

전:산실 전산 처리 시설이 설치되어 있는 곳. 【電算室】

전산 처리 어떤 일이나 업무를 컴퓨터로 처리함.

전산 처리 시스템 어떤 일이나 업무를 컴퓨터로 할 수 있도록 짜여진 조직.

전생 불교에서 말하는 세 가지의 세계 중 하나로, 이 세상에 나오기 이전에 태어났던 세상. 반내생. 이생. 【前生】

ㅈ

전:선[1] 적과 마주 대하고 있는 지역. 예서부 전선. 비일선. 【戰線】

전선[2] 따뜻한 공기와 찬 공기의 경계면이 땅과 닿는 곳. 예온난 전선.【前線】

전:선[3] 전원과 전기 기기를 이어서 전기가 흐르도록 하는 데 쓰이는 구리줄. 전깃줄. 【電線】

전:선[4] 전쟁에 사용하는 배. 비전함. 병선. 【戰船】

전설 오래 전부터 전하여 내려오는 말이나 이야기. 【傳說】

전성기 가장 번성한 시기. 예고구려는 광개토 대왕 때에 전성기를 이루었다. 【全盛期】

전성 시대 한창 왕성한 시대.

전:세[1] 전쟁이 되어 가는 형편. 예전세가 유리하다. 비전황. 【戰勢】

전세[2] 일정 금액을 주인에게 맡기고, 부동산을 빌려 쓰는 일. 예집을 전세 들다. 【傳貰】

전세계 세계의 전체. 온 세계 모든 나라. 예전세계의 평화를 위해 싸우다. 【全世界】

전세금 전세를 얻을 사람이 집이나 방의 주인에게 맡기는 돈. 비전셋돈. 【傳貰金】

전세방[전세빵] 전세로 빌려주는 방. ×전셋방.

전셋집[전세찝] 전세로 빌려주는 집.

전속 어떤 단체에 오로지 딸리어 있음. 예전속 합창단. -하다.

전속 단체 어떤 한 곳에 딸리어 있는 단체.

전속력[전송녁] 힘껏 다 낸 속력. 예전속력으로 달리다. 【全速力】

전:송[1] 사진 따위를 전류 또는 전파를 이용하여 멀리 떨어진 곳으로 보냄. -하다. 【電送】

전:송[2] 떠나는 사람을 바래다 줌. 예친구를 전송하다. 비배웅. 반마중. -하다. 【餞送】

전:송 사진 전송된 사진. 사진의 밝고 어둠을 전류의 세고 약함으로 바꾸어서 전파에 실어 먼 곳으로 보내어 그것을 다시 사진으로 찍어 낸 것.

전수[1] 전하여 받음. 예비법을 전수받다. -하다. 【傳受】

전수[2] 전하여 줌. 예도자기 만드는 기술을 전수하다. -되다. -하다.【傳授】

전:술 ①전쟁에 대한 술법, 또는 그 기술. ②어떠한 목적을 효과적으로 이루기 위한 방법. 【戰術】

전승[1] 시합에서 한 번도 지지 않고 이김. 반전패. -하다. 【全勝】

전승[2] 계통을 전하여 받아 이음. 예기술을 전승하다. -하다. 【傳承】

전:승[3] 전쟁에서 이김. 예전승 기념비. 비승전. 반패전. -하다.【戰勝】

전:시[1] 늘어놓아 보임. ㉩작품 전시. -되다. -하다. 【展示】

전:시[2] 전쟁을 하고 있는 때. ㉩전시 체제. 반평시. 【戰時】

전:시관 전시를 하기 위한 건물.

전:시물 전시된 물건. 【展示物】

전:시실 전시를 하기 위해 마련된 방. 【展示室】

전:시장 여러 가지 물품을 한 데 늘어놓고 보이는 곳. 【展示場】

전:시품 전시되는 물건이나 작품.

전:시회 우수한 그림·글씨·상품·학술적인 표본 등을 많은 사람들이 보도록 하는 모임. ㉩도자기 전시회. 【展示會】

전신[1] 몸의 전체. 온 몸. 【全身】

전:신[2] 변하기 전의 본체. 바뀌기 전의 신분. 【前身】

전:신[3] 전류를 이용하여 문자나 부호로 주고 받는 통신. 【電信】

전:신기 전자석에 전류를 통하면 앞에 있는 철편을 끌어 붙이고, 전류를 끊으면 철편을 놓는 성질을 이용하여 통신하는 장치. 송신기와 수신기가 전선으로 연결됨.

전:신사 전신기를 써서 통신을 하는 사람.

전신 운동 온몸을 고루 움직이는 운동. 【全身運動】

전신 전화국 전화·전보 등의 통신을 맡아 일을 처리하는 기관.

전심 마음을 오로지 한 곳에만 집중함. ㉩수출 증대에 전심하다. -하다. 【全心】

전심전력 온 마음과 온 힘.

전:압[저납] 전기가 흐르는 힘의 세기. 단위는 볼트(V). 【電壓】

전액[저낵] 전체의 액수. 【全額】

전야[저냐] 어젯밤. 전날 밤. 【前夜】

전야제[저냐제] 어떤 큰 행사의 전날 밤에 벌이는 행사. 【前夜祭】

전업농[저넘농] 한 가지 농작물만 키우는 농부나 농가. 【專業農】

전역[저녁] 어떤 곳의 전체 지역. ㉩아시아 전역. 【全域】

전연[저년] 아주. 도무지. 전혀. ㉩전연 몰랐던 사실. 【全然】

전:열[저녈] 전류에 의하여 생기는 열. ㉩전열을 이용한 기구.

전:열기[저녈기] 전류에 의해 열을 생기게 하는 기구.

전:열선[저녈썬] 전류를 통해 전열을 발생시키는 도선.

전염[저념] ①병균이 남에게 옮음. ②좋지 않은 버릇이나 태도 등이 전하여 물이 듦. -되다. -하다.

전염병[저념뼝] 병균이 공기·음식 등을 통해 다른 사람에게 옮는 병〔콜레라·장티푸스 등〕. 비돌림병.

전염성[저념썽] 병 따위의 전염이 되는 성질. ㉩이 눈병은 전염성이 강하다. 【傳染性】

전용[저뇽] ①혼자서 씀. ㉩사장님 전용 승용차. ②한 가지만을 씀. ㉩한글 전용. 반공용. 【專用】

전:우[저누] 같은 부대 또는 전쟁터에서 같이 지내는 벗. ㉩전우들의 모임. 【戰友】

전원[1] ①논밭과 동산. ②시골. 교외. ㉩전원 생활. 【田園】

전원[2] 전체의 사람. ㉩전원이 출석하다. 【全員】

전:원 스위치 전력을 공급하는 버튼.

전원 주택 도시 근처에 시골 생활의 멋을 느끼게 지은 집.

전월[저눨] 지난달. ㉩전월 잔액은 3만원이었다. 【前月】

전:율[전뉼] 놀랍거나 두려워서 몸이 벌벌 떨림. -하다.

전:의[저니] 싸우려는 위지. ㉩전의를 상실하다. 【戰意】

전:이되다[저니되다] ①한 곳에서 다른 곳으로 옮겨지다. ㉩문화는

한 나라에서 다른 나라로 전이되기도 한다. ②한 상태에서 다른 상태로 바뀌어지다. 예우리 나라는 농경 사회에서 산업 사회로 빠르게 전이되었다.

전인 교육 지식에만 치우친 교육이 아니고, 성격 교육·정서 교육 등도 중요하게 여기는 교육.

전임[저님] 바로 전에 그 임무나 책임을 맡아 하던 사람. 예전임 장관. 반후임. 【前任】

전:입 ①이 학교에서 저 학교로 옮기어 들어감. ②사는 곳을 옮기어 들어감. 반전출. 【轉入】

전:입자[저닙짜] 거주지를 다른 곳으로부터 옮겨온 사람. 【轉入者】

전:자[1] 물질의 원자를 구성하고 있는 소립자. 음전기(-)를 띠고 원자핵의 주위를 돎. 【電子】

전자[2] 앞에서 말한 둘 가운데서, 먼저 말한 것. 반후자. 【前者】

전자 계산기 글자판을 눌러 덧셈·뺄셈·곱셈·나눗셈 등의 간단한 계산을 자동으로 하는 기계.

ㅈ

전자 레인지 고주파로 가열하는 조리 기구. 고주파 전자중의 분자가 심하게 진동하여 열을 발생하는 것을 이용하는 것임.

전:자석 철심에 코일을 여러번 감아 이 코일에 전류를 통하면 자석의 성질을 띠고, 전류를 끊으면 자석의 성질을 잃도록 해놓은 자석. 본전기 자석.

전자 오락 기계에 입력된 오락 프로그램을 실행하여 하는 놀이.

전자 오락기 소형 컴퓨터를 가정용 텔레비젼에 부착하여 만든 오락용 기기.

전자 제품 일상 생활에서 쓰는, 전자 장치를 이용하여 만든 물건(냉장고·텔레비전 등).

전:장 전쟁이 일어난 곳. 싸움터. 비전쟁터. 【戰場】

전:쟁 나라와 나라 사이의 싸움. 비전투. 반평화. -하다. 【戰爭】

전:쟁 고아 전쟁으로 말미암아 부모를 잃은 고아.

전:쟁 놀이 전쟁 흉내를 내며 노는 놀이. -하다.

전:쟁 물자 나라와 나라 사이의 싸움에 쓰이는 물품.

전:쟁시 전쟁을 할 때. 반평화시. 준전시. 【戰爭時】

전:쟁터 전쟁이 벌어지는 곳. 비전장.

전적[1][전쩍] 관련된 모든 일. 예이번 일은 전적으로 내 잘못이다. 【全的】

전:적[2] 경기나 시합에서 싸워서 얻은 성적. 예3승 1패의 전적. 【戰績】

전적지 전쟁이 벌어지고 있는 곳. 비싸움터. 전장. 【戰跡地】

전:전긍긍하다 마음을 졸이며 걱정하다.

전:정 나무 모양 따위를 좋게하거나 열매를 잘 맺게 하려고 나뭇가지의 일부를 자름. 가지치기.

전:정 가위 나뭇 가지를 자를 때에 쓰는 가위.

전제 어떤 일이 이루어지기 위해서는 먼저 되어 있어야 하든가 해결해야 하는 사실이나 조건. 예구입을 전제로 한 상품 조사. -되다. -하다. 【前提】

전제주의 국민의 의사를 존중하지 아니하고 지배자에 의하여 정치가 행하여지는 주의. 반민주주의. 입헌주의. 【專制主義】

전조등 자동차나 기관차의 앞에 단 등. 헤드라이트. 【前照燈】

전주[1]〖지명〗 전라 북도의 도청 소재지. 제지 공업·합죽선·전주 비빔밥이 유명함. 【全州】

전주[2] 예식이나 노래가 시작되기 전에 반주 악기로만 연주되는 짧은 부분. 【前奏】

전주곡 ①어떤 곡의 앞에 붙어서 연

주되는 곳. ②어떤 일이 벌어지기 전에 미리 짐작하게 해 주는 일. 비서곡. 【前奏曲】

전:지[1] 화학 에너지를 전기 에너지로 바꾸어서 이용할 수 있도록 한 전기 기구. 배터리. 【電池】

전지[2] 신문지 두 장을 편 크기의 자르지 않은 종이. 【全紙】

전지 끼우개 전지를 끼워 고정 시키고, 양극과 음극에서 전선을 끌어 낸 전기 기구. 전지 홀더.

전지전능하다 모든 것을 다 알며 모든 일을 할 수 있다. 예전지전능하신 하나님.

전직 전에 가졌던 직업이나 직책. 예전직 경찰관. 【前職】

전진 앞으로 나아감. 반후퇴. 후진. -하다. 【前進】

전집 같은 종류의 책을 모은 것. 예세계 동화 전집. 【全集】

전:차[1] 전기의 힘으로 철로 위를 달리는 차. 【電車】

전:차[2] ⇨탱크. 【戰車】

전천후 어떠한 기상 조건에서도 사용, 또는 활용할 수 있는 것. 예전천후 전투기. 【全天候】

전:철[1] '전기 철도'의 준말. 전기의 힘으로 철길 위를 달리는, 한 번에 많은 사람을 태워 나르는 차.【電鐵】

전철[2] 남이 과거에 잘못한 경험이나 남의 실패의 예. 예선배의 전철을 밟지 않도록 노력하자. 【前轍】

전:철역 전철이 승객을 태우고 내리게 하기 위해 잠시 멈추는 정거장.

전체 무엇의 모든 부분. 비전부. 반부분. 【全體】

전체적 전체에 관계되는 것. 전체를 나타내는 것. 예전체적인 줄거리를 요약해 보자. 반부분적.

전:축 전기의 힘으로 음반을 돌려 소리를 재생하고 크게 하는 장치.

전:출 ①살던 곳을 떠나 다른 곳으로 옮겨 가는 것. 예전출 신고. ②근무하던 데서 다른 데로 옮겨 가는 것. 예희망하던 근무지로 전출되어 가다. 반전입. 【轉出】

전통 이어받은 여러 계통. 역사적으로 이어온 습관. 【傳統】

전통 가옥 한 사회에서 보통 사람들이 예전부터 살아오는 모양의 집.

전통 문화 조상들로부터 전해져 내려온 문화. 【傳統文化】

전통 예술품 역사적으로 이어 온 예술미를 표현한 작품.

전통적 전통에 속한 것. 전통에 관한 것. 예씨름은 전통적인 놀이의 하나이다. 【傳統的】

전통 혼례식 예전부터 한 민족이나 사회에서 전해오는 형식의 결혼식.

전:투 군대의 힘으로 적과 싸우는 일. 예전투에서 승리하다. 비전쟁. -하다. 【戰鬪】

전:투기 적기를 쳐부수거나 아군의 폭격기를 엄호하는 비행기를 이르는 말. 【戰鬪機】

전:투력 전쟁을 해 낼 수 있는 힘. 예전투력을 향상시키다. 【戰鬪力】

전파[1] 널리 퍼뜨림. 퍼뜨리거나 퍼져 감. -하다. 【傳播】

전:파[2] 전자파 중 전기 통신용으로 알맞은 파장〔무선 통신·라디오 등에 쓰임〕. 【電波】

전:파 망원경 천체로부터 전파를 수신하여 관측하는 장치.

전:파 탐지기 ⇨레이더.

전편 두세 편으로 나뉜 작품의 앞의 편. 반후편. 【前篇】

전폭적 도움이나 찬성이 아낌이 없는 것. 예전폭적인 지원을 해 주다.

전표 은행·회사 등에서 금전 출납 내용을 간단히 적어서 책임을 분명히 하는 쪽지. 【傳票】

전:하 지난날, 왕이나 왕비를 높여 부르던 말. 【殿下】

전하다 ①물려 내려 주다. ②이어 받아 가다. ③이 곳에서 저 곳으로 옮겨 주다. ④소식을 알려 주다. (예)안부를 전하다.

전:학 다니던 학교에서 다른 학교로 옮겨 가서 배움. -하다.

전:함 전쟁할 때 쓰이는 배. (비)군함. (본)전투함. 【戰艦】

전항 ①앞에 적혀 있는 사항. ②산수에서 둘 이상의 수나 부호 중의 앞에 있는 항. (반)후항. <보기> 2:3에서 2가 전항, 3이 후항임.

전:해질 물이나 용매에 녹아 전기를 일으켜 흐르게 하는 물질〔산·염기 따위〕. (반)비전해질.

전해 콘덴서 양극과 음극으로 갈라진 액체 물질을 이용하여 많은 양의 전기를 모아 두는 장치.

전혀 도무지. 조금도. (예)중은 고기를 전혀 먹지 않는다.

전:형 인물의 됨됨이나 재능을 시험하여 뽑음. (예)신입생을 전형하다. -하다. 【銓衡】

전:화 ①전화기로 말을 주고 받는 일. ②'전화기'의 준말. -하다.

전:화국 전화 가입자들의 전화 회선을 집중시켜 교환·중계 또는 새로운 가설 등의 업무를 맡아 보는 곳. 【電話局】

전:화기 말을 전파나 전류로 바꾸었다가 다시 말로 바꾸어 전하는 기계. (준)전화. 【電話機】

전화 번호 전화 가입자의 전화기마다 매겨져 있는 고유 번호.

전화 벨 전화가 걸려 오는 것을 소리 신호로 알려 주는 장치, 또는 그 소리. 【電話 bell】

전:화 위복 불행한 일이 바뀌어서 도리어 복이 됨. 【轉禍爲福】

전:화통 전류나 전파를 통해 멀리 떨어져 있는 사람과 이야기 할 수 있게 만든 기계.

전:환 이리 저리 바뀜. (예)기분 전환으로 여행을 가다. -하다.

전:환국 조선 말에 화폐를 찍어 내는 일을 하던 관청.

전:환점 방침·경향·상태 등이 바뀌는 계기나 시점. (예)갑오개혁은 우리 나라 역사의 전환점이 되었다. 【轉換點】

전:황 전쟁이 되어 가는 형편이나 모양. 【戰況】

전후 ①앞과 뒤. ②처음과 마지막. ③어떤 수량의 안팎. 【前後】

전후좌우 ①앞과 뒤와 왼편과 오른편. 사방. ②어떤 일의 모든 사정이나 형편. (예)무슨 일을 할 때는 전후좌우를 재 보고 결정해라.

절[1] 남을 높이는 뜻으로, 또는 제사의 의식으로 몸을 굽혀 보이는 몸짓. -하다.

절[2] 여러 개의 문단이 모여 하나의 노래나 글을 이루는 경우의 그 한 문단. (예)애국가 1절. 【節】

절[3] 불상을 몸셔 놓고 불도록 닦기 위하여 중들이 거처하는 곳. (비)사찰.

절감 절약하여 줄임. (예)경비를 절감시키다. -하다. 【節減】

절개 옳은 일을 지키어 뜻을 굽히지 아니하는 굳은 마음씨와 굳건한 기개. (예)춘향의 절개. 【節概】

절경 더할 수 없이 아름다운 경치. (비)가경. 【絶景】

절교 서로 사귐을 끊음. 교제를 끊음. -하다. 【絶交】

절구 곡식을 찧거나 빻고 떡을 치는 데 쓰는 기구.

절구통 곡식을 찧거나 빻는 데 쓰기 위해 통나무나 돌의 속을 파내어 우묵하게 만든 기구.

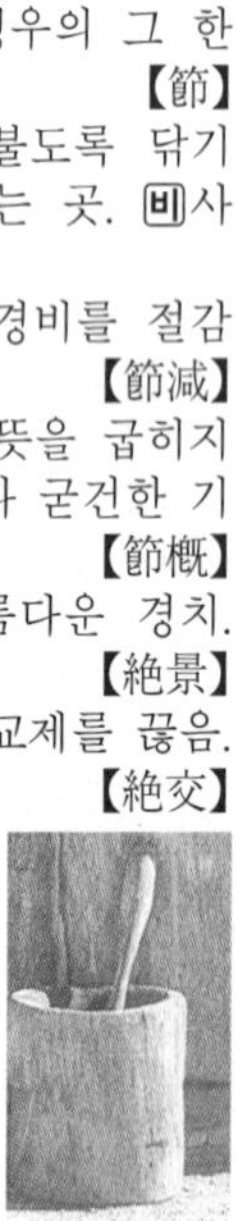
[절구통]

절굿공이[절구꽁이] 절구에 곡식 따위를 넣어서 찧거나 빻는 데 쓰는, 굵은 몽둥이 모양의 기구.
절규 힘을 다하여 부르짖음. -하다.
절기 ①한 해를 24등분하여 나타낸 하나. ②절기 가운데 양력 매월 상순에 드는 절기〔입춘·경칩·청명 등〕. 【節氣】
절:다[1](저니, 저오) 걸음을 절뚝거리다. ㊀다리를 절다.
절:다[2] 채소에 소금물이 배어들어 빳빳한 기운이 없어지다. ㊀배추가 알맞게 절다.
절단[절딴] 잘라 냄. ㊀나무를 절단하다. -하다. 【切斷】
절대[절때] 상대하여 비교될 만한 것이 없음. ㊀절대 권력.
절대 다수 매우 높은 비율의 다수. ㊀회원의 절대 다수가 찬성하다.
절대로[절때로] 어떤 일이 있어도. 도무지 아주. 조금도. ㊀절대로 담배는 피우지 마라.
절대 왕권 시대 나라의 모든 권력을 왕이나 황제가 쥐고 있던 시대.
절대자 무엇에도 의존하지 않고 간섭 받지 않는 그 자체로서 완전한 존재. 신. 【絶對者】
절대적[절때적] 다른 것과 비교하거나 같은 것으로 취급할 수 없는. ㊥상대적.
절도[1][절또] 남의 물건을 몰래 훔침, 또는 그런 짓을 한 사람. 【竊盜】
절도[2] 행동이 규칙적이고 질서가 있는 것. ㊀군인들의 동작에는 절도가 있다. 【節度】
절뚝거리다 다리 하나가 짧거나 탈이 나서 자꾸 절다. ㊒절뚝대다. 절룩거리다.
절뚝절뚝 한쪽 다리가 짧거나 탈이 나서, 걸을 때 기우뚱거리는 모습. -하다.
절레절레 의심이나 반대의 뜻으로 고개를 자꾸 가로 흔드는 모양.
절로 ①'저절로'의 준말. ㊀절로 웃음이 나온다. ②'저리로'의 준말.
절룩거리다 다리를 절면서 걷다. ㊉쩔룩거리다.
절름발이[절름바리] 다리가 성하지 못하여 걸음이 온전하지 못한 사람.
절망 희망이 끊어짐. 희망을 버리고 단념함. ㊒실망. ㊥희망. -하다.
절망적 희망을 가질 수 없게 된 것. ㊀절망적인 상태.
절묘 매우 신기함. ㊀절묘한 솜씨. -하다. 【絶妙】
절미 쌀을 절약함. -하다.
절박 ①시기나 기일 등이 매우 가까이 닥침. ②여유가 없이 됨. ㊀절박한 상황. -하다.
절반 하나의 반. ㊒반절.
절벽 ①낭떠러지. ②아주 귀가 먹었거나 또는 사리에 어두운 사람을 얕잡아 이르는 말. ㊒낭떠러지. 벼랑. 【絶壁】
절색[절쌕] 빼어난 미인. 【絶色】
절수[절쑤] 수돗물을 아껴 씀. -하다. 【節水】
절수기 물을 아끼기 위해 수도 따위에 붙여 쓰는 기구.
절식 명절 때 해 먹는 음식. 【節食】
절실[절씰] ①마음 속 깊이 파고들다. ㊒간절. ②실제에 꼭 들어맞음. ③아주 긴요함. ㊀절실한 요구. -하다. -히. 【切實】
절실히 몹시 아쉽게. ㊀무엇을 잃어버리면 그 소중함을 절실히 깨닫게 된다.
절약[저략] 아껴 씀. 함부로 쓰지 않고 꼭 필요한 데에만 씀. ㊒검약. ㊥낭비. -하다. 【節約】
절연[저련] 관계를 끊는 것. 【絶緣】
절연체 전기나 열이 잘 통하지 않는 물체. 【絶緣體】

ㅈ

절이다[저리다] 소금을 뿌려서 절게 하다. ㉮배추를 소금에 절이다.
절전 전기를 아껴 씀. 【節電】
절절 방이 뜨겁게 달아 있는 느낌. >잘잘. ㉶쩔쩔.
절정[절쩡] ①산의 맨 꼭대기. ②어떤 일의 최고의 정도. 비정상.
절제[절쩨] ①정도에 맞추어 알맞게 조절함. ②알맞도록 스스로 억누름. 비극기. -하다. 【節制】
절지 종이를 정해진 크기에 맞게 잘라 놓은 것. ㉮16절지. 8절지.
절지 동물 몸에 마디가 있는 작은 동물〔거미·지네 따위〕.
절차 일을 치르는 데 거쳐야 하는 순서나 방법. 수속. ㉮입국 절차를 밟다. 【節次】
절찬 지극히 칭찬함, 또는 그 칭찬. -하다. 【絶讚】
절찬리[절찬니] 대단한 칭찬을 받는 가운데. ㉮영화가 절찬리에 상영중이다. 【絶讚裡】
절충 어느 한편에도 치우치지 아니하고 이것과 저것을 취하여 알맞은 것을 얻음. -하다. 【折衷】
절친 아주 친근함. ㉮절친한 사이. -하다. 【切親】
절통 지극히 원통함. -하다.
절판 출판된 책이 다 팔린 뒤에 다시 더 찍어 내지 않는 것. -되다. -하다. 【絶版】
절편 떡살로 눌러 둥글거나 모나게 만든 멥쌀 떡.
절호 더할 나위 없이 좋음.
젊:다[점따] 나이가 적고 혈기가 왕성하다. 반늙다.
젊은이[절므니] 나이가 젊은 사람. 비청년. 반늙은이. 노인.
젊음[절믐] 젊은 상태. 젊은 시기.
점[1] ①작고 둥글게 찍힌 표나 자리. ②문장의 구절을 구별하기 위하여 찍는 표. 구두점. 【點】
점[2] 과학이 아닌 민속적인 방법으로 과거나 현재나 미래의 운이나 길흉을 따져 보는 일. 【占】
점거 어떤 곳을 강제로 차지하고 떠나지 않는 것. ㉮점거 농성. -하다. 【占據】
점:검 자세히 조사하거나 낱낱이 검사함. -하다. 【點檢】
점괘 앞날의 잘되고 못됨을 점쳤을 때 나온 결과. 【占卦】
점그래프 통계 도표의 한 가지. 점의 개수로 양의 많고 적음을 나타냄.
점대칭도형 도형의 한 점을 중심으로 하여 180°C 만큼 회전시켰을 때, 처음 도형과 꼭 맞아 포개지는 도형. 반선대칭도형.
점령[점녕] 일정한 땅이나 지역을 차지하여 제 것으로 함. 비점거. -하다. 【占領】
점막 소화관·기도·비뇨기 등의 내면을 덮는 끈끈하고 부드러운 막을 통틀어 이르는 말.
점박이[점바기] 얼굴이나 몸에 점이 많이 또는 크게 나 있는 사람이나 짐승.
점보 제트기 초대형 제트 여객기를 이르는 말. 한꺼번에 400명의 사람을 태울 수 있으며, 몸체 길이는 70m. 날개 길이는 60m나 됨〔'점보'란 '보잉747'을 달리 부르는 말로 '매우 크다' 또는 '거대하다'의 뜻임〕. 【jumbo jet機】
점뿌림 씨앗을 한 곳에 한 개 또는 몇 개씩을 일정한 사이를 두고 뿌리는 방법. -하다.
점선 점을 이어서 찍어 놓은 줄. ㉮점선으로 원을 그리다.
점성술 별의 빛이나 위치를 보고 점을 치는 방법. 【占星術】
점수[점쑤] ①성적을 나타내는 숫자. ②점의 수효. 【點數】
점:심 낮에 먹는 끼니.

점:심때 점심 먹을 만한 시간. 준점심.

점액[저맥] 생물의 몸에서 나오는 끈끈한 액체. 끈끈액.

점:원 상점에서 물건을 팔거나 심부름을 하는 사람.

점유[저뮤] 토지·가옥·시설 따위를 함부로 차지하여 자기 것으로 쓰는 행위. -되다. -하다.

점자[점짜] 종이 위에 도드라진 점들을 일정한 방식에 따라 배치해서 시각 장애자가 손가락으로 만져 보아 의미를 알아내게끔 한 글자. 【點字】

점자책 두꺼운 종이에 도드라진 점들을 일정한 방식으로 나타내어 맹인들이 손가락으로 더듬어 읽도록 만든 책.

점:잔 남에게 보이려고 예절에 맞게 구는 몸가짐이나 태도.

점:잖다[점잔타] 말이나 행동이 무게가 있고 의젓하다.

점쟁이 남의 신수나 사주팔자를 봐 주는 일을 직업으로 하는 사람.

점:점 조금씩 덜하거나 더하여 지는 모양. 예비가 점점 많이 내린다. 비점차. 【漸漸】

점:점세게 악보에서 표시가 있는 부분부터 점점 더 세게 부르거나 연주하라는 기호. 반점점여리게.

점:점여리게 악보에서 표시가 있는 부분부터 점점 더 작고 약하게 부르거나 연주하라는 기호. 반점점세게.

점찍다 여럿 가운데 하나를 마음 속으로 정하다. 예장래의 며느릿감으로 점찍어 둔 처녀.

점:차 차례를 따라 점점.

점치다 앞날의 잘되고 못됨을 미리 점으로 알아보다.

점토 물에 이기면 차지고 끈끈해지며, 수분을 잘 흡수하는 성질이 있는 흙. 도자기·벽돌 등의 원료가 됨. 비찰흙. 【粘土】

점판암 점토가 굳어서 된 검은 빛의 돌. 넓게 쪼개지는 성질이 있음.

점퍼 놀이나 운동하기에 알맞은 활동적인 웃옷. 잠바. 【jumper】

점:포 손님에게 물건을 팔거나 편의를 보아주는 가게나 업소. 비가게. 상점. 【店舖】

점프 뛰어오름〔육상 경기의 멀리 뛰기·높이뛰기·삼단뛰기·장대뛰기 등〕. -하다. 【jump】

점호 단체 생활에서 한 사람씩 이름을 불러 모두 다 있는 지를 확인하는 일. -하다. 【點呼】

점화 불을 켬. 불을 붙임. 반소화. -하다. 【點火】

점획 글자를 이루는 점과 획.

접 마늘·무·배추 따위의 100개를 세는 말. 예마늘 한 접.

접견 직접 대하여 봄. 예외국 사절을 접견하다. -하다. 【接見】

접골 어그러지거나 부러진 뼈를 이어 맞춤. -하다. 【接骨】

접근 가까이 다가옴. 바싹 다가붙음. 비근접. -하다. 【接近】

접눈[점눈] 접붙이기를 할 때에 접가지에 같이 붙여서 자른 눈.

접다 ①꺾어서 겹치다. 예종이를 접다. ②폈던 것을 본디의 모양이 되게 하다. 예우산을 접다.

접대 손님을 대접함. -하다.

접:때 얼마 전. 지난번. 예접때 빌려간 책 돌려줘.

접목[점목] 품종 개량이나 번식을 위해 같거나 비슷한 종류끼리 서로 다른 나무를 이어 붙이는 것. -하다. 【接木】

접붙이기 한 나무에 다른 나무의 가지나 눈을 따다 붙이는 방법. 접목.

접속 서로 맞대어 이음. -하다.

접수 받아들임. 예원서를 접수하다. -하다. 【接受】

접시 반찬이나 과일 따위를 담는 얇고 납작한 그릇.

ㅈ

접시꽃 잎이 넓고 심장 모양이며 키가 크고 곧은 줄기에 빨간 또는 하얀 꽃들이 죽 붙어 피는 화초.

접안 렌즈 현미경·망원경 따위의 눈을 대는 쪽의 렌즈.

접어들다[저버들다] ①방향을 바꾸어 어떤 길로 들어서다. ㉮골목길로 접어들다. ②어느 시기나 나이에 들어서다. ㉮장마철로 접어들다. 비들어서다.

접영[저병] 두 손을 동시에 앞으로 뻗쳐 물을 아래로 끌어내리고, 양다리를 모으고 몸을 아래 위로 움직이며 발등으로 물을 치면서 나아가는 수영 방법.

접전[접쩐] ①서로 어울려 싸움. 맞붙어 싸움. ②서로 힘이 비슷하여 승부가 쉽게 나지 않는 싸움. －하다. 【接戰】

접종 약하게 만든 병균이나 바이러스를 사람이나 동물의 몸에 넣어 그런 병균이나 바이러스를 이겨 내는 요소(항체)를 생기게 하는 일. ㉮예방 접종. －하다.

접지 감전을 막기 위해 전기 기기에 전선을 이어 땅에 연결한 장치.

접착 달라붙음. 붙임. －하다.

접착력[접창녁] 한 물체가 다른 물체에 달라붙는 힘.

접착제 금속·목재·플라스틱 따위를 붙이는 데 쓰이는 약품이나 풀 종류. 【接着劑】

접촉 ①맞붙어서 닿음. ②서로 사귐. ㉮외국인과 자주 접촉하다. －되다. －하다. 【接觸】

접필 붓으로 글씨를 쓸 때, 서로 다른 점이나 획끼리 붙여 쓰는 것. －하다. 【接筆】

접하다[저파다] ①무엇이 무엇과 가까이 있거나 마주 붙어 있다. ㉮내 고향은 바다와 접해 있다. ②무엇을 알게 되거나 경험하다. ㉮어려운 일에 접하더라도 포기하지 마라.

접합 한데 대어 붙임. －하다. 【接合】

접히다[저피다] 접어지다. ㉮신문이 곱게 접힌 채 책상에 놓여 있다.

젓[젇] 새우·멸치 등의 생선을 소금에 짜게 절여 발효시킨 반찬. 비젓갈.

젓가락 음식이나 그 밖의 다른 물건을 집는 데 쓰는 한 벌의 막대기.

젓갈[젇갈] 조개·새우·생선의 내장 따위를 소금에 절여 발효시킨 먹을거리. 비젓.

젓ː다[젇따](저으니, 저어서) ①배를 움직이려고 노를 휘두르다. ②액체를 고르게 하기 위하여 섞다. ③거절하거나 싫은 뜻을 말대신 손이나 머리를 흔들어 나타내다. ㉮고개를 가로젓다.

젓대 가로 대고 부는 악기를 통틀어 이르는 말. 저.

정[1] ①느끼어 일어나는 생각이나 마음. ②사랑하는 마음. 【情】

정ː[2] 돌에 구멍을 뚫거나 쪼아서 다듬는 데 쓰는 쇠로 만든 연장.

정ː[3] 알약을 세는 말. ㉮이 약은 한 박스에 100정씩 포장되어 있다. 비알. 【錠】

[정[2]]

정ː[4] 정말로. 참으로. 진심으로. ㉮정 가겠다면 내일 아침에 가거라.

정ː가[정까] 정하여진 값. 일정한 가격. 값을 매김. 【定價】

정ː각 조금도 틀림이 없는 바로 그 시각. ㉮9시 정각에 수업을 시작한다. 【正刻】

정ː각뿔 밑면이 정다각형이고, 옆면이 모두 합동인 이등변삼각형으로 이루어진 각뿔.

정갈하다 모양이나 분위기가 깨끗하고 정돈되어 있다. ㉮정갈한 옷차림. －스럽다. －히.

정감 사람의 마음에 호소해 오는 것 같은 느낌. ㉮정감이 넘치다.

정강이 아랫다리의 앞쪽에 뼈가 있는 부분. ×정갱이.
정거장 기차가 머물러 사람이 타고 내리거나 짐을 싣고 내릴 수 있도록 설비를 갖춘 곳.
정결 깨끗하고 조촐함. ㉮아이들 방이 정결하다. -하다. -스럽다.
정겹다(정겨우니, 정겨워서) 정에 넘치는 듯하다. 아주 다정하다.
정경 ①광경. ㉮봄의 정경. ②가엾은 처지에 놓여 있는 딱한 모습.
정계 정치 및 정치가의 세계. ㉮정계에 입문하다. 【政界】
정:계비 1712년에 조선과 청나라의 국경선을 표시하기 위하여 백두산 위에 세운 비석. 【定界碑】
정:곡 어떤 사물의 가장 중심이 되는 요점. 핵심. ㉮정곡을 찌르는 질문. 【正鵠】
정:과 여러 가지 과일·생강·연의 뿌리·인삼 따위를 꿀이나 설탕물에 넣어 졸여 만든 음식. 【正果】
정관 고환에서 만들어진 정자를 저장하는 주머니인 정낭으로 보내는 가느다란 관. ㉮정관 수술. 【精管】
정교 촘촘하고 자세하며 교묘함. ㉮정교한 바느질 솜씨. -하다.【精巧】
정구 ①테니스. ②'연식 정구'의 준말. 【庭球】
정권[정꿘] 정치를 행하는 권력. ㉮정권을 잡다. 【政權】
정:규 정식으로 규범이 정해진 것. ㉮정규 교육.
정글 열대의 밀림. 【jungle】
정글 짐 어린이들의 운동 시설. 둥근 나무나 쇠파이프를 가로 세로로 짜 맞춘 것으로, 어린이들의 놀이 기구. 【jungle gym】
정:기[1] 정한 기한, 또는 기간. ㉯부정기. 【定期】
정기[2] 모든 사물의 생성과 활동의 근원이 되는 기운. ㉮민족 정기.【精氣】
정기 시장 일정한 날짜를 정하여 일정한 장소에서 정기적으로 서는 시장.
정기 예금 미리 일정한 기간을 정하여 그 기간 중에는 찾을 수 없는 예금.
정:기적 정해진 기간이나 날짜에 맞추어 하는 것. ㉮건강할 때 정기적으로 건강 진단을 받아야 한다.
정기 적금 일정한 기간에 다달이 조금씩 저금을 하여, 만기가 되면 처음에 정해 놓은 액수를 한꺼번에 찾는 예금.
정나미 사물이나 사람에 대한 애정. ㉮정나미 떨어지는 소리 좀 그만해라.
정낭 남자 생식기 속에서 정액을 만드는 주머니 모양의 기관.
정년 공무원이나 회사 직원이 그 직에서 물러나도록 정해져 있는 나이. ㉮정년 퇴직. 【停年】
정년 퇴직 정년에 이르러 직장에서 물러나는 것.
정녕 틀림없이. 꼭. ㉮정녕 떠나려느냐?
정:다각형 다각형 가운데서 변의 길이와 각의 크기가 모두 같은 다각형.
정:단층 강한 횡압력으로 지각에 틈이 생겨 이에 따라 지반이 깨어져 된 층.
정담 서로 주고받는 정다운 이야기. ㉮친구들과 오순도순 정담을 나누다. 【情談】
정:답 옳은 답. 바른 답. ㉯오답.
정답다(정다우니, 정다워서) 의가 좋다. 사이가 가깝다.
정당[1] 나라를 다스리는 데 있어 같은 생각이나 주장을 갖는 사람들끼리 모인 단체. ㉥당. 【政黨】
정:당[2] 바르고 옳음. 이치에 알맞음. ㉮정당한 주장. ㉥타당. ㉯부당. -하다. -히. 【正當】

ㅈ

정:대하다 사사롭지 않고 바르고 옳다. [예]공명 정대한 처사.

정도 ①알맞은 한도. ②얼마 가량의 분량. 【程道】

정:도전〖사람〗[1337～1398] 조선을 세우는 데 큰 공을 세운 정치가이며 학자. 호는 삼봉. 【鄭道傳】

정독 내용을 여러모로 따져 가며 읽음. 새겨 읽음. [예]책은 한 번을 읽더라도 정독을 해야 한다. [반]다독. -하다. 【精讀】

정:돈 가지런히 정리하여 바로잡음. [비]정리. -하다. 【整頓】

정동〖지명〗 서울 특별시 종로구에 있는 동의 이름.

정들다(정드니, 정드오) 정이 깊어지다. [예]정든 고향.

정력[정녁] 활동할 수 있는 힘. 정신과 기력. [비]원기. 【精力】

정:렬[정녈] 가지런히 줄지어 벌여 섬. -하다. 【整列】

정류장[정뉴장] 손님이 오르내리도록 버스나 전차가 머무는 곳. [비]정류소. 【停留場】

정:리[정니] 가지런하게 바로잡음. [비]정돈. -하다. 【整理】

정리 정돈 흐트러지고 어지러운 상태를 깨끗하고 가지런하게 바로잡는 것. [예]자기 주변을 정리 정돈하자. 【整理整頓】

정림사지 오(5)층 석탑 충남 부여 정림사에 세워진 백제의 대표적인 탑. 단조로우면서도 균형잡힌 점이 특색임.

정:립 원칙·이론·기본 따위를 바로 세우는 일. [예]사회 질서 정립. -되다. -하다. 【正立】

정:말 거짓이 없는 참말. [비]사실. [반]거짓말.

정:말로 사실대로 말하여. 진짜로. [예]너를 보니 정말로 반갑다.

정맥 몸의 각 부분의 피를 심장으로 나르는 핏줄. [반]동맥.

ㅈ

정:면 바로 마주 보이는 앞쪽 면. [반]후면. 측면. 【正面】

정:몽주〖사람〗[1337～1392] 고려 말의 충신·학자. 지방에 향교를 세워 유학의 발전을 꾀함. 이방원이 보낸 자객 조영규에게 선죽교에서 피살되었음. 호는 포은.【鄭夢周】

정묘 호란 1627년 인조 때, 후금의 침입으로 일어난 우리 나라와 후금 사이의 싸움. 인조가 강화도로 피난하였다가 항복함. 【丁卯胡亂】

정:문 건물의 앞쪽 면에 있는 문. [반]후문. 【正門】

정:문부〖사람〗[1565～1624] 조선 때의 의사. 임진왜란 때 경성에서 의병을 일으켜 공을 세움.

정물 ①정지하여 움직이지 않는 물건. 생명이 없는 물건. ②'정물화'의 준말. 【靜物】

정물화 꽃·과일·그릇 등 움직이지 않는 것을 배치하여 놓고 그린 그림. [준]정물. 【靜物畫】

정미소 동력을 이용하여 곡식을 찧거나 빻는 곳. [비]방앗간.

정밀 ①가늘고 촘촘함. ②아주 잘고 자세함. [예]정밀하게 설계된 집. [반]조잡. -하다. 【精密】

정밀 검사 작은 부분까지 조심하여 자세히 하는 검사.

정밀 공업 정밀한 기계나 장치를 만드는 공업.

정밀도[정밀또] 측량의 정밀함을 나타내는 정도. 상대 오차가 작을수록 정밀도가 큼.

정밀 묘사 대상물을 세밀하게 나타내는 일. -하다.

정밀화 대상물의 자세한 부분까지 세밀하게 그린 그림.

정박 배가 닻을 내리고 머무름. -하다. 【碇泊】

정박아[정바가] '정신 박약아'의 준말. 지능 발달이 매우 낮은 아이.

정:반대 완전히 반대되는 것.
정벌 적이나 죄 있는 무리를 군대로 써 침. 비정복. -하다.
정변 반란·혁명·쿠데타 따위 처럼 정치 권력 관계가 갑자기 바뀌는 것.
정보 사정이나 정황에 관한 자세한 소식, 또는 그 내용이나 자료. 예 정확한 정보. 【情報】
정보 기관 정보의 수집·분석·선전 및 통제 따위의 활동을 맡아보는 기관. 【情報機關】
정보 사회 정보가 가장 중요한 자원이 되어, 이를 이용하고 교환하고 만들어 내는 사람들의 온갖 활동이 벌어지는 사회. 비정보화 사회.
정보 산업 정보의 생산·수집·전달 따위를 다루는 사업.
정보지 특정 분야에 대해 자세한 정보를 제공하는 잡지.
정보 통신부 정보 통신·우편 대체·체신 예금 등의 일을 맡아 보는 중앙 행정 기구의 하나.
정보화 한 사회가 그 구성원들이 되도록 많은 정보를 정확하고 빠르고 효과적으로 주고받기 위하여, 최신 전자 통신 기술을 중심으로 하여 조직되는 것.
정보화 사회 정보의 생산·전달·유통 따위가 가장 중요한 자원이 되는 사회. 정보화가 실현된 사회. 비 정보 사회.
정복 어려운 일을 겪어 이겨냄. 예산을 정복하다. ②남의 나라를 쳐서 빼앗음. 비정벌. -하다. 【征服】
정부 ①정치를 하는 곳. ②국가의 통치권을 행사하는 국가 기관. 【政府】
정부미 쌀값 조절 및 군수용이나 구호용으로 충당하기 위하여 정부가 사들여 보유하고 있는 쌀. 반일반미. 【政府米】
정:비 뒤섞이거나 흩어진 것을 가다듬고 정리하여 바로 갖춤. 예제도 정비. -하다. 【整備】
정비 공장 차량·비행기 따위를 정비하여 고치기 위한 공장.
정:비례 한쪽의 양이 2배, 3배,…로 되면 다른 쪽의 양도 2배, 3배, …가 될 때, 두 양의 관계. 반반비례. -하다. 【正比例】
정:비소 자동차·배·비행기 따위가 제대로 작동하도록 보살피고 손질하는 곳. 【整備所】
정사[1] 정치와 관련된 일. 나라를 다스리는 일. 【政事】
정사[2] 남녀가 서로 육체적으로 사랑을 나누는 일. 【情事】
정:사각형 네 각이 모두 직각이고 네 변의 길이가 모두 같은 사각형. 비정방형. 정사변형.
정:삼각형 세 변의 길이와 세 각의 크기가 모두 같은 삼각형.
정:상[1] ①산 위의 맨 꼭대기. ②그 위에 다시 없는 것. 【頂上】
정:상[2] ①아무런 탈이 없는 제대로인 상태. 반비정상. ②일정하게 정혜진 것. 예정상 수업. 【正常】
정상[3] 한 사람이 처하여 있는 사정과 형편. 예정상을 참작하다. 【情狀】
정:상인 몸과 정신이 탈이 없는 사람. 【正常人】
정:상적 제대로 되어 있는 바른 상태인 것. 예정상적인 가정 생활. 반 비정상적. 【正常的】
정상 회담 두 나라 이상의 최고 지도자끼리 모여 하는 회담.
정:색 얼굴빛을 엄정하게 가짐. 예정색을 하고 말하다. -하다.
정서 사물에 부딪쳐서 일어나는 온갖 감정. 예정서가 불안한 아이.
정:서법 한 언어에서 글자·맞춤법·띄어쓰기·문장 부호 등을 바르게 적는 방법.
정서적 정서와 관련된 것. 정서를 일으키는 것. 예정서적으로 불안하다.

ㅈ

정:석 으레 따르기로 되어 있는 미리 정해진 방식. ㉠운전은 이렇게 하는 게 정석이야. 【定石】

정:선[1]〖사람〗[1676~1759] 조선 영조 때의 화가. 호는 겸재. 국내 명승 고적을 두루 돌아다닌 뒤 한국적 산수화풍을 세웠음. 작품으로는 〈여산초당도〉〈금강산 만폭동도〉 등이 있음. 【鄭敾】

정선[2]〖지명〗 강원도 남동부에 있는 군. 평창군·영월군 등과 맞닿아 있으며, 태백시·동해시 등이 가까이 있음. 【旌善】

정:설 일반적으로 옳다고 인정되고 있는 설. 【定說】

정성 참되어 거짓이 없는 마음. 비지성. 【精誠】

정성껏 정성을 다하여. ㉠부모님을 정성껏 모시다.

정성스럽다 정성을 다하는 태도가 보인다. ㉠환자를 정성스럽게 돌보다.

정성어리다 정성이 가득 배어 있다. ㉠정성어린 마음으로 음식을 준비하다.

ㅈ

정세 사정과 형세. 일이 되어가는 형편. ㉠세계 정세. 【情勢】

정:수[1] …-3, -2, -1, 0, 1, 2, 3,…과 같은 수. 즉 0과 자연수, 음의 정수를 통틀어 일컫는 수. 【整數】

정수[2] 깨끗한 물, 또는 물을 깨끗하게 하는 일. 【淨水】

정수기 더러운 물에서 깨끗하고 맑은 물로 걸러 내는 기구.

정수리 머리 위에 숫구멍이 있는 자리.

정숙[1] 태도가 바르고 조용함. ㉠도서관에서는 정숙해야 한다. -하다. -히. 【靜肅】

정숙[2] 여자로서 행실이 바르고 태도가 얌전함. 【貞淑】

정승 조선 시대에 영의정·좌의정·우의정의 벼슬 자리에 있는 사람.

정:시 정해진 시각. ㉠정시에 출근하다. 【定時】

정:식[1] 일정한 격식이나 의식. 반약식. 【正式】

정:식[2] 한 상에 일정한 가짓수를 정하여 차려 내는 음식. 【定食】

정식 종목 정식으로 지정된 경기 종목. ㉠태권도가 올림픽 정식 종목으로 채택됐다.

정신 마음이나 생각. ㉠정신을 집중하다. 비영혼. 반육체. 【精神】

정신과 ①정신의 병을 연구하고 치료하는 의학의 한 분야. ②정신의 병을 치료하는 병원. 【精神科】

정신 노동 주로 두뇌를 쓰는 노동. 반육체 노동. 【精神勞動】

정신대 2차 대전 때 일본군에 강제로 끌려갔던 우리 나라의 여자.

정신력 정신적인 힘. ㉠강한 정신력으로 어려움을 이겨내다. 【精神力】

정신 박약 지능 발달이 잘 되지 않아 판단 능력이 별로 없는 상태.

정신병 정신에 이상이 생긴 병.

정신 연령 실제 나이와는 달리 정신 능력이 발달한 정도를 나이로 나타낸 것. 【精神年齡】

정신적 정신에 의한 것. 정신에 중점을 둔 것. ㉠현대인은 정신적인 피로가 많아지고 있다. 반물질적. 육체적. 【精神的】

정신차리다 ①정신을 가다듬다. ②어떤 일의 실패의 원인을 알아서 반성하다.

정:악 속되지 않은 정통의 바른 음악. 반속악. 【正樂】

정약용〖사람〗[1762~1836] 조선 정조 때의 실학자. 호는 다산. 유형원·이익을 통해 내려온 실학 사상을 모아 완성하였음. 〈목민심서〉〈경세유표〉 등의 책을 썼음. 【丁若鏞】

정약전〖사람〗[1758~1816] 조선 후기의 실학자. 정약용의 형으로 흑

산도에서 물고기를 연구하여 〈자산어보〉라는 책을 썼음. 【丁若銓】

정어리 청어과의 바닷물고기. 몸빛은 등이 암청색, 옆과 배는 은백색임. 겨울철에 특히 맛이 좋음.

정:연하다 짜임새가 있고 가지런하다. 질서 있다. (예)질서 정연하게 서 있다. 정연히.

정열[정녈] 불이 일 듯 맹렬하게 일어나는 감정. (예)정열적인 음악. [비]열정. 【情熱】

정열적 정열이 강한 것. (예)정열적으로 일하다.

정:오 낮 열두 시. [반]자정. 【正午】

정:오각형 변의 길이와 각의 크기가 서로 모두 같은 오각형.

정원[1] 집 안에 나무·꽃 등을 가꾸어 놓은 마당. 【庭園】

정:원[2] 정해진 인원. 【定員】

정원사 정원의 풀이나 꽃이나 나무를 전문적으로 가꾸는 사람.

정월 한 해의 첫째 달. 1월. 【正月】

정유 원유에서 증유·경유 등의 기름을 만드는 일. -하다.

정유 공장 원유에서 여러 가지 기름을 만들어 내는 공장.

정유 재란 임진 왜란 뒤인 1597년 조선 선조 때, 일본이 대군 14만 명을 이끌고 우리 나라를 다시 침략해 온 난리. 【丁酉再亂】

정육 지방이나 뼈 따위를 발라 낸 살코기. 【精肉】

정:육각형 각 변의 길이와 각 내각이 모두 같은 육각형.

정:육면체 모두 같은 여섯 개의 정사각형으로 이루어진 입체.

정육점 돼지고기나 쇠고기 등 살코기를 파는 가게. [비]푸주간. 고깃간.

정:음 우리나라 글자의 본디 이름이자, 그 원리와 풀이를 적은 책의 이름. (본)훈민정음. 【正音】

정:음청 세종 25년 훈민정음을 만들기 위하여 대궐 안에 설치하였던 기관. '언문청'이라고도 함.

정:의[1] ①올바른 도리. [반]불의. ②바른 의의. 【正義】

정:의[2] 어떤 뜻을 뚜렷이 밝힌 것. 말의 뜻을 결정함. 【定義】

정:의감 올바른 도리를 지키려는 마음. [비]정의심. 【正義感】

정:의롭다 정의가 실현되고 지켜지고 있다. (예)정의로운 사회.

정:이품 지난날, 관직의 하나. 조선 시대 벼슬을 18품계로 나눈 것 중의 3번째의 품계.

정:이품 소나무 충북 보은군의 속리산 법주사 입구에 있는 소나무.

정:인보〖사람〗[1892～?] 역사학자이며 시인. 삼일절 노래, 광복절 노래, 개천절 노래 등의 노랫말을 짓기도 했음. 【鄭寅普】

정:인승〖사람〗[1897～1986] 국어학자. 일제 강점기에 국어 연구와 한글 운동에 힘썼음. 〈우리말 큰사전〉의 편찬에 참여하였음. 호는 건재. 【鄭寅承】

정:인지〖사람〗[1396～1478] 조선 세종 때의 학자이며 정치가. 호는 학역재. 집현전 학사로 한글을 만드는 데 힘썼으며, 권제·안지·최항 등과 〈용비어천가〉를, 김종서와 함께 〈고려사〉를 지음. 【鄭麟趾】

정인홍〖사람〗[1535～1623] 조선 광해군 때의 권신. 인조 반정 때 참형당함. 【鄭仁弘】

정:일품 고려·조선 때의 문무관의 벼슬의 첫째 등급.

정자[1] 경치가 좋은 곳에 놀기 위하여 지은 작은 집. 정각. 【亭子】

[정자[1]]

정:자[2] ①바른 글씨체로 또박또박 쓴 글자. ②한자의 약자가 아닌 본래의 글자. 【正字】

정자[3] 난자와 결합하여 새로운 생명체를 탄생시키는 바탕이 되는 수컷의 생식 세포. 【精子】

정자나무 집 근처나 길가에 있는 큰 나무.

정작 ①그 전에 생각했던 바와는 달리. (예)정작 하고 싶은 말은 못했다. [비]막상. ②실지로. 실제로. (예)정작 해보니 어렵다.

정:장 평상복과 대비되는, 정식으로 차린 차림새나 옷. -하다.

정적 아무 소리 없이 고요함.

정전[1] 전기가 한때 끊김. 【停電】

정전[2] 교전 중이던 양편이 합의에 따라서 싸움을 멈춤. (예)정전 협정. [비]휴전. -하다. 【停戰】

정전기 털·플라스틱 같은 물질들이 서로 비빌 때 생기는, 흐르지 않는 약한 전기. 【靜電氣】

정절 여자의 곧은 절개. (예)정절을 지킨 열녀. 【貞節】

정:정 잘못을 고쳐서 바로잡음. [비]수정. -하다. 【訂正】

정:정당당 바르고 떳떳함. (예)정정당당한 대결. -하다. 【正正堂堂】

정정하다 노인의 몸이 굳세고 건강하다.

정제 잘 골라 깨끗이 만듦. 정성들여 잘 만듦. -하다. 【精製】

정조[1]〖사람〗[1752~1800] 조선 제22대 임금(재위 1776~1800). 영조의 뜻을 이어 탕평책을 썼으며, 규장각을 설치하여 학문의 연구와 서적의 편찬에도 힘썼음. 【正祖】

정조[2] ①한 남편 만을 섬기는 여자의 굳은 마음과 행실. ②성적인 순결. [비]정절. 【貞操】

정:조식 농작물을 심을 때 간격을 일정하게 두고 줄을 맞추어 심는 방법. 줄모.

정족 산성 경기도의 강화도 남쪽에 있는 산성. 프랑스 군대가 강화도로 쳐들어왔을 때 이들을 쳐부순 장소로 유명함.

정:족수 회의에서 의결에 필요한 구성원의 출석수. 【定足數】

정:종 맑은 일본 술. 【正宗】

정좌 조용히 앉음. 마음을 가라앉히고 몸을 바르게 하여 앉음. 【靜坐】

정:중 예의를 갖추어 점잖고 무게가 있음. (예)정중히 인사를 하다. [비]공손. [반]경솔. -하다. 【鄭重】

정:중부〖사람〗[1106~1179] 고려 시대의 장수. 임금을 몰아내고 정권을 잡은 후에 무신들에 의한 정치를 시행함. 【鄭仲夫】

정중부의 난 고려 의종 때 정중부·이의방 등을 중심으로 하여 일어난 무신의 난(1770). 무신을 멸시한데 불만을 품고 보현원에서 난을 일으켜 문신들을 죽이고 왕을 새로이 세워 정권을 잡았음. 그후 무신의 세상이 되었음.

정:중히 예의를 갖추어 점잖고 조심스럽게. (예)어른께는 정중히 인사를 해야한다.

정지 중도에서 멎거나 그침. (예)동작을 정지하다. [반]진행. -하다.

정지선 횡단 보도 앞 등에서 자동차가 멈춰 서야 하는 위치를 나타내는 선. 【停止線】

정:직 마음에 거짓이 없고 바르고 곧음. [반]거짓. -하다. -히.

정:직성 거짓이 없는 바르고 곧은 성질. 【正直性】

정진 ①힘을 다하여 나아감. (예)학문에 정진하다. ②몸을 깨끗이 하고 마음을 가다듬음. -하다.

정차 차가 달리다가 한동안 멈추는 것. [비]정거. [반]발차. -하다.

정:착 한 곳에 자리잡음. (예)시골에 정착하여 살다. [비]정주. [반]유랑. 이주. -하다. 【定着】

정:착 생활 한 곳에 오래 자리를 잡

고 생활함. 【定着生活】

정찰[1] ①살펴서 알아 냄. ②몰래 적의 정세를 살핌. ㉠적진을 정찰하다. -하다. 【偵察】

정찰[2] 물건의 정해진 값을 적은 쪽지. ㉠정찰 판매. 【正札】

정찰기 정찰 활동을 하는 비행기.

정찰병 몰래 적의 정세를 살펴서 알아 내게 하기 위해서 보내는 병사.

정찰제 물건을 에누리 없는 정당한 가격으로 파는 제도.

정책 나라를 다스리는 목표나 방법. ㉠경제 정책. 【政策】

정:처 정한 곳. 일정한 곳. ㉠정처 없이 떠돌다. 【定處】

정:철〖사람〗[1536~1593] 조선 선조 때의 정치가이며 학자. 호는 송강. 우의정까지 지냈으나 당파 싸움에 몰려 오랜 기간을 귀양살이로 보냈음. 우리 나라 가사의 으뜸가는 대가로 〈관동별곡〉〈사미인곡〉 등 많은 작품을 남겼음. 【鄭澈】

정:체[1] 참된 모양. 본디의 모양. ㉠정체를 숨기다. 【正體】

정체[2] 더 나아가지 못하고 한 곳에 머물러 막힘. 반소통. 【停滯】

정초 ①정월의 처음 며칠. ②그 해의 맨 처음. 【正初】

정취 어떤 사물이나 장소가 일으키는 흥겨운 기운. 【情趣】

정치 나라를 다스리는 일. ㉠국민을 위한 정치. -하다. 【政治】

정치가 한 나라의 정치를 맡아 하는 사람. 비위정자. 정치인.

정치계 정치 활동이 행하여지는 사회. 정치 사회.

정치적 정치에 관계되거나 정치의 특성을 가지는 것.

정탐 남의 형편을 몰래 살핌. ㉠적을 정탐하다. -하다.

정:통 ①한 사회나 집단의 중심이 되는 전통. ㉠정통 예술. ②빗나가지 않고 정확한 것. ㉠가슴을 정통으로 얻어맞다.

정:통성 전통을 정식으로 이어 받은 자격. ㉠임시 정부의 정통성이 문제가 된 적이 있었다.

정통하다 무엇에 대해 정확하고 자세히 알고 있다. ㉠정통한 소식통.

정:평 모든 사람이 다같이 그렇다고 하는 평판. 【定評】

정하다[1] 맑고 깨끗하다. 때가 없이 조촐하다. ㉠마음을 정하게 하다.

정:하다[2] ①자리를 잡다. ②일을 결정하다. ③뜻을 한 가지로 세우다. ④마음을 굳히다. 결정하다.

정학 학교의 규칙을 어긴 학생에게 일정 기간 동안 학교에 오지 못하게 하는 처벌. 【停學】

정:해 바르게 풀이함, 또는 그 풀이. 바른 해답. -하다. 【正解】

정:형 일정한 꼴. 정해진 틀.

정:형시 글자 수와 행·절이 일정한 형식으로 되어 있는 시〔시조·동요 등〕. 반자유시. 【定型詩】

정형 외과 근육이나 골격 따위의 상처나 질병을 치료하는 외과의 한 갈래. 【整形外科】

정:혼 혼인을 정함. -하다.

정화 더러운 것이나 바람직하지 않은 것을 없애어 깨끗하게 하는 것. ㉠환경 정화 운동. -되다. -하다.【淨化】

정화기 더러워진 공기를 깨끗하게 바꾸는 기계. ㉠공기 정화기.

정화조 오물이나 더러운 물을 깨끗하게 하여 하수도로 흐르게 하기 위한 수조. 【淨化槽】

정:확 바르고 확실함. 틀림이 없음. 비확실. 반부정확. -하다. 【正確】

정:확도 바르고 확실한 정도.【正確度】

정:확성 정확한 성질이나 정도. ㉠정확성이 부족하다. 【正確性】

젖[젇] 사람이나 포유 동물에게서 분비되는 새끼의 먹이가 되는 뿌연 액체.

젖니[전니] 처음 나서 아직 갈지 않은 이. 비유치. 배냇니. 반간니.

젖다[젇따] ①물이 묻다. ②무슨 일에 버릇이 되다. ③깊이 잠기다. 예슬픔에 젖다.

젖먹이[전머기] 젖을 먹는 어린 아기. 비갓난아이. 유아.

젖먹이 동물 새끼에게 젖을 먹여 키우는, 동물계에서 가장 발달된 종류. 포유류.

젖병 우유를 담아 두는 병.

젖산균[젇싼균] 당분을 분해하여 젖산을 만들어 내는, 사람의 몸에 이로운 균. 유산균.

젖소[젇쏘] 젖을 짜려고 기르는 소.

젖줄[젇쭐] 살아가는 데 꼭 필요한 것을 대 주는 중요한 수단. 예한강은 서울 시민의 젖줄이다.

젖혀지다[저처지다] ①무엇이 뒤로 위를 향하여 비스듬하게 놓이다. 예화장대에 달린 거울은 45도 정도 젖혀진다. ②속의 것이 보이노록 들려지다. 예냄비 뚜껑을 젖혀지게 놓아라.

ㅈ

젖히다[저치다] ①몸의 윗부분을 뒤로 기울어지게 하다. ②물건의 안쪽이 겉으로 드러나게 하다. 예창문을 열어 젖히다. >잦히다.

젖힘상추 상추의 한 종류로 밑에서부터 차례로 잎을 따서 먹는 상추.

제각각 여럿이 모두 각각.

제각기 여럿이 모두 저마다. 예제각기 준비해 오다. 비각자. 제가끔.

제값[제갑] 지닌 가치에 알맞은 값. 적당한 가격. 예배추를 제값에 팔지 못하다.

제:강 무쇠를 녹여서 강철을 만듦, 또는 그런 강철.

제거 없애 버림. 예불순물을 제거하다. –되다. –하다. 【除去】

제격 어떤 상황에 알맞은 것. 예보리밥에는 풋고추와 된장이 제격이다.

제곱 같은 수를 두번 곱함. 예3의 제곱은 9. –하다.

제곱 미터 넓이의 단위. 한 변의 길이가 1m인 정사각형의 넓이를 1제곱 미터라고 읽고, '1㎡'라고 씀.

제곱 센티미터 넓이의 단위. 한 변의 길이가 1cm인 정사각형의 넓이를 1제곱 센티미터라고 읽고, '$1cm^2$'라고 씀.

제곱 킬로미터 넓이의 단위. 한 변의 길이가 1km인 정사각형의 넓이를 1제곱 킬로미터라고 읽고, '$1km^2$'라고 씀.

제공 필요하든가 쓸 데가 있는 것을 주는 것. 예선물을 제공하다. –하다. 【提供】

제:과 과자를 만듦. 【製菓】

제:과점 과자를 만들어 파는 가게.

제구실 자기가 마땅히 해야 할 일. 예제구실도 못하다.

제국[1] 여러 나라. 【諸國】

제:국[2] 황세가 다스리는 나라. 【帝國】

제:국주의 군사적·경제적으로 다른 나라나 또는 후진 민족을 정복하여 큰 나라를 건설하려고 하는 침략주의. 【帝國主義】

제군 '여러분'의 뜻으로, 손아랫 사람에게 대하여 쓰는 말. 예제군들과 만나서 반갑다. 【諸君】

제기[1] 엽전을 종이나 헝겊 등으로 싸서 발로 차는 아이들의 장난감, 또는 그 장난.

제기[2] 제사에 쓰는 그릇. 【祭器】

제기[3] 문제를 삼거나 토론을 하려고 의견을 내 놓는 것. 예문제를 제기하다. –되다. –하다. 【提起】

제기차기 제기를 차는 놀이. 땅에 떨어뜨리지 않고 발로 많이 차는 쪽이 이김.

제까짓[제까짇] 겨우 저 따위 정도의. 예제까짓게 알면 얼마나 알겠나.

제끼다 '젖히다'의 잘못.

제네바〖지명〗 스위스의 남서부 끝에 있는 세계적인 관광 도시. 시계를 비롯한 정밀 공업이 성함. 국제 연합 유럽 본부, 국제 적십자 본부, 국제 노동 기구 본부 따위가 있음. 【Geneva】

제:단 제사나 의식을 지내기 위하여 만들어 놓은 단. 【祭壇】

제:당 설탕을 만듦. 【製糖】

제대 군인이 군대 복무를 마치고 군인 신분을 벗어나는 것. 반입대. -하다. 【除隊】

제대로 ①제 격식대로. 예제대로 만든 음식. ②마음 먹은 대로. ③당연한 정도로. 예비가 제대로 와야 농사가 잘 될 텐데.

제:도[1] 지켜 나가도록 마련된 법이나 조직. 제정된 법규. 【制度】

제:도[2] 기계·건축물·공작물 등의 도면을 그림. -하다. 【製圖】

제도[3] 큰 바다에서 서로 가까이 있어 정치와 경제적으로 관련이 되어 있는 여러 개의 섬. 예서인도 제도. 【諸島】

제:도기 도면을 그리는 데 쓰이는 기구〔먹줄펜·컴퍼스 등〕.

제독 해군 함대의 사령관. 【提督】

제:동 기계·차 따위의 움직임을 멈추게 함. -하다. 【制動】

제등 행렬 축하하는 뜻을 표하기 위해 여러 사람이 등불을 들고 줄을 서서 돌아다니는 일.

제때 늦지 않은, 바로 알맞은 그 때. 예식사는 제때에 해라.

제라늄 여러해살이 화초의 한 가지. 흰색·붉은색 등의 꽃이 핌.

제:련소 광석을 용광로에 녹여서 함유 금속을 뽑아 내어 순수하게 만드는 곳. 정련소.

제:련하다 광석이나 원료를 용광로에 녹여서 원하는 금속을 뽑아 내다.

제:례 제사의 절차나 예절.

제:례악 국가의 제사에 연주하는 음악. 【祭禮樂】

제멋[제먿] 남이 인정하지 않아도 자기 혼자 즐기든가 좋아하는 것. 예형은 누가 뭐래도 제멋에 산다.

제멋대로 제 마음대로. 예일을 제멋대로 처리하다.

제명 어떤 단체에 속한 사람들의 명단에서 이름을 빼버림으로써 그 단체에 속하는 자격을 빼앗는 것. -되다. -하다. 【除名】

제목 ①글이나 책·그림·노래 등의 이름. ②겉장에 쓴 책의 이름. 비표제. 【題目】

제:문 죽은 사람을 조상하여 읽는 글. 【祭文】

제:물 제사에 쓰이는 음식. 비제수. 예제물을 장만하다.

제물포 조약 조선 26대 고종 19년(1882)에 임오군란으로 인한 일본 측의 피해 보상 문제를 협상하고 체결한 조약.

제반 여러 가지의. 모든. 예제반 사항. 【諸般】

제:발 꼭 바라건대. 아무쪼록. 예제발 공부 좀 열심히 하여라.

제방 홍수를 막기 위해서 흙으로 쌓은 둑. 예수해에 대비하여 제방을 쌓다. 비강둑. 【堤防】

제법 꽤. 무던한 모양을 얕잡아 하는 말. 예제법 많이 자랐다.

제보 범죄자나 범죄 사실을 정부 기관에 알리는 것. 예시민의 제보로 범인을 체포하다. -하다. 【提報】

제:복 어느 단체나 기관에서 일정하게 만들어 입는 복장. 비유니폼. 반사복. 【制服】

제:본 ①만든 물건의 본보기. ②책을 만듦. -하다.

제:분 곡식 등을 가루로 만듦. 특히, 밀가루를 만드는 일. -하다.

제:비[1] 겨울에는 따뜻한 남쪽 지방에 갔다가 봄에 다시 돌아와 사는 철새.

[제비[1]]

제비[2] 종이 조각 따위에 적은 기호로 차례나 승패 등을 결정하는 방법. (예)제비 뽑기로 결정하다. [비]추첨.

제:비꽃 보랏빛의 꽃이 피는, 들에서 자라는 여러해살이풀. [비]오랑캐꽃.

제비뽑기 제비를 만들어 뽑아 어떤 일의 승부나 차례를 정하는 일. -하다.

제:빙 얼음을 만듦. -하다.

제:사 신령이나 조상에게 음식을 바치어 정성을 표하는 예절. [비]향사. (준)제. 【祭祀】

제사(4) 공화국 1972년 12월의 제7차 개헌 이후 1980년 10월의 제8차 개헌〔제5공화국 헌법〕까지의 우리 나라 정부.

제:사상 제사를 지내기 위하여 음식을 차려 놓은 상. (준)제상.

제:사장 유대교에서 예루살렘 성전의 일을 맡아 보던 종교적인 지도자. 【祭司長】

제사(4)차 경제 개발 계획 자립 구조의 확립, 사회 개발, 기술·능력의 향상을 이루기 위해 세운 계획. 기간은 1977년부터 1981년까지였음.

제삼(3) 공화국 1963년 12월에 성립된 공화국으로 1972년 유신 헌법으로 개정되기까지의 우리 나라 정부. 【第三共和國】

제삼 세계 강대국들을 제외한 모든 후진국과 개발 도상국들.

제삼(3)의 불 인류가 세 번째로 발견했다는 불로 원자력을 일컫는 말. 제1은 불, 제2는 전기임.

제:삼자 나와 너 이외의 다른 사람. [반]당사자. (준)삼자.

제삼(3)차 경제 개발 계획 농어촌의 개발, 수출의 증대, 중화학 공업의 건설, 4대강 유역 개발, 국민 복지와 생활 향상을 위해 세웠던 계획〔기간은 1972년부터 1976년까지였음〕.

제삼(3)차 산업 판매·운수·통신·금융·보험 따위의 서비스 산업을 이르는 말.

제:삿날 제사 지내는 날. [비]기일.

제설 쌓인 눈을 치우는 일. (예)제설 작업을 하다. -하다.

제소 재판을 요청하여 소송을 일으키는 것. -하다. 【提訴】

제:수[1] 제사에 쓰이는 여러 가지 음식이나 재료. [비]제물. 【祭需】

제수[2][제쑤] 어떤 수를 다른 어떤 수로 나눌 때, 그 나누는 수〔4÷2에서 2가 제수임〕. 【除數】

제:수[3] 형이 동생의 아내를 부를 때 쓰는 말. 【弟嫂】

제스처 뜻을 전하든가 나타내기 위한 몸짓·손짓·표정 따위. 【gesture】

제:승당 경상 남도 통영군 한산면에 있는 1593~1597년까지 삼도수군의 본영. 사적 113호. 이순신 장군이 수군을 지휘했던 곳.

제시 어떠한 뜻을 글이나 말로써 나타내어 보임. (예)증거물을 제시하다. -하다. 【提示】

제아무리 자기가 아무리. 남의 능력이나 됨됨이 따위를 얕잡아 보는 뜻으로 이르는 말. (예)제아무리 설쳐도 그 일은 못 할것이다.

제안 어떤 생각이나 문제를 내놓음. [비]제의. -하다. 【提案】

제암리 학살 사건 3·1운동 당시 일본 군대가 경기도 화성군 향남면 제암리에서 주민을 집단적으로 학살한 만행 사건.

제:압 힘으로 상대의 힘을 억누르는 것. (예)실력으로 상대를 제압하다.

–하다. 【制壓】

제야 섣달 그믐날. ㉮제야의 종소리.

제:약¹ ①사물의 성립에 필요한 조건이나 규정. ㉮법규의 제약이 많다. ②어떤 조건을 붙이어 자유롭게 못하는 것. 【制約】

제:약² 약을 만드는 일, 또는 그 약. ㉮제약 회사. 【製藥】

제:약 회사 약을 만드는 것을 전문으로 하는 회사.

제:어 ①이성이나 의지로 감정을 달래고 억누르는 것. ②기계를 알맞게 움직이도록 조절하는 것. –되다. –하다. 【制御】

제:염법 소금을 만드는 방법.

제오(5) 공화국 1980년 10월의 제8차 개헌에 의하여 탄생. 1987년까지의 우리 나라 정부.

제:왕 제국이나 큰 나라의 황제나 국왕. 【帝王】

제:왕운기〖책명〗 고려 시대 이승휴가 지은 역사책. 상권에는 중국 왕조의 이야기를, 하권에는 우리 나라 왕조의 이야기가 씌어 있음.

제외 어느 범위 밖에 두어 빼어 놓음. –되다. –하다. 【除外】

제우스 그리스 신화에 나오는 가장 높은 신. 【Zeus】

제:위 황제의 지위. 【帝位】

제:위보 고려 때에 나라에서 돈과 곡식을 모아 두었다가, 필요한 백성에게 꾸어주고 받은 이자로 가난한 사람들을 돕던 기관. 963년에 세웠다가 1391년에 없앴음.

제육(6) 공화국 1988년 2월에 새로 만든 헌법에 따라 세워져서 지금까지 계속되고 있는 우리 나라 정부. 【第六共和國】

제의 어떤 의논을 제출함. ㉮만날 것을 제의하다. –하다.

제:이 ①두 번째. 둘째. ㉮제이 한강교. ②또 하나의. 또 다른. ㉮제이의 손기정이라고 불린 황영조.

제이(2) 공화국 1960년 4·19혁명 뒤에 새로 만든 헌법에 따라 세워져서 1961년 5·16군사 정변이 있기 전까지의 우리 나라 정부. 민주당 집권 시대.

제이(2)차 경제 개발 계획 산업 구조의 근대화와 자립 경제 확립을 위해 세웠던 계획. 1967년부터 1971년까지를 말하며, 연평균 경제 성장률 11.4%를 달성하였음.

제이(2)차 산업 건설업·광업·제조업 따위의, 원료를 다루거나 가공하는 산업 부문.

제이(2)차 세계 대전 1939년에서 1945년 사이에 걸친 세계적인 큰 전쟁. 미국·영국·프랑스·소련의 연합군이 독일·이탈리아·일본과 싸워 승리하였음.

제:일 가장 먼저. 첫째. ㊥가장.

제일(1) 공화국 1948년 8월 15일 정부 수립 후부터 1960년 4·19혁명 이전까지의 우리 나라 정부. 자유당 집권 시대.

제:일인자 어느 사회나 분야에서 견줄 이가 없을 만큼 뛰어난 사람. ㊟일인자.

제일(1)차 경제 개발 계획 자립 경제의 달성을 위한 기반 조성을 목표로 세웠던 계획. 기간은 1962년부터 1966년까지였는데, 연평균 성장율은 8.3%를 달성하였음.

제일(1)차 산업 농업·임업·수산업·목축업 등, 직접 자연에서 재료를 생산하고 얻는 산업.

제일(1)차 세계 대전 1914년에 일어나서 1918년에 끝난 세계적인 큰 전쟁. 영국·프랑스·미국 등이 연합군을 이루어 독일·터키 등과 싸워 승리하였음.

제:자 스승의 가르침을 받거나 받은 사람. ㊥생도. 문인. ㊦스승. 선생.

제자리 본디 있던 자리. 거기에 마땅히 있어야 할 자리.

제자리걸음 ①한 자리에서 한발씩 올렸다 내렸다 하는 동작. ②일이 진전되지 않음. 예성적이 언제나 제자리걸음이다. -하다.

제자리 멀리뛰기 도움닫기를 하지 않고, 구름판 위에 서서 멀리 뛰는 동작, 또는 그 경기.

제:작 재료를 가지고 물건을 만듦. 비제조. -하다. 【製作】

제:작도 어떤 물건을 만드는 차례와 방법을 잘 나타낸 그림.

제:작법 물건을 만드는 방법.

제:재[1] 잘못한 것에 대하여 나무라거나 처벌함. 예법적인 제재를 가하다. -하다. 【制裁】

제재[2] 문학이나 예술 작품의 주제를 나타내기 위해 이용된 사물이나 사실. 어떤 주제를 나타내는 글의 내용을 이루는 데 쓰인 재료. 【題材】

제:재소 베어낸 나무로 재목이나 판자를 만드는 곳. 【製材所】

ㅈ

제적 등록되어 있는 호적·학적·등적 따위에서 이름을 지워 자격을 잃는 것. 예학교에서 제적 당하다. -되다. -하다. 【除籍】

제:전 ①제사를 지내는 의식. ②성대히 열리는 음악회나 체육회 등을 뜻하는 말. 【祭典】

제:정 제도 따위를 만들어서 정함. -하다. 【制定】

제정신 잠시 잃었던 자기의 온전한 정신. 예제정신이 돌아오다.

제:정 일치 제사와 정치가 일치하는 사상, 또는 그러한 정치 형태. 고대 사회의 특징이었음. 정교 일치.

제:조 원료를 가공하여 물건을 만들어 냄. 예자동차 제조. 비제작. -하다. 【製造】

제:조 기술 공장·기업 등에서 큰 규모로 만드는 기술.

제:조법 물건을 만드는 방법.

제:조업 원료를 가공하여 물품을 만들어 내는 영업.

제:주 제사를 맡아서 진행하는, 그 제사의 중심이 되는 사람. 주로 돌아가신 분의 맏아들이 됨.

제:주도 우리 나라 서남 해상에 자리잡고 있는 큰 섬이며, 우리 나라에서 제일 작은 도. 특히, 바람·돌·여자가 많다하여 '삼다도'라고 부르며, 귤이 많이 나며, 지난날에는 '탐라'라고 불렀음. 우리 나라 제일의 관광지임. 【濟州道】

제:주 해협 제주도와 추자도 사이에 있는 바다.

제:중원 우리 나라에 세워진 최초의 근대식 병원. 처음 이름은 광혜원이었으나 1886년 고종이 백성의 치료에 공이 크다 하여 제중원으로 고쳤음. 뒤에 세브란스 병원으로 이어짐. 【濟衆院】

제:지[1] 하려고 하는 일을 말리어서 못하게 함. -하다. 【制止】

제:지[2] 종이를 만드는 일. 【製紙】

제창[1] ①같은 노래의 가락을 두 사람 이상이 함께 부름. ②여러 사람이 다 같이 일제히 소리를 질러 부름. 예애국가를 제창하다. -하다.

제창[2] 의견을 들고 나와서 내세움. 비주창. -하다. 【提唱】

제:천 행사 하늘을 숭배하고 제사드리는 초기 국가 시대의 원시적인 종교 행사.

제철[1] 옷·음식 따위의 마땅한 시절. 예제철 음식이 건강에 좋다.

제:철[2] 철광석을 녹여 무쇠를 뽑음. 예제철 공장. 【製鐵】

제:철 공업 철광석으로부터 철을 뽑아 내거나, 고철로부터 좋은 철을 가려 내는 일을 하는 공업.

제:철소[제철쏘] 철광석을 녹이고 다듬어 쇠와 강철을 만드는 공장.

제청 누구를 추천하여 공직에 임명해 줄 것을 정식으로 요청하는 일. -되다. -하다. 【提請】

제쳐놓다[제처노타] ①어떤 일을 뒤에 하려고 미루어 놓다. ②거치적거리지 않게 따로 치워 놓다.

제초 잡초를 뽑아 없앰. 김매기. -하다. 【除草】

제초기 잡초를 뽑아 없애는 기계. 김매기틀. 【除草機】

제초제 잡초를 죽여 없애는 데 쓰는 화학 약품. 【除草劑】

제출 의견이나 안건 등을 내어 놓음. -하다. 【提出】

제충국 국화과의 여러해살이풀. 진딧물·배추 벌레 등 농작물의 해충을 죽이는 농약으로 쓰임.

제치다 ①사람을 거치적거리지 않게 옆으로 밀어서 비켜서게 하다. ㉔동생을 제치고 집으로 뛰어들었다. ②경쟁 상대를 이기다. 앞서나가다. ㉔키 큰 선수들을 제치고 운동장을 질주하다.

제트기 제트 엔진을 장치한 속력이 빠른 비행기. 【jet機】

제:패 어떤 분야에서 으뜸가는 세력을 차지함. -하다.

제풀에[제푸레] 기운이 다하여 저 혼자서. ㉔한참 울더니 제풀에 지쳐서 잠이 들었다.

제:품 원료를 가지고 만들어 낸 물건, 또는 물건을 만듦. ㉔섬유제품. ㉥상품. ㉤원료. 【製品】

제하다 ①줄 것에서 받을 것을 빼다, 또는 없애거나 빼 버리다. ②나누다.

제:한 정해진 한계, 또는 한계를 정함. ㉔자동차의 속도를 제한하다. -하다. 【制限】

제:헌 헌법을 제정함. -하다.

제:헌절 국경일의 하나. 1948년 7월 17일 대한 민국 헌법이 공포·시행된 것을 기념하는 날.

제호 신문·잡지·책 따위의 이름이나 제목. 【題號】

제후 봉건 시대에, 왕으로부터 받은 영토와 그 안에 사는 백성을 다스리던 사람들.

제휴 공동의 목적을 위하여 서로 도움, 또는 공동으로 일을 함. ㉔기술 제휴. -하다. 【提携】

젤리 과실즙에 설탕을 넣고 끓여서 말랑말랑하게 굳혀서 만든 것, 또는 빵에 발라 먹는 먹을거리. ×제리. 【jelly】

조[1] 곡식의 한 가지로 9월경에 작고 누런 열매가 맺음.

조[2] 수의 단위. 억의 만 곱절. 【兆】

조[3] 어떤 목적을 위해서 모인, 비교적 적은 수의 사람들로 이루어진 집단. ㉔조를 짜서 음식을 만들다. 【組】

조[4] 숫자 뒤에 써서 '조목' 또는 '항목'을 나타냄. ㉔헌법 제1조. 【條】

조가비 죽은 조개의 단단한 껍데기.

조각[1] 넓적하거나 얇은 물건에서 떼어낸 작은 부분. ㉔나무 조각.

조각[2] 나무나 돌 같은 것에 그림이나 글씨를 새김. -하다. 【彫刻】

조각가 나무나 돌 등에 그림이나 글씨를 새기거나, 사람·동물 같은 입체적인 모양을 만드는 일을 전문으로 하는 사람. 【彫刻家】

조각나다[조강나다] 깨지거나 찢어져 조각이 생기다. ㉔거울이 바닥에 떨어져 조각나다.

조각배[조각빼] 작은 배.

조각칼 조각을 할 때 쓰는 칼〔창칼·끝칼·둥근칼·세모칼 따위가 있음〕.

조각품 나무·돌 같은 것에 그림이나 글씨 같은 것을 새긴 것.

조간 신문 일간 신문 가운데서 아침에 펴내는 신문. 조간지. ㉟조간. ㉤석간 신문. 【朝刊新聞】

조감도 ①건물을 건축하기 전에 종이에다 모형을 뜬 것. ②높은 곳에서 아래를 내려다 본 모양을 그린

ㅈ

도면. 【鳥瞰圖】

조개 민물이나 바닷물에 살며 석회질 성분의 단단한 껍데기로 싸여 있는 연체동물. 속살은 먹음.

[조개]

조개더미 고대 사람들이 살을 먹고 버린 조개 겁데기가 쌓여 만들어진 무더기. 패총.

조개류 단단한 껍질이 있고 뼈가 없으며 물속에 사는 작은 동물들〔조개·전복·굴 따위〕.

조개무지 ⇨패총.

조건[조껀] ①무슨 일을 어떻게 정한 조목. (비)조항. ②일정한 일이 이루어지거나 생기는 데 필요한 그 기본이 되는 사항. 【條件】

조건 반사 사람이나 짐승이 어떤 행동을 하도록 일정하게 훈련시키거나 영향을 끼쳐, 나중에는 일정한 환경만 주어지면 저절로 그 행동을 하게 되는 것.

조:경 집이나 시설 주변의 경치를 아름답게 꾸미는 일.

조계종 ①고려 때 신라의 구산선문을 합친 종파로 천태종에 대하여 이르는 말. ②태고 국사를 종조로 삼은 우리 나라 불교의 한 종파.

조공 옛날에, 작고 약한 나라가 크고 센 나라에 외교 관계를 위하여 바치던 예물, 또는 그 예물을 바치는 일. -하다. 【朝貢】

조광조【사람】[1482～1519] 조선 중종 때의 성리학자. 호는 정암. 기묘사화로 죽임을 당함. 【趙光祖】

조:교 ①대학에서 교수의 지시를 받아 교육·연구·사무를 도와 주는 사람, 또는 그 직위. (예)영문과 조교. ②군대에서 교관을 도와 시범과 훈련 받는 군인들의 인솔 등을 맡아 하는 사병. (예)조교가 병사들에게 소리쳤다. 【助教】

조국 자기의 조상 때부터 살아온 나라. (비)고국. 모국. (반)타국. 【祖國】

조그마하다 조금 작다. (예)조그마한 마을. (준)조그맣다.

조그맣다[조그마타] (조그마니, 조그마오) 그리 크거나 많지 않을 만큼 조금 작거나 적다. (예)손이 조그맣다. (반)커다랗다. (본)조그마하다.

조금 ①수효나 분량이 적게. (비)약간. ②시간으로 잠깐. (예)조금만 더 기다리자. (준)좀. (센)조끔.

조금씩 정도나 분량이 작게.

조급하다[조그파다] 참을성이 매우 적다. (예)성질이 조급하다.

조급히 참을성이 없이 매우 급함. (예)조급히 행동하다. (비)성급히.

조:기[1] 아침 일찍 하는 것. (예)조기 축구. 【早起】

조:기[2] 이른 시기. (예)암을 조기에 발견했다. (비)초기. 【早期】

조:기[3] 우리 나라 서해안에서 많이 잡히는 물고기. 참조기·보구치·석수어·석어 등으로 불리기도 함.

조:기[4] 조의를 나타내기 위하여 검은 띠와 함께 깃대 꼭대기에서 낮추어서 매어 단 기. (예)현충일에는 조기를 게양해야 한다. 【弔旗】

조:기회 주로 건강을 위하여 아침에 일찍 가지는 모임.

조깅 건강을 위하여 천천히 오래 달리는 운동. -하다. 【jogging】

조끼 저고리나 와이셔츠 위에 덧입는, 소매가 없는 옷. ※일어 'chokki'에서 온 말.

조:난 재난을 만남. (예)태풍으로 배가 조난을 당했다. -하다.

조달 자금이나 물자를 갖추어서 대어 줌. -되다. -하다.

조달청 정부에서 쓰는 물자를 사서 정부의 각 부서에 나누어 주는 일을 하는 관청.

조:도 일정한 공간이 일정한 시간에 받는 빛의 양. 조명도.

조랑말 몸체가 작은 종자의 말. (비)왜마.

[조랑말]

조:력 썰물과 밀물의 흐르는 힘.

조력 발전소 밀물과 썰물의 차를 이용하여 전기를 일으키는 발전소.

조련사 동물에게 곡예 따위의 재주를 훈련시키는 사람.

조령〚지명〛 경상 북도 문경군과 충청 북도 괴산군 사이의 소백 산맥에 있는 고개. 새재.

조례 학교에서 교사와 학생이 수업을 시작하기 전에 모여서 나누는 아침 인사. (반)종례.

조록조록 비나 물이 가늘게 줄을 이루며 위에서 아래로 내려오는 소리나 모양. 〈주룩주룩. (센)쪼록쪼록.

조롱[1] 비웃거나 얕보고 놀림. (예)못생겼다고 조롱하다. (비)희롱. –하다.

조롱[2] 새를 가두어 기르기 위하여 가는 쇠줄로 칸을 좁게 엮어 만든 것. 【鳥籠】

조롱박 재배 식물로, 7월경에 흰 꽃이 핌. 열매는 길둥글고 가운데가 잘록함. 껍질은 말려서 그릇으로 씀. 호리병박.

조롱조롱 작은 열매나 물방울 따위가 많이 매달려 있는 모양. (예)풀잎에 이슬이 조롱조롱 매달려 있다. 〈주렁주렁.

조:룡대 백마강 가에 있는 바위 이름. 당나라 장수 소정방이 이 곳에서 용을 낚았다는 전설이 전해 옴.

조류[1] ①밀물·썰물에 의하여 일어나는 바닷물의 흐름. ②세상의 흐름. 시대의 경향이나 동향. (예)시대의 조류를 타다. 【潮流】

조류[2] 새 종류. 날짐승 종류. 【鳥類】

조류 도감 날짐승에 대하여 그림을 중심으로 모양·성질 등을 풀이하여 엮은 책. 【鳥類圖鑑】

조류 학자 새에 관한 모든 것을 연구하는 사람. 【鳥類學者】

조르다(조르니, 졸라) ①무엇을 요구하다. (예)달라고 조르다. ②끈을 동이거나 죄어 매다. ③재촉하다.

조르르 ①가는 물줄기가 잇달아 흘러내리는 소리나 모양. (예)컵에 물을 조르르 따르다. ②종종 걸음으로 뒤따르는 모양. (예)강아지가 나를 조르르 따라오다. 〈주르르. (센)쪼르르.

조르륵 가는 물줄기가 잠깐 흘러내리다가 멎는 소리나 모양. (예)화분에 물을 조르륵 부었다. 〈주르륵. (센)쪼르륵.

조리[1] 앞뒤가 들어 맞고 체계가 서는 갈피. (예)조리있게 설명하다.

조:리[2] 쌀을 이는 데 쓰이는 도구.

[조리[1]]

조리개 사진기에 있어서 빛이 렌즈 속으로 통과할 때 빛의 양을 조절하는 장치.

조리 기구 음식을 만들 때에 쓰이는 도구.

조리다 고기·채소 등을 양념을 하여 국물이 졸아들게 끓이다.

조리대 음식 등을 만드는 대.

조리사 음식점이나 단체가 이용하는 큰 식당 등에서 음식을 만드는 일을 전문으로 하는 사람.

조:림[1] 나무를 심어 숲을 만듦. (예)조림 사업. –하다. 【造林】

조림[2] 고기·생선·채소 따위를 조려서 만든 음식. (예)감자 조림.

조립 여러 부분품들을 하나의 구조물로 모아 맞추어 짬. (예)컴퓨터 부품 조립. 【組立】

조립도 제작물의 조립을 나타낸 도면. 【組立圖】

조립식 어떤 물건을 만드는 데 필요한 작은 부품을 끼워 맞추는 방법.

조립품 미리 알맞게 만든 부분들을 일정한 방법에 따라 서로 짜맞추어서 만든 물건.

조릿대 잎이 길고 높이 자라며, 가운데 줄기는 가는 대처럼 곧은 여러해살이풀. 마른 줄기는 조리를 엮는 데 쓰임.

[조릿대]

조마조마하다 위태롭고 두려운 생각을 가지다.

조:만간 멀지 않아. 이르든지 늦든지. 어느 때든지. ㉮조만간 돌아오겠다. 【早晩間】

조만식〖사람〗[1882~1950] 독립 운동가・정치가. 호는 고당. 평안 남도 강서에서 태어남. 1913년 일본 메이지 대학 졸업. 3・1운동에 참가하였고, 오산 학교 교장과 1932년 조선 일보사 사장을 역임함. 광복 후에는 북한에서 평화 통일을 위해 노력하였으나 투옥되어 죽었음. 【曺晩植】

조:명 ①빛을 밝게 비춤. ②무대 효과를 높이기 위하여 무대를 밝게 또는 어둡게 하거나, 여러 색깔의 빛을 비추는 일. ㉮조명 효과. -하다. 【照明】

조:명등 조명하는 데 쓰이는 촉수 높은 등. 【照明燈】

조:명탄 야간 전투에서 적군의 모습을 밝게 드러내기 위하여 땅위를 대낮같이 밝히는 탄환.

조모 할머니. 반조부. 【祖母】

조목 여러 항목으로 되어 있는 법률이나 규정 따위의 하나하나. 비조항. 【條目】

조목조목 조목마다. 한 조목 한 조목씩. ㉮사야 할 물건을 조목조목 적다.

조무래기 ①자질구레한 물건. ②작고 고만고만한 아이들.

조:문 남의 죽음에 대하여 슬퍼하는 뜻을 나타내며 상주를 위문하는 것. -하다. 【弔問】

조:문객 조문하러 온 손님. 【弔問客】

조:물주 우주 만물을 창조하고 다스리는 신. 【造物主】

조미료 음식의 맛을 내는 데 쓰는 재료. 양념. 【調味料】

조밀 촘촘하고 빽빽함. ㉮산에 나무가 조밀하다. -하다.

조바심 마음을 졸이는 것. 조마조마한 마음. -하다.

조바위 한복에서 추울 때 여자가 머리에 쓰는, 귀와 뺨을 덮는 모자.

조반 아침밥. 비조식. 【朝飯】

조부 할아버지. 반조모. 【祖父】

조부모 할아버지와 할머니. 【祖父母】

조사[1] 일이나 물건에 대한 내용을 자세히 살펴 알아 봄. ㉮인구 조사. 비검사. -하다. 【調査】

조:사[2] 죽은 이를 슬퍼하는 뜻을 나타낸 글. 【弔詞】

조사 기록문 조사하여 기록해 놓은 글.

조사단 무엇을 조사하기 위하여 구성된 단체.

조사자 어떤 사건이나 현상을 자세히 살피거나 찾아보는 사람.

조:산 아이를 달이 차기 전에 미리 낳음. 【早産】

조상[1] 한 갈래의 핏줄을 받아 온 돌아가신 어른. 비선조. 반자손.

조상[2] 사람의 죽음에 대하여 슬픈 뜻을 표함. 비문상. -하다.

조상신 ①초기 국가 시대에 숭배하여 제사지내던 조상의 신. ②민간 신앙에서 나온, 집안에서 지내는 제사의 조상들.

조서 조사한 사실을 적은 문서. ㉠조서를 작성하다. 【調書】
조석 아침과 저녁. ㉠조석으로 안부 전화를 하다. ㊗조석반. 【朝夕】
조:선[1] 큰 배를 만드는 일. 【造船】
조선[2]〖나라〗[1392~1910] 고려가 망한 뒤, 이성계에 의해 새로이 세워진 우리 나라의 왕조. 고종때 대한 제국으로 바뀜. . 【朝鮮】
조:선 공업 배를 만드는 공업.
조선 물산 장려회 1922년에 일어난 민족 운동의 하나로 조만식을 중심으로 일어남. 일제에 반대하여 국산품 애용, 민족 기업의 육성 등을 내걸고 강연회와 시위 선전을 벌이기 위해 모인 단체.
조선 상고사 신채호가 지은 우리 나라 고대에 대한 역사책. 우리 민족의 자주성과 우수성을 강조함.
조:선소 배를 만들거나, 고치는 곳. 선창. 【造船所】
조:선술 선박을 설계하여 건조하는 기술. 【造船術】
조선시대 고려와 대한 제국 사이에 있던 시대.
조선어 연구회 1921년에 우리 나라의 말과 글에 대한 연구·계몽·선전을 목적으로 조직된 단체. 후에 '조선어 학회'로 이름을 바꾸었음.
조선어 학회 ⇨한글 학회.
조선어 학회 사건 1942년 10월에 우리말을 없애려고 일제가 조선어 학회의 회원들을 감옥에 가둔 사건. 이 사건으로 학회가 해산되었다가 광복 후에 '한글 학회'로 다시 일어남.
조선 왕조 실록〖책명〗 조선 시대 500여 년 동안 꾸준히 만들어 온 역사책으로, 오늘날까지 전해오고 있음. 국보 제151호.
조선 일보 우리 나라 신문의 하나. 1920년 3월 5일 창간됨.
조선족 중국에 살고 있는 우리 민족.
조선 총독부 일본이 1910년 8월 29일 국권 침탈 후부터 1945년 광복 때까지 36년간에 걸쳐 우리 나라에서 입법·행정·사법권 및 군대 통솔권을 장악하여 식민지 정치를 폈던 통치 기관.
조선 팔도[조선팔또] 조선 시대 우리 나라 전체를 여덟 개의 도로 나누어 다스렸던 지방 행정 구역.
조:성 ①무엇이 이루어지게 하는 것. ㉠체육 공원 조성. ②어떤 기운이 생기게 하는 것. ㉠학습 분위기를 조성하다. -되다. -하다. 【造成】
조세 국가 또는 지방 자치 단체가 일반 경비를 쓰기 위하여 국민으로부터 받아들이는 돈. ㊟세.
조소[1] 찰흙으로 만든 인물이나 그 밖의 모형, 또는 그러한 일. ㊥조각.
조소[2] 조롱하여 비웃는 웃음. ㉠조소하는 눈빛으로 쳐다보다. ㊥비웃음. -하다. 【嘲笑】
조:속하다[조소카다] 어떤 일이 이루어지는 것이 이르고 빠르다. ㉠사건을 조속히 해결하다.
조수[1] 일정한 시간을 두고 밀려 들어왔다가 나가는 바닷물. 밀물과 썰물. 【潮水】
조:수[2] 일을 도와 주고 거들어 주는 사람. 【助手】
조:숙 ①곡식·과일 등이 일찍 익음. ㊞만숙. ②일찍 깨달아 앎. ㉠나이에 비해 조숙하다. -하다. 【早熟】
조식[1] 아침밥. 【朝食】
조식[2]〖사람〗[1501~1572] 조선 명종 때의 학자·처사. 자는 건중. 호는 남명. 세상에 나오지 않고 두류산의 산천재에서 성리학의 연구와 후진 양성에 전념하여 명망이 높았음. 저서에 〈남명집〉〈파한잡기〉 등이 있음. 【曺植】
조신하다 몸가짐이 조심스럽고 얌전하다. ㉠조신한 아가씨.

조:실부모 어려서 부모를 여읨.
조:심 마음을 써서 잘못이나 실수가 없도록 함, 또는 그러한 마음. 비주의. -하다. 【操心】
조:심성[조심썽] 그릇되거나 잘못이 없도록 조심하는 태도. 예어른 앞에서는 조심성있게 행동해야 한다.
조:심스럽다(조심스러우니, 조심스러워서) 조심하는 태도가 있어 보이다.
조:심스레 조심스럽게. 예아기가 조심스레 걸음마하다.
조:심조심 마음을 써서 행동하는 모양.
조아리다 이마가 바닥에 닿을 정도록 고개를 숙이다.
조약 ①문서에 의한 국가간의 합의. 예국제 조약. ②조문으로 맺은 약속. 비약조. 【條約】
조약돌 냇가나 바닷가에 있는 잘고 둥근 돌.
조:언 남의 옆에서 말을 도움, 또는 돕는 말. 예선생님께서 조언해 주시다. -하다. 【助言】
조:엄【사람】[1719~1777] 조선 영조 때의 높은 신하. 1763년에 통신사로 일본에 갔다가 돌아올 때 고구마 종자를 처음으로 들여왔음. 호는 영호. 【趙曮】
조:업 공장에서 기계 따위를 움직여 일을 하는 것. -하다. 【操業】
조여들다 ①바싹 조여서 안으로 오그라들다. 예이 카메라는 스위치를 누르면 자동적으로 조리개가 조여든다. ②범위를 좁혀 오다. 예경찰의 수사망이 조여들다. 비죄어들다.
조:연 연극·영화에서 주역을 도와 연기하는 사람, 또는 그일.
조:예 학문이나 기술 등이 깊은 경지에 이른 정도. 예미술에 조예가 깊다. 【造詣】
조옮김 악곡 전체의 형태는 바꾸지 않고 다른 조로 옮기는 것.
조왕신 민속에서, 부엌의 모든 좋고 나쁜 일을 다스린다는 신.
조용하다 ①시끄럽지 않고 고요하다. ②언행이나 성격 따위가 수선스럽지 아니하고 차분하고 얌전하다.
조용히 ①소리가 나지 않게. 또는 시끄럽지 않게. 예예배는 조용히 진행되었다. ②말썽이나 문제가 없게. 예이번 일은 조용히 넘어가자.
조원 한 조에 속한 사람. 같은 조의 사람. 【組員】
조율 악기의 음을 일정한 기준음에 맞추어 고름. 예피아노를 조율하다. -하다. 【調律】
조:의 죽은 이를 슬퍼하는 마음. 예조의를 표하다. 【弔意】
조이다 ①무엇을 비틀거나 잡아당겨서 꼭 머물러 있게 하다. 예나사를 조이다. ②둘레가 작아지도록 무엇을 힘껏 잡아 누르다. 예손으로 내겨드랑이를 조이다. ③불안하거나 초조하여 마음을 졸이다. 예가슴을 조이며 차례를 기다리다.
조인 약속하는 서류에 도장을 찍음. -하다. 【調印】
조:작 ①지어서 만듦. ②일부러 무엇과 비슷하게 만듦. 예서류를 조작하다. -하다. 【造作】
조잘거리다 ①낮은 목소리로 종알거리다. ②참새 등이 쉴새없이 자꾸 지저귀다. <주절거리다.
조잘대다 사람이나 새가 작은 소리로 자꾸 말하거나 지저귀다. 예아이들이 조잘대며 놀고 있다. 비조잘거리다.
조잡하다[조자파다] 생각·물건·일 따위가 거칠고 엉성하다. 깔끔하지 못하다. 예조잡한 제품.
조장 조의 우두머리. 【組長】
조절 잘 골라서 알맞게 함. 예온도 조절. 비조정. -하다.

ㅈ

조절제 식물이 자라는 속도를 조절해 주는 약품.

조정[1] 고르지 못한 것을 알맞게 조절함. 비조절. -되다. -하다.【調整】

조정[2] 다투는 중간에 서서 화해시킴. 비중재. -하다.【調停】

조정[3] 지난날, 임금이 나라의 정치를 의논 또는 집행하는 곳.【朝廷】

조정력[조정녁] 몸을 가누고 지탱할 수 있는 힘.

조정실 복잡한 큰 기계가 고르게 잘 움직이도록 조절하는 방.

조제 여러 가지 약을 조합하여 만듦. 예약을 조제하다.【調劑】

조:조 이른 아침.【早朝】

조:조 할인 극장에서 보통 아침 12시 이전에는 입장료를 낮추어 주는 것.【早朝割引】

조종 ①기계류 따위를 마음대로 다루어 부림. ②사람을 마음대로 교묘하게 부림. -하다.

조:종도【사람】[1537~1597] 조선 선조 때의 문신. 양지 현감으로 선정을 베풀어 옷감을 하사받았음. 정유재란때 의병을 규합, 안음 현감 곽준과 함께 황석 산성에서 왜장 가토 기요마사의 군사와 싸우다가 전사함. 시호는 충의.

조종사 비행기를 조종하는 사람. 비항공사.【操縱士】

조종석 조종사가 비행기를 조종하기 위해 앉는 자리.

조종실 비행기의 앞쪽에 있으며, 비행기를 조종하는 방.

조:준 탄알·폭탄 따위가 표적에 바로 맞도록 총이나 포 따위를 겨냥하는 것. 비겨냥. -하다.

조직 얽어서 만듦. 짜서 이룸. 비편성. -하다.【組織】

조직망[조징망] 조직에 속한 사람들의 연락 관계. 예전국적인 조직망을 갖춘 회사.【組織網】

조직적[조직쩍] 일이나 행동의 순서와 계획이 잘 짜여 있는 것. 예조직적이고 빈틈없는 일처리.

조직체 조직적으로 구성된 체제나 단체.【組織體】

조짐 어떤 일이 생길 기미가 보이는 현상. 예불길한 조짐. 비기미. 낌새. 징조.【兆朕】

조차 〔도·가지도·마저의 뜻으로〕 앞의 말을 강조할 때 쓰는 말. 예너조차 떠나려 하느냐?

조창 고려 시대부터 두었던, 지방에서 세금으로 거두어들인 쌀이나 특산물의 수송을 위해 나루터 근처에 두었던 창고.【漕倉】

조처 사물을 잘 살펴서 알맞게 처리함. 예임시 조처하다. 비조치. -하다.【措處】

조:청 묽게 만든 물엿.【造淸】

조출하다 ①아주 아담하고 깨끗하다. 예방이 조촐하다. ②맵시가 깔끔하고 얌전하다. 조촐히.

조총 ①새총. ②화승총의 옛 이름〔임진왜란 때 썼음〕.

조치 어떤 문제를 해결하기 위해 필요한 일을 하는 것. 예앞으로는 이런 일이 없도록 조치하겠다. 비조처. -하다.【措置】

조치원【지명】 충남 연기군의 군청 소재지로 읍. 충청 북도와의 경계에 가까운 곳에 위치한 경부선의 중요한 역이며 충북선의 분기점임.

조카 형이나 아우나 누이들이 낳은 아들이나 딸.

조:퇴 학교나 직장에서, 정해진 시간보다 일찍 돌아감. 예몸이 아파 조퇴를 하다. -하다.

조판 원고지에 쓴 글자를 원고의 지시대로 맞추어 판을 짜는 일. -하다.【組版】

조:폐 공사 화폐·은행권·국채 및 증권 따위를 만들어 내는 법인 기관.

ㅈ

조표 악보 첫머리의 음자리표 다음에 '♯(올림표)'나 '♭(내림표)'를 붙여 음계를 달리하는 것.

조합 ①여럿을 모아 합하여 한 덩이가 되게 함. ②같은 목적을 가진 사람들이 서로 힘을 합쳐 어떤 사업을 할 때에 조직되는 단체. ㉠농업 협동 조합. -하다. 【組合】

조합원 조합에 가입한 사람.

조항 법률이나 규칙의 각 항목. ㉠남녀 차별 조항. 비조목.

조:헌〖사람〗[1544～1592] 조선 선조 때의 학자. 호는 중봉. 임진 왜란 때 의병을 일으켜 싸우다가 충남 금산 전투에서 700명의 의병과 함께 전사함. 【趙憲】

조:혈 몸 안에서 피를 만듦.

조:형 형체를 이루어서 만듦. ㉠조형 미술. 【造形】

조:형물 형체를 이루어서 만든 물건.

조:형미 사람의 힘으로 만든 물건의 아름다움. 【造形美】

조:혼 결혼할 만한 나이에 이르기 전에 일찍 하는 결혼. 【早婚】

조화[1] 서로 잘 어울리게 함. ㉠조화를 이루다. -하다. 【調和】

조:화[2] 종이나 헝겊 등으로 만든 꽃. 반생화. 【造花】

조:화[3] 죽음을 슬퍼하는 뜻을 나타내기 위하여, 죽은 이의 가족에게 보내는 꽃. 【弔花】

조:화[4] 사람의 힘으로는 할 수 없는 이상하고 놀라운 일이나 물건, 또는 그런 놀라운 힘. ㉠무슨 조화인지 영문을 모르겠다. 【造化】

조회[1] 학교·관청 등에서 일을 시작하기 전에 인사나 그 밖의 주의할 일 등을 이르는 아침의 모임. 비조례. 반종례. -하다. 【朝會】

조:회[2] 어떤 내용이 정확한지를 관계되는 기관에 공식적으로 알아보는 일. -하다. 【照會】

족[1] '겨레'의 뜻을 나타내는 말. ㉠한민족. 【族】

족[2] 식용으로 쓰는 '소나 돼지 따위의 무릎 아래 부분'을 이르는 말. ㉠돼지 족. 【足】

족구 발로 공을 차서 네트를 넘겨 테니스처럼 승부를 겨루는 경기. 주로 놀이로 함.

족두리 여자가 전통 혼례의 예복을 입을 때에 머리에 얹던 비단으로 만든 모자.

[족두리]

족발 돼지의 발을 양념한 국물에 넣어 삶은 음식.

족보 한 집안의 대대로 내려온 계통을 적은 책. 【族譜】

족속 ①조상이 같고 언어와 풍습이 같은 사람들. 비종족. ②〔흔히 얕잡아 하는 말로〕같은 패거리에 속하는 사람들. 【族屬】

족쇄 옛날에 죄인의 발목에 채우던 쇠사슬. 【足鎖】

족자 글씨나 그림 등을 꾸며서 벽에 걸게 만든 물건. 【簇子】

족장 한 겨레붙이의 우두머리.

족제비 족제비과에 속하는 젖먹이 동물을 통틀어 이르는 말. 야산이나 물가에 살며, 몸길이는 16～32 cm. 털빛은 갈색.

[족제비]

족족 '어떤 일을 할 때마다, 하는 것마다'의 뜻을 나타냄. ㉠돈을 버는 족족 저축하다.

족집게[족찝게] ①주로 잔털이나 가시 따위를 뽑는 데 쓰는, 쇠로 만든 작은 집게. ②남의 비밀이나 사정 따위를 잘 알아맞추는 사람. ㉠족집게 무당.

족치다 굴복시키거나 자백을 받아

내려고 누구를 심하게 괴롭히다. 예모든 죄상을 자백하도록 족치다.
족하다[조카다] 〔수량이나 능력 따위가〕부족함이 없이 충분하다. 예그만한 실력이면 족하다.
족히[조키] 충분히. 예농구 선수의 키가 2m는 족히 되겠다.
존경 높이어 공손히 섬김. 예웃어른을 존경하다. 비공경. 존대. 반멸시. 천시. -하다. 【尊敬】
존경스럽다. 존경할 만하다. 예이순신 장군의 나라 사랑하는 마음이 존경스럽다.
존경심 높이어 공손히 받드는 마음. 비공경심. 【尊敬心】
존귀 지위가 높고 귀함. 예존귀한 신분. 반비천. -하다.
존대 존경하는 태도로 대접하거나 대하는 것. 반하대. -하다.
존댓말[존댄말] 존대하는 뜻을 나타내는 말. 높임말. 비경어. 반반말.
존립 국가·제도·집단·학설 같은 것이 자기의 지위를 지키면서 존재하는 것. 예국가의 존립을 위해 국방력을 기르자. -하다. 【存立】
존속 그대로 계속함, 또는 계속하여 있음. 예100여 년간 존속하다. -하다. 【存續】
존엄[조념] 함부로 낮게 다룰수 없는 위엄. 예생명의 존엄.
존엄성[존엄썽] 높고 엄숙한 성질. 예인간의 존엄성.
존재 ①현재 있음, 또는 있는 것. 예생물이 존재하다. 비실존. ②세상에 알려질 만하게 이름이 있음. 예위대한 존재. -하다. 【存在】
존중 높이 받들고 중하게 여김. 예상대방을 존중하다. 비존경. 반경멸. -하다. -히. 【尊重】
존칭 존경하는 뜻으로 높여 일컬음. 반비칭. -하다.
존함 이름의 높임말. 비성함. 함자.
존호 왕이나 왕비에게 그 덕을 기리어 높여 부르던 칭호.
졸개 남에게 매인 부하를 얕잡아 이르는 말. 반우두머리.
졸:다[1] (조니, 조오) 졸음으로 꾸벅꾸벅 잠드는 상태로 들어가다. 예책을 읽다가 졸다.
졸:다[2] 〔수량이나 능력 따위가〕물기가 없어져서 양이 줄어들다. 예찌개가 졸아서 짜다.
졸도 심한 충격이나 피로, 뇌빈혈·일사병 등으로 인해 갑자기 정신을 잃고 쓰러지는 일. -하다. 【卒倒】
졸라매다 느슨하지 않도록 단단히 동여매다.
졸래졸래 까불면서 따라오는 모양. 예동생들이 내 뒤를 졸래졸래 따라왔다. 센쫄래쫄래.
졸렬하다 하는 말이나 행동이 못나고 유치하다. 예졸렬한 방법으로 일등하다.
졸리다[1] ①남에게 조름을 당하다. 예동생에게 졸리다. ②단단하게 매어지다. 예괴물에게 목이 졸리는 꿈을 꾸었다. 센쫄리다.
졸:리다[2] 졸음이 와서 자고 싶은 느낌이 들다. ×졸립다.
졸망졸망 ①고르지 않게 울퉁불퉁 내민 모양. ②자질구레한 물건이 많이 모여 있어 보기 좋은 모양. <줄멍줄멍. -하다.
졸병 계급이 낮은 병사. 【卒兵】
졸본천 고구려의 시조 주몽이 나라의 터를 처음 잡았다는 졸본성 부근의 내. 지금의 훈강 유역.
졸아들다[조라들다] ①끓여서 물의 양이 적어지다. 예국이 졸아들다. ②추위 때문에 또는 자신이 없어서 어깨 등이 움츠러들다. 예목소리가 졸아들다.
졸업[조럽] ①학교에서의 정해진 공부를 다 마침. 반입학. ②일정한 단

ㅈ

계를 지나 익숙하게 됨을 비유하는 말. -하다. 【卒業】

졸업생[조럽쌩] 졸업하는 학생. 졸업한 사람. (반)입학생. 【卒業生】

졸업식[조럽씩] 학교에서 일정한 과정을 마친 사람에게 졸업장을 주는 의식. (반)입학식. 【卒業式】

졸업장[조럽짱] 졸업을 증명하는 증서. 【卒業狀】

졸:음[조름] 자고 싶은 느낌. (예)졸음이 쏟아지다.

졸이다 ①졸아들게 하다. (예)찌개를 졸이다. ②속을 태우며 조마조마하여 애를 쓰다. (예)가슴을 졸이다.

졸장부 쾌활하지 못한 남자. 옹졸한 사내. (반)대장부.

졸:졸 가는 물줄기가 끊임없이 흐르는 소리. (예)시냇물이 졸졸 흐른다. ②줄곧 뒤를 따라다니는 모양. (예)선생님 뒤만 졸졸 따라다닌다. <줄줄. (센)쫄쫄.

졸지에 갑자기 느닷없이. (예)둑이 무너지는 바람에 온 마을이 졸지에 물바다가 되었다.

ㅈ

졸참나무 잎이 길쭉하고 톱날이 있으며, 도토리가 열리고, 장작이나 숯을 만드는 데 쓰는 잎지는 큰키나무.

좀[1] 옷이나 종이를 먹어 구멍을 뚫어 못쓰게 만드는 집안의 벌레. ×좀벌레.

좀[2] 〔물어 보는 말에 써서〕그 얼마나. 오죽. (예)아직 아침도 못 먹었다니 배가 좀 고플까?

좀더 조금 더. 그보다는 더. (예)좀 더 많이 가져와라.

좀도둑 남의 자질구레한 물건을 훔쳐 가는 도둑.

좀먹다 ①좀이 물건을 쏠다. ②어떤 일에 대하여 모르는 가운데에 손해를 입다. (예)나라를 좀먹는 밀수업자들.

좀약[좀냑] 좀이 생기는 것을 막기 위해서 옷 사이에 넣어 두는 하얀 알약.

좀:처럼 여간해서는. 쉽게. (예)좀처럼 보기 어려운 동물이다.

좀:체 〔주로 '않다' '못하다'와 함께 써서〕여간해서는 (예)열이 내릴 기미가 좀체 안 보인다. (비)좀처럼.

좁다 ①면적이 작다. (예)방이 좁다. ②도량이나 소견이 작다. (예)마음이 좁다. (반)넓다.

좁다랗다[좁따라타](좁다라니, 좁다라오) ①넓이가 매우 좁다. (예)마을 앞길이 좁다랗다. ②생각보다 너무 좁다. (반)널따랗다.

좁쌀 ①노랗고 알이 아주 자잘한 곡식. (비)조. ②열매가 아주 작기 때문에 작고 좀스러운 사람이나 물건에 비유하기도 함.

좁히다[조피다] ①둘 사이의 간격을 좁게 하다. (반)넓히다. ②서로의 차이를 작게 하다. (예)서로의 의견 차이를 좁히다.

종:[1] 다른 사람 밑에 매여서 부림을 당하는 사람. (비)노예. 노비. (반)주인. 상전.

종[2] 달아 놓고 나무 같은 것으로 쳐서 소리를 내게 하는, 쇠로 만든 물건. (예)새벽 종소리. 【鍾】

종가 한 문중에서 맏이로만 이어 온 큰집. 【宗家】

종각 큰 종을 달아 두는 집. 【鐘閣】

종강 강의를 끝마침, 또는 그 강의. (반)개강. -하다. 【終講】

종결 일을 끝냄. (예)사건 종결. -되다. -하다. 【終結】

종교 신이나 절대자를 믿어 마음의 평안과 행복을 얻으려는 일〔기독교·불교·천주교 등〕. 【宗敎】

종교 개혁 16세기에 유럽에서 로마 카톨릭 교회의 옳지 못한 일을 비판하고 반대하면서 일어난 기독교의 개혁 운동. 그 결과로 개신 교회가 생겼음.

종교계 종교를 믿는 사람들의 사회.

종교인 종교를 믿는 사람.

종국 ①끝판. 마지막판. ㉮종국에는 실패하고 말 것이다. ②바둑을 다 둠. 【終局】

종군 전쟁에 참가하려고, 또는 전쟁에 대한 보고나 기록을 하기 위해 전쟁터에 직접 나가는 것. ㉮종군 기자. -하다. 【從軍】

종:기 살갗의 한 부분이 곪아 고름이 생긴 상처. 【腫氣】

종내 마침내. 끝끝내. ㉮종내 돌아오지 않았다. 【終乃】

종단 남북의 방향으로 긴 지역을 한 끝에서 다른 끝으로 가로지르는 것. ㉮국토 종단. ㉯횡단. -하다.【縱斷】

종달새 몸은 참새보다 조금 큰 새. 몸빛은 붉은 갈색에 거무스름한 가로 무늬가 있으며, 뒷머리의 깃은 길어서 뿔처럼 보임. 종다리.

종대 세로로 줄을 지어서 늘어선 모양. ㉯횡대. 【縱隊】

종두 병원체를 소에 심어 소에서 생긴 고름을 사람 몸에 접종함으로써 천연두(마마)를 예방하는 접종 방법. 영국의 의사 제너가 1976년에 발견하였음. ㊐우두. 【種痘】

종두법 천연두 예방을 위해 사람의 몸에 면역 물질을 넣는 방법.

종래[종내] 이전부터 지금까지의 동안. ㉮종래의 방식대로 하자.

종량제[종냥제] 무엇을 이용한 시간이나 분량에 따라 그 값을 내게 하는 제도. ㉮쓰레기 종량제.

종려나무[종녀나무] 야자나무와 비슷한 늘푸른큰키나무. 높이 3~7m로, 잎이 매우 크고 부채꼴 모양을 하고 노란 꽃이 핌.

종렬 세로로 줄지음, 또는 그 줄. -하다. 【縱列】

종례 학교 공부를 마친 뒤에, 담임 선생님과 학생들이 교실에 모여서 하는 인사. ㉯조례. -하다.

종로[종노] 서울의 중심 상점거리의 하나. 세종로에서 동대문까지의 거리. 【鍾路】

종료[종뇨] 일을 마침. 끝냄. ㉯개시. -되다. -하다. 【終了】

종:류[종뉴] 물건의 상태나 성질을 어떤 기준에 따라 나눈 갈래. ㊐종목. 종별. 【種類】

종말 끝판. 나중의 끝. ㉮인생의 종말. ㊐최후. 【終末】

종:목 비슷한 여러 가지를 종류에 따라 나누어서 정한 항목. ㉮경기 종목. ㊐항목. 【種目】

종묘 조선 시대 역대 임금의 위패〔죽은 이의 이름을 적은 나무조각〕를 모시는 사당. 서울특별시 종로 3가에 있음. 【宗廟】

종묘 제례악 조선 시대에, 종묘에서 제사 지낼 때 연주 하던 음악. 1996년에 유네스코 세계 문화 유산으로 지정되었으며, 무형 문화재 제1호임.

종반 ①장기·바둑·경기 따위에서 승부가 끝판에 이름. ②사물의 끝판에 가까운 단계. ㉯초반.

종사 어떤 일을 함. ㉮교사직에 종사하다. -하다. 【從事】

종사자 〔직업을 나타내는 말 뒤에 써서〕그 일을 직업으로 하는 사람. ㉮농업 종사자. 【從事者】

종:살이[종사리] 옛날에, 남의 종이 되어 사는 것.

종성자 받침. 끝소리 글자.

종속 다른 것에 지배를 받거나 의존하는 것. ㉮우리 민족은 35년 동안 일본에 종속되었었다. -되다. -하다. 【從屬】

종손 종가의 대를 이을 자손. 또는 종가의 맏손자. 【宗孫】

종신 ①한 평생을 마침. ②명을 다할 때까지의 동안. [예]종신 대통령. -하다. 【終身】

종신형 죽을 때까지 감옥에서 옥살이를 하도록 하는 형벌. [비]무기형.

종씨 성과 본이 같지만 촌수를 따질 만큼 가깝지는 않은 사람. 【宗氏】

종:아리 다리에서 무릎과 발목 사이의 뒤쪽 부분.

종알거리다 알아듣기 어려울 만큼 작은 목소리로 혼자 계속해서 빠르게 말하다. [비]종알대다.

종알종알 ①혼자말로 자꾸 불평을 말하는 소리나 모양. ②자꾸 재깔이는 소리, 또는 모양. <중얼중얼.

종:양 몸 속에서 세포가 병적으로 불어나 만들어진, 생리적으로 해롭든가 아무 쓸모 없는 살덩어리.

종업 ①하던 일을 끝마침. ②학교에서 학업을 마침. [예]종업식. [반]시업. -하다. 【從業】

종업원 회사나 가게 따위에 고용되어 일하는 사람. [반]주인.

종용 어떤 일을 하도록 권하거나 부추기는 것. [예]화해를 종용하다.

종유석 지하수에 녹아 있던 석회 가루가 모여서 굳어져서 생긴, 석회암 동굴의 천장에 고드름같이 달려 있는 돌. 【鍾乳石】

종이 주로 식물성 섬유를 재료로 하고, 가성 소다나 석회를 가하여 끓인 다음 짓찧어서 연한 덩어리를 짓고, 수지 또는 풀을 가해서 뜬 얇은 물건.

종이배 종이를 접어서 만든 작은 장난감 배.

종이비행기 종이를 접어서 만든 작은 장난감 비행기.

종이접기 종이를 접어서 여러 가지 물건의 모양을 만드는 것.

종이죽 종이를 찢어 풀어 이긴 공작용 찰흙.

종이쪽 종이의 작은 조각.

종이학 종이를 접어서 학 모양으로 만든 것.

종일 아침부터 저녁까지. [비]온종일. 진종일. 【終日】

종잇장 종이의 낱장.

종자 채소나 곡식의 씨. [비]씨앗. [예]종자를 뿌리다. 【種子】

종잡다 짐작으로 이해하거나 알아차리다. [예]종잡을 수 없는 애매한 대답.

종장 시조나 노래의 마지막 장.

종적 드러난 형상과 자취, 또는 흔적. [예]범인의 종적을 추적하다. [비]흔적. 【縱跡】

종전[1] 전쟁이 끝남, 또는 끝냄. [반]개전. -하다. 【終戰】

종전[2] 이전부터의 그대로. [예]종전보다 값이 내렸다. 【從前】

종점[종쩜] 기차·전철·버스 등의 마지막 도착점. [예]버스 종점. [반]기점. 【終點】

종:조부 할아버지의 형이나 아우. [준]종조. 【從祖父】

종족 ①조상이 같고 공통되는 언어·풍습·문화 등을 가지고 있는 사람들의 집단. [비]족속. ②생물의 같은 종류의 것. 【種族】

종:종 가끔. 이따금. [예]소식을 종종 듣는다. 【種種】

종종걸음 발을 짧게 자주 떼며 바삐 걷는 걸음. [거]총총걸음.

종지 간장·고추장 같은 것을 담아서 상에 놓는 작은 그릇.

종지부 글의 끝을 나타내는 부호. 마침표. 【終止符】

종착역[종창녁] 기차·전철 등의 마지막 도착역. [비]종점. [반]시발역.

종친 ①성과 본이 같은, 먼 일가 친척. ②임금의 친족. 【宗親】

종탑 교회에서 종을 달아 두기 위해 높이 세운 탑. 【鍾塔】

종파 ①종가의 계통. ②같은 종교를

믿으면서도 주장하는 교리가 다른 갈래. 【宗派】

종합 하나로 합함. ㊇내용을 종합하다. -하다. 【綜合】

종합 대학 세 개 이상의 단과 대학과 대학원으로 이루어진 대학.

종합 병원 각종 질병을 고칠 수 있도록 여러 종류의 진료 과목에 관한 전문 인력과 장비를 갖춘 병원. 【綜合病院】

종합 예술 개개의 예술을 종합한 대규모의 통일적 예술.

종합장 일정한 내용이 아니라, 여러 가지 내용을 필요한 대로 적어 두는 공책. 【綜合帳】

종합적 종합하는 것. ㊇종합적인 판단. 【綜合的】

종합 청사 정부의 여러 부처가 한 곳에서 일을 볼 수 있도록 큰 규모로 지은 관청.

종:형 사촌형. 【從兄】

종횡무진 행동이 막히는 것이 없이 자유로운 것. ㊇종횡 무진 활약하다. 【縱橫無盡】

좇다[졷따] ①뒤를 따르다. ②복종하다. ㊇어른들의 뜻을 좇다.

좇아가다[조차가다] ①뒤에서 바짝 따라가거나 자취를 따라가다. ㊇형의 뒤를 좇아가다. ②무엇에 가까이 가거나 얻으려고 노력하다.

좋:다[조타] ①마음에 들다. ㊇본인이 좋다는 데 어쩔 수 없지. ②흐뭇하여 기뻐할 만하다. ㊇기분이 좋다. ③말씨나 태도가 부드럽고 순하다. ㊇말솜씨가 좋다.

좋:아지다[조아지다] ①좋게 되다. 차차 나아지다. ㊇병세가 점점 좋아지다. ②좋아하게 되다. ㊇밉던 짝이 어느새 좋아지다.

좋:아하다[조아하다] ①좋게 여기거나 사랑하다. 즐기다. ㊇우리들은 모두 담임 선생님을 좋아한다. ②기분이 즐겁고 흥이나다. ㊇통일이 되면 우리 모두가 좋아할 것이다.

좌: 왼쪽. 왼편. 【左】

좌:고 북의 한 가지. 나무로 된 나지막한 틀에 매달고 나무채로 앉아서 침. 【座鼓】

좌:담 몇 사람이 자리를 마주잡고 앉아서 자유롭게 주고받는 이야기. -하다. 【座談】

좌:담회 어떤 문제를 중심으로 의견을 주고받는 모임. 【座談會】

좌:변 ①왼편짝. ②왼편 가장자리. ③등식에서, 등호(=)의 왼쪽 부분. ㊥우변. 【左邊】

좌:석 ①앉는 자리. ②깔고 앉는 물건을 통틀어 이르는 말. ㊕자리.

좌석 버스 승객 모두가 앉는 자리가 있는 버스.

좌:수사 조선 시대 때, 바다를 지키던 좌수영의 우두머리 벼슬 이름.

좌:수영 조선 시대 때, 수군의 군영〔동래에 경상 좌수영과 여수에 전라 좌수영이 있었음〕.

좌:우 왼쪽과 오른쪽. 【左右】

좌:우간 ①이렇든 저렇든 간에 어떻게 되는지 간에. ㊇좌우간 일부터 하자. ②두 가지 가운데. 어찌하든지. ㊕어쨌든. 하여간. 하여튼.

좌:우되다 어떤 원인이나 힘에 의해 결정되다. ㊇좋은 성적은 얼마나 꾸준히 공부하느냐에 따라 좌우된다.

좌:우명 늘 가까이 적어 두고, 일상의 경계로 삼는 말이나 글.

좌:우하다 마음대로 다루거나 움직이다. ㊇정권을 좌우하다.

좌:의정 조선 때, 의정부의 정일품 벼슬. ㊕좌상. 【左議政】

좌:익수 야구 경기에 있어서 외야의 왼쪽 수비를 맡아 지키는 선수.

좌:절 ①마음과 기운이 꺾임. ②어떤 계획이나 운동이 실패로 돌아감. -하다. 【挫折】

좌:절감 남의 힘에 밀려 어떤 일이나 계획이 실패했다는 느낌.

좌:천 높은 직위에서 낮은 직위로 떨어짐. 반영전. 【左遷】

좌:측 왼쪽, 또는 왼쪽의 옆쪽. 왼편. 반우측. 【左側】

좌:측 통행 교통 질서를 유지하기 위하여 사람은 왼쪽 길로 통행하는 일. 반우측 통행.

좌:표 어떤 위치나 점의 자리를 나타내는 데 표준이 되는 표.

좌:표축 좌표의 기준이 되는 가로·세로의 선.

좌:표 평면 좌표축이 있는 평면.

좌:회전 왼쪽으로 돎. 반우회전.

좍좍 ①굵은 빗방울이나 물줄기가 세차게 쏟아지는 모양. 예소나기가 좍좍 내리다. ②여러 갈래로 흩어지거나 퍼지는 모양. 예시험지를 좍좍 찢어 버리다. 센쫙쫙.

좔좔 ①많은 양의 액체가 세차게 흐르는 소리나 모양. 예개울물이 좔좔 흐르다. ②거침없이 읽거나 외우거나 말하는 소리나 모양. 예구구단을 좔좔 외우다.

ㅈ

쟁:이 원추형 모양으로 생긴, 물고기를 잡는 그물의 한 가지.

죄: ①양심을 속이는 일. ②벌을 받을 만한 짓. 그른 짓. 【罪】

죄:다[1] ①느슨하거나 헐거운 것을 바싹 돌리든가 당겨서 틈이 없게 하다. 예나사를 죄다. ②마음을 졸이며 간절히 바라고 기다리다. 예가슴을 죄며 시험 결과를 기다리다. 비조이다.

죄:다[2] 모조리 다. 빠짐없이 온통 다. 예죄다 먹어라.

죄:명 법으로 정해진 죄의 이름. 예죄명이 살인죄이다. 비죄목. 【罪名】

죄:목 범죄 행위의 종류. 【罪目】

죄:상 저지른 죄의 자세한 내용. 예죄상이 드러나다. 【罪狀】

죄:송 죄스럽고 미안함. 예늦어서 죄송합니다. 비황송. 송구. －하다. －스럽다. 【罪悚】

죄:송스럽다 죄송한 마음이 있다. 예자주 찾아뵙지 못해 죄송스럽습니다.

죄:송하다 죄를 지은 것처럼 미안하다. 예고생만 하시는 부모님께 죄송한 마음이 든다.

죄:수 교도소에 수감된 죄인.

죄:악 ①죄가 될 만한 나쁜 짓. ②도덕이나 종교의 교리나 가르침을 어기는 짓. 【罪惡】

죄암죄암 갓난 아기가 귀엽게 두 손을 쥐었다 폈다 하는 모양.

죄어들다 ①바싹 죄어서 안으로 오그라들다. 예속옷이 죄어들어 답답하다. ②긴장 같은 것이 높아지다. 예조바심에 마음이 죄어들다.

죄:의식 자기가 한 행동에 대하여 죄를 지었다고 느끼는 마음.

죄:인 죄를 저지른 사람. 【罪人】

죄:짓다[죄짇따] 죄가 될 만한 행동을 하다. 못된 짓을 하다. 예죄짓고는 못 사는 사람이다.

죄:책감 자기가 저지른 죄에 대해 가책이나 책임을 느끼는 마음.

죗:값[죄깝] 지은 죄에 대해 치러야 할 대가. 예자수하여 죗값을 치러야 한다.

주[1] ①지난날, 지방 행정 구역의 하나. ②미국의 지방 행정 구역의 하나. ③대부분이 바다로 둘러싸인 큰 육지. 예아시아 주. 【州】

주[2] 일·월·화·수·목·금·토의 7일 동안을 일컬음. 【週】

주[3] ①여럿 중에서 가장 중심이 되거나 중요한 것. ②기독교에서, 하나님이나 예수님을 이르는 말. 반종. 【主】

주간[1] 한 주일마다 한 번씩 신문 등을 펴냄. 예주간 잡지. 【週刊】

주간[2] 한 주일 동안. ㉠불조심 강조 주간. 【週間】
주간[3] 낮. 낮 동안. ㉠주간에만 장사를 하다. 반야간. 【晝間】
주간지 일 주일에 한 번씩 출간되는 잡지. 【週刊誌】
주:거 어떤 곳에 머물러 삶. 비거주. -하다. 【住居】
주:거비 집세·수도 요금·전기 요금처럼 집안을 유지하는 데 드는 돈. 【住居費】
주:거지 자리잡고 살고 있는 지역이나 땅, 또는 살고 있는 집.
주걱 밥 등을 그릇에 담는 데 쓰이는, 나무나 플라스틱 등으로 만든 물건.
주검 죽어 있는 몸. 비송장. 시체.
주경기장 경기나 시합 등을 할 때에 중심이 되는 곳.
주경 야독 〔낮에는 농사를 짓고 밤에는 글을 읽는다는 뜻으로〕 곧 바쁜 틈에서도 공부함을 이르는 말. -하다. 【晝耕夜讀】
주고받다 서로 주기도 하고 받기도 하다. 서로 말을 하다. ㉠인사를 주고받다.
주관 자기대로의 생각. ㉠주관대로 행동하다. 반객관. 【主觀】
주관식 채점하는 이의 주관에 따라 점수를 매길 수 있게 문제를 내는 시험의 형식. 반객관식.
주관적 주관에 따르는 것. ㉠주관적인 평가. 반객관적.
주교 천주교에서, 일정한 구역(교구)을 관할하는 교직. 【主敎】
주권 ①주되는 권리. ②국가를 이루는 가장 중요하고 중심이되는 권리. 【主權】
주근깨 뺨에 여럿이 함께 생기는 작고 검은 점.
주기 한 바퀴 도는 시기. 【週期】
주기도문 예수가 제자들에게 가르친 모범 기도문〔〈신약 성서〉 마태복음 6장 9~13절 및 누가복음 11장 2~4절에 있음〕.
주기판 컴퓨터에서 온갖 장치를 고정하거나 연결시켜 주며, 데이터가 이동하는 통로가 되는 판.
주낙 낚시줄에 여러 개의 낚시를 달아 물살을 따라서 얼레를 감았다 풀었다 하여 물고기를 잡는 기구.
주:눅 윗사람이나 여러 사람 앞에서 기가 죽어 움츠러드는 일.
주다 ①남에게 가지게 하다. ②마음이나 정신을 기울이거나 드러내 보이다. 높드리다.
주도 앞장서서 어떤 일을 이끌거나 지도하는 것. ㉠민간 주도 산업. -하다. 【主導】
주동 어떠한 일에 주장이 되어 행동함. 【主動】
주동자 어떠한 일에 주장이 되어 행동하는 사람. 【主動者】
주되다 〔'주된'의 꼴로 써서〕기본이나 중심이 되다. ㉠성공의 주된 원인.
주:둔 군대가 어떤 지역에 머물러 있음. -하다. 【駐屯】
주둥이 '입 부리'의 낮은말. 본주둥아리. >조동이.
주렁주렁 열매 같은 것이 많이 매달려 있는 모양. ㉠감이 주렁주렁 열렸다. >조롱조롱.
주력 어떤 집단에서 중심이 되는 힘. ㉠주력 상품. 주력 기업. 【主力】
주례 예식을 맡아 진행하는 일, 또는 그 사람. 【主禮】
주로 가장 흔하게. 무엇을 중심으로 하여. ㉠아침에는 주로 빵을 먹는다.
주룩주룩 잇달아 나는 주룩 소리. ㉠봄비가 주룩주룩 내린다. >조록조록. 센쭈룩쭈룩.
주류[1] ①강의 가장 큰 줄기가 되는 흐름. ②단체나 집단 등의 사회 활동 중에 중심이 되고 기본이 되는 줄기. 반비주류. 【主流】

ㅈ

주류[2] 여러 종류의 술. ㉠미성년자에게는 주류를 팔지 못한다. 【酒類】

주르르 무엇이 가볍게 흘러내리는 소리나 모양. ㉠주르르 흐르는 눈물. 〉조르르. ㉡쭈르르.

주르륵 땀이나 물과 같은 액체가 빠르게 잠시 동안 흐르다가 멎는 소리나 모양. ㉠눈물 방울이 주르륵 흘러내리다. 〉조르륵. ㉡쭈르륵.

주름 ①살갗 등이 느즈러져서 생긴 잔 줄. ②종이·옷감 등이 쭈그러져서 생긴 구김살. ③치마폭 등을 줄여 접은 금. ㉠주름치마.

주름살[주름쌀] 주름이 잡힌 금. ㉠이마의 주름살.

주름잡다 ①옷의 폭 따위를 접어서 주름을 내다. ㉠치마를 주름잡다. ②집단이나 단체의 중심 인물이 되어 자기 마음대로 다루거나 처리하다. ㉠정계를 주름잡는 거물.

주리 옛날에, 죄인의 두 다리 사이에 두 막대기를 넣고 서로 반대 방향으로 비트는 벌.

주:리다 ①먹지 못하여 배를 곯다. ㊥굶주리다. ②바라는 것이 잘 되지 못하여 마음에 허기가 생기다.

주막 지난날, 시골의 길가에서 술과 밥을 팔고, 나그네도 재우는 집. 주막집. 【酒幕】

주말 한 주일의 끝이나 끝 부분. ㊦주초. 【週末】

주머니 옷에 달아 물건을 넣어 두게 한 것.

주먹 다섯 손가락을 오그려 쥔 손.

주먹밥 주먹처럼 뭉친 밥덩이.

주먹손 주먹을 쥔 손.

주먹질 주먹으로 때리는 것. -하다.

주먹코 크고 뭉뚝하게 생긴 코, 또는 그런 코를 가진 사람.

주모 술집에서 술을 파는 여자.

주모자 우두머리가 되어 나쁜 것을 꾸미는 사람. 【主謀者】

주:목 ①어떤 일에 특별히 관심을 가지고 자세히 봄. ②한 곳에다 시선을 모아 봄. ㉠선생님께 주목하다. ㊥주시. -하다. 【注目】

주몽〖사람〗 고구려의 시조. 동명 성왕의 이름. 【朱蒙】

주무 ①사무를 주장하여 맡음. ㉠교육을 주무하는 관청. ②주무자. -하다. 【主務】

주무르다(주무르니, 주물러서) ①손으로 자꾸 만지다. ㉠아버지 다리를 주무르다. ②사람을 제 마음대로 놀리거나 다루다.

주무시다 '잠을 자다'의 높임말.

주:문[1] ①남에게 상품을 쓰겠다고 부탁하여 청구함. ㉠상품을 주문하다. ②이렇게 저렇게 해달라고 부탁함. ㉠주문이 까다롭다. -하다. 【注文】

주:문[2] 술수를 부리거나 귀신을 쫓으려고 할 때에 중얼거리며 외는 일정한 말. 【呪文】

주:물 쇠붙이를 녹인 액체를 거푸집에 부어 굳혀서 만든 물건.

주물럭거리다 물건을 자꾸 주무르다. ㊥주물럭대다.

주:미 미국에 머물러 있음. ㉠주미 대사. 【駐美】

주:민 일정한 지역 안에 살고 있는 사람. ㊥거주민. 【住民】

주민 등록증 일정한 지역에 살고 있다는 사실이 관청에 등록이 된 것을 증명하는 증서. 만 17세 이상인 사람에게 발급됨.

주:민세 주소가 있는 곳에 살거나 사무실이 있는 사람이 내는 세금, 또는 소득에 따라 일정한 비율로 정하여 내는 세금. 【住民稅】

주발 아래보다 위가 약간 더 벌어지고 뚜껑이 있는 놋쇠로 만든 밥그릇. ㊥바리. 【周鉢】

주방 음식을 만들거나 차릴 때에 쓰도록 정해진 방. ㊥부엌.

주방장 주방에서 우두머리가 되는 사람. 【廚房長】

주번 군대나 학교 같은 곳에서 한 주일씩 교대해 가며, 생활 지도·풍기 단속·규율의 시행 등을 감독하는 임무. 【週番】

주범 여럿 중에서 가장 중심이 되는 범인. (예)이 사건의 주범은 김씨로 밝혀졌다. 【主犯】

주:법[주뻡] 악기를 연주하는 방법. (비)연주법. 【奏法】

주변[1] 둘레의 가장자리. 부근. (비)주위. 【周邊】

주:변[2] 일을 주선하거나 변통하는 재간. (비)수완. (낮)주변머리.

주:변머리 '주변'의 속된 말. (예)주변머리가 좋아 사업을 잘 꾸려 나간다.

주보 한 주일에 한 번씩 펴내는 신문이나 잡지 등.

주부 한 집안의 살림을 하는 여자.

주빈 손님 가운데서 가장 중요한 손님. 【主賓】

주:사 기기로 액체 약물을 근육이나 혈관 등에 넣는 일. -하다.

주:사기 약물을 근육이나 혈관 등에 넣는 기구.

주사위 단단한 나무나 짐승의 뼈로 만든, 각 면마다 1~6까지의 숫자를 점으로 나타낸 정육면체의 장난감. 이를 굴려 점수의 많고 적음을 겨룸.

[주사위]

주산 주판으로 하는 셈. 【珠算】

주:생활 집에서 살아가는 생활.

주석 은백색이 나는 금속 원소의 하나. 공기 중에 잘 변하지 않아 도금 및 합금에 많이 이용됨.

주선 일이 잘 되도록 이리저리 힘을 씀. -하다. 【周旋】

주섬주섬 여기저기 흩어져 있는 물건을 하나하나 주워 거두는 모양.

주성분 어떤 물질 속의 가장 중요한 성분. 【主成分】

주세붕〖사람〗[1495~1554] 조선 시대 제11대 중종 때의 학자. 중종 때(1543)에 풍기 군수로 있으면서 우리 나라 최초의 서원인 백운동 서원을 세웠음. 호는 신재.

주:소 살고 있는 곳. (본)거주소.

주:술 민속에서, 신이나 귀신의 힘을 빌어 재해나 불행을 막거나 일으키는 기술. 【呪術】

주:스 식물의 즙, 특히 과일의 즙을 말할 때가 많음. ×쥬스. 【juice】

주시경〖사람〗[1876~1914] 한글 학자. 호는 한힌샘. 한글을 과학적으로 연구하여 체계를 세우고, 우리 말과 글의 보급에 일생을 바쳤으며, 많은 제자들을 길러 내었음. 〈국어 문법〉〈조선어 문법〉 등의 책을 썼음. 【周時經】

주:시하다 무엇을 관심을 가지고 주의하여 보거나 자세히 살피다. (예)사태를 주시하다.

주식[1] 밥·빵 등과 같이 평소 끼니에서 주가 되는 음식. 【主食】

주식[2] 주식 회사의 자본을 이루는 단위, 또는 그 금액을 표시해 놓은 증권. (준)주. 【株式】

주식 회사 주식의 발행을 통해 여러 사람으로부터 자본을 만들어, 모든 주주가 소유 주식의 금액 이상으로는 책임을 지지 않는 종류의 회사. 【株式會社】

주심 운동 경기에서, 주장으로 심판을 하는 일, 또는 그 사람. (본)주심판. 【主審】

주안상 술과 안주를 차린 상.

주야 낮과 밤. 【晝夜】

주어 문법에서, '이/가'와 같은 조사와 함께 써서 문장의 임자가 되는 말. 임자말. 【主語】

주어지다 필요한 것이 마련되다. 얻어지다.

주역 ①주되는 구실. 주인 구실. 중심이 되는 구실을 하는 사람. ②연극이나 영화 따위의 중심이 되는 역할. 【主役】

주연 연극이나 영화에서 중심이 되어 연기하는 일. ㊐주연상을 받다. -하다. 【主演】

주옥 ①진주와 구슬. ②아름답고 귀한 것. ③아름다운 문장이나 시. ㊐주옥 같은 글귀. 【珠玉】

주요 가장 소중하고 긴요함. ㊑중대. 중요. ㊒사소. -하다.

주요 내용 중심이 되는 내용.

주위 어떤 곳의 바깥 둘레. ㊐화단 주위. ㊑주변. ㊒중심.

주위 환경 어떤 것을 둘러싸고 있는 바깥 둘레의 사정.

주:유소 거리의 요소 요소에 특별한 장치를 차리고 자동차에 경유·휘발유 등을 넣어주는 곳.

주:유탑 선박이나 차량 등에 기름을 넣을 수 있도록 세운 탑.

ㅈ

주의[1] 굳게 지키어 변하지 않는 일정한 생각이나 주장. ㊐민주주의. 민족주의. 【主義】

주:의[2] ①마음에 새겨 두어 조심함. ㊒부주의. ②잘 알아듣도록 타이름. -하다. 【注意】

주:의력 마음에 새겨 두어 조심함.

주:의보 태풍·홍수 따위로 인해 피해를 입을 염려가 있을 때 기상대에서 주의하라고 알리는 날씨 예보. ㊐태풍 주의보를 발령하다. 【注意報】

주인 ①한 집안의 우두머리가 되는 사람. ㊒손. ②물건의 임자. ㊑임자. ㊐땅주인. 【主人】

주인공 이야기·연극·영화 등에서 중심이 되는 사람. 【主人公】

주일[1] ①일요일부터 토요일까지에 이르는 동안의 날. ②어떤 날부터 7일 동안. 【週日】

주일[2] 기독교에서, 주로 일요일을 가리켜 일상의 일을 쉬고 하나님께 예배드리는 날. 【主日】

주임 어떤 부서에서 맡은 일을 주관하는 자리나 직위, 또는 그 사람.

주:입 ①작은 구멍으로 액체를 들어가게 쏟아 넣는 것. ㊐자동차에 연료를 주입하다. ②교육에서, 어떤 내용을 이해시키지 않고 암기 위주로 가르치는 것. ㊐주입 중심의 교육. -되다. -하다. 【注入】

주:입기 액체나 기체를 구멍을 통해 막힌 곳에 집어넣을 때 쓰는 기구. 【注入器】

주자[1] 지난날, 중국의 유학자 주희를 높임말. 【朱子】

주자[2] ①릴레이나 운동 경기에서 달리는 사람. ②야구에서, 아웃되지 않고 루에 나가 있는 사람. 【走者】

주자학 중국 송나라 때의 학문. 주자가 완성했으므로 주자학이라 하는데, 성리학 또는 도학이라고도 일컬음. 조선 후기에는 헛된 이론과 형식에 치우친 학문으로 비판되었음. 【朱子學】

주장[1] 자기의 이론이나 의견을 내세움. ㊐자기의 주장을 굽히지 않다. ㊑주창. -하다. 【主張】

주장[2] 어떤 일을 책임지고 맡아함. ㊑주동. -하다. 【主掌】

주장[3] 운동 경기에서, 팀의 우두머리가 되는 선수. 【主將】

주장강 중국의 화남 지방에 있는 강. 강어귀에 홍콩이 있음.

주재[1] 책임을 지고 일을 맡아 처리하는 것, 또는 그 사람. ㊐대통령 주재로 수해 대책 회의를 열다. -하다. 【主宰】

주:재[2] 사업이나 공무를 보기 위해 외국의 일정한 곳에 머무는 것. ㊐파리 주재 기자. -하다. 【駐在】

주저 머뭇거림. 망설임. ㉮주저하지 말고 말해라. -하다.

주저앉다 ①섰던 자리에 기운없이 그대로 내려앉다. ②하던 일을 그만두고 물러나다.

주전 운동 경기에서, 한 팀의 주된 선수가 되어 싸우는 사람. 반후보.

주전부리 끼니가 아닌, 맛이나 심심풀이로 음식을 먹는 일, 또는 그런 음식. 비군것질. -하다.

주전자 물을 데우기도 하고, 물을 담아 잔에 따르기도 하는 그릇을 통틀어 일컬음.

주:정 술에 취하여 말이나 행동을 함부로 하는 것. -하다.

주제[1] ①중요한 문제. 주장이 되는 문제. ②문학 작품 등의 작자가 그 작품에서 나타내는 중심이 되는 생각. 중심 생각. ③음악에서, 중심이 되는 가락. 【主題】

주제[2] 〔얕잡아 하는 말로〕못난 처지나 형편. ㉮공부도 못하는 주제에 놀기만 하니?

주제가 영화·연극·드라마 따위에서 주제를 나타내는 주된 노래.

주제넘다[주제넘따] 제 분수에 넘게 건방지다. ㉮주제넘은 행동을 하다.

주제어 글을 쓸 때나 말을 할 때 그 주제를 가장 잘 나타내는 낱말.

주:조 쇠붙이를 녹여서 물건을 만듦. -하다. 【鑄造】

주조정실 방송국에서 부조정실을 거쳐 나온 방송을 고르게 조정하여 송신소로 보내는 곳.

주종[1] 주인과 하인. 【主從】

주종[2] 여러 가지 중에서 중심이 되는 것, 또는 가장 많은 것. ㉮아파트가 요즈음 주택 건설의 주종을 이룬다. 【主宗】

주주 주식 회사의 주식을 가진 사람. ㉮주주 총회. 【株主】

주중 한 주의 가운데. ㉮주중에는 바쁘니까 주말에 만나자. 【週中】

주:지 한 절을 책임지고 맡아보는 중. 【住持】

주지사 미국처럼 여러 주의 연방으로 이루어진 나라에서 한 주의 우두머리 관리. 【州知事】

주:차 자동차를 일정한 장소에 세워 두는 것. -하다. 【駐車】

주:차장 자동차를 세워 두도록 마련해 놓은 곳. 【駐車場】

주창 앞장 서서 부르짖음. 중심인물이 되어 주장함. -하다.

주책 ①일정한 주장이나 판단력. ㉮나이를 먹다 보니 사람이 자꾸 주책만 없어진다. ②이치를 분간할 만한 판단력이나 뚜렷한 생각이 없이 마음 대로 하는 짓. ㉮그렇게 주책을 부려 놓고 창피하지도 않아요?

주책없다 자주 이랬다 저랬다하여 도무지 요량이 없다.

주책없이[주채겁씨] 이치를 분간할 만한 판단력이나 뚜렷한 생각이 없이. ㉮주책없이 아무 얘기나 막 하다.

주체 ①사물의 주되는 부분. ②마음 또는 주관. ③단체나 기계 등의 주요한 부분. 【主體】

주체성[주체썽] 자기의 자유로운 의지에 따라서 행동하는 성질.

주초 한 주일의 처음 부분. 반주말.

주최 어떠한 행사나 회합을 앞장서서 내세워 엶. -하다.

주최국 어떤 행사나 회의를 주최하는 나라. 【主催國】

주축 어떤 활동의 중심. ㉮주장을 주축으로 해서 단결하자! 【主軸】

주춤 ①걸어가다가 갑자기 멈추고 머뭇거리는 모양. ②일을 하다가 갑자기 멈추고 망설이는 모양. -하다.

주춤거리다 망설이며 머뭇거리다. 비주춤대다.

ㅈ

주춤주춤 선뜻 하지 못하고 망설이며 머뭇거리는 모양. [예]주춤주춤 앞으로 걸어나가다.

주춤하다 놀라거나 망설이는 태도로 하던 행위나 일을 갑자기 중단하거나 몸을 움츠리다. [예]말을 하려다 나를 보더니 주춤했다.

주춧돌[주추똘] 기둥 밑에 괴어 놓은 돌. [비]초석.

주치의 어떤 사람의 병을 맡아 치료하는 것을 책임진 의사.

주:택 사람이 살 수 있게 지은 집. 거택. 주가. 【住宅】

주:택가 주택들이 모여 있는 거리나 지역. 【住宅家】

주:택 단지 주택이 들어선 곳.

주:택지 주변 위치나 환경이 주택을 짓기에 알맞은 지역, 또는 주택이 많이 들어서 있는 지역.

주:파 정해진 거리를 끝까지 달림. -하다. 【走破】

주:판 수판. 셈을 놓는 데에 쓰는 기구. 중국에서 발명되었음.

주:한 외국의 관리나 기관이나 군대로서 한국에 머물러 있는 것. [예]주한 미군. 【駐韓】

주행 자동차 따위의 바퀴가 달린 탈것이 달려감. 【走行】

주홍빛 누른빛과 붉은빛의 중간빛으로 붉은빛에 가까운 색깔.

주:화 쇠붙이로 만든 돈. [예]올림픽 기념 주화. 【鑄貨】

주황 빨강과 노랑의 중간 색. 주황빛. 자황색.

주:효하다 효력이 나타나다. [예]작전이 주효하다.

죽[1] 곡식을 물에 묽게 풀어 익혀 먹는 음식. [예]팥죽. 【粥】

죽[2] 멈추지 않고 이어서 하는 모양이나 소리. [예]팔을 죽 뻗었다. [센]쭉.

죽다 ①숨이 끊어지다. ②동작을 그치다. ③성질이나 기세가 꺾이다. ④빳빳한 기운이 없어지다. [예]옷의 풀기가 죽다.

죽도[죽또] 칼처럼 만든 대나무 몽둥이. 【竹刀】

죽령[중녕] 경상 북도 영주군과 충청 북도 단양군의 경계에 있는 고개. 소백 산맥의 가운데에 있음. 높이 689m. 【竹嶺】

죽림[중님] 대나무 숲. 【竹林】

죽림욕[중님뇩] 병 치료나 건강을 위해서 대나무 숲을 거닐며 공기를 쐬는 일. 【竹林浴】

죽마고우[중마고우] 어릴 때부터 같이 놀며 자란 친하게 지내는 오랜 친구. [비]죽마지우. 【竹馬故友】

죽부인 대오리로 길고 둥글게 만든 제구. 여름밤에 끼고 자면서 서늘한 기운을 취함.

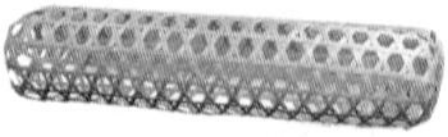

[죽부인]

죽서루 관동 팔경의 하나. 강원도 삼척에 있는 다락집.

죽세공 대를 재료로 써서 작은 물건을 만드는 일.

죽세공품 바구니·부채 따위와 같이 대로 자잘하게 만든 물건.

죽순 대나무의 땅속줄기에서 돋아나는 어리고 연한 싹.

[죽순]

죽염[주겸] 소금을 대나무 통속에 넣고 황토로 막은 다음, 불에 여러 번 구워서 만든 회색의 가루 소금. 【竹鹽】

죽음 죽는 일. 생물의 생명이 없어지는 현상. 사망. 사. [반]삶. ×주검.

죽음의 세계 생물이라고는 아무것도 살고 있지 않는 곳.

죽의 장막 지난날, 중국과 자유주의 국가 사이에 가로놓인 장벽을, 중국에서 많이 나는 대나무에 비유하여 이르는 말.

죽이다[주기다] ①목숨을 빼앗다. ②기운이나 소리를 줄이거나 작아지게 하다.

죽장[죽짱] 대로 만든 지팡이. 대지팡이. 【竹杖】

죽제품 대나무로 만든 물건.

죽죽 ①종이나 천 따위를 멈추지 않고 한 번에 찢거나 훑는 모양. [예]색종이를 죽죽 찢다. ②끊어지지 않고 여러 줄로 고르게 자꾸 이어지는 모양. [예]비가 죽죽 내리고 있다. ③어떤 동작을 처음부터 끝까지 멈추지 않고 이어서 하는 모양. [예]공이 담장 너머로 죽죽 뻗어 날아갔다. ④입으로 멈추지 않고 힘차게 빠는 모양. [예]아기가 우유를 죽죽 빨아 먹고 있다. [센]쭉쭉.

죽창 대나무로 만든 창. 【竹槍】

죽치다 활동하지 않고 한 곳에만 같은 꼴로 앉아 있다. [예]형은 하루 종일 텔레비전 앞에서 죽치고 있다.

죽통 ①굵은 대로 만들어 술·간장·기름 등을 담는 긴 통. ②마소의 먹이를 담는 통. [비]구유.

준:결승전 결승전에 나가기 위해 마지막으로 치르는 시합. [준]준결승.

준:공 건축 등의 일을 모두 마침. [비]완공. [반]기공. 착공. -되다. -하다.

준:공 기념탑 어떤 일의 공사를 다 완성하였음을 길이 기념하는 뜻에서 세우는 탑.

준:공식 준공을 알리고 축하하는 의식. 【竣工式】

준:령[줄령] 높고 험한 고개.

준:마 잘 달리는 말. [비]명마. 【駿馬】

준:말 긴 말을 줄인 간단한 말.

준법 법을 지킴. 법을 따름. [예]준법 정신. [반]위법. 【遵法】

준법 정신 법률에 위배하지 않고 그 법을 올바로 지켜서 실천하는 정신. 【遵法精神】

준:비 미리 필요한 것을 마련하여 갖춤. [비]차비. -하다. 【準備】

준:비물 미리 필요한 것을 마련하여 갖춤. 【準備物】

준비 운동 운동을 하기 전에 가벼운 동작으로 온몸을 고르게 푸는 운동. 【準備運動】

준:수 규칙이나 명령 등을 그대로 따르고 지키는 것. [예]교칙을 준수하다. -하다. 【遵守】

준:수하다 주로 남자의 재주·지혜·용모 같은 것이 남보다 뛰어나다. [예]그 배우는 용모가 준수하다.

준:엄 매우 엄격함. -하다.

준:우승 운동 경기에서 우승 다음 가는 성적. 【準優勝】

준:장 군대에서, 대령보다는 위이고 소장보다는 아래인 계급, 또는 그 계급을 가진 군인. 【准將】

준:치 청어과의 바닷물고기. 몸길이 50cm 남짓한데 몸은 옆으로 납작하여 밴댕이와 비슷하나 더 큼. 몸빛깔은 등쪽이 청황색이고 배쪽은 백색임. 6~7월경에 큰 강 하류나 하구 부근에 알을 낳음. 우리 나라 연해와 동지나해 인도양 등에 분포함. 전어. [준치]

준:하다 어떤 본보기에 비추어 그대로 따르다. [예]회칙에 준해서 회의를 하다.

줄[1] ①노끈·새끼 등과 같이 무엇을 묶거나 동이는 데 쓰임. ②가로나 세로로 그은 선. ③펼쳐놓은 노끈처럼 길게 된 모습.

줄[2] 쇠붙이를 쓸거나 깎는 데 쓰는 강철로 된 연장.

줄[3] ①어떤 것을 하는 방법이나 능력. [예]수빈이는 자전거를 탈 줄 안다. ②'그러한 것으로' 또는 '사실'의 뜻. [예]그녀가 그렇게 고운 마음씨를 가진 줄을 몰랐다.

ㅈ

줄거리 ①내용을 간추린 대강의 골자. ㉠영화의 줄거리. ②잎이 다 떨어진 가지. ㉠미역 줄거리.

줄곧 끊임없이 잇달아. ㉠줄곧 이야기만 했다. 비내처.

줄글 글을 토막을 내든가 글자 수를 맞추지 않고 잇달아 쓴 글.

줄기 ①식물의 가장 중심이 되는 부분. ②산이 갈라져 나간 갈래. ㉠산줄기. ③물이 줄대어 흐르는 선. ㉠물줄기.

줄기차다 힘찬 기운이 그치지 않고 계속 이어지고 있다. ㉠줄기차게 내리는 비.

줄넘기[줄럼끼] 두 손에 줄의 두 끝을 잡고 발 아래서부터 머리위로 넘기면서 뛰어넘거나, 또는 줄의 두 끝을 각각 다른 두 사람이 잡고 길게 휘두르는 줄 속을 다른 사람이 뛰어 넘는 놀이. -하다.

줄:다(주니, 주오) 수효나 분량이 작아지거나 적어지다. 감하다. ㉠체중이 줄었다. 반늘다.

ㅈ

줄다리기 여러 사람이 편을 갈라서 줄을 당겨, 많이 잡아당긴 쪽이 이기는 놀이. -하다.

줄달음질 단숨에 내쳐 달리는 달음박질. 준줄달음. -하다.

줄무늬 실을 차례로 놓은 것같이 줄로 된 무늬.

줄뿌림 논밭에 일정한 거리를 두고 평행하게 고랑을 내어 한 줄로 죽 씨를 뿌려 흙을 덮는 씨뿌리기의 한 가지.

줄어들다[주러들다] 수·양·부피·정도 따위가 점점 적어지다. 반늘어나다.

줄어지다 점점 줄게 되다. 반늘어지다. >졸아지다.

줄이다[주리다] 무엇의 길이나 크기를 줄게 하다. ㉠옷을 줄이다.

줄인자 축척. 실물보다 줄여서 그릴 때의 줄이는 비율.

줄임표 문장에 쓰이는 부호의 한 가지. 문장이 생략되었거나, 말이 없음을 나타내는 부호 '……'의 이름. 비생략표.

줄자 헝겊·노끈·강철 등의 줄로 길게 만든 자.

줄:잡다 실제의 표준보다 줄이어 대강 헤아려 보다. ㉠관객이 줄잡아 삼천 명은 되겠다.

줄줄 ①물줄기가 끊이지 않고 거침없이 흐르는 모양. ㉠땀이 줄줄 흐르다. ②물건들을 여기저기 계속하여 흘리는 모양. ㉠과자를 줄줄 흘리면서 먹다. ③조금도 막힘이 없이 읽거나 외우거나 말하는 모양. ㉠시를 줄줄 외우다.

줄줄이[줄주리] ①줄마다 모두. ㉠낙지, 오징어 따위가 줄줄이 잡히다. ②여러 줄로. ㉠총을 줄줄이 세워 놓다.

줄짓다[줄짇따] 줄을 지어 늘어서다. ㉠줄지어 계단을 내려가다.

줄타기 공중에 걸려 있는 가는 줄 위에 올라서서 부리는 재주.

줄행랑치다 ①쫓기어 도망하다. ②낌새를 알고 그 자리를 피하여 달아나다.

줌: 한 손 안에 움켜쥘 수 있을 만큼의 분량을 세는 말. ㉠쌀 한 줌도 나눠 먹자.

줍:다(주우니, 주워서) 떨어진 것을 집다. 흩어진 물건을 거두다. ㉠휴지를 줍다.

줏대[주때] 먹은 마음의 중심. ㉠줏대가 있다. 비중심.

중[1] ①무엇을 하는 동안. ㉠수업중에는 떠들지 마라. ②가운데. ③속. 안.【中】

중:[2] 절에서 불경을 공부하고 불교의 도리를 닦는 사람. 비승려. 높스님.

중간 ①아직 끝나지 않은 때나 장소를 말함. ②두 물건의 사이. ③한가운데. 중앙.【中間】

중간 고사 학교에서 한 학기의 중간쯤에 치는 시험.

중간 상인 생산자와 상인, 상인과 상인, 상인과 소비자의 중간에서 물건을 가져다가 넘겨주어서 이익을 얻는 상인.

중간적 중간에 있는 것. ㉠중간적인 입장을 취하다.

중강진〖지명〗 평안 북도 자성군의 한 읍. 콩·옥수수·꿀·산삼 등의 농산물이 남. 우리 나라에서 가장 기온이 낮은 곳으로 최저 기온은 영하 43.6℃임. 【中江鎭】

중개 물건을 팔 사람과 살 사람을 소개하고 서로 연결시켜 주는 일. ㉠부동산 중개 수수료. -하다.

중개인 상품 매매를 중간에서 중개하는 사람. 【仲介人】

중거리 ①짧지도 길지도 않은 중간 정도의 거리. ②'중거리 달리기'의 준말. 400~1,500m 육상 경기.

중:건 아주 낡든가 무너진 사찰이나 궁 따위와 같은 큰 건물을 다시 짓는 것. ㉠경복궁 중건. -되다. -하다. 【重建】

중견 어떤 단체나 사회에서 중심이 되는 중요한 사람들.

중경〖지명〗 고려 때 서울이던 개성을 서경·남경·동경에 대하여 사경의 하나로 일컫던 이름.

중:경상 심하게 다친 것과 약하게 다친 것, 또는 그런 상처. ㉠교통사고로 10여명이 중경상을 입었다. 【重輕傷】

중계 ①중간에서 받아 이어줌. ㉠중계 무역. ②'중계 방송'의 준말. -하다. 【中繼】

중계 무역 외국에서 수입한 물자를 그대로 다른 나라에 수출하거나 또는 조금 가공하여 다시 수출하는 무역. 【中繼貿易】

중계 방송 극장·경기장·야외 등의 현장에서 하는 광경을 방송국에서 아나운서와 기술자가 나가 일반 청취자나 시청자에게 보내는 방송. -하다. 【中繼放送】

중계소 어떤 사물을 중계하는 장소나 영조물. 【中繼所】

중고 약간 낡은 물건. ㉠중고 텔레비전. ㉦중고품. 【中古】

중고차 사용하여 조금 낡은 차.

중고품 사용해서 좀 낡고 헌 물건. ㉦중고. 【中古品】

중공 '중화 인민 공화국'을 줄인 말로, 지금의 중국을 이전에 부르던 이름. 【中共】

중공군 중국 공산당의 지휘를 받던 군대. 현재는 중국군. 【中共軍】

중:공업 부피와 비교적 무게가 큰 제품을 생산하는 공업〔제철 공업·금속 공업·조선 공업·기계 공업 등〕. 생산재를 생산하는 공업. ㉥경공업.

중공 정권 1947년부터 중국에서 내란을 일으켜, 1949년 2월에 중화민국 정부를 본토에서 내몰아 타이완으로 옮기게 한 뒤, 수립한 중국 공산당 정권.

중:과 부적 적은 수효가 많은 수효를 상대하지 못함. ㉠중과 부적으로 패하다. 【衆寡不敵】

중:구 난방 '여러 사람의 입을 막기가 어렵다'는 뜻으로, 여러 사람이 각각 서로 다른 의견을 내어서 의견을 통일하기가 어렵다는 말.

중국〖나라〗 동부 아시아에 있는 큰 나라. 1912년 중화 민국이 성립되고, 1949년 중국 공산당을 중심으로 하는 중화인민공화국이 성립되어 대륙을 장악함. 중화 민국의 국민 정부는 타이완으로 옮김. 수도는 베이징. 【中國】

중군 지난날, 좌우 또는 전후의 양 부대의 중간에 있어, 대개는 대장이 직접 통솔함.

중근동 중동 지방과 근동 지방을 합쳐서 부르는 말. 서남아시아.

중:금속 비중이 큰 금속. 금·은·동·수은·철 따위가 있음. 반경금속. 【重金屬】

중급 중간의 등급. 예영어 회화반 중급에 편성되다. 【中級】

중기 일정한 기간의 중간 시기. 예조선 중기. 비중엽. 【中期】

중남미 중앙 아메리카 대륙과 남아메리카 대륙. 【中南美】

중년 마흔 살 안팎의 나이. 예중년 부인. 【中年】

중:노동 육체적으로 몹시 힘이 드는 노동. 반경노동. -하다.

중노미 음식점이나 여관 등에서 허드렛일을 하는 남자.

중뇌 간뇌와 소뇌 사이에 있는 뇌의 한 부분. 시각 및 청각에 관계하는 외에 몸의 자세를 바로 갖게 하는 작용을 맡아 봄.

중단 중도에서 그만둠. 비중지. 반계속. -하다. 【中斷】

ㅈ

중대[1] 부대를 구성하는 단위의 하나로, 몇 개의 소대가 모여서 이루어짐. 보통 대위나 소령이 지휘함.

중:대[2] 매우 중요함. 예중대한 결정. 비중요. 반경미. -하다. -히.【重大】

중대장 중대를 지휘 통솔하는 지휘관〔보통 대위로 임명함〕.

중도 일의 되어 가는 중간. 하던 일의 중간. 예학교를 중도에서 그만두었다. 비중간. 【中途】

중독 음식물이나 약의 독성에 치어서 몸의 한 부분 또는 여러 곳에 기능 장애가 생기는 일. 예약물 중독. 【中毒】

중독성 술·담배·마약과 같이 중독을 일으키는 성질. 예마약은 중독성이 강하다. 【中毒性】

중독자 중독된 사람. 예알코올 중독자. 마약 중독자. 【中毒者】

중동 지역 서남 아시아와 북아프리카에 걸쳐 있는 지역으로, 석유가 발견되고서부터 세계의 관심이 집중되고 있음.

중등 교육 초등 교육을 마친 사람에게 실시하는 중학교와 고등 학교에서의 교육.

중등부 여러 단체가 같이 벌이는 행사에서 중학생들로 이루어진 부분.

중략[중냑] 말이나 글의 중간을 줄임. 반하략. 상략. -하다.

중:량[중냥] ①물체의 무게. 예중량이 많이 나간다. ②지구가 물체에 작용하는 중력의 크기.

중:량급 체급 경기에서, 무거운 체급. 반경량급.

중:력[중녁] 지구가 그 표면에 있는 물건을 지구 중심 쪽으로 당기는 힘. 【重力】

중령 군대에서 대령의 아래이고 소령의 위인 계급, 또는 그 계급에 있는 군인. 【中領】

중:론[중논] 여러 사람의 의논·의견. 【衆論】

중류[중뉴] ①강 줄기의 중간 지역. ②중간쯤 되는 정도나 계급. 예중류 가정. 【中流】

중립[중닙] 대립하는 두 세력이나 국가 사이에서 어느 편에도 치우치지 않는 중간 입장. 예중립 국가. 【中立】

중립국[중닙꾹] 전쟁하고 있는 어느 쪽에도 참가하지 않고 중립을 지키는 나라. <보기> 스위스.

중립 주의 다른 나라에 대하여 어느 쪽에도 치우치지 않고 중간적인 입장을 지키자는 태도.

중립 지대[중닙찌대] ①전쟁 행위가 금지된 지대. ②임진강과 한강 어귀에서 동해에 이르는 155마일의 휴전선을 중심으로 남북 각각 2km 폭안의 지대. 비비무장 지대.

중매 남자 쪽과 여자 쪽 사이에 들어 혼인이 되게 하는 일, 또는 그 사람. [예]중매 결혼. [비]중신. -하다.
중모리 진양조보다 좀 빠르고 중중모리보다 좀 느린, 대략 8분의 12 박자인 한국 고유의 음악 장단.
중반 한창 계속되는 어떤 일의 중간쯤 되는 단계. [예]축구 경기가 중반에 접어들었다. 【中盤】
중:벌 무거운 형벌. 중한 형벌.
중:병 목숨이 위태로울 만큼 심각한 병. 중태에 빠진 병. [예]중병에 걸리다. 【重病】
중복[1] 거듭함. 겹침. -하다. 【重複】
중복[2] 삼복의 두 번째 복날. 【中伏】
중부 어떤 지역의 가운데 부분. [예]중부 지방. 【中部】
중부 고속 도로 서울에서 대전간의 고속도로.
중부 전선 ①어떤 지역의 중앙에 위치한 전선. ②6·25전쟁 때의 김화·철원·평강 등지를 중심으로 하였던 전선으로, 전투가 치열했던 곳으로 유명함.
중부 지방 어떤 지역의 중앙에 자리 잡고 있는 지방. 우리 나라에서는 서울 특별시·인천 광역시·경기·강원·충청도를 포함한 지역을 이름.
중사 상사의 아래, 하사의 위인 군인의 계급. 【中士】
중산층 한 사회에서, 재산을 가진 정도가 중간에 속하는 사람들.
중상[1] 사실이 아닌 좋지 못한 말을 꾸며 대어 남의 명예를 상하게 하는 일. [예]중상 모략하지 마라. 【中傷】
중:상[2] 큰 상처를 입음. [예]중상을 입다. [반]경상. 【重傷】
중상 모략 남을 해치려고 근거 없는 말로 헐뜯고 속임수를 써서 일을 꾸미는 짓. -하다. 【中傷謀略】
중:상자 심하게 부상을 당한 사람.
중:생 ①생명이 있는 것들. ②불교에서, 부처의 구제 대상이 되는 인간과 그 밖의 일체의 생물.
중:석 텅스텐. 아주 단단하고 질긴 쇠붙이 원소의 하나. 【重石】
중성 산성과 알칼리성의 중간 성질.
중성 세제 합성 세제의 한 가지. 물에 녹아서 중성을 나타내기 때문에 섬유를 상하게 하지 않으며 산성 속에서도 때를 씻어 내는 성질이 있음.
중성 용액 산성도 아니고, 알칼리성도 아닌 용액. 푸른 리트머스종이와 붉은 리트머스 종이를 다같이 변화시키지 않는 용액〔물·설탕물·소금물 등〕.
중성자 소립자의 하나. 양자와 거의 같은 질량을 가지며, 전하는 없고 물질 속을 뚫고 나가는 투과성이 강함. 뉴트론.
중세 ①고대에서 근대에 이르는 중간의 시대. ②우리 나라에서는 고려 초기부터 고려 멸망까지의 시기에 해당되는 시기. 시대 구분의 하나. 【中世】
중소 규모나 수준 등이 중치 또는 그 아래의 것. 【中小】
중소 기업 시설·규모·자본금 따위가 그리 크지 않은 기업체.
중소 기업 은행 적은 자본으로 사업을 하는 중소 기업에 사업자금을 빌려 주는 특수 은행.
중소 기업 협동 조합 비교적 규모가 작은 공업·광업 등을 하는 사람들로 조직된 모임.
중순 한 달의 11일부터 20일까지의 열흘 동안. [예]5월 중순. [반]상순. 하순. 【中旬】
중:시 중대하게 봄. '중요시'의 준말. [반]경시. -하다. 【重視】
중심 ①한가운데. 한복판. [비]중앙. ②매우 중요한 지위. 【中心】
중심가 시내의 중심이 되는 거리.

중심각 원의 중심에서 두 반지름이 이루는 각. 【中心角】

중심부 한가운데가 되는 곳.

중심 인물 영화, 문학 작품, 사회 조직 따위에서 중심이 되는 사람.

중심적 중심이 되는 중요한 것. ㉔이 사회의 중심적인 사람이 되어라.

중심지 중심이 되는 지점.

중심체 어떤 활동이나 행동에서 중심이 되는 것, 또는 그 단체. ㉔임시 정부는 독립 운동의 중심체 역할을 했다. 【中心體】

중:압 ①무겁게 내리누름. 강한 압력. ②센 힘으로 억누름.

중앙 ①사방의 한가운데. ②어떤 사물의 중요한 곳. 【中央】

중앙 관청 전국에 그 권한이 미치는 행정 관청.

중앙선[1] 서울 청량리와 경주 사이의 철도. 1942년에 개통되었음. 길이 382.7km. 【中央線】

중앙선[2] ①왼편이나 오른편으로 오고 가는 차를 구분하기 위해 차도 중간에 그은 차선. ㉔중앙선을 침범하여 사고가 나다. ②한가운데를 지나는 선. 【中央線】

중앙아메리카 남아메리카 대륙과 북아메리카 대륙을 잇는 길쭉한 지역. 줄여서 '중미' 라고도 함.

중앙아시아 아시아 서쪽 중앙의 지역. 기후가 건조하고 사막이 많아서 유목이 발달하였음.

중앙 은행 한 나라의 금융 제도와 통화 제도의 중심이 되는 은행.

중앙 정부 지방 자치제나 연방제에서, 전국의 행정을 맡아 다스리는 기관. 【中央政府】

중앙 집권 나라의 중요한 권력이 중앙 정부에 몰려 있는 것.

중앙 처리 장치 전자 계산기에서, 두뇌에 해당하는 작용을 하는 부분〔기억 장치 · 제어 장치 · 연산 장치 따위로 이루어짐〕. 시피유(CPU).

중앙청 예전의 중앙 행정 관청, 또는 그 청사.

중양절 우리 나라 옛 명절의 하나로 음력 9월 9일임. 【重陽節】

중언 부언 이미 한 말을 계속 되풀이하여 말하는 것. -하다. 【重言復言】

중얼거리다 남이 잘 알아듣지 못하게 낮은 목소리로 계속해서 혼자 말하다. 〉종알거리다. ㉓쭝얼거리다.

중:역 은행 · 회사 등의 중요한 일을 맡고 있는 임원. 책임이 무거운 역할. 【重役】

중엽 어느 시대 가운데 그 중간쯤 되는 시대. ㉔고려 중엽. ㉥중기.

중:요 소중하고 요긴함. ㉔중요한 서류. ㉥긴요. ㉦사소. -하다.

중:요성 무엇이 중요하다는 사실. ㉔평화의 중요성을 깊이 깨달아야 한다. 【重要性】

중:요시하다 중요하게 여기다. ㉔매우 중요시하고 있는 문제. ㉦도외시하다.

중용 어느 한쪽으로도 치우침이 없는 알맞은 상태. 【中庸】

중:용하다 누구를 중요한 자리에 임명하다. ㉔성실한 인재를 중용하다.

중원 고구려비 충청 북도 중원군 가금면 용전리 선돌 마을에서 1979년에 발견된 고구려 때의 비석. 높이 135cm, 폭 56cm, 두께 33cm의 경질 화강암에, 글씨가 1행 23자꼴로 528자가 새겨 있음. 국보 제205호.

[중원 고구려비]

중위 군대에서, 대위의 아래이고 소위의 위인 계급, 또는 그 직위에 있는 사람. 【中尉】

중:유 원유에서 휘발유 · 등유 · 경유 등을 뽑아 내고 난 뒤에 얻어내는

검은 빛깔의 기름. 【重油】

중이염 병원균에 의하여 귀청속에 생기는 염증. 귀와 머리가 아프고 열이 남. 【中耳炎】

중인 조선 시대 양반과 상민의 중간 계급. 낮은 관리직·기술직 등을 맡았음. 【中人】

중일 전쟁 1937년 일본이 중국을 침략한 전쟁으로 1941년의 태평양 전쟁으로 발전하였음.

중임 ①중대한 임무. ㉕중임을 맡다. ②먼저 근무했던 직위나 임무를 거듭 맡게 됨. -하다.

중장[1] 군인 계급의 하나로 대장과 소장의 사이. 【中將】

중장[2] 시조나 노래 따위를 초장·중장·종장의 세 개로 나뉜 장에서 가운데의 장. 【中章】

중:장비 불도저나 굴착기처럼 토목·건설에 쓰이는 중량이 큰 기계를 통틀어 이름.

중재 서로 다투는 사람이나 기관들 사이에 끼어들어 다툼을 해결하는 것. ㉕싸움을 중재하다. -하다.

중전 임금의 부인을 이르는 말.

중절모자 모자 꼭대기의 가운데를 움푹 들어가게 하여 쓰는 둥근 챙이 달린 모자. 준중절모.

중점[1][중쩜] 선분상에서 그 양쪽 끝까지의 거리가 같은 가운뎃점.

중:점[2][중쩜] 중요한 곳. 중시해야 할 점. ㉕국어에 중점을 두고 공부하다. 【重點】

중:죄 매우 큰 죄. ㉕살인은 중죄이다. 【重罪】

중주 둘 이상의 성부를 한 사람이 하나씩 맡아 동시에 악기로 연주하는 일. ㉕피아노 3중주. 【重奏】

중중모리 판소리·산조 등의 장단에서, 중모리보다는 빠르고 자진모리보다는 느린 장단.

중:증 병이 몹시 심한 증세. ㉕중증 환자. 반경증. 【重症】

중지[1] 중간에서 그만둠. 비중단. 반계속. -하다. 【中止】

중지[2] 가운뎃손가락. 장지. 【中指】

중진국 문화의 발달 정도가 선진국과 후진국의 중간쯤인 나라. 개발도상국. 【中進國】

중:창 둘 이상의 성부를 한 사람이 한 성부씩 동시에 노래함, 또는 그 노래. 【重唱】

중:책 중요한 직책이나 책임. ㉕회사에서 중책을 맡았다. 【重責】

중천 하늘의 한복판. ㉕해가 중천에 떴다. 비하늘. 【中天】

중:천금 가치가 매우 귀함. ㉕장부일언이 중천금이라. 【重千金】

중추 다른 모든 활동에 힘을 미치고 한데로 끌어당기는 중심. ㉕중추적인 역할. 【中樞】

중추 신경계 동물의 신경계에서 신경 섬유와 신경 세포가 모여 뚜렷한 중심부를 이루는 부분.

중추적 중심이 되는 중요한 것. ㉕직장에서 중추적인 역할을 한다.

중추절 '추석'의 다른 이름. 【仲秋節】

중:탕 물질이 든 그릇을 직접 가열하지 않고 그릇을 물에 담가 놓고, 물을 가열함으로써 물질이 서서히 일정한 온도까지 가열되도록 하는 일. -하다. 【重湯】

중:태 병이 위험한 상태에 있음.

중턱 산이나 고개 등의 허리쯤 되는 곳. ㉕불국사는 토함산 중턱에 있다.

중퇴 학업을 마치기 전에 학교를 그만 다님. -하다. 【中退】

중편 '중편 소설'을 줄인 말. 장편보다는 짧고 단편보다는 긴, 중간 정도 길이의 소설. 【中篇】

중풍 온몸이나 몸의 일부가 마비되는 병. 비뇌졸중. 【中風】

중:하다 ①병이 심하다. ②일이 소중하다. ③책임이 크다. 반경하다.

ㅈ

중학교 초등 학교의 교육을 기초로 하여, 중등 보통 교육을 실시하는 학교. 【中學校】

중학생 중학교에 다니는 학생.【中學生】

중형[1] 크지도 작지도 않은 중간 정도의 크기. ㉠중형차. 【中型】

중:형[2] 무거운 형벌. 【重刑】

중화 산성 용액과 염기성 용액이 알맞게 섞여서 중성 용액이 되는 일. -되다. -하다. 【中和】

중화 민국〖나라〗 1911년 신해 혁명으로 청나라가 무너지고 다음해 1월 공화국이 성립된 후부터의 중국을 말함. 지금은 흔히 자유 중국 또는 타이완이라 일컬음. 수도는 타이베이. 【中華民國】

중화상 불이나 약품이나 뜨거운 것에 심하게 덴 상처.

중화제 어떤 물질과 반대되는 성질을 가지고 있어서, 섞으면 중간의 성질로 만들어 주는 물질.

중화학 공업 중공업과 화학공업을 함께 일컫는 말.

ㅈ

중:환자 크게 앓아 병세가 위독한 환자. 【重患者】

중:후하다 ①태도가 정중하고 믿음직스럽다. 매우 점잖다. ㉠중후한 인품. ②분위기나 느낌이 엄숙하고 깊이가 있다. ㉠이 작품은 중후한 분위기가 난다.

중흥 쇠퇴하던 나라나 집 따위가 중간에서 다시 발전함. ㉠민족중흥. -하다. 【中興】

중:히 중요하게. ㉠생명을 중히 여기다.

쥐[1] 집이나 들에 살며 사람에게 큰 해를 끼치는 동물.

쥐[2] 몸의 어느 한곳이 자기 생각대로 움직여지지 않는 현상. ㉠수영을 하다가 발에 쥐가 났다.

쥐구멍 ①쥐가 드나드는 작은 구멍. ②몸을 숨길 만한 아주 좁은 장소를 이르는 말.

쥐:다 ①손가락을 구부리어 주먹을 쥐거나 주먹 안에 움켜잡다. ②제 마음대로 남을 휘어잡다. ③권리 따위를 손아귀에 넣다.

쥐덫[쥐덛] 쥐를 잡는 데 쓰는 덫.

쥐라기 중생대를 셋으로 나눌 때 그 중간 시대. 약 1억 8000만년 전부터 약 1억 3500만 년 전까지의 기간을 말하며 은행 나무·암모나이트·공룡·시조새 따위가 번식하였음. 【Jura紀】

쥐며느리 좀벌레와 비슷한 벌레. 햇빛을 싫어하여 마루 밑이나 음침한 곳의 돌 밑 또는 썩은 나뭇잎 같은 곳에 삶.

쥐불놀이[쥐불로리] 음력 정월에 논둑과 밭둑과 잔디의 잡초 속에 있는 해충을 태우기 위하여 불을 놓는 민속 놀이. -하다.

쥐뿔 〔얕잡아 하는 말로〕아주 조금. ㉠쥐뿔도 모르다.

쥐어박다 주먹으로 내지르듯이 때리다.

쥐어뜯다 몹시 괴롭고 답답하여 몸을 함부로 꼬집거나 잡아당기다. ㉠머리를 쥐어뜯으며 부르짖다.

쥐어짜다 ①좋은 답이나 해결책을 얻기 위해 머리를 쓰다. 골똘히 생각하다. ②안 나오는 것을 억지로 나오게 하다. ㉠눈물을 쥐어짜다.

쥐죽은듯하다 ①시끄럽던 것이 갑자기 조용하여지다. ②무서워서 꼼짝도 못하다.

쥐치 몸은 손바닥만 하고 마름모 꼴이며 옆으로 납작하고 대개 갈색이며, 주로 '쥐포'를 만들어 먹는 바닷물고기.

쥐포 쥐치라는 바닷물고기를 말려서 납작하게 만든 어포.

쥘:부채 접었다 폈다 할 수 있는 부채.

[쥘부채]

즈문둥이 새로운 천년이 시작되는 해인 2000년에 태어난 아기.
즈음 일이 어찌 될 때. [예]퇴근할즈음 만나자. [비]무렵. [준]즘.
즉 다시 말하면. 다름이 아니라. [예] 절망이 즉 죽음에 이르는 병이다. [비]곧. 【卽】
즉각 당장에. 곧바로. [예]이 일을 즉각 시행하라. [비]즉시. 【卽刻】
즉결[즉껼] 그 자리에서 곧 의결하거나 결정함. 【卽決】
즉사 그 자리에서 곧바로 죽음. [예]심장마비로 즉사하다. [비]직사. -하다. 【卽死】
즉석[즉썩] ①일이 진행되는 그자리. 앉은 자리. ②그 자리에서 곧 무슨 일을 하거나 무슨 일을 만드는 일. [예]즉석 요리. 【卽席】
즉시[즉씨] 곧. 바로 그 때. [비]즉각. [예]즉시 돌아오라. 【卽時】
즉위 임금될 이가 정해진 의식을 행한 뒤에 임금의 자리에 오르는 일. [비]등극. [반]퇴위. -하다.
즉효 ①약 따위의 효험이 즉시에 나타나는 것. ②어떤 일의 즉시에 나타나는 좋은 반응. 【卽效】
즉흥 그 자리에서 일어나는 홍취. [예] 즉흥적으로 일을 결정했다.
즐거운 생활 초등 학교 1, 2학년에서 음악·체육·미술 따위의 활동을 주로 하는 과목.
즐거움 무엇이 마음에 들 때 생기는, 기쁘고 좋은 느낌. [반]괴로움.
즐거워하다 어떤 일에 즐거움을 느끼거나, 그런 느낌을 겉으로 드러내다. [반]괴로워하다.
즐거이 기쁜 마음으로. [예]손님을 즐거이 맞이하다.
즐겁다(즐거우니, 즐거워서) 흐뭇하고 기쁘다. [예]즐거운 여름방학. [반]괴롭다.
즐기다 ①즐거움을 누리다. ②좋아하다. ③어떤 일에 취미를 붙이다.
즐비하다 많은 것이 빗살과 같이 가지런하고 빽빽이 늘어서다. [예]빌딩들이 즐비하게 서있다.
즙 과실 따위에서 배어 나오거나 짜낸 물. [예]사과즙. 【汁】
증가 더 늘어 많아짐. [반]감소. -하다. 【增加】
증가율 늘어나는 비율. [예]인구 증가율. 【增加率】
증감 많아짐과 적어짐. 늘임과 줄임. -하다. 【增減】
증강 더하여 굳세게 함. [예]국력을 증강시키다. -하다. 【增强】
증거 어떤 사실을 증명할 만한 근거.
증거물 증거가 되는 물건.
증권 정부에서 발행하는 국채나, 회사의 주권 등과 같이 돈과 같은 가치를 지니는 것. 시세에 따라 오르내림이 있음. 【證券】
증권 시장 돈의 가치를 지니고 있는 증권을 사고 팔고 하는 시장.
증권 회사 증권의 인수·매매 따위를 업무로 삼는 주식 회사.
증기 ①김. 수증기. ②액체가 증발하여 생기는 기체. 【蒸氣】
증기 기관 열 기관의 하나로 수증기의 압력을 이용하여 기계를 움직이는 장치. 스팀 엔진. [예]증기 기관차. 【蒸氣機關】
증대 더하여 커짐. 더하여 많게 함. [예]수출을 증대시키다. [반]감소. -하다. 【增大】
증량[증냥] 수량이 늚, 또는 늘림. -하다. 【增量】
증류[증뉴] 액체를 가열하여 생긴 증기를 다시 냉각시켜 액체로 만드는 일. -하다.
증류수 보통 물을 증류시켜 다른 물질을 제거한 깨끗한 물.
증명 어떤 일을 증거를 들어 밝힘. 참과 거짓을 밝힘. -하다.

증명서 어떠한 사실을 증명하는 문서. 【證明書】
증발 액체가 그 표면으로부터 기체로 변하여 달아나는 현상. -되다. -하다. 【蒸發】
증발계 물의 증발량을 측정하는 기상 관측 기계. 【蒸發計】
증발 접시 용액 중의 수분을 증발시켜 결정을 얻고자 할때에 용액을 담고 가열하는 데 쓰는 접시 모양의 기구.
증빙 어떤 사실에 대한 근거. ㉨증빙 서류. -하다.
증산 생산하는 양을 늘림. ㉨식량을 증산하다. 반감산. -하다.
증산 작용 식물체 안의 수분이 수증기가 되어 몸 밖으로 배출되는 현상. 【增産作用】
증상 어떤 병의 특징이 나타난 것. ㉨환자의 증상에 따라 처방을 내리다. 비증세. 【症狀】
증서 어떤 사실을 밝혀 주는 문서. ㉨졸업 증서. 【證書】
증설 시설이나 기관 따위를 더 늘려서 설치하는 것. ㉨공장을 증설하다. -하다. 【增設】
증세 병이나 상처로 나타나내는 현상. 비증상. 【症勢】
증손 손자의 자녀. 증손자. 【曾孫】
증손녀 손자의 딸. 반증손자.
증손자 손자의 아들. 반증손녀.
증식 ①더욱 늚. ㉨재산 증식. ②생물 또는 그 조직 세포 따위가 생식이나 분열에 의하여 그 수가 늘어남. -되다. -하다. 【增殖】
증언 ①사실을 증명하는 말. 증거가 되는 말. ②증인으로서 하는 말. ㉨재판에서 증언하다. -하다.
증오 몹시 미워함. 반애정. -하다.
증오심 몹시 미워하는 마음.
증원 사람 수를 늘림. ㉨사원을 증원하다. 반감원. -하다.
증인 어떠한 일을 증명하기 위해 나서는 사람. 【證人】
증인석 법정에서 증인이 앉거나 서는 자리. 【證人席】
증정 성의 표시로 남에게 기념품이나 선물 따위를 주는 것. ㉨꽃다발을 증정하다. -하다.
증조 할아버지의 아버지. 삼대 위의 조상. 본증조부. 【曾祖】
증조모 아버지의 할머니. 증조할머니. 반증조부. 【曾祖母】
증조부 아버지의 할아버지. 증조할아버지. 반증조모. 【曾祖父】
증조부모 아버지의 할아버지와 할머니. 【曾祖父母】
증조할머니 아버지의 할머니. 증조모. 반증조할아버지.
증조할아버지 아버지의 할아버지. 증조부. 반증조할머니.
증진 더하여 나아가게 함. 더하여 나아감. 반감퇴. -되다. -하다.
증축 지금 있는 건물에 더 늘려서 지음. -되다. -하다.
증편[1] 기차·비행기·지하철 따위의 교통 기관의 운행 횟수를 늘리는 것. ㉨증편 운행. -되다. -하다.
증편[2] 쌀가루를 밀가루로 반죽하여 부풀린 다음에 밤·대추·잣 따위를 얹어서 시루에 쪄서 만든 떡.
증폭 ①빛·전류·소리 따위의 진폭이 늘어나는 것. ②생각이나 일의 범위가 아주 넓어져서 커지는 것. ㉨분노가 증폭되다.
증표 증명을 해 주는 표. ㉨주민 등록증은 자신이 누구인지를 증명하는 증표이다. 【證標】
증후군 어떤 병의 직접적인 원인이 무엇인지 분명하지 않은 채, 한꺼번에 나타나는 여러 가지 증세.
지각[1] 정한 시각보다 늦음. ㉨학교에 지각하다. -하다. 【遲刻】
지각[2] 알아서 깨달음, 또는 그 능력.

-하다. 【知覺】

지각[3] 지구의 표면을 이루고 있는 단단한 부분. ㉥지각 변동. 【地殼】

지각 변동 지구 내부의 원인 때문에 땅 위에 일어나는 여러 가지 운동.

지각생 지각을 한 학생.

지각없다 하는 짓이 어리고 철이 없다. 분별력이 없다.

지갑 가죽·헝겊 등으로 돈을 넣을 수 있게 만든 물건.

지게 짐을 얹어 사람이 등에 지는 기구.

지게꾼 지게로 짐을 날라주고 돈을 받는 일을 직업으로 하는 사람.

지게차 차의 앞 부분에 두 개의 철판이 나와 있어 이것을 위아래로 움직여 짐을 운반하거나 내리는 차. 포크리프트.

[지게차]

지겹다(지겨우니, 지겨워서) 몸서리가 쳐지도록 싫다.

지경 어떠한 처지나 경우. ㉥힘들어 죽을 지경이다. ㉥형편.

지고 지극히 높음. -하다. 【至高】

지구[1] 인류가 살고 있는 땅덩이. 태양계의 세 번째 행성. 【地球】

지구[2] ①어떠한 땅의 한 구역. ②일정한 목적에 의하여 지정된 지역. ㉥개발 지구. 【地區】

지구력 오래 견디어 내는 힘.

지구본 지구의 모양을 본떠 만든 작은 모형. ㉥지구의.

지구의 지구의 모양을 본떠 둥근 원형에 새긴 것. ㉥지구본.

지구촌 교통 통신의 발달로 지구를 한 마을처럼 생각하여 이르는 말. ㉥지구촌 소식. 【地球村】

지국 본사나 본국에서 갈라져 나와 한 지역에서 관련 사무를 보는 조직. ㉥신문사 지국. 【支局】

지그시 ①가볍게 슬그머니 힘을 주거나 누르는 모양. ㉥손을 지그시 잡다. ②어떤 일을 참을성 있고 은근하게 하는 모양. ㉥낯선 사람을 지그시 쳐다보다.

지그재그 좌우로 왔다갔다 하면서 조금씩 앞으로 나아가는 모양.【zigzag】

지극 더할 수 없이 마음과 힘을 다함. ㉥효성이 지극하다. ㉥극진. -하다. -히. 【至極】

지극히[지그키] 매우. 더할나위 없이. ㉥학생이 학교에 가는 것은 지극히 당연한 일이다.

지글지글 계속하여 소리를 내면서 끓는 모양. ㉦찌글찌글. >자글자글.

지금 바로 이 때. 이제. ㉥지금 곧 떠나자. 【只今】

지금껏 바로 이 시각에 이르기까지. ㉥여태껏. 이태껏.

지급[1] 물품 따위를 내어 줌. ㉥월급을 지급하다. 【支給】

지급[2] 매우 급함. ㉥전보를 지급으로 보내다. -하다. 【支急】

ㅈ

지긋이[지그시] 나이가 비교적 많아 듬직하게. ㉥나이가 지긋이 든 사람.

지긋지긋하다 몹시 싫거나 괴로워서 몸서리나다. ㉥고생이 지긋지긋하다.

지긋하다 나이가 비교적 많고 듬직하다. 지긋이.

지기 오랫동안 서로 잘 알고 친하게 지내 온 친구. ㉥10년 지기. 【知己】

지껄이다[지꺼리다] 조금 떠들석한 목소리로 이야기하다. >재깔이다.

지끈거리다 머리나 몸의 일부가 몹시 아프고 계속하여 쑤시다. ㉥온몸이 지끈거리고 오한이 난다.

지끈지끈 골치가 쑤시며 몹시 아픈 상태. -하다.

지나가다 ①어떤 곳을 머무르거나 들르지 않고 거쳐서 가다. ㉠집을 코 앞에 두고 지나가다. ②일정한 때가 넘어가다. 과거로 되다. ㉠약속한 시간이 지나가다. ③어떤 말이 별로 중요하지 않다. ㉠지나가는 말로 집에 놀러 오라고 하다.

지나다 ①정도나 한도를 넘다. ②어디를 거쳐 가거나 오다. ㉠우체국을 지나서 가다. ③시간이 경과하다. 세월이 흐르다.

지나다니다 어디를 지나서 가거나 오거나 하다. ㉠늘 지나다니는 길.

지나치다 ①표준이 될 만한 정도를 넘다. ㉠장난이 지나치다. ②지나가거나 오다. ㉠가게 앞을 지나치다.

지난날 이미 지나 버린 오늘 이전의 날. 그리 멀지 않은 과거의 어느 무렵.

지남철 쇠붙이를 끌어당기는 성질이 있는 쇠. 비자석.

지내다 ①살아가다. ②서로 사귀다. ㉠사이좋게 지내다. ③어떤 일을 겪다.

ㅈ

지네 발이 많이 달려 있으며, 독즙을 내어 작은 벌레를 잡아먹고 사는 벌레.

지눌〖사람〗[1158~1210] 고려 때의 유명한 승려. 성은 정. 보조국사. 저서로는 〈진심직설〉〈수심결〉 등이 전함. 조계종의 창시자. 【知訥】

지느러미 물고기가 물 속에서 몸의 균형을 유지하고 헤엄치는 데 소용되는 몸의 부분〔가슴지느러미·배지느러미·등지느러미·뒷지느러미·꼬리지느러미 따위〕.

지능 새로운 사물이나 현상에 부딪쳐 그 의미를 이해하고, 스스로 가지고 있는 지식을 이용하여 해결하는 능력이나 지식의 힘. 【知能】

지능 검사 개인의 타고난 지능의 수준이나 발달 정도를 재는 검사.

지능 지수 지능 검사의 결과로 얻은 정신 연령을 실제 연령으로 나눈 뒤 100을 곱한 수. 아이큐(IQ).

지니다 ①몸에 간직하여 가지다. ②어떤 현상이나 상태를 가지다. ㉠자연 그대로의 모습을 지니다.

지다[1] 힘이나 재주를 겨루다가 상대를 이기지 못하다. ㉠시합에 지다. 비패하다. 반이기다.

지다[2] ①물건을 등에 얹다. ②어떤 책임을 맡다. ㉠일에 책임을 지다.

지다[3] ①해나 달이 넘어가다. ②꽃이나 잎이 시들어 떨어지다. ㉠꽃잎이 지다.

지다[4] ①어떤 모양이 생겨 나타 나거나, 그러한 상태가 되다. ㉠주름 진 얼굴. ②홍수·장마·흉년 따위가 발생하다. ㉠장마가 지다. ③서로 좋지 못한 관계가 되다. ㉠원수가 지다.

지당 이치에 꼭 맞음. 아주 적당함. ㉠지당하신 말씀입니다. 비타당. -하다. 【至當】

지대 ①한정된 땅의 구역. ㉠공업 지대. ②일정한 높이를 가진 지역. ㉠지대가 높은 곳에 살다. 【地帶】

지대하다 아주 크다. ㉠지대한 관심을 보이다.

지덕 지식과 어진 품성. 【知德】

지도[1] 가르치거나 이끌어 인도함. ㉠선생님의 지도에 잘 따르다. 【指導】

지도[2] 지구 표면의 일부, 또는 전부를 축척에 의하여 평면상에 나타낸 그림. 【地圖】

지도력 남을 가르치고 이끌어 가는 능력. 【指導力】

지도자 어떤 목적이나 이념을 이루기 위해 남을 가르치고 이끄는 사람. 【指導者】

지독 몹시 독함. 매우 심하거나 모짊. ㉠지독한 감기 몸살. -하다. -히.

-스럽다. 【至毒】

지동설 다른 별과 같이 지구가 태양의 둘레를 돌고 있다고 하는 학설. ㊊천동설. 【地動說】

지라 위장의 왼쪽 뒤에 있는 기관. 둥근 스폰지 같이 생겼으며, 백혈구를 만들고 오래된 적혈구를 없애는 구실을 함. 비장.

지랄 '분별없이 마구 하는 행동'을 욕으로 이르는 말. -하다.

지략 슬기로운 계책. 슬기로운 꾀. ㊀꾀. 지혜. 【智略】

지ː렁이 축축한 땅 속에 사는 가늘고 긴 붉은빛의 동물. 밭의 흙을 기름지게 함.

지레 받침점의 둘레를 자유로이 회전하여, 작은 힘으로 무거운 물체를 움직이거나 작은 운동을 큰 운동으로 바꾸는 장치. 지렛대.

지레 짐작 미리 넘겨짚어 어림으로 헤아림.

지렛대[지레때] 무거운 물건을 움직일 때 쓰는 길고 튼튼한 막대기. 지레. 레버.

지렛목 지레를 받치는 점.

지력[1] 농작물을 자라게 할 수 있는 땅의 힘. 【地力】

지력[2] 알맞게 판단하고 지혜롭게 행동할 줄 아는 지적 능력. 【智力】

지령 상부 조직이 하부 조직에 내리는 지시나 명령. -하다. 【指令】

지뢰 땅 속에 얕게 묻어 놓고, 적군이나 적의 탱크 등이 지나갈 때 폭발하게 하는 폭약. 【地雷】

지루하다 싫증이 날 만큼 오래 계속되다. ×지리하다.

지류 강의 원줄기로부터 갈려 흐르는 물줄기. 또는 원줄기로 흘러들어가는 물줄기. ㊊본류. 원류.

지르다[1] ①소리를 크게 내다. ㊎화가 나서 고함을 지르다. ②힘껏 건드리다. ㊎옆구리를 지르다.

지르다[2] 태워 버리기 위하여 불을 붙이다. ㊎불을 지르다.

지름 원둘레에서 원의 중심을 지나는 선분. ㊀직경.

지름길[지름낄] ①가깝게 통하는 길. 거리가 가까운 길. ②빨리 하는 방법. ㊀첩경.

지리 바다·육지·산·하천·인구·산업·교통·기후 등의 상태, 또는 그것을 연구하는 학문.

지리산 경상 남도 함양군·산청군과 전라 북도 남원군과 전라 남도 구례군에 걸쳐 있는 산. 경치가 아름답고 산세가 험한 것으로 유명함. 산 기슭에 신라때 창건한 화엄사가 있고, 남서쪽의 노고단 일대의 삼림은 자연림을 이루어 식물학·임학의 좋은 연구지임. 가장 높은 봉우리는 천왕봉. 국립 공원으로 지정됨. 예로부터 금강산·한라산과 함께 삼신산으로 일컬음. 높이 1,915m. 【智異山】

지리적 지리에 관련된 것. ㊎서울은 지리적으로 우리 나라의 중심이다.

지리지 어떤 지역의 지리의 특징을 적은 책. 【地理誌】

지리학자 지구 표면의 온갖 상태 및 생긴 모양 등을 전문적으로 연구하는 사람.

지린내 오래된 오줌 냄새와 같은 고약한 냄새.

지망하다 어떤 일에 뜻을 두고 있으면서 그 일을 하려고 희망하거나, 실현하기 위해 노력하다. ㊎언니는 법학과를 지망했다. ㊀지원하다.

지면[1] 땅의 표면. 【地面】

지면[2] ①종이의 겉면. ㊎지면이 부드럽다. ②신문·잡지 등의 인쇄가 된 쪽. 【紙面】

지명[1] 마을·지방·산이나 하천 등의 이름. 【地名】

ㅈ

지명[2] 여러 사람 가운데서 어떠한 사람을 골라서 그 이름을 말하는 것. ㉨지명을 받다. 【指名】
지명도 이름이 세상에 알려진 정도.
지모 슬기있는 꾀. ㉥지략.
지목 사람이나 사물이 어떠하다고 가리키어 정함. -하다.
지문[1] 손가락 끝마디 안쪽에 있는 피부의 무늬. 【指紋】
지문[2] ①주로 시험 문제 따위에서 문제를 내려고 인용한 길지 않은 글. ②희곡 따위에서 대사를 뺀, 등장인물의 동작이나 무대 장치 따위를 지시하는 글. ㉥지시문. 【地文】
지물포 여러 가지 종이를 파는 가게.
지반 ①땅의 겉면. ㉨지반이 튼튼하다. ②일을 이루는 근거지.
지방[1] ①나라 안의 어떤 넓은 지역. ㉨남부 지방. ②서울 밖의 시골. ㉭중앙. 【地方】
지방[2] 동물 및 식물에 들어 있는 보통 온도에서 굳는 기름기. 우리 몸에서 열과 힘을 내는 데 쓰이는 중요한 영양소. 굳기름. 【脂肪】
지방[3] 차례나 제사에서 쓰는, 조상의 이름을 적은 종이. 【紙榜】
지방 검찰청 각 지방의 지방 법원에 대응하여 설치된 하급 검찰청. ㉦지검.
지방관 ①각 지방에 주재하면서 일반 행정 사무를 맡아보는 국가 공무원. ②지난날, 주·부·군현 등의 으뜸 벼슬. 【地方官】
지방 도로 지방 정부가 관리하는 도로. 【地方道路】
지방 문화재 국유 문화재 이외의 문화재 가운데 향토 문화 보존상 필요하다고 인정되는 문화재.
지방 법원 제1심 판결을 담당하는 하급 법원. ㉦지법.
지방색 어떤 지방의 자연·인정·풍속 등에서 풍기는 고유한 특색. 향토색. 【地方色】
지방세 지방 자치 단체에서 그 지방의 주민들에게 매기는 세금.
지방시 어떤 지방에서 그 지점을 통과하는 자오선을 기준으로 하여 정한 시간. 【地方時】
지방 의회 지방의 주민들의 투표로 뽑힌 의원들로 구성된, 지방 자치 단체의 의회.
지방 자치 고장의 특성을 살리고 이익이 되도록 고장의 실정에 알맞게 정치를 고장 스스로가 하는 정치.
지방 자치 단체 지방 자치 행정을 하는 시·도·군 등 지방 공공단체. 줄여서 '지자체' 라고도 함.
지방 자치 제도 헌법의 지방 자치에 관한 규정을 받아, 지방 공공 단체의 자주성·자율성을 높이기 위한 제도. 도지사나 시·읍·면의 장 등의 직접 선거, 지방 의회의 권한 강화 같은 것이 지방 자치 제도의 기본 내용임. 줄여서 '지자제' 라고도 함. 【地方自治制度】
지배 힘으로 다스려 자기 마음대로 처리함. ㉥통치. ㉭복종. 【支配】
지배인 주인을 대신해서 영업에 관한 모든 권한을 가진 사람.
지배자 정치·경제·사회적 권력을 가지고 다른 사람들을 다스리는 사람. 【支配者】
지배적 다른 것들보다 힘이 더 세든가 우세한 것. 【支配的】
지병 오래도록 낫지 않는 병.
지봉유설[지봉뉴설]〖책명〗 조선 광해군 때 이수광이 지은 일종의 백과 사전으로, 서양의 사정과 천주교에 대한 자기의 주장을 곁들여 소개한 책. 【芝峯類說】
지분 여럿이 함께 소유한 재산이나 권리에서 그 여럿 중의 하나가 차지하는 몫. ※'몫'의 일본식 말. 【持分】

지불 물건값을 내어 줌. ㉳책값을 지불하다. ②돈을 치러 줌. -하다. 【支拂】

지붕 비·눈·햇빛·바람·추위를 막기 위해 집 위에 씌우는 덮개.

지사[1] 본사에 딸리어 그 곳의 일을 맡은 곳. ㉯본사. 【支社】

지사[2] 나라와 민족을 위해 큰일을 할 뜻을 품은 사람. ㉳애국 지사.【志士】

지상 땅의 위. ㉯지하. 【地上】

지상군 육지에서 활동하는 군대.

지상 낙원 ⇨지상 천국.

지상 명령 절대 어길 수 없는 가장 중요한 명령. 【至上命令】

지상 천국 이 세상에서 이룩되는 다시없이 자유롭고 풍족하며 행복한 사회. 【地上天國】

지새다 밤이 지나고 날이 밝다. ㉳컴퓨터 게임으로 밤을 지새다.

지새우다 고스란히 밤을 새우다. ㉳병간호로 밤을 지새우다.

지서 본서에서 갈라져 나가 그 지역의 업무를 맡아 보는 곳. 관서.

지석 죽은 사람의 이름이나 행적 등을 기록하여 무덤 앞에 묻는 널조각 같은 돌. 【誌石】

지석영〖사람〗[1855~1935] 조선 말기의 학자. 1880년 수신사 김홍집을 따라 일본에 건너가 종두약 제조법을 배워가지고 돌아와서, 종두법의 보급에 힘썼음. 국어 연구에도 힘써 저서로는 〈신정 국문〉〈자전 석요〉 등이 있음. 【池錫永】

지성[1] ①정성이 지극함. ㉥정성. ②지극히 성실함. -스럽다. 【至誠】

지성[2] 이성적인 사고나 판단의 능력. ㉳지성과 교양을 갖춘 사람.【知性】

지성인 학식·지성·교양·양심을 갖춘 사람. 【知性人】

지속 유지하여 계속함. ㉳피로가 계속 지속되다. -하다.

지속적 어떤 일이나 상태가 끊이지 않고 이어지는 것. ㉳불우 학생을 지속적으로 돕고 계신 선생님.

지수 거듭 제곱을 나타내는 숫자나 문자. 예를 들어 5^3(5의 세제곱)에 3을 가리키는 말.

지시 ①가리키어 보임. ②어떤 일을 시킴. -하다. 【指示】

지시등 다른 자동차에 신호를 보내도록 자동차에 달려 있는 등

지시문 어떤 행동이나 일을 하라고 시키는 글. ㉥지문. 【指示文】

지시약 용액의 분석이나 성질을 알아보는 데 쓰이는 시약을 통틀어 이르는 말. 【指示藥】

지식 ①사물을 아는 마음의 작용. ②알고 있는 내용, 또는 알고 있는 범위. ㉳지식을 쌓다. 【知識】

지식인[지시긴] 일정한 수준 이상의 지식을 갖춘 사람. 【知識人】

지신 땅을 맡아 다스린다는 신령.

지신밟기[지신밥끼] 영남 지방에서 음력 정월 보름 무렵에 행하여지는 민간 행사의 하나. 농악을 울리며 마을 집을 찾아다니면서 집의 앞뒤를 한 바퀴 돌고 지신을 달래어 한 해가 무사하기를 비는 풍속.

지신사 조선 초기 승정원의 으뜸 벼슬.

지아비 '남편'의 이전말. ㉯지어미.

지압 아픈 곳을 손바닥이나 손가락 끝으로 누르거나 또는 두드리는 일. -하다. 【指壓】

지어미 '아내'의 이전말. ㉯지아비.

지엄 매우 엄함. ㉳지엄하신 분부. -하다. 【至嚴】

지역 어떤 성질이나 표준에 의하여 나누인 땅. ㉳농업 지역. ㉥지대. 구역. 【地域】

지역 감정 한 지역에 살고 있는 사람들이 다른 지역에 살고 있는 사람들에 대하여 가지는 좋지 않은 감정이나 편견.

지역구 시·군·구 따위 일정한 지역을 한 단위로 하여 설정한 선거구. 반전국구. 【地域區】
지역 사회 일정한 지역 안에 성립되어 있는 생활 공동체.
지연[1] 예정보다 늦추어짐. 예기차가 지연되었다. -하다. 【遲延】
지연[2] 살고 있는 지역을 근거로 하는 연고 관계. 【地緣】
지열 ①지구 속에 원래 있는 열. ②태양열을 받아 땅의 표면에서 나는 열. 예도로에서 지열이 올라오다.
지옥 ①살아서 나쁜 짓을 한 사람이 죽어서 간다는, 무섭고 고통스러운 곳. 반천국. 천당. 극락. ②못 견딜 정도로 괴로운 상태나 상황. 예교통 지옥. 【地獄】
지온 지면 또는 땅 속의 온기, 또는 그 온도. 【地溫】
지우개 ①연필로 쓴 글씨를 지우는 데 쓰이는 고무로 만든 물건. ②칠판에 쓴 분필 글씨를 지우는 도구.
지우다 나타나 있는 것을 없애다. 예낙서를 지우다.
ㅈ
지원[1] 지지하여 도움. 힘을 보태줌. 비원조. 후원. -하다. 【支援】
지원[2] 바라서 원함. 예군대에 지원하다. 비지망. -하다. 【志願】
지원병 의무 또는 고용에 의하지 아니하고 현역을 자원하여 복무하는 병사. 【志願兵】
지원서 학교나 기관 따위에 지원하는 데에 필요한 서류. 【志願書】
지원자 지원한 사람. 【志願者】
지위 개인의 사회적인 신분에 따르는 어떠한 자리나 계급.
지은이[지으니] 책을 지어 낸 사람.
지읒[지읃] 한글의 닿소리 글자인 'ㅈ'의 이름.
지자기 지구가 가지고 있는 자석과 같은 기운. 【地磁氣】
지장[1] 일을 해 나가는데 있어서 거치적거리며 방해가 되는 것. 예건강한 사람은 헌혈을 해도 몸에 지장이 없다. 비장애. 【支障】
지장[2] 손도장. 예지장을 찍다. 【指章】
지저귀다 새가 계속하여 소리내어 우짖다.
지저분하다 거칠고 깨끗하지 못하며, 어수선하고 더럽다.
지적[1] 손가락으로 가리킴. 잘못된 일이나 잘된 일을 가려서 가리킴. 예선생님의 지적을 받다. 비지목. -하다. 【指摘】
지적[2][지쩍] ①지능에 관한 것. 예지적 재산권. ②지능의 정도가 높은 것. 예지적인 사람. 【知的】
지절거리다 여러 소리로 잇달아 지껄이다. >재잘거리다.
지점[1] 땅위의 일정한 점. 【地點】
지점[2] ①본점에서 갈리어 나온 가게. ②본점에 딸리어 그 지휘 명령에 따르는 영업소. 본본점. 【支店】
지점장 지점의 책임을 맡은 사람.
지점토 종이를 잘게 찢어서 물에 적신 후, 풀을 섞어 찰흙처럼 만든 물질. 공작이나 공예에 이용함. 비종이 찰흙. 【紙粘土】
지정 ①어떠한 일의 방법을 가리켜 정함. ②여럿 가운데서 하나만을 가려 내어 정함. 예지정 교실. ③행정 관청이 법령이 정하는 바에 의하여 어떤 자격을 줌. 예지정 유치원. -하다. 【指定】
지정석 극장·열차·항공기·배 따위에서 앉을 사람이 미리 정하여진 좌석. 【指定席】
지조 원칙과 신념을 꿋꿋이 지키는 곧은 의지. 비절개. 【志操】
지주 땅을 가지고 있는 사람. 【地主】
지중해 유럽·아프리카·아시아 대륙에 둘러싸인 바다.
지중해성 기후 겨울이 따뜻하며, 여름보다 겨울에 강수량이 많은 기후.

지지 찬동하여 힘써 뒷받침함. ㉠국민의 지지를 받다. -하다. 【支持】

지지다 국물을 조금 붓고 끓여 먹을 것을 익히다. ㉠신 김치로 찌개를 지지다. ②고기 따위를 기름을 바른 프라이팬에 놓고 익히다. ㉠고기를 야채와 함께 지지고 볶다.

지지리 지긋지긋하게 아주. ㉠지지리 복도 없다.

지지배배 제비나 종달새 따위가 지저귀는 소리.

지지부진하다 일의 진행이 더디다. ㉠공사가 지지부진한 상태이다.

지지율 지지하는 비율이나 정도. ㉠압도적인 지지율로 당선되다.

지지자 지지하는 사람. 【支持者】

지진 땅 속의 급격한 변화에 의하여 땅이 크게 울리고 갈라지는 현상. 비지동. 【地震】

지진계 지진의 진동을 탐지하여 기록하는 장치. 검진기.

지진파 지진으로 말미암아 진원 또는 진앙에서 사방으로 퍼지는 파동. 【地震波】

지질 지각을 이루고 있는 암석이나 지층의 성질. 【地質】

지질학 지구의 거죽을 이루고 있는 물질들의 성질과 상태를 연구하는 학문. 【地質學】

지참 무엇을 가지고 참석함. ㉠필기구를 지참하다. -하다.

지척 아주 가까운 거리. 【咫尺】

지천 너무 많아서 조금도 귀하지 않은 것. ㉠뒷산에는 진달래가 지천으로 피어 있다. 【至賤】

지체[1] 시간이 늦어짐, 또는 기일에 뒤짐.

지체[2] 대대로 내려오는 집안의 사회적 신분이나 지위. ㉠지체 높은 양반집 도령.

지축 지구가 자전 운동을 하는데 중심이 되는 축. 【地軸】

지출 어떤 목적을 위하여 돈을 치르는 일. 반수입. 【支出】

지층 층을 이루고 쌓여 있는 땅. 물·바람 등의 작용에 의하여 운반된 진흙·모래·자갈·돌 등이 땅 또는 바다 밑에 차례로 쌓여 이루어짐. 【地層】

지:치다[1] 시달려 기운이 다 빠지다. ㉠울다가 지치다.

지:치다[2] 얼음 위를 미끄러져 달리다. ㉠썰매를 지치다.

지침 생활이나 행동 등 방향과 방법 같은 것을 인도하여 주는 길잡이. 【指針】

지침서 지침이 된 내용이 담긴 글이나 책. 【指針書】

지켜보다 눈을 떼지 않고 줄곧 보다. 잘 살펴보다.

지키다 ①약속 따위를 어기지 아니하고 그대로 실행하다. ②잃지 않도록 살피다. ㉠나라를 지키다.

지킴이[지키미] 어떤 중요한 장소나 일을 지키는 사람. ㉠환경 지킴이.

지탄 잘못을 가리켜 욕하는 것. ㉠뇌물을 받는 것은 지탄의 대상이 된다. -하다. 【指彈】

지탱 버티어 나감. -하다.

지팡이 ①걷는 것을 도우려고 짚는 대나 나무의 막대기. 비단장. ②국가나 사회의 심부름꾼으로서의 공무원. ×지팽이.

지퍼 서로 이가 맞는 금속 조각 따위를 헝겊 테이프에 박아, 두줄을 쇠고리로 밀고 당겨 여닫을 수 있도록 만든 것. 【zipper】

지평면 지구 위의 어떤 지점에서 연직선에 수직한 평면.

지평선 땅과 하늘이 맞닿아 보이는 넓고 평평한 경계선. 반수평선. 준지평. 【地平線】

지폐 종이로 만든 돈. 【紙幣】

지표[1] 지구의 표면. 땅의 겉면.【地表】

ㅈ

지표² 방향·목적 등을 가리키는 표지. 【指標】

지표면 땅의 표면. ㊟지표.

지푸라기 짚의 부스러기.

지프 고르지 않은 땅에도 잘 달리게 네 바퀴에 모두 동력이 전달되는 소형 자동차〔군대나 작업장에서 많이 사용함〕. 지프차. 【jeep】

[지프]

지피다 아궁이나 화덕 같은 곳에 땔나무나 연탄을 넣어서 불을 붙이다.

지필묵 종이와 붓과 먹을 아울러 이르는 말. 【紙筆墨】

지하 땅의 속. 반지상. 【地下】

지하도 땅 속을 깊숙히 뚫어 사람이 다니게 해 놓은 길. 【地下道】

지하수 땅 속에 스며든 물. 땅 속에 있는 흙·돌 등의 빈틈을 채우고 있는 물. 반지표수. 【地下水】

지하실 땅의 표면보다 낮게 만들어 놓은 공간. 건물에서 땅 속에 만들어 놓은 방. 【地下室】

ㅈ

지하 여장군 여자 장군의 모습을 새겨서 세운 장승. 반천하 대장군.

지하 자원 땅 속에서 얻어지는 자원〔석탄·석유·철광 등〕.

지하 차도 땅 밑으로 나 있는 차 다니는 길. 【地下車道】

지하철 ①땅 밑에 터널을 만들고 깔아 놓은 철도. ②교통 수단의 한 가지. 【地下鐵】

지향 ①뜻하여 향함. ②지정하여 그 쪽으로 향하게 함, 또는 그 방향. 예우리는 통일을 지향하고 있다. -하다. 【指向】

지혈 피가 나오다 그침. 나오는 피를 그치게 함. -되다. -하다. 【止血】

지형 땅의 생긴 모양. 【地形】

지형도 땅의 생긴 모양을 나타낸 지도. 【地形圖】

지혜 사물의 이치를 밝히고, 옳은 것과 그른 것·선한 것과 악한 것을 구별하는 능력. 비슬기. -롭다.

지화자 흥을 돋우기 위해서 노래나 춤에 맞추어 내는 소리. 예얼씨구 좋구나, 지화자 좋다.

지휘 지시하여 일을 하도록 시킴. 비지시. -하다. 【指揮】

지휘관 군대에서, 중대나 포대 이상의 부대를 지휘하는 장교.

지휘봉 지휘할 때 쓰는 짧은 막대기. 【指揮棒】

지휘자 ①지시하여 시키며 이끌어 주는 사람. ②음악에서 합주나 합창을 지휘하는 사람.

직각 직선과 직선이 90°를 이루는 각. 【直角】

직각삼각형 삼각형의 세 내각 가운데, 한 각이 직각인 삼각형. 직삼각형. 【直角三角形】

직각이등변삼각형 삼각형의 세 내각 가운데, 한 각이 직각이고 그 직각을 사이에 둔 두 변의 길이가 같은 삼각형.

직감 설명이나 증명을 거치지 않고 사물을 접촉함으로써 느껴지는 감각. -하다. 【直感】

직거래 사는 사람과 파는 사람이 중간 상인을 거치지 않고 직접 거래하는 것. 예농산물 직거래 장터. -하다. 【直去來】

직결 사이에 다른 사물을 두지 않고 직접 연결함. -하다. 【直結】

직경 어떤 원의 중심을 지나는 선. 비지름. 【直徑】

직계 친족 사이의 핏줄이, 할아버지·아버지·아들·손자 등으로 곧게 이어지는 계통. 【直系】

직공[직꽁] 공장에서 일하는 사람. 비공원. 【職工】

직관 자세히 이치를 따지지 않고 대상에 대한 지식을 곧바로 느껴서

깨닫는 것. 【直觀】

직권 관직상의 자격으로 명령·처분할 수 있는 권한.

직기 옷감을 짜는 기계.

직녀성 칠석날 밤에 은하수 건너에 있는 견우성과 만난다는 전설의 별임. 준직녀.

직렬[징녈] 전지를 다른 극끼리 이은 것. 즉 전지의 양극(+)에 다른 전지의 음극(-)을 이은 것. 본직렬연결. 반병렬. 【直列】

직류[징뉴] 시간이 지나도 전류의 크기와 방향이 변하지 않는 전류. 반교류. 【直流】

직매[징매] 생산자가 중간 상인을 거치지 않고 소비자에게 직접 파는 일. 【直賣】

직매장 직매를 하는 곳. 【直賣場】

직면하다[징면하다] 어떠한 일에 직접 맞부딪치다. 예인간이 어려움에 직면할 때 종교는 큰 힘이 된다.

직무[징무] 공적인 조직이나 기관에서 일정하게 맡아서 하는 일.

직물[징물] 옷감 등의 실로 짠 천을 통틀어 이르는 말. 비옷감.

직분 자기가 마땅히 해야할 일. 예선생님의 직분. 【職分】

직사각형 네 각이 모두 직각인 사각형. 본직각사각형.

직사광선 광선이 직선으로 곧게 비침.

직사포 낮고도 곧게 나가는 대포.

직선[1][직썬] 유권자가 직접 뽑는 선거. '직접 선거'를 줄인 말. 반간선. -하다. 【直選】

직선[2][직썬] ①곧은 선. ②두 점 사이를 가장 짧은 거리로 연결한 선. 반곡선. 【直線】

직선적 꾸미거나 숨기지 않고 솔직한 것. 예직선적인 성격.

직선제 유권자가 직접 뽑는 선거 제도. 반간선제.

직속 어떤 높은 사람에 직접 속하는 것. 예직속 상관.

직업[지겁] 일자리. 생활을 꾸려 나가기 위하여 매일 하는 일. 【職業】

직업병[지겁뼝] 그 직업의 특수한 환경이나 작업 상태가 원인이 되어 일어나는 병. 【職業病】

직업인 어떤 직업에 종사하고 있는 사람. 【職業人】

직영[지경] 회사나 단체에서 직접 관리하고 경영하는 것. 예직영 판매장. -하다. 【直營】

직원[지권] 직장에 속하여 일을 하는 사람. 【職員】

직위[지귀] 직무상의 지위. 준직.

직육면체[징늉면체] 서로 이웃하는 두면이 모두 수직으로 교차할 때의 육면체. 각 면이 모두 직사각형임.

직인 공무원이나 회사원이 직무상 쓰는 도장. 직인 도장.

직장 공장·회사·관청 등에서 맡은 일을 하는 일자리. 비일자리. 일터.

직장인 일정한 직장을 가지고 있어, 거기서 일하는 사람.

직전 일이 생기기 바로 전. 예경기 시작 직전. 반직후. 【直前】

직접 곧바로. 중간에 다른 것을 끼우거나 거치지 않음. 반간접.

직접 선거 선거 원칙의 하나로, 국민이 직접 입후보자에게 투표하고 대리인에 의한 선거를 할 수 없는 제도. 반간접 선거.

직접세 세금의 부담이 직접 납입자의 부담에 속하여 다른 사람에게 떠맡길 수 없는 세금. 반간접세. 준직세.

직접적 사이에 남이나 다른 사물이 끼이지 않게 바로 관계하거나 관계되는 것. 예남한과 북한 간에 직접적인 대화가 중요하다.

직조 피륙 등을 기계로 짜는 일.

직종 직업이나 직무의 종류.

ㅈ

직지심경〖책명〗 고려 말, 절에서 찍어 낸 책으로 현존하는 세계 최초의 금속 활자본. '직지심체요절'이라고도 함.

직진 곧게 나아감. ㉎직진해서 달리다. -하다. 【直進】

직책 직무상의 책임. 【職責】

직판장 중간 단체를 거치지 않고 농촌이나 어촌 등에서 생산한 물건을 가져다가 소비자에게 직접 파는 곳. ㉎농산물 직판장.

직할시 ①정부에서 직접 관할하는, 도와 동격인 인구 100만 명 이상의 도시〔부산·대구·인천·광주·대전〕. ②광역시의 이전 명칭.

직행[지캥] 도중에 다른 데에 들르지 않고 바로 가는 것. ㉎직행 버스. -하다. 【直行】

직행 열차 중도에서 지체하지 않고 목적지로 바로 가는 열차.

직후[지쿠] 바로 뒤. ㉥직전. 【直後】

진[1] ①병사의 대열. ②군대가 머물러 있는 속. ㉎강 근처에 진을 치다. ③무리. 집단. ㉎보도진. 【陣】

진:[2] 풀이나 나무나 사람의 몸에서 스며 나오는 끈끈한 액체. 【津】

진[3] ①진짜. 참. ②등급을 진·선·미로 나눌 때의 그 첫 번째. 【眞】

진가[진까] 참된 값어치. 또는 사람의 진짜 능력. 【眞價】

진간장 띄운 메주에 소금물을 부어 6개월 가량 발효시켜 만든 간장.

진:갑 환갑 다음 해의 생일. 【進甲】

진:격 앞으로 나가서 적을 침. ㉥퇴각. 후퇴. ㉫전진. 【進擊】

진골 신라 시대에, 부모 가운데 어느 한쪽만이 왕족의 혈통을 지닌 사람. 【眞骨】

진공 공기 등의 기체가 전혀 없이 비어 있는 공간. 【眞空】

진공관 ①공기나 기체를 뽑아낸 빈 관. ②진공으로 된 유리나 금속 관 안에 몇 개의 전기의 극을 넣고 꼭 막은 전기 기구. 라디오 따위에 씀.

진공 청소기 배기기 등으로 저압부가 생기게 하고 거기서 먼지 등을 흡수시키는 장치를 한 청소 기구.

진:국 ①오랫 동안 삶아서 우러난 국물. ㉎이 국물은 진국이다. ②거짓이 없고 진실한 착한 사람. ㉎이 사람은 진국이니까 믿어도 된다.

진:군 군대가 전진함. -하다. 【進軍】

진귀하다 물건이 드물어서 값이 매우 비싸다. ㉎산삼은 진귀한 약재이다.

진:급 등급·계급·학년 따위가 올라감. -하다. 【進級】

진기 귀하고 이상함. ㉎진기한 물건. ㉫신기. -하다. 【珍奇】

진나라〖나라〗 춘추 전국 시대의 중국의 한 나라. 비자를 시조로 주나라의 효왕으로부터 진, 곧 지금의 간쑤 지방을 하사받아 양공 때 비로소 제후가 되었으며, 시황제에 이르러 주나라 및 6국을 멸망시키어 천하를 통일함. 3대 15년만에 한 고조에게 멸망.

진:노 성내어 노여워함. -하다.

진눈깨비 비가 섞여 내리는 눈.

진:단 의사가 환자의 병의 상태를 진찰하여 판단함. ㉎정밀 진단을 받다. -하다. 【診斷】

진:단서 병을 진찰한 결과를 적은 서류. ㉎건강 진단서. 【診斷書】

진달래 철쭉과에 딸린 갈잎떨기나무. 키는 30cm ~2m. 우리 나라 및 중국·일본 등지에서 자라며, 4~5월에 연분홍색 꽃이 핌.

[진달래]

진담 장난으로 하는 말이 아닌 참말. ㉥농담. 【眞談】

진:대법 고구려 때 가난한 사람을 도와 주기 위하여 실시하였던 빈민 구제 제도. 봄에 곡식을 나누어 주었다가 가을에 받아 들이는 제도.

진:도[1] 일이 되어 가는 정도. ㉠일의 진도가 빠르다. 【進度】

진:도[2] 지진이 일어났을 때 몸에 느껴지는 강도나, 건물이 받는 영향 등의 정도에 따라 등급으로 나눈 것〔0°에서 7°까지 8등급으로 나눔〕. 【震度】

진도[3] 전라 남도 남서쪽에 있는 섬. 진돗개로 유명함. 【珍島】

진도 아리랑 우리 나라 진도를 중심으로 해서 남부에 퍼진 민요의 하나.

진돗개 우리 나라 재래종으로 몸빛깔은 황갈색 또는 백색이고, 귀는 뾰족하게 서며, 꼬리는 짧고 왼편으로 말아 등에 붙임. 몸이 빠르고 용맹스러우며, 꾀가 있음. 사냥·경비·애완용으로 기름. 우리 나라 특산으로 전라 남도 진도군 지산면에 원종이 있고, 천연 기념물 제53호로 지정하여 보호하고 있음.

[진돗개]

진:동[1] ①규칙적으로 흔들리거나 움직이는 것. ㉠시계추가 진동하다. ②냄새가 심하게 널리 퍼지는 것. ㉠생선 비린내가 진동을 한다. 【振動】

진:동[2] 몹시 심하게 흔들리는 것. ㉠천지를 진동하는 폭음. 【震動】

진드기 소·말·개 따위의 동물의 살갗에 기생하며 피를 빨아 먹는 작은 벌레.

진득하다[진드카다] ①성질이나 행동이 느긋하고 참을성이 있다. ㉠서두르지 말고 진득하게 기다려라. ②물기가 있어 눅눅하다. ㉠손바닥에 땀이 진득하다.

진딧물[진딘물] 초록빛 몸에 검정 무늬가 있는 잔디의 떼. 화초나 채소 등의 잎과 줄기에 붙어 식물의 진을 빨아먹는 해충.

진땀 무서운 생각이나 어려운 일을 당하여 흘리는 땀.

진:력[질력] ①있는 힘을 다함. ㉠금연 운동에 진력하다. ②지쳐서 나는 싫증. ㉠진력이 나도록 공부했다. -하다. 【盡力】

진:로[질로] 앞으로 나아가는 길, 또는 나아갈 길. ㉥퇴로.

진:료[질료] 진찰하고 치료함.

진:료비[질료비] 환자가 의사에게 진찰이나 치료를 받는 값으로 내는 돈. 【診療費】

진:료소[질료소] 진료 시설을 갖춘 곳. 일반적으로 보건소를 이름.

진:료실[질료실] 의사가 환자를 진찰하고 치료하는 방.

진리[질리] ①참된 도리. 참된 이치. ②누구나 인정하여야할 보편 타당한 지식. 【眞理】

진:맥 손목의 맥을 짚어 보아 진찰함. 검맥. 맥진. -하다. 【診脈】

진면목 본래 가지고 있는 그대로의 참모습. 【眞面目】

진:물 상처에서 흐르는 피 이외의 액체. ㉠진물이 나다.

진미 음식의 썩 좋은 맛. 【珍味】

진배없다 못할 것이 없다. 다를 것이 없다. ㉠우리 아기는 천사와 진배없다.

진범 실제로 죄를 저지른 사람. 진짜 범인. 【眞犯】

진법[진뻡] 전투에서, 적과 잘 싸울 수 있도록 여러 가지 모양으로 군대나 무기를 벌여 놓는 방법.

진:보 점점 잘되어 나아감. 차차 발달함. ㉥퇴보. -되다. -하다.

ㅈ

진부령 강원도 인제군 북면과 고성군 간성읍 사이에 있는 고개. 높이는 520m. 【陳富嶺】

진부하다 케케묵고 낡아서 재미가 없다. ㉠진부한 이론.

진분수[진분쑤] 분자가 분모보다 작은 분수. 반가분수.

진:사 조선 시대의 과거 제도의 하나인 소과의 첫시험에 합격한 사람의 칭호. 【進士】

진상[1] ①사물의 참된 모습. ②실제의 내용이나 형편. ㉠진상 조사를 나가다. 비실상. 【眞相】

진:상[2] 옛날에, 지방에서 나는 귀한 물건을 고관이나 임금에게 바침. 【進上】

진성 병의 증세가 단지 그 비슷한 것이 아니라 진짜인 것. ㉠진성 뇌염. 【眞性】

진솔하다 말이나 행동이 진실하고 거짓과 꾸밈이 없다.

진수[1] 사물의 가장 근본 성질을 이루고 핵심이 되는 요소. ㉠축구의 진수를 보여 주다. 【眞髓】

ㅈ

진:수[2] 배를 만들어서 처음으로 물에 띄우는 것. -되다. -하다. 【進水】

진수 성찬 맛이 좋고 많이 잘 차린 음식. 【珍羞盛饌】

진:술 자세하게 말함. ㉠피고의 진술을 듣다. -하다. 【陳述】

진실 ①참되고 거짓이 없음. ②헛되지 아니함. 반허위. 거짓. -하다.

진실로 거짓이 없이 바르고 참된 것. ㉠나는 진실로 당신을 사랑합니다.

진실성 거짓이 없는 참된 성질.

진심 거짓이 없는 참된 마음. ㉠진심으로 미안하다. 비진정. 【眞心】

진:압[지납] 억눌러서 가라앉힘. ㉠시위를 진압하다. -하다.

진:열[지녈] 여러 사람에게 보이려고 물건을 죽 벌여 놓음. -하다.

진:열대[지녈때] 여러 사람이 볼 수 있게 상품 따위를 죽 벌여 놓은 대.

진:열장[지녈장] 상점 등에서 상품을 늘어놓는 데 쓰이는 장.

진영[지녕] ①군대가 주둔하고 있는 곳. 비군영. ②서로 싸우든가 경쟁하는 관계에서 다른 편과 맞서고 있는 집단. ㉠자유 진영.

진:원지 지진이 최초로 시작된 지점.

진위[지니] 누구의 말이나 글의 본래의 뜻, 또는 그가 나타내고자 한 뜻. ㉠형이 한 말의 진위를 모르겠다. 【眞僞】

진:입[지닙] 목적한 장소나 상태에 들어서는 것. ㉠선진국으로 진입하다. -하다. 【進入】

진:입로[지님노] 어떤 장소로 들어가는 길. ㉠고속 도로 진입로.

진:자 일정한 시간마다 일정하게 흔들리는 물체. 【振子】

진자리 아이가 똥·오줌을 싸서 축축하게 된 자리.

진:작 ①바로 그 때에. ②좀더 일찍이. ㉠진작 말씀하시지. 비진즉.

진저리 지긋지긋하거나 찬 것이 살갗에 닿을 때 떨리는 몸짓. ㉠너무 끔찍해 생각만 해도 진저리가 난다. 비진절머리.

진:전 어떤 일이 새롭게 더 나아지는 것. ㉠수사가 진전되다. 비진척. 진행. -되다. -하다.

진절머리 몹시 지긋지긋하고 싫은 것. 비진저리.

진정[1] 참되고 바름. 거짓이 없음. 비진실. 반거짓. -하다. 【眞正】

진:정[2] 요란하던 것이 가라앉음. ㉠화내는 것을 진정시키다. 【鎭靜】

진정[3] 거짓이 없는 참된 마음. ㉠상대방에게 진정으로 대하다. 비진심. 【眞情】

진:정서 관청이나 웃어른에게 내기 위해 사정을 밝혀 적은 서면.

진:정제 신경 작용을 진정시키는 데 쓰이는 약제. 【鎭靜劑】

진:종일 하루 종일 내내. ㉮진종일 숙제를 하다. 비온종일. 종일.

진주[1] 조개 껍데기나 그 살 속에 붙은 구슬. 【眞珠】

진:주[2] 경상 남도 남서부에 있는 관광과 교육의 도시이며 진주성·촉석루 따위의 명승지가 있음.【晉州】

진:주성〖지명〗 경상 남도 진주의 진주 공원 일대와 내성동에 걸쳐 있는 조선 시대의 읍성. 고려 말기에 왜구를 막기 위하여 축성한 것이라 하며 임진왜란 때 이 성에서 장렬한 항전이 있었음. 성내에 촉석루가 있음. 【晉州城】

진:주 촉석루 경상 남도 진주성에 있는 누각. 남강에 자리잡은 웅장한 건물로 고려 말의 부사 김춘광이 창건하였음.

진:즉 그 때부터 미리. 그 때에 바로. 일찌감치. 비진작.

진지[1] 싸움터에서 군대가 자리 잡은 곳. ㉮진지를 구축하라. 【陣地】

진:지[2] '밥'을 높여 이르는 말.

진지하다 태도가 참되고 열심이 있다. ㉮진지한 표정을 짓다.

진짜 가짜가 아닌 참된 것. 반가짜.

진찰 의사가 아픈 사람의 병의 종류·정도·원인 등을 살펴보는 일. ㉮진찰을 받다. 비진맥. 진단. -하다. 【診察】

진찰실 의사가 의학의 원리·경험 등을 바탕으로 하여 병의 유무·질병의 상태 등을 살피는 방.

진창 땅에 물이 많이 섞여 매우 질게 된 곳. 비수렁. ×진탕.

진:척 일이 잘 되어 감. ㉮일의 진척이 빠르다. 비진전. 진행.

진:출 ①앞으로 나아감. ②어떠한 방면으로 나섬. ㉮세계로 진출하다. -하다. 【進出】

진:출권 어떤 경기에 나갈 수 있는 권리. ㉮월드컵 본선 진출권.

진:취 어려움을 무릅쓰고 힘껏 앞으로 나아감. 반퇴영. -하다.

진:취적 스스로 열심을 내어 일을 이룰 성질이 있는 것. ㉮진취적인 젊은이. 【進取的】

진탕 실컷. 마음껏. ㉮시험이 끝나면 진탕 놀아야지.

진토 먼지와 흙. ㉮백골이 진토되어… 【塵土】

진:통 ①아기를 낳게 되었을 때 일정하게 되풀이되는 아픔. 비산고. 산통. ②아픈 것을 진정시킴.

진:통제 중추 신경에 작용하여 환부의 아픔을 멎게 하는 약제.

진:퇴 나아감과 물러섬. ㉮진퇴양난의 어려움. -하다. 【進退】

진:퇴양난 빠져 나올 수 없는 곤란한 상황. 【進退兩難】

진:폭 진동이나 소리의 떨림의 정도. 【振幅】

진품 가짜가 아닌 진짜인 물건. 반모조품. 【眞品】

진풍경 보기 드문 놀라운 구경거리.

진하다 ①빛깔이 짙다. ㉮색깔이 진하다. ②액체의 농도가 높다. 반연하다.

진:학 상급 학교에 들어감. -하다.

진한〖나라〗 삼한의 하나. 3세기경까지 경상 남북도에 걸쳐 있었던 초기의 국가. 【辰韓】

진해〖지명〗 경상 남도에 있는 한 시. 창원군의 남쪽 진해만안에 위치함. 우리 나라의 군항으로 유명함.

진:행 앞으로 나아감. ②일을 처리하여 나아감. ㉮회의의 진행을 담당하다. 비진척. 진전. 반중지. -되다. -하다. 【進行】

진:행자 예식, 행사, 방송 프로그램 따위를 이끌어 나가는 사람.

진형 진지의 모양. 전투의 대형.

진홍빛 짙은 빨강 빛깔. ㉮진홍빛 장미.

진:화[1] 생물이 외부의 영향과 내부의 발전에 따라, 간단했던 것이 복잡해지거나, 하등이었던 것이 고등으로 변화하면서 점점 발전해 감을 이르는 말. [반]퇴화. 【進化】

진:화[2] ①불이 꺼짐. ②불을 끔. [예]진화작업. -되다. -하다. 【鎭火】

진:화론 모든 생물은 극히 원시적인 형태로부터 진화한 결과라는 다윈의 학설. 【進化論】

진흙[진흑] 대부분이 찰흙이고, 모래가 매우 적게 섞인 흙.

진흙탕[진흑탕] 흙에 물이 많이 섞여 아주 질게 된 땅.

진흙투성이 온통 진흙이 묻어 있는 상태.

진:흥 ①일이 잘 되지 않는 상태에서 떨치어 일으킴. [예]기술을 진흥시키다. ②정신을 가다듬어서 일어나게 함. [비]흥진. -하다.

진흥왕【사람】[534~576] 신라 제24대 임금(재위 540~576). 영토를 넓혀 삼국 통일의 터전을 닦았음. 신라 불교의 총본산인 황룡사를 짓는 등 불교의 번창에 힘썼으며, 화랑 제도를 두어 화랑 정신을 장려했음. 【眞興王】

진흥왕 순수비 신라 진흥왕이 국토를 넓힌 뒤 국가의 위세를 떨치기 위해 국경을 돌아보고 기념으로 세운 비석. 북한산·창녕·황초령·마운령의 네 곳에 지금 남아 있음.

진흥청 어떤 사업을 발전시키기 위해서 둔 관청.

질[1] 여러 권으로 되어 있는 책의 한 벌. [예]위인전을 한 질 샀다. 【帙】

질[2] ①물건이 성립하는 근본 바탕. [예]상품의 질이 좋아야 한다. ②타고난 성질. [예]질이 좋은 친구를 사귀다. 【質】

질감 어떤 재료가 주는 독특한 느낌. [예]실크는 질감이 매끄럽다.

ㅈ

질겁 뜻밖의 일을 당하여 숨이 막히듯 깜짝 놀라는 것. [예]쥐를 보고 질겁하다. -하다.

질겅질겅 질긴 것을 계속해서 마구 씹는 모양. [예]껌을 질겅질겅 씹다. >잘강잘강.

질경이 질경이과에 딸린 여러해살이풀. 어린잎은 삶아서 먹음.

질그릇 진흙을 원료로 해서 잿물을 입히지 않고 구워 만든 그릇. [비]토기.

질근질근 질긴 것을 자꾸 씹는 모양. [예]불안하면 입술을 질근질근 씹는 버릇이 있다. >잘근잘근.

질금거리다 눈물·콧물·오줌 따위를 한 번에 조금씩 흘리다. [예]눈물을 질금거리다. >잘금거리다. [센]찔끔거리다.

질기다 오래 견디어 낼 힘이 있다. [예]끈이 질기다.

질끈 ①바짝 동여매거나 조이는 모양. [예]수건으로 머리를 질끈 동여매다. ②눈이나 입을 힘껏 눌러 닫는 모양. [예]어금니를 질끈 깨물다.

질녀 조카딸. 【姪女】

질다 ①밥·반죽 따위가 물기가 많다. [예]밥이 질다. [반]되다. ②땅이 몹시 무르다. [예]비가 와서 땅이 질다.

질량 물체가 갖는 물질의 양.

질러가다 지름길로 가다. [예]산길로 질러가면 학교에 빨리 갈 수 있다.

질리다 ①몹시 놀라거나 무서워서 얼굴빛이 변하다. ②기가 막히다. ③진력이 나서 귀찮은 느낌이 들다. [비]물리다. 싫증나다.

질문 모르거나 의심나는 점을 캐어 물음. [비]질의 [반]대답. 응답.

질병 몸의 기능 장애로 생기는 병. [예]질병을 예방하다. [비]질환.

질산 질소·산소·수소가 일정한 비율로 섞여 강한 산성을 띠는 물질.

질색 아주 싫어하는 것. [예]나는 바퀴벌레라면 질색이다. -하다.

질서[질써] 사물이 혼란 없이 올바로 행하여지도록 하기 위하여 정하여진 순서나 절차. ㉮질서를 지키다. 【秩序】
질서 의식 규칙·준법 따위를 지키려는 생각.
질서정연하다 혼란스럽거나 흐트러짐이 없이 반듯하고 가지런하다. ㉮질서정연하게 입장하다.
질소[질쏘] 2원자 분자로서 공기 체적의 5분의 4를 차지하는 기체 원소. 맛·냄새·색깔이 없음.
질소 비료[질쏘비료] 질소의 성분이 많이 들어 있는 비료. 농작물의 잎줄기를 자라게 함.
질시 밉게 보는 것. 질투하는 것. -하다. 【疾視】
질식[질씩] 숨이 막힘. ㉮연기에 질식되다. -하다. 【窒息】
질의[지리] 의심나거나 모르는 것을 묻는 것. ㉮질의 응답 시간. 비물음. 질문. 반응답. 대답. -하다.
질적[질쩍] 사물의 질에 관계되는 것. ㉮교육 환경의 질적 개선에 힘써야 한다. 【質的】
질주[질쭈] 빠르게 달리는 것. ㉮오토바이가 빠르게 질주하다. -하다.
질질 ①액체나 작은 물건 따위를 허술하게 빠뜨리거나 흘리는 모양. ㉮물을 질질 흘리다. ②바닥에 축 늘어져서 끌리는 모양. ㉮슬리퍼를 질질 끌며 걷다. >잘잘.
질책 꾸짖어서 나무람. -하다.
질척거리다 불쾌하게 질다는 느낌을 주다. ㉮비가 와서 마당이 질척거리다.
질척질척하다 진흙 따위가 차지게 질다. >잘착잘착하다.
질타 윗사람이 성내어 크게 꾸짖는 것. ㉮선생님께 숙제를 안했다고 질타를 받았다.
질탕 거의 방탕에 가깝도록 흠씬 노는 일. ㉮질탕하게 놀다. -하다.
질투 자기보다 나은 사람을 시기하여 미워함. ㉮친구를 질투하다. -하다. 【嫉妬】
질투심 다른 사람이 자기보다 낫거나 잘되는 것을 시기하고 미워하는 마음.
질퍽거리다 땅에 물기가 많아 물렁거리고 질다. ㉮길이 질퍽거려 운동화가 더러워졌다.
질퍽하다[질퍼카다] 땅에 물기가 매우 많아 무르고 질다. ㉮비가 와서 땅이 질퍽하다.
질펀하다 ①물기가 많아 질다. 바닥에 물이 넓게 퍼져 있다. ②게으르게 마냥 늘어져 있다. ㉮질펀하게 앉아서 잡담하다.
질풍 몹시 빠르게 부는 바람. 【疾風】
질화로 진흙을 빚어 구워서 만든 화로.
질환 몸에 생긴 병. 비질병. 【疾患】
짊어지다[질머지다] ①짐을 등에 메다. ②빚을 지다. ③책임이나 부담을 맡아지다.
짐[1] ①들거나 지거나, 또는 나르도록 만든 물품. ㉮짐을 운반하다. 비화물. ②맡겨진 부담이나 책임. ㉮그 일이 큰 짐이 되다.
짐:[2] 옛날에, 임금이 자기 스스로를 가리키는 말로, '나'의 뜻. 비과인.
짐꾼 짐을 져서 나르는 사람. ×짐군.
짐수레 짐을 싣는 수레.
짐스럽다(짐스러우니, 짐스러워서) 책임을 느껴 마음이 편치 않다.
짐승 ①몸에 털이 나고 네 발을 가진 동물. ②날짐승·길짐승을 모두 이르는 말.
짐작 어림으로 헤아림. ㉮짐작으로 알아맞히다. 비추측. -하다.
짐짓[짐짇] 마음은 그렇지 않으나 일부러 그렇게. 고의로. 비일부러.
짐짝 묶어 놓은 짐 덩이.

ㅈ

집차 짐을 나르는 차. ㊑화물차.
집칸 배·자동차·기차·비행기 따위에서 짐을 싣는 칸.
집 ①비바람과 추위·더위를 막아 사람이 살기 위해 지은 건물. ②가족들이 이루고 있는 집단. ㊑가옥. 주택. ㉠수빈이네 집에서 모여서 공부를 했다. ㊑가정.
집게 물건을 집는 데 쓰는, 끝이 두 가닥으로 갈라진 연장.
집게발 게나 가재 등의 끝이 집게처럼 생긴 큰 발.
집게 손가락 엄지손가락과 가운뎃손가락 사이의 둘째 손가락.
집결 일정한 장소에 여럿이 한데 모이는 것. ㉠운동장에 집결하다. -되다. -하다. 【集結】
집계 관계가 있는 사실들을 모두 합하여 계산하는 것. ㉠중간 집계. -되다. -하다. 【集計】
집구석 '집'이나 '가정'의 속된 말.
집권[1] 권력을 한 군데로 모음. ㊖분권. -하다. 【集權】
집권[2] ①정권을 잡음. ②권력을 가짐. -하다. 【執權】
집권자 정권을 잡는 사람. 【執權者】
집기병[집끼병] 과학 실험을 할 때에 기체를 모으는 데 쓰이는 입이 큰 유리병. 【集氣甁】
집념[짐념] 한 사물에만 끈덕지게 정신을 쏟음. ㉠집념이 강하다.
집다 ①손으로 물건을 잡다. ②떨어진 것을 주워 가지다. ③사이에 물건을 끼워서 들다.
집단 한 장소에 모인 무리. ㊑단체. 모임. 【集團】
집단 농장 여러 사람이 협동하여 조직적으로 경영하는 큰 규모의 농장. 【集團農場】
집단 생활 상호간에 결합하여 함께 영위하는 생활.
집대성 여럿을 모아 합하여 하나의 큰 덩어리로 정리하는 것. ㉠성리학을 집대성한 학자. -하다. 【集大成】
집들이[집뜨리] 결혼을 하거나 이사를 해서 새 집으로 들어간 뒤에 집 구경과 인사를 겸해 손님을 초대하는 일. -하다.
집무[짐무] 기관이나 단체의 직위가 높은 사람이 사무를 보는 것. ㉠집무 시간. -하다. 【執務】
집무실[짐무실] 기관이나 단체의 직위가 높은 사람이 사무를 보는 방.
집배원 우편물을 모아서 배달하는 일을 직업으로 하는 사람. ㊔우편집배원. 【集配員】
집사 ①남의 집에 고용되어 그 집안의 일을 맡아보는 사람. ②기독교 교회에서 교인의 임원 중에 가장 낮은 직분. 【執事】
집사람 '자기의 아내'를 겸손하게 낮추어 이르는 말.
집산지 생산지로부터 산물이 모여들고, 또 다른 지방으로 내어 보내지는 곳. 【集散地】
집세 집을 빌린 값으로 내는 돈.
집시 유럽 각지를 떠돌아 다니며 생활하는 민족. 【Gypsy】
집안[지반] ①가정. ㉠집안 형편이 어렵다. ②가까운 살붙이. ㉠뼈대 있는 집안. ㊑가문.
집안 살림 집안의 가족이 살아가는 일, 또는 그 형편.
집안일[지반닐] 집 안에서 일어나는 일. 집에서 해야 할 일.
집약[지뱍] 중요한 것들을 하나로 뭉치는 것. ㉠의견을 집약하다. -하다. 【集約】
집어내다[지버내다] 분명하게 가려내다. ㉠시험에 나올 문제를 꼭 집어내다.
집어던지다[지버던지다] 대수롭지 않게 여겨서 그만두다. ㉠하던 숙제를 집어던지고 놀러 나가다.

집어먹다[지버먹따] 손이나 젓가락 따위로 집어서 먹다.

집어삼키다 ①입에 집어 넣고 삼키다. ㉺파도가 작은 배를 집어삼켜 버렸다. ②슬쩍 남의 것을 가로채어 제 것으로 만들다. ㉺남의 재산을 집어삼키다.

집어치우다 하던 일을 그만두어 아주 치워 버리다.

집 없는 천사〖책명〗 프랑스의 엑토르 말로가 지은 소설(사랑·슬기·참을성으로써 어려움을 이겨나가는 한 소년의 이야기를 그렸음).

집오리 집에서 기르는 오리과의 새. 몸은 물오리보다 크며 날개는 약함. 살이나 알은 먹으며 깃털은 이불솜으로 쓰임.

집요 ①자기 의견을 우겨대는 고집이 매우 셈. ②성가시게 따라 붙어 떨어지지 않음. ㉺집요하게 쫓아다니다. -하다. 【執拗】

집적거리다 무엇을 자꾸 성가시게 건드리다. ㉺자꾸 동생을 집적거려서 울리다.

집주인 집의 주인. 【-主人】

집중 한 곳을 중심으로 모이거나 모음. -하다. 【集中】

집중력 정신을 한 곳에 모을 수 있는 힘. ㉺집중력이 강한 아이.

집중 연구 하나의 대상만을 깊게 관찰하는 것.

집중 호우 어느 한 지역에 집중적으로 내르는 큰 비.

집짐승 집에서 기르는 짐승. ㉥가축. ㉦들짐승.

집착하다 마음이 한 곳에 쏠리어 잊혀지지 않다.

집채 집의 한 채.

집채만하다 부피가 집채처럼 아주 크다.

집치장 집을 손질하여 잘 꾸미는 일. 집치레.

집터 집이 있거나, 있었거나, 있을 자리. ㉥택지.

집파리 날개가 있고, 몸·다리·더듬이는 검은색이고, 집 안에서 흔히 볼 수 있는 작은 곤충. 여름에 번식하며 전염병을 옮김.

집필 붓을 들어 글씨나 글을 씀. 원고를 씀. ㉺소설을 집필 중이다. -하다. 【執筆】

집합 ①한 곳으로 모임. ②한 군데로 모아 합침. ③범위가 정해져 있는 것의 모임. 같은 성질을 가진 것의 모임. ㉺자연수 집합. ㉦분산. -하다. 【集合】

집행 실제로 일을 함. ㉺행사를 집행하다. -하다. 【執行】

집현전 조선 초기에 설치되었던 왕립 학술 연구 기관의 하나. 이 곳에서 훈민정음 창제 등 많은 문화 사업이 이루어졌음. 【集賢殿】

집회 어떠한 목적으로 여러 사람이 모임. ㉺집회 장소. ㉦산회. -하다. 【集會】

집히다[지피다] ①손이나 손가락 등에 집어지다. ㉺주머니에서 집히는 대로 돈을 꺼내다. ②과거의 기억이나 어떤 일 등이 생각나다. ㉺마음에 집히는 것이 있다.

짓ː[짇] 사람이나 동물의 이상하거나 바람직하지 않은 행동. ㉺엉뚱한 짓을 하다.

짓ː거리[짇꺼리] '짓'의 속된말. ㉺누가 이런 짓거리를 했지.

짓ː궂다[짇 따] 남을 일부러 놀려 괴롭히다. ㉺짓궂은 장난을 하다. ㉥심술궂다.

짓누르다[진누르다](짓누르니, 짓눌러서) 마구 세게 누르다.

짓눌리다[진눌리다] 짓누름을 당하다. 짓눌러지다. ㉺가난에 짓눌리다.

짓:다[짇따](지으니, 지어서) ①무슨 거리나 감을 가지고 만들어내다. [예]밥을 짓다. ②건물 등을 세우다.

짓무르다[진무르다] ①피부가 심하게 헐어서 물렁물렁하게 되다. ②과일이 너무 오래되어 물렁물렁하게 되다. [예]더운 날씨에 참외가 짓무르다.

짓뭉개다[진뭉개다] 세게 눌러 짓이기다. [예]벌레를 짓뭉개다.

짓밟다[짇빱따] 짓이기다시피하여 함부로 마구 밟다.

짓밟히다 짓밟음을 당하다. [예]말발굽에 짓밟히다.

짓이기다[진니기다] 세게 마구 또는 잘게 이기다. [예]봉숭아꽃을 짓이겨 손톱에 물을 들이다.

짓자 총통 화승(화약이 터지도록 불을 붙이는 심지)의 불로 터지게 하여 쏘는 지난날 대포의 한 가지.

징[1] 놋쇠로 대야같이 만든 악기의 한 가지. 채로 쳐서 소리를 냄.

징[2] 신발이 닳지 않도록, 신발의 창 아래에 박은 쇠못.

[징[1]]

징검다리 개울에 돌덩이나 흙더미를 드문드문 띄워 놓아 그것을 딛고 건너게 해 놓은 것.

징계 허물을 뉘우치게 경계하고 나무람. [예]죄인을 징계하다. -하다.

징그럽다 보기에 소름이 끼칠 정도로 끔찍하고 싫다. [예]뱀은 보기만 해도 징그럽다.

징발 ①남으로부터 물품을 강제로 끌어냄. ②전쟁 때 필요한 사람이나 물품 등을 모아 거둠. -되다. -하다. 【徵發】

징벌 ①뒷일을 경계하기 위하여 벌을 줌. ②부당한 행위에 대하여 제재를 가함. -하다.

징병 국가가 국민을 강제로 군인으로 일하게 하는 것. -하다.

징병 제도 국민 모두에게 강제로 군인으로 일하게 하는 제도.

징수 세금 따위를 걷는 것. -하다.

징역 형벌의 한 가지. 교도소에 가두어 두고 노동을 하게 하는 형벌.

징역살이[징역싸리] 징역의 형을 받고 교도소에 갇혀 살아가는 일.

징역형[징여켱] 징역의 형벌. [예]3년의 징역형을 받다.

징용 국가의 권력으로 국민을 불러다가 강제로 일정한 일을 시키는 일. -되다. -하다. 【徵用】

징조 어떤 일이 일어날 것을 짐작하게 하는 표시. [예]먹구름이 일면 비가 올 징조다. [비]조짐.

징집 ①물품을 거두어 모음. ②국가가 일정한 나이가 된 장정에게 국방의 의무를 주는 처분. [예]징집 영장. -하다. 【徵集】

징징거리다 자꾸 듣기 싫게 울고 불평을 말하다. [예]징징거리지 말고 말을 해라. [비]징징대다.

징크스 어떤 사람이나 집단이 하는 일에 으레 생기는 것으로 생각되는 불행한 일. [예]머리를 감고 시험을 치면 망치는 징크스가 있다. 【jinx】

징표 어떤 뜻을 나타내는 표시나 물건. [예]결혼을 약속하는 징표로 반지를 주다. 【徵表】

징후 겉으로 나타나는 조짐. [비]낌새.

짖다[짇따] 개가 큰소리로 울다.

짙다 ①빛깔이 진하다. [반]옅다. ②안개·연기 등이 자욱하다. ③농도가 높다. [반]묽다.

짙푸르다 짙게 푸르다. [예]짙푸른 바다. 짙푸른 산.

짚[집] 벼·밀·조·메밀 등의 이삭을 떨어 낸 줄기. [예]볏짚.

짚다[집따] ①지팡이나 손 같은 것을 바닥에 대고 버티어 몸을 의지하다. ②손을 얹어 살며시 누르다. [예]이마를 짚다. ③요량해서 짐작하다. [예]날자를 짚어 보다.

짚단[집딴] 짚을 모아 묶은 단.

짚더미 벼·밀·조 등의 이삭을 떨어 낸 줄기의 무더기.

짚둥지 볏짚으로 만든 둥우리.

짚신[집씬] 볏짚으로 만든 신.

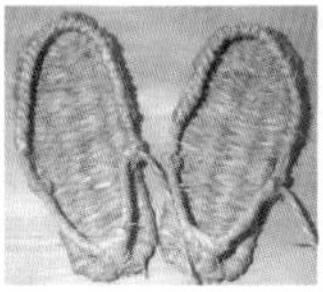
[짚신]

짚이다[지피다] 짐작되다. [예]한 군데 짚이는 데가 있다.

ㅉ 쌍지읒. 한글 자모 중의 'ㅈ'을 겹쳐 쓴 닿소리 글자.

짜개다 나무 같은 단단한 물체를 연장으로 베거나 찍어서 두 쪽 이상으로 갈라지게 하다. [예]도끼로 장작을 짜개다. [비]쪼개다.

짜내다 ①비틀거나 눌러서 액체를 나오게 하다. [예]물감을 짜내다. ②생각 따위를 힘써서 겨우 해내다. [예]좋은 계획을 짜내다.

짜다[1] ①조직하다. [예]조를 짜다. ②비틀거나 눌러 물기를 내다. [예]약을 짜다. ③나오지 않는 생각 등을 억지로 내다. [예]지혜를 짜다. ④옷감을 만들다. [예]옷감을 짜다.

짜다[2] ①소금 맛이 진하다. [예]국이 짜다. [반]싱겁다. ②인색하다. [예]부자가 더 짜다.

-짜리 〔돈의 액수를 나타내는 말에 붙어〕얼마의 값에 해당함을 나타냄. [예]천 원짜리 공책.

짜릿짜릿하다 마음 속 깊이 아주 생생하다. 아주 실감이 나다. 〈쩌릿쩌릿하다.

짜릿하다[짜리타다] ①살이나 뼈마디에 갑자기 세게 저린 느낌이 있다. [예]일어서려는 순간 다리가 짜릿해 왔다. ②기분이 몹시 좋다. [예]놀이 기구를 타면 기분이 짜릿하다.

짜맞추다[짜맏추다] 여러 조각들을 이리저리 이어서 일정한 모양이 되게 만들다. [예]퍼즐 조각을 짜맞추다.

짜부라지다 본래의 모양을 유지하지 못하고 구겨지거나 줄어들다. [예]축구공이 짜부라지다.

짜이다 규모가 어울리거나 규격에 맞다. [예]잘 짜인 구성.

짜임 만들어져 있는 모양. [비]구성. 조직.

짜임새 짜인 모양새. [비]구조.

짜증 기분이 언짢거나 싫증이 남. [예]짜증나는 목소리.

짜증나다 불평이 얼굴에 나타나다. [예]너무 더워서 짜증나다.

짜증스럽다 마음에 들지 않아 귀찮고 싫다. [예]짜증스럽게 말하다.

짝 두 개 이상이 모여 한 벌이되는 물건의 낱개. [예]양말 한 짝.

짝그네 두 사람이 옆으로 나란히 서서 한 손으로 짝의 허리를 끼고 또 한 손으로는 그넷줄을 쥐고 뛰는 그네.

짝꿍 교실에서 옆자리에 앉거나 늘 붙어 다니는 친구.

짝사랑 한쪽은 사랑하지 않는데 다른 한쪽만이 사랑하는 일. -하다.

짝수 2로 나누어 나머지가 생기지 않는 수〔2, 4, 6, 8,…등〕. [비]우수. [반]홀수.

짝짓기하다 동물이 새끼나 알을 낳기 위해 암컷과 수컷이 만나 짝을 이루다.

짝짓다 짝이 이루어지게 하다. [예]학생들이 짝지어 걸어가고 있다.

짝자꿍 젖먹이가 손뼉을 치는 재롱. -하다.

짝짝 ①얇고 질긴 물건을 여러 번 세게 찢을 때 나는 소리나 모양. [예]시험지를 짝짝 찢다. 〈찍찍. ②박수를 치는 소리.

ㅈ

짝짝이[짝짜기] 제 짝이 아닌 다른 짝끼리 모여서 이루어진 것. 한 쌍이 똑같지 않고, 크고 작거나 하여 어울리지 않는다는 뜻. [예]양말을 짝짝이로 신다.

짝하다[짜카다] 짝을 이루다. [예]마음에 드는 사람과 짝하다.

짠맛[짠맏] 소금과 같은 맛.

짠물 짠맛이 나는 물. 바닷물.

짠지 무나 오이 등을 통으로 소금에 짜게 절여 두고 먹는 반찬.

짤따랗다[짤따라타] 보기에 꽤 짧다. [예]짤따란 막대기.

짤랑 작은 방울이나 얇은 쇠붙이 따위가 부딪칠 때 나는 소리. <절렁.

짤랑짤랑 작은 방울이 자꾸 흔들려서 어지럽게 나는 소리. <쩔렁쩔렁. [여]잘랑잘랑. [거]찰랑찰랑. -하다.

짤룩하다 긴 물건의 한 군데가 패어 들어가 오목하다. <찔룩하다. [여]잘록하다.

짤막하다[짤마카다] 조금 짧은 듯하다. [예]편지를 짤막하게 쓰다.

ㅈ

짧다[짤따] ①길이가 작다. [예]소매가 짧다. ②모자라다. [예]배움이 짧다.

짧은소리[짤븐소리] 글자로 쓰면 같아도 말할 때 짧게 내는 소리. 단음. [반]긴소리.

짬 다른 일이나 생각을 할 수 있는 시간. [예]쉴 짬도 없이 바쁘다. [비]겨를. 여유. 틈.

짬뽕 여러 가지 해산물과 채소가 들어가고 국물이 매운 중국 국수. ※일본말 'champon'에서 온 말.

짭짤하다 ①맛이 조금 짜다. [예]된장찌개가 짭짤하다. ②돈벌이나 살림이 실속이 있다. [예]장사가 잘 돼서 수입이 짭짤하다.

짱구 이마나 뒤통수가 남달리 많이 나온 머리, 또는 그러한 머리를 가진 사람.

-째 ①사물의 순서나 등급을 나타내는 말. [예]첫째. 열 개째. ②어떤 말 아래 붙어서, '그대로·통째로'의 뜻을 나타내는 말. [예]그릇째 가져가다.

째깍째깍 시계 따위의 톱니바퀴가 자꾸 돌아가는 소리를 나타냄.

째:다 ①얇은 가죽이나 피륙을 찢다. [예]가죽을 째다. ②옷이나 신이 몸에 작다. [예]작년에 입었던 옷이 몸에 꼭 짼다. ③무엇을 칼로 베어 가르다. [예]물고기의 배를 째다.

째:지다 터져서 갈라지다. 터져서 벌어지다. [예]가방이 째지다. [본]째어지다.

짹짹 참새가 우는 소리를 나타냄. [예]참새가 짹짹 아침 인사를 한다.

쨍 ①유리나 얼음 따위가 별안간 갈라질 때 세게 나는 소리. [예]얼음판이 쨍 하며 금이 갔다. ②쇠붙이 따위가 서로 갑자기 맞부딪치거나 갈라질 때에 세게 울리는 소리.

쨍그랑 얇은 금속이나 유리 그릇 따위가 떨어져 깨질 때 나는 소리. [예]동전이 바닥에 떨어져 쨍그랑 소리가 나다. <쩡그렁. [여]쟁그랑.

쨍쨍 햇볕이 몹시 내리쬐는 모양.

쩌렁쩌렁 주위가 흔들릴 만큼 몹시 크고 굵게 울려서 나는 소리. [예]교실이 쩌렁쩌렁 울리도록 선생님께서 야단을 치셨다.

쩌렁쩌렁하다 울리는 목소리가 매우 세고 우렁차고 크다. [예]쩌렁쩌렁한 목소리. >짜랑짜랑하다.

쩍 ①어떤 것이 대번에 세게 쪼개지거나 틈이 벌어지는 소리나 모양. [예]수박이 쩍 갈라지다. ②입맛을 세게 다시는 소리. [예]아빠는 입을 쩍 다셨다. >짝.

쩔뚝거리다 한 쪽 다리를 심하게 절면서 걷다.

쩔쩔매다 일에 부닥쳐 어쩔 줄을 모르고 엄벙덩벙거리다.

쩝 입을 다시는 소리. ㉡할아버지께서 입을 쩝 다시고 나가셨다.

쩝쩝 ①여러 번 입맛을 다시는 소리. ㉡입맛을 쩝쩝 다시다. ②음식을 마구 먹을 때 내는 소리. ㉡쩝쩝 소리를 내면서 먹지 마라.

쩡쩡 여러 번 세차게 울리는 소리나 모양. ㉡발자국 소리가 쩡쩡 울리다.

쩨쩨하다 ①창피할 만큼 마음이 좁다. ㉡아무것도 아닌 일로 쩨쩨하게 굴다. ②보잘것 없다. ㉡쩨쩨한 일로 싸우지 마라.

쪼가리 작은 조각. ㉡빵 쪼가리.

쪼개다 ①둘 이상으로 나누다. ㉡사과를 쪼개다. ②조각이 나게 부수거나 가르다. ㉡나무를 쪼개다.

쪼그라들다 ①무엇에 눌리거나 힘을 받아 줄어 들거나 구겨지다. ㉡옷이 바싹 쪼그라들다. ②주름이 쪼글쪼글 잡히다. ㉡쪼그라든 얼굴.

쪼그리다 팔과 다리를 오그려 몸을 작게 옴츠리다. ㉡고양이가 담 위에 쪼그리고 앉아 있다. ‹쭈그리다.

쪼글쪼글 이리저리 많은 줄이나 주름이 생긴 모양. ㉡쪼글쪼글 주름이 많은 얼굴. ‹쭈글쭈글.

쪼글쪼글하다 잔주름이 고르지 않게 많이 나 있다. ㉡얼굴에 주름살이 쪼글쪼글하신 할머니. ‹쭈글쭈글하다.

쪼끄맣다[쪼끄마타] 보기에 아주 작다. ㉡키가 쪼끄맣다.

쪼끔 아주 적게. ㉡이제야 뭔가 쪼금 알다.

쪼:다 뾰족한 끝으로 찍다. ㉡병아리가 모이를 쪼다.

쪼들리다 어떤 일에 오래 부대끼어 지내다. 시달림을 받다. ㉡돈에 쪼들리다.

쪼록쪼록 가는 물줄기나 빗물 따위가 빠르게 자꾸 흐르거나 내리는 소리. ㉡쪼록쪼록 비가 내린다. ‹쭈룩쭈룩. ㉧조록조록.

쪼르르 날쌘 발걸음으로 앞을 향하여 나가는 모양. ㉡강아지가 쪼르르 따라온다. ‹쭈르르. ㉧조르르.

쪼르륵 적은 양의 액체가 빠르게 잠깐 흘러 떨어지는 소리나 모양. ㉡참기름을 쪼르륵 따르다. ‹쭈르륵. ㉧조르륵.

쪼아먹다 부리로 콕콕 집어먹다.

쪼이다 불빛이 비치다. ㉡화분을 햇볕이 쪼이는 곳에 두다.

쪽[1] 시집간 여자가 뒤통수에 땋아서 틀어 올려 비녀를 꽂은 머리.

쪽[2] 책의 면. ㉡9쪽을 펴라. ㊈페이지.

쪽[3] 한 물건이 여러 부분으로 갈라진 것들의 하나. ㉡마늘 세 쪽.

쪽[4] ①방향. 행동의 목표가 되는 곳. ㉡저 쪽으로 가라. ②서로 생각이나 일거리가 달라서 나뉘어 있는 사람들 중에서 어느 한 편. ㉡나무까지 먼저 가는 쪽이 이기는 거야.

쪽가위 실을 자르거나 바느질이 잘못된 것을 뜯는 데 쓰는 족집게처럼 작은 가위.

쪽문 사람이 드나들 수 있도록 대문짝 가운데나 한 쪽에 작게 따로 낸 문.

쪽박 작은 바가지.

쪽배 통나무를 쪼개어 속을 파서 만든 작은 배.

쪽빛[쪽삗] 쪽의 빛깔. 곧 남빛. ㉡쪽빛 가을 하늘.

쪽지[쪽찌] ①작은 종이 조각. ②작은 종이 조각에 쓴 글. ㉡쪽지를 보내다.

쫄깃쫄깃하다 씹히는 느낌이 기분 좋게 조금 질긴 듯 하다. ㉡인절미가 쫄깃쫄깃하다.

쫄랑쫄랑 작은 것이 가볍고 빨리 움직이며 자꾸 까부는 모양. ㉡강아지가 쫄랑쫄랑 따라오다. ㉧졸랑졸랑.

쫄쫄 가는 물줄기가 조금 세게 흐르는 소리. ⓔ수돗물이 쫄쫄 새다. <쭐쭐. ⓨ졸졸.

쫑그리다 입술이나 귀를 빳빳이 세우거나 뾰족하게 내밀다.

쫑긋[쫑귿] ①말을 하려고 입술을 한 번 달싹이는 모양. ②짐승이 귀를 한 번 쫑그리는 모양.

쫑긋쫑긋[쫑귿쫑귿] 말을 하거나 들으려고 입술이나 귀 따위를 자꾸 빳빳하게 세우거나 뾰족이 내미는 모양. ⓔ아이들이 귀를 쫑긋쫑긋 세우다.

쫑알거리다 무슨 말을 약간 시끄럽고 빠르게 자꾸 하다. <쭝얼거리다. ⓨ종알거리다.

쫑알쫑알 무슨 말을 약간 시끄럽고 빠르게 자꾸 하는 소리. ⓔ학생들이 쫑알쫑알 떠들다. <쭝얼쭝얼. ⓨ종알종알.

쫓겨나다[쫃껴나다] 어떤 장소나 직위에서 쫓아냄을 당하다.

쫓기다[쫃끼다] ①남에게 쫓아옴을 당하다. 피하여 달아나다. ⓔ경찰에 쫓기다. ②일이나 시간에 몹시 바쁘게 몰리다. ⓔ잡무에 쫓기다.

쫓다[쫃따] ①뒤를 따르거나 자취를 따라가다. ⓔ범인을 쫓다. ②떠나거나 없어지도록 몰아내다. ⓔ파리를 쫓다.

쫓아가다[쪼차가다] 뒤에서 바짝 따라가거나 자취를 따라가다. ⓔ동생을 쫓아가며 소리치다.

쫓아내다[쪼차내다] 쫓아서 밖으로 나가게 하다. ⓔ교실 밖으로 쫓아내다.

쫓아다니다[쪼차다니다] ①상대가 가는 대로 바짝 붙어서 가다. ⓔ닭을 쫓아다니다. ②여기저기 바쁘게 찾아다니다.

쫓아오다[쪼차오다] ①뒤에서 바싹 따라오다. ②급하게 달음질하여 따라오다. ⓔ빨리 쫓아오다.

쫙 ①넓은 범위나 여러 갈래로 넓게 흩어지거나 펼쳐지거나 벌리는 모양. ⓔ소문이 쫙 퍼지다. ②비·눈물·기운 따위가 갑자기 위에서 아래로 한꺼번에 흘러내리거나 쏟아지는 모양. ⓔ등골에서 식은땀이 쫙 흘렀다. ⓨ좍.

쬐:다 해의 볕이나 불기운 등을 몸에 받다. ⓔ모닥불을 쬐다. ⓑ쪼이다.

쭈그러지다 구겨지거나 우그러들어서 부피가 몹시 작아지다. ⓔ승용차 앞부분이 쭈그러졌다. >쪼그라지다.

쭈그리다 ①팔다리를 우그리어 앉거나 눕다. ⓔ쭈그리고 앉다. ②누르거나 구겨서 부피를 작게 하다. >쪼그리다. ×쭈구리다.

쭈글쭈글 물체가 쭈그러져서 주름이 고르지 않게 많이 잡힌 모양. >쪼글쪼글. -하다.

쭈룩쭈룩 굵은 물줄기나 빗물 따위가 빠르게 자꾸 흐르거나 내리는 소리. ⓔ쭈룩쭈룩 비가 오고 있다. >쪼록쪼록. ⓨ주룩주룩.

쭈뼛거리다 ①겁이 나서 머리카락이 매우 꼿꼿이 일어서는 듯한 느낌이 자주 나다. ②부끄럽거나 겁이 나서 선뜻 나서지 못하고 자꾸 머뭇거리다. ⓔ쭈뼛거리며 말을 하다.

쭈뼛쭈뼛 거침새 없이 내닫지 못하고 부끄러운 태도로 머뭇거리는 모양. >쪼뼛쪼뼛. -하다.

쭉[1] ①종이나 천 따위를 한 방향으로 세게 길게 찢는 모양. ⓔ옷을 쭉 찢다. ②어떤 일을 거침없이 해대는 모양이나 소리. ⓔ빨대로 주스를 쭉 빨아 마시다. >쪽. ⓨ죽.

쭉[2] '변함없이', '계속하여'의 뜻. ⓔ엄마가 돌아가시고 쭉 이모와 살았다.

쭉정이 껍질만 있고 속에 알맹이가 들어 있지 않은 곡식·과일 등의 열매.

-쯤 〔어떤 말 뒤에 붙어〕'대강 그만큼'의 뜻. 예 한 번쯤.

쯧쯧[쯛쯛] 가엾거나 못마땅할 때 가볍게 혀 끝을 입천장에 댔다가 떼면서 내는 소리. 예 쯧쯧, 어린것이 불쌍하기도 해라.

찌 낚시의 위치와 물고기가 미끼를 먹는 상태를 알기 위해 낚시줄에 단 물건. 본 낚시찌.

찌개 고기나 채소에 된장이나 고추장 등을 풀어 넣고 바특하게 끓인 반찬. 예 김치 찌개 백반.

찌그러지다 눌리거나 힘을 받아 모양이 반듯하지 못하고 비뚤어지다. 예 찌그러진 깡통.

찌꺼기 좋은 것을 골라 내거나 떼어 낸 나머지. 예 음식 찌꺼기. 준 찌끼. ×찌꺽지.

찌다[1] ①몹시 덥다. 예 찌는 듯한 무더위. ②음식물을 솥 등에 넣어 뜨거운 김을 올려 익히다. 예 감자를 찌다.

찌다[2] 몸에 살이 올라 뚱뚱해지다. 예 요즘 살이 쪄서 걱정이다.

찌들다(찌드니, 찌드오) ①물건이 오래 되어 때가 끼고 더럽게 되다. ②많은 어려운 일을 겪느라고 몹시 시달리다.

찌르기 태권도에서, 손끝으로 상대를 찌르는 기술.

찌르다 ①뾰족한 것을 몸에 세차게 들이밀다. 예 주삿바늘을 팔에 찌르다. ②무엇의 사이에 끼워 넣다. 예 주머니에 두 손을 찌르고 걷다.

[찌르레기]

찌르레기 등은 잿빛 갈색, 머리는 검은색, 부리와 발은 노란색인 새. 우는 소리가 '찌륵찌륵' 함.

찌르르 몸의 일부에 어떤 것이 닿는 느낌이 약한 전기가 통하는 듯한 것을 나타냄. 예 머리끝까지 전기가 찌르르 올랐다. >짜르르. 여 지르르.

찌르르하다 저리거나 아픈 느낌이 일어나다. 예 손에 전기가 올라 찌르르하다.

찌부드드하다 몸에 조금 아프고 불편한 느낌이 있다. 예 몸살이 나서 온몸이 찌부드드하다.

찌푸리다 ①몹시 찡그리다. 예 얼굴을 찌푸리다. ②날이 흐리다. 예 찌푸린 하늘.

찍다[1] 날이 있는 연장을 내리쳐서 무엇을 베다. 예 도끼로 나무를 찍다.

찍다[2] ①도장을 누르다. 예 부모님 도장을 찍다. ②표면에 액체나 가루를 묻게 하다. 예 물감을 묻혀 찍다.

찍다[3] 사진기나 촬영기로 사물의 모양을 필름 따위에 옮기다. 예 사진을 찍다.

찍찍 쥐가 내는 소리를 나타냄.

찍히다[1][찌키다] 끝이 뾰족한 도구나 날이 있는 연장으로 내리침을 당하다. 예 도끼에 찍히다.

찍히다[2][찌키다] 사진기로 사물의 모양이 필름에 옮겨지다. 예 놀이터에서 노는 모습이 찍히다.

찍히다[3][찌키다] ①점이나 표시 따위가 그려지다. 예 팔뚝에 점이 찍혀 있다. ②무엇에 눌려서 자국이 나다. 예 모래 위에 발자국이 찍혀 있다. ③글·그림·무늬 따위가 인쇄되다.

찐득찐득 ①연해 검질기게 들어붙다. ②검질겨서 연방 자르려고 해도 끊어지지 않다. 여 진득진득.

찐득찐득하다[찐득찐드카다] 세게 들러붙을 정도로 끈끈하다. 예 사탕이 손에 묻어 찐득찐득하다.

ㅈ

찐빵 밀가루에 팥 등으로 속을 넣고 쪄서 만든 음식.

찔끔 ①액체를 한 번에 조금씩 흘리다. 예눈물을 찔끔 흘리다. ②놀라거나 겁이 나서 몸을 움츠리는 모양. 예쥐를 보고 찔끔 놀라다.

찔끔거리다 ①액체를 한 번에 조금씩 흘리다. 예눈물을 찔끔거리며 인사 하다. ②자꾸 눈을 감거나 입을 다물다. 예눈을 찔끔거리며 눈웃음을 보내다. 비찔끔대다.

찔끔찔끔 ①눈물 따위의 액체가 조금씩 흐르다 말다 하는 모양. 예은혜는 찔끔찔끔 눈물을 흘렸다. ②물건을 한 번에 다 쓰지 않고 조금씩 없애는 모양. 예용돈을 찔끔찔끔 다 쓰다.

찔끔하다 놀라거나 겁이 나서 몸이나 마음이 움츠러들다.

찔레 톱니 모양의 잎과 가시가 있는 긴 줄기가 있고, 초여름에 향기로운 흰 꽃이 피는 야생 장미.

찔리다 ①날카로운 것으로 찌름을 당하다. 예바늘에 손가락을 찔리다. ②양심에 거리껴지다. 예형의 일기를 베껴써서 양심에 찔리다.

찜 고기나 채소에 갖은 양념을 하여 국물이 바특하도록 삶거나 쪄서 만든 음식. 예갈비찜.

ㅈ

찜질 약물이나 더운물, 또는 얼음덩이를 헝겊에 적시거나 싸서 아픈 자리에 대어 치료하는 방법. -하다.

찜찜하다 마음에 꺼림칙한 느낌이 있다.

찝찔하다 기분이 좋지 않게 조금 짜다. 예흘러내린 땀이 찝질하게 입술을 적시다.

찡그리다 근심스럽거나 언짢을때 이마나 눈살을 주름지게하다. >쨍그리다.

찡긋[찡귿] 눈이나 코를 조금 찡그리는 모양. 예눈을 찡긋해 보이다.

찡긋하다[찡그타다] 눈이나 코를 한 번 가볍게 찡그리다.

찡얼거리다 어린아이가 자꾸보채다. >짱알거리다.

찡하다 마음에 걸려 강한 느낌을 받다. 예이산 가족 상봉을 보니 코끝이 찡하다.

찢다[찓따] 물건을 갈라지게하다. 예종이를 찢다.

찢어발기다[찌저발기다] 갈기갈기 찢어서 흩어지게 하다.

찧다[찌타] ①곡식 등을 빻기 위하여 절구에 담고 공이로 내리치다. 예보리를 찧다. ②마주 부딪다. 예엉덩방아를 찧다.

ㅊ

ㅊ (치읓[치읃]) 한글 닿소리(자음)의 열째 글자.

차[1] 수레 종류의 대부분을 통틀어 이르는 말. ㉺고향에 차를 타고 가다. 비자동차. 【車】

차[2] ①성질·상태 등이 서로 틀리는 것. ②어떤 수량에서 다른 수량을 덜어 내고 남은 것. 【差】

차[3] 차나무의 어린 잎을 따서 만든 음료. 물에 타거나 달여 마실 것을 만드는 재료. 【茶】

차[4] 어떤 일을 하려는 마침 그 때. ㉺배고프던 차에 마침 잘 되었다.【次】

차갑다(차가우니, 차가워서) ①살갗에 닿는 느낌이 차다. ㉺발이 차갑다. ②냉정하다. 쌀쌀하다. ㉺차가운 눈초리. ×차겁다.

차고 차를 넣어 두는 건물.

차곡차곡 물건을 가지런하게 포개거나 겹치는 모양. ㉺빨래를 차곡차곡 개다.

차관[1] 행정부에서 장관을 도우며, 그 장관을 대리할 수 있는 관직, 또는 그 관직에 있는 사람. ㉺교통부 차관. 【次官】

차:관[2] 나라 사이에서 돈을 빌려 주거나 빌려오는 일, 또는 그 돈. -하다. 【借款】

차:광 햇빛이나 불빛이 밖으로 새거나 들어오지 않도록 가리개로 막아서 가리는 것. ㉺창문에 차광을 하다. -하다. 【遮光】

차근차근 일을 조리 있고 서두르지 않으며 차례가 있게 하는 모양. -하다. -히.

차기 다음 번. 다음 시기. ㉺차기 대통령 선거. 【次期】

차나무 잎이 길쭉하고 반들거리며, 가을에 흰 꽃이 피는 작은 나무. 어린 눈과 잎은 쪄서 말려 차를 만듦.

차남 둘째 아들. 반차녀. 【次男】

차녀 둘째 딸. 반차남. 【次女】

차다[1] ①온도가 낮다. ㉺물이 차다. ②냉정하다. 매정하다.

차다[2] ①가득하게 되다. ②정한 기한에 이르다. ㉺약속한 날수가 차다.

차다[3] 몸의 어디엔가 걸거나 끼우거나 늘어뜨려 지니고 다니다. ㉺시계를 차다.

차다[4] ①발로 내어 지르다. ㉺엉덩이를 걷어차다. ②혀끝을 입천장에 붙였다 떼어 소리를 내다. ㉺혀를 끌끌 차다.

차:단 길을 막아 못 다니게 함. -하다. 【遮斷】

차:단기[1] 철도 선로의 건널목 등에 설치하여 잠시 내왕을 막는 장치.

차:단기[2] 사고의 위험이 있을 때, 전류의 흐름을 멈추는 장치.

차도[1] 차가 다니는 길. 비 차로. 찻길. 반 인도. 보도. 【車道】

차도[2] 병이 조금씩 나아지는 정도. 예 환자의 병에 차도가 있다.【差度】

차돌 ①유리와 같은 광택이 있고 매우 단단한 돌. 석영. ②야무진 사람을 비유하여 이르는 말.

차등 비슷한 여럿 사이의 차이. 예 나이별로 차등을 두다. 반 균등.【差等】

차디차다 아주 차다. 몹시 차다. 예 얼음이 차디차다.

차라리 이것보다는 저것을 택하는 것이 나음을 나타내는 말. 예 빵을 먹느니 차라리 굶겠다. 비 도리어.

차량 ①기차의 한 칸. ②여러 가지의 차 종류를 두루 일컫는 말.

차려 구령의 하나. 몸과 정신을 바로 차리어 똑바른 자세를 가지라는 구령.

차려놓다 장만하여 베풀어 놓다. 예 밥상을 차려놓다.

차려입다 옷을 잘 갖추어 입다. 예 설날에 한복을 차려입었다.

차령산맥 태백 산맥의 오대산에서 시작하여 충청 남도의 태안 반도에 이르는 산맥. 백운산·계룡산·칠갑산 등이 있으며, 금·은·주석 따위가 많이 남. 길이는 약 200km.

차례[1] 일정하게 하나씩 하나씩 일을 벌여 나가는 순서. 예 차례를 지켜 버스에 올라타다. 비 순서.

차례[2] 음력 매달 초하룻날과 보름날, 또는 명절날·조상 생일 등의 낮에 지내는 제사. 예 차례를 지내다.

차례차례 차례를 따라서 순서대로 하나씩 하나씩.

차로 ①차가 다니도록 정해진 길. 비 차도. 찻길. ②차가 다니는 넓은 길을 차 한대가 다닐 수 있게 표시한 선. 비 차선. 【車路】

차리다 ①장만하여 갖추다. 예 잔칫상을 차리다. ②마음을 가다듬다. ③짐작으로 속마음을 알아 내다. 예 눈치를 알아차리다.

차림 겉으로 꾸민 모양. 예 단정한 옷차림. 비 치장.

차림새 차려 입은 모양새. 예 차림새가 단정하다.

차림표 음식점에서, 파는 음식의 이름과 그 값을 적은 표. 비 메뉴. 식단.

차마 '애틋하고 안타까워 감히'의 뜻을 나타내는 말. 예 차마 웃을 수 없었다.

차멀미 차를 타면 나타나는 속이 메스껍고 머리가 어지러운 증세. -하다.

차별 등급이 있게 구별함. 예 사람을 차별하다. 비 구별. 반 평등. -하다.

차별 대우 차별을 두고 하는 대우. 예 여자라고 차별 대우를 받다.

차분하다 마음이 가라앉아 조용하다. 비 침착하다.

차비[1] 영업용 차를 타는 값으로 내는 돈. 찻삯. 【車費】

차비[2] 준비를 갖추어 차림. 채비. -하다. 【差備】

차석 수석의 다음 자리, 또는 그 자리의 사람. 비 차위.

차선[1] 도로에서 자동차 한 대씩만 지나갈 수 있도록 그어 둔 선. 예 차선을 지키자. 【車線】

차선[2] 최선의 다음으로 좋은 방법. 예 차선을 택하다. 【次善】

차양 처마 끝에 달아 볕이나 비 따위를 막는 작은 지붕. 준 챙.

차오르다 어떤 한도나 높이에 다다라 오르다. 예 욕조에 물이 차오르다.

차:용 물건을 빌리거나 돈을 빌려 씀. 예 차용 증명서. -하다.

차원 ①어떤 일을 다루거나 생각할 때의 기본이 되는 원칙이나 수준. 예 차원이 다른 문제. ②수학에서,

선·면적·부피 따위의 공간의 기본적 차이를 나타내는 기준. ㉠직선은 1차원, 면적은 2차원, 부피는 3차원이다. 【次元】

차이 서로 같지 않고 틀림. ㉠차이가 크다. 【差異】

차이다 ①남이 발길로 차서 맞다. ㉠말 발길에 차이다. ②중간에서 가로챔을 당하다. ㉠상대 선수에게 공을 차이다. ③사랑을 거절 당하다. ㉠여자한테 차이다.

차이점 차이가 나는 점. ㉥공통점.

차이코프스키〖사람〗[1840～1893] 러시아의 음악가. 슬라브적 우수와 정열, 그리고 서정적인 아름다운 작품을 남김. 작품에는 〈백조의 호수〉〈호두까끼 인형〉〈비창 교향곡〉 등이 있음. 【Chaikovskii】

차임 타악기의 하나. 다섯 내지 열두 개의 긴 금속관이나 판이 한 벌이 되어 있는, 여러 가지 소리를 낼 수 있는 종. 【chime】

차:입 돈이나 물건을 빌림. ㉠많은 돈을 차입하다. ㉥대출. －하다.

차장 회사나 어떤 단체에서 부장 다음의 직위, 또는 그 사람.

차전놀이 예로부터 전해 내려 오는, 음력 정월 보름날에 노는 민속 놀이. 동채에 탄 사람의 지휘를 받아 동채를 밀었다 잡아당겼다 하다가 상대편 동채의 머리를 땅에 닿게 하는 놀이로, 경상북도 안동 등지에서 성행하였음.

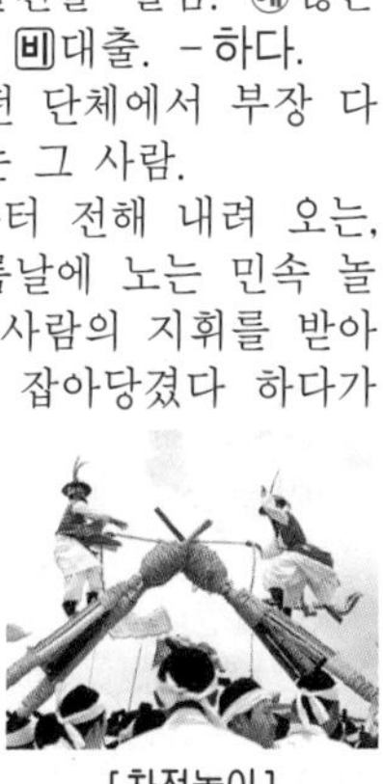
[차전놀이]

차점[차쩜] 최고 점수의 다음가는 점수. 【次點】

차종 자동차의 종류. 【車種】

차주 차 주인. 【車主】

차지 ①어떤 사람이 가질 수 있는 몫. ②지위나 영예를 획득함. ㉠수석의 영광을 차지하다. －하다.

차질 진행되던 일이 갑자기 어떤 사정이 생겨서 늦어지든가 손해가 생기는 것. ㉠계획에 차질이 생기다.

차차 어떤 일이 진행되는 것이 일정한 방향으로 조금씩 계속하여. ㉠병세가 차차 나아지고 있다. ㉥점점. 점차. 차츰.

차창 기차·버스 등의 창문. ㉠차창 밖으로 보이는 풍경.

차체 차의 몸체. 곧 승객이나 화물을 싣는 부분. 【車體】

차츰 시간이 지남에 따라 어떤 상태나 달라지는 것이 조금씩 계속하여. ㉠경기가 차츰 좋아지고 있다. ㉥점점. 점차. 차차.

차츰차츰 갑작스럽지 않게 조금씩 나아가는 모양.

차트 여러 가지 내용이나 자료를 알아보기 쉽게 정리한 표. ㉠칠판에 차트를 걸어 놓다. 【chart】

차편 차를 이용할 수 있는 방법이나 기회. 차를 이용하는 편리. ㉠행사장까지 차편이 제공되다. 【車便】

차표 차를 타기 위하여 찻삯을 주고 산 표. ㉥승차권. 【車票】

차후 이다음. 이 뒤에. ㉠이 일은 차후에 결정합시다. 【此後】

착각[착깍] 잘못 깨닫거나 잘못 생각함. －하다. 【錯覺】

착공 공사를 시작하는 것. ㉥완공. 준공. －되다. －하다. 【着工】

착륙[창뉵] 비행기가 땅에 내림. ㉠공항에 착륙하다. ㉥착지. ㉥이륙. －하다. 【着陸】

착륙선[창뉵선] 우주선에서 떨어져 나와 우주 비행사를 태우고 달에 내려앉는 비행체. 【着陸船】

착복 ①옷을 입음. ②남의 돈이나 물건을 부당하게 자기 것으로 함. －하다. 【着服】

착상 ①일의 실마리가 될 만한 생각. ②예술 작품을 창작할 때 그 내용을 머릿속에서 구성하는 일. [비]착의. -하다. 【着想】

착색되다 무엇이 묻어서 어떤 빛깔이 생기다. [예]폐가 검게 착색되다.

착석 자리에 앉음. [반]기립. -하다.

착수 어떤 일에 손을 대어 시작함. [예]도로 건설에 착수하다. 【着手】

착실 침착하고 충실함. 들뜨지 않고 거짓이 없이 진실함. -하다. -히.

착실하다 자기가 하는 일에 한결같이 성실하다. [예]착실한 청년.

착실히 자기가 하는 일을 꾸준하고 성실하게. [예]살림을 착실히 꾸리어 나가다.

착안[차간] 어떤 일을 주의 깊게 눈여겨 보아 그 일을 성취할 기틀을 잡음. [예]수빈이는 구멍이 작을수록 물의 압력이 크다는 것에 착안하여 물 로켓을 만들었다. -하다.【着眼】

착오[차고] 잘못 생각하여 사실과 맞지 않음, 또는 그 잘못. [예]계산 착오. -하다. 【錯誤】

착용[차공] ①옷을 입음. ②물건을 몸에 붙이거나 닮. [예]안전띠를 착용하자. 【着用】

ㅊ

착잡하다[착짜파다] 갈피를 잡지 못하게 뒤섞이어 복잡하고 어수선하다. [예]친구와 헤어져 마음이 착잡하다.

착지 체조에서, 체조 동작을 마치고 땅바닥에 내려서는 일. -하다.

착착 ①일이 순서대로 진행되는 모양. [예]물건을 착착 쌓아 올리다. ②가지런히 여러 번 접는 모양. [예]종이를 착착 접다. ③바싹 닿거나 단단히 들러 붙는 모양. [예]땀 때문에 셔츠가 착착 달라붙다. <척척.

착취 근로자나 농민에게 일할 만큼의 임금을 지급하지 않고 나머지의 이익 부분을 자본가나 지주가 가로채는 일. [비]약탈. 수탈. -하다.

착하다[차카다] 마음씨나 행동이 바르고 어질다. [비]선하다. [반]악하다.

찬:'반찬'의 준말.

찬:동 찬성하여 모두 뜻을 같이함. [예]내 의견에 모두 찬동하다. [비]찬성. -하다. 【贊同】

찬:란[찰란] ①눈이 부실 만큼 아름답게 빛남. [예]찬란한 태양. ②훌륭하고 빛남. [예]찬란한 문화. -하다.

찬물 데우거나 끓이지 않은 차가운 물. [비]냉수. [반]더운물. 온수.

찬:미 아름다운 덕을 기림. 기리어 칭송함. [예]신의 은총을 찬미하다. [비]찬송. -하다. 【讚美】

찬바람 차가운 바람.

찬:반 찬성과 반대. [예]찬반 투표.

찬밥 지은 지 오래 되어 차갑게 식은 밥.

찬:사 기리어 칭찬하는 말이나 글. [예]찬사를 보내다.

찬:성 자기도 그렇게 하는 것이 좋다고 함. 옳다고 동의함. [비]동의. [반]반대. -하다.

찬:송가 하나님이나 예수의 덕을 기리는 뜻으로 부르는 노래. [비]찬미가. 【讚頌歌】

찬스 무슨 일을 하기에 알맞은 때. [비]기회. 호기. 【chance】

찬:양[차냥] 아름다움과 착함을 드러내어 칭찬함. [반]비난. -하다.

찬:연하다 눈부시게 빛나다. 명성이 아주 높다. [예]찬연한 아침 햇살. 찬연한 신라의 문화.

찬:장[찬짱] 그릇이나 음식 등을 넣어 두는 장.

찬:조 찬성하여 도움. 뜻을 같이 하여 도움. -하다.

찬:조금 찬조의 뜻으로 내는 돈.

찬찬하다 ①성질이 조용하고 꼼꼼하다. 차분하고 자상하다. ②행동이 조용하며 느리다.

찬찬히 꼼꼼하고 조심스럽게. ㉠찬찬히 걷는 걸음.

찬:탄 몹시 칭찬함. ㉠피아노 연주에 모두 찬탄하다. ②마음에 아름답게 여김. -하다. 【讚歎】

찬:탈 신하가 왕의 자리를 빼앗는 것. ㉠왕위 찬탈. -하다.

찬피 동물 체온을 일정하게 유지하지 않고 바깥 온도에 따라 체온이 변하는 동물〔뱀·개구리·물고기 따위〕. 변온 동물. 냉혈 동물.

찰거머리 ①몸이 비교적 작고 흡반이 잘 발달되어, 몸에 붙으면 떨어지지 않는 거머리. ②남에게 달라붙어 귀찮게 구는 사람을 비유하여 이르는 말.

찰과상 긁혀서 생긴 상처.

찰그랑 작고 얇은 쇠붙이 따위가 조금 가볍게 떨어지거나 맞부딪쳐 울리는 소리. ‹철그렁.

찰나[찰라] 매우 짧은 동안. 비순간. 반영원. 영겁. 【刹那】

찰랑거리다 ①물이 넘칠 듯이 흔들거리다. ②가볍게 흔들리다. ㉠찰랑거리는 단발머리. 비찰랑대다.

찰밥 찹쌀로 지은 밥.

찰방찰방 냇물의 얕은 곳을 걸어다닐때 나는 소리. ‹철벙철벙.

찰싹 ①작은 물결이나 손바닥이 물체에 세게 부딪칠 때 나는 소리. ㉠친구의 등을 찰싹 때리다. ②작고 끈끈한 물건이 세게 달라붙는 모양. ㉠찹쌀떡이 접시에 찰싹 달라붙다.

찰싹찰싹 ①물이 단단한 물체에 연이어 좀 세게 부딪치는 소리. ㉠찰싹찰싹 물결치는 소리가 들린다. ②좀 세게 달라붙거나 부딪치는 소리나 모양. ㉠찰싹찰싹 종아리 치는 소리. ‹철썩철썩.

찰카닥 쇠나 유리 따위로 만든 작고 단단한 물체가 조금 세게 맞부딪칠 때 나는 소리. ㉠찰카닥 문이 닫히다. ‹철커덕.

찰칵 작은 쇠붙이 따위가 가볍게 맞부딪칠 때 나는 소리. ㉠라이터를 찰칵 켜다.

찰흙[찰흑] 차진 기운이 있는 흙. 비점토.

참[1] ①거짓이 없음. ②옳고 바른 일. 비진실. 반거짓.

참:[2] 일을 하다가 쉬는 시간, 또는 그때 먹는 음식.

참:[3] 조선 시대에, 급한 소식을 전할 때 말과 사람을 대기시켜 교대하던 곳. 【站】

참가 어떤 모임에 참여함. 비참석. 참여. 반불참. -하다. 【參加】

'참가'와 '참석'의 차이

- **참가**: 어떤 행사나 모임 따위에 나가 적극적으로 그것과 관계되는 일을 하는 것을 나타냄. ㉠학예 발표에 참가하다.
- **참석**: 어떤 행사나 모임이 베풀어지는 자리에 나가 단순히 그 곳에 있는 것을 나타냄. ㉠오늘 모임에 수빈이만 참석하지 않았다.

ㅊ

참가자 어떤 일·모임·경기 따위에 참가하는 사람. 【參加者】

참값[참깝] 계산하거나 실제로 재어서 얻은 정확한 값.

참견 남의 일에 끼여들어 아는 체하거나 간섭함. -하다.

참고 ①도움이 될 만한 자료로 삼음. 비참조. ②살펴서 생각함. 비참작. -하다. 【參考】

참고서 ①참고로 삼는 책 ②참고가 되는 내용을 모아 엮은 책.

참고인 어떤 일에 관하여 도움이 될 만한 의견을 말하는 사람.

참관 가거나 와서 봄. ㉠회의를 참관하다. 비관람. -하다. 【參觀】

참관인[참과닌] 어떤 모임이나 행사에 가서 지켜보는 사람. ㉥선거 참관인. 【參觀人】

참극 ①잔인하고 끔찍하게 벌어진 일. ②비참한 내용을 줄거리로 한 연극. 【慘劇】

참기름 참깨에서 짜 낸 기름.

참깨 밭에 심어 가꾸는 농작물로, 온몸에 짧은 털이 나고 향기가 있음. 씨는 기름을 짜서 먹는다. 고소한 맛을 냄.

참나무 ①상수리나무. ②갈참나무·굴참나무 등의 나무들.

참나물 산의 나무 그늘에서 높이 자라며, 어린잎은 나물로 먹는 식물.

참:다[참따] ①굳은 마음으로 어려운 고비를 잘 견디어 내다. ②때를 기다리다. ③억지로 하지 않다. ㉥울음을 참다.

참담 ①참혹하고 암담함. ②가슴이 아플 정도로 괴롭고 비참함. -하다. 【慘澹】

참되다 거짓이 없고 진실하다.

참뜻 거짓이 없는 참된 뜻.

참말 사실과 조금도 틀림이 없는 말. 비정말. 반거짓말.

참매미 배는 연한 녹색이고 머리와 가슴은 검은색이며, 빨강·파랑의 얼룩 무늬가 있고 '맴맴' 하고 우는 매미.

ㅊ

참모 ①일을 계획하고 꾸미는 데에 참여하는 일, 또는 그 일을 맡은 사람. ②군에서 작전·교육·보급 따위의 계획을 맡아 보는 장교.

참모습 거짓이나 과장이 없이 생긴 대로의 본디 모습.

참모 총장 대장의 계급인, 육·해·공 각 군의 최고 지휘관.

참배 ①신이나 부처에게 절하고 빎. ②무덤이나 기념비 등의 앞에서 경의·추모의 뜻으로 절하고 기리는 일. -하다. 【參拜】

참변 아주 끔직한 사고.

참봉 조선 시대에 왕족의 능 따위를 돌보는 낮은 벼슬, 또는 그 벼슬의 사람. 【參奉】

참비름 비름과의 한해살이풀. 어린 잎은 연하고 맛이 좋아 나물로 무쳐 먹음.

참빗 빗살이 아주 가늘고 촘촘한 대빗. 비얼레빗.

참사 끔찍한 사건. ㉥대구 지하철 참사. -하다. 【參事】

참사랑 참되고 진실한 사랑.

참상 참혹한 상태. 보기에 끔찍한 모양. ㉥전쟁으로 인한 참상.

참새 마을에서 흔히 볼 수 있는 작은 새. 곡식을 해치지만, 해충도 잡아먹음. 짹짹거리며 욺.

참석 어떤 자리에 나감. ㉥회의에 참석하다. 비출석. 반불참. 결석. -하다. 【參席】

참석자 어떤 모임에 참석한 사람.

참선 불교에서, 조용히 앉아 온갖 걱정에서 벗어나 고요한 마음을 얻기 위하여 혼자 훈련하는 것. -하다. 【參禪】

참성단 단군이 처음 나라를 세우고 온 겨레와 나라를 위해 하늘에 제사를 지내던 제단. 강화도 마니산에 있음.

[참성단]

참:수 목음 벰. -하다.

참신 처음 이루어져 새롭고 산뜻함. 가장 새로움. ㉥참신한 계획이다. -하다. 【斬新】

참여 참가하여 함께 일하는 것. ㉥봉사 활동에 참여하다. 비참가. 참예. -하다. 【參與】

참여도[차며도] 어떤 일에 사람들이 참여하는 정도. ㉥쓰레기 분리 수거 참여도가 높아지고 있다.

참외 주로 여름에 익어서 먹는, 색이

[참외]

노랗고 길고 둥글고 맛이 달콤한, 덩굴 식물의 열매.

참으로[차므로] 거짓이 없고 진심으로. 정말로. ㊎참으로 행복하다.

참을성 잘 참고 견디는 성질. ㊎형은 참을성이 많다. 비끈기. 인내심.

참작 이리저리 비추어 알맞게 헤아림. -하다. 【參酌】

참전 전쟁에 참가함. ㊎참전 용사. -하다. 【參戰】

참정권 국민의 기본권의 하나. 나라의 정치에 직접 혹은 간접으로 참여할 수 있는 권리.

참조 어떤 일을 그와 관련된 다른 사실들과 비교해 보는 것. ㊎이 서류를 참조하여 보고서를 쓰십시오. 비참고. -하다. 【參照】

참조기 몸이 조금 통통하고 길쭉하며 큰 비늘로 덮여 있고, 빛깔은 엷은 회색이고 배 지느러미 부근은 누런 색인 바닷물고기. 절여서 말린 것은 '굴비'라고 하며, 보통 '조기'라고 함.

참치 등이 검푸르고 배는 희며 살은 검붉은, 아주 큰 바닷물고기. 주로 통조림으로 만들든가 횟감으로 많이 씀. 참다랑어.

참판 조선 시대 6조의 판서 다음가는 넷째 등급의 벼슬로, 지금의 차관에 해당되는 관직. 【參判】

참패 비참하고 혹독하게 실패하거나 패배함. ㊎싸움에서 참패를 당하다. -하다. 【慘敗】

참:하다 ①생김새가 조출하고 말쑥하다. ②얌전하다.

참호 적의 공격을 피하기 위해 좁고 길게 파 놓은 구덩이.

참혹 비참하고 끔찍함. 잔인하고 무자비함. 비처참. -하다.

참회 잘못을 깊이 뉘우쳐 마음을 고침. 비회개. -하다.

찰흙[찰흑] 찰흙과 모래가 알맞게 섞여서 농작물을 가꾸는데 알맞은 흙.

찹쌀 찰벼를 찧은 쌀. 반멥쌀.

찹쌀떡 찹쌀로 만든 떡.

찻간[차깐] 기차나 전차 따위의 사람이 타거나 짐을 싣게 되어 있는 칸. 【車間】

찻길[차낄] 자동차나 수레 따위가 다니는 길. 비차도. 차로.

찻삯[차싹] 기차나 자동차를 타는 데 내는 돈.

찻잔[차짠] 차를 따라 마시는 잔.

창[1] 지난날, 무기의 한 가지. 긴 나무 자루 끝에 날이 선 뾰족한 쇠붙이가 달려 있음. 【槍】

창:[2] ①가락에 맞추어 노래를 부름. ②가곡 곡조·잡가조·판소리조 등으로 노래나 소리를 함. 【唱】

창[3] '창문'의 준말. 【窓】

창[4] 구두·고무신 등의 밑바닥 부분, 또는 거기에 붙이는 가죽이나 고무 조각. ㊎구두의 창을 갈다.

창가[창까] ①창문의 가장자리. ②창문에 가까운 곳.

창:간 신문·잡지·사보 등을 처음으로 펴냄. 반폐간. -하다. 【創刊】

창:간호 신문이나 잡지의 첫 호.

창:건 건물 따위를 처음으로 세우거나 건설함. -되다. -하다.

[창경궁]

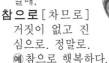

창경궁 서울 종로구에 있는 궁궐. 1907년 조선 순종이 창덕궁으로 옮긴 뒤, 동물원과 식물원을 시설하여 창경원이라고도 했음. 【昌慶宮】

창고[창꼬] 물건을 간직하여 두는 건물. 비곳간. 곳집. 【倉庫】

창공 맑고 갠 푸른 하늘. ㉨창공을 나는 갈매기. 비창천.

창구 사무실에서 바깥 손님을 상대하여 돈이나 문서 등을 주고 받는 곳. 【窓口】

창구멍[창꾸멍] 버선·대님·솜옷 따위를 지을 때, 안팎을 뒤집어서 빼내기 위해 꿰매지 않고 놓아 둔 부분.

창궐하다 나쁜 병이나 세력 따위가 맹렬히 일어나 걷잡을 수 없이 퍼지다. ㉨전염병이 창궐하다.

창:극 우리 나라 고유의 음악인 판소리를 가극으로 꾸민 것.

창녕 순수비 경상 남도 창녕에 신라 진흥왕이 국경 지역을 돌아본 것을 기념하여 561년에 세운 비석. 정식 이름은 '창녕 신라 진흥왕 척경비'이며, 국보 제33호로 지정됨.

창덕궁 조선 초기(1405)에 세워진 대궐. 조선 왕조의 역대 왕들이 정치를 하던 곳임〔국보인 돈화문 등이 있음〕. 1996년에 유네스코가 세계 문화 유산으로 지정하였음. 사적 122호. 【昌德宮】

창던지기 창을 가지고 누가 더 멀리 던지는가를 겨루는 경기. 비투창. -하다.

ㅊ

창:립[창닙] 학교나 회사 등을 처음으로 세움. 비창설. -하다.

창문 바람이나 빛이 들어올 수 있도록 벽, 또는 지붕 위에 만든 작은 문. 준창. 【窓門】

창백하다 얼굴빛이 핏기 없이 하얗다. 비해쓱하다.

창:법 노래·소리·시조 따위를 부르는 방법. 【唱法】

창살[창쌀] 창문에 가로 세로 지른 가는 대.

창살 무늬 주로 한옥 창문의 살과 같이 여러 가로줄과 세로줄이 서로 만나 일정하게 정사각형과 직사각형들을 이루는 무늬.

창:설 처음으로 설치하거나 설립함. 비창립. -하다. 【創設】

창:설자 처음으로 만들거나 세운 사람. 창립자. 【創設者】

창:세기 성경에서 세상과 인류의 창조, 죄의 기원 등이 쓰여 있는 구약 성서 제1권. 【創世記】

창:시 중요한 생각이나 일을 처음 시작하거나 만드는 것. ㉨동학은 최제우가 창시했다. -되다. -하다. 【創始】

창:시자 중요한 생각이나 일을 처음 시작하거나 만든 사람.

창씨 개명 우리 민족의 고유한 문화와 전통을 없애려고 일제가 강제로 우리 나라 사람의 성과 이름을 일본식으로 바꾸어 짓도록 한 일.

창:안 없었던 것을 처음으로 생각하여 냄, 또는 그 고안. -하다.

창:업 나라를 처음으로 세우거나, 사업을 처음 시작하는 것. -하다.

창연 ①빛깔이 푸름. ②오래되어 예스러운 모양. ③저녁녘의 어둑어둑함. -하다. -히.

창:의 궁리해 낸 새로운 생각이나 의견. -하다. 【創意】

창:의력 새로운 생각이나 물건을 만들어 내는 능력. 【創意力】

창:의성 새로운 생각이나 물건을 만들어 낼 만한 성질. 【創意性】

창자 사람이나 동물의 소장과 대장을 아울러 이르는 말. 비장.

창자샘 작은창자의 안벽 융털 사이에 많이 퍼져 있으면서 창자액을 내는 샘.

창자액 작은창자의 창자샘에서 나오는 소화액.

창:작 ①처음으로 생각하여 만듦. ②문예·그림·음악 등의 예술 작품을 자신이 궁리해서 만들거나 표현하는 일. 반모방. -하다. 【創作】

창:제 전에 없던 것을 처음으로 만들거나 제정함. ㉠한글을 창제하다. -하다. 【創製】
창:조 처음으로 만들어 냄. ㉠천지를 창조하다. ㉡모방. -하다. 【創造】
창:조력 전에 없던 것을 처음 만드는 능력. 【創造力】
창:조자 전에 없던 것을 처음으로 만든 사람. 신. 【創造者】
창:조적 없던 것을 새로 만드는 성질이나 능력이 있는 것. 【創造的】
창창하다 ①풀과 나무가 무성하거나, 하늘·바다·호수·따위가 파란 모양. ②앞날에 막힘 없이 계속 성공할 것 같다. ㉠앞날이 창창한 청소년. **창창히**.
창칼 나무나 고무판 따위의 조각에 쓰이는 끝이 뾰족한 칼.
창턱 창문의 문지방에 있는 턱.
창틀 창문을 달거나 여닫기 위해 만든 틀.
창파 푸른 물결. 【滄波】
창포 적갈색이며 특이한 향기가 있는 여러해살이풀. 연못이나 습한 땅에서 자람. 【菖蒲】
창포물 창포의 잎과 뿌리를 우려낸 물. 5월 단오에 이 물에 머리를 감고 몸을 씻으면 나쁜 귀신을 쫓는다고 함.
창피하다 ①부끄럽다. ②모양 새가 좋지 않다.
창호지 문을 바르는 종이의 한 가지. ㉥문종이. 【窓戶紙】
찾다[찰 따] ①감춘 것이나 잃은 것이 나타나도록 뒤지거나 살펴서 발견해 내다. ②보거나 만나기 위해 가거나 오다. ㉠같이 놀러 갈 친구를 찾다.
찾아가다[차자가다] ①맡겨 놓은 것을 다시 가지고 가다. ㉠열쇠를 찾아가다. ②찾고 있던 것을 발견하면서 나아가다. ㉠메모를 찾아가며 책장을 넘기다. ③어떤 목적을 가지고 어디에 가다. ㉠아파서 병원을 찾아가다.
찾아내다[차자내다] 찾기 어려운 사물을 발견해 내다. ㉠동굴을 찾아내다.
찾아다니다[차자다니다] ①무엇을 찾기 위해 돌아다니다. ㉠야생화를 찾아다니다. ②무슨 목적이 있어서 누구를 방문하다. ㉠마을 사람들을 찾아다니며 인사하다.
찾아들다[차자들다] 찾아와 들어오다. ㉠저녁이 되면 집으로 찾아들다.
찾아보기[차자보기] 책에 나오는 중요한 낱말이나 내용을 찾아 보기 쉽게 일정한 순서대로 늘어 놓고, 그것이 나오는 쪽수를 적은 것.
찾아보다[차자보다] ①누구를 찾아서 만나다. ㉠추석에 친척들을 찾아보다. ②무엇을 찾는 일을 하다. ㉠사전을 찾아보다.
찾아뵈다[차자뵈다] 아랫 사람이 어른을 가서 만나다. ㉠오래간 만에 선생님을 찾아뵈다.
찾아오다[차자오다] ①누구를 만나기 위해 오다. ②어떤 목적을 가지고 어디에 오다.
채[1] ①'채찍'의 준말. ②회초리. ③북·장구 등을 쳐서 소리를 내는 도구.
채[2] 집이나 큰 기구의 덩이를 세는 데에 쓰는 말. ㉠집 한 채.
채:[3] 무·오이 같은 것을 가늘고 잘게 썬 것. ㉠오이를 가늘게 채를 썰어 냉국을 만들다.
채[4] 어떤 상태가 계속되는 그대로. ㉠고개를 숙인 채 아무 말도 못 하다.
채:광 창문 같은 것을 내어 햇빛을 받아들여 방을 밝게 함.
채:굴 땅을 파서 속에 묻혀 있는 광물 등을 파냄. ㉠석탄을 채굴하다. -하다. 【採掘】

채:권[1] 빚 준 사람의 빚 받을 권리. (반)채무. 【債權】

채:권[2] 국가, 지방 자치 단체, 은행, 기업 등이 필요한 돈을 빌리기 위하여 일정 기간이 지나면 일정한 이자를 붙여 빌린 돈을 갚겠다고 약속하는 문서〔공채 · 사채 따위〕.

채널 라디오나 텔레비전 방송 등에 할당된 전파의 주파수. 【channel】

채다[1] 슬쩍 보고 재빨리 짐작하다. (예)눈치를 채다.

채다[2] 갑자기 탁 치듯 잡아당기다. (예)목덜미를 잡아채다.

채:다[3] '차이다'의 준말.

채:도 빛깔의 정도. 【彩度】

채:도 대비 정도의 차이가 큰 색을 함께 놓아 두었을 때 일어나는 효과.

채:독 채소를 날것으로 먹어서 생기는 중독증. 【菜毒】

채롱 껍질을 벗긴 싸릿개비를 함처럼 엮어 만든 둘레가 높은 그릇.

채:륜〖사람〗[?~121] 중국 후한 때 세계 최초로 종이 만드는 법을 발명한 사람. 【蔡倫】

채:마밭 채소를 심는 밭.

채:무 남에게 빚을 갚아 주어야 할 의무. (반)채권.

채반 싸리나무나 대나무를 길게 갈라서 둥글고 납작하게 엮어 만든 그릇.

[채반]

채:보 노래를 듣고 그것을 악보로 적음.

채비 준비를 갖추어 차림, 또는 그 준비. (예)학교갈 채비를 하다. -하다.

채:색 ①그림에 색을 칠함. ②여러 가지 고운 빛깔. -하다.

채:색화 여러 가지 색깔의 물감을 칠하여 그린 그림.

채:석장 건축 등 여러 가지 공사에 쓰일 돌을 캐내는 곳.

채:소 밭에 가꾸어 먹을 수 있는 온갖 푸성귀. 남새. (비)야채.

채:송화 쇠비름과의 한해살이풀. 솔잎 모양의 잎은 살이 많으며, 길이는 10~20cm. 여름에서 가을에 걸쳐 자주 · 분홍 · 노랑 · 하양 등 여러가지 빛깔의 꽃이 핌.

[채송화]

채:식 푸성귀로 만든 반찬만을 먹음. (비)초식. (반)육식. -하다.

채:용 ①사람을 받아들여 씀. ②등용함. (예)신입사원을 채용하다. ③의견 · 방법 등을 채택하여 씀. -하다. 【採用】

채우다 ①자물쇠로 잠그다. ②상하기 쉬운 음식물을 찬물이나 얼음 등에 담그다. ③모자라는 것을 보태다.

채:점[채쩜] ①점수를 매김. ②성적에 따라 점수를 주는 일.

채:집 ①찾아서 모음. ②식물 · 동물 등의 표본을 캐거나 잡아서 모음. -하다. 【採集】

채찍 말이나 소를 모는 데 쓰이는 물건. (준)채.

채찍질하다 ①채찍으로 때리다. ②몹시 재촉하다. 열심히 하게 자극하다. (예)더욱더 노력하라고 채찍질하다.

채:취 ①풀 · 나무 등을 찾아서 캐내거나 뜯어 냄. ②연구나 조사를 위하여 필요한 것을 찾거나 골라서 챙김. -하다. 【採取】

채:택 골라서 가려 냄. 가려서 뽑음. (비)채용. -하다. 【採擇】

채팅 인터넷이나 컴퓨터 통신 등에서 화면에 글자로 다른 가입자와 이야기를 주고받는 일. -하다. 【chatting】

채편 장구를 칠 때 채로 치는, 장구의 오른쪽 면. (반)북편.

채:혈 수혈을 하기 위하여 피를 뽑음. -하다. 【採血】
책 어떤 생각이나 사실을 글이나 그림으로 표현한 종이를 겹쳐서 만든 물건을 통틀어 이르는 말. ㉥도서. 서적. 【冊】
책가방 책을 넣어 가지고 다니는 가방.
책갈피 책의 낱장과 낱장과의 사이.
책거리[책꺼리] 책을 다 읽은 것을 기념하여 친구들과 함께 노는 것.
책꽂이 책을 세워 꽂아 두는 곳.
책략[챙냑] 어떤 일을 처리하는 꾀와 방법. 【策略】
책망 잘못을 나무람. 허물을 들어 꾸짖음. -하다. 【責望】
책받침 글씨를 쓸 때 종이 밑에 받치는 물건.
책방 책을 파는 상점. ㉥서점.
책벌레 책 읽는 것을 몹시 좋아하는 사람을 빗대어 이르는 말.
책상 앉아서 글을 읽고 쓰거나 공부를 할 때 앞에 받치고 쓰는 상.
책상다리 한쪽 다리를 다른 다리 위에 포개고 앉는 자세.
책임[채김] 맡아서 해야할 임무나 의무. ㉧책임이 무겁다. 【責任】
책임감[채김감] 책임을 중요하게 생각하는 마음. 【責任感】
책임자[채김자] 어떤 일을 책임지고 도맡아 하거나 주장하는 사람.
책자[책짜] 작은 책. ㉧관광 안내 책자. 【冊子】
책장[1] 책들을 꽂아 두는 가구. ㉥서가. 【冊欌】
책장[2] 책을 이루는 낱낱의 종이. ㉧책장을 넘기다. 【冊張】
챔피언 선수권을 가진 사람. 우승자. ㉧세계 챔피언. 【champion】
챙 모자 가장자리나 앞쪽에 대서 햇볕을 가리는 부분. 차양.
챙기다 어떤 일에 쓰일 물건을 찾아 한데 모아 두다.
처 아내 ㉥안식구. 집사람. ㉫남편.【妻】
처가 아내의 친정.
처남 아내의 오빠나 남동생.
처:녀 ①아직 결혼하지 않은 여자. ㉫총각. ②'최초의' '처음으로 하는'의 뜻을 나타내는 말. ㉧처녀작.【處女】
처:단 죄가 있는 사람을 사정을 보아주지 않고 벌을 주는 것. ㉧법에 따라 처단하다. -하다.
처량 초라하고 구슬픔. ㉧혼자 남아 처량한 신세가 되다. -하다.
처럼 무엇과 같이. ㉧어머니처럼 인자하신 선생님.
처:리 정리하여 치움. 일을 다스려 치러 감. ㉧일처리를 빨리 하다. -하다. 【處理】
처:리장 깨끗하게 정리하여 치우는 장소. ㉧쓰레기 처리장.
처마 지붕의 도리 밖으로 길게 내민 부분.
처매다 다친 곳 등을 붕대 같은 것으로 감아 매다.
처박다 ①몸을 어디에 쑤셔 박거나 꽉 대다. 고개를 푹 숙이다. ㉧주눅이 들어 고개를 쿡 처박은 채 앉아 있다. ②마구 쑤셔 넣거나 밀어 넣다. ㉧옷장에 옷을 처박다. ③몹시 세게 또는 함부로 박다. ㉧호박에 말뚝을 처박다.
처박히다[처바키다] ①어디에 마구 박히다. ㉧논에 처박히다. ②아무렇게나 내던져지다. ㉧벽장 구석에 처박힌 선풍기를 꺼내다. ③한 곳에서 나가지 않고 거기서만 지내다. ㉧시골 구석에 처박혀서 살다.
처:방 ①병을 다스리기 위해 약을 조제하는 방법. ②잘못이나 결함을 고쳐서 바로잡기 위한 대책.
처:방전 의사가 써 주는, 처방의 내용을 적은 문서.

ㅊ

처:벌 저지른 잘못에 대하여 벌을 줌. -하다. 【處罰】

처:분 명령을 받거나 내려 일을 처리함. [예]관대한 처분을 바라다. -하다. 【處分】

처:세 사람과 사귀면서 세상을 살아가는 일. [예]처세에 능하다. 【處世】

처:세술 처세하는 방법이나 기술.

처:소 사람이 살거나 머무르는 곳. [예]각자 자기의 처소로 가다. 【處所】

처:신 세상을 살아감에 있어서의 몸가짐이나 행동. [예]처신을 바르게 해라. -하다. 【處身】

처음 시작. 일의 첫머리. 맨 앞. 비로소. [반]끝. 마지막.

처자 아내와 자식. [비]처자식. 【妻子】

처:절 더없이 애처롭고 구슬픔. [예]처절하게 울다. -하다.

처제 아내의 여동생. 【妻弟】

처:지 자기가 놓여 있는 형편이나 사정. [비]형편. 【處地】

처:지다 ①바닥으로 잠기어 가라앉다. ②한 무리에서 뒤떨어져 남다. ③팽팽하던 것이 아래로 늘어지다. [예]땅에 닿을 듯이 처진 나뭇가지.

ㅊ

처:참 슬프고 끔찍함. -하다.

처:치 일을 처리하여 치움. -하다.

처칠〖사람〗[1874~1965] 영국의 수상으로 제2차 세계 대전을 승리로 이끈 정치가. 그림과 문장에도 뛰어나 〈제2차 세계 대전 회고록〉으로 1953년에 노벨 문학상을 받았음. 【Churchill】

처:하다 ①어떠한 처지에 놓이다. [예]어려운 일에 처하다. ②어떠한 형벌을 내리다. [예]사형에 처하다.

처:형[1] ①형벌에 처함. ②사형에 처함. -되다. -하다. 【處刑】

처형[2] 아내의 언니. 【妻兄】

척[1] 배의 수효를 세는 말. [예]항공 모함 두 척. 【隻】

척[2] 그렇지 않은데 그러한 것처럼 꾸미는 거짓 태도나 모양. [예]선생님께서 못 이기는 척 아이들에게 오락 시간을 주셨다.

척[3] ①바싹 닿거나 단단히 달라붙는 모양. [예]광고지를 벽에 척 붙이다. ②서슴없이 선뜻. 망설임이 없이. [예]어른스럽게 척 일어서서 당당히 말하다. ③단번에. [예]척 보면 벌써 무슨 일을 하는지 안다.

척[4] 길이를 재는 말. 자. 1척은 약 30cm. [예]구 척 장신. 【尺】

척결 사회적으로 좋지 못한 것을 완전히 없애는 것. [예]부정 부패 척결. -되다. -하다.

척관법 길이의 단위를 자, 양의 단위를 되, 무게의 단위를 관으로 나타내는 도량형법.

척도 ①측정하거나 평가하는 기준. ②자로 재는 길이의 표준. 【尺度】

척박하다[척빠카다] ①땅이 기름지지 않고 메마르다. [예]땅이 척박하여 농사를 지을 수 없다. ②사람들 사이에 인정이 없어 힘들다. [예]척박하고 황폐한 현실.

척수 척추의 관 속에 들어 있는 신경 계통으로, 뇌와 말초 신경 사이의 자극 전달과 반사 기능을 맡음. [비]등골. 【脊髓】

척척[1] 물건이 끈끈하게 자꾸 들러붙는 모양. [예]강력 접착제는 뭐든지 척척 붙는다.

척척[2] 일을 거침없이 하거나, 일이 거침없이 잘 되어 가는 모양. [예]맡은 일을 척척 해내다. >착착.

척척박사 모든 물음에 척척 대답해 내는 사람.

척추 동물의 등뼈. [비]등골뼈. 【脊椎】

척추동물 머리뼈에 연결된 등뼈가 있고, 등뼈 속에 신경이 발달하여 있는 동물. 등뼈동물.

척추동물의 종류	
• 포유류:	새끼를 낳아 젖을 먹여 키우는 동물.
• 조 류:	깃털 · 날개 · 부리가 있으며, 알로 번식하는 동물.
• 파충류:	허파로 숨을 쉬고, 주위의 온도에 따라 체온이 변하며, 알을 낳는 동물.
• 양서류:	어류와 파충류의 중간으로 땅 위 또는 물에서 사는 동물.
• 어 류:	물 속을 헤엄쳐 다니고 아가미로 호흡을 하는 동물.

척하다[처카다] 그럴듯하게 거짓으로 꾸미다. ㊞말을 못 알아듣는 척하다. 비체하다.

척화비 조선 고종 때 병인 양요 · 신미 양요를 치른 후 대원군이 서양인을 배척하기 위하여 서울 종로 네거리를 비롯하여 전국 각지에 세운 비석. 【斥和碑】

천:[1] 옷 · 이불 따이의 감이 되는 피륙.

천[2] 백(百)의 열 배. 【千】

천:거 재주가 뛰어난 사람을 어떤 자리에 추천함. -하다.

천고 마비 〔하늘이 높고 말이 살찐다는 뜻으로〕 가을이 썩 좋은 계절임을 이르는 말. 【天高馬肥】

천공 ①하늘의 조화로 이루어진 일. ②자연의 작용. 반인공.

천국 ①세상에서 가장 살기 좋은 나라. ②죽은 후에 갈 수 있다고 하는, 영혼이 축복받은 나라. 비천당. 반지옥. 【天國】

천근 ①백 근의 열배. ②'아주 무거운' 을 이르는 말. 【千斤】

천금 많은 돈이나 비싼 값. ㊞일확천금을 꿈꾸다. 【千金】

천냥 매우 많은 돈. 【千兩】

천년 오랜 세월. ㊞천년의 도시 경주. 【千年】

천당 ①하늘 위에 있는 신의 전당. ②천국. ③극락 세계인 정토. 반지옥. 【天堂】

천:대 업신여기어 푸대접함. 비천시. 반우대. -하다. 【賤待】

천:덕꾸러기 천대만 받는 사람이나 물건.

천:도 도읍을 옮김. -하다.

천도교 조선 말기의 동학을 이어받은 우리 나라 고유의 종교로, 최제우를 교조로 함. '사람이 곧 하늘'이라는 '인내천' 사상을 기본 교리로 함. 【天道教】

천도 복숭아 껍질에 털이 없이 매끈하고 붉은 복숭아.

천동설 지구는 우주의 중앙에 있고, 모든 천체가 지구 주의를 돈다고 하던 설. 반지동설.

천둥 번개가 칠 때에 일어나는 소리. 비우레.

천륜[철륜] 부모와 자식, 형제 사이에 마땅히 지켜야 할 도리. ㊞천륜을 어기다. 【天倫】

천리[철리] ①십 리의 백 갑절. ②아주 먼 길. 【千里】

천리경 '망원경'의 옛말. 【千里鏡】

천리마[철리마] 〔하루에 천 리를 달리는 말이라는 뜻으로〕 잘 달리는 좋은 말을 가리키는 말. 【千里馬】

천리마 운동[철리마운동] 북한 공산당이 북한 동포들에게 강제 노동을 시키기 위해 짜낸 계획.

천리 장성[철리장성] 고려 덕종 때 유소에게 명하여 쌓게한 장성. 압록강 어귀로부터 함흥의 도련포에 이르는 천여 리의 긴 성벽. 거란과 여진족의 침입에 대비하여 쌓았음. 고장성. 【千里長城】

천마도 경상북도 경주시에 있는 옛 무덤 천마총에서 나온 안장의 뒷면에 그려진 그림. 하얀 말이 날아 올라가는 그림. 【天馬圖】

천마총 경주시 황남동에 있는 신라 무덤의 하나.

[천마총]

천막 천으로 비나 햇볕을 가리기 위하여 치는 장막. 텐트.

천만 ①만의 천 곱절. ②'썩 많은 수'를 이르는 말. 예천만금을 준다 해도 싫다. ③'비길데 없음'의 뜻. 예천만 다행이다. 【千萬】

천만 다행 매우 다행함. 예사고를 미연에 방지 했으니 그나마도 천만 다행한 일이다. 【千萬多幸】

천만에[천마네] 남이 한 말이나 앞의 말에 대하여 그것이 '공연한 말'이거나 '당치도 않은 말'임을 강하게 나타냄. 예"덕분에 즐거웠습니다." "천만에, 별 말씀을 다 하십니다."

천명 ①하늘로부터 받은 목숨. 비천수. ②하늘의 명령. ③타고난 수명이나 운명. 【天命】

천:명하다 어떤 생각을 여러 사람에게 분명하게 밝히다. 예대통령 입후보 사퇴 사유를 기자 회견에서 천명하다.

ㅊ

천문 ①천체의 온갖 현상. 예천문 관측. ②'천문학'의 준말. 【天文】

천문대 천체에서 일어나는 일들을 관측하고 연구하는 시설.

천문학 천체에 대하여 연구하는 학문. 해·달·별 등의 본바탕. 운동·크기 등에 대하여 관찰 연구함. 준천문. 【天文學】

천문학적 천문학에서 다루는 숫자와 같이 엄청나게 큰 수로 나타나는 것. 예천문학적인 돈이 드는 연구.

천:민 지난날, 사회에서 가장 낮았던 계층의 사람들. 노비·광대·백정·무당 등이 이에 속했음.

천:박 학문 또는 생각이 얕음. 예천박한 행동. -하다.

천방지축 마구 덤비는 것. 예그는 매사에 천방지축이라서 일을 맡길 수 없다. 【天方地軸】

천벌 하늘이 내리는 벌. 비천형.

천부인 단군 신화에서, 환웅이 하느님의 아들임을 밝히는 증거로 가지고 내려온 세 개의 물건으로, 거울·칼·방울을 말함. 【天符印】

천부적 선천적으로 타고 나는 것. 예수빈이는 무용에 천부적인 소질이 있다. 【天賦的】

천사 ①하늘 나라에서 인간 세계로 내려온다는 아름다운 사람. ②깨끗하고 고결한 사람을 이르는 말. 반악마. 【天使】

천상 하늘의 위. 천국. 【天上】

천생 세상에 태어날 때부터 타고난 본바탕. 【天生】

천생 연분 하늘이 미리 정하여 준 관계. 【天生緣分】

천석꾼 천석의 추수를 할 만큼 땅이 많은 부자.

천성 선척적으로 타고난 성질. 본성. 예천성은 착한 아이이다. 【天性】

천수답 비가 와야만 모를 내고 기를 수 있는 논. 반수리답.

천:시 천하게 여김. 깔봄. 【賤視】

천:식 기관지에 경련이 일어나서 심한 기침이 나고 호흡이 힘들어지는 병. 【喘息】

천신만고 온갖 어려움과 괴로움을 다 겪는 심한 고생. 예천신만고 끝에 목숨을 구하다. 【千辛萬苦】

천연[처년] 사람이 손대거나 만들지 아니한, 자연 그대로의 상태. 비자연. 반인공. 【天然】

천연 가스 자연적으로 발생한 가스. 불이 붙는 성질이 있어 연료로 쓰임. 메탄 가스·프로판 가스 등. 자연 가스. 【天然 gas】

천연 기념물 드물고 귀하여 나라에서 특히 법으로써 정하여 보호하는 동물이나 식물.

천연덕스럽다 말과 행동이 조금도 숨기거나 속이는 것이 없는 것 같다. [예]어쩌면 저렇게 천연덕스럽고 숫기가 좋을까.

천연두[처년두] 갑자기 열이 나고 머리가 아프며 잘못하면 얼굴이 얽게 되는 전염병. 마마.

천연색[처년색] 자연 그대로의 빛깔. [예]천연색 사진. 【天然色】

천연스럽다[처년스럽따](천연스러우니, 천연스러워) 꾸밈이 없이 태연스럽다. [비]천연덕스럽다.

천연 자원 자연에서 얻는 모든 자원〔물·땅·석유 따위〕.

천왕[처낭] 하늘의 임금. 【天王】

천왕성[처낭 성] 태양계의 안쪽에서 7번째 떠돌이별. 둘레에 100개 가까운 위성들로 이루어진 위성군이 있음. 약 84년 걸려서 태양을 한바퀴 돎. 【天王星】

천우 신조 하늘과 신의 도움.

천운 하늘이 정한 운수. 자연히 돌아오는 운수. [비]천수.

천:인[처닌] 옛날에, 사회의 가장 낮은 신분에 속한 사람. 【賤人】

천자문 지난날, 한문을 처음 배우는 사람을 위하여 교과서로 쓰이던 책으로, 중국 양나라의 주흥사가 지었음. 【千字文】

천장 마루나 방의 위가 되는 곳. ×천정. 【天障】

천재[1] 태어날 때부터 갖춘 뛰어난 재주와 재능, 또는 그런 재능을 가진 사람. [반]둔재. 【天才】

천재[2] 지진·홍수 등 자연 현상에 의하여 일어나는 재해. 【天災】

천재지변 자연 현상으로 일어나는 재앙이나 괴변. 【天災地變】

천적 먹이 사슬 관계에서 잡아 먹는 생물〔꿩에 대한 매, 쥐에 대한 고양이 등〕. 【天敵】

천제연폭포 제주도 서귀포 서쪽에 있는 폭포. 남한 제일의 폭포.

천주교 로마 가톨릭교.

천주실의〖책명〗 1603년 가톨릭 신부인 마테오 리치가 중국에서 쓴 가톨릭 교를 설명한 책.

천지[1] 하늘과 땅. 온 세상. 【天地】

천지[2] 백두산 꼭대기의 화산이 터진 구멍에 물이 괴어서 이루어진 호수. 【天地】

천지 개벽 하늘과 땅이 처음으로 생겨남. 【天地開闢】

천지 신명 하늘과 땅에 있는 모든 신령. 【天地神明】

천직 ①마땅히 해야 할 직분. ②그 사람의 천성에 알맞은 직업.

천진 난만 말이나 행동에 조금도 꾸밈이 없고, 순진하고 착함. -하다. -스럽다. 【天眞爛漫】

천진스럽다 꾸밈이 없이 순진하고 참되다. [예]아기가 천진스러운 얼굴로 자고 있다.

천차 만별 여러 가지 사물에 제각기 서로 차이와 구별이 많이 있음.

천:천히 움직이는 것이 급하지 않고 느리게. [예]천천히 움직이다. [비]느리게. 서서히. [반]빨리. 속히. 얼른.

천체 우주 공간에 있는 모든 물체. 해·달·지구·별 등 모든 것을 통틀어 일컫는 말. 【天體】

천치 태어날 때부터 어리석고 못난 사람. [비]백치.

천칭 똑바른 막대 양쪽 끝에 작은 접시를 달고 한쪽 접시에는 무게를 달 물건을 놓고 다른 접시에는 추를 놓아 막대를 가로로 평평하게 하여 그 물건의 무게를 알아보는 작은 저울. 천평칭. 【天秤】

천태만상 모든 사물이 제각기 다른 모습을 하고 있는 상태. 천차만별. [예]관중들의 응원하는 모습이 천태만상이다. 【千態萬象】

천태종 대승 불교의 한 갈래. 우리 나라에는 고려 때 대각 국사 의천이 소개함. 【天台宗】

천하 ①하늘 아래. ②온 세상. ③'세상에 둘도 없는'의 뜻을 나타내는 말. ㉵천하에 못된 놈. 【天下】

천:하다 ①직업이나 지위 따위가 매우 낮다. ②너무 많고 흔하여 귀중하지 않다. 반귀하다.

천하 대장군 남자 장군의 모습을 새겨 세운 장승. 【天下大將軍】

천하 장사 세상에서 보기 드물게 굉장히 힘이 센 사람. 【天下壯士】

천하 태평 ①온 세상이 태평함. ②근심 걱정이 없거나 성질이 느긋하여 세상 근심을 모르고 편안함, 또는 그러한 사람. 비무사 태평.

천행 하늘이 준 은혜나 행운.

천혜 사람에게 이롭도록 자연적으로 생긴 것. 자연의 은혜. ㉵도봉산은 천혜의 암벽 등산 장소이다.

천황 ①중국의 옛이야기에서의 하늘을 다스리는 가장 높은 신. 옥황상제. ②일본에서 왕을 일컫는 말. 【天皇】

철[1] 옳고 그름을 분별하여 판단할 줄 아는 힘. ㉵철이 들다.

철[2] ①가장 많이 쓰이는 금속의 하나. 비쇠. ②'강함·굳셈'을 비유하여 이르는 말. ㉵철의 사나이.

철[3] 한 해를 봄·여름·가을·겨울로 나눈 그 중의 한 시기. ㉵가을철. 비계절.

철갑 쇠로 만든 갑옷. 【鐵甲】

철갑선 쇠로 거죽을 싼, 전쟁에 쓰이는 배. 【鐵甲船】

철강 무쇠와 강철. 【鐵鋼】

철거 시설 등을 걷어 치움. ㉵건물을 철거하다. -하다. 【撤去】

철공 쇠를 다루어서 기구를 만드는 일, 또는 그런 일에 종사하는 사람.

철공소 쇠를 가지고 갖가지 기구를 만드는 작은 규모의 기업소.

철관 쇠로 만든 둥글고 속이 비어 있는 대롱. 【鐵管】

철광 ①쇠를 파내는 광산. ②쇠의 원료가 되는 광석. 적철광·갈철광·자철광 등. 본철광석.

철교 ①쇠로 만들어 놓은 다리. ㉵한강 철교. ②철도가 지나는 다리. 본철도교. 【鐵橋】

철근 건물을 지을 때 콘크리트 속에 넣는 가늘고 긴 철봉.

철금 실로폰과 생김새가 비슷한 타악기의 하나.

철기 쇠로 만든 그릇이나 도구. 【鐵器】

철기 시대 청동기 시대보다 더 발달한 시대로서, 철을 이용한 연모를 만들어 쓰던 시대. 【鐵器時代】

철길[철낄] 기차나 전차 등이 다닐 수 있게 쇠로 깔아 만든 길. 비기찻길. 레일.

철도[철또] 선로 위로 열차를 운행하여 사람과 화물을 운반하는 교통 운수 시설. 비철로.

철도망 한 지역의 철도들이 이용하기 쉽도록 서로 잘 연결되어 있는 상태. 【鐵道網】

철도청[철또청] 철도에 관한 사무를 맡아 보는 관청.

철두 철미[철뚜철미] 처음부터 끝까지 철저함. -하다.

철들다 사람이 자라서 사리를 알아차릴 수 있게 되다. 철나다.

철딱서니 사리를 알아보는 힘. 철따구니.

철렁 무엇이 크게 놀란 모양. ㉵사고 소식에 가슴이 철렁 내려앉다.

철렁하다 뜻밖의 일에 가슴이 내려앉을 듯이 놀라다. ㉵깜짝 놀라 가슴이 철렁하다.

철로 기차가 다닐 수 있게 레일을 깔아 놓은 길. 비철도.

철마 ('쇠로 만든 말'이라는 뜻으로) '기차'를 이르는 말. 【鐵馬】

철망 철사로 그물같이 얽은 것.
철면피 부끄러운 줄을 모르는 뻔뻔스러운 사람.
철모 전투할 때 쓰는, 쇠로 만든 모자.

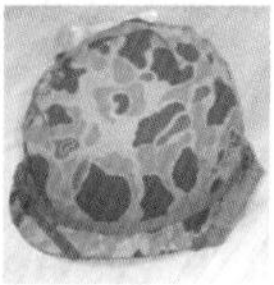
[철모]

철물점 못·철사처럼 쇠로 만든 물건을 파는 가게.
철벅철벅 얕은 물 위를 밟는 모양이나 소리. 〉찰박찰박. 여절벅절벅. -하다.
철봉 ①쇠로 길게 만든 몽둥이. ②기계 체조 기구의 한 가지. 좌우 두 기둥에 쇠막대기를 가로 걸친 기구. 비철봉대. 【鐵棒】
철부지 ①철이 없는 어리석은 사람. ②철이 없는 아이.
철분 어떤 물질 속에 섞이어 있는 쇠의 성분. 【鐵分】
철사[철싸] 쇠붙이로 만든 가는 줄. 비철선. 【鐵絲】
철새[철쌔] 철에 따라 이리저리 자리를 옮겨 사는 새. 제비·두견새·기러기 등. 반텃새.
철석[철썩] ①쇠와 돌. ②굳고 단단함을 비유한 말. 예철석같이 믿다.
철석같다[철썩깓따] 의지·약속·믿음 따위가 절대로 변하지 않다. 예철석같은 약속.
철수[철쑤] ①거두어 들임. 걷어 치움. ②진지 따위를 걷어 치우고 군대가 물러남. 예군대를 철수시키다. -하다. 【撤收】
철썩 ①물 따위의 액체가 물체와 세게 부딪칠 때 나는 소리. 예파도가 바위에 철썩 부딪치다. ②물건의 표면이나 사람의 피부를 손으로 때릴 때 나는 소리. 예궁둥이를 철썩 때리다. 〉찰싹.
철야[처랴] 무슨 일을 하며 잠을 자지 않고 밤을 샘.
철없다[처럽따] 사리를 알아차릴 능력이 없다. 예형은 가끔 철없는 행동을 한다.
철원〖지명〗 강원도 북서부에 있는 군. 가운데에 한탄강이 흐름. 후고구려의 궁예가 도읍했던 곳으로, 삼부연·궁예 성지 등의 명승지가 있음. 【鐵原】
철원 평야 강원도 철원군에 있는 넓은 들.
철의 삼각 지대 6·25전쟁 때의 격전지였던 김화·철원·평강을 연결하는 지대.
철의 장막 〔자유 세계와 공산 국가 사이의 장벽이란 뜻으로〕1946년 영국의 수상 처칠이 미국을 방문했을 때 행한 연설에서 처음으로 사용한 말로, 공산주의 나라의 정치적 비밀주의, 곧 폐쇄성을 비유한 말.
철인[처린] 몸이나 힘이 무쇠처럼 강한 사람. 【鐵人】
철자 말의 소리를 여러 글자를 이어 나타내는 것. 예철자를 틀리게 쓰다. 【綴字】
철자법 글자를 정해진 규칙에 맞도록 쓰는 법. 비맞춤법.
철재[철째] 철로 된 건축 재료.
철저하다[철쩌하다] 속속들이 빈틈이 없다. **철저히**.
철제[철쩨] 쇠를 재료로 하여 만듦, 또는 그 물건. 【鐵製】
철조망[철쪼망] 가시철로 된 철조를 늘여서 쳐 놓은 울타리.
철쭉 정원에 관상용으로 많이 심는 갈잎떨기나무. 진달래와 비슷하나 꽃과 잎이 더 큼.
철창 쇠로 만든 창살이 달린 창문.

[철쭉]

철창 신세 감옥에 갇혀 지내는 신세.
철책 쇠로 만든 우리나 울타리.

ㅊ

철철 물따위의 액체가 넘쳐 흐르는 모양. (예)욕조에 물이 철철 넘친다. >찰찰.

철칙 고치거나 어길 수 없는 굳은 규칙. 【鐵則】

철커덕 쇠붙이로 된 커다란 물체가 천천히 맞부딪칠 때 나는 소리. (예)철문은 철커덕 닫혔다. (준)철컥. >찰카닥.

철컥 '철커덕'의 준말. >찰칵.

철탑 ①전선을 지탱하기 위해 세운 쇠기둥. ②철근이나 철골을 사용해서 만든 탑.

철통같다 조금도 빈틈이 없이 튼튼하다. (예)보초들의 감시가 철통같다.

철퇴[1] 거두어 가지고 물러감. -하다.

철퇴[2] 쇠로 만든 몽둥이.

철판 쇠로 얇고 넓게 만든 판.

철폐 어떤 제도나 규정 따위를 폐지함. -되다. -하다. 【撤廢】

철하다 여러 장의 문서·신문 따위를 한데 모아 매다.

철학 자연·인생·사회 등에 관한 근본 원리를 연구하는 학문.

철학자 철학을 전문적으로 연구하는 사람. 【哲學者】

철회 이미 한 것을 도로 거두어 들임. (예)사표를 철회하다.

첨가 이미 있는 것에 덧붙임. (반)삭감. 삭제. -하다. 【添加】

첨가물 주로 가공 식품을 만들 때 주된 재료에다 빛깔·맛을 더하고 썩는 것을 막기 위해 넣는 물질.

첨단 ①뾰족한 끝. ②시대·유행 등의 맨 앞장. (예)첨단 과학.

첨단 기술 발전하고 있는 기술 가운데에서도 맨 앞장에 있는 기술.

첨벙 물 속으로 세게 떨어져 들어갈 때 나는 소리. (비)텀벙.

첨부 더 보태거나 덧붙임. -하다.

첨삭 어떤 글에 무엇을 붙이든가 잘라내어 고치는 일. 【添削】

첨성대 신라 선덕여왕 때(647) 만든 천문 관측시설의 하나. 동양에서 가장 오래 된 천문대. 국보 제31호. 경상 북도 경주시 인왕동에 있음. 높이 9m.

[첨성대]

첨예하다[처메하다] 생각·사태 따위가 매우 날카롭다. 서로 위험하게 맞서 있다. (예)이해 관계가 첨예하게 대립되다.

첨지 〔옛말로 성 뒤에 써서〕'나이 많은 남자'를 낮추어 가볍게 부르던 말. (예)김 첨지. 【僉知】

첨탑 지붕 위로 높이 솟은 뾰족한 부분. 【尖塔】

첩[1] 펼치면 기다란 종이가 되는, 여러 겹으로 접어서 만든 책. (예)사진첩을 꺼내보다.

첩[2] 약의 봉지수를 세는 말. (예)보약 한 첩을 지어오다. 【貼】

첩[3] 남자가 자기 처 외에 또 다른 부부 관계를 맺고 사는 여자. (비)소실. (반)본처. 【妾】

첩경 쉽고 빠른 길이나 방법. (예)성공의 첩경은 노력이다. (비)지름길.

첩보 적의 형편을 몰래 살펴 제 편에 알리는 것, 또는 그렇게 얻은 정보. (예)첩보 활동. 【諜報】

첩자 상대방의 내부에 침입하여 비밀을 알아내는 사람. (비)간첩.

첩첩 여러 겹으로 겹침.

첩첩산중 산이 첩첩이 둘러싸인 깊은 산 속. 【疊疊山中】

첫[천] 차례나 시간적으로 맨 앞의. 처음의 (예)첫 시도.

첫걸음 ①목적지를 향하여 맨 처음 내딛는 걸음. ②어떤 일의 시작이나 단계. 첫출발. (예)영어 공부의 첫걸음.

첫날[천날] 어떤 일이 처음 시작되는

날. 어떤 곳에서 맞이하는 첫째 날.

첫날밤[천날빰] 신랑과 신부가 결혼하여 처음으로 함께 지내는 날 밤.

첫눈[1][천눈] 그 해에 처음으로 오는 눈.

첫눈[2][천눈] 무엇을 처음 보았을 때의 느낌이나 인상. (예)첫눈에 반하다.

첫돌[천똘] ①아기가 태어나서 처음 맞는 생일. ②어떤 일이 일어난 후 일 년이 되는 날. (예)개업 첫돌 기념 행사. ×첫돐.

첫마디 맨 처음에 하는 한 마디의 말.

첫머리 어떤 일이 시작되는 맨앞 부분. (예)글의 첫머리. [반]끝머리.

첫발[천빨] 처음으로 내딛는 발걸음. (예)사회인으로서의 첫발을 내디디다.

첫사랑[천싸랑] 처음으로 느끼거나 한 사랑.

첫새벽 날이 밝기 시작하는 이른 새벽. 동틀 때.

첫소리 말을 할 때 처음 내는 소리. '말'에서 'ㅁ' 소리 따위. [비]초성.

첫인사[처딘사] 사람을 새로 만나서 처음으로 하는 인사. [반]끝인사.

첫인상[처딘상] 첫눈에 뜨이는 인상. 첫눈에 느낀 인상.

첫째 ①으뜸. 제일. ②맨 처음의 차례.

첫해[처태] 어떤 일을 시작한 맨 처음 해.

청 무슨 일을 하여 주기를 남에게 부탁함. [비]부탁. -하다. 【請】

청:각 귀로 소리를 듣는 감각.

청각 장애인 소리를 느끼는 감각에 이상이 있는 사람.

청개구리 등은 초록색이고 배는 희며 다리에는 갈색 무늬가 있는 개구리. 환경에 따라 몸빛이 바뀌는 보호색을 지님. 비가 오려고 할 때 나뭇가지 같은 데서 욺.

[청개구리]

청결 맑고 깨끗함. (예)청결한 교실. [반]불결. -하다.

청과물 신선한 과일과 채소.

청구 무엇을 내놓거나 주기를 요구함. (예)신문 대금을 청구하다. -하다. 【請求】

청구권 어떤 사건으로 손해를 입은 사람이 손해를 입힌 상대방에게 법률이 정하는 바에 의하여 배상을 청구할 수 있는 권리〔손해 배상 청구권·형사 보상 청구권 따위〕.

청구도 조선 순조때 김정호가 만든 조선 지도. 세로와 가로줄을 전문으로 넣어서 만든 신식 지도임. (본)청구 선풍도. 【青邱圖】

청구서 청구하는 내용을 적은 문서나 쪽지. 【請求書】

청구영언〖책명〗 1728년에 김천택이 시조 약 1,000수를 모아 엮어 놓은 책. 우리 나라 최초의 시조집으로, 〈해동가요〉〈가곡 원류〉와 함께 3대 시조집으로 불림. 【青邱永言】

청국장 푹 삶은 콩을 띄워서 만든 된장의 한 가지, 또는 그것으로 끓인 찌개.

청군 운동 경기 등에서, 여러 편으로 갈라 겨룰 때, 푸른 빛깔을 상징으로 쓰는 편. [반]백군.

청나라 중국 최후의 왕국(1616～1912) 명나라를 멸망시킨 만주족이 세운 나라. 1636년에 나라 이름을 청이라 고침.

청년 젊은 사람. 특히 남자를 말함. [비]청춘. 젊은이. 【青年】

청동 구리와 주석을 녹여서 만든 쇠붙이. (예)청동 불상. 【青銅】

청동기 옛 유물인, 청동으로 만든 기구. 【青銅器】

청동기 시대 석기와 철기의 중간 시대. 청동으로 연모를 만들어 썼음.

ㅊ

청둥오리 물오리. 추운 지방에서 번식하고 가을에 우리 나라에 내려와 겨울을 지내는 철새.

청량[청냥] 맑고 서늘함. ㊎청량 음료. -하다. 【淸凉】

청량 음료 대개 탄산을 섞어 맛이 시원하고 상쾌한 기분을 느끼도록 만든 찬 음료수〔사이다·콜라 따위〕. 【淸凉飮料】

청력[청녁] 귀로 소리를 듣는 능력.

청렴 결백[청념결백] 욕심이 없고 마음이 깨끗함. -하다.

청렴하다 마음이 깨끗하고 헛된 욕심이 없다.

청록색 녹색과 파란색의 중간 색깔. 청록.

청록파 시인 박두진·박목월·조지훈을 함께 이르는 말. 이들이 1946년에 함께 낸 시집인 '청록집'에서 붙여진 이름임. 【靑鹿派】

청룡[청뇽] 빛깔이 푸른 용. 【靑龍】

청명 이십사 절기의 하나. 춘분과 곡우 사이로, 4월 5, 6일경. 이 무렵에 맑은 봄날씨가 시작된다고 함. 【淸明】

청명하다 날씨가 맑고 밝다. ㊎청명한 가을 하늘.

청문회 의회에서 어떤 중요한 일에 관하여 그에 관련된 사람에게 묻고 그에 필요한 증언을 듣는 모임. 【聽聞會】

청바지 두껍고 질긴 면으로 된 청색 바지. 비블루진.

청백리[청뱅니] 부정이 없는 아주 결백한 관리. 【淸白吏】

청빈하다 욕심이 없어 가난하지만 깨끗하다. ㊎청빈한 선비.

청사[1] 관청의 사무실로 되어 있는 건물. ㊎정부 종합 청사. 【廳舍】

청사[2] 역사를 기록. ㊎청사에 길이 남을 이름. 【靑史】

청사진 ①선·글자·물체의 모양 등이 청색 바탕에 흰색으로 나타나도록 한 도면. 건물이나 기계의 설계도를 여러 장 만들어 쓸때 이용함. ②설계도. 미래도. 본청색 사진.

[청사초롱]

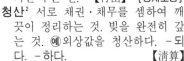

청사초롱 몸체는 푸른 천으로, 위아래는 붉은 천으로 꾸며서 달아 놓거나 들고 다니는 등.

청산[1] 나무와 수풀이 우거진 푸른 산. 【靑山】

청산[2] 서로 채권·채무를 셈하여 깨끗이 정리하는 것. 빚을 완전히 갚는 것. ㊎외상값을 청산하다. -되다. -하다. 【淸算】

청산리 대첩[청살리대첩] 1920년 만주의 청산리에서 김좌진 장군이 이끄는 독립군이 일본군을 크게 무찌른 싸움. 【靑山里大捷】

청산 유수 막힘 없이 말을 썩 잘함을 비유하여 이르는 말.

청산하다 셈이나 빚 따위를 깨끗이 정리하다.

청색 푸른 빛깔. 【靑色】

청설모 다람쥐보다 훨씬 크고 짙은 갈색의 털이 나 있으며, 잣·도토리 등을 먹고 가을에는 겨울에 먹을 것을 숨겨두는, 나무 위에서 사는 동물.

청소 더러운 것을 없애어 깨끗하게 함. -하다. 【淸掃】

청소기 전동기의 힘으로 바닥의 먼지를 빨아들이는 청소 기계.

청소년 청년과 소년. 젊은이. ㊎청소년은 국가의 기둥이다. 【靑少年】

청소부[1] 청소하는 일을 직업으로 하는 남자. 【淸掃夫】

청소부[2] 청소하는 일을 직업으로 하는 여자. 【淸掃婦】

청소차 쓰레기를 모아서 실어 가는 차. 【淸掃車】

청소함 비·걸레·양동이 등의 청소 용구를 넣어 두는 상자.

청순 깨끗하고 순박하거나 순수함. ㉠청순한 아가씨. -하다.
청승 어렵고 궁한 상태, 또는 궁상스럽고 처량한 태도. -스럽다.
청심환 심경의 열을 푸는 데 쓰는 알약. 【淸心丸】
청아하다 맑고 아담하여 속되지 않다. ㉠청아한 얼굴.
청약 공개적으로 모집하는 아파트나 증권 따위를 사겠다고 계약하는 것. ㉠아파트 청약. -하다.
청어 몸은 길고 납작하며 등은 짙은 푸른색이고, 배와 몸 옆구리는 하얀, 맛좋은 바닷물고기. 【靑魚】
청와대 우리 나라 대통령이 살면서 사무를 보는 곳. 예전에는 '경무대'라고 불렀음 【靑瓦臺】
청운교 경주 불국사의 대웅전으로 올라가는 돌층계의 아랫부분.
청원 ①원하고 바람. ②어떤 손해를 구제하거나 일의 허가 따위를 내주기를 관공서나 공공 단체에 청구하는 일. -하다. 【請願】
청음 맑고 깨끗한 음성. ㉥탁음.
청일 전쟁 청나라와 일본과의 사이에서 벌어진 전쟁(1894~1895). 이 전쟁의 결과 일본은 우리 땅에서 청나라의 세력을 쫓아 내고 우리 나라 내정에 본격적으로 간섭하게 되었음. 【淸日戰爭】
청자 철분을 함유한 청록색, 또는 담황색의 유약을 입힌 자기. ㉠고려 청자. 【靑瓷】
청장년 주로 20대에서 40대까지의 청년과 장년. 【靑壯年】
청정 맑고 깨끗함, 또는 깨끗하여 더러움이 없음. ㉠청정 수역.
청주[1]〖지명〗 충청 북도 중앙에 있는 도시. 도청 소재지로, 섬유·전자·식품 공업이 발달했음. 【淸州】
청주[2] 잘 익은 탁주를 가라 앉히고 위에서 떠낸 맑은 술. 【淸酒】
청:중 강연·설교·음악 등을 듣는 사람들. 【聽衆】
청진〖지명〗 함경 북도의 북동쪽에 있는 항구 도시. 도청 소재지로, 제철·제강 공업이 발달했음. 【淸津】
청진기 환자의 가슴과 뱃속에서 나는 소리를 듣는 진찰 기구.
청천 푸른 하늘. 【靑天】
청천강 평안 북도·남도 사이를 흐르는 강. 옛 이름은 살수. 길이 199km. 【淸川江】
청천 벽력 ①맑게 갠 하늘에서 치는 벼락. ②뜻밖에 일어난 사변이나 타격. 【靑天霹靂】
청첩장 경사스러운 일이 있을 때 남을 청하는 편지. ㊜청첩.
청초 깨끗하고 고움. ㉠청초한 아침 이슬. -하다. -히. 【淸楚】
청춘 ①한창 젊은 스무 살 전후의 젊은이. ②만물이 푸른 '봄'을 이르는 말. 【靑春】
청:취 ①사정을 자세히 들음. ②라디오 방송을 들음. -하다. 【聽取】
청취자 방송을 듣는 사람. 【聽取者】
청탁 청하여 부탁함, 또는 그 부탁. -하다. 【請託】
청패 속껍질이 푸른빛을 띠고 있는 삿갓 모양의 작은 조개. 자개의 재료로 많이 쓰임.
청포 물에 불린 녹두를 갈아서 가라앉힌 것을 말린 가루로 쑨 묵. 녹말묵. 【淸泡】
청포도 다 익은 뒤의 빛깔이 연한 풀빛인 포도.
청풍 부드럽고 맑게 부는 바람.
청하다 ①일을 남에게 부탁하다. ②잠이 들도록 애쓰다. ㉠잠을 청하다. ③남을 오라고 부르다. ㉠잔치에 손님을 청하다.
청해진〖지명〗 신라 시대에 장보고가 전라 남도 완도에 설치했던 해군 군사 기지. 【靑海鎭】

청혼 결혼하기를 청함. (비)구혼. －하다. 【請婚】

청화 백자 흰 바탕에 푸른색 무늬를 넣어 구운 자기.

체[1] 가루를 곱게 쳐 내거나 액체를 거르는 데 쓰는 도구.

[체[1]]

체[2] 먹은 것이 잘 삭지 아니하고 위 속에 답답하게 처져 있음. (본)체증. －하다.

체[3] 그럴 듯하게 꾸미는 거짓 태도. (예)잘난 체하다. －하다.

체감 온도 사람의 몸으로 느끼는 추위·더위의 온도. 기온·습도·풍속 등에 영향을 받음.

체격 몸의 생김새나 뼈대.

체결 ①계약이나 조약 등을 맺음. (예)국제 조약이 체결되다. ②얽어서 맴. －하다. 【締結】

체계 낱낱의 것을 계통이 서게 통일한 조직. 【體系】

체계적 체계를 이루는 것. (예)체계적으로 설명하다. 【體系的】

체구 몸의 크기. (예)그는 체구가 크다. (비)덩치. 몸집. 【體軀】

체급 권투·레슬링 등에서 선수의 몸무게에 따라 매긴 등급.

체내 몸의 안. (예)음식은 체내에서 소화되고 흡수된다. (반)체외.

체념 희망을 버리고 생각지 않음. (비)단념. －하다. 【諦念】

체능 어떤 일을 해낼 만한 몸의 능력. 【體能】

체득 ①몸소 체험하여 얻음. ②체험하여 진리를 터득함. (비)단념. －하다. 【體得】

체력 몸의 힘. 몸의 작업 능력. (예)체력은 국력. 【體力】

체력장 중학생과 고등 학교 학생을 대상으로 실시하는 종합적 체력 측정. 【體力章】

체류 집을 떠나 다른 곳에서 오래 머물러 있는 것. －하다.

체르노빌〖지명〗 우크라이나의 수도 키예프시의 북쪽에 있는 도시. 1986년 4월에 원자력 발전소에서 불이 나면서 방사능이 밖으로 새어 나오는 큰 사고가 있었음. 【Chernobyl】

체면 남을 대하는 얼굴. (비)면목. 체모. (준)면. 【體面】

체벌 몸에 직접 고통을 주는 벌. －하다. 【體罰】

체신부 우리 나라 행정 각 부의 하나. 우편·전신·전화 등에 관한 일을 맡아 봄. 정보 통신부로 바뀜.

체액 몸 속에 있는 여러 가지 액체.

체온 몸의 온도. 【體溫】

체온계 몸의 온도를 재는 데 쓰는 기구. (비)체온기.

[체온계]

체위 ①몸의 튼튼하고 약한 정도. (예)학생들의 체위가 과거에 비해 크게 향상되었다. ②몸의 자세.

체육 몸을 튼튼히 하기 위한 교육. (예)체육 대회. 【體育】

체육관 여러 사람이 모여서 체조나 경기 등을 할 수 있게 만든 건물.

체육복 운동을 할 때 입는 간편한 옷. (비)운동복. 【體育服】

체육회 체육의 발전과 향상을 위하여 조직된 단체. (예)대한 체육회.

체인 ①쇠사슬. (예)자동차 바퀴에 체인을 감다. ②'체인점'의 준말. 【chain】

체인점 한 회사에서 상표, 운영 방식, 상품 등을 통일하여 여러 곳에 가게를 두어 장사를 하는 방식, 또는 그런 가게의 하나. (비)연쇄점. (준)체인. 【chain 店】

체전 ①체육 제전. ②'전국 체육대회'를 달리 이르는 말. 【體典】

체제 사회적인 제도나 조직이 이루어진 짜임새. (예)사회 체제.

체조 몸을 튼튼히 하기 위하여 일정한 규칙에 따라 하는 운동. (예)기계 체조. -하다. 【體操】

체중 몸의 무게. (비)몸무게.

체중계 몸무게를 재는 데 쓰는 저울.

체증 ①체하여 소화가 잘 안 되는 증세. ②뚫리지 않고 막힌 상태. (예)교통 체증. 【滯症】

체질 타고난 몸의 바탕. 몸의 성질. (예)체질이 허약하다. 【體質】

체취 ①몸에서 나는 냄새. 살내. ②어떤 개인이나 집단이 풍기는 독특한 느낌. (예)서민적인 체취가 풍기는 재래 시장. 【體臭】

체코슬로바키아〖나라〗 동부 유럽에 있는 나라. 사탕무의 수출은 세계 2위를 차지하며, 철제·유리 공업도 발달했음. 수도는 프라하.

체크[1] 바둑판 모양의 무늬, 또는 그런 무늬가 있는 옷감. 【check】

체크[2] 검사하거나 대조하는 것, 또는 그 표시로 찍는 표. -되다. -하다. 【check】

체통 〔지위나 신분에 알맞은 체면이란 뜻으로〕 점잖은 체면을 이르는 말. (예)체통을 지키다. 【體統】

체포 죄인을 쫓아가서 잡음. (예)범인을 체포하다. -하다. 【逮捕】

체하다[1] 먹은 음식이 잘 삭지 않고 위 속에 답답하게 처져 있다. (비)얹히다.

체하다[2] 그럴듯하게 거짓으로 꾸미는 태도가 있다. (예)잘난 체하다. 못 본 체하다. (비)척하다.

체험 직접 겪은 일. (비)경험. -하다.

체험담 직접 겪은 일의 이야기. (비)경험담. 【體驗談】

체험 학습 직접 겪으면서 배우는 것. (예)농장에서 체험 학습을 하다.

체형[1] 체격을 모양에 따라 몇 가지로 나눈 꼴. (예)그는 체형이 크다. 【體型】

체형[2] 사람의 몸에 직접 고통을 주는 형벌. 【體刑】

[첼로]

첼레스타 피아노와 비슷하게 생겼으며 건반을 때려서 소리를 내는, 타악기와 건반악기를 겸한 악기.

첼로 바이올린과 비슷하나 좀더 크며 낮은 음을 내는 서양 현악기. 줄이 4개임. 【cello】

쳇[첻] 못마땅하거나 아니꼬아서 내는 소리.

쳐내다 ①더러운 것들을 모아서 한 곳으로 옮기다. ②힘껏쳐서 멀리 보내다. (예)야구공을 쳐내다.

쳐:다보다 얼굴을 들고 치떠보다. (본)치어다보다.

쳐:들다(쳐드니, 쳐드오) 들어올리다. (예)고개를 쳐들다.

쳐들어가다[처드러가다] 공격하여 들어가다. (예)힘을 합쳐 쳐들어가다.

쳐들어오다[처드러오다] 공격하여 오다. (예)적이 쳐들어오다.

쳐부수다 공격하여 완전히 지게 하다. (예)적을 쳐부수다.

쳐올리다 위로 세게 들어 올리다. (예)공을 높이 쳐올리다.

ㅊ

초[1] 불을 켜는 데 쓰는 물건.

초[2] 신맛이 나는 조미료. 식초. 【醋】

초[3] 시간 단위의 한 가지. 1분을 60 등분한 시간. 【秒】

초[4] 처음 무렵. (예)학년 초. (반)말. 【初】

초가을 이른 가을. (반)늦가을.

[초가집]

초가집 볏짚·밀짚 등으로 이엉을 엮어 지붕을 이은 집.

초겨울 겨울이 시작되는 무렵. (반)늦겨울.

초고 나중에 잘 고쳐 쓰기로 하고 대강 쓴 원고. 【草稿】

초고속 엄청나게 빠른 속도. ㉔초고속 통신망. 【超高速】
초고추장 식초를 섞어 넣은 묽은 고추장. 초장.
초과 일정한 수를 넘음. 또는 예정한 것보다 지나침. ㉔목표 달성을 초과하다. ㉡미달. 미만. -하다.
초급 가장 낮거나 처음인 등급. 또는 그 단계. ㉔초급 영어. 【初級】
초기 맨 처음으로 시작되는 때나 그 동안. ㉡말기. 【初期】
초년 ①일생을 시작하는 시기. ㉔초년에 고생을 하다. ②여러 해 걸리는 어떤 일의 처음 시기. ㉔입사 초년에는 고생이 심하다. ㉡만년. 【初年】
초능력 현재의 과학적 지식으로는 설명하기 어렵다고 일반적으로 생각되고 있는, 기묘한 현상을 일으키는 능력. 【超能力】
초대[1] 지위를 이어 나가는 차례에서 첫번째 사람. 또는 그 사람의 시대. ㉔초대 학생 회장. 【初代】
초대[2] 사람을 불러서 대접함. ㉔생일 초대를 받다. ㉥초청. 【招待】
초대권 공연장이나 극장에 오도록 초대하는 표.
초대장[초대짱] 초대하는 뜻을 적은 편지. ㉔결혼 초대장.
초등 차례를 따라 나눈 여러 등급에서 맨 처음 등급. 【初等】
초등 학교 학교 교육의 맨 처음 단계로서 초보적·기초적인 교육. 6년동안 생활에 필요한 기초지식을 배움. 의무 교육임.
초등 학생 초등 학교에 다니는 학생.
초라하다 겉모양이 허술하여 보잘것없다.
초래 불러옴. 어떤 결과가 오게 함. ㉔지나친 욕심은 불행을 초래하기 쉽다. -하다. 【招來】
초례청 옛날에, 결혼식을 올리는 장소. 【醮禮廳】
초로 풀 끝에 맺힌 이슬.
초록불 교통 신호의 하나로, 초록빛이 나는 불빛. ㉥파란불.
초록빛 푸른 빛깔과 누른 빛깔의 중간 빛. 풀빛. 초록색. ㉾초록.
초록색 짙은 풀의 빛깔과 같은 색. 초록. ㉥풀빛. 초록빛.
초롱 대·쇠 등으로 테를 만들고 비단이나 종이를 씌워 불을 켜는 등. ㉔청사 초롱.
초롱불 초롱에 켜 놓은 불.
초롱초롱 눈에 졸리운 기가 없이 맑고 영롱하게 빛나는 모양. -하다.
초만원[초마눤] 정원을 많이 초과한 상태. ㉔출근 시간의 지하철은 초만원이다. 【超滿員】
초면 처음으로 대하는 얼굴이나 처지. ㉡구면. 【初面】
초목 풀과 나무. 【草木】
초반 바둑·장기·운동 경기 따위에서 승부의 첫 단계. ㉔초반에 결판내다. ㉡종반. 【初盤】
초밥 식초·설탕·소금 따위로 간을 한 밥을 김·생선·유부 등에 싸서 만든 일본 음식.
초벌 한 물건에 같은 일을 되풀이할 때에 맨 첫번으로 하는 차례. ㉔건물에 초벌 페인트칠을 하다. ㉥애벌.
초벌구이 도자기를 초벌(첫번) 굽는 일. ㉥애벌구이.
초보 학문·기술 등을 배우는 가장 낮고 쉬운 정도의 단계. ㉔초보 운전자. 【初步】
초보자 처음으로 시작하거나 배우는 사람. 【初步者】
초복 여름철의 가장 더운 때인 삼복의 첫 번째 복날. 【初伏】
초본 원본 내용에서 필요한 일부분만을 베끼거나 발췌한 문서. ㉔주민 등록 초본. 【抄本】

초봄 봄철이 시작되는 무렵. 반늦봄.
초빙 예를 갖춰 불러 맞아 들임. 예교수를 초빙하여 연설을 듣다. -하다. 【招聘】
초사흘 그 달의 셋째 날. 초삼일. 본초사흗날.
초상 사람이 죽어서 장사 지낼 때까지의 동안. 【初喪】
초상집 초상이 난 집.
초상화 사람의 얼굴이나 모습을 그린 그림. 【肖像畵】
초서 흘려 쓴 한자 글씨. 【草書】
초석 ①건물의 기초가 되는 돌. ②어떤 일의 기초. 예나라의 초석이 되다. 비주춧돌. 【礎石】
초성 첫소리. 반종성. 【初聲】
초소 보초가 서 있는 곳이나, 경계하는 이가 근무하는 시설. 예경비 초소. 방범 초소. 【哨所】
초속 1초 동안에 간 거리를 나타낸 속도. 【初速】
초순 초하루부터 초열흘까지의 동안. 비상순. 반하순. 【初旬】
초승달 초순에 돋는, 눈썹처럼 가는 조각달.
초시 ①옛날에, 과거의 첫 시험. 예초시에 합격하다. ②옛날에, 과거의 첫 시험에 합격한 사람. 【初試】
초시계 초를 재는 시계. 【秒時計】
초식 풀만 먹는 것. 예코끼리는 초식 동물이다. 반육식. 【草食】
초식 동물 풀을 먹고 사는 동물을 통틀어 이르는 말〔소·말·기린·사슴 따위〕. 【草食動物】
초식성 식물을 먹고 사는 성질. 【草食性】
초안 어떤 글을 짓기 위해 줄거리를 짠 글. 예연설문의 초안을 잡다. -하다. 【草案】
초야 멀리 떨어진 시골. 예초야에 묻혀 살다. 【草野】
초 여름 여름이 시작되는 첫 무렵. 반늦여름.
초엽 한 시대를 셋으로 갈랐을 때 맨 처음의 기간. 예고려 초엽.
초옥 풀로 이엉을 엮어 지붕을 이은 집. 초가집. 【草屋】
초원 풀이 자라는 넓은 평지.
초월 어떤 한계를 넘음.
초음파 진동이 너무 빠르기 때문에 사람의 귀에는 들리지 않는 음파.
초인 보통 인간의 능력을 뛰어 넘은 사람. 【超人】
초인적 보통 사람으로서는 할 수 없을 만큼 뛰어남. 예초인적인 인내심. 【超人的】
초인종 사람을 부르는 신호로 울리는 종. 【招人鐘】
초장[1] 3장으로 된 시조에 있어 첫째 장. 【初章】
초장[2] 식초를 타서 양념한 간장이나 고추장. 【醋醬】
초저녁 날이 어두워진 지 얼마되지 않은 때. 이른 저녁.
초점[초쩜] ①사물의 가장 중요한 곳. ②빛이 한 곳에 모이는 점.
초정〖지명〗 충청 북도에 있는 지방으로, 세종 대왕이 눈병을 치료하였다는 약수터가 있음. 【椒井】
초조 불안하거나 애를 태우며 마음을 졸임. 예초조한 마음. 반태연. -하다. -히. 【焦燥】
초지일관 처음에 세운 뜻을 이루려고 끝까지 밀고 나가는 것.
초지진 조선 시대 강화도 남쪽에서 한강 어귀 쪽으로 올라 오는 수로에 있던 해안 경비 진지. 신미양요 때 미국 해병대와 접전한 곳임. 바다를 지키던 포대를 말함. 【草芝鎭】
초창기 어떤 것이 시작된 처음의 시기. 【草創期】
초청 청하여 부름. 비초대. 초빙. -하다. 【招請】
초청장 초청하는 뜻을 적은 정식 편지. 【招請狀】

초췌하다 고생이나 병으로 몹시 피로하고 얼굴색이 좋지 못하다.

초침 초를 나타내는 시계 바늘.

초콜릿 코코아 가루에 설탕·향료·우유를 넣어서 굳힌 서양 과자의 한 가지. ×초코렛. 【chocolate】

초크 헝겊에 바느질선이나 자르는 선을 표시하는데 쓰는 분필류의 한 가지. 【chalk】

초파리 과일이나 발효된 식물성 음식에 모여들며 날아다니는 작은 검정색 곤충.

초파일 부처가 태어난 것을 기념하는 날. 음력 4월 8일.

초판 어떤 책이 인쇄되어 첫 번째 나온 판. 【初版】

초하루 그 달의 첫째 날. 반그믐. 말일. 본초하룻날.

초행 처음 감, 또는 그 길. 첫 길. -하다. 【初行】

촉[1] 전구가 내는 빛의 밝기를 나타내는 말. 예 60촉짜리 전구. 【燭】

촉[2] 긴 물건의 끝에 박혀있는 단단하고 뾰족한 부분. 예 대나무에 촉을 달아 무기로 사용하다. 【鏃】

촉각[1] 먹이를 찾거나 냄새를 맡고, 적을 막는 데에 쓰이는 절지 동물의 머리에 있는 감각 기관. 더듬이. 【觸角】

촉각[2] 살갗이 외부의 사물에 닿는 것을 느끼는 감각. 비감촉. 【觸覺】

촉감 살갗에 닿는 느낌. 손끝으로 만져 본 느낌. 【觸感】

촉구 꼭 할 일이나 책임 질 일을 빨리 하라고 요청하는 것. 예 대책을 촉구하다. -하다. 【促求】

촉망[총망] 잘 되기를 바라고 기대하는 것. 예 장래가 촉망되는 청년.

촉매[총매] 화학 반응에서, 그 자체는 아무런 변화를 일으키지 않으나 다른 물질이 변화를 일으키게 하는 물질. 예 촉매 작용. 【觸媒】

촉박 어떤 정한 날짜나 시간이 바짝 다가와서 매우 급함. -하다.

촉석루 경상남도 진주시 본성동에 있는 누각. 우리 나라의 3대 누각의 하나.

[촉석루]

촉수 말미잘·해파리·멍게 따위와 같은 하등 동물의 촉각을 맡고 먹이를 잡는 일을 하는 기관.

촉진 재촉하여 빨리 진행하도록 함. -하다. 【促進】

촉촉 물기가 배어 젖어 있는 상태. <축축.

촉촉이[촉초기] 물기가 스며들게. 예 봄비가 촉촉이 내리다. <축축이. ×촉촉히.

촉촉하다[촉초카다] 조금 젖은 듯이 물기가 있다. <축축하다. 촉촉히.

촌:[1] 도시에서 멀리 떨어진 시골의 마을. 비시골. 【村】

촌:[2] 친척의 멀고 가까운 관계를 나타내는 말. 예 4촌 형제. 5촌 당숙. 【寸】

촌:뜨기 시골에 살아서 도시 사람처럼 세련되지 못한 사람을 낮추어 이르는 말. 비시골뜨기.

촌:락[촐락] 시골의 작은 마을. 비부락. 반도시. 【村落】

촌:수[촌쑤] 친족간의 멀고 가까운 관계를 나타내는 수. 【寸數】

촌:스럽다 취미·말씨·행동 따위가 시골 사람 같아서 세련되지 못하다.

촌:음 몹시 짧은 시간. 【寸陰】

촌:장 〔이전말로〕한 마을의 우두머리. 【村長】

촌:지 정성을 드러내기 위하여 주는 적은 액수의 돈이나 물건. 【寸志】

촌:충 작은창자에서 기생하는 기생

충의 한 가지. 몸이 납작하고 길어서 1m로부터 10m에 이르는 것도 있고 많은 마디가 있음. 【寸蟲】

촌:티 촌스러운 태도. 촌스럽다는 인상. ㉺촌티가 나다.

촐랑거리다 조심스럽지 못하고 계속 하여 까불다. ㉥촐랑대다.

촘촘하다 빽빽하고 빈틈이 없다. 촘촘히.

촛농[촌농] 초가 탈 때에 녹아서 흘러 내려 굳은 것.

촛대[초때] 초를 꽂아 세우는 기구.

촛불[초뿔] 초에 켠 불.

총[1] 사냥할 때나 싸움에서 쓰는 비교적 작은 무기. 【銃】

총:[2] '온통 한데 모아서' 등의 뜻을 나타내는 말. ㉺학급 문고가 총 50권이다. 【總】

총:각 장가들 나이에 아직 장가들지 않은 남자. ㉯처녀.

총:각김치 총각무로 담근 김치의 한 가지.

총:각무 무청이 달린 채로 김치를 담그는, 뿌리의 밑동이 윗부분보다 굵은 작은 무.

총격 총을 쏘는 공격. ㉺총격을 받고 배가 침몰하다. -하다.

총격전 총으로 벌이는 싸움.

총:계 한데 통틀어서 계산함, 또는 그 계산. ㉥합계. ㉯소계. -하다.

총:공격 모두가 한꺼번에 힘을 합하여 쳐들어감. -하다.

총:괄 여러 가지를 한데로 모아서 뭉침. ㉥종합. -하다.

총구 총에서 총알이 나가는 구멍. ㉥총구멍. 【銃口】

총기[1] 총명한 기운. ㉺눈에 총기가 가득하다. 【聰氣】

총기[2] 소총이나 권총 따위의 무기. ㉺총기 불법 소지를 금하다.【銃器】

총:독 남의 나라를 빼앗아 그 나라를 다스리는 우두머리.

총:독부 빼앗은 나라를 다스리고 그 땅에 세운 관청. ㉺조선 총독부.

총:동원 관련된 모든 사람을 한 곳에 모이게 하는 것. -되다. -하다. 【總動員】

총:력[총녁] 어떤 집단이 가지는 모든 힘. ㉺수출 증대에 총력을 기울이다. 【總力】

총:력 안보 나라의 모든 힘을 국가의 안전 보장에 쏟음. 국민 모두가 국방에 힘씀.

총:리[총니] ①국무 위원의 우두머리가 되는 관직. 국무 총리. ②전체를 모두 관리함. ③지난날의 '내각 총리 대신'의 준말.

총:면적 어떤 곳 전체의 넓이.

총명 ①영리하고 재주가 있음. ㉯우둔. ②보고 들은 것에 대한 기억력이 좋음. ㉺머리가 총명하다. -하다. 【聰明】

총:무 어떤 기관이나 단체에서 전체를 다 다루는 사무를 맡은 사람.

총:무처 나라 안의 모든 행정 사무를 전체적으로 맡아 보는 중앙 행정부 기관의 하나.

총:본부 전체를 다 다루는 본부. ㉾총부. 【總本部】

총부리[총뿌리] 총의 탄알을 내쏘게 된 주둥이 부분. ㉥총구.

총:사령관 전체의 군대를 이끌어 나가는 제일 높은 군인.

총살 죄인을 총으로 쏘아 죽임. ㉥총살형. -되다. -하다. 【銃殺】

총상 총에 맞아 다친 상처, 또는 그 부상. 【銃傷】

총:생산 일정 기간에 생산된 모든 가치를 돈으로 계산한 수치. ㉺국내 총생산이 증가하다.

총:선거 국회 의원 전체를 한꺼번에 뽑는 선거. ㉾총선. -하다.

총성 총소리. 총알이 발사될 때 나는 소리. 【銃聲】

총:수입 모든 수입을 합친 금액.
총알 총에 재어 쏘아 내보내는 탄알. 비총탄.
총:애 남달리 귀엽게 여겨 사랑함. -하다. 【寵愛】
총:액 모두를 합한 액수. 【總額】
총:연습 통틀어서 하는 연습. 예체육 대회 총연습. -하다.
총:영사[총녕사] 영사 중에서 가장 높은 관직. 총영사관의 우두머리가 되는 외교관.
총:원 전체의 인원. 총인원.
총:인구 한 지역에 사는 모든 인구. 【總人口】
총:인원 어떤 단체나 모임에 속한 모든 사람. 【總人員】
총:장 종합 대학의 최고 책임자. 예서울 대학교 총장.
총:재 사무를 총괄하여 결재하는 일, 또는 단체나 기관의 최고의 자리에 있는 사람.
총:점[총쩜] 전체의 점수.
총:정리[총정니] 어떤 내용을 모두 모아서 요약하여 전체를 쉽게 알 수 있게 차례에 따라 늘어 놓은 것. -하다. 【總整理】
총채 여러 가닥의 끈이나 천 따위의 한 끝을 뭉쳐서 자루에 붙들어 매어 만든, 먼지를 터는 데에 쓰는 도구. 비먼지떨이.
총총[1] 일이 매우 급하고 바쁜 모양. 예총총걸음. **총총히**.
총총[2] 많은 것이 빽빽이 들어선 모양. -하다. -히.
총총거리다 발걸음을 매우 빠르게 하여 걷다. 여종종거리다.
총총걸음 서둘러 빨리 걷는 걸음. 여종종걸음.
총총히 매우 급히. 매우 바삐. 예총총히 사라지다.
총:칭 비슷한 것들의 전부를 통틀어 부르는 이름. -하다.
총칼 ①총과 칼. 무기. 예총칼로 힘없는 민중을 짓밟다. ②무력. 예일제는 총칼을 앞세워 우리 민족을 괴롭혔다.
총탄 총에서 화약의 폭발하는 힘으로 나가는 끝이 뾰족한 작은 쇳덩이. 비총알. 탄환. 【銃彈】
총:통 ①총괄하여 거느리고 다스림. ②자유 중국의 최고 관직.
총:화 전체의 수나 양을 합함, 또는 의사를 합함. 예국민의 총화단결로 경제 발전을 이룩하자. 비총계. -하다. 【總和】
총:회 어떤 기관이나 단체에 회원 전체가 모이는 모임. 예주주 총회.
촬영 사진이나 영화를 찍음. 예영화 촬영. -하다. 【撮影】
최:강 실력이나 힘이 가장 셈. 예우리나라 양궁은 세계 최강이다. 【最強】
최:고[1] 가장 오래 됨. 예최고의 문화. 반최신. 【最古】
최:고[2] ①가장 높음. 예엄마가 최고야. ②가장 나음. 좋음. 예최고 점수. 반최저. 최하. 【最高】
최:고급 가장 높은 등급. 으뜸가는 고급. 예최고급 시계.
최:고봉 ①가장 높은 봉우리. ②어떤 분야에서 '가장 뛰어난 사람'을 비유하며 이르는 말.
최:고조 어떠한 상태가 가장 높은 정도에 이른 상태. 예관객의 긴장 상태가 최고조에 이르다.
최:근 ①가장 가까움. ②얼마 안되는 지난간 날. 비요즘. 【最近】
최남선〖사람〗[1890~1957] 문필가이며 역사학자·문학가. 호는 육당. 신문학 운동의 선구자로 잡지 〈소년〉〈샛별〉〈청춘〉 등을 간행하였고, 독립 선언문의 초안을 썼음. 최초의 신체시 〈해에게서 소년에게〉를 발표함. 【崔南善】
최:다 가장 많은 것. 예최다 득점.

반최소. 【最多】

최ː단 가장 짧음. 예최단 거리. 반최장. 【最短】

최ː대 가장 큼. 반최소. 【最大】

최ː대 공약수 공약수 가운데 가장 큰 수. 반최소 공배수.

최ː대한 가장 크거나 많은 한도. 예개성을 최대한 살린 작품. 반최소한. 【最大限】

최ː댓값[최대깝] 가장 큰 값. 비최대치. 반최솟값.

최루탄 눈물샘을 자극하여 눈물이 나오도록 하는 최루가스를 넣은 탄환.

최면술 암시나 명령으로 잠이오게 하는 술법. 병이나 나쁜 버릇을 치료함. 【催眠術】

최무선〖사람〗[?~1395] 고려 말기의 장군. 왜구를 토벌하는 데 큰 공을 세웠음. 특히 화약을 이용한 새로운 무기인 화통과 화포를 만들어 왜구의 배 500척을 쳐부수었음. 【崔茂宣】

최ː상 가장 높고 만족스러운 상태. 예최상의 방법. 반최하. 【最上】

최ː상급 가장 높은 등급. 예최상급의 요리로 대접을 받다. 【最上級】

최ː선 ①모든 힘. 예최선을 다하다. 비전력. ②가장 좋거나 훌륭한 것. 예최선의 방법을 선택하다. 반최악. 【最善】

최세진〖사람〗[?1473~1542] 조선 중종 때의 학자이며 통역관. 우리말을 깊게 연구하였음. 지금 쓰고 있는 한글 자모의 이름과 순서는 그가 지은 〈훈몽자회〉에서 비롯한 것임. 【崔世診】

최ː소[1] 가장 작음. 반최대. 【最小】

최ː소[2] 가장 적음. 반최다. 【最少】

최ː소공배수 공배수 중 0을 제외한 공배수로서 가장 작은 수. 반최대공약수. 예2, 4, 8의 최소공배수는 16이다.

최ː소한 가장 작거나 낮은 정도. 예최소한의 협조를 바라다. 반최대한. 【最小限】

최ː솟값[최소깝] 가장 작은 값. 비최소치. 반최댓값.

최시형〖사람〗[1827~1898] 조선말 동학의 제2대 교주. 전봉준의 난 이후 동학을 다시 일으키려다 체포되어 처형됨. 【崔時亨】

최ː신 가장 새로움. 예최신 유행. 반최고. 【最新】

최ː신식 가장 새로운 방식. 또는 매우 발전된 방식. 예최신식 컴퓨터.

최ː신형 가장 새로운 모양, 또는 가장 새로운 것. 예최신형 자동차.

최ː악 어떤 조건이나 상태 따위가 가장 나쁨. 반최선. 【最惡】

최영〖사람〗[1316~1388] 고려 말의 장군. 랴오둥 정벌을 주장하다가 이성계와 대립하여 이성계 일파에게 붙잡혀 귀양갔다가 죽음을 당하였음. '황금 보기를 돌같이 하라'는 말을 남겼음. 【崔瑩】

최ː우선 어떤 일을 하는 데 가장 먼저 해야 할 것. 또는 가장 중요한 것. 예건강이 최우선이다.

최ː우수 가장 뛰어남. 가장 우수함. 예최우수상. 【最優秀】

최윤덕〖사람〗[1376~1445] 조선 초기의 장수. 1419년에 수군을 이끌고 대마도를 정벌하였고, 세종 대왕 때에는 강순과 함께 여진족을 정벌하여 압록강을 경계로 4군을 개척하였음. 호는 임곡. 【崔潤德】

최익현〖사람〗[1833~1906] 조선 후기의 학자. 유교의 전통을 굳게 지켜 상투를 자르라는 국법에 반대하였으며, 을사조약에 반대하여 의병을 일으켰음. 호는 면암. 【崔益鉉】

최ː장 가장 긺. 예최장 거리. 반최단. 【最長】

최:저 가장 낮음. ㉠최저 임금. 반최고. 【最低】
최:적 가장 알맞음. ㉠최적의 조건.
최:전방 적과 가장 가까운 전방. 비제일선. 최전선. 【最前方】
최제우〖사람〗[1824~1864] 동학의 창설자. 호는 수운. 천도교 제1대 교주. 서른일곱살에 동학을 창도하였는데, 동학을 전도한 지 5년 만에 세상을 속이고 세상을 어지럽힌다는 죄목으로 체포되어 참형되었음. 【崔濟愚】
최:종 맨 나중. 마지막. ㉠최종 결승.
최:첨단 유행이나 시대 사조에 가장 앞섬. 【最尖端】
최:초 맨 처음. 반최종. 최후.
최충〖사람〗[984~1068] 고려 문종 때의 학자로 '해동 공자'라고 불림. 9재 학당을 세워 많은 제자를 길러 내었음. 호는 성재. 【崔沖】
최충헌〖사람〗[1149~1219] 고려 시대의 무신. 무신간의 싸움에서 최후의 승리자가 되어 정권을 잡고 독재 정치를 실시하였음. 【崔忠獻】
최치원〖사람〗[857~?] 통일 신라 말의 유학자이며 문장가. 호는 고운. 열두 살에 당나라에 건너가 열일곱 살에 그 곳 과거에 합격하고, 한림 학사를 지낸바 있음. 중국 관리로 있으면서 〈토황소격문〉을 지었고, 신라에 돌아와 〈계원필경〉이란 시집을 남겼음. 【崔致遠】
최:하 맨 아래. 반최상. 최고. 【最下】
최항〖사람〗[1409~1474] 조선 4대 세종 대왕 때의 학자이자 정치가. 훈민 정음을 만들 때 공이 많았음. 〈경국 대전〉〈동국통감〉을 지었으며, 호는 동량. 【崔恒】
최현배〖사람〗[1894~1970] 국어학자. 연세 대학교 교수를 지내며 우리 나라 국어 연구와 한글 운동에 크게 이바지하였음. 한글 맞춤법 통일안을 마련하는 데 큰 공헌을 하였으며, 저서로는 〈우리말본〉〈한글길〉〈나라 사랑의 길〉 등이 있음. 호는 외솔. 【崔鉉培】
최:후 맨 마지막. 맨 끝. 비최종. 반최초. 【最後】
최후의 만찬 예수가 십자가에 못박히기 전날 밤에 제자들과 같이 한 저녁 식사.
최후의 심판 크리스트교에서, 세계의 종말에 인류가 신에 의하여 심판을 받는다는 것.
추 저울추처럼 끈에 달려 흔들리게 된 물건. ㉠시계추. 【錘】
추가 나중에 더 넣거나 보탬. -하다. 【追加】
추격 도망가는 적을 뒤쫓아 가면서 공격함. -하다. 【追擊】
추곡 쌀처럼 가을에 거두는 곡식.
추구 목적한 것을 이루고자 끝까지 쫓아 구함. ㉠행복을 추구하다. -하다. 【追求】
추궁 잘못한 일을 엄하게 따짐. 끝까지 따져서 밝힘. -하다.
추기경 천주교에서, 교황의 바로 아래 성직.
추남 보기 흉하게 생긴 남자. 반미남. 【醜男】
추녀[1] 한식 기와집에서, 처마 네귀의 기둥 위에 끝이 위로 들린 큰 서까래, 또는 그 부분의 처마.
추녀[2] 보기 흉하게 생긴 여자. 반미녀. 【醜女】
추다 춤추는 몸짓을 하다. ㉠춤을 추다.
추대 윗사람으로 떠받듦. ㉠회장으로 추대되다. -되다. -하다.
추도 죽은 사람을 생각하여 슬퍼함. 비애도. 추모. -하다.
추락 높은 곳에서 아래로 떨어짐. ㉠형은 비행기 추락으로 사망했다. -하다. 【墜落】

ㅊ

추레하다 옷차림이나 겉모양이 허술하고 단정하지 못하다 ㉵추레한 몰골로 다니는 실업자.

추렴 모임을 위해 돈이나 물건을 여러 사람이 나누어 내는 것. ㉵비용을 추렴하다. ㊉갹출. -하다.

추리 이미 아는 사실을 근거로 아직 모르는 사실을 미루어 알아냄. -하다. 【推理】

추리다 여러 가지 많은 가운데서 골라 뽑아 내다.

추리 소설 여러 증거와 상황을 차근차근 따져서 범죄 사건의 해결 과정을 다룬 소설.

추모 죽은 사람을 생각하고 그리워함. ㉵돌아가신 부모님을 추모하다. -하다. 【追慕】

추모식 죽은 사람을 기념하는 의식.

추방 ①나쁜 것이나 잘못된 것을 그 사회에서 몰아냄. ②쓸모없는 사람을 그 직장이나 직위에서 쫓아 냄. -하다. 【追放】

추분 태양이 적도 위를 직각으로 비추는 날. 양력 9월 20일경이며, 낮과 밤의 길이가 같음. ㊌춘분.

추사체 조선 말기의 명필인 추사 김정희의 독특한 글씨체.

추산 짐작으로 미루어서 계산함, 또는 그 계산. -하다.

추상[1] 지나간 일을 생각하고 그리워함. ㊉추억. 회상. 【追想】

추상[2] 여러 구체적인 사물들에서 공통되는 한 요소를 뽑아 그 전체를 나타내는 생각으로 삼은 것. ㊌구체. 【抽象】

추상적 ①낱낱의 사물에서 공통적인 속성을 뽑아 내어 종합한 것. ②말이나 생각 따위가 현실과 동떨어져 막연한 것. ㉵네 말은 너무 추상적으로 들려서 이해할 수가 없다. 【抽象的】

추상화 사물을 실제 모양으로 그리지 않고 자신의 생각이나 느낌대로 그리는 그림. ㊌구상화. 【抽象畫】

추석 우리 나라 명절의 하나인 음력 8월 15일. 햅쌀로 송편을 빚고 햇과일 등의 음식을 장만하여 차례를 지내고 벌초·성묘 등을 함. ㊉한가위. 중추절. 【秋夕】

추세 일이 어떤 방향으로 계속하여 변하여 나가는 것. ㉵세계화의 추세에 따르다.

추수 가을에 익은 곡식을 거두어 들이는 일. ㊉가을걷이. -하다.

추수 감사절 추수 감사일. 크리스트교 신자들이 1년에 한 번씩 가을 곡식을 거둔 뒤에 하느님께 감사하는 예배를 올리는 날.

추스르다 ①무엇을 가볍게 추켜올리거나 가다듬으려고 흔들다. ㉵들먹이던 어깨를 추스르다 ③일이나 감정을 잘 수습하여 처리하다. ㉵생각을 추슬러 보다. ×추스리다.

추신 편지 등에서 글을 추가할 때 덧붙이는 글의 머리에 쓰는 말. ㊉추백. -하다. 【追伸】

추악 마음씨나 용모 행동 따위가 보기 흉하고 추함. -하다.

추앙 높이 우러러보는 것. ㉵추앙받는 지도자. -하다. 【推仰】

추어탕 미꾸라지를 넣고 여러 가지 양념과 함께 끓인 국. ㊟추탕.

추억 지나간 일을 돌이켜 생각함, 또는 그 생각. ㊉회상. -하다.

추월 뒤따라 가서 앞지름. ㉵앞차를 추월하다. -하다.

추위 겨울의 찬 기운. ㊌더위.

추이 시간의 흐름에 따라 형편이 변해 가는 것. ㉵사태의 추이를 지켜보다. 【推移】

추임새 판소리에서, 북 치는 이가 흥을 돋우기 위해 가락의 끝 구절마다 가볍게 지르는 짧은 소리〔'얼씨구'·'좋다' 따위〕.

ㅊ

추잡 말이나 행동 등이 지저분하고 더러움을 이르는 말. -스럽다. -하다. 【醜雜】

추장 미개한 종족이 사는 마을의 우두머리. ㉠인디언 추장.

추적 도망치는 사람이나 비행기 따위의 뒤를 밟아 쫓음. ㉠범인을 추적하다. -하다. 【追跡】

추적추적 비가 쓸쓸하고 질척질척하게 내리는 모양.

추젓[추젇] 가을철에 잡아서 담근 새우젓.

추정 미루어 헤아려서 판정함. -하다. 【推定】

추종 세력을 가진 사람이나 자기가 믿는 사상을 열심히 따르는 것. ㉠추종 세력. -하다. 【追從】

추종자 지도자나 이념 따위를 추종하는 사람. 【追從者】

추진 앞으로 나아감. 힘을 써서 어떤 일이 잘 되도록 힘씀. ㉠주택 사업을 추진하다. -하다. 【推進】

추진력 물체를 앞으로 나아가게 하는 힘. 어떤 일을 계속 밀고 나아가는 힘. ㉠추진력이 강한 프로펠러. 【推進力】

ㅊ

추천 ①좋거나 알맞다고 생각되는 물건을 남에게 권함. ②알맞은 사람을 소개함. ㉠회장으로 추천하다. ㉥천거. -하다. 【推薦】

추천서 추천하는 말을 적은 문서. ㉥추천장. 【推薦書】

추첨 제비를 뽑음. ㉠복권 추첨. ㉥제비. -하다. 【抽籤】

추출 고체나 액체로부터 어떤 물질을 뽑아냄. -되다. -하다. 【抽出】

추측 미루어 헤아림. ㉠비가 올것이라 추측하다. -하다.

추켜들다(추켜드니, 추켜드오) 힘있게 위로 올리다.

추켜세우다 ①숙이든가 내려와 있는 것을 위로 치올려 세우다. ㉥치켜세우다. ②정도 이상으로 칭찬하여 주다. ㉠대단한 실력자인 양 추켜세우다.

추키다 ①위로 가뜬하게 올리다. ㉠바지 허리춤을 추키다. ②부추기다. ㉠잘 한 일이라고 추켜 주다.

추태 더러운 꼴. 부끄러운 태도. ㉠추태를 부리다. 【醜態】

추풍령〖지명〗 경상 북도 김천과 충청 북도 영동 사이에 있는 고개. 우리 나라 중부와 남부의 경계를 이름. 높이 235m. 【秋風嶺】

추하다 ①지저분하고 더럽다. ㉠옷차림이 추하다. ②외모가 못생기거나 보기 싫다. ㉠울어서 화장이 얼룩진 여자의 얼굴이 추하다.

추호 매우 적은 양. 아주 조금. ㉠추호의 거짓말도 하지 말것.

추후 나중. 뒤. 다음. ㉠합격자 발표는 추후에 함. ㊅후.

축[1] 같은 무리나 또래의 '동아리'를 속되게 이르는 말. ㉠공부를 잘하는 축에 끼이다.

축[2] 도형 또는 물체의 중심이 되는 부분. 굴대. 【軸】

축[3] 길게 아래로 늘어지거나 처진 모양. ㉠어깨를 축 늘어뜨리다.

축구 구기의 한 가지. 11사람씩 두 패로 갈려 공을 발로 차거나 머리로 받아서 상대방 골속에 넣어 승부를 겨루는 운동 경기.

축구부 학교나 단체에서 축구를 하기 위해 만든 조직.

축구장 축구 경기를 하는 운동장.

축구팀 축구 경기를 위하여 구성한 단체.

축구회 축구를 하기 위하여 만든 모임. ㉠조기 축구회.

축나다 ①병으로 몸이 약해지다. ②부족이 생기다. ㉠돈이 축나다.

축내다[충내다] 줄어들거나 모자라게 하다. ㉠밥이나 축내는 자신이 한심하다.

축농증 코의 안에 고름이 고여 생긴 병. 코로 숨쉬기가 어렵고 머리가 아프며, 건망증이 생김.

축대 언덕진 데에 평평한 터를 만들기 위해 쌓아 올린 벽.

축도[1] 어떤 도형을 모양은 그대로 두고 크기만 줄여서 그린 그림. 줄인 그림. 【縮圖】

축도[2] 기독교에서, 목사의 축복하는 기도. 【祝禱】

축문[충문] 제사를 지낼 때 신령에게 드리는 말씀을 적은 글. 【祝文】

축배 축하하는 뜻으로 드는 술, 또는 그 술잔. 【祝杯】

축복 앞날의 행복을 빎. ㉮결혼을 축복해 주다. 비축하. 반저주. -되다. -하다. 【祝福】

축사[1] 축하하는 말이나 글. 반조사. -하다. 【祝辭】

축사[2] 가축을 넣어 기르는 건물.【畜舍】

축산 가축을 길러 돈을 버는 일.【畜産】

축산물 고기·가죽·우유·달걀 등 가축에서 얻는 생산물.

축산업 가축을 기르거나 그것에 의한 생산이나 가공을 업으로 하는 일. 【畜産業】

축산업 협동 조합 축산물의 공동 구입 판매 및 보관, 사료의 수급 등을 위하여 축산업자들이 조직한 협종 조합. 준축협.

축성 ①성을 쌓음. ②요새·포대·참호 등의 구조물을 통틀어 이르는 말. -하다.

축소 큰 것을 줄여 작게 함. 비단축. 반확대. -하다. 【縮小】

축원 ①희망하는 대로 이루어지기를 마음 속으로 바람. ②부처나 신에게 바라는 일이되게 해 주기를 빎. -하다. 【祝願】

축음기 음성을 소리판(레코드) 속에 새겨 두었다가 필요에 따라 같은 음성을 재생하는 장치. 유성기.

[축음기]

축의금[추기금] 잔치나 예식을 축하하는 뜻으로 내는 돈. 반부의금. 조의금.

축이다[추기다] 물에 적셔 축축하게 하다. ㉮냉수로 목을 축이다.

축재 못된 방법으로 재물을 모아 쌓음, 또는 모은 재산. -하다.

축적 많이 모아서 쌓아 둠. ㉮에너지를 축적하다. -하다.

축전[1] 축하하는 전보. 【祝電】

축전[2] 축하하는 큰 행사. ㉮아시아 문화 예술 축전. 【祝典】

축제 ①축하하여 벌이는 큰 규모의 행사. ㉮올림픽 개막 축제. ②축하와 제사. 【祝祭】

축지법 먼 거리를 매우 가깝게 하는 술법. 【縮地法】

축척 어떤 도형을 줄여서 그릴 때의 줄이는 비율. 줄인자.

축축하다 물기가 있어 젖은 듯하다. >촉촉하다. **축축히**.

축출 쫓아 냄. 몰아 냄. ㉮국외로 축출하다. -하다.

축포 어떤 일을 축하하는 뜻으로 큰 소리가 나게 쏘는 총이나 대포.

축하[추카] 기쁘고 즐겁다는 뜻으로 인사함, 또는 그 인사. ㉮축하 인사를 하다. 비축복. 【祝賀】

축하연[추카연] 축하하기 위해 베푸는 잔치. 【祝賀宴】

축협[추켭] 축산업에 종사하는 사람들이 축산물의 구입·보관·판매 따위를 공동으로 하기 위해 만든 조합. '축산업 협동 조합'을 줄인말. 지금은 농협에 통합되었음. 【畜協】

춘곤증 봄철에 몸의 기운이 빠지는 증세. 【春困症】

춘궁기 봄철에 농가에서 양식이 떨어져 궁하게 지낼 때. 곧 음력 3～4월경. ㉥보릿고개.

춘부장 남의 아버지를 높이어 이르는 말. 【春府丈】

춘분 24절기의 하나. 태양이 적도위를 직각으로 비추는 날로, 3월 21일경이며, 낮과 밤의 길이가 같음. ㉥추분.

춘삼월 봄 경치가 가장 좋은 '음력 3월'을 아름답게 이르는 말. 【春三月】

춘천〖지명〗 강원도 대관령 서쪽에 있는 도시. 강원도의 도청 소재지이며, 소양정·소양댐 따위의 명승지가 있음. 【春川】

춘추 ①봄과 가을. ②어른의 나이를 높여 이르는 말. ㉥연세. 【春秋】

춘풍 봄에 불어오는 훈훈한 바람. ㉥봄바람. 【春風】

춘하추동 봄·여름·가을·겨울. 곧, 4계절을 아울러 이르는 말. ㉥사계. 사철. 【春夏秋冬】

춘향가 '춘향전'을 창극조로 엮어 부르는 판소리의 한 가지.

춘향전〖책명〗 조선 영조·정조 무렵에 이루어진 것으로 짐작되는 고대 한글 소설. 남녀의 애정과 계급의 타파 등을 주제로 한 작품임. 가장 널리 읽히는 고대 소설의 하나임.

ㅊ

출가[1] 처녀가 시집을 감. ㉦딸을 출가시키다. -하다. 【出嫁】

출가[2] 불교의 중이 되려고 일상 생활을 하는 세상을 떠나는 것. -하다.【出家】

출가외인 '결혼한 딸은 남이나 마찬가지'라는 말. 【出嫁外人】

출간 책을 인쇄하여 세상에 내 놓는 것. ㉥간행. 출판. -되다. -하다. 【出刊】

출격 주로 항공기가 적을 공격하러 나가는 것. ㉦출격 명령. -하다.

출구 ①나가는 어귀. ㉦비상 출구. ㉥입구. ②빠져 나갈 길. ㉥출로.

출국 다른 나라로 가기 위하여 밖으로 나감. ㉥입국. -하다. 【出國】

출근 일을 하러 일터로 나감. ㉥퇴근. 결근. -하다. 【出勤】

출금 금고나 은행에 넣어 두었던 돈을 꺼내는 것. ㉥입금. -하다.

출납 돈이나 물건을 내어 주거나 받아들임. -하다. 【出納】

출납부[쭐랍뿌] 돈이나 물건을 내주고 받는 사실과 금액을 적는 장부. ㉦금전 출납부. 【出納簿】

출동 부대 따위가 활동하기 위하여 목적지로 떠남. -하다. 【出動】

출두 조사를 받기 위하여 법원이나 관청 따위에 직접 가는 것. -하다.

출렁거리다 깊고 큰 곳에 담긴 물이 흔들려 자꾸 소리가 나다. ㉥출렁대다. >촐랑거리다.

출렁이다 큰 물결을 이루며 흔들리다. ㉦벼가 바람에 출렁이다.

출력 ①엔진·전동기·발전기 등이 1초 동안에 내는 쓸 수 있는 에너지. ㉦최대 출력. ②컴퓨터 등에서 일정한 입력 자료가 처리되어 정보로 나타나는 것. 또는 그 정보. ㉦필요한 자료를 출력하다. ㉥입력. 【出力】

출마 선거 등에 후보자로 나섬. -하다. 【出馬】

출몰하다 무엇이 갑자기 나타나고 사라지곤 하다.

출발 ①길을 떠남. ②어떤 일을 시작함. ㉥도착. -하다. 【出發】

출발선 달리기에서 출발하는 곳을 나타내는 선. 【出發線】

출발점 ①출발하는 지점. 떠나는 지점. ②어떤 일이 시작되는 지점.

출발지 출발하는 장소. ㉥도착지.

출범하다 ①배가 항구를 떠나다. ㉦새로 만든 무역선이 오늘 출범한다. ②어떤 단체가 새로 조직되어 일을 시작하다. ㉦국민의 정부가 출범하다.

출산 아이를 낳는 것. 비분만. 해산. -하다. 【出産】

출생[출쌩] ①태아가 어머니의 몸에서 태어남. ②태생. 비출산. 반사망. -하다. 【出生】

출생률 전체 인구에 대하여 아이가 태어나는 비율. 예후진국일수록 출생률이 높다. 【出生率】

출생 신고 출생한 사실을 관청에 알리는 일. 【出生申告】

출석[출썩] 수업·회합·모임 따위에 나가거나 참석함. 비참석. 반결석. -하다. 【出席】

출석부 학교에서 학생의 출석이나 결석의 사실을 적는 장부.

출세[출쎄] ①숨어 살던 사람이 세상에 나옴. ②높은 자리에 오르거나 유명해짐. -하다. 【出世】

출소하다 교도소에서 풀려 나오다. 비출옥하다.

출신[출씬] ①어떤 직업이나 학업으로부터 나온 신분. 예서울대 출신. ②출생 당시의 가정이나 지역적 관계. 예경기도 출신. 【出身】

출연[추련] 연극·영화·방송 따위에 나와 연기함. -하다.

출연진[추련진] 어떤 영화·연극·방송 등에 나오는 사람들.

출옥하다[추로카다] 형기가 끝나거나 무죄가 되어 감옥에서 나오다. 비출소하다.

출입[추립] 나가고 들어옴. 드나드는 일. -하다. 【出入】

출입구[추립꾸] 드나드는 어귀나 문.

출입문[추림문] 드나드는 문.

출장[1][출짱] 직무를 띠고 임시로 다른 곳으로 나감. 【出張】

출장[2] 선수가 경기를 하기 위해 경기 장소에 나가는 것. -하다. 【出場】

출전[출쩐] ①전쟁터로 싸우러 나감. ②시합·경기에 나감. 예축구 경기에 출전하다. -하다. 【出戰】

출정[출쩡] 군대에 들어가 싸움터로 나감. -하다. 【出征】

출제 시험 문제를 냄. 【出題】

출중[출쭝] 뭇사람 가운데에서 뛰어남. -하다. 【出衆】

출처 사물이나 소문 따위가 처음 생겨난 곳. 예출처를 밝히다. 【出處】

출출하다 배가 조금 고프다. 약간 시장기가 있다.

출토 고대의 유물·유적이 땅 속에서 나옴. 예신라 시대의 유물이 출토되다. -되다. -하다.

출판 책·그림·악보 등을 여러 사람에게 알리거나 팔 목적으로 인쇄하여 세상에 내놓음. 비출간. 간행. -하다. 【出版】

출판사 전문적으로 출판을 영업 내용으로 하는 회사. 【出版社】

출품 전람회나 전시회 같은 곳에 물건·작품을 내놓음, 또는 그 물건. -하다. 【出品】

출하 상품을 시장으로 내보냄. 반입하. -되다. -하다. 【出荷】

출항 배가 항구를 떠남. 반입항. -하다. 【出港】

출현 ①나타남. 나타나서 보임. ②가려졌던 천체가 다시 드러남. -하다. 【出現】

출혈 ①피가 혈관 밖으로 나옴. ②금전이나 인명 등이 지나치게 손해를 당함. -하다. 【出血】

춤 음악에 맞추거나 절로 흥에겨워서 몸과 팔다리를 아름답게 놀리며 어떤 감정을 나타내는 동작. 무용.

춤곡 춤을 출 때 연주하기 위해서 만든 곡.

춤꾼 춤을 전문적으로 추거나 아주 잘 추는 사람.

춤사위 민속춤을 출때 손이나 발 등의 일정한 동작.

춤추다 팔·다리·몸을 율동적으로 움직이다.

춥다 ①날씨가 차다. ②찬 기운이 느껴지다. 반덥다.

충 백성이 나라나 임금을 위하는 마음. 【忠】

충격 ①갑자기 부딪쳤을 때의 심한 타격. ②개인의 마음이나 사회에 갑자기 생기는 심한 자극. 비쇼크.

충고 참된 마음으로 남의 잘못을 타이름. -하다. 【忠告】

충당 모자라는 것을 알맞게 채워 메움. -하다. 【充當】

충돌 ①서로 부딪침. ②의견이나 이해 관계의 대립으로 서로 맞섬. 예의견 충돌이 일어나다. -하다.

충동 마음을 들쑤시어 움직이게 함. -하다. 【衝動】

충동적 뚜렷한 판단이 없이 갑자기 하고 싶은 마음이 생겨서 행동하는 것. 예충동적으로 물건을 사다.

충렬사[충녈사] 충성을 다하여 바른 도리와 절개를 지킨 사람의 영을 모신 사당. 【忠烈祠】

충렬왕〖사람〗[1236~1308] 고려의 제25대 왕. 1274년에 왕이 되었음. 원나라에 굴복하여 원나라의 딸과 결혼하였으며, 원나라의 간섭을 심하게 받았음. 【忠烈王】

ㅊ

충만 가득하게 참. -하다. -히.

충매화 곤충이 꽃가루를 옮겨 주어 열매를 맺는 꽃〔분꽃·호박꽃·무꽃 따위〕. 【蟲媒花】

충무공 이순신 장군이 죽은 뒤 그 공을 기리는 뜻으로 임금이 내린 이름. 【忠武公】

충복 주인을 정성껏 모시는 남자 종.

충분 분량이 넉넉하여 모자람이 없음. 반불충분. 부족. -하다.

충분히 모자람이 없이 넉넉하게. 필요한 만큼 많이. 예청구서를 충분히 검토하다.

충성 참마음에서 우러나오는 정성. 국가나 임금 등을 위하여 거역하지 않고 몸 바침, 또는 그러한 마음가짐. 비충절. 충의. 반불충. -하다. -스럽다. 【忠誠】

충성스럽다 충성을 다하는 태도가 있다. 또는 충성하는 마음이 가득하다. 예개는 충성스러운 동물이다.

충성심 참마음에서 우러나오는 정성스러운 마음. 【忠誠心】

충수 맹장의 아래 끝에 붙어있는 작은 돌기. 【蟲垂】

충신 나라와 임금을 위하여 정성을 다하여 섬기는 신하. 반역신. 역적. 간신. 【忠臣】

충실[1] ①내용 따위가 잘 갖추어지고 알참. ②몸이 굳세고 튼튼함. -하다. 【充實】

충실[2] 충직하고 성실함. 비성실. 착실. -하다. -히. 【忠實】

충심[1] 속에서 우러나오는 참된 마음. 예충심으로 환영하다. 【衷心】

충심[2] 충성스러운 마음. 【忠心】

충언 충고하는 말. 충직하고 바른 말. -하다. 【忠言】

충원 어떤 단체의 사람 수가 알맞게 되도록 모자라는 사람을 채움. -하다. 【充員】

충의 나라에 대한 충성과 의리. 예충의를 다하다. 비충성. 【忠義】

충전 전력이 없는 축전지 등에 전력을 채우는 일. 반방전. -하다.

충전기 전지에 전기를 채워 넣어 주는 장치. 【充電器】

충절 충성스런 절개와 의리.

충정 속에서 우러나오는 참된 정. 비충심. 【衷情】

충족 분량에 차서 모자람이 없음. -하다. -히. 【充足】

충족시키다 모자람이 없이 아주 만족하게 하다.

충주〖지명〗 충청 북도 북동부에 위치한 곳. 수력 발전소가 있고, 담배 재배지로 유명함. 【忠州】

충직하다[충지카다] 충성스럽고 정직하다. ㉠충직한 신하.
충천 ①하늘을 찌를 듯이 높이 솟음. ②기세 따위가 북받쳐 오름. ㉠군인들의 사기가 충천하다. 【衝天】
충청 남도 우리 나라의 도 가운데 하나. 한반도 중부의 남서쪽에 있으며, 농업이 발달했고 점차 공업이 발달하고 있음. 주요 도시는 천안·서산·논산 따위가 있음.
충청도 오늘날의 충청 남·북도를 합해 부르던 옛날의 행정 구역.
충청 북도 우리 나라의 도 가운데 하나. 한반도의 중앙에 있으며, 광공업이 발달하였음. 주요 도시는 청주·충주·제천 따위가 있음. 도청 소재지는 청주.
충치 세균에 의하여 상하게 된 이. 벌레 먹은 이. 【蟲齒】
충해 해충으로 인하여 입은 농작물의 피해. 【蟲害】
충혈 몸의 한 부분에 피가 많이 몰려서 그 곳의 살갗이나 핏줄이 붉어지는 것. ㉠눈이 빨갛게 충혈되다. -되다. 【充血】
충혼탑 나라에 충성을 다하다 죽은 사람들의 넋을 기리기위해 세운 탑. 【忠魂塔】
충효 나라를 위한 정성과 부모를 잘 섬기는 도리. 【忠孝】
췌:장 위 뒤에 붙어 탄수화물·단백질·지방 따위를 삭이는 효소를 내는 기관. 이자.
취 단풍취·참취·곰취 따위로 '취'가 붙는 산나물을 통틀어 일컫는 말.
취:구 나팔·피리 따위에서 입김을 불어 넣는 구멍. 【吹口】
취:급 ①일을 다루어 처리함. ②물건을 다루어 처리함. ③사람을 어떤 품으로 대함. ㉠바보 취급을 하다. -하다. 【取扱】
취나물 삶은 참취에 참기름·깨소금·마늘·파 따위를 넣고 양념하여 볶은 나물.
취:득 자기 소유로 만들거나 수중에 넣음. ㉠운전 면허증을 취득하다. -하다. 【取得】
취:미 ①직업적으로나 전문적으로 하는 것이 아니라, 즐기거나 좋아하여 하는 일. ㉠나의 취미는 독서이다. ②아름다움이나 멋을 이해하고 감상하는 능력. 【趣味】
취:사 불을 때어 음식을 만드는 일. 밥 짓는 일. -하다. 【炊事】
취사 선택 여럿 가운데서 쓸 만한 것은 골라 쓰고 버릴 것은 버리는 것. 【取捨選擇】
취:사반 군대에서 부엌일을 하는 곳.
취:소 약속하거나 발표했던 것을 나중에 없었던 것으로 함. ㉠계약을 취소하다. -하다. 【取消】
취:수장 가정이나 공장의 수도로 보내려고 강이나 저수지에서 물을 끌어오는 곳. 【取水場】
취:수탑 강이나 저수지 따위에서 물을 끌어들이기 위한 관이나 수문의 설비가 되어 있는 탑 모양의 구조물. 【取水塔】
취약 무르고 약함. 가냘픔. -하다.
취:업 일자리를 얻음. ㉥취직. ㉦실업. -하다. 【就業】
취:임 맡은 자리에 나아가 임무를 봄. ㉠장관으로 취임하다. ㉦이임. 퇴임. -하다. 【就任】
취:재 어떤 사물이나 작품이나 기사의 재료를 얻음. ㉠취재 기자. -하다. 【取材】
취:재진 취재하는 기자들의 무리.
취:조 범죄 사실을 알아내기 위하여 자세히 조사함. 【取調】
취:주악 관악기와 타악기로 구성하여 연주하는 음악.

취:중 술에 취하여 있는 동안. (예)취중에 노래를 부르다.

취:지 ①어떤 일을 하려고 하는 의도. ②말이나 글의 요점.

취:직 일자리를 얻음. 직업을 얻음. (예)취직 시험에 합격하다. (비)취업. (반)실직. -하다. 【就職】

취:침 잠을 잠. 잠자리에 듦. (반)기상. -하다. 【就寢】

취:타 지난날, 궁중에서 나발·소라·대각 등을 불고, 징·북·바라를 치던 음악. 【吹打】

취:하다[1] ①술 기운이 온몸에 돌다. ②어떤 냄새나 맛에 젖다. ③한 가지 일에 열중하여 정신을 빼앗기다. (예)잠에 취하다.

취:하다[2] 골라 잡다. 버리지 않고 가지다. (예)좋은 책을 취하다.

취:학 초·중등 교육을 받기 위하여 학교의 학생이 되는 것. (예)취학 연령 -하다. 【就學】

취:향 어떤 사물에 대하여 좋아하거나 즐겨서 쏠리는 마음. (예)취향에 맞게 고르다. 【趣向】

-측 어떤 사실에 대하여 의견이 서로 다른 두 쪽 중의 한쪽. 편. (예)상대측. 좌측. 【側】

ㅊ

측간 집 밖에 있는, 오줌이나 똥을 누는 곳의 이전말. (비)뒷간. 변소. 화장실. 【廁間】

측근 ①곁의 가까운 곳. ②곁에서 가까이 모시는 사람. 【側近】

측량 ①물건의 높이·길이·넓이 등을 잼. ②땅 위의 어떤 위치·각도·거리·방향 따위를 재어 표시함, 또는 그런 일. (비)측정. -하다.

측면 어떤 물체의 상하 전후 이외의 좌우의 면. 옆면.

측면도 기계나 구조물 따위를 옆에서 본 것을 나타낸 그림.

측우기[츠구기] 비가 내린 양을 재는 기구. 조선 세종 때(1442) 장영실이 발명한 것으로 서양보다 200년이나 앞서 만들어졌음. 【測雨器】

[측우기]

측은 형편이 딱하고 가엾음. -하다. -히.

측은지심[츠근지심] 어려운 형편에 있는 남을 불쌍히 여기는 마음.

측은히[츠근히] 딱하고 가엾게. (예)소년 가장을 측은히 생각하다.

측정 길이·무게·속도나 그 밖의 양이나 가치 등을 헤아려 잼. -하다.

측정기 배의 속력이나 항해 거리를 재는 기계. 【測定器】

측정법 수량이나 크기·성질 따위를 기계나 장치로 재는 법.

측후소[츠쿠소] 중앙 기상청의 지방 출장소로, 그 지방의 기상을 관측하여 일기 예보 및 폭풍우경보 등을 알리며, 지진을 조사 관측하는 기관. 【測候所】

층 ①거듭 포개진 것. ②여러 층으로 지은 건물에 있어서의 한 켜. (예)우리 학교는 5층으로 되어 있다.

층계 층층이 높이 오르내리게 만들어 놓은 설비. (비)계단. 층층대.

층암절벽 높고 험한 바위가 여러 층을 이룬 낭떠러지.

치[1] ①'이 사람'의 속된말. (예)이 치. 저 치. ②어느 지방, 또는 어느 시기의 것임을 나타내는 말. (예)내일치의 신문. ③'몫'이나 '분량'의 뜻을 나타냄. (예)한 달치의 봉급.

치[2] 길이의 단위. 한 자의 10분의 1. 약 3cm임. (예)한 자 세치의 길이.

치가 떨리다 매우 분하거나 지긋지긋하여 이가 떨리다.

치과 이를 전문적으로 치료하거나 연구하는 의학의 한 부분. (예)치과 의사. 【齒科】

치다[1] 바람·눈보라·물결·벼락 등이 몹시 일어나거나 때리다.

치다[2] ①손이나 물건을 가지고 때리다. ㉮주먹으로 치다. ②적을 공격하다.

치다[3] ①점이나 선을 찍거나 긋다. ②선이나 그림을 그리다. ㉮밑줄을 치다.

치다꺼리 ①일을 치러 내는 일. ②남을 도와서 바라지하여 주는 일. -하다.

치닫다(치달아, 치달아서) 위로 향해 달리다.

치뜨다 고개를 들지 않고 눈을 위를 향하여 뜨다. ㉮눈을 치뜨고 바라보다. 비치켜뜨다. 반내리뜨다.

치렁치렁 길게 늘어진 것의 아랫 자락이 부드럽게 흔들거리는 모양.

치레 잘 손질하여 모양을 내는 일. ㉮옷치레. ②실속보다 겉을 좋게 꾸며 보이는 것. ㉮치레로 하는 인사.

치료 병이나 다친 데를 고치기 위하여 손을 씀. 병을 다스려 낫게 함. 비치병. -하다. 【治療】

치료법 병이나 상처를 낫게 하는 방법. 【治療法】

치료비 병을 낫게 하는 데에 드는 비용. 【治療費】

치료실 병이나 환자를 치료하는 방.

치료제 병이나 상처를 낫게 하는 데에 쓰는 약. 【治療劑】

치르다(치르어, 치러서) ①주어야 할 돈을 내어 주다. ㉮학용품 값을 치르다. ②무슨 일을 겪어 내다. ㉮회갑 잔치를 치르다.

치마 여자의 아랫도리에 입는 겉옷. 반저고리.

치마폭 피륙을 이어 대어서 만든 치마의 폭. 치마의 넓은 천.

치맛바람[치마빠람] 남편이나 자녀를 위해 지나치게 열심히 관계자들과 사귀는 여자의 활동을 비꼬는 말.

치맛자락 입은 치마폭의 늘어진 부분.

치매 나이가 많아 정신 작용이 불완전한 상태. 말과 행동이 느리고 정신이 흐릿함.

치:명상 죽을 지경에 이르게 하는 큰 상처. 【致命傷】

치밀 ①성격이나 계획 따위가 자세하고 꼼꼼함. ㉮치밀한 성격. ②피륙 같은 것이 곱고 빽빽함. -하다. -히. 【緻密】

치밀다 ①아래로부터 위로 힘있게 솟아 오르다. ②밑에서 위로 밀어 올리다. 반내리밀다. ③어떤 감정이 세게 일어나다. ㉮화가 치밀다.

치받다 몹시 세게 들이받다. ㉮자동차가 벽을 치받고 멈추어 서다.

치받치다 ①위로 치받아 힘껏버티다. ②분노나 노여움 등이 속에서 치밀어오르다.

치부[1] 남에게 숨기고 싶은 부끄러운 사실. ㉮민족성의 치부를 백일하에 드러내다. 【恥部】

치:부[2] 재물을 모아 부자가 됨. -하다. 【致富】

치:부하다 누구를 무엇이라고 여기다. 단정하다. ㉮미신을 믿는 사람을 어리석은 사람으로 치부하다.

치사[1] 격에 떨어져 창피하고 남부끄러운 일. ㉮치사한 녀석. -하다. -스럽다. 【恥事】

치:사[2] 공적인 행사에서 어떤 사람이나 일을 칭찬하거나 고마워하는 말. ㉮그의 행동에 치사하다. -하다. 【致詞】

치:사[3] 죽음에 이르게 하는 것. ㉮고문 치사 사건. 【致死】

치사랑 손아랫사람이 손윗사람을 사랑하는 것, 또는 그 사랑. ㉮내리사랑은 있어도 치사랑은 없다.

ㅊ

치ː사량 약 따위가 적당한 정도를 넘어 죽음에 이르게 하는 양.
치사하다 남을 위해 돈 쓰는 것을 너무나 아까워하여 사람답지 못하다.
치ː성 신에게 모든 정성을 다하여 비는 것. [예]부처님께 치성을 드리다. 【致誠】
치솟다 ①위를 향하여 힘차게 솟다. ②느낌·생각등이 세차게 복받쳐 오르다. [예]설움이 치솟다.
치수 길이에 대한 몇자 몇 치의 수. [예]가슴 둘레의 치수를 재다.
치수선 ①도면에 치수를 적어 넣기 위해 물체의 외형선에 나란하게 그은 선. ②설계도에서 길이를 나타내는 선.
치아 사람의 '이'를 점잖게 이르는 말. 【齒牙】
치악산 강원도에 있는 산. 국립 공원의 하나. 상원사·구룡사 등이 있음. 높이는 1,288m. 【雉岳山】
치안 ①나라를 편하게 다스림, 또는 나라가 편안히 다스려짐. ②국가 사회의 안녕 질서를 보전함. [예]치안 유지에 힘쓰다. 【治安】
치약 이를 닦을 때 칫솔에 묻혀 쓰는 약. 【齒藥】
치열[1] 세력이 불길같이 아주 세차고 사나움. [예]치열한 싸움. [비]극렬. 맹렬. -하다. -히. 【熾烈】
치열[2] 이들이 줄을 지어 죽 박혀 있는 것. [예]치열이 고르다. 【齒列】
치외 법권 남의 나라에 있으면서 그 나라의 법에 따르지 않을 수 있는 권리. 【治外法權】
치욕 부끄러움과 욕됨. 【恥辱】
치우다 ①물건을 다른 자리로 옮기거나 버리다. [예]쓰레기를 치우다 ②흩어진 것을 잘 정리하다. [예]방을 치우다. [준]치다.
치우치다 한쪽으로 쏠리거나 기울어지다. [예]감정에 치우치다. [비]쏠리다.
치유 치료로 병이 나음. -되다. -하다. 【治癒】
치읓[치읃] 한글의 닿소리 글자인 'ㅊ'의 이름.
치이다 차나 움직이는 큰 물건에 부딪쳐서 깔리다.
치ː자 집 안에서 기르며 향기로운 흰 꽃이 피는 늘푸른작은키나무인 치자나무에 열리는 열매.
치장 더 보기 좋게 꾸밈. 아름답게 꾸밈. [예]얼굴을 치장하다. [비]단장. 장식. -하다. 【治粧】
치졸하다 성품·행동·생각이 아주 못나고 어른답지 못하다.
치ː중 어떤 일에 정신을 모으다. [예]영어 공부에 치중하다. -하다.
치즈 우유 중의 단백질을 굳혀 발효시킨 식품. 【cheese】
치질 항문과 그 주위의 혈관이 터진 데에 균이 들어가 생기는 병.
치켜들다 위로 올려 들다. [예]기수가 태극기를 치켜들고 입장하다.
치켜뜨다 눈을 위를 향하여 뜨다. [예]눈을 치켜뜨고 대들다. [비]치뜨다.
치켜세우다 정도 이상으로 칭찬하여 주다. <추켜세우다.
치키다 위로 끌어올리다. [예]바지를 치키다.
치타 누런 바탕에 검은 얼룩무늬가 있는 사나운 짐승. 아프리카와 인도의 초원 지대에 살며, 짐승 중에서 가장 빠르게 달림.

[치타]

치통 이가 아픈 증세.
치하[1] 한 나라가 어떤 세력의 다스림을 받는 상황. [예]일제 치하. 【治下】

치:하² 고마워 하는 마음을 공식적으로 나타내는 것. -하다. 【致賀】
칙사 대접 아주 좋은 대접.
칙칙폭폭 증기 기관차가 달릴 때 연기를 뿜으며 내는 소리.
칙칙하다[칙치카다] 빛깔이 곱거나 산뜻하지 않고 거무스름하고 흐리다. ㉠옷 색깔이 칙칙하다.
친가 아버지의 집안. 【親家】
친교 남과 친하게 지내는 관계. ㉠이웃 나라와 친교를 맺다. 【親交】
친구 오래 두고 가깝게 사귄 벗. ㉥동무. 벗.
친구하다 서로 친구가 되어 지내다.
친권 성년이 되지 못한 자녀에 대하여 부모가 가지는 권리. 【親權】
친근 사이가 아주 가깝고 정이 두터움. -하다. -히. 【親近】
친근감 서로 아주 가깝고 다정하다는 느낌. ㉥친밀감. 【親近感】
친동생 부모가 같은 동생.
친딸 자기가 낳은 딸.
친목 서로 친하여 뜻이 맞고 정다움. -하다. 【親睦】
친목회 여럿이 서로 친하게 되기 위한 모임. 【親睦會】
친밀 지내는 사이가 아주 친하고 가까움. ㉥친근. -하다. -히.
친밀감 사이가 서로 매우 친하고 가깝다는 느낌. ㉥친근감.
친부모 자기를 낳아 준 아버지와 어머니. ㉦양부모.
친분 매우 가깝게 느끼는 정분. ㉠친분이 두텁다. 【親分】
친서 한 나라의 국가 원수가 다른 나라의 국가 원수에게 보내는 공식적인 편지. 【親書】
친선 서로 친밀하여 사이가 좋음.
친선 경기 서로 사이가 좋은 사람들끼리 재미로 벌이는 운동 경기.
친손자 자기 아들의 아들.
친아들 자기가 낳은 아들. ㉥친자.
친아버지 자기를 낳은 아버지. ㉥친부.
친숙 친하여 서로 흉허물이 없음.
친애하다[치내하다] 〔'친애하는'의 꼴로 써서〕친하게 여기고 사랑하고 좋아하다. ㉠친애하는 국민 여러분!
친어머니 자기를 낳은 어머니. ㉥친모.
친언니 같은 부모에게서 난 언니.
친일파 일제 때, 일본 앞잡이가 되어 우리 겨레에 해를 끼쳤던 사람을 비유한 말. 【親日派】
친절 태도가 성의 있으며 매우 정답고 고분고분함. ㉠남에게 친절을 베풀다. ㉦불친절. -하다. -히.
친정 시집간 여자의 본집. ㉦시가. 시댁. 【親庭】
친족 촌수가 가까운 일가. 흔히 사촌 이내를 말함. ㉥친척. 【親族】
친지 서로 잘 알고 가깝게 지내는 사람. ㉠많은 친지들로부터 축하를 받다. 【親知】
친척 같은 조상의 피를 받은 친족과 외가 쪽의 사람들. ㉠명절엔 일가 친척이 다 모인다. ㉥친족.
친친하다 축축하고 끈끈하여 불쾌한 느낌이 있다.
친필 손수 쓴 글씨. ㉥진필.
친하다 ①사귀는 사이가 썩 가깝고 정이 두텁다. ②가까이 하다. 친히.
친할머니 아버지의 친어머니.
친형 한 부모에게서 난 형.
친형제 한 부모에게서 난 형제.
친화력 친하게 잘 어울리는 힘이나 기운. ㉠형은 친화력이 있어서 금세 친구를 사귄다.
친히 〔높임말로〕다른 사람을 시키지 않고 자기의 몸이나 손으로. ㉠할머니께서 친히 밥을 지으셨다. ㉥손수. 몸소.

칠[1] 빛깔이나 광택을 내는 데 쓰이는 물감. ㉮벽에 페인트 칠을 하다. 비 도료. -하다.

칠[2] 숫자 7의 한자 이름으로 '일곱'을 뜻함. 【七】

칠기 옻을 칠한 그릇이나 기구. ㉮나전 칠기. 【漆器】

칠레〖나라〗 남아메리카의 남서부. 태평양 쪽에 있는 공화국. 기후는 온난하고 산지가 많으며, 동·금·은 등의 광산물이 풍부함. 수도는 산티아고. 【Chile】

칠면조 닭과 비슷한 새. 목에 털이 없으며, 꼬리를 벌리면 부채 모양으로 되고 때때로 빨강·파랑 등 여러 색으로 변함.

칠보 금·은·구리 따위의 바탕에 색깔이 곱고 반들거리는 물질을 발라 구워서 여러 가지 무늬를 나타낸 세공. 【七寶】

칠순[칠쑨] 일흔 살. 【七旬】

칠십 열의 일곱 곱절. 일흔. 일흔 살. 【七十】

칠월 일 년 열두 달의 일곱 번째 달. 【七月】

칠월칠석[칠월칠썩] 명일의 하나. 음력 칠월 초이렛날의 밤. 해마다 이날 은하 동쪽에 있는 견우성과 서쪽에 있는 직녀성이 오작교에서 만난다는 전설이 있음. 준칠석날.

ㅊ

칠전 팔기[칠쩐팔기] 〔일곱 번 넘어져도 여덟 번 일어난다는 뜻으로〕 여러 번 실패하여도 굽히지 않고 꾸준히 일어서서 분투함을 이르는 말. -하다. 【七顚八起】

칠칠맞다 눈치가 빠르고 단정하다. 주로 '칠칠맞지 못하다'로 씀. ㉮칠칠맞지 못하게 이게 뭐니?

칠판 검정이나 녹색 칠을 하여 분필로 글씨를 쓰게 만든 판. 흑판.

칠하다 물체의 겉에 물감 따위를 바르다. ㉮스케치한 그림에 물감을 칠하다.

칠흑 옻칠과 같이 검고 광택이 있음, 또는 그 빛깔. ㉮칠흑같이 어두운 밤.

칡[칙] 콩과의 여러해살이풀. 덩굴지어 뻗어 나가며 뿌리는 식용이 되고, 껍질로는 피륙을 짬.

칡넝쿨[칭넝쿨] 칡의 줄기가 벋은 넝쿨. 칡덩굴.

침[1] 입 안에 괴는 끈끈한 액체. 입안의 침샘에서 분비되는 소화액의 한 가지임.

침[2]한방에서 병을 고치는 데 쓰는 바늘. ㉮침을 맞다. 【鍼】

침[3] ①어떤 기구에서 무엇을 찌르든가 가리키는 가늘고 뾰족한 부분. ②벌의 꽁무니에 있는 독을 쏘는 뾰족한 기관. 【針】

침강 육지가 가라앉아 낮아지는 것. 반융기. -되다. -하다.

침:공 남의 나라를 침범하여 쳐들어감. 비침범. -하다.

침:구 잠을 자는 데 쓰는 이부자리나 베개 따위. 【寢具】

침:낭 야영할 때 들어가 잘 수 있게 솜·깃털 따위를 넣어 만든 큰 자루. 【寢囊】

침:대 누워 자도록 만든 서양식의 잠자리. 【寢臺】

침략[침냑] 남의 영토를 침범하여 빼앗음. 비침범. -하다.

침모 예전에, 남의 바느질을 해 주고 일정한 값을 받는 여자. 【針母】

침몰 물 속에 가라앉음. ㉮배가 침몰하다. -되다. -하다.

침묵 아무 말 없이 가만히 있음. ㉮침묵은 금이다. -하다.

침:범 남의 영토·권리 따위를 범함. 비침노. 침략. -하다.

침봉 꽃꽂이에서 꽃줄기나 꽃가지를 꽂아 고정하는, 쇠로 된 받침에 바늘이 촘촘히 박힌 도구.

침:상 누워 잘 수 있게 만든 평상. [비]침대. 【寢床】

침샘 혀의 밑에서 침을 만들어 입안에 침을 내보내는 기관.

침:수 물이 들거나 물에 잠김. [예]침수지역. -되다. -하다.

침술 침을 놓아 병을 치료하는 한방의 의술. 【鍼術】

침:식[1] 흐르는 물이 땅을 깎아내거나 무너뜨리거나 하는 작용. [반]퇴적. -하다. 【浸蝕】

침:식[2] 잠을 자는 일과 음식을 먹는 일. [비]숙식. -하다. 【寢食】

침:실 잠을 잘 수 있게 마련한 방.

침엽수 잎이 바늘같이 가늘고 뾰족한 나무〔잣나무·소나무·전나무 등〕. 바늘잎나무.

침울 마음이나 생각이 근심 걱정으로 맑지 못하고 우울함. -하다.

침:입 침범하여 들어오거나 들어감. -하다. 【侵入】

침전 액체 속에 섞인 작은 고체가 바닥에 가라앉음, 또는 그 앙금. -되다. -하다. 【沈澱】

침전물 물에 섞여 있다가 가라앉은 물질. 【沈澱物】

침착 어떠한 일에 당황하지 않고 마음이 가라앉아 있음. -하다. -히.

침체 활동이 멎어 발전하지 못함. 일이 잘 되지 않음. [예]경제 침체. -되다. -하다. 【沈滯】

침침하다 ①어둡거나 흐리다. ②눈이 어두워서 물건이 똑똑히 보이지 않다. 침침히.

침통 슬픔이나 근심 때문에 마음이 아프고 괴로움. [예]침통한 분위기. -하다. -히. 【沈痛】

침:투 적군이 모르는 사이에 들어와 퍼지는 것. [예]적진에 침투하여 명령을 기다리다. -되다. -하다.

침팬지 아프리카의 숲에서 살고, 서서 걸으며 원숭이 종류 중에서 가장 지능이 발달한 검정 빛깔의 동물.

[침팬지]

침해 침범하여 해를 입힘. -하다.

칩 전자 공학에서, 복잡한 전자 회로가 아주 작게 줄여져 들어 있는 반도체의 작은 조각. 【chip】

칫솔[치쏠] 이를 닦는 데 쓰는 솔.

칫솔질[치쏠질] 칫솔로 이를 닦는 일. 양치질. -하다.

칭기즈 칸〖사람〗[1167～1227] 몽골을 세운 중국 원나라의 태조. 본이름은 테무진. 몽골을 통일하고 제위에 올라 칭기즈 칸이라 이르게 했음. 유럽·인도에까지 원정하여 동서양에 걸친 대제국을 건설하였음. 【Chingiz Khan】

칭송 칭찬하여 일컬음. 공덕을 일컬어 기림. [예]칭송이 자자하다. -하다. 【稱頌】

칭얼거리다 어린애가 몸이 불편하거나 마음에 못마땅하여 짜증을 내며 연해 보채다. [비]칭얼대다.

칭찬 잘한다고 추어 줌. 좋은 점을 일컬어 기림. [비]칭송. [반]꾸중. -하다. 【稱讚】

칭칭 꽉꽉 감거나 몸에 매는 모양. [예]붕대를 칭칭 감다. [비]친친.

칭하다 ①이름을 지어 부르다. [예]태조 왕건이 국호를 고려라 칭하다. ②남의 이름이나 성을 자기 이름이나 신분인 척하다. [예]경찰이라 칭하며 거짓말하다.

칭호 사회의 관습이나 제도에 따라 붙이는 이름. [예]광개토 대왕은 가장 넓은 영토를 개척하여 대왕이라는 칭호가 붙었다. [비]명칭.

ㅋ (키읔[키윽]) 한글 닿소리(자음)의 열한째 글자.

카나리아 모양은 종달새와 비슷하나 훨씬 작음. 깃털 빛깔이 노랗고, 울음소리가 매우 아름다워서 집에서 기르는 새. 아프리카 카나리아 섬이 원산지임. 【canaria】

[카나리아]

카네이션 석죽과에 딸린 여러해살이 풀. 여름에 향기 있는 붉은색·흰색의 고운 겹꽃이 핌. 어버이날에 이 꽃을 가슴에 다는 풍습이 있음.

[카네이션]

카누 ①나무 껍질, 짐승의 가죽, 통나무 등으로 만든 길쭉한 작은 배. ②'카누 경기'의 준말. 【canoe】

카드 ①조그맣게 자른 두꺼운 종이. 엽서·연하장 등. ②여러 가지 사항을 적어 두는, 네모난 종이.

카드뮴 빛깔이 희고 반들거리며 도금이나 합금의 재료로 쓰는 무거운 금속. 몸에 닿거나 먹으면 몸에 해로움. 【cadmium】

카랑카랑하다 목소리가 고집이 있고 까다로운 인상을 주면서 높이 울리며 분명하다. ㉡카랑카랑한 목소리.

카레 인도식 서양 요리에 주로 쓰이는 매운 노란 가루. ※영어 'curry'에서 온말.

카레라이스 고기와 채소를 볶다가 물에 알맞게 푼 카레를 섞어서 걸쭉한 국물로 만들어 밥에 끼얹어 먹는 서양 음식. ※영어 'curried rice'에서 온말. ㊜카레.

카리스마 많은 사람들을 휘어 잡는 정신적·정서적 능력. ㉡카리스마적인 인물. 【charisma】

카메라 사진을 찍는 기계. 사진기. 촬영기. 【camera】

카메라맨 영화·신문·잡지·방송에서 촬영을 담당하는 사람.【cameraman】

카멜레온 주변의 빛과 온도에 따라 몸 빛깔을 바꿀 수 있으며, 양 눈을 따로따로 움직일 수 있음. 긴 혀를 재빨리 움직여서 곤충을 잡아 먹는 카멜레온과에 딸린 파충류. 【chameleon】

[카멜레온]

카세트 ①녹음할 수 있는, 또는 녹음된 테이프를 감아 담은 작은 갑. ②'카세트 테이프'의 준말.

카스텔라 달걀을 풀어 거품을 내고 밀가루·설탕·기름·향료 등을 넣

어 구워 만든 빵. 【castella】

카스트 인도의 신분 계급 제도. 승려 계급인 '브라만', 귀족과 무사 계급인 '크샤트리아', 평민 계급인 '바이샤', 노예 계급인 '수드라'로 나뉘어 있음. 【caste】

카시오페이아 그리스 신화에 나오는 왕비로, 자기의 아름다움을 자랑하다가 바다 신의 노여움을 사서 딸을 희생 제물로 바치고 하늘에 옮겨져 별자리가 되었다고 함. 【Cassiopeia】

카시오페이아자리 북쪽 하늘에 다섯 개의 별이 W자 모양으로 늘어서 있는 별자리. 북극성을 중심으로 북두칠성과 맞선 위치에 있음.

카우보이 ①목동. ②미국 서부 지방이나 캐나다·멕시코 등의 목장에서 말을 타고 일하는 남자. 【cowboy】

카운슬러 사회적·정서적으로 문제가 있는 사람과 상담을 전문적으로 하는 사람. 【counselor】

카운터 상점에서 돈을 계산하여 주고받는 대. 【counter】

카운트 ①수를 세는 일. 셈. ②운동 경기 등의 득점 계산. ③권투에서, 녹다운 한 경우에 초를 재는 일. -하다. 【count】

카이로 선언 1943년 11월 27일 루스벨트 미국 대통령, 처칠 영국 수상, 장제스 중국 총통이 이집트의 수도 카이로에 모여 회담하고 발표한 공동 선언. 이 선언에서 우리나라의 독립이 약속되었음.

카이저 황제〖사람〗[1859~1941] 빌헤름 2세. 제1차 세계대전을 일으킨 독일의 황제. 전쟁에 지고 1918년 황제 자리에서 물러났음. 【Kaiser 皇帝】

카자흐스탄〖나라〗 중앙아시아의 북부에 있는 나라. 1991년 소련의 해체로 독립국이 되었음. 수도는 아스타나. 【Kazakhstan】

카카오 코코아를 얻기 위해 열대 지방에서 재배하는 늘푸른나무. 씨는 코코아와 초콜릿을 만드는 원료로 씀. 【cacao】

카타르시스 불편하리만큼 마음에 쌓인 감정을 풀어 내어 속이 후련하게 되는 것. ㉠영화를 보며 카타르시스를 느끼다. 【catharsis】

카탈로그 상품 목록이나 영업 내용을 알리기 위해 만든 작은 책자.

카페 커피·차·술·가벼운 음식 따위를 파는 집. 【café】

카페인 커피나 차에 들어 있는 성분으로, 흥분시키거나 소변을 잘 나오게 함. 【caffeine】

카펫 털실로 넓고 두껍게 짠, 방이나 마루의 깔개. 비양탄자. 융단.【carpet】

카폰 자동차 안에서 통화할 수 있는 전화. 【car phone】

카피 ①복사. 복사한 물건. ㉠과제물을 카피하다. ②광고의 문안. -하다. 【copy】

카피라이터 광고의 문안을 작성하는 사람. 【copywriter】

칵 목구멍에 무엇이 걸리거나 입 안에 있는 것을 뱉으려고 힘을 주어 내는 소리. ㉠침을 칵 뱉다.

칵테일 몇 가지 술과 음료를 알맞게 섞어 만든 술. 【cocktail】

칸 ①용도에 따라 일정한 크기나 모양으로 나누어 놓은 공간. ㉠방 한 칸에 여섯 식구가 산다. ②칸의 수나 계단의 층을 세는 말. ㉠층계 세 칸. 열차 두 칸.

칸나 칸나과의 여러해살이풀. 줄기가 굵고 잎은 길고 넓고 크며, 여름과 겨울에 빨강·노랑 꽃이 피는 식물, 또는 그 식물의 꽃. 【canna】

[칸나]

ㅋ

칸델라 광도의 단위로 기호는 cd. 1.0067cd가 1촉임. 【candela】
칸막이[칸마기] 한 공간을 여러 부분으로 나누어 주는 얇은 벽 같은 구조물이나 장치. ×간막이.
칸타빌레 악보의 나타냄말. '노래하듯이'의 뜻. 【cantabile】
칸트〖사람〗[1724~1804] 독일의 철학자. 저서에 〈순수 이성 비판〉〈실천 이성 비판〉〈판단력 비판〉등이 있으며 근대 철학의 아버지로 불리움. 【Kant】
칼 물건을 베거나 써는 데 쓰이는 연장.
칼국수 밀가루를 반죽하여 방망이로 얇게 민 후 가늘게 썰어 만든 국수. 손국수.
칼날[칼랄] 칼의 얇고 날카로운 부분으로 물건을 베는 쪽.
칼데라 화산의 중심부에 생긴, 분화구 모양으로 크게 움푹팬 곳.
칼라 서양 옷에서, 목 둘레에 길게 덧붙여 단 부분. 【collar】
칼로리 열량의 단위. 물 1g의 온도를 1기압에서 1℃ 높이는 데 드는 열량. 기호는 'cal'. 【calorie】
칼륨 은백색의 연한 알칼리 금속원소. 물과 작용하여 수소를 발생시키면서 열을 발하여 폭발음을 내고, 자색의 불꽃을 내며 연소함. 【Kalium】
칼륨 비료 농작물의 뿌리와 줄기를 튼튼하게 하며, 병과 벌레에 잘 견디게 하는 비료.
칼바람 차고 매서운 바람.
칼부림 칼을 함부로 써서 남을 해치는 짓.
칼슘 산에 잘 녹는 은백색의 가벼운 금속 원소. 석회암·뼈·조개껍데기 등의 주성분이 됨. 【calcium】
칼싸움 칼을 가지고 하는 싸움. -하다.

ㅋ

칼자국 칼에 찔리거나 베이거나 하여 생긴 자국.
칼자루 칼의 손잡이 부분.
칼질 칼로 물건을 베거나 깎거나 써는 일. -하다.
칼집[1] 고기나 생선 따위의 요리 재료에 칼로 조금 베어 만든 자국. ㉥생선에 칼집을 내어 굽다.
칼집[2][칼찝] 칼날이 상하지 않도록 칼을 꽂아 넣어 두는 물건.
칼춤 칼을 들고 추는 민속 춤. 검무.
칼칼하다 ①목이 몹시 말라서 물이나 음료를 마시고 싶다. ②목소리가 높고 분명하고 까다롭다. ㉥누나는 칼칼한 목소리로 말했다. ③음식의 맛이 맵고 개운하다. ㉥찌개 국물이 칼칼한 맛이 있다. <컬컬하다.
캄보디아〖나라〗 동남 아시아 인도차이나 반도에 있는 공화국. 주산업은 농업이며 쌀·고무가 많이나고, 옥수수·후추·담배 등을 산출함. 수도는 프놈펜. 【Cambodia】
캄캄하다 ①몹시 어둡다. <컴컴하다. ②희망이 없어 앞길이 까마득하다. ③아무것도 모르다. ㉥세상 물정에 캄캄한 사람. 비어둡다. 반훤하다. ×캉캄하다.
캐나다〖나라〗 북아메리카 북부에 있는 영연방. 니켈·석면·연어·대구·청어 등의 생산고가 세계적임. 수력 발전량이 많아 공업이 발전되어 국민 총생산도 높음. 수도는 오타와. 【Canada】
캐:내다 땅 속에 묻힌 것을 파서 꺼내다. ㉥광산에서 금을 캐내다.
캐:다 ①땅에 묻힌 물건을 파내다. ㉥산에서 약초를 캐다. ②드러나 밝혀지지 않은 사실을 알려고 따지다. ㉥비밀을 캐다.
캐러멜 설탕물을 졸여서 만든 질은 갈색의 사탕. ×카라멜. 【caramel】

캐럴 크리스마스에 부르는 예수의 탄생을 축하하는 내용의 노래. ×캐롤. 【carol】
캐럿 ①보석의 무게의 단위. 1캐럿은 200밀리그램. ②합금 중에 섞인 금의 비율로서, 순금은 24캐럿임. 【carat】
캐릭터 소설·만화·연극 따위에 등장하는 독특한 인물이나 동물의 모습을 그림이나 인형 따위로 나타낸 것. 장난감·문구·아이들의 옷 등에 많이 씀. 【character】
캐:묻다 자세히 묻다. ㉮약속을 어긴 이유를 캐묻다.
캐비닛 서류나 사무 용품을 넣어 두는 철판으로 만든 장. 【cabinet】
캐스터 텔레비전 보도 프로그램의 진행을 맡은 사람, 또는 해설자. ㉮뉴스 캐스터. 【caster】
캐스터네츠 스페인의 타악기. 두 짝의 나무쪽을 손가락에 끼워 마주 때리면서 소리를 냄. 【castanets】
캐시미어 인도의 서북부 캐시미르 지방에서 나는 산양의 털로 짠 피륙. 윤기가 있고 질겨서 담요나 외투감으로 많이 쓰임. 【cashmere】
캐어묻다 어떤 일을 밝히려고, 자꾸 다짐하여 묻다. 자세히 파고들어 묻다. ㊟캐묻다.
캐주얼 옷 따위를 간편하게 입는 일.
캐처 야구의 포수. 㽞피처. 【catcher】
캑캑거리다 목구멍에 무엇이 걸리거나 숨이 막혀서 잇따라 '캑캑' 소리를 내다. 㽥캑캑대다.
캔 음식물을 넣고 꽉 막은 쇠 통. ㉮음료수 캔. 【can】
캔디 사탕. 【candy】
캔버스 유화를 그리는 삼베와 같은 헝겁. 【canvas】
캘리포니아【지명】 미국의 태평양 연안에 있는 주. 지중해식 기후로 농업이 성하며, 미국 유수의 석유·천연 가스의 생산지임. 미국에서 인구가 가장 많고 한국 교포도 가장 많음. 【California】
캘린더 달력. ×카렌다. 【calendar】
캘커타【지명】 인도 동쪽, 갠지스 강 유역에 있는 항구 도시. 인도의 상공업과 금융업의 중심지임. 【Calcutta】
캠퍼스 학교의 건물과 뜰과 정원. 학교 구내 교정. 【campus】
캠페인 사회적·정치적 목적을 위해 조직적으로 행하여지는 운동. ㉮교통 질서 캠페인. 【campaign】
캠프 산이나 들에 지은 임시 막사, 또는 거기서 지내는 생활. 야영하는 일. 【camp】
캠프파이어 야영지에서, 밤에 야영하는 사람들이 모닥불을 피워 놓고 노는 것. 【campfire】
캠핑 산·들·바닷가에서의 천막생활. 야영. −하다. 【camping】
캡슐 ①쓴 약을 담아 흐뜨리지 않게 얇은 막으로 만든 작은 껍데기. ②안에 든 것이 상하지 않도록 밖의 물기·공기·열 따위가 들어오지 못하게 튼튼하고 매끈하게 만든 껍데기. ㉮타임 캡슐. 【capsule】
캡틴 ①스포츠 팀의 주장. ②육군 대위. ③선장. 【captain】
캥거루 캥거루과의 포유동물. 앞다리가 짧고 뒷다리와 꼬리가 길며, 복부에 새끼를 기르는 주머니가 있음.

[캥거루]

커넥터 전기 기구와 전선, 또는 전선과 전선을 연결하여 전기를 통하게 하는 기구. 【connector】
커녕 '그것은 고사하고 도리어'의 뜻을 나타내는 말. ㉮밥은 커녕 물도 못 먹었다.

ㅋ

커닝 시험 중에 몰래 책을 보거나 남의 답안지를 보는 행위를 하는 일. 시험 부정 행위. -하다. ×컨닝. 【cunning】

커:다랗다(커다라니, 커다라오) 매우 크다. 반조그맣다.

커버 덧씌우는 물건. 덮개. 뚜껑. 예 의자에 커버를 씌우다. 【cover】

커브 ①길의 굽은 부분. ②야구에서, 투수가 던진 공이 타자 가까이에서 휘어 들어오는 것. 【curve】

커서 컴퓨터가 명령을 받아들일 준비가 되어 있음을 알리는 것.

커터 자르거나 깍는 데 쓰는 도구.

커트 ①머리카락을 자르는 일, 또는 자른 머리 모양. ②테니스나 탁구에서 공을 옆으로 깍는 듯이 치는 것, 또는 그러한 공. -하다. 【cut】

커튼 햇빛을 가리거나 방 안을 아늑하게 하기 위하여 창문 따위에 치는 휘장. ×커텐. 【curtain】

커플 한 쌍을 이룬 남녀. 【couple】

커피 독특한 향기와 맛이 나며 볶아 갈아서 물에 끓여 차로 마시는 열매, 또는 그 가루. 【coffee】

컨디션 몸이나 마음의 상태. 예컨디션을 조절하다. 【condition】

컨베이어 제품 공장 등에서 재료나 제품 등을 자동적·연속적으로 운반하는 기계 장치. 【conveyor】

ㅋ

컨테이너 화물 수송을 위해 쇠붙이 판으로 일정한 규격으로 만든 큰 상자. 【container】

컨트롤 키 컴퓨터의 기능 키의 하나. 단축키로 사용할 수 있음. 줄여서 'Ctrl'로 씀. 【Control key】

컬러 색채. 빛깔. 천연색. 예컬러 사진. ×칼라. 【color】

컬컬하다 목이 몹시 말라서 시원한 물이나 술 등을 마시고 싶은 생각이 간절하다. >칼칼하다.

컴백 다시 돌아옴. 비복귀. 회복. -하다. 【comeback】

컴컴하다 침침하고 아주 어둡다. 예 방 안이 컴컴하다. >캄캄하다. 센 껌껌하다.

컴퍼스 제도 용구. 선의 길이를 재거나 나누거나, 또는 원을 그리는 데 쓰임. ×콤파스. 【compass】

컴퓨터 전자 장치를 이용하여 복잡한 계산을 하며, 많은 자료를 기억하고, 정보의 정리와 저장·교환 따위를 빠르게 처리하거나 판단 능력이 있는 기계. 【computer】

컵 ①음료를 담아 마시도록 아가리가 크고 속이 깊게 사기나 유리로 만든 그릇. 비잔. ②우승한 단체나 개인에게 상으로 주는 큰 잔 비슷하게 생긴 물건. 예우승 컵. 【cup】

케냐〖나라〗 아프리카 대륙 동부의 적도에 있는 나라. 국토의 대부분이 높이 500m 이상의 고원으로, 지하 자원이 풍부하고 야생 동물이 마음대로 뛰노는 자연 공원이 유명함. 수도는 나이로비. 【Kenya】

케네디〖사람〗[1917~1963] 미국의 제35대 대통령. 댈러스에서 암살되었음. 대통령을 지낸 기간은 1961~1963년임. 【Kennedy】

케이블 여러 개의 전선을 한데 합하여 전기가 안 통하는 물질로 겉을 싼 전선. 【cable】

케이블 카 공중을 건너지른 강철선에 운반차를 달고 사람이나 짐을 나르는 장치. 【cabel car】

[케이블 카]

케이비에스 '한국 방송 공사'를 영어로 줄인 이름. 【KBS】

케이스 물건을 넣어두는 상자나 갑. 예보석 케이스. 【case】

케이에스 마크 한국 공업 규격. 공업 진흥청이 그 제품의 규격을 인정한다는 표시. 【KS】

케이오 녹아웃. 권투 시합에서 상대자를 10초 안에 다시 일어나지 못하도록 때려 눕히는 일. 【KO】

케이크 ①밀가루에 설탕·우유·달걀·기름 따위를 섞어서 구운 빵. ㉠생일 케이크. ②서양식 과자를 통틀어 이르는 말. 【cake】

케임브리지〖지명〗 영국의 중심에 있는 도시. 케임브리지 대학이 있는 곳으로 유명함. 【Cambridge】

케첩 소스의 한 가지. 토마토·양송이·호두 따위를 갈아서 거른 다음, 설탕·소금·식초·향신료를 섞어 졸여서 만든 서양식 양념. ×케찹. 【ketchup】

케케묵다 일이나 물건이 매우 오래 묵어서 그리 쓸모가 없다. ㉠케케묵은 책.

켄트지 그림·제도·인쇄용으로 쓰이는 종이. 【Kent紙】

켕기다 ①팽팽하게 되다. ②마음에 거리끼다. ㉠친구를 고자질해서 켕기다.

켜다[1] ①불을 붙여 밝게 하다. ②기지개를 하다. ③톱으로 나무를 세로로 썰다. ㉠나무를 켜다.

켜다[2] 바이올린·첼로 등의 줄을 활로 문질러서 소리를 내다. ㉠나는 바이올린을 켤 줄 안다.

켤레 신·버선 등의 두 짝으로 된것의 한 벌로 세는 단위. ㉠양말 한 켤레.

코[1] 척추 동물의 오관의 하나. 숨을 쉬고 냄새를 맡고, 소리를 내는 데에도 관계됨.

코[2] 그물이나 뜨개질의 끈이나 실을 꿰는 매듭. ㉠스웨터의 코가 풀리다.

코끝 코의 가장 높은 데.

코끼리 육지에서 사는 동물 중 제일 큰 짐승. 인도·타이·미얀마 등에서 사는 인도 코끼리와 아프리카에 사는 아프리카 코끼리가 있음. 코끼리의 기다란 코는 짐승을 쓰러 뜨리거나 물이나 먹이를 입에 넣거나 나무를 뽑는 데 쓰임.

[코끼리]

코너 ①구석이나 모퉁이. ②백화점 등에서 일정한 자리를 차지하고 장사를 하는 작은 상점. ㉠스포츠 용품 코너. 【corner】

코너 킥 축구에서, 수비측이 자기네 골 라인 밖으로 공을 내 보냈을 때에 공격 측이 코너에 공을 놓고 차는 일. 【corner kick】

코드 전등이나 작은 전기 기구에 쓰이는 전선. 【cord】

코딱지 콧구멍에 먼지와 콧물이 섞여 말라 붙은 것.

코뚜레 소의 코청을 꿰뚫어 끼는 고리 모양의 나무. 다 자란 송아지의 고삐를 매는 데 씀. ㉥쇠코뚜레.

코란 이슬람교의 성전. 마호메트가 신의 계시를 받아 적었다는 글로, 종교를 믿는 사람들의 생활 방법과 지켜야 될 일이 114장에 걸쳐 기록되어 있음. 코란경. 【Koran】

코러스 ①합창. ②합창곡. ③합창단. 【chorus】

코르크 코르크참나무의 겉껍질과 속껍질 사이의 두꺼운 껍질. 가볍고 탄력성이 있어 병마개·보온·방음 등 여러 곳에 씀. 【cork】

코리아 한국. 대한 민국. 【Korea】

코맹맹이 코가 막혀서 말소리를 제대로 내지 못하는 사람, 또는 그런 소리.

코미디 희극. 우스운 짓. ㉥개그. -하다. ×희곡. 【comedy】

코미디언 희극 배우. ㉥개그맨.

코바늘 뜨개질을 할 때 쓰이는 끝이 갈퀴 모양으로 된 바늘. ㉥귀바늘.

코발트 잘 녹슬지 않으며 흰빛이 나고, 합금을 만드는 데에 자주 쓰이는 금속 원소. 【cobalt】

코브라 코브라과의 뱀을 통틀어 이르는 말. 적을 위협할 때 몸의 앞 부분을 세워 목부분을 국자 모양으로 만드는 종류의 뱀. 독을 가지고 있음.

[코브라]

코빼기 '코'의 낮춤말. ㉠코빼기도 볼 수 없다.

코뿔소 코에 뿔이 있는 소. 코끼리 다음으로 큰 짐승. 무소.

[코뿔소]

코소보〖지명〗 발칸 반도에 있는 세르비아의 독립된 한 주. 【Kosove】

코스 ①방향. 진로. ②경주 등에서 선수가 나아가는 길. 【course】

코스모스 국화과의 한해살이풀. 높이는 1~2m. 잎은 가늘게 깃모양으로 갈라졌으며. 가을철에 분홍·하양·자주빛의 꽃이 핌.

[코스모스]

코알라 머리는 곰과 비슷하고, 주로 나무 위에서 지내는 오스트레일리아의 젖먹이 짐승. 새끼를 배에 있는 주머니에 넣어 키우다가 조금 크면 등에 업고 기름.

[코알라]

코앞[코압] ①아주 가까운 곳. ②아주 가까운 미래. ㉠시험이 바로 코앞에 닥쳐왔다.

코웃음[코우슴] 비웃는 뜻으로 콧소리로 '흥'하며 가볍게 웃는 웃음.

코일 나사 모양이나 원형으로 여러 번 감은 전선. 【coil】

코주부 코가 큰 사람. ×코보.

코치 운동의 기술 등을 지도·훈련시키는 일, 또는 그 사람. ㉠농구 코치. -하다. 【coach】

코카인 '코카'라는 식물의 잎에 들어 있는 성분. 흰 가루로 만들어 마취제로 씀. 마약임. 【cocaine】

코코아 열대 지방에서 나는 카카오 나무 열매의 가루를 더운물에 탄 음료. 【cocoa】

코트[1] 테니스·농구·배구 등의 경기장. 【court】

코트[2] 양복의 저고리, 또는 외투.【coat】

코팅 물체의 겉면을 비닐 따위의 엷은 막으로 씌우는 일. -되다. -하다. 【coating】

코펜하겐〖지명〗 덴마크의 수도. 북부 유럽에서 제일 큰 도시로 무역과 조선업이 성함.

코펠 등산용 취사 도구.

코피 코 안에서 나오는 피.

코흘리개 ①콧물을 잘 흘리는 아이를 놀림조로 이르는 말. ②철없는 어린아이를 이르는 말.

콕[1] 관 속을 통과하는 물이나 가스 따위의 양을 조절하거나 멈추게 하기 위한 장치. 【cock】

콕[2] ①뾰족한 작은 물건으로 한 번 세게 찌르거나 찍는 소리나 모양. ㉠바늘로 콕 찌르다. ②깊숙히 들어가 박혀 있는 모양. ㉠방 안에 콕 박혀있다. <쿡.

콕콕 자꾸 콕 찌르거나 쪼거나 찍는 모양. ㉠참새가 벼 이삭을 콕콕 쪼다. <쿡쿡.

콘덴서 전기를 잠깐 동안 모아 두는 장치. 【condenser】

콘도미니엄 부엌 도구를 비롯한 기본적인 살림 도구를 갖추어 한 가족이 묶어 가기 편하게 만든 휴양

지의 호텔. ㉾콘도.【condominium】

콘사이스 휴대용 사전. 소형 사전.

콘서트 ①음악회. 연주회. ②연주 단체. 【concert】

콘센트 옥내 배선에서 실내에 사용하는 코드를 접속하기 위해 쓰이는 전기 기구. ※영어 'concentic plug'에서 온 말.

콘크리트 시멘트에 모래와 자갈등을 섞어 물에 반죽하여 굳힌 것. 집 짓는 데 많이 쓰임. 【concrete】

콘택트 렌즈 렌즈를 눈동자에 직접 붙일 수 있게 만든 안경.

콘테스트 ①서로 겨룸. 경쟁. ②선발 대회. 【contest】

콜더〖사람〗[1898~1976] 미국의 추상 조각가. 움직이는 조각인 모빌의 창시자로 널리 알려졌음. 대표 작으로 〈강철 물고기〉〈새우와 물고기의 꼬리〉 등이 있음.【Calder】

콜라 독특한 향과 탄산과 단 물질을 넣은 짙은 갈색의 음료. ※상표 'coca-cola(코카 콜라)'에서 온 말.

콜럼버스〖사람〗[1451~1506] 아메리카 대륙을 발견한 이탈리아의 탐험가이며 항해가. 【Columbus】

콜레라 콜레라균이 창자에 침입해 일으키는 급성전염병. 열이 몹시 나고 설사를 하며 토한 끝에 죽게 되는 무서운 병임. 【cholera】

콜로세움 로마에 있는 옛 원형 경기장. 【Colosseum】

콜록거리다 작은 기침 소리를 자꾸 내다. ㉾먼지 때문에 아이들이 콜록거리다. ㉥콜록대다. <쿨룩거리다.

콜록콜록 입을 오무리고 가슴으로부터 연달아 내는 작은 기침 소리. <쿨룩쿨룩.

콜롬보〖지명〗 스리랑카의 수도. 인도 항로의 중심지이며 차·고무 등을 수출함.

콜롬비아〖나라〗 남아메리카의 북서부에 있는 공화국. 세계 제2의 커피 산지이며, 옥수수·담배 등을 산출함. 수도는 보고타.【Colombia】

콜콜 곤하게 깊이 자면서 숨을 쉬는 소리. <쿨쿨.

[콤바인]

콤바인 수확과 탈곡을 아울러 할 수 있는 농업 기계.【combine】

콤비 ①무슨 일을 하는 데 있어서의 단짝. ②윗옷과 바지가 무늬나 빛깔이 서로 다른 천으로 된 남자 양복. ※영어 'combination'에서 온 말.

콤비나트 같은 종류의 공장을 한 곳에 모은 공장의 집단.

콤플렉스 ①억압되어 있는 의식속에 잠겨 있는 관념. 강한 감정과 연결되어 모든 순간에 의식적인 행동을 방해하거나 촉진함. ②자기가 남보다 못하다고 느끼는 괴로운 감정. ㉥열등감. 【complex】

콧구멍[코꾸멍] 코의 두 구멍.

콧날[콘날] 콧등의 날카로운 줄. ㉾콧날이 오뚝하다.

콧노래[콘노래] 기분이 좋아 흥겨울 때 콧소리로 부르는 노래.

콧대[코때] 코 끝에서 두 눈 사이까지의 불룩한 부분. ㉾콧대가 높다.

콧등[코뜽] 코의 등성이.

콧물[콘물] 콧구멍에서 흐르는 끈끈한 액체.

콧방귀[코빵귀] 대수롭지 않거나 비웃을 때 코로 나오는 숨을 막았다가 터뜨리면서 내는 소리. ㉾언니는 내 말에 콧방귀를 뀌었다.

콧소리 ①콧구멍으로 나오는 소리. 비성. ②코 안을 울리면서 내는 소리.

콧속[코쏙] 콧구멍의 속.

콧수염 코 아래에 난 수염.

콧잔등[코짠등] 두 눈 사이에서 조금 아래, 코뼈가 있는 부분. [예]콧잔등에 땀이 맺히다.

콩 콩과의 식물. 된장·두부의 원료가 됨.

콩가루[콩까루] 콩을 빻아서 만든 가루.

콩고〖나라〗 아프리카의 중서부에 있는 나라. 적도가 지나고 있으며, 땅콩·목재·석유·금·다이아몬드 따위가 많이 남. 수도는 브라자빌. 【Congo】

콩국수 콩국에 밀국수를 말아 소금으로 간을 한 음식.

콩기름 콩에서 짜낸 기름.

콩깍지 콩을 떨어 낸 껍질.

콩꼬투리 콩알이 들어 있는 콩의 꼬투리. '꼬투리'는 콩알을 싸고 있는 껍질임.

콩나물 콩을 시루 따위의 구멍이 있는 그릇에 담아 그늘에 두고 물을 주어 뿌리를 내리게 한 먹을거리, 또는 그것을 삶아 무친 나물.

콩닥콩닥 놀라서 가슴이 자꾸 세게 뛰는 모양. [예]가슴이 콩닥콩닥 뛰다. <쿵덕쿵덕.

콩당콩당거리다 심리적인 충격을 받아 가슴이 자꾸 세게 뛰다. [예]시험을 앞두고 가슴이 콩당콩당거리다. [비]콩당콩당대다.

콩물 불린 콩을 갈아 거른 물.

콩밥 ①쌀에 콩을 섞어 지은 밥. ② '죄수가 먹는 밥'의 속된말.

콩밭 콩을 심어 가꾸는 밭.

콩알 콩의 낱알.

콩자반 콩을 간장에 끓여서 설탕을 넣고 바싹 조린 반찬.

콩주머니 콩을 넣어 만든 주먹만 한 주머니. 이것을 던져 박을 터트리는 놀이를 하기도 함.

콩쥐팥쥐〖책명〗 지은이와 지은 연대를 모르는 조선 시대의 한글소설. 신데렐라와 비슷한 이야기로, 계모의 학대를 그렸음.

콩콩 단단한 바닥이나 벽에 작고 단단한 물체가 자꾸 떨어지거나 부딪쳐 나는 소리. <쿵쿵.

콩쿠르 음악·무용·연극 등의 재주를 서로 견주는 일. 경연회. [예]피아노 콩쿠르. 【concours】

콩트 짧은 단편 소설. 【conte】

콩팥 오줌을 걸러 내는 기관. 핏속에서 남는 수분과 쓸데없는 물질을 걸러 내어 오줌보로 보냄. [비]신장.

콱콱 ①갑자기 세차게 빨리 여러 번 행동하는 모양. [예]발로 흙을 콱콱 밟다. ②매우 자주 심하게 막히는 모양. [예]더위에 숨이 콱콱 막히다.

콸콸 많은 양의 액체가 급하고 세차게 흐르는 소리. [예]수돗물이 콸콸 나오다.

쾅쾅 단단하고 무거운 물건이 세게 부딪쳐 여러 번 울리는 큰 소리. [예]문을 쾅쾅 치다. [여]꽝꽝.

쾌감 기쁜 마음. 상쾌하고 즐거운 느낌. [준]쾌. 【快感】

쾌거 매우 기쁘고 칭찬할 만한 일. 통쾌한 행동. [예]마라톤에서 금메달을 따는 쾌거를 이루었다.

쾌남아 쾌활하고 시원스러운 남자.

쾌락 기분이 좋고 즐거움. [반]고통. -하다. 【快樂】

쾌속선 속도가 매우 빠른 배.

쾌유 병이 개운하게 다 나음. -하다.

쾌적 몸과 마음에 알맞아 기분이 썩 좋음. -하다. 【快適】

쾌청 날씨가 좋음. -하다. 【快晴】

쾌활 싹싹하고 활발함. [예]쾌활한 성격. -하다. -히.

쾌히 시원스럽게. 거침없이. [예]쾌히 승락하다.

쿠당탕탕 사람이 마루나 계단에서 뛰거나 물건이 쓰러질 때 나는 소리.

쿠데타 무력이나 좋지 않은 방법으로 정권을 빼앗으려 하는 기습적인 정치 행동. 【coup d' tat】

쿠바【나라】 서인도 제도에서 가장 큰 섬나라로 공산 국가임. 스페인어를 사용하며 천주교를 믿음. 사탕수수·바나나·담배의 명산지임. 수도는 아바나. 【Cuba】

쿠베르탱【사람】[1863～1937] 근대 올림픽 경기를 부흥시킨 프랑스의 체육가. 교육자. 남작. 올림픽의 부활을 계획하여 1896년에 그리스의 아테네에서 제1회 대회를 여는데 성공하였으며, 문화 공로자로 노벨상을 받았음. 【Coubertin】

쿠션 몸을 편하게 기대거나 받치는 데 쓰는 푹신푹신한 물건. 【cushion】

쿠오레【책명】 이탈리아의 아미치스가 지은 아동 문학 작품. 엔리코라는 초등 학교 4학년 어린이와 자기 아들의 교육을 위해서 온 정성을 기울이는 아버지와의 사이에 가정과 학교를 배경으로 벌어지는 갖가지 이야기를 일기체로 나타내었음. 우리 나라에서는 〈사랑의 학교〉로 변역되었음. 【Cuore】

쿠웨이트【나라】 중동 페르시아만 북서쪽에 있는 나라. 국민의 대부분은 아랍인이며, 석유의 매장량이 많음. 수도는 쿠웨이트. 【Kuwait】

쿠키 물기가 적게 만든 서양식 과자. '과자'로 순화됨. 【cookie】

쿠폰 한 장씩 떼어서 쓸 수 있게 만든, 상품 구입 또는 할인 딱지. 【coupon】

쿡 뻬죽한 것으로 갑자기 한 번 세게 찌르거나 박는 모양. [예]친구의 옆구리를 쿡 질렀다. 〉콕. [센]꾹.

쿡쿡 뻬죽한 것으로 갑자기 여러 번 세게 찌르거나 박는 모양. [예]손가락으로 배를 쿡쿡 찌르다. 〉콕콕. [센]꾹꾹.

쿨룩쿨룩 가슴 속 깊은 곳에서 목구멍으로 거칠고 힘겹게 터져 나오는 기침 소리. 〉콜록콜록.

쿨쿨 곤하게 깊이 잠들었을 때 크게 숨쉬는 소리. [예]쿨쿨 코를 골다. 〉콜콜.

쿵 ①단단하고 무거운 물건이 세게 부딪쳐 크게 울리는 소리. [예]아파트의 현관문이 쿵 닫혔다. ②멀리서 대포나 폭발물이 터지는 소리. 〉콩. [센]꿍.

쿵더쿵 무거운 것이 떨어질 때 나는 소리.

쿵덕쿵덕 꽤 무거운 물건 또는 방앗공이 따위가 떨어져서 크게 울리는 소리. 〉콩닥콩닥.

쿵작작 작은북 따위를 박자에 맞추어 막대기로 두드리는 소리. [예]쿵작작 북을 치다.

쿵쾅 ①마룻바닥을 세게 밟으며 걷거나 뛸 때 울리는 소리. ②크고 작은 북소리나 폭발하는 소리가 시끄럽게 뒤섞이며 나는 소리.

쿵쾅거리다 ①발로 바닥을 세게 구르며 걷거나 뛰다. ②놀라서 가슴이 마구 세게 뛰다. [반]쿵쾅대다.

쿵쾅쿵쾅 ①발로 마룻바닥을 세게 여러번 구를 때 울리는 소리. ②놀라거나 당황하여 가슴이 몹시 뛰는 모양.

쿵쿵 단단하고 무거운 물건이 세게 부딪쳐 울리는 소리. 〉콩콩.

퀭하다 눈이 쑥 들어가서 커지고 기운이 없다. [예]잠을 못 자서 눈이 퀭하다.

퀴리 부부【사람】 폴란드 출신의 물리학자 마리 퀴리와 프랑스의 물리학자 피에르 퀴리. 우라늄으로부터 라듐·폴로늄을 발견하여 1903년에 공동으로 노벨 물리학상을 받음. 마리 퀴리는 1911년에 노벨 화학상을 받았음. 【Curie 夫婦】

퀴즈 물음을 알아맞히는 놀이, 또는 그 물음. 【quiz】

퀴퀴하다 습한 곳에 오랫동안 배어 있는 냄새가 비위에 거슬릴 정도로 무척 나쁘다. ㉮방에서 퀴퀴한 냄새가 나다. >쾨쾨하다.

큐피드 로마의 신화에 나오는 사랑의 신. 【Cupid】

크기 큰 정도. ㉮주먹만한 크기의 사과.

크나크다 매우 크다. ㉮크나큰 부모님의 사랑.

크낙새 딱따구리과의 새. 몸 빛깔은 흑색. 우는 소리가 크고 주둥이로 나무를 쪼는 소리가 요란함. 천연기념물 제 197호.

[크낙새]

크다 ①부피·넓이·길이·키 따위가 보통을 넘다. ②수, 또는 수량이 많다. ㉮6은 5보다 크다. ③죄나 잘못 따위가 무겁고 심하다. ㉮너의 잘못이 더 크다. 반작다.

크래커 단맛이 나지 않는 얇고 딱딱하고 짭짤한 과자. 【cracker】

크레디트 카드 회원에게 상품이나 서비스 대금을 뒷날 받기로 하는 것을 증명하는 플라스틱 딱지. 신용 카드. 【credit card】

ㅋ

크레용 그림을 그릴 때 색깔을 내는 데 쓰이는 재료. 【crayon】

크레인 무거운 물건을 들어올리거나 옮기는 데 쓰이는 기계 장치. 기중기. 【crane】

크레졸 비눗물 크레졸 50%를 포함한 비눗물. 살갗·변소·쓰레기통 등의 소독에 쓰임.

크레파스 그림을 그리는 재료의 한 가지. 크레용보다 색의 효과가 큼.

크로노스 그리스 신화에 나오는 농사와 계절의 신. 제우스의 아버지였으나, 자기의 자리를 잃을까 봐 자식들을 잡아먹다가 제우스에게 죽음을 당하였다고 함. 【Kronos】

크롬 희고 반들거리는 단단한 금속 원소. 도금이나 합금 재료로 널리 쓰임. 【Chrom】

크리스마스 예수 그리스도가 탄생한 날로 12월 25일. 성탄절. 성탄일.

크리스마스 실 결핵을 치료하고 예방하는 데 쓰기 위한 돈을 마련하기 위하여 크리스마스 전후에 발행되는 딱지. 【Christmas seal】

크리스마스 이브 크리스마스 전날 밤. 12월 24일 밤. 【Christmas Eve】

크리스마스 캐럴 크리스마스를 축복하는 찬송가. 【Christmas carol】

크리스마스 트리 크리스마스에 장식으로 세우는 나무. 전구·종·촛불·별 등을 달아 아름답게 꾸며서 세움. 【Christmas tree】

크리스천 크리스트교를 믿는 사람을 이르는 말. 【Christian】

크리스털 ①수정. 수정 제품. ②크리스털 글라스. ③결정. 결정체. ④원자가 규칙성을 가지고 배열된 고체 물질. 【crystal】

크리스트교 예수 그리스도가 창시한 종교. 그리스도의 신앙과 사랑을 따름으로 영혼의 구원을 얻음을 목적으로 함. 기독교.

크림 우유에서 뽑아 낸 노르무레한 지방질. 버터나 양과자의 원료나 요리에 쓰임. 【cream】

크림 전쟁 터키가 영국·프랑스 등의 원조로 1853년에서 1856년까지 크림 반도에서 러시아와 싸운 전쟁. 러시아는 패하고, 터키도 큰 피해를 입었음.

큰가시고기 몸빛은 반짝이는 누런색이고 새끼를 열심히 보호하는 작은 민물고기.

큰개자리 오리온자리의 동쪽에 있어 늦겨울 해질녘에 남쪽 하늘에 보이는 별자리.

큰골 골 중에서 주로 생각하고·외우고·명령을 내리고·보고·듣고 하는 일 등을 맡아하는 부분. 골의 대부분을 차지함. 대뇌.
큰곰자리 북두칠성을 포함하는 큰별자리. 북두칠성은 이별자리의 꼬리와 허리에 해당함.
큰기침 남에게 위엄을 보이거나 또는 자기 마음을 가다듬기 위하여 소리를 크게 내어 하는 기침. 반잔기침. -하다.
큰길 넓은 길. 대로(大路).
큰달 한 달의 날의 수가 31일인 달. 반작은달.
큰댁 아우나 그 자손이 맏형이나 그 자손의 집을 높여 이르는 말. 비큰집. 반작은댁.
큰돈 많은 돈.
큰따옴표 남이 한 말의 시작과 끝을 표시하는 문장 부호. “ ”로 나타냄.
큰딸 딸 중의 맏이. 비맏딸. 장녀.
큰맘 힘들게 하는 결심. 예큰맘 먹고 옷을 사다.
큰며느리 큰아들의 아내. 비맏며느리.
큰물 비가 많이 와서 내나 강이 크게 불은 물. 홍수.
큰병 낫기가 힘든, 심한 병.
큰북 나무나 쇠붙이로 만든 커다란 원통의 양쪽에 가죽을 팽팽하게 대고 북채로 쳐서 소리를 내는 북.
큰불 크게 일어난 불. 큰 화재.
큰비 오래도록 많이 오는 비.
큰소리 ①목청을 크게 하여 내는 소리. 예큰소리로 말해라. ②야단치는 소리. ③일이 될지 안 될지 모르면서 자신 있게 하는 말.
큰소리치다 ①큰 소리로 말하다. ②자신있게 말하다. 장담하다.
큰수술 위험하여 힘이 많이 드는 수술.
큰스님 덕이 매우 높은 스님.

큰아기[크나기] 한 집의 맏딸, 또는 다 자란 딸.
큰아들[크나들] 아들 중의 맏이. 비맏아들. 장남.
큰아버지[크나버지] 아버지의 맏형. 백부. 반작은아버지.
큰악절[크낙쩔] 2개의 작은 악절로 이루어진 악절. 보통 8소절 또는 12소절로 이루어짐. 반작은악절.
큰어머니 큰아버지의 아내. 백모. 반작은어머니.
큰일[크닐] ①힘이 많이 들고 범위가 넓은 일. ②감당하기 어려운 일. 큰 탈. ③큰 예식이나 잔치를 치르는 일. 예큰일을 치르다. 비대사. 반잔일.
큰일나다[크닐나다] 다루기 힘든 일이나 어려운 일이 생기다.
큰잔치 어떤 일을 축하하기 위해 아주 많은 사람들이 모여 벌이는 잔치.
큰절 가장 존경하는 예를 갖출 때 하는 절.
큰집 아우나 그 자손이 ‘맏형이나 그 자손의 집’을 이르는 말. 비큰댁. 반작은집.
큰창자 작은 창자의 끝으로부터 항문에 이르는 소화 기관. 길이는 1.5m 가량됨.
큰키나무 줄기가 굳고 굵으며 높이 자라고 비교적 위쪽에서 가지가 퍼지는 나무〔감나무·느티나무·소나무 따위〕.
클라리넷 목관악기의 하나. 음색의 변화가 많고 부드러움.

[클라리넷]

클라이맥스 흥분·긴장·감정 등이 최고점에 이른 상태. 또는 그 장면.
클래식 ①고전적. 전형적. ②서양의 고전 음악. 예클래식 음악.【classic】

클럽 ①취미·오락 등의 같은 목적으로 모인 사람들의 단체. (예)펜 클럽. ②골프 채. 【club】
클로버 토끼풀. 【clover】
클릭 컴퓨터에서, 마우스의 단추를 누르는 것. -하다. 【click】
클립 종이나 서류 따위를 묶음으로 끼우는 철사로 된 기구. 【clip】
큼지막하다[큼지마카다] 꽤 큼직하다. (예)큼지막한 구멍.
큼직큼직하다[큼직큼지카다] 여럿이 다 큼직하다. (예)이목구비가 큼직큼직하다.
큼직하다[큼지카다] 꽤 크다. (예)형은 등에 큼직한 점이 있다.
킁킁 냄새를 맡아 보는 소리나 모양. (예)개가 킁킁 냄새를 맡다.
킁킁거리다 자꾸 킁킁하는 소리를 내다. (예)코를 킁킁거리며 말하다.
키[1] ①선 몸의 길이. [비]신장. ②물건의 높이.
키[2] 배의 방향을 조절하는 기구. (예)키를 잡다.
키[3] 곡식 따위를 까불러 쭉정이·티끌·검부러기 등을 골라 내는 그릇.

[키[3]]

키[4] ①열쇠. ②어떤 문제를 해결할 수 있는 열쇠. 【key】
키다리 키가 큰 사람의 별명. (예)키다리 아저씨. [반]난쟁이.
키득거리다 억지로 참는 웃음이 조금씩 터져 나오다. (예)아이들이 선생님을 보고 키득거리다.
키보드 ①컴퓨터의 글자판. 자판. ②피아노 따위의 건반. 【keyboard】
키스 사랑의 표시로 입술을 대는 것. [비]뽀뽀. 입맞춤. -하다. 【kiss】
키우다 크게 하다. 자라게 하다. (예)나무를 키우다.
키위 과일의 한 가지. 중국이 원산이며 뉴질랜드에서 개량된 덩굴식물의 열매. 거죽은 녹갈색이며, 잔털이 있음. 【kiwi】
키읔[키윽] 한글의 닿소리 글자인 'ㅋ'의 이름.
키질 키로 곡식 등을 까부르는 짓.
킥 보드 길고 좁은 판에 바퀴 손잡이·브레이크가 달려 있어 발로 땅을 차면 굴러가는 탈 것. 【kickboard】
킥킥거리다 억지로 참는 웃음을 조금씩 터뜨리다. [비]킥킥대다.
킬로 천의 뜻으로, 미터법의 기본 단위 이름 앞에 붙어 그 1,000배의 단위를 나타냄. 【kilo】
킬로그램 미터법에 따른 질량의 기본 단위. 기호는 'kg'으로 표시함. 1kg은 1,000g임. 【kilogram】
킬로미터 미터법의 길이 단위의 한 가지. 기호는 'km'로 표시함. 1km는 1,000m임. 【kilometer】
킬로와트 전기의 세기를 나타내는 단위. 1와트의 천 배. 기호는 'kw'로 표시함. 【kilowatt】
킬리만자로 아프리카 대륙의 탄자니아와 케냐의 국경에 있는 산. 아프리카에서 가장 높으며 화산임. 정상에는 항상 눈이 쌓여 있으며, 높이는 5,895m임. 【Kilimanjaro】
킬킬거리다 억지로 참으려다가 참지 못하고 입 속으로 조금씩 웃다. [비]킬킬대다.
킹조지 섬 남극에 있는 섬. 비교적 기후 조건이 좋아 남극의 낙원이라 불림.
킹킹거리다 어린아이가 울음 섞인 소리로 응석을 피우거나 무엇을 달라고 계속해서 조르다.

ㅌ (티읕[티읃]) 한글 닿소리(자음)의 열두째 글자.

타 남. 다른 사람. 예 반장은 타의 모범이 되어야 한다. 비 타인. 【他】

타:개 얽히고 막혀 있는 일을 잘 처리함. -하다. 【打開】

타:격 ①손해. 손실. 예 비 피해로 농가가 큰 타격을 받았다. ②세게 때리는 것. 예 주먹으로 상대방의 턱에 타격을 가하다. ③야구에서, 투수가 던지는 공을 배트로 침. 배팅. -하다. 【打擊】

타:결 여럿 사이에 생긴 문제를 서로의 의논으로 해결하는 것. 예 노사 분규가 타결되다. -되다. -하다. 【妥結】

타계 어른이나 높은 사람의 죽음. 예 마라토너 손기정옹이 타계하다. 비 별세. -하다. 【他界】

타고나다 복·재주·성격 따위를 날 때부터 지니고 나다. 예 타고난 성격은 잘 고쳐지지 않는다.

타고르〖사람〗[1861~1941] 인도의 유명한 시인·사상가. 종교와 문학에 뛰어났음. 시집 〈기탄잘리〉로 세계적인 시인이 되어 동양에서는 최초로 1913년 노벨문학상을 받음. 우리 나라를 '동방의 등불'이라고 한 것으로도 유명함. 【Tagore】

타:구 야구에서, 배트로 공을 치는 일, 또는 그 공. 【打球】

타국 남의 나라. 예 타국에 계신 아버지. 비 외국. 반 고국. 본국. 【他國】

타다[1] ①불이 붙다. 예 산에 불이 나 나무들이 다 타버렸다. ②가슴 속에 불이 붙는 듯하다. 예 속이 타다. ③살갗이 햇볕에 몹시 그을어 거멓게 되다. 예 얼굴이 타다.

타다[2] ①몸을 싣다. 예 버스를 타다. ②때를 이용하다. 예 시대를 타다. ③얼음 위를 미끄러져 닫다. 예 썰매를 타다.

타다[3] 많은 양의 액체에 적은 양의 액체나 가루 등을 섞다. 예 물에 설탕을 타다.

타다[4] 돈이나 상 등을 받다. 예 상을 타다.

타다[5] ①머리를 갈라 가리마를 내다. ②박 등을 두 쪽으로 가르거나 쪼개다.

타다[6] 악기를 튕겨 소리를 내다. 예 가야금을 타다.

타다[7] 부끄러움이나 간지럼을 쉽게 느끼다. 예 나는 간지럼을 많이 탄다.

타다[8] 무엇의 영향을 잘 받다. 예 추위를 많이 타다.

타:당 형편이나 이치에 마땅함. -하다. 【妥當】

타:도 못된 세력을 쳐서 거꾸러뜨리거나 쳐부수는 것. -하다. 【打倒】

타:락 품행이 바르지 못하여 나쁜 곳에 빠짐. -하다.

타래 실·고삐 같은 것을 감아서 틀어 놓은 것, 또는 그렇게 묶은 분량의 단위. ㉠실 한 타래.

타:력 야구에서, 타자가 공을 때리는 힘이나 능력. 【打力】

타:령 ①조선 시대 음악 곡조의 한 가지. ②광대의 판소리나 잡가를 함께 이르는 말. ㉠방아 타령. ③어떤 것에 대해 자꾸 이야기하거나 뇌까리는 일. ㉠돈 타령. -하다.

타르 목재·석탄·석유 따위를 태울 때 생기는 화학 물질. 담배 연기 속에도 들어 있는데, 니코틴과 함께 폐암 등을 일으키기도 함. 【tar】

타:박 남의 허물을 가리켜 자주 괴롭히며 나무라는 것. ㉠할머니는 음식 타박을 심하게 하신다. 비나무람. -하다.

타:박상 맞거나 부딪쳐서 생긴 상처.

타박타박 지친 다리로 힘없는 발걸음을 천천히 떼어 놓는 모양. <터벅터벅.

타:산 이익과 손해를 셈하여 봄. ㉠이해 타산. -하다. 【打算】

타산지석 비록 보잘것없고 직접 자기에게 관계가 없는 것 같은 남의 의견이나 일도 자기에게 도움이 될 수 있다는 것. 【他山之石】

ㅌ

타살 남이 죽임, 또는 그러한 죽음. 반자살. -되다. -하다.

타:석 야구에서, 타자가 투수가 던지는 공을 치기 위하여 서는 장소.

타:선 야구에서, 1번 타자부터 9번 타자까지의 공격하는 선수들의 차례. 【打線】

타:성 오래 되어 굳어진 버릇. ㉠타성에 젖은 행동. 【惰性】

타:수 야구에서, 타자가 공을 친 횟수 ㉠3타수 2안타.

타:악기 손이나 채로 두드리거나 서로 부딪쳐서 소리내는 악기를 통틀어 이르는 말〔북·징·탬버린 따위〕. 【打樂器】

타오르다(타올라, 타올라서) 불이 붙어 타기 시작하다.

타:원형 길쭉하게 둥근 모양. 달걀 모양. 【楕圓形】

타월 수건. 【towel】

타:율 야구에서, 타격수에 대한 안타 수의 비율. 타격률. ㉠3할 2푼의 타율을 기록하다.

타율적 자기 스스로 판단하여 하지 못하고 다른 사람의 명령이나 지시에 따라 행동하는 것.

타의 자기의 뜻이 아닌 남의 뜻. 반자의. 【他意】

타이[1] ①'넥타이'의 준말. ②'타이 스코어'의 준말. 비동점. 【tie】

타이[2]〖나라〗 인도차이나 반도의 중앙부에 있는 왕국. 타이 왕국의 90% 이상이 불교도임. 쌀·티크·주석이 이 나라의 3대 산물임. '태국'이라고도 함. 수도는 방콕. ※타이는 'Thailand'에서 온말.

타이르다(타일러, 타일러서) 사물의 이치를 밝혀 알아듣도록 말하다.

타이밍 가장 좋은 결과를 얻기 위해 정한 시간. ㉠무슨 일이든지 타이밍을 맞추는 것이 중요하다. 【timing】

타이어 차바퀴의 바깥 둘레에 끼는 쇠, 또는 고무로 만든 태. 고무로 된 것은 보통 그 속에 튜브를 넣음. 【tire】

타이완〖나라〗 중국 남동쪽에 있는 섬나라. 중국의 국민당 정부가 1949년에 중국 본토를 떠나 이 곳으로 옮겨왔음. 벼·사탕수수 등이 많이 나고, 반도체 공업이 발달하였음. '대만'이라고도 함. 수도는 타이베이. 【Taiwan】

타이타닉호 1922년 4월 14일 밤에

뉴펀들랜드 남방의 북대서양 해상에서 침몰한 영국의 여객선.

타이틀 ①제목. 책 이름. ②선수권. ㉠타이틀 방어. 【title】

타이틀 매치 스포츠의 개인 경기에서, 선수권을 걸고 벌이는 경기. 반 논타이틀 매치. 【title match】

타이프라이터 ⇨타자기.

타이피스트 타자기로 글자를 찍는 일을 하는 사람. 타자수. 【typist】

타인 다른 사람. 남. 【他人】

타일 점토를 구워서 만든 얇은 판. 벽이나 바닥에 붙이는데, 색깔이 여러 가지임. 【tile】

타임 ①때. 시간. ②운동 경기에 걸리는 시간. ③운동 경기 중에 일시 중지하는 시간. 【time】

타임 머신 사람을 과거나 미래로 데려 갈 수 있다는 공상의 기계.

타임아웃 운동 경기 시간이 다 지나 경기가 끝남. 【time-out】

타임 캡슐 한 시대를 대표하거나 기념하는 자료·물건 따위를 넣어서 후세에 그대로 전하기 위하여 땅 속에 묻어 두는 특수한 그릇. 【time capsule】

타입 어떤 종류에 속하는 사람들의 공통되는 특징을 대표할 만한 사람. 예 예술가 타입. 비 전형. 형. 【type】

타:자 야구에서, 타석에서 배트로 공을 치는 공격 선수. 배터. 예 4번 타자. 【打者】

타:자기 손가락으로 키를 눌러서 종이 위에 글자를 찍는 기계.

타:작 곡식의 이삭을 떨어서 그 알을 거두는 일. 예 벼타작. 비 마당질. -하다. 【打作】

타잔 아프리카 밀림에서 어릴 때부터 동물들과 같이 자라 밀림을 위협하는 문명인들과 맞서 싸운다는 내용의 미국 소설과 영화의 남자 주인공 이름. 【Tarzan】

타:점[타쩜] 야구에서, 타자가 안타 등으로 자기 편이 득점하게 한 점수. 예 타점왕.

타:조 아프리카·아라비아 사막에 사는 큰 새. 키는 2m 가량이고, 날지는 못하나 매우 잘 달리어 시속 90km를 낼 수 있음.

[타조]

타:진[1] 모조리 잡음. 예 범인들을 일망 타진하다. -하다. 【打盡】

타:진[2] 남의 마음이나 사정을 미리 살펴봄. 예 가능성을 타진하다. 【打診】

타:파 낡은 제도나 관습 따위를 깨뜨림. 예 미신 타파. -하다. 【打破】

타향 고향이 아닌 다른 고장. 예 타향살이가 힘들다. 비 객지. 타관. 반 고향. 【他鄕】

타향살이 고향이 아닌 다른 고장에서 사는 일.

타:협 양쪽이 서로 의논하여 좋도록 협의함, 또는 그렇게 하는 일. -하다. 【妥協】

탁 ①아무 막힘이 없이 시원스럽게 트인 모양. 예 탁 트인 길. ②단단한 것을 세게 치거나 부딪칠 때 나는 소리. 예 어깨를 탁 쳐서 놀라다. ③조여 있던 것이나 긴장한 마음이나 몸이 갑자기 풀리는 모양. 예 산에 오르니 가슴이 탁 트인다.

탁구 탁상에 네트를 치고 마주서서 작은 공을 라켓으로 치는 실내 경기. 핑퐁. 【卓球】

탁류[탕뉴] ①흐린 물. ②불량한 무리, 또는 나쁜 풍조.

탁본 쇠붙이·돌 등에 새긴 글씨나 그림을 종이에 그대로 박아낸 것. 비 탑본. -하다. 【拓本】

탁상 책상이나 식탁 따위의 탁자의 위. 【卓上】

ㅌ

탁상공론 현실에서 실지로 행할 수 없는 말뿐인 헛된 이론이나 생각.
탁상 시계 책상 위에 올려 놓고 보는 시계. 【卓上時計】
탁색 순색에 회색을 섞어 만든 색.
탁아[타가] 보호자가 어린 아이를 맡겨 보호하게 하는 일. 【託兒】
탁아소[타가소] 부모들이 일터에 나가 일을 하는 동안 아이들을 맡아서 보호해 주는 사회 시설.
탁월[타궐] 남보다 훨씬 뛰어남. ㉵ 운동 실력이 탁월하다. －하다.
탁자 떠받치는 다리가 있고 위가 평평하여 물건을 올려 놓을 수 있는 기구를 통틀어 이르는 말〔식탁·원탁·다탁 따위〕. 【卓子】
탁주 막걸리. 【濁酒】
탁탁 ①자꾸 두드리거나 치거나 부딪치는 소리 또는 그 모양. ㉵이불을 탁탁 털어 널다. ②숨이 자꾸 막히는 모양. ㉵더워서 숨이 탁탁 막히다.
탁하다[타카다] 액체나 공기 따위가 맑지 않고 흐리다. 반맑다.
탄:광 석탄을 캐어 내는 광산. 석탄광. ㉵탄광촌. 【炭鑛】
탄:금대〖지명〗 충북 충주시 북서쪽 4km 지점에 있는 명승지. 우륵이 가야금을 타던 곳이라고 전하여짐. 임진왜란때 신립 장군이 왜장과 싸워 전사한 곳임. 【彈琴臺】
탄:력[탈력] 용수철처럼 튀기는 힘. 팽팽하게 버티는 힘. 【彈力】
탄:로[탈로] 비밀이 드러남. 비밀이 알려짐. ㉵거짓말이 탄로나다.
탄:복 훌륭하다고 감탄하여 마음 속으로 칭찬함. ㉵훌륭한 솜씨에 탄복하다. －하다. 【歎服】
탄:산 이산화 탄소가 물에 녹아서 생기는 약한 산. 【炭酸】
탄산나트륨 나트륨의 탄산염. 하얀 가루로 물에 잘 녹으며, 수용액은 알칼리성을 나타냄.
탄산수소나트륨 색깔이 없고 물에 녹여 끓이면 이산화탄소가 생기는 물질. 청량 음료·약품·세척제 따위에 씀.
탄산칼륨 습기를 흡수하여 녹는 성질을 가진 흰 가루. 물에 잘 녹으며, 유리·비누·시멘트·약품 따위를 만드는 데 씀.
탄:생 사람이 태어남. 특히 귀한 사람이 '태어남'을 높여 이르는 말. －하다. 【誕生】
탄:생석 그 달에 태어난 사람이 행복의 상징으로 삼는, 열 두 달과 관련 있는 보석. 【誕生石】

월별 탄생석	
• **1월**: 석류석	• **7월**: 루비
• **2월**: 자수정	• **8월**: 감람석
• **3월**: 녹수정(혈석)	• **9월**: 사파이어
• **4월**: 다이아몬드	• **10월**: 단백석
• **5월**: 에머랄드	• **11월**: 황옥
• **6월**: 진주(월장석)	• **12월**: 터키옥

탄:성 ①탄식하는 소리. ②깊이 느끼어 감탄하는 소리. 【歎聲】
탄:소 냄새와 색이 없고 맛이 없는 고체 원소. 【炭素】
탄소 동화 작용 녹색 식물이나 어떤 세균류가 이산화탄소와 물로 탄수화물을 만드는 작용. 탄산 동화 작용. 준동화 작용.
탄:수화물 탄소·수소·산소로 이루어진 화합물. 녹말·설탕 따위가 이에 속하며, 단백질·지방과 더불어 3대 영양소의 하나임.
탄:식 원통한 일이 있거나 스스로 뉘우칠 때 한숨을 쉬며 한탄함. 비한탄. －하다. 【歎息】
탄:신 임금이나 성인(聖人)이 태어난 날. ㉵석가 탄신. 비탄생일. 【誕辰】
탄:알[타날] 총이나 포에 넣어서 화

약의 폭발하는 힘으로 쏘아 내보내는 쇳덩이. 비총알. 탄환.
탄:압[타납] 무력이나 권력을 써서 강제로 억눌러 꼼짝 못하게 함. 예언론 탄압. -하다. 【彈壓】
탄:약[타냑] 탄알과 화약을 아울러 이르는 말. 【彈藥】
탄연〖사람〗[1069~1158] 고려 때의 명필로 신품 사현의 한 사람.
탄:원 윗사람이나 높은 기관에 사정을 하소연하여 도와 주기를 몹시 바람. 비애원. -하다. 【歎願】
탄:일[타닐] 탄생한 날. 탄생일.
탄:일종 성탄절에 예수의 탄생을 축하하는 뜻으로 교회에서 치는 종.
탄:탄대로 ①험하거나 가파른 곳이 없이 평평하고 넓고 큰 길. ②막힘이 없이 늘 성공하는 장래.
탄탄하다 ①됨됨이나 생김새가 굳고 단단하다. ②몸이 건강하고 다부지다. <튼튼하다.
탄:핵 정치 지도자의 잘못을 들추어 물러나라고 요구하는 것. -되다. -하다. 【彈劾】
탄:환 총이나 포에 넣어서 주로 화약의 폭발하는 힘으로 쏘아 내보내는 쇳덩이. 비탄알. 총알.
탈:[1] ①뜻밖에 일어난 궂은 일. 사고. ②몸에 생긴 병. 예탈이 나다.
탈:[2] 나무·흙·종이 등으로 사람이나 짐승의 얼굴 모양을 만든 물건. 마스크. 비가면.

[탈[2]]

탈것 자전거·자동차·배·비행기 따위처럼 사람들이 타고 다니는 수단.
탈곡 익은 곡식의 낟알을 이삭에서 털어 내는 것. -하다.
탈곡기 곡식의 낟알을 떨어 내는 데에 쓰이는 농기구.
탈:나다 ①일에 사고가 생기거나 잘못 되다. ②건강에 이상이 생기다.
탈:놀이[탈로리] 탈을 쓰고 하는 연극이나 춤 따위의 놀이. 비탈놀음.
탈당[탈땅] 소속하였던 정당에서 떠남. 반입당. -하다.
탈락 어떤 데에 끼지 못하고 떨어져 나가거나 빠짐. 예예선 탈락. -하다. 【脫落】
탈모 털이 빠짐. 또는 그 털. 【脫毛】
탈:무드〖책명〗 교훈·교의의 뜻으로 유대인의 생활 규범과 삶의 지혜를 담은 책. 오늘날까지도 성서에 다음가는 유대인의 정신 문화의 근원으로서 높이 평가되고 있음.
탈:바가지[탈빠가지] ①바가지로 만든 탈. ②'탈'의 낮춤말.
탈:바꿈 ①알에서 깨어난 동물이 완전히 자랄 때까지 여러 가지 모양으로 변하는 일. 예구더기는 파리로 탈바꿈을 한다. 비변태. ②모양을 아주 바꾸는 것. 예사회가 서서히 탈바꿈하고 있다. 비변모. -하다.
탈상[탈쌍] 아버지·어머니의 삼년상을 마침. -하다. 【脫喪】
탈색[탈쌕] 빛이 바래어 엷어짐. 반염색. -되다. -하다. 【脫色】
탈선[탈썬] ①기차나 전동차 등이 선로를 벗어남. ②말이나 행실이 규칙을 위반함. -하다. 【脫線】
탈세[탈쎄] 세금의 일부 또는 전부를 내지 않는 일. -하다. 【脫稅】
탈수[탈쑤] 물질 속에 들어 있는 수분을 제거함. -하다. 【脫水】
탈영[타령] 군인이 부대에서 빠져나와 도망하는 것. -하다.
탈영병 부대에서 도망한 병사.
탈옥[타록] 죄인이 감옥을 빠져나와 도망함. -하다. 【脫獄】
탈의 옷을 벗음. 반착의. 착복. -하다. 【脫衣】

ㅌ

탈의실[타리실] 목욕탕·수영장 등에서 옷을 갈아입는 방.

탈주[탈쭈] 벗어나서 달아남. ㊀포로수용소에서 탈주하다. ㊁도망. -하다. 【脫走】

탈지면[탈찌면] 지방분과 불순물을 빼고 소독한 솜. ㊁약솜.

탈진 기운이 다 빠져 없어짐. -되다. -하다. 【脫盡】

탈출 일정한 곳에서 도망함. ㊁탈주. -하다. 【脫出】

탈:춤놀이 얼굴에 탈을 쓰고 춤을 추는 놀이. -하다.

탈취 남의 것을 억지로 빼앗아 가짐. ㊀식량을 탈취하다. -하다.

탈탈 ①무엇을 털어 내는 모양. ㊀먼지를 탈탈 털다. ②아무것도 남지 않도록 털어내는 모양. ㊀지갑을 탈탈 털어서 쌀을 사다. ③낡은 자동차 따위가 흔들리면서 느리게 달리는 소리, 또는 그 모양. ㊀버스가 탈탈 거리며 시골길을 달린다.

탈퇴 가입한 정당이나 단체에서 관계를 끊고 물러남. ㊉가입. -하다.

탈피 ①곤충류·파충류 등이 자람에 따라 낡은 껍질이나 허물을 벗는 일. ②낡은 사고 방식에서 벗어나 새로워짐. -하다. 【脫皮】

탈환 빼앗겼던 것을 도로 빼앗아 찾음. ㊀수도를 탈환하다. -하다.

탐관오리 탐욕이 많고 깨끗하지 못한 관리. 【貪官汚吏】

ㅌ

탐구 진리나 법칙 따위를 조사하여 연구함. -하다. 【探究】

탐구심 깊이 살피어 연구하려는 마음. ㊀탐구심이 많은 어린이.

탐나다 무엇을 가지거나 차지하고 싶어지다. ㊀친구의 컴퓨터가 탐나다.

탐내다 마음에 들어서 가지고 싶은 욕심을 내다. ㊀남의 물건을 탐내다.

탐라[탐나] 제주도의 옛이름.

탐방 어떤 일의 진상을 알아 보기 위하여 사람이나 장소를 탐문하여 찾아봄. -하다. 【探訪】

탐사 더듬어 살펴 조사함. ㊀석유 탐사 작업. -하다. 【探査】

탐색 ①감추어진 사물을 이리저리 더듬어 찾음. ②범죄 사건에 관계된 사람이나 물건 따위를 더듬어 샅샅이 찾음. ㊀지문을 탐색하다. -하다. 【探索】

탐색기 컴퓨터에서, 원하는 프로그램이나 파일을 찾아보는 데 쓰는 도구.

탐스럽다(탐스러우니, 탐스러워서) 마음이 몹시 끌리도록 보기에 아주 좋다. ㊀탐스럽게 익은 포도 송이.

탐욕 재물 등을 몹시 가지고 싶어하는 욕심. ㊀탐욕스러운 눈. ㊁야욕.

탐정 어떠한 사실의 해결을 부탁받아 비밀리에 살펴 알아냄, 또는 그 사람. 【探偵】

탐정 소설 수수께끼 같은 범죄 사건을 흥미 있게 풀어 나가는 탐정의 이야기를 다루는 소설.

탐조등 밤에 무엇을 찾거나 비추기 위하여 반사경으로 먼 거리를 비쳐 보는 조명 장치. 【探照燈】

[탐조등]

탐지 더듬어 살펴서 알아냄. 캐어 알아냄. -하다. 【探知】

탐지기 어떤 사물의 소재나 사실 여부를 탐지하는 데 쓰이는 기계. ㊀거짓말 탐지기.

탐탁하다 모양이나 태도가 마음에 들고 믿음직하다.

탐하다 지나치게 욕심을 부려 제것으로 만들고 싶어하다.

탐험 위험을 무릅쓰고 알지 못하는 곳을 두루 찾아다니며 조사함. ㊀남극 탐험. -하다. 【探險】

탐험가 전문적으로 탐험에 종사하는 사람. ㊥탐험자. 【探險家】

탐험대 탐험을 하기 위해 조직한 무리. 【探險隊】

탑 깎은 돌이나 벽돌로 여러 층으로 높고 뾰족하게 세운 건축. ㊀다보탑, 석가탑. 【塔】

탑골 공원 서울 종로구 종로 2가에 있는 공원. 1897년에 생긴 우리 나라 최초의 공원임. 3·1운동 때 이곳에서 독립 선언서를 발표했으며, 원각사지 10층 석탑이 있음. 이전에는 '파고다 공원'으로 불렸음.

탑돌이[탑또리] 주로 초파일에 절에서 탑을 돌면서 소원을 비는 일.

탑본 금석에 새긴 글씨나 그림을 그대로 박아 냄, 또는 그 종이. ㊥탁본. -하다. 【搨本】

탑승 배나 비행기 등에 올라탐. -하다. 【搭乘】

탑승객 비행기에 탄 손님. 【搭乘客】

탑재 배나 비행기 따위가 무엇을 차곡차곡 싣는 것. 어떤 기계를 장치하는 것. ㊀이 잠수함은 미사일을 탑재했다. -되다. -하다.

탓 ①일이 그릇된 원인. 잘못된 까닭. ㊀이번 실패는 다 내 탓이오. ②잘못된 것을 원망하는 짓. -하다.

탓하다[타타다] 잘못을 남의 책임으로 돌리다. ㊀제 잘못은 생각지 않고 남을 탓하다.

탕[1] 폭약 따위가 터지면서 울리어 나는 소리. ㊀총을 탕 쏘다.

탕:[2] 온천이나 목욕탕 안에 물을 채워 놓은 곳. ㊀탕에 들어가다. 【湯】

-탕[3] ①국. ㊀갈비탕. 해물탕. ②달여 먹는 약. ㊀쌍화탕. 【湯】

탕:약 달여서 먹는 한약. ㊥탕제.

탕:진 재물 따위를 다 써서 없앰. ㊀재산을 탕진하다. -되다. -하다.

탕탕 ①총을 연거푸 쏘는 소리나, 단단하고 탄력있는 물건이 잇달아 세게 부딪치거나 떨어질 때에 나는 소리. ㊀대문을 탕탕 두들기다. ②실속 없이 함부로 큰소리만 치는 꼴을 이르는 말. ㊀수영을 잘 한다고 큰소리를 탕탕 치다.

탕:평책 조선 제21대 영조가 당파 싸움을 없애기 위하여, 고르게 사람을 뽑아 쓰게 한 정책.

태 어머니 몸 안에서 태아를 감싸고 있는 조직. 【胎】

태고 아주 오랜 옛날. 【太古】

태교 임신 중에 태아에게 좋은 영향을 주기 위하여 임산부가 마음을 바르게 하고 말과 행동을 조심하는 것. -하다. 【胎教】

태권도 손으로 치고 발로 차서 상대편을 넘어뜨리는 우리 나라 고유의 무술. 【跆拳道】

태극 ①태극기 중앙의 둥근 모양. ㊀태극 마크. ②동양 사상에서, 우주 만물이 생긴 근원. ③역학에서, 하늘과 땅이 나뉘기 전의 세상 만물의 원시 상태. 【太極】

태극기 우리 나라의 국기. 흰바탕의 한가운데 양은 붉은빛, 음은 남빛의 태극을 그리고, 검은빛으로 건·곤·감·리의 네 괘를 사방 대각선상에 그렸음. 【太極旗】

태극 무공 훈장 우리 나라의 최고 훈장. 적과 싸워 큰 공을 세운 사람에게 줌.

태극선[태극썬] 태극모양을 그린 둥근 부채. ㊥태극 부채.

태기 아이를 밴 징조. ㊀지난 달부터 태기가 있다. 【胎氣】

태껸 우리 민족 고유의 전통 무예 가운데 하나. 몸을 부드럽게 움직이다가 순간적으로 손질이나 발질을 하여 그 탄력으로 상대편을 공격하고 자기 몸을 방어함. 중요 무형 문화재 제76호임.

태:도 ①몸을 가지는 모양. ㉨단정한 태도. ②속의 뜻이 드러나 보이는 겉모양. 비자세. 【態度】

태동 ①모체 안에서 태아가 움직이는 일. ②무슨 일이 생기려는 기운이 싹틈. -하다. 【胎動】

태두 ①'태산 북두'의 준말. ②그 방면에 썩 권위 있는 사람.

태릉 조선 제11대 중종의 왕비 문정왕후의 능. 서울시 노원구 공릉동에 있음. ×태능.

태만 게으르고 느림. ㉨근무 태만. -하다. -히. 【怠慢】

태몽 어머니가 아기를 가질 징조의 꿈. 【胎夢】

태반 절반이 지남. 거의 절반. ㉨갑자기 내린 눈으로 학생들 태반이 지각했다. 【太半】

태백〖지명〗 강원도 남부에 있는 시. 태백 탄광 지역의 중심지이며 국내에서 무연탄이 가장 많이 남.【太白】

태백산 경상 북도 봉화군과 강원도 삼척시 사이에 있는 산. 높이 1,567m. 【太白山】

태백 산맥 철령 부근에서 낙동강 어귀에 이르는 우리 나라에서 제일 긴 산맥. 길이 600km가량임. 금강산·설악산·태백산 따위가 속해 있음. 【太白山脈】

태백성 저녁 때 서쪽 하늘에 빛나는 '금성'을 이르는 말.

ㅌ

태봉〖나라〗[901~918] 후삼국의 하나. 신라 말기 궁예가 세운 나라로, 도읍을 철원으로 옮긴 뒤 '태봉'이라 고쳤으며, 후에 부하인 왕건에게 망함. 【泰封】

태부족 무엇이 매우 모자람. ㉨모내기철이라 농촌에서는 일손이 태부족이다. 【太不足】

태산 ①높고 큰 산. ㉨태산 같은 높은 뫼. ②크고 많음을 가리키는 말. ㉨태산 같은 어버이의 은혜.

태생 ①사람이 어떤 곳에 태어남. ㉨서울 태생. ②포유 동물과 물고기가 어미의 뱃속에서 어느 정도 발육한 다음 태어나는 일. 반난생.

태:세 어떤 일을 앞두고 갖추어진 모양이나 몸가짐. ㉨전투 태세를 갖추다. 비자세. 【態勢】

태수 옛날에, 중요한 지역을 맡아 다스리던 높은 벼슬아치. 【太守】

태아 어머니 뱃속에 있는 아이. ㉨태아는 아주 건강합니다. 【胎兒】

태양 ①하늘에 떠 있는 해를 다르게 부르는 이름. 지구와의 거리는 1억 4,945만km. 크기는 지구의 약 130만 배, 표면 온도는 약 6,000℃임. 비해. ②언제나 빛나고 만물을 육성하며 희망을 주는 것. ㉨민족의 태양. 【太陽】

태양계 태양과 그 둘레를 돌고 있는 모든 별들. 【太陽系】

태양력[태양녁] 지구가 태양을 한바퀴 도는 시간을 1년으로 한 달력. 준양력. 반태음력. 【太陽曆】

태양 에너지 태양의 열과 빛 속에서 나오는 에너지.

태양열[태양녈] 태양으로부터 나오는 열. ㉨태양열 주택.

태양의 고도 태양이 떠 있는 높이. 태양이 떠 있는 높은 위치가 수평면과 이루는 각도로 나타냄.

태양의 남중 태양이 정남쪽에 있게 되는 것.

태양 전지 태양 광선으로 직접 전기를 일으키는 전지.

태양 흑점 태양 표면에 나타나는 어두운 무늬. 지구상의 기온·기후에 여러 가지 영향을 끼친다고 함. 준흑점.

태어나다 처음으로 세상에 나오다. 준태나다.

태연 놀랄 만한 일을 당하여도 동요 없이 침착함. -하다. -스럽다. -히.

태엽 시계나 장난감 따위의 기계에서, 탄력을 이용하여 동력으로 쓰는 부속품. 【胎葉】

태우다[1] ①불을 붙여 타들어가게 하다. ②마음이 조리어 몹시 걱정하게 하다. ㉠약속 시간에 늦어 애를 태우다.

태우다[2] 탈것에 몸을 얹게 하다. ㉠차에 손님을 태우다.

태우다[3] 간지럼을 타게 하다. ㉠간지럼을 태우다.

태자 '황태자'의 준말. 왕위를 계승할 왕자. 【太子】

태조 한 왕조의 첫 대의 임금. 【太祖】

태종〖사람〗[1367~1422] 조선 제3대 왕. 태조 이성계의 다섯째 왕자로 이름은 방원. 조선 왕조를 세우는 데 공로가 컸으며, 신문고 설치 등 많은 업적을 남겼음. 【太宗】

태종 무열왕〖사람〗[604~661] 신라 제29대 임금. 성은 김. 이름은 춘추. 나당 연합군을 조직하여 백제를 쳐부수고 삼국 통일의 기반을 닦았음.

태초 하늘과 땅이 맨 처음 생겨났을 때. 비태고. 【太初】

태클 축구에서, 상대가 가지고 있는 공을 뒤로 넘어지면서 달려들어 빼앗는 일. 【tackle】

태평[1] 세상이 안정되고 해마다 풍년이 들어 평안함. ㉠태평성대. -하다. 【太平】

태평[2] ①성격이 느긋하여 근심 걱정 없이 태연함. ②몸이나 마음이나 집안이 평안함. -하다. 【泰平】

태평성대 덕이 있는 임금이 나라를 잘 다스려 아주 평화로운 세상, 또는 그런 시대. 【太平聖代】

태평소 여덟 개의 구멍이 뚫린 목관 끝에 깔때기 모양의 놋쇠를 단, 나팔 비슷한 국악기.

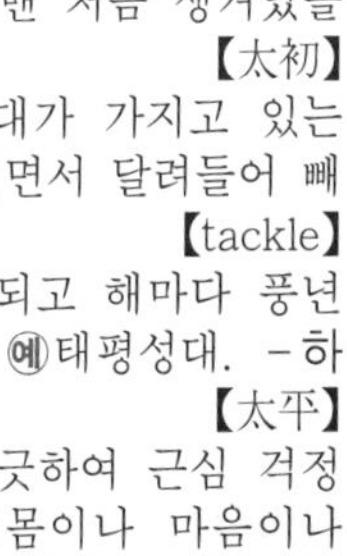

[태평소]

태평양 삼대양의 하나. 아시아와 남·북 아메리카 및 오스트레일리아에 둘러싸인 세계 최대의 바다. 세계 해양의 절반을 차지하고 있음. 【太平洋】

태평양 전쟁 제2차 세계 대전의 일부를 이루는, 1941년부터 1945년까지의 연합국 대 일본의 전쟁. 1941년 일본이 하와이의 진주만을 기습함으로써 시작됨. 히로시마와 나가사키에 원자탄이 투하됨에 따라 1945년 8월 15일 일본이 무조건 항복했음. 이 전쟁의 결과로 한국은 일제에서 해방되었음.

태평 연월 평화스럽고 살기 좋은 시절. 【太平烟月】

태평 천국 사람이 살기 좋은 태평하고 안락한 나라. 【太平天國】

태평하다 아무 근심 없이 아주 편안하다. ㉠정치가 안정되어야 나라가 태평하다.

태풍 북태평양 남서부에서 일어나서 아시아 대륙·일본 열도·동지나해 등지를 덮치어 오는 열대성 저기압을 수반한 폭풍우. 흔히 7~9월경에 내습하여 때때로 해난·폭풍우로 인한 풍수해를 일으킴.

태학 ①고구려 소수림왕 때 중앙에 세운 국립 학교. 주로 벼슬아치들의 자제에게 유학과 역사를 가르쳤음. ②조선 시대의 '성균관'의 딴 이름. 【太學】

태형 옛날에, 매로 볼기를 치던 형벌.

태화강 경상 남도 울주군에서 시작하여 울산시를 거쳐 동해로 흐르는 강. 길이 41.5km.

택견 '태껸'의 다른 표기.

택리지[탱니지]〖책명〗 조선 후기 영조 때 이중환이 지은 지리책. 우리나라 전국의 지형·풍습·교통 등이 실려 있음. 【擇里志】

택배 우편물·짐·상품 따위를 원하는 곳까지 직접 배달 해 주는 일.

택시 거리를 운전하고 다니면서 손님의 요구에 따라 돈을 받고 목적지까지 태워다 주는 영업용 승용차. 【taxi】

택일 여럿 중에서 하나만 고름. -하다. 【擇一】

택지 주택을 짓기 위한 땅. [예]택지 개발. [비]집터. 【宅地】

택하다 고르다. [예]좋은 물건을 택하다. [본]선택하다.

탤런트 ①재능. 수완. ②라디오·텔레비전에 나오는 가수·배우등의 연예인. ×탈렌트. 【talent】

탬버린 금속 또는 나무로 만든 테의 한쪽에 가죽을 입히고 둘레에는 작은 방울이나 쇳조각을 단 타악기.

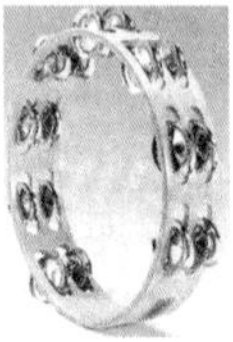
[탬버린]

탭 컴퓨터에서, 문장의 중간에 일정한 길이의 빈 자리를 계속하여 넣기 위해서 사용하는 기능. 【tab】

탯줄[태쭐] 태아가 산소와 영양을 공급받도록, 어머니 몸과 태아를 잇는 줄.

탱자 가을에 열리며 색이 노랗고 향기가 좋으나 먹지 못하는, 귤 비슷한 탱자나무의 열매.

탱자나무 한국의 남쪽 해안 지대에서 자라고, 껍질이 녹색이며 가지가 잘고 가시가 많아 흔히 생울타리로 심는 높이 2m 가량의 늘푸른나무. [준]탱자.

ㅌ

탱크[1] 전쟁에 쓰이는 차의 하나. 전차. 공격할 수 있는 화포를 갖추고 있고, 탄환을 막을 수 있도록 만들어져 있음. 【tank】

탱크[2] 물·기름·가스 등을 넣어 두는 큰 통. [예]기름 탱크. 【tank】

탱탱 살이 몹시 찌거나 붓거나 하여 팽팽한 모양이나 누를 수 없을 만큼 굳고 단단한 모양.

탱탱볼 바람을 잔뜩 넣은 가볍고 얇은 고무공. 탱탱공.

터[1] ①건축물을 지을 자리. [예]학교를 지을 터. ②일이 이루어진 밑자리. ③곳. [예]놀이터.

터[2] 〔꾸미는 말 뒤에 써서〕①예정이나 짐작. [예]기어이 해낼 터이다. ②처지나 형편 등의 뜻을 나타냄. [예]자기 앞도 못 가리는 터에 남의 일에 참견은 잘한다.

터널 차나 사람이 다닐 수 있도록 산허리나 땅 밑을 뚫어 만든 길. [예]터널을 뚫다. [비]굴. 【tunnel】

터놓다[터노타] ①막은 물건을 치워 놓다. ②서로 존경하는 말씨를 버리고 트고 지내다.

터덜터덜 걸음을 몹시 무겁고 기운없이 걷는 모양. >타달타달. -하다.

터:득 생각하여 이치를 깨달아 앎. -하다. 【攄得】

터:뜨리다 터지게 하다. [예]풍선을 터뜨리다. [비]터트리다.

터럭 사람이나 길짐승의 몸에 난 길고 굵은 털.

터무니없다 ①근거가 없다. [예]그 소문은 터무니없는 거짓말이다. ②이치나 도리에 맞지 않다.

터무니없이 전혀 이치에 맞지 않게. [예]터무니없이 비싼 값의 장난감.

터미널 버스·열차 등의 노선의 시발점이나 종점. 【terminal】

터벅터벅 지친 다리로 무거운 발걸음을 힘없이 천천히 떼어 놓는 모양. >타박타박.

터울 한 어머니가 낳은 자녀의 나이의 차이. [예]동생과는 세살 터울이다.

터전 ①집터가 되는 땅. ②생활의 근거지가 되는 곳. [예]생활의 터전을 잡다. [비]기반. 기틀.

터줏대감[터주때감] 한 동네나 한 지역에서 오랫 동안 살아서 그 곳의 대표가 되는 사람.

터:지다 ①일이 갑자기 벌어지다. ㉠사건이 터지다. ②거죽이나 피부 따위가 벌어져 갈라지다. ㉠입술이 터지다. ③쌓였던 감정이 갑자기 쏟아져 나오다. ㉠웃음이 터지다.

터치 아웃 ①야구에서, 수비수가 공을 주자에게 대어 아웃시키는 일. ②배구에서, 공이 수비수의 몸에 맞고 경기장 밖으로 나가는 일.【touch out】

터키〖나라〗 서남 아시아의 북쪽에 있는 공화국. 농업·목축업을 주로 하여 양모·담배·면화·보리 등을 생산함. 이슬람 교를 믿으며, 수도는 앙카라.【Turkey】

턱[1] 사람이나 동물의 입의 위아래에 있어서, 소리를 내거나 씹는 일을 하는 기관.

턱[2] ①갑자기 맥없이 쓰러지는 모양이나 전혀 힘이 없는 모양. ㉠길바닥에 턱 쓰러지다. ②숨 따위가 몹시 막히는 모양. ㉠숨이 턱 막히다. ③갑자기 붙잡거나 짚는 모양. ㉠손을 턱 잡다. ④긴장했던 마음이 풀리는 모양. ㉠마음을 턱 놓다. ⑤움직이고 있던 것이 갑자기 멎거나 무엇에 걸리거나 하는 모양. ㉠발동기가 턱 멎다.

턱[3] 〔꾸미는 말 뒤에 써서〕그렇게 되어야 할 까닭. ㉠그 사람이 간섭할 턱이 없다.

턱걸이[턱꺼리] 철봉을 손으로 잡고 몸을 올리어 턱이 그 위까지 올라가게 하는 운동. －하다.

턱밑[텅민] ①턱의 바로 아래나 밑. ②아주 가까운 곳. ㉠천생 연분이 턱밑에 있을 줄 몰랐다.

턱수염 아래턱에 난 수염.

턱시도 남자의 서양식 예복.【tuxedo】

턱없다[터겁따] 이치나 분수에 알맞지 않다. ㉠턱없는 말을 하다.

턱지다[턱찌다] 무엇에 턱이 있다. ㉠턱진 부분을 다듬다.

턱턱 ①자꾸 숨이나 기가 막히는 모양. ㉠더워서 숨이 턱턱 막히다. ②일을 시원스럽게 해 치우는 모양. ㉠일을 턱턱 해치우다.

털 ①동물의 피부나 식물의 표면에 나는 실 모양의 것, 또는 그와 비슷한 것. ②새의 깃털.

털가죽 털이 붙은 채 벗긴 짐승의 가죽. 모피.

털갈이[털가리] 짐승의 묵은 털이나 깃이 빠지고 새 털이나 깃이 나는 것. －하다.

털끝[털끋] 아주 작은 것. 아주 조금. ㉠그럴 생각은 털끝만큼도 없다.

털:다(터니, 터오) ①차거나 흔들어 붙은 물건이 떨어지게하다. ㉠먼지를 털다. ②지닌 물건을 모조리 내다. ㉠밑천을 털다.

털리다 ①먼지·잎처럼 붙어 있는 것이 떨어지다. ㉠바람에 옷에 묻은 먼지가 털리다. ②재산을 모두 잃거나 빼앗기다. ㉠월급을 몽땅 털리다.

털모자 털가죽이나 털실로 만든 모자.

털보 수염이 매우 많이 났거나, 몸에 털이 많은 사람을 별명으로 이르는 말. ㉥털북숭이.

털북숭이 털이 많이 난 것. 또는 털이 많이 난 사람. ㉥털보.

털실 털로 만든 실.

털썩 사람이나 큰 물건이 갑자기 주저앉거나 내려앉는 모양. ㉠의자에 털썩 주저앉다. >탈싹.

털어놓다[터러노타] 마음 속에 있는 생각이나 걱정 따위를 남에게 숨기지 않고 모두 이야기하다.

털옷[터롣] 털이나 털가죽으로 만든 옷.

털털 ①물건에 붙은 먼지를 자꾸 터는 모양이나 소리. ㉾주머니 속의 먼지를 털털 털다. ②가지고 있던 것을 떨쳐 버리는 모양이나 소리. ㉾털털 털고 떠나온 고향. ③헌 자동차 따위가 겨우 달리면서 내는 둔한 소리. ㉾오토바이가 털털 소리를 내며 달리다. ④지쳐서 느른한 발걸음을 옮겨 놓는 모양이나 소리. ㉾헛걸음으로 털털 맥없이 돌아오다. >탈탈.

털털하다 성격이 까다롭지 않다. ㉾털털한 성격.

텀벙 묵직하고 큰 물건이 깊은 물에 떨어질 때 나는 소리나 모양. ㉾큼직한 돌이 낭떠러지를 굴러 강물에 텀벙 빠졌다. >탐방.

텀블링 ①두 손을 땅에 짚고 한바퀴 넘는 재주. 공중제비. ②여러 사람이 손을 맞잡거나 어깨에 올라 타 여러 가지 모양을 만드는 체조. -하다. 【tumbling】

텁석부리 귀 밑에서 턱까지 수염이 많이 난 사람. >탑삭부리.

텁수룩하다[텁쑤루카다] 수염이나 머리털이 많이 자라서 덮여 있다. 더부룩하다. ㉾수염이 텁수룩하다.

텁텁하다[텁터파다] ①음식의 맛이 조금 떫은 맛이 있다. ㉾칡은 약간 텁텁하면서도 구수하다. ②입 안이나 뱃속이 찌꺼기가 남아 있는 듯이 개운하지 못하다. ㉾입 안이 텁텁하다.

ㅌ

텃밭[터] 집터에 딸리거나 집 가까이에 있는 밭.

텃새[터쌔] 일 년 중 거의 한 고장에 머물러 사는 새〔참새·까마귀·꿩 등〕. ㉥철새.

텃세[터쎄] 먼저 자리를 잡은 사람이 뒤에 들어오는 사람에게 세력을 부리는 것. ㉾한 두 달 먼저 왔다고 텃세가 심하다.

텅 ①속이 빈 큰 물건이 무엇에 세게 부딪치거나 떨어질 때 나는 낮게 울리는 소리. ㉾드럼통이 텅하고 떨어지다. ②넓거나 큰 것의 안이나 속이 아무것도 없이 아주 빈 모양. ㉾집이 텅 비었다.

텅스텐 ⇨중석. 【tungsten】

텅텅 무엇의 안이나 속이 아무것도 없이 빈 모양. ㉾버스는 텅텅 비었다.

테 ①둥근 물건을 흩어지지 못하게 둘러 매는 줄이나 둘레를 이루는 부분. ②장식으로 가장자리를 두른 물건. ㉾원피스에 흰 테가 둘려 있다.

테너 남자의 목소리에서 가장 높은 소리. 【tenor】

테니스 구기종목의 한 가지. 중앙에 네트를 치고 코트의 양쪽에 서서 공을 라켓으로 치고 받는 경기. ㉤정구. 【tennis】

테두리 ①둘레의 줄. ②범위. 한계. ㉨테.

테라스 집의 바깥쪽에 마당보다 약간 높게 콘크리트를 하거나 타일을 입힌 곳. 【terrasse】

테라 코타 진흙 반죽을 낮은 불에 구워 만든 그릇이나 인형 등. 【terra cotta】

테러 ①온갖 폭력 수단을 써서 사회적 공포 상태를 일으키는 행위. ②'테러리스트'의 준말. 【terror】

테레사 수녀〖사람〗[1910~1997] 유고 태생의 카톨릭 수녀. 인도의 캘커타에 살면서, 빈민·고아·나환자 들을 보살피는 일에 힘썼음. 1979년에 노벨 평화상을 수상함.

테마 ①제목. ②문학 작품이나 음악에서의 주제. 【thema】

테스트 시험. 검사. ㉾테스트를 받다. -하다. 【test】

테이블 물건을 올려 놓는 세간. 양식의 탁자나 식탁. 【table】

테이블스푼 수프 먹을 때 쓰는 큰

숟가락. 【tablespoon】

테이프 ①가늘고 길게 만든 종이나 헝겊의 오라기. ②전선에 감아서 전기가 통하지 않게 하는데 쓰는 고무를 먹인 좁고 긴 종이나 헝겊. ③녹음기의 녹음하는 데 쓰이는 좁고 긴 필름. 【tape】

테크닉 악기 연주·노래·운동 따위를 훌륭하게 하는 전문적 기술. 수법. 【technic】

텍사스〖지명〗 미국 남부 멕시코 만에 면하여 있는 주. 석유·면화·가죽 따위의 생산으로 유명함.

텐트 주로 야영할 때 사용하는 작은 천막. 【tent】

텔레뱅킹 전화로 은행 거래를 하는 것. 【telebanking】

텔레비전 실제의 광경을 전파를 통해서 먼 곳에 보낸 것을 그대로 받아 볼 수 있는 장치, 또는 그 기계. ×텔레비젼. 【television】

텔레타이프 타자기로 내용을 쳐서 전화를 통하여 통신을 내보내고 받는 장치. 【teletype】

텔레텍스 워드 프로세서로 작성한 문서를 전화선 등을 통해 다른 곳으로 전송하는 장치. 【teletex】

텔레파시 감각 기관에 자극을 주지 않고, 어느 한 생명체로부터 다른 생명체에로 관념이나 인상이 전달되는 능력. 【telepathy】

텔렉스 다이얼로 상대방을 불러서 텔레타이프로 정보를 교환하는 장치. 【telex】

템스 강 영국의 수도인 런던 가운데로 흐르는 강. 【Thames 江】

템포 ①악곡의 진행 속도, 또는 박자. ㊞빠른 템포. ②사물의 진행 속도나 진도. 【tempo】

토[1] '토요일'의 준말. 【土】

토[2] 한문의 구절 끝에 읽기를 쉽게 하려고 붙이는 짧은 한국어 부분. ㊞토를 붙이다.

토공 흙을 다루는 일, 또는 그 일을 하는 사람. 【土工】

토굴 땅 속에 판 굴. 비땅굴.

토기 진흙으로 만들어 볕에 말리거나 불에 구운 오지그릇. 흙으로 만든 그릇을 통틀어 이르는 말. 비옹기. 【土器】

토끼 귀가 길고 꼬리는 짧으며, 크기가 고양이 만한 온순한 동물. 집에서 기르는 집토끼와 산에 사는 산토끼로 나눔.

[토끼]

토끼와 거북 이솝이 지은 이야기의 하나. 거북이와 토끼가 달리기 내기를 하였는데 토끼가 거북을 얕보고 낮잠을 자다 지고 말았다는 이야기.

토끼전〖책명〗 우리 나라 고대 소설의 하나. 용왕의 명을 받은 거북이가 토끼를 속여 용궁으로 끌고 갔으나 오히려 토끼에게 속아 넘어갔다는 이야기. 〈토생원전〉〈별주부전〉으로 널리 알려짐.

토끼풀 잎꼭지 끝에 3~4개의 작은 잎이 붙고 여름에 나비 모양의 흰 꽃이 피는 여러해살이풀. 클로버.

[토끼풀]

토너먼트 운동 경기에서 진편이 떨어져 나가고 마지막 남은 두 편이 우승을 겨루는 시합, 또는 그 경기 방법. 반리그전. 【tournament】

토닥거리다 자꾸 토닥토닥하며 다투다. ㊞친구들끼리 서로 토닥거리다.

토닥이다[토다기다] 귀여워하는 표시로, 등이나 머리를 가볍게 두드리다. ㊞선생님께서 내 등을 토닥이셨다.

토담 흙으로 쌓아 만든 담.

토담집 나무는 거의 쓰지 않고 토담을 쌓아서 그 위에 지붕을 덮어 지은 집.

토대 ①집·다리 등의 맨 아래에서 위의 무게를 떠받들고 있는 밑바탕. ㊀터전. ②온갖 사물의 근본이나 기초. ㊀기반. 【土臺】

토라지다 자기가 마음먹은 것과 틀려서 싹 돌아서다. ㊕놀림을 받고 토라지다.

토란 잎자루가 길고 잎은 두껍고 넓으며, 하얀 둥근 뿌리는 껍질을 벗겨 국을 끓여 먹는 채소. 뿌리 줄기와 잎자루도 먹음.

[토란]

토:로 속마음을 죄다 드러내어 말함.

토:론 어떤 문제를 두고, 여러 사람의 의견을 말하여 옳고 그름을 따져 논의함. ㊀토의. -하다.

토:론회 토론을 하기 위한 모임이나 회의.

토마토 높이가 1~1.5m 가량이며, 여름에 노란 꽃이 피고 붉은 열매가 열리는 한해살이 식물.

[토마토]

토막 ①크고 덩어리진 도막. ㊕나무 토막. ②말이나 글·노래 따위의 짧은 한 부분. ㊕시 한 토막을 외우다.

토목 '토목 공사'의 준말. 【土木】

토목 공사 흙·모래·나무·돌로써 하는 공사. ㊕건축 토목 공사. ㊟토목. 【土木工事】

토박 땅이 메말라 기름지지 못함. ㊖비옥. -하다.

토박이[토바기] 일정한 곳에서, 대대로 오래도록 살아 내려오는 사람. ㊔본토박이.

토박이말[토바기말] 대대로 그 땅에서 살아온 사람들이 쓰는 말.

토벌 군대를 보내어 도둑이나 반란자의 무리를 쳐서 무찌름. -하다.

토분[1] 흙을 모아 임시로 간단하게 만든 무덤. 【土墳】

토분[2] 흙으로 빚은 화분. 【土盆】

토분[3] 흙의 가루. 【土粉】

토사 흙과 모래. 【土砂】

토산물 그 고장에서만 생산되는 특수한 물건. 강화의 화문석·담양의 죽세공품 등. ㊀토산품.

토산품 한 고장에서 나는 특별한 상품. ㊀토산물. 【土産品】

토성[1] 흙으로 쌓은 성. 【土城】

토성[2] 태양에서 여섯 번째로 먼 행성. 둘레에 고리 모양의 아름다운 테가 있음. 【土星】

토속 그 지방의 특유한 풍속. ㊕토속 신앙. 【土俗】

토스터 전기로 열을 내어 식빵을 굽는 기계. 【toaster】

토스트 식빵을 얇게 잘라 살짝 구워서 버터·잼 등을 바른 것.

토시 ①주로 한복을 입을 때, 두 손을 한꺼번에 끼어 손이 시리지 않도록 헝겊이나 털가죽으로 원통 모양으로 만든 물건. ②옷소매가 닳거나 더러워지는 것을 막기위해 팔뚝에 끼는 것.

토실토실 살이 보기 좋게 통통하게 찐 모양. ㊕토실토실 살이 찌다. ‹투실투실. -하다.

토씨 말에 붙어 그 관계를 나타내는 말. ㊀조사. ㊟토.

토양 ①흙. ②식물, 특히 농작물을 자라게 하는 흙. 【土壤】

토역 집을 지을 때 흙을 바르는 일. ㊀흙일. 【土役】

토요일 한 주의 일곱째 날. 일요일의 전날. ㊟토. 【土曜日】

ㅌ

토:의 어떤 문제에 대하여 여러 사람이 의견을 내놓고 의논함. ㉔질서에 대해서 토의하다. ㉥토론. -하다. 【討議】
토인 ①대대로 그 지방에 사는 미개인. ②흑인. 【土人】
토장국[토장꾹] 된장국.
토정 비결〖책명〗 토정 이지함이 지은 책으로, 그 해의 운수를 풀어 보는 데에 씀. 【土亭秘訣】
토종 그 땅에서 나는 종자. ㉥재래종. 토산종. 【土種】
토종꿀 예전부터 우리 나라에서 길러 오는 벌이 모아 놓은 꿀.
토종닭[토종딱] 한 지방에서 예전부터 길러 오던 종류의 닭.
토지 ①땅. 흙. ②논밭. 터. ③고장. 곳. 【土地】
토질 땅의 성질. 흙의 성질. 흙 바탕. ㉥토성. 【土質】
토질병[토질뼝] 어떤 지방의 물이나 땅의 성질에 의해 생기는 병. ㉥풍토병.
토착 조상 대대로 그 땅에서 삶. -하다. 【土着】
토착민 대대로 그 지방에 살고 있는 백성. 【土着民】
토치카 군사상 중요한 지점에 굴을 파서 튼튼하게 한 다음 전투 장비를 준비해 두고 적과 싸울 수 있게 만든 진지. 【totschka】
토큰 버스 요금이나 자동 판매기 등에 사용하기 위하여 만든 동전 모양의 물건. 【token】
토템 원시 사회에서 어떤 씨족과 특별한 관계가 있다고 믿고 거룩하다고 떠 받드는 동식물 또는 자연물. 【totem】
토픽 화제가 될 수 있는 이야기. ㉔해외 토픽. 【topic】
토핑 과자의 위에 멋과 맛을 위해 뿌리거나 발라서 장식한 것.【topping】
토:하다 ①게우다. ㉔먹은 음식을 토하다. ②속에 있는 말을 하다. ㉔열변을 토하다.
토:함산 경상 북도 경주시 동남쪽 불국사 뒤에 있는 산. 높이 745m. 석굴암이 있음. 【吐含山】
퇴:행 발전이나 진화하지 않고 먼저의 상태나 시기로 되돌아가는 것. -하다. 【退行】
톡 가볍게 살짝 치거나 건드리는 소리나 모양. ㉔어깨를 톡 치다. <툭.
톡톡 ①여러 군데가 조그맣게 솟아나온 모양. ㉔여드름이 톡톡 나와 있다. ②잇달아 가볍게 털거나 치는 소리나 모양. ㉔먼지를 톡톡 털다. ③말을 자꾸 날카롭게 하는 모양. ㉔언니는 말을 걸면 톡톡 쏘아붙인다. <툭툭.
톡톡하다[톡토카다] 옷감이 고르게 단단하게 짜여 알맞게 조금 두껍다. ㉔이 옷감은 톡톡하게 짜였다.
톡톡히[톡토키] ①매우 심하게. ㉔꾸지람을 톡톡히 듣다. ②만족스러울 만큼 실속있게. 제대로. ㉔이익을 톡톡히 보다.
톤[1] 무게의 단위. 1,000kg을 1톤이라 하며, 't'로 표시함. 【ton】
톤:[2] ①소리. 음조. 음색. ②어조. 억양. 【tone】
톨 밤·도토리 같은 씨앗의 개수를 셀 때 쓰는 말. ㉔밤 한 톨.
톨게이트 고속 도로나 유료 도로에서, 통행료를 받는 곳. 【tollgate】
톰소여의 모험〖책명〗 미국의 소설가 마크 트웨인이 지은 모험 소설. 장난꾸러기이며 명랑한 톰이 그의 친구 허크·조 등과 함께 어떤 섬에 놀러 갔다 옛날 도적들이 감추었던 많은 보물을 얻어 가지고 돌아오는 이야기.
톰아저씨의 오두막집〖책명〗 원이름은 〈엉클 톰스 캐빈〉. 미국의 스토

부인이 1852년에 지은 소설. 흑인 톰과 그를 둘러싼 노예의 비참한 생활을 그린 것으로, 읽는 이의 마음을 감동시켜 노예 폐지 운동을 일으키는 데 밑바탕이 되었음.

톱 나무나 쇠붙이 같은 것을 자르거나 켜는 데 쓰는 기구의 하나. 강철로 되어 있으며 날카로운 이가 여럿 있음.

톱날[톰날] 톱 양끝에 세운 날카로운 이.

톱니[톰니] 톱의 날을 이루는 뾰족뾰족하고 날카로운 이.

톱니바퀴 둘레에 톱니를 낸 바퀴〔기계 장치의 한 가지로, 이와 이가 맞물려 돌아감으로써 한 축에서 다른 축으로 힘을 전달함〕.

톱밥 톱질할 때에 나무 등에서 쓸려 나오는 가루.

톱질 톱으로 나무나 쇠붙이 따위를 켜거나 자르거나 오리는 짓.

톳[1][톧] 김 백 장씩을 한 묶음으로 묶은 덩어리, 또는 그것을 세는 단위. ㉠김 한 톳.

톳[2][톧] 바닷가 바위에 붙어 자라는, 갈색의 줄기와 작은 잎이 돋은 식물.

통[1] 편지·서류 등을 세는 말. ㉠편지 두 통. 【通】

통[2] 물건을 담기 위해 둥글게 만든 그릇. ㉠밥통. 물통. 【桶】

통[3] 소매나 바짓가랑이 따위의 속의 넓이. ㉠통이 넓은 바지.

통[4] 아주. 전혀. 도무지. ㉠사투리를 써서 통 못 알아 듣겠다.

통:감 잘못 된 일이나 안타까운 일을 마음에 깊이 느낌. 절실하게 느낌. ㉠사태의 중요성을 통감하다. -하다. 【痛感】

통:계 한데 몰아서 셈함. 【統計】

통:계청 우리 나라의 인구·산업·물가 따위에 관하여 통계를 하고, 외국의 통계 정보를 모아 관리하는 중앙 행정 기관. 【統計廳】

통:계표 통계를 나타낸 표. 【統計表】

통:계학 통계의 방법과 이용 따위를 연구하는 학문. 【統計學】

통고 서면이나 말로 통지하여 알림. -하다. 【通告】

통:곡 소리를 높여 슬피 욺. -하다.

통과 ①지나감. ㉠터널을 통과하다. ②결정이 됨. -하다.

통과세 통과하는 화물에 대하여 매기는 세금.

통과시키다 ①어떤 곳을 지나가게 하다. ②어떤 안건을 심사하여 승인하다. ㉠불우한 친구를 돕자는 안을 통과시키다. ③어떤 물질이나 물체를 뚫고 지나가게 하다. ㉠유리는 빛을 통과시키는 성질이 있다.

통과하다 ①어떤 장소나 시간을 통하여 지나가다. ㉠시청 앞을 통과하다. ②어떤 안건이 심사를 받아 승인되다. ㉠예산안이 국회를 통과하다. ③검사나 시험에 합격하다. ㉠실기 시험을 통과하다.

통근 집에서 일자리로 매일 다니며 근무함. ㉠통근 버스로 출근하다. -하다. 【通勤】

통꽃 꽃잎이 서로 붙어서 통꽃부리를 이룬 꽃〔진달래꽃·도라지꽃 따위〕. 반갈래꽃.

통나무 켜거나 짜개지 않은 통째의 나무. 껍질만 벗긴 둥근 재목. ㉠통나무집. 비원목. 반각재.

통나무배 켜거나 짜개지 않은 생긴 그대로의 통나무 속을 파서 만든 배.

통념 일반에 두루 통하는 개념. 일반적인 생각. 【通念】

통달 막힘이 없이 환히 앎. ㉠음악에 통달하다. -하다. 【通達】

통닭[통닥] 통째로 튀기거나 굽거나 삶아서 익힌 닭.

통독 책이나 문장 따위를 처음부터

끝까지 죽 내리 읽음. 비정독. -하다. 【通讀】

통례[통녜] 일반적으로 통하여 쓰이는 예. 비상례.

통로[통노] 통해서 다닐 수 있게 트인 길. 예넓은 통로.

통리 기무 아문[통니기무아문] 조선말의 관청. 1880년 청나라의 제도를 본떠 설치한 중앙 행정 기관으로 장관을 총리 대신이라 하였으나, 설치된 지 1년 만에 대원군에 의하여 폐지되었음.

통발 가는 댓조각을 엮어서 통같이 만든 고기잡이 도구의 하나.

통배추 자르거나 썰지 아니한, 다 자란 배추.

통보 어떤 자료나 소식 따위를 통지하여 보고함, 또는 그 보고. -하다. 【通報】

통분 수학에서, 분모가 다른 두 개 이상의 분수의 각 분모를 그 최소 공배수를 만들어 같은 분모로 만드는 일. -하다. 【通分】

통사정 자기의 딱한 사정을 남에게 털어놓고 말함. -하다.

통상[1] 특별하지 않고 늘 있는 일임. 비보통. 【通常】

통상[2] 나라 사이에 서로 교통하며 거래함. 비무역. 교역. -하다. 【通商】

통상 산업부 중앙 행정 기관의 하나. 우리 나라의 상업·공업·광업의 발전과 무역에 관한 일을 맡아 보는 기관.

통성명 처음 인사할 때 서로 성과 이름을 일러줌.

통속적 취미가 대중에게 널리 퍼져 있고 대중이 좋아하는 것. 예통속적인 소설. 【通俗的】

통:솔 온통 몰아서 거느림. 예부대를 통솔하다. -하다. 【統率】

통:솔력 통솔할 수 있는 힘. 비지휘력. 【統率力】

통신 ①소식을 전함. ②우편·전신·전화 등을 사용하여 서로 소식을 전하는 일. 【通信】

통신 교육 우편·방송 등을 이용하여 일정한 교육 과정을 마칠 수 있게 하는 교육 활동.

통신망 소식을 보내는 사람을 여러 곳에 파견하여 통신을 하도록 하는 조직이나 설비.

통신사[1] 여러 곳에서 뉴스를 모아 각 신문사나 방송국 등에 전해 주는 일을 하는 보도 기관 【通信社】

통신사[2] 조선 시대에 일본으로 보내던 사신. 【通信使】

통신 위성 먼 거리 사이의 전파통신을 이어 주는 데 쓰이는 인공 위성. 【通信衛星】

통신 판매 전화·우편·컴퓨터 따위로 물건을 주문하면, 우편·택배 따위로 그 물건을 보내 주는 판매 방식. 【通信販賣】

통신하다 통신 수단을 써서 정보나 의사를 전달하다. 예형은 밤새도록 통신하느라고 정신이 없다.

통역 서로 통하지 않는 양쪽의 말을 옮겨 주어 뜻이 통하게 해주는 일, 또는 그 사람. -하다.

통역관 통역을 맡아 하는 관리.

통영 오광대 음력 정월 보름에 경상 남도 통영 지방에서 하는 탈놀이.

통용 널리 두루 쓰이는 것. 예영어는 세계적으로 통용되는 언어이다. -하다. 【通用】

통운 물건을 실어서 운반함. 예통운 회사. -하다. 【通運】

통:일 ①여럿을 모아서 하나의 조직·체계로 만듦. 예우리의 소원은 통일이다. ②서로 관련되어 떨어질 수 없게 함. 예말과 행동은 통일되어야 한다. 비통합. 반분산. 분열. -하다. 【統一】

ㅌ

통:일부 남북 교류와 통일에 관한 일을 맡고 있는, 우리 나라 중앙 행정 기관의 하나. 【統一部】

통일 신라 시대 신라가 삼국을 통일하여 단일 민족 국가로 출발한 후, 후삼국으로 나눠지기까지의 시대. 【統一新羅時代】

통일 아랍 공화국 시리아와 이집트가 합병하여 이룩하였던 공화국. 지금은 각기 분리 독립하여 있음.

통장[1] 은행 등 예금을 받는 곳에서 예금한 사람에게 입금과 출금한 내용을 적어 주는 조그만 장부. ㉠적금 통장. 【通帳】

통:장[2] 동장이 시켜서 통에 관한 사무를 맡아 보는 책임자. 【統長】

통:제 일정한 규칙에 따라 여러 부분을 제한하거나 제약함. ㉠출입 통제 구역. -하다. 【統制】

통제 구역 허락을 받지 않은 사람이 마음대로 드나들 수 없는 구역.

통조림 고기·과실 등의 음식물이나 음료수 등을 오래 저장하기 위해 양철통에 넣고 가열·살균하여 봉한 식품.

통:증 아픈 증세. 【痛症】

통지 기별하여 알림. -하다. 【通知】

통지문 〔이전말로〕소식이나 지시나 정보를 보내어 알게 하는 문서.

통지서 어떤 일을 알려 주는 문서. ㉠합격 통지서. 【通知書】

ㅌ

통지 예금 30일 이상 예입해두고 찾을 때에는, 며칠 전에 얼마를 찾겠다는 것을 은행에 통지해 주어야 하는 은행 예금.

통지표 학습자의 성적·건강상태·품행 등을 기재하여 가정에 보내거나 참고로 하는 장부.

통째로 나누지 않고 덩어리로 있는 그대로. ㉠통째로 구워 먹다.

통:찰 사물의 깊은 뜻이나 사정을 환하게 아는 것. -하다.

통:찰력 사물을 환히 꿰뚫어 보는 능력. ㉠뛰어난 통찰력.

통첩 관청 또는 단체 등에서 문서로 통지함, 또는 그 글월. ㉠최후 통첩. -하다.

통:치 ①도맡아 다스림. ②주권을 가지고 국토 및 국민을 지배하고 다스림. ㉠국가를 통치하다. -되다. -하다. 【統治】

통:쾌 ①아주 유쾌함. ㉠통쾌한 웃음. ②마음이 매우 시원함. ㉠통쾌한 승리를 거두다. -하다.

통:탄 몹시 탄식함. -하다.

통통[1] 몸이 붓거나 살지거나 불어서 굵은 모양. ㉠손목이 통통 부었다. <퉁퉁. -하다.

통통[2] 작은 발동기 따위가 돌아 가면서 내는 소리.

통통배 발동기를 돌려 통통거리며 가는 작은 배. 똑딱선.

통틀어[통트러] 모두 합하여 전부. ㉠통틀어 몇 개 남았니?

통풍 바람을 통하게 함. 공기를 잘 드나들 수 있게 함. 【通風】

통풍기 바람이 잘 통하도록 하기 위하여 장치한 기계. 【通風機】

통풍창 바람이 잘 통하도록 주로 방의 높은 곳에 내는 작은 창.

통하다 ①서로의 뜻을 알다. ②막힘이 없이 트이다. ㉠사방으로 통하는 길. ③말이나 문장 따위가 막힘이 없다. ㉠문맥이 통하다.

통학 학교에 다님. ㉠기차로 통학하다. -하다. 【通學】

통학로[통항노] 학생이 학교에 다니는 길. 【通學路】

통:합 모두 합쳐 하나로 모음. ㊥구분. ㉠회사를 하나로 통합하다. ㊐통일. -하다. 【統合】

통행 길로 통하여 다님. ㉠좌측 통행. ㊐왕래. -하다. 【通行】

통행 금지 어떤 장소를 지나다니지

못하게 하는 것. 【通行禁止】

통행량 일정한 장소를 지나다니는 사람이나 차량의 수. 【通行量】

통행료 유료 도로를 지나다니는 차가 내는 돈. 【通行料】

통행증 어떤 지역이나 특정 시간에 통행을 허가하는 증서.

통화[1] 전화 등으로 말을 서로 주고받음. -하다. 【通話】

통화[2] 한 나라 안에서 통용되고 있는 화폐를 통틀어 이르는 말. 【通貨】

퇴:각 싸움에서 져서 뒤로 물러남. ㉥퇴각 명령. ㉯진격. -하다.

퇴:계 '이황'의 호. 【退溪】

퇴:근 직장에서, 근무를 마치고 나옴. ㉯출근. -하다. 【退勤】

퇴:보 ①뒤로 물러감. ②재주·능력 등이 전보다 못하게 됨. ㉥산수 실력이 퇴보하다. ㉥퇴행. ㉯진보. -되다. -하다. 【退步】

퇴비 짚이나 풀 따위를 썩혀서 만든 거름. ㉥두엄. 【堆肥】

퇴:색 빛이 바램. -되다. -하다.

퇴:실시키다 방이나 교실 따위에서 나가게 하다.

퇴:원 입원했던 환자가 건강을 회복하고 병원에서 나옴. ㉯입원. -하다. 【退院】

퇴:위 임금이나 왕비 자리에서 물러남. ㉯즉위. -하다. 【退位】

퇴:임 공적인 임무에서 물러남. ㉥정년 퇴임. ㉯취임. -하다.

퇴:장 회의장·경기장·극장·무대 등에서 물러남. ㉯입장. 등장. -하다. 【退場】

퇴적 많이 모여 쌓임. ㉥강하류에 퇴적된 모래. ㉯침식. -하다.

퇴적물[퇴정물] 많이 겹쳐 쌓인 흙이나 쓰레기 따위.

퇴적암 지층을 이루고 있는 암석. 물에 떠내려간 진흙·모래·자갈등이 바다 밑에 쌓인 다음에 큰 압력을 받아 암석으로 변한 것. ㉥수성암. 【堆積巖】

퇴적 작용 흐르는 물에 운반된 흙이나 돌이 쌓이는 현상.

퇴:직 직장을 그만둠. 현직에서 물러남. ㉥퇴임. ㉯취직. -하다. 【退職】

퇴:직금 퇴직하는 사람에게 직장에서 한번에 주는 돈. 【退職金】

퇴:진 함께 일하는 여러 사람이 조직에서 물러남. ㉥부도덕한 정권의 퇴진을 주장하다.

퇴:짜 바라는 수준에 이르지 못하여 받아들이지 않고 물리침. ㉥면접에서 퇴짜를 맞다.

퇴:치 물리쳐서 없애 버림. ㉥병균을 퇴치하다. -하다.

퇴폐 ①도덕이나 건전한 풍습 따위가 문란해짐. ㉥퇴폐 풍조. ②쇠퇴하여 문란함.

퇴:학 다니던 학교를 그만두거나 학교에서 쫓겨남. ㉥행동이 불량하여 퇴학을 당하다. ㉥퇴교. 【退學】

퇴:행 발전이나 진행하지 않고 먼저의 상태나 시기로 되돌아감. -하다. 【退行】

퇴:화 발전하던 것이 발전하기 전의 상태로 되돌아감. ㉯진화. -되다. -하다. 【退化】

툇:마루 방의 앞에 달아 놓은 좁은 마루.

투 남의 주위를 끌 만큼 특별한 말의 방식이나 태도. ㉥말하는 투가 건방지다. 【套】

투각 조각에서, 대상의 윤곽만을 남겨 놓고 나머지 부분은 파내거나, 또는 윤곽만을 파서 구멍이 나도록 만드는 것. 또는 그런 기법.

투견 주로 싸움을 시키기 위하여 기르는 개. ㉥투구.

투고 신문·잡지·논문집 등에 실을 원고를 보냄, 또는 그 원고. ㉥기고. -하다. 【投稿】

투과 꿰뚫고 지나감. ㉠벽을 투과한 빛. -하다.

투구[1] 옛날 군인이 전쟁할 때에 머리와 얼굴을 보호하기 위해 쓰던 쇠로 만든 모자.

투구[2] 야구에서, 투수가 포수를 향해 공을 던지는 것. ㉠투수의 전력 투구로 승리했다. 【投球】

투기[1] 기회를 엿보아 큰 이익을 보려고 하는 짓. ㉠부동산 투기. -하다. 【投機】

투기[2] 여자가 자기 남편이 사귀는 다른 여자에게 샘을 내는 것. -하다.【妬忌】

투기꾼 투기를 일삼는 사람.

투덜거리다 혼자 자꾸 불평의 말을 중얼거리다. 비투덜대다.

투덜대다 불평하는 말을 자꾸 중얼거리다. 비투덜거리다.

투두둑 우박 따위가 바닥이나 나뭇잎 따위에 세게 떨어지는 소리. ㉠지붕 위에 투두둑 우박 떨어지는 소리가 들린다. >토도독.

투막 울릉도의 통나무 집. 집 둘레를 수숫대 따위로 촘촘히 둘러싸서 눈이 들어오지 못하도록 지었음. 투막은 눈뿐 아니라 바람이나 햇빛을 가리는 구실도 함. 투막집.

투망 물고기를 잡기 위해 그물을 던지는 일.

투명 ①환히 트여 속까지 비쳐보임. ㉠투명한 유리. ②조금도 흐리거나 탁한 데가 없이 속까지 환히 트여 맑음. ㉠투명한 하늘. 반불투명. -하다. 【透明】

투명 반구 투명한 공을 반으로 쪼갠 것과 같은 모양.

투명판 투명하여 건너편이 환히 들여다 보이는 판. 【透明板】

투박하다 ①생김생김이 맵시가 없이 선이 굵고 거칠다. ㉠투박한 그릇. ②말이나 행동이 다소곳하지 못하고 거칠다. ㉠투박한 행동.

ㅌ

투베르쿨린 반응 결핵균을 길러 열로 살균하여 만든 백신을 주사하여 나타나는 반응으로 결핵을 진단하는 검사법.

투병 적극적으로 질병과 싸움. ㉠투병 생활. -하다. 【鬪病】

투사 ①전쟁터나 경기장에 싸우려고 나선 사람. ②나라나 사회를 위해 활동하는 사람. ㉠독립투사.

투사지 비치는 종이로서 그림을 밑에 받쳐 놓고 그대로 옮겨 그릴 때 쓰이는 얇은 종이의 한 가지. 트레이싱 페이퍼.

투서 자기의 생각이나 남의 잘못을 알리기 위해 글로 적어 몰래 보냄. -하다. 【投書】

투석 돌을 던짐. -하다. 【投石】

-투성이 〔일부 명사 밑에 붙어〕 ①앞의 명사가 뜻하는 물질이 묻어 더러워진 상태임을 나타내는 말. ㉠진흙투성이·먼지투성이. ②앞의 명사가 뜻하는 것이 매우 많음을 나타냄. ㉠실수투성이·주름살투성이.

투수 야구에서, 내야의 중앙에서 타자에게 공을 던지는 사람. 피처. 반포수. 【投手】

투숙 여관 따위에 들어서, 하루 이상 묵는 것. -하다. 【投宿】

투스텝 서양식 춤에서 한 발을 두 번 연달아 옮기는 동작. 【two-step】

투시 빛이 통하지 않는 물체를 꿰뚫어 보는 것. ㉠투시 능력. -하다.

투시도 어떤 시점에서 본 물체의 형태를 눈에 보이는 그대로 나타낸 그림. 【透視圖】

투신 ①죽으려고 높은 곳에서 아래로 자기 몸을 떨어뜨리는 것. ㉠투신 자살. ②무슨 일에 몸을 던져 관계함. ㉠교육계에 투신하다. -하다. 【投身】

투여 의사가 환자에게 약 같은 것을 줌. ㉠진통제를 투여하다. -하다.

투옥 옥에 가둠. -하다.

투우 투우사가 사나운 소와 겨루는 결사적인 투기, 또는 그 투기에 나오는 소. 【鬪牛】

[투우]

투우사 투우 경기에 나오는 소와 싸우는 사람. 【鬪牛士】

투입 ①던져 넣음. ②사람이나 물자를 어떤 일에 쓰이도록 충당해 넣음. 예보충 인력을 투입하다. -하다. 【投入】

투입구 물건 따위를 넣는 작은 구멍. 예우유 투입구. 【投入口】

투자 이익을 목적으로 사업의 밑천을 댐. 예컴퓨터 산업에 투자하다. 비출자. -하다. 【投資】

투자 신탁 여러 사람이 맡긴 돈을 모아서 증권·채권 따위에 투자하여 이익을 남겨 돈을 맡긴 사람들에게 나눠 주는 제도, 또는 그 일을 하는 회사.

투쟁 다투어 싸움. -하다.

투정 어린아이가 무엇이 마음에 들지 않거나 불만이 있을 때 떼를 쓰며 조르는 일. 본투정질.

투지 싸우고자 하는 의지. 예투지가 강하다. 비투혼. 【鬪志】

투철 사리가 밝고 확실함. 예투철한 정신. -하다. -히. 【透徹】

투표 선거나 어떤 일을 결정할 때 각 사람의 뜻을 나타내기 위하여 용지에 이름·부호·의견 등을 기입하여 일정한 장소에 내는 일. 예투표로 반장을 뽑다. -하다. 【投票】

투표권 투표를 할 수 있는 권리.

투표소 투표를 할 수 있게 만든 일정한 장소. 비투표장. 【投票所】

투표자 투표하는 사람. 【投票者】

투표장 투표소가 마련되어 있는 곳. 비투표소. 【投票場】

투표함 투표한 종이 쪽지를 넣는 상자. 【投票函】

투피스 웃옷과 아래옷이 한 벌이 되는 서양식의 여성복. 【two-piece】

투하 폭탄 같이 무거운 것을 공중에서 아래로 떨어드림. 예폭탄 투하. -하다. 【投下】

투항 적에게 항복함. -하다.

투호 화살을 항아리 속에 던져 넣어서 승부를 겨루는 놀이.

투혼 끝까지 투쟁하려는 정신.

툭 ①무엇이 맥없이 떨어지는 모양이나 소리. 예밤송이가 나무에서 툭 하고 떨어지다. ②슬쩍 치거나 건드리는 모양이나 소리. 예팔을 툭 치다. ③말이나 속마음을 시원스럽게 터 놓는 모양. 예고민을 툭 털어놔 봐라. >톡.

툭툭 무엇을 터는 모양이나 소리. 예먼지를 툭툭 털다. >톡톡.

툭하면[투카면] 무슨 일이 있을라치면 버릇처럼 곧. 예툭하면 시비를 걸다. 비걸핏하면.

툰드라 북극에 가까운 지역으로 일년 내내 얼음이 얼고 여름이 짧으며, 이끼가 끼는 넓은 들판.

툴툴거리다 마음에 들지 않아 작은 목소리로 짧게 자꾸 말하다. 불평하다. 비툴툴대다.

퉁기다 무엇에 부딪히거나 어떤 힘을 받아 튀어나오거나 튀어 오르다.

퉁명스럽다(퉁명스러우니, 투명스러워서) 불쑥 하는 말이 정답지 못하거나 얼굴빛이 불쾌하다.

퉁소 대로 만든 악기의 한 가지. 앞에 구멍이 다섯 개 있고 뒤에 하나가 있으며 세로로 붊.

퉁퉁 큰 몸피가 불룩하게 붓거나 살진 모양. 예눈이 퉁퉁 붓다. >통통.

퇴각 다시마를 기름에 튀겨 설탕을 뿌린 반찬.

ㅌ

튀기다[1] ①음식물을 끓는 기름에 넣어 익히다. ㉥감자를 튀기다. ②마른 낟알을 열을 가해 부풀어 터지게 하다. ㉥쌀을 튀기다.

튀기다[2] ①공 따위를 쳐서 튀게 하다. ㉥공을 튀겨서 잡는 놀이를 하다. ②물이나 불꽃 따위를 튀게 하다. ㉥입에 침을 튀기며 말을 하다.

튀김 요리의 한 가지. 생선이나 고기 따위에 밀가루를 묻혀 끓는 기름에 튀긴 것.

튀다 ①갑자기 불꽃 등이 생기면서 세차게 퍼지다. ㉥불똥이 튀다. ②공 따위가 부딪쳐서 세게 뜨다. ㉥공이 튀다.

튀어나오다 쑥 불거져 나오다. ㉥광대뼈가 튀어나온 얼굴.

튕기다 다른 사람의 요구나 부탁을 거절하다. ㉥그만 튕기고 좀 도와줘.

튜:바 금관 악기의 하나. 3~5개의 밸부가 있는 큰 나팔. 가장 낮고 장중한 음을 냄. 【tuba】

튜:브 헤엄이 서툰 사람이 쓰는 바퀴 모양의 공기 주머니. ㉥물에 빠진 사람을 구할 때는 튜브나 구명대 같은 도구를 사용한다. 【tube】

튤:립 꽃밭에 심는 화초. 알뿌리를 가진 여러해살이풀. 4~5월에 여러 색깔의 종 모양의 꽃이 피며 키는 40cm가량임. 【tulip】

[튤립]

트다[1](터, 터서) ①싹이나 꽃봉오리가 벌어지다. ㉥싹이 트다. ②새벽에 동쪽이 환해지다. ㉥동이 트다. ③살가죽이 갈라지다. ㉥손발이 트다.

트다[2](터, 터서) ①막힌 것을 통하게 하다. ㉥벽을 트다. ②서로 친하게 사귀는 관계를 맺다. ㉥안면을 트다.

트라이앵글 관현악에 쓰는 타악기의 한 가지. 삼각형으로 구부린 강철봉을 쇠막대로 침. 【triangle】

[트라이앵글]

트라코마 전염되는 눈병. 눈앞이 빨개지며 눈꼽이 끼고 심하면 시력을 잃게 됨. 【trachoma】

트랙 육상 경기장 또는 경마장의 달리는 길. 【track】

트랙터 논밭이나 공사장에서 땅을 파든가 흙을 밀어 내는 자동차. 【tractor】

트랜지스터 라디오 게르마늄이라는 물질의 반도체를 쓴 작은 라디오.

트랩 비행기나 배 등의 타고 내리는 데 쓰이는 사닥다리. 【trap】

트럭 짐을 실어 나르는 자동차.

트럼펫 금관 악기의 한 가지. 소형 나팔의 일종으로 소리가 날카로우며 명쾌함. 【trumpet】

[트럼펫]

트럼프 그림 딱지로 된 서양식 놀이의 하나. 【trump】

트렁크 ①손에 들고 다닐 수 있는 네모진 커다란 가방. ②자동차 뒤에 짐을 넣게 만든 곳. 【trunk】

트레머리 가리마를 타지 않고 머리를 뒤에다 틀어서 붙인 여자의 머리.

트로이카 세 필의 말이 끄는 러시아의 썰매, 또는 마차. ㉥삼두마차. 【troika】

트로피 우승한 사람이나 단체에게 주는 영예의 우승컵. 우승트로피. 우승배. 【trophy】

트롬본 금관 악기의 하나. 긴 U자형의 관을 맞추어 만듦. 낮은 음을 내며 관을 늘였다

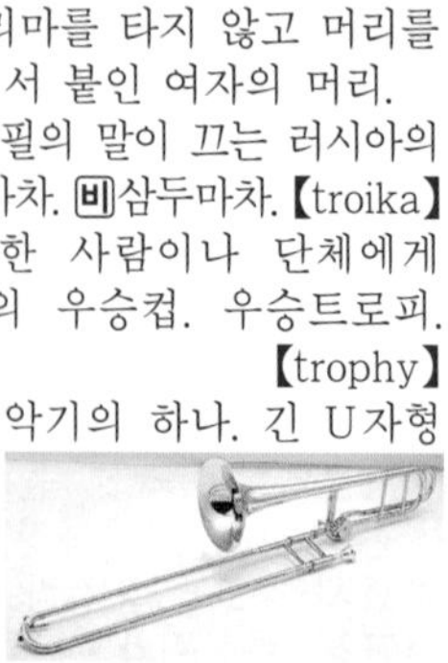
[트롬본]

ㅌ

줄였다 하여 음을 변화시킴. 【trombone】
트리오 ①삼중주. [예]피아노 트리오. ②삼인조. ③삼중창. 【trio】
트ː림 위 속에서 음식이 잘 소화되지 않아서 생긴 기체가 입 밖으로 소리를 내며 터져 나오는 것. -하다.
트이다 ①막혔던 것이 통하다. [예]고속 도로가 트이다. ②마음이나 생각이 환히 열리다. ③일이 잘 되어 가다. [준]틔다.
트집 괜히 조그만 흠을 들추어서 괴롭힘.
특공대 특수 임무나 기습 공격을 하기 위하여 특별히 훈련된 부대.
특권 특별한 권리. 어떤 사람에게 특별히 주어진 권리. 【特權】
특근 근무 시간 이외에 특별히 더 하는 근무. -하다. 【特勤】
특근 수당 특근에 대한 보수로 주는 수당. 【特勤手當】
특급[1] 열차 따위가 특별히 빨리 운행하는 것. [예]특급 열차. 【特急】
특급[2] 특별히 뛰어난 등급. 가장 높은 등수. [예]특급 호텔. 【特級】
특급 열차 특별히 빠른 속력으로 달리는 기차. [반]완행 열차. [본]특별 급행 열차. 【特級列車】
특기 특별한 기능이나 기술. [비]장기.
특대[1] 물품·옷 등이 특별하게 아주 큰 것. 【特大】
특대[2] 특별한 대우. -하다. 【特待】
특등 일등보다 더 나은 것. 【特等】
특명[특명] ①특별히 내리는 명령. [예]특명을 받다. ②특별히 임명함. -하다. 【特命】
특별 ①보통보다 훨씬 뛰어남. ②보통과 아주 다름. [예]우리는 특별한 관계이다. [비]특수. [반]보통. 일반. -하다. -히. 【特別】
특별시 도와 똑같이 직접 중앙의 감독을 받는 지방 자치단체의 하나. [예]서울 특별시. 【特別市】
특별 활동 정식 학습 이외에 학생이 스스로 골라서 하는 특별한 교육 활동. 【特別活動】
특별히[특뼐히] 보통과 아주 다르게. [예]오늘은 특별히 야외 수업을 하겠다.
특보 특별한 보도. [예]뉴스 특보.
특사 나라의 특별한 임무를 띠고 파견되는 사절. 【特使】
특산물 그 지방에서만 나는 독특한 산물. [예]강화도의 특산물은 화문석이다. 【特產物】
특산품 한 지방에서만 생산되는 물품. 【特產品】
특색[특쌕] 보통의 것과는 다른 특별한 점, 또는 뛰어난 점. [예]특색 있는 글. 【特色】
특석 극장 따위에서 특별히 마련한 값이 비싼 좋은 자리. [비]특별석.
특선[특썬] ①재료 등을 특별히 고름, 또는 고른 물건. ②전람회 등에서 특히 우수하다고 뽑힌 작품. -하다. 【特選】
특성 일반 사물에만 있는 특수한 성질. 특이성. 특질. 【特性】
특수 보통과 특별히 다름. [예]특수한 지형. [비]특별. 특이. [반]일반. 보통. -하다. 【特殊】
특수 은행 법률에 의하여 특별한 일을 맡아 보는 은행. 한국 은행·한국 산업 은행·중소 기업 은행 등. [비]특별 은행. [반]일반 은행.
특수 학교 ①일반 학교와는 다른 교육을 담당하는 학교. 맹아 학교 따위. ②영재 교육을 담당하는 학교.
특실 여관·기차·병원 따위에서 특별히 비싼 방. 【特室】
특약 ①특별한 조건을 붙인 약속. ②특별한 편의나 이익이 있는 계약. [예]특약 판매점. -하다.
특용[트굥] 특별한 목적에 쓰이는 것. [예]특용 농작물. 【特用】

특용 작물 목화·삼·담배·인삼 등과 같이 식용 이외의 특별한 데에 쓰이는 농작물. 【特用作物】

특유[트규] 일정한 사물에게만 특별히 갖추어져 있음. ㉠그 사람 특유의 성질. -하다. 【特有】

특이 다른 것과 특별히 다름. ㉠특이한 행동을 하다. 비특수. 반보편. -하다. 【特異】

특정 특별히 정해진 것이나 선택된 것. 반불특정. -되다. -하다.

특종 기사 신문·잡지 따위에서, 그 회사에서만 특별히 취재하여 보도한 중대한 기사. 준특종.

특질 ①특별한 기질. ②특별한 품질. ㉠우리글의 특질.

특집[특찝] 신문·잡지 따위에서, 특별한 문제를 중심으로 엮음. ㉠특집 기사. 【特輯】

특징 다른 것에 비교해 눈에 띄게 다른 점. 비특색. 특성. 【特徵】

특징적 특징을 두드러지게 나타내는 것. ㉠웃음은 사람에게서만 특징적으로 나타나는 현상이다.

특파 특별한 임무를 띠고 다른 곳으로 보냄. -하다. 【特派】

특파원 ①어떤 특별한 임무를 띠고 일정한 곳에 보내어진 사람. ②외국에 가서 해외 뉴스 보도의 임무를 맡은 기자. 【特派員】

특허[트커] ①특별히 허가함. ②어떤 사람의 발명품에 대하여 그 사람에게 특정한 권리를 주는 행정 행위. -하다. 【特許】

특허청 상공부에 딸린 행정 기관. 특허·실용·신안·의장 및 상표에 관한 사무와 이에 대한 심사·심판 및 변리사에 관한 사무를 관장함.

특허품 특허를 얻어 만든 제품. 다른 사람은 팔 수 없도록 특별히 허가된 물건. 【特許品】

특혜[트케] 특별한 은혜. 혜택. ㉠특혜를 받다. 【特惠】

특화[트콰] 외국이나 다른 지방의 경쟁을 물리치기 위하여 한 가지 산업이나 생산품을 특별히 발전시키는 것. ㉠특화 작물.

특활[트콸] 학교 교육에서 공통의 교과목 외에 학생이 선택하여 하는 특별한 활동. '특별 활동'을 줄인 말. 【特活】

특효약 어떤 병에 대해 특별히 효험이 있는 약.

특히[트키] 보통과 다르게. 아주 두드러지게. 특별히. ㉠댐은 홍수 때에 특히 중요한 구실을 한다.

튼튼하다 ①몸이 건강하다. ㉠음식을 골고루 먹어야 몸이 튼튼하다. ②물건이 매우 단단하고 약하지 않다. 질기다. ㉠튼튼하게 만들어진 침대. >탄탄하다.

틀 ①물건을 만드는 데 판이나 꼴이 되는 물건. ②'재봉틀'의 준말. ③낡고 융통성이 없는 상투적인 투. ㉠틀에 박힌 말.

틀니 잇몸에 끼웠다 떼었다 할 수 있도록 만든 이. ×틀이.

틀다 ①한쪽으로 힘주어 돌리다. ㉠수도 꼭지를 틀다. ②기계나 장치를 작동시키다. ㉠텔레비전을 틀다. ③엮거나 짜서 살 곳을 만들다. ㉠새들이 둥지를 틀다.

틀리다 ①계산이나 일 따위가 어긋나거나 맞지 않다. ㉠계산이 틀리다. 반맞다. ②마음이나 행동 따위가 올바르지 못하고 비뚤어지다.

틀림없다[틀리멉따] 다름이 없다. 꼭 같다. ㉠우리 나라의 꽃은 무궁화가 틀림없다. **틀림없이**.

틀림없이[틀리멉씨] 어긋남이 없이 분명하게. ㉠약속시간에 틀림없이 와야 한다.

틀어막다[트러막따] 좁은 틈으로 억지로 넣어 못 통하게 막다. ㉠피가 나오는 콧구멍을 휴지로 틀어막다.

틀어박히다[트러바키다] ①밖으로 나가지 않고 한 곳에만 있다. ㉥밤낮 집에만 틀어박혀 있다. ②좁은 자리에 들어가 박히다. ㉥속에 틀어박힌 유리 조각을 빼다.

틀어지다 ①꾀하는 일이 어긋나다. ㉥계획이 틀어지다. ②사이가 벌어지다. ㉥사소한 말다툼으로 사이가 틀어지다.

틈 ①벌어져 사이가 뜬 자리. ㉥창문 틈으로 불어오는 바람. 비간격. ②겨를. 일을 하다가 쉬게 되는 시간. ㉥바빠서 거기에 갈 틈이 없다.

틈나다 시간적 여유가 생기다. ㉥틈나는 대로 한번 오너라.

틈바구니 큰 것들 사이의 좁은 틈. 준틈바귀.

틈새 ①아주 좁은 틈. ㉥커튼 틈새로 운동장이 보인다. ②사람들의 관계에서 사이가 벌어진 것. ㉥다정했던 친구와의 틈새가 점점 벌어지다.

틈새 시장 남이 미처 생각하지 못한 상품을 만들어 팔 수 있는 기회. ㉥틈새 시장을 노린 기업이 많다.

틈타다 잠시 생기는 때나 기회를 이용하다. ㉥어두운 밤을 틈타 기습을 감행하다.

틈틈이[틈트미] 시간이 날 때마다. ㉥틈틈이 수영을 배우다. ×틈틈히.

틔우다[티우다] 트이게 하다. ㉥싹을 틔우다.

티[1] ①재나 흙, 그 밖의 모든 물건의 잔부스러기나 찌꺼기. ②조그마한 흠집을 이르는 말. ㉥옥에도 티가 있다.

티[2] 눈에 띄는 기색이나 태도. ㉥부잣집 딸의 티를 내다.

티격태격 서로 뜻이 맞지 않아 시비하는 모양. -하다.

티그리스 강 아르메니아 고원에서 시작하여 유프라테스 강과 합쳐져서 페르시안 만으로 흘러드는 강. 메소포타미아 문명의 발상지이며, 길이는 1,900km임. 【Tigris江】

티끌 ①'아주 작거나 적음'을 비유하여 이르는 말. ㉥티끌 모아 태산. ②공기 중에 있는 아주 작고 가벼운 물질.

티눈 발가락 사이에 생기는 무사마귀 비슷한 굳은 살.

티베트 고원【지명】 중국 남서부를 차지하는 해발 4,000m에 가까운 건조한 고원 지대.

티셔츠 목 자리가 둥글게 패인 'T'자 모양의 셔츠. ※영어 'T-shirst'에서 온 말.

티없이[티업씨] 아주 순순하고 깨끗하게. ㉥티없이 맑은 웃음.

티읕[티읃] 한글의 닻소리 글자인 'ㅌ'의 이름.

티켓 차표·입장권·허가장. ㉥극장 티켓. 【ticket】

팀: 운동 경기의 단체. 즉, 두패로 나누어서 행하는 경기의 한편 짝. ㉥청팀. 백팀. 【team】

팀:장 팀의 우두머리. 팀의 책임자.

팀파니 냄비 모양의 북. 수평으로 쇠가죽을 붙이고 둘레에 있는 나사로 써 소리를 조절하는 타악기. 낮은 소리가 나며, 대·중·소형이 있음. 한 개 또는 여러 개를 동시에 사용함. 【timpani】

[팀파니]

팁 시중 드는 사람에게 일정한 품삯 이외에 따로 주는 돈. 【tip】

ㅍ

ㅍ (피읖[피읍]) 한글 닿소리(자음)의 열셋째 글자.

파[1] 하얗고 긴 줄기에 길고 속이 빈 푸른 잎이 붙어 있으며, 독특한 냄새와 맛이 있어 양념이나 요리 재료로 쓰는 채소.

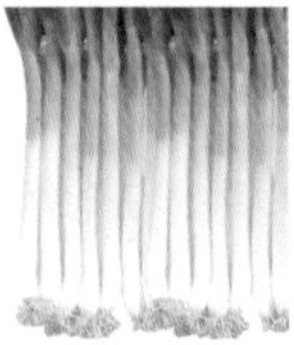
[파[1]]

파[2] 서양 음악의 7음 체계에서 네 번째 계이름. 【fa】

파[3] ①같은 생각이나 목적을 가지고, 큰 집단 안에 갈라져 있는 작은 집단. ㉠각 파 별로 모임을 갖다. ②한 조상에서 갈라져 나온 집안 갈래. ㉠내 짝과 성은 같지만 파가 다르다. 【派】

파:격적 보통의 관습을 아주 벗어나는 것. ㉠파격적인 대우. 【破格的】

파견 어떤 임무를 맡겨서 사람을 보냄. ㉠외국으로 파견 근무를 가다. 비파송. -하다. 【派遣】

파:계 중이 불교의 규율을 지키지 않고 어기는 것. -하다. 【破戒】

파:계승 규율을 지키지 않는 승려.

파고 파도의 높이. ㉠오늘 바다의 파고는 3m로 예상된다.

파고계 파도의 높이를 재는 기계.

파고다 공원 1897년 영국인 브라운이 설계하여 건설함. 서울 종로2가에 있는 공원. 탑골공원.

파고들다 ①안으로 헤집고 들어가다. ㉠많은 사람들 속으로 파고들다. ②속사정이나 비밀을 알아내려고 조직이나 사건의 내부로 비집고 들어가다. ㉠적의 소굴로 파고들다.

파고토 오보에보다 두 옥타브 낮은 음을 내는 목관 악기. 관현악에서 매우 중요한 자리를 차지함. 바순.

파:괴 깨뜨리어 헐어 버림. ㉠다리를 파괴하다. 반건설. -하다.

파:괴력 무너뜨리거나 부수는 힘.

파:괴자 깨뜨려 부수는 사람.

파:국 어떤 판국이 결딴나는 일, 또는 그 판국. 【破局】

파급 어떤 일의 영향이 퍼져 멀리 미침. ㉠절약 운동이 전국적으로 파급되다. -하다. 【波及】

파:기 깨뜨리거나 찢어서 없앰. ㉠약속 파기. -하다.

파김치 ①파로 담근 김치. ②몹시 지쳐서 기운이 하나도 없는 상태. ㉠너무 피곤해서 몸이 파김치처럼 늘어진다.

파나마〖나라〗 중앙 아메리카 남쪽 끝에 있는 나라. 바나나·커피·코코아·고무 따위가 많이 나고, 파나마 운하로 유명함. 수도는 파나마. 【Panama】

파나마 운하 중앙 아메리카의 파나마 지협에 있는 태평양과 대서양을 연결하는 운하.

파내다 박히거나 묻힌 것을 파서 꺼내다.

파다 ①구멍이나 구덩이를 만들다. ㊞땅을 파다. ②그림이나 글씨를 새기다. ㊞도장을 파다.

파닥거리다 작은 새의 날개 따위가 자꾸 소리를 내며 아래 위로 가볍게 빨리 움직이다. ㊞잠자리채에 걸린 잠자리가 파닥거리고 있다. 비파닥대다.

파닥이다[파다기다] 작은 새·깃발·물고기 따위가 빠르게 세게 소리를 내며 움직이다. ㊞새가 날개를 파닥이며 날아가다.

파도 물이 출렁거려 일어난 큰 물결. ㊞파도가 밀려오다. 비물결.

파도타기 출렁 거리는 파도에 따라 오르내리며 치는 헤엄.

파동 ①물결의 움직임. ②사회적으로 일어난 큰 변동. ㊞물가 파동. 정치 파동. 【波動】

파라과이〖나라〗 남아메리카 대륙 브라질 남서쪽에 위치한 공화국. 목축업과 임업을 주로 하는 농업국임. 열대성 기후로 목화·옥수수·담배 등을 산출함. 수도는 아순시온. 【Paraguay】

파라다이스 아주 아름답고 기분이 좋고 즐거운 곳. 낙원. 【paradise】

파라솔 햇빛을 가릴 수 있도록 쳐 놓는 커다란 양산, 또는 햇볕을 가리는 데에 쓰는 양산. 【parasol】

[파라솔]

파라티온 이화명충 벼짚굴파리·진딧물·나방 등의 농작물 해충을 죽이는 약. 【parathion】

파라핀 석유를 만들 때의 부산물로서 흰빛의 반투명한 결정체.

파란 ①작은 물결과 큰 물결. ②어수선한 일의 실마리. ㊞행복했던 가정에 파란이 일다. ③일이 평범하지 않고 기복·변화가 있음. 【波瀾】

파란만장하다 인생을 살아가는 데 여러 큰일이 많이 생겨서 변화가 심하다. ㊞파란만장한 삶을 사신 할머니.

파란불 도로의 신호등에서 차나 사람이 지나가도 좋다는 것을 나타내는 파란 불빛.

파란색 맑은 하늘의 빛깔과 같은 색. 비파랑.

파랑 파란 빛깔. 비파란색.

파랑새 푸른 빛깔을 띤 여름새. 날개 길이 18~20cm. 모기·매미·잠자리 등을 잡아먹음. 우리 나라·중국·일본 등지에서 살고 겨울에는 남쪽에서 지냄.

[파랑새]

파:랗다[파라타](파라니, 파라서) 매우 푸르다. ㊞가을 하늘이 파랗다. <퍼렇다.

파래 푸른 실뭉치처럼 생긴, 물 속에서 사는, 먹는 식물.

파:래지다 ①파랗게 되다. ②창백하게 되다. ㊞얼굴이 파래지며 부들부들 떨다. <퍼래지다.

파력 에너지로 쓸 수 있는 출렁거리는 파도가 내는 힘. 【波力】

파력 발전 움직이는 파도가 내는 힘을 이용하여 전기를 일으키는 것.

파:렴치하다 잘못을 저지르고도 부끄러운 줄 모르고 도리어 뻔뻔스럽다.

파:루 조선 시대에, 밤중에 통행 금지 시간이 끝난 것을 알리기 위해서, 새벽 4시에 종을 서른 세 번 치던 일. 【罷漏】

ㅍ

파르르 ①눈이나 입술 따위를 가늘고 빠르게 떠는 모양. (예)입술을 파르르 떨다. ②발끈 성을 내는 모양. (예)언니가 파르르 성을 내다. 〈푸르르. (여)바르르.

파르스름하다 약간 파랗다. 〈푸르스름하다. 〈푸르스름하다.

파릇파릇 산뜻하게 군데군데 파란 모양. (예)파릇파릇 돋아난 새싹. 〈푸릇푸릇. -하다.

파릇하다[파르타다] 새싹의 빛깔이 조금 파란 듯하다.

파리[1]〖지명〗 프랑스의 수도. 유럽의 경제 문화의 중심지. 예술의 도시. 유행의 도시라고도 함. 【Paris】

파:리[2] 주로 음식물과 더러운 물질에 몰려들며 전염병을 옮기기도 하는, 날아다니는 작은 곤충.

파리하다 몸이 마르고 핏기 없이 해쓱하다. (예)얼굴이 파리하다.

파마 화학 약품으로 머리카락을 곱슬곱슬하게 만드는 것. ※영어의 'permanent wave'에서 온 말. -하다.

파먹다 벌레가 과일·날알 따위에 구멍을 내고 먹다. (예)벌레가 파먹은 과일.

파:면 일자리에서 쫓아냄. (예)회사에서 파면당하다. -하다.

파:멸 사람의 인격이나 집안·나라 등이 깨어져 멸망함. (예)마약은 인간을 파멸시킨다. -하다. 【破滅】

파문 ①잔물결. ②어떤 일의 영향. (예)뜻하지 않은 사건으로 사회에 파문을 일으키다. 【波紋】

파묻다 ①땅을 파고 그 속에 묻다. (예)김칫독을 파묻다. ②남몰래 숨기어 감추다. (예)비밀 문서를 파묻다.

파묻히다[파무치다] ①파묻음을 당하다. (예)축하의 꽃다발에 파묻히다. ②어떤 일에 빠져 있다. (예)아버지는 항상 일에 파묻혀 사신다.

파미르 고원 아시아 대륙의 중앙 부분에 있는 '세계의 지붕'이라고 불리는 높은 지대. 【Pamir 高原】

파발 조선 시대의 공문서를 급히 보내기 위하여 설치했던, 역마를 갈아 타는 곳. 역참. 【擺撥】

파발마 조선 때, 공무로 다른 지방으로 가는 사람이 타던 말.

파벌 같은 생각과 목적을 가진 사람들끼리 어울려서 만든 집단.

파병 군대를 파견함. (예)월남전에 파병하다. -하다. 【派兵】

파브르〖사람〗[1823~1915] 프랑스의 곤충학자. 곤충에 대하여 재미를 느껴 일생 동안 많은 연구를 하였음. 그가 연구한 것을 적은 책 〈곤충기〉 10권은 세계적으로 유명함. 【Fabre】

파:산 재산을 모두 잃어버림. [비]도산. -하다. 【破産】

파:상풍 살갗에 생긴 상처에 균이 들어가 몸이 떨리고 열이 심하게 나는 병. 【破傷風】

파생 무엇으로부터 다른 사물이나 현상이 갈라져 나와 생기는 것. (예)한 사건에서 몇 가지 일이 파생되다. -되다. -하다. 【派生】

파생어 바탕이 되는 말에 어떤 말이 붙어 생긴 낱말. ※덧버선⇨덧+버선. 【派生語】

파:손 깨어져 못쓰게 됨, 또는 깨뜨려 못쓰게 함. (예)학교 물건을 파손하다. -하다. 【破損】

파수 경계하여 지킴, 또는 지키는 사람. -하다. 【把守】

파수꾼 파수를 보는 사람.

파스 삐거나 벌레 물린 데에 바르거나 붙이는 약. ※독일어 'pasta'에서 온 말.

파스텔 가루 물감에 풀을 섞어 굳혀 막대 모양으로 만든, 그림 도구. 【pastel】

파스퇴르〖사람〗[1882~1895] 프랑

스의 과학자. 썩거나 발효하는 것이 세균의 작용이라는 것을 발견하고 살균 방법을 알아냈음.

파시 고기가 한창 잡힐 때 바다 위에서 열리는 생선 시장. 【波市】

파시즘 독재적인 전체주의. 제1차 세계 대전 후 이탈리아의 무솔리니 정권에서 비롯됨. 【fascism】

파악 어떠한 일을 잘 이해하여 확실하게 바로 앎. ㉠사고의 원인을 파악하다. -하다. 【把握】

파:안대소 어른이 즐거운 표정으로 한바탕 크게 웃는 것. -하다.

파:업 하던 일을 중지함. ㉡동맹 파업. -하다. 【罷業】

파:열 깨어지거나 갈라져서 터짐. ㉠추위로 수도관이 파열되다. -하다.

파운드 ①영국의 무게 단위. ②영국의 화폐 단위. 【pound】

파울 경기할 때 규칙에 어긋난 행동. 규칙 위반. ㉢반칙. 【foul】

파울 볼 야구에서, 타자가 파울 라인 밖으로 친 공. 【foul ball】

파이 밀가루와 버터를 반죽하여 과실·고기 등을 넣어서 구운 서양 과자. ㉠피자 파이. 【pie】

파이다 단단한 거죽이 움푹 들어가다. ㉠폭포 밑의 바위는 깊이 파여 있다.

파이렉스 유리 내열 유리 제품. 열 팽창 계수가 보통 유리보다 매우 적어서 특수 진공관, 전기 절연용, 내열용 등으로 쓰임.

파이팅 ①운동 선수들이 경기를 할 때 잘 싸우자는 뜻으로 외치는 소리. ②경기하는 선수나 어떤 일을 하는 사람을 격려하기 위해 외치는 소리. ×화이팅. 【fighting】

파이프[1] 공기·가스·액체 따위를 통하여 옮기는 데 쓰는 관. 【pipe】

파이프[2] 썬 담배를 피우는 데 쓰는 서양식 담뱃대. 【pipe】

파이프 오르간 음계에 따라 배열된 여러 관에 동력으로 공기를 보내 소리를 내게 한 건반 악기.

파인애플 더운 지방에서 나는 아나나스라는 식물의 열매. 통조림을 만듦. 【pineapple】

[파인애플]

파인 플레이 ①훌륭한 경기. 묘기. ②어떤 경쟁 따위에서, 정정당당한 싸움. ㉢페어 플레이. ㉣더티 플레이. 【fine play】

파일 ①여러 서류를 한 데 묶은 것. ②컴퓨터의 기억 장치에 분류되어 저장된 정보의 묶음. 【file】

파일럿 비행기를 조종하는 사람. 비행사. 【pilot】

파일명 컴퓨터에서, 사용하는 사람이 정한 파일의 이름. 【file名】

파자마 위아래 한 벌로 되어 있는, 헐렁한 서양식 잠옷. 【pajamas】

파장[1] 전파나 음파 따위의 한 마루에서 다음 마루까지의, 또는 한 골에서 다음 골 까지의 거리. 【波長】

파:장[2] 섰던 장이 흩어지든가 가게를 닫는 것. 【罷場】

파전 묽게 갠 밀가루 반죽에 길쭉하게 파를 썰어 넣고, 조갯살·굴 따위를 섞어 넓적하게 부친 전.

파:종 논밭에 곡식의 씨앗을 뿌림. ㉠파종 시기. -하다.

파종법 씨를 뿌리는 방법.

파:죽지세 공격에서 적이 막을 수 없게 무찔러 나아가는 맹렬한 기세. 【破竹之勢】

ㅍ

파:지 인쇄나 제본 과정 등에서 구겨지거나 찢어져서 못쓰게 된 종이. 【破紙】

파:직 관직에서 물러나게 함. -하다. 【罷職】

파초 잎이 넓고 길며 노란꽃이 피고 바나나 비슷한 열매를 맺는 풀.

파출부 임시로 나가 집안 일 따위를 돌봐 주는 직업 여성.
파출소[파출쏘] 도시에서 경찰관이 파견되어 관할 구역의 치안을 맡아 보는 곳. 【派出所】
파충류 척추 동물의 한 종류. 냉혈이며 허파로 호흡함. 대개 난생임. 거북·뱀·악어 등. 【爬蟲類】
파카 솜이나 털을 넣어 두껍게 만든, 겨울에 밖에서 입는 웃옷. 【parka】
파키스탄〖나라〗 인도 서쪽에 있는 공화국. 석유·천연 가스·크롬 등의 매장량이 풍부하기는 하나 공업 개발이 뒤져 있음. 수도는 이슬라마바드. 【Pakistan】
파:탄 일이 잘 되지 못하고 그릇됨. [예]무역 적자로 경제가 파탄에 이르다. 【破綻】
파트 ①여럿이 같이 하는 일에서 맡은 역할, 또는 부서. [예]영업 파트에서 일하다. ②〔수를 나타내는 말 뒤에 써서〕전체를 이루는 한 부분을 세는 말. [예]이 노래는 세 파트로 나뉜다. [비]부분. 【part】
파트너 두 사람이 같이 하는 춤이나 경기 따위에서의 상대. 같이 하는 사람. 【partner】
파티 사교와 친목을 목적으로 하는 모임. [예]생일 파티. 【party】
파:편 깨어져 부서진 조각. 【破片】
파:하다 일을 다하다. 마치다. [예]학교가 파하다.
파푸아뉴기니〖나라〗 오스트레일리아 북쪽 뉴기니 섬의 동쪽과 근처 섬들로 이루어진 나라. 영국 연방에 속함. 구리·커피·카카오·코프라 따위를 생산함. 수도는 포트모르즈비. 【Papua New Guinea】
파프리카 고추의 한 종류. 그 가루를 서양 요리의 양념으로 씀.【paprika】
파피루스 이집트 나일 강가에서 자라는 키가 큰 풀로, 고대에 그 줄기를 납작하게 이겨서 오늘의 종이처럼 글을 쓰는 데 썼음. 풀줄기의 섬유로 만든 종이. 【papyrus】
파:하다 어떤 모임이나 하던 일이 다 끝나다. [예]학교가 파하다.
파헤치다 ①속에 있는 것을 파서 흩어지게 하다. ②남의 비밀 등을 들추어 세상에 드러내다. [예]숨겨진 비밀을 파헤치다.
파:혼 약혼한 것을 깨뜨림. [반]약혼. -하다. 【破婚】
팍 ①힘있게 내지르는 소리나 모양. [예]화가 나서 연필을 팍 집어 던지다. ②갑자기 감정이나 기분이 가라앉는 모습. [예]소풍 가는 날 비가 와서 김이 팍 새었다.
팍팍하다[팍파카다] 살기가 어렵다. [예]혼자 사는 세상이 팍팍하다.
판[1] 그림이나 글씨 등을 새기어 인쇄에 사용하는, 나무나 쇠의 조각. [예]인쇄판. 【版】
판[2] ①일이 벌어진 자리나 장면. [예]윷놀이 판이 벌어지다. ②승부를 겨루는 일의 수효를 세는 말. [예]바둑 한 판 두자.
판[3] ①널빤지 모양으로 얇고 반반하게 만든 물건. ②음성이나 음악을 녹음한 얇고 반반한 둥근 물건. [비]레코드. 음반. 【板】
판가름 옳고 그름이나, 낫고 못함 따위를 가름. -하다.
판결 ①일의 옳고 그름을 가리어 결정함. ②재판소가 법률을 적용하여 소송 사건에 대해 결정함. [예]무죄 판결. -하다. 【判決】
판결문 법원이 판결을 내린 사실·이유 따위를 적은 문서. 【判決文】
판국 어느 사건이 벌어져 있는 형편. [예]나라가 어수선한 판국에 과소비를 하다니.
판다 눈 가장자리·귀·가슴둘레·네 발의 털은 검고, 그 밖의 부분은 흰 빛깔인, 곰과 비슷하게 생긴 동물. 중국 북서부의 높은 산의 숲 속에 살면서 죽순과 댓잎 등을 먹고 삶.【panda】

[판다]

판단 어떤 사물에 대한 자기의 생각을 마음 속으로 정함, 또는 그렇게 정한 내용. ⓔ정확한 판단. ⓑ판별. -하다. 【判斷】

판단력[판단녁] 사물을 정확히 판단하는 힘. 【判斷力】

판도 ①한 나라의 영토. ⓔ신라의 판도. ②어떤 세력이 미치는 영역 범위. ⓔ한순간 실수하면 인생의 판도가 뒤바뀐다. 【版圖】

판로[팔로] 상품이 팔려 나가는 곳. ⓔ판로를 개척하다.

판막다 주로 씨름에서, 마지막 승부에 이겨서 그 판을 끝내다.

판막음[판마금] 씨름 따위에서, 그 판에서의 마지막 승리. -하다.

판매 물건을 팖. ⓔ저렴한 가격으로 판매하다. ⓑ반구입. 구매. -하다.

판매 가격 상품을 파는 값. ⓒ판가. 판매가. 【販賣價格】

판매기 점원이 없이 상품을 팔 수 있게 되어 있는 기계. ⓔ자동 판매기. 【販賣機】

판매대 상품을 늘어 놓거나 올려놓은 대. ⓔ신문 판매대. 【販賣臺】

판매량 일정한 기간 동안 판매한 양. 반구매량. 【販賣量】

판매장 상품 따위를 파는 곳. ⓔ가구 판매장. 【販賣場】

판명 사실이나 진실 따위가 명백히 밝혀짐. ⓔ사건의 진상이 판명되다. -하다. 【判明】

판문점〖지명〗 경기도 개성시 동쪽 10km 지점에 있는 마을. 유엔군과 북한 공산군의 군사 정전 위원회와 군사 연락 장교 회의장 등이 있음. 【板門店】

판별 판단하여 구별함. 분명히 가름. -하다. 【判別】

판본체 훈민정음이나 용비어천가를 판에 새긴 글씨체로, 한문 서예의 전서나 예서의 필법으로 쓴 글씨.

판사 재판을 맡아 보는, 대법관 이외의 법관. 【判事】

판서 조선 시대 육조의 으뜸 벼슬. 육조의 책임자로 지금의 장관에 해당함. ⓔ병조 판서. 【判書】

판소리[판쏘리] 조선 중기 이후에 발달한 민속 예술 형태의 하나. 광대 한 사람이 북 장단에 맞추어 줄거리가 있는 이야기를 노래로 부르는 형식임.

판수 점치는 것을 일로 삼는 소경. ⓑ소경.

판옥선[파녹썬] 조선 시대에 해전에 쓰던, 나무판으로 지붕을 덮은 배. 명종 때에 개발하여 임진왜란 때에 크게 활약함. 【板屋船】

판을 치다 제 마음대로 활개를 치다.

판이 아주 다름. ⓔ성격이 판이하다. -하다. 【判異】

판자 나무를 깎아서 얇고 판판하게 만든 것. ⓑ널빤지.

판자촌 판잣집이 모여 있는 동네.

판잣집[판자찝] 널빤지로 허술하게 지은 집.

판재 얇고 넓게 켜서 만든 재목.

판정 ①옳고 그름을 가려서 결정함, 또는 그 결정. ②권투나 레슬링 따위의 경기에서, 심판이 승패를 결정함, 또는 그 결정. ⓑ판단. -하다. 【判定】

판정승 권투·레슬링 등의 경기에서 심판의 판정으로 이김. ⓑ반판정패.

판정패 권투·레슬링 등의 경기에서, 심판의 판정으로 짐. 반판정승.

판정표 운동 또는 체력장에서, 선수 또는 학생의 기록을 적는 문서. [예] 체력 급수 판정표. 【判定標】
판지 널빤지처럼 단단하고 두껍게 만든 종이. 【板紙】
판판하다 높고 낮은 데가 없이 고르고 넓다. [예]운동장이 판판하다. <펀펀하다. **판판히**.
판화 판을 새겨서 먹물이나 그림물감 등을 묻혀 찍어 내는 그림. [예] 목판화. 【版畵】
팔[1] 사람의 손과 어깨 사이의 부분.
팔[2] 숫자 8의 한자 이름으로 '여덟'을 뜻함. 【八】
팔가락지 여자의 손목에 끼는 금·은 등으로 만든 고리 모양의 장식품. [준]팔찌.
팔각 여덟 개의 모서리. [예]팔각 성냥. 팔각 다과상. 【八角】
팔각기둥 밑면이 팔각형인 기둥.
팔각형 여덟 개의 변으로 이루어진 다각형. 【八角形】
팔걸이[팔거리] 의자에서 팔을 걸쳐 놓는 부분.
팔관회 고려 시대에 신에게 제사지내던 국가적인 행사의 하나. 등불을 밝히고 잔치를 베풀며 나라의 행운을 빌었음. 【八關會】
팔괘 주역에 그려져 있는 여덟 가지 기본 도형인 건, 곤, 진, 손, 감, 이, 간, 태〔각각 하늘, 땅, 우레, 바람, 물, 불, 산, 못을 가리킴〕.
팔굽혀펴기 엎드려 뻗친 자세로 짚은 팔을 굽혔다 폈다 하는 운동.
팔꿈치 팔을 굽힐 때에 밖으로 내미는 부분. ×팔굼치.
팔다(파니, 파오) ①값을 받고 물건을 주거나 노력을 들이다. [예]배추를 팔다. [반]사다. ②정신이나 눈을 다른 곳으로 돌리다. [예]공부 시간에 한눈을 팔다. ③이름 따위를 빙자하다. [예]친구의 이름을 팔고 부정을 저지르다.
팔다리 팔과 다리. 사지
팔당 댐[팔땅댐] 1973년 경기도 양주군 팔당(북한강과 남한강이 만나는 곳)에 건설된 댐. 길이 574m. 높이 32m. 7년 6개월 만에 완공. 경인 지구의 상수도 및 농업 용수, 공업 용수, 수력 발전, 관광 개발 등에 이용됨. 【八堂 dam】
팔도 ①조선 시대에 우리 나라를 여덟 개의 도로 나눈 행정 구역〔경기도, 충청도, 경상도, 전라도, 강원도, 황해도, 평안도, 함경도〕. ②한국의 전국 각지. 【八道】
팔도 강산[팔또강산] 우리 나라 전국의 자연 경치. 【八道江山】
팔도지리지〖책명〗 조선 시대의 우리 나라 지도책. 세종 때 왕명으로 윤회·신색·맹사성 등이 8도의 지리를 비롯하여 인구·토질 등을 기록함. 【八道地理志】
팔등신 흔히 미인의 표준으로 삼는 키와 머리의 비율이 8대 1이 되는 몸, 또는 그런 몸을 가진 사람.
팔딱거리다 작은 것이 기운 있게 자꾸 뛰어오르다. [예]도마 위의 생선이 팔딱거리다. [비]팔딱대다. <펄떡거리다.
팔딱팔딱 ①작은 것이 기운 있게 자꾸 뛰어오르는 모양. [예]개구리가 팔딱팔딱 뛰다. ②맥이 뛰는 모양. [예] 맥박이 팔딱팔딱 뛰다. <펄떡펄떡.
팔뚝 팔꿈치로부터 손목까지의 부분.
팔랑개비 어린이 장난감의 한 가지. 종이 따위로 바람을 받아 잘 돌게 만든 장난감. 바람개비.
팔랑거리다 ①깃발 따위가 바람에 날려 가볍게 나부끼다. [예]태극기가 바람에 팔랑거리다. ②재빠르고 힘차게 움직이다. [예]나비가 날개를 팔랑거리다. [비]팔랑대다. <펄렁거리다.

팔랑팔랑 팔랑거리는 모양. ㉠노랑나비 한 마리가 팔랑파랑 춤을 추다.

팔리다 ①물건 따위를 다른 사람이 사 가게 되다. ㉠땅이 팔리다. ②정신이 한쪽으로 쏠리다. ㉠노는데 정신이 팔리다.

팔(8)만 대장경 고려 시대 최우가 15년만에 완성을 보아 간행한 불경. 판목이 총 8만여 장이나 되는데, 경남 합천 해인사에 보관되어 있음. 【八萬大藏經】

팔목 팔이 손과 잇닿는 팔의 끝부분. 비손목.

팔방 미인 여러 방면에 재주가 있는 사람. 【八方美人】

팔베개 팔을 베개 삼아 베는 일, 또는 그렇게 벤 팔. -하다.

팔불출 몹시 어리석은 사람을 이르는 말. 【八不出】

팔삭둥이 어머니 뱃속에서 정상적인 임신 기간을 다 채우지 못하고 여덟 달 만에 태어난 아이.

팔순 여든 살. 【八旬】

팔씨름 두 사람이 손을 맞잡고 팔꿈치를 바닥에 댄 채 상대의 손등이 바닥에 닿도록 힘을 겨루는 것.

팔아먹다[파라먹따] '팔아서 모두 없애다'의 속된말. ㉠형은 집이고 땅이고 다 팔아먹고 고향을 떠났다.

팔운동 팔을 튼튼하게 하기 위하여 팔을 움직여 하는 운동.

팔월 한 해의 여덟 번째 달. 【八月】

팔일오(8·15) 광복 제2차 세계 대전이 연합군의 승리로 끝난 1945년 8월 15일, 우리 민족이 36년간의 일본 통치에서 벗어나 자유를 되찾은 날. 【八一五光復】

팔자 사람의 태어난 해, 달, 날, 시를 나타내는 여덟 글자라는 뜻으로, 사람의 한평생의 운수. 【八字】

팔자걸음[팔짜거름] 발끝을 밖으로 벌려 걷는 걸음.

팔젓기 체조나 수영 따위에서 팔을 일정하게 흔들거나 접었다 펴는 동작.

팔짝 갑자기 가볍게 뛰어오르거나 나는 모양. ㉠놀란 개구리가 팔짝 뛰어오르다. 〈펄쩍.

팔짝팔짝 가볍고 힘차게 여러 번 뛰어오르는 모양. ㉠오랜만에 만난 우리는 반가워서 팔짝팔짝 뛰었다. 〈펄쩍펄쩍.

팔짱 두 팔을 엇걸쳐 손을 겨드랑 밑에 넣어 끼는 것.

팔찌 여자의 팔목에 끼는 장신구.

팔팔 ①높은 열로 매우 뜨거운 모양. ㉠감기 몸살로 온몸이 팔팔 끓는다. ②작은 것이 힘있게 뛰는 모양. ㉠붕어가 팔팔 살아 헤엄쳐 다니다.

팔팔(88) 올림픽 제24회 서울 올림픽이 1988년도에 개최되었다고 하여 이르는 이름.

팔팔하다 기운이 넘치고 활발하다.

팜플렛 '팸플릿'의 잘못.

팝송 오늘날의 서양 대중 가요.

팝콘 소금과 기름을 넣어서 튀긴 옥수수. 【popcorn】

팡파르 집회의 개회나 축하 의식에서 트럼펫 따위로 연주 되는 짧은 음악. 【fanfare】

팥[판] 콩과 같이 열매는 꼬투리이며, 씨는 밥에 넣거나 죽을 쑤거나 떡을 만들어 먹음.

팥빙수[판삥수] 얼음을 잘게 부수고, 그 속에 삶은 팥·우유·설탕 가루 따위를 섞은 음식.

팥죽[판쭉] 팥을 삶아 으깨어 거른 물에 쌀을 넣고 쑨 죽.

팥쥐[판쮜] '콩쥐 팥쥐'에 나오는 심술궂은 여자 아이.

패[1] 경기에서 지는 횟수를 나타내는 말. ㉠3승 2패. 【敗】

패[2] 서로 어울리는 사람들의 무리. 떼. (예)아이들이 패를 지어 다니다. 【牌】

패:가 집·재산을 다 탕진하여 없앰. -하다. 【敗家】

패:가망신 집안의 재산을 다 써서 없애고 신세를 망치는 것.

패거리 '패'를 낮추어 이르는 말. 떼거리.

패:권 우두머리나 으뜸의 자리를 차지한 사람이 가지는 권력.

패:기 어떤 어려운 일을 해내겠다는 자신을 보이는 정신. (예)패기가 넘쳐 흐르다. 【覇氣】

패다[1] 사정 없이 마구 때리다.

패:다[2] 도끼로 장작 등을 쪼개다. (예)장작을 패다.

패다[3] 농작물의 이삭이 생겨 나오다. (예)논에 있는 벼가 벌써 패다.

패:다[4] 표면이 움푹 꺼지다. (예)포탄이 떨어진 자리가 움푹 패어 있다.

패랭이 천한 사람이나 상제가 쓰던 댓개비로 엮어 만든 갓. 창이 여느 갓보다 좁은 갓.

패랭이꽃 산이나 들에 저절로 나며, 여름에 희거나 붉은 꽃이 피는 풀.

[패랭이꽃]

패:륜 도덕에 어긋나는 짓. (예)패륜 범죄가 성행하다. 【悖倫】

패:륜아 사람으로 마땅히 지켜야할 도리에 어긋난 짓을 한 사람.

ㅍ

패:망 싸움에 져서 망함. (예)패망한 나라. (반)승리. -하다. 【敗亡】

패:물 사람의 몸에 차는 장식물. (비)노리개. 【佩物】

패:배 싸움이나 경쟁에서 짐. (반)승리. -하다. 【敗北】

패:배자 경쟁이나 싸움에서 진 사람. 패자. (반)승리자. 【敗北者】

패션 주로 새로운 방식이나 모양의 유행. (예)여성다운 분위기를 강조하는 패션이 유행이다. 【fashion】

패션 모델 패션 쇼 따위에서, 유행하는 옷을 입고 관객에게 선보이는 것을 업으로 하는 사람. 【fashion model】

패션 쇼 새로 유행할 의복을 모델들에게 입혀 여러 사람에게 선보이는 행사. 【fashion show】

패:소 재판에서 지는 것. (반)승소. -하다. 【敗訴】

패스 ①통과. 합격. (예)대학 입시에 패스하다. ②무료 입장권. 정기권. ③축구·농구 등에서 같은 편끼리 공을 주고 받아 연락하는 일. (예)정확한 패스를 하다. 【pass】

패스포트 ①외국 여행자에게 나라에서 주는 증명서. ②통행증 등의 증명서. (준)패스. 【passport】

패:습 못된 풍습. 좋지 못한 버릇.

패싸움 여러 사람이 패로 나뉘어 싸우는 짓. (비)편싸움. -하다.

패:인 싸움에 진 원인. 【敗因】

패:자 싸움이나 경기에 진 사람. (반)승자. 【敗者】

패:잔병 전쟁에 지고 살아남아 숨어 다니는 군사. 【敗殘兵】

패:전 싸움에 짐. (반)승전. -하다.

패:철 우리 선조들이 사용하던 나침반.

패:총 지난날 원시인들이 먹고 버린 조개 껍데기가 쌓여 층을 이루고 있는 유적. 웅기·김해의 패총이 유명함. 조개무지.

패킹 관의 이음매 등에 공기나 물의 침입을 막기 위해 넣는 재료.

패턴 ①본보기가 되는 일정한 형태. (예)미개 민족의 사회 패턴. ②모범. 견본. 【pattern】

패:하다 싸움에 지다. (비)지다. 패배하다. (반)승리하다. 이기다.

팩[1] ①보관하든가 가지고 다니기 쉽

게 마실 것을 담아 꼭 막은 작은 종이 상자. ㉠우유 팩. ②달걀의 노른자·밀가루·벌꿀 등에 여러 가지 약제나 영양제를 반죽해서 얼굴에 바르는 미용법. 【pack】

팩[2] 지쳐서 힘없이 쓰러지는 모양. ㉠걷다가 지쳐서 팩 쓰러지다.

팩시밀리 전기를 이용하여 문서를 먼 곳으로 보낼 수 있는 기계. 복사기·전화기·전송 장치 등이 합해짐. ㉨팩스. 【facsimile】

팬 ①선풍기. 송풍기. ②영화·운동 경기 등을 몹시 즐기는 사람. ㉠나는 야구 팬이다. 【fan】

팬더 ⇨판다.

팬 레터 배우·가수·운동 선수 등 인기 있는 사람에게 그를 좋아하는 사람이 보내는 편지.

팬지 봄부터 초여름에 걸쳐 흰색·붉은색·보라색·노란색 등의 둥글고 옆으로 퍼진 모양의 꽃이 피는 화초. 팬지꽃. 【pansy】

[팬지]

팬츠 ①아랫도리에 입는 짧은 속옷. ②육상 경기를 할 때 입는 짧은 바지. 【pants】

팬터마임 말은 하지 않고 몸짓과 얼굴 표정만으로 하는 연극. ㉥무언극. 마임. 【pantomime】

팬티 아랫도리에 입는 아주 짧은 속옷. 【panties】

팬파이프 갈대나 금속으로 된 여러 관을 길이의 순서대로 늘어놓고 평평하게 묶어, 입으로 불어 연주하는 악기. 【panpipe】

팸플릿 광고·선전·설명 따위를 적은 얇은 책. 【pamphlet】

팻말 패를 붙였거나 거기에 글을 써 놓은 나뭇조각, 또는 말뚝.

팽 ①갑자기 정신이 아찔해지는 모양. ㉠머리가 팽하며 어지럽다. ②코를 푸는 소리. ㉠코를 팽 풀다.

팽개치다 집어 던져 버리다. ㉠책가방을 팽개치다. ㉯팡개치다.

팽그르르 ①물건이나 몸 따위가 좁게 도는 모양. ㉠팽이가 팽그르르 돌다. ②갑자기 눈가에 눈물이 맺히는 모양. ㉠선생님께 야단을 맞자 눈물이 팽그르르 돌았다. ③갑자기 정신이 아찔해지는 모양. ㉠하루 종일 굶었더니 눈앞이 팽그르르 돈다.

팽배하다 어떤 좋지 않은 기운 따위가 크게 일어나서 널리 퍼지다. ㉠요즘은 돈이면 다 된다는 생각이 팽배하다.

팽이 나무를 뾰족하게 깎아 만들어 채로 쳐서 돌리는, 어린 아이의 장난감.

[팽이]

팽이치기 팽이를 채로 쳐서 넘어지지 않게 돌리는 우리 고유의 민속놀이.

팽창 ①크기나 길이가 부풀어 커지거나 늘어남. ㉠목재는 포함된 수분에 따라 수축과 팽창을 한다. ㉥수축. ②크기나 수량이 늘어남. ㉠서울 인구의 팽창이 심각하다. -되다. -하다. 【膨脹】

팽팽 ①매우 빠르게 자꾸 도는 모양. ㉠춤을 추며 팽팽 돌다. ②정신이 몹시 아찔해지는 모양. ㉠놀이 기구를 타고 나니 눈앞이 팽팽 돈다.

팽팽하다 ①서로 잔뜩 잡아당기어 튀길 힘이 있다. ㉠줄을 팽팽하게 당기다. ②양쪽의 힘이 서로 비슷하다. ㉠양 선수가 팽팽하게 맞선 경기. **팽팽히**.

퍼내다 깊숙한 데 담긴 것을 길어 내거나 떠내다. ㉠우물에서 물을 퍼내다.

퍼덕거리다 날짐승이 날개를 자꾸 치며 소리를 내다. ㉠새가 총에 맞아 퍼덕거리다. 비퍼덕대다. >파닥거리다. 센퍼떡거리다.

퍼덕이다[퍼더기다] 날개나 꼬리를 세차게 흔들다. ㉠생선이 도마 위에서 퍼덕이다. >파닥이다.

퍼:뜨리다 ①널리 퍼지게 하다. ②널리 알게 하다. ㉠소문을 퍼뜨리다.

퍼뜩 어떤 생각이 별안간 머리에 떠오르는 모양. ㉠친구가 퍼뜩 생각이 나다. >파뜩.

퍼:렇다[퍼러타] 짙고 어둡게 푸르다. 매우 푸르다. ㉠소나무 숲이 퍼렇다. >파랗다.

퍼레이드 축하 행렬. ㉠고적대 퍼레이드. 【parade】

퍼먹다 함부로 마구 먹다. ㉠그렇게 막 퍼먹으면 체한다.

퍼붓다(퍼부으니, 퍼부어서) ①퍼서 붓다. ㉠독에 물을 퍼붓다. ②비·눈 등이 억세게 쏟아지다. ㉠갑자기 소나기가 퍼붓다. ③말을 마구 해 대다. ㉠욕설을 퍼붓다.

퍼센트 100을 기준으로 하였을 때의 어떤 양의 비율. 기호는 '%'. 비백분율. 【percent】

퍼즐 이리 저리 뒤섞여 있는 낱말·숫자·도형 따위를 맞추어 일정한 말·수식·그림을 만드는 놀이. 비수수께끼. 【puzzle】

퍼:지다 ①끝이 넓적하게, 또는 굵게 벌어지게 되다. ②널리 미치다. 소문이 돌다. ㉠헛소문이 온 동네에 퍼지다.

ㅍ

퍽[1] ①세게 치거나 때릴 때 맞는 소리. ㉠형은 벽을 퍽 소리가 나게 쳤다. ②맥없이 한 번에 거꾸러지는 모양. ㉠퍽 쓰러지다. >팍.

퍽[2] 매우. 썩 많이. 아주 지나치게. ㉠오늘은 퍽 추운 날씨이다.

펀치 ①권투에서, 상대를 주먹으로 치는 일. ②차표 따위에 구멍을 뚫는 기구. 【punch】

펄 ①개흙 땅. ②아주 넓고 평평한 땅.

펄떡거리다 기운 있게 뛰다. ㉠물고기가 펄떡거리다. 비펄떡대다. >팔딱거리다.

펄떡펄떡 아주 힘차게 세게 뛰는 모양. ㉠시험 생각만 해도 가슴이 펄떡펄떡 뛴다. >팔딱팔딱.

펄럭거리다 넓은 천이 바람에 날리어 힘차게 자꾸 나부끼다. ㉠태극기가 바람에 펄럭거리고 있다. 비펄럭대다.

펄럭이다 넓은 천이 바람에 날려 세차게 나부끼다. ㉠태극기가 바람에 펄럭이다. 비나부끼다. >팔락이다.

펄럭펄럭 펄럭거리는 모양, 또는 그 소리. >팔락팔락.

펄렁 바람에 한 번 가볍게 나부끼는 모양. >팔랑.

펄쩍 힘있게 한 번에 뛰거나 나는 모양. ㉠개구리가 펄쩍 뛰어오르다. >팔짝. 폴짝. <풀쩍.

펄쩍뛰다 억울하거나 뜻밖의 일을 당하였을 때, 깜짝 놀라며 아주 강하게 부인하다.

펄쩍펄쩍 힘있게 여러 번 뛰어오르는 모양. ㉠아이들이 펄쩍펄쩍 뛰며 좋아하다. >팔짝팔짝.

펄펄 ①많은 물이 세차게 끓는 모양. ㉠주전자의 물이 펄펄 끓다. ②몸이나 온돌방이 높은 열로 매우 뜨거운 모양. ㉠온몸이 불덩이처럼 펄펄 끓다. ③눈이나 깃발 따위가 바람에 세차게 날리거나 나부끼는 모양. ㉠흰 눈이 펄펄 내린다. >팔팔.

펄프 나무나 짚 등에서 얻는 종이 등의 원료. 【pulp】

펌프 ①액체나 기체를 빨아 올리거나 이동시키는 데 쓰는 기계. ②양수기. 【pump】

펑 ①갑자기 터지는 소리. ㉠자동차 바퀴가 펑 하고 터졌다. ②훤하게 뚫린 모양. 〉팡. ㉡뻥.

펑크 ①고무 바퀴나 공 따위에 구멍이 나서 공기가 빠지는 것. ㉠자전거 바퀴에 펑크가 나다. ②계획한 일이 도중에 틀어져 잘못되는 것. ㉠방송을 펑크 내다. ※영어 'puncture'에서 온 말.

펑펑 ①큰 눈송이 등이 많이 쏟아져 내리는 모양. ㉠함박 눈이 펑펑 쏟아지다. ②많은 양의 액체가 세차게 솟거나 쏟아져 나오는 소리, 또는 그 모양. ㉠어머니는 내 손을 잡고 펑펑 우셨다. 〉팡팡.

페가수스 그리스 신화에 나오는 날개 돋친 말, 또는 그 별자리. 【Pegasus】

페가수스자리 가을 하늘 한복판에 보이는 별자리. 날개가 돋친 말과 같은 모습을 하고 있음.

페널티 킥 축구에서, 페널티 지역 안에서 수비하는 쪽이 규칙을 어겼을 때 공격하는 쪽이 공을 놓고 차는 것. 【penalty kick】

페니실륨 푸른 곰팡이. 이것에서 페니실린의 원료를 뽑아냄.

페니실린 푸른 곰팡이의 일종에서 얻은 항생 물질의 하나. 1929년 영국의 플레밍이 발견, 세균에 의하여 곪는 병에 뛰어난 효력을 나타냄. 【penicillin】

페니키아〖나라〗 지금의 시리아 지방. 기원전 3,000년경에 지중해 연안에서 페니키아 사람들이 세운 도시 국가. 항해술이 뛰어나 지중해 무역을 독점하였음. 【Phoenicia】

페달 피아노·풍금·재봉틀 등의 발판, 또는 자전거 등의 발걸이.

페레스트로이카 '개혁·재건'의 뜻으로 1980년대 중반 구 소련의 고르바초프가 추진했던 정책. 【perestroika】

페루〖나라〗 남아메리카의 서부에 있는 공화국. 사탕수수·철광석·면화 등을 수출함. 태평양에 접해 있어 어업이 발달하였으며, 옛날 잉카 제국의 중심지임. 수도는 리마. 【Peru】

페르세우스 그리스 신화에 나오는 영웅으로, 제우스와 다나에의 아들, 또는 그 별자리. 【Perseus】

페르세우스자리 카시오페이아자리와 마차부자리 사이에 있는 별자리.

페르시아〖나라〗 지금 이란의 옛 이름. 다리우스 1세 때 전성기를 이루었으나, 마케도니아의 알렉산더 대왕에 의해 기원전 330년에 멸망함. 【Persia】

페르시아 만 이란과 아라비아 반도에 둘러싸인 만. 옛날부터 동서 교통의 중요한 통로였음.

페스탈로치〖사람〗[1746∼1827] 근대 새 교육의 싹을 트게 한 스위스의 교육자이며 교육학자. 빈민 학교와 고아원을 경영했고, 처음으로 초등 학교를 세웠음. 사랑과 평등의 정신을 바탕으로 하는 인간성을 기르는 데 힘쓴 그의 교육 사상은 오늘날의 새교육 사상에 큰 영향을 끼쳤음. 【Pestalozzi】

페스트 쥐의 벼룩이 옮기는 전염병. 고열·두통·구토 따위의 증세가 나타나고 피부가 검은색으로 변하며, 많은 사람이 죽기도 함. 흑사병. 【pest】

페스티벌 무엇을 축하하여 크게 벌이는 행사. ㉥잔치. 축전. 【festival】

페어 플레이 경기를 정정당당하게 하는 일. 정정당당한 승부.

페이지 ①책이나 장부 따위의 한 쪽. ②책이나 장부의 쪽의 수를 세는 말. ㉥면. 쪽. 【page】

페인트 칠감의 한 가지. 불투명해서 밑바닥을 감추어 칠하기에 알맞음. ㉥도료. 【paint】

패트리어트 미사일 미국의 최첨단 미사일. 걸프전 때 이라크가 발사한 스커드 미사일을 상공에서 요격하여 격파하였음.

페트리접시 과학 실험에서 쓰는, 둥글고 납작하여 뚜껑이 있는 유리 접시. ※'페트리'는 사람 이름 'Petri'에서 온 말.

페트 병 폴리에틸렌이라는 합성 수지로 만든 가볍고 질긴 음료를 담는 일회용 병. 【PET 甁】

펜 잉크나 먹물을 찍어서 글씨를 쓰는 도구. 비철필. 【pen】

펜싱 가늘고 긴 검으로 상대방을 찌르거나 베는 시늉을 하며 승부를 겨루는 경기. 【fancing】

펜치 철사를 잡아 비틀거나, 자르거나 또는 구부리는 데 쓰는 집게 같은 연장. ※영어 'pincers'에서 온 말.

펜팔 서로 편지를 주고 받으며 맺어진 친구, 또는 그런 관계. 【pen pal】

펭귄 펭귄과의 바다새. 날개는 짧고 지느러미 모양인데 날지 못하고 똑바로 서서 걸음. 남극 지방에서 떼지어 삶.

[펭귄]

펴내다 책 따위를 발행하다. 예학급 신문을 펴내다.

펴낸이[펴내니] 어떤 책을 발행한 사람. 비출판자. 발행인.

펴다 ①젖히어 벌리다. 예이불을 펴다. 비펼치다. 반말다. 접다. ②구김살이나 주름살을 반반하게 하다. 예다리미로 옷을 펴다. ③기세를 크게 가지다. 예기를 펴다. ④널리 퍼뜨리다. 예국산품 애용 운동을 펴다.

편[1] 시·글이나 책의 수효. 예소설 한 편. 【篇】

편[2] ①사람이 오고가는 데 이용하는 수단. 예버스 편으로 서울에 오다. ②패로 갈린 한 쪽. 예편을 갈라 시합하다. 【便】

편[3] 인명·단체 밑에 붙어 편찬의 뜻을 나타내는 말. 【編】

편견 공정하지 못하고 한 쪽으로 기울어진 생각.

편경 두 층으로 된 걸이에 일정하게 크기가 다른 돌 조각이 여덟 개씩 매달려 있어 채로 쳐서 소리를 내는 국악기.

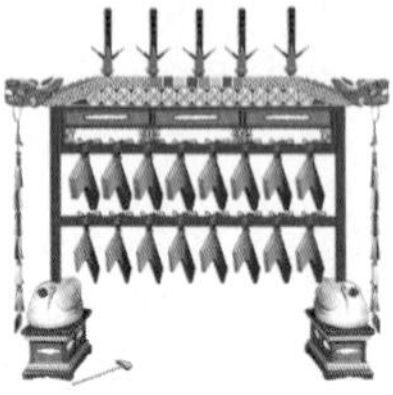
[편경]

편곡 어떤 곡을 그 곡의 본디의 편성에서 다른 연주 형태에 맞게 곡을 고쳐 쓰는 일, 또는 고친 그 곡. -되다. -하다. 【編曲】

편달 윗사람이 일깨워 주고 격려하여 주는 것. 예많은 지도와 편달을 부탁드립니다. 【鞭撻】

편대 여러 비행기가 일정한 꼴을 이루어 함께 나는 것, 또는 그 꼴.

편도 오거나 가는 길 중 어느 한쪽의 길. 예편도 요금. 【片道】

편도선 사람의 입 속 양쪽 구석에 하나씩 있는 많은 세포로 된 타원형의 기관. 【扁桃腺】

편도선염 편도선이 부어 음식을 넘기기 어렵게 되고 높은 열이 나고 따끔거리는 염증. 【扁桃腺炎】

편두통 갑자기 일어나는 발작성의 두통. 주로 한 쪽 머리만 심하게 아픔. 【偏頭痛】

편들다(편드니, 편드오) 한편이 되어 도와 주다. 비역성들다.

편람[펼람] 보기에 편리하도록 간단하고 명료하게 만든 책. 예학교 편람. 학습 편람.

편리[펼리] 어떤 일을 하는 데 편하고 이용하기 쉬움. 비편의. 반불편. -하다. 【便利】

편마암 석영·장석·돌비늘을 주성분으로 하는 알갱이 암석.
편모 아버지가 죽어 혼자가 된 어머니. ㉨편모 슬하에서 자라다.
편물 털실 등으로 옷·양말 등을 뜨는 일, 또는 그런 제품.
편법 법을 자기에게만 이롭게 쓰는 것. ㉨편법을 쓰다. 【便法】
편성 흩어져 있는 것을 모아서 하나의 형태를 갖춘 것을 만듦. ㉨학급 편성. 【編成】
편식 입에 맞는 음식만을 가려서 즐겨 먹는 일. -하다. 【偏食】
편안[펴난] 몸이나 마음이 거북하지 않고 한결같이 좋음. ㉥평안. -하다. -히. 【便安】
편애[펴내] 어느 한 사람이나 한 쪽만을 매우 사랑함. -하다.
편의[펴니] 편리하고 좋음. 알맞은 형편. ㉨주민들의 생활의 편의를 위한 시설. ㉥편리. 【便宜】
편의점[펴니점] 간단한 생활 용품을 하루 24시간 늘 파는 상점.
편익[펴닉] 편리하고 이익이 되는 것. ㉨편익을 주다. 【便益】
편입[펴닙] 다니던 학교를 그만두고 다른 학교에 들어가는 것. -되다. -하다. 【編入】
편자 말굽에 대어 붙이는 쇳조각.
편전 임금이 거처하는 나랏일을 보던 궁전. 【便殿】
편종 두께가 다른 16개의 작은 종을 소리의 높낮이의 차례로 틀에 매달아 놓고, 쇠방망이로 쳐서 소리를 내는 국악기.

[편종]

편중 어느 한 쪽으로 치우침. ㉨시험에 편중된 공부. -하다. 【偏重】
편:지 소식을 알리거나 어떤 용건을 적어 보내는 글. ㉥서신. -하다.
편:지글 편지에 쓴 글.
편:지꽂이[편지꼬지] 편지를 꽂아 두는 통.
편:지지 편지를 쓰는 종이.
편집 여러 가지 자료를 모아 신문이나 책·방송 원고 등을 만드는 일. -하다. 【編輯】
편집기 컴퓨터에서 글이나 프로그램 따위를 편집하는 기능을 가진 프로그램. 【編輯機】
편집부 신문사·잡지사·출판사 따위에서 편집을 맡아하는 부서.
편찬 여러 종류의 자료를 모아 책을 만들어 냄. ㉨국어 사전을 편찬하다. -하다. 【編纂】
편찮다[편찬타] 병으로 앓고 있다. ㉨아버지께서 편찮으시다. ㉯편하지 아니하다.
편충 기생충의 하나. 사람의 장, 특히 맹장에 기생하는데, 빈혈·신경증·설사 등을 일으킴.
편파적 공평하지 못하고 한편으로 치우치는 것. 【偏頗的】
편평 땅바닥이 고르고 반듯함. ㉨편평한 땅. -하다. -히. 【扁平】
편하다 ①거북하거나 괴롭지 않다. ②근심이 없다. ㉨온 집안이 편하다. ③쉽다. ㉨일이 편하다. ㉤불편하다.
편협하다[편혀파다] 생각이나 마음이 좁고 너그럽지 못하다. ㉨편협한 생각은 버려라.
편히 마음이 걱정스럽지 않게. 몸이 편안하게. ㉨편히 주무세요.
펼치다 넓게 펴다. 펴서 드러나게 하다. ㉨책을 펼치다.
평:[1] 옳고 그름, 좋고 나쁨, 잘되고 잘못됨 등을 가려서 느낀 생각을 말하는 일. ㉨영화 관람 평을 하다. -하다. 【評】

ㅍ

평[2] 토지 면적의 단위. 1평은 약 3.306㎡. 【坪】

평:가[평까] ①값어치를 따져 밝힘. ㉠재산을 평가하다. ②수준·능력 등을 측정함. ㉠학력 평가. －되다. －하다. 【評價】

평:가자 평가를 하는 사람. 【評價者】

평강 공주〖사람〗 고구려 제25대 평원왕의 딸. 온달의 아내.

평균 ①적고 많은 것이 없이 고름, 또는 그렇게 함. ②많은 수나 양의 중간적인 값, 또는 그런 수치를 구하는 일. ㉠학급의 평균 키를 구하다. －하다. 【平均】

평균값[평균깝] 평균이 되는 수치.

평균 기온 일정한 기간 동안의 기온의 평균.

평균대 체조할 때 쓰는 기구의 하나, 또는 그 위에서 하는 운동.

[평균대]

평균 수명 사람이 태어나서 평균하여 몇 년을 살 수 있는가를 나타내는 연수.

평년 ①윤년이 아닌 해. ②최근 몇 해 동안의 평균 수치. ㉠물가가 평년보다 두 배나 뛰었다. 비예년. 【平年】

평등 모두 다 고르고 한결같음. 차별이 없이 동등함. ㉠평등한 사회. 비동등. 반차별. 불평등. －하다.

평등권 모든 국민이 성별·직업·종교 등의 차별이 없이 갖는 동등한 권리. 【平等權】

ㅍ

평등 선거 모든 사람이 똑같이 한 표씩의 투표권을 갖는 선거 제도. 반차등 선거. 불평등 선거.

평:론[평논] 사물의 가치·선악 등을 비평하여 논함, 또는 그 글.

평면 평평한 면. 비수평면. 반입체. 곡면. 【平面】

평면도 건물이나 물체 등을 똑바로 위에서 보고 그린 그림.

평면도형 한 평면 위에 그려진 도형. 반입체도형. 준평면형.

평면적 ①그림 등에서 볼록 돋아난 느낌이 없는 상태. ②깊이 파고들지 않고 겉으로만 보아 넘기거나 나타내거나 하는 모양. 반입체적.

평민 벼슬이 없는 사람. 보통 사람. 비상민. 반귀족. 【平民】

평발 발바닥의 가운데 부분이 오목하지 않고 평평한 발.

평범 뛰어난 점이 없이 보통임. 반비범. 【平凡】

평복 제복·관복·예복 따위가 아닌 보통 때에 입는 옷. 비평상복.

평상 마당에 놓고 앉거나 드러누워서 쉬는 데 쓰이는, 다리가 낮은 나무 자리. 【平牀】

평상복 일상 생활에서 입는 옷. 비평복. 【平常服】

평상시 ①보통 때. 평소. ②세상이 평화로운 때. 반비상시. 유사시. 준평시. 상시. 【平常時】

평생 사람의 한 평생. 곧 살아 있는 동안. 비일생. 【平生】

평생 교육 일생동안 받는 교육.

평생토록 한 사람의 평생이 다하도록. 죽을 때까지. ㉠선생님의 은혜를 평생토록 잊지 못할 겁니다.

평서문 감동·명령·의문 등의 뜻을 가지지 않은 보통의 글.

평소 보통 때. ㉠평소에 열심히 공부하다. 비평상시. 【平素】

평시조 초장·중장·종장으로 되어 있는 보통 시조. 글자수가 45자 안팎인 가장 기본적이고 대표적인 시조. 【平時調】

평신도 기독교에서, 성직자가 아닌 보통 신자. 【平信徒】

평안 걱정이나 괴로움이 없이 편함. 비편안. －하다. 【平安】

평안 남도 북한의 8개 도 가운데 하나. 한반도의 북서쪽에 자리잡아, 평안 북도·자강도·함경 남도·황해 북도 등과 맞닿아 있음. 평양을 둘러싸고 있으며, 주요 도시로는 안주·순천·개천 따위가 있음.

평안도 평안 남도와 평안 북도를 함께 이르는 말. 【平安道】

평안 북도 북한의 8개 도 가운데 하나. 한반도의 북서쪽 끝에 자리잡아, 평안 남도·자강도 및 중국 국경과 맞닿아 있음. 주요 도시로는 신의주·구성·정주 따위가 있음.

평야 넓게 펼쳐진 들. [예]호남 평야. 김해 평야. 【平野】

평양〖지명〗 평안 남도의 남서쪽의 대동강 하류에 있는, 우리 나라에서 가장 오래된 도시. 평안도 지방의 중심지임. 현재는 북한의 수도이며 특별시로 되어 있음.

평양성 평양의 주변을 둘러싼 성곽. 고구려 때에 수도인 평양을 보호하기 위해 쌓은 것임.

평영 수영의 한 가지. 엎드린 자세로 두 팔을 앞으로 뻗어 큰 원을 그리듯이 움직이고, 다리는 오므렸다 폈다 하면서 앞으로 나아가는 헤엄. 개구리헤엄. 【平泳】

평온[1] ①평상시의 온도. ②평균 온도. 【平溫】

평온[2] 평화스럽고 조용함. [예]평온한 세상. -하다. -히. 【平穩】

평원 평평하고 너른 들판. [비]평야. [반]산지. 【平原】

평원왕〖사람〗[?~590] 고구려 제25대 임금. 평강 공주의 아버지.

평이하다 말이나 글이 까다롭지 않고 알기 쉽다. [예]평이한 문제.

평일 휴일이나 기념일이 아닌 보통의 날. 【平日】

평절 몸을 굽혀서 방바닥에 두 손을 대고 머리를 숙여 웃어른께 하는 절.

평:점[평쩜] ①학력의 정도를 자세히 따져서 매기는 점수. ②무엇의 수준이나 가치를 자세히 따져서 매기는 점수. 【評點】

평정[1] 공평하고 올바름. [예]평정한 태도를 가지다. -하다. 【平正】

평정[2] 마음이나 분위기가 고요하게 가라앉아 있음. [비]평온. 【平靜】

평정[3] 반란을 힘으로 억눌러 조용하게 함. [예]반란군을 평정하다. -되다. -하다. 【平定】

평지 바닥이 평평한 땅. [반]산지.

평지풍파 조용하던 데에 갑자기 일으킨 괜한 문젯거리. [예]공연히 평지풍파를 일으키다. 【平地風波】

평창〖지명〗 강원도 남부의 가운데에 있는 군. 옥수수·감자·홉 따위가 많이 나고 축산업이 발달하였음. 월정사·상원사·오대산·대관령 따위의 관광지가 있으며, 군청 소재지는 평창읍임. 【平昌】

평탄 ①땅이 넓고 평평함. ②마음이 편하고 고요함. [예]일이 평탄하게 잘 끝나다. -하다. 【平坦】

평:판 세상 사람의 옳고 그름을 비평함, 또는 그 비평. [예]평판이 좋은 사람. 【評判】

평평 높낮이가 없이 널찍하고 판판함. [비]편평. -하다. 【平平】

평:하다 사물의 가치나 좋고 나쁨 따위를 자세히 따져서 말하다. [예]미술 작품을 평하다.

평행 두 직선을 아무리 늘여도 서로 만나지 않음. -하다. 【平行】

평행봉 기계 체조 용구의 한 가지. 두 개의 평행 가로대를 적당한 높이로 어깨 넓이만큼 벌려서 버티어 놓은 것.

[평행봉]

평행사변형 서로 마주 보는 두 쌍의 대변이 서로 평행한 사각형. 나란히꼴.

평행선 같은 평면상에 있는, 둘 또는 그 이상의 서로 평행하는 직선. 평행직선. 【平行線】

평형 한 물체에 작용하는 힘이 서로 맞서는 것. 한 물체의 크기가 같고, 방향이 서로 반대인 힘이 작용하면 그 두 힘은 평형이 됨. -하다.

평화 ①평온하고 화목함. 조용함. ㉠평화스러운 가정. ②전쟁이 없이 세상이 평온함. 비화평. 반전쟁.

평화롭다(평화로우니, 평화로워) 시끄러움이나 다툼이나 걱정이 없이 조용하고 고요하다. ㉠평화로운 마을.

평화상 세계의 평화를 위하여 공이 있는 사람에게 주는 상. ㉠노벨 평화상. 【平和賞】

평화스럽다 보기에 다툼이 없고 조용하고 화목하다. ㉠평화스럽게 잠든 아기의 얼굴.

평화적 평화에 관한 것. 평화로운 모양. ㉠평화적으로 타협하다. 반폭력적. 【平和的】

평화 조약 서로 싸우던 나라끼리 전쟁을 중지하고 평화를 회복하기 위하여 맺는 조약.

평화 통일 전쟁이나 무력을 쓰지 않고 평화적인 방법으로 나뉜 것을 서로 합함. 반무력 통일.

폐:[1] 허파. 뭍에 사는 동물의 호흡기의 하나. 【肺】

폐:[2] 남에게 끼치는 신세나 괴로움. 본폐단. 【弊】

폐:가 사람이 살지 않고 버려 두어 낡은 집. 【廢家】

폐:간 신문·잡지 등의 간행을 폐지함. 반창간. -되다. -하다.

폐:건전지 전기의 힘이 다 없어진 건전지. 【廢乾電池】

폐:결핵 결핵균의 침입으로 생기는 허파의 병. 피로감·기침·열·호흡 곤란 등의 증세가 일어나고, 심하면 피를 토하게 되는 전염병.

폐:곡선[폐곡썬] 한 곡선 위에서 한 점이 한 방향으로 움직여, 출발점으로 되돌아 오는 곡선. 반개곡선.

폐:광 채굴을 폐지한 광산이나 탄광. 또는 광산의 채굴을 폐지하는 것. -되다. -하다. 【廢鑛】

폐:교 학교에서 수업을 중지하고 쉼. 반개교. -하다. 【閉校】

폐:기 못 쓰게 된 것을 버림. ㉠폐기 처리장. -하다. 【廢棄】

폐:기물 주로 산업체에서 쓸모 없어 버리는 물건. 쓰레기. ㉠산업 폐기물. 【廢棄物】

폐:단 ①좋지 못하고 해로운 점. ②괴롭고 번거로운 일. 준폐. 폐해.

폐:동맥 심장에서 폐로 정맥혈을 보내는 혈관. 반폐정맥.

폐:렴 허파에 염증이 생겨서 부어오르며 열이 나는 병.

폐:막 ①극을 마치고 막을 내림. ②어떤 일이 끝남. ㉠올림픽이 폐막되다. 반개막. -하다.

폐:문 문을 닫음. 사용하지 않는 문. 반개문. -하다. 【閉門】

폐:물 못 쓰게 되어 버린 물건.

폐:백 결혼할 때 신부가 시댁 친척 어른과 시부모에게 음식을 바치며 절하는 것. 【幣帛】

폐:병 폐에 결핵을 일으키는 균의 감염으로 생긴 병. 비폐결핵.

폐:비 왕비의 자리를 물러나게 함. 또는 그 왕비. 【廢妃】

폐:사 가축이 병들어 죽음. -하다.

폐:쇄 ①문을 닫고 자물쇠를 채움. ㉠공원을 폐쇄하다. ②마음의 문을 닫고 바깥 세상과의 교류를 끊음. ㉠폐쇄된 국가. -하다.

폐:수 이미 사용하여 못 쓰게된 물. ㉠공장의 폐수로 강물이 오염되다.

폐:습 해로운 나쁜 관습.
폐:암 폐에 생기는 암.
폐:업 문을 닫고 영업을 쉼. ⓑ개업. -하다. 【閉業】
폐:위 왕위를 물러나게 함. ⓑ복위. -하다. 【廢位】
폐:인 ①병으로 몸을 망친 사람. ⓔ술로 인해 폐인이 되다. ②남에게 버림을 받아 쓸모없이 된 사람.
폐:장 사업이나 행사의 장소가 일이 끝나거나 문을 닫는 것. ⓑ개장. -되다. -하다. 【閉場】
폐:지[1] 행하던 것을 치워서 그만 둠. ⓔ학력 고사를 폐지하다. -되다. -하다. 【廢止】
폐:지[2] 못 쓰게 된 종이. ⓔ폐지를 재생한 종이. 【廢紙】
폐:차 낡거나 못쓰게 된 차를 없애는 일, 또는 그런 차. -되다. -하다.
폐:차장 낡거나 못쓰게 된 차를 없애는 곳. 【廢車場】
폐:품 못 쓰게 되어 버린 물품. ⓔ폐품을 수집하다. 【廢品】
폐:하 황제나 황후를 높여 부르는 말. ⓔ황제 폐하. 【陛下】
폐:하다 있어 온 제도·기관·풍습 따위를 버리거나 없애다. ⓔ악법을 폐하다.
폐:해 나쁜 제도나 관습 때문에 생기는 손해. ⓔ핵가족 제도의 폐해. ⓑ폐. 폐단. 【弊害】
폐:허 재해로 인하여 아무것도 없이 된 터. ⓔ전쟁으로 폐허가 되다.
폐:활량 폐 속에 최대 한도로 공기를 들이 마신 후, 다시 내쉴 때 나오는 공기의 양. ⓔ폐활량을 높여 주는 운동. 【肺活量】
폐:회 회의가 끝남. ⓔ폐회를 선언하다. ⓑ개회. -하다. 【閉會】
폐:회사 폐회를 선언하는 인사말. ⓑ개회사. 【閉會辭】
폐:휴지 다 써서 버리는 종이.

포[1] 장기에서 '포(包)'자를 새긴 장기 짝. 【包】
포[2] 화약 폭발의 힘으로 큰 탄알을 멀리 쏘아 보내는 무기. '대포'의 준말. 【砲】
포[3] ①생선이나 고기를 얇게 썰어 말린 음식. ⓔ육포. 북어포. ②생선이나 고기를 얇게 저며서 잘라 놓은 것. ⓔ동태로 포를 뜨다. 【脯】
포개다 무엇을 다른 것 위에 얹어 겹치게 하다. ⓔ그릇을 포개어 놓다.
포격 목표물에 대포를 쏘는 것. -하다. 【砲擊】
포:경선 고래잡이 배. 【捕鯨船】
포:고 정부의 결정을 세상에 널리 알림. ⓔ선전 포고. -되다. -하다. 【布告】
포:고령 정부에서 국민에게 널리 알리는 명령. 【布告令】
포:고문 나라에서 널리 알리는 글.
포:괄하다 여러 사물을 하나의 범위 안에 넣다. ⓔ모든 사건을 포괄하여 설명하다.
포:교 종교를 널리 알려 믿게 하는 일. ⓑ선교. 전도. -하다.
포구 배가 드나드는 목의 어귀. 작은 항구. 【浦口】
포근하다 ①감정이나 자리 등이 보드랍고 따뜻하며 편안한 느낌이 있다. ⓔ엄마의 품 속은 포근하다. ②겨울 날씨가 춥지 않고 따뜻하다. ⓔ포근한 날씨. <푸근하다. 포근히.
포기[1] 풀이나 나무에서 뿌리를 하나로 셈한 그 하나하나. ⓔ배추 한 포기.
포:기[2] 하던 일을 도중에서 그만 두어 버림. ⓔ여행 계획을 포기하다. -하다. 【拋棄】
포기나누기 원뿌리로부터 일부를 나누어 다른 곳에 옮겨 심는 일. ⓑ분주.
포대[1] 무명이나 삼베 따위로 만든 자루, 또는 그것을 세는 말. ⓔ쌀 한 포대. 【包袋】

포대[2] 적탄을 막고 아군의 사격을 편리하게 하기 위해 튼튼하게 쌓은 화포의 진지. 【砲臺】

포대기 어린아이를 업거나 덮어 줄 때 쓰이는 이불.

포도 포도 나무 열매. 자줏빛·검은빛·푸른빛의 동그란 알이 송이를 이루어 열리며, 맛이 시큼하고 단 과일.

[포도]

포도나무 포도나뭇과의 갈잎 넓은잎 덩굴나무. 덩굴은 길게 뻗어 퍼지며 덩굴손으로 다른것에 감아 붙음.

포도당 단당류의 한 가지. 단맛이 있는 과실이나 꿀 등 널리 생물계에 분포하며 생명 에너지의 원료가 됨. 【葡萄糖】

포:도 대장 조선 때, 포도청의 우두머리.

포도잼 포도로 만든 잼.

포도주 포도의 즙을 짜내어 발효시켜 만든 술. 【葡萄酒】

포:도청 옛날에, 도둑이나 범죄자를 잡기 위하여 설치한 관청.

포동포동 통통하게 살진 모양. ㉠포동포동한 아기 얼굴. 〈푸둥푸둥. -하다.

포:로 전쟁 중에 사로잡힌 적의 군사. 【捕虜】

포로 수용소 전투에서, 사로잡은 적군을 집단적으로 한 곳에 가두어 두는 곳.

ㅍ

포르르 작은 새가 갑자기 날아가거나 가벼운 물건이 바람에 날리는 모양이나 소리. ㉠참새가 포르르 날아가다. 〈푸르르.

포르말린 사진·화학용 약품 및 살균제·소독제·방부제 등으로 쓰이는 용액. 【formalin】

포르테 악보에서 셈여림을 나타내는 말. '강하게'의 뜻. 나타냄표는 '*f*'.

포르투갈〖나라〗 남부 유럽의 이베리아 반도 서부에 있는 공화국. 주산업은 농업이며 포도주·올리브·보리·코르크 등을 산출함. 수도는 리스본. 【Portugal】

포마드 머리털에 바르는 반고체의 기름. 【pomade】

포:만감 많이 먹어 배가 불러서 기분이 좋은 느낌.

포말 소화기 거품을 일게 하고, 그 거품을 타는 것에 뿜어 공기를 막음으로써 불을 끄는 기구. ＊분말 소화기.

포목 베나 무명 따위의 옷감. 【布木】

포목점 베와 무명 따위를 파는 가게.

포:물선 공중으로 비스듬히 던진 돌의 자취와 같은 점점 굽어지는 선. ㉠던진 돌멩이가 포물선을 그리며 떨어지다. 【抛物線】

포:박 잡아서 묶음. ㉠죄인을 포박하다. -하다. 【捕縛】

포병 대포 종류를 다루는 부대, 또는 그에 딸린 군인. 【砲兵】

포복 배를 땅에 대고 기는 것. -하다. 【匍匐】

포볼 야구에서, 투수가 한 타석에서 한 타자에게 볼을 4개를 던져 1루로 진출시키는 것. 볼넷, 또는 사구. 【four ball】

포:부 마음 속에 지닌 생각·계획·희망이나 자신. 비야망.

포석정 경상북도 경주에 있는 통일 신라 때의 귀족들의 놀이터. 왕과 귀족들이 구불구불하게 만든 길을 따라 굽이쳐 흐르는 물에 잔을 띄우고 시를 읊으며 놀이를 하던 곳. 사적 제1호. 【鮑石亭】

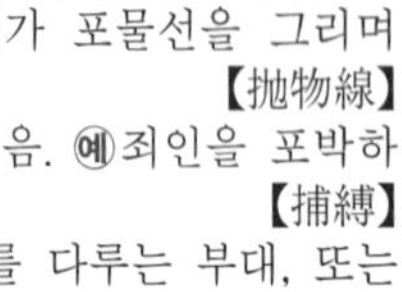

[포석정]

포:섭 상대를 허용하여 받아들임. 자기 편에 가담시킴. ㉔적군을 포섭하다. -하다. 【包攝】

포성 대포를 쏘는 소리. 【砲聲】

포세이돈 그리스 신화에 나오는 바다·강·샘을 다스리는 신. 제우스의 동생이며, 세 갈래의 창으로 바다와 육지를 들어 올려 해일과 지진을 일으킨다고 함. 【Poseidon】

포:수[1] ①총으로 짐승을 잡는 사냥꾼. 【砲手】

포:수[2] 야구에서, 투수가 던지는 공을 홈 베이스에서 받는 선수. 캐처. ㉯투수. 【捕手】

포스터[1] 광고나 선전을 위해 내붙이는 그림. 【poster】

포스터[2]〖사람〗[1826~1864] 미국의 가곡 작곡가. '미국 민요의 아버지'라고 불림. 작품에는 〈스와니 강〉〈오, 수재너〉〈켄터키 옛집〉 등이 있음. 【Foster】

포슬포슬 가루 따위가 메말라서, 한데 엉기지 않고 바스러지는 모양. ㉰보슬보슬.

포:승 죄인을 잡아 묶는 노끈.

포시시 어떤 것이 조금씩 부스러지거나 흩어지는 모양. ㉔눈가루가 포시시 떨어지다.

포:식 배가 부르게 잔뜩 먹음. ㉔음식을 포식하다. -하다.

포악 성질이 사납고 악함. ㉔포악한 행동을 하다. -하다.

포:옹 품에 껴안음. -하다.

포:용 마음씨가 너그러워 남의 잘못을 감싸줌. -하다. 【包容】

포:용력 남을 너그럽게 받아들일 수 있는 마음씨. 【包容力】

포:위 둘러 에워쌈. ㉔적에게 포위당하다. -하다. 【包圍】

포:위망 빠져나가지 못하게 둘러싸는 것. ㉔적의 포위망을 뚫다.

포:유 동물 젖먹이 동물.

포:유류 가장 고등한 동물군으로 새끼를 낳아서 젖을 먹여 기름. 포유동물. 【哺乳類】

포인터 컴퓨터에서, 마우스를 따라 움직이는 작은 화살표 표시. 【pointer】

포인트 중요한 사항. 요점. ㉔난을 키울 때 가장 중요한 포인트는 물을 주는 요령이다. 【point】

포자 꽃과 씨를 맺지 않는, 식물의 생식 세포. ㉥홀씨. 【胞子】

포장[1] 물건을 종이·판지 등으로 싸서 꾸림. ㉔선물을 포장하다. -하다. 【包裝】

포장[2] 길 위에 아스팔트·돌·콘크리트 같은 것을 깔아 단단하게 꾸미는 일. ㉔포장 도로. ㉯비포장. -하다. 【鋪裝】

포장[3] 두꺼운 천이나 비닐 따위로 만든 넓은 덮개나 가리개. ㉔햇빛을 막기 위해 포장을 치다. ㉥막. 장막. 【布帳】

포장 도로 돌·콘크리트·아스팔트 따위를 깔아 단단히 다져서 만든 도로. 【鋪裝道路】

포장마차 손수레 따위에 포장을 씌어 만든, 간단한 음식이나 술 따위를 파는 이동식 가게.

포장지 포장용으로 쓰이는 종이.

포:졸 조선 시대에, 죄인을 잡거나 감옥을 지키는 일을 맡아 하던 포도청의 군졸. 【捕卒】

포즈 몸의 자세. 취하는 자세.

포:진 전쟁이나 경기를 위하여 진을 침. -하다. 【布陣】

포:착 ①꼭 붙잡음. ㉔좋은 기회를 포착하다. ②요점이나 요령을 얻음. -하다. 【捕捉】

포츠담 선언 제2차 세계 대전이 끝날 무렵인 1945년 7월, 베를린 교외의 포츠담에서 미국·영국·중국의 3개국 대표가 일본에 대하여 무조건 항복을 권고한 선언. 우리나라의 해방과 독립이 약속되었음.

포크 ①양식에서, 고기나 생선 또는 과일 등을 찍어 먹는 작은 창 같이 생긴 식탁 용구. ②두엄·풀무덤 등을 꿰어 푸거나 헤칠 때 쓰는 농기구의 한 가지. 서너개의 쇠꼬챙이로 된 긴 날에 삽자루와 같이 자루를 맞추었음. 【fork】

포클레인 동력으로 움직이는 큰 삽을 달아서 땅을 파내는 차. 굴착기. ※상표 'Poclain'에서 온 말.

포탄 대포·화포의 탄알. 【砲彈】

포트 물·차·커피 따위를 끓이는 길숙한 그릇. ㉔커피 포트. 【pot】

포플러 ①버들과에 속하는 키가 큰 나무. 가로수로 많이 심음. ②미루나무. 【poplar】

포플린 목화 섬유로 짠 천의 한 가지. 바닥이 곱고 깨끗하며 옷감·커튼감 등으로 쓰임.

포:학 몹시 사나움. ㉔포학하게 싸우다. -하다. 【暴虐】

포함[1] 어떤 무리나 범위에 들어 있는 것. 무엇을 한 무리에 끼워 넣는 것. ㉔이 약에는 소화를 돕는 약품이 포함되어 있다. -하다. 【包含】

포함[2] 해안이나 강안을 경비하는 포를 갖춘 소형 군함. 【砲艦】

포함시키다 어떤 무리나 범위 속에 들어가게 하다. 넣다.

포항【지명】 경상 북도 북동쪽의 동해 안에 있는 항구 도시. 제철 공업이 세계적으로 유명함. 보경사, 입암 서원, 구룡포 해수욕장 따위의 명승지가 있음. 【浦項】

포항 종합 제철 공장 1973년 7월에 완공된 종합 제철 공장으로 제철·제강 등 큰 규모의 시설을 갖추고 있음.

포화[1] 더 들어가거나 더 넣을 수 없이 가득 차 있거나 한도에 이른 상태. ㉔포화 상태. 【飽和】

포화[2] 대포·총 따위를 쏠 때 일어나는 불. 전쟁 상태. 【砲火】

포:화 용액 일정한 온도와 일정한 압력에서 물질이 더 이상 녹을 수 없을 정도의 양까지 녹아 있는 상태의 액체.

포환 대포의 탄알. 또는 포환 던지기에 쓰이는 쇠로 만든 공. 【砲丸】

포환던지기 쇠로 만든 무거운 공을 한 손으로 멀리 던지기를 겨루는 경기.

포효 크게 외침. 사나운 짐승이 소리를 지름. -하다. 【咆哮】

폭 ①가로의 길이. 너비. ㉔가방의 폭. ②너그러운 마음과 깊은 생각. ㉔폭이 넓은 사람. 【幅】

폭격[폭껵] 비행기에서 폭탄을 떨어뜨려 적의 진지나 시설을 부수는 일. -하다. 【爆擊】

폭격기 적의 군대나 시설 따위를 폭격하는 비행기. 【爆擊機】

폭군 포악한 임금. 【暴君】

폭넓다[퐁널따] 어떤 일의 범위가 넓다. ㉔폭넓은 지식.

폭도 함부로 사납게 날뛰며 난폭한 행동을 하는 무리.

폭동 여러 사람이 난폭한 행동으로 질서를 어지럽히고 소동을 일으킴. 비난동. 【暴動】

폭등 물건 값이 별안간 뛰어 오름. ㉔물가가 폭등하다. 반폭락. -하다. 【暴騰】

폭락[퐁낙] 물건 값이 별안간 떨어짐. 반폭등. -하다. 【暴落】

폭력[퐁녁] 난폭한 힘. 억지로 윽박지르는 힘. ㉔폭력을 휘두르다. 비완력. 【暴力】

폭력물[퐁녕물] 폭력을 마구 쓰는 내용을 담고 있는 영화나 영상.

폭력배 걸핏하면 폭력을 휘두르는 불량배. 【暴力輩】

폭력적[퐁녁쩍] 폭력을 함부로 쓰는 것. 반평화적. 【暴力的】

폭로[퐁노] 감춘 일이 드러남. ㉥부정을 폭로하다. -하다.
폭리[퐁니] 부당한 이익. 한도를 넘는 이익. ㉤박리. 【暴利】
폭발 불을 일으키며 갑작스럽게 터짐. ㉥가스 폭발 사고. -하다.
폭발물[폭빨물] 포탄·지뢰 같은 폭발하는 성질이 있는 물질.
폭발적[폭빨쩍] 폭발하듯이 갑자기 굉장한 기세로 일어나는 것. ㉥인구가 폭발적으로 증가하다.
폭삭[폭싹] ①기운이 없이 내려앉거나 주저앉는 모양. ㉥지진으로 지붕이 폭삭 내려앉았다. ②맥없이 잘게 부스러지는 모양. ㉥종이가 오래돼서 폭삭 부서지다.
폭설[폭썰] 갑자기 많이 내리는 눈.
폭소[폭쏘] 갑자기 터져나오는 웃음. ㉥폭소를 터뜨리다.
폭신하다[폭씬하다] 닿는 느낌이 매우 보드랍고 탄력이 있다. ㉥이불이 폭신하다. <푹신하다.
폭약[포갹] 불을 일으키며 갑작스럽게 터지는 물질. ㉦폭발약.
폭언[포건] 거칠고 사납게 하는 말.
폭염[포겸] 아주 심한 더위. ㉢무더위. 【暴炎】
폭우[포구] 갑자기 많이 쏟아지는 비. ㉥폭우로 산사태가 일어나다.
폭음[포금] 화약·화산 등이 폭발할 때 요란스럽게 나는 소리. 폭발음.
폭정 포악한 정치. 악독한 정치. ㉢학정. ㉤선정. 【暴政】
폭주 규칙을 무시하고 함부로 난폭하게 달림. ㉥자동차가 폭주하는 도로. -하다. 【暴走】
폭죽 가느다란 대통이나 종이통 속에 화약을 넣고 불을 붙여 소리나 불꽃이 나게 하는 물건.
폭탄 쇠로 된 껍질 안에 폭약을 채워서 던지거나 비행기 등에서 떨어뜨려 터뜨리는 폭발물.
폭파 폭발시켜 부수어 버림. -하다.
폭파시키다 폭발시켜 부수다. ㉥적의 진지를 폭파시키다.
폭포 낭떠러지에서 흘러 떨어지는 물. ㉢폭포수. 【瀑布】
폭포수 절벽에서 곧장 흘러 떨어지는 물줄기. 【瀑布水】
폭풍 몹시 세게 부는 바람. 【暴風】
폭풍우 세찬 바람과 함께 세차게 쏟아지는 비. ㉥폭풍우가 휘몰아치는 바다. 【暴風雨】
폭행 사납고 거친 행동. 남에게 주먹을 휘두르는 일. ㉥힘없는 노인을 폭행하다. -하다. 【暴行】
폴 ①장대높이뛰기 따위의 운동에서 쓰는 장대. ②스키를 탈 때 양손에 잡는 지팡이. 【pole】
폴더 컴퓨터에서, 서로 관련이 있는 프로그램이나 파일들을 하나로 묶은 것. 서류철. 【folder】
폴란드〖나라〗 유럽 중앙에 자리 잡은 독립 국가 연합과 독일 사이에 있는 나라. 지난날부터 강한 나라들의 틈바구니에 끼어 자주 남의 지배를 받아 왔음. 북부는 농업지, 남부는 철·석탄·암염의 산출이 많아 공업이 성함. 수도는 바르샤바. 【Poland】
폴로네즈 4분의 3박자로 이루어진 폴란드의 춤곡. 【polonaise】
폴리스 고대 그리스의 도시 국가.
폴리에스테르 석탄이나 석유를 원료로 해서 만든 합성 섬유. 합성 수지(플라스틱)로 만들며, 약품과 열에 강해 건축 재료, 파이프로 많이 이용됨. 【polyester】
폴리에틸렌 에틸렌에서 만들어지는 합성 수지. 그릇, 포장 재료, 공업용 부품 따위에 쓰임.
폴짝폴짝 몸이 작은 것이 여러 번 가볍게 뛰어오르는 모양. ㉥폴짝폴짝 뛰다. <풀쩍풀쩍.

폴카 체코슬로바키아에서 일어난 4분의 2박자의 가볍고 유쾌한 춤곡, 또는 그 춤. 【polka】

폴폴 ①눈이나 먼지 따위가 조금씩 날리는 모양. [예]먼지가 폴폴 나다. ②적은 물이 자꾸 끓어오르는 모양. [예]물이 폴폴 끓을 때 국수를 넣고 삶는다. <풀풀.

폼 ①형식. 양식. ②형태. 자세. [예]폼이 멋지다. 【form】

퐁당 작고 단단한 물건이 물에 떨어져 빠지는 소리. <풍덩.

퐁당퐁당 작고 단단한 물체가 잇달아 깊은 물 속에 떨어질 때 나는 소리. [예]퐁당퐁당 돌을 던지자. <풍덩풍덩.

표[1] 중요한 줄거리를 간추려서 알아보기 쉽게 적어 놓은 것. [예]계획표. 시간표. 【表】

표[2] ①증거가 될 만한 필적. ②두드러지게 나타나 보이는 특징. ③표시. [예]도로 표지판. 【標】

표[3] ①어떤 권리가 있음을 증명하는 쪽지. [예]기차를 타려고 표를 사다. ②선거 또는 의결에서 유권자가 자기 의사를 표시한 쪽지. [예]많은 표 차이로 당선되다. 【票】

표결 여러 사람이 회의할 때, 찬성과 반대의 의사를 표시하여 결정함. -하다. 【表決】

표고버섯 표면은 다갈색이고, 속은 흰색인 식용 버섯.

[표고버섯]

표구 병풍·족자 등을 꾸며 만드는 일. -하다.

표기 ①겉에 표시해 기록함, 또는 그런 기록. ②문자나 음성 기호로 언어를 표시하는 일. [예]한글로 표기하다. -하다. 【表記】

표기법 문자나 기호를 써서 말을 나타내는 규칙. 【表記法】

표독스럽다 성격이 아주 사납고 매섭다. [예]표독스러운 말투.

표류 ①물에 떠서 흘러감. [예]15소년 표류기. ②정한 곳 없이 떠돌아 다님. -하다. 【漂流】

표리 속과 겉. 표면과 내심. [예]표리 부동. 【表裏】

표리부동 마음이 불량해 겉과 속이 다름. [예]표리 부동하여 믿을 수가 없다. 【表裏不同】

표면 사물의 거죽으로 드러난 면. 겉쪽. [반]이면. 【表面】

표명 마음 속의 생각을 분명하게 드러내는 것. [예]사의를 표명하다. -하다. 【表明】

표방 무슨 구실을 붙여 주장을 앞에 내세움. [예]자유를 표방하다. -하다. 【標榜】

표백 종이나 천 따위를 햇빛을 쏘이거나 약품을 사용하여 희게 하는 것. -되다. -하다. 【漂白】

표백분 색깔이 바랜 것을 희게하거나 물의 소독에 쓰이는 흰색 약품. [준]백분. 【漂白粉】

표백제 실·천·먹을거리 따위의 빛깔을 희게 하는 화학 물질.

표범 범과 비슷하게 생겼으나, 온몸에 둥근 모양의 검은 점이 있고 꼬리가 길며, 성질이 매우 사나운 짐승.

[표범]

표본 본보기가 되는 물건. 하나를 가지고 같은 종류의 표준을 삼을 만한 대표적인 물건. [예]곤충의 표본을 모으다. 【標本】

표본병 동물의 창자 등 상하기 쉬운 것의 표본을 보관하는 데 쓰이는 병. 표본으로 할 재료를 알코올이나 포르말린 용액 속에 담가 둠.

포본실 표본을 간수하거나 진열해 놓은 방.
표상 ①상징. ㉮태극기는 우리 나라의 표상이다. ②의식 중 과거의 인상이 다시금 나타난 것.
표시[1] 알아차리도록 겉으로 드러내어 보임. ㉮자기 의사를 표시하다. -하다. 【表示】
표시[2] 어떤 사실을 알리든가 나타내는 표나 사물. ㉮달력에 생일을 표시하다. 【標示】
표어 주의·주장·이상 등을 알리기 위해 짤막하고 간단히 나타낸 문구. 슬로건. 【標語】
표적 목표가 되는 물건. ㉮표적을 명중시키다. 【標的】
표절 남의 시가·문장·학설 따위를 자기의 것으로 발표하는 일. -되다. -하다. 【剽竊】
표정 마음 속의 생각이나 느낌이 겉에 나타남, 또는 그 나타난 것. 얼굴빛이나 몸짓. ㉮밝은 표정을 짓다.
표제 ①책장의 겉에 쓰는 책의 이름. ②연설·예술 작품의 제목. 【表題】
표주박 둥근 박이나 조롱박을 반으로 쪼개어 만든 바가지. 흔히 물을 떠먹는 데 씀. 표자.
표준 사물의 정도를 정하는 목표. 비 기준. 【標準】
표준시 한 나라 또는 일정한 범위 안에서 공통으로 사용하려고 제정한 시각. 우리 나라는 동경 135도를 기준으로 함. 【標準時】
표준어[표주너] 한 나라의 표준이 되는 말. 우리 나라에서는 교양 있는 사람들이 두루 쓰는 현대 서울말로 정함. 비 대중말. 반 방언. 사투리. 【標準語】
표지[1] 책뚜껑. 책의 겉장. 【表紙】
표지[2] 어떤 사물을 나타내거나 구별하기 위한 표시나 특징. ×표식. -하다. 【標識】
표지판 표시를 하거나 표지로 쓰이는 판. ㉮안내 표지판.
표찰 이름이나 번호와 같은 짤막한 글을 쓴 종이나 얇은 나무 조각 따위로 만든 표. 【標札】
표창 남의 잘한 일을 널리 세상에 칭찬하여 알림. ㉮표창을 받다. -하다. 【表彰】
표창장 표창의 내용을 적은 상장. ㉮모범 어린이 표창장을 받다.
표출 생각이나 감정이 남이 알게 겉으로 나타나는 것. ㉮감정을 표출하다. -되다. -하다. 【表出】
표피 생물의 겉의 껍질. 【表皮】
표하다 태도나 의견 등을 나타내다. ㉮고마움의 뜻을 표하다.
표현 말·글·몸짓 등으로 마음 속에 있는 생각이나 느낌을 드러내어 나타냄. -하다. 【表現】
표현력 글·말·예술 따위를 통하여 자신의 의견이나 감정을 효과적으로 나타내는 능력. 【表現力】
푯말[푠말] 표를 하기 위하여 땅바닥에 박아 세우는 말뚝.
푸근하다 ①딱딱하지 않고 부드러워 따뜻하고 편안한 느낌이 있다. ㉮푸근한 잠자리. ②꽤 따뜻하다. ㉮푸근한 겨울 날씨. 〉포근하다.
푸념 마음에 품은 불평을 드러내어 함부로 말함. ㉮푸념을 늘어놓다. 비 넋두리. -하다.
푸다 ①물 따위의 액체를 떠내다. ②그릇 속에 든 곡식·밥 등을 떠내다. ㉮밥을 푸다.
푸닥거리 무당이 간단하게 음식을 차려 놓고 잡귀를 풀어 먹이는 굿. -하다.
푸대접 성의 없게 아무렇게나 하는 대접. 비 냉대. 박대. 반 후대. -하다.
푸드덕 날짐승이 날개를 힘차게 치는 소리. ㉮새가 푸드덕 하늘로 날아 오르다.

푸르다(푸르러, 푸르러서) ①하늘빛이 나 초록빛과 같다. ㉰푸른 들판. 푸른 하늘. ②서슬이 엄하고 당당하다.
푸르뎅뎅하다 윤기가 없이 푸르스름하다.
푸르름 빛깔이 온통 푸르게 되어 있는 것. 푸른 빛깔의 모양을 시적으로 나타내기 위하여 변화시켜 쓴 말임.
푸르스름하다 윤기 없이 희미하게 푸르다. ㉰푸르스름한 남방. 비푸르스레하다. 〉파르스름하다.
푸르죽죽하다[푸르죽쭈카다] 빛깔이 고르지 못하게 푸르다. ㉰날씨가 추워 입술이 푸르죽죽하다. 〉파르족족하다.
푸른곰팡이 밥·떡·메주 등에 피는 녹색·청록색 곰팡이를 통틀어 일컫는 말. 페니실린의 원료.
푸른빛 푸른 빛깔. 비푸른색.
푸른색 맑은 하늘, 깊은 바다 또는 싱싱한 풀의 색깔과 같은 색. 비푸른빛.
푸릇푸릇하다 군데군데 푸르스름하다. 〉파릇파릇하다.
푸석푸석 ①얼굴이나 살갗이 부어오른 듯하고 거칠어진 모양. ㉰몸이 아파서 얼굴이 푸석푸석하다. ②단단하지 못하여 부스러지기 쉬운 모양.
푸석하다 거칠어서 부피만 많고 커서 옹골차지 못하여 부스러지기 쉽다. 〉포삭하다.
푸성귀 온갖 나물을 통틀어 이르는 말. 비야채.
ㅍ **푸싱** 축구나 농구 따위의 경기에서, 상대방을 밀치는 반칙 행동.【pushing】
푸에르토리코 중앙 아메리카의 카리브 해에 있는 섬. 미국의 자치령으로, 사탕 수수와 잎담배가 많이 남.【Puerto Rico】
푸줏간 쇠고기·돼지고기 등을 파는 가게. 비정육점. 고깃간.
푸짐하다 흐뭇할 정도로 아주 많아서 넉넉하다. **푸짐히**.
푸푸 ①코나 입에서 입김을 내거나 숨을 쉴 때 나는 소리. ②입 안에 품었던 물을 내뿜는 소리.
푹 ①몸이 옷이나 이불 속에 깊이 파묻히게. ㉰이불을 푹 뒤집어 쓰다. ②완전히 물이 배든가 완전히 익도록. ㉰식은땀을 흘려서 온몸이 푹 젖었다. ③몸이나 마음이 쉬는 것이 아주 만족스럽고도 넉넉하게. ㉰감기는 푹 쉬어야 빨리 낫는다. ④어떤 생각이나 분위기에 깊이 빠져서. ㉰영화에 푹 빠져 있다. ⑤숟가락이나 삽 따위로 물건을 퍼낼 때 한번에 많이. ㉰고추장을 푹 떠 넣고 비벼 먹다. 비듬뿍. ⑥한숨을 크게 내쉬는 모양. ㉰한숨을 푹 내쉬다. 〉폭.
푹신푹신하다 매우 탄력이 있으면서 물렁물렁하다. ㉰침대가 푹신푹신하다. 〉폭신폭신하다.
푹신하다 아주 부드러워 솜 위에 앉을 때와 같은 느낌이 들다. 〉폭신하다. **푹신히**.
푹푹 ①모래나 눈에 발이 계속해서 깊숙이 빠지는 모양. ㉰눈이 쌓여서 발이 푹푹 빠지다. ②음식 따위를 매우 오래 삶거나 끓이는 모양. ㉰팥을 푹푹 삶다. ③날씨가 찌는 듯이 몹시 무더운 모양. ㉰날씨가 푹푹 쪄서 잠을 잘 수가 없다. 〉폭폭.
푹하다[푸카다] 겨울 날씨가 춥지 않고 따뜻하다. ㉰겨울인데 날씨가 푹하다.
푼: 돈 한 닢을 일컫는 말. ㉰돈 한 푼 없다.
푼:돈[푼똔] 많지 않은 몇 푼의 돈.
푼:수 어리석거나 한심한 사람.
푼푼이 한 푼씩 한 푼씩. ㉰푼푼이 모아 저축하다.

풀[1] 끈끈한 성질이 있어서 무엇을 붙이거나 옷감을 빳빳하게 만드는 데 쓰임. ㉮풀로 봉투를 붙이다.

풀[2] 줄기가 연하고 물기가 많아 나무의 성질을 이루지 않는 식물을 통틀어 이르는 말. ㉮풀을 먹고 사는 벌레.

풀기[풀끼] 옷 따위에 먹인 풀의 빳빳한 기운.

풀꽃[풀꼳] 산이나 들에 저절로 나는 풀에 피는 꽃.

풀다 ①매이거나 묶인 것을 원래의 상태로 되게 하다. ㉮짐을 풀다. 반매다. 묶다. ②붙잡아 놓았거나 금지 되어 있던 것을 자유롭게 해주다. ㉮통제를 풀다. ③모르는 문제의 답을 얻다. ㉮시험 문제를 풀다. ④가루 따위를 액체에 타서 고루 섞다. ㉮물에 가루 비누를 풀다. ⑤콧속에 있는 코를 세게 밖으로 밀어내다. ㉮코를 풀다.

풀려나다 매어 있던 상태에서 벗어나 자유롭게 되다. ㉮억울하게 갇힌 죄수가 풀려나다.

풀리다 ①맨 것이나 얽힌 것이 끌러지다. ㉮운동화 끈이 풀리다. ②추위가 누그러지다. ㉮춥던 날씨가 풀리다. ③이치나 문제가 밝혀지다. ㉮어려운 문제가 쉽게 풀리다. ④노여움과 원망이 없어지다. ㉮화가 풀리다.

풀무 불을 일으킬 때 바람을 불어넣는 기구.

풀무질 풀무로 바람을 일으키는 일.

풀무치 몸이 크고 머리 끝이 둥글며, 몸빛은 갈색과 녹색이고 앞날개에 검은 무늬가 있는 메뚜기. 풀잎이나 농작물을 갉아먹음.

[풀무치]

풀밭 풀이 많이 나 있는 평지.

풀벌레 풀숲에 사는 벌레.

풀빛[풀삗] 풀의 빛깔. 비초록색. 풀색.

풀색 풀과 같은 색깔. 녹색. 비초록색. 풀빛.

풀숲 풀이 무성한 수풀.

풀썩 ①맥없이 주저앉거나 내려앉는 모양이나 소리. ㉮한숨을 내쉬며 풀썩 주저앉다. ②먼지나 연기 따위가 갑자기 한꺼번에 일어나는 모양. 〉폴싹.

풀어지다[푸러지다] ①묶여 있거나 얽혀 있던 것이 풀리다. ㉮매듭이 풀어지다. ②질기거나 단단한 것이 흐늘흐늘해지다. ㉮국수를 삶아서 오래 두었더니 다 풀어져 버렸다. ③원한이나 의심 따위가 해소되다. 마음이 가라앉은 상태가 되다. ㉮긴장이 풀어져 실수를 하다. ④액체에 다른 것을 넣었을 때 잘 녹아지다. ㉮미숫가루가 잘 풀어지다.

풀이[푸리] 알기 쉬운 말로 밝혀 말함. ㉮낱말 풀이. **－하다.**

풀이말 문장 속에서 '어찌한다 · 어떠하다 · 무엇이다'에 해당하는 말. '노을이 물들다'의 '물드다' 따위. 비서술어.

풀잎[풀립] 풀의 잎.

풀장 수영장. 【pool 場】

풀죽다 활기나 기세가 꺾여 맥이 없다.

풀쩍 좀 크고 무거운 것이 가볍고 힘있게 뛰는 모양. ㉮축대 위에서 풀쩍 뛰어내리다. 〉폴짝.

풀칠 종이 따위를 붙이기 위해 풀을 바르는 것. ㉮우표에 풀칠하여 붙이다. **－하다.**

풀풀 눈 · 연기 · 냄새 따위가 바람에 조금씩 날려서 흩어지는 모양. ㉮눈이 풀풀 날리다. 〉폴폴.

풀피리 풀잎을 입술에 대거나 물고 불어서 소리가 나게 하는 것.

품[1] 무슨 일에 드는 힘, 또는 수고. ㉵품을 팔아 생활하다.

품[2] ①두 팔을 벌려서 안는 가슴. ㉵엄마 품에 안긴 아기. ②따뜻한 보살핌을 받는 환경을 비유하는 말. ㉵가족들의 품으로 돌아오다.

품값[품깝] 하루 또는 며칠 동안 일을 한 값으로 주거나 받는 돈. 비품삯.

품:격[품껵] 사람의 품성과 인격. ㉵훌륭한 품격. 【品格】

품:계석 조선 시대에, 관리의 등급을 차례로 새겨서 대궐 안의 정전 앞 뜰에 세운 돌. 비품석.

품:귀 물건이 귀함. ㉵겨울철에 난방 기구의 품귀 현상을 빚다.

품:다[품따] ①품 속에 넣어 안거나 지니다. ㉵닭이 알을 품다. ②생각·느낌 등을 마음 속에 가지다. ㉵과학자의 꿈을 품다.

품:명 물건의 이름. 【品名】

품:목 물건의 종류. ㉵품목별로 구분하여 진열하다. 【品目】

품삯[품싹] 일을 해 주는 값으로 받는 돈. ㉵품삯을 받다. 비임금. 노임.

품:성 타고난 성질. ㉵품성이 착한 사람. 【品性】

품세 태권도에서, 공격과 방어의 기본 기술을 나타내는 동작.

품속[품쏙] 품의 속. ㉵품속에 감추다. 비품안.

품안[푸만] 품의 안. 안아 주는 편안한 속. ㉵아기를 품안에 안다. 비품속.

ㅍ **품앗이**[푸마시] 힘드는 일을 서로 거들면서 품을 지고 갚고 하는 일. -하다.

품:위[푸뮈] 아름다움과 의젓함을 잃지 않는 몸가짐. ㉵품위 있는 행동. 준품. 【品位】

품:절 물건이 다 팔리어 없음. 비절품. -되다. 【品切】

품:종 농작물이나 가축의 종류를 성질이나 특징으로 나눈 명칭. ㉵다양한 품종. 【品種】

품종 개량 목적에 따라 어떤 동·식물을 더 좋은 것으로 개량하는 일. -하다. 【品種改良】

품:질 물건의 좋고 나쁜 바탕이나 성질. 【品質】

품질 표시 상품의 내용과 특성을 상품에 표시하여 보인 것.

품팔이[품파리] 품삯을 받고 남의 일을 해 주는 것.

품:평회 여러 가직 생산품을 늘어놓고 품질을 평가하는 모임.

품:행 타고난 성품과 행실. 【品行】

풋- 말 앞에 붙어서, '새로운 것·덜 익은 것·미숙한 것'을 나타내는 말. ㉵풋고추·풋밤·풋사과·풋사랑 등.

풋고추[푿꼬추] 덜 익어서 빛이 푸른 고추.

풋과일[푿꽈일] 제대로 다 익지 않은 과일.

풋김치[푿낌치] 열무나 어린 배추로 갓 담근 김치.

풋내기 경험이 없어 일에 서투른 사람. ×풋나기.

풋풋하다[푿푸타다] 싱싱하고 상큼하다.

풍 뇌에 이상이 생겨 팔다리를 제대로 움직일 수 없는 병. 【風】

풍경[1] 산과 물 등의 자연의 아름다운 모습. ㉵한가로운 시골 풍경. 비경치. 【風景】

풍경[2] 절 따위 건물의 처마 끝에 달아서 바람에 흔들려 소리가 나게 하는 금속·사기 등으로 만든 작은 종모양의 방울. 【風磬】

풍경화 자연의 경치를 그린 그림.

풍구질 풍구로 곡식에 섞인 쭉정이·겨·먼지 등을 제거하는 일. -하다.

풍금 페달을 밟아 공기를 불어 넣어 소리를 내는 건반 악기의 하나. 오르간. 【風琴】

풍기 지켜야 할 풍속이나 풍습. ㉥풍기를 바로잡다. 【風紀】

풍기다 냄새가 사방으로 퍼지다. ㉥꽃 향기가 풍기다.

풍납 토성 서울 특별시 송파구 풍납동에 있는, 토성의 유적. 삼국 시대 초기에 쌓은 것으로 짐작하고 있음. 【風納土城】

풍년 농사가 잘 되어 많은 수확을 거두는 해. ㉭흉년. 【豐年】

풍년가 풍년의 기쁨을 노래하는 경기 민요. 【豐年歌】

풍덩 사람이나 크고 무거운 물건이 깊은 물 속에 뛰어들든가 떨어질 때 나는 소리. 〉퐁당.

풍덩풍덩 크고 단단한 물체가 잇달아 깊은 물 속에 떨어질 때 나는 소리. ㉥아이들이 물 속으로 풍덩풍덩 뛰어들었다. 〉퐁당퐁당.

풍뎅이 몸이 검푸른 빛깔이며 껍데기가 단단하고 윤이 나는 곤충. 몸길이는 2cm 가량이며 넓은 잎나무를 갉아 먹음.

[풍뎅이]

풍랑[풍낭] ①바람과 물결. ②바람이 불어 일어나는 물결. 【風浪】

풍력[풍녁] 에너지로 쓸수 있는, 바람이 내는 힘. 【風力】

풍력 발전 바람의 힘을 이용해서 전기를 일으키는 것.

풍로 바람이 통하도록 아래에 구멍을 낸, 작은 화로의 한 가지.

풍류 속되지 않고 운치가 있는 일, 또는 풍치를 찾아 즐기며 멋스럽게 노니는 일. 【風流】

풍만 ①넉넉하게 가득 참. ②살지고 몸집이 큼. ㉥몸이 풍만하다. －하다. 【豐滿】

풍매화 바람에 의해서 수술의 꽃가루가 암술에 묻어 열매를 맺는 꽃. 소나무·옥수수 따위.

풍문 바람결에 들리는 소문. 떠도는 말. ㉥소문. 풍설. 【風聞】

풍물 ①그 고장의 경치. ㉥풍경. ②농악에 쓰이는 꽹과리·북·징·장구 따위의 악기를 통틀어 이르는 말. 【風物】

풍물놀이[풍물노리] 북·장구·꽹과리 따위를 치면서 춤과 노래를 곁들이는 놀이. 농악.

풍물패 풍물을 치며 함께 노는 무리. 꽹과리·징·장구·소고를 치는 사람과 여러 광대들로 구성됨.

풍부 넉넉하고 많음. ㉥풍부한 자원. 풍부한 경험. ㉥풍족. ㉭부족. －하다. －히. 【豐富】

풍비 박산 사방으로 날아 흩어짐. ㉥가스의 폭발로 집이 풍비 박산되다. －하다. 【風飛雹散】

풍상 ①바람과 서리. ②세상의 온갖 어려움과 고통을 비유하여 이르는 말. ㉥온갖 풍상을 다 겪다. 【風霜】

풍선 종이·고무·비닐 따위로 만든 주머니 속에 고기나 수소를 넣어 공중 높이 올리는 물건.

풍설 세상에 떠돌아다니는 말. ㉥풍문. 【風說】

풍성 넉넉하고 많음. ㉥가을은 오곡백과가 풍성한 계절이다. －하다. －히. 【豐盛】

풍속[1] 옛적부터 내려오는 생활에 관한 습관. ㉥우리 민족의 아름다운 풍속. ㉥풍습. 【風俗】

풍속[2] 바람이 부는 속도. 1초 동안에 바람이 불어 가는 거리로 나타냄. ㉥풍속 20m의 태풍. 【風速】

풍속계 풍속을 재는 장치. 팔랑개비가 바람을 받아 회전한 횟수로써 풍속을 앎. ㉥풍력계.

풍속도 ①한 시대의 풍습을 그린 그

림. ㉠풍속도로 유명한 김홍도와 신윤복. 비풍속화. ②한 시대의 특징을 보여 주는 모습. ㉠세월이 흐름에 따라 결혼 풍속도도 많이 달라지고 있다. 【風俗圖】

풍속화 사회의 형편이나 생활 습관을 그린 그림. 조선 후기에 유명했던 김홍도·신윤복 등이 대표적인 화가임. 비풍속도. 【風俗畫】

풍수 음향 오행설에 기초하여 사람에게 복을 가져오기도 하고 불행을 가져오기도 한다는 땅과 물의 형세. 【風水】

풍수지리 동양 철학에서, 사람의 행복과 불행을 땅의 형세와 방위와 관련지어 알아 내는 것.【風水地理】

풍습 풍속과 습관. 비풍속. 관습.

풍악 우리 나라 고유의 음악.

풍악산 가을의 금강산을 달리 일컫는 말. 【楓嶽山】

풍어 물고기가 많이 잡히는 것.

풍요 매우 넉넉함. ㉠풍요로운 삶. 비풍부. 반빈곤. -하다.

풍요롭다 풍요하다는 느낌이 있다. ㉠독서는 우리의 정신을 풍요롭게 한다.

풍우 바람과 비. 【風雨】

풍운 ①바람과 구름. ②영웅 호걸들이 뜻을 펼 수 있는 좋은 기회. ③사회 정치적으로 몹시 어지러운 정세. ㉠풍운이 감돌다. 【風雲】

풍월 아름다운 자연. 【風月】

풍자 사회나 인물의 잘못 따위를 재치 있게 빗대어 말함. ㉠정치를 풍자한 신문 기사. -하다.

ㅍ

풍작 풍년이 들어 모든 곡식이 잘됨. 반흉작. 【豐作】

풍장 농악에 쓰이는 풍물을 민속적으로 이르는 말.

풍전등화 〔바람 앞의 등불이라는 뜻으로〕 매우 위태로운 상태에 놓여 있음을 가리키는 말. 【風前燈火】

풍조 세상에 퍼져 있는 바람직하지 않은 분위기. ㉠과소비 풍조.

풍족 매우 넉넉하여 모자람이 없음. ㉠자원이 풍족하다. 반부족. -하다. -히. 【豐足】

풍진 좁쌀만 한 종기가 온몸에 나는 전염병. 주로 어린아이가 잘 걸림.

풍차 큰 날개를 달아 바람의 힘으로 돌게 하여 그 힘을 다른 기계에 전하는 장치.

[풍차]

풍채 드러나 보이는 사람의 겉모양. ㉠풍채가 좋다. 【風采】

풍치 경치·풍경 등의 멋, 또는 재미. ㉠풍치가 뛰어난 산.

풍토어떤 지방의 기후와 땅의 성질. ㉠각 지방의 풍토에 알맞은 볍씨를 선택해야 한다. 【風土】

풍토병[풍토뼝] 어떠한 지방의 기후와 토질로 인하여 생기는 그 고장 특유의 병. 【風土病】

풍파 ①세찬 바람과 험한 물결. ㉠큰 풍파가 일다. ②쓰라린 일. ㉠갖은 풍파를 겪다. 【風波】

풍향 바람이 불어 오는 방향.

풍향계 풍향을 관측하는 기계.

풍화 바위가 공기나 온도 따위의 작용으로 부스러지는 현상. -되다. -하다. 【風化】

풍화 작용 바위·돌 따위가 공기·물·기온 등 자연의 변화로 차차 부서져서 흙으로 바뀌는 일.

퓨즈 납과 주석을 섞어 만든 무른 전선. 센 전류가 흐르면 곧 녹아 전류를 끊어 위험을 방지하는데 쓰이는 금속물. 【fuse】

프라이 채소·생선·고기 따위를 기름에 지지거나 튀기는 일, 또는 그렇게 만든 음식. ㉠계란 프라이.

×후라이. -하다. 【fry】

프라이버시 개인의 사생활이나 집안의 사적인 일. 간섭받지 않는 개인의 자유. 【privacy】

프라이 팬 음식을 부치거나 튀기는 데 쓰는, 손잡이가 달리고 밑이 넓적한 그릇. ※영어 'frying pan'에서 온 말. ×후라이 팬.

[프라이 팬]

프랑스〖나라〗 서유럽에 있는 공화국. 기계·귀금속·섬유·건축·화학·공업 등이 성함. 자유·평등·박애 정신이 강하여 프랑스 대혁명을 일으키는 등 민주주의 발달에 크게 이바지했음. '불란서'라고도 함. 수도는 파리. 【France】

프랑스 대혁명 1789년에 일어난 프랑스의 대혁명. 왕정(王政)이 폐지되고 공화제(共和制)가 성립되었으며, 그 뒤의 신운동·신사상의 원천이 됨.

프랑스 어 프랑스 사람들이 쓰는 말. '불어'라고도 함. 【France 語】

프랭클린〖사람〗[1706~1790] 미국의 정치가이자 과학자. 피뢰침을 발명함. 【Franklin】

프레온 냉장고나 에어컨의 냉각제로 쓰이는 기체. 오존층을 파괴하는 물질임. 【Freon】

프레온가스 냉장고나 에어컨 따위에 들어 있어서 낮은 온도를 만들고, 모기약이나 헤어 스프레이 따위를 옮게 기체로 만들어 뿌리는 데에 쓰는 물질. 대기의 오존층을 파괴하는 주범임. 【Freon gas】

프레파라트 현미경으로 관찰할 수 있도록 준비해 놓은 생물 및 광물의 표본. 【Präparat】

프렌치 토스트 얇은 식빵 조각을 달걀·우유·설탕을 섞은 것에 담갔다가 살짝 구운 음식. 【French toast】

프로 직업적인 전문가. 직업 선수. ㉠그는 프로답게 일을 잘 처리한다. 반아마추어. ※영어 'professional'에서 온 말.

프로그래머 컴퓨터 프로그램을 만드는 사람. 【programmer】

프로그램 ①라디오·텔레비전 등의 방송 순서, 또는 음악회·운동회 등의 차례. ②예정. 계획. ㉠오락 프로그램. 【program】

프로듀서 ①연극·영화·방송 등의 순서를 계획하고 만드는 사람. ②연출자. 비피디(PD). 【producer】

프로세서 컴퓨터 안에서 자료를 산술적·논리적으로 다루는 중심적 장치. 【processor】

프로야구 선수들이 직업으로 하는 야구.

포로젝트 연구나 사업 따위의 계획, 또는 설계. 【project】

프로키온 작은개자리에서 가장 밝은 별. 【Procyon】

프로타주 물체를 종이 밑에 놓고 색연필·크레용·연필·숯 따위를 문질러 나타나는 무늬를 이용하는 미술의 방법. 【frottage】

프로판 메탄계의 탄화수소의 한 가지. 냄새나 색깔이 없는 가연성 기체. 【propane】

프로판 가스 프로판을 주성분으로 하는 가정용 연료로 널리 쓰이는 액화 석유 가스. 【propan gas】

프로펠러 공중이나 물 속에서 엔진의 힘으로 세차게 돌아 항공기나 배를 움직이게 하는 장치. 【propeller】

프록 코트 신사용의 서양식 예복의 한 가지. 보통 검은색인데 저고리의 길이가 무릎까지 내려오도록 지음. 【frock coat】

프리마돈나 가극에서 주역을 맡은 여가수. 【prima donna】

프리랜서 자유 계약에 의한 작가·배우·예술가. 【free-lancer】

프리미엄 ①원래의 값 이상으로 내야 하는 돈. 웃돈. ②수수료. 권리금. 【primium】

프리즘 정삼각 기둥, 또는 직각삼각 기둥 모양으로 만든 유리로서, 빛을 여러 가지 색으로 나누는 성질이 있음. 【prism】

프리 킥 축구에서, 반칙을 했을 때에 상대편이 그 자리에 공을 놓고 차는 일. 【free kick】

프린터 컴퓨터의 인쇄 장치. 인쇄기.

프린트 ①인쇄. ②강연·강의의 내용을 등사판에 박은 것. 【print】

프림 커피에 넣어 우유 맛을 내는 하얀 가루. ※상표 'prim'에서 온 말.

플라나리아 몸은 평평하고 머리는 삼각형이며 몸빛은 올리브 갈색. 하천이나 돌·나무잎 밑에서 사는 동물. 【planaria】

플라멩코 박자가 매우 빠르고 몸짓이 아주 활발한, 에스파냐 남부 지방의 민속 춤과 음악. 【flamenco】

플라스크 몸체는 둥굴고 목이 긴 화학 실험용 병. 주로 액체를 담아 가열하는 데 사용함. 프라스코.

플라스틱 인공적으로 만드는 나일론·비닐론·폴리에스테르 등을 통틀어서 이르는 말. 합성수지.

플라이어 가는 관이나 둥근 쇠막대를 집거나 나사를 돌리는 데 쓰이는 연모. 【pliers】

플라타너스 잎이 활짝 편 손바닥 꼴이고 줄기는 희고 가을에 호두알만 한 동그란 열매가 열리며, 가로수로 많이 심는 잎지는 큰키나무. 【platanus】

플랑크톤 물 속에 떠다니는 미생물을 통틀어 이르는 말. 물고기의 먹이가 됨. 【plankton】

플래시 ①손전등. ※영어 'flashlight'에서 온 말. ②사진 찍을 때 번쩍하는 빛을 내는 전구. ※영어 'flashlamp'에서 온 말.

플래카드 광고나 자기들의 주장을 써서 쳐들고 다니는 판이나 천.

플랜더스의 개〖책명〗영국의 여류 작가 위다 여사가 쓴 동화의 제목. 그 동화에 나오는 파트라셰라는 개는 영리하고 힘이 세어 주인을 위해 우유 배달 수레를 끌었으며, 마지막에는 주인공 네로와 함께 죽음.

플랫폼 정거장에서 열차를 타고 내리는 곳. 【platform】

플러그 콘센트에 끼워 전류를 흐르게 하는 전기 기구. 【plug】

플러스 ①보탬. 더함. 반마이너스. ②덧셈표. 기호 '+'의 이름. 【plus】

플레밍〖사람〗[1881~1955] 1922년 항생 물질 라이소짐을 발견한 영국의 세균학자. 1928년 푸른 곰팡이로부터 '페니실린'을 발견하여 1945년 노벨 생리·의학상을 받았음.

플레이 경기. 예정정당당한 플레이를 펼치다. 【play】

플레이 볼 야구·탁구·테니스 등의 구기에서, 심판이 시합의 시작을 명령하는 일. 【play ball】

플레이트 ①금속판. ②야구에서, 투수가 공을 던질 때 밟는 판.

플로피 디스크 컴퓨터에서, 데이터를 기록하는 원판 모양의 외부 기억 장치. 네모난 플라스틱 집에 들어 있음. 【floppy disk】

플루트 피리 비슷한 목관 악기의 하나. 금속으로 만든 것도 있으며, 고음 악기로 음색이 곱고 빠른 악곡을 연주하는 데 쓰임. ×플룻. 【flute】

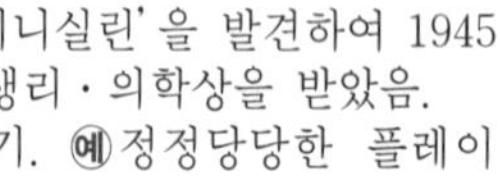
[플루트]

플리머스록 고기와 알을 얻기에 알맞은 닭의 한 품종.

피[1] ①동물의 몸 안을 돌며 영양을 날라 주는 붉은빛의 액체. ㊐혈액. ②같이 타고난 겨레붙이의 계통이나 혈연. ㊄피를 나눈 형제. ㊐혈통.

피[2] 벼와 비슷하여 논에서 벼와 섞여 자라며, 좁쌀보다도 작은 씨를 맺는 식물. 따로 심어서 곡식으로 쓰기도 함.

피겨 스케이팅 스케이트를 신고 얼음판에서 여러 가지의 재주를 부리는 스케이팅. 【figur skating】

피:격 공격을 당함. 습격·사격을 받음. -하다. 【被擊】

피:고 민사 소송에서 고소를 당한 사람. ㊄피고의 진술을 듣다. ㊖원고. ㊔피고인. 【被告】

피곤 몹시 지쳐서 기운이 풀리고 몸이 나른함. ㊄오랜 여행으로 피곤한 몸. ㊐피로. -하다.

피골 살가죽과 뼈. 【皮骨】

피:구 두 편으로 나뉘어 한 편은 큰 둘레 안에 들어가고 다른 편은 그 둘레에서 공을 던져서 안에 있는 편 사람들의 몸을 맞히는 놀이.

피끓다[피끌타] ①감정이 북받쳐 오르다. ②씩씩하고 힘차다. ㊄피끓는 가슴.

피나다 ①몸에서 피가 나오다. ②몹시 고생을 하다. ㊄피나는 노력.

피나무 깊은 산에 자라는 갈잎큰키나무. 잎 뒤에 잔털이 있고 잎가에는 톱니가 있으며, 재목은 가구를 만들고, 껍질은 밧줄·그물·끈 따위의 재료로 쓰임.

피:난 뜻밖에 일어난 불행한 일을 피하여 있는 곳을 옮김. -하다.

피:난길 전쟁을 피하여 딴 곳으로 가는 것. 또는 피난을 가는 길.

피:난민 난리를 피하여 딴 곳으로 가는 사람.

피:난살이[피난사리] 피난하여 사는 살림살이. -하다.

피:난처 재난을 피해 옮긴 거처.

피날레 ①마지막. ②곡이나 연극의 끝. ㊄피날레를 화려하게 장식하다. 【finale】

피노키오【책명】 이탈리아의 콜로디가 지은 동화. 나무 인형 피노키오가 진짜 사람이 되기까지의 과정을 그린 이야기임. 【Pinocchio】

피눈물 몹시 슬프고 원통하여 나는 눈물.

피닉스 오륙백 년마다 스스로 불에 타 죽었다가 되살아난다고 하는 상상의 새. 불사조. 【phoenix】

피다 ①꽃봉오리나 잎 등이 벌어지다. ㊄장미꽃이 피다. ②불이 차츰 일어나다. ㊄불이 피다. ③사람이 살이 오르고 혈색이 좋아지다. ㊄한창 필 나이.

피:동 ①남의 힘에 의하여 움직이는 일. ②주체가 남에 의해 움직이는 동사의 성질('안기다·입히다' 같은 동사). ㊖능동.

피땀 ①피어린 땀. ②무엇을 이루기 위하여 애쓰는 노력과 정성. ㊄피땀 흘려 가꾼 농토.

피라미 잉어과에 딸린 민물고기. 몸길이는 10~14cm이며, 몸높이는 몸길이의 4분의 1쯤됨. 비늘은 둥글고 뒷지느러미가 매우 큼. 우리나라·중국·일본 등지에 분포.

피라미드 기원전 3,000년 무렵 이집트에 세워진 왕의 무덤. 사각뿔 모양으로 되어 있음.

[피라미드]

피:랍 납치를 당함. ㊄여객기가 피랍되다. 【被拉】

피로 지쳐서 기운이 풀리고 몸이 나른한 상태. ㊄피로가 쌓이다. ㊐피곤. -하다.

피로감 지쳐서 불편한 느낌.
피로연 결혼·출생 등 기쁜 일을 널리 알리기 위해 베푸는 연회.
피:뢰침 벼락을 피하기 위하여 높은 건물이나 굴뚝 따위에 세워 놓은, 끝이 뾰적한 쇠붙이.
피륙 필로 된 베·무명·비단 등을 통틀어 일컫는 말. 비천.
피리 여덟개의 구멍을 뚫고 손가락으로 막아 소리의 높낮이를 내며, 입에 대든가 물고 부는 관악기.
피망 아이의 주먹처럼 뭉툭하게 생긴 고추. 【piment】
피맺히다[피매치다] 가슴에 피가 맺힐 정도로 한이 북받치다. 예피맺힌 절규.
피멍 부딪히거나 맞아서 살갗 아래 피가 맺혀 붉거나 퍼렇게 보이는 상처. 예넘어져서 무릎에 피멍이 들다.
피복 옷. 의복. 예피복 공장.
피부 동물의 살을 싼 껍질. 예피부가 탄력이 있다. 비살갗.
피부병 살갗에 생기는 병.
피부암 살갗에 생기는 암.
피부염 살갗에 생기는 염증.
피붙이[피부치] 자기가 직접 낳은 자식이나 직계 자손. 비살붙이. 혈육.
피브이시 관이나 그릇 따위를 만드는 데 쓰이는, 비닐로 만든 합성수지. 【PVC】
피비린내 ①피에서 풍기는 비린 냄새. ②몹시 거칠고 무시무시한 기운. 예피비린내 나는 싸움.
피사리 벼 가운데 섞여서 자란 피를 뽑아 내는 일.
피:살 죽임을 당함. 살해를 당함.
피:서 시원한 곳으로 옮겨 더위를 피하는 일. 예바닷가로 피서를 가다. 반피한. -하다.
피:선거권 선거에 입후보하여 당선될 수 있는 권리.
피스톤 증기 기관 등의 실린더 안에서 왕복 운동을 하는 부품을 통틀어 일컬음. 【piston】
피:습 습격을 당함. -하다.
피시 개인용 컴퓨터. ※영어 'personal computer'를 줄여서 만든 말. 【PC】
피:신 몸을 숨겨 피함. 예숲속으로 피신하다. -하다. 【避身】
피아노[1] 건반 악기의 한 가지. 건반을 손가락 끝으로 누르든가 두드려서 소리를 냄. 【piano】
피아노[2] 서양 악보에서 '소리를 여리게 내어서'의 뜻을 나타내는 기호 '*p*'의 이름. 【piano】
피아니스트 피아노를 전문적으로 연주하는 사람. 【pianist】
피어나다 ①무엇이 피어서 생기다. 예뭉게구름이 피어나다. ②꺼져 가던 불이 다시 일어나다. 예숯불이 피어나다. ③얼굴빛이 밝아지거나 좋아지다. 예얼굴이 활짝 피어나다.
피어오르다 가볍게 퍼지며 위로 올라가다. 예아지랑이가 피어오르다.
피우다 ①피게 하다. 예모닥불을 피우다. ②수단·냄새·재주 등을 나타내다. 예게으름을 피우다. ③담배를 빨아 연기를 내다. 준피다.
피읖[피읍] 한글의 닿소리 글자인 'ㅍ'의 이름.
피:의자 죄를 지은 의심을 받고 있으나 아직 재판을 받지 않은 사람. 비용의자. 【被疑者】
피:임 아기 가지는 것을 피하는 것. -하다. 【避妊】
피자 둥근 밀가루 반죽 위에 토마토·고기·치즈 따위를 얹어 구운 서양 음식. 【pizza】
피장파장 상대편이 한 만큼 자기도 함으로써 서로 같게 되는 경우나 처지.
피차 이것과 저것. 서로. 예손해는 피차 마찬가지이다.
피처 야구에서, 내야의 중앙에서 타

ㅍ

자에게 공을 던지는 사람. 투수. 반 캐처. 【pitcher】

피카소〖사람〗[1881~1973] 에스파냐 출신의 화가. 대표작으로 〈게르니카〉 따위가 있음. 【Picasso】

피켓 어떤 주장을 알리기 위하여 그 내용을 적어서 들고 다니는 자루 달린 널빤지. 【picket】

피콜로 관악기의 한 가지. 플루트보다 1옥타브 높은 음을 냄.

[피콜로]

피크닉 소풍. 교외 산보. 야유회. 예 피크닉을 가다. 【picnic】

피클 오이·고추·올리브 따위를 소금물에 넣고 식초·설탕·향료를 섞어 절여서 만든 음식. 【pickle】

피투성이 온통 피가 묻은 모양. 예 형은 누구와 싸웠는지 얼굴이 피투성이다.

피튜니아 가지과에 속하는 한해살이 또는 여러해살이풀, 남부 브라질이 원산. 비 화단나팔꽃. 【petunia】

피:트 길이의 단위. 1피트는 12인치, 30.48cm임. 【feet】

피폐 ①정신이나 육체가 몹시 지치고 약해짐. ②생활이 매우 어렵게 됨. 예 전쟁으로 생활이 피폐하다. -하다. 【疲弊】

피:하다 ①부딪치거나 맞지 않도록 몸을 옮겨 비키다. 예 몸을 피하다. ②어떤 일을 멀리하거나 싫어하다. 예 전염병이 옮기지 않도록 환자와의 접촉을 피하다. ③비나 눈 따위를 맞지 않도록 어떤 곳에 들다. 예 처마 밑에서 소나기를 피하다.

피하 지방 포유류의 피부의 피하 조직에 많이 들어 있는 지방층.

피:해 재산·명예·신체상의 손해를 입는 일, 또는 그 손해. 비 가해.

핀 쇠붙이 등으로 바늘처럼 가늘게 만든 물건을 통틀어 일컫는 말. 예 옷핀. 머리핀. 【pin】

핀란드〖나라〗 북유럽의 스칸디나비아 반도에 있는 나라. 국토의 대부분이 산으로 되어 있음. 수도는 헬싱키. 【Finland】

핀셋 손으로 집기 어려운 물건을 잡는 데 쓰이는 작은 집게.

[핀셋]

핀잔 맞대어 놓고 비웃거나 비꼬아 꾸짖음. -하다.

핀치콕 고무관 등을 집는 데 쓰이는 작은 집게로, 약품이나 물의 양을 조절하는 데 사용함.

필[1] 소나 말을 세는 단위. 예 말 한 필, 소 두 필. 【匹】

필[2] 피륙을 셀 때 쓰이는 단위. 예 비단 세 필. 【疋】

필경 마침내, 결국에는 예 그 사람의 말은 필경 거짓일 것이다. 비 결국.

필기 ①글씨를 씀. ②말을 받아 쓰는 일. -하다. 【筆記】

필기 도구 필기하는 데에 쓰는 종이·먹·붓·볼펜·연필 따위. 준 필기구.

필답[필땁] 펜·연필 등으로 써서 대답함. 반 구답. -하다.

필드 ①들. ②육상 경기장의 트랙 안쪽에 만들어진 넓은 경기장. ③야구장에서, 내야·외야를 통틀어 이르는 말. 【field】

필드 하키 11명씩의 두 팀이 스틱을 가지고 공을 상대방의 골에 넣는 운동 경기. 【field hockey】

[필드 하키]

필라멘트 전구·진공관 속에 있어 전류를 통하면 빛을 내는 가는 선. 텅스텐이나 니켈로 만듦.

필로폰 화학 물질들을 섞어서 만든 것으로, 환각 작용을 일으키는 물질. 【philopon】
필름 투명한 셀롤로이드에 빛을 받으면 변화하는 약을 칠한 것. 영화 사진 등의 촬영에 쓰임. 【film】
필리핀〖나라〗 동남 아시아의 남중국해의 오른쪽에 있는 나라. 7,000여 개의 섬으로 이루어져 있음. 수도는 마닐라. 【Philippines】
필마 한 필의 말. 【匹馬】
필명 작가가 문학 활동을 할 때에 쓰는 별명. 【筆名】
필묵 붓과 먹. 【筆墨】
필사[필사] 있는 힘을 다하여 매우 애씀. ㉣필사적으로 탈출하다.【必死】
필사본 손으로 베껴 쓴 책.
필산[필싼] 숫자를 써서 하는 셈. 붓셈. 반암산. -하다.
필생[필쌩] 일생을 마칠 때까지의 기간. 한평생 동안. 평생.
필수[필쑤] 꼭 필요로 함. 없어서는 아니됨. ㉣필수 조건. 【必須】
필수품 사람이 살아가는데 없어서는 아니 되는 물품. 【必需品】
필순[필쑨] 글자를 쓰는 차례.
필승 반드시 이김. ㉣필승의 신념. -하다. 【必勝】
필시[필씨] 반드시. 틀림없이.
필연 그리 되는 수밖에 다른 도리가 없음. ㉣우리의 만남은 필연이다. 반우연. 【必然】
필요 꼭 소용이 됨. 없어서는 아니 됨. 반불필요. -하다.
필요성[피료썽] 무엇이 꼭 있어야 하는 이유나 상태. ㉣우리는 힘들 때 가족의 필요성을 느낀다.
필자 글이나 글씨를 쓴 사람. 【筆者】
필적[필쩍] 글씨의 모양이나 솜씨. ㉣필적 감정을 하다.
필체 글씨의 모양. 글씨체.
필치 글이나 글씨 쓰는 솜씨. ㉣간결한 필치. 【筆致】
필터 ①불순물을 걸러 내기 위한 장치나 물질. ㉣정수기 필터. 비여과기. ②어떤 빛만을 통하게 하는 색유리. ㉣카메라 필터. ③담배의 진을 걸러 내기 위해 담배 끝에 붙이는 솜 같은 물질. 【filter】
필통 붓이나 연필 따위를 넣어 가지고 다니는 상자, 또는 그런 것을 꽂아 두는 통.
필히 꼭. 반드시. ㉣회의에 필히 참석하시오.
핍박 세력으로 억눌러 괴롭게 함. ㉣계모에게 핍박을 받은 콩쥐. -하다. 【逼迫】
핏기 몸 겉에 드러난 피의 빛깔. 비혈색.
핏덩이[피떵이] ①피가 엉긴 덩어리. ②낳은 지 얼마 안 된 갓난아이.
핏발 몸에 이상이 있을 때 어느 부분에 피가 몰려 붉게 된 것.
핏줄 ①혈관. 몸 속의 피가 돌아다니는 줄. ②한 조상의 혈통으로 이어져 겨레붙이가 되는 줄기.
핑 ①갑자기 눈에 눈물이 어리는 모양. ㉣눈물이 핑 돌다. ②갑자기 정신이 아찔해지는 모양. ㉣머리가 핑 돌며 현기증을 느끼다. >팽.
핑계 어떤 일을 피하거나 사실을 드러내지 않기 위하여 내세우는 일. 비구실.
핑계삼다 어떤 행동이나 생각의 진짜 이유인 듯이 꾸며서 내세우다. ㉣바쁘다는 것을 핑계삼아 부모님을 자주 찾아뵙지 못했다.
핑크색 분홍색. 【pink 色】
핑퐁 탁구. 【ping-pong】
핑핑 ①계속해서 힘있게 도는 모양. ②총알 등이 공중으로 빠르게 지나는 소리, 또는 그 모양. >팽팽. 센삥삥.

ㅎ

ㅎ(히읗[히읃]) 한글 닿소리(자음)의 열넷째 글자.

하:[1] 기쁨·슬픔·한탄·놀람 등을 나타내는 소리. 예하, 기가 막히네. <허.

하[2] 입을 크게 벌려서 입김을 내어 부는 소리. 예유리창에 입김을 하 불다.

하:[3] 등급이나 차례를 '상·하' 또는 '상·중·하'로 나눌 때 맨 아래 또는 맨 끝. 반상. 【下】

하:강 높은 데서 낮은 데로 내려옴. 반상승. -하다. 【下降】

하:객 축하하는 손님. 축객.

하:계 여름철. 예하계 올림픽. 비하기. 반동계. 【夏季】

하고많은[하고마는] 헤아릴 수 없을 만큼 매우 많은. 예하고많은 아이들 중에 하필이면 그 애와 짝이 되다니.

하:곡 여름철에 익어서 거두는 곡식〔보리·밀 따위〕.

하:관 시체를 묻기 위해 관을 무덤의 구덩이 안에 내려 놓는 것. 【下棺】

하:교 공부를 마치고 학교에서 집으로 돌아옴. 반등교. 【下校】

하구 바다로 흘러 들어가는 강물의 어귀. 비강어귀. 【河口】

하구언 바닷물이 밀려드는 것을 막기 위하여 강어귀에 쌓은 둑.

하:권 한 벌이 '상·하' 두 권 또는 '상·중·하' 세 권으로 된 책의 마지막 권. 【下卷】

하:급 등급을 상·중·하로 나눌 때의 가장 아래 등급. 반상급. 【下級】

하:급생 학년이 낮은 학생. 반상급생. 【下級生】

하:기 여름철. 여름의 시기. 비하계. 반동기. 【夏期】

하기는 아닌게 아니라. 예하기는 네 말도 옳다. 준하긴.

하기야 실상 이치를 따져서 적당하게 말하자면. 예하기야 이론대로라면 안될 리가 없지.

하나 ①자연수 중에서 가장 작은 수. 비일. ②오직 그것뿐. 예부모님을 어려서 잃고 오빠 하나만을 의지하며 살았다. ③한 몸. 예모두가 하나가 되자.

하나같이[하나가치] 여럿이 모두 똑같이. 예하나같이 예쁘다.

하나님 크리스트교에서, 오직 하나뿐인 신이라는 뜻으로 '하느님'을 이르는 말.

하나하나 ①하나씩. 각각. 예일을 하나하나 가르치다. 비일일이. ②하나도 빠짐없이 모두. 예하나하나 따지다. 비낱낱이.

하:녀 남의 집에 살며 그 집의 일을 해 주는 여자. 【下女】

하느님 세상 만물을 마음대로 할 수 있으며, 옳고 그름을 가려 사람에게 화와 복을 내린다고 생각되는 거룩한 존재.

하느작거리다 가늘고 길고 부드러운 것이 바람을 받아 계속해서 가볍게 흔들리다. ㉨수양버들 가지가 하느작거리다. <흐느적거리다.

하느작하느작 가볍고 얇은 물건이 자주 가볍게 흔들거리거나 나부끼는 모양. <흐느적흐느적.

하늘 ①해와 달과 별들이 널려 있는 한없이 높고 너른 공간. ②만물을 지배하는 절대자. 하느님. ㉨하늘의 뜻. 비천공. 하늘 나라. 반땅.

하늘거리다 가볍고 부드럽게 흔들거리다. 비하늘대다. <흐늘거리다.

하늘 나라 이 세상이 아닌 저 세상. 죽어 넋이 영원히 산다고 하는 세상. 비천국. 천당.

하늘색 밝고 맑은 하늘과 같은 빛깔.

하늘소[하늘쏘] 하늘소과의 곤충을 모두 이르는 말. 촉각이 길고 몸이 가늘며, 날개가 딱딱함. 나무나 꽃의 진, 썩은 나무 등을 먹고 삶.

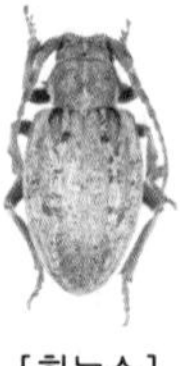
[하늘소]

하늘하늘 늘어져서 가볍게 흔들리는 모양. <흐늘흐늘. -하다.

하늬바람 농가나 어촌에서 서쪽에서 불어오는 바람을 이르는 말. 비서풍. 반샛바람. 동풍. 준하늬.

하다[1] ①어떤 행동을 취하다. 동작으로 나타내다. ㉨운동을 하다. ②물건을 몸에 걸치다. ㉨목걸이를 하다. ③직업을 갖다. ㉨장사를 하다. ④말을 전하다. ㉨전화를 하다.

-하다[2] ('사랑'·'노래'·'노력' 따위의 말에 붙어서) 그 말의 어떤 움직임·상태·성질 따위를 나타내는 말. ㉨일하다. 생각하다. 훌륭하다.

하다못해[하다모태] 바라는 것을 가장 낮춘다고 하더라도. ㉨월척은 그만두고라도 하다못해 피라미라도 낚아 와야지.

하:단[1] ①여러 단이 있는 것의 아래쪽 단. ㉨진열대의 하단. ②기사나 글의 아래 쪽 부분. ㉨신문 지면의 하단. 반상단. 【下段】

하:단[2] 무엇의 가장 아래 쪽. ㉨계약서 하단에 단서 조항을 달다.【下端】

하:달 윗사람의 뜻이 아랫사람에게 이르게 함. ㉨상관의 명령을 하달하다. 반상달. 【下達】

하더라도 한다고 해도. ㉨칭찬을 안 하더라도 흉은 보지 마라.

하도 아주 심하게. 너무나. ㉨하도 기가 막혀 말문이 막히다.

하드 디스크 컴퓨터 에서 정보를 저장하는 데 쓰이는, 딱딱하고 둥근 알루미늄 판. 겉면이 자석의 힘을 띠도록 만들어져 있음.【hard disk】

하드보드지 두텁고 딱딱하게 만든 종이. 【hardboard 紙】

하드웨어 컴퓨터를 이루고 있는 기계 장치. 반소프트웨어.【hardware】

하:등[1] ①낮은 등급. 반상등. ②품질, 발달 수준, 정도, 가치 따위가 낮은 것. ㉨하등 동물. 반상등. 【下等】

하등[2] 아무런. 조금도. ㉨하등의 관계가 없다. 【何等】

하등 동물 몸의 구조가 간단하고 덜 발달된 원시적인 동물. 반고등 동물. 【下等動物】

하:락 ①등급이나 가치가 떨어짐. 반상승. ②물건 값이 떨어짐.

하랴마는 하겠느냐마는.

하려니와 하겠지마는.

하루 ①한 날. 1일. ㉨하루는 24시간이다. ②'하룻날'의 준말.

하루갈이 아침에서 저녁까지 갈 수 있는 논밭의 넓이.

하루같이[하루가치] 늘. 항상. ㉨십

ㅎ

년을 하루같이 지내다.

하루 내내 하루 종일. ㉮하루 내내 오락만 하다.

하루바삐 하루라도 빨리. 시급히. ㉮하루 바삐 일을 끝내야 한다.

하루벌이 하루 벌어서 하루를 사는 생활.

하루빨리 잠시도 미루지 말고 속히. ㉮하루빨리 병이 완쾌되길 빈다.

하루살이 [하루사리] ①하루살이과의 곤충. 애벌레는 물 속에서 여러 해를 지내고, 다 자란 벌레는 그 수명이 하루에서 며칠의 극히 짧은 벌레. ②'생활이나 목숨의 덧없음'을 비유하는 말. ㉮하루살이 같은 인생.

하루속히 [하루소키] 하루라도 빠르게. 비하루바삐.

하루아침에 [하루아치메] 어느 날 갑자기. ㉮하루아침에 가난뱅이가 되었다.

하루 종일 하루의 아침부터 저녁까지. ㉮오늘은 하루 종일 비가 내린다. 비온종일.

하루치 하루의 분량. 하루의 몫. ㉮하루치 품삯.

하루하루 매일. ㉮하루하루의 생활을 계획적으로 살자. 비그날그날.

하루해 아침에 날이 새어 저녁에 어두워질 때까지의 동안. ㉮병원에서 하루해를 보내다.

하룻강아지 [하루깡아지] ①난지 얼마 안 되는 어린 강아지. ②세상에 대한 경험이 적고 아는 것도 없는 어린 사람을 이르는 말.

하룻길 하루 동안에 걸어서 갈수 있는 길의 거리.

하룻날 그 달의 첫째 날.

하룻밤 [하루빰] 하루의 밤 시간 동안. ㉮시험 공부를 하느라 하룻밤을 꼬박 세웠다.

하:류[1] 강이나 내의 흘러내리는 아래쪽. 반상류. 【下流】

하:류[2] 사회적인 지위나 물질적인 생활 수준이 낮은 계층. ㉮하류 계급. 【下流】

하:륙 화물차·배·비행기 따위에 실려 있는 짐을 땅 위에 옮겨 놓음. -하다. 【下陸】

하르방 ①'할아버지'의 제주도 사투리. ②돌하르방.

하:릴없이 ①어떻게 할 도리가 없이. ㉮열쇠가 없어서 엄마가 오기만을 하릴없이 기다릴 수 밖에 없었다. ②뚜렷한 목적이 없이. ㉮하릴없이 왔다 갔다 하다.

하마 하마과의 포유 동물. 아프리카 열대 지방의 강이나 호수에서 나무뿌리나 풀을 먹고 사는 큰 짐승. 몸 길이 4m, 무게 3t에 이름.

[하마]

하마터면 자칫 잘못하였더라면. ㉮하마터면 물에 빠질 뻔했다. 비까딱하면.

하멜 〖사람〗[? ~1692] 1653년 1월 일본 나가사키로 가던 중 태풍으로 떠밀려 와 제주도에 표착한 네덜란드의 선원. 14년 동안 조선에서 지내다가 귀국하여 〈하멜 표류기〉를 지어 조선을 유럽에 처음으로 알렸음. 【Hamel】

하멜 표류기 〖책명〗 하멜이 제주도에 표류 이후 14년간에 걸친 우리 나라에서의 생활을 기록한 책으로 1668년 암스테르담에서 간행. 원이름은 〈난선 제주도 난파기〉로 우리 나라가 서양에 소개된 최초의 기록임. 【Hamel 漂流記】

하:명 명령을 내림. 윗사람의 명령. ㉮대감은 머슴을 내보내라는 하명을 내렸다. -하다. 【下命】

하모니 ①화음. 화성. ②원만한 일치. 조화. 【harmony】

하모니카 직사각형의 틀에 조그마한 칸을 여러 개 만들어 입에 대고 불거나 숨을 빨아들여서 소리를 내는 작은 관악기. 【harmonica】

[하모니카]

하물며 더군다나. 더욱이. ㊈짐승도 은혜를 알거늘 하물며 사람에 있어서랴.

하:반기 1년을 둘로 나눈 것의 나중 기간. ㊈하반기에는 열심히 공부하자. ㉥상반기. 【下半期】

하:반신 몸의 허리부터 아래의 부분. ㉥상반신. 【下半身】

하버드 대학 미국 매사추세츠주 케임브리지 시에 있는 사립 대학으로 학생 수는 약 1만 5천명 정도 인데, 최고의 학문 수준을 자랑함.

하:복 여름철에 입는 옷. ㉥동복.

하:복부 사람이나 척추 동물의 아랫배 부분. 【下腹部】

하:부 ①사물의 아랫부분. ②어떤 단체나 기관의 아래 조직 또는 사람. ㊈상부의 지시를 하부에 전달하다. ㉥상부. 【下部】

하:사[1] 군인의 하사관 계급의 하나. 병장의 위, 중사의 아래. 【下士】

하:사[2] 왕이나 국가 원수와 같이 높은 사람이 아랫 사람에게 돈이나 물건을 선물로 주는 것. ㊈왕으로부터 집 한 채를 하사 받았다. –하다. 【下賜】

하:사관 육·해·공군에서 상사·중사·하사를 통틀어 이르는 말.

하:산 ①산에서 내려옴, 또는 내려감. ㊈해가 져서야 하산했다. ㉥등산. ②목재 등을 산에서 내림. –하다. 【下山】

하:선 배에서 내림. ㉥상선. 승선. –하다. 【下船】

하:소연 억울하고 딱한 사정을 간곡히 호소함. ㊈자신의 처지를 하소연하다. –하다.

하:수[1] 가정이나 공장에서 쓰고 버리는 더러운 물. ㉥상수. 【下水】

하:수[2] 바둑·장기·무술 따위에서 솜씨가 낮은 사람. ㉥고수. 【下手】

하:수관 하수가 흐르는 관.

하:수구 쓰고 버리는 더러운 물이 흘러 나가도록 만든 도랑.

하:수도 빗물이나 쓰고 버린 더러운 물이 흘러가게 만든, 땅속에 묻은 관. ㉥상수도. 【下水道】

하:수 처리장 하수를 모아 인공적으로 정화하는 곳.

하:숙 일정한 돈을 내고 일정 기간을 정하여 남의 집에 묵음, 또는 그런 집. –하다. 【下宿】

하:숙비 하숙하는 대가로 내는 돈. 하숙료.

하:숙집 하숙을 영업으로 하는 집.

하:순 그 달 스무하룻날부터 그믐날까지의 열흘 동안. 【下旬】

하안 강 양쪽의 강물과 잇닿아 있는 땅. 강기슭. 강안. 【河岸】

하안 단구 물의 침식 작용이나 지반 운동 따위로 이루어진, 강기슭에 생긴 계단 모양의 언덕. 【河岸段丘】

하얀색 갓 내린 눈의 색깔과 같은 색. ㉥백색. 하양. 흰색. ㉥검은색.

하:얗다 (하야니, 하얀) 매우 희다. ㉥까맣다. ‹허옇다.

하얘지다 하얗게 되다. ㊈얼굴이 하얘지다. ‹허예지다.

하얼빈 〖지명〗 중국 동북부 북만주의 헤이룽 성에 있는 도시. 1909년 안중근 의사가 이곳에서 이토 히로부미를 사살했음. 【Harbin】

하여간 앞에 말한 것이 어떠한 것이든지 상관 없이. ㊈하여간 너는 잠자코 있어라. ㉥하여튼.

하여금 누가 어떻게 하도록. ㊈그로

하여금 숙직 근무를 대신하게 하다.

하여튼 아무튼. 사정이야 어쨌든. ㉑하여튼 가 보기나 하자. ㊐하여간. ×하옇든.

하역 배에서 큰 짐을 싣고 내리는 일. -하다. 【荷役】

하염없다[하여멉따] ①끝맺는 데가 없다. ㉑하염없이 쏟아지는 빗물. ②아무 생각 없이 그저 멍하다. ㉑하염없이 길을 걷다. 하염없이.

하:오 낮 12시부터 밤 12시까지의 동안. ㉑하오 4시. ㊐오후. ㊙상오.

하와이〖지명〗 북태평양의 중앙부에 있는 여러 개의 화산섬과 그 부근의 섬들. 1959년에 미국의 쉰번째 주가 되었음. 기후가 따뜻하고 경치가 좋아 관광지로 유명하며, 사탕수수·파인애플 등이 많이 생산됨. 【Hawaii】

하:원 국회가 둘이 있는 나라에서, 국민이 인구의 수에 따라 정해진 선거구에서 직접 뽑은 의원으로 이루어진 국회. ㊙상원. 【下院】

하:위 낮은 지위나 차례. ㊙상위. 고위. 【下位】

하위지〖사람〗[1387~1456] 조선 세종 때의 정치가. 사육신의 한 사람. 세종 때 집현전 학사로 〈역대 병요〉를 편찬하였음. 【河緯地】

하:의 치마나 바지 등 몸의 아랫도리에 입는 옷. 【下衣】

하이든〖사람〗[1732~1809] '교향곡의 아버지'라고 불리는 오스트리아의 고전파 음악가. 작품에는 〈장난감〉〈안녕〉〈군대〉〈시계〉 등의 교향곡이 있고, 〈사계〉〈천지 창조〉 등의 악곡이 있음. 【Haydn】

하이라이트 전체 중에서 가장 흥미로운 부분. ㉑오늘 경기의 하이라이트를 모아서 보여 드리겠습니다. 【highlight】

하이에나 귀가 쫑긋한 개와 비슷하며, 주로 아프리카에 살고 밤에 나다니며 죽은 짐승의 고기를 먹고 사는 동물. 【hyena】

[하이에나]

하이킹 심신의 단련을 목적으로 산·들·바닷가 등의 자연 속을 즐겁게 걷거나 자전거를 타고 여행함. ㉑자전거 하이킹. 【hiking】

하이틴 10대 가운데 17~19세쯤 되는 청소년. 【highteen】

하이힐 두축이 높고 뾰족한 여자 구두. ※영어 'high heeled shoes'에서 온 말.

하:인 남의 밑에서 부림을 받는 사람. ㊐종. 【下人】

하자 상품의 흠이나 잘못된 점. ㉑아무런 하자가 없는 물건. ㊐결점. 결함. 흠.

하자스라 '하자꾸나'의 옛말.

하잘것없다[하잘꺼덥따] 대수롭지 않다. 보잘것없다. ㉑하잘것없는 일에 신경을 쓰다.

하:절기 보통 6~8월의 더운 기간인 여름철. ㊐여름철. ㊙동절기.

하:지 북반구에서는 1년 중에서 낮이 가장 길고, 밤이 가장 짧은 날. 6월 22일경. ㊙동지. 【夏至】

하지만 그러나. 그렇지만. ㉑하지만 후회는 없다.

하:직 먼길을 떠날 때 웃어른께 인사를 드리는 것. ㉑부모님께 하직 인사를 드리다. -하다. 【下直】

하:직하다[하지카다] ①세상을 다 살아 죽음을 맞이하다. ㉑50세의 나이로 이 세상을 하직하다. ②먼길을 떠날 때 웃어른께 작별 인사를 드리다.

하:차 차에서 내림. ㊙승차. -하다.

하찮다[하찬타] ①'하치않다'의 준말. ②훌륭하지 않다. 대수롭지 않다. (예)하찮은 존재.

하천 시내. 강. 【河川】

하:체 몸의 아랫부분. (예)하체가 약하다. [비]하반신. [반]상체.

하:층 사회적 지위나 생활 수준이 아래인 사회 계층. (예)하층 계급. [반]상층. ②탑이나 건물의 아래쪽의 층. [비]아래층. 【下層】

하치장 짐이나 쓰레기 따위를 부리거나 두는 곳. (예)쓰레기 하치장.

하키 ①한 편에 11명으로 이루어진 두 팀이 직사각형의 경기장에서 긴 막대로 공을 쳐 상대방 골문에 넣는 수로 승부를 가리는 경기. '필드 하키'를 줄인 말. ②한 편이 6명으로 이루어진 두 팀이 얼음판 경기장에서 스케이트를 타고 채로 동글납작한 물건을 쳐서 상대편 골문에 넣는 수로 승부를 가리는 빙상 경기. '아이스 하키'를 줄인 말. 【hockey】

하트 마음. 심장. 대개 '사랑'을 상징하곤 함. 【heart】

하편 '상·하' 또는 '상·중·하'로 된 책의 마지막 편.

하품 피로하고 졸음이 오거나 심심할 때, 입이 저절로 벌어지면서 나오는 깊은 호흡. -하다.

[하프]

하프 마흔일곱 개의 줄을 두 손으로 퉁겨 연주하는 현악기의 하나. 【harp】

하필 무슨 필요가 있어서. 어째서 꼭. (예)하필 소풍 갈 날에 비가 오네.

ㅎ

하하 입을 크게 벌리고 웃는 소리. <허허.

하:향 ①아래쪽으로 향함. (예)하향 곡선. ②점수·수치·지위 따위가 낮아짐. (예)대학에 하향 지원하다. [반]상향. 【下向】

하:행 열차 서울에서 지방으로 향하는 열차. (준)하행. [반]상행 열차.

하:현달[하현딸] 왼쪽 반이 빛나 보이는 상태의 반달. 음력 22~23일 경에 뜨는 달. [반]상현달.

하:회 ①다음 차례. ②윗사람이 아랫사람에게 내리는 회답. (예)하회를 기다리다. 【下回】

하회 마을 경상 북도 안동시 풍천면에 있는 마을. 하회탈로 유명함.

하회 별신굿 경상 북도 안동시 하회 마을에서 전해 내려오는 탈놀이. 못난 중과 양반을 풍자하는 내용을 담은 열 개 안팎의 마당으로 이루어짐. 중요 무형 문화재 제69호.

하회탈 경북 안동시 하회 마을에서 별신굿을 할 때 쓰던 탈의 한 가지. 우리 나라에서 가장 오래 된 탈 놀이 가면으로 오리나무로 만들었음. 국보 제121호로 지정되었음.

[하회탈]

학 목·다리·부리가 길고 몸은 흰빛이며, 날개 끝이 검은 큰 새. 연못·냇가에서 주로 곤충·미꾸라지·조개 등을 먹고 삶. 천연 기념물임. 두루미. 【鶴】

학과 학문의 종류에 따라 나눈 교수와 학생의 집단. 【學科】

학교[학꾜] 여러 가지 시설을 갖추어 놓고 공부를 계속해서 가르치는 교육 기관. 초등 학교·중학교·고등 학교·대학교·대학원으로 나뉨.【學校】

학교 문고 학교에서 돌려 가며 보는 책을 모아 둔 곳.

학교 신문 학교 안의 새 소식을 알리거나, 학생들의 의견 또는 문예 작품 등을 발표하기 위하여 학생들이 중심이 되어 만들어 내는 신문. 【學校新聞】

학구 오로지 학문 연구에만 열중함. ㉠안경을 끼고 있으니 학구파로 보인다. 【學究】
학군 입시 제도 개편에 따라 지역별로 나누어 정해 놓은 몇 개의 중·고등 학교의 무리. 【學群】
학급 같은 교실에서 같이 가르침을 받는 학생들의 모임. 반. 【學級】
학급 문고 학급에서 돌려 가며 보려고 책을 모아 둔 곳, 또는 그러한 책. 【學級文庫】
학급 신문 학급내에서 발간하는 신문. 담임 선생님의 지도 아래 학생들의 작품·의사·교내 학급의 갖가지 소식 등이 주된 내용으로 실림. 【學級新聞】
학급 일지 학급에서 일어난 중요한 일을 그날 그날의 당번이 써 두는 기록. 【學級日誌】
학급회 반에서 여는 어린이회. 학급 어린이회. 【學級會】
학급 회의 반에서 일어난 문제에 대해서 서로의 생각을 말하는 회의.
학기[학끼] 한 학년 동안을 구분한 기간. 우리 나라에서는 한 학년을 두 학기로 나눔. 【學期】
학년[항년] 학교에서 공부하는 햇수에 따라 나눈 구분. 【學年】
학당 ①학교. ②글방. 【學堂】
학대 아주 못 살게 굴어 괴롭힘. 비구박. -하다. 【虐待】
학덕 학문과 덕행. ㉠학덕을 갖춘 선생님. 【學德】
학도 '학생'의 이전 말. 【學徒】
학도병 학생들로 조직된 군대, 또는 그 군인. 준학병.
학도 호국단 학생의 과외 활동을 통하여 개성의 발전을 꾀하고 자치 능력을 배양하며 애국 운동 등을 목적으로 하는, 고등 학교 이상의 학생들로 조직된 단체.
학동[학똥] ①학문을 닦는 아동. ②초등 학교에 다니는 아동.
학력[1][항녁] 교육을 통해 얻은 지식과 기술의 능력. ㉠대학 입학 학력 고사. 【學力】
학력[2][항녁] 개인이 학교 교육을 받은 사실이나 경험. ㉠최종 학력. 【學歷】
학무 학사 및 교육에 관한 사무.
학문[항문] 배우고 익힌 지식. 계통을 세워서 정리한 지식. ㉠학문에만 열중하다. -하다. 【學問】
학번 ①학교에서 학생 각자에게 주는, 입학한 해와 학과 따위를 나타내는 번호. ㉠답안지에 학번과 이름을 쓰시오. ②같은 해에 들어온 학생들 전체가 함께 번호로 쓰는 입학 연도. ㉠99학번 홍길동입니다. 【學番】
학벌 졸업한 학교의 사회적 지위나 등급. ㉠좋은 학벌. 【學閥】
학봉산 ①황해도 금천군과 신계산 사이의 마식령 산맥중에 위치한 산. ②함경 남도 풍산군에 위치한 산으로 함경 산맥의 중부 지방을 형성함.
학부[1] ①학자가 모인 곳. 흔히 대학을 말함. ②넓고 깊은 지식을 가진 사람을 비유한 말. 【學府】
학부[2] 지금의 교육부와 비슷한 일을 맡아 하던 지난날의 관청. 【學部】
학부모 학교에 다니는 자녀를 둔 부모. 【學父母】
학부형 학생의 부모나 보호자. 비학부모. 【學父兄】
학비 공부를 하는 데 드는 돈. 비학자금. 수업료. 【學費】
학사 ①4년제 대학의 학부나 사관학교를 졸업한 사람에게 주는 학위의 칭호. ㉠학사 학위를 받다. ②학술 연구에 전념하는 사람. 【學士】
학살[학쌀] 끔찍하게 죽임. ㉠무참하게 학살하다. -하다. 【虐殺】
학생 학교에서 공부하는 사람. ㉠고등 학생. 비학도. 【學生】

학생 운동 학생들이 학교 내의 문제나 정치·사회·문화·민족 문제에 관하여 일으키는 운동.

학생증 학생의 신분임을 밝히는 증명서. 【學生證】

학설 학자가 오랫동안 연구에서 얻은 학문상의 주장이나 체계. [예]새로운 학설을 발표하다.

학수 고대 〔학의 목처럼 목을 길게 늘여 기다린다는 뜻으로〕애타게 기다림을 일컬음. **-하다.**

학술 학문과 예술, 또는 학문과 기술. [예]학술 발표회. 【學術】

학술원 학문의 연구와 발전을 위하여 정부가 뽑은 권위 있는 학자로 구성된 기관. 【學術院】

학술적 전문적 학문 연구에 관한 것.

학술 조사 학술상의 연구나 확인 등을 위하여 실지로 하는 조사.

학습 배워서 익힘. [예]학습한 기술을 실습하다. [비]공부. **-하다.** 【學習】

학습 일기 그날 그날 배운 학과에 대하여 특히 중요한 점을 적어 두는 일기. 【學習日記】

학습장 학생이 학습한 내용을 적어 두는 공책. 【學習帳】

학습지 학생이 혼자 공부하는 것을 돕기 위하여 공부 할 내용과 문제를 적어 정기적으로 내주는 책자나 종이. 【學習紙】

학습하다[학쓰파다] 지식·기술·능력 따위를 배우고 익히다.

학식 학문을 통하여 얻는 지식.

학업 ①학교의 공부. ②공부하여 학문을 닦는 일. [예]진수는 학업에 열중하는 모범생이다. 【學業】

학연 같은 학교를 나온 관계로 맺어지는 인간 관계.

학예 학문과 예술, 또는 기예.

학예 발표회 학교에서 배운 재주를 여러 사람 앞에서 보이는 모임. 학예회. 학습 발표회.

학예회 ⇨학예 발표회.

학용품 공부하는 데 필요한 물건. 연필·필통·공책 등의 물건.

학우[하구] 학교에서 같이 공부하는 친구. 【學友】

학원[하권] 공부 지도, 직업 교육, 예능 교육 따위를 위한 사설 교육 기관. [예]미술 학원. 【學院】

학위 한 부분의 학문을 전문적으로 연구하여 그 방면에 깊은 지식을 가진 사람에게 맞는 자격을 인정해 주는 제도. 【學位】

학자 학문을 깊이 연구하여 아는 것이 많은 사람. 【學者】

학장 단과 대학의 장. 【學長】

학정 국민을 괴롭히는 못된 정치. [비]폭정. [반]선정. 【虐政】

학질 모기가 옮기며, 일정하게 번갈아 춥고 열이 나는 증상을 보이는 병. 말라리아.

학질모기 모깃과의 곤충. 암컷의 몸길이는 5.8mm 가량이며, 날개에 흑백의 얼룩 무늬가 있음. 학질의 병원충인 말라리아 원충을 매개하는데, 앉을 때 몸의 뒤를 쳐드는 습성이 있음.

학창 학문을 닦는 곳. 교실이나 학교를 달리 일컫는 말. [예]학창 시절이 그립다. 【學窓】

학칙 학교의 운영과 학생 교육에 대하여 학교에서 정한 규칙. 【學則】

학풍 ①학문상의 경향. ②학교의 기풍. 【學風】

학회 학술의 연구 장려를 목적으로 조직된 단체. [예]언어 학회.

한[1] '하나'의 뜻으로 쓰는 말. [예]한 사람. 한 개.

한:[2] 넘지 못하게 정하여진 정도. [예]숙제가 한이 없이 많다. 【限】

한:[3] 못 다 이룬 원통한 마음. [예]한 맺힌 사연. [본]원한. 【恨】

한가 별로 할 일이 없어 틈이 있음.

여유가 생김. [예]한가한 틈에 여행을 떠나다. [반]분주. -하다.

한가롭다(한가로우니, 한가로워서) 별로 할 일이 없어 틈이 있다. 한가로이.

한가운데 가운데에서도 가장 중심이 되는 부분. [비]한복판.

한가위 음력 8월 15일의 명절. [비]추석. 중추절.

한가하다 하는 일이 없어 바쁘지 않고 편안하다. 또는 사람들이 많이 모이지 않아 복잡하지 않고 조용하다.

한갓 오직. 단지. 그것만으로. [예]한갓 핑계에 불과하다. ×한갖.

한:강 우리 나라의 중부 태백 산맥에서 시작되어 강원도·충청북도·경기도·서울을 동서로 흘러 황해로 들어가는 강. 【漢江】

한:강 둔치 한강을 휴양지로 만들어 시민들의 휴식을 즐길 수 있도록 만들어 놓은 곳.

한:강수 한강의 물.

한겨레 한국 민족. [예]우리는 한겨레다.

한겨울 추위가 한창인 겨울. [반]한여름.

한결 보다 더. 한층 더. 훨씬. [예]날씨가 한결 따뜻해졌다.

한결같다 처음부터 끝까지 변함이 없다. [예]내 짝은 마음이 한결같다. 한결같이.

한:계 ①정해 놓은 범위. [예]남과 북의 한계선. ②할 수 있는 범위. [예]능력의 한계를 느끼다. 【限界】

한고비 가장 중요하거나 긴요한 때. 바로 최고조에 달한 때. [예]추위는 이제 한고비 넘겼다.

한:과 설탕에 반죽한 밀가루를 내모지고 납작하게 만들어 기름에 튀긴 다음 물을 들인 과자. 【韓菓】

한구석 한쪽으로 치우쳐 눈에 잘 띄지 않는 구석진 곳.

한:국 우리 나라. '대한 민국'의 준말. [준]한. 【韓國】

한:국계 한국이나 한국인에 관계된 계통. 【韓國係】

한국 공업 규격 표시 우리 나라의 공업 제품의 품질 개선이나 판매·사용 등에 관한 기술적인 사항을 통일하고 단순화하기 위하여 정해진 규격. 케이에스(KS) 마크.

한국 교육 개발원 교육부의 의뢰를 받아, 초등 학교·중학교·고등 학교의 교과서나 교육 과정을 연구 개발하는 기관.

한국 방송 공사 방송을 통하여 문화의 발전과 국민 생활의 향상에 이바지함을 목적으로 1973년 3월에 설립된 공영 방송 기관. 케이비에스(KBS).

한국 산업 은행 산업 발전을 위해서 큰 규모의 자금을 빌려 주는 특수 은행.

한국 소비자 보호원 소비자와 기업 사이의 다툼을 공정하게 다스리고 해결하는 일을 맡아보는 정부 기관.

한:국어[한구거] 한국인이 늘 쓰는 언어. 한국말. 【韓國語】

한국 외환 은행 외국과의 돈 거래를 맡아 보는 특수 은행.

한국 은행 돈을 발행하고 각 은행에 대하여 자금을 빌려 주는 우리 나라의 중앙 은행.

한국 은행권 한국 은행에서 발행하는 화폐.

한:국인[한구긴] 대한 민국의 국적을 가진 사람. 또는 한국 사람의 혈통을 가진 사람. 【韓國人】

한:국적 우리 나라의 고유한 특징이나 색채가 있는 것. [예]한국적인 음식. 【韓國的】

한국 전쟁 1950년 6월 25일에 북한군이 남한을 공격하면서 일어나 1953년 7월 27일에 끝난, 한국에서 일어난 큰 전쟁.

한국 정신 문화 연구원 우리 문화의 정수를 연구하여 주체적 역사관과 가치관을 정립하기 위하여 정부 차원의 기금으로 설립된 재단 법인.

한국 종합 무역 센터 무역에 관한 활동을 도와 주는 회관. 우리 나라와 세계 각국의 우수한 상품을 소개하는 종합 전시장 등이 있음.

한국 주택 은행 주택을 마련하려는 사람에게 자금을 빌려 주는 특수 은행. 국민 은행과 통합됨.

한국 통사〖책명〗 박은식이 지은 역사책. 일제가 우리 역사를 왜곡하는 것에 대응하여, 일본의 한국 침략 과정을 자세히 밝혔음.

한국 통일 부흥 위원단 1950년 우리 나라의 통일 문제와 경제 부흥을 돕기 위하여 설치되었던 국제 연합의 기구. 1973년 제28차 유엔 총회의 결의에 따라 해체되었음. 언커크(UNCURK).

한:국학[한구칵] 한국의 역사·문학·언어·정치·지리 등 한국에 관하여 연구하는 학문. 【韓國學】

한:국화[한구콰] 한국의 독특한 기법으로 그린 그림. 【韓國畫】

한그루 한 해에 한 번 경작하는 일.

한글 우리 나라 글자의 이름. 조선 세종 28(1446)년에 '훈민정음'이란 이름으로 반포된 것으로, 처음에는 28자였으나 지금은 24자만 쓰이고 있음. 한글은 자음 14자와 모음 10자로 되어 있음.

한글날 세종 대왕이 훈민정음을 펴낸 것을 기념하기 위해 제정된 날. 10월 9일.

ㅎ

한글 맞춤법 한글을 바르게 적도록 규정한 법칙. 1988년 1월에 문교부에서 확정·고시함.

한글 맞춤법 통일안 한글의 맞춤법을 한 가지로 정리하여 발표한 안. 1933년에 조선어 학회에서 발표하였음.

한글 문학 한글로 기록된 우리 문학. 조선후기 영조·정조시대에 일어남. 〈심청전〉〈춘향전〉〈장화홍련전〉 등은 대표적인 한글 소설임.

한글 창제 1443년 세종 대왕이 훈민정음을 처음 만든 일.

한글 학회 1921년 한글 연구를 목적으로 장지영, 최현배, 김윤경, 이윤재 등이 조직한 단체. 처음의 이름은 '조선어 학회'였음. 일제의 탄압 아래서 우리말을 지켜왔고, 조직된 국어의 연구·계몽·선전을 목적으로 한 학술 단체.

한기 날씨나 사물의 추운 기운. 비추위. 【寒氣】

한길 차와 사람이 많이 다니는 큰길. 비대로. 큰길. ×행길.

한꺼번에[한꺼버네] 몰아서 한 차례에 죄다 한번에. 예밀린 방학 숙제를 한꺼번에 하다.

한:껏 할 수 있는 데까지. 한도에 이르는 데까지. 예한껏 뛰어라.

한:나라 고대 중국의 나라 이름. 모두 여섯 개의 한나라가 있었으나, 보통 전한과 후한을 말함.

한나절 하루 낮의 반.

한낮 낮의 한가운데쯤 되는 시간. 비대낮. 정오. 반한밤중.

한낱 ①오직. 단지 하나의. ②하잘것없는. 예한낱 이름 없는 잡초에 불과하다.

한:눈[1] 당연히 볼 것을 안 보고 딴 것을 보는 눈. 예한눈 팔지 말아라.

한눈[2] ①한 번 보는 것. 잠깐 보는 것. 예한눈에 알아볼 수 있는 낯익은 모습. ②한 번에 바라보이는 범위. 예산 꼭대기에 올라가면 시내가 한눈에 들어온다.

한달음에[한다르메] 도중에 멈추지 아니하고 줄곧 달음질하여. 예한달음에 집으로 달려갔다.

한대 북극해 연안과 남극 대륙 지방 등의 몹시 추운 지대. ㉔한대 지방. ㉥열대. 【寒帶】

한대림 한대 지방에 있는, 주로 잎이 바늘처럼 가늘고 뾰족한 나무로 이루어진 숲. 【寒帶林】

한더위 한창 심한 더위.

한:데[1] 집채의 바깥. 곧, 하늘을 가리지 아니한 곳. ㉔한데 나가지 말아라. ㉥노천.

한데[2] 다 함께. ㉔한데 모여 살다.

한데[3] 그러한데. 그런데. ㉔한데, 어디로 갈까?

한:도 일정하게 정한 정도. ㉔최소 한도의 지출 계획. ㉕한.

한 도막 형식 음악에서, 하나의 곡이 두 개의 작은악절로 이루어지는 형식. 간단한 노래에 쓰임. 일부분 형식.

한동안 꽤 오랫동안. ㉔한동안 그를 보지 못했다.

한두해살이꽃 한 해 또는 두해 째에 꽃을 피우는 식물.

한둘 하나 또는 둘. ㉔행인이 한둘 지나가다.

한들거리다 바람에 자꾸 가볍게 흔들리다. <흔들거리다.

한들한들 작고 가냘픈 것이 가볍게 흔들리거나 흔드는 모양. <흔들흔들. -하다.

한때 ①한차례. 한동안. ②어느 한 시기. ㉔한때 유명한 배우였다.

한:라산[할라산] 국립 공원의 하나. 제주도 중앙의 주봉. 산 위에는 화산의 분화구였던 둘레 3km의 백록담이 있고, 상·중·하의 아열대의 식물이 자라고 있음. 높이 1,950m. ※'한나산(漢拏山)'에서 온 말.

한랭[할랭] 기온이 낮고 매우 추움. ㉔한랭 전선. -하다. 【寒冷】

한랭 전선[할랭전선] 찬 공기가 따뜻한 공기를 밀고 갈 때에 생기는 전선. 소나기가 내리고, 바람이 갑자기 바뀌며 기온도 급격히 내리는 일이 있음. ㉥온난 전선.

한량[할량] 하는 일 없이 돈 잘 쓰고 잘 노는 사람. 【閑良】

한:량없다[한량업따] 한이 없다. 그지 없다. ㉔너의 건강한 모습을 보니 기쁘기 한량없다. 한량없이.

한려 수도[할려수도] 경상 남도 삼천포에서 전라 남도 여수에 이르기까지의 뱃길로서, 국립 해상공원. 물결이 잔잔하고 경치가 아름답기로 유명함. 【閑麗水道】

한류[할류] 한대 지방에서 적도 쪽으로 흐르는 찬 바닷물의 흐름. ㉥난류. 【寒流】

한마당 어떤 주제와 관련이 있는 여러 가지를 한데 모아 벌이는 큰 행사. ㉔서울 올림픽은 동서 화해의 한마당 잔치였다.

한마디 간단한 말. 짧은 이야기나 짧게 말하는 의견. -하다.

한마음 하나로 합친 마음. ㉕한맘.

한마음 한뜻 모든 사람의 마음이 똑같음. 마음을 하나로 합침. ㉔한마음 한뜻으로 뭉치자. ㉕한맘 한뜻.

한:말 조선 시대 끝 무렵. 【韓末】

한목 한꺼번에 몰아서 하는 것.

한몫 한 사람에게 돌아가는 분량이나 일, 또는 자리. ㉔재산의 한몫을 저에게 주세요.

한몸 ①하나의 몸, 또는 하나의 몸처럼 아주 가까운 관계가 된 것. ㉔결혼은 남자와 여자가 부모를 떠나 둘이 한몸이 되는 것이다. ②사사로운 개인 자신. ㉔이 한몸 조국에 바치고 싶다. ③여러 사람의 관심이나 주의가 집중되는 개인 자신. ㉔사람들의 존경을 한몸에 받는 사람.

한:문 한자만으로 씌어진 문장이나 문학. 【漢文】

한:문책 한자로 씌어진 책.

한물 채소·과일·물고기 따위가 한창 생산되거나 시장에 나오는 때. [예]요즘 포도가 한물이라 맛이 좋다.
한물가다 한물이 지나다. 한창인 때가 지나다. [예]그 배우는 한물갔다.
한:미 한국과 미국. 【韓美】
한민족 한국 민족과 그 후손. [비]배달 민족. 한족. 【韓民族】
한바탕 일이 크게 벌어진 판. [예]한바탕 난리를 겪다.
한:반도 한국 국토의 전체를 하나로 휩싸고 있는 반도. 【韓半島】
한밤 깊은 밤. [반]한낮.
한밤중[한밤쭝] 밤 열두 시쯤의 때, [비]오밤중. [반]대낮. 한낮.
한방 의학 중국에서 발달하여 동양 여러 나라에 퍼진 의학.
한번 ①매우. 참. [예]노래 한번 잘 하네! ②시험 삼아. 기회가 되면. [예]방학에 한번 놀러 와라.
한번은[한버는] 지나간 한 때. [예]한번은 길에서 우연히 옛친구와 만났다.
한:복 한국의 고유한 의복. 조선복. [반]양복. 【韓服】
한복판 사물의 한가운데. [예]시내 한복판에 있는 분수대.
한:사코 기어코. 고집이 아주 세게. [예]한사코 권하다. [비]굳이.
한산 ①일이 없어 한가함. ②붐비지 않고 한가하여 조금은 쓸쓸함. [예]밤이 되면 거리도 한산해 진다. [비]한적. -하다. 【閑散】
한산도 경상 남도 통영시에 있는 섬. 임진 왜란(1592)때는 이순신 장군의 수군 근거지였으며, 장군의 사당이 있음. 【閑山島】
한산도 대첩 임진 왜란 때 이순신 장군이 한산도 앞바다에서 일본 해군을 크게 이긴 싸움.
한살이 ①일 생. ②곤충 등이 알에서 어른벌레까지 변화하면서 자라는 과정의 한 차례.

한:서 ①학문으로 기록된 책. ②중국 전한의 역사를 기록한 책.
한석봉〖사람〗[1543~1605] 조선 선조 때의 명필. 이름은 '호', 호는 '석봉'임. 가난한 집안에 태어났으나 어머니의 뜻을 잘 받들어 중국에까지 알려진 명필이 되었음. 【韓石峯】
한:성 '서울'의 조선 시대 이름. 【漢城】
한:성부 조선 시대 서울의 행정과 사법을 맡아 보던 관청.
한:성 순보 1833년 10월 1일에 창간된 순한문으로 인쇄된 우리 나라 최초의 신문. 1884년에 폐간되었음.
한세상 ①한평생 동안. ②잘사는 한 때.
한송정 강원도의 강릉 시내에서 6km지점인, 지금의 강릉 비행장 동쪽에 있었던 정자.
한솥밥 같은 솥에서 푼 밥. [예]그와 나는 한솥밥을 먹고 산다.
한순간 매우 짧은 시간. [예]공기가 없으면 인간은 한순간도 살 수 없다.
한술 한 숟가락으로 헤아릴 만한 적은 분량. [예]밥 한 술.
한숨 ①걱정이나 서러움이 있을 때 길게 몰아쉬는 숨. ②잠깐 동안의 휴식이나 잠.
한:스럽다 자기 마음대로 이루지 못한 것이 슬프고 억울하다.
한시[1] 잠깐 동안. 짧은 시간. [예]한시가 급하다.
한:시[2] 한문으로 이루어진 시. 【漢詩】
한시름 심각한 근심이나 걱정. [예]아버지께서 퇴원하셔서 이제 한시름 놓았다.
한시바삐 빨리 서둘러서. 조금이라도 빨리. [예]한시바삐 출발해야 비행기 시간에 맞출 수 있다.
한식[1] 동지로부터 105일째 되는 날로 조상의 무덤에 제사지내는 명절의 하나. 4월 5·6일경이 됨. 【寒食】

한:식[2] 한국 고유의 방식. ㉑전통적인 한식 기와집. 【韓式】

한:식[3] 한국 고유의 음식. ㉑나는 양식보다 한식이 좋다. 【韓食】

한심하다 정도에 너무 지나치거나 모자라서 가엾고 딱하다. ㉑성적표를 보니 한심하다.

한아름[하나름] ①양팔에 가득 껴안아지는 둘레의 길이. ②양팔에 가득 껴안아지는 양.

한:약 한방에서 쓰이는 약. 주로 풀뿌리나 나무 껍질·열매 등이 재료로 쓰임. 반양약. 【韓藥】

한:약방 한약을 지어 파는 약국. 비한의원. 반양약방. 【韓藥房】

한:약재 한약을 만드는 데 쓰이는 재료. 【韓藥材】

한:양 서울의 옛 이름. 조선의 수도였으며, '한성'이라고도 했음.【漢陽】

한:없다 끝이 없다. 말할 수 없다. ㉑한없이 너른 바다. 한없이.

한여름[한녀름] ①더위가 한창인 여름. ②여름 한 철. ㉑한 여름은 무척 덥다. 반한겨울.

한옆[한녑] 한 모퉁이. 한 구석. ㉑물건을 한옆에 모아두다.

한:옥[하녹] 우리 나라 고유의 건축 양식으로 지은 집. 반양옥.

한용운〖사람〗[1879~1944] 승려·시인·독립 운동가. 호는 만해. 삼일 운동 때 민족 대표 33인의 한 사람. 불교계의 정신적인 지도자로 공이 컸음. 시집 〈님의 침묵〉을 지었음. 【韓龍雲】

한:우[하누] 한국의 토종 소. 몸빛이 누런 갈색이고 튼튼하며, 성질이 온순한 편임. 【韓牛】

한울[하눌] 천도교에서 '하늘'을 달리 이르는 말.

한울님[하눌림] 천도교에서, '하느님'을 이르는 말.

한음〖사람〗[1561~1613] 본명은 이덕형. 조선 시대의 이름난 정치가. 임진 왜란 때 명나라에 구원병을 요청하여 왜군을 무찌르는 데 큰 공을 세웠음. 오성 이항복과는 어릴 때부터 둘도 없는 친한 친구로, 이들에 대한 재미있는 이야기가 많이 전해오고 있음. 【漢陰】

한:의사 한약이나 침 등으로 병을 치료하는 의사. 【韓醫師】

한:의원 한약이나 침 등으로 치료하는 병원. 비한약방. 【韓醫院】

한:인[하닌] 주로 외국에 살고 있는 한국 사람, 혹은 한국인의 혈통을 가진 사람. ㉑한인 동포. 【韓人】

한인 애국단 1913년에 일본의 높은 사람들을 암살하기 위해 김구가 만든 단체. 【韓人愛國團】

한:인회[하닌회] 친목과 공동의 이익을 위해 외국에 살고 있는 한국 사람들끼리 만든 단체.

한:일 한국과 일본. 【韓日】

한입[한닙] ①하나의 입, 또는 속에 가득 들어갈 만한 크기나 양. ㉑상추 쌈을 한입 가득 넣다. ②입을 한 번 크게 벌린 것. ㉑호랑이는 토끼를 한입에 삼켜 버렸다.

한:자[한짜] 중국의 고유한 글자. 한문 글자. 고대 은나라 때에 이미 사용되었음. 【漢字】

한자리 ①같은 자리. ②한몫. 한직위. ㉑직급이 한자리 올라갔다.

한 자리 수 일의 자리로 되어 있는, 1에서 9까지의 정수.

한:자어 한자로 된 낱말. 비한어.

한잠 ①깊게 든 잠. ㉑한잠이 들었는지 세상 모르고 잔다. ②잠시 자는 잠. ㉑한잠 자고 나니 몸이 가뿐하다.

한적 한가하고 고요함. ㉑한적한 주말을 즐기다. 반번잡. -하다.

한:정 수량이나 범위를 제한하여 정함. 비제한. 반무제한. 무한정. -하다. 【限定】

ㅎ

한정동〖사람〗[1894~1976] 아동 문학가. 1925년 동아 일보 신춘문예에 동요 당선으로 데뷔. 표현의 간결성이 특징. 〈따오기〉 등의 작품이 있음. 【韓晶東】

한:족 중국 본토 재래의 종족. 약 5,000년 전부터 황하 상류에서 중국 동북부로 이동하여 온 아시아 남방 계통의 황색 인종으로 중국어를 쓰며, 세계 여러 곳에 널리 퍼져 살고 있는 종족임. 【漢族】

한:주 신라 9주의 하나. 신라·고구려·백제 3국의 쟁탈 초점이 되었던 곳임. 중원경과 28군 49현을 관할하였음. 지금의 광주.

한 줄기 ①한 계통. 한 바탕. ②한가닥. ㉎한 줄기 눈물이 흐르다.

한줌 한 주먹. 손아귀에 들어갈만한 양. ㉎한줌의 흙.

한:중 한국과 중국. 【韓中】

한중록〖책명〗 조선 제22대 정조의 어머니이며, 사도 세자의 부인인 혜경궁 홍씨가 쓴 내간체의 책. 영조가 사도 세자를 죽게한 일을 중심으로 홍씨가 만년에 자기의 일생을 회고한 것임. 문장이 섬세하고 아담한 궁중체로 되어 있으며, 〈인형왕후전〉과 함께 궁중문학의 쌍벽을 이룸. 【閑中錄】

한:증 불을 때어 뜨겁게 달구어 놓은 방 안에 들어가 땀을 내어 몸을 풀거나 병을 낫게 하는 일. **-하다.**

한:증막 한증을 하기 위하여 담을 둘러치고 굴처럼 설비를 만들어 갖춘 곳. 【汗蒸幕】

한:지 닥나무의 껍질을 원료로 하여 우리 나라 전통적인 방법으로 만든 종이. 창호지·화선지·초배지 등의 여러 종류가 있음. 【韓紙】

한집안 ①함께 사는 식구. ②가까운 살붙이.

한쪽 어떤 장소나 물체에서 일정한 부분, 또는 일정하게 치우쳐 있는 부분. ㉎한쪽 손을 들다.

한차례 한 바퀴. 한 돌림의 차례.

한참 시간이 꽤 지나는 동안. ㉎한참 만에 그는 입을 열었다.

한창 가장 성하고 활기가 있을 때. ㉎포도가 한창이다.

한천 우뭇가사리를 끓여서 녹인 다음, 식혀서 굳힌 식품. 먹기도 하고, 공업용으로도 씀. 우무.

한철 ①봄·여름·가을·겨울 중의 한 계절. ②가장 성한 시기. ㉎메뚜기도 한철이다.

한촌 한가하고 조용한 마을.

한층 더욱. 한 단계 더. ㉎화장을 하면 한층 예뻐 보인다.

한:탄 원통한 일이나 뉘우침이 있을 때 한숨짓는 탄식. ㉾한. **-하다. -스럽다.** 【恨歎】

한:탄강 임진강의 지류. 강원도 평강군에서 시작되어 철원군과 연천군을 거쳐 임진강에 합류됨. 길이 136km.

한턱 기쁜 일로 한바탕 음식을 차려 대접하는 일. ㉎반장이 되어 한턱 내었다.

한통속 주로 이로운 일에 서로 마음이 통하는 한 무리. ㉎그들 모두가 한통속이다.

한파 찬 공기가 갑자기 이동하여 모진 추위가 오는 기류의 흐름. ㉎겨울 한파. 반난파.

한판 한 차례의 내기. ㉎장기 한판을 두다.

한편 ①한 쪽. ㉎한편으로 몰리다. ②한 짝. 같은 동아리.

한평생 살아 있는 동안. 비일평생.

한푼 얼마 안 되는 돈. ㉎돈이라고는 한푼도 없다.

한풀 기세·기운이 줄어든 것이 느낄 수 있을 만큼 많이. ㉎더위가 한풀 꺾였다.

ㅎ

함흥차사 심부름을 가서 돌아오지 않거나 아무 소식이 없을 때 쓰는 말. 【咸興差使】

함흥 평야 함경 남도 성천강 유역에 펼쳐진 평야. 함경 남도의 곡창 지대임.

합 여럿을 한데 모음, 또는 모은 그 수. -하다. 【合】

합격 시험이나 검사에 통과함. ㉾예비 고사에 합격하다. ㉥불합격. 낙방. -하다. 【合格】

합격증 시험·검사·심사 따위에서 합격한 것을 증명하는 문서.

합계 한데 합하여 셈함, 또는 그 수효. ㉾지출을 모두 합계하다. ㉥총계. -하다. 【合計】

합금 두 가지 이상의 금속을 혼합하여 만든 금속. -하다. 【合金】

합기도 무술의 한 가지. 맨손으로도 하고 검이나 몽둥이 따위를 쓰기도 함. 【合氣道】

합당 꼭 알맞음. ㉥적당. ㉥부당. -하다. 【合當】

합동 둘 이상을 하나로 함. ㉾합동 법률 사무소. -하다. 【合同】

합류[함뉴] ①여러 물줄기가 모여 하나가 되어 흐름. ②어떤 목적을 이루기 위해서 여럿이 한데 모임. -되다. -하다. 【合流】

합리[함니] 이치나 이론에 맞음. ㉥불합리. -하다. 【合理】

합리적[함니적] 이치에 어긋나지 않음. ㉾합리적인 생각. 【合理的】

합방 두 나라를 한 나라로 합침. ㉥합병. ㉥분할. -하다. 【合邦】

합법적 법이 정한 것을 벗어나지 않는 것. 【合法的】

합병 합쳐 하나로 만듦. ㉥병합. -되다. -하다. 【合倂】

합병증 어떠한 병에 관련하여 일어나는 다른 병. 객증. 여병.

합삭 해와 지구가 달을 사이에 두고 일직선으로 되는 때. 이때에는 달이 비치는 면이 조금도 보이지 않음. ㉦삭. 【合朔】

합석 어떤 장소에게 남과 함께 앉는 것. -하다. 【合席】

합선 ①선이 합침. ②양전기와 음전기의 두 선이 고장으로 한데 붙음. ㉾전기의 합선으로 불이 났다.

합성 둘 이상의 것이 합쳐서 하나를 이룸. -하다. 【合成】

합성 섬유 석유·석탄·물·공기 등을 원료로 하여 만든 섬유.

합성 세제 비누 이외의 세제중 합성해서 만든 것.

합성 수지 화학적으로 합성하여 만들어진 수지(나무 진) 모양의 물질. 플라스틱 같은 것.

합성어 둘 이상의 낱말이 모여 만든 하나의 낱말〔'돌다리'·'집안' 따위〕. ㉥단일어. 【合成語】

합세 힘을 한데 합침. -하다.

합숙 여러 사람이 한 곳에서 묵음. -하다. 【合宿】

합승 여럿이 어울려 함께 탐. ㉾택시 합승. -하다. 【合乘】

합심 여러 사람이 한 가지 일에 뜻을 같이함. -하다. 【合心】

합의[1] 뜻이 맞음. 의견이 합치됨. ㉾서로 합의를 보다. -하다. 【合意】

합의[2] 어떤 문제에 대해 여럿이 의논하는 것. -하다. 【合議】

합작 ①힘을 합하여 만듦, 또는 그 작품. ㉾둘이 합작하여 좋은 작품을 만들다. ②공동의 목표를 달성하기 위하여 여러 사람 또는 단체가 서로 힘을 합함. ㉾한·미 합작 회사. -하다. 【合作】

ㅎ

합장 두 손바닥을 마주 합침. -하다. 【合掌】

합주 두 가지 이상의 악기로 동시에 연주하는 일. ㉾합주곡이 울려 퍼지다. ㉥독주. -하다.

합주곡 두 가지 이상의 악기로 연주하도록 지은 곡.

합죽선 얇게 깎은 댓조각을 맞붙여서 부채의 살로 하여 만든 부채. 접었다 폈다 할 수 있음.

[합죽선]

합중국 두 나라 이상이 결합하여 공동된 주권 아래 단일 국가를 이루는 합성 국가의 하나. ㉮아메리카 합중국.

합집합 두 집합의 모든 원소로 이루어진 집합으로 '∪'와 같은 기호로 나타냄.

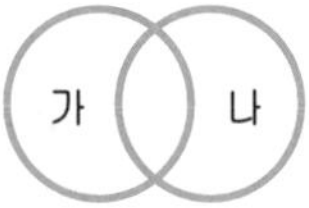

[합집합 가∪나]

합창 같은 노래를 두 가지 이상의 다른 가락으로 나누어 서로 화성을 이루며 여러 사람이 부르는 것. 반 독창. -하다. 【合唱】

합창곡 합창을 위한 곡 【合唱曲】

합창단 합창을 직업으로 하는, 또는 합창을 주로 하는 음악의 연구 단체. 【合唱團】

합천〖지명〗 경상 남도 합천군의 군청 소재지. 군의 중앙부에 위치하며, 낙동강의 지류 황강의 서쪽 해안에 있음. 금이 많이 나며, 해인사·월광사지·함벽루 따위의 명승지가 있음. 【陜川】

합치 의견 주장 따위가 서로 맞아 일치함. -하다. 【合致】

합치다 '합하다'의 힘준말. 합하여 하나로 만들다. ㉮몸과 마음을 합치다. 반 나누다.

ㅎ

합판 얇은 널빤지를 결이 서로 수직이 되게 몇 겹 붙여서 만든 널빤지. ㉮베니어 합판. 【合板】

합하다[하파다] ①여럿이 하나가 되다. ②여럿을 하나로 만들다. 비 합치다.

핫도그 소시지에 밀가루 반죽을 발라 기름에 튀긴 음식. 【hot dog】

핫바지[핟빠지] 솜을 두어 지은 바지.

핫저고리[핟쩌고리] 솜을 두어 지은 저고리.

핫캡 모종을 기르기 위하여 비닐 따위로 모종위를 고깔처럼 씌워 놓은 것. 【hot cap】

항: ①법률이나 계약 따위의 글에서 구분되는 각각의 조목. ㉮헌법 제1조 1항. ②수학에서 다항식을 이루는 각 숫자나 값. ㉮각 항에 2와 4의 최소공배수 8을 곱한다.

항:간 보통 사람(서민)들 사이. ㉮항간에 떠도는 소문.

항:거 맞서서 버팀. ㉮적군에게 항거하여 싸우다. 비 대항. 저항. 반 굴복. -하다. 【抗拒】

항:공 비행기를 타고 하늘을 날아다님. ㉮항공 화물. 【航空】

항:공 관제탑 항공기의 이·착륙의 지시 등 항공 교통을 관리 지도하는 설비를 갖춘 탑.

항:공 관찰 비행기를 타고 공중에서 땅 위를 주의하여 자세히 살펴봄.

항:공기 하늘을 나는 탈것〔비행기·비행선 따위〕. 【航空機】

항:공로 항공기의 안전한 항행에 적당한 것으로서 지정된 공중의 통로. 에어라인. 【航空路】

항:공 모함 항공기를 많이 실을 수 있고, 또 항공기가 뜨고 내리게 하는 넓은 갑판을 가진 군함.

항:공 우편 항공기로 수송되는 특수 취급 우편, 또는 그 우편물. 비 항공편.

항:구 바닷가에 배가 드나들 수 있도록 시설을 갖추어 놓은 곳.

항:구 도시 항구를 끼고 발달한 도시. 항구가 있는 바닷가의 도시. ㉮부산은 항구 도시이다. 준 항도.

항구적 사물·제도 등이 변하지 않고 오래 그대로 남아 있음. ㉠사람은 언젠가 죽기 때문에 항구적인 존재는 아니다. 【恒久的】

항:도 '항구 도시'의 준말.

항:라[항나] 명주·모시·무명실 등으로 짠 피륙의 하나로 얇고 성긴 여름 옷감. 【亢羅】

항렬[항녈] 한 조상의 여러 자손들이 각각 속하는 세대. ㉠사촌 끼리는 서로 항렬이 같다. 【行列】

항렬자[항녈짜] 같은 항렬에 속하는 사람들이 이름에 쓰는 같은 글자. 돌림자. 【行列字】

항:로[항노] ①배가 다니는 바닷길. 뱃길. ㉡해로. ②비행기가 다니는 길. ㉠항로를 이탈하지 말라. ㉢항공로. 【航路】

항:만 바닷가의 굽어 들어간 곳에 방파제·부두·창고 등의 시설을 갖추어 놓은 곳. 【港灣】

항:만 수입 항구에 출입하는 선박의 정박이나, 여객·화물 등의 취급을 통하여 얻는 수입.

항목 사물을 세분하여 한 개씩 벌인 일의 가닥. 【項目】

항:몽 순의비 몽고의 압력에 대항하다가 장렬히 전사한 삼별초의 넋을 위로하기 위하여 세운 비.

항문 고등 포유 동물의 소화기의 말단. 곧, 대장 끝의 직장이 끝나는 곳에 있는 대변 배설구.

항:복 적이나 상대편에게 져서 굴복함. ㉠적에게 항복을 받다. ㉣저항. -하다. 【降伏】

항상 언제나. 늘. ㉠아버지께서는 공부 열심히 하라고 항상 나에게 말씀하신다. 【恒常】

항:생제 몸에 들어오는 세균이나 미생물의 번식을 막는 약품. ㉡마이신. 【抗生劑】

항성 우주 속에서 스스로 빛을 내며, 일정한 자리에 있는 별. ㉣행성. 【恒星】

항:소 재판에서, 하급 법원의 판결에 불만이 있는 자가 상급 법원에 다시 하는 고소. -하다.

항아리 아래위가 좁고 배가 부른 질그릇의 한 가지.

항:암 암세포가 늘어나는 것을 막거나 암세포를 죽이는 것. ㉠항암 치료를 받다. 【抗癌】

항:의 반대의 뜻을 강하게 주장함. -하다. 【抗議】

항:일 일본 제국주의에 대한 항거. ㉠항일 독립 만세 운동. 【抗日】

항:일 운동 일본 제국주의에 대해 투쟁한 운동.

항:일 투쟁 일제 침략기에 일본으로부터 독립하기 위하여 맞서 싸운 투쟁.

항:쟁 맞서서 싸움. ㉡항전. ㉣투항. 항복. -하다. 【抗爭】

항:전 적에 대항하여 싸움. ㉡항쟁. ㉣항복. 투항. -하다.

항:체 병균에 저항하거나 그것을 죽이는 몸 속의 물질.

항:해 배를 타고 바다를 건너다님. -하다. 【航海】

항:해사 선박 직원의 한 자격. 항해 중 선박의 위치를 측정하고 선장을 도와 승무원을 지휘하는 등의 임무를 담당함.

해[1] ①아침에 동쪽 하늘에서 떠서 저녁에 서쪽으로 지는, 밝고 둥근 천체. ㉡태양. ②해에서 나오는 빛이나 열. ㉠병아리들이 양지 쪽에서 해를 쪼이고 있다. ㉡햇볕. 햇빛. ③세월. ㉠달이 가고 해가 바뀌다.

해:[2] 아끼는 것을 잃거나 손해를 보는 것. ㉠남에게 해가 되는 행동은 하지 말아라. 【害】

해감 물속에 생기는, 썩은 냄새가 나는 찌끼.

해:결 얽힌 일을 풀어서 처리함. 문제를 풀어서 결말을 지음. -하다.

해:결책 사건이나 문제 따위를 처리하든가 풀기 위한 방법. ㉠해결책을 찾다.

해:고 돈을 받고 일하던 곳에서 내보내는 것. ㉠해고 노동자. -되다. -하다. 【解雇】

해:고하다 누구를 돈을 받고 하던 일을 그만두게 하여 내보내다. ㉠불성실한 직원을 해고하다.

해골 살이 썩고 난 뒤 남은 사람의 뼈. 【骸骨】

해괴망측하다 헤아릴 수 없이 몹시 해괴하다. ㉠해괴망측한 행동.

해괴하다 매우 이상스럽고 엉뚱하다. ㉠그 집에 대한 소문이 해괴하다.

해:구[1] 바다의 후미진 곳으로 들어간 어귀. 【海口】

해:구[2] 큰 바다 밑에서 독립적으로 솟아 있는 언덕. 【海丘】

해:군 바다를 지키는 군대.

해금 속 빈 둥근 나무에 짐승의 가죽을 매고 긴 나무를 꽂아 줄을 활 모양으로 건 민속 악기. 깡깡이.

[해금]

해:금강 강원도 고성군 현내면 일대에 있는 관광지. 특히 송도·불암·대봉·해만물상 등이 유명함. 【海金剛】

해:내다 어떤 힘든 일을 너끈히 처리하거나 이루다. ㉠큰 일을 해내다.

해넘이 해가 짐, 또는 해가 질 때. 비일몰. 반해돋이.

해:녀 바닷속의 해삼·전복 등을 따는 것을 업으로 하는 여자. 제주도에 많음. 잠녀. 【海女】

해님 '해'를 사람처럼 부르는 말. ㉠해님이 활짝 웃고 있다. ×햇님.

해:답 문제를 풀어서 답함, 또는 그 답. 반문제. 【解答】

해당 ①바로 들어맞음. 꼭 맞음. ②바로 그것. ㉠너에게 해당되는 말이다. -하다. 【該當】

해당란 어떤 사항을 적어 넣기로 되어 있는 난. ㉠해당란에 답을 적어 넣으시오.

해:당화 장미과의 갈잎떨기나무. 해변의 모래나 산기슭에 잘자라며, 5월에 진홍색의 꽃이 핌.

[해당화]

해:도 바다의 모양과 배가 다니는 길을 그려 넣은 항해용의 지도. 【海圖】

해:독[1] 나쁜 영향을 기치는 요소. ㉠담배는 몸에 해독을 끼친다. 【害毒】

해:독[2] 독기를 풀어 없앰. ㉠해독제를 먹다. -하다. 【解毒】

해:독[3] 읽어서 뜻을 알아냄. ㉠암호를 해독하다. -되다. -하다. 【解讀】

해:독제 독을 없애는 약. 【解毒劑】

해돋이[해도지] 해가 떠오르는 것. 해가 돋는 때. 비일출.

해:동 얼었던 것이 녹음. -되다. -하다. 【解凍】

해:동 성국 〔문화가 번성한 동쪽의 나라란 뜻으로〕 지난날 중국에서 발해를 일컫던 이름.

해:동 중보 고려 성종 때부터 숙종 때까지 사용되던 엽전.

해:동 통보 고려 숙종 때 통용되었던 주화의 이름.

해:롭다(해로우니, 해로워서) 이롭지 아니하다. 반이롭다.

해:류 언제나 일정한 방향으로 흐르는 바닷물의 큰 흐름. 난류와 한류가 있음. 【海流】

해:리 바다 위의 거리를 나타내는 단위. 1해리는 약 1,852m.

해맑다[해막따] 빛깔이 하얗고 밝다. ㉠해맑은 아기의 얼굴.

ㅎ

해머 쇠망치. 【hammer】

해먹다 나쁜 짓으로 재물을 가로채가지다. [예]공금을 해먹다. ②'어떤 일을 직업으로 삼다' 의 속된 표현. [예]무슨 일을 해먹고 살아야 하나. ③음식을 만들어 먹다. [예]밥을 해먹다.

해:면 바닷물의 표면. [예]해면 위로 물고기가 뛰어올랐다.

해:명 까닭이나 내용 따위를 풀어서 밝힘. -하다. 【解明】

해:모수 주몽 설화에 나오는 북부여의 첫 임금. 천제의 아들로서 하백의 딸 유화와의 사이에 고구려의 시조 주몽을 낳았다고 전해짐.

해:몽 꿈의 내용을 풀어 좋고 나쁨을 가림. -하다. 【解夢】

해묵다 물건이나 일이 한 해를 지나다. [예]해묵은 곡식들.

해:물 '해산물' 의 준말. 【海物】

해바라기 높이 2m내외의 한해살이 풀. 여름부터 가을에 걸쳐 줄기나 가지 끝에 노란 꽃이 핌. 씨는 먹거나 기름을 짬.

[해바라기]

해박하다[해바카다] 어떤 사실에 대한 지식이 많다. [예]그는 여러 방면에 해박하다.

해:발 바다 표면으로부터 계산하여 잰 육지나 산의 높이.

해:방 얽매임이나 짓눌림에서 벗어나서 자유롭게 됨. [예]노예 해방. [반]구속. 속박. -하다.

해:변 바닷가. [예]해변의 모래밭. [비]해안. 【海邊】

해:병 해병대에 속한 군인.

해:병대 바다와 땅에서 모두 전투할 수 있도록 특별히 편성되고 훈련된 해군의 육상 전투 부대.

해:부 생물의 일부, 또는 전부를 쪼개어 그 구조나 각 부분간의 관계를 연구하는 일. -하다.

해:빙 ①얼음이 풀림. [반]결빙. ②국제간의 긴장 완화를 비유해서 이르는 말. -되다. 【解氷】

해사하다 얼굴이 희고 말쑥하다. [예]그녀는 해사한 얼굴에 단정한 옷차림을 하고 서 있었다.

해:산[1] 모였던 사람이 흩어짐, 또는 헤어지게 함. [예]군중들에게 해산 명령을 내리다. [비]분산. [반]집합. -하다. 【解散】

해:산[2] 아이를 낳는 일. [비]분만. -하다. 【解散】

해:산물 물고기·바닷물·조개·소금 등 바다에서 나는 온갖 먹을거리. 【海產物】

해:삼 바닷속 바위에 붙어 사는 길이 10～30cm 정도의 동물.

해:상 바다 위. [예]간첩이 해상으로 침투하다. [반]해저. 【海上】

해:상 교통 배를 이용하여 바다 위를 오고 가는 길.

해:상 군선도 바다 위에 엉긴 구름 위에서 여러 신선들이 노는 광경을 상상하여 그린 그림이나 조각.

해:상권 바다에서 군사·무역·항해 따위에 관하여 가지는 권한.

해:상 무역 배로 행하여지는 무역.

해:상 보험 해상을 왕래하는 배가 가라앉거나 그 밖의 손해를 보았을 때에 대비해 드는 보험.

해:상왕 바다에서 벌이는 여러 활동을 다스리는 세력을 가지는 사람.

해:석 문장이나 일의 이치를 이해함, 또는 알기 쉽게 풀어서 설명함. [예]영어를 우리말로 해석하다. -하다. 【解釋】

해:설 문제를 알기 쉽게 풀어서 설명함. 또는 그런 글을 수록한 책. -하다. 【解說】

해:설자 해설하는 사람. 【解說者】

해:소 이제까지 계속되어 온 관계를 없앰. ㉺적대 관계가 해소되었다. -되다. -하다. 【解消】

해:송 ①바닷가에 나는 소나무를 통틀어 이르는 말. ②소나무과에 속하는 늘푸른큰키나무. 키는 30m 가량이고 잎은 두 잎씩 붙어 남. 방풍림으로 많이 심음.

해:수 바닷물. 【海水】

해:수면 바닷물의 표면. 【海水面】

해:수욕 바닷물에서 놀거나 수영하는 일. -하다. 【海水浴】

해:수욕장 해수욕을 하기에 알맞은 환경과 설비가 되어 있는 장소.

해시계 햇빛의 그림자 방향으로 대략의 시각을 재는 장치.

해:식 파도나 조류 따위로 인한 침식 작용. 【海蝕】

해:식 작용 바닷물에 의해 땅이나 바위 따위가 조금씩 깎이는 일.

해쓱하다 얼굴에 핏기가 없다.

해:안 육지와 바다가 맞닿은 곳. 비 바닷가. 해변. 【海岸】

해:안 단구 해안선을 따라서 계단 모양으로 되어 있는 좁고 긴 지형.

해:안선 바다와 육지가 서로 맞닿아서 길게 뻗친 선.

해:약하다[해야카다] 계약을 취소하다. ㉺적금을 해약하다.

해:양 크고 넓은 바다.

해:양 개발 바다의 밑바닥에 있는 생물·광물·에너지 따위의 자원을 개발하는 일.

해:양 경찰대 배들이 안전하게 다닐 수 있도록 돕고, 간첩을 막는 일도 하는 경찰관.

ㅎ

해양성 기후[해양썽기후] 바다의 영향을 크게 받는 지방에 공통되는 기후. 계절에 따른 기온의 차가 심하지 않고 연중 비가 많음. 반대륙성 기후.

해:양 자원 바다에서 얻어지는 여러 가지 자원.

해어지다 옷·신 따위가 다 닳아서 구멍이 나거나 찢어지다. ㉺양말이 해어져서 구멍이 나다. 준해지다.

해:역 바다 위의 일정한 구역. ㉺청정 해역. 【海域】

해:열 몸의 열을 내림. ㉺해열제를 먹고 잤다. -하다. 【解熱】

해:열제[해열쩨] 높아진 몸의 열을 내리게 하는 약제. 해열약.

해오라기 백로과의 새. 날개 길이 25~30cm. 온몸이 희고 부리와 다리는 검은데, 날개는 크고 꽁지는 짧음. 다리와 발목이 길어 'S'자 모양으로 굽어짐. 숲이 있는 민물과 바닷물 근처에서 살면서 개구리·뱀·물고기·물벌레 등을 잡아먹음. 백로.

[해오라기]

해:왕성 태양에서 여덟 번째로 멀리 떨어져 있는 태양계의 행성의 하나. 【海王星】

해:외 바다를 사이에 둔 다른 나라. ㉺해외 동포. 비외국. 【海外】

해외 동포 한 민족 또는 한 나라 사람이면서 외국에 살고 있는 사람.

해:외 시장 다른 나라의 시장. ㉺해외 시장을 개척하자.

해:운대 부산 광역시 해운대구에 있는 바닷가. 아름다운 경치와 온천·해수욕장 따위로 유명함.

해:운업 바다에서 배를 부리어 화물이나 여객을 나르는 사업.

해운 항만청 교통부에 딸린 행정 기관. 항만의 건설 및 운영과 해운에 관한 사무를 맡아 봄.

해:이 긴장이나 규율이 풀리어 마음이 느슨해짐. -하다.

해:인사 경상 남도 합천군 가야산에

있는 절. 팔만 대장경이 보관되어 있음. 【海印寺】

해:일 지진이나 화산의 폭발, 또는 폭풍우로 바다의 큰 물결이 갑자기 육지로 넘쳐 들어오는 일.

해:임 직위나 직책을 내놓게 함. 예 회사 경영에 실패한 사장의 해임을 요구하다. -하다. 【解任】

해:장국 늦게까지 일한 피로나 술 기운을 풀어 없애기 위해 다음 날 아침에 먹는 국.

해:저 바다의 밑바닥. 예 해저 탐사. 반 해상. 【海底】

해:저곡 바다 밑에 생긴 골짜기.

해:저 자원 탐사 바다 밑의 물자가 있는 곳을 더듬어 살펴 조사함.

해:적 배를 타고 다니면서 다른 배를 습격하여 재물을 빼앗는 도둑. 반 산적. 【海賊】

해:적선 해적이 타고 부리는 배.

해:전 바다에서 행하여지는 전투. 예 노량 해전. 반 육전. -하다.

해:제 어떤 일을 풀어서 그 전의 상태로 되돌림. 예 계엄령이 해제되었다. -하다. 【解除】

해:조류 바다에서 자라는, 꽃이 피지 않고 열매도 맺지 않는 식물〔김·미역·다시마 따위〕. 비 바닷말.

해:주〖지명〗 황해도 도청이 있는 도시. 교통의 중심지로 무역업과 수산업이 발달하였음. 【海州】

해죽 마음에 들어 귀엽게 살짝 한 번 웃는 모양. 예 소녀가 해죽 웃다. 〈히죽. 센 해쭉.

해지다[1] 해가 서산으로 넘어가다.

해:지다[2] '해어지다'의 준말. 닳아서 떨어지다. 예 옷이 해지다.

해:직 강제로 직장에서 물러나게 되는 것. -되다. -하다.

해질녘[해질력] 해가 질 무렵.

해:체 ①단체·조직 따위를 흩어지게 하는 것. ②여러 부분을 모아 만든 물건을 작은 부분으로 다시 나누는 것. -되다. -하다.

해:초 바다에서 자라는 풀을 통틀어 이르는 말. 해조. 【海草】

해:충 ①사람의 생활에 해를 끼치는 벌레. ②농작물·꽃·과수 등을 해치는 벌레. 반 익충. 【害蟲】

해:충 구제 농작물이나 나무를 가꾸는 데에 해가 되는 벌레를 죽여 없앰.

해:치다 ①해롭게 하다. 예 건강을 해치다. ②남을 상하게 하거나 죽이다. 예 호랑이가 사람을 해치다.

해:치우다 ①일을 완전히 끝내다. ②먹을 것을 다 먹어 버리다. 예 혼자서 2인분을 해치우다.

해캄 고인 민물에서 살며, 실타래처럼 덩어리를 이루고 있는 식물. 붕어 따위의 먹이가 됨.

해커 통신망 따위를 통해서 남의 컴퓨터에 몰래 침입하여 데이터와 프로그램을 없애거나 훔쳐보는 사람. 【hacker】

해:코지 남을 괴롭히거나 해롭게 하는 짓. -하다. ×해꼬지.

해킹 남의 컴퓨터 시스템에 침입하여 허가되지 않은 행동을 하는 짓. -하다. 【hacking】

해:탈 세상의 욕망·구속·굴레를 완전히 벗어난 상태. -하다.

해:태 궁궐 문간의 양쪽에 돌로 조각하여 세운, 사자와 비슷하나 머리에 뿔이 하나 있는 상상의 동물.

해:파리 몸은 거의 투명하고 우산 또는 종 모양이며 온몸이 흐물흐물하고 몸의 아래쪽에 여러 개의 더듬이가 있는, 바다 동물.

[해파리]

해:풍 바다에서 불어 오는 바람. 비 바닷바람. 반 육풍. 【海風】

해프닝 뜻밖에 벌어지는 일. ㉠연극 공연 도중에 해프닝이 일어나다. 【happening】
해피 엔딩 소설·연극·영화 등에서 갖은 곡절 끝에 모든 일이 잘되어 행복하게 끝맺는 것을 일컫는 말.
해학 우습게 비꼬는 말이나 행동. ㉠판소리는 양반을 비꼬는 해학과 풍자로 가득차 있다.
해:협 육지와 육지. 육지와 섬, 섬과 섬 사이에 끼여 있는 바다의 좁은 부분. ㉠보트로 대한 해협을 건너다. 【海峽】
핵 ①세포의 중심이 되는 알갱이. ②모든 것의 중심이 되는 것. ③원자핵. 【核】
핵가족 부부와 그들의 미혼 자녀로 이루어진 가족. 반대가족.
핵무기[행무기] 원자 폭탄·수소 폭탄 등 원자핵이 분열하거나 융합할 때 생기는 힘을 이용한 무기. 비핵병기. 【核武器】
핵심 사물의 중심이 되는 요긴한 부분. ㉠이야기의 핵심을 말해라. 비알맹이. 【核心】
핵폭탄 핵 반응이 일어날 때 생기는 엄청난 에너지를 이용하여 만든 폭탄. 【核爆彈】
핸드백 여자들의 손가방. 【handbag】
핸드볼 7명씩 두 팀으로 갈리어 공을 손으로 주고받거나 몰아서 상대편 골문에 던져 넣는 횟수로 승부를 가리는 경기. 송구. 【handball】
핸드폰 무선 휴대 전화기. ※'hand'와 'phone'을 붙여 영어처럼 만든 말.
ㅎ **핸들** 자전거·기계·배·비행기·자동차 등에서 방향을 잡기 위한 손잡이. 비운전대. 【handle】
핸디캡 남보다 불리한 조건.
핼쑥하다 얼굴이 파리하고 핏기가 없다. 비창백하다. ×핼쓱하다.
햄 ①돼지 고기를 소금에 절여서 불에 슬쩍 구워 만든 식품. ②아마추어 무선사. 【ham】
햄릿[책명] 셰익스피어의 4대 비극의 하나. 덴마크의 왕자 햄릿이 부왕을 독살한 숙부와 불륜의 어머니에 대한 복수를 부왕의 영령에게 맹세하나, 사색적이고 소극적인 성격 때문에 애인 오필리어 마저 버리고 고민하다가 끝내 원수를 갚고 죽는다는 줄거리의 이야기.
햄버거 둥근 빵 사이에 다져서 구운 쇠고기와 채소와 양념 따위를 끼운 음식. 【hamburger】
햄스터 꼬리와 다리가 짧고 귓바퀴는 둥근, 쥐의 일종. 요즈음은 애완동물로 기르기도 함. 【hamster】
햄프셔 영국의 햄프셔 지방에서 미국으로 건너가 개량된 돼지의 한 품종. 【hampshire】
햅쌀 그 해에 새로 난 쌀.
햇-[핻] 주로 농산물 이름 앞에 붙어서, '그 해에 새로 나온'의 뜻을 나타내는 말. ㉠햇감자.
햇곡식[핻꼭씩] 그 해에 새로 난 곡식.
햇과일[핻꽈일] 그 해에 새로 난 과일.
햇무리[핸무리] 햇빛이 수증기에 비칠 때 주위에 나타나 보이는 뽀얀 빛깔의 동그라미.
햇병아리[핻뼝아리] ①알에서 깐지 얼마 안 되는 어린 병아리. ②일을 시작한 지 얼마 안되어 경험이 부족한 사람.
햇볕 해에서 내리 쏘는 뜨거운 기운. ㉠햇볕이 따갑다. 비햇빛. 준볕.
햇보리[핻뽀리] 그 해에 난 보리.
햇빛[핻삗] 해가 비치는 빛. ㉠햇빛에 눈이 부시다. 비햇볕.
햇살[핻쌀] 해에서 퍼져 나오는 빛. ㉠밝은 햇살이 창문에 가득 비치고 있다.

햇수 해의 수. ㉔우리가 만난지 햇수로 2년째다.

행 인쇄된 글의 한 줄. ㉔이 시는 2연 5행으로 이루어져 있다. 【行】

행간 글의 줄과 줄 사이. 행과 행 사이. 【行間】

행군 군대가 대열을 지어 한 곳에서 다른 곳으로 옮겨 가는 일. -하다.

행글라이더 알루미늄 따위로 된 틀에 넓은 천을 붙여 날 수 있게 만든 기구. 비탈을 이용하여 사람이 매달린 채 공중으로 떠올라 날게 됨. 【hang-glider】

[행글라이더]

행동 ①몸을 움직여서 하는 동작. ②하는 짓. 비행위. -하다. 【行動】

행랑[행낭] ①한국의 재래식 집에서 대문간에 붙어 있는 방. ②대문의 양쪽에 벌여있어 하인들이 거처하는 방. 【行廊】

행랑채 행랑으로 쓰는, 따로 지은 집.

행렬[행녈] 여럿이 벌여 줄을 서서 감. 또는 그 줄. ㉔시가 행렬. -하다. 【行列】

행방 간 곳. 간 방향. 【行方】

행방 불명 간 곳을 알 수 없음. 간 곳이 분명하지 않음. 【行方不明】

행:복 걱정이 없고 마음이 흡족하여 즐거운 상태. ㉔행복한 결혼 생활. 비행운. 반불행. -하다. 【幸福】

행사[1] 정해진 계획 밑에 일을 행함. ㉔개교 기념 행사. -하다. 【行事】

행사[2] 어떤 일에 권력·힘·권리 따위를 실지로 씀. ㉔실력 행사. -되다. -하다. 【行使】

행사장 행사를 벌이는 장소.

행상 이곳저곳 돌아다니며 물건을 파는 사람. -하다. 【行商】

행색 겉으로 보이는 사람의 차림새. ㉔초라한 행색. 【行色】

행선지 가는 곳. 행선. 【行先地】

행성 태양의 둘레를 도는 별들. 수성·금성·지구·화성·목성·토성·천왕성·해왕성·명왕성 등이 있음. 반항성. 【行星】

행세[1] ①세상을 살아감. 또는 그 태도. 처세. ②세상에서 사람의 도리를 행함. -하다. 【行世】

행세[2] 권세를 부림. ㉔김 회장은 마을에서 행세깨나 하는 사람이다. -하다. 【行勢】

행:실 평소에 하는 행동. ㉔행실이 마음에 든다. 비품행. 【行實】

행:여 어쩌다가 혹시. ㉔행여 친구가 올까 문밖에서 기다렸다.

행:여나 '행여'의 힘줌말. 혹시나. 어쩌다가라도. 다행히. 운수좋게.

행:운 좋은 운수. ㉔행운의 여신. 반불운. 【幸運】

행:운아[행우나] 행운을 만나 모든 일이 잘 되어 가는 사람.

행위 사람이 행하는 짓. 비행동.

행인 길가는 사람. 【行人】

행장 여행할 때 쓰는 여러 가지 물건. ㉔행장을 꾸리다. 【行裝】

행적 평생에 한 일. 어떤 행위로 나타난 실적. 【行跡】

행정 삼권의 하나. 정치를 행하는 것. *입법. 사법. 【行政】

행정 구역 행정 기관의 책임과 권한이 지역적으로 나누어져 있는 경우의 그 지역. 【行政區域】

행정 기관 행정 사무를 그 대상으로 하는 국가의 기관.

행정부 입법·사법 이외의 국가의 통치 작용, 곧 정부를 맡아 보는 기관. 정부. *입법부. 사법부.

행정 재판 행정 기관으로부터 개인이 손해를 입었을 때, 국가에게 손해를 갚아 달라고 하는 재판.

행주 그릇을 씻거나 닦는 데 쓰이는 헝겊.

행주 대첩 임진왜란 때 권율 장군이 경기도 고양시에 있는 행주 산성에서 1만의 군사로 3만이나 되는 왜군을 물리친 큰 승리. 【幸州大捷】

행주 산성 경기도 고양시에 있는 산성. 임진왜란 때 권율 장군이 왜적을 크게 물리친 곳임. 【幸州山城】

행주치마 여자들이 부엌일을 할 때 겉옷 위에 덧입는 작은 치마. ㉥앞치마.

행진 ①앞으로 나아감. ②여러 사람이 줄을 지어 걸어 나아감. ㉤시가 행진. -하다. 【行進】

행진곡 행진을 할 때 연주하는 음악.

행차 '웃어른이 길 가는 것'을 높여서 일컫는 말. ㉤사또의 행차가 있다. -하다. 【行次】

행태 하는 짓과 몸가짐. 행동하는 모양. ㉤금붕어의 행태를 관찰하다. 【行態】

행패 도리에 벗어나는 나쁜 짓을 함. ㉤술 먹고 행패 부리지 마라.

행하다 마음먹은 대로 행동으로 옮기다.

향 ①향기로운 냄새. ②향내 나는 물건. ③'향기'의 준말. 【香】

향가 신라 중엽에서 고려 초기에 민간에 유행되던 우리 나라 고유의 노래. 이두와 향찰 문자로 표기 되었음. 〈삼국유사〉에 14수, 〈균여전〉에 11수가 전해짐. 【鄕歌】

향교 고려 시대와 조선 시대에 지방에 있었던, 공자를 모신 사당과 이에 딸린 학교. 【鄕校】

ㅎ

향긋하다 조금 향기가 있다. ㉤봄나물이 향긋하다.

향기 좋은 느낌을 주는 냄새. ㉤꽃의 향기가 좋다. ㉣향. 【香氣】

향기롭다(향기로우니, 향기로워서) 좋은 냄새가 나다.

향나무 측백나무과의 늘푸른바늘잎 큰키나무. 토양이 깊은 산록이나 평지에 나며 높이 15m 안팎. 껍질은 적갈색임. 주로 정원수로 심으며 조각재·가구재·향료·약용으로 쓰임. 향목.

향내 '향냄새'의 준말. 향기로운 냄새. 향기. 향취.

향:년 죽은 사람이 한평생 산 나이. ㉤향년 70세로 돌아가시다. 【享年】

향:도 일정한 방향으로 길을 인도하는 것, 또는 인도하는 사람.

향:락[향낙] 즐거움을 누림. ㉤향락을 즐기다. 【享樂】

향로[향노] 향을 피우는 데 쓰는 자그마한 화로.

[향로]

향료 향내를 풍기는 물품. 그윽한 향기를 품고 있는 원료.

향리[향니] 태어나서 자라난 고향의 마을. ㉥향촌. 【鄕里】

향불 향을 태우는 불.

향:상 기능이나 정도 따위가 위로 향하여 나아감. 나아짐. ㉤기술이 향상되었다. ㉥진보. ㉥저하. -되다. -하다. 【向上】

향수[1] 고향을 그리워하는 마음이나 시름. 【鄕愁】

향수[2] ①향내를 내는 물. ②화장품의 한 가지. 【香水】

향수병 '고향 생각을 심하게 하는 것'을 병에 비유하여 이르는 말.

향신료 음식물에 맵거나 향기로운 맛을 더하는 조미료. 겨자·고추·파·마늘 등. 【香辛料】

향악 오래 전부터 발달해 온 한국 고유의 민속 음악. 【鄕樂】

향약 조선 시대에 농촌 사회를 중심으로 서로 돕고 이끌어주며 힘을 뭉치게 할 목적으로 만들어진 자치 규약. 【鄕約】

향약구급방【책명】 조선 태종 17년(1417)에 간행된 의약 서적. 현재 남아 있는 우리 나라 의약 서적으로는 가장 오래 된 책임.

향:연 큰 잔치. 특별히 정성스럽게 대접하는 잔치. 【饗宴】

향원정 경복궁 안에 있는 건물.

향:유 누리어 가짐. [예]행복을 마음껏 향유하다. -하다. 【享有】

향찰 신라 때 한자의 음과 훈을 빌어 우리말을 표음식으로 나타내던 글.

향토 자기가 살고 있는 마을. 고향 마을. 【鄕土】

향토 봉사대 고장 일을 스스로 돕기 위하여 조직된 모임.

향토색 그 지방만이 가지고 있는 특색. [예]향토색이 짙은 음식. [비]지방색.

향토애 고향에 대한 사랑.

향토 예비군 군대에서 제대하고 자기 일을 하면서 자기 고장을 지키는 군인.

향토지 한 지방의 역사·지리·풍속·산업 따위를 조사하고 연구하여 기록한 책. 【鄕土誌】

향피리 피리의 한 가지. 당피리와 같으나 둘째 구멍이 뒤에 있음.

향:하다 ①바라보다. ②마음을 기울이다. ③마주 서다. ④어떤 곳으로 가다. [예]학교로 향하다.

향학 고려 시대의 지방 교육 기관. 인종 5년(1127) 각 지방에 세워졌으며, 우수한 학생들은 국자감에 입학하였음. 【鄕學】

향:후 지금 이후. [예]향후 10년이 가장 어려운 시기이다. 【向後】

허[1] 매우 안타깝거나 놀랍거나 어이없다는 느낌. [예]허, 이거 큰일났군. 〉하.

허[2] 남과 겨룰 때 조심하지 않고 게을리 한 점이나 틈. [예]상대방의 허를 찌르다. 【虛】

허가 허락함. 들어 줌. [예]백화점 신축 허가를 받다. [비]승낙. [반]불허. -하다. 【許可】

허가서 어떠한 일을 정식으로 허가한다는 내용의 문서. 【許可書】

허겁지겁 마음이 아주 급해서 어찌할 줄을 모르는 모양. 쩔쩔매는 모양. [비]허둥지둥. -하다.

허공 아무것도 없는 텅 빈 공간.

허구 사실이 아닌 것을 사실처럼 만들어 낸 것. 【虛構】

허구하다 날·시간·세월 따위가 매우 오래이다. [예]허구한 날 놀기만 하는 형.

허균【사람】[1569~1618] 조선 선조, 광해군 때의 문신·소설가. 〈홍길동전〉을 지었음. 【許筠】

허기 배가 아주 심하게 고픔. [예]죽 한 그릇으로 허기를 면하다.

허기지다 배가 몹시 고프고 기운이 빠지다. [예]허기진 배를 채우다.

허깨비 마음이 허하여 없는 것이 있는 것처럼 보이는 현상. [비]헛것.

허난설헌【사람】[1562~1590] 조선 중기의 여류 작가. 본명은 초희. 강릉 출신. 허균의 누이. 한시에 능했음. 작품에는 〈규원가〉〈유선시〉 등이 있음. 【許蘭雪軒】

허니문 ①신혼기. ②신혼 여행.

허다하다 몹시 많다. [예]초등 학생들도 여러 개의 학원을 다니는 경우가 허다하다.

허덕이다[허더기다] ①여유가 없어 쩔쩔 매다. ②힘에 겨워서 애를 쓰다.

허둥대다 갈팡질팡하며 정신없이 서두르다. [예]시간에 쫓겨 허둥대며 달려가다. [비]허둥거리다.

허둥지둥 다급하여 어찌할 바를 몰라 몹시 허둥거리는 모양. -하다.

허드레 허름하고 중요하지 않아 함부로 쓸 수 있는 것.

허드렛물[허드렌물] 중요하지 않은 일에 쓰는 물.

허드렛일[허드렌닐] 중요하지 않은 일. 비잡역. ×허드레일.

허들 장애물 달리기에 쓰는 장애물. 예허들 경기. 【hurdle】

허락 부탁한 것을 들어 줌. 비승낙. 허가. 반거절. -하다. 【許諾】

허례 허식 예절·법식 등을 겉으로만 꾸며 번드레하게 하는 일.

허름하다 ①옷 같은 것이 해지고 더럽다. ②값이 좀 싼 듯하며 귀중하지 않다. 예허름한 값으로 사다.

허리 ①동물 등뼈의 아랫부분. 예가는 허리. ②위아래가 있는 물건의 가운데 부분.

허리띠 바지 따위가 흘러내리지 않도록 옷의 허리 부분에 둘러 매는 가죽이나 천으로 만든 띠. 비벨트. 혁대.

허리춤 바지가 몸의 허리에 닿는 부분. 예허리춤에 질러 넣은 권총을 빼 들다.

허릿살[허릳쌀] ①허리의 살. ②연의 허리에 붙이는 대.

허망하다 믿고 노력하였지만 결과가 보람이 없다. 허무하다. 예한참 일할 나이에 허망하게 죽다.

허무 ①아무것도 없이 텅 빔. ②덧없음. 예허무한 인생. 비공허. -하다. 【虛無】

허무맹랑 거짓되고 터무니없음. -하다. 【虛無孟浪】

허물 ①뱀·매미·누에 따위가 벗는 껍질. 예굼벵이는 허물을 벗고 매미가 되었다. ②그릇된 일. 실수. 예누구에게나 허물은 있다. 비흉.

ㅎ

허물다 쌓여 있는 것을 헐어서 무너뜨리다. 예헌 집을 허물고 새 집을 짓다.

허물어지다[허무러지다] 쌓인 물건이나 짜인 것이 흩어져 무너지다.

허물없다[허무럽따] 서로 친하여 체면 따위를 돌보지 아니하다.

허밍 입을 다물고 소리를 코로 내면서 노래를 부르는 방법. 합창 등에 많이 쓰임. 【humming】

허방다리 짐승을 잡기 위하여 땅바닥에 구덩이를 파고, 그 위에 약한 것을 놓고 흙을 덮어 땅바닥처럼 만든 자리. 함정.

허벅 제주도에서, 물을 길어 등에 지고 다니는 물항우리.

허벅다리 넓적다리의 윗부분.

허벅지 허벅다리의 안쪽에 살이 많은 부분.

허베이성 중국 북부. 발해만 연안에 있는 성. 【河北省】

허비 ①헛되게 없앰. ②헛되이 보냄. 예시간을 허비하다. 비낭비. -하다. 【虛費】

허사 쓸데없는 일. 비헛일.

허상 실체와 아주 다르게 나타나거나 실체가 없는데도 나타나 보임. 예사막에서 볼 수 있는 신기루는 허상이다. 【虛像】

허생전〖책명〗 조선 영·정조 때 박지원이 지은 한문 소설. 당시의 나라 경제가 병든 것과 양반의 무능함을 지적하였음. 【許生傳】

허세 겉으로만 있는 척하여 보이는 힘. 예고향에 내려가 허세를 부리다.【虛勢】

허송 때를 헛되이 보냄. 예젊은 시절을 허송하게 보냈다. -하다.

허수아비 ①새를 쫓기 위해 논에 세워 놓은 사람 모양의 물건. ②쓸모없거나 실제로 해낼 힘이 없는 사람.

[허수아비]

허술하다 ①빈틈이 많다. 예내용이 허술하다. ②낡아서 보기 싫다. 예대문이 허술하다.

허식 실속 없이 겉만 꾸밈. 비가식. 겉치레. 【虛飾】
허심탄회 마음에 거리낌이 없이 솔직함. 예허심탄회하게 이야기를 주고받다. 【虛心坦懷】
허약 기운이나 힘이 약함. 예허약 체질. -하다. 【虛弱】
허영 ①실속 없이 겉만 드러나서 빛남. ②지나친 겉치레. 【虛榮】
허영심 허영에 들뜬 마음. 【虛榮心】
허:옇다(허여니, 허여오) 매우 희다. 반꺼멓다. 〉하얗다.
허욕 헛된 욕심. 예허욕을 부리다가 망하다. 【虛慾】
허용 허락하고 용납함. 예수입이 허용되다. -하다. 【許容】
허우대 겉모양이 보기 좋은 큰 체격. ×허위대.
허우적거리다 위험한 곳에서 빠져나오려고 손발을 내두르며 몸부림치다. 비허우적대다. ×허위적거리다.
허울 겉모양. 겉모양은 좋으나 속은 쓸모없다는 뜻으로 쓰임.
허위 거짓. 예허위 사실을 고발하다. 반진실. 사실. 【虛僞】
허전하다 ①몹시 쓸쓸하다. 예친구가 전학을 가서 허전하다. ②속이 비어 무엇을 먹고 싶다.
허점[허쩜] 남의 공격을 막아낼 수 없는 허술한 구석. ×헛점.
허준〖사람〗[1546~1615] 조선 시대 의학자. 〈동의보감〉을 썼음. 【許浚】
허탈하다 갑자기 힘이 빠지고 무엇을 잃어버린 듯이 정신이 멍하다.
허탕 바라던 일이 아무 쓸데없게 된 일. 예오늘도 허탕을 쳤다. ×헛탕.
허튼 명사 앞에 써서 '헤프게 하는·함부로 하는·쓸데없는·되지 못한' 등의 뜻을 나타내는 말. 예허튼 행동은 하지 마라.
허파 가슴 양쪽에 들어 있는, 호흡을 맡아 보는 기관. 비폐.
허파꽈리 허파 속에서 산소와 이산화탄소가 교환되는 작은 방. 실핏줄이 둘러싸고 있으며, 허파는 이 허파꽈리가 수없이 모여서 이루어짐.
허풍 실제보다 지나치게 과장하는 말과 행동. 준풍. 【虛風】
허허 입을 둥글게 벌리고 거리낌 없이 크게 웃는 소리나 모양. 예허허, 기특한 아이로구나. 〉하하.
허허벌판 비어 있는 끝없이 넓은 벌판.
허황 사람됨이 거짓되고 믿을 수 없음. 예허황된 꿈. 【虛荒】
헉 몹시 놀라거나 겁에 질리거나 지쳐서 숨을 한번 터뜨리고 마는 모양이나 소리. 예헉 소리와 함께 쓰러지다.
헉헉[허컥] 지쳤거나 힘이 들어 숨을 가쁘게 몰아쉬는 소리나 모양. 예가쁜 숨을 헉헉 몰아쉬다.
헉헉거리다[허컥꺼리다] 빨리 걷거나 뛰어서 지치고 힘이 들어 숨을 가쁘게 내쉬다. 예헉헉거리며 대문을 들어서다.
헌: 오래된. 낡은. 예헌 옷. 반새.
헌:것 낡아서 성하지 않은 물건. 반새것.
헌:금 교회의 일에 쓰라고 돈을 바침, 또는 그 돈. -하다.
헌:납 물건을 바침. 예전재산을 국가에 헌납하다. -하다.
헌데[1] 그러한데. 예네 말이 옳다. 헌데 아직도 이해가 잘 안되는 부분이 있어.
헌:데[2] 부스럼이 난 곳. 예헌데에 약을 바르다.
헌:법 나라를 다스리는 데 바탕이 되는 법. 【憲法】
헌법 재판소 어떤 일이 헌법에 맞는 것인가를 심판하는 사법 기관.
헌:병 군대에서, 경찰과 같은 업무를 맡아보는 군인. 【憲兵】

헌:병대 헌병들로 조직된 군대.
헌:신 자신의 이익을 생각지 않고 몸을 바쳐 있는 힘을 다함. ㉠환경 운동에 헌신하다. -하다.
헌:신적 자신의 몸을 돌보지 않고 정성을 다하는 것. ㉠봉사 활동을 헌신적으로 하다.
헌:신짝 오래 신어서 낡아 못 쓰게 된 신발.
헌:장 국가에서, 어떤 행동의 기준으로 삼기 위하여 의논하여 정한 규범. ㉠국민 교육 헌장.
헌:집 오래 되어 낡은 집.
헌칠하다 키나 몸집이 보기 좋게 미끈하고 크다. ㉠헌칠하니 잘생겼다.
헌:혈 모자라는 피를 남에게 얻고자 하는 환자를 위하여 건강한 사람이 피를 뽑아 주는 일.
헌:화 죽은 이의 영전에 꽃을 올림. ㉠어머님 묘소에 헌화하다. -하다.
헐값[헐깝] 그 물건이 지니는 값보다 훨씬 싼 값. ㉠문화재가 헐값에 팔리다.
헐겁다 꼭 맞지 않고 끼이지 않아 틈이 많다. ㉠신발이 헐겁다. >할갑다.
헐:다[1](허니, 허오) 집이나 쌓은 것을 무너뜨리다. 허물다.
헐:다[2](허니, 허오) ①부스럼 따위의 상한 자리가 생기다. ㉠입 안이 헐다. ②오래 되거나 많이 써서 낡아지다. ㉠책상이 헐어서 새 것으로 바꾸었다.
헐떡거리다 숨을 계속 가쁘게 쉬다. 비헐떡대다. 헐떡이다. >할딱거리다.
헐떡이다[헐떠기다] 거칠고 가쁘게 숨을 쉬다. ㉠숨을 헐떡이며 뛰어오다. 비헐떡거리다. 헐떡대다. >할딱이다.
헐:뜯다 남의 흠을 잡아내어 나쁘게 말하다.
헐랭이 발을 땅에 대지 않고 연속해서 제기를 차는 방법.
헐렁하다 꼭 맞지 않고 크거나 헐겁다. ㉠바지가 헐렁하다.
헐렁헐렁하다 꽉 죄거나 딱 맞지 않고 조금 헐겁다. ㉠헐렁헐렁한 옷을 입고 있는 광대.
헐레벌떡 급히 달리거나 서둘러서 숨이 가빠 헐떡거리는 모양. -하다.
헐리다 집이나 건물 따위가 무너뜨림을 당하다. ㉠재건축으로 아파트가 헐리다.
헐:벗다[헐벋따] ①가난하여 옷을 거의 입지 못하고 있다. ㉠흉년이 들어 백성들이 헐벗고 굶주리다. ②산에 나무가 없다. ㉠함부로 나무를 베어서 산이 헐벗게 되었다.
헐하다 값이 제값보다 싸다. ㉠헐한 값으로 집을 팔다.
험: 허물. 결점. 흠. ㉠자세히 뜯어 봐서 험이 없는 얼굴이 어디 있겠니?
험:난 ①몹시 험함. ②위험하고도 어려움. -하다. 【險難】
험:담 남을 헐뜯어서 말함. -하다.
험:로[험노] 험한 길.
험:상궂다[험상굳따] 모양이 사납고 흉하다. ㉠험상궂게 생긴 얼굴.
험:악 ①길·날씨 등이 험하고 사나움. ②마음씨가 사나움. -하다.
험:준 매우 높고 가파름. ㉠등산길이 험준하다. -하다.
험:하다 ①울퉁불퉁하여 걷기가 힘들다. ㉠이 산은 높고 험하다. ②모양이 흉측하고 무섭다.
헛-[헏] 〔다른 말 앞에 붙어서〕'쓸데 없는', '보람이 없는', '잘못'의 뜻을 나타냄. ㉠헛수고. 헛소리.
헛간 살림살이나 그 밖의 물건을 넣어 두는 문짝이 없는 창고.
헛걸음[헏꺼름] 목적도 이루지 못하고 헛수고만 하고 가거나 오는 일. -하다.

헛것[헏껃] ①쓸데 없는 일. ㉠말짱 헛것이다. ②실지로는 없으나 있는 것처럼 보임. ㉠헛것이 보이다. 비허깨비.

헛고생[헏꼬생] 아무 보람도 없는 힘든 일. ㉠헛고생만 하고 돌아오다. -하다.

헛구역질[헏꾸역찔] 토하는 것 없이 하는 구역질. -하다.

헛기침 인기척을 내기 위하여 일부러 하는 기침. -하다.

헛농사[헌농사] 수고하고서도 거둔 것이나 이익이 거의 없는 농사.

헛다리[헏따리] 괜히 하는 수고. ㉠내가 범인이라니, 헛다리 짚지 마라.

헛돌다[헏똘다] 무엇이 쓸데없이 돌다. ㉠시계 바늘이 헛돌고 있다.

헛되다 아무 보람이 없다. ㉠방학을 헛되이 보내다.

헛되이 보람이나 얻는 것이 없이. ㉠모처럼의 기회가 헛되이 사라지다.

헛디디다[헏띠디다] 발을 잘못 디디다. ㉠발을 헛디뎌서 삐었다.

헛말 거짓말. 아무 근거 없이 하는 빈말.

헛물[헌물] 쓸데없이 괜히 한 일. ㉠맞선을 볼 때마다 헛물을 켠다.

헛발질[헏빨질] 겨냥이 맞지 않아 빗나간 발길질. ㉠공을 앞에 놓고 헛발질하다. -하다.

헛배[헏빼] 음식을 먹지 않고도 부르다고 느껴지는 배. 먹은 것이 없이 부른 배.

헛뿌리 이끼·곰팡이 따위에서 자라는 뿌리 모양의 조직.

헛소리[헏쏘리] ①정신을 잃고 중얼거리는 말. ㉠심한 고열로 헛소리를 하다. ②쓸데없는 소리. ㉠헛소리를 지껄이다. -하다.

헛소문[헏쏘문] 근거 없이 떠도는 소문. 비뜬소문. 유언비언.

헛손질[헏쏜질] 겨냥이 빗나간 손의 동작. ㉠모기를 잡으려다 헛손질만 하다.

헛수고[헏쑤고] 아무 보람이 없는 수고. ㉠모든 것이 헛수고다. -하다.

헛일[헌닐] 쓸데없는 일. 비허사.

헛헛하다[허터타다] 배가 고픈 것처럼 속이 허전하다. ㉠점심을 굶었더니 뱃속이 헛헛하다.

헝가리【나라】 동부 유럽에 있는 공산국가. 밀·옥수수·사탕 무 등을 가꾸며, 알루미늄 원광의 생산량은 세계적으로 유명함. 수도는 부다페스트. 【Hungary】

헝가리 반공 의거 1956년 10월 헝가리 수도 부다페스트에서 국민들이 소련군을 몰아내고 자유 정부를 세우려고 일으킨 의거.

헝:겊 옷감의 조각. ×헝겁.

헝클다 마구 흐트러뜨려 엉키게 하다. ㉠아기가 실을 마구 헝클어 놓았다.

헝클어지다 일이나 물건 같은 것이 서로 얽혀 갈피를 잡을 수 없다. ㉧엉클어지다.

헤다 세다. ㉠생일날을 손가락으로 헤어 보다.

헤드라이트 기차·자동차·전차 등의 앞에 단 등. 비전조등.

헤드램프 광부나 산악인 등이 일할 때나 등반할 때 앞을 비추기 위해 쓰는, 밴드나 모자 따위에 붙여 머리에 쓰는 등. 【head lamp】

헤드폰 통신 기계나 음향 기계 따위에 연결하여, 머리에 얹어서 귀에 대고 듣는 장치. 【headphone】

헤딩 ①박치기. ②축구에서, 공중에 뜬 공을 머리로 받아 치는 것. ㉠헤딩 슛. -하다. 【heading】

헤로인 흰 가루로 된 강력한 마약.

헤르츠 1초 동안의 진동 횟수를 나타내는 말. 독일의 물리학자 헤르츠의 이름에서 유래됨. 기호는 'Hz'. 【Hertz】

헤르쿨레스 로마 신화에 나오는 최고의 영웅. 그리스 신화에서는 '헤라클레스'라고 함. 【Hercules】

헤매다 길을 잃거나 무엇을 찾으려고 이리저리 돌아다니다.

헤:아리다 ①수량을 세다. ㉥별을 헤아리다. ②미루어 생각하다. ㉥남의 고충을 헤아리다. ㉥짐작하다.

헤어나다 어려운 상황에서 빠져 나가다. ㉥벗어나다.

헤어지다 ①흩어지다. ②이별하다. ㉥갈라서다. ③살갗이 상하여 이리저리 갈라지다. ㉦헤지다.

헤엄 물에서 몸을 뜨게 하고 팔다리를 놀리면서 나아가는 동작. ㉥친구들과 헤엄을 치다. ㉥수영.

헤엄치다 헤엄을 하다. ㉥금붕어가 어항 안에서 헤엄치고 있다.

헤이그〖지명〗 네덜란드의 정치·경제의 중심지. 이준 열사의 무덤이 있음. 【Hague】

헤이그 밀사 사건 광무 11년(1907) 이준·이상설·이위종 등이 고종의 밀서를 가지고, 네덜란드의 헤이그에서 열린 만국 평화 회의에 참석하여 일본의 침략 만행을 세계에 호소하려다가 일본과 영국의 방해로 실패로 돌아간 사건.

헤집다 무엇을 찾으려고 쌓인 물건들을 헤치다. ㉥닭들이 모이를 찾느라 땅을 헤집고 다닌다.

헤치다 ①흩어져 가게 하다. ②앞에 걸리는 것을 물리치다. ③속에 든 것을 드러나게 하려고 파거나 갈라젖히다. ㉥흙을 파헤치다.

헤:프다 ①쓰는 물건이 쉽게 닳거나 없어지다. ㉥마디다. ②돈이나 물건을 아끼지 않고 마구 쓰다. ㉥아끼다. ③말을 담아 두지 않고 함부로 지껄이다. ㉥말과 행동이 헤픈 사람.

ㅎ

헤헤 입을 반쯤 벌리고 자꾸 실없이 또는 간사스럽게 웃는 소리. >해해.

헥타르 땅 넓이의 단위. 한 변의 길이가 100미터인 정사각형의 넓이를 나타내는 말. 기호는 ha. 1아르(a)의 100배. 【hectare】

헨델〖사람〗[1685~1759] 독일 태생의 영국 작곡가. 대표작으로 〈메시아〉, 〈물 위의 음악〉, 〈왕궁의 불꽃놀이〉 등이 있음. 【H ndel】

헬레네 그리스 신화에 나오는 미인. 제우스와 레다의 딸. 라케다이몬의 왕 메넬라오스의 비. 미와 항해의 여신. 【Helené】

헬렌 켈러〖사람〗[1880~1968] 미국의 위대한 교육자·사회 사업가. 태어난 지 1년 6개월만에 열병에 걸려 듣지도 보지도 말하지도 못하는 불구자가 되었으나 설리번 선생님의 지도로 신체 불구를 극복함. 세계 여러 곳을 다니며 맹농아의 교육과 사회 시설 개선에 힘썼음.

헬륨 수소 다음으로 가볍고 끓는 온도가 낮아 열기구에 넣거나 냉각 물질로 쓰는, 불에 타지 않는 기체 원소. 【helium】

헬리콥터 회전 날개에 의하여 활주로 없이 곧장 위로 뜨고 내릴수 있는 비행기. 【helicopter】

헬멧 머리를 보호하기 위하여 쓰는 투구 모양의 모자. 쇠나 플라스틱 등으로 만듦. 안전모. 【helmet】

[헬멧]

헬스장 건강이나 미용을 위한 운동과 휴식 시설을 갖춘 체육관.【health場】

헷갈리다 ①정신을 차리기 어렵다. ②여러 갈래로 뒤섞여서 갈피를 못 잡다.

헹가래 축하하는 표시로, 여러 사람이 한 사람의 팔다리를 벌리어 쳐들고 앞뒤로 밀고 당기거나, 던져 올렸다 받았다 하는 짓.

헹구다 비누를 먹여 비벼 빤 빨래를 다시 맑은 물에 넣어 빨다.

혀 동물의 입 안 아래쪽에 붙어 있는 살. 사람의 혀는 긴 타원형으로 횡문근·점막·선조직으로 이루이짐. 운동이 자유롭고 맛을 깨달으며 소리를 고르는 구실을 함.

혁대 가죽으로 만든 띠. ㉥벨트. 허리띠. 【革帶】

혁명[형명] ①국가의 정치 체제나 사회 조직을 갑자기 뜯어 고치는 일. ②급격한 변혁. ㉦17세기의 산업 혁명. -하다. 【革命】

혁명가[형명가] 혁명을 위해 오래 힘쓰고 주도하는 사람.

혁명 정부 혁명을 일으킨 사람들에 의하여 세워진 정부.

혁신 묵은 것을 고쳐 새롭게 하는 일. ㉥보수. -하다. 【革新】

혁혁 두드러지게 빛나는 모양. ㉦싸움에서 혁혁한 공을 세우다. -하다. -히. 【赫赫】

현[1] 지난날, 지방에 두었던 행정 구역의 하나. 【縣】

현[2] 가야금·기타·바이올린 따위의 악기에서 소리를 내는 팽팽한 줄. 【絃】

현[3] 수학에서, 원이나 곡선 위의 두 점을 잇는 직선. 【弦】

현:[4] 현재의. 지금의. 오늘의. ㉦현 대통령. 【現】

현:감 지난날, 지방 행정 구역의 하나였던 현의 으뜸 벼슬.

현:격하다[현겨카다] 나타난 차이가 매우 두드러지다. ㉦현격한 차이를 보이다.

현관 서양식 집의 주된 출입구에 낸 문간. 【玄關】

현:금 수표나 어음이 아닌, 곧 쓸 수 있는 돈. 현찰. 【現金】

현금 자동 지급기 은행이 자체 점포나 큰 건물 등에 설치하여, 은행에서 발행 지급하는 현금 인출 카드를 넣으면, 원하는 액수의 현금이 나오게 되어 있는 자동식 기계.

현:기증[현기쯩] 눈이 아찔하고 머리가 어지러워지는 증세. ㉦현기증이 나서 쓰러질 뻔했다. ㉥어지러움.

현:대 근대 이후부터 오늘날의 시대. ㉤고대. 【現代】

현대 소설 현대에 쓰여진 소설. 환경과 사건을 통하여 사람의 성격을 그려 내는 데 중점을 둠. ㉤고대 소설. 【現代小說】

현대 시조 1894년 갑오 경장 이후에 지어진 시조. 현대의 우리 생활에서 흔히 느낄 수 있는 감정을 노래함. 【現代時調】

현:대식 현대에 새롭게 만들어 낸 형식. ㉦현대식 건물. 【現代式】

현:대인 ①현대에 살고 있는 사람. ②현대적인 교양을 쌓아 현대식 생활을 하는 사람. 【現代人】

현:대적 현대의 사상·유행·풍조에 어울리는 것. ㉦디자인이 매우 현대적이다. 【現代的】

현:대화 현대 생활에 알맞게 되는 것. ㉦장비의 현대화. -되다. -하다. 【現代化】

현:란[혈란] 눈이 부시도록 휘황찬란함. -하다. 【絢爛】

현령 지난날, 지방 행정 구역의 하나였던 큰 현의 으뜸 벼슬. 관찰사 밑에서 관내를 다스렸음.

현명 어질고 사리에 밝음. ㉦현명한 판단. -하다. 【賢明】

현모 현명한 어머니. 어진 어머니. ㉦현모 양처. 【賢母】

현모양처 현명한 어머니이면서 좋은 아내. 【賢母良妻】

현무암 마그마가 땅 위로 흘러나와 갑자기 식어 굳은 암석. 색이 검고 바탕이 단단하며, 기둥모양으로 쪼개짐. 건축 재료로 쓰임. ㉥분출암.

현:물 ①현재 있는 물건. ②채권·국채 등의 현품. 【現物】

현미 왕겨만 벗기고 등겨가 그대로 남아 있는 쌀. 반백미. 【玄米】

현:미경 맨눈으로는 볼 수 없는 아주 작은 물체를 확대하여 보는 기계.

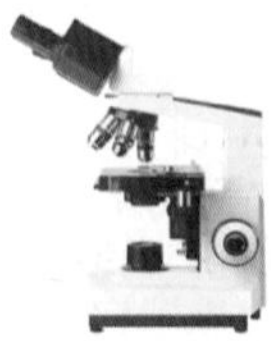
[현미경]

현:상¹ 현재의 상태. 지금의 형편. 예현상 유지. 【現狀】

현:상² 상을 걸고 무엇을 시키거나 구해 들임. 예범인을 현상 수배하다. 【懸賞】

현:상³ 사물에서 일어나는 모양이나 상태. 예열대야 현상. 【現像】

현:상⁴ 촬영한 필름이나 인화지를 약품으로 다루어 영상이 나타나게 하는 일. -하다. 【現像】

현:상금 상으로 내건 돈.

현:세 현재 사람들이 살고 있는 세계. 【現世】

현수교 기둥과 기둥 사이를 케이블로 연결하고 케이블과 바닥을 강철봉으로 연결해서 만든 다리. 비적교. 조교. 【懸垂橋】

현:수막 선전문이나 구호 따위를 써서 내걸거나 늘어뜨린 천. 비플래카드. 【懸垂幕】

현숙 여자의 마음이 어질고 깨끗함. 현명하고 정숙함. 예현숙한 여인. -하다. 【賢淑】

현:실 현재에 나타나 있는 사실. 현재 있는 그대로의 상태. 반이상. 비현실. 【現實】

현:실성 실제로 있거나 일어날 수 있는 성질. 가능성. 예현실성이 없는 이야기. 【現實性】

현:실화 현실의 형편에 알맞게 하는 것. -되다. -하다. 【現實化】

현악 현악기로 연주하는 음악.

현악기 악기에 붙어 있는 현(줄)을 켜거나 연주하는 악기〔가야금·바이올린·첼로 등〕. 【絃樂器】

현:역[혀녁] ①어떤 분야에서 현재 활동하고 있는 것, 또는 현재 활동하고 있는 사람. 예현역 의원. ②현재 군인 노릇을 하는 사람, 또는 그런 신분. 예현역 장교. 반예비역.

현인 성인 다음갈 만큼 어질고 현명한 사람. 비현자. 【賢人】

현자 남을 가르칠 만한 지혜를 갖춘 사람. 비현인. 【賢者】

현자 총통 화승의 불로 화약을 터지게 하여 쏘던 포.

현:장 ①어떤 일이 일어난 곳. 예사고 현장. ②공사나 작업을 하고 있는 곳. 【現場】

현장 학습 학습에 필요한 자료가 있는 장소에 직접 찾아가서 배우는 일. 【現場學習】

현:재 이제. 지금. 반과거. 미래.

현제명〖사람〗[1902~1960] 우리 나라의 테너 성악가이며 작곡가. 작품에는 가극 〈춘향전〉〈왕자호동〉, 가곡으로 〈고향 생각〉〈희망의 나라〉 등을 작곡했음. 【玄濟明】

현:저하다 눈에 띄게 뚜렷하다. 예차이가 현저하다. 현저히

현:존하다 현재 있거나 살아 있다. 지금 존재하다. 예현존하는 최고의 문화재.

현:주소 자기가 지금 살고 있는 곳의 주소. 【現住所】

현:지 어떤 사물이 있거나 어떤 사건이 일어난 바로 그 곳. 예현지 조사단. 【現地】

현:직 현재의 직업, 또는 그 맡은 임무. 예현직 교사. 반전직.

현:찰 어음·채권·증권 따위와 달리 실지로 쓰는 돈. 비현금.

현채〖사람〗[1856~1925] 조선 말기의 학자·서예가·국사학자. 한학과 일본어에 능통하였고, 수십 권

ㅎ

의 교과서를 썼음. 저서로는 〈동국역사〉〈유년필독〉〈동국사략〉 등이 있음. 【玄采】

현:충사 충청 남도 아산군에 있는 이순신 장군의 사당. 【顯忠祠】

현:충일 나라를 위하여 싸우다 돌아가신 분들의 명복을 빌고, 그 뜻을 받들기 위하여 제정한 날. 6월 6일.

현:충탑 나라를 지키기 위하여 싸우다 죽은 사람들의 충성을 기리기 위하여 세운 탑.

현:판 글씨나 그림을 새기어서 문위에 다는 널조각. 【懸板】

현:행 현재 실행되고 있는 것. ㉮현행 법규. 【現行】

현:행범 범죄 현장에서 잡힌 범인.

현:혹 정신이 어지러워서 홀림. ㉮불빛에 현혹되다. 【眩惑】

현:황 현재의 상황. ㉮사고 현황 보고. 【現況】

혈관 혈액을 순환시키는 핏줄. 탄력성 있는 근육질로 되어 있으며 동맥·정맥·모세 혈관으로 나뉨. 핏줄. 【血管】

혈기 ①힘차게 활동하게 하는 기운. ㉮혈기가 왕성하다. ②목숨을 유지하는 피와 기운. 【血氣】

혈색[혈쌕] ①핏기. ②피부의 빛깔. ㉮혈색이 나쁘다. 【血色】

혈서[혈써] 제 몸의 피로 글씨를 씀, 또는 그 글자. 【血書】

혈세 국민의 피를 짜내듯이 걷은 세금이란 뜻으로, 가혹한 조세 또는 매우 귀중한 세금. ㉮국민의 혈세를 허비하다. 【血稅】

혈안[혀란] ①기를 쓰고 덤벼서 핏발이 선 눈. ②어떠한 일을 힘을 다하여 애타게 하는 것. ㉮동생을 찾으려고 혈안이 되다. 【血眼】

혈압 혈관 속으로 흐르는 피의 압력. ㉮고혈압. 【血壓】

혈액 피. ㉮혈액 검사. 【血液】

혈액 순환 피가 심장에서 출발하여 동맥을 거쳐 모세 혈관을 지나 다시 정맥을 거쳐 심장으로 되돌아가는 일. 대순환과 소순환으로 나뉨. 피돌기. 【血液循環】

혈액형 혈구와 혈청의 응집 반응을 가지고 혈액을 분류한 형〔일반적으로 O·A·B·AB형 및 Rh인자의 유무에 따른 Rh(-), Rh(+)형으로 분류되고 있음〕. 【血液型】

혈연 같은 핏줄에 의하여 연결된 인연. ㉮혈연 관계. 【血緣】

혈연 관계 한 조상의 피를 이어받은 관계. 친인척 관계.

혈우병[혀루뼝] 쉽게 피가 나고, 피가 나면 잘 멎지 않는, 유전이 되는 병. 【血友病】

혈육 ①피와 살. ②자기가 낳은 자녀. ③부모·자식·형제·자매. ㉥피붙이. 【血肉】

혈장[혈짱] 피의 액체 상태의 성분. 단백질·유기물·무기 염류 등을 포함함. 【血漿】

혈전 죽고 삶을 헤아리지 않고 싸움. ㉥혈투. 【血戰】

혈중 어떤 요소가 피 속에 들어 있는 것. ㉮혈중 알코올 농도. 【血中】

혈청 엉긴 피에서 분리되는 담황색의 투명 액체. 혈장에서 섬유소를 빼낸 나머지. 【血淸】

혈통 ①부자·형제의 관계. ②같은 핏줄을 타고난 겨레붙이의 계통. 혈맥. 핏줄기. 【血統】

혈투 죽음을 무릅쓰고 힘들게 하는 싸움. ㉥혈전. 【血鬪】

혐오 싫어하고 미워함. -하다.

혐의 죄를 지었으리라고 생각되는 의심. ㉮살인 혐의를 받다.

협곡 산과 산 사이의 좁고 험한 골짜기. 【峽谷】

협공 적을 앞뒤 또는 좌우 양쪽에서 공격하는 것. -하다. 【挾攻】

협동 여러 사람의 힘과 마음을 함께 합함. ㉠협동심. 비협력. 협조. -하다. 【協同】

협동 구매 단체로 물건을 구입하는 것.

협동 농장 사회주의 국가에서 똑같이 일하고 똑같이 나눠 갖기 위하여 함께 농사를 짓는 곳.

협동심 서로 마음을 같이하고 힘을 합치는 마음가짐.

협동 조합 소비자·농민·중소 기업 등이 각자의 생활 또는 사업의 개선을 위하여 만든 협력 조직.

협력[혐녁] 힘을 모아 서로 도와서 일을 함. 비협조. 협동. 반방해. -하다. 【協力】

협만 육지 깊숙이 들어간 좁고 긴 만. 비피오르드. 【峽灣】

협박 윽박지르고 억누름. 예협박 편지. 비위협. -하다. 【脅迫】

협상 서로의 이익을 위하여 의논함. 예가격을 협상하다. 비협의. -하다. 【協商】

협소 좁고 작음. 예방이 협소하다.

협심 여러 사람의 마음을 한군데로 모음. 예어려운 때일수록 협심하자. 비합심. -하다. 【協心】

협약 협의한 뒤 맺은 약속. 본협상 조약. -하다. 【協約】

협연[혀변] 한 연주자가 다른 연주자나 악단과 함께 연주하는 것. 예관현악단과의 협연. 【協演】

협의 의견을 모으도록 서로 의논함. 비협상. -하다. 【協議】

협의회[혀비훼] 어떤 일에 대해 함께 의논하여 의견을 하나로 모으기 위한 모임. 【協議會】

ㅎ

협잡 올바르지 못한 짓으로 남을 속이는 일. 비사기. -하다.

협정 의논하여 결정함. 예가격을 협정하다. -하다. 【協定】

협조 힘을 모아 서로 도움. 예계획에 협조하다. -하다. 【協助】

협주곡 ①어느 독주 악기를 관현악의 반주로 연주하는 곡. ②두 가지 이상의 악기로 합주하는 곡. 예바이올린 협주곡.

협찬 어떤 일에 찬성하여 물건 따위로 돕는 것. 예여러 곳에서 협찬하여 상품이 푸짐하다. -하다.

협회 어떤 사업을 하기 위하여 같은 뜻을 가진 사람끼리 만든 단체. 예경제인 협회. 【協會】

혓바늘 혓바닥에 좁쌀 모양으로 붉은 것이 돋는 증상, 또는 그 돋은 것.

형[1] 형제간이나, 같은 항렬 사이에서 자기보다 나이가 많은 사람. 반아우. 높형님. 【兄】

형[2] 나라의 법을 어긴 사람에게 그 죄에 맞게 매긴 벌. 본형벌. 【刑】

형[3] 어떠한 특징을 나타내고 있는 형태. 예나는 시험 전날 벼락치기로 공부하는 형이다. 비타입. 【型】

형:광 ①반딧불. ②어떤 물체가 빛·엑스선·전자선 등을 받았을때에 내는 그 물체 고유의 빛.

형:광등 진공 유리관 안쪽에 형광 물질을 칠하여 수은의 방전으로 생긴 자외선을 눈으로 볼 수 있는 광선으로 바꾼 조명 장치.

형국 ①어떤 일이 벌어진 때의 형편이나 판국. 예형국이 불리하다. ②어떤 상황의 전체적인 모습. 예계곡은 마치 용이 승천하는 듯한 형국이다. 【形局】

형량[형냥] 죄인에게 주는 형벌의 종류와 그 기간. 예범인에게 징역 5년의 형량이 선고되었다.

형무소 '교도소'의 이전 이름.

형벌 죄를 지은 사람에게 주는 벌. 준형. 【刑罰】

형법 범죄와 형벌에 대한 내용을 규정한 법. 【刑法】

형부 언니의 남편. 【兄夫】

형사 ①주로 사복 차림으로 범죄를 수사하고 범인을 체포하는 따위 일을 맡은 경찰관. ②형법의 적용을 받는 일. 【刑事】

형사 재판 도둑이나 살인자와 같이 사회 질서를 어지럽힌 범죄자를 처벌하기 위하여 여는 재판. 반민사 재판.

형상 사람이나 물건의 생김새와 모양. 준형. 【形象】

형:석 유리빛 같은 광택이 있는 광물. 열을 가하면 빛을 냄. 【螢石】

형:설 부지런하고 꾸준하게 학문을 닦음. 중국 진나라의 차윤이 반딧불로 글을 읽고, 손강은 눈빛으로 읽었다는 이야기에서 나온 말. 예형설지공. 【螢雪】

형:설지공 고생하면서도 꾸준히 학문을 닦은 보람. 【螢雪之功】

형성 어떤 모양을 이룸. 예독서는 인격 형성에 도움을 준다. -하다.

형세 형편과 모양. 비정세. 사세.

형수 형의 아내. 【兄嫂】

형식 바깥으로 나타나 보이는 격식. 반내용. 【形式】

형식적 내용이 없이 겉모양을 중요하게 여기는 것. 예검문 검색을 형식적으로 하다. 【形式的】

형언 어떠한 사실을 말로 표현함. 예형언할 수 없는 슬픔. -하다.【形言】

형용사 문법에서, 사물의 성질이나 상태가 어떠하다는 것을 뜻하는 말 〔예쁘다·덥다 따위〕.

형용하다 사물의 어떠한 현상을 말·글·몸짓으로 나타내다. 예무어라고 형용할 길이 없다.

형장 사형을 집행하는 곳. 【刑場】

형제 형과 아우. 예형제의 우애가 두텁다. 비동기. 【兄弟】

형제 자매 형제와 자매. 형과 아우와 여자끼리의 언니와 아우.

형체 물건의 생김새와 바탕이 되는 몸. 물건의 외형. 【形體】

형태 사물의 생김새. 비모양.

형틀 옛날에, 죄인을 고문할 때 붙들어 매던 틀.

형편 ①일이 되어 가는 모양. 예일처리가 형편없다. ②살림살이가 되어 가는 모양. 비사정.

형편없다[형펴넙따] 일의 상태나 내용 따위가 매우 좋지 못하다. 예오늘 아침 반찬은 형편없다.

형편없이[형펴넙씨] 결과·상태·내용·질 따위가 매우 좋지 못하게. 예여행 경비가 형편없이 부족하다.

형평 한쪽으로 기울어지지 않고 균형이 잡힌 상태. 공평함. 예형평에 맞는 판결이다. 【衡平】

형형색색 모양과 종류가 다른 가지가지. 가지각색. 【形形色色】

혜경궁 홍씨【사람】[1734~1815] 조선 시대 사도 세자의 빈. 정조의 어머니. 홍봉한의 딸. 사도 세자가 참변을 당한 후, 그 일을 회고하여 〈한중록〉을 지음. 【惠慶宮洪氏】

혜:관【사람】 고구려의 승려. 중국 수나라에 들어가서 삼론을 강의하여, 일본 삼론종 발전의 기초를 이루었음. 【慧灌】

혜:민국 고려 시대 백성의 병을 고쳐 주기 위하여 설치한 의료 기관. 조선 시대에는 '혜민서'로 이름이 바뀌었음. 【惠民局】

혜:민서 혜민국의 후신으로, 조선 시대 가난한 백성을 치료해 주던 관아.

혜:민원 조선 시대 말에, 가난한 백성을 구호하고 의술을 베풀어 주던 관아.

혜:성 ①긴 꼬리를 날리며 태양의 둘레를 도는 별. ②어떤 분야에서 갑자기 나타나 두각을 나타남을 비유하는 말. 【彗星】

혜:초〖사람〗[704～787] 신라 경덕왕 때의 승려. 당나라에 가서 불도를 배웠고, 인도까지 갔다가 당나라를 거쳐 돌아와 〈왕오천축국전〉을 지었음. 【慧超】

혜:총〖사람〗 백제 위덕왕 때의 승려. 위덕왕 42년(595), 일본으로 건너가서 고구려의 승려 혜자와 함께 일본 불교계의 중진이 되었음.

혜:택 사회의 제도나 사업이 사람들에게 주는 이익과 도움. 【惠澤】

혜:화문〖지명〗 서울 '동소문'의 정식 이름. 원이름은 홍화문인데, 조선 성종 14년(1483)에 세운 창경궁 동문을 홍화문이라 하였으므로, 중종 6년(1511)에 혜화문으로 고침.

호:[1] 집의 수효를 나타내는 말. 【戶】

호[2] 여러 개를 구별하려고 번호를 매길 때 쓰는 말. ㉠국보 제1호는 남대문이다. 【號】

호[3] 입을 동그랗게 하여 입김을 불어 내쉴 때 나는 소리. ㉠입김을 호 불다. <후.

호:[4] 주로 유명하거나 지위가 높은 어른이 자기의 정식 이름 말고 지어서 쓰는 이름. ㉠서정주 시인의 호는 '미당'이다. 【號】

-호[5] 비행기·배·기차 따위의 이름에 붙여 쓰는 말. ㉠새마을호. 무궁화호. 【號】

호가 날라리, 또는 풀잎피리. ⇨태평소. 【胡茄】

호:각 불어서 소리를 내는 물건. 신호용으로 씀. 비호르라기.

호:감 좋게 여기는 감정. 반악감. 본호감정. 【好感】

호강 호화롭고 편안한 생활을 누림. ㉠부모님에게 호강 받고 자랐다. -하다.

호걸 씩씩하고 꿋꿋하며 마음이 넓고 용감한 사람. ㉠영웅 호걸. -스럽다. 【豪傑】

호:경기 한 사회의 경제가 매우 활발하게 돌아가는 상태. 반불경기.

호:구 집의 수와 식구의 수. ㉠호구 조사. 【戶口】

호구지책 아주 가난하여 겨우 살아갈 수 있는 방법. ㉠아버지가 돌아가시고 어머니는 호구지책으로 과일 행상을 하셨다. 【糊口之策】

호:국 외적으로부터 나라를 지킴. ㉠호국 애족의 정신. -하다.

호:기[1] 어떤 일을 하기에 아주 좋은 기회나 때. ㉠호기를 만나다. 【好機】

호기[2] ①씩씩한 기상. ㉠형의 씩씩한 목소리에는 호기가 있다. ②괜히 우쭐대는 태도. ㉠호기를 부리다가 망신 당하다. 【豪氣】

호:기심 새로운 것, 신기한 것을 좋아하거나 알고 싶어하는 마음.

호남 고속 국도 대전과 전라남도 순천 사이를 잇는 고속 국도. 길이 255.2km.

호남선 대전과 목포 사이의 철도. 길이 260.4km.

호남 지방 소백 산맥의 서남부 지방. 곧, 전라 남도와 전라 북도를 합한 지방. 준호남.

호남 평야 전라 남·북도 서부에 있는 넓은 평야.

호놀룰루〖지명〗 미국 하와이 오아후섬 남동부에 있는 도시. 기후가 좋고 경치가 아름다우며, 교외에 유명한 와이키키 해수욕장이 있음. 설탕·파인애플의 수출항이 있으며, 관광객이 많음. 【Honolulu】

호:돌이[호도리] 제24회 서울 올림픽 대회의 마스코트.

호되다 매우 심하다. ㉠형은 아버지께 호되게 야단 맞았다.

호두 호도나무의 열매. 쭈글쭈글하게 생긴 껍질은 단단하며, 속은 지방질이 많고 맛이 고소한 둥근 열매. 당추자. ×호도.

호두까기 인형 러시아의 작곡가 차이코프스키가 작곡한 발레 음악. 호프만의 동화를 2막으로 각색한 모음곡.
호두나무 갈잎넓은잎큰키나무. 열매는 먹으며, 나무는 반질반질하게 윤이 나서 가구나 그릇 등을 만드는 데 쓰임.
호들갑 말투나 몸가짐이 가볍고 까불대는 것. 방정맞은 것. ㉠많은 사람들 앞에서 호들갑을 떨다.
호들갑스럽다 경망스럽고 방정맞다.
호떡 밀가루 반죽에 설탕이나 팥 따위를 넣고 둥글고 넓적하게 만들어 구운 중국식 떡.
호락호락[호라코락] ①쉽사리. ②성격이 만만하고 다루기 쉬움. -하다.
호란 중국 오랑캐들로 말미암아 일어난 전쟁. 병자 호란 등.
호:랑나비 날개에 짙은 무늬의 아름다운 점이 있는 큰 나비.

[호랑나비]

호:랑이 '범'을 무섭고 사나운 뜻으로 이르는 말. 범.
호:령 ①큰 소리로 꾸짖음. ②지휘하여 명령함. -하다. 【號令】
호롱 석유등의 석유를 담는 그릇.
호롱불[호롱뿔] 호롱에 켠 불.
호루라기 입에 물고 불어서 소리를 내어 신호하는 데에 쓰는 작은 기구. 비호각. 휘슬.
호류사 일본의 옛 도읍지인 나라현에 있는 절. 고구려의 승려 담징의 그림 〈금당 벽화〉로 유명함.
호르몬 동물의 몸 속에서 나와, 몸 안을 돌며 화학적으로 여러가지 중요한 작용을 하는 물질.
호른 금관 악기의 하나. 나팔꽃 모양이며, 음색은 목관과 비슷하여 부드럽고 윤택이 있음. 관현악·합주악에 씀.

[호른]

호리병 중간 부분이 잘록하게 들어가게 만들어 주로 술이나 약을 담는 데 쓰는 병.
호리호리하다 몸이 가늘어 날씬하다. ㉠호리호리한 몸매. 〈후리후리 하다.
호명 이름을 부름. -하다. 【呼名】
호미 김을 맬 때 쓰이는 농기구.

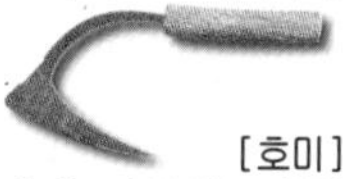
[호미]

호:박[1] 박과의 한해살이 덩굴풀. 여름에 종 모양의 노란꽃이 피며, 크고 길둥근 담황색의 열매를 맺음. 열매는 여러 가지 요리를 하여 먹으며, 잎과 순도 먹음.
호박[2] 장신구에 쓰이는 맑고 노란, 값비싼 물질.
호:박엿[호방녇] 늙은 호박을 고아서 만든 엿.
호반 호수의 주변. 호숫가. ㉠호반의 도시 춘천. 【湖畔】
호빵 주로 속에 설탕을 넣고 으깬 팥이 들어 있으며, 솥에 쪄서 만든 어른 주먹만 한 동그란 흰 빵.
호사 매우 호화롭고 사치함. ㉠호사스런 장식품. -하다. -스럽다.
호:사다마 좋은 일에는 뜻하지 않은 나쁜 일이 따르기 쉽다는 말.
호서 충청 남도와 충청 북도 지방을 이르는 말. 【湖西】
호소 억울하거나, 딱한 사정을 이야기함. -하다. 【呼訴】
호:송 ①보호하여 보냄. ②죄수나 형사 피고인을 감시하면서 데려감. ㉠죄인을 호송하다. -하다.
호수 땅이 넓게 패어 물이 괸 곳으로서 못이나 늪보다 훨씬 크고 깊음. 비못. 【湖水】

호숫가 호수의 가장자리.
호:스 고무·비닐 등으로 만든 속이 빈 긴 관. 【hose】
호:시절 좋은 때. ㉡춘삼월 호시절.
호:시탐탐 주로 나쁜 짓을 하려고 정신을 바짝 차리고 기회를 엿보는 것. ㉡먹이를 호시탐탐 노리다.
호:신술 자기의 몸을 보호하기 위하여 익히는 무술. 【護身術】
호언 호기스러운 말. 의기 양양하게 하는 말. －하다. 【豪言】
호언장담 분수에 맞지 않게, 큰일을 해내겠다고 자신있게 하는 말. －하다. 【豪言壯談】
호:연지기 ①썩 넓고 커서 온 세상에 가득 차고 넘치는 기운. ②자유스럽고 유쾌한 마음. 【浩然之氣】
호:외 중대한 사건이 있을 때 임시로 발행하는 신문이나 잡지.
호우 줄기차게 내리 퍼붓는 큰 비. ㉡호우 경보가 내리다. 【豪雨】
호:위 따라다니며 지키고 보호함. ㉥경호. －하다. 【護衛】
호응 ①부름에 대답함. ②서로 뜻이 통함. ㉡일에 대한 호응도가 좋다. －하다. 【呼應】
호:의 남에게 보이는 친절한 마음. ㉥선의. ㉤악의. 【好意】
호:의 호식 잘 입고 잘 먹음, 또는 그런 생활. －하다. 【好衣好食】
호:인 마음씨가 좋은 사람. 【好人】
호:적 그 집안 식구의 이름이나 생년월일 등을 기록한 장부. ㉡호적 초본. 【戶籍】
호:적 등본 한 집안 식구 전체를 기록한 공인 문서.
호:전 잘 안 되던 일이 잘 되어가기 시작함. ㉡병세가 호전되어 간다. ㉤악화. －하다. 【好轉】
호젓하다 무서운 생각이 들 만큼 고요하고 쓸쓸하다.
호:조 형편이나 상황이 좋은 상태. ㉡수출이 호조를 보이고 있다. 【好調】
호족 옛날에, 지방에서 재산이 많고 세력이 강한 집안. 【豪族】
호:주[1] 한 집안의 가장이 되는 사람. 집 주인. 【戶主】
호주[2]〖나라〗 '오스트레일리아'의 한자 이름. 【濠洲】
호주머니 옷의 일정한 부분에 덧대어서 손이나 물건을 넣을 수 있도록 만든 주머니.
호출 불러 냄. －되다. －하다.
호치키스 손잡이를 누르면 쇠바늘이 튀어나와 종이를 철하는 기구. 스테이플러. ※발명한 사람의 이름. 'Hotchkiss'에서 온 말.
호칭 누구를 부르는 이름. －되다. －하다. 【呼稱】
호콩 땅콩.
호탕하다 너그럽고 거리끼는 것이 없이 트여 있다. ㉡호탕한 성격.
호텔 규모가 큰 서양식 여관.
호통 대단히 화를 내어 크게 꾸짖음. ㉡버릇없는 아이들에게 할아버지께서 호통을 치셨다. －하다.
호:패 지난날, 열여섯 살 이상되는 남자가 차는 길쭉한 패. 앞면에 성·이름·나이·난 해의 간지를 새기고, 뒷면에는 해당 관아의 도장이 찍혔음. 【號牌】
호:평 좋은 평판. 좋게 말함. ㉤악평. 혹평. －하다. 【好評】
호호 ①여자가 작은 소리로 예쁘게 웃는 모양. ㉡방 안에서 호호 웃는 소리가 들린다. ②입술을 오므리고 내밀어 입김을 자꾸 내뿜는 소리나 모양. ㉡군고구마를 호호 불며 먹다. 〈후후.
호호거리다 입을 동그랗게 작게 오므리고 간드러지게 자꾸 웃다. ㉡아이들이 호호거리며 웃고 있다.
호호백발 온통 하얗게 센 머리, 또는 머리가 하얗게 센 사람. ㉡호호백발 할아버지.

호화 사치스럽고 화려함. [예]호화 주택. -스럽다. 【豪華】

호화판 사치스럽고 멋진 방식. [예]호화판 결혼식.

호:황 장사가 아주 잘 되는 것. [반]불황. 【好況】

호흡 ①숨을 내쉬고 들이마심. ②두 사람 이상이 함께 일할 때의 서로의 마음. [예]호흡이 잘 맞는 짝. -하다. 【呼吸】

호흡계 코·목구멍·허파와 같은 호흡 기관들의 계통. 【呼吸系】

호흡기 생물이 외계의 산소를 취하는 기관. 고등 동물의 폐, 어류의 아가미, 곤충류의 기관, 많은 동물의 피부 따위. 숨틀. 【呼吸器】

호흡법 호흡하는 방법. 【呼吸法】

혹[1] 살갗 거죽에 불룩하게 내민 부분. 세포의 이상 증식에 의한 경우가 많음.

혹[2] ①만일. [예]혹 안 올지도 모른다. [비]혹시. ②어쩌다가 한 번씩. 더러. [예]작년까지만 해도 그는 혹 시장에 나타나기도 했다.

혹독 ①정도가 매우 심함. [예]혹독한 고문을 받다. ②행동이 매우 사나움. [예]친구들은 나에게 항상 혹독하게 대한다. -하다.

혹부리[혹뿌리] '얼굴에 혹이 달린 사람'의 별명.

혹사 혹독하게 일을 시킴. -하다.

혹시 ①만일에. ②어떤 경우에. 행여나. [준]혹.

혹은[호근] 그렇지 않으면. [예]우리는 공부를 위해서 책을 읽을 수도 있고, 혹은 재미로 읽을 수도 있다. [비]또는.

혹평 어떤 일에 대해 매우 나쁘게 평가하는 것. [예]혹평을 받은 작품. [비]악평. [반]호평. -하다. 【酷評】

혹하다[호카다] 무엇에 반하거나 빠져서 정신을 차리지 못하다. [예]길거리에서 선전에 혹하여 오락기를 샀다.

혹한[호칸] 몹시 심한 추위. 【酷寒】

혼 정신. 넋. 얼. 【魂】

혼나다 ①몹시 놀라다. ②야단맞다.

혼내다 심하게 꾸짖다. [예]떠드는 아이를 혼내다.

혼:돈 사물의 구별이 확실하지 않은 상태. [예]혼돈 상태. -하다.

혼:동 ①뒤섞임. ②잘못 판단함. -되다. -하다. 【混同】

혼:란[1][홀란] 뒤범벅이 되어서 어지러움. [예]방안에 물건이 혼란스럽게 흩어져 있다. [비]혼잡. -하다. -스럽다. 【混亂】

혼란[2][홀란] 정신이 흐리고 어지러움. [비]문란. -하다. -스럽다.

혼령[홀령] 죽은 사람의 넋. 영혼.

혼례 혼인의 예절. 【婚禮】

혼례식[홀례식] 혼인을 하는 예식. [비]결혼식. 혼인식. [준]혼례.

혼미 ①뒤섞여 구별이 안 됨. ②마음이 흐리고 사리에 어두움. -하다.

혼:방 성질이 다른 두 가지 섬유를 섞어서 짠 옷감. -하다.

혼백 죽은 사람의 넋. [비]넋.

혼비백산 몹시 놀라고 혼이 나고 넋을 잃음. -하다. 【魂飛魄散】

혼사 혼인에 관한 일. 결혼. 【婚事】

혼:선 전신·전화 따위에서 주고받는 신호나 통화가 다른 것들과 뒤섞이는 일. [예]전화가 혼선되다.

혼:성 노래를 할 때, 남자와 여자의 목소리를 합한 것. 【混聲】

혼:성 합창 남녀가 각 성부로 나뉘어 부르는 합창.

혼수 혼인에 필요한 물품이나 비용.

혼수 상태 의식이 없어진 상태. [예]혼수 상태에 빠진 환자.

혼:식 ①여러가지 음식을 섞어서 먹음. ②쌀과 잡곡을 섞어 먹음. -하다. 【混食】

혼:신 온몸. 전신. ㉠혼신의 힘을 다하다. 【渾身】

혼연 일체 여러 사람의 마음이나 행동이 완전히 하나로 뭉친 상태. ㉠선수들은 혼연 일체가 되어 경기를 승리로 이끌었다. 【渾然一體】

혼인 장가들고 시집가는 일. ㉥혼사. 결혼. -하다. 【婚姻】

혼인색[호닌색] 동물의 번식기에 나타나는 몸의 빛깔. 물고기·개구리·뱀 따위에 나타남.

혼인식[호닌식] 남녀가 부부가 되기로 서약을 하는 예식. ㉥결혼식. 혼례식. 【婚姻式】

혼자되다 홀로 되다. 짝을 잃다.

혼:잡 한데 섞여 복잡함. 혼잡한 거리. ㉥복잡. -하다.

혼잣말[혼잔말] 혼자 중얼거리듯 하는 말. 혼자소리. ㉥독백. ×혼자말. -하다.

혼:천의 지난날, 천체의 운행과 위치를 관측하던 기계. [혼천의]

혼:탁 ①맑지 아니하고 흐림. ②정치나 사회 등이 어지러움. ㉠혼탁한 사회. -하다. 【混濁】

혼합 뒤섞여서 한데 합쳐짐. -되다. -하다. 【混合】

혼:합물[혼함물] 여러 가지가 뒤섞여 있는 물질. 【混合物】

혼합 복식 배드민턴·탁구·테니스 따위의 경기에서 남자와 여자가 한 조를 이루어 다른 조와 승패를 다투는 경기 방식.

혼:혈 종족이 다른 두 부모의 혈통이 섞이는 것. 【混血】

혼:혈아[혼혀라] 서로 인종이 다른 부모 사이에서 태어난 아이.

홀 건물 안에서 여러 사람이 모일 수 있는 넓은 곳. 【hall】

홀가분하다 ①가뿐하다. ②복잡하지 않다. ③딸린 것이 없다.

홀딱 ①속이 다 드러나도록 모두 벗어버리거나 벗겨진 모양. ㉠옷을 홀딱 벗고 물로 뛰어들다. ②적은 양을 단숨에 없애거나 먹어치우는 모양. ③정신없이 몹시 반하거나 여지없이 속아 넘어가는 모양. ㉠형은 이웃집 누나에게 홀딱 반했다. 〈훌떡.

홀라당 속이 다 드러나도록 죄다 벗거나 벗겨진 모양. ㉠옷을 홀라당 벗고 목욕하다. 〈훌러덩.

홀란드【지명】 ①네덜란드의 영어명. ②중세기 북부 연안에 있던 신성 로마 제국의 한 나라. 현재 네덜란드의 주로, 남홀란드주와 북홀란드주로 되어 있음.

홀랑 ①속이 다 드러나도록 벗거나 벗겨진 모양. ②가지고 있던 돈 따위를 한꺼번에 말끔히 잃는 모양. ③순식간에 불에 말끔히 모두 타 버리는 모양. 〈훌렁.

홀로 저 혼자서만. 외롭게. ㉠나무 밑에 홀로 서 있다.

홀로그램 전자 기술로 입체 비슷하게 보이게 나타낸 영상.【hologram】

홀리다 ①정신이 어지럽게 되다. ②속다. ③반하다.

홀몸 아내가 없거나 남편이 없이 혼자 사는 사람. ㉥독신.

홀소리[홀쏘리] 입술·코·목구멍 등에 막히지 않고 순하게 나오는 소리. ㉥모음. ㉦닿소리.

홀소리글자 홀소리의 글자〔ㅏ·ㅑ·ㅓ·ㅕ 등〕.

홀수[홀쑤] 2로 나누어 나머지가 생기는 수〔1, 3, 4, 5, …등의 수〕. ㉥기수. ㉦짝수.

홀스타인 젖소의 한 종류. 네덜란드가 원산지이며, 몸에 검고 흰 무늬가 있음. 【Holstein】

ㅎ

홀씨 암수의 결합 없이 번식하는 식물들이 번식을 하기 위해 만드는 생식 세포. 비포자.

홀아비[호라비] 아내를 여의고 혼자 사는 남자. 반홀어미.

홀어미[호러미] 남편이 죽고 홀로 된 여자. 비과부. 미망인. 반홀아비.

홀연히[호련히] 뜻밖에 문득 나타나거나 사라지는 모양. 예홀연히 나타나다.

홀짝거리다 음료·국·차 따위를 조금씩 마시다.

홀짝제 홀수 날에는 자동차 번호의 끝이 홀수인 차가 짝수 날에는 짝수인 차가 일정한 지역에서 운행하지 않게 하는 제도.

홀쭉이[홀쭈기] 몸이 마른 사람, 또는 그러한 물건.

홀쭉하다 ①몹시 가늘고 길다. ②끝이 뾰족하고 길다. ③앓거나 지쳐서 살이 빠지고 몸이 야위다. 〈훌쭉하다.

홀치다 실이나 줄 따위를 풀리지 않도록 단단히 매다.

홀태 ①뱃속에 알이 들지 아니한 홀쭉한 생선. ②통이 좁은 물건. 예홀태 치마. ③곡식 이삭을 훑는 기구.

홀트〖사람〗[1905~1964] 미국의 사회 사업가. 1955년에 한국의 혼혈 고아 8명을 입양하여 미국으로 데려 간 뒤에 홀트 국제 아동 복지 재단을 설립하여 고아와 중증 장애인을 돌보았음. 【Holt, Harry】

홈 물체에 오목하고 길게 팬 자리.

홈그라운드 ①자기의 고향. 근거지. ②테니스·야구·축구 등에서, 그 팀의 소재지에 있는 그라운드(운동장). 【home ground】

홈런 야구에서, 타자가 본루까지 살아서 돌아올 수 있도록 친 안타. 본루타. 홈런 히트. 【home run】

홈베이스 야구에서, 포수 앞에 있는 베이스. 본루. 준홈. 【home base】

홈뱅킹 은행의 온라인 통신망과 개인의 컴퓨터의 통신망이 연결되어 집에서도 돈을 입·출금할 수 있는 제도. 【Home Banking】

홈쇼핑 가게에 직접 가지 않고 가정에서 텔레비전이나 컴퓨터 통신의 광고를 보고, 전화나 인터넷을 통해 물건을 주문 하는 일. 【home shopping】

홈인 야구에서, 주자가 본루에 살아 들어오는 일. -하다. 【home in】

홈:질 옷감 두 장을 포개어 놓고 드문드문 꿰매는 바느질 방법. -하다.

홈통 지붕의 빗물이나 개숫물 따위를 모아서 한 곳으로 흘려 보내기 위하여 플라스틱 관이나 양철, 또는 얇은 쇠붙이 판을 접어서 길게 이어 만든 장치.

홈페이지 단체나 개인이 인터넷을 통해 홍보를 하거나 정보를 교환하기 위해 정보를 제공할 수 있도록 에이치티엠엘(HTML) 규격으로 만든 문서. 【home page】

홉 곡식이나 기름 따위의 양을 재는 우리 나라의 전통적 단위. 1홉은 10분의 1되이며, 약 180mm임. 예쌀 한 홉.

홍 붉은 빛. 본홍색. 【紅】

홍건적 중국 원나라 말기에 날뛰던 도적의 무리. 머리에 붉은 수건을 쓰고 다녀 이런 이름이 붙었음. 고려 말기에 두 차례나 고려를 괴롭혔음. 【紅巾賊】

홍경래의 난 조선 순조 때, 정치의 어지러움과 평안도 사람에 대한 차별 대우에 불만을 품고, 홍경래가 평안도 지방에서 일으킨 민란.

홍길동전〖책명〗 조선 광해군 때, 허균이 지은 고대 소설. 조선 시대의 가족 제도 및 사회 제도의 개선을 주제로 쓴 최초의 한글 소설. 홍길동이 활빈당의 수령이 되어 부당한 재물을 취하여 불쌍한 사람을 구제해 주다가, 후에 '율도국'의 임금이 된다는 내용.

홍난파〖사람〗[1898~1941] 우리 나라의 음악가. 본 이름은 영후, 난파는 호. 와이엠시에(YMCA)를 중심으로 음악 방면에 크게 활약함. 작품에는 〈봉선화〉〈옛 동산에 올라〉〈낮에 나온 반달〉〈성불사의 밤〉 등이 있음. 【洪蘭坡】

홍당무 ①무의 한 가지. 꽃과 껍질은 붉음. ②당근. ③수줍거나 무안하여 얼굴이 붉어진 모양.

홍대용〖사람〗[1731~1783] 조선 영조·정조 때의 학자. 북학파에 드는 실학자로, 청나라와 서양의 발달한 문물을 받아들여 상공업을 일으키고 과학을 발달시켜야 한다고 주장하였음. 관측 기구인 '혼천의'를 만듦. 호는 담헌. 【洪大容】

홍도〖지명〗 전라 남도 서해상, 신안군 흑산면 홍도리에 위치한 섬. 홍갈색의 바위산이 경치의 아름다움을 이루며 희귀한 식물들로 천연 공원을 이루고 있음. 【紅島】

홍두깨 옷감을 감아서 다듬질하는 데 쓰는 둥글고 긴 몽둥이.

홍릉[홍능] 경기도 남양주시 금곡동에 있는 조선 고종과 명성 왕후의 능. 【洪陵】

홍문관 조선 때 경서와 사적의 관리, 문헌의 처리 및 왕의 자문에 응하는 일을 맡아 보던 기관. 옥당.

홍범도〖사람〗[1868~1943] 독립운동가. 함경 북도 북청 후치령에서 의병을 일으키고, 1910년 간도로 건너가 대한 독립군 총사령관이 되었음. 김좌진 장군과 함께 독립군을 이끌어 청산리에서 일본군을 크게 무찔렀음. 【洪範圖】

홍보 회사·단체·기관이 상품·사업·업적 따위를 널리 알림. -하다. 【弘報】

홍보실 회사나 어떤 단체 따위의 홍보를 맡은 부서. 【弘報室】

홍산 대첩 충청 남도 부여군의 홍산에서 고려 우왕 2년(1376)에 최영이 왜구를 크게 무찌른 싸움.

홍살문 능·묘·궁전·관아 등의 정면에 세우던 붉은 칠을 한 문. 둥근 기둥 두 개를 세우고 지붕이 없이 붉은 살을 죽 박았음.

홍삼 수삼을 쪄서 말린 붉은 빛깔이 나는 인삼. 반백삼. 【紅蔘】

홍성〖지명〗 충청 남도 홍성군의 읍. 장항선의 중요 역이며, 부근 산물의 집산지임. 군청 소재지로 군내 행정·교통의 중심지임.

홍수 ①장마가 져서 크게 불어난 물. 큰 물. ②사람이나 물건이 아주 많음을 가리키는 말. 【洪水】

홍시 흠뻑 익어 붉고 말랑말랑한 감. 비연감. 연시. 【紅柹】

홍안 젊어서 혈색이 좋은 얼굴. 예홍안의 소년.

홍어 가오리과에 속하는 바닷물고기. 몸길이 1.5m 가량. 몸은 마름모꼴로 넓적하며, 몸 빛깔은 등이 갈색, 배는 흼.

[홍어]

홍역 열이 오르고 온몸에 좁쌀 같은 것이 돋고 기침이 나는 어린이의 전염병. 【紅疫】

홍영식〖사람〗[1855~1884] 개화파의 한 사람. 1883년 외교관으로 미국에 갔었고, 돌아와 우정국 일을 맡아 보다가 김옥균·박영효 등과 함께 '갑신 정변'을 일으켰으나 실패하여 피살됨. 【洪英植】

홍예문 문얼굴의 윗머리가 무지개 모양의 반원형으로 만든 문. 아치.

홍의 장군 '곽재우'의 다른 이름. 붉은 옷을 자주 입어 붙여진 이름임.

홍익 ①매우 큰 이익. ②널리 이롭게 함. 【弘益】

홍익 인간 〔널리 인간 세계를 이롭게 한다는 뜻으로〕단군 왕검이 나라를 세울 때 이념으로 삼았음.

홍일점 많은 남자들 속에 '하나뿐인 여자'를 이르는 말. 【紅一點】

홍차 달인 물이 붉은 차의 한 가지. 차나무의 잎을 발효시키어 말린 것. 【紅茶】

홍콩 중국 대륙의 남동부에 있는 특별 행정 구역. 영국의 식민지였다가 1997년에 중국으로 반환되었음. 항구 도시이며, 우리말로는 '향항'이라고도 부름. 【Hong Kong】

홍합 조개의 한 가지. 껍데기 모양은 삼각형에 가까운 타원형이고 빛은 흑갈색이며 품질이 낮은 작은 진주가 남. 얕은 바다에 삶.

홑눈[혼눈] 곤충의 겹눈 앞쪽에 있는 작은 눈. 빛을 알아보고 겹눈을 조정하는 구실을 함. 비낱눈.

홑바지 한 겹으로 된 바지. 반겹바지.

홑옷[호돋] 한 겹으로 된 옷. 반겹옷.

홑이불[혼니불] 속을 넣지 않은 이불. 주로 여름에 덮음. 반겹이불.

홑청[혼청] 이불이나 요의 겉을 싸는 천. ×호청.

화:[1] 몹시 언짢거나 못마땅해서 나는 성. 비골. 성. 【火】

화:[2] 모든 불행한 사고나, 사나운 운수. 비재앙. 변고. 반복. 【禍】

화[3] '화요일'의 준말. 【火】

화[4] 어떤 말에 붙어. 그렇게 만들거나 됨을 나타내는 말. 예기계화하다. 전산화하다. 【化】

화:가 그림 그리는 것을 직업을 삼는 사람. 또는 그림을 잘 그리는 사람. 비화백. 화공. 【畫家】

화강암 마그마가 땅 속 깊은 곳에서 식어 굳어진 암석. 주로 석영·운모·장석의 세 가지 광물로 되어 있음. 단단하고 아름다워 석재로 쓰임. 화강석. 【花崗巖】

화개 장터 전남 구례군과 마주한 경남 하동군 화개면에서 닷새에 한 번씩 장이 열리는 곳.

화:공[1] 그림 그리는 것을 업으로 하는 사람. 비화가. 【畫工】

화:공[2] 화학적인 반응을 응용하는 공업이나 공학과 관련되는 것. 예화공 약품. 【化工】

화관 아름답게 꽃으로 장식한 관.

화관무 한국 무용의 하나. 곱게 단장한 무원들이 궁중무 복식에 오색 구술로 화려하게 장식한 화관을 쓰고 긴 오색 한삼을 공중에 뿌리면서 추는 춤. 매우 화사하고 고움. 【花冠舞】

화교 중국 사람으로, 외국에 가서 사는 사람. 【華僑】

화:근 불행한 일이 생기게 되는 원인. 【禍根】

화:급 건잡을 수 없이 타는 불과 같이 매우 급함. -하다. -히.

화:기 불의 뜨거운 기운. 【火氣】

화기애애하다 여럿이 모인 자리에 화목한 분위기가 가득하다.

화끈 뜨거운 기운을 받아서 몸이나 쇠 등이 갑자기 몹시 달아오르는 모양. <후끈. -하다.

화끈거리다 뜨거운 느낌이 자꾸 일어나다. 비화끈대다.

화끈하다 ①얼굴이나 뺨 등이 갑자기 뜨거워지거나 달아오르다. 예날아온 공에 맞아 얼굴이 화끈하다. ②성격이 시원스럽다. 예그녀는 성격이 화끈하다.

화:나다 몹시 성이 나다. 예선생님께서 화난 얼굴로 쳐다보고 계셨다. 비노하다. 성나다.

화남 지방 중국의 남부 지방으로, 주장 강 유역을 말함.

화:내다 성이 나거나 노여워하는 감정을 드러내다. ㉥화내지 말고 내 말 좀 들어 보세요.

화단 꽃을 심으려고 흙을 한층 높게 쌓아 놓은 곳. ㉥환단에 꽃을 심다. 비꽃밭. 【花壇】

화답 시나 노래에 응하여 대답함. -하다. 【和答】

화:덕 난방이나 취사에 쓰는, 불을 피우거나 열을 내는 기구.

화들짝 갑자기 무슨 일이 벌어져 깜짝 놀라는 모양.

화랑[1] 신라에서 특별한 훈련을 시킨 청소년. 【花郞】

화:랑[2] 화가의 그림이나 미술품 등을 전시하고 파는 곳. 【畫廊】

화랑도 신라 시대에 청소년으로 조직되었던 민간 수양 단체, 또는 그 중심 인물. 화랑은 많은 낭도를 거느리고 평시에는 명산을 찾아 다니며 국토에 대한 사랑을 키웠고, 전시에는 전장에 나아가 용감히 싸웠음. 【花郞徒】

화려 빛나고 아름다움. ㉥화려한 레이스가 달린 드레스. 반검소. -하다. 【華麗】

화:력 물질이 불에 타서 내는 열의 힘. ㉥화력이 강하다. 【火力】

화:력 발전[화력발쩐] 불로 물을 끓여 그 수증기의 힘으로 발전기를 돌려 전기를 일으키는 방법. 반수력 발전. 【火力發電】

화:력 발전소 화력 발전을 하는 곳.

화:로 숯불을 담아 놓는 그릇.

화:롯불[화로뿔] 화로에 담긴 불.

화:륜선 '기선'의 옛 이름. 기선이 처음 만들어졌을 때에는 옆이나 뒤에 달린 바퀴를 돌려 기선을 움직였음. 【火輪船】

화:면 ①그림의 면. ②영사막이나 텔레비전 브라운관에 비친 사진의 면. 【畫面】

화목 서로 뜻이 맞고 정다움. ㉥집안이 화목하다. 반불화. -하다.

화문석 꽃무늬를 놓아 짠 돗자리. 꽃돗자리. 【花紋席】

화:물 자동차·기차·배 따위로 실어 나르는 큰 짐. 【貨物】

화:물선[화물썬] 짐을 실어 나르는 배. 비여객선. 【貨物船】

화:물 열차 운반할 수 있는 유형의 재화만을 운반하게 된 열차.

화:물차 짐을 싣는 자동차. 비짐차.

화백[1] 신라 시대의 귀족들이 모여 나라일을 의논하던 회의 제도. 한 집단 안에서 회의할 때에 한 사람의 반대자도 없이 모든 사람이 찬성해야 결정하는 만장 일치 제도임. 【和白】

화백[2] '화가'의 높임말. 【畫伯】

화법 문장이나 담화에서 다른 사람의 말을 다시 표현하는 방법. ㉥간접 화법. 【話法】

화병[1] 꽃을 꽂는 병. 비꽃병. 【花甁】

화:병[2][화뼝] 마음이 답답하여 난 병. 비울화병. 【火病】

화:보 여러 가지 그림을 모아 놓은 책. 【畫報】

화북 지방 중국의 북부 지방으로 황하 유역을 말함.

화분 꽃을 심어 가꾸는 데 쓰이는 그릇. 【花盆】

화사 화려하고 사치스러움. -하다.

화:산 땅 속의 용암이 밖으로 내뿜어지는 곳이나 그 내뿜어 진 것이 쌓여 이루어진 산. 【火山】

화:산 가스 화산에서 분출하는 가스. 대부분이 수증기이며, 그 밖에 소량의 탄산가스·아황산가스·염소·수소·질소·메탄 성분도 있음.

화:산 분출물 화산 현상으로 마그마가 분출할 때, 함께 공중으로 높이 분출하는 물질을 통틀어 이르는 말.

화:산섬 화산의 폭발로 된 섬〔제주도·울릉도·독도 따위〕.

화:산재 용암의 부스러기가 먼지와 같이 된 재.

화:산탄 원형이나 타원형의 모양을 한 용암 조각.

화:산 활동[화산활똥] 지구 내부에서부터 용암이나 가스 따위가 분출하는 활동.

화살 활시위에 메워 당겼다가 놓으면 멀리 날아가는 물건. 막대끝에 촉을 꽂고 위에는 세 줄로 새의 깃을 달았음. 준살.

화살촉 화살 끝에 붙인 뾰족한 돌이나 쇳조각.

화살표 '→'나 '⇨'처럼 방향을 가리키기 위한, 화살 모양의 표시나 부호.

화:상[1] 사람의 얼굴을 그림으로 그린 초상. 【畵像】

화:상[2] 불에 데어 상함, 또는 그 상처. 예뜨거운 물에 화상을 입다. 【火傷】

화:상[3] 그림을 파는 사람, 또는 그 장수. 【畵商】

화색 온화한 얼굴빛. 【和色】

화:석 지질 시대에 살던 생물의 주검이나 흔적 등이 암석 속에 남아 있는 것. 【化石】

화:선지 붓글씨나 동양화에 쓰이는 종이의 한 가지. 【畫宣紙】

화성[1] 둘 이상의 음이 동시에 울려서 음악적인 효과를 이루는 것. 예화성법. 【和聲】

화:성[2] 태양으로부터 네 번째의 거리에 있으며, 붉은 빛을 내는 행성. 687일 만에 태양 둘레를 한 바퀴 돌며, 금성 다음으로 지구에 가까움. 【火星】

화성[3] 조선 정조 때 경기도 수원시에 쌓은 성. 1996년에 유네스코에서 세계 문화 유산으로 지정하였음. 비수원성. 【華城】

화:성암 땅 속의 마그마가 분출하여 식어서 굳어진 암석.

화성인 화성에 살고 있다고 믿었던, 문어처럼 생긴 상상의 인간. 영국의 웰스의 공상 과학 소설 〈화성과의 전쟁〉에 등장함.

화수분 재물이 자꾸 생겨서 아무리 써도 줄지 아니함. 보배의 그릇으로, 그 안에 온갖 물건을 넣어 두면 새끼를 쳐서 끝이 없이 나온다는 데서 생긴 말.

화술 말재주. 비말솜씨. 【話術】

화:승총 화승(불을 붙게 하는 노끈)의 불로 터지게 하여 쏘는 지난날 총의 한 가지.

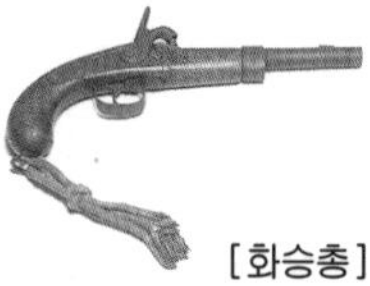
[화승총]

화:실 화가나 조각가가 일을 하는 방. 아틀리에.

화씨 물의 어는 점을 32°, 끓는 점을 212°로 하고, 그 사이를 180등분하여 나타내는 온도. 기호는 '°F'.

화:약 초석·목탄·유황 등을 섞어서 만든 폭발물. 【火藥】

화:약고 ①화약 따위를 저장하는 창고. ②큰 일이 일어날 위험성이 있는 지역.

화:약 수련법 고려 말의 장군이었던 최무선이 아들에게 물려 준 책 이름. 화약을 만들거나 다루는 방법이 적혀 있음.

화:약지 화약을 묻힌 종이.

화엄사 전라 남도 구례군 마산면 황전리 지리산 서쪽 기슭에 있는 절. 25교구 본사의 하나. 신라 때 연기대사가 세웠으며, 종전의 31본산의 하나였음. 4사자 석탑·각황전 따위의 많은 문화재가 있음. 【華嚴寺】

화:염 무엇에 불을 붙였을 때 나오는 노란 또는 붉은 빛을 내며 타는 가스. 예공장에 불이나서 화염에 휩싸였다. 비불꽃. 【火焰】

ㅎ

화염 방사기 불 붙는 가스를 멀리 세게 내 쏘는 무기.
화요일 한 주의 셋째 날. ㊟화.
화원 화초와 나무들을 파는 가게. ㊇꽃가게. 꽃집. 【花園】
화원 반도〖지명〗 전라 남도 목포 남쪽에 뻗쳐 있는 반도.
화음 높낮이가 다른 둘 이상의 소리가 동시에 울렸을 때 어울리는 소리. ㊎화음을 넣어 노래를 부르다. 【和音】
화장[1] ①분 따위를 발라 얼굴을 곱게 꾸밈. ②맵시를 냄. ㊇단장. -하다.
화:장[2] 시체를 불에 태워 지내는 장사. -하다. 【火葬】
화장대 화장품을 넣어 두거나 벌여 놓게 만든, 거울이 달린 가구.
화장실 변소. 대소변을 보는 곳. 뒷간.
화장지 화장실에서 쓰거나 콧물을 닦거나 화장할 때 쓰는 부드럽고 얇은 종이. ㊇휴지.
화장품 분·크림·연지 따위의 화장하는 데 쓰는 물질.
화:재 불로 인한 재난. ㊎화재 신고는 119로. ㊉수재. 【火災】
화재 보험 화재로 말미암아 손해가 생겼을 때 그 손해를 보상해 주는 보험. 【火災保險】
화전놀이[화전노리] 봄에 들에서 여자들이 꽃잎을 따서 부침개를 만들어 먹던 놀이.
화:전민 산이나 들에 불을 지른 다음 그 자리를 일구어 만든 밭에 농사를 지어 먹고 사는 사람. 【火田民】
화제 ①이야기의 제목. ②이야깃거리. 이야기. 【話題】
화젯거리[화제꺼리] 사람들 사이에서 자주 이야기되는 일. ㊎선생님의 결혼 소식은 학생들 사이에 화젯거리가 되었다.
화:주승 집집마다 돌아다니며 절에서 쓸 돈이나 양식을 구하는 승려. ㊇시주승. 【化主僧】
화중 지방 중국의 중앙부의 대부분과 양쯔 강 유역 지방.
화:차[1] 짐을 실어 나르는 기차. ㊉객차. ㊒화물차. 【貨車】
화:차[2] ①지난날, 적을 불로 공격하던 수레로 된 병기. ②1592년에 변이중이 창안한 우리 나라의 옛 전차. 【火車】
화창 날씨나 마음씨가 부드럽고 따뜻하며 맑음. ㊎화창한 날씨. -하다. 【和暢】
화채 꿀·설탕물 따위에 과일을 썰어 넣어 만든 음료. 【花菜】
화초 보기 위해 꽃밭이나 화분에 심는 풀과 나무. 【花草】
화촉 물을 들인 밀초. 흔히 혼례때 씀. ㊎화촉을 밝히다.
화친 ①서로 의좋게 지내는 정분. ②나라와 나라 사이의 친밀한 교류. ㊎화친 조약. -하다.
화톳불[화토뿔] 한데다가 나무·섶 따위를 쌓아 놓고 지른 불.
화:통 기차나 기선 따위의 굴뚝.
화투 일 년 열두 달과 네 계절을 나타내며 끗수가 있는 48장으로 된 딱지들. 주로 일본과 한국에서 그 딱지들을 가지고 하는 여러 가지 노름. 【花鬪】
화:판 그림을 그릴 때 종이나 천을 받치는 판. 【畫板】
화평 ①마음이 기쁘고 편안함. ②나라와 나라 사이가 화목하고 평화스러움. 【和平】
화:폐 물건을 사거나 팔거나 할 때 쓰는 것. ㊇돈. 금전.
화:포 ①총이나 대포. ②고려 말엽에 최무선이 만든 대포.
화:폭 어떤 그림을 그리려고 알맞게 잘라 놓은 천이나 종이.
화:풀이[화푸리] 관계가 없는 엉뚱한 사람이나 일에 화를 내는 것. ㊎친구와 말다툼하고 동생에게 화풀이하다.

화:풍 그림의 경향, 또는 특징.
화:하다[1] 입 안의 느낌이 얼얼하면서도 시원하다. [예]박하 사탕을 입에 넣었더니 화하다.
-화하다[2] 어떤 말 뒤에 붙어 그렇게 만들거나 됨을 나타내는 말. [예]전산화하다. 생활화하다.
화:학 모든 물질의 성질·변화·법칙을 연구하는 학문. 【化學】
화학 거름 원료를 화학적으로 처리하여 만든 거름〔요소·황산암모늄 등〕. [비]인조 비료.
화학 공업 화학을 응용하여 여러가지 제품을 만드는 공업〔비료·시멘트·석유 화학 공업 등이 있음〕. [준]화공.
화학 반응 서로 다른 물질이 화학적으로 작용하여 변화하는 현상.
화학 변화 물질이, 그 자신 또는 다른 물질과의 상호 작용으로 인해 전혀 새로운 물질로 바뀌는 현상. [반]물리 변화.
화학 비료 화학적으로 만든 인공 비료.
화학사 무명실·명주실·털실 등이 아닌 인공적으로 만든 실〔나일론실·비닐론실 등〕.
화학 섬유 화학적으로 만들어 지는 나일론·비닐론 등의 섬유. [반]천연 섬유.
화학 실험 모든 물질의 성질·변화·법칙을 연구하는 실험.
화:학자 화학을 연구하는 사람.
화:학적 화학에 관련된 것. 화학을 이용하는 것. [예]물이 얼음이 되는 것은 화학적인 반응이 아니라 물리적인 반응이다.
화:합[1] 두 가지 이상의 물질이 합하여 새로운 물질이 되는 현상. -하다. 【化合】
화합[2] 사람들이 사이 좋고 화목하게 어울림. [예]형제 간에 화합이 잘 되다. -하다. 【和合】
화:합물 두 가지 이상의 물질이 일정한 비율로 화학적 결합을 하여 생성되는 순물질. 【化合物】
화해 싸움을 그치고 다시 사이좋게 지냄. -하다. 【和解】
화환 꽃을 엮어 고리 모양으로 만든 것. 【花環】
확고부동하다 확실하게 정해져 변하지 않다. [예]결심이 확고부동하다.
확고하다 마음이 단단히 정하여 있다. [예]확고한 결심.
확답 확실한 대답. -하다. 【確答】
확대 늘여서 크게 함. [비]확장. [반]축소. -하다. 【擴大】
확대경 물체를 크게 늘리어 보는 렌즈. 볼록 렌즈. [비]돋보기.
확대도 실물을 일정한 비율로 크게 늘여서 그린 그림.
확률[황뉼] 일어나는 모든 경우의 수에 대한 기대되는 경우의 수의 비율. [예]복권에 당첨될 확률이 낮다.【確率】
확립[황닙] 체계·견해·조직 등이 확실히 서거나 서게 함. [예]기강을 확립하다. -하다. 【確立】
확보 확실하게 차지함. [예]땅을 확보하다. -하다. 【確保】
확산 ①흩어져 번짐. ②농도가 다른 물질이 혼합될 때 시간의 경과에 따라 점차 서로 같은 농도로 되는 현상. -되다. -하다.
확성기 소리를 크게 하여 멀리 들리게 하는 기계. [비]스피커. 메가폰.
확신 굳게 믿음, 또는 그러한 신념. -하다. 【確信】
확실 분명하고 틀림없음. [예]대답이 확실하다. [반]불확실. -하다. -히.
확언 틀림이 없다고 말함. [예]약속 이행을 확언하다. -하다.
확인 확실히 인정함. 똑똑히 알아냄. -하다. 【確認】
확장 범위나 세력을 늘려서 넓힘. [예]사업을 확장하다. [반]축소. -하다.

확정 변동이 없도록 확실하게 정함. -하다. 【確定】
확증 확실히 증명함. 또는 확실한 증거. 비실증. -되다. 하다.
확충 사업이나 기관의 내용과 범위를 늘리고 넓히고 실속있게 함. 예장애인을 위한 시설의 확충이 필요하다. -되다. -하다.
확확[화콱] 갑자기 불이나 더운 기운이 잇따라 달아오르는 모양. 예불기로 인해 얼굴이 확확 달아오른다.
환: 현금을 안 쓰고 어음·수표·증서 등으로 돈을 주고 받는 방법.
환:각 실제로는 없는 것을 있는 것 같이 느끼는 정신 상태.
환:각제 환각을 일으키는 약품.
환갑 우리 나이로 예순한 살을 가리키는 말. 예아버님 환갑 잔치. 비회갑.
환경 자기를 둘러싸고 있는 모든 것. 자기가 놓여 있는 처지.
환경 미화원 공공 시설이나 거리를 청소하는 일을 직업으로 하는 사람. 【環境美化員】
환경 보전법 대기·수질·소음 등의 오염으로 인한 피해를 미리 막고, 국민들이 쾌적한 환경에서 생활할 수 있도록 깨끗한 환경을 보전하기 위해 만든 법.
환경부 자연과 생활의 환경을 옳게 유지하고 오염을 없애고 막는 사무를 맡아보는 중앙 행정 기관.
환경 오염 자연의 개발로 자연의 파괴와 각종 교통 기관·공장에서 배출되는 가스·폐수·농약 등으로 환경이 더럽혀지는 일.
환경 요인 생물의 주위에 있으며, 그 생활에 관계가 큰 물·공기 또는 햇빛 등의 자연적인 것과 인공적인 것을 통틀어 가리킴.
환경처 자연 보호 및 환경 보전에 관한 일을 맡아 보는 관청. '환경부'의 이전 이름.

ㅎ

환:국 사회의 형편이 바뀜. 【換局】
환급 돈이나 물건 따위를 도로 돌려줌. -하다. 【還給】
환:기[1] 마음·의식·기억 따위를 생각이 나도록 만들거나 기억을 되살림. 예주의를 환기시키기 위해 떠든 사람에게 벌을 주다. -하다. 【喚起】
환:기[2] 탁한 공기를 빼고 새 공기를 넣음. -하다. 【換氣】
환:난 매우 괴로운 일이나 상황. 근심과 재난. 【患難】
환담 여럿이 정답고 즐겁게 이야기함. 또는 그런 이야기. 예환담을 나누다. -하다. 【歡談】
환대 기쁘게 맞아 주고 후하게 대접함. 예환대를 받다. -하다.
환도 전쟁 따위의 사태로 딴 곳으로 옮겼던 정부가 다시 수도로 돌아옴. -하다. 【還都】
환:등기 그림·사진 따위에 불빛을 비추어 확대하여 볼 수 있도록 만든 기구. 【幻燈器】
환:멸 큰 기대나 희망이 깨어질 때 느끼는 심한 실망. 예그의 이기적인 행동에 환멸을 느낀다.
환:부 병이나 상처가 난 곳.
환불 물건의 값으로 낸 돈을 되돌려줌. -되다. -하다.
환:산 어떤 단위로 표시된 수량을 다른 단위로 고쳐 계산함. 또는 그 계산. 예우리 돈을 달러로 환산하다. -하다. 【換算】
환:상 없는 것이 있는 것같이 보이는 상태. 비환영. 【幻想】
환:상곡 형식의 제약을 받지 않고 악상이 떠오르는 대로 자유스럽게 만든 악곡. 【幻想曲】
환생 불교에서, 죽었다가 형상을 바꾸어 다시 태어나는 것. -하다.
환:성 기뻐서 부르짖는 소리.
환:송 기쁜 마음으로 보냄. 반환영. -하다. 【歡送】

환심 기뻐하고 즐거워하는 마음. ㉮예 환심을 사려고 선물을 하다.

환영[1] 기쁘고 반가운 마음으로 맞음. ㉮예 신입생을 환영하다. 반 환송. -하다. 【歡迎】

환:영[2] 눈 앞에 있지 않은 사람이나 물건의 모습이 있는 것처럼 보이는 현상. 허깨비. 비 환상. 【幻影】

환웅[화눙] 우리 나라 건국 신화에 나오는 인물. 단군의 아버지.

환원 본래로 돌아감. -하다.

환:율[화뉼] 한 나라의 화폐의 가치와 다른 나라 화폐의 가치를 서로 비교할 때 쓰는 비율.

환인[화닌] 단군 신화에 나오는 인물. 환웅의 아버지. 【桓因】

환:자 병을 앓는 사람. 병든 사람. 비 병자. 【患者】

환:장하다 말이나 행동이 심하게 제정신이 아닌 듯한 상태가 되다. 예 며칠 굶은 형은 음식에 환장한 사람처럼 먹었다.

환:절기 계절이 바뀌는 시기.

환조 물체의 형상을 전부 드러나게 새기는 조각법의 하나.

환:풍 안의 탁한 공기를 밖으로 내보내고 밖의 맑은 공기를 안으로 들어오게 함. -하다. 【換風】

환:풍기 건물 내부의 공기를 맑게 하는 데 쓰이는 환기 장치의 한 가지. 【換風機】

환:하다 ①맑고 밝다. ②앞이 탁 틔어 넓고 멀다. <훤하다. **환희.**

환호 기뻐서 큰 소리로 부르짖음. 비 환성. -하다. 【歡呼】

환호성 기뻐서 부르짖는 소리.

환희 즐겁고 기쁨. 예 환희에 넘치다. 【歡喜】

환:히 ①매우 맑고 밝게. 예 집에 불이 환히 켜져 있다. ②탁 트이어 막힌 데가 없이. 예 창문을 여니 거리가 환히 보인다. ③뚜렷하고 분명하게. 예 부모님은 자식들의 버릇을 환히 알고 있다.

활 ①화살을 쏘는 무기. ②바이올린·첼로 같은 현악기의 줄을 켜는 막대.

활강 비탈진 곳을 미끄러져 내려옴. 예 스키 활강 경주가 시작되었다. -하다.

활개 ①똑바로 쭉 뻗은 두 팔과 다리. 예 네 활개를 펴고 잠이 들다. ②새의 두 날개.

활기 ①활동하는 힘. ②활발한 기운. 예 교실에 활기가 넘치다. 비 생기. 【活氣】

활기차다 힘차게 움직이는 기운이 가득하다. 예 아이들은 활기차고 건강하게 자라야 한다.

활달하다 마음이 아주 너그럽고 자유롭다. 예 그녀는 성격이 활달하다.

활동[활똥] ①기운차게 움직임. ②어떤 일을 이루기 위하여 힘씀. 비 활약. -하다. 【活動】

활동량 기운차게 움직이는 양. 활발하게 행동하는 양.

활동 사진[활똥사진] 영화를 이전에 이르던 말.

활동적 활동하는 것. 예 활동적인 옷차림.

활력 살아 움직이는 힘. 예 활력이 넘치는 청년. 【活力】

활력소 활동하는 힘의 본바탕.

활로 어려움에서 벗어나 발전 할 방법이나 방향. 예 활로를 모색하다.

활발 기운차게 움직이는 모양. 예 활발한 외교 활동. -하다.

활보 큰 걸음으로 당당히 걷는 일, 또는 그 걸음. -하다.

활석[활썩] 겉이 반질반질하고 바탕이 무른 광물. 【滑石】

활성화 기능을 활발하게 함. 예 연구를 활성화하기 위해서는 아낌없는 지원이 필요하다. -되다. -하다.

ㅎ

활시위 활을 쏠 때 화살을 물리는 줄. 시위.
활약[화략] 눈부시게 활동함. 기운차게 뛰어다님. -하다. 【活躍】
활약상 기운차게 열심히 활동하고 있는 모습. 【活躍相】
활엽수[화렵쑤] 평평하고 넓은 잎을 가진 나무. 떡갈나무 따위. ㉥침엽수.
활용[화룡] 이리저리 잘 응용함. 변통하여 돌려 씀. -하다. 【活用】
활자[활짜] 인쇄에 쓰이는 글자 모양대로 새긴 쇠붙이. 【活字】
활자본 활자로 찍어 낸 책. ㉥필사본. 【活字本】
활주로[활쭈로] 비행장 안에 단단한 물질로 포장한, 비행기가 뜨고 앉을 수 있도록 만든 길.
활짝 시원스럽게 넓게 펼치거나 열린 모양. ㉦창문을 활짝 열다.
활차 물건을 위아래로 오르내리기 쉽게 하기 위하여 도르래바퀴를 단 장치. 도르래.
활판 인쇄하기 위하여 활자들을 골라 모아서 짠 판. 【活版】
활판 인쇄 활자를 골라 모아서 판을 만들어 글을 찍어 내는 인쇄.
활화산 지금도 불을 내뿜고 있는 화산. ㉥사화산. 휴화산.
활활 어떤 기운이나 감정이 세게 솟아오르는 모양. ㉦불이 활활 타다.
홧:김 화가 치민 서슬. ㉦홧김에 소리를 질렀다.
황 낮은 온도에서 녹고, 독특한 냄새를 내며 타는 물질. 노란색의 고체이며 잘 부서짐. 화약·성냥 따위의 원료. 【黃】
황갈색 누르스름 한 색.
황공 위엄·신분 등에 눌려 마음이 어찌할 줄을 모를 만큼 두렵고 거북함. ㉥황송. -하다.
황금 ①금. ②돈. 금전. 【黃金】
황금기 가장 좋은 시기. ㉦인생의 황금기. 【黃金期】
황금 어장 수산 자원이 많아 가치가 큰 고기잡이 터.
황급 매우 급함. -하다. -히.
황기 잎이 마주 나고 달걀 모양인 여러해살이 풀. 뿌리는 약으로 씀.
황당무계하다 이야기의 내용이 도무지 이치에 맞지 않고 상식에서 벗어나 있다. 터무니없다.
황당하다 어떤 상황이 너무나 이치에 맞지 않아 아무 말도 할 수 없다. ㉦황당한 말.
황도 살이 노랗고 단 복숭아. 통조림에 많이 씀. 【黃桃】
황량하다[황냥하다] 황폐하여 처량하다.
황룡사 경상 북도 경주에 있던 절. 신라 시대에 왕궁을 지을 때 황룡이 나와 절을 지었다함. 【皇龍寺】
황무지 손을 대지 않고 버려 두어서 거칠어진 땅. ㉦황무지를 개간하다. ㉥옥토. 【荒蕪地】
황사 현상 봄에서 초여름에 걸쳐 중국 내륙으로부터 우리 나라에 불어오는 모래 바람.
황산 산성이 아주 강하여 쇠붙이를 녹이며, 빛깔도 냄새도 없는 유황 성분의 액체. 【黃酸】
황산 구리 구리와 황산의 화합물. 물에 잘 녹는 파란색의 결정.
황산벌【지명】 지금의 충청 남도 연산 벌판. 백제 의자왕 때 계백장군이 결사대 5,000명을 이끌고 김유신이 거느린 신라의 5만 대군을 맞아 겨루었던 곳. ㉦황산벌 싸움.
황산 암모늄 농작물의 잎과 줄기를 잘 자라게 하는 질소 비료의 한 가지.
황산 칼륨 칼리 성분이 많아 밑거름으로 쓰이는 비료.
황:새 백로와 비슷한데 몸은 흰색이

며 부리는 흑색. 눈가장자리의 살갗은 빨간색인 새. 다리가 길어 물 위를 잘 걸음. 텃새이며 보호하는 새임. 날개 길이 약 66cm. 천연 기념물 제199호.

[황새]

황색 인종 살빛이 누렇고, 머리털이 검고 곧은 인종. 주로 아시아대륙에 사는 한국인·중국인·일본인 등. (준)황인종.

황성 신문 대한 제국 말에 발간된 일간 신문의 하나. 국문과 한문을 섞어 썼음. 애국적인 기사를 써서 일제와 싸우다가, 1910년 강제 폐간되었음.

황소 ①털빛이 누렇고 힘이 센 소의 수놈. 황우. ②미련하거나 기운이 세거나 많이 먹는 사람의 비유. (예)황소처럼 기운이 세다. (반)암소.

황소개구리 몸이 어른 손바닥만한 개구리. 외국에서 들어와 퍼졌으며, 고기는 먹을 수 있음.

황송 위엄에 눌려서 마음이 두렵고 거북함. (비)황공. -하다.

황숙기 벼나 보리 등이 누렇게 익는 시기. 【黃熟期】

황순원〖사람〗[1915~2000] 우리 나라의 소설가. 단편 소설집으로 〈기러기〉〈곡예사〉, 장편 소설로는 〈카인의 후예〉〈별과 같이 살다〉 등이 있음.

황실 황제의 집안. (비)왕실.

황야 일구지 않고 버려 둔 넓은 들. (비)광야. 【荒野】

황인종 '황색 인종'의 준말.

황제 제국의 임금. 【皇帝】

황진이〖사람〗 조선 시대의 유명한 기생. 서경덕·박연 폭포와 함께 '송도 삼절'로 불림. 【黃眞伊】

황초령비 신라 진흥왕의 사적을 새긴 비.

황토 누르스름한 흙. 【黃土】

황토 지대 황토가 바람에 날려 운반되어 쌓인 지대를 통틀어 이르는 말.

황폐 집이나 토지 등을 그냥 버려두어 거칠어지고 못 쓰게 됨. -하다.

황하 중국 북부에 있는 큰 강. 중국 고대 문명의 발상지임.

황해 우리 나라 서쪽에 있는 바다. 서해. 【黃海】

황해도 경기도와 평안 남도 사이에 있는 도. 【黃海道】

황해안 한반도와 중국 대륙과의 사이에 있는 바다의 연안.

황혼 ①해가 지고 어둑어둑할 무렵. ②나이가 들어 늙어진 시기. (예)황혼기에 접어든 노인들.

황홀 정신이 홀릴 만큼 찬란함. (비)찬란. -하다.

황후 황제의 부인. (비)왕후. 【黃后】

황희〖사람〗[1363~1452] 조선 초기의 정치가. 세종 대왕 때 영의정에 올라 24년간 있으면서 문물 제도의 정비에 힘써 많은 업적을 남겼음. 어질고 검소한 관리의 모범으로 꼽힘. 호는 방촌. 【黃喜】

홰[1] 새장이나 닭장 속에 새나 닭이 앉도록 가로지른 나무 막대.

홰[2] 싸리나 갈대 등을 묶어 만든 밤길을 밝히거나, 또는 제사 때 화톳불을 놓는 데 쓰는 물건.

홰:나무 갈잎넓은잎큰키나무. 8월에 연한 노란 색의 꽃이 피고, 10월에 열매를 맺음. 목재는 가구로 씀. (본)회화나무.

홰치다 닭이나 새가 날개를 펴서 탁탁 치다.

홱 갑자기 힘있게 빨리 어떤 일이 일어나는 모양. (예)손을 홱 뿌리치다.

횃대 옷을 걸치게 벽에다 매달아 둔 막대. (준)홰.

횃불 홰에 켠 불. 곧, 싸리·갈대 등을 묶어서 불을 켠 것.

횃불 싸움 대보름날 밤 농촌에서 농민들이 횃불을 들고 동산 위에 올라가서 하는 놀이.

회[1] 어떤 목적을 이루기 위하여 여러 사람이 조직한 모임. ㉮회를 조직하다. 【會】

회[2] 거듭되는 일의 차례나 수를 세는 말. ㉮25회 졸업식. 【回】

회[3] 물고기를 익히지 않고 날것으로 잘게 썬 음식. ㉮생선회. 【膾】

회갑 우리 나이로 예순한 살을 가리키는 말. 비환갑. 【回甲】

회갑연 환갑 잔치. 우리 나이로 예순한 살 생일을 축하하는 잔치.

회:개 이전의 잘못을 뉘우치고 고침. 비참회. -하다. 【悔改】

회:견 일정한 절차를 거쳐서 사람들이 서로 만나 어떤 문제에 대하여 의견을 말하는 것. ㉮대통령 기자 회견. 비접견. -하다. 【會見】

회:계 ①따져서 셈함. ②돈이나 물품을 주고받는 일에 관한 사무. -하다. 【會計】

회고 지난일을 돌이켜 생각함. 비회상. -하다. 【回顧】

회고록 개인이 겪은 중요한 일을 되돌아보는 글. 【回顧錄】

회:관 어떤 모임을 위해 만든, 많은 사람이 한꺼번에 들어갈 수 있는 집. ㉮청소년 회관. 【會館】

회교 마호멧이 창시한, 유일신인 알라를 숭상하는 종교. 이슬람교.

회군 전진하던 군대를 뒤로 돌아가게 하는 것. ㉮위화도 회군. -하다. 【回軍】

회귀 멀리 떠나 있다가 본래의 자리로 돌아옴. ㉮연어는 알을 낳을 때가 되면 자신이 태어난 강 상류로 회귀한다. -하다. 【回歸】

회귀선 지구상의 적도를 중심으로 남북 각 23° 27′을 지나는 위선.

회:기 모임이 열리는 시기. 모임의 시작에서부터 끝까지의 기간.

회:담 만나서 서로 의논함, 또는 그 일. ㉮남북 정상 회담. 비회의. -하다. 【會談】

회답 물음에 대답함. -하다.

회:동 같은 목적으로 여럿이 한 곳에 모임. ㉮협상 관계자가 회동하다. -하다. 【會同】

회람 여러 사람이 차례로 돌려봄. -하다. 【回覽】

회령〖지명〗 함경 북도에 있는 읍으로 회령군의 군청 소재지.

회로 전류가 흘러 도체를 돌아 다시 제자리로 되돌아오기까지의 통로. 본전기 회로. 【回路】

회로 검사기 전기 회로에 이상한 점이 없는지 알아보는 데 쓰는 장치.

회로도 전류가 흐르는 길을 나타낸 그림. 배선도.

회:보 어떤 단체나 모임에서 그에 관련된 일을 일정한 기간마다 회원들에게 알리는 간행물.

회복 전과 같이 좋아짐. ㉮건강이 회복되다. -하다. 【回復】

회분 뼈·피·소화액 등을 이루는 칼슘·철·인·요오드·나트륨 등을 통틀어 이르는 말.

회:비 모임의 유지에 드는 비용을 회원들이나 참가한 사람에게 걷는 돈. 【會費】

회:사 돈을 벌기 위하여 만든 사업 단체. 주식 회사·합자 회사 등이 있음. 【會社】

회:사원 보수를 받고 회사에서 일하는 사람. 비사원. 【會社員】

회상 지난 일을 돌이켜 생각함. ㉮어린 시절을 회상하다. 비회고. -하다. 【回想】

회상록 지난 일을 회상하여 적은 기록. 【回想錄】

회색 검정과 하양이 한데 섞여 이룬 색깔. 재나 짙은 구름 따위의 색깔과 비슷한 색깔. 비재색. 잿빛.

회생 거의 죽어 가다가 다시 살아남. 비소생. -하다. 【回生】

회수 도로 거두어 들임. 예빌려준 물건을 회수하다. -되다. -하다.

회:식 여러 사람이 모여 함께 음식을 먹음. 또는 그 모임. -하다.

회신 편지나 전신 따위에 대한 대답. 비회답. -하다. 【回信】

회:심 일이 생각대로 되어 기쁨. 예회심의 미소를 짓다. 【會心】

회양목 작은 잎은 두껍고 둥글며, 나무는 단단하여 조각·도장 따위의 재료로 쓰이는 늘푸른덤불나무. 주로 뜰에 볼거리로 심음. 도장나무.

회오리바람 갑자기 부는 기둥 모양으로 도는 바람. 비선풍.

회:원 어떤 모임을 이루는 사람들. 비멤버. 예신입 회원을 모집하다.

회:원국 국제적인 조직체에 가입되어 있는 나라. 【會員國】

회유 남을 달래고 추켜서 시키는 말을 따르게 함. 예돈으로 인간의 마음을 회유할 수는 없다.

회유책 회유를 하기 위한 계획.

회:의 여럿이 모여 의논함. 예학급 회의. -하다. 【會議】

회:의록 회의의 진행과 내용을 적은 기록. 【會議錄】

회:장 회의의 일을 책임지고 그 회를 대표하는 사람. 【會長】

회전 어떤 축을 중심으로 하여 빙빙 돎. 또는 빙빙 돌림. 예회전 운동. -하다. 【回轉】

회전 목마 수직의 축 둘레에 목마를 연결하여 회전하면서 아래위로 움직이게 만든 놀이 기구.

회전 운동 도형이 한 점을 중심으로 하여 일정한 거리를 두고 도는 운동.

회전체 평면 도형이 한 직선을 축으로 하여 1회전해서 얻어지는 입체 도형.

회전축 도는 기계의 축. 돌대.

회중시계 이전에, 남자 어른이 조끼 주머니나 바지 주머니에 넣고 다니던 작은 시계. 혁대나 단추 구멍에 끼우는 줄에 달려 있음.

[회중시계]

회진 의사가 병실을 돌아다니면서 환자를 진찰함. 예회진을 돌다. -하다. 【回診】

회초리 어린아이를 때리거나 말이나 소를 부릴 때에 쓰는 가늘고 긴 나뭇가지.

회충 사람의 작은 창자에서 기생하는 기다란 기생충.

회:칙 회에 속해 있는 사람의 행위나 회의 운용에 관한 기준으로서 정해 놓은 회의 법칙이나 규칙. 【會則】

회포 마음 속에 품은 생각. 잊혀지지 않는 생각. 예옛 직장 동료를 만나 회포를 풀다.

회피 ①몸을 피하고 만나지 아니함. ②책임을 지지 아니하고 꾀를 부림. 예책임을 회피하다. -하다.

회:합 여러 사람이 모임. -하다.

회:화[1] ①서로 만나서 이야기함. ②외국 말로 하는 말이나 이야기. 예영어 회화. -하다. 【會話】

회:화[2] 미술의 한 분야로서의 그림.

획[1] 그림이나 글씨에서 한 번 그은 줄이나 점을 가리키는 말. 【畫】

획[2] ①갑자기 세게 돌거나 돌리는 모양. 예몸을 획 돌려서 가다. ②갑자기 빠르게 스치는 모양. 예낯선 남자가 내 앞을 획 지나갔다. <휙.

획기적 어떤 과정에서 새로운 시기가 닥칠 만큼 뚜렷한 것. 예획기적인 생각. 【劃期的】

ㅎ

획득 손에 넣음. 얻어 가짐. ㉠우승컵을 획득했다. -하다.

획수 글자의 획의 수.

획순 글씨를 쓸 때 획을 긋는 순서. ㉥필순. 【畫順】

획일적[회길쩍] 모두가 서로 다른 데가 없이 똑같게 하는 것. ㉠획일적인 행동. 【劃一的】

획책 일을 꾀함. 일을 계획하는 꾀.

횟가루 벽을 희게 하기 위하여 물에 개어 바르는 생석회 가루.

횟수 거듭해서 일어나는 차례나 수. ㉠맥박의 횟수를 재다. 【回數】

횡격막[횡경막] 흉강과 복강을 나누는 근육성의 막. 포유류에만 있음. 가로막. 【橫隔膜】

횡단 ①가로 끊음. ②가로지름. ㉠대륙 횡단. ③도로를 건너 질러서 감. ㉦종단. -하다. 【橫斷】

횡단 보도 도로를 가로 질러 사람이 건너 다니는 길. ㉥건널목.

횡렬[횡녈] 가로로 늘어선 줄. ㉦종렬. 【橫列】

횡령[횡녕] 남의 물건을 가로채거나 빼앗음. -하다. 【橫領】

횡사 뜻밖의 재앙을 당해 죽음. ㉥변사. -하다. 【橫死】

횡설수설 조리에 안 맞는 말을 함부로 지껄임, 또는 그 말. ㉥선소리. -하다. 【橫說竪說】

횡재 노력을 들이지 않고 뜻밖의 재물을 얻음. -하다. 【橫財】

횡포 제멋대로 굴며 몹시 사나움. ㉠깡패들의 횡포가 심하다. -하다.

효: 부모를 잘 섬김. ㉠부모님께 효를 다하다. ㉥효성. 효심. ㉦불효. 【孝】

효:경〖책명〗 공자와 그의 제자 증자가 효도에 대하여 논한 것을 증자의 제자들이 기록한 책. 【孝經】

효:과 한 일로 말미암아 나타난 보람. ㉥효력. 효험. 【效果】

효:과음 연극·영화·방송 등에서 극의 효과를 높이기 위해 내는 여러 가지 소리. 【效果音】

효:과적 효과가 있는 것. 일의 보람이 나타나는 것. ㉠원자력의 효과적 이용 방법. 【效果的】

효:녀 부모를 잘 모시어 받드는 딸.

효:능 효험을 나타내는 성능. ㉠효능이 좋은 약. 【效能】

효:도 부모를 잘 섬기는 일. ㉠부모님께 효도하자. ㉥효성. ㉦불효. -하다. 【孝道】

효:력 ①보람. ②효과나 효험을 나타내는 힘. ㉠약을 먹었더니 효력이 금방 나타나다. 【效力】

효령 대군〖사람〗[1396~1486] 조선 시대 세종의 형. 세조 9년에 화엄사에서 원각 법회를 열었으며 '원각경'을 간행했음. 【孝寧大君】

효:모 전분이나 당분을 알코올과 탄산 가스로 분해하는 발효 작용을 하므로, 술이나 빵을 만드는 데에 널리 쓰이는 균. ㉥누룩.

효:부 시부모를 잘 모시고 받드는 며느리. 【孝婦】

효:성 마음을 다하여 부모를 섬기는 정성. ㉠효성스런 딸. ㉥효도. 효심. -스럽다. 【孝誠】

효:소 생물체 안에서 유기 물질들에 작용하여 화학적 변화를 일으키는 단백질 물질. 【酵素】

효시 역사적으로 중요한 사건의 시작. ㉠상춘곡은 가사 문학의 효시이다. 【嚆矢】

효:심 효도하는 마음. ㉠효심이 깊다. ㉥효. 효성. 【孝心】

효:용 ①효험. 효능. ②소용되는 바의 것. ㉥용도. 【效用】

효:율 어떤 일에 들인 노력에 대해 얻은 결과의 좋은 정도. ㉠학습 효율. 【效率】

효:율성 효율적인 기능이나 성질. ㉠효율성이 떨어지는 기계.

효:율적 들인 노력에 비하여 이익이 많은 것. ㊀효율적인 방법. 반비효율적. 【效率的】

효:자 부모를 잘 섬기는 아들. 반불효자. 【孝子】

효:자문 지난날, 효자를 표창하고 널리 본을 보이기 위하여 그의 집 앞이나 마을 앞에 세우던 붉은 문.

효:자비 지난날, 이름난 효자의 행동을 칭찬하고, 그 뜻을 기리기 위하여 세운 비.

효:종〖사람〗[1619～1659] 조선 제17대 왕(재위 1649～1659). 청나라에 볼모로 잡혀 갔다 돌아온 후 인조의 뒤를 이어 왕위에 올라, 북벌 계획을 세웠으나 뜻을 이루지 못하였음. 【孝宗】

효창 운동장 서울시 용산구 효창동에 있는 운동장.

효:행 부모를 잘 모시고 받드는 행실. ㊀효행상. 【孝行】

효:행록〖책명〗 효도에 대한 책. 고려 때 권부와 그의 아들 권준이 엮음.

효:험 일의 좋은 보람. 일의 효과. ㊀효험이 좋은 약. 비효능.

후:[1] 나중. 다음. 비뒤. 반전. 【後】

후[2] 입을 오므려 입김을 불어 내는 소리. ㊀먼지를 후 불어 날리다.

후:각 냄새에 대한 감각. 코의 말초 신경이 냄새에 자극을 받아서 일어나는 감각. 후감. 【嗅覺】

후:계자 어떤 사업이나 사람의 뒤를 잇는 사람. 【後繼者】

후:고구려〖나라〗[901～918] 901년에 궁예가 세운 나라. 처음에 서울을 송도(지금의 개성)로 하였다가 905년에 서울을 철원으로 옮기면서 나라 이름을 '태봉'으로 바꾸었음. 후백제·신라와 함께 후삼국을 이루었으며, 후에 고려에게 망하였음. 【後高句麗】

후:궁 왕의 첩. 【後宮】

후:금〖나라〗[1616～1636] 중국 청나라의 처음 이름. 여진족의 족장 누르하치가 세운 나라. 도읍은 홍경. 【後金】

후:기 ①'후반기'의 준말. ②뒤의 기약. ③뒤의 시기, 또는 기간. 반전기. 【後期】

후끈 뜨거운 기운을 받아서 몸이나 쇠 따위가 갑자기 달아오르는 모양. ㊀햇빛이 뜨거워서 거리는 후끈 달아 있다. >화끈.

후끈거리다 뜨거운 기운을 받아 자꾸 뜨거워지다. ㊀창피해서 얼굴이 후끈거린다. >화끈거리다.

후끈후끈하다 뜨거운 기운을 받아 갑자기 자꾸 달아오르다. ㊀사우나에 들어가자 몸이 후끈후끈했다.

후:년 ①다음 다음 해. 반재작년. ②뒤에 오는 해. 【後年】

후닥닥 ①몹시 급하게 서두르는 모양. ㊀형은 화장실로 후닥닥 뛰어 들어 갔다. ②갑자기 날쌔게 움직이거나 뛰어가는 모양. ㊀아이들은 운동장으로 후닥닥 뛰어갔다.

후:대[1] 잘 대접함, 또는 후한 대접. ㊀손님을 후대하다. 반박대. -하다. 【厚待】

후:대[2] 앞으로 올 세대. ㊀후대에 좋은 교훈을 남기자. 【後代】

후두 인두에 이어져 기관을 잇는 호흡기의 한 부분. 공기가 통하고 소리를 내는 기관임.

후드득 ①굵은 빗방울이 한차례 떨어지는 소리나 모양. ②새가 갑자기 날개를 치며 날아가는 소리나 모양. ×후두둑.

후드득후드득 굵은 빗방울 따위가 성기게 잇따라 떨어지는 소리. ㊀지붕 위로 빗방울이 후드득후드득 떨어지는 소리가 들린다.

후들거리다 다리가 자꾸 흔들리며 떨리다. 비후들대다.

후들후들 기운이 없거나 화가 나서 다리나 몸을 심하게 떠는 모양. ㉮ 추워서 몸이 후들후들 떨린다.

후딱 ①일이나 행동을 갑자기 힘차고 빠르게 하는 모양. ㉮청소를 후딱 해치우다. ②시간이 걷잡을 수 없이 빨리 지나가 버리는 모양. ㉮ 방학이 후딱 지나 버렸다.

후레자식 버릇없이 못되게 자란 사람.

후려갈기다 주먹이나 채찍 따위를 휘둘러 힘껏 갈기다. ㉮콧등을 한 대 후려갈기다.

후려치다 주먹이나 채찍 따위를 휘둘러 힘껏 때리다. ㉮주먹으로 얼굴을 후려치다.

후련하다 답답하던 마음이 풀려 거뜬하고 시원하다. 후련히.

후:렴 노래 끝에 붙이어 같은 가락으로 되풀이하여 부르는 짧은 가사. 【後斂】

후루룩 ①죽이나 물 따위를 세게 들이 마시는 소리나 모양. ②새가 갑자기 날개를 가볍게 치며 날아가는 소리나 모양. ㉰후룩. 〉호로록.

후리후리하다 키가 늘씬하게 크다. 〉호리호리하다.

후릿그물 바다나 큰 강물에 넓게 둘러치고 여러 사람이 그물 양끝을 끌어당기어 물고기를 건져올리는 큰 그물. ㉰후리.

후:면 뒤쪽 면. ㊥전면. 【後面】

후:문 뒤쪽에 있는 문. ㊐뒷문. ㊥정문. 【後門】

후:미 뒤쪽의 끝. ㉮행렬의 후미. ㊥선두. 【後尾】

후미지다 사람들이 많이 다니지 않을 만큼 외따로 떨어져 있다. ㉮우리집은 후미지고 한적한 곳에 있다.

후:반 전체를 앞뒤로 둘로 나눈 것의 뒤. ㊥전반. 【後半】

후:반기 한 기를 둘로 나눈 것의 뒤의 기간. ㊥상반기.

후:반전 운동 경기의 경기 시간을 앞뒤로 갈랐을 경우의 나중 경기. ㊥전반전.

후:방 일선 뒤쪽의 안전한 지대. ㊥전방. 【後方】

후:배 ①경험·나이 등이 자기보다 적은 사람. ②학교 등을 자기 보다 뒤에 졸업한 사람. ㉮학교의 후배. ㊥선배. 【後輩】

후:백제〖나라〗[892～936] 후삼국중의 한 나라. 신라말기에 완산주(지금의 전주)에서 견훤이 세움. 후고구려·신라와 더불어 후삼국을 이루어 한때 세력을 떨쳤으나, 후에 고려에게 망함. 【後百濟】

후벼파다 속을 헤치고 긁어서 파내다. ㉮코를 후벼파다.

후보 ①어떤 자리에 나아가기를 바람, 또는 그 사람. ②장래에 어떤 자리에 나아갈 자격이 있음, 또는 그 사람. ㉮국회 의원 후보.

후보자 후보가 되는 사람.

후보지 장차 어떤 일에 쓸 만한 곳으로 생각되는 곳.

후:불 물건이나 서비스의 값을 물건이나 서비스를 받은 뒤에 내는 것. ㊥선불. -하다. 【後拂】

후비다 좁은 구멍이나 틈을 가는 물건으로 파거나 긁다. ㉮귀를 후비다. 〉호비다.

후:사[1] ①뒷일. ②죽은 뒤의 일. ㉮후사를 부탁하다. 【後事】

후:사[2] 대를 이을 아들. ㉮후사가 없다. 【後嗣】

후:사하다 도움을 준 사람에게 고마운 뜻으로 돈을 주다. ㉮지갑을 찾아다 준 사람에게 후사하다.

후:삼국 신라·후백제·태봉등의 세 나라. 신라가 삼국을 통일하기 이전의 신라·고구려·백제에 대하

여, 통일 신라 말기의 국토의 분열로 생긴 3국을 말함. 【後三國】

후:생 ①넉넉하게 삶. ②건강을 유지하고 더욱 북돋음. ㊞후생 복지 사업. 【厚生】

후:세 ①뒤의 세상. ②죽은 뒤에 오는 세상. ㊞후세에 길이 남을 유적들. 반전세. 【後世】

후:속 어떤 일의 뒤를 이음. ㊞후속 조치. 【後續】

후:손 몇 대가 지나거나 또는 자기 대로부터 뒤의 자손. 비자손. 후예. 반선조. 준손. 【後孫】

후:송 ①후방으로 보냄. ②나중에 보냄. -되다. -하다.

후:식 ①나중에 먹음. ②식사후에 나오는 입가심이 될 수 있는 음식. 디저트. -하다. 【後食】

후:예 뒤에 태어난 사람. 핏줄을 이은 먼 후손. ㊞충무공의 후예.

후:원[1] 뒤에서 도와줌. 비응원. -하다. 【後援】

후:원[2] 큰 집의 뒤에 꾸며 놓은 정원. 【後苑】

후:원금 모임이나 어떤 사람이 하는 활동이나 사업을 돕기 위해서 내는 돈. 【後援金】

후:원회 사람·단체 등을 뒤에서 도와 주기 위한 모임.

후유 어려운 일을 끝내거나 고비를 넘겼을 때 안심하여 숨을 크고 길게 내쉬는 소리. ㊞후유 하고 안도의 숨을 내쉬다.

후:유증[후유쯩] ①병을 앓다가 회복한 뒤에도 남아 있는 병적 증세. ②어떤 일을 치르고 난 뒤에 생긴 여러 가지 부작용.

후:의 남을 위해 베푸는 두텁고 인정 있는 마음. 【厚意】

후:일 뒤에 올 날. 훗날. 비뒷날. 훗날. 반전일. 【後日】

후:임 어떤 직위나 직책 따위를 앞사람에 대신하여 그 임무를 맡는 사람. 반선임. 전임. 【後任】

후:자 앞에서 말한 두 가지 가운데 뒤에 말한 것. 뒤의 것. 반전자. 【後者】

후줄그레하다 '후줄근하다'의 비슷한 말. ㊞비를 맞아서 옷이 후줄그레하다.

후줄근하다 입은 옷이 축 늘어져서 지저분하다. ㊞땀을 많이 흘려서 옷이 후줄근하다. 비후줄그레하다.

후:진 ①나이나 지위가 뒤짐, 또는 그런 사람. ㊞후진 양성 ②문화의 발달이 뒤늦은 상태. ㊞후진 국가. 반선진. ③뒤쪽으로 나아감. ㊞차가 후진하다. 반전진. -하다.

후:진국 산업·기술·학문 등 문화가 다른 나라에 비하여 뒤떨어진 나라. 반선진국. 【後進國】

후창군〖지명〗 평안 북도의 한 군. 도의 북동부에 위치. 기후는 대륙성이고 교통이 불편함. 임산물로 유명함.

후:천성 태어난 뒤에 얻든가 생기는 성질을 가진 것. 반선천성.

후천성 면역 결핍증 바이러스에 의해서 몸 안의 세포에 면역 기능이 없어지는 전염병. 에이즈(AIDS).

후:천적 태어난 뒤에 배워서 얻게 된 것. 반선천적.

후추 맵고 향기로워 조미료로 쓰이는 후추나무의 열매, 또는 그 가루.

[후추]

후춧가루 후추를 갈아서 만든 가루. 조미료로 쓰임. 맵고 독특한 향기가 있음.

후쿠오카〖지명〗 일본 규슈 후쿠오카 현 북서부 하카타에 면하는 현청 소재지. 규슈의 정치·경제·문화의 중추적인 도시임.

후텁지근하다 공기가 몹시 습기가 많고 무덥다. [예]방 안이 후텁지근하다. ×후덥지근하다.
후:퇴 뒤로 물러남. [예]싸움에서 져서 후퇴했다. [비]퇴각. 퇴진. [반]전진. -하다. 【後退】
후:편 책이나 영화 등에서 두편으로 나뉜 것의 뒤편. [반]전편.
후프 ①어린이들 장난감으로, 굴렁쇠 모양의 운동 기구. ②'훌라후프'의 준말. 【hoop】
후:하다 ①인심이 좋거나 정이 두텁다. ②부피가 두껍다. ③인색하지 않고 넉넉하다. [반]박하다. 후히.
후:항 수학에서, 둘 이상의 항 가운데 뒤에 있는 항. [반]전항. <보기> 2:3에서 3이 후항임.
후:환 어떤 일로 말미암아 뒷날에 생기는 걱정이나 근심. 【後患】
후:회 잘못을 깨닫고 뉘우침. [반]참회. -하다. 【後悔】
훈: 한자의 뜻을 풀이한 것. 새김. <보기> '하늘 천(天)'의 '하늘'을 말함. 【訓】
훈:계 잘 타일러 경계함. [예]어린이들을 훈계하다. -하다. 【訓戒】
훈기 기분이 좋을 만큼 따뜻한 기운.
훈:련[훌련] 어떤 능력이나 기술을 몸에 붙게 하기 위하여 되풀이해 연습시킴. -하다. 【訓鍊】
훈:련도감 조선 후기에, 서울을 지키는 일과 군인의 교육을 맡아보던 기관. 【訓鍊都監】
훈:련병 정식 군사가 되는 훈련을 받는 병사. 【訓練兵】
훈:련소 여러 사람을 모아 훈련을 하는 곳. 【訓練所】
훈:련원 조선 시대 병사들의 재주를 시험하거나 전술과 무술을 익히는 일을 맡아 보던 관청.
훈:몽자회〖책명〗 1527년에 최세진이 한자를 쉽게 가르치기 위해 지은 책. 3,360자의 한자를 사물 중심으로 갈라 한글로 음과 뜻을 달았음. 지금 쓰고 있는 한글 글자의 이름과 순서는 이 책에서 처음 쓴 것임. 【訓蒙字會】
훈:민가 백성을 훈계하기 위한 노래.
훈:민정음 1443년 세종 대왕이 처음 우리글을 만들었을 때의 이름. 홀소리(모음) 11자, 닿소리(자음) 17자로 되어 있음. 뒤에 주시경 선생이 '한글'로 바꿈. 【訓民正音】
훈:방 훈계 방면. 죄가 가벼운 사람을 훈계하여 놓아 주는 일. 【訓放】
훈:수 바둑이나 장기 따위에서 곁에서 구경하는 사람이 도움말을 해주는 것. 【訓手】
훈:시 ①가르치어 보임. ②아랫 사람에게 주의 사항을 일러줌. [예]교장 선생님의 훈시. -하다. 【訓示】
훈:육[후뉵] 품성·도덕 따위를 가르치고 기름. -하다. 【訓育】
훈장[1] 나라에 공을 세운 사람에게 주는 휘장. 【勳章】
훈:장[2] 글방(서당)의 스승. 【訓長】
훈제 짐승의 고기·물고기 따위를 절여서 연기에 그을리며 낮은 불에 오래 익힌 음식. [예]훈제 연어.
훈풍 초여름에 부는 훈훈한 바람.
훈:화 교훈의 말. 훈시하는 말. -하다. 【訓話】
훈훈하다 ①날씨나 온도가 기분이 좋을 만큼 따뜻하다. [예]방 안이 훈훈하다. ②마음을 부드럽게 해 주는 따스한 느낌이 있다. [예]사람들의 온정이 마음을 훈훈하게 한다.
훌라후프 허리에 걸고 엉덩이를 둥글게 흔들어 둥근 테를 빙빙 돌리는 놀이, 또는 그 둥근 테. [준]후프. 【hula-hoop】
훌륭하다 ①아주 좋아서 나무랄것이 없다. ②마음이 흡족하도록 아름답다. ③위대하다. 예훌륭한 사업을 하다. **훌륭히**.

훌쩍거리다 계속하여 콧물을 들이마시면서 울다. 예말은 못하고 훌쩍거리면서 울기만 했다. 〉훌짝거리다. 비훌쩍대다. 훌쩍이다.

훌쩍훌쩍 콧물을 들이마시며 우는 모양. 〉훌짝훌짝.

훑다[훌따] ①겉에 붙은 것을 떼어 내기 위해서 어떤 틈에 끼워서 잡아 당기다. 예벼를 훑다. ②한쪽 끝에서 다른 쪽 끝까지 죽 살피거나 보다. 예나는 책장을 샅샅이 훑기 시작했다.

훑어보다 위아래로 자세히 눈여겨보다. 예찬찬히 훑어보다.

훔쳐보다 몰래 보다. 예언니의 일기장을 훔쳐보다.

훔치다 ①닦아서 없애다. 비닦다. ②남의 물건을 몰래 가지다.

훗:날[훈날] 뒤에 올 날. 비뒷날. 후일.

훙커우 공원 중국 상하이에 있는 공원. 1932년 4월 29일에 윤봉길 의사가 이 공원에서 열린 일본 왕 생일 기념식장에 폭탄을 던져 일본군 대장 등을 죽이고 다치게 했음.

훤칠하다 길고 미끈하다. 예훤칠한 키. ×훤출하다.

훤:하다 ①좀 흐릿하게 밝다. ②앞이 탁 트이어 넓고 시원하다. 예훤하게 트인 동해 바다. ③얼굴이 잘생겨 시원스럽다. 〉환하다. **훤히**.

훨씬 정도가 심하게. 아주 많이. 예나는 친구들보다 훨씬 키가 크다.

훼:방 ①남을 헐뜯어 나쁘게 말함. ②남이 하는 일을 잘못되게 함. 예놀지 못하게 훼방을 놓다. 비방해.

훼:손 ①헐거나 깨뜨리어 못 쓰게 함. ②체면이나 명예를 손상함. 예명예를 훼손시키다. **-하다**.

휑뎅그렁하다 넓은 장소가 쓸쓸하리만큼 거의 비어 있다. 비휑하다.

휑하니 아무 말이나 인사도 없이 매우 빠르게. 거침없이. 예친구는 인사도 없이 휑하니 가버렸다.

휑하다 ①넓은 데가 쓸쓸하게 비어 있다. 예텅 빈 교실이 넓고 휑해 보인다. ②구멍이나 문 따위가 시원스럽게 뚫려 있거나 열려 있다. 예휑하니 뚫린 구멍. ③눈이 쑥 들어가 있고 정기가 없다. 예어머니는 휑한 눈으로 나를 쳐다보셨다.

휘갈기다 ①글씨를 아무렇게나 흘려 쓰다. ②누구를 몹시 세차게 때리거나 후려치다. 예어머니는 화가 나셔서 내 등을 세게 휘갈겼다.

휘감기다 휘둘러 감기다. 예풀들이 발목에 휘감기다.

휘감다[휘감따] 휘휘 둘러 감다.

휘갑치다 옷감이나 멍석·돗자리 등의 가장자리가 풀리지 아니하도록 얽어서 둘러 감아 꿰맴.

휘날리다 ①깃발 등이 바람에 펄펄 날리다. ②이름 등을 널리 떨치다.

휘늘어지다 풀기가 없이 아래로 축 처지다. 예휘늘어진 버들가지.

휘다 꼿꼿하던 것을 구부러지게 하다, 또는 구부러지다. 예철사가 휘다. 본휘어지다.

휘덮다[휘덥따] 전체를 온통 덮다. 예안개가 섬 전체를 휘덮었다.

휘돌다 ①마구 돌다. ②무엇을 중심으로 하여 빙글빙글 돌다. 예까치가 지붕 위를 휘돌다가 산으로 날아갔다. ③어디를 돌아서 가다. 예실개천이 산허리를 휘돌아 나가다.

휘돌리다 빙빙 돌아가게 하다. 예팔을 두세 번 휘돌리고 나서 돌멩이를 던졌다.

휘두르다(휘둘러서, 휘둘러) ①함부로 휘휘 돌리다. 예팔을 휘두르다. ②남의 의사를 무시하고 제 뜻대로만 하다. 예권력을 휘둘러 부를 축적하다.

ㅎ

휘둘러보다 고개를 돌리면서 둘러 보다. ㉠선생님은 교실을 한 번 휘 둘러보고 나가셨다.

휘둥그레지다 몹시 놀라거나 두려워서 눈이 크고 둥그렇게 되다.

휘말리다 ①어떤 상황에 자기의 뜻과 상관 없이 끼이다. ㉠살인 사건에 휘말리다. ②물살에 한데 쓸려가다. 휩쓸리다. ㉠야영객이 급류에 휘말려 실종되다.

휘모리 장단 판소리 장단의 한 가지. 가장 빠른 속도로 처음부터 급히 휘몰아 가는 장단.

휘몰아치다 비바람 등이 한 곳으로 세차게 불어 대다.

휘묻이[휘무지] 묘목을 만드는 한 방법으로, 가지를 어미나무에 붙인 채 구부려 땅 속에 묻어 뿌리가 내리게 하는 일. -하다.

휘발유[휘발류] 원유를 정유하여 얻은, 불이 잘 붙는 기름. ㉥가솔린.

휘어잡다 ①손에 감아서 세게 쥐다. ㉠동생은 어머니의 치맛자락을 휘어잡고 응석을 부렸다. ②사람·일·권력 따위를 마음대로 부리거나 다루게 되다. ㉠미국은 세계 경제를 휘어잡았다.

휘어지다 꼿꼿하던 것이 어떤 힘을 받아 구부러지다.

휘영청 달이 높이 떠, 널리 고루 밝게 비치는 모양. ㉠휘영청 밝은 달.

휘장 여러 폭의 피륙을 이어 만들어 둘러치는 막. ㉠휘장을 치다. ㉥커튼. 【揮帳】

휘적휘적[휘저귀적] 팔을 앞뒤로 휘저으며 걷는 모양.

ㅎ

휘젓다(휘저으니, 휘저어서) ①골고루 섞이도록 휘둘러 젓다. ㉠밀가루가 잘 풀리도록 휘젓다. ②팔을 야단스럽게 앞뒤로 휘둘러 젓다.

휘청 몸을 똑바로 가누지 못하여 옆으로 기우는 모양. ㉠길이 미끄러워 그만 휘청 넘어질 뻔하였다.

휘청거리다 ①가늘고 긴 것이 휘어지며 흔들리다. ②아랫도리에 힘이 없어 똑바로 가누지 못하다. ㉠술에 취해서 휘청거리며 걷고 있다. ㉥휘청대다.

휘파람 입술을 오므리거나 손가락을 입 속에 넣고 입김을 내불어 소리를 내는 일.

휘하 우두머리의 지휘를 받는 것, 또는 그 아래에 딸린 사람. ㉠휘하에 많은 장병을 거느리다.

휘황찬란하다 빛이 환하고 눈부시다. ㉠불빛이 휘황찬란하다.

휠:체어 다리가 자유롭지 못한 사람이 앉은 채로 이동할 수 있게 바퀴를 단 의자.

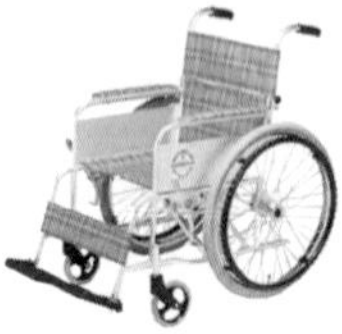

[휠체어]

휩싸다 ①휘둘러 감아서 싸다. ②온통 뒤덮다. ③나쁜 일이나 행실을 드러내지 않고 덮어 주다.

휩싸이다 ①온통 뒤덮이다. ㉠전쟁의 소용돌이에 휩싸이다. ②어떤 감정이 마음에 가득하게 되다. ㉠슬픔에 휩싸이다.

휩쓸다①빠짐없이 모조리 휘몰아 쓸다. ②거침없이 행동을 함부로 하다. ㉠불량배들이 거리를 휩쓸다.

휩쓸리다 물결이나 바람 따위에 몰리어 휩쓸어지다. ㉠급류에 휩쓸려 실종되다.

휴가 얼마 동안 직장에 나가지 않고 쉬는 일. 【休暇】

휴가철 많은 사람이 휴가를 보내는 기간.

휴게소 길 가는 사람이 잠시 쉬어 갈 수 있도록 마련해 놓은 곳. 자동차 도로 옆에 쉬어 갈 수 있게 만든 시설. 【休憩所】

휴게실 잠깐 머물러 쉬도록 마련한 장소. ×휴계실. 【休憩室】

휴경지 농작물을 심어 가꾸다가 갈지 않고 내버려 둔 땅.

휴교 학교의 수업을 한동안 쉬는 일. -하다. 【休校】

휴대 손에 들거나 몸에 지님. -하다.

휴대용 어떤 물건을 손에 들거나 몸에 지니는 것. ㉎휴대용 라디오.

휴대폰 가지고 다니면서 밖에서도 자유롭게 통화할 수 있게 만든 작은 전화기. 【携帶phone】

휴대품 손에 들거나 몸에 지니고 다니는 물건. 【携帶品】

휴식 잠깐 쉼. ㉎휴식 시간에 화장실에 가다. -하다.

휴양 피로나 병의 회복을 위하여 몸을 편히 쉼. ㉎공기 좋은 곳으로 휴양을 가다. -하다. 【休養】

휴양림 사람들이 맑고 시원한 공기를 마시면서 편안히 쉴 수 있도록 꾸며 놓은 숲. 【休養林】

휴양소 휴양을 위한 시설을 갖추어 놓은 곳. 【休養所】

휴양지 심신을 쉬면서 보양하기에 적당한 곳. 휴양시설이 마련되어 있는 곳. 휴양처. 【休養地】

휴업 학업이나 영업을 얼마 동안 쉼. -하다. 【休業】

휴일 일을 쉬고 노는 날. ㉎휴일날 집에서 쉬었다. 【休日】

휴전 전쟁 중 한때 싸움을 멈추는 일. ㉎휴전 협정. -하다.

휴전선 ①양쪽의 합의에 의하여 이루어진 휴전 중의 군사 경계선. ②우리 나라와 북한 공산 집단과의 경계선. 【休戰線】

휴전 협정 ①휴전을 하기로 맺은 합의 사항. ②1953년 7월 27일에 유엔군과 공산군 사이에 맺은 협정.

휴전 회담 휴전을 하기 위하여 양편이 만나서 의논하는 일.

휴정[1]〖사람〗[1520~1604] 조선 선조 때의 승려. 본 이름은 최현응. 임진 왜란이 일어나자, 사명대사를 비롯한 여러 제자들과 함께 승병을 일으켜 왜군을 무찌르고 나라에 큰 공을 세웠음. 서산대사. 청허선사. 【休靜】

휴정[2] 법정에서 재판을 하다가 잠시 그 재판을 쉼. -되다. -하다. 【休廷】

휴지 ①못 쓰게 된 종이. ②밑을 닦거나 코를 푸는 데 쓰이는 종이. 비화장지. 【休紙】

휴지통 휴지를 버리는 통.

휴진 병원이나 의사가 얼마 동안 진료를 하지 않고 쉼. -하다. 【休診】

휴학 학업을 얼마 동안 쉼. ㉎몸이 아파서 휴학을 했다. -하다.

휴화산 불뿜기를 그친 화산. 사화산. 반활화산. 【休火山】

흉 ①남에게 비웃음을 받을 만한 잘못된 점. 비허물. ②아프거나 다친 곳의 나은 자리. 비흠. 흉터.

흉가 들어 사는 사람마다 궂은 일을 당하거나 귀신이 나온다 하여 나쁘게 여기는 집. 【凶家】

흉계 남모르게 꾸미는 못된 계획.

흉기 총·칼 등과 같이 사람을 죽이거나 다치게 하는 데 쓰는 기구.

흉내 남이 하는 짓을 그대로 따라서 하는 짓. 비모방.

흉내말 소리나 모양을 흉내내는 말.

흉년 농사가 잘 되지 못한 해. 반풍년. 【凶年】

흉몽 불길한 꿈. 나쁜 꿈. 반길몽.

흉배 ①가슴과 등. ②지난날, 관복의 가슴과 등쪽에 붙이던 수놓은 헝겊 조각. 【胸背】

흉보다 남의 잘못을 들어 말하다.

흉상 가슴 윗부분의 조각상이나 초상화. 【胸像】

흉악 ①성질이 아주 나쁨. ②험상궂고 무섭게 생김. -하다.

ㅎ

흉악범 아주 못된 범죄를 저지른 사람. 【凶惡犯】
흉작 농작물이 잘 되지 않음. 반풍작. 【凶作】
흉조 좋지 않은 일이 있을 듯한 표시. 【凶兆】
흉측하다[흉츠카다] 몹시 보기 싫고 끔찍하다. 예흉측한 얼굴. ×흉칙하다.
흉터 상처가 아문 자리. 부스럼자리. 흠자국. 비흉.
흉하다 ①무슨 일의 결과가 좋지못하다. ②불길하다. 예흉한 일이 생길 것 같은 기분이다. ③보기가 나쁘다.
흉허물 남에게 욕을 먹거나 허물이 될 만한 일.
흉허물없다 서로 어려워함이 없이 가깝게 지내다. 예나는 영주와 흉허물없이 지내는 사이다.
흉흉하다 사람들이 주는 느낌이 매우 불안하고 무섭다. 예점점 사람들의 인심이 흉흉해지고 있다.
흐느끼다 설움이 북받쳐 올라서 흑흑 소리를 내며 울다.
흐느적거리다 ①몸이나 다리를 힘없이 흔들거리며 움직이다. 예흐느적거리며 걷다. ②가늘고 긴 나뭇가지나 가벼운 천 따위가 가볍게 늘어져 부드럽고 느리게 움직이다. 예수양 버들이 봄바람에 흐느적거리다.
흐드러지다 꽃이 한 곳에 많이 피어 있어 아주 보기 좋다. 예진달래가 흐드러지게 피었다.
흐려지다 흐리게 되다.
흐르다(흘러, 흘러서) ①물이나 액체가 낮은 곳으로 내려가거나 넘치어 떨어지다. 예물이 흐르다. ②어떤 방향으로 쏠리다.
흐리다 ①기억력·판단력 같은 것이 희미하다. ②시력이 나쁘다. ③표정이 명랑하지 않다. 예얼굴 표정이 흐리다. 반맑다.
흐리멍덩하다 기억이 분명하지 않다. ×흐리멍텅하다. **흐리멍덩히**.
흐림 하늘의 70% 이상을 구름이 덮고 있을 경우의 날씨를 나타내는 말. 반맑음.
흐릿하다[흐리타다] ①불빛이 밝지 않다. 예흐릿한 불빛 아래서 책을 읽다. ②모습이 분명하지 않다. 예칠판에 써 놓은 글씨가 흐릿하게 보인다. ③물이 맑지 않다. 예강물이 흐릿하다. ④생각이 희미하다. 예할머니에 대한 기억이 흐릿하다.
흐물흐물 푹 익어서 아주 므르게 된 모양.
흐뭇하다[흐무타다] 마음에 가득 차서 모자람이 없다. 예흐뭇한 미소를 짓다. 비흡족하다.
흐지부지 끝을 맺지 못하고 흐리멍덩하게 넘겨 버리는 모양.
흐트러뜨리다 마구 흐트러지게 하다. 예머리털을 흐트러뜨리다. 비흐트러트리다.
흐트러지다 여러 가닥으로 얽히어 흩어지다. 예흐트러진 책을 치우다.
흑백 ①검은 빛깔과 흰 빛깔. 예흑백 사진. ②옳음과 그름. 예흑백을 가리다. 【黑白】
흑백 사진 사진이 흰색과 검은색으로 나타난 사진. 반컬러 사진.
흑사병 쥐의 벼룩이 옮기며, 높은 열·두통·구토 등이 생기며, 피부가 검게 변하고 죽는 비율이 높은 급성 전염병. 페스트. 【黑死病】
흑산도〖지명〗 전라 남도 신안군 흑산면에 있는 섬. 조기·삼치·갈치·도미 등이 많음. 규사의 산지로도 유명함. 【黑山島】
흑색 검은 빛깔. 비검은색. 반백색.
흑색선전 사실이 아닌 이야기를 지어 내어 상대를 욕하고 여러 사람의 생각을 혼란하게 하는 정치적

선전. 【黑色宣傳】
흑색 인종 살빛이 검은 인종을 통틀어 이르는 말. 준흑인종.
흑설탕 정제하지 않은 검은 빛이 도는 설탕.
흑심 음흉하고 부정한 욕심이 많은 마음. 예흑심을 품다.
흑연[흐견] 연필의 심 따위에 쓰이는 탄소로 된 광물.
흑인종 '흑색 인종'의 준말.
흑임자 검은깨.
흑자 ①먹으로 쓴 글자. ②벌어들인 돈이 쓴 돈보다 많아 이익이 생기는 일. 반적자. 【黑字】
흑점 태양 표면의 가스가 폭발하여 생기는 커다란 얼룩.
흑판 분필로 글씨를 쓰는, 검은색이나 풀빛의 판. 비칠판.
흔들개비 바람이나 전기 따위의 힘으로 움직이는 여러 가지 모양의 조각을 가느다란 철사나 실에 매달아 흔들리게 만든 것.
흔들거리다 자꾸 흔들흔들하다. 비흔들대다. >한들거리다.
흔들다(흔드니, 흔드오) 위아래나 양옆으로 연해 움직이게 하다. 예고개를 흔들다.
흔들리다 위아래, 옆으로 움직이다. 예대포 소리에 창문이 흔들리다.
흔들의자 앉는 자리가 앞뒤로 흔들리게 만든 의자.
흔들흔들 자꾸 이리저리 흔들리는 모양. >한들한들.
흔적 남은 자취. 남은 자국. 예다녀간 흔적이 있다.
흔쾌히 기쁜 마음으로. 주저하지 않고 기쁘게. 예친구의 부탁을 흔쾌히 들어주었다.
흔하다 ①아주 많이 있다. 반드물다. ②얻기 쉽다. 반귀하다.
흔히 일상적으로 자주. 보통. 예공부 시간에 떠들다 혼나는 것은 흔히 있는 일이다.
흘겨보다 눈을 가로 떠서 못마땅하게 노려보다.
흘금흘금 남의 눈을 피해 몰래 자꾸 흘겨보는 모양. 센흘끔흘끔.
흘긋흘긋[흘그틀귿] 눈알을 옆으로 돌려 슬쩍 자꾸 흘겨보는 모양. 예새로 전학 온 아이를 흘긋흘긋 쳐다보다. 센흘끗흘끗.
흘기다 눈동자를 옆으로 굴려 못마땅하게 노려보다. 예친구에게 눈을 흘기다.
흘깃흘깃[흘기틀긷] 눈을 잇달아 흘겨보는 모양. 센흘낏흘낏.
흘끔흘끔 남의 눈을 피하여 연해 곁눈질하는 모양. 예시험지를 흘끔흘끔 쳐다보다.
흘끗 눈알을 옆으로 돌려 한 번 잠시 바라보는 모양.
흘낏흘낏 남의 눈을 피하여 곁눈질하는 모양. 여흘깃흘깃. -하다.
흘러가다 ①흘러서 내려가다. 예강물이 바다로 흘러가다. ②시간이 지나다. 예흘러가는 세월이 꿈결 같다. ③이야기가 미리 생각하지 않은 것으로 번지다. 예이야기가 엉뚱한 데로 흘러가다.
흘러나오다 흘러서 나오다. 예바위틈에서 샘물이 흘러나오다.
흘러내리다 ①높은 곳에서 낮은 곳으로 흐르다. 예계곡으로 흘러내리는 물소리가 시원하게 들린다. ②매어 두거나 걸어 놓은 것이 느슨해져서 밑으로 처지다. 예바지가 흘러내리다.
흘러들다 흘러서 들어가다. 예압록강은 황해로 흘러든다.
흘리다 ①잘못하여 떨어뜨리거나 빠뜨리다. 예길바닥에 돈을 흘리고 다니다. ②말을 귀담아 듣지 않고 귓전으로 지나치다. ③흐르게 하다. 예땀을 흘리다.

흘림 글자를 또박또박 쓰지 않고 빠르게 이어서 쓴 글씨.

흙[흑] ①바위가 분해되어 지구의 표면을 이루는 물질. ②'동물이 죽어서 썩어지는 것'을 이르는 말.

흙더미[흑떠미] 흙이 한데 모여 쌓인 것.

흙덩이[흑떵이] 흙이 엉기어서 된 덩이. 토괴.

흙먼지[흥먼지] 흙이 바람에 날려서 생기는 먼지.

흙바닥[흑빠닥] 흙으로 되어 있는 바닥. [비]땅바닥.

흙비[흑삐] 먼지가 많이 섞여서 내리는 비.

흙손[흑쏜] 방바닥이나 벽 따위에 흙 같은 것을 바르고 반반하게 하는 연장.

[흙손]

흙탕물[흑탕물] 흙이 많이 섞이어 몹시 흐려진 물. (준)흙탕.

흙투성이 온통 흙이 묻어 있는 꼴. (예)흙바닥에 넘어져서 흙투성이가 되었다.

흠ː ①흉. ②물건이나 살갗이 깨어지거나 찢긴 자리. ③사물의 불완전하거나 잘못된 부분. [비]결점. 결함. 하자. 【欠】

흠모 마음 속으로 깊이 사모함.

흠뻑 ①분량이 꽉 차고도 남도록 흡족하게. ②물이 푹 베도록 젖은 모양. (예)비를 맞았더니 옷이 흠뻑 젖었다. [비]흠씬. ＞함빡.

흠씬 매우 심하게 때리거나 맞는 모양. (예)강도한테 흠씬 얻어맞다.

흠ː집 흠이 난 자리. (예)새로 산 가방에 흠집이 생겼다.

흠칫 놀라거나 겁이 나서 어깨나 목을 반사적으로 움츠리는 모양.

흡사 거의 같음. 그럴 듯하게 비슷함.

흡수 밖에 있는 것을 안으로 빨아 들임. (예)솜은 물을 잘 흡수한다. －되다. －하다. 【吸收】

흡수력 물기 따위를 빨아들이는 힘. (예)면직물은 흡수력이 좋다.

흡수성 물기 따위를 빨아들이는 성질. 【吸收性】

흡연[흐변] 담배를 피움. (예)흡연은 건강에 해롭다. －하다.

흡연자 담배를 피우는 사람.

흡입[흐빕] 물질을 안으로 빨아들임. (예)산소를 흡입하다. －되다. －하다. 【吸入】

흡족 아주 넉넉함. 조금도 모자라거나 아쉬움이 없음. [반]부족. －하다. 흡족히. 【洽足】

흡진구 전기 청소기에서 먼지를 빨아 들이는 곳.

흡착력[흡창녁] 어디에 달라붙는 힘. (예)거머리는 흡착력이 대단하다.

흡혈귀 사람의 피를 빨아 먹는다는 귀신. 【吸血鬼】

흥ː 마음이 즐겁고 좋아서 일어나는 느낌. (예)농악 놀이를 보다. 흥이 나서 춤을 추었다. 【興】

흥건하다 물 같은 것이 많이 괴어 있다. (예)바닥에 물이 흥건하다. 흥건히.

흥ː겨워하다 크게 흥이 나서 마음이 들뜨고 재미가 있어하다.

흥ː겹다(흥겨우니, 흥겨워서) 흥이 나서 마음이 들뜨고 재미 있다. (예)흥겹게 놀다.

흥망 잘 되어 발전하는 것과 잘못되어 망하는 것. [비]성쇠. 【興亡】

흥망성쇠 나라·민족·문화 따위가 오랜 시간에 걸쳐 흥하고 망하고 성하고 쇠하는, 되풀이되는 역사적 변화. 【興亡盛衰】

흥ː미 어떤 일에 마음이 끌려서 느끼는 재미. (예)흥미 있는 이야기. [비]재미. 【興味】

흥ː미롭다(흥미로우니, 흥미로워) 흥

미를 느낄 만하다. 마음이 이끌리는 데가 있다. **흥미로이.**

흥:미진진하다 흥미가 넘칠 만큼 많다. 대단히 재미가 있다.

흥부 고대 소설 흥부전에 나오는 주인공. 제비 다리를 고쳐 주고 부자가 되었다는 교훈적인 이야기가 전해져 옴. 【興夫】

흥부가 조선 고종 때 신재효가 지은 판소리의 열두 마당의 하나. 흥부전을 판 소리로 꾸민 것임.

흥부전〖책명〗 지은이와 지은 때를 모르는 조선 시대의 소설. 욕심쟁이 형 놀부와 착한 아우 흥부의 이야기. 【興夫傳】

흥분 신경에 자극을 받아서 감정이 북받쳐 일어남. ㉔흥분하면 혈압이 올라간다. **-하다.**

흥분제 심장이나 뇌의 기능이 약해진 사람의 신경을 자극하여 그 기능을 활발하게 하는 약.

흥사단 1913년 안창호가 미국 샌프란시스코에서 조직한 민족 혁명 수양 단체. 1907년 국내에서 조직된 독립 운동 단체인 신민회의 후신.

흥선 대원군〖사람〗[1820~1898] 조선 말기의 정치가. 고종의 아버지. 이름은 이하응. 정치를 바로잡기 위하여 과감한 개혁정치를 펴는 한편, 쇄국 정책을 단행하였음.

흥얼거리다 ①흥에 겨워서 입속으로 노래 부르다. ㉔콧노래를 흥얼거리다. ②입 속으로 연해 지껄이다. 비 흥얼대다.

흥얼흥얼 신이 나거나 기분이 좋아서 입 속으로 노래를 부르는 소리나 모양. ㉔형은 흥얼흥얼 콧노래를 부르며 걸어오고 있다.

흥왕사 고려 문종 때 경기도 개풍군 진봉면 흥왕리에 세워진 큰절. 무려 2천 8백 칸이나 되는 큰절로, 초대 주지는 대각 국사 의천이었음.

흥인지문 서울 동대문의 정식 이름. 보물 제1호. ㉾흥인문. 【興仁之門】

흥정 ①물건을 사고파는 일. ②사고팔기 위해 품질이나 값을 의논함. ㉔값을 흥정하다. **-하다.**

흥청거리다 흥이 나서 마음껏 놀다. 비흥청대다.

흥청망청 돈이나 물건 따위를 함부로 마구 써 버리는 모양.

흥:취 마음이 끌릴 만큼 좋은 멋과 취미. 비풍취.

흥하다 잘 되어 가다. ㉔나라가 흥하다. 반망하다.

흥행 연극·영화·서커스 등을 하여 돈을 받고 여러 사람에게 구경시키는 일. **-하다.** 【興行】

흩날리다 흩어지게 하다. 흐트러지게 하다. ㉔자세를 조금도 흩뜨리지 않다.

흩뜨리다 흩어지게 하다. 흐트러지게 하다.

흩뿌리다 흩어져 뿌려지다. ㉔비가 흩뿌리고 있다.

흩어뿌리기 씨뿌리기의 한 가지. 줄을 맞추거나 일정한 규칙 없이 씨를 흩어 뿌리는 일.

흩어지다[흐터지다] ①모였던 것이 따로 떨어져 헤어지게 되다. ②소문 등이 널리 퍼지다.

희곡[히곡] 연극이 되게 꾸민 글. 무대에서 상연될 것을 전제로 하여 씌어지며, 등장 인물의 대화와 행동을 통해서 사건이 전개되고 성격이 나타남. 비극본. 【戲曲】

희귀 드물어서 매우 귀함.

희귀종 매우 드물어서 귀한 품종.

희극 ①익살을 부려 구경꾼에게 기쁨·웃음을 주려는 연극. ②사람을 웃길만한 일이나 사건. 반비극.

희끄무레하다 ①모양이 희미하다. ㉔창 밖에 희끄무레하게 무언가 보인다. ②빛깔이 밝지 않게 희다. 허옇다. [예]달빛 아래 서 있는 형의 모습이 희끄무레하게 보인다.
희끗희끗 흰 빛깔이 여기저기 드문드문 나타난 모양. -하다.
희나리쌀 알이 여물지 않은 쌀.
희다[히다] ①눈의 빛과 같다. ②스펙트럼의 모든 빛이 혼합되어 눈에 반사된 빛과 같다. [반]검다.
희로애락 기쁨과 노여움과 슬픔과 즐거움. 즉 여러 가지 모양의 인생살이를 이르는 말. 【喜怒哀樂】
희롱 말이나 행동으로 장난삼아 놀리는 짓. [예]가만 있는 사람을 희롱하다. -하다. 【戲弄】
희망 기대하여 바람. 앞일에 대한 소망. [예]희망찬 내일. [비]소망. [반]절망. 실망. -하다. 【希望】
희망자 어떤 일을 이루거나 얻고자 바라는 사람. 【希望者】
희망차다 희망이 가득하다. [예]앞날에 대한 희망찬 계획.
희미하다 ①밝지 않다. ②또렷하지 못하다. [예]옛 친구들의 얼굴이 희미하다. [반]분명하다.
희박 액체나 기체가 짙지 못하고 묽거나 엷음. 농도나 밀도가 엷거나 낮음. [예]공기가 희박하다. [반]농후. -하다. 【稀薄】
희비 기쁨과 슬픔. [예]희비가 엇갈리다. 【喜悲】
희뿌옇다[희뿌여타] 허옇게만 보이고 뚜렷하지 않고 매우 희미하다. [예]안개 때문에 주위가 희뿌옇다. [여]희부옇다.
희사 남을 위하여 즐거운 마음으로 재물을 내어 놓음. -하다.
희색 기뻐하는 얼굴. [예]희색이 만면한 얼굴. 【喜色】
희생 남을 위하여 자기 몸을 바침. [예]어머니는 자식을 위해 희생하신다. [비]헌신. -하다.
희생물 ①제물로 바쳐지는 동물. ②희생된 사물이나 사람.
희생자 희생이 된 사람.
희석 어떤 성분이 들어 있는 액체에 물 따위를 넣어 그 성분을 묽게 함. -되다. -하다.
희소식 좋은 기별. 기쁜 소식.
희열 마음 속으로 기뻐함. 또는 그 기쁨. 【喜悅】
희한 매우 드묾. [예]희한한 재주. -하다. 【稀罕】
흰구름 빛이 흰 구름. [비]백운.
흰독말풀 가지과에 속하는 한해살이풀. 높이는 1m 이상이고 잎은 달걀 모양임. 인도 원산으로, 각지에서 재배하고 촌락 부근에 야생하기도 함.
흰불나방 미국이 원산지인 희고 작은 나방의 하나. 농작물의 잎을 갉아먹는 해충임.
흰자위 새알이나 달걀 등의 속에 노른자위를 둘러 싼, 빛이 흰 부분. [준]흰자.
흰자질 동·식물 세포의 원형질을 이루는 기본적 구성 물질로, 3대 영양소의 하나. 단백질.
히로시마〖지명〗 일본에 있는 도시. 1945년 8월 6일에 세계 최초로 원자탄이 떨어진 곳임. 이 곳에 원자탄이 떨어짐으로써 일본은 연합군에게 무조건 항복을 하였음.
히말라야 산맥 인도와 중국 티베트 사이에 있는 산맥. 세계에서 가장 높은 에베레스트산을 비롯하여 7,200m가 넘는 높은 산이 50개 있음. 【Himalaya 山脈】
히스테리 감정의 뒤틀림이 원인이 되어 일어나는 정신 질환.
히트 ①들어맞음. 크게 성공함. ②야구의 안타. -하다. 【hit】
히트곡 흔히 대중 가요에서 큰 인기를 끄는 음악. 【hit曲】
히틀러〖사람〗[1889~1945] 독일의

정치가. 나치스의 수령으로 제2차 세계 대전을 일으켜 초기에는 승리했으나, 후에 패전하여 자살함.

히포크라테스〖사람〗 고대 그리스의 의학자. 의사가 지켜야 할 '히포크라테스의 선서'를 지었음.

힌두교 인도에서 많이 믿고 있는 인도 고유의 종교.

힌트 넌지시 깨우쳐 줌. 비암시.

힐끔 경망스럽게 눈동자를 옆으로 돌려 슬쩍 쳐다보는 모양. 여힐금.

힐끔거리다 눈알을 굴려 슬쩍슬쩍 자꾸 몰래 보다. 예짝이 나를 힐끔거리며 쳐다보다. 비힐끔대다.

힐끗힐끗 자꾸 슬쩍 흘겨 보는 모양. 예힐끗힐끗 쳐다보다.

힐난[힐란] 트집을 잡아 따지고 비난함. -하다. 【詰難】

힐책 잘못을 들어 말해 가면서 꾸짖음. -하다. 【詰責】

힘 사람이나 동물이 몸에 갖추고 있으면서 스스로 움직이거나, 또는 다른 물건을 움직이게 하는 근육의 작용. 예형은 힘이 세다.

힘겨루기 힘이나 세력을 보여 주거나 늘리려고 서로 겨루는 일.

힘겹다 힘에 부쳐 감당해 내기 어렵다. 예책가방을 힘겹게 들다.

힘껏[힘껃] 있는 힘을 다하여 예힘껏 공을 차다.

힘내다 어떠한 일을 하는 데 있어서 자신감이나 용기를 가지다.

힘닿다[힘다타] 힘이나 권세·위력 따위가 미치다. 예힘닿는 데까지 돕겠다.

힘들다 ①마음이 쓰이거나 수고가 되다. ②쉽지 아니하고 어렵게 이루어지다.

힘들이다[힘드리다] 힘이나 마음을 기울이다. 예이 세상에 힘들이지 않고 얻는 것은 없다.

힘살[힘쌀] 몸의 연한 부분을 이루며, 뼈와 내장을 싸고 있는 힘줄과 살. 비근육. 근.

힘쓰다 ①힘을 들이어 일하다. ②남을 도와 주다.

힘없다[히멉따] 힘이나 기운이 없다. 예힘없는 사람. 반힘차다.

힘없이[히멉씨] 기운이 없이. 예누나가 힘없이 쓰러졌다.

힘입다[히밉따] 어떤 일에 남의 도움이나 혜택을 받거나 얻다. 예교포들의 성원에 힘입어 공연을 성공적으로 마치다.

힘점 지레 따위로 어떤 물체를 움직일 때, 그 물체에 힘이 작용하는 점. 예힘점의 위치에 따라 물체를 드는 힘이 달라진다.

힘주다 ①힘을 들이다. 강조하다. 예힘주어 말하다. ②남에게 자기의 능력을 뽐내 보이다. 예어깨에 힘주고 돌아다니다.

힘줄[힘쭐] ①힘살의 바탕이 되는 희고 질긴 살의 줄. ②혈맥·혈관 등을 일컫는 말.

힘줌말 뜻을 강조하는 말. '부딪다'에 대한 '부딪치다'의 따위.

힘차다 매우 힘이 세차다. 예힘차게 달리는 육상 선수들. 비기운차다. 반힘없다.

삼 강(三綱)

군위신강(君爲臣綱)
(신하는 임금을 섬기는 근본이다)

부위자강(父爲子綱)
(아들은 아버지를 섬기는 근본이다)

부위부강(夫爲婦綱)
(아내는 남편을 섬기는 근본이다)

오 륜(五輪)

군신유의(君臣有義)
(임금과 신하는 의리가 있어야 한다)

부자유친(父子有親)
(아버지와 아들은 친함이 있어야 한다)

부부유별(夫婦有別)
(남편과 아내는 분별이 있어야 한다)

장유유서(長幼有序)
(어른과 어린이는 차례가 있어야 한다)

붕우유신(朋友有信)
(벗(친구)과 벗은 믿음이 있어야 한다)

부록

1. 새로 정한 표준말
2. 같은 말과 비슷한 말
3. 맞선말과 반대말
4. 띄어쓰기 규칙
5. 속담 풀이

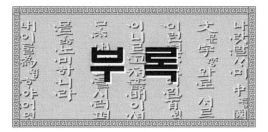

1. 새로 정한 표준말

【 단수 표준말 】

○ 가까워
× 가까와

○ 가욋일
× 가외일

○ 가을갈이
× 가을카리

○ 간편케
× 간편ㅎ게

○ 강낭콩
× 강남콩

○ 개다리소반
× 개다리밥상

○ 객쩍다
× 객적다

○ 거북지
× 거북치

○ 거시기
× 거시키

○ 결구
× 결귀

○ 결단코
× 결단ㅎ코

○ 결코
× 결ㅎ코

○ 겸상
× 맞상

○ 겸연쩍다
× 겸연적다

○ 경구
× 경귀

○ 경황없다
× 경없다

○ 곗날
× 계날

○ 고와지다
× 고워지다

○ 고치다
× 낫우다

○ 골목쟁이
× 골목장이

○ 곳간
× 고간

○ 광주리
× 광우리

○ 괴로워
× 괴로와

○ 괴팍하다
× 괴퍅하다, 괴팩하다

○ 구려
× 구료

○ 구먼
× 구면

○ 구절
× 귀절

○ 국물
× 말국, 멀국

○ 궁상떨다
× 궁떨다

○ 귀고리
× 귀엣고리

○ 귀때기
× 귓대기

○ 귀띔
× 귀틤

○ 귀밑머리
× 귓머리

○ 귀이개
× 귀개

○ 귀찮다
× 귀치 않다

○ 귓밥
× 귀밥

○ 귓병
× 귀병

○ 글귀
× 글구

○ 길잡이
× 길앞잡이

○ 김
× 기음

○ 까다롭다
× 까탈스럽다

○ 까딱하면
× 까땍하면

○ 까막눈
× 맹눈

○ 까치발
× 까치다리

○ 깍쟁이
× 깍정이

○ 깡충깡충
× 깡총깡총

○ 깨끗지
× 깨끗치

○ 깻묵
× 깨묵

[○ 깻잎
× 깨잎

[○ 꼭두각시
× 꼭둑각시

[○ 끄나풀
× 끄나불

[○ 낌새
× 낌

[○ 나룻배
× 나루, 나루배

[○ 나무라다
× 나무래다

[○ 나뭇가지
× 나무가지

[○ 나뭇잎
× 나무잎

[○ 나팔꽃
× 나발꽃

[○ 낙인찍다
× 낙치다, 낙하다

[○ 낭떠러지
× 낭떨어지

[○ 내기
× 나기

[○ 내숭스럽다
× 내흉스럽다

[○ 냄비
× 남비

[○ 냇가
× 내가

[○ 냇물
× 내물

[○ 냠냠거리다
× 얌냠거리다

[○ 너 돈
× 네 돈

[○ 너 말
× 네 말

[○ 너 발
× 네 발

[○ 너 푼
× 네 푼

[○ 넉넉지
× 넉넉치

[○ 넉 되
× 너 되, 네 되

[○ 넉 섬
× 너 섬, 네 섬

[○ 넉 자
× 너 자, 네 자

[○ 넷째
× 네째

[○ 녘
× 녁

[○ 늴리리
× 닐리리

[○ 닁큼
× 닝큼

[○ 다다르다
× 다닫다

[○ 다오
× 다구

[○ 다정타
× 다정ㅎ다

[○ 담배꽁초
× 담배꽁추

[○ 담쟁이덩굴
× 담장이덩굴

[○ 대장일
× 성냥일

[○ 댓가지
× 대가지

[○ 댓돌
○ 툇돌

[○ 댓잎
× 대잎

[○ 더부룩하다
× 더뿌룩하다

[○ -던
× -든

[○ 덧창
○ 겉창

[○ 도와
× 도워

[○ 돌
× 돐

[○ 돗자리
× 돗

[○ 동댕이치다
× 동당이치다

[○ 동짓달
× 동지달

[○ 되게
○ 된통, 되우

[○ 두껍닫이
× 두껍창

[○ 두렛일
× 두레일

[○ 둘째
× 두째

[○ 둥이
× 동이

[○ 뒤꿈치
× 뒷굼치

[○ 뒤웅박
× 뒝박

[○ 뒤져내다
× 뒤어내다

[○ 뒤통수치다
× 귀꼭지치다

[○ 뒷갈망
○ 뒷감당

[○ 뒷말
○ 뒷소리

[○ 뒷머리
× 뒤머리

[○ 뒷일
× 뒤일

[○ 뒷입맛
× 뒤입맛

[○ 들락거리다
○ 들랑거리다

[○ 들락날락
○ 들랑날랑

[○ 등나무
× 등칡

○ 등잔걸이
× 등경걸이

○ 딴전
○ 딴청

○ 땅콩
○ 호콩

○ 땔감
○ 땔거리

○ 때깔
× 땟갈

○ 떡보
× 떡충이

○ 뜨리다
○ 트리다

○ 마구잡이
× 막잡이

○ 마른갈이
× 건갈이

○ 마른 빨래
× 건빨래

○ 마파람
○ 앞바람

○ 막대기
○ 막대

○ 막상
× 마기

○ 만큼
○ 만치

○ 말동무
○ 말벗

○ 망가뜨리다
× 망그뜨리다

○ 망태기
○ 망태

○ 매만지다
× 우미다

○ 맷돌
× 매돌

○ 머릿기름
× 머리기름

○ 머릿방
× 머리방

○ 머무르다
○ 머물다

○ 먹새
○ 먹음새

○ 먼발치
× 먼발치기

○ 멀찌감치
○ 멀찍이, 멀찌가니

○ 멋쟁이
× 멋장이

○ 멍게
○ 우렁쉥이

○ 멥쌀
× 멧쌀

○ 멧나물
× 메나물

○ 모깃불
× 모기불

○ 모내다
○ 모심다

○ 모이
× 모

○ 모쪼록
× 아무쪼록

○ 목메다
× 목맺히다

○ 목화씨
○ 면화씨

○ 못자리
× 모자리

○ 못지않다
× 못치않다

○ 무
× 무우

○ 무르다
× 물다

○ 무심결
○ 무심중

○ 무심코
× 무심ㅎ고

○ 문구
× 문귀

○ 물부리
○ 빨부리

○ 물심부름
○ 물시중

○ 미루나무
× 미류나무

○ 미수
× 미시

○ 미장이
× 미쟁이

○ 민둥산
○ 벌거숭이산

○ 민망스럽다
× 민주스럽다

○ 밀짚모자
× 보릿짚모자

○ 밑층
○ 아래층

○ 바가지
× 열바가지, 열박

○ 바깥벽
○ 밭벽

○ 바닷가
× 바다가

○ 바라다
× 바래다

○ 바람꼭지
× 바람고다리

○ 바른
○ 오른

○ 반나절
× 나절가웃

○ 발가숭이
× 발가송이

○ 발모가지
○ 발목쟁이

○ 발목쟁이
× 발목장이

○ 방고래
× 구들고래

○ 뱀
× 배암

[○ 뱀장어
× 배암장어

[○ 뱃길
× 배길

[○ 뱃병
× 배병

[○ 버들강아지
○ 버들개지

[○ 벌레
× 벌거지

[○ 베갯잇
× 베개잇

[○ 벽돌
× 벽

[○ 변덕스럽다
○ 변덕맞다

[○ 볍씨
× 볏씨

[○ 볏가리
× 벼가리

[○ 보조개
○ 볼우물

[○ 보통 내기
○ 여간내기, 예사내기

[○ 보퉁이
× 보통이

[○ 본받다
× 법받다

[○ 본새
× 뽄새

[○ 볼따구니
○ 볼퉁이, 볼때기

[○ 봉숭아
× 봉숭화

[○ 부끄러워하다
× 부끄리다

[○ 부스러기
× 부스럭지

[○ 부스럼
× 부럼

[○ 부싯돌
× 부시돌

[○ 부엌
× 부억

[○ 부조
× 부주

[○ 부지깽이
× 부지팽이

[○ 부침개질
○ 부침질, 지짐질

[○ 불사르다
○ 사르다

[○ 붉으락푸르락
× 푸르락붉으락

[○ 비발
○ 비용

[○ 빈대떡
× 빈자떡

[○ 빌리다
× 빌다

[○ 빗물
× 비물

[○ 빚쟁이
× 빚장이

[○ 빛깔
× 빛갈

[○ 빠트리다
○ 빠뜨리다

[○ 뺨따귀
× 뺌따귀
○ 뺨따구니

[○ 뻣뻣하다
× 왜긋다

[○ 뽐내다
× 느물다

[○ 사글세
× 삭월세

[○ 사돈
× 사둔

[○ 사래논
× 사래답

[○ 사래밭
× 사래전

[○ 사자탈
× 사지탈

[○ 사잣밥
× 사자밥

[○ 산누에
× 멧누에

[○ 산줄기
× 멧발, 멧줄기

[○ 살얼음판
× 살판

[○ 살쾡이
× 삵괭이

[○ 살풀이
× 살막이

[○ 삼촌
× 삼춘

[○ 삽살개
○ 삽사리

[○ 상추
× 상치

[○ 상투쟁이
× 상투꼬부랑이

[○ 샘
× 새암

[○ 생강
× 새강

[○ 샛별
× 새벽별

[○ 생
○ 새앙, 생강

[○ 생각건대
× 생각컨대

[○ 생각다 못해
× 생각타 못해

[○ 생쥐
× 새앙쥐

[○ 생철
○ 양철

[○ 서 돈
× 석 돈, 세 돈

[○ 서두르다
○ 서둘다

○ 서럽다
○ 섧다

○ 서 말
× 석 말, 세 말

○ 서 발
× 석 발, 세 발

○ 서투르다
× 서툴다

○ 서 푼
× 석 푼, 세 푼

○ 석 냥
× 세 냥

○ 석 되
× 세 되

○ 석 섬
× 세 섬

○ 석 자
× 세 자

○ 선머슴
× 풋머슴

○ 선짓국
× 선지국

○ 설거지
× 설겆이

○ 섭섭지
× 섭섭치

○ 섭섭하다
× 애운하다

○ 성구
× 성귀

○ 성글다
○ 성기다

○ 성깔
× 성갈

○ 세요
○ 셔요

○ 셋방
× 세방

○ 셋째
× 세째

○ 소금쟁이
× 소금장이

○ 소리꾼
× 소릿군

○ 속말
× 속소리

○ 손목 시계
× 팔뚝 시계
× 팔목 시계

○ 손수레
× 손구루마

○ 솔개
× 소리개

○ 송이
○ 송이버섯

○ 쇠-
○ 소-

○ 쇠고랑
× 고랑쇠

○ 쇳조각
× 쇠조각

○ 수꿩
× 수퀑, 숫꿩

○ 수놈
× 숫놈

○ 수두룩하다
× 수룩하다

○ 수소
× 숫소

○ 수수깡
○ 수숫대

○ 수캉아지
× 숫강아지

○ 수캐
× 숫개

○ 수컷
× 숫것

○ 수키와
× 숫기와

○ 수탉
× 숫닭

○ 수탕나귀
× 숫당나귀

○ 수퇘지
× 숫돼지

○ 수평아리
× 숫병아리

○ 숫양
× 수양

○ 숫염소
× 수염소

○ 숫쥐
× 수쥐

○ -스레하다
○ -스름하다

○ -습니다
× -읍니다

○ 시구
× 시귀

○ 시누이
○ 시누, 시뉘

○ 시늉말
○ 흉내말

○ 시름시름
× 시늠시늠

○ 신
○ 신발

○ 신기롭다
× 신기스럽다

○ 실망케
× 실망ㅎ게

○ 심부름꾼
× 심부름군

○ 심술꾸러기
○ 심술쟁이

○ 쌍동밤
× 쪽밤

○ 쐬다
○ 쏘이다

○ 씁스레하다
○ 씁쓰름하다

○ 아귀세다
○ 아귀차다

○ 아내
× 안해

[○ 아래로
× 알로

[○ 아래위
○ 위아래

[○ 아랫니
× 아래이

[○ 아랫마을
× 아래마을

[○ 아랫방
× 아래방

[○ 아랫집
× 아래집

[○ 아름다워지다
× 아름다와지다

[○ 아무튼
× 아뭏든

[○ 아주
× 영판

[○ 아지랑이
× 아지랭이

[○ 안쓰럽다
× 안슬프다

[○ 안절부절못하다
× 안절부절하다

[○ 앉은뱅이 저울
× 앉은 저울

[○ 앉음새
○ 앉음앉음

[○ 알은척
○ 알은체

[○ 알사탕
× 구슬사탕

[○ 앞지르다
× 따라먹다

[○ 애갈이
○ 애벌갈이

[○ 애꾸눈이
○ 외눈박이

[○ 애달프다
× 애닯다

[○ 애벌레
× 어린벌레

[○ 양칫물
× 양치물

[○ 양파
× 둥근파

[○ 어구
× 어귀

[○ 어중간
× 어지중간

[○ 어질병
× 어질머리

[○ 언뜻
× 펀뜻

[○ 언제나
× 노다지

[○ -에는
× -엘랑

[○ 여느
× 여늬

[○ 역겹다
× 역스럽다

[○ 열심히
× 열심으로

[○ 열어제치다
× 열어젖뜨리다

[○ 예삿일
× 예사일

[○ 오금팽이
× 오금탱이

[○ 오뚝이
× 오똑이

[○ 온갖
× 온가지

[○ 온달
× 원달

[○ 올시다
× 올습니다

[○ 옹골차다
× 공골차다

[○ 외지다
× 벽지다

[○ 요컨대
× 요건ㅎ대

[○ 우두커니
× 우두머니

[○ 우렁잇속
× 우렁이속

[○ 우레
× 우뢰

[○ 웃돈
× 윗돈

[○ 웃비
× 윗비

[○ 웃어른
× 윗어른

[○ 웃옷
× 윗옷

[○ 위짝
× 웃짝

[○ 위채
× 웃채

[○ 위층
× 웃층

[○ 위치마
× 웃치마

[○ 위턱
× 웃턱

[○ 위통
× 웃통, 윗통

[○ 위팔
× 웃팔

[○ 윗넓이
× 웃넓이

[○ 윗눈썹
× 웃눈썹

[○ 윗니
× 웃니

[○ 윗도리
× 웃도리

[○ 윗동아리
× 웃동아리

[○ 윗목
× 웃목

[○ 윗몸
× 웃몸

[○ 윗배 × 웃배
[○ 윗벌 × 웃벌
[○ 윗변 × 웃변
[○ 윗사랑 × 웃사랑
[○ 윗수염 × 웃수염
[○ 윗입술 × 웃입술
[○ 윗잇몸 × 웃잇몸
[○ 윗자리 × 웃자리
[○ 유기장이 × 유기쟁이
[○ 으레 × 으례
[○ 이마빼기 × 이맛배기
[○ 익살꾼 × 익살군
[○ 익숙지 × 익숙치
[○ 인용구 × 인용귀
[○ 일구다 × 일다
[○ 일꾼 × 일군
[○ 입담 × 말담
[○ 잇몸 × 이몸
[○ 잇자국 × 이자국
[○ 잎담배 × 잎초
[○ 자두 × 오얏
[○ 자릿세 × 자리세
[○ 잔돈 × 잔전
[○ 장꾼 × 장군
[○ 장난꾼 × 장난군
[○ 장사치 × 장사아치
[○ 재봉틀 × 자봉틀
[○ 잿더미 × 재더미
[○ 적이 × 저으기
[○ 전봇대 × 전선대
[○ 전셋집 × 전세집
[○ 절구 × 절귀
[○ 정녕코 × 정녕ㅎ고
[○ 제삿날 × 제사날
[○ 조갯살 × 조개살
[○ 주책 × 주착
[○ 주책없다 × 주책이다
[○ 주추 × 주초
[○ 죽데기 × 죽더기, 피죽
[○ 죽살이 × 죽살
[○ 지게꾼 × 지겟군
[○ 지겟다리 × 목발
[○ 지루하다 × 지리하다
[○ -지만 × -지만서도
[○ 짐꾼 × 부지군
[○ 짓무르다 × 진무르다
[○ 짓무르다 × 짓물다
[○ 쪽 × 짝
[○ 찌꺼기 × 찌꺽지
[○ 찹쌀 × 이찹쌀
[○ 찻간 × 차간
[○ 찻잔 × 차잔
[○ 찻종 × 차종
[○ 찻집 × 차집
[○ 천장 × 천정
[○ 철따구니 × 철때기
[○ 청대콩 × 푸른콩
[○ 쳇바퀴 × 체바퀴
[○ 촛국 × 초국
[○ 총각무 × 알무, 알타리무
[○ 칫솔 × 잇솔
[○ 칸 × 간
[○ 케케묵다 × 켸켸묵다

[○ 코맹맹이
× 코맹녕이
[○ 코빼기
× 콧배기
[○ 코주부
× 코보
[○ 콧병
× 코병
[○ 킷값
× 키값
[○ 타
× ㅎ다
[○ 탯줄
× 태줄
[○ 털어먹다
× 떨어먹다
[○ 텃마당
× 터마당
[○ 텃세
× 터세
[○ 토록
× ㅎ도록
[○ 퇴박맞다
× 퇴맞다
[○ 툇간
× 퇴간
[○ 툇마루
× 퇴마루

[○ 튀기
× 트기
[○ 판자때기
× 판잣대기
[○ 팔꿈치
× 팔굼치
[○ 푼돈
× 분전, 푼전
[○ 핏기
× 피기
[○ 핏대
× 피대
[○ 하늬바람
× 하니바람
[○ 하마터면
× 하맣더면
[○ 하여튼
× 하옇든
[○ 한사코
× 한샇고
[○ 햇볕
× 해볕
[○ 햇수
× 해수
[○ 허드레
× 허드래
[○ 허우대
× 허위대

[○ 허우적허우적
× 허위적허위적
[○ 호루라기
× 호루루기
[○ 홀쭉이
× 홀쭈기
[○ 횟가루
× 회가루
[○ 횟배
× 회배
[○ 횟수
× 회수
[○ 훗날
× 후날
[○ 훗일
× 후일
[○ 휴지
× 수지
[○ 흉없다
× 흉헙다
[○ 흔타
× 흔ㅎ다
[○ 흰말
× 백말, 부루말
[○ 흰죽
× 백죽

【복수 표준말】

[○ 가는허리
○ 잔허리
[○ 가락엿
○ 가래엿
[○ 가뭄
○ 가물
[○ 가엾다
○ 가엽다

[○ 감감무소식
○ 감감소식
[○ 개수통
○ 설거지통
[○ 개숫물
○ 설거지물
[○ 갱엿
○ 검은엿

[○ -거리다
○ -대다
[○ 거슴츠레하다
○ 게슴츠레하다
[○ 거위배
○ 횟배
[○ 거짓부리
○ 거짓불

[○ 게을러빠지다
○ 게을러터지다
[○ 고깃간
○ 푸줏간
[○ 고까
○ 꼬까, 때때
[○ 고린내
○ 코린내
[○ 곰곰
○ 곰곰이
[○ 관계없다
○ 상관없다
[○ 괴다
○ 고이다
[○ 구린내
○ 쿠린내
[○ 극성 떨다
○ 극성부리다
[○ 게세부리다
○ 기세피우다
[○ 기승떨다
○ 기승부리다
[○ 꺼림하다
○ 께름하다
[○ 꼬리별
○ 살별
[○ 꽃도미
○ 붉돔
[○ 꾀다
○ 꼬이다
[○ 나귀
○ 당나귀
[○ 나부랭이
○ 너부렁이
[○ 내리글씨
○ 세로글씨
[○ 넝쿨
○ 덩굴
[○ 네
○ 예
[○ 녘
○ 쪽

[○ 노을
○ 놀
[○ 눈대중
○ 눈짐작, 눈어림
[○ 다달이
○ 매달
[○ -다마다
○ -고말고
[○ 닭의 장
○ 닭장
[○ 애순
○ 어린순
[○ 양념감
○ 양념거리
[○ 어금버금하다
○ 어금지금하다
[○ 어기여차
○ 어여차
[○ 어림잡다
○ 어림치다
[○ 어이없다
○ 어처구니없다
[○ 어저께
○ 어제
[○ 언덕바지
○ 언덕배기
[○ 얼렁뚱땅
○ 엄벙뗑
[○ 여왕벌
○ 장수벌
[○ 여쭈다
○ 여쭙다
[○ 여태
○ 입때
[○ 여태껏
○ 입때껏. 이제껏
[○ 역성들다
○ 역성하다
[○ 연달다
○ 잇달다
[○ 엿반대기
○ 엿자박

[○ 오누이
○ 오누, 오뉘
[○ 옥수수
○ 강냉이
[○ 왕골기직
○ 왕골자리
[○ 외겹실
○ 외올실, 홑실
[○ 외손잡이
○ 한손잡이
[○ 외우다
○ 외다
[○ 욕심꾸러기
○ 욕심쟁이
[○ 우레
○ 천둥
[○ 우지
○ 울보
[○ -으세요
○ -으셔요
[○ 을러대다
○ 을러메다
[○ 의심스럽다
○ 의심쩍다
[○ 이기죽거리다
○ 이죽거리다
[○ -이에요
○ -이어요
[○ 일일이
○ 하나하나
[○ 일찌감치
○ 일찌거니
[○ 입찬말
○ 입찬소리
[○ 자리옷
○ 잠옷
[○ 자물쇠
○ 자물통
[○ 장가가다
○ 장가들다
[○ 재롱떨다
○ 재롱부리다

[○ 제가끔
○ 제각기

[○ 좀처럼
○ 좀체

[○ 죄다
○ 조이다

[○ 중신
○ 중매

[○ 짚단
○ 짚뭇

[○ 쪽
○ 편

[○ 쬐다
○ 쪼이다

[○ 찌꺼기
○ 찌끼

[○ 차차
○ 차츰

[○ 척
○ 체

[○ 천연덕스럽다
○ 천연스럽다

[○ 철따구니
○ 철딱지, 철딱서니

[○ 추어올리다
○ 추어주다

[○ 축가다
○ 축나다

[○ 편지투
○ 편지틀

[○ 한턱내다
○ 한턱하다

[○ 혼자되다
○ 홀로되다

[○ 흠가다
○ 흠나다, 흠지다

2. 같은 말과 비슷한 말

【 ㄱ 】

가 …… 가장자리
가난 …… 궁핍
가르다 …… 쪼개다
가망 …… 희망
가엾다 …… 불쌍하다
가족 …… 식구
가짜 …… 거짓
각기 …… 각각
간단 …… 간결. 간략
간섭 …… 참견
간절히 …… 간곡히
간청 …… 애원
간편 …… 간단. 단순
간호 …… 간병
감격 …… 감동
감독 …… 감시
감동 …… 감격
감사 …… 치사. 사례
감탄 …… 탄복
감흥 …… 흥취
강산 …… 산천. 강토
강연 …… 연설
개선 …… 개량
개시 …… 시작
개척 …… 개간. 개발
거의 …… 거지반
거저 …… 그냥
거절 …… 거부
걱정 …… 근심
검소 …… 검약. 소박
겨레 …… 민족
결과 …… 성과. 결말
결렬 …… 분열
결심 …… 결의. 각오
결의 …… 각오. 결심
결정 …… 작정. 확정
결혼 …… 혼인
겸손 …… 공손. 겸양
경계 …… 지경
경영 …… 운영
경험 …… 체험
계속 …… 연속
계절 …… 철
계획 …… 기획
고국 …… 본국. 조국
고귀 …… 존귀
고단하다 …… 피곤하다
고랑쇠 …… 수갑
고생 …… 고난
고장 …… 지방. 고향
고향 …… 향토
곡조 …… 가락
공기 …… 기체
공로 …… 공적
공부 …… 학습
공사 …… 역사
공손히 …… 겸손히
과실 …… 과일. 실과
과실나무 …… 과목
과연 …… 과시. 참으로
관리 …… 공무원
괴상 …… 기이
괴수 …… 두목. 수괴
교외 …… 야외
교환 …… 교역
교회 …… 예배당
구별 …… 분별. 차별
구조 …… 구원
국가 …… 나라
국력 …… 국세
국민 …… 백성. 인민
국토 …… 강토. 영토
군사 …… 군인. 병사
군중 …… 대중
군함 …… 전함
굴복 …… 항복. 복종
궁전 …… 궁궐
귀국 …… 환국
그러께 …… 재작년
그림 …… 회화
극진 …… 지극
근래 …… 근간
근본 …… 기초
근심 …… 걱정
근원 …… 근본
근처 …… 근방
글 …… 문장
금년 …… 올해
기갈 …… 갈증
기구 …… 도구
기금 …… 자금
기도 …… 기원
기력 …… 기상. 기운

부록

기록 .... 기재
기부 .... 기증
기쁘다 .... 즐겁다
기사 .... 기록
기상 .... 기력. 의기
기색 .... 안색

기세 .... 형세
기술 .... 기예
기와집 .... 와가
기왕 .... 이왕
기운 .... 힘. 기력
기이한 .... 기묘한

길손 .... 나그네
까닭 .... 이유. 영문
꽃밭 .... 화단
끌다 .... 당기다
끝없이 .... 한없이
끼니 .... 식사

【 ㄴ 】

나라 .... 국가
나루터 .... 도선장
나이 .... 연령
낙심 .... 낙망. 실망
낙원 .... 천국
날씨 .... 일기
낯익다 .... 익숙하다
낱낱이 .... 모조리
내막 .... 내용

내일 .... 명일
네모 .... 사각
노고지리 .... 종달새
노래 .... 가요
노력 .... 진력
노예 .... 종. 노비
노인 .... 늙은이
노자 .... 여비
논밭 .... 전답

논의 .... 의논
놀이 .... 유희
농사 .... 농업
농장 .... 농원
농촌 .... 전원
누룽지 .... 눌은밥
눈부시다 .... 휘황하다
눈치 .... 기미. 낌새
늘 .... 언제나

【 ㄷ 】

다대수 .... 대다수
단결 .... 단합
단독 .... 독단
단정 .... 단아
달리다 .... 뛰다
달빛 .... 월광
담 .... 담장
담당 .... 담임
담뿍 .... 듬뿍
담임 .... 담당
답답하다 .... 안타깝다
당부 .... 부탁
당시 .... 당대
대강 .... 대개. 대략
대관절 .... 대체
대궐 .... 왕궁. 궁전
대단히 .... 굉장히
대답 .... 대꾸. 응답

대륙 .... 대지
대번에 .... 단번에
대우 .... 접대. 대접
대표 .... 책임자
대항 .... 대적. 항거
더구나 .... 더욱이
더디다 .... 늦다
덕택 .... 혜택. 덕분
도달 .... 도착
도대체 .... 대관절
도로 .... 길
도로 .... 다시
도리 .... 방도. 방법
도리어 .... 오히려
도망 .... 도주
독서실 .... 도서관
도시 .... 도회지
도의 .... 도덕

도회지 .... 도시
독립 .... 자립
돈 .... 금전
돌보다 .... 보살피다
동기 .... 동창
동네 .... 마을
동무 .... 친구
동생 .... 아우
동안 .... 기간
동의 .... 찬성
동지 .... 동료
동창 .... 동문
두렵다 .... 무섭다
두메 .... 산촌
둘레 .... 주위
뒤뜰 .... 뒤꼍
뒷간 .... 변소
들판 .... 평야. 벌판

등불 …… 등화
딱하다 …… 가엾다
땅 …… 토지. 대지
때 …… 시대. 시간
때문 …… 까닭
뜨이다 …… 보이다
뜰 …… 마당. 정원
뜻 …… 의미. 의의
뜻밖에 …… 의외로

【 ㅁ 】

마구 …… 함부로
마련 …… 준비
마술사 …… 마법사
마을 …… 동네
마음 …… 정신
마치 …… 흡사
마치다 …… 끝내다
마침내 …… 드디어
막론 …… 물론
만고 …… 천고. 만대
만일 …… 만약
만족 …… 흡족
말기 …… 말엽
말끔히 …… 깨끗이
말소리 …… 음성
매우 …… 몹시
매월 …… 매달
매일 …… 날마다
맹렬 …… 격렬. 치열
맹세 …… 서약
먼저 …… 우선
멸시 …… 천시
명령 …… 분부. 지시
명예 …… 명성. 영예
모두 …… 다
모습 …… 모양
모조리 …… 죄다
모집 …… 수집
목숨 …… 생명
목적 …… 목표
몸 …… 신체
몸가짐 …… 태도
몸소 …… 손수. 친히
몹시 …… 매우. 대단히
못난이 …… 바보
묘목 …… 모나무
묘하다 …… 야릇하다
무덤 …… 뫼. 산소
무력 …… 군사력
무렵 …… 즈음
무사 …… 무고
무섭다 …… 두렵다
무시 …… 멸시
무안 …… 무색
무지 …… 무식
묵묵히 …… 잠잠히
묶다 …… 매다
문명 …… 문화
문명인 …… 문화인
물건 …… 물자
물결 …… 파문. 파도
물론 …… 무론
물음 …… 질문
미개 …… 야만. 원시
민족 …… 겨레. 종족
믿음 …… 신앙. 신의
밑 …… 아래

【 ㅂ 】

바다 …… 해양
바닷가 …… 해변
바르다 …… 곧다. 옳다
바른쪽 …… 오른쪽
바보 …… 등신. 천치
박수 …… 박장
반격 …… 역습
반대 …… 거역. 거부
반대말 …… 맞선말
반대편 …… 맞은편
반드시 …… 꼭
발견 …… 발명
발달 …… 발전
발표 …… 공표
발행 …… 발간
방도 …… 방법. 방책
방면 …… 방향
방법 …… 수단. 방도
방비 …… 수비
방안 …… 실내
방해 …… 헤살. 훼방
방향 …… 방면. 향방
배달 …… 배부
백성 …… 국민
뱃사람 …… 사공. 선원
버릇 …… 습성. 습관
번지다 …… 퍼지다
번창 …… 번성. 번영
번화 …… 번창. 번잡
벌 …… 들

벌써 ························ 이미
벌판 ························ 들판
벼슬 ························ 관직
변화 ·············· 변동. 변천
별로 ··················· 그다지
별안간 ················ 갑자기
병 ················ 병환. 질병
병기 ························ 무기
병력 ··················· 군사력
병사 ························ 군사
병원 ························ 의원
병자 ························ 환자
병정 ·············· 군인. 병졸
보고 ·············· 발표. 신고
보람 ·············· 효험. 효과
보랏빛 ················ 보라색
보름달 ·········· 만월. 망월
보배 ························ 보물
보복 ····················· 앙갚음
보장 ························ 보증
보존 ························ 보전
보통 ·············· 예사. 평범
복종 ·············· 순종. 굴복
본래 ·············· 본디. 원래
본보기 ····················· 모범
볼모 ························ 인질
봉사 ························ 소경
부강 ························ 부유
부락 ························ 동네
부모 ························ 양친
부부 ························ 내외
부유 ························ 풍족
부자 ························ 부호
부지런히 ············· 열심히
부흥 ························ 재건
분간 ·············· 구별. 분별
분야 ························ 부문
분주 ························ 분망
불만 ························ 불평
불안 ························ 근심
불행 ························ 불우
비결 ························ 비법
비극 ························ 참극
비밀 ························ 기밀
비용 ························ 경비
비웃음 ····················· 조소
비참 ·············· 처참. 참혹
빈곤 ·············· 가난. 구차
빈손 ························ 맨손
빗줄기 ····················· 빗발
빨리 ························ 급히

【 ㅅ 】

사람 ·············· 인간. 인류
사랑 ························ 애정
사명 ························ 임무
사방 ························ 사면
사상자 ················ 살상자
사실 ························ 진실
사업 ························ 기업
사용 ························ 이용
사정 ·············· 실정. 형편
산골 ························ 두메
산모롱이 ········· 산모퉁이
산허리 ················ 산중턱
상대 ························ 대상
상대편 ················ 상대방
상륙 ························ 착륙
상상 ·············· 공상. 추측
상쾌 ·············· 경쾌. 유쾌
생각 ·············· 상상. 사고
생명 ························ 목숨
생활 ·············· 생존. 생계
서럽다 ················ 슬프다
서울 ·············· 장안. 수도
선물 ························ 선사
선생 ························ 스승
선전 ························ 광고
선출 ························ 선거
설령 ························ 설사
설명 ························ 해설
설움 ························ 슬픔
성격 ·············· 성품. 성질
성공 ························ 성취
성과 ·············· 결과. 효과
성내다 ················ 화내다
성명 ·············· 이름. 성함
성질 ·············· 성미. 성격
세계 ························ 세상
세력 ·············· 권력. 권세
세모 ························ 삼각
세밀히 ················ 자세히
세상 ·············· 세계. 천하
세수 ························ 세면
세월 ·············· 광음. 시일
소동 ························ 소란
소모 ························ 소비
소문 ························ 풍문
소변 ························ 오줌
소상 ························ 상세
소식 ·············· 소문. 안부
소용 ························ 필요
소원 ························ 소망
소중 ························ 귀중
소풍 ·············· 원족. 산보
속 ······························ 안
속국 ······················ 식민지
속하다 ················ 딸리다
손들다 ············ 항복하다
수고 ·············· 고생. 노고
수다 ························ 허다
수복 ························ 탈환
수입 ························ 소득

수축 ······ 개축
순서 ······ 차례
숭배 ······ 숭상
숲 ······ 삼림
스승 ······ 선생
슬픔 ······ 설움
습관 ······ 습성. 관습
승낙 ······ 허락. 승인
승리 ······ 승첩. 승전
승패 ······ 승부
시각 ······ 시간
시대 ······ 시절
시설 ······ 설비
시작 ······ 개시
시체 ······ 송장. 주검
시험 ······ 실험. 고사
식구 ······ 가족
신부 ······ 사제
신세 ······ 처지
신앙 ······ 종교
신통 ······ 신기
실망 ······ 낙망
실상 ······ 사실
실시 ······ 시행. 실행
실제 ······ 실지
실천 ······ 실행
실험 ······ 시험
실현 ······ 실천
싸움 ······ 전투. 전쟁
씨 ······ 종자. 씨앗

【 ㅇ 】

아군 ······ 우군
아기 ······ 아이
아내 ······ 처
아마 ······ 대개
아무리 ······ 비록
아우 ······ 동생
아이 ······ 아동
아주 ······ 매우
안녕 ······ 평안
안팎 ······ 내외
애씀 ······ 노력
애원 ······ 애소. 간청
약 ······ 대략
약속 ······ 약조. 언약
양지 ······ 양달
양쪽 ······ 양편
어른 ······ 성인
어린이 ······ 아동
어저께 ······ 어제
언제나 ······ 항상. 늘
얼굴 ······ 낯
얼른 ······ 빨리
여성 ······ 여자
여행 ······ 원행
역사 ······ 청사
연구 ······ 탐구. 궁리
연달다 ······ 잇달다
연습 ······ 연마
연약하다 ······ 가냘프다
열성 ······ 성의
열중 ······ 열심. 골몰
열차 ······ 기차
염려 ······ 우려
영광 ······ 영예. 광영
영영 ······ 영원히
영화 ······ 활동 사진
옆 ······ 곁
예쁘다 ······ 곱다
예사 ······ 보통
예전 ······ 그전. 옛날
예절 ······ 예의
옛날 ······ 옛적
오늘 ······ 금일. 현재
오직 ······ 다만
오후 ······ 하오
옥좌 ······ 왕좌. 보좌
온갖 ······ 갖은
온순 ······ 유순
완강히 ······ 굳세게
완성 ······ 완수. 완료
완전 ······ 온전
왕 ······ 임금
왕국 ······ 군주국
왕궁 ······ 궁궐
왕래 ······ 내왕
왜적 ······ 왜구
요란 ······ 소란
요새 ······ 요즘
요점 ······ 중점
욕심 ······ 욕망
용감 ······ 용맹. 과감
용기 ······ 패기
우군 ······ 아군
우대 ······ 후대
우렁차다 ······ 굉장하다
우정 ······ 우의
운명 ······ 운수. 숙명
울창 ······ 무성
울타리 ······ 담
원래 ······ 본래
원수 ······ 적
원인 ······ 근원
원한 ······ 원망
위급 ······ 위태
위대하다 ······ 훌륭하다
위로 ······ 위안
위법 ······ 불법
위험 ······ 위해
유명 ······ 저명
유언 ······ 유서
은돈 ······ 은화

은둔 …… 도피
응원 …… 후원. 성원
의견 …… 의사
의기 …… 기상. 패기
의논 …… 상의
의문 …… 의심
의사 …… 의원
의식 …… 정신
의심 …… 의문. 의혹
의욕 …… 욕망
의젓하다 …… 점잖다
이르다 …… 가르치다
이른바 …… 소위

이름 …… 성명
이번 …… 금번
이상 …… 괴상
이슬비 …… 가랑비
이용 …… 사용
이웃 …… 인근
이익 …… 이득. 유익
이자 …… 이식
이치 …… 원리
이해 …… 해석
익숙 …… 능숙
인격 …… 인품
인도 …… 안내

인류 …… 인간
인정 …… 확정
인품 …… 인격
일생 …… 평생
일시 …… 동시
일요일 …… 공일
일행 …… 동행
임금 …… 왕
임원 …… 역원
임자 …… 주인
입장 …… 등장
입학 …… 입교
잇속 …… 이익

【ㅈ】

자기 …… 자신
자녀 …… 자식
자료 …… 재료
자루 …… 주머니
자세 …… 상세
자연 …… 천연
자원 …… 자산. 밑천
자줏빛 …… 자주색
자취 …… 흔적
작곡 …… 편곡
잠시 …… 잠깐
잠잠하다 …… 조용하다
잡음 …… 소음
장 …… 시장
장군 …… 장수
장님 …… 소경
장막 …… 천막. 포장
장수 …… 상인
장엄 …… 웅장
장차 …… 미래
장하다 …… 훌륭하다
재능 …… 재주
재료 …… 자료
재미 …… 흥미

재산 …… 재물
재주 …… 재능
재촉 …… 독촉
저금 …… 저축. 예금
적군 …… 적병
적당 …… 적절
적막 …… 정적
전봇줄 …… 전깃줄
전부 …… 전체
전송 …… 배웅
전연 …… 전혀
전원 …… 농촌
전쟁 …… 전투
전체 …… 전부
전함 …… 군함
점점 …… 점차. 차차
정도 …… 기량. 한도
정리 …… 정돈
정말 …… 참말
정복 …… 정벌
정상 …… 형편
정성 …… 지성. 성심
정세 …… 형세
정신 …… 영혼. 마음

정오 …… 오정
정원 …… 뜰
정전 …… 휴전
정치 …… 정사
정확 …… 확실
제목 …… 표제
제안 …… 제의
제조 …… 제작
제창 …… 주창
조건 …… 조항
조국 …… 고국
조목 …… 조항
조사 …… 검사
조상 …… 선조
조심 …… 주의
조종사 …… 비행사
조직 …… 편성. 구성
조짐 …… 기미
존중 …… 존대. 존귀
졸도 …… 기절
종사 …… 종업
죄명 …… 죄목
죄송 …… 황송
주목 …… 주시. 관심

주변 .... 언저리
주요 .... 중요
주의 .... 경고
주인 .... 임자
주장 .... 주창
주저하다 .... 망설이다
주창 .... 주장
죽음 .... 사망
준공 .... 낙성
준비 .... 마련, 채비

중 .... 승려
중단 .... 중지
중요 .... 중대, 주요
즈음 .... 당시, 무렵
지금 .... 현재, 이제
지당 .... 타당
지방 .... 지역, 고장
지우다 .... 없애다
지저분하다 .... 더럽다
지혜 .... 슬기

지휘관 .... 지휘자
직분 .... 직책
진심 .... 진정
진영 .... 진
진정서 .... 탄원서
진찰 .... 진단
질문 .... 질의
질서 .... 규율
짐작 .... 추측
집안 .... 가정

【 ㅊ 】

차라리 .... 도리어
차례 .... 순서
차별 .... 구별
찬성 .... 찬동, 동의
찬송가 .... 찬미가
참가 .... 참여
참고 .... 참조
참석 .... 출석
창가 .... 창변
창고 .... 곳간
책임 .... 책무, 임무
처량하다 .... 구슬프다
처리 .... 처치

처벌 .... 형벌
처음 .... 최초
천국 .... 낙원
천연 .... 자연
천재 .... 수재
천하다 .... 천박하다
청결 .... 청소
초대 .... 초청
최전선 .... 최일선
추석 .... 한가위
축하 .... 축복
충동 .... 충격
충성 .... 충절, 충의

측량 .... 측정
층계 .... 계단
치료 .... 진료, 가료
치밀 .... 세밀
치열 .... 극렬
치장 .... 단장
친구 .... 동무, 벗
친절히 .... 상냥히
칠판 .... 흑판
침대 .... 침상
침략 .... 침범, 침노
칭찬 .... 칭송
칭호 .... 명칭

【 ㅋ 】

커다랗다 .... 큼직하다
컴컴하다 .... 어둡다

쾌적하다 .... 상쾌하다
쾌활하다 .... 활발하다

큰댁 .... 큰집
큰물 .... 홍수

【 ㅌ 】

타향 .... 객지
탁월 .... 월등
탄생 .... 출생
탈 .... 가면

탐험 .... 탐색, 모색
태도 .... 자태
태양 .... 해
태평 .... 화평

토대 .... 기본, 기초
토론 .... 토의
토인 .... 흑인
통상 .... 보통

통일 ······························ 통합
통제 ······························ 제재
통지 ················· 기별. 고지
퇴장······························ 퇴석
퇴직 ······························ 퇴임
툭하면 ················ 걸핏하면
특별히 ···················· 유난히
특색 ······························ 특징
특수 ················· 특별. 특이
틀림없이 ·········· 어김없이
틈 ······················ 겨를. 사이
티끌 ······························ 먼지

【 ㅍ 】

파괴 ······························ 파손
파멸 ······························ 멸망
편안 ······························ 평안
편지 ················· 서신. 서한
편집 ······························ 편찬
평생 ······························ 일생
평소 ······························ 평시
평안 ················· 안녕. 편안
평화 ················· 태평. 평온
포악 ······························ 흉악
포탄 ················· 포환. 폭탄
폭동 ················· 소동. 난동
폭발 ······························ 폭파
표면 ······························ 외면
표현 ······························ 표시
풀없이 ···················· 힘없이
풍부 ······························ 풍족
풍속 ······························ 풍습
피 ·································· 혈액
피곤 ······························ 피로
피난 ······························ 피란
필경 ············ 결국. 마침내
필시 ······························ 필연
필요 ················· 소용. 긴요

【 ㅎ 】

학생 ······························ 생도
학자 ······························ 선비
한가위 ·························· 추석
한층 ······························ 한결
함성 ······························ 고함
합방 ······························ 합병
항구 ······························ 포구
항상 ······················ 항시. 늘
해산 ······························ 해체
해안 ······························ 해변
행복 ················· 다행. 행운
향상 ······························ 진보
허락 ······························ 승낙
허욕 ······························ 허영
헛간 ······························ 곳간
형편 ······························ 형세
호소 ·························· 하소연
혹시 ······························ 행여
홍수 ······························ 큰물
화려 ················· 번화. 찬란
확실 ······························ 정확
환영 ················· 영접. 환대
활기 ················· 활발. 생기
황급 ······························ 황망
황실 ······························ 왕실
황홀 ······························ 찬란
회견 ················· 면회. 접견
회복 ······························ 복구
회의 ······························ 회담
효과 ················· 보람. 효력
효도 ······························ 효성
후회 ······························ 참회
휴양 ······························ 정양
휴전 ······························ 정전
흉내 ······························ 모방
흔히 ······························ 자주
흥미 ······························ 재미
희망 ······························ 소망
힘 ·································· 기운

3. 맞선말과 반대말

【 ㄱ 】

가난 …… 부유
가늘다 …… 굵다
가능 …… 불가능
가입 …… 탈퇴
가짜 …… 진짜
간단 …… 복잡
간섭 …… 불간섭
간편 …… 복잡
감독 …… 방임
강하다 …… 약하다
개교 …… 휴교
개다 …… 흐리다
개시 …… 종료, 종결
개인 …… 단체, 집단
거절 …… 승낙, 허락
거칠다 …… 매끄럽다
검소 …… 화려, 사치
겨우내 …… 여름내
결과 …… 원인
결렬 …… 합의
결의 …… 부결
결정 …… 미정
겸손 …… 불손, 거만
경박 …… 침착
경어 …… 비어, 속어
계속 …… 중단
계약 …… 해약
고국 …… 외국, 타국
고단하다 …… 편안하다
고생 …… 편안, 안락
고요히 …… 요란히
고지 …… 저지, 평지
고향 …… 타향
공격 …… 방어, 수비
공급 …… 수요
공손히 …… 건방지게
공주 …… 왕자
괴상 …… 평범
괴수 …… 졸개
교외 …… 시내
구석 …… 가운데, 복판
구체적 …… 추상적
국제 …… 국내
권리 …… 의무
귀족 …… 평민
귀하다 …… 천하다
근심 …… 안심
금지 …… 권장
기쁨 …… 슬픔
기억 …… 망각
꿈 …… 현실

【 ㄴ 】

나중 …… 처음
날줄 …… 씨줄
낡다 …… 새롭다
낮추다 …… 높이다
낯익다 …… 낯설다
내용 …… 형식
널찍하다 …… 좁다랗다
넓어지다 …… 좁아지다
노력 …… 태만
녹다 …… 얼다
논일 …… 밭일
농번기 …… 농한기
높음 …… 낮음
눕다 …… 일어나다
느리다 …… 빠르다
늘다 …… 줄다
늘리다 …… 줄이다
늙다 …… 젊다

【 ㄷ 】

다수 …… 소수
단결 …… 분열
달님 …… 해님

답답하다 ········ 후련하다
대답 ·············· 질문. 질의
대륙 ······················ 대양
던지다 ···················· 받다
도달 ······················ 미달
도매 ······················ 소매
도움 ······················ 방해
독립 ······················ 예속
동양 ······················ 서양
동지 ······················ 원수
두툼하다 ········· 얄팍하다
뒤뜰 ······················ 앞뜰
뒷산 ······················ 앞산
듣다 ······················ 말하다
등교 ······················ 하교
따뜻하다 ········ 서늘하다
또렷하다 ········ 희미하다
뚱뚱하다 ········ 홀쭉하다

【 ㅁ 】

마녀 ······················ 선녀
마음 ················ 몸. 신체
마지막 ···················· 처음
막내딸 ···················· 맏딸
만점 ······················ 영점
만족 ······················ 불만
말기 ······················ 초기
말꼬리 ·················· 말머리
멀리 ···················· 가까이
명령 ······················ 복종
명예 ······················ 수치
모으다 ···················· 흩다
목적 ······················ 수단
몸 ················ 마음. 정신
무리 ······················ 순리
무시 ······················ 중시
무인 ······················ 문인
무지 ······················ 유식
무질서 ···················· 질서
묶이다 ·················· 풀리다
문명 ·············· 미개. 야만
문화 ·············· 미개. 야만
묻다 ················ 대답하다
믿다 ················ 의심하다

【 ㅂ 】

바다 ················ 육지. 뭍
바르다 ·················· 그르다
바쁘다 ·············· 한가하다
반대 ······················ 찬성
발전 ·············· 퇴보. 쇠퇴
방비 ······················ 공격
방해 ·············· 조력. 협조
번영 ······················ 쇠퇴
벌리다 ·············· 오므리다
벌써 ······················ 아직
별명 ······················ 본명
병사 ······················ 장교
보름달 ·················· 초승달
복종 ·············· 불복. 반항
본부 ······················ 지부
부강 ······················ 빈약
부끄럽다 ·········· 떳떳하다
부모 ······················ 자식
부분 ······················ 전체
부유하다 ········· 가난하다
부자연 ···················· 자연
부족 ······················ 풍족
부풀다 ·········· 우그러들다
북서 ······················ 남동
분주 ······················ 한가
불리 ······················ 유리
불만 ······················ 만족
불안 ·············· 편안. 안심
불쾌 ·············· 유쾌. 상쾌
불행 ·············· 행복. 다행
비극 ······················ 희극
비뚜로 ···················· 바로
비명 ······················ 환성
비밀 ······················ 공개
비번 ······················ 당번
비스듬히 ·············· 똑바로
비싸다 ···················· 싸다
빈곤 ······················ 부유
빈민 ·············· 부호. 부자

【 ㅅ 】

사나이 ···················· 계집
사납다 ·············· 온순하다
사랑 ·············· 증오. 미움
사실 ······················ 허위
사치 ······················ 검소
산악 ······················ 평야
상 ························ 벌
상류 ······················ 하류
상륙 ······················ 출항

상승 ………… 하락
생산 ………… 소비
생일 ………… 기일
서양 ………… 동양
선천성 ………… 후천성
성공 ………… 실패
성인 ………… 범인
소년 ………… 소녀
소득 ………… 손실
소용 ………… 무용
소중 ………… 소홀
속히 ………… 천천히
수출 ………… 수입
숭배 ………… 멸시
스승 ………… 제자
승낙 ………… 거부
승리 ………… 패배
승전 ………… 패전
시간 ………… 공간
시골 ………… 도시
시내 ………… 시외, 교외
시원하다 ………… 답답하다
시작 ………… 끝
식다 ………… 끓다
식목 ………… 벌목
식물 ………… 동물
신기 ………… 평범
실패 ………… 성공
싫증 ………… 재미
심다 ………… 캐다
싸움 ………… 평화
쌓다 ………… 헐다
쓰다 ………… 읽다

【 ㅇ 】

아군 ………… 적군
아내 ………… 남편
아직 ………… 이미, 벌써
안녕 ………… 불안, 고생
안심 ………… 불안
안전 ………… 불안전, 위험
암흑 ………… 광명
앞날 ………… 지난날
야만인 ………… 문명인
약하다 ………… 강하다
양지 ………… 음지
어기다 ………… 지키다
어울리다 ………… 배돌다
언짢다 ………… 달갑다
여성 ………… 남성
연결 ………… 절단
열다 ………… 닫다
열쇠 ………… 자물쇠
열심 ………… 태만
염려 ………… 안심, 방심
영광 ………… 치욕
영리 ………… 우둔
예사로 … 유달리, 특별히
예습 ………… 복습
옛날 ………… 오늘날
오늘 ………… 내일, 어제
오뚝 ………… 움푹
오해 ………… 이해, 양해
오후 ………… 오전
온순 ………… 난폭
올바르다 ………… 그르다
완강 ………… 나약
완성 ………… 미완성
완전 ………… 불완전
외국 ………… 내국, 본국
요란하다 ………… 고요하다
욕설 ………… 칭송
용감 ………… 비굴
용맹 ………… 비겁
우대 ………… 천대
우렁차다 ………… 가냘프다
우리 ………… 너희
우선 ………… 나중
원수 ………… 은인
원인 ………… 결과
원한 ………… 은혜
위대 ………… 미미
위인 ………… 범인
위협 ………… 권유
유난히 ………… 평범히
유망 ………… 무망
유명 ………… 무명
유심히 ………… 무심히
유지 ………… 폐지, 변경
육식 ………… 채식
의심 ………… 확신, 믿음
이르다 ………… 늦다
이상 ………… 이하
이상 ………… 정상
이상 ………… 현실
이성 ………… 감성, 감정
이성 ………… 동성
이익 ………… 손해
이자 ………… 원금
이후 ………… 이전
익숙 ………… 미숙
인공적 ………… 자연적
인력 ………… 동력
인상 ………… 인하
인정 ………… 부인
일치 ………… 불일치
입장 ………… 퇴장

【 ㅈ 】

자기 ………… 남. 타인
자녀 ………… 부모
자연 ………… 인공
자유 ………… 구속. 속박
자음 ………… 모음
작년 ………… 내년
잠시 ………… 오래
장교 ………… 사병
저녁 ………… 아침
적군 ………… 아군. 우군
적극적 ………… 소극적
전 ………… 후
전부 ………… 일부
전원 ………… 도시
전쟁 ………… 평화
전체 ………… 부분
전편 ………… 후편
절대 ………… 상대
절약 ………… 낭비
정면 ………… 후면
정밀 ………… 조잡
정신 ………… 육체. 물질
정의 ………… 불의
정전 ………… 개전
정지 ………… 진행
정확 ………… 부정확
조상 ………… 자손
조직 ………… 해산
존경 ………… 멸시
존귀 ………… 비천
존중 ………… 천대. 멸시
졸업 ………… 입학
졸작 ………… 걸작
주인 ………… 손님
주장 ………… 추종
준공 ………… 착공
중대 ………… 사소. 예사
지방 ………… 중앙
지불 ………… 수령
지옥 ………… 극락. 천당
지하 ………… 지상
직접 ………… 간접
진심 ………… 허위. 사심
질서 ………… 무질서. 혼란
짧다 ………… 길다

【 ㅊ 】

차등 ………… 균등
차별 ………… 평등
찬성 ………… 반대
참말 ………… 거짓말
참석 ………… 불참
창간 ………… 폐간
처녀 ………… 총각
천사 ………… 악마
천연 ………… 인공
천재 ………… 둔재. 백치
청결 ………… 불결
초조 ………… 태연
추가 ………… 삭제
축복 ………… 저주
출석 ………… 결석
충분 ………… 부족
충성 ………… 반역. 불충
취임 ………… 퇴임
친절 ………… 불친절
침략 ………… 방어
침묵 ………… 발언. 웅변

【 ㅋ 】

캄캄하다 ………… 환하다
커지다 ………… 작아지다
켜다 ………… 끄다
크다 ………… 작다
큼직하다 ………… 조그맣다
키다리 ………… 난장이

【 ㅌ 】

타향 ………… 고향
탁월 ………… 졸렬
통하다 ………… 막히다
퇴장 ………… 입장
특별 ………… 보통
틔다 ………… 막히다

【 ㅍ 】

파괴 ········ 건설
파멸 ········ 번영
패하다 ········ 승리하다
편리 ········ 불편
편안 ········ 불편
펼치다 ········ 접다
평안 ········ 불안
평야 ········ 산악
평화 ········ 전쟁
폭동 ········ 진압
표면 ········ 이면
풀리다 ········ 맺히다
피다 ········ 지다
피폐 ········ 번성
필요 ········ 불필요

【 ㅎ 】

하류 ········ 상류
하얗다 ········ 까맣다
하차 ········ 승차
학생 ········ 선생
한가 ········ 분주
한적 ········ 번잡
함께 ········ 따로
합격 ········ 낙방
합법 ········ 불법
합창 ········ 독창
항거 ········ 순종
항구적 ········ 일시적
항상 ········ 가끔
해결 ········ 미결
해도 ········ 지도
해방 ········ 속박
해상 ········ 육상
행복 ········ 불행
향기 ········ 악취
향상 ········ 저하
허락 ········ 거절, 불허
헌신적 ········ 이기적
험준 ········ 평탄
헛되이 ········ 참되이
협력 ········ 방해, 훼방
형식 ········ 내용
형제 ········ 자매
홑소리 ········ 닿소리
화려 ········ 소박
화물선 ········ 여객선
환영 ········ 환송, 배척
효 ········ 불효
후세 ········ 전세

4. 띄어쓰기 규칙

1. 조사는 그 앞말에 붙여 쓴다.

예 꽃**이** 꽃**마저** 꽃**밖에** 꽃**에서부터**
꽃**으로만** 꽃**이나마** 꽃**이다** 꽃**처럼**
어디**까지나** 거기**도** 멀리**는** 웃고**만**
집**에서처럼** 학교**에서만이라도**

2. 의존 명사는 띄어 쓴다

예 아는 **것**이 힘이다.
먹을 **만큼** 먹어라.
네가 말한 **바**를 알겠다.
웃을 **뿐**이다.
고향에 갔던 **차**에 선을 보았다.
나도 할 **수** 있다.
아는 **이**를 만났다.
그가 떠난 **지**가 오래다.
아는 **대로** 말해라.

3. 단위를 나타내는 명사는 띄어 쓴다.

예 한 **개** 차 한 **대** 금 한 **돈**
말 한 **마리** 옷 한 **벌** 열 **살**
자반 한 **손** 집 한 **채** 신 두 **켤레**
연필 한 **자루** 버선 한 **죽** 북어 한 **쾌**

※순서를 나타내는 경우나 숫자와 어울리어 쓰는 경우에는 붙여 쓸 수 있다.
예 두**시** 삼십**분** 오**초** 제일**과** 삼학**년** 육**층**
1996**년** 10**월** 9**일** 2**대대** 16**동** 502**호** 제1**실습실**

4. 수를 적을 때에는 '만(萬)' 단위로 띄어 쓴다.

예 십이억 삼천사백오십육만 칠천팔백구십팔
12억 3456만 7898

5. 두 말을 이어 주거나 열거할 적에 쓰이는 말들은 띄어 쓴다.

예 열 **내지** 스물 청군 **대** 백군 사과, 배, 복숭아 **등**

6. 1자로 된 낱말이 연이어 나타날 적에는 붙여 쓸 수 있다.

예 그때 그곳　　좀더 큰것　　이말 저말　　한잎 두잎

7. 보조 용언은 띄어 씀을 원칙으로 하되, 경우에 따라 붙여 씀도 허용한다.

	<원칙>	<허용>
예	불이 꺼져 간다.	불이 꺼져간다.
	어머니를 도와 드린다.	어머니를 도와드린다.
	비가 올 듯하다.	비가 올듯하다.
	그 일은 할 만하다.	그 일은 할만하다.
	일이 될 법하다.	일이 될법하다.
	비가 올 성싶다.	비가 올성싶다.
	잘 아는 척한다.	잘 아는척한다.

8. 성과 이름, 성과 호 등은 붙여 쓰고, 이에 덧붙는 호칭어, 관직명 등은 띄어 쓴다.

예 홍길동　　이율곡　　채영신 씨　　최치원 선생
김철수 박사　　충무공 이순신 장군

9. 성명 이외의 고유 명사는 단어별로 띄어 씀을 원칙으로 하되, 단위별로 띄어 쓸 수 있다.

	<원칙>	<허용>
예	대한 중학교	대한중학교
	한국 대학교 사범 대학	한국대학교 사범대학

10. 전문용어는 각 단어별로 띄어 씀을 원칙으로 하되, 붙여 쓸 수 있다.

	<원칙>	<허용>
예	탄소 동화 작용	탄소동화작용

6. 속담풀이

♣ **가까운 남이 먼 일가보다 낫다** 멀리 떨어져 사는 일가보다 남이라도 이웃에 가까이 지내는 사람이 더 낫다는 말.
♣ **가난 구제는 나라도 못한다** 하고 많은 가난한 사람을 모두 구제하기는 매우 어렵다는 말.
♣ **가는 날이 장날이다** 뜻하지 않은 일이 우연하게도 잘 들어 맞았을 때 쓰는 말.
♣ **가는 말에 채찍질하다** 잘 하는 일을 더 잘 하도록 격려한다는 말.
♣ **가는 말이 고와야 오는 말이 곱다** 내가 남에게 좋게 해야 남도 내게 잘 한다는 말.
♣ **가랑비에 옷젖는 줄 모른다** 재산 같은 것이 조금씩 조금씩 없어지는 줄 모르게 줄어 들어가는 것을 뜻함.
♣ **가물에 콩 나듯** 어떤 일이나 물건이 드문드문 있음을 뜻함.
♣ **가재는 게 편이라** 됨됨이나 형편이 비슷하고 인연 있는 것끼리 서로 편이 되어 어울리고 사정을 보아 줌을 이르는 말.
♣ **가지 많은 나무에 바람 잘 날 없다** 자식 많은 사람은 걱정이 떠날 때가 없다는 뜻.
♣ **간에 가 붙고 쓸개에 가 붙는다** 제게 조금이라도 이로운 일이라면 체면과 뜻을 어기고 아무에게나 아첨한다는 뜻.
♣ **간에 기별도 안간다** 음식을 조금밖에 먹지 못하여 제 양에 차지 않을 때 쓰는 말.
♣ **간이 콩알만해지다** 겁이 나서 몹시 두려워진다는 뜻.
♣ **갈수록 태산** 어려운 일을 당하면 당할수록 점점 어려운 일이 닥쳐 온다는 뜻.
♣ **값싼 것이 비지떡** 무슨 물건이고 값이 싸면 품질이 좋지 못하다는 뜻.
♣ **같은 값이면 다홍치마** 이왕 같은 값이면 자기에게 소득이 많은 것으로 택한다는 말.
♣ **개구리 올챙이 적 생각을 못한다** 자기의 지위가 높아지면 전날의 미천하던 때의 생각을 못한다는 뜻.
♣ **개미 쳇바퀴 돌듯 한다** 뱅뱅 같은 장소를 돌기만 한다는 뜻으로, 노력을 하여도 발전이 없다는 말.
♣ **개밥에 도토리** 여럿속에 어울리지 못하는 사람을 뜻하는 말.
♣ **개천에서 용 난다** 변변하지 못한 집안에서 훌륭한 인물이 나왔을 때 쓰는 말.

♣**고래 싸움에 새우 등 터진다** 힘센 사람들끼리 서로 싸우는 통에 공연히 약한 사람이 그 사이에 끼여 아무 관계없이 해를 입을 때 쓰는 말.
♣**고양이 목에 방울 달기** 실행하기 어려운 일을 공연히 의논함을 빗대어 이르는 말.
♣**공든 탑이 무너지랴** 힘을 다하고 정성을 다하여 한 일은 헛되지 않아 반드시 좋은 결과를 얻는다는 뜻.
♣**구더기 무서워 장 못 담글까** 다소 방해되는 일이 있다 하더라도 마땅히 할 일은 해야 한다는 말.
♣**구슬이 서 말이라도 꿰어야 보배라** 아무리 훌륭한 일이라도 완전히 끝을 맺어 놓아야 비로소 가치가 있다는 말.
♣**굳은 땅에 물이 괸다** 헤프게 쓰지 않고 아끼는 사람이 재산을 모은다는 말.
♣**굿이나 보고 떡이나 먹지** 주는 것이 있으면 그것이나 받지 남의 일에 쓸데없는 간섭을 하지 말라는 뜻.
♣**귀가 보배라** 배운 것은 없으나 들어서 아는 것이 있음을 이르는 말.
♣**귀에 걸면 귀걸이, 코에 걸면 코걸이** 한 가지의 것이 이런 것도 같고 저런 것도 같아 어느 한 쪽으로 결정짓기 어려운 일을 두고 하는 말.
♣**그림의 떡** 보기는 하여도 먹을 수도 없고 가질 수도 없어 실제에 아무 소용이 없는 경우를 이르는 말.
♣**긁어 부스럼** 긁은 탓으로 부스럼이 났다는 말, 곧 필요 없는 짓을 하여 자기 스스로 화를 입는다는 말.
♣**금강산도 식후경** 아무리 좋은 것, 재미있는 일이 있더라도 배가 부르고 난 뒤에야 좋은 줄 안다. 곧, 먹지 않고는 좋은 줄 모른다는 뜻.
♣**급하면 바늘 허리에 실 매어 쓸까** 아무리 급하더라도 일의 순서는 밟아 해야 한다는 뜻.
♣**기는 놈 위에 나는 놈이 있다** 아무리 재주가 있다 하여도 그보다 나은 사람이 있는 것이니 너무 자랑하지 말라는 뜻. 비 뛰는 놈 위에 나는 놈 있다.
♣**기지도 못하면서 뛰려 한다** 순서를 밟지 않고 제 실력 이상의 행동을 하려는 사람을 비웃는 말.
♣**길이 아니면 가지 말고 말이 아니면 탓하지 말라** 사리에 어긋나는 일에는 상관도 하지 말라는 뜻.
♣**까마귀 날자 배 떨어진다** 아무 관계없이 한 일이 공교롭게도 다른 일과 때를 같이 하여 둘 사이에 무슨 관계라도 있는 듯한 의심을 받을 때 쓰는 말.
♣**꼬리가 길면 밟힌다** 아무리 몰래 한다 해도 옳지 못한 일을 계속하면 결국 들키게 된다는 뜻.
♣**꿩 대신 닭** 자기가 쓰려는 것이 없을 때, 그와 비슷한 것으로 대신 쓸수도 있다는 말.
♣**꿩 먹고 알 먹는다** 한 가지 일을 하고 두 가지 이익을 볼 때 쓰는 말.
♣**꿩 잡는 것이 매다** 꿩을 잡지 않으면 매라고 할 수가 없으니, 실지로 제 구실을 해야 이름과 실제가 서로 부합한다는 말.
♣**나중 난 뿔이 우뚝하다** 선배보다 그 후배들이 더나을 때 쓰는 말.

♣ **낙숫물이 댓돌을 뚫는다** 꾸준히 노력하면 아무리 어려운 일이라도 이룰 수 있다는 말.
♣ **남의 잔치에 감 놓아라 배 놓아라 한다** 쓸데없이 남의 일에 간섭한다는 뜻.
♣ **낫 놓고 기역자도 모른다** 글자라고는 아무것도 모르는 몹시 무식한 사람을 두고 하는 말.
♣ **낮말은 새가 듣고 밤말은 쥐가 듣는다** 아무리 비밀히 하는 말도 새어나가기 쉬우니, 말을 항상 조심해서 하라는 뜻.
♣ **내 코가 석 자** 내 사정이 급해서 남의 사정까지 돌볼 수가 없다는 말.
♣ **냉수 먹고 이 쑤시기** 실속은 없으면서 겉으로는 무엇이든지 있는 체함을 비유한 말.
♣ **누워서 침뱉기** 남을 해치려다 도리어 자기 자신이 해를 입는다는 말.
♣ **눈 뜨고 도둑 맞는다** 알면서도 할 수 없이 손해를 볼 때 하는 말.
♣ **눈엣가시** 몹시 미운 사람을 가리키는 말.
♣ **늦게 배운 도둑이 날 새는 줄 모른다** 나이 들어서 시작한 일에 몹시 골몰한 사람을 두고 이름. 비 늦게 시작한 도둑이 새벽 다 가는 줄 모른다.
♣ **다 된 죽에 코 풀기** 다 된 일을 망쳐 놓았다는 뜻.
♣ **단단한 땅에 물이 괸다** 아끼고 쓰지 않는, 마음이 단단한 사람에게 재물이 모인다는 뜻.
♣ **달면 삼키고 쓰면 뱉는다** 제게 이로우면 이용하며, 필요하지 않을 때에는 버린다는 뜻.
♣ **닭 잡아 먹고 오리발 내민다** 나쁜 일을 하고 간사한 꾀로 숨기려 할 때 쓰는 말.
♣ **도끼로 제 발등 찍는다** 남을 해치려다가는 자기가 해를 입는다는 말.
♣ **도둑이 제 발 저리다** 죄 지은 자가 그것이 폭로될까 두려워 하는 나머지 알지 못하는 가운데 그것을 나타내고야 만다는 뜻.
♣ **돌다리도 두들겨 보고 건너라** 아무리 잘 아는 일이라도 조심하여 실수없게 하라는 뜻.
♣ **되로 주고 말로 받는다** 남을 조금 건드렸다가 도리어 일을 크게 당한다는 뜻.
♣ **들으면 병이요 안 들으면 약이다** 걱정되는 일은 차라리 듣지 않는 것이 낫다는 말.
♣ **등잔 밑이 어둡다** 제게 가까운 일을 먼 데 일보다 오히려 모른다는 뜻.
♣ **땅 짚고 헤엄치기** 땅을 짚고 헤엄치듯이 아주 쉽게 할 수 있는 일을 가리켜 하는 말.
♣ **똥 묻은 개가 겨 묻은 개 나무란다** 자기는 더 큰 흉이 있으면서 도리어 남의 작은 흉을 탓한다는 뜻.
♣ **마른 하늘에 생벼락** 뜻밖에 입는 재난을 이르는 말.
♣ **말 많은 집은 장 맛도 쓰다** 집안에 쓸데 없는 말이 많으면 살림이 잘 안 된다는 뜻.
♣ **말 한 마디에 천 냥 빚도 갚는다** 말을 잘 하면 큰 빚도 갚을 수 있다는 말로, 말의 중요성을 나타낸 말.

♣ **목구멍이 포도청** 먹고 살기 위해서는 어떤 일이라도 하게 된다는 뜻.
♣ **못된 송아지 엉덩이에 뿔 난다** 되지 못한 사람이 건방지고 좋지 못한 짓을 한다는 뜻.
♣ **믿는 도끼에 발등 찍힌다** 믿던 일이 뜻밖에 실패한다는 말.
♣ **밑 빠진 독에 물 붓기** 아무리 노력을 하고 애써도 보람이 나타나지 않는 경우에 쓰는 말.
♣ **바늘 도둑이 소 도둑 된다** 나쁜 행실일수록 점점 더 크고 심하게 되니 아예 나쁜 버릇은 길들이지 말라는 뜻.
♣ **발등에 불이 떨어지다** 갑자기 피할 수 없는 매우 급한 일이 닥쳐 왔다는 뜻.
♣ **발 없는 말이 천 리 간다** 말은 퍼지기 쉬우니, 말을 조심하라는 뜻.
♣ **배보다 배꼽이 더 크다** 마땅히 작아야 할 것이 오히려 클 때를 비유해서 이르는 말.
♣ **백지장도 맞들면 낫다** 아무리 쉬운 일이라도 혼자 하는 것보다 협력하여 하는 것이 훨씬 더 낫다는 말.
♣ **벙어리 냉가슴 앓듯** 남에게 말 못 할 사정이 있어 마음 속으로 혼자 애태우는 답답한 사정을 이르는 말.
♣ **벼룩의 간을 내먹는다** 극히 적은 이익을 부당한 수단을 써서 착취한다는 말.
♣ **병 주고 약 준다** 일이 안 되도록 방해하고는 도와 주는 척한다는 뜻.
♣ **보기 좋은 떡이 먹기도 좋다** 겉모양이 좋으면 속의 내용도 좋다는 뜻.
♣ **부뚜막의 소금도 집어 넣어야 짜다** 아무리 손쉬운 일이라도 하지 않으면 소용 없다는 말.
♣ **불 가져오라는데 물 가져온다** 하라고 한 일은 하지 않고 엉뚱한 일을 할 때 쓰는 말.
♣ **비 온 뒤에 땅이 굳어진다** 어떤 풍파를 겪은 뒤에 일이 더 단단해진다는 말.
♣ **빛 좋은 개살구** 겉만 번지르하고 실속이 없다는 뜻.
♣ **사공이 많으면 배가 산으로 올라간다** 간섭하는 사람이 많으면 일이 잘 안 된다는 뜻.
♣ **산에 가야 범을 잡는다** 어떤 일을 이루려면 실제로 그 일을 해야 한다는 뜻.
♣ **새발의 피** 지극히 적은 분량을 말함.
♣ **서당 개 삼년에 풍월을 한다** 무식한 사람이라도 유식한 사람과 같이 오래 지내면 자연히 견문이 생긴다는 말.
♣ **성나 바위치기** 안될 일을 무리하게 하면 스스로 해를 당한다는 뜻.
♣ **세 살 버릇 여든까지 간다** 어려서부터 좋은 버릇을 들여야 한다는 뜻.
♣ **소문난 잔치에 먹을 것 없다** 소문난 것이 흔히 실지로는 보잘것 없다는 말.
♣ **소 잃고 외양간 고친다** 이미 일을 그르치고 난 뒤 뉘우쳐도 소용이 없다는 뜻.
♣ **쇠귀에 경 읽기** 아무리 가르쳐 주고 일러 주어도 알아 듣지 못할 때에 쓰는 말.
♣ **쇠뿔도 단김에 빼랬다** 어떤 일을 하려고 생각하였으면 망설이지 말고 곧 행동으로 옮기라는 뜻.
♣ **수박 겉 핥기** 내용이나 참뜻은 모르면서 대충 일하는 것을 비유해서 쓰는 말.

♣ **시루에 물 붓기** 아무리 애를 써서 해도 보람이 나타나지 않는 일을 두고 하는 말.
♣ **시작이 반이다** 무슨 일이든지 서두를 잡아서 시작만 한다면 그 뒷일은 어려울 것이 없다는 뜻.
♣ **식은 죽 먹기** 어떤 일이 아주 하기 쉽다는 말.
♣ **십 년이면 강산도 변한다** 십 년이란 세월이 흐르면 세상에 변하지 않는 것이 없다는 말.
♣ **아는 길도 물어 가라** 아무리 익숙한 일이라도 남에게 물어보고 조심함이 안전하다는 뜻.
♣ **아니 땐 굴뚝에 연기 날까** 반드시 원인이 있어야 결과가 생긴다는 뜻.
♣ **아닌 밤중에 홍두깨** 예고도 없이 뜻밖의 일이 생겼을 때 하는 말.
♣ **아무리 바빠도 바늘 허리에 실 매어 못 쓴다** 일에는 다 차례와 앞뒤가 있으니 아무리 급해도 순서와 격식을 어기지 말라는 뜻.
♣ **앉아 주고 서서 받는다** 돈을 꾸어 주고 그것을 다시 받기가 매우 어렵다는 말.
♣ **앉은 자리에 풀도 안 나겠다** 사람이 너무 깔끔하고 매서울 만큼 냉정하다는 뜻.
♣ **약방에 감초** 어떤 일에나 빠짐 없이 참여하는 사람을 말함.
♣ **얕은 내도 깊게 건너라** 무슨 일이나 쉽게 알지 말고 조심하여 신중하게 하라는 말.
♣ **어느 장단에 춤추랴** 일을 하는 데 참견하는 사람이 많아 어느 말을 좇아야 할지, 어떻게 해야 할지 모르겠다는 말.
♣ **어물전 망신은 골뚜기가 시킨다** 못난 자일수록 그와 같이 있는 동료를 망신시킨다는 뜻.
♣ **업은 아이 삼 년 찾는다** 찾는 물건을 가까이 두고도 못 찾는다는 뜻.
♣ **에해 다르고 애해 다르다** 비록 사소한 차이라 할지라도 그 말씨에 따라 상대편에 주는 느낌이 다르다는 뜻.
♣ **열길 물 속은 알아도 한 길 사람 속은 모른다** 사람의 마음은 알아내기가 어렵다는 뜻.
♣ **열 번 찍어 아니 넘어가는 나무 없다** 여러 번 계속해서 애쓰면 어떤 일이라도 이룰 수 있다는 뜻.
♣ **옆구리 찔러 절 받기** 저편에서 바라지도 않는 일, 또는 모르는 일을 이편에서 요구하거나 알려 주어 자기가 대접받는 것을 말함.
♣ **오뉴월 감기는 개도 아니 앓는다** 여름철에 감기 걸린 사람을 조롱하는 말.
♣ **오르지 못할 나무는 쳐다보지도 말아라** 될 수 없는 일은 바라지도 말라는 뜻.
♣ **오 리를 보고 십 리를 간다** 적은 일이라도 유익한 일이면 수고를 아끼지 아니해야 된다는 뜻을 빗대어서 하는 말.
♣ **옥에도 티가 있다** 아무리 좋아도 한 가지 결점은 있다는 말.
♣ **옷이 날개다** 좋은 옷을 입으면 못난 사람도 예쁘게 보인다는 뜻.
♣ **우물 안 개구리** 좁은 곳에 살면서 너른 사회 형편을 모르는 사람, 또는 견문과 학식이 없는 사람을 가르키는 말.

♣ **우물에 가서 숭늉 찾는다** 일의 순서도 모르고 성급하게 덤빈다는 뜻.

♣ **우물을 파도 한 우물을 파라** 어떠한 일에 있어서나 한 가지 일을 끝까지 철저히 하여야 성공할 수 있다는 말.

♣ **우선 먹기는 곶감이 달다** 별로 실속은 없으나 당장 좋으니 취할 만하다는 뜻.

♣ **울며 겨자 먹기** 싫은 일을 좋은 척하고 억지로 하지 않을 수 없는 경우를 나타내는 말.

♣ **웃는 낯에 침 뱉으랴** 좋은 낯으로 대하는 사람에게 듣기 싫은 말이나 욕은 할 수 없다는 뜻.

♣ **원수는 외나무 다리에서 만난다** 남에게 악한 일을 하면 그 죄를 받을 때가 반드시 온다는 뜻.

♣ **원숭이도 나무에서 떨어진다** 아무리 능숙한 사람도 실수할 때가 있다는 말.

♣ **윗물이 맑아야 아랫물이 맑다** 윗사람이 잘못하면 아랫사람도 따라서 잘못하게 된다는 뜻.

♣ **이가 없으면 잇몸으로 살지** 없으면 없는 대로 견디어 나갈 수 있다는 의미를 가진 말.

♣ **자라 보고 놀란 가슴 솥뚜껑 보고 놀란다** 무엇에 한 번 혼난 사람이 그와 비슷한 것만 보아도 깜짝 놀란다는 말.

♣ **자랄 나무는 떡잎부터 알아본다** 앞으로 크게 될 사람은 어려서부터 장래성이 엿보인다는 말.

♣ **작은 고추가 더 맵다** 겉으로는 대수롭지 않게 보이는 사람이 하는 일이 더 다부지다는 뜻.

♣ **제 버릇 개 줄까** 한 번 든 나쁜 버릇은 여간해서 고치기 어렵다는 뜻.

♣ **제비는 작아도 강남을 간다** 사람이나 짐승이나 모양은 작아도 저 할 일은 다한다는 뜻.

♣ **종로에서 뺨 맞고 한강 가서 눈 흘긴다** 욕을 당한 자리에서는 아무 말도 못하고 딴 데 가서 화풀이를 한다는 뜻.

♣ **좋은 약은 입에 쓰다** 듣기 싫고 귀에 거슬리는 말이라도 제 인격 수양에는 이롭다는 뜻.

♣ **쥐구멍에도 볕 들 날이 있다** 아무리 고생만하는 사람도 운수가 터져 좋은 시기를 만날 때가 있다는 말.

♣ **지렁이도 밟으면 꿈틀한다** 아무리 보잘것없는 사람이라도 너무나 업신여기면 성을 낸다는 뜻.

♣ **집에서 새는 바가지는 들에 가도 샌다** 본성이 나쁜 것은 어디를 가나 그 본색을 감출 수 없다는 뜻.

♣ **천 리 길도 한 걸음부터** 무슨 일이든지 그 시초가 중요하다는 뜻.

♣ **첫 술에 배 부르랴** 무슨 일이나 처음부터 만족할 만한 소득을 올릴 수는 없다는 뜻.

♣ **칼로 물 베기** 다투다가도 좀 시간이 흐르면 이내 풀려 두 사람 사이에 아무 틈이 생기지 않는다는 뜻.

♣ **콩 심은 데 콩 나고 팥 심은 데 팥 난다** 모든 일은 원인에 따라 결과가 생긴

다는 말.

♣ **콩으로 메주를 쑨다 해도 곧이듣지 않는다** 남의 말이나 하는 일을 그대로 믿을 수 없을 때 쓰는 말.

♣ **콩을 팥이라 해도 곧이 듣는다** 남의 말을 그대로 믿는다는 말.

♣ **콩이야 팥이야 한다** 대수롭지 않은 일을 서로 따지며 다툰다는 말.

♣ **큰 방죽도 개미 구멍으로 무너진다** 작은 일이라도 업신여기면 그 때문에 큰 화를 당한다는 뜻.

♣ **큰 북에서 큰 소리가 난다** 도량(그릇)이 커야 훌륭한 일을 한다는 말.

♣ **털도 안 뜯고 먹겠다 한다** 사리를 불고하고 남의 물건을 통으로 먹으려 한다는 말.

♣ **티끌 모아 태산** 작은 것이라도 모이면 큰 것이 된다는 뜻.

♣ **팔은 안으로 굽는다** 사람은 조금이라도 자기와 가까운 사람에게 정이 쏠린다는 뜻.

♣ **평양 감사도 저 싫으면 그만이다** 아무리 좋은 일이라도 저 하기 싫으면 억지로 시킬 수 없다는 뜻.

♣ **핑계 없는 무덤이 없다** 무엇을 잘못해 놓고도 여러 가지 이유로 책임을 회피하려는 사람을 두고 하는 말.

♣ **하늘의 별 따기** 지극히 어려운 일을 두고 하는 말.

♣ **하늘이 무너져도 솟아날 구멍이 있다** 아무리 큰 재난에 부딪히더라도 그것에서 벗어날 길은 있다는 뜻.

♣ **하룻강아지 범 무서운 줄 모른다** 아직 철이 없어서 아무 것도 모르는 것을 두고 하는 말.

♣ **한 귀로 듣고 한 귀로 흘린다** 남이 애써 일러 주는 말을 유념해서 듣지 않고 건성으로 듣는 것을 이름.

♣ **한 술 밥에 배 부르랴** 무슨 일이고 처음에는 큰 성과를 기대할 수 없다는 말. 힘을 조금 들이고는 큰 효과를 바랄 수 없다는 이야기.

♣ **함흥차사라** 어떤 일로 심부름 간 사람이 한 번 떠난 뒤로 돌아오지 않거나 아무 소식이 없다는 뜻.

♣ **헌 짚신도 짝이 있다** 아무리 가난하고 어려운 사람이라도 누구에게나 배필이 있다는 말.

♣ **호랑이도 제 말 하면 온다** 마침 이야기하고 있는데 그 장본인이 나타났을 때 하는 말로, 그 자리에 사람이 없다고 하여 남의 흉을 함부로 보지 말라는 뜻.

♣ **호박씨 까서 한 입에 넣는다** 조금씩 조금씩 저축하였다가 그것을 한꺼번에 소비해 버린다는 말.

♣ **혹 떼러 갔다가 혹 붙여 온다** 이득을 얻으러 갔다가 도리어 손해를 당하게 되었다는 말.

♣ **흥정은 붙이고 싸움은 말리랬다** 좋은 일은 권하고 나쁜 일은 말려야 한다는 말.

부록